中华人民共和国
最高人民法院
最高人民检察院

司法解释与指导案例

商事卷

第六版

JUDICIAL INTERPRETATIONS
& GUIDING CASES

中国法制出版社
CHINA LEGAL PUBLISHING HOUSE

凡 例

一、关于司法解释和司法文件

司法解释，是指国家最高司法机关对司法过程中如何具体应用法律问题作出的具有普遍法律效力的解释。1981年6月10日全国人大常委会发布的《关于加强法律解释工作的决议》，是至今为止涉及法律解释内容方面唯一权威的法定依据。但是《关于加强法律解释工作的决议》并未对司法解释的文体和形式作出具体规定。1997年以前，最高人民法院出台的司法解释庞多，文种与文号复杂，司法解释的文体包含决定、纪要、解释、意见、通知、答复、规定等近二十余种，甚至有的还以电话、传真、电报等形式制发司法解释性文件。

为规范司法解释工作，最高人民法院、最高人民检察院分别于1997年7月1日和1996年12月9日施行《最高人民法院关于司法解释工作的若干规定》和《最高人民检察院司法解释工作暂行规定》。至此，最高人民法院审判委员会讨论通过并公布的司法解释，统一采用"法释"文号，司法解释的形式分为"解释""规定""批复"三种；而最高人民检察院检察委员会讨论通过并公布的司法解释，则采用"高检发释字"等文号，司法解释文件采用"解释""规定""意见""通知""批复"等形式，统一编排文号。

2007年3月9日和2006年5月10日最高人民法院、最高人民检察院分别发布了新的《最高人民法院关于司法解释工作的规定》和《最高人民检察院司法解释工作规定》，其中规定，最高人民法院司法解释的形式分为"解释""规定""批复"和"决定"四种，最高人民检察院司法解释文件采用"解释""规定""规则""意见""批复"等形式。

以最高人民法院司法解释为例，司法解释及文件以1997、2007这两个时点大体分为三个阶段。1997年7月1日以前的司法解释与司法文件在文体与文号上并不统一，无法从文体与文号上准确区分司法解释与司法文件，实际上在1997年7月1日前，也有"批复"性文件的内容并非司法解释。1997年之后司法解释文号才相对统一，一般用"法释〔××××〕××号"表示。

最高人民法院司法解释具有以下具体形式：

1.【解释】例如：《关于审理人身损害赔偿案件适用法律若干问题的解释》（法释〔2020〕17号）；

2.【意见】例如：原《最高人民法院关于贯彻执行〈中华人民共和国民法通则〉若干问题的意见（试行）》（法发〔1988〕6号）；

3.【规定】例如：《关于人民法院审理事业单位人事争议案件若干问题的规定》（法释〔2003〕13号）；

4.【批复】例如：《最高人民法院关于破产企业国有划拨土地使用权应否列入破产财产等问题的批复》（法释〔2020〕18号）；

5.【废止目录】例如：《最高人民法院予以废止的2000年底以前发布的有关司法解释目录（第六批）》（法释〔2002〕32号）；

6.【安排】例如：《最高人民法院关于内地与澳门特别行政区法院就民商事案件相互委托送达司法文书和调取证据的安排》（法释〔2020〕1号）；

7.【解答】例如：《最高人民法院关于审理名誉权案件若干问题的解答》（法发〔1993〕15号）

在司法解释之外，因总结审判经验及规范裁判标准的需要，最高人民法院还出台了大量的司法文件。司法文件类别称呼上缺乏规范性，一般混称为司法文件（《最高人民法院公报》上以"司法文件"进行分类）、司法解释性文件（最高人民法院的专著与汇编用语）、司法行政文件（最高人民法院网用语）等等。这些司法文件文号多以"法发〔××××〕××号""法〔××××〕××号"出现。最高人民法院往往在下文时要求各级法院"遵照执行"、"参照执行"或"执行"。司法文件大致有以下几种形式：

1.【复函】例如：《最高人民法院关于执行〈最高人民法院关于严格执行案件审理期限制度的若干规定〉中有关问题的复函》（法函〔2001〕46号）；

2.【答复】例如：《最高人民法院关于对〈最高人民法院关于审理企业破产案件若干问题的规定〉第五十六条理解的答复》（法函〔2003〕46号）；

3.【通知】例如：《最高人民法院关于进一步加强行政审判工作的通知》（法〔2004〕33号）；

4.【批复】例如：《最高人民法院关于诉前责令停止侵犯专利权、商标权、著作权行为案件编号和收取案件受理费问题的批复》（法〔2004〕17号）；

5.【解答】例如：原《关于企业相互借贷的合同出借方尚未取得约定利息人民法院应当如何裁决问题的解答》（法复〔1996〕2号）；

6.【座谈会纪要】例如：最高人民法院关于印发《关于审理行政案件适用法律规范问题的座谈会纪要》的通知（法〔2004〕96号）。

二、本书收录的司法解释、司法文件及案例

1. 本书收录新中国成立以来最高人民法院、最高人民检察院及其他部委联合发布的截至2021年4月的现行有效司法解释以及与诉讼活动密切相关的司法文件。同时在全面收录最高人民法院、最高人民检察院指导性案例的基础上，重点收录《最高人民法院公报》案例及最高人民法院相关部门编辑的权威案例。

2. 为了方便读者对相关问题的理解与应用，对于直接涉及诉讼活动进行的部分重要法律法规，本书也以"法规链接"的形式进行了收录。

3. 司法解释及其他司法文件中部分条文被废止或司法文件所参照、引述的法律文件已经废止，但司法文件本身仍有一定指导价值的，本书仍予收录。

4. 最高人民法院明令废止的司法解释，被新司法解释所替代的失效司法解释，因相关法律的制定、修改、废除而明显不再适用的司法解释，本书不予收录。

5. 本书还收录了各省高级人民法院下发的一些地方司法业务文件，读者可以有针对性的查找，参考适用。

三、司法解释、司法文件的分类和编排

1. 本书各类目下的文件按以下原则编排：最高人民法院的司法解释和司法文件，最高人民法院及各业务庭的答复、复函置后。关于司法解释、司法文件、请示答复的划分，除依据《最高人民法院关于司法解释工作的规定》和《最高人民检察院司法解释工作规定》中对司法解释的界定外，还对其按司法实践中的常见类别予以编排，便于读者有针对性地查询。

2. 在上述原则基础上，在同一类目下，将起主要、核心作用的综合性、规范性司法解释置前，同类文件按照发文时间的先后顺序进行排列。

3. 基于方便读者查找的原则，将有关联的文件排在一起，如：补充、修订类的文件或系列行动文件连排，不受发文时间顺序的限制。

四、司法解释司法文件中条文改废后的编辑处理

1. 根据《最高人民法院关于调整司法解释等文件中引用〈中华人民共和国民事诉讼法〉条文序号的决定》（法释〔2008〕18号）规定，部分司法解释的个别条文被明令废止和修改的，在该条文处以编者注的形式进行标注。

2. 所收文件中涉及的法律文件存在修改、废止的，本书以脚注的形式作了提示。

五、检索方法

本书目录分为总目录和目录。总目录提供全书内容概观，提供大类、子类的查找功能，但不包括具体文件的查找。总目录上为双层页码，括号外的页码指示该类别所在目录页码，括号内的页码指示该类别所在正文页码。总目录的双层页码设计能够提高目录的使用效率。

六、附录

本书附录由两部分组成：

附录一为"废止的司法解释目录"，依次收录最高人民法院废止的司法解释目录、最高人民检察院废止的司法解释目录，以及最高人民法院与最高人民检察院联合发布的废止司法解释目录。

附录二为"最高人民法院司法解释一览表"及"最高人民检察院司法解释一览表"（1997年7月~2021年4月）按发文序号顺序收录1997年最高人民法院、最高人民检察院司法解释工作规范化以后以法释和高检发释字文号发布的司法解释。这些司法解释具有法律的效力，可以在裁判文书中直接援引，作为人民法院审理案件的依据。

第六版说明

在司法实践及法律教学中，对于司法解释的理解与适用都起着越来越重要的作用。这种作用的日益凸显也给司法解释工具书的编辑提出了更为严格的要求。通过与读者的不断沟通与交流，我们发现，读者在使用司法解释工具书时，往往会遇到以下三个方面的问题：

（1）司法解释数量繁多、不易搜集，导致许多司法解释类工具书都只能重点收录部分司法解释，无法满足专业类读者的工作需要。

（2）司法解释涉及面广，而许多此类工具书往往都是将大量的司法解释堆砌而成，并没有将其予以细化，导致查找与使用时的极大不便。

（3）司法解释与法律法规没有作相关的链接，导致一些读者在使用时无法将司法解释与相应的法律法规配套适用。

基于此，本书有以下四大核心优势：

（1）**收录全面权威**。在全面吸收最高人民法院、最高人民检察院司法解释清理工作成果的基础上，收录各类司法解释文件的权威文本，共474件，并精心收集大量地方司法文件。

（2）**分类细化合理**。邀请最高人民法院、最高人民检察院的相关专家同志，对司法解释予以细心梳理、分类。同时，考虑到部分文件在划分类别时可能存在交叉或重叠，为避免重复收录文件，便于读者查找，本书在目录中设有"存目"，原处收录全文，存目处仅标出文件页码，指引读者检索文件。

（3）**链接配套法律法规**。对于重要的司法解释，以脚注的形式指出了与之对应的法条；同时，在每一部分司法解释之后，附有相关法律法规全文，以便于读者准确、及时查找。

（4）**精选指导案例**。2010年，最高人民法院、最高人民检察院分别发布了《关于案例指导工作的规定》，为司法实务中的案例指导工作提供了规范依据。其中，最高人民法院在其文件中规定各级法院在审判类似案例时应当参照其发布的指导性案例，而最高人民检察院则在其文件中规定各级检察院在办理同类案件、处理同类问题时可以参照执行其发布的指导性案例。本书在全面收录最高人民法院、最高人民检察院指导性案例的基础上，重点收录《最高人民法院公报》案例及最高人民法院相关机构编辑的指导案例，共计71件。

此外，本书以"凡例"的形式对整套书的编辑理念、逻辑关系及使用规范予以详细说明，帮助读者高效使用本套书。

本书的编辑出版得益于与读者之间的良好互动，我们欢迎读者继续对我们的工作提出宝贵的意见和建议，并不吝批评指正。

编者
2021年4月

总　目　录

商事实体法

一　综　合 …………………… 1(3)
二　公司、企业、合伙 ………… 1(118)
三　商事合同 …………………… 4(268)
　　(一)综　合 ……………… 4(268)
　　(二)借贷、存款合同 …… 4(279)
　　(三)融资租赁合同 ……… 5(320)
　　(四)合资、合营、联营
　　　　合同 ………………… 6(323)
　　(五)买卖、购销合同 …… 6(333)
　　(六)技术合同 …………… 7(361)
四　担　保 ……………………… 7(378)
　　(一)综　合 ……………… 7(378)
　　(二)保　证 ……………… 8(390)
　　(三)抵　押 ……………… 9(406)
五　保　险 ……………………… 9(410)
六　票　据 ……………………… 11(471)
七　信用证、独立保函 ………… 11(505)
八　证券、期货 ………………… 12(527)
九　金　融 ……………………… 13(643)
十　知识产权与竞争纠纷 ……… 14(683)
　　(一)综　合 ……………… 14(683)
　　(二)著作权 ……………… 15(728)
　　(三)专利权 ……………… 16(769)
　　(四)商标权 ……………… 17(809)
　　(五)植物新品种权 ……… 18(843)
　　(六)不正当竞争与
　　　　反垄断 ……………… 19(851)
十一　破产、改制与清算 …… 19(880)
十二　海事海商 ……………… 22(1047)
十三　涉外商事 ……………… 24(1128)
十四　诉讼时效 ……………… 24(1172)

商事程序法

一　民事诉讼(商事部分) …… 25(1181)
二　海事诉讼 …………………… 26(1208)
三　商事仲裁 …………………… 26(1238)

附录一：废止的司法解释
　　　　目录 ………………… 29(1346)
附录二：最高人民法院、最高
　　　　人民检察院司法解
　　　　释一览 ……………… 30(1519)

目 录

商 事 实 体 法

一 综 合

◎ **司法文件**

最高人民法院关于印发《全国法院民商事审判工作会议纪要》的通知
（2019 年 11 月 8 日）* ………………… 3

◎ **法规链接**

中华人民共和国民法典
（2020 年 5 月 28 日） ………………… 30

二 公司、企业、合伙

◎ **司法解释**

最高人民法院关于适用《中华人民共和国公司法》若干问题的规定（一）
（2014 年 2 月 20 日） ………………… 118

最高人民法院关于适用《中华人民共和国公司法》若干问题的规定（二）
（2020 年 12 月 29 日） ………………… 118

最高人民法院关于适用《中华人民共和国公司法》若干问题的规定（三）
（2020 年 12 月 29 日） ………………… 121

最高人民法院关于适用《中华人民共和国公司法》若干问题的规定（四）
（2020 年 12 月 29 日） ………………… 124

最高人民法院关于适用《中华人民共和国公司法》若干问题的规定（五）
（2020 年 12 月 29 日） ………………… 127

最高人民法院关于适用《中华人民共和国外商投资法》若干问题的解释
（2019 年 12 月 26 日） ………………… 127

最高人民法院关于审理外商投资企业纠纷案件若干问题的规定（一）
（2020 年 12 月 29 日） ………………… 128

最高人民法院关于审理涉及会计师事务所在审计业务活动中民事侵权赔偿案件的若干规定
（2007 年 6 月 11 日） ………………… 131

最高人民法院关于审理与企业改制相关的民事纠纷案件若干问题的规定
（2020 年 12 月 29 日） ………………… 132

最高人民法院关于审理军队、武警部队、政法机关移交、撤销企业和与党政机关脱钩企业相关纠纷案件若干问题的规定
（2020 年 12 月 29 日） ………………… 135

◎ **司法文件**

最高人民法院关于会计师事务所、审计事务所脱钩改制前民事责任承担问题的通知
（2001 年 7 月 18 日） ………………… 136

最高人民法院关于金融机构为企业出具不实或者虚假验资报告资金证明如何承担民事责任问题的通知
（2002 年 2 月 9 日） ………………… 136

* 本目录中的时间为法律文件的公布时间或最后一次修改时间。

◎ 请示答复

最高人民法院经济审判庭关于企业开办的公司被撤销后企业是否应对公司的债务承担连带责任的电话答复
（1988年4月12日） …… 136

最高人民法院经济审判庭关于云南省玉溪汽车总站运销服务部收到的云南邮电劳动服务公司正大服务部退还的联营投资款应否为赃款返还原主问题的电话答复
（1989年3月29日） …… 138

最高人民法院经济审判庭关于华丰供销公司的债务应由谁偿还问题的电话答复
（1989年10月17日） …… 139

最高人民法院经济审判庭关于一方未按联营合同约定投资经营联营合同是否成立另一方单方投资经营责任如何承担问题的电话答复
（1990年3月10日） …… 140

最高人民法院经济审判庭关于如何认定企业是否超越经营范围问题的复函
（1990年9月10日） …… 141

最高人民法院经济审判庭关于行政单位开办的公司已无资产偿付应由谁承担民事责任问题的电话答复
（1991年1月4日） …… 141

最高人民法院经济审判庭关于青海人民剧院开办的分支企业停办后是否对分支企业的债务承担责任问题的复函
（1991年1月23日） …… 143

最高人民法院关于南京摩托车总公司是否具备法人条件问题的复函
（1991年3月18日） …… 145

最高人民法院经济审判庭关于济南市历城区人武部是否应为其开办的木制品厂承担责任问题的电话答复
（1991年10月10日） …… 145

最高人民法院关于聊城市柳园供销公司法人资格认定问题的复函
（1992年3月17日） …… 146

最高人民法院经济审判庭关于中国地质宝石矿物公司新疆经营部注册资金不实责任承担问题的复函
（1992年11月12日） …… 146

最高人民法院经济审判庭关于对国营新疆五五农工商联合企业公司驻兰州办事处执行问题的函
（1993年3月19日） …… 147

最高人民法院经济审判庭关于河南省伊川县电业局不服郴州地区中级人民法院〔1992〕经上字第72号民事判决提出申诉有关问题的复函
（1993年3月19日） …… 147

最高人民法院关于企业法人营业执照被吊销后，其民事诉讼地位如何确定的复函
（2000年1月29日） …… 148

最高人民法院关于饶天禄与西安市莲湖区环城西路生产、生活服务公司侵权赔偿再审一案的复函
（2001年4月18日） …… 149

最高人民法院关于对帮助他人设立注册资金虚假的公司应当如何承担民事责任的请示的答复
（2001年9月13日） …… 153

最高人民法院对江苏省高级人民法院关于中国电子进出口公司江苏公司与江苏省信息产业厅等股权纠纷一案请示的答复
（2002年11月15日） …… 153

最高人民法院关于胡克诉王卫平、李立、李欣股东权纠纷一案的答复
（2003年5月15日） …… 156

最高人民法院执行工作办公室关于恢复执行北京正合坊企划有限公司诉北京万通股份有限公司、北京星辰投资咨询公司房产中介合同的报告
（2003年6月5日） …… 158

最高人民法院执行工作办公室关于攀枝花市国债服务部与重庆市涪陵财政国债服务部证券回购纠纷执行请示案的复函
（2003年6月9日） …… 158

最高人民法院关于外商投资企业特别清
算程序中法院应否受理当事人以侵权
为由要求返还财产或物品诉讼请求问
题的请示的复函
　　（2003年9月30日） ………… 158
最高人民法院执行工作办公室关于股东
因公司设立后的增资瑕疵应否对公司
债权人承担责任问题的复函
　　（2003年12月11日） ………… 160
最高人民法院关于合营企业起诉股东承
担不履行出资义务的违约责任是否得
当及合资经营合同仲裁条款是否约束
合营企业的请示的复函
　　（2004年12月20日） ………… 160
最高人民法院关于合资企业诉政府侵权
案件中政府对合资企业进行特别清算
应如何适用法律问题的请示的复函
　　（2005年4月7日） …………… 163
最高人民法院关于上诉人练志伟与被上
诉人陈如明及原审被告林惠贞、郑秀
英及原审第三人福州市常青实业有限
公司股权转让一案的请示的复函
　　（2006年11月13日） ………… 165
最高人民法院民事审判第二庭关于对云
南高院《关于股份转让合同的履行期
限跨越新旧公司法如何适用法律的请
示》的答复
　　（2007年5月16日） …………… 168

◎ 指导案例

1. 绵阳市红日实业有限公司、蒋洋诉绵
阳高新区科创实业有限公司股东会决
议效力及公司增资纠纷案 ………… 169
2. 林方清诉常熟市凯莱实业有限公司、
戴小明公司解散纠纷案 …………… 178
3. 徐工集团工程机械股份有限公司诉成
都川交工贸有限责任公司等买卖合同
纠纷案 ……………………………… 179

4. 上海大成资产评估有限公司诉楼建华
等其他与公司有关的纠纷案 ……… 181
5. 广东达宝物业管理有限公司与广东中
岱企业集团有限公司、广东中岱电讯
产业有限公司、广州市中珊实业有限
公司股权转让合作纠纷案 ………… 188
6. 深圳市启迪信息技术有限公司与郑州
国华投资有限公司、开封市豫信企业
管理咨询有限公司、珠海科美教育投
资有限公司股权确认纠纷案 ……… 200
7. 南通双盈贸易有限公司诉镇江市丹徒
区联达机械厂、魏恒聂等六人买卖合
同纠纷案 …………………………… 207
8. 张建中诉杨照春股权确认纠纷案 … 212
9. 高光诉三亚天通国际酒店有限公司、
海南博超房地产开发有限公司等第三
人撤销之诉案 ……………………… 214
10. 长沙广大建筑装饰有限公司诉中国工
商银行股份有限公司广州粤秀支行、
林传武、长沙广大建筑装饰有限公司
广州分公司等第三人撤销之诉案 …… 215

◎ 法规链接

中华人民共和国公司法
　　（2018年10月26日） ………… 216
中华人民共和国合伙企业法
　　（2006年8月27日） …………… 235
中华人民共和国中小企业促进法
　　（2017年9月1日） …………… 242
中华人民共和国企业所得税法
　　（2018年12月29日） ………… 247
中华人民共和国外商投资法
　　（2019年3月15日） …………… 251
中华人民共和国公司登记管理条例
　　（2016年2月6日） …………… 254
融资担保公司监督管理条例
　　（2017年8月2日） …………… 262
国务院办公厅关于印发中央企业公司制
改制工作实施方案的通知
　　（2017年7月18日） …………… 266

三　商事合同

（一）综合

◎ 司法文件

最高人民法院印发《关于当前形势下审理民商事合同纠纷案件若干问题的指导意见》的通知
（2009年7月7日）……………… 268

◎ 请示答复

最高人民法院经济审判庭关于为经济合同一方当事人代盖公章给另一方造成经济损失如何承担责任的电话答复
（1990年10月27日）……………… 270

最高人民法院关于在实体处理合同纠纷案件以前可以依法裁定终止合同履行的复函
（1991年6月7日）……………… 271

最高人民法院关于山东移动通信有限责任公司潍坊分公司与中国联通公司潍坊分公司违反规范市场经营行为协议纠纷一案有关适用法律问题的函
（2004年2月18日）……………… 271

◎ 地方司法文件

上海市高级人民法院关于商事审判中规范违约金调整问题的意见
（2009年12月9日）……………… 271

北京市高级人民法院关于审理商业特许经营合同纠纷案件适用法律若干问题的指导意见
（2011年2月24日）……………… 273

◎ 指导案例

仲崇清诉上海市金轩大邸房地产项目开发有限公司合同纠纷案 ……… 275

（二）借贷、存款合同

◎ 司法解释

最高人民法院关于对企业借贷合同借款方逾期不归还借款的应如何处理问题的批复
（1996年9月23日）……………… 279

最高人民法院关于审理存单纠纷案件的若干规定
（2020年12月29日）……………… 280

最高人民法院关于审理民间借贷案件适用法律若干问题的规定
（2020年12月29日）……………… 282

◎ 司法文件

最高人民法院关于正确确认企业借款合同纠纷案件中有关保证合同效力问题的通知
（1998年9月14日）……………… 286

最高人民法院关于依法妥善审理民间借贷纠纷案件促进经济发展维护社会稳定的通知
（2011年12月2日）……………… 286

◎ 请示答复

最高人民法院关于北京市崇文区长巷四条综合商店代销合同货款纠纷一案应当如何处理的复函
（1991年2月10日）……………… 288

最高人民法院关于浙江省医学科学院普康生物技术公司诉中国农业银行信托投资公司委托贷款合同纠纷一案的答复
（1997年9月8日）……………… 288

最高人民法院关于中国建设银行山西省分行直属支行与山西铁路实业总公司借款案件的答复
（1998年7月1日）……………… 289

最高人民法院关于如何确定委托贷款合同履行地问题的答复
（1998年7月6日）……………… 291

最高人民法院关于海口鲁银实业公司典当拍卖行与海南飞驰实业有限公司、海南万锡房地产开发有限公司、海南内江房地产开发公司抵押贷款合同纠纷一案的复函
（1999年3月2日）……………… 291

最高人民法院关于信用社违反商业银行法
有关规定所签借款合同是否有效的答复
（2000年1月29日） ……… 291
最高人民法院关于展期贷款超过原贷款
期限的效力问题的复函
（2000年2月13日） ……… 292
最高人民法院关于农村信用社县（市）
联社与中国农业银行"脱钩"前开办
贷款业务的效力问题的复函
（2000年7月26日） ……… 292
最高人民法院关于哈尔滨市商业银行银
祥支行与哈尔滨金事达实业（集团）
公司借款合同纠纷一案如何处理问题
的答复
（2001年2月28日） ……… 293
最高人民法院关于天津市旭帝商贸有限
公司、天津开发区迈柯恒工贸有限公
司与建行天津分行南开支行存款纠纷
二案如何适用法律的请示的答复
（2001年4月11日） ……… 294
最高人民法院关于中国工商银行湘潭市
板塘支行与中国建筑材料科学研究院
湘潭中间试验所及湘潭市有机化工厂
的借款合同纠纷一案的复函
（2001年8月6日） ……… 295
最高人民法院关于西安市第三奶牛场与
咸阳市中陆城市信用社、西安新业工
贸有限责任公司抵押借款合同纠纷一
案的复函
（2002年2月8日） ……… 297
最高人民法院关于锦州市商业银行与锦
州市华鼎工贸商行、锦州市经济技术
开发区实华通信设备安装公司借款纠
纷一案的复函
（2003年2月25日） ……… 301
最高人民法院关于南昌市商业银行象南
支行与南昌市东湖华亭商场、蔡亮借
款合同担保纠纷案请示的复函
（2003年4月30日） ……… 303
最高人民法院《关于建设银行重庆观音
桥支行与新原兴企业集团有限公司借
款合同纠纷一案适用法律问题的请示》

的答复
（2003年12月17日） ……… 305
最高人民法院关于交通银行香港分行与
港云基业有限公司、云浮市人民政府
等借款担保合同纠纷上诉一案《承
诺函》是否构成担保问题的请示的
复函
（2006年10月11日） ……… 305

◎ **指导案例**
1. 温州银行股份有限公司宁波分行诉浙
   江创菱电器有限公司等金融借款合同
   纠纷案 ……… 308
2. 上海欧宝生物科技有限公司诉辽宁特
   莱维置业发展有限公司企业借贷纠纷
   案 ……… 310
3. 福建海峡银行股份有限公司福州台江
   支行诉长乐亚新污水处理有限公司、
   福州市政工程有限公司金融借款合同
   纠纷案 ……… 315
4. 中国工商银行股份有限公司宣城龙首
   支行诉宣城柏冠贸易有限公司、江苏
   凯盛置业有限公司等金融借款合同纠
   纷案 ……… 318

（三）融资租赁合同

◎ **司法解释**
最高人民法院关于审理融资租赁合同纠
纷案件适用法律问题的解释
（2020年12月29日） ……… 320

◎ **请示答复**
最高人民法院关于中国东方租赁有限公
司诉河南登封少林出租旅游汽车公司
等融资租赁合同纠纷一案的复函
（1990年7月20日） ……… 321
最高人民法院经济审判庭关于沈参雄诉
昆明磷酸盐厂承包合同纠纷案在合
资企业昆明云通磷酸盐厂成立以后
原承包合同应视为实际上解除问题
的复函
（1992年12月17日） ……… 322

最高人民法院经济审判庭关于对一企业租赁经营合同规定由主管部门鉴证后合同生效的条款效力如何认定问题的复函
（1991年1月11日）……………… 322

（四）合资、合营、联营合同

◎ 请示答复

最高人民法院经济审判庭关于云南省玉溪汽车总站运销服务部收到的云南邮电劳动服务公司正大服务部退还的联营投资款应否作为赃款返还原主问题的电话答复
（存目　参见138页）

最高人民法院经济审判庭关于一方未按联营合同约定投资经营联营合同是否成立另一方单方投资经营责任如何承担问题的电话答复
（存目　参见140页）

最高人民法院经济审判庭关于刘水清与钟山县钟潮塑料工艺制品厂之间是否构成联营关系的复函
（1991年8月21日）……………… 323

最高人民法院经济审判庭关于对包头市昆都仑地区工业贸易公司与内蒙古人防生产经营服务公司联合经营固体烧碱合同纠纷上诉案的处理意见的函
（1991年8月31日）……………… 324

最高人民法院经济审判庭关于联营一方投资不参加经营既约定收回本息又收取固定利润的合同如何定性问题的复函
（1992年4月6日）………………… 326

最高人民法院经济审判庭关于沈参雄诉昆明磷酸盐厂承包合同纠纷案在合资企业昆明云通磷酸盐厂成立以后原承包合同应视为实际上解除问题的复函
（存目　参见322页）

◎ 指导案例

枣庄矿业（集团）有限公司柴里煤矿与华夏银行股份有限公司青岛分行、青岛保税区华东国际贸易有限公司联营合同纠纷案 ……………………… 327

（五）买卖、购销合同

◎ 司法解释

最高人民法院关于审理买卖合同纠纷案件适用法律问题的解释
（2020年12月29日）……………… 333

最高人民法院关于审理商品房买卖合同纠纷案件适用法律若干问题的解释
（2020年12月29日）……………… 336

◎ 请示答复

最高人民法院经济审判庭关于企业设置的办事机构对外所签订的购销合同是否一律认定为无效合同问题的电话答复
（1988年11月8日）……………… 339

最高人民法院关于对江西省高级法院〔1990〕申经监字第5号的请示的答复
（1991年2月8日）………………… 339

最高人民法院关于北京市崇文区长巷四条综合商店代销合同货款纠纷一案应当如何处理的复函
（存目　参见288页）

最高人民法院关于山西冶炼有限公司与杭州市外贸公司煤炭购销合同纠纷处理意见的复函
（1991年4月11日）……………… 340

最高人民法院关于武汉市煤气公司诉重庆检测仪表厂煤气表装配线技术转让合同购销煤气表散件合同纠纷一案适用法律问题的函
（1992年3月6日）………………… 340

最高人民法院关于购销不合格稻种合同纠纷请示问题的答复
（1992年3月14日）……………… 341

最高人民法院对陕西省高级人民法院关于购销三条乳胶生产线合同纠纷案请示的答复
（1992年3月16日）……………… 341

最高人民法院经济审判庭关于购销羊绒合同中出现两个质量标准如何认定问题的复函
（1992年5月14日）……………… 341

最高人民法院经济审判庭关于榆林市可
　可盖供销社与怀头县物资局购销羊绒
　合同纠纷一案的复函
　　（1992年5月14日）……………… 342
最高人民法院关于张家口地区供销合作社
　贸易中心诉中国药材公司郑州贸易交流
　中心药材购销合同一案复查问题的函
　　（1992年6月4日）………………… 342
最高人民法院关于深圳市兴达工贸有限
　公司与复旦大学科学技术开发公司
　及上海海通经济联合总公司汇款返还
　纠纷案件请示的答复
　　（1997年1月15日）………………… 343
最高人民法院关于湖北省交通物资公司
　诉天津福津木业有限公司购销合同品
　种质量纠纷案适用法律问题的答复
　　（1998年4月25日）………………… 346
最高人民法院关于稷山县关公洗煤厂与
　垣曲县晋海实业总公司、张喜全货款
　纠纷一案的复函
　　（1999年12月13日）………………… 348
最高人民法院知识产权庭关于日本福马
　克拉株式会社与厦门市升祥贸易公司
　生产销售代理协议纠纷案的函
　　（2000年5月22日）………………… 349
最高人民法院研究室关于如何认定买卖
　合同中机动车财产所有权转移时间问
　题的复函
　　（2000年12月25日）………………… 349
最高人民法院关于新疆生产建设兵团农
　二师二十九团与乌苏市远征工贸总公
　司种树苗买卖合同纠纷案的复函
　　（2003年2月20日）………………… 349
最高人民法院关于吴江市益佰纺织有限
　公司与龙口市玲楠服装有限责任公司买卖
　合同纠纷管辖争议案指定管辖的通知
　　（2005年8月26日）………………… 351
◎ 指导案例
1. 汤龙、刘新龙、马忠太、王洪刚诉新
　疆鄂尔多斯彦海房地产开发有限公司
　商品房买卖合同纠纷案 ……………… 354

2. 张莉诉北京合力华通汽车服务有限公
　司买卖合同纠纷案 …………………… 356
3. 孙银山诉南京欧尚超市有限公司江宁
　店买卖合同纠纷案 …………………… 357
4. 瑞士嘉吉国际公司诉福建金石制油有
　限公司等确认合同无效纠纷案 ……… 358

（六）技术合同

◎ 司法解释

最高人民法院关于审理技术合同纠纷案
　件适用法律若干问题的解释
　　（2020年12月29日）………………… 361

◎ 司法文件

全国法院知识产权审判工作会议关于审
　理技术合同纠纷案件若干问题的纪要
　　（2001年6月19日）………………… 367

◎ 请示答复

最高人民法院知识产权庭关于绍兴中药
　厂与上海医科大学附属华山医院技术
　转让合同纠纷案的函
　　（2000年5月28日）………………… 377

四　担　保

（一）综合

◎ 司法解释

最高人民法院关于适用《中华人民共和
　国民法典》有关担保制度的解释
　　（2020年12月31日）………………… 378

◎ 请示答复

最高人民法院民事审判庭关于洪绍武、
　贺建玲债务担保一案如何适用法律问
　题的复函
　　（1990年5月24日）………………… 388
最高人民法院关于中国农业银行哈尔滨市
　分行道里办事处诉民革哈尔滨市委及三
　棵树粮库借款担保合同纠纷一案中三棵
　树粮库是否承担担保责任的复函
　　（1993年4月3日）………………… 388

最高人民法院关于贵阳第二城市信用社向中国北方公司深圳分公司出具的函是否具有担保性质的答复
（1993年7月19日） ………… 389
最高人民法院关于对云南省高级人民法院就如何适用《关于适用〈中华人民共和国担保法〉若干问题的解释》第四十四条请示的答复
（2003年12月24日） ………… 389
最高人民法院关于担保法司法解释第五十九条中的"第三人"范围问题的答复
（2006年5月18日） ………… 389

（二）保证

◎ 司法文件

最高人民法院关于处理担保法生效前发生保证行为的保证期间问题的通知
（2002年8月1日） ………… 390

◎ 请示答复

最高人民法院关于"国家机关不能担任保证人"的时效问题的答复
（1988年10月18日） ………… 390
最高人民法院经济审判庭关于国家机关作为借款合同保证人应否承担经济损失问题的电话答复
（1989年7月17日） ………… 391
最高人民法院关于中国人民解放军河南省军区诉郑州市花园路城市信用合作社借贷担保合同纠纷一案的法律适用和担保协议效力问题的复函
（1990年4月7日） ………… 391
最高人民法院关于诈骗犯罪的被害人起诉要求诈骗过程中的保证人代偿"借款"应如何处理问题的复函
（1990年10月13日） ………… 392
最高人民法院关于灵山县公安局对其工作人员擅自以所在单位名义对外提供财产保证，应否承担民事责任问题的答复
（1991年1月30日） ………… 392
最高人民法院经济审判庭关于购销合同当事人延长履行期限后保证人是否承担保证责任问题的电话答复
（1991年4月27日） ………… 392
最高人民法院关于借款合同当事人未经保证人同意达成新的《财产抵押还款协议》被确认无效后，保证人是否继续承担保证责任的请示的答复
（1991年6月7日） ………… 393
最高人民法院关于惠州恒业公司诉恩平旅游实业公司购销合同纠纷一案中银行是否负担保责任的函
（1991年8月31日） ………… 393
最高人民法院是否可直接判令保证单位履行债务的请示的答复
（1991年10月19日） ………… 394
最高人民法院关于企业职工利用本单位公章为自己实施的民事行为担保企业是否应承担担保责任的函
（1992年9月8日） ………… 394
最高人民法院关于保证人的保证责任应否免除问题的复函
（1992年12月2日） ………… 394
最高人民法院关于吉林省高级人民法院请示的经济合同纠纷案有关保证人保证责任问题的复函
（1995年4月17日） ………… 395
最高人民法院关于湖南省高级人民法院请示的株洲钢厂与湘潭亨发工贸公司等购销合同纠纷一案有关保证人保证责任问题的复函
（1995年5月4日） ………… 395
最高人民法院研究室关于县级以上供销合作社联合社能否作为保证人问题的复函
（1999年6月30日） ………… 395
最高人民法院关于能否对连带责任保证人所有的船舶行使留置权的请示的复函
（2001年8月17日） ………… 396
最高人民法院关于沈阳市信托投资公司是否应当承担保证责任问题的答复
（2001年8月22日） ………… 397

最高人民法院关于湖北横向经济物资贸
易公司与中国冶金进出口湖北公司、
中国农业银行武汉市分行汉口支行返
还保证金请示案的答复
（2002年2月27日） ………… 397
最高人民法院关于广西开发投资有限公
司与中国信达资产公司南宁办事处借
款合同担保纠纷一案请示的复函
（2002年10月11日） ………… 399
最高人民法院对《关于担保期间债权人
向保证人主张权利的方式及程序问题
的请示》的答复
（2002年11月22日） ………… 399
最高人民法院关于对外国企业派驻我国
的代表处以代表处名义出具的担保是
否有效及外国企业对该担保行为应承
担何种民事责任的请示的复函
（2003年6月12日） ………… 399
最高人民法院关于债权人在保证期间以
特快专递向保证人发出逾期贷款催收
通知书但缺乏保证人对邮件签收或拒
收的证据能否认定债权人向保证人主
张权利的请示的复函
（2003年6月12日） ………… 401
最高人民法院关于甘肃省高级人民法院
就在诉讼时效期间债权人依法将主债
权转让给第三人保证人是否继续承担
保证责任等问题请示的答复
（2003年10月20日） ………… 402
最高人民法院关于对甘肃省高级人民法
院甘高法〔2003〕183号请示的答复
（2003年11月28日） ………… 402

◎ 指导案例
大竹县农村信用合作联社与西藏华西药
业集团有限公司保证合同纠纷案 …… 402

（三）抵押

◎ 司法解释
最高人民法院关于能否将国有土地使用
权折价抵偿给抵押权人问题的批复
（1998年9月3日） ………… 406

◎ 请示答复
最高人民法院关于财产保险单能否用于
抵押的复函
（1992年4月2日） ………… 407
最高人民法院关于如何认定中国农业银
行湖北省分行国际业务部申请宣告武
汉货柜有限公司破产一案中两份抵押
合同效力问题的复函
（1995年4月10日） ………… 407
最高人民法院研究室关于抵押权不受抵
押登记机关规定的抵押期限影响问题
的函
（2000年9月28日） ………… 407

◎ 指导案例
中国民生银行股份有限公司温州分行诉
浙江山口建筑工程有限公司、青田依利
高鞋业有限公司第三人撤销之诉案 …… 408

五 保 险

◎ 司法解释
最高人民法院关于适用《中华人民共和
国保险法》若干问题的解释（一）
（2009年9月21日） ………… 410
最高人民法院关于适用《中华人民共和
国保险法》若干问题的解释（二）
（2020年12月29日） ………… 410
最高人民法院关于适用《中华人民共和
国保险法》若干问题的解释（三）
（2020年12月29日） ………… 412
最高人民法院关于适用《中华人民共和
国保险法》若干问题的解释（四）
（2020年12月29日） ………… 414
最高人民法院关于王淑才与许桂兰为分
配保险赔偿费发生的纠纷主管部门正
在处理应由他们继续解决人民法院不
宜直接受理的批复
（1986年2月17日） ………… 416
最高人民法院关于审理出口信用保险合
同纠纷案件适用相关法律问题的批复
（2013年5月2日） ………… 417

最高人民法院关于海上保险合同的保险
　人行使代位请求赔偿权利的诉讼时效
　期间起算日的批复
　　（2014年12月25日）　……… 417

◎ 请示答复
最高人民法院关于审理保险合同纠纷案
　件如何认定暴雨问题的复函
　　（1991年7月16日）　………… 417
最高人民法院关于财产保险单能否用于
　抵押的复函
　　（存目　参见407页）
最高人民法院关于中国人民保险公司营
　口市支公司的债务可否由中国人民保
　险公司承担的函
　　（1996年8月19日）　………… 417
最高人民法院研究室关于对《保险法》
　第十七条规定的"明确说明"应如何
　理解的问题的答复
　　（2000年1月24日）　………… 418
最高人民法院关于人民法院能否提取投
　保人在保险公司所投的第三人责任险
　应得的保险赔偿款问题的复函
　　（2000年7月13日）　………… 418
最高人民法院对湖南省高级人民法院关
　于《中国工商银行郴州市苏仙区支行
　与中保财产保险有限公司湖南省郴州
　市苏仙区支公司保证保险合同纠纷一
　案的请示报告》的复函
　　（2000年8月28日）　………… 419
最高人民法院关于如何理解《中华人民
　共和国保险法》第六十五条"自杀"
　含义的请示的答复
　　（2002年3月6日）　…………… 420
最高人民法院关于华庆自行车（深圳）
　有限公司诉招商局保险有限公司保险
　合同纠纷一案受理问题的复函
　　（2003年6月7日）　…………… 421
最高人民法院关于对四川省高级人民法
　院关于内江市东兴区农村信用合作社
　联合社与中国太平洋保险公司内江公
　司保险合同赔付纠纷合同是否成立等

请示一案的答复
　　（2003年7月10日）　………… 421
最高人民法院关于中国船东互保协会与
　南京宏油船务有限公司海上保险合同
　纠纷上诉一案有关适用法律问题的请
　示的复函
　　（2004年5月26日）　………… 424
最高人民法院研究室关于新的人身损害
　赔偿审理标准是否适用于未到期机动
　车第三者责任保险合同问题的答复
　　（2004年6月4日）　…………… 424
最高人民法院关于大众保险股份有限公
　司苏州中心支公司、大众保险股份有
　限公司与苏州浙申实业有限公司海上
　货物运输保险合同案适用法律问题的
　请示的复函
　　（2007年7月24日）　………… 424

◎ 地方司法文件
浙江省高级人民法院关于审理财产保险
　合同纠纷案件若干问题的指导意见
　　（2009年9月8日）　…………… 432
江苏省高级人民法院关于审理保险合同
　纠纷案件若干问题的讨论纪要
　　（2011年1月12日）　………… 435
山东省高级人民法院关于印发审理保险
　合同纠纷案件若干问题意见（试行）
　的通知
　　（2011年3月17日）　………… 439

◎ 指导案例
1. 中国平安财产保险股份有限公司江苏
　 分公司诉江苏镇江安装集团有限公司
　 保险人代位求偿权纠纷案　……… 442
2. 南丰海粮油工业有限公司诉中国人民
　 财产保险股份有限公司海南省分公司
　 海上货物运输保险合同纠纷案　… 444
3. 最高人民法院公布三起保险合同纠纷
　 典型案例　………………………… 447
4. 华泰财产保险有限公司北京分公司诉
　 李志贵、天安财产保险股份有限公司
　 河北省分公司张家口支公司保险人代
　 位求偿权纠纷案　………………… 449

◎ 法规链接
中华人民共和国保险法
（2015 年 4 月 24 日） ……… 450
中华人民共和国外资保险公司管理条例
（2019 年 9 月 30 日） ……… 467

六 票 据

◎ 司法解释
最高人民法院关于审理票据纠纷案件若干问题的规定
（2020 年 12 月 29 日） ……… 471

◎ 请示答复
最高人民法院经济审判庭关于银行票据结算合同纠纷上诉案的电话答复
（1990 年 7 月 24 日） ……… 476
最高人民法院关于对遗失金融债券可否按"公示催告"程序办理的复函
（1992 年 5 月 8 日） ……… 480
最高人民法院关于中国银行上海分行宝山支行、中国农业银行上海市五角场支行与上海华海集装箱制造有限公司、浙江工艺毛绒厂票据纠纷上诉案和中信实业银行上海市分行与浙江工艺毛绒厂追索票据纠纷上诉案处理意见的复函
（1992 年 6 月 2 日） ……… 480
最高人民法院关于中国人民银行宁波市经济技术开发区支行工作人员截留当事人款项应当承担民事责任的函
（1993 年 4 月 10 日） ……… 481
最高人民法院经济审判庭关于银行承兑汇票能否部分金额贴现、部分用于抵押贷款的复函
（1994 年 10 月 11 日） ……… 481
最高人民法院关于丁江西省九江外贸发展有限公司与中国建设银行深圳市分行罗湖支行、深圳艾尔迪实业有限公司票据纠纷案的答复
（1998 年 3 月 25 日） ……… 481
最高人民法院关于中国农业银行武汉市分行硚口区支行与中国工商银行大理市支行、云南省大理州物资贸易中心银行承兑汇票纠纷一案的答复
（1998 年 11 月 4 日） ……… 483
最高人民法院关于中国农业银行汝州市支行与中国建设银行汝州市支行债券兑付纠纷案的复函
（1999 年 3 月 17 日） ……… 485
最高人民法院关于景德镇市昌江信用联社营业部与中国银行景德镇市分行曹家岭办事处汇票结算纠纷案的答复
（2000 年 9 月 15 日） ……… 488
最高人民法院研究室对《票据法》第十七条如何理解和适用问题的复函
（2000 年 9 月 29 日） ……… 488
最高人民法院关于鞍山钢铁公司弓长岭矿山公司与沈阳城市合作银行新华支行、辽阳城市合作银行弓长岭支行票据纠纷一案的复函
（2002 年 8 月 29 日） ……… 488
最高人民法院关于中国工商银行运城市分行广场分理处与中国建设银行太原市分行承兑汇票纠纷执行争议案的复函
（2002 年 11 月 19 日） ……… 490

◎ 指导案例
长治市达洋电器有限公司诉博西家用电器（中国）有限公司买卖合同纠纷案 … 491

◎ 法规链接
中华人民共和国票据法
（2004 年 8 月 28 日） ……… 494
票据管理实施办法
（2011 年 1 月 8 日） ……… 502

七 信用证、独立保函

◎ 司法解释
最高人民法院关于审理信用证纠纷案件若干问题的规定
（2020 年 12 月 29 日） ……… 505

最高人民法院关于审理独立保函纠纷案
件若干问题的规定
（2020年12月29日） ……………… 506

◎ 司法文件
最高人民法院关于严禁随意止付信用证
项下款项的通知
（2003年7月16日） ……………… 509

◎ 请示答复
最高人民法院关于海南五矿乐海有限公
司与香港励源有限公司等债务纠纷一
案的答复
（2002年7月9日） ………………… 509
最高人民法院关于连云港口福食品有限
公司与韩国中小企业银行信用证纠纷
一案的请示的复函
（2003年12月11日） ……………… 513

◎ 指导案例
1. 安徽省外经建设（集团）有限公司诉
东方置业房地产有限公司保函欺诈纠
纷案 ……………………………………… 515
2. 中国建设银行股份有限公司广州荔湾
支行诉广东蓝粤能源发展有限公司等
信用证开证纠纷案 ……………………… 519

◎ 法规链接
国内信用证结算办法
（2016年4月27日） ……………… 520

八 证券、期货

◎ 司法解释
最高人民法院关于审理证券市场因虚
假陈述引发的民事赔偿案件的若干
规定
（2003年1月9日） ………………… 527
最高人民法院关于审理期货纠纷案件若
干问题的规定
（2020年12月29日） ……………… 530
最高人民法院关于审理期货纠纷案件若
干问题的规定（二）
（2020年12月29日） ……………… 535

◎ 司法文件
最高人民法院关于审理期货纠纷案件座
谈会纪要
（1995年10月27日） ……………… 536
最高人民法院召开审理证券回购纠纷案
件座谈会纪要
（1997年1月9日） ………………… 538
最高人民法院关于恢复受理、审理和执
行已经编入全国证券回购机构间债务
清欠链条的证券回购经济纠纷案件的
通知
（2000年7月26日） ……………… 541
最高人民法院关于受理证券市场因虚假
陈述引发的民事侵权纠纷案件有关问
题的通知
（2002年1月15日） ……………… 541
最高人民法院关于依法审理和执行被风
险处置证券公司相关案件的通知
（2009年5月26日） ……………… 542
最高人民法院关于部分人民法院冻结、
扣划被风险处置证券公司客户证券交
易结算资金有关问题的通知
（2010年6月22日） ……………… 543

◎ 请示答复
最高人民法院关于领取营业执照的证券
公司营业部是否具有民事诉讼主体资
格的复函
（1997年8月22日） ……………… 543
最高人民法院关于杜妍与中国银行辽宁
分行股票及侵权纠纷一案的复函
（2000年4月17日） ……………… 544
最高人民法院关于审理虚假陈述侵权纠
纷案件有关问题的复函
（2003年7月7日） ………………… 545
最高人民法院关于浦发期货经纪有限公
司未按规定强制平仓是否承担责任问
题请示的答复
（2003年7月29日） ……………… 546
最高人民法院关于新疆国际置地房地产
开发有限责任公司与宏源证券股份有
限公司乌鲁木齐北京路证券营业部、

宏源证券股份有限公司委托监管合同
纠纷一案请示的答复
　　（2003年12月25日）............ 548
最高人民法院关于《湖北省高级人民法
院关于原告罗佛英、凌秀英等2094人
与被告湖北省荆江股份有限公司、中
国银行荆州市沙市支行返还财产纠纷
一案适用法律问题的请示》的答复
　　（2006年8月2日）............ 549

◎ 指导案例
1. 陈伟诉广东省机场管理集团公司、广
州白云国际机场股份有限公司、上海
证券交易所侵权纠纷案 549
2. 邢立强诉上海证券交易所权证交易侵
权纠纷案 555
3. 范有孚与银建期货经纪有限责任公司天
津营业部期货交易合同纠纷再审案 ... 561
4. 周益民诉上海联合产权交易所、华融国
际信托有限责任公司股权转让纠纷案 ... 570

◎ 法规链接
中华人民共和国证券法
　　（2019年12月28日）............ 576
中华人民共和国证券投资基金法
　　（2015年4月24日）............ 600
证券公司监督管理条例
　　（2014年7月29日）............ 615
证券公司风险处置条例
　　（2016年2月6日）............ 625
期货交易管理条例
　　（2017年3月1日）............ 631
证券交易所风险基金管理暂行办法
　　（2016年2月6日）............ 642

九　金　融

◎ 司法解释
最高人民法院关于人民法院能否对信用
证开证保证金采取冻结和扣划措施问
题的规定
　　（2020年12月29日）............ 643

最高人民法院关于审理存单纠纷案件的
若干规定
　　（存目　参见280页）
最高人民法院关于银行储蓄卡密码被泄露
导致存款被他人骗取引起的储蓄合同纠
纷应否作为民事案件受理问题的批复
　　（2005年7月25日）............ 643

◎ 司法文件
最高人民法院关于不得对中国人民银行
及其分支机构的办公楼、运钞车、营
业场所等进行查封的通知
　　（1999年3月4日）............ 643
最高人民法院关于执行《封闭贷款管理暂
行办法》和《外经贸企业封闭贷款管理
暂行办法》中应注意的几个问题的通知
　　（2000年1月10日）............ 644
最高人民法院、中国人民银行关于依法
规范人民法院执行和金融机构协助执
行的通知
　　（2000年9月4日）............ 644
最高人民法院关于金融机构为企业出具
不实或者虚假验资报告资金证明如何
承担民事责任问题的通知
　　（存目　参见136页）
最高人民法院关于在民事审判和执行工
作中依法保护金融债权防止国有资产
流失问题的通知
　　（2005年3月16日）............ 645
最高人民法院关于金融资产管理公司收
购、处置银行不良资产有关问题的补
充通知
　　（2005年5月30日）............ 646
最高人民法院关于延长国有金融资产管
理公司处置国有商业银行不良资产案
件减半缴纳诉讼费用期限的通知
　　（2006年4月13日）............ 647
最高人民法院关于人民法院在审理涉及
汇达资产托管有限责任公司清收、处
置不良资产所形成的案件时适用相关
司法解释规定的通知
　　（2006年10月30日）............ 647

最高人民法院印发《关于为维护国家金融安全和经济全面协调可持续发展提供司法保障和法律服务的若干意见》的通知
（2008年12月3日） ………… 647
最高人民法院印发《关于审理涉及金融不良债权转让案件工作座谈会纪要》的通知
（2009年3月30日） ………… 653
最高人民法院印发《关于人民法院为防范化解金融风险和推进金融改革发展提供司法保障的指导意见》的通知
（2012年2月10日） ………… 657

◎ 请示答复

最高人民法院关于银行扣款侵权问题的复函
（1990年2月23日） ………… 661
最高人民法院关于广东省连县工贸总公司诉怀化市工商银行侵权一案的复函
（1990年7月19日） ………… 661
最高人民法院关于刘玉兰诉工商银行榆次市支行赔偿存款纠纷一案的复函
（1990年8月28日） ………… 662
最高人民法院关于定边县塑料制品厂与中国工商银行咸阳市支行营业部侵权赔偿纠纷一案有关问题的复函
（1990年12月30日） ………… 662
最高人民法院经济审判庭关于对南宁市金龙车辆配件厂集资纠纷是否由人民法院受理问题的答复
（1991年9月29日） ………… 662
最高人民法院关于金融机构不履行其义务是否应当承担责任问题的复函
（1991年10月23日） ………… 663
最高人民法院关于汪小嫚诉工商银行长沙县支行赔偿案如何处理的复函
（1993年5月3日） ………… 663
最高人民法院关于展期贷款超过原贷款期限的效力问题的复函
（存目　参见292页）

最高人民法院关于农村信用社县（市）联社与中国农业银行"脱钩"前开办贷款业务的效力问题的复函
（存目　参见292页）
最高人民法院对《关于贯彻执行最高人民法院"十二条"司法解释有关问题的函》的答复
（2002年1月7日） ………… 663
最高人民法院关于吉林市商业银行营业部与交通银行吉林分行船营支行长春路分理处存单质押纠纷一案请示的答复
（2003年1月4日） ………… 664
最高人民法院关于人民法院是否受理金融资产管理公司与国有商业银行就政策性金融资产转让协议发生的纠纷问题的答复
（2005年6月17日） ………… 664

◎ 指导案例

1. 王永胜诉中国银行股份有限公司南京河西支行储蓄存款合同纠纷案 ………… 664
2. 沈阳银胜天成投资管理有限公司与中国华融资产管理公司沈阳办事处债权转让合同纠纷案 ………… 668
3. 蔡红辉诉金才来信用卡纠纷案 ………… 676
4. 梅州市梅江区农村信用合作联社江南信用社诉罗苑玲储蓄合同纠纷案 ………… 678

十　知识产权与竞争纠纷

（一）综合

◎ 司法解释

最高人民法院关于审理涉及计算机网络域名民事纠纷案件适用法律若干问题的解释
（2020年12月29日） ………… 683

◎ 司法文件

最高人民法院关于全国部分法院知识产权审判工作座谈会纪要（节录）
（1998年7月20日） ………… 684

最高人民法院关于贯彻实施国家知识产权战略若干问题的意见（节录）
（2009年3月23日） ………… 687
最高人民法院印发《关于当前经济形势下知识产权审判服务大局若干问题的意见》的通知
（2009年4月21日） ………… 690
最高人民法院印发《关于专利、商标等授权确权类知识产权行政案件审理分工的规定》的通知
（2009年6月26日） ………… 695
最高人民法院关于印发基层人民法院管辖第一审知识产权民事案件标准的通知
（2010年1月28日） ………… 696
最高人民法院关于调整地方各级人民法院管辖第一审知识产权民事案件标准的通知
（2010年1月28日） ………… 700
最高人民法院印发《关于充分发挥知识产权审判职能作用推动社会主义文化大发展大繁荣和促进经济自主协调发展若干问题的意见》的通知（节录）
（2011年12月16日） ………… 701
最高人民法院印发《关于充分发挥审判职能作用为深化科技体制改革和加快国家创新体系建设提供司法保障的意见》的通知（节录）
（2012年7月19日） ………… 707

◎ 地方司法文件

重庆市高级人民法院关于确定知识产权侵权损害赔偿数额若干问题的指导意见
（2007年7月1日） ………… 710
江苏省高级人民法院关于知识产权侵权损害适用定额赔偿办法若干问题的指导意见
（2005年11月18日） ………… 713
江苏省高级人民法院关于在当前宏观经济形势下进一步做好知识产权审判工作促进自主创新的指导意见
（2009年3月2日） ………… 715

上海市高级人民法院关于印发《关于知识产权侵权纠纷中适用法定赔偿方法确定赔偿数额的若干问题的意见（试行）》的通知
（2010年8月10日） ………… 718
北京市高级人民法院关于审理电子商务侵害知识产权纠纷案件若干问题的解答
（2013年12月28日） ………… 720

◎ 指导案例

最高人民法院公布八起知识产权司法保护典型案例 ………… 722

（二）著作权

◎ 司法解释

最高人民法院关于审理著作权民事纠纷案件适用法律若干问题的解释
（2020年12月29日） ………… 728
最高人民法院关于审理侵害信息网络传播权民事纠纷案件适用法律若干问题的规定
（2020年12月29日） ………… 730

◎ 司法文件

最高人民法院关于转发〔2005〕民三他字第2号函的通知
（2005年6月8日） ………… 732
最高人民法院关于做好涉及网吧著作权纠纷案件审判工作的通知
（2010年11月25日） ………… 732

◎ 请示答复

最高人民法院关于刘国础诉叶毓山著作权一案的复函
（1990年1月22日） ………… 733
最高人民法院关于范曾诉吴铎侵害著作权一案的复函
（1990年7月9日） ………… 733
最高人民法院关于范曾诉盛林虎姓名权纠纷案的复函
（1990年11月5日） ………… 734
最高人民法院关于胡ин之、郑乃章诉刘桢、卢碧亮著作权纠纷案的复函
（1992年4月13日） ………… 734

最高人民法院关于白亚青、刘七勤与甘
　肃省卫生厅等著作权纠纷案的答复
　　（1996年5月8日） ················· 734
最高人民法院关于自贡市公共交通总公
　司与自贡市五星广告灯饰公司侵犯著
　作权纠纷案的答复
　　（1996年12月17日） ··············· 734
最高人民法院民事审判庭关于武生活与
　杨学洪合作作品署名权纠纷一案的电
　话答复
　　（1990年2月7日） ················· 735
最高人民法院知识产权庭关于沙茂世与
　刘新著作权属侵权纠纷案的函
　　（1999年3月17日） ················ 737
最高人民法院知识产权庭关于徐州光学
　仪器总厂与徐州医用光学电子仪器研
　究所、李国强侵犯著作权及侵犯商业
　秘密纠纷案的函
　　（1999年4月26日） ················ 737
最高人民法院知识产权庭关于哈尔滨东
　恪国际通讯设备有限公司与哈尔滨维
　时通讯电子技术有限公司计算机软件
　著作权侵权纠纷案的函
　　（1999年5月6日） ················· 737
最高人民法院关于湖南丽丹芬化妆品有
　限公司与长沙广播电视发展总公司著
　作权侵权纠纷案的函
　　（1999年5月20日） ················ 737
最高人民法院关于叶庆球与珠海市香洲
　船舶修造厂等著作权侵权纠纷案的函
　　（1999年9月22日） ················ 738
最高人民法院知识产权庭关于中国和平出
　版社与王晓龙等著作权侵权纠纷案的函
　　（1999年10月26日） ··············· 738
最高人民法院知识产权审判庭关于中国
　标准出版社与中国劳动出版社著作权
　侵权纠纷案的答复
　　（1999年11月22日） ··············· 739
最高人民法院关于郑海金与许正雄、天
　津人民出版社等著作权侵权纠纷案的
　函
　　（2000年3月9日） ················· 739

最高人民法院关于深圳市帝慧科技实业
　有限公司与连樟文等计算机软件著作
　权侵权纠纷案的函
　　（2000年4月7日） ················· 739

◎ 地方司法文件

北京市高级人民法院关于侵害知识产权
　及不正当竞争案件确定损害赔偿的指
　导意见及法定赔偿的裁判标准
　　（2020年4月21日） ················ 740
广东省高级人民法院关于审理侵犯音像
　著作权纠纷案件若干问题的指导意见
　　（2009年3月2日） ················· 750
浙江省高级人民法院民三庭印发《关于
　审理网络著作权侵权纠纷案件的若干
　解答意见》的通知
　　（2009年10月20日） ··············· 752
北京市高级人民法院关于印发《关于审理
　涉及网络环境下著作权纠纷案件若干问
　题的指导意见（一）（试行）》的通知
　　（2010年5月19日） ················ 756
北京市高级人民法院关于视频分享著作
　权纠纷案件的审理指南
　　（2012年12月31日） ··············· 760

◎ 指导案例

1. 洪福远、邓春香诉贵州五福坊食品有
　限公司、贵州今彩民族文化研发有限
　公司著作权侵权纠纷案 ················ 761
2. 张晓燕诉雷献和、赵琪、山东爱书人音
　像图书有限公司著作权侵权纠纷案 ······ 764
3. 英特宜家系统有限公司诉台州市中天
　塑业有限公司著作权纠纷案 ············ 766

（三）专利权

◎ 司法解释

最高人民法院关于审理专利纠纷案件适
　用法律问题的若干规定
　　（2020年12月29日） ··············· 769
最高人民法院关于审理侵犯专利权纠纷
　案件应用法律若干问题的解释
　　（2009年12月28日） ··············· 772

最高人民法院关于审理侵犯专利权纠纷
案件应用法律若干问题的解释（二）
（2020年12月29日） ………… 774
最高人民法院关于对当事人能否选择从
属权利要求确定专利权保护范围的请
示的答复
（2007年11月13日） ………… 777

◎ 司法文件
最高人民法院关于开展涉及集成电路布
图设计案件审判工作的通知
（2001年11月16日） ………… 778
最高人民法院关于学习贯彻修改后的专
利法的通知
（2009年9月27日） ………… 779

◎ 请示答复
最高人民法院关于林翠雯、福州九星企
业集团公司与福特卫视电子有限公司、
福建华强特种器材公司专利侵权纠纷
案的函
（1998年12月31日） ………… 780
最高人民法院知识产权庭关于梁祥荣与
玉林市玉林镇人造革厂侵犯专利权纠
纷案的函
（1999年5月29日） ………… 780
最高人民法院民事审判第三庭关于对出
具检索报告是否为提起实用新型专利
侵权诉讼的条件的请示的答复
（2001年11月13日） ………… 780
最高人民法院关于对国家知识产权局
《在新修改的专利法实施前受理但尚未
结案的专利纠纷案件适用法律问题的
函》的答复
（2002年2月21日） ………… 781
最高人民法院对"处理专利侵权纠纷可
否认定部分侵权"问题的答复
（2004年7月26日） ………… 781
最高人民法院关于在专利侵权诉讼中能
否直接裁判涉案专利属于从属专利或
者重复授权专利问题的复函
（2004年12月6日） ………… 781

最高人民法院关于朝阳兴诺公司按照建
设部颁发的行业标准《复合载体夯扩
桩设计规程》设计、施工而实施标准
中专利的行为是否构成侵犯专利权问
题的函
（2008年7月8日） ………… 782

◎ 地方司法文件
北京市高级人民法院关于印发《北京市
高级人民法院专利侵权判定指南》的
通知
（2013年9月4日） ………… 782

◎ 指导案例
1. 威海嘉易烤生活家电有限公司诉永康市
   金仕德工贸有限公司、浙江天猫网络有
   限公司侵害发明专利权纠纷案 …… 793
2. 礼来公司诉常州华生制药有限公司侵
   害发明专利权纠纷案 ……………… 796
3. 高仪股份公司诉浙江健龙卫浴有限公
   司侵害外观设计专利权纠纷案 …… 802
4. 柏万清诉成都难寻物品营销服务中心
   等侵害实用新型专利权纠纷案 …… 805
5. 瓦莱奥清洗系统公司诉厦门卢卡斯汽
   车配件有限公司等侵害发明专利权纠
   纷案 ……………………………… 807

（四）商标权

◎ 司法解释
最高人民法院关于审理商标授权确权行
政案件若干问题的规定
（2020年12月29日） ………… 809
最高人民法院关于商标法修改决定施行
后商标案件管辖和法律适用问题的解释
（2020年12月29日） ………… 812
最高人民法院关于审理商标案件有关管
辖和法律适用范围问题的解释
（2020年12月29日） ………… 813
最高人民法院关于审理商标民事纠纷案
件适用法律若干问题的解释
（2020年12月29日） ………… 815

最高人民法院关于审理注册商标、企业
　名称与在先权利冲突的民事纠纷案件
　若干问题的规定
　　（2020年12月29日） …………… 817
最高人民法院关于审理涉及驰名商标保
　护的民事纠纷案件应用法律若干问题
　的解释
　　（2020年12月29日） …………… 817

◎ 请示答复

最高人民法院关于上海啤酒厂破产案中
　转让"天鹅"注册商标问题的答复
　　（1997年3月11日） ……………… 819
最高人民法院知识产权审判庭对公安部
　经济犯罪侦查局〔1998〕215号文的
　答复意见
　　（1999年1月19日） ……………… 819
最高人民法院知识产权庭关于烟台市京
　蓬农药厂诉潍坊市益农化工厂商标侵
　权纠纷案的答复
　　（2000年4月17日） ……………… 819
最高人民法院知识产权庭关于万胜亚洲
　有限公司、怡东电脑有限公司与华源
　实业（集团）股份有限公司商标侵权
　纠纷案的函
　　（2000年5月8日） ……………… 820
最高人民法院关于对杭州张小泉剪刀厂
　与上海张小泉刀剪总店、上海张小泉
　刀剪制造有限公司商标侵权及不正当
　竞争纠纷一案有关适用法律问题的函
　　（2003年11月4日） ……………… 820
最高人民法院关于对南京金兰湾房地产
　开发公司与南京利源物业发展有限公
　司侵犯商标专用权纠纷一案请示的答复
　　（2004年2月2日） ……………… 821
最高人民法院关于转发〔2005〕民三他
　字第6号函的通知
　　（2005年8月22日） ……………… 822

◎ 地方司法文件

北京市高级人民法院关于审理商标民事
　纠纷案件若干问题的解答
　　（2006年3月7日） ……………… 822

河南省高级人民法院关于审理涉及驰名
　商标认定案件若干问题的指导意见
　　（2007年4月19日） ……………… 826
青海省高级人民法院关于审理涉及驰名
　商标认定案件若干问题的指导意见
　　（2009年3月17日） ……………… 828

◎ 指导案例

1. 王碎永诉深圳歌力思服饰股份有限公
　司、杭州银泰世纪百货有限公司侵害
　商标权纠纷案 …………………… 831
2. 郭明升、郭明锋、孙淑标假冒注册商
　标案 ……………………………… 833
3. 成都同德福合川桃片有限公司诉重庆
　市合川区同德福桃片有限公司、余晓
　华侵害商标权及不正当竞争纠纷案 … 834
4. 兰建军、杭州小拇指汽车维修科技股
　份有限公司诉天津市小拇指汽车维修
　服务有限公司等侵害商标权及不正当
　竞争纠纷案 ……………………… 836
5. 迈克尔·杰弗里·乔丹与国家工商行
　政管理总局商标评审委员会、乔丹体
　育股份有限公司"乔丹"商标争议行
　政纠纷案 ………………………… 840

（五）植物新品种权

◎ 司法解释

最高人民法院关于审理植物新品种纠纷
　案件若干问题的解释
　　（2020年12月29日） …………… 843
最高人民法院关于审理侵犯植物新品种
　权纠纷案件具体应用法律问题的若干
　规定
　　（2020年12月29日） …………… 844

◎ 指导案例

1. 莱州市金海种业有限公司诉张掖市富
　凯农业科技有限责任公司侵犯植物新
　品种权纠纷案 …………………… 845
2. 天津天隆种业科技有限公司与江苏徐
　农种业科技有限公司侵害植物新品种
　权纠纷案 ………………………… 847

3. 山东登海先锋种业有限公司诉陕西农
   丰种业有限责任公司、山西大丰种业
   有限公司侵害植物新品种权纠纷案 …… 849

（六）不正当竞争与反垄断

◎ 司法解释
最高人民法院关于审理不正当竞争民事
案件应用法律若干问题的解释
   （2020年12月29日） ………… 851
最高人民法院关于审理因垄断行为引发的
民事纠纷案件应用法律若干问题的规定
   （2020年12月29日） ………… 854

◎ 指导案例
1. 吴小秦诉陕西广电网络传媒（集团）
   股份有限公司捆绑交易纠纷案 ……… 855
2. 北京奇虎科技有限公司诉腾讯科技（深
   圳）有限公司、深圳市腾讯计算机系统
   有限公司滥用市场支配地位纠纷案 …… 858
3. 山东鲁锦实业有限公司诉鄄城县鲁锦
   工艺品有限责任公司、济宁礼之邦家
   纺有限公司侵害商标权及不正当竞争
   纠纷案 ……………………………… 862
4. 意大利费列罗公司诉蒙特莎（张家港）
   食品有限公司、天津经济技术开发区
   正元行销有限公司不正当竞争纠纷案 … 865

◎ 法规链接
中华人民共和国反不正当竞争法
   （2019年4月23日） ………… 868
中华人民共和国反垄断法
   （2007年8月30日） ………… 872
国务院反垄断委员会关于相关市场界定
的指南
   （2009年5月24日） ………… 877

十一 破产、改制与清算

◎ 司法解释
最高人民法院关于适用《中华人民共和
国企业破产法》若干问题的规定（一）
   （2011年9月9日） …………… 880

最高人民法院关于适用《中华人民共和
国企业破产法》若干问题的规定（二）
   （2020年12月29日） ………… 881
最高人民法院关于适用《中华人民共和
国企业破产法》若干问题的规定（三）
   （2020年12月29日） ………… 886
最高人民法院关于企业开办的公司被撤
销后由谁作为诉讼主体问题的批复
   （1987年10月15日） ………… 888
最高人民法院关于实行社会保险的企业
破产后各种社会保险统筹费用应缴纳
至何时的批复
   （1996年11月22日） ………… 889
最高人民法院关于审理军队、武警部队、
政法机关移交、撤销企业和与党政机
关脱钩企业相关纠纷案件若干问题的
规定
   （存目　参见135页）
最高人民法院关于审理企业破产案件若
干问题的规定
   （2002年7月30日） ………… 889
最高人民法院关于审理与企业改制相关
的民事纠纷案件若干问题的规定
   （2020年12月29日） ………… 898
最高人民法院关于破产企业国有划拨土
地使用权应否列入破产财产等问题的
批复
   （2020年12月29日） ………… 900
最高人民法院关于审理企业破产案件确
定管理人报酬的规定
   （2007年4月12日） ………… 901
最高人民法院关于审理企业破产案件指
定管理人的规定
   （2007年4月12日） ………… 902
最高人民法院关于《中华人民共和国企
业破产法》施行时尚未审结的企业破
产案件适用法律若干问题的规定
   （2007年4月25日） ………… 906
最高人民法院关于债权人对人员下落不
明或者财产状况不清的债务人申请破
产清算案件如何处理的批复
   （2008年8月7日） …………… 907

最高人民法院关于对因资不抵债无法继
　续办学被终止的民办学校如何组织清
　算问题的批复
　（2020年12月29日） ………… 908
最高人民法院关于税务机关就破产企业
　欠缴税款产生的滞纳金提起的债权确
　认之诉应否受理问题的批复
　（2012年6月26日） …………… 908
最高人民法院关于个人独资企业清算是
　否可以参照适用企业破产法规定的破
　产清算程序的批复
　（2012年12月11日） ………… 908
最高人民法院关于破产案件立案受理有
　关问题的通知
　（2016年7月28日） …………… 909

◎ 司法文件
最高人民法院关于会计师事务所、审计
　事务所脱钩改制前民事责任承担问题
　的通知
　（存目　参见136页）
最高人民法院关于人民法院在审理企业
　破产案件中适用最高人民法院《关于
　审理企业破产案件若干问题的规定》
　的通知
　（2002年12月26日） ………… 910
最高人民法院关于正确审理企业破产案
　件为维护市场经济秩序提供司法保障
　若干问题的意见
　（2009年6月12日） …………… 910
最高人民法院印发《关于审理公司强制
　清算案件工作座谈会纪要》的通知
　（2009年11月4日） …………… 913
最高人民法院关于印发《人民法院破产
　程序法律文书样式（试行）》的通知
　（2011年10月13日） ………… 918
最高人民法院关于印发《管理人破产程
　序工作文书样式（试行）》的通知
　（2011年10月13日） ………… 967
最高人民法院印发《关于审理上市公司
　破产重整案件工作座谈会纪要》的通知
　（2012年10月29日） ………… 1003

最高人民法院印发《关于执行案件移送
　破产审查若干问题的指导意见》的通知
　（2017年1月20日） …………… 1006

◎ 请示答复
最高人民法院经济审判庭关于朝阳电池
　厂关闭后清偿债务问题的答复
　（1987年1月2日） …………… 1008
最高人民法院经济审判庭关于人民法院
　通知已撤销单位的主管部门应诉后工
　商部门在行政干预下又将已撤销的单
　位予以恢复应如何确定当事人问题的
　电话答复
　（1987年11月30日） ………… 1009
最高人民法院经济审判庭关于企业开办
　的公司被撤销后企业是否应对公司的
　债务承担连带责任的电话答复
　（存目　参见136页）
最高人民法院经济审判庭关于区公所开
　办的企业倒闭后能否由县政府承担连
　带责任问题的复函
　（1989年9月5日） …………… 1011
最高人民法院关于佛山市中级人民法院
　受理经济合同纠纷案件与青岛市中级
　人民法院受理破产案件工作协调问题
　的复函
　（1990年10月6日） …………… 1012
最高人民法院经济审判庭关于行政单位
　开办的公司已无资产偿付应由谁承担
　民事责任问题的电话答复
　（存目　参见141页）
最高人民法院关于内蒙古化肥生产供销
　技术服务联营公司申请破产一案的复
　函
　（1991年6月7日） …………… 1012
最高人民法院经济审判庭关于如何对待
　多个债权人问题的电话答复
　（1991年6月26日） …………… 1013
最高人民法院关于青海省非金属矿工业
　公司债权债务清偿法律适用问题的复
　函
　（1991年12月20日） ………… 1014

最高人民法院经济审判庭关于对国营新疆五五农工商联合企业公司驻兰州办事处执行问题的函
 （存目　参见147页）
最高人民法院关于破产债权能否与未到位的注册资金抵销问题的复函
 （1995年4月10日） …………… 1014
最高人民法院关于如何认定中国农业银行湖北省分行国际业务部申请宣告武汉货柜有限公司破产一案中两份抵押合同效力问题的复函
 （存目　参见407页）
最高人民法院关于哈尔滨百货采购供应站申请破产一案的复函
 （1995年5月4日） ……………… 1014
最高人民法院经济审判庭关于人民法院不宜以一方当事人公司营业执照被吊销，已丧失民事诉讼主体资格为由，裁定驳回起诉问题的复函
 （2000年1月29日） …………… 1015
最高人民法院关于破产企业拖欠税金是否受破产法规定的破产债权申报期限限制问题的答复
 （2002年1月18日） …………… 1016
最高人民法院给重庆市高级人民法院的复函
 （2002年7月16日） …………… 1016
最高人民法院关于蓬莱京鲁通讯视像设备厂破产还债案有关法律适用问题的复函
 （2003年2月25日） …………… 1017
最高人民法院关于河南省高级人民法院就郑州亚细亚五彩购物广场有限公司破产一案中董桂琴等50家商户能否行使取回权问题请示的答复
 （2003年6月9日） ……………… 1018
最高人民法院关于法〔2001〕12号通知第二条如何适用的请示的答复
 （2003年9月8日） ……………… 1018
最高人民法院关于〔2003〕鲁法民二字第17号请示的答复
 （2003年9月8日） ……………… 1019

最高人民法院关于对《最高人民法院关于审理企业破产案件若干问题的规定》第五十六条理解的答复
 （2003年9月9日） ……………… 1019
最高人民法院关于外商投资企业特别清算程序中法院应否受理当事人以侵权为由要求返还财产或物品诉讼请求问题的请示的复函
 （存目　参见158页）
最高人民法院执行工作办公室关于确定外资企业清算的裁决执行问题的复函
 （2003年10月10日） …………… 1020
最高人民法院对《商务部关于请确认〈关于审理与企业改制相关的民事纠纷案件若干问题的规定〉是否适用于外商投资的函》的复函
 （2003年10月20日） …………… 1020
最高人民法院对《关于审理企业破产案件若干问题的规定》第三十八条、第四十四条第二款的理解与适用的请示的答复
 （2004年2月3日） ……………… 1020

◎ **地方司法文件**

广东省高级人民法院关于印发《全省部分法院破产审判业务座谈会纪要》的通知
 （2012年7月2日） ……………… 1021

◎ **指导案例**

1. 成都市国土资源局武侯分局与招商（蛇口）成都房地产开发有限责任公司、成都港招实业开发有限责任公司、海南民丰科技实业开发总公司债权人代位权纠纷案 …………… 1023
2. 宋文军诉西安市大华餐饮有限公司股东资格确认纠纷案 ………………… 1032
3. 台州德力奥汽车部件制造有限公司诉浙江建环机械有限公司管理人浙江安天律师事务所、中国光大银行股份有限公司台州温岭支行第三人撤销之诉案 ………………………………… 1033

◎ **法规链接**
中华人民共和国企业破产法
（2006年8月27日） ……… 1035

十二 海事海商

◎ **司法解释**
最高人民法院关于保函是否具有法律效
　力问题的批复
　（1988年10月4日） ……… 1047
最高人民法院关于审理船舶碰撞和触碰
　案件财产损害赔偿的规定
　（2020年12月29日） ……… 1047
最高人民法院关于承运人就海上货物运
　输向托运人、收货人或提单持有人要
　求赔偿的请求权时效期间的批复
　（1997年8月5日） ……… 1049
最高人民法院关于如何确定沿海、内河货
　物运输赔偿请求权时效期间问题的批复
　（2001年5月24日） ……… 1049
最高人民法院关于审理船舶碰撞纠纷案
　件若干问题的规定
　（2020年12月29日） ……… 1050
最高人民法院关于审理海上保险纠纷案
　件若干问题的规定
　（2020年12月29日） ……… 1050
最高人民法院关于审理无正本提单交付
　货物案件适用法律若干问题的规定
　（2020年12月29日） ……… 1051
最高人民法院关于审理海事赔偿责任限
　制相关纠纷案件的若干规定
　（2020年12月29日） ……… 1052
最高人民法院关于审理船舶油污损害赔
　偿纠纷案件若干问题的规定
　（2020年12月29日） ……… 1054
最高人民法院关于审理海上货运代理纠
　纷案件若干问题的规定
　（2020年12月29日） ……… 1057
最高人民法院关于海事诉讼管辖问题的
　规定
　（2016年2月24日） ……… 1058

最高人民法院关于海上保险合同的保险
　人行使代位请求赔偿权利的诉讼时效
　期间起算日的批复
　（存目　参见417页）
最高人民法院关于审理发生在我国管辖
　海域相关案件若干问题的规定（一）
　（2016年8月1日） ……… 1059
最高人民法院关于审理发生在我国管辖
　海域相关案件若干问题的规定（二）
　（2016年8月1日） ……… 1060

◎ **司法文件**
全国海事法院院长座谈会纪要
　（2001年9月11日） ……… 1062

◎ **请示答复**
最高人民法院交通运输审判庭关于接受
　平安保险公司申请为水险业务中提供
　有关担保的函
　（1989年7月25日） ……… 1063
最高人民法院对山东省高级人民法院
　《关于船舶所有权纠纷一案的请示报
　告》的答复
　（1995年1月4日） ……… 1064
最高人民法院关于船员私自承揽运擅
　自开航的民事责任应否由轮船公司承
　担的答复
　（1995年4月21日） ……… 1064
最高人民法院关于"恒海"轮6.10航次
　船舶适航问题的答复
　（1995年5月24日） ……… 1064
最高人民法院关于福建省生产资料总公
　司与金鸽航运有限公司国际海运纠纷
　一案中提单仲裁条款效力问题的复函
　（1995年10月20日） ……… 1065
最高人民法院关于宁波市外海航运公司
　申请海事赔偿责任限制设立基金有关
　问题的复函
　（1995年12月7日） ……… 1065
最高人民法院关于提单持有人向收货人
　实际取得货物后能否再向承运人主张
　提单项下货物物权的复函
　（2000年8月11日） ……… 1065

最高人民法院关于船东所有的船舶能否
因期租人对第三方负有责任而被扣押
等问题的复函
（2001年1月3日） ………… 1066
最高人民法院关于中国上海抽纱进出口
公司与中国太平洋保险公司上海分公
司海上货物运输保险合同纠纷请示的
复函
（2001年1月3日） ………… 1068
最高人民法院关于保险船舶发生保险事
故后造成第三者船舶沉没而引起的清
理航道费用是否属于直接损失的复函
（2001年2月18日） ………… 1068
最高人民法院关于津龙翔（天津）国际
贸易公司与南京扬洋化工运贸公司、
天津天龙液体化工储运公司沿海货物运
输合同货损赔偿纠纷一案请示的复函
（2001年8月10日） ………… 1068
最高人民法院关于能否对连带责任保证
人所有的船舶行使留置权的请示的复函
（存目 参见396页）
最高人民法院关于长春大成玉米开发公
司与中国人民保险公司吉林省分公司
海上保险合同纠纷一案的请示的复函
（2001年11月7日） ………… 1073
最高人民法院关于香港运惟船务代理有
限公司诉深圳土畜产茶叶进出口公司
航次租船合同纠纷一案仲裁条款效力
问题的请示的复函
（2002年7月16日） ………… 1074
最高人民法院关于中国人民保险公司青
岛市分公司与巴拿马浮山航运有限公
司船舶保险合同纠纷一案的复函
（2002年12月25日） ………… 1075
最高人民法院关于船舶抵押合同为从合
同时债权人同时起诉主债务人和抵押
人地方人民法院应否受理请示的复函
（2003年1月6日） ………… 1078
最高人民法院关于对中国长江航运（集
团）总公司与武汉港务管理局委托代收
水运客货运附加费纠纷一案请示的复函
（2003年5月28日） ………… 1078

最高人民法院关于招远市玲珑电池有限
公司与烟台集洋集装箱货运有限责任
公司海事赔偿责任限制申请一案请示
的复函
（2003年6月9日） ………… 1081
最高人民法院关于大连港务局与大连中
远国际货运有限公司海上货物运输货
损赔偿追偿纠纷一案的请示的复函
（2003年11月12日） ………… 1085
最高人民法院关于中国船东互保协会与
南京宏油船务有限公司海上保险合同
纠纷上诉一案有关适用法律问题的请
示的复函
（存目 参见424页）
最高人民法院关于未取得无船承运业务
经营资格的经营者与托运人订立的海
上货物运输合同或签发的提单是否有
效的请示的复函
（2007年11月28日） ………… 1086
最高人民法院关于非航行国际航线的我
国船舶在我国海域造成油污损害的民
事赔偿责任适用法律问题的请示的答复
（2008年7月3日） ………… 1087

◎ 指导案例
1. 江苏炜伦航运股份有限公司诉米拉达
玫瑰公司船舶碰撞损害赔偿纠纷案 … 1091
2. 中国太平洋财产保险股份有限公司
与中远航运股份有限公司、第三人
海南分公司海南一汽海马汽车销售
有限公司水路货物运输合同货损赔
偿纠纷案 ………………………… 1092
3. 浙江隆达不锈钢有限公司诉 A．P．穆
勒－马士基有限公司海上货物运输合
同纠纷案 ………………………… 1102
4. 交通运输部南海救助局诉阿昌格罗斯
投资公司、香港安达欧森有限公司上
海代表处海难救助合同纠纷案 …… 1104

◎ 法规链接
中华人民共和国海商法
（1992年11月7日） ………… 1106

十三　涉外商事

◎ 司法解释
最高人民法院关于审理外商投资企业纠纷案件若干问题的规定（一）
（存目　参见 128 页）
最高人民法院关于审理涉台民商事案件法律适用问题的规定
（2020 年 12 月 29 日）·············· 1128
最高人民法院关于适用《中华人民共和国涉外民事关系法律适用法》若干问题的解释（一）
（2020 年 12 月 29 日）·············· 1128

◎ 司法文件
最高人民法院转发对外经济贸易部《关于执行联合国国际货物销售合同公约应注意的几个问题》的通知
（1987 年 12 月 10 日）·············· 1129
最高人民法院关于印发《全国沿海地区涉外、涉港澳经济审判工作座谈会纪要》的通知
（1989 年 6 月 12 日）·············· 1143
最高人民法院关于印发《全国法院涉港澳商事审判工作座谈会纪要》的通知
（2008 年 1 月 21 日）·············· 1146
最高人民法院关于进一步做好边境地区涉外民商事案件审判工作的指导意见
（2010 年 12 月 8 日）·············· 1149

◎ 请示答复
最高人民法院研究室关于法院是否同工商行政管理机关会鉴文件处理进口冷暖风机问题的电话答复
（1987 年 8 月 29 日）·············· 1151
最高人民法院关于英国嘉能可有限公司申请承认和执行英国伦敦金属交易所仲裁裁决一案请示的复函
（2001 年 4 月 19 日）·············· 1151
最高人民法院关于德宝（远东）有限公司与天锋国际有限公司出资纠纷上诉一案合作协议效力问题的请示的复函
（2004 年 7 月 27 日）·············· 1151

◎ 指导案例
1. 香港锦程投资有限公司与山西省心血管疾病医院、第三人山西寰能科贸有限公司中外合资经营企业合同纠纷案 ·············· 1152
2. 中化国际（新加坡）有限公司诉蒂森克虏伯冶金产品有限责任公司国际货物买卖合同纠纷案 ·············· 1167

◎ 法规链接
中华人民共和国涉外民事关系法律适用法
（2010 年 10 月 28 日）·············· 1169

十四　诉讼时效

◎ 司法解释
最高人民法院关于债务人在约定的期限届满后未履行债务而出具没有还款日期的欠款条诉讼时效期间应从何时开始计算问题的批复
（2020 年 12 月 29 日）·············· 1172
最高人民法院关于承运人就海上货物运输向托运人、收货人或提单持有人要求赔偿的请求权时效期间的批复
（1997 年 8 月 5 日）·············· 1172
最高人民法院关于超过诉讼时效期间借款人在催款通知单上签字或者盖章的法律效力问题的批复
（1999 年 2 月 11 日）·············· 1172
最高人民法院关于审理民事案件适用诉讼时效制度若干问题的规定
（2020 年 12 月 29 日）·············· 1172

◎ 司法文件
最高人民法院关于对全国证券回购机构间经统一清欠后尚余的债权债务诉讼时效问题的通知
（2001 年 1 月 20 日）·············· 1174

◎ 请示答复
最高人民法院经济审判庭关于济南重型机械厂诉中国技术进出口总公司加工步进式管机合同纠纷案件诉讼时效问题的电话答复
（1990 年 3 月 24 日）·············· 1175

最高人民法院关于购销合同标的物掺杂使
　假引起的诉讼如何确定诉讼时效的复函
　　　（1992年1月16日）……………… 1177
最高人民法院经济审判庭关于广西第四
　地质队、吴进福诉广西玉林地区伙食
　服务公司、玉林地区商业局购销麻袋
　合同货款纠纷一案是否超过诉讼时效
　问题的复函
　　　（1992年5月4日）……………… 1177
最高人民法院关于四川高院请示长沙铁
　路天群实业公司贸易部与四川鑫达实
　业有限公司返还代收贷款一案如何适
　用法（民）复〔1990〕3号批复中
　"诉讼时效期间"问题的复函
　　　（2000年4月5日）……………… 1178

最高人民法院研究室关于对租赁合同债
　务人因欠付租金而出具的"欠款结算
　单"不适用普通诉讼时效的复函
　　　（2000年12月25日）…………… 1178
最高人民法院关于哈尔滨市商业银行银
　祥支行与哈尔滨金事达实业（集团）
　公司借款合同纠纷一案如何处理问题
　的答复
　　　（存目　参见293页）
最高人民法院关于超过诉讼时效期间后
　债务人向债权人发出确认债务的询证
　函的行为是否构成新的债务的请示的
　答复
　　　（2004年6月4日）……………… 1178

商 事 程 序 法

一　民事诉讼（商事部分）

◎ 司法解释

最高人民法院关于第三人能否对管辖权
　提出异议问题的批复
　　　（1990年7月28日）……………… 1181
最高人民法院关于审理商标案件有关管
　辖和法律适用范围问题的解释
　　　（存目　参见813页）
最高人民法院关于涉外民商事案件诉讼
　管辖若干问题的规定
　　　（2020年12月29日）……………… 1181

◎ 司法文件

最高人民法院关于加强涉外商事案件诉
　讼管辖工作的通知
　　　（2004年12月29日）……………… 1182
最高人民法院关于调整高级人民法院和
　中级人民法院管辖第一审民商事案件
　标准的通知
　　　（2008年2月3日）………………… 1183

全国各省、自治区、直辖市高级人民法
　院和中级人民法院管辖第一审民商事
　案件标准
　　　（2008年3月31日）……………… 1184
最高人民法院关于涉及驰名商标认定的
　民事纠纷案件管辖问题的通知
　　　（2009年1月5日）………………… 1193
最高人民法院关于印发修改后的《民事
　案件案由规定》的通知（节录）
　　　（2020年12月29日）……………… 1193
最高人民法院关于调整高级人民法院和
　中级人民法院管辖第一审民商事案件
　标准的通知
　　　（2015年4月30日）……………… 1204

◎ 请示答复

最高人民法院关于借款合同纠纷案件管
　辖问题的复函
　　　（1990年4月2日）………………… 1204
最高人民法院关于重庆市万州区龙宝农
　村信用社与四川省雅安市工业开发区城
　市信用社存单纠纷案件指定管辖的通知
　　　（2001年12月29日）……………… 1205

最高人民法院关于秦皇岛市利滕实业有限公司与长春市星宇饲料有限责任公司、长春市大成生化工程开发有限公司购销合同纠纷案件的指定管辖的复函
　　（2001年12月29日）……………… 1205
最高人民法院关于北泰汽车工业控股有限公司申请认可香港特别行政区法院命令案的请示的复函
　　（2011年9月28日）……………… 1206

◎ 指导案例
牡丹江市宏阁建筑安装有限责任公司诉牡丹江市华隆房地产开发有限责任公司、张继增建设工程施工合同纠纷案 …… 1206

二　海事诉讼

◎ 司法解释
最高人民法院关于如何确定沿海、内河货物运输赔偿请求权时效期间问题的批复
　　（2001年5月24日）……………… 1208
最高人民法院关于适用《中华人民共和国海事诉讼特别程序法》若干问题的解释
　　（2003年1月6日）………………… 1208
最高人民法院关于海事法院可否适用小额诉讼程序问题的批复
　　（2013年6月19日）……………… 1214
最高人民法院关于扣押与拍卖船舶适用法律若干问题的规定
　　（2015年2月28日）……………… 1214
最高人民法院关于海事诉讼管辖问题的规定
　　（存目　参见1058页）
最高人民法院关于海事法院受理案件范围的规定
　　（2016年2月24日）……………… 1216
最高人民法院关于审理发生在我国管辖海域相关案件若干问题的规定（一）
　　（存目　参见1059页）
最高人民法院关于审理发生在我国管辖海域相关案件若干问题的规定（二）
　　（存目　参见1060页）

◎ 司法文件
最高人民法院、公安部关于海事法院审判人员等处理海事案件登外轮问题的通知
　　（1986年10月25日）……………… 1219
最高人民法院关于执行领事条约中对派遣国船舶实行强制措施时保护条款的通知
　　（1994年1月14日）……………… 1219
最高人民法院关于学习宣传贯彻海事诉讼特别程序法的通知
　　（2000年2月28日）……………… 1220
最高人民法院关于指定上海海事法院管辖与中国海事仲裁委员会上海分会相关的海事仲裁司法审查案件的通知
　　（2005年5月27日）……………… 1220

◎ 请示答复
最高人民法院关于是否支持土耳其船东复议申请释放所扣押船舶的请示的复函
　　（2003年8月15日）……………… 1221
最高人民法院关于黑龙江鸿昌国际货物运输代理有限公司申请撤销中国海事仲裁委员会仲裁裁决案的复函
　　（2003年12月10日）……………… 1223

◎ 指导案例
1. 中海发展股份有限公司货轮公司申请设立海事赔偿责任限制基金案 …… 1225
2. 阿斯特克有限公司申请设立海事赔偿责任限制基金案 …………………… 1227

◎ 法规链接
中华人民共和国海事诉讼特别程序法
　　（1999年12月25日）……………… 1228

三　商事仲裁

◎ 司法解释
最高人民法院关于适用《中华人民共和国仲裁法》若干问题的解释
　　（2006年8月23日）……………… 1238

最高人民法院关于审理当事人申请撤销仲裁裁决案件几个具体问题的批复
（1998年7月21日） …………… 1240
最高人民法院关于确认仲裁协议效力几个问题的批复
（1998年10月26日） …………… 1240
最高人民法院关于当事人对人民法院撤销仲裁裁决的裁定不服申请再审人民法院是否受理问题的批复
（1999年2月11日） …………… 1241
最高人民法院关于人民检察院对撤销仲裁裁决的民事裁定提起抗诉，人民法院应如何处理问题的批复
（2000年7月10日） …………… 1241
最高人民法院关于人民检察院对不撤销仲裁裁决的民事裁定提出抗诉人民法院应否受理问题的批复
（2000年12月13日） …………… 1241
最高人民法院关于当事人对驳回其申请撤销仲裁裁决的裁定不服而申请再审，人民法院不予受理问题的批复
（2004年7月26日） …………… 1241
最高人民法院关于对上海市高级人民法院等就涉及中国国际经济贸易仲裁委员会及其原分会等仲裁机构所作仲裁裁决司法审查案件请示问题的批复
（2015年7月15日） …………… 1242

◎ 司法文件

最高人民法院关于实施《中华人民共和国仲裁法》几个问题的通知
（1997年3月26日） …………… 1243
最高人民法院关于不得以裁决书送达超过期限而裁定撤销仲裁裁决的通知
（1997年4月6日） …………… 1243
最高人民法院关于人民法院撤销涉外仲裁裁决有关事项的通知
（1998年4月23日） …………… 1243
最高人民法院关于现职法官不得担任仲裁员的通知
（2004年7月13日） …………… 1244

◎ 请示答复

最高人民法院关于安徽国泰物业有限公司申请确认仲裁协议效力一案的复函
（2000年8月14日） …………… 1244
最高人民法院关于中化国际石油（巴哈马）有限公司诉海南昌盛石油开发有限公司购销合同纠纷案中仲裁协议效力问题的复函
（2000年12月5日） …………… 1244
最高人民法院关于广州市东方酒店集团有限公司申请撤销仲裁裁决一案的复函
（2001年4月27日） …………… 1245
最高人民法院关于不承认及执行伦敦最终仲裁裁决案的请示的复函
（2001年9月11日） …………… 1245
最高人民法院关于内蒙古至诚矿业有限公司与南非华金国际集团有限公司合资经营纠纷一案中仲裁条款效力问题的函
（2002年4月13日） …………… 1245
最高人民法院关于仲裁协议无效是否可以裁定不予执行的处理意见
（2002年6月20日） …………… 1246
最高人民法院关于朱裕华与上海海船厨房设备金属制品厂申请撤销仲裁裁决再审一案的请示的报告的复函
（2007年9月18日） …………… 1246
最高人民法院关于上海城通轨道交通投资开发建设有限公司、林敏申请撤销仲裁裁决一案的请示的复函
（2007年9月18日） …………… 1247
最高人民法院关于确认成都七彩服装有限责任公司与创始时装有限公司专营合同中仲裁条款效力一案的请示的复函
（2007年9月18日） …………… 1250
最高人民法院关于香港永开利企业公司申请执行中国国际经济贸易仲裁委员会〔1996〕贸仲字第0109号仲裁裁决一案请示的复函
（2007年10月23日） …………… 1253

最高人民法院关于俞影如申请撤销仲裁
　裁决一案的请示的复函
　　（2007年10月23日） 1255
最高人民法院关于宝源贸易公司与余建
　国买卖合同中仲裁条款的请示的复函
　　（2007年11月29日） 1259
最高人民法院关于天津市和平区经济贸
　易委员会与天津狗不理包子速冻食品
　有限公司、香港浩平发展有限公司申
　请解散公司纠纷一案仲裁条款效力问
　题的请示的复函
　　（2008年1月7日） 1260
最高人民法院关于马绍尔群岛第一投资
　公司申请承认和执行英国伦敦临时仲
　裁庭仲裁裁决案的复函
　　（2008年2月27日） 1262
最高人民法院关于《不予承认日本商事
　仲裁协会东京04—05号仲裁裁决的报
　告》的复函
　　（2008年3月3日） 1266
最高人民法院关于订有仲裁条款的合同
　一方当事人不出庭应诉应如何处理的
　复函
　　（2008年3月26日） 1278
最高人民法院关于（香港）安信医用包
　装有限公司诉东莞威泓塑五金制品厂
　有限公司、（维尔京群岛）新冠誉实业
　有限公司土地使用权转让合同纠纷一
　案仲裁条款效力的请示的复函
　　（2008年4月5日） 1279
最高人民法院关于润和发展有限公司申
　请不予执行仲裁裁决一案的审查报告
　的复函
　　（2008年5月8日） 1280
最高人民法院关于魏北鸿利有限公司申
　请撤销珠海仲裁委员会涉外仲裁裁决
　一案的请示的答复
　　（2008年5月27日） 1285
最高人民法院关于杨志红申请撤销广州
　仲裁委员会涉港仲裁裁决一案的请示
　的答复
　　（2008年7月24日） 1289

最高人民法院关于宜昌鸿兴实业开发公
　司申请撤销中国国际经济贸易仲裁委
　员会〔2006〕中国贸仲京裁字第0348
　号裁决一案的请示的答复
　　（2008年7月25日） 1292
最高人民法院关于对中海发展股份有限
　公司货轮公司申请承认伦敦仲裁裁决
　一案的请示报告的答复
　　（2008年8月6日） 1295
最高人民法院关于加拿大摩耐克有限公
　司申请确认仲裁条款无效一案的请示
　的答复
　　（2008年8月14日） 1301
最高人民法院关于裁定不予承认和执行
　社团法人日本商事仲裁协会东京05—
　03号仲裁裁决的报告的答复
　　（2008年9月10日） 1303
最高人民法院关于韩国大成G—3株式会
　社与长春市元大汽车工程贸易有限公司
　撤销仲裁裁决纠纷一案的请示的答复
　　（2008年10月21日） 1316
最高人民法院关于马山集团有限公司与
　韩国成东造船海洋株式会社、荣成成
　东造船海洋有限公司委托合同纠纷一
　案仲裁条款效力的请示的答复
　　（2008年10月30日） 1318
最高人民法院关于承认和执行美国争议
　解决中心26-435-08号仲裁裁决一
　案的请示的复函
　　（2011年6月30日） 1320
最高人民法院关于Salzgitter Mannesmann
　International GmbH与江苏省对外经贸股
　份有限公司之间仲裁协议效力的复函
　　（2011年8月26日） 1321
最高人民法院关于对烟台绿丰环保设备
　有限公司与荣升集团（香港）有限公
　司解除合同纠纷一案中仲裁条款效力
　问题的请示的复函
　　（2011年10月27日） 1321
最高人民法院关于对兴鹏有限公司诉韩
　国高丽海运株式会社海上货物运输合
　同纠纷一案中仲裁条款效力问题的请

示的复函
   （2011年11月3日）............ 1322
最高人民法院关于巴柏赛斯船舶科技有限公司诉蓬莱市渤海造船有限公司船舶建造合同纠纷一案仲裁条款效力问题的请示的复函
   （2011年12月8日）............ 1322
最高人民法院关于德宝（远东）有限公司申请执行湖北省鹰台经济发展公司合作合同纠纷一案中不予执行涉外仲裁裁决的请示的复函
   （2011年12月14日）........... 1323
最高人民法院关于宁波市北仑利成润滑油有限公司与祛臭力驰公司买卖合同纠纷一案仲裁条款效力问题请示的复函
   （2013年12月5日）............ 1323
最高人民法院关于对江苏省高级人民法院就香港柏藤贸易有限公司诉云南惠嘉进出口贸易有限公司买卖合同纠纷一案仲裁条款效力问题的请示的复函
   （2016年5月25日）............ 1324

◎ 地方司法文件
广东省高级人民法院关于办理申请不予执行仲裁裁决案件的若干规定（试行）
   （2009年3月2日）............. 1325
北京市高级人民法院关于印发《北京市高级人民法院国内商事仲裁裁决司法审查工作要点》的通知
   （2013年3月7日）............. 1326

◎ 指导案例
华建电子有限责任公司、华建机器翻译有限公司与广州科技风险投资有限公司、谢雄平、张贺平、仇绍明、黄若浩合作协议纠纷案 1332

◎ 法规链接
中华人民共和国仲裁法
   （2017年9月1日）............. 1340

附录一：废止的司法解释目录 1346
（一）最高人民法院
1. 最高人民法院予以废止的1993年底以前发布的司法解释目录（第一批）... 1346
2. 最高人民法院决定废止的1979年至1989年间发布的司法解释目录（第二批）............................ 1348
3. 最高人民法院予以废止的1999年底以前发布的有关司法解释目录（第三批）............................ 1357
4. 最高人民法院予以废止的2000年底以前发布的有关司法解释目录（第四批）............................ 1359
5. 最高人民法院予以废止的2000年底以前发布的有关司法解释目录（第五批）............................ 1362
6. 最高人民法院予以废止的2000年底以前发布的有关司法解释目录（第六批）............................ 1365
7. 最高人民法院予以废止的2007年底以前发布的有关司法解释目录（第七批）............................ 1367
8. 最高人民法院予以废止的1979年底以前发布的有关司法解释目录（第八批）............................ 1369
9. 最高人民法院予以废止的1980年1月1日至1997年6月30日期间发布的部分司法解释和司法解释性质文件目录（第九批）.................. 1382
10. 最高人民法院予以废止的1997年7月1日至2011年12月31日期间发布的有关司法解释目录（第十批）..... 1424
11. 最高人民法院决定废止的部分司法解释和司法解释性质文件目录（第十一批）........................... 1433
12. 最高人民法院关于废止部分司法解释和司法解释性质文件（第十二批）的决定 1435
13. 《最高人民法院关于统一行使死刑案件核准权有关问题的决定》废止的有关司法解释目录 1437
14. 最高人民法院关于废止部分司法解释（第十三批）的决定 1438
15. 最高人民法院关于对部分规范性文件予以修改或废止的通知 1448

16. 最高人民法院关于废止部分司法解释及相关规范性文件的决定 …… 1451
(二) 最高人民检察院
17. 最高人民检察院宣布废止的司法解释和业务文件目录 ……… 1460
18. 《最高人民检察院关于废止部分司法解释和规范性文件的决定》废止的司法解释和文件目录 ……… 1463
19. 最高人民检察院关于废止部分司法解释和司法解释性质文件的决定 …… 1482
20. 最高人民检察院关于废止 1979 年底以前制发的部分司法解释性质文件的决定 ……… 1486
21. 最高人民检察院关于废止 1980 年 1 月 1 日至 1997 年 6 月 30 日期间制发的部分司法解释和司法解释性质文件的决定 ……… 1487
22. 最高人民检察院关于废止 1997 年 7 月 1 日至 2012 年 6 月 30 日期间制发的部分司法解释性质文件的决定 …… 1491
23. 最高人民检察院关于废止部分司法解释和司法解释性质文件的决定 …… 1493
24. 最高人民检察院关于废止部分司法解释性质文件和规范性文件的决定 … 1495
25. 最高人民检察院关于废止部分司法解释和司法解释性质文件的决定 … 1502
(三) 最高人民法院、最高人民检察院
26. 最高人民法院、最高人民检察院予以废止的 1993 年底以前联合发布的司法解释目录（第一批） ……… 1504
27. 最高人民法院、最高人民检察院关于废止部分司法解释和规范性文件的决定 ……… 1505
28. 最高人民法院、最高人民检察院关于废止 1979 年底以前制发的部分司法解释和司法解释性质文件的决定 … 1510
29. 最高人民法院、最高人民检察院关于废止 1980 年 1 月 1 日至 1997 年 6 月 30 日期间制发的部分司法解释和司法解释性质文件的决定 ……… 1512
30. 最高人民法院、最高人民检察院关于废止 1997 年 7 月 1 日至 2011 年 12 月 31 日期间制发的部分司法解释和司法解释性质文件的决定 ……… 1518

附录二：最高人民法院、最高人民检察院司法解释一览 …………… 1519

商事实体法

一 综 合

◎ 司法文件

最高人民法院关于印发《全国法院民商事审判工作会议纪要》的通知

- 2019年11月8日
- 法〔2019〕254号

各省、自治区、直辖市高级人民法院,解放军军事法院,新疆维吾尔自治区高级人民法院生产建设兵团分院:

《全国法院民商事审判工作会议纪要》(以下简称《会议纪要》)已于2019年9月11日经最高人民法院审判委员会民事行政专业委员会第319次会议原则通过。为便于进一步学习领会和正确适用《会议纪要》,特作如下通知:

一、充分认识《会议纪要》出台的意义

《会议纪要》针对民商事审判中的前沿疑难争议问题,在广泛征求各方面意见的基础上,经最高人民法院审判委员会民事行政专业委员会讨论决定。《会议纪要》的出台,对统一裁判思路,规范法官自由裁量权,增强民商事审判的公开性、透明度以及可预期性,提高司法公信力具有重要意义。各级人民法院要正确把握和理解适用《会议纪要》的精神实质和基本内容。

二、及时组织学习培训

为使各级人民法院尽快准确理解掌握《会议纪要》的内涵,在案件审理中正确理解适用,各级人民法院要在妥善处理好工学关系的前提下,通过多种形式组织学习培训,做好宣传工作。

三、准确把握《会议纪要》的应用范围

纪要不是司法解释,不能作为裁判依据进行援引。《会议纪要》发布后,人民法院尚未审结的一审、二审案件,在裁判文书"本院认为"部分具体分析法律适用的理由时,可以根据《会议纪要》的相关规定进行说理。

对于适用中存在的问题,请层报最高人民法院。

全国法院民商事审判工作会议纪要

目 录

引言
一、关于民法总则适用的法律衔接
二、关于公司纠纷案件的审理
三、关于合同纠纷案件的审理
四、关于担保纠纷案件的审理
五、关于金融消费者权益保护纠纷案件的审理
六、关于证券纠纷案件的审理
七、关于营业信托纠纷案件的审理
八、关于财产保险合同纠纷案件的审理
九、关于票据纠纷案件的审理
十、关于破产纠纷案件的审理
十一、关于案外人救济案件的审理
十二、关于民刑交叉案件的程序处理

引 言

为全面贯彻党的十九大和十九届二中、三中全会以及中央经济工作会议、中央政法工作会议、全国金融工作会议精神,研究当前形势下如何进一步加强人民法院民商事审判工作,着力提升民商事审判工作能力和水平,为我国经济高质量发展提供更加有力的司法服务和保障,最高人民法院于2019年7月3日至4日在黑龙江省哈尔滨市召开了全国法院民商事审判工作会议。最高人民法院党组书记、院长周强同志出席会议并讲话。各省、自治区、直辖市高级人民法院分管民商事审判工作的副院长、承担民商事案件审判任务的审判庭庭长、解放军军事法院的代表、最高人民法院有关部门负责人在主会场出席会议,地方各级人民法院的其他负责同志和民商事审判法官在各地分会场通过视频参加会议。中央政法委、全国人大常委会法工委的代表、部分全国人大代表、全国政协委员、最高人民法院特约监督员、专家学者应邀参加会议。

会议认为,民商事审判工作必须坚持正确的政治方向,必须以习近平新时代中国特色社会主义思想武装头脑、指导实践、推动工作。一要坚持党的绝对领导。这是中国特色社会主义司法制度的本质特征和根本要求,是人民法院永远不

变的根和魂。在民商事审判工作中,要切实增强"四个意识"、坚定"四个自信"、做到"两个维护",坚定不移走中国特色社会主义法治道路。二要坚持服务党和国家大局。认清形势,高度关注中国特色社会主义进入新时代背景下经济社会的重大变化、社会主要矛盾的历史性变化、各类风险隐患的多元多变,提高服务大局的自觉性、针对性,主动作为,勇于担当,处理好依法办案和服务大局的辩证关系,着眼于贯彻落实党中央的重大决策部署,维护人民群众的根本利益、维护法治的统一。三要坚持司法为民。牢固树立以人民为中心的发展思想,始终坚守人民立场,胸怀人民群众,满足人民需求,带着对人民群众的深厚感情和强烈责任感去做好民商事审判工作。在民商事审判工作中要弘扬社会主义核心价值观,注意情理法的交融平衡,做到以法为据、以理服人、以情感人,既要义正辞严讲清法理,又要循循善诱讲明事理,还要感同身受讲透情理,争取广大人民群众和社会的理解与支持。要建立健全方便人民群众诉讼的民商事审判工作机制。四要坚持公正司法。公平正义是中国特色社会主义制度的内在要求,也是我党治国理政的一贯主张。司法是维护社会公平正义的最后一道防线,必须把公平正义作为生命线,必须把公平正义作为镌刻在心中的价值坐标,必须把"努力让人民群众在每一个司法案件中感受到公平正义"作为矢志不渝的奋斗目标。

会议指出,民商事审判工作要树立正确的审判理念。注意辩证理解并准确把握契约自由、平等保护、诚实信用、公序良俗等民商事审判基本原则;注意树立请求权基础思维、逻辑和价值相一致思维、同案同判思维,通过检索类案、参考指导案例等方式统一裁判尺度,有效防止滥用自由裁量权;注意处理好商事审判与行政监管的关系,通过穿透式审判思维,查明当事人的真实意思,探求真实法律关系;特别注意外观主义系民商法上的学理概括,并非现行法律规定的原则,现行法律只是规定了体现外观主义的具体规则,如《物权法》第106条规定的善意取得,《合同法》第49条、《民法总则》第172条规定的表见代理,《合同法》第50条规定的越权代表,审判实务中应当依照有关具体法律规则进行判断,类推适用亦应当以法律规则设定的情形、条件为基础。从现行法律规则看,外观主义是为保护交易安全设置的例外规定,一般适用于因合理信赖权利外观或意思表示外观的交易行为。实际权利人与名义权利人的关系,应注重财产的实质归属,而不单纯地取决于公示外观。总之,审判实务中要准确把握外观主义的适用边界,避免泛化和滥用。

会议对当前民商事审判工作中的一些疑难法律问题取得了基本一致的看法,现纪要如下:

一、关于民法总则适用的法律衔接

会议认为,民法总则施行后至民法典施行前,拟编入民法典但尚未完成修订的物权法、合同法等民商事基本法,以及不编入民法典的公司法、证券法、信托法、保险法、票据法等民商事特别法,均可能存在与民法总则规定不一致的情形。人民法院应当依照《立法法》第92条、《民法总则》第11条等规定,综合考虑新的规定优于旧的规定、特别规定优于一般规定等法律适用规则,依法处理好民法总则与相关法律的衔接问题,主要是处理好与民法通则、合同法、公司法的关系。

1.【民法总则与民法通则的关系及其适用】民法通则既规定了民法的一些基本制度和一般性规则,也规定了合同、所有权及其他财产权、知识产权、民事责任、涉外民事法律关系适用等具体内容。民法总则基本吸收了民法通则规定的基本制度和一般性规则,同时作了补充、完善和发展。民法通则规定的合同、所有权及其他财产权、民事责任等具体内容还需要在编撰民法典各分编时作进一步统筹,系统整合。因民法总则施行后暂不废止民法通则,在此之前,民法总则与民法通则规定不一致的,根据新的规定优于旧的规定的法律适用规则,适用民法总则的规定。最高人民法院已依民法总则制定了关于诉讼时效问题的司法解释,而原依据民法通则制定的关于诉讼时效的司法解释,只要与民法总则不冲突,仍可适用。

2.【民法总则与合同法的关系及其适用】根据民法典编撰工作"两步走"的安排,民法总则施行后,目前正在进行民法典的合同编、物权编等各分编的编撰工作。民法典施行后,合同法不再保留。在这之前,因民法总则施行前成立的合同发生的纠纷,原则上适用合同法的有关规定处理。因民法总则施行后成立的合同发生的纠纷,如果合同法"总则"对此的规定与民法总则的规定不一致的,根据新的规定优于旧的规定的法律适用规则,适用民法总则的规定。例如,关于欺诈、胁迫问题,根据合同法的规定,只有合同当事人之间存在欺诈、胁迫行为的,被欺诈、胁迫一方才享有撤销合同的权利。而依民法总则的规定,第三人实施的欺诈、胁迫行为,被欺诈、胁迫一方也有撤销合同的权利。另外,合同法视欺诈、胁迫行为所损害利益的不同,对合同效力作出了不同规定:损害合同当事人利益的,属于可撤销或者可变更合同;损害国家利益的,则属于无效合同。民法总则则未加区别,规定一律按可撤销合同对待。再如,关于显失公平问题,合同法将显失公平与乘人之危作为两类不同的可撤销或者可变更合同事由,而民法总则则将二者合并为一类可撤销合同事由。

民法总则施行后发生的纠纷,在民法典施行前,如果合同法"分则"对此的规定与民法总则不一致的,根据特别规定优于一般规定的法律适用规则,适用合同法"分则"的规定。例如,民法总则仅规定了显名代理,没有规定《合同法》第402条的隐名代理和第403条的间接代理。在民法典施行前,这两条规定应当继续适用。

3.【民法总则与公司法的关系及其适用】民法总则与公司法的关系,是一般法与商事特别法的关系。民法总则第三章"法人"第一节"一般规定"和第二节"营利法人"基本上是根据公司法的有关规定提炼的,二者的精神大体一致。因此,涉及民法总则这一部分的内容,规定一致的,适用民法总则或者公司法皆可;规定不一致的,根据《民法总则》第11条有关"其他法律对民事关系有特别规定的,依照其规定"的规定,原则上应当适用公司法的规定。但应当注意也有例外情况,主要表现在两个方面:一是就同一事项,民法总则制定时有意修正公司法有关条款的,应当适用民法总则的规定。例如,《公司法》第32条第3款规定:"公司应当将股东的姓名或者名称及其出资额向公司登记机关登记;登记事项发生变更的,应当办理变更登记。未经登记或者变更登记的,不得对抗第三人。"而《民法总则》第65条的规定则把"不得对抗第三人"修正为"不得对抗善意相对人"。经查询有关立法理由,可以认为,此种情况应当适用民法总则的规定。二是民法总则在公司法规定基础上增加了新内容的,如《公司法》第22条第2款就公司决议的撤销问题进行了规定,《民法总则》第85条在该条基础上增加规定:"但是营利法人依据该决议与善意相对人形成的民事法律关系不受影响。"此时,也应当适用民法总则的规定。

4.【民法总则的时间效力】根据"法不溯及既往"的原则,民法总则原则上没有溯及力,故只能适用于施行后发生的法律事实;民法总则施行前发生的法律事实,适用当时的法律;某一法律事实发生在民法总则施行前,其行为延续至民法总则施行后的,适用民法总则的规定。但要注意有例外情形,如虽然法律事实发生在民法总则施行前,但当时的法律对此没有规定而民法总则有规定的,例如,对于虚伪意思表示、第三人实施欺诈行为,合同法均无规定,发生纠纷后,基于"法官不得拒绝裁判"规则,可以将民法总则的相关规定作为裁判依据。又如,民法总则施行前成立的合同,根据当时的法律应当认定无效,而根据民法总则应当认定有效或者可撤销的,应当适用民法总则的规定。

在民法总则无溯及力的场合,人民法院应当依据法律事实发生时的法律进行裁判,但如果法律事实发生时的法律虽有规定,但内容不具体、不明确的,如关于无权代理在被代理人不予追认时的法律后果,民法通则和合同法均规定由行为人承担民事责任,但对民事责任的性质和方式没有规定,而民法总则对此有明确且详细的规定,人民法院在审理案件时,就可以在裁判文书的说理部分将民法总则规定的内容作为解释法律事实发生时法律规定的参考。

二、关于公司纠纷案件的审理

会议认为,审理好公司纠纷案件,对于保护交易安全和投资安全,激发经济活力,增强投资创业信心,具有重要意义。要依法协调好公司债权人、股东、公司等各种利益主体之间的关系,处理好公司外部与内部的关系,解决好公司自治与司法介入的关系。

(一)关于"对赌协议"的效力及履行

实践中俗称的"对赌协议",又称估值调整协议,是指投资方与融资方在达成股权性融资协议时,为解决交易双方对目标公司未来发展的不确定性、信息不对称以及代理成本而设计的包含了股权回购、金钱补偿等对未来目标公司的估值进行调整的协议。从订立"对赌协议"的主体来看,有投资方与目标公司的股东或者实际控制人"对赌"、投资方与目标公司"对赌"、投资方与目标公司的股东、目标公司"对赌"等形式。人民法院在审理"对赌协议"纠纷案件时,不仅应当适用合同法的相关规定,还应当适用公司法的相关规定;既要坚持鼓励投资方对实体企业特别是科技创新企业投资原则,从而在一定程度上缓解企业融资难问题,又要贯彻资本维持原则和保护债权人合法权益原则,依法平衡投资方、公司债权人、公司之间的利益。对于投资方与目标公司的股东或者实际控制人订立的"对赌协议",如无其他无效事由,认定有效并支持实际履行,实践中并无争议。但投资方与目标公司订立的"对赌协议"是否有效以及能否实际履行,存在争议。对此,应当把握如下处理规则:

5.【与目标公司"对赌"】投资方与目标公司订立的"对赌协议"在不存在法定无效事由的情况下,目标公司仅以存在股权回购或者金钱补偿约定为由,主张"对赌协议"无效的,人民法院不予支持,但投资方主张实际履行的,人民法院应当审查是否符合公司法关于"股东不得抽逃出资"及股份回购的强制性规定,判决是否支持其诉讼请求。

投资方请求目标公司回购股权的,人民法院应当依据《公司法》第35条关于"股东不得抽逃出资"或者第142条关于股份回购的强制性规定进行审查。经审查,目标公司未完成减资程序的,人民法院应当驳回其诉讼请求。

投资方请求目标公司承担金钱补偿义务的,人民法院应当依据《公司法》第35条关于"股东不得抽逃出资"和第166条关于利润分配的强制性规定进行审查。经审查,目标公司没有利润或者虽有利润但不足以补偿投资方的,人民法院应当驳回或者部分支持其诉讼请求。今后目标公司有利润时,投资方还可以依据该事实另行提起诉讼。

(二)关于股东出资加速到期及表决权

6.【股东出资应否加速到期】在注册资本认缴制下,股东依法享有期限利益。债权人以公司不能清偿到期债务为由,请求未届出资期限的股东在未出资范围内对公司不能清偿的债务承担补充赔偿责任的,人民法院不予支持。但是,下列情形除外:

(1)公司作为被执行人的案件,人民法院穷尽执行措施无财产可供执行,已具备破产原因,但不申请破产的;

(2)在公司债务产生后,公司股东(大)会决议或以其他方式延长股东出资期限的。

7.【表决权能否受限】股东认缴的出资未届履行期限,对未缴纳部分的出资是否享有以及如何行使表决权等问题,应当根据公司章程来确定。公司章程没有规定的,应当按照认缴出资的比例确定。如果股东(大)会作出不按认缴出资比例而按实际出资比例或者其他标准确定表决权的决议,股东请求确认决议无效的,人民法院应当审查该决议是否符合修改公司章程所要求的表决程序,即必须经代表三分之二以上表决权的股东通过。符合的,人民法院不予支持;反之,则依法予以支持。

(三)关于股权转让

8.【有限责任公司的股权变动】当事人之间转让有限责任公司股权,受让人以其姓名或者名称已记载于股东名册为由主张其已经取得股权的,人民法院依法予以支持,但法律、行政法规规定应当办理批准手续生效的股权转让除外。未向公司登记机关办理股权变更登记的,不得对抗善意相对人。

9.【侵犯优先购买权的股权转让合同的效力】审判实践中,部分人民法院对公司法司法解释(四)第21条规定的理解存在偏差,往往以保护其他股东的优先购买权为由认定股权转让合同无效。准确理解该条规定,既要注意保护其他股东的优先购买权,也要注意保护股东以外的股权受让人的合法权益,正确认定有限责任公司的股东与股东以外的股权受让人订立的股权转让合同的效力。一方面,其他股东依法享有优先购买权,在其主张按照股权转让合同约定的同等条件购买股权的情况下,应当支持其诉讼请求,除非出现该条第1款规定的情形。另一方面,为保护股东以外的股权受让人的合法权益,股权转让合同如无其他影响合同效力的事由,应当认定有效。其他股东行使优先购买权,虽然股东以外的股权受让人关于继续履行股权转让合同的请求不能得到支持,但不影响其依约请求转让股东承担相应的违约责任。

(四)关于公司人格否认

公司人格独立和股东有限责任是公司法的基本原则。否认公司独立人格,由滥用公司法人独立地位和股东有限责任的股东对公司债务承担连带责任,是股东有限责任的例外情形,旨在矫正有限责任制度在特定法律事实发生时对债权人保护的失衡现象。在审判实践中,要准确把握《公司法》第20条第3款规定的精神。一是只有在股东实施了滥用公司法人独立地位及股东有限责任的行为,且该行为严重损害了公司债权人利益的情况下,才能适用。损害债权人利益,主要是指股东滥用权利使公司财产不足以清偿公司债权人的债权。二是只有实施了滥用法人独立地位和股东有限责任行为的股东才对公司债务承担连带清偿责任,而其他股东不应承担此责任。三是公司人格否认不是全面、彻底、永久地否定公司的法人资格,而只是在具体案件中依据特定的法律事实、法律关系,突破股东对公司债务不承担责任的一般规则,例外地判令其承担连带责任。人民法院在个案中否认公司人格的判决的既判力仅仅约束该诉讼的各方当事人,不当然适用于涉及该公司的其他诉讼,不影响公司独立法人资格的存续。如果其他债权人提起公司人格否认诉讼,已生效判决认定的事实可以作为证据使用。四是《公司法》第20条第3款规定的滥用行为,实践中常见的情形有人格混同、过度支配与控制、资本显著不足等。在审理案件时,需要根据查明的案件事实进行综合判断,既审慎适用,又当用则用。实践中存在标准把握不严而滥用这一例外制度的现象,同时也存在因法律规定较为原则、抽象,适用难度大,而不善于适用、不敢于适用的现象,均应当引起高度重视。

10.【人格混同】认定公司人格与股东人格是否存在混同,最根本的判断标准是公司是否具有独立意思和独立财产,最主要的表现是公司的财产与股东的财产是否混同且无法区分。在认定是否构成人格混同时,应当综合考虑以下因素:

(1)股东无偿使用公司资金或者财产,不作财务记载的;

(2)股东用公司的资金偿还股东的债务,或者将公司的资金供关联公司无偿使用,不作财务记载的;

(3)公司账簿与股东账簿不分,致使公司财产与股东财产无法区分的;

(4)股东自身收益与公司盈利不加区分,致使双方利益不清的;

(5)公司的财产记载于股东名下,由股东占有、使用的;

(6)人格混同的其他情形。

在出现人格混同的情况下,往往同时出现以下混同:公司业务和股东业务混同;公司员工与股东员工混同,特别是财务人员混同;公司住所与股东住所混同。人民法院在审理案件时,关键要审查是否构成人格混同,而不要求同时具备其他方面的混同,其他方面的混同往往只是人格混同的补强。

11.【过度支配与控制】公司控制股东对公司过度支配与控制,操纵公司的决策过程,使公司完全丧失独立性,沦为控制股东的工具或躯壳,严重损害公司债权人利益,应当否认公司人格,由滥用控制权的股东对公司债务承担连带责任。实践中常见的情形包括:

(1)母子公司之间或者子公司之间进行利益输送的;

(2)母子公司或者子公司之间进行交易,收益归一方,损失却由另一方承担的;

(3)先从原公司抽走资金,然后再成立经营目的相同或者类似的公司,逃避原公司债务的;

(4)先解散公司,再以原公司场所、设备、人员及相同或者相似的经营目的另设公司,逃避原公司债务的;

(5)过度支配与控制的其他情形。

控制股东或实际控制人控制多个子公司或者关联公司,滥用控制权使多个子公司或者关联公司财产边界不清、财务混同、利益相互输送，丧失人格独立性，沦为控股股东逃避债务、非法经营，甚至违法犯罪工具的，可以综合案件事实，否认子公司或者关联公司法人人格，判令承担连带责任。

12.【资本显著不足】资本显著不足指的是，公司设立后在经营过程中，股东实际投入公司的资本数额与公司经营所隐含的风险相比明显不匹配。股东利用较少资本从事力所不及的经营，表明其没有从事公司经营的诚意，实质是恶意利用公司独立人格和股东有限责任把投资风险转嫁给债权人。由于资本显著不足的判断标准有很大的模糊性，特别是要与公司采取"以小博大"的正常经营方式相区分，因此在适用时要十分谨慎，应当与其他因素结合起来综合判断。

13.【诉讼地位】人民法院在审理公司人格否认纠纷案件时，应当根据不同情形确定当事人的诉讼地位：

（1）债权人对债务人公司享有的债权已经由生效裁判确认，其另行提起公司人格否认诉讼，请求股东对公司债务承担连带责任的，列股东为被告，公司为第三人；

（2）债权人对债务人公司享有的债权提起诉讼的同时，一并提起公司人格否认诉讼，请求股东对公司债务承担连带责任的，列公司和股东为共同被告；

（3）债权人对债务人公司享有的债权尚未经生效裁判确认，直接提起公司人格否认诉讼，请求公司股东对公司债务承担连带责任的，人民法院应当向债权人释明，告知其追加公司为共同被告。债权人拒绝追加的，人民法院应当裁定驳回起诉。

（五）关于有限责任公司清算义务人的责任

关于有限责任公司股东清算责任的认定，一些案件的处理结果不适当地扩大了股东的清算责任。特别是实践中出现了一些职业债权人，从其他债权人处大批量最低价收购僵尸企业的"陈年旧账"后，对批量僵尸企业提起强制清算之诉，在获得人民法院对公司主要财产、账册、重要文件等灭失的认定后，根据公司法司法解释（二）第18条第2款的规定，请求有限责任公司的股东对公司债务承担连带清偿责任。有的人民法院没

有准确把握上述规定的适用条件，判决没有"怠于履行义务"的小股东或者虽"怠于履行义务"但与公司主要财产、账册、重要文件等灭失没有因果关系的小股东对公司债务承担远远超过其出资数额的责任，导致出现利益明显失衡的现象。需要明确的是，上述司法解释关于有限责任公司股东清算责任的规定，其性质是因股东怠于履行清算义务致使公司无法清算所应当承担的侵权责任。在认定有限责任公司股东是否应当对债权人承担侵权赔偿责任时，应当注意以下问题：

14.【怠于履行清算义务的认定】公司法司法解释（二）第18条第2款规定的"怠于履行义务"，是指有限责任公司的股东在法定清算事由出现后，在能够履行清算义务的情况下，故意拖延、拒绝履行清算义务，或者因过失导致无法进行清算的消极行为。股东举证证明其已经为履行清算义务采取了积极措施，或者小股东举证证明其既不是公司董事会或者监事会成员，也没有选派人员担任该机关成员，且从未参与公司经营管理，以不构成"怠于履行义务"为由，主张其不应当对公司债务承担连带清偿责任的，人民法院依法予以支持。

15.【因果关系抗辩】有限责任公司的股东举证证明其"怠于履行义务"的消极不作为与"公司主要财产、账册、重要文件等灭失，无法进行清算"的结果之间没有因果关系，主张其不应对公司债务承担连带清偿责任的，人民法院依法予以支持。

16.【诉讼时效期间】公司债权人请求股东对公司债务承担连带清偿责任，股东以公司债权人对公司的债权已经超过诉讼时效期间为由抗辩，经查证属实的，人民法院依法予以支持。

公司债权人以公司法司法解释（二）第18条第2款为依据，请求有限责任公司的股东对公司债务承担连带清偿责任的，诉讼时效期间自公司债权人知道或者应当知道公司无法进行清算之日起计算。

（六）关于公司为他人提供担保

关于公司为他人提供担保的合同效力问题，审判实践中裁判尺度不统一，严重影响了司法公信力，有必要予以规范。对此，应当把握以下

几点:

17.【违反《公司法》第16条构成越权代表】为防止法定代表人随意代表公司为他人提供担保给公司造成损失,损害中小股东利益,《公司法》第16条对法定代表人的代表权进行了限制。根据该条规定,担保行为不是法定代表人所能单独决定的事项,而必须以公司股东(大)会、董事会等公司机关的决议作为授权的基础和来源。法定代表人未经授权擅自为他人提供担保的,构成越权代表,人民法院应当根据《合同法》第50条关于法定代表人越权代表的规定,区分订立合同时债权人是否善意分别认定合同效力:债权人善意的,合同有效;反之,合同无效。

18.【善意的认定】前条所称的善意,是指债权人不知道或者不应当知道法定代表人超越权限订立担保合同。《公司法》第16条对关联担保和非关联担保的决议机关作出了区别规定,相应地,在善意的判断标准上也应当有所区别。一种情形是,为公司股东或者实际控制人提供关联担保,《公司法》第16条明确规定必须由股东(大)会决议,未经股东(大)会决议,构成越权代表。在此情况下,债权人主张担保合同有效,应当提供证据证明其在订立合同时对股东(大)会决议进行了审查,决议的表决程序符合《公司法》第16条的规定,即在排除被担保股东表决权的情况下,该项表决由出席会议的其他股东所持表决权的过半数通过,签字人员也符合公司章程的规定。另一种情形是,公司为公司股东或者实际控制人以外的人提供非关联担保,根据《公司法》第16条的规定,此时由公司章程规定是由董事会决议还是股东(大)会决议。无论章程是否对决议机关作出规定,也无论章程规定决议机关为董事会还是股东(大)会,根据《民法总则》第61条第3款关于"法人章程或者法人权力机构对法定代表人代表权的限制,不得对抗善意相对人"的规定,只要债权人能够证明其在订立担保合同时对董事会决议或者股东(大)会决议进行了审查,同意决议的人数及签字人员符合公司章程的规定,就应当认定其构成善意,但公司能够证明债权人明知公司章程对决议机关有明确规定的除外。

债权人对公司机关决议内容的审查一般限于形式审查,只要求尽到必要的注意义务即可,标准不宜太过严苛。公司以机关决议系法定代表人伪造或者变造、决议程序违法、签章(名)不实、担保金额超过法定限额等事由抗辩债权人非善意的,人民法院一般不予支持。但是,公司有证据证明债权人明知决议系伪造或者变造的除外。

19.【无须机关决议的例外情况】存在下列情形的,即便债权人知道或者应当知道没有公司机关决议,也应当认定担保合同符合公司的真实意思表示,合同有效:

(1)公司是以为他人提供担保为主营业务的担保公司,或者是开展保函业务的银行或者非银行金融机构;

(2)公司为其直接或者间接控制的公司开展经营活动向债权人提供担保;

(3)公司与主债务人之间存在相互担保等商业合作关系;

(4)担保合同系由单独或者共同持有公司三分之二以上有表决权的股东签字同意。

20.【越权担保的民事责任】依据前述3条规定,担保合同有效,债权人请求公司承担担保责任的,人民法院依法予以支持;担保合同无效,债权人请求公司承担担保责任的,人民法院不予支持,但可以按照担保法及有关司法解释关于担保无效的规定处理。公司举证证明债权人明知法定代表人超越权限或者机关决议系伪造或者变造,债权人请求公司承担合同无效后的民事责任的,人民法院不予支持。

21.【权利救济】法定代表人的越权担保行为给公司造成损失,公司请求法定代表人承担赔偿责任的,人民法院依法予以支持。公司没有提起诉讼,股东依据《公司法》第151条的规定请求法定代表人承担赔偿责任的,人民法院依法予以支持。

22.【上市公司为他人提供担保】债权人根据上市公司公开披露的关于担保事项已经董事会或者股东大会决议通过的信息订立的担保合同,人民法院应当认定有效。

23.【债务加入准用担保规则】法定代表人以公司名义与债务人约定加入债务并通知债权人或者向债权人表示愿意加入债务,该约定的效力问题,参照本纪要关于公司为他人提供担保的有关规则处理。

（七）关于股东代表诉讼

24.【何时成为股东不影响起诉】股东提起股东代表诉讼,被告以行为发生时原告尚未成为公司股东为由抗辩该股东不是适格原告的,人民法院不予支持。

25.【正确适用前置程序】根据《公司法》第151条的规定,股东提起代表诉讼的前置程序之一是,股东必须先书面请求公司有关机关向人民法院提起诉讼。一般情况下,股东没有履行该前置程序的,应当驳回起诉。但是,该项前置程序针对的是公司治理的一般情况,即在股东向公司有关机关提出书面申请之时,存在公司有关机关提起诉讼的可能性。如果查明的相关事实表明,根本不存在该种可能性的,人民法院不应当以原告未履行前置程序为由驳回起诉。

26.【股东代表诉讼的反诉】股东依据《公司法》第151条第3款的规定提起股东代表诉讼后,被告以原告股东恶意起诉侵犯其合法权益为由提起反诉的,人民法院应予受理。被告以公司在案涉纠纷中应当承担侵权或者违约等责任为由对公司提出的反诉,因不符合反诉的要件,人民法院应当裁定不予受理;已经受理的,裁定驳回起诉。

27.【股东代表诉讼的调解】公司是股东代表诉讼的最终受益人,为避免因原告股东与被告通过调解损害公司利益,人民法院应当审查调解协议是否为公司的意思。只有在调解协议经公司股东(大)会、董事会决议通过后,人民法院才能出具调解书予以确认。至于具体决议机关,取决于公司章程的规定。公司章程没有规定的,人民法院应当认定公司股东(大)会为决议机关。

（八）其他问题

28.【实际出资人显名的条件】实际出资人能够提供证据证明有限责任公司过半数的其他股东知道其实际出资的事实,且对其实际行使股东权利未曾提出异议的,对实际出资人提出的登记为公司股东的请求,人民法院依法予以支持。公司以实际出资人的请求不符合公司法司法解释(三)第24条的规定为由抗辩的,人民法院不予支持。

29.【请求召开股东(大)会不可诉】公司召开股东(大)会本质上属于公司内部治理范围。股东请求判令公司召开股东(大)会的,人民法院应当告知其按照《公司法》第40条或者第101条规定的程序自行召开。股东坚持诉讼的,人民法院应当裁定不予受理;已经受理的,裁定驳回起诉。

三、关于合同纠纷案件的审理

会议认为,合同是市场化配置资源的主要方式,合同纠纷也是民商事纠纷的主要类型。人民法院在审理合同纠纷案件时,要坚持鼓励交易原则,充分尊重当事人的意思自治。要依法审慎认定合同效力。要根据诚实信用原则,合理解释合同条款、确定履行内容,合理确定当事人的权利义务关系,审慎适用合同解除制度,依法调整过高的违约金,强化对守约者诚信行为的保护力度,提高违法违约成本,促进诚信社会构建。

（一）关于合同效力

人民法院在审理合同纠纷案件过程中,要依职权审查合同是否存在无效的情形,注意无效与可撤销、未生效、效力待定等合同效力形态之间的区别,准确认定合同效力,并根据效力的不同情形,结合当事人的诉讼请求,确定相应的民事责任。

30.【强制性规定的识别】合同法施行后,针对一些人民法院动辄以违反法律、行政法规的强制性规定为由认定合同无效,不当扩大无效合同范围的情形,合同法司法解释(二)第14条将《合同法》第52条第5项规定的"强制性规定"明确限于"效力性强制性规定"。此后,《最高人民法院关于当前形势下审理民商事合同纠纷案件若干问题的指导意见》进一步提出了"管理性强制性规定"的概念,指出违反管理性强制性规定的,人民法院应当根据具体情形认定合同效力。随着这一概念的提出,审判实践中又出现了另一种倾向,有的人民法院认为凡是行政管理性质的强制性规定都属于"管理性强制性规定",不影响合同效力。这种望文生义的认定方法,应予纠正。

人民法院在审理合同纠纷案件时,要依据《民法总则》第153条第1款和合同法司法解释

(二)第14条的规定慎重判断"强制性规定"的性质,特别是要在考量强制性规定所保护的法益类型、违法行为的法律后果以及交易安全保护等因素的基础上认定其性质,并在裁判文书中充分说明理由。下列强制性规定,应当认定为"效力性强制性规定":强制性规定涉及金融安全、市场秩序、国家宏观政策等公序良俗的;交易标的禁止买卖的,如禁止人体器官、毒品、枪支等买卖;违反特许经营规定的,如场外配资合同;交易方式严重违法的,如违反招投标等竞争性缔约方式订立的合同;交易场所违法的,如在批准的交易场所之外进行期货交易。关于经营范围、交易时间、交易数量等行政管理性质的强制性规定,一般应当认定为"管理性强制性规定"。

31.【违反规章的合同效力】违反规章一般情况下不影响合同效力,但该规章的内容涉及金融安全、市场秩序、国家宏观政策等公序良俗的,应当认定合同无效。人民法院在认定规章是否涉及公序良俗时,要在考察规范对象基础上,兼顾监管强度、交易安全保护以及社会影响等方面进行慎重考量,并在裁判文书中进行充分说理。

32.【合同不成立、无效或者被撤销的法律后果】《合同法》第58条就合同无效或者被撤销时的财产返还责任和损害赔偿责任作了规定,但未规定合同不成立的法律后果。考虑到合同不成立时也可能发生财产返还和损害赔偿责任问题,故应当参照适用该条的规定。

在确定合同不成立、无效或者被撤销后财产返还或者折价补偿范围时,要根据诚实信用原则的要求,在当事人之间合理分配,不能使不诚信的当事人因合同不成立、无效或者被撤销而获益。合同不成立、无效或者被撤销情况下,当事人所承担的缔约过失责任不应超过合同履行利益。比如,依据《最高人民法院关于审理建设工程施工合同纠纷案件适用法律问题的解释》第2条规定,建设工程施工合同无效,在建设工程经竣工验收合格情况下,可以参照合同约定支付工程款,但除非增加了合同约定之外新的工程项目,一般不应超出合同约定支付工程款。

33.【财产返还与折价补偿】合同不成立、无效或者被撤销后,在确定财产返还时,要充分考虑财产增值或者贬值的因素。双务合同不成立、无效或者被撤销后,双方因该合同取得财产的,应当相互返还。应予返还的股权、房屋等财产相对于合同约定价款出现增值或者贬值的,人民法院要综合考虑市场因素、受让人的经营或者添附等行为与财产增值或者贬值之间的关联性,在当事人之间合理分配或者分担,避免一方因合同不成立、无效或者被撤销而获益。在标的物已经灭失、转售他人或者其他无法返还的情况下,当事人主张返还原物的,人民法院不予支持,但其主张折价补偿的,人民法院依法予以支持。折价时,应当以当事人交易时约定的价款为基础,同时考虑当事人在标的物灭失或者转售时的获益情况综合确定补偿标准。标的物灭失时当事人获得的保险金或者其他赔偿金,转售时取得的对价,均属于当事人因标的物而获得的利益。对获益高于或者低于价款的部分,也应当在当事人之间合理分配或者分担。

34.【价款返还】双务合同不成立、无效或者被撤销时,标的物返还与价款返还互为对待给付,双方应当同时返还。关于应否支付利息问题,只要一方对标的物有使用情形的,一般应当支付使用费,该费用可与占有价款一方应当支付的资金占用费相互抵销,故在一方返还原物前,另一方仅须支付本金,而无须支付利息。

35.【损害赔偿】合同不成立、无效或者被撤销时,仅返还财产或者折价补偿不足以弥补损失,一方还可以向有过错的另一方请求损害赔偿。在确定损害赔偿范围时,既要根据当事人的过错程度合理确定责任,又要考虑在确定财产返还范围时已经考虑过的财产增值或者贬值因素,避免双重获利或者双重受损的现象发生。

36.【合同无效时的释明问题】在双务合同中,原告起诉请求确认合同有效并请求继续履行合同,被告主张合同无效的,或者原告起诉请求确认合同无效并返还财产,而被告主张合同有效的,都要防止机械适用"不告不理"原则,仅就当事人的诉讼请求进行审理,而应向原告释明变更或者增加诉讼请求,或者向被告释明提出同时履行抗辩,尽可能一次性解决纠纷。例如,基于合同有给付行为的原告请求确认合同无效,但并未提出返还原物或者折价补偿、赔偿损失等请求的,人民法院应当向其释明,告知其一并提出相应诉讼请求;原告请求确认合同无效并要求被告返还原物或者赔偿损失,被告基于合同也有给付行为的,人民法院同样应当向被告释明,告知其也可以提出返还请求;人民法院经审理认定合同无效的,除了要在判决书"本院认为"部分对同时返还作出认定外,还应当在判项中作出明确表述,避免因判令单方返还而出现不公平的结果。

第一审人民法院未予释明,第二审人民法院认为应当对合同不成立、无效或者被撤销的法律后果作出判决的,可以直接释明并改判。当然,如果返还财产或者赔偿损失的范围确实难以确定或者双方争议较大的,也可以告知当事人通过另行起诉等方式解决,并在裁判文书中予以明确。

当事人按照释明变更诉讼请求或者提出抗辩的,人民法院应当将其归纳为案件争议焦点,组织当事人充分举证、质证、辩论。

37.【未经批准合同的效力】法律、行政法规规定某类合同应当办理批准手续生效的,如商业银行法、证券法、保险法等法律规定购买商业银行、证券公司、保险公司5%以上股权须经相关主管部门批准,依据《合同法》第44条第2款的规定,批准是合同的法定生效条件,未经批准的合同因欠缺法律规定的特别生效条件而未生效。实践中的一个突出问题是,把未生效合同认定为无效合同,或者虽认定为未生效,却按无效合同处理。无效合同从本质上来说是欠缺合同的有效要件,或者具有合同无效的法定事由,自始不发生法律效力。而未生效合同已具备合同的有效要件,对双方具有一定的拘束力,任何一方不得擅自撰回、解除、变更,但因欠缺法律、行政法规规定或当事人约定的特别生效条件,在该生效条件成就前,不能产生请求对方履行合同主要权利义务的法律效力。

38.【报批义务及相关违约条款独立生效】须经行政机关批准生效的合同,对报批义务及未履行报批义务的违约责任等相关内容作出专门约定的,该约定独立生效。一方因另一方不履行报批义务,请求解除合同并请求其承担合同约定的相应违约责任的,人民法院依法予以支持。

39.【报批义务的释明】须经行政机关批准生效的合同,一方请求另一方履行合同主要权利义务的,人民法院应当向其释明,将诉讼请求变更为请求履行报批义务。一方变更诉讼请求的,人民法院依法予以支持;经释明后当事人拒绝变更的,应当驳回其诉讼请求,但不影响其另行提起诉讼。

40.【判决履行报批义务后的处理】人民法院判决一方履行报批义务后,该当事人拒绝履行,经人民法院强制执行仍未履行,对方请求其承担合同违约责任的,人民法院依法予以支持。一方依据判决履行报批义务,行政机关予以批准,合同发生完全的法律效力,其请求对方履行合同的,人民法院依法予以支持;行政机关没有批准,合同不具有法律上的可履行性,一方请求解除合同的,人民法院依法予以支持。

41.【盖章行为的法律效力】司法实践中,有些公司有意刻制两套甚至多套公章,有的法定代表人或者代理人甚至私刻公章,订立合同时恶意加盖非备案的公章或者假公章,发生纠纷后法人以加盖的是假公章为由否定合同效力的情形并不鲜见。人民法院在审理案件时,应当主要审查签约人于盖章之时有无代表权或者代理权,从而根据代表或者代理的相关规则来确定合同的效力。

法定代表人或者其授权之人在合同上加盖法人公章的行为,表明其是以法人名义签订合同,除《公司法》第16条等法律对其职权有特别规定的情形外,应当由法人承担相应的法律后果。法人以法定代表人事后已无代表权、加盖的是假章、所盖之章与备案公章不一致等为由否定合同效力的,人民法院不予支持。

代理人以被代理人名义签订合同,要取得合法授权。代理人取得合法授权后,以被代理人名义签订的合同,应当由被代理人承担责任。被代理人以代理人事后已无代理权、加盖的是假章、所盖之章与备案公章不一致等为由否定合同效力的,人民法院不予支持。

42.【撤销权的行使】撤销权应当由当事人行使。当事人未请求撤销的,人民法院不应当依职权撤销合同。一方请求另一方履行合同,另一方以合同具有可撤销事由提出抗辩的,人民法院应当在审查合同是否具有可撤销事由以及是否超过法定期间等事实的基础上,对合同是否可撤销作出判断,不能仅以当事人未提起诉讼或者反诉为由不予审查或者不予支持。一方主张合同无效,依据的却是可撤销事由,此时人民法院应当全面审查合同是否具有无效事由以及当事人主张的可撤销事由。当事人关于合同无效的事由成立的,人民法院应当认定合同无效。当事人主张合同无效的理由不成立,而可撤销的事由成立的,因合同无效和可撤销的后果相同,人民法院也可以结合当事人的诉讼请求,直接判决撤销合同。

(二)关于合同履行与救济

在认定以物抵债协议的性质和效力时,要根据订立协议时履行期限是否已经届满予以区别对待。合同解除、违约责任等都是非违约方寻求救济的主要方式,人民法院在认定合同应否解除时,要根据当事人有无解除权、是约定解除还是法定解除等不同情形,分别予以处理。在确定违约责任时,尤其要注意依法适用违约金调整的相关规则,避免简单地以民间借贷利率的司法保护上限作为调整依据。

43.【抵销】抵销权既可以通知的方式行使,也可以提出抗辩或者提起反诉的方式行使。抵销的意思表示自到达对方时生效,抵销一经生效,其效力溯及自抵销条件成就之时,双方互负的债务在同等数额内消灭。双方互负的债务数额,是截至抵销条件成就之时各自负有的包括主债务、利息、违约金、赔偿金等在内的全部债务数额。行使抵销权一方享有的债权不足以抵销全部债务数额,当事人对抵销顺序又没有特别约定的,应当根据实现债权的费用、利息、主债务的顺序进行抵销。

44.【履行期届满后达成的以物抵债协议】当事人在债务履行期届满后达成以物抵债协议,抵债物尚未交付债权人,债权人请求债务人交付的,人民法院要着重审查以物抵债协议是否存在恶意损害第三人合法权益等情形,避免虚假诉讼的发生。经审查,不存在以上情况,且无其他无效事由的,人民法院依法予以支持。

当事人在一审程序中因达成以物抵债协议申请撤回起诉的,人民法院可予准许。当事人在二审程序中申请撤回上诉的,人民法院应当告知其申请撤回起诉。当事人申请撤回起诉,经审查

不损害国家利益、社会公共利益、他人合法权益的,人民法院可予准许。当事人不申请撤回起诉,请求人民法院出具调解书对以物抵债协议予以确认的,因债务人完全可以立即履行该协议,没有必要由人民法院出具调解书,故人民法院不应准许,同时应当继续对原债权债务关系进行审理。

45.【履行期届满前达成的以物抵债协议】当事人在债务履行期届满前达成以物抵债协议,抵债物尚未交付债权人,债权人请求债务人交付的,因此种情况不同于本纪要第71条规定的让与担保,人民法院应当向其释明,其应当根据原债权债务关系提起诉讼。经释明后当事人仍拒绝变更诉讼请求的,应当驳回其诉讼请求,但不影响其根据原债权债务关系另行提起诉讼。

46.【通知解除的条件】审判实践中,部分人民法院对合同法司法解释(二)第24条的理解存在偏差,认为不论发出解除通知的一方有无解除权,只要另一方未在异议期限内以起诉方式提出异议,就判令解除合同,这不符合合同法关于合同解除权行使的有关规定。对该条的准确理解是,只有享有法定或者约定解除权的当事人才能以通知方式解除合同。不享有解除权的一方向另一方发出解除通知,另一方即便未在异议期限内提起诉讼,也不发生合同解除的效果。人民法院在审理案件时,应当审查发出解除通知的一方是否享有约定或者法定的解除权来决定合同应否解除,不能仅以受通知一方在约定或者法定的异议期限届满内未起诉这一事实就认定合同已经解除。

47.【约定解除条件】合同约定的解除条件成就时,守约方以此为由请求解除合同的,人民法院应当审查违约方的违约程度是否显著轻微,是否影响守约方合同目的实现,根据诚实信用原则,确定合同应否解除。违约方的违约程度显著轻微,不影响守约方合同目的实现,守约方请求解除合同的,人民法院不予支持;反之,则依法予以支持。

48.【违约方起诉解除】违约方不享有单方解除合同的权利。但是,在一些长期性合同如房屋租赁合同履行过程中,双方形成合同僵局,一概不允许违约方通过起诉的方式解除合同,有时对

双方都不利。在此前提下,符合下列条件,违约方起诉请求解除合同的,人民法院依法予以支持:

(1)违约方不存在恶意违约的情形;
(2)违约方继续履行合同,对其显失公平;
(3)守约方拒绝解除合同,违反诚实信用原则。

人民法院判决解除合同的,违约方本应当承担的违约责任不能因解除合同而减少或者免除。

49.【合同解除的法律后果】合同解除时,一方依据合同中有关违约金、约定损害赔偿的计算方法、定金责任等违约责任条款的约定,请求另一方承担违约责任的,人民法院依法予以支持。

双务合同解除时人民法院的释明问题,参照本纪要第36条的相关规定处理。

50.【违约金过高标准及举证责任】认定约定违约金是否过高,一般应当以《合同法》第113条规定的损失为基础进行判断,这里的损失包括合同履行后可以获得的利益。除借款合同外的双务合同,作为对价的价款或者报酬给付之债,并非借款合同项下的还款义务,不能以受法律保护的民间借贷利率上限作为判断违约金是否过高的标准,而应当兼顾合同履行情况、当事人过错程度以及预期利益等因素综合确定。主张违约金过高的违约方应当对违约金是否过高承担举证责任。

(三)关于借款合同

人民法院在审理借款合同纠纷案件过程中,要根据防范化解重大金融风险、金融服务实体经济、降低融资成本的精神,区别对待金融借贷与民间借贷,并适用不同规则与利率标准。要依法否定高利转贷行为、职业放贷行为的效力,充分发挥司法的示范、引导作用,促进金融服务实体经济。要注意到,为深化利率市场化改革,推动降低实体利率水平,自2019年8月20日起,中国人民银行已经授权全国银行间同业拆借中心于每月20日(遇节假日顺延)9时30分公布贷款市场报价利率(LPR),中国人民银行贷款基准利率这一标准已经取消。因此,自此之后人民法院裁判贷款利息的基本标准应改为全国银行间同业拆借中心公布的贷款市场报价利率。应予注意的是,贷款利率标准尽管发生了变化,但存款基准利率并未发生相应变化,相关标准仍可适用。

51.【变相利息的认定】金融借款合同纠纷中,借款人认为金融机构以服务费、咨询费、顾问费、管理费等为名变相收取利息,金融机构或者由其指定的人收取的相关费用不合理的,人民法院可以根据提供服务的实际情况确定借款人应否支付或者酌减相关费用。

52.【高利转贷】民间借贷中,出借人的资金必须是自有资金。出借人套取金融机构信贷资金又高利转贷给借款人的民间借贷行为,既增加了融资成本,又扰乱了信贷秩序,根据民间借贷司法解释第14条第1项的规定,应当认定此类民间借贷行为无效。人民法院在适用该条规定时,应当注意把握以下几点:一是要审查出借人的资金来源。借款人能够举证证明在签订借款合同时出借人尚欠银行贷款未还的,一般可以推定为出借人套取信贷资金,但出借人能够举反证予以推翻的除外;二是从宽认定"高利"转贷行为的标准,只要出借人通过转贷行为为牟利的,就可以认定为是"高利"转贷行为;三是对该条规定的"借款人事先知道或者应当知道的"要件,不宜把握过苛。实践中,只要出借人在签订借款合同时存在尚欠银行贷款未还事实的,一般可以认为满足了该条规定的"借款人事先知道或者应当知道"这一要件。

53.【职业放贷人】未依法取得放贷资格的以民间借贷为业的法人,以及以民间借贷为业的非法人组织或者自然人从事的民间借贷行为,应当依法认定无效。同一出借人在一定期间内多次反复从事有偿民间借贷行为的,一般可以认定为是职业放贷人。民间借贷比较活跃的地方的高级人民法院或者经其授权的中级人民法院,可以根据本地区的实际情况制定具体的认定标准。

四、关于担保纠纷案件的审理

会议认为,要注意担保法及其司法解释与物权法对独立担保、混合担保、担保期间等有关制度的不同规定,根据新的规定优于旧的规定的法律适用规则,优先适用物权法的规定。从属性是担保的基本属性,要慎重认定独立担保行为的效力,将其严格限定在法律或者司法解释明确规定的情形。要根据区分原则,准确认定担保合同效力。要坚持物权法定、公示公信原则,区分不动产与动产担保物权在物权变动、效力规则等方面的异同,准确适用法律。要充分发挥担保对缓解融资难融资贵问题的积极作用,不轻易否定新类型担保、非典型担保的合同效力及担保功能。

(一)关于担保的一般规则

54.【独立担保】从属性是担保的基本属性,但由银行或者非银行金融机构开立的独立保函除外。独立保函纠纷案件依据《最高人民法院关于审理独立保函纠纷案件若干问题的规定》处理。需要进一步明确的是:凡是由银行或者非银行金融机构开立的符合该司法解释第1条、第3条规定情形的保函,无论是用于国际商事交易还是用于国内商事交易,均不影响保函的效力。银行或者非银行金融机构之外的当事人开立的独立保函,以及当事人有关排除担保从属性的约定,应当认定无效。但是,根据"无效法律行为的转换"原理,在否定其独立担保效力的同时,应当将其认定为从属性担保。此时,如果主合同有效,则担保合同有效,担保人与主债务人承担连带保证责任。主合同无效,则该所谓的独立担保也随之无效,担保人无过错的,不承担责任;担保人有过错的,其承担民事责任的部分,不应超过债务人不能清偿部分的三分之一。

55.【担保责任的范围】担保人承担的担保责任范围不应当大于主债务,是担保从属性的必然要求。当事人约定的担保责任的范围大于主债务的,如针对担保责任约定专门的违约责任、担保责任的数额高于主债务、担保责任约定的利息高于主债务利息、担保责任的履行期先于主债务履行期届满,等等,均应当认定大于主债务部分的约定无效,从而使担保责任缩减至主债务的范围。

56.【混合担保中担保人之间的追偿问题】被担保的债权既有保证又有第三人提供的物的担保的,担保法司法解释第38条明确规定,承担了担保责任的担保人可以要求其他担保人清偿其应当分担的份额。但《物权法》第176条并未作出类似规定,根据《物权法》第178条关于"担保法与本法的规定不一致的,适用本法"的规定,承担了担保责任的担保人向其他担保人追偿的,人民法院不予支持,但担保人在担保合同中约定可以相互追偿的除外。

57.【借新还旧的担保物权】贷款到期后,借款人与贷款人订立新的借款合同,将新贷用于归还旧贷,旧贷因清偿而消灭,为旧贷设立的物权也随之消灭。贷款人以旧贷上的担保物权尚未进行涂销登记为由,主张对新贷行使担保物权的,人民法院不予支持,但当事人约定继续为新贷提供担保的除外。

58.【担保债权的范围】以登记作为公示方式的不动产担保物权的担保范围,一般应当以登记的范围为准。但是,我国目前不动产担保物权登记,不同地区的系统设置及登记规则并不一致,人民法院在审理案件时应当充分注意制度设计上的差别,作出符合实际的判断:一是多数省区市的登记系统未设置"担保范围"栏目,仅有"被担保主债权数额(最高债权数额)"的表述,且只能填写固定数字。而当事人在合同中又往往约定担保物权的担保范围包括主债权及其利息、违约金等附属债权,致使合同约定的担保范围与登记不一致。显然,这种不一致是由于该地区登记系统设置及登记规则造成的该地区的普遍现象。人民法院以合同约定认定担保物权的担保范围,是符合实际的妥当选择。二是一些省区市不动产登记系统设置与登记规则比较规范,担保物权登记范围与合同约定一致在该地区是常态或者普遍现象,人民法院在审理案件时,应当以登记的担保范围为准。

59.【主债权诉讼时效届满的法律后果】抵押权人应当在主债权的诉讼时效期间内行使抵押权。抵押权人在主债权诉讼时效届满前未行使抵押权,抵押人在主债权诉讼时效届满后请求涂销抵押权登记的,人民法院依法予以支持。

以登记作为公示方法的权利质权,参照适用前款规定。

(二)关于不动产担保物权

60.【未办理登记的不动产抵押合同的效力】不动产抵押合同依法成立,但未办理抵押登记手续,债权人请求抵押人办理抵押登记手续的,人民法院依法予以支持。因抵押物灭失以及抵押物转让他人等原因不能办理抵押登记,债权人请求抵押人以抵押物的价值为限承担责任的,人民法院依法予以支持,但其范围不得超过抵押权有效设立时抵押人所应当承担的责任。

61.【房地分别抵押】根据《物权法》第182条之规定,仅以建筑物设定抵押的,抵押权的效力及于占用范围内的土地;仅以建设用地使用权抵押的,抵押权的效力亦及于其上的建筑物。在房地分别抵押,即建设用地使用权抵押给一个债权人,而其上的建筑物又抵押给另一个人的情况下,可能产生两个抵押权的冲突问题。基于"房地一体"规则,此时应当将建筑物和建设用地使用权视为同一财产,从而依照《物权法》第199条的规定确定清偿顺序:登记在先的先清偿;同时登记的,按照债权比例清偿。同一天登记的,视为同时登记。应予注意的是,根据《物权法》第200条的规定,建设用地使用权抵押后,该土地上新增的建筑物不属于抵押财产。

62.【抵押权随主债权转让】抵押权是从属于主合同的从权利,根据"从随主"规则,债权转让的,除法律另有规定或者当事人另有约定外,担保该债权的抵押权一并转让。受让人向抵押人主张行使抵押权,抵押人以受让人不是抵押合同的当事人、未办理变更登记等为由提出抗辩的,人民法院不予支持。

(三)关于动产担保物权

63.【流动质押的设立与监管人的责任】在流动质押中,经常由债权人、出质人与监管人订立三方监管协议,此时应当查明监管人究竟是受债权人的委托还是受出质人的委托监管质物,确定质物是否已经交付债权人,从而判断质权是否有效设立。如果监管人系受债权人的委托监管质物,则其是债权人的直接占有人,应当认定完成了质物交付,质权有效设立。监管人违反监管协议约定,违规向出质人放货、因保管不善导致质物毁损灭失,债权人请求监管人承担违约责任的,人民法院依法予以支持。

如果监管人系受出质人委托监管质物,表明质物并未交付债权人,应当认定质权未有效设立。尽管监管协议约定监管人系受债权人的委托监管质物,但有证据证明其并未履行监管职责,质物实际上仍由出质人管领控制的,也应当认定质物并未实际交付,质权未有效设立。此时,债权人可以基于质押合同的约定请求质押人承担违约责任,但其范围不得超过质权有效设立时质押人所应当承担的责任。监管人未履行监管职责的,债权人也可以请求监管人承担违约责任。

64.【浮动抵押的效力】企业将其现有的以及将有的生产设备、原材料、半成品及产品等财产设定浮动抵押后,又将其中的生产设备等部分财产设定了动产抵押,并都办理了抵押登记的,根据《物权法》第199条的规定,登记在先的浮动抵押优先于登记在后的动产抵押。

65.【动产抵押权与质权竞存】同一动产上同时设立质权和抵押权的,应当参照适用《物权法》第199条的规定,根据是否完成公示以及公示先后情况来确定清偿顺序:质权有效设立、抵押权办理了抵押登记的,按照公示先后确定清偿顺序;顺序相同的,按照债权比例清偿;质权有效设立,抵押权未办理抵押登记的,质权优先于抵押权;质权未有效设立,抵押权未办理抵押登记的,因此时抵押权已经有效设立,故抵押权优先受偿。

根据《物权法》第178条规定的精神,担保法司法解释第79条第1款不再适用。

(四)关于非典型担保

66.【担保关系的认定】当事人订立的具有担保功能的合同,不存在法定无效情形的,应当认定有效。虽然合同约定的权利义务关系不属于物权法规定的典型担保类型,但是其担保功能应予肯定。

67.【约定担保物权的效力】债权人与担保人订立担保合同,约定以法律、行政法规未禁止抵押或者质押的财产设定以登记作为公示方法的担保,因无法定的登记机构而未能进行登记的,不具有物权效力。当事人请求按照担保合同的约定就该财产折价、变卖或者拍卖所得价款等方式清偿债务的,人民法院依法予以支持,但对其他权利人不具有对抗效力和优先性。

68.【保兑仓交易】保兑仓交易作为一种新类型融资担保方式,其基本交易模式是:以银行信用为载体、以银行承兑汇票为结算工具、由银行控制货权、卖方(或者仓储方)受托保管货物并以承兑汇票与保证金之间的差额作为担保。其基本的交易流程是:卖方、买方和银行订立三方合作协议,其中买方向银行缴存一定比例的承兑保证金,银行向买方签发以卖方为收款人的银行承兑汇票,买方将银行承兑汇票交付卖方作为货款,银行根据买方缴纳的保证金的一定比例向卖方签发提货单,卖方根据提货单向买方交付对应金额的货物,买方销售货物后,将货款再缴存为保证金。

在三方协议中,一般来说,银行的主要义务是及时签发承兑汇票并按约定方式将其交给卖方,卖方的主要义务是根据银行签发的提货单发货,并在买方未及时销售或者回赎货物时,就保证金与承兑汇票之间的差额部分承担责任。银行为保障自身利益,往往还会约定卖方要将货物交给由其指定的当事人监管,并设定质押,从而涉及监管协议以及流动质押等问题。实践中,当事人还可能在前述基本交易模式基础上另行作出其他约定,只要不违反法律、行政法规的效力性强制性规定,这些约定应当认定有效。

一方当事人因保兑仓交易纠纷提起诉讼的,人民法院应当以保兑仓交易合同作为审理案件的基本依据,但买卖双方没有真实买卖关系的除外。

69.【无真实贸易背景的保兑仓交易】保兑仓交易以买卖双方有真实买卖关系为前提。双方无真实买卖关系的,该交易属于名为保兑仓交易实为借款合同,保兑仓交易因构成虚伪意思表示而无效,被隐藏的借款合同是当事人的真实意思表示,如不存在其他合同无效情形,应当认定有效。保兑仓交易认定为借款合同关系的,不影响卖方和银行之间担保关系的效力,卖方仍应当承担担保责任。

70.【保兑仓交易的合并审理】当事人就保兑仓交易中的不同法律关系的相对方分别或者同时向同一人民法院起诉的,人民法院可以根据民事诉讼法司法解释第221条的规定,合并审理。当事人未起诉某一方当事人的,人民法院可以依职权追加未参加诉讼的当事人为第三人,以便查明相关事实,正确认定责任。

71.【让与担保】债务人或者第三人与债权人订立合同,约定将财产形式上转让至债权人名下,债务人到期清偿债务,债权人将该财产返还给债务人或第三人,债务人到期没有清偿债务,债权人可以对财产拍卖、变卖、折价偿还债权的,人民法院应当认定合同有效。合同如果约定债务人到期没有清偿债务,财产归债权人所有的,人民法院应当认定该部分约定无效,但不影响合同其他部分的效力。

当事人根据上述合同约定,已经完成财产权利变动的公示方式转让至债权人名下,债务人到期没有清偿债务,债权人请求确认财产归其所有的,人民法院不予支持,但债权人请求参照法律关于担保物权的规定对财产拍卖、变卖、折价优先偿还其债权的,人民法院依法予以支持。债务人因到期没有清偿债务,请求对该财产拍卖、变卖、折价偿还所欠债权人合同项下债务的,人民法院亦应依法予以支持。

五、关于金融消费者权益保护 纠纷案件的审理

会议认为,在审理金融产品发行人、销售者以及金融服务提供者(以下简称卖方机构)与金融消费者之间因销售各类高风险等级金融产品和为金融消费者参与高风险等级投资活动提供服务而引发的民商事案件中,必须坚持"卖者尽责、买者自负"原则,将金融消费者是否充分了解相关金融产品、投资活动的性质及风险并在此基础上作出自主决定作为应当查明的案件基本事实,依法保护金融消费者的合法权益,规范卖方机构的经营行为,推动形成公开、公平、公正的市场环境和市场秩序。

72.【适当性义务】适当性义务是指卖方机构在向金融消费者推介、销售银行理财产品、保险投资产品、信托理财产品、券商集合理财计划、杠杆基金份额、期权及其他场外衍生品等高风险等级金融产品,以及为金融消费者参与融资融券、新三板、创业板、科创板、期货等高风险等级投资活动提供服务的过程中,必须履行的了解客户、了解产品、将适当的产品(或者服务)销售(或者提供)给适合的金融消费者等义务。卖方机构承担适当性义务的目的是为了确保金融消费者能够在充分了解相关金融产品、投资活动的性质及风险的基础上作出自主决定,并承受由此产生的收益和风险。在推介、销售高风险等级金融产品和提供高风险等级金融服务领域,适当性义务的履行是"卖者尽责"的主要内容,也是"买者自负"的前提和基础。

73.【法律适用规则】在确定卖方机构适当性义务的内容时,应当以合同法、证券法、证券投资基金法、信托法等法律规定的基本原则和国务院发布的规范性文件作为主要依据。相关部门在部门规章、规范性文件中对高风险等级金融产品的推介、销售,以及为金融消费者参与高风险等级投资活动提供服务作出的监管规定,与法律和国务院发布的规范性文件的规定不相抵触的,可以参照适用。

74.【责任主体】金融产品发行人、销售者未尽适当性义务,导致金融消费者在购买金融产品过程中遭受损失的,金融消费者既可以请求金融产品的发行人承担赔偿责任,也可以请求金融产品的销售者承担赔偿责任,还可以根据《民法总则》第 167 条的规定,请求金融产品的发行人、销售者共同承担连带赔偿责任。发行人、销售者请求人民法院明确各自的责任份额的,人民法院可以在判决发行人、销售者对金融消费者承担连带赔偿责任的同时,明确发行人、销售者在实际承担了赔偿责任后,有权向责任方追偿其应当承担的赔偿份额。

金融服务提供者未尽适当性义务,导致金融消费者在接受金融服务后参与高风险等级投资活动遭受损失的,金融消费者可以请求金融服务提供者承担赔偿责任。

75.【举证责任分配】在案件审理过程中,金融消费者应当对购买产品(或者接受服务)、遭受的损失等事实承担举证责任。卖方机构对其是否履行了适当性义务承担举证责任。卖方机构不能提供其已经建立了金融产品(或者服务)的风险评估及相应管理制度、对金融消费者的风险认知、风险偏好和风险承受能力进行了测试、向金融消费者告知产品(或者服务)的收益和主要风险因素等相关证据的,应当承担举证不能的法律后果。

76.【告知说明义务】告知说明义务的履行是金融消费者能够真正了解各类高风险等级金融产品或者高风险等级投资活动的投资风险和收益的关键,人民法院应当根据产品、投资活动的风险和金融消费者的实际情况,综合理性人能够理解的客观标准和金融消费者能够理解的主观标准来确定卖方机构是否已经履行了告知说明义务。卖方机构简单地以金融消费者手写了诸如"本人明确知悉可能存在本金损失风险"等内容主张其已经履行了告知说明义务,不能提供其他相关证据的,人民法院对其抗辩理由不予支持。

77.【损失赔偿数额】卖方机构未尽适当性义务导致金融消费者损失的,应当赔偿金融消费者所受的实际损失。实际损失为损失的本金和利息,利息按照中国人民银行发布的同期同类存款基准利率计算。

金融消费者因购买高风险等级金融产品或者为参与高风险投资活动接受服务,以卖方机构存在欺诈行为为由,主张卖方机构应当根据《消费者权益保护法》第 55 条的规定承担惩罚性赔偿责任的,人民法院不予支持。卖方机构的行为构成欺诈的,对金融消费者提出赔偿其支付金钱总额的利息损失请求,应当注意区分不同情况进行处理:

(1)金融产品的合同文本中载明了预期收益率、业绩比较基准或者类似约定的,可以将其作为计算利息损失的标准;

(2)合同文本以浮动区间的方式对预期收益率或者业绩比较基准等进行约定,金融消费者请求按照约定的上限作为利息损失计算标准的,人民法院依法予以支持;

(3)合同文本虽然没有关于预期收益率、业绩比较基准或者类似约定,但金融消费者能够提供证据证明产品发行的广告宣传资料中载明了预期收益率、业绩比较基准或者类似表述的,应当将宣传资料作为合同文本的组成部分;

(4)合同文本及广告宣传资料中未载明预期收益率、业绩比较基准或者类似表述的,按照全国银行间同业拆借中心公布的贷款市场报价利率计算。

78.【免责事由】因金融消费者故意提供虚假信息、拒绝听取卖方机构的建议等自身原因导致其购买产品或者接受服务不适当,卖方机构请求免除相应责任的,人民法院依法予以支持,但金融消费者能够证明该虚假信息的出具系卖方机构误导的除外。卖方机构能够举证证明根据金融消费者的既往投资经验、受教育程度等事实，适当性义务的违反并未影响金融消费者作出自主决定的，对其关于应当由金融消费者自负投资风险的抗辩理由，人民法院依法予以支持。

六、关于证券纠纷案件的审理

（一）关于证券虚假陈述

会议认为，《最高人民法院关于审理证券市场因虚假陈述引发的民事赔偿案件的若干规定》施行以来，证券市场的发展出现了新的情况，证券虚假陈述纠纷案件的审理对司法能力提出了更高的要求。在案件审理过程中，对于需要借助其他学科领域的专业知识进行职业判断的问题，要充分发挥专家证人的作用，使得案件的事实认定符合证券市场的基本常识和普遍认知或者认可的经验法则，责任承担与侵权行为及其主观过错程度相匹配，在切实维护投资者合法权益的同时，通过民事责任追究实现震慑违法的功能，维护公开、公平、公正的资本市场秩序。

79.【共同管辖的案件移送】原告以发行人、上市公司以外的虚假陈述行为人为被告提起诉讼，被告申请追加发行人或者上市公司为共同被告的，人民法院应予准许。人民法院在追加后发现其他有管辖权的人民法院已先行受理因同一虚假陈述引发的民事赔偿案件的，应当按照民事诉讼法司法解释第 36 条的规定，将案件移送给先立案的人民法院。

80.【案件审理方式】案件审理方式方面，在传统的"一案一立、分别审理"的方式之外，一些人民法院已经进行了将部分案件合并审理、在示范判决基础上委托调解等改革，初步实现了案件审理的集约化和诉讼经济。在认真总结审判实践经验的基础上，有条件的地方人民法院可以选择个案以《民事诉讼法》第 54 条规定的代表人诉讼方式进行审理，逐步展开试点工作。就案件审理中涉及的适格原告范围认定、公告通知方式、投资者权利登记、代表人推选、执行款项的发放等具体工作，积极协调相关部门和有关方面，推动信息技术审判辅助平台和常态化、可持续的工作机制建设，保障投资者能够便捷、高效、透明和低成本地维护自身合法权益，为构建符合中国国情的证券民事诉讼制度积累审判经验，培养审判队伍。

81.【立案登记】多个投资者就同一虚假陈述向人民法院提起诉讼，可以采用代表人诉讼方式对案件进行审理的，人民法院在登记立案时可以根据原告起诉状中所描述的虚假陈述的数量、性质及其实施日、揭露日或者更正日等时间节点，将投资者作为共同原告统一立案登记。原告主张被告实施了多个虚假陈述的，可以分别立案登记。

82.【案件甄别及程序决定】人民法院决定采用《民事诉讼法》第 54 条规定的方式审理案件的，在发出公告前，应当先行就被告的行为是否构成虚假陈述，投资者的交易方向与诱多、诱空的虚假陈述是否一致，以及虚假陈述的实施日、揭露日或者更正日等案件基本事实进行审查。

83.【选定代表人】权利登记的期间届满后，人民法院应当通知当事人在指定期间内完成代表人的推选工作。推选不出代表人的，人民法院可以与当事人商定代表人。人民法院在提出人选时，应当将当事人诉讼请求的典型性和利益诉求的份额等作为考量因素，确保代表行为能够充分、公正地表达投资者的诉讼主张。国家设立的投资者保护机构以自己的名义提起诉讼，或者接受投资者的委托指派工作人员或者委托诉讼代理人参与案件审理活动的，人民法院可以商定该机构或者其代理的当事人作为代表人。

84.【揭露日和更正日的认定】虚假陈述的揭露和更正，是指虚假陈述被市场所知悉、了解，其精确程度并不以"镜像规则"为必要，不要求达到全面、完整、准确的程度。原则上，只要交易市场对监管部门立案调查、权威媒体刊载的揭露文章等信息存在着明显的反应，对一方主张市场已经知悉虚假陈述的抗辩，人民法院依法予以支持。

85.【重大性要件的认定】审判实践中，部分人民法院对重大性要件和信赖要件存在着混淆认识，以行政处罚认定的信息披露违法行为对投资者的交易决定没有影响为由否定违法行为的重大性，应当引起注意。重大性是指可能对投资者进行投资决策具有重要影响的信息，虚假陈述已经被监管部门行政处罚的，应当认为是具有重大性的违法行为。在案件审理过程中，对于一方提出的监管部门作出处罚决定的行为不具有重大性的抗辩,人民法院不予支持,同时应当向其释明,该抗辩并非民商事案件的审理范围,应当通过行政复议、行政诉讼加以解决。

(二) 关于场外配资

会议认为,将证券市场的信用交易纳入国家统一监管的范围,是维护金融市场透明度和金融稳定的重要内容。不受监管的场外配资业务,不仅盲目扩张了资本市场信用交易的规模,也容易冲击资本市场的交易秩序。融资融券作为证券市场的主要信用交易方式和证券经营机构的核心业务之一,依法属于国家特许经营的金融业务,未经依法批准,任何单位和个人不得非法从事配资业务。

86.【场外配资合同的效力】从审判实践看,场外配资业务主要是指一些 P2P 公司或者私募类配资公司利用互联网信息技术,搭建起游离于监管体系之外的融资业务平台,将资金融出方、资金融入方即用资人和券商营业部三方连接起来,配资公司利用计算机软件系统的二级分仓功能将其自有资金或者以较低成本融入的资金出借给用资人,赚取利息收入的行为。这些场外配资公司所开展的经营活动,本质上属于只有证券公司才能依法开展的融资活动,不仅规避了监管部门对融资融券业务中资金来源、投资标的、杠杆比例等诸多方面的限制,也加剧了市场的非理性波动。在案件审理过程中,除依法取得融资融券资格的证券公司与客户开展的融资融券业务外,对其他任何单位或者个人与用资人的场外配资合同,人民法院应当根据《证券法》第 142 条、合同法司法解释(一)第 10 条的规定,认定为无效。

87.【合同无效的责任承担】场外配资合同被确认无效后,配资方依场外配资合同的约定,请求用资人向其支付约定的利息和费用的,人民法院不予支持。

配资方依场外配资合同的约定,请求分享用资人因使用配资所产生的收益的,人民法院不予支持。

用资人以其因使用配资导致投资损失为由请求配资方予以赔偿的,人民法院不予支持。用资人能够证明因配资方采取更改密码等方式控制账户使得用资人无法及时平仓止损,并据此请求配资方赔偿其因此遭受的损失的,人民法院依法予以支持。

用资人能够证明配资合同是因配资方招揽、劝诱而订立,请求配资方赔偿其全部或者部分损失的,人民法院应当综合考虑配资方招揽、劝诱行为的方式、对用资人的实际影响、用资人自身的投资经历、风险判断和承受能力等因素,判决配资方承担与其过错相适应的赔偿责任。

七、关于营业信托纠纷案件的审理

会议认为,从审判实践看,营业信托纠纷主要表现为事务管理信托纠纷和主动管理信托纠纷两种类型。在事务管理信托纠纷案件中,对信托公司开展和参与的多层嵌套、通道业务、回购承诺等融资活动,要以其实际构成的法律关系确定其效力,并在此基础上依法确定各方的权利义务。在主动管理信托纠纷案件中,应当重点审查受托人在"受人之托,忠人之事"的财产管理过程中,是否恪尽职守,履行了谨慎、有效管理等法定或者约定义务。

88.【营业信托纠纷的认定】信托公司根据法律法规以及金融监督管理部门的监管规定,以取得信托报酬为目的接受委托人的委托,以受托人身份处理信托事务的经营行为,属于营业信托。由此产生的信托当事人之间的纠纷,为营业信托纠纷。

根据《关于规范金融机构资产管理业务的指导意见》的规定,其他金融机构开展的资产管理业务构成信托关系的,当事人之间的纠纷适用信托法及其他有关规定处理。

89.【资产或者资产收益权转让及回购】信托公司在资金信托成立后,以募集的信托资金受让特定资产或者特定资产收益权,属于信托公司在资金依法募集后的资金运用行为,由此引发的纠纷不应当认定为营业信托纠纷。如果合同中约定由转让方或者其指定的第三方在一定期间后以交易本金加上溢价款等固定价款无条件回购的,无论转让方所转让的标的物是否真实存在、是否实际交付或者过户,只要合同不存在法定无效事由,对信托公司提出的由转让方或者其指定的第三方按约定承担责任的诉讼请求,人民法院依法予以支持。

当事人在相关合同中同时约定采用信托公司受让目标公司股权、向目标公司增资方式并以相应股权担保债权实现的，应当认定在当事人之间成立让与担保法律关系。当事人之间的具体权利义务，根据本纪要第71条的规定加以确定。

90.【劣后级受益人的责任承担】信托文件及相关合同将受益人区分为优先级受益人和劣后级受益人等不同类别，约定优先级受益人以其财产认购信托计划份额，在信托到期后，劣后级受益人负有对优先级受益人从信托财产获得利益与其投资本金及约定收益之间的差额承担补足义务，优先级受益人请求劣后级受益人按照约定承担责任的，人民法院依法予以支持。

信托文件中关于不同类型受益人权利义务关系的约定，不影响受益人与受托人之间信托法律关系的认定。

91.【增信文件的性质】信托合同之外的当事人提供第三方差额补足、代为履行到期回购义务、流动性支持等类似承诺文件作为增信措施，其内容符合法律关于保证的规定的，人民法院应当认定当事人之间成立保证合同关系。其内容不符合法律关于保证的规定的，依据承诺文件的具体内容确定相应的权利义务关系，并根据案件事实情况确定相应的民事责任。

92.【保底或者刚兑条款无效】信托公司、商业银行等金融机构作为资产管理产品的受托人与受益人订立的含有保证本息固定回报、保证本金不受损失等保底或者刚兑条款的合同，人民法院应当认定该条款无效。受益人请求受托人对其损失承担与其过错相适应的赔偿责任的，人民法院依法予以支持。

实践中，保底或者刚兑条款通常不在资产管理产品合同中明确约定，而是以"抽屉协议"或者其他方式约定，不管形式如何，均应认定无效。

93.【通道业务的效力】当事人在信托文件中约定，委托人自主决定信托设立、信托财产运用对象、信托财产管理运用处分方式等事宜，自行承担信托资产的风险管理责任和相应风险损失，受托人仅提供必要的事务协助或者服务，不承担主动管理职责的，应当认定为通道业务。《中国人民银行、中国银行保险监督管理委员会、中国证券监督管理委员会、国家外汇管理局关于规范金融机构资产管理业务的指导意见》第22条在规定"金融机构不得为其他金融机构的资产管理产品提供规避投资范围、杠杆约束等监管要求的通道服务"的同时，也在第29条明确按照"新老划断"原则，将过渡期设置为截止2020年底，确保平稳过渡。在过渡期内，对通道业务中存在的利用信托通道掩盖风险，规避资金投向、资产分类、拨备计提和资本占用等监管规定，或者通过信托通道将表内资产虚假出表等信托业务，如果不存在其他无效事由，一方以信托目的违法违规为由请求确认无效的，人民法院不予支持。至于委托人和受托人之间的权利义务关系，应当依据信托文件的约定加以确定。

94.【受托人的举证责任】资产管理产品的委托人以受托人未履行勤勉尽责、公平对待客户等义务损害其合法权益为由，请求受托人承担损害赔偿责任的，应当由受托人举证证明其已经履行了义务。受托人不能举证证明，委托人请求其承担相应赔偿责任的，人民法院依法予以支持。

95.【信托财产的诉讼保全】信托财产在信托存续期间独立于委托人、受托人、受益人各自的固有财产。委托人将其财产委托给受托人进行管理，在信托依法设立后，该信托财产即独立于委托人未设立信托的其他固有财产。受托人因承诺信托而取得的信托财产，以及通过对信托财产的管理、运用、处分等方式取得的财产，均独立于受托人的固有财产。受益人对信托财产享有的权利表现为信托受益权，信托财产并非受益人的责任财产。因此，当事人因其与委托人、受托人或者受益人之间的纠纷申请对存管银行或者信托公司专门账户中的信托资金采取保全措施的，除符合《信托法》第17条规定的情形外，人民法院不应当准许。已经采取保全措施的，存管银行或者信托公司能够提供证据证明该账户为信托账户的，应当立即解除保全措施。对信托公司管理的其他信托财产的保全，也应当根据前述规则办理。

当事人申请对受益人的受益权采取保全措施的，人民法院应当根据《信托法》第47条的规定进行审查，决定是否采取保全措施。决定采取保全措施的，应当将保全裁定送达受托人和受益人。

96.【信托公司固有财产的诉讼保全】除信托公司作为被告外,原告申请对信托公司固有资金账户的资金采取保全措施的,人民法院不应准许。信托公司作为被告,确有必要对其固有财产采取诉讼保全措施的,必须强化善意执行理念,防范发生金融风险。要严格遵守相应的适用条件与法定程序,坚决杜绝超标的执行。在采取具体保全措施时,要尽量寻求依法平等保护各方利益的平衡点,优先采取方便执行且对信托公司正常经营影响最小的执行措施,能采取"活封""活扣"措施的,尽量不进行"死封""死扣"。在条件允许的情况下,可以为信托公司预留必要的流动资金和往来账户,最大限度降低对信托公司正常经营活动的不利影响。信托公司申请解除财产保全符合法律、司法解释规定情形的,应当在法定期限内及时解除保全措施。

八、关于财产保险合同纠纷案件的审理

会议认为,妥善审理财产保险合同纠纷案件,对于充分发挥保险的风险管理和保障功能,依法保护各方当事人合法权益,实现保险业持续健康发展和服务实体经济,具有重大意义。

97.【未依约支付保险费的合同效力】当事人在财产保险合同中约定以投保人支付保险费为合同生效条件,但对该生效条件是否为全额支付保险费约定不明,已经支付了部分保险费的投保人主张保险合同已经生效的,人民法院依法予以支持。

98.【仲裁协议对保险人的效力】被保险人和第三者在保险事故发生前达成的仲裁协议,对行使保险代位求偿权的保险人是否具有约束力,实务中存在争议。保险代位求偿权是一种法定债权转让,保险人在向被保险人赔偿保险金后,有权行使被保险人对第三者请求赔偿的权利。被保险人和第三者在保险事故发生前达成的仲裁协议,对保险人具有约束力。考虑到涉外民商事案件的处理常常涉及国际条约、国际惯例的适用,相关问题具有特殊性,故具有涉外因素的民商事纠纷案件中该问题的处理,不纳入本条规范的范围。

99.【直接索赔的诉讼时效】商业责任保险的被保险人给第三者造成损害,被保险人对第三者应当承担的赔偿责任确定后,保险人应当根据被保险人的请求,直接向第三者赔偿保险金。被保险人怠于提出请求的,第三者有权依据《保险法》第65条第2款的规定,就其应获赔偿部分直接向保险人请求赔偿保险金。保险人拒绝赔偿的,第三者请求保险人直接赔偿保险金的诉讼时效期间的起算时间如何认定,实务中存在争议。根据诉讼时效制度的基本原理,第三者请求保险人直接赔偿保险金的诉讼时效期间,自其知道或者应当知道向保险人的保险金赔偿请求权行使条件成就之日起计算。

九、关于票据纠纷案件的审理

会议认为,人民法院在审理票据纠纷案件时,应当注意区分票据的种类和功能,正确理解票据行为无因性的立法目的,在维护票据流通性功能的同时,依法认定票据行为的效力,依法确认当事人之间的权利义务关系以及保护合法持票人的权益,防范和化解票据融资市场风险,维护票据市场的交易安全。

100.【合谋伪造贴现申请材料的后果】贴现行的负责人或者有权从事该业务的工作人员与贴现申请人合谋,伪造贴现申请人与其前手之间具有真实的商品交易关系的合同、增值税专用发票等材料申请贴现,贴现行主张其享有票据权利的,人民法院不予支持。对贴现行因支付资金而产生的损失,按照基础关系处理。

101.【民间贴现行为的效力】票据贴现属于国家特许经营业务,合法持票人向不具有法定贴现资质的当事人进行"贴现"的,该行为应当认定无效,贴现款和票据应当相互返还。当事人不能返还票据的,原合法持票人可以拒绝返还贴现款。人民法院在民商事案件审理过程中,发现不具有法定贴现资质的当事人以"贴现"为业的,因该行为涉嫌犯罪,应当将有关材料移送公安机关。民商事案件的审理必须以相关刑事案件的审理结果为依据的,应当中止诉讼,待刑事案件审结后,再恢复案件的审理。案件的基本事实无须以相关刑事案件的审理结果为依据的,人民法院应当继续审理。

根据票据行为无因性原理,在合法持票人向

不具有贴现资质的主体进行"贴现"，该"贴现"人给付贴现款后直接将票据交付其后手，其后手支付对价并记载自己为被背书人后，又基于真实的交易关系和债权债务关系将票据进行背书转让的情形下，应当认定最后持票人为合法持票人。

102.【转贴现协议】转贴现是通过票据贴现持有票据的商业银行为了融通资金，在票据到期日之前将票据权利转让给其他商业银行，由转贴现行在收取一定的利息后，将转贴现款支付给票据人的票据转让行为。转贴现行提示付款被拒付后，依据转贴现协议的约定，请求未在票据上背书的转贴现申请人按照合同法律关系返还转贴现款并赔偿损失的，该案应当确定为合同纠纷。转贴现合同法律关系有效成立的，对于原告的诉讼请求，人民法院依法予以支持。当事人虚构转贴现事实，或者当事人之间不存在真实的转贴现合同法律关系的，人民法院应当向当事人释明按照真实交易关系提出诉讼请求，并按照真实交易关系和当事人约定本意依法确定当事人的责任。

103.【票据清单交易、封包交易案件中的票据权利】审判实践中，以票据贴现为手段的多链条融资模式引发的案件应当引起重视。这种交易俗称票据清单交易、封包交易，是指商业银行之间就案涉票据订立转贴现或者回购协议，附以票据清单，或者将票据封包作为质押，双方约定按照票据清单中列明的基本信息进行票据转贴现或者回购，但往往并不进行票据交付和背书。实务中，双方还往往再订立一份代保管协议，约定由原票据持有人代对方继续持有票据，从而实现合法、合规的形式要求。

出资银行仅以参与交易的单个或者部分银行为被告提起诉讼行使票据追索权，被告能够举证证明票据交易存在诸如不符合正常转贴现交易顺序的倒打款、未进行背书转让、票据未实际交付等相关证据，并据此主张相关金融机构之间并无转贴现的真实意思表示，抗辩出资银行不享有票据权利的，人民法院依法予以支持。

出资银行在取得商业承兑汇票后又将票据转贴现给其他商业银行，持票人向其前手主张票据权利的，人民法院依法予以支持。

104.【票据清单交易、封包交易案件的处理原则】在村镇银行、农信社等作为直贴行，农信社、农商行、城商行、股份制银行等多家金融机构共同开展以商业承兑汇票为基础的票据清单交易、封包交易引发的纠纷案件中，在商业承兑汇票的出票人等实际用资人不能归还票款的情况下，为实现纠纷的一次性解决，出资银行以实际用资人和参与交易的其他金融机构为共同被告，请求实际用资人归还本息、参与交易的其他金融机构承担与其过错相适应的赔偿责任的，人民法院依法予以支持。

出资银行仅以整个交易链条的部分当事人为被告提起诉讼的，人民法院应当向其释明，其应当申请追加参与交易的其他当事人作为共同被告。出资银行拒绝追加实际用资人为被告的，人民法院应当驳回其诉讼请求；出资银行拒绝追加参与交易的其他金融机构为被告的，人民法院在确定其他金融机构的过错责任范围时，应当将未参加诉讼的当事人应当承担的相应份额作为考量因素，相应减轻本案当事人的责任。在确定参与交易的其他金融机构的过错责任范围时，可以参照其收取的"通道费""过桥费"等费用的比例以及案件的其他情况综合加以确定。

105.【票据清单交易、封包交易案件中的民刑交叉问题】人民法院在案件审理过程中，如果发现公安机关已经就实际用资人、直贴行、出资银行的工作人员涉嫌骗取票据承兑罪、伪造印章罪等立案侦查，一方当事人根据《最高人民法院关于在审理经济纠纷案件中涉及经济犯罪嫌疑若干问题的规定》第11条的规定申请将案件移送公安机关的，因该节事实对于查明出资银行是否为正当持票人，以及参与交易的其他金融机构的抗辩理由能否成立存在重要关联，人民法院应当将有关材料移送公安机关。民商事案件的审理必须以相关刑事案件的审理结果为依据的，应当中止诉讼，待刑事案件审结后，再恢复案件的审理。案件的基本事实无须以相关刑事案件的审理结果为依据的，人民法院应当继续案件的审理。

参与交易的其他商业银行以公安机关已经对其工作人员涉嫌受贿、伪造印章等犯罪立案侦查为由请求将案件移送公安机关的，因该节事实并不影响相关当事人民事责任的承担,人民法院应当根据《最高人民法院关于在审理经济纠纷案件中涉及经济犯罪嫌疑若干问题的规定》第10条的规定继续审理。

106.【恶意申请公示催告的救济】公示催告程序本为对合法持票人进行失票救济所设,但实践中却沦为部分票据出卖方在未获得票款情形下,通过伪报票据丧失事实申请公示催告、阻止合法持票人行使票据权利的工具。对此,民事诉讼法司法解释已经作出了相应规定。适用时,应当区别付款人是否已经付款等情形,作出不同认定:

(1)在除权判决作出后,付款人尚未付款的情况下,最后合法持票人可以根据《民事诉讼法》第223条的规定,在法定期限内请求撤销除权判决,待票据恢复效力后再依法行使票据权利。最后合法持票人也可以基于基础法律关系向其直接前手退票并请求其直接前手另行给付基础法律关系项下的对价。

(2)除权判决作出后,付款人已经付款的,因恶意申请公示催告并持除权判决获得票款的行为损害了最后合法持票人的权利,最后合法持票人请求申请人承担侵权损害赔偿责任的,人民法院依法予以支持。

十、关于破产纠纷案件的审理

会议认为,审理好破产案件对于推动高质量发展、深化供给侧结构性改革、营造稳定公平透明可预期的营商环境,具有十分重要的意义。要继续深入推进破产审判工作的市场化、法治化、专业化、信息化,充分发挥破产审判公平清理债权债务、促进优胜劣汰、优化资源配置、维护市场经济秩序等重要功能。一是要继续加大对破产保护理念的宣传和落实,及时发挥破产重整制度的积极拯救功能,通过平衡债权人、债务人、出资人、员工等利害关系人的利益,实现社会整体价值最大化;注重发挥和解程序简便快速清理债权债务关系的功能,鼓励当事人通过和解程序或者达成自行和解的方式实现各方利益共赢;积极推进清算程序中的企业整体处置方式,有效维护企业营运价值和职工就业。二是要推进不符合国家产业政策、丧失经营价值的企业主体尽快从市场退出,通过依法简化破产清算程序流程加快对"僵尸企业"的清理。三是要注重提升破产制度实施的经济效益,降低破产程序运行的时间和成本,有效维护企业营运价值,最大程度发挥各类要素和资源潜力,减少企业破产给社会经济造成的损害。四是要积极稳妥进行实践探索,加强理论研究,分步骤、有重点地推进建立自然人破产制度,进一步推动健全市场主体退出制度。

107.【继续推动破产案件的及时受理】充分发挥破产重整案件信息网的线上预约登记功能,提高破产案件的受理效率。当事人提出破产申请的,人民法院不得以非法定理由拒绝接收破产申请材料。如果可能影响社会稳定的,要加强府院协调,制定相应预案,但不应当以"影响社会稳定"之名,行消极不作为之实。破产申请材料不完备的,立案部门应当告知当事人在指定期限内补充材料,待材料齐备后以"破申"作为案件类型代字编制案号登记立案,并及时将案件移送破产审判部门进行破产审查。

注重发挥破产和解制度简便快速清理债权债务关系的功能,债务人根据《企业破产法》第95条的规定,直接提出和解申请,或者在破产申请受理后宣告破产前申请和解的,人民法院应当依法受理并及时作出是否批准的裁定。

108.【破产申请的不予受理和撤回】人民法院裁定受理破产申请前,提出破产申请的债权人的债权因清偿或者其他原因消灭的,因申请人不再具备申请资格,人民法院应当裁定不予受理。但该裁定不影响其他符合条件的主体再次提出破产申请。破产申请受理后,管理人以上述清偿符合《企业破产法》第31条、第32条为由请求撤销的,人民法院查实后应当予以支持。

人民法院裁定受理破产申请系对债务人具有破产原因的初步认可,破产申请受理后,申请人请求撤回破产申请的,人民法院不予准许。除非存在《企业破产法》第12条第2款规定的情形,人民法院不得裁定驳回破产申请。

109.【受理后债务人财产保全措施的处理】要切实落实破产案件受理后相关保全措施应予解除、相关执行措施应当中止、债务人财产应当及时交付管理人等规定,充分运用信息化技术手段,通过信息共享与整合,维护债务人财产的完整性。相关人民法院拒不解除保全措施或者拒不中止执行的,破产受理人民法院可以请求该法院的上级人民法院依法予以纠正。对债务人财产采取保全措施或者执行措施的人民法院未依法及时解除保全措施、移交处置权,或者中止执行程序并移交有关财产的,上级人民法院应当依法予以纠正。相关人员违反上述规定造成严重后果的,破产受理人民法院可以向人民法院纪检监察部门移送其违法审判责任线索。

人民法院审理企业破产案件时,有关债务人财产被其他具有强制执行权力的国家行政机关,包括税务机关、公安机关、海关等采取保全措施或者执行程序的,人民法院应当积极与上述机关进行协调和沟通,取得有关机关的配合,参照上述具体操作规程,解除有关保全措施、中止有关执行程序,以便保障破产程序顺利进行。

110.【受理后有关债务人诉讼的处理】人民法院受理破产申请后,已经开始而尚未终结的有关债务人的民事诉讼,在管理人接管债务人财产和诉讼事务后继续进行。债权人已经对债务人提起的给付之诉,破产申请受理后,人民法院应当继续审理,但是在判定相关当事人实体权利义务时,应当注意与企业破产法及其司法解释的规定相协调。

上述裁判作出并生效前,债权人可以同时向管理人申报债权,但其作为债权尚未确定的债权人,原则上不得行使表决权,除非人民法院临时确定其债权额。上述裁判生效后,债权人应当根据裁判认定的债权数额在破产程序中依法统一受偿,其对债务人享有的债权利息应当按照《企业破产法》第46条第2款的规定停止计算。

人民法院受理破产申请后,债权人新提起的要求债务人清偿的民事诉讼,人民法院不予受理,同时告知债权人应当向管理人申报债权。债权人申报债权后,对管理人编制的债权表记载有异议的,可以根据《企业破产法》第58条的规定提起债权确认之诉。

111.【债务人自行管理的条件】重整期间,债务人同时符合下列条件的,经申请,人民法院可以批准债务人在管理人的监督下自行管理财产和营业事务:

(1)债务人的内部治理机制仍正常运转;

(2)债务人自行管理有利于债务人继续经营;

(3)债务人不存在隐匿、转移财产的行为;

(4)债务人不存在其他严重损害债权人利益的行为。

债务人提出重整申请时可以一并提出自行管理的申请。经人民法院批准由债务人自行管理财产和营业事务的,企业破产法规定的管理人职权中有关财产管理和营业经营的职权应当由债务人行使。

管理人应当对债务人的自行管理行为进行监督。管理人发现债务人存在严重损害债权人利益的行为或者有其他不适宜自行管理情形的,可以申请人民法院作出终止债务人自行管理的决定。人民法院决定终止的,应当通知管理人接管债务人财产和营业事务。债务人有上述行为而管理人未申请人民法院作出终止决定的,债权人等利害关系人可以向人民法院提出申请。

112.【重整中担保物权的恢复行使】重整程序中,要依法平衡保护担保物权人的合法权益和企业重整价值。重整申请受理后,管理人或者自行管理的债务人应当及时确定设定有担保物权的债务人财产是否为重整所必需。如果认为担保物不是重整所必需,管理人或者自行管理的债务人应当及时对担保物进行拍卖或者变卖,拍卖或者变卖担保物所得价款在支付拍卖、变卖费用后优先清偿担保物权人的债权。

在担保物权暂停行使期间,担保物权人根据《企业破产法》第75条的规定向人民法院请求恢复行使担保物权的,人民法院应当自收到恢复行使担保物权申请之日起三十日内作出裁定。经审查,担保物权人的申请不符合第75条的规定,或者虽然符合该条规定但管理人或者自行管理的债务人有证据证明担保物是重整所必需,并且提供与减少价值相应担保或者补偿的,人民法院应当裁定不予批准恢复行使担保物权。担保物权人不服该裁定的,可以自收到裁定书之日起十日内,向作出裁定的人民法院申请复议。人民法院裁定批准行使担保物权的,管理人或者自行管理的债务人应当自收到裁定书之日起十五日内启动对担保物的拍卖或者变卖,拍卖或者变卖担保物所得价款在支付拍卖、变卖费用后优先清偿担保物权人的债权。

113.【重整计划监督期间的管理人报酬及诉讼管辖】要依法确保重整计划的执行和有效监督。重整计划的执行期间和监督期间原则上应当一致。二者不一致的,人民法院在确定和调整重整程序中的管理人报酬方案时,应当根据重整期间和重整计划监督期间管理人工作量的不同予以区别对待。其中,重整期间的管理人报酬应当根据管理人对重整发挥的实际作用等因素予以确定和支付;重整计划监督期间管理人报酬的支付比例和支付时间,应当根据管理人监督职责的履行情况,与债权人按照重整计划实际受偿比例和受偿时间相匹配。

重整计划执行期间,因重整程序终止后新发生的事实或者事件引发的有关债务人的民事诉讼,不适用《企业破产法》第21条有关集中管辖的规定。除重整计划有明确约定外,上述纠纷引发的诉讼,不再由管理人代表债务人进行。

114.【重整程序与破产清算程序的衔接】重整期间或者重整计划执行期间,债务人因法定事由被宣告破产的,人民法院不再另立新的案号,原重整程序的管理人原则上应当继续履行破产清算程序中的职责。原重整程序的管理人不能继续履行职责或者不适宜继续担任管理人的,人民法院应当依法重新指定管理人。

重整程序转破产清算案件中的管理人报酬,应当综合管理人为重整工作和清算工作分别发挥的实际作用等因素合理确定。重整期间因法定事由转入破产清算程序的,应当按照破产清算案件确定管理人报酬。重整计划执行期间因法定事由转入破产清算程序的,后续破产清算阶段的管理人报酬应当根据管理人实际工作量予以确定,不能简单根据债务人最终清偿的财产价值总额计算。

重整程序因人民法院裁定批准重整计划草案而终止的,重整案件可作结案处理。重整计划执行完毕后,人民法院可以根据管理人等利害关系人申请,作出重整程序终结的裁定。

115.【庭外重组协议效力在重整程序中的延伸】继续完善庭外重组与庭内重整的衔接机制,降低制度性成本,提高破产制度效率。人民法院受理重整申请前,债务人和部分债权人已经达成的有关协议与重整程序中制作的重整计划草案内容一致的,有关债权人对该协议的同意视为对该重整计划草案表决的同意。但重整计划草案对协议内容进行了修改并对有关债权人有不利影响,或者与有关债权人重大利益相关的,受到影响的债权人有权按照企业破产法的规定对重整计划草案重新进行表决。

116.【审计、评估等中介机构的确定及责任】要合理区分人民法院和管理人在委托审计、评估等财产管理工作中的职责。破产程序中确实需要聘请中介机构对债务人财产进行审计、评估的,根据《企业破产法》第28条的规定,经人民法院许可后,管理人可以自行公开聘请,但是应当对其聘请的中介机构的相关行为进行监督。上述中介机构因不当履行职责给债务人、债权人或者第三人造成损害的,应当承担赔偿责任。管理人在聘用过程中存在过错的,应当在其过错范围内承担相应的补充赔偿责任。

117.【公司解散清算与破产清算的衔接】要依法区分公司解散清算与破产清算的不同功能和不同适用条件。债务人同时符合破产清算条件和强制清算条件的,应当及时适用破产清算程序实现对债权人利益的公平保护。债权人对符合破产清算条件的债务人提起公司强制清算申请,经人民法院释明,债权人仍然坚持申请对债务人强制清算的,人民法院应当裁定不予受理。

118.【无法清算案件的审理与责任承担】人民法院在审理债务人相关人员下落不明或者财产状况不清的破产案件时,应当充分贯彻债权人利益保护原则,避免债务人通过破产程序不当损害债权人利益,同时也要避免不当突破股东有限责任原则。

人民法院在适用《最高人民法院关于债权人对人员下落不明或者财产状况不清的债务人申请破产清算案件如何处理的批复》第3款的规定,判定债务人相关人员承担责任时,应当依照企业破产法的相关规定来确定相关主体的义务内容和责任范围,不得根据公司法司法解释(二)第18条第2款的规定来判定相关主体的责任。

上述批复第3款规定的"债务人的有关人员不履行法定义务,人民法院可依据有关法律规定追究其相应法律责任",系指债务人的法定代表人、财务管理人员和其他经营管理人员不履行《企业破产法》第15条规定的配合清算义务，人民法院可以根据《企业破产法》第126条、第127条追究其相应法律责任，或者参照《民事诉讼法》第111条的规定，依法拘留，构成犯罪的，依法追究刑事责任；债务人的法定代表人或者实际控制人不配合清算的，人民法院可以依据《出境入境管理法》第12条的规定，对其作出不准出境的决定，以确保破产程序顺利进行。

上述批复第3款规定的"其行为导致无法清算或者造成损失"，系指债务人的有关人员不配合清算的行为导致债务人财产状况不明，或者依法负有清算责任的人未按照《企业破产法》第7条第3款的规定及时履行破产申请义务，导致债务人主要财产、账册、重要文件等灭失，致使管理人无法执行清算职务，给债权人利益造成损害。"有关权利人起诉请求其承担相应民事责任"，系指管理人请求上述主体承担相应损害赔偿责任并将因此获得的赔偿归入债务人财产。管理人未主张上述赔偿，个别债权人可以代表全体债权人提起上述诉讼。

上述破产清算案件被裁定终结后，相关主体以债务人主要财产、账册、重要文件等重新出现为由，申请对破产清算程序启动审判监督的，人民法院不予受理，但符合《企业破产法》第123条规定的，债权人可以请求人民法院追加分配。

十一、关于案外人救济案件的审理

案外人救济案件包括案外人申请再审、案外人执行异议之诉和第三人撤销之诉三种类型。修改后的民事诉讼法在保留案外人执行异议之诉及案外人申请再审的基础上，新设立第三人撤销之诉制度，在为案外人权利保障提供更多救济渠道的同时，因彼此之间错综复杂的关系也容易导致认识上的偏差，有必要厘清其相互之间的关系，以便正确适用不同程序，依法充分保护各方主体合法权益。

119.【案外人执行异议之诉的审理】案外人执行异议之诉以排除对特定标的物的执行为目的，从程序上而言，案外人依据《民事诉讼法》第227条提出执行异议被驳回的，即可向执行人民法院提起执行异议之诉。人民法院对执行异议之诉的审理，一般应当就案外人对执行标的物是否享有权利、享有什么样的权利、权利是否足以排除强制执行进行判断。至于是否作出具体的确权判项，视案外人的诉讼请求而定。案外人未提出确权或者给付诉讼请求的，不作出确权判项，仅在裁ま理由中进行分析判断并作出是否排除执行的判项即可。但案外人既提出确权、给付请求，又提出排除执行请求的，人民法院对该请求是否支持、是否排除执行，均应当在具体判项中予以明确。执行异议之诉不以否定作为执行依据的生效裁判为目的，案外人如认为裁判确有错误的，只能通过申请再审或者提起第三人撤销之诉的方式进行救济。

120.【债权人能否提起第三人撤销之诉】第三人撤销之诉中的第三人仅局限于《民事诉讼法》第56条规定的有独立请求权及无独立请求权的第三人，而且一般不包括债权人。但是，设立第三人撤销之诉的目的在于，救济第三人享有的因不能归责于本人的事由未参加诉讼但因生效裁判文书内容错误受到损害的民事权益，因此，债权人在下列情况下可以提起第三人撤销之诉：

（1）该债权是法律明确给予特殊保护的债权，如《合同法》第286条规定的建设工程价款优先受偿权，《海商法》第22条规定的船舶优先权；

（2）因债务人与他人的权利义务被生效裁判文书确定，导致债权人本来可以对《合同法》第74条和《企业破产法》第31条规定的债务人的行为享有撤销权而不能行使的；

（3）债权人有证据证明，裁判文书主文确定的债权内容部分或者全部虚假的。

债权人提起第三人撤销之诉还要符合法律和司法解释规定的其他条件。对于除此之外的其他债权，债权人原则上不得提起第三人撤销之诉。

121.【必要共同诉讼漏列的当事人申请再审】民事诉讼法司法解释对必要共同诉讼漏列的当事人申请再审规定了两种不同的程序，二者在管辖法院及申请再审期限的起算点上存在明显差别，人民法院在审理相关案件时应注意：

（1）该当事人在执行程序中以案外人身份提出异议，异议被驳回的，根据民事诉讼法司法解

释第423条的规定,其可以在驳回异议裁定送达之日起6个月内向原审人民法院申请再审;

(2)该当事人未在执行程序中以案外人身份提出异议的,根据民事诉讼法司法解释第422条的规定,其可以根据《民事诉讼法》第200条第8项的规定,自知道或者应当知道生效裁判之日起6个月内向上一级人民法院申请再审。当事人一方人数众多或者当事人双方为公民的案件,也可以向原审人民法院申请再审。

122.【程序启动后案外人不享有程序选择权】案外人申请再审与第三人撤销之诉功能上近似,如果案外人既有申请再审的权利,又符合第三人撤销之诉的条件,对于案外人是否可以行使选择权,民事诉讼法司法解释采取了限制的司法态度,即依据民事诉讼法司法解释第303条的规定,按照启动程序的先后,案外人只能选择相应的救济程序;案外人先启动执行异议程序的,对执行异议裁定不服,认为原裁判内容错误损害其合法权益的,只能向作出原裁判的人民法院申请再审,而不能提起第三人撤销之诉;案外人先启动了第三人撤销之诉,即便在执行程序中又提出执行异议,也只能继续进行第三人撤销之诉,而不能依《民事诉讼法》第227条申请再审。

123.【案外人依据另案生效裁判对非金钱债权的执行提起执行异议之诉】审判实践中,案外人有时依据另案生效裁判所认定的与执行标的物有关的权利提起执行异议之诉,请求排除对标的物的执行。此时,鉴于作为执行依据的生效裁判与作为案外人提出执行异议依据的生效裁判,均涉及对同一标的物权属或给付的认定,性质上属于两个生效裁判所认定的权利之间可能产生的冲突,人民法院在审理执行异议之诉时,需区别不同情况作出判断:如果作为执行依据的生效裁判是确权裁判,不论作为执行异议的裁判是确权裁判还是给付裁判,一般不应据此排除执行,但人民法院应当告知案外人对作为执行依据的确权裁判申请再审;如果作为执行依据的生效裁判是给付标的物的裁判,而作为提出异议之诉依据的裁判是确权裁判,一般应据此排除执行,此时人民法院应告知其对该确权裁判申请再审;如果两个裁判均属给付标的物的裁判,人民法院需依法判断哪个裁判所认定的给付权利具有优先性,进而判断是否可以排除执行。

124.【案外人依据另案生效裁判对金钱债权的执行提起执行异议之诉】作为执行依据的生效裁判并未涉及执行标的物,只是执行中为实现金钱债权对特定标的物采取了执行措施。对此种情形,《最高人民法院关于人民法院办理执行异议和复议案件若干问题的规定》第26条规定了解决案外人执行异议的规则,在审理执行异议之诉时可以参考适用。依据该条规定,作为案外人提起执行异议之诉依据的裁判将执行标的物确权给案外人,可以排除执行;作为案外人提起执行异议之诉依据的裁判,未将执行标的物确权给案外人,而是基于不以转移所有权为目的的有效合同(如租赁、借用、保管合同),判令向案外人返还执行标的物的,其性质属于物权请求权,亦可以排除执行;基于以转移所有权为目的有效合同(如买卖合同),判令向案外人交付标的物的,其性质属于债权请求权,不能排除执行。

应予注意的是,在金钱债权执行中,如果案外人提出执行异议之诉依据的生效裁判认定以转移所有权为目的的合同(如买卖合同)无效或应当解除,进而判令向案外人返还执行标的物的,此时案外人享有的是物权性质的返还请求权,本可排除金钱债权的执行,但在双务合同无效的情况下,双方互负返还义务,在案外人未返还价款的情况下,如果允许其排除金钱债权的执行,将会使申请执行人既执行不到被执行人名下的财产,又执行不到本应返还给被执行人的价款,显然有失公允。为平衡各方当事人的利益,只有在案外人已经返还价款的情况下,才能排除普通债权人的执行。反之,案外人未返还价款的,不能排除执行。

125.【案外人系商品房消费者】实践中,商品房消费者向房地产开发企业购买商品房,往往没有及时办理房地产过户手续。房地产开发企业因欠债而被强制执行,人民法院在对尚登记在房地产开发企业名下但已出卖给消费者的商品房采取执行措施时,商品房消费者往往会提出执行异议,以排除强制执行。对此,《最高人民法院关于人民法院办理执行异议和复议案件若干问题的规定》第29条规定,符合下列情形的,应当支持商品房消费者的诉讼请求:一是在人民法院查封之前已签订合法有效的书面买卖合同;二是所购商品房系用于居住且买受人名下无其他用于居住的房屋;三是已支付的价款超过合同约定总价款的百分之五十。人民法院在审理执行异议之诉案件时,可参照适用此条款。

问题是,对于其中"所购商品房系用于居住且买受人名下无其他用于居住的房屋"如何理解,审判实践中掌握的标准不一。"买受人名下无其他用于居住的房屋",可以理解为在案涉房屋同一设区的市或者县级市范围内商品房消费者名下没有用于居住的房屋。商品房消费者名下虽然已有1套房屋,但购买的房屋在面积上仍然属于满足基本居住需要的,可以理解为符合该规定的精神。

对于其中"已支付的价款超过合同约定总价款的百分之五十"如何理解,审判实践中掌握的标准也不一致。如果商品房消费者支付的价款接近于百分之五十,且已按照合同约定将剩余价款支付给申请执行人或者按照人民法院的要求交付执行的,可以理解为符合该规定的精神。

126.【商品房消费者的权利与抵押权的关系】根据《最高人民法院关于建设工程价款优先受偿权问题的批复》第1条、第2条的规定,交付全部或者大部分款项的商品房消费者的权利优先于抵押权人的抵押权,故抵押权人申请执行登记在房地产开发企业名下但已销售给消费者的商品房,消费者提出执行异议的,人民法院依法予以支持。但应当特别注意的是,此情况是针对实践中存在的商品房预售不规范现象为保护消费者生存权而作出的例外规定,必须严格把握条件,避免扩大范围,以免动摇抵押权具有优先性的基本原则。因此,这里的商品房消费者应当仅限于符合本纪要第125条规定的商品房消费者。买受人不是本纪要第125条规定的商品房消费者,而是一般的房屋买卖合同的买受人,不适用上述处理规则。

127.【案外人系商品房消费者之外的一般买受人】金钱债权执行中,商品房消费者之外的一般买受人对登记在被执行人名下的不动产提出异议,请求排除执行的,《最高人民法院关于人民法院办理执行异议和复议案件若干问题的规定》第28条规定,符合下列情形的依法予以支持:一是在人民法院查封之前已签订合法有效的书面买卖合同;二是在人民法院查封之前已合法占有该不动产;三是已支付全部价款,或者已按照合同约定支付部分价款且将剩余价款按照人民法院的要求交付执行;四是非因买受人自身原因未办理过户登记。人民法院在审理执行异议之诉案件时,可参照适用此条款。

实践中,对于该规定的前3个条件,理解并无分歧。对于其中的第4个条件,理解不一致。一般而言,买受人只要有向房屋登记机构递交过户登记材料,或向出卖人提出了办理过户登记的请求等积极行为的,可以认为符合该条件。买受人无上述积极行为,其未办理过户登记有合理的客观理由的,亦可认定符合该条件。

十二、关于民刑交叉案件的程序处理

会议认为,近年来,在民间借贷、P2P等融资活动中,与涉嫌诈骗、合同诈骗、票据诈骗、集资诈骗、非法吸收公众存款等犯罪有关的民商事案件的数量有所增加,出现了一些新情况和新问题。在审理案件时,应当依照《最高人民法院关于审理经济纠纷案件中涉及经济犯罪嫌疑若干问题的规定》《最高人民法院关于审理非法集资刑事案件具体应用法律若干问题的解释》《最高人民法院最高人民检察院公安部关于办理非法集资刑事案件适用法律若干问题的意见》以及民间借贷司法解释等规定,处理好民刑交叉案件之间的程序关系。

128.【分别审理】同一当事人因不同事实分别发生民商事纠纷和涉嫌刑事犯罪,民商事案件与刑事案件应当分别审理,主要有下列情形:

(1)主合同的债务人涉嫌刑事犯罪或者刑事裁判认定其构成犯罪,债权人请求担保人承担民事责任的;

(2)行为人以法人、非法人组织或者他人名义订立合同的行为涉嫌刑事犯罪或者刑事裁判认定其构成犯罪,合同相对人请求该法人、非法人组织或者他人承担民事责任的;

(3)法人或者非法人组织的法定代表人、负责人或者其他工作人员的职务行为涉嫌刑事犯罪或者刑事裁判认定其构成犯罪,受害人请求该

(4)侵权行为人涉嫌刑事犯罪或者刑事裁判认定其构成犯罪,被保险人、受益人或者其他赔偿权利人请求保险人支付保险金的;

(5)受害人请求涉嫌刑事犯罪的行为人之外的其他主体承担民事责任的。

审判实践中出现的问题是,在上述情形下,有的人民法院仍然以民商事案件涉嫌刑事犯罪为由不予受理,已经受理的,裁定驳回起诉。对此,应予纠正。

129.【涉众型经济犯罪与民商事案件的程序处理】2014年颁布实施的《最高人民法院最高人民检察院公安部关于办理非法集资刑事案件适用法律若干问题的意见》和2019年1月颁布实施的《最高人民法院最高人民检察院公安部关于办理非法集资刑事案件若干问题的意见》规定的涉嫌集资诈骗、非法吸收公众存款等涉众型经济犯罪,所涉人数众多、当事人分布地域广、标的额特别巨大、影响范围广,严重影响社会稳定,对于受害人就同一事实提起的以犯罪嫌疑人或者刑事被告人为被告的民事诉讼,人民法院应当裁定不予受理,并将有关材料移送侦查机关、检察机关或者正在审理该刑事案件的人民法院。受害人的民事权利保护应当通过刑事追赃、退赔的方式解决。正在审理民商事案件的人民法院发现有上述涉众型经济犯罪线索的,应当及时将犯罪线索和有关材料移送侦查机关。侦查机关作出立案决定前,人民法院应当中止审理;作出立案决定后,应当裁定驳回起诉;侦查机关未及时立案的,人民法院必要时可以将案件报请党委政法委协调处理。除上述情形人民法院不予受理外,要防止通过刑事手段干预民商事审判,搞地方保护,影响营商环境。

当事人因租赁、买卖、金融借款等与上述涉众型经济犯罪无关的民事纠纷,请求上述主体承担民事责任的,人民法院应予受理。

130.【民刑交叉案件中民商事案件中止审理的条件】人民法院在审理民商事案件时,如果民商事案件必须以相关刑事案件的审理结果为依据,而刑事案件尚未审结的,应当根据《民事诉讼法》第150条第5项的规定裁定中止诉讼。待刑事案件审结后,再恢复民商事案件的审理。如果民商事案件不是必须以相关的刑事案件的审理结果为依据,则民商事案件应当继续审理。

◎ 法规链接

中华人民共和国民法典

(2020年5月28日第十三届全国人民代表大会第三次会议通过 2020年5月28日中华人民共和国主席令第45号公布 自2021年1月1日起施行)

第一编 总 则
第一章 基本规定

第一条 【立法目的和依据】①为了保护民事主体的合法权益,调整民事关系,维护社会和经济秩序,适应中国特色社会主义发展要求,弘扬社会主义核心价值观,根据宪法,制定本法。

第二条 【调整范围】民法调整平等主体的自然人、法人和非法人组织之间的人身关系和财产关系。

第三条 【民事权利及其他合法权益受法律保护】民事主体的人身权利、财产权利以及其他合法权益受法律保护,任何组织或者个人不得侵犯。

第四条 【平等原则】民事主体在民事活动中的法律地位一律平等。

第五条 【自愿原则】民事主体从事民事活动,应当遵循自愿原则,按照自己的意思设立、变更、终止民事法律关系。

第六条 【公平原则】民事主体从事民事活动,应当遵循公平原则,合理确定各方的权利和义务。

第七条 【诚信原则】民事主体从事民事活动,应当遵循诚信原则,秉持诚实,恪守承诺。

第八条 【守法与公序良俗原则】民事主体从事民事活动,不得违反法律,不得违背公序良俗。

---
① 条文主旨为编者所加,下同。

第九条 【绿色原则】民事主体从事民事活动,应当有利于节约资源、保护生态环境。

第十条 【处理民事纠纷的依据】处理民事纠纷,应当依照法律;法律没有规定的,可以适用习惯,但是不得违背公序良俗。

第十一条 【特别法优先】其他法律对民事关系有特别规定的,依照其规定。

第十二条 【民法的效力范围】中华人民共和国领域内的民事活动,适用中华人民共和国法律。法律另有规定的,依照其规定。

第二章 自 然 人

第一节 民事权利能力和民事行为能力

第十三条 【自然人民事权利能力的起止时间】自然人从出生时起到死亡时止,具有民事权利能力,依法享有民事权利,承担民事义务。

第十四条 【民事权利能力平等】自然人的民事权利能力一律平等。

第十五条 【出生和死亡时间的认定】自然人的出生时间和死亡时间,以出生证明、死亡证明记载的时间为准;没有出生证明、死亡证明的,以户籍登记或者其他有效身份登记记载的时间为准。有其他证据足以推翻以上记载时间的,以该证据证明的时间为准。

第十六条 【胎儿利益保护】涉及遗产继承、接受赠与等胎儿利益保护的,胎儿视为具有民事权利能力。但是,胎儿娩出时为死体的,其民事权利能力自始不存在。

第十七条 【成年时间】十八周岁以上的自然人为成年人。不满十八周岁的自然人为未成年人。

第十八条 【完全民事行为能力人】成年人为完全民事行为能力人,可以独立实施民事法律行为。

十六周岁以上的未成年人,以自己的劳动收入为主要生活来源的,视为完全民事行为能力人。

第十九条 【限制民事行为能力的未成年人】八周岁以上的未成年人为限制民事行为能力人,实施民事法律行为由其法定代理人代理或者经其法定代理人同意、追认;但是,可以独立实施纯获利益的民事法律行为或者与其年龄、智力相适应的民事法律行为。

第二十条 【无民事行为能力的未成年人】不满八周岁的未成年人为无民事行为能力人,由其法定代理人代理实施民事法律行为。

第二十一条 【无民事行为能力的成年人】不能辨认自己行为的成年人为无民事行为能力人,由其法定代理人代理实施民事法律行为。

八周岁以上的未成年人不能辨认自己行为的,适用前款规定。

第二十二条 【限制民事行为能力的成年人】不能完全辨认自己行为的成年人为限制民事行为能力人,实施民事法律行为由其法定代理人代理或者经其法定代理人同意、追认;但是,可以独立实施纯获利益的民事法律行为或者与其智力、精神健康状况相适应的民事法律行为。

第二十三条 【非完全民事行为能力人的法定代理人】无民事行为能力人、限制民事行为能力人的监护人是其法定代理人。

第二十四条 【民事行为能力的认定及恢复】不能辨认或者不能完全辨认自己行为的成年人,其利害关系人或者有关组织,可以向人民法院申请认定该成年人为无民事行为能力人或者限制民事行为能力人。

被人民法院认定为无民事行为能力人或者限制民事行为能力人的,经本人、利害关系人或者有关组织申请,人民法院可以根据其智力、精神健康恢复的状况,认定该成年人恢复为限制民事行为能力人或者完全民事行为能力人。

本条规定的有关组织包括:居民委员会、村民委员会、学校、医疗机构、妇女联合会、残疾人联合会、依法设立的老年人组织、民政部门等。

第二十五条 【自然人的住所】自然人以户籍登记或者其他有效身份登记记载的居所为住所;经常居所与住所不一致的,经常居所视为住所。

第二节 监 护

第二十六条 【父母子女之间的法律义务】父母对未成年子女负有抚养、教育和保护的义务。

成年子女对父母负有赡养、扶助和保护的义务。

第二十七条 【未成年人的监护人】父母是未成年子女的监护人。

未成年人的父母已经死亡或者没有监护能力的,由下列有监护能力的人按顺序担任监护人:

(一)祖父母、外祖父母;

(二)兄、姐;

(三)其他愿意担任监护人的个人或者组织,但是须经未成年人住所地的居民委员会、村民委员会或者民政部门同意。

第二十八条 【非完全民事行为能力成年人的监护人】无民事行为能力或者限制民事行为能力的成年人,由下列有监护能力的人按顺序担任监护人:

(一)配偶;

(二)父母、子女;

(三)其他近亲属;

(四)其他愿意担任监护人的个人或者组织,但是须经被监护人住所地的居民委员会、村民委员会或者民政部门同意。

第二十九条 【遗嘱指定监护】被监护人的父母担任监护人的,可以通过遗嘱指定监护人。

第三十条 【协议确定监护人】依法具有监护资格的人之间可以协议确定监护人。协议确定监护人应当尊重被监护人的真实意愿。

第三十一条 【监护争议解决程序】对监护人的确定有争议的,由被监护人住所地的居民委员会、村民委员会或者民政部门指定监护人,有关当事人对指定不服的,可以向人民法院申请指定监护人;有关当事人也可以直接向人民法院申请指定监护人。

居民委员会、村民委员会、民政部门或者人民法院应当尊重被监护人的真实意愿,按照最有利于被监护人的原则在依法具有监护资格的人中指定监护人。

依据本条第一款规定指定监护人前,被监护人的人身权利、财产权利以及其他合法权益处于无人保护状态的,由被监护人住所地的居民委员会、村民委员会、法律规定的有关组织或者民政部门担任临时监护人。

监护人被指定后,不得擅自变更;擅自变更的,不免除被指定的监护人的责任。

第三十二条 【公职监护人】没有依法具有监护资格的人的,监护人由民政部门担任,也可以由具备履行监护职责条件的被监护人住所地的居民委员会、村民委员会担任。

第三十三条 【意定监护】具有完全民事行为能力的成年人,可以与其近亲属、其他愿意担任监护人的个人或者组织事先协商,以书面形式确定自己的监护人,在自己丧失或者部分丧失民事行为能力时,由该监护人履行监护职责。

第三十四条 【监护职责及临时生活照料】监护人的职责是代理被监护人实施民事法律行为,保护被监护人的人身权利、财产权利以及其他合法权益等。

监护人依法履行监护职责产生的权利,受法律保护。

监护人不履行监护职责或者侵害被监护人合法权益的,应当承担法律责任。

因发生突发事件等紧急情况,监护人暂时无法履行监护职责,被监护人的生活处于无人照料状态的,被监护人住所地的居民委员会、村民委员会或者民政部门应当为被监护人安排必要的临时生活照料措施。

第三十五条 【履行监护职责应遵循的原则】监护人应当按照最有利于被监护人的原则履行监护职责。监护人除为维护被监护人利益外,不得处分被监护人的财产。

未成年人的监护人履行监护职责,在作出与被监护人利益有关的决定时,应当根据被监护人的年龄和智力状况,尊重被监护人的真实意愿。

成年人的监护人履行监护职责,应当最大程度地尊重被监护人的真实意愿,保障并协助被监护人实施与其智力、精神健康状况相适应的民事法律行为。对被监护人有能力独立处理的事务,监护人不得干涉。

第三十六条 【监护人资格的撤销】监护人有下列情形之一的,人民法院根据有关个人或者组织的申请,撤销其监护人资格,安排必要的临时监护措施,并按照最有利于被监护人的原则依法指定监护人:

（一）实施严重损害被监护人身心健康的行为；

（二）怠于履行监护职责，或者无法履行监护职责且拒绝将监护职责部分或者全部委托给他人，导致被监护人处于危困状态；

（三）实施严重侵害被监护人合法权益的其他行为。

本条规定的有关个人、组织包括：其他依法具有监护资格的人，居民委员会、村民委员会、学校、医疗机构、妇女联合会、残疾人联合会、未成年人保护组织、依法设立的老年人组织、民政部门等。

前款规定的个人和民政部门以外的组织未及时向人民法院申请撤销监护人资格的，民政部门应当向人民法院申请。

第三十七条　【监护人资格撤销后的义务】依法负担被监护人抚养费、赡养费、扶养费的父母、子女、配偶等，被人民法院撤销监护人资格后，应当继续履行负担的义务。

第三十八条　【监护人资格的恢复】被监护人的父母或者子女被人民法院撤销监护人资格后，除对被监护人实施故意犯罪的外，确有悔改表现的，经其申请，人民法院可以在尊重被监护人真实意愿的前提下，视情况恢复其监护人资格，人民法院指定的监护人与被监护人的监护关系同时终止。

第三十九条　【监护关系的终止】有下列情形之一的，监护关系终止：

（一）被监护人取得或者恢复完全民事行为能力；

（二）监护人丧失监护能力；

（三）被监护人或者监护人死亡；

（四）人民法院认定监护关系终止的其他情形。

监护关系终止后，被监护人仍然需要监护的，应当依法另行确定监护人。

第三节　宣告失踪和宣告死亡

第四十条　【宣告失踪】自然人下落不明满二年的，利害关系人可以向人民法院申请宣告该自然人为失踪人。

第四十一条　【下落不明的起算时间】自然人下落不明的时间自其失去音讯之日起计算。战争期间下落不明的，下落不明的时间自战争结束之日或者有关机关确定的下落不明之日起计算。

第四十二条　【财产代管人】失踪人的财产由其配偶、成年子女、父母或者其他愿意担任财产代管人的人代管。

代管有争议，没有前款规定的人，或者前款规定的人无代管能力的，由人民法院指定的人代管。

第四十三条　【财产代管人的职责】财产代管人应当妥善管理失踪人的财产，维护其财产权益。

失踪人所欠税款、债务和应付的其他费用，由财产代管人从失踪人的财产中支付。

财产代管人因故意或者重大过失造成失踪人财产损失的，应当承担赔偿责任。

第四十四条　【财产代管人的变更】财产代管人不履行代管职责、侵害失踪人财产权益或者丧失代管能力的，失踪人的利害关系人可以向人民法院申请变更财产代管人。

财产代管人有正当理由的，可以向人民法院申请变更财产代管人。

人民法院变更财产代管人的，变更后的财产代管人有权请求原财产代管人及时移交有关财产并报告财产代管情况。

第四十五条　【失踪宣告的撤销】失踪人重新出现，经本人或者利害关系人申请，人民法院应当撤销失踪宣告。

失踪人重新出现，有权请求财产代管人及时移交有关财产并报告财产代管情况。

第四十六条　【宣告死亡】自然人有下列情形之一的，利害关系人可以向人民法院申请宣告该自然人死亡：

（一）下落不明满四年；

（二）因意外事件，下落不明满二年。

因意外事件下落不明，经有关机关证明该自然人不可能生存的，申请宣告死亡不受二年时间的限制。

第四十七条　【宣告失踪与宣告死亡申请的竞合】对同一自然人，有的利害关系人申请宣告死亡，有的利害关系人申请宣告失踪，符合本法规定的宣告死亡条件的,人民法院应当宣告死亡。

第四十八条　【死亡日期的确定】被宣告死亡的人,人民法院宣告死亡的判决作出之日视为其死亡的日期;因意外事件下落不明宣告死亡的,意外事件发生之日视为其死亡的日期。

第四十九条　【被宣告死亡人实际生存时的行为效力】自然人被宣告死亡但是并未死亡的,不影响该自然人在被宣告死亡期间实施的民事法律行为的效力。

第五十条　【死亡宣告的撤销】被宣告死亡的人重新出现,经本人或者利害关系人申请,人民法院应当撤销死亡宣告。

第五十一条　【宣告死亡及其撤销后婚姻关系的效力】被宣告死亡的人的婚姻关系,自死亡宣告之日起消除。死亡宣告被撤销的,婚姻关系自撤销死亡宣告之日起自行恢复。但是,其配偶再婚或者向婚姻登记机关书面声明不愿意恢复的除外。

第五十二条　【死亡宣告撤销后子女被收养的效力】被宣告死亡的人在宣告死亡期间,其子女被他人依法收养的,在死亡宣告被撤销后,不得以未经本人同意为由主张收养行为无效。

第五十三条　【死亡宣告撤销后的财产返还与赔偿责任】被撤销死亡宣告的人有权请求依本法第六编取得其财产的民事主体返还财产;无法返还的,应当给予适当补偿。

利害关系人隐瞒真实情况,致使他人被宣告死亡而取得其财产的,除应当返还财产外,还应当对由此造成的损失承担赔偿责任。

第四节　个体工商户和农村承包经营户

第五十四条　【个体工商户】自然人从事工商业经营,经依法登记,为个体工商户。个体工商户可以起字号。

第五十五条　【农村承包经营户】农村集体经济组织的成员,依法取得农村土地承包经营权,从事家庭承包经营的,为农村承包经营户。

第五十六条　【"两户"的债务承担】个体工商户的债务,个人经营的,以个人财产承担;家庭经营的,以家庭财产承担;无法区分的,以家庭财产承担。

农村承包经营户的债务,以从事农村土地承包经营的农户财产承担;事实上由农户部分成员经营的,以该部分成员的财产承担。

第三章　法　人
第一节　一般规定

第五十七条　【法人的定义】法人是具有民事权利能力和民事行为能力,依法独立享有民事权利和承担民事义务的组织。

第五十八条　【法人的成立】法人应当依法成立。

法人应当有自己的名称、组织机构、住所、财产或者经费。法人成立的具体条件和程序,依照法律、行政法规的规定。

设立法人,法律、行政法规规定须经有关机关批准的,依照其规定。

第五十九条　【法人的民事权利能力和民事行为能力】法人的民事权利能力和民事行为能力,从法人成立时产生,到法人终止时消灭。

第六十条　【法人的民事责任承担】法人以其全部财产独立承担民事责任。

第六十一条　【法定代表人】依照法律或者法人章程的规定,代表法人从事民事活动的负责人,为法人的法定代表人。

法定代表人以法人名义从事的民事活动,其法律后果由法人承受。

法人章程或者法人权力机构对法定代表人代表权的限制,不得对抗善意相对人。

第六十二条　【法定代表人职务行为的法律责任】法定代表人因执行职务造成他人损害的,由法人承担民事责任。

法人承担民事责任后,依照法律或者法人章程的规定,可以向有过错的法定代表人追偿。

第六十三条　【法人的住所】法人以其主要办事机构所在地为住所。依法需要办理法人登记的,应当将主要办事机构所在地登记为住所。

第六十四条　【法人的变更登记】法人存续期间登记事项发生变化的,应当依法向登记机关申请变更登记。

第六十五条　【法人登记的对抗效力】法人的实际情况与登记的事项不一致的,不得对抗善意相对人。

第六十六条　【法人登记公示制度】登记机关应

当依法及时公示法人登记的有关信息。

第六十七条　【法人合并、分立后的权利义务承担】法人合并的,其权利和义务由合并后的法人享有和承担。

法人分立的,其权利和义务由分立后的法人享有连带债权,承担连带债务,但是债权人和债务人另有约定的除外。

第六十八条　【法人的终止】有下列原因之一并依法完成清算、注销登记的,法人终止:

（一）法人解散;

（二）法人被宣告破产;

（三）法律规定的其他原因。

法人终止,法律、行政法规规定须经有关机关批准的,依照其规定。

第六十九条　【法人的解散】有下列情形之一的,法人解散:

（一）法人章程规定的存续期间届满或者法人章程规定的其他解散事由出现;

（二）法人的权力机构决议解散;

（三）因法人合并或者分立需要解散;

（四）法人依法被吊销营业执照、登记证书,被责令关闭或者被撤销;

（五）法律规定的其他情形。

第七十条　【法人解散后的清算】法人解散的,除合并或者分立的情形外,清算义务人应当及时组成清算组进行清算。

法人的董事、理事等执行机构或者决策机构的成员为清算义务人。法律、行政法规另有规定的,依照其规定。

清算义务人未及时履行清算义务,造成损害的,应当承担民事责任;主管机关或者利害关系人可以申请人民法院指定有关人员组成清算组进行清算。

第七十一条　【法人清算的法律适用】法人的清算程序和清算组职权,依照有关法律的规定;没有规定的,参照适用公司法律的有关规定。

第七十二条　【清算的法律效果】清算期间法人存续,但是不得从事与清算无关的活动。

法人清算后的剩余财产,按照法人章程的规定或者法人权力机构的决议处理。法律另有规定的,依照其规定。

清算结束并完成法人注销登记时,法人终止;依法不需要办理法人登记的,清算结束时,法人终止。

第七十三条　【法人因破产而终止】法人被宣告破产的,依法进行破产清算并完成法人注销登记时,法人终止。

第七十四条　【法人的分支机构】法人可以依法设立分支机构。法律、行政法规规定分支机构应当登记的,依照其规定。

分支机构以自己的名义从事民事活动,产生的民事责任由法人承担;也可以先以该分支机构管理的财产承担,不足以承担的,由法人承担。

第七十五条　【法人设立行为的法律后果】设立人为设立法人从事的民事活动,其法律后果由法人承受;法人未成立的,其法律后果由设立人承受,设立人为二人以上的,享有连带债权,承担连带债务。

设立人为设立法人以自己的名义从事民事活动产生的民事责任,第三人有权选择请求法人或者设立人承担。

第二节　营利法人

第七十六条　【营利法人的定义和类型】以取得利润并分配给股东等出资人为目的成立的法人,为营利法人。

营利法人包括有限责任公司、股份有限公司和其他企业法人等。

第七十七条　【营利法人的成立】营利法人经依法登记成立。

第七十八条　【营利法人的营业执照】依法设立的营利法人,由登记机关发给营利法人营业执照。营业执照签发日期为营利法人的成立日期。

第七十九条　【营利法人的章程】设立营利法人应当依法制定法人章程。

第八十条　【营利法人的权力机构】营利法人应当设权力机构。

权力机构行使修改法人章程,选举或者更换执行机构、监督机构成员,以及法人章程规定的其他职权。

第八十一条　【营利法人的执行机构】营利法人应当设执行机构。

执行机构行使召集权力机构会议,决定法

人的经营计划和投资方案,决定法人内部管理机构的设置,以及法人章程规定的其他职权。

执行机构为董事会或者执行董事的,董事长、执行董事或者经理按照法人章程的规定担任法定代表人;未设董事会或者执行董事的,法人章程规定的主要负责人为其执行机构和法定代表人。

第八十二条 【营利法人的监督机构】营利法人设监事会或者监事等监督机构的,监督机构依法行使检查法人财务,监督执行机构成员、高级管理人员执行法人职务的行为,以及法人章程规定的其他职权。

第八十三条 【出资人滥用权利的责任承担】营利法人的出资人不得滥用出资人权利损害法人或者其他出资人的利益;滥用出资人权利造成法人或者其他出资人损失的,应当依法承担民事责任。

营利法人的出资人不得滥用法人独立地位和出资人有限责任损害法人债权人的利益;滥用法人独立地位和出资人有限责任,逃避债务,严重损害法人债权人的利益的,应当对法人债务承担连带责任。

第八十四条 【利用关联关系造成损失的赔偿责任】营利法人的控股出资人、实际控制人、董事、监事、高级管理人员不得利用其关联关系损害法人的利益;利用关联关系造成法人损失的,应当承担赔偿责任。

第八十五条 【营利法人出资人对瑕疵决议的撤销权】营利法人的权力机构、执行机构作出决议的会议召集程序、表决方式违反法律、行政法规、法人章程,或者决议内容违反法人章程的,营利法人的出资人可以请求人民法院撤销该决议。但是,营利法人依据该决议与善意相对人形成的民事法律关系不受影响。

第八十六条 【营利法人的社会责任】营利法人从事经营活动,应当遵守商业道德,维护交易安全,接受政府和社会的监督,承担社会责任。

第三节 非营利法人

第八十七条 【非营利法人的定义和范围】为公益目的或者其他非营利目的成立,不向出资人、设立人或者会员分配所取得利润的法人,为非营利法人。

非营利法人包括事业单位、社会团体、基金会、社会服务机构等。

第八十八条 【事业单位法人资格的取得】具备法人条件,为适应经济社会发展需要,提供公益服务设立的事业单位,经依法登记成立,取得事业单位法人资格;依法不需要办理法人登记的,从成立之日起,具有事业单位法人资格。

第八十九条 【事业单位法人的组织机构】事业单位法人设理事会的,除法律另有规定外,理事会为其决策机构。事业单位法人的法定代表人依照法律、行政法规或者法人章程的规定产生。

第九十条 【社会团体法人资格的取得】具备法人条件,基于会员共同意愿,为公益目的或者会员共同利益等非营利目的设立的社会团体,经依法登记成立,取得社会团体法人资格;依法不需要办理法人登记的,从成立之日起,具有社会团体法人资格。

第九十一条 【社会团体法人章程和组织机构】设立社会团体法人应当依法制定法人章程。

社会团体法人应当设会员大会或者会员代表大会等权力机构。

社会团体法人应当设理事会等执行机构。理事长或者会长等负责人按照法人章程的规定担任法定代表人。

第九十二条 【捐助法人】具备法人条件,为公益目的以捐助财产设立的基金会、社会服务机构等,经依法登记成立,取得捐助法人资格。

依法设立的宗教活动场所,具备法人条件的,可以申请法人登记,取得捐助法人资格。法律、行政法规对宗教活动场所有规定的,依照其规定。

第九十三条 【捐助法人章程和组织机构】设立捐助法人应当依法制定法人章程。

捐助法人应当设理事会、民主管理组织等决策机构,并设执行机构。理事长等负责人按照法人章程的规定担任法定代表人。

捐助法人应当设监事会等监督机构。

第九十四条 【捐助人的权利】捐助人有权向捐助法人查询捐助财产的使用、管理情况,并提出意见和建议,捐助法人应当及时、如实答复。

捐助法人的决策机构、执行机构或者法定代表人作出决定的程序违反法律、行政法规、法人章程，或者决定内容违反法人章程的，捐助人等利害关系人或者主管机关可以请求人民法院撤销该决定。但是，捐助法人依据该决定与善意相对人形成的民事法律关系不受影响。

第九十五条　【公益性非营利法人剩余财产的处理】 为公益目的成立的非营利法人终止时，不得向出资人、设立人或者会员分配剩余财产。剩余财产应当按照法人章程的规定或者权力机构的决议用于公益目的；无法按照法人章程的规定或者权力机构的决议处理的，由主管机关主持转给宗旨相同或者相近的法人，并向社会公告。

第四节　特别法人

第九十六条　【特别法人的类型】 本节规定的机关法人、农村集体经济组织法人、城镇农村的合作经济组织法人、基层群众性自治组织法人，为特别法人。

第九十七条　【机关法人】 有独立经费的机关和承担行政职能的法定机构从成立之日起，具有机关法人资格，可以从事为履行职能所需要的民事活动。

第九十八条　【机关法人的终止】 机关法人被撤销的，法人终止，其民事权利和义务由继任的机关法人享有和承担；没有继任的机关法人的，由作出撤销决定的机关法人享有和承担。

第九十九条　【农村集体经济组织法人】 农村集体经济组织依法取得法人资格。

法律、行政法规对农村集体经济组织有规定的，依照其规定。

第一百条　【合作经济组织法人】 城镇农村的合作经济组织依法取得法人资格。

法律、行政法规对城镇农村的合作经济组织有规定的，依照其规定。

第一百零一条　【基层群众性自治组织法人】 居民委员会、村民委员会具有基层群众性自治组织法人资格，可以从事为履行职能所需要的民事活动。

未设立村集体经济组织的，村民委员会可以依法代行村集体经济组织的职能。

第四章　非法人组织

第一百零二条　【非法人组织的定义】 非法人组织是不具有法人资格，但是能够依法以自己的名义从事民事活动的组织。

非法人组织包括个人独资企业、合伙企业、不具有法人资格的专业服务机构等。

第一百零三条　【非法人组织的设立程序】 非法人组织应当依照法律的规定登记。

设立非法人组织，法律、行政法规规定须经有关机关批准的，依照其规定。

第一百零四条　【非法人组织的债务承担】 非法人组织的财产不足以清偿债务的，其出资人或者设立人承担无限责任。法律另有规定的，依照其规定。

第一百零五条　【非法人组织的代表人】 非法人组织可以确定一人或者数人代表该组织从事民事活动。

第一百零六条　【非法人组织的解散】 有下列情形之一的，非法人组织解散：

（一）章程规定的存续期间届满或者章程规定的其他解散事由出现；

（二）出资人或者设立人决定解散；

（三）法律规定的其他情形。

第一百零七条　【非法人组织的清算】 非法人组织解散的，应当依法进行清算。

第一百零八条　【非法人组织的参照适用规定】 非法人组织除适用本章规定外，参照适用本编第三章第一节的有关规定。

第五章　民事权利

第一百零九条　【一般人格权】 自然人的人身自由、人格尊严受法律保护。

第一百一十条　【民事主体的人格权】 自然人享有生命权、身体权、健康权、姓名权、肖像权、名誉权、荣誉权、隐私权、婚姻自主权等权利。

法人、非法人组织享有名称权、名誉权和荣誉权。

第一百一十一条　【个人信息受法律保护】 自然人的个人信息受法律保护。任何组织或者个人需要获取他人个人信息的，应当依法取得并确保信息安全，不得非法收集、使用、加工、传输他人个人信息，不得非法买卖、提供或者公开他人个人信息。

第一百一十二条 【婚姻家庭关系等产生的人身权利】自然人因婚姻家庭关系等产生的人身权利受法律保护。

第一百一十三条 【财产权受法律平等保护】民事主体的财产权利受法律平等保护。

第一百一十四条 【物权的定义及类型】民事主体依法享有物权。

物权是权利人依法对特定的物享有直接支配和排他的权利，包括所有权、用益物权和担保物权。

第一百一十五条 【物权的客体】物包括不动产和动产。法律规定权利作为物权客体的，依照其规定。

第一百一十六条 【物权法定原则】物权的种类和内容，由法律规定。

第一百一十七条 【征收与征用】为了公共利益的需要，依照法律规定的权限和程序征收、征用不动产或者动产的，应当给予公平、合理的补偿。

第一百一十八条 【债权的定义】民事主体依法享有债权。

债权是因合同、侵权行为、无因管理、不当得利以及法律的其他规定，权利人请求特定义务人为或者不为一定行为的权利。

第一百一十九条 【合同之债】依法成立的合同，对当事人具有法律约束力。

第一百二十条 【侵权之债】民事权益受到侵害的，被侵权人有权请求侵权人承担侵权责任。

第一百二十一条 【无因管理之债】没有法定的或者约定的义务，为避免他人利益受损失而进行管理的人，有权请求受益人偿还由此支出的必要费用。

第一百二十二条 【不当得利之债】因他人没有法律根据，取得不当利益，受损失的人有权请求其返还不当利益。

第一百二十三条 【知识产权及其客体】民事主体依法享有知识产权。

知识产权是权利人依法就下列客体享有的专有的权利：

（一）作品；

（二）发明、实用新型、外观设计；

（三）商标；

（四）地理标志；

（五）商业秘密；

（六）集成电路布图设计；

（七）植物新品种；

（八）法律规定的其他客体。

第一百二十四条 【继承权及其客体】自然人依法享有继承权。

自然人合法的私有财产，可以依法继承。

第一百二十五条 【投资性权利】民事主体依法享有股权和其他投资性权利。

第一百二十六条 【其他民事权益】民事主体享有法律规定的其他民事权利和利益。

第一百二十七条 【对数据和网络虚拟财产的保护】法律对数据、网络虚拟财产的保护有规定的，依照其规定。

第一百二十八条 【对弱势群体的特别保护】法律对未成年人、老年人、残疾人、妇女、消费者等的民事权利保护有特别规定的，依照其规定。

第一百二十九条 【民事权利的取得方式】民事权利可以依据民事法律行为、事实行为、法律规定的事件或者法律规定的其他方式取得。

第一百三十条 【权利行使的自愿原则】民事主体按照自己的意愿依法行使民事权利，不受干涉。

第一百三十一条 【权利人的义务履行】民事主体行使权利时，应当履行法律规定的和当事人约定的义务。

第一百三十二条 【禁止权利滥用】民事主体不得滥用民事权利损害国家利益、社会公共利益或者他人合法权益。

第六章 民事法律行为

第一节 一般规定

第一百三十三条 【民事法律行为的定义】民事法律行为是民事主体通过意思表示设立、变更、终止民事法律关系的行为。

第一百三十四条 【民事法律行为的成立】民事法律行为可以基于双方或者多方的意思表示一致成立，也可以基于单方的意思表示成立。

法人、非法人组织依照法律或者章程规定的议事方式和表决程序作出决议的，该决议行为成立。

第一百三十五条　【民事法律行为的形式】民事法律行为可以采用书面形式、口头形式或者其他形式；法律、行政法规规定或者当事人约定采用特定形式的，应当采用特定形式。

第一百三十六条　【民事法律行为的生效】民事法律行为自成立时生效，但是法律另有规定或者当事人另有约定的除外。

行为人非依法律规定或者未经对方同意，不得擅自变更或者解除民事法律行为。

第二节　意思表示

第一百三十七条　【有相对人的意思表示的生效时间】以对话方式作出的意思表示，相对人知道其内容时生效。

以非对话方式作出的意思表示，到达相对人时生效。以非对话方式作出的采用数据电文形式的意思表示，相对人指定特定系统接收数据电文的，该数据电文进入该特定系统时生效；未指定特定系统的，相对人知道或者应当知道该数据电文进入其系统时生效。当事人对采用数据电文形式的意思表示的生效时间另有约定的，按照其约定。

第一百三十八条　【无相对人的意思表示的生效时间】无相对人的意思表示，表示完成时生效。法律另有规定的，依照其规定。

第一百三十九条　【公告的意思表示的生效时间】以公告方式作出的意思表示，公告发布时生效。

第一百四十条　【意思表示的方式】行为人可以明示或者默示作出意思表示。

沉默只有在有法律规定、当事人约定或者符合当事人之间的交易习惯时，才可以视为意思表示。

第一百四十一条　【意思表示的撤回】行为人可以撤回意思表示。撤回意思表示的通知应当在意思表示到达相对人前或者与意思表示同时到达相对人。

第一百四十二条　【意思表示的解释】有相对人的意思表示的解释，应当按照所使用的词句，结合相关条款、行为的性质和目的、习惯以及诚信原则，确定意思表示的含义。

无相对人的意思表示的解释，不能完全拘泥于所使用的词句，而应当结合相关条款、行为的性质和目的、习惯以及诚信原则，确定行为人的真实意思。

第三节　民事法律行为的效力

第一百四十三条　【民事法律行为的有效条件】具备下列条件的民事法律行为有效：

（一）行为人具有相应的民事行为能力；

（二）意思表示真实；

（三）不违反法律、行政法规的强制性规定，不违背公序良俗。

第一百四十四条　【无民事行为能力人实施的民事法律行为】无民事行为能力人实施的民事法律行为无效。

第一百四十五条　【限制民事行为能力人实施的民事法律行为】限制民事行为能力人实施的纯获利益的民事法律行为或者与其年龄、智力、精神健康状况相适应的民事法律行为有效；实施的其他民事法律行为经法定代理人同意或者追认后有效。

相对人可以催告法定代理人自收到通知之日起三十日内予以追认。法定代理人未作表示的，视为拒绝追认。民事法律行为被追认前，善意相对人有撤销的权利。撤销应当以通知的方式作出。

第一百四十六条　【虚假表示与隐藏行为效力】行为人与相对人以虚假的意思表示实施的民事法律行为无效。

以虚假的意思表示隐藏的民事法律行为的效力，依照有关法律规定处理。

第一百四十七条　【重大误解】基于重大误解实施的民事法律行为，行为人有权请求人民法院或者仲裁机构予以撤销。

第一百四十八条　【欺诈】一方以欺诈手段，使对方在违背真实意思的情况下实施的民事法律行为，受欺诈方有权请求人民法院或者仲裁机构予以撤销。

第一百四十九条　【第三人欺诈】第三人实施欺诈行为，使一方在违背真实意思的情况下实施的民事法律行为，对方知道或者应当知道该欺诈行为的，受欺诈方有权请求人民法院或者仲裁机构予以撤销。

第一百五十条　【胁迫】一方或者第三人以胁迫手段，使对方在违背真实意思的情况下实施的民事法律行为，受胁迫方有权请求人民法院或者仲裁机构予以撤销。

第一百五十一条　【乘人之危导致的显失公平】一方利用对方处于危困状态、缺乏判断能力等情形，致使民事法律行为成立时显失公平的，受损害方有权请求人民法院或者仲裁机构予以撤销。

第一百五十二条　【撤销权的消灭期间】有下列情形之一的，撤销权消灭：

（一）当事人自知道或者应当知道撤销事由之日起一年内、重大误解的当事人自知道或者应当知道撤销事由之日起九十日内没有行使撤销权；

（二）当事人受胁迫，自胁迫行为终止之日起一年内没有行使撤销权；

（三）当事人知道撤销事由后明确表示或者以自己的行为表明放弃撤销权。

当事人自民事法律行为发生之日起五年内没有行使撤销权的，撤销权消灭。

第一百五十三条　【违反强制性规定及违背公序良俗的民事法律行为的效力】违反法律、行政法规的强制性规定的民事法律行为无效。但是，该强制性规定不导致该民事法律行为无效的除外。

违背公序良俗的民事法律行为无效。

第一百五十四条　【恶意串通】行为人与相对人恶意串通，损害他人合法权益的民事法律行为无效。

第一百五十五条　【无效或者被撤销民事法律行为自始无效】无效的或者被撤销的民事法律行为自始没有法律约束力。

第一百五十六条　【民事法律行为部分无效】民事法律行为部分无效，不影响其他部分效力的，其他部分仍然有效。

第一百五十七条　【民事法律行为无效、被撤销、不生效力的法律后果】民事法律行为无效、被撤销或者确定不发生效力后，行为人因该行为取得的财产，应当予以返还；不能返还或者没有必要返还的，应当折价补偿。有过错的一方应当赔偿对方由此所受到的损失；各方都有过错的，应当各自承担相应的责任。法律另有规定的，依照其规定。

第四节　民事法律行为的附条件和附期限

第一百五十八条　【附条件的民事法律行为】民事法律行为可以附条件，但是根据其性质不得附条件的除外。附生效条件的民事法律行为，自条件成就时生效。附解除条件的民事法律行为，自条件成就时失效。

第一百五十九条　【条件成就或不成就的拟制】附条件的民事法律行为，当事人为自己的利益不正当地阻止条件成就的，视为条件已经成就；不正当地促成条件成就的，视为条件不成就。

第一百六十条　【附期限的民事法律行为】民事法律行为可以附期限，但是根据其性质不得附期限的除外。附生效期限的民事法律行为，自期限届至时生效。附终止期限的民事法律行为，自期限届满时失效。

第七章　代　　理

第一节　一般规定

第一百六十一条　【代理的适用范围】民事主体可以通过代理人实施民事法律行为。

依照法律规定、当事人约定或者民事法律行为的性质，应当由本人亲自实施的民事法律行为，不得代理。

第一百六十二条　【代理的效力】代理人在代理权限内，以被代理人名义实施的民事法律行为，对被代理人发生效力。

第一百六十三条　【代理的类型】代理包括委托代理和法定代理。

委托代理人按照被代理人的委托行使代理权。法定代理人依照法律的规定行使代理权。

第一百六十四条　【不当代理的民事责任】代理人不履行或者不完全履行职责，造成被代理人损害的，应当承担民事责任。

代理人和相对人恶意串通，损害被代理人合法权益的，代理人和相对人应当承担连带责任。

第二节 委托代理

第一百六十五条 【授权委托书】委托代理授权采用书面形式的,授权委托书应当载明代理人的姓名或者名称、代理事项、权限和期限,并由被代理人签名或者盖章。

第一百六十六条 【共同代理】数人为同一代理事项的代理人的,应共同行使代理权,但是当事人另有约定的除外。

第一百六十七条 【违法代理的责任承担】代理人知道或者应当知道代理事项违法仍然实施代理行为,或者被代理人知道或者应当知道代理人的代理行为违法未作反对表示的,被代理人和代理人应当承担连带责任。

第一百六十八条 【禁止自己代理和双方代理】代理人不得以被代理人的名义与自己实施民事法律行为,但是被代理人同意或者追认的除外。

代理人不得以被代理人的名义与自己同时代理的其他人实施民事法律行为,但是被代理的双方同意或者追认的除外。

第一百六十九条 【复代理】代理人需要转委托第三人代理的,应当取得被代理人的同意或者追认。

转委托代理经被代理人同意或者追认的,被代理人可以就代理事务直接指示转委托的第三人,代理人仅就第三人的选任以及对第三人的指示承担责任。

转委托代理未经被代理人同意或者追认的,代理人应当对转委托的第三人的行为承担责任;但是,在紧急情况下代理人为了维护被代理人的利益需要转委托第三人代理的除外。

第一百七十条 【职务代理】执行法人或者非法人组织工作任务的人员,就其职权范围内的事项,以法人或者非法人组织的名义实施的民事法律行为,对法人或者非法人组织发生效力。

法人或者非法人组织对执行其工作任务的人员职权范围的限制,不得对抗善意相对人。

第一百七十一条 【无权代理】行为人没有代理权、超越代理权或者代理权终止后,仍然实施代理行为,未经被代理人追认的,对被代理人不发生效力。

相对人可以催告被代理人自收到通知之日起三十日内予以追认。被代理人未作表示的,视为拒绝追认。行为人实施的行为被追认前,善意相对人有撤销的权利。撤销应当以通知的方式作出。

行为人实施的行为未被追认的,善意相对人有权请求行为人履行债务或者就其受到的损害请求行为人赔偿。但是,赔偿的范围不得超过被代理人追认时相对人所能获得的利益。

相对人知道或者应当知道行为人无权代理的,相对人和行为人按照各自的过错承担责任。

第一百七十二条 【表见代理】行为人没有代理权、超越代理权或者代理权终止后,仍然实施代理行为,相对人有理由相信行为人有代理权的,代理行为有效。

第三节 代理终止

第一百七十三条 【委托代理的终止】有下列情形之一的,委托代理终止:

(一)代理期限届满或者代理事务完成;

(二)被代理人取消委托或者代理人辞去委托;

(三)代理人丧失民事行为能力;

(四)代理人或者被代理人死亡;

(五)作为代理人或者被代理人的法人、非法人组织终止。

第一百七十四条 【委托代理终止的例外】被代理人死亡后,有下列情形之一的,委托代理人实施的代理行为有效:

(一)代理人不知道且不应当知道被代理人死亡;

(二)被代理人的继承人予以承认;

(三)授权中明确代理权在代理事务完成时终止;

(四)被代理人死亡前已经实施,为了被代理人的继承人的利益继续代理。

作为被代理人的法人、非法人组织终止的,参照适用前款规定。

第一百七十五条 【法定代理的终止】有下列情形之一的,法定代理终止:

(一)被代理人取得或者恢复完全民事行

为能力；

（二）代理人丧失民事行为能力；

（三）代理人或者被代理人死亡；

（四）法律规定的其他情形。

第八章 民事责任

第一百七十六条 【民事责任】民事主体依照法律规定或者按照当事人约定，履行民事义务，承担民事责任。

第一百七十七条 【按份责任】二人以上依法承担按份责任，能够确定责任大小的，各自承担相应的责任；难以确定责任大小的，平均承担责任。

第一百七十八条 【连带责任】二人以上依法承担连带责任的，权利人有权请求部分或者全部连带责任人承担责任。

连带责任人的责任份额根据各自责任大小确定；难以确定责任大小的，平均承担责任。实际承担责任超过自己责任份额的连带责任人，有权向其他连带责任人追偿。

连带责任，由法律规定或者当事人约定。

第一百七十九条 【民事责任的承担方式】承担民事责任的方式主要有：

（一）停止侵害；

（二）排除妨碍；

（三）消除危险；

（四）返还财产；

（五）恢复原状；

（六）修理、重作、更换；

（七）继续履行；

（八）赔偿损失；

（九）支付违约金；

（十）消除影响、恢复名誉；

（十一）赔礼道歉。

法律规定惩罚性赔偿的，依照其规定。

本条规定的承担民事责任的方式，可以单独适用，也可以合并适用。

第一百八十条 【不可抗力】因不可抗力不能履行民事义务的，不承担民事责任。法律另有规定的，依照其规定。

不可抗力是不能预见、不能避免且不能克服的客观情况。

第一百八十一条 【正当防卫】因正当防卫造成损害的，不承担民事责任。

正当防卫超过必要的限度，造成不应有的损害的，正当防卫人应当承担适当的民事责任。

第一百八十二条 【紧急避险】因紧急避险造成损害的，由引起险情发生的人承担民事责任。

危险由自然原因引起的，紧急避险人不承担民事责任，可以给予适当补偿。

紧急避险采取措施不当或者超过必要的限度，造成不应有的损害的，紧急避险人应当承担适当的民事责任。

第一百八十三条 【因保护他人民事权益而受损的责任承担】因保护他人民事权益使自己受到损害的，由侵权人承担民事责任，受益人可以给予适当补偿。没有侵权人、侵权人逃逸或者无力承担民事责任，受害人请求补偿的，受益人应当给予适当补偿。

第一百八十四条 【紧急救助的责任豁免】因自愿实施紧急救助行为造成受助人损害的，救助人不承担民事责任。

第一百八十五条 【英雄烈士人格利益的保护】侵害英雄烈士等的姓名、肖像、名誉、荣誉，损害社会公共利益的，应当承担民事责任。

第一百八十六条 【违约责任与侵权责任的竞合】因当事人一方的违约行为，损害对方人身权益、财产权益的，受损害方有权选择请求其承担违约责任或者侵权责任。

第一百八十七条 【民事责任优先】民事主体因同一行为应当承担民事责任、行政责任和刑事责任的，承担行政责任或者刑事责任不影响承担民事责任；民事主体的财产不足以支付的，优先用于承担民事责任。

第九章 诉讼时效

第一百八十八条 【普通诉讼时效】向人民法院请求保护民事权利的诉讼时效期间为三年。法律另有规定的，依照其规定。

诉讼时效期间自权利人知道或者应当知道权利受到损害以及义务人之日起计算。法律另有规定的，依照其规定。但是，自权利受到损害之日起超过二十年的，人民法院不予保护，有特殊情况的，人民法院可以根据权利人的申请决定延长。

第一百八十九条 【分期履行债务诉讼时效的起算】当事人约定同一债务分期履行的,诉讼时效期间自最后一期履行期限届满之日起计算。

第一百九十条 【对法定代理人请求权诉讼时效的起算】无民事行为能力人或者限制民事行为能力人对其法定代理人的请求权的诉讼时效期间,自该法定代理终止之日起计算。

第一百九十一条 【未成年人遭受性侵害的损害赔偿诉讼时效的起算】未成年人遭受性侵害的损害赔偿请求权的诉讼时效期间,自受害人年满十八周岁之日起计算。

第一百九十二条 【诉讼时效届满的法律效果】诉讼时效期间届满的,义务人可以提出不履行义务的抗辩。

诉讼时效期间届满后,义务人同意履行的,不得以诉讼时效期间届满为由抗辩;义务人已经自愿履行的,不得请求返还。

第一百九十三条 【诉讼时效援用】人民法院不得主动适用诉讼时效的规定。

第一百九十四条 【诉讼时效的中止】在诉讼时效期间的最后六个月内,因下列障碍,不能行使请求权的,诉讼时效中止:

(一)不可抗力;

(二)无民事行为能力人或者限制民事行为能力人没有法定代理人,或者法定代理人死亡、丧失民事行为能力、丧失代理权;

(三)继承开始后未确定继承人或者遗产管理人;

(四)权利人被义务人或者其他人控制;

(五)其他导致权利人不能行使请求权的障碍。

自中止时效的原因消除之日起满六个月,诉讼时效期间届满。

第一百九十五条 【诉讼时效的中断】有下列情形之一的,诉讼时效中断,从中断、有关程序终结时起,诉讼时效期间重新计算:

(一)权利人向义务人提出履行请求;

(二)义务人同意履行义务;

(三)权利人提起诉讼或者申请仲裁;

(四)与提起诉讼或者申请仲裁具有同等效力的其他情形。

第一百九十六条 【不适用诉讼时效的情形】下列请求权不适用诉讼时效的规定:

(一)请求停止侵害、排除妨碍、消除危险;

(二)不动产物权和登记的动产物权的权利人请求返还财产;

(三)请求支付抚养费、赡养费或者扶养费;

(四)依法不适用诉讼时效的其他请求权。

第一百九十七条 【诉讼时效法定】诉讼时效的期间、计算方法以及中止、中断的事由由法律规定,当事人约定无效。

当事人对诉讼时效利益的预先放弃无效。

第一百九十八条 【仲裁时效】法律对仲裁时效有规定的,依照其规定;没有规定的,适用诉讼时效的规定。

第一百九十九条 【除斥期间】法律规定或者当事人约定的撤销权、解除权等权利的存续期间,除法律另有规定外,自权利人知道或者应当知道权利产生之日起计算,不适用有关诉讼时效中止、中断和延长的规定。存续期间届满,撤销权、解除权等权利消灭。

第十章 期间计算

第二百条 【期间的计算单位】民法所称的期间按照公历年、月、日、小时计算。

第二百零一条 【期间的起算】按照年、月、日计算期间的,开始的当日不计入,自下一日开始计算。

按照小时计算期间的,自法律规定或者当事人约定的时间开始计算。

第二百零二条 【期间结束】按照年、月计算期间的,到期月的对应日为期间的最后一日;没有对应日的,月末日为期间的最后一日。

第二百零三条 【期间计算的特殊规定】期间的最后一日是法定休假日的,以法定休假日结束的次日为期间的最后一日。

期间的最后一日的截止时间为二十四时;有业务时间的,停止业务活动的时间为截止时间。

第二百零四条 【期间法定或约定】期间的计算方法依照本法的规定,但是法律另有规定或者当事人另有约定的除外。

第二编 物 权
第一分编 通 则
第一章 一般规定

第二百零五条 【物权编的调整范围】本编调整因物的归属和利用产生的民事关系。

第二百零六条 【我国基本经济制度与社会主义市场经济原则】国家坚持和完善公有制为主体、多种所有制经济共同发展，按劳分配为主体、多种分配方式并存，社会主义市场经济体制等社会主义基本经济制度。

国家巩固和发展公有制经济，鼓励、支持和引导非公有制经济的发展。

国家实行社会主义市场经济，保障一切市场主体的平等法律地位和发展权利。

第二百零七条 【平等保护原则】国家、集体、私人的物权和其他权利人的物权受法律平等保护，任何组织或者个人不得侵犯。

第二百零八条 【物权公示原则】不动产物权的设立、变更、转让和消灭，应当依照法律规定登记。动产物权的设立和转让，应当依照法律规定交付。

第二章 物权的设立、变更、转让和消灭

第一节 不动产登记

第二百零九条 【不动产物权的登记生效原则及其例外】不动产物权的设立、变更、转让和消灭，经依法登记，发生效力；未经登记，不发生效力，但是法律另有规定的除外。

依法属于国家所有的自然资源，所有权可以不登记。

第二百一十条 【不动产登记机构和不动产统一登记】不动产登记，由不动产所在地的登记机构办理。

国家对不动产实行统一登记制度。统一登记的范围、登记机构和登记办法，由法律、行政法规规定。

第二百一十一条 【申请不动产登记应提供的必要材料】当事人申请登记，应当根据不同登记事项提供权属证明和不动产界址、面积等必要材料。

第二百一十二条 【不动产登记机构应当履行的职责】登记机构应当履行下列职责：

（一）查验申请人提供的权属证明和其他必要材料；

（二）就有关登记事项询问申请人；

（三）如实、及时登记有关事项；

（四）法律、行政法规规定的其他职责。

申请登记的不动产的有关情况需要进一步证明的，登记机构可以要求申请人补充材料，必要时可以实地查看。

第二百一十三条 【不动产登记机构的禁止行为】登记机构不得有下列行为：

（一）要求对不动产进行评估；

（二）以年检等名义进行重复登记；

（三）超出登记职责范围的其他行为。

第二百一十四条 【不动产物权变动的生效时间】不动产物权的设立、变更、转让和消灭，依照法律规定应当登记的，自记载于不动产登记簿时发生效力。

第二百一十五条 【合同效力和物权效力区分】当事人之间订立有关设立、变更、转让和消灭不动产物权的合同，除法律另有规定或者当事人另有约定外，自合同成立时生效；未办理物权登记的，不影响合同效力。

第二百一十六条 【不动产登记簿效力及管理机构】不动产登记簿是物权归属和内容的根据。

不动产登记簿由登记机构管理。

第二百一十七条 【不动产登记簿与不动产权属证书的关系】不动产权属证书是权利人享有该不动产物权的证明。不动产权属证书记载的事项，应当与不动产登记簿一致；记载不一致的，除有证据证明不动产登记簿确有错误外，以不动产登记簿为准。

第二百一十八条 【不动产登记资料的查询、复制】权利人、利害关系人可以申请查询、复制不动产登记资料，登记机构应当提供。

第二百一十九条 【利害关系人的非法利用不动产登记资料禁止义务】利害关系人不得公开、非法使用权利人的不动产登记资料。

第二百二十条 【更正登记和异议登记】权利人、利害关系人认为不动产登记簿记载的事项错误的，可以申请更正登记。不动产登记簿记

的权利人书面同意更正或者有证据证明登记确有错误的,登记机构应当予以更正。

不动产登记簿记载的权利人不同意更正的,利害关系人可以申请异议登记。登记机构予以异议登记,申请人自异议登记之日起十五日内不提起诉讼的,异议登记失效。异议登记不当,造成权利人损害的,权利人可以向申请人请求损害赔偿。

第二百二十一条 【预告登记】当事人签订买卖房屋的协议或者签订其他不动产物权的协议,为保障将来实现物权,按照约定可以向登记机构申请预告登记。预告登记后,未经预告登记的权利人同意,处分该不动产的,不发生物权效力。

预告登记后,债权消灭或者自能够进行不动产登记之日起九十日内未申请登记的,预告登记失效。

第二百二十二条 【不动产登记错误损害赔偿责任】当事人提供虚假材料申请登记,造成他人损害的,应当承担赔偿责任。

因登记错误,造成他人损害的,登记机构应当承担赔偿责任。登记机构赔偿后,可以向造成登记错误的人追偿。

第二百二十三条 【不动产登记收费标准的确定】不动产登记费按件收取,不得按照不动产的面积、体积或者价款的比例收取。

第二节 动产交付

第二百二十四条 【动产物权变动生效时间】动产物权的设立和转让,自交付时发生效力,但是法律另有规定的除外。

第二百二十五条 【船舶、航空器和机动车物权变动采取登记对抗主义】船舶、航空器和机动车等的物权的设立、变更、转让和消灭,未经登记,不得对抗善意第三人。

第二百二十六条 【简易交付】动产物权设立和转让前,权利人已经占有该动产的,物权自民事法律行为生效时发生效力。

第二百二十七条 【指示交付】动产物权设立和转让前,第三人占有该动产的,负有交付义务的人可以通过转让请求第三人返还原物的权利代替交付。

第二百二十八条 【占有改定】动产物权转让时,当事人又约定由出让人继续占有该动产的,物权自该约定生效时发生效力。

第三节 其他规定

第二百二十九条 【法律文书、征收决定导致物权变动效力发生时间】因人民法院、仲裁机构的法律文书或者人民政府的征收决定等,导致物权设立、变更、转让或者消灭的,自法律文书或者征收决定等生效时发生效力。

第二百三十条 【因继承取得物权的生效时间】因继承取得物权的,自继承开始时发生效力。

第二百三十一条 【因事实行为设立或者消灭物权的生效时间】因合法建造、拆除房屋等事实行为设立或者消灭物权的,自事实行为成就时发生效力。

第二百三十二条 【非依民事法律行为享有的不动产物权变动】处分依照本节规定享有的不动产物权,依照法律规定需要办理登记的,未经登记,不发生物权效力。

第三章 物权的保护

第二百三十三条 【物权保护争讼程序】物权受到侵害的,权利人可以通过和解、调解、仲裁、诉讼等途径解决。

第二百三十四条 【物权确认请求权】因物权的归属、内容发生争议的,利害关系人可以请求确认权利。

第二百三十五条 【返还原物请求权】无权占有不动产或者动产的,权利人可以请求返还原物。

第二百三十六条 【排除妨害、消除危险请求权】妨害物权或者可能妨害物权的,权利人可以请求排除妨害或者消除危险。

第二百三十七条 【修理、重作、更换或者恢复原状请求权】造成不动产或者动产毁损的,权利人可以依法请求修理、重作、更换或者恢复原状。

第二百三十八条 【物权损害赔偿请求权】侵害物权,造成权利人损害的,权利人可以依法请求损害赔偿,也可以依法请求承担其他民事责任。

第二百三十九条 【物权保护方式的单用和并用】本章规定的物权保护方式,可以单独适用,也可以根据权利被侵害的情形合并适用。

第二分编 所 有 权
第四章 一般规定

第二百四十条 【所有权的定义】所有权人对自己的不动产或者动产,依法享有占有、使用、收益和处分的权利。

第二百四十一条 【所有权人设立他物权】所有权人有权在自己的不动产或者动产上设立用益物权和担保物权。用益物权人、担保物权人行使权利,不得损害所有权人的权益。

第二百四十二条 【国家专有】法律规定专属于国家所有的不动产和动产,任何组织或者个人不能取得所有权。

第二百四十三条 【征收】为了公共利益的需要,依照法律规定的权限和程序可以征收集体所有的土地和组织、个人的房屋以及其他不动产。

征收集体所有的土地,应当依法及时足额支付土地补偿费、安置补助费以及农村村民住宅、其他地上附着物和青苗等的补偿费用,并安排被征地农民的社会保障费用,保障被征地农民的生活,维护被征地农民的合法权益。

征收组织、个人的房屋以及其他不动产,应当依法给予征收补偿,维护被征收人的合法权益;征收个人住宅的,还应当保障被征收人的居住条件。

任何组织或者个人不得贪污、挪用、私分、截留、拖欠征收补偿费等费用。

第二百四十四条 【保护耕地与禁止违法征地】国家对耕地实行特殊保护,严格限制农用地转为建设用地,控制建设用地总量。不得违反法律规定的权限和程序征收集体所有的土地。

第二百四十五条 【征用】因抢险救灾、疫情防控等紧急需要,依照法律规定的权限和程序可以征用组织、个人的不动产或者动产。被征用的不动产或者动产使用后,应当返还被征用人。组织、个人的不动产或者动产被征用或者征用后毁损、灭失的,应当给予补偿。

第五章 国家所有权和集体所有权、私人所有权

第二百四十六条 【国家所有权】法律规定属于国家所有的财产,属于国家所有即全民所有。

国有财产由国务院代表国家行使所有权。法律另有规定的,依照其规定。

第二百四十七条 【矿藏、水流和海域的国家所有权】矿藏、水流、海域属于国家所有。

第二百四十八条 【无居民海岛的国家所有权】无居民海岛属于国家所有,国务院代表国家行使无居民海岛所有权。

第二百四十九条 【国家所有土地的范围】城市的土地,属于国家所有。法律规定属于国家所有的农村和城市郊区的土地,属于国家所有。

第二百五十条 【国家所有的自然资源】森林、山岭、草原、荒地、滩涂等自然资源,属于国家所有,但是法律规定属于集体所有的除外。

第二百五十一条 【国家所有的野生动植物资源】法律规定属于国家所有的野生动植物资源,属于国家所有。

第二百五十二条 【无线电频谱资源的国家所有权】无线电频谱资源属于国家所有。

第二百五十三条 【国家所有的文物的范围】法律规定属于国家所有的文物,属于国家所有。

第二百五十四条 【国防资产、基础设施的国家所有权】国防资产属于国家所有。

铁路、公路、电力设施、电信设施和油气管道等基础设施,依照法律规定为国家所有的,属于国家所有。

第二百五十五条 【国家机关的物权】国家机关对其直接支配的不动产和动产,享有占有、使用以及依照法律和国务院的有关规定处分的权利。

第二百五十六条 【国家举办的事业单位的物权】国家举办的事业单位对其直接支配的不动产和动产,享有占有、使用以及依照法律和国务院的有关规定收益、处分的权利。

第二百五十七条 【国有企业出资人制度】国家出资的企业,由国务院、地方人民政府依照法律、行政法规规定分别代表国家履行出资人职责,享有出资人权益。

第二百五十八条 【国有财产的保护】国家所有的财产受法律保护,禁止任何组织或者个人侵占、哄抢、私分、截留、破坏。

第二百五十九条 【国有财产管理法律责任】履行国有财产管理、监督职责的机构及其工作人员,应当依法加强对国有财产的管理、监督,促进国有财产保值增值,防止国有财产损失;滥用职权,玩忽职守,造成国有财产损失的,应当依法承担法律责任。

违反国有财产管理规定,在企业改制、合并分立、关联交易等过程中,低价转让、合谋私分、擅自担保或者以其他方式造成国有财产损失的,应当依法承担法律责任。

第二百六十条 【集体财产范围】集体所有的不动产和动产包括:

(一)法律规定属于集体所有的土地和森林、山岭、草原、荒地、滩涂;

(二)集体所有的建筑物、生产设施、农田水利设施;

(三)集体所有的教育、科学、文化、卫生、体育等设施;

(四)集体所有的其他不动产和动产。

第二百六十一条 【农民集体所有财产归属及重大事项集体决定】农民集体所有的不动产和动产,属于本集体成员集体所有。

下列事项应当依照法定程序经本集体成员决定:

(一)土地承包方案以及将土地发包给本集体以外的组织或者个人承包;

(二)个别土地承包经营权人之间承包地的调整;

(三)土地补偿费等费用的使用、分配办法;

(四)集体出资的企业的所有权变动等事项;

(五)法律规定的其他事项。

第二百六十二条 【行使集体所有权的主体】对于集体所有的土地和森林、山岭、草原、荒地、滩涂等,依照下列规定行使所有权:

(一)属于村农民集体所有的,由村集体经济组织或者村民委员会依法代表集体行使所有权;

(二)分别属于村内两个以上农民集体所有的,由村内各该集体经济组织或者村民小组依法代表集体行使所有权;

(三)属于乡镇农民集体所有的,由乡镇集体经济组织代表集体行使所有权。

第二百六十三条 【城镇集体财产权利】城镇集体所有的不动产和动产,依照法律、行政法规的规定由本集体享有占有、使用、收益和处分的权利。

第二百六十四条 【集体财产状况的公布】农村集体经济组织或者村民委员会、村民小组应当依照法律、行政法规以及章程、村规民约向本集体成员公布集体财产的状况。集体成员有权查阅、复制相关资料。

第二百六十五条 【集体财产的保护】集体所有的财产受法律保护,禁止任何组织或者个人侵占、哄抢、私分、破坏。

农村集体经济组织、村民委员会或者其负责人作出的决定侵害集体成员合法权益的,受侵害的集体成员可以请求人民法院予以撤销。

第二百六十六条 【私人所有权】私人对其合法的收入、房屋、生活用品、生产工具、原材料等不动产和动产享有所有权。

第二百六十七条 【私有财产的保护】私人的合法财产受法律保护,禁止任何组织或者个人侵占、哄抢、破坏。

第二百六十八条 【企业出资人的权利】国家、集体和私人依法可以出资设立有限责任公司、股份有限公司或者其他企业。国家、集体和私人所有的不动产或者动产投到企业的,由出资人按照约定或者出资比例享有资产收益、重大决策以及选择经营管理者等权利并履行义务。

第二百六十九条 【法人财产权】营利法人对其不动产和动产依照法律、行政法规以及章程享有占有、使用、收益和处分的权利。

营利法人以外的法人,对其不动产和动产的权利,适用有关法律、行政法规以及章程的规定。

第二百七十条 【社会团体法人、捐助法人合法财产的保护】社会团体法人、捐助法人依法所有的不动产和动产,受法律保护。

第六章 业主的建筑物区分所有权

第二百七十一条 【建筑物区分所有权】业主对

建筑物内的住宅、经营性用房等专有部分享有所有权,对专有部分以外的共有部分享有共有和共同管理的权利。

第二百七十二条　【业主对专有部分的专有权】业主对其建筑物专有部分享有占有、使用、收益和处分的权利。业主行使权利不得危及建筑物的安全,不得损害其他业主的合法权益。

第二百七十三条　【业主对共有部分的共有权及义务】业主对建筑物专有部分以外的共有部分,享有权利,承担义务;不得以放弃权利为由不履行义务。

业主转让建筑物内的住宅、经营性用房,其对共有部分享有的共有和共同管理的权利一并转让。

第二百七十四条　【建筑区划内的道路、绿地等场所和设施属于业主共有财产】建筑区划内的道路,属于业主共有,但是属于城镇公共道路的除外。建筑区划内的绿地,属于业主共有,但是属于城镇公共绿地或者明示属于个人的除外。建筑区划内的其他公共场所、公用设施和物业服务用房,属于业主共有。

第二百七十五条　【车位、车库的归属规则】建筑区划内,规划用于停放汽车的车位、车库的归属,由当事人通过出售、附赠或者出租等方式约定。

占用业主共有的道路或者其他场地用于停放汽车的车位,属于业主共有。

第二百七十六条　【车位、车库优先满足业主需求】建筑区划内,规划用于停放汽车的车位、车库应当首先满足业主的需要。

第二百七十七条　【设立业主大会和选举业主委员会】业主可以设立业主大会,选举业主委员会。业主大会、业主委员会成立的具体条件和程序,依照法律、法规的规定。

地方人民政府有关部门、居民委员会应当对设立业主大会和选举业主委员会给予指导和协助。

第二百七十八条　【由业主共同决定的事项以及表决规则】下列事项由业主共同决定:

(一)制定和修改业主大会议事规则;

(二)制定和修改管理规约;

(三)选举业主委员会或者更换业主委员会成员;

(四)选聘和解聘物业服务企业或者其他管理人;

(五)使用建筑物及其附属设施的维修资金;

(六)筹集建筑物及其附属设施的维修资金;

(七)改建、重建建筑物及其附属设施;

(八)改变共有部分的用途或者利用共有部分从事经营活动;

(九)有关共有和共同管理权利的其他重大事项。

业主共同决定事项,应当由专有部分面积占比三分之二以上的业主且人数占比三分之二以上的业主参与表决。决定前款第六项至第八项规定的事项,应当经参与表决专有部分面积四分之三以上的业主且参与表决人数四分之三以上的业主同意。决定前款其他事项,应当经参与表决专有部分面积过半数的业主且参与表决人数过半数的业主同意。

第二百七十九条　【业主将住宅转变为经营性用房应当遵循的规则】业主不得违反法律、法规以及管理规约,将住宅改变为经营性用房。业主将住宅改变为经营性用房的,除遵守法律、法规以及管理规约外,应当经有利害关系的业主一致同意。

第二百八十条　【业主大会、业主委员会决定的效力】业主大会或者业主委员会的决定,对业主具有法律约束力。

业主大会或者业主委员会作出的决定侵害业主合法权益的,受侵害的业主可以请求人民法院予以撤销。

第二百八十一条　【建筑物及其附属设施维修资金的归属和处分】建筑物及其附属设施的维修资金,属于业主共有。经业主共同决定,可以用于电梯、屋顶、外墙、无障碍设施等共有部分的维修、更新和改造。建筑物及其附属设施的维修资金的筹集、使用情况应当定期公布。

紧急情况下需要维修建筑物及其附属设施的,业主大会或者业主委员会可以依法申请使用建筑物及其附属设施的维修资金。

**第二百八十二条　【业主共有部分产生收入的归

属】建设单位、物业服务企业或者其他管理人等利用业主的共有部分产生的收入，在扣除合理成本之后，属于业主共有。

第二百八十三条　【建筑物及其附属设施的费用分摊和收益分配确定规则】建筑物及其附属设施的费用分摊、收益分配等事项，有约定的，按照约定；没有约定或者约定不明确的，按照业主专有部分面积所占比例确定。

第二百八十四条　【建筑物及其附属设施的管理】业主可以自行管理建筑物及其附属设施，也可以委托物业服务企业或者其他管理人管理。

对建设单位聘请的物业服务企业或者其他管理人，业主有权依法更换。

第二百八十五条　【物业服务企业或其他接受业主委托的管理人的管理义务】物业服务企业或者其他管理人根据业主的委托，依照本法第三编有关物业服务合同的规定管理建筑区划内的建筑物及其附属设施，接受业主的监督，并及时答复业主对物业服务情况提出的询问。

物业服务企业或者其他管理人应当执行政府依法实施的应急处置措施和其他管理措施，积极配合开展相关工作。

第二百八十六条　【业主守法义务和业主大会与业主委员会职责】业主应当遵守法律、法规以及管理规约，相关行为应当符合节约资源、保护生态环境的要求。对于物业服务企业或者其他管理人执行政府依法实施的应急处置措施和其他管理措施，业主应当依法予以配合。

业主大会或者业主委员会，对任意弃置垃圾、排放污染物或者噪声、违反规定饲养动物、违章搭建、侵占通道、拒付物业费等损害他人合法权益的行为，有权依照法律、法规以及管理规约，请求行为人停止侵害、排除妨碍、消除危险、恢复原状、赔偿损失。

业主或者其他行为人拒不履行相关义务的，有关当事人可以向有关行政主管部门报告或者投诉，有关行政主管部门应当依法处理。

第二百八十七条　【业主请求权】业主对建设单位、物业服务企业或者其他管理人以及其他业主侵害自己合法权益的行为，有权请求其承担民事责任。

第七章　相邻关系

第二百八十八条　【处理相邻关系的原则】不动产的相邻权利人应当按照有利生产、方便生活、团结互助、公平合理的原则，正确处理相邻关系。

第二百八十九条　【处理相邻关系的依据】法律、法规对处理相邻关系有规定的，依照其规定；法律、法规没有规定的，可以按照当地习惯。

第二百九十条　【相邻用水、排水、流水关系】不动产权利人应当为相邻权利人用水、排水提供必要的便利。

对自然流水的利用，应当在不动产的相邻权利人之间合理分配。对自然流水的排放，应当尊重自然流向。

第二百九十一条　【相邻关系中的通行权】不动产权利人对相邻权利人因通行等必须利用其土地的，应当提供必要的便利。

第二百九十二条　【相邻土地的利用】不动产权利人因建造、修缮建筑物以及铺设电线、电缆、水管、暖气和燃气管线等必须利用相邻土地、建筑物的，该土地、建筑物的权利人应当提供必要的便利。

第二百九十三条　【相邻建筑物通风、采光、日照】建造建筑物，不得违反国家有关工程建设标准，不得妨碍相邻建筑物的通风、采光和日照。

第二百九十四条　【相邻不动产之间不得排放、施放污染物】不动产权利人不得违反国家规定弃置固体废物，排放大气污染物、水污染物、土壤污染物、噪声、光辐射、电磁辐射等有害物质。

第二百九十五条　【维护相邻不动产安全】不动产权利人挖掘土地、建造建筑物、铺设管线以及安装设备等，不得危及相邻不动产的安全。

第二百九十六条　【相邻权的限度】不动产权利人因用水、排水、通行、铺设管线等利用相邻不动产的，应当尽量避免对相邻的不动产权利人造成损害。

第八章　共　有

第二百九十七条　【共有及其形式】不动产或者动产可以由两个以上组织、个人共有。共有包括按份共有和共同共有。

第二九十八条　【按份共有】按份共有人对共有的不动产或者动产按照其份额享有所有权。

第二九十九条　【共同共有】共同共有人对共有的不动产或者动产共同享有所有权。

第三百条　【共有物的管理】共有人按照约定管理共有的不动产或者动产；没有约定或者约定不明确的，各共有人都有管理的权利和义务。

第三百零一条　【共有人对共有财产重大事项的表决规则】处分共有的不动产或者动产以及对共有的不动产或者动产作重大修缮、变更性质或者用途的，应当经占份额三分之二以上的按份共有人或者全体共同共有人同意，但是共有人之间另有约定的除外。

第三百零二条　【共有物管理费用的分担规则】共有人对共有物的管理费用以及其他负担，有约定的，按照其约定；没有约定或者约定不明确的，按份共有人按照其份额负担，共同共有人共同负担。

第三百零三条　【共有物的分割规则】共有人约定不得分割共有的不动产或者动产，以维持共有关系的，应当按照约定，但是共有人有重大理由需要分割的，可以请求分割；没有约定或者约定不明确的，按份共有人可以随时请求分割，共同共有人在共有的基础丧失或者有重大理由需要分割时可以请求分割。因分割造成其他共有人损害的，应当给予赔偿。

第三百零四条　【共有物分割的方式】共有人可以协商确定分割方式。达不成协议，共有的不动产或者动产可以分割且不会因分割减损价值的，应当对实物予以分割；难以分割或者因分割会减损价值的，应当对折价或者拍卖、变卖取得的价款予以分割。

共有人分割所得的不动产或者动产有瑕疵的，其他共有人应当分担损失。

第三百零五条　【按份共有人的优先购买权】按份共有人可以转让其享有的共有的不动产或者动产份额。其他共有人在同等条件下享有优先购买的权利。

第三百零六条　【按份共有人行使优先购买权的规则】按份共有人转让其享有的共有的不动产或者动产份额的，应当将转让条件及时通知其他共有人。其他共有人应当在合理期限内行使优先购买权。

两个以上其他共有人主张行使优先购买权的，协商确定各自的购买比例；协商不成的，按照转让时各自的共有份额比例行使优先购买权。

第三百零七条　【因共有产生的债权债务承担规则】因共有的不动产或者动产产生的债权债务，在对外关系上，共有人享有连带债权、承担连带债务，但是法律另有规定或者第三人知道共有人不具有连带债权债务关系的除外；在共有人内部关系上，除共有人另有约定外，按份共有人按照份额享有债权、承担债务，共同共有人共同享有债权、承担债务。偿还债务超过自己应当承担份额的按份共有人，有权向其他共有人追偿。

第三百零八条　【共有关系不明时对共有关系性质的推定】共有人对共有的不动产或者动产没有约定为按份共有或者共同共有，或者约定不明确的，除共有人具有家庭关系等外，视为按份共有。

第三百零九条　【按份共有人份额不明时份额的确定】按份共有人对共有的不动产或者动产享有的份额，没有约定或者约定不明确的，按照出资额确定；不能确定出资额的，视为等额享有。

第三百一十条　【准共有】两个以上组织、个人共同享有用益物权、担保物权的，参照适用本章的有关规定。

第九章　所有权取得的特别规定

第三百一十一条　【善意取得】无处分权人将不动产或者动产转让给受让人的，所有权人有权追回；除法律另有规定外，符合下列情形的，受让人取得该不动产或者动产的所有权：

（一）受让人受让该不动产或者动产时是善意；

（二）以合理的价格转让；

（三）转让的不动产或者动产依照法律规定应当登记的已经登记，不需要登记的已经交付给受让人。

受让人依据前款规定取得不动产或者动

产的所有权的,原所有权人有权向无处分权人请求损害赔偿。

当事人善意取得其他物权的,参照适用前两款规定。

第三百一十二条　【遗失物的善意取得】所有权人或者其他权利人有权追回遗失物。该遗失物通过转让被他人占有的,权利人有权向无处分权人请求损害赔偿,或者自知道或者应当知道受让人之日起二年内向受让人请求返还原物;但是,受让人通过拍卖或者向具有经营资格的经营者购得该遗失物的,权利人请求返还原物时应当支付受让人所付的费用。权利人向受让人支付所付费用后,有权向无处分权人追偿。

第三百一十三条　【善意取得的动产上原有的权利负担消灭及其例外】善意受让人取得动产后,该动产上的原有权利消灭,但是,善意受让人在受让时知道或者应当知道该权利的除外。

第三百一十四条　【拾得遗失物的返还】拾得遗失物,应当返还权利人。拾得人应当及时通知权利人领取,或者送交公安等有关部门。

第三百一十五条　【有关部门收到遗失物的处理】有关部门收到遗失物,知道权利人的,应当及时通知其领取;不知道的,应当及时发布招领公告。

第三百一十六条　【遗失物的妥善保管义务】拾得人在遗失物送交有关部门前,有关部门在遗失物被领取前,应当妥善保管遗失物。因故意或者重大过失致使遗失物毁损、灭失的,应当承担民事责任。

第三百一十七条　【权利人领取遗失物时的费用支付义务】权利人领取遗失物时,应当向拾得人或者有关部门支付保管遗失物等支出的必要费用。

权利人悬赏寻找遗失物的,领取遗失物时应当按照承诺履行义务。

拾得人侵占遗失物的,无权请求保管遗失物等支出的费用,也无权请求权利人按照承诺履行义务。

第三百一十八条　【无人认领的遗失物的处理规则】遗失物自发布招领公告之日起一年内无人认领的,归国家所有。

第三百一十九条　【拾得漂流物、埋藏物或者隐藏物】拾得漂流物、发现埋藏物或者隐藏物的,参照适用拾得遗失物的有关规定。法律另有规定的,依照其规定。

第三百二十条　【从物随主物转让规则】主物转让的,从物随主物转让,但是当事人另有约定的除外。

第三百二十一条　【孳息的归属】天然孳息,由所有权人取得;既有所有权人又有用益物权人的,由用益物权人取得。当事人另有约定的,按照其约定。

法定孳息,当事人有约定的,按照约定取得;没有约定或者约定不明确的,按照交易习惯取得。

第三百二十二条　【添附】因加工、附合、混合而产生的物的归属,有约定的,按照约定;没有约定或者约定不明确的,依照法律规定;法律没有规定的,按照充分发挥物的效用以及保护无过错当事人的原则确定。因一方当事人的过错或者确定物的归属造成另一方当事人损害的,应当给予赔偿或者补偿。

第三分编　用益物权

第十章　一般规定

第三百二十三条　【用益物权的定义】用益物权人对他人所有的不动产或者动产,依法享有占有、使用和收益的权利。

第三百二十四条　【国家和集体所有的自然资源的使用规则】国家所有或者国家所有由集体使用以及法律规定属于集体所有的自然资源,组织、个人依法可以占有、使用和收益。

第三百二十五条　【自然资源有偿使用制度】国家实行自然资源有偿使用制度,但是法律另有规定的除外。

第三百二十六条　【用益物权的行使规范】用益物权人行使权利,应当遵守法律有关保护和合理开发利用资源、保护生态环境的规定。所有权人不得干涉用益物权人行使权利。

第三百二十七条　【被征收、征用时用益物权人的补偿请求权】因不动产或者动产被征收、征用致使用益物权消灭或者影响用益物权行使的,用益物权人有权依据本法第二百四十三条、第二百四十五条的规定获得相应补偿。

第三百二十八条 【海域使用权】依法取得的海域使用权受法律保护。

第三百二十九条 【特许物权依法保护】依法取得的探矿权、采矿权、取水权和使用水域、滩涂从事养殖、捕捞的权利受法律保护。

第十一章 土地承包经营权

第三百三十条 【农村土地承包经营】农村集体经济组织实行家庭承包经营为基础、统分结合的双层经营体制。

农民集体所有和国家所有由农民集体使用的耕地、林地、草地以及其他用于农业的土地,依法实行土地承包经营制度。

第三百三十一条 【土地承包经营权内容】土地承包经营权人依法对其承包经营的耕地、林地、草地等享有占有、使用和收益的权利,有权从事种植业、林业、畜牧业等农业生产。

第三百三十二条 【土地的承包期限】耕地的承包期为三十年。草地的承包期为三十年至五十年。林地的承包期为三十年至七十年。

前款规定的承包期届满,由土地承包经营权人依照农村土地承包的法律规定继续承包。

第三百三十三条 【土地承包经营权的设立与登记】土地承包经营权自土地承包经营权合同生效时设立。

登记机构应当向土地承包经营权人发放土地承包经营权证、林权证等证书,并登记造册,确认土地承包经营权。

第三百三十四条 【土地承包经营权的互换、转让】土地承包经营权人依照法律规定,有权将土地承包经营权互换、转让。未经依法批准,不得将承包地用于非农建设。

第三百三十五条 【土地承包经营权流转的登记对抗主义】土地承包经营权互换、转让的,当事人可以向登记机构申请登记;未经登记,不得对抗善意第三人。

第三百三十六条 【承包地的调整】承包期内发包人不得调整承包地。

因自然灾害严重毁损承包地等特殊情形,需要适当调整承包的耕地和草地的,应当依照农村土地承包的法律规定办理。

第三百三十七条 【承包地的收回】承包期内发包人不得收回承包地。法律另有规定的,依照其规定。

第三百三十八条 【征收承包地的补偿规则】承包地被征收的,土地承包经营权人有权依据本法第二百四十三条的规定获得相应补偿。

第三百三十九条 【土地经营权的流转】土地承包经营权人可以自主决定依法采取出租、入股或者其他方式向他人流转土地经营权。

第三百四十条 【土地经营权人的基本权利】土地经营权人有权在合同约定的期限内占有农村土地,自主开展农业生产经营并获得收益。

第三百四十一条 【土地经营权的设立与登记】流转期限为五年以上的土地经营权,自流转合同生效时设立。当事人可以向登记机构申请土地经营权登记;未经登记,不得对抗善意第三人。

第三百四十二条 【以其他方式承包取得的土地经营权流转】通过招标、拍卖、公开协商等方式承包农村土地,经依法登记取得权属证书的,可以依法采取出租、入股、抵押或者其他方式流转土地经营权。

第三百四十三条 【国有农用地承包经营的法律适用】国家所有的农用地实行承包经营的,参照适用本编的有关规定。

第十二章 建设用地使用权

第三百四十四条 【建设用地使用权的概念】建设用地使用权人依法对国家所有的土地享有占有、使用和收益的权利,有权利用该土地建造建筑物、构筑物及其附属设施。

第三百四十五条 【建设用地使用权的分层设立】建设用地使用权可以在土地的地表、地上或者地下分别设立。

第三百四十六条 【建设用地使用权的设立原则】设立建设用地使用权,应当符合节约资源、保护生态环境的要求,遵守法律、行政法规关于土地用途的规定,不得损害已经设立的用益物权。

第三百四十七条 【建设用地使用权的出让方

式】设立建设用地使用权,可以采取出让或者划拨等方式。

工业、商业、旅游、娱乐和商品住宅等经营性用地以及同一土地有两个以上意向用地者的,应当采取招标、拍卖等公开竞价的方式出让。

严格限制以划拨方式设立建设用地使用权。

第三百四十八条　【建设用地使用权出让合同】通过招标、拍卖、协议等出让方式设立建设用地使用权的,当事人应当采用书面形式订立建设用地使用权出让合同。

建设用地使用权出让合同一般包括下列条款:

(一)当事人的名称和住所;
(二)土地界址、面积等;
(三)建筑物、构筑物及其附属设施占用的空间;
(四)土地用途、规划条件;
(五)建设用地使用权期限;
(六)出让金等费用及其支付方式;
(七)解决争议的方法。

第三百四十九条　【建设用地使用权的登记】设立建设用地使用权的,应当向登记机构申请建设用地使用权登记。建设用地使用权自登记时设立。登记机构应当向建设用地使用权人发放权属证书。

第三百五十条　【土地用途限定规则】建设用地使用权人应当合理利用土地,不得改变土地用途;需要改变土地用途的,应当依法经有关行政主管部门批准。

第三百五十一条　【建设用地使用权人支付出让金等费用的义务】建设用地使用权人应当依照法律规定以及合同约定支付出让金等费用。

第三百五十二条　【建设用地使用权人建造的建筑物、构筑物及其附属设施的归属】建设用地使用权人建造的建筑物、构筑物及其附属设施的所有权属于建设用地使用权人,但是有相反证据证明的除外。

第三百五十三条　【建设用地使用权的流转方式】建设用地使用权人有权将建设用地使用权转让、互换、出资、赠与或者抵押,但是法律另有规定的除外。

第三百五十四条　【建设用地使用权流转的合同形式和期限】建设用地使用权转让、互换、出资、赠与或者抵押的,当事人应当采用书面形式订立相应的合同。使用期限由当事人约定,但是不得超过建设用地使用权的剩余期限。

第三百五十五条　【建设用地使用权流转登记】建设用地使用权转让、互换、出资或者赠与的,应当向登记机构申请变更登记。

第三百五十六条　【建设用地使用权流转之房随地走】建设用地使用权转让、互换、出资或者赠与的,附着于该土地上的建筑物、构筑物及其附属设施一并处分。

第三百五十七条　【建设用地使用权流转之地随房走】建筑物、构筑物及其附属设施转让、互换、出资或者赠与的,该建筑物、构筑物及其附属设施占用范围内的建设用地使用权一并处分。

第三百五十八条　【建设用地使用权的提前收回及其补偿】建设用地使用权期限届满前,因公共利益需要提前收回该土地的,应当依据本法第二百四十三条的规定对土地上的房屋以及其他不动产给予补偿,并退还相应的出让金。

第三百五十九条　【建设用地使用权期限届满的处理规则】住宅建设用地使用权期限届满的,自动续期。续期费用的缴纳或者减免,依照法律、行政法规的规定办理。

非住宅建设用地使用权期限届满后的续期,依照法律规定办理。该土地上的房屋以及其他不动产的归属,有约定的,按照约定;没有约定或者约定不明确的,依照法律、行政法规的规定办理。

第三百六十条　【建设用地使用权注销登记】建设用地使用权消灭的,出让人应当及时办理注销登记。登记机构应当收回权属证书。

第三百六十一条　【集体土地作为建设用地的法律适用】集体所有的土地作为建设用地的,应当依照土地管理的法律规定办理。

第十三章　宅基地使用权

第三百六十二条　【宅基地使用权内容】宅基地

使用权人依法对集体所有的土地享有占有和使用的权利,有权依法利用该土地建造住宅及其附属设施。

第三百六十三条　【宅基地使用权的法律适用】宅基地使用权的取得、行使和转让,适用土地管理的法律和国家有关规定。

第三百六十四条　【宅基地灭失后的重新分配】宅基地因自然灾害等原因灭失的,宅基地使用权消灭。对失去宅基地的村民,应当依法重新分配宅基地。

第三百六十五条　【宅基地使用权的变更登记与注销登记】已经登记的宅基地使用权转让或者消灭,应当及时办理变更登记或者注销登记。

第十四章　居　住　权

第三百六十六条　【居住权的定义】居住权人有权按照合同约定,对他人的住宅享有占有、使用的用益物权,以满足生活居住的需要。

第三百六十七条　【居住权合同】设立居住权,当事人应当采用书面形式订立居住权合同。

居住权合同一般包括下列条款:
(一)当事人的姓名或者名称和住所;
(二)住宅的位置;
(三)居住的条件和要求;
(四)居住权期限;
(五)解决争议的方法。

第三百六十八条　【居住权的设立】居住权无偿设立,但是当事人另有约定的除外。设立居住权的,应当向登记机构申请居住权登记。居住权自登记时设立。

第三百六十九条　【居住权的限制性规定及例外】居住权不得转让、继承。设立居住权的住宅不得出租,但是当事人另有约定的除外。

第三百七十条　【居住权的消灭】居住权期限届满或者居住权人死亡的,居住权消灭。居住权消灭的,应当及时办理注销登记。

第三百七十一条　【以遗嘱设立居住权的法律适用】以遗嘱方式设立居住权的,参照适用本章的有关规定。

第十五章　地　役　权

第三百七十二条　【地役权的定义】地役权人有权按照合同约定,利用他人的不动产,以提高自己的不动产的效益。

前款所称他人的不动产为供役地,自己的不动产为需役地。

第三百七十三条　【地役权合同】设立地役权,当事人应当采用书面形式订立地役权合同。

地役权合同一般包括下列条款:
(一)当事人的姓名或者名称和住所;
(二)供役地和需役地的位置;
(三)利用目的和方法;
(四)地役权期限;
(五)费用及其支付方式;
(六)解决争议的方法。

第三百七十四条　【地役权的设立与登记】地役权自地役权合同生效时设立。当事人要求登记的,可以向登记机构申请地役权登记;未经登记,不得对抗善意第三人。

第三百七十五条　【供役地权利人的义务】供役地权利人应当按照合同约定,允许地役权人利用其不动产,不得妨害地役权人行使权利。

第三百七十六条　【地役权人的义务】地役权人应当按照合同约定的利用目的和方法利用供役地,尽量减少对供役地权利人物权的限制。

第三百七十七条　【地役权的期限】地役权期限由当事人约定;但是,不得超过土地承包经营权、建设用地使用权等用益物权的剩余期限。

第三百七十八条　【在享有或者负担地役权的土地上设立用益物权的规则】土地所有权人享有地役权或者负担地役权的,设立土地承包经营权、宅基地使用权等用益物权时,该用益物权人继续享有或者负担已经设立的地役权。

第三百七十九条　【土地所有权人在已设立用益物权的土地上设立地役权的规则】土地上已经设立土地承包经营权、建设用地使用权、宅基地使用权等用益物权的,未经用益物权人同意,土地所有权人不得设立地役权。

第三百八十条　【地役权的转让规则】地役权不得单独转让。土地承包经营权、建设用地使用权等转让的,地役权一并转让,但是合同另有约定的除外。

第三百八十一条　【地役权不得单独抵押】地役权不得单独抵押。土地经营权、建设用地使权等抵押的,在实现抵押权时,地役权一并转让。

第三百八十二条　【需役地部分转让效果】需役地以及需役地上的土地承包经营权、建设用地使用权等部分转让时,转让部分涉及地役权的,受让人同时享有地役权。

第三百八十三条　【供役地部分转让效果】供役地以及供役地上的土地承包经营权、建设用地使用权等部分转让时,转让部分涉及地役权的,地役权对受让人具有法律约束力。

第三百八十四条　【供役地权利人解除权】地役权人有下列情形之一的,供役地权利人有权解除地役权合同,地役权消灭:

(一)违反法律规定或者合同约定,滥用地役权;

(二)有偿利用供役地,约定的付款期限届满后在合理期限内经两次催告未支付费用。

第三百八十五条　【地役权变动后的登记】已经登记的地役权变更、转让或者消灭的,应当及时办理变更登记或者注销登记。

第四分编　担保物权

第十六章　一般规定

第三百八十六条　【担保物权的定义】担保物权人在债务人不履行到期债务或者发生当事人约定的实现担保物权的情形,依法享有就担保财产优先受偿的权利,但是法律另有规定的除外。

第三百八十七条　【担保物权适用范围及反担保】债权人在借贷、买卖等民事活动中,为保障实现其债权,需要担保的,可以依照本法和其他法律的规定设立担保物权。

第三人为债务人向债权人提供担保的,可以要求债务人提供反担保。反担保适用本法和其他法律的规定。

第三百八十八条　【担保合同及其与主合同的关系】设立担保物权,应当依照本法和其他法律的规定订立担保合同。担保合同包括抵押合同、质押合同和其他具有担保功能的合同。担保合同是主债权债务合同的从合同。主债权债务合同无效的,担保合同无效,但是法律另有规定的除外。

担保合同被确认无效后,债务人、担保人、债权人有过错的,应当根据其过错各自承担相应的民事责任。

第三百八十九条　【担保范围】担保物权的担保范围包括主债权及其利息、违约金、损害赔偿金、保管担保财产和实现担保物权的费用。当事人另有约定的,按照其约定。

第三百九十条　【担保物权的物上代位性】担保期间,担保财产毁损、灭失或者被征收等,担保物权人可以就获得的保险金、赔偿金或者补偿金等优先受偿。被担保债权的履行期限未届满的,也可以提存该保险金、赔偿金或者补偿金等。

第三百九十一条　【债务转让对担保物权的效力】第三人提供担保,未经其书面同意,债权人允许债务人转移全部或者部分债务的,担保人不再承担相应的担保责任。

第三百九十二条　【人保和物保并存时的处理规则】被担保的债权既有物的担保又有人的担保的,债务人不履行到期债务或者发生当事人约定的实现担保物权的情形,债权人应当按约定实现债权;没有约定或者约定不明确,债务人自己提供物的担保的,债权人应当先就该物的担保实现债权;第三人提供物的担保的,债权人可以就物的担保实现债权,也可以请求保证人承担保证责任。提供担保的第三人承担担保责任后,有权向债务人追偿。

第三百九十三条　【担保物权消灭的情形】有下列情形之一的,担保物权消灭:

(一)主债权消灭;

(二)担保物权实现;

(三)债权人放弃担保物权;

(四)法律规定担保物权消灭的其他情形。

第十七章　抵押权

第一节　一般抵押权

第三百九十四条　【抵押权的定义】为担保债务的履行,债务人或者第三人不转移财产的占有,将该财产抵押给债权人的,债务人不履行到期债务或者发生当事人约定的实现抵押权的情形,债权人有权就该财产优先受偿。

前款规定的债务人或者第三人为抵押人,

债权人为抵押权人,提供担保的财产为抵押财产。

第三百九十五条　【可抵押财产的范围】债务人或者第三人有权处分的下列财产可以抵押:

（一）建筑物和其他土地附着物;

（二）建设用地使用权;

（三）海域使用权;

（四）生产设备、原材料、半成品、产品;

（五）正在建造的建筑物、船舶、航空器;

（六）交通运输工具;

（七）法律、行政法规未禁止抵押的其他财产。

抵押人可以将前款所列财产一并抵押。

第三百九十六条　【浮动抵押】企业、个体工商户、农业生产经营者可以将现有的以及将有的生产设备、原材料、半成品、产品抵押,债务人不履行到期债务或者发生当事人约定的实现抵押权的情形,债权人有权就抵押财产确定时的动产优先受偿。

第三百九十七条　【建筑物和相应的建设用地使用权一并抵押规则】以建筑物抵押的,该建筑物占用范围内的建设用地使用权一并抵押。以建设用地使用权抵押的,该土地上的建筑物一并抵押。

抵押人未依据前款规定一并抵押的,未抵押的财产视为一并抵押。

第三百九十八条　【乡镇、村企业的建设用地使用权与房屋一并抵押规则】乡镇、村企业的建设用地使用权不得单独抵押。以乡镇、村企业的厂房等建筑物抵押的,其占用范围内的建设用地使用权一并抵押。

第三百九十九条　【禁止抵押的财产范围】下列财产不得抵押:

（一）土地所有权;

（二）宅基地、自留地、自留山等集体所有土地的使用权,但是法律规定可以抵押的除外;

（三）学校、幼儿园、医疗机构等为公益目的成立的非营利法人的教育设施、医疗卫生设施和其他公益设施;

（四）所有权、使用权不明或者有争议的财产;

（五）依法被查封、扣押、监管的财产;

（六）法律、行政法规规定不得抵押的其他财产。

第四百条　【抵押合同】设立抵押权,当事人应当采用书面形式订立抵押合同。

抵押合同一般包括下列条款:

（一）被担保债权的种类和数额;

（二）债务人履行债务的期限;

（三）抵押财产的名称、数量等情况;

（四）担保的范围。

第四百零一条　【流押条款的效力】抵押权人在债务履行期限届满前,与抵押人约定债务人不履行到期债务时抵押财产归债权人所有的,只能依法就抵押财产优先受偿。

第四百零二条　【不动产抵押登记】以本法第三百九十五条第一款第一项至第三项规定的财产或者第五项规定的正在建造的建筑物抵押的,应当办理抵押登记。抵押权自登记时设立。

第四百零三条　【动产抵押的效力】以动产抵押的,抵押权自抵押合同生效时设立;未经登记,不得对抗善意第三人。

第四百零四条　【动产抵押权对抗效力的限制】以动产抵押的,不得对抗正常经营活动中已经支付合理价款并取得抵押财产的买受人。

第四百零五条　【抵押权和租赁权的关系】抵押权设立前,抵押财产已经出租并转移占有的,原租赁关系不受该抵押权的影响。

第四百零六条　【抵押期间抵押财产转让应当遵循的规则】抵押期间,抵押人可以转让抵押财产。当事人另有约定的,按照其约定。抵押财产转让的,抵押权不受影响。

抵押人转让抵押财产的,应当及时通知抵押权人。抵押权人能够证明抵押财产转让可能损害抵押权的,可以请求抵押人将转让所得的价款向抵押权人提前清偿债务或者提存。转让的价款超过债权数额的部分归抵押人所有,不足部分由债务人清偿。

第四百零七条　【抵押权的从属性】抵押权不得与债权分离而单独转让或者作为其他债权的担保。债权转让的,担保该债权的抵押权一并转让,但是法律另有规定或者当事人另有约定的除外。

第四百零八条 【抵押财产价值减少时抵押权人的保护措施】 抵押人的行为足以使抵押财产价值减少的,抵押权人有权请求抵押人停止其行为;抵押财产价值减少的,抵押权人有权请求恢复抵押财产的价值,或者提供与减少的价值相应的担保。抵押人不恢复抵押财产的价值,也不提供担保的,抵押权人有权请求债务人提前清偿债务。

第四百零九条 【抵押权人放弃抵押权或抵押权顺位的法律后果】 抵押权人可以放弃抵押权或者抵押权的顺位。抵押权人与抵押人可以协议变更抵押权顺位以及被担保的债权数额等内容。但是,抵押权的变更未经其他抵押权人书面同意的,不得对其他抵押权人产生不利影响。

债务人以自己的财产设定抵押,抵押权人放弃该抵押权、抵押权顺位或者变更抵押权的,其他担保人在抵押权人丧失优先受偿权益的范围内免除担保责任,但是其他担保人承诺仍然提供担保的除外。

第四百一十条 【抵押权实现的方式和程序】 债务人不履行到期债务或者发生当事人约定的实现抵押权的情形,抵押权人可以与抵押人协议以抵押财产折价或者以拍卖、变卖该抵押财产所得的价款优先受偿。协议损害其他债权人利益的,其他债权人可以请求人民法院撤销该协议。

抵押权人与抵押人未就抵押权实现方式达成协议的,抵押权人可以请求人民法院拍卖、变卖抵押财产。

抵押财产折价或者变卖的,应当参照市场价格。

第四百一十一条 【浮动抵押财产的确定】 依据本法第三百九十六条规定设定抵押的,抵押财产自下列情形之一发生时确定:

(一)债务履行期限届满,债权未实现;
(二)抵押人被宣告破产或者解散;
(三)当事人约定的实现抵押权的情形;
(四)严重影响债权实现的其他情形。

第四百一十二条 【抵押财产孳息归属】 债务人不履行到期债务或者发生当事人约定的实现抵押权的情形,致使抵押财产被人民法院依法扣押的,自扣押之日起,抵押权人有权收取该抵押财产的天然孳息或者法定孳息,但是抵押权人未通知应当清偿法定孳息义务人的除外。

前款规定的孳息应当先充抵收取孳息的费用。

第四百一十三条 【抵押财产变价款的归属原则】 抵押财产折价或者拍卖、变卖后,其价款超过债权数额的部分归抵押人所有,不足部分由债务人清偿。

第四百一十四条 【同一财产上多个抵押权的效力顺序】 同一财产向两个以上债权人抵押的,拍卖、变卖抵押财产所得的价款依照下列规定清偿:

(一)抵押权已经登记的,按照登记的时间先后确定清偿顺序;
(二)抵押权已经登记的先于未登记的受偿;
(三)抵押权未登记的,按照债权比例清偿。

其他可以登记的担保物权,清偿顺序参照适用前款规定。

第四百一十五条 【既有抵押权又有质权的财产的清偿顺序】 同一财产既设立抵押权又设立质权的,拍卖、变卖该财产所得的价款按照登记、交付的时间先后确定清偿顺序。

第四百一十六条 【买卖价款抵押权】 动产抵押担保的主债权是抵押物的价款,标的物交付后十日内办理抵押登记的,该抵押权人优先于抵押买受人的其他担保物权人受偿,但是留置权人除外。

第四百一十七条 【抵押权对新增建筑物的效力】 建设用地使用权抵押后,该土地上新增的建筑物不属于抵押财产。该建设用地使用权实现抵押权时,应当将该土地上新增的建筑物与建设用地使用权一并处分。但是,新增建筑物所得的价款,抵押权人无权优先受偿。

第四百一十八条 【集体所有土地使用权抵押权的实现效果】 以集体所有土地的使用权依法抵押的,实现抵押权后,未经法定程序,不得改变土地所有权的性质和土地用途。

第四百一十九条 【抵押权的存续期间】 抵押权

人应当在主债权诉讼时效期间行使抵押权;未行使的,人民法院不予保护。

第二节 最高额抵押权

第四百二十条 【最高额抵押规则】为担保债务的履行,债务人或者第三人对一定期间内将要连续发生的债权提供担保财产的,债务人不履行到期债务或者发生当事人约定的实现抵押权的情形,抵押权人有权在最高债权额限度内就该担保财产优先受偿。

最高额抵押权设立前已经存在的债权,经当事人同意,可以转入最高额抵押担保的债权范围。

第四百二十一条 【最高额抵押担保的部分债权转让效力】最高额抵押担保的债权确定前,部分债权转让的,最高额抵押权不得转让,但是当事人另有约定的除外。

第四百二十二条 【最高额抵押合同条款变更】最高额抵押担保的债权确定前,抵押权人与抵押人可以通过协议变更债权确定的期间、债权范围以及最高债权额。但是,变更的内容不得对其他抵押权人产生不利影响。

第四百二十三条 【最高额抵押所担保债权的确定事由】有下列情形之一的,抵押权人的债权确定:

(一)约定的债权确定期间届满;

(二)没有约定债权确定期间或者约定不明确,抵押权人或者抵押人自最高额抵押权设立之日起满二年后请求确定债权;

(三)新的债权不可能发生;

(四)抵押权人知道或者应当知道抵押财产被查封、扣押;

(五)债务人、抵押人被宣告破产或者解散;

(六)法律规定债权确定的其他情形。

第四百二十四条 【最高额抵押的法律适用】最高额抵押权除适用本节规定外,适用本章第一节的有关规定。

第十八章 质　权

第一节 动产质权

第四百二十五条 【动产质权概念】为担保债务的履行,债务人或者第三人将其动产出质给债权人占有的,债务人不履行到期债务或者发生当事人约定的实现质权的情形,债权人有权就该动产优先受偿。

前款规定的债务人或者第三人为出质人,债权人为质权人,交付的动产为质押财产。

第四百二十六条 【禁止出质的动产范围】法律、行政法规禁止转让的动产不得出质。

第四百二十七条 【质押合同形式及内容】设立质权,当事人应当采用书面形式订立质押合同。

质押合同一般包括下列条款:

(一)被担保债权的种类和数额;

(二)债务人履行债务的期限;

(三)质押财产的名称、数量等情况;

(四)担保的范围;

(五)质押财产交付的时间、方式。

第四百二十八条 【流质条款的效力】质权人在债务履行期限届满前,与出质人约定债务人不履行到期债务时质押财产归债权人所有的,只能依法就质押财产优先受偿。

第四百二十九条 【质权的设立】质权自出质人交付质押财产时设立。

第四百三十条 【质权人的孳息收取权】质权人有权收取质押财产的孳息,但是合同另有约定的除外。

前款规定的孳息应当先充抵收取孳息的费用。

第四百三十一条 【质权人对质押财产处分的限制及其法律责任】质权人在质权存续期间,未经出质人同意,擅自使用、处分质押财产,造成出质人损害的,应当承担赔偿责任。

第四百三十二条 【质物保管义务】质权人负有妥善保管质押财产的义务;因保管不善致使质押财产毁损、灭失的,应当承担赔偿责任。

质权人的行为可能使质押财产毁损、灭失的,出质人可以请求质权人将质押财产提存,或者请求提前清偿债务并返还质押财产。

第四百三十三条 【质押财产保全】因不可归责于质权人的事由可能使质押财产毁损或者价值明显减少,足以危害质权人权利的,质权人有权请求出质人提供相应的担保;出质人不提供的,质权人可以拍卖、变卖质押财产,并与出质人协议将拍卖、变卖所得的价款提前清偿债务或者提存。

第四百三十四条 【转质】质权人在质权存续期间,未经出质人同意转质,造成质押财产毁损、灭失的,应当承担赔偿责任。

第四百三十五条 【放弃质权】质权人可以放弃质权。债务人以自己的财产出质,质权人放弃该质权的,其他担保人在质权人丧失优先受偿权益的范围内免除担保责任,但是其他担保人承诺仍然提供担保的除外。

第四百三十六条 【质物返还与质权实现】债务人履行债务或者出质人提前清偿所担保的债权的,质权人应当返还质押财产。

债务人不履行到期债务或者发生当事人约定的实现质权的情形,质权人可以与出质人协议以质押财产折价,也可以就拍卖、变卖质押财产所得的价款优先受偿。

质押财产折价或者变卖的,应当参照市场价格。

第四百三十七条 【出质人请求质权人及时行使质权】出质人可以请求质权人在债务履行期限届满后及时行使质权;质权人不行使的,出质人可以请求人民法院拍卖、变卖质押财产。

出质人请求质权人及时行使质权,因质权人怠于行使权利造成出质人损害的,由质权人承担赔偿责任。

第四百三十八条 【质押财产变价款归属原则】质押财产折价或者拍卖、变卖后,其价款超过债权数额的部分归出质人所有,不足部分由债务人清偿。

第四百三十九条 【最高额质权】出质人与质权人可以协议设立最高额质权。

最高额质权除适用本节有关规定外,参照适用本编第十七章第二节的有关规定。

第二节 权利质权

第四百四十条 【可出质的权利的范围】债务人或者第三人有权处分的下列权利可以出质:

(一)汇票、本票、支票;
(二)债券、存款单;
(三)仓单、提单;
(四)可以转让的基金份额、股权;
(五)可以转让的注册商标专用权、专利权、著作权等知识产权中的财产权;

(六)现有的以及将有的应收账款;
(七)法律、行政法规规定可以出质的其他财产权利。

第四百四十一条 【有价证券质权】以汇票、本票、支票、债券、存款单、仓单、提单出质的,质权自权利凭证交付质权人时设立;没有权利凭证的,质权自办理出质登记时设立。法律另有规定的,依照其规定。

第四百四十二条 【有价证券质权人行使权利的特别规定】汇票、本票、支票、债券、存款单、仓单、提单的兑现日期或者提货日期先于主债权到期的,质权人可以兑现或者提货,并与出质人协议将兑现的价款或者提取的货物提前清偿债务或者提存。

第四百四十三条 【基金份额质权、股权质权】以基金份额、股权出质的,质权自办理出质登记时设立。

基金份额、股权出质后,不得转让,但是出质人与质权人协商同意的除外。出质人转让基金份额、股权所得的价款,应当向质权人提前清偿债务或者提存。

第四百四十四条 【知识产权质权】以注册商标专用权、专利权、著作权等知识产权中的财产权出质的,质权自办理出质登记时设立。

知识产权中的财产权出质后,出质人不得转让或者许可他人使用,但是出质人与质权人协商同意的除外。出质人转让或者许可他人使用出质的知识产权中的财产权所得的价款,应当向质权人提前清偿债务或者提存。

第四百四十五条 【应收账款质权】以应收账款出质的,质权自办理出质登记时设立。

应收账款出质后,不得转让,但是出质人与质权人协商同意的除外。出质人转让应收账款所得的价款,应当向质权人提前清偿债务或者提存。

第四百四十六条 【权利质权的法律适用】权利质权除适用本节规定外,适用本章第一节的有关规定。

第十九章 留置权

第四百四十七条 【留置权的定义】债务人不履行到期债务,债权人可以留置已经合法占有的债务人的动产,并有权就该动产优先受偿。

前款规定的债权人为留置权人,占有的动产为留置财产。

第四百四十八条 【留置财产与债权的关系】债权人留置的动产,应当与债权属于同一法律关系,但是企业之间留置的除外。

第四百四十九条 【留置权适用范围的限制性规定】法律规定或者当事人约定不得留置的动产,不得留置。

第四百五十条 【可分留置物】留置财产为可分物的,留置财产的价值应当相当于债务的金额。

第四百五十一条 【留置权人保管义务】留置权人负有妥善保管留置财产的义务;因保管不善致使留置财产毁损、灭失的,应当承担赔偿责任。

第四百五十二条 【留置财产的孳息收取】留置权人有权收取留置财产的孳息。

前款规定的孳息应当先充抵收取孳息的费用。

第四百五十三条 【留置权的实现】留置权人与债务人应当约定留置财产后的债务履行期限;没有约定或者约定不明确的,留置权人应当给债务人六十日以上履行债务的期限,但是鲜活易腐等不易保管的动产除外。债务人逾期未履行的,留置权人可以与债务人协议以留置财产折价,也可以就拍卖、变卖留置财产所得的价款优先受偿。

留置财产折价或者变卖的,应当参照市场价格。

第四百五十四条 【债务人请求留置权人行使留置权】债务人可以请求留置权人在债务履行期限届满后行使留置权;留置权人不行使的,债务人可以请求人民法院拍卖、变卖留置财产。

第四百五十五条 【留置权实现方式】留置财产折价或者拍卖、变卖后,其价款超过债权数额的部分归债务人所有,不足部分由债务人清偿。

第四百五十六条 【留置权优先于其他担保物权效力】同一动产上已经设立抵押权或者质权,该动产又被留置的,留置权人优先受偿。

第四百五十七条 【留置权消灭】留置权人对留置财产丧失占有或者留置权人接受债务人另行提供担保的,留置权消灭。

第五分编 占 有
第二十章 占 有

第四百五十八条 【有权占有法律适用】基于合同关系等产生的占有,有关不动产或者动产的使用、收益、违约责任等,按照合同约定;合同没有约定或者约定不明确的,依照有关法律规定。

第四百五十九条 【恶意占有人的损害赔偿责任】占有人因使用占有的不动产或者动产,致使该不动产或动产受到损害的,恶意占有人应当承担赔偿责任。

第四百六十条 【权利人的返还请求权和占有人的费用求偿权】不动产或者动产被占有人占有的,权利人可以请求返还原物及其孳息;但是,应当支付善意占有人因维护该不动产或者动产支出的必要费用。

第四百六十一条 【占有物毁损或者灭失时占有人的责任】占有的不动产或者动产毁损、灭失,该不动产或者动产的权利人请求赔偿的,占有人应当将因毁损、灭失取得的保险金、赔偿金或者补偿金等返还给权利人;权利人的损害未得到足够弥补的,恶意占有人还应当赔偿损失。

第四百六十二条 【占有保护的方法】占有的不动产或者动产被侵占的,占有人有权请求返还原物;对妨害占有的行为,占有人有权请求排除妨害或者消除危险;因侵占或者妨害造成损害的,占有人有权依法请求损害赔偿。

占有人返还原物的请求权,自侵占发生之日起一年内未行使的,该请求权消灭。

第三编 合 同
第一分编 通 则
第一章 一般规定

第四百六十三条 【合同编的调整范围】本编调整因合同产生的民事关系。

第四百六十四条 【合同的定义及身份关系协议的法律适用】合同是民事主体之间设立、变更、终止民事法律关系的协议。

婚姻、收养、监护等有关身份关系的协议，适用有关该身份关系的法律规定；没有规定的，可以根据其性质参照适用本编规定。

第四百六十五条　【依法成立的合同受法律保护及合同相对性原则】依法成立的合同，受法律保护。

依法成立的合同，仅对当事人具有法律约束力，但是法律另有规定的除外。

第四百六十六条　【合同的解释规则】当事人对合同条款的理解有争议的，应当依据本法第一百四十二条第一款的规定，确定争议条款的含义。

合同文本采用两种以上文字订立并约定具有同等效力的，对各文本使用的词句推定具有相同含义。各文本使用的词句不一致的，应当根据合同的相关条款、性质、目的以及诚信原则等予以解释。

第四百六十七条　【非典型合同及特定涉外合同的法律适用】本法或者其他法律没有明文规定的合同，适用本编通则的规定，并可以参照适用本编或者其他法律最相类似合同的规定。

在中华人民共和国境内履行的中外合资经营企业合同、中外合作经营企业合同、中外合作勘探开发自然资源合同，适用中华人民共和国法律。

第四百六十八条　【非合同之债的法律适用】非因合同产生的债权债务关系，适用有关该债权债务关系的法律规定；没有规定的，适用本编通则的有关规定，但是根据其性质不能适用的除外。

第二章　合同的订立

第四百六十九条　【合同形式】当事人订立合同，可以采用书面形式、口头形式或者其他形式。

书面形式是合同书、信件、电报、电传、传真等可以有形地表现所载内容的形式。

以电子数据交换、电子邮件等方式能够有形地表现所载内容，并可以随时调取查用的数据电文，视为书面形式。

第四百七十条　【合同主要条款及示范文本】合同的内容由当事人约定，一般包括下列条款：

（一）当事人的姓名或者名称和住所；

（二）标的；

（三）数量；

（四）质量；

（五）价款或者报酬；

（六）履行期限、地点和方式；

（七）违约责任；

（八）解决争议的方法。

当事人可以参照各类合同的示范文本订立合同。

第四百七十一条　【订立合同的方式】当事人订立合同，可以采取要约、承诺方式或者其他方式。

第四百七十二条　【要约的定义及其构成】要约是希望与他人订立合同的意思表示，该意思表示应当符合下列条件：

（一）内容具体确定；

（二）表明经受要约人承诺，要约人即受该意思表示约束。

第四百七十三条　【要约邀请】要约邀请是希望他人向自己发出要约的表示。拍卖公告、招标公告、招股说明书、债券募集办法、基金招募说明书、商业广告和宣传、寄送的价目表等为要约邀请。

商业广告和宣传的内容符合要约条件的，构成要约。

第四百七十四条　【要约的生效时间】要约生效的时间适用本法第一百三十七条的规定。

第四百七十五条　【要约的撤回】要约可以撤回。要约的撤回适用本法第一百四十一条的规定。

第四百七十六条　【要约不得撤销情形】要约可以撤销，但是有下列情形之一的除外：

（一）要约人以确定承诺期限或者其他形式明示要约不可撤销；

（二）受要约人有理由认为要约是不可撤销的，并已经为履行合同做了合理准备工作。

第四百七十七条　【要约撤销条件】撤销要约的意思表示以对话方式作出的，该意思表示的内容应当在受要约人作出承诺之前为受要约人所知道；撤销要约的意思表示以非对话方式作出的，应当在受要约人作出承诺之前到达受要约人。

第四百七十八条　【要约失效】有下列情形之一

的,要约失效:
（一）要约被拒绝;
（二）要约被依法撤销;
（三）承诺期限届满,受要约人未作出承诺;
（四）受要约人对要约的内容作出实质性变更。

第四百七十九条　【承诺的定义】承诺是受要约人同意要约的意思表示。

第四百八十条　【承诺的方式】承诺应当以通知的方式作出;但是,根据交易习惯或者要约表明可以通过行为作出承诺的除外。

第四百八十一条　【承诺的期限】承诺应当在要约确定的期限内到达要约人。

要约没有确定承诺期限的,承诺应当依照下列规定到达:
（一）要约以对话方式作出的,应当即时作出承诺;
（二）要约以非对话方式作出的,承诺应当在合理期限内到达。

第四百八十二条　【承诺期限的起算】要约以信件或者电报作出的,承诺期限自信件载明的日期或者电报交发之日开始计算。信件未载明日期的,自投寄该信件的邮戳日期开始计算。要约以电话、传真、电子邮件等快速通讯方式作出的,承诺期限自要约到达受要约人时开始计算。

第四百八十三条　【合同成立时间】承诺生效时合同成立,但是法律另有规定或者当事人另有约定的除外。

第四百八十四条　【承诺生效时间】以通知方式作出的承诺,生效的时间适用本法第一百三十七条的规定。

承诺不需要通知的,根据交易习惯或者要约的要求作出承诺的行为时生效。

第四百八十五条　【承诺的撤回】承诺可以撤回。承诺的撤回适用本法第一百四十一条的规定。

第四百八十六条　【逾期承诺及效果】受要约人超过承诺期限发出承诺,或者在承诺期限内发出承诺,按照通常情形不能及时到达要约人的,为新要约;但是,要约人及时通知受要约人该承诺有效的除外。

第四百八十七条　【迟到的承诺】受要约人在承诺期限内发出承诺,按照通常情形能够及时到达要约人,但是因其他原因致使承诺到达要约人时超过承诺期限的,除要约人及时通知受要约人因承诺超过期限不接受该承诺外,该承诺有效。

第四百八十八条　【承诺对要约内容的实质性变更】承诺的内容应当与要约的内容一致。受要约人对要约的内容作出实质性变更的,为新要约。有关合同标的、数量、质量、价款或者报酬、履行期限、履行地点和方式、违约责任和解决争议方法等的变更,是对要约内容的实质性变更。

第四百八十九条　【承诺对要约内容的非实质性变更】承诺对要约的内容作出非实质性变更的,除要约人及时表示反对或者要约表明承诺不得对要约的内容作出任何变更外,该承诺有效,合同的内容以承诺的内容为准。

第四百九十条　【采用书面形式订立合同的成立时间】当事人采用合同书形式订立合同的,自当事人均签名、盖章或者按指印时合同成立。在签名、盖章或者按指印之前,当事人一方已经履行主要义务,对方接受时,该合同成立。

法律、行政法规规定或者当事人约定合同应当采用书面形式订立,当事人未采用书面形式但是一方已经履行主要义务,对方接受时,该合同成立。

第四百九十一条　【签订确认书的合同及电子合同成立时间】当事人采用信件、数据电文等形式订立合同要求签订确认书的,签订确认书时合同成立。

当事人一方通过互联网等信息网络发布的商品或者服务信息符合要约条件的,对方选择该商品或者服务并提交订单成功时合同成立,但是当事人另有约定的除外。

第四百九十二条　【合同成立的地点】承诺生效的地点为合同成立的地点。

采用数据电文形式订立合同的,收件人的主营业地为合同成立的地点;没有主营业地的,其住所地为合同成立的地点。当事人另有约定的,按照其约定。

第四百九十三条　【采用合同书订立合同的成立

地点】当事人采用合同书形式订立合同的,最后签名、盖章或者按指印的地点为合同成立的地点,但是当事人另有约定的除外。

第四百九十四条 【强制缔约义务】国家根据抢险救灾、疫情防控或者其他需要下达国家订货任务、指令性任务的,有关民事主体之间应当依照有关法律、行政法规规定的权利和义务订立合同。

依照法律、行政法规的规定负有发出要约义务的当事人,应当及时发出合理的要约。

依照法律、行政法规的规定负有作出承诺义务的当事人,不得拒绝对方合理的订立合同要求。

第四百九十五条 【预约合同】当事人约定在将来一定期限内订立合同的认购书、订购书、预订书等,构成预约合同。

当事人一方不履行预约合同约定的订立合同义务的,对方可以请求其承担预约合同的违约责任。

第四百九十六条 【格式条款】格式条款是当事人为了重复使用而预先拟定,并在订立合同时未与对方协商的条款。

采用格式条款订立合同的,提供格式条款的一方应当遵循公平原则确定当事人之间的权利和义务,并采取合理的方式提示对方注意免除或者减轻其责任等与对方有重大利害关系的条款,按照对方的要求,对该条款予以说明。提供格式条款的一方未履行提示或者说明义务,致使对方没有注意或者理解与其有重大利害关系的条款的,对方可以主张该条款不成为合同的内容。

第四百九十七条 【格式条款无效的情形】有下列情形之一的,该格式条款无效:

(一)具有本法第一编第六章第三节和本法第五百零六条规定的无效情形;

(二)提供格式条款一方不合理地免除或者减轻其责任、加重对方责任、限制对方主要权利;

(三)提供格式条款一方排除对方主要权利。

第四百九十八条 【格式条款的解释方法】对格式条款的理解发生争议的,应当按照通常理解予以解释。对格式条款有两种以上解释的,应当作出不利于提供格式条款一方的解释。格式条款和非格式条款不一致的,应当采用非格式条款。

第四百九十九条 【悬赏广告】悬赏人以公开方式声明对完成特定行为的人支付报酬的,完成该行为的人可以请求其支付。

第五百条 【缔约过失责任】当事人在订立合同过程中有下列情形之一,造成对方损失的,应当承担赔偿责任:

(一)假借订立合同,恶意进行磋商;

(二)故意隐瞒与订立合同有关的重要事实或者提供虚假情况;

(三)有其他违背诚信原则的行为。

第五百零一条 【合同缔结人的保密义务】当事人在订立合同过程中知悉的商业秘密或者其他应当保密的信息,无论合同是否成立,不得泄露或者不正当地使用;泄露、不正当地使用该商业秘密或者信息,造成对方损失的,应当承担赔偿责任。

第三章 合同的效力

第五百零二条 【合同生效时间及未办理批准手续的处理规则】依法成立的合同,自成立时生效,但是法律另有规定或者当事人另有约定的除外。

依照法律、行政法规的规定,合同应当办理批准等手续的,依照其规定。未办理批准等手续影响合同生效的,不影响合同中履行报批等义务条款以及相关条款的效力。应当办理申请批准等手续的当事人未履行义务的,对方可以请求其承担违反该义务的责任。

依照法律、行政法规的规定,合同的变更、转让、解除等情形应当办理批准等手续的,适用前款规定。

第五百零三条 【被代理人以默示方式追认无权代理】无权代理人以被代理人的名义订立合同,被代理人已经开始履行合同义务或者接受相对人履行的,视为对合同的追认。

第五百零四条 【超越权限订立合同的效力】法人的法定代表人或者非法人组织的负责人超越权限订立的合同,除相对人知道或者应当知道其超越权限外,该代表行为有效,订立的合同对法人或者非法人组织发生效力。

第五百零五条　【超越经营范围订立的合同效力】当事人超越经营范围订立的合同的效力,应当依照本法第一编第六章第三节和本编的有关规定确定,不得仅以超越经营范围确认合同无效。

第五百零六条　【免责条款无效情形】合同中的下列免责条款无效:

(一)造成对方人身损害的;

(二)因故意或者重大过失造成对方财产损失的。

第五百零七条　【争议解决条款的独立性】合同不生效、无效、被撤销或者终止的,不影响合同中有关解决争议方法的条款的效力。

第五百零八条　【合同效力适用指引】本编对合同的效力没有规定的,适用本法第一编第六章的有关规定。

第四章　合同的履行

第五百零九条　【合同履行的原则】当事人应当按照约定全面履行自己的义务。

当事人应当遵循诚信原则,根据合同的性质、目的和交易习惯履行通知、协助、保密等义务。

当事人在履行合同过程中,应当避免浪费资源、污染环境和破坏生态。

第五百一十条　【约定不明时合同内容的确定】合同生效后,当事人就质量、价款或者报酬、履行地点等内容没有约定或者约定不明确的,可以协议补充;不能达成补充协议的,按照合同相关条款或者交易习惯确定。

第五百一十一条　【质量、价款、履行地点等内容的确定】当事人就有关合同内容约定不明确,依据前条规定仍不能确定的,适用下列规定:

(一)质量要求不明确的,按照强制性国家标准履行;没有强制性国家标准的,按照推荐性国家标准履行;没有推荐性国家标准的,按照行业标准履行;没有国家标准、行业标准的,按照通常标准或者符合合同目的的特定标准履行。

(二)价款或者报酬不明确的,按照订立合同时履行地的市场价格履行;依法应当执行政府定价或者政府指导价的,依照规定履行。

(三)履行地点不明确,给付货币的,在接受货币一方所在地履行;交付不动产的,在不动产所在地履行;其他标的,在履行义务一方所在地履行。

(四)履行期限不明确的,债务人可以随时履行,债权人也可以随时请求履行,但是应当给对方必要的准备时间。

(五)履行方式不明确的,按照有利于实现合同目的的方式履行。

(六)履行费用的负担不明确的,由履行义务一方负担;因债权人原因增加的履行费用,由债权人负担。

第五百一十二条　【电子合同交付时间的认定】通过互联网等信息网络订立的电子合同的标的为交付商品并采用快递物流方式交付的,收货人的签收时间为交付时间。电子合同的标的为提供服务的,生成的电子凭证或者实物凭证中载明的时间为提供服务时间;前述凭证没有载明时间或者载明时间与实际提供服务时间不一致的,以实际提供服务的时间为准。

电子合同的标的物为采用在线传输方式交付的,合同标的物进入对方当事人指定的特定系统且能够检索识别的时间为交付时间。

电子合同当事人对交付商品或者提供服务的方式、时间另有约定的,按照其约定。

第五百一十三条　【执行政府定价或指导价的合同价格确定】执行政府定价或者政府指导价的,在合同约定的交付期限内政府价格调整时,按照交付时的价格计价。逾期交付标的物的,遇价格上涨时,按照原价格执行;价格下降时,按照新价格执行。逾期提取标的物或者逾期付款的,遇价格上涨时,按照新价格执行;价格下降时,按照原价格执行。

第五百一十四条　【金钱之债给付货币的确定规则】以支付金钱为内容的债,除法律另有规定或者当事人另有约定外,债权人可以请求债务人以实际履行地的法定货币履行。

第五百一十五条　【选择之债中债务人的选择权】标的有多项而债务人只需履行其中一项的,债务人享有选择权;但是,法律另有规定、当事人另有约定或者另有交易习惯的除外。

享有选择权的当事人在约定期限内或者履行期限届满未作选择,经催告后在合理期限内仍未选择的,选择权转移至对方。

第五百一十六条 【选择权的行使】当事人行使选择权应当及时通知对方,通知到达对方时,标的确定。标的确定后不得变更,但是经对方同意的除外。

可选择的标的发生不能履行情形的,享有选择权的当事人不得选择不能履行的标的,但是该不能履行的情形是由对方造成的除外。

第五百一十七条 【按份债权与按份债务】债权人为二人以上,标的可分,按照份额各自享有债权的,为按份债权;债务人为二人以上,标的可分,按照份额各自负担债务的,为按份债务。

按份债权人或者按份债务人的份额难以确定的,视为份额相同。

第五百一十八条 【连带债权与连带债务】债权人为二人以上,部分或者全部债权人均可以请求债务人履行债务的,为连带债权;债务人为二人以上,债权人可以请求部分或者全部债务人履行全部债务的,为连带债务。

连带债权或者连带债务,由法律规定或者当事人约定。

第五百一十九条 【连带债务份额的确定及追偿】连带债务人之间的份额难以确定的,视为份额相同。

实际承担债务超过自己份额的连带债务人,有权就超出部分在其他连带债务人未履行的份额范围内向其追偿,并相应地享有债权人的权利,但是不得损害债权人的利益。其他连带债务人对债权人的抗辩,可以向该债务人主张。

被追偿的连带债务人不能履行其应分担份额的,其他连带债务人应当在相应范围内按比例分担。

第五百二十条 【连带债务人之一所生事项涉他效力】部分连带债务人履行、抵销债务或者提存标的物的,其他连带债务人对债权人的债务在相应范围内消灭;该债务人可以依据前条规定向其他债务人追偿。

部分连带债务人的债务被债权人免除的,在该连带债务人应当承担的份额范围内,其他债务人对债权人的债务消灭。

部分连带债务人的债务与债权人的债权同归于一人的,在扣除该债务人应当承担的份额后,债权人对其他债务人的债权继续存在。

债权人对部分连带债务人的给付受领迟延的,对其他连带债务人发生效力。

第五百二十一条 【连带债权内外部关系】连带债权人之间的份额难以确定的,视为份额相同。

实际受领债权的连带债权人,应当按比例向其他连带债权人返还。

连带债权参照适用本章连带债务的有关规定。

第五百二十二条 【向第三人履行】当事人约定由债务人向第三人履行债务,债务人未向第三人履行债务或者履行债务不符合约定的,应当向债权人承担违约责任。

法律规定或者当事人约定第三人可以直接请求债务人向其履行债务,第三人未在合理期限内明确拒绝,债务人未向第三人履行债务或者履行债务不符合约定的,第三人可以请求债务人承担违约责任;债务人对债权人的抗辩,可以向第三人主张。

第五百二十三条 【第三人履行】当事人约定由第三人向债权人履行债务,第三人不履行债务或者履行债务不符合约定的,债务人应当向债权人承担违约责任。

第五百二十四条 【第三人代为履行】债务人不履行债务,第三人对履行该债务具有合法利益的,第三人有权向债权人代为履行;但是,根据债务性质、按照当事人约定或者依照法律规定只能由债务人履行的除外。

债权人接受第三人履行后,其对债务人的债权转让给第三人,但是债务人和第三人另有约定的除外。

第五百二十五条 【同时履行抗辩权】当事人互负债务,没有先后履行顺序的,应当同时履行。一方在对方履行之前有权拒绝其履行请求。一方在对方履行债务不符合约定时,有权拒绝其相应的履行请求。

第五百二十六条 【后履行抗辩权】当事人互负

债务,有先后履行顺序,应当先履行债务一方未履行的,后履行一方有权拒绝其履行请求。先履行一方履行债务不符合约定的,后履行一方有权拒绝其相应的履行请求。

第五百二十七条　【不安抗辩权】应当先履行债务的当事人,有确切证据证明对方有下列情形之一的,可以中止履行:

(一)经营状况严重恶化;

(二)转移财产、抽逃资金,以逃避债务;

(三)丧失商业信誉;

(四)有丧失或者可能丧失履行债务能力的其他情形。

当事人没有确切证据中止履行的,应当承担违约责任。

第五百二十八条　【不安抗辩权的行使】当事人依据前条规定中止履行的,应当及时通知对方。对方提供适当担保的,应当恢复履行。中止履行后,对方在合理期限内未恢复履行能力且未提供适当担保的,视为以自己的行为表明不履行主要债务,中止履行的一方可以解除合同并可以请求对方承担违约责任。

第五百二十九条　【因债权人原因致债务履行困难的处理】债权人分立、合并或者变更住所没有通知债务人,致使履行债务发生困难的,债务人可以中止履行或者将标的物提存。

第五百三十条　【债务人提前履行债务】债权人可以拒绝债务人提前履行债务,但是提前履行不损害债权人利益的除外。

债务人提前履行债务给债权人增加的费用,由债务人负担。

第五百三十一条　【债务人部分履行债务】债权人可以拒绝债务人部分履行债务,但是部分履行不损害债权人利益的除外。

债务人部分履行债务给债权人增加的费用,由债务人负担。

第五百三十二条　【当事人变化不影响合同效力】合同生效后,当事人不得因姓名、名称的变更或者法定代表人、负责人、承办人的变动而不履行合同义务。

第五百三十三条　【情势变更】合同成立后,合同的基础条件发生了当事人在订立合同时无法预见的、不属于商业风险的重大变化,继续履行合同对于当事人一方明显不公平的,受不利影响的当事人可以与对方重新协商;在合理期限内协商不成的,当事人可以请求人民法院或者仲裁机构变更或者解除合同。

人民法院或者仲裁机构应当结合案件的实际情况,根据公平原则变更或者解除合同。

第五百三十四条　【合同监督】对当事人利用合同实施危害国家利益、社会公共利益行为的,市场监督管理和其他有关行政主管部门依照法律、行政法规的规定负责监督处理。

第五章　合同的保全

第五百三十五条　【债权人代位权】因债务人怠于行使其债权或者与该债权有关的从权利,影响债权人的到期债权实现的,债权人可以向人民法院请求以自己的名义代位行使债务人对相对人的权利,但是该权利专属于债务人自身的除外。

代位权的行使范围以债权人的到期债权为限。债权人行使代位权的必要费用,由债务人负担。

相对人对债务人的抗辩,可以向债权人主张。

第五百三十六条　【保存行为】债权人的债权到期前,债务人的债权或者与该债权有关的从权利存在诉讼时效期间即将届满或者未及时申报破产债权等情形,影响债权人的债权实现的,债权人可以代位向债务人的相对人请求其向债务人履行、向破产管理人申报或者作出其他必要的行为。

第五百三十七条　【代位权行使后的法律效果】人民法院认定代位权成立的,由债务人的相对人向债权人履行义务,债权人接受履行后,债权人与债务人、债务人与相对人之间相应的权利义务终止。债务人对相对人的债权或者与该债权有关的从权利被采取保全、执行措施,或者债务人破产的,依照相关法律的规定处理。

第五百三十八条　【撤销债务人无偿行为】债务人以放弃其债权、放弃债权担保、无偿转让财产等方式无偿处分财产权益,或者恶意延长其到期债权的履行期限,影响债权人的债权实现的,债权人可以请求人民法院撤销债务人的行为。

第五百三十九条　【撤销债务人有偿行为】债务人以明显不合理的低价转让财产、以明显不合理的高价受让他人财产或者为他人的债务提供担保，影响债权人的债权实现，债务人的相对人知道或者应当知道该情形的，债权人可以请求人民法院撤销债务人的行为。

第五百四十条　【撤销权的行使范围】撤销权的行使范围以债权人的债权为限。债权人行使撤销权的必要费用，由债务人负担。

第五百四十一条　【撤销权的行使期间】撤销权自债权人知道或者应当知道撤销事由之日起一年内行使。自债务人的行为发生之日起五年内没有行使撤销权的，该撤销权消灭。

第五百四十二条　【债务人行为被撤销的法律效果】债务人影响债权人的债权实现的行为被撤销的，自始没有法律约束力。

第六章　合同的变更和转让

第五百四十三条　【协议变更合同】当事人协商一致，可以变更合同。

第五百四十四条　【合同变更不明确推定为未变更】当事人对合同变更的内容约定不明确的，推定为未变更。

第五百四十五条　【债权转让】债权人可以将债权的全部或者部分转让给第三人，但是有下列情形之一的除外：

（一）根据债权性质不得转让；

（二）按照当事人约定不得转让；

（三）依照法律规定不得转让。

当事人约定非金钱债权不得转让的，不得对抗善意第三人。当事人约定金钱债权不得转让的，不得对抗第三人。

第五百四十六条　【债权转让的通知义务】债权人转让债权，未通知债务人的，该转让对债务人不发生效力。

债权转让的通知不得撤销，但是经受让人同意的除外。

第五百四十七条　【债权转让从权利一并转让】债权人转让债权的，受让人取得与债权有关的从权利，但是该从权利专属于债权人自身的除外。

受让人取得从权利不因该权利未办理转移登记手续或者未转移占有而受到影响。

第五百四十八条　【债权转让中债务人抗辩】债务人接到债权转让通知后，债务人对让与人的抗辩，可以向受让人主张。

第五百四十九条　【债权转让中债务人的抵销权】有下列情形之一的，债务人可以向受让人主张抵销：

（一）债务人接到债权转让通知时，债务人对让与人享有债权，且债务人的债权先于转让的债权到期或者同时到期；

（二）债务人的债权与转让的债权是基于同一合同产生的。

第五百五十条　【债权转让费用的承担】因债权转让增加的履行费用，由让与人负担。

第五百五十一条　【债务转移】债务人将债务的全部或者部分转移给第三人的，应当经债权人同意。

债务人或者第三人可以催告债权人在合理期限内予以同意，债权人未作表示的，视为不同意。

第五百五十二条　【债务加入】第三人与债务人约定加入债务并通知债权人，或者第三人向债权人表示愿意加入债务，债权人未在合理期限内明确拒绝的，债权人可以请求第三人在其愿意承担的债务范围内和债务人承担连带债务。

第五百五十三条　【债务转移时新债务人抗辩】债务人转移债务的，新债务人可以主张原债务人对债权人的抗辩；原债务人对债权人享有债权的，新债务人不得向债权人主张抵销。

第五百五十四条　【从债务随主债务转移】债务人转移债务的，新债务人应当承担与主债务有关的从债务，但是该从债务专属于原债务人自身的除外。

第五百五十五条　【合同权利义务的一并转让】当事人一方经对方同意，可以将自己在合同中的权利和义务一并转让给第三人。

第五百五十六条　【一并转让的法律适用】合同的权利和义务一并转让的，适用债权转让、债务转移的有关规定。

第七章　合同的权利义务终止

第五百五十七条　【债权债务终止的法定情形】有下列情形之一的，债权债务终止：

（一）债务已经履行；
（二）债务相互抵销；
（三）债务人依法将标的物提存；
（四）债权人免除债务；
（五）债权债务同归于一人；
（六）法律规定或者当事人约定终止的其他情形。

合同解除的，该合同的权利义务关系终止。

第五百五十八条　【后合同义务】债权债务终止后，当事人应当遵循诚信等原则，根据交易习惯履行通知、协助、保密、旧物回收等义务。

第五百五十九条　【从权利消灭】债权债务终止时，债权的从权利同时消灭，但是法律另有规定或者当事人另有约定的除外。

第五百六十条　【数项债务的清偿抵充顺序】债务人对同一债权人负担的数项债务种类相同，债务人的给付不足以清偿全部债务的，除当事人另有约定外，由债务人在清偿时指定其履行的债务。

债务人未作指定的，应当优先履行已经到期的债务；数项债务均到期的，优先履行对债权人缺乏担保或者担保最少的债务；均无担保或者担保相等的，优先履行债务人负担较重的债务；负担相同的，按照债务到期的先后顺序履行；到期时间相同的，按照债务比例履行。

第五百六十一条　【费用、利息和主债务的清偿抵充顺序】债务人在履行主债务外还应当支付利息和实现债权的有关费用，其给付不足以清偿全部债务的，除当事人另有约定外，应当按照下列顺序履行：
（一）实现债权的有关费用；
（二）利息；
（三）主债务。

第五百六十二条　【合同的约定解除】当事人协商一致，可以解除合同。

当事人可以约定一方解除合同的事由。解除合同的事由发生时，解除权人可以解除合同。

第五百六十三条　【合同的法定解除】有下列情形之一的，当事人可以解除合同：
（一）因不可抗力致使不能实现合同目的；
（二）在履行期限届满前，当事人一方明确表示或者以自己的行为表明不履行主要债务；
（三）当事人一方迟延履行主要债务，经催告后在合理期限内仍未履行；
（四）当事人一方迟延履行债务或者有其他违约行为致使不能实现合同目的；
（五）法律规定的其他情形。

以持续履行的债务为内容的不定期合同，当事人可以随时解除合同，但是应当在合理期限之前通知对方。

第五百六十四条　【解除权行使期限】法律规定或者当事人约定解除权行使期限，期限届满当事人不行使的，该权利消灭。

法律没有规定或者当事人没有约定解除权行使期限，自解除权人知道或者应当知道解除事由之日起一年内不行使，或者经对方催告后在合理期限内不行使的，该权利消灭。

第五百六十五条　【合同解除权的行使规则】当事人一方依法主张解除合同的，应当通知对方。合同自通知到达对方时解除；通知载明债务人在一定期限内不履行债务则合同自动解除，债务人在该期限内未履行债务的，合同自通知载明的期限届满时解除。对方对解除合同有异议的，任何一方当事人均可以请求人民法院或者仲裁机构确认解除行为的效力。

当事人一方未通知对方，直接以提起诉讼或者申请仲裁的方式依法主张解除合同，人民法院或者仲裁机构确认该主张的，合同自起诉状副本或者仲裁申请书副本送达对方时解除。

第五百六十六条　【合同解除的法律后果】合同解除后，尚未履行的，终止履行；已经履行的，根据履行情况和合同性质，当事人可以请求恢复原状或者采取其他补救措施，并有权请求赔偿损失。

合同因违约解除的，解除权人可以请求违约方承担违约责任，但是当事人另有约定的除外。

主合同解除后，担保人对债务人应当承担的民事责任仍应当承担担保责任，但是担保合同另有约定的除外。

第五百六十七条　【结算、清理条款效力的独立性】合同的权利义务关系终止，不影响合同中

第五百六十八条　【法定抵销】当事人互负债务，该债务的标的物种类、品质相同的，任何一方可以将自己的债务与对方的到期债务抵销；但是，根据债务性质、按照当事人约定或者依照法律规定不得抵销的除外。

当事人主张抵销的，应当通知对方。通知自到达对方时生效。抵销不得附条件或者附期限。

第五百六十九条　【约定抵销】当事人互负债务，标的物种类、品质不相同的，经协商一致，也可以抵销。

第五百七十条　【提存的条件】有下列情形之一，难以履行债务的，债务人可以将标的物提存：

（一）债权人无正当理由拒绝受领；

（二）债权人下落不明；

（三）债权人死亡未确定继承人、遗产管理人，或者丧失民事行为能力未确定监护人；

（四）法律规定的其他情形。

标的物不适于提存或者提存费用过高的，债务人依法可以拍卖或者变卖标的物，提存所得的价款。

第五百七十一条　【提存的成立】债务人将标的物或者将标的物依法拍卖、变卖所得价款交付提存部门时，提存成立。

提存成立的，视为债务人在其提存范围内已经交付标的物。

第五百七十二条　【提存的通知】标的物提存后，债务人应当及时通知债权人或者债权人的继承人、遗产管理人、监护人、财产代管人。

第五百七十三条　【提存期间风险、孳息和提存费用负担】标的物提存后，毁损、灭失的风险由债权人承担。提存期间，标的物的孳息归债权人所有。提存费用由债权人负担。

第五百七十四条　【提存物的领取与取回】债权人可以随时领取提存物。但是，债权人对债务人负有到期债务的，在债权人未履行债务或者提供担保之前，提存部门根据债务人的要求应当拒绝其领取提存物。

债权人领取提存物的权利，自提存之日起五年内不行使而消灭，提存物扣除提存费用后归国家所有。但是，债权人未履行对债务人的到期债务，或者债权人向提存部门书面表示放弃领取提存物权利的，债务人负担提存费用后有权取回提存物。

第五百七十五条　【债的免除】债权人免除债务人部分或者全部债务的，债权债务部分或者全部终止，但是债务人在合理期限内拒绝的除外。

第五百七十六条　【债权债务混同的处理】债权和债务同归于一人的，债权债务终止，但是损害第三人利益的除外。

第八章　违约责任

第五百七十七条　【违约责任的种类】当事人一方不履行合同义务或者履行合同义务不符合约定的，应当承担继续履行、采取补救措施或者赔偿损失等违约责任。

第五百七十八条　【预期违约责任】当事人一方明确表示或者以自己的行为表明不履行合同义务的，对方可以在履行期限届满前请求其承担违约责任。

第五百七十九条　【金钱债务的继续履行】当事人一方未支付价款、报酬、租金、利息，或者不履行其他金钱债务的，对方可以请求其支付。

第五百八十条　【非金钱债务的继续履行】当事人一方不履行非金钱债务或者履行非金钱债务不符合约定的，对方可以请求履行，但是有下列情形之一的除外：

（一）法律上或者事实上不能履行；

（二）债务的标的不适于强制履行或者履行费用过高；

（三）债权人在合理期限内未请求履行。

有前款规定的除外情形之一，致使不能实现合同目的的，人民法院或者仲裁机构可以根据当事人的请求终止合同权利义务关系，但是不影响违约责任的承担。

第五百八十一条　【替代履行】当事人一方不履行债务或者履行债务不符合约定，根据债务的性质不得强制履行的，对方可以请求其负担由第三人替代履行的费用。

第五百八十二条　【瑕疵履行违约责任】履行不符合约定的，应当按照当事人的约定承担违约责任。对违约责任没有约定或者约定不明确，依据本法第五百一十条的规定仍不能确定的，受损害方根据标的的性质以及损失的大小,可以合理选择请求对方承担修理、重作、更换、退货、减少价款或者报酬等违约责任。

第五百八十三条 【违约损害赔偿责任】当事人一方不履行合同义务或者履行合同义务不符合约定的,在履行义务或者采取补救措施后,对方还有其他损失的,应当赔偿损失。

第五百八十四条 【法定的违约赔偿损失】当事人一方不履行合同义务或者履行合同义务不符合约定,造成对方损失的,损失赔偿额应当相当于因违约所造成的损失,包括合同履行后可以获得的利益;但是,不得超过违约一方订立合同时预见到或者应当预见到的因违约可能造成的损失。

第五百八十五条 【违约金的约定】当事人可以约定一方违约时应当根据违约情况向对方支付一定数额的违约金,也可以约定因违约产生的损失赔偿额的计算方法。

约定的违约金低于造成的损失的,人民法院或者仲裁机构可以根据当事人的请求予以增加;约定的违约金过分高于造成的损失的,人民法院或者仲裁机构可以根据当事人的请求予以适当减少。

当事人就迟延履行约定违约金的,违约方支付违约金后,还应当履行债务。

第五百八十六条 【定金】当事人可以约定一方向对方给付定金作为债权的担保。定金合同自实际交付定金时成立。

定金的数额由当事人约定;但是,不得超过主合同标的额的百分之二十,超过部分不产生定金的效力。实际交付的定金数额多于或者少于约定数额的,视为变更约定的定金数额。

第五百八十七条 【定金罚则】债务人履行债务的,定金应当抵作价款或者收回。给付定金的一方不履行债务或者履行债务不符合约定,致使不能实现合同目的的,无权请求返还定金;收受定金的一方不履行债务或者履行债务不符合约定,致使不能实现合同目的的,应当双倍返还定金。

第五百八十八条 【违约金与定金竞合选择权】当事人既约定违约金,又约定定金的,一方违约时,对方可以选择适用违约金或者定金条款。

定金不足以弥补一方违约造成的损失的,对方可以请求赔偿超过定金数额的损失。

第五百八十九条 【债权人受领迟延】债务人按照约定履行债务,债权人无正当理由拒绝受领的,债务人可以请求债权人赔偿增加的费用。

在债权人受领迟延期间,债务人无须支付利息。

第五百九十条 【因不可抗力不能履行合同】当事人一方因不可抗力不能履行合同的,根据不可抗力的影响,部分或者全部免除责任,但是法律另有规定的除外。因不可抗力不能履行合同的,应当及时通知对方,以减轻可能给对方造成的损失,并应当在合理期限内提供证明。

当事人迟延履行后发生不可抗力的,不免除其违约责任。

第五百九十一条 【非违约方防止损失扩大义务】当事人一方违约后,对方应当采取适当措施防止损失的扩大;没有采取适当措施致使损失扩大的,不得就扩大的损失请求赔偿。

当事人因防止损失扩大而支出的合理费用,由违约方负担。

第五百九十二条 【双方违约和与有过错规则】当事人都违反合同的,应当各自承担相应的责任。

当事人一方违约造成对方损失,对方对损失的发生有过错的,可以减少相应的损失赔偿额。

第五百九十三条 【因第三人原因造成违约情况下的责任承担】当事人一方因第三人的原因造成违约的,应当依法向对方承担违约责任。当事人一方和第三人之间的纠纷,依照法律规定或者按照约定处理。

第五百九十四条 【国际贸易合同诉讼时效和仲裁时效】因国际货物买卖合同和技术进出口合同争议提起诉讼或者申请仲裁的时效期间为四年。

第二分编　典型合同

第九章　买卖合同

第五百九十五条 【买卖合同的概念】买卖合同是出卖人转移标的物的所有权于买受人,买受人支付价款的合同。

第五百九十六条　【买卖合同条款】买卖合同的内容一般包括标的物的名称、数量、质量、价款、履行期限、履行地点和方式、包装方式、检验标准和方法、结算方式、合同使用的文字及其效力等条款。

第五百九十七条　【无权处分的违约责任】因出卖人未取得处分权致使标的物所有权不能转移的，买受人可以解除合同并请求出卖人承担违约责任。

法律、行政法规禁止或者限制转让的标的物，依照其规定。

第五百九十八条　【出卖人基本义务】出卖人应当履行向买受人交付标的物或者交付提取标的物的单证，并转移标的物所有权的义务。

第五百九十九条　【出卖人义务：交付单证、交付资料】出卖人应当按照约定或者交易习惯向买受人交付提取标的物单证以外的有关单证和资料。

第六百条　【买卖合同知识产权保留条款】出卖具有知识产权的标的物的，除法律另有规定或者当事人另有约定外，该标的物的知识产权不属于买受人。

第六百零一条　【出卖人义务：交付期间】出卖人应当按照约定的时间交付标的物。约定交付期限的，出卖人可以在该交付期限内的任何时间交付。

第六百零二条　【标的物交付期限不明时的处理】当事人没有约定标的物的交付期限或者约定不明确的，适用本法第五百一十条、第五百一十一条第四项的规定。

第六百零三条　【买卖合同标的物的交付地点】出卖人应当按照约定的地点交付标的物。

当事人没有约定交付地点或者约定不明确，依据本法第五百一十条的规定仍不能确定的，适用下列规定：

（一）标的物需要运输的，出卖人应当将标的物交付给第一承运人以运送给买受人；

（二）标的物不需要运输，出卖人和买受人订立合同时知道标的物在某一地点的，出卖人应当在该地点交付标的物；不知道标的物在某一地点的，应当在出卖人订立合同时的营业地交付标的物。

第六百零四条　【标的物的风险承担】标的物毁损、灭失的风险，在标的物交付之前由出卖人承担，交付之后由买受人承担，但是法律另有规定或者当事人另有约定的除外。

第六百零五条　【迟延交付标的物的风险负担】因买受人的原因致使标的物未按照约定的期限交付的，买受人应当自违反约定时起承担标的物毁损、灭失的风险。

第六百零六条　【路货买卖中的标的物风险转移】出卖人出卖交由承运人运输的在途标的物，除当事人另有约定外，毁损、灭失的风险自合同成立时起由买受人承担。

第六百零七条　【需要运输的标的物风险负担】出卖人按照约定将标的物运送至买受人指定地点并交付给承运人后，标的物毁损、灭失的风险由买受人承担。

当事人没有约定交付地点或者约定不明确，依据本法第六百零三条第二款第一项的规定标的物需要运输的，出卖人将标的物交付第一承运人后，标的物毁损、灭失的风险由买受人承担。

第六百零八条　【买受人不履行接受标的物义务的风险负担】出卖人按照约定或者依据本法第六百零三条第二款第二项的规定将标的物置于交付地点，买受人违反约定没有收取的，标的物毁损、灭失的风险自违反约定时起由买受人承担。

第六百零九条　【未交付单证、资料的风险负担】出卖人按照约定未交付有关标的物的单证和资料的，不影响标的物毁损、灭失风险的转移。

第六百一十条　【根本违约】因标的物不符合质量要求，致使不能实现合同目的的，买受人可以拒绝接受标的物或者解除合同。买受人拒绝接受标的物或者解除合同的，标的物毁损、灭失的风险由出卖人承担。

第六百一十一条　【买受人承担风险与出卖人违约责任关系】标的物毁损、灭失的风险由买受人承担的，不影响因出卖人履行义务不符合约定，买受人请求其承担违约责任的权利。

第六百一十二条　【出卖人的权利瑕疵担保义务】出卖人就交付的标的物，负有保证第三人对该标的物不享有任何权利的义务,但是法律另有规定的除外。

第六百一十三条　【权利瑕疵担保责任之免除】买受人订立合同时知道或者应当知道第三人对买卖的标的物享有权利的,出卖人不承担前条规定的义务。

第六百一十四条　【买受人的中止支付价款权】买受人有确切证据证明第三人对标的物享有权利的,可以中止支付相应的价款,但是出卖人提供适当担保的除外。

第六百一十五条　【买卖标的物的质量瑕疵担保】出卖人应当按照约定的质量要求交付标的物。出卖人提供有关标的物质量说明的,交付的标的物应当符合该说明的质量要求。

第六百一十六条　【标的物法定质量担保义务】当事人对标的物的质量要求没有约定或者约定不明确,依据本法第五百一十条的规定仍不能确定的,适用本法第五百一十一条第一项的规定。

第六百一十七条　【质量瑕疵担保责任】出卖人交付的标的物不符合质量要求的,买受人可以依据本法第五百八十二条至第五百八十四条的规定请求承担违约责任。

第六百一十八条　【标的物瑕疵担保责任减免的特约效力】当事人约定减轻或者免除出卖人对标的物瑕疵担保的责任,因出卖人故意或者重大过失不告知买受人标的物瑕疵的,出卖人无权主张减轻或者免除责任。

第六百一十九条　【标的物的包装方式】出卖人应当按照约定的包装方式交付标的物。对包装方式没有约定或者约定不明确,依据本法第五百一十条的规定仍不能确定的,应当按照通用的方式包装;没有通用方式的,应当采取足以保护标的物且有利于节约资源、保护生态环境的包装方式。

第六百二十条　【买受人的检验义务】买受人收到标的物时应当在约定的检验期限内检验。没有约定检验期限的,应当及时检验。

第六百二十一条　【买受人检验标的物的异议通知】当事人约定检验期限的,买受人应当在检验期限内将标的物的数量或者质量不符合约定的情形通知出卖人。买受人怠于通知的,视

为标的物的数量或者质量符合约定。

当事人没有约定检验期限的,买受人应当在发现或者应当发现标的物的数量或者质量不符合约定的合理期限内通知出卖人。买受人在合理期限内未通知或者自收到标的物之日起二年内未通知出卖人的,视为标的物的数量或者质量符合约定;但是,对标的物有质量保证期的,适用质量保证期,不适用该二年的规定。

出卖人知道或者应当知道提供的标的物不符合约定的,买受人不受前两款规定的通知时间的限制。

第六百二十二条　【检验期限或质量保证期过短的处理】当事人约定的检验期限过短,根据标的物的性质和交易习惯,买受人在检验期限内难以完成全面检验的,该期限仅视为买受人对标的物的外观瑕疵提出异议的期限。

约定的检验期限或者质量保证期短于法律、行政法规规定期限的,应当以法律、行政法规规定的期限为准。

第六百二十三条　【标的物数量和外观瑕疵检验】当事人对检验期限未作约定,买受人签收的送货单、确认单等载明标的物数量、型号、规格的,推定买受人已经对数量和外观瑕疵进行检验,但是有相关证据足以推翻的除外。

第六百二十四条　【向第三人履行情形的检验标准】出卖人依照买受人的指示向第三人交付标的物,出卖人和买受人约定的检验标准与买受人和第三人约定的检验标准不一致的,以出卖人和买受人约定的检验标准为准。

第六百二十五条　【出卖人的回收义务】依照法律、行政法规的规定或者按照当事人的约定,标的物在有效使用年限届满后应予回收的,出卖人负有自行或者委托第三人对标的物予以回收的义务。

第六百二十六条　【买受人支付价款及方式】买受人应当按照约定的数额和支付方式支付价款。对价款的数额和支付方式没有约定或者约定不明确的,适用本法第五百一十条、第五百一十一条第二项和第五项的规定。

第六百二十七条　【买受人支付价款地点】买受人应当按照约定的地点支付价款。对支付地

点没有约定或者约定不明确，依据本法第五百一十条的规定仍不能确定的，买受人应当在出卖人的营业地支付；但是，约定支付价款以交付标的物或者交付提取标的物单证为条件的，在交付标的物或者交付提取标的物单证的所在地支付。

第六百二十八条　【买受人支付价款的时间】买受人应当按照约定的时间支付价款。对支付时间没有约定或者约定不明确，依据本法第五百一十条的规定仍不能确定的，买受人应当在收到标的物或者提取标的物单证的同时支付。

第六百二十九条　【出卖人多交标的物的处理】出卖人多交标的物的，买受人可以接收或者拒绝接收多交的部分。买受人接收多交部分的，按照约定的价格支付价款；买受人拒绝接收多交部分的，应当及时通知出卖人。

第六百三十条　【买卖合同标的物孳息的归属】标的物在交付之前产生的孳息，归出卖人所有；交付之后产生的孳息，归买受人所有。但是，当事人另有约定的除外。

第六百三十一条　【主物与从物在解除合同时的效力】因标的物的主物不符合约定而解除合同的，解除合同的效力及于从物。因标的物的从物不符合约定被解除的，解除的效力不及于主物。

第六百三十二条　【数物买卖合同的解除】标的物为数物，其中一物不符合约定的，买受人可以就该物解除。但是，该物与他物分离使标的物的价值显受损害的，买受人可以就数物解除合同。

第六百三十三条　【分批交付标的物的情况下解除合同的情形】出卖人分批交付标的物的，出卖人对其中一批标的物不交付或者交付不符合约定，致使该批标的物不能实现合同目的的，买受人可以就该批标的物解除。

出卖人不交付其中一批标的物或者交付不符合约定，致使之后其他各批标的物的交付不能实现合同目的的，买受人可以就该批以及之后其他各批标的物解除。

买受人如果就其中一批标的物解除，该批标的物与其他各批标的物相互依存的，可以就已经交付和未交付的各批标的物解除。

第六百三十四条　【分期付款买卖】分期付款的买受人未支付到期价款的数额达到全部价款的五分之一，经催告后在合理期限内仍未支付到期价款的，出卖人可以请求买受人支付全部价款或者解除合同。

出卖人解除合同的，可以向买受人请求支付该标的物的使用费。

第六百三十五条　【凭样品买卖合同】凭样品买卖的当事人应当封存样品，并可以对样品质量予以说明。出卖人交付的标的物应当与样品及其说明的质量相同。

第六百三十六条　【凭样品买卖合同样品存在隐蔽瑕疵的处理】凭样品买卖的买受人不知道样品有隐蔽瑕疵的，即使交付的标的物与样品相同，出卖人交付的标的物的质量仍然应当符合同种物的通常标准。

第八百三十七条　【试用买卖的试用期限】试用买卖的当事人可以约定标的物的试用期限。对试用期限没有约定或者约定不明确，依据本法第五百一十条的规定仍不能确定的，由出卖人确定。

第六百三十八条　【试用买卖合同买受人对标的物购买选择权】试用买卖的买受人在试用期内可以购买标的物，也可以拒绝购买。试用期限届满，买受人对是否购买标的物未作表示的，视为购买。

试用买卖的买受人在试用期内已经支付部分价款或者对标的物实施出卖、出租、设立担保物权等行为的，视为同意购买。

第六百三十九条　【试用买卖使用费】试用买卖的当事人对标的物使用费没有约定或者约定不明确的，出卖人无权请求买受人支付。

第六百四十条　【试用买卖中的风险承担】标的物在试用期内毁损、灭失的风险由出卖人承担。

第六百四十一条　【标的物所有权保留条款】当事人可以在买卖合同中约定买受人未履行支付价款或者其他义务的，标的物的所有权属于出卖人。

出卖人对标的物保留的所有权，未经登记，不得对抗善意第三人。

**第六百四十二条　【所有权保留中出卖人的取回

权】当事人约定出卖人保留合同标的物的所有权,在标的物所有权转移前,买受人有下列情形之一,造成出卖人损害的,除当事人另有约定外,出卖人有权取回标的物:

(一)未按照约定支付价款,经催告后在合理期限内仍未支付;

(二)未按照约定完成特定条件;

(三)将标的物出卖、出质或者作出其他不当处分。

出卖人可以与买受人协商取回标的物;协商不成的,可以参照适用担保物权的实现程序。

第六百四十三条 【买受人回赎权及出卖人再出卖权】出卖人依据前条第一款的规定取回标的物后,买受人在双方约定或者出卖人指定的合理回赎期限内,消除出卖人取回标的物的事由的,可以请求回赎标的物。

买受人在回赎期限内没有回赎标的物,出卖人可以以合理价格将标的物出卖给第三人,出卖所得价款扣除买受人未支付的价款以及必要费用后仍有剩余的,应当返还买受人;不足部分由买受人清偿。

第六百四十四条 【招标投标买卖的法律适用】招标投标买卖的当事人的权利和义务以及招标投标程序等,依照有关法律、行政法规的规定。

第六百四十五条 【拍卖的法律适用】拍卖的当事人的权利和义务以及拍卖程序等,依照有关法律、行政法规的规定。

第六百四十六条 【买卖合同准用于有偿合同】法律对其他有偿合同有规定的,依照其规定;没有规定的,参照适用买卖合同的有关规定。

第六百四十七条 【易货交易的法律适用】当事人约定易货交易,转移标的物的所有权的,参照适用买卖合同的有关规定。

第十章 供用电、水、气、热力合同

第六百四十八条 【供用电合同概念及强制缔约义务】供用电合同是供电人向用电人供电,用电人支付电费的合同。

向社会公众供电的供电人,不得拒绝用电人合理的订立合同要求。

第六百四十九条 【供用电合同的内容】供用电合同的内容一般包括供电的方式、质量、时间,用电容量、地址、性质,计量方式,电价、电费的结算方式,供用电设施的维护责任等条款。

第六百五十条 【供用电合同的履行地点】供用电合同的履行地点,按照当事人约定;当事人没有约定或者约定不明确的,供电设施的产权分界处为履行地点。

第六百五十一条 【供电人的安全供电义务】供电人应当按照国家规定的供电质量标准和约定安全供电。供电人未按照国家规定的供电质量标准和约定安全供电,造成用电人损失的,应当承担赔偿责任。

第六百五十二条 【供电人中断供电时的通知义务】供电人因供电设施计划检修、临时检修、依法限电或者用电人违法用电等原因,需要中断供电时,应当按照国家有关规定事先通知用电人;未事先通知用电人中断供电,造成用电人损失的,应当承担赔偿责任。

第六百五十三条 【供电人抢修义务】因自然灾害等原因断电,供电人应当按照国家有关规定及时抢修;未及时抢修,造成用电人损失的,应当承担赔偿责任。

第六百五十四条 【用电人支付电费的义务】用电人应当按照国家有关规定和当事人的约定及时支付电费。用电人逾期不支付电费的,应当按照约定支付违约金。经催告用电人在合理期限内仍不支付电费和违约金的,供电人可以按照国家规定的程序中止供电。

供电人依据前款规定中止供电的,应当事先通知用电人。

第六百五十五条 【用电人安全用电义务】用电人应当按照国家有关规定和当事人的约定安全、节约和计划用电。用电人未按照国家有关规定和当事人的约定用电,造成供电人损失的,应当承担赔偿责任。

第六百五十六条 【供用水、气、热力合同参照适用供用电合同】供用水、供用气、供用热力合同,参照适用供用电合同的有关规定。

第十一章 赠与合同

第六百五十七条 【赠与合同的概念】赠与合同

是赠与人将自己的财产无偿给予受赠人，受赠人表示接受赠与的合同。

第六百五十八条　【赠与的任意撤销及限制】赠与人在赠与财产的权利转移之前可以撤销赠与。

经过公证的赠与合同或者依法不得撤销的具有救灾、扶贫、助残等公益、道德义务性质的赠与合同，不适用前款规定。

第六百五十九条　【赠与特殊财产需要办理有关法律手续】赠与的财产依法需要办理登记或者其他手续的，应当办理有关手续。

第六百六十条　【法定不得撤销赠与的赠与人不交付赠与财产的责任】经过公证的赠与合同或者依法不得撤销的具有救灾、扶贫、助残等公益、道德义务性质的赠与合同，赠与人不交付赠与财产的，受赠人可以请求交付。

依据前款规定应当交付的赠与财产因赠与人故意或者重大过失而致使毁损、灭失的，赠与人应当承担赔偿责任。

第六百六十一条　【附义务的赠与合同】赠与可以附义务。

赠与附义务的，受赠人应当按照约定履行义务。

第六百六十二条　【赠与财产的瑕疵担保责任】赠与的财产有瑕疵的，赠与人不承担责任。附义务的赠与，赠与的财产有瑕疵的，赠与人在附义务的限度内承担与出卖人相同的责任。

赠与人故意不告知瑕疵或者保证无瑕疵，造成受赠人损失的，应当承担赔偿责任。

第六百六十三条　【赠与人的法定撤销情形及撤销权行使期间】受赠人有下列情形之一的，赠与人可以撤销赠与：

（一）严重侵害赠与人或者赠与人近亲属的合法权益；

（二）对赠与人有扶养义务而不履行；

（三）不履行赠与合同约定的义务。

赠与人的撤销权，自知道或者应当知道撤销事由之日起一年内行使。

第六百六十四条　【赠与人的继承人或法定代理人的撤销权】因受赠人的违法行为致使赠与人死亡或者丧失民事行为能力的，赠与人的继承人或者法定代理人可以撤销赠与。

赠与人的继承人或者法定代理人的撤销权，自知道或者应当知道撤销事由之日起六个月内行使。

第六百六十五条　【撤销赠与的效力】撤销权人撤销赠与的，可以向受赠人请求返还赠与的财产。

第六百六十六条　【赠与义务的免除】赠与人的经济状况显著恶化，严重影响其生产经营或者家庭生活的，可以不再履行赠与义务。

第十二章　借款合同

第六百六十七条　【借款合同的定义】借款合同是借款人向贷款人借款，到期返还借款并支付利息的合同。

第六百六十八条　【借款合同的形式和内容】借款合同应当采用书面形式，但是自然人之间借款另有约定的除外。

借款合同的内容一般包括借款种类、币种、用途、数额、利率、期限和还款方式等条款。

第六百六十九条　【借款合同借款人的告知义务】订立借款合同，借款人应当按照贷款人的要求提供与借款有关的业务活动和财务状况的真实情况。

第六百七十条　【借款利息不得预先扣除】借款的利息不得预先在本金中扣除。利息预先在本金中扣除的，应当按照实际借款数额返还借款并计算利息。

第六百七十一条　【提供及收取借款迟延责任】贷款人未按照约定的日期、数额提供借款，造成借款人损失的，应当赔偿损失。

借款人未按照约定的日期、数额收取借款的，应当按照约定的日期、数额支付利息。

第六百七十二条　【贷款人对借款使用情况检查、监督的权利】贷款人按照约定可以检查、监督借款的使用情况。借款人应当按照约定向贷款人定期提供有关财务会计报表或者其他资料。

第六百七十三条　【借款人违约使用借款的后果】借款人未按照约定的借款用途使用借款的，贷款人可以停止发放借款、提前收回借款或者解除合同。

第六百七十四条　【借款利息支付期限的确定】

借款人应当按照约定的期限支付利息。对支付利息的期限没有约定或者约定不明确，依据本法第五百一十条的规定仍不能确定，借款期间不满一年的，应当在返还借款时一并支付；借款期间一年以上的，应当在每届满一年时支付，剩余期间不满一年的，应当在返还借款时一并支付。

第六百七十五条　【还款期限的确定】借款人应当按照约定的期限返还借款。对借款期限没有约定或者约定不明确，依据本法第五百一十条的规定仍不能确定，借款人可以随时返还；贷款人可以催告借款人在合理期限内返还。

第六百七十六条　【借款合同违约责任承担】借款人未按照约定的期限返还借款的，应当按照约定或者国家有关规定支付逾期利息。

第六百七十七条　【提前偿还借款】借款人提前返还借款的，除当事人另有约定外，应当按照实际借款的期间计算利息。

第六百七十八条　【借款展期】借款人可以在还款期限届满前向贷款人申请展期；贷款人同意的，可以展期。

第六百七十九条　【自然人之间借款合同的成立】自然人之间的借款合同，自贷款人提供借款时成立。

第六百八十条　【借款利率和利息】禁止高利放贷，借款的利率不得违反国家有关规定。

借款合同对支付利息没有约定的，视为没有利息。

借款合同对支付利息约定不明确，当事人不能达成补充协议的，按照当地或者当事人的交易方式、交易习惯、市场利率等因素确定利息；自然人之间借款的，视为没有利息。

第十三章　保证合同

第一节　一般规定

第六百八十一条　【保证合同的概念】保证合同是为保障债权的实现，保证人和债权人约定，当债务人不履行到期债务或者发生当事人约定的情形时，保证人履行债务或者承担责任的合同。

第六百八十二条　【保证合同的附从性及被确认无效后的责任分配】保证合同是主债权债务合同的从合同。主债权债务合同无效的，保证合同无效，但是法律另有规定的除外。

保证合同被确认无效后，债务人、保证人、债权人有过错的，应当根据其过错各自承担相应的民事责任。

第六百八十三条　【保证人的资格】机关法人不得为保证人，但是经国务院批准为使用外国政府或者国际经济组织贷款进行转贷的除外。

以公益为目的的非营利法人、非法人组织不得为保证人。

第六百八十四条　【保证合同的一般内容】保证合同的内容一般包括被保证的主债权的种类、数额，债务人履行债务的期限，保证的方式、范围和期间等条款。

第六百八十五条　【保证合同的订立】保证合同可以是单独订立的书面合同，也可以是主债权债务合同中的保证条款。

第三人单方以书面形式向债权人作出保证，债权人接收且未提出异议的，保证合同成立。

第六百八十六条　【保证方式】保证的方式包括一般保证和连带责任保证。

当事人在保证合同中对保证方式没有约定或者约定不明确的，按照一般保证承担保证责任。

第六百八十七条　【一般保证及先诉抗辩权】当事人在保证合同中约定，债务人不能履行债务时，由保证人承担保证责任的，为一般保证。

一般保证的保证人在主合同纠纷未经审判或者仲裁，并就债务人财产依法强制执行仍不能履行债务前，有权拒绝向债权人承担保证责任，但是有下列情形之一的除外：

（一）债务人下落不明，且无财产可供执行；

（二）人民法院已经受理债务人破产案件；

（三）债权人有证据证明债务人的财产不足以履行全部债务或者丧失履行债务能力；

（四）保证人书面表示放弃本款规定的权利。

第六百八十八条　【连带责任保证】当事人在保证合同中约定保证人和债务人对债务承担连

带责任的,为连带责任保证。

连带责任保证的债务人不履行到期债务或者发生当事人约定的情形时,债权人可以请求债务人履行债务,也可以请求保证人在其保证范围内承担保证责任。

第六百八十九条 【反担保】 保证人可以要求债务人提供反担保。

第六百九十条 【最高额保证合同】 保证人与债权人可以协商订立最高额保证的合同,约定在最高债权额限度内就一定期间连续发生的债权提供保证。

最高额保证除适用本章规定外,参照适用本法第二编最高额抵押权的有关规定。

第二节 保证责任

第六百九十一条 【保证责任的范围】 保证的范围包括主债权及其利息、违约金、损害赔偿金和实现债权的费用。当事人另有约定的,按照其约定。

第六百九十二条 【保证期间】 保证期间是确定保证人承担保证责任的期间,不发生中止、中断和延长。

债权人与保证人可以约定保证期间,但是约定的保证期间早于主债务履行期限或者与主债务履行期限同时届满的,视为没有约定;没有约定或者约定不明确的,保证期间为主债务履行期限届满之日起六个月。

债权人与债务人对主债务履行期限没有约定或者约定不明确的,保证期间自债权人请求债务人履行债务的宽限期届满之日起计算。

第六百九十三条 【保证期间届满的法律效果】 一般保证的债权人未在保证期间对债务人提起诉讼或者申请仲裁的,保证人不再承担责任。

连带责任保证的债权人未在保证期间请求保证人承担保证责任的,保证人不再承担保证责任。

第六百九十四条 【保证债务的诉讼时效】 一般保证的债权人在保证期间届满前对债务人提起诉讼或者申请仲裁的,从保证人拒绝承担保证责任的权利消灭之日起,开始计算保证债务的诉讼时效。

连带责任保证的债权人在保证期间届满前请求保证人承担保证责任的,从债权人请求保证人承担保证责任之日起,开始计算保证债务的诉讼时效。

第六百九十五条 【主合同变更对保证责任影响】 债权人和债务人未经保证人书面同意,协商变更主债权债务合同内容,减轻债务的,保证人仍对变更后的债务承担保证责任;加重债务的,保证人对加重的部分不承担保证责任。

债权人和债务人变更主债权债务合同的履行期限,未经保证人书面同意的,保证期间不受影响。

第六百九十六条 【债权转让时保证人的保证责任】 债权人转让全部或者部分债权,未通知保证人的,该转让对保证人不发生效力。

保证人与债权人约定禁止债权转让,债权人未经保证人书面同意转让债权的,保证人对受让人不再承担保证责任。

第六百九十七条 【债务承担对保证责任的影响】 债权人未经保证人书面同意,允许债务人转移全部或者部分债务,保证人对未经其同意转移的债务不再承担保证责任,但是债权人和保证人另有约定的除外。

第三人加入债务的,保证人的保证责任不受影响。

第六百九十八条 【一般保证人免责】 一般保证的保证人在主债务履行期限届满后,向债权人提供债务人可供执行财产的真实情况,债权人放弃或者怠于行使权利致使该财产不能被执行,保证人在其提供可供执行财产的价值范围内不再承担保证责任。

第六百九十九条 【共同保证】 同一债务有两个以上保证人的,保证人应当按照保证合同约定的保证份额,承担保证责任;没有约定保证份额的,债权人可以请求任何一个保证人在其保证范围内承担保证责任。

第七百条 【保证人的追偿权】 保证人承担保证责任后,除当事人另有约定外,有权在其承担保证责任的范围内向债务人追偿,享有债权人对债务人的权利,但是不得损害债权人的利益。

第七百零一条 【保证人的抗辩权】 保证人可以

主张债务人对债权人的抗辩。债务人放弃抗辩的，保证人仍有权向债权人主张抗辩。

第七百零二条　【抵销权或撤销权范围内的免责】债务人对债权人享有抵销权或者撤销权的，保证人可以在相应范围内拒绝承担保证责任。

第十四章　租赁合同

第七百零三条　【租赁合同的概念】租赁合同是出租人将租赁物交付承租人使用、收益，承租人支付租金的合同。

第七百零四条　【租赁合同的内容】租赁合同的内容一般包括租赁物的名称、数量、用途、租赁期限、租金及其支付期限和方式、租赁物维修等条款。

第七百零五条　【租赁期限的最高限制】租赁期限不得超过二十年。超过二十年的，超过部分无效。

租赁期限届满，当事人可以续订租赁合同；但是，约定的租赁期限自续订之日起不得超过二十年。

第七百零六条　【租赁合同登记对合同效力影响】当事人未依照法律、行政法规规定办理租赁合同登记备案手续的，不影响合同的效力。

第七百零七条　【租赁合同形式】租赁期限六个月以上的，应当采用书面形式。当事人未采用书面形式，无法确定租赁期限的，视为不定期租赁。

第七百零八条　【出租人义务】出租人应当按照约定将租赁物交付承租人，并在租赁期限内保持租赁物符合约定的用途。

第七百零九条　【承租人义务】承租人应当按照约定的方法使用租赁物。对租赁物的使用方法没有约定或者约定不明确，依据本法第五百一十条的规定仍不能确定的，应当根据租赁物的性质使用。

第七百一十条　【承租人合理使用租赁物的免责】承租人按照约定的方法或者根据租赁物的性质使用租赁物，致使租赁物受到损耗的，不承担赔偿责任。

第七百一十一条　【承租人未合理使用租赁物的责任】承租人未按照约定的方法或者未根据租赁物的性质使用租赁物，致使租赁物受到损失的，出租人可以解除合同并请求赔偿损失。

第七百一十二条　【出租人的维修义务】出租人应当履行租赁物的维修义务，但是当事人另有约定的除外。

第七百一十三条　【租赁物的维修和维修费负担】承租人在租赁物需要维修时可以请求出租人在合理期限内维修。出租人未履行维修义务的，承租人可以自行维修，维修费用由出租人负担。因维修租赁物影响承租人使用的，应当相应减少租金或者延长租期。

因承租人的过错致使租赁物需要维修的，出租人不承担前款规定的维修义务。

第七百一十四条　【承租人的租赁物妥善保管义务】承租人应当妥善保管租赁物，因保管不善造成租赁物毁损、灭失的，应当承担赔偿责任。

第七百一十五条　【承租人对租赁物进行改善或增设他物】承租人经出租人同意，可以对租赁物进行改善或者增设他物。

承租人未经出租人同意，对租赁物进行改善或者增设他物的，出租人可以请求承租人恢复原状或者赔偿损失。

第七百一十六条　【转租】承租人经出租人同意，可以将租赁物转租给第三人。承租人转租的，承租人与出租人之间的租赁合同继续有效；第三人造成租赁物损失的，承租人应当赔偿损失。

承租人未经出租人同意转租的，出租人可以解除合同。

第七百一十七条　【转租期限】承租人经出租人同意将租赁物转租给第三人，转租期限超过承租人剩余租赁期限的，超过部分的约定对出租人不具有法律约束力，但是出租人与承租人另有约定的除外。

第七百一十八条　【出租人同意转租的推定】出租人知道或者应当知道承租人转租，但是在六个月内未提出异议的，视为出租人同意转租。

第七百一十九条　【次承租人的代为清偿权】承租人拖欠租金的，次承租人可以代承租人支付其欠付的租金和违约金，但是转租合同对出租人不具有法律约束力的除外。

商事实体法·综合　79

次承租人代为支付的租金和违约金,可以充抵次承租人应当向承租人支付的租金;超出其应付的租金数额的,可以向承租人追偿。

第七百二十条　【租赁物的收益归属】在租赁期限内因占有、使用租赁物获得的收益,归承租人所有,但是当事人另有约定的除外。

第七百二十一条　【租金支付期限】承租人应当按照约定的期限支付租金。对支付租金的期限没有约定或者约定不明确,依据本法第五百一十条的规定仍不能确定,租赁期限不满一年的,应当在租赁期限届满时支付;租赁期限一年以上的,应当在每届满一年时支付,剩余期限不满一年的,应当在租赁期限届满时支付。

第七百二十二条　【承租人的租金支付义务】承租人无正当理由未支付或者迟延支付租金的,出租人可以请求承租人在合理期限内支付;承租人逾期不支付的,出租人可以解除合同。

第七百二十三条　【出租人的权利瑕疵担保责任】因第三人主张权利,致使承租人不能对租赁物使用、收益的,承租人可以请求减少租金或者不支付租金。

第三人主张权利的,承租人应当及时通知出租人。

第七百二十四条　【承租人解除合同的法定情形】有下列情形之一,非因承租人原因致使租赁物无法使用的,承租人可以解除合同:

(一)租赁物被司法机关或者行政机关依法查封、扣押;

(二)租赁物权属有争议;

(三)租赁物具有违反法律、行政法规关于使用条件的强制性规定情形。

第七百二十五条　【买卖不破租赁】租赁物在承租人按照租赁合同占有期限内发生所有权变动的,不影响租赁合同的效力。

第七百二十六条　【房屋承租人的优先购买权】出租人出卖租赁房屋的,应当在出卖之前的合理期限内通知承租人,承租人享有以同等条件优先购买的权利;但是,房屋按份共有人行使优先购买权或者出租人将房屋出卖给近亲属的除外。

出租人履行通知义务后,承租人在十五日内未明确表示购买的,视为承租人放弃优先购买权。

第七百二十七条　【承租人对拍卖房屋的优先购买权】出租人委托拍卖人拍卖租赁房屋的,应当在拍卖五日前通知承租人。承租人未参加拍卖的,视为放弃优先购买权。

第七百二十八条　【妨害承租人优先购买权的赔偿责任】出租人未通知承租人或者有其他妨害承租人行使优先购买权情形的,承租人可以请求出租人承担赔偿责任。但是,出租人与第三人订立的房屋买卖合同的效力不受影响。

第七百二十九条　【租赁物毁损、灭失的法律后果】因不可归责于承租人的事由,致使租赁物部分或者全部毁损、灭失的,承租人可以请求减少租金或者不支付租金;因租赁物部分或者全部毁损、灭失,致使不能实现合同目的的,承租人可以解除合同。

第七百三十条　【租期不明的处理】当事人对租赁期限没有约定或者约定不明确,依据本法第五百一十条的规定仍不能确定的,视为不定期租赁;当事人可以随时解除合同,但是应当在合理期限之前通知对方。

第七百三十一条　【租赁物质量不合格时承租人的解除权】租赁物危及承租人的安全或者健康的,即使承租人订立合同时明知该租赁物质量不合格,承租人仍然可以随时解除合同。

第七百三十二条　【房屋承租人死亡时租赁关系的处理】承租人在房屋租赁期限内死亡的,与其生前共同居住的人或者共同经营人可以按照原租赁合同租赁该房屋。

第七百三十三条　【租赁物的返还】租赁期限届满,承租人应当返还租赁物。返还的租赁物应当符合按约定或者根据租赁物的性质使用后的状态。

第七百三十四条　【租赁期限届满的续租及优先承租权】租赁期限届满,承租人继续使用租赁物,出租人没有提出异议的,原租赁合同继续有效,但是租赁期限为不定期。

租赁期限届满,房屋承租人享有以同等条件优先承租的权利。

第十五章　融资租赁合同

第七百三十五条　【融资租赁合同的概念】融资

租赁合同是出租人根据承租人对出卖人、租赁物的选择,向出卖人购买租赁物,提供给承租人使用,承租人支付租金的合同。

第七百三十六条　【融资租赁合同的内容】融资租赁合同的内容一般包括租赁物的名称、数量、规格、技术性能、检验方法,租赁期限,租金构成及其支付期限和方式、币种,租赁期限届满租赁物的归属等条款。

融资租赁合同应当采用书面形式。

第七百三十七条　【融资租赁通谋虚伪表示】当事人以虚构租赁物方式订立的融资租赁合同无效。

第七百三十八条　【特定租赁物经营许可对合同效力影响】依照法律、行政法规的规定,对于租赁物的经营使用应当取得行政许可的,出租人未取得行政许可不影响融资租赁合同的效力。

第七百三十九条　【融资租赁标的物的交付】出租人根据承租人对出卖人、租赁物的选择订立的买卖合同,出卖人应当按照约定向承租人交付标的物,承租人享有与受领标的物有关的买受人的权利。

第七百四十条　【承租人的拒绝受领权】出卖人违反向承租人交付标的物的义务,有下列情形之一的,承租人可以拒绝受领出卖人向其交付的标的物:

(一)标的物严重不符合约定;

(二)未按照约定交付标的物,经承租人或者出租人催告后在合理期限内仍未交付。

承租人拒绝受领标的物的,应当及时通知出租人。

第七百四十一条　【承租人的索赔权】出租人、出卖人、承租人可以约定,出卖人不履行买卖合同义务的,由承租人行使索赔的权利。承租人行使索赔权利的,出租人应当协助。

第七百四十二条　【承租人行使索赔权的租金支付义务】承租人对出卖人行使索赔权利,不影响其履行支付租金的义务。但是,承租人依赖出租人的技能确定租赁物或者出租人干预选择租赁物的,承租人可以请求减免相应租金。

第七百四十三条　【承租人索赔不能的违约责任承担】出租人有下列情形之一,致使承租人对出卖人行使索赔权利失败的,承租人有权请求出租人承担相应的责任:

(一)明知租赁物有质量瑕疵而不告知承租人;

(二)承租人行使索赔权利时,未及时提供必要协助。

出租人息于行使只能由其对出卖人行使的索赔权利,造成承租人损失的,承租人有权请求出租人承担赔偿责任。

第七百四十四条　【出租人不得擅自变更买卖合同内容】出租人根据承租人对出卖人、租赁物的选择订立的买卖合同,未经承租人同意,出租人不得变更与承租人有关的合同内容。

第七百四十五条　【租赁物的登记对抗效力】出租人对租赁物享有的所有权,未经登记,不得对抗善意第三人。

第七百四十六条　【租金的确定规则】融资租赁合同的租金,除当事人另有约定外,应当根据购买租赁物的大部分或者全部成本以及出租人的合理利润确定。

第七百四十七条　【租赁物瑕疵担保责任】租赁物不符合约定或者不符合使用目的的,出租人不承担责任。但是,承租人依赖出租人的技能确定租赁物或者出租人干预选择租赁物的除外。

第七百四十八条　【出租人保证承租人占有和使用租赁物】出租人应当保证承租人对租赁物的占有和使用。

出租人有下列情形之一的,承租人有权请求其赔偿损失:

(一)无正当理由收回租赁物;

(二)无正当理由妨碍、干扰承租人对租赁物的占有和使用;

(三)因出租人的原因致使第三人对租赁物主张权利;

(四)不当影响承租人对租赁物占有和使用的其他情形。

第七百四十九条　【租赁物致人损害的责任承担】承租人占有租赁物期间,租赁物造成第三人人身损害或者财产损失的,出租人不承担责任。

第七百五十条　【租赁物的保管、使用、维修】承租人应当妥善保管、使用租赁物。

承租人应当履行占有租赁物期间的维修义务。

第七百五十一条 【承租人占有租赁物毁损、灭失的租金承担】承租人占有租赁物期间，租赁物毁损、灭失的，出租人有权请求承租人继续支付租金，但是法律另有规定或者当事人另有约定的除外。

第七百五十二条 【承租人支付租金的义务】承租人应当按照约定支付租金。承租人经催告后在合理期限内仍不支付租金的，出租人可以请求支付全部租金；也可以解除合同，收回租赁物。

第七百五十三条 【承租人擅自处分租赁物时出租人的解除权】承租人未经出租人同意，将租赁物转让、抵押、质押、投资入股或者以其他方式处分的，出租人可以解除融资租赁合同。

第七百五十四条 【出租人或承租人均可解除融资租赁合同情形】有下列情形之一的，出租人或者承租人可以解除融资租赁合同：

（一）出租人与出卖人订立的买卖合同解除、被确认无效或者被撤销，且未能重新订立买卖合同；

（二）租赁物因不可归责于当事人的原因毁损、灭失，且不能修复或者确定替代物；

（三）因出卖人的原因致使融资租赁合同的目的不能实现。

第七百五十五条 【承租人承担出租人损失赔偿责任情形】融资租赁合同因买卖合同解除、被确认无效或者被撤销而解除，出卖人、租赁物系由承租人选择的，出租人有权请求承租人赔偿相应损失；但是，因出租人原因致使买卖合同解除、被确认无效或者被撤销的除外。

出租人的损失已经在买卖合同解除、被确认无效或者被撤销时获得赔偿的，承租人不再承担相应的赔偿责任。

第七百五十六条 【租赁物意外毁损灭失】融资租赁合同因租赁物交付承租人后意外毁损、灭失等不可归责于当事人的原因解除的，出租人可以请求承租人按照租赁物折旧情况给予补偿。

第七百五十七条 【租赁期满租赁物的归属】出租人和承租人可以约定租赁期限届满租赁物的归属；对租赁物的归属没有约定或者约定不明确，依照本法第五百一十条的规定仍不能确定的，租赁物的所有权归出租人。

第七百五十八条 【承租人请求部分返还租赁物价值】当事人约定租赁期限届满租赁物归承租人所有，承租人已经支付大部分租金，但是无力支付剩余租金，出租人因此解除合同收回租赁物，收回的租赁物的价值超过承租人欠付的租金以及其他费用的，承租人可以请求相应返还。

当事人约定租赁期限届满租赁物归出租人所有，因租赁物毁损、灭失或者附合、混合于他物而使承租人不能返还的，出租人有权请求承租人给予合理补偿。

第七百五十九条 【支付象征性价款时的租赁物归属】当事人约定租赁期限届满，承租人仅需向出租人支付象征性价款的，视为约定的租金义务履行完毕后租赁物的所有权归承租人。

第七百六十条 【融资租赁合同无效时租赁物的归属】融资租赁合同无效，当事人就该情形下租赁物的归属有约定的，按照其约定；没有约定或者约定不明确的，租赁物应当返还出租人。但是，因承租人原因致使合同无效，出租人不请求返还或者返还后会显著降低租赁物效用的，租赁物的所有权归承租人，由承租人给予出租人合理补偿。

第十六章 保理合同

第七百六十一条 【保理合同的概念】保理合同是应收账款债权人将现有的或者将有的应收账款转让给保理人，保理人提供资金融通、应收账款管理或者催收、应收账款债务人付款担保等服务的合同。

第七百六十二条 【保理合同的内容与形式】保理合同的内容一般包括业务类型、服务范围、服务期限、基础交易合同情况、应收账款信息、保理融资款或者服务报酬及其支付方式等条款。

保理合同应当采用书面形式。

第七百六十三条 【虚构应收账款】应收账款债权人与债务人虚构应收账款作为转让标的，与保理人订立保理合同的，应收账款债务人不得以应收账款不存在为由对抗保理人，但是保理人明知虚构的除外。

第七百六十四条　【保理人发出转让通知的表明身份义务】保理人向应收账款债务人发出应收账款转让通知的，应当表明保理人身份并附有必要凭证。

第七百六十五条　【无正当理由变更、终止基础交易合同对保理人的效力】应收账款债务人接到应收账款转让通知后，应收账款债权人与债务人无正当理由协商变更或者终止基础交易合同，对保理人产生不利影响的，对保理人不发生效力。

第七百六十六条　【有追索权保理】当事人约定有追索权保理的，保理人可以向应收账款债权人主张返还保理融资款本息或者回购应收账款债权，也可以向应收账款债务人主张应收账款债权。保理人向应收账款债务人主张应收账款债权，在扣除保理融资款本息和相关费用后有剩余的，剩余部分应当返还给应收账款债权人。

第七百六十七条　【无追索权保理】当事人约定无追索权保理的，保理人应当向应收账款债务人主张应收账款债权，保理人取得超过保理融资款本息和相关费用的部分，无需向应收账款债权人返还。

第七百六十八条　【多重保理的清偿顺序】应收账款债权人就同一应收账款订立多个保理合同，致使多个保理人主张权利的，已经登记的先于未登记的取得应收账款；均已经登记的，按照登记时间的先后顺序取得应收账款；均未登记的，由最先到达应收账款债务人的转让通知载明的保理人取得应收账款；既未登记也未通知的，按照保理融资款或者服务报酬的比例取得应收账款。

第七百六十九条　【参照适用债权转让的规定】本章没有规定的，适用本编第六章债权转让的有关规定。

第十七章　承揽合同

第七百七十条　【承揽合同的定义及类型】承揽合同是承揽人按照定作人的要求完成工作，交付工作成果，定作人支付报酬的合同。

承揽包括加工、定作、修理、复制、测试、检验等工作。

第七百七十一条　【承揽合同的主要条款】承揽合同的内容一般包括承揽的标的、数量、质量、报酬、承揽方式、材料的提供、履行期限、验收标准和方法等条款。

第七百七十二条　【承揽人独立完成主要工作】承揽人应当以自己的设备、技术和劳力，完成主要工作，但是当事人另有约定的除外。

承揽人将其承揽的主要工作交由第三人完成的，应当就该第三人完成的工作成果向定作人负责；未经定作人同意的，定作人也可以解除合同。

第七百七十三条　【承揽人对辅助性工作的责任】承揽人可以将其承揽的辅助工作交由第三人完成。承揽人将其承揽的辅助工作交由第三人完成的，应当就该第三人完成的工作成果向定作人负责。

第七百七十四条　【承揽人提供材料时的主要义务】承揽人提供材料的，应当按照约定选用材料，并接受定作人检验。

第七百七十五条　【定作人提供材料时双方当事人的义务】定作人提供材料的，应当按照约定提供材料。承揽人对定作人提供的材料应当及时检验，发现不符合约定时，应当及时通知定作人更换、补齐或者采取其他补救措施。

承揽人不得擅自更换定作人提供的材料，不得更换不需要修理的零部件。

第七百七十六条　【定作人要求不合理时双方当事人的义务】承揽人发现定作人提供的图纸或者技术要求不合理的，应当及时通知定作人。因定作人怠于答复等原因造成承揽人损失的，应当赔偿损失。

第七百七十七条　【中途变更工作要求的责任】定作人中途变更承揽工作的要求，造成承揽人损失的，应当赔偿损失。

第七百七十八条　【定作人的协作义务】承揽工作需要定作人协助的，定作人有协助的义务。定作人不履行协助义务致使承揽工作不能完成的，承揽人可以催告定作人在合理期限内履行义务，并可以顺延履行期限；定作人逾期不履行的，承揽人可以解除合同。

第七百七十九条 【定作人监督检验承揽工作】承揽人在工作期间,应当接受定作人必要的监督检验。定作人不得因监督检验妨碍承揽人的正常工作。

第七百八十条 【工作成果交付】承揽人完成工作的,应当向定作人交付工作成果,并提交必要的技术资料和有关质量证明。定作人应当验收该工作成果。

第七百八十一条 【工作成果质量不合约定的责任】承揽人交付的工作成果不符合质量要求的,定作人可以合理选择请求承揽人承担修理、重作、减少报酬、赔偿损失等违约责任。

第七百八十二条 【支付报酬期限】定作人应当按照约定的期限支付报酬。对支付报酬的期限没有约定或者约定不明确,依据本法第五百一十条的规定仍不能确定的,定作人应当在承揽人交付工作成果时支付;工作成果部分交付的,定作人应当相应支付。

第七百八十三条 【承揽人的留置权及同时履行抗辩权】定作人未向承揽人支付报酬或者材料费等价款的,承揽人对完成的工作成果享有留置权或者有权拒绝交付,但是当事人另有约定的除外。

第七百八十四条 【承揽人保管义务】承揽人应当妥善保管定作人提供的材料以及完成的工作成果,因保管不善造成毁损、灭失的,应当承担赔偿责任。

第七百八十五条 【承揽人的保密义务】承揽人应当按照定作人的要求保守秘密,未经定作人许可,不得留存复制品或者技术资料。

第七百八十六条 【共同承揽】共同承揽人对定作人承担连带责任,但是当事人另有约定的除外。

第七百八十七条 【定作人的任意解除权】定作人在承揽人完成工作前可以随时解除合同,造成承揽人损失的,应当赔偿损失。

第十八章 建设工程合同

第七百八十八条 【建设工程合同的定义】建设工程合同是承包人进行工程建设,发包人支付价款的合同。

建设工程合同包括工程勘察、设计、施工合同。

第七百八十九条 【建设工程合同形式】建设工程合同应当采用书面形式。

第七百九十条 【工程招标投标】建设工程的招标投标活动,应当依照有关法律的规定公开、公平、公正进行。

第七百九十一条 【总包与分包】发包人可以与总承包人订立建设工程合同,也可以分别与勘察人、设计人、施工人订立勘察、设计、施工承包合同。发包人不得将应当由一个承包人完成的建设工程支解成若干部分发包给数个承包人。

总承包人或者勘察、设计、施工承包人经发包人同意,可以将自己承包的部分工作交由第三人完成。第三人就其完成的工作成果与总承包人或者勘察、设计、施工承包人向发包人承担连带责任。承包人不得将其承包的全部建设工程转包给第三人或者将其承包的全部建设工程支解以后以分包的名义分别转包给第三人。

禁止承包人将工程分包给不具备相应资质条件的单位。禁止分包单位将其承包的工程再分包。建设工程主体结构的施工必须由承包人自行完成。

第七百九十二条 【国家重大建设工程合同的订立】国家重大建设工程合同,应当按照国家规定的程序和国家批准的投资计划、可行性研究报告等文件订立。

第七百九十三条 【建设工程施工合同无效的处理】建设工程施工合同无效,但是建设工程经验收合格的,可以参照合同关于工程价款的约定折价补偿承包人。

建设工程施工合同无效,且建设工程经验收不合格的,按照以下情形处理:

(一)修复后的建设工程经验收合格的,发包人可以请求承包人承担修复费用;

(二)修复后的建设工程经验收不合格的,承包人无权请求参照合同关于工程价款的约定折价补偿。

发包人对因建设工程不合格造成的损失有过错的,应当承担相应的责任。

第七百九十四条 【勘察、设计合同主要内容】勘察、设计合同的内容一般包括提交有关基础资料和概预算等文件的期限、质量要求、费用以及其他协作条件等条款。

第七百九十五条 【施工合同主要内容】施工合同的内容一般包括工程范围、建设工期、中间交工工程的开工和竣工时间、工程质量、工程造价、技术资料交付时间、材料和设备供应责任、拨款和结算、竣工验收、质量保修范围和质量保证期、相互协作等条款。

第七百九十六条 【建设工程监理】建设工程实行监理的，发包人应当与监理人采用书面形式订立委托监理合同。发包人与监理人的权利和义务以及法律责任，应当依照本编委托合同以及其他有关法律、行政法规的规定。

第七百九十七条 【发包人检查权】发包人在不妨碍承包人正常作业的情况下，可以随时对作业进度、质量进行检查。

第七百九十八条 【隐蔽工程】隐蔽工程在隐蔽以前，承包人应当通知发包人检查。发包人没有及时检查的，承包人可以顺延工程日期，并有权请求赔偿停工、窝工等损失。

第七百九十九条 【竣工验收】建设工程竣工后，发包人应当根据施工图纸及说明书、国家颁发的施工验收规范和质量检验标准及时进行验收。验收合格的，发包人应当按照约定支付价款，并接收该建设工程。

建设工程竣工经验收合格后，方可交付使用；未经验收或者验收不合格的，不得交付使用。

第八百条 【勘察、设计人质量责任】勘察、设计的质量不符合要求或者未按照期限提交勘察、设计文件拖延工期，造成发包人损失的，勘察人、设计人应当继续完善勘察、设计，减收或者免收勘察、设计费并赔偿损失。

第八百零一条 【施工人的质量责任】因施工人的原因致使建设工程质量不符合约定的，发包人有权请求施工人在合理期限内无偿修理或者返工、改建。经过修理或者返工、改建后，造成逾期交付的，施工人应当承担违约责任。

第八百零二条 【质量保证责任】因承包人的原因致使建设工程在合理使用期限内造成人身损害和财产损失的，承包人应当承担赔偿责任。

第八百零三条 【发包人违约责任】发包人未按照约定的时间和要求提供原材料、设备、场地、资金、技术资料的，承包人可以顺延工程日期，并有权请求赔偿停工、窝工等损失。

第八百零四条 【发包人原因致工程停建、缓建的责任】因发包人的原因致使工程中途停建、缓建的，发包人应当采取措施弥补或者减少损失，赔偿承包人因此造成的停工、窝工、倒运、机械设备调迁、材料和构件积压等损失和实际费用。

第八百零五条 【发包人原因致勘察、设计返工、停工或修改设计的责任】因发包人变更计划，提供的资料不准确，或者未按期限提供必需的勘察、设计工作条件而造成勘察、设计的返工、停工或者修改设计，发包人应当按照勘察人、设计人实际消耗的工作量增付费用。

第八百零六条 【建设工程合同的法定解除】承包人将建设工程转包、违法分包的，发包人可以解除合同。

发包人提供的主要建筑材料、建筑构配件和设备不符合强制性标准或者不履行协助义务，致使承包人无法施工，经催告后在合理期限内仍未履行相应义务的，承包人可以解除合同。

合同解除后，已经完成的建设工程质量合格的，发包人应当按照约定支付相应的工程价款；已经完成的建设工程质量不合格的，参照本法第七百九十三条的规定处理。

第八百零七条 【工程价款的支付】发包人未按照约定支付价款的，承包人可以催告发包人在合理期限内支付价款。发包人逾期不支付的，除根据建设工程的性质不宜折价、拍卖外，承包人可以与发包人协议将该工程折价，也可以请求人民法院将该工程依法拍卖。建设工程的价款就该工程折价或者拍卖的价款优先受偿。

第八百零八条 【参照适用承揽合同的规定】本章没有规定的，适用承揽合同的有关规定。

第十九章 运输合同

第一节 一般规定

第八百零九条 【运输合同的定义】运输合同是承运人将旅客或者货物从起运地点运输到约

定地点,旅客、托运人或者收货人支付票款或者运输费用的合同。

第八百一十条　【公共运输承运人的强制缔约义务】 从事公共运输的承运人不得拒绝旅客、托运人通常、合理的运输要求。

第八百一十一条　【承运人安全运输义务】 承运人应当在约定期限或者合理期限内将旅客、货物安全运输到约定地点。

第八百一十二条　【承运人合理运输义务】 承运人应当按照约定的或者通常的运输路线将旅客、货物运输到约定地点。

第八百一十三条　【支付票款或运输费用】 旅客、托运人或者收货人应当支付票款或者运输费用。承运人未按照约定路线或者通常路线运输增加票款或者运输费用的,旅客、托运人或者收货人可以拒绝支付增加部分的票款或者运输费用。

第二节　客运合同

第八百一十四条　【客运合同的成立】 客运合同自承运人向旅客出具客票时成立,但是当事人另有约定或者另有交易习惯的除外。

第八百一十五条　【按有效客票记载内容乘坐义务】 旅客应当按照有效客票记载的时间、班次和座位号乘坐。旅客无票乘坐、超程乘坐、越级乘坐或者持不符合减价条件的优惠客票乘坐的,应当补交票款,承运人可以按照规定加收票款;旅客不支付票款的,承运人可以拒绝运输。

实名制客运合同的旅客丢失客票的,可以请求承运人挂失补办,承运人不得再次收取票款和其他不合理费用。

第八百一十六条　【退票与变更】 旅客因自己的原因不能按照客票记载的时间乘坐的,应当在约定的期限内办理退票或者变更手续;逾期办理的,承运人可以不退票款,并不再承担运输义务。

第八百一十七条　【按约定携带行李义务】 旅客随身携带行李应当符合约定的限量和品类要求;超过限量或者违反品类要求携带行李的,应当办理托运手续。

第八百一十八条　【危险物品或者违禁物品的携带禁止】 旅客不得随身携带或者在行李中夹带易燃、易爆、有毒、有腐蚀性、有放射性以及可能危及运输工具上人身和财产安全的危险物品或者违禁物品。

旅客违反前款规定的,承运人可以将危险物品或者违禁物品卸下、销毁或者送交有关部门。旅客坚持携带或者夹带危险物品或者违禁物品的,承运人应当拒绝运输。

第八百一十九条　【承运人告知义务和旅客协助配合义务】 承运人应当严格履行安全运输义务,及时告知旅客安全运输应当注意的事项。旅客对承运人为安全运输所作的合理安排应当积极协助和配合。

第八百二十条　【承运人迟延运输或者有其他不能正常运输情形】 承运人应当按照有效客票记载的时间、班次和座位号运输旅客。承运人迟延运输或者有其他不能正常运输情形的,应当及时告知和提醒旅客,采取必要的安置措施,并根据旅客的要求安排改乘其他班次或者退票;由此造成旅客损失的,承运人应当承担赔偿责任,但是不可归责于承运人的除外。

第八百二十一条　【承运人变更服务标准的后果】 承运人擅自降低服务标准的,应当根据旅客的请求退票或者减收票款;提高服务标准的,不得加收票款。

第八百二十二条　【承运人尽力救助义务】 承运人在运输过程中,应当尽力救助患有急病、分娩、遇险的旅客。

第八百二十三条　【旅客伤亡的赔偿责任】 承运人应当对运输过程中旅客的伤亡承担赔偿责任;但是,伤亡是旅客自身健康原因造成的或者承运人证明伤亡是旅客故意、重大过失造成的除外。

前款规定适用于按照规定免票、持优待票或者经承运人许可搭乘的无票旅客。

第八百二十四条　【对行李的赔偿责任】 在运输过程中旅客随身携带物品毁损、灭失,承运人有过错的,应当承担赔偿责任。

旅客托运的行李毁损、灭失的,适用货物运输的有关规定。

第三节　货运合同

第八百二十五条　【托运人如实申报情况义务】

托运人办理货物运输,应当向承运人准确表明收货人的姓名、名称或者凭指示的收货人,货物的名称、性质、重量、数量,收货地点等有关货物运输的必要情况。

因托运人申报不实或者遗漏重要情况,造成承运人损失的,托运人应当承担赔偿责任。

第八百二十六条　【托运人办理审批、检验等手续义务】货物运输需要办理审批、检验等手续的,托运人应当将办理完有关手续的文件提交承运人。

第八百二十七条　【托运人的包装义务】托运人应当按照约定的方式包装货物。对包装方式没有约定或约定不明确的,适用本法第六百一十九条的规定。

托运人违反前款规定的,承运人可以拒绝运输。

第八百二十八条　【托运人托运危险货物时的义务】托运人托运易燃、易爆、有毒、有腐蚀性、有放射性等危险物品的,应当按照国家有关危险品运输的规定对危险物品妥善包装,做出危险物品标志和标签,并将有关危险物品的名称、性质和防范措施的书面材料提交承运人。

托运人违反前款规定的,承运人可以拒绝运输,也可以采取相应措施以避免损失的发生,因此产生的费用由托运人负担。

第八百二十九条　【托运人变更或解除的权利】在承运人将货物交付收货人之前,托运人可以要求承运人中止运输、返还货物、变更到达地或者将货物交给其他收货人,但是应当赔偿承运人因此受到的损失。

第八百三十条　【提货】货物运输到达后,承运人知道收货人的,应当及时通知收货人,收货人应当及时提货。收货人逾期提货的,应当向承运人支付保管费等费用。

第八百三十一条　【收货人对货物的检验】收货人提货时应当按照约定的期限检验货物。对检验货物的期限没有约定或者约定不明确的,依据本法第五百一十条的规定仍不能确定的,应当在合理期限内检验货物。收货人在约定的期限或者合理期限内对货物的数量、毁损等未提出异议的,视为承运人已经按照运输单证的记载交付的初步证据。

第八百三十二条　【承运人对货损的赔偿责任】承运人对运输过程中货物的毁损、灭失承担赔偿责任。但是,承运人证明货物的毁损、灭失是因不可抗力、货物本身的自然性质或者合理损耗以及托运人、收货人的过错造成的,不承担赔偿责任。

第八百三十三条　【确定货损额的方法】货物的毁损、灭失的赔偿额,当事人有约定的,按照其约定;没有约定或者约定不明确,依据本法第五百一十条的规定仍不能确定的,按照交付或者应当交付时货物到达地的市场价格计算。法律、行政法规对赔偿额的计算方法和赔偿限额另有规定的,依照其规定。

第八百三十四条　【相继运输的责任承担】两个以上承运人以同一运输方式联运的,与托运人订立合同的承运人应当对全程运输承担责任;损失发生在某一运输区段的,与托运人订立合同的承运人和该区段的承运人承担连带责任。

第八百三十五条　【货物因不可抗力灭失的运费处理】货物在运输过程中因不可抗力灭失,未收取运费的,承运人不得请求支付运费;已经收取运费的,托运人可以请求返还。法律另有规定的,依照其规定。

第八百三十六条　【承运人留置权】托运人或收货人不支付运费、保管费或者其他费用的,承运人对相应的运输货物享有留置权,但是当事人另有约定的除外。

第八百三十七条　【货物的提存】收货人不明或者收货人无正当理由拒绝受领货物的,承运人依法可以提存货物。

第四节　多式联运合同

第八百三十八条　【多式联运经营人的权利义务】多式联运经营人负责履行或者组织履行多式联运合同,对全程运输享有承运人的权利,承担承运人的义务。

第八百三十九条　【多式联运经营人的责任承担】多式联运经营人可以与参加多式联运的各区段承运人就多式联运合同的各区段运输约定相互之间的责任;但是,该约定不影响多式联运经营人对全程运输承担的义务。

第八百四十条　【多式联运单据】多式联运经营

人收到托运人交付的货物时,应当签发多式联运单据。按照托运人的要求,多式联运单据可以是可转让单据,也可以是不可转让单据。

第八百四十一条 【托运人的过错赔偿责任】因托运人托运货物时的过错造成多式联运经营人损失的,即使托运人已经转让多式联运单据,托运人仍然应当承担赔偿责任。

第八百四十二条 【赔偿责任的法律适用】货物的毁损、灭失发生于多式联运的某一运输区段的,多式联运经营人的赔偿责任和责任限额,适用调整该区段运输方式的有关法律规定;货物毁损、灭失发生的运输区段不能确定的,依照本章规定承担赔偿责任。

第二十章 技术合同

第一节 一般规定

第八百四十三条 【技术合同的定义】技术合同是当事人就技术开发、转让、许可、咨询或者服务订立的确立相互之间权利和义务的合同。

第八百四十四条 【订立技术合同的原则】订立技术合同,应当有利于知识产权的保护和科学技术的进步,促进科学技术成果的研发、转化、应用和推广。

第八百四十五条 【技术合同的主要条款】技术合同的内容一般包括项目的名称、标的内容、范围和要求,履行的计划、地点和方式,技术信息和资料的保密,技术成果的归属和收益的分配办法,验收标准和方法,名词和术语的解释等条款。

与履行合同有关的技术背景资料、可行性论证和技术评价报告、项目任务书和计划书、技术标准、技术规范、原始设计和工艺文件,以及其他技术文档,按照当事人的约定可以作为合同的组成部分。

技术合同涉及专利的,应当注明发明创造的名称、专利申请人和专利权人、申请日期、申请号、专利号以及专利权的有效期限。

第八百四十六条 【技术合同价款、报酬或使用费的支付方式】技术合同价款、报酬或者使用费的支付方式由当事人约定,可以采取一次总算、一次总付或者一次总算、分期支付,也可以采取提成支付或者提成支付附加预付入门费

的方式。

约定提成支付的,可以按照产品价格、实施专利和使用技术秘密后新增的产值、利润或者产品销售额的一定比例提成,也可以按照约定的其他方式计算。提成支付的比例可以采取固定比例、逐年递增比例或者逐年递减比例。

约定提成支付的,当事人可以约定查阅有关会计账目的办法。

第八百四十七条 【职务技术成果的财产权归属】职务技术成果的使用权、转让权属于法人或者非法人组织的,法人或者非法人组织可以就该项职务技术成果订立技术合同。法人或者非法人组织订立技术合同转让职务技术成果时,职务技术成果的完成人享有以同等条件优先受让的权利。

职务技术成果是执行法人或者非法人组织的工作任务,或者主要是利用法人或者非法人组织的物质技术条件所完成的技术成果。

第八百四十八条 【非职务技术成果的财产权归属】非职务技术成果的使用权、转让权属于完成技术成果的个人,完成技术成果的个人可以就该项非职务技术成果订立技术合同。

第八百四十九条 【技术成果人身权】完成技术成果的个人享有在有关技术成果文件上写明自己是技术成果完成者的权利和取得荣誉证书、奖励的权利。

第八百五十条 【技术合同的无效】非法垄断技术或者侵害他人技术成果的技术合同无效。

第二节 技术开发合同

第八百五十一条 【技术开发合同的定义及种类】技术开发合同是当事人之间就新技术、新产品、新工艺、新品种或者新材料及其系统的研究开发所订立的合同。

技术开发合同包括委托开发合同和合作开发合同。

技术开发合同应当采用书面形式。

当事人之间就具有实用价值的科技成果实施转化订立的合同,参照适用技术开发合同的有关规定。

第八百五十二条 【委托人的主要义务】委托开发合同的委托人应当按照约定支付研究开发

经费和报酬,提供技术资料,提出研究开发要求,完成协作事项,接受研究开发成果。

第八百五十三条　【研究开发人的主要义务】委托开发合同的研究开发人应当按照约定制定和实施研究开发计划,合理使用研究开发经费,按期完成研究开发工作,交付研究开发成果,提供有关的技术资料和必要的技术指导,帮助委托人掌握研究开发成果。

第八百五十四条　【委托开发合同的当事人违约责任】委托开发合同的当事人违反约定造成研究开发工作停滞、延误或者失败的,应当承担违约责任。

第八百五十五条　【合作开发各方的主要义务】合作开发合同的当事人应当按照约定进行投资,包括以技术进行投资,分工参与研究开发工作,协力配合研究开发工作。

第八百五十六条　【合作开发各方的违约责任】合作开发合同的当事人违反约定造成研究开发工作停滞、延误或者失败的,应当承担违约责任。

第八百五十七条　【技术开发合同的解除】作为技术开发合同标的的技术已经由他人公开,致使技术开发合同的履行没有意义的,当事人可以解除合同。

第八百五十八条　【技术开发合同的风险责任负担】技术开发合同履行过程中,因出现无法克服的技术困难,致使研究开发失败或者部分失败的,该风险由当事人约定;没有约定或者约定不明确,依据本法第五百一十条的规定仍不能确定的,风险由当事人合理分担。

当事人一方发现前款规定的可能致使研究开发失败或者部分失败的情形时,应当及时通知另一方并采取适当措施减少损失;没有及时通知并采取适当措施,致使损失扩大的,应当就扩大的损失承担责任。

第八百五十九条　【发明创造的归属和分享】委托开发完成的发明创造,除法律另有规定或者当事人另有约定外,申请专利的权利属于研究开发人。研究开发人取得专利权的,委托人可以依法实施该专利。

研究开发人转让专利申请权的,委托人享有以同等条件优先受让的权利。

第八百六十条　【合作开发发明创造专利申请权的归属和分享】合作开发完成的发明创造,申请专利的权利属于合作开发的当事人共有;当事人一方转让其共有的专利申请权的,其他各方享有以同等条件优先受让的权利。但是,当事人另有约定的除外。

合作开发的当事人一方声明放弃其共有的专利申请权的,除当事人另有约定外,可以由另一方单独申请或者由其他各方共同申请。申请人取得专利权的,放弃专利申请权的一方可以免费实施该专利。

合作开发的当事人一方不同意申请专利的,另一方或者其他各方不得申请专利。

第八百六十一条　【技术秘密成果的归属与分配】委托开发或者合作开发完成的技术秘密成果的使用权、转让权以及收益的分配办法,由当事人约定;没有约定或者约定不明确,依据本法第五百一十条的规定仍不能确定的,在没有相同技术方案被授予专利权前,当事人均有使用和转让的权利。但是,委托开发的研究开发人不得在向委托人交付研究开发成果之前,将研究开发成果转让给第三人。

第三节　技术转让合同和技术许可合同

第八百六十二条　【技术转让合同和技术许可合同的定义】技术转让合同是合法拥有技术的权利人,将现有特定的专利、专利申请、技术秘密的相关权利让与他人所订立的合同。

技术许可合同是合法拥有技术的权利人,将现有特定的专利、技术秘密的相关权利许可他人实施、使用所订立的合同。

技术转让合同和技术许可合同中关于提供实施技术的专用设备、原材料或者提供有关的技术咨询、技术服务的约定,属于合同的组成部分。

第八百六十三条　【技术转让合同和技术许可合同的种类及合同要件】技术转让合同包括专利权转让、专利申请权转让、技术秘密转让等合同。

技术许可合同包括专利实施许可、技术秘密使用许可等合同。

技术转让合同和技术许可合同应当采用书面形式。

第八百六十四条 【技术转让合同和技术许可合同的限制性条款】技术转让合同和技术许可合同可以约定实施专利或者使用技术秘密的范围,但是不得限制技术竞争和技术发展。

第八百六十五条 【专利实施许可合同的有效期限】专利实施许可合同仅在该专利权的存续期限内有效。专利权有效期限届满或者专利权被宣告无效的,专利权人不得就该专利与他人订立专利实施许可合同。

第八百六十六条 【专利实施许可合同许可人的义务】专利实施许可合同的许可人应当按照约定许可被许可人实施专利,交付实施专利有关的技术资料,提供必要的技术指导。

第八百六十七条 【专利实施许可合同被许可人的义务】专利实施许可合同的被许可人应当按照约定实施专利,不得许可约定以外的第三人实施该专利,并按照约定支付使用费。

第八百六十八条 【技术秘密让与人和许可人的义务】技术秘密转让合同的让与人和技术秘密使用许可合同的许可人应当按照约定提供技术资料,进行技术指导,保证技术的实用性、可靠性,承担保密义务。

前款规定的保密义务,不限制许可人申请专利,但是当事人另有约定的除外。

第八百六十九条 【技术秘密受让人和被许可人的义务】技术秘密转让合同的受让人和技术秘密使用许可合同的被许可人应当按照约定使用技术,支付转让费、使用费,承担保密义务。

第八百七十条 【技术转让合同让与人和技术许可合同许可人的保证义务】技术转让合同的让与人和技术许可合同的许可人应当保证自己是所提供的技术的合法拥有者,并保证所提供的技术完整、无误、有效,能够达到约定的目标。

第八百七十一条 【技术转让合同受让人和许可合同被许可人保密义务】技术转让合同的受让人和技术许可合同的被许可人应当按照约定的范围和期限,对让与人、许可人提供的技术中尚未公开的秘密部分,承担保密义务。

第八百七十二条 【技术许可人和让与人的违约责任】许可人未按照约定许可技术的,应当返还部分或者全部使用费,并应当承担违约责任;实施专利或者使用技术秘密超越约定的范围的,违反约定擅自许可第三人实施该项专利或者使用该项技术秘密的,应当停止违约行为,承担违约责任;违反约定的保密义务的,应当承担违约责任。

让与人承担违约责任,参照适用前款规定。

第八百七十三条 【技术被许可人和受让人的违约责任】被许可人未按照约定支付使用费的,应当补交使用费并按照约定支付违约金;不补交使用费或者支付违约金的,应当停止实施专利或者使用技术秘密,交还技术资料,承担违约责任;实施专利或者使用技术秘密超越约定的范围的,未经许可人同意擅自许可第三人实施该专利或者使用该技术秘密的,应当停止违约行为,承担违约责任;违反约定的保密义务的,应当承担违约责任。

受让人承担违约责任,参照适用前款规定。

第八百七十四条 【实施专利、使用技术秘密侵害他人合法权益责任承担】受让人或者被许可人按照约定实施专利、使用技术秘密侵害他人合法权益的,由让与人或者许可人承担责任,但是当事人另有约定的除外。

第八百七十五条 【后续改进技术成果的分享办法】当事人可以按照互利的原则,在合同中约定实施专利、使用技术秘密后续改进的技术成果的分享办法;没有约定或者约定不明确,依据本法第五百一十条的规定仍不能确定的,一方后续改进的技术成果,其他各方无权分享。

第八百七十六条 【其他知识产权转让和许可的参照适用】集成电路布图设计专有权、植物新品种权、计算机软件著作权等其他知识产权的转让和许可,参照适用本节的有关规定。

第八百七十七条 【技术出口合同或专利、专利申请合同的法律适用】法律、行政法规对技术进出口合同或者专利、专利申请合同另有规定的,依照其规定。

第四节 技术咨询合同和技术服务合同

第八百七十八条 【技术咨询合同、技术服务合同的定义】技术咨询合同是当事人一方以技术知识为对方就特定技术项目提供可行性论证、技术预测、专题技术调查、分析评价报告等所订立的合同。

技术服务合同是当事人一方以技术知识为对方解决特定技术问题所订立的合同，不包括承揽合同和建设工程合同。

第八百七十九条 【技术咨询合同委托人的义务】技术咨询合同的委托人应当按照约定阐明咨询的问题，提供技术背景材料及有关技术资料，接受受托人的工作成果，支付报酬。

第八百八十条 【技术咨询合同受托人的义务】技术咨询合同的受托人应当按照约定的期限完成咨询报告或者解答问题，提出的咨询报告应当达到约定的要求。

第八百八十一条 【技术咨询合同当事人的违约责任及决策风险责任】技术咨询合同的委托人未按照约定提供必要的资料，影响工作进度和质量，不接受或者逾期接受工作成果的，支付的报酬不得追回，未支付的报酬应当支付。

技术咨询合同的受托人未按期提出咨询报告或者提出的咨询报告不符合约定的，应当承担减收或者免收报酬等违约责任。

技术咨询合同的委托人按照受托人符合约定要求的咨询报告和意见作出决策所造成的损失，由委托人承担，但是当事人另有约定的除外。

第八百八十二条 【技术服务合同委托人的义务】技术服务合同的委托人应当按照约定提供工作条件，完成配合事项，接受工作成果并支付报酬。

第八百八十三条 【技术服务合同受托人的义务】技术服务合同的受托人应当按照约定完成服务项目，解决技术问题，保证工作质量，并传授解决技术问题的知识。

第八百八十四条 【技术服务合同的当事人违约责任】技术服务合同的委托人不履行合同义务或者履行合同义务不符合约定，影响工作进度和质量，不接受或者逾期接受工作成果的，支付的报酬不得追回，未支付的报酬应当支付。

技术服务合同的受托人未按照约定完成服务工作的，应当承担免收报酬等违约责任。

第八百八十五条 【技术成果的归属和分享】技术咨询合同、技术服务合同履行过程中，受托人利用委托人提供的技术资料和工作条件完成的新的技术成果，属于受托人。委托人利用受托人的工作成果完成的新的技术成果，属于委托人。当事人另有约定的，按照其约定。

第八百八十六条 【受托人履行合同的费用负担】技术咨询合同和技术服务合同对受托人正常开展工作所需费用的负担没有约定或者约定不明确的，由受托人负担。

第八百八十七条 【技术中介合同和技术培训合同法律适用】法律、行政法规对技术中介合同、技术培训合同另有规定的，依照其规定。

第二十一章 保管合同

第八百八十八条 【保管合同的定义】保管合同是保管人保管寄存人交付的保管物，并返还该物的合同。

寄存人到保管人处从事购物、就餐、住宿等活动，将物品存放在指定场所的，视为保管，但是当事人另有约定或者另有交易习惯的除外。

第八百八十九条 【保管合同的报酬】寄存人应当按照约定向保管人支付保管费。

当事人对保管费没有约定或者约定不明确，依据本法第五百一十条的规定仍不能确定的，视为无偿保管。

第八百九十条 【保管合同的成立】保管合同自保管物交付时成立，但是当事人另有约定的除外。

第八百九十一条 【保管人给付保管凭证的义务】寄存人向保管人交付保管物的，保管人应当出具保管凭证，但是另有交易习惯的除外。

第八百九十二条 【保管人对保管物的妥善保管义务】保管人应当妥善保管保管物。

当事人可以约定保管场所或者方法。除紧急情况或者为维护寄存人利益外，不得擅自改变保管场所或者方法。

第八百九十三条 【寄存人如实告知义务】寄存人交付的保管物有瑕疵或者根据保管物的性质需要采取特殊保管措施的，寄存人应当将有关情况告知保管人。寄存人未告知，致使保管物受损失的，保管人不承担赔偿责任；保管人因此受损失的,除保管人知道或者应当知道且未采取补救措施外,寄存人应当承担赔偿责任。

第八百九十四条 【保管人亲自保管义务】保管人不得将保管物转交第三人保管,但是当事人另有约定的除外。

保管人违反前款规定,将保管物转交第三人保管,造成保管物损失的,应当承担赔偿责任。

第八百九十五条 【保管人不得使用或许可他人使用保管物义务】保管人不得使用或者许可第三人使用保管物,但是当事人另有约定的除外。

第八百九十六条 【保管人返还保管物的义务及危险通知义务】第三人对保管物主张权利的,除依法对保管物采取保全或者执行措施外,保管人应当履行向寄存人返还保管物的义务。

第三人对保管人提起诉讼或者对保管物申请扣押的,保管人应当及时通知寄存人。

第八百九十七条 【保管物毁损灭失责任】保管期内,因保管人保管不善造成保管物毁损、灭失的,保管人应当承担赔偿责任。但是,无偿保管人证明自己没有故意或者重大过失的,不承担赔偿责任。

第八百九十八条 【寄存贵重物品的声明义务】寄存人寄存货币、有价证券或者其他贵重物品的,应当向保管人声明,由保管人验收或者封存;寄存人未声明的,该物品毁损、灭失后,保管人可以按照一般物品予以赔偿。

第八百九十九条 【保管物的领取及领取时间】寄存人可以随时领取保管物。

当事人对保管期限没有约定或者约定不明确的,保管人可以随时请求寄存人领取保管物;约定保管期限的,保管人无特别事由,不得请求寄存人提前领取保管物。

第九百条 【保管人归还原物及孳息的义务】保管期限届满或者寄存人提前领取保管物的,保管人应当将原物及其孳息归还寄存人。

第九百零一条 【消费保管】保管人保管货币的,可以返还相同种类、数量的货币;保管其他可替代物的,可以按照约定返还相同种类、品质、数量的物品。

第九百零二条 【保管费的支付期限】有偿的保管合同,寄存人应当按照约定的期限向保管人支付保管费。

当事人对支付期限没有约定或者约定不明确的,依据本法第五百一十条的规定仍不能确定的,应当在领取保管物的同时支付。

第九百零三条 【保管人的留置权】寄存人未按照约定支付保管费或者其他费用的,保管人对保管物享有留置权,但是当事人另有约定的除外。

第二十二章 仓储合同

第九百零四条 【仓储合同的定义】仓储合同是保管人储存存货人交付的仓储物,存货人支付仓储费的合同。

第九百零五条 【仓储合同的成立时间】仓储合同自保管人和存货人意思表示一致时成立。

第九百零六条 【危险物品和易变质物品的储存】储存易燃、易爆、有毒、有腐蚀性、有放射性等危险物品或者易变质物品的,存货人应当说明该物品的性质,提供有关资料。

存货人违反前款规定的,保管人可以拒收仓储物,也可以采取相应措施以避免损失的发生,因此产生的费用由存货人负担。

保管人储存易燃、易爆、有毒、有腐蚀性、有放射性等危险物品的,应当具备相应的保管条件。

第九百零七条 【仓储物的验收】保管人应当按照约定对入库仓储物进行验收。保管人验收时发现入库仓储物与约定不符合的,应当及时通知存货人。保管人验收后,发生仓储物的品种、数量、质量不符合约定的,保管人应当承担赔偿责任。

第九百零八条 【保管人出具仓单、入库单义务】存货人交付仓储物的,保管人应当出具仓单、入库单等凭证。

第九百零九条 【仓单的内容】保管人应当在仓单上签名或者盖章。仓单包括下列事项:

(一)存货人的姓名或者名称和住所;

(二)仓储物的品种、数量、质量、包装及其件数和标记;

(三)仓储物的损耗标准;

（四）储存场所；
（五）储存期限；
（六）仓储费；
（七）仓储物已经办理保险的，其保险金额、期间以及保险人的名称；
（八）填发人、填发地和填发日期。

第九百一十条　【仓单的转让和出质】仓单是提取仓储物的凭证。存货人或者仓单持有人在仓单上背书并经保管人签名或者盖章的，可以转让提取仓储物的权利。

第九百一十一条　【检查仓储物或提取样品的权利】保管人根据存货人或者仓单持有人的要求，应当同意其检查仓储物或者提取样品。

第九百一十二条　【保管人的通知义务】保管人发现入库仓储物有变质或者其他损坏的，应当及时通知存货人或者仓单持有人。

第九百一十三条　【保管人危险催告义务和紧急处置权】保管人发现入库仓储物有变质或者其他损坏，危及其他仓储物的安全和正常保管的，应当催告存货人或者仓单持有人作出必要的处置。因情况紧急，保管人可以作出必要的处置；但是，事后应当将该情况及时通知存货人或者仓单持有人。

第九百一十四条　【仓储物的提取】当事人对储存期限没有约定或者约定不明确的，存货人或者仓单持有人可以随时提取仓储物，保管人也可以随时请求存货人或者仓单持有人提取仓储物，但是应当给予必要的准备时间。

第九百一十五条　【仓储物的提取规则】储存期限届满，存货人或者仓单持有人应当凭仓单、入库单等提取仓储物。存货人或者仓单持有人逾期提取的，应当加收仓储费；提前提取的，不减收仓储费。

第九百一十六条　【逾期提取仓储物】储存期限届满，存货人或者仓单持有人不提取仓储物的，保管人可以催告其在合理期限内提取；逾期不提取的，保管人可以提存仓储物。

第九百一十七条　【保管不善的责任承担】储存期内，因保管不善造成仓储物毁损、灭失的，保管人应当承担赔偿责任。因仓储物本身的自然性质、包装不符合约定或者超过有效储存期造成仓储物变质、损坏的，保管人不承担赔偿

责任。

第九百一十八条　【参照适用保管合同的规定】本章没有规定的，适用保管合同的有关规定。

第二十三章　委托合同

第九百一十九条　【委托合同的概念】委托合同是委托人和受托人约定，由受托人处理委托人事务的合同。

第九百二十条　【委托权限】委托人可以特别委托受托人处理一项或者数项事务，也可以概括委托受托人处理一切事务。

第九百二十一条　【处理委托事务的费用】委托人应当预付处理委托事务的费用。受托人为处理委托事务垫付的必要费用，委托人应当偿还该费用并支付利息。

第九百二十二条　【受托人服从指示的义务】受托人应当按照委托人的指示处理委托事务。需要变更委托人指示的，应当经委托人同意；因情况紧急，难以和委托人取得联系的，受托人应当妥善处理委托事务，但是事后应当将该情况及时报告委托人。

第九百二十三条　【受托人亲自处理委托事务】受托人应当亲自处理委托事务。经委托人同意，受托人可以转委托。转委托经同意或者追认的，委托人可以就委托事务直接指示转委托的第三人，受托人仅就第三人的选任及其对第三人的指示承担责任。转委托未经同意或者追认的，受托人应当对转委托的第三人的行为承担责任；但是，在紧急情况下受托人为了维护委托人的利益需要转委托第三人的除外。

第九百二十四条　【受托人的报告义务】受托人应当按照委托人的要求，报告委托事务的处理情况。委托合同终止时，受托人应当报告委托事务的结果。

第九百二十五条　【受托人以自己名义从事受托事务的法律效果】受托人以自己的名义，在委托人的授权范围内与第三人订立的合同，第三人在订立合同时知道受托人与委托人之间的代理关系的，该合同直接约束委托人和第三人；但是，有确切证据证明该合同只约束受托人和第三人的除外。

**第九百二十六条　【委托人的介入权与第三人的

商事实体法·综合 93

选择权】受托人以自己的名义与第三人订立合同时，第三人不知道受托人与委托人之间的代理关系的，受托人因第三人的原因对委托人不履行义务，受托人应当向委托人披露第三人，委托人因此可以行使受托人对第三人的权利。但是，第三人与受托人订立合同时如果知道该委托人就不会订立合同的除外。

受托人因委托人的原因对第三人不履行义务，受托人应当向第三人披露委托人，第三人因此可以选择受托人或者委托人作为相对人主张其权利，但是第三人不得变更选定的相对人。

委托人行使受托人对第三人的权利的，第三人可以向委托人主张其对受托人的抗辩。第三人选定委托人作为其相对人的，委托人可以向第三人主张其对受托人的抗辩以及受托人对第三人的抗辩。

第九百二十七条 【受托人转移所得利益的义务】受托人处理委托事务取得的财产，应当转交给委托人。

第九百二十八条 【委托人支付报酬的义务】受托人完成委托事务的，委托人应当按照约定向其支付报酬。

因不可归责于受托人的事由，委托合同解除或者委托事务不能完成的，委托人应当向受托人支付相应的报酬。当事人另有约定的，按照其约定。

第九百二十九条 【因受托人过错致委托人损失的赔偿责任】有偿的委托合同，因受托人的过错造成委托人损失的，委托人可以请求赔偿损失。无偿的委托合同，因受托人的故意或者重大过失造成委托人损失的，委托人可以请求赔偿损失。

受托人超越权限造成委托人损失的，应当赔偿损失。

第九百三十条 【委托人的赔偿责任】受托人处理委托事务时，因不可归责于自己的事由受到损失的，可以向委托人请求赔偿损失。

第九百三十一条 【委托人另行委托他人处理事务】委托人经受托人同意，可以在受托人之外委托第三人处理委托事务。因此造成受托人损失的，受托人可以向委托人请求赔偿损失。

第九百三十二条 【共同委托】两个以上的受托人共同处理委托事务的，对委托人承担连带责任。

第九百三十三条 【任意解除权】委托人或者受托人可以随时解除委托合同。因解除合同造成对方损失的，除不可归责于该当事人的事由外，无偿委托合同的解除方应当赔偿因解除时间不当造成的直接损失，有偿委托合同的解除方应当赔偿对方的直接损失和合同履行后可以获得的利益。

第九百三十四条 【委托合同的终止】受托人死亡、终止或者受托人死亡、丧失民事行为能力、终止的，委托合同终止；但是，当事人另有约定或者根据委托事务的性质不宜终止的除外。

第九百三十五条 【受托人继续处理委托事务】因委托人死亡或者被宣告破产、解散，致使委托合同终止将损害委托人利益的，在委托人的继承人、遗产管理人或者清算人承受委托事务之前，受托人应当继续处理委托事务。

第九百三十六条 【受托人死亡后其继承人等的义务】因受托人死亡、丧失民事行为能力或者被宣告破产、解散，致使委托合同终止的，受托人的继承人、遗产管理人、法定代理人或者清算人应当及时通知委托人。因委托合同终止将损害委托人利益的，在委托人作出善后处理之前，受托人的继承人、遗产管理人、法定代理人或者清算人应当采取必要措施。

第二十四章 物业服务合同

第九百三十七条 【物业服务合同的定义】物业服务合同是物业服务人在物业服务区域内，为业主提供建筑物及其附属设施的维修养护、环境卫生和相关秩序的管理维护等物业服务，业主支付物业费的合同。

物业服务人包括物业服务企业和其他管理人。

第九百三十八条 【物业服务合同的内容与形式】物业服务合同的内容一般包括服务事项、服务质量、服务费用的标准和收取办法、维修资金的使用、服务用房的管理和使用、服务期限、服务交接等条款。

物业服务人公开作出的有利于业主的服

务承诺,为物业服务合同的组成部分。

物业服务合同应当采用书面形式。

第九百三十九条　【物业服务合同的约束力】建设单位依法与物业服务人订立的前期物业服务合同,以及业主委员会与业主大会依法选聘的物业服务人订立的物业服务合同,对业主具有法律约束力。

第九百四十条　【前期物业服务合同的终止情形】建设单位依法与物业服务人订立的前期物业服务合同约定的服务期限届满前,业主委员会或者业主与新物业服务人订立的物业服务合同生效的,前期物业服务合同终止。

第九百四十一条　【物业服务合同的转委托】物业服务人将物业服务区域内的部分专项服务事项委托给专业性服务组织或者其他第三人的,应当就该部分专项服务事项向业主负责。

物业服务人不得将其应当提供的全部物业服务转委托给第三人,或者将全部物业服务支解后分别转委托给第三人。

第九百四十二条　【物业服务人的义务】物业服务人应当按照约定和物业的使用性质,妥善维修、养护、清洁、绿化和经营管理物业服务区域内的业主共有部分,维护物业服务区域内的基本秩序,采取合理措施保护业主的人身、财产安全。

对物业服务区域内违反有关治安、环保、消防等法律法规的行为,物业服务人应当及时采取合理措施制止、向有关行政主管部门报告并协助处理。

第九百四十三条　【物业服务人的信息公开义务】物业服务人应当定期将服务的事项、负责人员、质量要求、收费项目、收费标准、履行情况,以及维修资金使用情况、业主共有部分的经营与收益情况等以合理方式向业主公开并向业主大会、业主委员会报告。

第九百四十四条　【业主支付物业费义务】业主应当按照约定向物业服务人支付物业费。物业服务人已经按照约定和有关规定提供服务的,业主不得以未接受或者无需接受相关物业服务为由拒绝支付物业费。

业主违反约定逾期不支付物业费的,物业服务人可以催告其在合理期限内支付;合理期限届满仍不支付的,物业服务人可以提起诉讼或者申请仲裁。

物业服务人不得采取停止供电、供水、供热、供燃气等方式催交物业费。

第九百四十五条　【业主的告知、协助义务】业主装饰装修房屋的,应当事先告知物业服务人,遵守物业服务人提示的合理注意事项,并配合其进行必要的现场检查。

业主转让、出租物业专有部分、设立居住权或者依法改变共有部分用途的,应当及时将相关情况告知物业服务人。

第九百四十六条　【业主解聘物业服务人】业主依照法定程序共同决定解聘物业服务人的,可以解除物业服务合同。决定解聘的,应当提前六十日书面通知物业服务人,但是合同对通知期限另有约定的除外。

依据前款规定解除合同造成物业服务人损失的,除不可归责于业主的事由外,业主应当赔偿损失。

第九百四十七条　【物业服务人的续聘】物业服务期限届满前,业主依法共同决定续聘的,应当与原物业服务人在合同期限届满前续订物业服务合同。

物业服务期限届满前,物业服务人不同意续聘的,应当在合同期限届满前九十日书面通知业主或者业主委员会,但是合同对通知期限另有约定的除外。

第九百四十八条　【不定期物业服务合同的成立与解除】物业服务期限届满后,业主没有依法作出续聘或者另聘物业服务人的决定,物业服务人继续提供物业服务的,原物业服务合同继续有效,但是服务期限为不定期。

当事人可以随时解除不定期物业服务合同,但是应当提前六十日书面通知对方。

第九百四十九条　【物业服务合同终止后原物业服务人的义务】物业服务合同终止的,原物业服务人应当在约定期限或者合理期限内退出物业服务区域,将物业服务用房、相关设施、物业服务所必需的相关资料等交还给业主委员会、决定自行管理的业主或者其指定的人,配合新物业服务人做好交接工作,并如实告知物业的使用和管理状况。

原物业服务人违反前款规定的,不得请求业主支付物业服务合同终止后的物业费;造成业主损失的,应当赔偿损失。

第九百五十条　【物业服务合同终止后新合同成立前期间的相关事项】 物业服务合同终止后,在业主或者业主大会选聘的新物业服务人或者决定自行管理的业主接管之前,原物业服务人应当继续处理物业服务事项,并可以请求业主支付该期间的物业费。

第二十五章　行纪合同

第九百五十一条　【行纪合同的概念】 行纪合同是行纪人以自己的名义为委托人从事贸易活动,委托人支付报酬的合同。

第九百五十二条　【行纪人的费用负担】 行纪人处理委托事务支出的费用,由行纪人负担,但是当事人另有约定的除外。

第九百五十三条　【行纪人保管义务】 行纪人占有委托物的,应当妥善保管委托物。

第九百五十四条　【行纪人处置委托物义务】 委托物交付给行纪人时有瑕疵或者容易腐烂、变质的,经委托人同意,行纪人可以处分该物;不能与委托人及时取得联系的,行纪人可以合理处分。

第九百五十五条　【行纪人按指定价格买卖的义务】 行纪人低于委托人指定的价格卖出或者高于委托人指定的价格买入的,应当经委托人同意;未经委托人同意,行纪人补偿其差额的,该买卖对委托人发生效力。

行纪人高于委托人指定的价格卖出或者低于委托人指定的价格买入的,可以按照约定增加报酬;没有约定或者约定不明确,依据本法第五百一十条的规定仍不能确定的,该利益属于委托人。

委托人对价格有特别指示的,行纪人不得违背该指示卖出或者买入。

第九百五十六条　【行纪人的介入权】 行纪人卖出或者买入具有市场定价的商品,除委托人有相反的意思表示外,行纪人自己可以作为买受人或者出卖人。

行纪人有前款规定情形的,仍然可以请求委托人支付报酬。

第九百五十七条　【委托人受领、取回义务及行纪人提存委托物】 行纪人按照约定买入委托物,委托人应当及时受领。经行纪人催告,委托人无正当理由拒绝受领的,行纪人依法可以提存委托物。

委托物不能卖出或者委托人撤回出卖,经行纪人催告,委托人不取回或者不处分该物的,行纪人依法可以提存委托物。

第九百五十八条　【行纪人的直接履行义务】 行纪人与第三人订立合同的,行纪人对该合同直接享有权利、承担义务。

第三人不履行义务致使委托人受到损害的,行纪人应当承担赔偿责任,但是行纪人与委托人另有约定的除外。

第九百五十九条　【行纪人的报酬请求权及留置权】 行纪人完成或者部分完成委托事务的,委托人应当向其支付相应的报酬。委托人逾期不支付报酬的,行纪人对委托物享有留置权,但是当事人另有约定的除外。

第九百六十条　【参照适用委托合同的规定】 本章没有规定的,参照适用委托合同的有关规定。

第二十六章　中介合同

第九百六十一条　【中介合同的概念】 中介合同是中介人向委托人报告订立合同的机会或者提供订立合同的媒介服务,委托人支付报酬的合同。

第九百六十二条　【中介人的如实报告义务】 中介人应当就有关订立合同的事项向委托人如实报告。

中介人故意隐瞒与订立合同有关的重要事实或者提供虚假情况,损害委托人利益的,不得请求支付报酬并应当承担赔偿责任。

第九百六十三条　【中介人的报酬请求权】 中介人促成合同成立的,委托人应当按照约定支付报酬。对中介人的报酬没有约定或者约定不明确,依据本法第五百一十条的规定仍不能确定的,根据中介人的劳务合理确定。因中介人提供订立合同的媒介服务而促成合同成立的,由该合同的当事人平均负担中介人的报酬。

中介人促成合同成立的,中介活动的费

用,由中介人负担。

第九百六十四条 【中介人的中介费用】中介人未促成合同成立的,不得请求支付报酬;但是,可以按照约定请求委托人支付从事中介活动支出的必要费用。

第九百六十五条 【委托人"跳单"应支付中介报酬】委托人在接受中介人的服务后,利用中介人提供的交易机会或者媒介服务,绕开中介人直接订立合同的,应当向中介人支付报酬。

第九百六十六条 【参照适用委托合同的规定】本章没有规定的,参照适用委托合同的有关规定。

第二十七章 合伙合同

第九百六十七条 【合伙合同的定义】合伙合同是两个以上合伙人为了共同的事业目的,订立的共享利益、共担风险的协议。

第九百六十八条 【合伙人的出资义务】合伙人应当按照约定的出资方式、数额和缴付期限,履行出资义务。

第九百六十九条 【合伙财产的定义】合伙人的出资、因合伙事务依法取得的收益和其他财产,属于合伙财产。

合伙合同终止前,合伙人不得请求分割合伙财产。

第九百七十条 【合伙事务的执行】合伙人就合伙事务作出决定的,除合伙合同另有约定外,应当经全体合伙人一致同意。

合伙事务由全体合伙人共同执行。按照合伙合同的约定或者全体合伙人的决定,可以委托一个或者数个合伙人执行合伙事务;其他合伙人不再执行合伙事务,但是有权监督执行情况。

合伙人分别执行合伙事务的,执行事务合伙人可以对其他合伙人执行的事务提出异议;提出异议后,其他合伙人应当暂停该项事务的执行。

第九百七十一条 【合伙人执行合伙事务不得求支付报酬】合伙人不得因执行合伙事务而求支付报酬,但是合伙合同另有约定的除外。

第九百七十二条 【合伙的利润分配和亏损分担】合伙的利润分配和亏损分担,按照合同的约定办理;合伙合同没有约定或者约定不明确的,由合伙人协商决定;协商不成的,由合伙人按照实缴出资比例分配、分担;无法确定出资比例的,由合伙人平均分配、分担。

第九百七十三条 【合伙人对合伙债务的连带责任及追偿权】合伙人对合伙债务承担连带责任。清偿合伙债务超过自己应当承担份额的合伙人,有权向其他合伙人追偿。

第九百七十四条 【合伙人转让财产份额的要求】除合伙合同另有约定外,合伙人向合伙人以外的人转让其全部或者部分财产份额的,须经其他合伙人一致同意。

第九百七十五条 【合伙人债权人代位行使权利的限制】合伙人的债权人不得代位行使合伙人依照本章规定和合伙合同享有的权利,但是合伙人享有的利益分配请求权除外。

第九百七十六条 【合伙期限的推定】合伙人对合伙期限没有约定或者约定不明确,依据本法第五百一十条的规定仍不能确定的,视为不定期合伙。

合伙期限届满,合伙人继续执行合伙事务,其他合伙人没有提出异议的,原合伙合同继续有效,但是合伙期限为不定期。

合伙人可以随时解除不定期合伙合同,但是应当在合理期限之前通知其他合伙人。

第九百七十七条 【合伙人死亡、民事行为能力丧失或终止时合伙合同的效力】合伙人死亡、丧失民事行为能力或者终止的,合伙合同终止;但是,合伙合同另有约定或者根据合伙事务的性质不宜终止的除外。

第九百七十八条 【合伙合同终止后剩余财产的分配规则】合伙合同终止后,合伙财产在支付因终止而产生的费用以及清偿合伙债务后有剩余的,依据本法第九百七十二条的规定进行分配。

第三分编 准合同

第二十八章 无因管理

第九百七十九条 【无因管理的定义及法律效果】管理人没有法定的或者约定的义务,为避免他人利益受损失而管理他人事务的,可以请求受益人偿还因管理事务而支出的必要费用;

管理人因管理事务受到损失的,可以请求受益人给予适当补偿。

管理事务不符合受益人真实意思的,管理人不享有前款规定的权利;但是,受益人的真实意思违反法律或者违背公序良俗的除外。

第九百八十条　【不适当的无因管理】管理人管理事务不属于前条规定的情形,但是受益人享有管理利益的,受益人应当在其获得的利益范围内向管理人承担前条第一款规定的义务。

第九百八十一条　【管理人的善良管理义务】管理人管理他人事务,应当采取有利于受益人的方法。中断管理对受益人不利的,无正当理由不得中断。

第九百八十二条　【管理人的通知义务】管理人管理他人事务,能够通知受益人的,应当及时通知受益人。管理的事务不需要紧急处理的,应当等待受益人的指示。

第九百八十三条　【管理人的报告及移交财产义务】管理结束后,管理人应当向受益人报告管理事务的情况。管理人管理事务取得的财产,应当及时转交给受益人。

第九百八十四条　【本人对管理事务的追认】管理人管理事务经受益人事后追认的,从管理事务开始时起,适用委托合同的有关规定,但是管理人另有意思表示的除外。

第二十九章　不当得利

第九百八十五条　【不当得利的构成及除外情况】得利人没有法律根据取得不当利益的,受损失的人可以请求得利人返还取得的利益,但是有下列情形之一的除外:

(一)为履行道德义务进行的给付;

(二)债务到期之前的清偿;

(三)明知无给付义务而进行的债务清偿。

第九百八十六条　【善意得利人的返还责任】得利人不知道且不应当知道取得的利益没有法律根据,取得的利益已经不存在的,不承担返还该利益的义务。

第九百八十七条　【恶意得利人的返还责任】得利人知道或者应当知道取得的利益没有法律根据的,受损失的人可以请求得利人返还其取得的利益并依法赔偿损失。

第九百八十八条　【第三人的返还义务】得利人已经将取得的利益无偿转让给第三人的,受损失的人可以请求第三人在相应范围内承担返还义务。

第四编　人　格　权
第一章　一般规定

第九百八十九条　【人格权编的调整范围】本编调整因人格权的享有和保护产生的民事关系。

第九百九十条　【人格权类型】人格权是民事主体享有的生命权、身体权、健康权、姓名权、名称权、肖像权、名誉权、荣誉权、隐私权等权利。

除前款规定的人格权外,自然人享有基于人身自由、人格尊严产生的其他人格权益。

第九百九十一条　【人格权受法律保护】民事主体的人格权受法律保护,任何组织或者个人不得侵害。

第九百九十二条　【人格权不得放弃、转让、继承】人格权不得放弃、转让或者继承。

第九百九十三条　【人格利益的许可使用】民事主体可以将自己的姓名、名称、肖像等许可他人使用,但是依照法律规定或者根据其性质不得许可的除外。

第九百九十四条　【死者人格利益保护】死者的姓名、肖像、名誉、荣誉、隐私、遗体等受到侵害的,其配偶、子女、父母有权依法请求行为人承担民事责任;死者没有配偶、子女且父母已经死亡的,其他近亲属有权依法请求行为人承担民事责任。

第九百九十五条　【人格权保护的请求权】人格权受到侵害的,受害人有权依照本法和其他法律的规定请求行为人承担民事责任。受害人的停止侵害、排除妨碍、消除危险、消除影响、恢复名誉、赔礼道歉请求权,不适用诉讼时效的规定。

第九百九十六条　【人格权责任竞合下的精神损害赔偿】因当事人一方的违约行为,损害对方人格权并造成严重精神损害,受损害方选择请求其承担违约责任的,不影响受损害方请求精神损害赔偿。

第九百九十七条　【申请法院责令停止侵害】民事主体有证据证明行为人正在实施或者即将

实施侵害其人格权的违法行为,不及时制止将使其合法权益受到难以弥补的损害的,有权依法向人民法院申请采取责令行为人停止有关行为的措施。

第九百九十八条 【认定行为人承担责任时的考量因素】认定行为人承担侵害除生命权、身体权和健康权外的人格权的民事责任,应当考虑行为人和受害人的职业、影响范围、过错程度,以及行为的目的、方式、后果等因素。

第九百九十九条 【人格利益的合理使用】为公共利益实施新闻报道、舆论监督等行为的,可以合理使用民事主体的姓名、名称、肖像、个人信息等;使用不合理侵害民事主体人格权的,应当依法承担民事责任。

第一千条 【消除影响、恢复名誉、赔礼道歉责任方式】行为人因侵害人格权承担消除影响、恢复名誉、赔礼道歉等民事责任的,应当与行为的具体方式和造成的影响范围相当。

行为人拒不承担前款规定的民事责任的,人民法院可以采取在报刊、网络等媒体上发布公告或者公布生效裁判文书等方式执行,产生的费用由行为人负担。

第一千零一条 【自然人身份权利保护参照】对自然人因婚姻家庭关系等产生的身份权利的保护,适用本法第一编、第五编和其他法律的相关规定;没有规定的,可以根据其性质参照适用本编人格权保护的有关规定。

第二章 生命权、身体权和健康权

第一千零二条 【生命权】自然人享有生命权。自然人的生命安全和生命尊严受法律保护。任何组织或者个人不得侵害他人的生命权。

第一千零三条 【身体权】自然人享有身体权。自然人的身体完整和行动自由受法律保护。任何组织或者个人不得侵害他人的身体权。

第一千零四条 【健康权】自然人享有健康权。自然人的身心健康受法律保护。任何组织或者个人不得侵害他人的健康权。

第一千零五条 【法定救助义务】自然人的生命权、身体权、健康权受到侵害或者处于其他危难情形的,负有法定救助义务的组织或者个人应当及时施救。

第一千零六条 【人体捐献】完全民事行为能力人有权依法自主决定无偿捐献其人体细胞、人体组织、人体器官、遗体。任何组织或者个人不得强迫、欺骗、利诱其捐献。

完全民事行为能力人依据前款规定同意捐献的,应当采用书面形式,也可以订立遗嘱。

自然人生前未表示不同意捐献的,该自然人死亡后,其配偶、成年子女、父母可以共同决定捐献,决定捐献应当采用书面形式。

第一千零七条 【禁止买卖人体细胞、组织、器官和遗体】禁止以任何形式买卖人体细胞、人体组织、人体器官、遗体。

违反前款规定的买卖行为无效。

第一千零八条 【人体临床试验】为研制新药、医疗器械或者发展新的预防和治疗方法,需要进行临床试验的,应当依法经相关主管部门批准并经伦理委员会审查同意,向受试者或者受试者的监护人告知试验目的、用途和可能产生的风险等详细情况,并经其书面同意。

进行临床试验的,不得向受试者收取试验费用。

第一千零九条 【从事人体基因、胚胎等医学和科研活动的法定限制】从事与人体基因、人体胚胎等有关的医学和科研活动,应当遵守法律、行政法规和国家有关规定,不得危害人体健康,不得违背伦理道德,不得损害公共利益。

第一千零一十条 【性骚扰】违背他人意愿,以言语、文字、图像、肢体行为等方式对他人实施性骚扰的,受害人有权依法请求行为人承担民事责任。

机关、企业、学校等单位应当采取合理的预防、受理投诉、调查处置等措施,防止和制止利用职权、从属关系等实施性骚扰。

第一千零一十一条 【非法剥夺、限制他人行动自由和非法搜查他人身体】以非法拘禁等方式剥夺、限制他人的行动自由,或者非法搜查他人身体的,受害人有权依法请求行为人承担民事责任。

第三章 姓名权和名称权

第一千零一十二条 【姓名权】自然人享有姓名

权,有权依法决定、使用、变更或者许可他人使用自己的姓名,但是不得违背公序良俗。

第一千零一十三条　【名称权】法人、非法人组织享有名称权,有权依法决定、使用、变更、转让或者许可他人使用自己的名称。

第一千零一十四条　【禁止侵害他人的姓名或名称】任何组织或者个人不得以干涉、盗用、假冒等方式侵害他人的姓名权或者名称权。

第一千零一十五条　【自然人姓氏的选取】自然人应当随父姓或者母姓,但是有下列情形之一的,可以在父姓和母姓之外选取姓氏:

(一)选取其他直系长辈血亲的姓氏;

(二)因由法定扶养人以外的人扶养而选取扶养人姓氏;

(三)有不违背公序良俗的其他正当理由。

少数民族自然人的姓氏可以遵从本民族的文化传统和风俗习惯。

第一千零一十六条　【决定、变更姓名、名称及转让名称的规定】自然人决定、变更姓名,或者法人、非法人组织决定、变更、转让名称的,应当依法向有关机关办理登记手续,但是法律另有规定的除外。

民事主体变更姓名、名称的,变更前实施的民事法律行为对其具有法律约束力。

第一千零一十七条　【姓名与名称的扩展保护】具有一定社会知名度,被他人使用足以造成公众混淆的笔名、艺名、网名、译名、字号、姓名和名称的简称等,参照适用姓名权和名称权保护的有关规定。

第四章　肖　像　权

第一千零一十八条　【肖像权及肖像】自然人享有肖像权,有权依法制作、使用、公开或者许可他人使用自己的肖像。

肖像是通过影像、雕塑、绘画等方式在一定载体上所反映的特定自然人可以被识别的外部形象。

第一千零一十九条　【肖像权的保护】任何组织或者个人不得以丑化、污损,或者利用信息技术手段伪造等方式侵害他人的肖像。未经肖像权人同意,不得制作、使用、公开肖像权人的肖像,但是法律另有规定的除外。

未经肖像权人同意,肖像作品权利人不得以发表、复制、发行、出租、展览等方式使用或者公开肖像权人的肖像。

第一千零二十条　【肖像权的合理使用】合理实施下列行为的,可以不经肖像权人同意:

(一)为个人学习、艺术欣赏、课堂教学或者科学研究,在必要范围内使用肖像权人已经公开的肖像;

(二)为实施新闻报道,不可避免地制作、使用、公开肖像权人的肖像;

(三)为依法履行职责,国家机关在必要范围内制作、使用、公开肖像权人的肖像;

(四)为展示特定公共环境,不可避免地制作、使用、公开肖像权人的肖像;

(五)为维护公共利益或者肖像权人合法权益,制作、使用、公开肖像权人的肖像的其他行为。

第一千零二十一条　【肖像许可使用合同的解释】当事人对肖像许可使用合同中关于肖像使用条款的理解有争议的,应当作出有利于肖像权人的解释。

第一千零二十二条　【肖像许可使用合同期限】当事人对肖像许可使用期限没有约定或者约定不明确的,任何一方当事人可以随时解除肖像许可使用合同,但是应当在合理期限之前通知对方。

当事人对肖像许可使用期限有明确约定,肖像权人有正当理由的,可以解除肖像许可使用合同,但是应当在合理期限之前通知对方。因解除合同造成对方损失的,除不可归责于肖像权人的事由外,应当赔偿损失。

第一千零二十三条　【姓名、声音等的许可使用参照肖像许可使用】对姓名等的许可使用,参照适用肖像许可使用的有关规定。

对自然人声音的保护,参照适用肖像权保护的有关规定。

第五章　名誉权和荣誉权

第一千零二十四条　【名誉权及名誉】民事主体享有名誉权。任何组织或者个人不得以侮辱、诽谤等方式侵害他人的名誉权。

名誉是对民事主体的品德、声望、才能、信

用等的社会评价。

第一千零二十五条　【新闻报道、舆论监督与保护名誉权关系问题】行为人为公共利益实施新闻报道、舆论监督等行为，影响他人名誉的，不承担民事责任，但是有下列情形之一的除外：

（一）捏造、歪曲事实；

（二）对他人提供的严重失实内容未尽到合理核实义务；

（三）使用侮辱性言辞等贬损他人名誉。

第一千零二十六条　【认定是否尽到合理核实义务的考虑因素】认定行为人是否尽到前条第二项规定的合理核实义务，应当考虑下列因素：

（一）内容来源的可信度；

（二）对明显可能引发争议的内容是否进行了必要的调查；

（三）内容的时限性；

（四）内容与公序良俗的关联性；

（五）受害人名誉受贬损的可能性；

（六）核实能力和核实成本。

第一千零二十七条　【文学、艺术作品侵害名誉权的认定与例外】行为人发表的文学、艺术作品以真人真事或者特定人为描述对象，含有侮辱、诽谤内容，侵害他人名誉权的，受害人有权依法请求该行为人承担民事责任。

行为人发表的文学、艺术作品不以特定人为描述对象，仅其中的情节与该特定人的情况相似的，不承担民事责任。

第一千零二十八条　【名誉权人更正权】民事主体有证据证明报刊、网络等媒体报道的内容失实，侵害其名誉权的，有权请求该媒体及时采取更正或者删除等必要措施。

第一千零二十九条　【信用评价】民事主体可以依法查询自己的信用评价；发现信用评价不当的，有权提出异议并请求采取更正、删除等必要措施。信用评价人应当及时进行核查，经核查属实的，应当及时采取必要措施。

第一千零三十条　【处理信用信息的法律适用】民事主体与征信机构等信用信息处理者之间的关系，适用本编有关个人信息保护的规定和其他法律、行政法规的有关规定。

第一千零三十一条　【荣誉权】民事主体享有荣誉权。任何组织或者个人不得非法剥夺他人的荣誉称号，不得诋毁、贬损他人的荣誉。

获得的荣誉称号应当记载而没有记载的，民事主体可以请求记载；获得的荣誉称号记载错误的，民事主体可以请求更正。

第六章　隐私权和个人信息保护

第一千零三十二条　【隐私权及隐私】自然人享有隐私权。任何组织或者个人不得以刺探、侵扰、泄露、公开等方式侵害他人的隐私权。

隐私是自然人的私人生活安宁和不愿为他人知晓的私密空间、私密活动、私密信息。

第一千零三十三条　【侵害隐私权的行为】除法律另有规定或者权利人明确同意外，任何组织或者个人不得实施下列行为：

（一）以电话、短信、即时通讯工具、电子邮件、传单等方式侵扰他人的私人生活安宁；

（二）进入、拍摄、窥视他人的住宅、宾馆房间等私密空间；

（三）拍摄、窥视、窃听、公开他人的私密活动；

（四）拍摄、窥视他人身体的私密部位；

（五）处理他人的私密信息；

（六）以其他方式侵害他人的隐私权。

第一千零三十四条　【个人信息保护】自然人的个人信息受法律保护。

个人信息是以电子或者其他方式记录的能够单独或者与其他信息结合识别特定自然人的各种信息，包括自然人的姓名、出生日期、身份证件号码、生物识别信息、住址、电话号码、电子邮箱、健康信息、行踪信息等。

个人信息中的私密信息，适用有关隐私权的规定；没有规定的，适用有关个人信息保护的规定。

第一千零三十五条　【个人信息处理的原则】处理个人信息的，应当遵循合法、正当、必要原则，不得过度处理，并符合下列条件：

（一）征得该自然人或者其监护人同意，但是法律、行政法规另有规定的除外；

（二）公开处理信息的规则；

（三）明示处理信息的目的、方式和范围；

（四）不违反法律、行政法规的规定和双方的约定。

个人信息的处理包括个人信息的收集、存储、使用、加工、传输、提供、公开等。

第一千零三十六条 【处理个人信息的免责事由】处理个人信息,有下列情形之一的,行为人不承担民事责任：

（一）在该自然人或者其监护人同意的范围内合理实施的行为；

（二）合理处理该自然人自行公开的或者其他已经合法公开的信息,但是该自然人明确拒绝或者处理该信息侵害其重大利益的除外；

（三）为维护公共利益或者该自然人合法权益,合理实施的其他行为。

第一千零三十七条 【个人信息主体的权利】自然人可以依法向信息处理者查阅或者复制其个人信息；发现信息有错误的,有权提出异议并请求及时采取更正必要措施。

自然人发现信息处理者违反法律、行政法规的规定或者双方的约定处理其个人信息的,有权请求信息处理者及时删除。

第一千零三十八条 【个人信息安全】信息处理者不得泄露或者篡改其收集、存储的个人信息；未经自然人同意,不得向他人非法提供其个人信息,但是经过加工无法识别特定个人且不能复原的除外。

信息处理者应当采取技术措施和其他必要措施,确保其收集、存储的个人信息安全,防止信息泄露、篡改、丢失；发生或者可能发生个人信息泄露、篡改、丢失的,应当及时采取补救措施,按照规定告知自然人并向有关主管部门报告。

第一千零三十九条 【国家机关及其工作人员对个人信息的保密义务】国家机关、承担行政职能的法定机构及其工作人员对于履行职责过程中知悉的自然人的隐私和个人信息,应当予以保密,不得泄露或者向他人非法提供。

第五编 婚姻家庭

第一章 一般规定

第一千零四十条 【婚姻家庭编的调整范围】本编调整因婚姻家庭产生的民事关系。

第一千零四十一条 【婚姻家庭关系基本原则】婚姻家庭受国家保护。

实行婚姻自由、一夫一妻、男女平等的婚姻制度。

保护妇女、未成年人、老年人、残疾人的合法权益。

第一千零四十二条 【禁止的婚姻家庭行为】禁止包办、买卖婚姻和其他干涉婚姻自由的行为。禁止借婚姻索取财物。

禁止重婚。禁止有配偶者与他人同居。

禁止家庭暴力。禁止家庭成员间的虐待和遗弃。

第一千零四十三条 【婚姻家庭道德规范】家庭应当树立优良家风,弘扬家庭美德,重视家庭文明建设。

夫妻应当互相忠实,互相尊重,互相关爱；家庭成员应当敬老爱幼,互相帮助,维护平等、和睦、文明的婚姻家庭关系。

第一千零四十四条 【收养的原则】收养应当遵循最有利于被收养人的原则,保障被收养人和收养人的合法权益。

禁止借收养名义买卖未成年人。

第一千零四十五条 【亲属、近亲属与家庭成员】亲属包括配偶、血亲和姻亲。

配偶、父母、子女、兄弟姐妹、祖父母、外祖父母、孙子女、外孙子女为近亲属。

配偶、父母、子女和其他共同生活的近亲属为家庭成员。

第二章 结 婚

第一千零四十六条 【结婚自愿】结婚应当男女双方完全自愿,禁止任何一方对另一方加以强迫,禁止任何组织或者个人加以干涉。

第一千零四十七条 【法定婚龄】结婚年龄,男不得早于二十二周岁,女不得早于二十周岁。

第一千零四十八条 【禁止结婚的情形】直系血亲或者三代以内的旁系血亲禁止结婚。

第一千零四十九条 【结婚程序】要求结婚的男女双方应当亲自到婚姻登记机关申请结婚登记。符合本法规定的,予以登记,发给结婚证。完成结婚登记,即确立婚姻关系。未办理结婚登记的,应当补办登记。

第一千零五十条 【男女双方互为家庭成员】登

记结婚后,按照男女双方约定,女方可以成为男方家庭的成员,男方可以成为女方家庭的成员。

第一千零五十一条　【婚姻无效的情形】有下列情形之一的,婚姻无效:

(一)重婚;

(二)有禁止结婚的亲属关系;

(三)未到法定婚龄。

第一千零五十二条　【受胁迫婚姻的撤销】因胁迫结婚的,受胁迫的一方可以向人民法院请求撤销婚姻。

请求撤销婚姻的,应当自胁迫行为终止之日起一年内提出。

被非法限制人身自由的当事人请求撤销婚姻的,应当自恢复人身自由之日起一年内提出。

第一千零五十三条　【隐瞒重大疾病的可撤销婚姻】一方患有重大疾病的,应当在结婚登记前如实告知另一方;不如实告知的,另一方可以向人民法院请求撤销婚姻。

请求撤销婚姻的,应当自知道或者应当知道撤销事由之日起一年内提出。

第一千零五十四条　【婚姻无效或被撤销的法律后果】无效的或者被撤销的婚姻自始没有法律约束力,当事人不具有夫妻的权利和义务。同居期间所得的财产,由当事人协议处理;协议不成的,由人民法院根据照顾无过错方的原则判决。对重婚导致的无效婚姻的财产处理,不得侵害合法婚姻当事人的财产权益。当事人所生的子女,适用本法关于父母子女的规定。

婚姻无效或者被撤销的,无过错方有权请求损害赔偿。

第三章　家庭关系

第一节　夫妻关系

第一千零五十五条　【夫妻平等】夫妻在婚姻家庭中地位平等。

第一千零五十六条　【夫妻姓名权】夫妻双方都有各自使用自己姓名的权利。

第一千零五十七条　【夫妻人身自由权】夫妻双方都有参加生产、工作、学习和社会活动的自由,一方不得对另一方加以限制或者干涉。

第一千零五十八条　【夫妻抚养、教育和保护子女的权利义务平等】夫妻双方平等享有对未成年子女抚养、教育和保护的权利,共同承担对未成年子女抚养、教育和保护的义务。

第一千零五十九条　【夫妻扶养义务】夫妻有相互扶养的义务。

需要扶养的一方,在另一方不履行扶养义务时,有要求其给付扶养费的权利。

第一千零六十条　【夫妻日常家事代理权】夫妻一方因家庭日常生活需要而实施的民事法律行为,对夫妻双方发生效力,但是夫妻一方与相对人另有约定的除外。

夫妻之间对一方可以实施的民事法律行为范围的限制,不得对抗善意相对人。

第一千零六十一条　【夫妻遗产继承权】夫妻有相互继承遗产的权利。

第一千零六十二条　【夫妻共同财产】夫妻在婚姻关系存续期间所得的下列财产,为夫妻的共同财产,归夫妻共同所有:

(一)工资、奖金、劳务报酬;

(二)生产、经营、投资的收益;

(三)知识产权的收益;

(四)继承或者受赠的财产,但是本法第一千零六十三条第三项规定的除外;

(五)其他应当归共同所有的财产。

夫妻对共同财产,有平等的处理权。

第一千零六十三条　【夫妻个人财产】下列财产为夫妻一方的个人财产:

(一)一方的婚前财产;

(二)一方因受到人身损害获得的赔偿或者补偿;

(三)遗嘱或者赠与合同中确定只归一方的财产;

(四)一方专用的生活用品;

(五)其他应当归一方的财产。

第一千零六十四条　【夫妻共同债务】夫妻双方共同签名或者夫妻一方事后追认等共同意思表示所负的债务,以及夫妻一方在婚姻关系存续期间以个人名义为家庭日常生活需要所负的债务,属于夫妻共同债务。

夫妻一方在婚姻关系存续期间以个人名

义超出家庭日常生活需要所负的债务,不属于夫妻共同债务;但是,债权人能够证明该债务用于夫妻共同生活、共同生产经营或者基于夫妻双方共同意思表示的除外。

第一千零六十五条 【夫妻约定财产制】男女双方可以约定婚姻关系存续期间所得的财产以及婚前财产归各自所有、共同所有或者部分各自所有、部分共同所有。约定应当采用书面形式。没有约定或者约定不明确的,适用本法第一千零六十二条、第一千零六十三条的规定。

夫妻对婚姻关系存续期间所得的财产以及婚前财产的约定,对双方具有法律约束力。

夫妻对婚姻关系存续期间所得的财产约定归各自所有,夫或者妻一方对外所负的债务,相对人知道该约定的,以夫或者妻一方的个人财产清偿。

第一千零六十六条 【婚内分割夫妻共同财产】婚姻关系存续期间,有下列情形之一的,夫妻一方可以向人民法院请求分割共同财产:

(一)一方有隐藏、转移、变卖、毁损、挥霍夫妻共同财产或者伪造夫妻共同债务等严重损害夫妻共同财产利益的行为;

(二)一方负有法定扶养义务的人患重大疾病需要医治,另一方不同意支付相关医疗费用。

第二节 父母子女关系和其他近亲属关系

第一千零六十七条 【父母与子女间的抚养赡养义务】父母不履行抚养义务的,未成年子女或者不能独立生活的成年子女,有要求父母给付抚养费的权利。

成年子女不履行赡养义务的,缺乏劳动能力或者生活困难的父母,有要求成年子女给付赡养费的权利。

第一千零六十八条 【父母教育、保护未成年子女的权利和义务】父母有教育、保护未成年子女的权利和义务。未成年子女造成他人损害的,父母应当依法承担民事责任。

第一千零六十九条 【子女尊重父母的婚姻权利及赡养义务】子女应当尊重父母的婚姻权利,不得干涉父母离婚、再婚以及婚后的生活。子女对父母的赡养义务,不因父母的婚姻关系变化而终止。

第一千零七十条 【遗产继承权】父母和子女有相互继承遗产的权利。

第一千零七十一条 【非婚生子女权利】非婚生子女享有与婚生子女同等的权利,任何组织或者个人不得加以危害和歧视。

不直接抚养非婚生子女的生父或者生母,应当负担未成年子女或者不能独立生活的成年子女的抚养费。

第一千零七十二条 【继父母子女之间权利义务】继父母与继子女间,不得虐待或者歧视。

继父或者继母和受其抚养教育的继子女间的权利义务关系,适用本法关于父母子女关系的规定。

第一千零七十三条 【亲子关系异议之诉】对亲子关系有异议且有正当理由的,父或者母可以向人民法院提起诉讼,请求确认或者否认亲子关系。

对亲子关系有异议且有正当理由的,成年子女可以向人民法院提起诉讼,请求确认亲子关系。

第一千零七十四条 【祖孙之间的抚养、赡养义务】有负担能力的祖父母、外祖父母,对于已经死亡或者父母无力抚养的未成年孙子女、外孙子女,有抚养的义务。

有负担能力的孙子女、外孙子女,对于子女已经死亡或者子女无力赡养的祖父母、外祖父母,有赡养的义务。

第一千零七十五条 【兄弟姐妹间扶养义务】有负担能力的兄、姐,对于父母已经死亡或者父母无力抚养的未成年弟、妹,有扶养的义务。

由兄、姐扶养长大的有负担能力的弟、妹,对于缺乏劳动能力又缺乏生活来源的兄、姐,有扶养的义务。

第四章 离 婚

第一千零七十六条 【协议离婚】夫妻双方自愿离婚的,应当签订书面离婚协议,并亲自到婚姻登记机关申请离婚登记。

离婚协议应当载明双方自愿离婚的意思

表示和对子女抚养、财产以及债务处理等事项协商一致的意见。

第一千零七十七条　【离婚冷静期】自婚姻登记机关收到离婚登记申请之日起三十日内，任何一方不愿意离婚的，可以向婚姻登记机关撤回离婚登记申请。

前款规定期限届满后三十日内，双方应当亲自到婚姻登记机关申请发给离婚证；未申请的，视为撤回离婚登记申请。

第一千零七十八条　【婚姻登记机关对协议离婚的查明】婚姻登记机关查明双方确实是自愿离婚，并已经对子女抚养、财产以及债务处理等事项协商一致的，予以登记，发给离婚证。

第一千零七十九条　【诉讼离婚】夫妻一方要求离婚的，可以由有关组织进行调解或者直接向人民法院提起离婚诉讼。

人民法院审理离婚案件，应当进行调解；如果感情确已破裂，调解无效的，应当准予离婚。

有下列情形之一，调解无效的，应当准予离婚：

（一）重婚或者与他人同居；

（二）实施家庭暴力或者虐待、遗弃家庭成员；

（三）有赌博、吸毒等恶习屡教不改；

（四）因感情不和分居满二年；

（五）其他导致夫妻感情破裂的情形。

一方被宣告失踪，另一方提起离婚诉讼的，应当准予离婚。

经人民法院判决不准离婚后，双方又分居满一年，一方再次提起离婚诉讼的，应当准予离婚。

第一千零八十条　【婚姻关系的解除时间】完成离婚登记，或者离婚判决书、调解书生效，即解除婚姻关系。

第一千零八十一条　【现役军人离婚】现役军人的配偶要求离婚，应当征得军人同意，但是军人一方有重大过错的除外。

第一千零八十二条　【男方提出离婚的限制情形】女方在怀孕期间、分娩后一年内或者终止妊娠后六个月内，男方不得提出离婚；但是，女方提出离婚或者人民法院认为确有必要受理男方离婚请求的除外。

第一千零八十三条　【复婚】离婚后，男女双方自愿恢复婚姻关系的，应当到婚姻登记机关重新进行结婚登记。

第一千零八十四条　【离婚后子女的抚养】父母与子女间的关系，不因父母离婚而消除。离婚后，子女无论由父或者母直接抚养，仍是父母双方的子女。

离婚后，父母对于子女仍有抚养、教育、保护的权利和义务。

离婚后，不满两周岁的子女，以由母亲直接抚养为原则。已满两周岁的子女，父母双方对抚养问题协议不成的，由人民法院根据双方的具体情况，按照最有利于未成年子女的原则判决。子女已满八周岁的，应当尊重其真实意愿。

第一千零八十五条　【离婚后子女抚养费的负担】离婚后，子女由一方直接抚养的，另一方应当负担部分或者全部抚养费。负担费用的多少和期限的长短，由双方协议；协议不成的，由人民法院判决。

前款规定的协议或者判决，不妨碍子女在必要时向父母任何一方提出超过协议或者判决原定数额的合理要求。

第一千零八十六条　【探望子女权利】离婚后，不直接抚养子女的父或者母，有探望子女的权利，另一方有协助的义务。

行使探望权利的方式、时间由当事人协议；协议不成的，由人民法院判决。

父或者母探望子女，不利于子女身心健康的，由人民法院依法中止探望；中止的事由消失后，应当恢复探望。

第一千零八十七条　【离婚时夫妻共同财产的处理】离婚时，夫妻的共同财产由双方协议处理；协议不成的，由人民法院根据财产的具体情况，按照照顾子女、女方和无过错方权益的原则判决。

对夫或者妻在家庭土地承包经营中享有的权益等，应当依法予以保护。

第一千零八十八条　【离婚经济补偿】夫妻一方因抚育子女、照料老年人、协助另一方工作等负担较多义务的,离婚时有权向另一方请求补偿,另一方应当给予补偿。具体办法由双方协议;协议不成的,由人民法院判决。

第一千零八十九条 【离婚时夫妻共同债务的清偿】离婚时,夫妻共同债务应当共同偿还。共同财产不足清偿或者财产归各自所有的,由双方协议清偿;协议不成的,由人民法院判决。

第一千零九十条 【离婚经济帮助】离婚时,如果一方生活困难,有负担能力的另一方应当给予适当帮助。具体办法由双方协议;协议不成的,由人民法院判决。

第一千零九十一条 【离婚损害赔偿】有下列情形之一,导致离婚的,无过错方有权请求损害赔偿:

(一)重婚;

(二)与他人同居;

(三)实施家庭暴力;

(四)虐待、遗弃家庭成员;

(五)有其他重大过错。

第一千零九十二条 【一方侵害夫妻财产的处理规则】夫妻一方隐藏、转移、变卖、毁损、挥霍夫妻共同财产,或者伪造夫妻共同债务企图侵占另一方财产的,在离婚分割夫妻共同财产时,对该方可以少分或者不分。离婚后,另一方发现有上述行为的,可以向人民法院提起诉讼,请求再次分割夫妻共同财产。

第五章 收 养

第一节 收养关系的成立

第一千零九十三条 【被收养人的条件】下列未成年人,可以被收养:

(一)丧失父母的孤儿;

(二)查找不到生父母的未成年人;

(三)生父母有特殊困难无力抚养的子女。

第一千零九十四条 【送养人的条件】下列个人、组织可以作送养人:

(一)孤儿的监护人;

(二)儿童福利机构;

(三)有特殊困难无力抚养子女的生父母。

第一千零九十五条 【监护人送养未成年人的情形】未成年人的父母均不具备完全民事行为能力且可能严重危害该未成年人的,该未成年人的监护人可以将其送养。

第一千零九十六条 【监护人送养孤儿的限制及变更监护人】监护人送养孤儿的,应当征得有抚养义务的人同意。有抚养义务的人不同意送养、监护人不愿意继续履行监护职责的,应当依照本法第一编的规定另行确定监护人。

第一千零九十七条 【生父母送养子女的原则要求与例外】生父母送养子女,应当双方共同送养。生父母一方不明或者查找不到的,可以单方送养。

第一千零九十八条 【收养人条件】收养人应当同时具备下列条件:

(一)无子女或者只有一名子女;

(二)有抚养、教育和保护被收养人的能力;

(三)未患有在医学上认为不应当收养子女的疾病;

(四)无不利于被收养人健康成长的违法犯罪记录;

(五)年满三十周岁。

第一千零九十九条 【三代以内旁系同辈血亲的收养】收养三代以内旁系同辈血亲的子女,可以不受本法第一千零九十三条第三项、第一千零九十四条第三项和第一千一百零二条规定的限制。

华侨收养三代以内旁系同辈血亲的子女,还可以不受本法第一千零九十八条第一项规定的限制。

第一千一百条 【收养人收养子女数量】无子女的收养人可以收养两名子女;有子女的收养人只能收养一名子女。

收养孤儿、残疾未成年人或者儿童福利机构抚养的查找不到生父母的未成年人,可以不受前款和本法第一千零九十八条第一项规定的限制。

第一千一百零一条 【共同收养】有配偶者收养子女,应当夫妻共同收养。

第一千一百零二条 【无配偶者收养异性子女的限制】无配偶者收养异性子女的,收养人与被收养人的年龄应当相差四十周岁以上。

第一千一百零三条 【收养继子女的特别规定】

继父或者继母经继子女的生父母同意,可以收养继子女,并可以不受本法第一千零九十三条第三项、第一千零九十四条第三项、第一千零九十八条和第一千一百条第一款规定的限制。

第一千一百零四条　【收养自愿原则】收养人收养与送养人送养,应当双方自愿。收养八周岁以上未成年人的,应当征得被收养人的同意。

第一千一百零五条　【收养登记、收养协议、收养公证及收养评估】收养应当向县级以上人民政府民政部门登记。收养关系自登记之日起成立。

收养查找不到生父母的未成年人的,办理登记的民政部门应当在登记前予以公告。

收养关系当事人愿意签订收养协议的,可以签订收养协议。

收养关系当事人各方或者一方要求办理收养公证的,应当办理收养公证。

县级以上人民政府民政部门应当依法进行收养评估。

第一千一百零六条　【收养后的户口登记】收养关系成立后,公安机关应当按照国家有关规定为被收养人办理户口登记。

第一千一百零七条　【亲属、朋友的抚养】孤儿或者生父母无力抚养的子女,可以由生父母的亲属、朋友抚养;抚养人与被抚养人的关系不适用本章规定。

第一千一百零八条　【祖父母、外祖父母优先抚养权】配偶一方死亡,另一方送养未成年子女的,死亡一方的父母有优先抚养的权利。

第一千一百零九条　【涉外收养】外国人依法可以在中华人民共和国收养子女。

外国人在中华人民共和国收养子女,应当经其所在国主管机关按照该国法律审查同意。收养人应当提供由其所在国有权机构出具的有关其年龄、婚姻、职业、财产、健康、有无受过刑事处罚等状况的证明材料,并与送养人签订书面协议,亲自向省、自治区、直辖市人民政府民政部门登记。

前款规定的证明材料应当经收养人所在国外交机关或者外交机关授权的机构认证,并经中华人民共和国驻该国使领馆认证,但是国家另有规定的除外。

第一千一百一十条　【保守收养秘密】收养人、送养人要求保守收养秘密的,其他人应当尊重其意愿,不得泄露。

第二节　收养的效力

第一千一百一十一条　【收养的效力】自收养关系成立之日起,养父母与养子女间的权利义务关系,适用本法关于父母子女关系的规定;养子女与养父母的近亲属间的权利义务关系,适用本法关于子女与父母的近亲属关系的规定。

养子女与生父母以及其他近亲属间的权利义务关系,因收养关系的成立而消除。

第一千一百一十二条　【养子女的姓氏】养子女可以随养父或者养母的姓氏,经当事人协商一致,也可以保留原姓氏。

第一千一百一十三条　【收养行为的无效】有本法第一编关于民事法律行为无效规定情形或者违反本编规定的收养行为无效。

无效的收养行为自始没有法律约束力。

第三节　收养关系的解除

第一千一百一十四条　【收养关系的协议解除与诉讼解除】收养人在被收养人成年以前,不得解除收养关系,但是收养人、送养人双方协议解除的除外。养子女八周岁以上的,应当征得本人同意。

收养人不履行抚养义务,有虐待、遗弃等侵害未成年养子女合法权益行为的,送养人有权要求解除养父母与养子女间的收养关系。送养人、收养人不能达成解除收养关系协议的,可以向人民法院提起诉讼。

第一千一百一十五条　【养父母与成年养子女解除收养关系】养父母与成年养子女关系恶化、无法共同生活的,可以协议解除收养关系。不能达成协议的,可以向人民法院提起诉讼。

第一千一百一十六条　【解除收养关系的登记】当事人协议解除收养关系的,应当到民政部门办理解除收养关系登记。

第一千一百一十七条　【收养关系解除的法律后果】收养关系解除后,养子女与养父母以及其他近亲属间的权利义务关系即行消除,与生母以及其他近亲属间的权利义务关系自行恢复。但是，成年养子女与生父母以及其他近亲属间的权利义务关系是否恢复，可以协商确定。

第一千一百一十八条　【收养关系解除后生活费、抚养费支付】收养关系解除后，经养父母抚养的成年养子女，对缺乏劳动能力又缺乏生活来源的养父母，应当给付生活费。因养子女成年后虐待、遗弃养父母而解除收养关系的，养父母可以要求养子女补偿收养期间支出的抚养费。

生父母要求解除收养关系的，养父母可以要求生父母适当补偿收养期间支出的抚养费；但是，因养父母虐待、遗弃养子女而解除收养关系的除外。

第六编　继　承

第一章　一般规定

第一千一百一十九条　【继承编的调整范围】本编调整因继承产生的民事关系。

第一千一百二十条　【继承权的保护】国家保护自然人的继承权。

第一千一百二十一条　【继承的开始时间和死亡时间的推定】继承从被继承人死亡时开始。

相互有继承关系的数人在同一事件中死亡，难以确定死亡时间的，推定没有其他继承人的人先死亡。都有其他继承人，辈份不同的，推定长辈先死亡；辈份相同的，推定同时死亡，相互不发生继承。

第一千一百二十二条　【遗产的范围】遗产是自然人死亡时遗留的个人合法财产。

依照法律规定或者根据其性质不得继承的遗产，不得继承。

第一千一百二十三条　【法定继承、遗嘱继承、遗赠和遗赠扶养协议的效力】继承开始后，按照法定继承办理；有遗嘱的，按照遗嘱继承或者遗赠办理；有遗赠扶养协议的，按照协议办理。

第一千一百二十四条　【继承和遗赠的接受和放弃】继承开始后，继承人放弃继承的，应当在遗产处理前，以书面形式作出放弃继承的表示；没有表示的，视为接受继承。

受遗赠人应当在知道受遗赠后六十日内，作出接受或者放弃受遗赠的表示；到期没有表示的，视为放弃受遗赠。

第一千一百二十五条　【继承权的丧失】继承人有下列行为之一的，丧失继承权：

（一）故意杀害被继承人；

（二）为争夺遗产而杀害其他继承人；

（三）遗弃被继承人，或者虐待被继承人情节严重；

（四）伪造、篡改、隐匿或者销毁遗嘱，情节严重；

（五）以欺诈、胁迫手段迫使或者妨碍被继承人设立、变更或者撤回遗嘱，情节严重。

继承人有前款第三项至第五项行为，确有悔改表现，被继承人表示宽恕或者事后在遗嘱中将其列为继承人的，该继承人不丧失继承权。

受遗赠人有本条第一款规定行为的，丧失受遗赠权。

第二章　法定继承

第一千一百二十六条　【继承权男女平等原则】继承权男女平等。

第一千一百二十七条　【继承人的范围及继承顺序】遗产按照下列顺序继承：

（一）第一顺序：配偶、子女、父母；

（二）第二顺序：兄弟姐妹、祖父母、外祖父母。

继承开始后，由第一顺序继承人继承，第二顺序继承人不继承；没有第一顺序继承人继承的，由第二顺序继承人继承。

本编所称子女，包括婚生子女、非婚生子女、养子女和有扶养关系的继子女。

本编所称父母，包括生父母、养父母和有扶养关系的继父母。

本编所称兄弟姐妹，包括同父母的兄弟姐妹、同父异母或者同母异父的兄弟姐妹、养兄弟姐妹、有扶养关系的继兄弟姐妹。

第一千一百二十八条　【代位继承】被继承人的子女先于被继承人死亡的，由被继承人的子女的直系晚辈血亲代位继承。

被继承人的兄弟姐妹先于被继承人死亡的，由被继承人的兄弟姐妹的子女代位继承。

代位继承人一般只能继承被代位继承人

有权继承的遗产份额。

第一千一百二十九条　【丧偶儿媳、女婿的继承权】丧偶儿媳对公婆,丧偶女婿对岳父母,尽了主要赡养义务的,作为第一顺序继承人。

第一千一百三十条　【遗产分配规则】同一顺序继承人继承遗产的份额,一般应当均等。

对生活有特殊困难又缺乏劳动能力的继承人,分配遗产时,应当予以照顾。

对被继承人尽了主要扶养义务或者与被继承人共同生活的继承人,分配遗产时,可以多分。

有扶养能力和有扶养条件的继承人,不尽扶养义务的,分配遗产时,应当不分或者少分。

继承人协商同意的,也可以不均等。

第一千一百三十一条　【酌情分得遗产权】对继承人以外的依靠被继承人扶养的人,或者继承人以外的对被继承人扶养较多的人,可以分给适当的遗产。

第一千一百三十二条　【继承的处理方式】继承人应当本着互谅互让、和睦团结的精神,协商处理继承问题。遗产分割的时间、办法和份额,由继承人协商确定;协商不成的,可以由人民调解委员会调解或者向人民法院提起诉讼。

第三章　遗嘱继承和遗赠

第一千一百三十三条　【遗嘱处分个人财产】自然人可以依照本法规定立遗嘱处分个人财产,并可以指定遗嘱执行人。

自然人可以立遗嘱将个人财产指定由法定继承人中的一人或者数人继承。

自然人可以立遗嘱将个人财产赠与国家、集体或者法定继承人以外的组织、个人。

自然人可以依法设立遗嘱信托。

第一千一百三十四条　【自书遗嘱】自书遗嘱由遗嘱人亲笔书写,签名,注明年、月、日。

第一千一百三十五条　【代书遗嘱】代书遗嘱应当有两个以上见证人在场见证,由其中一人代书,并由遗嘱人、代书人和其他见证人签名,注明年、月、日。

第一千一百三十六条　【打印遗嘱】打印遗嘱应当有两个以上见证人在场见证。遗嘱人和见证人应当在遗嘱每一页签名,注明年、月、日。

第一千一百三十七条　【录音录像遗嘱】以录音录像形式立的遗嘱,应当有两个以上见证人在场见证。遗嘱人和见证人应当在录音录像中记录其姓名或者肖像,以及年、月、日。

第一千一百三十八条　【口头遗嘱】遗嘱人在危急情况下,可以立口头遗嘱。口头遗嘱应当有两个以上见证人在场见证。危急情况消除后,遗嘱人能够以书面或者录音录像形式立遗嘱的,所立的口头遗嘱无效。

第一千一百三十九条　【公证遗嘱】公证遗嘱由遗嘱人经公证机构办理。

第一千一百四十条　【作为遗嘱见证人的消极条件】下列人员不能作为遗嘱见证人:

（一）无民事行为能力人、限制民事行为能力人以及其他不具有见证能力的人;

（二）继承人、受遗赠人;

（三）与继承人、受遗赠人有利害关系的人。

第一千一百四十一条　【必留份】遗嘱应当为缺乏劳动能力又没有生活来源的继承人保留必要的遗产份额。

第一千一百四十二条　【遗嘱的撤回与变更】遗嘱人可以撤回、变更自己所立的遗嘱。

立遗嘱后,遗嘱人实施与遗嘱内容相反的民事法律行为的,视为对遗嘱相关内容的撤回。

立有数份遗嘱,内容相抵触的,以最后的遗嘱为准。

第一千一百四十三条　【遗嘱无效的情形】无民事行为能力人或者限制民事行为能力人所立的遗嘱无效。

遗嘱必须表示遗嘱人的真实意思,受欺诈、胁迫所立的遗嘱无效。

伪造的遗嘱无效。

遗嘱被篡改的,篡改的内容无效。

第一千一百四十四条　【附义务的遗嘱继承或遗赠】遗嘱继承或者遗赠附有义务的,继承人或者受遗赠人应当履行义务。没有正当理由不履行义务的,经利害关系人或者有关组织请求,人民法院可以取消其接受附义务部分遗产的权利。

第四章　遗产的处理

第一千一百四十五条　【遗产管理人的选任】继

承开始后,遗嘱执行人为遗产管理人;没有遗嘱执行人的,继承人应当及时推选遗产管理人;继承人未推选的,由继承人共同担任遗产管理人;没有继承人或者继承人均放弃继承的,由被继承人生前住所地的民政部门或者村民委员会担任遗产管理人。

第一千一百四十六条　【法院指定遗产管理人】 对遗产管理人的确定有争议的,利害关系人可以向人民法院申请指定遗产管理人。

第一千一百四十七条　【遗产管理人的职责】 遗产管理人应当履行下列职责:
（一）清理遗产并制作遗产清单;
（二）向继承人报告遗产情况;
（三）采取必要措施防止遗产毁损、灭失;
（四）处理被继承人的债权债务;
（五）按照遗嘱或者依照法律规定分割遗产;
（六）实施与管理遗产有关的其他必要行为。

第一千一百四十八条　【遗产管理人的责任】 遗产管理人应当依法履行职责,因故意或者重大过失造成继承人、受遗赠人、债权人损害的,应当承担民事责任。

第一千一百四十九条　【遗产管理人的报酬】 遗产管理人可以依照法律规定或者按照约定获得报酬。

第一千一百五十条　【继承开始的通知】 继承开始后,知道被继承人死亡的继承人应当及时通知其他继承人和遗嘱执行人。继承人中无人知道被继承人死亡或者知道被继承人死亡而不能通知的,由被继承人生前所在单位或者住所地的居民委员会、村民委员会负责通知。

第一千一百五十一条　【遗产的保管】 存有遗产的人,应当妥善保管遗产,任何组织或者个人不得侵吞或者争抢。

第一千一百五十二条　【转继承】 继承开始后,继承人于遗产分割前死亡,并没有放弃继承的,该继承人应当继承的遗产转给其继承人,但是遗嘱另有安排的除外。

第一千一百五十三条　【遗产的确定】 夫妻共同所有的财产,除有约定的外,遗产分割时,应当先将共同所有的财产的一半分出为配偶所有,其余的为被继承人的遗产。

遗产在家庭共有财产之中的,遗产分割时,应当先分出他人的财产。

第一千一百五十四条　【按法定继承办理】 有下列情形之一的,遗产中的有关部分按照法定继承办理:
（一）遗嘱继承人放弃继承或者受遗赠人放弃受遗赠;
（二）遗嘱继承人丧失继承权或者受遗赠人丧失受遗赠权;
（三）遗嘱继承人、受遗赠人先于遗嘱人死亡或者终止;
（四）遗嘱无效部分所涉及的遗产;
（五）遗嘱未处分的遗产。

第一千一百五十五条　【胎儿预留份】 遗产分割时,应当保留胎儿的继承份额。胎儿娩出时是死体的,保留的份额按照法定继承办理。

第一千一百五十六条　【遗产分割】 遗产分割应当有利于生产和生活需要,不损害遗产的效用。

不宜分割的遗产,可以采取折价、适当补偿或者共有等方法处理。

第一千一百五十七条　【再婚时对所继承遗产的处分】 夫妻一方死亡后另一方再婚的,有权处分所继承的财产,任何组织或者个人不得干涉。

第一千一百五十八条　【遗赠扶养协议】 自然人可以与继承人以外的组织或者个人签订遗赠扶养协议。按照协议,该组织或者个人承担该自然人生养死葬的义务,享有受遗赠的权利。

第一千一百五十九条　【遗产分割时的义务】 分割遗产,应当清偿被继承人依法应当缴纳的税款和债务;但是,应当为缺乏劳动能力又没有生活来源的继承人保留必要的遗产。

第一千一百六十条　【无人继承的遗产的处理】 无人继承又无人受遗赠的遗产,归国家所有,用于公益事业;死者生前是集体所有制组织成员的,归所在集体所有制组织所有。

第一千一百六十一条　【限定继承】 继承人以所得遗产实际价值为限清偿被继承人依法应当缴纳的税款和债务。超过遗产实际价值部分,继承人自愿偿还的不在此限。

继承人放弃继承的,对被继承人依法应当缴纳的税款和债务可以不负清偿责任。

第一千一百六十二条 【遗赠与遗产债务清偿】执行遗赠不得妨碍清偿遗赠人依法应当缴纳的税款和债务。

第一千一百六十三条 【既有法定继承又有遗嘱继承、遗赠时的债务清偿】既有法定继承又有遗嘱继承、遗赠的,由法定继承人清偿被继承人依法应当缴纳的税款和债务;超过法定继承遗产实际价值部分,由遗嘱继承人和受遗赠人按比例以所得遗产清偿。

第七编　侵权责任

第一章　一般规定

第一千一百六十四条 【侵权责任编的调整范围】本编调整因侵害民事权益产生的民事关系。

第一千一百六十五条 【过错责任原则与过错推定责任】行为人因过错侵害他人民事权益造成损害的,应当承担侵权责任。

依照法律规定推定行为人有过错,其不能证明自己没有过错的,应当承担侵权责任。

第一千一百六十六条 【无过错责任】行为人造成他人民事权益损害,不论行为人有无过错,法律规定应当承担侵权责任的,依照其规定。

第一千一百六十七条 【危及他人人身、财产安全的责任承担方式】侵权行为危及他人人身、财产安全的,被侵权人有权请求侵权人承担停止侵害、排除妨碍、消除危险等侵权责任。

第一千一百六十八条 【共同侵权】二人以上共同实施侵权行为,造成他人损害的,应当承担连带责任。

第一千一百六十九条 【教唆侵权、帮助侵权】教唆、帮助他人实施侵权行为的,应当与行为人承担连带责任。

教唆、帮助无民事行为能力人、限制民事行为能力人实施侵权行为的,应当承担侵权责任;该无民事行为能力人、限制民事行为能力人的监护人未尽到监护职责的,应当承担相应的责任。

第一千一百七十条 【共同危险行为】二人以上实施危及他人人身、财产安全的行为,其中一人或者数人的行为造成他人损害,能够确定具体侵权人的,由侵权人承担责任;不能确定具体侵权人的,行为人承担连带责任。

第一千一百七十一条 【分别侵权的连带责任】二人以上分别实施侵权行为造成同一损害,每个人的侵权行为都足以造成全部损害的,行为人承担连带责任。

第一千一百七十二条 【分别侵权的按份责任】二人以上分别实施侵权行为造成同一损害,能够确定责任大小的,各自承担相应的责任;难以确定责任大小的,平均承担责任。

第一千一百七十三条 【与有过错】被侵权人对同一损害的发生或者扩大有过错的,可以减轻侵权人的责任。

第一千一百七十四条 【受害人故意】损害是因受害人故意造成的,行为人不承担责任。

第一千一百七十五条 【第三人过错】损害是因第三人造成的,第三人应当承担侵权责任。

第一千一百七十六条 【自甘风险】自愿参加具有一定风险的文体活动,因其他参加者的行为受到损害的,受害人不得请求其他参加者承担侵权责任;但是,其他参加者对损害的发生有故意或者重大过失的除外。

活动组织者的责任适用本法第一千一百九十八条至第一千二百零一条的规定。

第一千一百七十七条 【自力救济】合法权益受到侵害,情况紧迫且不能及时获得国家机关保护,不立即采取措施将使其合法权益受到难以弥补的损害的,受害人可以在保护自己合法权益的必要范围内采取扣留侵权人的财物等合理措施;但是,应当立即请求有关国家机关处理。

受害人采取的措施不当造成他人损害的,应当承担侵权责任。

第一千一百七十八条 【特别规定优先适用】本法和其他法律对不承担责任或者减轻责任的情形另有规定的,依照其规定。

第二章　损害赔偿

第一千一百七十九条 【人身损害赔偿范围】侵害他人造成人身损害的,应当赔偿医疗费、护理费、交通费、营养费、住院伙食补助费等为治疗和康复支出的合理费用，以及因误工减少的收入。造成残疾的，还应当赔偿辅助器具费和残疾赔偿金；造成死亡的，还应当赔偿丧葬费和死亡赔偿金。

第一千一百八十条　【以相同数额确定死亡赔偿金】 因同一侵权行为造成多人死亡的，可以以相同数额确定死亡赔偿金。

第一千一百八十一条　【被侵权人死亡时请求权主体的确定】 被侵权人死亡的，其近亲属有权请求侵权人承担侵权责任。被侵权人为组织，该组织分立、合并的，承继权利的组织有权请求侵权人承担侵权责任。

被侵权人死亡的，支付被侵权人医疗费、丧葬费等合理费用的人有权请求侵权人赔偿费用，但是侵权人已经支付该费用的除外。

第一千一百八十二条　【侵害他人人身权益造成财产损失的赔偿计算方式】 侵害他人人身权益造成财产损失的，按照被侵权人因此受到的损失或者侵权人因此获得的利益赔偿；被侵权人因此受到的损失以及侵权人因此获得的利益难以确定，被侵权人和侵权人就赔偿数额协商不一致，向人民法院提起诉讼的，由人民法院根据实际情况确定赔偿数额。

第一千一百八十三条　【精神损害赔偿】 侵害自然人人身权益造成严重精神损害的，被侵权人有权请求精神损害赔偿。

因故意或者重大过失侵害自然人具有人身意义的特定物造成严重精神损害的，被侵权人有权请求精神损害赔偿。

第一千一百八十四条　【财产损失的计算】 侵害他人财产的，财产损失按照损失发生时的市场价格或者其他合理方式计算。

第一千一百八十五条　【故意侵害知识产权的惩罚性赔偿责任】 故意侵害他人知识产权，情节严重的，被侵权人有权请求相应的惩罚性赔偿。

第一千一百八十六条　【公平分担损失】 受害人和行为人对损害的发生都没有过错的，依照法律的规定由双方分担损失。

第一千一百八十七条　【赔偿费用的支付方式】 损害发生后，当事人可以协商赔偿费用的支付方式。协商不一致的，赔偿费用应当一次性支付；一次性支付确有困难的，可以分期支付，但是被侵权人有权请求提供相应的担保。

第三章　责任主体的特殊规定

第一千一百八十八条　【监护人责任】 无民事行为能力人、限制民事行为能力人造成他人损害的，由监护人承担侵权责任。监护人尽到监护职责的，可以减轻其侵权责任。

有财产的无民事行为能力人、限制民事行为能力人造成他人损害的，从本人财产中支付赔偿费用；不足部分，由监护人赔偿。

第一千一百八十九条　【委托监护时监护人的责任】 无民事行为能力人、限制民事行为能力人造成他人损害，监护人将监护职责委托给他人的，监护人应当承担侵权责任；受托人有过错的，承担相应的责任。

第一千一百九十条　【暂时丧失意识后的侵权责任】 完全民事行为能力人对自己的行为暂时没有意识或者失去控制造成他人损害有过错的，应当承担侵权责任；没有过错的，根据行为人的经济状况对受害人适当补偿。

完全民事行为能力人因醉酒、滥用麻醉药品或者精神药品对自己的行为暂时没有意识或者失去控制造成他人损害的，应当承担侵权责任。

第一千一百九十一条　【用人单位责任和劳务派遣单位、劳务用工单位责任】 用人单位的工作人员因执行工作任务造成他人损害的，由用人单位承担侵权责任。用人单位承担侵权责任后，可以向有故意或者重大过失的工作人员追偿。

劳务派遣期间，被派遣的工作人员因执行工作任务造成他人损害的，由接受劳务派遣的用工单位承担侵权责任；劳务派遣单位有过错的，承担相应的责任。

第一千一百九十二条　【个人劳务关系中的侵权责任】 个人之间形成劳务关系，提供劳务一方因劳务造成他人损害的，由接受劳务一方承担侵权责任。接受劳务一方承担侵权责任后，可以向有故意或者重大过失的提供劳务一方追偿。提供劳务一方因劳务受到损害的，根据双方各自的过错承担相应的责任。

提供劳务期间，因第三人的行为造成提供劳务一方损害的，提供劳务一方有权请求第三人承担侵权责任，也有权请求接受劳务一方给予补偿。接受劳务一方补偿后，可以向第三人追偿。

第一千一百九十三条　【承揽关系中的侵权责任】承揽人在完成工作过程中造成第三人损害或者自己损害的，定作人不承担侵权责任。但是，定作人对定作、指示或者选任有过错的，应当承担相应的责任。

第一千一百九十四条　【网络侵权责任】网络用户、网络服务提供者利用网络侵害他人民事权益的，应当承担侵权责任。法律另有规定的，依照其规定。

第一千一百九十五条　【"通知与取下"制度】网络用户利用网络服务实施侵权行为的，权利人有权通知网络服务提供者采取删除、屏蔽、断开链接等必要措施。通知应当包括构成侵权的初步证据及权利人的真实身份信息。

网络服务提供者接到通知后，应当及时将该通知转送相关网络用户，并根据构成侵权的初步证据和服务类型采取必要措施；未及时采取必要措施的，对损害的扩大部分与该网络用户承担连带责任。

权利人因错误通知造成网络用户或者网络服务提供者损害的，应当承担侵权责任。法律另有规定的，依照其规定。

第一千一百九十六条　【"反通知"制度】网络用户接到转送的通知后，可以向网络服务提供者提交不存在侵权行为的声明。声明应当包括不存在侵权行为的初步证据及网络用户的真实身份信息。

网络服务提供者接到声明后，应当将该声明转送发出通知的权利人，并告知其可以向有关部门投诉或者向人民法院提起诉讼。网络服务提供者在转送声明到达权利人后的合理期限内，未收到权利人已经投诉或者提起诉讼通知的，应当及时终止所采取的措施。

第一千一百九十七条　【网络服务提供者与网络用户的连带责任】网络服务提供者知道或者应当知道网络用户利用其网络服务侵害他人民事权益，未采取必要措施的，与该网络用户承担连带责任。

第一千一百九十八条　【违反安全保障义务的侵权责任】宾馆、商场、银行、车站、机场、体育场馆、娱乐场所等经营场所、公共场所的经营者、管理者或者群众性活动的组织者，未尽到安全保障义务，造成他人损害的，应当承担侵权责任。

因第三人的行为造成他人损害的，由第三人承担侵权责任；经营者、管理者或者组织者未尽到安全保障义务的，承担相应的补充责任。经营者、管理者或者组织者承担补充责任后，可以向第三人追偿。

第一千一百九十九条　【教育机构对无民事行为能力人受到人身损害的过错推定责任】无民事行为能力人在幼儿园、学校或者其他教育机构学习、生活期间受到人身损害的，幼儿园、学校或者其他教育机构应当承担侵权责任；但是，能够证明尽到教育、管理职责的，不承担侵权责任。

第一千二百条　【教育机构对限制民事行为能力人受到人身损害的过错责任】限制民事行为能力人在学校或者其他教育机构学习、生活期间受到人身损害，学校或者其他教育机构未尽到教育、管理职责的，应当承担侵权责任。

第一千二百零一条　【受到校外人员人身损害时的责任分担】无民事行为能力人或者限制民事行为能力人在幼儿园、学校或者其他教育机构学习、生活期间，受到幼儿园、学校或者其他教育机构以外的第三人人身损害的，由第三人承担侵权责任；幼儿园、学校或者其他教育机构未尽到管理职责的，承担相应的补充责任。幼儿园、学校或者其他教育机构承担补充责任后，可以向第三人追偿。

第四章　产品责任

第一千二百零二条　【产品生产者侵权责任】因产品存在缺陷造成他人损害的，生产者应当承担侵权责任。

第一千二百零三条　【被侵权人请求损害赔偿的途径和先行赔偿人追偿权】因产品存在缺陷造成他人损害的，被侵权人可以向产品的生产者请求赔偿，也可以向产品的销售者请求赔偿。

产品缺陷由生产者造成的，销售者赔偿

后,有权向生产者追偿。因销售者的过错使产品存在缺陷的,生产者赔偿后,有权向销售者追偿。

第一千二百零四条 【生产者、销售者的第三人追偿权】因运输者、仓储者等第三人的过错使产品存在缺陷,造成他人损害的,产品的生产者、销售者赔偿后,有权向第三人追偿。

第一千二百零五条 【产品缺陷危及他人人身、财产安全的侵权责任】因产品缺陷危及他人人身、财产安全的,被侵权人有权请求生产者、销售者承担停止侵害、排除妨碍、消除危险等侵权责任。

第一千二百零六条 【生产者、销售者的补救措施及费用承担】产品投入流通后发现存在缺陷的,生产者、销售者应当及时采取停止销售、警示、召回等补救措施;未及时采取补救措施或者补救措施不力造成损害扩大的,对扩大的损害也应当承担侵权责任。

依据前款规定采取召回措施的,生产者、销售者应当负担被侵权人因此支出的必要费用。

第一千二百零七条 【产品责任中的惩罚性赔偿】明知产品存在缺陷仍然生产、销售,或者没有依据前条规定采取有效补救措施,造成他人死亡或者健康严重损害的,被侵权人有权请求相应的惩罚性赔偿。

第五章 机动车交通事故责任

第一千二百零八条 【机动车交通事故责任的法律适用】机动车发生交通事故造成损害的,依照道路交通安全法律和本法的有关规定承担赔偿责任。

第一千二百零九条 【租赁、借用机动车交通事故责任】因租赁、借用等情形机动车所有人、管理人与使用人不是同一人时,发生交通事故造成损害,属于该机动车一方责任的,由机动车使用人承担赔偿责任;机动车所有人、管理人对损害的发生有过错的,承担相应的赔偿责任。

第一千二百一十条 【转让并交付但未办理登记的机动车侵权责任】当事人之间已经以买卖或者其他方式转让并交付机动车但是未办理登记,发生交通事故造成损害,属于该机动车一方责任的,由受让人承担赔偿责任。

第一千二百一十一条 【挂靠机动车交通事故责任】以挂靠形式从事道路运输经营活动的机动车,发生交通事故造成损害,属于该机动车一方责任的,由挂靠人和被挂靠人承担连带责任。

第一千二百一十二条 【擅自驾驶他人机动车交通事故责任】未经允许驾驶他人机动车,发生交通事故造成损害,属于该机动车一方责任的,由机动车使用人承担赔偿责任;机动车所有人、管理人对损害的发生有过错的,承担相应的赔偿责任,但是本章另有规定的除外。

第一千二百一十三条 【交通事故侵权救济来源的支付顺序】机动车发生交通事故造成损害,属于该机动车一方责任的,先由承保机动车强制保险的保险人在强制保险责任限额范围内予以赔偿;不足部分,由承保机动车商业保险的保险人按照保险合同的约定予以赔偿;仍然不足或者没有投保机动车商业保险的,由侵权人赔偿。

第一千二百一十四条 【拼装车、报废车交通事故责任】以买卖或者其他方式转让拼装或者已经达到报废标准的机动车,发生交通事故造成损害的,由转让人和受让人承担连带责任。

第一千二百一十五条 【盗抢机动车交通事故责任】盗窃、抢劫或者抢夺的机动车发生交通事故造成损害的,由盗窃人、抢劫人或者抢夺人承担赔偿责任。盗窃人、抢劫人或者抢夺人与机动车使用人不是同一人,发生交通事故造成损害,属于该机动车一方责任的,由盗窃人、抢劫人或者抢夺人与机动车使用人承担连带责任。

保险人在机动车强制保险责任限额范围内垫付抢救费用的,有权向交通事故责任人追偿。

第一千二百一十六条 【驾驶人逃逸责任承担规则】机动车驾驶人发生交通事故后逃逸,该机动车参加强制保险的,由保险人在机动车强制保险责任限额范围内予以赔偿;机动车不明、该机动车未参加强制保险或者抢救费用超过机动车强制保险责任限额,需要支付被侵权人人身伤亡的抢救、丧葬等费用的,由道路交通事故社会救助基金垫付。道路交通事故社会救助基金垫付后,其管理机构有权向交通事故责任人追偿。

第一千二百一十七条　【好意同乘规则】非营运机动车发生交通事故造成无偿搭乘人损害,属于该机动车一方责任的,应当减轻其赔偿责任,但是机动车使用人有故意或者重大过失的除外。

第六章　医疗损害责任

第一千二百一十八条　【医疗损害责任归责原则】患者在诊疗活动中受到损害,医疗机构或者其医务人员有过错的,由医疗机构承担赔偿责任。

第一千二百一十九条　【医疗机构说明义务与患者知情同意权】医务人员在诊疗活动中应当向患者说明病情和医疗措施。需要实施手术、特殊检查、特殊治疗的,医务人员应当及时向患者具体说明医疗风险、替代医疗方案等情况,并取得其明确同意;不能或者不宜向患者说明的,应当向患者的近亲属说明,并取得其明确同意。

医务人员未尽到前款义务,造成患者损害的,医疗机构应当承担赔偿责任。

第一千二百二十条　【紧急情况下实施的医疗措施】因抢救生命垂危的患者等紧急情况,不能取得患者或者其近亲属意见的,经医疗机构负责人或者授权的负责人批准,可以立即实施相应的医疗措施。

第一千二百二十一条　【医务人员过错的医疗机构赔偿责任】医务人员在诊疗活动中未尽到与当时的医疗水平相应的诊疗义务,造成患者损害的,医疗机构应当承担赔偿责任。

第一千二百二十二条　【医疗机构过错推定的情形】患者在诊疗活动中受到损害,有下列情形之一的,推定医疗机构有过错:

(一)违反法律、行政法规、规章以及其他有关诊疗规范的规定;

(二)隐匿或者拒绝提供与纠纷有关的病历资料;

(三)遗失、伪造、篡改或者违法销毁病历资料。

第一千二百二十三条　【因药品、消毒产品、医疗器械的缺陷或输入不合格的血液的侵权责任】因药品、消毒产品、医疗器械的缺陷,或者输入不合格的血液造成患者损害的,患者可以向药品上市许可持有人、生产者、血液提供机构请求赔偿,也可以向医疗机构请求赔偿。患者向医疗机构请求赔偿的,医疗机构赔偿后,有权向负有责任的药品上市许可持有人、生产者、血液提供机构追偿。

第一千二百二十四条　【医疗机构免责事由】患者在诊疗活动中受到损害,有下列情形之一的,医疗机构不承担赔偿责任:

(一)患者或者其近亲属不配合医疗机构进行符合诊疗规范的诊疗;

(二)医务人员在抢救生命垂危的患者等紧急情况下已经尽到合理诊疗义务;

(三)限于当时的医疗水平难以诊疗。

前款第一项情形中,医疗机构或者其医务人员也有过错的,应当承担相应的赔偿责任。

第一千二百二十五条　【医疗机构对病历的义务及患者对病历的权利】医疗机构及其医务人员应当按照规定填写并妥善保管住院志、医嘱单、检验报告、手术及麻醉记录、病理资料、护理记录等病历资料。

患者要求查阅、复制前款规定的病历资料的,医疗机构应当及时提供。

第一千二百二十六条　【患者隐私和个人信息保护】医疗机构及其医务人员应当对患者的隐私和个人信息保密。泄露患者的隐私和个人信息,或者未经患者同意公开其病历资料的,应当承担侵权责任。

第一千二百二十七条　【不必要检查禁止义务】医疗机构及其医务人员不得违反诊疗规范实施不必要的检查。

第一千二百二十八条　【医疗机构及医务人员合法权益的维护】医疗机构及其医务人员的合法权益受法律保护。

干扰医疗秩序,妨碍医务人员工作、生活,侵害医务人员合法权益的,应当依法承担法律责任。

第七章　环境污染和生态破坏责任

第一千二百二十九条　【环境污染和生态破坏侵

权责任】因污染环境、破坏生态造成他人损害的,侵权人应当承担侵权责任。

第一千二百三十条　【环境污染、生态破坏侵权举证责任】因污染环境、破坏生态发生纠纷,行为人应当就法律规定的不承担责任或者减轻责任的情形及其行为与损害之间不存在因果关系承担举证责任。

第一千二百三十一条　【两个以上侵权人造成损害的责任分担】两个以上侵权人污染环境、破坏生态的,承担责任的大小,根据污染物的种类、浓度、排放量,破坏生态的方式、范围、程度,以及行为对损害后果所起的作用等因素确定。

第一千二百三十二条　【侵权人的惩罚性赔偿】侵权人违反法律规定故意污染环境、破坏生态造成严重后果的,被侵权人有权请求相应的惩罚性赔偿。

第一千二百三十三条　【因第三人过错污染环境、破坏生态的责任】因第三人的过错污染环境、破坏生态的,被侵权人可以向侵权人请求赔偿,也可以向第三人请求赔偿。侵权人赔偿后,有权向第三人追偿。

第一千二百三十四条　【生态环境损害修复责任】违反国家规定造成生态环境损害,生态环境能够修复的,国家规定的机关或者法律规定的组织有权请求侵权人在合理期限内承担修复责任。侵权人在期限内未修复的,国家规定的机关或者法律规定的组织可以自行或者委托他人进行修复,所需费用由侵权人负担。

第一千二百三十五条　【生态环境损害赔偿的范围】违反国家规定造成生态环境损害的,国家规定的机关或者法律规定的组织有权请求侵权人赔偿下列损失和费用:

(一)生态环境受到损害至修复完成期间服务功能丧失导致的损失;

(二)生态环境功能永久性损害造成的损失;

(三)生态环境损害调查、鉴定评估等费用;

(四)清除污染、修复生态环境费用;

(五)防止损害的发生和扩大所支出的合理费用。

第八章　高度危险责任

第一千二百三十六条　【高度危险责任一般规定】从事高度危险作业造成他人损害的,应当承担侵权责任。

第一千二百三十七条　【民用核设施致害责任】民用核设施或者运入运出核设施的核材料发生核事故造成他人损害的,民用核设施的营运单位应当承担侵权责任;但是,能够证明损害是因战争、武装冲突、暴乱等情形或者受害人故意造成的,不承担责任。

第一千二百三十八条　【民用航空器致害责任】民用航空器造成他人损害的,民用航空器的经营者应当承担侵权责任;但是,能够证明损害是因受害人故意造成的,不承担责任。

第一千二百三十九条　【高度危险物致害责任】占有或者使用易燃、易爆、剧毒、高放射性、强腐蚀性、高致病性等高度危险物造成他人损害的,占有人或者使用人应当承担侵权责任;但是,能够证明损害是因受害人故意或者不可抗力造成的,不承担责任。被侵权人对损害的发生有重大过失的,可以减轻占有人或者使用人的责任。

第一千二百四十条　【高度危险活动致害责任】从事高空、高压、地下挖掘活动或者使用高速轨道运输工具造成他人损害的,经营者应当承担侵权责任;但是,能够证明损害是因受害人故意或者不可抗力造成的,不承担责任。被侵权人对损害的发生有重大过失的,可以减轻经营者的责任。

第一千二百四十一条　【遗失、抛弃高度危险物致害的侵权责任】遗失、抛弃高度危险物造成他人损害的,由所有人承担侵权责任。所有人将高度危险物交由他人管理的,由管理人承担侵权责任;所有人有过错的,与管理人承担连带责任。

第一千二百四十二条　【非法占有高度危险物致害的侵权责任】非法占有高度危险物造成他人损害的,由非法占有人承担侵权责任。所有人、管理人不能证明对防止非法占有尽到高度注意义务的,与非法占有人承担连带责任。

**第一千二百四十三条　【未经许可进入高度危险

作业区域的致害责任】未经许可进入高度危险活动区域或者高度危险物存放区域受到损害，管理人能够证明已经采取足够安全措施并尽到充分警示义务的，可以减轻或者不承担责任。

第一千二百四十四条　【高度危险责任赔偿限额】承担高度危险责任，法律规定赔偿限额的，依照其规定，但是行为人有故意或者重大过失的除外。

第九章　饲养动物损害责任

第一千二百四十五条　【饲养动物损害责任一般规定】饲养的动物造成他人损害的，动物饲养人或者管理人应当承担侵权责任；但是，能够证明损害是因被侵权人故意或者重大过失造成的，可以不承担或者减轻责任。

第一千二百四十六条　【未对动物采取安全措施损害责任】违反管理规定，未对动物采取安全措施造成他人损害的，动物饲养人或者管理人应当承担侵权责任；但是，能够证明损害是因被侵权人故意造成的，可以减轻责任。

第一千二百四十七条　【禁止饲养的危险动物损害责任】禁止饲养的烈性犬等危险动物造成他人损害的，动物饲养人或者管理人应当承担侵权责任。

第一千二百四十八条　【动物园饲养动物损害责任】动物园的动物造成他人损害的，动物园应当承担侵权责任；但是，能够证明尽到管理职责的，不承担侵权责任。

第一千二百四十九条　【遗弃、逃逸动物损害责任】遗弃、逃逸的动物在遗弃、逃逸期间造成他人损害的，由动物原饲养人或者管理人承担侵权责任。

第一千二百五十条　【因第三人过错致使动物致害责任】因第三人的过错致使动物造成他人损害的，被侵权人可以向动物饲养人或者管理人请求赔偿，也可以向第三人请求赔偿。动物饲养人或者管理人赔偿后，有权向第三人追偿。

第一千二百五十一条　【饲养动物应负的社会责任】饲养动物应当遵守法律法规，尊重社会公德，不得妨碍他人生活。

第十章　建筑物和物件损害责任

第一千二百五十二条　【建筑物、构筑物或者其他设施倒塌、塌陷致害责任】建筑物、构筑物或者其他设施倒塌、塌陷造成他人损害的，由建设单位与施工单位承担连带责任，但是建设单位与施工单位能够证明不存在质量缺陷的除外。建设单位、施工单位赔偿后，有其他责任人的，有权向其他责任人追偿。

因所有人、管理人、使用人或者第三人的原因，建筑物、构筑物或者其他设施倒塌、塌陷造成他人损害的，由所有人、管理人、使用人或者第三人承担侵权责任。

第一千二百五十三条　【建筑物、构筑物或者其他设施及其搁置物、悬挂物脱落、坠落致害责任】建筑物、构筑物或者其他设施及其搁置物、悬挂物发生脱落、坠落造成他人损害，所有人、管理人或者使用人不能证明自己没有过错的，应当承担侵权责任。所有人、管理人或者使用人赔偿后，有其他责任人的，有权向其他责任人追偿。

第一千二百五十四条　【高空抛掷物、坠落物致害责任】禁止从建筑物中抛掷物品。从建筑物中抛掷物品或者从建筑物上坠落的物品造成他人损害的，由侵权人依法承担侵权责任；经调查难以确定具体侵权人的，除能证明自己不是侵权人的外，由可能加害的建筑物使用人给予补偿。可能加害的建筑物使用人补偿后，有权向侵权人追偿。

物业服务企业等建筑物管理人应当采取必要的安全保障措施防止前款规定情形的发生；未采取必要的安全保障措施的，应当依法承担未履行安全保障义务的侵权责任。

发生本条第一款规定的情形的，公安等机关应当依法及时调查，查清责任人。

第一千二百五十五条　【堆放物致害责任】堆放物倒塌、滚落或者滑落造成他人损害，堆放人不能证明自己没有过错的，应当承担侵权责任。

第一千二百五十六条　【在公共道路上妨碍通行物品的致害责任】在公共道路上堆放、倾倒、遗撒妨碍通行的物品造成他人损害的，由行为人承担侵权责任。公共道路管理人不能证明已经尽到清理、防护、警示等义务的，应当承担相应的责任。

第一千二百五十七条　【林木致害的责任】因林木折断、倾倒或者果实坠落等造成他人损害，林木的所有人或者管理人不能证明自己没有过错的,应当承担侵权责任。

第一千二百五十八条　【公共场所或道路施工致害责任和窨井等地下设施致害责任】在公共场所或者道路上挖掘、修缮安装地下设施等造成他人损害,施工人不能证明已经设置明显标志和采取安全措施的,应当承担侵权责任。

窨井等地下设施造成他人损害,管理人不能证明尽到管理职责的,应当承担侵权责任。

附　　则

第一千二百五十九条　【法律术语含义】民法所称的"以上"、"以下"、"以内"、"届满",包括本数;所称的"不满"、"超过"、"以外",不包括本数。

第一千二百六十条　【施行日期】本法自2021年1月1日起施行。《中华人民共和国婚姻法》、《中华人民共和国继承法》、《中华人民共和国民法通则》、《中华人民共和国收养法》、《中华人民共和国担保法》、《中华人民共和国合同法》、《中华人民共和国物权法》、《中华人民共和国侵权责任法》、《中华人民共和国民法总则》同时废止。

二　公司、企业、合伙

○ 司法解释

最高人民法院关于适用《中华人民共和国公司法》若干问题的规定(一)

- 2014年2月20日
- 法释〔2014〕2号

为正确适用2005年10月27日十届全国人大常委会第十八次会议修订的《中华人民共和国公司法》，对人民法院在审理相关的民事纠纷案件中，具体适用公司法的有关问题规定如下：

第一条　公司法实施后，人民法院尚未审结的和新受理的民事案件，其民事行为或事件发生在公司法实施以前的，适用当时的法律法规和司法解释。

第二条　因公司法实施前有关民事行为或者事件发生纠纷起诉到人民法院的，如当时的法律法规和司法解释没有明确规定时，可参照适用公司法的有关规定。

第三条　原告以公司法第二十二条第二款、第七十四条第二款规定事由，向人民法院提起诉讼时，超过公司法规定期限的，人民法院不予受理。

第四条　公司法第一百五十一条规定的180日以上连续持股期间，应为股东向人民法院提起诉讼时，已期满的持股时间；规定的合计持有公司百分之一以上股份，是指两个以上股东持股份额的合计。

第五条　人民法院对公司法实施前已经终审的案件依法进行再审时，不适用公司法的规定。

第六条　本规定自公布之日起实施。

最高人民法院关于适用《中华人民共和国公司法》若干问题的规定(二)

- 2020年12月29日
- 法释〔2020〕18号

为正确适用《中华人民共和国公司法》，结合审判实践，就人民法院审理公司解散和清算案件适用法律问题作出如下规定。

第一条　单独或者合计持有公司全部股东表决权百分之十以上的股东，以下列事由之一提起解散公司诉讼，并符合公司法第一百八十二条规定的，人民法院应予受理：

（一）公司持续两年以上无法召开股东会或者股东大会，公司经营管理发生严重困难的；

（二）股东表决时无法达到法定或者公司章程规定的比例，持续两年以上不能做出有效的股东会或者股东大会决议，公司经营管理发生严重困难的；

（三）公司董事长期冲突，且无法通过股东会或者股东大会解决，公司经营管理发生严重困难的；

（四）经营管理发生其他严重困难，公司继续存续会使股东利益受到重大损失的情形。

股东以知情权、利润分配请求权等权益受到损害，或者公司亏损、财产不足以偿还全部债务，以及公司被吊销企业法人营业执照未进行清算等为由，提起解散公司诉讼的，人民法院不予受理。

第二条　股东提起解散公司诉讼，同时又申请人民法院对公司进行清算的，人民法院对其提出的清算申请不予受理。人民法院可以告知原告，在人民法院判决解散公司后，依据民法典第七十条、公司法第一百八十三条和本规定第七条的规定，自行组织清算或者另行申请人民法院对公司进行清算。

第三条　股东提起解散公司诉讼时，向人民法院申请财产保全或者证据保全的，在股东提供担保且不影响公司正常经营的情形下,人民法院可予以保全。

第四条 股东提起解散公司诉讼应当以公司为被告。

原告以其他股东为被告一并提起诉讼的,人民法院应当告知原告将其他股东变更为第三人;原告坚持不予变更的,人民法院应当驳回原告对其他股东的起诉。

原告提起解散公司诉讼应当告知其他股东,或者由人民法院通知其参加诉讼。其他股东或者有关利害关系人申请以共同原告或者第三人身份参加诉讼的,人民法院应予准许。

第五条 人民法院审理解散公司诉讼案件,应当注重调解。当事人协商同意由公司或者股东收购股份,或者以减资等方式使公司存续,且不违反法律、行政法规强制性规定的,人民法院应予支持。当事人不能协商一致使公司存续的,人民法院应当及时判决。

经人民法院调解公司收购原告股份的,公司应当自调解书生效之日起六个月内将股份转让或者注销。股份转让或者注销之前,原告不得以公司收购其股份为由对抗公司债权人。

第六条 人民法院关于解散公司诉讼作出的判决,对公司全体股东具有法律约束力。

人民法院判决驳回解散公司诉讼请求后,提起该诉讼的股东或者其他股东又以同一事实和理由提起解散公司诉讼的,人民法院不予受理。

第七条 公司应当依照民法典第七十条、公司法第一百八十三条的规定,在解散事由出现之日起十五日内成立清算组,开始自行清算。

有下列情形之一,债权人、公司股东、董事或其他利害关系人申请人民法院指定清算组进行清算的,人民法院应予受理:

(一)公司解散逾期不成立清算组进行清算的;

(二)虽然成立清算组但故意拖延清算的;

(三)违法清算可能严重损害债权人或者股东利益的。

第八条 人民法院受理公司清算案件,应当及时指定有关人员组成清算组。

清算组成员可以从下列人员或者机构中产生:

(一)公司股东、董事、监事、高级管理人员;

(二)依法设立的律师事务所、会计师事务所、破产清算事务所等社会中介机构;

(三)依法设立的律师事务所、会计师事务所、破产清算事务所等社会中介机构中具备相关专业知识并取得执业资格的人员。

第九条 人民法院指定的清算组成员有下列情形之一的,人民法院可以根据债权人、公司股东、董事或其他利害关系人的申请,或者依职权更换清算组成员:

(一)有违反法律或者行政法规的行为;

(二)丧失执业能力或者民事行为能力;

(三)有严重损害公司或者债权人利益的行为。

第十条 公司依法清算结束并办理注销登记前,有关公司的民事诉讼,应当以公司的名义进行。

公司成立清算组的,由清算组负责人代表公司参加诉讼;尚未成立清算组的,由原法定代表人代表公司参加诉讼。

第十一条 公司清算时,清算组应当按照公司法第一百八十五条的规定,将公司解散清算事宜书面通知全体已知债权人,并根据公司规模和营业地域范围在全国或者公司注册登记地省级有影响的报纸上进行公告。

清算组未按照前款规定履行通知和公告义务,导致债权人未及时申报债权而未获清偿,债权人主张清算组成员对因此造成的损失承担赔偿责任的,人民法院应依法予以支持。

第十二条 公司清算时,债权人对清算组核定的债权有异议的,可以要求清算组重新核定。清算组不予重新核定,或者债权人对重新核定的债权仍有异议,债权人以公司为被告向人民法院提起诉讼请求确认的,人民法院应予受理。

第十三条 债权人在规定的期限内未申报债权,在公司清算程序终结前补充申报的,清算组应予登记。

公司清算程序终结,是指清算报告经股东会、股东大会或者人民法院确认完毕。

第十四条 债权人补充申报的债权,可以在公司尚未分配财产中依法清偿。公司尚未分配财产不能全额清偿，债权人主张股东以其在剩余财产分配中已经取得的财产予以清偿的，人民法院应予支持；但债权人因重大过错未在规定期限内申报债权的除外。

债权人或者清算组，以公司尚未分配财产和股东在剩余财产分配中已经取得的财产，不能全额清偿补充申报的债权为由，向人民法院提出破产清算申请的，人民法院不予受理。

第十五条　公司自行清算的，清算方案应当报股东会或者股东大会决议确认；人民法院组织清算的，清算方案应当报人民法院确认。未经确认的清算方案，清算组不得执行。

执行未经确认的清算方案给公司或者债权人造成损失，公司、股东、董事、公司其他利害关系人或者债权人主张清算组成员承担赔偿责任的，人民法院应依法予以支持。

第十六条　人民法院组织清算的，清算组应当自成立之日起六个月内清算完毕。

因特殊情况无法在六个月内完成清算的，清算组应当向人民法院申请延长。

第十七条　人民法院指定的清算组在清理公司财产、编制资产负债表和财产清单时，发现公司财产不足清偿债务的，可以与债权人协商制作有关债务清偿方案。

债务清偿方案经全体债权人确认且不损害其他利害关系人利益的，人民法院可依清算组的申请裁定予以认可。清算组依据该清偿方案清偿债务后，应当向人民法院申请裁定终结清算程序。

债权人对债务清偿方案不予确认或者人民法院不予认可的，清算组应当依法向人民法院申请宣告破产。

第十八条　有限责任公司的股东、股份有限公司的董事和控股股东未在法定期限内成立清算组开始清算，导致公司财产贬值、流失、毁损或者灭失，债权人主张其在造成损失范围内对公司债务承担赔偿责任的，人民法院应依法予以支持。

有限责任公司的股东、股份有限公司的董事和控股股东因怠于履行义务，导致公司主要财产、账册、重要文件等灭失，无法进行清算，债权人主张其对公司债务承担连带清偿责任的，人民法院应依法予以支持。

上述情形系实际控制人原因造成，债权人主张实际控制人对公司债务承担相应民事责任的，人民法院应依法予以支持。

第十九条　有限责任公司的股东、股份有限公司的董事和控股股东，以及公司的实际控制人在公司解散后，恶意处置公司财产给债权人造成损失，或者未经依法清算，以虚假的清算报告骗取公司登记机关办理法人注销登记，债权人主张其对公司债务承担相应赔偿责任的，人民法院应依法予以支持。

第二十条　公司解散应当在依法清算完毕后，申请办理注销登记。公司未经清算即办理注销登记，导致公司无法进行清算，债权人主张有限责任公司的股东、股份有限公司的董事和控股股东，以及公司的实际控制人对公司债务承担清偿责任的，人民法院应依法予以支持。

公司未经依法清算即办理注销登记，股东或者第三人在公司登记机关办理注销登记时承诺对公司债务承担责任的，债权人主张其对公司债务承担相应民事责任的，人民法院应依法予以支持。

第二十一条　按照本规定第十八条和第二十条第一款的规定应当承担责任的有限责任公司的股东、股份有限公司的董事和控股股东，以及公司的实际控制人为二人以上的，其中一人或者数人依法承担民事责任后，主张其他人员按照过错大小分担责任的，人民法院应予以支持。

第二十二条　公司解散时，股东尚未缴纳的出资均应作为清算财产。股东尚未缴纳的出资，包括到期应缴未缴的出资，以及依照公司法第二十六条和第八十条的规定分期缴纳尚未届满缴纳期限的出资。

公司财产不足以清偿债务时，债权人主张未缴出资股东，以及公司设立时的其他股东或者发起人在未缴出资范围内对公司债务承担连带清偿责任的，人民法院应依法予以支持。

第二十三条　清算组成员从事清算事务时，违反法律、行政法规或者公司章程给公司或者债权人造成损失，公司或者债权人主张其承担赔偿责任的，人民法院应依法予以支持。

有限责任公司的股东、股份有限公司连续一百八十日以上单独或者合计持有公司百分之一以上股份的股东，依据公司法第一百五十一条第三款的规定，以清算组成员有前款所述行为为由向人民法院提起诉讼的，人民法院应予受理。

公司已经清算完毕注销，上述股东参照公司法第一百五十一条第三款的规定，直接以清算组成员为被告、其他股东为第三人向人民法院提起诉讼的，人民法院应予受理。

第二十四条 解散公司诉讼案件和公司清算案件由公司住所地人民法院管辖。公司住所地是指公司主要办事机构所在地。公司办事机构所在地不明确的，由其注册地人民法院管辖。

基层人民法院管辖县、县级市或者区的公司登记机关核准登记公司的解散诉讼案件和公司清算案件；中级人民法院管辖地区、地级市以上的公司登记机关核准登记公司的解散诉讼案件和公司清算案件。

最高人民法院关于适用《中华人民共和国公司法》若干问题的规定（三）

- 2020年12月29日
- 法释〔2020〕18号

为正确适用《中华人民共和国公司法》，结合审判实践，就人民法院审理公司设立、出资、股权确认等纠纷案件适用法律问题作出如下规定。

第一条 为设立公司而签署公司章程、向公司认购出资或者股份并履行公司设立职责的人，应当认定为公司的发起人，包括有限责任公司设立时的股东。

第二条 发起人为设立公司以自己名义对外签订合同，合同相对人请求该发起人承担合同责任的，人民法院应予支持；公司成立后合同相对人请求公司承担合同责任的，人民法院应予支持。

第三条 发起人以设立中公司名义对外签订合同，公司成立后合同相对人请求公司承担合同责任的，人民法院应予支持。

公司成立后有证据证明发起人利用设立中公司的名义为自己的利益与相对人签订合同，公司以此为由主张不承担合同责任的，人民法院应予支持，但相对人为善意的除外。

第四条 公司因故未成立，债权人请求全体或者部分发起人对设立公司行为所产生的费用和债务承担连带清偿责任的，人民法院应予支持。

部分发起人依照前款规定承担责任后，请求其他发起人分担的，人民法院应当判令其他发起人按照约定的责任承担比例分担责任；没有约定责任承担比例的，按照约定的出资比例分担责任；没有约定出资比例的，按照均等份额分担责任。

因部分发起人的过错导致公司未成立，其他发起人主张其承担设立行为所产生的费用和债务的，人民法院应当根据过错情况，确定过错一方的责任范围。

第五条 发起人因履行公司设立职责造成他人损害，公司成立后受害人请求公司承担侵权赔偿责任的，人民法院应予支持；公司未成立，受害人请求全体发起人承担连带赔偿责任的，人民法院应予支持。

公司或者无过错的发起人承担赔偿责任后，可以向有过错的发起人追偿。

第六条 股份有限公司的认股人未按期缴纳所认股份的股款，经公司发起人催缴后在合理期间内仍未缴纳，公司发起人对该股份另行募集的，人民法院应当认定该募集行为有效。认股人延期缴纳股款给公司造成损失，公司请求该认股人承担赔偿责任的，人民法院应予支持。

第七条 出资人以不享有处分权的财产出资，当事人之间对于出资行为效力产生争议的，人民法院可以参照民法典第三百一十一条的规定予以认定。

以贪污、受贿、侵占、挪用等违法犯罪所得的货币出资后取得股权的，对违法犯罪行为予以追究、处罚时，应当采取拍卖或者变卖的方式处置其股权。

第八条 出资人以划拨土地使用权出资,或者以设定权利负担的土地使用权出资,公司、其他股东或者公司债权人主张认定出资人未履行出资义务的,人民法院应当责令当事人在指定的合理期间内办理土地变更手续或者解除权利负担;逾期未办理或者未解除的,人民法院应当认定出资人未依法全面履行出资义务。

第九条 出资人以非货币财产出资,未依法评估作价,公司、其他股东或者公司债权人请求认定出资人未履行出资义务的,人民法院应当委托具有合法资格的评估机构对该财产评估作价。评估确定的价额显著低于公司章程所定价额的,人民法院应当认定出资人未依法全面履行出资义务。

第十条 出资人以房屋、土地使用权或者需要办理权属登记的知识产权等财产出资,已经交付公司使用但未办理权属变更手续,公司、其他股东或者公司债权人主张认定出资人未履行出资义务的,人民法院应当责令当事人在指定的合理期间内办理权属变更手续;在前述期间内办理了权属变更手续的,人民法院应当认定其已经履行了出资义务;出资人主张自其实际交付财产给公司使用时享有相应股东权利的,人民法院应予支持。

出资人以前款规定的财产出资,已经办理权属变更手续但未交付给公司使用,公司或者其他股东主张其向公司交付、并在实际交付之前不享有相应股东权利的,人民法院应予支持。

第十一条 出资人以其他公司股权出资,符合下列条件的,人民法院应当认定出资人已履行出资义务:

(一)出资的股权由出资人合法持有并依法可以转让;

(二)出资的股权无权利瑕疵或者权利负担;

(三)出资人已履行关于股权转让的法定手续;

(四)出资的股权已依法进行了价值评估。

股权出资不符合前款第(一)、(二)、(三)项的规定,公司、其他股东或者公司债权人请求认定出资人未履行出资义务的,人民法院应当责令该出资人在指定的合理期间内采取补正措施,以符合上述条件;逾期未补正的,人民法院应当认定其未依法全面履行出资义务。

股权出资不符合本条第一款第(四)项的规定,公司、其他股东或者公司债权人请求认定出资人未履行出资义务的,人民法院应当按照本规定第九条的规定处理。

第十二条 公司成立后,公司、股东或者公司债权人以相关股东的行为符合下列情形之一且损害公司权益为由,请求认定该股东抽逃出资的,人民法院应予支持:

(一)制作虚假财务会计报表虚增利润进行分配;

(二)通过虚构债权债务关系将其出资转出;

(三)利用关联交易将出资转出;

(四)其他未经法定程序将出资抽回的行为。

第十三条 股东未履行或者未全面履行出资义务,公司或者其他股东请求其向公司依法全面履行出资义务的,人民法院应予支持。

公司债权人请求未履行或者未全面履行出资义务的股东在未出资本息范围内对公司债务不能清偿的部分承担补充赔偿责任的,人民法院应予支持;未履行或者未全面履行出资义务的股东已经承担上述责任,其他债权人提出相同请求的,人民法院不予支持。

股东在公司设立时未履行或者未全面履行出资义务,依照本条第一款或者第二款提起诉讼的原告,请求公司的发起人与被告股东承担连带责任的,人民法院应予支持;公司的发起人承担责任后,可以向被告股东追偿。

股东在公司增资时未履行或者未全面履行出资义务,依照本条第一款或者第二款提起诉讼的原告,请求未尽公司法第一百四十七条第一款规定的义务而使出资未缴足的董事、高级管理人员承担相应责任的,人民法院应予支持;董事、高级管理人员承担责任后,可以向被告股东追偿。

第十四条 股东抽逃出资,公司或者其他股东请求其向公司返还出资本息、协助抽逃出资的其他股东、董事、高级管理人员或者实际控制人对此承担连带责任的,人民法院应予支持。

公司债权人请求抽逃出资的股东在抽逃出资本息范围内对公司债务不能清偿的部分承担补充赔偿责任、协助抽逃出资的其他股东、董事、高级管理人员或者实际控制人对此承担连带责任的,人民法院应予支持;抽逃出资的股东已经承担上述责任,其他债权人提出相同请求的,人民法院不予支持。

第十五条 出资人以符合法定条件的非货币财产出资后,因市场变化或者其他客观因素导致出资财产贬值,公司、其他股东或者公司债权人请求该出资人承担补足出资责任的,人民法院不予支持。但是,当事人另有约定的除外。

第十六条 股东未履行或者未全面履行出资义务或者抽逃出资,公司根据公司章程或者股东会决议对其利润分配请求权、新股优先认购权、剩余财产分配请求权等股东权利作出相应的合理限制,该股东请求认定该限制无效的,人民法院不予支持。

第十七条 有限责任公司的股东未履行出资义务或者抽逃全部出资,经公司催告缴纳或者返还,其在合理期间内仍未缴纳或者返还出资,公司以股东会决议解除该股东的股东资格,该股东请求确认该解除行为无效的,人民法院不予支持。

在前款规定的情形下,人民法院在判决时应当释明,公司应当及时办理法定减资程序或者由其他股东或者第三人缴纳相应的出资。在办理法定减资程序或者其他股东或者第三人缴纳相应的出资之前,公司债权人依照本规定第十三条或者第十四条请求相关当事人承担相应责任的,人民法院应予支持。

第十八条 有限责任公司的股东未履行或者未全面履行出资义务即转让股权,受让人对此知道或者应当知道,公司请求该股东履行出资义务、受让人对此承担连带责任的,人民法院应予支持;公司债权人依照本规定第十三条第二款向该股东提起诉讼,同时请求前述受让人对此承担连带责任的,人民法院应予支持。

受让人根据前款规定承担责任后,向该未履行或者未全面履行出资义务的股东追偿的,人民法院应予支持。但是,当事人另有约定的除外。

第十九条 公司股东未履行或者未全面履行出资义务或者抽逃出资,公司或者其他股东请求其向公司全面履行出资义务或者返还出资,被告股东以诉讼时效为由进行抗辩的,人民法院不予支持。

公司债权人的债权未过诉讼时效期间,其依照本规定第十三条第二款、第十四条第二款的规定请求未履行或者未全面履行出资义务或者抽逃出资的股东承担赔偿责任,被告股东以出资义务或者返还出资义务超过诉讼时效期间为由进行抗辩的,人民法院不予支持。

第二十条 当事人之间对是否已履行出资义务发生争议,原告提供对股东履行出资义务产生合理怀疑证据的,被告股东应当就其已履行出资义务承担举证责任。

第二十一条 当事人向人民法院起诉请求确认其股东资格的,应当以公司为被告,与案件争议股权有利害关系的人作为第三人参加诉讼。

第二十二条 当事人之间对股权归属发生争议,一方请求人民法院确认其享有股权的,应当证明以下事实之一:

(一)已经依法向公司出资或者认缴出资,且不违反法律法规强制性规定;

(二)已经受让或者以其他形式继受公司股权,且不违反法律法规强制性规定。

第二十二条 当事人依法履行出资义务或者依法继受取得股权后,公司未根据公司法第三十一条、第三十二条的规定签发出资证明书、记载于股东名册并办理公司登记机关登记,当事人请求公司履行上述义务的,人民法院应予支持。

第二十四条 有限责任公司的实际出资人与名义出资人订立合同,约定由实际出资人出资并享有投资权益,以名义出资人为名义股东,实际出资人与名义股东对该合同效力发生争议的,如无法律规定的无效情形,人民法院应当认定该合同有效。

前款规定的实际出资人与名义股东因投资权益的归属发生争议,实际出资人以其实际履行了出资义务为由向名义股东主张权利的,人民法院应予支持。名义股东以公司股东名册记载、公司登记机关登记为由否认实际出资人权利的,人民法院不予支持。

实际出资人未经公司其他股东半数以上同意,请求公司变更股东、签发出资证明书、记载于股东名册、记载于公司章程并办理公司登记机关登记的,人民法院不予支持。

第二十五条 名义股东将登记于其名下的股权转让、质押或者以其他方式处分,实际出资人以其对于股权享有实际权利为由,请求认定处分股权行为无效,人民法院可以参照民法典第三百一十一条的规定处理。

名义股东处分股权造成实际出资人损失,实际出资人请求名义股东承担赔偿责任的,人民法院应予支持。

第二十六条 公司债权人以登记于公司登记机关的股东未履行出资义务为由,请求其对公司债务不能清偿的部分在未出资本息范围内承担补充赔偿责任,股东以其仅为名义股东而非实际出资人为由进行抗辩,人民法院不予支持。

名义股东根据前款规定承担赔偿责任后,向实际出资人追偿的,人民法院应予支持。

第二十七条 股权转让后尚未向公司登记机关办理变更登记,原股东将仍登记于其名下的股权转让、质押或者以其他方式处分,受让股东以其对股权享有实际权利为由,请求认定处分股权行为无效,人民法院可以参照民法典第三百一十一条的规定处理。

原股东处分股权造成受让股东损失,受让股东请求原股东承担赔偿责任、对于未及时办理变更登记有过错的董事、高级管理人员或者实际控制人承担相应责任的,人民法院应予支持;受让股东对于未及时办理变更登记也有过错的,可以适当减轻上述董事、高级管理人员或者实际控制人的责任。

第二十八条 冒用他人名义出资并将该他人作为股东在公司登记机关登记的,冒名登记行为人应当承担相应责任;公司、其他股东或者公司债权人以未履行出资义务为由,请求被冒名登记为股东的承担补足出资责任或者对公司债务不能清偿部分的赔偿责任的,人民法院不予支持。

最高人民法院关于适用《中华人民共和国公司法》若干问题的规定(四)

• 2020 年 12 月 29 日
• 法释〔2020〕18 号

为正确适用《中华人民共和国公司法》,结合人民法院审判实践,现就公司决议效力、股东知情权、利润分配权、优先购买权和股东代表诉讼等案件适用法律问题作出如下规定。

第一条 公司股东、董事、监事等请求确认股东会或者股东大会、董事会决议无效或者不成立的,人民法院应当依法予以受理。

第二条 依据民法典第八十五条、公司法第二十二条第二款请求撤销股东会或者股东大会、董事会决议的原告,应当在起诉时具有公司股东资格。

第三条 原告请求确认股东会或者股东大会、董事会决议不成立、无效或者撤销决议的案件,应当列公司为被告。对决议涉及的其他利害关系人,可以依法列为第三人。

一审法庭辩论终结前,其他有原告资格的人以相同的诉讼请求申请参加前款规定诉讼的,可以列为共同原告。

第四条 股东请求撤销股东会或者股东大会、董事会决议,符合民法典第八十五条、公司法第二十二条第二款规定的,人民法院应当予以支持,但会议召集程序或者表决方式仅有轻微瑕疵,且对决议未产生实质影响的,人民法院不予支持。

第五条 股东会或者股东大会、董事会决议存在下列情形之一,当事人主张决议不成立的,人民法院应当予以支持:

(一)公司未召开会议的,但依据公司法第三十七条第二款或者公司章程规定可以不召开股东会或者股东大会而直接作出决定,并由全体股东在决定文件上签名、盖章的除外;

(二)会议未对决议事项进行表决的;

(三)出席会议的人数或者股东所持表决

权不符合公司法或者公司章程规定的;

（四）会议的表决结果未达到公司法或者公司章程规定的通过比例的;

（五）导致决议不成立的其他情形。

第六条 股东会或者股东大会、董事会决议被人民法院判决确认无效或者撤销的，公司依据该决议与善意相对人形成的民事法律关系不受影响。

第七条 股东依据公司法第三十三条、第九十七条或者公司章程的规定,起诉请求查阅或者复制公司特定文件材料的,人民法院应当依法予以受理。

公司有证据证明前款规定的原告在起诉时不具有公司股东资格的,人民法院应当驳回起诉,但原告有初步证据证明在持股期间其合法权益受到损害,请求依法查阅或者复制其持股期间的公司特定文件材料的除外。

第八条 有限责任公司有证据证明股东存在下列情形之一的,人民法院应当认定股东有公司法第三十三条第二款规定的"不正当目的"：

（一）股东自营或者为他人经营与公司主营业务有实质性竞争关系业务的,但公司章程另有规定或者全体股东另有约定的除外;

（二）股东为了向他人通报有关信息查阅公司会计账簿,可能损害公司合法利益的;

（三）股东在向公司提出查阅请求之日前的三年内,曾通过查阅公司会计账簿,向他人通报有关信息损害公司合法利益的;

（四）股东有不正当目的的其他情形。

第九条 公司章程、股东之间的协议等实质性剥夺股东依据公司法第三十三条、第九十七条规定查阅或者复制公司文件材料的权利,公司以此为由拒绝股东查阅或者复制的,人民法院不予支持。

第十条 人民法院审理股东请求查阅或者复制公司特定文件材料的案件,对原告诉讼请求予以支持的,应当在判决中明确查阅或者复制公司特定文件材料的时间、地点和特定文件材料的名录。

股东依据人民法院生效判决查阅公司文件材料的,在该股东在场的情况下,可以由会计师、律师等依法或者依执业行为规范负有保密义务的中介机构执业人员辅助进行。

第十一条 股东行使知情权后泄露公司商业秘密导致公司合法利益受到损害,公司请求该股东赔偿相关损失的,人民法院应当予以支持。

根据本规定第十条辅助股东查阅公司文件材料的会计师、律师等泄露公司商业秘密导致公司合法利益受到损害,公司请求其赔偿相关损失的,人民法院应当予以支持。

第十二条 公司董事、高级管理人员等未依法履行职责,导致公司未依法制作或者保存公司法第三十三条、第九十七条规定的公司文件材料,给股东造成损失,股东依法请求负有相应责任的公司董事、高级管理人员承担民事赔偿责任的,人民法院应当予以支持。

第十三条 股东请求公司分配利润案件,应当列公司为被告。

一审法庭辩论终结前,其他股东基于同一分配方案请求分配利润并申请参加诉讼的,应当列为共同原告。

第十四条 股东提交载明具体分配方案的股东会或者股东大会的有效决议,请求公司分配利润,公司拒绝分配利润且其关于无法执行决议的抗辩理由不成立的,人民法院应当判决按照决议载明的具体分配方案向股东分配利润。

第十五条 股东未提交载明具体分配方案的股东会或者股东大会决议,请求公司分配利润的,人民法院应当驳回其诉讼请求,但违反法律规定滥用股东权利导致公司不分配利润,给其他股东造成损失的除外。

第十六条 有限责任公司的自然人股东因继承发生变化时,其他股东主张依据公司法第七十一条第三款规定行使优先购买权的,人民法院不予支持,但公司章程另有规定或者全体股东另有约定的除外。

第十七条 有限责任公司的股东向股东以外的人转让股权,应就其股权转让事项以书面或者其他能够确认收悉的合理方式通知其他股东征求同意。其他股东半数以上不同意转让,不同意的股东不购买的,人民法院应当认定视为同意转让。

经股东同意转让的股权,其他股东主张转

让股东应当向其以书面或者其他能够确认收悉的合理方式通知转让股权的同等条件的，人民法院应当予以支持。

经股东同意转让的股权，在同等条件下，转让股东以外的其他股东主张优先购买的，人民法院应当予以支持，但转让股东依据本规定第二十条放弃转让的除外。

第十八条 人民法院在判断是否符合公司法第七十一条第三款及本规定所称的"同等条件"时，应当考虑转让股权的数量、价格、支付方式及期限等因素。

第十九条 有限责任公司的股东主张优先购买转让股权的，应当在收到通知后，在公司章程规定的行使期间内提出购买请求。公司章程没有规定行使期间或者规定不明确的，以通知确定的期间为准，通知确定的期间短于三十日或者未明确行使期间的，行使期间为三十日。

第二十条 有限责任公司的转让股东，在其他股东主张优先购买后又不同意转让股权的，对其他股东优先购买的主张，人民法院不予支持，但公司章程另有规定或者全体股东另有约定的除外。其他股东主张转让股东赔偿其损失合理的，人民法院应当予以支持。

第二十一条 有限责任公司的股东向股东以外的人转让股权，未就其股权转让事项征求其他股东意见，或者以欺诈、恶意串通等手段，损害其他股东优先购买权，其他股东主张按照同等条件购买该转让股权的，人民法院应当予以支持，但其他股东自知道或者应当知道行使优先购买权的同等条件之日起三十日内没有主张，或者自股权变更登记之日起超过一年的除外。

前款规定的其他股东仅提出确认股权转让合同及股权变动效力等请求，未同时主张按照同等条件购买转让股权的，人民法院不予支持，但其他股东非因自身原因导致无法行使优先购买权，请求损害赔偿的除外。

股东以外的股权受让人，因股东行使优先购买权而不能实现合同目的的，可以依法请求转让股东承担相应民事责任。

第二十二条 通过拍卖向股东以外的人转让有限责任公司股权的，适用公司法第七十一条第二款、第三款或者第七十二条规定的"书面通知""通知""同等条件"时，根据相关法律、司法解释确定。

在依法设立的产权交易场所转让有限责任公司国有股权的，适用公司法第七十一条第二款、第三款或者第七十二条规定的"书面通知""通知""同等条件"时，可以参照产权交易场所的交易规则。

第二十三条 监事会或者不设监事会的有限责任公司的监事依据公司法第一百五十一条第一款规定对董事、高级管理人员提起诉讼的，应当列公司为原告，依法由监事会主席或者不设监事会的有限责任公司的监事代表公司进行诉讼。

董事会或者不设董事会的有限责任公司的执行董事依据公司法第一百五十一条第一款规定对监事提起诉讼的，或者依据公司法第一百五十一条第三款规定对他人提起诉讼的，应当列公司为原告，依法由董事长或者执行董事代表公司进行诉讼。

第二十四条 符合公司法第一百五十一条第一款规定条件的股东，依据公司法第一百五十一条第二款、第三款规定，直接对董事、监事、高级管理人员或者他人提起诉讼的，应当列公司为第三人参加诉讼。

一审法庭辩论终结前，符合公司法第一百五十一条第一款规定条件的其他股东，以相同的诉讼请求申请参加诉讼的，应当列为共同原告。

第二十五条 股东依据公司法第一百五十一条第二款、第三款规定直接提起诉讼的案件，胜诉利益归属于公司。股东请求被告直接向其承担民事责任的，人民法院不予支持。

第二十六条 股东依据公司法第一百五十一条第二款、第三款规定直接提起诉讼的案件，其诉讼请求部分或者全部得到人民法院支持的，公司应当承担股东因参加诉讼支付的合理费用。

第二十七条 本规定自2017年9月1日起施行。

本规定施行后尚未终审的案件，适用本规定；本规定施行前已经终审的案件，或者适用审判监督程序再审的案件，不适用本规定。

最高人民法院关于适用《中华人民共和国公司法》若干问题的规定(五)

- 2020 年 12 月 29 日
- 法释〔2020〕18 号

为正确适用《中华人民共和国公司法》,结合人民法院审判实践,就股东权益保护等纠纷案件适用法律问题作出如下规定。

第一条 关联交易损害公司利益,原告公司依据民法典第八十四条、公司法第二十一条规定请求控股股东、实际控制人、董事、监事、高级管理人员赔偿所造成的损失,被告仅以该交易已经履行了信息披露、经股东会或者股东大会同意等法律、行政法规或者公司章程规定的程序为由抗辩的,人民法院不予支持。

公司没有提起诉讼的,符合公司法第一百五十一条第一款规定条件的股东,可以依据公司法第一百五十一条第二款、第三款规定向人民法院提起诉讼。

第二条 关联交易合同存在无效、可撤销或者对公司不发生效力的情形,公司没有起诉合同相对方的,符合公司法第一百五十一条第一款规定条件的股东,可以依据公司法第一百五十一条第二款、第三款规定向人民法院提起诉讼。

第三条 董事任期届满前被股东会或者股东大会有效决议解除职务,其主张解除不发生法律效力的,人民法院不予支持。

董事职务被解除后,因补偿与公司发生纠纷提起诉讼的,人民法院应当依据法律、行政法规、公司章程的规定或者合同的约定,综合考虑解除的原因、剩余任期、董事薪酬等因素,确定是否补偿以及补偿的合理数额。

第四条 分配利润的股东会或者股东大会决议作出后,公司应当在决议载明的时间内完成利润分配。决议没有载明时间的,以公司章程规定的为准。决议、章程中均未规定时间或者时间超过一年的,公司应当自决议作出之日起一年内完成利润分配。

决议中载明的利润分配完成时间超过公司章程规定时间的,股东可以依据民法典第八十五条、公司法第二十二条第二款规定请求人民法院撤销决议中关于该时间的规定。

第五条 人民法院审理涉及有限责任公司股东重大分歧案件时,应当注重调解。当事人协商一致以下列方式解决分歧,且不违反法律、行政法规的强制性规定的,人民法院应予支持:

(一)公司回购部分股东股份;
(二)其他股东受让部分股东股份;
(三)他人受让部分股东股份;
(四)公司减资;
(五)公司分立;
(六)其他能够解决分歧,恢复公司正常经营,避免公司解散的方式。

第六条 本规定自 2019 年 4 月 29 日起施行。

本规定施行后尚未终审的案件,适用本规定;本规定施行前已经终审的案件,或者适用审判监督程序再审的案件,不适用本规定。

本院以前发布的司法解释与本规定不一致的,以本规定为准。

最高人民法院关于适用《中华人民共和国外商投资法》若干问题的解释

- 2019 年 12 月 26 日
- 法释〔2019〕20 号

为正确适用《中华人民共和国外商投资法》,依法平等保护中外投资者合法权益,营造稳定、公平、透明的法治化营商环境,结合审判实践,就人民法院审理平等主体之间的投资合同纠纷案件适用法律问题作出如下解释。

第一条 本解释所称投资合同,是指外国投资者即外国的自然人、企业或者其他组织因直接或者间接在中国境内进行投资而形成的相关协议,包括设立外商投资企业合同、股份转让合同、股权转让合同、财产份额或者其他类似权益转让合同、新建项目合同等协议。

外国投资者因赠与、财产分割、企业合并、

企业分立等方式取得相应权益所产生的合同纠纷,适用本解释。

第二条　对外商投资法第四条所指的外商投资准入负面清单之外的领域形成的投资合同,当事人以合同未经有关行政主管部门批准、登记为由主张合同无效或者未生效的,人民法院不予支持。

前款规定的投资合同签订于外商投资法施行前,但人民法院在外商投资法施行时尚未作出生效裁判的,适用前款规定认定合同的效力。

第三条　外国投资者投资外商投资准入负面清单规定禁止投资的领域,当事人主张投资合同无效的,人民法院应予支持。

第四条　外国投资者投资外商投资准入负面清单规定限制投资的领域,当事人以违反限制性准入特别管理措施为由,主张投资合同无效的,人民法院应予支持。

人民法院作出生效裁判前,当事人采取必要措施满足准入特别管理措施的要求,当事人主张前款规定的投资合同有效的,应予支持。

第五条　在生效裁判作出前,因外商投资准入负面清单调整,外国投资者投资不再属于禁止或者限制投资的领域,当事人主张投资合同有效的,人民法院应予支持。

第六条　人民法院审理香港特别行政区、澳门特别行政区投资者、定居在国外的中国公民在内地、台湾地区投资者在大陆投资产生的相关纠纷案件,可以参照适用本解释。

第七条　本解释自2020年1月1日起施行。

本解释施行前本院作出的有关司法解释与本解释不一致的,以本解释为准。

最高人民法院关于审理外商投资企业纠纷案件若干问题的规定(一)

- 2020年12月29日
- 法释〔2020〕18号

为正确审理外商投资企业在设立、变更等过程中产生的纠纷案件,保护当事人的合法权益,根据《中华人民共和国民法典》《中华人民共和国外商投资法》《中华人民共和国公司法》等法律法规的规定,结合审判实践,制定本规定。

第一条　当事人在外商投资企业设立、变更等过程中订立的合同,依法律、行政法规的规定应当经外商投资企业审批机关批准后才生效的,自批准之日起生效;未经批准的,人民法院应当认定该合同未生效。当事人请求确认该合同无效的,人民法院不予支持。

前款所述合同因未经批准而被认定未生效的,不影响合同中当事人履行报批义务条款及因该报批义务而设定的相关条款的效力。

第二条　当事人就外商投资企业相关事项达成的补充协议对已获批准的合同不构成重大或实质性变更的,人民法院不应以未经外商投资企业审批机关批准为由认定该补充协议未生效。

前款规定的重大或实质性变更包括注册资本、公司类型、经营范围、营业期限、股东认缴的出资额、出资方式的变更以及公司合并、公司分立、股权转让等。

第三条　人民法院在审理案件中,发现经外商投资企业审批机关批准的外商投资企业合同具有法律、行政法规规定的无效情形的,应当认定合同无效;该合同具有法律、行政法规规定的可撤销情形,当事人请求撤销的,人民法院应予支持。

第四条　外商投资企业合同约定一方当事人以需要办理权属变更登记的标的物出资或者提供合作条件,标的物已交付外商投资企业实际使用,且负有办理权属变更登记义务的一方当事人在人民法院指定的合理期限内完成了登记的,人民法院应当认定该方当事人履行了出资或者提供合作条件的义务。外商投资企业或其股东以该方当事人未履行出资义务为由主张该方当事人不享有股东权益的,人民法院不予支持。

外商投资企业或其股东举证证明该方当事人因迟延办理权属变更登记给外商投资企业造成损失并请求赔偿的,人民法院应予支持。

第五条 外商投资企业股权转让合同成立后,转让方和外商投资企业不履行报批义务,经受让方催告后在合理的期限内仍未履行,受让方请求解除合同并由转让方返还其已支付的转让款、赔偿因未履行报批义务而造成的实际损失的,人民法院应予支持。

第六条 外商投资企业股权转让合同成立后,转让方和外商投资企业不履行报批义务,受让方以转让方为被告、以外商投资企业为第三人提起诉讼,请求转让方与外商投资企业在一定期限内共同履行报批义务的,人民法院应予支持。受让方同时请求在转让方和外商投资企业于生效判决确定的期限内不履行报批义务时自行报批的,人民法院应予支持。

转让方和外商投资企业拒不根据人民法院生效判决确定的期限履行报批义务,受让方另行起诉,请求解除合同并赔偿损失的,人民法院应予支持。赔偿损失的范围可以包括股权的差价损失、股权收益及其他合理损失。

第七条 转让方、外商投资企业或者受让方根据本规定第六条第一款的规定就外商投资企业股权转让合同报批,未获外商投资企业审批机关批准,受让方另起诉,请求转让方返还其已支付的转让款的,人民法院应予支持。受让方请求转让方赔偿因此造成的损失的,人民法院应根据转让方是否存在过错以及过错大小认定其是否承担赔偿责任及具体赔偿数额。

第八条 外商投资企业股权转让合同约定受让方支付转让款后转让方才办理报批手续,受让方未支付股权转让款,经转让方催告后在合理的期限内仍未履行,转让方请求解除合同并赔偿因迟延履行而造成的实际损失的,人民法院应予支持。

第九条 外商投资企业股权转让合同成立后,受让方未支付股权转让款,转让方和外商投资企业亦未履行报批义务,转让方请求受让方支付股权转让款,人民法院应当中止审理,指令转让方在一定期限内办理报批手续。该股权转让合同获得外商投资企业审批机关批准的,对转让方关于支付转让款的诉讼请求,人民法院应予支持。

第十条 外商投资企业股权转让合同成立后,受让方已实际参与外商投资企业的经营管理并获取收益,但合同未获外商投资企业审批机关批准,转让方请求受让方退出外商投资企业的经营管理并将受让方因实际参与经营管理而获得的收益在扣除相关成本费用后支付给转让方的,人民法院应予支持。

第十一条 外商投资企业一方股东将股权全部或部分转让给股东之外的第三人,应当经其他股东一致同意,其他股东以未征得其同意为由请求撤销股权转让合同的,人民法院应予支持。具有以下情形之一的除外:
(一)有证据证明其他股东已经同意;
(二)转让方已就股权转让事项书面通知,其他股东自接到书面通知之日满三十日未予答复;
(三)其他股东不同意转让,又不购买该转让的股权。

第十二条 外商投资企业一方股东将股权全部或部分转让给股东之外的第三人,其他股东以该股权转让侵害了其优先购买权为由请求撤销股权转让合同的,人民法院应予支持。其他股东在知道或者应当知道股权转让合同签订之日起一年内未主张优先购买权的除外。

前款规定的转让方、受让方以侵害其他股东优先购买权为由请求认定股权转让合同无效的,人民法院不予支持。

第十三条 外商投资企业股东与债权人订立的股权质押合同,除法律、行政法规另有规定或者合同另有约定外,自成立时生效。未办理质权登记的,不影响股权质押合同的效力。

当事人仅以股权质押合同未经外商投资企业审批机关批准为由主张合同无效或未生效的,人民法院不予支持。

股权质押合同依照民法典的相关规定办理了出质登记的,股权质权自登记时设立。

第十四条 当事人之间约定一方实际投资、另一方作为外商投资企业名义股东,实际投资者请求确认其在外商投资企业中的股东身份或者请求变更外商投资企业股东的,人民法院不予支持。同时具备以下条件的除外:

（一）实际投资者已经实际投资；

（二）名义股东以外的其他股东认可实际投资者的股东身份；

（三）人民法院或当事人在诉讼期间就将实际投资者变更为股东征得了外商投资企业审批机关的同意。

第十五条 合同约定一方实际投资、另一方作为外商投资企业名义股东，不具有法律、行政法规规定的无效情形的，人民法院应认定该合同有效。一方当事人仅以未经外商投资企业审批机关批准为由主张该合同无效或者未生效的，人民法院不予支持。

实际投资者请求外商投资企业名义股东依据双方约定履行相应义务的，人民法院应予支持。

双方未约定利益分配，实际投资者请求外商投资企业名义股东向其交付从外商投资企业获得的收益的，人民法院应予支持。外商投资企业名义股东向实际投资者请求支付必要报酬的，人民法院应酌情予以支持。

第十六条 外商投资企业名义股东不履行与实际投资者之间的合同，致使实际投资者不能实现合同目的，实际投资者请求解除合同并由外商投资企业名义股东承担违约责任的，人民法院应予支持。

第十七条 实际投资者根据其与外商投资企业名义股东的约定，直接向外商投资企业请求分配利润或者行使其他股东权利的，人民法院不予支持。

第十八条 实际投资者与外商投资企业名义股东之间的合同被认定无效，名义股东持有的股权价值高于实际投资额，实际投资者请求名义股东向其返还投资款并根据其实际投资情况以及名义股东参与外商投资企业经营管理的情况对股权收益在双方之间进行合理分配的，人民法院应予支持。

外商投资企业名义股东明确表示放弃股权或者拒绝继续持有股权的，人民法院可以判令以拍卖、变卖名义股东持有的外商投资企业股权所得向实际投资者返还投资款，其余款项根据实际投资者的实际投资情况、名义股东参与外商投资企业经营管理的情况在双方之间进行合理分配。

第十九条 实际投资者与外商投资企业名义股东之间的合同被认定无效，名义股东持有的股权价值低于实际投资额，实际投资者请求名义股东向其返还现有股权的等值价款的，人民法院应予支持；外商投资企业名义股东明确表示放弃股权或者拒绝继续持有股权的，人民法院可以判令以拍卖、变卖名义股东持有的外商投资企业股权所得向实际投资者返还投资款。

实际投资者请求名义股东赔偿损失的，人民法院应当根据名义股东对合同无效是否存在过错及过错大小认定其是否承担赔偿责任及具体赔偿数额。

第二十条 实际投资者与外商投资企业名义股东之间的合同因恶意串通，损害国家、集体或者第三人利益，被认定无效，人民法院应当将因此取得的财产收归国家所有或者返还集体、第三人。

第二十一条 外商投资企业一方股东或者外商投资企业以提供虚假材料等欺诈或者其他不正当手段向外商投资企业审批机关申请变更外商投资企业批准证书所载股东，导致外商投资企业他方股东丧失股东身份或原有股权份额，他方股东请求确认股东身份或原有股权份额的，人民法院应予支持。第三人已经善意取得该股权的除外。

他方股东请求侵权股东或者外商投资企业赔偿损失的，人民法院应予支持。

第二十二条 人民法院审理香港特别行政区、澳门特别行政区、台湾地区的投资者、定居在国外的中国公民在内地投资设立企业产生的相关纠纷案件，参照适用本规定。

第二十三条 本规定施行后，案件尚在一审或者二审阶段的，适用本规定；本规定施行前已经终审的案件，人民法院进行再审时，不适用本规定。

第二十四条 本规定施行前本院作出的有关司法解释与本规定相抵触的，以本规定为准。

最高人民法院关于审理涉及会计师事务所在审计业务活动中民事侵权赔偿案件的若干规定

- 2007年6月11日
- 法释〔2007〕12号

为正确审理涉及会计师事务所在审计业务活动中民事侵权赔偿案件,维护社会公共利益和相关当事人的合法权益,根据《中华人民共和国民法通则》《中华人民共和国注册会计师法》《中华人民共和国公司法》《中华人民共和国证券法》等法律,结合审判实践,制定本规定。

第一条 利害关系人以会计师事务所在从事注册会计师法第十四条规定的审计业务活动中出具不实报告并致其遭受损失为由,向人民法院提起民事侵权赔偿诉讼的,人民法院应当依法受理。

第二条 因合理信赖或者使用会计师事务所出具的不实报告,与被审计单位进行交易或者从事与被审计单位的股票、债券等有关的交易活动而遭受损失的自然人、法人或者其他组织,应认定为注册会计师法规定的利害关系人。

会计师事务所违反法律法规、中国注册会计师协会依法拟定并经国务院财政部门批准后施行的执业准则和规则以及诚信公允的原则,出具的具有虚假记载、误导性陈述或者重大遗漏的审计业务报告,应认定为不实报告。

第三条 利害关系人未对被审计单位提起诉讼而直接对会计师事务所提起诉讼的,人民法院应当告知其对会计师事务所和被审计单位一并提起诉讼;利害关系人拒不起诉被审计单位的,人民法院应当通知被审计单位作为共同被告参加诉讼。

利害关系人对会计师事务所的分支机构提起诉讼的,人民法院可以将该会计师事务所列为共同被告参加诉讼。

利害关系人提出被审计单位的出资人虚假出资或者出资不实、抽逃出资,且事后未补足的,人民法院可以将该出资人列为第三人参加诉讼。

第四条 会计师事务所因在审计业务活动中对外出具不实报告给利害关系人造成损失的,应当承担侵权赔偿责任,但其能够证明自己没有过错的除外。

会计师事务所在证明自己没有过错时,可以向人民法院提交与该案件相关的执业准则、规则以及审计工作底稿等。

第五条 注册会计师在审计业务活动中存在下列情形之一,出具不实报告并给利害关系人造成损失的,应当认定会计师事务所与被审计单位承担连带赔偿责任:

(一)与被审计单位恶意串通;

(二)明知被审计单位对重要事项的财务会计处理与国家有关规定相抵触,而不予指明;

(三)明知被审计单位的财务会计处理会直接损害利害关系人的利益,而予以隐瞒或者作不实报告;

(四)明知被审计单位的财务会计处理会导致利害关系人产生重大误解,而不予指明;

(五)明知被审计单位的会计报表的重要事项不实的内容,而不予指明;

(六)被审计单位示意其作不实报告,而不予拒绝。

对被审计单位有前款第(二)至(五)项所列行为,注册会计师按照执业准则、规则应当知道的,人民法院应认定其明知。

第六条 会计师事务所在审计业务活动中因过失出具不实报告,并给利害关系人造成损失的,人民法院应当根据其过失大小确定其赔偿责任。

注册会计师在审计过程中未保持必要的职业谨慎,存在下列情形之一,并导致报告不实的,人民法院应当认定会计师事务所存在过失:

(一)违反注册会计师法第二十条第(二)、(三)项的规定;

(二)负责审计的注册会计师以低于行业一般成员应具备的专业水准执业;

(三)制定的审计计划存在明显疏漏;

（四）未依据执业准则、规则执行必要的审计程序；

（五）在发现可能存在错误和舞弊的迹象时，未能追加必要的审计程序予以证实或者排除；

（六）未能合理地运用执业准则和规则所要求的重要性原则；

（七）未根据审计的要求采用必要的调查方法获取充分的审计证据；

（八）明知对总体结论有重大影响的特定审计对象缺乏判断能力，未能寻求专家意见而直接形成审计结论；

（九）错误判断和评价审计证据；

（十）其他违反执业准则、规则确定的工作程序的行为。

第七条 会计师事务所能够证明存在以下情形之一的，不承担民事赔偿责任：

（一）已经遵守执业准则、规则确定的工作程序并保持必要的职业谨慎，但仍未能发现被审计的会计资料错误；

（二）审计业务所必须依赖的金融机构等单位提供虚假或者不实的证明文件，会计师事务所在保持必要的职业谨慎下仍未能发现其虚假或者不实；

（三）已对被审计单位的舞弊迹象提出警告并在审计业务报告中予以指明；

（四）已经遵照验资程序进行审核并出具报告，但被验资单位在注册登记后抽逃资金；

（五）为登记时未出资或者未足额出资的出资人出具不实报告，但出资人在登记后已补足出资。

第八条 利害关系人明知会计师事务所出具的报告为不实报告而仍然使用的，人民法院应当酌情减轻会计师事务所的赔偿责任。

第九条 会计师事务所在报告中注明"本报告仅供年检使用"、"本报告仅供工商登记使用"等类似内容的，不能作为其免责的事由。

第十条 人民法院根据本规定第六条确定会计师事务所承担与其过失程度相应的赔偿责任时，应按照下列情形处理：

（一）应先由被审计单位赔偿利害关系人的损失。被审计单位的出资人虚假出资、不实出资或者抽逃出资，事后未补足，且依法强制执行被审计单位财产后仍不足以赔偿损失的，出资人应在虚假出资、不实出资或者抽逃出资数额范围内向利害关系人承担补充赔偿责任。

（二）对被审计单位、出资人的财产依法强制执行后仍不足以赔偿损失的，由会计师事务所在其不实审计金额范围内承担相应的赔偿责任。

（三）会计师事务所对一个或者多个利害关系人承担的赔偿责任应以不实审计金额为限。

第十一条 会计师事务所与其分支机构作为共同被告的，会计师事务所对其分支机构的责任部分承担连带赔偿责任。

第十二条 本规定所涉会计师事务所侵权赔偿纠纷未经审判，人民法院不得将会计师事务所追加为被执行人。

第十三条 本规定自公布之日起施行。本院过去发布的有关会计师事务所民事责任的相关规定，与本规定相抵触的，不再适用。

在本规定公布施行前已经终审，当事人申请再审或者按照审判监督程序决定再审的会计师事务所民事侵权赔偿案件，不适用本规定。

在本规定公布施行后尚在一审或者二审阶段的会计师事务所民事侵权赔偿案件，适用本规定。

最高人民法院关于审理与企业改制相关的民事纠纷案件若干问题的规定

- 2020年12月29日
- 法释〔2020〕18号

为了正确审理与企业改制相关的民事纠纷案件，根据《中华人民共和国民法典》《中华人民共和国公司法》《中华人民共和国全民所有制工业企业法》《中华人民共和国民事诉讼法》等法律、法规的规定，结合审判实践，制定本规定。

一、案件受理

第一条 人民法院受理以下平等民事主体间在企业产权制度改造中发生的民事纠纷案件：

（一）企业公司制改造中发生的民事纠纷；

（二）企业股份合作制改造中发生的民事纠纷；

（三）企业分立中发生的民事纠纷；

（四）企业债权转股权纠纷；

（五）企业出售合同纠纷；

（六）企业兼并合同纠纷；

（七）与企业改制相关的其他民事纠纷。

第二条 当事人起诉符合本规定第一条所列情形，并符合民事诉讼法第一百一十九条规定的起诉条件的，人民法院应当予以受理。

第三条 政府主管部门在对企业国有资产进行行政性调整、划转过程中发生的纠纷，当事人向人民法院提起民事诉讼的，人民法院不予受理。

二、企业公司制改造

第四条 国有企业依公司法整体改造为国有独资有限责任公司的，原企业的债务，由改造后的有限责任公司承担。

第五条 企业通过增资扩股或者转让部分产权，实现他人对企业的参股，将企业整体改造为有限责任公司或者股份有限公司的，原企业债务由改造后的新设公司承担。

第六条 企业以其部分财产和相应债务与他人组建新公司，对所转移的债务债权人认可的，由新组建的公司承担民事责任；对所转移的债务未通知债权人或者虽通知债权人，而债权人不予认可的，由原企业承担民事责任。原企业无力偿还债务，债权人就此向新设公司主张债权的，新设公司在所接收的财产范围内与原企业承担连带民事责任。

第七条 企业以其优质财产与他人组建新公司，而将债务留在原企业，债权人以新设公司和原企业作为共同被告提起诉讼主张债权的，新设公司应当在所接收的财产范围内与原企业共同承担连带责任。

三、企业股份合作制改造

第八条 由企业职工买断企业产权，将原企业改造为股份合作制的，原企业的债务，由改造后的股份合作制企业承担。

第九条 企业向其职工转让部分产权，由企业与职工共同组建股份合作制企业的，原企业的债务由改造后的股份合作制企业承担。

第十条 企业通过其职工投资增资扩股，将企业改造为股份合作制企业的，原企业的债务由改造后的股份合作制企业承担。

第十一条 企业在进行股份合作制改造时，参照公司法的有关规定，公告通知了债权人。企业股份合作制改造后，债权人就原企业资产管理人（出资人）隐瞒或者遗漏的债务起诉股份合作制企业的，如债权人在公告期内申报过该债权，股份合作制企业在承担民事责任后，可再向原企业资产管理人（出资人）追偿。如债权人在公告期内未申报过该债权，则股份合作制企业不承担民事责任，人民法院可告知债权人另行起诉原企业资产管理人（出资人）。

四、企业分立

第十二条 债权人向分立后的企业主张债权，企业分立时对原企业的债务承担有约定，并经债权人认可的，按照当事人的约定处理；企业分立时对原企业债务承担没有约定或者约定不明，或者虽然有约定但债权人不予认可的，分立后的企业应当承担连带责任。

第十三条 分立的企业在承担连带责任后，各分立的企业间对原企业债务承担有约定的，按照约定处理；没有约定或者约定不明的，根据企业分立时的资产比例分担。

五、企业债权转股权

第十四条 债权人与债务人自愿达成债权转股权协议，且不违反法律和行政法规强制性规定的，人民法院在审理相关的民事纠纷案件中，应当确认债权转股权协议有效。

政策性债权转股权，按照国务院有关部门的规定处理。

第十五条 债务人以隐瞒企业资产或者虚列企业资产为手段，骗取债权人与其签订债权转股权协议，债权人在法定期间内行使撤销权的，人民法院应当予以支持。

债权转股权协议被撤销后，债权人有权要求债务人清偿债务。

第十六条 部分债权人进行债权转股权的行为,不影响其他债权人向债务人主张债权。

六、国有小型企业出售

第十七条 以协议转让形式出售企业,企业出售合同未经有审批权的地方人民政府或其授权的职能部门审批的,人民法院在审理相关的民事纠纷案件时,应当确认该企业出售合同不生效。

第十八条 企业出售中,当事人双方恶意串通,损害国家利益的,人民法院在审理相关的民事纠纷案件时,应当确认该企业出售行为无效。

第十九条 企业出售中,出卖人实施的行为具有法律规定的撤销情形,买受人在法定期限内行使撤销权的,人民法院应当予以支持。

第二十条 企业出售合同约定的履行期限届满,一方当事人拒不履行合同,或者未完全履行合同义务,致使合同目的不能实现,对方当事人要求解除合同并要求赔偿损失的,人民法院应当予以支持。

第二十一条 企业出售合同约定的履行期限届满,一方当事人未完全履行合同义务,对方当事人要求继续履行合同并要求赔偿损失的,人民法院应当予以支持。双方当事人均未完全履行合同义务的,应当根据当事人的过错,确定各自应当承担的民事责任。

第二十二条 企业出售时,出卖人对所售企业的资产负债状况、损益状况等重大事项未履行如实告知义务,影响企业出售价格,买受人就此向人民法院起诉主张补偿的,人民法院应当予以支持。

第二十三条 企业出售合同被确认无效或者被撤销的,企业售出后买受人经营企业期间发生的经营盈亏,由买受人享有或者承担。

第二十四条 企业售出后,买受人将所购企业资产纳入本企业或者将所购企业变更为所属分支机构的,所购企业的债务,由买受人承担。但买卖双方另有约定,并经债权人认可的除外。

第二十五条 企业售出后,买受人将所购企业资产作价入股与他人重新组建新公司,所购企业法人予以注销的,所购企业出售前的债务,买受人应当以其所有财产,包括在新组建公司中的股权承担民事责任。

第二十六条 企业售出后,买受人将所购企业重新注册为新的企业法人,所购企业法人被注销的,所购企业出售前的债务,应当由新注册的企业法人承担。但买卖双方另有约定,并经债权人认可的除外。

第二十七条 企业售出后,应当办理而未办理企业法人注销登记,债权人起诉该企业的,人民法院应当根据企业资产转让后的具体情况,告知债权人追加责任主体,并判令责任主体承担民事责任。

第二十八条 出售企业时,参照公司法的有关规定,出卖人公告通知了债权人。企业售出后,债权人就出卖人隐瞒或者遗漏的原企业债务起诉买受人的,如债权人在公告期内申报过该债权,买受人在承担民事责任后,可再行向出卖人追偿。如债权人在公告期内未申报过该债权,则买受人不承担民事责任。人民法院可告知债权人另行起诉出卖人。

第二十九条 出售企业的行为具有民法典第五百三十八条、第五百三十九条规定的情形,债权人在法定期限内行使撤销权的,人民法院应当予以支持。

七、企业兼并

第三十条 企业兼并协议自当事人签字盖章之日起生效。需经政府主管部门批准的,兼并协议自批准之日起生效;未经批准的,企业兼并协议不生效。但当事人在一审法庭辩论终结前补办报批手续的,人民法院应当确认该兼并协议有效。

第三十一条 企业吸收合并后,被兼并企业的债务应当由兼并方承担。

第三十二条 企业新设合并后,被兼并企业的债务由新设合并后的企业法人承担。

第三十三条 企业吸收合并或新设合并后,被兼并企业应当办理而未办理工商注销登记,债权人起诉被兼并企业的,人民法院应当根据企业兼并后的具体情况,告知债权人追加责任主体,并判令责任主体承担民事责任。

第三十四条 以收购方式实现对企业控股的,被控股企业的债务，仍由其自行承担。但因控股企业抽逃资金、逃避债务，致被控股企业无力偿还债务的，被控股企业的债务则由控股企业承担。

八、附则

第三十五条 本规定自二〇〇三年二月一日起施行。在本规定施行前，本院制定的有关企业改制方面的司法解释与本规定相抵触的，不再适用。

最高人民法院关于审理军队、武警部队、政法机关移交、撤销企业和与党政机关脱钩企业相关纠纷案件若干问题的规定

- 2020年12月29日
- 法释〔2020〕18号

为依法准确审理军队、武警部队、政法机关移交、撤销企业和与党政机关脱钩的企业所发生的债务纠纷案件和破产案件，根据《中华人民共和国民法典》《中华人民共和国公司法》《中华人民共和国民事诉讼法》《中华人民共和国企业破产法》的有关规定，作如下规定：

一、移交、撤销、脱钩企业债务纠纷的处理

第一条 军队、武警部队、政法机关和党政机关开办的企业（以下简称被开办企业）具备法人条件并领取了企业法人营业执照的，根据民法典第六十条的规定，应当以其全部财产独立承担民事责任。

第二条 被开办企业领取了企业法人营业执照，虽然实际投入的资金与注册资金不符，但已达到了《中华人民共和国企业法人登记管理条例施行细则》第十二条第七项规定数额的，应当认定其具备法人资格，开办单位应当在该企业实际投入资金与注册资金的差额范围内承担民事责任。

第三条 被开办企业虽然领取了企业法人营业执照，但投入的资金未达到《中华人民共和国企业法人登记管理条例施行细则》第十二条第七项规定数额的，或者不具备企业法人其他条件的，应当认定其不具备法人资格，其民事责任由开办单位承担。

第四条 开办单位抽逃、转移资金或者隐匿财产以逃避被开办企业债务的，应当将所抽逃、转移的资金或者隐匿的财产退回，用以清偿被开办企业的债务。

第五条 开办单位或其主管部门在被开办企业撤销时，向工商行政管理机关出具证明文件，自愿对被开办企业的债务承担责任的，应当按照承诺对被开办企业的债务承担民事责任。

第六条 开办单位已经在被开办企业注册资金不实的范围内承担了民事责任的，应视为开办单位的注册资金已经足额到位，不再继续承担注册资金不实的责任。

二、移交、撤销、脱钩企业破产案件的处理

第七条 被开办企业或者债权人向人民法院申请破产的，不论开办单位的注册资金是否足额到位，人民法院均应当受理。

第八条 被开办企业被宣告破产的，开办单位对其没有投足的注册资金、收取的资金和实物、转移的资金或者隐匿的财产，都应当由清算组负责收回。

第九条 被开办企业向社会或者向企业内部职工集资未清偿的，在破产财产分配时，应当按照《中华人民共和国企业破产法》第一百一十三条第一款第一项的规定予以清偿。

三、财产保全和执行

第十条 人民法院在审理有关移交、撤销、脱钩的企业的案件时，认定开办单位应当承担民事责任的，不得对开办单位的国库款、军费、财政经费账户、办公用房、车辆等其他办公必需品采取查封、扣押、冻结、拍卖等保全和执行措施。

四、适用范围

第十一条 本规定仅适用于审理此次军队、武警部队、政法机关移交、撤销企业和与党政机关脱钩的企业所发生的债务纠纷案件和破产案

◎ 司法文件

最高人民法院关于会计师事务所、审计事务所脱钩改制前民事责任承担问题的通知

- 2001年7月18日
- 法〔2001〕100号

各省、自治区、直辖市高级人民法院，解放军军事法院，新疆维吾尔自治区高级人民法院生产建设兵团分院：

根据《中华人民共和国民法通则》、《中华人民共和国注册会计师法》等有关法律规定，现对审理涉及会计师事务所、审计事务所（以下统称事务所）的民事案件中，有关脱钩改制后的事务所对原事务所民事责任的承担问题，通知如下：

对原事务所应当承担的民事责任，应由其开办单位在所接收的原事务所的剩余财产和风险基金范围内承担清算责任。但如开办单位将原事务所的剩余财产和风险基金留给脱钩改制后的新事务所，则应当由新事务所在所接收的资产范围内对原事务所的债务承担民事责任。

最高人民法院关于金融机构为企业出具不实或者虚假验资报告资金证明如何承担民事责任问题的通知

- 2002年2月9日
- 法〔2002〕21号

各省、自治区、直辖市高级人民法院，新疆维吾尔自治区高级人民法院生产建设兵团分院：

近年来，我院陆续发布了一些关于验资单位承担民事责任的司法解释，对各级人民法院正确理解和适用民法通则、注册会计师法，及时审理关于验资单位因不实或者虚假验资承担民事责任的相关案件，起到了积极作用。但是，也有一些法院对有关司法解释的理解存在偏差。为正确执行我院的司法解释，规范金融机构不实或者虚假验资案件的审理和执行，现就有关问题通知如下：

一、出资人未出资或者未足额出资，但金融机构为企业提供不实、虚假的验资报告或者资金证明，相关当事人使用该报告或者证明，与该企业进行经济往来而受到损失的，应当由该企业承担民事责任。对于该企业财产不足以清偿债务的，由出资人在出资不实或者虚假资金额范围内承担责任。

二、对前项所述情况，企业、出资人的财产依法强制执行后仍不能清偿债务的，由金融机构在验资不实部分或者虚假资金证明金额范围内，根据过错大小承担责任，此种民事责任不属于担保责任。

三、未经审理，不得将金融机构追加为被执行人。

四、企业登记时出资人未足额出资但后来补足的，或者债权人索赔所依据的合同无效的，免除验资金融机构的赔偿责任。

五、注册会计师事务所不实或虚假验资民事责任案件的审理和执行中出现类似问题的，参照本通知办理。

◎ 请示答复

最高人民法院经济审判庭关于企业开办的公司被撤销后企业是否应对公司的债务承担连带责任的电话答复

- 1988年4月12日

浙江省高级人民法院：

你院1987年12月16日〔1987〕浙法经初字85-3号请示报告收悉。经研究答复如下：

一、我院法（研）复〔1987〕33号批复第二条规定："如果企业开办的分支机构是公司，不论是否具备独立法人资格，可以根据国发〔1985〕102号通知处理。"辽宁省丹东永康开发公司（以下简称"开发公司"）系丹东市人民日用化学厂（以下简称"日化厂"，现名"花芳化妆品公司"）1982年

1月1日和丹东启昌制药厂(后改名为"永昌化工厂",以下简称"化工厂")合并后,于1984年10月以日化厂的名义申请开办的。该公司开办仅1年,就被当地工商行政管理局以其不具备公司条件,违法经营为由予以撤销。根据国务院国发〔1985〕102号文件第三条第一款的规定,呈报单位要对公司认真进行核实,因审核不当而造成严重后果的,要承担经济、法律责任。开发公司现已资不抵债,日化厂和化工厂对其债务应当共同承担连带责任。对于永康开发公司的债权人来讲,日化厂不能以1985年1月29日已与永昌化工厂分离,并将永复开发公司划归永昌化工厂管理为由,拒绝承担开发公司的债务清偿责任。鉴于开发公司与浙江省萧山县供销贸易中心购销钢材合同纠纷案,在执行中,开发公司被撤销,因此,你院应根据民事诉讼法(试行)第一百二十一条第一款第(六)项规定,裁定确认日化厂和化工厂共同承担民事责任,执行原调解协议。

二、浙江省萧山县供销贸易中心诉开发公司购销钢材合同纠纷案,并非双方当事人均有钢材经营权,故你院在调解书中确认双方所签订的合同有效,显属不妥。根据民事诉讼法(试行)第一百二十二条第一款第(五)项规定,你院应裁定予以纠正。

此复。

附:

浙江省高级人民法院报告

1987年12月4日 〔1987〕浙法经初字85-3号

最高人民法院经济审判庭:

现将我院对浙江省萧山县供销贸易中心诉辽宁省丹东永康开发公司购销合同纠纷的执行情况报告如下:

浙江省萧山县供销贸易中心诉辽宁省丹东永康开发公司购销钢材合同纠纷一案,我院于1985年5月25日召集双方当事人进行调解,达成了协议。同年6月7日签发调解书,并经送达生效。在执行中,因辽宁省丹东市公安局将该案作经济犯罪立案侦查,为便于全案审理,我院于1985年11月14日裁定中止执行。1987年10月26日丹东市公安局函告本院:"我局于10月26日向市检察院提出撤回吴铭城的案件,同意恢复执行贵院1985年6月7日调解。"(注:吴铭城系丹东永康开发公司总理)。据此,我院1987年11月13日裁定恢复执行。

恢复执行后,我院即派员去丹东调查,查清了以下事实:

一、丹东永康开发公司已于1985年12月5日被丹东市振兴区工商行政管理局吊销了营业执照。

二、丹东永康开发公司系丹东市人民日用化学厂申请开办,该厂已于1987年8月11日更名为丹东市花芳化妆品公司。

三、浙江省萧山县供销贸易中心与丹东永康开发公司于1984年12月8日签订购销钢材合同后,12月10日萧山方预付货款200万元和业务费5000元,1984年12月26日,丹东永康开发公司因组织货源有困难与萧山供销贸易中心协商解除了合同,并退还预付款70万元,尚欠预付款130万元和业务费5000元。1985年1月29日,丹东人民日用化学厂将丹东永康开发公司移交丹东市永昌化工厂管理。1985年1月30日丹东市振兴区计经委批准同意丹东市振兴区工商行政管理局于1985年2月4日办理变更手续。但是双方对丹东永康开发公司所欠债务由谁清偿没有明确。丹东永康开发公司和丹东市人民日用化学厂签订的承包合同(开发公司30%的利润上交日化厂)没有解除。

四、丹东市永昌化工厂系1984年5月由丹东市振兴区经委申请开办。资金向区经委借了3万元,向区财政借了2.5万元。1985年1月日用化学厂副厂长徐永清调入该厂任厂长,1985年9月永昌化工厂并入了丹东市塑料七厂,厂长徐永清被免职自找门路,大部分工人离厂自找工作,小部分留厂做工。1985年9月任命的永昌化工厂厂长乔培基也为塑料七厂办事;永昌化工厂的厂房被塑料七厂拆除。因此,永昌化工厂目前以无厂房、无设备、无工人,实际已歇业,但工商行政管理部门尚没有办理变更手续。

根据上述情况,依据国务院国发〔1985〕102号文件和我院法(研)复〔1987〕33号批复的规定,我院认为,丹东市人民日用化学厂是丹东永康开发公司的呈报单位和业务主管部门,人民日用化学厂因审核不当而造成的严重后果,应承担经济、法律责任,该厂虽将丹东永康开发公司移交丹东市永昌化工厂管理,但永昌化工厂资不抵债,这种移交是规避法律的行为;况且移交时对永康公司的债权债务没有明确,人民日用化学厂与永康公司之间的承包合同也没有解除。人民日用化学厂现已更名为花芳化妆品公司。所以花芳化妆品公司应承担丹东永康开发公司债务的清偿责任。因此,我院已裁定确认丹东市花芳化妆品公司作为被告,承担丹东永康开发公司债务的清偿责任,执行本院〔1985〕浙法经初字3号民事调解书,并冻结了花芳公司的银行存款650386.65元。

以上认定的法律关系和债务承担是否妥当,请指示。

最高人民法院经济审判庭关于云南省玉溪汽车总站运销服务部收到的云南邮电劳动服务公司正大服务部退还的联营投资款应否作为赃款返还原主问题的电话答复

● 1989年3月29日

云南省高级人民法院:

你院法经字〔1988〕第18号请示收悉。关于云南省玉溪汽车总站运销服务部(以下简称运销服务部)收到的云南邮电劳动服务公司正大服务部(以下简称正大服务部)退还的96000元联营投资款,应否作为赃款返还原主的问题,经研究认为:诈骗犯卢鼎虽是正大服务部的经理,但正大服务部退还运销服务部96000元联营投资款,则是根据双方的还款协议。依据该协议退款,是正大服务部正常的经营活动,并非卢的个人行为,与卢诈骗云南省景洪县民族家具厂300000元货款的犯罪行为是两回事。因此,同意你院意见,即正大服务部退还运销服务部的96000元联营投资款,不应作为赃款处理。

附:

云南省高级人民法院关于刑事被告人用诈骗款偿还债务债权人取得该款后是否应作为赃款退出的请示报告

1988年11月28日　法经字〔1988〕第18号

最高人民法院经济庭:

最近,昆明市盘龙区人民法院持卢鼎(原系云南邮电劳动服务公司正大服务部经理)诈骗案一审刑事判决书到玉溪地区中级人民法院,要求协助将卢鼎所在的正大服务部汇至玉溪汽车总站账户上的96000元赃款强制划拨至盘龙区人民法院账户内,待案件终审后发还受害人景洪新新家具商店。虽然刑事诉讼中已查明卢鼎汇至玉溪汽车总站的96000元确系其从景洪新新家具商店诈骗来的款,但是,汽车总站与卢鼎开办的正大服务部1987年7月11日签订过联营协议,汽车总站按照协议规定先后汇了10万元投资款给正大服务部,后因协议不能履行,双方于1987年9月1日协商达成了还款协议,据此,正大服务部11月2日汇退投资款96000元给汽车总站。这96000元是玉溪汽车总站合法取得的财产,是否应作为赃款退出,两地法院发生争执,玉溪中院向我院提出请示。

我们研究认为:这类问题是改革开放以来审判工作中遇到的新问题,面大案例多。由于被告人在经济交往中,特别是在负债累累的情况下,总是拆东墙补西墙,骗东家还西家,使经济犯罪和经济纠纷交织在一起,孤立地从刑事犯罪的角度作为赃款追回或者只从经济纠纷的角度认为不是赃款不予退回都不尽妥当。应在刑事诉讼中审查所涉及的经济纠纷是否属于利用签订经济合同进行经济诈骗。如果已构成诈骗罪,即应并案处理,作为赃款退出,待处理赃款时根据各受害人的情况,按比例发送。如果不构成诈骗罪,则不应作为赃款退出。关于玉溪中院请示的卢鼎诈骗案涉及的玉溪汽车总站96000元是否应作为赃款退出的问题。由于盘龙区检察院和盘龙区人民法院在审理卢鼎诈骗案时均未以诈骗罪认定,且玉溪汽车总站是依据经济法律关系合法取得的财产,故不应作为赃款退出。

以上意见当否,请指示。

最高人民法院经济审判庭关于华丰供销公司的债务应由谁偿还问题的电话答复

● 1989 年 10 月 17 日

宁夏回族自治区高级人民法院:

你院"关于华丰供销公司的债务应由谁偿还的请示"收悉。经研究答复如下:

一、据所报材料,华丰供销公司系吴建国个人申请开办,并非石咀山市政府申报成立的。石咀山市政府不是该公司的上级主管部门,因此,本案不应列市政府为被告,承担连带责任。

二、对华丰供销公司的性质,应根据国家工商行政管理局《关于处理个体合伙经营及私营企业领有集体企业〈营业执照〉问题的通知》精神,提请当地工商局加以重新确认。如当地工商局不予重新确认,受诉法院应实事求是地按其本来性质认定处理。

三、华丰供销公司经重新确认,如属个体性质,应列该公司的财产所有者为被告,承担无限责任;如属集体性质,即应以公司的财产承担有限责任,若公司已无财产可供执行,受诉法院应终结诉讼。

此复。

附:

宁夏回族自治区高级人民法院关于华丰供销公司的债务应由谁偿还的请示报告

1989 年 8 月 12 日　宁法传〔1989〕第 11 号

最高人民法院:

我区石咀山区华丰供销公司 1984 年 12 月 11 日成立。公司成立后,先后三次与工商银行石咀山办事处签订借款合同,借款总金额 183 万元,由于违法经营,资不抵债,于 1986 年 7 月 10 日自动歇业,债务无人清理。1987 年 3 月 16 日,工商银行石咀山办事处向石咀山区人民法院起诉,要求石咀山华丰供销公司偿还所欠贷款。石咀山区人民法院受理此案后,经审查,原华丰供销公司是 1984 年 11 月 5 日由原公司负责人吴建国向石咀山市人民政府提出书面申请自办、独立经营、自负盈亏的供销公司。同年 11 月 30 日,市委书记在申请书上批示:"请石咀山区工商局按有关规定给予办理华丰供销公司营业执照"。同年 12 月 1 日,石咀山区工商局给华丰供销公司办理了营业执照,经济性质集体。同年 12 月 13 日,石咀山市人民政府以石政办发〔1984〕131 号文件发了《关于成立华丰供销公司的通知》。《通知》全文为:为了搞活经济,疏通商品流通渠道,扩大城市物资交流,广开就业门路,经请示市政府领导同意,成立宁夏回族自治区石咀山华丰供销公司,为集体性质,独立核算、自负盈亏。同时启用"宁夏回族自治区石咀山华丰供销公司"印章一枚。

鉴于上述情况,应由谁偿还债务,石咀山市中级人民法院请示我院,我院经研究有以下三种意见:

第一种意见,应依照最高人民法院法(研)复〔1987〕33 号批复的规定由石咀山市人民政府承担连带责任。因为华丰供销公司是石咀山市人民政府批准成立的,并直接向市属厂矿企业和有关部门下发成立华丰供销公司的通知。该公司再无其他上级和主管部门,现已亏损倒闭、资不抵债。因此,应将石咀山市人民政府列为本案的被告共同承担经济责任。

第二种意见,华丰供销公司的情况不适用于最高法院法(研)复〔1987〕33 号的批复规定。理由一,根据国务院〔85〕102 号文件规定:"成立地区性的公司由各级人民政府审批,因审核不当而造成严重后果的,要承担经济、法律责任。""成立集体所有制性质的公司可经工商行政管理部门审核后直接登记注册。"本案华丰供销公司虽然是市政府批准并发了通知的,但它是名为集体性质,实属个体经营,不需要政府批准就可以成立的公司。何况,发营业执照在先,政府通知在后。

政府以当时支持改革搞活的愿望出发,发了文件,只能总结教训。二,该公司虽然办理了集体性质的营业执照。实际上仍然是个人经营的个体公司,应由个人偿还债务。三,政府虽然发文同意成立华丰供销公司,但实际上与该公司无任何经济关系,政府也不是其上级主管部门。何况该地区还有类似情况。如果让政府承担经济责任,将增加政府的财政压力,社会效果也不好。据此,应由原华丰供销公司经办人吴建国偿还该公司债务。

第三种意见,该公司的成立是由工商行政管理部门审核登记注册的,根据国务院[85]102号文件"……各有关部门要对成立公司认真进行审查,因审核不当而造成严重后果的,要承担经济法律责任"的规定,应由工商行政管理部门承担相应责任。

以上三种意见,对前两种意见争论较多,微弱多数同意第二种意见。妥否,请批复。

最高人民法院经济审判庭关于一方未按联营合同约定投资经营联营合同是否成立另一方单方投资经营责任如何承担问题的电话答复

• 1990年3月10日

广西壮族自治区高级人民法院:

你院法经字[1989]第24号《关于一方未按联营合同约定投资经营,联营合同是否成立,另一方单方投资经营责任如何承担问题的请示》收悉。经研究答复如下:

一、广西柳州机械厂物资供销公司(以下称供销公司)与北海市海星联合贸易公司(以下称贸易公司)于1987年2月10日签订的《联合经营柳北综合服务公司协议书》,其联营合同应具备的主要条款齐备,且经合同当事人双方签字盖章,并据此合同,柳北综合服务公司经当地工商行政管理部门审核批准,领取了营业执照,正式开业经营。虽联营一方供销公司未按约投资经营,但这并非合同成立生效的要件,而仅属联营一方的违约行为应承担违约责任。因此,该合同应为已经生效的合同。

二、据你院请示中反映的情况,柳北综合服务公司似属于合伙型联营体,且贸易公司一直也是以该联营体的名义对外进行经营活动的,因此,供销公司虽未按约履行义务,但对联营体的盈余和债务,仍有权利分享和有义务承担。

以上意见供参考。

附:

广西壮族自治区高级人民法院关于一方未按联营合同约定投资经营联营合同是否成立另一方单方投资经营责任如何承担问题的请示

1989年11月30日　　法经字[1989]第24号

最高人民法院经济庭:

我院受理广西柳州机械厂物资供销公司与北海市海星联合贸易公司联营合同纠纷上诉一案。现就本案的联营问题请示如下:

一、基本案情:

上诉人北海市海星公司与被上诉人柳州供销公司于1987年2月10日签订"联合经营柳北综合服务公司协议书",约定柳州方投资20万元,北海方投资10万元,盈亏按各50%承担;公司成立董事会;经工商注册批准之日起生效。双方签订联营协议后,领取了营业执照,北海方投资50000元即正式开业。柳州方不投资,不派人参加经营,不了了之,也未提出解除合同,北海方单方经营至诉讼前。

二、请示如下两个问题:

1. 该联营合同是否成立生效?

2. 如果该联营合同生效,北海方一直以该联营体对外进行经营活动,如有盈利,柳州方是否享受权利。如有亏损,柳州方是否依约承担义务。

希望能用电话尽快答复,以便及时结案。

最高人民法院经济审判庭关于如何认定企业是否超越经营范围问题的复函

- 1990年9月10日
- 法经〔1990〕第101号

国家工商行政管理局企业登记司：

你司企字〔1990〕112号文件收悉。对文中所提问题，答复如下：

企业的经营范围，必须是以工商行政管理机关核准登记的经营范围为准。企业超越经营范围所从事的经营活动，其行为应当认定无效。

按国家有关规定无须经工商行政管理机关核准登记的部门、行业或经济组织，则应经其主管机关批准，并在批准的范围内从事生产经营活动。本院《关于在审理经济合同纠纷案件中具体适用经济合同法的若干问题的解答》中"应当在……主管机关批准的经营范围内从事正当的经营活动"，指的就是这种情况。并不是指按规定必须经工商行政管理机关核准登记的工商企业可以其主管机关批准的经营范围确定其是否超越经营范围。

此复。

附：

国家工商行政管理局企业登记司关于对最高人民法院《关于在审理经济纠纷案件中具体适用经济合同法的若干问题的解答》的意见

1990年8月2日　企字〔1990〕112号

最高人民法院经济庭：

全国清理整顿公司领导小组派驻中基公司检查组在检查中国基建物资配套承包供应公司的工作中，需要认定该公司的经营活动是否超越经营范围。该公司提出：1987年7月21日《最高人民法院关于在审理经济合同纠纷案件中具体适用经济合同法的若干问题的解答》指出："工商企业、个体工商户及其他经济组织应当在工商行政管理部门核准登记或者主管机关批准的经营范围内从事正当的经营活动。"该公司的经营业务是经物资部同意的，所以不属超越经营范围的行为。

对于上述问题，我们提出以下意见：

一、最高人民法院1987年7月21日法（经）发〔1987〕20号文第四条中的"或者主管机关批准的"一语，应是根据民法通则第四十一条的规定作出的解答。该条所述"经主管机关核准登记"中的主管机关系指国家工商行政管理局和地方各级工商行政管理局。民法通则第四十二条所述"企业法人应当在核准登记的经营范围内从事经营"，该核准登记的机关也应是各级工商行政管理局。

二、民法通则施行前，1982年8月9日《国务院关于发布〈工商企业登记管理条例〉的通知》（国发〔1982〕108号）发布的《工商企业登记管理条例》第三条明确规定"工商企业登记主管机关，在中央是国家工商行政管理局，在地方是省、自治区、直辖市和市、县工商行政管理局。"

民法通则施行后，1988年6月3日国务院第一号令发布的《中华人民共和国企业法人登记管理条例》第四条也明确规定"企业法人登记主管机关（以下简称登记主管机关）是国家工商行政管理局和地方各级工商行政管理局。"

综上所述，企业的经营范围，只能以工商行政管理机关核发的营业执照和批准的经营范围为准，具有法律效力。而其他部门，如主管部门、行业主管部门、行业归口管理部门及其他单位批准的经营范围不能作为认定一个企业的经营范围是否合法的依据。

以上意见，请予答复。

最高人民法院经济审判庭关于行政单位开办的公司已无资产偿付应由谁承担民事责任问题的电话答复

- 1991年1月4日

山西省高级人民法院：

你院晋法经函字〔1990〕第3号《关于行政单位开办的公司已无资产偿付应由谁承担民事责

任的请示报告》收悉。经研究,答复如下:

吉林省白城地区石油开发总公司是1988年4月4日由白城地区工商行政管理局登记注册的全民预算外企业。企业的主管部门和批准机关均为白城地区行政公署。企业登记的资金总额为380万元。根据民法通则和国发〔1990〕68号《国务院关于在清理整顿公司中被撤并公司债权债务清理问题的通知》规定,如果白城地区石油开发总公司无力偿还债务,而其注册资金的来源是贷款,或者根本没有资金以及实有资金与注册资金不符的,应由其主管机关和开办单位白城地区行政公署在其注册资金范围内承担清偿责任。

此复。

附:

山西省高级人民法院关于行政单位开办的公司已无资产偿付应由谁承担民事责任的请示报告

1990年9月12日　晋法经函字〔1990〕第3号

最高人民法院:

我省阳泉市中级人民法院审结的原告山西省石油公司平定县公司(以下简称原告)诉被告吉林省白城地区石油开发总公司(以下简称被告)购销柴油合同货款纠纷一案。在执行中,遇到一些问题难以解决,现请示报告如下:

1989年6月27日原告经吉林省白城地区驻京办事处(经济技术物资协作总公司京联公司)介绍,与被告签订了购销柴油合同一份。合同规定,由被告供给原告0#柴油2000吨,每吨1380元,总价款276万元。原告于7月3日前将货款汇到被告账户,被告于7月份负责将货运至山西省阳泉市白羊墅车站。如逾期,按国家规定由被告负责一切经济损失。合同签订后,原告即于6月27日将货款303.6万元(包括三方协商交付京联公司的信息费)电汇交付被告。但被告在7月底前未能供油。同年9月10日,原告因被告未能按期供油,与京联公司达成协议。将供油期限延至9月底。并商定,合同成交后,原告按每吨50元向京联公司支付信息服务费。如合同不能兑现,京联公司向原告赔偿经济损失10万元,并负责退回全部货款。至10月16日,被告仍未能供油。为此,原、被告及京联公司三方再次达成协议,约定将供油期限延期至11月底,0#柴油价格为1450元/吨,10#柴油价格1470元/吨,原告向京联公司支付担保信息费60元/吨。因前合同未能履行,京联公司向原告付担保费10万元。原9月10日协议作废,此次协议并经白城地区公证处公证生效。但合同仍未兑现。12月18日,三方再次商定,被告于12月25日将货款303.6万元退还原告,并承担一切经济损失,如到期不能兑现。由被告、白城地区驻京办事处及行署领导到阳泉说明情况。但到期后仍未能实际履行,原告遂于1990年1月6日向我省阳泉市中级人民法院提起诉讼。

阳泉市中级人民法院受理此案后,即派出合议庭审判人员到白城就地审理。经调解,于1月19日以(1990)阳法经初调字第25号调解结案。调解书规定,被告于4月底前退还原告货款303.6万元,承担利息损失18万元。但被告却未能按期履行。

今年4月开始,阳泉市中级人民法院先后多次派员到白城地区执行,被告均以"暂无力履行"答复,并告知已向行署汇报,为此,执行人员又专门找到行署有关领导,其答复意见是:"行署对与阳泉的纠纷很抱歉,已牵头组成了由公、检、法、审计等部门参加的工作组,负责清理被告资金,清欠资金全部归还,短缺部分由行署研究解决。"阳泉市中院考虑到被告的实际情况、生产需要及行署的意见,同时,鉴于被告1000多万元的资产大部分为不动产,未立即采取强制措施。

至7月30日,白城地区经济开发公司(1986年8月由地区行署成立。与地区财政处政企合一,两个牌子,一套班子,1989年4月25日正式注册。领取营业执照)以被告开办时借其1020万元为由,向白城地区中级人民法院起诉,要求偿还借款。白城地区中级人民法院于8月6日、7日分别以〔90〕经字第47、67号调解书,将被告及其分支机构关山采油厂的全部资产及日产三菱牌小汽车一辆偿付于经济开发公司。使被告虽未明文撤销或停办,但已无任何资产。

经查,被告是由白城地区行署决定成立的全民所有制预算外企业。其分支机构关山采油厂,于1988年3月4日正式注册,其批准机关、主管机关均为地区行署(由地区计经委代管)。注册资金380万元。由白城地区经济开发公司(未经工商部门注册登记。实际是地区财政处)出具资信证明。开办时,由白城地区财政处从吉林省财政厅投资处借款1000万元,分别以技改资金、开发油田投资两次拨付1000万元。另由行署财政处借付予算外资金20万元,以上款项被告主要用于油田建设。同时购买了汽车等设备。

根据以上情况,阳泉市中级人民法院认为,被告是由白城地区行署开办的单位。其批准机关、主管机关均为行署,注册时由地区经济开发公司(实际是地区财政处)出具了资信证明380万元,因地区财政处本身不具备法人资格,根据中共中央、国务院中发〔1986〕6号文件应由行署承担责任。被告的1000万元资金。是地区财政处从吉林省财政厅投资处借款拨付的投资款,借款合同明确被告是项目单位。因此,被告无论与地区财政处还是经济开发公司均无借贷关系。现在白城地区通过诉讼程序将被告全部财产划交地区经济开发公司,仅是在行署范围内将代管部门由计经委改变为财政处。根据中共中央、国务院中发〔1986〕6号文件,国务院国发〔1985〕102文件及最高人民法院(研)复〔1987〕33号批复精神,白城地区行署作为被告的主管机关、批准机关、资信证明机关,对债务应承担全部责任。于1990年8月18日作出变更执行人的裁定(未发)。对被告的债务,由白城地区行署承担连带责任。考虑到被执行对象是地区行署,我省阳泉市中级人民法院主动到吉林省高级人民法院汇报征求意见。吉林省高级人民法院魏、田两位副院长认为,因执行对象是地区行署,没有最高法院批复难以执行,建议请示最高人民法院。

经我院讨论,同意我省阳泉市中级人民法院意见,即被告的债务白城地区行署应负连带责任。鉴于我省平定县地处太行山区,经济困难。此笔巨额贷款长期不能返还压力很大,严重影响该县经济建设。为此,特将情况报告如上,妥否?请予以批复。

最高人民法院经济审判庭关于青海人民剧院开办的分支企业停办后是否对分支企业的债务承担责任问题的复函

- 1991年1月23日
- 法经〔1991〕9号

青海省高级人民法院:

你院〔91〕青法经字第1号《关于青海人民剧院开办的分支企业"艺青商行"停办后,青海人民剧院是否作为诉讼主体对外承担责任的请示》收悉。经研究,答复如下:

西宁艺青商行是由青海人民剧院向工商行政管理部门申请开办的。经青海省审计局审计认为:艺青商行以欺骗手段取得工商银行验资和工商局核准的营业执照的合法手续,实际上是一个既无资金和固定工作人员,又无经营场地的企业。现在艺青商行已经倒闭,因此应将青海人民剧院列为被告,由艺青商行的财产清偿债务,不足清偿的,由青海人民剧院在注册资金不实的范围内,对艺青商行的债务承担责任。

附一:

青海省高级人民法院关于青海人民剧院开办的分支企业"艺青商行"停办后,青海人民剧院是否作为诉讼主体对外承担责任的请示

1991年1月4日 〔1991〕青法经字第1号

最高人民法院:

我省西宁市中级人民法院受理的西安市妇女儿童用品商店诉青海人民剧院购销合同拖欠货款纠纷上诉一案,经其审判委员会讨论,对确定由青海人民剧院作为被告承担对外债务,还是追加艺青商行为共同被告承担连带责任问题认识不一致,请示我院。我院经审判委员会讨论认

为应将青海人民剧院列为被告,由艺青商行的财产清偿,不足清偿的,由青海人民剧院负清偿责任。

附:案情报告

青海省高级人民法院案情报告

1988年3月17日,青海人民剧院向青海省文化厅呈报了申请开办经营《艺青商行》的报告,称依据文化部和厅里关于开展以文养文,以商养文等多种文化经营活动的意见,根据具体情况经院研究决定在剧院扩大经营项目,开办《艺青商行》,该行的性质为"集体所有制,自筹资金,自主经营,自负盈亏"。同年3月20日,青海省文化厅批复:根据文化部、财政部、国家工商局计字[87]第94号关于《颁发文化事业单位有偿服务和经营活动的暂行办法》的通知精神,同意开办艺青商行(属集体所有制性质)开展以商补文业务。4月19日,青海人民剧院艺青商行向西宁市工商行政管理局申请企业开业,登记表经核准载明:申请企业名称:西宁艺青商行;地址:西宁市西大街19号;单独核算,经济性质为全民;批准机关:青海省文化厅;经营范围:百货、烟酒、日杂、家用电子产品;生产经营方式:批零兼营。生产经营场地250m²,营业100m²,仓储150m²,从业人员15人,管理人员1人,银行验资青海人民剧院拨款5万元,房屋合计5万元。5月20日,工商局发给艺青商行营业执照。

1988年6月,青海人民剧院经理兼艺青商行经理李玉珠将艺青商行承包给西宁家俱工业公司停薪留职人员高志林,合同规定:承包期为2年,高志林向剧院第1年上缴承包费2.5万元,第2年上缴3万元。如经营亏损由承包人负责。同年11月20日艺青商行为供方与西安妇女儿童用品商店为需方签订了一份1000条毛毯的购销合同,单价184元,总金额184000元。合同签订后,西安市妇女儿童用品商店汇款186000元,艺青商行供给西安市妇女儿童用品商店毛毯680条,按合同约定价值114080元,尚欠60880元,既未供货,也未退款。1989年3月初,艺青商行被青海省审计局进行审计,艺青商行停止经营活动。审计局认为:艺青商行以欺骗手段取得工商银行验资和工商局核准的营业执照的合法手续,实际上是一个既无自有资金和固定工作人员、又无经营场地的企业,而是不择手段对部分紧俏商品进行倒卖活动。审计局将艺青商行承包人高志林的违法经营情况移送城中区人民检察院专案审查,同年3月13日高志林被刑事拘留,艺青商行财产也被追缴后发还有关单位。高志林因行贿罪判处有期徒刑。工商局认为,艺青商行不具备法人资格,是人民剧院的一个分支机构。该商行现已无管理人员、无财产、无经营场地,工商局虽未注销,但名存实亡。

1989年10月,西安市妇女儿童用品商店向西宁市城中区人民法院起诉,要求青海人民剧院偿还货款。原审法院经审理,判决人民剧院承担全部清偿责任。宣判后,青海人民剧院不服向西宁市中级人民法院上诉。上诉称:艺青商行虽以人民剧院名义向省文化厅写申请经批准后开办的,人民剧院没有为艺青商行筹措过一分钱,所以与人民剧院无关。人民剧院原经理李玉珠利用他当时占据的法定代表人的合法身份,未经院务会讨论,私自向省文化厅写报告要求成立"艺青商行",批准后亦未向院内任何一人传达,院内亦无一人参与其经营活动。这只能说明商行是李玉珠个人办的,责任应由其个人承担。

二审法院在审理本案中,关于由谁作为诉令主体承担责任问题两种意见:(1)青海人民剧院和艺青商行应列为本案共同被告;艺青商行负清偿责任,青海人民剧院承担连带责任;(2)青海人民剧院对债务承担全部清偿责任。

我院经审查认为,原人民剧院经理李玉珠的行为是代表人民剧院的行为,而不是他个人的行为,人民剧院称开办的"艺青商行"是李玉珠的个人商店理由不足。根据国发[1986]6号文件"行政单位(包括党政机关及其所属序列的事业单位)开办的企业、公司停办后,应由直接批准的业务主管部门负责清理,企业、公司所负债务先由企业、公司的财产清偿,不足部分由直接批准开办企业的业务主管部门或由公司的呈报单位负责清偿"的规定,"艺青商行"营业执照虽未注销,但已停办,应将人民剧院列为本案被告清理债务,先由"艺青商行"的财产清偿债务,不足清偿的,由人民剧院负责清偿。

最高人民法院关于南京摩托车总公司是否具备法人条件问题的复函

● 1991 年 3 月 18 日

江苏省高级人民法院:

你院〔1991〕经请字第 1 号请示收悉。经研究,同意你院第二种意见,即南京摩托车总公司具备法人条件。因为它符合《中华人民共和国民法通则》第三十六、三十七条之规定,并经工商行政管理机关核准依法领取有企业法人的营业执照。

此复。

最高人民法院经济审判庭关于济南市历城区人武部是否应为其开办的木制品厂承担责任问题的电话答复

● 1991 年 10 月 10 日

山东省高级人民法院:

你院鲁法(经)发第〔1991〕94 号《关于如何理解和执行国务院国发〔1990〕68 号文件的请示报告》收悉。按照最高人民法院的规定,请示报告有几种不同意见时,应提出倾向性意见,你们报告中未提出倾向性意见。另外,木制品厂成立后,是否实行独立核算、自主经营,人武部与其有何权利义务关系,是否从中收取钱财,这些情况报告中都不清楚。

按照国务院国发〔1990〕68 号文件的规定,党政机关及其所属编制序列的事业单位开办的企业实际不具备法人资格,如未实行独立核算、自主经营,开办单位又未从中收取钱财,开办单位可在注册资金不实的范围内承担责任。

附:

山东省高级人民法院关于如何理解和执行国务院国发〔1990〕68 号文件的请示报告

1991 年 9 月 13 日　鲁法(经)发第〔1991〕94 号

最高人民法院:

我省济南市中级人民法院在审理济南市历城区人武部(下称"人武部")诉省基建物资配套承包供应公司(下称"配套公司")购销木材合同货款纠纷上诉一案中,因对国务院国发〔1990〕68 号文件的理解和适用意见不一致,无法对本案作出处理。现将基本案情和意见分歧报告如下:

一、基本情况:

1988 年 3 月 8 日、4 月 4 日,人武部开办的木制品厂与配套公司签订了两份购销木材合同。合同规定:由木制品厂供木材 3500m³,总货款为 224.5 万元,预付货款 16 万元,交货地点分别在潍坊和滕县,运输费由配套公司承担。合同签订后,配套公司于同年 3 月 9 日、4 月 4 日两次预付货款 16 万元。同年 7 月,木制品厂供给配套公司木材 104.68m³,因材质差,配套公司拒收。木制品厂将货处理后,付给配套公司货款 88393.76 元。同年 8 月,木制品厂为购木材又从配套公司借支货款 8 万元。后因木材未购到,合同无法履行,经双方协商终止合同,由木制品厂退回配套公司预付款 151606.24 元,但木制品厂仅于 1989 年 9 月 30 日退款 1 万元。余款未退还。后木制品厂在清理整顿公司中被撤销,配套公司多次向人武部催要货款无果,诉到济南市槐荫区人民法院。

经查,1988 年 1 月,人武部为木制品厂申请登记开业,不具备独立法人资格。1989 年 12 月,由该人武部申请将木制品厂注销,债权债务由人武部处理。槐荫区法院认为,配套公司与木制品厂签订的两份购销合同有效,木制品厂已被工商部门注销,其债权债务由人武部负责清偿。配套公司考虑到人武部属国家机关,要求不再追究其违约责任和其他损失。判决人武部付给配套公司货款141606.24元。宣判后,人武部不服,以"我部未给木制品厂投资分文,也没收取该厂的钱和物,该厂撤销后,所有债权未追回,按国务院68号文件规定,我部只承担对该厂注册资金担保的4万元的责任,其余应由木制品厂的财产承担"为由,上诉到济南市中级人民法院。

二、意见分歧:

在研究本案的处理意见时,对如何理解和适用国务院国发〔1990〕68号文件时产生了两种不同的意见:

第一种意见认为,国务院的68号文件只针对党政机关开办的具有独立法人资格的公司、企业所作出的规定。该木制品厂工商登记不具备法人资格,实际上也不具备法人资格。所以,木制品厂被撤销后,其所欠债务,按民法通则有关规定,应由具有法人资格的开办单位即人武部承担。

第二种意见认为,国务院68号文件中的第四条规定,应理解为既包括党政机关举办的具有独立法人资格的公司、企业,也包括不具备独立法人资格的公司、企业。因此,该木制品厂的对外债务,人武部仅在担保注册资金范围内承担有限连带责任。

以上两种意见报告你院,请批复。

最高人民法院关于聊城市柳园供销公司法人资格认定问题的复函

- 1992年3月17日
- 法函〔1992〕36号

山东省高级人民法院:

你院鲁高法函〔1992〕4号关于如何认定企业法人资格的请示收悉。经研究,答复如下:

依照《中华人民共和国民法通则》第四十一条之规定,集体所有制企业具备法人条件,经主管机关核准登记,取得法人资格。根据《中华人民共和国企业法人登记管理条例》第四条之规定,企业法人登记主管机关是国家工商行政管理局和地方各级工商行政管理局。你院请示中的集体企业聊城市柳园供销公司符合法定条件并经工商行政管理机关核准依法领取有企业法人营业执照,其法人资格应予承认。至于申报单位出资不足问题,可责令其补足注册资金的差额部分,不宜仅据此而否定聊城市柳园供销公司的法人资格。

此复。

最高人民法院经济审判庭关于中国地质宝石矿物公司新疆经营部注册资金不实责任承担问题的复函

- 1992年11月12日
- 法经〔1992〕176号

新疆维吾尔自治区高级人民法院:

你院新高法明传〔1992〕96号关于应如何确认地矿部宝石公司连带清偿责任的请示报告收悉。现中国地质宝石矿物公司(以下称"宝石公司")提出其在为申请开办宝石公司新疆经营部(以下称"新疆经营部")而给新疆维吾尔族自治区工商局的〔1988〕028号函和给新疆维吾尔族自治区政府的〔1988〕029号函中均申明新疆经营部注册资金为20万元,而新疆经营部最终取得注册资金为120万元的营业执照,是由于新疆经营部筹建负责人崔志远个人私自将宝石公司1988年5月10日出具的资金信用证明和经宝石公司盖章的商业企业开业申请登记表中所填的资金数额由20万元篡改为120万元的结果。1988年6月9日,远大金融服务社虽证明新疆经营部账面金额为80万元,但这80万元不是新疆经营部的自有资金,而且新疆经营部在筹建期间的开户银行不是远大金融服务社,而是工商银行天山区办事处,宝石公司1988年6月6日向新疆经营部投入的20万元资金即是汇入该办事处的。自治区工商局对此未能查实,即予办理了注册登记。1990年9月19日公司清理整顿审批表上所称的新疆经营部注册资金为120万元、现有实际资金是160万元,是新疆经营部自行填报的,并未经宝石公司核实盖章。你院的报告中对上述问题并未做出结论。

我们认为,如果宝石公司反映的上述情况属实,则说明该公司在开办新疆经营部时只承诺负担投入20万元注册资金的责任,新疆经营部负责人崔志远将注册资金擅自篡改为120万元的增加部分,宝石公司不应承担。因宝石公司实际已向新疆经营部汇入20万元注册资金,因此即不存在承担经营部注册资金不实的责任问题了。

现将当事人的申诉材料转去,请你院对该案进行复查,如当事人反映的情况属实,即应对原判决予以纠正。建议复查期间中止执行。

最高人民法院经济审判庭关于对国营新疆五五农工商联合企业公司驻兰州办事处执行问题的函

- 1993年3月19日
- 法经〔1993〕38号

甘肃省高级人民法院:

国营新疆五五农工商联合企业公司驻兰州办事处(简称"驻兰办")向我院申诉:兰州五五机电设备供应站(简称"供应站")是其下属单位,其注册资金15万元是由该办事处提供担保的。现该供应站已撤销,资不抵债,对外负债105万余元,债权人共十四个单位,已有六起纠纷经法院判决,其中兰州市城关区法院判决并裁定的三件,均确定由驻兰办承担责任。现兰州市城关区法院欲单独执行该院判决的债权人为兰州市电信局工贸中心的案件。驻兰办提出,它只应在其为供应站提供担保的15万元注册资金范围内承担有限责任,法院执行案件应一并考虑所有债权人的利益,要求制止兰州市城关区法院单独执行一案的做法。

本庭经审查认为,若供应站领有企业法人营业执照,或者是实行独立核算,自负盈亏的独立企业,驻兰办对供应站债务责任的承担问题,应适用国务院国发〔1990〕68号文件第四条第二款的规定,即由驻兰办在其担保的注册资金15万元的范围内承担责任。68号文件所说的在担保的注册范围内承担连带责任,是指对被撤销企业的全部债务在注册资金范围内承担连带责任,不是对每一笔债务都必须单独在注册资金范围内承担连带责任。在开办单位用以承担责任的财产仍不足以清偿所有债务的情况下,也应按照68号文件第六条规定顺序和原则清偿,具体程序适用最高人民法院1991年3月16日法(经)发〔1991〕10号通知第四条的规定。被撤销单位所在地法院在执行本院判决的案件时,应按照上述规定统一清偿债务,保护所有债权人的合法权益。

现将申诉人的有关材料转给你院审查。请责成兰州市城关区法院立即停止单独执行其城法经〔1990〕227号民事裁定书的行为,严格按照最高法院法(经)发〔1991〕10号通知第四条的要求,对供应站的所有债权人按比例公平清偿。

最高人民法院经济审判庭关于河南省伊川县电业局不服郴州地区中级人民法院〔1992〕经上字第72号民事判决提出申诉有关问题的复函

- 1993年3月19日
- 法经〔1993〕39号

河南省高级人民法院:

河南省伊川县电业局不服郴州地区中级人民法院〔1992〕经上字第72号民事判决,向我院申诉并请求中止执行。

伊川县电业局于1989年2月24日开办了洛阳市伊川电业铁合金厂(简称"铁合金厂"),并向工商行政管理机关办理了企业法人营业执照。该厂因与郴州坳上冶炼厂(简称"冶炼厂")发生购销合同纠纷被诉至郴县法院。案经郴州中院二审,认定铁合金厂于1989年11月停产,1990年、1991年均未办理年检换证手续,应视同歇业,工商行政管理机关应收缴其法人营业执照,故该厂已不具备法人资格,于1992年10月18日判决由伊川县电业局承担铁合金厂的债务清偿责任。

经审查该案判决书和伊川县电业局提供的材料,我们认为,该案存在以下问题,请予考虑:

1. 根据民法通则第四十八条和国务院国发〔1990〕68号文件的规定,具有法人资格的企业应以国家授予其经营管理或其自有的财产承担债务清偿责任。企业是否以其经营管理或者所有的财产承担有限责任,应以其存续期间是否具有法人资格为依据,而不能以企业终止后法人资格消灭为由要求由其上级开办单位为它承担债务清偿责任。开办单位是否承担债务清偿责任,应以国发〔1990〕68号文件规定的条件判定。而本案判决书没有明确是否存在这种条件。

2. 即使存在上级主管部门承担债务清偿责任的条件,也应先以终止的企业法人所有的财产承担责任,不足清偿的部分,由上级主管部门在一定范围内承担清偿责任。本案判决没有明确铁合金厂现有财产状况。

3. 伊川县电业局提出铁合金厂一直以法人资格对外进行业务活动,并提供了1992年8、9月份与其他单位签订的几份合同和铁路货运单据复印件。如此情况属实,则郴州中院1992年10月18日判决认定铁合金厂停产歇业缺乏事实根据。

4. 如果铁合金厂确曾歇业后又恢复营业,在工商行政管理机关未注销其法人营业执照的情况下,应视为该企业继续存在或在原有资产基础上的恢复,其原有债务仍应由其承担或首先承担责任。

现将伊川县电业局的申诉和要求中止执行的材料转给你院,请你院对该案进行复查,在复查期间对伊川县电业局以暂缓执行为宜。

最高人民法院关于企业法人营业执照被吊销后,其民事诉讼地位如何确定的复函

• 2000年1月29日
• 法经〔2000〕24号函

辽宁省高级人民法院:

你院《关于企业法人营业执照被吊销后,其民事诉讼地位如何确定的请示》收悉。经研究,答复如下:

吊销企业法人营业执照,是工商行政管理机关依据国家工商行政法规对违法的企业法人作出的一种行政处罚。企业法人被吊销营业执照后,应当依法进行清算,清算程序结束并办理工商注销登记后,该企业法人才归于消灭。因此,企业法人被吊销营业执照后至被注销登记前,该企业法人仍应视为存续,可以自己的名义进行诉讼活动。如果该企业法人组成人员下落不明,无法通知参加诉讼,债权人以被吊销营业执照企业的开办单位为被告起诉的,人民法院也应予以准许。该开办单位对被吊销营业执照的企业法人,如果不存在投资不足或者转移资产逃避债务情形的,仅应作为企业清算人参加诉讼,承担清算责任。你院请示中涉及的问题,可参照上述精神办理。

此复。

附:

《辽宁省高级人民法院关于企业法人营业执照被吊销后,其民事诉讼地位如何确定的请示》内容

一、案件基本事实

辽宁省高级人民法院就两件经济纠纷案件中遇到的同一性质的问题,请示到最高人民法院。

第一件案子的简要情况是:在辽宁省高级人民法院审理的交通银行沈阳分行城内支行诉辽宁宝亨集团有限责任公司(以下简称宝亨集团)、沈阳市沈空电器厂(以下简称沈空厂)等六被告借款合同欠款纠纷案件中,沈空厂为宝亨集团借款提供了连带责任保证。该笔借款在办理展期时,沈空厂因未按规定参加年检,于1995年10月6日被沈阳市东陵区工商局吊销了企业法人营业执照。但沈空厂仍在贷款展期合同保证栏中加盖了单位公章和法定代表人名章,出具了连带保证的承诺。在本案审理过程中,沈空厂始终以自己名义参加诉讼。

第二件案子的简要情况是：在大连海事法院审理大连利丰船务代理公司（以下简称利丰公司）与大连实业船务公司纠纷案件二审期间，利丰公司于1999年6月21日被当地工商行政管理局以2年未参加年检为由吊销了企业法人营业执照。其主管部门大连三至广告公司则早于1998年9月28日被当地工商行政管理局以3年未参加年检为由吊销了企业法人营业执照。

辽宁省高级人民法院认为，企业法人营业执照被吊销后，其民事诉讼主体地位如何确定，是经济审判中一个带有普遍意义的问题，而这一问题目前法律尚无明确规定，故上报请示到本院。

二、请示意见

辽宁省高级人民法院在请示报告中仅就第一件案子被告之一沈空厂的民事诉讼主体资格确定问题写了两种不同意见，即一种意见认为，沈空厂企业法人营业执照既然被当地工商行政管理局予以吊销，按照《民事诉讼法》的有关规定，其已失去了参加民事诉讼的主体资格，故，应追加其主管（开办）单位为本案当事人参加诉讼。另一种意见则认为，沈空厂虽然被当地工商行政管理局吊销了企业法人营业执照，但吊销营业执照是一种处罚，与企业法人自行申请注销和歇业是有区别的。且，沈空厂单位公章和法定代表人名章均未收缴，沈空厂又愿以自己名义参加诉讼，法律也没有企业法人营业执照被吊销后，其民事责任如何确定的规定。因此，简单地宣布沈空厂参加签订的保证合同无效缺乏法律根据。既然沈空厂已参加了诉讼，就应承认其存在，并依法判令其应负的民事责任。

最高人民法院关于饶天禄与西安市莲湖区环城西路生产、生活服务公司侵权赔偿再审一案的复函

- 2001年4月18日
- 〔2001〕民监他字第3号

陕西省高级人民法院：

你院〔2000〕陕经再字第28号《关于饶天禄与西安市莲湖区环城西路生产、生活服务公司侵权赔偿再审一案的请示报告》收悉。

经研究认为，西安标准件经销站（以下简称经销站）的营业执照虽然登记为西安市莲湖区环城西路生产、生活服务公司（以下简称服务公司）开办的集体企业，但服务公司在开办经销站之初和营业中均未直接投资，该经销站是饶天禄以服务公司名义申请开办、利用赊销的15万元标准件经销运营并逐步发展起来的；经销站自负盈亏，自担经营风险，人员录用、辞退、工资及奖金发放均由饶天禄一人决定，服务公司并不干涉，也未派员参与经营管理；经销站每年仅向服务公司交纳一定数额的管理费。西安市工商行政管理局正式给西安市中级人民法院复函，认定经销站"属于饶天禄等人筹资开办起来，并挂靠在环城企业总公司名下的私营（合伙）企业"。故同意你院审判委员会第一种意见，即西安市标准件经销站的性质为私营企业。

此复。

附：

《陕西省高级人民法院关于饶天禄与西安市莲湖区环城西路生产、生活服务公司侵权赔偿再审一案的请示》内容

一、案件主要事实

1982年，饶天禄离开原所在单位中国机电设备公司西北一级站文艺路门市部，经人介绍到西安市环城西路生产、生活服务公司（以下简称服务公司），开始筹办西安环城西路标准件经销站（以下简称经销站）。双方均未实际出资。1982年10月，饶天禄利用自己熟悉的与西宁市机械配件经营公司和兰州市西固标准件厂的供货渠道，并经协商由饶天禄赊购两厂的标准件。同年12月14日，饶天禄与西安市东大街121号房主刘键衡签订了房屋买卖协议。16日，饶天禄以服务公司的名义向莲湖区工商局申请办理经销站的营业执照。18日，饶天禄与西安市东大街121号另一房主罗全章签订了购房协议，并用预

收的货款支付了部分房款。12月24日,莲湖区工商局给经销站颁发了集体企业的营业执照,负责人为饶天禄。1983年1月7日,环城西路街道办事处党委开会研究经销站等问题,会议决定:指定一人负责,观察一个时期,再作研究按"五·七"企业对待,此后再未作过研究。1月9日,兰州市西固标准件厂将价值50000元的标准件赊销给经销站。2月9日,西宁市机械配件经营公司将价值10万元的标准件赊销给经销站。经销站在当年付清了上述两单位的货款。1983年4月,经销站以8000元购买了南京跃进牌汽车一辆。1985年4月,以27000元购买了北京吉普车一辆。经销站在经营初期因资金困难,于1983年1月10日至1985年8月从服务公司下属其他企业为经销站拆借资金132000元。1983年3月至1985年5月,饶天禄用经销站的款还清了借款。1984年、1985年,饶天禄与服务公司签订了由饶天禄承包经销站的合同。由于承包任务完成较好,饶天禄受到莲湖区政府和环城街道办事处的表彰。1985年1月6日,饶天禄以经销站的名义,向服务公司打报告称:为尽快解决流动资金当务之急,我们打算以私人名义,以房产原价购买,并将房产转到私人名下,收回房款,以补充流动资金,同时解决长期单位买房私人顶名的做法。服务公司未批准该报告。1985年5月11日,饶天禄将东大街121号房屋过户到自己名下。1986年5月,莲湖区人民检察院以贪污罪将饶天禄逮捕。服务公司随即免去饶天禄的经销站经理职务。1987年11月28日,莲湖区人民检察院对饶天禄作出免予起诉的决定。

经查,饶天禄在任经销站经理的3年中,该站共上交税款330000元,向服务公司上交管理费45000元,经销站的账面历年都从税后利润中提留了公积金、公益金和福利金,对固定资产进行了折旧。

二、原一、二审法院审理情况

饶天禄向西安市中级人民法院起诉,请求服务公司返还标准件经销站,并赔偿其经济损失。西安中院一审认为:经销站是由服务公司申请开办的;经销站在筹建和开业后,服务公司多次从其下属其他企业为经销站筹措资金;经销站一直按集体企业纳税和上交管理费;饶天禄是服务公司任命的经销站负责人;饶天禄与服务公司签订有承包合同;对经销站的重大决策均向公司请示汇报;经销站的营业场地和固定资产等均由经销站购买并支付价款。故经销站是集体企业,饶天禄请求服务公司返还经销站,并赔偿其经济损失的理由不能成立,遂判决驳回饶天禄的诉讼请求。

饶天禄不服西安中院一审判决,提出上诉。上诉主要理由:经销站的开办资金是其自筹的;15万元注册资金是靠其赊销标准件取得的;经营场所是其购置的;服务公司无任何投资行为和开办行为;经销站有企业自主权;环西办事处研究后也没有确定经销站的企业性质。

陕西高院终审判决认为:经销站是由服务公司申请开办的集体企业。在申请开办该商店的营业执照和企业登记表中注明该经销站为服务公司直接投资的集体企业;党委会议记录也未明确记载经销站为饶天禄的私营企业;且无饶天禄个人投资;至于上诉人赊购的15万元标准件,因为当时国家政策不允许私人经营标准件,且货款也是经销站支付的,因而,应认定为经销站从事的经营行为,不能视为上诉人的投资;经销站开业后,其营业场地和固定资产等均由经销站购买,且一直按集体企业纳税、上交管理费;服务公司也多次从下属企业为经销站筹措资金;饶天禄不仅与服务公司订有承包合同,而且对经销站的重大决定均向公司请示并取得公司同意。故饶天禄的上述理由不予支持。故判决驳回上诉,维持原判。

终审判决生效后,饶天禄不服,向陕西高院申请再审。陕西高院于2000年7月17日作出〔1999〕陕经监字第106号民事裁定,认为原判决认定事实不清,适用法律不当,决定对本案再审,并中止原判决的执行。

三、陕西高院再审查明的事实和请示意见

(一)再审查明的事实

1. 筹办经销站的经过。1982年10月,饶天禄经人介绍到服务公司,开始筹办经销站。12月16日,饶天禄以服务公司的名义,向莲湖区工商局申请办理经销站营业执照。同年12月24日,莲湖区工商局颁发了营业执照。营业执照和企业登记载明:经销站为服务公司投资兴办的集体企业,注册资金15万元,经营范围:标准件、三类机电、五金电器,营业场所为西安市东大街121号,企业负责人饶天禄。关于注册资金15万元的问题,当时只是在注册申请表注册资金栏里填了15万元,一填了事。没有验资报告,没有实际出资。

2. 关于经销站筹备和开办初期的资金来源问题。一是预收标准件货款。1982年12月21日至1983年1月10日经销站共预收标准件货款计25750元,主要用于支付购买东大街121号房款等。二是赊销货物资金来源。经销站开业后销售的货源主要是兰州市西固标准件厂和西宁市机械配件经营公司的,两厂共赊销标准件价值15万元,收货人:饶天禄;收货地点:经销站。饶天禄去赊购标准件时,没有介绍信,是根据供货方对他的信任而答应他的,一切货款、结账手续,只对饶天禄本人,经销站在1983年底至1984年初付清了上述两单位的货款。三是借款。经销站初期因经营资金紧张,从1983年1月至1985年8月,通过服务公司经理沈继敏共向其下属其他企业借款八笔,共计132000元,其中,七笔共计112000元,已还清。只有1985年8月9日借服务公司的20000元,在饶天禄被捕后,于1986年由接任经理张正谋给公司打报告,经公司批准在账面上转为投资款,此款还在经销站账目上挂着。

3. 关于三处房产购买及过户等情况。一是东大街121号房产买卖及过户情况。经销站在筹备期间,饶天禄于1982年12月14日,与东大街121号房主刘键衡签订了房屋买卖契约,约定房价为6600元。同年12月18日,饶天禄又与东大街121号另一房主罗全章签订了房屋买卖契约,约定房价为6200元,地面附着物赔偿费6100元,搬运补助费7500元,共计19800元。同月21日,饶天禄用矿山机械厂预付货款7500元支付刘键衡房款4000元,支付罗全章房款3500元,1982年底至1983年,经销站支付了所欠的房款。1985年5月11日饶天禄将该房过户到自己名下。二是东五道巷17号房产情况。1985年4月19日,饶天禄与东五道巷17号房主成建定签订了房屋买卖契约,土木结构四间半瓦房,约95平方米,房价26000元。该房产已于1992年3月25日过户到饶天禄名下。三是东关南街曹家巷76号房产情况。1984年3月2日,饶天禄与曹家巷76号房主刘秀兰签订了房屋买卖契约,8间厦房,房价15000元。该房产买卖契约现由经销站持有,但没有办过户手续。

4. 关于经销站经营管理情况。经销站自1982年年底开始筹备,其人员主要来自筹办人员和与筹办人员有业务关系的亲朋好友,无一人是通过劳动部门来的,人员来去自由,录用和辞退以及工资标准、奖金等均由饶天禄一人决定,饶天禄任经理期间曾以不胜任工作等理由,先后辞去有关人员20多人。另外,经销站人员的工资由经销站自行开支,办事处和服务公司不干涉。经销站自1983年正式开业到饶天禄被逮捕之前的经营情况是:1983年盈利67万元,1984年盈利129万元,1985年盈利303万元。3年中,共同服务公司上交管理费4.5万元,缴纳税金33万元,历年都从税后利润中提留公积金、公益金和福利金,对固定资产作了折旧。另查,经销站1984年、1985年与服务公司签订了2年承包合同,承包人为饶天禄,承包的主要指标有:产值、税利、上交管理费等,饶天禄因承包任务完成的好,受到莲湖区政府和环西办事处的表彰奖励。

5. 环城西路办事处及服务公司是否向经销站投资情况。经销站在申请营业执照时,在申请表注册资金栏里填了15万元。原环城街道办事处主管工业的主任贾登雅证明:"环西街道办事处是1983年元月从西关办事处分出开办的新机构,分开后,办事处很穷,没有钱,企业很不景气。因此,不可能给经销站钱,服务公司工资都很难维持,根本不可能投资。饶天禄的企业肯定是自筹资金,按当时的情况,谁办企业谁投资。"服务公司是事业单位,原名称是环西企业总公司,后改为服务公司,隶属于环城西路街道办事处。

6. 关于1984年、1985年饶天禄承包经销站的情况。经销站1983年初开业,当年给服务公司上交管理费6000元。1984年,服务公司与经销站签订了《1984年经济承包责任制合同》,合同主要内容是承包和奖惩办法,承包指标包括:完成产值、年税利和上交管理费等,其中上交管理费约定为6600元。饶天禄以经销站负责人身份盖章,经销站盖了公章。1985年,服务公司又与经销站签订了《1985年企业承包责任制合同》,合同约定了企业负责人的权利、承包的项目、工资、奖金的发放等。承包的项目包括完成产值、税利、上交管理费等,其中上交管理费和合作事业基金25000元。工资一律实行贡献工资制,并约定了增加、减少工资的比例。当年,经销站超额完成了经济承包责任制合同,按时缴纳税金、上交管理费,饶天禄因此受到莲湖区政府和环西办事处的表彰。

7. 工商行政管理部门对经销站企业性质的意见。西安中院一审时,就经销站的企业性质问题,于1988年9月以〔88〕经民初字第10号函将所查证的有关材料转至为经销站办理营业执照的碑林区工商局,请该局对该企业的性质予以确认。碑林区工商局于1988年10月17日以碑工商字〔1988〕第94号函复西安中院:"西安经销站系非集体所有制企业,属私营独资企业,应注销西安经销站集体企业营业执照,并对其违反《企业法人登记管理条例》第三十条'登记隐瞒真实情况、弄虚作假'的行为将予以处罚。"随后,西安中院根据西安市委政法委召开的检、法两院协调会议精神,于1989年2月25日又以〔88〕经民初字第10号致函西安市工商局,请对经销站的企业性质进行论证,市工商局对经销站的企业性质进行调查,经两次向国家工商局请示后,于1989年11月13日以市工商字〔89〕函字第23号函复西安中院:"西安经销站属于饶天禄等人集资开办起来并挂靠在服务公司名下的私营(合伙)企业。"

(二)请示意见

再审中,就经销站的性质问题,陕西高院形成三种意见,并决定向最高人民法院请示。

第一种意见:经销站的性质属私营企业。理由是:(1)经销站是饶天禄以服务公司名义开办的,申请开办的手续都是饶天禄一人办理的,并支付了有关办理费用,服务公司没有派人参与,也没有支付有关办照费用。(2)饶天禄虽没有在工商机关申请开办经销站时直接投资,但饶天禄利用多年经销标准件积累的商业信誉和业务关系,采用先收预付货款、赊销标准件的方法筹措资金,逐步发展,是本案不争的事实。饶天禄将预收的货款主要用于租赁、购买经销站营业场地,办理营业执照,特别是赊销15万元标准件,经销站最初就是靠这15万元运营的,且从年初收货到年底付货款,长达1年时间,靠的是饶天禄的信誉担保。服务公司在经销站开办初始和营业中均没有直接投资,经销站在经营中由于资金困难,从服务公司下属其他企业拆借资金132万元,这些借款其借期一般在1至2个月,而且及时还清。这些借款非服务公司的职务行为所为。(3)经销站的工作人员没有一个是通过劳动部门来的,都是饶天禄一人决定聘任、辞退,工资等级、奖金多少也是饶天禄一人决定,服务公司不干涉。(4)工商机关已认定经销站为私营企业。依据当时的法律政策,认定企业性质,是工商机关的职权。对于经销站的性质,西安市工商局、碑林区工商局均认为是私营企业,同时要求注销经销站的集体营业执照。但经销站在西安市两级工商局认定其私营企业后,即1988年以后再没有进行年检,经销站于1989年1月致碑林区工商局函称:"因企业性质涉讼,经销站暂停营业,待法院判决后再定。"这与工商局的认定是一致的。根据最高人民法院转发国家工商行政管理局《关于处理个体、合伙经营及私营企业领有集体企业(营业执照)问题的通知》第一条规定:"司法机关在审理刑事案件或者经济纠纷案件涉及企业性质问题时,工商行政管理机关可以本着实事求是的精神,向司法机关介绍情况,建议是什么所有制性质就按什么所有制性质对待。"西安市两级工商行政管理机关经调查研究并两次请示国家工商局后,向西安中院函复:经销站的资金来源是饶天禄采用赊销货物、预收货款等方式筹集的,并逐步发展壮大的,经销站系非集体所有制企业,是挂靠在服务公司名下的私营企业。

第二种意见:经销站为集体企业,原判正确,应予支持。理由是:(1)经销站是服务公司申请开办的,营业执照和企业登记表中均载明该经销站为服务公司直接投资兴办的集体企业。(2)1984年、1985年,饶天禄与服务公司签订有承包合同,进一步证明经销站是服务公司的集体企业。(3)经销站登记为集体企业是饶天禄当时办理及其经营时的真实意思表示。按照当时的法律政策,不允许私营企业存在,经销站也一直按集体企业纳税、上交管理费、提取公积金、公益金、享受优惠政策;服务公司是按集体企业管理经销站的,并多次从其下属其他企业为经销站筹措资金,予以扶持、帮助的。(4)饶天禄个人没有投资,赊销的 15 万元标准件,货款是经销站支付的,这是经销站的经营行为,不能认定是饶天禄的投资;经销站营业场地和固定资产由经销站购买,也是在经销站账上支付的。原判认定事实清楚,适用法律正确,且已生效多年,不宜再改动。

第三种意见:经销站是饶天禄与服务公司的联营企业。理由是:饶天禄在经销站筹办和开办之初,的确利用多年积累的商业信誉和业务关系,预收了一部分标准件货款,又赊购了价值 15 万元的标准件对经销站的开办和发展,起了重要的作用;但如果没有服务公司的牌子和商业信誉也是办不起来的。再则,服务公司虽然没有在经销站开办时直接投资,但在经销站经营之初资金周转困难时,从其下属其他企业拆借 13.2 万元资金,予以帮助扶持,符合联营的基本特征,应参照《民法通则》关于联营的法律规定予以认定。

最高人民法院关于对帮助他人设立注册资金虚假的公司应当如何承担民事责任的请示的答复

- 2001 年 9 月 13 日
- 〔2001〕民二他字第 4 号

上海市高级人民法院:

你院(2000)沪高经他字第 23 号关于帮助他人设立注册资金虚假的公司应当如何承担民事责任的请示收悉,经研究答复如下:

一、上海鞍福物资贸易有限公司(以下简称鞍福公司)成立时,借用上海砖桥贸易城有限公司(以下简称砖桥贸易城)的资金登记注册,虽然该资金在鞍福公司成立后即被抽回,但鞍福公司并未被撤销,其民事主体资格仍然存在,可以作为诉讼当事人。如果确认鞍福公司应当承担责任,可以判决并未实际出资的设立人承担连带清偿责任。

二、砖桥贸易城的不当行为,虽然没有直接给当事人造成损害后果,但由于其行为,使得鞍福公司得以成立,并从事与之实际履行能力不相适应的交易活动,给他人造成不应有的损害后果。因此,砖桥贸易城是有过错的。砖桥贸易城应在鞍福公司注册资金不实的范围内承担补充赔偿责任。

此复。

最高人民法院对江苏省高级人民法院关于中国电子进出口公司江苏公司与江苏省信息产业厅等股权纠纷一案请示的答复

- 2002 年 11 月 15 日
- 〔2001〕民二他字第 19 号

江苏省高级人民法院:

你院〔2002〕苏民终字第 038 号文《关于中国电子进出口公司江苏公司与江苏省信息产业厅等股权纠纷一案的请示》收悉。本庭经研究,提出以下意见。

从本案卷宗材料反映的基本案情看,苏发公司的合资协议、工商登记、公司章程等文件均记载江苏省电子局(江苏省信息产业厅的前身)为苏发公司的股东。江苏省电子局实际参与了苏发公司的设立,并以自己的名义委派工作人员担任苏发公司的高级管理人员参与公司运营。如果江苏省电子局与中国电子进出口公司江苏公司之间没有明确约定一方形式投资、另一方实际投资,拟可认定江苏省电子局为苏发公司 30% 股份的权利人。

股权关系不仅涉及纠纷当事人,而且还对公司以及其他股东甚至公司债权人等诸多主体产生影响,因股权归属产生的纠纷应及早解决。因此,在法律没有特别规定的情况下,当股权受到他人侵害时,请求法律保护的诉讼时效应适用《民法通则》第一百三十五条的规定。

以上意见,仅供参考。

附：

《江苏省高级人民法院关于中国电子进出口公司江苏公司与江苏省信息产业厅等股权纠纷一案的请示》内容

一、案件主要事实

1981年11月,电子工业部(原四机部)批准,在深圳特区成立中外合资企业"中锋电子有限公司",同意某省电子局(后更名为省电子工业厅,再后更名为省信息产业厅,以下简称省电子局)等中方单位与香港东锋集团在深圳合资办厂,投资比例为中方与外商各占50%,中方内部投资比例由省电子局与深圳市、中电深圳公司协商解决。1981年11月中外双方签订了合资公司合同。合资企业投资总额为500万美元,分三期在1985年内投资。1982年1月,深圳市政府批准成立中锋电子有限公司(以下简称中锋公司);同年1月16日,中电某省办事处向中国银行申请贷款12万美元,折合人民币33.6万元汇往中锋公司工程的施工单位,汇款用途是合资投资。同年1月30日,省电子局通过中电某省办事处向中锋公司汇款人民币16.4万元。1982年6月,中电某省办事处向中国银行申请第二笔贷款12万美元,并称"此款由我局在中锋电子有限公司赢利中偿还,并用省电子局留成外汇担保。"同日,省电子局向该银行出具担保函,内容与中电某省办事处函相同,并说明,"此笔贷款由中锋公司赢利中的我局分红部分偿还,并以我局留成外汇担保。"1982年6月,中国银行向中电某省公司贷款12万元,折合人民币33.6万元,汇往中锋电子有限公司,汇款用途是基建。中锋电子有限公司向某省电子局出具两张收据,证实收到省电子局投资款83.6万元。中电某省公司于1982年11月以应付款项的用途将省电子局向中锋公司汇出的16.4万元本金及利息付给了省电子局。后由于香港东锋公司无力履约投资,中方通知其中止原中锋电子有限公司合同,并报深圳市人民政府批准。1983年1月某省电子局与深圳经济特区发展公司等单位签订了合资建立苏发联合公司(以下简称苏发公司)的协议,原投入中锋电子有限公司的资金全部转为向苏发联合公司的投资。1983年6月,苏发公司成立,其中深圳特区发展公司拥有苏发公司40%股权,省电子局缴纳资金人民币83.6万元(此款即为投资于中锋电子有限公司的投资款),拥有苏发公司30%股权。

1983年6月23日,对外经济贸易部发文同意中电某省办事处改为中国电子技术进出口公司某省公司,财务暂与某省财政挂钩。中电某省分公司与某省电子工业局存在行政隶属关系。苏发公司1984年至1992年9月25日股权收益计60.7303万元,均由中电某省公司领取。省电子局从1982年至1992年均委派中电某省公司工作人员作为董事参加苏发公司管理。1992年以后,省电子局委派本厅工作人员直接参加苏发公司管理。

1986年4月,经省电子局同意中电某省公司财务隶属关系划转中电总公司统一管理。1986年10月经财政部发文批复,同意中电总公司下属的分公司财务自1986年1月起纳入中央财政统一核算,该批复明确中电总公司所属分公司的流动资金、固定资产专用基金等应以正式批复的1985年度会计决算数据为核算依据。

1992年9月,中电某省分公司与省电子局双方为苏发公司30%股权的归属产生争议,1992年9月以后,中电某省分公司再未领取苏发公司股息。

1993年1月19日,国家国有资产管理局发函确认中电某省公司83.6万元投资属上划前的投资项目,按规定应转入固定基金,纳入1985年会计决算,该项基金应属上划的资产范畴,并由中电某省公司持有其产权。某省电子局就此事提出异议,并于1993年10月以书面形式上报国有资产管理局,该局未予以批复。

1995年3月,苏发公司30%股权由省电子局经某省财政厅批准转让至第三人某省电子工业技术开发公司(以下简称省电子公司)名下;2000年11月27日,省电子公司以30%股权作为抵押向深圳平泰投资发展有限公司(以下简称平泰公司)借款750万元,后因借款未还;2001年2

月经人民法院民事调解书确认省电子公司在苏发公司的30%股份转让给平泰公司,省电子公司的750万元借款抵作股权转让价款,该部分股权已经工商部门变更登记在平泰公司名下。1992年9月后至2000年5月,苏发公司股息共计558万元,均由省电子局及省电子公司取得。

2001年8月8日,中电某省公司诉至人民法院,要求省电子局返还苏发公司30%股权及股权收益558万元及利息。

二、某省高级人民法院意见

某省高级人民法院讨论本案时,就三个焦点问题形成了不同意见。

(一)股权确认问题

一种意见认为,股权应属省电子局。理由是:1.中锋公司成立于1981年,其时正处于计划经济向商品经济转轨初期,国家机关既行使行政管理职能,也参与经济活动,政企不分,企业没有独立自主经营权,经营活动都由主管部门调控,当时省电子局作为中方投资者之一向中锋公司投资是经过省政府批准同意的,中电某省公司当时作为其下属企业,人财物都可由省电子局直接调配和处分,省电子局要求中电某省公司为其向银行贷款以电子局的名义向中锋公司投资,并不是要求中电某省公司用自己的钱还贷,而是用合资公司的利润还贷,中电某省公司给银行的贷款报告也明确此款是由中锋公司的利润还贷。用中锋公司的利润还贷,在这一点上省电子局与中电某省公司的意见是一致的。2.中锋公司由于香港东锋电子有限公司的退出而解体,转而由国内的三家股东成立了内资企业苏发公司,注册资金都是承继的原中锋公司的,中电某省公司没有出资义务。苏发公司1984年至1992年的股息,省电子局均按照承诺由中电某省公司领取用于偿还银行贷款。说明了中电某省公司不可能是苏发公司的实际投资者。3.工商登记的股东身份是人民法院确认股权的主要依据,《公司法》实施前我国法律并不承认隐名股东。本案中,苏发公司的发起人是省电子局而非中电某省公司,发起协议、公司章程等法律文件都是由苏发公司签署的,工商登记的股东是省电子局,行使苏发公司股东职能的也是省电子局,而且,1984年至1992年中电某省公司也是按约定取得股息,因此,中电

某省公司与省电子局之间是债权债务关系,而不是返还股权纠纷。

第二种意见认为,苏发公司30%的股权应属于中电某省公司所有。其理由是:1.国家国有资产管理局的函以及财政部的函已经界定和确认苏发公司30%股权的投资属于中电某省公司。在上述二函仍然有效的情况下,人民法院在民事诉讼中不宜推翻国有资产管理部门对国有资产权属所做出的界定结论。2.苏发公司30%股权实际出资人是中电某省公司,因为从付款汇出凭证和收据入账均可以看出,出资义务由中电某省公司通过贷款实际履行,归还贷款义务也由其实施,只不过股权登记在省电子局名下,对外以省电子局的名义办理各种手续。正因为中电某省公司是实际出资人,故1983年至1992年的股息由中电某省公司领取。省电子局称是债权债务关系,但举证不充分,不应支持。3."谁投资、谁拥有产权"是国有资产产权界定的基本原则,根据该原则,并考虑该苏发公司成立时所处的计划经济体制下政企不分的历史背景,也应认定苏发公司30%的股权应归中电某省公司所有。

该院倾向第二种意见。

(二)国有资产管理局函件的效力问题

一种意见认为,依照中华人民共和国国有资产管理局1994年10月10日颁布的《国有资产产权纠纷调处工作试行规则》的规定,国有资产管理局调处委员会的裁决是终局裁决。一方当事人拒不执行已经发生法律效力的调解书或裁决书的,另一方当事人可以依法向人民法院提起侵权诉讼,请求法院判决执行。本案中国资局发函确认中电某省公司83.6万元投资属上划前的投资项目,实际是终局裁决,是不可诉的,中电某省公司应以侵权之诉向人民法院起诉。

另一种意见认为,国资局《国有资产产权纠纷调处工作试行规则》属部门规章,根据相关法律规定,部门规章无权确定自己的裁决为终局裁决不可诉。如承认其效力,实际上限制了司法裁决的范围,其规定应属无效。国有资产产权纠纷发生后,国资局的调处裁决除双方当事人自觉接受履行的以外,不服的都可向人民法院起诉,人民法院有权就权属确定等问题一并审查,可作出与国资局调解书裁决书不同的确认。

（三）诉讼时效的适用问题

一种意见认为，依照《民法通则》第一百三十五条规定，向人民法院请求保护民事权利的诉讼时效期间为2年，只有法律另有规定的除外，因此在股权确认的诉讼请求法律并没有规定例外期间情况下，应受2年的限制。本案中，中电某省公司的请求已过诉讼时效期间，股息依附于股权，股权确认已过诉讼时效期间，股息返还请求自然也相应超过了诉讼时效期间。

另一种意见认为，权利（股权）确认请求权不适用诉讼时效制度，且在侵害占有持续的情况下，该诉权根本谈不到消灭时效。本案中争议的实质是股权确认，因此不受诉讼时效制度限制。

最高人民法院关于胡克诉王卫平、李立、李欣股东权纠纷一案的答复

- 2003年5月15日
- [2003]民二他字第4号

河南省高级人民法院：

你院《关于股东未出资，亦未向股权转让人支付对价的股东地位如何认定问题的请示》收悉。经研究，答复如下：

原则同意你院第二种意见。从案卷反映的事实看，1993年12月30日，思达设备公司变更公司章程，以书面形式确认新老股东之间就股份转让以及转让的具体份额达成的一致意见，即在公司注册资金100万元不变的情况下，原始股东思达科技公司和胡克将部分股份转让给李欣、魏若其、李立、杨为民、王卫平等五位新股东。1994年4月18日思达设备公司股东会决议，同意吸收李立、李欣、王卫平、魏若其、杨为民为新的股东，原始股东各方的出资部分转让给该五位股东。此后，河南省工商行政管理局对思达设备公司进行年检时在年检报告"投资者投资情况"一栏将公司新老股东及其所占股份予以记载，该项记载具备将公司股东向社会公示的意义。从思达公司新老股东就股份转让达成合意、到公司股东会认可新股东的身份，直至工商行政管理部门通过年检报告将公司股东予以公示，思达设备公司股东完成了李立等人获得股东身份的必要程序。且李立等人自1993年12月30日受让股份，以股东身份行使权利（参与股东大会、参与公司运营决策等）已近10年，此时再否认其股东资格缺乏事实依据。股份转让时各当事人未就股份转让的对价问题做出明示约定，原始股东若就支付对价提出请求，可另案提起诉讼。

此复。

附：

《河南省高级人民法院关于胡克诉王卫平、李立、李欣股东权纠纷一案的请示》内容

一、案件主要事实

1992年12月10日，思达科技公司出资30万元、胡克出资70万元共同兴建思达设备公司。1992年11月10日，思达设备公司章程规定，公司董事会由4人组成，董事由股东委派，其中思达科技公司委派一名，胡克方委托三名代表参加。该章程由思达科技公司法定代表人和胡克签字。1993年2月1日，河南省工商行政管理机关出具《私营企业开业登记书》，核准成立思达设备公司，企业负责人为胡克。该公司1993年实现利润173万元。李欣从1993年4月开始以公司副经理的身份签署产品出库单、出差报销单，行使管理权。胡克、王卫平、李立、李欣等人除领取相同数额的工资外，思达设备公司没有进行过利润分配。1993年12月30日，思达设备公司变更公司章程，在公司注册资金100万元不变的情况下，增加李欣、魏若其、李立、杨为民、王卫平为股东。同时，调整了股东出资结构，具体内容是：思达科技公司出资25万元，占公司总股份的25%；胡克及新增加的5个股东均出资12.5万元，共75万元，占公司总股份的75%。1994年4月18日，思达设备公司召开股东会做出决议，同意吸收李立、李欣、王卫平、魏若其、杨为民为新的股东，原股东各方的出资部分转让给该五位股东。河南省工商行政管理局对思达设备公司进

行了年检,年检报告中"投资者投资情况"一栏记载:思达科技公司、胡克、魏若其、杨为民、李立、李欣、王卫平为股东,思达科技公司出资25万元,胡克等6人各出资12.5万元。李欣、李立、王卫平等受让股份后没有向思达科技公司和胡克支付对价。

1996年4月15日,思达设备公司股东会做出决议,同意思达科技公司退出其在思达设备公司的全部股份,由胡克等6股东等额受让;新股东会由胡克等6人组成。1996年4月20日,思达设备公司股东会又就思达科技公司退出其在思达设备公司所占的股份,进一步做出了股份变更决议。思达科技公司据此转让了其在思达设备公司的股份,思达设备公司支付思达科技公司220万元,思达科技公司退出了思达设备公司。

1996年8月22日至11月23日,思达设备公司做出四项分立决议,以公司1996年7月底资产总额2820万元为依据,将魏若其、李欣、杨为民的个人资产划出,其中支付给魏若其620万元,李欣、杨为民各470万元。1996年11月23日,由胡克、李立、王卫平组成的新股东会决议,同意吸纳李欣出资,并按其出资额承担公司权利义务,同意李欣为股东会成员,故李欣的个人资产470万元并未实际划出。

1996年11月23日,思达设备公司向河南省工商行政管理局提交了《公司设立登记表》和《关于申请有限责任公司规范的报告》,载明公司注册资本为300万元,由思达设备公司未分配利润中调增,由新的股东胡克、李欣、王卫平、李立四人平均持有。1996年12月20日,河南省工商行政管理局依照有关规定核准了思达设备公司提交的《公司设立登记申请表》,并给其颁发了《企业法人营业执照》。

1998年4月29日,李欣、胡克、王卫平、李立作为发起人,在河南省工商行政管理局注册成立了河南思维自动化设备公司(以下简称思维设备公司),公司组织形式为有限责任,注册资本为300万元。李欣、胡克、王卫平、李立的出资额均为75万元,胡克为董事长。思维设备公司成立时利用了思达设备公司的部分资产和设备。目前,思达设备公司处于歇业状态,但未办理注销手续。2001年3月29日,胡克诉至法院,请求

确认王卫平、李立、李欣三自然人自始不具备思达设备公司和思维设备公司的股东资格,并判令思达设备公司恢复该公司的股东原状,即恢复到设立时两个股东的状态。

本案二审中,胡克提出调解意见,同意李欣、李立、王卫平等三人各拥有13%的股份。李欣等三人均不同意就股份比例做任何调整。

二、河南省高级人民法院意见

河南省高级人民法院审委会研究本案,形成三种意见。

第一种意见认为,李欣等三人没有实际出资,双方之间没有转让股份的合同,亦没有支付对价,没有履行转让手续,李欣等三人不具备法律意义上的股东资格,应判决予以否定。

第二种意见认为,根据我国现行立法的规定,股东出资瑕疵并不必然否定其股东资格,只会导致相应的法律责任。简单地以股东未出资或未支付对价而否定股东资格与法理不符。公司章程是公司内部的自治性规定,合法成立的公司章程对公司、股东、董事、经理均具有约束力。股东会议是股东之间的私人约定,只要意见一致并做出决议,对股东都是合法有效的。从公司成立到胡克起诉,历次决议都是胡克与王卫平等人共同做出的,胡克以及其他股东从未提出过任何异议。公司章程的约定和工商登记机关的核准,是确立公司股东身份的必要形式和必经程序,工商注册登记的功能就是证明股东资格的存在并对抗第三人。因出资不实或出资瑕疵而直接否定股东资格,对社会经济的稳定和交易的安全不利。故应驳回胡克的诉讼请求。另认为,股东之间所占股份比例应由其平等协商形成股东会议确定,判决予以调整没有法律依据。至于是否支付对价,与本案非同一法律关系,可另诉解决。

第三种意见认为,不应否定李立、王卫平、李欣三人的股东资格。但由于胡克与思达科技公司共同投资开办及注册成立思达设备公司,公司经营期间已实现利润13.86万余元,思达设备公司注册成立至该公司变更章程增加王卫平等三人为股东,即1993年底,该公司实现利润173万元,而王卫平等三人没有实际出资,在思达设备公司增加注册资本300万元及设立思维设备公司时,王卫平等三人也没有实际出资,不是原始

股东，不应享有实际投资人的资本收益，又未向股权转让人支付对价，现平均享有股东权益，当事人双方权利、义务失衡，造成实质上的不公平。依民法公平原则，考虑本案实际情况，在调解不成的情况下，可判决调整双方之间所占股份比例。胡克多占一些，王卫平等三人少占一些。多数审委会委员倾向于该意见。

最高人民法院执行工作办公室关于恢复执行北京正合坊企划有限公司诉北京万通股份有限公司、北京星辰投资咨询公司房产中介合同的报告

- 2003年6月5日
- 〔2002〕执监字第81号

北京市高级人民法院：

你院《关于恢复执行北京正合坊企划有限公司诉北京万通股份有限公司、北京星辰投资咨询公司房产中介合同的报告》收悉。经研究，答复如下：

一、本案诉讼程序中，北京正合坊企划有限公司具备民事主体资格，我院〔1997〕民终字第135号民事判决并无不当，应予执行。在执行程序中，虽然北京正合坊企划有限公司被工商部门撤销设立登记，但不影响其在此前所进行的正常交易活动，更不能以此否定二审判决的效力。故对北京万通实业股份有限公司和北京星辰投资咨询公司申诉的北京正合坊企划有限公司自始不具备法人资格的理由不予支持。

二、北京正合坊企划有限公司被撤销设立登记，即丧失了作为市场主体进行经营活动的权利，也失去了对本案的判决申请执行的主体资格。但是，公司法人人格并不因被工商行政管理机关吊销营业执照当然终止，其法人资格必须经清算后才可终止。因此，根据《公司法》第一百九十一条的规定，本案应当对北京正合坊企划有限公司进行清算，由原股东组成的清算组作为其法人机关代表行使权利。

此复。

最高人民法院执行工作办公室关于攀枝花市国债服务部与重庆市涪陵财政国债服务部证券回购纠纷执行请示案的复函

- 2003年6月9日
- 〔2003〕执他字第7号

四川省高级人民法院：

你院〔2001〕川执督字第100号《关于攀枝花市国债服务部申请执行重庆市涪陵财政国债服务部证券回购纠纷案件的请示报告》收悉。经研究，答复如下：

同意你院第一种意见。

根据《公司法》第四条第二款规定："公司享有由股东投资形成的全部法人财产权，依法享有民事权利，承担民事责任。"因此，具有独立法人资格的重庆市涪陵国有资产经营公司（以下简称经营公司）对其持有的"长丰通信"国家股股票享有全部的财产权。被执行人重庆涪陵区财政局虽然投资开办了经营公司，并占有其100%的股权，但其无权直接支配经营公司的资产，其权力只能通过处分其股权或者收取投资权益来实现。因此，执行法院只能执行涪陵区财政局在经营公司的股权或投资权益，而不能直接执行经营公司所有的股票。

最高人民法院关于外商投资企业特别清算程序中法院应否受理当事人以侵权为由要求返还财产或物品诉讼请求问题的请示的复函

- 2003年9月30日
- 〔2003〕民四他字第13号

河南省高级人民法院：

你院"关于外商投资企业特别清算程序中法院应否受理当事人以侵权为由要求返还财产或

物品诉讼请求问题的请示报告"收悉。经研究,答复如下:

《中华人民共和国中外合资经营企业法实施条例》、《外商投资企业清算办法》,均未限制外商投资企业在清算过程中,清算组织可以以自己的名义提起侵权诉讼。本院法释〔1998〕1号批复虽然明确人民法院组织清算没有法律依据,但本案人民法院受理清算委员会以游溪霖为被告提起的侵权诉讼,并非属于人民法院介入外商投资企业的清算活动,更非由人民法院组织清算。本案中清算委员会的起诉,从性质上讲是请求人民法院保护其在清算过程中所应享有的民事权利,并非请求人民法院介入清算。人民法院受理的该案件,性质上为侵权纠纷,其具体所要解决的仅仅是原、被告之间的返还财产等纠纷,而并非决定清算如何进行。因此,只要清算委员会的起诉符合《中华人民共和国民事诉讼法》规定的起诉条件,人民法院即应受理。同意你院请示报告中的第二种意见即你院倾向性意见。

此复。

附:

河南省高级人民法院关于外商投资企业特别清算程序中法院应否受理当事人以侵权为由要求返还财产或物品诉讼请求问题的请示

最高人民法院:

我院在受理新乡老松机械有限公司特别清算委员会与游溪霖(台商)等侵权纠纷上诉一案中,就外商投资企业特别清算程序中当事人要求另一方股东返还财产或者物品的诉请是否应由人民法院受理问题存在分歧意见,现将有关问题请示如下:

一、基本案情

台湾地区某公司、新加坡某公司与新乡市某设备厂于1993年共同出资设立新乡老松机械有限公司。在履行合资合同的过程中,当事人发生争议,协商未果,便向仲裁机构申请仲裁。中国国际经济贸易仲裁委员会深圳分会于2000年5月8日作出了终局裁决,主要内容是:终止合资公司合同及章程,当事人依法对合资公司清算,对合资公司剩余财产按投资比例划分。一方不配合清算,不影响清算的正常进行。此后,当事人就合资公司清算问题在协商未果的情况下,向企业审批机关申请特别清算,新乡市外资服务局根据当事人的申请及有关法律规定,于2000年7月6日批准成立了新乡老松机械有限公司特别清算委员会(以下简称特清委),进行特别清算。清算过程中,该特清委主任以特清委的名义起诉台方股东游溪霖(亦是合资公司董事长)返还部分财产和账册、印章。新乡中院一审参照《中华人民共和国中外合资经营企业法实施条例》、《外商投资企业清算办法》(以下简称《清算办法》)和《最高人民法院关于审理中外合资经营纠纷案件如何清算合资企业问题的批复》的有关规定,认为该纠纷不属人民法院民事案件的受理范围,故驳回新乡某公司特清委的起诉。特清委不服原审判决,向本院提起上诉。

二、请示的问题

人民法院如何介入中外合资企业特别清算程序?这类案件是否属人民法院的受案范围?对这些问题我院存在两种意见:

一种意见认为:公司清算是指处理符合清算条件公司的各项事务,清理和分配公司剩余财产,最终结束公司所有法律关系,消灭其法人资格的法律行为。《清算办法》与我国《公司法》中就公司特别清算方面的规定是有差异的。《公司法》规定在公司自愿解散后逾期不成立清算组时,则可以申请人民法院指定人员组织清算组织;而《清算办法》规定的外资企业清算中无论是一般清算还是特别清算都没有法院介入的规定,而是由企业的审批机关组织实施。另外,最高人民法院法释〔1998〕1号《关于审理中外合资经营合同纠纷案件如何清算合资企业问题的批复》中规定,"中外合资经营企业一方当事人向人民法院提起诉讼的……,人民法院仅应对合营合同效力、是否终止合营合同、违约责任等作出判决。合营企业清算问题则应根据《中华人民共和国中外合资经营企业法实施条例》、《外商投资企业清算办法》的有关规定办理,人民法院组织清算没有法律依据。"在外商投资企业特别清算程序中当事人要求返还财产和物品的诉请,实际上是清算过程中对外商投资企业财产清理工作的组成部分,当然也属于清算工作的一部分。另外,按《清算办法》第六条的规定,外商投资企业的清算期限为180天,特殊情况下可延长的期限不得超过90天,法院审理类似本案的侵权案件将无法保证清算程序按期完成。因此,按最高人民法院的司法解释和我国的相关规定,本案不应属法院受理的范围。

另一种观点认为:按最高人民法院法释[1998]1号批复,人民法院不应介入外商投资企业具体的清算活动,但并未禁止人民法院受理已进入清算程序的企业提出的民事诉讼。依照《清算办法》,清算委员会行使企业权力机构的职权,清算委员会以自己的名义提起民事诉讼,只要符合民诉法规定的起诉条件的,即应予以受理。本案中,清算委员会以一方股东侵犯合资企业财产提起民事诉讼,法院应该受理。

我院倾向于第二种意见。

以上请示当否,请批复。

司责任能力的预期是不同的。股东按照其承诺履行出资或增资的义务是相对于社会的一种法定的资本充实义务,股东出资或增资的责任应与公司债权人基于公司的注册资金对其责任能力产生的判断相对应。本案中,南通开发区富马物资公司(以下简称富马公司)与深圳龙岗电影城实业有限公司(以下简称龙岗电影城)的交易发生在龙岗电影城变更注册资金之前,富马公司对于龙岗电影城责任能力的判断应以其当时的注册资金500万元为依据,而龙岗电影城能否偿还富马公司的债务与此后龙岗电影城股东深圳长城(惠华)实业企业集团(以下简称惠华集团)增加注册资金是否到位并无直接的因果关系。惠华集团的增资瑕疵行为仅对龙岗电影城增资注册之后的交易人(公司债权人)承担相应的责任,富马公司在龙岗电影城增资前与之交易所产生的债权,不能要求此后增资行为瑕疵的惠华集团承担责任。

此复。

最高人民法院执行工作办公室关于股东因公司设立后的增资瑕疵应否对公司债权人承担责任问题的复函

- 2003年12月11日
- [2003]执他字第33号

江苏省高级人民法院:

你院[2002]苏执监字第171号《关于南通开发区富马物资公司申请执行深圳龙岗电影城实业有限公司一案的请示报告》收悉,经研究,答复如下:

我们认为,公司增加注册资金是扩张经营规模、增强责任能力的行为,原股东约定按照原出资比例承担增资责任,与公司设立时的初始出资是没有区别的。公司股东若有增资瑕疵,应承担与公司设立时的出资瑕疵相同的责任。但是,公司设立后增资与公司设立时出资的不同之处在于,股东履行交付资产的时间不同。正因为这种时间上的差异,导致交易人(公司债权人)对公

最高人民法院关于合营企业起诉股东承担不履行出资义务的违约责任是否得当及合营经营合同仲裁条款是否约束合营企业的请示的复函

- 2004年12月20日
- [2004]民四他字第41号

山东省高级人民法院:

你院鲁高法,[2004]203号《关于合营企业起诉股东承担不履行出资义务的违约责任是否得当及合资经营合同仲裁条款是否约束合营企业的请示》收悉。经研究,答复如下:

根据你院请示报告认定的事实,青岛华翔精密技术有限公司(以下简称华翔公司)由青岛保税区华强国际贸易有限公司(以下简称华强公司)、日本国有限会社北条理化学研究所及日本国竹内铁工株式会社三方共同出资设立。合营企业成立后,华强公司将其在合营企业占有的35%股权全部转让给了青岛华强达工贸有限公

(以下简称华强达公司)。由于华强达公司未履行出资义务,合营企业华翔公司直接向华强达公司提起了诉讼,要求其按照合资经营合同的约定履行出资义务或者赔偿损失。我们认为:在合营企业成立之后,合资一方未按合资经营合同履行出资义务的行为,既损害了合资他方的权益,也损害了合资经营企业的权益。在合资他方未依约对违约方提请仲裁或者诉讼的情况下,合营企业有权以自己的名义提起诉讼,要求未履行出资义务的一方股东承担民事责任。因合营企业不是合资经营合同的签约主体,未参与订立仲裁条款,因此,合资经营合同中的仲裁条款不能约束合营企业。对于本案纠纷,合营企业华翔公司未依照合资经营合同的约定提请中国国际经济贸易仲裁委员会仲裁,而是直接向合营企业所在地的青岛市中级人民法院提起诉讼并不违反相关法律规定。同样,由于华强达公司是受让华强公司在合营企业中的股份之后作为股东进入合营企业的,各方当事人在进行股权转让时未明确约定是否受合资经营合同中仲裁条款的约束,因此,合资经营合同中的仲裁条款对受让方华强达公司没有法律约束力。华强达公司以合资经营合同含有有效的仲裁条款,本案应提交仲裁的主张没有法律依据,其管辖权异议依法不能成立,应予驳回。

此复。

附:

山东省高级人民法院关于合营企业起诉股东承担不履行出资义务的违约责任是否得当及合营企业合同仲裁条款是否约束合营企业的请示

鲁高法[2004]203号

最高人民法院:

山东省青岛市中级人民法院在审理原告青岛华翔精密技术有限公司(以下简称华翔公司)与被告青岛华强达工贸有限公司(以下简称华强达公司)、第三人青岛恒运通物流有限公司(以下简称恒运通公司)股东不履行出资义务纠纷一案中,就合营企业华翔公司起诉股东华强达公司承担不履行出资义务的违约责任是否得当及合营企业合同仲裁条款是否约束合营企业问题,向我院请示。经研究,我院就上述问题存在不同认识,现将案件情况及处理意见报告如下:

一、案件基本情况

华翔公司诉称:1997年6月,青岛保税区华强国际贸易有限公司(以下简称华强公司)与日本国有限会社北条理化学研究所(以下简称化学研究所)及日本国竹内铁工株式会社(以下简称竹内铁工)三方作为出资股东,共同成立合营企业华翔公司。合营企业合同约定,公司注册资本为40万美元,合营期限15年。化学研究所出资50%,以设备和美元现汇投入;华强公司出资35%,以厂房、办公用房及宿舍投入,不足部分投入人民币现金折美元计算;竹内铁工出资15%,全部现汇投入。1997年7月16日合营企业注册登记成立。1998年3月13日,青岛保税区审计师事务所出具验资报告,证明三方股东出资情况。2001年9月19日,三方股东一致同意并经工商登记,将原华强公司所持有的华翔公司35%股份转让给华强达公司。2003年9月24日,恒运通公司向华翔公司多次发出书面通知,声称华强达公司已将华翔公司使用的工业厂房及宿舍房出售,要求华翔公司及其工作人员搬迁。华翔公司认为华强达公司将作为出资的厂房及宿舍,未按照法律规定及合同的约定办理过户手续,已经构成严重违约,应承担违约责任。诉请判令:(1)华强达公司立即办理出资厂房及宿舍的产权过户手续或者立即向华翔公司返还出资款人民币1147831.30元;(2)华强达公司赔偿华翔公司人民币11万元;(3)恒运通公司将华强达公司出售房屋的价款直接给付华翔公司。

华强达公司在答辩期内,提出管辖权异议称:华强公司、化学研究所、竹内铁工签订的合资合同第十九章第三十八条约定:"凡因执行本合同所发生的或与本合同有关的一切争议,三方应友好协商解决,如协商不能解决,应提交中国国际贸易促进委员会国际贸易仲裁委员会,根据该会的仲裁程序、规则进行仲裁,仲裁是终局的,对三方都有约束力。"上述约定是合法有效的,根据仲裁法和国际惯例的规定,本案应提交仲裁。

华翔公司对华强达公司提出的管辖权异议答辩称:(1)合营企业作为法人,有权对侵害其权益的行为选择适当的解决方式。原合营企业股东之间约定的纠纷处理方式,不能直接约束合营企业,该约定对合营企业是无效的。(2)原三方股东中的中方股东已经发生了变更,因此,原三方股东约定的争议解决方式已经因股东的变更而失去效力,作为新股东的华强达公司不能以原股东间的合同约定,对抗合营企业行使诉讼权利。

二、青岛市中级人民法院请示的问题及处理意见

青岛市中级人民法院向我院请示两个问题:一是合营企业华翔公司起诉股东华强达公司承担不履行出资义务的违约责任是否适当;二是华强达公司的管辖权异议是否成立,即合营企业合同约定的仲裁条款是否约束合营企业华翔公司及合营企业合同的受让方华强达公司。

关于第一个问题,青岛中院一致认为:最高人民法院发布的《关于审理公司纠纷案件若干问题的规定(一)》(征求意见稿)第九条规定:"股东出资不足或者出资存在瑕疵,公司及已适当履行了出资义务的股东可以向人民法院提起诉讼,请求判令其补足出资或者补正瑕疵,并支付利息。"上述规定虽未正式通过公布,但代表了最高人民法院的观点。另外股东针对出资不足或者存在瑕疵的股东提起的是违约之诉,依据的是合营企业合同。公司登记设立后,法律明确规定公司享有独立财产权并以其财产独立承担民事责任,公司完全可以依照法律规定追究出资不足或者存在瑕疵的股东责任。而且,从诉讼角度看,股东之间违约之诉的诉讼权益承受者并非守约股东本人,而是合营企业,从这一角度讲,公司完全可以独立的作为原告,向不履行出资义务致使侵害公司财产权的股东提起诉讼。关于第二个问题,青岛中院存在两种处理意见。

一种意见是:本案争议的事项是股东对合营企业的出资义务,争议的事项属于合营企业合同约定的仲裁事项,仲裁条款不仅约束合营各方,也当然约束合营各方共同成立的合营企业。股权转让是概括转让,包括争议条款在内,因此,仲裁条款也约束华强达公司。故华强达公司的管辖权异议成立,本案应驳回华翔公司起诉。青岛中院倾向于此种意见。

另一种意见是:尽管本案争议的事项属于约定的仲裁事项,但仲裁条款约束的必须是订立仲裁条款的当事人,本案中受仲裁条款约束的只有最初参加合营的三方,并不当然约束合营企业,华翔公司不受合营企业合同仲裁条款的约束。合营企业成立后,合营企业应受公司章程的约束,公司章程中并没有约定仲裁条款,合营企业自然也不受仲裁条款的约束。而且仲裁条款具有独立性,股权转让并不意味着争议解决方式的必然转让和继受,华强达公司受让股权后,须明示加入仲裁条款才受其约束还是只要不明示反对就必然受其约束,有待于明确。因此,华强达公司的管辖权异议不能成立,应予驳回。

三、我院的处理意见

对青岛中院请示的上述两个问题,经研究,我院审委会也有不同认识。

关于合营企业华翔公司起诉股东华强达公司承担不履行出资义务的违约责任是否适当的问题。我院有两种意见:一种意见同意青岛中院的意见。另一种意见认为:根据合营企业合同的约定,合营各方负有向合营企业认缴出资的义务,任何一方合营者未向合营企业履行认缴出资的义务,即构成违约,应对守约方承担违约责任;合营企业不是合营企业合同的当事人,依据合同相对性原理,其无权依据合营企业合同起诉未履行出资义务方承担违约责任;并且,《关于审理公司纠纷案件若干问题的规定》(征求意见稿)不适用合营企业,故本案华翔公司诉华强达公司承担不履行出资义务的违约责任,没有法律依据,应驳回华翔公司的起诉。我院倾向于第一种意见。

在合营企业起诉股东承担不履行出资义务的违约责任成立的前提下,进一步探讨华强达公司的管辖权异议是否成立的问题。

关于合营企业合同约定的仲裁条款是否约束合营企业华翔公司。我院有两种意见。一种意见认为:涉案合营合同约定了仲裁条款,即因执行本合同所发生的或与本合同有关的一切争

议,应提交仲裁解决。合营企业华翔公司诉股东华强达公司承担不履行出资义务的违约责任,该争议属于与合营合同有关的争议,因此,本案应提交仲裁解决,法院对该案无管辖权,华强达公司的管辖权异议成立。我院倾向于该种意见。另一种意见认为:合营合同约定的仲裁条款仅能约束合营合同各方当事人,不能约束合营企业,因此,合营企业诉股东承担违约责任,不受仲裁条款的约束,法院对案件具有管辖权,华强达公司的管辖权异议不成立。关于合营企业合同仲裁条款是否约束合同受让方华强达公司,我院一致认为:合营企业合同一方当事人华翔公司将其权利义务全部转让给华强达公司,合同中的仲裁条款对受让方华强达公司具有约束力。

综上,我院的倾向性意见是:本案合营企业华翔公司可以起诉股东承担不履行出资义务的违约责任,但华强达公司的管辖权异议成立,法院对本案无管辖权,故应驳回华翔公司的起诉。

请指示。

最高人民法院关于合资企业诉政府侵权案件中政府对合资企业进行特别清算应如何适用法律问题的请示的复函

- 2005年4月7日
- 民四他字〔2004〕第51号

河南省高级人民法院:

你院《最高人民法院关于合资企业诉政府侵权案件中政府对合资企业进行特别清算应如何适用法律问题的请示的复函》收悉。经研究,答复如下:

本案在诉讼过程中,审批机关漯河市外经贸局做出了对合资公司图瑞公司进行特别清算的决定,并已经组成特别清算委员会。《外商投资企业清算办法》第三十七条规定:"特别清算期间,清算委员会主任行使企业法定代表人的职权,清算委员会行使企业权力机构的职权";第十一条和第四十三条又规定,清算委员会在清算期间代表企业参与民事诉讼活动。因此,人民法院应当将本案原告由图瑞公司变更为图瑞公司特别清算委员会,由该清算委员会代表图瑞公司继续进行诉讼活动。但变更原告并不是中止案件审理的理由,因此,本案无需中止审理。

如果图瑞公司认为审批机关做出的对其进行特别清算的决定不当或者认为特别清算委员会的组成不当,其可以该审批机关为被告,向有管辖权的人民法院提起行政诉讼。如果图瑞公司提起了该行政诉讼,本案民事诉讼即应当中止审理,等待行政诉讼终结后,再继续审理。

此复。

附:

河南省高级人民法院关于合资企业诉政府侵权案件中政府对合资企业进行特别清算应如何适用法律问题的请示报告

2004年11月2日

最高人民法院:

我院在审理漯河图瑞钢铁有限公司(以下简称图瑞公司)诉河南仁和线材股份有限公司(以下简称仁和公司)、河南省漯河市经济贸易委员会(以下简称漯河经贸委)、河南省漯河市人民政府(以下简称漯河市政府)侵权纠纷一案中,就类似案件中,政府对其进行特别清算应如何适用法律问题存在分歧意见,现将有关问题请示如下:

一、案情

1996年4月26日,漯河市轧钢厂(以下简称轧钢厂)与巴哈马图瑞尖塔公司共同出资设立图瑞公司。合资合同约定,轧钢厂以全部资产扣除全部债务后的净资产83万元人民币(折合10万美元)投入合资公司作为注册资金。巴哈马图瑞公司以现汇90万美元投入合资公司作为注册资金。在合资的图瑞公司的股份中,轧钢厂占10%的股份,巴哈马图瑞公司占90%的股份。合资合同还约定了清算办法、财产的处理、争议的解决及法律适用等。1996年5月7日,河南省人民政府以外经贸豫府漯字〔1996〕合资06号文向图瑞公司颁发了外商投资企业批准证书。1996年7月18日,图瑞公司取得了企业法人营业执照。1996年10月21日,经漯河会计师事务所审验,双方应缴出资额已全部缴清。庭审中,各方对双方出资已全部到位均无异议。1998年初,图瑞公司因经营困难而歇业,合营双方未进行清算。1998年8月5日,轧钢厂、仁和公司与中国建设银行漯河分行(以下简称漯河建行)三方签订协议,约定由仁和公司承担轧钢厂3500万元贷款,轧钢厂的所有资产、权益全部归仁和公司所有。关于该协议的效力问题,2001年9月21日,漯河市中院在审理查尔斯C·爱德华(合资公司法定代表人)诉巴哈马图瑞尖塔公司、仁和公司、漯河经贸委及第三人漯河建行确认财产权纠纷的再审案件中,作出〔2001〕漯民监初字第38号民事判决书确认:图瑞公司成立以后,轧钢厂的所有资产已属于图瑞公司,轧钢厂对这部分资产已经失去处分权。仁和公司、漯河建行和轧钢厂三方协议中轧钢厂一方不具备签约资格,该三方协议无效。1999年2月5日,漯河市政府做出《关于市仁和线材公司与市轧钢厂合并的会议纪要》(漯政纪〔1999〕5号),将轧钢厂整体并入仁和公司。2000年11月25日,漯河市工商行政管理局吊销了轧钢厂的企业法人营业执照,其上级主管机关是漯河市经贸委。2001年6月5日,漯河市对外经济贸易局根据仁和公司的申请,以漯外经贸〔2001〕27号文决定对图瑞公司进行特别清算,同年12月5日,又在合资双方及有关部门参加的会议上以会议纪要的形式决定该文件作废,并提到,由于漯河市中级人民法院〔2001〕漯民监初字第38号判决,仁和公司不具备申请人资格,何时提出申请由查尔斯C·爱德华的委托人温庆生决定。2001年12月4日,漯河市经贸委与仁和公司签订委托合同约定:仁和公司负责轧钢厂的资产管理和人员安置,代表轧钢厂全权处理一切事宜。2001年12月16日,漯河市政府作出《关于解决仁和线材公司项目建设用地问题的会议纪要》(漯政纪〔1998〕96号),将漯河市轧钢厂原有的房、地产权划给仁和线材公司所有和使用。2003年8月巴哈马图瑞尖塔公司以合资公司的名义起诉仁和公司、漯河市政府和漯河市经

贸委,认为轧钢厂的全部资产已经投入到合资公司中来,轧钢厂对这些资产已经失去了处分权。轧钢厂向仁和公司转让该资产显属无权处分行为。仁和公司依据不具有法律效力的三方协议长期占有和使用图瑞公司资产的行为,严重侵犯了轧钢厂的财产所有权。轧钢厂与仁和公司构成共同侵权。由于轧钢厂已经被吊销了企业法人营业执照,不具备法人主体资格,因此应由其主管机关漯河市经贸委作为当事人参加诉讼。漯河市政府1999年2月5日,2001年12月16日的两份"会议纪要"为仁和公司的侵权行为提供了帮助,构成共同侵权。诉请仁和公司返还实际占有图瑞公司的资产2000万元,赔偿经济损失1100万元,漯河市政府承担连带责任。本案审理过程中,漯河市外经贸局于2003年12月29日作出〔2003〕80号文件,决定对漯河图瑞钢铁有限公司进行特别清算。决定中称,漯河图瑞钢铁有限公司被吊销营业执照后,投资双方长期未按国家有关规定进行清算,根据漯河市轧钢厂的申请,按照《外商投资企业清算办法》,经研究,决定对图瑞钢铁有限公司进行特别清算。2004年4月1日漯河市外经贸局批准成立图瑞公司特别清算委员会开始对图瑞公司进行清算。

二、本案如何处理之意见

基于以上案情,本案应如何适用法律进行审理,经我院审委会研究,有以下两种意见:

第一种意见认为本案应当继续审理。首先,政府对企业进行特别清算不影响本案的审理。根据《外商投资企业清算办法》,清算委员会在清算期间应当清理企业的债权、债务,因此,清算委员会应追回图瑞公司所有的全部财产,包括被仁和公司所占有的财产,图瑞公司诉讼请求之一即是诉请退还属于图瑞公司而被政府划转到仁和公司占有的财产,故从这一点来说,特别清算的目的与原告提起诉讼的目的是一致的,本案的继续审理与政府的特别清算行为并不矛盾。其次,在本案的审理过程中,政府对企业进行特别清算是一种阻碍诉讼的行为。本案原告诉的是政府侵权,政府作为被告在诉讼期间对企业进行特别清算有消灭诉讼的动机。因为,根据《外商投资企业清算办法》,一旦清算委员会成立,就由清算委员会来代表图瑞公司,这样,原告就丧失了其

诉讼主体资格。而清算委员会是政府成立的组织,由它来告政府是很难成立的。所以,如果中止对案件的审理,就意味着对政府此项行为的放任,那么企业的合法权益就有被侵害的危险。考虑到外商保护的大环境,本案宜继续审理。

第二种意见认为,应当中止诉讼,通知原告更换诉讼主体。根据《外商投资企业清算办法》第十一条的规定,清算委员会在清算期间,代表企业参与民事诉讼活动。本案原告已进入清算期间,特别清算委员会已经成立,因此,图瑞公司已经丧失了诉讼主体资格,原告应当被更换为特别清算委员会。原告在被更换前本案应中止诉讼。当然,由于清算委员会是由政府成立的,如果清算委员会作为原告,本案会继续诉讼还是会撤诉确实难以预料。但是,这也是图瑞公司股东的权利,因为特别清算是一种具体行政行为,对该行为不服,利害关系人可提起行政复议或行政诉讼。即图瑞公司外方股东巴哈马图瑞尖塔公司若认为政府成立特别清算委员会不当,有对特别清算行为提起行政复议或行政诉讼的权利,而不是本案需要解决的问题。当然如果巴哈马图瑞尖塔公司在被告知后提起了行政诉讼或行政复议,根据《民事诉讼法》第一百三十六条的规定,本案应当中止诉讼。待行政复议或行政诉讼的结果出来之后,再决定如何审理。

另外,如认为政府进行特别清算不当,法院应如何办,请一并指正。

本院审委会倾向中止本案审理,就以上意见请示贵院。

最高人民法院关于上诉人练志伟与被上诉人陈如明及原审被告林惠贞、郑秀英及原审第三人福州市常青实业有限公司股权转让一案的请示的复函

- 2006 年 11 月 13 日
- 〔2006〕民四他字第 22 号

福建省高级人民法院:

你院〔2006〕闽民终字第 498 号"关于上诉人练志伟与被上诉人陈如明及原审被告林惠贞、郑秀英及原审第三人福州市常青实业有限公司股权转让一案"的请示报告收悉。经研究,答复如下:

同意你院合议庭及审判委员会多数人意见,本案合同应定性为股权转让合同。

你院合议庭及审判委员会多数人认为对于合同的性质应从合同的名称,内容去审查认定,同时还应考察签约双方的真实意思表示进行分析认定是正确的。首先,本案合同的名称明确表明是"企业股份转让"。第二,本案合同签约主体甲方是"福州市常青实业有限公司(以下简称常青公司)股东代表:练长清",乙方为"陈如明"。练长清以常青公司股东代表的身份签订该合同,符合股权转让合同的主体特征,而如果是企业财产转让合同,则不应由股东而应由企业作为转让的主体。第三,从合同的内容看,合同前言部分表明甲乙就"……股份(权)转让给乙方的有关事宜经友好协商达成如下条款";合同第一条在表述企业的位置、面积时亦明确表明是"甲方转让股权企业"的位置、面积;合同第二条表明"甲方转让以上工厂股份(权)……";合同第三条第三项明确表述乙方应支付甲方"股权(份)转让金",第三条第四项约定甲方负责合同签订后三个月内中止属本合同范围内的租约,迁出所有人员,至此该工厂"股权全部属乙方所有";合同第三条第五项约定"甲方负责承担企业股权转让前的所有债权债务"。根据以上合同内容,可以充分认定该合同系股权转让合同,当事人的真实意思表示是转让股权而非转让企业财产。另,合同第二条第三项约定乙方支付款项后,甲、乙双方即办理企业法定地址及法人代表变更,办妥手续后,甲方把营业执照、公司公章及相关证件移交给乙方;合同第三条第五项约定"甲方负责承担企业股权转让前的所有债权债务"。当事人的上述约定进一步表明该合同系股权转让合同而非财产转让合同,因为如果是企业财产转让合同,则无需变更企业法定代表人,常青公司原股东也无必要把营业执照、公司公章及相关证件移交给受让人陈如明,更无须就转让前企业的债权债务承担问题作出约定。第四、常青公司 2000 年 10 月 12 日出具一份承诺书,该承诺书载明:"鉴于

福州市常青实业有限公司股东代表练长清与陈如明于2000年7月6日签订《企业股份转让合同》并已开始履行。在该股份未办妥工商变更登记之前,我公司承诺陈如明先生有权对该股份转让合同所约定的范围进行投资建设并使用。"该承诺书的内容进一步证明本案所涉合同性质为股权转让合同。且根据你院请示报告所述,本案的原审被告林惠贞即常青公司的另一股东亦始终认为是股权转让。

综上,根据本案合同的名称、签约主体、合同的内容以及其他证据材料,可以充分认定本案合同为股权转让合同,你院合议庭及审判委员会多数人意见是正确的。

另,根据你院请示报告所述事实,常青公司原为全民所有制企业,诉争地块土地使用权的性质系划拨地,合法使用人是常青公司。本案常青公司股东通过签订股权转让合同,是否实质将该土地使用权转让他人从而改变了国有划拨土地使用权的性质,你院在审理案件时应予以注意,认真审查。

此复。

附:

福建省高级人民法院关于上诉人练志伟与被上诉人陈如明及原审被告林惠贞、郑秀英及原审第三人福州市常青实业有限公司股权转让一案的请示报告

2006年5月30日 〔2006〕闽民终字第498号

最高人民法院:

本院审理的上诉人(原审被告)练志伟与被上诉人(原审原告)陈如明及原审被告林惠贞、郑秀英及原审第三人福州市常青实业有限公司股权转让一案。案经院审判委员会讨论,委员们对本案合同的法律性质有不同意见;多数委员认为,应定性为公司股权转让合同;少数委员认为,应定性为公司财产转让合同。为此,决定就本案合同性质问题报请你院,请予批示。

一、案件基本事实

2000年7月6日福州市常青实业有限公司(下称常青公司)原股东练长清、林惠贞以甲方常青公司股东代表练长清的名义与陈如明(乙方)签订了一份《企业股份转让合同》。该合同约定:甲方将位于福州市桂马路北侧后屿古一村206号权属常青公司的工厂包括厂区内的建筑物、水、电设施等及凡属常青公司的财产100%转让给陈如明;合同第三条约定:"甲方办妥市计委立项手续十天内,乙方应无条件支付甲方股份转让金人民币265万元整扣除已支付定金30万元,实付235万元。甲乙双方即办理企业法定地址及法人代表变更。办妥手续后,甲方将营业执照、公司公章及相关证件移交给乙方。乙方七天内付清余下转让股金人民币伍拾万元整。"合同第四条约定:甲方负责合同签订后三个月内中止本合同范围内的租约,迁出所有人员,至此该工厂股权全部属乙方所有,甲方无权干涉。合同第五条规定:甲方负责承担企业股权转让前的所有债权债务及负责甲方原来职工的安置工作等等。除此之外,合同还对甲方转让股权的转让费及支付方式等进行了约定。

合同签订后,陈如明于2000年7月7日将30万定金汇入练长清名下的账户(458065484),该笔款由林惠贞经手出具收据并由练长清签署"以上属实"字样。自2001年1月9日至2004年1月20日陈如明分7次向常青公司股东练长清、林惠贞共支付人民币124万元股权转让费(定金30万元除外)。

陈如明支付30万元定金后,常青公司股东练长清等将下属工厂、停车场的部分车间、场地及建加油站前期批准的手续移交被上诉人陈如明。2000年10月12日,常青公司还特别出具承诺书确认《企业股份转让合同》已开始履行。在该股权未办妥工商变更登记之前,常青公司承诺陈如明有权对股份转让合同所约定的范围进行投资建设并可以对外合作、联营出租等,常青公司不得对此干涉否则所造成的损失由常青公司负责。陈如明随即投资兴建加油站,并以福州市明利贸易有限公司的名义将此加油站所有资产及设备租赁给中国石油化工股份有限公司福建福州石油分公司(以下简称为中石化福州分公司)。该加油站后命名为中石化福建福州常青加油站。

此外,陈如明还支付了常青公司2001年上半年应缴的土地使用税及电变压器移位工程款、监理费等共计30195元。

另,常青公司原股东练长清于2002年11月30日死亡,根据〔2003〕闽证内字第0554号《继承权公证书》练长清在常青公司的遗产权由练志伟、郑秀英(分别为练长清的儿子、妻子)共同继承。2000年4月10日常青公司的公司章程显示公司股东分别为练长清、练志伟、林惠贞,各占42.86%、28.57%、28.57%的股权。练长清死亡后,工商部门登记的股东已变更为:练志伟、林惠贞、郑秀英,各占39.285%、28.57%和32.145%的股权。

根据案卷中的土地档案资料及国有土地使用权证显示,常青公司原为全民所有制企业,讼争地块土地使用权的性质系划拨地,合法使用人是常青公司。营业执照显示1996年11月20日常青公司登记成立为有限责任公司。

1988年常青公司向福州市财政局借款53万元截至2003年9月26日共欠本息113.48万元。

福州明利贸易有限公司的法定代表人系本案上诉人陈如明,股东系黄珠英及前屿加油站。黄珠英与陈如明系夫妻关系。

二、对讼争合同性质的两种意见

合议庭多数人认为,讼争合同的性质,应从合同的名称、内容去审查认定,同时还应考察签约双方的真实意思表示。

从合同的名称来看,2000年7月6日,被上诉人陈如明与练长清、林惠贞签订的《企业股份转让合同》,合同的名称明白地表明系"企业股份转让";合同的"甲方"署名"福州市常青实业有限公司股东代表:练长清";"乙方"署名陈如明。即练长清是作为常青公司股东代表与被上诉人陈如明签订股份转让合同,签约主体合格,符合股权转让合同的主体特征。若是公司的财产转让,转让主体只能是常青公司而不应是常青公司股东代表。

从合同的内容来看,该合同第三条第三款明确约定乙方(陈如明)支付价款55.235万元时,甲、乙双方即办理企业法定地址及法人代表变更,办妥手续后,甲方(常青公司原股东)把营业执照、公司公章及相关证件移交给乙方(陈如明)。合同第三条第五款还约定,甲方(常青公司原股东)负责承担企业股权转让前的所有债权债务及负责常青公司原来职工的安置工作。合同第三条第六款约定,甲方(常青公司原股东)尚有其他产权资金往来及办理有关手续,在甲方未成立新的公司前,乙方(陈如明)对甲方合法使用公章或出具证明应及时、无条件支持。以上条款对双方权利义务的约定符合股权转让的法律特征,若是公司的财产转让合同,就无须办理企业法定地址及法人代表的变更,常青公司原股东也没有必要把营业执照、公司公章及相关证件移交给被上诉人陈如明,也无须就转让前公司的债权债务承担以及职工的安置做特别的约定。而只有股权转让合同才必须约定以上相关内容。

尽管,该《企业股份转让合同》,在前言部分约定:"甲方愿意把位于福州市福马路北侧后屿古一村206号权属甲方的工厂(原为汽车修理厂及停车场),包括厂区内的甲方建筑物、水、电设施股份(权)转让给乙方"以及合同第一条约定了"甲方转让股权企业的位置、面积";第二条约定:"甲方转让以上工厂股份(权)凡属甲方的财产100%转让给乙方(包括原企业名称,该工厂的土地使用权等)。总计转让费为:实收转让股金人民币315万元。"但根据公司法规定,"公司股东依法享有资产收益、参与重大决策和选择管理者等权利"。在诸多权利中,集中体现为对资产的收益权,因为行使股东的他项权利的终极目标就是为了获取最大的资产收益。所以,公司资产的多、寡、优、劣。在很大程度上决定着一个公司的股权价值。被上诉人出资300多万元转让常青公司的股权,不言而喻是看中常青公司拥有土地使用权的地块可以利用、开发的优势,假如常青公司只是一个空壳,被上诉人一定不会用300多万元购买。特别是常青公司属于近乎家族式的私人有限责任公司,股东在出让股权时,明确一同转让的相关财产,就更不足为怪(私营公司往往财务制度不严,公司账册不全,若不在股权转让合同中明确约定必须移交的公司财产,难免在日后履行符合同中发生纠纷)。根据原审庭审笔录,上诉人练志伟称常青公司的资产除了上述地块及地上物外，还有广达路的几间店面。被上诉人陈如明亦称与股东代表练长清签订股权转让合同时，练长清表示尚有的几间店面，待其成立新公司后，移到新公司的名下。结合讼争合同的第三条第六款约定：甲方（常青公司原股东）尚有其他产权资金往来及办理有关手续，如为职工缴纳保险费、缴纳各种税费等等，在甲方未成立新的公司前，乙方（陈如明）对甲方合法使用公章或出具证明应及时、无条件支持。可以认定，被上诉人陈如明受让常青公司时，双方约定移交的不是常青公司的全部资产，而只是上述地块及地上物。其余的几间店面将剥离出常青公司，移到新公司的名下。这就是双方为何在股权转让合同中明确约定伴随股权转让而转移的公司相关具体财产的根本原因。交付公司公章、营业执照及相关证件，办理企业法定地址及法人代表变更，移交公司具体财产。即将公司项下的有形资产（地块使用权及地上物）与无形资产（公司名称、执照等）作为公司的 100% 股权作价转让。其不失为股权转让合同。所以，不能简单地以讼争合同中有约定公司的财产，就将它认定为财产转让合同。本案中，被上诉人陈如明正是通过受让股权，成为常青公司的股东，从而实现对常青公司资产享有的收益权。转让后的上述地块的使用权人仍是常青公司。即案涉"土地使用权"的使用人不因股权转让发生改变。若是"土地使用权及地上物"的财产转让合同，就必然发生土地使用权人的变更。

另外，从签约双方当时的真实意思表示来看，在本案讼争合同签订后的 2000 年 10 月 12 日，常青公司出具的"承诺书"也证明了当时的签约主体股东代表练长清意欲转让公司的全部股权。"承诺书"再次表明常青公司应将股权办妥，工商变更登记到被上诉人陈如明的名下。常青公司的意思表示，通过法定代表人练长清行为来表示，"承诺书"是常青公司的意思表示，亦表达了股东代表练长清的真实意思表示。显然，练长清认可双方之间的转让系公司的股权转让。同时，本案的原审被告林惠贞即常青公司的另一股东亦始终认为是股权转让。

综上，从讼争合同的名称、合同订立的主体、合同的内容，订立合同时双方当事人的真实意思表示分析认定，本案讼争的《企业股份转让合同》正像其所表述的应确认为股权转让合同。

合议庭少数人认为，讼争合同形式上是股权转让合同，但合同约定所转让标的明确，仅为常青公司拥有的工厂厂房，设施及土地使用权，既未包括公司拥有的其他财产，如公司拥有的店面房等，也未接管职工，实质上转让的是划拨土地使用权和地上物。公司股东对公司股份的转让是不能涉及公司所拥有的具体财产，因为公司的财产为公司所拥有，公司股东所拥有的不是公司的财产所有权而是公司的股权，故公司股东无权处置公司的财产。鉴于讼争合同约定转让的标的明确是公司的具体财产，此外，若公司 100% 股权转让其法律后果是公司全部股权归新股东所有，而并非公司某些具体形态的财产归新股东所有，故应认定为财产转让合同。

本案提交院审判委员会讨论时，多数委员同意合议庭多数人的分析意见，讼争合同应定性为股权转让合同。

少数委员同意合议庭少数人意见，认为讼争合同为财产转让合同。即所谓公司的股权并非对公司的各种具体形态的财产享有所有权，而是基于股东资格所享有的对公司的各种权利，对此公司法对股权已有明确的规定。股东对公司的财产并不拥有所有权。公司的财产所有权是由公司享有。本案中合同所处分的是公司的财产，标的很明确，而且是公司的部分财产，基于此，合同性质应确定为公司财产转让合同。

最高人民法院民事审判第二庭关于对云南高院《关于股份转让合同的履行期限跨越新旧公司法如何适用法律的请示》的答复

- 2007 年 5 月 16 日
- 〔2007〕民二他字第 3 号

云南省高级人民法院：

你院云高法报〔2006〕114 号《关于股份转让合同的履行期限跨越新旧公司法如何适用法律

的请示》收悉。经研究,答复如下:

修订前的《中华人民共和国公司法》(以下简称《公司法》)第12条规定了公司对外投资"所累计投资额不得超过本公司净资产的50%",但对公司超过该限额的对外投资行为是否有效的问题,该法并没有作出明确规定。2006年1月1日实施的修订后的《公司法》从维护公司权益及其独立人格的角度出发,取消了上述限制。因此,依据本院《关于适用〈中华人民共和国公司法〉若干问题的规定(一)》第2条的规定,本案不应以修订前的《公司法》第12条规定否定《股权转让协议》的效力。故同意你院审判委员会的倾向性意见。

此复。

◎ 指导案例

1. 绵阳市红日实业有限公司、蒋洋诉绵阳高新区科创实业有限公司股东会决议效力及公司增资纠纷案①

【裁判摘要】

一、在民商事法律关系中,公司作为行为主体实施法律行为的过程可以划分为两个层次,一是公司内部的意思形成阶段,通常表现为股东会或董事会决议;二是公司对外作出意思表示的阶段,通常表现为公司对外签订的合同。出于保护善意第三人和维护交易安全的考虑,在公司内部意思形成过程存在瑕疵的情况下,只要对外的表示行为不存在无效的情形,公司就应受其表示行为的制约。

二、根据《中华人民共和国公司法》第三十五条的规定,公司新增资本时,股东有权优先按照实缴的出资比例认缴出资。从权利性质上来看,股东对于新增资本的优先认缴权应属形成权。现行法律并未明确规定该项权利的行使期限,但从维护交易安全和稳定经济秩序的角度出发,结合商事行为的规则和特点,人民法院在处理相关

案件时应限定该项权利行使的合理期间,对于超出合理期间行使优先认缴权的主张不予支持。

【案情】

申请再审人(一审被告、二审被上诉人):绵阳高新区科创实业有限公司。

法定代表人:陈木高,董事长。

委托代理人:华萍,北京市中伦律师事务所律师。

委托代理人:夏惠民,北京市中伦律师事务所律师。

申请再审人(一审第三人、二审被上诉人):福建省固生投资有限公司。

法定代表人:陈木高,董事长。

委托代理人:华萍,北京市中伦律师事务所律师。

委托代理人:夏惠民,北京市中伦律师事务所律师。

申请再审人(一审第三人、二审被上诉人):陈木高。

委托代理人:华萍,北京市中伦律师事务所律师。

委托代理人:夏惠民,北京市中伦律师事务所律师。

被申请人(一审原告、二审上诉人):绵阳市红日实业有限公司。

法定代表人:蒋洋,董事长兼总经理。

委托代理人:姚惠娟,北京市东元律师事务所律师。

委托代理人:吴宏顺,北京市东元律师事务所律师。

被申请人(一审原告、二审上诉人):蒋洋。

委托代理人:姚惠娟,北京市东元律师事务所律师。

委托代理人:吴宏顺,北京市东元律师事务所律师。

申请再审人绵阳高新区科创实业有限公司、福建省固生投资有限公司、陈木高为与被申请人绵阳市红日实业有限公司股东会决议效力及公司增资纠纷一案,不服四川省高级人民法院

---

① 案例来源:《最高人民法院公报》2011年第3期。

(2006)川民终字第515号民事判决,向本院申请再审。本院于2009年11月16日以(2008)民申字第1457号民事裁定,提审本案。本院依法组成由审判员张勇健担任审判长、审判员雷桂平、代理审判员刘崇理参加的合议庭进行了审理,书记员白雪担任记录。本案现已审理终结。

四川省绵阳市中级人民法院一审查明:绵阳高新区科创实业有限公司(以下简称科创公司)于2001年7月成立。在2003年12月科创公司增资扩股前,公司的注册资金475.37万元。其中蒋洋出资额67.6万元,出资比例14.22%,为公司最大股东;绵阳市红日实业有限公司(以下简称红日公司)出资额27.6万元,出资比例5.81%。科创公司第一届董事长由蒋洋担任。2003年3月31日,科创公司作为甲方,林大业、陈木高作为乙方,绵阳高新技术产业开发区管理委员会(以下简称高新区管委会)作为丙方,签订了合作开发建设绵阳锦江城市花园的合作协议书(石桥铺项目)。2003年7月2日,全体股东大会通过选举李红为公司董事长,任期两年的决议。此后蒋洋在科创公司的身份为董事。2003年12月5日,科创公司发出召开股东代表大会的通知,该通知主要记载了开会时间、开会地点、参会人员、列席人员及议题。开会时间定于2003年12月16日下午4:00,议题是:1.关于吸纳陈木高为新股东的问题;2.关于公司内部股权转让问题;3.新科创公司的新股东代表、监事、会计提名等。2003年12月16日下午,蒋洋、红日公司的委托代表常毅出席了股东会。该次股东代表会表决票反映,蒋洋对上述三项议题的第2项投了赞成票,对第1项和第3项投了反对票;红日公司的委托代表常毅对第2项和新会计的提名投了赞成票,其余内容投了反对票,并在意见栏中注明:"应当按照公司法第39条第二款规定先就增加资本拿出具体框架方案,按公司原股东所占比重、所增资本所占增资扩股后所占比重先进行讨论通过,再决定将来出资,要考虑原股东享有公司法规定的投资(出资)权利"。该次股东会担任记录的梁周平整理了会议纪要,除蒋洋、红日公司和投弃权票的四名股东未在会议纪要上签名外,其余股东在会议纪要上签名。该纪要中记载:应到股东代表23人,实到22人,以记名方式投票表决形成决议;讨论了陈木高的入股协议,同意吸纳陈木高为新股东(经表决75.49%同意,20.03%反对,4.48%弃权);同意科创公司内部股份转让(经表决100%同意)。纪要还记载了与陈木高合作方式的六点建议和关于新科创公司的新股东代表、监事、会计提名的表决情况及有股东代表建议应由大股东作为公司董事的意见等。此后蒋洋在科创公司的身份为监事。

2003年12月18日,科创公司为甲方,陈木高为乙方签订了《入股协议书》,该协议主要记载:乙方同意甲方股东大会讨论通过的增资扩股方案,即同意甲方在原股本475.37万股的基础上,将总股本扩大至1090.75万股,由此,甲方原股东所持股本475.37万股占总股本1090.75万股的43.6%;乙方出资800万元人民币以每股1.3元认购615.38万股,占总股本1090.75万股的56.4%;科创公司的注册资金相应变更为1090.75万元,超出注册资本的184.62万元列为资本公积金;该项资本公积金不用于弥补上一年的经营亏损,今后如用于向股东转增股本时,乙方所拥有的股份不享有该权利;本协议签字7天内,乙方应将800万元人民币汇入甲方指定账号,款到7个工作日之内,甲方负责开始办理股东、董事及法定代表人和公司章程等变更的工商登记手续,税务等其他有关部门的变更登记手续于一个月办妥;双方同意乙方投资的800万元人民币专项用于支付甲方通过政府挂牌出让程序已购得的绵阳高新区石桥铺376.65亩住宅用地的部分地价款;乙方入股后预计先期投入3000万元人民币开发绵阳高新区石桥铺376.65亩住宅用地项目;甲乙双方与高新区管委会于2003年3月31日签订的合作协议书继续有效,与本协议具有同等法律效力;本协议一式四份,甲乙双方各执两份,经双方签字且800万元人民币到账后生效,该协议还就董事会组成、抵押担保、财务管理、利润分配和盈亏分担等内容作了约定。2003年12月22日,陈木高将800万元股金汇入科创公司的指定账户。

2003年12月22日,红日公司向科创公司递交了《关于要求作为科创公司增资扩股增资认缴人的报告》,该报告的主要内容为:主张蒋洋和红日公司享有优先认缴出资的权利,愿意在增资扩股方案的同等条件下,由红日公司与蒋洋共同或由其中一家向科创公司认缴新增资本800万元人民币的出资。2003年12月25日,工商部门签发的科创公司的企业法人营业执照上记载:法定代表人陈木高、注册资本壹仟零玖拾万柒仟伍佰元、营业期限自2003年12月25日至2007年12月24日。2003年12月25日科创公司变更后的章程记载:陈木高出资额615.38万元,出资比例56.42%,蒋洋出资额67.6万元,出资比例6.20%,红日公司出资额27.6万元,出资比例2.53%。2003年12月26日,红日公司向绵阳高新区工商局递交了《请就绵阳高新区科创实业有限公司新增资本、增加新股东作不予变更登记的报告》。此后,陈木高以科创公司董事长的身份对公司进行经营管理。2005年3月30日,科创公司向工商部门申请办理公司变更登记,提交了关于章程修正案登记备案的报告、公司章程修正案、股份转让协议书、陈木高出具的将614.38万股股份转让给福建省固生投资有限公司(以下简称固生公司)的股份增减变更证明、收据等材料。章程修正案中记载的股东名称、出资额、出资比例是:固生公司出资额615.38万元,出资比例56.42%;陈木高出资额116.24万元,出资比例10.66%;蒋洋出资额67.6万元,出资比例6.20%;红日公司出资额27.6万元,出资比例2.53%。

2005年12月12日,蒋洋和红日公司向一审法院提起诉讼,请求确认科创公司2003年12月16日股东会通过的吸纳陈木高为新股东的决议无效,确认科创公司和陈木高2003年12月18日签订的《入股协议书》无效,确认其对800万元新增资本优先认购,科创公司承担其相应损失。

【一审】

四川省绵阳市中级人民法院一审认为:关于科创公司2003年12月16日股东会通过的吸纳陈木高为新股东的决议的效力问题,红日公司和蒋洋主张无效的理由是,科创公司只提前11日通知各股东召开股东会,违反了《中华人民共和国公司法》(1999年修订,以下简称99公司法)

第四十四条第一款"召开股东会议,应当于会议召开十五日以前通知全体股东"的规定,且在增资扩股的问题上通知书也不明确。从本案查明的事实反映,蒋洋在本案中具有多重身份,既是原告红日公司的法定代表人,又在2003年7月2日以前是科创公司的最大股东和董事长,此后至12月16日期间,是科创公司的最大股东和董事。蒋洋在任科创公司董事长期间,科创公司签订了与陈木高等就石桥铺项目进行合作的合作协议,而且参加了2003年12月16日的股东会并对会议议题行使了表决权,对其中"吸纳陈木高先生为新股东"的议题投了反对票。根据99公司法第三十九条第二款关于"股东会对公司增加或者减少注册资本、分立、合并、解散或者变更公司形式作出决议,必须经代表三分之二以上表决权的股东通过"的规定,股东会决议的效力不取决于股东会议通知的时间及内容,而决定了股东认可并是否达到公司法的要求。查明的事实反映,2003年12月16日"吸纳陈木高先生为新股东"的决议中涉及科创公司增资扩股800万元和该800万元增资由陈木高认缴的内容已在股东会上经科创公司75.49%表决权的股东通过。因此"吸纳陈木高先生为新股东"的决议符合上述规定,该决议有效。红日公司和蒋洋以通知的时间不符合法律规定,内容讨论不符合议事程序主张"吸纳陈木高先生为新股东"决议无效的理由不成立。

关于科创公司与陈木高于2003年12月18日签订的《入股协议书》的效力问题。红日公司和蒋洋主张该协议是科创公司与陈木高恶意串通损害其股东利益而签订的,但根据一审法院查明的事实,其并未提供证据证明该事实存在。庭审中红日公司和蒋洋提出科创公司于2005年12月25日在工商局办理的科创公司变更登记不真实的主张,这涉及工商部门的具体行政行为是否合法的问题,是另一层法律关系,不属本案审理范围。经审查,该《入股协议书》的主体适格,意思表示真实,不违反法律或者社会公共利益,应为有效协议。故红日公司和蒋洋关于《入股协议书》无效的主张不成立。

关于红日公司和蒋洋能否优先认缴科创公司2003年12月16日股东会通过新增的800万

元资本,并由科创公司承担相应损失的问题。按照99公司法第三十三条关于"股东按照出资比例分红。公司新增资本时,股东可以优先认缴出资"的规定,蒋洋、红日公司作为科创公司的股东,对公司新增资本享有优先认缴权利。但99公司法对股东优先认缴权的期间未作规定。2006年5月9日起施行的最高人民法院《关于适用〈中华人民共和国公司法〉若干问题的规定(一)》第二条规定:"因公司法实施前有关民事行为或者事件发生纠纷起诉到人民法院的,如当时的法律法规和司法解释没有明确规定时,可以参照适用公司法的有关规定。"2005年修订后的《中华人民共和国公司法》(以下简称新公司法)也未对股东优先认缴权行使期间作规定,但新公司法第七十五条第一款规定"有下列情形之一的,对股东会该项决议投反对票的股东可以请求公司按照合理的价格收购其股权"、第二款规定"自股东会会议决议通过之日起六十日内,股东与公司不能达成收购协议的,股东可以自股东会会议决议通过之日起九十日内向人民法院提起诉讼"。该条虽然针对的是异议股东的股权回购请求权,但按照民法精神从对等的关系即公司向股东回购股份与股东向公司优先认缴出资看,后者也应当有一个合理的行使期间,以保障交易的安全和公平。从本案查明的事实看,红日公司和蒋洋在2003年12月22日就向科创公司主张优先认缴新增资本800万元,于2005年12月12日才才提起诉讼,这期间,陈木高又将占出资比例56.42%股份转让给固生公司,其个人又陆续与其他股东签订了股权转让协议,全部办理了变更登记,从2003年12月25日起至今担任了科创公司董事长,科创公司的石桥铺项目前景也已明朗。因此红日公司和蒋洋在2005年12月12日才提起诉讼不合理。2003年12月16日的股东会决议、《入股协议书》合法有效,红日公司和蒋洋主张优先认缴权的合理期间已过,故其请求对800万元资本优先认缴权并赔偿其损失的请求不予支持。

综上所述,2003年12月16日股东会决议和《入股协议书》合法有效。红日公司和蒋洋在2003年12月22日向科创公司主张优先权时,上述两协议已经生效并已在履行过程中,但红日公司和蒋洋没有及时采取进一步的法律措施实现其优先权。本案起诉前,围绕科创公司和公司股权又发生了一系列新的民事、行政关系,形成了一系列新的交易关系,为保障交易安全,红日公司和蒋洋在本案中的主张不能成立。据此四川省绵阳市中级人民法院以(2006)绵民初字第2号民事判决书判决:驳回红日公司、蒋洋的诉讼请求。第一审案件受理费50010元,其他诉讼费25005元,合计75015元,由红日公司和蒋洋共同负担。

【二审】

红日公司和蒋洋不服一审判决,向四川省高级人民法院提起上诉称:科创公司只提前11天通知召开股东会违反了公司法规定提前15天通知的强制性法定义务,且通知内容没有公司增资扩股的具体方案和《入股协议书》草案,股东会中突袭表决,议事程序违法。股东会上红日公司和蒋洋投了反对票,提出同意增资800万元,但不放弃优先出资权。股东会决议中公司增资800万元有效,但吸纳陈木高为新股东的决议和《入股协议书》因侵犯其优先认缴出资权而无效。公司法对股东行使优先认缴出资权的诉讼时效没有规定,应适用民法通则规定的两年诉讼时效。红日公司和蒋洋知道权利被侵害的时间是2003年12月22日,诉讼时效从此时计算直至2005年12月22日才届满,本案于2005年12月12日提起诉讼,未超过诉讼时效期间。一审判决参照适用公司法对公司回购股东股份所规定的90日,是适用法律错误。陈木高是固生公司法定代表人,固生公司取得股份并非善意,其股东身份也不合法,因此不存在保护交易安全的问题。请求二审法院撤销原判,依法改判。

被上诉人科创公司、固生公司和陈木高答辩称:虽然科创公司召开股东会通知程序不符合公司法关于要提前15天通知的规定,但该条款是任意性规范,且公司股东均准时参加,不影响决议效力。科创公司所提"吸纳陈木高先生为新股东"的含义是定向增资扩股,该议题已经三分之二表决权的股东表决通过,陈木高尽到了合理的注意义务,根据99公司法第三十九条的规定,该议题的决议合法有效。公司增资扩股,由公司与新股东签订入股协议,法律并无禁止性规定,并且代表了公司绝大多数股东的意志,未违反99公司法第三十三条的规定。红日公司和蒋洋提出优先认缴时,《入股协议书》已经成立并在履行过程中,应为有效。科创公司是因公司面临土地价款无法缴纳,土地将被政府收回的困境而吸收陈木高入股,陈木高出资800万元,以1.3元溢价购股,且承诺成为新股东后不得再以股东身份分享科创公司在合作协议项目中应分得的35%的盈利,该决议使公司利益最大化,保证了原股东利益。以后陈木高将股份以赠与和转让方式转给固生公司,陈木高和固生公司均是善意第三人。而红日公司和蒋洋在长达两年时间内多次参加陈木高主持的董事会和股东会,没有就优先出资权进一步采取法律措施,却在公司稍有起色的情况下提起诉讼,缺乏合理性和正当性。请求驳回上诉,维持原判。

四川省高级人民法院时一审法院认定的事实予以确认,并补充认定以下事实:2001年7月,科创公司成立,注册资本156万元,股东20人,均为自然人,蒋洋出资52万元,出资比例为33.33%,担任董事长。2003年1月20日,科创公司通过挂牌出让方式取得绵阳高新区石桥铺国际招商区325亩住宅项目用地,但没有支付土地出让金,没有取得土地使用权证。2003年3月31日,科创公司与林大业、陈木高、高新区管委会签订石桥铺项目合作协议书,约定由科创公司负责支付地价款,由陈木高负责项目开发资金及建设。同年9月,科创公司董事长变更为李红,新增注册资本319.37万元,注册资本变更为475.37万元,变更后股东为23位,增加了自然人股东2人和法人股东红日公司。蒋洋出资从52万元变更为67.6万元,出资比例变为14.22%,红日公司新出资27.6万元,出资比例为5.81%。科创公司的章程规定:公司新增资本时,股东有优先认缴出资的权利;公司召开股东大会,于会议召开15日以前通知全体股东,通知以书面形式发送,并载明会议时间、地点、内容;股东大会对公司增加减少注册资本作出决议。同年12月16日,科创公司召开股东会,讨论了陈木高入股的《入股协议书》,通过了吸纳陈木高为新股东的提案,蒋洋和红日公司投反对票。同月18日,科创公司和陈木高签订《入股协议书》,约定由陈木高出资800万元,以每股1.3元认购615.38万股。同月22日,陈木高以付地款名义向科创公司账户汇入购股款800万元,红日公司要求优先认缴新增资本。同月25日,科创公司变更法定代表人为陈木高,注册资本变为1090.75万元,陈木高占56.4%。2003年12月26日,科创公司缴纳土地款800万元。2004年3月5日,科创公司交清全部土地款13020175元,取得土地使用证。2005年2月1日,科创公司召开股东会形成决议,通过陈木高将1万股赠与固生公司的提案,红日公司和蒋洋参加会议,投弃权票。同年3月1日,陈木高将614.38万股转让给固生公司,固生公司持有科创公司股份共计615.38万股。2005年2月至2006年11月,陈木高以每股1.2元的价格收购了其他自然人股东315.71万股。科创公司股东变更为:固生公司615.38万股,占56.42%;陈木高315.71万股,占28.94%;蒋洋67.60万股,占6.20%;红日公司27.60万股,占2.53%;其他自然人股东11人,共64.46万股,占5.91%。目前,科创公司拟开发的石桥铺项目仅修了一条从城区公路通往项目所在地的200米左右的水泥路,整个项目因拆迁和规划等问题尚未破土动工。

四川省高级人民法院二审认为:科创公司于2003年12月16日召开的股东会议所通过的关于"吸纳陈木高先生为新股东"的决议,结合股东会讨论的《入股协议书》,其内容包括了科创公司增资800万元和由陈木高通过认缴该800万元新增出资成为科创公司新股东两个方面的内容。根据99公司法第三十八条第一款第(八)项关于"股东会行使对公司增加或者减少注册资本作出决议的职权",第三十九条第二款关于"股东会对公司增加或者减少注册资本、分立、合并、解散或者变更公司形式作出决议,必须经代表三分之二以上表决权的股东通过"的规定,科创公司增资800万元的决议获代表科创公司75.49%表决权的股东通过,应属合法有效。根据99公司法第三十三条关于"公司新增资本时,股东可以优先认缴出资"的规定以及科创公司章程中的相同约定,科创公司原股东蒋洋和红日公司享有该次增资的优先认缴出资权。在股东会议上,蒋洋和红日公司对由陈木高认缴800万元增资股份并成为新股东的议题投反对票并签注"要考虑原股东享有公司法规定的投资(出资)权利"的意见,是其反对陈木高认缴新增资本成为股东,并认为公司应当考虑其作为原股东所享有的优先认缴出资权,明确其不放弃优先认缴出资权的意思表示。紧接着在同月22日和26日,蒋洋和红日公司又分别向科创公司递交了《关于要求作为科创公司增资扩股融资认缴人的报告》,向绵阳市高新区工商局递交了《请就绵阳高新区科创实业有限公司新增资本、增加新股东作不予变更登记的报告》,进一步明确主张优先认缴出资权。上述事实均表明红日公司和蒋洋从未放弃优先认缴出资权。但是,科创公司在没有以恰当的方式征询蒋洋和红日公司的意见以明确其是否放弃优先认缴出资权,也没有给予蒋洋和红日公司合理期限以行使优先认缴出资权的情况下,即于同月18日与陈木高签订了《入股协议书》,并于同月25日变更工商登记,将法定代表人变更成陈木高,将公司注册资本变更为1090.75万元,其中新增资本615.38万元登记于陈木高名下。该系列行为侵犯了法律规定的蒋洋和红日公司在科创公司所享有的公司新增资本时的优先认缴出资权,根据《中华人民共和国民法通则》第五十八条第一款第(五)项关于"违反法律或者社会公共利益的民事行为无效"的规定,股东会议中关于由陈木高认缴新增资本800万元并由此成为科创公司股东的内容无效,科创公司和陈木高签订的《入股协议书》也相应无效。虽然本案所涉股东会决议经代表三分之二以上表决权的股东投票通过,但公司原股东优先认缴新增出资的权利是原股东个体的法定权利,不能以股东会多数决的方式予以剥夺。故蒋洋和红日公司所提股东会议决议中关于吸收陈木高为股东的内容、《入股协议书》无效,其享有优先认缴科创公司800万元新增资本的上诉理由依法成立,二审法院予以支持。

按照《中华人民共和国民法通则》第六十一条的规定,民事行为被确认为无效或者被撤销后,当事人因该行为取得的财产,应当返还受损失的一方,因此陈木高依据该部分无效决议和《入股协议书》所取得的股权应当返还。虽然后来陈木高将其名下的股份赠与和转让给了固生公司,但陈木高系固生公司的法定代表人,固生公司知道或者应当知道陈木高认缴出资侵犯了他人的优先认缴出资权,故该司并非善意取得,其间的赠与和转让行为也无效。固生公司应当将其所持有的科创公司615.38万股股份返还给科创公司,由红日公司和蒋洋优先认购;科创公司应当将800万元认股款及其资金占用利息返还给陈木高。

关于有限责任公司股东请求人民法院保护其认缴新增资本优先权的诉讼时效问题,现行法律无特别规定,应当适用《中华人民共和国民法通则》规定的两年普通诉讼时效。蒋洋和红日公司在2003年12月22日书面要求优先认缴新增资本800万元,至2005年12月19日提起诉讼,符合该法关于两年诉讼时效的规定,其所提应当优先认缴800万元新增资本的请求依法成立,二审法院予以支持。蒋洋和红日公司所提要求由科创公司承担其相应损失的请求因无相应证据证明,二审法院不予支持。原判认定事实不清,适用法律有误,应当予以纠正。依据《中华人民共和国民事诉讼法》第一百五十三条第一款第(三)项、《中华人民共和国公司法》(1999年修订)第三十三条、第三十八条第一款第(八)项、第三十九条第二款、《中华人民共和国民法通则》第五十八条第一款第(四)项、第(五)项、第六十一条、第一百三十五条的规定,经二审法院审判委员会讨论决定,判决如下:一、撤销四川省绵阳市中级人民法院(2006)绵民初字第2号民事判决;二、绵阳高新区科创实业有限公司于2003年12月16日作出的股东会决议中关于吸收陈木高为股东的内容无效;三、绵阳高新区科创实业有限公司于2003年12月18日与陈木高签订的《入股协议书》无效;四、蒋洋和绵阳市红日实业有限公司享有以800万元购买绵阳高新区科创实业有限公司2003年12月16日股东会决定新增的615.38万股股份的优先权;五、蒋洋和绵阳市红日实业有限公司于本判决生效之日起15日内将800万元购股款支付给绵阳高新区科创实业有限公司;六、在蒋洋和绵阳市红日实业有限公司履行上述第五项判决后15日内,由福建省固生投资有限公司向绵阳高新区科创实业有限公司返还其所持有的该司615.38万股股权,并同时由绵阳高新区科创实业有限公司根据蒋洋和绵阳市红日实业有限公司的认购意愿和支付款项情况将该部分股权登记于蒋洋和绵阳市红日实业有限公司名下;七、在福建省固生投资有限公司履行上述第六项判决后3日内,由绵阳高新区科创实业有限公司向陈木高返还800万元及利息(从2003年12月23日至付清之日止按中国人民银行流动资金同期贷款利率计算);八、驳回蒋洋和绵阳市红日实业有限公司的其他诉讼请求。第一审案件受理费75015元,第二审案件受理费75015元,保全费5000元,均由绵阳高新区科创实业有限公司负担。

【再审】

科创公司、固生公司、陈木高不服四川省高级人民法院上述二审民事判决,向本院申请再审称:一、二审判决认定的事实缺乏证据支持,2003年12月16日科创公司作出的"关于吸纳陈木高为新股东"的股东会决议、2003年12月18日陈木高与科创公司签订的《入股协议书》均合法有效。1.二审法院将科创公司2003年12月16日股东会关于吸纳陈木高为新股东的决议内容拆分为"科创公司增资800万元"和"由陈木高通过认缴800万元新增出资成为科创公司新股东"两部分,与事实严重不符,这两项内容是不可分的,增资800万元是以吸纳陈木高为新股东为前提的。2.红日公司在股东会反对票上的签注不能作为其不放弃优先认缴出资权的意思表示,红日公司的签注援引了99公司法第三十九条第二款的规定,即股东会对公司增资或减资等决议的表决程序,与第三十三条股东优先认缴权无关。且红日公司2003年12月22日提交的报告上没有蒋洋的签名,不能认为蒋洋主张了优先认缴权。3.优先认缴权是形成权,其行使应有合理期限。科创公司是在急于支付石桥铺项目土地出让金的现实情况下吸收陈木高出资的,蒋洋和红日公司行使优先认缴权的期限应不超过科创公司支付土地出让金的最后期限,即2003年12月31日。4.固生公司和陈木高取得科创公司的股权没有恶意,签订《入股协议书》时不存在恶意串通的情形。二、二审判决适用法律错误。二审判决依据《民法通则》第五十八条第一款第(四)项、第(五)项,在没有证据证明陈木高与科创公司恶意串通、《入股协议书》违反法律或社会公共利益的情况下引用上述条文判决股东会决议及《入股协议书》无效,显属适用法律错误,据此另引用的《民法通则》第六十一条及《合同法》第五十八条也与事实不符。即使蒋洋和红日公司关于行使优先认缴权的主张能够得到支持,按照《关于适用公司法若干问题的规定(一)》第二条和《公司法》第三十五条之规定,也只能按照其实缴的出资比例认缴出资,而不能全部认缴800万元新增出资。且二审法院适用《民法通则》规定的两年普通诉讼时效也存在错误,股东优先认缴权属形成权,应适用除斥期间的规定,不超过一年。三、陈木高入股科创公司后投入了大量的资金和智慧,促使公司的经营管理和石桥铺项目取得了巨大进展,科创公司的股权价值大幅增值,早已超过当年的购买价格,二审判决在未对股权价值进行重新评估的基础上支持红日公司和蒋洋以2003年的价格购买该股权,有违公平原则。综上,请求撤销四川省高级人民法院作出的(2006)川民终字第515号民事判决,维持四川省绵阳市中级人民法院作出的(2006)绵民初字第2号民事判决,中止对四川省高级人民法院作出的(2006)川民终字第515号民事判决的执行,由被申请人红日公司、蒋洋承担本案一、二审全部诉讼费用。

被申请人红日公司、蒋洋答辩称:一、二审判决认定事实清楚、证据确凿。"吸纳陈木高为新股东"这一决议并不是在公司面临无力交款,上地将被收回的严峻形势下作出的。红日公司和蒋洋当时完全有能力进行增资扩股交清土地出让金,未交清的原因是科创公司与高新区管委会之间还有多笔账务没有结算。"吸纳陈木高为新股东"这一决议可以拆分为"科创公司增资800万元"和"由陈木高通过认缴800万元新增出资成为科创公司新股东"来理解。红日公司、蒋洋投反对票并签注的意思表明其同意"科创公司增资800万元"而反对"由陈木高认缴800万元新增出资成为科创公司新股东"。即使红日公司、蒋洋对这两项内容均表示反对;也不会影响"科创公司增资800万元"的法律效力,增资扩股的表决通过是符合《公司法》规定的,并没有侵犯原股东的优先认缴出资权,只是"由陈木高通过认缴800万元新增出资成为科创公司新股东"这一部分侵犯了原股东的优先认缴出资权。红日公司在表决票上的签注明确表明增资需按《公司法》第三十九条第二款的规定进行,并且应按第三十三条的规定考虑原股东的优先认缴出资权,已表明其没有放弃优先认缴出资权。红日公司和蒋洋在股东会召开当天才知道科创公司即将增资扩股800万元,因此其行使优先认股权的期限应为从2003年12月16日起算的一个合理期间,而不是当天必须行使权利。红日公司在2003年12月22日就向科创公司递交了《关于要求作为科创公司增资扩股增资认缴人的报告》,作出了行使优先认缴权的意思表示,且该时间早于陈木高与科创公司签订的《入股协议书》约定的生效时间。陈木高在科创公司原股东有能力认缴新增出资且主张了优先认缴权的前提下仍然与科创公司订立《入股协议书》,显然侵犯了红日公司和蒋洋的优先认缴权。《入股协议书》中关于公司新一届董事会的组成及陈木高任董事长、总经理的约定,关于800万元新增资本的投资问题、财务人员的安排问题、利润分配问题等,均违反了99公司法第三十七条、第三十八条、第四十六条及科创公司章程第二十四条的规定,越权行使了属于股东会和董事会的法定职权,依法也应被认定为无效。固生公司是陈木高及其家人出资设立,陈木高是固生公司的法定代表人,因此该公司可以认定为陈木高自己的公司。陈木高取得的科创公司股份是不合法的,其转让行为属于无权处分,而固生公司作为陈木高个人的公司受让股权显然恶意。二、二审判决适用法律正确。对《民法通则》第五十八条第(四)项应当理解为,只要行为人意识到了该行为有可能侵犯到第三人利益而故意为之,就构成恶意。科创公司在召开2003年12月16日股东会以前,已经与陈木高达成《入股协议书》和承包经营协议草案,且陈木高在签订《入股协议书》时也清楚红日公司和蒋洋反对其成为科创公司的新股东,因此陈木高与科创公司签订的《入股协议书》应属恶意串通之行为。如果认为优先认缴权是形成权,红日公司和蒋洋在2003年12月22日已经行使了优先认缴权,在这一权利受到侵犯时就应当适用两年普通诉讼时效的规定。三、本案中陈木高进

入科创公司以来,对公司基本没有投入,公司资产基本无增长,公司的石桥铺项目至今基本未进行开发,陈木高的行为引起了当地百姓的不满和一系列社会问题。总之,二审判决事实认定清楚,法律适用正确,再审申请人的申请理由不能成立,应依法予以驳回。

再审中,被申请人红日公司和蒋洋提交了催告公证书、绵阳中院强制执行文书、提存公证书、2008年科创公司临时股东大会的公证书等证据材料,用以证明本案二审判决后的履行情况及科创公司现在的股权结构等基本情况;另提交了科创公司2004年至2008年经营状况材料、石桥铺项目所涉及的村民拆迁补偿材料和村民的联名信等证据材料,用以证明陈木高进入科创公司后对公司没有进行投入,红日公司和蒋洋取得科创公司新增股份后科创公司对石桥铺项目有了新的投入。

申请再审人科创公司、固生公司和陈木高质证认为,上述证据材料中催告公证书、绵阳中院强制执行文书、提存公证书、2008年科创公司临时股东大会的公证书都发生在二审判决后,和本案的争议无关。工商登记资料不属于新证据。对石桥铺项目所涉及的村民拆迁补偿材料和村民的联名信真实性、与本案的关联性及证明的内容均有异议。

本院经再审审理,对原审法院查明的事实予以确认。

本院认为:根据本案的事实和双方当事人的诉辩主张,本案再审程序中有以下两个争议焦点:一、2003年12月16日科创公司作出的股东会决议和2003年12月18日科创公司与陈木高签订的《入股协议书》是否有效;二、红日公司和蒋洋是否能够行使对科创公司2003年新增的615.38万股股份的优先认缴权。

关于第一个争议焦点。2003年12月16日科创公司作出股东会决议时,现行公司法尚未实施,根据最高人民法院《关于适用〈中华人民共和国公司法〉若干问题的规定(一)》第二条的规定,当时的法律和司法解释没有明确规定的,可参照适用现行公司法的规定。99公司法第三十三条规定:"公司新增资本时,股东可以优先认缴出资。"根据现行公司法第三十五条的规定,公司

新增资本时,股东的优先认缴权应限于其实缴的出资比例。2003年12月16日科创公司作出的股东会决议,在其股东红日公司、蒋洋明确表示反对的情况下,未给予红日公司和蒋洋优先认缴出资的选择权,迳行以股权多数决的方式通过了由股东以外的第三人陈木高出资800万元认购科创公司全部新增股份615.38万股的决议内容,侵犯了红日公司和蒋洋按照各自的出资比例优先认缴新增资本的权利,违反了上述法律规定。现行公司法第二十二条第一款规定:"公司股东会或者股东大会、董事会的决议内容违反法律、行政法规的无效。"根据上述规定,科创公司2003年12月16日股东会议通过的由陈木高出资800万元认购科创公司新增615.38万股股份的决议内容中,涉及新增股份中14.22%和5.81%的部分因分别侵犯了蒋洋和红日公司的优先认缴权而归于无效,涉及新增股份中79.97%的部分因其他股东以同意或弃权的方式放弃行使优先认缴权而发生法律效力。四川省绵阳市中级人民法院(2006)绵民初字第2号民事判决认定决议全部有效不妥,应予纠正。该股东会попыта吸纳陈木高为新股东列为一项议题,但该议题中实际包含增资800万元和由陈木高认缴新增出资两方面的内容,其中由陈木高认缴新增出资的决议内容部分无效不影响增资决议的效力,科创公司认为上述两方面的内容不可分割缺乏依据,本院不予支持。

2003年12月18日科创公司与陈木高签订的《入股协议书》系科创公司与该公司以外的第三人签订的合同,应适用合同法的一般原则及相关法律规定认定其效力。虽然科创公司2003年12月16日作出的股东会决议部分无效,导致科创公司达成上述协议的意思存在瑕疵,但作为合同相对方的陈木高并无审查科创公司意思形成过程的义务,科创公司对外达成协议应受其表示行为的制约。上述《入股协议书》是科创公司与陈木高作出的一致意思表示,不违反国家禁止性法律规范,且陈木高按照协议约定支付了相应对价,没有证据证明双方恶意串通损害他人利益,因此该协议不存在《中华人民共和国合同法》第五十二条所规定的合同无效的情形,应属有效。《入股协议书》对科创公司新一届董事会的组成及董事长、总经理人选等公司内部事务作出了约定,但上述约定并未排除科创公司内部按照法律和章程规定的表决程序作出决定,不导致合同无效。二审法院根据《中华人民共和国民法通则》第五十八条第一款第(五)项的规定认定该《入股协议书》无效属适用法律错误,本院予以纠正。

关于第二个争议焦点问题,虽然科创公司2003年12月16日股东会议因侵犯了红日公司和蒋洋按照各自的出资比例优先认缴新增资本的权利而部分无效,但红日公司和蒋洋是否能够行使上述新增资本的优先认缴权还需要考虑其是否恰当地主张了权利。股东优先认缴公司新增资本的权利属形成权,虽然现行法律没有明确规定该项权利的行使期限,但为维护交易安全和稳定经济秩序,该权利应当在一定合理期间内行使,并且由于该一权利的行使属于典型的商事行为,对于合理期间的认定应当比通常的民事行为更加严格。本案红日公司和蒋洋在科创公司2003年12月16日召开股东会时已经知道其优先认缴权受到侵害,且作出了要求行使优先认缴权的意思表示,但并未及时采取诉讼等方式积极主张权利。在此后科创公司召开股东会、决议通过陈木高将部分股权赠与固生公司提案时,红日公司和蒋洋参加了会议,且未表示反对。红日公司和蒋洋在股权变动近两年后又提起诉讼,争议的股权价值已经发生了较大变化,此时允许其行使优先认缴出资的权利将导致已趋稳定的法律关系遭到破坏,并极易产生显失公平的后果,故四川省绵阳市中级人民法院(2006)绵民初字第2号民事判决认定红日公司和蒋洋主张优先认缴权的合理期间已过并无不妥。故本院对红日公司和蒋洋行使对科创公司新增资本优先认缴权的请求不予支持。

红日公司和蒋洋在一审诉讼请求中要求科创公司承担其相应损失,但未明确请求赔偿的损失数额,也未提交证据予以证明,本院对此不予审理。本案再审期间,红日公司一方主张基于新增股权对科创公司进行了投入,该主张不属于本案审理范围,其对此可以另行提起诉讼。

综上,红日公司、蒋洋的诉讼请求部分成立,但四川省高级人民法院(2006)川民终字第515

号民事判决认定红日公司和蒋洋可以行使优先认缴科创公司2003年新增615.38万股股份的权利,事实根据不足,适用法律不当,应予撤销。

本院依照《中华人民共和国民事诉讼法》第一百八十六条、第一百五十三条第一款第(二)项的规定,判决如下:

一、撤销四川省高级人民法院(2006)川民终字第515号民事判决,撤销四川省绵阳市中级人民法院(2006)绵民初字第2号民事判决;

二、绵阳高新区科创实业有限公司2003年12月16日作出的股东会决议中由陈木高出资800万元认购绵阳高新区科创实业有限公司新增615.38万股股份的决议内容中,涉及新增股份20.03%的部分无效,涉及新增股份79.97%的部分及决议的其他内容有效;

三、驳回四川省绵阳市红日实业有限公司、蒋洋的其他诉讼请求。

一审案件受理费75015元、保全费5000元,共80015元,由绵阳高新区科创实业有限公司负担37507.5元,四川省绵阳市红日实业有限公司、蒋洋负担42507.5元;二审案件受理费75015元,由绵阳高新区科创实业有限公司负担37507.5元,四川省绵阳市红日实业有限公司、蒋洋负担37507.5元。

本判决为终审判决。

2. 林方清诉常熟市凯莱实业有限公司、戴小明公司解散纠纷案①

【裁判要点】

公司法第一百八十三条将"公司经营管理发生严重困难"作为股东提起解散公司之诉的条件之一。判断"公司经营管理是否发生严重困难",应从公司组织机构的运行状态进行综合分析。公司虽处于盈利状态,但其股东会机制长期失灵,内部管理有严重障碍,已陷入僵局状态,可以认定为公司经营管理发生严重困难。对于符合公司法及相关司法解释规定的其他条件的,人民法院可以依法判决公司解散。

【基本案情】

原告林方清诉称:常熟市凯莱实业有限公司(简称凯莱公司)经营管理发生严重困难,陷入公司僵局且无法通过其他方法解决,其权益遭受重大损害,请求解散凯莱公司。

被告凯莱公司及戴小明辩称:凯莱公司及其下属分公司运营状态良好,不符合公司解散的条件,戴小明与林方清的矛盾有其他解决途径,不应通过司法程序强制解散公司。

法院经审理查明:凯莱公司成立于2002年1月,林方清与戴小明系该公司股东,各占50%的股份,戴小明任公司法定代表人及执行董事,林方清任公司总经理兼公司监事。凯莱公司章程明确规定:股东会的决议须经代表二分之一以上表决权的股东通过,但对公司增加或减少注册资本、合并、解散、变更公司形式、修改公司章程作出决议时,必须经代表三分之二以上表决权的股东通过。股东会会议由股东按照出资比例行使表决权。2006年起,林方清与戴小明两人之间的矛盾逐渐显现。同年5月9日,林方清提议并通知召开股东会,由于戴小明认为林方清没有召集会议的权利,会议未能召开。同年6月6日、8月8日、9月16日、10月10日、10月17日,林方清委托律师向凯莱公司和戴小明发函,因股东权益受到严重侵害,林方清作为享有公司股东会二分之一表决权的股东,已按公司章程规定的程序表决并通过了解散凯莱公司的决议,要求戴小明提供凯莱公司的财务账册等资料,并对凯莱公司进行清算。同年6月17日、9月7日、10月13日,戴小明回函称,林方清作出的股东会决议没有合法依据,戴小明不同意解散公司,并要求林方清交出公司财务资料。同年11月15日、25日,林方清再次向凯莱公司和戴小明发函,要求凯莱公司和戴小明提供公司财务账册等供其查阅、分配公司收入、解散公司。

江苏常熟服装城管理委员会(简称服装城管委会)证明凯莱公司目前经营尚正常,且愿意组

---

① 案例来源:《最高人民法院关于发布第二批指导性案例的通知》(2012年4月9日 法〔2012〕172号),指导案例8号。

织林方清和戴小明进行调解。

另查明,凯莱公司章程载明监事行使下列权利:(1)检查公司财务;(2)对执行董事、经理执行公司职务时违反法律、法规或者公司章程的行为进行监督;(3)当董事和经理的行为损害公司的利益时,要求董事和经理予以纠正;(4)提议召开临时股东会。从2006年6月1日至今,凯莱公司未召开过股东会。服装城管委会调解委员会于2009年12月15日、16日两次组织双方进行调解,但均未成功。

【裁判结果】

江苏省苏州市中级人民法院于2009年12月8日以(2006)苏中民二初字第0277号民事判决,驳回林方清的诉讼请求。宣判后,林方清提起上诉。江苏省高级人民法院于2010年10月19日以(2010)苏商终字第0043号民事判决,撤销一审判决,依法判决解散凯莱公司。

【裁判理由】

法院生效裁判认为:首先,凯莱公司的经营管理已发生严重困难。根据公司法第一百八十三条和最高人民法院《关于适用〈中华人民共和国公司法〉若干问题的规定(二)》(简称《公司法解释(二)》)第一条的规定,判断公司的经营管理是否出现严重困难,应当从公司的股东会、董事会或执行董事及监事会或监事的运行现状进行综合分析。"公司经营管理发生严重困难"的侧重点在于公司管理方面存有严重内部障碍,如股东会机制失灵,无法就公司的经营管理进行决策,不应片面理解为公司资金缺乏、严重亏损等经营性困难。本案中,凯莱公司仅有戴小明与林方清两名股东,两人各占50%的股份,凯莱公司章程规定"股东会的决议须经代表二分之一以上表决权的股东通过",且各方当事人一致认可该"二分之一以上"不包括本数。因此,只要两名股东的意见存在分歧、互不配合,就无法形成有效表决,显然影响公司的运营。凯莱公司已持续4年未召开股东会,无法形成有效股东会决议,也就无法通过股东会决议的方式管理公司,股东会机制已经失灵。执行董事戴小明作为互有矛盾的两名股东之一,其管理公司的行为,已无法贯彻股东会的决议。林方清作为公司监事不能正常行使监事职权,无法发挥监督作用。由于凯莱公司的内部机制已无法正常运行,无法对公司的经营作出决策,即使尚未处于亏损状况,也不能改变该公司的经营管理已发生严重困难的事实。

其次,由于凯莱公司的内部运营机制早已失灵,林方清的股东权、监事权长期处于无法行使的状态,其投资凯莱公司的目的无法实现,利益受到重大损失,且凯莱公司的僵局通过其他途径长期无法解决。《公司法解释(二)》第五条明确规定了"当事人不能协商一致使公司存续的,人民法院应当及时判决"。本案中,林方清在提起公司解散诉讼之前,已通过其他途径试图化解与戴小明之间的矛盾,服装城管委会也曾组织双方当事人调解,但双方仍不能达成一致意见。两审法院也基于慎用司法手段强制解散公司的考虑,积极进行调解,但均未成功。

此外,林方清持有凯莱公司50%的股份,也符合公司法关于提起公司解散诉讼的股东须持有公司10%以上股份的条件。

综上所述,凯莱公司已符合公司法及《公司法解释(二)》所规定的股东提起解散公司之诉的条件。二审法院从充分保护股东合法权益,合理规范公司治理结构,促进市场经济健康有序发展的角度出发,依法作出了上述判决。

3. 徐工集团工程机械股份有限公司诉成都川交工贸有限责任公司等买卖合同纠纷案[①]

【裁判要点】

1. 关联公司的人员、业务、财务等方面交叉或混同,导致各自财产无法区分,丧失独立人格的,构成人格混同。

2. 关联公司人格混同,严重损害债权人利

---

① 案例来源:《最高人民法院关于发布第四批指导性案例的通知》(2013年1月31日 法〔2013〕24号),指导案例16号。

益的,关联公司相互之间对外部债务承担连带责任。

【案情】

原告徐工集团工程机械股份有限公司(以下简称徐工机械公司)诉称:成都川交工贸有限责任公司(以下简称川交工贸公司)拖欠其货款未付,而成都川交工程机械有限责任公司(以下简称川交机械公司)、四川瑞路建设工程有限公司(以下简称瑞路公司)与川交工贸公司人格混同,三个公司实际控制人王永礼以及川交工贸公司股东等人的个人资产与公司资产混同,均应承担连带清偿责任。请求判令:川交工贸公司支付所欠货款10916405.71元及利息;川交机械公司、瑞路公司及王永礼等个人对上述债务承担连带清偿责任。

被告川交工贸公司、川交机械公司、瑞路公司辩称:三个公司虽有关联,但并不混同,川交机械公司、瑞路公司不应对川交工贸公司的债务承担清偿责任。

王永礼等人辩称:王永礼等人的个人财产与川交工贸公司的财产并不混同,不应为川交工贸公司的债务承担清偿责任。

法院经审理查明:川交机械公司成立于1999年,股东为四川省公路桥梁工程总公司二公司、王永礼、倪刚、杨洪刚等。2001年,股东变更为王永礼、李智、倪刚。2008年,股东再次变更为王永礼、倪刚。瑞路公司成立于2004年,股东为王永礼、李智、倪刚。2007年,股东变更为王永礼、倪刚。川交工贸公司成立于2005年,股东为吴帆、张家蓉、凌欣、过胜利、汤维明、武竞、郭印、何万庆2007年入股。2008年,股东变更为张家蓉(占90%股份)、吴帆(占10%股份),其中张家蓉系王永礼之妻。在公司人员方面,三个公司经理均为王永礼,财务负责人均为凌欣,出纳会计均为卢鑫,工商手续经办人均为张梦;三个公司的管理人员存在交叉任职的情形,如过胜利兼任川交工贸公司副总经理和川交机械公司销售部经理的职务,且免去过胜利川交工贸公司副总经理职务的决定系由川交机械公司作出;吴帆既是川交工贸公司的法定代表人,又是川交机械公司的综合部行政经理。在公司业务方面,三个公司在工商行政管理部门登记的经营范围均涉及工程机械且部分重合,其中川交工贸公司的经营范围被川交机械公司的经营范围完全覆盖;川交机械公司系徐工机械公司在四川地区(攀枝花除外)的唯一经销商,但三个公司均从事相关业务,且相互之间存在共用统一格式的《销售部业务手册》、《二级经销协议》、结算账户的情形;三个公司在对外宣传中区分不明,2008年12月4日重庆市公证处出具的《公证书》记载:通过因特网查询,川交工贸公司、瑞路公司在相关网站上共同招聘员工,所留电话号码、传真号码等联系方式相同;川交工贸公司、瑞路公司的招聘信息,包括大量关于川交机械公司的发展历程、主营业务、企业精神的宣传内容;部分川交工贸公司的招聘信息中,公司简介全部为瑞路公司的介绍。在公司财务方面,三个公司共用结算账户,凌欣、卢鑫、汤维明、过胜利的银行卡中曾发生高达亿元的往来,资金的来源包括三个公司的款项,对外支付的依据仅为王永礼的签字;在川交工贸公司向其客户开具的收据中,有的加盖其财务专用章,有的则加盖瑞路公司财务专用章;在与徐工机械公司均签订合同、均有业务往来的情况下,三个公司于2005年8月共同向徐工机械公司出具《说明》,称因川交机械公司业务扩张而注册了另两个公司,要求所有债权债务、销售量均计算在川交机械公司名下,并表示今后尽量以川交工贸公司名义进行业务往来;2006年12月,川交工贸公司、瑞路公司共同向徐工机械公司出具《申请》,以统一核算为由要求将2006年度的业绩、账务均计算至川交工贸公司名下。

另查明,2009年5月26日,卢鑫在徐州市公安局经侦支队对其进行询问时陈述:川交工贸公司目前已经垮了,但未注销。又查明徐工机械公司未得到清偿的货款实为10511710.71元。

【裁判结果】

江苏省徐州市中级人民法院于2011年4月10日作出(2009)徐民二初字第0065号民事判决:一、川交工贸公司于判决生效后10日内向徐工机械公司支付货款10511710.71元及逾期付款利息;二、川交机械公司、瑞路公司对川交工贸公司的上述债务承担连带清偿责任;三、驳回徐工机械公司对王永礼、吴帆、张家蓉、凌欣、过胜利、汤维明、郭印、何万庆、卢鑫的诉讼请求。宣判后,川交机械公司、瑞路公司提起上诉,认为一审判决认定三个公司人格混同,属认定事实不清;认定川交机械公司、瑞路公司对川交工贸公司的债务承担连带责任,缺乏法律依据。徐工机械公司答辩请求维持一审判决。江苏省高级人民法院于2011年10月19日作出(2011)苏商终字第0107号民事判决:驳回上诉,维持原判。

【裁判理由】

法院生效裁判认为:针对上诉范围,二审争议焦点为川交机械公司、瑞路公司与川交工贸公司是否人格混同,应否对川交工贸公司的债务承担连带清偿责任。

川交工贸公司与川交机械公司、瑞路公司人格混同。一是三个公司人员混同。三个公司的经理、财务负责人、出纳会计、工商手续经办人员相同,其他管理人员亦存在交叉任职的情形,川交工贸公司的人事任免存在由川交机械公司决定的情形。二是三个公司业务混同。三个公司实际经营中均涉及工程机械相关业务,经销过程中存在共用销售手册、经销协议的情形;对外进行宣传时信息混同。三是三个公司财务混同。三个公司使用共同账户,以王永礼的签字作为具体用款依据,对其中的资金及支配无法证明已作区分;三个公司与徐工机械公司之间的债权债务、业绩、账务及返利均计算在川交工贸公司名下。因此,三个公司之间表征人格的因素(人员、业务、财务等)高度混同,导致各自财产无法区分,已丧失独立人格,构成人格混同。

川交机械公司、瑞路公司应当对川交工贸公司的债务承担连带清偿责任。公司人格独立是其作为法人独立承担责任的前提。《中华人民共和国公司法》(以下简称《公司法》)第三条第一款规定:"公司是企业法人,有独立的法人财产,享有法人财产权。公司以其全部财产对公司的债务承担责任。"公司的独立财产是公司独立承担责任的物质保证,公司的独立人格也突出地表现在财产的独立上。当关联公司的财产无法区分,丧失独立人格时,就丧失了独立承担责任的基础。《公司法》第二十条第三款规定:"公司股东滥用公司法人独立地位和股东有限责任,逃避债务,严重损害公司债权人利益的,应当对公司债务承担连带责任。"本案中,三个公司虽在工商登记部门登记为彼此独立的企业法人,但实际上相互之间界线模糊、人格混同,其中川交工贸公司承担所有关联公司的债务却无力清偿,又使其他关联公司逃避巨额债务,严重损害了债权人的利益。上述行为违背了法人制度设立的宗旨,违背了诚实信用原则,其行为本质和危害结果与《公司法》第二十条第三款规定的情形相当,故参照《公司法》第二十条第三款的规定,川交机械公司、瑞路公司对川交工贸公司的债务应当承担连带清偿责任。

4. 上海大成资产评估有限公司诉楼建华等其他与公司有关的纠纷案[①]

【裁判摘要】

一、公司章程是公司组织及活动的基本准则。在作为特殊企业的资产评估公司章程规定股东退休时必须退股,退股时以退股月份上月为结算月份,退还其在公司享有的净资产份额时,股东与公司应该按章履行。

二、职业风险基金系会计师事务所、资产评估机构按规定提取的用于职业风险赔偿的准备金。财政部财企[2009]26号《资产评估机构职业风险基金管理办法》规定:资产评估机构持续经营期间,应保证结余的职业风险基金不低于近5年评估业务收入总和的5%,在此前提下,经股东会或合伙人决议,可将已计提5年以上结存的职业风险基金转作当年可供分配利润进行分配。所以,在资产评估公司已有相应股东会决议的情况下,股东退股时要求分配已计提5年以上结存的职业风险基金可予支持。

【案情】

原告(反诉被告):上海大成资产评估有限公司。

法定代表人:顾美珍,该公司董事长。

---

① 案例来源:《最高人民法院公报》2012年第5期。

被告(反诉原告):楼建华。

第三人:上海大成房地产估价有限公司。

法定代表人:梁勇,该公司董事长。

第三人:上海大成财务咨询有限公司。

法定代表人:顾美珍,该公司执行董事。

原告上海大成资产评估有限公司(以下简称资产评估公司)与被告楼建华因其他与公司有关的纠纷,向上海市闸北区人民法院提起诉讼。

原告资产评估公司诉称:2005年1月27日原告章程确定公司股东为顾美珍、被告楼建华等六人,其中被告占股16.66%,并规定股东退休时必须退股,股东离职时必须退股。嗣后,相关文件规定资产评估机构的股东应持有注册资产评估师证书,但被告无此证书且退休。2008年6月27日原告股东会决议:(1)责令被告退出其16.66%的原告股份;(2)被告16.66%股权由原告其余全部股东顾美珍等五人平均受让,被告实际出资的5万元由五位受让股东在本决议后3日内将款交于原告财务室,原告在2008年7月1日上午12时前交被告,并办理股权转让手续;(3)根据原告2007年度财务状况的审计报告,原告2007年净资产为负数,利润负数,被告无法享有原告的净资产份额,无法取得红利分红。股东会决议后,被告拒不办理退股手续。据此,原告起诉。本案审理中,上述2008年6月27日原告股东会决议中第(2)项和第(3)项决议内容被生效判决撤销,且经委托审计,原告2008年5月31日净资产为912940.29元。对审计结论,原告认为,三公司(即原告与两第三人)收入、成本、费用混清,审计将第三人咨询公司80%收入归入原告,除将对应的劳务费等转入原告成本,费用方面仅转入7万余元不合理,应按收入比例(2006年和2007年三公司业务总收入4654603元,两第三人收入539355元,原告收入比例为88.41%)作如下三项费用分摊:1.年终奖,2006年度由第三人咨询公司发放111799元,2007年度由原告发放99743元,按收入比例分摊原告应增费用87281元;2.2006年和2007年工资,原告发放476728.70元,第三人房地产估价公司发放142825元,按收入比例分摊原告应增费用71019元;3.2006年和2007年办公用房费用,原告已承担218622.88元,两第三人已承担100100元,按收入比例分摊原告应增费用63160元。以上三项合计,原告应增费用221460元,原告2008年5月31日净资产应减少至691480.29元,故现原告诉讼请求为:1.确认被告从2008年6月27日起不再为原告股东;2.被告于本判决生效之日起30日内至原告处领取退股金115200.62元,同时被告退股并协助办理有关工商变更登记手续;3.本案诉讼费由被告负担。

原告资产评估公司针对本诉提交以下证据:

1. 2008年6月27日原告资产评估公司股东会决议,旨在证明被告楼建华从2008年6月27日起已非原告股东。

2. 2005年1月27日原告资产评估公司章程,旨在证明原告章程第22、23条规定股东不能执业时可退休并退股,并规定退股金额。

3. 2005年《资产评估机构审批管理办法》,旨在证明当时规定房地产评估与资产评估必须分开,资产评估机构的股东应持有注册资产评估师证书,但被告楼建华无此证书。

4. (2007)闸民一(民)初字第26号民事判决书,旨在证明被告楼建华的劳动合同至2006年8月31日止,被告于2006年9月1日离开原告资产评估公司。

5. 2008年2月申北会所财字(2008)第76号审计报告(附财务报表及其附注),旨在证明截至2007年12月31日原告资产评估公司资产总额79万余元,利润 −29万元,有70万元投资款未到位,故净资产为 −20万元。

6. 原告资产评估公司的核发《企业法人营业执照》通知单、申请开业登记注册书,旨在证明原告于1996年3月经工商局注册登记成立,当时性质为集体企业、投资人为三法人。

7. 1998年原告资产评估公司申请变更登记注册书,旨在证明原告在1998年由集体企业改制为有限责任公司,此时股东为三法人和7名员工(被告楼建华也在内)。

8. 2000年原告资产评估公司增资验资报告以及验资事项说明,旨在证明三法人股东退出,股东变更为包括被告楼建华在内的5名个人。

9. 1999年12月16日原告资产评估公司章程,旨在证明该章程第22、23条有关退股的规定与2005年章程一致。

10. 2008年5月31日原告资产评估公司资产负债表、损益和利润分配表,旨在证明2008年5月31日原告净资产为-83万元。

11. 闸劳仲(2006)办字第810号裁决书,旨在证明原告资产评估公司股东必须是原告在职职工,股东离职时必须退股。

12. 2006年6月30日原告资产评估公司股东会决议,旨在证明原告注册资金实际共到位30万元,其中被告楼建华到位5万元。

13. (2008)闸民二(商)初字第617号民事判决书,旨在证明2008年6月27日原告资产评估公司股东会决议中第(1)项内容未被撤销,第(2)、(3)项内容被撤销。

14. 2005年4月15日原告资产评估公司股东会决议,旨在证明原告与两第三人是三块牌子一套班子。

15. 2006年和2007年原告资产评估公司与两第三人的主要应交税金明细表、损益和利润分配表、转账凭证,年终奖金计算发放清单,原告职工工资及奖金分配管理办法,应付工资清单,租赁合同、续租合同、付款凭证和发票,旨在证明原告净资产应调减221460元。

被告楼建华辨(诉)称:第一,被告同意原告资产评估公司第一项诉请。第二,对原告第二项诉请,原告2008年5月31日净资产现应以审计结论为准,不应作原告主张的调减,故被告退股金应按审计结论912940.29元的16.66%计,为152095.85元,被告对该项诉请其余部分没有异议。第三,根据本案审计报告,2008年5月31日原告职业风险基金为2162070.59元,其中2004年6月30日前为1231898.49元。根据财企[2009]26号《资产评估机构职业风险基金管理办法》以及2004年10月22日《关于代持股股份退出备忘录》的规定,备忘录涉及的出资人可按出资份额享受2004年6月30日前的权益。被告2004年6月30日前占股10%,应得2004年6月30日前职业风险基金123189.84元(被告保留对2004年6月30日后职业风险基金的诉权)。据此,被告反诉,反诉请求为:1. 原告支付被告退股金152095.85元;2. 原告支付被告利息损失(以152095.85元为基数,从2008年7月1日起按中国人民银行规定的同期贷款基准利率计至本判决生效之日止);3. 原告退回被告2004年6月30日前职业风险基金123189.84元;4. 本案诉讼费、鉴定费由原告负担。

被告针对本、反诉提交以下证据:

1. 2007年2月沪金审财字[2007]第F3625号司法会计鉴定书,旨在证明第三人咨询公司经营范围及原告资产评估公司股东投资情况,原告营业收入、利润转到该公司。

2. 2003年7月21日原告资产评估公司股东会决议、会议纪要以及同日的借条,旨在证明注册资金50万元并非由顾美珍本人出资。

3. 2008年6月29日通知函及次日的国内挂号信函收据,旨在证明被告楼建华书面通知原告资产评估公司各股东,原告股东会决议上签字的股东无权受让股权。

4. 财企[2008]43号《财政部关于做好资产评估机构过渡期末有关工作的通知》,旨在证明原告资产评估公司股东会决议的受让人无权受让股权。

5. 2008年8月15日上海市社会保险事业基金结算管理中心出具的调查情况函,旨在证明在原告资产评估公司股东会决议上签字的孙月梅、刘琼、季新军、沈章荣已离开原告到其他单位,其养老保险金已由其他单位缴纳。

6. 上海市资产评估协会对调查令的回复,旨在证明孙月梅、刘琼、沈章荣已转职离开原告资产评估公司,因离职员工必须退股,故其不具有受让股权的资格。

7. 2008年2月申北会所财字(2008)第76号审计报告(附财务报表及其附注),旨在证明该审计未反映长期投资,且其他应付款纳税奖励等记入负债有误,应作为利润。

8. 财企[2009]26号《资产评估机构职业风险基金管理办法》、2004年10月22日《关于代持股股份退出备忘录》、2004年10月21日和11月5日原告资产评估公司股东会决议,旨在证明职业风险基金应按办法规定分配,对此,2004年6月30日前被告楼建华享有10%的权益、之后被告享有16.66%的权益。

9. 第三人咨询公司工商档案材料,旨在证明该公司原55%股权是原告资产评估公司的,后变更至顾美珍名下。

10. 2006年1月至7月第三人咨询公司收入中由原告资产评估公司出具评估报告的情况(金额合计103万余元),旨在证明合同和报告均由原告出具,但审计费却入账于第三人咨询公司,此影响原告净资产值。

针对被告楼建华反诉,原告资产评估公司辩称:第一,对被告主张退股金的反诉请求,因原告2008年5月31日净资产应减少至691480.29元,故被告退股金应为115200.62元。第二,对被告主张退股金利息的反诉请求,因原告净资产由本案审计确定,且利息无约定和先例,故不应支付。第三,对被告主张职业风险基金的反诉请求,因该基金保护正常经营,并不是股东权益,不能退回,且财政部未规定必须分配,本案审计也未确定,故被告该项反诉请求没有依据。如予分配,还要补交25%的企业所得税。

原告资产评估公司针对被告楼建华反诉提交的证据与其本诉相同。

第三人房地产估价公司和咨询公司述称,其同意原告资产评估公司意见。

第三人针对本、反诉提供以下证据:

1. 2006年和2007年原告资产评估公司与两第三人的主要应交税金明细表、损益和利润分配表,旨在证明三公司是一套班子,为税收优惠及业务便利才如此操作,上述年度三公司合计业务收入约465万余元。

2. 租赁合同和续租合同共三份,旨在证明租赁费的支付情况。

3. 原告资产评估公司职工工资及奖金分配管理办法,旨在证明劳务费和奖金的发放方法。

4. 2007年11月劳务费发放存统计表,旨在证明本案司法会计鉴定意见书少计28968元第三人咨询公司发放的劳务费。

5. 2006年和2007年原告资产评估公司与第三人房地产估价公司发放的全部应付工资清单,旨在证明按收入比例分摊费用,第三人房地产估价公司多承担了工资。

本案审理中,法院核查了有关文件规定,并经当事人申请委托审计。

上海市闸北区人民法院一审查明:

一、原告资产评估公司于1996年3月4日经工商局核准登记成立,成立时系集体企业,注册资金30万元。嗣后,原告变更为有限责任公司。现工商登记记载原告注册资金为100万元,股东为顾美珍、沈章荣、季新军和被告楼建华四人(出资额分别为75万元、2.5万元、10.5万元和12万元),法定代表人为顾美珍。

二、1999年12月16日,顾美珍、季新军、孙月梅、万健华和被告楼建华五人作为原告股东签订原告资产评估公司章程一份(以下简称1999年章程,已在工商局备案),该章程规定:原告注册资本为30万元,其中被告出资7万元。另外,该章程中,(一)第13条规定原告股东必须符合具备注册资产评估师或类似执业资格人员等条件。(二)第20条规定股东转让出资或退股,应提前3个月书面申请,经董事会审议通过,并经股东大会代表三分之二出资额的股东书面同意等。(三)第21条规定因被取消注册资产评估师或类似执业资格等原因丧失出资人资格,经董事会审议通过,并报股东大会经代表三分之二出资额的股东书面同意,可决议将其除名,由股东大会决定并处分其股东权益。(四)第22条规定股东因年龄或健康原因不能执业时,经董事会审议,股东大会表决批准,可以退休,退休时必须退股。(五)第23条规定股东退股时,以退股月份上月为结算月份,退还其在原告享有的净资产份额,如原告一次退还有困难的,可分期退还,但不得超过一年,并比照中国人民银行同期利率支付自退股日至实际偿付日止的利息。(六)第42条规定原告按规定的业务收入的10%提取职业风险基金和事业发展基金。

嗣后至2006年9月,原告资产评估公司在工商局备案数份有关注册资金、股东及其出资额的原告章程修正案。

三、2004年10月21日和22日,戴烨等五人、顾美珍、沈章荣、季新军、被告楼建华分别在《关于代持股股份退出备忘录》落款签名,该备忘录约定:(一)原告资产评估公司至2004年6月30日实际到位资金为30万元,其中顾美珍6万元、被告3万元、沈章荣2.5万元、季新军3.5万元、戴烨等五人(分别挂于顾美珍、被告和季新军名下)15万元;(二)为解决代持股遗留问题,戴烨等五人按出资额退股,以2004年6月30日会计报表按实调整后的净资产值对原出资人进行分配,其中调整事项中有补提 2000 年至 2002 年少提职业风险基金 363050.19 元,减少应付利润 363050.19 元;(三)若原告在五年之内(2009 年 6 月 30 日前)合并、歇业等发生清算事项(包括职业风险基金),或对职业风险基金的提取、处置上级有新规定,本备忘录涉及出资人可按出资份额享受 2004 年 6 月 30 日前所得的权益,承担同样份额的风险。

本案审理中,原、被告确认:原告至今的职业风险基金均按业务额的 10% 提取;上述备忘录第(三)项中有关职业风险基金的内容系因当时规定职业风险基金不可分配才作约定的;2005 年以前,原告为代征税。原告确认:原告从 2008 年 6 月 30 日起不能出具评估报告至今,均未经营。

2004 年 10 月 21 日和 11 月 5 日,顾美珍、沈章荣、季新军、被告楼建华分别签署原告资产评估公司股东会决议各一份。其中 2004 年 10 月 21 日决议载明:今由全体股东讨论、修改、形成《关于代持股股份退出备忘录》正式稿,并按备忘录规定执行。2004 年 11 月 5 日决议载明:代持股人员退出的出资额由被告等六人入股,入股时间自 2004 年 7 月 1 日计,其中被告出资 2 万元。

四、2005 年 1 月 27 日,顾美珍、沈章荣、季新军、孙月梅、刘琼和被告楼建华六人作为原告股东签订原告资产评估公司章程一份(以下简称 2005 年章程,未在工商局备案),该章程规定:原告注册资本为 100 万元,其中被告出资 16.66 万元占 16.66%。另外,2005 年章程第 13、20、21、23、42 条与 1999 年章程相应条款的内容基本一致,2005 年章程第 22 条除规定上述 1999 年章程第 22 条的内容外,增加股东离职时必须退股。

五、2006 年 9 月 1 日,被告楼建华离开原告资产评估公司。2007 年 2 月 5 日,本院以原、被告双方劳动合同于 2006 年 8 月 31 日到期且被告明确不再续签为由对(2007)闸民一(民)初字第 26 号劳动合同纠纷案判决驳回本案被告要求与本案原告恢复劳动关系的诉讼请求。被告曾确认其于 2008 年 2 月正式退休。

六、2008 年 6 月 27 日,原告资产评估公司召开股东会,表决通过决议为:(1)根据 1999 年、2005 年原告章程第 22 条规定,根据财政部建设部关于资产评估与房地产评估应分离经营的规定,根据被告楼建华已离开原告不是原告职工的现状,表决通过责令被告退出其 16.66% 的原告股份;(2)被告 16.66% 股权由原告其余全部股东顾美珍、沈章荣、季新军、孙月梅、刘琼平均受让,被告实际出资的 5 万元由以上五位受让股东在本决议后 3 日内,将款交于原告财务室,原告在 2008 年 7 月 1 日上午 12 时前交被告,并办理股权转让手续;(3)根据 2008 年 2 月对原告 2007 年度财务状况的审计报告,原告 2007 年净资产为负数,利润负数,被告无法享有原告的净资产份额,无法取得红利分红[该(3)项决议是对上述第(2)项决议的补充]。上述决议除被告外的原告其余股东均予同意。

上述 2008 年 2 月[即申北会所财字(2008)第 76 号]审计报告所附原告资产评估公司 2007 年度财务报表附注记载,截至 2007 年底原告资产总额 306 万余元、负债总额 226 万余元、净资产 79 万余元。2008 年 5 月 31 日原告资产负债表记载,其资产总计 283 万余元、负债合计 230 万余元。

2008 年 8 月 25 日,本案被告楼建华向法院起诉本案原告资产评估公司,请求判令撤销 2008 年 6 月 27 日本案原告的股东会决议。该案审理中,本案原告对上述 2005 年章程予以确认,本案被告、顾美珍、沈章荣、季新军、孙月梅和刘琼均确认本案原告章程及股东股份比例应以 2005 年章程为准。2009 年 2 月 27 日,法院判决撤销 2008 年 6 月 27 日原告股东会决议中第(2)项和第(3)项决议内容(现该判决已生效)。

七、本案审理中,对原告资产评估公司 2008 年 5 月 31 日净资产值,原告原主张为 -83 万元,被告楼建华原主张为 79 万元、并主张调整原告对第三人咨询公司占股 55% 的长期投资以及原告将评估收入 103 万余元转入第三人咨询公司等事项。法院遂经被告申请委托求是所对原告 2008 年 5 月 31 日净资产值,以及经原告申请对原告的收入、成本、费用在两第三人的入账情况进行审计(并相应调整原告 2008 年 5 月 31 日的净资产)。2009 年 9 月 2 日,求是所出具沪求会业[2009]鉴字第 9 号司法会计鉴定意见书,其审计结论为:经审计调整后,原告截至 2008 年 5 月 31 日资产总计 3163509.26 元、负债合计 2221600.97

元,所有者权益(净资产)合计941908.29元。该意见书载明:(一)第三人咨询公司支付原告成本(劳务费)835094.96元,审计作利润调减;(二)调整后的原告实收资本余额为30万元,其中被告实际出资5万元;(三)职业风险基金因主营业务收入调增而增调,调整后其他长期负债即职业风险基金为2162070.59元,其中2004年6月30日前1231898.49元。2009年9月22日,求是所出具补充意见书,其上载明:2009年9月17日顾美珍提出原意见书中第三人咨询公司支付原告成本(劳务费)835094.96元,少计28968元;经调整后原告2008年5月31日净资产为912940.29元。

以上事实,有民事判决书、章程、《关于代持股股份退出备忘录》、有关文件、股东会决议、司法会计鉴定意见书及其补充意见书、谈话笔录和庭审笔录等为证。

上海市闸北区人民法院一审认为:

被告楼建华持有原告资产评估公司股权的比例应为其实际持股比例16.66%,其业已退休,原告章程规定股东退休时必须退股,2008年6月27日原告根据章程规定召开股东会表决通过的第(1)项被告退出其16.66%原告股份的决议未被判决撤销,应为有效,该项决议表决通过之日,被告丧失其股东身份,现被告也予同意,法院对原告本诉请求中确认被告从2008年6月27日起不再为原告股东等不涉及退股金具体金额的诉请予以支持。针对本、反诉各方争议的退股金具体金额、退股金利息以及职业风险基金的问题,法院认为:

第一,关于退股金具体金额的问题。涉及该具体金额的2008年6月27日原告资产评估公司股东会第(2)、(3)项决议已被法院生效判决撤销。根据原告章程规定,股东退股时,以退股月份上月为结算月份,退还其在原告享有的净资产份额。鉴于被告楼建华占股16.66%,从2008年6月27日起不再为原告股东,故本案应以2008年5月为结算月份,退还被告享有的16.66%原告净资产,对此各方已无争议。现审计结论为2008年5月31日净资产系912940.29元。被告对此予以确认,而原告主张因原告与两第三人收入、成本、费用混淆,原应按收入比例再增摊年终奖、工资、办公用房费用合计221460元,净资产应减少至691480.29元。法院认为,如按原告主张,所有费用均需按比例分摊,但如此分摊,结论将为原告与两第三人的利润平均化。因原告是资产评估公司,两第三人分别为咨询公司、房地产估价公司,三公司业务涉及的领域并不相同,实际收入也不应相同,且从原告自行计得的收入比例看,两第三人收入低,故利润平均化并不合理,原告的上述主张依据不足,不予采信。原告2008年5月31日净资产为912940.29元,以被告持股比例16.66%计,原告应支付被告退股金152095.85元,法院对被告相应反诉请求予以支持(原告相关本诉请求包含在内)。

第二,关于退股金利息的问题。根据原告资产评估公司章程规定,如原告一次退还退股金有困难的,可分期退还,但不得超过一年,并比照中国人民银行同期利率支付自退股日至实际偿付日止的利息。因被告楼建华从2008年6月27日起不再为原告股东,此时,原告理应支付被告退股金,但原告未付该款,其理应按章程规定从此时起支付被告利息,法院对被告主张从2008年7月1日起计退股金利息的反诉请求予以支持。

第三,关于职业风险基金的问题。2004年6月30日后的职业风险基金被告楼建华保留诉权,对被告本案反诉之前的职业风险基金,2004年10月22日《关于代持股股份退出备忘录》约定若原告资产评估公司在五年之内(2009年6月30日前)合并、歇业等发生清算事项(包括职业风险基金),或对职业风险基金的提取、处置上级有新规定,本备忘录涉及出资人可按出资份额享受2004年6月30日前所得的权益,承担同等份额的风险。现各方确认上述有关职业风险基金的内容系因当时规定职业风险基金不可分配才作约定的,所以,如现有规定可分配并符合分配条件,则应按上述备忘录的约定予以分配。鉴于2009年2月财政部财企[2009]26号《资产评估机构职业风险基金管理办法》已规定在保证规定结余的前提下,经股东会或合伙人决议,可将已计提5年以上结存的职业风险基金转作当年可供分配利润进行分配,且2004年10月21日原告股东会已有决议按上述备忘录规定执行,故现原告2004年6月30日前职业风险基金符合分配条件,可予分配。经审计,原告2004年6月30日前风险基金为1231898.49元,涉案备忘录明确被告2004年6月30日前占股10%,即原告应付被告其中的10%,即123189.84元,被告主张2004年6月30日前职业风险基金的反诉请求应得支持。至于原告提出2004年6月30日前职业风险基金的企业所得税问题,根据《企业所得税税前扣除办法》,职业风险基金应在税后扣除,且原告在2005年前为代征税,即相关部分的企业所得税已按收入金额代征缴纳,但是,如以后对此确需缴纳,则原告可按实际已缴税款的税率、方式等另行向被告主张。另外,本案审计费合计12万元,综合原、被告原先的主张,以及原告举证的财务报表与审计结论相差甚大的情况,法院确定由原告负担96000元,被告负担24000元。

据此,上海市闸北区人民法院于2009年10月23日判决:

一、被告楼建华从2008年6月27日起不再为原告上海大成资产评估有限公司股东;

二、原告上海大成资产评估有限公司于本判决生效之日起十日内支付被告楼建华退股金152095.85元;

三、原告上海大成资产评估有限公司于本判决生效之日起十日内支付被告楼建华利息损失(以152095.85元为基数,从2008年7月1日起按中国人民银行规定的同期贷款基准利率计至本判决生效之日止);

四、被告楼建华于本判决生效之日起三十日内办理在原告上海大成资产评估有限公司16.66%股权的退股并协助办理有关工商变更登记手续;

五、原告上海大成资产评估有限公司于本判决生效之日起十日内支付被告楼建华2064年6月30日前职业风险基金123189.84元。

资产评估公司不服一审判决,向上海市第二中级人民法院提起上诉称:沪求会业[2009]鉴字第9号司法会计鉴定意见书违背了收入与成本、费用配比原则,对于上诉人与原审第三人大成财务咨询公司及大成房地产估价公司混同的收入及成本费用等未做相应调整,造成上诉人2008年5月31日的净资产额虚高;且涉及11万余元职工旅游费,按财政部2009年11月颁布施行的财企[2009]242号规定不可冲抵福利费,15万元未分配利润尚未扣减所得税,均应在净资产额中予以调整;对于退股金利息的计算,因双方对是否退股存在争议,并非上诉人故意拖延,故不应支付利息,即使支付利息,也应按上诉人的公司惯例以存款利率计付;根据2009年财政部的规定,职业风险金的分配应经股东会表决决定,上诉人2004年的股东会决议并未明确分配职业风险金,故不应予以分配,即使要分配,也应在扣除税后分配。故请求撤销原审法院第二、三、五项判决,依法予以改判。

被上诉人楼建华答辩称:沪会业[2009]鉴字第9号司法会计鉴定意见书合法有据,同意意见书的结论;未及时支付退股金,是上诉人资产评估公司提供虚假财务报告造成的,上诉人存在过错,应按法律的相关规定支付利息;2004年,上诉人的各股东已就职业风险金的分配达成合意,该决议至今有效,结合2009年财政部的相关规定,被上诉人取得职业风险金的分配是有依据的。上诉人目前的股东无权对2004年的收益加以处分及获利。不同意上诉人的上诉请求。

原审第三人大成财务咨询公司述称:同意上诉人资产评估公司的上诉意见。

原审第三人大成房地产估价公司未发表意见。

上海市第二中级人民法院经二审,确认了一审查明的事实。

本案二审的争议焦点是:1.上诉人资产评估公司2008年5月31日的净资产金额的确认;2.退股金利息是否应该支付,应以何种利率计付;3.职业风险金是否应该支付,应如何支付。

上海市第二中级人民法院二审认为:

本案各方当事人对于被上诉人楼建华自2008年6月27日起不再为上诉人资产评估公司股东一节均无异议,法院予以确认。对于第一项争议焦点,上诉人2008年5月31日的净资产已经沪求会业[2009]鉴字第9号司法会计鉴定予以确定,上诉人称应分摊两原审第三人的成本,既无事实依据,也不符合相关会计准则,且求是所也已依据审计材料作出相应调整,故上诉人此项观点法院不予支持;上诉人称根据财政部的规定,11万余元的职工旅游费不可冲抵福利费,但该规定系2009年11月发布施行的,其效力不溯及款项发生及司法会计鉴定之时,对此观点,法院不予采信;关于15万元未扣缴税款一节,上诉人并未缴纳相关税款,至今亦未收到纳税通知,故对15万元是否应缴税及应税金额均无法确定,司法会计鉴定未在上诉人净资产中扣除相关税款并无不当,如上诉人日后确有实际税收支出的,可另行主张。对于第二项争议焦点,根据上诉人公司章程及2008年6月27日的股东会决议,被上诉人退出股份是明确的,双方仅对退股金金额的计算有所争议,而上诉人关于被上诉人退股金金额计算的股东会决议,已被法院生效判决所撤销,因此,上诉人未及时按规定如实支付退股金,有所不当,应依照章程的规定,支付相应利息。至于利率标准,上诉人称应以银行同期存款利率为准,缺乏事实依据,法院不予采信。对于第三项争议焦点,上诉人在2004年股东会决议中已明确,上级对职业风险金的处分有新规定,相关出资人可按出资份额享受2004年6月30日前的权益。因此,上诉人的股东会对于职业风险基金的分配已作出决议,符合财政部财企〔2009〕26号文件规定的分配条件,可予分配。至于上诉人所称职业风险基金应先行纳税一节,原审判决已做充分阐述,不再赘述。综上所述,原审认定事实清楚,判决并无不当,上诉人的上诉请求,缺乏事实及法律依据。

据此,上海市第二中级人民法院依照《中华人民共和国民事诉讼法》第一百五十三条第一款第(一)项之规定,于2010年2月26日判决:

驳回上诉,维持原判。

二审案件受理费人民币5589.28元,由上诉人上海大成资产评估有限公司负担。

本判决为终审判决。

5. 广东达宝物业管理有限公司与广东中岱企业集团有限公司、广东中岱电讯产业有限公司、广州市中珊实业有限公司股权转让合作纠纷案[①]

【裁判摘要】

一、股权转让合同中,即使双方约定转让的股权系合同外的第三人所有,但只要双方的约定只是使一方负有向对方转让股权的义务,而没有实际导致股权所有人的权利发生变化,就不能以出让人对股权无处分权为由认定股权转让合同系无权处分合同进而无效。

二、当事人订立合同后,一方要解除合同应当向对方当事人提出。解除合同方未向对方提出而是在其他合同中与他人约定解除前述合同的,不发生合同解除的效果。

三、违约金是合同双方对合同义务不履行时违约方应付损害赔偿额的约定,所以违约金是针对特定的义务而存在。这种特定的义力有时是合同中的某一项义务,有时是合同约定的双方的任何一项义务,法院首先必须准确地认定违约金所针对的义务内容。在认定后,还要审查该义务是否实际发生,商事合同中双方常常对合同义务附加前提条件,在条件未成就时合同义务实际上并不存在,故也谈不上履行问题,此时,针对该义务约定的违约金条款就不能适用。

四、合同外的第三人向合同中的债权人承诺承担债务人义务的,如果没有充分的证据证明债权人同意债务转移给该第三人或者债务人退出合同关系,不宜轻易认定构成债务转移,一般应认定为债务加入。第三人向债权人表明债务加入的意思后,即使债权人未明确表示同意,但只要其未明确表示反对或未以行为表示反对,仍应当认定为债务加入成立,债权人可以依照债务加入关系向该第三人主张权利。

---

① 案例来源:《最高人民法院公报》2012年第5期。

【案情】

申诉人(一审被告、二审上诉人):广东中岱企业集团有限公司。

法定代表人:常建国,该公司董事长。

委托代理人:李晓中,北京市尚公律师事务所律师。

申诉人(一审被告):广东中岱电讯产业有限公司。

法定代表人:常建国,该公司董事长。

委托代理人:刘建海,北京市尚公律师事务所律师。

申诉人(一审被告):广州市中珊实业有限公司。

法定代表人:张伟山,该公司董事长。

委托代理人:李靖维,该公司职员。

被申诉人(一审原告、二审被上诉人):广东达宝物业管理有限公司。

法定代表人:陈少欢,该公司执行董事。

委托代理人:关伟,广东中天律师事务所律师。

委托代理人:张涛,广州金鹏律师事务所律师。

申诉人广东中岱企业集团有限公司(以下简称中岱集团公司)、广东中岱电讯产业有限公司(以下简称中岱电讯公司)、广州市中珊实业有限公司(以下简称中珊公司)为与被申诉人广东达宝物业管理有限公司(以下简称达宝公司)股权转让合作纠纷一案,不服广东省高级人民法院(2007)粤高法民二终字第165号判决,向本院提出申诉。本院于2009年12月16日作出(2008)民二监字第21-1号民事裁定,提审本案。本院依法组成由审判员王东敏担任审判长、代理审判员王富博、杜军参加的合议庭进行了审理。书记员商敏担任记录。本案现已审理终结。

2006年9月8日,达宝公司向广州市中级人民法院提起诉讼,请求:1. 解除达宝公司与中岱电讯公司、中珊公司签订的《广州市中珊实业有限公司股权转让合作协议书》(以下简称《合作协议书》);2. 判令中岱电讯公司、中珊公司、中岱集团公司返还达宝公司3000万元,支付资金费用(损失赔偿)2285万元,支付逾期付款利息(按5285万元为本金,按逾期归还银行贷款利率计算,从2006年2月23日起计算至实际返还之日止,暂计至起诉之日止为2158000元),上述合计为55008000元。

广州市中级人民法院一审查明:2005年12月12日,达宝公司与中岱电讯公司、中珊公司签订《合作协议书》,约定:三方以重组后的中珊公司作为经营平台,共同对目标地块进行房地产开发;合作的前提和基础为中岱电讯公司承诺,中岱电讯公司有权处置中珊公司100%的股权,中岱电讯公司和中珊公司承诺,中珊公司对外没有任何债权债务。股东夏乘风、苏雄无条件将穗国地出合[2005]133号《广州市国有土地使用权出让合同》项下琶洲PZB1301地块(即目标地块)使用权转入中珊公司名下。中珊公司股权作价为49380万元(其中土地出让金46000万元,注册资本2000万元,契税1380万元)。中岱电讯公司将其持有的中珊公司100%股权中的10%股权转让给达宝公司。股权转让价款的支付方式为:2005年12月13日前,达宝公司支付首期受让款3000万元整,此款用于支付目标地块的土地出让金,余款在2005年12月30日付清。协议还约定,由于交纳该地块土地出让金的需要,中岱电讯公司希望达宝公司能尽快投入资金,虽然已办妥达宝公司10%的股权登记手续,但不等于双方已就双方合作事宜及公司章程等达成一致,因此,如双方未能在该协议签订后三个月内就合作事宜达成一致(合作各方就该目标地块的合作事宜正式签订协议),达宝公司有权退出合作,中岱电讯公司同意以5285万元受让达宝公司持有中珊公司的10%股份,并即全额付清款送达宝公司,如中岱电讯公司未能如期履行,中岱电讯公司同意向达宝公司支付违约金,违约金额按未履行金额每天0.2%计算。任何一方未能全面履行该协议,违约方应承担违约责任。违约方除须赔偿中珊公司损失外,还须向其他股东支付违约金,违约金额按违约金额每天0.2%计算。中珊公司为中岱电讯公司在该协议中的责任和义务提供全面担保,如中岱电讯公司未能全面履行该协议,中珊公司同意为中岱电讯公司该协议项下的全部责任和义务承担连带责任。同日,中岱集团公司向达宝公司出具一份《承诺书》,内容为:由于急需在2005年12月13

日交纳该地块的土地出让金,中岱集团公司希望达宝公司在中岱集团公司、达宝公司双方未能谈妥有关合作事宜前,先行准备资金3000万元,以保证届时能按时向政府交纳土地出让金。如双方未能就合作事宜达成一致,达宝公司在准备该资金过程中的损失由中岱集团公司承担。2005年12月13日,达宝公司支付给中珊公司3000万元,中珊公司随即将该款用于支付夏乘风、苏雄交纳给政府的土地出让金。

之后,由于夏乘风、苏雄违反与广州市国土资源和房屋管理局(以下简称广州国土局)签订的合同没有按期支付土地出让金,广州国土局解除了与其签订的《广州市国有土地使用权出让合同》,收回出让给夏乘风、苏雄的琶洲PZB1301地块,并于2006年1月14日在广州市房地产交易登记中心重新公开挂牌转让。

2006年2月23日,达宝公司向中岱电讯公司、中珊公司发函称目标地块由于未按期交付土地出让金被政府收回,合作各方已无可能就合作事宜达成一致,故要求终止合作,并要求中岱电讯公司、中珊公司尽快退还达宝公司款项。

2006年6月9日,中岱集团公司向达宝公司出具一份《承诺函》,内容为:达宝公司原已交付国有土地出让金3000万元,由中岱集团公司负责偿还,包括原达宝公司与中岱电讯公司签订的资金费用。经多次交涉,中岱电讯公司、中岱集团公司、中珊公司未返还达宝公司款项,达宝公司遂提起诉讼。

广州市中级人民法院一审认为:达宝公司与中岱电讯公司及中珊公司签订的《合作协议书》未违反法律规定,系合法有效,各方当事人应依约履行。达宝公司已依约履行了给付股权首期受让款的义务,用于支付涉案地块的土地出让金,而中岱电讯公司却未能依约提供目标地块,致使合作目的不能实现,实属违约,故达宝公司基于这一事实要求解除合作协议及请求中岱电讯公司、中珊公司、中岱集团公司退还3000万元的转让款,理由充分,具有合同及法律依据,应予以支持。中岱电讯公司、中珊公司、中岱集团公司称达宝公司在合同约定的三个月期限未届满前即向其发出解除合同的通知,属于达宝公司违约。虽然达宝公司提出解除合同时《合作协议书》约定的三个月期限尚未届满,但达宝公司的该行为具有充分的客观事实依据,属于依法行使权利,故中岱电讯公司、中珊公司、中岱集团公司这一主张与事实不符,该院不予采纳。关于损失赔偿金问题,因为合作协议约定如双方未能在协议签订后三个月内就合作有关事宜达成一致(合作各方就目标地块的合作事宜正式签订协议),达宝公司有权退出合作,中岱电讯公司同意以5285万元受让达宝公司持有的中珊公司的10%股份,并即全额付清转让款给达宝公司,所以根据该约定,在有关合作事宜已无可能正式签订协议予以履行的情形下,达宝公司要求中岱电讯公司依照上述约定赔偿3000万元转让款之外的预期利益损失2285万元,符合合同各方当事人的真实意思表示,该院予以支持。此外,合同还订明若中岱电讯公司违约还须就其承诺支付的款项按每日千分之二标准计付逾期付款违约金,但达宝公司放弃合同约定的较高利率标准,而主张按中国人民银行规定的同期逾期贷款利率计付利息,是其对自身权利的处分,应予准许。达宝公司请求从其行使正当权利提出解除合同的时间即2006年2月23日开始计算上述利息,符合法律的规定,该利息从其提出解除合同的次日起开始计算。中珊公司须按照合同的约定对中岱电讯公司的债务承担连带责任。中岱集团公司在其先后两次向达宝公司出具的承诺书中均表达了对中岱电讯公司的债务负责偿还的意愿,在第二次的承诺书(时间为2006年6月9日)中还明确其承担责任的范围为退还达宝公司交纳的土地出让金即上述转让款3000万元和达宝公司与中岱电讯公司签订的资金费用,又因达宝公司在接受中岱集团公司意愿的同时,并未放弃对中岱电讯公司、中珊公司责任的追究,故中岱集团公司的行为属于债务加入,其应依承诺内容向达宝公司承担退款3000万元及赔偿预期利益损失的责任。

关于诉讼主体问题。中岱电讯公司和中岱集团公司认为中珊公司的股东夏乘风和苏雄与该案有法律上的利害关系,申请将其追加为第三人以便查清事实。该院认为,合作协议是达宝公司与中岱电讯公司和中珊公司签订的,协议项下的有关权利义务仅与中岱电讯公司、中珊公司有关,夏乘风和苏雄不是协议的相对人,达宝公司亦不主张由其承担相应的责任,若中岱电讯公司、中珊公司认为夏乘风、苏雄的行为损害了其合法权益,应另行解决。故该两自然人并非必须成为该案当事人,中岱电讯公司、中珊公司的请求缺乏充分的法律和事实依据,该院不予支持。中珊公司认为广州国土局单方收回目标地块是造成该案合作协议不能履行及合同目的不能实现的事实原因,所以申请将该局追加为诉讼第三人。对此,因为即便是广州国土局的行为导致中岱电讯公司和中珊公司无法履行合同义务,依据《合同法》第一百二十一条的规定,中岱电讯公司和中珊公司也须就其与该局之间的纠纷依法另行解决,故中珊公司的申请不符合法律规定,该院予以驳回。该院于2007年6月1日作出(2006)穗中法民二初字第217号判决,判令:1.解除达宝公司与中岱电讯公司、中珊公司签订的《合作协议书》。2.中岱电讯公司在判决生效之日起十日内向达宝公司返还股权转让款3000万元、赔偿预期利益损失2285万元,并以5285万元为本金从2006年2月24日起至付清款项之日止按中国人民银行规定的同期同类逾期贷款利率计付逾期付款违约金。逾期履行,按照民事诉讼法第二百二十九条规定执行。3.中珊公司和中岱集团公司对中岱电讯公司在判决第2项中所应承担的债务负连带清偿责任。4.驳回达宝公司其他诉讼请求。案件受理费285050元,财产保全费222895元,由中岱电讯公司、中珊公司、中岱集团公司共同承担。

中岱集团公司不服一审判决,向广东省高级人民法院提起上诉称:一、一审法院未通知与该案有法律上利害关系的第三人参加诉讼,遗漏诉讼主体,造成程序错误。该案纠纷系因中岱电讯公司处分中珊公司股权所引起,而中珊公司的股东并非中岱电讯公司,而是夏乘风和苏雄。不论是股权处分行为本身,还是案件的处理结果,都与股东夏乘风和苏雄有密切的利害关系。该案所涉的待开发地块,是夏乘风和苏雄通过挂牌竞拍向国土部门取得的,又因其未及时缴纳土地出让金而导致该地块被收回,致使达宝公司单方面解除股权转让协议。根据民事诉讼法的规定,该二股东应当以第三人身份参加诉讼,这也有利于查明事实及明辨是非,确定各方的过错及责任的分担。二、一审判决认定达宝公司2285万元的预期利益损失,没有事实和法律依据。股权转让协议约定:达宝公司受让中珊公司10%股权的转让价款为4931万元;2005年12月13日前,达宝公司向中岱电讯公司支付股权首期受让款3000万元,余款在2005年12月30日前付清;中珊公司可以接受股东借款,按照年利率25%计算利息;如双方未能在协议签订后三个月内就合作事宜达成一致,达宝公司有权退出合作,中岱电讯公司同意以人民币5285万元受让达宝公司持有中珊公司的10%股份。可见,在双方合作不能完成的情况下,达宝公司取得5285万元退股款的前置条件是付清10%股权的受让款4931万元,其余354万元则是按照年利率25%计算的利息。而该案事实是,达宝公司在支付了首期受让款3000万元之后,没有如约支付第二期余款1931万元。这不仅说明达宝公司违约在先并造成拍卖竞得的土地使用权被政府收回,而且达宝公司根本没有付清股权受让款,其所谓"预期利益损失"没有合同及事实依据。中珊公司的股权转让合约本应由中珊公司的股东夏乘风和苏雄与股权受让方达宝公司之间签署,并办理股权转让的工商变更登记方可有效。而中岱电讯公司与达宝公司在未得到夏乘风和苏雄的授权委托及确认的情况下,擅自签署协议,应属非法处分他人权益的行为,该协议应当认定为无效,达宝公司依据无效合同索取所谓的预期利益损失没有法律依据。三、一审判决判令中岱集团公司承担连带清偿责任错误。中岱集团公司于2005年12月12日向达宝公司出具的《承诺书》,是中岱集团公司邀请达宝公司合作经营中珊公司及待取得地块,并希望达宝公司在双方未谈妥合作事宜前,先准备资金3000万元,以用于缴纳土地出让金。但之后达宝公司并未与中岱集团公司签订任何合约,而是与中岱电讯公司及中珊公司签订了协议,并依据该协议支付了3000万元股权首期受让款。可见中岱集团公司的该《承诺书》实质上是签约意向书,没有得到响应,不产生法律约束力。中岱集团公司于2006年6月9日出具的《承诺函》,是中岱集团公司提议,中岱电讯公司和中珊公司欠付达宝公司的3000万元及资金费用由中岱集团公司负责偿还。该提议的法律意义是债务的转移。但达宝公司没有响应,而是选择了诉讼。中岱集团公司与达宝公司对债务转移一事未达成一致意见。达宝公司要求中岱集团公司与中岱电讯公司、中珊公司承担连带清偿责任没有合同及法律依据。故请求:1.撤销一审判决,裁定该案发回重审,或在查明事实的基础上依法改判,驳回达宝公司的诉讼请求。2.该案一、二审诉讼费用全部由达宝公司承担。

达宝公司没有提交书面答辩状,二审法院调查时其口头答辩称:一、一审判决不存在遗漏诉讼主体的问题。中岱电讯公司与夏乘风、苏雄的关系不属该案调整的范围,夏乘风、苏雄无需参加该案诉讼。二、按《合作协议书》的约定,中岱电讯公司应以5285万元受让达宝公司持有的中珊公司10%股份,达宝公司以此计算预期利益的损失,有合同依据。三、中岱集团公司出具承诺书的行为是债务加入,并非债务转移。中岱集团公司认为达宝公司选择了向中岱电讯公司和中珊公司主张债权,就无权向中岱集团公司主张债权,没有依据。故请求驳回中岱集团公司上诉,维持原判。

中岱电讯公司、中珊公司没有参加二审法院法庭调查,亦未提交书面意见。

广东省高级人民法院二审查明以下事实:达宝公司、中岱电讯公司、中珊公司在《合作协议书》中约定三方同意中岱电讯公司所转让的中珊公司的10%股权转让价为4931万元。股权转让后,中岱电讯公司持有中珊公司90%股权,达宝公司持有10%股权。股权转让价款的支付方式为:2005年12月13日前,达宝公司向中岱电讯公司支付股权首期受让款3000万元整,此款用于支付目标地块的土地出让金,余款2005年12月30日前向中岱电讯公司付清。2005年12月13日,中珊公司向达宝公司出具一张《收据》,载明:收到达宝公司投资款人民币3000万元整。同日,中珊公司将3000万元汇入广州市土地出让金财政专户。2006年2月23日,达宝公司向中岱电讯公司、中珊公司发函称:目标地块由于未按期交付土地出让金被政府收回,达宝公司与中岱电讯公司、中珊公司已无可能就合作事宜达成一致,因此,达宝公司通过该函正式通知其终止与中岱电讯公司、中珊公司的合作,并请中岱电讯公司、中珊公司按照协议书尽快退回达宝公司的款项。2006年6月9日,中岱集团公司向达宝公司出具的《承诺函》内容为:达宝公司与中岱集团公司下属企业中岱电讯公司合作经营中珊公司(开发位于琶洲广交会新馆南面PZB1301地块),由于该地块已被广州国土局收回,达宝公司原已交付国有土地出让金3000万元,由中岱集团公司负责偿还,包括原达宝公司与中岱电讯公司签订的资金费用。

另查明:2005年10月14日,作为出让方的广州国土局与作为受让方的夏乘风、苏雄签订了《广州市国有土地使用权出让合同》,通过挂牌方式将琶洲PZB1301地块以46000万元出让给夏乘风、苏雄。2005年10月25日,夏乘风、苏雄签订了《广州市中珊实业有限公司章程》,出资设立中珊公司。2005年12月5日,中珊公司经广州市工商行政管理局登记成立,公司注册资本人民币2000万元,法定代表人为张伟山。

一审诉讼中,中珊公司提交一份《关于穗国房函[2005]1616号的复函》,主要内容为:"广州市国土资源和房屋管理局,贵局于2005年12月29日邮递给我夏乘风、苏雄《关于解除琶洲PZB1301地块出让合同的函》(穗国房函[2005]1616号),我们不同意贵局单方解除琶洲PZB1301地块出让合同。自然人买地,我们需要时间注册项目公司等事宜,我们在合同约定时间12月14日前已交土地出让金:7380万元(一次性交清契税:1380万元)。在我们交款不到12个小时内,贵局就在12月15日作出单方解除合同,12月20日贵局又开具出土地出让金缴款单让我们交纳,贵局单方解除的公函我们却在15天后(12月29日)才收到。我们认为贵局对一个企业在12小时内所做出这么重大的决定有所欠妥……中珊公司、夏乘风、苏雄。2006年1月12日。"

广州国土局以夏乘风、苏雄违反合同约定,没有按期支付土地出让金为由,解除了与其签订的《广州市国有土地使用权出让合同》,收回出让给夏乘风、苏雄的琶洲PZB1301地块,并于2006年1月14日在广州市房地产交易登记中心重新公开挂牌出让。

除以上事实外，广东省高级人民法院二审查明的事实与一审判决查明的事实相同。

广东省高级人民法院二审认为：根据中岱集团公司提出的上诉请求，诉讼双方争议的焦点，一是应否追加夏乘风、苏雄为第三人参加诉讼的问题，二是《合作协议书》解除后中岱集团公司、中岱电讯公司、中珊公司的责任承担问题。

关于是否应当追加夏乘风、苏雄为该案第三人参加诉讼问题。该院认为，中岱电讯公司、中珊公司和达宝公司签订的《合作协议书》是各方当事人的真实意思表示，签订该合同的目的，是为了共同对琶洲PZB1301地块进行房地产开发。其实质是以股权转让的形式，达到合作开发房地产项目之目的。各方合作的基础是中珊公司取得该地块的土地使用权。根据已查明的事实，夏乘风、苏雄在与广州国土局签订《广州市国有土地使用权出让合同》后，出资设立了中珊公司，并以中珊公司名义向广州市土地出让金财政专户支付了部分款项。夏乘风、苏雄为中珊公司的股东、董事，中珊公司法定代表人张伟山亦系夏乘风、苏雄直接聘用，该案所涉3000万元亦是由中珊公司作为土地出让金支付。因此，中珊公司与达宝公司签订《合作协议书》，应认定为是受夏乘风、苏雄委托所为，合法有效。由于夏乘风、苏雄未按期缴纳土地出让金，广州国土局已收回琶洲PZB1301地块，并重新公开挂牌出让。中岱电讯公司、中珊公司、达宝公司合作开发该房地产项目已无基础，合同目的不能实现，其签订的《合作协议书》应予解除。《合作协议书》为中岱电讯公司、中珊公司与达宝公司签订，而该案仅涉及合同解除后相应的责任承担问题，达宝公司在该案中亦未向夏乘风、苏雄主张权利，因此，案件无追加夏乘风、苏雄为第三人参加诉讼之必要。中岱集团公司上诉认为一审法院未通知夏乘风、苏雄为第三人参加诉讼属遗漏诉讼主体、导致程序错误的主张，该院不予支持。

关于《合作协议书》解除后中岱集团公司、中岱电讯公司、中珊公司的责任承担问题。该院认为，达宝公司已依约支付股权首期受让款3000万元，而中岱电讯公司未能按承诺提供目标地块，致使合作目的落空，应承担相应的违约责任。达宝公司请求解除合同并返还3000万元及相应损失，应予支持。根据《合作协议书》的约定，达宝公司取得中珊公司10%的股权，应分两期支付4931万元给中岱电讯公司。因目标地块被收回，达宝公司实际仅支付股权首期受让款3000万元，并未支付第二期股权转让款1931万元给中岱电讯公司。因此，应以达宝公司已付3000万元所占应付款4931万元的比例，来确定达宝公司退出合作后中岱电讯公司实际应付的款项，即$3000 \div 4931 \times 5285 = 3215.3721$万元。按《合作协议书》约定，从《合作协议书》签订之日起满三个月之日，即从2006年3月13日起，中岱电讯公司即应付清该款。因此，按当事人的约定，应从该日至付清款项之日止，以3215.3721万元为本金，按每天0.2%计算违约金。按《合作协议书》约定的该计算方式，已超过达宝公司所主张的按5285万元为本金从2006年2月24日起至付清款项之日止按中国人民银行规定的同期同类逾期贷款利率计付逾期付款违约金的计算方式（达宝公司主张的此计算方式是以赔偿预期利益损失2285万元为前提）。达宝公司虽然只按约定支付了第一期股权转让款3000万元，但在第二期股权转让款支付之日即2005年12月30日之前，合作地块就已被收回，故达宝公司未支付股权转让款余款，应认定为是行使不安抗辩权。中岱电讯公司、中岱集团公司、中珊公司亦未提出或举证证明达宝公司无力支付该款项。因此，应认定达宝公司在该案合同解除中并无过错。考虑到达宝公司已放弃按合同约定的较高计算方式主张损失赔偿，因此，该案可按达宝公司的主张来计算预期利益损失及相应的损失赔偿，一审判决第2项判可以予以维持。中岱集团公司关于协议无效、达宝公司依据无效合同索取的预期利益损失没有法律依据的上诉主张，该院不予支持。

中珊公司按《合作协议书》的约定应对中岱电讯公司的债务承担连带责任。中岱集团公司两次向达宝公司书面承诺对中岱电讯公司的债务负偿还，属自愿对债务的承担行为，一审判决认定为债务的加入正确。一审法院判决后，中岱电讯公司、中珊公司亦未提出上诉。中岱集团公司上诉认为该案应属债务的转移，与事实不符，无法律依据，该院亦不予采信。该院认为一审判决认定事实清楚,判决结果正确,应予维持。该院于2007年12月3日作出(2007)粤高法民二终字第165号判决:驳回上诉,维持原判。二审案件受理费285050元,由中岱集团公司负担。

二审判决后,中岱集团公司不服该判决,向本院申请再审,本院于2008年3月4日将其申请材料批转广东省高级人民法院审查。中岱集团公司请求撤销二审判决,驳回达宝公司的诉讼请求。理由是:一、一、二审程序违法。一、二审法院明知广州国土局与中珊公司的纠纷将直接决定该案审理结果,却未将广州国土局追加为当事人。且未将中珊公司股东作为该案件的主体,程序错误。二、一、二审判决认定事实错误。股权转让应由股东来作为,该案中中珊公司在所有股东均不知情的情况下,股权发生了重大的变动,且被确认为有效,是错误的。《合作协议书》涉及的是重组之后的中珊公司股权的具体转让问题,但达宝公司始终未提交关于重组后中珊公司股权的相关证据,基于此重组之后股权的前提不存在,其所附条件根本不成立。根据公司法以及中珊公司章程,公司股权转让必须经过公司股东会决议且全体股东同意之后,方可进行,但案件中从未出现此类证据相佐证。上述股权转让合作协议中约定股权转让的保底条款是无效约定。"转让股权又不就公司章程达成一致"属无效的约定条款,实际损害股东权利。2005年12月13日,达宝公司与夏乘风、苏雄签订的《广州市中珊实业有限公司股权转让合作合同书》(以下简称《合作合同书》)将《合作协议书》否定,重新约定了双方的权利义务。夏乘风、苏雄为中珊公司的股东,拥有该公司的所有决定权,而中岱电讯公司与中珊公司无法律上的任何关系,更非中珊公司的股东。原一、二审判决认定中岱电讯公司有权处置中珊公司100%的股权,是错误的。中珊公司法定代表人张伟山实际为聘用人员,无权决定涉及公司股权的任何事务,一、二审判决认定中珊公司与达宝公司签订合作协议,是受夏乘风、苏雄委托所为,没有证据证明。达宝公司也未在2005年12月30日之前将余款1931万元支付给中岱电讯公司,应承担违约的责任。在合同履行中,达宝公司仅支付首期款3000万元,余款未付,且未办理股权转让变更登记,即未持有中珊公司10%股权,其要求中岱电讯公司以5285万元的价款受让根本就不存在的10%的股权,缺乏事实依据。二审判决以3215.3721万元作为本金,从2006年3月13日起按每天0.2%计算直至付清款项之日止,日0.2%相当于月6%或年72%的违约金,在当事人认为违约金过高而要求减少的情况下,二审判决仍予以支持,是不公平的。三、一、二审判决适用法律不当。由于一、二审判决程序违法,认定事实错误原因,故其不能够正确、准确地适用法律。

达宝公司答辩主要称:一、二审程序合法。达宝公司依据合同的约定,要求中岱电讯公司赔偿损失、中珊公司承担担保责任,具有充足的事实和法律依据。夏乘风、苏雄与该案无任何关系。广州国土局收回土地是否合法,不属于该案审理范围。达宝公司与中岱电讯公司、中珊公司签订的《合作协议书》合法有效。达宝公司并未与夏乘风、苏雄签订《合作合同书》。达宝公司要求中岱电讯公司赔偿损失的数额合理合法。

广东省高级人民法院审查查明的事实与二审判决查明的事实一致。中岱集团公司在申诉期间,提供了夏乘风、苏雄与达宝公司于2005年12月13日签订的《合作合同书》,约定:一、股东股权转让及中珊公司重组。1.股东夏乘风在中珊公司持有股权85%,出资人民币1700万元整,其中将转让给达宝公司50%股权,即50%股权按原值转让金为人民币1000万元。2.股东苏雄在中珊公司持有股权15%,出资人民币300万元整,全部转让给达宝公司,即15%股权按原值转让金为人民币300万元。3.转让后的中珊公司股权比例:达宝公司占65%,夏乘风占35%。4.重组后双方股东同意对中珊公司进行股权变更及管理,双方约定股权变更在目标地块(琶洲PZB1301地块)开发项目总建筑面积达到60%之时,即办理股权变更的工商登记手续,并对中珊公司的董事会进行调整,调整后中珊公司董事会由5名董事组成,其中达宝公司委派3人,夏乘风委派2人。5.该合同签订之日起,达宝公司与中岱电讯公司签订的《合作协议书》自动失效,已支付的款项作为《合作合同书》的股权转让金,余额作为支付土地出让金的部分款。二、股权转让款支付方式。1.2005年12月13日,受让方达宝公司需将夏乘风50%股权转让款,金额人民币1000万元转入中珊公司账上。2.2005年12月13日,受让方达宝公司需将苏雄15%股权转让款,金额人民币300万元转入中珊公司账上。3.至2005年12月12日止,中珊公司已核算清楚,无债权债务,双方均已认可。自合同签订之日起,达宝公司成为中珊公司的股东,享有股东权益,并按《公司法》第三条规定承担义务及责任。三、土地出让金、契税的交付。1.重组后的股东将中珊公司作为经营平台,共同对目标地块进行房地产开发,以期共同获益。目标地块于2005年10月14日以挂牌方式出让,地块名称为琶洲PZB1301地块,地块位于海珠区琶洲岛B区,面积24862平方米,总建筑面积≤73925平方米。目标地块出让金为人民币46000万元,契税人民币1380万元。双方股东将根据穗国地出合[2005]133号《广州市国有土地使用权出让合同》约定的付款期限交付土地出让金、契税。2.双方股东按以下约定交付土地出让金、契税:第一期土地出让金20000万元人民币,在2005年12月14日前交付,其中股东达宝公司交付人民币17000万元,股东夏乘风交付人民币3000万元(含拍卖保证金人民币1000万元)。第二期土地出让金26000万元人民币,在2006年4月14日前交付,其中股东达宝公司交付人民币12900万元,股东夏乘风交付人民币13100万元。土地契税1380万元,按政府通知期限缴付,其中股东达宝公司交付人民币897万元,股东夏乘风交付人民币1483万元。3.土地出让金交付股东各方可直接划付到广州市土地出让金财政专户,开户银行为广州市商业银行总行,账号328-8000545-55,或转入中珊公司账上,由珊公司统一转付给广州市土地出让金财政专户。4.双方约定违约责任,股东双方必须确保于2005年12月14日前交付完第一期土地出让金,股东方若有一方不能交付或不能按时全额交付,根据合同应交第一期土地出让金全额的50%作为违约方赔偿守约方的经济赔偿,及承担由此造成的直接经济损失及法律责任。四、公司红利的收益按合同签订之日计算,转让方享有转让前的红利,受让方享有转让后的红利。五、苏雄自转让之日起,不再是公司股东,不得以公司的名义对外从事任何活

动。合同一式伍份,交公司登记机关一份,股东各持一份,公司存档一份均具有同等法律效力。合同自转让方和受让方签字之日起生效。

达宝公司否认与夏乘风、苏雄签订了上述《合作合同书》。

广东省高级人民法院经审查认为:达宝公司依据其与中岱电讯公司、中珊公司签订的合作经营协议提起诉讼,请求判令中岱电讯公司赔偿损失,由中珊公司承担担保责任,并未向夏乘风、苏雄主张权利。原一、二审判决认定无须追加夏乘风、苏雄参加诉讼,处理并无不当。夏乘风、苏雄是中珊公司的股东、董事,中珊公司依据《合作协议书》收取了达宝公司支付的3000万元款项,并用以支付夏乘风、苏雄应当交纳的部分土地出让金,二审判决据此认定中珊公司签订《合作协议书》的行为是受股东夏乘风、苏雄委托签订的,与事实相符。达宝公司与中岱电讯公司、中珊公司签订的合同中,约定转让的是中珊公司10%的股权,转让款3000万元,而中岱集团公司在申诉期间提交的《合作合同书》,约定转让的是夏乘风、苏雄分别占有的中珊公司50%、15%的股权,价格分别为1000万元、300万元。依据查明的事实,达宝公司履行的是其与中岱电讯公司、中珊公司签订的《合作协议书》,中岱集团公司于2006年6月9日给达宝公司出具的承诺书中对此予以确认。因达宝公司否认与夏乘风、苏雄签订《合作合同书》,而中岱集团公司也未提供证据证明该合同已经实际履行如支付转让款、办理股权变更登记等,故其主张《合作合同书》已经取代《合作协议书》,证据不充分,不予采纳。二审判决对违约金的计算方法,未违反合同约定和法律规定。中岱集团公司的申请不符合民事诉讼法第一百七十九条第一款的规定。广东省高级人民法院依照民事诉讼法第一百八十一条第一款之规定,裁定驳回中岱集团公司的再审申请。

中岱集团公司不服一审判决、二审判决和广东省高级人民法院裁定书(以下简称广东高院裁定书),向本院申诉称:一、一审判决、二审判决和广东高院裁定书违反法定程序,没有追加夏乘风、苏雄是错误的。夏乘风、苏雄是中珊公司仅有的两名股东,《合作协议书》与《合作合同书》所转让的均是该二人所持股权,但上述两份合同

的内容不一致,任何一份合同有效或无效均会对该二人利益产生重大影响。案件的处理结果与夏乘风、苏雄有法律上的利害关系。依照民事诉讼法第五十六条的规定,法院应当追加夏乘风、苏雄为第三人。也应追加广州国土局为案件当事人。二、《合作协议书》应属无效。其一,股权的转让应由股东进行,有权转让中珊公司股权的应是夏乘风、苏雄,但《合作协议书》却在其未授权的情况下由中岱电讯公司、达宝公司、中珊公司处分股权,属无权处分,应无效;其二,《合作协议书》为开发房地产项目,签约人均无开发资质;其三,广东高院裁定书以及二审判决根据夏乘风、苏雄是中珊公司股东、中珊公司依照《合作协议书》收取达宝公司3000万元款项并用以支付夏乘风、苏雄应缴的土地出让金,认定中珊公司签订《合作协议书》是受夏乘风、苏雄委托,是错误的。因为,《合作协议书》并未载明中珊公司受夏乘风、苏雄委托处分其股权,也无其他证据证明该两存在委托关系。而且《合作协议书》第五条载明的股权出卖人是中岱电讯公司而不是中珊公司,所以认为中珊公司受夏乘风、苏雄委托转让股权也不能成立。另外,中珊公司受托转让股权与其收款、支付土地出让金并没有逻辑关系,广东高院裁定书依照该三者进行推理是错误的。事实上,中珊公司收款和达宝公司付款的行为并非履行《合作协议书》,而是履行《合作合同书》,因为《合作协议书》约定的是达宝公司向中岱电讯公司付款,案件中达宝公司实际是向中珊公司付的款,这符合《合作合同书》的约定。《合作合同书》约定的达宝公司支付的款项作为股权转让金、余额作为支付土地出让金的部分款,中珊公司缴纳土地出让金的3000万元是否从达宝公司收取、即使系从达宝公司收取,均与中珊公司是否接受其股东委托处置股权无关;其四,《合作协议书》违反了《公司法》第七十二条第四款的强制性规定,应无效;其五,《合作协议书》第十一条的约定系保底条款,应无效。三、即使《合作协议书》有效,因其后的《合作合同书》有效,所以《合作协议书》已被《合作合同书》解除。其一,《合作合同书》是中珊公司股东夏乘风、苏雄与达宝公司签署,也是各方真实意思表示,应当合法有效。该《合作合同书》解除了《合作协议书》。达宝公司也是想利用《合作合同书》追求利益,所以对《合作合同书》应在案件中审查并认定;其二,广东高院裁定书根据达宝公司否认签订了《合作合同书》以及中岱集团公司未提供证据证明该合同已实际履行,进而认定《合作合同书》没有取代《合作协议书》,该认定是错误的。因为达宝公司并未提供证据证明《合作合同书》系虚假,也未申请鉴定,其真实性不因达宝公司的否认而被否定。《合作合同书》第一条第5款已约定《合作协议书》自动失效,《合作合同书》也已被实际履行,达宝公司向中珊公司支付3000万元就是履行《合作合同书》的体现。四、即使《合作协议书》未被解除,也应是达宝公司违约。其一,达宝公司签订《合作协议书》的次日即与夏乘风、苏雄签订内容与前者相对立《合作合同书》,且明确约定《合作协议书》自行失效,这导致了《合作协议书》不能履行,属于根本违约。该违约事由发生在涉案地块被国土部门收回之前,达宝公司违约在先;其二,《合作协议书》第六条约定达宝公司应在2005年12月13日前向中岱电讯公司支付股权首期受让款3000万元,同年12月30日前支付余款,而中岱电讯公司从未收到达宝公司的股权转让款,达宝公司构成违约。五、即使中岱集团公司、中岱电讯公司、中珊公司应承担违约责任,也应扣除达宝公司未支付的1931万元转让款及相应利息。《合作协议书》第五条约定股权转让价款为4931万元,第十一条约定中岱电讯公司同意以5285万元受让达宝公司持有的中珊公司10%股权,可见,达宝公司预期利益为354万元。达宝公司支付3000万元后,尚欠1931万元未付,所以即使中岱集团公司、中岱电讯公司、中珊公司以5285万元回购股权,也应扣除达宝公司未付的1931万元。同样,上述三公司所承担违约金的计算本金也应扣除1931万元,二审判决及广东高院裁定书认定达宝公司的预期利益为2285万元,是错误的。六、中岱集团公司不应承担责任,中岱集团公司不构成债务加入。其一,中岱集团公司出具的两份承诺均是针对《合作协议书》,由于该协议无效且未实际履行,该协议的当事人不存在返还责任,达宝公司在该合同中的损失应由其自行承担。所以中岱集团公司不必承担责任;其二,2006年6月

9日的《承诺函》系达宝公司故意隐瞒《合作合同书》的存在而获得，其欺诈行为导致该承诺无效；其三，达宝公司所付3000万元是其履行《合作合同书》，其返还请求应向该合同当事人主张，应在另案中解决。综上，中岱集团公司请求撤销广东高院裁定书，撤销一、二审判决，并驳回达宝公司的诉讼请求，诉讼费用由达宝公司承担。

中岱电讯公司不服一审判决、二审判决和广东高院裁定书，向本院申诉，其请求与中岱集团公司的请求相同。申诉理由除前述中岱集团公司提出的理由外，另认为：《合作协议书》名为合作实为借款，属于企业间的资金拆借行为，应当无效；达宝公司没有实际支付3000万元给中岱电讯公司；达宝公司在一审起诉时放弃了每天0.2%的违约金计算方式，二审判决不应据此再推算损失，而且达宝公司要求中岱电讯公司按照《合作协议书》第十一条支付股权转让款的条件也不具备，二审判决不应以此作为违约金的依据；《合作协议书》解除是在法院判决之后才确定的事实，利息及违约金应当从达宝公司起诉之日起计算。

中珊公司不服一审判决、二审判决和广东高院裁定书，向本院申诉，其请求与中岱集团公司的请求相同。申诉理由除前述中岱集团公司提出的理由外，另认为：《合作协议书》名为合作实为借款，属于企业间的资金拆借行为，应当无效。

达宝公司答辩称：一、一、二审审判程序合法。首先，《合作协议书》目的是以股权转让的方式对中珊公司进行重组，并以重组后的中珊公司作为经营平台，共同开发涉诉地块。《合作协议书》中约定的主要权利义务，是由中岱电讯公司与达宝公司承受，中珊公司是协助中岱电讯公司履行义务并对中岱电讯公司在《合作协议书》中的义务进行担保。达宝公司的诉求及其所依据的事实与夏乘风、苏雄没有直接的法律关系，《合作协议书》中约定的股权变动，虽涉及到夏乘风、苏雄的股权转让行为，但这只是中岱电讯公司承诺的条件及在中珊公司重组中的执行步骤。中岱电讯公司不能履约时，达宝公司可以要求其赔偿损失，并要求中珊公司承担担保责任。夏乘风、苏雄对该法律责任的承担没有关系，没有必要追加该两人为当事人；其次，已有证据证明国土部门已收回涉诉地块，这已足够。至于国土部门收回地块是否合法，则属于另一法律关系，与该案无关。二、达宝公司没有与夏乘风、苏雄签订《合作合同书》，该合同系中岱集团公司变造，而且存在瑕疵。其一，达宝公司在广东省高级人民法院再审审查时就说明在《合作协议书》签订后，为履行该协议，达宝公司曾预留了签字盖章的股权转让文件，中岱集团公司对文件变造后形成了《合作合同书》，这种违法行为应当严惩。在形式上，如果要对《合作协议书》进行变更，也应该由该协议书中的各方协商一致。而《合作合同书》的签约各方与前述协议书的签约方并不一致，其却废除该协议书，这不合常理。《合作协议书》中各签约方均盖有骑缝章，而作为标的数额巨大的《合作合同书》却没有加盖骑缝章，也没有法定代表人的授权。《合作合同书》正文部分也没有任何签字盖章，最后一页的签字盖章页上只有提交工商局备案等简单内容，与前页正文部分无法形成联系。在内容上，《合作合同书》要求达宝公司在订约当天支付土地出让金1.7亿元，否则按第一期土地出让金2亿元的50%即1亿元承担违约责任。该合同书还记载在总建筑面积建设到60%的时候才办理股权变更手续。达宝公司不可能签署如此严厉违约条款的合同。而即使签订，也不可能不立即办理股权变更；其二，案件中没有证据可以印证《合作合同书》存在并实际履行，且其与已经确认的证据内容矛盾。申诉人在原审中均对《合作协议书》真实性予以确认，《合作合同书》与前述协议书内容是矛盾的。中岱集团公司2006年6月9日出具的《承诺函》与《合作协议书》内容衔接一致，这也可说明并不存在《合作合同书》；其三，《合作合同书》不属于民事诉讼法规定的新证据。该合同如果属实，其作为关键证据，在案件的一、二审期间申诉人就应提交，但其均未提交，这不合情理。而且该《合作合同书》是原审庭审前就已经存在的证据，也不存在任何提交障碍。申诉人在原审没有提交，再审阶段不应采纳该证据。三、一、二审认定事实清楚、适用法律正确。从《合作协议书》内容可看出，有关中珊公司10%股权的转让只是协议各方合作的一个步骤，《合作协议书》本身不是股权转让协议，《合作协议书》的完全履行还需要其他相关协议配合。不能将该协议简单作为有关中珊公司股权的转让协议,协议中所涉及股权变动的事宜仍需新的协议来实现,这也印证了达宝公司为股权转让事宜而预留所谓的《合作合同书》最后一页签署页的事实。因此《合作协议书》应当有效,一、二审判决认定准确。四、达宝公司自愿放弃过多的赔偿金额,并不违法。根据《合作协议书》第十一条,达宝公司终止合作协议后,中岱电讯公司须以5285万元受让达宝公司已支付款项的股权,并即时付清全部款项,否则,应按未履行金额的每天0.2%的比例支付违约金。以该条所计算出的违约金数额,按一审判决的时间计算,违约金的金额为2985万元(违约天数460天)。而达宝公司所主张的损失赔偿2285万元加上逾期付款利息小于前述数额。这是达宝公司对自身权利的处分,并不违法。而且,达宝公司款项一直未收回,其损失大于申诉人。如果依照每天0.2%计算违约金至付清之日,这项违约金目前已经超过一亿元。达宝公司已减免了申诉人大量违约金,违约金的高低也不是再审的法定事由,再审阶段不应调整违约金数额。综上,达宝公司请求驳回申诉人的再审申请并追究其相应责任。

本院对广东省高级人民法院二审查明的事实予以确认。在本院再审审理期间,申诉人向本院提交了《合作合同书》,该合同书的内容与广东省高级人民法院再审审查期间中岱集团公司提供的《合作合同书》内容一致。

本院认为:达宝公司与中岱电讯公司、中珊公司签订的《合作协议书》约定三方共同对目标地块进行房地产开发,中岱电讯公司将其持有的中珊公司100%股权中的10%股权转让给达宝公司。虽然在该协议签订时中珊公司的股东是夏乘风、苏雄,中岱电讯公司不持有中珊公司的股权,但该协议只是使得中岱电讯公司负有向达宝公司转让股权的义务,而没有使得达宝公司实际获得股权从而导致中珊公司股权发生变化,该协议也没有为中珊公司的股东夏乘风、苏雄设定义务,没有侵害夏乘风、苏雄对中珊公司享有的股权,故《合作协议书》不因中岱电讯公司不是中珊公司股东这一事实而无效。因《合作协议书》没有导致夏乘风、苏雄持有的中珊公司的股权受到侵害,达宝公司也没有向夏乘风、苏雄主张权利,故夏乘风、苏雄与本案的处理没有法律上的利害关系。广州国土局解除其与夏乘风、苏雄签订的土地使用权出让合同属另外的法律关系,其并不影响达宝公司按照《合作协议书》向中岱电讯公司主张权利。故原审法院没有追加夏乘风、苏雄及广州国土局为案件当事人并无不当。《合作协议书》约定达宝公司向中岱电讯公司购买中珊公司的股权以共同对涉诉土地进行开发,并约定在不能就土地合作事宜正式签订协议时达宝公司有权退出合作。后来中珊公司没有取得涉诉土地的使用权,土地合作事宜无法达成协议,达宝公司要求退出合作,这可以表明签订《合作协议书》时达宝公司的目的是受让股权从而参与开发土地并获利,而不是向中岱电讯公司拆借资金。《合作协议书》第十一条关于中岱电讯公司以5285万元买回股权的约定是协议各方为达宝公司退出合作时设定的利益安排,其不违反法律法规的强制性规定。《合作协议书》没有导致中珊公司股权实际发生变化,该协议并不违反《公司法》第七十二条的规定。《合作协议书》的当事人有无房地产开发资质只是对该协议能否履行可能产生影响,并不影响该协议的效力。故申诉人以《合作协议书》属企业间拆借资金、《合作协议书》第十一条属保底条款、《合作协议书》违反《公司法》的相关规定以及《合作协议书》签约各方无房地产开发资质而主张无效,缺乏事实及法律依据,对其主张本院不予支持。《合作协议书》属各方当事人真实意思表示,不违反法律法规的强制性规定,该协议应为有效。

中岱集团公司、中岱电讯公司、中珊公司提供的《合作合同书》载明《合作合同书》系《合作协议书》签订后达宝公司又与中珊公司股东夏乘风、苏雄所签订,且《合作合同书》中载明该合同签订之日《合作协议书》自动失效。因《合作合同书》中载明的当事人达宝公司否认该合同书的真实性,且主张该合同书系申诉人利用《合作协议书》的相关签约文件变造而成,故该《合作合同书》系真伪不明。达宝公司要使其签订的《合作协议书》失效或者解除《合作协议书》,应当向《合作协议书》的当事人作出表示,但夏乘风、苏雄并不是《合作协议书》的当事人,所以即使《合作合同书》真实有效,该合同中有关《合作协议书》自动失效的约定也不能发生《合作协议书》解除的效果。申诉人主张《合作合同书》解除了《合作协议书》,不能成立,本院对其主张不予支持。达宝公司没有依据《合作合同书》向申诉人主张权利,该合同书是否真实及其是否实际履行也属另外的问题,与本案无关,本院对《合作合同书》不予审理。

《合作协议书》约定达宝公司向中岱电讯公司支付的股权首期受让款3000万元用于支付涉诉地块的土地出让金。中珊公司认可其实际收取了3000万元款项,并用于协议约定的用途。中岱集团公司于2006年6月9日作出的《承诺函》表明达宝公司与中岱电讯公司合作经营中珊公司,且达宝公司已交付土地出让金3000万元。中岱电讯公司也并未主张该3000万元用于缴纳土地出让金违反《合作协议书》约定的该笔款项的用途,故应当认定达宝公司已向中岱电讯公司支付了股权首期受让款3000万元。申诉人主张达宝公司没有向中岱电讯公司支付股权转让款,难以成立,本院不予支持。达宝公司主张其已支付《合作协议书》中约定的股权首期受让款3000万元,本院予以确认。

达宝公司与中岱电讯公司在《合作协议书》中约定如果双方未能在该协议签订后三个月内就涉诉土地的合作事宜正式签订协议,达宝公司有权退出合作。2005年12月广州国土局解除了与夏乘凤、苏雄签订的土地使用权出让合同,之后中珊公司也未实际取得涉诉土地的使用权,达宝公司与中岱电讯公司也未就涉诉土地的合作事宜签订协议,故达宝公司退出合作符合双方约定。2006年2月23日达宝公司向中岱电讯公司、中珊公司发函要求终止与该两公司的合作,并无不当。《合作协议书》虽约定达宝公司退出合作后中岱电讯公司应以5285万元买回达宝公司持有的中珊公司10%的股权,但是该约定的前提是达宝公司之前应将其受让股权的4931万元款项向中岱电讯公司付清。本案中达宝公司并未将4931万元股权转让款向中岱电讯公司付清,而是仅支付了3000万元,所以达宝公司主张中岱电讯公司应以5285万元买回中岱电讯公司出让给达宝公司的股权,缺乏事实基础,本院不予采纳。二审判决以达宝公司已付3000万元所占应付款4931万元的比例认定中岱电讯公司在达宝公司退出合作后应返还其3215.3721万元,理由并不充分,本院予以纠正。《合作协议书》约定的每天按0.2%计算违约金的标准,是对中岱电讯公司以5285万元向达宝公司买回涉诉股权这一义务而设定,因中岱电讯公司以5285万元买回该股权这一条件并未成就,故不能适用该每天0.2%的违约金标准来计算中岱电讯公司的违约责任。达宝公司将以该标准计算出的违约金数额作为其主张的参照标准,缺乏法律依据,本院亦不予采纳。二审判决以3215.3721万元为本金按照每天0.2%计算出的违约金作为达宝公司损失的参照,有失妥当,本院予以纠正。达宝公司主张其退出合作时损失为2285万元,缺乏事实依据,本院不予支持。2006年2月23日达宝公司退出合作后,《合作协议书》无法继续履行,达宝公司也主张该协议解除,故本院对该协议已经解除予以确认。《合作协议书》解除后,中岱电讯公司应当返还达宝公司支付的3000万元股权转让款,中岱电讯公司至今未返还达宝公司支付的该笔款项,应当赔偿达宝公司因此受到的损失,该损失应自2006年2月24日起按照中国人民银行同期贷款利率计算。

达宝公司2006年2月23日向中岱集团公司发函要求退出合作后,中岱集团公司于2006年6月9日向达宝公司出具《承诺函》同意偿还达宝公司已交付的3000万元款项,该《承诺函》的效力与是否存在《合作合同书》无关。达宝公司接受该《承诺函》后未表示异议,中岱集团公司即应受该《承诺函》约束。中岱集团公司提出其不应向达宝公司承担清偿责任的主张与《承诺函》不符,对其主张本院不予支持,中岱集团公司应当为中岱电讯公司向达宝公司承担连带清偿责任。中珊公司在《合作协议书》中承诺为中岱电讯公司的义务和责任提供担保并承担连带责任,达宝公司退出合作后,中珊公司仍应为中岱电讯公司的返还义务承担连带责任。中岱集团公司对广东高院裁定书驳回其再审申请提出异议,因本案已由本院提审,本院对中岱集团公司提出的异议不再考虑。

综上,《合作协议书》有效,达宝公司履行了该协议中约定的3000万元的付款义务。达宝公司退出合作后该协议解除，中岱电讯公司应当返还达宝公司支付的3000万元款项，并应当支付未及时返还时给达宝公司造成的利息损失。达宝公司主张《合作协议书》解除，请求中岱电讯公司返还3000万元款项及相应利息，本院予以支持。达宝公司请求中岱电讯公司支付2285万元的损失赔偿及相应利息，难以成立，本院不予支持。中岱集团公司、中珊公司应为中岱电讯公司的返还义务承担连带清偿责任。一、二审判决认定事实基本清楚，但适用法律错误，本院予以纠正。本院依照《中华人民共和国民事诉讼法》第一百五十三条第一款第（二）项之规定，判决如下：

一、撤销广东省高级人民法院（2007）粤高法民二终字第165号民事判决；

二、变更广东省广州市中级人民法院（2006）穗中法民二初字第217号民事判决主文第二项为：广东中岱电讯产业有限公司向广东达宝物业管理有限公司返还3000万元股权转让款，并向广东达宝物业管理有限公司支付该3000万元产生的利息（利息从2006年2月24日起按照中国人民银行同期贷款利率计算至实际付清之日）；

三、维持广东省广州市中级人民法院（2006）穗中法民二初字第217号民事判决主文第一项、第三项、第四项。

上述给付义务应于本判决生效之日起十日内履行，逾期履行，依照《中华人民共和国民事诉讼法》第二百二十九条的规定，加倍支付迟延履行期间的债务利息。

一审案件受理费507945元，广东达宝物业管理有限公司承担219612元，中岱集团公司、中岱电讯公司、中珊公司共同承担288333元。二审案件受理费285050元，广东达宝物业管理有限公司承担123242元，中岱集团公司、中岱电讯公司、中珊公司共同承担161808元。

本判决为终审判决。

6. 深圳市启迪信息技术有限公司与郑州国华投资有限公司、开封市豫信企业管理咨询有限公司、珠海科美教育投资有限公司股权确认纠纷案①

【裁判摘要】

在公司注册资本符合法定要求的情况下，各股东的实际出资数额和持有股权比例应属于公司股东意思自治的范畴。股东持有股权的比例一般与其实际出资比例一致，但有限责任公司的全体股东内部也可以约定不按实际出资比例持有股权，这样的约定并不影响公司资本对公司债权担保等对外基本功能实现。如该约定是各方当事人的真实意思表示，且未损害他人的利益，不违反法律和行政法规的规定，应属有效，股东按照约定持有的股权应当受到法律的保护。

【案情】

申请再审人（一审被告、二审上诉人）：深圳市启迪信息技术有限公司。

法定代表人：曹碧琼，该公司董事长。

委托代理人：刘继军，该公司经理。

委托代理人：魏国涛，北京市中方律师事务所律师。

被申请人（一审原告、二审被上诉人）：郑州国华投资有限公司。

法定代表人：张军，该公司董事长。

委托代理人：段克强，北京市尚元律师事务所律师。

委托代理人：刘海威，河南金色阳光律师事务所律师。

原审被告：开封市豫信企业管理咨询有限公司。

法定代表人：连启胜，该公司总经理。

委托代理人：张伟杰，河南青洋律师事务所律师。

原审第三人：珠海科美教育投资有限公司。

---

① 案例来源：《最高人民法院公报》2012年第1期。

法定代表人:张军,该公司董事长。

委托代理人:段宪师,河南见地律师事务所律师。

申请再审人深圳市启迪信息技术有限公司(以下简称启迪公司)为与被申请人郑州国华投资有限公司(以下简称国华公司)、原审被告开封市豫信企业管理咨询有限公司(以下简称豫信公司)、原审第三人珠海科美教育投资有限公司(以下简称科美投资公司)股权确认纠纷一案,不服河南省高级人民法院(2009)豫法民二终字第20号民事判决,向本院申请再审。本院于2010年9月26日作出(2010)民申字第866号民事裁定,提审本案,并依法组成由审判员王东敏担任审判长、代理审判员刘崇理、曾宏伟参加的合议庭进行了审理,书记员白雪担任记录。本案现已审理终结。

2007年7月18日,国华公司向河南省开封市中级人民法院提起诉讼称,2006年10月26日,国华公司与启迪公司、豫信公司签订了《关于组建珠海科美教育投资有限公司投资协议》(以下简称《10.26协议》),约定三方组建科美投资公司,并约定了三方的出资额、股份比例等事项。《10.26协议》签订后,国华公司履行了出资义务,启迪公司与豫信公司未出资却滥用股东权利,损害了国华公司的权益。故请求判令:1.科美投资公司的全部股权归国华公司所有。2.如果国华公司的第一项请求不能得到支持,请依法判决解散科美投资公司,并进行清算。豫信公司提出管辖异议,经审理,一审法院驳回了豫信公司的异议申请,豫信公司上诉后,二审法院维持一审的驳回裁定。启迪公司答辩称:国华公司经过充分考察决定与启迪公司进行合作,三方约定启迪公司和豫信公司的出资均由国华公司支付的意思表示是真实的,符合公司法的规定,启迪公司所享有科美投资公司55%的股权是合法的。国华公司请求解散公司也缺乏事实和法律依据。应驳回国华公司的诉讼请求。豫信公司答辩意见与启迪公司相同。

开封市中级人民法院一审查明,2006年9月18日,刘继军为甲方,张军为乙方签订《合作建设北京师范大学珠海分校工程技术学院协议书》(以下简称《9.18协议》),约定:双方合作成立珠海市科美教育咨询有限公司(以下简称科美咨询公司),并以公司名义与北京师范大学珠海分校(以下简称珠海分校)签署合作协议,合作建设和运作珠海分校工程技术学院(以下简称珠海分校工程学院)。甲方以教育资本(包括教育理论与理念、教育资源整合与引入、教育经营与管理团队、教育项目的策划与实施)占科美咨询公司70%的股份,乙方以7000万元的资金投入珠海分校工程学院的建设和运作,占科美咨询公司30%的股份,本协议签署后10日内乙方将500万保证金打入科美咨询公司账户,本协议生效。科美咨询公司与珠海分校协议签署协议之前,该保证金不能使用。科美咨询公司与珠海分校协议签署之后的15日内,乙方将1500万元打入科美咨询公司与珠海分校合作的共管账户,同时乙方将已经打入科美咨询公司的500万元保证金打入珠海分校作为履约保证金。科美咨询公司与珠海分校签署协议后90日内,乙方将1000万打入共管账户,余款4000万随工程进度及时打入共管账户。在乙方投入的7000万回收完毕之前,双方在科美咨询公司的分配比例按照20%对80%。7000万元回收完毕之后按股份比例分配。2006年9月30日,国华公司将500万元保证金打入科美咨询公司账户(开户行:中国农业银行金鼎支行,账号44353401040003686)。2006年10月24日,500万保证金被从科美咨询公司账户上打入启迪公司账户。2006年10月26日,国华公司与启迪公司、豫信公司签订《10.26协议》约定:(1)国华公司以现金出资人民币300万元,占公司注册资本30%;豫信公司以现金出资人民币150万元,占公司注册资本15%;启迪公司以现金出资人民币550万元,占公司注册资本55%。并约定三方应及时将缴纳的出资打入新设立公司筹委会账户。(2)对拟与珠海分校的办学合作项目的运作及利润的分配等事项作出了约定。(3)约定了科美投资公司的工商登记手续由启迪公司负责办理。(4)国华公司方张军出任科美投资公司董事长、法定代表人。(5)公司注册资金1000万元和投资6000万元全部由国华公司负责筹集投入。同日,通过了《珠海科美教育投资有限公司章程》约定:公司注册资本1000万元人民币。启迪公司认缴出资额

550万元、比例55%，国华公司认缴出资额300万元、比例30%，豫信公司认缴出资额150万元、比例15%。各股东应当于公司注册登记前足额缴纳各自所认缴的出资额。董事长由国华公司一方担任，副董事长由启迪公司一方担任。章程与《10.26协议》冲突的，均以《10.26协议》为准。2006年10月25日，应豫信公司和启迪公司要求，国华公司汇入豫信公司150万元，汇入启迪公司50万元。豫信公司将上述150万元汇入科美咨询公司账户（该账户同时为科美投资公司筹委会账户）作为其认缴出资。启迪公司将国华公司转来的50万元和10月24日从科美咨询公司账户转入的500万元保证金汇入科美咨询公司账户作为其认缴出资。国华公司将300万元汇入科美咨询公司账户作为其认缴出资。2006年10月31日，经珠海市工商局核准，科美咨询公司变更为科美投资公司。注册资金由50万元变更为1000万元，股东由娄宏涛、刘继军、赵升云变更为国华公司、启迪公司和豫信公司。同日，科美投资公司与珠海分校签订了《合作兴办北京师范大学珠海分校工程技术学院协议书》，约定了合作办学项目的具体事项。2006年11月28日刘继军与张军签订《合作备忘》约定：（1）双方同意将科美咨询公司更名为科美投资公司。（2）公司股东由法人组成，启迪公司和豫信公司代表甲方，国华公司代表乙方，注册资金全部由乙方支付。其后，国华公司陆续投入1750万元，连同1000万元出资共计投入2750万元。启迪公司认可2006年11月2日以后国华公司才接管科美投资公司账户。在科美投资公司与珠海分校合作办学的过程中，双方产生矛盾，在是否与珠海分校继续合作上也发生争议，国华公司遂提起诉讼。

开封市中级人民法院一审认为，公司法第二十七条规定：股东可以用货币出资，也可以用实物、知识产权、土地使用权等可以用货币估价并可以依法转让的非货币财产作价出资。对作为出资的非货币财产应当评估作价。根据该条规定，非货币财产作为出资须具备两个条件，一是可以用货币估价，一是可以依法转让，同时还应履行评估作价程序。刘继军为甲方，张军为乙方的《9.18协议》关于甲方以教育资本出资，占科美咨询公司70%股份的约定显然不符合该条规定的非货币出资的条件，也没有进行评估作价。该约定对当事人不具有法律约束力。国华公司与启迪公司、豫信公司签订的《10.26协议》与《9.18协议》相比较，发生了以下变化：一是当事人以启迪公司和豫信公司替代了刘继军，国华公司替代了张军。但实际上前后两份协议的当事人身份具有高度关联性，并无质的改变，对此，各方当事人亦不持异议，二是刘继军70%的股份变更为启迪公司和豫信公司合计占70%的股份，刘继军以教育资本形式出资变为国华公司代替启迪公司和豫信公司筹集出资资金。依此约定，启迪公司和豫信公司仍无须履行出资义务，与以教育资本出资的约定并无质的区别，但规避了相关法律法规。国华公司代替启迪公司和豫信公司筹集出资资金的结果是作为真实投资者的国华公司仅占公司30%的股份，而未出资的启迪公司和豫信公司却占了公司70%的股份，国华公司作为真实投资者，要求确认与其出资相应的股份于法有据，于情相合。科美投资公司所有股东签署的《公司章程》系公司全体股东的真实意思表示，且无法律禁止性内容，对公司及所有股东具有法律约束力，所有股东应缴纳其认缴的出资额，即国华公司出资300万元，豫信公司出资150万元，启迪公司出资550万元。豫信公司已将150万元汇入了科美投资公司（筹委会）账户，应视为已足额履行了出资义务，至于该150万元系国华公司汇给豫信公司属于另一个法律关系，本案不予审理。国华公司也已将300万元汇入科美投资公司账户，足额履行了出资义务，从《9.18协议》作出的关于协议签署后10日内张军应将500万元保证金打入种美咨询公司账户的约定看，刘继军控制着科美咨询公司账户，而张军任董事长的国华公司直到2006年11月2日以后才接管变更后的科美投资公司账户，据此足以认定将500万元保证金从科美咨询公司账户打入启迪公司账户系启迪公司所为，然后启迪公司又将该500万元打入科美投资公司账户作为验资资金，这种资金倒流再流回的做法有悖诚信，该500万元依法不应作为启迪公司的出资，由于该500万元系国华公司的投资款，国华公司又主张应认定为其出资，依法应将该500万元认定为国华公司的出资,据此,国华公司实际出资800万元,占科美投资公司80%的股份,豫信公司出资150万元,占科美投资公司15%的股份,启迪公司出资50万元,占科美投资公司5%的股份。国华公司要求变更股权的诉讼请求成立,该院予以支持。国华公司第二项诉讼请求,即关于依法判决解散科美投资公司并进行清算的诉讼请求系选择性请求。由于其第一项诉讼请求已获支持,对于第二项请求已无审理必要,该院不予审理。该院依照《中华人民共和国公司法》第二十七条、第二十八条之规定,作出(2007)汴民初字第69号民事判决:一、确认国华公司出资800万元,占科美投资公司80%的股份;豫信公司出资150万元,占科美投资公司15%的股份;启迪公司出资50万元,占科美投资公司5%的股份。二、驳回国华公司其他诉讼请求。案件受理费188190元,由启迪公司承担。

启迪公司不服一审判决,向河南省高级人民法院提起上诉称:1.根据科美投资公司章程约定,启迪公司、豫信公司、国华公司分别出资550万元、150万元、300万元,分别占科美投资公司股份的55%、15%、30%,出资方式为货币出资,2006年10月25日,三公司分别将出资汇入科美投资公司账户,并经会计师事务所出具了验资报告,2006年10月31日,珠海市工商行政管理局核准并进行了工商变更登记,启迪公司获得了合法有效的股东身份。以上程序完全符合公司法的规定,启迪公司的股东身份和依法持有的股权真实、合法,应当得到保护。2.启迪公司经过多年苦心运作,促使成立了珠海分校工程学院,启迪公司并获得了与珠海分校合作办学的权利,国华公司是多年从事教育投资的专业机构,深知该项目的价值所在。经双方多次协商,达成了《9.18协议》及《10.26协议》,约定由国华公司出资1000万元改组科美咨询公司,其中启迪公司所占的55%股份、豫信公司所占15%股份应缴出资共700万元均由国华公司投入。这种约定是各方真实意思的表示,是一种合法的商业交易行为,不违反法律法规禁止性规定,应认定合法有效。各方当事人履行了约定,完成了出资。由于验资机构要求出资必须从股东账户汇入科美投资公司账户,而国华公司没有严格按照验资

机构的要求进行汇款操作,故2006年10月26日启迪公司将国华公司汇入科美投资公司账户的300万元又返还国华公司,再由国华公司以出资款名义汇入科美投资公司账户,同样启迪公司不得不将500万元从科美投资公司账户转至启迪公司账户,又在次日从启迪公司账户转回科美投资公司账户,这种方式并非一审法院所认为的有悖诚信,也没有侵犯任何一方的权利和利益。国华公司接管科美投资公司账户后,也从未对此提出任何异议。2006年11月28日,刘继军与张军签订的《合作备忘》再次对由国华公司支付全部注册资金以及各股东所占股份比例进行了确认。3.一审判决既然认定豫信公司出资150万元和启迪公司出资中的50万元是履行了出资义务,等于是认定了当事人关于由国华公司替启迪公司和豫信公司出资的约定是合法有效的约定,却对启迪公司出资中的500万元不予认定,存在明显的矛盾和逻辑错误。4.启迪公司完全履行了股东的义务。在一审中,启迪公司向法庭提交了大量的证据,证明在科美投资公司与珠海分校的合作中,启迪公司积极履行自己的股东义务和合同义务。综上,一审判决认定事实和适用法律存在明显的矛盾和错误,请求二审法院查明事实后依法改判。

国华公司辩称:1.一审判决认定事实清楚、适用法律正确。启迪公司并没有按约定及公司章程以货币认缴变更注册资本550万元。只向科美投资公司验资账户打入50万元,另外500万元是利用其控制科美咨询公司账户的便利,擅自将国华公司打入科美咨询公司账户的500万元保证金转入自己的账户,又在次日转入科美咨询公司的验资账户作为对科美投资公司的出资。启迪公司的行为明显违背了诚信原则和公司资本真实性原则,一审判决认定500万元不能作为启迪公司出资事实清楚、适用法律正确。2.2006年的《9.18协议》及《10.26协议》约定科美咨询公司变更登记的注册资金1000万元由国华公司负责筹集,规避公司法律法规有关出资方式的强制性规定,是无效的,启迪公司依此无效约定要求不出资而享有科美投资公司股权的理由不能成立,请求维持原判。豫信公司辩称:对于一审对于豫信公司的认定没有意见,国华公司代为出

资是自愿的,出资方式是货币出资,请求依法认定启迪公司的权利。

河南省高级人民法院对一审查明的事实予以确认。

河南省高级人民法院二审认为:启迪公司与国华公司之间争议的焦点问题是双方签订的《9.18协议》及《10.26协议》中科美咨询公司变更登记的注册资金1000万元等由国华公司负责筹集的约定是否有效,启迪公司依此约定没有实际出资是否享有科美投资公司的股权。上述协议的效力决定了各方享有的股权是否合法。《9.18协议》是刘继军代表珠海分校工程学院项目策划和运营方与张军签订的,刘继军用以出资的是教育资源,实际出资的是张军。在签订《9.18协议》后,刘继军等通过股权转让的方式将科美咨询公司的股东由刘继军等三位个人变更为启迪公司、国华公司及豫信公司。同日,启迪公司与国华公司及豫信公司达成《10.26协议》,并且签署了科美投资公司的公司章程,对各方出资及所占股权比例进行了约定,在《10.26协议》中,由《9.18协议》中约定的教育资源出资转换为现金。上述协议的签订过程实质上是刘继军将其掌握的教育资源转换为启迪公司的资源作为出资,国华公司负责实质上的现金出资。按照教育部的相关规定,普通高等学校主要利用学校名称、知识产权、管理资源、教育教学等参与办学。社会组织或者个人主要利用资金、实物、土地使用权等参与办学。本案中刘继军等名义上是以现金出资,实质上是以教育资源作为出资。双方实际上是通过签订协议的方式规避了我国相关法律的禁止性规定,《9.18协议》应属无效协议。在此协议的基础上,启迪公司与国华公司及豫信公司达成《10.26协议》也违反了法律的规定,国华公司代启迪公司出资的行为因违反法律规定而无效。原审判决确认的启迪公司占科美投资公司5%股份、豫信公司占科美投资公司15%股份该院予以确认。启迪公司上诉称按照公司法的规定完成出资,《9.18协议》及《10.26协议》是合法的商业交易行为等理由,缺乏证据予以证明,该院不予支持。该院经审判委员会讨论,按照《中华人民共和国民事诉讼法》第一百五十三条第一款第(一)项之规定,于2010年3月24日作出(2009)豫法民二终字第20号民事判决:驳回上诉,维持原判,二审案件受理费46800元,由启迪公司负担。

启迪公司不服上述民事判决,向本院申请再审称:(一)原审法院对本案的基本法律事实的认定和判决自相矛盾,错误严重。本案的主要焦点就是启迪公司500万元出资是否有效,50%的股权是否有效?1.原审法院按照《独立学院设置与管理办法》(中华人民共和国教育部令第26号令)的相关规定认定《9.18协议》属无效协议是错误的。《9.18协议》是设立科美咨询公司的协议,并非合作办学协议,不能适用教育部的相关规定,而且,《9.18协议》签订于2006年,而教育部第26号令自2008年4月1日起施行,原审法院违反了法不溯及既往的原则。2.原审法院认定《9.18协议》无效,《10.26协议》违反法律规定,并进而认定国华公司代启迪公司出资的行为无效,国华公司代启迪公司出资的500万元对应的50%股份属国华公司所行,却又认定了同样是国华公司代出资的50万元和150万元对应的5%和15%的股份属启迪公司和豫信公司所有,前后矛盾。3.启迪公司注册资金的来源并不能构成判定其注册资金到位与否的根据。启迪公司已提供银行进账单和会计师事务所的验资报告及工商局依法核准的注册资金登记证明,证明了启迪公司的注册资金已完全合法到位并已经法定程序确认。500万元保证金无论启迪公司该不该动用,法院都不应作为判定50%股份归谁所有的依据。按照《10.26协议》约定,公司注册资金1000万元全部由国华公司负责投入。国华公司向豫信公司足额汇款150万元,但仅向启迪公司汇款50万元,表明国华公司对于启迪公司将国华公司此前汇入科美咨询公司账户上的500万元转入启迪公司账户上,并准备用于变更后的科美投资公司注册资金的验资的事实,不仅是知道的,也是完全同意的,与三方签订的投资协议约定的内容也完全一致,不存在违反国华公司真实意思的问题,也不存在一审法院认定的"这种资金倒流再回流的做法有悖诚信"的问题。(二)公司股东的出资状况与公司章程约定的所占股权比例不存在任何关系。股权比例经公司章程确定后不能擅自改变。公司章程确定和工商部门确认的股权比例,对各位股东均具有约束力,具有法定性。原审法院漠视当事人真实意思表示及合同约定,错误地根据资金来源修改了公司章程明确约定的股东出资和股权比例。《9.18协议》与《10.26协议》是各方当事人真实意思表示,并不违反任何国家法律规定、国华公司支付给启迪公司和豫信公司用于利,美咨询公司的增资注册的资金亦不违反任何现有公司法律规定。更何况本案中科美投资公司的注册资金1000万元全都是货币资金,并不存在以非货币出资的问题。也没有任何法律规定注册资金的来源必须是股东本人的自有资金。(三)原审法院地域管辖错误。公司股东之间因出资、权益分配等问题出现纠纷,均是由公司住所地人民法院受理。本案公司注册地、合同签订地、合同履行地均在珠海市,原审法院对本案没有管辖权。本案应提审或指定管辖再审。综上,请求:1.撤销河南省高级人民法院(2009)豫法民二终字第20号民事判决和河南省开封市中级人民法院(2007)汴民初字第69号民事判决;2.由最高人民法院提审或者将该案移送到珠海市中级人民法院进行再审;3.驳回被申请人原一审全部诉讼请求;4.本案一审、二审、申请再审诉讼费用由被申请人承担。

被申请人国华公司答辩称:(一)在设立科美投资公司过程中,启迪公司规避法律,依法不具有科美投资公司股东法定资格。2006年10月31日,科美投资公司成立,该公司章程第七条规定的启迪公司、豫信公司、国华公司"货币出资之规定"条款是用合法形式掩盖非法目的,规避法律,应该认定无效,启迪公司依法不具有科美投资公司股东法定资格。1.科美投资公司成立意向表明其有规避动机。刘继军代表北京师范大学珠海分校工程技术学院项目策划和运营方(甲方)与张军等(乙方)签订的《9.18协议》第1.3款述明:甲方以教育资本(包括教育理论与理念、教育资源整合与引入、教育经营与管理团队、教育项目的策划与实施)占科美70%的股份,乙方以7000万人民币的资金投入学院的建设和运作,占科美30%的股份。上述协议表明:刘继军的本意是以其教育资本出资占科美投资公司70%之股份,其没有以人民币或其他法定的非货币财产出资科美投资公司的意思表示。

2.启迪公司在科美投资公司成立过程中规避法律。①2006年10月26日,三方签订的投资协议第十二条"经营与投资"条款述明:公司变更登记注册资金1000万元和投资缺口6000万元全部由乙方负责筹集投入。该投资协议第十七条述明:公司章程与本协议有冲突的,以本协议为准。上述资料表明:启迪公司、豫信公司所占科美投资公司70%之股份事实上仍是教育资本出资。只是形式上国华公司代替了张军,启迪公司、豫信公司代替了刘继军。②科美投资公司章程第九条述明:股东可以非货币出资,但必须按照法律法规的规定办理有关手续。该章程第五十二条述明:本章程与股东三方《10.26协议》的约定内容冲突的,均以股东三方《10.26协议》为准。既然启迪公司明知可以用非货币出资,但该章程中第七条却以"货币出资之形式"掩盖了"教育资本出资"之实质,显然启迪公司是在规避法律,以合法形式掩盖非法目的。公司章程对股东具有最高效力,但该章程与《10.26协议》均约定《10.26协议》效力高于章程。很显然,启迪公司在科美投资公司成立过程中规避法律。3.《合作备忘》印证了启迪公司在科美投资公司成立过程中规避法律。2006年11月28日,刘继军与张军签订《合作备忘》,其第1条述明:为了满足法律上的需要,双方同意将"珠海市科美教育咨询有限公司"更名为"珠海科美教育投资有限公司",注册资金定为1000万元。第2条述明:科美投资公司的股东由法人组成,其中启迪公司(占科美投资公司55%股份)和豫信公司(占科美投资公司15%股份)代表甲方,国华公司(占科美投资公司30%股份)代表乙方。注册资金全部由乙方支付,并包括在双方约定的总投资当中。上述材料表明:启迪公司没有以人民币或其他法定的非货币财产进行出资,也没有以人民币或其他法定的非货币财产进行出资的本意。科美投资公司章程第七条关于"股东货币出资"的约定,其实质就是以合法形式掩盖非法目的,规避法律。(二)教育资本出资违反法律、行政法规的强制性规定。根据公司法第27条第1款的规定,法律、行政法规规定不得作为出资的财产不得作为出资。《中华人民共和国公司登记管理条例》第十四条第二款之规定:股东不得以劳务、信用、自然人姓名、商誉、特许经营权或者设定担保的财产等作价出资。启迪公司的教育资本出资本质是劳务出资,其显然违反了行政法规的禁止性规定。如果将教育资本归入人力资本的范畴,同样不符合法定出资形式。科美投资公司注册资金1000万元全部由国华公司出资,故科美投资公司全部股权应由国华公司所有。综上,启迪公司的再审申请理由不能成立,请求驳回启迪公司的再审申请,维持原判决。

原审被告豫信公司陈述称,国华公司是科美投资公司的实际出资人,豫信公司和启迪公司未向科美投资公司实际出资,豫信公司不愿享有科美投资公司的股权,也不愿为科美投资公司的任何债务承担责任。

原审第三人科美投资公司陈述称,科美投资公司实质为一人公司,股东为国华公司。启迪公司挪用的500万元资金的所有权归国华公司,故启迪公司注资到科美投资公司500万元的行为无效。应维持原判。

再审中,各方当事人均未提交新证据。

本院再审查明:(一)《10.26协议》第十四条约定:"利润分配:1. 在上述乙方(即国华公司)7000万元资金没有收回完毕之前,公司交纳所得税并依法提取公积金、公益金后的利润,三方股东按照约定分配,即甲方(即启迪公司)享有分配公司利润的16%,乙方享有80%,丙方(即豫信公司)享有4%。2. 在上述乙方7000万元资金收回完毕后,公司交纳所得税并依法提取公积金、公益金后的利润,三方股东按照三方出资比例予以分配,即甲方享有分配公司利润的55%,乙方享有30%,丙方享有15%。"(二)《9.18协议》列明:协议的甲方为珠海分校工程学院项目策划和运营方,乙方为张军等。本院对原审查明的其他事实予以确认。

再审中,国华公司明确表示,放弃原审第二项即解散并清算科美投资公司的诉讼请求。

本院认为,本案当事人争议的焦点是,以启迪公司名义对科美投资公司500万元出资形成的股权应属于国华公司还是启迪公司。

根据再审查明的事实,《9.18协议》是珠海分校工程学院项目策划和运营方为甲方,张军等人为乙方,刘继军、张军分别代表甲乙方签订的

双方成立科美咨询公司以合作建设珠海分校工程学院的协议书,而《10.26协议》是启迪公司、国华公司、豫信公司三方以各自名义签订的关于组建科美投资公司的协议书,两个协议在签订动机上确有一定的联系,但是,两个协议的签订主体和合作内容完全不同,两个协议彼此独立,其间并不存在从属关系,即使《9.18协议》无效,也不影响《10.26协议》的效力,原审以《9.18协议》的效力否定《10.26协议》的效力系适用法律错误。本案是启迪公司、国华公司、豫信公司因履行《10.26协议》组建科美投资公司发生的纠纷。科美投资公司系由科美咨询公司变更而来:公司名称变更、股东由娄宏涛、刘继军、赵升云变更为国华公司、启迪公司和豫信公司,公司注册资金由50万元变更为1000万元。《10.26协议》约定该1000万元以货币出资,是各方当事人真实意思的表示,符合公司法第二十七条关于股东可以用货币出资的规定,故该约定有效。

股东认缴的注册资本是构成公司资本的基础,但公司的有效经营有时还需要其他条件或资源,因此,在注册资本符合法定要求的情况下,我国法律并未禁止股东内部对各自的实际出资数额和占有股权比例做出约定,这样的约定并不影响公司资本对公司债权担保等对外基本功能实现,并非规避法律的行为,应属于公司股东意思自治的范畴。《10.26协议》约定科美投资公司1000万元的注册资本全部由国华公司负责投入,而该协议和科美投资公司的章程均约定股权按照启迪公司55%、国华公司35%、豫信公司15%的比例持有。《10.26协议》第十四条约定,国华公司7000万元资金收回完毕之前,公司利润按照启迪公司16%、国华公司80%、豫信公司4%分配,国华公司7000万元资金收回完毕之后,公司利润按照启迪公司55%、国华公司30%、豫信公司15%分配。根据上述内容,启迪公司、国华公司、豫信公司约定对科美投资公司的全部注册资本由国华公司投入,而各股东分别占有科美投资公司约定份额的股权,对公司盈利分配也做出特别约定。这是各方对各自掌握的经营资源、投入成本及预期收入进行综合判断的结果,是各方当事人的真实意思表示,并未损害他人的利益,不违反法律和行政法规的规定,属有效约定,当

事人应按照约定履行。该 1000 万元已经根据《10.26 协议》约定足额出资,依法进行了验资,且与其他变更事项一并经工商行政机关核准登记,故该 1000 万元系有效出资。以启迪公司名义对科美投资公司的 500 万元出资最初是作为保证金打入科美咨询公司账户,并非注册资金,后转入启迪公司账户,又作为投资进入科美投资公司账户完成增资,当时各股东均未提出任何异议,该 500 万元作为 1000 万元有效出资的组成部分,也属有效出资。按照《10.26 协议》的约定,该 500 万元出资形成的股权应属于启迪公司。启迪公司作为科美投资公司的股东按照《10.26 协议》和科美投资公司章程的约定持有的科美投资公司 55% 股权应当受到法律的保护。

启迪公司认为公司股东之间因出资、权益分配等问题出现纠纷均应由公司住所地人民法院管辖。但启迪公司在原审中并未提出管辖异议。启迪公司也未申请对二审法院关于管辖的裁定进行再审,故本院对启迪公司认为原审地域管辖错误的理由不再审查。

股权确认之诉与公司解散、清算之诉是相互独立的诉讼,不具有诉讼关联性,不应合并审理,且国华公司在再审中明确表示放弃解散并清算科美投资公司的诉讼请求,故本院对该诉讼请求不予审理。

综上,原审判决认定以启迪公司名义对科美投资公司的 500 万元出资违反法律禁止性规定缺乏法律依据,启迪公司申请再审的主要理由成立,本院予以支持。本院依照《中华人民共和国民事诉讼法》第一百八十六条、第一百五十三条第一款(三)项之规定,判决如下:

一、撤销河南省高级人民法院(2009)豫法民二终字第 20 号民事判决,撤销河南省开封市中级人民法院(2007)汴民初字第 69 号民事判决;

二、驳回郑州国华投资有限公司的诉讼请求。

一审案件受理费 188190.00 元,二审案件受理费 46800.00 元,均由郑州国华投资有限公司负担。

本判决为终审判决。

---

① 案例来源:《最高人民法院公报》2011 年第 7 期。

7. 南通双盈贸易有限公司诉镇江市丹徒区联达机械厂、魏恒聂等六人买卖合同纠纷案①

【裁判摘要】

一、在当事人约定合伙经营企业仍使用合资前个人独资企业营业执照,且实际以合伙方式经营企业的情况下,应据实认定企业的性质。各合伙人共同决定企业的生产经营活动,也应共同对企业生产经营过程中对外所负的债务负责。合伙人故意不将企业的个人独资企业性质据实变更为合伙企业的行为,不应成为各合伙人不承担法律责任的理由。

二、合伙企业债务的承担分为两个层次:第一顺序的债务承担人是合伙企业,第二顺序的债务承担人是全体合伙人。合伙企业法第三十九条所谓的"连带责任",是指合伙人在第二顺序的责任承担中相互之间所负的连带责任,而非合伙人与合伙企业之间的连带责任。

【案情】

原告:南通双盈贸易有限公司。
法定代表人:石建军,该公司董事长。
被告:镇江市丹徒区联达机械厂。
负责人:魏恒聂,该厂投资人。
被告:魏恒聂。
被告:蒋振伟。
被告:卞跃。
被告:祝永兵。
被告:尹宏祥。
被告:洪彬。

南通双盈贸易有限公司(以下简称双盈公司)因与镇江市丹徒区联达机械厂(以下简称联达厂)、魏恒聂、蒋振伟、卞跃、祝永兵、尹宏祥、洪彬发生买卖合同纠纷,向江苏省南通市中级人民法院提起诉讼。

原告双盈公司诉称:被告魏恒聂、蒋振伟、卞跃、祝永兵、尹宏祥、洪彬于 2005 年 12 月开始合伙经营联达厂,合伙期限为10年。2006年10月3日,被告联达厂与双盈公司签订工矿产品购销合同一份,约定联达厂向双盈公司购买焦炭2000吨,单价为1200元/吨,货到需方场地后一周内结清货款。合同签订后,双盈公司先后供给联达厂焦炭1636.625吨,总货款为1821038.65元,但联达厂仅给付部分货款,仍拖欠货款1213785.95元。请求判令:联达厂、魏恒聂、蒋振伟、卞跃、祝永兵、尹宏祥、洪彬共同给付货款1213785.95元,并承担逾期付款利息(自2006年12月15日起至判决确定的给付之日止按银行同期贷款利率计算)。

被告卞跃辩称:本案中的焦炭买卖业务发生于原告双盈公司与被告联达厂之间,如联达厂的资产不足以清偿债务,该厂投资人被告魏恒聂应该以个人财产予以清偿。虽然被告魏恒聂、蒋振伟、卞跃及祝永兵于2005年12月18日签订了合伙合同,但是该合伙合同并未实际履行,联达厂亦仍为个人独资企业。卞跃不是本案的适格主体,双盈公司要求卞跃等个人支付联达厂的欠款没有事实和法律依据,故请求驳回双盈公司的诉讼请求。

被告联达厂、魏恒聂、蒋振伟、祝永兵、尹宏祥、洪彬在一审中未应诉答辩。

江苏省南通市中级人民法院一审查明:

原告双盈公司与被告联达厂于2006年10月3日签订工矿产品购销合同一份,约定由双盈公司向联达厂提供焦炭2000吨,单价为1200元/吨,货到需方场地后一周内结清货款。合同签订后,双盈公司先后向联达厂供货1636.625吨,总货款为1821038.65元。联达厂支付了部分货款,尚欠1213785.95元。2007年1月7日,联达厂向双盈公司出具欠条一份,载明"发票已全部收到,共计欠款1213785.95元"。

此前,被告魏恒聂于2005年9月8日登记注册成立个人独资企业即被告联达厂,并领有营业执照。后来被告魏恒聂、蒋振伟、卞跃及祝永兵于2005年12月18日签订合伙合同一份,约定:合伙人魏恒聂原独资经营的联达厂因扩建、改建需追加投资,现由魏恒聂、蒋振伟、卞跃、祝永兵四人共同出资,合伙经营,变更为合伙经营企业;合伙人魏恒聂以位于镇江市丹徒区高资镇巢山村的部分厂房和土地作价15万元出资,土地上现有部分房屋将在合伙后拆除,原有企业的机器设备也将报废;蒋振伟、卞跃、祝永兵三人根据实际建房及购买设备需要出资;合伙后的企业名称仍为联达厂,仍使用原魏恒聂领取的联达厂营业执照,原个人独资企业营业执照自合伙合同签订之日起归合伙企业所有,原投资人魏恒聂不得再单独使用该营业执照;蒋振伟、卞跃、祝永兵的出资,用于新建厂房和购买机械设备,全部投资结束后,根据实际使用资金大家共同认可;魏恒聂、蒋振伟、卞跃、祝永兵各占25%的比例分配;合伙债务先由合伙财产偿还,合伙财产不足清偿时,由各合伙人共同承担;合伙企业由魏恒聂负责生产及工人的管理,蒋振伟负责对外开展业务,对合伙企业进行日常管理和产品销售,卞跃负责财务,祝永兵负责采购。合伙合同签订后,联达厂购买了冶炼炉等设备进行技术改造,并向原告双盈公司购买焦炭用于生产。

2006年12月23日,被告魏恒聂、蒋振伟、卞跃、祝永兵、尹宏祥、洪彬又签订协议书一份,载明魏恒聂等六人按照约定出资成立联达厂,因正常生产进入困境,现就怎样解决该厂困境一事,协商达成一致意见:在10日内理清厂自成立至该协议生效期间的所有账目;魏恒聂等六人一致同意全权委托魏恒聂将该厂对外承包,承包费用于偿还对外的债务和六人各自的投资;承包金额暂定最低每年50万元;该厂承包前对外的债权债务由魏恒聂负责处理,与其余五人无关。此后,联达厂将厂房、设备等租赁给他人使用。

本案一审的争议焦点是:一、被告联达厂是否欠原告双盈公司货款;二、如联达厂欠货款,被告卞跃等个人应否向双盈公司承担责任。

江苏省南通市中级人民法院一审认为:

一、原告双盈公司已提供了购销合同、入库单、欠条等证据证明被告联达厂欠双盈公司货款未付,被告卞跃对该证据的真实性虽提出异议,但未能提供抗辩证据。相反,卞跃提供的被告魏恒聂的调查笔录能证明联达厂确欠双盈公司货款。其他被告均因不到庭而放弃了抗辩的权利。因此,对于双盈公司关于联达厂欠其货款1213785.95元的主张,应予采信。

二、原告双盈公司主张被告联达厂由被告魏

恒聂、蒋振伟等人合伙经营,并提供了合伙合同、协议书等证据证明。双盈公司还认为,其提交的入库单中有被告祝永兵的签名,祝永兵正是按合伙合同中关于其负责采购的分工约定而在入库单中签名,由此说明合伙合同已实际履行。被告卞跃主张其虽签有合伙合同、协议书,但实际并未履行。原审法院认为,双盈公司提供的合伙合同等证据已能证明魏恒聂等人之间系合伙关系,卞跃提供的本案另三位被告的书面陈述,因其不到庭,对其真实性难以认定。即使卞跃及其他三位被告所作的陈述是真实的,其也只是提出投资未到位,而投资未到位只能说明未诚信履约,并不能产生如同解除合同或退伙、散伙等法律行为所产生的法律效果。相反,在后来魏恒聂、蒋振伟等的六人协议书中,却进一步明确了联达厂系六人出资成立的事实,并且六人还同意以该厂对外承包的费用来偿还对外债务及六人各自的投资。因此,对于双盈公司提出的联达厂系魏恒聂等人合伙经营的主张,应予采信。

被告联达厂按工商登记仍为个人独资企业,但事实上已转为合伙企业,只是尚未也不想在工商部门进行变更登记,此有合伙人在合伙合同中延用原营业执照的约定为证。从后来被告魏恒聂、蒋振伟等的六人协议书看来,四人签订合伙合同之后,被告尹宏祥、洪彬二人又加入合伙企业成为合伙人。

综上所述,被告联达厂尚欠原告双盈公司货款1213785.95元,此款应由联达厂偿还。联达厂通过出具欠条明确了义务,其未付款即应付款并赔偿双盈公司货款的利息损失。联达厂系魏恒聂等六人合伙经营的企业,根据法律规定,合伙人对合伙的债务承担连带责任,魏恒聂等六合伙人应对联达厂的债务承担连带清偿责任。联达厂、魏恒聂、蒋振伟、祝永兵、尹宏祥、洪彬经传票传唤无正当理由未到庭参加诉讼,视为放弃诉讼权利,法院依法缺席审判。

据此,依照《中华人民共和国民法通则》第三十五条、第八十四条、第八十八条第一款,最高人民法院《关于贯彻执行〈中华人民共和国民法通则〉若干问题的意见(试行)》第四十七条,《中华人民共和国民事诉讼法》第一百三十条之规定,江苏省南通市中级人民法院于2008年7月29日作出判决:

一、被告联达厂偿还原告双盈公司货款1213785.95元,并给付双盈公司该款自2007年1月8日起至判决确定的给付之日止按中国人民银行同期贷款利率计算的利息;

二、被告魏恒聂、蒋振伟、卞跃、祝永兵、尹宏祥、洪彬对被告联达厂的上述债务承担连带清偿责任。上述应履行之付款义务于判决发生法律效力之日起10日内履行完毕。如果未按判决指定的期间履行给付金钱义务,应当依照《中华人民共和国民事诉讼法》第二百二十九条的规定,加倍支付迟延履行期间的债务利息。

卞跃不服一审判决,向江苏省高级人民法院提起上诉称:一、原审判决依据合伙合同及协议书认定存在合伙关系不当。1.卞跃提供的对原审被告魏恒聂、蒋振伟、尹宏祥的调查笔录可以证明:合伙合同并未实际履行,蒋振伟、卞跃等人均未出资,亦未共同经营管理或执行合伙事务;魏恒聂向尹宏祥和洪彬各借25万元用于原审被告联达厂的技术改造;联达厂无法偿还债务,尹宏祥和洪彬多次催款,魏恒聂则采用签订协议书的方式稳住借款人;魏恒聂要求蒋振伟、卞跃、祝永兵也在协议书上签字的理由是证明联达厂对外承包所得款项应用来偿还魏恒聂欠尹宏祥和洪彬的50万元借款。原审判决对卞跃提供的上述证据以真实性难以认定为由未予采纳,且在魏恒聂、卞跃等人均明确表示没有合伙的情况下确认存在合伙关系,该认定违背了当事人之间的真实意思表示。2.原审法院并未查清合伙人的出资金额与出资比例,这印证了合伙合同仅为意向性合同,并未实际履行。3.有原审被告祝永兵签名的入库单并未经其本人确认,无法确认该签名的真实性,不能作为证据使用,即使该签名是真实的,也不能得出合伙关系成立的结论。二、原审法院在相关当事人没有收到开庭传票的情况下就开庭审理本案,程序违法。综上所述,请求依法改判或将本案发回重审。

被上诉人双盈公司答辩称:原审法院审理程序合法,认定事实清楚,适用法律正确,上诉人卞跃的上诉理由不能成立,请求二审法院驳回上诉,维持原判。

江苏省高级人民法院经二审,确认了一审查

明的事实。

本案二审的争议焦点是：一、原审被告联达厂是否为上诉人卞跃和原审被告魏恒聂、蒋振伟、祝永兵、尹宏祥、洪彬六人合伙经营的企业；二、卞跃等人的出资数额、出资比例不明确以及联达厂名义上的个人独资企业性质是否影响本案中各合伙人的民事责任；三、原审法院的审理程序是否违法。

江苏省高级人民法院二审认为：

一、原审被告联达厂是上诉人卞跃和原审被告魏恒聂、蒋振伟、祝永兵、尹宏祥、洪彬六人合伙经营的企业。

上诉人卞跃等人有合伙经营联达厂的确定意思表示。原审被告魏恒聂、蒋振伟、祝永兵和卞跃四人于2005年12月18日签订的合伙合同，明确约定由四人共同出资、合伙经营，将原由魏恒聂独资经营的原审被告联达厂变更为合伙企业。该合同还对合伙经营范围、合伙期限、出资方式、利润分配、合伙事务的执行、入伙与退伙等合伙企业设立中的主要内容作了明确约定。该合伙合同表明魏恒聂、蒋振伟、卞跃、祝永兵合伙经营联达厂的意思表示是非常明确的。

上诉人卞跃等人已实际出资并共同参与了原审被告联达厂的经营决策活动。2006年12月23日，原审被告魏恒聂、蒋振伟、卞跃、祝永兵、尹宏祥、洪彬六人签订协议书一份，载明魏恒聂等六人按照约定出资成立联达厂，为解决联达厂的生产经营困境，六人一致同意将联达厂对外发包，承包金额暂定为最低每年50万元，并用收取的承包费偿还联达厂的债务与六人的投资。根据该协议的内容可以认定，魏恒聂、蒋振伟、卞跃、祝永兵在签订合伙合同后已"按照约定"实际出资，且合伙人已由合伙合同签订时的四人变更为签订协议书的六人。而且，企业是否继续生产经营、是否选择"对外承包"这一模式进行经营、收取多少承包费用等，均关乎企业的命运，属于企业的重大经营决策事项。魏恒聂等六人以签订协议书的形式共同就上述重大经营事项作出决策，行使了合伙人才应享有的权利，从而进一步证明该六人已实际共同参与了联达厂的经营活动。卞跃等人已实际出资并共同经营的事实说明合伙合同在实际履行。卞跃在无法推翻共同出资、共同经营这一事实的情况下，以原审法院未查清出资数额及比例为由认为合伙合同仅为意向性合同、并未实际履行的观点不能成立，不予采纳。

原审被告魏恒聂与其他五人之间系共同投资而非借款关系。上诉人卞跃认为其与原审被告蒋振伟、祝永兵在2006年12月23日的协议书上签字仅是对魏恒聂与原审被告尹宏祥、洪彬之间的借款关系进行证明，并在一审中提交了其委托代理人向魏恒聂、蒋振伟、尹宏祥所作的调查笔录，用以证明上述观点。法院认为，由于魏恒聂、蒋振伟、尹宏祥是本案的当事人，该调查笔录的内容经当事人本人确认后，性质上属于案件当事人的陈述，人民法院应当结合案件的其他证据对其进行审查才能确认应否作为认定事实的依据。但魏恒聂等三人经原审法院合法传唤，未到庭参加诉讼，未能对调查笔录进行确认，且调查笔录的内容与本案中其他证据存在矛盾。因此，原审法院未采信该三份调查笔录并无不当。此外，2006年12月23日的协议书并未提及卞跃所称的借款事实，亦不能从中得出卞跃等三人是作为借款关系证明人参与协议签订的结论。相反，该协议书关于魏恒聂等六人一致决定在10日内理清联达厂自成立至该协议生效期间的所有账目、将联达厂对外发包并将承包费用于偿还联达厂的债务和六人各自的投资的约定，可以证明卞跃等六人与联达厂之间系投资关系、魏恒聂与其他五人之间系共同投资而非借款关系。相反，如果认可其"实为借款"的辩称，不仅会导致当事人对签约的不负责任和契约关系的混乱、失信，也是对外部债权人的极大不公。因此，对于卞跃的上述观点，不予采纳。

二、上诉人卞跃等人的出资数额、出资比例不明确以及原审被告联达厂名义上的个人独资企业性质均不影响本案中各合伙人的民事责任。

出资数额、出资比例是合伙协议的重要内容，但仅涉及合伙企业各合伙人的内部关系，依法不应影响合伙企业及合伙人对外的责任承担。因此，尽管根据现有证据合伙人的出资数额及比例尚不清楚，但这不影响上诉人卞跃等合伙人在本案中的责任承担。

由于合伙合同明确约定合伙后的企业仍沿用原企业名称与营业执照，原个人独资企业营业执照自合伙合同签订之日起归合伙企业所有，原投资人魏恒聂不得再单独使用该营业执照，故尽管原审被告联达厂实质上已变更为合伙性质、生产经营活动由各合伙人共同决策，但联达厂在工商行政管理部门仍登记为个人独资企业。换言之，联达厂未据实变更企业性质系各合伙人作出的不合法的安排。各合伙人既然共同决定联达厂的生产经营活动，就应对联达厂生产经营过程中对外所负的债务负责。上诉人卞跃等合伙人故意不将联达厂的个人独资企业性质据实变更为合伙企业的行为，不仅应当受到相关行政法规的规制，亦不应当成为各合伙人不承担民事法律责任的理由，否则交易安全得不到保护，相关法律规制合伙企业及合伙人的目的将会落空。

三、原审法院的审理程序合法

原审法院在采用法院专递无法向原审被告蒋振伟等当事人送达开庭传票等相关法律文书的情况下，采用公告的方式进行送达，符合法律规定。蒋振伟等人经合法传唤，无正当理由未到庭，原审法院依法可以缺席审理。上诉人卞跃关于原审法院在相关当事人没有收到开庭传票的情况下即开庭审理的主张与事实不符，其关于原审判决程序违法的上诉理由无事实依据，不予采纳。

综上所述，原审被告联达厂虽在工商行政管理部门登记为个人独资企业，但实质上系上诉人卞跃、原审被告魏恒聂、蒋振伟、祝永兵、尹宏祥、洪彬合伙经营的企业。联达厂欠被上诉人双盈公司的121378595元货款发生于合伙期间，属于合伙企业的债务。对合伙债务如何承担，《中华人民共和国民法通则》、最高人民法院《关于贯彻执行〈中华人民共和国民法通则〉若干问题的意见（试行）》以及《中华人民共和国合伙企业法》（1997年8月1日起施行）（以下简称合伙企业法）均有相关规定。合伙企业法第三十九条规定："合伙企业对其债务，应先以其全部财产进行清偿。合伙企业财产不足清偿到期债务的，各合伙人应当承担无限连带清偿责任。"第四十条第一款规定："以合伙企业财产清偿合伙企业债务时，其不足的部分，由各合伙人按照本法第三十二条第一款规定的比例，用其在合伙企业出资以外的财产承担清偿责任。"据此，合伙企业债务的承担分为两个层次：第一顺序的债务承担人是合伙企业，第二顺序的债务承担人是全体合伙人。由于债权人的交易对象是合伙企业而非合伙人，合伙企业作为与债权人有直接法律关系的主体，应先以其全部财产进行清偿。因合伙企业不具备法人资格，普通合伙人不享受有限责任的保护，合伙企业的财产不足清偿债务的，全体普通合伙人应对合伙企业未能清偿的债务部分承担无限连带清偿责任。因而，合伙企业法第三十九条所谓的"连带"责任，是指合伙人在第二顺序的责任承担中相互之间所负的连带责任，而非合伙人与合伙企业之间的连带责任。本案中，对于联达厂欠双盈公司的货款，联达厂应先以其全部财产进行清偿。联达厂的财产不足清偿该债务的，卞跃等合伙人对未能清偿的部分承担无限连带清偿责任。原审判决对联达厂与卞跃等合伙人的责任顺序未作区分，应予纠正。综上，卞跃的上诉请求无事实与法律依据，不予支持。原审判决认定事实清楚，审理程序合法，但适用法律有误。

据此，江苏省高级人民法院依照《中华人民共和国合同法》第一百五十九条、第一百六十一条，合伙企业法第三十九条、第四十条第一款，《中华人民共和国民事诉讼法》第一百三十条、第一百五十三条第一款第（二）项之规定，于2009年11月17日判决：

一、维持江苏省南通市中级人民法院（2007）通中民二初字第0062号民事判决第一项及案件受理费部分；

二、撤销江苏省南通市中级人民法院（2007）通中民二初字第0062号民事判决第二项；

三、魏恒聂、蒋振伟、卞跃、祝永兵、尹宏祥、洪彬对联达厂不能清偿的债务部分承担无限连带清偿责任。

本判决为终审判决。

8. 张建中诉杨照春股权确认纠纷案[①]

【裁判摘要】

有限责任公司的实际出资人与名义出资人订立合同,约定由实际出资人出资并享有投资权益,以名义出资人为名义股东,该合同如无合同法第五十二条规定的情形,应当认定为有效。实际出资人有权依约主张确认投资权益归属。如实际出资人要求变更股东登记名册,须符合《中华人民共和国公司法》第七十二条的有关规定。

人民法院在审理实际出资人与名义出资人之间的股权转让纠纷中,以在所涉公司办公场所张贴通知并向其他股东邮寄通知的方式,要求其他股东提供书面回复意见,公司其他股东过半数表示同意股权转让的,应当认定该股权转让符合《中华人民共和国公司法》第七十二条的规定,名义出资人应依约为实际出资人办理相应的股权变更登记手续。

【案情】

原告:张建中。

被告:杨照春。

原告张建中因与被告杨照春发生股权确认纠纷,向上海市静安区人民法院提起诉讼。

原告张建中诉称:南京绿洲设备安装工程有限公司(以下简称绿洲公司)原为国行独资公司,于2007年3月改制为民营股份制公司,2007年3月14日,原告和被告杨照春签订合伙出资协议约定:1.被告出资人民币(下同)877.501万元,原告出资360.499万元,共同持有绿洲公司61.75%的股权;2.被告持有43.77%股权,原告持有17.98%股权;3.原告的股权由被告代为持有、行使。后原告按协议将投资款如数支付给被告,并由被告以出资形式缴纳给绿洲公司,被告出具确认书予以确认。2007年3月28日,原、告签订补充协议约定,被告为持股从2007年3月28日至2010年3月27日;代为持股期限届满后30日内,被告应根据协议将原告之股权变更至原告名下,并依法办理相关手续,若无法办理登记手续,被告应以市价收购上述股份。2008年11月25日,被告出具承诺书承诺于2009年2月底将股权变更登记至原告名下。截至原告起诉之日,被告仍未依法办理前述股权变更登记事宜。为此,原告请求判令确认原告为绿洲公司之股东,持股比例为17.98%并履行相应的股权变更登记手续;或判令被告向原告支付前述股权等值之金额(暂计)400万元;诉讼费由被告负担。

原告张建中提交了如下证据:

1. 合作出资协议、补充协议,证明原告张建中、被告杨照春合作投资绿洲公司并由被告持有股权的事实。

2. 确认书、验资报告,证明被告杨照春收到原告张建中360.499万元,被告也将全部出资缴入绿洲公司。

3. 信函、承诺书,证明被告杨照春承诺于2009年2月底前将股权变更至原告张建中名下。

4. 付款、电汇凭证,证明原告张建中将350万元出资付给上海亚帆钢结构工程有限公司,该公司又将转入南京中船绿洲机器有限公司。

5. 确认书8份,证明绿洲公司八位股东同意将股权变更登记至原告张建中名下。

被告杨照春辩称:原告张建中仅向被告支付200万元,另160余万元未实际出资,应予扣除。原告要求确认绿洲公司股权并变更登记违反法律规定和其他股东优先购买权,被告愿意按市场价值偿还原告出资款。

被告杨照春提交了如下证据:函件,用以证明绿洲公司三名股东拒绝原告张建中为绿洲公司股东。

上海市静安区人民法院依法组织了质证。

被告杨照春对原告张建中的证据1-4真实性无异议,证据5无法确认,认为仅收到原告出资200万元。原告对被告的证据真实性无异议。法院认为,原、被告提供的证据真实合法,与本案的事实存在关联,予以确认。

上海市静安区人民法院一审查明:
2007年3月14日,原告张建中、被告杨照春签订合作出资协议约定,原、被告共同出资1238万元,以被告名义受让绿洲公司61.75%股权,其

[①] 案例来源:《最高人民法院公报》2011年第5期。

中被告出资877.501万元,占43.77%;原告出资360.499万元,占17.98%。原告同意所有出资(或股权)登记在被告名下,股东权利由被告代为行使。原告应于2007年3月15日前将出资款360.499万元汇入被告指定账户。

2007年3月28日,原告张建中、被告杨照春签订补充协议约定,被确认原告已经按约向被告支付360.499万元,实际持有绿洲公司17.98%的股权;双方同意代为持股的期限为三年,自2007年3月28日至2010年3月27日止;代为持股期限届满后30日内,被告应将股权变更登记至原告的名下,相应手续依法办理;若因绿洲公司其他股东提出异议或其他事由导致变更登记无法完成,则被告应以市价受让原告的股权或将代为持有的原告股权转让于第三方并将转让款返还于原告;前述"市价"系指双方依据市场情况就原告的股权协商确定的价格或经会计师事务所等具有评估资质的机构对原告股权依法进行评估的价格。合作出资协议、补充协议还对其他条款作了约定。

2007年3月15日、16日,原告张建中将350万元出资款付给上海亚帆钢结构工程有限公司,该公司于次日又将款转入南京中船绿洲机器有限公司;

2007年4月15日,被告杨照春出具确认书,确认收到原告张建中的360.499万元出资款。

2007年3月23日,江苏纵横会计师事务所有限公司出具验资报告称,绿洲公司申请登记的注册资本2005万元,全体股东于2007年3月21日前一次缴足,其中被告杨照春委托南京中船绿洲机器有限公司向绿洲公司开设的临时存款账户缴存1238万元。

2008年11月25日,被告杨照春出具承诺书,承诺于2009年2月底前将原告张建中实际持有绿洲公司17.98%的股权变更登记至原告名下。

2009年5月15日,绿洲公司核准登记,绿洲公司股东为被告杨照春、马卫忠、曹兆军(原为陈立春,后经工商变更登记)等十四位自然人和南京中船绿洲机器有限公司。

本案的争议焦点是:原告张建中要求确认绿洲公司股权并变更登记的主张应否支持。

上海市静安区人民法院一审认为:

原告张建中、被告杨照春之间的合作出资协议、补充协议和被告出具的确认书、承诺书,系当事人真实意思表示,无合同法第五十二条规定的情形,因此,原、被告的合作出资协议、补充协议等合法有效。根据原、被告的约定,被告代为原告持有绿洲公司股权的期限至2009年2月底,现已逾代为持有的期限,原告有权依约主张自己的权利,故应确认争议股权为原告所有。

本案中,争议股权虽应为原告张建中所有,但原告并不当然成为绿洲公司的股东,被告杨照春在代为持股期限届满后,为原告办理相应的股权变更登记手续,形同股东向股东以外的人转让股权。按照《中华人民共和国公司法》(以下简称公司法)第七十二条第二款、第三款的规定,股东向股东以外的人转让股权,应当经其他股东过半数同意。股东应就其股权转让事项书面通知其他股东征求同意,其他股东自接到书面通知之日起满三十日未答复的,视为同意转让。其他股东半数以上不同意转让的,不同意的股东应当购买该转让的股权;不购买的,视为同意转让。因此,被告为原告办理相应的股权变更登记手续,应当由绿洲公司其他股东过半数表示同意。

审理中,法院在绿洲公司张贴通知,并向绿洲公司部分股东发出通知,说明根据公司法有关规定,如绿洲公司股东对原告张建中、被告杨照春之间的股权变更登记有异议,应按规定收购争议的股权,并于2009年12月31日前回复。嗣后,马卫忠等八位股东(过半数)同意股权变更登记。因此,张建中、杨照春之间股权变更登记的条件已经成就,原告要求被告履行相应股权变更登记手续的诉讼请求,符合事实与法律依据,应予支持。

关于被告杨照春否认收到原告张建中160余万元出资一节,原告有银行转账凭证和被告出具的确认书确认,被告并无证据佐证,应确认被告收到原告全部出资款。因此,被告的辩称缺乏事实与法律依据,不予支持。

据此,上海市静安区人民法院依照公司法第七十二条的规定,于2010年1月18日判决如下:

一、确认被告杨照春持有的绿洲公司股权中

17.98%(价值人民币 360.499 万元)为原告张建中所有。

二、被告杨照春应在本判决生效之日起十日内至工商管理部门将上述股权变更登记至原告张建中的名下。

一审判决宣判后,双方当事人均未上诉,一审判决已经发生法律效力。

9. 高光诉三亚天通国际酒店有限公司、海南博超房地产开发有限公司等第三人撤销之诉案①

【关键词】民事/第三人撤销之诉/公司法人/股东/原告主体资格

【裁判要点】

公司股东对公司法人与他人之间的民事诉讼生效裁判不具有直接的利益关系,不符合民事诉讼法第五十六条规定的第三人条件,其以股东身份提起第三人撤销之诉的,人民法院不予受理。

【相关法条】

《中华人民共和国民事诉讼法》第 56 条

【基本案情】

2005 年 11 月 3 日,高光和邹某某作为公司股东(发起人)发起成立海南博超房地产开发有限公司(以下简称博超公司),高光、邹某某出资比例各占 50%,邹某某任该公司执行董事、法定代表人。

2011 年 6 月 16 日,博超公司、三亚南海岸旅游服务有限公司(以下简称南海岸公司)、三亚天通国际酒店有限公司(以下简称天通公司)、北京天时房地产开发有限公司(以下简称天时公司)四方共同签署了《协议书》,对位于海南省三亚市三亚湾海坡开发区的碧海华云酒店(现为天通国际酒店)的现状、投资额及酒店产权确认、酒店产权过户手续的办理、工程结算及结算资料的移交、违约责任等方面均作明确约定。2012 年 8 月 1 日,天通公司以博超公司和南海岸公司为被告、天时公司为第三人向海南省高级人民法院提起合资、合作开发房地产合同纠纷之诉,提出碧海华云酒店(现为天通国际酒店)房屋所有权(含房屋占用范围内的土地使用权)归天通公司所有以及博超公司向天通公司支付违约金 720 万元等诉讼请求。海南省高级人民法院作出(2012)琼民一初字第 3 号民事判决,支持了天通公司的诉讼请求,判决作出后,各方当事人均未提出上诉。

2012 年 8 月 28 日,高光以博超公司经营管理发生严重困难,继续存续将会使股东利益遭受重大损失为由起诉请求解散公司。2013 年 9 月 12 日,海南省海口市中级人民法院作出(2013)海中法民二初字第 5 号民事判决,判决解散博超公司。博超公司不服该判决,提出上诉。2013 年 12 月 19 日,海南省高级人民法院就该案作出(2013)琼民二终字第 35 号民事判决,判决驳回上诉,维持原判。2014 年 9 月 18 日,海口市中级人民法院指定海南天皓律师事务所担任博超公司管理人,负责博超公司的清算。

2015 年 4 月 20 日,博超公司管理人以天通公司、天时公司、南海岸公司为被告,向海南省高级人民法院起诉:请求确认博超公司于 2011 年 6 月 16 日签订的《协议书》无效,将位于海南省三亚市三亚湾路海坡度假区 15370.84 平方米的土地使用权及 29851.55 平方米的地上建筑物返还过户登记至博超公司管理人名下。海南省高级人民法院裁定驳回了博超公司管理人的起诉。诉讼过程中,天时公司、天通公司收到该案诉讼文书后与博超公司管理人联系并向其提供了(2012)琼民一初字第 3 号民事判决的复印件。高光遂据此向海南省高级人民法院就(2012)琼民一初字第 3 号民事判决提起本案第三人撤销之诉。

【裁判结果】

海南省高级人民法院于 2016 年 8 月 23 日作出(2015)琼民一初字第 43 号民事裁定书,驳回原告高光的起诉。高光不服,提起上诉。最高人民

---

① 案例来源:《最高人民法院关于发布第 27 批指导性案例的通知》(2021 年 2 月 19 日 法〔2021〕55 号),指导案例 148 号。

法院于2017年6月22日作出(2017)最高法民终63号民事裁定书,驳回上诉,维持原裁定。

【裁判理由】

最高人民法院认为:本案系高光针对已生效的海南省高级人民法院(2012)琼民一初字第3号民事判决而提起的第三人撤销之诉。第三人撤销之诉制度的设置功能,主要是为了保护受错误生效裁判损害的未参加原诉的第三人的合法权益。由于第三人本人以外的原因未能参加原诉,导致人民法院作出了错误裁判,在这种情形下,法律赋予本应参加原诉的第三人有权通过另诉的方式撤销原生效裁判。因此,提起第三人撤销之诉的主体必须符合本应作为第三人参加原诉的身份条件。本案中,高光不符合以第三人身份参加该案诉讼的条件。

1. 高光对(2012)琼民一初字第3号民事判决案件的诉讼标的没有独立请求权,不属于案有独立请求权的第三人。有独立请求权的第三人,是指对当事人之间争议的诉讼标的,有权以独立的实体权利人的资格提出诉讼请求的主体。在(2012)琼民一初字第3号民事判决案件中,天通公司基于其与博超公司订立的《协议书》提出各项诉讼请求,海南省高级人民法院基于《协议书》的约定进行审理并作出判决。高光只是博超公司的股东之一,并不是《协议书》的合同当事人一方,其无权基于该协议约定提出诉讼请求。

2. 高光不属于(2012)琼民一初字第3号民事判决案件无独立请求权的第三人。无独立请求权的第三人,是指虽然对当事人双方的诉讼标的没有独立请求权,但案件处理结果同他有法律上的利害关系的主体。第三人同案件处理结果存在的法律上的利害关系,可能是直接的,也可能是间接的。本案中,(2012)琼民一初字第3号民事判决只确认了博超公司应承担的法律义务,未判决高光承担民事责任,故高光与(2012)琼民一初字第3号民事判决的处理结果并不存在直接的利害关系。关于是否存在间接利害关系的问题。通常来说,股东和公司之间系天然的利益共同体。公司股东对公司财产享有资产收益权,

公司的对外交易活动、民事诉讼的胜败结果一般都会影响到公司的资产情况,从而间接影响到股东的收益权利。从这个角度看,股东与公司进行的民事诉讼的处理结果具有法律上的间接利害关系。但是,由于公司利益和股东利益具有一致性,公司对外活动应推定为股东整体意志的体现,公司在诉讼活动中的主张也应认定为代表股东的整体利益。因此,虽然公司诉讼的处理结果会间接影响到股东的利益,但股东的利益和意见已经在诉讼过程中由公司所代表和表达,则不应再追加股东作为第三人参加诉讼。本案中,虽然高光是博超公司的股东,但博超公司与南海岸公司、天时公司、天通公司的诉讼活动中,股东的意见已为博超公司所代表,则作为股东的高光不应再以无独立请求权的第三人身份参加该案诉讼。至于不同股东之间的分歧所导致的利益冲突,应由股东与股东之间、股东与公司之间依法另行处理。

10. 长沙广大建筑装饰有限公司诉中国工商银行股份有限公司广州粤秀支行、林传武、长沙广大建筑装饰有限公司广州分公司等第三人撤销之诉案①

【关键词】民事/第三人撤销之诉/公司法人/分支机构/原告主体资格

【裁判要点】

公司法人的分支机构以自己的名义从事民事活动,并独立参加民事诉讼,人民法院判决分支机构对外承担民事责任,公司法人对该生效裁判提起第三人撤销之诉的,其不符合民事诉讼法第五十六条规定的第三人条件,人民法院不予受理。

【相关法条】

《中华人民共和国民事诉讼法》第56条
《中华人民共和国民法总则》第74条第2款

【基本案情】

2011年7月12日,林传武与中国工商银行

---

① 案例来源:《最高人民法院关于发布第27批指导性案例的通知》(2021年2月19日 法〔2021〕55号),指导案例149号。

股份有限公司广州粤秀支行(以下简称工商银行粤秀支行)签订《个人借款/担保合同》。长沙广大建筑装饰有限公司广州分公司(以下简称长沙广大广州分公司)出具《担保函》,为林传武在工商银行粤秀支行的贷款提供连带责任保证。后因林传武欠付款项,工商银行粤秀支行向法院起诉林传武、长沙广大广州分公司等,请求林传武偿还欠款本息,长沙广大广州分公司承担连带清偿责任。此案经广东省广州市天河区人民法院一审、广州市中级人民法院二审,判令林传武清偿欠付本金及利息等,其中一项为判令长沙广大广州分公司对林传武的债务承担连带清偿责任。

2017年,长沙广大建筑装饰有限公司(以下简称长沙广大公司)向广州市中级人民法院提起第三人撤销之诉,以生效判决没有将长沙广大公司列为共同被告参与诉讼,并错误认定《担保函》性质,导致长沙广大公司无法主张权利,请求撤销广州市中级人民法院作出的(2016)粤01民终第15617号民事判决。

【裁判结果】

广州市中级人民法院于2017年12月4日作出(2017)粤01民撤10号民事裁定:驳回原告长沙广大建筑装饰有限公司的起诉。宣判后,长沙广大建筑装饰有限公司提起上诉。广东省高级人民法院于2018年6月22日作出(2018)粤民终1151号民事裁定:驳回上诉,维持原裁定。

【裁判理由】

法院生效裁判认为:民事诉讼法第五十六条规定:"对当事人双方的诉讼标的,第三人认为有独立请求权的,有权提起诉讼。对当事人双方的诉讼标的,第三人虽然没有独立请求权,但案件处理结果同他有法律上的利害关系的,可以申请参加诉讼,或者由人民法院通知他参加诉讼。人民法院判决承担民事责任的第三人,有当事人的诉讼权利义务。前两款规定的第三人,因不能归责于本人的事由未参加诉讼,但有证据证明发生法律效力的判决、裁定、调解书的部分或者全部内容错误,损害其民事权益的,可以自知道或者应当知道其民事权益受到损害之日起六个月内,向作出该判决、裁定、调解书的人民法院提起诉讼。……"依据上述法律规定,提起第三人撤销之诉的"第三人"是指有独立请求权的,或

者案件处理结果同他有法律上的利害关系的无独立请求权第三人,但不包括当事人双方。在已经生效的(2016)粤01民终15617号案件中,被告长沙广大广州分公司系长沙广大公司的分支机构,不是法人,但其依法设立并领取工商营业执照,具有一定的运营资金和在核准的经营范围内经营业务的行为能力。根据民法总则第七十四条第二款"分支机构以自己的名义从事民事活动,产生的民事责任由法人承担;也可以先以该分支机构管理的财产承担,不足以承担的,由法人承担。"的规定,长沙广大公司在(2016)粤01民终15617号案件中,属于承担民事责任的当事人,其诉讼地位不是民事诉讼法第五十六条规定的第三人。因此,长沙广大公司以第三人的主体身份提出本案诉讼不符合第三人撤销之诉的法定适用条件。

◎ 法规链接

中华人民共和国公司法

- 1993年12月29日第八届全国人民代表大会常务委员会第五次会议通过
- 根据1999年12月25日第九届全国人民代表大会常务委员会第十三次会议《关于修改〈中华人民共和国公司法〉的决定》第一次修正
- 根据2004年8月28日第十届全国人民代表大会常务委员会第十一次会议《关于修改〈中华人民共和国公司法〉的决定》第二次修正
- 2005年10月27日第十届全国人民代表大会常务委员会第十八次会议修订
- 根据2013年12月28日第十二届全国人民代表大会常务委员会第六次会议《关于修改〈中华人民共和国海洋环境保护法〉等七部法律的决定》第三次修正
- 根据2018年10月26日第十三届全国人民代表大会常务委员会第六次会议《关于修改〈中华人民共和国公司法〉的决定》第四次修正

第一章 总 则

第一条 为了规范公司的组织和行为,保护公司、股东和债权人的合法权益,维护社会经济

秩序,促进社会主义市场经济的发展,制定本法。

第二条 本法所称公司是指依照本法在中国境内设立的有限责任公司和股份有限公司。

第三条 公司是企业法人,有独立的法人财产,享有法人财产权。公司以其全部财产对公司的债务承担责任。

有限责任公司的股东以其认缴的出资额为限对公司承担责任;股份有限公司的股东以其认购的股份为限对公司承担责任。

第四条 公司股东依法享有资产收益、参与重大决策和选择管理者等权利。

第五条 公司从事经营活动,必须遵守法律、行政法规,遵守社会公德、商业道德,诚实守信,接受政府和社会公众的监督,承担社会责任。

公司的合法权益受法律保护,不受侵犯。

第六条 设立公司,应当依法向公司登记机关申请设立登记。符合本法规定的设立条件的,由公司登记机关分别登记为有限责任公司或者股份有限公司;不符合本法规定的设立条件的,不得登记为有限责任公司或者股份有限公司。

法律、行政法规规定设立公司必须报经批准的,应当在公司登记前依法办理批准手续。

公众可以向公司登记机关申请查询公司登记事项,公司登记机关应当提供查询服务。

第七条 依法设立的公司,由公司登记机关发给公司营业执照。公司营业执照签发日期为公司成立日期。

公司营业执照应当载明公司的名称、住所、注册资本、经营范围、法定代表人姓名等事项。

公司营业执照记载的事项发生变更的,公司应当依法办理变更登记,由公司登记机关换发营业执照。

第八条 依照本法设立的有限责任公司,必须在公司名称中标明有限责任公司或者有限公司字样。

依照本法设立的股份有限公司,必须在公司名称中标明股份有限公司或者股份公司字样。

第九条 有限责任公司变更为股份有限公司,应当符合本法规定的股份有限公司的条件。股份有限公司变更为有限责任公司,应当符合本法规定的有限责任公司的条件。

有限责任公司变更为股份有限公司的,或者股份有限公司变更为有限责任公司的,公司变更前的债权、债务由变更后的公司承继。

第十条 公司以其主要办事机构所在地为住所。

第十一条 设立公司必须依法制定公司章程。公司章程对公司、股东、董事、监事、高级管理人员具有约束力。

第十二条 公司的经营范围由公司章程规定,并依法登记。公司可以修改公司章程,改变经营范围,但是应当办理变更登记。

公司的经营范围中属于法律、行政法规规定须经批准的项目,应当依法经过批准。

第十三条 公司法定代表人依照公司章程的规定,由董事长、执行董事或者经理担任,并依法登记。公司法定代表人变更,应当办理变更登记。

第十四条 公司可以设立分公司。设立分公司,应当向公司登记机关申请登记,领取营业执照。分公司不具有法人资格,其民事责任由公司承担。

公司可以设立子公司,子公司具有法人资格,依法独立承担民事责任。

第十五条 公司可以向其他企业投资;但是,除法律另有规定外,不得成为对所投资企业的债务承担连带责任的出资人。

第十六条 公司向其他企业投资或者为他人提供担保,依照公司章程的规定,由董事会或者股东会、股东大会决议;公司章程对投资或者担保的总额及单项投资或者担保的数额有限额规定的,不得超过规定的限额。

公司为公司股东或者实际控制人提供担保的,必须经股东会或者股东大会决议。

前款规定的股东或者受前款规定的实际控制人支配的股东,不得参加前款规定事项的表决。该项表决由出席会议的其他股东所持表决权的过半数通过。

第十七条 公司必须保护职工的合法权益,依法与职工签订劳动合同,参加社会保险,加强劳动保护,实现安全生产。

公司应当采用多种形式,加强公司职工的职业教育和岗位培训,提高职工素质。

第十八条 公司职工依照《中华人民共和国工会法》组织工会,开展工会活动,维护职工合法权益。公司应当为本公司工会提供必要的活动条件。公司工会代表职工就职工的劳动报酬、工作时间、福利、保险和劳动安全卫生等事项依法与公司签订集体合同。

公司依照宪法和有关法律的规定,通过职工代表大会或者其他形式,实行民主管理。

公司研究决定改制以及经营方面的重大问题、制定重要的规章制度时,应当听取公司工会的意见,并通过职工代表大会或者其他形式听取职工的意见和建议。

第十九条 在公司中,根据中国共产党章程的规定,设立中国共产党的组织,开展党的活动。公司应当为党组织的活动提供必要条件。

第二十条 公司股东应当遵守法律、行政法规和公司章程,依法行使股东权利,不得滥用股东权利损害公司或者其他股东的利益;不得滥用公司法人独立地位和股东有限责任损害公司债权人的利益。

公司股东滥用股东权利给公司或者其他股东造成损失的,应当依法承担赔偿责任。

公司股东滥用公司法人独立地位和股东有限责任,逃避债务,严重损害公司债权人利益的,应当对公司债务承担连带责任。

第二十一条 公司的控股股东、实际控制人、董事、监事、高级管理人员不得利用其关联关系损害公司利益。

违反前款规定,给公司造成损失的,应当承担赔偿责任。

第二十二条 公司股东会或者股东大会、董事会的决议内容违反法律、行政法规的无效。

股东会或者股东大会、董事会的会议召集程序、表决方式违反法律、行政法规或者公司章程,或者决议内容违反公司章程的,股东可以自决议作出之日起六十日内,请求人民法院撤销。

股东依照前款规定提起诉讼的,人民法院可以应公司的请求,要求股东提供相应担保。

公司根据股东会或者股东大会、董事会决议已办理变更登记的,人民法院宣告该决议无效或者撤销该决议后,公司应当向公司登记机关申请撤销变更登记。

第二章 有限责任公司的设立和组织机构

第一节 设 立

第二十三条 设立有限责任公司,应当具备下列条件:

(一)股东符合法定人数;

(二)有符合公司章程规定的全体股东认缴的出资额;

(三)股东共同制定公司章程;

(四)有公司名称,建立符合有限责任公司要求的组织机构;

(五)有公司住所。

第二十四条 有限责任公司由五十个以下股东出资设立。

第二十五条 有限责任公司章程应当载明下列事项:

(一)公司名称和住所;

(二)公司经营范围;

(三)公司注册资本;

(四)股东的姓名或者名称;

(五)股东的出资方式、出资额和出资时间;

(六)公司的机构及其产生办法、职权、议事规则;

(七)公司法定代表人;

(八)股东会会议认为需要规定的其他事项。

股东应当在公司章程上签名、盖章。

第二十六条 有限责任公司的注册资本为在公司登记机关登记的全体股东认缴的出资额。

法律、行政法规以及国务院决定对有限责任公司注册资本实缴、注册资本最低限额另有规定的,从其规定。

第二十七条 股东可以用货币出资,也可以用实物、知识产权、土地使用权等可以用货币估价并可以依法转让的非货币财产作价出资;但是,法律、行政法规规定不得作为出资的财产除外。

对作为出资的非货币财产应当评估作价,

核实财产,不得高估或者低估作价。法律、行政法规对评估作价有规定的,从其规定。

第二十八条 股东应当按期足额缴纳公司章程中规定的各自所认缴的出资额。股东以货币出资的,应当将货币出资足额存入有限责任公司在银行开设的账户;以非货币财产出资的,应当依法办理其财产权的转移手续。

股东不按照前款规定缴纳出资的,除应当向公司足额缴纳外,还应当向已按期足额缴纳出资的股东承担违约责任。

第二十九条 股东认足公司章程规定的出资后,由全体股东指定的代表或者共同委托的代理人向公司登记机关报送公司登记申请书、公司章程等文件,申请设立登记。

第三十条 有限责任公司成立后,发现作为设立公司出资的非货币财产的实际价额显著低于公司章程所定价额的,应当由交付该出资的股东补足其差额;公司设立时的其他股东承担连带责任。

第三十一条 有限责任公司成立后,应当向股东签发出资证明书。

出资证明书应当载明下列事项:

(一)公司名称;

(二)公司成立日期;

(三)公司注册资本;

(四)股东的姓名或者名称、缴纳的出资额和出资日期;

(五)出资证明书的编号和核发日期。

出资证明书由公司盖章。

第三十二条 有限责任公司应当置备股东名册,记载下列事项:

(一)股东的姓名或者名称及住所;

(二)股东的出资额;

(三)出资证明书编号。

记载于股东名册的股东,可以依股东名册主张行使股东权利。

公司应当将股东的姓名或者名称向公司登记机关登记;登记事项发生变更的,应当办理变更登记。未经登记或者变更登记的,不得对抗第三人。

第三十三条 股东有权查阅、复制公司章程、股东会会议记录、董事会会议决议、监事会会议决议和财务会计报告。

股东可以要求查阅公司会计账簿。股东要求查阅公司会计账簿的,应当向公司提出书面请求,说明目的。公司有合理根据认为股东查阅会计账簿有不正当目的,可能损害公司合法利益的,可以拒绝提供查阅,并应当自股东提出书面请求之日起十五日内书面答复股东并说明理由。公司拒绝提供查阅的,股东可以请求人民法院要求公司提供查阅。

第三十四条 股东按照实缴的出资比例分取红利;公司新增资本时,股东有权优先按照实缴的出资比例认缴出资。但是,全体股东约定不按照出资比例分取红利或者不按照出资比例优先认缴出资的除外。

第三十五条 公司成立后,股东不得抽逃出资。

第二节 组织机构

第三十六条 有限责任公司股东会由全体股东组成。股东会是公司的权力机构,依照本法行使职权。

第三十七条 股东会行使下列职权:

(一)决定公司的经营方针和投资计划;

(二)选举和更换非由职工代表担任的董事、监事,决定有关董事、监事的报酬事项;

(三)审议批准董事会的报告;

(四)审议批准监事会或者监事的报告;

(五)审议批准公司的年度财务预算方案、决算方案;

(六)审议批准公司的利润分配方案和弥补亏损方案;

(七)对公司增加或者减少注册资本作出决议;

(八)对发行公司债券作出决议;

(九)对公司合并、分立、解散、清算或者变更公司形式作出决议;

(十)修改公司章程;

(十一)公司章程规定的其他职权。

对前款所列事项股东以书面形式一致表示同意的,可以不召开股东会会议,直接作出决定,并由全体股东在决定文件上签名、盖章。

第三十八条 首次股东会会议由出资最多的股东召集和主持,依照本法规定行使职权。

第三十九条 股东会会议分为定期会议和临时会议。

定期会议应当依照公司章程的规定按时召开。代表十分之一以上表决权的股东，三分之一以上的董事，监事会或者不设监事会的公司的监事提议召开临时会议的，应当召开临时会议。

第四十条 有限责任公司设立董事会的，股东会会议由董事会召集，董事长主持；董事长不能履行职务或者不履行职务的，由副董事长主持；副董事长不能履行职务或者不履行职务的，由半数以上董事共同推举一名董事主持。

有限责任公司不设董事会的，股东会会议由执行董事召集和主持。

董事会或者执行董事不能履行或者不履行召集股东会会议职责的，由监事会或者不设监事会的公司的监事召集和主持；监事会或者监事不召集和主持的，代表十分之一以上表决权的股东可以自行召集和主持。

第四十一条 召开股东会会议，应当于会议召开十五日前通知全体股东；但是，公司章程另有规定或者全体股东另有约定的除外。

股东会应当对所议事项的决定作成会议记录，出席会议的股东应当在会议记录上签名。

第四十二条 股东会会议由股东按照出资比例行使表决权；但是，公司章程另有规定的除外。

第四十三条 股东会的议事方式和表决程序，除本法有规定的外，由公司章程规定。

股东会会议作出修改公司章程、增加或者减少注册资本的决议，以及公司合并、分立、解散或者变更公司形式的决议，必须经代表三分之二以上表决权的股东通过。

第四十四条 有限责任公司设董事会，其成员为三人至十三人；但是，本法第五十条另有规定的除外。

两个以上的国有企业或者两个以上的其他国有投资主体投资设立的有限责任公司，其董事会成员中应当有公司职工代表；其他有限责任公司董事会成员中可以有公司职工代表。董事会中的职工代表由公司职工通过职工代表大会、职工大会或者其他形式民主选举产生。

董事会设董事长一人，可以设副董事长。董事长、副董事长的产生办法由公司章程规定。

第四十五条 董事任期由公司章程规定，但每届任期不得超过三年。董事任期届满，连选可以连任。

董事任期届满未及时改选，或者董事在任期内辞职导致董事会成员低于法定人数的，在改选出的董事就任前，原董事仍应当依照法律、行政法规和公司章程的规定，履行董事职务。

第四十六条 董事会对股东会负责，行使下列职权：

（一）召集股东会会议，并向股东会报告工作；

（二）执行股东会的决议；

（三）决定公司的经营计划和投资方案；

（四）制订公司的年度财务预算方案、决算方案；

（五）制订公司的利润分配方案和弥补亏损方案；

（六）制订公司增加或者减少注册资本以及发行公司债券的方案；

（七）制订公司合并、分立、解散或者变更公司形式的方案；

（八）决定公司内部管理机构的设置；

（九）决定聘任或者解聘公司经理及其报酬事项，并根据经理的提名决定聘任或者解聘公司副经理、财务负责人及其报酬事项；

（十）制定公司的基本管理制度；

（十一）公司章程规定的其他职权。

第四十七条 董事会会议由董事长召集和主持；董事长不能履行职务或者不履行职务的，由副董事长召集和主持；副董事长不能履行职务或者不履行职务的，由半数以上董事共同推举一名董事召集和主持。

第四十八条 董事会的议事方式和表决程序，除本法有规定的外，由公司章程规定。

董事会应当对所议事项的决定作成会议记录，出席会议的董事应当在会议记录上签名。

董事会决议的表决，实行一人一票。

第四十九条 有限责任公司可以设经理,由董事会决定聘任或者解聘。经理对董事会负责,行使下列职权:

(一)主持公司的生产经营管理工作,组织实施董事会决议;

(二)组织实施公司年度经营计划和投资方案;

(三)拟订公司内部管理机构设置方案;

(四)拟订公司的基本管理制度;

(五)制定公司的具体规章;

(六)提请聘任或者解聘公司副经理、财务负责人;

(七)决定聘任或者解聘除应由董事会决定聘任或者解聘以外的负责管理人员;

(八)董事会授予的其他职权。

公司章程对经理职权另有规定的,从其规定。

经理列席董事会会议。

第五十条 股东人数较少或者规模较小的有限责任公司,可以设一名执行董事,不设董事会。执行董事可以兼任公司经理。

执行董事的职权由公司章程规定。

第五十一条 有限责任公司设监事会,其成员不得少于三人。股东人数较少或者规模较小的有限责任公司,可以设一至二名监事,不设监事会。

监事会应当包括股东代表和适当比例的公司职工代表,其中职工代表的比例不得低于三分之一,具体比例由公司章程规定。监事会中的职工代表由公司职工通过职工代表大会、职工大会或者其他形式民主选举产生。

监事会设主席一人,由全体监事过半数选举产生。监事会主席召集和主持监事会会议;监事会主席不能履行职务或者不履行职务的,由半数以上监事共同推举一名监事召集和主持监事会会议。

董事、高级管理人员不得兼任监事。

第五十二条 监事的任期每届为三年。监事任期届满,连选可以连任。

监事任期届满未及时改选,或者监事在任期内辞职导致监事会成员低于法定人数的,在改选出的监事就任前,原监事仍应当依照法律、行政法规和公司章程的规定,履行监事职务。

第五十三条 监事会、不设监事会的公司的监事行使下列职权:

(一)检查公司财务;

(二)对董事、高级管理人员执行公司职务的行为进行监督,对违反法律、行政法规、公司章程或者股东会决议的董事、高级管理人员提出罢免的建议;

(三)当董事、高级管理人员的行为损害公司的利益时,要求董事、高级管理人员予以纠正;

(四)提议召开临时股东会会议,在董事会不履行本法规定的召集和主持股东会会议职责时召集和主持股东会会议;

(五)向股东会会议提出提案;

(六)依照本法第一百五十一条的规定,对董事、高级管理人员提起诉讼;

(七)公司章程规定的其他职权。

第五十四条 监事可以列席董事会会议,并对董事会决议事项提出质询或者建议。

监事会、不设监事会的公司的监事发现公司经营情况异常,可以进行调查;必要时,可以聘请会计师事务所等协助其工作,费用由公司承担。

第五十五条 监事会每年度至少召开一次会议,监事可以提议召开临时监事会会议。

监事会的议事方式和表决程序,除本法有规定的外,由公司章程规定。

监事会决议应当经半数以上监事通过。

监事会应当对所议事项的决定作成会议记录,出席会议的监事应当在会议记录上签名。

第五十六条 监事会、不设监事会的公司的监事行使职权所必需的费用,由公司承担。

第三节 一人有限责任公司的特别规定

第五十七条 一人有限责任公司的设立和组织机构,适用本节规定;本节没有规定的,适用本章第一节、第二节的规定。

本法所称一人有限责任公司,是指只有一个自然人股东或者一个法人股东的有限责任

第五十八条 一个自然人只能投资设立一个一人有限责任公司。该一人有限责任公司不能投资设立新的一人有限责任公司。

第五十九条 一人有限责任公司应当在公司登记中注明自然人独资或者法人独资,并在公司营业执照中载明。

第六十条 一人有限责任公司章程由股东制定。

第六十一条 一人有限责任公司不设股东会。股东作出本法第三十七条第一款所列决定时,应当采用书面形式,并由股东签名后置备于公司。

第六十二条 一人有限责任公司应当在每一会计年度终了时编制财务会计报告,并经会计师事务所审计。

第六十三条 一人有限责任公司的股东不能证明公司财产独立于股东自己的财产的,应当对公司债务承担连带责任。

第四节 国有独资公司的特别规定

第六十四条 国有独资公司的设立和组织机构,适用本节规定;本节没有规定的,适用本章第一节、第二节的规定。

本法所称国有独资公司,是指国家单独出资、由国务院或者地方人民政府授权本级人民政府国有资产监督管理机构履行出资人职责的有限责任公司。

第六十五条 国有独资公司章程由国有资产监督管理机构制定,或者由董事会制订报国有资产监督管理机构批准。

第六十六条 国有独资公司不设股东会,由国有资产监督管理机构行使股东会职权。国有资产监督管理机构可以授权公司董事会行使股东会的部分职权,决定公司的重大事项,但公司的合并、分立、解散、增加或者减少注册资本和发行公司债券,必须由国有资产监督管理机构决定;其中,重要的国有独资公司合并、分立、解散、申请破产的,应当由国有资产监督管理机构审核后,报本级人民政府批准。

前款所称重要的国有独资公司,按照国务院的规定确定。

第六十七条 国有独资公司设董事会,依照本法第四十六条、第六十六条的规定行使职权。董事每届任期不得超过三年。董事会成员中应当有公司职工代表。

董事会成员由国有资产监督管理机构委派;但是,董事会成员中的职工代表由公司职工代表大会选举产生。

董事会设董事长一人,可以设副董事长。董事长、副董事长由国有资产监督管理机构从董事会成员中指定。

第六十八条 国有独资公司设经理,由董事会聘任或者解聘。经理依照本法第四十九条规定行使职权。

经国有资产监督管理机构同意,董事会成员可以兼任经理。

第六十九条 国有独资公司的董事长、副董事长、董事、高级管理人员,未经国有资产监督管理机构同意,不得在其他有限责任公司、股份有限公司或者其他经济组织兼职。

第七十条 国有独资公司监事会成员不得少于五人,其中职工代表的比例不得低于三分之一,具体比例由公司章程规定。

监事会成员由国有资产监督管理机构委派;但是,监事会成员中的职工代表由公司职工代表大会选举产生。监事会主席由国有资产监督管理机构从监事会成员中指定。

监事会行使本法第五十三条第(一)项至第(三)项规定的职权和国务院规定的其他职权。

第三章 有限责任公司的股权转让

第七十一条 有限责任公司的股东之间可以相互转让其全部或者部分股权。

股东向股东以外的人转让股权,应当经其他股东过半数同意。股东应就其股权转让事项书面通知其他股东征求同意,其他股东自接到书面通知之日起满三十日未答复的,视为同意转让。其他股东半数以上不同意转让的,不同意的股东应当购买该转让的股权;不购买的,视为同意转让。

经股东同意转让的股权,在同等条件下,其他股东有优先购买权。两个以上股东主张行使优先购买权的,协商确定各自的购买比例;协商不成的,按照转让时各自的出资比例行使优先购买权。

公司章程对股权转让另有规定的,从其规定。

第七十二条 人民法院依照法律规定的强制执行程序转让股东的股权时,应当通知公司及全体股东,其他股东在同等条件下有优先购买权。其他股东自人民法院通知之日起满二十日不行使优先购买权的,视为放弃优先购买权。

第七十三条 依照本法第七十一条、第七十二条转让股权后,公司应当注销原股东的出资证明书,向新股东签发出资证明书,并相应修改公司章程和股东名册中有关股东及其出资额的记载。对公司章程的该项修改不需再由股东会表决。

第七十四条 有下列情形之一的,对股东会该项决议投反对票的股东可以请求公司按照合理的价格收购其股权:

(一) 公司连续五年不向股东分配利润,而公司该五年连续盈利,并且符合本法规定的分配利润条件的;

(二) 公司合并、分立、转让主要财产的;

(三) 公司章程规定的营业期限届满或者章程规定的其他解散事由出现,股东会会议通过决议修改章程使公司存续的。

自股东会会议决议通过之日起六十日内,股东与公司不能达成股权收购协议的,股东可以自股东会会议决议通过之日起九十日内向人民法院提起诉讼。

第七十五条 自然人股东死亡后,其合法继承人可以继承股东资格;但是,公司章程另有规定的除外。

第四章 股份有限公司的设立和组织机构

第一节 设 立

第七十六条 设立股份有限公司,应当具备下列条件:

(一) 发起人符合法定人数;

(二) 有符合公司章程规定的全体发起人认购的股本总额或者募集的实收股本总额;

(三) 股份发行、筹办事项符合法律规定;

(四) 发起人制订公司章程,采用募集方式设立的经创立大会通过;

(五) 有公司名称,建立符合股份有限公司要求的组织机构;

(六) 有公司住所。

第七十七条 股份有限公司的设立,可以采取发起设立或者募集设立的方式。

发起设立,是指由发起人认购公司应发行的全部股份而设立公司。

募集设立,是指由发起人认购公司应发行股份的一部分,其余股份向社会公开募集或者向特定对象募集而设立公司。

第七十八条 设立股份有限公司,应当有二人以上二百人以下为发起人,其中须有半数以上的发起人在中国境内有住所。

第七十九条 股份有限公司发起人承担公司筹办事务。

发起人应当签订发起人协议,明确各自在公司设立过程中的权利和义务。

第八十条 股份有限公司采取发起设立方式设立的,注册资本为在公司登记机关登记的全体发起人认购的股本总额。在发起人认购的股份缴足前,不得向他人募集股份。

股份有限公司采取募集方式设立的,注册资本为在公司登记机关登记的实收股本总额。

法律、行政法规以及国务院决定对股份有限公司注册资本实缴、注册资本最低限额另有规定的,从其规定。

第八十一条 股份有限公司章程应当载明下列事项:

( ) 公司名称和住所;

(二) 公司经营范围;

(三) 公司设立方式;

(四) 公司股份总数、每股金额和注册资本;

(五) 发起人的姓名或者名称、认购的股份数、出资方式和出资时间;

(六) 董事会的组成、职权和议事规则;

(七) 公司法定代表人;

(八) 监事会的组成、职权和议事规则;

(九) 公司利润分配办法;

(十) 公司的解散事由与清算办法;

(十一) 公司的通知和公告办法;

(十二) 股东大会会议认为需要规定的其他事项。

第八十二条 发起人的出资方式,适用本法第二十七条的规定。

第八十三条 以发起设立方式设立股份有限公司的,发起人应当书面认足公司章程规定其认购的股份,并按照公司章程规定缴纳出资。以非货币财产出资的,应当依法办理其财产权的转移手续。

发起人不依照前款规定缴纳出资的,应当按照发起人协议承担违约责任。

发起人认足公司章程规定的出资后,应当选举董事会和监事会,由董事会向公司登记机关报送公司章程以及法律、行政法规规定的其他文件,申请设立登记。

第八十四条 以募集设立方式设立股份有限公司的,发起人认购的股份不得少于公司股份总数的百分之三十五;但是,法律、行政法规另有规定的,从其规定。

第八十五条 发起人向社会公开募集股份,必须公告招股说明书,并制作认股书。认股书应当载明本法第八十六条所列事项,由认股人填写认购股数、金额、住所,并签名、盖章。认股人按所认购股数缴纳股款。

第八十六条 招股说明书应当附有发起人制订的公司章程,并载明下列事项:

(一)发起人认购的股份数;

(二)每股的票面金额和发行价格;

(三)无记名股票的发行总数;

(四)募集资金的用途;

(五)认股人的权利、义务;

(六)本次募股的起止期限及逾期未募足时认股人可以撤回所认股份的说明。

第八十七条 发起人向社会公开募集股份,应当由依法设立的证券公司承销,签订承销协议。

第八十八条 发起人向社会公开募集股份,应当同银行签订代收股款协议。

代收股款的银行应当按照协议代收和保存股款,向缴纳股款的认股人出具收款单据,并负有向有关部门出具收款证明的义务。

第八十九条 发行股份的股款缴足后,必须经依法设立的验资机构验资并出具证明。发起人应当自股款缴足之日起三十日内主持召开公司创立大会。创立大会由发起人、认股人组成。

发行的股份超过招股说明书规定的截止期限尚未募足的,或者发行股份的股款缴足后,发起人在三十日内未召开创立大会的,认股人可以按照所缴股款并加算银行同期存款利息,要求发起人返还。

第九十条 发起人应当在创立大会召开十五日前将会议日期通知各认股人或者予以公告。创立大会应有代表股份总数过半数的发起人、认股人出席,方可举行。

创立大会行使下列职权:

(一)审议发起人关于公司筹办情况的报告;

(二)通过公司章程;

(三)选举董事会成员;

(四)选举监事会成员;

(五)对公司的设立费用进行审核;

(六)对发起人用于抵作股款的财产的作价进行审核;

(七)发生不可抗力或者经营条件发生重大变化直接影响公司设立的,可以作出不设立公司的决议。

创立大会对前款所列事项作出决议,必须经出席会议的认股人所持表决权过半数通过。

第九十一条 发起人、认股人缴纳股款或者交付抵作股款的出资后,除未按期募足股份、发起人未按期召开创立大会或者创立大会决议不设立公司的情形外,不得抽回其股本。

第九十二条 董事会应于创立大会结束后三十日内,向公司登记机关报送下列文件,申请设立登记:

(一)公司登记申请书;

(二)创立大会的会议记录;

(三)公司章程;

(四)验资证明;

(五)法定代表人、董事、监事的任职文件及其身份证明;

(六)发起人的法人资格证明或者自然人身份证明;

(七)公司住所证明。

以募集方式设立股份有限公司公开发行股票的,还应当向公司登记机关报送国务院证券监督管理机构的核准文件。

第九十三条　股份有限公司成立后,发起人未按照公司章程的规定缴足出资的,应当补缴;其他发起人承担连带责任。

股份有限公司成立后,发现作为设立公司出资的非货币财产的实际价额显著低于公司章程所定价额的,应当由交付该出资的发起人补足其差额;其他发起人承担连带责任。

第九十四条　股份有限公司的发起人应当承担下列责任:

(一)公司不能成立时,对设立行为所产生的债务和费用负连带责任;

(二)公司不能成立时,对认股人已缴纳的股款,负返还股款并加算银行同期存款利息的连带责任;

(三)在公司设立过程中,由于发起人的过失致使公司利益受到损害的,应当对公司承担赔偿责任。

第九十五条　有限责任公司变更为股份有限公司时,折合的实收股本总额不得高于公司净资产额。有限责任公司变更为股份有限公司,为增加资本公开发行股份时,应当依法办理。

第九十六条　股份有限公司应当将公司章程、股东名册、公司债券存根、股东大会会议记录、董事会会议记录、监事会会议记录、财务会计报告置备于本公司。

第九十七条　股东有权查阅公司章程、股东名册、公司债券存根、股东大会会议记录、董事会会议决议、监事会会议决议、财务会计报告,对公司的经营提出建议或者质询。

第二节　股东大会

第九十八条　股份有限公司股东大会由全体股东组成。股东大会是公司的权力机构,依照本法行使职权。

第九十九条　本法第三十七条第一款关于有限责任公司股东会职权的规定,适用于股份有限公司股东大会。

第一百条　股东大会应当每年召开一次年会。有下列情形之一的,应当在两个月内召开临时股东大会:

(一)董事人数不足本法规定人数或者公司章程所定人数的三分之二时;

(二)公司未弥补的亏损达实收股本总额三分之一时;

(三)单独或者合计持有公司百分之十以上股份的股东请求时;

(四)董事会认为必要时;

(五)监事会提议召开时;

(六)公司章程规定的其他情形。

第一百零一条　股东大会会议由董事会召集,董事长主持;董事长不能履行职务或者不履行职务的,由副董事长主持;副董事长不能履行职务或者不履行职务的,由半数以上董事共同推举一名董事主持。

董事会不能履行或者不履行召集股东大会会议职责的,监事会应当及时召集和主持;监事会不召集和主持的,连续九十日以上单独或者合计持有公司百分之十以上股份的股东可以自行召集和主持。

第一百零二条　召开股东大会会议,应当将会议召开的时间、地点和审议的事项于会议召开二十日前通知各股东;临时股东大会应当于会议召开十五日前通知各股东;发行无记名股票的,应当于会议召开三十日前公告会议召开的时间、地点和审议事项。

单独或者合计持有公司百分之三以上股份的股东,可以在股东大会召开十日前提出临时提案并书面提交董事会;董事会应当在收到提案后二日内通知其他股东,并将该临时提案提交股东大会审议。临时提案的内容应当属于股东大会职权范围,并有明确议题和具体决议事项。

股东大会不得对前两款通知中未列明的事项作出决议。

无记名股票持有人出席股东大会会议的,应当于会议召开五日前至股东大会闭会时将股票交存于公司。

第一百零三条　股东出席股东大会会议,所持每一股份有一表决权。但是,公司持有的本公司股份没有表决权。

股东大会作出决议,必须经出席会议的股东所持表决权过半数通过。但是,股东大会作出修改公司章程、增加或者减少注册资本的决议,以及公司合并、分立、解散或者变更公司形式的决议,必须经出席会议的股东所持表决权的三分之二以上通过。

第一百零四条 本法和公司章程规定公司转让、受让重大资产或者对外提供担保等事项必须经股东大会作出决议的,董事会应当及时召集股东大会会议,由股东大会就上述事项进行表决。

第一百零五条 股东大会选举董事、监事,可以依照公司章程的规定或者股东大会的决议,实行累积投票制。

本法所称累积投票制,是指股东大会选举董事或者监事时,每一股份拥有与应选董事或者监事人数相同的表决权,股东拥有的表决权可以集中使用。

第一百零六条 股东可以委托代理人出席股东大会会议,代理人应当向公司提交股东授权委托书,并在授权范围内行使表决权。

第一百零七条 股东大会应当对所议事项的决定作成会议记录,主持人、出席会议的董事应当在会议记录上签名。会议记录应当与出席股东的签名册及代理出席的委托书一并保存。

第三节 董事会、经理

第一百零八条 股份有限公司设董事会,其成员为五人至十九人。

董事会成员中可以有公司职工代表。董事会中的职工代表由公司职工通过职工代表大会、职工大会或者其他形式民主选举产生。

本法第四十五条关于有限责任公司董事任期的规定,适用于股份有限公司董事。

本法第四十六条关于有限责任公司董事会职权的规定,适用于股份有限公司董事会。

第一百零九条 董事会设董事长一人,可以设副董事长。董事长和副董事长由董事会以全体董事的过半数选举产生。

董事长召集和主持董事会会议,检查董事会决议的实施情况。副董事长协助董事长工作,董事长不能履行职务或者不履行职务的,由副董事长履行职务;副董事长不能履行职务或者不履行职务的,由半数以上董事共同推举一名董事履行职务。

第一百一十条 董事会每年度至少召开两次会议,每次会议应当于会议召开十日前通知全体董事和监事。

代表十分之一以上表决权的股东、三分之一以上董事或者监事会,可以提议召开董事会临时会议。董事长应当自接到提议后十日内,召集和主持董事会会议。

董事会召开临时会议,可以另定召集董事会的通知方式和通知时限。

第一百一十一条 董事会会议应有过半数的董事出席方可举行。董事会作出决议,必须经全体董事的过半数通过。

董事会决议的表决,实行一人一票。

第一百一十二条 董事会会议,应由董事本人出席;董事因故不能出席,可以书面委托其他董事代为出席,委托书中应当载明授权范围。

董事会应当对会议所议事项的决定作成会议记录,出席会议的董事应当在会议记录上签名。

董事应当对董事会的决议承担责任。董事会的决议违反法律、行政法规或者公司章程、股东大会决议,致使公司遭受严重损失的,参与决议的董事对公司负赔偿责任。但经证明在表决时曾表明异议并记载于会议记录的,该董事可以免除责任。

第一百一十三条 股份有限公司设经理,由董事会决定聘任或者解聘。

本法第四十九条关于有限责任公司经理职权的规定,适用于股份有限公司经理。

第一百一十四条 公司董事会可以决定由董事会成员兼任经理。

第一百一十五条 公司不得直接或者通过子公司向董事、监事、高级管理人员提供借款。

第一百一十六条 公司应当定期向股东披露董事、监事、高级管理人员从公司获得报酬的情况。

第四节 监事会

第一百一十七条 股份有限公司设监事会,其成员不得少于三人。

监事会应当包括股东代表和适当比例的公司职工代表,其中职工代表的比例不得低于三分之一,具体比例由公司章程规定。监事会中的职工代表由公司职工通过职工代表大会、职工大会或者其他形式民主选举产生。

监事会设主席一人,可以设副主席。监事会主席和副主席由全体监事过半数选举产生。监事会主席召集和主持监事会会议;监事会主席不能履行职务或者不履行职务的,由监事会副主席召集和主持监事会会议;监事会副主席不能履行职务或者不履行职务的,由半数以上监事共同推举一名监事召集和主持监事会会议。

董事、高级管理人员不得兼任监事。

本法第五十二条关于有限责任公司监事任期的规定,适用于股份有限公司监事。

第一百一十八条 本法第五十三条、第五十四条关于有限责任公司监事会职权的规定,适用于股份有限公司监事会。

监事会行使职权所必需的费用,由公司承担。

第一百一十九条 监事会每六个月至少召开一次会议。监事可以提议召开临时监事会会议。

监事会的议事方式和表决程序,除本法有规定的外,由公司章程规定。

监事会决议应当经半数以上监事通过。

监事会应当对所议事项的决定作成会议记录,出席会议的监事应当在会议记录上签名。

第五节 上市公司组织机构的特别规定

第一百二十条 本法所称上市公司,是指其股票在证券交易所上市交易的股份有限公司。

第一百二十一条 上市公司在一年内购买、出售重大资产或者担保金额超过公司资产总额百分之三十的,应当由股东大会作出决议,并经出席会议的股东所持表决权的三分之二以上通过。

第一百二十二条 上市公司设独立董事,具体办法由国务院规定。

第一百二十三条 上市公司设董事会秘书,负责公司股东大会和董事会会议的筹备、文件保管以及公司股东资料的管理,办理信息披露事务等事宜。

第一百二十四条 上市公司董事与董事会会议决议事项所涉及的企业有关联关系的,不得对该项决议行使表决权,也不得代理其他董事行使表决权。该董事会会议由过半数的无关联关系董事出席即可举行,董事会会议所作决议须经无关联关系董事过半数通过。出席董事会的无关联关系董事人数不足三人的,应将该事项提交上市公司股东大会审议。

第五章 股份有限公司的股份发行和转让

第一节 股份发行

第一百二十五条 股份有限公司的资本划分为股份,每一股的金额相等。

公司的股份采取股票的形式。股票是公司签发的证明股东所持股份的凭证。

第一百二十六条 股份的发行,实行公平、公正的原则,同种类的每一股份应当具有同等权利。

同次发行的同种类股票,每股的发行条件和价格应当相同;任何单位或者个人所认购的股份,每股应当支付相同价额。

第一百二十七条 股票发行价格可以按票面金额,也可以超过票面金额,但不得低于票面金额。

第一百二十八条 股票采用纸面形式或者国务院证券监督管理机构规定的其他形式。

股票应当载明下列主要事项:

(一)公司名称;

(二)公司成立日期;

(三)股票种类、票面金额及代表的股份数;

(四)股票的编号。

股票由法定代表人签名,公司盖章。

发起人的股票,应当标明发起人股票字样。

第一百二十九条 公司发行的股票,可以为记名股票,也可以为无记名股票。

公司向发起人、法人发行的股票,应当为记名股票,并应当记载该发起人、法人的名称或者姓名,不得另立户名或者以代表人姓名记名。

第一百三十条 公司发行记名股票的,应当置备股东名册,记载下列事项:

(一)股东的姓名或者名称及住所;

(二)各股东所持股份数;

(三)各股东所持股票的编号；

(四)各股东取得股份的日期。

发行无记名股票的,公司应当记载其股票数量、编号及发行日期。

第一百三十一条 国务院可以对公司发行本法规定以外的其他种类的股份,另作出规定。

第一百三十二条 股份有限公司成立后,即向股东正式交付股票。公司成立前不得向股东交付股票。

第一百三十三条 公司发行新股,股东大会应当对下列事项作出决议：

(一)新股种类及数额；

(二)新股发行价格；

(三)新股发行的起止日期；

(四)向原有股东发行新股的种类及数额。

第一百三十四条 公司经国务院证券监督管理机构核准公开发行新股时,必须公告新股招股说明书和财务会计报告,并制作认股书。

本法第八十七条、第八十八条的规定适用于公司公开发行新股。

第一百三十五条 公司发行新股,可以根据公司经营情况和财务状况,确定其作价方案。

第一百三十六条 公司发行新股募足股款后,必须向公司登记机关办理变更登记,并公告。

第二节 股份转让

第一百三十七条 股东持有的股份可以依法转让。

第一百三十八条 股东转让其股份,应当在依法设立的证券交易场所进行或者按照国务院规定的其他方式进行。

第一百三十九条 记名股票,由股东以背书方式或者法律、行政法规规定的其他方式转让；转让后由公司将受让人的姓名或者名称及住所记载于股东名册。

股东大会召开前二十日内或者公司决定分配股利的基准日前五日内,不得进行前款规定的股东名册的变更登记。但是,法律对上市公司股东名册变更登记另有规定的,从其规定。

第一百四十条 无记名股票的转让,由股东将该股票交付给受让人后即发生转让的效力。

第一百四十一条 发起人持有的本公司股份,自公司成立之日起一年内不得转让。公司公开发行股份前已发行的股份,自公司股票在证券交易所上市交易之日起一年内不得转让。

公司董事、监事、高级管理人员应当向公司申报所持有的本公司的股份及其变动情况,在任职期间每年转让的股份不得超过其所持有本公司股份总数的百分之二十五；所持本公司股份自公司股票上市交易之日起一年内不得转让。上述人员离职后半年内,不得转让其所持有的本公司股份。公司章程可以对公司董事、监事、高级管理人员转让其所持有的本公司股份作出其他限制性规定。

第一百四十二条 公司不得收购本公司股份。但是,有下列情形之一的除外：

(一)减少公司注册资本；

(二)与持有本公司股份的其他公司合并；

(三)将股份用于员工持股计划或者股权激励；

(四)股东因对股东大会作出的公司合并、分立决议持异议,要求公司收购其股份；

(五)将股份用于转换上市公司发行的可转换为股票的公司债券；

(六)上市公司为维护公司价值及股东权益所必需。

公司因前款第(一)项、第(二)项规定的情形收购本公司股份的,应当经股东大会决议；公司因前款第(三)项、第(五)项、第(六)项规定的情形收购本公司股份的,可以依照公司章程的规定或者股东大会的授权,经三分之二以上董事出席的董事会会议决议。

公司依照本条第一款规定收购本公司股份后,属于第(一)项情形的,应当自收购之日起十日内注销；属于第(二)项、第(四)项情形的,应当在六个月内转让或者注销；属于第(三)项、第(五)项、第(六)项情形的,公司合计持有的本公司股份数不得超过本公司已发行股份总额的百分之十,并应当在三年内转让或者注销。

上市公司收购本公司股份的,应当依照《中华人民共和国证券法》的规定履行信息披露义务。上市公司因本条第一款第(三)项、第

(五)项、第(六)项规定的情形收购本公司股份的,应当通过公开的集中交易方式进行。

公司不得接受本公司的股票作为质押权的标的。

第一百四十三条 记名股票被盗、遗失或者灭失,股东可以依照《中华人民共和国民事诉讼法》规定的公示催告程序,请求人民法院宣告该股票失效。人民法院宣告该股票失效后,股东可以向公司申请补发股票。

第一百四十四条 上市公司的股票,依照有关法律、行政法规及证券交易所交易规则上市交易。

第一百四十五条 上市公司必须依照法律、法规的规定,公开其财务状况、经营情况及重大诉讼,在每会计年度内半年公布一次财务会计报告。

第六章 公司董事、监事、高级管理人员的资格和义务

第一百四十六条 有下列情形之一的,不得担任公司的董事、监事、高级管理人员:

(一)无民事行为能力或者限制民事行为能力;

(二)因贪污、贿赂、侵占财产、挪用财产或者破坏社会主义市场经济秩序,被判处刑罚,执行期满未逾五年,或者因犯罪被剥夺政治权利,执行期满未逾五年;

(三)担任破产清算的公司、企业的董事或者厂长、经理,对该公司、企业的破产负有个人责任的,自该公司、企业破产清算完结之日起未逾三年;

(四)担任因违法被吊销营业执照、责令关闭的公司、企业的法定代表人,并负有个人责任的,自该公司、企业被吊销营业执照之日起未逾三年;

(五)个人所负数额较大的债务到期未清偿。

公司违反前款规定选举、委派董事、监事或者聘任高级管理人员的,该选举、委派或者聘任无效。

董事、监事、高级管理人员在任职期间出现本条第一款所列情形的,公司应当解除其职务。

第一百四十七条 董事、监事、高级管理人员应当遵守法律、行政法规和公司章程,对公司负有忠实义务和勤勉义务。

董事、监事、高级管理人员不得利用职权收受贿赂或者其他非法收入,不得侵占公司的财产。

第一百四十八条 董事、高级管理人员不得有下列行为:

(一)挪用公司资金;

(二)将公司资金以其个人名义或者以其他个人名义开立账户存储;

(三)违反公司章程的规定,未经股东会、股东大会或者董事会同意,将公司资金借贷给他人或者以公司财产为他人提供担保;

(四)违反公司章程的规定或者未经股东会、股东大会同意,与本公司订立合同或者进行交易;

(五)未经股东会或者股东大会同意,利用职务便利为自己或者他人谋取属于公司的商业机会,自营或者为他人经营与所任职公司同类的业务;

(六)接受他人与公司交易的佣金归为己有;

(七)擅自披露公司秘密;

(八)违反对公司忠实义务的其他行为。

董事、高级管理人员违反前款规定所得的收入应当归公司所有。

第一百四十九条 董事、监事、高级管理人员执行公司职务时违反法律、行政法规或者公司章程的规定,给公司造成损失的,应当承担赔偿责任。

第一百五十条 股东会或者股东大会要求董事、监事、高级管理人员列席会议的,董事、监事、高级管理人员应当列席并接受股东的质询。

董事、高级管理人员应当如实向监事会或者不设监事会的有限责任公司的监事提供有关情况和资料,不得妨碍监事会或者监事行使职权。

第一百五十一条 董事、高级管理人员有本法第一百四十九条规定的情形的,有限责任公司的股东、股份有限公司连续一百八十日以上单独或者合计持有公司百分之一以上股份的股东,

可以书面请求监事会或者不设监事会的有限责任公司的监事向人民法院提起诉讼;监事有本法第一百四十九条规定的情形的,前述股东可以书面请求董事会或者不设董事会的有限责任公司的执行董事向人民法院提起诉讼。

监事会、不设监事会的有限责任公司的监事,或者董事会、执行董事收到前款规定的股东书面请求后拒绝提起诉讼,或者自收到请求之日起三十日内未提起诉讼,或者情况紧急、不立即提起诉讼将会使公司利益受到难以弥补的损害的,前款规定的股东有权为了公司的利益以自己的名义直接向人民法院提起诉讼。

他人侵犯公司合法权益,给公司造成损失的,本条第一款规定的股东可以依照前两款的规定向人民法院提起诉讼。

第一百五十二条 董事、高级管理人员违反法律、行政法规或者公司章程的规定,损害股东利益的,股东可以向人民法院提起诉讼。

第七章 公司债券

第一百五十三条 本法所称公司债券,是指公司依照法定程序发行、约定在一定期限还本付息的有价证券。

公司发行公司债券应当符合《中华人民共和国证券法》规定的发行条件。

第一百五十四条 发行公司债券的申请经国务院授权的部门核准后,应当公告公司债券募集办法。

公司债券募集办法中应当载明下列主要事项:

(一)公司名称;
(二)债券募集资金的用途;
(三)债券总额和债券的票面金额;
(四)债券利率的确定方式;
(五)还本付息的期限和方式;
(六)债券担保情况;
(七)债券的发行价格、发行的起止日期;
(八)公司净资产额;
(九)已发行的尚未到期的公司债券总额;
(十)公司债券的承销机构。

第一百五十五条 公司以实物券方式发行公司债券的,必须在债券上载明公司名称、债券票面金额、利率、偿还期限等事项,并由法定代表人签名,公司盖章。

第一百五十六条 公司债券,可以为记名债券,也可以为无记名债券。

第一百五十七条 公司发行公司债券应当置备公司债券存根簿。

发行记名公司债券的,应当在公司债券存根簿上载明下列事项:

(一)债券持有人的姓名或者名称及住所;
(二)债券持有人取得债券的日期及债券的编号;
(三)债券总额,债券的票面金额、利率、还本付息的期限和方式;
(四)债券的发行日期。

发行无记名公司债券的,应当在公司债券存根簿上载明债券总额、利率、偿还期限和方式、发行日期及债券的编号。

第一百五十八条 记名公司债券的登记结算机构应当建立债券登记、存管、付息、兑付等相关制度。

第一百五十九条 公司债券可以转让,转让价格由转让人与受让人约定。

公司债券在证券交易所上市交易的,按照证券交易所的交易规则转让。

第一百六十条 记名公司债券,由债券持有人以背书方式或者法律、行政法规规定的其他方式转让;转让后由公司将受让人的姓名或者名称及住所记载于公司债券存根簿。

无记名公司债券的转让,由债券持有人将该债券交付给受让人后即发生转让的效力。

第一百六十一条 上市公司经股东大会决议可以发行可转换为股票的公司债券,并在公司债券募集办法中规定具体的转换办法。上市公司发行可转换为股票的公司债券,应当报国务院证券监督管理机构核准。

发行可转换为股票的公司债券,应当在债券上标明可转换公司债券字样,并在公司债券存根簿上载明可转换公司债券的数额。

第一百六十二条 发行可转换为股票的公司债券的,公司应当按照其转换办法向债券持有人换发股票,但债券持有人对转换股票或者不转换股票有选择权。

第八章 公司财务、会计

第一百六十三条 公司应当依照法律、行政法规和国务院财政部门的规定建立本公司的财务、会计制度。

第一百六十四条 公司应当在每一会计年度终了时编制财务会计报告,并依法经会计师事务所审计。

财务会计报告应当依照法律、行政法规和国务院财政部门的规定制作。

第一百六十五条 有限责任公司应当依照公司章程规定的期限将财务会计报告送交各股东。

股份有限公司的财务会计报告应当在召开股东大会年会的二十日前置备于本公司,供股东查阅;公开发行股票的股份有限公司必须公告其财务会计报告。

第一百六十六条 公司分配当年税后利润时,应当提取利润的百分之十列入公司法定公积金。公司法定公积金累计额为公司注册资本的百分之五十以上的,可以不再提取。

公司的法定公积金不足以弥补以前年度亏损的,在依照前款规定提取法定公积金之前,应当先用当年利润弥补亏损。

公司从税后利润中提取法定公积金后,经股东会或者股东大会决议,还可以从税后利润中提取任意公积金。

公司弥补亏损和提取公积金后所余税后利润,有限责任公司依照本法第三十四条的规定分配;股份有限公司按照股东持有的股份比例分配,但股份有限公司章程规定不按持股比例分配的除外。

股东会、股东大会或者董事会违反前款规定,在公司弥补亏损和提取法定公积金之前向股东分配利润的,股东必须将违反规定分配的利润退还公司。

公司持有的本公司股份不得分配利润。

第一百六十七条 股份有限公司以超过股票票面金额的发行价发行股份所得的溢价款以及国务院财政部门规定列入资本公积金的其他收入,应当列为公司资本公积金。

第一百六十八条 公司的公积金用于弥补公司的亏损、扩大公司生产经营或者转为增加公司资本。但是,资本公积金不得用于弥补公司的亏损。

法定公积金转为资本时,所留存的该项公积金不得少于转增前公司注册资本的百分之二十五。

第一百六十九条 公司聘用、解聘承办公司审计业务的会计师事务所,依照公司章程的规定,由股东会、股东大会或者董事会决定。

公司股东会、股东大会或者董事会就解聘会计师事务所进行表决时,应当允许会计师事务所陈述意见。

第一百七十条 公司应当向聘用的会计师事务所提供真实、完整的会计凭证、会计账簿、财务会计报告及其他会计资料,不得拒绝、隐匿、谎报。

第一百七十一条 公司除法定的会计账簿外,不得另立会计账簿。

对公司资产,不得以任何个人名义开立账户存储。

第九章 公司合并、分立、增资、减资

第一百七十二条 公司合并可以采取吸收合并或者新设合并。

一个公司吸收其他公司为吸收合并,被吸收的公司解散。两个以上公司合并设立一个新的公司为新设合并,合并各方解散。

第一百七十三条 公司合并,应当由合并各方签订合并协议,并编制资产负债表及财产清单。公司应当自作出合并决议之日起十日内通知债权人,并于三十日内在报纸上公告。债权人自接到通知书之日起三十日内,未接到通知书的自公告之日起四十五日内,可以要求公司清偿债务或者提供相应的担保。

第一百七十四条 公司合并时,合并各方的债权、债务,应当由合并后存续的公司或者新设的公司承继。

第一百七十五条 公司分立,其财产作相应的分割。

公司分立,应当编制资产负债表及财产清单。公司应当自作出分立决议之日起十日内通知债权人,并于三十日内在报纸上公告。

第一百七十六条 公司分立前的债务由分立后

的公司承担连带责任。但是,公司在分立前与债权人就债务清偿达成的书面协议另有约定的除外。

第一百七十七条 公司需要减少注册资本时,必须编制资产负债表及财产清单。

公司应当自作出减少注册资本决议之日起十日内通知债权人,并于三十日内在报纸上公告。债权人自接到通知书之日起三十日内,未接到通知书的自公告之日起四十五日内,有权要求公司清偿债务或者提供相应的担保。

第一百七十八条 有限责任公司增加注册资本时,股东认缴新增资本的出资,依照本法设立有限责任公司缴纳出资的有关规定执行。

股份有限公司为增加注册资本发行新股时,股东认购新股,依照本法设立股份有限公司缴纳股款的有关规定执行。

第一百七十九条 公司合并或者分立,登记事项发生变更的,应当依法向公司登记机关办理变更登记;公司解散的,应当依法办理公司注销登记;设立新公司的,应当依法办理公司设立登记。

公司增加或者减少注册资本,应当依法向公司登记机关办理变更登记。

第十章 公司解散和清算

第一百八十条 公司因下列原因解散:

(一)公司章程规定的营业期限届满或者公司章程规定的其他解散事由出现;

(二)股东会或者股东大会决议解散;

(三)因公司合并或者分立需要解散;

(四)依法被吊销营业执照、责令关闭或者被撤销;

(五)人民法院依照本法第一百八十二条的规定予以解散。

第一百八十一条 公司有本法第一百八十条第(一)项情形的,可以通过修改公司章程而存续。

依照前款规定修改公司章程,有限责任公司须经持有三分之二以上表决权的股东通过,股份有限公司须经出席股东大会会议的股东所持表决权的三分之二以上通过。

第一百八十二条 公司经营管理发生严重困难,继续存续会使股东利益受到重大损失,通过其他途径不能解决的,持有公司全部股东表决权百分之十以上的股东,可以请求人民法院解散公司。

第一百八十三条 公司因本法第一百八十条第(一)项、第(二)项、第(四)项、第(五)项规定而解散的,应当在解散事由出现之日起十五日内成立清算组,开始清算。有限责任公司的清算组由股东组成,股份有限公司的清算组由董事或者股东大会确定的人员组成。逾期不成立清算组进行清算的,债权人可以申请人民法院指定有关人员组成清算组进行清算。人民法院应当受理该申请,并及时组织清算组进行清算。

第一百八十四条 清算组在清算期间行使下列职权:

(一)清理公司财产,分别编制资产负债表和财产清单;

(二)通知、公告债权人;

(三)处理与清算有关的公司未了结的业务;

(四)清缴所欠税款以及清算过程中产生的税款;

(五)清理债权、债务;

(六)处理公司清偿债务后的剩余财产;

(七)代表公司参与民事诉讼活动。

第一百八十五条 清算组应当自成立之日起十日内通知债权人,并于六十日内在报纸上公告。债权人应当自接到通知书之日起三十日内,未接到通知书的自公告之日起四十五日内,向清算组申报其债权。

债权人申报债权,应当说明债权的有关事项,并提供证明材料。清算组应当对债权进行登记。

在申报债权期间,清算组不得对债权人进行清偿。

第一百八十六条 清算组在清理公司财产、编制资产负债表和财产清单后,应当制定清算方案,并报股东会、股东大会或者人民法院确认。

公司财产在分别支付清算费用、职工的工资、社会保险费用和法定补偿金,缴纳所欠税款,清偿公司债务后的剩余财产,有限责任公司按照股东的出资比例分配,股份有限公司按照股东持有的股份比例分配。

清算期间,公司存续,但不得开展与清算无关的经营活动。公司财产在未依照前款规定清偿前,不得分配给股东。

第一百八十七条 清算组在清理公司财产、编制资产负债表和财产清单后,发现公司财产不足清偿债务的,应当依法向人民法院申请宣告破产。

公司经人民法院裁定宣告破产后,清算组应当将清算事务移交给人民法院。

第一百八十八条 公司清算结束后,清算组应当制作清算报告,报股东会、股东大会或者人民法院确认,并报送公司登记机关,申请注销公司登记,公告公司终止。

第一百八十九条 清算组成员应当忠于职守,依法履行清算义务。

清算组成员不得利用职权收受贿赂或者其他非法收入,不得侵占公司财产。

清算组成员因故意或者重大过失给公司或者债权人造成损失的,应当承担赔偿责任。

第一百九十条 公司被依法宣告破产的,依照有关企业破产的法律实施破产清算。

第十一章 外国公司的分支机构

第一百九十一条 本法所称外国公司是指依照外国法律在中国境外设立的公司。

第一百九十二条 外国公司在中国境内设立分支机构,必须向中国主管机关提出申请,并提交其公司章程、所属国的公司登记证书等有关文件,经批准后,向公司登记机关依法办理登记,领取营业执照。

外国公司分支机构的审批办法由国务院另行规定。

第一百九十三条 外国公司在中国境内设立分支机构,必须在中国境内指定负责该分支机构的代表人或者代理人,并向该分支机构拨付与其从事的经营活动相适应的资金。

对外国公司分支机构的经营资金需要规定最低限额的,由国务院另行规定。

第一百九十四条 外国公司的分支机构应当在其名称中标明该外国公司的国籍及责任形式。

外国公司的分支机构应当在本机构中置备该外国公司章程。

第一百九十五条 外国公司在中国境内设立的分支机构不具有中国法人资格。

外国公司对其分支机构在中国境内进行经营活动承担民事责任。

第一百九十六条 经批准设立的外国公司分支机构,在中国境内从事业务活动,必须遵守中国的法律,不得损害中国的社会公共利益,其合法权益受中国法律保护。

第一百九十七条 外国公司撤销其在中国境内的分支机构时,必须依法清偿债务,依照本法有关公司清算程序的规定进行清算。未清偿债务之前,不得将其分支机构的财产移至中国境外。

第十二章 法 律 责 任

第一百九十八条 违反本法规定,虚报注册资本、提交虚假材料或者采取其他欺诈手段隐瞒重要事实取得公司登记的,由公司登记机关责令改正,对虚报注册资本的公司,处以虚报注册资本金额百分之五以上百分之十五以下的罚款;对提交虚假材料或者采取其他欺诈手段隐瞒重要事实的公司,处以五万元以上五十万元以下的罚款;情节严重的,撤销公司登记或者吊销营业执照。

第一百九十九条 公司的发起人、股东虚假出资,未交付或者未按期交付作为出资的货币或者非货币财产的,由公司登记机关责令改正,处以虚假出资金额百分之五以上百分之十五以下的罚款。

第二百条 公司的发起人、股东在公司成立后,抽逃其出资的,由公司登记机关责令改正,处以所抽逃出资金额百分之五以上百分之十五以下的罚款。

第二百零一条 公司违反本法规定,在法定的会计账簿以外另立会计账簿的,由县级以上人民政府财政部门责令改正,处以五万元以上五十万元以下的罚款。

第二百零二条 公司在依法向有关主管部门提供的财务会计报告等材料上作虚假记载或者

隐瞒重要事实的,由有关主管部门对直接负责的主管人员和其他直接责任人员处以三万元以上三十万元以下的罚款。

第二百零三条 公司不依照本法规定提取法定公积金的,由县级以上人民政府财政部门责令如数补足应当提取的金额,可以对公司处以二十万元以下的罚款。

第二百零四条 公司在合并、分立、减少注册资本或者进行清算时,不依照本法规定通知或者公告债权人的,由公司登记机关责令改正,对公司处以一万元以上十万元以下的罚款。

公司在进行清算时,隐匿财产,对资产负债表或者财产清单作虚假记载或者在未清偿债务前分配公司财产的,由公司登记机关责令改正,对公司处以隐匿财产或者未清偿债务前分配公司财产金额百分之五以上百分之十以下的罚款;对直接负责的主管人员和其他直接责任人员处以一万元以上十万元以下的罚款。

第二百零五条 公司在清算期间开展与清算无关的经营活动的,由公司登记机关予以警告,没收违法所得。

第二百零六条 清算组不依照本法规定向公司登记机关报送清算报告,或者报送清算报告隐瞒重要事实或者有重大遗漏的,由公司登记机关责令改正。

清算组成员利用职权徇私舞弊、谋取非法收入或者侵占公司财产的,由公司登记机关责令退还公司财产,没收违法所得,并可以处以违法所得一倍以上五倍以下的罚款。

第二百零七条 承担资产评估、验资或者验证的机构提供虚假材料的,由公司登记机关没收违法所得,处以违法所得一倍以上五倍以下的罚款,并可以由有关主管部门依法责令该机构停业、吊销直接责任人员的资格证书,吊销营业执照。

承担资产评估、验资或者验证的机构因过失提供有重大遗漏的报告的,由公司登记机关责令改正,情节较重的,处以所得收入一倍以上五倍以下的罚款,并可以由有关主管部门依法责令该机构停业、吊销直接责任人员的资格证书,吊销营业执照。

承担资产评估、验资或者验证的机构因其出具的评估结果、验资或者验证证明不实,给公司债权人造成损失的,除能够证明自己没有过错的外,在其评估或者证明不实的金额范围内承担赔偿责任。

第二百零八条 公司登记机关对不符合本法规定条件的登记申请予以登记,或者对符合本法规定条件的登记申请不予登记的,对直接负责的主管人员和其他直接责任人员,依法给予行政处分。

第二百零九条 公司登记机关的上级部门强令公司登记机关对不符合本法规定条件的登记申请予以登记,或者对符合本法规定条件的登记申请不予登记的,或者对违法登记进行包庇的,对直接负责的主管人员和其他直接责任人员依法给予行政处分。

第二百一十条 未依法登记为有限责任公司或者股份有限公司,而冒用有限责任公司或者股份有限公司名义的,或者未依法登记为有限责任公司或股份有限公司的分公司,而冒用有限责任公司或者股份有限公司的分公司名义的,由公司登记机关责令改正或者予以取缔,可以并处十万元以下的罚款。

第二百一十一条 公司成立后无正当理由超过六个月未开业的,或者开业后自行停业连续六个月以上的,可以由公司登记机关吊销营业执照。

公司登记事项发生变更时,未依照本法规定办理有关变更登记的,由公司登记机关责令限期登记;逾期不登记的,处以一万元以上十万元以下的罚款。

第二百一十二条 外国公司违反本法规定,擅自在中国境内设立分支机构的,由公司登记机关责令改正或者关闭,可以并处五万元以上二十万元以下的罚款。

第二百一十三条 利用公司名义从事危害国家安全、社会公共利益的严重违法行为的,吊销营业执照。

第二百一十四条 公司违反本法规定,应当承担民事赔偿责任和缴纳罚款、罚金的,其财产不足以支付时,先承担民事赔偿责任。

第二百一十五条 违反本法规定,构成犯罪的,依法追究刑事责任。

第十三章 附　则

第二百一十六条　本法下列用语的含义：

（一）高级管理人员，是指公司的经理、副经理、财务负责人，上市公司董事会秘书和公司章程规定的其他人员。

（二）控股股东，是指其出资额占有限责任公司资本总额百分之五十以上或者其持有的股份占股份有限公司股本总额百分之五十以上的股东；出资额或者持有股份的比例虽然不足百分之五十，但依其出资额或者持有的股份所享有的表决权已足以对股东会、股东大会的决议产生重大影响的股东。

（三）实际控制人，是指虽不是公司的股东，但通过投资关系、协议或者其他安排，能够实际支配公司行为的人。

（四）关联关系，是指公司控股股东、实际控制人、董事、监事、高级管理人员与其直接或者间接控制的企业之间的关系，以及可能导致公司利益转移的其他关系。但是，国家控股的企业之间不仅因为同受国家控股而具有关联关系。

第二百一十七条　外商投资的有限责任公司和股份有限公司适用本法；有关外商投资的法律另有规定的，适用其规定。

第二百一十八条　本法自2006年1月1日起施行。

中华人民共和国合伙企业法

- 1997年2月23日第八届全国人民代表大会常务委员会第二十四次会议通过
- 2006年8月27日第十届全国人民代表大会常务委员会第二十三次会议修订通过
- 2006年8月27日中华人民共和国主席令第55号公布
- 自2007年6月1日起施行

第一章　总　则

第一条　为了规范合伙企业的行为，保护合伙企业及其合伙人、债权人的合法权益，维护社会经济秩序，促进社会主义市场经济的发展，制定本法。

第二条　本法所称合伙企业，是指自然人、法人和其他组织依照本法在中国境内设立的普通合伙企业和有限合伙企业。

普通合伙企业由普通合伙人组成，合伙人对合伙企业债务承担无限连带责任。本法对普通合伙人承担责任的形式有特别规定的，从其规定。

有限合伙企业由普通合伙人和有限合伙人组成，普通合伙人对合伙企业债务承担无限连带责任，有限合伙人以其认缴的出资额为限对合伙企业债务承担责任。

第三条　国有独资公司、国有企业、上市公司以及公益性的事业单位、社会团体不得成为普通合伙人。

第四条　合伙协议依法由全体合伙人协商一致、以书面形式订立。

第五条　订立合伙协议、设立合伙企业，应当遵循自愿、平等、公平、诚实信用原则。

第六条　合伙企业的生产经营所得和其他所得，按照国家有关税收规定，由合伙人分别缴纳所得税。

第七条　合伙企业及其合伙人必须遵守法律、行政法规，遵守社会公德、商业道德，承担社会责任。

第八条　合伙企业及其合伙人的合法财产及其权益受法律保护。

第九条　申请设立合伙企业，应当向企业登记机关提交登记申请书、合伙协议书、合伙人身份证明等文件。

合伙企业的经营范围中有属于法律、行政法规规定在登记前须经批准的项目的，该项经营业务应当依法经过批准，并在登记时提交批准文件。

第十条　申请人提交的登记申请材料齐全、符合法定形式，企业登记机关能够当场登记的，应予当场登记，发给营业执照。

除前款规定情形外，企业登记机关应当自受理申请之日起二十日内，作出是否登记的决定。予以登记的，发给营业执照；不予登记的，应当给予书面答复，并说明理由。

第十一条　合伙企业的营业执照签发日期，为合伙企业成立日期。

合伙企业领取营业执照前,合伙人不得以合伙企业名义从事合伙业务。

第十二条 合伙企业设立分支机构,应当向分支机构所在地的企业登记机关申请登记,领取营业执照。

第十三条 合伙企业登记事项发生变更的,执行合伙事务的合伙人应当自作出变更决定或者发生变更事由之日起十五日内,向企业登记机关申请办理变更登记。

第二章 普通合伙企业

第一节 合伙企业设立

第十四条 设立合伙企业,应当具备下列条件:
（一）有二个以上合伙人。合伙人为自然人的,应当具有完全民事行为能力;
（二）有书面合伙协议;
（三）有合伙人认缴或者实际缴付的出资;
（四）有合伙企业的名称和生产经营场所;
（五）法律、行政法规规定的其他条件。

第十五条 合伙企业名称中应当标明"普通合伙"字样。

第十六条 合伙人可以用货币、实物、知识产权、土地使用权或者其他财产权利出资,也可以用劳务出资。

合伙人以实物、知识产权、土地使用权或者其他财产权利出资,需要评估作价的,可以由全体合伙人协商确定,也可以由全体合伙人委托法定评估机构评估。

合伙人以劳务出资的,其评估办法由全体合伙人协商确定,并在合伙协议中载明。

第十七条 合伙人应当按照合伙协议约定的出资方式、数额和缴付期限,履行出资义务。

以非货币财产出资的,依照法律、行政法规的规定,需要办理财产权转移手续的,应当依法办理。

第十八条 合伙协议应当载明下列事项:
（一）合伙企业的名称和主要经营场所的地点;
（二）合伙目的和合伙经营范围;
（三）合伙人的姓名或者名称、住所;
（四）合伙人的出资方式、数额和缴付期限;

（五）利润分配、亏损分担方式;
（六）合伙事务的执行;
（七）入伙与退伙;
（八）争议解决办法;
（九）合伙企业的解散与清算;
（十）违约责任。

第十九条 合伙协议经全体合伙人签名、盖章后生效。合伙人按照合伙协议享有权利,履行义务。

修改或者补充合伙协议,应当经全体合伙人一致同意;但是,合伙协议另有约定的除外。

合伙协议未约定或者约定不明确的事项,由合伙人协商决定;协商不成,依照本法和其他有关法律、行政法规的规定处理。

第二节 合伙企业财产

第二十条 合伙人的出资、以合伙企业名义取得的收益和依法取得的其他财产,均为合伙企业的财产。

第二十一条 合伙人在合伙企业清算前,不得请求分割合伙企业的财产;但是,本法另有规定的除外。

合伙人在合伙企业清算前私自转移或者处分合伙企业财产的,合伙企业不得以此对抗善意第三人。

第二十二条 除合伙协议另有约定外,合伙人向合伙人以外的人转让其在合伙企业中的全部或者部分财产份额时,须经其他合伙人一致同意。

合伙人之间转让在合伙企业中的全部或者部分财产份额时,应当通知其他合伙人。

第二十三条 合伙人向合伙人以外的人转让其在合伙企业中的财产份额的,在同等条件下,其他合伙人有优先购买权;但是,合伙协议另有约定的除外。

第二十四条 合伙人以外的人依法受让合伙人在合伙企业中的财产份额的,经修改合伙协议即成为合伙企业的合伙人,依照本法和修改后的合伙协议享有权利,履行义务。

第二十五条 合伙人以其在合伙企业中的财产份额出质的,须经其他合伙人一致同意;未经其他合伙人一致同意,其行为无效,由此给善意第三人造成损失的,由行为人依法承担赔偿责任。

第三节 合伙事务执行

第二十六条 合伙人对执行合伙事务享有同等的权利。

按照合伙协议的约定或者经全体合伙人决定,可以委托一个或者数个合伙人对外代表合伙企业,执行合伙事务。

作为合伙人的法人、其他组织执行合伙事务的,由其委派的代表执行。

第二十七条 依照本法第二十六条第二款规定委托一个或者数个合伙人执行合伙事务的,其他合伙人不再执行合伙事务。

不执行合伙事务的合伙人有权监督执行事务合伙人执行合伙事务的情况。

第二十八条 由一个或者数个合伙人执行合伙事务的,执行事务合伙人应当定期向其他合伙人报告事务执行情况以及合伙企业的经营和财务状况,其执行合伙事务所产生的收益归合伙企业,所产生的费用和亏损由合伙企业承担。

合伙人为了解合伙企业的经营状况和财务状况,有权查阅合伙企业会计账簿等财务资料。

第二十九条 合伙人分别执行合伙事务的,执行事务合伙人可以对其他合伙人执行的事务提出异议。提出异议时,应当暂停该项事务的执行。如果发生争议,依照本法第三十条规定作出决定。

受委托执行合伙事务的合伙人不按照合伙协议或者全体合伙人的决定执行事务的,其他合伙人可以决定撤销该委托。

第三十条 合伙人对合伙企业有关事项作出决议,按照合伙协议约定的表决办法办理。合伙协议未约定或者约定不明确的,实行合伙人一人一票并经全体合伙人过半数通过的表决办法。

本法对合伙企业的表决办法另有规定的,从其规定。

第三十一条 除合伙协议另有约定外,合伙企业的下列事项应当经全体合伙人一致同意:

(一)改变合伙企业的名称;

(二)改变合伙企业的经营范围、主要经营场所的地点;

(三)处分合伙企业的不动产;

(四)转让或者处分合伙企业的知识产权和其他财产权利;

(五)以合伙企业名义为他人提供担保;

(六)聘任合伙人以外的人担任合伙企业的经营管理人员。

第三十二条 合伙人不得自营或者同他人合作经营与本合伙企业相竞争的业务。

除合伙协议另有约定或者经全体合伙人一致同意外,合伙人不得同本合伙企业进行交易。

合伙人不得从事损害本合伙企业利益的活动。

第三十三条 合伙企业的利润分配、亏损分担,按照合伙协议的约定办理;合伙协议未约定或者约定不明确的,由合伙人协商决定;协商不成的,由合伙人按照实缴出资比例分配、分担;无法确定出资比例的,由合伙人平均分配、分担。

合伙协议不得约定将全部利润分配给部分合伙人或者由部分合伙人承担全部亏损。

第三十四条 合伙人按照合伙协议的约定或者经全体合伙人决定,可以增加或者减少对合伙企业的出资。

第三十五条 被聘任的合伙企业的经营管理人员应当在合伙企业授权范围内履行职务。

被聘任的合伙企业的经营管理人员,超越合伙企业授权范围履行职务,或者在履行职务过程中因故意或者重大过失给合伙企业造成损失的,依法承担赔偿责任。

第三十六条 合伙企业应当依照法律、行政法规的规定建立企业财务、会计制度。

第四节 合伙企业与第三人关系

第三十七条 合伙企业对合伙人执行合伙事务以及对外代表合伙企业权利的限制,不得对抗善意第三人。

第三十八条 合伙企业对其债务,应先以其全部财产进行清偿。

第三十九条 合伙企业不能清偿到期债务的,合伙人承担无限连带责任。

第四十条 合伙人由于承担无限连带责任,清偿数额超过本法第三十三条第一款规定的其亏损分担比例的,有权向其他合伙人追偿。

第四十一条 合伙人发生与合伙企业无关的债务,相关债权人不得以其债权抵销其对合伙企业的债务;也不得代位行使合伙人在合伙企业中的权利。

第四十二条 合伙人的自有财产不足清偿其与合伙企业无关的债务的,该合伙人可以以其从合伙企业中分取的收益用于清偿;债权人也可以依法请求人民法院强制执行该合伙人在合伙企业中的财产份额用于清偿。

人民法院强制执行合伙人的财产份额时,应当通知全体合伙人,其他合伙人有优先购买权;其他合伙人未购买,又不同意将该财产份额转让给他人的,依照本法第五十一条的规定为该合伙人办理退伙结算,或者办理削减该合伙人相应财产份额的结算。

第五节 入伙、退伙

第四十三条 新合伙人入伙,除合伙协议另有约定外,应当经全体合伙人一致同意,并依法订立书面入伙协议。

订立入伙协议时,原合伙人应当向新合伙人如实告知原合伙企业的经营状况和财务状况。

第四十四条 入伙的新合伙人与原合伙人享有同等权利,承担同等责任。入伙协议另有约定的,从其约定。

新合伙人对入伙前合伙企业的债务承担无限连带责任。

第四十五条 合伙协议约定合伙期限的,在合伙企业存续期间,有下列情形之一的,合伙人可以退伙:

(一)合伙协议约定的退伙事由出现;

(二)经全体合伙人一致同意;

(三)发生合伙人难以继续参加合伙的事由;

(四)其他合伙人严重违反合伙协议约定的义务。

第四十六条 合伙协议未约定合伙期限的,合伙人在不给合伙企业事务执行造成不利影响的情况下,可以退伙,但应当提前三十日通知其他合伙人。

第四十七条 合伙人违反本法第四十五条、第四十六条的规定退伙的,应当赔偿由此给合伙企业造成的损失。

第四十八条 合伙人有下列情形之一的,当然退伙:

(一)作为合伙人的自然人死亡或者被依法宣告死亡;

(二)个人丧失偿债能力;

(三)作为合伙人的法人或者其他组织依法被吊销营业执照、责令关闭、撤销,或者被宣告破产;

(四)法律规定或者合伙协议约定合伙人必须具有相关资格而丧失该资格;

(五)合伙人在合伙企业中的全部财产份额被人民法院强制执行。

合伙人被依法认定为无民事行为能力人或者限制民事行为能力人的,经其他合伙人一致同意,可以依法转为有限合伙人,普通合伙企业依法转为有限合伙企业。其他合伙人未能一致同意的,该无民事行为能力或者限制民事行为能力的合伙人退伙。

退伙事由实际发生之日为退伙生效日。

第四十九条 合伙人有下列情形之一的,经其他合伙人一致同意,可以决议将其除名:

(一)未履行出资义务;

(二)因故意或者重大过失给合伙企业造成损失;

(三)执行合伙事务时有不正当行为;

(四)发生合伙协议约定的事由。

对合伙人的除名决议应当书面通知被除名人。被除名人接到除名通知之日,除名生效,被除名人退伙。

被除名人对除名决议有异议的,可以自接到除名通知之日起三十日内,向人民法院起诉。

第五十条 合伙人死亡或者被依法宣告死亡的,对该合伙人在合伙企业中的财产份额享有合法继承权的继承人,按照合伙协议的约定或者经全体合伙人一致同意,从继承开始之日起,取得该合伙企业的合伙人资格。

有下列情形之一的，合伙企业应当向合伙人的继承人退还被继承合伙人的财产份额：

（一）继承人不愿意成为合伙人的；

（二）法律规定或者合伙协议约定合伙人必须具有相关资格，而该继承人未取得该资格；

（三）合伙协议约定不能成为合伙人的其他情形。

合伙人的继承人为无民事行为能力人或者限制民事行为能力人的，经全体合伙人一致同意，可以依法成为有限合伙人，普通合伙企业依法转为有限合伙企业。全体合伙人未能一致同意的，合伙企业应当将被继承合伙人的财产份额退还该继承人。

第五十一条 合伙人退伙，其他合伙人应当与该退伙人按照退伙时的合伙企业财产状况进行结算，退还退伙人的财产份额。退伙人对给合伙企业造成的损失负有赔偿责任的，相应扣减其应当赔偿的数额。

退伙时有未了结的合伙企业事务的，待该事务了结后进行结算。

第五十二条 退伙人在合伙企业中财产份额的退还办法，由合伙协议约定或者由全体合伙人决定，可以退还货币，也可以退还实物。

第五十三条 退伙人对基于其退伙前的原因发生的合伙企业债务，承担无限连带责任。

第五十四条 合伙人退伙时，合伙企业财产少于合伙企业债务的，退伙人应当依照本法第三十三条第一款的规定分担亏损。

第六节 特殊的普通合伙企业

第五十五条 以专业知识和专门技能为客户提供有偿服务的专业服务机构，可以设立为特殊的普通合伙企业。

特殊的普通合伙企业是指合伙人依照本法第五十七条的规定承担责任的普通合伙企业。

特殊的普通合伙企业适用本节规定；本节未作规定的，适用本章第一节至第五节的规定。

第五十六条 特殊的普通合伙企业名称中应当标明"特殊普通合伙"字样。

第五十七条 一个合伙人或者数个合伙人在执业活动中因故意或者重大过失造成合伙企业债务的，应当承担无限责任或者无限连带责任，其他合伙人以其在合伙企业中的财产份额为限承担责任。

合伙人在执业活动中非因故意或者重大过失造成的合伙企业债务以及合伙企业的其他债务，由全体合伙人承担无限连带责任。

第五十八条 合伙人执业活动中因故意或者重大过失造成的合伙企业债务，以合伙企业财产对外承担责任后，该合伙人应当按照合伙协议的约定对给合伙企业造成的损失承担赔偿责任。

第五十九条 特殊的普通合伙企业应当建立执业风险基金、办理职业保险。

执业风险基金用于偿付合伙人执业活动造成的债务。执业风险基金应当单独立户管理。具体管理办法由国务院规定。

第三章 有限合伙企业

第六十条 有限合伙企业及其合伙人适用本章规定；本章未作规定的，适用本法第二章第一节至第五节关于普通合伙企业及其合伙人的规定。

第六十一条 有限合伙企业由二个以上五十个以下合伙人设立；但是，法律另有规定的除外。

有限合伙企业至少应当有一个普通合伙人。

第六十二条 有限合伙企业名称中应当标明"有限合伙"字样。

第六十三条 合伙协议除符合本法第十八条的规定外，还应当载明下列事项：

（一）普通合伙人和有限合伙人的姓名或者名称、住所；

（二）执行事务合伙人应具备的条件和选择程序；

（三）执行事务合伙人权限与违约处理办法；

（四）执行事务合伙人的除名条件和更换程序；

（五）有限合伙人入伙、退伙的条件、程序以及相关责任；

（六）有限合伙人和普通合伙人相互转变程序。

第六十四条 有限合伙人可以用货币、实物、知识产权、土地使用权或者其他财产权利作价出资。

有限合伙人不得以劳务出资。

第六十五条 有限合伙人应当按照合伙协议的约定按期足额缴纳出资；未按期足额缴纳的，应当承担补缴义务，并对其他合伙人承担违约责任。

第六十六条 有限合伙企业登记事项中应当载明有限合伙人的姓名或者名称及认缴的出资数额。

第六十七条 有限合伙企业由普通合伙人执行合伙事务。执行事务合伙人可以要求在合伙协议中确定执行事务的报酬及报酬提取方式。

第六十八条 有限合伙人不执行合伙事务，不得对外代表有限合伙企业。

有限合伙人的下列行为，不视为执行合伙事务：

（一）参与决定普通合伙人入伙、退伙；

（二）对企业的经营管理提出建议；

（三）参与选择承办有限合伙企业审计业务的会计师事务所；

（四）获取经审计的有限合伙企业财务会计报告；

（五）对涉及自身利益的情况，查阅有限合伙企业财务会计账簿等财务资料；

（六）在有限合伙企业中的利益受到侵害时，向有责任的合伙人主张权利或者提起诉讼；

（七）执行事务合伙人怠于行使权利时，督促其行使权利或者为了本企业的利益以自己的名义提起诉讼；

（八）依法为本企业提供担保。

第六十九条 有限合伙企业不得将全部利润分配给部分合伙人；但是，合伙协议另有约定的除外。

第七十条 有限合伙人可以同本有限合伙企业进行交易；但是，合伙协议另有约定的除外。

第七十一条 有限合伙人可以自营或者同他人合作经营与本有限合伙企业相竞争的业务；但是，合伙协议另有约定的除外。

第七十二条 有限合伙人可以将其在有限合伙企业中的财产份额出质；但是，合伙协议另有约定的除外。

第七十三条 有限合伙人可以按照合伙协议的约定向合伙人以外的人转让其在有限合伙企业中的财产份额，但应当提前三十日通知其他合伙人。

第七十四条 有限合伙人的自有财产不足清偿其与合伙企业无关的债务的，该合伙人可以以其从有限合伙企业中分取的收益用于清偿；债权人也可以依法请求人民法院强制执行该合伙人在有限合伙企业中的财产份额用于清偿。

人民法院强制执行有限合伙人的财产份额时，应当通知全体合伙人。在同等条件下，其他合伙人有优先购买权。

第七十五条 有限合伙企业仅剩有限合伙人的，应当解散；有限合伙企业仅剩普通合伙人的，转为普通合伙企业。

第七十六条 第三人有理由相信有限合伙人为普通合伙人并与其交易的，该有限合伙人对该笔交易承担与普通合伙人同样的责任。

有限合伙人未经授权以有限合伙企业名义与他人进行交易，给有限合伙企业或者其他合伙人造成损失的，该有限合伙人应当承担赔偿责任。

第七十七条 新入伙的有限合伙人对入伙前有限合伙企业的债务，以其认缴的出资额为限承担责任。

第七十八条 有限合伙人有本法第四十八条第一款第一项、第三项至第五项所列情形之一的，当然退伙。

第七十九条 作为有限合伙人的自然人在有限合伙企业存续期间丧失民事行为能力的，其他合伙人不得因此要求其退伙。

第八十条 作为有限合伙人的自然人死亡、被依法宣告死亡或者作为有限合伙人的法人及其他组织终止时，其继承人或者权利承受人可以依法取得该有限合伙人在有限合伙企业中的资格。

第八十一条 有限合伙人退伙后，对基于其退伙前的原因发生的有限合伙企业债务，以其退伙时从有限合伙企业中取回的财产承担责任。

第八十二条 除合伙协议另有约定外，普通合伙人转变为有限合伙人，或者有限合伙人转变为普通合伙人，应当经全体合伙人一致同意。

第八十三条 有限合伙人转变为普通合伙人的，对其作为有限合伙人期间有限合伙企业发生的债务承担无限连带责任。

第八十四条 普通合伙人转变为有限合伙人的，对其作为普通合伙人期间合伙企业发生的债务承担无限连带责任。

第四章 合伙企业解散、清算

第八十五条 合伙企业有下列情形之一的，应当解散：

（一）合伙期限届满，合伙人决定不再经营；

（二）合伙协议约定的解散事由出现；

（三）全体合伙人决定解散；

（四）合伙人已不具备法定人数满三十天；

（五）合伙协议约定的合伙目的已经实现或者无法实现；

（六）依法被吊销营业执照、责令关闭或者被撤销；

（七）法律、行政法规规定的其他原因。

第八十六条 合伙企业解散，应当由清算人进行清算。

清算人由全体合伙人担任；经全体合伙人过半数同意，可以自合伙企业解散事由出现后十五日内指定一个或者数个合伙人，或者委托第三人，担任清算人。

自合伙企业解散事由出现之日起十五日内未确定清算人的，合伙人或者其他利害关系人可以申请人民法院指定清算人。

第八十七条 清算人在清算期间执行下列事务：

（一）清理合伙企业财产，分别编制资产负债表和财产清单；

（二）处理与清算有关的合伙企业未了结事务；

（三）清缴所欠税款；

（四）清理债权、债务；

（五）处理合伙企业清偿债务后的剩余财产；

（六）代表合伙企业参加诉讼或者仲裁活动。

第八十八条 清算人自被确定之日起十日内将合伙企业解散事项通知债权人，并于六十日内在报纸上公告。债权人应当自接到通知书之日起三十日内，未接到通知书的自公告之日起四十五日内，向清算人申报债权。

债权人申报债权，应当说明债权的有关事项，并提供证明材料。清算人应当对债权进行登记。

清算期间，合伙企业存续，但不得开展与清算无关的经营活动。

第八十九条 合伙企业财产在支付清算费用和职工工资、社会保险费用、法定补偿金以及缴纳所欠税款、清偿债务后的剩余财产，依照本法第三十三条第一款的规定进行分配。

第九十条 清算结束，清算人应当编制清算报告，经全体合伙人签名、盖章后，在十五日内向企业登记机关报送清算报告，申请办理合伙企业注销登记。

第九十一条 合伙企业注销后，原普通合伙人对合伙企业存续期间的债务仍应承担无限连带责任。

第九十二条 合伙企业不能清偿到期债务的，债权人可以依法向人民法院提出破产清算申请，也可以要求普通合伙人清偿。

合伙企业依法被宣告破产的，普通合伙人对合伙企业债务仍应承担无限连带责任。

第五章 法律责任

第九十三条 违反本法规定，提交虚假文件或者采取其他欺骗手段，取得合伙企业登记的，由企业登记机关责令改正，处以五千元以上五万元以下的罚款；情节严重的，撤销企业登记，并处以五万元以上二十万元以下的罚款。

第九十四条 违反本法规定，合伙企业未在其名称中标明"普通合伙"、"特殊普通合伙"或者"有限合伙"字样的，由企业登记机关责令限期改正，处以二千元以上一万元以下的罚款。

第九十五条 违反本法规定，未领取营业执照，而以合伙企业或者合伙企业分支机构名义从事合伙业务的，由企业登记机关责令停止，处以五千元以上五万元以下的罚款。

合伙企业登记事项发生变更时,未依照本法规定办理变更登记的,由企业登记机关责令限期登记;逾期不登记的,处以二千元以上二万元以下的罚款。

合伙企业登记事项发生变更,执行合伙事务的合伙人未按期申请办理变更登记的,应当赔偿由此给合伙企业、其他合伙人或者善意第三人造成的损失。

第九十六条 合伙人执行合伙事务,或者合伙企业从业人员利用职务上的便利,将应当归合伙企业的利益据为己有的,或者采取其他手段侵占合伙企业财产的,应当将该利益和财产退还合伙企业;给合伙企业或者其他合伙人造成损失的,依法承担赔偿责任。

第九十七条 合伙人对本法规定或者合伙协议约定必须经全体合伙人一致同意始得执行的事务擅自处理,给合伙企业或者其他合伙人造成损失的,依法承担赔偿责任。

第九十八条 不具有事务执行权的合伙人擅自执行合伙事务,给合伙企业或者其他合伙人造成损失的,依法承担赔偿责任。

第九十九条 合伙人违反本法规定或者合伙协议的约定,从事与本合伙企业相竞争的业务或者与本合伙企业进行交易的,该收益归合伙企业所有;给合伙企业或者其他合伙人造成损失的,依法承担赔偿责任。

第一百条 清算人未依照本法规定向企业登记机关报送清算报告,或者报送清算报告隐瞒重要事实,或者有重大遗漏的,由企业登记机关责令改正。由此产生的费用和损失,由清算人承担和赔偿。

第一百零一条 清算人执行清算事务,牟取非法收入或者侵占合伙企业财产的,应当将该收入和侵占的财产退还合伙企业;给合伙企业或者其他合伙人造成损失的,依法承担赔偿责任。

第一百零二条 清算人违反本法规定,隐匿、转移合伙企业财产,对资产负债表或者财产清单作虚假记载,或者在未清偿债务前分配财产,损害债权人利益的,依法承担赔偿责任。

第一百零三条 合伙人违反合伙协议的,应依法承担违约责任。

合伙人履行合伙协议发生争议的,合伙人可以通过协商或者调解解决。不愿通过协商、调解解决或者协商、调解不成的,可以按照合伙协议约定的仲裁条款或者事后达成的书面仲裁协议,向仲裁机构申请仲裁。合伙协议中未订立仲裁条款,事后又没有达成书面仲裁协议的,可以向人民法院起诉。

第一百零四条 有关行政管理机关的工作人员违反本法规定,滥用职权、徇私舞弊、收受贿赂,侵害合伙企业合法权益的,依法给予行政处分。

第一百零五条 违反本法规定,构成犯罪的,依法追究刑事责任。

第一百零六条 违反本法规定,应当承担民事赔偿责任和缴纳罚款、罚金,其财产不足以同时支付的,先承担民事赔偿责任。

第六章 附 则

第一百零七条 非企业专业服务机构依据有关法律采取合伙制的,其合伙人承担责任的形式可以适用本法关于特殊的普通合伙企业合伙人承担责任的规定。

第一百零八条 外国企业或者个人在中国境内设立合伙企业的管理办法由国务院规定。

第一百零九条 本法自2007年6月1日起施行。

中华人民共和国中小企业促进法

● 2002年6月29日第九届全国人民代表大会常务委员会第二十八次会议通过
● 2017年9月1日第十二届全国人民代表大会常务委员会第二十九次会议修订

第一章 总 则

第一条 为了改善中小企业经营环境,保障中小企业公平参与市场竞争,维护中小企业合法权益,支持中小企业创业创新,促进中小企业健康发展,扩大城乡就业,发挥中小企业在国民经济和社会发展中的重要作用,制定本法。

第二条 本法所称中小企业,是指在中华人民共和国境内依法设立的,人员规模、经营规模相对较小的企业,包括中型企业、小型企业和微型企业。

中型企业、小型企业和微型企业划分标准由国务院负责中小企业促进工作综合管理的部门会同国务院有关部门,根据企业从业人员、营业收入、资产总额等指标,结合行业特点制定,报国务院批准。

第三条 国家将促进中小企业发展作为长期发展战略,坚持各类企业权利平等、机会平等、规则平等,对中小企业特别是其中的小型微型企业实行积极扶持、加强引导、完善服务、依法规范、保障权益的方针,为中小企业创立和发展创造有利的环境。

第四条 中小企业应当依法经营,遵守国家劳动用工、安全生产、职业卫生、社会保障、资源环境、质量标准、知识产权、财政税收等方面的法律、法规,遵循诚信原则,规范内部管理,提高经营管理水平;不得损害劳动者合法权益,不得损害社会公共利益。

第五条 国务院制定促进中小企业发展政策,建立中小企业促进工作协调机制,统筹全国中小企业促进工作。

国务院负责中小企业促进工作综合管理的部门组织实施促进中小企业发展政策,对中小企业促进工作进行宏观指导、综合协调和监督检查。

国务院有关部门根据国家促进中小企业发展政策,在各自职责范围内负责中小企业促进工作。

县级以上地方各级人民政府根据实际情况建立中小企业促进工作协调机制,明确相应的负责中小企业促进工作综合管理的部门,负责本行政区域内的中小企业促进工作。

第六条 国家建立中小企业统计监测制度。统计部门应当加强对中小企业的统计调查和监测分析,定期发布有关信息。

第七条 国家推进中小企业信用制度建设,建立社会化的信用信息征集与评价体系,实现中小企业信用信息查询、交流和共享的社会化。

第二章 财税支持

第八条 中央财政应当在本级预算中设立中小企业科目,安排中小企业发展专项资金。

县级以上地方各级人民政府应当根据实际情况,在本级财政预算中安排中小企业发展专项资金。

第九条 中小企业发展专项资金通过资助、购买服务、奖励等方式,重点用于支持中小企业公共服务体系和融资服务体系建设。

中小企业发展专项资金向小型微型企业倾斜,资金管理使用坚持公开、透明的原则,实行预算绩效管理。

第十条 国家设立中小企业发展基金。国家中小企业发展基金应当遵循政策性导向和市场化运作原则,主要用于引导和带动社会资金支持初创期中小企业,促进创业创新。

县级以上地方各级人民政府可以设立中小企业发展基金。

中小企业发展基金的设立和使用管理办法由国务院规定。

第十一条 国家实行有利于小型微型企业发展的税收政策,对符合条件的小型微型企业按照规定实行缓征、减征、免征企业所得税、增值税等措施,简化税收征管程序,减轻小型微型企业税收负担。

第十二条 国家对小型微型企业行政事业性收费实行减免等优惠政策,减轻小型微型企业负担。

第三章 融资促进

第十三条 金融机构应当发挥服务实体经济的功能,高效、公平地服务中小企业。

第十四条 中国人民银行应当综合运用货币政策工具,鼓励和引导金融机构加大对小型微型企业的信贷支持,改善小型微型企业融资环境。

第十五条 国务院银行业监督管理机构对金融机构开展小型微型企业金融服务应当制定差异化监管政策,采取合理提高小型微型企业不良贷款容忍度等措施,引导金融机构增加小型微型企业融资规模和比重,提高金融服务水平。

第十六条 国家鼓励各类金融机构开发和提供适合中小企业特点的金融产品和服务。

国家政策性金融机构应当在其业务经营

范围内,采取多种形式,为中小企业提供金融服务。

第十七条 国家推进和支持普惠金融体系建设,推动中小银行、非存款类放贷机构和互联网金融有序健康发展,引导银行业金融机构向县域和乡镇等小型微型企业金融服务薄弱地区延伸网点和业务。

国有大型商业银行应当设立普惠金融机构,为小型微型企业提供金融服务。国家推动其他银行业金融机构设立小型微型企业金融服务专营机构。

地区性中小银行应当积极为其所在地的小型微型企业提供金融服务,促进实体经济发展。

第十八条 国家健全多层次资本市场体系,多渠道推动股权融资,发展并规范债券市场,促进中小企业利用多种方式直接融资。

第十九条 国家完善担保融资制度,支持金融机构为中小企业提供以应收账款、知识产权、存货、机器设备等为担保品的担保融资。

第二十条 中小企业以应收账款申请担保融资时,其应收账款的付款方,应当及时确认债权债务关系,支持中小企业融资。

国家鼓励中小企业及付款方通过应收账款融资服务平台确认债权债务关系,提高融资效率,降低融资成本。

第二十一条 县级以上人民政府应当建立中小企业政策性信用担保体系,鼓励各类担保机构为中小企业融资提供信用担保。

第二十二条 国家推动保险机构开展中小企业贷款保证保险和信用保险业务,开发适应中小企业分散风险、补偿损失需求的保险产品。

第二十三条 国家支持征信机构发展针对中小企业融资的征信产品和服务,依法向政府有关部门、公用事业单位和商业机构采集信息。

国家鼓励第三方评级机构开展中小企业评级服务。

第四章 创业扶持

第二十四条 县级以上人民政府及其有关部门应当通过政府网站、宣传资料等形式,为创业人员免费提供工商、财税、金融、环境保护、安全生产、劳动用工、社会保障等方面的法律政策咨询和公共信息服务。

第二十五条 高等学校毕业生、退役军人和失业人员、残疾人员等创办小型微型企业,按照国家规定享受税收优惠和收费减免。

第二十六条 国家采取措施支持社会资金参与投资中小企业。创业投资企业和个人投资者投资初创期科技创新企业的,按照国家规定享受税收优惠。

第二十七条 国家改善企业创业环境,优化审批流程,实现中小企业行政许可便捷,降低中小企业设立成本。

第二十八条 国家鼓励建设和创办小型微型企业创业基地、孵化基地,为小型微型企业提供生产经营场地和服务。

第二十九条 地方各级人民政府应当根据中小企业发展的需要,在城乡规划中安排必要的用地和设施,为中小企业获得生产经营场所提供便利。

国家支持利用闲置的商业用房、工业厂房、企业库房和物流设施等,为创业者提供低成本生产经营场所。

第三十条 国家鼓励互联网平台向中小企业开放技术、开发、营销、推广等资源,加强资源共享与合作,为中小企业创业提供服务。

第三十一条 国家简化中小企业注销登记程序,实现中小企业市场退出便利化。

第五章 创新支持

第三十二条 国家鼓励中小企业按照市场需求,推进技术、产品、管理模式、商业模式等创新。

中小企业的固定资产由于技术进步等原因,确需加速折旧的,可以依法缩短折旧年限或者采取加速折旧方法。

国家完善中小企业研究开发费用加计扣除政策,支持中小企业技术创新。

第三十三条 国家支持中小企业在研发设计、生产制造、运营管理等环节应用互联网、云计算、大数据、人工智能等现代技术手段,创新生产方式,提高生产经营效率。

第三十四条 国家鼓励中小企业参与产业关键共性技术研究开发和利用财政资金设立的科

研项目实施。

国家推动军民融合深度发展,支持中小企业参与国防科研和生产活动。

国家支持中小企业及中小企业的有关行业组织参与标准的制定。

第三十五条 国家鼓励中小企业研究开发拥有自主知识产权的技术和产品,规范内部知识产权管理,提升保护和运用知识产权的能力;鼓励中小企业投保知识产权保险;减轻中小企业申请和维持知识产权的费用等负担。

第三十六条 县级以上人民政府有关部门应当在规划、用地、财政等方面提供支持,推动建立和发展各类创新服务机构。

国家鼓励各类创新服务机构为中小企业提供技术信息、研发设计与应用、质量标准、实验试验、检验检测、技术转让、技术培训等服务,促进科技成果转化,推动企业技术、产品升级。

第三十七条 县级以上人民政府有关部门应当拓宽渠道,采取补贴、培训等措施,引导高等学校毕业生到中小企业就业,帮助中小企业引进创新人才。

国家鼓励科研机构、高等学校和大型企业等创造条件向中小企业开放试验设施,开展技术研发与合作,帮助中小企业开发新产品,培养专业人才。

国家鼓励科研机构、高等学校支持本单位的科技人员以兼职、挂职、参与项目合作等形式到中小企业从事产学研合作和科技成果转化活动,并按照国家有关规定取得相应报酬。

第六章 市场开拓

第三十八条 国家完善市场体系,实行统一的市场准入和市场监管制度,反对垄断和不正当竞争,营造中小企业公平参与竞争的市场环境。

第三十九条 国家支持大型企业与中小企业建立以市场配置资源为基础的、稳定的原材料供应、生产、销售、服务外包、技术开发和技术改造等方面的协作关系,带动和促进中小企业发展。

第四十条 国务院有关部门应当制定中小企业政府采购的相关优惠政策,通过制定采购需求标准、预留采购份额、价格评审优惠、优先采购等措施,提高中小企业在政府采购中的份额。

向中小企业预留的采购份额应当占本部门年度政府采购项目预算总额的百分之三十以上;其中,预留给小型微型企业的比例不低于百分之六十。中小企业无法提供的商品和服务除外。

政府采购不得在企业股权结构、经营年限、经营规模和财务指标等方面对中小企业实行差别待遇或者歧视待遇。

政府采购部门应当在政府采购监督管理部门指定的媒体上及时向社会公开发布采购信息,为中小企业获得政府采购合同提供指导和服务。

第四十一条 县级以上人民政府有关部门应当在法律咨询、知识产权保护、技术性贸易措施、产品认证等方面为中小企业产品和服务出口提供指导和帮助,推动对外经济技术合作与交流。

国家有关政策性金融机构应当通过开展进出口信贷、出口信用保险等业务,支持中小企业开拓境外市场。

第四十二条 县级以上人民政府有关部门应当为中小企业提供用汇、人员出入境等方面的便利,支持中小企业到境外投资,开拓国际市场。

第七章 服务措施

第四十三条 国家建立健全社会化的中小企业公共服务体系,为中小企业提供服务。

第四十四条 县级以上地方各级人民政府应当根据实际需要建立和完善中小企业公共服务机构,为中小企业提供公益性服务。

第四十五条 县级以上人民政府负责中小企业促进工作综合管理的部门应当建立跨部门的政策信息互联网发布平台,及时汇集涉及中小企业的法律法规、创业、创新、金融、市场、权益保护等各类政府服务信息,为中小企业提供便捷无偿服务。

第四十六条 国家鼓励各类服务机构为中小企业提供创业培训与辅导、知识产权保护、管理咨询、信息咨询、信用服务、市场营销、项目开发、投资融资、财会税务、产权交易、技术支持、人才引进、对外合作、展览展销、法律咨询等服务。

第四十七条 县级以上人民政府负责中小企业促进工作综合管理的部门应当安排资金，有计划地组织实施中小企业经营管理人员培训。

第四十八条 国家支持有关机构、高等学校开展针对中小企业经营管理及生产技术等方面的人员培训，提高企业营销、管理和技术水平。

国家支持高等学校、职业教育院校和各类职业技能培训机构与中小企业合作共建实习实践基地，支持职业教育院校教师和中小企业技术人才双向交流，创新中小企业人才培养模式。

第四十九条 中小企业的有关行业组织应当依法维护会员的合法权益，反映会员诉求，加强自律管理，为中小企业创业创新、开拓市场等提供服务。

第八章 权益保护

第五十条 国家保护中小企业及其出资人的财产权和其他合法权益。任何单位和个人不得侵犯中小企业财产及其合法收益。

第五十一条 县级以上人民政府负责中小企业促进工作综合管理的部门应当建立专门渠道，听取中小企业对政府相关管理工作的意见和建议，并及时向有关部门反馈，督促改进。

县级以上地方各级人民政府有关部门和有关行业组织应当公布联系方式，受理中小企业的投诉、举报，并在规定的时间内予以调查、处理。

第五十二条 地方各级人民政府应当依法实施行政许可，依法开展管理工作，不得实施没有法律、法规依据的检查，不得强制或者变相强制中小企业参加考核、评比、表彰、培训等活动。

第五十三条 国家机关、事业单位和大型企业不得违约拖欠中小企业的货物、工程、服务款项。

中小企业有权要求拖欠方支付拖欠款并要求对拖欠造成的损失进行赔偿。

第五十四条 任何单位不得违反法律、法规向中小企业收取费用，不得实施没有法律、法规依据的罚款，不得向中小企业摊派财物。中小企业对违反上述规定的行为有权拒绝和举报、控告。

第五十五条 国家建立和实施涉企行政事业性收费目录清单制度，收费目录清单及其实施情况向社会公开，接受社会监督。

任何单位不得对中小企业执行目录清单之外的行政事业性收费，不得对中小企业擅自提高收费标准、扩大收费范围；严禁以各种方式强制中小企业赞助捐赠、订购报刊、加入社团、接受指定服务；严禁行业组织依靠代行政府职能或者利用行政资源擅自设立收费项目、提高收费标准。

第五十六条 县级以上地方各级人民政府有关部门对中小企业实施监督检查应当依法进行，建立随机抽查机制。同一部门对中小企业实施的多项监督检查能够合并进行的，应当合并进行；不同部门对中小企业实施的多项监督检查能够合并完成的，由本级人民政府组织有关部门实施合并或者联合检查。

第九章 监督检查

第五十七条 县级以上人民政府定期组织对中小企业促进工作情况的监督检查；对违反本法的行为及时予以纠正，并对直接负责的主管人员和其他直接责任人员依法给予处分。

第五十八条 国务院负责中小企业促进工作综合管理的部门应当委托第三方机构定期开展中小企业发展环境评估，并向社会公布。

地方各级人民政府可以根据实际情况委托第三方机构开展中小企业发展环境评估。

第五十九条 县级以上人民政府应当定期组织开展对中小企业发展专项资金、中小企业发展基金使用效果的企业评价、社会评价和资金使用动态评估，并将评价和评估情况及时向社会公布，接受社会监督。

县级以上人民政府有关部门在各自职责范围内，对中小企业发展专项资金、中小企业发展基金的管理和使用情况进行监督，对截留、挤占、挪用、侵占、贪污中小企业发展专项资金、中小企业发展基金等行为依法进行查处，并对直接负责的主管人员和其他直接责任人员依法给予处分；构成犯罪的，依法追究刑事责任。

第六十条 县级以上地方各级人民政府有关部门在各自职责范围内,对强制或者变相强制中小企业参加考核、评比、表彰、培训等活动的行为,违法向中小企业收费、罚款、摊派财物的行为,以及其他侵犯中小企业合法权益的行为进行查处,并对直接负责的主管人员和其他直接责任人员依法给予处分。

第十章 附 则

第六十一条 本法自 2018 年 1 月 1 日起施行。

中华人民共和国企业所得税法

- 2007 年 3 月 16 日第十届全国人民代表大会第五次会议通过
- 根据 2017 年 2 月 24 日第十二届全国人民代表大会常务委员会第二十六次会议《关于修改〈中华人民共和国企业所得税法〉的决定》修正
- 根据 2018 年 12 月 29 日第十三届全国人民代表大会常务委员会第七次会议《关于修改〈中华人民共和国电力法〉等四部法律的决定》第二次修正

第一章 总 则

第一条 【适用范围】在中华人民共和国境内,企业和其他取得收入的组织(以下统称企业)为企业所得税的纳税人,依照本法的规定缴纳企业所得税。

个人独资企业、合伙企业不适用本法。

第二条 【企业分类及其含义】企业分为居民企业和非居民企业。

本法所称居民企业,是指依法在中国境内成立,或者依照外国(地区)法律成立但实际管理机构在中国境内的企业。

本法所称非居民企业,是指依照外国(地区)法律成立且实际管理机构不在中国境内,但在中国境内设立机构、场所的,或者在中国境内未设立机构、场所,但有来源于中国境内所得的企业。

第三条 【缴纳企业所得税的所得范围】居民企业应当就其来源于中国境内、境外的所得缴纳企业所得税。

非居民企业在中国境内设立机构、场所的,应当就其所设机构、场所取得的来源于中国境内的所得,以及发生在中国境外但与其所设机构、场所有实际联系的所得,缴纳企业所得税。

非居民企业在中国境内未设立机构、场所的,或者虽设立机构、场所但取得的所得与其所设机构、场所没有实际联系的,应当就其来源于中国境内的所得缴纳企业所得税。

第四条 【企业所得税税率】企业所得税的税率为 25%。

非居民企业取得本法第三条第三款规定的所得,适用税率为 20%。

第二章 应纳税所得额

第五条 【应税所得的计算】企业每一纳税年度的收入总额,减除不征税收入、免税收入、各项扣除以及允许弥补的以前年度亏损后的余额,为应纳税所得额。

第六条 【企业收入总额】企业以货币形式和非货币形式从各种来源取得的收入,为收入总额。包括:

(一)销售货物收入;
(二)提供劳务收入;
(三)转让财产收入;
(四)股息、红利等权益性投资收益;
(五)利息收入;
(六)租金收入;
(七)特许权使用费收入;
(八)接受捐赠收入;
(九)其他收入。

第七条 【不征税收入项目】收入总额中的下列收入为不征税收入:

(一)财政拨款;
(二)依法收取并纳入财政管理的行政事业性收费、政府性基金;
(三)国务院规定的其他不征税收入。

第八条 【与收入有关的、合理支出的扣除】企业实际发生的与取得收入有关的、合理的支出,包括成本、费用、税金、损失和其他支出,准予在计算应纳税所得额时扣除。

第九条 【公益性捐赠支出的扣除】企业发生的公益性捐赠支出,在年度利润总额12%以内的部分,准予在计算应纳税所得额时扣除;超过年度利润总额12%的部分,准予结转以后三年内在计算应纳税所得额时扣除。

第十条 【不得扣除的支出事项】在计算应纳税所得额时,下列支出不得扣除:

(一)向投资者支付的股息、红利等权益性投资收益款项;

(二)企业所得税税款;

(三)税收滞纳金;

(四)罚金、罚款和被没收财物的损失;

(五)本法第九条规定以外的捐赠支出;

(六)赞助支出;

(七)未经核定的准备金支出;

(八)与取得收入无关的其他支出。

第十一条 【固定资产折旧的扣除】在计算应纳税所得额时,企业按照规定计算的固定资产折旧,准予扣除。

下列固定资产不得计算折旧扣除:

(一)房屋、建筑物以外未投入使用的固定资产;

(二)以经营租赁方式租入的固定资产;

(三)以融资租赁方式租出的固定资产;

(四)已足额提取折旧仍继续使用的固定资产;

(五)与经营活动无关的固定资产;

(六)单独估价作为固定资产入账的土地;

(七)其他不得计算折旧扣除的固定资产。

第十二条 【无形资产摊销费用的扣除】在计算应纳税所得额时,企业按照规定计算的无形资产摊销费用,准予扣除。

下列无形资产不得计算摊销费用扣除:

(一)自行开发的支出已在计算应纳税所得额时扣除的无形资产;

(二)自创商誉;

(三)与经营活动无关的无形资产;

(四)其他不得计算摊销费用扣除的无形资产。

第十三条 【可扣除的长期待摊费用范围】在计算应纳税所得额时,企业发生的下列支出作为长期待摊费用,按照规定摊销的,准予扣除:

(一)已足额提取折旧的固定资产的改建支出;

(二)租入固定资产的改建支出;

(三)固定资产的大修理支出;

(四)其他应当作为长期待摊费用的支出。

第十四条 【投资资产成本不得扣除】企业对外投资期间,投资资产的成本在计算应纳税所得额时不得扣除。

第十五条 【存货成本的扣除】企业使用或者销售存货,按照规定计算的存货成本,准予在计算应纳税所得额时扣除。

第十六条 【转让资产净值的扣除】企业转让资产,该项资产的净值,准予在计算应纳税所得额时扣除。

第十七条 【境外亏损不得抵减境内盈利】企业在汇总计算缴纳企业所得税时,其境外营业机构的亏损不得抵减境内营业机构的盈利。

第十八条 【年度亏损结转】企业纳税年度发生的亏损,准予向以后年度结转,用以后年度的所得弥补,但结转年限最长不得超过五年。

第十九条 【非居民企业应税所得的计算】非居民企业取得本法第三条第三款规定的所得,按照下列方法计算其应纳税所得额:

(一)股息、红利等权益性投资收益和利息、租金、特许权使用费所得,以收入全额为应纳税所得额;

(二)转让财产所得,以收入全额减除财产净值后的余额为应纳税所得额;

(三)其他所得,参照前两项规定的方法计算应纳税所得额。

第二十条 【具体办法的授权规定】本章规定的收入、扣除的具体范围、标准和资产的税务处理的具体办法,由国务院财政、税务主管部门规定。

第二十一条 【税收法律优先】在计算应纳税所得额时,企业财务、会计处理办法与税收法律、行政法规的规定不一致的,应当依照税收法律、行政法规的规定计算。

第三章 应纳税额

第二十二条 【应纳税额计算方法】企业的应纳税所得额乘以适用税率,减除依照本法关于税收优惠的规定减免和抵免的税额后的余额,为应纳税额。

第二十三条　【境外缴纳所得税额的抵免】企业取得的下列所得已在境外缴纳的所得税税额,可以从其当期应纳税额中抵免,抵免限额为该项所得依照本法规定计算的应纳税额;超过抵免限额的部分,可以在以后五个年度内,用每年度抵免限额抵免当年应抵税额后的余额进行抵补。

（一）居民企业来源于中国境外的应税所得;

（二）非居民企业在中国境内设立机构、场所,取得发生在中国境外但与该机构、场所有实际联系的应税所得。

第二十四条　【境外法定所得抵免】居民企业从其直接或者间接控制的外国企业分得的来源于中国境外的股息、红利等权益性投资收益,外国企业在境外实际缴纳的所得税税额中属于该项所得负担的部分,可以作为该居民企业的可抵免境外所得税税额,在本法第二十三条规定的抵免限额内抵免。

第四章　税收优惠

第二十五条　【税收优惠的一般规定】国家对重点扶持和鼓励发展的产业和项目,给予企业所得税优惠。

第二十六条　【免税收入】企业的下列收入为免税收入:

（一）国债利息收入;

（二）符合条件的居民企业之间的股息、红利等权益性投资收益;

（三）在中国境内设立机构、场所的非居民企业从居民企业取得与该机构、场所有实际联系的股息、红利等权益性投资收益;

（四）符合条件的非营利组织的收入。

第二十七条　【免征、减征所得】企业的下列所得,可以免征、减征企业所得税:

（一）从事农、林、牧、渔业项目的所得;

（二）从事国家重点扶持的公共基础设施项目投资经营的所得;

（三）从事符合条件的环境保护、节能节水项目的所得;

（四）符合条件的技术转让所得;

（五）本法第三条第三款规定的所得。

第二十八条　【小型微利企业、高新技术企业减征所得税】符合条件的小型微利企业,减按20%的税率征收企业所得税。

国家需要重点扶持的高新技术企业,减按15%的税率征收企业所得税。

第二十九条　【民族自治地方企业所得税的减免】民族自治地方的自治机关对本民族自治地方的企业应缴纳的企业所得税中属于地方分享的部分,可以决定减征或者免征。自治州、自治县决定减征或者免征的,须报省、自治区、直辖市人民政府批准。

第三十条　【加计扣除范围】企业的下列支出,可以在计算应纳税所得额时加计扣除:

（一）开发新技术、新产品、新工艺发生的研究开发费用;

（二）安置残疾人员及国家鼓励安置的其他就业人员所支付的工资。

第三十一条　【创业投资企业应税所得的抵扣】创业投资企业从事国家需要重点扶持和鼓励的创业投资,可以按投资额的一定比例抵扣应纳税所得额。

第三十二条　【企业加速折旧】企业的固定资产由于技术进步等原因,确需加速折旧的,可以缩短折旧年限或者采取加速折旧的方法。

第三十三条　【应税所得的减计收入】企业综合利用资源,生产符合国家产业政策规定的产品所取得的收入,可以在计算应纳税所得额时减计收入。

第三十四条　【企业税额抵免】企业购置用于环境保护、节能节水、安全生产等专用设备的投资额,可以按一定比例实行税额抵免。

第三十五条　【制定税收优惠办法的授权规定】本法规定的税收优惠的具体办法,由国务院规定。

第三十六条　【专项优惠政策】根据国民经济和社会发展的需要,或者由于突发事件等原因对企业经营活动产生重大影响的,国务院可以制定企业所得税专项优惠政策,报全国人民代表大会常务委员会备案。

第五章 源泉扣缴

第三十七条 【源泉扣缴的条件与执行】对非居民企业取得本法第三条第三款规定的所得应缴纳的所得税，实行源泉扣缴，以支付人为扣缴义务人。税款由扣缴义务人在每次支付或者到期应支付时，从支付或到期应支付的款项中扣缴。

第三十八条 【非居民企业境内取得工程作业、劳务所得源泉扣缴时的扣缴义务人】对非居民企业在中国境内取得工程作业和劳务所得应缴纳的所得税，税务机关可以指定工程价款或者劳务费的支付人为扣缴义务人。

第三十九条 【扣缴义务人无法履行扣缴义务时纳税人所得税的缴纳】依照本法第三十七条、第三十八条规定应当扣缴的所得税，扣缴义务人未依法扣缴或者无法履行扣缴义务的，由纳税人在所得发生地缴纳。纳税人未依法缴纳的，税务机关可以从该纳税人在中国境内其他收入项目的支付人应付的款项中，追缴该纳税人的应纳税款。

第四十条 【扣缴义务人缴纳代扣方式】扣缴义务人每次代扣的税款，应当自代扣之日起七日内缴入国库，并向所在地的税务机关报送扣缴企业所得税报告表。

第六章 特别纳税调整

第四十一条 【企业与关联方之间应税收入或所得的计算】企业与其关联方之间的业务往来，不符合独立交易原则而减少企业或者其关联方应纳税收入或者所得额的，税务机关有权按照合理方法调整。

企业与其关联方共同开发、受让无形资产，或者共同提供、接受劳务发生的成本，在计算应纳税所得额时应当按照独立交易原则进行分摊。

第四十二条 【预约定价安排】企业可以向税务机关提出与其关联方之间业务往来的定价原则和计算方法，税务机关与企业协商、确认后，达成预约定价安排。

第四十三条 【纳税申报的附随义务及协助调查责任】企业向税务机关报送年度企业所得税纳税申报表时，应当就其与关联方之间的业务往来，附送年度关联业务往来报告表。

税务机关在进行关联业务调查时，企业及其关联方，以及与关联业务调查有关的其他企业，应当按照规定提供相关资料。

第四十四条 【不提供、违规提供与关联方业务往来资料的处理】企业不提供与其关联方之间业务往来资料，或者提供虚假、不完整资料，未能真实反映其关联业务往来情况的，税务机关有权依法核定其应纳税所得额。

第四十五条 【设立在低税率国家（地区）企业的利润处理】由居民企业，或者由居民企业和中国居民控制的设立在实际税负明显低于本法第四条第一款规定税率水平的国家（地区）的企业，并非由于合理的经营需要而对利润不作分配或者减少分配的，上述利润中应归属于该居民企业的部分，应当计入该居民企业的当期收入。

第四十六条 【超标利息不得扣除】企业从其关联方接受的债权性投资与权益性投资的比例超过规定标准而发生的利息支出，不得在计算应纳税所得额时扣除。

第四十七条 【不合理安排减少所得税的调整】企业实施其他不具有合理商业目的的安排而减少其应纳税收入或者所得额的，税务机关有权按照合理方法调整。

第四十八条 【特别纳税调整补征税款应加收利息】税务机关依照本章规定作出纳税调整，需要补征税款的，应当补征税款，并按照国务院规定加收利息。

第七章 征收管理

第四十九条 【企业所得税的征收管理】企业所得税的征收管理除本法规定外，依照《中华人民共和国税收征收管理法》的规定执行。

第五十条 【居民企业纳税地点】除税收法律、行政法规另有规定外，居民企业以企业登记注册地为纳税地点；但登记注册地在境外的，以实际管理机构所在地为纳税地点。

居民企业在中国境内设立不具有法人资格的营业机构的，应当汇总计算并缴纳企业所得税。

第五十一条 【非居民企业纳税地点】非居民企

业取得本法第三条第二款规定的所得,以机构、场所所在地为纳税地点。非居民企业在中国境内设立两个或者两个以上机构、场所,符合国务院税务主管部门规定条件的,可以选择由其主要机构、场所汇总缴纳企业所得税。

非居民企业取得本法第三条第三款规定的所得,以扣缴义务人所在地为纳税地点。

第五十二条 【禁止合并缴纳所得税】 除国务院另有规定外,企业之间不得合并缴纳企业所得税。

第五十三条 【企业所得税纳税年度】 企业所得税按纳税年度计算。纳税年度自公历1月1日起至12月31日止。

企业在一个纳税年度中间开业,或者终止经营活动,使该纳税年度的实际经营期不足十二个月的,应当以其实际经营期为一个纳税年度。

企业依法清算时,应当以清算期间作为一个纳税年度。

第五十四条 【企业所得税缴纳方式】 企业所得税分月或者分季预缴。

企业应当自月份或者季度终了之日起十五日内,向税务机关报送预缴企业所得税纳税申报表,预缴税款。

企业应当自年度终了之日起五个月内,向税务机关报送年度企业所得税纳税申报表,并汇算清缴,结清应缴应退税款。

企业在报送企业所得税纳税申报表时,应当按照规定附送财务会计报告和其他有关资料。

第五十五条 【企业终止经营活动及清算时所得税的缴纳】 企业在年度中间终止经营活动的,应当自实际经营终止之日起六十日内,向税务机关办理当期企业所得税汇算清缴。

企业应当在办理注销登记前,就其清算所得向税务机关申报并依法缴纳企业所得税。

第五十六条 【货币计量单位】 依照本法缴纳的企业所得税,以人民币计算。所得以人民币以外的货币计算的,应当折合成人民币计算并缴纳税款。

第八章 附 则

第五十七条 【已享受法定优惠企业的过渡性措施】 本法公布前已经批准设立的企业,依照当时的税收法律、行政法规规定,享受低税率优惠的,按照国务院规定,可以在本法施行后五年内,逐步过渡到本法规定的税率;享受定期减免税优惠的,按照国务院规定,可以在本法施行后继续享受到期满为止,但因未获利而尚未享受优惠的,优惠期限从本法施行年度起计算。

法律设置的发展对外经济合作和技术交流的特定地区内,以及国务院已规定执行上述地区特殊政策的地区内新设立的国家需要重点扶持的高新技术企业,可以享受过渡性税收优惠,具体办法由国务院规定。

国家已确定的其他鼓励类企业,可以按照国务院规定享受减免税优惠。

第五十八条 【本法与国际税收协定关系】 中华人民共和国政府同外国政府订立的有关税收的协定与本法有不同规定的,依照协定的规定办理。

第五十九条 【制定实施条例的授权规定】 国务院根据本法制定实施条例。

第六十条 【施行日期】 本法自2008年1月1日起施行。1991年4月9日第七届全国人民代表大会第四次会议通过的《中华人民共和国外商投资企业和外国企业所得税法》和1993年12月13日国务院发布的《中华人民共和国企业所得税暂行条例》同时废止。

中华人民共和国外商投资法

- 2019年3月15日第十三届全国人民代表大会第二次会议通过
- 2019年3月15日中华人民共和国主席令第26号公布
- 自2020年1月1日起施行

第一章 总 则

第一条 为了进一步扩大对外开放,积极促进外商投资,保护外商投资合法权益,规范外商投资管理,推动形成全面开放新格局,促进社会主义市场经济健康发展,根据宪法,制定本法。

第二条 在中华人民共和国境内(以下简称中国境内)的外商投资,适用本法。

本法所称外商投资,是指外国的自然人、企业或者其他组织(以下称外国投资者)直接或者间接在中国境内进行的投资活动,包括下列情形:

(一)外国投资者单独或者与其他投资者共同在中国境内设立外商投资企业;

(二)外国投资者取得中国境内企业的股份、股权、财产份额或者其他类似权益;

(三)外国投资者单独或者与其他投资者共同在中国境内投资新建项目;

(四)法律、行政法规或者国务院规定的其他方式的投资。

本法所称外商投资企业,是指全部或者部分由外国投资者投资,依照中国法律在中国境内经登记注册设立的企业。

第三条 国家坚持对外开放的基本国策,鼓励外国投资者依法在中国境内投资。

国家实行高水平投资自由化便利化政策,建立和完善外商投资促进机制,营造稳定、透明、可预期和公平竞争的市场环境。

第四条 国家对外商投资实行准入前国民待遇加负面清单管理制度。

前款所称准入前国民待遇,是指在投资准入阶段给予外国投资者及其投资不低于本国投资者及其投资的待遇;所称负面清单,是指国家规定在特定领域对外商投资实施的准入特别管理措施。国家对负面清单之外的外商投资,给予国民待遇。

负面清单由国务院发布或者批准发布。

中华人民共和国缔结或者参加的国际条约、协定对外国投资者准入待遇有更优惠规定的,可以按照相关规定执行。

第五条 国家依法保护外国投资者在中国境内的投资、收益和其他合法权益。

第六条 在中国境内进行投资活动的外国投资者、外商投资企业,应当遵守中国法律法规,不得危害中国国家安全、损害社会公共利益。

第七条 国务院商务主管部门、投资主管部门按照职责分工,开展外商投资促进、保护和管理工作;国务院其他有关部门在各自职责范围内,负责外商投资促进、保护和管理的相关工作。

县级以上地方人民政府有关部门依照法律法规和本级人民政府确定的职责分工,开展外商投资促进、保护和管理工作。

第八条 外商投资企业职工依法建立工会组织,开展工会活动,维护职工的合法权益。外商投资企业应当为本企业工会提供必要的活动条件。

第二章 投 资 促 进

第九条 外商投资企业依法平等适用国家支持企业发展的各项政策。

第十条 制定与外商投资有关的法律、法规、规章,应当采取适当方式征求外商投资企业的意见和建议。

与外商投资有关的规范性文件、裁判文书等,应当依法及时公布。

第十一条 国家建立健全外商投资服务体系,为外国投资者和外商投资企业提供法律法规、政策措施、投资项目信息等方面的咨询和服务。

第十二条 国家与其他国家和地区、国际组织建立多边、双边投资促进合作机制,加强投资领域的国际交流与合作。

第十三条 国家根据需要,设立特殊经济区域,或者在部分地区实行外商投资试验性政策措施,促进外商投资,扩大对外开放。

第十四条 国家根据国民经济和社会发展需要,鼓励和引导外国投资者在特定行业、领域、地区投资。外国投资者、外商投资企业可以依照法律、行政法规或者国务院的规定享受优惠待遇。

第十五条 国家保障外商投资企业依法平等参与标准制定工作,强化标准制定的信息公开和社会监督。

国家制定的强制性标准平等适用于外商投资企业。

第十六条 国家保障外商投资企业依法通过公平竞争参与政府采购活动。政府采购依法对外商投资企业在中国境内生产的产品、提供的服务平等对待。

第十七条 外商投资企业可以依法通过公开发

行股票、公司债券等证券和其他方式进行融资。

第十八条 县级以上地方人民政府可以根据法律、行政法规、地方性法规的规定,在法定权限内制定外商投资促进和便利化政策措施。

第十九条 各级人民政府及其有关部门应当按照便利、高效、透明的原则,简化办事程序,提高办事效率,优化政务服务,进一步提高外商投资服务水平。

有关主管部门应当编制和公布外商投资指南,为外国投资者和外商投资企业提供服务和便利。

第三章 投资保护

第二十条 国家对外国投资者的投资不实行征收。

在特殊情况下,国家为了公共利益的需要,可以依照法律规定对外国投资者的投资实行征收或者征用。征收、征用应当依照法定程序进行,并及时给予公平、合理的补偿。

第二十一条 外国投资者在中国境内的出资、利润、资本收益、资产处置所得、知识产权许可使用费、依法获得的补偿或者赔偿、清算所得等,可以依法以人民币或者外汇自由汇入、汇出。

第二十二条 国家保护外国投资者和外商投资企业的知识产权,保护知识产权权利人和相关权利人的合法权益;对知识产权侵权行为,严格依法追究法律责任。

国家鼓励在外商投资过程中基于自愿原则和商业规则开展技术合作。技术合作的条件由投资各方遵循公平原则平等协商确定。行政机关及其工作人员不得利用行政手段强制转让技术。

第二十三条 行政机关及其工作人员对于履行职责过程中知悉的外国投资者、外商投资企业的商业秘密,应当依法予以保密,不得泄露或者非法向他人提供。

第二十四条 各级人民政府及其有关部门制定涉及外商投资的规范性文件,应当符合法律法规的规定;没有法律、行政法规依据的,不得减损外商投资企业的合法权益或者增加其义务,不得设置市场准入和退出条件,不得干预外商投资企业的正常生产经营活动。

第二十五条 地方各级人民政府及其有关部门应当履行向外国投资者、外商投资企业依法作出的政策承诺以及依法订立的各类合同。

因国家利益、社会公共利益需要改变政策承诺、合同约定的,应当依照法定权限和程序进行,并依法对外国投资者、外商投资企业因此受到的损失予以补偿。

第二十六条 国家建立外商投资企业投诉工作机制,及时处理外商投资企业或者其投资者反映的问题,协调完善相关政策措施。

外商投资企业或者其投资者认为行政机关及其工作人员的行政行为侵犯其合法权益的,可以通过外商投资企业投诉工作机制申请协调解决。

外商投资企业或者其投资者认为行政机关及其工作人员的行政行为侵犯其合法权益的,除依照前款规定通过外商投资企业投诉工作机制申请协调解决外,还可以依法申请行政复议、提起行政诉讼。

第二十七条 外商投资企业可以依法成立和自愿参加商会、协会。商会、协会依照法律法规和章程的规定开展相关活动,维护会员的合法权益。

第四章 投资管理

第二十八条 外商投资准入负面清单规定禁止投资的领域,外国投资者不得投资。

外商投资准入负面清单规定限制投资的领域,外国投资者进行投资应当符合负面清单规定的条件。

外商投资准入负面清单以外的领域,按照内外资一致的原则实施管理。

第二十九条 外商投资需要办理投资项目核准、备案的,按照国家有关规定执行。

第三十条 外国投资者在依法需要取得许可的行业、领域进行投资的,应当依法办理相关许可手续。

有关主管部门应当按照与内资一致的条件和程序,审核外国投资者的许可申请,法律、行政法规另有规定的除外。

第三十一条 外商投资企业的组织形式、组织机构及其活动准则,适用《中华人民共和国公司法》、《中华人民共和国合伙企业法》等法律的规定。

第三十二条 外商投资企业开展生产经营活动,应当遵守法律、行政法规有关劳动保护、社会保险的规定,依照法律、行政法规和国家有关规定办理税收、会计、外汇等事宜,并接受相关主管部门依法实施的监督检查。

第三十三条 外国投资者并购中国境内企业或者以其他方式参与经营者集中的,应当依照《中华人民共和国反垄断法》的规定接受经营者集中审查。

第三十四条 国家建立外商投资信息报告制度。外国投资者或者外商投资企业应当通过企业登记系统以及企业信用信息公示系统向商务主管部门报送投资信息。

外商投资信息报告的内容和范围按照确有必要的原则确定;通过部门信息共享能够获得的投资信息,不得再行要求报送。

第三十五条 国家建立外商投资安全审查制度,对影响或者可能影响国家安全的外商投资进行安全审查。

依法作出的安全审查决定为最终决定。

第五章 法律责任

第三十六条 外国投资者投资外商投资准入负面清单规定禁止投资的领域的,由有关主管部门责令停止投资活动,限期处分股份、资产或者采取其他必要措施,恢复到实施投资前的状态;有违法所得的,没收违法所得。

外国投资者的投资活动违反外商投资准入负面清单规定的限制性准入特别管理措施的,由有关主管部门责令限期改正,采取必要措施满足准入特别管理措施的要求;逾期不改正的,依照前款规定处理。

外国投资者的投资活动违反外商投资准入负面清单规定的,除依照前两款规定处理外,还应当依法承担相应的法律责任。

第三十七条 外国投资者、外商投资企业违反本法规定,未按照外商投资信息报告制度的要求报送投资信息的,由商务主管部门责令限期改正;逾期不改正的,处十万元以上五十万元以下的罚款。

第三十八条 对外国投资者、外商投资企业违反法律、法规的行为,由有关部门依法查处,并按照国家有关规定纳入信用信息系统。

第三十九条 行政机关工作人员在外商投资促进、保护和管理工作中滥用职权、玩忽职守、徇私舞弊的,或者泄露、非法向他人提供履行职责过程中知悉的商业秘密的,依法给予处分;构成犯罪的,依法追究刑事责任。

第六章 附 则

第四十条 任何国家或者地区在投资方面对中华人民共和国采取歧视性的禁止、限制或者其他类似措施的,中华人民共和国可以根据实际情况对该国家或者该地区采取相应的措施。

第四十一条 对外国投资者在中国境内投资银行业、证券业、保险业等金融行业,或者在证券市场、外汇市场等金融市场进行投资的管理,国家另有规定的,依照其规定。

第四十二条 本法自2020年1月1日起施行。《中华人民共和国中外合资经营企业法》、《中华人民共和国外资企业法》、《中华人民共和国中外合作经营企业法》同时废止。

本法施行前依照《中华人民共和国中外合资经营企业法》、《中华人民共和国外资企业法》、《中华人民共和国中外合作经营企业法》设立的外商投资企业,在本法施行后五年内可以继续保留原企业组织形式等。具体实施办法由国务院规定。

中华人民共和国公司登记管理条例

- 1994年6月24日中华人民共和国国务院令第156号公布
- 根据2005年12月18日《国务院关于修改〈中华人民共和国公司登记管理条例〉的决定》第一次修订
- 根据2014年2月19日《国务院关于废止和修改部分行政法规的决定》第二次修订
- 根据2016年2月6日《国务院关于修改部分行政法规的决定》第三次修订

第一章 总 则

第一条 为了确认公司的企业法人资格,规范公司登记行为,依据《中华人民共和国公司法》

(以下简称《公司法》),制定本条例。

第二条 有限责任公司和股份有限公司(以下统称公司)设立、变更、终止,应当依照本条例办理公司登记。

申请办理公司登记,申请人应当对申请文件、材料的真实性负责。

第三条 公司经公司登记机关依法登记,领取《企业法人营业执照》,方取得企业法人资格。

自本条例施行之日起设立公司,未经公司登记机关登记的,不得以公司名义从事经营活动。

第四条 工商行政管理机关是公司登记机关。

下级公司登记机关在上级公司登记机关的领导下开展公司登记工作。

公司登记机关依法履行职责,不受非法干预。

第五条 国家工商行政管理总局主管全国的公司登记工作。

第二章 登记管辖

第六条 国家工商行政管理总局负责下列公司的登记:

(一)国务院国有资产监督管理机构履行出资人职责的公司以及该公司投资设立并持有50%以上股份的公司;

(二)外商投资的公司;

(三)依照法律、行政法规或者国务院决定的规定,应当由国家工商行政管理总局登记的公司;

(四)国家工商行政管理总局规定应当由其登记的其他公司。

第七条 省、自治区、直辖市工商行政管理局负责本辖区内下列公司的登记:

(一)省、自治区、直辖市人民政府国有资产监督管理机构履行出资人职责的公司以及该公司投资设立并持有50%以上股份的公司;

(二)省、自治区、直辖市工商行政管理局规定由其登记的自然人投资设立的公司;

(三)依照法律、行政法规或者国务院决定的规定,应当由省、自治区、直辖市工商行政管理局登记的公司;

(四)国家工商行政管理总局授权登记的其他公司。

第八条 设区的市(地区)工商行政管理局、县工商行政管理局,以及直辖市的工商行政管理分局、设区的市工商行政管理局的区分局,负责本辖区内下列公司的登记:

(一)本条例第六条和第七条所列公司以外的其他公司;

(二)国家工商行政管理总局和省、自治区、直辖市工商行政管理局授权登记的公司。

前款规定的具体登记管辖由省、自治区、直辖市工商行政管理局规定。但是,其中的股份有限公司由设区的市(地区)工商行政管理局负责登记。

第三章 登记事项

第九条 公司的登记事项包括:

(一)名称;

(二)住所;

(三)法定代表人姓名;

(四)注册资本;

(五)公司类型;

(六)经营范围;

(七)营业期限;

(八)有限责任公司股东或者股份有限公司发起人的姓名或者名称。

第十条 公司的登记事项应当符合法律、行政法规的规定。不符合法律、行政法规规定的,公司登记机关不予登记。

第十一条 公司名称应当符合国家有关规定。公司只能使用一个名称。经公司登记机关核准登记的公司名称受法律保护。

第十二条 公司的住所是公司主要办事机构所在地。经公司登记机关登记的公司的住所只能有一个。公司的住所应当在其公司登记机关辖区内。

第十三条 公司的注册资本应当以人民币表示,法律、行政法规另有规定的除外。

第十四条 股东的出资方式应当符合《公司法》第二十七条的规定,但股东不得以劳务、信用、自然人姓名、商誉、特许经营权或者设定担保的财产等作价出资。

第十五条 公司的经营范围由公司章程规定,并依法登记。

公司的经营范围用语应当参照国民经济行业分类标准。

第十六条　公司类型包括有限责任公司和股份有限公司。

一人有限责任公司应当在公司登记中注明自然人独资或者法人独资,并在公司营业执照中载明。

第四章　设立登记

第十七条　设立公司应当申请名称预先核准。

法律、行政法规或者国务院决定规定设立公司必须报经批准,或者公司经营范围中属于法律、行政法规或者国务院决定规定在登记前须经批准的项目的,应当在报送批准前办理公司名称预先核准,并以公司登记机关核准的公司名称报送批准。

第十八条　设立有限责任公司,应当由全体股东指定的代表或者共同委托的代理人向公司登记机关申请名称预先核准;设立股份有限公司,应当由全体发起人指定的代表或者共同委托的代理人向公司登记机关申请名称预先核准。

申请名称预先核准,应当提交下列文件:

(一)有限责任公司的全体股东或者股份有限公司的全体发起人签署的公司名称预先核准申请书;

(二)全体股东或者发起人指定代表或者共同委托代理人的证明;

(三)国家工商行政管理总局规定要求提交的其他文件。

第十九条　预先核准的公司名称保留期为6个月。预先核准的公司名称在保留期内,不得用于从事经营活动,不得转让。

第二十条　设立有限责任公司,应当由全体股东指定的代表或者共同委托的代理人向公司登记机关申请设立登记。设立国有独资公司,应当由国务院或者地方人民政府授权的本级人民政府国有资产监督管理机构作为申请人,申请设立登记。法律、行政法规或者国务院决定规定设立有限责任公司必须报经批准的,应当自批准之日起90日内向公司登记机关申请设立登记;逾期申请设立登记的,申请人应当报批准机关确认原批准文件的效力或者另行报批。

申请设立有限责任公司,应当向公司登记机关提交下列文件:

(一)公司法定代表人签署的设立登记申请书;

(二)全体股东指定代表或者共同委托代理人的证明;

(三)公司章程;

(四)股东的主体资格证明或者自然人身份证明;

(五)载明公司董事、监事、经理的姓名、住所的文件以及有关委派、选举或者聘用的证明;

(六)公司法定代表人任职文件和身份证明;

(七)企业名称预先核准通知书;

(八)公司住所证明;

(九)国家工商行政管理总局规定要求提交的其他文件。

法律、行政法规或者国务院决定规定设立有限责任公司必须报经批准的,还应当提交有关批准文件。

第二十一条　设立股份有限公司,应当由董事会向公司登记机关申请设立登记。以募集方式设立股份有限公司的,应当于创立大会结束后30日内向公司登记机关申请设立登记。

申请设立股份有限公司,应当向公司登记机关提交下列文件:

(一)公司法定代表人签署的设立登记申请书;

(二)董事会指定代表或者共同委托代理人的证明;

(三)公司章程;

(四)发起人的主体资格证明或者自然人身份证明;

(五)载明公司董事、监事、经理姓名、住所的文件以及有关委派、选举或者聘用的证明;

(六)公司法定代表人任职文件和身份证明;

(七)企业名称预先核准通知书;

（八）公司住所证明；

（九）国家工商行政管理总局规定要求提交的其他文件。

以募集方式设立股份有限公司的，还应当提交创立大会的会议记录以及依法设立的验资机构出具的验资证明；以募集方式设立股份有限公司公开发行股票的，还应当提交国务院证券监督管理机构的核准文件。

法律、行政法规或者国务院决定规定设立股份有限公司必须报经批准的，还应当提交有关批准文件。

第二十二条 公司申请登记的经营范围中属于法律、行政法规或者国务院决定规定在登记前须经批准的项目的，应当在申请登记前报经国家有关部门批准，并向公司登记机关提交有关批准文件。

第二十三条 公司章程有违反法律、行政法规的内容的，公司登记机关有权要求公司作相应修改。

第二十四条 公司住所证明是指能够证明公司对其住所享有使用权的文件。

第二十五条 依法设立的公司，由公司登记机关发给《企业法人营业执照》。公司营业执照签发日期为公司成立日期。公司凭公司登记机关核发的《企业法人营业执照》刻制印章，开立银行账户，申请纳税登记。

第五章 变更登记

第二十六条 公司变更登记事项，应当向原公司登记机关申请变更登记。

未经变更登记，公司不得擅自改变登记事项。

第二十七条 公司申请变更登记，应当向公司登记机关提交下列文件：

（一）公司法定代表人签署的变更登记申请书；

（二）依照《公司法》作出的变更决议或者决定；

（三）国家工商行政管理总局规定要求提交的其他文件。

公司变更登记事项涉及修改公司章程的，应当提交由公司法定代表人签署的修改后的公司章程或者公司章程修正案。

变更登记事项依照法律、行政法规或者国务院决定规定在登记前须经批准的，还应当向公司登记机关提交有关批准文件。

第二十八条 公司变更名称的，应当自变更决议或者决定作出之日起30日内申请变更登记。

第二十九条 公司变更住所的，应当在迁入新住所前申请变更登记，并提交新住所使用证明。

公司变更住所跨公司登记机关辖区的，应当在迁入新住所前向迁入地公司登记机关申请变更登记；迁入地公司登记机关受理的，由原公司登记机关将公司登记档案移送迁入地公司登记机关。

第三十条 公司变更法定代表人的，应当自变更决议或者决定作出之日起30日内申请变更登记。

第三十一条 公司增加注册资本的，应当自变更决议或者决定作出之日起30日内申请变更登记。

公司减少注册资本的，应当自公告之日起45日后申请变更登记，并应当提交公司在报纸上登载公司减少注册资本公告的有关证明和公司债务清偿或者债务担保情况的说明。

第三十二条 公司变更经营范围的，应当自变更决议或者决定作出之日起30日内申请变更登记；变更经营范围涉及法律、行政法规或者国务院决定规定在登记前须经批准的项目的，应当自国家有关部门批准之日起30日内申请变更登记。

公司的经营范围中属于法律、行政法规或者国务院决定规定经批准的项目被吊销、撤销许可证或者其他批准文件，或者许可证、其他批准文件有效期届满的，应当自吊销、撤销许可证、其他批准文件或者许可证、其他批准文件有效期届满之日起30日内申请变更登记或者依照本条例第六章的规定办理注销登记。

第三十三条 公司变更类型的，应当按照拟变更的公司类型的设立条件，在规定的期限内向公司登记机关申请变更登记，并提交有关文件。

第三十四条 有限责任公司变更股东的，应当自变更之日起30日内申请变更登记，并应当提交新股东的主体资格证明或者自然人身份证明。

有限责任公司的自然人股东死亡后，其合法继承人继承股东资格的，公司应当依照前款规定申请变更登记。

有限责任公司的股东或者股份有限公司的发起人改变姓名或者名称的，应当自改变姓名或者名称之日起30日内申请变更登记。

第三十五条 公司登记事项变更涉及分公司登记事项变更的，应当自公司变更登记之日起30日内申请分公司变更登记。

第三十六条 公司章程修改未涉及登记事项的，公司应当将修改后的公司章程或者公司章程修正案送原公司登记机关备案。

第三十七条 公司董事、监事、经理发生变动的，应当向原公司登记机关备案。

第三十八条 因合并、分立而存续的公司，其登记事项发生变化的，应当申请变更登记；因合并、分立而解散的公司，应当申请注销登记；因合并、分立而新设立的公司，应当申请设立登记。

公司合并、分立的，应当自公告之日起45日后申请登记，提交合并协议和合并、分立决议或者决定以及公司在报纸上登载公司合并、分立公告的有关证明和债务清偿或者债务担保情况的说明。法律、行政法规或者国务院决定规定公司合并、分立必须报经批准的，还应当提交有关批准文件。

第三十九条 变更登记事项涉及《企业法人营业执照》载明事项的，公司登记机关应当换发营业执照。

第四十条 公司依照《公司法》第二十二条规定向公司登记机关申请撤销变更登记的，应当提交下列文件：

（一）公司法定代表人签署的申请书；

（二）人民法院的裁判文书。

第六章 注销登记

第四十一条 公司解散，依法应当清算的，清算组应当自成立之日起10日内将清算组成员、清算组负责人名单向公司登记机关备案。

第四十二条 有下列情形之一的，公司清算组应当自公司清算结束之日起30日内向原公司登记机关申请注销登记：

（一）公司被依法宣告破产；

（二）公司章程规定的营业期限届满或者公司章程规定的其他解散事由出现，但公司通过修改公司章程而存续的除外；

（三）股东会、股东大会决议解散或者一人有限责任公司的股东、外商投资的公司董事会决议解散；

（四）依法被吊销营业执照、责令关闭或者被撤销；

（五）人民法院依法予以解散；

（六）法律、行政法规规定的其他解散情形。

第四十三条 公司申请注销登记，应当提交下列文件：

（一）公司清算组负责人签署的注销登记申请书；

（二）人民法院的破产裁定、解散裁判文书，公司依照《公司法》作出的决议或者决定，行政机关责令关闭或者公司被撤销的文件；

（三）股东会、股东大会、一人有限责任公司的股东、外商投资的公司董事会或者人民法院、公司批准机关备案、确认的清算报告；

（四）《企业法人营业执照》；

（五）法律、行政法规规定应当提交的其他文件。

国有独资公司申请注销登记，还应当提交国有资产监督管理机构的决定，其中，国务院确定的重要的国有独资公司，还应当提交本级人民政府的批准文件。

有分公司的公司申请注销登记，还应当提交分公司的注销登记证明。

第四十四条 经公司登记机关注销登记，公司终止。

第七章 分公司的登记

第四十五条 分公司是指公司在其住所以外设立的从事经营活动的机构。分公司不具有企业法人资格。

第四十六条 分公司的登记事项包括：名称、营业场所、负责人、经营范围。

分公司的名称应当符合国家有关规定。

分公司的经营范围不得超出公司的经营范围。

第四十七条 公司设立分公司的,应当自决定作出之日起30日内向分公司所在地的公司登记机关申请登记;法律、行政法规或者国务院决定规定必须报经有关部门批准的,应当自批准之日起30日内向公司登记机关申请登记。

设立分公司,应当向公司登记机关提交下列文件:

(一)公司法定代表人签署的设立分公司的登记申请书;

(二)公司章程以及加盖公司印章的《企业法人营业执照》复印件;

(三)营业场所使用证明;

(四)分公司负责人任职文件和身份证明;

(五)国家工商行政管理总局规定要求提交的其他文件。

法律、行政法规或者国务院决定规定设立分公司必须报经批准,或者分公司经营范围中属于法律、行政法规或者国务院决定规定在登记前须经批准的项目的,还应当提交有关批准文件。

分公司的公司登记机关准予登记的,发给《营业执照》。公司应当自分公司登记之日起30日内,持分公司的《营业执照》到公司登记机关办理备案。

第四十八条 分公司变更登记事项的,应当向公司登记机关申请变更登记。

申请变更登记,应当提交公司法定代表人签署的变更登记申请书。变更名称、经营范围的,应当提交加盖公司印章的《企业法人营业执照》复印件,分公司经营范围中属于法律、行政法规或者国务院决定规定在登记前须经批准的项目的,还应当提交有关批准文件。变更营业场所的,应当提交新的营业场所使用证明。变更负责人的,应当提交公司的任免文件以及其身份证明。

公司登记机关准予变更登记的,换发《营业执照》。

第四十九条 分公司被公司撤销、依法责令关闭、吊销营业执照的,公司应当自决定作出之日起30日内向该分公司的公司登记机关申请

注销登记。申请注销登记应当提交公司法定代表人签署的注销登记申请书和分公司的《营业执照》。公司登记机关准予注销登记后,应当收缴分公司的《营业执照》。

第八章 登记程序

第五十条 申请公司、分公司登记,申请人可以到公司登记机关提交申请,也可以通过信函、电报、电传、传真、电子数据交换和电子邮件等方式提出申请。

通过电报、电传、传真、电子数据交换和电子邮件等方式提出申请的,应当提供申请人的联系方式以及通讯地址。

第五十一条 公司登记机关应当根据下列情况分别作出是否受理的决定:

(一)申请文件、材料齐全,符合法定形式的,或者申请人按照公司登记机关的要求提交全部补正申请文件、材料的,应当决定予以受理。

(二)申请文件、材料齐全,符合法定形式,但公司登记机关认为申请文件、材料需要核实的,应当决定予以受理,同时书面告知申请人需要核实的事项、理由以及时间。

(三)申请文件、材料存在可以当场更正的错误的,应当允许申请人当场予以更正,由申请人在更正处签名或者盖章,注明更正日期;经确认申请文件、材料齐全,符合法定形式的,应当决定予以受理。

(四)申请文件、材料不齐全或者不符合法定形式的,应当当场或者在5日内一次告知申请人需要补正的全部内容;当场告知时,应当将申请文件、材料退回申请人;属于5日内告知的,应当收取申请文件、材料并出具收到申请文件、材料的凭据,逾期不告知的,自收到申请文件、材料之日起即为受理。

(五)不属于公司登记范畴或者不属于本机关登记管辖范围的事项,应当即时决定不予受理,并告知申请人向有关行政机关申请。

公司登记机关对通过信函、电报、电传、传真、电子数据交换和电子邮件等方式提出申请的,应当自收到申请文件、材料之日起5日内作出是否受理的决定。

第五十二条 除依照本条例第五十三条第一款第(一)项作出准予登记决定的外,公司登记机关决定予以受理的,应当出具《受理通知书》;决定不予受理的,应当出具《不予受理通知书》,说明不予受理的理由,并告知申请人享有依法申请行政复议或者提起行政诉讼的权利。

第五十三条 公司登记机关对决定予以受理的登记申请,应当分别情况在规定的期限内作出是否准予登记的决定:

(一)对申请人到公司登记机关提出的申请予以受理的,应当当场作出准予登记的决定。

(二)对申请人通过信函方式提交的申请予以受理的,应当自受理之日起15日内作出准予登记的决定。

(三)通过电报、电传、传真、电子数据交换和电子邮件等方式提交申请的,申请人应当自收到《受理通知书》之日起15日内,提交与电报、电传、传真、电子数据交换和电子邮件等方式内容一致并符合法定形式的申请文件、材料原件;申请人到公司登记机关提交申请文件、材料原件的,应当当场作出准予登记的决定;申请人通过信函方式提交申请文件、材料原件的,应当自受理之日起15日内作出准予登记的决定。

(四)公司登记机关自发出《受理通知书》之日起60日内,未收到申请文件、材料原件,或者申请文件、材料原件与公司登记机关所受理的申请文件、材料不一致的,应当作出不予登记的决定。

公司登记机关需对申请文件、材料核实的,应当自受理之日起15日内作出是否准予登记的决定。

第五十四条 公司登记机关作出准予公司名称预先核准决定的,应当出具《企业名称预先核准通知书》;作出准予公司设立登记决定的,应当出具《准予设立登记通知书》,告知申请人自决定之日起10日内,领取营业执照;作出准予公司变更登记决定的,应当出具《准予变更登记通知书》,告知申请人自决定之日起10日内,换发营业执照;作出准予公司注销登记决定的,应当出具《准予注销登记通知书》,收缴营业执照。

公司登记机关作出不予名称预先核准、不予登记决定的,应当出具《企业名称驳回通知书》、《登记驳回通知书》,说明不予核准、登记的理由,并告知申请人享有依法申请行政复议或者提起行政诉讼的权利。

第五十五条 公司登记机关应当将公司登记、备案信息通过企业信用信息公示系统向社会公示。

第五十六条 吊销《企业法人营业执照》和《营业执照》的公告由公司登记机关发布。

第九章 年度报告公示、证照和档案管理

第五十七条 公司应当于每年1月1日至6月30日,通过企业信用信息公示系统向公司登记机关报送上一年度年度报告,并向社会公示。

年度报告公示的内容以及监督检查办法由国务院制定。

第五十八条 《企业法人营业执照》、《营业执照》分为正本和副本,正本和副本具有同等法律效力。

国家推行电子营业执照。电子营业执照与纸质营业执照具有同等法律效力。

《企业法人营业执照》正本或者《营业执照》正本应当置于公司住所或者分公司营业场所的醒目位置。

公司可以根据业务需要向公司登记机关申请核发营业执照若干副本。

第五十九条 任何单位和个人不得伪造、涂改、出租、出借、转让营业执照。

营业执照遗失或者毁坏的,公司应当在公司登记机关指定的报刊上声明作废,申请补领。

公司登记机关依法作出变更登记、注销登记、撤销变更登记决定,公司拒不缴回或者无法缴回营业执照的,由公司登记机关公告营业执照作废。

第六十条 公司登记机关对需要认定的营业执照,可以临时扣留,扣留期限不得超过10天。

第六十一条 借阅、抄录、携带、复制公司登记档案资料的,应当按照规定的权限和程序办理。

任何单位和个人不得修改、涂抹、标注、损毁公司登记档案资料。

第六十二条 营业执照正本、副本样式,电子营业执照标准以及公司登记的有关重要文书格式或者表式,由国家工商行政管理总局统一制定。

第十章 法律责任

第六十三条 虚报注册资本,取得公司登记的,由公司登记机关责令改正,处以虚报注册资本金额5%以上15%以下的罚款;情节严重的,撤销公司登记或者吊销营业执照。

第六十四条 提交虚假材料或者采取其他欺诈手段隐瞒重要事实,取得公司登记的,由公司登记机关责令改正,处以5万元以上50万元以下的罚款;情节严重的,撤销公司登记或者吊销营业执照。

第六十五条 公司的发起人、股东虚假出资,未交付或者未按期交付作为出资的货币或者非货币财产的,由公司登记机关责令改正,处以虚假出资金额5%以上15%以下的罚款。

第六十六条 公司的发起人、股东在公司成立后,抽逃出资的,由公司登记机关责令改正,处以所抽逃出资金额5%以上15%以下的罚款。

第六十七条 公司成立后无正当理由超过6个月未开业的,或者开业后自行停业连续6个月以上的,可以由公司登记机关吊销营业执照。

第六十八条 公司登记事项发生变更时,未依照本条例规定办理有关变更登记的,由公司登记机关责令限期登记;逾期不登记的,处以1万元以上10万元以下的罚款。其中,变更经营范围涉及法律、行政法规或者国务院决定规定须经批准的项目而未取得批准,擅自从事相关经营活动,情节严重的,吊销营业执照。

公司未依照本条例规定办理有关备案的,由公司登记机关责令限期办理;逾期未办理的,处以3万元以下的罚款。

第六十九条 公司在合并、分立、减少注册资本或者进行清算时,不按照规定通知或者公告债权人的,由公司登记机关责令改正,处以1万元以上10万元以下的罚款。

公司在进行清算时,隐匿财产,对资产负债表或者财产清单作虚假记载或者在未清偿债务前分配公司财产的,由公司登记机关责令改正,对公司处以隐匿财产或未清偿债务前分配公司财产金额5%以上10%以下的罚款;对直接负责的主管人员和其他直接责任人员处以1万元以上10万元以下的罚款。

公司在清算期间开展与清算无关的经营活动的,由公司登记机关予以警告,没收违法所得。

第七十条 清算组不按照规定向公司登记机关报送清算报告,或者报送清算报告隐瞒重要事实或者有重大遗漏的,由公司登记机关责令改正。

清算组成员利用职权徇私舞弊、谋取非法收入或者侵占公司财产的,由公司登记机关责令退还公司财产,没收违法所得,并可以处以违法所得1倍以上5倍以下的罚款。

第七十一条 伪造、涂改、出租、出借、转让营业执照的,由公司登记机关处以1万元以上10万元以下的罚款;情节严重的,吊销营业执照。

第七十二条 未将营业执照置于住所或者营业场所醒目位置的,由公司登记机关责令改正,拒不改正的,处以1000元以上5000元以下的罚款。

第七十三条 承担资产评估、验资或者验证的机构提供虚假材料的,由公司登记机关没收违法所得,处以违法所得1倍以上5倍以下的罚款,并可以由有关主管部门依法责令该机构停业、吊销直接责任人员的资格证书,吊销营业执照。

承担资产评估、验资或者验证的机构因过失提供有重大遗漏的报告的,由公司登记机关责令改正,情节较重的,处以所得收入1倍以上5倍以下的罚款,并可以由有关主管部门依法责令该机构停业、吊销直接责任人员的资格证书,吊销营业执照。

第七十四条 未依法登记为有限责任公司或者股份有限公司,而冒用有限责任公司或者股份有限公司名义的,或者未依法登记为有限责任公司或者股份有限公司的分公司,而冒用有限责任公司或者股份有限公司的分公司名义的,由公司登记机关责令改正或者予以取缔,可以并处10万元以下的罚款。

第七十五条 公司登记机关对不符合规定条件的公司登记申请予以登记,或者对符合规定条件的登记申请不予登记的,对直接负责的主管人员和其他直接责任人员,依法给予行政处分。

第七十六条 公司登记机关的上级部门强令公司登记机关对不符合规定条件的登记申请予以登记,或者对符合规定条件的登记申请不予登记的,或者对违法登记进行包庇的,对直接负责的主管人员和其他直接责任人员依法给予行政处分。

第七十七条 外国公司违反《公司法》规定,擅自在中国境内设立分支机构,由公司登记机关责令改正或者关闭,可以并处5万元以上20万元以下的罚款。

第七十八条 利用公司名义从事危害国家安全、社会公共利益的严重违法行为的,吊销营业执照。

第七十九条 分公司有本章规定的违法行为的,适用本章规定。

第八十条 违反本条例规定,构成犯罪的,依法追究刑事责任。

第十一章 附 则

第八十一条 外商投资的公司的登记适用本条例。有关外商投资企业的法律对其登记另有规定的,适用其规定。

第八十二条 法律、行政法规或者国务院决定规定设立公司必须报经批准,或者公司经营范围中属于法律、行政法规或者国务院决定规定在登记前须经批准的项目,由国家工商行政管理总局依照法律、行政法规或者国务院决定规定编制企业登记前置行政许可目录并公布。

第八十三条 本条例自1994年7月1日起施行。

融资担保公司监督管理条例

- 2017年6月21日国务院第177次常务会议通过
- 2017年8月2日中华人民共和国国务院令第683号公布
- 自2017年10月1日起施行

第一章 总 则

第一条 为了支持普惠金融发展,促进资金融通,规范融资担保公司的行为,防范风险,制定本条例。

第二条 本条例所称融资担保,是指担保人为被担保人借款、发行债券等债务融资提供担保的行为;所称融资担保公司,是指依法设立、经营融资担保业务的有限责任公司或者股份有限公司。

第三条 融资担保公司开展业务,应当遵守法律法规,审慎经营,诚实守信,不得损害国家利益、社会公共利益和他人合法权益。

第四条 省、自治区、直辖市人民政府确定的部门(以下称监督管理部门)负责对本地区融资担保公司的监督管理。

省、自治区、直辖市人民政府负责制定促进本地区融资担保行业发展的政策措施、处置融资担保公司风险,督促监督管理部门严格履行职责。

国务院建立融资性担保业务监管部际联席会议,负责拟订融资担保公司监督管理制度,协调解决融资担保公司监督管理中的重大问题,督促指导地方人民政府对融资担保公司进行监督管理和风险处置。融资性担保业务监管部际联席会议由国务院银行业监督管理机构牵头,国务院有关部门参加。

第五条 国家推动建立政府性融资担保体系,发展政府支持的融资担保公司,建立政府、银行业金融机构、融资担保公司合作机制,扩大为小微企业和农业、农村、农民提供融资担保业务的规模并保持较低的费率水平。

各级人民政府财政部门通过资本金投入、建立风险分担机制等方式,对主要为小微企业和农业、农村、农民服务的融资担保公司提供财政支持,具体办法由国务院财政部门制定。

第二章 设立、变更和终止

第六条 设立融资担保公司,应当经监督管理部门批准。

融资担保公司的名称中应当标明融资担保字样。

未经监督管理部门批准,任何单位和个人不得经营融资担保业务,任何单位不得在名称中使用融资担保字样。国家另有规定的除外。

第七条 设立融资担保公司,应当符合《中华人民共和国公司法》的规定,并具备下列条件:

(一)股东信誉良好,最近3年无重大违法违规记录;

(二)注册资本不低于人民币2000万元,且为实缴货币资本;

(三)拟任董事、监事、高级管理人员熟悉与融资担保业务相关的法律法规,具有履行职责所需的从业经验和管理能力;

(四)有健全的业务规范和风险控制等内部管理制度。

省、自治区、直辖市根据本地区经济发展水平和融资担保行业发展的实际情况,可以提高前款规定的注册资本最低限额。

第八条 申请设立融资担保公司,应当向监督管理部门提交申请书和证明其符合本条例第七条规定条件的材料。

监督管理部门应当自受理申请之日起30日内作出批准或者不予批准的决定。决定批准的,颁发融资担保业务经营许可证;不予批准的,书面通知申请人并说明理由。

经批准设立的融资担保公司由监督管理部门予以公告。

第九条 融资担保公司合并、分立或者减少注册资本,应当经监督管理部门批准。

融资担保公司在住所地所在省、自治区、直辖市范围内设立分支机构,变更名称,变更持有5%以上股权的股东或者变更董事、监事、高级管理人员,应当自分支机构设立之日起或者变更相关事项之日起30日内向监督管理部门备案;变更后的相关事项应当符合本条例第六条第二款、第七条的规定。

第十条 融资担保公司跨省、自治区、直辖市设立分支机构,应当具备下列条件,并经拟设分支机构所在地监督管理部门批准:

(一)注册资本不低于人民币10亿元;

(二)经营融资担保业务3年以上,且最近2个会计年度连续盈利;

(三)最近2年无重大违法违规记录。

拟设分支机构所在地监督管理部门审批的程序和期限,适用本条例第八条的规定。

融资担保公司应当自分支机构设立之日起30日内,将有关情况报告公司住所地监督管理部门。

融资担保公司跨省、自治区、直辖市设立的分支机构的日常监督管理,由分支机构所在地监督管理部门负责,融资担保公司住所地监督管理部门应当予以配合。

第十一条 融资担保公司解散的,应当依法成立清算组进行清算,并对未到期融资担保责任的承接作出明确安排。清算过程应当接受监督管理部门的监督。

融资担保公司解散或者被依法宣告破产的,应当将融资担保业务经营许可证交监督管理部门注销,并由监督管理部门予以公告。

第三章 经营规则

第十二条 除经营借款担保、发行债券担保等融资担保业务外,经营稳健、财务状况良好的融资担保公司还可以经营投标担保、工程履约担保、诉讼保全担保等非融资担保业务以及与担保业务有关的咨询等服务业务。

第十三条 融资担保公司应当按照审慎经营原则,建立健全融资担保项目评审、担保后管理、代偿责任追偿等方面的业务规范以及风险管理等内部控制制度。

政府支持的融资担保公司应当增强运用大数据等现代信息技术手段的能力,为小微企业和农业、农村、农民的融资需求服务。

第十四条 融资担保公司应当按照国家规定的风险权重,计量担保责任余额。

第十五条 融资担保公司的担保责任余额不得超过其净资产的10倍。

对主要为小微企业和农业、农村、农民服务的融资担保公司,前款规定的倍数上限可以提高至15倍。

第十六条 融资担保公司对同一被担保人的担保责任余额与融资担保公司净资产的比例不得超过10%,对同一被担保人及其关联方的担保责任余额与融资担保公司净资产的比例不得超过15%。

第十七条 融资担保公司不得为其控股股东、实际控制人提供融资担保,为其他关联方提供融资担保的条件不得优于为非关联方提供同类担保的条件。

融资担保公司为关联方提供融资担保的,应当自提供担保之日起30日内向监督管理部门报告,并在会计报表附注中予以披露。

第十八条 融资担保公司应当按照国家有关规定提取相应的准备金。

第十九条 融资担保费率由融资担保公司与被担保人协商确定。

纳入政府推动建立的融资担保风险分担机制的融资担保公司,应当按照国家有关规定降低对小微企业和农业、农村、农民的融资担保费率。

第二十条 被担保人或者第三人以抵押、质押方式向融资担保公司提供反担保,依法需要办理登记的,有关登记机关应当依法予以办理。

第二十一条 融资担保公司有权要求被担保人提供与融资担保有关的业务活动和财务状况等信息。

融资担保公司应当向被担保人的债权人提供与融资担保有关的业务活动和财务状况等信息。

第二十二条 融资担保公司自有资金的运用,应当符合国家有关融资担保公司资产安全性、流动性的规定。

第二十三条 融资担保公司不得从事下列活动:
(一)吸收存款或者变相吸收存款;
(二)自营贷款或者受托贷款;
(三)受托投资。

第四章 监督管理

第二十四条 监督管理部门应当建立健全监督管理工作制度,运用大数据等现代信息技术手段实时监测风险,加强对融资担保公司的非现场监管和现场检查,并与有关部门建立监督管理协调机制和信息共享机制。

第二十五条 监督管理部门应当根据融资担保公司的经营规模、主要服务对象、内部管理水平、风险状况等,对融资担保公司实施分类监督管理。

第二十六条 监督管理部门应当按照国家有关融资担保统计制度的要求,向本级人民政府和国务院银行业监督管理机构报送本地区融资担保公司统计数据。

第二十七条 监督管理部门应当分析评估本地区融资担保行业发展和监督管理情况,按年度向本级人民政府和国务院银行业监督管理机构报告,并向社会公布。

第二十八条 监督管理部门进行现场检查,可以采取下列措施:
(一)进入融资担保公司进行检查;
(二)询问融资担保公司的工作人员,要求其对有关检查事项作出说明;
(三)检查融资担保公司的计算机信息管理系统;
(四)查阅、复制与检查事项有关的文件、资料,对可能被转移、隐匿或者毁损的文件、资料、电子设备予以封存。

进行现场检查,应当经监督管理部门负责人批准。检查人员不得少于2人,并应当出示合法证件和检查通知书。

第二十九条 监督管理部门根据履行职责的需要,可以与融资担保公司的董事、监事、高级管理人员进行监督管理谈话,要求其就融资担保公司业务活动和风险管理的重大事项作出说明。

监督管理部门可以向被担保人的债权人通报融资担保公司的违法违规行为或者风险情况。

第三十条 监督管理部门发现融资担保公司的经营活动可能形成重大风险的,经监督管理部门主要负责人批准,可以区别情形,采取下列措施:
(一)责令其暂停部分业务;
(二)限制其自有资金运用的规模和方式;
(三)责令其停止增设分支机构。

融资担保公司应当及时采取措施,消除重大风险隐患,并向监督管理部门报告有关情况。经监督管理部门验收,确认重大风险隐患已经消除的,监督管理部门应当自验收完毕之日起3日内解除前款规定的措施。

第三十一条 融资担保公司应当按照要求向监督管理部门报送经营报告、财务报告以及注册会计师出具的年度审计报告等文件和资料。

融资担保公司跨省、自治区、直辖市开展业务的,应当按季度向所在地监督管理部门和业务发生地监督管理部门报告业务开展情况。

第三十二条 融资担保公司对监督管理部门依法实施的监督检查应当予以配合,不得拒绝、阻碍。

第三十三条 监督管理部门应当建立健全融资担保公司信用记录制度。融资担保公司信用记录纳入全国信用信息共享平台。

第三十四条 监督管理部门应当会同有关部门建立融资担保公司重大风险事件的预警、防范和处置机制,制定融资担保公司重大风险事件应急预案。

融资担保公司发生重大风险事件的,应当立即采取应急措施,并及时向监督管理部门报告。监督管理部门应当及时处置,并向本级人民政府、国务院银行业监督管理机构和中国人民银行报告。

第三十五条 监督管理部门及其工作人员对监督管理工作中知悉的商业秘密,应当予以保密。

第五章 法律责任

第三十六条 违反本条例规定,未经批准擅自设立融资担保公司或者经营融资担保业务的,由监督管理部门予以取缔或者责令停止经营,处50万元以上100万元以下的罚款,有违法所得的,没收违法所得;构成犯罪的,依法追究刑事责任。

违反本条例规定,未经批准在名称中使用融资担保字样的,由监督管理部门责令限期改正;逾期不改正的,处5万元以上10万元以下的罚款,有违法所得的,没收违法所得。

第三十七条 融资担保公司有下列情形之一的,由监督管理部门责令限期改正,处10万元以上50万元以下的罚款,有违法所得的,没收违法所得;逾期不改正的,责令停业整顿,情节严重的,吊销其融资担保业务经营许可证:

(一)未经批准合并或者分立;

(二)未经批准减少注册资本;

(三)未经批准跨省、自治区、直辖市设立分支机构。

第三十八条 融资担保公司变更相关事项,未按照本条例规定备案,或者变更后的相关事项不符合本条例规定的,由监督管理部门责令限期改正;逾期不改正的,处5万元以上10万元以下的罚款,情节严重的,责令停业整顿。

第三十九条 融资担保公司受托投资的,由监督管理部门责令限期改正,处50万元以上100万元以下的罚款,有违法所得的,没收违法所得;逾期不改正的,责令停业整顿,情节严重的,吊销其融资担保业务经营许可证。

融资担保公司吸收公众存款或者变相吸收公众存款、从事自营贷款或者受托贷款的,依照有关法律、行政法规予以处罚。

第四十条 融资担保公司有下列情形之一的,由监督管理部门责令限期改正;逾期不改正的,处10万元以上50万元以下的罚款,有违法所得的,没收违法所得,并可以责令停业整顿,情节严重的,吊销其融资担保业务经营许可证:

(一)担保责任余额与其净资产的比例不符合规定;

(二)为控股股东、实际控制人提供融资担保,或者为其他关联方提供融资担保的条件优于为非关联方提供同类担保的条件;

(三)未按照规定提取相应的准备金;

(四)自有资金的运用不符合国家有关融资担保公司资产安全性、流动性的规定。

第四十一条 融资担保公司未按照要求向监督管理部门报送经营报告、财务报告、年度审计报告等文件、资料或者业务开展情况,或者未报告其发生的重大风险事件的,由监督管理部门责令限期改正,处5万元以上20万元以下的罚款;逾期不改正的,责令停业整顿,情节严重的,吊销其融资担保业务经营许可证。

第四十二条 融资担保公司有下列情形之一的,

由监督管理部门责令限期改正,处20万元以上50万元以下的罚款;逾期不改正的,责令停业整顿,情节严重的,吊销其融资担保业务经营许可证;构成违反治安管理行为的,依照《中华人民共和国治安管理处罚法》予以处罚;构成犯罪的,依法追究刑事责任:

(一)拒绝、阻碍监督管理部门依法实施监督检查;

(二)向监督管理部门提供虚假的经营报告、财务报告、年度审计报告等文件、资料;

(三)拒绝执行监督管理部门依照本条例第三十条第一款规定采取的措施。

第四十三条 依照本条例规定对融资担保公司处以罚款的,根据具体情形,可以同时对负有直接责任的董事、监事、高级管理人员处5万元以下的罚款。

融资担保公司违反本条例规定,情节严重的,监督管理部门对负有直接责任的董事、监事、高级管理人员,可以禁止其在一定期限内担任或者终身禁止其担任融资担保公司的董事、监事、高级管理人员。

第四十四条 监督管理部门的工作人员在融资担保公司监督管理工作中滥用职权、玩忽职守、徇私舞弊的,依法给予处分;构成犯罪的,依法追究刑事责任。

第六章 附 则

第四十五条 融资担保行业组织依照法律法规和章程的规定,发挥服务、协调和行业自律作用,引导融资担保公司依法经营,公平竞争。

第四十六条 政府性基金或者政府部门为促进就业创业等直接设立运营机构开展融资担保业务,按照国家有关规定执行。

农户互助式融资担保组织开展担保业务、林业经营主体间开展林权收储担保业务,不适用本条例。

第四十七条 融资再担保公司的管理办法,由国务院银行业监督管理机构会同国务院有关部门另行制定,报国务院批准。

第四十八条 本条例施行前设立的融资担保公司,不符合本条例规定条件的,应当在监督管理部门规定的期限内达到本条例规定的条件;逾期仍不符合规定条件的,不得开展新的融资担保业务。

第四十九条 本条例自2017年10月1日起施行。

国务院办公厅关于印发中央企业公司制改制工作实施方案的通知

- 2017年7月18日
- 国办发〔2017〕69号

《中央企业公司制改制工作实施方案》已经国务院同意,现印发给你们,请认真贯彻执行。

中央企业公司制改制工作实施方案

公司制是现代企业制度的有效组织形式,是建立中国特色现代国有企业制度的必要条件。经过多年改革,全国国有企业公司制改制面已达到90%以上,有力推动了国有企业政企分开,公司法人治理结构日趋完善,企业经营管理水平逐渐提高,但仍有部分国有企业特别是部分中央企业集团层面尚未完成公司制改制。《中共中央 国务院关于深化国有企业改革的指导意见》提出,到2020年在国有企业改革重要领域和关键环节取得决定性成果。中央经济工作会议和《政府工作报告》要求,2017年底前基本完成国有企业公司制改制工作。按照党中央、国务院有关部署要求,为加快推动中央企业完成公司制改制,制定本实施方案。

一、目标任务

2017年底前,按照《中华人民共和国全民所有制工业企业法》登记、国务院国有资产监督管理委员会监管的中央企业(不含中央金融、文化企业),全部改制为按照《中华人民共和国公司法》登记的有限责任公司或股份公司,加快形成有效制衡的公司法人治理结构和灵活高效的市场化经营机制。

二、规范操作

(一)制定改制方案。中央企业推进公司制改制,要按照现代企业制度要求,结合实际制定切实可行的改制方案,明确改制方式、产权结构设置、债权债务处理、公司治理安排、劳动人事分配制度改革等事项,并按照有关规定起草或修订公司章程。

(二)严格审批程序。中央企业集团层面改制为国有独资公司,由国务院授权履行出资人职责的机构批准;改制为股权多元化企业,由履行出资人职责的机构按程序报国务院同意后批准。中央企业所属子企业的改制,除另有规定外,按照企业内部有关规定履行审批程序。

(三)确定注册资本。改制为国有独资公司或国有及国有控股企业全资子公司,可以上一年度经审计的净资产值作为工商变更登记时确定注册资本的依据,待公司章程规定的出资认缴期限届满前进行资产评估。改制为股权多元化企业,要按照有关规定履行清产核资、财务审计、资产评估、进场交易等各项程序,并以资产评估值作为认缴出资的依据。

三、政策支持

(一)划拨土地处置。经省级以上人民政府批准实行授权经营或具有国家授权投资机构资格的企业,其原有划拨土地可采取国家作价出资(入股)或授权经营方式处置。全民所有制企业改制为国有独资公司或国有及国有控股企业全资子公司,其原有划拨土地可按照有关规定保留划拨土地性质。

(二)税收优惠支持。公司制改制企业按规定享受改制涉及的资产评估增值、土地变更登记和国有资产无偿划转等方面税收优惠政策。

(三)工商变更登记。全民所有制企业改制为国有独资公司或国有及国有控股企业全资子公司,母公司可先行改制并办理工商变更登记,其所属子企业或事业单位要限期完成改制或转企。全民所有制企业改制为股权多元化企业,应先将其所属子企业或事业单位改制或转企,再完成母公司改制并办理工商变更登记。

(四)资质资格承继。全民所有制企业改制为国有独资公司、国有及国有控股企业全资子公司或国有控股公司,其经营过程中获得的各种专业或特殊资质证照由改制后公司承继。改制企业应在工商变更登记后1个月内到有关部门办理变更企业名称等资质证照记载事项。

四、统筹推进

(一)加强党的领导。中央企业党委(党组)要切实加强对改制工作的组织领导,按照有关规定落实党的建设同步谋划、党的组织及工作机构同步设置、党组织负责人及党务工作人员同步配备、党的工作同步开展的"四同步"和体制对接、机制对接、制度对接、工作对接的"四对接"要求。要充分发挥企业党组织的领导核心和政治核心作用,确保党的领导、党的建设在企业改制中得到充分体现和切实加强。要依法维护职工合法权益,处理好企业改革发展稳定的关系。改制过程中的重大事项应及时报告党中央、国务院。

(二)建设现代企业制度。改制企业要以推进董事会建设为重点,规范权力运行,实现权利和责任对等,落实和维护董事会依法行使重大决策、选人用人、薪酬分配等权利。要坚持两个"一以贯之",把加强党的领导和完善公司治理统一起来,处理好党组织和其他治理主体的关系,明确权责边界,做到无缝衔接,形成各司其职、各负其责、协调运转、有效制衡的公司治理机制。

(三)完善市场化经营机制。改制企业要不断深化劳动、人事、分配三项制度改革,建立健全与劳动力市场基本适应、与企业经济效益和劳动生产率挂钩的工资决定和正常增长机制,完善市场化用工制度,合理拉开收入分配差距,真正形成管理人员能上能下、员工能进能出、收入能增能减的市场化选人用人机制。

(四)防止国有资产流失。公司制改制过程中,要按照法律法规和国有企业改革、国有产权管理等有关规定规范操作,严格履行决策程序。完善金融支持政策,维护利益相关方合法权益,落实金融债权。加强对改制全流程的监管,坚持公开透明,严禁暗箱操作和利益输送。做好信息公开,加强事中事后监管,自觉接受社会监督。

中央党政机关和事业单位所办企业的清理整顿和公司制改制工作,按照国家集中统一监管的要求,另行规定执行。各省级人民政府参照本实施方案,指导地方国有企业公司制改制工作。

三 商事合同

(一) 综合

◎ 司法文件

最高人民法院印发《关于当前形势下审理民商事合同纠纷案件若干问题的指导意见》的通知

- 2009年7月7日
- 法发〔2009〕40号

各省、自治区、直辖市高级人民法院,解放军军事法院,新疆维吾尔自治区高级人民法院生产建设兵团分院:

现将最高人民法院《关于当前形势下审理民商事合同纠纷案件若干问题的指导意见》印发给你们,请结合当地实际,认真贯彻落实。

关于当前形势下审理民商事合同纠纷案件若干问题的指导意见

当前,因全球金融危机蔓延所引发的矛盾和纠纷在司法领域已经出现明显反映,民商事案件尤其是与企业经营相关的民商事合同纠纷案件呈大幅增长的态势;同时出现了诸多由宏观经济形势变化所引发的新的审判实务问题。人民法院围绕国家经济发展战略和"保增长、保民生、保稳定"要求,坚持"立足审判、胸怀大局、同舟共济、共克时艰"的指导方针,牢固树立为大局服务、为人民司法的理念,认真研究并及时解决这些民商事审判实务中与宏观经济形势变化密切相关的普遍性问题、重点问题,有效化解矛盾和纠纷,不仅是民商事审判部门应对金融危机工作的重要任务,而且对于维护诚信的市场交易秩序、保障公平法治的投资环境、公平解决纠纷、提振市场信心等具有重要意义。现就人民法院当前形势下审理民商事合同纠纷案件中的若干问题,提出以下意见:

一、慎重适用情势变更原则,合理调整双方利益关系

1. 当前市场主体之间的产品交易、资金流转因原料价格剧烈波动、市场需求关系的变化、流动资金不足等诸多因素的影响而产生大量纠纷,对于部分当事人在诉讼中提出适用情势变更原则变更或者解除合同的请求,人民法院应当依据公平原则和情势变更原则严格审查。

2. 人民法院在适用情势变更原则时,应当充分注意到全球性金融危机和国内宏观经济形势变化并非完全是一个令所有市场主体猝不及防的突变过程,而是一个逐步演变的过程。在演变过程中,市场主体应当对于市场风险存在一定程度的预见和判断。人民法院应当依法把握情势变更原则的适用条件,严格审查当事人提出的"无法预见"的主张,对于涉及石油、焦炭、有色金属等市场属性活泼、长期以来价格波动较大的大宗商品标的物以及股票、期货等风险投资型金融产品标的物的合同,更要慎重适用情势变更原则。

3. 人民法院要合理区分情势变更与商业风险。商业风险属于从事商业活动的固有风险,诸如尚未达到异常变动程度的供求关系变化、价格涨跌等。情势变更是当事人在缔约时无法预见的非市场系统固有的风险。人民法院在判断某种重大客观变化是否属于情势变更时,应当注意衡量风险类型是否属于社会一般观念上的事先无法预见、风险程度是否远远超出正常人的合理预期、风险是否可以防范和控制、交易性质是否属于通常的"高风险高收益"范围等因素,并结合市场的具体情况,在个案中识别情势变更和商业风险。

4. 在调整尺度的价值取向把握上,人民法院仍应遵循侧重于保护守约方的原则。适用情势变更原则并非简单地豁免债务人的义务而使债权人承受不利后果,而是要充分注意利益均衡,公平合理地调整双方利益关系。在诉讼过程中,人民法院要积极引导当事人重新协商,改订合同;重新协商不成的,争取调解解决。为防止情势变更原则被滥用而影响市场正常的交易秩序,人民法院决定适用情势变更原则作出判决的,应当按照最高人民法院《关于正确适用〈中华人民共和国合同法〉若干问题的解释(二)服务党和国家工作大局的通知》(法〔2009〕165号)的要求,严格履行适用情势变更的相关审核程序。

二、依法合理调整违约金数额,公平解决违约责任问题

5. 现阶段由于国内宏观经济环境的变化和影响,民商事合同履行过程中违约现象比较突出。对于双方当事人在合同中所约定的过分高于违约造成损失的违约金或者极具惩罚性的违约金条款,人民法院应根据合同法第一百一十四条第二款和最高人民法院《关于适用中华人民共和国合同法若干问题的解释(二)》(以下简称《合同法解释(二)》)第二十九条等关于调整过高违约金的规定内容和精神,合理调整违约金数额,公平解决违约责任问题。

6. 在当前企业经营状况普遍较为困难的情况下,对于违约金数额过分高于违约造成损失的,应当根据合同法规定的诚实信用原则、公平原则,坚持以补偿性为主、以惩罚性为辅的违约金性质,合理调整裁量幅度,切实防止以意思自治为由而完全放任当事人约定过高的违约金。

7. 人民法院根据合同法第一百一十四条第二款调整过高违约金时,应当根据案件的具体情形,以违约造成的损失为基准,综合衡量合同履行程度、当事人的过错、预期利益、当事人缔约地位强弱、是否适用格式合同或条款等多项因素,根据公平原则和诚实信用原则予以综合权衡,避免简单地采用固定比例等"一刀切"的做法,防止机械司法而可能造成的实质不公平。

8. 为减轻当事人诉累,妥当解决违约金纠纷,违约方以合同不成立、合同未生效、合同无效或者不构成违约进行免责抗辩而未提出违约金调整请求的,人民法院可以就当事人是否需要主张违约金过高问题进行释明。人民法院要正确确定举证责任,违约方对于违约金约定过高的主张承担举证责任,非违约方主张违约金约定合理的,亦应提供相应的证据。合同解除后,当事人主张违约金条款继续有效的,人民法院可以根据合同法第九十八条的规定进行处理。

三、区分可得利益损失类型,妥善认定可得利益损失

9. 在当前市场主体违约情形比较突出的情况下,违约行为通常导致可得利益损失。根据交易的性质、合同的目的等因素,可得利益损失主要分为生产利润损失、经营利润损失和转售利润损失等类型。生产设备和原材料等买卖合同违约中,因卖人违约而造成买受人的可得利益损失通常属于生产利润损失。承包经营、租赁经营合同以及提供服务或劳务的合同中,因一方违约造成的可得利益损失通常属于经营利润损失。先后系列买卖合同中,因原合同出卖方违约而造成其后的转售合同出售方的可得利益损失通常属于转售利润损失。

10. 人民法院在计算和认定可得利益损失时,应当综合运用可预见规则、减损规则、损益相抵规则以及过失相抵规则等,从非违约方主张的可得利益赔偿总额中扣除违约方不可预见的损失、非违约方不当扩大的损失、非违约方因违约获得的利益、非违约方亦有过失所造成的损失以及必要的交易成本。存在合同法第一百一十三条第二款规定的欺诈经营、合同法第一百一十四条第一款规定的当事人约定损害赔偿的计算方法以及因违约导致人身伤亡、精神损害等情形的,不宜适用可得利益损失赔偿规则。

11. 人民法院认定可得利益损失时应当合理分配举证责任。违约一般应当承担非违约方没有采取合理减损措施而导致损失扩大、非违约方因违约而获得利益以及非违约方亦有过失的举证责任;非违约方应当承担其遭受的可得利益损失总额、必要的交易成本的举证责任。对于可以预见的损失,既可以由非违约方举证,也可以由人民法院根据具体情况予以裁量。

四、正确把握法律构成要件,稳妥认定表见代理行为

12. 当前在国家重大项目和承包租赁行业等受到全球性金融危机冲击和国内宏观经济形势变化影响比较明显的行业领域,由于合同当事人采用转包、分包、转租方式,出现了大量以单位部门、项目经理乃至个人名义签订或实际履行合同的情形,并因合同主体和效力认定问题引发表见代理纠纷案件。对此,人民法院应当正确适用合同法第四十九条关于表见代理制度的规定,严格认定表见代理行为。

13. 合同法第四十九条规定的表见代理制度

不仅要求代理人的无权代理行为在客观上形成具有代理权的表象，而且要求相对人在主观上善意且无过失地相信行为人有代理权。合同相对人主张构成表见代理的，应当承担举证责任，不仅应当举证证明代理行为存在诸如合同书、公章、印鉴等有权代理的客观表象形式要素，而且应当证明其善意且无过失地相信行为人具有代理权。

14. 人民法院在判断合同相对人主观上是否属于善意且无过失时，应当结合合同缔结与履行过程中的各种因素综合判断合同相对人是否尽到合理注意义务，此外还要考虑合同的缔结时间、以谁的名义签字、是否盖有相关印章及印章真伪、标的物的交付方式与地点、购买的材料、租赁的器材、所借款项的用途、建筑单位是否知道项目经理的行为、是否参与合同履行等各种因素，作出综合分析判断。

五、正确适用强制性规定，稳妥认定民商事合同效力

15. 正确理解、识别和适用合同法第五十二条第（五）项中的"违反法律、行政法规的强制性规定"，关系到民商事合同的效力维护以及市场交易的安全和稳定。人民法院应当注意根据《合同法解释（二）》第十四条之规定，注意区分效力性强制规定和管理性强制规定。违反效力性强制规定的，人民法院应当认定合同无效；违反管理性强制规定的，人民法院应当根据具体情形认定其效力。

16. 人民法院应当综合法律法规的意旨，权衡相互冲突的权益，诸如权益的种类、交易安全以及其所规制的对象等，综合认定强制性规定的类型。如果强制性规范规制的是合同行为本身，即只要该合同行为发生就绝对地损害国家利益或者社会公共利益的，人民法院应当认定合同无效。如果强制性规定规制的是当事人的"市场准入"资格而非某种类型的合同行为，或者规制的是某种合同的履行行为而非某类合同行为的，人民法院对于此类合同效力的认定，应当慎重把握，必要时应当征求相关立法部门的意见或者请示上级人民法院。

---

① 该司法解释已失效。

六、合理适用不安抗辩权规则，维护权利人合法权益

17. 在当前情势下，为敦促诚信的合同一方当事人及时保全证据、有效保护权利人的正当合法权益，对于一方当事人已经履行全部交付义务，虽然约定的价款期限尚未到期，但其诉请付款方支付未到期价款的，如果有确切证据证明付款方明确表示不履行给付价款义务，或者付款方被吊销营业执照、被注销、被有关部门撤销、处于歇业状态，或者付款方转移财产、抽逃资金以逃避债务，或者付款方丧失商业信誉，以及付款方以自己的行为表明不履行给付价款义务的其他情形，除非付款方已经提供适当的担保，人民法院可以根据合同法第六十八条第一款、第六十九条、第九十四条第（二）项、第一百零八条、第一百六十七条等规定精神，判令付款期限已到期或者加速到期。

◎ 请示答复

最高人民法院经济审判庭关于为经济合同一方当事人代盖公章给另一方造成经济损失如何承担责任的电话答复

● 1990年10月27日

青海省高级人民法院：

你院〔90〕青法发字第82号《关于为经济合同一方当事人代盖公章给另一方造成经济损失如何承担责任的请示》收悉。经研究，答复如下：

从你们请示报告所反映的情况看，代盖公章与我院1987年7月21日《关于在审理经济合同纠纷案件中具体适用经济合同法的若干问题的解答》①中所指的借用公章有所不同。解答中所指的借用公章是指在一方不知情的情况下，另一方借用他人的公章并以出借人的名义签订经济合同。而你们报告所反映的案件是：合同签订人以玉树州上拉秀商店的名义签订合同，征得合同另一方当事人的同意后，借用"玉树州驻西宁办事处采购专用章"盖在合同上，并注明"（代）"盖。对此，合同另一方当事人是清楚的。我们原则上同意你院请示报告中的第一种意见，即代盖公章的一方只承担与其过错相适应的赔偿责任。

此复。

最高人民法院关于在实体处理合同纠纷案件以前可以依法裁定终止合同履行的复函

- 1991年6月7日
- 法（经）函〔1991〕61号

广东省高级人民法院：

你院〔1991〕粤法经请字第1号请示收悉。关于对确无履行必要的承包合同纠纷在作出实体处理以前，可否使用裁定先终止合同履行的问题，经研究，答复如下：

对案件事实清楚，权利义务关系明确，原承包合同确无履行必要、情况紧急，不先行终止合同履行，将会造成更大经济损失的，人民法院可以依照《中华人民共和国民事诉讼法》第九十七条（三）项、第九十八条之规定，裁定终止原承包合同履行。

此复。

最高人民法院关于山东移动通信有限责任公司潍坊分公司与中国联通公司潍坊分公司违反规范市场经营行为协议纠纷一案有关适用法律问题的函

- 2004年2月18日
- 〔2003〕民三他字第5号

山东省高级人民法院：

你院《关于山东移动通信有限责任公司潍坊分公司与中国联通公司潍坊分公司违反"规范市场经营行为协议"纠纷一案的请示》收悉。经研究，对请示中涉及的法律适用问题答复如下：

一、本案双方当事人为同业平等民事主体，双方签订的协议涉及较多方面，需根据协议具体条款分别认定其性质、效力等，并适用相应的法律规定予以处理。

（一）合同中关于资费标准以及有关禁止提供话费优惠等变相改变基本话费标准的约定，涉及法律法规确定的由政府确定价值等问题，应当根据《中华人民共和国价格法》、《中华人民共和国电信条例》有关规定认定其不属于当事人之间确立民事法律关系的内容，因此发生的争议不属于人民法院案件管辖范围。

（二）合同中关于不得以不正当手段挖对方客户，不得发布诋毁对方的广告等关于双方竞争关系的约定，以及关于违反合同应当承担的法律责任的相应约定等，属于设定民事法律关系的民事行为，具有相应的财产内容，人民法院应当作为民事纠纷案件予以受理并审判。

二、当事人之间存在合法的竞争关系以及有关竞争关系的合同关系，均受民事法律规范的调整，当发生合同违约责任和侵权责任竞合时，当事人可以选择要求对方承担责任的方式。人民法院应依法裁决支持或者驳回。鉴于本案当事人存在本诉和反诉关系，双方都从事了违反竞争关系约定的行为，所造成的影响和损失难以界定，双方都主张追究对方的违约责任而非不止当竞争法律责任，建议由你院综合全案情况自行作出处理。

以上意见供参考。

◎ 地方司法文件

上海市高级人民法院关于商事审判中规范违约金调整问题的意见

- 2009年12月9日
- 沪高法民二〔2009〕13号

市第一、第二中级法院民三庭、民四庭，各区、县法院民二庭，黄浦法院民五庭、浦东法院民二庭：

为进一步规范法官在违约金调整方面的自由裁量权,统一全市法院商事法官的裁判思路,高院民二庭在充分调研的基础上对在合同纠纷案件中如何认定违约金过高等问题形成了倾向性的意见。现将《关于商事审判中规范违约金调整问题的意见》印发给你庭,供你庭在民商事审判工作中参考。遇到新情况和新问题,请及时报告高院民二庭。

关于商事审判中规范违约金调整问题的意见

为正确审理涉及违约金调整的合同纠纷案件,进一步规范法官在违约金调整方面的自由裁量权,统一全市法官商事法官的裁判思路,针对合同纠纷案件在违约金金额"过高"认定和处理方面遇到的问题,依照《中华人民共和国合同法》、最高人民法院《关于适用(中华人民共和国合同法)若干问题的解释(二)》以及《关于当前形势下审理民商事合同纠纷案件若干问题的指导意见》的相关规定,高院民二庭在调研的基础上,提出如下意见:

一、(违约金调整程序的启动原则)对于合同约定的违约金,未经当事人明确请求,法院不主动依职权进行审查和作出是否调整的裁判。

二、(担保人提出调整请求的处理与法院释明)诉讼中违约方未提出调整请求,但担保人提出明确请求,法院亦应当进行审查。法院要注意就当事人是否需要主张违约金过高问题进行释明,具体释明方式可参照《商事法官释明百问》第 25 条的相关规定。

三、(对当事人调整违约金请求进行审查的基本要求)当事人明确提出违约金调整请求的,法院在审查中要注意尊重当事人的意见自治,依法审慎作出违约金金额过高的认定,合理调整违约金金额,公平解决违约金责任问题。

四、(当事人提出调整违约金请求的程序阶段)当事人认定约定的违约金过高的,应当在一审法庭辩论终结前向法院提出,法官在审理中应当注意释明。

当事人一审到庭但未提出违约金金额过高的调整请求,而在二审期间提出的,法院不予审查,但是当事人提出新的证据的除外。

当事人无正当理由拒不到庭参加庭审,在二审期间提出违约金数额过高的,法院不予支持。

五、(对当事人主张调整违约金的方式的审查)对于当事人主张调整违约金的方式,法院在诉讼中应当注意审查当事人是否通过答辩状、代理词等书面形势提出,或者在庭审、调解过程中以口头方式提出。

六、(主张调整违约金一方当事人的举证要求)当事人主张约定的违约金过高的,应当提供违约金约定缺乏公平性的相应证据。

七、(被主张调整违约金一方当事人的举证要求)被主张调整违约金一方当事人否认约定的违约金过高,认为约定公平合理的,在主张调整违约金一方当事人提供相应证据后,也应当举证证明违约金约定的合理性。

八、(认定违约金"过高"时的考量因素)法院依据《关于适用(中华人民共和国合同法)若干问题的解释(二)》第 29 条第一款判断违约金是否过高时,要避免简单采用固定比例的"一刀切"的认定方式,应当依照公平原则和诚实信用原则,根据案件的具体情形,以违约造成的损失为基准,综合考量以下因素:(1)合同履行程度(2)违约方的过程程度(3)合同的预期利益(4)当事人缔约地位的强弱(5)是否适用格式合同或条款(6)当事人是否已在诉请中对违约金进行减让(7)违约金计算基数(法官根据具体案件认为应当考量的其他因素)。

九、(实际损失无法计算时的调整标准)守约方的实际损失无法确定的,法院认定违约金过高进行调整时,根据公平原则和诚实信用原则,在综合考量违约方的恶意程度、当事人缔约地位强弱等因素的基础上,可以参考不超过银行同类贷款利率四倍的标准进行相应调整。

北京市高级人民法院关于审理商业特许经营合同纠纷案件适用法律若干问题的指导意见

- 2011年2月24日
- 京高法发〔2011〕49号

为妥善处理商业特许经营合同(简称特许经营合同)纠纷,统一审判标准和裁判尺度,根据《中华人民共和国民法通则》、《中华人民共和国合同法》及《商业特许经营管理条例》等法律、行政法规的相关规定,结合审判实践,特制订本意见。

第一条 商业特许经营(简称特许经营)是指拥有注册商标、企业标志、专利等经营资源的企业(以下称特许人),以合同形式将其拥有的经营资源许可其他经营者(以下称被特许人)使用,被特许人按照合同约定在统一的经营模式下开展经营,并向特许人支付特许经营费用的经营活动。

特许经营的基本特征在于:(一)特许人拥有注册商标、企业标志、专利等经营资源;(二)被特许人根据特许人的授权在特定经营模式下使用特许人的经营资源;(三)被特许人按照约定向特许人支付特许经营费用。

第二条 经营资源既包括注册商标、企业标志、专利,也包括字号、商业秘密、具有独特风格的整体营业形象,以及在先使用并具有一定影响的未注册商标等能够形成某种市场竞争优势的经营资源。

特许人原始取得或经受让取得经营资源,或者取得包括再许可权在内的经营资源独占使用权的,可以视为拥有经营资源。

第三条 特许经营合同性质的认定应当以双方当事人约定的合同内容为主要依据,合同名称及合同中有关"本合同不属于特许经营合同"等类似约定一般不影响对特许经营合同性质的认定。

合同的实际履行与合同中相应约定不一致的,该实际履行可以视为对合同相应约定的变更,并可与合同约定的其他内容一起作为认定特许经营合同性质的依据。

第四条 合同中约定一方以另一方的分支机构或者关联公司等名义进行注册并经营,当事人据此主张该合同不属于特许经营合同的,应结合合同约定及实际履行情况等因素综合认定该合同是否属于特许经营合同。

第五条 当事人可以在特许经营合同中直接约定特许经营费用,也可以通过货款返点、盈利提成、培训费等形式约定特许经营费用。

特许经营合同既约定被特许人向特许人一次性交付经营资源特许使用费,又约定被特许人按照其经营收入的一定比例等方式向特许人定期交付经营资源特许使用费的,从其约定。

第六条 从事特许经营活动,特许人和被特许人应当订立书面特许经营合同。

特许人许可被特许人从事特许经营业务,但未采用书面形式的,一般不影响特许经营合同的效力。

第七条 特许人应当自首次订立特许经营合同之日起15日内依法向商务主管部门备案。

特许人未及时向商务主管部门备案的,一般不影响特许经营合同的效力。

第八条 特许人从事特许经营活动应当拥有至少两个直营店,并且经营时间均超过1年。特许经营合同不因特许人不具备前述条件而无效。

特许人拥有的直营店是指特许人利用其经营资源直接从事特许经营业务的直营机构。

第九条 企业以外的其他单位和个人不得作为特许人从事特许经营活动,其签订的特许经营合同无效。

第十条 法律、行政法规明确规定特许经营的产品或者服务应当经批准方可经营,或者从事特许经营的业务需要具备其他特定条件的,特许人或被特许人为规避上述规定签订的特许经营合同无效,但特许人或被特许人在特许经营纠纷发生前已具备相关特定条件的,可以不认定为无效合同。

第十一条 经营资源具有不可续展的法定期限,或者虽具有可续展的法定期限但未依法续展,当事人约定的特许经营合同期限超过该法定期限的,超过部分的约定无效。

第十二条　经营资源被依法撤销或者宣告无效的，特许人或被特许人可以依法解除该特许经营合同。

特许经营合同实际履行完毕后，当事人以相关经营资源已被依法撤销或者宣告无效为由请求解除该合同的，不予支持，但因特许人恶意造成被特许人损失的，应当承担损害赔偿等法律责任。

第十三条　特许经营合同的一方当事人未按约定履行合同致使合同根本目的难以实现的，对方当事人可以根据《中华人民共和国合同法》第九十四条、九十六条等规定解除合同。

特许经营合同的根本目的是指被特许人在特许人指导下使用特许人的相关经营资源，在特定经营模式下开展特许业务。

除当事人另有约定外，被特许人是否盈利不属于特许经营合同的根本目的。

第十四条　特许人在推广宣传特许经营业务过程中使用的广告或者宣传手册等资料通常应视为要约邀请，但特许人就特许经营所作的说明和承诺对特许经营合同的订立有重大影响的，亦可视为合同内容，当事人违反该说明和承诺的，应当承担违约责任。

第十五条　对特许人欺诈的认定应综合考虑特许人隐瞒的信息、提供的虚假信息或夸大的经营资源与合同目的的关联性、与真实信息的背离程度及其对特许经营合同订立和履行的影响程度等因素。

特许人在订立合同过程中隐瞒、提供或夸大直接关系到特许经营实质内容的相关信息或经营资源，足以导致被特许人签订特许经营合同的，被特许人可以请求撤销或者依法解除该特许经营合同。

第十六条　特许人在签订特许经营合同后隐瞒重大变更信息或者提供虚假信息、夸大经营资源，给被特许人从事特许经营业务造成实质影响的，被特许人可以请求撤销或者依法解除该特许经营合同。

与特许人有关的诉讼、仲裁或行政处罚可能直接影响到被特许人是否签订特许经营合同，或者可能对被特许人实现特许经营合同目的产生重大影响，但特许人隐瞒该诉讼、仲裁或行政处罚情况，或者提供虚假诉讼、仲裁或行政处罚信息的，被特许人可以依法解除该特许经营合同。

第十七条　在特许经营合同的约定期限内，一方当事人被吊销营业执照，致使其无法按照合同约定履行相应义务的，当事人可以解除该特许经营合同。

特许经营合同的当事人被吊销营业执照致使其无法按照合同约定履行相应义务，该当事人隐瞒该信息给对方当事人造成损失的，应承担损害赔偿等法律责任。

第十八条　特许人和被特许人在特许经营合同中约定或者通过其他形式约定被特许人在特许经营合同订立后一定期限内可以单方解除合同的，从其约定。

特许人和被特许人未约定被特许人在特许经营合同订立后一定期限内可以单方解除合同的，被特许人在特许经营合同订立后的合理期限内仍可以单方解除合同，但被特许人已经实际利用经营资源的除外。

第十九条　特许经营合同因特许人的原因未成立、未生效、无效、解除或撤销，或者因被特许人的原因终止履行，被特许人请求返还已经支付的特许经营费用的，应当综合考虑合同的订立和履行情况、实际经营期限、双方当事人的过错程度等因素合理确定返还的数额、比例或方式。

第二十条　特许经营合同已经履行完毕，或者虽未履行完毕但合同约定的返还条件成就的，特许人应当及时向被特许人返还押金、保证金，但该押金、保证金已经充抵特许经营费用或被特许人其他债务的除外。

因特许人的原因致使合同未成立或无效、撤销或者解除的，或者被特许人对特许经营合同未成立、无效、撤销或者解除无过错的，特许人应当向被特许人返还押金、保证金。

特许人和被特许人明确约定押金、保证金系定金的，可以适用《中华人民共和国合同法》等相关法律、行政法规的规定。

第二十一条　特许经营合同未成立、未生效、无效、解除或撤销的，除当事人另有约定外，被特许人应停止使用特许人许可其使用的相关经营资源,特许人亦可请求被特许人返还或销毁与经营资源有关的授权书、特许使用证明、特许商业标志、技术资料、牌匾等文件或材料。

被特许人不能返还上述文件或材料的,应当赔偿特许人因此受到的损失,但属于被特许人从事特许经营业务过程中的正常消耗的材料的,可不予返还且不承担损害赔偿责任。

第二十二条 特许经营合同未成立、未生效、无效、解除或撤销的,除属于从事特许经营业务过程中的正常消耗外,特许人向被特许人提供的产品或者设备应当返还或折价返还。

第二十三条 特许经营合同未成立、未生效、无效、撤销或解除的,无过错的一方当事人可以请求过错方当事人赔偿其因订立及履行合同而产生的实际损失,对于无过错方遭受的丧失缔约机会或其他可得利益的损失,亦可酌情确定过错方予以赔偿。

第二十四条 特许经营合同未成立、无效、被撤销以及因解除等事由而终止,或者被认定为不属于特许经营合同的,当事人应按照合同约定履行相应的保密、保管等注意义务,任何一方违反该义务造成对方当事人损失的,应当承担损害赔偿等法律责任。

第二十五条 一方当事人主张特许经营合同未成立、未生效、无效或应被解除或撤销而对方当事人主张继续履行合同的,在认定该特许经营合同属于未成立、未生效、无效、应予解除或撤销的情形时,应当告知当事人可就特许经营费用、产品设备、经营资源的处置等事由请求一并处理,但当事人坚持另行处理的除外。

◎ 指导案例

仲崇清诉上海市金轩大邸房地产项目开发有限公司合同纠纷案[①]

【裁判摘要】

预约合同,一般指双方当事人为将来订立确定性本合同而达成的合意。预约合同生效后,双方当事人均应当按照约定履行自己的义务。一方当事人未尽义务导致本合同的谈判、磋商不能进行,构成违约的,应当承担相应的违约责任。

【案情】

原告:仲崇清。

被告:上海市金轩大邸房地产项目开发有限公司。

法定代表人:朱金轩,该公司董事长。

原告仲崇清因与被告上海市金轩大邸房地产项目开发有限公司(以下简称金轩大邸公司)发生商品房预售合同纠纷,向上海市虹口区人民法院提起诉讼。

原告仲崇清诉称:2002年7月12日,原告与被告金轩大邸公司签订了《金轩大邸商铺认购意向书》,约定原告向被告支付2000元意向金后即取得被告所开发的小区金轩大邸商铺的优先认购权,被告负责在正式对外认购时通知原告前来认购。该意向书同时确定该商铺的销售均价为每平方米7000元,可能有1500元左右的浮动。此后,原告按照约定支付了意向金,但被告对外发售商铺时未通知原告前来认购,原告得知被告已经对外发售商铺立即同被告交涉,被告以楼价上涨为由拒绝与原告签订正式买卖合同。被告的行为违反了双方的约定,请求人民法院判令被告按105万元的销售价格向原告出售涉案商铺,如果被告不能履行,请求判令被告赔偿原告经济损失100万元。

原告仲崇清提交以下证据:

1.《金轩大邸商铺认购意向书》一份,用以证明原告与被告金轩大邸公司就购买金轩大邸商铺事宜签订认购意向书的事实。

2.被告向原告开具的2000元意向金收据,用以证明原告按照约定向被告支付了意向金。

被告金轩大邸公司辩称:被告与原告仲崇清签订《金轩大邸商铺认购意向书》的时间为2002年7月12日,被告在2002年11月4日取得房屋拆迁许可证,2003年5月29日取得建设工程规划许可证,双方签订意向书的时间在取得上述许可之前。根据有关法律规定,未取得上述许可前,被告不能对外预售房屋,故双方签订的意向

[①] 案例来源:《最高人民法院公报》2008年第4期。

书属无效合同。另外，双方签订的意向书只明确了原告有优先认购商铺的权利，而对商铺的总面积、位置、户型、朝向等具体事项未加明确，故该意向书属于预约合同，被告收取的2000元意向金相当于定金。即使预约合同有效，因一方原因未能最终正式订立商品房买卖合同的，应按定金规定处理。由于地价、工程费等费用上涨，导致成本提高，涉案商铺正式预售时的价格较原、被告在意向书中约定的价格上涨很多，因此，被告不愿与原告正式签订买卖合同，愿意按定金罚则处理。原告要求被告赔偿其合同预期利益损失的诉讼请求没有法律依据，其诉讼请求应当驳回。

被告金轩大邸公司提交以下证据：

被告开发楼盘的房屋拆迁许可证、建设工程规划许可证、商品房预售许可证各一份，用以证明被告与原告仲崇清签订意向书的时间在取得上述许可之前，因此，签订意向书之时被告尚不能对外预售涉案商铺。

上海市虹口区人民法院一审查明：

2002年7月12日，原告仲崇清与被告金轩大邸公司签订《金轩大邸商铺认购意向书》一份，约定原告向被告支付购房意向金2000元，原告随后取得小区商铺优先认购权，被告负责在小区正式认购时优先通知原告前来选择认购中意商铺，预购面积为150平方米，并明确小区商铺的均价为每平方米7000元(可能有1500元的浮动)。如原告未在约定期限内认购，则视同放弃优先认购权，已支付的购房意向金将无息退还。如原告按约前来认购，则购房意向金自行转为认购金的一部分。意向书对楼号、房型未作具体明确约定。上述意向书签订之后，原告向被告支付了2000元意向金。2002年11月4日被告取得房屋拆迁许可证，2003年5月29日取得建设工程规划许可证，2003年6月30日被告取得预售许可证。但被告在销售涉案商铺时未通知原告前来认购。2006年初原告至售楼处与被告交涉，要求被告按意向书签订正式买卖合同。被告称商铺价格飞涨，对原约定价格不予认可，并称意向书涉及的商铺已全部销售一空，无法履行合同，原告所交2000元意向金可全数退还。双方因此发生争议，原告诉至法院。

本案一审的争议焦点是：一、原告仲崇清与被告金轩大邸公司签订的《金轩大邸商铺认购意向书》的法律性质；二、涉案意向书是否有效；三、如果涉案意向书有效，原告缴纳的2000元意向金是否属于定金。

【审判】

上海市虹口区人民法院认为：

关于涉案意向书的法律性质问题。原告仲崇清与被告金轩大邸公司签订《金轩大邸商铺认购意向书》，约定原告向被告交付购房意向金，双方初步确认交易金轩大邸商铺的有关事宜，从而对双方在金轩大邸商铺正式认购时签订商品房预售合同达成了合意。对于意向书的签订及其内容双方均无异议，应予以认定。涉案意向书中虽对意欲交易的商铺的楼号、房型、价格没有作明确约定，但其主要内容是对将来进行房屋买卖的预先约定，主要预约事项内容是完整的，而商铺的楼号、房型、价格等内容均可由双方最终签订正式商品房预售合同时予以确认。因此，涉案意向书不是通常意义的"意向书"，而具有预约合同的性质。关于涉案意向书是否有效的问题。被告金轩大邸公司辩称在其未取得相关许可之前，依法不能对外预售房屋，因此其同原告仲崇清签订的意向书应属无效。根据本案事实，涉案意向书是在原、被告双方均对被告能够合法取得相关许可证书有合理的预期的情形下，对原、被告将来签订房屋预售合同的预先约定，涉案意向书并非预售合同，法律对商品房预售合同的强制性规定并不适用于预约合同。即使金轩大邸公司出于种种原因最终没有取得相关许可，也不因此导致对预约合同本身效力的否定。此外，本案的事实是被告最终取得了相关开发及销售房产的许可，也进行了对涉案商铺的实际销售，因此，被告的该项抗辩理由没有事实根据和法律依据，不能成立，应认定原告与被告签订的涉案意向书合法有效。

关于原告仲崇清向被告金轩大邸公司缴付的2000元意向金是否属于定金的问题。《合同法》第115条规定："当事人可以依照《中华人民共和国担保法》约定一方向对方给付定金作为债权的担保。债务人履行债务后，定金应当抵作价款或者收回。给付定金的一方不履行约定的债务的，无权要求返还定金；收受定金的一方不履行约定的债务的，应当双倍返还定金。"本案中金轩大邸公司虽然实际收取了仲崇清的2000元意向金,但双方在涉案意向书中约定的是"仲崇清未在约定期限内认购的,则视同放弃优先认购权,已支付的购房意向金将无息退还。如仲崇清前来认购单元的,则购房意向金自行转为认购金的一部分。"从原、被告双方的上述约定看,涉案意向金显然不符合定金的表现形式,因此,被告关于涉案意向金相当于定金的抗辩理由不能成立。

被告金轩大邸公司没有按照涉案意向书的约定,在正式出售房屋时通知原告仲崇清前来认购,造成双方无法进一步磋商签订正式商品房预售合同,构成违约。由于目前被告已经将商铺全部售出,原、被告双方签订的涉案意向书已无法继续履行,应予解除,被告应承担违反预约合同的违约责任。综上,根据涉案意向书的预约合同性质,结合被告的过错程度、原告履约的支出及其信赖利益的损失等因素,酌定被告赔偿原告损失10000元并返还意向金2000元。

据此,上海市虹口区人民法院于2007年3月22日判决:

一、解除原告仲崇清与被告金轩大邸公司签订的《金轩大邸商铺认购意向书》;二、被告返还原告意向金2000元;三、被告赔偿原告经济损失10000元;四、驳回原告的其他诉讼请求。

一审案件受理费15260元,由被告金轩大邸公司负担。

仲崇清不服一审判决,向上海市第二中级人民法院提起上诉,主要理由是:涉案意向书合法有效,且完全可以实际履行。虽然涉案商铺的价格有所波动,但是意向书已经明确作出了相应的约定,价格波动不能成为金轩大邸公司毁约的理由。金轩大邸公司为了能高价出售涉案商铺,在实际出售商铺时,违反双方约定,故意不通知仲崇清,存在过错,并实际导致仲崇清基于该意向书预期可得到的收益完全丧失。另外,金轩大邸公司称商铺已经全部售出没有事实根据。综上,请求二审法院撤销原判,依法改判支持仲崇清一审提出的诉讼请求。

仲崇清申请二审法院向上海市城市建设档案馆调取以下证据:

1.2001年6月15日,金轩大邸公司向上海市虹口区计划委员会递交的《上海市建设项目选址意见书申请表》;

2.2001年11月26日,上海市虹口区计划委员会作出的《关于四平路新港路地块商品住宅项目建议书的批复》[虹计投字(2001)第108号];

3.2001年12月18日,金轩大邸公司向上海市虹口区计划委员会递交的《上海市建设用地规划许可证申请表》及所附建设工程计划批准文件、国有土地使用权出让合同文本、地形图等材料;

4.2002年4月2日,上海市虹口区城市规划管理局向金轩大邸公司发出的《关于核发新港路164街坊旧住房改造工程建设用地规划许可证的通知》[虹规建(2002)第054号]。

上述证据用以证明在双方自愿签订涉案意向书之前,金轩大邸公司已取得"金轩大邸"项目的立项批复、建设用地规划许可证,意向书具备了商铺买卖合同的主要条款,因此具有预约合同的法律性质,且合法有效。仲崇清按约支付了意向金,该行为使其取得了届时正式与金轩大邸公司订立买卖合同的权利。

仲崇清申请二审法院向上海市虹口区房地产交易中心调取以下证据:

5.金轩大邸公司开发的"金轩大邸"商铺对应的《上海市房地产登记册房屋状况及产权人信息》;

6.金轩大邸公司就"金轩大邸"商铺分别与案外人签订的三份《上海市商品房出售合同》,涉及的商铺每平方米房屋建筑面积的单价分别为15000元、17000元、20500元。

上述证据用以证明至本案涉讼时,金轩大邸仍有部分商铺未出售,从有关预售合同的情况看,上述金轩大邸的商铺每平方米房屋建筑面积的单价在15000至20500元之间,金轩大邸公司未按约定通知仲崇清前来订立正式的商铺买卖合同,构成违约,应承担违约责任。如不履行意向书,就应根据上述已出售商铺的价格赔偿仲崇清的经济损失。

金轩大邸公司亦不服一审判决,向上海市第二中级人民法院提起上诉,称:按照房屋买卖交易习惯,届时不能签订认购书的,意向书自然失效,一审法院认定涉案意向书具有预约合同性质,没有事实根据和法律依据。一审判决解除双方合同,由金轩大邸公司向仲崇清返还意向金等,违反了"不告不理"的原则。金轩大邸公司因为房地产开发实际成本大幅增加,有权依据情势变更原则不与仲崇清正式签订房屋买卖合同,对此,金轩大邸公司主观上不存在过错,客观上也未给仲崇清造成任何损失,一审法院以信赖利益损失为由,判决金轩大邸公司赔偿10000元法律依据不足。综上,请求二审法院撤销原判,依法改判。

金轩大邸公司没有提交新的证据。

上海市第二中级人民法院依法组织了质证。金轩大邸公司认为:仲崇清申请调取的证据均已超过了举证期限,不属于新证据。证据1、2、3、4均系金轩大邸公司开发、立项的相关事宜,与本案无关。涉案意向书不属于预约合同,仅仅是约定双方可以签署认购书,没有就不签署认购合同的情形约定任何法律责任,支付的意向金对双方均无约束力。证据5、6中涉及的商铺是分期开发、分批销售的,不能证明仲崇清所称的部分商铺尚未出售等内容。故上述证据均与本案没有关联性。上海市第二中级人民法院认为,证据1、2、3、4与本案讼争焦点关系密切,不审理该批证据材料可能导致裁判失当,因此,对金轩大邸公司以该批证据已超过举证时限、不属于新证据的抗辩意见,不予采纳。证据1、2、3、4证明:双方签订意向书之前,金轩大邸公司已经申请取得了有关政府部门的立项核准和建设用地规划许可证,即该意向书签订的时间在金轩大邸公司办理有关项目的立项、规划等主要手续之后,取得"金轩大邸"房产预售许可证之前。双方在意向书中所指向的商铺并非虚构,其交易意向存在现实履行的基础,因此,前述证据与本案关键事实存在关联性,其证明效力可予确认。证据5、6仅表明目前"金轩大邸"的有关房地产开发情况,尚不能完全证明该意向书所指商铺的确切情况,与本案关联性不足,因此不予确认。

上海市第二中级人民法院经审理,确认了一审查明的事实。

本案二审的争议焦点是:一、《金轩大邸商铺认购意向书》的法律性质是否属于预约合同;二、金轩大邸公司是否构成违约;如果构成违约,应如何承担违约责任。上海市第二中级人民法院二审认为:预约合同,一般指当事人双方为将来订立确定性本合同而达成的合意。根据本案查明的事实,金轩大邸公司与仲崇清签订的《金轩大邸商铺认购意向书》是双方当事人的真实意思表示,不违背法律、行政法规的强制性规定,其效力应予认定。在双方签订意向书之前,金轩大邸公司已经申请取得了有关政府部门的立项核准和建设用地规划许可证,该意向书签订的时间在金轩大邸公司办理有关项目的立项、规划等主要手续之后,取得"金轩大邸"房产预售许可证之前。双方在涉案意向书中所指向的商铺并非虚构,所约定的房屋买卖意向存在现实履行的基础。同时,该意向书明确了双方当事人的基本情况,对拟购商铺的面积、价款计算、认购时间等均作了较为清晰且适于操作的约定。这表明双方当事人经过磋商,就条件成就时实际进行商铺买卖的主要内容达成了合意,对将来正式签署房屋买卖合同进行了预先安排,并以书面形式明确将来商铺正式预售时金轩大邸公司优先同仲崇清订立正式的商品房预售合同。综上,涉案意向书是具有法律约束力的预约合同。一审法院关于涉案意向书是有效的预约合同的认定正确。

涉案意向书约定:金轩大邸公司应在其开发的房地产项目对外认购时,优先通知仲崇清在约定的期限内前来认购。金轩大邸公司辩称由于房地产开发中动拆迁及工程造价等成本增加,基于情势变更的原因,没有通知仲崇清认购商铺,但未就成本增加的问题提供足够的证据予以证明,故对其上述抗辩理由不予采信。涉案意向书是合法有效的预约合同,双方当事人均应依法履行意向书的约定。合同法第6条规定:"当事人行使权利、履行义务应当遵循诚实信用原则。"合同当事人不仅应依照诚实信用的原则行使合同权利,而且在履行合同义务中也应以善意的方式,依照诚实信用的原则履行,不得规避合同约定的义务。金轩大邸公司未按约履行其通知义务,并将商铺销售一空,导致涉案意向书中双方约定将来正式签订商铺买卖合同的根本目的无法实现,甚至在争议发生时主张双方签订的意向书无效,其行为违背了民事活动中应遵循的诚实信用原则,应认定为违约。合同法第107条规定:"当事人一方不履行合同义务或者履行合义务不符合约定的,应当承担继续履行、采取补救措施或者赔偿损失等违约责任。"第113条规定:"当事人一方不履行合同义务或者履行合同义务不符合约定,给对方造成损失的,损失赔偿额应当相当于因违约所造成的损失,包括合同履行后可以获得的利益,但不得超过违反合同一方订立合同时预见到或者应当预见到的因违反合同可能造成的损失。"金轩大邸公司的违约行为导致守约方仲崇清丧失了优先认购涉案商铺的机会,使合同的根本目的不能实现,金轩大邸公司也承认双方现已无法按照涉案意向书的约定继续履行。因此,金轩大邸公司应当承担相应的违约责任。一审法院认为金轩大邸公司违反预约合同约定的义务,应当赔偿上诉人仲崇清相应的损失,并无不妥,但一审判决确定的10000元赔偿金额,难以补偿守约方的实际损失。为促使民事主体以善意方式履行其民事义务,维护交易的安全和秩序,充分保护守约方的民事权益,在综合考虑上海市近年来房地产市场发展的趋势以及双方当事人实际情况的基础上,酌定金轩大邸公司赔偿仲崇清150000元。仲崇清要求金轩大邸公司按照商铺每平方米建筑面积15000至20500元的价格赔偿其经济损失,但由于其提交的证据不能完全证明涉案意向书所指商铺的确切情况,且根据金轩大邸公司将有关商铺出售给案外人的多个预售合同,商铺的价格存在因时而异、因人而异的情形。另外,虽然仲崇清按约支付了意向金,但是双方签订的预约合同毕竟同正式的买卖合同存在法律性质上的差异。故仲崇清主张的赔偿金额,不能完全支持。

据此,上海市第二中级人民法院依照《民事诉讼法》第153条之规定,于2007年10月19日判决:

一、维持上海市虹口区人民法院(2007)虹民三(民)初字第14号民事判决第一、二、四项;

二、撤销上海市虹口区人民法院(2007)虹民三(民)初字第14号民事判决第三项;

三、金轩大邸公司赔偿仲崇清人民币150000元。

一审案件受理费人民币15260元,二审案件受理费人民币14350元,均由金轩大邸公司公司负担。

本判决为终审判决。

(二)借贷、存款合同

◎ 司法解释

最高人民法院关于对企业借贷合同借款方逾期不归还借款的应如何处理问题的批复[①]

- 1996年9月23日
- 法复〔1996〕15号

四川省高级人民法院:

你院川高法〔1995〕223号《关于企业拆借合同期限届满后借款方不归还本金是否计算逾期利息及如何判决的请示》收悉。经研究,答复如下:

企业借贷合同违反有关金融法规,属无效合同。对于合同期限届满后,借款方逾期不归还本金,当事人起诉到人民法院的,人民法院除应按照最高人民法院法(经)发〔1990〕27号《关于审理联营合同纠纷案件若干问题的解答》第四条第二项的有关规定判决外,对双方当事人约定的还款期满之日起,至法院判决确定借款人返还本金期满期间内的利息,应当收缴,该利息按借贷双方原约定的利率计算,如果双方当事人对借款利息未约定,按同期银行贷款利率计算。借款人未按判决确定的期限归还本金的,应当依照《中华人民共和国民事诉讼法》第二百二十九条的规定加倍支付迟延履行期间的利息。

---

① 本批复根据法释〔2008〕18号第四十六条调整。

最高人民法院关于审理存单纠纷案件的若干规定

- 2020年12月29日
- 法释〔2020〕18号

为正确审理存单纠纷案件，根据《中华人民共和国民法典》的有关规定和在总结审判经验的基础上，制定本规定。

第一条 存单纠纷案件的范围

（一）存单持有人以存单为重要证据向人民法院提起诉讼的纠纷案件；

（二）当事人以进账单、对账单、存款合同等凭证为主要证据向人民法院提起诉讼的纠纷案件；

（三）金融机构向人民法院起诉要求确认存单、进账单、对账单、存款合同等凭证无效的纠纷案件；

（四）以存单为表现形式的借贷纠纷案件。

第二条 存单纠纷案件的案由

人民法院可将本规定第一条所列案件，一律以存单纠纷为案由。实际审理时应以存单纠纷案件中真实法律关系为基础依法处理。

第三条 存单纠纷案件的受理与中止

存单纠纷案件当事人向人民法院提起诉讼，人民法院应当依照《中华人民共和国民事诉讼法》第一百一十九条的规定予以审查，符合规定的，均应受理。

人民法院在受理存单纠纷案件后，如发现犯罪线索，应将犯罪线索及时书面告知公安或检察机关。如案件当事人因伪造、变造、虚开存单或涉嫌诈骗，有关国家机关已立案侦查，存单纠纷案件确须待刑事案件结案后才能审理的，人民法院应当中止审理。对于追究有关当事人的刑事责任不影响对存单纠纷案件审理的，人民法院应对存单纠纷案件有关当事人是否承担民事责任以及承担民事责任的大小依法及时进行认定和处理。

第四条 存单纠纷案件的管辖

依照《中华人民共和国民事诉讼法》第二十三条的规定，存单纠纷案件由被告住所地人民法院或出具存单、进账单、对账单或与当事人签订存款合同的金融机构住所地人民法院管辖。住所地与经常居住地不一致的，由经常居住地人民法院管辖。

第五条 对一般存单纠纷案件的认定和处理

（一）认定

当事人以存单或进账单、对账单、存款合同等凭证为主要证据向人民法院提起诉讼的存单纠纷案件和金融机构向人民法院提起的确认存单或进账单、对账单、存款合同等凭证无效的存单纠纷案件，为一般存单纠纷案件。

（二）处理

人民法院在审理一般存单纠纷案件中，除应审查存单、进账单、对账单、存款合同等凭证的真实性外，还应审查持有人与金融机构间存款关系的真实性，并以存单、进账单、对账单、存款合同等凭证的真实性以及存款关系的真实性为依据，作出正确处理。

1. 持有人以上述真实凭证为证据提起诉讼的，金融机构应当对持有人与金融机构间是否存在存款关系负举证责任。如金融机构有充分证据证明持有人未向金融机构交付上述凭证所记载的款项，人民法院应当认定持有人与金融机构间不存在存款关系，并判决驳回原告的诉讼请求。

2. 持有人以上述真实凭证为证据提起诉讼的，如金融机构不能提供证明存款关系不真实的证据，或仅以金融机构底单的记载内容与上述凭证记载内容不符为由进行抗辩的，人民法院应认定持有人与金融机构间存款关系成立，金融机构应当承担兑付款项的义务。

3. 持有人以在样式、印鉴、记载事项上有别于真实凭证，但无充分证据证明系伪造或变造的瑕疵凭证提起诉讼的，持有人应对瑕疵凭证的取得提供合理的陈述。如持有人对瑕疵凭证的取得提供了合理陈述，而金融机构否认存款关系存在的，金融机构应当对持有人与金融机构间是否存在存款关系负举证责任。如金融机构有充分证据证明持有人未向金融机构交付上述凭证所记载的款项，人民法院应当认定持有人与金融机构间不存在存款关系，判决驳回原告的诉讼请求；如金融机构不能提供证明存款关系不真实的证据，或仅以金融机构底单的记载内容与上述凭证记载内容不符为由进行抗辩的，人民法院应认定持有人与金融机构间存款关系成立，金融机构应当承担兑付款项的义务。

4. 存单纠纷案件的审理中，如有充足证据证明存单、进账单、对账单、存款合同等凭证系伪造、变造，人民法院应在查明案件事实的基础上，依法确认上述凭证无效，并可驳回持上述凭证起诉的原告的诉讼请求或根据实际存款数额进行判决。如有本规定第三条中止审理情形的，人民法院应当中止审理。

第六条　对以存单为表现形式的借贷纠纷案件的认定和处理

（一）认定

在出资人直接将款项交与用资人使用，或通过金融机构将款项交与用资人使用，金融机构向出资人出具存单或进账单、对账单或与出资人签订存款合同，出资人从用资人或从金融机构取得或约定取得高额利差的行为中发生的存单纠纷案件，为以存单为表现形式的借贷纠纷案件。但符合本规定第七条所列委托贷款和信托贷款的除外。

（二）处理

以存单为表现形式的借贷，属于违法借贷，出资人收取的高额利差应充抵本金，出资人、金融机构与用资人因参与违法借贷均应当承担相应的民事责任。可分以下几种情况处理：

1. 出资人将款项或票据（以下统称资金）交付给金融机构，金融机构给出资人出具存单或进账单、对账单或与出资人签订存款合同，并将资金自行转给用资人的，金融机构与用资人对偿还出资人本金及利息承担连带责任；利息按人民银行同期存款利率计算至给付之日。

2. 出资人未将资金交付给金融机构，而是依照金融机构的指定将资金直接转给用资人，金融机构给出资人出具存单或进账单、对账单或与出资人签订存款合同的，首先由用资人偿还出资人本金及利息，金融机构对用资人不能偿还出资人本金及利息部分承担补充赔偿责任；利息按人民银行同期存款利率计算至给付之日。

3. 出资人将资金交付给金融机构，金融机构给出资人出具存单或进账单、对账单或与出资人签订存款合同，出资人再指定金融机构将资金转给用资人的，首先由用资人返还出资人本金和利息。利息按人民银行同期存款利率计算至给付之日。金融机构因其帮助违法借贷的过错，应当对用资人不能偿还出资人本金部分承担赔偿责任，但不超过不能偿还本金部分的百分之四十。

4. 出资人未将资金交付给金融机构，而是自行将资金直接转给用资人，金融机构给出资人出具存单或进账单、对账单或与出资人签订存款合同的，首先由用资人返还出资人本金和利息。利息按人民银行同期存款利率计算至给付之日。金融机构因其帮助违法借贷的过错，应当对用资人不能偿还出资人本金部分承担赔偿责任，但不超过不能偿还本金部分的百分之二十。

本条中所称交付，指出资人向金融机构转移现金的占有或出资人向金融机构交付注明出资人或金融机构（包括金融机构的下属部门）为收款人的票据。出资人向金融机构交付有资金数额但未注明收款人的票据的，亦属于本条中所称交付。

如以存单为表现形式的借贷行为确已发生，即使金融机构向出资人出具的存单、进账单、对账单或与出资人签订的存款合同存在虚假、瑕疵，或金融机构工作人员超越权限出具上述凭证等情形，亦不影响人民法院按以上规定对案件进行处理。

（三）当事人的确定

出资人起诉金融机构的，人民法院应通知用资人作为第三人参加诉讼；出资人起诉用资人的，人民法院应通知金融机构作为第三人参加诉讼；公款私存的，人民法院在查明款项的真实所有人基础上，应通知款项的真实所有人为权利人参加诉讼，与存单记载的个人为共同诉讼人。该个人申请退出诉讼的，人民法院可予准许。

第七条　对存单纠纷案件中存在的委托贷款关系和信托贷款关系的认定和纠纷的处理

（一）认定

存单纠纷案件中，出资人与金融机构、用资人之间按有关委托贷款的要求签订有委托贷款协议的，人民法院应认定出资人与金融机构间成立委托贷款关系。金融机构向出资人出具的存单或进账单、对账单或与出资人签订的存款合同，均不影响金融机构与出资人间委托贷款关系的成立。出资人与金融机构间签订委托贷款协议后，由金融机构自行确定用资人的，人民法院应认定出资人与金融机构间成立信托贷款关系。

委托贷款协议和信托贷款协议应当用书面形式。口头委托贷款或信托贷款，当事人无异议的，人民法院可予以认定；有其他证据能够证明金融机构与出资人之间确系委托贷款或信托贷款关系的，人民法院亦予以认定。

（二）处理

构成委托贷款的，金融机构出具的存单或进账单、对账单或与出资人签订的存款合同不作为存款关系的证明，借款方不能偿还贷款的风险应当由委托人承担。如有证据证明金融机构出具上述凭证是对委托贷款进行担保的，金融机构对偿还贷款承担连带担保责任。委托贷款中约定的利率超过人民银行规定的部分无效。构成信托贷款的，按人民银行有关信托贷款的规定处理。

第八条　对存单质押的认定和处理

存单可以质押。存单持有人以伪造、变造的虚假存单质押的，质押合同无效。接受虚假存单质押的当事人如以该存单质押为由起诉金融机构，要求兑付存款优先受偿的，人民法院应当判决驳回其诉讼请求，并告知其可另案起诉出质人。

存单持有人以金融机构开具的、未有实际存款或与实际存款不符的存单进行质押，以骗取或占用他人财产的，该质押关系无效。接受存单质押的人起诉的，该存单持有人与开具存单的金融机构为共同被告。利用存单骗取或占用他人财产的存单持有人对侵犯他人财产权承担赔偿责任，开具存单的金融机构因其过错致他人财产权受损，对所造成的损失承担连带赔偿责任。接受存单质押的人在审查存单的真实性上有重大过失的，开具存单的金融机构仅对所造成的损失承担补充赔偿责任。明知存单虚假而接受存单质押的，开具存单的金融机构不承担民事赔偿责任。

以金融机构核押的存单出质的，即便存单系伪造、变造、虚开，质押合同均为有效，金融机构应当依法向质权人兑付存单所记载的款项。

第九条　其他

在存单纠纷案件的审理中，有关当事人如有违法行为，依法应给予民事制裁的，人民法院可依法对有关当事人实施民事制裁。案件审理中发现的犯罪线索，人民法院应及时书面告知公安或检查机关，并将有关材料及时移送公安或检察机关。

最高人民法院关于审理民间借贷案件适用法律若干问题的规定

● 2020 年 12 月 29 日
● 法释〔2020〕17 号

为正确审理民间借贷纠纷案件，根据《中华人民共和国民法典》《中华人民共和国民事诉讼法》《中华人民共和国刑事诉讼法》等相关法律之规定，结合审判实践，制定本规定。

第一条　本规定所称的民间借贷，是指自然人、法人和非法人组织之间进行资金融通的行为。

经金融监管部门批准设立的从事贷款业务的金融机构及其分支机构，因发放贷款等相关金融业务引发的纠纷，不适用本规定。

第二条　出借人向人民法院提起民间借贷诉讼时，应当提供借据、收据、欠条等债权凭证以及其他能够证明借贷法律关系存在的证据。

当事人持有的借据、收据、欠条等债权凭证没有载明债权人，持有债权凭证的当事人提起民间借贷诉讼的，人民法院应予受理。被告对原告的债权人资格提出有事实依据的抗辩，人民法院经审查认为原告不具有债权人资格的,裁定驳回起诉。

第三条 借贷双方就合同履行地未约定或者约定不明确,事后未达成补充协议,按照合同相关条款或者交易习惯仍不能确定的,以接受货币一方所在地为合同履行地。

第四条 保证人为借款人提供连带责任保证,出借人仅起诉借款人的,人民法院可以不追加保证人为共同被告;出借人仅起诉保证人的,人民法院可以追加借款人为共同被告。

保证人为借款人提供一般保证,出借人仅起诉保证人的,人民法院应当追加借款人为共同被告;出借人仅起诉借款人的,人民法院可以不追加保证人为共同被告。

第五条 人民法院立案后,发现民间借贷行为本身涉嫌非法集资等犯罪的,应当裁定驳回起诉,并将涉嫌非法集资等犯罪的线索、材料移送公安或者检察机关。

公安或检察机关不予立案,或者立案侦查后撤销案件,或者检察机关作出不起诉决定,或者经人民法院生效判决认定不构成非法集资等犯罪,当事人又以同一事实向人民法院提起诉讼的,人民法院应予受理。

第六条 人民法院立案后,发现与民间借贷纠纷案件虽有关联但不是同一事实的涉嫌非法集资等犯罪的线索、材料的,人民法院应当继续审理民间借贷纠纷案件,并将涉嫌非法集资等犯罪的线索、材料移送公安或者检察机关。

第七条 民间借贷纠纷的基本案件事实必须以刑事案件的审理结果为依据,而该刑事案件尚未审结的,人民法院应当裁定中止诉讼。

第八条 借款人涉嫌犯罪或者生效判决认定其有罪,出借人起诉请求担保人承担民事责任的,人民法院应予受理。

第九条 自然人之间的借款合同具有下列情形之一的,可以视为合同成立:

(一)以现金支付的,自借款人收到借款时;

(二)以银行转账、网上电子汇款等形式支付的,自资金到达借款人账户时;

(三)以票据交付的,自借款人依法取得票据权利时;

(四)出借人将特定资金账户支配权授权给借款人的,自借款人取得对该账户实际支配权时;

(五)出借人以与借款人约定的其他方式提供借款并实际履行完成时。

第十条 法人之间、非法人组织之间以及它们相互之间为生产、经营需要订立的民间借贷合同,除存在民法典第一百四十六条、第一百五十三条、第一百五十四条以及本规定第十三条规定的情形外,当事人主张民间借贷合同有效的,人民法院应予支持。

第十一条 法人或者非法人组织在本单位内部通过借款形式向职工等筹集资金,用于本单位生产、经营,且不存在民法典第一百四十四条、第一百四十六条、第一百五十三条、第一百五十四条以及本规定第十三条规定的情形,当事人主张民间借贷合同有效的,人民法院应予支持。

第十二条 借款人或者出借人的借贷行为涉嫌犯罪,或者已经生效的裁判认定构成犯罪,当事人提起民事诉讼的,民间借贷合同并不当然无效。人民法院应当依据民法典第一百四十四条、第一百四十六条、第一百五十三条、第一百五十四条以及本规定第十三条之规定,认定民间借贷合同的效力。

担保人以借款人或者出借人的借贷行为涉嫌犯罪或者已经生效的裁判认定构成犯罪为由,主张不承担民事责任的,人民法院应当依据民间借贷合同与担保合同的效力、当事人的过错程度,依法确定担保人的民事责任。

第十三条 具有下列情形之一的,人民法院应当认定民间借贷合同无效:

(一)套取金融机构贷款转贷的;

(二)以向其他营利法人借贷、向本单位职工集资,或者以向公众非法吸收存款等方式取得的资金转贷的;

(三)未依法取得放贷资格的出借人,以营利为目的向社会不特定对象提供借款的;

(四)出借人事先知道或者应当知道借款人借款用于违法犯罪活动仍然提供借款的;

(五)违反法律、行政法规强制性规定的;

(六)违背公序良俗的。

第十四条 原告以借据、收据、欠条等债权凭证为依据提起民间借贷诉讼,被告依据基础法律关系提出抗辩或者反诉,并提供证据证明债权纠纷非民间借贷行为引起的,人民法院应当依据查明的案件事实,按照基础法律关系审理。

当事人通过调解、和解或者清算达成的债权债务协议,不适用前款规定。

第十五条 原告仅依据借据、收据、欠条等债权凭证提起民间借贷诉讼,被告抗辩已经偿还借款的,被告应当对其主张提供证据证明。被告提供相应证据证明其主张后,原告仍应就借贷关系的存续承担举证责任。

被告抗辩借贷行为尚未实际发生并能作出合理说明的,人民法院应当结合借贷金额、款项交付、当事人的经济能力、当地或者当事人之间的交易方式、交易习惯、当事人财产变动情况以及证人证言等事实和因素,综合判断查证借贷事实是否发生。

第十六条 原告仅依据金融机构的转账凭证提起民间借贷诉讼,被告抗辩转账系偿还双方之前借款或者其他债务的,被告应当对其主张提供证据证明。被告提供相应证据证明其主张后,原告仍应就借贷关系的成立承担举证责任。

第十七条 依据《最高人民法院关于适用〈中华人民共和国民事诉讼法〉的解释》第一百七十四条第二款之规定,负有举证责任的原告无正当理由拒不到庭,经审查现有证据无法确认借贷行为、借贷金额、支付方式等案件主要事实的,人民法院对原告主张的事实不予认定。

第十八条 人民法院审理民间借贷纠纷案件时发现有下列情形之一的,应当严格审查借贷发生的原因、时间、地点、款项来源、交付方式、款项流向以及借贷双方的关系、经济状况等事实,综合判断是否属于虚假民事诉讼:

(一)出借人明显不具备出借能力;

(二)出借人起诉所依据的事实和理由明显不符合常理;

(三)出借人不能提交债权凭证或者提交的债权凭证存在伪造的可能;

(四)当事人双方在一定期限内多次参加民间借贷诉讼;

(五)当事人无正当理由拒不到庭参加诉讼,委托代理人对借贷事实陈述不清或者陈述前后矛盾;

(六)当事人双方对借贷事实的发生没有任何争议或者抗辩明显不符合常理;

(七)借款人的配偶或者合伙人、案外人的其他债权人提出有事实依据的异议;

(八)当事人在其他纠纷中存在低价转让财产的情形;

(九)当事人不正当放弃权利;

(十)其他可能存在虚假民间借贷诉讼的情形。

第十九条 经查明属于虚假民间借贷诉讼,原告申请撤诉的,人民法院不予准许,并应当依据民事诉讼法第一百一十二条之规定,判决驳回其请求。

诉讼参与人或者其他人恶意制造、参与虚假诉讼,人民法院应当依据民事诉讼法第一百一十一条、第一百一十二条和第一百一十三条之规定,依法予以罚款、拘留;构成犯罪的,应当移送有管辖权的司法机关追究刑事责任。

单位恶意制造、参与虚假诉讼的,人民法院应当对该单位进行罚款,并可以对其主要负责人或者直接责任人员予以罚款、拘留;构成犯罪的,应当移送有管辖权的司法机关追究刑事责任。

第二十条 他人在借据、收据、欠条等债权凭证或者借款合同上签名或者盖章,但是未表明其保证人身份或者承担保证责任,或者通过其他事实不能推定其为保证人,出借人请求其承担保证责任的,人民法院不予支持。

第二十一条 借贷双方通过网络贷款平台形成借贷关系,网络贷款平台的提供者仅提供媒介服务,当事人请求其承担担保责任的,人民法院不予支持。

网络贷款平台的提供者通过网页、广告或者其他媒介明示或者有其他证据证明其为借贷提供担保,出借人请求网络贷款平台的提供者承担担保责任的,人民法院应予支持。

第二十二条 法人的法定代表人或者非法人组织的负责人以单位名义与出借人签订民间借贷合同,有证据证明所借款项系法定代表人或者负责人个人使用,出借人请求将法定代表人或者负责人列为共同被告或者第三人的,人民法院应予准许。

法人的法定代表人或者非法人组织的负责人以个人名义与出借人订立民间借贷合同,所借款项用于单位生产经营,出借人请求单位与个人共同承担责任的,人民法院应予支持。

第二十三条 当事人以订立买卖合同作为民间借贷合同的担保,借款到期后借款人不能还款,出借人请求履行买卖合同的,人民法院应当按照民间借贷法律关系审理。当事人根据法庭审理情况变更诉讼请求的,人民法院应当准许。

按照民间借贷法律关系审理作出的判决生效后,借款人不履行生效判决确定的金钱债务,出借人可以申请拍卖买卖合同标的物,以偿还债务。就拍卖所得的价款与应偿还借款本息之间的差额,借款人或者出借人有权主张返还或者补偿。

第二十四条 借贷双方没有约定利息,出借人主张支付利息的,人民法院不予支持。

自然人之间借贷对利息约定不明,出借人主张支付利息的,人民法院不予支持。除自然人之间借贷的外,借贷双方对借贷利息约定不明,出借人主张利息的,人民法院应当结合民间借贷合同的内容,并根据当地或者当事人的交易方式、交易习惯、市场报价利率等因素确定利息。

第二十五条 出借人请求借款人按照合同约定利率支付利息的,人民法院应予支持,但是双方约定的利率超过合同成立时一年期贷款市场报价利率四倍的除外。

前款所称"一年期贷款市场报价利率",是指中国人民银行授权全国银行间同业拆借中心自2019年8月20日起每月发布的一年期贷款市场报价利率。

第二十六条 借据、收据、欠条等债权凭证载明的借款金额,一般认定为本金。预先在本金中扣除利息的,人民法院应当将实际出借的金额认定为本金。

第二十七条 借贷双方对前期借款本息结算后将利息计入后期借款本金并重新出具债权凭证,如果前期利率没有超过合同成立时一年期贷款市场报价利率四倍,重新出具的债权凭证载明的金额可认定为后期借款本金。超过部分的利息,不应认定为后期借款本金。

按前款计算,借款人在借款期间届满后应当支付的本息之和,超过以最初借款本金与以最初借款本金为基数、以合同成立时一年期贷款市场报价利率四倍计算的整个借款期间的利息之和的,人民法院不予支持。

第二十八条 借贷双方对逾期利率有约定的,从其约定,但是以不超过合同成立时一年期贷款市场报价利率四倍为限。

未约定逾期利率或者约定不明的,人民法院可以区分不同情况处理:

(一)既未约定借期内利率,也未约定逾期利率,出借人主张借款人自逾期还款之日起参照当时一年期贷款市场报价利率标准计算的利息承担逾期还款违约责任的,人民法院应予支持;

(二)约定了借期内利率但是未约定逾期利率,出借人主张借款人自逾期还款之日起按照借期内利率支付资金占用期间利息的,人民法院应予支持。

第二十九条 出借人与借款人既约定了逾期利率,又约定了违约金或者其他费用,出借人可以选择主张逾期利息、违约金或者其他费用,也可以一并主张,但是总计超过合同成立时一年期贷款市场报价利率四倍的部分,人民法院不予支持。

第三十条 借款人可以提前偿还借款,但是当事人另有约定的除外。

借款人提前偿还借款并主张按照实际借款期限计算利息的,人民法院应予支持。

第三十一条 本规定施行后,人民法院新受理的一审民间借贷纠纷案件,适用本规定。

2020年8月20日之后新受理的一审民间借贷案件,借贷合同成立于2020年8月20日之前,当事人请求适用当时的司法解释计算自合同成立到2020年8月19日的利息部分的,人民法院应予支持;对于自2020年8月20日到借款返还之日的利息部分,适用起诉时本规定的利率保护标准计算。

本规定施行后,最高人民法院以前作出的相关司法解释与本规定不一致的,以本规定为准。

◎ 司法文件

最高人民法院关于正确确认企业借款合同纠纷案件中有关保证合同效力问题的通知

- 1998年9月14日

各省、自治区、直辖市高级人民法院,新疆维吾尔自治区高级人民法院生产建设兵团分院:

近来发现一些地方人民法院在审理企业破产案件或者与破产企业相关的银行贷款合同纠纷案件中,对所涉及的债权保证问题,未能准确地理解和适用有关法律规定,致使在确认保证合同的效力问题上出现偏差,为此特作如下通知:

各级人民法院在处理上述有关保证问题时,应当准确理解法律,严格依法确认保证合同(包括主合同中的保证条款)的效力。除确系因违反担保法及有关司法解释的规定等应当依法确认为无效的情况外,不应仅以保证人的保证系因地方政府指令而违背了保证人的意志,或该保证人已无财产承担保证责任等原因,而确认保证合同无效,并以此免除保证责任。

特此通知。

最高人民法院关于依法妥善审理民间借贷纠纷案件促进经济发展维护社会稳定的通知

- 2011年12月2日
- 法〔2011〕336号

各省、自治区、直辖市高级人民法院,解放军军事法院,新疆维吾尔自治区高级人民法院生产建设兵团分院:

当前我国经济保持平稳较快发展,整体形势良好,但是受国际国内经济形势变化等多种因素的影响,一些地方出现了与民间借贷相关的债务不能及时清偿、债务人出逃、中小企业倒闭等事件,对当地经济发展和社会稳定造成了较大冲击,相关纠纷案件在短期内大量增加。为践行能动司法理念,充分发挥审判职能作用,妥善化解民间借贷纠纷,促进经济发展,维护社会稳定,现将有关事项通知如下:

一、高度重视民间借贷纠纷案件的审判执行工作。民间借贷客观上拓宽了中小企业的融资渠道,一定程度上解决了部分社会融资需求,增强了经济运行的自我调整和适应能力,促进了多层次信贷市场的形成和发展,但实践中民间借贷也存在着交易隐蔽、风险不易监控等特点,容易引发高利贷、中小企业资金链断裂甚至破产以及非法集资、暴力催收导致人身伤害等违法犯罪问题,对金融秩序乃至经济发展、社会稳定造成不利影响,也使得人民法院妥善化解民间借贷纠纷的难度增加。因此,人民法院应当高度重视民间借贷纠纷案件的审判执行工作,将其作为"为大局服务,为人民司法"的重要工作内容,作为深入推进三项重点工作的重要切入点,通过依法妥善审理民间借贷纠纷,规范和引导民间借贷健康有序发展,切实维护社会和谐稳定。

二、做好民间借贷纠纷案件的立案受理工作。当事人就民间借贷纠纷起诉的,人民法院要依据民事诉讼法的有关规定做好立案受理工作。立案时要认真进行审查,对于涉嫌非法集资等经济犯罪的案件,依法移送有关部门处理;对于可能影响社会稳定的案件,及时与政府及有关部门沟通协调,积极配合做好相关预案工作,切实防范可能引发的群体性、突发性事件。

三、依法惩治与民间借贷相关的刑事犯罪。人民法院在审理与民间借贷相关的非法集资等经济犯罪案件时,要依照《最高人民法院关于在审理经济纠纷案件中涉及经济犯罪嫌疑若干问题的规定》的有关规定,根据具体情况分别处理。对于非法集资等经济犯罪案件,要依法及时审判,切实维护金融秩序。对于与民间借贷相关的黑社会性质的组织犯罪及其他暴力性犯罪,要依法从严惩处,切实维护人民群众人身财产安全。要严格贯彻宽严相济的刑事政策,注意区分性质不同的违法犯罪行为，真正做到罚当其罪。

四、依法妥善审理民间借贷纠纷案件。人民法院在审理民间借贷纠纷案件时，要严格适用民法通则、合同法等有关法律法规和司法解释的规定，同时注意把握国家经济政策精神，努力做到依法公正与妥善合理的有机统一。要依法认定民间借贷的合同效力，保护合法借贷关系，切实维护当事人的合法权益，确保案件处理取得良好的法律效果和社会效果。对于因赌博、吸毒等违法犯罪活动而形成的借贷关系或者出借人明知借款人是为了进行上述违法犯罪活动的借贷关系，依法不予保护。

五、加大对民间借贷纠纷案件的调解力度。人民法院审理民间借贷纠纷案件，要深入贯彻"调解优先、调判结合"工作原则。对于涉及众多出借人或者借款人的案件，可能引发工人讨薪等群体性事件的案件，出借人与借款人之间情绪严重对立的案件以及判决后难以执行的案件等，要先行调解，重点调解，努力促成当事人和解。要充分借助政府部门、行业组织、社会团体等各方面力量，加强与人民调解、行政调解的程序对接，形成化解矛盾的最大合力，共同维护社会和谐稳定。

六、依法保护合法的借贷利息。人民法院在审理民间借贷纠纷案件时，要依法保护合法的借贷利息，依法遏制高利贷化倾向。出借人依照合同约定请求支付借款利息的，人民法院应当依据合同法和《最高人民法院关于人民法院审理借贷案件的若干意见》第6条、第7条的规定处理。出借人将利息预先在本金中扣除的，应当按照实际借款数额返还借款并计算利息。当事人仅约定借期内利率，未约定逾期利率，出借人以借期内的利率主张逾期还款利息的，依法予以支持。当事人既未约定借期内利率，也未约定逾期利率的，出借人参照中国人民银行同期同类贷款基准利率，主张自逾期还款之日起的利息损失的，依法予以支持。

七、注意防范、制裁虚假诉讼。人民法院在审理民间借贷纠纷案件过程中，要依法全面、客观地审核双方当事人提交的全部证据，从各证据与案件事实的关联程度、各证据之间的联系等方面进行综合审查判断。对形式有瑕疵的"欠条"或者"收条"，要结合其他证据认定是否存在借贷关系；对现金交付的借贷，可根据交付凭证、支付能力、交易习惯、借贷金额的大小、当事人间关系以及当事人陈述的交易细节经过等因素综合判断。发现有虚假诉讼嫌疑的，要及时依职权或者提请有关部门调查取证，查清事实真相。经查证确属虚假诉讼的，驳回其诉讼请求，并对其妨害民事诉讼的行为依法予以制裁；对于以骗取财物、逃废债务为目的实施虚假诉讼，构成犯罪的，依法追究刑事责任。

八、妥善适用有关司法措施。对于暂时资金周转困难但仍在正常经营的借款人，在不损害出借人合法权益的前提下，灵活适用诉讼保全措施，尽量使该借款人度过暂时的债务危机。对于出借人举报的有转移财产、逃避债务可能的借款人，要依法视情加大诉讼保全力度，切实维护债权人的合法权益。在审理因民间借贷债务而引发的企业破产案件时，对十符合国家产业政策且具有挽救价值和希望的负债中小企业，要积极适用重整、和解程序，尽快实现企业再生；对没有挽救希望，必须通过破产清算退出市场的中小企业，要制定综合预案，统筹协调，稳步推进，切实将企业退市引发的不良影响降到最低。

九、积极促进建立健全民间借贷纠纷防范和解决机制。人民法院在化解民间借贷纠纷的工作中，要紧紧围绕党和国家工作大局，紧紧依靠党委领导和政府支持，积极采取司法应对措施，全力维护社会和谐稳定。要加强与政府有关职能部门的沟通协调，充分发挥联动效能。要建立和完善系列案件审判执行统一协调机制，避免因裁判标准不一致或者执行工作简单化而激化社会矛盾。要结合民间借贷纠纷案件审判工作实际，及时提出司法建议，为有关部门依法采取有效措施提供参考。要加强法制宣传，特别是对典型案件的宣传，引导各类民间借贷主体增强风险防范意识，倡导守法诚信的社会风尚。

十、加强对民间借贷纠纷案件新情况新问题的调查研究。人民法院在民间借贷纠纷案件的审判工作中，要认真总结审判经验，密切关注各类敏感疑难问题和典型案件，对审理民间借贷纠纷案件过程中出现的新情况新问题，要认真分析研究成因，尽早提出对策，必要时及时层报最高人民法院。

◎ 请示答复

最高人民法院关于北京市崇文区长巷四条综合商店代销合同货款纠纷一案应当如何处理的复函

- 1991年2月10日
- 法(经)函〔1991〕14号

北京市高级人民法院：

你院京高法字〔1989〕第150号请示收悉。经研究，答复如下：

鉴于北京市崇文区长巷四条综合商店名为全民所有制企业实为私人所有的企业，其对外所欠债务首先应由企业的所有权人韩宝德负责清偿；不足清偿部分，参照中共中央国务院《关于进一步清理整顿公司的决定》(1989.8.17) 和国务院国发(1990) 68号通知的有关规定，应由北京市崇文区副食品公司(出租方)在其收取租金的范围内承担责任。

此复。

最高人民法院关于浙江省医学科学院普康生物技术公司诉中国农业银行信托投资公司委托贷款合同纠纷一案的答复

- 1997年9月8日
- 〔1997〕法函第103号函

北京市高级人民法院：

你院请示收悉，经研究，答复如下：

农行信托公司有协助委托人监管贷款的义务，当普康公司向其提示风险并要求采取措施时，农行信托公司不仅没有采取应急措施，反而向普康公司提供了担保人捷通公司虚假的资产平衡表，因此，农行信托公司对贷款损失应负主要责任；普康公司指定三联公司为借款人，对借款人的资信情况有失审查，对贷款损失亦负有一定责任。双方当事人具体可按6∶4的比例分别承担责任，即由农行信托公司承担60%的责任，普康公司承担40%的责任。如事实有变化，由该院自定。

附：

《北京市高级人民法院关于浙江省医学科学院普康生物技术公司诉中国农业银行信托投资公司委托贷款合同纠纷一案的请示》内容

一、案件主要事实

1993年6月11日，浙江省医学科学院普康生物技术公司(以下简称普康公司)与中国农业银行信托投资公司(以下简称农行信托公司)签订一份委托贷款协议。协议约定，普康公司将300万元人民币存储于农行信托公司，期限12个月，月息1.2%，存期届满农行信托公司将本息一次付清。协议还约定，普康公司委托农行信托公司将300万元中的200万元贷给北京市三联物资供应公司(以下简称三联公司)，普康公司给付农行信托公司手续费2‰。协议签订后，农行信托公司即与三联公司签订了贷款合同。该合同约定，农行信托公司向三联公司发放委托贷款200万元，期限12个月，月息120‰，每3个月付息一次，贷款用途为"购进原材料"，并写明"专款专用"。双方还约定，若三联公司未按合同指定的用途使用贷款而挪作他用，农行信托公司有权终止贷款合同。必要时，农行信托公司可限期收回乙方所欠贷款本息，并按实际挪用金额及天数，按本合同约定的利率加收50%的罚息。北京市捷通贸易公司(以下简称捷通公司)为三联公司提供担保。捷通公司注册资金仅50万元，但它向农行信托公司提交的资金平衡表记载总资产为1300余万元，农行信托公司未经严格审查就同意该公司为三联公司提供担保。农行信托公司与三联公司贷款合同签订的次日，农行信托公司从贷款本息200万元中扣除4.8万元手续费后，将款汇给三联公司。1993年9月24日，三联公司向农行信托公司支付了第一季度利息

7.92万元。1993年底,普康公司发现三联公司情况异常,其负责人不知去向,有逃债迹象,故致函和派人向农行信托公司通报情况,并要求提前收回贷款,避免贷款损失。对此,农行信托公司未采取应急措施,却向普康公司提交了担保人捷通公司虚假的资产平衡表。贷款合同到期,三联公司名存实亡,找不到人员,法定代表人逃匿,下落不明,终致贷款流失。保证人捷通公司的企业法人营业执照于1995年7月23日被北京市海淀区工商局吊销。普康公司向北京市中级人民法院起诉,要求农行信托公司偿还贷款。

二、原审意见及请示的问题

北京市中级人民法院将三联公司追加为第三人,判决三联公司偿还普康公司贷款200万元及其利息。判决后,普康公司不服,上诉至北京市高级人民法院。北京市高级人民法院审理认为:

1. 农行信托公司与普康公司签订委托贷款协议后,又作为贷款人(受托人)依约与三联公司签订贷款合同,在贷款合同的履行过程中,应根据《中国农业银行信托贷款试行办法》第八条的规定,对放出的贷款"监督使用,检查贷款效果"。然而,农行信托公司在与三联公司签订贷款合同后,对三联公司的贷款使用情况未进行监督检查,对三联公司的担保人捷通公司资信情况也未进行审查,特别是当普康公司向农行信托公司进行贷款风险提示,并要求其采取措施避免损失时,农行信托公司不仅没有采取应急措施,反而向普康公司提供捷通公司虚假的资金平衡表,造成贷款严重流失。如果签订合同后农行信托公司认真履行合同约定,监督三联公司是否用贷款"购进原材料"、"专款专用",检查贷款效果,贷款就不会在半年内全部流失。当三联公司情况异常,有逃债迹象时,农行信托公司如果及时采取措施,此时三联公司还在,担保人捷通公司亦没有被吊销营业执照,有这两个公司的财产偿还贷款,贷款就不会全部流失。特别是农行信托公司向普康公司提供担保人捷通公司虚假资产平衡表的行为,客观上起到了误导作用,使普康公司相信即使三联公司不能偿还贷款,担保人捷通公司的财产也是可以代为偿还的,以致贷款到期,三联公司名存实亡,捷通公司被吊销企业法人营业执照,贷款无法偿还。

2. 委托合同的受托人农行信托公司没有要求借款人三联公司提供担保的义务,担保人捷通公司与贷款流失没有因果关系。但当普康公司向农行信托公司进行贷款风险提示时,农行信托公司向普康公司提供捷通公司虚假资金平衡表的行为,就使捷通公司不具备担保能力与贷款流失产生了因果关系。因此,农行信托公司对贷款的流失应负主要责任,普康公司指定三联公司作为借款人,对贷款损失亦应承担一定责任。

该院对农行信托公司和普康公司双方责任的具体划分尚难以确定,为此向本院请示。

最高人民法院关于中国建设银行山西省分行直属支行与山西铁路实业总公司借款案件的答复

- 1998年7月1日
- 〔1998〕法经字第345号函

山西省高级人民法院:

你院请示收悉,经研究,答复如下:

一、铁路公司与建业公司签订的共同经销钢材协议约定:铁路公司在建业公司协助下,向中国建设银行山西省分行直属支行贷款2450万元用于购买钢材。协议还约定了双方的利润分成,必要时建业公司参与全部购销活动等内容。嗣后,建业公司参与购销钢材合同的签订,并垫付了购销钢材的定金。从协议内容和履行情况看,该协议符合联营合同的特征,应当认定为联营合同。除风险条款的约定违背联营共负盈亏、共担风险的原则,应当确认为无效外,其余条款应当认定为有效。

二、中国建设银行山西省分行直属支行与铁路公司签订的是借款合同,铁路公司与建业公司签订的则是联营合同。鉴于这两个合同成立的是两个不同的法律关系,对这两个合同纠纷应当分开审理。对铁路公司与建业公司的联营合同纠纷,铁路公司可另行起诉。

附：

《山西省高级人民法院关于中国建设银行山西省分行直属支行与山西铁路实业总公司借款案件的请示》内容

一、案件主要事实

1993年初，山西省地方铁路局（以下简称地铁局）运营公司经理张廷亮经程耀军（江苏镇江泰安贸易发展公司工作人员）介绍，得知北京有一笔韩国进口钢坯生意，向地铁局原局长高志林作了汇报，高提出这笔生意所需资金数额大（4万吨钢坯，价款7800万元），可联系省建行一起做。省建行提出该行不能做生意，可通过省建行信托投资公司（以下简称投资公司，后改为中国建设银行山西省分行直属支行）贷款，省建行下属的建业房地产开发公司（以下简称建业公司）协助，但生意中的损失，建行不负责任，如有利润可支援一下建业公司。同年2月9日上午，以山西铁路实业总公司（以下简称铁路公司）为甲方，建业公司为乙方签订《关于共同经销钢材的协议书》，约定：1. 全部购销活动由甲方负责，乙方所在开户银行向甲方提供经销韩国进口钢坯4万吨所需借款2400万元，具体借款手续由乙方协助甲方与投资公司办理，并保证及时足额提供资金。贷款本金由甲方负责归还，贷款利息按合同规定期限内实际发生的数额，由甲乙双方各承担50%，从利润中支付。2. 甲方在购销过程中，及时乙方提供全部购销合同附件，必要时乙方可派人参与全部购销活动。3. 全部钢材售出后，根据签订的购销合同，计算其所获利润，甲方保证如利润为500万元时，甲方分利55%，乙方分利45%；若利润低于500万元时，甲方保证付给乙方利润不少于227.5万元，乙方所获利润由甲方负责划转到乙方开户行投资公司的150－2104账户。4. 因购销失误所造成的一切经济损失由甲方负责承担。甲乙双方均在合同上签字盖章。同时，为解决所需50万元定金，双方又签订了"关于暂垫款项的协议"，约定：根据双方所签订的"关于共同经销钢材的协议书"，在甲方贷款未办理之前，所需50万元定金从乙方账户中给予垫付，待甲方办完贷款手续后，用贷款及时归还乙方，或从甲方现有的银行账户存款中予以归还。双方均在协议上签字盖章。2月10日，建业公司依约从127特户分两张汇票，一张20万元，一张30万元，汇到该公司在建行北京前门支行的账户上。同日，铁路公司副经理于承森、建业公司副经理辛少敏与程耀军三人一同到北京，找到北京军区王世珍、周祖秋，王、周二人向他们介绍了天津万行企业总公司（以下简称万行公司）情况。此后，需方铁路公司与供方天津万行企业总公司北京警坤工贸公司签订了钢坯购销合同，约定购销钢坯总数4万吨，单价1950元/吨，总货款7800万元，预付款2400万元，款到60天内到货等条款。双方均签字盖章。合同签订后，辛少敏将一张20万元汇票作为定金交给万行公司。之后，辛又与北京新世纪电子商贸公司签订一份劳务信息费协议，约定每吨付95元信息费，4万吨共计380万元，先付30万元，几天后再交100万元，如生意做不成，全部退款。辛少敏随即将30万元汇票交给王世珍，打入北京新世纪电子商贸公司账户上。随后，于承森、辛少敏、程耀军三人一同到江苏镇江，以铁路公司名义与镇江对外贸易发展公司签订了4万吨钢坯的购销合同。

同年2月18日，铁路公司与投资公司签订借款合同，约定投资公司作为贷款方，向铁路公司贷款2450万元，贷款用途为购销钢坯，贷款利率为月息8.64‰，逾期加收利息20%，贷款期限为两个月等。双方签字盖章。担保方地铁局以行业主管部门的名义向投资公司出具了晋铁财字〔1993〕第17号担保函，为铁路公司担保，同时在合同的担保单位一栏内签字盖章。随后，投资公司向铁路公司发放贷款2450万元。铁路公司将其中的50万元归还建业公司后，于2月20日将其中的100万元转入建业公司在建行北京前门支行的账户，2300万元打入万行公司账户。2月24日，辛少敏等又去建行北京前门支行，给电子商贸公司办理100万元汇票进账，连同前一次30万元，共130万元。辛少敏收到盖有北京新世纪电子商贸公司财务专用章的收据。

后因万行公司既未供货又未退款，使铁路公司无法偿还贷款。同年9月初，地铁局成立领导小组,开始追款,并于11月10日正式向太原市公安局报案。据铁路公司统计,共追回货款943.18万元,马自达轿车一辆(约折45万元)、丰田小霸王面包车一辆(约折25万元),劳务信息费121万元,实际归还投资公司贷款600万元,尚欠本金1850万元。1993年10月13日,投资公司向山西省高级人民法院起诉,请求判决铁路公司归还2450万元借款。

一审判决生效后,铁路公司不服,向全国人大常委会办公厅反映,并申请再审。本院收到人大办公厅转来的再审申请材料后,函示山西省高级人民法院复查,该院经审查后认为符合再审条件,决定对本案再审。再审中,该院就铁路公司与建业公司之间是联营还是协助借款,对铁路公司与建业公司、投资公司之间分别成立的两种不同的法律关系纠纷是否应合并审理的问题,向本院请示。

二、山西省高级人民法院意见

山西省高级人民法院在再审中对上述两个问题存在两种意见。一种意见认为,铁路公司与投资公司的借款合同是在双方上级主管部门协调下,在铁路公司与建业公司双方签订《关于共同经销钢材的协议书》,约定由铁路公司出面借款,建业公司协助的基础上签订的,而且建业公司在该款贷出后,参与了共同使用,铁路公司和建业公司双方对该笔贷款的还本付息也有约定。两个合同属于同一事实,两个合同纠纷应合并审理。另一种意见即多数意见认为,铁路公司与建业公司之间属于联营合同关系,铁路公司与投资公司属于借款合同关系,对两种不同的法律关系纠纷,不宜合并审理。本案只应审理借款合同关系,关于联营合同纠纷,铁路公司可另行起诉。

最高人民法院关于如何确定委托贷款合同履行地问题的答复

- 1998年7月6日
- 法明传[1998]198号

湖北省高级人民法院:

你院(1997)169号《关于如何确定委托贷款合同履行地问题的请示》收悉。经研究认为,委托贷款合同以贷款方(即受托方)住所地为合同履行地,但合同中对履行地有约定的除外。

最高人民法院关于海口鲁银实业公司典当拍卖行与海南飞驰实业有限公司、海南万锡房地产开发有限公司、海南内江房地产开发公司抵押贷款合同纠纷一案的复函

- 1999年3月2日
- [1996]法民字第8号

海南省高级人民法院:

关于你院正在再审的海口鲁银实业公司典当拍卖行与海南飞驰实业有限公司等抵押贷款案,经研究认为,在担保法实施以前法律没有明确的规定,你院在审理时可就本案主合同是否有效作进一步审查,包括鲁银典当行作为非银行金融机构能否开展不动产抵押贷款业务及双方约定的利息是否过高等问题。如果主合同无效,则按过错原则处理本案;如果主合同有效,则按公平原则处理。

最高人民法院关于信用社违反商业银行法有关规定所签借款合同是否有效的答复

- 2000年1月29日
- 法经[2000]27号

河北省高级人民法院:

你院(1999)冀经请字第3号《关于信用社违反商业银行法有关规定所签借款合同是否有效的请示》收悉。经研究,答复如下:

《中华人民共和国商业银行法》第三十九条是关于商业银行资产负债比例管理方面的规定。它体现中国人民银行更有效地强化对商业银行(包括信用社)的审慎监管,商业银行(包括信用社)应当依据该条规定对自身的资产负债比例进行内

部控制,以实现盈利性、安全性和流动性的经营原则。商业银行(包括信用社)所进行的民事活动如违反该条规定的,人民银行应按照商业银行法的规定进行处罚,但不影响其从事民事活动的主体资格,也不影响其所签订的借款合同的效力。

此复。

最高人民法院关于
展期贷款超过原贷款期限的
效力问题的复函

● 2000 年 2 月 13 日
● 法函〔2000〕12 号

上海市高级人民法院:

你院〔1998〕沪高经他字第 36 号"关于展期贷款超过原贷款期限的效力问题的请示"收悉。经研究,答复如下:

展期贷款性质上是对原贷款合同期限的变更。对于展期贷款的期限不符合中国人民银行颁布的"贷款通则"的规定,应否以此认定该展期无效问题,根据我国法律规定,确认合同是否有效,应当依据我国的法律和行政法规,只要展期贷款合同是双方当事人在平等、自愿基础上真实的意思表示,并不违背法律和行政法规的禁止性规定,就应当认定有效,你院请示涉及案件中的担保人的责任,应当依据《中华人民共和国担保法》以及法发〔1991〕8 号《最高人民法院关于审理经济合同纠纷案件有关保证的若干问题的规定》予以确认。

最高人民法院关于农村信用社
县(市)联社与中国农业银行"脱钩"
前开办贷款业务的效力问题的复函

● 2000 年 7 月 26 日
● 法函〔2000〕15 号

中国人民银行:

你行合作金融机构监管司银合函〔2000〕4号函收悉。经研究,答复如下:

1996 年底,按照国务院《关于农村金融体制改革的决定》的要求,农村信用社县(市)联社(以下简称农联社)与中国农业银行脱离行政隶属关系。鉴于农联社与中国农业银行在"脱钩"前,实际上是中国农业银行的基层机构,部分农联社按照国务院国发〔1984〕105 号和中国人民银行银发〔1990〕251 号文件的规定开展了部分金融业务,而未办理"金融许可证"与"营业执照"这一特定的历史情况,人民法院在审理农联社和中国农业银行"脱钩"前的贷款合同纠纷时,不宜仅以农联社未办理"金融许可证"和"营业执照"而认定合同无效。

此复。

附:

《中国人民银行关于农村
信用社县(市)联社与中国农业
银行"脱钩"前开办贷款业务
的效力问题的请示》内容

一、案件主要事实

中国人民银行南京分行就苏州市中级人民法院审理的江苏省昆山市农村信用合作社联社与江苏三山实业股份有限公司、江苏昆山经济技术开发区工贸公司委托贷款合同纠纷一案,经中国人民银行致函最高人民法院,请求对农村信用社(县)市联社在与中国农业银行"脱钩"前所订立的贷款合同,不应一律否认其效力。中国人民银行提出上述问题,是基于以下历史背景:

1. 从农村信用社县(市)联社(以下简称农联社)与中国农业银行的关系来看,(农联社)是由中国农业银行依据国发〔1984〕105 号《国务院批转中国农业银行关于改革信用合作社管理体制的报告的通知》在 20 世纪 80 年代中期设立的。该通知的附件即农业银行的报告第一条指出,"恢复信用合作社金融的性质";第五条指出"建立信用合作社的县联社,县联社是各个基层信用社组织起来的联合组织,建立县联社后,各个基层信用社仍然是独立经营、独立核算、自负盈亏的经济实体,县联社要在银行县支行领导下进行工作,日常具体工作由县支行信用合作股负责,"主要任务是加强对基层信用社的管理、调剂辖区内资金、为基层信用社服务等。

2. 专业银行经营金融业务须办理"两证"(即经营金融业务许可证与营业执照),这一制度是自1986年1月根据国务院发布的《中华人民共和国银行管理暂行条例》(见条例第二十条)在全国范围内建立的。条例第二十七条规定"信用合作社的管理、审批办法由中国人民银行另行制定"。

3. 有关农联社业务的开展,1990年10月12日,中国人民银行下发了银发〔1990〕251号《农村信用社管理暂行规定》,该规定第二条指出"农村信用社是集体所有制性质的合作金融组织",第十一条指出"县联社是农村信用社的联合组织,以对农村信用社进行管理和服务为宗旨;经中国人民银行审批,县联社可以适当经营金融业务",第三十七条指出"中国农业银行对农村信用社的管理主要通过县联社实现,县联社具体负责对农村信用社的日常管理"。自此,农联社才逐步放开经营了部分金融业务。据此,全国大部分县(市)联社普遍设立了营业部,并相应开展了业务经营工作。但在具体操作上,农村信用社县(市)联社并没有完全按照现行做法办理"两证"(许可证和营业执照)手续。

另外,在当时的特殊历史体制下,农村信用社实际上仅具有名义上的独立法人资格,许多县(市)联社主任大都由农业银行县(市)支行的行长或副行长兼任,且很多地方实行县联社与农业银行县支行的信用合作股"两块牌子,一套人员"。

1996年8月22日,国务院作出国发〔1996〕33号《关于农村金融体制改革的决定》,决定第二条"改革农村信用社管理体制"中明确指出,"改革的步骤:农村信用社与中国农业银行脱离行政隶属关系,对其业务管理和金融监管分别由农村信用社联社和中国人民银行承担,然后按合作制原则加以规范","中国农业银行不再领导管理农村信用社"。

二、中国人民银行意见

在中国农业银行领导农村信用社时期,各地按照国发〔1984〕105号文件精神成立的县(市)农联社,其中有不少农联社都在没有办理"两证"的情况下开展了金融业务。因此,农联社在领取经营金融业务许可证和营业执照前开展的金融业务是由当时农村信用社特殊的管理体制和历史背景所决定的,是有文件政策依据的。因此,对在特定历史条件下县(市)农联社所订立的贷款合同不应一律否认其效力。

最高人民法院关于哈尔滨市商业银行银祥支行与哈尔滨金事达实业(集团)公司借款合同纠纷一案如何处理问题的答复

• 2001年2月28日
• 法民二〔2001〕016号

黑龙江省高级人民法院:

你院(1999)黑经二终字第190号《关于哈尔滨市商业银行银祥支行与哈尔滨金事达实业(集团)公司借款合同纠纷一案如何处理问题的请示》收悉。经研究,答复如下:

该案所涉询证函虽然是采用哈尔滨审计事务所函稿纸,且注明仅作审计报表之用,其他方面用途无效,但基于该询证函是由贷款人哈尔滨商业银行银祥支行(原哈尔滨银祥城市信用合作社)发出,且该贷款人和借款人哈尔滨豪华家具大世界都在该函上对尚欠贷款额予以确认并加盖公章的事实,可以表明该询证函既有贷款人追索欠款的意思表示,又体现了借款人对所欠债务的确认。由于该询证函是在借款合同诉讼时效期限内发出的,因此借款合同诉讼时效中断,保证合同诉讼时效亦中断。

鉴于该案担保行为发生在担保法颁布之前,保证合同约定的保证期间是"直至借款单位全部还清贷款本息和逾期挪用本息为止",属于保证责任期间约定不明的情形。根据本院《关于审理经济合同纠纷案件有关保证的若干问题的规定》第11条规定的精神,本案保证责任期间应为二年。债权人哈尔滨商业银行银祥支行在借款合同履行期限届满后的二年内未向保证人哈尔滨金事达实业(集团)公司主张权利,故保证人不再承担保证责任。

以上意见,供你院参考。

最高人民法院关于天津市旭帝商贸有限公司、天津开发区迈柯恒工贸有限公司与建行天津分行南开支行存款纠纷二案如何适用法律的请示的答复

- 2001年4月11日
- [2001]民二他字第13号

天津市高级人民法院:

你院[2000]151号请示收悉,经研究,答复如下:

认定付款人的过错和责任,应当依照《中华人民共和国票据法》第五十七条和最高人民法院《关于审理票据纠纷案件若干问题的规定》第六十九条的规定处理。至于存款人是否应当承担民事责任,需经过审理,在查清事实的基础上,根据其过错一并处理。

附:

《天津市高级人民法院关于天津市旭帝商贸有限公司、天津开发区迈柯恒工贸有限公司与建行天津分行南开支行存款纠纷二案如何适用法律的请示》内容

一、案件的主要事实

1998年8月10日,原告天津市旭帝商贸有限公司(以下简称旭帝公司)在被告中国建设银行天津市分行南开支行(以下简称南开建行)处开立账户512—27303××××。于8月11日向该账户存入人民币500万元;同年8月28日,原告天津开发区迈柯恒工贸有限公司(以下简称迈柯恒公司)也在被告南开建行处开立账户512—27303××××,并于8月28日至10月29日,先后存入人民币2000万元。两原告于同年12月9日到被告南开建行处取款,被告南开建行告知款已经取走,其中旭帝公司的500万元被他人以旭帝公司的名义分三次取走493.6万元;迈柯恒公司的2000万元被他人以迈柯恒公司的名义分十次取走1998.8万元。两原告于1998年12月14日向天津高院提起诉讼,请求判令被告南开建行支付存款2500万元。

1998年12月11日,被告南开建行向天津市公安局报案,公安部门在初查后于同年12月14日以"经刑科所鉴定,取款票据上的印鉴是伪造的,犯罪嫌疑人以伪造票据为手段骗取在银行的存款,涉嫌票据诈骗"立案侦查。

经天津市公安局侦查,本案的票据诈骗的主要嫌疑人是北京金视野装饰有限公司的经理成敬,该人作案后逃匿,并因涉嫌票据诈骗被大连、北京公安局通缉。大连警方在案发后将成敬的同案嫌疑人李玉华(金视野公司会计)抓获归案。2000年2月,成敬被北京市公安局抓获。现成敬已经因涉嫌金融票据诈骗被北京市第二人民检察院审查起诉。

天津市公安局于2000年6月6日致函天津高院:"此案主要犯罪嫌疑人成敬,因涉嫌北京市发生的金融诈骗案件被当地警方抓获。我局于2000年2月24日在北京市公安局的配合下,就中国建设银行天津分行南开支行发生的金融诈骗案的有关问题对成敬进行提讯。成敬供述:其以高额利息为饵,诱旭帝、迈柯恒公司在南开建行存款2500万元,成敬采用电脑扫描、喷涂等高科技手段伪造汇票委托书、转账支票等凭证,分数次从南开建行骗取存款2490余万元后潜逃,直至被抓获。在讯问犯罪嫌疑人成敬后,我局派员对存款方的主要经办人李峰和赵建风再次分别进行询问。对旭帝、迈柯恒公司在建行的存款情况基本核清。关于收取成敬高额利息等相关情节,赵、李两人均予否认,目前尚无据可查。经侦查目前没有发现贵院受理的原、被告涉嫌参与共同诈骗问题。"

二、天津高院的请示意见

在审理中,天津市高级人民法院审判委员会进行了研究,对如何适用法律存在两种意见:

一种观点认为:两原告与被告南开建行之间的存款关系是明确的、真实的,由于公安机关经

过侦查未发现两原告有参与犯罪或有过错行为，也没有证据证明两原告与成敬相互勾结，共同作案。且被告南开建行不能证明两原告在存取款及保管印鉴上有过错，因此，应当依照最高人民法院法函〔1996〕65 号《关于银行以折角核对方法核对印鉴应否承担客户存款被骗取的民事责任问题的复函》"折角核对虽是现行《银行结算会计核算手续》规定的方法，但该规定属于银行内部规章，只对银行工作人员有约束作用，以此核对方法核对印鉴未发现存在的问题而造成客户存款被骗取的，银行有过错，应当对不能追回的被骗款项承担民事责任"的规定判令被告南开建行归还两原告存款。

另一种观点认为：依据1997年9月9日银发〔1997〕393 号《支付结算办法》第十七条"银行以善意且符合规定和正常操作程序审查，对伪造、变造的票据和结算凭证上的签章以及需要交验的个人有效身份证件，未发现异常而支付金额的，对出票人或付款人不再承担受委托付款的责任，对持票人或收款人不再承担付款的责任"的规定，由于南开建行在对外付款时已经履行了自己的审查义务，并按照正常的操作程序办理手续，因此，南开建行可以不再承担付款责任。

鉴于本案在适用法律规定上出现两种截然相反的意见，究竟适用哪一个规定妥当，希望最高人民法院给予答复。

最高人民法院关于中国工商银行湘潭市板塘支行与中国建筑材料科学研究院湘潭中间试验所及湘潭市有机化工厂的借款合同纠纷一案的复函

- 2001年8月6日
- 〔2001〕民监他字第9号

湖南省高级人民法院：

你院《关于中国工商银行湘潭市板塘支行与中国建筑材料科学研究院湘潭中间试验所及湘潭市有机化工厂借款合同纠纷一案的请示》报告收悉。经研究，答复如下：

一、中国建筑材料科学研究院湘潭中间试验所（以下简称中试所）向法院主张权利时，诉讼请求是返还借款本金和利息。中试所与湘潭市有机化工厂（以下简称有机化工厂）之间系因借款产生的纠纷，故该案应定性为借款合同纠纷。

二、有机化工厂与中试所签订的借款协议，违反了企业之间不能相互借贷的有关规定，原审认定协议无效是正确的。中国工商银行湘潭市板塘支行（以下简称板塘支行）明知企业之间不能相互借贷，与有机化工厂已根本无能力还款的状况下，为了下属公司能收回贷款，自己又不承担民事责任，利用中试所对其的信任，与有机化工厂恶意串通，向中试所故意隐瞒借款的真实目的，并积极促成有机化工厂与中试所签订了不具有真实意思表示的借款协议，将到期不能收回借款的风险转嫁给了中试所。板塘支行和有机化工厂的行为，已对中试所构成欺诈。由此造成借款协议无效的后果，有机化工厂与板塘支行应承担连带赔偿责任。

以上意见，供参考。

附：

《湖南省高级人民法院关于中国工商银行湘潭市板塘支行与中国建筑材料科学研究院湘潭中间试验所及湘潭市有机化工厂借款合同纠纷一案的请示》内容

一、案件主要事实

1993年2月5日至1993年7月13日，湘潭市有机化工厂（以下简称有机化工厂）为购买原材料先后三次向中国工商银行湘潭市板塘支行（以下简称板塘工行）下属银鹰物资贸易公司（以下简称银鹰公司）借款共计150万元。由于有机化工厂出现了严重亏损，致使银鹰公司的借款无法收回。1994年7月2日，中国建筑材料科学研究院湘潭中间试验所（以下简称中试所）为响应湘潭市人民政府搞活湘潭经济、鼓励外地驻湘单位引资的号召,以科技开发的名义,由其主管部门中国建筑材料科学研究院担保,从中国信息信托投资公司贷款200万元(年利率为10.89%)汇到了中试所的开户行板塘工行账上,并告知板塘工行将此笔贷款交由其安排使用。板塘工行为能从有机化工厂收回其下属银鹰公司的借款,虽明知企业之间不能相互借贷,仍出面找到有机化工厂,要求有机化工厂向中试所借钱来偿还欠银鹰公司的借款,并自行拟好了有机化工厂与中试所之间的借款协议。有机化工厂则在该借款协议上签字并加盖了公章。1994年7月20日,板塘工行持已加盖了借款单位有机化工厂公章的借款协议来到中试所要求其将200万元借给有机化工厂。该借款协议载明:"有机化工厂请求中试所解决资金困难,周转使用,中试所同意将200万元借给有机化工厂周转使用,借款期限从1994年7月20日至1995年7月20日止,利率(月息)15.9‰;有机化工厂每半年清付一次利息给中试所,借款如要延期,则要征得中试所同意,否则按逾期日加罚20%的利息。"板塘工行在协议上签署了"同意监督归还本息"的字样。中试所随即也在借款协议上签字并加盖了公章。但此时板塘工行并未将有机化工厂借款还债的真实用途告知中试所。同日,有机化工厂即将200万元的借款用以偿还了欠板塘工行下属的银鹰公司的借款本金200万元和利息46.08万元。此后,有机化工厂于1994年9月14日、1995年7月5日先后两次付给中试所利息合计16万元。但借款到期后,有机化工厂由于无力偿还剩余的借款本息,酿成纠纷。银鹰公司现已歇业,所有债权债务均由其主管部门板塘工行负责进行清理。

二、原审法院审理情况

一审法院审理后认为,中试所与有机化工厂所签订的借款协议违反了有关金融法规,系无效协议。中试所从北京借来之款,并非自身需用,而是为了搞活湘潭经济,款到账上后,中试所告知板塘工行叫其安排使用是正确的。板塘工行明知有机化工厂严重负债,无力在期限内偿还200万元贷款,为了达到既为其下属公司收回贷款,自己又不承担民事责任的目的,置企业之间不能相互借贷的明确规定于不顾,玩弄手段促成中试所与有机化工厂签订借款协议,尔后不将此款投入企业用于发展生产,而是扣还了其下属公司发放给有机化工厂难以收回的贷款,其行为严重侵害了中试所的合法权益,是引起纠纷的主要原因,应当承担返还本金及原借款利息的主要责任。有机化工厂在自己无力偿贷的情况下,配合板塘工行,拿中试所从外地借来的款项偿还所欠银鹰公司的借款,对纠纷的引起亦有一定的责任,应承担借款利息的部分责任。中试所直接与有机化工厂签订借款协议违反了金融法规的有关规定,对纠纷形成亦有责任,应对借款利息,承担相应的责任。板塘工行提出自己不是本案的被告,更不应承担民事法律责任的理由与事实不符,不予支持。根据《中华人民共和国经济合同法》第十六条第一款、《中华人民共和国民法通则》第一百零六条第二款的规定,并经院审判委员会讨论决定,判决:一、板塘工行返还中试所借款本金200万元,二、借款本金200万元,从1994年7月21日起至返还之日止,按月利率15‰计息,由板塘工行承担70%付给原告。有机化工厂承担20%付给原告。中试所承担10%。案件受理费24000元,由板塘工行承担16800元,有机化工厂承担4800元,中试所承担2400元。

板塘工行不服,向湖南省高级人民法院提起上诉,称其不是借款协议的当事人,不应作为本案被告;中试所这笔借款与其没有任何法律上的关联,该行从始至终没有收到过这笔借款,也没有实施侵害中试所的行为。因此,不应承担还款责任。

三、湖南省高级人民法院请示意见

湖南省高级人民法院审理后,该院审判委员会对本案进行了研究,就如何定性问题和板塘工行承担责任问题形成两种意见。

第一种意见认为应定性为侵权纠纷(多数人意见)。板塘工行和有机化工厂恶意串通,共同实施了损害中试所利益的行为。其理由是:1. 板塘工行作为金融机构明知企业之间不能相互借贷,仍积极促成了中试所与有机化工厂间的借贷关系。2. 板塘工行利用中试所要其负责安排使用贷款的机会,为了使其下属公司的债权得以顺利收回,与有机化工厂一道隐瞒了借款的真实用途,欺骗了中试所,转嫁了风险。板塘工行副行长邓亚民在接受一审法院调查时承认,借款协议的签订是板塘工行一手促成的,之所以要有有机化工厂找中试所借钱,是由于银鹰公司借了兰天公司的钱无法偿还,若有机化工厂不借中试所的钱就无钱还银鹰公司。有机化工厂厂长赵炳坤及财务科长谢达益在接受调查时也承认,找中试所借钱是应板塘工行的要求用来还银鹰公司的债。而当时有机化工厂已负债达1600余万元,这充分说明有机化工厂在与中试所签订借款协议时,在约定还款的期限内根本无偿还能力。对此板塘工行也是十分清楚的。同时借款协议也明确约定:"为了帮助有机化工厂解决资金困难,周转使用。"并未提及借款还债一事,目前也无证据证实在签订借款协议时中试所是知道借款用来还债这一事实。3. 损害的结果已发生。由于有机化工厂资不抵债,无力偿还借款,中试所到期借款无法收回,银鹰公司的风险实已转嫁到中试所身上,中试所的合法权益已受到了侵害。4. 板塘工行为借款协议的最终受益者。这200万元从形式上看虽然是归还了有机化工厂欠银鹰公司的贷款,但银鹰公司实际早已歇业,所有债权债务均由其主管部门板塘工行进行清理。综上,板塘工行明知企业之间不能相互借贷,但为了达到为其下属公司收回借贷的目的,转嫁风险,利用中试所对其的信任和要其安排使用贷款的机会,和有机化工厂串通一气,侵犯了中试所的合法权益。根据《民法通则》第一百三十条规定,两人以上共同侵权造成他人损害的,应当承担连带责任。

第二种意见认为本案定性为侵权纠纷不很准确,法律根据不足,把握不大。定侵权纠纷要构成四个要件,缺一不可,即损害事实的发生;民事侵权行为;侵权行为与损害事实之间有直接的必然的因果关系以及行为人有过错。从本案来看板塘工行实施的行为与损害事实的发生并没有因果关系,板塘工行极力促成有机化工厂与中试所签约的行为并不是直接的必然的导致中试所与有机化工厂借款协议的签订。中试所只要考查一下,也有可能不在协议上签字盖章。损害事实并未发生,有机化工厂并未破产,目前仍在经营,中试所的债权还存在,因此无法认定侵权事实已经发生。另外,有机化工厂无效借款,板塘工行极力促成签约并由有机化工厂办理偿还银鹰公司借款手续的行为亦不好说成侵权行为。但从情理上和造成的后果来看,板塘工行应当承担责任,究竟应承担什么样的责任,它的行为该如何定性,把握不准。

最后,该院审判委员会决定就本案向最高法院作书面请示。请示的问题是:1. 板塘工行的行为是否构成侵权? 2. 板塘工行的行为若不构成侵权,在本案中板塘工行是否应当承担责任?该承担何种民事责任?

最高人民法院关于西安市第三奶牛场与咸阳市中陆城市信用社、西安新业工贸有限责任公司抵押借款合同纠纷一案的复函

- 2002年2月8日
- [2001]民监他字第22号

陕西省高级人民法院:

你院请示收悉,经研究,答复如下:

原则同意陕西高院请示报告中的第二种意见。西安市第三奶牛场与咸阳市中陆城市信用社、西安新业工贸有限责任公司在抵押关系的设立上,虽有不规范之处,但基本具备抵押成立的法定要件,以认定抵押关系成立为宜。原审处理并无不当,不应启动再审程序。

附:

《陕西省高级人民法院关于西安市第三奶牛场与咸阳市中陆城市信用社、西安新业工贸有限责任公司抵押借款合同纠纷一案的请示》内容

一、案件主要事实

1996年7月18日,西安新业工贸有限责任公司(以下简称新业公司),与咸阳市中陆城市信

用社(以下简称中陆信用社)签订抵押借款合同。合同约定:新业公司借款2500万元,借款期限12个月,借款利息10.065‰,由西安市第三奶牛场(以下简称第三奶牛场)提供担保。第三奶牛场未在该合同上盖章,但在新业公司借款申请书担保单位栏内加盖了公章和法定代表人李瑞峰的私章,并注明:新业公司2500万元贷款,第三奶牛场愿意担保,新业公司如不能按期偿还时,由第三奶牛场负责偿还或在第三奶牛场银行账户代扣。同时,第三奶牛场提供了房地产抵押担保书。当日,第三奶牛场经其主管机关西安市农垦管理局同意,向西安市房地产交易管理中心出具房地产抵押担保书,委托该中心对抵押担保物进行登记,同时提供了西安市市地征字第171号土地使用证。同月26日,西安市房地产交易管理中心根据第三奶牛场出具的函为新业公司在中陆信用社贷款办理了房地产抵押登记,第三奶牛场将西安市房地产管理局颁发的国有土地使用证原件抵押于房产交易中心。后中陆信用社陆续给新业公司贷款2230万元。1997年10月20日新业公司清偿利息275万元,同月22日还本金90万元,剩余款项未还。中陆信用社遂向法院起诉,要求新业公司偿还贷款并由第三奶牛场承担担保责任。

二、原一、二审法院审理情况

咸阳市中级人民法院一审审理认为,中陆信用社与新业公司签订的借款抵押合同符合法律规定,当事人意思表示真实,应为有效。新业公司到期不能归还本金属违约,理应承担中陆信用社为实现债权造成的各项损失。第三奶牛场出函将其场房及附属土地在西安市房地产管理局下设部门房地产交易管理中心办理了抵押登记,符合法律规定,抵押关系有效。第三奶牛场辩称未同其办理抵押手续,抵押合同不能成立的理由不能成立。第三奶牛场提供和1996年9月4日中陆信用社向西安市房地产交易管理中心出具的"抵押贷款手续已办妥,但引存的资金一直没有到位,现要求所办理的手续作废"的函,因提不出原始函件,不能分辨出此函的真伪,故其称借款撤销,抵押关系消灭的理由不予支持。判决:一、新业公司偿还中陆信用社借款2140万元;二、新业公司支付中陆信用社为实现债权支付的代理费131000元;三、新业公司不能按期归还借款本息,由第三奶牛场承担连带赔偿责任。

第三奶牛场不服一审判决,上诉至陕西省高级人民法院。

陕西省高级人民法院二审审理认为,第三奶牛场出函自愿将其房及附属土地为新业公司在中陆信用社贷款作抵押,并在领取土地使用证的西安市房地产管理局下设部门房地产交易管理中心办理了抵押登记,此行为是第三奶牛场的真实意思表示,故抵押关系成立,抵押合同合法、有效。据此,中陆信用社与新业公司签订的借款抵押合同应确认有效,依法予以保护。新业公司到期不能归还借款本息应负违约责任,应承担因此给中陆信用社造成的损失。第三奶牛场对新业公司的借款承担担保责任。第三奶牛场关于抵押关系不成立,对新业公司的债务不应承担连带清偿责任的上诉请求,不能成立。原判事实清楚,适用法律适当。判决驳回上诉,维持原判。

第三奶牛场不服二审判决,向陕西高院申请再审。主要理由是:1. 将土地抵押认定为场房抵押,将土地认定为"附属",为其在房地产管理部门办理抵押登记找依据。第三奶牛场的场房未办理任何权属登记,西安市房地产交易管理中心评估时也认为场房无房产证不予评估,原审将土地使用权认定为场房,无事实依据。2. 将抵押物的登记部门简单理解为产权证书的核发部门。第三奶牛场的土地使用证是市房地局1981年核发的,1987年《土地法》实施以后,设立了专门的土地管理部门,1995年10月1日《担保法》实施后,明确规定了土地使用权抵押登记部门为土地管理部门,原审将土地抵押登记部门认为是房地产部门是错误的。3. 将第三奶牛场提供的所谓担保函作为抵押担保的惟一合法依据,认定第三奶牛场意思表示真实,抵押关系成立、合法有效,完全撇开土地抵押关系成立的法定要求,认定抵押符合法律规定,抵押关系成立,缺乏法律依据。请求撤销原判,依法改判抵押关系未成立,第三奶牛场不应承担担保责任。

三、陕西省高级人民法院请示意见

陕西高院针对第三奶牛场的再审申请,对本案进行了复查。查明:

1. 第三奶牛场552亩土地使用权评估等情

况。第三奶牛场552亩国有土地使用证是1981年11月5日由当时还兼有房产、地产管理职能的西安市房地局核发的。1996年1月24日,与第三奶牛场同属于西安市农垦局下属企业的西安市奶业研究所(以下简称奶研所)经主管上级西安市农垦管理局批准同意,并得到第三奶牛场的允许,用该场的土地及房产作抵押担保。奶研所申请西安市国有资产管理局《国有资产评估立项》,评估特定目的是:为奶研所下属企业中外合资依莱新食品包装有限公司等项目贷款;评估范围和对象是:第三奶牛场52亩土地及其建筑物房产。西安市房地产交易管理中心于同月24日出具了评估报告。评估报告认为:由于房屋未办理产权证,评估价中不计房价;按照西安市国有土地基准地价标准,该区域每亩12万元,扣除国有土地出让金每亩2.5万元,552亩土地评估价值为5244万元。1996年5月15日,西安市国资局以市国资评发〔1996〕58号文件作出《资产评估确认通知》,对"奶研所拟抵押贷款的第三奶牛场土地552亩,经西安市房地产交易管理中心评估其使用权价值5244万元,经审核,予以确认。"此后,第三奶牛场将评估报告和552亩国有土地使用证原件存放于西安市房地产交易管理中心。

2. 抵押借款合同签订及其抵押登记的情况。1996年7月18日,新业公司以抵押人的名义与中陆信用社签订了房地产抵押申请书、抵押借款合同和房地产抵押合同。房地产抵押申请书是新业公司以抵押人名义与中陆信用社共同作为申请人,将第三奶牛场552亩土地抵押,向西安市房地产交易管理中心申请的。同日,新业公司以抵押人的名义与中陆信用社签订了抵押借款合同。合同规定:新业公司以其所有的国有土地使用权作为借款抵押物抵押给中陆信用社;在合同第二条抵事项中约定,关于抵押详见抵押合同。该抵押借款合同由借款人新业公司和贷款人中陆信用社双方签字盖章,第三奶牛场没有在借款合同中具名、签章。同日,新业公司以抵押人名义与中陆信用社签订了房地产抵押合同。合同约定:新业公司因流动资金需要,愿以自有房地产作为抵押物,向中陆信用社贷款;抵押物坐落在未央区草滩,抵押价值5224万元(见评估报告);抵押期间,土地使用证由西安市房地产交易管理中心保管。新业公司和中陆信用社在抵押合同上签字盖章,第三奶牛场仍没有在抵押合同上具名、签章。7月26日,西安市房地产交易管理中心签署意见:同意办理。西安市房地产交易管理中心遂即将此前奶研所存放于该中心,以第三奶牛场552亩土地评估报告及土地证原件,为新业公司在中陆信用社贷款作了抵押,但没有按法律规定办理登记手续,也没有给中陆信用社颁发《土地他项权利证》。

3. 第三奶牛场向市房地产交易管理中心出具房地产抵押担保书,自愿将场房及土地为新业公司在信用社贷款作抵押,并委托该中心进行评估、登记事宜,其意思表示真实性的问题。从出具此函的形式和内容看来,此函是给市房地产交易管理中心出具的,内容是第三奶牛场愿将房地产作为抵押物向新业公司提供银行贷款担保,并委托该中心办理评估、登记事宜。此函主要是委托该中心评估、登记事宜,并不是与中陆信用社签订的具有实质抵押内容的抵押合同,也不是给中陆信用社出具的。以此函认定第三奶牛场愿意抵押的真实意思,还必须依据借款合同和抵押合同等事实综合认定,仅凭房地产抵押担保书就认定抵押担保意思表示真实,抵押关系成立、有效,证据不足。

4. 第三奶牛场与中陆信用社是否存在保证担保行为,对此,有三份证据材料:一是中陆信用社提供的借款申请书,二是第三奶牛场向房地产中心出函是否有保证的意思表示,三是中陆信用社持有的房地产抵押担保书。关于借款申请书,该申请书是1996年7月18日出具的,在保证栏里盖有第三奶牛场公章和已免去场长职务的李瑞峰私章,还写有开户行和账号。此申请书中陆信用社持有,房地产中心抵押档案中没有。该申请书涉及保证,但在借款合同中只字未提保证,只约定了抵押,且订有抵押合同,并没有保证合同或保证条款。其次,中陆信用社在一审就是以抵押起诉的,未涉及保证;一、二审均以抵押进行审理,也均未涉及保证。关于第三奶牛场给房地产中心出函是否有保证的意思表示的问题,该函是第三奶牛场给中介机构房地产中心出具的,该函载明"我方自愿将该宗房地产拍卖,所获价款银行优先受偿",该函内容并不含保证,似有优先权的内容,但优先权是法定权,不允许约定。关于中陆信用社持有的第三奶牛场出具的房地产抵押担保书是否有保证行为的问题,该担保书约定:我方自愿将房地产拍卖,所获价款银行优先受偿。该担保书名称是抵押担保书,内容是以房地产为抵押物,如不能按期还款,将该宗土地拍卖,银行优先受偿,保证行为难以认定。

5.《国有土地使用证》抵押登记应由哪个部门负责。本案中,国有土地使用证是1981年由当时身兼房产和地产管理的西安市房地局颁发的,当时没有土地局。原判决认定"在领取土地使用权证的西安市房地产管理局下设部门房地产交易管理中心办理了抵押登记",但是,按照国家土地管理局1995年12月28日颁布实施的《土地登记规则》第二十九条规定,依法抵押土地使用权的,当事人应当在抵押合同签订后15日内,持抵押合同以及有关文件申请土地使用抵押登记,土地管理部门应当在被抵押土地的土地登记卡上登记,并向抵押权人颁发土地他项权利证明书。1995年10月1日实施的《担保法》第四十二条第(一)项规定,以无地上定着物的土地使用权抵押的,抵押登记部门为土地管理部门。西安市房地局1993年9月30日颁布实施的《西安市房地产抵押管理暂行办法》规定,抵押的房地产,是指抵押人以合法所得的房屋和土地使用权;第五条又规定,以房屋设立抵押的,应连同该房占用的土地使用权同时抵押。对此,复查中调查西安市房地产交易管理中心有关人士,答复是:该中心办理以房产又连同该房产占用的土地使用权的抵押,对于单独以土地使用权抵押的,该中心不办理,但该中心可作为中介服务机构予以评估。而西安市土地局于1995年3月起就行使国有土地使用权抵押担保登记职能,并成立了相应的机构。以国有土地使用权进行抵押登记,应由土地管理部门负责。

根据以上复查情况,陕西高院形成两种意见,并决定向最高人民法院请示。第一种意见认为,原判认定事实及适用法律有误,第三奶牛场意思表达不真实,应提起再审。理由是:

1. 抵押合同主体不适格。抵押担保行为是抵押人与抵押权人双方的法律行为,即第三奶牛场应以抵押人名义与中陆信用社签订抵押合同。

但本案中,抵押借款申请书、抵押借款合同、抵押合同均是新业公司与中陆信用社双方签订的,尤其是抵押合同,新业公司以第三奶牛场552亩土地权人身份,以抵押人名义与中陆信用社签订的,第三奶牛场在一系列抵押合同中都没有具名签字,抵押合同主体不适格。

2. 第三奶牛场表示愿意抵押的意思是否真实。从抵押借款合同和房地产抵押合同看,抵押人为借款人,即新业公司,而原判却认定抵押人为第三奶牛场,故抵押合同不能反映第三奶牛场愿意以其财产作抵押的意思表示。原判认定,中陆信用社持有且在一审中向法庭提供的第三奶牛场出具的1996年7月18日房地产抵押担保书,是第三奶牛场愿为新业公司提供银行借款抵押担保的真实意思表示。但该担保书存在下列问题:一是李瑞峰已于1995年底被免职,不是第三奶牛场的法定代表人,新的法定代表人徐国庆已于1995年底上任,且在1996年4月正式变更了法定代表人登记;二是该担保书是第三奶牛场单方出具的,无论从形式、内容,还是法律规定来看,均不能确定第三奶牛场愿为新业公司借款提供抵押担保的意思表示。至于第三奶牛场向西安市房地产交易管理中心出具的房地产抵押担保书,仅是向中介机构房地产中心表示愿为新业公司贷款抵押担保,并委托进行评估、登记的意思,但没有就该宗国有土地进行抵押评估立项、评估确认等行为的意思,更没有向中陆信用社抵押担保的行为意思表示。在西安市房地产中心抵押档案中,关于新业公司与中陆信用社抵押贷款,有双方的房地产抵押申请书、借款合同和抵押合同,相当完备。但房地产抵押申请书中第三奶牛场没有具名,借款合同、抵押合同都没有第三奶牛场的具名以及抵押意思表示。因此,第三奶牛场与中陆信用社之间没有任何直接抵押意思表示的事实及证据。

3. 以国有划拨土地进行抵押,属要式民事法律行为,即以国有划拨土地进行抵押,应在国有资产部门办理抵押立项批准手续,评估结果还需国有资产部门批准认可,扣除国有土地出让金方可进行抵押。本案中,第三奶牛场先出函为奶研所贷款抵押担保,并进行了一系列国有资产部门抵押贷款立项、评估结果确认等工作,还将评估报告、国有土地证存放于房地产中心,符合法律规定的条件。新业公司用第三奶牛场552亩土地抵押、贷款,未进行国有资产评估批准立项、评估和评估确认、评估登记,只是借用了第三奶牛场为奶研所进行抵押贷款的手续,没有按照法律规定的程序即抵押立项、批准同意、进行评估、评估确认、办理抵押登记。在西安市房地产中心的抵押档案中,至今还保留着第三奶牛场为奶研所抵押的函,同时也有第三奶牛场为新业公司抵押的函。其次,根据《担保法》规定,办理土地抵押登记,同时提供借款合同和抵押合同,而两个合同中均无第三奶牛场具名和签字,西安市房地产中心未认真审查,也未办理登记手续,仅将土地证原件抵押在该中心,没有按规定给中陆信用社颁发土地他项权利证。

综上,本案中的抵押关系不成立,保证行为不存在。

第二种意见认为:保证关系成立,抵押关系也成立。未按法律规定办理相关手续,有不完善之处,但不影响担保责任的承担,只是能否对抗第三人问题。1. 关于保证关系是否成立的问题,依据前述谈到的三个证据材料,有保证的意思表示。首先,借款申请书有保证内容,约定明确,且为中陆信用社持有;其次,中陆信用社持有的房地产抵押担保书中有保证承诺的意思表示。这些都是借款合同的重要组成部分,均为第三奶牛场向信用社作出的承诺。因此,保证关系成立。2. 抵押关系成立,第三奶牛场向中陆信用社及房地产交易中心出具抵押担保书,意思表示清楚、明确,虽三方未签订抵押担保合同,但不影响担保责任的承担,根据最高人民法院《关于适用〈中华人民共和国担保法〉若干问题的解释》第二十二条"第三人单方以书面形式为债权人出具担保书,债权人接受且未提出异议的,保证合同成立"的规定,此条原则上也适用其他如抵押合同、质押合同等。因此,终审判决以此认定第三奶牛场承担抵押担保责任并无不妥,该案应予维持,不应再审。

最高人民法院关于锦州市商业银行与锦州市华鼎工贸商行、锦州市经济技术开发区实华通信设备安装公司借款纠纷一案的复函

- 2003年2月25日
- [2002]民监他字第14号函

辽宁省高级人民法院:

你院请示收悉,答复如下:

经研究,同意你院审判委员会第一种意见,即保证期间届满后,保证人如无其他明示,仅在债权人发出的催收到期贷款通知单上签字或盖章的行为,不能成为重新承担保证责任的依据。本院法释〔1999〕7号《关于超过诉讼时效期间借款人在催款通知单上签字或者盖章的法律效力问题的批复》,不适用于保证人。

附:

《辽宁省高级人民法院关于锦州市商业银行与锦州市华鼎工贸商行、锦州市经济技术开发区实华通信设备安装公司借款纠纷一案的请示》内容

一、案件主要事实

锦州市商业银行与锦州市华鼎工贸商行(以下简称华鼎商行)先后于1996年5月13、15、20日,分别签订了各40万元的借款合同共三份,借款总金额为120万元。合同约定月利率为13.065‰,还款期均截止为1996年12月20日。锦州市经济技术开发区实华通信设备安装公司(以下简称实华公司)为每笔贷款提供了担保,并出具了《偿还借款担保书》。实华公司在三份借款合同中均明示:"当借款方不履行合同时,保证方负有不可撤销的连带承担偿还借款本息的责任;保证方同意贷款方从其存款账户内扣收借款方贷款本息。"并加盖了单位公章及法定代

表人个人名章。实华公司在单独出具的《偿还借款担保书》中亦承诺:"如借款方不能按期归还贷款,我单位负责偿还贷款本息。并同意你行从我单位所有存款账户中扣收上述贷款本息。"但是,合同均未约定保证期间。

贷款到期后,华鼎商行未予偿还。锦州市商业银行给借款人锦州市华鼎工贸商行、担保人实华公司发出了《催收贷款通知书》。该通知书明示:"你单位于1996年5月20日、15日、13日,在我行借款120万元,截至1997年11月25日已逾期,尚欠贷款本金120万元,贷款利息、罚息、复息122120元。该贷款由开发区实华通信设备安装公司担保。接到通知后,请借款单位和担保单位抓紧筹措资金,于近日内归还我行贷款本息。"贷款单位、借款单位、保证单位均在催收贷款通知书中加盖单位公章,借款单位、担保单位还加盖了法定代表人名章。

锦州市商业银行作为诉讼证据提供的通知复印件,除第三行合同编号处的"961088"; 第四行日期"98.4"(截至逾期的日期,实为;97.11)、第五行的"70.880-"、第十一行日期处的"98.4.27"、"98.4.28"(通知落款时间)等数字(经鉴定是后添加或改写的)外,通知书的其他内容与实华公司、华鼎商行提供的同一份《催收贷款通知书》原件一致。贷款单位、借款单位、担保单位对本单位加盖的公章及法定代表人名章的事实均无异议。

二、原一、二审法院审理情况

辽宁省锦州市中级人民法院一审认为,三方当事人签订的借款合同及担保合同合法有效。贷款到期后,华鼎商行未予偿还属违约行为,应立即予以偿还并承担违约责任。锦州市商业银行在法律规定的保证期限内未主张权利,其所提供的贷款催收通知书复印件与原件不符,又提供不出原件,应认定华鼎商行提供的原件具有证据效力。实华公司不应再承担保证责任。据此,锦州市中级人民法院作出[1998]锦经初字第186号民事判决:锦州市华鼎工贸商行于本判决生效后10日内,偿还锦州市商业银行欠款本金120万元,利息26.65万元(此利息计算至1998年10月6日,以后的利息按银行利率计算至给付之日止)。案件受理费17310元由锦州市华鼎工贸商行负担。

宣判后,锦州市商业银行不服,以原审认定事实错误,该行曾多次向实华公司主张权利,本案未超过两年诉讼时效,实华公司不应免责应承担连带保证责任等为由,提出上诉。

辽宁省高级人民法院认为,原审判决认定三方当事人签订的借款合同及担保合同合法、有效。贷款到期后,华鼎商行未予偿还,应立即偿还欠款本息并承担违约责任正确。关于本案保证人是否超过保证时效,应否承担连带清偿责任问题。该院认为,锦州市商业银行发出催收贷款通知书后,借款单位、担保单位均在该催收贷款通知书中加盖了单位公章及法定代表人名章,应视为对原债务的重新确认、对催收贷款通知书内容的重新认可,该债权债务关系应受法律保护。上诉人主张的多次向借款人及担保人主张权利,担保人应承担连带保证责任的理由,应予支持。因此,依据《中华人民共和国民法通则》第四条、《中华人民共和国民事诉讼法》第一百五十三条第一款第(二)项的规定,判决如下:一、维持锦州市中级人民法院[1998]锦经初字第186号民事判决。二、锦州经济技术开发区实华通信设备安装公司对锦州市华鼎工贸商行欠锦州市商业银行120万元本金及利息承担连带清偿责任。一审案件受理费17310元由锦州市华鼎工贸商行承担;二审案件受理费17310元由锦州市经济技术开发区实华通信设备安装公司承担。

三、最高人民检察院抗诉理由及再审情况

终审判决后,最高人民检察院对该案提起抗诉。其主要理由为:1.本案主债权到期日是1996年12月20日,当事人在保证合同中没约定保证期间,则保证期间应依法确定为自1996年12月20日起的6个月,6个月保证期间内,商业银行一直没有向保证人实华公司行使权利,所以商业银行对实华公司享有的债权已经消灭,实华公司应免责。终审判决将保证期间认定为诉讼时效,在除斥期间届满,实体权利已经消灭的情况下,判决实华公司承担保证责任,适用法律确有错误。2.终审判决采信商业银行提供的、与华鼎商行提供的原件不符且华鼎商行、实华公司不予认可的复印件作为定案依据,认定实华公司应承担保证责任,违背了证据采信规则。3.再审中检察院还提出,终审判决又查明部分认为的"华鼎商行提供的同一份催收通知书复印件,除没有落款时间外,其他内容与锦州市商业银行提供的原件完全一致"错误,没有任何一份催收通知书除没有落款时间外与锦州商业银行提供的催收贷款通知书的原件完全一致。

案经辽宁省高级人民法院再审审理查明,华鼎商行向商业银行借款 120 万元的事实及实华公司为其三笔借款提供担保事实与原审认定的事实相一致。

但是,关于抗诉中提出终审判决采信商业银行提供的与华鼎商行提供的原件不符,且华鼎商行、实华公司不予认可的复印件作为定案依据,认定实华公司应承担保证责任,违背了证据采信规则的问题。经查,商业银行的原件催收通知书在原二审庭审后提供,承办人与其提供的复印件核对一致,但该原件未经质证。关于终审判决在又查明部分认定的"华鼎商行提供的同一份催收通知书复印件,除没有落款时间外其他内容与商业银行提供的原件完全一致"错误,没有任何一份通知书除没有落款时间外与商业银行提供的催收贷款通知书的原件完全一致,经查属实。

四、辽宁省高级人民法院请示的意见

辽宁省高级人民法院在再审中形成两种意见:

第一种意见认为担保人实华公司应免责。其理由:一是商业银行提供的催收通知书,经鉴定为有改动,不能作为证据使用,华鼎商行、实华公司提供的催收通知书落款又没有时间约定,应属无效。二是该案三笔借款合同的截止期限是 1996 年 12 月 20 日,保证合同的履行期应是从 1996 年 12 月 21 日起 6 个月内,因保证合同未约定保证期间,根据《担保法》第二十六条规定,债权人在 6 个月内未向保证人主张权利,保证人应免除保证责任。保证期间届满后,保证人在催收贷款通知书上盖章或者签字,并非对保证合同的重新确认。

第二种意见认为,担保人在催收通知单上签字盖章是真实意思表示,从其催收通知书的内容看,包括担保人,应确认为担保人对债务的重新确认形成的新的担保合同。且因通知书的落款没有时间,什么时间盖章不明确,担保人也有过

错,故保证人应承担保证责任。

辽宁省高级人民法院请示的主要问题是:实华公司在本案中应否承担连带保证责任。

最高人民法院关于南昌市商业银行象南支行与南昌市东湖华亭商场、蔡亮借款合同担保纠纷案请示的复函

- 2003 年 4 月 30 日
- 〔2003〕民监他字第 6 号

江西省高级人民法院:

你院请示收悉,经研究,答复如下:

南昌市东湖华亭商场与南昌市商业银行象南支行在《借款合同》中约定,贷款用途是购买酒与饮料,并非以贷还贷。华亭商场与华亭公司均为独立的企业法人。华亭公司偿还与象南支行的旧贷后,象南支行又向华亭公司发放新贷,属于另一法律关系,不宜将华亭商场与华亭公司之间资金流转行为推定为以贷还贷。

附:

《江西省高级人民法院关于南昌市商业银行象南支行与南昌市东湖华亭商场、蔡亮借款合同担保纠纷案的请示》内容

一、案件主要事实

1999 年 12 月 23 日,南昌市商业银行象南支行(下简称象南支行)与南昌市东湖华亭商场(下简称华亭商场)签订了一份贷款 150 万元的借款合同,用于购买酒和饮料,借款期限为 4 个月,按中国人民银行贷款利率计息。担保人为南昌市洪成大市场亚通副食品批发部,业主为蔡亮,借款合同订立当天,象南支行按约向华亭商场发放贷款 150 万元,华亭商场当日收款后,就将其中 100 万元以购货名义替与其无任何业务关系的南昌市海燕糖酒食品有限公司(下简称海燕公司)支付货款,汇至江西樟树四特酒食品有限公司(下简称四特酒公司)账下,该公司于同年

12月27日在该笔款到账当天，又将10000元汇入海燕公司。而海燕公司在华亭商场替其支付货款的4天内，陆续支付现金100万元给华亭商场法人代表熊志生，熊志生则将该100万元现金于同年12月27日分别存入熊志生开办的另一企业南昌市华亭贸易有限公司（下简称华亭公司）在象南支行账户530192.50元，存入其妻戴丽华在象南支行设立的洪城大市场华亭副食品批发部个人账户上469247.60元。与此同时，华亭商场又将其余50万元借款也于12月27日存入戴丽华账户内。此时戴丽华账上包括原存款9000余元，至12月27日，账上存款余额达97万余元。同日，戴丽华将其账户上97万元全部转入华亭公司账户上，华亭公司此时账上共有现金150余万元。同一日，华亭公司立即将该150万元用以归还其公司原于同年8月27日向象南支行所借的到期贷款。象南支行收回华亭公司该笔贷款后的第二天，即12月28日，又向华亭公司发放了150万元信用贷款。2000年元月，华亭商场和华亭公司的法人代表熊志生与戴丽华去向不明，象南支行发现后，即将华亭公司账上余款1.07万元提前收回，以归还华亭商场1999年12月23日所贷150万元借款部分，尚有148.93万元本金及利息未能收回。象南支行遂于2000年5月提起诉讼，要求借款人归还贷款及利息，担保人承担保证责任。

二、原一、二审法院审理情况

原审判决认为，华亭公司以华亭商场所借的150万元归还了其1999年12月27日在象南支行的到期借款，且华亭商场和华亭公司均是熊志生开办的，故华亭商场应承担还本付息的民事责任。象南支行与华亭商场签订的借款合同未注明是以贷还贷，且新旧贷款不是同一保证人，蔡亮在不知情的情况下为借款提供的担保，不应承担担保责任。原审法院判决：一、被告华亭商场欠原告借款148.93万元及利息（1999年12月23日~2000年4月23日按中国人民银行同期贷款利率计算；2000年4月至付清欠款之日止，按中国人民银行逾期贷款利率计算），于本判决生效后1个月内付清。二、被告蔡亮对被告华亭商场的借款免除保证责任。案件受理费17640元由被告华亭商场承担。

象南支行不服上诉称：华亭商场是熊志生个人开办的企业，而华亭公司是熊志生、林鸿喜、戴国华三人投资成立的有限责任公司，原审认定华亭公司与华亭商场属同一单位是错误的；象南支行与华亭商场签订合同后，已按约发放了贷款，原判认定本案以贷还贷，担保人不承担担保责任不当，请求二审法院依法公正判决。

南昌市中级人民法院二审认为，象南支行与华亭商场签订借款合同后，按约向华亭商场发放了150万元贷款，华亭商场收到贷款后，以购货款的名义转给四特酒公司100万元，以往来款的名义转给戴丽华50万元，虽然华亭公司账上在华亭商场借款后进账150余万元，但因钱款不是特定物，也无证据证明华亭公司进账的150万元即是华亭商场所贷的150万元，原判认定华亭公司以贷还贷所借150万元归还了其原借象南支行的到期贷款证据不足，且象南支行与华亭商场也未达成以新贷还旧贷协议，华亭商场与华亭公司是不同性质的两个企业，原判认定本案属以贷还贷没有事实和法律依据。蔡亮自愿为华亭商场借款提供了连带责任保证，依法应对华亭商场借款承担连带清偿责任，原判以本案属以贷还贷，保证人蔡亮不知情免除蔡亮的保证责任不当。上诉人要求保证人蔡亮承担保证责任的理由成立，本院予以支持。故判决如下：一、维持南昌市西湖区人民法院〔2000〕西法经二初字第02号民事判决第一项；二、撤销南昌市西湖区人民法院〔2000〕西法经二初字第02号民事判决第二项；三、被上诉人蔡亮对华亭商场所欠象南支行148.93万元及利息承担连带责任清偿责任。本案一审案件受理费17640元由被上诉人华亭商场承担，二审案件受理费17640元由被上诉人蔡亮承担。

三、江西省高级人民法院的请示意见

蔡亮对二审判决不服，向江西省高级人民法院申请再审，江西省高级人民法院审判委员会对该案形成两种不同意见：

第一种意见认为，华亭商场没有事实上的交易行为，新贷贷出四天就归还华亭公司的旧贷款，且新旧贷款金额相同，可以认定借贷双方存在恶意串通，以贷还贷。从华亭公司在归还旧贷的次日又向银行借款150万元的事实看，根据最高级法院经济庭1999年元月庭务会关于以贷还贷所涉及的法律问题的精神,可以推定银行和华亭商场的行为属以贷还贷,且前后两份借款合同不是同一担保人,担保人可不承担担保责任。

第二种意见认为,华亭商场向象南支行贷款150万元,已将其中100万元汇入四特酒公司账上代海燕公司支付货款,海燕公司用100万元现金支付给华亭商场,用于归还华亭商场的代付款。华亭商场收款后,将100万元现金分别转入华亭公司和戴丽华个人账户上,华亭商场再将另50万元汇入戴丽华在象南支行账户上,以上共计150万元,全都转入华亭公司账户上后,归还了华亭公司1999年8月27日的银行贷款。从以上华亭商场借款后的资金走向和所归还的是华亭公司的银行借款看,银行与华亭商场之间的贷款行为不符合以贷还贷的特征,现有事实和证据还不能证实借贷双方存在申通和以贷还贷共同意思表示。

最高人民法院《关于建设银行重庆观音桥支行与新原兴企业集团有限公司借款合同纠纷一案适用法律问题的请示》的答复

- 2003年12月17日
- 〔2003〕民二他字第43号

重庆市高级人民法院:

你院《关于建设银行重庆观音桥支行与新原兴企业集团有限公司借款合同纠纷一案适用法律问题的请示》收悉,经研究,答复如下:

你院请示的建设银行重庆观音桥支行与新原兴企业集团有限公司借款合同纠纷一案,借款合同中约定银行有权对资金使用人使用资金进行监督,借款人将所借款项用于偿还旧贷,不能因合同中有银行有权监督借款人资金使用的约定而减轻或免除借款人的还款责任。

以上意见,供你院审理时参考。

最高人民法院关于交通银行香港分行与港云基业有限公司、云浮市人民政府等借款担保合同纠纷上诉一案《承诺函》是否构成担保问题的请示的复函

- 2006年10月11日
- 〔2006〕民四他字第27号

广东省高级人民法院:

你院〔2004〕粤高法民四终字第153号《关于交通银行香港分行与港云基业有限公司、云浮市人民政府等借款担保合同纠纷上诉一案〈承诺函〉是否构成担保问题的请示》收悉。经研究,答复如下:

对于云浮市人民政府出具的《承诺函》是否构成我国《担保法》意义上的保证,应由你院根据云浮市人民政府出具《承诺函》的背景情况、《承诺函》的内容以及查明的其他事实情况作出认定;

在对外担保的案件中,我国境内公民个人向境外债权人提供的担保,若存在最高人民法院《关于适用〈中华人民共和国担保法〉若干问题的解释》第六条规定之情况,应依法认定为无效。本案中我国境内公民赖斌、陈兢向交通银行香港分行提供的担保是否存在上述情况,应由你院依法审查。

此复。

附:

广东省高级人民法院关于交通银行香港分行与港云基业有限公司、云浮市人民政府等借款担保合同纠纷上诉一案《承诺函》是否构成担保问题的请示报告

2006年5月10日
〔2004〕粤高法民四终字第153号

最高人民法院:

我院审理上诉人(原审被告)港云基业有限

公司(以下简称港云公司)、云浮市人民政府(以下简称云浮市政府)、云浮市能源交通发展总公司(以下简称能源总公司)、赖斌、陈兢、刘杰光、吴尚国与被上诉人(原审原告)交通银行香港分行(以下简称香港交行)借款担保合同纠纷一案,就政府《承诺函》是否构成担保的问题有不同意见,特向钧院请示如下:

一、案件基本情况

1995年5月16日,云浮市政府向香港交行出具一份《承诺函》,称:"港云公司是我云浮市政府之驻港公司,为进一步发展该公司之对外贸易业务,该公司特向贵行申请一般信用证、信托提货、背对背信用证及透支额度(银行便利共伍仟万港元)。上述申请授信额度业经我市政府批准同意,请贵行根据该公司的业务发展实际需要,给予支持。我市政府愿意督促该驻港公司切实履行还款责任,按时归还贵行贷款本息。如该公司出现逾期或拖欠贵行的贷款本息情况,我市政府将负责解决,不使贵行在经济上蒙受损失。"

之后,香港交行与港云公司签订授信合同,向港云公司提供了透支、分期贷款、信用证、信托提货等银行信贷,在相关授信合同中将上述《承诺函》列为担保法律文件。

1998年9月2日,能源总公司与香港交行签订《保证合同》,担保港云公司在香港交行的主债务、利息、税费以及由此产生的一切费用不超过四千万港元,保证方式为连带责任保证,并约定保证合同是连续的、无条件的保证,适用中国法律。

2000年6月12日,港云公司与香港交行签订一份重组性质的信贷契约,确认结欠香港交行本金余额为:(1)透支部分港币1158513.37元;(2)分期贷款部分港币10276706.37元;(3)信用证部分港币7133072.76元;(4)一次过信用证部分港币3315000元。另外对逾期利率和利息计算办法亦作了约定。该文件第三条是对担保文件的约定,内分两款。第一款题为"现已提供予银行下列所有之抵押品及/或法律文件仍然有效",该款共分三项,第一项是港云公司提供的物业抵押,第二项为"由下列人士妥为签立关于偿还所有款项之个别及共同私人担保契:(Ⅰ)陈兢、(Ⅱ)赖斌、(Ⅲ)刘杰光、(Ⅳ)吴尚国",第三项为"其他:(Ⅰ)云浮市人民政府承诺函;(Ⅱ)云浮市能源交通发展总公司保证合同"。港云公司董事赖斌、陈兢、刘杰光、吴尚国作为担保人在该文件上签字。

2000年7月17日,香港交行委托顾恺仁律师事务所分别致函港云公司及云浮市政府、能源总公司、赖斌、陈兢、刘杰光、吴尚国,要求其履行义务。

为追索上述贷款,香港交行向香港高等法院起诉港云公司。2000年11月16日,香港高等法院以2000年杂项法律程序第4663号命令,确认香港交行得向港云公司收回港币15112555.95元和美元1049454.82元连同未清缴的利息。港云公司须将抵押物业九龙广东道30号新港中心1座6楼607室写字楼管有权交香港交行。此后,香港交行通过执行抵押物业实际收回款项8248801.75港元,港云公司亦分两次还款20万港元。截至2002年1月28日,港云公司仍结欠香港交行本金10216240.37港元和422409.33美元。另结欠香港交行抵押物处置在内的费用支出101569.06港元和人民币10750元。香港交行于2002年4月9日向广州市中级人民法院起诉,请求判令港云公司偿还尚欠贷款本息及其他费用,云浮市政府、赖斌、陈兢、刘杰光、吴尚国承担保证担保责任,能源总公司承担连带清偿责任。

一审法院经审理认为,本案系涉港借款及担保合同纠纷,应当比照涉外案件处理。港云公司承认与香港交行的借款事实并同意还款,但对欠款数额存在异议。对此,香港交行提交的香港高等法院判决,有相关的证明债务发生的证据相印证,港云公司并未提出相反证据进行反驳,故香港高等法院判决所确定的债务数额,可作为本案事实认定。香港高等法院判决后,香港交行处置了抵押物业抵扣部分欠款。香港交行根据抵扣后的债权余额提出请求合理有据,予以支持。

云浮市政府出具的《承诺函》明确表明"如该公司出现逾期或拖欠贷款本息的情况,我市政府将负责解决,不使贵行在经济上蒙受损失",其内容具有代港云公司偿还债务的意思,符合《民法通则》第八十九条关于"保证人向债权人保证债务人履行债务,债务人不履行债务的,按照约定由保证人履行或者承担连带责任"的规定,《承诺函》为香港交行接受,作为担保文件被列入有关信贷协议,故应认定香港交行与云浮市政府之间保证合同成立。我国内地法律明确禁止国家机关作为担保人,云浮市政府提供担保属于《民法通则》第五十八条关于违反法律的民事行为无效的情形,应当认定云浮市政府出具的《承诺函》无效。云浮市政府明知国家机关不能担任保证人而出具具有担保性质的《承诺函》;香港交行应当知道我国法律禁止国家机关担任保证人而接受云浮市政府的担保,对担保无效双方均有过错。云浮市政府应对港云公司不能偿还的债务部分承担二分之一的赔偿责任。

能源总公司与香港交行签订的《保证合同》属于对外担保,因未经国家外汇管理部门批准而无效,双方均有过错。对本案债务,能源总公司应当对港云公司不能清偿部分的二分之一承担赔偿责任。

赖斌、陈崤系我国内地居民,不具有提供对外担保的主体资格,为港云公司的债务提供的担保无效,应分别对港云公司不能清偿部分的债务的二分之一承担赔偿责任。刘杰光、吴尚国系香港居民,为港云公司的债务提供担保是其真实意思表示,故应依照约定承担担保责任。

综上,依照《民法通则》第五十八条第一款第(五)项、第六十一条第一款、《担保法》第五条第二款以及最高人民法院《关于贯彻执行〈民法通则〉若干问题的意见(试行)》第一百零六条、最高人民法院《关于适用〈担保法〉若干问题的解释》第六条第(一)项、第七条、第二十二条第一款的规定,一审法院判决:港云公司偿还香港交行本金港币 10216240.37 元、美元 422409.33 元及利息,清偿其他费用港币 101569.06 元和人民币 10750 元;对上述债务,刘杰光、吴尚国承担连带清偿责任;云浮市政府、能源总公司、赖斌、陈崤在港云公司不能偿还部分的范围内承担二分之一的赔偿责任。

港云公司、云浮市政府、能源总公司、赖斌、陈崤、刘杰光、吴尚国均不服原审判决,向我院提起上诉,请求撤销原判,驳回香港交行的诉请。

二、请示的问题

本案二审争议的焦点是:云浮市政府向香港交行出具的《承诺函》是督促还款性质的安慰函,还是具有担保还款性质的担保合同。

关于政府《承诺函》问题,广东省各级法院近年来审理的一批案件中都有涉及,措辞基本一致。2003 年,我院审判委员会在讨论〔2002〕粤高法民四终字第 55 号佛山市禅城区人民政府与交通银行香港分行担保纠纷上诉案时,认为《承诺函》中"政府将负责解决,不使银行在经济上蒙受损失"的表述,具有提供保证担保的意思表示,符合《担保法》第六条的精神,应认定构成保证担保。此后类似案件都按照该案精神下判。2005 年 1 月 4 日,钧院就〔2004〕民四终字第 5 号佛山市人民政府与交通银行香港分行担保纠纷上诉案作出终审判决,认为该案中《承诺函》并不构成我国担保法意义上的保证。《最高人民法院公报》2005 年第 11 期刊载了该案判决书。为妥善处理该类案件,我院审判委员会对本案所涉及的政府《承诺函》的性质及发函人的民事寄件问题,再次进行讨论,形成了三种意见。

第一种意见认为,涉案《承诺函》具有为港云公司的借款提供保证担保的意思表示,构成法律意义上的担保,云浮市政府应承担相应的还款责任。理由为:1. 从《承诺函》产生的背景和用途来看,港云公司是云浮市政府在港窗口公司,因我国法律明确规定国家机关不得为保证人,云浮市政府不愿明确提供担保,但为融资需要,就采取出具《承诺函》的变通方式,实质是以其他形式实现担保的目的。香港交行正是基于云浮市政府出具的《承诺函》,相信政府会为其开办的公司负责,才为港云公司提供银行信贷,并在相关授信合同中将《承诺函》列为担保文件。2.《承诺函》虽然没有明确"担保"两字,但从函件内容和文字表述分析,其实质是为港云公司提供担保。"我市政府将负责解决,不使贵行在经济上蒙受损失",应包含"政府负责解决"和"如果解决不了,政府承担责任"这两层意思。在其他解决手段不能奏效的情况下,代为清偿是最终、最直接的手段。3. 从本案当事人的其他行为来看,香港交行在与港云公司签订的一系列契约中,一直将《承诺函》列为担保法律文件,作为保证函对待,而且后来也向云浮市政府主张过担保权利。这表明香港交行对《承诺函》具有与保证合同相同的担保预期。在这一点上,本案与钧院〔2004〕民四终字第 5 号案中债权人没有把《承诺函》作为担保文件不同。4. 如果不认定《承诺函》构成担保，与市场经济的运行规则不符，会对政府的信誉带来负面影响，导致投资环境的恶化。

第二种意见认为，云浮市政府应在港云公司不能偿还香港交行本金部分的范围内承担二分之一的还款责任。理由是：综合整个案情看，云浮市政府出具的《承诺函》虽不构成法律意义上的担保，但在函件中明确承诺不使香港交行蒙受损失，当然也应包括代为清偿债务，发函人云浮市政府应兑现诺言，承担相应的民事责任。

第三种意见认为，涉案《承诺函》不构成担保，云浮市政府不应承担民事责任。理由是：《承诺函》是否具有担保性质应结合多方面因素认定。首先，从名称上看，是《承诺函》而非《担保函》，从内容措辞，云浮市政府并没有承诺当港云公司不履行债务时，由其按照约定履行债务或者承担责任。《承诺函》中的"负责解决"，用语笼统、模糊，可以理解为督促港云公司还款的道义责任，根据"保证不能推定"的基本原则，该函不具有担保的法律效力。其次，香港交行作为中资银行，应该知道我国法律关于国家机关不能作为保证人的禁止性规定，香港交行在接受内容模糊的《承诺函》之后，又与能源总公司、赖斌、陈兢等人签订保证合同，说明香港交行接受《承诺函》时对该函并不抱有担保的预期。钧院在类似案件中已对此类《承诺函》作了认定，倾向于参照认定本案《承诺函》不构成担保。

我院审判委员会倾向于第一种意见。

此外，本案还存在个人能否对外担保的问题。在对外担保的案件中，个人向域外债权人提供担保，我们倾向于个人不具有对外担保的资格而认定这种担保无效。

以上意见妥否，请批复。

◎ 指导案例

1. 温州银行股份有限公司宁波分行诉浙江创菱电器有限公司等金融借款合同纠纷案①

【关键词】民事/金融借款合同/最高额担保
【裁判要点】
在有数份最高额担保合同情形下，具体贷款合同中选择性列明部分最高额担保合同，如债务发生在最高额担保合同约定的决算期内，且债权人未明示放弃担保权利，未列明的最高额担保合同的担保人也应当在最高债权限额内承担担保责任。

【相关法条】
《中华人民共和国担保法》第14条
【基本案情】
原告浙江省温州银行股份有限公司宁波分行(以下简称温州银行)诉称：其与被告宁波婷微电子科技有限公司(以下简称婷微电子公司)、岑建锋、宁波三好塑模制造有限公司(以下简称三好塑模公司)分别签订了"最高额保证合同"，约定三被告为浙江创菱电器有限公司(以下简称创菱电器公司)一定时期和最高额度内借款，提供连带责任担保。创菱电器公司从温州银行借款后，不能按期归还部分贷款，故诉请判令被告创菱电器公司归还原告借款本金250万元，支付利息、罚息和律师费用；岑建锋、三好塑模公司、婷微电子公司对上述债务承担连带保证责任。

被告创菱电器公司、岑建锋未作答辩。

被告三好塑模公司辩称：原告诉请的律师费不应支持。

被告婷微电子公司辩称：其与温州银行签订的最高额保证合同，并未被列入借款合同所约定的担保合同范围，故其不应承担保证责任。

法院经审理查明：2010年9月10日，温州银

---

① 案例来源：《最高人民法院关于发布第12批指导性案例的通知》(2016年5月20日发布 法〔2016〕172号)，指导案例57号。

行与婷微电子公司、岑建锋分别签订了编号为温银9022010年高保字01003号、01004号的最高额保证合同,约定婷微电子公司、岑建锋自愿为创菱电器公司在2010年9月10日至2011年10月18日期间发生的余额不超过1100万元的债务本金及利息、罚息等提供连带责任保证担保。

2011年10月12日,温州银行与岑建锋、三好塑模公司分别签署了编号为温银9022011年高保字00808号、00809号最高额保证合同,岑建锋、三好塑模公司自愿为创菱电器公司在2010年9月10日至2011年10月18日期间发生的余额不超过550万元的债务本金及利息、罚息等提供连带责任保证担保。

2011年10月14日,温州银行与创菱电器公司签署了编号为温银9022011企贷字00542号借款合同,约定温州银行向创菱电器公司发放贷款500万元,到期日为2012年10月13日,并列明担保合同编号分别为温银9022011年高保字00808号、00809号。贷款发放后,创菱电器公司于2012年8月6日归还了借款本金250万元,婷微电子公司于2012年6月29日、10月31日、11月30日先后支付了贷款利息31115.3元、53693.71元、21312.59元。截至2013年4月24日,创菱电器公司尚欠借款本金250万元、利息141509.01元。另查明,温州银行为实现本案债权而发生律师费用95200元。

【裁判结果】

浙江省宁波市江东区人民法院于2013年12月12日作出(2013)甬东商初字第1261号民事判决:一、创菱电器公司于本判决生效之日起十日内归还温州银行借款本金250万元,支付利息141509.01元,并支付自2013年4月25日起至本判决确定的履行之日止按借款合同约定计算的利息、罚息;二、创菱电器公司于本判决生效之日起十日内赔偿温州银行为实现债权而发生的律师费用95200元;三、岑建锋、三好塑模公司、婷微电子公司对上述第一、二项款项承担连带清偿责任,其承担保证责任后,有权向创菱电器公司追偿。宣判后,婷微电子公司以其未被列入借款合同,不应承担保证责任为由,提起上诉。浙江省宁波市中级人民法院于2014年5月14日作出(2014)浙甬商终字第369号民事判决,驳回上诉,维持原判。

【裁判理由】

法院生效裁判认为:温州银行与创菱电器公司之间签订的编号为温银9022011企贷字00542号借款合同合法有效,温州银行发放贷款后,创菱电器公司未按约还本付息,已经构成违约。原告要求创菱电器公司归还贷款本金250万元,支付按合同约定方式计算的利息、罚息,并支付原告为实现债权而发生的律师费95200元,应予支持。岑建锋、三好塑模公司自愿为上述债务提供最高额保证担保,应承担连带清偿责任,其承担保证责任后,有权向创菱电器公司追偿。

本案的争议焦点为,婷微电子公司签订的温银9022010年高保字01003号最高额保证合同未被选择列入温银9022011企贷字00542号借款合同所约定的担保合同范围,婷微电子公司是否应当对温银9022011企贷字00542号借款合同项下债务承担保证责任。对此,法院经审理认为,婷微电子公司应当承担保证责任。理由如下:第一,民事权利的放弃必须采取明示的意思表示才能发生法律效力,默示的意思表示只有在法律有明确规定及当事人有特别约定的情况下才能发生法律效力,不宜在无明确约定或者法律无特别规定的情况下,推定当事人对权利进行放弃。具体到本案,温州银行与创菱电器公司签订的温银9022011企贷字00542号借款合同虽未将婷微电子公司签订的最高额保证合同列入,但原告未以明示方式放弃婷微电子公司提供的最高额保证,故婷微电子公司仍是该诉争借款合同的最高额保证人。第二,本案诉争借款合同签订时间及贷款发放时间均在婷微电子公司签订的编号温银9022010年高保字01003号最高额保证合同约定的决算期内(2010年9月10日至2011年10月18日),温州银行向婷微电子公司主张权利并未超过合同约定的保证期间,故婷微电子公司应依约在其承诺的最高债权限额内为创菱电器公司对温州银行的欠债承担连带保证责任。第三,最高额担保合同是债权人和担保人之间约定担保法律关系和相关权利义务关系的直接合同依据,不能以主合同内容取代从合同的内容。具体到本案,温州银行与婷微电子公司签订了最高额保证合同,双方的担保权利义务应以该合同为准,不受温州银行与创菱电器公司之间签订的温州银行非自然人借款合同约束或变更。第四，婷微电子公司曾于 2012 年 6 月、10 月、11 月三次归还过本案借款利息，上述行为也是婷微电子公司对本案借款履行保证责任的行为表征。综上，婷微电子公司应对创菱电器公司的上述债务承担连带清偿责任，其承担保证责任后，有权向创菱电器公司追偿。

（生效裁判审判人员：赵文君、徐梦梦、毛姣）

2. 上海欧宝生物科技有限公司诉辽宁特莱维置业发展有限公司企业借贷纠纷案①

【关键词】民事诉讼/企业借贷/虚假诉讼

【裁判要点】

人民法院审理民事案件中发现存在虚假诉讼可能时，应当依职权调取相关证据，详细询问当事人，全面严格审查诉讼请求与相关证据之间是否存在矛盾，以及当事人诉讼中言行是否违背常理。经综合审查判断，当事人存在虚构事实、恶意串通、规避法律或国家政策以谋取非法利益，进行虚假民事诉讼情形的，应当依法予以制裁。

【相关法条】

《中华人民共和国民事诉讼法》第 112 条

【基本案情】

上海欧宝生物科技有限公司（以下简称欧宝公司）诉称：欧宝公司借款给辽宁特莱维置业发展有限公司（以下简称特莱维公司）8650 万元，用于开发辽宁省东港市特莱维国际花园房地产项目。借期届满时，特莱维公司拒不偿还。故请求法院判令特莱维公司返还借款本金 8650 万元及利息。

特莱维公司辩称：对欧宝公司起诉的事实予以认可，借款全部投入到特莱维国际花园房地产项目，房屋滞销，暂时无力偿还借款本息。

一审申请人谢涛述称：特莱维公司与欧宝公司，通过虚构债务的方式，恶意侵害其合法权益，请求法院查明事实，依法制裁。

法院经审理查明：2007 年 7 月至 2009 年 3 月，欧宝公司与特莱维公司先后签订 9 份《借款合同》，约定特莱维公司向欧宝公司共借款 8650 万元，约定利息为同年贷款利率的 4 倍。约定借款用途为：只限用于特莱维国际花园房地产项目。借款合同签订后，欧宝公司先后共汇款 10 笔，计 8650 万元，而特莱维公司却在收到汇款的当日或数日后立即将其中的 6 笔转出，共计转出 7050 万余元。其中 5 笔转往上海翰皇实业发展有限公司（以下简称翰皇公司），共计 6400 万余元。此外，欧宝公司在提起一审诉讼要求特莱维公司还款期间，仍向特莱维公司转款 3 笔，计 360 万元。

欧宝公司法定代表人为宗惠光，该公司股东曲叶丽持有 73.75% 的股权，姜雯琪持有 2% 的股权，宗惠光持有 2% 的股权。特莱维公司原法定代表人为王作新，翰皇公司持有该公司 90% 股权，王阳持有 10% 的股权，2010 年 8 月 16 日法定代表人变更为姜雯琪。工商档案记载，该公司在变更登记时，领取执照人签字处由刘静君签字，而刘静君又是本案原一审诉讼期间欧宝公司的委托代理人，身份系欧宝公司的员工。翰皇公司 2002 年 3 月 26 日成立，法定代表人为王作新，前身为上海特莱维化妆品有限公司，王作新持有该公司 67% 的股权，曲叶丽持有 33% 的股权，同年 10 月 28 日，曲叶丽将其持有的股权转让给王阳。2004 年 10 月 10 日该公司更名为翰皇公司，登记等手续委托宗惠光办理，2011 年 7 月 5 日该公司注销。王作新与曲叶丽系夫妻关系。

本案原一审诉讼期间，欧宝公司于 2010 年 6 月 22 日向辽宁省高级人民法院（以下简称辽宁高院）提出财产保全申请，要求查封、扣押、冻结特莱维公司 5850 万元的财产，王阳以其所有的位于辽宁省沈阳市和平区澳门路、建筑面积均为 236.4 平方米的两处房产为欧宝公司担保。王作鹏以其所有的位于沈阳市皇姑区宁山中路的建筑面积为 671.76 平方米的房产为欧宝公司担保，沈阳沙琪化妆品有限公司（以下简称沙琪公

---

① 案例来源：《最高人民法院关于发布第 14 批指导性案例的通知》（2016 年 9 月 19 日发布 法〔2016〕172 号），指导案例 68 号。

司,股东为王振义和修桂芳)以其所有的位于沈阳市东陵区白塔镇小羊安村建筑面积分别为212平方米、946平方米的两处厂房及使用面积为4000平方米的一块土地为欧宝公司担保。

欧宝公司与特莱维公司的《开立单位银行结算账户申请书》记载地址均为东港市新兴路1号,委托经办人均为崔秀芳。再审期间谢涛向辽宁高院提供上海市第一中级人民法院(2008)沪一中民三(商)终字第426号民事判决书一份,该案张娥珍、贾世克诉翰皇公司、欧宝公司特许经营合同纠纷案,判决所列翰皇公司的法定代表人为王作新,欧宝公司和翰皇公司的委托代理人均系翰皇公司员工宗惠光。

二审审理中另查明:(一)关于欧宝公司和特莱维公司之间关系的事实

工商档案表明,沈阳特莱维化妆品连锁有限责任公司(以下简称沈阳特莱维)成立于2000年3月15日,该公司由欧宝公司控股(持股96.67%),设立时的经办人为宗惠光。公司登记的处所系向沈阳丹菲专业护肤中心承租而来,该中心负责人为王振义。2005年12月23日,特莱维公司原法定代表人王作新代表欧宝公司与案外人张娥珍签订连锁加盟(特许)合同。2007年2月28日,霍静代表特莱维公司与世安建设集团有限公司(以下简称世安公司)签订关于特莱维国际花园项目施工的《补充协议》。2010年5月,魏亚丽经特莱维公司授权办理银行账户的开户,2011年9月又代表欧宝公司办理银行账户开户。两账户所留联系人均为魏亚丽,联系电话均为同一号码,与欧宝公司2010年6月10日提交辽宁高院的民事起诉状中所留特莱维公司联系电话相同。

2010年9月3日,欧宝公司向辽宁高院出具《回复函》称:同意提供位于上海市青浦区苏虹公路332号的面积12026.91平方米、价值2亿元的房产作为保全担保。欧宝公司庭审中承认,前述房产属于上海特莱维护肤品股份有限公司(以下简称上海特莱维)所有。上海特莱维成立于2002年12月9日,法定代表人为王作新,股东有王作新、翰皇公司的股东王阳、邹艳,欧宝公司的股东宗惠光、姜雯琪、王奇等人。王阳同时任上海特莱维董事,宗惠光任副董事长兼总副经理,

王奇任副总经理,霍静任董事。

2011年4月20日,欧宝公司向辽宁高院申请执行(2010)辽民二初字第15号民事判决,该院当日立案执行。同年7月12日,欧宝公司向辽宁高院提交书面申请称:"为尽快回笼资金,减少我公司损失,经与被执行人商定,我公司允许被执行人销售该项目的剩余房产,但必须由我公司指派财务人员收款,所销售的房款须存入我公司指定账户。"2011年9月6日,辽宁高院向东港市房地产管理处发出《协助执行通知书》,以相关查封房产已经给付申请执行人抵债为由,要求该处将前述房产直接过户登记到案外买受人名下。

欧宝公司申请执行后,除谢涛外,特莱维公司的其他债权人世安公司、江西临川建筑安装工程总公司、东港市前阳建筑安装工程总公司也先后以提交执行异议等形式,向辽宁高院反映欧宝公司与特莱维公司虚构债权进行虚假诉讼。

翰皇公司的清算组成员由王作新、王阳、姜雯琪担任,王作新为负责人;清算组在成立之日起10日内通知了所有债权人,并于2011年5月14日在《上海商报》上刊登了注销公告。2012年6月25日,王作新将翰皇公司所持特莱维公司股权中的1600万元转让给王阳,200万元转让给邹艳,并于2012年7月9日办理了工商变更登记。

沙琪公司的股东王振义和修桂芳分别是王作新的父亲和母亲;欧宝公司的股东王阁系王作新的哥哥王作鹏之女;王作新与王阳系兄妹关系。

(二)关于欧宝公司与案涉公司之间资金往来的事实

欧宝公司尾号为8115的账户(以下简称欧宝公司8115账户),2006年1月4日至2011年9月29日的交易明细显示,自2006年3月8日起,欧宝公司开始与特莱维公司互有资金往来。其中,2006年3月8日欧宝公司该账户汇给特莱维公司尾号为4891账户(以下简称特莱维公司4891账户)300万元,备注用途为借款,2006年6月12日转给特莱维公司801万元。2007年8月16日至23日从特莱维公司账户转入欧宝公司8115账户近70笔款项,备注用途多为货款。该账户自2006年1月4日至2011年9月29日与沙琪公司、沈阳特莱维、翰皇公司、上海特莱维均有大笔资金往来,用途多为货款或借款。

欧宝公司在中国建设银行东港支行开立的账户(尾号0357)2010年8月31日至2011年11月9日的交易明细显示：该账户2010年9月15日、9月17日由欧宝公司以现金形式分别存入168万元、100万元；2010年9月30日支付东港市安邦房地产开发有限公司工程款100万元；2010年9月30日自特莱维公司账户(尾号0549)转入100万元，2011年8月22日、8月30日、9月9日自特莱维公司账户分别转入欧宝公司该账户71.6985万元、51.4841万元、62.3495万元，2011年11月4日特莱维公司尾号为5555账户(以下简称特莱维公司5555账户)以法院扣款的名义转入该账户84.556787万元；2011年9月27日以"往来款"名义转入欧宝公司8115账户193.5万元，2011年11月9日转入欧宝公司尾号4548账户(以下简称欧宝公司4548账户)157.995万元。

欧宝公司设立在中国工商银行上海青浦支行的账户(尾号5617)显示，2012年7月12日该账户以"借款"名义转入特莱维公司50万元。

欧宝公司在中国建设银行沈阳马路湾支行的4548账户2013年10月7日至2015年2月7日期间的交易明细显示，自2014年1月20日起，特莱维公司以"还款"名义转入该账户的资金，大部分又以"还款"名义转入王作鹏个人账户和上海特莱维的账户。

翰皇公司建设银行上海分行尾号为4917账户(以下简称翰皇公司4917账户)2006年1月5日至2009年1月14日的交易明细显示，特莱维公司4891账户2008年7月7日转入翰皇公司该账户605万元，同日翰皇公司又从该账户将同等数额的款项转入特莱维公司5555账户，但自翰皇公司打入特莱维公司账户的该笔款项计入了特莱维公司的借款数额，自特莱维公司打入翰皇公司的款项未计入该公司的还款数额。该账户同时间段还分别和欧宝公司、沙琪公司以"借款"、"往来款"的名义进行资金转入和转出。

特莱维公司5555账户2006年6月7日至2015年9月21日的交易明细显示，2009年7月2日自该账户以"转账支取"的名义汇入欧宝公司的账户(尾号0801)600万元；自2011年11月4日起至2014年12月31日止，该账户转入欧宝公司资金达30多笔，最多的为2012年12月20日汇入欧宝公司4548账户的一笔达1800万元。此外，该账户还有多笔大额资金在2009年11月13日至2010年7月19日期间以"借款"的名义转入沙琪公司账户。

沙琪公司在中国光大银行沈阳和平支行的账户(尾号6312)2009年11月13日至2011年6月27日的交易明细显示，特莱维公司转入沙琪公司的资金，有的以"往来款"或者"借款"的名义转回特莱维公司的其他账户。例如，2009年11月13日自特莱维公司5555账户以"借款"的名义转入沙琪公司3800万元，2009年12月4日又以"往来款"的名义转回特莱维公司另外设立的尾号为8361账户(以下简称特莱维公司8361账户)3800万元；2010年2月3日自特莱维公司8361账户以"往来款"的名义转入沙琪公司账户的4827万元，同月10日又以"借款"的名义转入特莱维公司5555账户500万元，以"汇兑"名义转入特莱维公司4891账户1930万元，2010年3月31日沙琪公司又以"往来款"的名义转入特莱维公司8361账户1000万元，同年4月12日以系统内划款的名义转回特莱维公司8361账户1806万元。特莱维公司转入沙琪公司账户的资金有部分流入了沈阳特莱维的账户。例如，2010年5月6日以"借款"的名义转入沈阳特莱维1000万元，同年7月29日以"转款"的名义转入沈阳特莱维2272万元。此外，欧宝公司也以"往来款"的名义转入该账户部分资金。

欧宝公司和特莱维公司均承认，欧宝公司4548账户和在中国建设银行东港支行的账户(尾号0357)由王作新控制。

【裁判结果】

辽宁高院2011年3月21日作出(2010)辽民二初字第15号民事判决：特莱维公司于判决生效后10日内偿还欧宝公司借款本金8650万元及借款实际发生之日起至判决确定给付之日止的中国人民银行同期贷款利息。该判决发生法律效力后，因案外人谢涛提出申诉，辽宁高院于2012年1月4日作出(2012)辽民二监字第8号民事裁定再审本案。辽宁高院经再审于2015年5月20日作出(2012)辽民二再字第13号民事判决，驳回欧宝公司的诉讼请求。欧宝公司提起上诉，最高人民法院第二巡回法庭经审理于 2015 年 10 月 27 日作出 (2015) 民二终字第 324 号民事判决, 认定本案属于虚假民事诉讼, 驳回上诉, 维持原判。同时作出罚款决定, 对参与虚假诉讼的欧宝公司和特莱维公司各罚款 50 万元。

【裁判理由】

法院生效裁判认为: 人民法院保护合法的借贷关系, 同时对于恶意串通进行虚假诉讼意图损害他人合法权益的行为, 应当依法制裁。本案争议的焦点问题有两个, 一是欧宝公司与特莱维公司之间是否存在关联关系; 二是欧宝公司和特莱维公司就争议的 8650 万元是否存在真实的借款关系。

一、欧宝公司与特莱维公司是否存在关联关系的问题

《中华人民共和国公司法》第二百一十七条规定, 关联关系, 是指公司控股股东、实际控制人、董事、监事、高级管理人员与其直接或间接控制的企业之间的关系, 以及可能导致公司利益转移的其他关系。可见, 公司法所称的关联公司, 既包括公司股东的相互交叉, 也包括公司共同由第三人直接或者间接控制, 或者股东之间、公司的实际控制人之间存在直系血亲、姻亲、共同投资等可能导致利益转移的其他关系。

本案中, 曲叶丽为欧宝公司的控股股东, 王作新是特莱维公司的原法定代表人, 也是案涉合同签订时特莱维公司的控股股东翰皇公司的控股股东和法定代表人, 王作新与曲叶丽系夫妻关系, 说明欧宝公司与特莱维公司由夫妻二人控制。欧宝公司称两人已经离婚, 却未提供民政部门的离婚登记或者人民法院的生效法律文书。虽然辽宁高院受理本案诉讼后, 特莱维公司的法定代表人由王作新变更为姜雯琪, 但王作新仍是特莱维公司的实际控制人。同时, 欧宝公司股东兼法定代表人宗惠光、王奇等人, 与特莱维公司的实际控制人王作新、法定代表人姜雯琪、目前的控股股东王阳共同投资设立了上海特莱维, 说明欧宝公司的股东与特莱维公司的控股股东、实际控制人存在其他的共同利益关系。另外, 沈阳特莱维是欧宝公司控股的公司, 沙琪公司的股东是王作新的父亲和母亲。可见, 欧宝公司与特莱维公司之间、前述两公司与沙琪公司、上海特莱维、沈阳特莱维之间均存在关联关系。

欧宝公司与特莱维公司及其他关联公司之间还存在人员混同的问题。首先, 高管人员之间存在混同。姜雯琪既是欧宝公司的股东和董事, 又是特莱维公司的法定代表人, 同时还参与翰皇公司的清算。宗惠光既是欧宝公司的法定代表人, 又是翰皇公司的工作人员, 虽然欧宝公司称宗惠光自 2008 年 5 月即从翰皇公司辞职, 但从上海市第一中级人民法院 (2008) 沪一中民三(商) 终字第 426 号民事判决载明的事实看, 该案 2008 年 8 月至 12 月审理期间, 宗惠光仍以翰皇公司工作人员的身份参与诉讼。王奇既是欧宝公司的监事, 又是上海特莱维的董事, 还以该公司工作人员的身份代理相关行政诉讼。王阳既是特莱维公司的监事, 又是上海特莱维的董事。王作新是特莱维公司原法定代表人、实际控制人, 还曾先后代表欧宝公司、翰皇公司与案外第三人签订连锁加盟 (特许) 合同。其次, 普通员工也存在混同。霍静是欧宝公司的工作人员, 在本案中作为欧宝公司原一审诉讼的代理人, 2007 年 2 月 23 日代表特莱维公司与世安公司签订建设施工合同, 又同时兼任上海特莱维的董事。崔秀芳是特莱维公司的会计, 2010 年 1 月 7 日代特莱维公司开立银行账户, 2010 年 8 月 20 日本案诉讼之后又代欧宝公司开立银行账户。欧宝公司当庭自述魏亚丽系特莱维公司的工作人员, 2010 年 5 月魏亚丽经特莱维公司授权办理银行账户开户, 2011 年 9 月诉讼之后又经欧宝公司授权办理该公司在中国建设银行沈阳马路湾支行的开户, 且该银行账户的联系人为魏亚丽。刘静君是欧宝公司的工作人员, 在本案原一审和执行程序中作为欧宝公司的代理人, 2009 年 3 月 17 日又代特莱维公司办理企业登记等相关事项。刘洋以特莱维公司员工名义代理本案诉讼, 又受王作新的指派代理上海特莱维的相关诉讼。

上述事实充分说明, 欧宝公司、特莱维公司以及其他关联公司的人员之间并未严格区分, 上述人员实际上服从王作新一人的指挥, 根据不同的工作任务, 随时转换为不同关联公司的工作人员。欧宝公司在上诉状中称, 在 2007 年借款之初就派相关人员进驻特莱维公司, 监督该公司对投资款的使用并协助工作, 但早在欧宝公司所称的向特莱维公司转入首笔借款之前 5 个月, 霍静

即参与该公司的合同签订业务。而且从这些所谓的"派驻人员"在特莱维公司所起的作用看,上述人员参与了该公司的合同签订、财务管理到诉讼代理的全面工作,而不仅是监督工作,欧宝公司的辩解,不足为信。辽宁高院关于欧宝公司和特莱维公司系由王作新、曲叶丽夫妇控制之关联公司的认定,依据充分。

二、欧宝公司和特莱维公司就争议的 8650 万元是否存在真实借款关系的问题

根据《最高人民法院关于适用〈中华人民共和国民事诉讼法〉的解释》第九十条规定,当事人对自己提出的诉讼请求所依据的事实或者反驳对方诉讼请求所依据的事实,应当提供证据加以证明;当事人未能提供证据或者证据不足以证明其事实主张的,由负有举证证明责任的当事人承担不利的后果。第一百零八条规定:"对负有举证证明责任的当事人提供的证据,人民法院经审查并结合相关事实,确信待证事实的存在具有高度可能性的,应当认定该事实存在。对一方当事人为反驳负有举证责任的当事人所主张的事实而提供的证据,人民法院经审查并结合相关事实,认为待证事实真伪不明的,应当认定该事实不存在。"在当事人之间存在关联关系的情况下,为防止恶意串通提起虚假诉讼,损害他人合法权益,人民法院对其是否存在真实的借款法律关系,必须严格审查。

欧宝公司提起诉讼,要求特莱维公司偿还借款 8650 万元及利息,虽然提供了借款合同及转款凭证,但其自述及提交的证据和其他在案证据之间存在无法消除的矛盾,当事人在诉讼前后的诸多言行违背常理,主要表现为以下 7 个方面:

第一,从借款合意形成过程来看,借款合同存在虚假的可能。欧宝公司和特莱维公司对借款法律关系的要约与承诺的细节事实陈述不清,尤其是作为债权人欧宝公司的法定代表人、自称是合同经办人的宗惠光,对所有借款合同的签订时间、地点、每一合同的己方及对方经办人等细节,语焉不详。案涉借款每一笔均为大额借款,当事人对所有合同的签订细节、甚至大致情形均陈述不清,于理不合。

第二,从借款的时间上看,当事人提交的证据前后矛盾。欧宝公司的自述及其提交的借款合同表明,欧宝公司自 2007 年 7 月开始与特莱维公司发生借款关系。向本院提起上诉后,其提交的自行委托形成的审计报告又载明,自 2006 年 12 月份开始向特莱维公司借款,但从特莱维公司和欧宝公司的银行账户交易明细看,在 2006 年 12 月之前,仅欧宝公司 8115 账户就发生过两笔高达 1100 万元的转款,其中,2006 年 3 月 8 日以"借款"名义转入特莱维公司账户 300 万元,同年 6 月 12 日转入 801 万元。

第三,从借款的数额上看,当事人的主张前后矛盾。欧宝公司起诉后,先主张自 2007 年 7 月起累计借款金额为 5850 万元,后在诉讼中又变更为 8650 万元,上诉时又称借款总额 1.085 亿元,主张的借款数额多次变化,但只能提供 8650 万元的借款合同。而谢涛当庭提交的银行转账凭证证明,在欧宝公司所称的 1.085 亿元借款之外,另有 4400 多万元的款项以"借款"名义打入特莱维公司账户。对此,欧宝公司自认,这些多出的款项是受王作新的请求帮忙转款,并非真实借款。该自认说明,欧宝公司在相关银行凭证上填写的款项用途极其随意。从本院调取的银行账户交易明细所载金额看,欧宝公司以借款名义转入特莱维公司账户的金额远远超出欧宝公司先后主张的上述金额。此外,还有其他多笔以"借款"名义转入特莱维公司账户的巨额资金,没有列入欧宝公司所主张的借款数额范围。

第四,从资金往来情况看,欧宝公司存在单向统计账户流出资金而不统计流入资金的问题。无论是案涉借款合同载明的借款期间,还是在此之前,甚至诉讼开始以后,欧宝公司和特莱维公司账户之间的资金往来,既有欧宝公司转入特莱维公司账户款项的情况,又有特莱维公司转入欧宝公司账户款项的情况,但欧宝公司只计算己方账户转出的借方金额,而对特莱维公司转入的贷方金额只字不提。

第五,从所有关联公司之间的转款情况看,存在双方或多方账户循环转款问题。如上所述,将欧宝公司、特莱维公司、翰皇公司、沙琪公司等公司之间的账户对照检查,存在特莱维公司将己方款项转入翰皇公司账户过桥欧宝公司账户后,又转回特莱维公司账户,造成虚增借款的现象。特莱维公司与其他关联公司之间的资金往来也

存在此种情况。

第六,从借款的用途看,与合同约定相悖。借款合同第二条约定,借款限用于特莱维国际花园房地产项目,但是案涉款项转入特莱维公司账户后,该公司随即将大部分款项以"借款""还款"等名义分别转给翰皇公司和沙琪公司,最终又流向欧宝公司和欧宝公司控股的沈阳特莱维。至于欧宝公司辩称,特莱维公司将款项打入翰皇公司是偿还对翰皇公司借款的辩解,由于其提供的翰皇公司和特莱维公司之间的借款数额与两公司银行账户交易的实际数额互相矛盾,且从流向上看大部分又流回了欧宝公司或者其控股的公司,其辩解不足为凭。

第七,从欧宝公司和特莱维公司及其关联公司在诉讼和执行中的行为来看,与日常经验相悖。欧宝公司提起诉讼后,仍与特莱维公司互相转款;特莱维公司不断向欧宝公司账户转入巨额款项,但在诉讼和执行程序中却未就还款金额对欧宝公司的请求提出任何抗辩;欧宝公司向辽宁高院申请财产保全,特莱维公司的股东王阳却以其所有的房产为本应是利益对立方的欧宝公司提供担保;欧宝公司在原一审诉讼中另外提供担保的上海市青浦区房产的所有权,竟然属于王作新任法定代表人的上海特莱维;欧宝公司和特莱维公司当庭自认,欧宝公司开立在中国建设银行东港支行、中国建设银行沈阳马路湾支行的银行账户都由王作新控制。

对上述矛盾和违反常理之处,欧宝公司与特莱维公司均未作出合理解释。由此可见,欧宝公司没有提供足够的证据证明其就案涉争议款项与特莱维公司之间存在真实的借贷关系。且从调取的欧宝公司、特莱维公司及其关联公司账户的交易明细发现,欧宝公司、特莱维公司以及其他关联公司之间、同一公司的不同账户之间随意转款,款项用途随意填写。结合在案其他证据,法院确信,欧宝公司诉请之债权系截取其与特莱维公司之间的往来款项虚构而成,其以虚构债权为基础请求特莱维公司返还 8650 万元借款及利息的请求不应支持。据此,辽宁高院再审判决驳回其诉讼请求并无不当。

至于欧宝公司与特莱维公司提起本案诉讼是否存在恶意串通损害他人合法权益的问题。首先,无论欧宝公司,还是特莱维公司,对特莱维公司与一审申诉人谢涛及其他债权人的债权债务关系是明知的。从案涉判决执行的过程看,欧宝公司申请执行之后,对查封的房产不同意法院拍卖,而是继续允许该公司销售,特莱维公司每销售一套,欧宝公司即申请法院解封一套。在接受法院当庭询问时,欧宝公司对特莱维公司销售了多少查封房产,偿还了多少债务陈述不清,表明其提起本案诉讼并非为实现债权,而是通过司法程序进行保护性查封以阻止其他债权人对特莱维公司财产的受偿。虚构债权,恶意串通,损害他人合法权益的目的明显。其次,从欧宝公司与特莱维公司人员混同、银行账户同为王作新控制的事实可知,两公司同属一人,均已失去公司法人所具有的独立人格。《中华人民共和国民事诉讼法》第一百一十二条规定:"当事人之间恶意串通,企图通过诉讼、调解等方式侵害他人合法权益的,人民法院应当驳回其请求,并根据情节轻重予以罚款、拘留;构成犯罪的,依法追究刑事责任。"一审申诉人谢涛认为欧宝公司与特莱维公司之间恶意串通提起虚假诉讼损害其合法权益的意见,以及对有关当事人和相关责任人进行制裁的请求,于法有据,应予支持。

(生效裁判审判人员:胡云腾、范向阳、汪国献)

3. 福建海峡银行股份有限公司福州五一支行诉长乐亚新污水处理有限公司、福州市政工程有限公司金融借款合同纠纷案①

【关键词】民事/金融借款合同/收益权质押/出质登记/质权实现

【裁判要点】

1. 特许经营权的收益权可以质押,并可作

---

① 案例来源:《最高人民法院关于发布第十一批指导性案例的通知》(2015 年 11 月 19 日 法〔2015〕320 号),指导案例 53 号。

为应收账款进行出质登记。

2. 特许经营权的收益权依其性质不宜折价、拍卖或变卖，质权人主张优先受偿权的，人民法院可以判令出质债权的债务人将收益权的应收账款优先支付质权人。

【相关法条】

《中华人民共和国物权法》第208条、第223条、第228条第1款

【基本案情】

原告福建海峡银行股份有限公司福州五一支行（以下简称海峡银行五一支行）诉称：原告与被告长乐亚新污水处理有限公司（以下简称长乐亚新公司）签订单位借款合同后向被告贷款3000万元。被告福州市政工程有限公司（以下简称福州市政公司）为上述借款提供连带责任保证。原告海峡银行五一支行、被告长乐亚新公司、福州市政公司、案外人长乐市建设局四方签订了《特许经营权质押担保协议》，福州市政公司以长乐市污水处理项目的特许经营权提供质押担保。因长乐亚新公司未能按期偿还贷款本金和利息，故诉请法院判令：长乐亚新公司偿还原告借款本金和利息；确认《特许经营权质押担保协议》合法有效，拍卖、变卖该协议项下的质物，原告有优先受偿权；将长乐市建设局支付给两被告的污水处理服务费优先用于清偿应偿还原告的所有款项；福州市政公司承担连带清偿责任。

被告长乐亚新公司和福州市政公司辩称：长乐市城区污水处理厂特许经营权，并非法定的可以质押的权利，且该特许经营权并未办理质押登记，故原告诉请拍卖、变卖长乐市城区污水处理厂特许经营权，于法无据。

法院经审理查明：2003年，长乐市建设局为让与方、福州市政公司为受让方、长乐市财政局为见证方，三方签订《长乐市城区污水处理厂特许建设经营合同》，约定：长乐市建设局授予福州市政公司负责投资、建设、运营和维护长乐市城区污水处理厂项目及其附属设施的特许权，并就合同双方权利义务进行了详细约定。2004年10月22日，长乐亚新公司成立。该公司系福州市政公司为履行《长乐市城区污水处理厂特许建设经营合同》而设立的项目公司。

2005年3月24日，福州市商业银行五一支行与长乐亚新公司签订《单位借款合同》，约定：长乐亚新公司向福州市商业银行五一支行借款3000万元；借款用途为长乐市城区污水处理厂BOT项目；借款期限为13年，自2005年3月25日至2018年3月25日；还就利息及逾期罚息的计算方式作了明确约定。福州市政公司为长乐亚新公司的上述借款承担连带责任保证。

同日，福州市商业银行五一支行与长乐亚新公司、福州市政公司、长乐市建设局共同签订《特许经营权质押担保协议》，约定：福州市政公司以《长乐市城区污水处理厂特许建设经营协议》授予的特许经营权为长乐亚新公司向福州市商业银行五一支行的借款提供质押担保，长乐市建设局同意该担保；福州市政公司同意将特许经营权收益优先用于清偿借款合同项下的长乐亚新公司的债务，长乐市建设局和福州市政公司同意将污水处理费优先用于清偿借款合同项下的长乐亚新公司的债务；福州市商业银行五一支行未受清偿的，有权依法通过拍卖等方式实现质押权利等。

上述合同签订后，福州市商业银行五一支行依约向长乐亚新公司发放贷款3000万元。长乐亚新公司于2007年10月21日起未依约按期足额还本付息。

另查明，福州市商业银行五一支行于2007年4月28日名称变更为福州市商业银行股份有限公司五一支行；2009年12月1日其名称再次变更为福建海峡银行股份有限公司五一支行。

【裁判结果】

福建省福州市中级人民法院于2013年5月16日作出（2012）榕民初字第661号民事判决：一、长乐亚新污水处理有限公司应于本判决生效之日起十日内向福建海峡银行股份有限公司福州五一支行偿还借款本金28714764.43元及利息（暂计至2012年8月21日为2142597.6元，此后利息按《单位借款合同》的约定计至借款本息还清之日止）；二、长乐亚新污水处理有限公司应于本判决生效之日起十日内向福建海峡银行股份有限公司福州五一支行支付律师代理费人民币123640元；三、福建海峡银行股份有限公司福州五一支行于本判决生效之日起有权直接向长乐市建设局收取应由长乐市建设局支付给长乐

亚新污水处理有限公司、福州市政工程有限公司的污水处理服务费,并对该污水处理服务费就本判决第一、二项所确定的债务行使优先受偿权;四、福州市政工程有限公司对本判决第一、二项确定的债务承担连带清偿责任;五、驳回福建海峡银行股份有限公司福州五一支行的其他诉讼请求。宣判后,两被告均提起上诉。福建省高级人民法院于2013年9月17日作出福建省高级人民法院(2013)闽民终字第870号民事判决,驳回上诉,维持原判。

【裁判理由】

法院生效裁判认为:被告长乐亚新公司未依约偿还原告借款本金及利息,已构成违约,应向原告偿还借款本金,并支付利息及实现债权的费用。福州市政公司作为连带责任保证人,应对讼争债务承担连带清偿责任。本案争议焦点主要涉及污水处理项目特许经营权质押是否有效以及该质权如何实现问题。

一、关于污水处理项目特许经营权能否出质问题

污水处理项目特许经营权是对污水处理厂进行运营和维护,并获得相应收益的权利。污水处理厂的运营和维护,属于经营者的义务,而其收益权,则属于经营者的权利。由于对污水处理厂的运营和维护,并不属于可转让的财产权利,故讼争的污水处理项目特许经营权质押,实质上系污水处理项目收益权的质押。

关于污水处理项目等特许经营的收益权能否出质问题,应当考虑以下方面:其一,本案讼争污水处理项目《特许经营权质押担保协议》签订于2005年,尽管当时法律、行政法规及相关司法解释并未规定污水处理项目收益权可质押,但污水处理项目收益权与公路收益权性质上相类似。《最高人民法院关于适用〈中华人民共和国担保法〉若干问题的解释》第九十七条规定,"以公路桥梁、公路隧道或者公路渡口等不动产收益权出质的,按照担保法第七十五条第(四)项的规定处理",明确公路收益权属于依法可质押的其他权利,与其类似的污水处理收益权亦应允许出质。其二,国务院办公厅2001年9月29日转发的《国务院西部开发办〈关于西部大开发若干政策措施的实施意见〉》(国办发[2001]73号)中提出,"对具有一定还贷能力的水利开发项目和城市环保项目(如城市污水处理和垃圾处理等),探索逐步开办以项目收益权或收费权为质押发放贷款的业务",首次明确可试行将污水处理项目的收益权进行质押。其三,污水处理项目收益权虽系将来金钱债权,但其行使期间及收益金额均可确定,其属于确定的财产权利。其四,在《中华人民共和国物权法》(以下简称《物权法》)颁布实施后,因污水处理项目收益权系基于提供污水处理服务而产生的将来金钱债权,依其性质亦可纳入依法可出质的"应收账款"的范畴。因此,讼争污水处理项目收益权作为特定化的财产权利,可以允许其出质。

二、关于污水处理项目收益权质权的公示问题

对于污水处理项目收益权的质权公示问题,在《物权法》自2007年10月1日起施行后,因收益权已纳入该法第二百二十三条第六项的"应收账款"范畴,故应当在中国人民银行征信中心的应收账款质押登记公示系统进行出质登记,质权才能依法成立。由于本案的质押担保协议签订于2005年,在《物权法》施行之前,故不适用《物权法》关于应收账款的统一登记制度。因当时并未有统一的登记公示的规定,故参照当时公路收费权质押登记的规定,由其主管部门进行备案登记,有关利害关系人可通过其主管部门了解该收益权是否存在质押之情况,该权利即具备物权公示的效果。

本案中,长乐市建设局在《特许经营权质押担保协议》上盖章,且协议第七条明确约定"长乐市建设局同意为原告和福州市政公司办理质押登记出质登记手续",故可认定讼争污水处理项目的主管部门已知晓并认可该权利质押情况,有关利害关系人亦可通过长乐市建设局查询了解讼争污水处理厂的有关权利质押的情况。因此,本案讼争的权利质押已具备公示之要件,质权已设立。

三、关于污水处理项目收益权的质权实现方式问题

我国担保法和物权法均未具体规定权利质权的具体实现方式,仅就质权的实现作出一般性的规定,即质权人在行使质权时,可与出质人协

议以质押财产折价,或就拍卖、变卖质押财产所得的价款优先受偿。但污水处理项目收益权属于将来金钱债权,质权人可请求法院判令其直接向出质人的债务人收取金钱并对该金钱行使优先受偿权,故无需采取折价或拍卖、变卖之方式。况且收益权均附有一定之负担,且其经营主体具有特定性,故依其性质亦不宜拍卖、变卖。因此,原告请求将《特许经营权质押担保协议》项下的质物予以拍卖、变卖并行使优先受偿权,不予支持。

根据协议约定,原告海峡银行五一支行有权直接向长乐市建设局收取污水处理服务费,并对所收取的污水处理服务费行使优先受偿权。由于被告仍应依约对污水处理厂进行正常运营和维护,若无法正常运营,则将影响到长乐市城区污水的处理,亦将影响原告对污水处理费的收取,故原告在向长乐市建设局收取污水处理服务费时,应当合理行使权利,为被告预留经营污水处理厂的必要合理费用。

4. 中国工商银行股份有限公司宣城龙首支行诉宣城柏冠贸易有限公司、江苏凯盛置业有限公司等金融借款合同纠纷案①

【关键词】民事 金融借款合同 担保 最高额抵押权

【裁判要点】

当事人另行达成协议将最高额抵押权设立前已经存在的债权转入该最高额抵押担保的债权范围,只要转入的债权数额仍在该最高额抵押担保的最高债权额限度内,即使未对该最高额抵押权办理变更登记手续,该最高额抵押权的效力仍然及于被转入的债权,但不得对第三人产生不利影响。

【相关法条】

《中华人民共和国物权法》第二百零三条、第二百零五条

【基本案情】

2012年4月20日,中国工商银行股份有限公司宣城龙首支行(以下简称工行宣城龙首支行)与宣城柏冠贸易有限公司(以下简称柏冠公司)签订《小企业借款合同》,约定柏冠公司向工行宣城龙首支行借款300万元,借款期限为7个月,自实际提款日起算,2012年11月1日还100万元,2012年11月17日还200万元。涉案合同还对借款利率、保证金等作了约定。同年4月24日,工行宣城龙首支行向柏冠公司发放了上述借款。

2012年10月16日,江苏凯盛置业有限公司(以下简称凯盛公司)股东会决议决定,同意将该公司位于江苏省宿迁市宿豫区江山大道118号-宿迁红星凯盛国际家居广场(房号:B-201、产权证号:宿豫字第201104767)房产,抵押与工行宣城龙首支行,用于亿荣达公司商户柏冠公司、闽航公司、航嘉公司、金亿达公司四户企业在工行宣城龙首支行办理融资抵押,因此产生一切经济纠纷均由凯盛公司承担。同年10月23日,凯盛公司向工行宣城龙首支行出具一份房产抵押担保的承诺函,同意以上述房产为上述四户企业在工行宣城龙首支行融资提供抵押担保,并承诺如该四户企业不能按期履行工行宣城龙首支行的债务,上述抵押物在处置后的价值又不足以偿还全部债务,凯盛公司同意用其他财产偿还剩余债务。该承诺函及上述股东会决议均经凯盛公司全体股东签名及加盖凯盛公司公章。2012年10月24日,工行宣城龙首支行与凯盛公司签订《最高额抵押合同》,约定凯盛公司以宿房权证宿豫字第201104767号房地产权证项下的商铺为2012年10月19日至2015年10月19日期间,在4000万元的最高余额内,工行宣城龙首支行依据与柏冠公司、闽航公司、航嘉公司、金亿达公司签订的借款合同等主合同而享有对债务人的债权,无论该债权在上述期间届满时是否已到期,也无论该债权是否在最高额抵押权设立之前已经产生,提供抵押担保,担保的范围包括主债

---

① 案例来源:《最高人民法院关于发布第18批指导性案例的通知》(2018年6月20日 法[2018]164号),指导案例95号。

权本金、利息、实现债权的费用等。同日,双方对该抵押房产依法办理了抵押登记,工行宣城龙首支行取得宿房他证宿豫第201204387号房地产他项权证。2012年11月3日,凯盛公司再次经过股东会决议,并同时向工行宣城龙首支行出具房产抵押承诺函,股东会决议与承诺函的内容及签名盖章均与前述相同。当日,凯盛公司与工行宣城龙首支行签订《补充协议》,明确双方签订的《最高额抵押合同》担保范围包括2012年4月20日工行宣城龙首支行与柏冠公司、闽航公司、航嘉公司和金亿达公司签订的四份贷款合同项下的债权。

柏冠公司未按期偿还涉案借款,工行宣城龙首支行诉至宣城市中级人民法院,请求判令柏冠公司偿还借款本息及实现债权的费用,并要求凯盛公司以其抵押的宿房权证宿豫字第201104767号房地产权证项下的房地产承担抵押担保责任。

【裁判结果】

宣城市中级人民法院于2013年11月10日作出(2013)宣中民二初字第00080号民事判决:一、柏冠公司于判决生效之日起五日内给付工行宣城龙首支行借款本金300万元及利息。……四、如柏冠公司未在判决确定的期限内履行上述第一项给付义务,工行宣城龙首支行以凯盛公司提供的宿房权证宿豫字第201104767号房地产权证项下的房产折价或者以拍卖、变卖该房产所得的价款优先受偿。……宣判后,凯盛公司以涉案《补充协议》约定的事项未办理最高额抵押变更登记为由,向安徽省高级人民法院提起上诉。该院于2014年10月21日作出(2014)皖民二终字第00395号民事判决:驳回上诉,维持原判。

【裁判理由】

法院生效裁判认为:凯盛公司与工行宣城龙首支行于2012年10月24日签订《最高额抵押合同》,约定凯盛公司自愿以其名下的房产作为抵押物,自2012年10月19日至2015年10月19日期间,在4000万元的最高余额内,为柏冠公司在工行宣城龙首支行所借贷款本息提供最高额抵押担保,并办理了抵押登记,工行宣城龙首支行依法取得涉案房产的抵押权。2012年11月3日,凯盛公司与工行宣城龙首支行又签订《补充协议》,约定前述最高额抵押合同中述及抵押担保的主债权及于2012年4月20日工行宣城龙首支行与柏冠公司所签《小企业借款合同》项下的债权。该《补充协议》不仅有双方当事人的签字盖章,也与凯盛公司的股东会决议及其出具的房产抵押担保承诺函相印证,故该《补充协议》应系凯盛公司的真实意思表示,且其约定内容符合《中华人民共和国物权法》(以下简称《物权法》)第二百零三条第二款的规定,也不违反法律、行政法规的强制性规定,依法成立并有效,其作为原最高额抵押合同的组成部分,与原最高额抵押合同具有同等法律效力。由此,本案所涉2012年4月20日《小企业借款合同》项下的债权已转入前述最高额抵押权所担保的最高额为4000万元的主债权范围内。就该《补充协议》约定事项,是否需要对前述最高额抵押权办理相应的变更登记手续,《物权法》没有明确规定,应当结合最高额抵押权的特点及相关法律规定来判定。

根据《物权法》第二百零三条第一款的规定,最高额抵押权有两个显著特点:一是最高额抵押权所担保的债权额有一个确定的最高额度限制,但实际发生的债权额是不确定的;二是最高额抵押权是对一定期间内将要连续发生的债权提供担保。由此,最高额抵押权设立时所担保的具体债权一般尚未确定,基于尊重当事人意思自治原则,《物权法》第二百零三条第二款对前款作了但书规定,即允许经当事人同意,将最高额抵押权设立前已经存在的债权转入最高额抵押担保的债权范围,但此并非重新设立最高额抵押权,也非《物权法》第二百零五条规定的最高额抵押权变更的内容。同理,根据《房屋登记办法》第五十三条的规定,当事人将最高额抵押权设立前已存在债权转入最高额抵押担保的债权范围,不是最高抵押权设立登记的他项权利证书及房屋登记簿的必要记载事项,故亦非应当申请最高额抵押权变更登记的法定情形。

本案中,工行宣城龙首支行和凯盛公司仅是通过另行达成补充协议的方式,将上述最高额抵押权设立前已经存在的债权转入该最高额抵押权所担保的债权范围内,转入的涉案债权数额仍在该最高额抵押担保的4000万元最高债权额限度内,该转入的确定债权并非最高抵押权设立登记的他项权利证书及房屋登记簿的必要记载事项，在不会对其他抵押权人产生不利影响的前提下，对于该意思自治行为，应当予以尊重。此外，根据商事交易规则，法无禁止即可为，即在法律规定不明确时，不应强加给市场交易主体准用严格交易规则的义务。况且，就涉案2012年4月20日借款合同项下的债权转入最高额抵押担保的债权范围，凯盛公司不仅形成了股东会决议，出具了房产抵押担保承诺函，且和工行宣城龙首支行达成了《补充协议》，明确将已经存在的涉案借款转入前述最高额抵押权所担保的最高额为4000万元的主债权范围内。现凯盛公司上诉认为该《补充协议》约定事项必须办理最高额抵押权变更登记才能设立抵押权，不仅缺乏法律依据，也有悖诚实信用原则。

综上，工行宣城龙首支行和凯盛公司达成《补充协议》，将涉案2012年4月20日借款合同项下的债权转入前述最高额抵押权所担保的主债权范围内，虽未办理最高额抵押权变更登记，但最高额抵押权的效力仍然及于被转入的涉案借款合同项下的债权。

（三）融资租赁合同

◎ 司法解释

最高人民法院关于审理融资租赁合同纠纷案件适用法律问题的解释

● 2020年12月29日
● 法释〔2020〕17号

为正确审理融资租赁合同纠纷案件，根据《中华人民共和国民法典》《中华人民共和国民事诉讼法》等法律的规定，结合审判实践，制定本解释。

一、融资租赁合同的认定

第一条　人民法院应当根据民法典第七百三十五条的规定，结合标的物的性质、价值、租金的构成以及当事人的合同权利和义务，对是否构成融资租赁法律关系作出认定。

对名为融资租赁合同，但实际不构成融资租赁法律关系的，人民法院应按照其实际构成的法律关系处理。

第二条　承租人将其自有物出卖给出租人，再通过融资租赁合同将租赁物从出租人处租回的，人民法院不应仅以承租人和出卖人系同一人为由认定不构成融资租赁法律关系。

二、合同的履行和租赁物的公示

第三条　承租人拒绝受领租赁物，未及时通知出租人，或者无正当理由拒绝受领租赁物，造成出租人损失，出租人向承租人主张损害赔偿的，人民法院应予支持。

第四条　出租人转让其在融资租赁合同项下的部分或者全部权利，受让方以此为由请求解除或者变更融资租赁合同的，人民法院不予支持。

三、合同的解除

第五条　有下列情形之一，出租人请求解除融资租赁合同的，人民法院应予支持：

（一）承租人未按照合同约定的期限和数额支付租金，符合合同约定的解除条件，经出租人催告后在合理期限内仍不支付的；

（二）合同对于欠付租金解除合同的情形没有明确约定，但承租人欠付租金达到两期以上，或者数额达到全部租金百分之十五以上，经出租人催告后在合理期限内仍不支付的；

（三）承租人违反合同约定，致使合同目的不能实现的其他情形。

第六条　因出租人的原因致使承租人无法占有、使用租赁物，承租人请求解除融资租赁合同的，人民法院应予支持。

第七条　当事人在一审诉讼中仅请求解除融资租赁合同，未对租赁物的归属及损失赔偿提出主张的，人民法院可以向当事人进行释明。

四、违约责任

第八条　租赁物不符合融资租赁合同的约定且出租人实施了下列行为之一，承租人依照民法典第七百四十四条、第七百四十七条的规定，要求出租人承担相应责任的，人民法院应予支持：

（一）出租人在承租人选择出卖人、租赁物时，对租赁物的选定起决定作用的；

（二）出租人干预或者要求承租人按照出租人意愿选择出卖人或者租赁物的；

（三）出租人擅自变更承租人已经选定的出卖人或者租赁物的。

承租人主张其系依赖出租人的技能确定租赁物或者出租人干预选择租赁物的，对上述事实承担举证责任。

第九条 承租人逾期履行支付租金义务或者迟延履行其他付款义务，出租人按照融资租赁合同的约定要求承租人支付逾期利息、相应违约金的，人民法院应予支持。

第十条 出租人既请求承租人支付合同约定的全部未付租金又请求解除融资租赁合同的，人民法院应告知其依照民法典第七百五十二条的规定作出选择。

出租人请求承租人支付合同约定的全部未付租金，人民法院判决后承租人未予履行，出租人再行起诉请求解除融资租赁合同、收回租赁物的，人民法院应予受理。

第十一条 出租人依照本解释第五条的规定请求解除融资租赁合同，同时请求收回租赁物并赔偿损失的，人民法院应予支持。

前款规定的损失赔偿范围为承租人全部未付租金及其他费用与收回租赁物价值的差额。合同约定租赁期间届满后租赁物归出租人所有的，损失赔偿范围还应包括融资租赁合同到期后租赁物的残值。

第十二条 诉讼期间承租人与出租人对租赁物的价值有争议的，人民法院可以按照融资租赁合同的约定确定租赁物价值；融资租赁合同未约定或者约定不明的，可以参照融资租赁合同约定的租赁物折旧以及合同到期后租赁物的残值确定租赁物价值。

承租人或者出租人认为依前款确定的价值严重偏离租赁物实际价值的，可以请求人民法院委托有资质的机构评估或者拍卖确定。

五、其他规定

第十三条 出卖人与买受人因买卖合同发生纠纷，或者出租人与承租人因融资租赁合同发生纠纷，当事人仅对其中一个合同关系提起诉讼，人民法院经审查后认为另一合同关系的当事人与案件处理结果有法律上的利害关系的，可以通知其作为第三人参加诉讼。

承租人与租赁物的实际使用人不一致，融资租赁合同当事人未对租赁物的实际使用人提起诉讼，人民法院经审查后认为租赁物的实际使用人与案件处理结果有法律上的利害关系的，可以通知其作为第三人参加诉讼。

承租人基于买卖合同和融资租赁合同直接向出卖人主张受领租赁物、索赔等买卖合同权利的，人民法院应通知出租人作为第三人参加诉讼。

第十四条 当事人因融资租赁合同租金欠付争议向人民法院请求保护其权利的诉讼时效期间为三年，自租赁期限届满之日起计算。

第十五条 本解释自2014年3月1日起施行。《最高人民法院关于审理融资租赁合同纠纷案件若干问题的规定》（法发〔1996〕19号）同时废止。

本解释施行后尚未终审的融资租赁合同纠纷案件，适用本解释；本解释施行前已经终审，当事人申请再审或者按照审判监督程序决定再审的，不适用本解释。

◎ 请示答复

最高人民法院关于中国东方租赁有限公司诉河南登封少林出租旅游汽车公司等融资租赁合同纠纷一案的复函

- 1990年7月20日
- （90）法经函字第61号

北京市高级人民法院：

你院京高法字〔1990〕第66号请示收悉。经研究，答复如下：

国际融资租赁由国际货物买卖合同和国内租赁合同两部分组成，其标的物主要是各种设备、交通工具。在租赁期间，所有权属于出租方,承租方对租赁物具有使用权,但不得对租赁物进行处分,并按合同规定的期限和币种支付租金。

中国东方租赁有限公司诉河南登封少林出租旅游汽车公司、河南省对外经济贸易委员会融资租赁合同纠纷一案,属于国际融资租赁合同纠纷,有关支付租金的条款,不受《中华人民共和国经济合同法》第十三条第一款的规定的限制,可按租赁合同约定的币种进行支付。

中信实业银行诉海南省海吉电子工业联合公司、海南省经济计划厅的租赁合同纠纷一案,由于租赁物是彩色电视机的关键散件,并允许承租方将散件组装成整机出售,因此不具备国际融资租赁合同的特征,应认定为买卖合同纠纷,有关支付租金条款,适用《中华人民共和国经济合同法》的有关规定。

最高人民法院经济审判庭关于沈参雄诉昆明磷酸盐厂承包合同纠纷案在合资企业昆明云通磷酸盐厂成立以后原承包合同应视为实际上解除问题的复函

- 1992年12月17日
- 法经〔1992〕210号

云南省高级人民法院:

你院云高法〔1992〕59号《关于沈参雄诉昆明磷酸盐厂承包合同纠纷案在合资企业昆明云通磷酸盐厂成立以后原承包合同应视为实际上解除的请示》收悉。经研究,答复如下:

根据《乡镇企业承包经营责任制规定》,"企业实行承包经营责任制,其社会主义劳动群众集体所有制性质不变。企业的全部财产(包括承包后新增的资产)仍属举办该企业的全体劳动群众集体所有"。因此,承包人在承包期间不能以中方企业的财产、以全额投资的方式与外商举办合资企业并取得股东地位。我们同意你院意见,可以确认在合资企业成立以后,沈参雄与昆明磷酸盐厂的承包合同视为实际上已解除。但有关承包过程中的其他权利义务,仍应实事求是,妥善处理,公正保护发包人和承包人双方的合法权益。

最高人民法院经济审判庭关于对一企业租赁经营合同规定由主管部门鉴证后合同生效的条款效力如何认定问题的复函

- 1991年1月11日
- 〔1991〕法经字第1号

山东省高级人民法院:

你院鲁法(经)发〔1990〕70号《关于对一企业租赁经营合同规定由主管部门鉴证后合同生效的条款效力如何认定问题的请示报告》收悉。经研究,答复如下:

本案合同第六条第三项"本合同经双方签字,并经鉴证后生效"的约定,是合同当事人双方真实意思表示,现行法律没有禁止性规定,且,合同鉴证实行的是自愿原则,因此,这一条款不宜认定无效。但就本案而言,在当事人送交鉴证的合同正式文本上,原告方拒绝签字,合同不能视为成立,也不发生法律效力。故,认定合同第六条第三项条款效力如何,似无实际意义。

此复。

附:

山东省高级人民法院关于对一企业租赁经营合同规定由主管部门鉴证后合同生效的条款效力如何认定问题的请示报告

1990年10月20日　鲁法(经)发〔1990〕70号

最高人民法院:

我省济南市中级人民法院在研究一件企业租赁经营合同纠纷案件时,对当事人在合同中约定的由主管部门鉴证后合同生效的条款效力如何认定产生分歧,无法形成统一意见。现将该案情况及争议意见报告请示如下：

原告（承租人），系济南市化工研究所生产办公室副主任薛继辰；被告（出租人），系济南市化工研究所；被租赁企业系济南市化工研究所试验厂。该厂原是化工研究所的一个科研成果实验生产办公室，1987年底经济南市计委和济南市化工局批准改为试验厂。1988年1月8日，由济南市化工研究所申报，经济南市工商行政管理局登记注册，核发了营业执照，性质为集体所有制，注册资金25万元，独立核算，法定代表人隋振祥（化工研究所所长兼任）。1988年3月7日，原、被告签订了企业租赁合同，合同第六条第三项规定："本合同经双方签字，并经鉴证后生效。自1988年2月1日至1991年1月31日止，租赁期为3年"。被告法定代表人隋振祥和原告薛继辰均在合同上签字。当隋振祥持该合同到双方商定的市化工局企业管理处进行鉴证时，该处负责人口头表示同意给予鉴证，但由于合同改的较乱，且只有一份，要将合同打印一式三份双方签字盖章后再鉴证。隋在合同打印过程中，将合同的第三条第三项"技术转让费的使用和交纳按技术转让合同执行"改为"88年技术转让费的使用和交纳按技术转让合同执行。89年以后的技术转让费随同租金一块交付。"对此改动，原告不同意，拒绝在打印的合同上签字盖章。主管部门因双方发生争议，故没有对其合同进行鉴证盖章。

济南市中级人民法院在研究该合同规定的"经鉴证后合同生效"这一条款效力如何认定时，有两种意见：一种意见认为，根据国家工商行政管理局〔1985〕工商137号《关于经济合同鉴证的暂行规定》第三条关于"工商行政管理局是经济合同的鉴证机关"的规定，该合同双方当事人约定由主管部门鉴证，不是法定的鉴证机关，所以合同规定"经鉴证后合同生效"的条款不具有法律约束力，不应影响合同的效力。另一种意见认为，我们国家法律规定对合同鉴证实行的是自愿原则，且该合同属于企业租赁经营合同，1988年7月1日生效的《全民所有制小型工业企业租赁经营暂行条例》也未对此类合同鉴证问题作规定。所以，当事人约定"合同由主管部门鉴证后生效"不违背法律规定。该案当事人没按约定到主管部门进行鉴证，其合同不能认定发生法律效力。多数同志倾向后一种意见。

我院同意济南市中级人民法院多数同志的意见。因为当事人约定"合同经鉴证后生效"的条款是双方真实意思的表示，且又不违背法律规定，应具有法律约束力。因此，该合同未经主管部门鉴证，应认定合同没有发生法律效力。以上意见当否，请批复。

（四）合资、合营、联营合同

◎ **请示答复**

最高人民法院经济审判庭关于刘水清与钟山县钟潮塑料工艺制品厂之间是否构成联营关系的复函

- 1991年8月21日
- 法(经)函〔1991〕101号

广西壮族自治区高级人民法院：

你院法经请字〔1991〕第2号《关于梧州市对外经济贸易公司诉钟山县望高镇政府、刘水清等购销锡砂合同货款纠纷上诉一案的请示报告》收悉。经研究，答复如下：

钟山县望高乡矿产品购销经理部由刘水清个人承包后，与钟山县钟潮塑料厂签定了"联营协议"，约定双方各投资1.6万元，钟潮塑料厂只分享固定利润，不承担任何经济责任，经营活动，应上交的税利，全部由经理部负责。协议虽然规定，有关经营情况经理部应定期向对方通报，但这不应视为钟潮塑料厂参与共同经营。况且，经理部并不具备法人资格，因而也不具有参与联营活动的权利能力和行为能力。所以经理部与钟潮塑料厂所签订的协议，是明为联营，实为借贷，违反了有关金融法规，应按无效借款合同处理。

附：

广西壮族自治区高级人民法院关于梧州市对外经济贸易公司诉钟山县望高镇政府、刘水清等购销锡砂合同货款纠纷上诉一案的请示报告

1991年6月29日　法经请字〔1991〕第2号

最高人民法院：

我院在受理梧州市对外经济贸易公司诉钟山县望高矿产品购销经理部购销锡砂合同货款纠纷上诉一案中，因对刘水清与钟山县钟潮塑料工艺制品厂之间是否构成联营关系有不同意见，特向你院请示，现将案件情况及讨论意见报告如下：

一、案件的基本情况

1989年2月10日，钟山县望高镇政府企业办公室将其开办的望高矿产品购销经理部（不具备法人资格，1990年3月已停业，下称经理部）发包给刘水清个人承包。同年4月5日，刘水清以经理部的名义与钟山县钟潮塑料工艺制品厂（下称钟潮塑料厂）签订联营协议书，约定：双方各投资16000元，刘水清以经理部名义承包经营；应上交的税利，全部由经理部负责，钟潮塑料厂不承担任何经济责任；有关经营情况，经理部应定期向对方通报；经理部包死利润基数为8万元，分配比例各占50%，超基数部分，经理部占60%，钟潮塑料厂占40%；联营期限为1年，期满后经理部将投资款一次退还给钟潮塑料厂。协议签订后，钟潮塑料厂的开办单位钟山县工商银行汇给经理部16000元，作为钟潮塑料厂的投资款。1989年5月至7月间，经理部（供方）与梧州市对外经济贸易公司（需方，下称外经公司）签订了购销锡砂合同。合同签订后，外经公司共付货款2017000元；经理部供货54.3419吨，折款1736886.55元，连同垫付运费400元，经理部多收需方货款279713.45元。事后，外经公司多次向经理部追款未果，便诉至法院。原审法院审理认为刘水清以经理部名义与钟潮塑料厂签订了联营协议，确立了联营关系所欠货款，应由刘水清和钟潮塑料厂的联营单位共同偿还。

二、我院审委会在讨论本案时对刘水清与钟潮塑料厂之间是否构成联营关系，有两种意见：

第一种认为应属联营关系：刘水清以经理部名义与钟潮塑料厂签订的联营协议约定，经理部定期向对方通报经营情况，是双方共同经营的一种表现。钟潮塑料厂收取利润基数8万元的50%，超利润基数部分还占40%，也属共负盈亏。应认定双方确立了联营关系，由双方依照联营协议约定的分成比例，也应对外承担责任（也是原审的意见）。

第二种认为是无效的借款合同：联营协议约定，经营管理由经理部独家负责，经理部定期向对方通报经营情况，是供对方掌握经营情况，便于其实现自己的利益，钟潮塑料厂并不因此就享有经理部的经营决策权。钟潮塑料厂收取利润基数8万元的50%，是固定利润，超过利润基数部分按比例分成也是固定比例，应视为保底条款。不符合共同经营，共担风险，共负盈亏的联营特征，应认定为非法借贷，按无效借款合同处理。

经本院审委员会讨论倾向于第二种意见，即刘水清和钟潮塑料厂不构成联营关系，其双方关系应按最高人民法院《关于审理联营合同纠纷案件若干问题的解答》中第四条第（二）项的规定处理。经理部对外经营时多收外经公司的货款，应由承包人刘水清偿还，发包人钟山县望高镇政府负连带清偿责任。当否请批示。

最高人民法院经济审判庭关于对包头市昆都仑地区工业贸易公司与内蒙古人防生产经营服务公司联合经营固体烧碱合同纠纷上诉案的处理意见的函

- 1991年8月31日
- 〔1991〕法经字第111号

内蒙古自治区高级人民法院：

你院〔1991〕内法经请字第3号请示报告收悉。经研究答复如下：

包头市昆都仑地区工业贸易公司(原包头市昆都仑地区经济技术协作公司,下称"包头公司")为解决与内蒙古地矿局服务公司经销部(下称"地矿经销部")购销烧碱的货款问题,经与内蒙古自治区人防生产经营服务公司(下称"人防公司")商定,由人防公司代其垫付给地矿经销部210,000.00元货款,此后,双方又补签了"购销固体烧碱协议书"。依照该协议规定,双方共同经销的固体烧碱由包头公司负责购进,210,000.00元货款虽为人防公司代垫,但是以包头公司名义支付,利润分成也在共同销售以后。因此,这种仅限于销售阶段上的共同经营关系,如果确因共同销售而发生亏损,在合同未约定债务承担比例的情况下,可按合同约定的盈余分配比例确定双方的责任。但本案共同销售中似未发生经营亏损,合同不能继续履行完全是由于负责进货的包头公司未能如约购进烧碱所致。故,在确认双方共同经销已无法进行以后,由人防公司代包头公司垫付的货款及利息(扣除成交部分货款),应当由包头公司负责退还人防公司。

此复。

附:

内蒙古自治区高级人民法院请示报告

1991年8月1日 〔1991〕内法经请字第3号

最高人民法院:

我院审理的包头市昆都仑地区工业贸易公司与内蒙古人防生产经营服务公司联合经营固体烧碱合同纠纷上诉一案,经本院审判委员会讨论后,对如何适用法律认识不一,意见分歧,特向你院请示。

基本案情:包头市昆都仑地区工业贸易公司(原包头市昆都仑地区经济技术协作公司,简称包头公司)于1988年6月30日与内蒙古地矿局服务公司经销部(简称地矿经销部)签订了一份购销固体烧碱合同,合同规定:地矿经销部供给包头公司90°—93°固体烧碱500吨,单价2,100元,7—9月每月供烧碱100吨,10—11月间供200吨。由于包头公司无资金,包头公司与内蒙古人防生产经营服务公司(简称人防公司)商定共同经营,由人防公司出钱,包头公司负责货源,共同销售,获利四六比例分成,包头公司为四,人防公司为六。7月11日人防公司派副经理持货款210,000元(支票)和包头公司刘凤鸣一同将货款交给地矿经销部,地矿经销部给包头公司开具收据。过后,双方补签了题为"购销固体烧碱"(实为"联合经营烧碱")的书面协议,约定:一、甲方(包头公司)从内蒙古地矿局服务公司经销部购进90°—93°固体烧碱100吨,每吨进价2,100元,共计21万元整。二、乙方(人防公司)在7月11日向地矿局服务公司经销部代甲方交货款21万元。三、经双方共同组织销售,税前分成。利润分成为四六分,甲方为四,乙方为六。四、货销售完后,由乙方结算,账后分成,由乙方转甲方利润部分。合同签订后,地矿经销部于1988年11月、12月供给包头公司烧碱两批。第一批做退货处理,第二批交付8.86吨,由于度数达不到合同规定的质量标准,折合成6.85吨成交。包头公司与人防公司共同将烧碱拉到呼市建化公司,委托呼市建化公司代卖。以后,人防公司由于资金困难,向呼市建化公司借钱,呼市建化公司基于为他们代卖烧碱,根据烧碱大约的价值,借给人防公司18,000元,并要求人防公司出具了一份收到包头公司支票款18,000元的收条(卷中P34),以后烧碱陆续卖出,双方未结算。由于地矿经销部再未供烧碱,也未退款,故人防公司起诉包头公司,要求包头公司退还为其代交的货款192,000元(210,000元中除已付18,000元)并承担经济损失。包头公司要求追加地矿经销部为第三人或者由包头公司、人防公司共同起诉地矿经销部。

一审法院审理认为:人防公司已按协议履行了自己的义务,但包头公司并未按协议履行义务,应承担全部责任。关于包头公司要求追加第三人参与诉讼,包头公司与地矿经销部双方有购销合同关系,与本案是两个独立的法律关系,不能一案审理,应另行起诉,判令包头公司退给人防公司联营购烧碱款192,000元,偿付银行利息

95,706.57元。

我院审理认为这是一起协作型联营(也有的同志认为是一次性合伙型联营)合同内部结算纠纷,事实清楚。程序上,1. 人防公司起诉包头公司的诉讼依法成立,包头公司要求追加地矿经销部为第三人有一定的法律依据。但包头公司与人防公司是联营关系,包头公司与地矿经销部是购销关系,二者虽然互相联系,但确为不同的法律关系,属可以并案审理,非必要的共同诉讼,一审法院未将地矿经销部追加为第三人,不影响本案审理。2. 双方争议的标的一联营投资款192,000元是包头公司享有的债权,诉讼前包头公司曾多次向地矿经销部追索未果,对此,是否应待包头公司起诉地矿经销部,确定联营盈亏后,再处理包头公司与人防公司纠纷,即先处理联营外部债权债务,后根据盈亏情况处理联营内部的分成或补亏。我们认为,包头公司没有起诉地矿经销部,并不影响包头公司与人防公司权利义务的确认,本案不属必须以另一案的审理结果为依据的案件,完全可以根据合同的约定确定双方的权利义务,我们继续审理包头公司与人防公司的联营合同纠纷是有法律依据的。

在实体处理中,包头公司与人防公司均系国营企业,都有经营化工材料的经营范围,联合经营烧碱合同是有效合同。人防公司按照合同的约定履行了自己的义务,而包头公司未能按照合同的约定完全履行自己的义务,造成联营合同未能全部履行,绝大部分联营投资款收不回来,对此包头公司应负主要责任。但对承担经济责任上如何适用法律,合议庭及审判委员会讨论意见分歧较大,主要有以下两种意见:

一种意见认为:既然联营合同为有效合同,在实体处理上应严格按照合同约定的盈亏比例分担全部损失。即合同约定获利四六分成,亏损也应四六分担,所以,包头公司承担联营投资款192,000元及银行利息的40%,人防公司承担联营投资款192,000元及银行利息的60%。理由:1. 联营合同不同于一般的经济合同,不能以违反经济合同的责任原则套用联营合同。联营合同的基本原则是"同享利益、共担风险",联营合同一经签字生效,联营各方就承担了经营风险责任。2. 包头公司在履行联营合同过程中,积极主动,签订联营合同是有购销合同做保证的。无主观故意过错,非与第三者恶意串通,造成未能全部履行联营合同是由于地矿经销部未履行购销合同的供货义务。3. 此案联营合同,未规定违约责任,根据权利义务对等的原则,处理联营内部损失分担应严格依据联营合同的约定获利四六分成,亏损也应四六分担。故认为应按合同约定对联营投资款及损失按四六比例分担,包头公司承担40%,人防公司承担60%。

另一种意见为:联营合同为有效合同,由于包头公司违约,造成经济损失,包头公司应负主要责任。应由包头公司承担联营投资款192,000元,利息损失可按合同约定的盈亏比例分担,包头公司承担40%,人防公司承担60%。理由:1.《民法通则》第一百一十一条规定,当事人一方不履行合同义务或者履行合同义务不符合约定条件的,另一方有权要求履行或者采取补救措施,并有权要求赔偿损失。2. 造成联营过程的经济损失是由于包头公司未履行合同规定的义务,人防公司忠实地履行了合同规定的全部义务,支付货款,但包头公司除购回6.85吨烧碱,可按共同经营进行四六分成外,绝大部分货款根本未购回烧碱。由于包头公司违约,双方没有完全进入共同经营阶段,不存在共同经营的问题。所以对联营投资款应由包头公司负责全部承担。利息损失部分可按合同约定的四六比例分担。

鉴于此案涉及"协作型联营合同由于一方违约造成经济损失应由违约方承担,抑或按合同约定的盈亏比例确定双方责任"。如何处理请指示。

最高人民法院经济审判庭关于联营一方投资不参加经营既约定收回本息又收取固定利润的合同如何定性问题的复函

● 1992年4月6日
● 法经〔1992〕53号

广西壮族自治区高级人民法院:

你院〔1991〕桂法(经)字第21号《关于联营一方投资不参加共同经营既约定收回本息和固

定利润又约定因不可抗力造成损失由双方承担的合同定性问题的请示报告》收悉。经研究，答复如下：

从你院的报告和所提供合同的情况看，双方当事人签订联营合同，约定出资一方不参加经营，除到期收回本息外，还收取固定利润，又约定遇到不可抗拒的特殊情况，双方承担损失，这类合同应为联营合同。联营中的风险由双方共同承担，但出资方承担的责任最多以其投入的资金为限。

◎ 指导案例

枣庄矿业（集团）有限公司柴里煤矿与华夏银行股份有限公司青岛分行、青岛保税区华东国际贸易有限公司联营合同纠纷案[①]

【裁判摘要】

对合同约定不明而当事人有争议的合同条款，可以根据订立合同的目的等多种解释方法，综合探究当事人的缔约真意。但就目的解释而言，并非只按一方当事人期待实现的合同目的进行解释，而应按照与合同无利害关系的理性第三人通常理解的当事人共同的合同目的进行解释，且目的解释不应导致对他人合法权益的侵犯或与法律法规相冲突。

【案情】

申请再审人（一审原告、二审被上诉人、原再审被申请人）：枣庄矿业（集团）有限公司柴里煤矿。

负责人：程昭湘，该矿矿长。

委托代理人：张怀富，该矿法律部主任。

委托代理人：李存洋，北京市亿嘉律师事务所律师。

被申请人（一审被告、二审上诉人、原再审申请人）：华夏银行股份有限公司青岛分行。

负责人：关文杰，该行行长。

委托代理人：郭斌，山东诚功律师事务所律师。

委托代理人：于冠魁，山东诚功律师事务所律师。

一审被告、二审上诉人：青岛保税区华东国际贸易有限公司。

法定代表人：孙燕，该公司董事长。

委托代理人：刘学良，该公司董事长助理。

委托代理人：戴盟，山东泉都律师事务所律师。

申请再审人枣庄矿业（集团）有限公司柴里煤矿（下称柴里煤矿）与被申请人华夏银行股份有限公司青岛分行（下称华夏银行）、青岛保税区华东国际贸易有限公司（下称华东公司）联营合同纠纷一案，不服山东省高级人民法院2008年7月13日作出的（2007）鲁民再字第123号民事判决，向本院申请再审。本院于2009年4月7日作出（2008）民申字第47号民事裁定，提审本案。本院依法组成合议庭进行了审理，现已审理终结。

2005年5月23日，柴里煤矿向山东省滕州市人民法院提起诉讼称：2004年3月16日其与华东公司、华夏银行签订《合作经营印尼木材协议》，约定：柴里煤矿同华东公司合作经营印尼木材；柴里煤矿负责提供资金人民币1000万元，于2004年3月18日前按华东公司的要求将该笔资金汇往华夏银行，由华东公司办理国际贸易信用证开证申请；在办理国际贸易信用证开证申请时须同时有柴里煤矿负责人温忠诚的书面同意意见，华夏银行见到温忠诚的书面同意意见后，按照双方共同申请的条款办理信用证开证事宜；木材销售后的营利由华东公司与柴里煤矿各分成50%；任何一方违约，对方有权终止合同，由违约方承担对方总资金额20%的违约金。合同签订后，柴里煤矿于2004年3月19日向华东公司交付了1000万元汇票，由华东公司存在其一般结算账户上。后华东公司擅自挪用该1000万元，构成根本违约。华夏银行擅自同意华东公司动用该款，也构成违约。故请求判令解除《合作经营印尼木材协议》，华东公司返还柴里煤矿货款1000万元、承担违约金200万元，华夏银行对货

[①] 案例来源：《最高人民法院公报》2010年第6期。

款1000万元承担连带清偿责任。在一审法庭辩论中,柴里煤矿变更诉讼请求,主张华夏银行对700万元资金承担补充赔偿责任。此后,柴里煤矿又将请求华夏银行承担补充赔偿责任的资金范围由700万元变更为1000万元。

华东公司辩称:同意解除《合作经营印尼木材协议》,但对柴里煤矿提出的200万元违约金不能接受。华东公司没有收到柴里煤矿一分钱出资,只收到案外人李洪亮汇入的1000万元,其与李洪亮之间的法律后果与原、被告之间无任何法律关系。

华夏银行辩称:柴里煤矿所诉不实。华夏银行仅对《合作经营印尼木材协议》中承诺的事项承担义务,而该事项由于柴里煤矿自己的原因并未发生。柴里煤矿对华夏银行的诉讼请求,既无事实依据,也无法律依据,应予驳回。

山东省滕州市人民法院一审查明:2004年3月16日,华东公司、柴里煤矿与华夏银行三方签订了一份《合作经营印尼木材协议》,主要约定:柴里煤矿同华东公司合作经营印尼木材;华东公司承担国外进口风险,国内销售风险由柴里煤矿和华东公司共同负担;柴里煤矿负责提供资金人民币1000万元,于2004年3月18日前按华东公司的要求将该笔资金汇往华夏银行,由华东公司办理国际贸易信用证开证申请。在办理国际贸易信用证开证申请时须同时有柴里煤矿负责人温忠诚的书面同意意见,华夏银行见到温忠诚的书面同意意见后,按照华东公司和柴里煤矿共同申请的条款办理信用证开证事宜;木材到港后,华夏银行按相关信用证条款付款,木材销售款统一汇往华东公司和柴里煤矿在华夏银行新设立的共同账户上,由华夏银行负责监管;经营资金交易周期为90天;木材销售后的营利由华东公司与柴里煤矿各分成50%,华东公司于木材销售完成后七日内向柴里煤矿一次性返还1000万元资金及应得的营利分成;柴里煤矿与华东公司任何一方违约,对方有权终止合同,由违约方承担对方总资金额20%的违约金等。

合同签订后,柴里煤矿于2004年3月18日派其工作人员李洪亮给华东公司送去两张银行汇票(付款人李洪亮,收款人华东公司),共计金额1000万元人民币。3月19日,华东公司给柴里煤矿写下收据,注明"今收到柴里煤矿(李洪亮)投资款项,共计1000万元人民币。"同日,华东公司将上述两张汇票承兑1000万元后存入其2004年1月16日在华夏银行开立的一般结算账户上。此后,华东公司于2004年3月22日开始从该一般结算账户支取该笔资金,至2004年9月21日止,该账户中还剩余70.905万元。

2004年9月22日,柴里煤矿致函华夏银行称:"2004年3月16日经贵行、华东公司及柴里煤矿友好协商,顺利签订了《合作经营印尼木材协议》。根据合作协议第八条约定,本次合作经营资金交易周期早已届满。我方原提供的开具信用证款信函中除保留动用资金前必须有我方温忠诚先生的签字条款外,其余条款相应自动失效。除先期付出的300万元资金外,其余700万元资金的使用和支配,拜望严格依合作协议的约定即资金的使用和支配前必须有我方负责人王玉海先生或温忠诚先生的书面同意见方可。"同日,华夏银行当时的客户经理陈刚在该函上签注:"请双方按2004年3月16日签订的联营协议执行。"2005年1月27日,陈刚致函柴里煤矿矿长王玉海称:关于联营协议一事,只要木材一到港,我将及时将到港地及时间告知您。此后,华东公司一直未办理进口木材事项,并继续以支票形式同城提出资金转账给自己。至2005年3月17日,上述一般结算账户中还剩余227.7元,此后再未发生业务。

【审判】

山东省滕州市人民法院一审认为:柴里煤矿与华东公司、华夏银行所订《合作经营印尼木材协议》没有违反我国法律及行政法规的强制性规定,应有效。华东公司给柴里煤矿的收据载明收到投资款1000万元,足以认定柴里煤矿履行了《合作经营印尼木材协议》约定的出资义务。华东公司收取柴里煤矿资金后,没有按合同约定使用该笔资金,不履行进口木材义务,构成根本违约。柴里煤矿主张解除合同、退回出资款、承担违约责任的诉讼请求合法有据,予以支持。《合作经营印尼木材协议》约定,华东公司以柴里煤矿1000万元资金作担保办理国际贸易开证申请时,华夏银行须审查是否有柴里煤矿负责人温忠诚的书面意见。因此,华夏银行在柴里煤矿和华东公司联合经营印尼木材过程中,起到一种监督资金使用的作用。华夏银行不是联营合同的当事人,柴里煤矿的出资不宜直接汇给华夏银行,只能由柴里煤矿或华东公司存入华夏银行。柴里煤矿提供的给华夏银行的声明函及陈刚的书信,表明华夏银行明知柴里煤矿1000万元出资资金到位。在华东公司动用该笔资金时,华夏银行知道而且也应当知道华东公司动用的是柴里煤矿所提供准备开具信用证的担保资金,但却并没有阻止华东公司擅自动用,致使柴里煤矿期求的合作目的受阻。华夏银行不尽监督审查义务,构成了对柴里煤矿的失约,应对柴里煤矿承担补充赔偿责任。该院于2005年11月21日作出(2005)滕民初字第2716号民事判决,判令:(一)解除《合作经营印尼木材协议》;(二)华东公司退还柴里煤矿联营出资款1000万元;(三)华东公司支付给柴里煤矿约定违约金200万元;(四)华夏银行对华东公司退还给柴里煤矿的联营出资款1000万元负退还不能时的赔偿责任。案件受理费70010元,其他诉讼费用69000元,均由华东公司负担。

华东公司与华夏银行均不服一审判决,向山东省枣庄市中级人民法院提起上诉。

华东公司上诉称:(一)原判认定事实错误。在双方合作过程中,由于柴里煤矿违约,使协议无法继续履行,应由其承担赔偿责任。(二)原判适用法律错误。原判确认的合同标的额20%的违约金远远超出损失,属显失公平。

华夏银行上诉称:(一)一审程序存在错误。柴里煤矿在一审庭审中变更其诉讼请求,要求华夏银行承担700万元资金的补充责任,但原判却判令其对1000万元资金承担责任,违反了法律规定。(二)原判认定事实错误。根据《补充协议》,联营协议应认定无效;三方协议中华夏银行承诺的事项没有发生,华夏银行不存在违约行为,原判认定该行明知柴里煤矿1000万元出资资金到位有误。柴里煤矿资金未收回,与其自身存在违法、违规操作有关,应自负其责。故请求依法改判驳回柴里煤矿对华夏银行的诉讼请求。

柴里煤矿答辩称:(一)其虽推迟一天交款,但华东公司无异议且接受,应视为华东公司已予以认可。华东公司给其造成巨大损失,应承担违约责任。(二)代理人在一审中确曾表达过免除华夏银行对300万元赔偿责任的意思,但华夏银行对该陈述予以否认,依据《证据规则》,该陈述不能作为证据使用。《补充协议》没有解除联营协议的效力。华夏银行明知1000万元资金的来源、特定用途和特定用款程序而不进行监管,应承担违约责任。李洪亮代表柴里煤矿付款是职务行为,华夏银行对此是明知的,该行为并不能导致损失的发生。

枣庄市中级人民法院对一审法院查明的事实予以确认。另查明:2004年4月16日,陈刚两次给柴里煤矿张怀富发送关于从印尼进口的木材近期将要发出等手机短信息。

该院二审认为:华东公司、华夏银行与柴里煤矿签订的《合作经营印尼木材协议》,应确认有效。华东公司与柴里煤矿签订的《补充协议》,未经华夏银行同意,没有起到解除《合作经营印尼木材协议》的效力。《合作经营印尼木材协议》是规范、约束本案各方当事人权利义务的唯一生效依据。华东公司收取柴里煤矿资金后,没有按合同约定使用该笔资金,构成了根本违约,应承担违约责任。《合作经营印尼木材协议》约定华夏银行在华东公司办理国际贸易开证申请时须审查是否有柴里煤矿负责人温忠诚的书面同意意见,因此,华夏银行在柴里煤矿和华东公司联合经营木材过程中,负有对柴里煤矿提供的1000万元资金进行监督使用的责任。华夏银行的工作人员陈刚直接参与合同谈判、签订、实际执行,使用手机发送短信息以掩饰资金被动用的事实,还在柴里煤矿提供给华夏银行的声明函上签发意见,这些行为表明华夏银行及其履行职务行为的工作人员明知1000万元资金的来源和特定用款程序并负有向华东公司提示按合同规定使用该款的责任。华夏银行不仅没有向柴里煤矿说明事实真相,反而在华东公司动用该笔资金时,采取了虚构事实及掩盖事实真相的手段,不履行监管义务,应承担责任。该院据此判决驳回上诉,维持原判,二审案件受理费70010元,由华夏银行、华东公司各负担35005元。

华夏银行不服枣庄市中级人民法院二审判决,于2006年9月12日向山东省高级人民法院申请再审。2008年6月11日,山东省高级人民法院作出(2007)鲁民监字第123号民事裁定,对本案进行提审。

山东省高级人民法院对先前查明的事实予以确认。另查明:自2004年3月22日起,华东公司在华夏银行中山路支行的一般结算账户上分别存入230万元、770万元和500万元,共计1500万元。2004年3月22日至2004年11月29日该账户陆续向外支出款项,其中2004年4月21以支票形式支出350万元,2004年4月23日以支票支出300万元,收款人为华东公司,该两笔资金的转账凭证上资金用途栏均注明为"木材开证"。2005年3月17日之后,该账户未发生业务。目前账户金额为227.60元。双方约定的进口木材、申请开立信用证事项均未实际发生。本案原一审庭审时,柴里煤矿当庭陈述华东公司于2004年4月23日动用的1000万元中的300万元经过了该矿负责人温忠诚的授权,请求判令华夏银行对700万元承担补充赔偿责任,但华夏银行否认收到授权。二审中,柴里煤矿否定其在一审中的上述陈述。

山东省高级人民法院再审认为:本案争议的焦点是华夏银行应否承担华东公司退还1000万元联营出资款的补充赔偿责任问题。(一)关于各方当事人的权利义务。根据《合作经营印尼木材协议》约定,华夏银行的义务限于柴里煤矿直接将1000万元汇入华夏银行交华东公司申请办理信用证时,负责审查是否有柴里煤矿的书面同意,然后再行对外开证,并对未来回收的货款进行监管。在实际履行中,柴里煤矿并未按约定将1000万元开证保证金直接汇入华夏银行,而是将银行汇票直接交给了华东公司。华东公司收取该汇票后,将汇票款存入了其在华夏银行开立的一般结算账户上,但未明确告知华夏银行款项的性质。因此,华夏银行无法对该款尽监管义务。本案柴里煤矿1000万元无法收回的原因,一是柴里煤矿未按协议约定将该款汇入华夏银行,未进入开证保证金账户;二是华东公司违反合同约定,擅自动用了该款。综上,华夏银行履行监管义务的条件并未成就。(二)关于华夏银行是否知道该款项的保证金性质。柴里煤矿为证明华夏银行知道该款的性质,提供了相应证据:一是陈刚两次致柴里煤矿的函件、短信;二是柴里煤矿工作人员的陈述;三是注明用途为"木材开证"的款项流转凭证。首先,陈刚两次致柴里煤矿的函件所反映的内容与争议款项并无直接联系,陈刚转发的短信内容虽然涉及了木材一事,但以此证明华夏银行知晓该款是保证金性质,证据不足。其次,柴里煤矿工作人员的陈述表明在将银行汇票交给华东公司时,陈刚在场,并一起到银行存款。但该证据从形式上应视为当事人的陈述,证明力较弱,且陈刚否认,故不能据此认定陈刚参与了存款过程。另外,两笔转出支票上虽标有"木材开证"字样,但因该款存在华东公司的一般结算账户上,并非在保证金账户上,不能据此认定华夏银行明知该款为保证金而不监管。综上,这些证据不足以证明陈刚实际参与了资金的存入和明知该款是开证保证金,也不足以证明华夏银行明知该款项的性质而不尽监管义务。2008年7月13日,山东省高级人民法院经院审判委员会讨论决定,作出(2007)鲁民再字第123号民事判决,判定:(一)撤销山东省枣庄市中级人民法院(2006)枣民四终字第105号民事判决;(二)维持山东省滕州市人民法院(2005)滕民初字第2716号民事判决第一、二、三项;(三)变更山东省滕州市人民法院(2005)滕民初字第2716号民事判决第四项为:驳回柴里煤矿对华夏银行的诉讼请求。

柴里煤矿不服山东省高级人民法院(2007)鲁民再字第123号民事判决,向本院申请再审称:(一)华夏银行对柴里煤矿1000万元资金的使用负有监督义务。按照《合作经营印尼木材协议》约定,由柴里煤矿提供联营资金1000万元,存到华东公司在华夏银行的资金账户上,以备开证时作为担保金使用。该款作为专项资金汇入华夏银行后,华夏银行不得允许华东公司随意动用和支取。因此,华夏银行对该1000万元资金的使用负有不可推卸的监管责任,而并非仅在华东公司申请开证时才负有监管责任,其他时候概不负责。否则,与协议特别约定专款专用的目的不符。(二)华夏银行对本案1000万元资金的使用进行监管的条件已经成就。柴里煤矿提供的1000万元资金已到位,华夏银行无权要求柴里煤矿将1000万元资金直接汇给华夏银行。开证前,该1000万元尚不具有信用证保证金性质,华夏银行以该资金未存入专用账户为由主张无法尽监管义务无事实和法律依据。华夏银行作为专业金融服务机构，如果认为该款项必须存入专用账户，应在签订《合作经营印尼木材协议》时，最迟于该款项存入时向柴里煤矿予以说明和告知，华东公司自然也就无法擅自动用该款。正因为该1000万元尚不属于信用证保证金性质，《合作经营印尼木材协议》才约定华夏银行对该资金的使用负有监管的义务。（三）华夏银行怠于履行其所负的监管义务，具有重大过错。首先，华夏银行明知1000万元资金的出入、使用及特定用途。华夏银行客户经理陈刚始终参与了三方联合经营印尼木材的谈判，十分清楚1000万元资金的特定用途是用于木材开证；陈刚与柴里煤矿的往来信函也说明了其对于该1000万元资金专款专用的特定用途是清楚和明知的。在这种情况下，华夏银行在华东公司挪用该款项时，不遵守承诺，甚至恶意隐瞒该账户内资金被华东公司擅用的情况，至该账户上木材开证专用款荡然无存，给柴里煤矿造成了无法挽回的巨大损失。综上，依据《中华人民共和国民事诉讼法》第一百七十九条第一款第（二）、（六）项之规定，申请再审。

华夏银行答辩称：柴里煤矿的申诉违背基本事实，庭审过程中做了大量的虚假陈述。柴里煤矿在历次庭审过程中力图推定华夏银行的义务，是违背法理的。义务的确定必须依据法律或约定，《合作经营印尼木材协议》中华夏银行义务的约定明确，文义表述清楚，柴里煤矿单方提出的"推定"义务不能成立。本案中，华夏银行对1000万元款项没有监管义务，三方约定的唯一监管义务是对印尼进口木材在国内的销售款（必须存入新设的账户）进行监管。而实际上，印尼木材业务根本没有发生，所以华夏银行不存在履行监管义务的问题。《合作经营印尼木材协议》中约定的事实（业务）没有发生，华夏银行履行义务的前提不存在，监管的客观条件不成就。因此，柴里煤矿主张华夏银行承担法律责任，没有法律依据。

华东公司答辩称：华东公司、柴里煤矿、华夏银行三方于2004年3月16日签订的《合作经营印尼木材协议》不是当事人真实意思表示。在签订该协议的当天，华东公司、柴里煤矿又签订了《补充协议》，确认《合作经营印尼木材协议》没有法律约束力。后来华夏银行也追认该协议无效。基于华东公司与柴里煤矿及枣庄矿业（集团）公司存在合作开发印尼煤矿的客观事实，因此柴里煤矿给付华东公司的1000万元只能是前期投资款，而非合作经营木材用于国际贸易信用证开证的"保证金"。所以华东公司与柴里煤矿都没有按照《合作经营印尼木材协议》的约定，履行办理国际贸易信用证开证的相关手续，华夏银行的监管义务无从谈起。因此，原一、二审及再审判决认定《合作经营印尼木材协议》有效及1000万元为开证保证金是错误的。故请求最高人民法院依法撤销山东省高级人民法院（2007）鲁民再字第123号民事判决以及山东省枣庄市中级人民法院（2006）枣民四终字第105号民事判决、山东省滕州市人民法院（2005）滕民初字第2/16号民事判决，驳回再审被申请人柴里煤矿起诉，一、二审诉讼费由柴里煤矿承担。

本院对原审查明的事实予以确认。

本院再审认为，本案争议的焦点为：华夏银行应否对柴里煤矿1000万元出资损失承担补充赔偿责任。

解决这一争议焦点，关键在于认定华夏银行是否对本案1000万元资金具有监管义务。如果其负有监管义务且能够监管，但却怠于履行义务，则应当承担由此产生的法律后果；如其并无监管义务，则不应承担责任。

银行对储户资金的监管义务主要来源于两方面，一是法律、法规以及规章制度的规定，二是储户与银行的特殊约定。本案诉争的1000万元性质上为开证保证金的备付金，由柴里煤矿交华东公司存于华东公司的一般结算账户上。根据《中华人民共和国商业银行法》第三十条、《中国人民银行银行账户管理办法》第十一条等规定，开户人对一般结算账户内的资金有自主支配权，任何单位包括银行不得任意限制、冻结和扣划，否则即构成对开户人的侵权。因此，华夏银行对涉讼1000万元并无法定的监管职权或义务。《合作经营印尼木材协议》第三条约定："乙方（即柴里煤矿）负责为本次合作提供资金（人民币1000万元），于2004年3月18日前按甲方（即华东公司）的要求将该笔资金汇往丙方（即华夏银行），由甲方办理国际贸易开证申请。但在办理国际贸易开证申请时须同时有柴里煤矿负责人温忠诚的书面同意意见,丙方见到温忠诚的书面同意意见后,按照甲乙申请的条款办理信用证开证事宜"。据此可以认定,当华夏银行为华东公司办理开具信用证的相关事宜时,应审查是否有柴里煤矿负责人温忠诚的书面同意意见。只有经温忠诚书面同意后,华夏银行才能为华东公司办理开证的相关事宜,包括办理以开证为目的的款项支取事宜。如未经温忠诚的书面同意,华夏银行即准许华东公司以开证用途而支出该笔款项,则属于没有履行协议约定的监管义务,应承担违约责任。

上述协议没有明确约定华东公司以申请开证以外的其他用途支取该笔资金时,华夏银行是否具有监管义务,属于合同约定不明。对该约定不明事项,当事人存在争议。柴里煤矿主张其签订三方协议的目的在于保障专款专用和出资安全,按照目的解释,应认定《合作经营印尼木材协议》第三条已使华夏银行对该1000万元资金负有了不可推卸的监管责任和使用审查义务,无论华东公司是否用于开证,华夏银行均应负责监管。本院认为,对合同约定不明而当事人有争议的合同条款,可以根据合同目的等多种解释方法,综合探究当事人的缔约真意。但就目的解释而言,并非只按一方当事人期待实现的合同目的进行解释,而应按照与合同无利害关系的理性第三人通常理解的当事人共同的合同目的进行解释,且目的解释不应导致对他人合法权益的侵犯或与法律法规相冲突。本案中,柴里煤矿确曾对其出资的安全存有隐忧,而且还专门为此与华东公司、华夏银行订立合同条款。但在三方对柴里煤矿出资何时监管、如何监管已有明确约定和安排的情况下,仅根据柴里煤矿一方的效果意思和缔约目的,即推定合同相对人华夏银行和华东公司须另行承担约定义务之外的义务,则难谓符合当事人共同的合同目的。从实践上分析,该1000万元存在华东公司一般结算账户上,与账户上的其他资金相混同,华夏银行事实上也无法将其区分出来单独实施全面监管。如果根据目的解释推定华夏银行负有此项义务,只能导致华夏银行对华东公司一般结算账户内所有混同资金均予限制使用,这无疑会侵犯华东公司对其一般结算账户上所存资金的自主支配权。这是与法律法规相违背的。因此,本院认为,华夏银行对华东公司非以开证用途而从其一般结算账户上支取该笔资金并无监管义务。

2004年9月22日,柴里煤矿致函华夏银行称:对其提供的1000万元,"除先期付出的300万元资金外,其余700万元资金的使用和支配,拜望严格依合作协议的约定即资金的使用和支配前必须有我方负责人王玉海先生或温忠诚先生的书面同意意见方可"。该函对先前三方协议中约定的华夏银行的开证监管义务进行了变更,扩大了华夏银行的资金监管范围,性质上应视为一种新要约。对此,华夏银行当时的客户经理陈刚在该函上签注:"请双方按2004年3月16日签订的联营协议执行。"这实际上表明华夏银行并未同意柴里煤矿提出的变更三方协议的请求。而且,该要约亦未征得华东公司的同意。因此,柴里煤矿的函并不能单方改变三方协议的约定。

综上,本院认为,根据《合作经营印尼木材协议》第三条的约定,华夏银行应对华东公司因申请开证用途而支取该1000万元资金负有监管义务。除此之外,并无其他监管义务。

从华东公司对该1000万元的支出情况看,2004年4月21日、23日分别支出的350万元、300万元,在转账支票上款项用途栏均注明为"木材开证"。虽然华东公司并未将上述款项实际用于木材开证,但当其以申请开证名义而支取该两笔款项时,已经符合了《合作经营印尼木材协议》第三条约定的华夏银行的监管条件,华夏银行负有审查该事项是否经过了温忠诚书面同意之义务。柴里煤矿在庭审中自认,对4月23日支出的300万元"木材开证"款经过了温忠诚的书面同意,但辩称其同意华东公司支出该款是用于申请开证,然而华东公司并未实际申请开证,故对此损失华夏银行仍应承担责任。但根据《合作经营印尼木材协议》,华夏银行只负有对华东公司因申请开证而动用该款的形式审查义务,即当华东公司为开证用途而支取该款时,只要有柴里煤矿负责人温忠诚的书面同意,华夏银行即可放款,至于华东公司支取该款后是否实际用于开证,抑或如何使用,则非华夏银行所能干涉。故柴里煤矿的上述理由不能成立。最高人民法院《关于民事诉讼证据的若干规定》第七十四条规定:"诉讼过程中,当事人在起诉状、答辩状、陈述及其委托代理人的代理词中承认的对己方不利的事实和认可的证据,人民法院应当予以确认,但当事人反悔并有相反证据足以推翻的除外"。因柴里煤矿未能提供相反证据推翻其自认的华东公司支取 300 万元业经其同意的事实,故本院对此项事实予以确认,并据此免除华夏银行对该 300 万元的监管责任。但华夏银行在符合监管条件且能够进行监管的情况下,违反三方协议约定,怠于履行监管义务,致华东公司以"木材开证"名义擅自支取 350 万元,显然已构成违约,应承担相应的违约责任。

综上,本院认为,华夏银行应对华东公司以"木材开证"名义而擅自支取的 350 万元承担监管责任,山东高院原再审判决认定华夏银行不承担责任有误,应予以纠正。本院根据《中华人民共和国民事诉讼法》第一百八十六条第一款、第一百五十三条第一款第(三)项以及《中华人民共和国合同法》第九十四条第(四)项、第一百零七条、第一百一十四条、最高人民法院《关于民事诉讼证据的若干规定》第七十四条的规定,判决如下:

(一)撤销山东省高级人民法院(2007)鲁民再字第 123 号民事判决、山东省枣庄市中级人民法院(2006)枣民四终字第 105 号民事判决;

(二)维持山东省滕州市人民法院(2005)滕民初字第 2716 号民事判决第一、二、三项;

(三)变更山东省滕州市人民法院(2005)滕民初字第 2716 号民事判决第四项为:华夏银行股份有限公司青岛分行对青岛保税区华东国际贸易有限公司应返还给枣庄矿业(集团)有限公司柴里煤矿的 1000 万元联营出资款在 350 万元范围内承担返还不能时的赔偿责任。

上述给付义务应自本判决送达之日起 15 日内履行完毕。逾期给付,给付人应按照《中华人民共和国民事诉讼法》第二百二十九条之规定,加倍支付迟延履行期间的利息。

一审案件受理费 70010 元、其他诉讼费 69000 元按一审判决由华东公司负担;二审案件受理费 70010 元,由华东公司负担 35005 元,华夏银行负担 12252 元,柴里煤矿负担 22753 元。

本判决为终审判决。

(五)买卖、购销合同

◎ 司法解释

最高人民法院关于审理买卖合同纠纷案件适用法律问题的解释

● 2020 年 12 月 29 日
● 法释〔2020〕17 号

为正确审理买卖合同纠纷案件,根据《中华人民共和国民法典》《中华人民共和国民事诉讼法》等法律的规定,结合审判实践,制定本解释。

一、买卖合同的成立

第一条 当事人之间没有书面合同,一方以送货单、收货单、结算单、发票等主张存在买卖合同关系的,人民法院应当结合当事人之间的交易方式、交易习惯以及其他相关证据,对买卖合同是否成立作出认定。

对账确认函、债权确认书等函件、凭证没有记载债权人名称,买卖合同当事人一方以此证明存在买卖合同关系的,人民法院应予支持,但有相反证据足以推翻的除外。

二、标的物交付和所有权转移

第二条 标的物为无需以有形载体交付的电子信息产品,当事人对交付方式约定不明确,且依照民法典第五百一十条的规定仍不能确定的,买受人收到约定的电子信息产品或者权利凭证即为交付。

第三条 根据民法典第六百二十九条的规定,买受人拒绝接收多交部分标的物的,可以代为保管多交部分标的物。买受人主张出卖人负担代为保管期间的合理费用的,人民法院应予支持。

买受人主张出卖人承担代为保管期间非因买受人故意或者重大过失造成的损失的,人民法院应予支持。

第四条 民法典第五百九十九条规定的"提取标的物单证以外的有关单证和资料",主要应当包括保险单、保修单、普通发票、增值税专用发票、产品合格证、质量保证书、质量鉴定书、品质检验证书、产品进出口检疫书、原产地证明书、使用说明书、装箱单等。

第五条 出卖人仅以增值税专用发票及税款抵扣资料证明其已履行交付标的物义务,买受人不认可的,出卖人应当提供其他证据证明交付标的物的事实。

合同约定或者当事人之间习惯以普通发票作为付款凭证,买受人以普通发票证明已经履行付款义务的,人民法院应予支持,但有相反证据足以推翻的除外。

第六条 出卖人就同一普通动产订立多重买卖合同,在买卖合同均有效的情况下,买受人均要求实际履行合同的,应当按照以下情形分别处理:

(一)先行受领交付的买受人请求确认所有权已经转移的,人民法院应予支持;

(二)均未受领交付,先行支付价款的买受人请求出卖人履行交付标的物等合同义务的,人民法院应予支持;

(三)均未受领交付,也未支付价款,依法成立在先合同的买受人请求出卖人履行交付标的物等合同义务的,人民法院应予支持。

第七条 出卖人就同一船舶、航空器、机动车等特殊动产订立多重买卖合同,在买卖合同均有效的情况下,买受人均要求实际履行合同的,应当按照以下情形分别处理:

(一)先行受领交付的买受人请求出卖人履行办理所有权转移登记手续等合同义务的,人民法院应予支持;

(二)均未受领交付,先行办理所有权转移登记手续的买受人请求出卖人履行交付标的物等合同义务的,人民法院应予支持;

(三)均未受领交付,也未办理所有权转移登记手续,依法成立在先合同的买受人请求出卖人履行交付标的物和办理所有权转移登记手续等合同义务的,人民法院应予支持;

(四)出卖人将标的物交付给买受人之一,又为其他买受人办理所有权转移登记,已受领交付的买受人请求将标的物所有权登记在自己名下的,人民法院应予支持。

三、标的物风险负担

第八条 民法典第六百零三条第二款第一项规定的"标的物需要运输的",是指标的物由出卖人负责办理托运,承运人系独立于买卖合同当事人之外的运输业者的情形。标的物毁损、灭失的风险负担,按照民法典第六百零七条第二款的规定处理。

第九条 出卖人根据合同约定将标的物运送至买受人指定地点并交付给承运人后,标的物毁损、灭失的风险由买受人负担,但当事人另有约定的除外。

第十条 出卖人出卖交由承运人运输的在途标的物,在合同成立时知道或者应当知道标的物已经毁损、灭失却未告知买受人,买受人主张出卖人负担标的物毁损、灭失的风险的,人民法院应予支持。

第十一条 当事人对风险负担没有约定,标的物为种类物,出卖人未以装运单据、加盖标记、通知买受人等可识别的方式清楚地将标的物特定于买卖合同,买受人主张不负担标的物毁损、灭失的风险的,人民法院应予支持。

四、标的物检验

第十二条 人民法院具体认定民法典第六百二十一条第二款规定的"合理期限"时,应当综合当事人之间的交易性质、交易目的、交易方式、交易习惯、标的物的种类、数量、性质、安装和使用情况、瑕疵的性质、买受人应尽的合理注意义务、检验方法和难易程度、买受人或者检验人所处的具体环境、自身技能以及其他合理因素,依据诚实信用原则进行判断。

民法典第六百二十一条第二款规定的"二年"是最长的合理期限。该期限为不变期间,不适用诉讼时效中止、中断或者延长的规定。

第十三条 买受人在合理期限内提出异议,出卖人以买受人已经支付价款、确认欠款数额、使用标的物等为由,主张买受人放弃异议的,人民法院不予支持,但当事人另有约定的除外。

第十四条 民法典第六百二十一条规定的检验期限、合理期限、二年期限经过后,买受人主张标的物的数量或者质量不符合约定的,人民法院不予支持。

出卖人自愿承担违约责任后,又以上述期限经过为由翻悔的,人民法院不予支持。

五、违约责任

第十五条 买受人依约保留部分价款作为质量保证金,出卖人在质量保证期未及时解决质量问题而影响标的物的价值或者使用效果,出卖人主张支付该部分价款的,人民法院不予支持。

第十六条 买受人在检验期限、质量保证期、合理期限内提出质量异议,出卖人未按要求予以修理或者因情况紧急,买受人自行或者通过第三人修理标的物后,主张出卖人负担因此发生的合理费用的,人民法院应予支持。

第十七条 标的物质量不符合约定,买受人依照民法典第五百八十二条的规定要求减少价款的,人民法院应予支持。当事人主张以符合约定的标的物和实际交付的标的物按交付时的市场价值计算差价的,人民法院应予支持。

价款已经支付,买受人主张返还减价后多出部分价款的,人民法院应予支持。

第十八条 买卖合同对付款期限作出的变更,不影响当事人关于逾期付款违约金的约定,但该违约金的起算点应当随之变更。

买卖合同约定逾期付款违约金,买受人以出卖人接受价款时未主张逾期付款违约金为由拒绝支付该违约金的,人民法院不予支持。

买卖合同约定逾期付款违约金,但对账单、还款协议等未涉及逾期付款责任,出卖人根据对账单、还款协议等主张欠款时请求买受人依约支付逾期付款违约金的,人民法院应予支持,但对账单、还款协议等明确载有本金及逾期付款利息数额或者已经变更买卖合同中关于本金、利息等约定内容的除外。

买卖合同没有约定逾期付款违约金或者该违约金的计算方法,出卖人以买受人违约为由主张赔偿逾期付款损失,违约行为发生在2019年8月19日之前的,人民法院可以中国人民银行同期同类人民币贷款基准利率为基础,参照逾期罚息利率标准计算;违约行为发生在2019年8月20日之后的,人民法院可以

违约行为发生时中国人民银行授权全国银行间同业拆借中心公布的一年期贷款市场报价利率(LPR)标准为基础,加计30—50%计算逾期付款损失。

第十九条 出卖人没有履行或者不当履行从给付义务,致使买受人不能实现合同目的,买受人主张解除合同的,人民法院应当根据民法典第五百六十三条第一款第四项的规定,予以支持。

第二十条 买卖合同因违约而解除后,守约方主张继续适用违约金条款的,人民法院应予支持;但约定的违约金过分高于造成的损失的,人民法院可以参照民法典第五百八十五条第二款的规定处理。

第二十一条 买卖合同当事人一方以对方违约为由主张支付违约金,对方以合同不成立、合同未生效、合同无效或者不构成违约等为由进行免责抗辩而未主张调整过高的违约金的,人民法院应当就法院若不支持免责抗辩,当事人是否需要主张调整违约金进行释明。

一审法院认为免责抗辩成立且未予释明,二审法院认为应当判决支付违约金的,可以直接释明并改判。

第二十二条 买卖合同当事人一方违约造成对方损失,对方主张赔偿可得利益损失的,人民法院在确定违约责任范围时,应当根据当事人的主张,依据民法典第五百八十四条、第五百九十一条、第五百九十二条、本解释第二十二条等规定进行认定。

第二十三条 买卖合同当事人一方因对方违约而获有利益,违约方主张从损失赔偿额中扣除该部分利益的,人民法院应予支持。

第二十四条 买受人在缔约时知道或者应当知道标的物质量存在瑕疵,主张出卖人承担瑕疵担保责任的,人民法院不予支持,但买受人在缔约时不知道该瑕疵会导致标的物的基本效用显著降低的除外。

六、所有权保留

第二十五条 买卖合同当事人主张民法典第六百四十一条关于标的物所有权保留的规定适用于不动产的,人民法院不予支持。

第二十六条　买受人已经支付标的物总价款的百分之七十五以上，出卖人主张取回标的物的，人民法院不予支持。

在民法典第六百四十二条第一款第三项情形下，第三人依据民法典第三百一十一条的规定已经善意取得标的物所有权或者其他物权，出卖人主张取回标的物的，人民法院不予支持。

七、特种买卖

第二十七条　民法典第六百三十四条第一款规定的"分期付款"，系指买受人将应付的总价款在一定期限内至少分三次向出卖人支付。

分期付款买卖合同的约定违反民法典第六百三十四条第一款的规定，损害买受人利益，买受人主张该约定无效的，人民法院应予支持。

第二十八条　分期付款买卖合同约定出卖人在解除合同时可以扣留已受领价金，出卖人扣留的金额超过标的物使用费以及标的物受损赔偿额，买受人请求返还超过部分的，人民法院应予支持。

当事人对标的物的使用费没有约定的，人民法院可以参照当地同类标的物的租金标准确定。

第二十九条　合同约定的样品质量与文字说明不一致且发生纠纷时当事人不能达成合意，样品封存后外观和内在品质没有发生变化的，人民法院应当以样品为准；外观和内在品质发生变化，或者当事人对是否发生变化有争议而又无法查明的，人民法院应当以文字说明为准。

第三十条　买卖合同存在下列约定内容之一的，不属于试用买卖。买受人主张属于试用买卖的，人民法院不予支持：

（一）约定标的物经过试用或者检验符合一定要求时，买受人应当购买标的物；

（二）约定第三人经试验对标的物认可时，买受人应当购买标的物；

（三）约定买受人在一定期限内可以调换标的物；

（四）约定买受人在一定期限内可以退还标的物。

八、其他问题

第三十一条　出卖人履行交付义务后诉请买受人支付价款，买受人以出卖人违约在先为由提出异议的，人民法院应当按照下列情况分别处理：

（一）买受人拒绝支付违约金、拒绝赔偿损失或者主张出卖人应当采取减少价款等补救措施的，属于提出抗辩；

（二）买受人主张出卖人应支付违约金、赔偿损失或者要求解除合同的，应当提起反诉。

第三十二条　法律或者行政法规对债权转让、股权转让等权利转让合同有规定的，依照其规定；没有规定的，人民法院可以根据民法典第四百六十七条和第六百四十六条的规定，参照适用买卖合同的有关规定。

权利转让或者其他有偿合同参照适用买卖合同的有关规定的，人民法院应当首先引用民法典第六百四十六条的规定，再引用买卖合同的有关规定。

第三十三条　本解释施行前本院发布的有关购销合同、销售合同等有偿转移标的物所有权的合同的规定，与本解释抵触的，自本解释施行之日起不再适用。

本解释施行后尚未终审的买卖合同纠纷案件，适用本解释；本解释施行前已经终审，当事人申请再审或者按照审判监督程序决定再审的，不适用本解释。

最高人民法院关于审理商品房买卖合同纠纷案件适用法律若干问题的解释

● 2020年12月29日
● 法释〔2020〕17号

为正确、及时审理商品房买卖合同纠纷案件，根据《中华人民共和国民法典》《中华人民共和国城市房地产管理法》等相关法律，结合民事审判实践，制定本解释。

第一条　本解释所称的商品房买卖合同，是指房地产开发企业（以下统称为出卖人）将尚未建成或者已竣工的房屋向社会销售并转移房屋所有权于买受人,买受人支付价款的合同。

第二条　出卖人未取得商品房预售许可证明,与买受人订立的商品房预售合同,应当认定无效,但是在起诉前取得商品房预售许可证明的,可以认定有效。

第三条　商品房的销售广告和宣传资料为要约邀请,但是出卖人就商品房开发规划范围内的房屋及相关设施所作的说明和允诺具体确定,并对商品房买卖合同的订立以及房屋价格的确定有重大影响的,构成要约。该说明和允诺即使未载入商品房买卖合同,亦应当为合同内容,当事人违反的,应当承担违约责任。

第四条　出卖人通过认购、订购、预订等方式向买受人收受定金作为订立商品房买卖合同担保的,如果因当事人一方原因未能订立商品房买卖合同,应当按照法律关于定金的规定处理;因不可归责于当事人双方的事由,导致商品房买卖合同未能订立的,出卖人应当将定金返还买受人。

第五条　商品房的认购、订购、预订等协议具备《商品房销售管理办法》第十六条规定的商品房买卖合同的主要内容,并且出卖人已经按照约定收受购房款的,该协议应当认定为商品房买卖合同。

第六条　当事人以商品房预售合同未按照法律、行政法规规定办理登记备案手续为由,请求确认合同无效的,不予支持。

当事人约定以办理登记备案手续为商品房预售合同生效条件的,从其约定,但当事人一方已经履行主要义务,对方接受的除外。

第七条　买受人以出卖人与第三人恶意串通,另行订立商品房买卖合同并将房屋交付使用,导致其无法取得房屋为由,请求确认出卖人与第三人订立的商品房买卖合同无效的,应予支持。

第八条　对房屋的转移占有,视为房屋的交付使用,但当事人另有约定的除外。

房屋毁损、灭失的风险,在交付使用前由出卖人承担,交付使用后由买受人承担;买受人接到出卖人的书面交房通知,无正当理由拒绝接收的,房屋毁损、灭失的风险自书面交房通知确定的交付使用之日起由买受人承担,但法律另有规定或者当事人另有约定的除外。

第九条　因房屋主体结构质量不合格不能交付使用,或者房屋交付使用后,房屋主体结构质量经核验确属不合格,买受人请求解除合同和赔偿损失的,应予支持。

第十条　因房屋质量问题严重影响正常居住使用,买受人请求解除合同和赔偿损失的,应予支持。

交付使用的房屋存在质量问题,在保修期内,出卖人应当承担修复责任;出卖人拒绝修复或者在合理期限内拖延修复的,买受人可以自行或者委托他人修复。修复费用及修复期间造成的其他损失由出卖人承担。

第十一条　根据民法典第五百六十三条的规定,出卖人迟延交付房屋或者买受人迟延支付购房款,经催告后在三个月的合理期限内仍未履行,解除权人请求解除合同的,应予支持,但当事人另有约定的除外。

法律没有规定或者当事人没有约定,经对方当事人催告后,解除权行使的合理期限为三个月。对方当事人没有催告的,解除权人自知道或者应当知道解除事由之日起一年内行使。逾期不行使的,解除权消灭。

第十二条　当事人以约定的违约金过高为由请求减少的,应当以违约金超过造成的损失30%为标准适当减少;当事人以约定的违约金低于造成的损失为由请求增加的,应当以违约造成的损失确定违约金数额。

第十三条　商品房买卖合同没有约定违约金数额或者损失赔偿额计算方法,违约金数额或者损失赔偿额可以参照以下标准确定:

逾期付款的,按照未付购房款总额,参照中国人民银行规定的金融机构计收逾期贷款利息的标准计算。

逾期交付使用房屋的,按照逾期交付使用房屋期间有关主管部门公布或者有资格的房地产评估机构评定的同地段同类房屋租金标准确定。

第十四条　由于出卖人的原因,买受人在下列期限届满未能取得不动产权属证书的,除当事人有特殊约定外,出卖人应当承担违约责任:

（一）商品房买卖合同约定的办理不动产登记的期限；

（二）商品房买卖合同的标的物为尚未建成房屋的，自房屋交付使用之日起90日；

（三）商品房买卖合同的标的物为已竣工房屋的，自合同订立之日起90日。

合同没有约定违约金或者损失数额难以确定的，可以按照已付购房款总额，参照中国人民银行规定的金融机构计收逾期贷款利息的标准计算。

第十五条 商品房买卖合同约定或者城市房地产开发经营管理条例第三十二条规定的办理不动产登记的期限届满后超过一年，由于出卖人的原因，导致买受人无法办理不动产登记，买受人请求解除合同和赔偿损失的，应予支持。

第十六条 出卖人与包销人订立商品房包销合同，约定出卖人将其开发建设的房屋交由包销人以出卖人的名义销售的，包销期满未销售的房屋，由包销人按照合同约定的包销价格购买，但当事人另有约定的除外。

第十七条 出卖人自行销售已经约定由包销人包销的房屋，包销人请求出卖人赔偿损失的，应予支持，但当事人另有约定的除外。

第十八条 对于买受人因商品房买卖合同与出卖人发生的纠纷，人民法院应当通知包销人参加诉讼；出卖人、包销人和买受人对各自的权利义务有明确约定的，按照约定的内容确定各方的诉讼地位。

第十九条 商品房买卖合同约定，买受人以担保贷款方式付款，因当事人一方原因未能订立商品房担保贷款合同并导致商品房买卖合同不能继续履行的，对方当事人可以请求解除合同和赔偿损失。因不可归责于当事人双方的事由未能订立商品房担保贷款合同并导致商品房买卖合同不能继续履行的，当事人可以请求解除合同，出卖人应当将收受的购房款本金及其利息或者定金返还买受人。

第二十条 因商品房买卖合同被确认无效或者被撤销、解除，致使商品房担保贷款合同的目的无法实现，当事人请求解除商品房担保贷款合同的，应予支持。

第二十一条 以担保贷款为付款方式的商品房买卖合同的当事人一方请求确认商品房买卖合同无效或者撤销、解除合同的，如果担保权人作为有独立请求权第三人提出诉讼请求，应当与商品房担保贷款合同纠纷合并审理；未提出诉讼请求的，仅处理商品房买卖合同纠纷。担保权人就商品房担保贷款合同纠纷另行起诉的，可以与商品房买卖合同纠纷合并审理。

商品房买卖合同被确认无效或者被撤销、解除后，商品房担保贷款合同也被解除的，出卖人应当将收受的购房贷款和购房款的本金及利息分别返还担保权人和买受人。

第二十二条 买受人未按照商品房担保贷款合同的约定偿还贷款，亦未与担保权人办理不动产抵押登记手续，担保权人起诉买受人，请求处分商品房买卖合同项下买受人合同权利的，应当通知出卖人参加诉讼；担保权人同时起诉出卖人时，如果出卖人为商品房担保贷款合同提供保证的，应当列为共同被告。

第二十三条 买受人未按照商品房担保贷款合同的约定偿还贷款，但是已经取得不动产权属证书并与担保权人办理了不动产抵押登记手续，抵押权人请求买受人偿还贷款或者就抵押的房屋优先受偿的，不应当追加出卖人为当事人，但出卖人提供保证的除外。

第二十四条 本解释自2003年6月1日起施行。

城市房地产管理法施行后订立的商品房买卖合同发生的纠纷案件，本解释公布施行后尚在一审、二审阶段的，适用本解释。

城市房地产管理法施行后订立的商品房买卖合同发生的纠纷案件，在本解释公布施行前已经终审，当事人申请再审或者按照审判监督程序决定再审的，不适用本解释。

城市房地产管理法施行前发生的商品房买卖行为，适用当时的法律、法规和《最高人民法院〈关于审理房地产管理法施行前房地产开发经营案件若干问题的解答〉》。

◎ 请示答复

最高人民法院经济审判庭关于企业设置的办事机构对外所签订的购销合同是否一律认定为无效合同问题的电话答复

• 1988年11月8日

福建省高级人民法院：

你院〔1988〕闽法经字第29号"关于企业设置的办事机构对外所签订的购销合同是否一律认定为无效合同的请示"收悉。经研究答复如下：

三明市对外贸易公司福州办事处（以下简称办事处）是三明市对外贸易公司的办事机构，没有申报营业执照，对外无权从事经营活动。办事处擅自以自己的名义与宁德地区生产资料贸易公司签订的购销合同，应认定无效。虽然三明市对外贸易公司对办事处在履行合同中有时以公司的名义进行信、电往来的行为，未提出异议，但因该合同是办事处对外签订的，因此，不应视为三明市对外贸易公司事后追认了办事处的代理权。参照民法通则第四十三条规定，三明市对外贸易公司办事处的经营活动，应当承担民事责任。

此复。

附：

福建省高级人民法院关于企业设置的办事机构对外所签订的购销合同是否一律认定为无效合同的请示

1988年9月1日　〔1988〕闽法经字第29号

最高人民法院：

我院受理原宁德地区生产资料贸易公司（已停业，现由其主管单位福建省赛岐农贸采购供应站为上诉方）与福建省对外贸易总公司三明地区分公司福州办事处（后改为三明市对外贸易公司福州办事处，现由具备法人资格的三明市对外贸易公司为被上诉方）因购销进口计算器合同货款纠纷上诉一案，现就三明市对外贸易公司福州办事处对外所签订的购销合同的性质认定问题请示如下：

1985年3月14日，福建省对外贸易总公司三明地区分公司福州办事处作为供方与宁德地区生产资料贸易公司在福州签订了一份购销5万只838型（日本东芝机芯）计算器合同。三明市对外贸易公司福州办事处是该公司设在福州的办事机构，没有申报营业执照，仅在银行开设有存款户头。但在履行合同中，双方电、信来往有时都以三明市对外贸易公司为合同一方，发生货款纠纷后双方均以三明市对外贸易公司为本案的诉讼主体。

对该合同的效力问题，第一种意见认为："福州办事处"签订的该购销合同应视为有效的法律行为，因为作为主管单位（三明市对外贸易公司）明知"办事处"签订了上述合同，且在以后的履约过程中，均以该公司的名义进行函电往来，未提出异议，应视为事后追认"办事处"的代理权，故该公司理应承担由此而产生的权利、义务。第二种意见认为：代理人应以被代理人的名义进行民事行为，既然不是以主管单位名义而是以"办事处"名义进行民事活动，即应认定其为主体不合格，所签订的合同为无效合同。

我们认为企业法人设置的办事机构对外所签订的经济合同，只要没有超越企业的经营范围，没有其他违法行为，且经企业法人认可的，一般即应认定为有效合同，不应单纯以主体不合格而确认合同无效。因此，我们倾向于第一种意见。

当否，请批复。

最高人民法院关于对江西省高级法院〔1990〕申经监字第5号的请示的答复

• 1991年2月8日
• 法（经）函〔1991〕20号

江西省高级人民法院：

你院〔1990〕申经监字第5号请示报告收悉。

经研究，答复如下：

一、根据1987年5月国家工商行政管理局企业登记司发布的《企业经营范围核定规范》的规定，化工轻工材料类中包括橡胶制品，橡胶制品类包括乳胶制品。避孕套用天然橡胶制成，属乳胶制品，国家计委将该产品划归化学工业部管理，属化工材料类产品。

二、供方（申诉人）金坪华侨企业公司的经营范围包括"化工"，可以经营避孕套，且江西省工商行政管理局外资处明知裕华服务企业公司是从金坪公司购进避孕套，而批准其一次性经营，亦可视为同时同意金坪公司经营避孕套，鉴于需方（被申诉人）裕华服务企业有限公司被工商部门批准一次性经营避孕套；应视为其与金坪公司所签购销避孕套合同有效。

三、你院再审此案时，应当依据法律与事实，确认双方的违约责任，妥善处理。

此复。

最高人民法院关于山西冶炼有限公司与杭州市外贸公司煤炭购销合同纠纷处理意见的复函

- 1991年4月11日
- 法（经）函〔1991〕41号

山西省高级人民法院：

公安部五局转来浙江省公安厅浙公刑〔1990〕17号《关于协调追缴杭州市对外贸易进出口公司被山西冶炼有限公司高德岩等诈骗赃款102万元情况的报告》及你院《关于长治市中级法院扣划山西冶炼有限公司63万元情况报告》均已收悉。经研究，答复如下：

一、山西冶炼有限公司经理高德岩在该公司尚未经工商行政管理部门注册登记，不具备法人资格，且没有可靠资源和经营能力的情况下，与杭州市对外贸易进出口公司签订数量达15万吨，标的额达三千多万元的煤炭购销合同。显属欺诈行为。但是，杭州外贸公司预付的150万元定金，既未被高德岩所挥霍，也未被山西冶炼有限公司挪作他用，况且杭州外贸公司先以经济纠纷向山西省长治市中级人民法院起诉，因此本案可作为经济纠纷案件继续由人民法院审理。

二、长治市中级人民法院于1989年10月中旬冻结的山西冶炼有限公司账户上的63万元资金，是该公司以欺诈手段骗取杭州外贸公司的预付定金。在山西冶炼有限公司不能履行合同时，应将定金退还杭州外贸公司。在明知该笔资金是山西冶炼有限公司骗取杭州外贸公司的预付定金的情况下，用该款偿还长治市供销社等单位的债务或者与杭州外贸公司按比例清偿，都是不妥当的。

最高人民法院关于武汉市煤气公司诉重庆检测仪表厂煤气表装配线技术转让合同购销煤气表散件合同纠纷一案适用法律问题的函

- 1992年3月6日
- 法函〔1992〕27号

湖北省高级人民法院：

你院鄂法〔1992〕经呈字第6号关于武汉市煤气公司诉重庆检测仪表厂煤气表装配线技术转让合同、购销煤气表散件合同纠纷一案适用法律问题的请示报告收悉。经研究，同意你院的处理意见。

本案由两个独立的合同组成。鉴于武汉市煤气公司与重庆检测仪表厂签订的技术转让合同已基本履行，煤气表生产线已投入生产并产生了经济效益，一审法院判决解除该合同并由仪表厂拆除煤气表装配生产线，是不利于社会生产力发展的。就本案购销煤气表散件合同而言，在合同履行过程中，由于发生了当事人无法预见和防止的情事变更，即生产煤气表散件的主要原材料铝锭的价格，由签订合同时国家定价为每吨4400元至4600元，上调到每吨16000元，铝外壳的售价也相应由每套23.085元上调到41元，如要求重庆检测仪表厂仍按原合同约定的价格供给煤气表散件，显失公平。对于双方由此而产生的纠纷，你院可依照《中华人民共和国经济合同法》第二十七条第一款第四项之规定，根据本案实际情况，酌情予以公平合理地解决。

最高人民法院关于购销不合格稻种合同纠纷请示问题的答复

- 1992年3月14日
- 法函〔1992〕30号

湖北省高级人民法院：

你院鄂法〔1991〕告申呈字第29号"关于湖南省建新农场因销售不合格稻种，引起赔偿纠纷，对判决不服，提出申诉一案的复查处理意见的请示报告"收悉。经研究，答复如下：

一、湖南省建新农场在无生产种子许可证和营业执照的情况下，不经合法手续鉴定种子质量即对外销售，违反了《中华人民共和国种子管理条例》和国家工商管理法规，属违法经营。建新农场与湖南省桃源县三阳农技站（以下简称农技站）以及农技站与湖北省公安县种子公司毛家港镇供种站（以下简称供种站）签订的两份购销纯度为90.93%的"汕优63"杂交稻种11590斤的合同，均应确认无效。

二、1989年9月25日至27日，建新农场会同公安县农学会、供种站、湖南省杂交水稻研究中心、岳阳市种子公司等单位的研究员、高级农艺师对毛家港中心村四组四户94.89亩受损水稻进行田间鉴定，得出种了纯度为56.6%的结论，不能因为毛家港镇政府未参加而予以否定，可作为本案赔偿损失的基本依据。按此纯度计算每亩的损失时，应征求农业专家和有经验农户的意见，使之尽量接近实际。

三、可认定购种农户种植中稻2145.2亩，晚稻1502.6亩。建新农场违法出售质量不合格种子，应对中稻损失承担主要责任，供种站、农技站不向种户讲明保证产量的三条措施，各应承担相应责任。当中稻出现受损情况后，供种站不及时制止晚稻播种，应对晚稻损失承担全部赔偿责任。

四、应当对建新农场、供种站、农技站的违法所得作没收处理。

此复。

最高人民法院对陕西省高级人民法院关于购销三条乳胶生产线合同纠纷案请示的答复

- 1992年3月16日
- 法函〔1992〕31号

陕西省高级人民法院：

你院关于西安市工业设备调剂租赁服务公司诉机械电子工业部第七设计研究院购销合同纠纷一案的请示报告收悉。经研究，答复如下：

一、根据国家工商管理局企字（1990）39号和（1990）134号函的精神，第七设计研究院是经批准的事业法人单位，不是建筑企业，1988年7月1日《企业法人登记管理条例》实施以前，该院开展上级指定的业务，不需要办理工商企业登记。因此，1988年6月15日、6月20日，第七设计研究院与租赁公司所签定的两份购销合同不宜认定为无效合同。

二、乳胶生产线的质量应以化工部鉴定报告为准。原则同意你院审委会第二种意见。但鉴于需方损失较大，设备调试后没有及时组织验收，且该三条生产线是在合同规定期限内提出质量问题，合同的质量条款不够科学，第七设计研究院也有一定责任。你院可在分清责任的前提下尽量争取调解解决问题。

此复。

最高人民法院经济审判庭关于购销羊绒合同中出现两个质量标准如何认定问题的复函

- 1992年5月14日

宁夏回族自治区高级人民法院：

你院宁高法〔1992〕16号《关于〈购销羊绒合同中出现两个质量标准应如何认定〉的请示》收悉。经研究，答复如下：

甘肃省农工商联合企业公司（以下简称企业

公司)与宁夏海原县土畜产品议购议销公司(以下简称议购议销公司)签订的购销合同规定,议购议销公司供给企业公司白山羊原绒20吨,紫山羊绒10吨,质量标准为91路90分。在合同的"其他"一栏中又规定,需方要求过轮后白绒达到58分头,紫绒达到54分头,除去土沙等杂质后每市斤实收8两绒,实际按1斤计算,不做深加工,不抽尖毛,超出分头收入各分一半。你院报告称,过轮后的过轮绒质量完全取决于过轮加工的设备条件和加工精细的程度,过轮加工又是需方的行为。按合同规定,议购议销公司供给企业公司的是山羊原绒。因此,只要供方交付的山羊原绒达到91路90分,即应视为符合合同规定的质量标准。

此复。

最高人民法院经济审判庭关于榆林市可可盖供销社与怀来县物资局购销羊绒合同纠纷一案的复函

- 1992年5月14日
- 法经〔1992〕80号

国家工商行政管理局经济合同司:

你司1991年12月25日同便字第13号函收悉。经研究认为,榆林市人民法院受理此案是正确的,怀来县工商局以"无效经济合同"决定没收供方所售羊绒16933斤交国家有关部门处理,所得款全部上缴国库,是不当的。理由如下:

一、1989年3月10日,榆林市可可盖供销社向榆林市人民法院起诉,经审查,于同年14日立案,次日通知原告。同月27日,榆林市人民法院派人到河北省怀来县向被告怀来县物资局送达起诉状副本及有关法律文书,该局副局长王纯在送达回证上签了字。当时,怀来县物资局并没有向榆林市人民法院说明怀来县工商行政管理局已决定对其与可可盖供销社销售羊绒合同作无效合同处理。直至4月6日,怀来县工商局电告原告"你社销往怀来物资局羊绒已查封决定查处,请速来人特此通知"。怀来县工商行政管理局《无效合同处理决定书》中说:"根据群众和物资局的举报,供方销售的纯属伪劣商品,我局于1989年3月8日立案审理。"羊绒放在仓库中,一般群众怎么会知道是伪劣商品呢?物资局作为需方如果明知是伪劣商品为何将货物取下且在5个月之久的时间内从未向供方提出质量异议呢?况且,怀来县工商行政管理局没有向供方调查,没有对羊绒质量作出鉴定以前,依据什么以无效合同立案呢?综上所述,我们认为榆林市人民法院以经济纠纷立案审理是正确的。

二、榆林市可可盖供销社与怀来县物资局开发公司签订合同后,于1988年9月27日将羊绒送到需方。需方收货后又付了3万元货款并写下了欠款条。张家口地区及河北省工商行政管理局在报告中称,送货后供需双方法定代表人对货物存放问题达成协议,打欠条是为了应付需方。但从一审、二审直至多次复查中,需方并没有提供出这一所谓协议的原件。至于打欠条是为了应付需方,更是令人难以置信。尤其是需方在收货后的5个月的时间里,从来没有提出质量问题,货物所有权早已转移,怀来县工商行政管理局即使没收,也只能没收怀来县物资局的羊绒,怎么会作出没收榆林市可可盖供销社羊绒的决定呢?

综上所述,我们认为榆林市人民法院受理此案是符合民事诉讼法规定的。怀来县物资局的处理决定不当。希望你们通过监督程序予以纠正。

最高人民法院关于张家口地区供销合作社贸易中心诉中国药材公司郑州贸易交流中心药材购销合同一案复查问题的函

- 1992年6月4日
- 法函〔1992〕81号

河北省高级人民法院:

你院报送的张家口市中级人民法院《关于张家口地区供销合作社贸易中心诉中国药材公司郑州贸易交流中心药材购销合同纠纷》一案的复

查报告及有关材料收悉。经审查认为：

一、在1990年前，张家口地区供销合作社贸易中心（简称贸易中心）没有领取当地卫生行政部门颁发的"药品经营企业许可证"和当地工商行政部门核发的营业执照，于1988年4月29日批准其农副产品经营部（简称经营部）与中国药材公司郑州贸易交流中心（简称交流中心）签订了购销中药材的合同、协议，不符合《中华人民共和国药品管理法》的规定，属违法经营。

二、在卫生部(86)卫药政字第342号《复有关〈药品管理法〉执法日期和许可证的问题》的函中明确规定："单纯收购或一年内仅经营1—2个品种的，原则上不发经营许可证。经营品种较多的应该发经营企业许可证。"经营部与交流中心所签订的购销中药材合同，经营的品种多，数量大，因此一、二审法院判决认定贸易中心经营部不属于核发经营许可证的范围，缺乏事实和法律依据。

三、关于法律适用问题。经营部与交流中心签订购销中药材的合同，经营的是药品而不是一般农副产品。一、二审法院判决适用"农副产品购销合同条例"不当，本案应适用国务院法制局(1990)国发函字第78号和1990年10月16日卫生部关于《药品管理法》有关条款含义的说明的规定。

四、关于中药材的质量问题。交流中心未按合同约定派人验货，对此造成损失应承担一定责任，但贸易中心是供方，应确保合同规定的质量标准。从已履行的药材质量来看，经郑州市治理整顿医药市场领导小组组织有关专家进行抽验的结果，北柴胡符合标准的仅占30.07%，此批药材已被封存，停止向市场出售确系事实，贸易中心应对药材质量承担不可推卸的责任。综上，根据本案的实际情况，建议由你院按审判监督程序提审本案，并裁定中止执行；责令张家口市桥东区人民法院迅速解除查封交流中心的八辆汽车（中国药材公司已于去年9月10日出具经济担保），以免影响生产和经营。

最高人民法院关于深圳市兴达工贸有限公司与复旦大学科学技术开发总公司及上海海通经济联合总公司汇款返还纠纷案件请示的答复

- 1997年1月15日
- 〔1997〕经他字第1号

上海市高级人民法院：

你院《关于深圳市兴达工贸有限公司与复旦大学科学技术开发总公司、上海海通经济联合总公司汇款返还纠纷一案的请示》收悉。经研究，答复如下：

一、深圳市兴达工贸有限公司（以下简称兴达公司）未曾参与上海海通经济联合总公司（以下简称海通公司）和复旦大学科学技术开发总公司（以下简称复旦开发公司）之间的电脑经销合同以及补偿合同，故本案争议的补偿费65万元所涉及的债权债务关系，与兴达公司无关。兴达公司与海通公司虽有函件来往，但兴达公司从未表示接收海通公司的65万元债务，更未与海通公司订立债务转移协议，故不能认为接收侯必胜，即等于接收该65万元债务。

二、侯必放擅自动用原太平洋贸易企业公司综合业务部65万元，以购货款名义付给复旦开发公司，用于清偿侯必胜在海通公司经销电脑时，通过补偿合同应当偿付给复旦开发公司的补偿费，应当认定为个人行为。兴达公司事前未同意，事后也未追认侯必放的付款行为。故认定兴达公司已同意支付该65万元，缺乏依据，应予以纠正。

同意你院请示报告中的第一种意见，请通过再审妥善处理此案。

附：

《上海市高级人民法院关于深圳市兴达工贸有限公司与复旦大学科学技术开发总公司及上海海通经济联合总公司汇款返还纠纷案件的请示》内容

一、案件主要事实

1985年5月9日，复旦大学科学技术开发总公司（以下简称复旦开发公司）与上海海通经济联合总公司（以下简称海通公司）签订一份由海通公司经销复旦开发公司50台IBM5550型中文电脑的合同。合同约定，每台电脑单价68100元，总价款为3405000元；海通公司应在同年8月9日前支付货款2043000元，10月9日前支付1362000元；复旦开发公司负责用户的技术培训和一年维修工作等。合同签订后，海通公司提取了50台电脑，但未按约付款。经双方协商于1986年10月10日又签订了一份合同书。双方约定，海通公司将50台电脑退回并支付复旦开发公司65万元作为撤销原经销合同的补偿，如上述二项内容不落实，原经销合同继续有效。第二份合同除双方单位加盖公章、法定代表人签字外，原合同经办人均以执行人名义签名。海通公司的执行人是侯必胜。侯必胜为了要弥补公司的一些损失，于1986年初到深圳其弟侯必放承包的深圳市太平洋贸易企业公司（以下简称太平洋公司）综合业务部从事经营活动。该综合业务部是江苏民力社会服务开发公司（以下简称民力公司）与太平洋公司于1986年1月签订承包协议，由侯必放、庞鹰为民力公司承包人的单位。协议规定，民力公司承包的综合业务部为独立核算、自负盈亏单位，其纯利润按七、三分成。每季度结算一次。太平洋公司为民力公司提供综合业务部的公章和银行账户等。侯必胜在深圳做生意期间，太平洋公司商调侯必胜到太平洋公司工作。海通公司总经理刘之于1986年6月19日函交太平洋公司：" 肖总，您已几次要调侯必胜同志去你公司工作，我们同意调去，但要请您催促他尽快把复旦大学50台5550型计算机事解决好，何时解决，何时办理调动手续，请您酌定。" 肖正义在该函件上签字表示同意。同年10月，太平洋公司聘任侯必胜为综合业务部副经理。12月海通公司总经理刘之派施杰（系海通公司顾问）去深圳，叫侯必胜尽快汇款，以了结补偿事宜。1987年1月16日太平洋公司综合业务部以购货款名义票汇支付给复旦开发公司65万元。从票汇凭证看，个人盖章是侯必放。复旦开发公司于同年2月20日交给海通公司"收款报核联"，写明："根据1986年10月10日海通公司与复旦开发公司的合同，收到由深圳太平洋公司转来的补偿费65万元。"海通公司将"收款报核联"交给施杰。施杰称："65万元收据交给了太平洋公司综合业务部负责人侯必胜，他当时写作入账凭证。"太平洋公司则称："复旦开发公司开具的收据，我们没有收到过。"1987年2月肖正义持调查材料介绍信到海通公司要求了解侯必胜政历情况。海通公司于同年2月24日开出调动工作介绍信，注明档案材料由肖正义带走，工资关系自带。嗣后，太平洋公司在整顿综合业务部时发现该部向复旦开发公司汇款65万元无合同依据，遂向法院提起诉讼，请求返还汇款65万元及利息损失。

需要说明的问题：

1. 立案问题：据一审结案报告反映，原告起诉时列海通公司为被告，复旦开发公司为第三人。法院立案审查时，以该65万元直接汇给复旦开发公司为由，要求太平洋公司把复旦开发公司列为被告，太平洋公司对此表示不理解，并与法院进行了申辩，最后由太平洋公司总经理肖正义拍板，决定按法院的意见办。

2. 关于另案处理问题：本案一审期间，复旦开发公司另行起诉海通公司，原上海市中级人民法院于1989年2月14日作出〔1988〕沪中经字第93号民事判决，被告海通公司应向原告复旦开发公司支付补偿费人民币65万元；原告复旦开发公司要求被告海通公司支付银行利息的请求，不予支持。海通公司对该判决不服，提起上诉，上海市高级人民法院认为，双方当事人争议的标的，已在〔1989〕沪高经上字第17号民事判决中解决，继续进行审理已无必要，据此，1989年

10月27日作出〔1989〕沪高经上字第16号民事裁定,本案终结诉讼。

二、两审法院认定与判决

上海市中级人民法院审理认为,本案涉及的电脑经销合同及补偿协议,均由被告复旦开发公司和第三人海通公司以法人单位名义签订,故65万元补偿费,应由海通公司自行向复旦开发公司支付,尚不能指定原电脑合同经办人执行补偿协议。原告太平洋公司与复旦开发公司和海通公司的电脑合同纠纷无涉,且始终未正式同意由其代第三人向被告支付补偿费65万元,故没有义务为第三人代付该款项。原告所属综合业务部无独立经营权,未经原告授权同意,亦无权擅自决定支付该补偿费。今原告要求收回侯必胜利用工作之便擅自付出的该65万元,应予支持。故于1989年2月14日以〔1987〕沪中经字第83号民事判决书,判决复旦开发公司返还原告65万元。

案经上海市高级人民法院二审认为,综合业务部系太平洋公司发包给侯必胜等人经营,按协议规定为独立核算和自负盈亏的单位,该部通过太平洋公司为其开设的银行账户,使用经过太平洋公司认可的印鉴付款,应视为已获太平洋公司的同意。原审判决认定侯必胜利用工作之便擅自付款,缺乏依据。太平洋公司法定代表人明知海通公司以向复旦开发公司清偿65万元,作为侯必胜到综合业务部工作的条件,当综合业务部汇出该款后,即着手办理侯的调动手续,也是对承接汇款一事已予认可的佐证。综合业务部以货款的名义向复旦开发公司付款后,收到收款报核联,并据以记账,证明汇款人对付款用途并无误解,所谓没有合同关系而付款之说不能成立。故于1989年10月27日,以〔1989〕沪高经上字第17号民事判决书判决撤销上海中院一审判决,驳回太平洋公司的诉讼请求,两审案件受理费,均由太平洋公司负担。

三、本案的审查处理意见

深圳市兴达工贸有限公司(以下简称兴达公司)不服上海市高级人民法院二审判决提出再审申请,上海市高级人民法院于1990年8月21日作出〔1990〕沪高经申字第7号驳回通知。兴达公司仍不服,向最高人民法院提出再审申请,申请再审主要理由是:65万元债权债务发生在海通公司和复旦开发公司之间,兴达公司没有代偿义务。侯必胜的个人付款行为违反规定。该65万元在综合业务部一直挂账。请求撤销二审判决,维持原一审判决。本案的审查意见是:

(一)关于65万元债权债务与兴达公司的关系

据上面事实和两审法院认定,65万元是发生在海通公司与复旦开发公司之间的电脑经销业务上,双方签订有经销合同与补充协议,确认由海通公司补偿复旦开发公司65万元,从法律关系上讲,确与兴达公司无关,故兴达公司也就不存在偿还65万元给复旦开发公司的义务。此点,上海中院的认定是正确的。

(二)关于侯必胜偿付65万元的行为是否有效

从掌握的材料和两审法院判决分析:其一,侯等人的承包只是内部承包,其权限仅在正常经营活动,并不包含还其个人旧账;其二,侯归还65万元并未经公司领导批准,属个人行为;其三,付出65万元,事后并未经公司领导追认。故其个人行为无效,应予纠正。

综上,兴达公司申请再审理由是成立的,决定发函由上海高院复查纠正,结果答复当事人并报告最高人民法院。

四、上海市高级人民法院研究意见

上海市高级人民法院复查该案后存在两种不同意见:

第一种意见认为,本案涉及的电脑经销合同以及补偿合同,均由海通公司与复旦开发公司签订,故65万元补偿费,应由海通公司自行向复旦开发公司支付。其理由是:(1)从法律关系上讲海通公司与复旦开发公司之间发生的65万元债权债务关系,与兴达公司无关。(2)"所谓没有合同关系而付款之说不能成立"的理由与事实不符。海通公司以太平洋公司代偿65万元给复旦开发公司作为调侯必胜到太平综合业务部工作的条件之说只是海通公司的一面之词,太平洋公司予以否认。从海通公司总经理刘之给太平洋公司复函"肖总,你几次要调侯必胜去你公司工作,我们同意调去,但要请您催促他尽快把复旦大学50台5550型计算机事解决好,何时解决,何时办调动手续,请您酌定"的内容看,亦不能说明债权债务已作了转移。(3) 1987 年 1 月 16 日,侯必胜的弟弟侯必放以支付购货款名义从太平洋公司综合业务部给复旦大学票汇 65 万元。综合业务部系太平洋公司的内设机构,不具有法人资格。民力公司侯必放等人承包了综合业务部,按协议规定,承包人独立核算,自负盈亏,但应接受太平洋公司的行政领导和财务监督,侯必胜无权擅自动用公司款去支付该笔补偿费。海通公司辩称汇款系合作利润和承包收入等理由,依据不足。(4)原审认定"收款报核联"由海通公司交给综合业务部作为记账凭证,依据尚不充分,故也无法证明太平洋公司事先同意或事后默认。故原判在认定部分事实和适用法律上确有错误,本案拟再审,并中止原判决的执行。

第二种意见认为,综合业务部系承包单位,该部通过太平洋公司为其开设的银行账户,使用经过太平洋公司认可的印鉴而付款,综合业务部的付款行为应视为太平洋公司同意。太平洋公司法定代表人、海通公司以向复旦开发公司清偿 65 万元作为调侯必胜到综合业务部工作的条件,当综合业务部汇出该款后,即着手办理侯的调动手续,这是对承付汇款一事已予以认可的佐证。海通公司提供的太平洋公司业务部债权债务清理工作小结中"对付复旦大学 65 万元不列入应收款是不对的",说明 65 万元已作为应付款支付,账已轧平。另外复旦开发公司根据补偿合同接受汇款没有过错,是善意取得,故太平洋公司起诉告复旦开发公司不当,本案应维持原判。

最高人民法院关于湖北省交通物资公司诉天津福津木业有限公司购销合同品种质量纠纷案适用法律问题的答复

- 1998 年 4 月 25 日
- 〔1998〕经他字第 21 号函

湖北省高级人民法院:

你院请示收悉,经研究,答复如下:

1. 天津木业公司交付湖北物资公司的 28000 片柳胺胶合板中混有部分非柳胺胶合板,但符合 GB13009-91"热带阔叶树材普通胶合板"国标的质量要求,故本案应为购销合同品种纠纷。

2. 鉴于本案双方当事人履行购销合同后,湖北物资公司起诉认为天津木业公司未按合同约定的品种交付货物,严重违约,故当事人之间的争议在于交付的货物品种与合同约定是否相符,并非因货物质量造成的损害后果。该案应当适用《中华人民共和国经济合同法》处理,不应适用《中华人民共和国产品质量法》。

3. 根据国家有关标准,胶合板的内在质量包括含水率的胶合强度,胶合板的品种不属于内在质量。《工矿产品购销合同条例》第十五条规定,对产品的外观和品种、型号、规格、花色提出异议的期限为货到后 10 天内。湖北物资公司未在法定期限内提出书面异议,应当视为天津木业公司所交付货物符合合同规定。

附:

《湖北省高级人民法院关于湖北省交通物资公司诉天津福津木业有限公司购销合同品种质量纠纷案适用法律问题的请示》内容

一、案件主要事实

1995 年 6 月 29 日,湖北省交通物资公司(以下简称湖北物资公司)与天津福津木业有限公司(以下简称天津木业公司)签订一份协议。该协议约定:湖北物资公司(需方)向天津木业公司(供方)购买柳胺胶合板 28000 片(蕊胚材不限),等级为三级,价格为到武汉价格每片 42 元;发货日期:1995 年 7 月 4 日上站;付款方式为款到发货;执行技术标准:GB13009-91;质量要求:附有厂家的材质书及合格证,胶板表面不应有受潮淋雨现象。协议还对产品包装作了规定。协议签订前后,湖北物资公司分两次向天津木业公司支付全部货款 1176000 元,天津木业公司收款后出具了增值税发票。1995 年 7 月 4 日,天津木业公司依约将 28000 片胶合板装车发运,同年 7 月 10 日货物运到武汉,所供货物每捆包装上均标明是柳胺胶合板。嗣后,湖北物资公司收到天津木业公司提供的产品合格证书,明确载明柳胺胶合板。

湖北物资公司购买胶合板后,根据该公司与天门市金属材料总公司(以下简称天门公司)的委托代理协议,指令天门公司将胶合板在武汉商品批发交易市场(以下简称交易市场)与客户进行实物交割。交易市场于1995年7月17日向有关交易商发出"关于胶合板委托检验的通知",并于1995年7月27日,委托湖北省进出口商品检验局对拟进行实物交割的柳胺胶合板进行检验,其中对该批胶合板鉴定结论为:脂胶合板中柳胺胶合板占41.6%,非柳胺胶合板占58.4%。因当事人对该鉴定结论持有异议,又由交易市场出面委托中国林业科学研究院木材工业研究所对该批胶合板再次进行鉴定,结论为:柳胺胶合板的比例为65%,非柳胺胶合板的比例为35%。同年9月19日,交易市场向湖北物资公司代理人天门公司发出书面决定:天门公司所持合同按照不计协议平仓因素的最后交易日结算和持仓合同加权平均价的算术平均价予以平仓,平仓后该公司应承担的损失为159600元等。此后,湖北物资公司以该批货物系柳胺胶合板和非柳胺胶合板混杂,天津木业公司未按合同约定的品种交付货物,向武汉市中级人民法院提起诉讼。

武汉市中级人民法院在审理中还查明:GB13009-91国家标准规定热带阔叶树材普通胶合板技术要求有四条,即尺寸与公差、树种、板的结构和含水率。其中,对尺寸和公差、板的结构、含水率都规定了具体的检测标准,树种只规定胶合板面板的树种为该胶合板的树种。国家标准尚未规定胶合板树种的鉴定方法,目前全国未成立胶合板树种检验的法定机构。中国林业科学研究院木材工业研究所就是采用宏观与微观相结合的方法,对该批胶合板作出的树种鉴定报告。

由于交易市场委托检验的柳胺胶合板涉及全国十余家生产厂商,本案前后,以天津木业公司、湖北福渔木业有限公司等生产厂商为被告的一批柳胺胶合板品种质量纠纷案件,也由各购销合同的需方为原告,分别向武汉市中级人民法院、天津市第二中级人民法院提起诉讼。

二、分歧意见

(一)武汉市中级人民法院对本案审理后认为,湖北物资公司与天津木业公司签订的购销合同为有效合同。当事人之间为执行合同标准问题发生争议,成讼后双方争议的标的指令是产品外观形态和内部素质的集合,既有品种又有质量,故本案性质应确定为购销合同品种、质量纠纷。天津木业公司所提供的并非全部是合同约定的柳胺胶合板,而是在柳胺胶合板中混杂了部分非柳胺胶合板,故被告应对自己的行为承担法律责任。首先,该行为违反了《中华人民共和国产品质量法》关于产品生产者不得掺杂、掺假,不得以次充好的规定。其次,天津木业公司实施了民事欺诈行为。再次,天津木业公司的行为侵害了湖北物资公司的合法权益,给原告造成了重大经济损失,对此应负完全责任。该院依照《中华人民共和国民法通则》第六十一条、第一百一十一条、第一百一十二条,《中华人民共和国经济合同法》第三十三条第一款第一项,《中华人民共和国产品质量法》第二十七条、第二十八条第一款第二项,《中华人民共和国民事诉讼法》第一百二十八条的规定,判决如下:一、被告天津木业公司将其所供的掺杂了它板的胶合板28000片在判决生效之日起15日内自行提回,逾期未提由原告湖北物资公司作价处理;二、被告天津木业公司退还原告湖北物资公司购胶合板款1176000元人民币;三、被告天津木业公司赔偿原告资金利息损失145259.52元,赔偿原告因交易市场罚款所受损失189735.70元,赔偿原告仓储、商检损失19130元;四、对原被告其他诉讼请求予以驳回。天津木业公司不服上述判决,向湖北省高级人民法院提起上诉。

(二)天津市第二中级人民法院受理了湖北省物资再生利用总公司诉天津木业公司购销合同纠纷案,审理中就柳胺胶合板能否用肉眼识别的问题向林业部人造板材质量监督检验站进行了咨询。该站出具的咨询意见结论为:"一般从事胶合板生产、经营、检测、科研的人员都具备在肉眼下识别常用胶合板树种的能力。因此,胶合板的生产、经营、检测等活动中都是在肉眼下对各种树种的胶合板进行分类的。"咨询报告还称,由于近年来进口的柳桉胶合板、单板、原木中常混杂有其他热带树种,这些树种一般对胶合板制造及使用没有多大影响,有的甚至性能超过柳桉,因此一般对以柳桉为主的进口热带材胶合板不作过细的区分,常笼统称之为柳桉胶合板。天津市第二中级人民法院和天津市高级人民法院认为:当事人在购销合同中约定的货物品名"柳桉胶合板",系我国胶合板生产及交易行业对原料为生长在东南亚地区的一类热带阔叶林木制作的胶合板长期沿用的习惯称谓,此商品名称与中国林业科学研究院木材工业研究所《鉴定报告》中科学意义上的"柳桉"树种分类非同一概念。胶合板面板问题属于品种问题,对此问题提出异议是对购销货物品种的异议,在双方当事人未商定异议期限时应当在提货时提出。需方未在法定异议期内提出书面异议,依据有关法律规定,应视为所交货物符合合同规定。况且,天津木业公司提供胶合板产品所用原材料价格一致,产品合格,没有谋取不当商业利润之嫌。天津市第二中级人民法院作出驳回原告诉讼请求的判决。天津市高级人民法院二审维持原判。天津市两级法院的判决实际形成对此类案件适用法律的另一种意见。

(三)湖北省高级人民法院鉴于此类纠纷涉讼案件较多,且当事人争议较大,为正确处理这类案件,特就有关这类案件中是否适用《产品质量法》和最高人民法院法经〔1993〕195号批复等问题向最高人民法院请示。湖北高院提出的倾向性意见是:

1. 本案性质及法律适用问题。该院的一致意见是:本案应为购销合同质量纠纷,应适用《产品质量法》的有关规定处理。理由是:依据《产品质量法》的有关规定,生产者必须履行如下义务:对其生产的产品质量负责;遵守产品质量表示制度;不生产国家明令淘汰的产品;不得掺杂使假,以假充真,以次充好,以不合格的产品冒充合格产品。天津木业公司提供的货物虽不存在危及人身财产安全的不合理危险,但所供货物中柳桉板与非柳桉板混杂,既不符合合同约定的品种,也不符合产品说明及产品包装上注明的产品标准和质量状况,故应为质量纠纷,涉讼后,应适用《产品质量法》的有关规定予以处理。

2. 责任的确定问题。本案合同双方当事人签订的协议符合自愿、平等、互利的原则,其内容并不违反法律规定。但天津木业公司在履行合同过程中,违反诚实信用原则,明知自己生产的胶合板并非全部是柳桉胶合板的情况下,事先不作说明,隐瞒真实情况,且在产品说明书和产品包装标识上均标明该批货物为柳桉胶合板。据此,该公司应对本案纠纷负全部责任。

3. 产品质量异议期限的确定问题。本案双方当事人没有在合同中明确约定产品质量异议期限,应适用法定的质量异议期限。鉴于本案合同项下的货物需经过旋切、打磨等加工工序,其形状、结构和纹理已发生质的变化,不宜直观辨别其真伪,不应适用产品外观质量的异议期限,而应依据最高人民法院法经〔1993〕195号批复确定其质量异议期限为6个月。

4. 本案鉴定单位的鉴定结论能否作为定案依据的问题。本案合同项下的货物是用于武汉市商品交易市场的现货交易,且天津木业公司是该交易市场指定的生产厂家之一,因此,交易市场在该批货物交割前,依据有关规定委托有关部门进行检验,并不违反法律规定,所作出的鉴定结论可作为人民法院处理案件的依据。

5. 本案的处理问题。根据上述意见,该院的一致处理意见是,对天津木业公司供给湖北物资公司的28000片胶合板作退货处理,该公司返还全部货款并赔偿因其过错给湖北物资公司造成的直接经济损失。

最高人民法院关于稷山县关公洗煤厂与垣曲县晋海实业总公司、张喜全货款纠纷一案的复函

● 1999年12月13日
● (1999)民他字第33号

山西省高级人民法院:

你院(1999)晋法民二报字第31号《关于稷山县关公洗煤厂与垣曲县晋海实业总公司、张喜全货款纠纷一案的请示报告》收悉。

经研究认为,张喜全和稷山县关公洗煤厂(以下简称洗煤厂)厂长一起去垣曲县晋海实业总公司(以下简称晋海公司)结算煤款时,洗煤厂厂长将有关结算凭证交给张喜全,并派洗煤厂会计高新全同往交涉,其行为应视为洗煤厂的一种委托授权。张喜全与晋海公司达成的扣罚洗煤厂18万元煤款的协议,明显违背公平原则,可认定为显失公平,当事人依法有权提出撤销或者变更。但洗煤厂在协议签订1年后才提出撤销或者变更该协议的请求,根据最高人民法院《关于贯彻执行〈中华人民共和国民法通则〉若干问题的意见(试行)》第73条的规定,人民法院对此不予支持。

最高人民法院知识产权庭关于日本福马克拉株式会社与厦门市升祥贸易公司生产销售代理协议纠纷案的函

- 2000年5月22日
- 〔1999〕知监字第31号函

福建省高级人民法院:

关于上诉人日本福马克拉株式会社(以下简称福马会社)与被上诉人厦门市升祥贸易公司(以下简称升祥公司)生产销售代理协议纠纷一案,福马会社不服你院(1998)闽知终字第14号民事判决,向本院申请再审。

现将申请再审人的有关材料转你院,请你院进行复查。你院在复查中似应注意以下问题:1.升祥公司以合同纠纷起诉,但起诉的内容是追究福马会社的侵权责任,你院上述判决亦将本案按照侵权纠纷处理,故将本案案由定为合同纠纷是否妥当? 2.升祥公司索赔的依据包括库存商品和客户退货两部分,其中库存商品经济损失的承担问题,是福马会社与升祥公司之间协议终止后的后续财产处理问题,属于合同纠纷,与福马会社刊登声明似并无关联,你院上述判决将其认定为侵权的损害后果,事实和法律依据是否充足? 3.你院判决书中认定的库存数量是否包含了退货数量? 如果其中包含了退货数量,福马会社所刊登的声明是否会导致升祥公司协议终止前已销售商品的退货?

请你院将复查结果于三个月内报我院并迳复申请再审人。

最高人民法院研究室关于如何认定买卖合同中机动车财产所有权转移时间问题的复函

- 2000年12月25日
- 法研〔2000〕121号

陕西省高级人民法院:

你院陕高法〔2000〕50号《关于如何认定机动车财产所有权转移时间的请示》收悉。经研究,答复如下:

关于如何认定买卖合同中机动车财产所有权转移时间问题,需进一步研究后才能作出规定,但请示中涉及的具体案件,应认定机动车所有权从机动车交付时起转移。

最高人民法院关于新疆生产建设兵团农二师二十九团与乌苏市远征工贸总公司种树苗买卖合同纠纷案的复函

- 2003年2月20日
- 〔2003〕民监他字第4号

新疆维吾尔自治区高级人民法院生产建设兵团分院:

你院请示收悉,经研究,答复如下:

远征公司与二十九团签订种树苗买卖合同时,远征公司所在的乌苏市林业局尚未进行《林木种子生产许可证》、《林木种子经营许可证》的申请颁发工作。终审判决根据乌苏市林业局在二审审理过程中出具的证明,认可了远征公司的销售行为,远征公司也在二审审理过程中领取了《林木种子经营许可证》的实际情况,结合远征公司已实际交付100万株扦插苗,二十九团因自己的责任导致扦插苗灭失的具体情节,对远征公司与二十九团签订的种树苗买卖合同按有效认定并进行处理并无不当。

同意兵团分院审判委员会对该案的处理意见,本案以维持原判为宜。

附:

《新疆维吾尔自治区高级人民法院生产建设兵团分院关于新疆生产建设兵团农二师二十九团与乌苏市远征工贸总公司种树苗买卖合同纠纷案的请示》内容

一、案件主要事实

1999年11月26日,新疆生产建设兵团农二师二十九团(以下简称二十九团)与乌苏市远征工贸总公司(以下简称远征公司)签订一份种树苗买卖合同,约定:二十九团向远征公司购买100万株"天演速生杨"扦插苗,总金额180万元,交货地点在二十九团,付款方式为分期结算。双方对扦插苗的特性及验收、贮藏、栽种等技术要求均在合同附件中作了具体说明。根据合同约定,远征公司于1999年12月8日将100万株扦插苗运至二十九团交货,二十九团收货后,支付了部分货款54万元,并于2000年2月12日进行了发芽率验收,均符合合同约定。此后,二十九团获悉新疆维吾尔自治区林业厅1999年8月20日下发的新林种函字〔1999〕261号《关于制止盲目引进推广"天演速生杨"的紧急通知》(以下简称《通知》)。二十九团根据《通知》的精神和《中华人民共和国种子管理条例实施细则》(以下简称《细则》)第二十二条关于"未取得林木良种审定、认定合格证书的林木种子,不得作为林木良种经营和推广"的规定,以该良种未经国家林业部门的鉴定,不得作为林木良种经营和推广;远征公司未取得《林木种苗经营许可证》和《营业执照》,严重违反国家行政法规的强制性条款为由,于2000年2月16日起诉至农二师中级人民法院,要求确认其与远征公司的树苗买卖合同无效,远征公司返还其已付货款54万元,赔偿经济损失1万元。

二、原一、二审法院审理情况

新疆生产建设兵团农二师中级人民法院一审认为,二十九团与远征公司的买卖"天演速生杨"扦插苗合同违反了法律和行政法规,二十九团主张合同无效的理由成立,主张双方相互返还的请求予以支持,但主张赔偿1万元的损失,因证据不充分,不予支持。远征公司反诉主张合同有效及偿付违约金5.4万元的理由不能成立,不予支持。判决:(一)二十九团与远征公司签订的买卖种树苗合同无效,双方终止履行;(二)二十九团返还远征公司100万株树苗,远征公司返还二十九团54万元货款;(三)因合同无效造成的损失由远征公司承担;(四)驳回二十九团的其他诉讼请求。

远征公司不服一审判决,向新疆维吾尔自治区高级人民法院生产建设兵团分院(以下简称兵团分院)提出上诉。

兵团分院二审审理认为,当事人双方签订的合同未违反国家法律和行政法规的规定,其内容真实、合法、有效。远征公司提出买卖行为合法的理由成立。合同标的物全部灭失的责任应由二十九团承担。判决:(一)撤销农二师中院〔2000〕农二经初字第02号民事判决;(二)扣除二十九团已付货款54万元和远征公司未提供栽种技术的服务费18万元,二十九团应支付远征公司货款108万元。

三、兵团分院的请示意见

二十九团不服二审判决向新疆维吾尔自治区人民检察院申诉。新疆维吾尔自治区人民检察院向新疆维吾尔自治区高级人民法院提出抗诉,新疆高院将本案移送兵团分院再审。

兵团分院再审认为,本案的诉讼标的物非法律、法规所规定的禁止买卖的树种。《细则》第二十二条关于"未取得林木良种审定、认定合格证书的林木良种,不得作为林木良种经营和推广"的规定,并未限制普通品种林木种子的生产经营。本案的扦插苗买卖合同,未将"天演速生杨"作为良种推广和经营。作为一般树种,并不需要经过良种确认后才能经营。乌苏市林业局及自治区林木种子管理站的证明均证实,"天演速生杨"作为一般品种的种树苗可以进行生产和经营。自治区林业厅的《通知》,作为林业主管部门的内部通知,不具有行政法规的效力,而且该通知也未禁止"天演速生杨"作为经济用林而进行生产和经营。因此,双方当事人就买卖"天演速生杨"而签订的购销合同并不违反法律、法规的强制性规定。当事人双方在签订买卖合同时,由于远征公司所在的乌苏市尚未开始《林木种苗生产许可证》和《林木种苗经营许可证》的申请和核发工作,作为当地林业行政主管部门的乌苏市林业局,在这种情况下,可依其行政职权确认管辖范围内企业的经营权利。乌苏市林业局2000年5月28日出具的证明证实:该局从2000年2月12日下发通知,准备办理"四证"。在此之前,乌苏市林木种子的生产和经营,只要通过该局的认可和检疫合格,其生产和经营都是许可的。远征公司于1999年12月2日领取了乌苏市林业局颁发的产地检疫合格证。因此,可以认定远征公司当时具有经营林木种苗的资格。二十九团与远征公司签订的"天演速生杨"买卖合同,当事人意思表示真实,内容合法有效,应依法予以保护。二审判决认定事实清楚,适用法律正确,应予维持。二十九团申诉请求及检察院抗诉理由缺乏事实和法律依据,不予支持。

但是,根据《中华人民共和国种子管理条例林木种子实施细则》的规定,具备生产商品林木种子条件的单位和个人,取得县级以上林木种子管理机构核发的《林木种子生产许可证》后,方可从事商品林木种子生产。本案中,由于远征公司所在的乌苏市林业行政主管机关乌苏市林业局,在当事人签订购销合同时,尚未按规定为当地的林木种苗生产企业办理《林木种子生产许可证》,在本案纠纷发生后,乌苏市林业局出具证明,认可了远征公司的销售行为。兵团分院请示的问题是,在这种情况下,能否因为远征公司没有《林木种子生产许可证》而确认其与二十九团签订的购销合同无效。

最高人民法院关于吴江市益佰纺织有限公司与龙口市玲楠服装有限责任公司买卖合同纠纷管辖争议案指定管辖的通知

- 2005年8月26日
- 〔2005〕民立他字第26号

江苏省高级人民法院、山东省高级人民法院:

江苏省高级人民法院〔2004〕苏民二立他字第025号、山东省高级人民法院〔2005〕鲁立函字第14号请示报告均收悉。关于吴江市益佰纺织有限公司与龙口市玲楠服装有限责任公司买卖合同纠纷一案管辖争议问题,经研究,通知如下:

一、吴江市益佰纺织有限公司与龙口市玲楠服装有限责任公司先后签订了7份《工矿产品购销合同》,合同约定双方发生纠纷解决的方式为:"双方友好协商解决,如不能解决,则在起诉方法院起诉解决"。《工矿产品购销合同》属于买卖合同范畴,本案双方当事人因合同发生纠纷后,按照合同约定均向起诉方法院即吴江市人民法院及龙口市人民法院提起诉讼,两地法院均于同日分别以买卖合同纠纷受理了原告的起诉。两地法院受理的案件属于基于同一法律事实和法律关系引起纠纷的案件。

二、根据《最高人民法院关于合同双方当事人协议约定发生纠纷各自可向所在地人民法院起诉如何确定管辖的复函》的规定,双方当事人在合同中关于发生纠纷"在起诉方法院起诉解决"的约定有效。因两地法院受理本案的时间相同,本案双方当事人起诉时间的先后顺序无法确定,因此,本案可依据双方当事人约定的合同履行地点确定管辖。鉴于双方当事人在合同中有"提(交)货地点及方式:供方负责将货发到龙口市玲楠服装厂"的约定,依据最高人民法院《关于在确定经济纠纷案件管辖中如何确定管辖合同履行地的规定》,应当认定双方当事人在合同中约定的交货地点为本案合同的履行地,龙口市人民法院作为合同履行地法院,对本案享有管辖权。

三、依据《中华人民共和国民事诉讼法》第二十四条、第三十七条第二款的规定,本院指定本案由山东省龙口市人民法院管辖。请江苏省高级人民法院通知吴江市人民法院将其受理的[2004]吴民二初字第140号关于吴江市益佰纺织有限公司诉被告龙口市玲楠服装有限责任公司买卖合同纠纷一案移送至山东省龙口市人民法院合并审理。

附:

关于吴江市益佰纺织有限公司与龙口市玲楠服装有限责任公司买卖合同纠纷管辖争议一案的指定管辖的请示与答复

一、基本案情

原告:吴江市益佰纺织有限公司(在山东龙口法院为被告),住所地:江苏省吴江市盛泽镇东方丝绸商城二区三楼99号。

法定代表人:李海华,经理。

被告:龙口玲楠服装有限责任公司(在山东龙口法院为原告),住所地:山东省龙口市环海北路。

法定代表人:付秀玲,经理。

2003年7月22日、7月23日、8月6日和8月11日,吴江市益佰纺织有限公司(以下简称吴江益佰公司)与龙口玲楠服装有限责任公司(以下简称龙口玲楠公司)先后签订了七份《工矿产品购销合同》,合同约定:由需方龙口玲楠公司向供方吴扛益佰公司购买涤纶斜纹、花瑶、塔丝隆等纺织用品。该合同还约定"提(交)货地点及方式:供方负责将货发到龙口市玲楠服装厂"。另外,七份合同对产品的名称、颜色、数量、单价、金额、交货时间、付款、定金等均作了明确约定。合同第十二条还就解决合同纠纷的方式作出了约定:"双方友好协商解决,如不能解决,则在起诉方法院起诉解决。"

合同生效后,龙口玲楠公司向吴江益佰公司支付定金人民币130200元,吴江益佰公司则积极组织员工加工生产。因龙口玲楠公司未按约定付款,吴江益佰公司在履行合同过程中也存在逾期供货的行为,故双方发生纠纷并分别诉至江苏省吴江市人民法院和山东省龙口市人民法院。

二、两地法院立案情况、协调情况和不同意见

2004年2月12日,吴江市人民法院受理了吴江益佰公司以龙口玲楠公司拖欠货款为由向吴江市人民法院提起的买卖合同纠纷案件。受诉法院在向被告送达起诉状副本及开庭通知后,被告龙口玲楠公司向该院提出管辖异议,于是该院中止了案件审理,并就管辖问题向上级法院请示。

2004年2月12日,龙口市人民法院受理了龙口玲楠公司以吴江益佰公司逾期供货造成巨大经济损失为由提起的诉讼。亦因被告提出管辖异议,龙口市人民法院向山东省高级人民法院请示协调。

2004年7月29日,江苏省吴江市人民法院向山东省龙口市人民法院发函核实上述情况,并进一步了解了该院对此案管辖问题的处理情况。

2004年8月6日,山东省龙口市人民法院向江苏省吴江市人民法院复函,确认龙口人民法院于2004年2月12日受理了原告龙口玲楠公司诉被告吴江益佰公司买卖合同纠纷一案,并告知该院已于2004年3月8日向山东省高级法院请示。

2004年9月16日,吴江市人民法院就此案形成管辖权争议的情况向苏州市中级人民法院请示,苏州市中级人民法院于2004年10月10日向江苏省高级人民法院书面报告请求予以协调。

2004年11月1日江苏省高级人民法院发函至山东省高级人民法院,希望就案件的管辖问题予以协商。江苏省高级人民法院认为:该案应由吴江市人民法院管辖,理由是:(1)本案双方争议合同的性质为买卖合同,合同中协议选择管辖条款系双方当事人的真实意思表示,且不违反法律规定,应当认定有效。吴江益佰公司与龙口玲楠公司依据合同约定的管辖条款,于同日分别向各自所在地人民法院起诉,受诉法院对各自受理的案件依法均具有管辖权。但由于龙口市人民法

院受理的案件与吴江市人民法院受理的案件，实际系基于同一法律关系和同一法律事实而发生的纠纷，两地法院受理的案件依法应当合并审理。(2)从两案当事人的具体诉讼请求来看，吴江市人民法院受理的买卖合同纠纷一案，原告吴江益佰公司主张的权利为买卖合同货款及逾期付款违约金等，系双方全部合同关系一并提起的诉讼。在龙口市人民法院受理的一般买卖合同纠纷一案中，原告龙口玲楠公司主张的权利则为部分合同逾期供货违约金，仅就双方所签七份合同中的两份合同项下的部分货物提起违约之诉，根据双方争议事实，从有利于解决双方合同纠纷的角度出发，两案由吴江市人民法院处理更为适当。由于江苏省高级人民法院尚未收到山东省高级人民法院的协商意见，故该院于2005年4月9日函请最高人民法院指定管辖。

山东省高级人民法院接到我院〔2005〕民立他字第26号函后，立即调卷进行审查。山东省高级人民法院认为：吴江市人民法院也于同日受理了原告吴江益佰公司以龙口玲楠公司为被告提起的诉讼。根据最高人民法院《关于合同双方当事人协议约定发生纠纷各自可向所在地人民法院起诉如何确定管辖的复函》的规定，双方在合同中约定的有关解决纠纷的内容有效，鉴于双方起诉时间的先后顺序无法确定，可根据双方约定的合同履行地点确定管辖。因双方在合同中约定供方负责将货发到龙口市玲楠服装厂，故根据最高人民法院《关于在确定经济纠纷案件管辖中如何确定购销合同履行地的规定》，将双方约定的交货地点为合同履行地为宜。依据《中华人民共和国民事诉讼法》第二十四条的规定，山东省龙口市人民法院应当作为合同履行地法院，依法对该案具有管辖权。

三、最高法院的审查意见

2005年8月26日，最高人民法院作出〔2005〕民立他字第26号《关于吴江市益佰纺织有限公司与龙口市玲楠服装有限责任公司买卖合同纠纷一案管辖争议问题的答复》，认为：两地法院受理的案件属于基于同一法律事实和法律关系引起纠纷的案件。根据最高人民法院《关于合同双方当事人协议约定发生纠纷各自可向所在地人民法院起诉如何确定管辖的复函》和《关于在确定经济纠纷案件管辖中如何确定管辖合同履行地的规定》，应当认定双方当事人在合同中约定的交货地点为本案合同的履行地，龙口市人民法院作为合同履行地法院，对本案享有管辖权。依据《中华人民共和国民事诉讼法》第二十四条、第三十七条第二款的规定，指定本案由山东省龙口市人民法院管辖。

四、评析意见

吴江市益佰纺织有限公司与龙口市玲楠服装有限责任公司先后签订了7份《工矿产品购销合同》，合同约定双方发生纠纷解决的方式为："双方友好协商解决，如不能解决，则在起诉方法院起诉解决。"该合同还约定"提(交)货地点及方式：供方负责将货发到龙口市玲楠服装厂"。双方当事人的上述两个约定，是确定本案管辖权的关键。

双方当事人因合同发生纠纷后，按照合同约定均向起诉方法院即吴江市人民法院及龙口市人民法院提起诉讼，两地法院均于同日分别以买卖合同纠纷受理了原告的起诉。于是出现了两地法院受理了基于同一法律事实和法律关系引起的诉讼的情形。在这种情况下，该案如何确定管辖？需要解决以下两个问题：

(一)关于"在起诉方法院起诉解决"的合同约定问题

合同约定双方发生纠纷后解决的方式为："双方友好协商解决，如不能解决，则在起诉方法院起诉解决。"在案件的审查中，审判人员对这一合同约定的效力问题上产生了意见分歧。一种意见认为，合同关于"在起诉方法院起诉解决"的约定与最高人民法院《关于合同双方当事人协议约定发生纠纷各自可向所在地人民法院起诉如何确定管辖的复函》内容不符，该约定条款无效；另一种意见则认为，虽然合同约定在"起诉方法院起诉解决"中的"起诉方"的表述不够明确，但是，起诉方即是法律意义上的原告方，因为根据不告不理原则，只有原告向法院起诉了，法院才能受理案件。因此，在"起诉方法院起诉解决"的合同约定内容与最高法院的司法解释没有冲突，该约定条款有效。我们认为，根据最高人民法院《关于合同双方当事人协议约定发生纠纷各自可向所在地人民法院起诉如何确定管辖的复函》的规定,双方当事人在合同中关于发生纠纷"在起诉方法院起诉解决"的约定是有效的,本案中双方当事人均可以向各自所在地法院起诉,两个受诉法院均有管辖权。

一般情况下,合同双方按照上述合同约定内容分别向不同的法院起诉后,是可以根据两个法院受理案件的先后顺序来确定案件管辖权的。即使双方当事人按照合同约定于同日分别向各自所在地法院提起了诉讼,也可根据两个受诉法院当天受理案件的具体时间不同而确定管辖法院。但是在本案中,因无法确定两个法院受理案件的具体时间和先后顺序,所以仅仅依据合同关于在"起诉方法院起诉解决"的约定及以后发生的起诉事实,是无法确定案件管辖权的。要解决本案的管辖权问题,还需要寻找其他法律事实和法律规定。

(二)如何确定本案的管辖权

最高法院法发〔1996〕28号《关于在确定经济纠纷案件中如何确定购销合同履行地问题的规定》第一条规定:"当事人在合同中明确约定履行地点的,以约定的履行地点为合同履行地。当事人在合同中未明确约定履行地点的,以约定的交货地点为合同履行地。……"《中华人民共和国民事诉讼法》第二十四条规定:"因合同纠纷提起的诉讼,由被告住所地或者合同履行地人民法院管辖"。

鉴于双方当事人在合同中有"提(交)货地点及方式:供方负责将货发到龙口市玲楠服装厂"的约定,山东省龙口市人民法院作为合同履行地法院,对该案具有管辖权。

(三)关于将两案合并审理问题

依据《中华人民共和国民事诉讼法》第二十四条、第三十七条第二款的规定,本案由最高人民法院指定由山东省龙口市人民法院管辖。因此,吴江市人民法院应将其受理的〔2004〕吴民二初字第140号关于原告吴江市益佰纺织有限公司诉被告龙口市玲楠服装有限责任公司买卖合同纠纷一案移送至山东省龙口市人民法院合并审理。

◎ 指导案例

1. 汤龙、刘新龙、马忠太、王洪刚诉新疆鄂尔多斯彦海房地产开发有限公司商品房买卖合同纠纷案[①]

【关键词】民事/商品房买卖合同/借款合同/清偿债务/法律效力/审查

【裁判要点】

借款合同双方当事人经协商一致,终止借款合同关系,建立商品房买卖合同关系,将借款本金及利息转化为已付购房款并经对账清算的,不属于《中华人民共和国物权法》第一百八十六条规定禁止的情形,该商品房买卖合同的订立目的,亦不属于《最高人民法院关于审理民间借贷案件适用法律若干问题的规定》第二十四条规定的"作为民间借贷合同的担保"。在不存在《中华人民共和国合同法》第五十二条规定情形的情况下,该商品房买卖合同具有法律效力。但对转化为已付购房款的借款本金及利息数额,人民法院应当结合借款合同等证据予以审查,以防止当事人将超出法律规定保护限额的高额利息转化为已付购房款。

【相关法条】

《中华人民共和国物权法》第186条

《中华人民共和国合同法》第52条

【基本案情】

原告汤龙、刘新龙、马忠太、王洪刚诉称:根据双方合同约定,新疆鄂尔多斯彦海房地产开发有限公司(以下简称彦海公司)应于2014年9月30日向四人交付符合合同约定的房屋。但至今为止,彦海公司拒不履行房屋交付义务。故请求判令:一、彦海公司向汤龙、刘新龙、马忠太、王洪刚支付违约金6000万元;二、彦海公司承担汤龙、刘新龙、马忠太、王洪刚主张权利过程中的损

[①] 案例来源:《最高人民法院关于发布第15批指导性案例的通知》(2016年12月28日 发布法〔2016〕449号),指导案例72号。

失费用416300元;三、彦海公司承担本案的全部诉讼费用。

彦海公司辩称:汤龙、刘新龙、马忠太、王洪刚应分案起诉。四人与彦海公司没有购买和出售房屋的意思表示,双方之间房屋买卖合同名为买卖实为借贷,该商品房买卖合同系为借贷合同的担保,该约定违反了《中华人民共和国担保法》第四十条、《中华人民共和国物权法》第一百八十六条的规定无效。双方签订的商品房买卖合同存在显失公平、乘人之危的情况。四人要求的违约金及损失费用亦无事实依据。

法院经审理查明:汤龙、刘新龙、马忠太、王洪刚与彦海公司于2013年先后签订多份借款合同,通过实际出借并接受他人债权转让,取得对彦海公司合计2.6亿元借款的债权。为担保该借款合同履行,四人与彦海公司分别签订多份商品房预售合同,并向当地房屋产权交易管理中心办理了备案登记。该债权陆续到期后,因彦海公司未偿还借款本息,双方经对账,确认彦海公司尚欠四人借款本息361398017.78元。双方随后重新签订商品房买卖合同,约定彦海公司将其名下房屋出售给四人,上述欠款本息转为已付购房款,剩余购房款38601982.22元,待办理完毕全部标的物产权转移登记后一次性支付给彦海公司。汤龙等四人提交与彦海公司对账表显示,双方之间的借款利息系分别按照月利率3%和4%、逾期利率10%计算,并计算复利。

【裁判结果】

新疆维吾尔自治区高级人民法院于2015年4月27日作出(2015)新民一初字第2号民事判决,判令:一、彦海公司向汤龙、马忠太、刘新龙、王洪刚支付违约金9275057.23元;二、彦海公司向汤龙、马忠太、刘新龙、王洪刚支付律师费416300元;三、驳回汤龙、马忠太、刘新龙、王洪刚的其他诉讼请求。上述款项,应于判决生效后十日内一次性付清。宣判后,彦海公司以双方之间买卖合同系借款合同的担保,并非双方真实意思表示,且欠款金额包含高利等为由,提起上诉。最高人民法院于2015年10月8日作出(2015)民一终字第180号民事判决:一、撤销新疆维吾尔自治区高级人民法院(2015)新民一初字第2号民事判决;二、驳回汤龙、刘新龙、马忠太、王洪刚的诉讼请求。

【裁判理由】

法院生效裁判认为:本案争议的商品房买卖合同签订前,彦海公司与汤龙等四人之间确实存在借款合同关系,且为履行借款合同,双方签订了相应的商品房预售合同,并办理了预购商品房预告登记。但双方系争商品房买卖合同是在彦海公司未偿还借款本息的情况下,经重新协商对账,将借款合同关系转变为商品房买卖合同关系,将借款本息转为已付购房款,并对房屋交付、尾款支付、违约责任等权利义务作出了约定。民事法律关系的产生、变更、消灭,除基于法律特别规定,需要通过法律关系参与主体的意思表示一致形成。民事交易活动中,当事人意思表示发生变化并不鲜见,该意思表示的变化,除为法律特别规定所禁止外,均应予以准许。本案双方经协商一致终止借款合同关系,建立商品房买卖合同关系,并非为双方之间的借款合同履行提供担保,而是借款合同到期彦海公司难以清偿债务时,通过将彦海公司所有的商品房出售给汤龙等四位债权人的方式,实现双方权利义务平衡的一种交易安排。该交易安排并未违反法律、行政法规的强制性规定,不属于《中华人民共和国物权法》第一百八十六条规定禁止的情形,亦不适用《最高人民法院关于审理民间借贷案件适用法律若干问题的规定》第二十四条规定。尊重当事人嗣后形成的变更法律关系性质的一致意思表示,是贯彻合同自由原则的题中应有之意。彦海公司所持本案商品房买卖合同无效的主张,不予采信。

但在确认商品房买卖合同合法有效的情况下,由于双方当事人均认可该合同项下已付购房款系由原借款本息转来,且彦海公司提出该欠款数额包含高额利息。在当事人请求司法确认和保护购房者合同权利时,人民法院对基于借款合同的实际履行而形成的借款本金及利息数额应当予以审查,以避免当事人通过签订商品房买卖合同等方式,将违法高息合法化。经审查,双方之间借款利息的计算方法,已经超出法律规定的民间借贷利率保护上限。对双方当事人包含高额利息的欠款数额,依法不能予以确认。由于法律保护的借款利率明显低于当事人对账确认的借款利率,故应当认为汤龙等四人作为购房人,尚未足额支付合同约定的购房款,彦海公司未按照约定时间交付房屋,不应视为违约。汤龙等四人以彦海公司逾期交付房屋构成违约为事实依据,要求彦海公司支付违约金及律师费,缺乏事实和法律依据。一审判决判令彦海公司承担支付违约金及律师费的违约责任错误,本院对此予以纠正。

(生效裁判审判人员:辛正郁、潘杰、沈丹丹)

2. 张莉诉北京合力华通汽车服务有限公司买卖合同纠纷案①

【关键词】民事 买卖合同 欺诈 家用汽车

【裁判要点】

1. 为家庭生活消费需要购买汽车,发生欺诈纠纷的,可以按照《中华人民共和国消费者权益保护法》处理。

2. 汽车销售者承诺向消费者出售没有使用或维修过的新车,消费者购后发现系使用或维修过的汽车,销售者不能证明已履行告知义务且得到消费者认可的,构成销售欺诈,消费者要求销售者按照消费者权益保护法赔偿损失的,人民法院应予支持。

【相关法条】

《中华人民共和国消费者权益保护法》第二条、第五十五条第一款(该款系2013年10月25日修改,修改前为第四十九条)

【基本案情】

2007年2月28日,原告张莉从被告北京合力华通汽车服务有限公司(简称合力华通公司)购买上海通用雪佛兰景程轿车一辆,价格138000元,双方签有《汽车销售合同》。该合同第七条约定:"……卖方保证买方所购车辆为新车,在交付之前已作了必要的检验和清洁,车辆路程表的公里数为18公里且符合卖方提供给买方的随车交付文件中所列的各项规格和指标……"。合同签订当日,张莉向合力华通公司交付了购车款138 000元,同时支付了车辆购置税12 400元、一条龙服务费500元、保险费6060元。同日,合力华通公司将雪佛兰景程轿车一辆交付张莉,张莉为该车办理了机动车登记手续。2007年5月13日,张莉在将车辆送合力华通公司保养时,发现该车曾于2007年1月17日进行过维修。

审理中,合力华通公司表示张莉所购车辆确曾在运输途中造成划伤,于2007年1月17日进行过维修,维修项目包括右前叶子板喷漆、右前门喷漆、右后叶子板喷漆、右前门钣金、右后叶子板钣金、右前叶子板钣金,维修中更换底大边卡扣、油箱门及前叶子板灯总成。送修人系该公司业务员。合力华通公司称,对于车辆曾进行维修之事已在销售时明确告知张莉,并据此予以较大幅度优惠,该车销售定价为151 900元,经协商后该车实际销售价格为138 000元,还赠送了部分装饰。为证明上述事实,合力华通公司提供了车辆维修记录及有张莉签字的日期为2007年2月28日的车辆交接验收单一份,在车辆交接验收单备注一栏中注有"加1/4油,此车右侧有钣喷修复,按约定价格销售"。合力华通公司表示该验收单系该公司保存,张莉手中并无此单。对于合力华通公司提供的上述两份证据,张莉表示对于车辆维修记录没有异议,车辆交接验收单中的签字确系其所签,但合力华通公司在销售时并未告知车辆曾有维修,其在签字时备注一栏中没有"此车右侧有钣喷修复,按约定价格销售"字样。

【裁判结果】

北京市朝阳区人民法院于2007年10月作出(2007)朝民初字第18230号民事判决:一、撤销张莉与合力华通于2007年2月28日签订的《汽车销售合同》;二、张莉于判决生效后七日内将其所购的雪佛兰景程轿车退还合力华通公司;三、合力华通公司于判决生效后七日内退还张莉购车款十二万四千二百元;四、合力华通公司于判决生效后七日内赔偿张莉购置税一万二千四百元、服务费五百元、保险费六千零六十

---

① 案例来源:《最高人民法院关于发布第5批指导性案例的通知》(2013年11月8日 法〔2013〕241号),指导案例17号。

元;五、合力华通公司于判决生效后七日内加倍赔偿张莉购车款十三万八千元;六、驳回张莉其他诉讼请求。宣判后,合力华通公司提出上诉。北京市第二中级人民法院于2008年3月13日作出(2008)二中民终字第00453号民事判决:驳回上诉,维持原判。

【裁判理由】

法院生效裁判认为:原告张莉购买汽车系因生活需要自用,被告合力华通公司没有证据证明张莉购买该车用于经营或其他非生活消费,故张莉购买汽车的行为属于生活消费需要,应当适用《中华人民共和国消费者权益保护法》。

根据双方签订的《汽车销售合同》约定,合力华通公司交付张莉的车辆应为无维修记录的新车,现所售车辆在交付前实际上经过维修,这是双方共同认可的事实,故本案争议的焦点为合力华通公司是否事先履行了告知义务。

车辆销售价格的降低或优惠以及赠送车饰是销售商惯用的销售策略,也是双方当事人协商的结果,不能由此推断出合力华通公司在告知张莉汽车存在瑕疵的基础上对其进行了降价和优惠。合力华通公司提交的有张莉签名的车辆交接验收单,因系合力华通公司单方保存,且备注一栏内容由该公司不同人员书写,加之张莉对此不予认可,该验收单不足以证明张莉对车辆以前维修过有所了解。故对合力华通公司抗辩称其向张莉履行了瑕疵告知义务,不予采信,应认定合力华通公司在售车时隐瞒了车辆存在的瑕疵,有欺诈行为,应退车还款并增加赔偿张莉的损失。

3. 孙银山诉南京欧尚超市有限公司江宁店买卖合同纠纷案①

【关键词】民事 买卖合同 食品安全 十倍赔偿

【裁判要点】

消费者购买到不符合食品安全标准的食品,要求销售者或者生产者依照食品安全法规定支付价款十倍赔偿金或者依照法律规定的其他赔偿标准赔偿的,不论其购买时是否明知食品不符合安全标准,人民法院都应予支持。

【相关法条】

《中华人民共和国食品安全法》第九十六条第二款

【基本案情】

2012年5月1日,原告孙银山在被告南京欧尚超市有限公司江宁店(简称欧尚超市江宁店)购买"玉兔牌"香肠15包,其中价值558.6元的14包香肠已过保质期。孙银山到收银台结账后,即径直到服务台索赔,后因协商未果诉至法院,要求欧尚超市江宁店支付14包香肠售价十倍的赔偿金5586元。

【裁判结果】

江苏省南京市江宁区人民法院于2012年9月10日作出(2012)江宁开民初字第646号民事判决:被告欧尚超市江宁店于判决发生法律效力之日起10日内赔偿原告孙银山5586元。宣判后,双方当事人均未上诉,判决已发生法律效力。

【裁判理由】

法院生效裁判认为:关于原告孙银山是否属于消费者的问题。《中华人民共和国消费者权益保护法》第二条规定:"消费者为生活消费需要购买、使用商品或者接受服务,其权益受本法保护;本法未作规定的,受其他有关法律、法规保护。"消费者是相对于销售者和生产者的概念。只要在市场交易中购买、使用商品或者接受服务是为了个人、家庭生活需要,而不是为了生产经营活动或者职业活动需要的,就应当认定为"为生活消费需要"的消费者,属于消费者权益保护法调整的范围。本案中,原被告双方对孙银山从欧尚超市江宁店购买香肠这一事实不持异议,据此可以认定孙银山实施了购买商品的行为,且孙银山并未将所购香肠用于再次销售经营,欧尚超市江宁店也未提供证据证明其购买商品是为了生产经营。孙银山因购买到超过保质期的食品而索

---

① 案例来源:《最高人民法院关于发布第6批指导性案例的通知》(2014年1月26日 法〔2014〕18号),指导案例23号。

赔,属于行使法定权利。因此欧尚超市江宁店认为孙银山"买假索赔"不是消费者的抗辩理由不能成立。

关于被告欧尚超市江宁店是否属于销售明知是不符合食品安全标准食品的问题。《中华人民共和国食品安全法》(以下简称《食品安全法》)第三条规定:"食品生产经营者应当依照法律、法规和食品安全标准从事生产经营活动,对社会和公众负责,保证食品安全,接受社会监督,承担社会责任。"该法第二十八条第(八)项规定,超过保质期的食品属于禁止生产经营的食品。食品销售者负有保证食品安全的法定义务,应当对不符合安全标准的食品自行及时清理。欧尚超市江宁店作为食品销售者,应当按照保障食品安全的要求储存食品,及时检查待售食品,清理超过保质期的食品,但欧尚超市江宁店仍然摆放并销售货架上超过保质期的"玉兔牌"香肠,未履行法定义务,可以认定为销售明知是不符合食品安全标准的食品。

关于被告欧尚超市江宁店的责任承担问题。《食品安全法》第九十六条第一款规定:"违反本法规定,造成人身、财产或者其他损害的,依法承担赔偿责任。"第二款规定:"生产不符合食品安全标准的食品或者销售明知是不符合食品安全标准的食品,消费者除要求赔偿损失外,还可以向生产者或者销售者要求支付价款十倍的赔偿金。"当销售者销售明知是不符合安全标准的食品时,消费者可以同时主张赔偿损失和支付价款十倍的赔偿金,也可以只主张支付价款十倍的赔偿金。本案中,原告孙银山仅要求欧尚超市江宁店支付售价十倍的赔偿金,属于当事人自行处分权利的行为,应予支持。关于被告欧尚超市江宁店提出原告明知食品过期而购买,希望利用其错误谋求利益,不应予以十倍赔偿的主张,因前述法律规定消费者有权获得支付价款十倍的赔偿金,因该赔偿获得的利益属于法律应当保护的利益,且法律并未对消费者的主观购物动机作出限制性规定,故对其该项主张不予支持。

4. 瑞士嘉吉国际公司诉福建金石制油有限公司等确认合同无效纠纷案①

【关键词】 民事　确认合同无效　恶意串通　财产返还

【裁判要点】

1. 债务人将主要财产以明显不合理低价转让给其关联公司,关联公司在明知债务人欠债的情况下,未实际支付对价的,可以认定债务人与其关联公司恶意串通、损害债权人利益,与此相关的财产转让合同应当认定为无效。

2.《中华人民共和国合同法》第五十九条规定适用于第三人为财产所有权人的情形,在债权人对债务人享有普通债权的情况下,应当根据《中华人民共和国合同法》第五十八条的规定,判令因无效合同取得的财产返还给原财产所有人,而不能根据第五十九条规定直接判令债务人的关联公司因"恶意串通,损害第三人利益"的合同而取得的债务人的财产返还给债权人。

【相关法条】

1.《中华人民共和国合同法》第五十二条第二项

2.《中华人民共和国合同法》第五十八条、第五十九条

【基本案情】

瑞士嘉吉国际公司(Cargill International SA,简称嘉吉公司)与福建金石制油有限公司(简称福建金石公司)以及大连金石制油有限公司、沈阳金石豆业有限公司、四川金石油粕有限公司、北京珂玛美嘉粮油有限公司、宜丰香港有限公司(该六公司以下统称金石集团)存在商业合作关系。嘉吉公司因与金石集团买卖大豆发生争议,双方在国际油类、种子和脂类联合会仲裁过程中于2005年6月26日达成《和解协议》,约定金石集团将在五年内分期偿还债务,并将金石集团旗

---

① 案例来源:《最高人民法院关于发布第8批指导性案例的通知》(2014年12月18日　法〔2014〕327号),指导案例33号。

下福建金石公司的全部资产，包括土地使用权、建筑物和固着物、所有的设备及其他财产抵押给嘉吉公司，作为偿还债务的担保。2005 年 10 月 10 日，国际油类、种子和脂类联合会根据该《和解协议》作出第 3929 号仲裁裁决，确认金石集团应向嘉吉公司支付 1337 万美元。2006 年 5 月，因金石集团未履行该仲裁裁决，福建金石公司也未配合进行资产抵押，嘉吉公司向福建省厦门市中级人民法院申请承认和执行第 3929 号仲裁裁决。2007 年 6 月 26 日，厦门市中级人民法院经审查后裁定对该仲裁裁决的法律效力予以承认和执行。该裁定生效后，嘉吉公司申请强制执行。

2006 年 5 月 8 日，福建金石公司与福建田源生物蛋白科技有限公司（简称田源公司）签订一份《国有土地使用权及资产买卖合同》，约定福建金石公司将其国有土地使用权、厂房、办公楼和油脂生产设备等全部固定资产以 2569 万元人民币（以下未特别注明的均为人民币）的价格转让给田源公司，其中国有土地使用权作价 464 万元、房屋及设备作价 2105 万元，应在合同生效后 30 日内支付全部价款。王晓琪和柳锋分别作为福建金石公司与田源公司的法定代表人在合同上签名。福建金石公司曾于 2001 年 12 月 31 日以 482.1 万元取得本案所涉 32138 平方米国有土地使用权。2006 年 5 月 10 日，福建金石公司与田源公司对买卖合同项下的标的物进行了交接。同年 6 月 15 日，田源公司通过在中国农业银行漳州支行的账户向福建金石公司在同一银行的账户转入 2500 万元。福建金石公司当日从该账户汇出 1300 万元、1200 万元两笔款项至金石集团旗下大连金石制油有限公司账户，用途为往来款。同年 6 月 19 日，田源公司取得上述国有土地使用权证。

2008 年 2 月 21 日，田源公司与漳州开发区汇丰源贸易有限公司（简称汇丰源公司）签订《买卖合同》，约定汇丰源公司购买上述土地使用权及地上建筑物、设备等，总价款为 2669 万元，其中土地价款 603 万元、房屋价款 334 万元、设备价款 1732 万元。汇丰源公司于 2008 年 3 月取得上述国有土地使用权证。汇丰源公司仅于 2008 年 4 月 7 日向田源公司付款 569 万元，此后未付其余价款。

田源公司、福建金石公司、大连金石制油有限公司及金石集团旗下其他公司的直接或间接控制人均为王政良、王晓莉、王晓琪、柳锋。王政良与王晓琪、王晓莉是父女关系，柳锋与王晓琪是夫妻关系。2009 年 10 月 15 日，中纺粮油进出口有限责任公司（简称中纺粮油公司）取得田源公司 80% 的股权。2010 年 1 月 15 日，田源公司更名为中纺粮油（福建）有限公司（简称中纺福建公司）。

汇丰源公司成立于 2008 年 2 月 19 日，原股东为宋明权、杨淑莉。2009 年 9 月 16 日，中纺粮油公司和宋明权、杨淑莉签订《股权转让协议》，约定中纺粮油公司购买汇丰源公司 80% 的股权。同日，中纺粮油公司（甲方）、汇丰源公司（乙方）、宋明权和杨淑莉（丙方）及沈阳金豆食品有限公司（丁方）签订《股权质押协议》，约定：丙方将所拥有汇丰源公司 20% 的股权质押给甲方，作为乙方、丙方、丁方履行"合同义务"之担保；"合同义务"系指乙方、丙方在《股权转让协议》及《股权质押协议》项下因"红豆事件"而产生的所有责任和义务；"红豆事件"是指嘉吉公司与金石集团就进口大豆中掺杂红豆原因而引发的金石集团涉及的一系列诉讼及仲裁纠纷以及与此有关的涉及汇丰源公司的一系列诉讼及仲裁纠纷。还约定，下述情形同时出现之日，视为乙方和丙方的"合同义务"已完全履行：1. 因"红豆事件"而引发的任何诉讼、仲裁案件的全部审理及执行程序均已终结，且乙方未遭受财产损失；2. 嘉吉公司针对乙方所涉合同可能存在的撤销权因超过法律规定的最长期间（五年）而消灭。2009 年 11 月 18 日，中纺粮油公司取得汇丰源公司 80% 的股权。汇丰源公司成立后并未进行实际经营。

由于福建金石公司已无可供执行的财产，导致无法执行，嘉吉公司遂向福建省高级人民法院提起诉讼，请求：一是确认福建金石公司与中纺福建公司签订的《国有土地使用权及资产买卖合同》无效；二是确认中纺福建公司与汇丰源公司签订的国有土地使用权及资产《买卖合同》无效；三是判令汇丰源公司、中纺福建公司将其取得的合同项下财产返还给财产所有人。

【裁判结果】

福建省高级人民法院于 2011 年 10 月 23 日作出 (2007) 闽民初字第 37 号民事判决，确认福建金石公司与田源公司（后更名为中纺福建公司）之间的《国有土地使用权及资产买卖合同》、田源公司与汇丰源公司之间的《买卖合同》无效；判令汇丰源公司于判决生效之日起三十日内向福建金石公司返还因上述合同而取得的国有土地使用权，中纺福建公司于判决生效之日起三十日内向福建金石公司返还因上述合同而取得的房屋、设备。宣判后，福建金石公司、中纺福建公司、汇丰源公司提出上诉。最高人民法院于2012年8月22日作出(2012)民四终字第1号民事判决，驳回上诉，维持原判。

【裁判理由】

最高人民法院认为：因嘉吉公司注册登记地在瑞士，本案系涉外案件，各方当事人对适用中华人民共和国法律审理本案没有异议。本案源于债权人嘉吉公司认为债务人福建金石公司与关联企业田源公司、田源公司与汇丰源公司之间关于土地使用权以及地上建筑物、设备等资产的买卖合同，因属于《中华人民共和国合同法》第五十二条第二项"恶意串通，损害国家、集体或者第三人利益"的情形而应当被认定无效，并要求返还原物。本案争议的焦点问题是：福建金石公司、田源公司（后更名为中纺福建公司）、汇丰源公司相互之间订立的合同是否构成恶意串通、损害嘉吉公司利益的合同？本案所涉合同被认定无效后的法律后果如何？

一、关于福建金石公司、田源公司、汇丰源公司相互之间订立的合同是否构成"恶意串通，损害第三人利益"的合同

首先，福建金石公司、田源公司在签订和履行《国有土地使用权及资产买卖合同》的过程中，其实际控制人之间系亲属关系，且柳锋、王晓琪夫妇分别作为两公司的法定代表人在合同上签署。因此，可以认定在签署以及履行转让福建金石公司国有土地使用权、房屋、设备的合同过程中，田源公司对福建金石公司的状况是非常清楚的，对包括福建金石公司在内的金石集团因"红豆事件"被仲裁裁决确认对嘉吉公司形成1337万美元债务的事实是清楚的。

其次，《国有土地使用权及资产买卖合同》订立于2006年5月8日，其中约定田源公司购买福建金石公司资产的价款为2569万元，国有土地使用权作价464万元、房屋及设备作价2105万元，并未根据相关会计师事务所的评估报告作价。一审法院根据福建金石公司2006年5月31日资产负债表，以其中载明固定资产原价44042705.75元、扣除折旧后固定资产净值为32354833.70元，而《国有土地使用权及资产买卖合同》中对房屋及设备作价仅2105万元，认定《国有土地使用权及资产买卖合同》中约定的购买福建金石公司资产价格为不合理低价是正确的。在明知债务人福建金石公司欠债权人嘉吉公司巨额债务的情况下，田源公司以明显不合理低价购买福建金石公司的主要资产，足以证明其与福建金石公司在签订《国有土地使用权及资产买卖合同》时具有主观恶意，属恶意串通，且该合同的履行足以损害债权人嘉吉公司的利益。

第三，《国有土地使用权及资产买卖合同》签订后，田源公司虽然向福建金石公司在同一银行的账户转账2500万元，但该转账并未注明款项用途，且福建金石公司于当日将2500万元分两笔汇入其关联企业大连金石制油有限公司账户；又根据福建金石公司和田源公司当年的财务报表，并未体现该笔2500万元的入账或支出，而是体现出田源公司尚欠福建金石公司"其他应付款"121224155.87元。一审法院据此认定田源公司并未根据《国有土地使用权及资产买卖合同》向福建金石公司实际支付价款是合理的。

第四，从公司注册登记资料看，汇丰源公司成立时股东构成似与福建金石公司无关，但在汇丰源公司股权变化的过程中可以看出，汇丰源公司在与田源公司签订《买卖合同》时对转让的资产来源以及福建金石公司对嘉吉公司的债务是明知的。《买卖合同》约定的价款为2669万元，与田源公司从福建金石公司购入该资产的约定价格相差不大。汇丰源公司除已向田源公司支付569万元外，其余款项未付。一审法院据此认定汇丰源公司与田源公司签订《买卖合同》时恶意串通并足以损害债权人嘉吉公司的利益，并无不当。

综上，福建金石公司与田源公司签订的《国有土地使用权及资产买卖合同》、田源公司与汇丰源公司签订的《买卖合同》，属于恶意串通、损害嘉吉公司利益的合同。根据合同法第五十二

条第二项的规定,均应当认定无效。

二、关于本案所涉合同被认定无效后的法律后果

对于无效合同的处理,人民法院一般应当根据合同法第五十八条"合同无效或者被撤销后,因该合同取得的财产,应当予以返还;不能返还或者没有必要返还的,应当折价补偿。有过错的一方应当赔偿对方因此所受到的损失,双方都有过错的,应当各自承担相应的责任"的规定,判令取得财产的一方返还财产。本案涉及的两份合同均被认定无效,两份合同涉及的财产相同,其中国有土地使用权已经从福建金石公司经田源公司变更至汇丰源公司名下,在没有证据证明本案所涉房屋已经由田源公司过户至汇丰源公司名下、所涉设备已经由田源公司交付汇丰源公司的情况下,一审法院直接判令取得国有土地使用权的汇丰源公司、取得房屋和设备的田源公司分别就各自取得的财产返还给福建金石公司并无不当。

合同法第五十九条规定:"当事人恶意串通,损害国家、集体或者第三人利益的,因此取得的财产收归国家所有或者返还集体、第三人。"该条规定应当适用于能够确定第三人为财产所有权人的情况。本案中,嘉吉公司对福建金石公司享有普通债权,本案所涉财产系福建金石公司的财产,并非嘉吉公司的财产,因此只能判令将系争财产返还给福建金石公司,而不能直接判令返还给嘉吉公司。

(六)技术合同

◎ 司法解释

最高人民法院关于审理技术合同纠纷案件适用法律若干问题的解释

- 2020 年 12 月 29 日
- 法释〔2020〕19 号

为了正确审理技术合同纠纷案件,根据《中华人民共和国民法典》《中华人民共和国专利法》和《中华人民共和国民事诉讼法》等法律的有关规定,结合审判实践,现就有关问题作出以下解释。

一、一般规定

第一条 技术成果,是指利用科学技术知识、信息和经验作出的涉及产品、工艺、材料及其改进等的技术方案,包括专利、专利申请、技术秘密、计算机软件、集成电路布图设计、植物新品种等。

技术秘密,是指不为公众所知悉、具有商业价值并经权利人采取相应保密措施的技术信息。

第二条 民法典第八百四十七条第二款所称"执行法人或者非法人组织的工作任务",包括:

(一)履行法人或者非法人组织的岗位职责或者承担其交付的其他技术开发任务;

(二)离职后一年内继续从事与其原所在法人或者非法人组织的岗位职责或者交付的任务有关的技术开发工作,但法律、行政法规另有规定的除外。

法人或者非法人组织与其职工就职工在职期间或者离职以后所完成的技术成果的权益有约定的,人民法院应当依约定确认。

第三条 民法典第八百四十七条第二款所称"物质技术条件",包括资金、设备、器材、原材料、未公开的技术信息和资料等。

第四条 民法典第八百四十七条第二款所称"主要是利用法人或者非法人组织的物质技术条件",包括职工在技术成果的研究开发过程中,全部或者大部分利用了法人或者非法人组织的资金、设备、器材或者原材料等物质条件,并且这些物质条件对形成该技术成果具有实质性的影响;还包括该技术成果实质性内容是在法人或者非法人组织尚未公开的技术成果、阶段性技术成果基础上完成的情形。但下列情况除外:

(一)对利用法人或者非法人组织提供的物质技术条件,约定返还资金或者交纳使用费的;

(二)在技术成果完成后利用法人或者非法人组织的物质技术条件对技术方案进行验证、测试的。

第五条 个人完成的技术成果,属于执行原所在法人或者非法人组织的工作任务,又主要利用了现所在法人或者非法人组织的物质技术条件的,应当按照该自然人原所在和现所在法人或者非法人组织达成的协议确认权益。不能达成协议的,根据对完成该项技术成果的贡献大小由双方合理分享。

第六条 民法典第八百四十七条所称"职务技术成果的完成人"、第八百四十八条所称"完成技术成果的个人",包括对技术成果单独或者共同作出创造性贡献的人,也即技术成果的发明人或者设计人。人民法院在对创造性贡献进行认定时,应当分解所涉及技术成果的实质性技术构成。提出实质性技术构成并由此实现技术方案的人,是作出创造性贡献的人。

提供资金、设备、材料、试验条件,进行组织管理,协助绘制图纸、整理资料、翻译文献等人员,不属于职务技术成果的完成人、完成技术成果的个人。

第七条 不具有民事主体资格的科研组织订立的技术合同,经法人或者非法人组织授权或者认可的,视为法人或者非法人组织订立的合同,由法人或者非法人组织承担责任;未经法人或者非法人组织授权或者认可的,由该科研组织成员共同承担责任,但法人或者非法人组织因该合同受益的,应当在其受益范围内承担相应责任。

前款所称不具有民事主体资格的科研组织,包括法人或者非法人组织设立的从事技术研究开发、转让等活动的课题组、工作室等。

第八条 生产产品或者提供服务依法须经有关部门审批或者取得行政许可,而未经审批或者许可的,不影响当事人订立的相关技术合同的效力。

当事人对办理前款所称审批或者许可的义务没有约定或者约定不明确的,人民法院应当判令由实施技术的一方负责办理,但法律、行政法规另有规定的除外。

第九条 当事人一方采取欺诈手段,就其现有技术成果作为研究开发标的与他人订立委托开发合同收取研究开发费用,或者就同一研究开发课题先后与两个或者两个以上的委托人分别订立委托开发合同重复收取研究开发费用,使对方在违背真实意思的情况下订立的合同,受损害方依照民法典第一百四十八条规定请求撤销合同的,人民法院应当予以支持。

第十条 下列情形,属于民法典第八百五十条所称的"非法垄断技术":

(一)限制当事人一方在合同标的技术基础上进行新的研究开发或者限制其使用所改进的技术,或者双方交换改进技术的条件不对等,包括要求一方将其自行改进的技术无偿提供给对方、非互惠性转让给对方、无偿独占或者共享该改进技术的知识产权;

(二)限制当事人一方从其他来源获得与技术提供方类似技术或者与其竞争的技术;

(三)阻碍当事人一方根据市场需求,按照合理方式充分实施合同标的技术,包括明显不合理地限制技术接受方实施合同标的技术生产产品或者提供服务的数量、品种、价格、销售渠道和出口市场;

(四)要求技术接受方接受并非实施技术必不可少的附带条件,包括购买非必需的技术、原材料、产品、设备、服务以及接收非必需的人员等;

(五)不合理地限制技术接受方购买原材料、零部件、产品或者设备等的渠道或者来源;

(六)禁止技术接受方对合同标的技术知识产权的有效性提出异议或者对提出异议附加条件。

第十一条 技术合同无效或者被撤销后,技术开发合同研究开发人、技术转让合同让与人、技术许可合同许可人、技术咨询合同和技术服务合同的受托人已经履行或者部分履行了约定的义务,并且造成合同无效或者被撤销的过错在对方的,对其已履行部分应当收取的研究开发经费、技术使用费、提供咨询服务的报酬,人民法院可以认定为因对方原因导致合同无效或者被撤销给其造成的损失。

技术合同无效或者被撤销后,因履行合同所完成新的技术成果或者在他人技术成果基础上完成后续改进技术成果的权利归属和利益分享,当事人不能重新协议确定的,人民法院可以判决由完成技术成果的一方享有。

第十二条　根据民法典第八百五十条的规定,侵害他人技术秘密的技术合同被确认无效后,除法律、行政法规另有规定的以外,善意取得该技术秘密的一方当事人可以在其取得时的范围内继续使用该技术秘密,但应当向权利人支付合理的使用费并承担保密义务。

当事人双方恶意串通或者一方知道或者应当知道另一方侵权仍与其订立或者履行合同的,属于共同侵权,人民法院应当判令侵权人承担连带赔偿责任和保密义务,因此取得技术秘密的当事人不得继续使用该技术秘密。

第十三条　依照前条第一款规定可以继续使用技术秘密的人与权利人就使用费支付发生纠纷的,当事人任何一方都可以请求人民法院予以处理。继续使用技术秘密但又拒不支付使用费,人民法院可以根据权利人的请求判令使用人停止使用。

人民法院在确定使用费时,可以根据权利人通常对外许可该技术秘密的使用费或者使用人取得该技术秘密所支付的使用费,并考虑该技术秘密的研究开发成本、成果转化和应用程度以及使用人的使用规模、经济效益等因素合理确定。

不论使用人是否继续使用技术秘密,人民法院均应当判令其向权利人支付已使用期间的使用费。使用人已向无效合同的让与人或者许可人支付的使用费应当由让与人或者许可人负责返还。

第十四条　对技术合同的价款、报酬和使用费,当事人没有约定或者约定不明确的,人民法院可以按照以下原则处理:

(一)对于技术开发合同和技术转让合同、技术许可合同,根据有关技术成果的研究开发成本、先进性、实施转化和应用的程度,当事人享有的权益和承担的责任,以及技术成果的经济效益等合理确定;

(二)对于技术咨询合同和技术服务合同,根据有关咨询服务工作的技术含量、质量和数量,以及已经产生和预期产生的经济效益等合理确定。

技术合同价款、报酬、使用费中包含非技术性款项的,应当分项计算。

第十五条　技术合同当事人一方迟延履行主要债务,经催告后在30日内仍未履行,另一方依据民法典第五百六十三条第一款第(三)项的规定主张解除合同的,人民法院应当予以支持。

当事人在催告通知中附有履行期限且该期限超过30日的,人民法院应当认定该履行期限为民法典第五百六十三条第一款第(三)项规定的合理期限。

第十六条　当事人以技术成果向企业出资但未明确约定权属,接受出资的企业主张该技术成果归其享有的,人民法院一般应当予以支持,但是该技术成果价值与该技术成果所占出资额比例明显不合理损害出资人利益的除外。

当事人对技术成果的权属约定有比例的,视为共同所有,其权利使用和利益分配,按共有技术成果的有关规定处理,但当事人另有约定的,从其约定。

当事人对技术成果的使用权约定有比例的,人民法院可以视为当事人对实施该项技术成果所获收益的分配比例,但当事人另有约定的,从其约定。

二、技术开发合同

第十七条　民法典第八百五十一条第一款所称"新技术、新产品、新工艺、新品种或者新材料及其系统",包括当事人在订立技术合同时尚未掌握的产品、工艺、材料及其系统等技术方案,但对技术上没有创新的现有产品的改型、工艺变更、材料配方调整以及对技术成果的验证、测试和使用除外。

第十八条　民法典第八百五十一条第四款规定的"当事人之间就具有实用价值的科技成果实施转化订立的"技术转化合同,是指当事人之间就具有实用价值但尚未实现工业化应用的科技成果包括阶段性技术成果,以实现该科技成果工业化应用为目标,约定后续试验、开发和应用等内容的合同。

第十九条　民法典第八百五十五条所称"分工参与研究开发工作",包括当事人按照约定的计划和分工,共同或者分别承担设计、工艺、试验、试制等工作。

技术开发合同当事人一方仅提供资金、设备、材料等物质条件或者承担辅助协作事项，另一方进行研究开发工作的，属于委托开发合同。

第二十条 民法典第八百六十一条所称"当事人均有使用和转让的权利"，包括当事人均有不经对方同意而自己使用或者以普通使用许可的方式许可他人使用技术秘密，并独占由此所获利益的权利。当事人一方将技术秘密成果的转让权让与他人，或者以独占或者排他使用许可的方式许可他人使用技术秘密，未经对方当事人同意或者追认的，应当认定该让与或者许可行为无效。

第二十一条 技术开发合同当事人依照民法典的规定或者约定自行实施专利或使用技术秘密，但因其不具备独立实施专利或使用技术秘密的条件，以一个普通许可方式许可他人实施或者使用的，可以准许。

三、技术转让合同和技术许可合同

第二十二条 就尚待研究开发的技术成果或者不涉及专利、专利申请或者技术秘密的知识、技术、经验和信息所订立的合同，不属于民法典第八百六十二条规定的技术转让合同或者技术许可合同。

技术转让合同中关于让与人向受让人提供实施技术的专用设备、原材料或者提供有关的技术咨询、技术服务的约定，属于技术转让合同的组成部分。因此发生的纠纷，按照技术转让合同处理。

当事人以技术入股方式订立联营合同，但技术入股人不参与联营体的经营管理，并且以保底条款形式约定联营体或者联营对方支付其技术价款或者使用费的，视为技术转让合同或者技术许可合同。

第二十三条 专利申请权转让合同当事人以专利申请被驳回或者被视为撤回为由请求解除合同，该事实发生在依照专利法第十条第三款的规定办理专利申请权转让登记之前的，人民法院应当予以支持；发生在转让登记之后的，不予支持，但当事人另有约定的除外。

专利申请因专利申请权转让合同成立时即存在尚未公开的同样发明创造的在先专利申请被驳回，当事人依据民法典第五百六十三条第一款第(四)项的规定请求解除合同的，人民法院应当予以支持。

第二十四条 订立专利权转让合同或者专利申请权转让合同前，让与人自己已经实施发明创造，在合同生效后，受让人要求让与人停止实施的，人民法院应当予以支持，但当事人另有约定的除外。

让与人与受让人订立的专利权、专利申请权转让合同，不影响在合同成立之前让与人与他人订立的相关专利实施许可合同或者技术秘密转让合同的效力。

第二十五条 专利实施许可包括以下方式：

（一）独占实施许可，是指许可人在约定许可实施专利的范围内，将该专利仅许可一个被许可人实施，许可人依约定不得实施该专利；

（二）排他实施许可，是指许可人在约定许可实施专利的范围内，将该专利仅许可一个被许可人实施，但许可人依约定可以自行实施该专利；

（三）普通实施许可，是指许可人在约定许可实施专利的范围内许可他人实施该专利，并且可以自行实施该专利。

当事人对专利实施许可方式没有约定或者约定不明确的，认定为普通实施许可。专利实施许可合同约定被许可人可以再许可他人实施专利的，认定该再许可为普通实施许可，但当事人另有约定的除外。

技术秘密的许可使用方式，参照本条第一、二款的规定确定。

第二十六条 专利实施许可合同许可人负有在合同有效期内维持专利权有效的义务，包括依法缴纳专利年费和积极应对他人提出宣告专利权无效的请求，但当事人另有约定的除外。

第二十七条 排他实施许可合同许可人不具独立实施其专利的条件，以一个普通许可的方式许可他人实施专利的，人民法院可以认定为许可人自己实施专利，但当事人另有约定的除外。

第二十八条 民法典第八百六十四条所称"实施专利或者使用技术秘密的范围"，包括实施专利或者使用技术秘密的期限、地域、方式以及接触技术秘密的人员等。

当事人对实施专利或者使用技术秘密的期限没有约定或者约定不明确的,受让人、被许可人实施专利或者使用技术秘密不受期限限制。

第二十九条 当事人之间就申请专利的技术成果所订立的许可使用合同,专利申请公开以前,适用技术秘密许可合同的有关规定;发明专利申请公开以后、授权以前,参照适用专利实施许可合同的有关规定;授权以后,原合同即为专利实施许可合同,适用专利实施许可合同的有关规定。

人民法院不以当事人就已经申请专利但尚未授权的技术订立专利实施许可合同为由,认定合同无效。

四、技术咨询合同和技术服务合同

第三十条 民法典第八百七十八条第一款所称"特定技术项目",包括有关科学技术与经济社会协调发展的软科学研究项目,促进科技进步和管理现代化、提高经济效益和社会效益等运用科学知识和技术手段进行调查、分析、论证、评价、预测的专业性技术项目。

第三十一条 当事人对技术咨询合同委托人提供的技术资料和数据或者受托人提出的咨询报告和意见未约定保密义务,当事人一方引用、发表或者向第三人提供的,不认定为违约行为,但侵害对方当事人对此享有的合法权益的,应当依法承担民事责任。

第三十二条 技术咨询合同受托人发现委托人提供的资料、数据等有明显错误或者缺陷,未在合理期限内通知委托人的,视为其对委托人提供的技术资料、数据等予以认可。委托人在接到受托人的补正通知后未在合理期限内答复并予补正的,发生的损失由委托人承担。

第三十三条 民法典第八百七十八条第二款所称"特定技术问题",包括需要运用专业技术知识、经验和信息解决的有关改进产品结构、改良工艺流程、提高产品质量、降低产品成本、节约资源能耗、保护资源环境、实现安全操作、提高经济效益和社会效益等专业技术问题。

第三十四条 当事人一方以技术转让或者技术许可的名义提供已进入公有领域的技术,或者在技术转让合同、技术许可合同履行过程中合同标的技术进入公有领域,但是技术提供方进行技术指导、传授技术知识,为对方解决特定技术问题符合约定条件的,按照技术服务合同处理,约定的技术转让费、使用费可以视为提供技术服务的报酬和费用,但是法律、行政法规另有规定的除外。

依照前款规定,技术转让费或者使用费视为提供技术服务的报酬和费用明显不合理的,人民法院可以根据当事人的请求合理确定。

第三十五条 技术服务合同受托人发现委托人提供的资料、数据、样品、材料、场地等工作条件不符合约定,未在合理期限内通知委托人的,视为其对委托人提供的工作条件予以认可。委托人在接到受托人的补正通知后未在合理期限内答复并予补正的,发生的损失由委托人承担。

第三十六条 民法典第八百八十七条规定的"技术培训合同",是指当事人一方委托另一方对指定的学员进行特定项目的专业技术训练和技术指导所订立的合同,不包括职业培训、文化学习和按照行业、法人或者非法人组织的计划进行的职工业余教育。

第三十七条 当事人对技术培训必需的场地、设施和试验条件等工作条件的提供和管理责任没有约定或者约定不明确的,由委托人负责提供和管理。

技术培训合同委托人派出的学员不符合约定条件,影响培训质量的,由委托人按照约定支付报酬。

受托人配备的教员不符合约定条件,影响培训质量,或者受托人未按照计划和项目进行培训,导致不能实现约定培训目标的,应当减收或者免收报酬。

受托人发现学员不符合约定条件或者委托人发现教员不符合约定条件,未在合理期限内通知对方,或者接到通知的一方未在合理期限内按约定改派的,应当由负有履行义务的当事人承担相应的民事责任。

第三十八条 民法典第八百八十七条规定的"技

术中介合同",是指当事人一方以知识、技术、经验和信息为另一方与第三人订立技术合同进行联系、介绍以及对履行合同提供专门服务所订立的合同。

第三十九条　中介人从事中介活动的费用,是指中介人在委托人和第三人订立技术合同前,进行联系、介绍活动所支出的通信、交通和必要的调查研究等费用。中介人的报酬,是指中介人为委托人与第三人订立技术合同以及对履行该合同提供服务应当得到的收益。

当事人对中介人从事中介活动的费用负担没有约定或者约定不明确的,由中介人承担。当事人约定该费用由委托人承担但未约定具体数额或者计算方法的,由委托人支付中介人从事中介活动支出的必要费用。

当事人对中介人的报酬数额没有约定或者约定不明确的,应当根据中介人所进行的劳务合理确定,并由委托人承担。仅在委托人与第三人订立的技术合同中约定中介条款,但未约定给付中介人报酬或者约定不明确的,应当支付的报酬由委托人和第三人平均承担。

第四十条　中介人未促成委托人与第三人之间的技术合同成立的,其要求支付报酬的请求,人民法院不予支持;其要求委托人支付其从事中介活动必要费用的请求,应当予以支持,但当事人另有约定的除外。

中介人隐瞒与订立技术合同有关的重要事实或者提供虚假情况,侵害委托人利益的,应当根据情况免收报酬并承担赔偿责任。

第四十一条　中介人对造成委托人与第三人之间的技术合同的无效或者被撤销没有过错,并且该技术合同的无效或者被撤销不影响有关中介条款或者技术中介合同继续有效,中介人要求按照约定或者本解释的有关规定给付从事中介活动的费用和报酬的,人民法院应当予以支持。

中介人收取从事中介活动的费用和报酬不应当被视为委托人与第三人之间的技术合同纠纷中一方当事人的损失。

**五、与审理技术合同纠纷
有关的程序问题**

第四十二条　当事人将技术合同和其他合同内容或者将不同类型的技术合同内容订立在一个合同中的,应当根据当事人争议的权利义务内容,确定案件的性质和案由。

技术合同名称与约定的权利义务关系不一致的,应当按照约定的权利义务内容,确定合同的类型和案由。

技术转让合同或者技术许可合同中约定让与人或者许可人负责包销或者回购受让人、被许可人实施合同标的技术制造的产品,仅因让与人或者许可人不履行或者不能全部履行包销或者回购义务引起纠纷,不涉及技术问题的,应当按照包销或者回购条款约定的权利义务内容确定案由。

第四十三条　技术合同纠纷案件一般由中级以上人民法院管辖。

各高级人民法院根据本辖区的实际情况并报经最高人民法院批准,可以指定若干基层人民法院管辖第一审技术合同纠纷案件。

其他司法解释对技术合同纠纷案件管辖另有规定的,从其规定。

合同中既有技术合同内容,又有其他合同内容,当事人就技术合同内容和其他合同内容均发生争议的,由具有技术合同纠纷案件管辖权的人民法院受理。

第四十四条　一方当事人以诉讼争议的技术合同侵害他人技术成果为由请求确认合同无效,或者人民法院在审理技术合同纠纷中发现可能存在该无效事由的,人民法院应当依法通知有关利害关系人,其可以作为有独立请求权的第三人参加诉讼或者依法向有管辖权的人民法院另行起诉。

利害关系人在接到通知后15日内不提起诉讼的,不影响人民法院对案件的审理。

第四十五条　第三人向受理技术合同纠纷案件的人民法院就合同标的技术提出权属或者侵权请求时,受诉人民法院对此也有管辖权的,可以将权属或者侵权纠纷与合同纠纷合并审理;受诉人民法院对此没有管辖权的,应当告知其向有管辖权的人民法院另行起诉或者将已经受理的权属或者侵权纠纷案件移送有管辖权的人民法院。权属或者侵权纠纷另案受理后,合同纠纷应当中止诉讼。

专利实施许可合同诉讼中,被许可人或者第三人向国家知识产权局请求宣告专利权无效,人民法院可以不中止诉讼。在案件审理过程中专利权被宣告无效的,按照专利法第四十七条第二款和第三款的规定处理。

六、其他

第四十六条 计算机软件开发等合同争议,著作权法以及其他法律、行政法规另有规定的,依照其规定;没有规定的,适用民法典第三编第一分编的规定,并可以参照民法典第三编第二分编第二十章和本解释的有关规定处理。

第四十七条 本解释自2005年1月1日起施行。

◎ 司法文件

全国法院知识产权审判工作会议关于审理技术合同纠纷案件若干问题的纪要

● 2001年6月19日

1999年3月15日,第九届全国人民代表大会第二次会议通过《中华人民共和国合同法》(以下简称合同法),并于同年10月1日起施行。合同法的颁布与施行,结束了经济合同法、涉外经济合同法和技术合同法三部合同法并存的局面,实现了三部合同法的统一。我国合同法律制度发生了重大变革。根据合同法规定,技术合同法被废止,其主要内容已被吸收在合同法分则的第十八章技术合同中。与之相适应,最高人民法院根据技术合同法和技术合同法实施条例制定的《关于审理科技纠纷案件的若干问题的规定》司法解释,也被废止。为了适应我国合同法律制度的重大变革,实现新旧合同法律制度的平稳过渡,最高人民法院正在有计划、有步骤地制定有关合同法的司法解释,目前已发布了《关于适用〈中华人民共和国合同法〉若干问题的解释》(一),有关技术合同部分的司法解释被列为《关于适用〈中华人民共和国合同法〉若干问题的解释》(三)。

1999年8月,最高人民法院即开始进行《解释》(三)的起草工作,在对原有的技术合同法律、行政法规和司法解释进行清理的基础上,并根据合同法对技术合同新的规定和审判实践中出现的新情况、新问题,形成了征求意见稿。1999年11月,为贯彻执行合同法,最高人民法院在安徽省合肥市召开全国法院技术合同审判工作座谈会,全国31个高院和22个中院、2个基层法院近70余名代表参加了会议,李国光副院长出席会议并作了重要讲话。座谈会上对征求意见稿进行了充分讨论,有近20个法院还提交了书面意见。国家科技部和国家知识产权局亦派代表参加了会议。2000年4月上旬,原知识产权庭与国家科技部又共同在西安市召开技术合同法律问题研讨会,再次就征求意见稿征求了部分地方科委、科协组织、知识产权诉讼律师和专利代理人的意见。此后,还向全国人大常委会法工委、国务院法制办等8个部门和郑成思、梁慧星等11名专家书面征求意见。在广泛征求意见并反复修改的基础上,形成送审稿。

2001年6月12日至15日,最高人民法院在上海市召开全国法院知识产权审判工作会议。全国30个高级人民法院、新疆高院生产建设兵团分院、解放军军事法院、24个中级人民法院分管知识产权审判工作的副院长、知识产权审判庭或者负责知识产权审判工作的业务庭庭长或副庭长,以及全国人大法工委、全国人大教科文卫委、国务院法制办、国家科技部、国家工商行政管理总局、国家知识产权局、国家版权局等单位的负责同志,中国社会科学院知识产权中心、清华大学法学院、北京大学知识产权学院、中国人民大学知识产权教学与研究中心的著名专家学者等共120余人参加了会议。最高人民法院副院长曹建明出席会议并作了讲话。会议分析了当前知识产权审判工作面临的形势,总结了近二十年来知识产权审判工作的经验,部署了当前和今后一段时期人民法院知识产权审判工作的任务。会议着重围绕我国"入世"对知识产权审判工作的影响及应做的准备工作,贯彻新修改的专利法、合同法以及其他知识产权法律,充分发挥知识产权审判整体职能等议题,进行了深人的讨论。会议还对技术合同纠纷案件适用法律的若干问题进行了研讨。会议认为,为解决当前人民法院审理技术合同纠纷案件的急需,有必要将已经成熟的一些审判技术合同若干适用法律问题的原则纪要发给各地人民法院,以作为指导全国法院审理技术合同纠纷案件的指导意见。各地法院在执行中,要继续总结经验,及时将执行中有关问题反映给最高人民法院民事审判第三庭。以便将审判技术合同纠纷适用法律的司法解释稿修改得更加完善,待提交最高人民法院审判委员会讨论通过后正式发布施行。现就审理技术合同纠纷案件适用法律的若干问题纪要如下:

一、一般规定

(一) 技术成果和技术秘密

1. 合同法第十八章所称技术成果,是指利用科学技术知识、信息和经验作出的产品、工艺、材料及其改进等技术方案,包括专利、专利申请、技术秘密和其他能够取得知识产权的技术成果(如植物新品种、计算机软件、集成电路布图设计和新药成果等)。

2. 合同法第十八章所称的技术秘密,是指不为公众所知悉、能为权利人带来经济利益、具有实用性并经权利人采取保密措施的技术信息。

前款所称不为公众所知悉,是指该技术信息的整体或者精确的排列组合或者要素,并非为通常涉及该信息有关范围的人所普遍知道或者容易获得;能为权利人带来经济利益、具有实用性,是指该技术信息因属于秘密而具有商业价值,能够使拥有者获得经济利益或者获得竞争优势;权利人采取保密措施,是指该技术信息的合法拥有者根据有关情况采取的合理措施,在正常情况下可以使该技术信息得以保密。

合同法所称技术秘密与技术秘密成果是同义语。

(二) 职务技术成果与非职务技术成果

3. 法人或者其他组织与其职工在劳动合同或者其他协议中就职工在职期间或者离职以后所完成的技术成果的权益有约定的,依其约定确认。但该约定依法应当认定为无效或者依法被撤销、解除的除外。

4. 合同法第三百二十六条第二款所称执行法人或者其他组织的工作任务,是指:

(1) 职工履行本岗位职责或者承担法人或者其他组织交付的其他科学研究和技术开发任务。

(2) 离职、退职、退休后一年内继续从事与其原所在法人或者其他组织的岗位职责或者交付的任务有关的科学研究和技术开发,但法律、行政法规另有规定或者当事人另有约定的除外。

前款所称岗位职责,是指根据法人或者其他组织的规定,职工所在岗位的工作任务和责任范围。

5. 合同法第三百二十六条第二款所称物质技术条件,是指资金、设备、器材、原材料、未公开的技术信息和资料。

合同法第三百二十六条第二款所称主要利用法人或者其他组织的物质技术条件,是指职工在完成技术成果的研究开发过程中,全部或者大部分利用了法人或者其他组织的资金、设备、器材或者原材料,或者该技术成果的实质性内容是在该法人或者其他组织尚未公开的技术成果、阶段性技术成果或者关键技术的基础上完成的。但对利用法人或者其他组织提供的物质技术条件,约定返还资金或者交纳使用费的除外。

在研究开发过程中利用法人或者其他组织已对外公开或者已为本领域普通技术人员公知的技术信息,或者在技术成果完成后利用法人或者其他组织的物质条件对技术方案进行验证、测试的,不属于主要利用法人或者其他组织的物质技术条件。

6. 完成技术成果的个人既执行了原所在法人或者其他组织的工作任务,又就同一科学研究或者技术开发课题主要利用了现所在法人或者其他组织的物质技术条件所完成的技术成果的权益,由其原所在法人或者其他组织和现所在法人或者其他组织协议确定,不能达成协议的,由双方合理分享。

7. 职工于本岗位职责或者其所在法人或者其他组织交付的任务之外从事业余兼职活动或者与他人合作完成的技术成果的权益,按照其聘用人(兼职单位)或者合作人的约定确认。没有约定或者约定不明确,依照合同法第六十一条的规定不能达成补充协议的,按照合同法第三百二十六条和第三百二十七条的规定确认。

依照前款规定处理时不得损害职工所在的法人或者其他组织的技术权益。

8. 合同法第三百二十六条和第三百二十七条所称完成技术成果的个人,是指对技术成果单独或者共同作出创造性贡献的人,不包括仅提供资金、设备、材料、试验条件的人员,进行组织管理的人员,协助绘制图纸、整理资料、翻译文献等辅助服务人员。

判断创造性贡献时,应当分解技术成果的实质性技术构成,提出实质性技术构成和由此实现技术方案的人是作出创造性贡献的人。对技术成果做出创造性贡献的人为发明人或者设计人。

(三)技术合同的主体

9. 法人或者其他组织设立的从事技术研究开发、转让等活动的不具有民事主体资格的科研组织(包括课题组、工作室等)订立的技术合同,经法人或者其他组织授权或者认可的,视为法人或者其他组织订立的合同,由法人或者其他组织承担责任;未经法人或者其他组织授权或者认可的,由该科研组织成员共同承担责任,但法人或者其他组织因该合同受益的,应当在其受益范围内承担相应的责任。

(四)技术合同的效力

10. 技术合同不因下列事由无效:

(1)合同标的技术未经技术鉴定;

(2)技术合同未经登记或者未向有关部门备案;

(3)以已经申请专利尚未授予专利权的技术订立专利实施许可合同。

11. 技术合同内容有下列情形的,属于合同法第三百二十九条所称"非法垄断技术,妨碍技术进步":

(1)限制另一方在合同标的技术的基础上进行新的研究开发,或者双方交换改进技术的条件不对等,包括要求一方将其自行改进的技术无偿地提供给对方、非互惠性的转让给对方、无偿地独占或者共享该改进技术的知识产权;

(2)限制另一方从其他来源吸收技术;

(3)阻碍另一方根据市场的需求,按照合理的方式充分实施合同标的技术,包括不合理地限制技术接受方实施合同标的技术生产产品或者提供服务的数量、品种、价格、销售渠道和出口市场;

(4)要求技术接受方接受并非实施技术必不可少的附带条件,包括购买技术接受方并不需要的技术、服务、原材料、设备或者产品等和接收技术接受方并不需要的人才等;

(5)不合理地限制技术接受方自由选择从不同来源购买原材料、零部件或者设备等。

(6)禁止技术接受方对合同标的技术的知识产权的有效性提出异议的条件。

12. 技术合同内容有下列情形的,属于合同法第三百二十九条所称侵害他人技术成果:

(1)侵害他人专利权、专利申请权、专利实施权的;

(2)侵害他人技术秘密成果使用权、转让权的;

(3)侵害他人植物新品种权、植物新品种申请权、植物新品种实施权的;

(4)侵害他人计算机软件著作权、集成电路电路布图设计权、新药成果权等技术成果权的;

(5)侵害他人发明权、发现权以及其他科技成果权的。

侵害他人发明权、发现权以及其他科技成果权等技术成果完成人人身权利的合同,合同部分无效,不影响其他部分效力的,其他部分仍然有效。

13. 当事人使用或者转让其独立研究开发或者以其他正当方式取得的与他人的技术秘密相同或者近似的技术秘密的,不属于合同法第三百二十九条所称侵害他人技术成果。

通过合法的参观访问或者对合法取得的产品进行拆卸、测绘、分析等反向工程手段掌握相关技术的,属于前款所称以其他正当方式取得。但法律另有规定或者当事人另有约定的除外。

14. 除当事人另有约定或者技术成果的权利人追认的以外,技术秘密转让合同和专利实施许可合同的受让人,将合同标的技术向他人转让而订立的合同无效。

15. 技术转让合同中既有专利权转让或者专利实施许可内容,又有技术秘密转让内容,专利权被宣告无效或者技术秘密被他人公开的,不影响合同中另一部分内容的效力。但当事人另有约定的除外。

16. 当事人一方采取欺诈手段,就其现有技术成果作为研究开发标的与他人订立委托开发合同收取研究开发费用,或者就同一研究开发课题先后与两个或者两个以上的委托人分别订立委托开发合同重复收取研究开发费用的,受损害方可以依照合同法第五十四条第二款的规定请求变更或者撤销合同,但属于合同法第五十二条和第三百二十九条规定的情形应当对合同作无效处理的除外。

17. 技术合同无效或者被撤销后,研究开发人、让与人、受托人已经履行了约定的义务,且造成合同无效或者被撤销的过错在对方的,其按约定应当收取的研究开发经费、技术使用费和提供咨询服务的报酬,可以视为因对方原因导致合同无效或者被撤销给其造成的损失。

18. 技术合同无效或者被撤销后,当事人因合同取得的技术资料、样品、样机等技术载体应当返还权利人,并不得保留复制品;涉及技术秘密的,当事人依法负有保密义务。

19. 技术合同无效或者被撤销后,因履行合同所完成的新的技术成果或者在他人技术成果的基础上完成的后续改进部分的技术成果的权利归属和利益分享,当事人不能重新协议确定的,由完成技术成果的一方当事人享有。

20. 侵害他人技术秘密成果使用权、转让权的技术合同无效后,除法律、行政法规另有规定的以外,善意、有偿取得该技术秘密的一方可以继续使用该技术秘密,但应当向权利人支付合理的使用费并承担保密义务。除与权利人达成协议以外,善意取得的一方(使用人)继续使用该技术秘密不得超过其取得时确定的使用范围。当事人双方恶意串通或者一方明知或者应知另一方侵权仍然与其订立或者履行合同的,属于共同侵权,应当承担连带赔偿责任和保密义务,因该无效合同而取得技术秘密的当事人不得继续使用该技术秘密。

前款规定的使用费由使用人与权利人协议确定,不能达成协议的,任何一方可以请求人民法院予以裁决。使用人拒不履行双方达成的使用费协议的,权利人除可以请求人民法院判令使用人支付已使用期间的使用费以外,还可以请求判令使用人停止使用该技术秘密;使用人拒不执行人民法院关于使用费的裁决的,权利人除可以申请强制执行已使用期间的使用费外,还可以请求人民法院判令使用人停止使用该技术秘密。在双方就使用费达成协议或者人民法院作出生效裁决以前,使用人可以不停止使用该技术秘密。

21. 人民法院在裁决前条规定的使用费时,可以根据权利人善意对外转让该技术秘密的费用并考虑使用人的使用规模和经济效益等因素来确定;也可以依据使用人取得该技术秘密所支付的费用并考虑该技术秘密的研究开发成本、成果转化和应用程度和使用人的使用规模和经济效益等因素来确定。

人民法院应当对已使用期间的使用费和以后使用的付费标准一并作出裁决。

合同被确认无效后,使用人不论是否继续使用该技术秘密,均应当向权利人支付其已使用期间的使用费,其已向无效合同的让与人支付的费用应当由让与人负责返还,该费用中已由让与人作为侵权损害的赔偿直接给付权利人的部分,在计算使用人向权利人支付的使用费时相应扣除。

22. 法律、法规规定生产产品或者提供服务须经有关部门审批手续或者领取许可证,而实际尚未办理该审批手续或者领取许可证的,不影响当事人就有关产品的生产或者服务的提供所订立的技术合同的效力。

当事人对办理前款所称审批手续或者许可证的义务没有约定或者约定不明确,依照合同法第六十一条的规定不能达成补充协议的,除法律、法规另有规定的以外,由实施技术的一方负责办理。

(五) 技术合同履行内容的确定

23. 当事人对技术合同的价款、报酬和使用费没有约定或者约定不明确,依照合同法第六十一条的规定不能达成补充协议的,人民法院可以按照以下原则处理:

(1) 对于技术开发合同和技术转让合同,根据有关技术成果的研究开发成本、先进性、实施转化和应用的程度,当事人享有的权益和承担的责任,以及技术成果的经济效益和社会效益等合

理认定;

(2)对于技术咨询合同和技术服务合同,根据有关咨询服务工作的数量、质量和技术含量,以及预期产生的经济效益和社会效益等合理认定。

技术合同价款、报酬、使用费中包含非技术性款项的,应当分项计算。

24. 当事人对技术合同的履行地点没有约定或者约定不明确,依照合同法第六十一条的规定不能达成补充协议的,技术开发合同以研究开发人所在地为履行地,但依据合同法第三百三十条第四款订立的合同以技术成果实施地为履行地;技术转让合同以受让人所在地为履行地;技术咨询合同以受托人所在地为履行地;技术服务合同以委托人所在地为履行地。但给付合同价款、报酬、使用费的,以接受给付的一方所在地为履行地。

25. 技术合同当事人对技术成果的验收标准没有约定或者约定不明确,在适用合同法第六十二条的规定时,没有国家标准、行业标准或者专业技术标准的,按照本行业合乎实用的一般技术要求履行。

当事人订立技术合同时所作的可行性分析报告中有关经济效益或者成本指标的预测和分析,不应当视为合同约定的验收标准,但当事人另有约定的除外。

(六)技术合同的解除与违约责任

26. 技术合同当事人一方迟延履行主要债务,经催告后在30日内仍未履行的,另一方可以依据合同法第九十四条第(三)项的规定解除合同。

当事人在催告通知中附有履行期限且该期限长于30日的,自该期限届满时,方可解除合同。

27. 有下列情形之一,使技术合同的履行成为不必要或者不可能时,当事人可以依据合同法第九十四条第(四)项的规定解除合同:

(1)因一方违约致使履行合同必备的物质条件灭失或者严重破坏,无法替代或者修复的;

(2)技术合同标的项目或者技术因违背科学规律或者存在重大缺陷,无法达到约定的技术、经济效益指标的;

28. 专利实施许可合同和技术秘密转让合同约定按提成支付技术使用费,受让人无正当理由不实施合同标的技术,并以此为由拒绝支付技术使用费的,让与人可以依据合同法第九十四条第(四)项的规定解除合同。

29. 在技术秘密转让合同有效期内,由于非受让人的原因导致合同标的技术公开且已进入公有领域的,当事人可以解除合同,但另有约定的除外。

30. 技术合同履行中,当事人一方在技术上发生的能够及时纠正的差错,或者为适应情况变化所作的必要技术调整,不影响合同目的实现的,不认为是违约行为,因此发生的额外费用自行承担。但因未依照合同法第六十条第二款的规定履行通知义务而造成对方当事人损失的,应当承担相应的违约责任。

31. 在履行技术合同中,为提供技术成果或者咨询服务而交付的技术载体和内容等与约定不一致的,应当及时更正、补充。不按时更正、补充的和因更正、补充有关技术载体和内容等给对方造成损失或者增加额外负担的,应当承担相应的违约责任。但一方所作技术改进,使合同的履行产生了比原合同更为积极或者有利效果的除外。

(七)技术合同的定性

32. 当事人将技术合同和其他合同内容合订为一个合同,或者将不同类型的技术合同内容合订在一个合同中的,应当根据当事人争议的权利义务内容,确定案件的性质和案由,适用相应的法律、法规。

33. 技术合同名称与合同约定的权利义务关系不一致的,应当按照合同约定的权利义务内容,确定合同的类型和案由,适用相应的法律、法规。

34. 当事人以技术开发、转让、咨询或者服务为承包内容订立的合同,属于技术合同。

35. 转让阶段性技术成果并约定后续开发义务的合同,就该阶段性技术成果的重复试验效果方面发生争议的,按照技术转让合同处理;就后续开发方面发生争议的,按照技术开发合同处理。

36. 技术转让合同中约定让与人向受让人提

供实施技术的专用设备、原材料或者提供有关的技术咨询、技术服务的,这类约定属于技术转让合同的组成部分。因这类约定发生纠纷的,按照技术转让合同处理。

37. 当事人以技术入股方式订立联营合同,但技术入股人不参与联营体的经营管理,并且以保底条款形式约定联营体或者联营对方支付其技术价款或者使用费的,属于技术转让合同。

38. 技术转让合同中约定含让与人负责包销(回购)受让人实施合同标的技术制造的产品,仅因让与人不履行或者不能全部履行包销(回购)义务引起纠纷,不涉及技术问题的,按照包销(回购)条款所约定的权利义务内容确定案由,并适用相应的法律规定处理。

39. 技术开发合同当事人一方仅提供资金、设备、材料等物质条件,承担辅助协作事项,另一方进行研究开发工作的合同,属于委托开发合同。

40. 当事人一方以技术转让的名义提供已进入公有领域的技术,并进行技术指导,传授技术知识等,为另一方解决特定技术问题所订立的合同,可以视为技术服务合同履行,但属于合同法第五十二条和第五十四条规定情形的除外。

(八) 几种特殊标的技术合同的法律适用

41. 新药技术成果转让和植物新品种申请权转让、植物新品种转让和使用许可等合同争议,适用合同法总则的规定,并可以参照合同法第十八章和本纪要关于技术转让合同的规定,但法律另有规定的,依照其规定。

42. 计算机软件开发、许可、转让等合同争议,著作权法以及其他法律另有规定的,依照其规定;没有规定的,适用合同法总则的规定,并可以参照合同法第十八章和本纪要的有关规定。

二、技术开发合同

(一) 相关概念

43. 合同法第三百三十条所称新技术、新产品、新工艺、新材料及其系统,是指当事人在订立技术合同时尚未掌握的产品、工艺、材料及其系统等技术方案,但在技术上没有创新的现有产品的改型、工艺变更、材料配方调整以及技术成果的验证、测试和使用除外。

44. 合同法第三百三十条第四款所称当事人之间就具有产业应用价值的科技成果实施转化订立的合同,是指当事人之间就具有实用价值但尚未能够实现商品化、产业化应用的科技成果(包括阶段性技术成果),以实现该科技成果的商品化、产业化应用为目标,约定有关后续试验、开发和应用等内容的合同。

45. 合同法第三百三十五条所称分工参与研究开发工作,是指按照约定的计划和分工共同或者分别承担设计、工艺、试验、试制等工作。

46. 合同法第三百四十一条所称技术秘密成果的使用权、转让权,是指当事人依据法律规定或者合同约定所取得的使用、转让技术秘密成果的权利。使用权是指以生产经营为目的自己使用或者许可他人使用技术秘密成果的权利;转让权是指向他人让与技术秘密成果的权利。

47. 合同法第三百四十一条所称当事人均有使用和转让的权利,是指当事人均有不经对方同意而自己使用或者以普通使用许可的方式许可他人使用技术秘密并独占由此获得的利益的权利。当事人一方将技术秘密成果的使用权、转让权全部让与他人,或者以独占、排他使用许可的方式许可他人使用技术秘密的,必须征得对方当事人的同意。

(二) 当事人的权利和义务

48. 委托开发合同委托人在不妨碍研究开发人正常工作的情况下,有权依据合同法第六十条第二款的规定,对研究开发人履行合同和使用研究开发经费的情况进行必要的监督检查,包括查阅账册和访问现场。

研究开发人有权依据合同法第三百三十一条的规定,要求委托人补充必要的背景资料和数据等,但不得超过履行合同所需要的范围。

49. 研究开发成果验收时,委托开发合同的委托人和合作开发合同的当事人有权取得实施技术成果所必需的技术资料、试验报告和数据,要求另一方进行必要的技术指导,保证所提供的技术成果符合合同约定的条件。

50. 根据合同法第三百三十九条第一款和第三百四十条第一款的规定,委托开发或者合作开发完成的技术成果所获得的专利权为当事人共有的,实施该专利的方式和利益分配办法,由当事人约定。当事人没有约定或者约定不明确,依照合同法第六十一条的规定不能达成补充协议的,当事人均享有自己实施该专利的权利,由此所获得的利益归实施人。

当事人不具备独立实施专利的条件,以普通实施许可的方式许可一个法人或者其他组织实施该专利,或者与一个法人、其他组织或者自然人合作实施该专利或者通过技术入股与之联营实施该专利,可以视为当事人自己实施专利。

51. 根据合同法第三百四十一条的规定,当事人一方仅享有自己使用技术秘密的权利,但其不具备独立使用该技术秘密的条件,以普通使用许可的方式许可一个法人或者其他组织使用该技术秘密,或者与一个法人、其他组织或者自然人合作使用该技术秘密或者通过技术入股与之联营使用该技术秘密,可以视为当事人自己使用技术秘密。

三、技术转让合同

(一) 技术转让合同的一般规定

52. 合同法第三百四十二条所称技术转让合同,是指技术的合法拥有者包括有权对外转让技术的人将特定和现有的专利、专利申请、技术秘密的相关权利让与他人或者许可他人使用所订立的合同,不包括就尚待研究开发的技术成果或者不涉及专利、专利申请或者技术秘密的知识、技术、经验和信息订立的合同。其中:

(1) 专利权转让合同,是指专利权人将其专利权让与受让人,受让人支付价款所订立的合同。

(2) 专利申请权转让合同,是指让与人将其特定的技术成果申请专利的权利让与受让人,受让人支付价款订立的合同。

(3) 技术秘密转让合同,是指技术秘密成果的权利人或者其授权的人作为让与人将技术秘密提供给受让人,明确相互之间技术秘密成果使用权、转让权,受让人支付价款或者使用费所订立的合同。

(4) 专利实施许可合同,是指专利权人或者其授权的人作为让与人许可受让人在约定的范围内实施专利,受让人支付使用费所订立的合同。

53. 技术转让合同让与人应当保证受让人按约定的方式实施技术达到约定的技术指标。除非明确约定让与人保证受让人达到约定的经济效益指标,让与人不对受让人实施技术后的经济效益承担责任。

转让阶段性技术成果,让与人应当保证在一定条件下重复试验可以得到预期的效果。

54. 技术转让合同中约定受让人取得的技术须经受让人小试、中试、工业性试验后才能投入批量生产的,受让人未经小试、中试、工业性试验直接投入批量生产所发生的损失,让与人不承担责任。

55. 合同法第三百四十三条所称实施专利或者使用技术秘密的范围,是指实施专利或者使用技术秘密的期限、地域和方式以及接触技术秘密的人员等。

56. 合同法第三百五十四条所称后续改进,是指在技术转让合同有效期内,当事人一方或各方对合同标的技术所作的革新或者改良。

57. 当事人之间就申请专利的技术成果所订立的许可使用合同,专利申请公开以前,适用技术秘密转让合同的有关规定;发明专利申请公开以后、授权以前,参照专利实施许可合同的有关规定;授权以后,原合同即为专利实施许可合同,适用专利实施许可合同的有关规定。

(二) 专利权转让合同和专利申请权转让合同

58. 订立专利权转让合同或者专利申请权转让合同前,让与人自己已经实施发明创造的,除当事人另有约定的以外,在合同生效后,受让人有权要求让与人停止实施。

专利权或者专利申请权依照专利法的规定让与受让人后,受让人可以依法作为专利权人或者专利申请人对他人行使权利。

59. 专利权转让合同、专利申请权转让合同不影响让与人在合同成立前与他人订立的专利实施许可合同或者技术秘密转让合同的效力。有关当事人之间的权利义务依照合同法第五章的规定确定。

60. 专利申请权依照专利法的规定让与人前专利申请被驳回的,当事人可以解除专利申请权转让合同;让与受让人后专利申请被驳回的,合同效力不受影响。但当事人另有约定的除外。

专利申请因专利申请权转让合同成立时存在尚未公开的同样发明创造的在先专利申请而被驳回的,当事人可以依据合同法第五十四条第一款第(二)项的规定请求予以变更或者撤销合同。

(三)专利实施许可合同

61. 专利实施许可合同让与人应当在合同有效期内维持专利权有效,但当事人另有约定的除外。

在合同有效期内,由于让与人的原因导致专利权被终止的,受让人可以依照合同法第九十四条第(四)项的规定解除合同,让与人应当承担违约责任;专利权被宣告无效的,合同终止履行,并依据专利法的有关规定处理。

62. 专利实施许可合同对实施专利的期限没有约定或者约定不明确,依照合同法第六十一条的规定不能达成补充协议的,受让人实施专利不受期限限制。

63. 专利实施许可可以采取独占实施许可、排他实施许可、普通实施许可等方式。

前款所称排他实施许可,是指让与人在已经许可受让人实施专利的范围内无权就同一专利再许可他人实施;独占实施许可,是指让与人在已经许可受让人实施专利的范围内无权就同一专利再许可他人实施或者自己实施;普通实施许可,是指让与人在已经许可受让人实施专利的范围内仍可以就同一专利再许可他人实施。

当事人对专利实施许可方式没有约定或约定不明确,依照合同法第六十一条的规定不能达成补充协议的,视为普通实施许可。

专利实施许可合同约定受让人可以再许可他人实施该专利的,该再许可为普通实施许可,但当事人另有约定的除外。

64. 除当事人另有约定的以外,根据实施专利的强制许可决定而取得的专利实施权为普通实施许可。

65. 除当事人另有约定的以外,排他实施许可合同让与人不具备独立实施其专利的条件,与一个法人、其他组织或者自然人合作实施该专利,或者通过技术入股实施该专利,可视为让与人自己实施专利。但让与人就同一专利与两个或者两个以上法人、其他组织或者自然人分别合作实施或者入股联营的,属于合同法第三百五十一条规定的违反约定擅自许可第三人实施专利的行为。

66. 除当事人另有约定的以外,专利实施许可合同的受让人将受让的专利与他人合作实施或者入股联营的,属于合同法第三百五十二条规定的未经让与人同意擅自许可第三人实施专利的行为。

(四)技术秘密转让合同

67. 技术秘密转让合同对使用技术秘密的期限没有约定或者约定不明确,依照合同法第六十一条的规定不能达成补充协议的,受让人可以无限期地使用该技术秘密。

68. 合同法第三百四十七条所称技术秘密转让合同让与人的保密义务不影响其申请专利的权利,但当事人约定让与人不得申请专利或者明确约定让与人承担保密义务的除外。

69. 技术秘密转让可以采取本纪要第63条规定的许可使用方式,并参照适用合同法和本纪要关于专利实施许可使用方式的有关规定。

四、技术咨询合同和技术服务合同

(一)技术咨询合同

70. 合同法第三百五十六条第一款所称的特定技术项目,包括有关科学技术与经济、社会协调发展的软科学研究项目和促进科技进步和管理现代化,提高经济效益和社会效益的技术项目以及其他专业性技术项目。

71. 除当事人另有约定的以外,技术咨询合同受托人进行调查研究、分析论证、试验测定等所需费用,由受托人自己负担。

72. 技术咨询合同委托人提供的技术资料和数据或者受托人提出的咨询报告和意见,当事人没有约定保密义务的,在不侵害对方当事人对此享有的合法权益的前提下,双方都有引用、发表和向第三人提供的权利。

73. 技术咨询合同受托人发现委托人提供的资料、数据等有明显错误和缺陷的,应当及时通知委托人。委托人应当及时答复并在约定的期限内予以补正。

受托人发现前款所述问题不及时通知委托人的,视为其认可委托人提供的技术资料、数据等符合约定的条件。

(二)技术服务合同

74. 合同法第三百五十六条第二款所称特定技术问题,是指需要运用科学技术知识解决专业技术工作中的有关改进产品结构、改良工艺流程、提高产品质量、降低产品成本、节约资源能耗、保护资源环境、实现安全操作、提高经济效益和社会效益等问题。

75. 除当事人另有约定的以外,技术服务合同受托人完成服务项目,解决技术问题所需费用,由受托人自己负担。

76. 技术服务合同受托人发现委托人提供的资料、数据、样品、材料、场地等工作条件不符合约定的,应当及时通知委托人。委托人应当及时答复并在约定的期限内予以补正。

受托人发现前款所述问题不及时通知委托人的,视为其认可委托人提供的技术资料、数据等工作条件符合约定的条件。

77. 技术服务合同受托人在履约期间,发现继续工作对材料、样品或者设备等有损坏危险时,应当中止工作,并及时通知委托人或者提出建议。委托人应当在约定的期限内作出答复。

受托人不中止工作或者不及时通知委托人并且未采取适当措施的,或者委托人未按期答复的,对因此发生的危险后果由责任人承担相应的责任。

(三) 技术培训合同

78. 合同法第三百六十四条所称技术培训合同,是指当事人一方委托另一方对指定的人员(学员)进行特定项目的专业技术训练和技术指导所订立的合同,不包括职业培训、文化学习和按行业、单位的计划进行的职工业余教育。

79. 技术培训合同委托人的主要义务是按照约定派出符合条件的学员;保证学员遵守培训纪律,接受专业技术训练和技术指导;按照约定支付报酬。

受托人的主要义务是按照约定配备符合条件的教员;制定和实施培训计划,按期完成培训;实现约定的培训目标。

80. 当事人对技术培训必需的场地、设施和试验条件等的提供和管理责任没有约定或者约定不明确,依照合同法第六十一条的规定不能达成补充协议的,由委托人负责提供和管理。

81. 技术培训合同委托人派出的学员不符合约定条件,影响培训质量的,委托人应当按照约定支付报酬。

受托人配备的教员不符合约定条件,影响培训质量的,或者受托人未按照计划和项目进行培训,导致不能实现约定的培训目标的,应当承担减收或者免收报酬等违约责任。

受托人发现学员不符合约定条件或者委托人发现教员不符合约定条件的,应当及时通知对方派。对方应当在约定的期限内改派。未及时通知或者未按约定改派的,责任人承担相应的责任。

(四) 技术中介合同

82. 合同法第三百六十四条所称技术中介合同,是指当事人一方以知识、技术、经验和信息为另一方与第三人订立技术合同进行联系、介绍、组织商品化、产业化开发并对履行合同提供服务所订立的合同,但就不含有技术中介服务内容订立的各种居间合同除外。

83. 技术中介合同委托人的主要义务是提出明确的订约要求,提供有关背景材料;按照约定承担中介人从事中介活动的费用;按照约定支付报酬。

中介人的主要义务是如实反映委托人和第三人的技术成果、资信状况和履约能力;保守委托人和第三人的商业秘密;按照约定为委托人和第三人订立、履行合同提供服务。

84. 当事人对中介人从事中介活动的费用的负担没有约定或者约定不明确,依照合同法第六十一条的规定不能达成补充协议的,由中介人自己负担。当事人约定该费用由委托人承担但没有约定该费用的数额或者计算方法的,委托人应当支付中介人从事中介活动支出的必要费用。

前款所称中介人从事中介活动的费用,是指中介人在委托人和第三人订立技术合同前,进行联系、介绍活动所支出的通信、交通和必要的调查研究等费用。

85. 当事人对中介人的报酬数额没有约定或者约定不明确,依照合同法第六十一条的规定不能达成补充协议的,根据中介人的劳务合理确定,并由委托人负担。仅在委托人与第三人订立的技术合同中约定有中介条款,但对给付中介人报酬的义务没有约定或者约定不明确,依照合同法第六十一条的规定不能达成补充协议的,由委托人和第三人平均负担。

前款所称中介人的报酬,是指中介人为委托人与第三人订立技术合同,以及为其履行合同提供服务应当得到的收益。

86. 中介人未促成委托人与第三人之间的技术合同成立的,无权要求支付报酬,但可以要求委托人支付从事中介活动支出的必要费用。

87. 中介人故意隐瞒与订立技术合同有关的重要事实或者提供虚假情况,损害委托人利益的,应当承担免收报酬和损害赔偿责任。

88. 中介人收取的从事中介活动的费用和报酬不应视为委托人与第三人之间的技术合同纠纷中一方当事人的损失。

89. 中介人对造成委托人与第三人之间的技术合同的无效或者被撤销没有过错,且该技术合同无效或者被撤销不影响有关中介条款或者技术中介合同继续有效的,中介人仍有权按照约定收取从事中介活动的费用和报酬。

五、与审理技术合同纠纷有关的程序问题

(一)技术合同纠纷的管辖与受理

90. 技术合同纠纷属于与知识产权有关的纠纷,由中级以上人民法院管辖,但最高人民法院另行确定管辖的除外。

91. 合同中既有技术合同内容,又有其他合同内容,当事人就技术合同内容和其他合同内容均发生争议的,由具有技术合同纠纷案件管辖权的人民法院受理。

92. 一方当事人以诉讼争议的技术合同侵害他人技术成果为由主张合同无效或者人民法院在审理技术合同纠纷中发现可能存在该无效事由时,应当依法通知有关利害关系人作为有独立请求权的第三人参加诉讼。

93. 他人向受理技术合同纠纷的人民法院就该合同标的技术提出权属或者侵权主张时,受诉人民法院对此亦有管辖权的,可以将该权属或者侵权纠纷与合同纠纷合并审理;受诉人民法院对此没有管辖权的,应当告知其向有管辖权的人民法院另行起诉。权属或者侵权纠纷另案受理后,合同纠纷应当中止诉讼。

94. 专利实施许可合同诉讼中,受让人(被许可人)或者第三人向专利复审委员会请求宣告该专利权无效的,人民法院可以不中止诉讼。在审理过程中该专利权被宣告无效的,按照专利法

的有关规定处理。

95. 因技术中介合同中介人违反约定的保密义务发生的纠纷,可以与技术合同纠纷合并审理。

96. 中介人一般不作为委托人与第三人之间的技术合同诉讼的当事人,但下列情况除外:

(1)中介人与技术合同一方当事人恶意串通损害另一方利益的,恶意串通的双方应列为共同被告,承担连带责任;

(2)中介人隐瞒技术合同一方当事人的真实情况给另一方造成损失的,中介人应列为被告,并依其过错承担相应的责任;

(3)因中介人不履行技术中介合同或者中介条款约定的其他义务,导致技术合同不能依约履行的,可以根据具体情况将中介人列为诉讼当事人。

(二)技术合同标的技术的鉴定

97. 在技术合同纠纷诉讼中,需对合同标的技术进行鉴定的,除法定鉴定部门外,当事人协商推荐共同信任的组织或者专家进行鉴定的,人民法院可予指定;当事人不能协商一致的,人民法院可以从省级以上科技行政主管部门推荐的鉴定组织或者专家中选择并指定,也可以直接指定相关组织或者专家进行鉴定。

指定专家进行鉴定的,应当组成鉴定组。

鉴定人应当是三人以上的单数。

98. 鉴定应当以合同约定由当事人提供的技术成果或者技术服务内容为鉴定对象,从原理、设计、工艺和必要的技术资料等方面,按照约定的检测方式和验收标准,审查其能否达到约定的技术指标和经济效益指标。

99. 当事人对技术成果的检测方式或者验收标准没有约定或约定不明确,依照合同法第六十一条的规定不能达成补充协议的,可以根据具体案情采用本行业常用的或者合乎实用的检测方式或者验收标准进行检测鉴定、专家评议或者验收鉴定。

对合同约定的验收标准明确、技术问题并不复杂的,可以采取当事人现场演示、操作、制作等方式对技术成果进行鉴定。

100. 技术咨询合同当事人对咨询报告和意见的验收或者评价办法没有约定或者约定不明确,依照合同法第六十一条的规定不能达成补充

办议的,按照合乎实用的一般要求进行鉴定。

101. 对已经按照国家有关规定通过技术成果鉴定、新产品鉴定等鉴定,又无相反的证据能够足以否定该鉴定结论的技术成果,或者已经实际使用证明是成熟可靠的技术成果,在诉讼中当事人又对该技术成果的评价发生争议的,不再进行鉴定。

102. 不能以授予专利权的有关专利文件代替对合同标的技术的鉴定结论。

◎ 请示答复

最高人民法院知识产权庭关于绍兴中药厂与上海医科大学附属华山医院技术转让合同纠纷案的函

- 2000 年 5 月 28 日
- 〔1998〕知监字第 56 号函

浙江省高级人民法院:

  绍兴市中级人民法院一审审结并发生法律效力的(1994)绍中经初字第 104 号关于绍兴中药厂(以下简称绍兴药厂)与上海医科大学附属华山医院(以下简称华山医院)技术转让合同纠纷一案,经本院调卷审查后认为:

  在四川省高级人民法院(1993)川高法经终字第 31 号终审判决已对绍兴药厂与华山医院的技术转让合同作出合同无效的认定并判决合同终止履行,绍兴市中级人民法院又就同一法律关系作出合同有效的认定并判决合同继续履行的相反判决,明显错误。不论(1993)川高法经终字第 31 号判决的认定和处理是否存在错误,绍兴市中级人民法院均不能另行重新认定并作出相反判决。如该判决确有错误,也应当通过审判监督程序予以纠正。

  对本案存在的问题,请你院依法监督处理,并希望有关法院在以后审判工作中注意类似问题。

四 担 保

（一）综合

◎ 司法解释

**最高人民法院关于适用
《中华人民共和国民法典》
有关担保制度的解释**

- 2020 年 12 月 31 日
- 法释〔2020〕28 号

为正确适用《中华人民共和国民法典》有关担保制度的规定，结合民事审判实践，制定本解释。

一、关于一般规定

第一条 因抵押、质押、留置、保证等担保发生的纠纷，适用本解释。所有权保留买卖、融资租赁、保理等涉及担保功能发生的纠纷，适用本解释的有关规定。

第二条 当事人在担保合同中约定担保合同的效力独立于主合同，或者约定担保人对主合同无效的法律后果承担担保责任，该有关担保独立性的约定无效。主合同有效的，有关担保独立性的约定无效不影响担保合同的效力；主合同无效的，人民法院应当认定担保合同无效，但是法律另有规定的除外。

因金融机构开立的独立保函发生的纠纷，适用《最高人民法院关于审理独立保函纠纷案件若干问题的规定》。

第三条 当事人对担保责任的承担约定专门的违约责任，或者约定的担保责任范围超出债务人应当承担的责任范围，担保人主张仅在债务人应当承担的责任范围内承担责任的，人民法院应予支持。

担保人承担的责任超出债务人应当承担的责任范围，担保人向债务人追偿，债务人主张仅在其应当承担的责任范围内承担责任的，人民法院应予支持；担保人请求债权人返还超出部分的，人民法院依法予以支持。

第四条 有下列情形之一，当事人将担保物权登记在他人名下，债务人不履行到期债务或者发生当事人约定的实现担保物权的情形，债权人或者其受托人主张就该财产优先受偿的，人民法院依法予以支持：

（一）为债券持有人提供的担保物权登记在债券受托管理人名下；

（二）为委托贷款人提供的担保物权登记在受托人名下；

（三）担保人知道债权人与他人之间存在委托关系的其他情形。

第五条 机关法人提供担保的，人民法院应当认定担保合同无效，但是经国务院批准为使用外国政府或者国际经济组织贷款进行转贷的除外。

居民委员会、村民委员会提供担保的，人民法院应当认定担保合同无效，但是依法代行村集体经济组织职能的村民委员会，依照村民委员会组织法规定的讨论决定程序对外提供担保的除外。

第六条 以公益为目的的非营利性学校、幼儿园、医疗机构、养老机构等提供担保的，人民法院应当认定担保合同无效，但是有下列情形之一的除外：

（一）在购入或者以融资租赁方式承租教育设施、医疗卫生设施、养老服务设施和其他公益设施时，出卖人、出租人为担保价款或者租金实现而在该公益设施上保留所有权；

（二）以教育设施、医疗卫生设施、养老服务设施和其他公益设施以外的不动产、动产或者财产权利设立担保物权。

登记为营利法人的学校、幼儿园、医疗机构、养老机构等提供担保，当事人以其不具有担保资格为由主张担保合同无效的，人民法院不予支持。

第七条 公司的法定代表人违反公司法关于公司对外担保决议程序的规定，超越权限代表公司与相对人订立担保合同，人民法院应当依照民法典第六十一条和第五百零四条等规定处理：

（一）相对人善意的，担保合同对公司发生效力；相对人请求公司承担担保责任的，人民法院应予支持。

（二）相对人非善意的，担保合同对公司不发生效力；相对人请求公司承担赔偿责任的，参照适用本解释第十七条的有关规定。

法定代表人超越权限提供担保造成公司损失，公司请求法定代表人承担赔偿责任的，人民法院应予支持。

第一款所称善意，是指相对人在订立担保合同时不知道且不应当知道法定代表人超越权限。相对人有证据证明已对公司决议进行了合理审查，人民法院应当认定其构成善意，但是公司有证据证明相对人知道或者应当知道决议系伪造、变造的除外。

第八条　有下列情形之一，公司以其未依照公司法关于公司对外担保的规定作出决议为由主张不承担担保责任的，人民法院不予支持：

（一）金融机构开立保函或者担保公司提供担保；

（二）公司为其全资子公司开展经营活动提供担保；

（三）担保合同系由单独或者共同持有公司三分之二以上对担保事项有表决权的股东签字同意。

上市公司对外提供担保，不适用前款第二项、第三项的规定。

第九条　相对人根据上市公司公开披露的关于担保事项已经董事会或者股东大会决议通过的信息，与上市公司订立担保合同，相对人主张担保合同对上市公司发生效力，并由上市公司承担担保责任的，人民法院应予支持。

相对人未根据上市公司公开披露的关于担保事项已经董事会或者股东大会决议通过的信息，与上市公司订立担保合同，上市公司主张担保合同对其不发生效力，且不承担担保责任或者赔偿责任的，人民法院应予支持。

相对人与上市公司已公开披露的控股子公司订立的担保合同，或者相对人与股票在国务院批准的其他全国性证券交易场所交易的公司订立的担保合同，适用前两款规定。

第十条　一人有限责任公司为其股东提供担保，公司以违反公司法关于公司对外担保决议程序的规定为由主张不承担担保责任的，人民法院不予支持。公司因承担担保责任导致无法清偿其他债务，提供担保时的股东不能证明公司财产独立于自己的财产，其他债权人请求该股东承担连带责任的，人民法院应予支持。

第十一条　公司的分支机构未经公司股东（大）会或者董事会决议以自己的名义对外提供担保，相对人请求公司或者其分支机构承担担保责任的，人民法院不予支持，但是相对人不知道且不应当知道分支机构对外提供担保未经公司决议程序的除外。

金融机构的分支机构在其营业执照记载的经营范围内开立保函，或者经有权从事担保业务的上级机构授权开立保函，金融机构或者其分支机构以违反公司法关于公司对外担保决议程序的规定为由主张不承担担保责任的，人民法院不予支持。金融机构的分支机构未经金融机构授权提供保函之外的担保，金融机构或者其分支机构主张不承担担保责任的，人民法院应予支持，但是相对人不知道且不应当知道分支机构对外提供担保未经金融机构授权的除外。

担保公司的分支机构未经担保公司授权对外提供担保，担保公司或者其分支机构主张不承担担保责任的，人民法院应予支持，但是相对人不知道且不应当知道分支机构对外提供担保未经担保公司授权的除外。

公司的分支机构对外提供担保，相对人非善意，请求公司承担赔偿责任的，参照本解释第十七条的有关规定处理。

第十二条　法定代表人依照民法典第五百五十二条的规定以公司名义加入债务的，人民法院在认定该行为的效力时，可以参照本解释关于公司为他人提供担保的有关规则处理。

第十三条　同一债务有两个以上第三人提供担保，担保人之间约定相互追偿及分担份额，承担了担保责任的担保人请求其他担保人按照约定分担份额的，人民法院应予支持；担保人之间约定承担连带共同担保，或者约定相互追偿但是未约定分担份额的，各担保人按照比例分担向债务人不能追偿的部分。

同一债务有两个以上第三人提供担保,担保人之间未对相互追偿作出约定且未约定承担连带共同担保,但是各担保人在同一份合同书上签字、盖章或者按指印,承担了担保责任的担保人请求其他担保人按照比例分担向债务人不能追偿部分的,人民法院应予支持。

除前两款规定的情形外,承担了担保责任的担保人请求其他担保人分担向债务人不能追偿部分的,人民法院不予支持。

第十四条 同一债务有两个以上第三人提供担保,担保人受让债权的,人民法院应当认定该行为系承担担保责任。受让债权的担保人作为债权人请求其他担保人承担担保责任的,人民法院不予支持;该担保人请求其他担保人分担相应份额的,依照本解释第十三条的规定处理。

第十五条 最高额担保中的最高债权额,是指包括主债权及其利息、违约金、损害赔偿金、保管担保财产的费用、实现债权或者实现担保物权的费用等在内的全部债权,但是当事人另有约定的除外。

登记的最高债权额与当事人约定的最高债权额不一致的,人民法院应当依据登记的最高债权额确定债权人优先受偿的范围。

第十六条 主合同当事人协议以新贷偿还旧贷,债权人请求旧贷的担保人承担担保责任的,人民法院不予支持;债权人请求新贷的担保人承担担保责任的,按照下列情形处理:

(一)新贷与旧贷的担保人相同的,人民法院应予支持;

(二)新贷与旧贷的担保人不同,或者旧贷无担保新贷有担保的,人民法院不予支持,但是债权人有证据证明新贷的担保人提供担保时对以新贷偿还旧贷的事实知道或者应当知道的除外。

主合同当事人协议以新贷偿还旧贷,旧贷的物的担保人在登记尚未注销的情形下同意继续为新贷提供担保,在订立新的贷款合同前又以该担保财产为其他债权人设立担保物权,其他债权人主张其担保物权顺位优先于新贷债权人的,人民法院不予支持。

第十七条 主合同有效而第三人提供的担保合同无效,人民法院应当区分不同情形确定担保人的赔偿责任:

(一)债权人与担保人均有过错的,担保人承担的赔偿责任不应超过债务人不能清偿部分的二分之一;

(二)担保人有过错而债权人无过错的,担保人对债务人不能清偿的部分承担赔偿责任;

(三)债权人有过错而担保人无过错的,担保人不承担赔偿责任。

主合同无效导致第三人提供的担保合同无效,担保人无过错的,不承担赔偿责任;担保人有过错的,其承担的赔偿责任不应超过债务人不能清偿部分的三分之一。

第十八条 承担了担保责任或者赔偿责任的担保人,在其承担责任的范围内向债务人追偿的,人民法院应予支持。

同一债权既有债务人自己提供的物的担保,又有第三人提供的担保,承担了担保责任或者赔偿责任的第三人,主张行使债权人对债务人享有的担保物权的,人民法院应予支持。

第十九条 担保合同无效,承担了赔偿责任的担保人按照反担保合同的约定,在其承担赔偿责任的范围内请求反担保人承担担保责任的,人民法院应予支持。

反担保合同无效的,依照本解释第十七条的有关规定处理。当事人仅以担保合同无效为由主张反担保合同无效的,人民法院不予支持。

第二十条 人民法院在审理第三人提供的物的担保纠纷案件时,可以适用民法典第六百九十五条第一款、第六百九十六条第一款、第六百九十七条第二款、第六百九十九条、第七百条、第七百零一条、第七百零二条等关于保证合同的规定。

第二十一条 主合同或者担保合同约定了仲裁条款的,人民法院对约定仲裁条款的合同当事人之间的纠纷无管辖权。

债权人一并起诉债务人和担保人的,应当根据主合同确定管辖法院。

债权人依法可以单独起诉担保人且仅起诉担保人的,应当根据担保合同确定管辖法院。

第二十二条 人民法院受理债务人破产案件后，债权人请求担保人承担担保责任，担保人主张担保债务自人民法院受理破产申请之日起停止计息的，人民法院对担保人的主张应予支持。

第二十三条 人民法院受理债务人破产案件，债权人在破产程序中申报债权后又向人民法院提起诉讼，请求担保人承担担保责任的，人民法院依法予以支持。

担保人清偿债权人的全部债权后，可以代替债权人在破产程序中受偿；在债权人的债权未获全部清偿前，担保人不得代替债权人在破产程序中受偿，但是有就债权人通过破产分配和实现担保债权等方式获得清偿总额中超出债权的部分，在其承担担保责任的范围内请求债权人返还。

债权人在债务人破产程序中未获全部清偿，请求担保人继续承担担保责任的，人民法院应予支持；担保人承担担保责任后，向和解协议或者重整计划执行完毕后的债务人追偿的，人民法院不予支持。

第二十四条 债权人知道或者应当知道债务人破产，既未申报债权也未通知担保人，致使担保人不能预先行使追偿权的，担保人就该债权在破产程序中可能受偿的范围内免除担保责任，但是担保人因自身过错未行使追偿权的除外。

二、关于保证合同

第二十五条 当事人在保证合同中约定了保证人在债务人不能履行债务或者无力偿还债务时才承担保证责任等类似内容，具有债务人应当先承担责任的意思表示的，人民法院应当将其认定为一般保证。

当事人在保证合同中约定了保证人在债务人不履行债务或者未偿还债务时即承担保证责任、无条件承担保证责任等类似内容，不具有债务人应当先承担责任的意思表示的，人民法院应当将其认定为连带责任保证。

第二十六条 一般保证中，债权人以债务人为被告提起诉讼的，人民法院应予受理。债权人未就合同纠纷提起诉讼或者申请仲裁，仅起诉一般保证人的，人民法院应当驳回起诉。

一般保证中，债权人一并起诉债务人和保证人的，人民法院可以受理，但是在作出判决时，除有民法典第六百八十七条第二款但书规定的情形外，应当在判决书主文中明确，保证人仅对债务人财产依法强制执行后仍不能履行的部分承担保证责任。

债权人未对债务人的财产申请保全，或者保全的债务人的财产足以清偿债务，债权人申请对一般保证人的财产进行保全的，人民法院不予准许。

第二十七条 一般保证的债权人取得对债务人赋予强制执行效力的公证债权文书后，在保证期间内向人民法院申请强制执行，保证人以债权人未在保证期间内对债务人提起诉讼或者申请仲裁为由主张不承担保证责任的，人民法院不予支持。

第二十八条 一般保证中，债权人依据生效法律文书对债务人的财产依法申请强制执行，保证债务诉讼时效的起算时间按照下列规则确定：

（一）人民法院作出终结本次执行程序裁定，或者依照民事诉讼法第二百五十七条第三项、第五项的规定作出终结执行裁定的，自裁定送达债权人之日起开始计算；

（二）人民法院自收到申请执行书之日起一年内未作出前项裁定的，自人民法院收到申请执行书满一年之日起开始计算，但是保证人有证据证明债务人仍有财产可供执行的除外。

一般保证的债权人在保证期间届满前对债务人提起诉讼或者申请仲裁，债权人举证证明存在民法典第六百八十七条第二款但书规定情形的，保证债务的诉讼时效自债权人知道或者应当知道该情形之日起开始计算。

第二十九条 同一债务有两个以上保证人，债权人以其已经在保证期间内依法向部分保证人行使权利为由，主张已经在保证期间内向其他保证人行使权利的，人民法院不予支持。

同一债务有两个以上保证人，保证人之间相互有追偿权，债权人未在保证期间内依法向部分保证人行使权利，导致其他保证人在承担保证责任后丧失追偿权，其他保证人主张在其不能追偿的范围内免除保证责任的，人民法院应予支持。

第三十条 最高额保证合同对保证期间的计算方式、起算时间等有约定的,按照其约定。

最高额保证合同对保证期间的计算方式、起算时间等没有约定或者约定不明,被担保债权的履行期限均已届满的,保证期间自债权确定之日起开始计算;被担保债权的履行期限尚未届满的,保证期间自最后到期债权的履行期限届满之日起开始计算。

前款所称债权确定之日,依照民法典第四百二十三条的规定认定。

第三十一条 一般保证的债权人在保证期间内对债务人提起诉讼或者申请仲裁后,又撤回起诉或者仲裁申请,债权人在保证期间届满前未再行提起诉讼或者申请仲裁,保证人主张不再承担保证责任的,人民法院应予支持。

连带责任保证的债权人在保证期间内对保证人提起诉讼或者仲裁后,又撤回起诉或者仲裁申请,起诉状副本或者仲裁申请书副本已经送达保证人的,人民法院应当认定债权人已经在保证期间内向保证人行使了权利。

第三十二条 保证合同约定保证人承担保证责任直至主债务本息还清时为止等类似内容的,视为约定不明,保证期间为主债务履行期限届满之日起六个月。

第三十三条 保证合同无效,债权人未在约定或者法定的保证期间内依法行使权利,保证人主张不承担赔偿责任的,人民法院应予支持。

第三十四条 人民法院在审理保证合同纠纷案件时,应当将保证期间是否届满、债权人是否在保证期间内依法行使权利等事实作为案件基本事实予以查明。

债权人在保证期间内未依法行使权利的,保证责任消灭。保证责任消灭后,债权人书面通知保证人要求承担保证责任,保证人在通知书上签字、盖章或者按指印,债权人请求保证人继续承担保证责任的,人民法院不予支持,但是债权人有证据证明成立了新的保证合同的除外。

第三十五条 保证人知道或者应当知道主债权诉讼时效期间届满仍然提供保证或者承担保证责任,又以诉讼时效期间届满为由拒绝承担保证责任或者请求返还财产的,人民法院不予支持;保证人承担保证责任后向债务人追偿的,人民法院不予支持,但是债务人放弃诉讼时效抗辩的除外。

第三十六条 第三人向债权人提供差额补足、流动性支持等类似承诺文件作为增信措施,具有提供担保的意思表示,债权人请求第三人承担保证责任的,人民法院应当依照保证的有关规定处理。

第三人向债权人提供的承诺文件,具有加入债务或者与债务人共同承担债务等意思表示的,人民法院应当认定为民法典第五百五十二条规定的债务加入。

前两款中第三人提供的承诺文件难以确定是保证还是债务加入的,人民法院应当将其认定为保证。

第三人向债权人提供的承诺文件不符合前三款规定的情形,债权人请求第三人承担保证责任或者连带责任的,人民法院不予支持,但是不影响其依据承诺文件请求第三人履行约定的义务或者承担相应的民事责任。

三、关于担保物权

(一)担保合同与担保物权的效力

第三十七条 当事人以所有权、使用权不明或者有争议的财产抵押,经审查构成无权处分的,人民法院应当依照民法典第三百一十一条的规定处理。

当事人以依法被查封或者扣押的财产抵押,抵押权人请求行使抵押权,经审查查封或者扣押措施已经解除的,人民法院应予支持。抵押人以抵押权设立时财产被查封或者扣押为由主张抵押合同无效的,人民法院不予支持。

以依法被监管的财产抵押的,适用前款规定。

第三十八条 主债权未受全部清偿,担保物权人主张就担保财产的全部行使担保物权的,人民法院应予支持,但是留置权人行使留置权的,应当依照民法典第四百五十条的规定处理。

担保财产被分割或者部分转让,担保物权人主张就分割或者转让后的担保财产行使担保物权的,人民法院应予支持,但是法律或者司法解释另有规定的除外。

第三十九条 主债权被分割或者部分转让,各债权人主张就其享有的债权份额行使担保物权的,人民法院应予支持,但是法律另有规定或者当事人另有约定的除外。

主债务被分割或者部分转移,债务人自己提供物的担保,债权人请求以该担保财产担保全部债务履行的,人民法院应予支持;第三人提供物的担保,主张对未经其书面同意转移的债务不再承担担保责任的,人民法院应予支持。

第四十条 从物产生于抵押权依法设立前,抵押权人主张抵押权的效力及于从物的,人民法院应予支持,但是当事人另有约定的除外。

从物产生于抵押权依法设立后,抵押权人主张抵押权的效力及于从物的,人民法院不予支持,但是在抵押权实现时可以一并处分。

第四十一条 抵押权依法设立后,抵押财产被添附,添附物归第三人所有,抵押权人主张抵押权效力及于补偿金的,人民法院应予支持。

抵押权依法设立后,抵押财产被添附,抵押人对添附物享有所有权,抵押权人主张抵押权的效力及于添附物的,人民法院应予支持,但是添附导致抵押财产价值增加的,抵押权的效力不及于增加的价值部分。

抵押权依法设立后,抵押人与第三人因添附成为添附物的共有人,抵押权人主张抵押权的效力及于抵押人对共有物享有的份额的,人民法院应予支持。

本条所称添附,包括附合、混合与加工。

第四十二条 抵押权依法设立后,抵押财产毁损、灭失或者被征收等,抵押权人请求按照原抵押权的顺位就保险金、赔偿金或者补偿金等优先受偿的,人民法院应予支持。

给付义务人已经向抵押人给付了保险金、赔偿金或者补偿金,抵押权人请求给付义务人向其给付保险金、赔偿金或者补偿金的,人民法院不予支持,但是给付义务人接到抵押权人要求向其给付的通知后仍然向抵押人给付的除外。

抵押权人请求给付义务人向其给付保险金、赔偿金或者补偿金的,人民法院可以通知抵押人作为第三人参加诉讼。

第四十三条 当事人约定禁止或者限制转让抵押财产但是未约定登记,抵押人违反约定转让抵押财产,抵押权人请求确认转让合同无效的,人民法院不予支持;抵押财产已经交付或者登记,抵押权人请求确认转让不发生物权效力的,人民法院不予支持,但是抵押权人有证据证明受让人知道的除外;抵押权人请求抵押人承担违约责任的,人民法院依法予以支持。

当事人约定禁止或者限制转让抵押财产且已经将约定登记,抵押人违反约定转让抵押财产,抵押权人请求确认转让合同无效的,人民法院不予支持;抵押财产已经交付或者登记,抵押权人主张转让不发生物权效力的,人民法院应予支持,但是因受让人代替债务人清偿债务导致抵押权消灭的除外。

第四十四条 主债权诉讼时效期间届满后,抵押权人主张行使抵押权的,人民法院不予支持;抵押人以主债权诉讼时效期间届满为由,主张不承担担保责任的,人民法院应予支持。主债权诉讼时效期间届满前,债权人仅对债务人提起诉讼,经人民法院判决或者调解后未在民事诉讼法规定的申请执行时效期间内对债务人申请强制执行,其向抵押人主张行使抵押权的,人民法院不予支持。

主债权诉讼时效期间届满后,财产被留置的债务人或者第三人对留置财产享有所有权的第三人请求债权人返还留置财产的,人民法院不予支持;债务人或者第三人请求拍卖、变卖留置财产并以所得价款清偿债务的,人民法院应予支持。

主债权诉讼时效期间届满的法律后果,以登记作为公示方式的权利质权,参照适用第一款的规定;动产质权,以交付权利凭证作为公示方式的权利质权,参照适用第二款的规定。

第四十五条 当事人约定当债务人不履行到期债务或者发生当事人约定的实现担保物权的情形,担保物权人有权将担保财产自行拍卖、变卖并就所得的价款优先受偿的,该约定有效。因担保人的原因导致担保物权人无法自行对担保财产进行拍卖、变卖,担保物权人请求担保人承担因此增加的费用的,人民法院应予支持。

当事人依照民事诉讼法有关"实现担保物权案件"的规定,申请拍卖、变卖担保财产,被申请人以担保合同约定仲裁条款为由主张驳回申请的,人民法院经审查后,应当按照以下情形分别处理:

(一)当事人对担保物权无实质性争议且实现担保物权条件已经成就的,应当裁定准许拍卖、变卖担保财产;

(二)当事人对实现担保物权有部分实质性争议的,可以就无争议的部分裁定准许拍卖、变卖担保财产,并告知可以就有争议的部分申请仲裁;

(三)当事人对实现担保物权有实质性争议的,裁定驳回申请,并告知可以向仲裁机构申请仲裁。

债权人以诉讼方式行使担保物权的,应当以债务人和担保人作为共同被告。

(二)不动产抵押

第四十六条 不动产抵押合同生效后未办理抵押登记手续,债权人请求抵押人办理抵押登记手续的,人民法院应予支持。

抵押财产因不可归责于抵押人自身的原因灭失或者被征收等导致不能办理抵押登记,债权人请求抵押人在约定的担保范围内承担责任的,人民法院不予支持;但是抵押人已经获得保险金、赔偿金或者补偿金等,债权人请求抵押人在其所获金额范围内承担赔偿责任的,人民法院依法予以支持。

因抵押人转让抵押财产或者其他可归责于抵押人自身的原因导致不能办理抵押登记,债权人请求抵押人在约定的担保范围内承担责任的,人民法院依法予以支持,但是不得超过抵押权能够设立时抵押人应当承担的责任范围。

第四十七条 不动产登记簿就抵押财产、被担保的债权范围等所作的记载与抵押合同约定不一致的,人民法院应当根据登记簿的记载确定抵押财产、被担保的债权范围等事项。

第四十八条 当事人申请办理抵押登记手续时,因登记机构的过错致使其不能办理抵押登记,当事人请求登记机构承担赔偿责任的,人民法院依法予以支持。

第四十九条 以违法的建筑物抵押的,抵押合同无效,但是一审法庭辩论终结前已经办理合法手续的除外。抵押合同无效的法律后果,依照本解释第十七条的有关规定处理。

当事人以建设用地使用权依法设立抵押,抵押人以土地上存在违法的建筑物为由主张抵押合同无效的,人民法院不予支持。

第五十条 抵押人以划拨建设用地上的建筑物抵押,当事人以该建设用地使用权不能抵押或者未办理批准手续为由主张抵押合同无效或者不生效的,人民法院不予支持。抵押权依法实现时,拍卖、变卖建筑物所得的价款,应当优先用于补缴建设用地使用权出让金。

当事人以划拨方式取得的建设用地使用权抵押,抵押人以未办理批准手续为由主张抵押合同无效或者不生效的,人民法院不予支持。已经依法办理抵押登记,抵押权人主张行使抵押权的,人民法院应予支持。抵押权依法实现时所得的价款,参照前款有关规定处理。

第五十一条 当事人仅以建设用地使用权抵押,债权人主张抵押权的效力及于土地上已有的建筑物以及正在建造的建筑物已完成部分的,人民法院应予支持。债权人主张抵押权的效力及于正在建造的建筑物的续建部分以及新增建筑物的,人民法院不予支持。

当事人以正在建造的建筑物抵押,抵押权的效力范围限于已办理抵押登记的部分。当事人按照担保合同的约定,主张抵押权的效力及于续建部分、新增建筑物以及规划中尚未建造的建筑物的,人民法院不予支持。

抵押人将建设用地使用权、土地上的建筑物或者正在建造的建筑物分别抵押给不同债权人的,人民法院应当根据抵押登记的时间先后确定清偿顺序。

第五十二条 当事人办理抵押预告登记后,预告登记权利人请求就抵押财产优先受偿,经审查存在尚未办理建筑物所有权首次登记、预告登记的财产与办理建筑物所有权首次登记时的财产不一致、抵押预告登记已经失效等情形,导致不具备办理抵押登记条件的,人民法院不予支持;经审查已经办理建筑物所有权首次登记,且不存在预告登记失效等情形的,人民法院应予支持,并应当认定抵押权自预告登记之日起设立。

当事人办理了抵押预告登记,抵押人破产,经审查抵押财产属于破产财产,预告登记权利人主张就抵押财产优先受偿的,人民法院应当在受理破产申请时抵押财产的价值范围内予以支持,但是在人民法院受理破产申请前一年内,债务人对没有财产担保的债务设立抵押预告登记的除外。

(三)动产与权利担保

第五十三条 当事人在动产和权利担保合同中对担保财产进行概括描述,该描述能够合理识别担保财产的,人民法院应当认定担保成立。

第五十四条 动产抵押合同订立后未办理抵押登记,动产抵押权的效力按照下列情形分别处理:

(一)抵押人转让抵押财产,受让人占有抵押财产后,抵押权人向受让人请求行使抵押权的,人民法院不予支持,但是抵押权人能够举证证明受让人知道或者应当知道已经订立抵押合同的除外;

(二)抵押人将抵押财产出租给他人并移转占有,抵押权人行使抵押权的,租赁关系不受影响,但是抵押权人能够举证证明承租人知道或者应当知道已经订立抵押合同的除外;

(三)抵押人的其他债权人向人民法院申请保全或者执行抵押财产,人民法院已经作出财产保全裁定或者采取执行措施,抵押权人主张对抵押财产优先受偿的,人民法院不予支持;

(四)抵押人破产,抵押权人主张对抵押财产优先受偿的,人民法院不予支持。

第五十五条 债权人、出质人与监管人订立三方协议,出质人以通过一定数量、品种等概括描述能够确定范围的货物为债务的履行提供担保,当事人有证据证明监管人系受债权人的委托监管并实际控制该货物的,人民法院应当认定质权于监管人实际控制货物之日起设立。

监管人违反约定向出质人或者其他人放货、因保管不善导致货物毁损灭失,债权人请求监管人承担违约责任的,人民法院依法予以支持。

在前款规定情形下,当事人有证据证明监管人系受出质人委托监管该货物,或者虽然受债权人委托但是未实际履行监管职责,导致货物仍由出质人实际控制的,人民法院应当认定质权未设立。债权人可以基于质押合同的约定请求出质人承担违约责任,但是不得超过质权有效设立时出质人应当承担的责任范围。监管人未履行监管职责,债权人请求监管人承担责任的,人民法院依法予以支持。

第五十六条 买受人在出卖人正常经营活动中通过支付合理对价取得已被设立担保物权的动产,担保物权人请求就该动产优先受偿的,人民法院不予支持,但是有下列情形之一的除外:

(一)购买商品的数量明显超过一般买受人;

(二)购买出卖人的生产设备;

(三)订立买卖合同的目的在于担保出卖人或者第三人履行债务;

(四)买受人与出卖人存在直接或者间接的控制关系;

(五)买受人应当查询抵押登记而未查询的其他情形。

前款所称出卖人正常经营活动,是指出卖人的经营活动属于其营业执照明确记载的经营范围,且出卖人持续销售同类商品。前款所称担保物权人,是指已经办理登记的抵押权人、所有权保留买卖的出卖人、融资租赁合同的出租人。

第五十七条 担保人在设立动产浮动抵押并办理抵押登记后又购入或者以融资租赁方式承租新的动产,下列权利人为担保价款债权或者租金的实现而订立担保合同,并在该动产交付后十日内办理登记,主张其权利优先于在先设立的浮动抵押权的,人民法院应予支持:

(一)在该动产上设立抵押权或者保留所有权的出卖人;

(二)为价款支付提供融资而在该动产上设立抵押权的债权人;

(三)以融资租赁方式出租该动产的出租人。

买受人取得动产但未付清价款或者承租人以融资租赁方式占有租赁物但是未付清全部租金,又以标的物为他人设立担保物权,前款所列权利人为担保价款债权或者租金的实现而订立担保合同,并在该动产交付后十日内办理登记,主张其权利优先于买受人为他人设立的担保物权的,人民法院应予支持。

同一动产上存在多个价款优先权的,人民法院应当按照登记的时间先后确定清偿顺序。

第五十八条 以汇票出质,当事人以背书记载"质押"字样并在汇票上签章,汇票已经交付质权人的,人民法院应当认定质权自汇票交付质权人时设立。

第五十九条 存货人或者仓单持有人在仓单上以背书记载"质押"字样,并经保管人签章,仓单已经交付质权人的,人民法院应当认定质权自仓单交付质权人时设立。没有权利凭证的仓单,依法可以办理出质登记的,仓单质权自办理出质登记时设立。

出质人既以仓单出质,又以仓储物设立担保,按照公示的先后确定清偿顺序;难以确定先后的,按照债权比例清偿。

保管人为同一货物签发多份仓单,出质人在多份仓单上设立多个质权,按照公示的先后确定清偿顺序;难以确定先后的,按照债权比例受偿。

存在第二款、第三款规定的情形,债权人举证证明其损失系由出质人与保管人的共同行为所致,请求出质人与保管人承担连带赔偿责任的,人民法院应予支持。

第六十条 在跟单信用证交易中,开证行与开证申请人之间约定以提单作为担保的,人民法院应当依照民法典关于质权的有关规定处理。

在跟单信用证交易中,开证行依据其与开证申请人之间的约定或者跟单信用证的惯例持有提单,开证申请人未按照约定付款赎单,开证行主张对提单项下货物优先受偿的,人民法院应予支持;开证行主张对提单项下货物享有所有权的,人民法院不予支持。

在跟单信用证交易中,开证行依据其与开证申请人之间的约定或者跟单信用证的惯例,通过转让提单或者提单项下货物取得价款,开证申请人请求返还超出债权部分的,人民法院应予支持。

前三款规定不影响合法持有提单的开证行以提单持有人身份主张运输合同项下的权利。

第六十一条 以现有的应收账款出质,应收账款债务人向质权人确认应收账款的真实性后,又以应收账款不存在或者已经消灭为由主张不承担责任的,人民法院不予支持。

以现有的应收账款出质,应收账款债务人未确认应收账款的真实性,质权人以应收账款债务人为被告,请求就应收账款优先受偿,能够举证证明办理出质登记时应收账款真实存在的,人民法院应予支持;质权人不能举证证明办理出质登记时应收账款真实存在,仅以已经办理出质登记为由,请求就应收账款优先受偿的,人民法院不予支持。

以现有的应收账款出质,应收账款债务人已经向应收账款债权人履行了债务,质权人请求应收账款债务人履行债务的,人民法院不予支持,但是应收账款债务人接到质权人要求向其履行的通知后,仍然向应收账款债权人履行的除外。

以基础设施和公用事业项目收益权、提供服务或者劳务产生的债权以及其他将有的应收账款出质,当事人为应收账款设立特定账户,发生法定或者约定的质权实现事由时,质权人请求就该特定账户内的款项优先受偿的,人民法院应予支持;特定账户内的款项不足以清偿债务或者未设立特定账户,质权人请求折价或者拍卖、变卖项目收益权等将有的应收账款,并以所得的价款优先受偿的,人民法院依法予以支持。

第六十二条 债务人不履行到期债务,债权人因同一法律关系留置合法占有的第三人的动产,并主张就该留置财产优先受偿的,人民法院应予支持。第三人以该留置财产并非债务人的财产为由请求返还的,人民法院不予支持。

企业之间留置的动产与债权并非同一法

律关系,债务人以该债权不属于企业持续经营中发生的债权为由请求债权人返还留置财产的,人民法院应予支持。

企业之间留置的动产与债权并非同一法律关系,债权人留置第三人的财产,第三人请求债权人返还留置财产的,人民法院应予支持。

四、关于非典型担保

第六十三条 债权人与担保人订立担保合同,约定以法律、行政法规尚未规定可以担保的财产权利设立担保,当事人主张合同无效的,人民法院不予支持。当事人未在法定的登记机构依法进行登记,主张该担保具有物权效力的,人民法院不予支持。

第六十四条 在所有权保留买卖中,出卖人依法有权取回标的物,但是与买受人协商不成,当事人请求参照民事诉讼法"实现担保物权案件"的有关规定,拍卖、变卖标的物的,人民法院应予准许。

出卖人请求取回标的物,符合民法典第六百四十二条规定的,人民法院应予支持;买受人以抗辩或者反诉的方式主张拍卖、变卖标的物,并在扣除买受人未支付的价款以及必要费用后返还剩余款项的,人民法院应当一并处理。

第六十五条 在融资租赁合同中,承租人未按照约定支付租金,经催告后在合理期限内仍不支付,出租人请求承租人支付全部剩余租金,并以拍卖、变卖租赁物所得的价款受偿的,人民法院应予支持;当事人请求参照民事诉讼法"实现担保物权案件"的有关规定,以拍卖、变卖租赁物所得价款支付租金的,人民法院应予准许。

出租人请求解除融资租赁合同并收回租赁物,承租人以抗辩或者反诉的方式主张返还租赁物价值超过欠付租金以及其他费用的,人民法院应当一并处理。当事人对租赁物的价值有争议的,应当按照下列规则确定租赁物的价值:

(一)融资租赁合同有约定的,按照其约定;

(二)融资租赁合同未约定或者约定不明的,根据约定的租赁物折旧以及合同到期后租赁物的残值来确定;

(三)根据前两项规定的方法仍然难以确定,或者当事人认为根据前两项规定的方法确定的价值严重偏离租赁物实际价值的,根据当事人的申请委托有资质的机构评估。

第六十六条 同一应收账款同时存在保理、应收账款质押和债权转让,当事人主张参照民法典第七百六十八条的规定确定优先顺序的,人民法院应予支持。

在有追索权的保理中,保理人以应收账款债权人或者应收账款债务人为被告提起诉讼,人民法院应予受理;保理人一并起诉应收账款债权人和应收账款债务人的,人民法院可以受理。

应收账款债权人向保理人返还保理融资款本息或者回购应收账款债权后,请求应收账款债务人向其履行应收账款债务的,人民法院应予支持。

第六十七条 在所有权保留买卖、融资租赁等合同中,出卖人、出租人的所有权未经登记不得对抗的"善意第三人"的范围及其效力,参照本解释第五十四条的规定处理。

第六十八条 债务人或者第三人与债权人约定将财产形式上转移至债权人名下,债务人不履行到期债务,债权人有权对财产折价或者以拍卖、变卖该财产所得价款偿还债务的,人民法院应当认定该约定有效。当事人已经完成财产权利变动的公示,债务人不履行到期债务,债权人请求参照民法典关于担保物权的有关规定就该财产优先受偿的,人民法院应予支持。

债务人或者第三人与债权人约定将财产形式上转移至债权人名下,债务人不履行到期债务,财产归债权人所有的,人民法院应当认定该约定无效,但是不影响当事人有关提供担保的意思表示的效力。当事人已经完成财产权利变动的公示,债务人不履行到期债务,债权人请求对该财产享有所有权的,人民法院不予支持;债权人请求参照民法典关于担保物权的规定对财产折价或者以拍卖、变卖该财产所得的价款优先受偿的,人民法院应予支持;债务人履行债务后请求返还财产,或者请求对财产折价或者以拍卖、变卖所得的价款清偿债务的,人民法院应予支持。

债务人与债权人约定将财产转移至债权人名下,在一定期间后再由债务人或者其指定的第三人以交易本金加上溢价款回购,债务人到期不履行回购义务,财产归债权人所有的,人民法院应当参照第二款规定处理。回购对象自始不存在的,人民法院应当依照民法典第一百四十六条第二款的规定,按照其实际构成的法律关系处理。

第六十九条 股东以将其股权转移至债权人名下的方式为债务履行提供担保,公司或者公司的债权人以股东未履行或者未全面履行出资义务、抽逃出资等为由,请求作为名义股东的债权人与股东承担连带责任的,人民法院不予支持。

第七十条 债务人或者第三人为担保债务的履行,设立专门的保证金账户并由债权人实际控制,或者将其资金存入债权人设立的保证金账户,债权人主张就账户内的款项优先受偿的,人民法院应予支持。当事人以保证金账户内的款项浮动为由,主张实际控制该账户的债权人对账户内的款项不享有优先受偿权的,人民法院不予支持。

在银行账户下设立的保证金分户,参照前款规定处理。

当事人约定的保证金并非为担保债务的履行设立,或者不符合前两款规定的情形,债权人主张就保证金优先受偿的,人民法院不予支持,但是不影响当事人依据法律的规定或者按照当事人的约定主张权利。

五、附 则

第七十一条 本解释自 2021 年 1 月 1 日起施行。

◎ 请示答复

最高人民法院民事审判庭关于洪绍武、贺建玲债务担保一案如何适用法律问题的复函

- 1990 年 5 月 24 日
- 〔90〕民他字第 19 号

甘肃省高级人民法院:

你院甘法民文〔1990〕9 号关于洪绍武、贺建玲债务担保一案适用法律问题的请示报告收悉。

经研究认为,段君于 1987 年 5 月 1 日借洪绍武人民币 1000 元,还款日期为同年 10 月 30 日,贺建玲作为保证人在借据上签了名。后双方为还款日期是公历 10 月 30 日还是农历 10 月 30 日发生争执,经双方协商将还款日期明确为农历 10 月 30 日,对此,贺建玲在场亦未提出异议。鉴于这一行为只是明确原借据的还款时期,而未变更主体、内容和履行方式,故同意你院审判委员会第一种意见,即:此案不适用我院经复〔1988〕4 号关于借款合同双方当事人未经保证人同意达成延期还款协议后,保证人不再承担保证责任的批复,贺建玲作为保证人应承担保证责任。

最高人民法院关于中国农业银行哈尔滨市分行道里办事处诉民革哈尔滨市委及三棵树粮库借款担保合同纠纷一案中三棵树粮库是否承担担保责任的复函

- 1993 年 4 月 3 日
- 法函〔1993〕27 号

黑龙江省高级人民法院:

你院〔1992〕黑法经请字 1 号关于三棵树粮库、民革哈尔滨市委与农行道里办事处借款合同纠纷一案的请示报告收悉。经研究,答复如下:

同意你院关于三棵树粮库"以库存粮食和物

资作担保"无效的意见。对造成该担保无效，担保人三棵树粮库和债权人农行道里办事处都有过错，三棵树粮库应负主要责任，农行道里办事处也有责任。担保人三棵树粮库应对农行道里办事处无法收回的贷款本息承担与其过错相适应的赔偿责任，其余由农行道里办事处自行承担。

此复。

最高人民法院关于贵阳第二城市信用社向中国北方公司深圳分公司出具的函是否具有担保性质的答复

- 1993 年 7 月 19 日
- 法函〔1993〕59 号

广东省高级人民法院：

你院粤法执请字第〔1993〕4 号《关于贵阳第二城市信用社向中国北方公司深圳分公司出具担保函的事实真相及有关法律问题》的请示收悉。经研究，答复如下：

1987 年 4 月 21 日贵阳第二城市信用社（简称信用社）向中国北方公司深圳分公司（简称深圳分公司）出具的函的内容说明，信用社的责任仅在于对深圳分公司的 103.5 万元贷款实行监督支付和在什么情况下将此款退汇原单位。该函括号内的"如果交易合同不能执行款退汇原单位"应理解为如交易合同不能履行，存于 127007 临时账户的 103.5 万元货款退汇原单位，并无信用社保证交易合同全面履行的意思表示。信用社的责任既不是代为履行合同，也不是连带责任。联系深圳分公司与贵阳云桥经济开发公司 1987 年 4 月 22 日签订的"出口产品收购合同中"甲方来人带全款，收到商检局品质、数量证书及铁路发运通知书后付款，以及信用社依据函中的表示已经分四次将深圳分公司的贷款全部支付，履行了保证监督支付义务的实际情况，购销合同未能全部履行，与信用社无任何法律关系。因此，你院应依法对深圳市中级人民法院〔1990〕深中法经临字第 26 号民事判决中的错误予以纠正。

此复。

最高人民法院关于对云南省高级人民法院就如何适用《关于适用〈中华人民共和国担保法〉若干问题的解释》第四十四条请示的答复

- 2003 年 12 月 24 日
- 〔2003〕民二他字第 49 号

云南省高级人民法院：

你院〔2003〕云高民二终字第 149 号请示收悉。经研究，答复如下：

《关于适用〈中华人民共和国担保法〉若干问题的解释》（以下简称担保法司法解释）第四十四条第二款规定的债权人应在破产程序终结后六个月内要求保证人承担保证责任的规定，仅适用于债务人在破产程序开始时保证期间尚未届满，而在债权人申报债权参加清偿破产财产程序期间保证期间届满的情形。即在上述情况下，考虑到债权人在债务人破产期间不便对保证人行使权利，债权人可以在债务人破产终结后六个月内要求保证人承担保证责任。你院请示的昆明电缆厂与交通银行昆明分行、昆明电缆股份有限公司担保借款合同纠纷案中，债权人交通银行昆明分行已经在保证期间内、债务人破产程序前要求保证人承担保证责任，因此，不适用担保法司法解释第四十四条第二款的规定。

此复。

最高人民法院关于担保法司法解释第五十九条中的"第三人"范围问题的答复

- 2006 年 5 月 18 日
- 法函〔2006〕51 号

四川省高级人民法院：

你院川高法〔2005〕496 号《关于对〈最高人民法院关于适用《中华人民共和国担保法》若干问题的解释〉第五十九条的理解与适用的请示》

收悉。经研究，答复如下：

根据《中华人民共和国担保法》第四十一条、第四十三第二款规定，应当办理抵押物登记而未经登记的，抵押权不成立；自愿办理抵押物登记而未办理的，抵押权不得对抗第三人。因登记部门的原因致使当事人无法办理抵押物登记是抵押未登记的特殊情形，如果抵押人向债权人交付了权利凭证，人民法院可以基于抵押当事人的真实意思认定该抵押合同对抵押权人和抵押人有效，但此种抵押对抵押当事人之外的第三人不具有法律效力。

此复。

（二）保　　证

◎ 司法文件

最高人民法院关于处理担保法生效前发生保证行为的保证期间问题的通知

- 2002年8月1日
- 法〔2002〕144号

各省、自治区、直辖市高级人民法院，解放军军事法院，新疆维吾尔自治区高级人民法院生产建设兵团分院：

我院于2000年12月8日公布法释〔2000〕44号《关于适用〈中华人民共和国担保法〉若干问题的解释》后，一些部门和地方法院反映对于担保法实施前发生的保证行为如何确定保证期间问题没有作出规定，而我院于1994年4月15日公布的法发〔1994〕8号《关于审理经济合同纠纷案件有关保证的若干问题的规定》对此问题亦不十分明确。为了正确审理担保法实施前的有关保证合同纠纷案件，维护债权人和其他当事人的合法权益，经商全国人大常委会法制工作委员会同意，现就有关问题通知如下：

一、对于当事人在担保法生效前签订的保证合同中没有约定保证期限或者约定不明确的，如果债权人已经在法定诉讼时效期间内向主债务人主张了权利，使主债务没有超过诉讼时效期间，但未向保证人主张权利的，债权人可以自本通知发布之日起6个月（自2002年8月1日至2003年1月31日）内，向保证人主张权利。逾期不主张的，保证人不再承担责任。

二、主债务人进入破产程序，债权人没有申报债权的，债权人亦可以在上述期间内向保证人主张债权，如果债权人已申报了债权，对其在破产程序中未受清偿的部分债权，债权人可以在破产程序终结后6个月内向保证人主张。

三、本通知发布时，已经终审的案件、再审案件以及主债务已超过诉讼时效的案件，不适用本通知。

◎ 请示答复

最高人民法院关于"国家机关不能担任保证人"的时效问题的答复

- 1988年10月18日

中国银行：

你行（88）中信字第77号函悉。关于《最高人民法院关于贯彻执行〈中华人民共和国民法通则〉若干问题的意见（试行）》第一百零六条第二款"国家机关不能担任保证人"的时效问题，经研究，答复如下：

一、凡我院《公报》公布《最高人民法院关于贯彻执行〈中华人民共和国民法通则〉若干问题的意见（试行）》以前，即1988年6月20日以前，国家机关担任保证人，向债权人保证债务人履行债务的，一旦发生纠纷诉至人民法院，人民法院将不仅仅根据该意见而确认保证无效。

二、据悉，自1984年以来，财政部等国务院有关部门曾相继发出通知，要求本系统各级机关不得为经济合同提供担保，已经提供了的，必须立即纠正；中国人民银行在其于1987年2月20日公布的《境内机构提供外汇担保的暂行管理办法》中，亦将国家机构排除在可以提供外汇担保的机构之外。因此，你行来函中所提情况，涉及上述行政规章的效力问题，建议你行再征询国务院有关部门的意见。

最高人民法院经济审判庭关于国家机关作为借款合同保证人应否承担经济损失问题的电话答复

● 1989 年 7 月 17 日

四川省高级人民法院：

你院川法研〔1989〕8 号《关于国家机关作为借款合同保证人其保证条款被确认无效后经济损失由谁承担的请示》收悉。经研究答复如下：

一、根据《借款合同条例》第七条和第八条①规定，及本院法（研）复〔1988〕39 号批复②精神，国家机关不应作借款合同的保证人。国家机关作借款合同保证人的，保证条款应确认无效。

二、保证条款被确认无效后，如借款人无力归还银行贷款，给国家造成经济损失的，作为保证人的国家机关应承担相应的赔偿责任，并在赔偿损失后有权向借款人追偿。国家机关无力承担赔偿责任的，人民法院根据民事诉讼法（试行）第一百八十二条第一款第（三）项和第（五）项规定，可裁定中止执行。

三、国家机关下属办事机构作借款合同保证人的，人民法院应将其所属的国家机关列为诉讼当事人，承担民事责任。

此复。

附：

四川省高级人民法院关于国家机关作为借款合同保证人其保证条款被确认无效后经济损失由谁承担的请示

1989 年 3 月 29 日　川法研〔1989〕8 号

最高人民法院：

最近，我们收到部分地区人民法院的请示，关于国家机关或其下属办事机构作为借款合同保证人，借款人到期无力归还银行贷款，给国家造成经济损失，其保证人是否承担经济赔偿责任。经我们讨论，有两种意见：

第一种意见认为，国家机关作为借款合同保证人，其保证条款，应确认为无效，借款合同到期后，借款人无力归还银行贷款，给国家造成经济损失，保证人应承担相应的经济赔偿责任，并有权向借款人追偿。如保证人属国家机关的下属办事机构无力承担经济赔偿的，应由具备法人资格的主管国家机关承担保证人应承担的赔偿责任。对于无赔偿能力的国家机关保证人，可裁定终止执行。

第二种意见认为，国家机关或其下属办事机构作为借款合同保证人，其保证条款被确认为无效后，保证人不应承担因借款人无力归还而给国家造成经济损失的赔偿责任，应由出借方直接向借款方追还贷款。

我们倾向于第一种意见，当否，请批复。

最高人民法院关于中国人民解放军河南省军区诉郑州市花园路城市信用合作社借贷担保合同纠纷一案的法律适用和担保协议效力问题的复函

● 1990 年 4 月 7 日
● 法（经）函〔1990〕43 号

河南省高级人民法院：

你院〔1989〕豫法经字第 14 号请示报告收悉。关于中国人民解放军河南省军区诉郑州市花园路城市信用合作社借贷、担保合同纠纷一案的法律适用问题和对信用社统一印制的无期限、无数额的担保协议书的效力认定问题，经研究，答复如下：

一、本案担保合同鉴于《借款合同条例》颁布

---

① 《借款合同条例》已失效。相关内容参见《合同法》第十二章以及《担保法》第八条。
② 《最高人民法院关于国家机关能否作经济合同保证人及担保条款无效时经济合同是否有效问题的批复》（1988 年 10 月 4 日）。

之后、生效之前，可以适用该条例第八条对借款合同保证人的法定条件和法律责任的具体规定。

二、担保人河南省军区营房处在贷款担保书上注明「只限透影机款，不担保每笔贷款」，透影机款应视为担保的限额，其担保责任不能超出透影机款的范围。

三、本案借款合同双方在1985年3月15日的借款上注明："约定偿还日期：1985年7月13日"。担保合同作为从合同，应以主合同的偿还日期作为担保还款的期限，不应视为无期限的担保。

最高人民法院关于诈骗犯罪的被害人起诉要求诈骗过程中的保证人代偿"借款"应如何处理问题的复函

- 1990年10月13日
- 〔1990〕民他字第38号

新疆维吾尔自治区高级人民法院：

你院〔1990〕新法民请字第2号《关于诈骗罪的被害人起诉要求诈骗过程中的保证人代偿"借款"应如何处理》的请示报告收悉。经研究认为：冯树源从胡强处"借款"的行为既已被认定为诈骗罪行，胡强追索冯树源所"借"四万元则属刑事案件中的追赃问题。因此，对胡要求受冯欺骗的"担保人"代偿"借款"的纠纷，人民法院不宜作为民事案件受理。第一审法院裁定驳回起诉是正确的。

最高人民法院关于灵山县公安局对其工作人员擅自以所在单位名义对外提供财产保证，应否承担民事责任问题的答复

- 1991年1月30日
- 法(经)函〔1991〕8号

广西壮族自治区高级人民法院：

你院〔1990〕法经字第34号请示收悉。经研究，答复如下：

广西壮族自治区灵山县公安局属国家行政机关，没有经营权，也不具备保证人的主体资格，无代偿能力。该局干部黄考才违法动用其负责掌管的单位公章，在他人签订的购销汽车合同担保栏内盖章的行为，并非在执行职务，且，黄考才实施这一民事行为，所在单位并不知情，知情后即向债人申明这是黄个人所为。因此，黄考才利用职务之便，擅自以所在单位名义对外提供财产保证，其行为后果，根据《民法通则》第六十六条第一款规定，应由黄考才个人自负，并依法追究其责任，灵山县公安局对此不应当承担民事责任。

此复。

最高人民法院经济审判庭关于购销合同当事人延长履行期限后保证人是否承担保证责任问题的电话答复

- 1991年4月27日

江苏省高级人民法院：

你院〔90〕经请字第2号"关于购销合同当事人延长履行期限后保证人是否承担保证责任的请示"收悉。经研究，原则同意你院关于本案保证人不承担保证责任的处理意见。

但据所附材料看，本案似为诈骗犯宋孝良借用被保证人单位名义（包括单位合同、公章、账户），以签订合同为名，骗取债权人货款。对此，保证人并不知情。如情况属实，因被保证人出借单位合同、公章及账户，使宋孝良得以行骗，给债权人造成的7万多元经济损失，应当由被保证人自行承担，保证人则不应对此承担保证责任。

附：

江苏省高级人民法院关于购销合同当事人延长履行期限后保证人是否承担保证责任的请示

1990年9月27日　〔1990〕经请字第2号

最高人民法院：

我省盐城市中级人民法院在审理盐城市第

二农业生产资料公司(以下简称生资公司)诉东台市安丰多种经营经理部(以下简称经理部)、盐城市化工供销公司(以下简称化工公司)购销合同返还货款纠纷一案中,对化工公司是否承担保证责任问题,现向你院请示。

一、基本案情

1988年6月4日,经理部与生资公司签订了一份由经理部供给生资公司2500条柴褥的购销合同。合同规定:货款总额137500元整;6月13日前交货,结算方式为银行汇款或汇票结算。合同还规定了质量标准、验收方法等内容。合同签订后,化工公司于1988年6月6日为经理部提供了款项担保。

6月13日前,经理部、生资公司都未履行合同。6月17日,双方未经担保人的同意,将合同履行期延长,并在原合同上增加了:"需方货款汇全供方后,如有损失,则保证单位负责赔偿。"6月18日,生资公司向经理部付款137500元,后经理部不能交货,货款也不能退还。生资公司起诉要求经理部的保证人化工公司赔偿损失。

二、我院意见

我院认为:购销合同中的保证人,只能对经其同意的保证内容承担保证责任,该案供、需双方未经保证人同意,变更合同的履行期限,应视为新的法律关系成立,原合同中的保证人对此而产生的纠纷不负保证责任。

以上意见当否?请批示。

最高人民法院关于借款合同当事人未经保证人同意达成新的《财产抵押还款协议》被确认无效后,保证人是否继续承担担保责任的请示的答复

- 1991年6月7日
- 法(经)函〔1991〕58号

宁夏回族自治区高级人民法院:

你院〔1991〕宁法经字第3号"关于借款合同当事人未经保证人同意达成新的《财产抵押还款协议》被确认无效后,保证人是否继续承担担保责任的请示报告"收悉。经研究,认为:

本案《财产抵押还款协议》是在借款人银川市第三地毯厂采取欺诈手续,将他人委托其代加工物品充作自己的财产进行抵押,致使债权人宁夏回族自治区信托投资公司作出错误的意思表示的情况下签订的。这一无效民事行为的实施,不应影响借款合同和从属于它的保证合同的法律效力。借款合同主债务存在,保证人的保证责任即不应免除。因此,原则同意你院第一种意见,即,债权人向保证人主张债权,只要在保证合同的诉讼时效期限内,保证人仍应对原合同承担保证责任。

此复。

最高人民法院关于惠州恒业公司诉恩平旅游实业公司购销合同纠纷一案中银行是否负担保责任的函

- 1991年8月31日
- 法(经)函〔1991〕93号

广东省高级人民法院:

你院粤法经监字〔1991〕第4号《关于惠州恒业公司诉恩平旅游实业公司购销合同纠纷一案中银行是否负担保责任的请示》收悉。经研究,答复如下:

惠州恒业公司与恩平县旅游实业公司在签订购销彩电合同时,虽然要求银行提供担保,但中国工商银行恩平支行明确表示不同意担保,在其向恒业公司出具的证明中也没有担保的意思表示,因此,恩平支行不应承担担保责任。但是,恩平支行在向恒业公司出具的证明中承诺对恒业公司预付给旅游实业公司的170万元人民币实行监督,专款专用,却未履行其监督义务。根据民法通则第一百零六条关于"公民、法人违反合同或者不履行其他义务的,应当承担民事责任"的规定,中国工商银行恩平支行应当承担与其过错相适应的赔偿责任。

此复。

最高人民法院是否可直接判令保证单位履行债务的请示的答复

- 1991年10月19日
- 法(经)函〔1991〕129号

上海市高级人民法院：

你院〔91〕沪高经核字第11号"关于是否可直接判令保证单位履行债务的请示"收悉。经研究，答复如下：

保证合同虽具有相对的独立性，但它终究从属于主合同，主合同的效力决定保证合同的效力。本案第一被告新疆乌鲁木齐市金字塔工贸公司系艾克拉木·穆罕默德个人开办的私营独资企业，现已倒闭，艾克拉木也被公安机关收容审查，与原告上海马陆棉纺织厂签订购销合同的行为是否构成经济犯罪尚未确定，从属于该购销合同的保证合同的效力、性质及保证人应承担的责任也就无法确认。且，为了有利于打击犯罪，本案的受诉法院应中止对全案的审理，将有关的犯罪嫌疑材料移送乌鲁木齐市公安局查处，不必急于将棉纺厂诉保证人中国人民建设银行乌鲁木齐沙依巴克区办事处承担保证责任一节先行审理。受诉法院中止对本案审理，并不表示解除保证人应承担的民事责任。

此复。

最高人民法院关于企业职工利用本单位公章为自己实施的民事行为担保企业是否应承担担保责任问题的函

- 1992年9月8日
- 法函〔1992〕113号

浙江省高级人民法院：

你院浙高法〔1992〕31号"关于企业职工利用本单位公章，为自己实施的民事行为担保，企业是否应负担保责任问题的请示报告"收悉。经研究，答复如下：

从你院报告中看，本案黄龙饭店商品部系非独立核算的分支机构，无独立的财产，不具备保证人民事主体资格，不能以自己名义对外提供保证。黄龙饭店商品部业务主任李志明背着饭店领导，从文秘处要去黄龙饭店商品部的公章，加盖在自己与他人签订的承包经营协议书中的担保栏内，属于李志明个人实施的民事行为，是自己为自己提供担保，其行为应当确认无效。根据《民事通则》第六十六条第一款规定，李志明擅自以黄龙饭店商品部的名义对外提供担保的行为，应当由李志明自行承担民事责任。

此复。

最高人民法院关于保证人的保证责任应否免除问题的复函

- 1992年12月2日
- 法函〔1992〕148号

山西省高级人民法院：

你院〔1992〕晋法经报字第5号"关于沁水县农业银行诉沁水县乡镇企业供销公司和沁水县汽车运输公司借款合同担保纠纷一案的请求报告"收悉。经研究，答复如下：

本案沁水县农业银行(下称"沁水农行")与沁水县乡镇企业供销公司(下称"供销公司")1988年12月31日签订的借款合同第六条规定："……如需延期，借款方至迟在贷款到期前3天，提出延期申请，经贷款方同意，办理延期手续。但延期最长不得超过原订期限的一半，贷款方未同意延期或未办理延期手续的逾期贷款，加收罚息。"保证人沁水县汽车运输公司(下称"汽运公司")在合同上签字、盖章，认可了这一条款。合同履行期限届满前四天，借款方供销公司提出了延期还款申请，贷款方沁水农行同意延期还款的期限恰是原借款合同履行期的一半。借款合同当事人双方的行为，应视为符合借款合同第六条规定。因此，债权人沁水农行在诉讼时效期限内向保证人主张权利，保证人汽运公司的保证责任不应免除。

特此函复。

最高人民法院关于吉林省高级人民法院请示的经济合同纠纷案有关保证人保证责任问题的复函

- 1995年4月17日
- 法函〔1995〕39号

吉林省高级人民法院：

你院吉高法〔1994〕57号报告收悉。经研究，答复如下：

本案中国投资银行吉林省分行与吉林市国营8270厂、吉林省轻工业品进出口公司与中国投资银行吉林省分行之间分别为主合同和保证合同法律关系。由于保证合同中未约定保证责任期限，故该保证人应当在被保证人吉林市国营8270厂承担责任的期限内承担保证责任。本案主合同债权人于贷款期限届满后多次找主债务人催要贷款，主合同诉讼时效中断，债权人在两年诉讼时效内向主债务人主张了权利。依照《最高人民法院关于审理经济合同纠纷案件有关保证的若干问题的规定》第29条之规定，保证合同未约定保证责任期限的，主债务人的诉讼时效中断，保证债务的诉讼时效亦中断，故本案保证人吉林省轻工业品进出口公司仍应承担保证责任。

最高人民法院关于湖南省高级人民法院请示的株洲钢厂与湘潭亨发工贸公司等购销合同纠纷一案有关保证人保证责任问题的复函

- 1995年5月4日
- 法函〔1995〕54号

湖南省高级人民法院：

你院〔1995〕湘高经请字第03号请示报告收悉。关于株洲钢厂与湘潭亨发工贸公司等购销合同纠纷一案保证人的保证责任问题，经研究，现答复如下：

一、按照本案当事人所订购销合同保证条款中关于"需方付出600万元预付款往农行湘潭县支行，此款由收款银行出具保证专款专用"的约定，供方湘潭亨发工贸公司的保证人农行湘潭县支行监督支付预付款专款专用的保证是明确的，可以认定。根据《最高人民法院关于审理经济合同纠纷案件有关保证的若干问题的规定》第9条，本案保证人如未尽监督义务造成预付款流失的，应对流失的资金承担连带责任。

在合同保证条款中关于"如供方违约，该银行将协助需方所付600万元的预付款的偿还责任，并负责追交5%的违约金给需方"的约定，按文意理解，系指保证人对预付款和违约金承担合同约定的协助偿还和追交的责任。"协助偿还"预付款和"负责追交"违约金都不是代为清偿，故保证人不应对此承担连带清偿责任。

二、在本案600万元预付款的支付中，哪些款项的支付属于专款专用，哪些款项的支付不属于专款专用，各方有何过错，你院可在二审中进一步查实、分清责任后，依法公正作出处理。

此复。

最高人民法院研究室关于县级以上供销合作社联合社能否作为保证人问题的复函

- 1999年6月30日
- 法研〔1999〕10号

河南省高级人民法院：

你院豫高法〔1998〕152号《关于县级以上供销合作社联合社能否作为保证人的请示》收悉，经研究，答复如下：

1999年1月28日国务院国发〔1999〕5号《国务院关于解决当前供销合作社几个突出问题的通知》的规定，全国供销合作总社和省、市（地）级联社"所需经费列入同级财政预算，不再向所办企业提取管理费"；县级供销合作社的主要任务是对基层社进行指导、监督和协调，在性质、组织、经费等方面不同于一般的企业,还承担国家委托的政策性业务。因此,1999年1月28日国发〔1999〕5号文件发布后,县级以上供销合作社不符合担保法第七条的规定,不能作为保证人。但1995年2月28日印发的《中共中央、国务院关于深化供销合作社改革的决定》规定:"各级供销合作社是自主经营、自负盈亏、独立核算、照章纳税、由社员民主管理的群众性经济组织,具有独立法人地位,依法享有独立进行经济、社会活动自主权。"所以,在1999年1月28日国发〔1999〕5号文件发布前,供销合作社联合社符合担保法第七条规定的,可以作担保人。

最高人民法院关于能否对连带责任保证人所有的船舶行使留置权的请示的复函

- 2001年8月17日
- 〔2001〕民四他字第5号

天津市高级人民法院:

你院津高法〔2001〕13号《关于能否对连带责任保证人所有的船舶行使留置权的请示》收悉。本院经研究认为:

船舶留置权是设定于船舶之上的法定担保物权。根据《中华人民共和国海商法》第二十五条第二款的规定,当修船合同的委托方未履行合同时,修船人基于修船合同为保证修船费用得以实现,可以留置所占有的船舶,而不论该船舶是否为修船合同的委托方所有。但修船人不得基于连带责任保证对连带责任保证人所有的船舶行使留置权。

天津新港船厂修船分厂作为修船人,依据其与英国伦敦尤恩开尔公司订立的修船合同,对俄罗斯籍"东方之岸"轮进行修理后未取得合同约定的修船费用,有权留置该轮。"东方之岸"轮的所有人东方航运公司虽不是本案修船合同的当事人,但不影响该留置权的成立。

据此,同意你院关于天津新港船厂修船分厂对"东方之岸"轮的留置行为合法有效,并可以基于留置权先于抵押权人受偿的处理意见。

附:

天津市高级人民法院关于能否对连带责任保证人所有的船舶行使留置权的请示

2001年2月8日 津高法〔2001〕13号

最高人民法院:

天津海事法院在审理原告天津新港船厂修船分厂诉被告东方航运公司"船舶修理合同拖欠修船费纠纷"和"船舶修理保证合同纠纷"五案过程中,就原告作为修船人能否留置其承修的修船合同保证人所有的"东方之岸"轮问题,向我院请示。因此问题属适用法律问题,为慎重起见,特向钧院请示。现将案件情况及拟处理意见报告如下:

一、案件基本情况

1999年1月21日,原告中国天津新港船厂修船分厂与英国伦敦尤恩开尔公司签订"东方之岸"轮修理合同,由被告东方航运公司为尤恩开尔公司提供担保。该担保未明示保证方式和期限,依照我国担保法,该担保属于连带责任保证。而东方航运公司为"东方之岸"轮所有人。由于尤恩开尔公司未履行到期债务,原告将被告所属"东方之岸"轮予以留置,该轮最终由天津海事法院拍卖。对所得价款,原告以留置权人主张优先受偿,抵押权人太平洋恩利企业有限公司和恩利代理有限公司提出异议,认为被告东方航运公司仅为修船合同保证人而非修船合同当事人,原告与被告之间没有合同关系,原告不能留置被告所有的船舶,即原告不享有留置权。

二、天津海事法院的意见

天津海事法院经审委会研究认为,原告在对"东方之岸"轮修理完毕后未予放行,在其占有期间,将该轮留置于修船码头上,符合《海商法》第25条的规定,且被告作为船东,系实际受益人,故原告应有留置权,并优于抵押权人优先受偿。但对下述问题认为法律规定不明确,被告虽为船东和受益人,但其并非"东方之岸"轮修船合同的一方当事人。原告对其诉讼是依保证合同提起,而非修船合同,《海商法》关于船舶留置权的规定中,对"另一方"界定不甚明确,故原告能否留置担保人所有的船舶也不明确,此点是决定留置权是否成立的问题。

三、拟处理意见

我院经审判委员会研究,认为天津新港船厂对"东方之岸"轮的留置行为合法有效。东方航运公司所属"东方之岸"轮被拍卖后,天津船厂船分厂可以基于留置权先于抵押权人受偿。理由如下:

东方航运公司是尤恩开尔公司与中国天津新港船厂修船分厂"东方之岸"轮修船合同的连带责任保证人,对到期债务,作为债权人,中国天津新港船厂修船分厂可以选择尤恩开尔公司或东方航运公司任何一方主张权利。依据我国担保法和《关于适用〈中华人民共和国担保法〉若干问题的解释》有关规定,留置权属于法定权利,在合同双方当事人未约定不得留置标的物的情况下,债权人可以留置其善意占有并与其债权有牵连的动产。又据《海商法》第25条的规定,作为留置权人,中国天津新港船厂修船分厂可先于抵押权人受偿。

妥否,请批复。

最高人民法院关于沈阳市信托投资公司是否应当承担保证责任问题的答复

- 2001年8月22日
- 法民二〔2001〕50号

辽宁省高级人民法院:

你院(1999)辽经初字第48号关于"沈阳市信托投资公司是否应当承担保证责任的请示"收悉。经研究,答复如下:

我国担保法所规定的保证,是指保证人和债权人约定,当债务人不履行债务时,保证人按照约定履行债务或者承担责任的行为。这里所称"保证人和债权人约定"系指双方均为特定人的一般情况。由于公司向社会公开发行债券时,认购人并不特定,不可能要求每一个认购人都与保证人签订书面保证合同,因此,不能机械地理解和套用《担保法》中关于"保证"的定义。向社会公开发行债券时,债券发行人与代理发行人或第三人签订担保合同,该担保合同同样具有证明担保人之真实意思表示的作用。而认购人的认购行为即表明其已接受担保人作出的担保意思表示。你院请示中的第一种意见,即只要沈阳市信托投资公司的保证意思是自愿作出的,且其内容真实,该保证合同即应为有效,该公司应对其担保的兑付债券承担保证责任,是有道理的。

以上意见,请参考。

最高人民法院关于湖北横向经济物资贸易公司与中国冶金进出口湖北公司、中国农业银行武汉市分行汉口支行返还保证金请示案的答复

- 2002年2月27日
- 〔2001〕民监他字第8号

湖北省高级人民法院:

你院鄂高法〔2001〕127号《关于湖北横向经济贸易公司与中国冶金进出口湖北公司、中国农业银行武汉市分行汉口支行返还保证金一案的请示》收悉。经本院审判委员会研究,答复如下:

一、中国农业银行武汉市分行汉口支行强行划拨保证金,抵试其对中国冶金进出口湖北公司贷款的行为没有法律依据,构成侵权,应承担民事责任。

二、(略)

附:

《湖北省高级人民法院关于湖北横向经济物资贸易公司与中国冶金进出口湖北公司、中国农业银行武汉市分行汉口支行返还保证金案的请示》内容

一、案件主要事实

湖北横向经济物资贸易公司(以下简称横向

公司)于 1997 年 3 月初与中国冶金进出口湖北公司(以下简称冶金公司)签订了三份《委托协议》,约定:横向公司委托冶金公司代理进口钢材。横向公司负责开立信用证资金额度及进口登记证明,并在开证前将保证金划付到开证行指定的保证金账户。冶金公司负责对外签订进口钢材合同,并向银行申请对外开立付款信用证。合同签订后,横向公司于 1997 年 4 月 28 日将 400 万元付至中国农业银行武汉市分行汉口支行(以下简称农行汉口支行)为冶金公司设立的"813—5"保证金账户。因保证金额不足,同年 5 月 9 日,横向公司、冶金公司、农行汉口支行三方派员共同到海口市,对横向公司提出的可为其开证提供存单质押担保的公司进行考察,考察的往来路费由横向公司报销。同月 12 日,农行汉口支行以提供质押的存单不实为由,未为冶金公司开具信用证,而将该 400 万元直接从保证金账户扣划,冲抵冶金公司所欠该银行的贷款。当横向公司向冶金公司追索该笔保证金时,冶金公司称未收到该笔汇款。横向公司又向农行汉口支行请求返还该笔保证金,该行认为扣收的是冶金公司的款项,其与横向公司之间没有任何法律关系。为此,横向公司以冶金公司和农行汉口支行为被告,向武汉市中级人民法院起诉,请求返还该笔资金。

二、原一、二审法院审理情况

武汉市中级人民法院一审认为,横向公司与冶金公司签订的委托协议,符合我国外贸代理制度的有关规定,应当有效。横向公司向冶金公司交付的 400 万元,非冶金公司的代理费,不因交付行为使委托人丧失该款的所有权。农行汉口支行对横向公司与冶金公司之间委托事项的内容和转入保证金账户的 400 万元的用途清楚。农行汉口支行在未同意为冶金公司开立信用证后,以冶金公司欠贷款未还为由,自行扣划该款冲抵贷款的行为,损害了横向公司的合法利益,应当承担故意侵害横向公司财产所有权的民事责任。农行汉口支行认为其依合同约定从借款人账户上划收贷款本息还贷行为合法的理由不能成立。冶金公司没有履行委托协议约定的代理行为,也未退还开证费用,对横向公司构成违约,而该违约行为的发生系农行汉口支行强行扣划其受托费用的行为所致,且没有证明是出于冶金公司的故意和过失,故冶金公司没有过错,不应在本案中承担民事责任。根据《中华人民共和国民法通则》第一百一十七条规定判决:一、被告农行汉口支行返还原告横向公司人民币 400 万元,并赔偿经济损失(从 1997 年 4 月 28 日起至本判决生效之日止,按中国人民银行活期存款利率计算利息);二、驳回原告、被告其他诉讼请求。农行汉口支行不服一审判决,向湖北省高级人民法院上诉,称其扣划的是冶金公司的款项,未侵犯横向公司的财产权。

湖北省高级人民法院二审认为,横向公司所付 400 万元已实际进入冶金公司在农行汉口支行的账户,符合横向公司本意。该项资金入账后,冶金公司即享有其支配权,包括占用、使用、收益和处分权,横向公司则不再享有其所有权。农行汉口支行与横向公司之间没有直接的法律关系,该行根据其与冶金公司之间的贷款关系,扣划该项资金不构成对横向公司的侵权。据此判决:一、撤销湖北省武汉市中级人民法院〔1998〕武经初字第 382 号民事判决;二、冶金公司返还横向公司人民币 400 万元,并赔偿经济损失(从 1997 年 4 月 28 日起至本判决生效之日止,按中国人民银行同期贷款利率计算利息);三、驳回横向公司的其他诉讼请求。

横向公司不服二审判决,向湖北省高级人民法院申请再审,称其划至冶金公司的开证保证金的所有权未发生转移,农行汉口支行明知该款是本公司委托冶金公司进口钢材开立信用证保证金,而将其当作冶金公司的款项扣划还贷是一种侵权行为,应承担侵权的民事责任。冶金公司违反委托协议,在开证不能的情况下,未能督促农行汉口支行返还该项资金,亦应承担相应的民事责任。

三、湖北省高级人民法院的请示意见

湖北省高级人民法院再审开庭后,一种意见与原二审判决的观点相同,另一种意见与原一审判决的观点相同,并认为银行应遵照账簿设置的规定将该科目作为外汇业务专用,不应用以还贷。鉴于存在两种不同意见,该院审判委员会讨论后,就 400 万元开证保证金的所有权是否发生转移、农行汉口支行扣划该项资金冲抵贷款是否应承担侵权的民事责任等问题请示最高人民法院。

最高人民法院关于广西开发投资有限公司与中国信达资产公司南宁办事处借款合同担保纠纷一案请示的复函

- 2002年10月11日
- 〔2002〕民立他字第44号

广西壮族自治区高级人民法院：

你院〔2002〕桂民申字第239号"关于广西开发投资有限公司与中国信达资产公司南宁办事处借款合同担保纠纷一案的请示报告"收悉。经研究，答复如下：

本案的担保行为发生于1993年5月27日，保证人广西建设投资开发公司1996年1月5日和3月25日的发函行为，是1993年5月27日担保行为派生出来的行为，而不是创设新的担保关系。根据我院《关于认真学习、贯彻票据法、担保法的通知》第三项及《关于适用〈中华人民共和国担保法〉若干问题的解释》第133条第1款的有关规定，本案应适用担保行为发生时的法律、法规和有关司法解释，保证人广西建设投资开发公司向债权人发函的行为适用我院《关于审理经济合同纠纷案件有关保证的若干问题的规定》第11条的有关规定。

最高人民法院对《关于担保期间债权人向保证人主张权利的方式及程序问题的请示》的答复

- 2002年11月22日
- 〔2002〕民二他字第32号

青海省高级人民法院：

你院〔2002〕青民二字第10号《关于担保期间债权人向保证人主张权利的方式及程序问题的请示》收悉。经研究，答复如下：

1. 本院2002年8月1日下发的《关于处理担保法生效前发生保证行为的保证期间问题的通知》第一条规定的"向保证人主张权利"和第二条规定的"向保证人主张债权"，其主张权利的方式可以包括"提起诉讼"和"送达清收债权通知书"等。其中"送达"既可由债权人本人送达，也可以委托公证机关送达或公告送达（在全国或省级有影响的报纸上刊发清收债权公告）。

2. 该《通知》第二条的规定的意义在于，明确当主债务人进入破产程序，在"债权人没有申报债权"或"已经申报债权"两种不同情况下，债权人应当向保证人主张权利的期限。根据《最高人民法院关于适用〈中华人民共和国担保法〉若干问题的解释》第四十四条第一款的规定，在上述情况下，债权人可以向人民法院申报债权，也可以向保证人主张权利。因此，对于债权人申报了债权，同时又起诉保证人的保证纠纷案件，人民法院应当受理。在具体审理并认定保证人应承担保证责任的金额时，如需等待破产程序结束的，可依照《中华人民共和国民事诉讼法》第一百三十六条第一款第（五）项的规定，裁定中止诉讼。人民法院如径行判决保证人承担保证责任，应当在判决中明确应扣除债权人在债务人破产程序中可以分得的部分。

此复。

最高人民法院关于对外国企业派驻我国的代表处以代表处名义出具的担保是否有效及外国企业对该担保行为应承担何种民事责任的请示的复函

- 2003年6月12日
- 〔2002〕民四他字第6号

上海市高级人民法院：

你院2001年12月27日（2000）沪高经终字第587号《关于外国企业派驻我国的代表处以代表处名义出具的担保是否有效及外国企业对该担保行为应承担何种民事责任的请示》收悉。经本院审判委员会讨论，答复如下：

外国企业派驻我国的代表处,不是该外国企业的分支机构或者职能部门,而是该外国企业的代表机构,对外代表该外国企业。代表处在我国境内的一切业务活动,应当由其所代表的外国企业承担法律责任。本案中,南通市对外贸易公司是在大象交易株式会社上海代表处的介绍下与金达莱国际贸易有限公司形成委托代理关系的。在整个业务活动中,大象交易株式会社上海代表处一直以大象交易株式会社的名义与南通市对外贸易公司商谈、签订买卖合同和提供担保。该代表处在买卖合同上加盖大象交易株式会社的印章以及在担保书上加盖大象交易株式会社上海代表处的印章的行为,均代表大象交易株式会社本身,应由大象交易株式会社直接承担民事责任。

此复。

附:

上海市高级人民法院关于外国企业派驻我国的代表处以代表处名义出具的担保是否有效及外国企业对该担保行为应承担何种民事责任的请示

2001年12月27日
(2000)沪高经终字第587号

最高人民法院:

我院在审理上诉人(原审原告)南通市对外贸易公司中联贸易部(以下简称南通公司)与被上诉人韩国大象交易株式会社(以下简称大象会社)担保纠纷一案中,查明大象会社上海代表处因不具备法人资格,在未经大象会社明确授权的情况下,以自己的名义出具担保书,该担保行为是否有效及大象会社对该担保行为如何承担民事责任存在分歧,经我院审判委员会讨论,决定请示钧院。

一、案件的基本情况及一审法院判决结果

宁波保税区金达莱国际贸易有限公司(以下简称金达莱公司)向大象会社进口塑料粒子,因金达莱公司无进出口权,遂由大象会社将南通公司介绍给金达莱公司,由金达莱公司委托南通公司代理进口。1998年8月5日南通公司代理金达莱公司以南通公司名义与大象会社签订买卖合同,同日南通公司与金达莱公司签订《进口开证代理协议》,约定由金达莱公司委托南通公司开立信用证进口大象会社塑料粒子,同时约定大象会社必须提供相应的担保书给南通公司。大象会社上海代表处向南通公司出具了安全收款的担保书。买卖合同与担保书均由大象会社上海代表处的两位经办人在该代表处首席代表郑在京的授意下具体经办。但两经办人在买卖合同中加盖的是大象会社章,在担保书上加盖的是上海代表处章。大象会社上海代表处系大象会社派驻机构,无独立法人资格,经我国工商行政管理局审核准予登记注册,其登记证上载明业务范围是"从事化工产品、食品进出口贸易及相关投资的业务联络"。现南通公司已付清信用证项下款项,由于金达莱公司未支付信用证付汇款人民币1159688.10元,经南通仲裁委员会仲裁裁决,金达莱公司支付货款及利息,但因主债务人无财产可供执行,南通公司遂向上海市第一中级人民法院起诉,要求判令大象会社承担担保责任。一审法院认为:大象会社上海代表处是大象会社的分支机构,不具有独立法人资格,在未经大象会社同意及授权的情况下,以自己的名义出具担保书,该担保行为无效。因南通公司无法提供确凿证据证明金达莱公司已收到上述货物。遂判决:南通公司要求大象会社履行担保义务支付货款的诉讼请求不予支持。

二、二审法院处理意见

二审法院审理期间查明,作为实际买方的金达莱公司已收到货物,故认为原审法院以主债务人未收到货物为由驳回债权人对担保人的诉讼请求没有事实依据。但对于大象会社对其派驻机构上海代表处的担保行为应如何承担责任意见不一。合议庭在评议中形成三种不同意见。

第一种意见认为:大象会社上海代表处作为外国企业在上海的常驻代表机构,虽经国家工商行政管理机关审核准予登记注册,其登记证上明确业务范围是从事业务联络,但并未取得营业执照,不符合公司法中关于外国公司在我国境内设立分支机构的法定条件,代表处相当于联络处,是从事非直接经营活动的代表机构。故应认定上海

代表处系大象会社的职能部门,南通公司在与上海代表处洽谈和确认上海代表处出具的担保书时,知道或应当知道上海代表处在工商登记注册业务范围,根据担保法司法解释第十八条规定,保证无效造成损失由债权人南通公司自行承担,大象会社对上海代表处无效担保不承担担保责任。

第二种意见认为:大象会社与金达莱公司实际存在贸易关系,但因金达莱公司没有代理进口权,遂由大象会社将南通公司介绍给金达莱公司,在大象会社与南通公司签订买卖合同的同时,由南通公司与金达莱公司签订进口代理协议,信用证的受益人也是大象会社,在整个经营活动中始终由上海代表处的两位经办人具体经办,在与南通公司的合同中加盖大象会社的章,而出具的担保书上却盖的是上海代表处的章,两经办人的经营行为是在上海代表处首席代表郑在京的授意下进行,郑在京当时是大象会社的科长,由此应推定大象会社是明知上海代表处出具担保书,由于大象会社在本案中是买卖合同中的卖方,是信用证的受益人,大象会社上海代表处的担保行为是为了大象会社的利益,并未损害其法人的利益。南通公司有理由认为大象会社上海代表处的担保行为代表大象会社,上海代表处的担保行为构成表见代理,大象会社应承担全部责任。

第三种意见认为:不宜简单地将上海代表处归类为分支机构或职能部门。从法律要件分析,外国公司代表处既不是分支机构,也不是职能部门。但由于其经中国政府许可,可以代表公司在中国境内从事一定活动,其具有代表公司为一定行为的能力,类似于外国公司分支机构代表公司在中国境内从事生产经营活动,而不同于职能部门,不具有代表公司活动的行为能力。因此,在民事责任承担方面,外国公司代表处可以准用有关外国公司分支机构在中国境内从事民事责任的承担规定。此外,根据《对外贸易经济合作部关于审批和管理外国企业在华常驻代表机构的实施细则》规定,"外国企业对其设立的常驻代表机构在我国境内的一切业务活动应承担法律责任"。本案中,上海代表处是大象会社派出的在中国境内的常驻机构,其未经大象会社授权出具担保,债权人南通公司应当知道上海代表处无权对外担保仍与之签订担保书,显然存在过错,故导致担保无效双方均有过错。根据我国担保法司法解释第七条、第十七条规定,大象会社承担民事责任的部分,不应超过债务人不能清偿部分的二分之一。

我院审判委员会经讨论,倾向同意合议庭的第二种意见。

三、本案需请示的问题

我国已加入 WTO,对类似于大象会社上海代表处在我国派出机构从事民商事活动必将越来越多,外国企业代表处往往代表外国企业在我国从事民商事活动,作为外国企业,为追求效益和受经济利益的驱动,一般均由代表处出面洽谈,而由于外国企业派出代表机构的性质在法律上尚无明确规定、极易产生纠纷。为了规范市场秩序,拟就以下问题请示钧院:

1. 外国企业的派出机构性质应如何界定?是否具有担保的主体资格?
2. 本案大象会社应承担何种民事责任?请批示。

最高人民法院关于债权人在保证期间以特快专递向保证人发出逾期贷款催收通知书但缺乏保证人对邮件签收或拒收的证据能否认定债权人向保证人主张权利的请示的复函

- 2003 年 6 月 12 日
- 〔2003〕民二他字第 6 号

河北省高级人民法院:

你院〔2003〕冀民二请字第 1 号请示收悉。经研究,答复如下:

债权人通过邮局以特快专递的方式向保证人发出逾期贷款催收通知书,在债权人能够提供特快专递邮件存根及内容的情况下,除非保证人有相反证据推翻债权人所提供的证据,应当认定债权人向保证人主张了权利。

此复。

最高人民法院关于甘肃省高级人民法院就在诉讼时效期间债权人依法将主债权转让给第三人保证人是否继续承担保证责任等问题请示的答复

- 2003 年 10 月 20 日
- 〔2003〕民二他字第 39 号

甘肃省高级人民法院：

你院甘高法〔2003〕176 号请示收悉。经研究，答复如下：

一、在诉讼时效期间，凡符合《中华人民共和国合同法》第八十一条和《中华人民共和国担保法》第二十二条规定的，债权人将主债权转让给第三人，保证债权作为从权利一并转移，保证人在原保证担保的范围内继续承担保证责任。

二、按照《关于适用〈中华人民共和国担保法〉若干问题的解释》第三十六条第一款的规定，主债务诉讼时效中断，连带保证债务诉讼时效不因主债务诉讼时效中断而中断。按照上述解释第三十四条第二款的规定，连带责任保证的债权人在保证期间内要求保证人承担保证责任的，自该要求之日起开始计算连带保证债务的诉讼时效。《最高人民法院对〈关于贯彻执行最高人民法院"十二条"司法解释有关问题的函〉的答复》是答复四家资产管理公司的，其目的是为了最大限度地保全国有资产。因此，债权人对保证人有公告催收行为的，人民法院应比照适用《最高人民法院关于审理涉及金融资产公司收购、管理、处置国有银行不良贷款形成的资产的案件适用法律若干问题的规定》第十条的规定，认定债权人对保证债务的诉讼时效中断。

此复。

最高人民法院关于对甘肃省高级人民法院甘高法〔2003〕183 号请示的答复

- 2003 年 11 月 28 日
- 〔2003〕民二他字第 40 号

甘肃省高级人民法院：

你院甘高法〔2003〕183 号《关于担保法生效前签订的保证合同没有约定保证期限，主债务没有超过诉讼时效，债权人向保证人主张过权利的，能否适用最高人民法院〈关于处理担保法生效前发生保证行为的保证期间问题的通知〉的请示》收悉。经研究，答复如下：

本院 2002 年 8 月 1 日下发的法〔2002〕144 号《关于处理担保法生效前发生保证行为的保证期间问题的通知》（以下简称 144 号通知）第一条中"未向保证人主张权利的"一语，系对当时中国信达资产管理公司等四家资产管理公司所受让债权的状态描述，并非是适用该通知的必要条件。因此，对于"担保法生效前签订的保证合同中没有约定保证期限或约定不明确的，"只要"主债务没有超过诉讼时效期间"，无论债权人是否向保证人主张过权利，均不影响债权人依照 144 号通知规定，向保证人主张权利。同意你院审判委员会的第一种意见。

此复。

◎ 指导案例

大竹县农村信用合作联社与西藏华西药业集团有限公司保证合同纠纷案①

【裁判摘要】

最高人民法院《关于适用〈中华人民共和

---

① 案例来源：《最高人民法院公报》2012 年第 4 期。

担保法〉若干问题的解释》第三十九条第一款规定:"主合同当事人双方协议以新贷偿还旧贷,除保证人知道或者应当知道的外,保证人不承担民事责任。"判断是否属于"保证人知道或者应当知道"的情形,应当根据案情全面分析。保证人与借款人具有关联关系,在保证合同中承诺对借款人转移贷款用途等违反合同的行为承担连带责任,并实际履行了部分主债务的,可以认定保证人知道或者应当知道主债系以新贷偿还旧贷。在此情形下,保证人以上述规定为由,主张不承担民事责任的,人民法院不予支持。

【案情】

申请再审人(一审被告、二审上诉人):西藏华西药业集团有限公司。

法定代表人:陈达彬,该公司董事长。

委托代理人:路明,该公司员工。

委托代理人:熊榜国,四川炜华律师事务所律师。

被申请人(一审原告、二审被上诉人):大竹县农村信用合作联社。

法定代表人:周大华,该信用联社理事长。

委托代理人:寸辉,四川时代经纬律师事务所律师。

委托代理人:祝文田,四川时代经纬律师事务所律师。

申请再审人西藏华西药业集团有限公司(以下简称华西药业)因与被申请人大竹县农村信用合作联社(以下简称大竹信用联社)保证合同纠纷一案,不服四川省高级人民法院(2010)川民终字第131号民事判决,向本院申请再审。本院依法组成合议庭对本案进行了审查,现已审查终结。

华西药业申请再审称,一、二审判决程序严重违法、遗漏本案主要当事人、非法收集和使用证据的故意明显、认定案件事实的主要证据未经质证、适用法律确有错误,符合《中华人民共和国民事诉讼法》第一百七十九条第一款第(二)项、第(六)项及第二款的规定,应予再审。请求:1.撤销四川省高级人民法院(2010)川民终字第131号民事判决;2.驳回大竹信用联社的诉讼请求;3.大竹信用联社承担本案一、二审诉讼费用。理由如下:1.二审法院违反法定程序。(1)借款方达川地区阜康实业有限公司(以下简称阜康公司)虽然于2001年4月16日被吊销营业执照,但在被注销之前仍可进行诉讼活动,应当追加为当事人。(2)二审判决违反法定程序,认定真实性无法证明以及大竹信用联社违反法定程序提供的证据、将证人未出庭作证接受询问的证言作为认定案件事实的主要证据。(3)二审案件受理通知书载明的合议庭成员与判决书上载明的不一致,判决书上载明的合议庭成员陈洪未出庭,二审法院从未告知华西药业合议庭成员变更。2.二审判决认定事实错误。大竹信用联社明知阜康公司改变贷款用途证明其相互串通,阜康公司与大竹信用联社编造虚假贷款手续,骗取华西药业提供担保。阜康公司是中国农业银行达州地区分行开办的企业,与大竹信用联社是同一主管银行,有利害关系。大竹信用联社不能提供与阜康公司、达川地区源长实业有限公司(以下简称源长实业)、达川地区农业资源开发公司(以下简称农业资源公司)三家公司之间具有借贷关系的必要材料,不可能用1200万元贷款归还逾期贷款。大竹信用联社提交的证据不能证明已经发放1200万元贷款。3.即使大竹信用联社已经发放贷款,也应认定为以贷还贷。(1)从资金流向的记录分析,本案系虚拟贷款用于偿还旧贷,大竹信用联社明知阜康公司并没有按约购买原材料,还协助其改变贷款用途。(2)二审法院运用没有经过质证的证据与不能作为认定案件事实的证据认定阜康公司没有改变贷款用途。达州金证司法鉴定中心出具的达金司鉴中心(2009)司鉴字第002号《司法意见书》是大竹信用联社单方委托鉴定机构作出的,结论与本案查明的事实不一致,不足以作为认定案件事实的依据。法院依职权调取的4份证据中,《咨询笔录》与《调查笔录》属于证人证言,在证人没有出庭作证情况下认定该证据违法,证据本身内容矛盾。阜康公司作为借款方应当参加诉讼,其与大竹信用联社有利害关系,因此阜康公司法定代表人的证言不具有证据效力。大竹信用联社向其他公司发放贷款的2套凭证和《关于海南通源实业总公司、四川省达川地区阜康实业有限公司拟转让给成都达义实业(集团)有限责任公司的报告》与本案没有任何关联性,不能作为证据使用。4.二审法院在没有查清阜康公司是否以贷还贷的情况下认定华西药业承担担保责任错误。首先华西药业法定代表人在诉讼中才知道承担担保责任是阜康公司与大竹信用联社设的骗局,不可能知道以贷还贷的事实;其次,阜康公司的工商登记材料中陈达彬的签名系伪造,陈达彬并非阜康公司的股东和监事;第三,《企业兼并协议》是复印件且当事人否认其真实性不能作为证据使用。所以大竹信用联社的证据不足以证明华西药业知道以贷还贷的事实。

大竹信用联社提交书面意见称:1. 本案程序合法。(1)诉讼当事人适格。《保证担保借款合同》明确约定华西药业自愿作为借款方按期偿还合同中借款本息的保证人,并对借款方移转贷款用途等违反本合同的行为承担连带责任。大竹信用联社向华西药业主张债权符合法律规定,未遗漏主要当事人。(2)大竹信用联社提交的全部证据均出示了原件,都经过庭审质证,华西药业在多次庭审中予以确认,有庭审笔录在案佐证。(3)大竹信用联社提供的以及法院调取的书面证人证言虽证人未出庭质证,但根据最高人民法院《关于民事诉讼证据的若干规定》第六十九条,未出庭作证的证人证言可以作为认定案件事实的依据。(4)二审法院当被告知合议庭成员变更,双方均无异议。2. 大竹信用联社与阜康公司不存在串通骗取担保的行为,华西药业知晓借款的实际用途。(1)华西药业及其法定代表人陈达彬实际操控借款。华西药业在《贷款申请书》和《保证担保借款合同》中分别加盖公章,其法定代表人陈达彬亲自签名,阜康公司的工商登记档案记载了陈达彬的股东身份,在本案发回重审前的原一、二审中,华西药业对阜康公司工商登记材料的真实性、客观性、关联性均不持异议,已构成自认。阜康公司法定代表人沈明成证实陈达彬确系阜康公司的实际主要经营者,阜康公司主管机关为中国农业银行达州地区分行,其隶属于海南通源实业有限公司(以下简称海南公司),《企业兼并协议》第3条证实,阜康公司借农行5119万元借款均投入到了海南公司。海南公司的工商登记材料证实其法定代表人为陈达彬。相关证据相互印证可看出阜康公司的实际负责人系陈达彬。同时,二审法院依职权调取的达市农行发(2000)306号文件证实陈达彬是阜康公司的股东,《企业兼并协议》及其相关附件均证实陈达彬了解阜康公司的股东组成、资产负债等情况。3份加盖华西药业公章的《逾期贷款催收通知书》以及华西药业继续履行还借款利息至2004年12月31日的相关事实,亦可证实华西药业对担保予以认可并实际履行。(2)华西药业法定代表人陈达彬是借款的实际使用人和受益人。阜康公司、源长实业、农业资源公司在大竹信用联社存在旧贷,陈达彬直接参与了源长实业的实际经营——归还了逾期贷款400万元,陈达彬与源长实业、成都达义物业有限责任公司(以下简称达义物业)、成都达义实业(集团)有限责任公司(以下简称达义实业)具有重大利益牵连,也是本案有关的达义实业兼并、阜康公司借贷与华西药业担保的利益焦点。阜康公司替源长实业、农业资源公司归还旧贷,华西药业成为阜康公司新贷的保证人存在必然性。借款产生后,华西药业一直代替阜康公司履行还付利息的义务,而非到期后借款人不履行还款义务时才由保证人履行担保义务,说明阜康公司并非该笔借款的实际使用人。3. 本案系阜康公司用自有资金归还了先前的贷款后再贷新款,有银行汇票、进账单、存/取款凭证、转账传票等原始记账凭证为证。同时,根据票面记载的会计科目、会计分录及文字内容,前述票据有记账连贯性、顺序唯一性、任一票据不可缺失、不可调换。资金走向清晰明了,是典型的"先还款、后贷款",而非"以新贷还旧贷"。

本院认为,本案的争议焦点为:1. 二审法院未将阜康公司列为本案被告是否属于遗漏当事人;2. 二审法院采信证据是否违反法定程序;3. 二审法院变更合议庭成员是否已依法告知当事人;4. 本案所涉1200万元贷款是否实际发放;5. 华西药业应否承担保责任。

一、关于本案是否遗漏当事人问题。大竹信用联社、阜康公司及华西药业签订的《保证担保借款合同》第四条明确约定:"借款保证方西藏华西药业集团有限公司自愿作为借款方按期偿还本合同中借款本息的保证人。对借款方转移贷款用途等违反本合同的行为,保证人承担连带责任。"据此,应认定华西药业为对借款承担连带保证责任的保证人。根据最高人民法院《关于适用若干问题的意见》第53条"因保证合同纠纷提起的诉讼……债权人仅起诉保证人的,除保证合同明确约定保证人承担连带责任的外,人民法院应当通知被保证人作为共同被告参加诉讼;债权人仅起诉被保证人的,可只列被保证人为被告"之规定,大竹信用联社在本案中仅以华西药业为被告提起诉讼符合法律规定。阜康公司在2001年4月26日被吊销营业执照后虽仍享有参与诉讼的权利,但在大竹信用联社未向其主张权利的情况下,一、二审法院未将阜康公司列为本案被告符合法律规定。

二、关于二审判决采信证据是否违反法定程序问题。第一,大竹信用联社在诉讼中提交的证据均经过多次庭审质证,且证据基本都是原件。虽然《兼并协议》为复印件,但华西药业在本案一审中质证时并未提出异议,只是主张该协议没有履行,后虽在二审中提出异议却未提供相反证据,该证据亦非认定本案基本事实的主要证据。故华西药业关于大竹信用联社提交的证据为复印件,真实性无法确认的主张与事实不符,不构成本案再审事由。

第二,最高人民法院《关于民事诉讼证据的若干规定》第二十八条规定:"一方当事人自行委托有关部门作出的鉴定结论,另一方当事人有证据足以反驳并申请重新鉴定的,人民法院应予准许。"根据该规定,当事人自行委托有关部门作出的鉴定结论并非一律不能采信,达州金证司法鉴定中心接受大竹信用联社委托作出达金司鉴中心(2009)司鉴字第002号《司法鉴定意见书》符合法律规定,大竹信用联社将该鉴定意见书作为证据提交并不违反法定程序。该鉴定系针对本案所涉银行单据作出,华西药业不能证明上述单据虚假,其主张鉴定结论错误亦无依据。

第三,华西药业有异议的四项由法院依职权调取的证据分别为:二审法院对阜康公司法定代表人沈明成所做《调查笔录》、二审法院到达州银监局调查的《咨询笔录》、中国农业银行达州市分行达市农行(2000)306号文件、大竹信用联社同时期向其他公司发放贷款的2套凭证。二审庭审笔录载明上述证据已经过质证,华西药业并提交了书面异议书。关于在沈明成未出庭的情形下形成的《调查笔录》,根据最高人民法院《关于民事诉讼证据的若干规定》第六十九条的规定,未出庭作证的证人证言不能单独作为认定案件事实的依据,本案中二审法院并未将沈明成的证言单独作为认定事实的依据,而是作为补强证据与阜康公司的工商登记、中国农业银行达州市分行文件、华西药业在诉讼中的陈述、涉案资金流转的相关凭证等证据相互印证确认本案事实并无不当。因本案争议涉及到银行业务具有一定的专业性,二审法院到达州银监局进行调查咨询并不违反法律规定。从《咨询笔录》的内容看被咨询人的陈述前后并不矛盾,被咨询人亦在笔录上签字确认,法院的调查咨询程序合法。达市农行(2000)306号文件载明了海南公司、阜康公司、达义实业的基本情况,其中陈达彬对阜康公司的出资和其阜康公司股东身份的内容与阜康公司的工商登记一致,该证据与本案有关联性。大竹信用联社向其他公司发放贷款的凭证,系为查明本案所涉旧贷是否存在的问题而提交,华西药业在诉讼中也提出了相应主张,该证据也与本案有关联性。

综上,二审法院不存在违反法定程序采信证据的情况。

三、关于二审法院变更合议庭成员是否已依法告知当事人问题。2010年3月22日二审庭审笔录载明,法院已经当庭告知双方当事人合议庭成员刘志东改由陈洪担任,该笔录有双方当事人的代理人签字确认,因此,华西药业此申请再审的主张与事实不符。

四、关于大竹信用联社是否实际发放1200万元贷款问题。大竹信用联社提交了《贷款凭证》、《存款凭条》、《取款凭证》、《委托汇票书》证明《保证担保借款合同》签订当日,大竹信用联社向阜康公司发放了贷款1200万,并转存于该公司在大竹信用联社的账号为201100181的存款账户中,后阜康公司通过大竹信用联社在中国农业银行大竹县支行营业部开立的821000843账户以汇票的方式将款项转出。《贷款凭证》上有大竹信用联社的转讫章和阜康公司的公章以及阜康公司法定代表人沈明成的印章,《取款凭条》上也有大竹信用联社的转讫章和阜康公司的财务专用章,说明贷款已经实际发放。且自贷款发放后,华西药业及其关联公司向大竹信用联社支付利息至2004年12月31日,时间长达五年;大竹信用联社于1999年7月23日、2000年10月

23日、2002年11月22日向借款人阜康公司及保证人华西药业催收逾期贷款,华西药业予以确认,亦印证了1200万元贷款已经发放。华西药业在本案发回重审前的一、二审中对贷款的实际发放并未提出异议,只是主张为以贷还贷。因此,综合大竹信用联社发放贷款的证据、华西药业偿还利息的证据以及华西药业在诉讼中自认的行为,二审法院认定大竹信用联社已经实际发放了贷款证据充分。

五、关于华西药业应否承担担保责任问题。首先,《保证担保借款合同》上有阜康公司、华西药业及大竹信用联社三方签章及法定代表人签字,华西药业在本案最初的一审、二审和再审中对合同均未提出异议,虽然之后提出了合同第十一条"借款方如到期不归还,担保方负责偿还并负连带责任"系添加的问题,因该条与合同第四条华西药业自愿作为借款方按期偿还本合同中借款本息的保证人,对借款方转移贷款用途等违反本合同的行为,承担连带责任的约定并不矛盾,故不影响华西公司应承担连带保证责任的认定。

其次,贷款发放后,华西药业及其关联公司代阜康公司支付利息至2004年12月31日,期间,大竹信用联社三次向阜康公司及华西药业发出的逾期贷款催收通知书均得到华西药业的确认,应视为华西公司对担保责任的进一步确认。

再次,《保证担保借款合同》第四条约定关于华西药业对借款方转移贷款用途等违反本合同的行为承担连带责任的意思表示并不违反法律规定。华西公司承诺对阜康公司转移贷款用途等行为仍然承担连带责任,应当预见到阜康公司转移贷款用途带来的各种担保风险。以贷还贷系转移贷款用途的一种,即使本案存在以贷还贷的情形,因华西药业承诺在先,其主张阜康公司与大竹信用联社恶意串通改变贷款用途的理由也不成立,华西公司仍应依据合同承担担保责任。阜康公司的工商登记材料与达市农行(2000)306号文件中涉及的阜康公司股东情况等内容一致,华西药业作为阜康公司的担保人在本案原一、二审中对阜康公司的工商登记材料均无异议,即对陈达彬的阜康公司股东和监事身份没有异议,构成其对这一事实的自认,因此,上述证据与华西药业在诉讼中的自认行为相印证,

以认定陈达彬系阜康公司持有50%股份的股东及阜康公司的监事,本案中阜康公司工商登记材料里陈达彬的签名是否真实不影响其对外的公示公信效力。故即使本案存在以贷还贷的情况,根据陈达彬系华西药业法定代表人、阜康公司监事及两名股东之一的特殊身份以及华西药业及其关联公司代阜康公司偿还贷款利息的行为,华西药业亦应当知晓贷款的实际用途,则依据最高人民法院《关于适用若干问题的解释》第三十九条的规定,华西药业仍应当承担本案担保责任。

综上,华西药业的再审申请不符合《中华人民共和国民事诉讼法》第一百七十九条第一款第(二)项、第(六)项及第二款规定的情形。依照《中华人民共和国民事诉讼法》第一百八十一条第一款之规定,裁定如下:

驳回西藏华西药业集团有限公司的再审申请。

(三) 抵 押

◎ **司法解释**

最高人民法院关于能否将国有土地使用权折价抵偿给抵押权人问题的批复

- 1998年9月3日
- 法释〔1998〕25号

四川省高级人民法院:

你院川高法〔1998〕19号《关于能否将国有土地使用权以国土部门认定的价格抵偿给抵押权人的请示》收悉。经研究,答复如下:

在依法以国有土地使用权作抵押的担保纠纷案件中,债务履行期届满抵押权人未受清偿的,可以通过拍卖的方式将土地使用权变现。如果无法变现,债务人又没有其他可供清偿的财产时,应当对国有土地使用权依法评估。人民法院可以参考政府土地管理部门确认的地价评估结果将土地使用权折价,经抵押权人同意,将折价

后的土地使用权抵偿给抵押权人,土地使用权由抵押权人享有。

此复。

◎ 请示答复

最高人民法院关于财产保险单能否用于抵押的复函

- 1992年4月2日
- 法函〔1992〕47号

江西省高级人民法院:

你院赣法经〔1991〕6号《关于保险单能否抵押的请示》收悉。经商中国人民银行和中国人民保险公司,答复如下:

依照《中华人民共和国民法通则》第八十九条第(二)项的规定,抵押物应当是特定的、可以折价或变卖的财产。财产保险单是保险人与被保险人订立保险合同的书面证明,并不是有价证券,也不是可以折价或者变卖的财产。因此,财产保险单不能用于抵押。

最高人民法院关于如何认定中国农业银行湖北省分行国际业务部申请宣告武汉货柜有限公司破产一案中两份抵押合同效力问题的复函

- 1995年4月10日
- 法函〔1995〕33号

湖北省高级人民法院:

你院〔1994〕鄂经初字第10号请示报告收悉。经研究,答复如下:

据你院报告称:中国外运武汉公司(下称武汉公司)与香港德仓运输股份有限公司合资成立了武汉货柜有限公司(下称货柜公司)。货柜公司将价值503万美元的财产抵押给武汉公司后,又将价值600万美元的财产抵押给该国际业务部,该抵押财产中的一部分与前述抵押财产重复。武汉公司与货柜公司的法定代表人虽为同一人,但武汉公司与货柜公司都是企业法人,应以各自所有或经营管理的财产独立承担民事责任。货柜公司、武汉公司的法定代表人分别代表两个公司实施的民事行为,如果不损害其所代表的各个法人的利益,根据本院《关于贯彻执行〈中华人民共和国民法通则〉若干问题的意见(试行)》第一百一十五条第一款的规定,我院同意你院请示中的第二种意见,即武汉公司与货柜公司签订的抵押合同有效,中国农业银行湖北省分行国际业务部与货柜公司签订的抵押合同与前述抵押合同相重复部分无效。

最高人民法院研究室关于抵押权不受抵押登记机关规定的抵押期限影响问题的函

- 2000年9月28日
- 法(研)明传〔2000〕22号

广东省高级人民法院:

你院〔1999〕粤高法经一请字第23号《关于抵押登记机关规定的抵押期限是否有效问题的请示》收悉。经研究,答复如下:

依照《中华人民共和国担保法》第五十二条的规定,抵押权与其担保的债权同时存在,办理抵押物登记的部门规定的抵押期限对抵押权的效力不发生影响。

指导案例

中国民生银行股份有限公司温州分行诉浙江山口建筑工程有限公司、青田依利高鞋业有限公司第三人撤销之诉案①

【关键词】 民事/第三人撤销之诉/建设工程价款优先受偿权/抵押权/原告主体资格

【裁判要点】

建设工程价款优先受偿权与抵押权指向同一标的物,抵押权的实现因建设工程价款优先受偿权的有无以及范围大小受到影响的,应当认定抵押权的实现同建设工程价款优先受偿权案件的处理结果有法律上的利害关系,抵押权人对确认建设工程价款优先受偿权的生效裁判具有提起第三人撤销之诉的原告主体资格。

【相关法条】

《中华人民共和国民事诉讼法》第56条

【基本案情】

中国民生银行股份有限公司温州分行(以下简称温州民生银行)因与青田依利高鞋业有限公司(以下简称青田依利高鞋业公司)、浙江依利高鞋业有限公司等金融借款合同纠纷一案诉至浙江省温州市中级人民法院(以下简称温州中院),温州中院判令:一、浙江依利高鞋业有限公司于判决生效之日起十日内偿还温州民生银行借款本金5690万元及期内利息、期内利息复利、逾期利息;二、如浙江依利高鞋业有限公司未在上述第一项确定的期限内履行还款义务,温州民生银行有权以拍卖、变卖被告青田依利高鞋业公司提供抵押的坐落于青田县船寮镇赤岩工业区房产及工业用地的所得价款优先受偿……。上述判决生效后,因该案各被告未在判决确定的期限内履行义务,温州民生银行向温州中院申请强制执行。

在执行过程中,温州民生银行于2017年2月28日获悉,浙江省青田县人民法院向温州中院发出编号为(2016)浙1121执2877号的《参与执行分配函》,以(2016)浙1121民初1800号民事判决为依据,要求温州中院将该判决确认的浙江山口建筑工程有限公司(以下简称山口建筑公司)对青田依利高鞋业公司享有的559.3万元建设工程款债权优先于抵押权和其他债权受偿,对坐落于青田县船寮镇赤岩工业区建设工程项目折价或拍卖所得价款优先受偿。

温州民生银行认为案涉建设工程于2011年10月21日竣工验收合格,但山口建筑公司直至2016年4月20日才向法院主张优先受偿权,显然已超过了六个月的期限,故请求撤销(2016)浙1121民初1800号民事判决,并确认山口建筑公司就案涉建设工程项目折价、拍卖或变卖所得价款不享有优先受偿权。

【裁判结果】

浙江省云和县人民法院于2017年12月25日作出(2017)浙1125民撤1号民事判决:一、撤销浙江省青田县人民法院(2016)浙1121民初1800号民事判决书第一项;二、驳回原告中国民生银行股份有限公司温州分行的其他诉讼请求。一审宣判后,浙江山口建筑工程有限公司不服,向浙江省丽水市中级人民法院提起上诉。丽水市中级人民法院于2018年4月25日作出(2018)浙11民终446号民事判决书,判决驳回上诉,维持原判。浙江山口建筑工程有限公司不服,向浙江省高级人民法院申请再审。浙江省高级人民法院于2018年12月14日作出(2018)浙民申3524号民事裁定书,驳回浙江山口建筑工程有限公司的再审申请。

【裁判理由】

法院生效裁判认为:第三人撤销之诉的审理对象是原案生效裁判,为保障生效裁判的权威性和稳定性,第三人撤销之诉的立案审查相比一般民事案件更加严格。正如山口建筑公司所称,《最高人民法院关于适用〈中华人民共和国民事诉讼法〉的解释》第二百九十二条规定,第三人提

---

① 案例来源:《最高人民法院关于发布第27批指导性案例的通知》(2021年2月19日 法〔2021〕55号),指导案例150号。

起撤销之诉的,应当提供存在发生法律效力的判决、裁定、调解书的全部或者部分内容错误情形的证据材料,即在受理阶段需对原生效裁判内容是否存在错误从证据材料角度进行一定限度的实质审查。但前述司法解释规定本质上仍是对第三人撤销之诉起诉条件的规定,起诉条件与最终实体判决的证据要求存在区别,前述司法解释规定并不意味着第三人在起诉时就要完成全部的举证义务,第三人在提起撤销之诉时应对原案判决可能存在错误并损害其民事权益的情形提供初步证据材料加以证明。温州民生银行提起撤销之诉时已经提供证据材料证明自己是同一标的物上的抵押权人,山口建筑公司依据原案生效判决第一项要求参与抵押物折价或者拍卖所得价款的分配将直接影响温州民生银行债权的优先受偿,而且山口建筑公司自案涉工程竣工验收至提起原案诉讼远远超过六个月期限,山口建筑公司主张在六个月内行使建设工程价款优先权时并未采取起诉、仲裁等具备公示效果的方式。因此,从起诉条件审查角度看,温州民生银行已经提供初步证据证明原案生效判决第一项内容可能存在错误并将损害其抵押权的实现。其提起诉讼要求撤销原案生效判决主文第一项符合法律规定的起诉条件。

五 保 险

◎ 司法解释

最高人民法院关于适用《中华人民共和国保险法》若干问题的解释(一)

- 2009年9月21日
- 法释〔2009〕12号

为正确审理保险合同纠纷案件,切实维护当事人的合法权益,现就人民法院适用2009年2月28日第十一届全国人大常委会第七次会议修订的《中华人民共和国保险法》(以下简称保险法)的有关问题规定如下:

第一条 保险法施行后成立的保险合同发生的纠纷,适用保险法的规定。保险法施行前成立的保险合同发生的纠纷,除本解释另有规定外,适用当时的法律规定;当时的法律没有规定的,参照适用保险法的有关规定。

认定保险合同是否成立,适用合同订立时的法律。

第二条 对于保险法施行前成立的保险合同,适用当时的法律认定无效而适用保险法认定有效的,适用保险法的规定。

第三条 保险合同成立于保险法施行前而保险标的转让、保险事故、理赔、代位求偿等行为或事件,发生于保险法施行后的,适用保险法的规定。

第四条 保险合同成立于保险法施行前,保险法施行后,保险人以投保人未履行如实告知义务或者申报被保险人年龄不真实为由,主张解除合同的,适用保险法的规定。

第五条 保险法施行前成立的保险合同,下列情形下的期间自2009年10月1日起计算:

(一)保险法施行前,保险人收到赔偿或者给付保险金的请求,保险法施行后,适用保险法第二十三条规定的三十日的;

(二)保险法施行前,保险人知道解除事由,保险法施行后,按照保险法第十六条、第三十二条的规定行使解除权,适用保险法第十六条规定的三十日的;

(三)保险法施行后,保险人按照保险法第十六条第二款的规定请求解除合同,适用保险法第十六条规定的二年的;

(四)保险法施行前,保险人收到保险标的转让通知,保险法施行后,以保险标的转让导致危险程度显著增加为由请求按照合同约定增加保险费或者解除合同,适用保险法第四十九条规定的三十日的。

第六条 保险法施行前已经终审的案件,当事人申请再审或者按照审判监督程序提起再审的案件,不适用保险法的规定。

最高人民法院关于适用《中华人民共和国保险法》若干问题的解释(二)

- 2020年12月29日
- 法释〔2020〕18号

为正确审理保险合同纠纷案件,切实维护当事人的合法权益,根据《中华人民共和国民法典》《中华人民共和国保险法》《中华人民共和国民事诉讼法》等法律规定,结合审判实践,就保险法中关于保险合同一般规定部分有关法律适用问题解释如下:

第一条 财产保险中,不同投保人就同一保险标的分别投保,保险事故发生后,被保险人在其保险利益范围内依据保险合同主张保险赔偿的,人民法院应予支持。

第二条 人身保险中,因投保人对被保险人不具有保险利益导致保险合同无效,投保人主张保险人退还扣减相应手续费后的保险费的,人民法院应予支持。

第三条 投保人或者投保人的代理人订立保险合同时没有亲自签字或者盖章,而由保险人或者保险人的代理人代为签字或者盖章的,对投保人不生效。但投保人已经交纳保险费的,视为其对代签字或者盖章行为的追认。

保险人或者保险人的代理人代为填写保险单证后经投保人签字或者盖章确认的,代为填写的内容视为投保人的真实意思表示。但有证据证明保险人或者保险人的代理人存在保险法第一百一十六条、第一百三十一条相关规定情形的除外。

第四条 保险人接受了投保人提交的投保单并收取了保险费,尚未作出是否承保的意思表示,发生保险事故,被保险人或者受益人请求保险人按照保险合同承担赔偿或者给付保险金责任,符合承保条件的,人民法院应予支持;不符合承保条件的,保险人不承担保险责任,但应当退还已经收取的保险费。

保险人主张不符合承保条件的,应承担举证责任。

第五条 保险合同订立时,投保人明知的与保险标的或者被保险人有关的情况,属于保险法第十六条第一款规定的投保人"应当如实告知"的内容。

第六条 投保人的告知义务限于保险人询问的范围和内容。当事人对询问范围及内容有争议的,保险人负举证责任。

保险人以投保人违反了对投保单询问表中所列概括性条款的如实告知义务为由请求解除合同的,人民法院不予支持。但该概括性条款有具体内容的除外。

第七条 保险人在保险合同成立后知道或者应当知道投保人未履行如实告知义务,仍然收取保险费,又依照保险法第十六条第二款的规定主张解除合同的,人民法院不予支持。

第八条 保险人未行使合同解除权,直接以存在保险法第十六条第四款、第五款规定的情形为由拒绝赔偿的,人民法院不予支持。但当事人就拒绝赔偿事宜及保险合同存续另行达成一致的情况除外。

第九条 保险人提供的格式合同文本中的责任免除条款、免赔额、免赔率、比例赔付或者给付等免除或者减轻保险人责任的条款,可以认定为保险法第十七条第二款规定的"免除保险人责任的条款"。

保险人因投保人、被保险人违反法定或者约定义务,享有解除合同权利的条款,不属于保险法第十七条第二款规定的"免除保险人责任的条款"。

第十条 保险人将法律、行政法规中的禁止性规定情形作为保险合同免责条款的免责事由,保险人对该条款作出提示后,投保人、被保险人或者受益人以保险人未履行明确说明义务为由主张该条款不成为合同内容的,人民法院不予支持。

第十一条 保险合同订立时,保险人在投保单或者保险单等其他保险凭证上,对保险合同中免除保险人责任的条款,以足以引起投保人注意的文字、字体、符号或者其他明显标志作出提示的,人民法院应当认定其履行了保险法第十七条第二款规定的提示义务。

保险人对保险合同中有关免除保险人责任条款的概念、内容及其法律后果以书面或者口头形式向投保人作出常人能够理解的解释说明的,人民法院应当认定保险人履行了保险法第十七条第二款规定的明确说明义务。

第十二条 通过网络、电话等方式订立的保险合同,保险人以网页、音频、视频等形式对免除保险人责任条款予以提示和明确说明的,人民法院可以认定其履行了提示和明确说明义务。

第十三条 保险人对其履行了明确说明义务负举证责任。

投保人对保险人履行了符合本解释第十一条第二款要求的明确说明义务在相关文书上签字、盖章或者以其他形式予以确认的,应当认定保险人履行了该项义务。但另有证据证明保险人未履行明确说明义务的除外。

第十四条 保险合同中记载的内容不一致的,按照下列规则认定:

(一)投保单与保险单或者其他保险凭证不一致的,以投保单为准。但不一致的情形系经保险人说明并经投保人同意的,以投保人签收的保险单或者其他保险凭证载明的内容为准;

(二)非格式条款与格式条款不一致的,以非格式条款为准;

(三)保险凭证记载的时间不同的,以形成时间在后的为准;

（四）保险凭证存在手写和打印两种方式的，以双方签字、盖章的手写部分的内容为准。

第十五条 保险法第二十三条规定的三十日核定期间，应自保险人初次收到索赔请求及投保人、被保险人或者受益人提供的有关证明和资料之日起算。

保险人主张扣除投保人、被保险人或者受益人补充提供有关证明和资料期间的，人民法院应予支持。扣除期间自保险人根据保险法第二十二条规定作出的通知到达投保人、被保险人或者受益人之日起，至投保人、被保险人或者受益人按照通知要求补充提供的有关证明和资料到达保险人之日止。

第十六条 保险人应以自己的名义行使保险代位求偿权。

根据保险法第六十条第一款的规定，保险人代位求偿权的诉讼时效期间应自其取得代位求偿权之日起算。

第十七条 保险人在其提供的保险合同格式条款中对非保险术语所作的解释符合专业意义，或者虽不符合专业意义，但有利于投保人、被保险人或者受益人的，人民法院应予认可。

第十八条 行政管理部门依据法律规定制作的交通事故认定书、火灾事故认定书等，人民法院应当依法审查并确认其相应的证明力，但有相反证据能够推翻的除外。

第十九条 保险事故发生后，被保险人或者受益人起诉保险人，保险人以被保险人或者受益人未要求第三者承担责任为由抗辩不承担保险责任的，人民法院不予支持。

财产保险事故发生后，被保险人就其所受损失从第三者取得赔偿后的不足部分提起诉讼，请求保险人赔偿的，人民法院应予依法受理。

第二十条 保险公司依法设立并取得营业执照的分支机构属于《中华人民共和国民事诉讼法》第四十八条规定的其他组织，可以作为保险合同纠纷案件的当事人参加诉讼。

第二十一条 本解释施行后尚未终审的保险合同纠纷案件，适用本解释；本解释施行前已经终审，当事人申请再审或者按照审判监督程序决定再审的案件，不适用本解释。

最高人民法院关于适用《中华人民共和国保险法》若干问题的解释（三）

- 2020年12月29日
- 法释〔2020〕18号

为正确审理保险合同纠纷案件，切实维护当事人的合法权益，根据《中华人民共和国民法典》《中华人民共和国保险法》《中华人民共和国民事诉讼法》等法律规定，结合审判实践，就保险法中关于保险合同章人身保险部分有关法律适用问题解释如下：

第一条 当事人订立以死亡为给付保险金条件的合同，根据保险法第三十四条的规定，"被保险人同意并认可保险金额"可以采取书面形式、口头形式或者其他形式；可以在合同订立时作出，也可以在合同订立后追认。

有下列情形之一的，应认定为被保险人同意投保人为其订立保险合同并认可保险金额：

（一）被保险人明知他人代其签名同意而未表示异议的；

（二）被保险人同意投保人指定的受益人的；

（三）有证据足以认定被保险人同意投保人为其投保的其他情形。

第二条 被保险人以书面形式通知保险人和投保人撤销其依据保险法第三十四条第一款规定所作出的同意意思表示的，可认定为保险合同解除。

第三条 人民法院审理人身保险合同纠纷案件时，应主动审查投保人订立保险合同时是否具有保险利益，以及以死亡为给付保险金条件的合同是否经过被保险人同意并认可保险金额。

第四条 保险合同订立后，因投保人丧失对被保险人的保险利益，当事人主张保险合同无效的，人民法院不予支持。

第五条 保险人在合同订立时指定医疗机构对被保险人体检，当事人主张投保人如实告知义务免除的，人民法院不予支持。

保险人知道被保险人的体检结果,仍以投保人未就相关情况履行如实告知义务为由要求解除合同的,人民法院不予支持。

第六条　未成年人父母之外的其他履行监护职责的人为未成年人订立以死亡为给付保险金条件的合同,当事人主张参照保险法第三十三条第二款、第三十四条第三款的规定认定该合同有效的,人民法院不予支持,但经未成年人父母同意的除外。

第七条　当事人以被保险人、受益人或者他人已经代为支付保险费为由,主张投保人对应的交费义务已经履行的,人民法院应予支持。

第八条　保险合同效力依照保险法第三十六条规定中止,投保人提出恢复效力申请并同意补交保险费,除被保险人的危险程度在中止期间显著增加外,保险人拒绝恢复效力的,人民法院不予支持。

保险人在收到恢复效力申请后,三十日内未明确拒绝的,应认定为同意恢复效力。

保险合同自投保人补交保险费之日恢复效力。保险人要求投保人补交相应利息的,人民法院应予支持。

第九条　投保人指定受益人未经被保险人同意的,人民法院应认定指定行为无效。

当事人对保险合同约定的受益人存在争议,除投保人、被保险人在保险合同之外另有约定外,按以下情形分别处理:

（一）受益人约定为"法定"或者"法定继承人"的,以民法典规定的法定继承人为受益人;

（二）受益人仅约定为身份关系的,投保人与被保险人为同一主体时,根据保险事故发生时与被保险人的身份关系确定受益人;投保人与被保险人为不同主体时,根据保险合同成立时与被保险人的身份关系确定受益人;

（三）约定的受益人包括姓名和身份关系,保险事故发生时身份关系发生变化的,认定为未指定受益人。

第十条　投保人或者被保险人变更受益人,当事人主张变更行为自变更意思表示发出时生效的,人民法院应予支持。

投保人或者被保险人变更受益人未通知保险人,保险人主张变更对其不发生效力的,人民法院应予支持。

投保人变更受益人未经被保险人同意,人民法院应认定变更行为无效。

第十一条　投保人或者被保险人在保险事故发生后变更受益人,变更后的受益人请求保险人给付保险金的,人民法院不予支持。

第十二条　投保人或者被保险人指定数人为受益人,部分受益人在保险事故发生前死亡、放弃受益权或者依法丧失受益权的,该受益人应得的受益份额按照保险合同的约定处理;保险合同没有约定或者约定不明的,该受益人应得的受益份额按以下情形分别处理:

（一）未约定受益顺序及受益份额的,由其他受益人平均享有;

（二）未约定受益顺序但约定受益份额的,由其他受益人按照相应比例享有;

（三）约定受益顺序但未约定受益份额的,由同顺序的其他受益人平均享有;同一顺序没有其他受益人的,由后一顺序的受益人平均享有;

（四）约定受益顺序及受益份额的,由同顺序的其他受益人按照相应比例享有;同一顺序没有其他受益人的,由后一顺序的受益人按照相应比例享有。

第十三条　保险事故发生后,受益人将与本次保险事故相对应的全部或者部分保险金请求权转让给第三人,当事人主张该转让行为有效的,人民法院应予支持,但根据合同性质、当事人约定或者法律规定不得转让的除外。

第十四条　保险金根据保险法第四十二条规定作为被保险人遗产,被保险人的继承人要求保险人给付保险金,保险人以其已向持有保险单的被保险人的其他继承人给付保险金为由抗辩的,人民法院应予支持。

第十五条　受益人与被保险人存在继承关系,在同一事件中死亡且不能确定死亡先后顺序的,人民法院应依据保险法第四十二条第二款推定受益人死亡在先,并按照保险法及本解释的相关规定确定保险金归属。

第十六条　人身保险合同解除时,投保人与被保险人、受益人为不同主体,被保险人或者受益人要求退还保险单的现金价值的,人民法院不予支持,但保险合同另有约定的除外。

投保人故意造成被保险人死亡、伤残或者疾病,保险人依照保险法第四十三条规定退还保险单的现金价值的,其他权利人按照被保险人、被保险人的继承人的顺序确定。

第十七条 投保人解除保险合同,当事人以其解除合同未经被保险人或者受益人同意为由主张解除行为无效的,人民法院不予支持,但被保险人或者受益人已向投保人支付相当于保险单现金价值的款项并通知保险人的除外。

第十八条 保险人给付费用补偿型的医疗费用保险金时,主张扣减被保险人从公费医疗或者社会医疗保险取得的赔偿金额的,应当证明该保险产品在厘定医疗费用保险费率时已经将公费医疗或者社会医疗保险部分相应扣除,并按照扣减后的标准收取保险费。

第十九条 保险合同约定按照基本医疗保险的标准核定医疗费用,保险人以被保险人的医疗支出超出基本医疗保险范围为由拒绝给付保险金的,人民法院不予支持;保险人有证据证明被保险人支出的费用超过基本医疗保险同类医疗费用标准,要求对超出部分拒绝给付保险金的,人民法院应予支持。

第二十条 保险人以被保险人未在保险合同约定的医疗服务机构接受治疗为由拒绝给付保险金的,人民法院应予支持,但被保险人因情况紧急必须立即就医的除外。

第二十一条 保险人以被保险人自杀为由拒绝承担给付保险金责任的,由保险人承担举证责任。

受益人或者被保险人的继承人以被保险人自杀时无民事行为能力为由抗辩的,由其承担举证责任。

第二十二条 保险法第四十五条规定的"被保险人故意犯罪"的认定,应当以刑事侦查机关、检察机关和审判机关的生效法律文书或者其他结论性意见为依据。

第二十三条 保险人主张根据保险法第四十五条的规定不承担给付保险金责任的,应当证明被保险人的死亡、伤残结果与其实施的故意犯罪或者抗拒依法采取的刑事强制措施的行为之间存在因果关系。

被保险人在羁押、服刑期间因意外或者疾病造成伤残或者死亡,保险人主张根据保险法第四十五条的规定不承担给付保险金责任的,人民法院不予支持。

第二十四条 投保人为被保险人订立以死亡为给付保险金条件的人身保险合同,被保险人被宣告死亡后,当事人要求保险人按照保险合同约定给付保险金的,人民法院应予支持。

被保险人被宣告死亡之日在保险责任期间之外,但有证据证明下落不明之日在保险责任期间之内,当事人要求保险人按照保险合同约定给付保险金的,人民法院应予支持。

第二十五条 被保险人的损失系由承保事故或者非承保事故、免责事由造成难以确定,当事人请求保险人给付保险金的,人民法院可以按照相应比例予以支持。

第二十六条 本解释施行后尚未终审的保险合同纠纷案件,适用本解释;本解释施行前已经终审,当事人申请再审或者按照审判监督程序决定再审的案件,不适用本解释。

最高人民法院关于适用《中华人民共和国保险法》若干问题的解释(四)

● 2020 年 12 月 29 日
● 法释〔2020〕18 号

为正确审理保险合同纠纷案件,切实维护当事人的合法权益,根据《中华人民共和国民法典》《中华人民共和国保险法》《中华人民共和国民事诉讼法》等法律规定,结合审判实践,就保险法中财产保险合同部分有关法律适用问题解释如下:

第一条 保险标的已交付受让人,但尚未依法办理所有权变更登记,承担保险标的毁损灭失风险的受让人,依照保险法第四十八条、第四十九条的规定主张行使被保险人权利的,人民法院应予支持。

第二条　保险人已向投保人履行了保险法规定的提示和明确说明义务,保险标的受让人以保险标的转让后保险人未向其提示或者明确说明为由,主张免除保险人责任的条款不成为合同内容的,人民法院不予支持。

第三条　被保险人死亡,继承保险标的的当事人主张承继被保险人的权利和义务的,人民法院应予支持。

第四条　人民法院认定保险标的是否构成保险法第四十九条、第五十二条规定的"危险程度显著增加"时,应当综合考虑以下因素:
　　(一)保险标的的用途的改变;
　　(二)保险标的的使用范围的改变;
　　(三)保险标的的所处环境的变化;
　　(四)保险标的因改装等原因引起的变化;
　　(五)保险标的的使用人或者管理人的改变;
　　(六)危险程度增加持续的时间;
　　(七)其他可能导致危险程度显著增加的因素。
　　保险标的的危险程度虽然增加,但增加的危险属于保险合同订立时保险人预见或者应当预见的保险合同承保范围的,不构成危险程度显著增加。

第五条　被保险人、受让人依法及时向保险人发出保险标的的转让通知后,保险人作出答复前,发生保险事故,被保险人或者受让人主张保险人按照保险合同承担赔偿保险金的责任的,人民法院应予支持。

第六条　保险事故发生后,被保险人依照保险法第五十七条的规定,请求保险人承担为防止或者减少保险标的的损失所支付的必要、合理费用,保险人以被保险人采取的措施未产生实际效果为由抗辩的,人民法院不予支持。

第七条　保险人依照保险法第六十条的规定,主张代位行使被保险人因第三者侵权或者违约等享有的请求赔偿的权利的,人民法院应予支持。

第八条　投保人和被保险人为不同主体,因投保人对保险标的的损害而造成保险事故,保险人依法主张代位行使被保险人对投保人请求赔偿的权利的,人民法院应予支持,但法律另有规定或者保险合同另有约定的除外。

第九条　在保险人以第三者为被告提起的代位求偿权之诉中,第三者以被保险人在保险合同订立前已放弃对其请求赔偿的权利为由进行抗辩,人民法院认定上述放弃行为合法有效,保险人就相应部分主张行使代位求偿权的,人民法院不予支持。
　　保险合同订立时,保险人就是否存在上述放弃情形提出询问,投保人未如实告知,导致保险人不能代位行使请求赔偿的权利,保险人请求返还相应保险金的,人民法院应予支持,但保险人知道或者应当知道上述情形仍同意承保的除外。

第十条　因第三者对保险标的的损害而造成保险事故,保险人获得代位请求赔偿的权利的情况未通知第三者或者通知到达第三者前,第三者在被保险人已经从保险人处获赔的范围内又向被保险人作出赔偿,保险人主张代位行使被保险人对第三者请求赔偿的权利的,人民法院不予支持。保险人就相应保险金主张被保险人返还的,人民法院应予支持。
　　保险人获得代位请求赔偿的权利的情况已经通知到第三者,第三者又向被保险人作出赔偿,保险人主张代位行使请求赔偿的权利,第三者以其已经向被保险人赔偿为由抗辩的,人民法院不予支持。

第十一条　被保险人因故意或者重大过失未履行保险法第六十三条规定的义务,致使保险人未能行使或者未能全部行使代位请求赔偿的权利,保险人主张在其损失范围内扣减或者返还相应保险金的,人民法院应予支持。

第十二条　保险人以造成保险事故的第三者为被告提起代位求偿权之诉的,以被保险人与第三者之间的法律关系确定管辖法院。

第十三条　保险人提起代位求偿权之诉时,被保险人已经向第三者提起诉讼的,人民法院可以依法合并审理。
　　保险人行使代位求偿权时,被保险人已经向第三者提起诉讼,保险人向受理该案的人民法院申请变更当事人,代位行使被保险人对第三者请求赔偿的权利,被保险人同意的,人民法院应予准许;被保险人不同意的,保险人可以作为共同原告参加诉讼。

第十四条 具有下列情形之一的,被保险人可以依照保险法第六十五条第二款的规定请求保险人直接向第三者赔偿保险金:
(一)被保险人对第三者所负的赔偿责任经人民法院生效裁判、仲裁裁决确认;
(二)被保险人对第三者所负的赔偿责任经被保险人与第三者协商一致;
(三)被保险人对第三者应负的赔偿责任能够确定的其他情形。
前款规定的情形下,保险人主张按照保险合同确定保险赔偿责任的,人民法院应予支持。

第十五条 被保险人对第三者应负的赔偿责任确定后,被保险人不履行赔偿责任,且第三者以保险人为被告或者以保险人与被保险人为共同被告提起诉讼时,被保险人尚未向保险人提出直接向第三者赔偿保险金的请求的,可以认定为属于保险法第六十五条第二款规定的"被保险人怠于请求"的情形。

第十六条 责任保险的被保险人因共同侵权依法承担连带责任,保险人以该连带责任超出被保险人应承担的责任份额为由,拒绝赔付保险金的,人民法院不予支持。保险人承担保险责任后,主张就超出被保险人责任份额的部分向其他连带责任人追偿的,人民法院应予支持。

第十七条 责任保险的被保险人对第三者所负的赔偿责任已经生效判决确认并已进入执行程序,但未获得清偿或者未获得全部清偿,第三者依法请求保险人赔偿保险金,保险人以前述生效判决已进入执行程序为由抗辩的,人民法院不予支持。

第十八条 商业责任险的被保险人向保险人请求赔偿保险金的诉讼时效期间,自被保险人对第三者应负的赔偿责任确定之日起计算。

第十九条 责任保险的被保险人与第三者就被保险人的赔偿责任达成和解协议且经保险人认可,被保险人主张保险人在保险合同范围内依据和解协议承担保险责任的,人民法院应予支持。

被保险人与第三者就被保险人的赔偿责任达成和解协议,未经保险人认可,保险人主张对保险责任范围以及赔偿数额重新予以核定的,人民法院应予支持。

第二十条 责任保险的保险人在被保险人向第三者赔偿之前向被保险人赔偿保险金,第三者依照保险法第六十五条第二款的规定行使保险金请求权时,保险人以其已向被保险人赔偿为由拒绝赔偿保险金的,人民法院不予支持。保险人向第三者赔偿后,请求被保险人返还相应保险金的,人民法院应予支持。

第二十一条 本解释自2018年9月1日起施行。

本解释施行后人民法院正在审理的一审、二审案件,适用本解释;本解释施行前已经终审,当事人申请再审或者按照审判监督程序决定再审的案件,不适用本解释。

最高人民法院关于王淑才与许桂兰为分配保险赔偿费发生的纠纷主管部门正在处理应由他们继续解决人民法院不宜直接受理的批复

- 1986年2月17日
- [1986]民他字第2号

河北省高级人民法院:

你院冀法民(1985)28号请示报告收悉。据报告:唐山铁路建筑段工人单福利在中国土木建筑公司派往伊拉克修筑高速公路时,因车祸死亡。中国土木建筑公司决定发给单福利遗嘱保险赔偿人民币2万元,单福利的配偶许桂兰与母亲王淑才为分配此款发生纠纷,唐山铁路建筑段调解不成,将该款存入银行。王淑才于1985年1月向唐山市路北区人民法院起诉。

我们经研究认为:王淑才与许桂兰为分配赔偿费发生的纠纷,主管部门正在处理,并有处理意见,应由他们继续解决。因此同意你院报告中所提处理办法:此纠纷法院暂不宜直接受理。第一、二审所收的诉讼费应予退还。

最高人民法院关于审理出口信用保险合同纠纷案件适用相关法律问题的批复

- 2013年5月2日
- 法释〔2013〕13号

广东省高级人民法院:

你院《关于出口信用保险合同法律适用问题的请示》(粤高法〔2012〕442号)收悉。经研究,批复如下:

对出口信用保险合同的法律适用问题,保险法没有作出明确规定。鉴于出口信用保险的特殊性,人民法院审理出口信用保险合同纠纷案件,可以参照适用保险法的相关规定;出口信用保险合同另有约定的,从其约定。

最高人民法院关于海上保险合同的保险人行使代位请求赔偿权利的诉讼时效期间起算日的批复

- 2014年12月25日
- 法释〔2014〕15号

上海市高级人民法院:

你院《关于海事诉讼中保险人代位求偿的诉讼时效期间起算日相关法律问题的请示》(沪高法〔2014〕89号)收悉。经研究,批复如下:

依照《中华人民共和国海商法》及《最高人民法院关于审理海上保险纠纷案件若干问题的规定》关于保险人行使代位请求赔偿权利的相关规定,结合海事审判实践,海上保险合同的保险人行使代位请求赔偿权利的诉讼时效期间起算日,应按照《中华人民共和国海商法》第十三章规定的相关请求权之诉讼时效起算时间确定。

此复。

◎ 请示答复

最高人民法院关于审理保险合同纠纷案件如何认定暴雨问题的复函

- 1991年7月16日
- 法(经)函〔1991〕70号

内蒙古自治区高级人民法院:

你院〔1991〕内法经请字第2号请示报告收悉。经研究,答复如下:

鉴于1986年8月24日(即23日的二十时至24日的二十时)的降雨量达到暴雨标准,如保险标的物是由于该日降雨遭受损失的,应由保险人承担相应的赔偿责任。确定具体赔偿额时,应从实际情况出发,按保险条例的有关规定办理。

此复。

最高人民法院关于中国人民保险公司营口市支公司的债务可否由中国人民保险公司承担的函

- 1996年8月19日
- 〔1996〕经他字第21号

辽宁省高级人民法院:

你院1996年6月18日《关于中国人民保险公司分支机构没有履行能力能否执行中国人民保险公司问题的请示》一文收悉。经研究答复如下:

中国人民保险公司营口市支公司不能履行你院〔1995〕辽民初字第47号民事调解书确定的义务,又无财产可供执行,即其已不能单独承担民事责任。依据我国《保险法》第七十九条第二款关于"保险公司分支机构不具有法人资格,其民事责任由保险公司承担"的规定,你院可在执行程序中裁定变更中国人民保险公司为该案的被执行主体,即同意你院的请示意见。

此复。

最高人民法院研究室关于对《保险法》第十七条规定的"明确说明"应如何理解的问题的答复

- 2000年1月24日
- 法研〔2000〕5号

甘肃省高级人民法院：

你院甘高法研〔1999〕06号《关于金昌市旅游局诉中保财产保险公司金川区支公司保险赔偿一案的请示报告》收悉。经研究，答复如下：

《中华人民共和国保险法》第十七条规定："保险合同中规定有保险责任免除条款的，保险人应当向投保人明确说明，未明确说明的，该条款不发生法律效力。"这里所规定的"明确说明"，是指保险人在与投保人签订保险合同之前或者签订保险合同之时，对于保险合同中所约定的免责条款，除了在保险单上提示投保人注意外，还应当对有关免责条款的概念、内容及其法律后果等，以书面或者口头形式向投保人或其代理人作出解释，以使投保人明了该条款的真实含义和法律后果。

附：

《甘肃省高级人民法院关于对〈保险法〉第十七条规定的"明确说明"应如何理解的问题的请示》内容

甘肃省高级人民法院请示的案情大致是：1998年2月，马某委托田某办理客车投保事宜，田某按马某的意思到保险公司办理了投保手续。同年4月，马某驾驶保险车辆行驶时，发现后置发动机三缸高压油管漏油，马某便"用胶带把接口处垫好"继续行驶。后该车发动机起火，全车烧毁。事故发生后，经检验，起火原因为"三缸供油管口与喷油嘴密封不严，燃油渗漏，发动机周围升温，点燃油蒸汽，烧毁车辆"。当投保人向保险公司提出理赔时，保险公司以事故发生系因"本车电器、线路、供油系统及货物等问题产生自身引火"，属于保险人除外责任中的"自燃"，拒绝赔付。投保人则援引《保险法》第十七条的规定，认为保险公司没有履行"明确说明"义务，保险合同中有关免除条款不发生法律效力。该案中，保险公司是否履行了"明确说明"义务，有两种完全不同的观点：一种观点认为，保险公司没有履行"明确说明"义务。理由是：《保险法》第十六条规定："订立保险合同时，保险人应当向投保人说明保险合同的条款内容"，第十七条又就免责条款的说明义务作了进一步规定。如果在投保单上已印了除外责任的条款，就算是履行了《保险法》第十七条规定的"明确说明"义务，《保险法》没有必要紧接在第十六条之后作出第十七条的规定。另一种观点认为，保险公司履行了《保险法》第十七条规定的"明确说明"义务。理由有二：(1)保险公司向客户提供的投保单的正面标题下有一行提示："在填写投保单前，请你详细阅读保险条款及特别约定，并特别注意其中除外责任，保险人的义务等内容。"这就已经履行了《保险法》第十七条规定的"明确说明"义务。(2)中国人民银行(原为保险监督管理机关)条法司1997年银条法〔1997〕35号复函《关于在车辆保险业务经营中明示告知义务等问题的复函》称："保险公司在机动车辆保险单背面完整、准确地印上中国人民银行审批或备案的机动车辆保险条款，即被认为是履行了《保险法》规定的告知义务。"本案符合复函所指情况。

最高人民法院关于人民法院能否提取投保人在保险公司所投的第三人责任险应得的保险赔偿款问题的复函

- 2000年7月13日
- 〔2000〕执他字第15号

江苏省高级人民法院：

你院〔1999〕苏法执他字第15号《关于人民法院能否提取投保人在保险公司所投的第三人责任险应得的保险赔偿款的请示》收悉。经研究，答复如下：

人民法院受理此类申请执行案件,如投保人不履行义务时,人民法院可以依据债权人(或受益人)的申请向保险公司发出协助执行通知书,由保险公司依照有关规定理赔,并给付申请执行人;申请执行人对保险公司理赔数额有异议的,可通过诉讼予以解决;如保险公司无正当理由拒绝理赔的,人民法院可依法予以强制执行。

附:

《江苏省高级人民法院关于人民法院能否提取投保人在保险公司所投的第三人责任险应得的保险赔偿款问题的请示》内容

一、案件主要事实

1999年6月23日,江苏高院向最高人民法院请示,人民法院能否提取投保人在保险公司所投的第三人责任险应得的保险赔偿款。该院请示反映,"近来,我省一些基层法院受理了不少交通事故损害赔偿申请执行案件,因投保人肇事后逃逸躲藏,下落不明,法院在裁定提取投保人在保险公司应得的第三人责任险赔偿款时,保险公司以投保人未索赔,无法确定理赔数额为由,拒绝协助提取,造成类似案件无法执行,第三人的合法权益无法实现"。

二、江苏高院的意见

江苏高院研究认为,根据《保险法》第五十条第一款的规定:"保险人对责任保险的被保险人给第三者造成的损害,可以依照法律的规定或者合同的约定,直接向第三者赔偿保险金",《合同法》第七十三条第一款规定:"因债务人怠于行使到期债权,对债权人造成损害的,债权人可以向人民法院请求以自己名义代位行使债务人的债权,但该债权专属于债务人自身的除外",以及最高法院《关于执行工作若干问题的规定(试行)》第三十六条的规定:"被执行人在有关单位的收入尚未支取的人民法院应当作出裁定,向该单位发出协助执行通知书,由其协助扣留或提取",此类案件在执行过程中,人民法院向保险公司发出协助执行通知书,保险公司应予协助。

最高人民法院对湖南省高级人民法院关于《中国工商银行郴州市苏仙区支行与中保财产保险有限公司湖南省郴州市苏仙区支公司保证保险合同纠纷一案的请示报告》的复函

• 2000年8月28日
• 〔1999〕经监字第266号

湖南省高级人民法院:

你院(1996)湘经再字第53号《中国工商银行郴州市苏仙区支行与中保财产保险有限公司湖南省郴州市苏仙区支公司保证保险合同纠纷一案的请示报告》收悉,经研究,答复如下:

一、保证保险是由保险人为投保人向被保险人(即债权人)提供担保的保险,当投保人不能履行与被保险人签订合同所规定的义务,给被保险人造成经济损失时,由保险人按照其对投保人的承诺向被保险人承担代为补偿的责任。因此,保证保险虽是保险人开办的一个险种,其实质是保险人对债权人的一种担保行为。在企业借款保证保险合同中,因企业破产或倒闭,银行向保险公司主张权利,应按借款保证合同纠纷处理,适用有关担保的法律。

二、保险单中"保险期一年"的约定,不符合《企业借款保证保险试行办法》的规定,且保险人与投保人就保险期限的约定对债权人没有约束力,保险公司仍应按借款合同中规定的保证期限承担责任。

三、鉴于中国工商银行郴州市苏仙区支行实际上收取了50%的保费,根据权利义务对等的原则,对于郴县天字号多金属矿所欠贷款本金、利息,应由保险和银行双方当事人各承担50%。

最高人民法院关于如何理解《中华人民共和国保险法》第六十五条"自杀"含义的请示的答复

- 2002年3月6日
- [2001]民二他字第18号

江西省高级人民法院：

你院[2001]赣经请字第3号关于如何理解《中华人民共和国保险法》第六十五条①"自杀"含义的请示收悉。经研究，答复如下：

本案被保险人在投保后两年内因患精神病，在不能控制自己行为的情况下溺水身亡，不属于主动剥夺自己生命的行为，亦不具有骗取保险金的目的，故保险人应按合同约定承担保险责任。

此复。

附：

《江西省高级人民法院关于如何理解〈中华人民共和国保险法〉第六十五条"自杀"含义的请示》内容

一、案件主要事实

1998年9月30日，张敏华与新余保险公司签订保险合同。合同约定，被保险人梁虹霞，女，1974年11月11日生；投保人张敏华，男，1971年5月10日生，与被保险人系配偶关系；受益人张敏华，受益份额100%；保险名称为重大疾病终身保险，基本保险金额30000元，保险期间为终身，保险责任起止时间为1998年9月30日零时至终身，交费期20年，交费方式为年交保费765元，并以重大疾病终身保险条款作为保险合同的组成部分。该条款第八条规定，在本合同有效期内，被保险人因意外伤害而身故或身体高度残疾，或于本合同生效或复效之日起180日以后因疾病而身故或身体高度残疾时，保险公司按保险单所载保险金额的三倍给付身故保险或身体高度残疾保险金。合同签订同时，张敏华向新余保险公司交保险费765元，1999年11月29日交第二年保险费765元。

1997年7月1日，被保险人在医院生育一女孩。1999年12月10日，因小孩生病，被保险人感到紧张，于2000年元月25日生病住进了新余市第二人民医院，经诊断：被保险人患有产后抑郁症。被保险人在住院前在家多次打开煤气开关，用布上吊等轻生。2000年3月12日，被保险人在医院住院期间随张敏华请假回家后独自到北湖水库溺水身亡。2000年3月14日，新余市第二人民医院出具居民死亡医院证明，证明被保险人直接导致死亡的疾病是产后抑郁症，发病到死亡四月许。被保险人死亡后，张敏华向新余保险公司要求按合同给付保险金，新余保险公司于2000年4月4日作出拒付案件通知书称："经审核在合同订立或复效之日起2年内自杀不属于保险责任范围，此案拒付。"为此，张敏华向法院起诉。

二、请示问题

江西省新余市渝水区人民法院经审理认为，本案属保险合同理赔纠纷。《中华人民共和国保险法》第六十五条第一款规定"自杀"这一除外责任条款，无疑是为避免蓄意自杀者通过保险谋取保险金，防止诈保。因此，《保险法》意义上的"自杀"应当是具有主观上的故意，企图剥夺自己生命的行为。本案被保险人自杀系精神失常不能自己的行为所致。其情形不符合《保险法》所特指的蓄意自杀。保险公司依法应当给付张敏华保险金，不能免责。依据《中华人民共和国保险法》第二十三条第一款、第二款，第六十五条第一款以及《重大疾病终身保险条款》第八条的规定，判决新余保险公司给付张敏华保险金9万元；新余保险公司支付滞纳金（按中国人民银行同期逾期贷款利率计算，自2000年4月4日至7月28日止）给付张敏华。上列款项限新余保险公司在判决生效后10日内支付。本案诉讼费3120元由新余保险公司承担。

---

① 《中华人民共和国保险法》已于2009年2月28日修订，修订前的第六十五条的顺序已调整为第四十四条。——编者注

新余保险公司上诉后,新余市中级人民法院为正确审理本案,对如何理解《保险法》第六十五条"自杀"的含义,特向上级法院请示。江西省高级人民法院的倾向性意见是:《保险法》第六十五条"自杀"仅指故意自杀,不包括精神失常的自杀。经咨询专家产后抑郁症属一种精神病,病人临床表现自杀意图明显。从第六十五条立法目的来解释,法律规定被保险人在合同订立后两年内自杀的,保险公司免责只是为了防止道德危险的发生。本案被保险人自杀不是故意的,保险公司应给付保险金。另一种意见认为,《保险法》第六十五条明确规定被保险人在投保后两年内自杀的,保险公司可免除保险责任。这里的"自杀"含义是无论被保险人精神正常与否,如果由于其本人自己的行为而造成死亡,保险公司只负返还已交保险费的责任。江西省高级人民法院就本案保险公司应否承担保险责任问题,向本院提出书面请示。

最高人民法院关于华庆自行车(深圳)有限公司诉招商局保险有限公司保险合同纠纷一案受理问题的复函

- 2003年6月7日
- 〔2002〕民四他字第20号

广东省高级人民法院:

你院〔2002〕粤高法立请字第2号《关于华庆自行车(深圳)有限公司诉招商局保险有限公司保险合同纠纷一案受理问题的请示》收悉。本院经研究认为,本案《火险投保书》中被保险人的住所地、保险标的物所在地均在广东省深圳市,故根据最密切联系原则,应当依据我国有关法律确定该投保书的仲裁条款的效力。由于《火险投保书》中仲裁条款没有约定仲裁地点和仲裁机构,根据《中华人民共和国仲裁法》第十八条的规定,该仲裁条款为不可执行的条款,应确认其无效。据此,同意你院意见,本案应由深圳市中级人民法院受理。

此复。

最高人民法院关于对四川省高级人民法院关于内江市东兴区农村信用合作社联合社与中国太平洋保险公司内江公司保险合同赔付纠纷合同是否成立等请示一案的答复

- 2003年7月10日
- 〔2003〕民二他字第09号

四川省高级人民法院:

你院〔2002〕川民终字第90号关于内江市东兴区农村信用合作社联合社与中国太平洋保险公司内江支公司(以下简称内江太保公司)保险合同赔付纠纷一案,保险合同是否成立等问题的请示收悉。经研究,答复如下:

一般保险合同只要双方签字盖章,或者保险人向投保人签发保险单或者其他保险凭证,该保险合同即应认定已经成立。内江太保公司在签发保险单时如投保人未提供借款合同,则该公司不应签发保险单。内江太保公司经审核向钟玉琪签发了保险单,故应认定所涉借款合同已报送内江太保公司。虽投保人提供的借款合同与保险条款中所列的消费借款合同种类不一致,但至出险前内江太保公司未提出异议,应视为内江太保公司认可了钟玉琪提交的商业贷款合同代替了保险合同中的消费贷款。故同意你院研究的第一种意见,应认定本案保险合同有效,内江太保公司依约承担保险责任。

此复。

附:

四川省高级人民法院关于内江市东兴区农村信用合作社联合社与中国太平洋保险公司内江支公司保险合同赔付纠纷合同是否成立等请示一案的请示

一、案件基本事实

原审原告内江市东兴区农村信用合作社联合

社(下称东兴信用社)与原审被告中国太平洋保险公司内江支公司(下称内江太保公司)保险合同赔付纠纷一案,前由四川省内江市中级人民法院于2002年1月11日作出〔2001〕内经初字第178号民事判决。宣判后,东兴信用社不服,向四川省高级人民法院提起上诉。四川省高级人民法院在研究中存有不同意见,遂以〔2002〕川民终字第90号请示报告书面请示最高人民法院。

二、请示的理由

1999年10月,内江太保公司与东兴信用社签订兼业代理合同,约定内江太保公司委托东兴信用社代理销售保险业务。该合同第五条第(3)项约定:东兴信用社在代理保险业务时,应核实投保标的和投保人的可保利益,指导投保人正确填写投保单,认真审核投保单,并在承保前及时将投保单转交内江太保公司签发保险单。东兴信用社在代理期内,内江太保公司经批准推出了喜洋洋消费借贷者定期寿险险种。喜洋洋消费借贷者定期寿险条款载明:本保险合同由保险单及所附条款、投保单、有效声明、体检报告、批注、消费贷款合同等构成;保险责任为若被保险人因疾病或遭受意外伤害事故所致身故或全残,保险人于事故发生后的第一个贷款归还日,按即日保险金额给付保险金予受益人,保险责任终止;本保险的受益人为发放消费贷款的金融机构或办理商品分期付款的销售商,也可为投保人。2001年1月28日,内江市玉琪商贸有限责任公司(下称玉琪公司)向东兴信用社申请借款110万元,当日,东兴信用社同意借款,双方签订抵押担保借款110万元的合同,约定借款期限自2000年1月28日至2001年1月28日,玉琪公司以其土地作抵押,但双方未办理抵押登记手续。同年1月31日,东兴信用社将110万元划给玉琪公司。在签订借款合同当日,钟玉琪向内江太保公司申请投保前述喜洋洋消费贷款人寿保险。内江太保公司经审查有关材料后,于当日签发保险单。该保险单载明:保险单号NEJ001DL4100005;险种名称为喜洋洋3年定期;被保险人为钟玉琪;受益人为东兴区信用联社;保险期限自2000年1月29日零时起至2003年1月28日24时止;缴费方式趸缴;投保份数为110份,每份保险金额1万元,保险费合计为2420元。同日,内江太保公

司出具收到钟玉琪2420元保险费发票。2001年1月8日,玉琪公司向东兴信用社申请将借款延期1年,同日东兴信用社同意展期1年。同年7月11日,钟玉琪被人枪击死亡。经内江市中区公安分局刑警大队现场勘查、尸检作出结论:钟玉琪系他杀。2001年8月13日、10月11日,东兴信用社向内江太保公司书面提出理赔110万元的申请,并提供保险单正本、保险费发票原件、被保险人户籍注销证明、被保险人火化证明、贷款合同、展期合同、内江市中区公安分局刑警大队出具的死亡证明等理赔申请材料,提出理赔申请。内江太保公司在收到上述理赔申请材料后,于同年10月19日向东兴信用社复函称索赔函已收悉,其非常重视该项事情的处理;现阶段,还在查勘过程中,待有进展时,将及时与贵社函接。庭审中,经双方质证,本案所涉借款合同,仅有玉琪公司与东兴信用社签订的前述抵押担保借款合同,除此之外无其他合同。因内江太保公司未予赔付,酿成纠纷。

原审法院认为:东兴信用社不能提供证据证明投保人钟玉琪在投保时即交付了与险种相符的贷款合同,因该贷款合同是喜洋洋保险合同的主要构成要件,钟玉琪与内江太保公司之间的保险合同因缺少个人消费贷款要件而不能成立。对此,东兴信用社应承担举证不能的法律后果,其提出钟玉琪与内江太保公司的保险合同的理赔要求,不予支持。据此判决:驳回东兴信用社的诉讼请求。

宣判后,东兴信用社不服,向二审法院提起上诉。其上诉的主要理由是:钟玉琪与内江太保公司之间签有合法的保险合同,钟玉琪向内江太保公司投保并交纳保费,内江太保公司签发了保险单,保险单为订立保险合同的法律凭证,保险合同成立;双方的投保事实与保监会核发的"险种"内容有异,而否定双方存在的保险合同关系,内江太保公司按照保险程序审核后向钟玉琪签发保险单说明其认可了钟玉琪提交的借款合同,且钟玉琪在此过程中无不当之处;保险合同内容符合《保险法》的规定并已实际履行。请求依法撤销原判,由被上诉人支付110万元保险金。内江太保公司答辩称:钟玉琪与东兴信用社并未签订作为保险合同构成要件的个人消费贷款合同,

钟玉琪应知其所投险种为个人定期消费贷款寿险,但实际上上诉人提供的材料中表明钟玉琪与东兴信用社之间不存在任何个人消费贷款合同,上诉人所提供的借款合同主体不是钟玉琪,而是内江市玉琪商贸有限责任公司(下称玉琪公司),钟玉琪与内江太保公司之间的保险合同未成立;造成保险合同不成立的过错责任在上诉人;上诉人不是本案合格的当事人。请求维持原判。

三、请示问题

本案争议的焦点是:保险合同是否成立;钟玉琪保险事故的发生,东兴信用社是否有保险利益受损;内江太保公司在本案中是否应承担责任,应承担何种责任。

在本案所涉保险合同是否成立的问题上,合议庭意见一致,即认为虽然现双方当事人对有关案件事实各执一词,但钟玉琪向内江太保公司申请投保,内江太保公司经审核同意并钟玉琪签发保险单的基本事实成立,符合合同成立的形式要件。但在本案的具体处理上,存在三种意见。

第一种意见认为,内江太保公司应承担保险赔偿责任。其理由是:

1. 根据内江太保公司与东兴信用社签订兼业代理合同,东兴信用社代内江太保公司受理相关保险业务,其中包括指导投保人填写并负责审核投保单。作为受益人,还应向内江太保公司送报作为保险合同组成部分的相关借款合同。现双方当事人虽对本案所涉借款合同是否先行送报内江太保公司各执一词,但从保险单签发程序上看,如缺乏借款合同这一保险对象,内江太保公司不应签发保险单。现在的基本事实是,该公司经审核向钟玉琪签发了保险单,故可推定本案所涉借款合同当时已报送内江太保公司。该借款合同经保险公司审查后,内江太保公司已知道该借款合同与险种中的消费借款合同种类不一致,但至出险前均未提出异议,应视为内江太保公司认可了钟玉琪提交的商业贷款合同代替了保险合同的消费贷款。内江太保公司接受了钟玉琪以个人名义填写的投保单,并接收了钟玉琪所交保费签发保险单,承诺了钟玉琪以玉琪公司名义与东兴信用社的贷款合同投保要约,该承诺合法有效,理应承担赔付责任。即使认定本案保险合同所涉借款合同有瑕疵,但其责任也既不在钟玉琪,也不在东兴信用社。

2. 就保险合同而言,无论是个人消费贷款,还是商业贷款,只是贷款性质的改变,而不影响钟玉琪以人的生命作为保险标的的保险合同成立。该保险合同的保险利益是作为投保人的钟玉琪对其生命完结后的保险标的具有法律承认的利益,钟玉琪的保险利益能否有保障,在这种险种中,投保人死亡后,保险利益自然应由保险合同中约定的受益人东兴信用社取得。因此,无论是钟玉琪个人投保,还是玉琪公司投保,保险单确认的受益人为东兴信用社,因钟玉琪死亡后具有的保险利益就应由内江太保公司向东兴信用社赔付。基于此,东兴信用社的上诉理由成立,其请求依法应予支持。拟撤销原判,判决内江太保公司向东兴信用社支付110万元保险金。

第二种意见认为,受益人东兴信用社因未遭受保险利益损失而不应赔付。其理由是:根据前述保险条款,本案所涉保险是一种特殊的险种,是寿险与财险的一种结合。与个人签订合同,并以个人的身故或全残为理赔原因,体现了其寿险的特征,但其保险利益又并非人身伤害,而是该个人因身故或全残给他人(受益人)造成的财产损失;保险金并不向该个人支付,而是向与该个人签订个人消费借贷合同的金融机构支付,用于偿还该个人的欠贷,这在保险条款中作了明确规定。因此,本案所涉保险合同保险的对象是钟玉琪的个人消费贷款,其与钟玉琪的个人消费贷款合同的客观存在是构成本案所涉保险合同中作为受益人的东兴信用社的保险利益不可缺少的要件。本案中,东兴信用社与钟玉琪个人之间未签订个人消费贷款合同,其所提供的是玉琪公司与东兴信用社的商业贷款合同,主体和用途都不同,不能作为本案保险合同的保险利益。因此,钟玉琪的死亡,并未造成规定的作为内江太保公司承担保险责任的东兴信用社的保险利益受损,保险公司不应承担赔付责任,东兴信用社应依法向玉琪公司提出偿还欠款的请求。拟维持原判。

第三种意见认为,保险合同成立,但不存在保险利益受损,保险公司应承担过错责任。其理由是:内江太保公司与钟玉琪签订保险合同时,未认真审查投保人的身份和贷款合同的性质,造成贷款合同主体与被保险合同主体不一致、个人消费贷款与商业贷款不一致的合同瑕疵,在出险前未提出解除合同或者变更合同,出险后又不及时理赔,内江太保公司应承担主要过错责任。拟判令内江太保公司承担部分赔偿责任。

四川高院就上述问题向最高人民法院提出书面请示。

最高人民法院关于中国船东互保协会与南京宏油船务有限公司海上保险合同纠纷上诉一案有关适用法律问题的请示的复函

- 2004年5月26日
- [2003]民四他字第34号

湖北省高级人民法院:

你院[2003]鄂民四终字第6号《关于中国船东互保协会与南京宏油船务有限公司海上保险合同纠纷上诉一案有关适用法律问题的请示》收悉。经研究,答复如下:

中国船东互保协会不属于我国《保险法》规定的商业保险公司。中国船东互保协会与会员之间签订的保险合同不属于商业保险,不适用我国《保险法》规定,应当适用我国《合同法》等有关法律的规定。

中国船东互保协会2000保险条款第七条通则第一款第(六)项约定的保证义务,是承保范围的前提条件,不属于免责条款。上述约定符合我国《合同法》规定,属于协会会员必须遵守的我国法律规定的关于船舶和船员安全管理方面的强制性义务,应当认定其效力。

南京宏油船务有限公司违反了我国《海上交通安全法》、《船舶最低安全配员规则》、《油船安全生产管理规则》等有关规定,对"隆伯6"轮触礁沉没事故造成的损失应当承担责任。中国船东互保协会已经垫付了本应由南京宏油船务有限公司支付的清污打捞费用,南京宏油船务有限公司应当向中国船东互保协会返还该笔费用及相应利息。

此复。

最高人民法院研究室关于新的人身损害赔偿审理标准是否适用于未到期机动车第三者责任保险合同问题的答复

- 2004年6月4日
- 法研[2004]81号

中国保险监督管理委员会办公厅:

你厅《关于新的人身损害赔偿审理标准是否适用于未到期机动车第三者责任保险合同问题的函》(保监厅函[2004]90号)收悉。经研究,答复如下:

《合同法》第四条规定,"当事人依法享有自愿订立合同的权利,任何单位和个人不得非法干预。"《合同法》本条所确定的自愿原则是合同法中一项基本原则,应当适用于保险合同的订立。《保险法》第四条也规定,从事保险活动必须遵循自愿原则。因此,投保人与保险人在保险合同中有关"保险人按照《道路交通事故处理办法》规定的人身损害赔偿范围、项目和标准以及保险合同的约定,在保险单载明的责任限额内承担赔偿责任"的约定只是保险人应承担的赔偿责任的计算方法,而不是强制执行的标准,它不因《道路交通事故的处理办法》的失效而无效。我院《关于审理人身损害赔偿案件适用法律若干问题的解释》施行后,保险合同的当事人既可以继续履行2004年5月1日前签订的机动车辆第三者责任保险合同,也可以经协商依法变更保险合同。

最高人民法院关于大众保险股份有限公司苏州中心支公司、大众保险股份有限公司与苏州浙申实业有限公司海上货物运输保险合同案适用法律问题的请示的复函

- 2007年7月24日
- [2007]民四他字第8号

湖北省高级人民法院:

你院鄂高法〔2007〕115号《关于大众保险股份有限公司苏州中心支公司、大众保险股份有限公司与苏州浙申实业有限公司海上货物运输保险合同案适用法律问题的请示》收悉。

经研究认为：根据你院查明的事实，大众保险股份有限公司苏州中心支公司与苏州浙申实业有限公司之间的海上货物运输保险合同合法有效，双方的权利义务应当受保险单及所附保险条款的约束。依照本案"海洋运输货物保险条款"的规定，一切险除平安险和水渍险的各项责任外，还包括被保险货物在运输途中由于外来原因所致的全部或部分损失。保险条款中还列明了保险人不负赔偿责任的五项除外责任条款。因此，"一切险"的承保风险应当为非列明风险，如保险标的的损失系运输途中的外来原因所致，且并无证据证明该损失属于保险条款规定的除外责任之列，则应当认定保险事故属于一切险的责任范围。同意你院倾向性意见的处理结果。

此复。

附：

湖北省高级人民法院关于大众保险股份有限公司苏州中心支公司、大众保险股份有限公司与苏州浙申实业有限公司海上货物运输保险合同案适用法律问题的请示报告

2007年3月26日　鄂高法〔2007〕115号

最高人民法院：

一、本案由来

大众保险股份有限公司苏州中心支公司（以下简称保险支公司）、大众保险股份有限公司（以下简称保险公司）因海上货物运输保险合同纠纷一案，不服武汉海事法院〔2005〕武海法商字第229号民事判决，提起上诉。本院于2006年4月18日立案。上诉期间，保险公司未交纳上诉费，书面撤回上诉，本院裁定准许。本院依法组成合议庭，于2006年5月24日公开开庭进行了审理，保险支公司、保险公司的委托代理人赵跃生，苏州浙申实业有限公司（以下简称浙申公司）的委托代理人张红兵到庭参加诉讼，双方均愿调解，虽经本院多次调解，但调解金额差距太大而无结果。由于本案经本院审判委员会讨论后有不同意见，特请示钧院。

二、当事人概况

上诉人（原审被告）：大众保险股份有限公司苏州中心支公司。

负责人：蒋雷，经理。

委托代理人：赵跃生，上海市理合理律师事务所律师。

委托代理人：顾元，上海市理合理律师事务所律师。

被上诉人（原审原告）：苏州浙申实业有限公司。

法定代表人：毛小敏，总经理。

委托代理人：刘昌国，瑞通天元律师事务所律师。

委托代理人：张红兵，瑞通天元律师事务所律师。

原审被告：大众保险股份有限公司。

法定代表人：杨国平，董事长。

委托代理人：赵跃生，上海市理合理律师事务所律师。

委托代理人：顾元，上海市理合理律师事务所律师。

三、原判情况

原告浙申公司诉称，2005年3月21日，原告为其定购的一批白松向被告保险支公司投保海上货物运输险，被告保险支公司接受原告的投保，于当日向原告签发了保险公司的格式货物运输保险单。保险单编号为 AB-ABAFOOSHH2005B000003，根据保险单的约定，保险金额为552822.60美元，承保条件为中国人民保险公司1981年1月1日的一切险条款。该批白松由"开明先锋（PIONEER KAMCHATKI）"轮承运至中国太仓港，途中因遭遇恶劣天气致使部分货物落海。经中华人民共和国出入境检验检疫机构检验，实际交付的白松数量短少3786根，经计算，原告遭受损失63909.27美元。原告根据保险单，要求两被告支

付保险赔偿金遭拒,故诉请法院判令两被告连带向原告支付保险赔偿金 63909.27 美元以及利息,并承担案件受理费。

被告保险公司和保险支公司辩称,原告运输货物,投保海洋运输货物一切险,短量险除外,未投保舱面货物险。原告受损的货物为舱面货,受损原因是被风刮入大海,其损失不在保险责任范围之内。涉案提单签发日期为 2005 年 3 月 21 日,保险单的签发日期也是 2005 年 3 月 21 日,而中国和起运港有 5 个小时的时差,故原告不可能在签发提单后才申请投保,原告没有购买舱面货物险的责任不在被告。综上,原告的起诉无事实和法律依据,两被告请求法院驳回原告的诉讼请求。

原审查明:2005 年 3 月 5 日,原告浙申公司与 MJ TIMBER COMPA— NY LIMITED 签订一份买卖合同,购买了数量为 32191 根/5895.022 立方米,价值为 552822.60 美元的原木。上述原木于 2005 年 3 月 21 日被装上"开明先锋"轮,"开明先锋"轮船长 ANDREEVSKIY VLADIMIR 于同日签发了正本提单。提单记载:起运港俄罗斯 SOVETSKAY GAVAN 港,目的港中国太仓港,货物白松,计 32191 根,5895.022 立方米,其中 10527 根(1763.465 立方米)装载于舱面。原告浙申公司就上述货物的运输向被告保险支公司投保,被告保险支公司于 2005 年 3 月 21 日签发编号为 AB— ABAFOOSHH2005B000003 的保险单。保险单记载:被保险人浙申公司,保险人保险支公司,货物白松,保险金额 552822.60 美元,运输工具"开明先锋"轮,起运港俄罗斯 SOVETSKAY GAVAN 港,目的港中国太仓港,开航时间根据提单为 2005 年 3 月 21 日,承保条件为中国人民保险公司 1981 年 1 月 1 日海洋货物运输保险一切险条款(含仓至仓条款)、短量险除外。货物在运输途中,于 2005 年 3 月 24 日遇大风浪,其中装载于舱面的部分货物被吹落人海。2005 年 3 月 28 日,"开明先锋"轮抵达目的港中国太仓港,经中华人民共和国太仓出入境检验检疫局检验,实际到港原木为 28405 根/5230.518 立方米,对照提单、发票,短少 3786 根/664.504 立方米。涉案正本提单经贸易环节流转到原告浙申公司手中。

原审认为,本案系海上货物运输保险合同纠纷。原告浙申公司就进口货物的运输向被告保险支公司投保,被告保险支公司同意承保,并依据双方达成的协议,签发保险单,原告浙申公司与被告保险支公司之间的保险合同成立有效,双方均应遵守。保险合同约定,承保险别根据中国人民保险公司海洋运输货物保险一切险条款(1981 年 1 月 1 日)(含仓至仓条款),短量险除外。中国人民保险公司海洋运输货物保险条款包括基本险和附加险,基本险包括平安险、水渍险及一切险,附加险包括一般附加险、特别附加险和特殊附加险。一切险的责任范围,除包括平安险和水渍险的各项责任外,还负责被保险货物在运输途中由于外来原因所致的全部或部分损失。一切险中的"外来原因"属于非列明风险。基本险的除外责任包括:(1)被保险人的故意行为或过失所造成的损失;(2)属于发货人责任所引起的损失;(3)在保险责任开始前,被保险货物已存在品质不良或数量短差所造成的损失;(4)被保险货物的自然损耗,本质缺陷,特性以及市价跌落,运输迟延所引起的损失或费用;(5)保险公司海洋运输货物战争险条款和货物运输罢工险条款规定的责任范围和除外责任。特别附加险包括交货不到险、进口关税险、舱面货物险、拒收险、黄曲霉素险。被保险货物白松共计 32191 根(5895.022 立方米),其中 10527 根(1763.465 立方米)装载于舱面,货物的积载情况在提单中已经有了明确的记载。被保险支公司签发的保险单中开航日期表述为:根据 2005 年 3 月 21 日提单,由此可见,被告保险支公司对提单中记载的货物装载情况是明知的。根据中国人民保险公司海洋运输货物保险条款的规定,虽然舱面货的承保需要加保特别附加险的舱面货物险,但是被告保险支公司在明知有部分舱面货的情况下,依然同意对所有货物承保一切险,属当事人之间的意思自治,没有违反法律、行政法规的禁止性规定,依法有效。故被告保险支公司应当在一切险的保险责任范围内对所有货物承担保险责任。被告保险支公司提出原告未购买舱面货物险,保险公司不对舱面货承担保险责任的主张,无法律依据,原审不予支持。被保险货物在运输途中,由于遇到大风浪,装载于舱面的部分货物被吹落入海。事故的发生原因是遇到大风浪，大风浪属于外来原因，且不在基本险的除外责任范围之内，故本次事故属于一切险的保险责任事故。原告浙申公司与被告保险支公司间的保险合同同时还约定，短量险除外。对于短量险的保险责任范围，原、被告之间有不同的理解。被告保险支公司认为只要是货物的短少，就在短量险的承保范围之内，原告浙申公司则认为，短量险承保的是对因货物外包装破裂或散装货物散落造成的短量或者数量减少进行的赔偿。《中华人民共和国保险法》第三十条规定："对于保险合同的条款，保险人与投保人、被保险人或者受益人有争议时，人民法院或者仲裁机关应当作有利于被保险人和受益人的解释"，故对于货物被吹落入海导致货物短少，应当解释为不在短量险的保险责任范围内。综上，原告浙申公司的舱面货被大风浪吹落入海造成的损失在被告保险支公司的保险责任范围之内，被告保险支公司依约应当承担给付保险金的责任。被告保险支公司是被告保险公司设立的分公司，不具有企业法人资格，其民事责任依法由被告保险公司承担。依照《中华人民共和国海商法》第二百三十七条，《中华人民共和国民事诉讼法》第一百二十八条的规定，原审判决：被告大众保险股份有限公司苏州中心支公司、被告大众保险股份有限公司于本判决生效之日起十日内一次性连带给付原告苏州浙申实业有限公司保险金62315.768美元以及利息（利息以中国人民银行同期美元贷款利率从2005年4月8日起算至给付之日止）。案件受理费人民币10300元，其他受理费人民币3100元，合计人民币13400元，由被告大众保险股份有限公司苏州中心支公司、被告大众保险股份有限公司连带承担。

四、上诉与答辩情况

上诉人保险支公司请求：（1）改判驳回被上诉人诉讼请求，或者撤销武汉海事法院〔2005〕武海法商字第229号民事判决书发回重审或者给予改判；（2）被上诉人承担一审、二审诉讼费。理由：（1）一审法院认定事实错误，错误认定被上诉人在签发保险单时得到涉案提单。原审关于保险公司明知有部分舱面货的认定没有任何事实和证据。假定被上诉人在上诉人签发之前的确提交了保单，那购买附加险与否的责任和义务在被保险人而不是保险人。上诉人是基于侥幸，或者节约开支等种种因素而没有购买附加风险的保险。（2）一审法院对涉案保险单严重误解。被上诉人投保的是一般货物风险，没有对部分货物购买附加舱面保险，那舱面货物发生的风险当然不赔，被上诉人通过司法不公达到了既可以省钱不购买附加风险的保险，又可以要保险公司承担被保险人没有购买的保险风险。涉案保险单已经明确约定"短量除外"这也应该是双方的意思自治了。而该短量并没有任何的限制语句。那应该理解为所有短量都应是不赔偿范围。如果任何当事人可以在没有任何理由的基础上，随意对文字做扩大理解，保险单上"短量除外"的约定有何意义？（3）对于被上诉人索赔数额，虽然被上诉人提供了商检机构的报告，但是根据提供发票中对木材单价有各种不同的价格，法院对此也没有进行核实，完全依照被上诉人数额判决。

被上诉人浙申公司无书面答辩，庭审时口头辩称：（1）中国人民保险公司1981年1月1日的一切险条款为双方权利义务的依据。本案发生的货损应该由保险人担责。（2）短量险不是除外险。因为，一是原木计量应以"根"或"立方"来计量，而非以重量（计量）。二是歧义条款应作不利于保险人的解释。三是保险人的免责条款应向被保险人尽明确告知义务。（3）保险人明知部分货物在舱面。由于投保一切险，保险人就应对舱面货物的损失承担赔偿责任。（4）原审计量货损是有依据的。

原审被告保险公司当庭称：如果说一切险包括了舱面险，那就不存在其他附加险了。短量问题，被上诉人二审说法与一审发生了变化，表明一审判决不合理。短量险的批注在保单正面而非背面。保险人是否明知部分货在舱面，请被保险人举证。购买附加险的责任和义务在于被保险人。

五、二审认定的事实

根据当事人的上诉，答辩和二审举证，除保险公司签发保险单时是否"明知"存在舱面货和索赔数额外，各方对原判认定的其他事实无异议，本院对无异议的原判认定事实予以确认。

本案为海上运输货物保险合同纠纷。虽然涉案原木来自俄罗斯,但保险合同各方当事人、货物目的港皆在中华人民共和国境内,且太仓港属武汉海事法院管辖区域,故原审有管辖权。原审以中华人民共和国法律作为解决本案纠纷的准据法,且各方当事人亦无异议,本院予以确认。

本院同时认为,浙申公司关于保险公司《申请法院调查申请书》是在举证期限后提出,应被驳回的理由不成立。首先,这不符事实。事实是,本案开庭于2006年5月24日。本院当庭指定上诉人在同月31日前向法院提供涉案的保险条款及其解释。2006年5月31日上诉人书面申请本院延长举证期限20天。2006年6月19日上诉人书面申请本院向中国人民银行和中国保监会进行调查。其次,从法律上看,保险公司申请调查的是法律问题,而不是事实问题。即使保险公司不申请法院调查,法院为适用法律也可向保监会等机关调查。

本案的争议焦点:(1)保险公司是否明知涉案部分货物为舱面货。(2)保险支公司在明知涉案部分货物载于舱面仍承保全部货物一切险的条件下,应否赔偿舱面货损失?

本院认为:

1. 保险支公司是否明知涉案部分货物为舱面货。涉案保单正面载明:开航日期 ASPESB/LMAR. 21, 2005(根据提单2005年3月21日),保险金额552822.6美元。涉案提单正面载明:OF WHICH 10 527 PCS 1763, 465 CBMS ON DECK AT CHARTERE'S RISK; THE CARRIER NOT BEING RESPONSIBLE FOR LOSS OR DAMAGE HOWERVE ARISING(在甲板上的10527根/1763.465立方米的白松无论发生怎样的丢失或损坏,承运人都不承担责任。)涉案货物发票金额552822.6美元。正是基于上列3份证据,原审认定保险公司明知涉案部分货物为舱面货。本院认为,保险公司关于"保险人是否明知部分货在舱面,请被保险人举证"的抗辩亦不成立,因为,被保险人浙申公司已出示上列3份证据,证明保险支公司"明知"。保险支公司要想推翻浙申公司的主张,应出示反证。但本案中未见保险支公司出示这类证据。

2. 保险支公司应否赔偿舱面货损?

本院审判委员会讨论有分歧意见,第一种意见是驳回上诉,维持原判,理由:

第一,虽然保险支公司在二审中以央行和保监会的上列复函为依据,一再强调舱面险是特别附加险,浙申公司未购买舱面险,保险公司有权就舱面货的损失拒赔;但是,由于证据证明保险公司"明知",并收取了涉案全部货物的一切险保费,且保险公司无反证推翻上列证据,故保险支公司亦不能拒赔。

第二,中国人民银行函的效力问题。这里的函是指,中国人民银行关于《海洋货物保险"一切险"条款解释的请示》的复函(银函〔1997〕210号,以下简称"210号文")1997年5月21日,主要内容:现对海洋运输货物保险一切责任范围解释如下:海洋运输保险一切险(下称"一切险")是中国人民银行在《关于下发外币保险业务类保险条款的通知》(银发〔1994〕328号)中批准执行的。一切险承保的范围是平安险、水渍险及被保险货物在运输途中由于外来原因所致的全部或部分损失。外来原因仅指偷窃、提货不着、淡水雨淋、短量、混杂、沾污、渗漏、碰损、破损、串味、受潮受热、钩损、包装破裂、锈损。首先,本案的事实是,保险单后附有中国人民保险公司1981年1月1日的保险条款,但没有附"210号文"。既然保险条款的解释未附于保险单上,即不是合同条款,故对投保人和被保险人就没有约束力。其次,从法律上讲,涉案保险条款及其解释均非法律或行政法规。故它对投保人或被保险人并无法律效力。再次,假设涉案保险条款及其解释确实对投保人或被保险人具有效力,则保险公司依法应向投保人或被保险人承担释明义务,即说明一切险不含舱面险;如不买舱面险,则保险公司不赔偿舱面货损。

第三,从合同的解释上看,一切险的文字表明是"全部的所有的风险"。除了保险业内人士外,一般人都不知道央行1997年已解释"外来原因仅指11种风险"。以保险业内人士的认识水平来要求一般的投保人或被保险人,对投保人或被保险人有失公允。从投保人或被保险人的角度来看,既然保险公司收了一切险保费,就应对海运中的全部货物(含舱面货)发生的货损承担赔偿责任。

审判委员会第二种意见是，撤销原判，驳回浙申公司的诉讼请求。一、二审诉讼费由浙申公司承担。理由：

一切险保险条款是："除包括上列平安险和水渍险的各项责任外，本保险还负责被保险货物在运输途中由于外来原因所致的全部或部分损失。"舱面货物条款是："本保险对被保险货物存放舱面时，除按本保险单所载条款负责外，还包括被抛弃或风浪冲击落水在内。"本案的争议是，"外来原因"的范围如何？一切险是否包括舱面险？

浙申公司认为，一切险包括舱面险，本案部分货物装载在舱面，受到损失，保险人应赔偿。

保险支公司认为，一切险不包括舱面险。舱面险不属于11种一般附加险之列，被保险人没有购买作为特别附加险的舱面险，故保险人对被保险人因舱面货物的损失可以拒绝赔偿。

少数同志认为："外来原因"的范围是平安险、水渍险和央行解释的11种附加险，而不含舱面险。理由：

第一，中国人民银行依法有权制定或批准保险条款。1995年6月30日第八届全国人大常委会通过的我国保险法第八条规定，"国务院金融监督管理部门依照本法规定对保险业实施监督管理。"但此法并没有明确规定"国务院金融监督管理部门"是指哪个部门。经查，国务院办公厅关于加强保险事业管理的通知第六条规定，"中国人民银行是我国保险事业的主管机关。"第四条规定："农村合作保险中的种植业、养殖业、房和劳动力意外伤害四个险种，均属一般商业保险，应按国家有关规定，报经中国人民银行批准。"

据此，中国人民银行1998年8月10日《关于保险监管问题的复函》(银函[1998]364号)规定："根据中国人民银行法等有关法律规定，中国人民银行是国家金融监督管理部门，在国务院领导下，依法履行对保险业的监督职责，包括审批和管理保险机构的设立、变更和终止；制定、修改主要险种的保险条款和保险费率；监督、管理、检查和稽核保险业；取缔和查处擅自设立的保险机构及非法经营或变相经营保险业的行为。"

可见，中国人民银行在当时是保险业的主管部门，有权批难或制定、修改保险条款。因此，被上诉人浙申公司关于"保险条款不在职能部门有权制定的规章的范围之内"的主张与法律和行政规章的规定不符。

第二，行政规章的效力问题。我国立法法第七十一条规定："国务院各部、委员会、中国人民银行、审计署和具有行政管理职能的直属机构，可以根据法律和国务院的行政法规、决定、命令，在本部门的权限内，制定规章。部门规章规定的事项应当属于执行法律或者国务院的行政法规、决定、命令的事项。"该法第八十二条规定，"部门规章之间，部门规章与地方政府规章之间具有同等效力，在各自的权限范围内施行。"可见，部门规章具有施行效力。

因此，被上诉人浙申公司关于"中国保监会对保险条款的解释不能作为约束被保险人的依据"的主张不符合立法法的规定。最高人民法院《关于执行〈中华人民共和国行政诉讼法〉若干问题的解释》(法释[2000]8号，2000年3月10日起施行)第六十二条第二款规定，人民法院审理行政案件，可以在裁判文书中引用合法有效的规章及其他规范性文件。最高人民法院的这一规定虽然是针对行政诉讼而言的，但在民事诉讼中也可适用合法有效的规章。例如，海事审判中经常适用交通部的"货运规则"。如果一概否认行政规章的效力，既不符合立法法的上列规定，也不符合目前海事审判的实践。又如，法院适用央行关于保险条款及其保险条款解释裁判案件，有其先例。详见最高法院[2000]交他字第12号"复函"(肖扬主编，《法库》第2238页)。

因此，被上诉人浙申公司关于"中国保监会对保险条款的解释不能作为约束被保险人的依据"的主张不符立法法和最高人民法院"复函"的规定。

第三，涉案条款的效力问题。涉案条款一方面是作为保险人的中国人民保险公司制定的格式条款，因此应受我国海商法和保险法、合同法等法律的调整。由于本案各方当事人均确认涉案条款就是中国人民保险公司1981年1月1日施行的一切险条款，故从民法角度看，此条款是本案各方当事人主张权利、承担义务的依据。另一方面,此条款因经当时的保险业主管机关中国人民银行的批准而成为部门规章,故亦应受我国行政法的调整。从行政角度看,此条款至今仍合法有效,仍具有施行的效力。

第四,中国人民银行解释的效力。从法律上看,中国人民银行属国务院组成部分,是最高行政机关的一部分。中国人民银行在当时作为保险业的主管机关,制定、修改或批准保险条款是其法定职责。并且,对保险条款的解释,是其行使职责的一种方式。中国人民银行的解释,属行政解释,亦为一种有权解释。

涉案一切险条款在1981年1月1日仅为中国人民保险公司作为保险人一方制定的格式条款。但在1994年后,情况发生了变化。根据中国人民银行银法〔1994〕328号文件的规定,此条款得到批准执行,而上升为行政规章。正因为如此,才会有1997年5月21日的中国人民银行对此条款的"解释"。由于该"解释"至今未被撤销或修正,故作为行政规章的解释,也应当有效,具有施行的效力。

第五,行政解释对合同当事人的效力。由于涉案条款的双重品格(既是合同条款又是行政规章),故在对一切险条款的解释上,既要考虑合同解释规则,也要考虑行政解释规则。从行政解释角度看,一切险的外来原因仅指11种一般附加险。由于"210号文"和"70号文"均发布于本案合同签订之前,且双方又约定以涉案条款确定权利义务,故对合同当事人有约束力。

从合同解释角度看,应该澄清:(1)保险人的"明确说明"义务问题。被上诉人(被保险人)主张,保险人未尽"明确说明"义务,涉案条款的除外责任不发生效力,故保险公司应赔偿。保险法第十八条规定:"保险合同中确定有关保险人责任免除条款,保险人在订立保险合同应当向被保险人明确说明,未明确说明的,该条款不发生效力。"在这里,法律规定保险人应该对"免责条款"向被保险人尽"明确说明"义务。但是,本案中,争议不是就"免责条款"展开的,而是就舱面险是否属于一切险责任范围展开的。法律并未规定保险人应该对"保险责任范围"向被保险人尽"明确说明"义务,所以,被上诉人的这一主张混淆了"免责条款"与"责任范围"的界限,故不

成立。(2)对争议条款应作不利于保险人的解释问题。被保险人主张,本案中一方认为,一切险不包括舱面险,另一方认为一切险包括舱面险;既然双方有争议,就是争议条款,就应作不利于保险人的解释。少数同志认为,在1997年5月21日210号文发布之前,本案被上诉人的这一主张可能是有根据的,因为,当时的主管机关的解释肯定是有所指的。但是,自那以后,从行政规章的角度看,这一争议已经解决。一切险的责任范围已有明确界定。本案当事人虽然有异议,但从行政规章方面考虑,已经没有法律意义。因为,这种争执已经不是保险法第三十一条规定的"对于保险合同的条款"的"争议",故亦不存在"应作不利于保险人的解释"的前提条件。从合同方面看,既然双方约定以涉案条款作为各方主张权利、承担义务的依据,那么,涉案条款含某款的行政解释是双方"意思自治"的结果,均应受此约束。这对双方都是公平的。尽管本案当事人有异议,但此仅为双方认识不一,不是法律意义上的争议。我国海商法第二百一十六条第一款规定:"海上保险合同,是指保险人按照约定,对被保险人遭受保险事故造成保险标的的损失和产生的责任负责赔偿,而由被保险人支付保险费的合同。"由于舱面险与一切险是两个险种,浙申公司没有购买舱面险,主张保险人赔偿舱面货损没有法律依据。

少数同志认为,还需说明一个问题。最高人民法院公报2006年第5期第20页刊登了《丰海公司与海南人保海运货物保险合同纠纷案》(以下简称《丰海案》)。此案即二审证据11。少数同志认为,《丰海案》的结论不适用于本案。理由:

一是案情不同。《丰海案》中,"保险标的的损失是由于'哈卡'轮船东BBS公司与其租船人之间的租金纠纷,将船载货物运走销售和走私行为造成的。"(上述公报第24页)本案中,保险标的的损失是由于海上风浪将舱面货吹落入海造成的。

二是争议焦点不同。虽然《丰海案》和本案的争议都涉及保险的"责任范围",但其不同点为:《丰海案》中,"保险条款除外责任中并不包括因承运人的非法行为将整船货物盗卖或者走

私造成的保险标的的损失,海南人保亦不能证明其在签订保险合同时向丰海公司说明因承运人的非法行为将整船货物盗卖或者走私造成的损失不属于保险责任范围。因此,海南人保应当按照合同约定承担赔偿责任"。(上述公报第25页)本案中,争议焦点是舱面货的损失是否属于一切险责任范围。

三是时间不同。《丰海案》的保险合同发生于1995年11月28日(上述公报第21页)。最高人民法院认为,"根据我国保险法的规定,保险人应当在订立保险合同时向投保人说明保险合同条款的内容。中国人民银行作为当时保险行业的主管机关,在涉案保险事故发生之后对保险合同条款作出的解释,不应适用于本案"。(上述公报第25页)本案保险合同发生于2005年3月21日,即发生于1997年5月21日中国人民银行的"解释"(二审证据4)之后。因此,该"解释"应适用于本案。

四是法律背景不同(在本案争议的范围内)。《丰海案》发生时,由于尚无"解释",投保人(被保险人)可依当时的保险条款主张权利。这是因为,保险法规定,对保险条款存在争议时应作有利于投保人的解释。但在1997年5月21日之后,中国人民银行的"解释"出台,将一切险的责任范围以行政解释的法律形式明确为"平安险、水渍险及被保险货物在运输途中由于外来原因所致的全部或部分损失。外来原因仅指偷窃、提货不着、淡水雨淋、短量、混杂、沾污、渗漏、碰损、破损、串味、受潮受热、钩损、包装破裂、锈损。"在这里,"解释"的用语是"外来原因仅指"……此后,就"一切险的责任范围"以及一切险与舱面险的相互关系而言,应该说,法律意义是明确的。因为,平安险,水渍险及外来原因(即11种附加险)中皆无舱面货的风险。保险合同条款及其"解释"未列明的风险不应列入一切险保险责任范围。

五是保险品种有无不同。本案发生前,舱面险已普遍存在于我国各个保险公司业务中。证据有本案证据4、5、7(详见本案审理报告,即"210号文"、"70号文"和保监会法规部对本案的复函)。舱面险作为一种特别附加险有不同于一切险的保费费率,即在一切险的基础上还需加

收舱面险的保费。这是因为舱面货的风险大于舱内货。保险人提供多种保险品种,如一切险,平安险,舱面险等。买什么品种是被保险人或投保人的权利。本案中,被保险人只买了一切险就只能享受一切险的权利,而不能依一切险享受舱面险的权利。而在《丰海案》中,至少在当时的保险品种中并无承运人将整船货物盗卖或走私造成保险标的损失的险种。在本案背景下,如果被保险人不买舱面险而以一切险为据可享受舱面险的赔偿,一方面,有违公平原则,另一方面,则舱面险就形同虚设,今后,不会有人再去买舱面险了。显然,这不利于海上货物运输保险市场的规范管理和健康发展。

同时,从证据上看,原判认定的"意思自治"的内容不符本案事实。从保险支公司看,在涉案事故发生前,其没有承保舱面险,且至今一直否认其愿意承保舱面险。从浙申公司看,在涉案事故发生前,其仅投保一切险,没有投保舱面险。其仅向法庭出示了一切险的保单,保费收据和涉案提单等,并未出示保险支公司愿意承保舱面险的证据。浙中公司主张保险支公司在没有收取舱面险保费的情况下承保舱面险责任,应出具这方面的证据。少数同志至今未见这方面的证据。

另外,从逻辑上看,原判认为,"虽然舱面货的承保需要加保特别附加险的舱面货物险,但是被告保险支公司在明知有部分舱面货的情况下,依然同意对所有货物承保一切险,属当事人之间的意思自治,没有违反法律、行政法规的禁止性规定,依法有效。故被告保险支公司应当在一切险的保险责任范围内对所有货物承担保险责任。"在这里,原判一方面认为舱面险为特别附加险,即舱面险不属一切险,另一方面又以"明知"和保险支公司承保全部涉案货物一切险为前提,推论出"当事人之间的意思自治"。"意思自治"的内容是什么呢?原判没有明说。但是,从原判关于"保险支公司……承担保险责任"的结论分析,"意思自治"的内容是:一方面,浙申公司支付了全部涉案货物的一切险保险费;另一方面,保险支公司在"明知"有舱面货的条件下收取了全部涉案货物的一切险保险费,因此可以认为保险支公司已经同意承担全部涉案货物的一切险和

舱面险。所以，现在舱面货出险了，保险人就应赔偿舱面货损。少数同志同意原判认定舱面险不属一切险的看法。但是，少数同志又认为，"明知"舱面货与愿意承担舱面险是两回事。相对于舱内货而言，舱面货风险更大，故保险公司推出了舱面险这一特别附加险。可见，"明知"舱面货与愿意承担舱面险不是一回事。因此，从逻辑上看，原判将"明知"舱面货等同于愿意承担舱面险，混淆了这二者的区别。并且基于这种逻辑，认定保险支公司愿意承担舱面险。把这作为双方当事人"意思自治"的内容予以确定。但法律没有规定，保险人"明知"舱面货时，即使在一切险条件下保险人亦应承担舱面险责任。换言之，"明知"舱面货并非保险人在一切险条件下承担舱面险责任的法定条件。本案合同中，亦无这类条款或约定。可见，保险支公司"明知"舱面货与在一切险条件下应承担舱面险责任之间没有关系。

最后，从法理上看。当保险事故发生后，被保险人得到了赔偿，这当然是得到了保障。对此，是容易理解的。但是，当保险事故没有发生，并不能否认保险货物没有得到保障。这是因为，首先，保险事故的发生是偶然的。其次，保险的理念是，将这种偶然的事故通过保险合同这种方式，由参加保险的众多社会成员来共同承担本来只由个别社会成员承担的风险。第三，在本案中，假如涉案舱内货发生了失火等一切险的保险事故，保险人当然应该赔偿。正因为舱内货平安抵达目的港，保险人才不赔偿。但不能说保险支公司没有承担舱内货的一切险风险。同理，假如舱面货发生了失火等一切险的保险事故而受损，保险支公司依法亦应赔偿，因为，涉案全部货物都在一切险的保障之下。

综上，原判以保险人"明知"舱面货为由，认定在一切险条件下，保险支公司仍应承担浙申公司舱面货损的判断既无事实根据，亦无法律根据。

我院审判委员会倾向第一种意见。

以上哪种意见正确，请指示。

◎ 地方司法文件

浙江省高级人民法院关于审理财产保险合同纠纷案件若干问题的指导意见

- 2009 年 9 月 8 日
- 浙高法〔2009〕296 号

为正确审理财产保险合同纠纷案件，统一裁判尺度，根据《中华人民共和国保险法》、《中华人民共和国合同法》及相关法律、法规的规定，结合我省财产保险合同纠纷审判实践，制定本指导意见。

一、财产保险合同的成立与生效

第一条 投保人提出财产保险要求，经保险人同意承保，财产保险合同成立。保险人虽未出具保险单或者其他保险凭证，但已接受投保单并收取了保险费的，一般应认定双方财产保险合同关系成立，但投保人与保险人另有约定的除外。

第二条 财产保险合同约定以投保人交付保险费作为合同生效条件的，投保人已交付部分保险费但未交足的，应认定合同已生效，保险人按已交保险费与应交保险费的比例承担保险责任。但保险人在保险事故发生前已书面通知投保人解除合同的除外。

第三条 投保人未按约定交付保险费，合同中也未对投保人拖欠保险费的后果作出约定的，在保险事故发生后，保险人不能以投保人拖欠保险费为由免除其应承担的保险责任。

第四条 财产保险合同约定保险责任自保险费缴纳之日起计算，而投保人尚未支付保险费时，保险人以投保人未支付保险费为由主张其不承担保险责任的，应予支持。

二、投保人的如实告知义务

第五条 投保人询问内容不限于保险人在投保单中设置的询问内容，但保险人须对存在投保单中设置的询问内容以外的询问事项负举证责任。

第六条 保险法第十六条规定的投保人应当如实告知事实应为保险标的的重要事实,主要指足以影响保险人决定是否同意承保或者提高保险费率等事实情况。保险人应对此负举证责任。

第七条 投保人因重大过失未履行如实告知义务的内容不属于保险事故发生主要原因,对保险人承担保险责任不具有决定性因果关系的,保险人以投保人未尽如实告知义务为由拒绝承担保险责任的,不予支持。

第八条 对保险代理人介入的情况下,投保人在订立保险合同时违反如实告知义务的责任可因代理人对其行为的影响而消灭或减弱。在需投保人亲自回答问题场合,如保险人代理人对内容不明问题以自己理解或解释来确定,或对投保人在回答时所产生疑问自动加以排除的,则投保人可免责。

保险代理人代为填写告知书等保险凭证并经投保人亲笔签名确认的,代为填写的内容视为投保人、被保险人的意思表示,但能够证明代理人误导投保人的除外。

第九条 投保人对保险人所询问的下列事项不作回答,不应认定为如实告知义务的违反:

(一)为保险人所已知的;

(二)依常理判断保险人已知的;

(三)经保险人声明不必进行告知的。

三、免责条款及保险人的明确说明义务

第十条 保险人在投保单、保险单或其他保险凭证对免责条款有显著标志(如字体加粗、加大、相异颜色等),对全部免责条款及对条款的说明内容集中单独印刷,并对此附有"投保人声明书",投保人已签字确认并同时表示对免责条款的概念、内容及其法律后果均已经明了的,一般可认定保险人已履行明确说明义务,除非投保人、被保险人能提供充分的反驳证据。

涉及保险人是否发行说明义务争议的举证责任分配规则问题,可适用最高人民法院《关于适用〈中华人民共和国合同法〉若干问题的解释(二)》(法释〔2009〕5号)第六条第二款的规定。

第十一条 下列情形,保险人的明确说明义务可适当减轻但不得免除:

(一)同一投保人签订二次以上同类保险合同的;

(二)机动车辆保险合同中规定严重违反交通法规的免责条款,如无证驾驶、酒后驾车、肇事后逃逸等。

四、保险利益

第十二条 被保险人对保险标的没有保险利益,不论保险人是否主张保险合同欠缺保险利益,法院可依职权判决保险合同无效。

第十三条 财产保险的保险利益应具备合法、确定和可用货币衡量三个条件。保险标的的不合法,不当然导致保险利益不合法。

财产保险的保险利益可分为财产上的既有利益、基于现有利益而产生的期待利益、责任利益等三类。

财产保险上的既有利益是指投保人或被保险人对保险标的的所享有的现存利益。既有利益不以所有权利益为限,主要包括:(1)财产所有人对其所有的财产拥有的利益;(2)抵押权人、质权人、留置权人对抵押、出质、留置的财产拥有的利益(但债权人对债务人没有设定抵押权、质押权、留置权的其他财产则不应认定有保险利益);(3)合法占有人对其占有的财产拥有的利益;(4)财产经营管理人对其经营管理的财产拥有的利益。

期待利益是指投保人或被保险人对保险标的的利益尚未存在,但基于其既有权利预期未来可获得的利益。期待利益必须具有得以实现的法律根据或合同根据。

责任利益是指因被保险人依法应承担民事赔偿责任而产生的经济利益。

第十四条 下列情形,发生保险事故时,保险人以被保险人对保险标的的不具有保险利益为由主张不承担责任的,不予支持:

(1)投保人投保时保险标的虽存在物权上的瑕疵,但在发生保险事故时,其已具备了合法的物权;

(2)保险标的物出险时虽存在物权上瑕疵,但投保人实际占有该保险标的的并具有经济

上的利益,且投保人占有该保险标的并不违反法律强制性规定的公序良俗。

五、保险理赔和责任认定

第十五条 财产保险合同中约定受益人条款的,在受益人与被保险人非同一人的情形下,被保险人未主张保险金请求权时,受益人可以作为原告向保险人主张权利。

第十六条 保险标的转让后,未及时通知保险人,保险人以保险标的转让未及时通知、被保险人与受让人不同为由主张不承担保险责任的,不予支持。但保险标的转让后使用性质等发生变化,导致保险标的危险程度显著增加而发生保险事故,保险人不保险责任。

第十七条 以分期付款方式向汽车销售公司购买汽车,在车款未全部付清之前,登记车主为汽车销售公司,汽车销售公司以自己名义进行投保,期间发生保险事故,保险人以实际车主不是被保险人拒绝承担保险责任的,不予支持。但销售公司可向实际车主主张其已经实际支付的相应保费。

第十八条 如保险标的损失系由多种原因造成,保险人以不属保险责任范围为由拒赔的,应以其中持续性地起决定或有效作用的原因是否属保险责任范围内为标准判断保险人是否应承担赔偿责任。

第十九条 被保险人虽在保险人制作的赔款相关凭证"赔偿责任终结"一栏内签字,但保险人并未完全履行赔偿责任的,不能认定保险人赔偿责任终结,被保险人向保险人主张赔偿责任的差额部分,应予支持。

保险人有其他充分的证据证明已经向被保险人说明了赔偿范围、标准、方法、数额等基本事实,被保险人明确表示同意终结赔偿的,保险人赔偿责任终结。

第二十条 在责任保险中,被保险人与第三之间的赔偿金额已由生效判决确定的,被保险人据此请求保险人承担保险责任的,在保险合同约定的范围内,可予支持。如被保险人与第三者之间采取调解方式,法院出具民事调解书确认的,在审理后续财产保险合同纠纷案件中,法院根据需要可以相关事实进行必要的审核。

责任保险的被保险人凭生效民事判决书及已向第三者履行的凭证要求保险人承担保险责任,被保险人可不必另行出具费用凭证或其他赔偿凭证。

第二十一条 牵引车、挂车分别投保了机动车第三者责任险,牵引车或挂车造成保险事故,被保险人主张按牵引车和挂车保险金额要求保险人承担保险责任的,应予支持。

第二十二条 车辆保险中,因挂靠等原因导致车辆的实际所有人与投保人、被保险人相分离,车辆实际所有人在侵权案件中被法院或交通事故处理机关确定为赔偿义务人的,车辆实际所有人提出要求保险人承担保险责任的,应予支持。

第二十三条 投保人与保险人明确约定保险标的的保险价值,并在保险合同中载明的,为定值保险。保险人明知保险标的的实际价值与约定的保险价值不符,仍按约定的保险价值确定保险金额并收取保险费的,发生保险事故后,保险人应按约定的保险价值赔偿,但能够查明投保人与保险人恶意串通的除外。

第二十四条 在不足额保险的财产保险合同中,在保险事故造成的实际损失超过保险金额时,保险合同约定免赔率的,如免赔率乘以实际损失后的金额仍然超过保险金额时,保险人应按保险金额赔付。

六、保险代位偿权

第二十五条 因第三者的侵权行为引起保险事故导致保险标的的损失的,被保险人可以基于侵权法律关系,请求第三者承担保险标的的损失的赔偿责任,也可以基于保险合同关系,请求保险人依保险合同履行保险赔偿责任。

保险人依法行使代位求偿权时,被保险人已向第三者提起诉讼的,如查明属于重复求偿的,应依法驳回诉讼请求。

第二十六条 再保险人对造成保险事故发生的第三者不享有保险法规定的代位求偿权,但再保险人对原保险人行使代位求偿权所获得的赔偿额有权要求按再保险比例予以返还。

七、重复保险

第二十七条 投保人就同一保险标的物分别向

不同的保险公司订立保险合同的,如具有不同的保险利益,不属重复保险。但其中一个保险人依法承担保险责任后,另一保险人的保险责任消灭。

第二十八条 重复保险的投保人未将重复保险的事项通知各保险人的,保险人有权解除合同,保险人要求确认重复保险合同无效的,不予支持。

八、保险合同的解释

第二十九条 对保险合同条款发生争议的用语属于专业术语,应当按照其在专业上所具有的意义加以解释。

第三十条 对保险人提供的保险合同格式条款存在争议时,应从保险合同的用词、相关条款的文义、投保伯合理期待、合同目的、交易习惯以及诚实信用原则,认定条款的真实意思;按照上述方法仍有两种以上解释的,应作出不利于保险人的解释。

保险合同当事人通过协商确定的个别保险合同的特约条款,对保险人不适用"不利解释原则"。

第三十一条 保险合同非格式条款与格式条款不一致的,以非格式条款为准;明示(特约)条款与默示(一般)条款不一致的,以明示(特约)条款为准。

第三十二条 投保单与保险单或其他保险凭证记载不一致的,保险人已将保险单或其他保险凭证送达给投保人,投保人未提出异议的,以保险单或其他保险凭证的内容为准;保险人未将保险单或其他保险凭证送达给投保人,或投保人在收到保险单或其他保险凭证后已提出异议,保险人仍同意承保的,以投保人填写的投保单记载内容为准。

九、附　则

第三十三条 本指导意见供全省商事审判法官在审理相关财产保险合同纠纷案件时参照适用。法律、法规和司法解释有新规定的,适用法律、法规和司法解释的规定。

海上保险合同纠纷案件和涉外保险合同纠纷案件,不适用本指导意见。

根据本院《浙江省高级人民法院关于民事和商事案件主管划分的意见》(浙高法〔2008〕64号)和《浙江省高级人民法院关于全省法院案件字号编立的规定》(浙高法〔2008〕378号)的规定,人身保险合同纠纷、机动车交通事故责任强制保险合同纠纷案件不属于商事案件,人身保险合同纠纷、机动车交通事故责任强制保险合同纠纷案件之外的其他保险合同纠纷案件属于商事案件,立字立字案号。

相关中级人民法院和基层人民法院将不属于商事案件的人身保险合同纠纷、机动车交通事故责任强制保险合同纠纷案件交由商事审判业务庭审理的,此类案件仍然立民事案号。

民事纠纷和商事保险纠纷交织的案件,根据本院《浙江省高级人民法院关于民事和商事案件主管划分的意见》(浙高法〔2008〕64号)第四部分"对民事和商事案件主管划分意见分歧的处理规则"规定的原则确定案件的条线主管和案由。

不同民商事审判业务庭分别审理民事纠纷和商事保险纠纷交织案件的,应加强法律适用问题的沟通,统一法律适用标准。

江苏省高级人民法院关于审理保险合同纠纷案件若干问题的讨论纪要

- 2011年1月12日
- 苏高法审委〔2011〕1号

为正确审理保险合同纠纷案件,统一全省法院裁判尺度,江苏省高级人民法院审判委员会对当前审理保险合同纠纷案件适用《中华人民共和国保险法》(以下简称《保险法》)、《中华人民共和国合同法》(以下简称《合同法》)等相关法律、行政法规中的若干问题进行了讨论,现将讨论意见纪要如下:

一、免责条款范围及保险责任范围与免责条款关系的界定

第一条 采用保险人提供的格式条款订立的保险合同中,"责任免除"、"除外责任"及其它有

关免赔率、免赔额等部分或者全部免除保险人赔偿或者给付保险金责任的条款,人民法院应当认定为《保险法》第十七条第二款规定的"免除保险人责任的条款"。

第二条　保险责任范围与免责条款之间的关系不限于包含关系。被保险人或者受益人以相关免责条款不产生效力为由要求保险人赔偿或者给付保险金的,人民法院应当审查保险条款关于保险责任范围的具体规定,以确定事故是否属于保险责任范围。事故不属于保险责任范围的,无需审查事故是否属于免责范围以及相关免责条款的效力;事故属于保险责任范围的,应进一步审查事故是否属于免责条款规定的情形,以及免责条款是否有效。

二、保险人的明确说明义务

第三条　订立保险合同时,保险人对于合同中有关免除保险人责任条款的概念、内容及其法律后果以书面或者口头形式向投保人作出通常人能够理解的解释的,人民法院应当认定保险人履行了《保险法》第十七条第二款规定的明确说明义务。保险人对其履行了明确说明义务负举证责任。

　　保险人在保险合同订立时采用足以引起投保人注意的文字、符号、字体等特别标识对免责条款进行提示,且投保人对保险人已履行了符合前款要求的明确说明义务签字或者盖章认可的,人民法院应当认定保险人履行了明确说明义务。但有相反证据证明保险人未履行明确说明义务的除外。

第四条　保险人以其采用在保险单中印制"投保人有核对保险条款义务,超过规定时限未通知则视为投保人无异议"等限时要求投保人阅读的方式,主张已履行对相关免责条款的明确说明义务的,人民法院不予支持。

第五条　下列情形,保险人的明确说明义务可适当减轻但不免除:
　　(一)同一投保人签订二次以上同种类保险合同的;
　　(二)机动车辆保险合同中规定严重违反交通法规的免责条款,如无证驾驶、酒后驾车、肇事后逃逸等。

第六条　投保人、被保险人或者受益人以保险人未履行明确说明义务为由,主张下列情形相关免责条款不产生效力的,人民法院不予支持:
　　(一)免责条款是相关法律规定免除保险人责任的条款。
　　(二)同一投保人签订二次以上同种类保险合同,且保险人有证据证明曾就同种类相同的免责条款向投保人履行过明确说明义务。

第七条　学生平安险不属团体险,保险人应当逐一向投保人履行明确说明义务。保险人仅对学校履行明确说明义务的,或者保险人提供了履行免责条款说明义务的《告家长书》但无涉案被保险人或者其监护人签字的《告家长书》回执栏的,对于保险人已经履行了明确说明义务的抗辩,人民法院不予支持。

三、保险免责条款的效力

第八条　对于下列保险条款,人民法院应当依照《合同法》第四十条、《保险法》第十九条的规定认定无效:
　　(一)设定索赔前置条件,规定被保险人向负有责任的第三人求偿后才能向保险人主张权利的保险条款。
　　(二)规定"保险人依据被保险机动车驾驶人所负的事故责任比例承担相应的赔偿责任"的机动车辆损失险条款。
　　(三)规定"保险人依据被保险机动车驾驶人所负的事故责任比例承担相应赔偿责任"的机动车第三者责任险条款。
　　(四)规定"主车与挂车连为一体发生事故,两车的保险赔偿限额以主车的保险限额为限"的保险条款。
　　(五)规定"保险事故发生后,只要投保人、被保险人或者受益人未履行及时通知义务,保险人即不承担保险责任"的保险条款。
　　人民法院依据前款第(五)项规定认定相关保险条款无效后,应当依据《保险法》第二十一条的规定进行处理。

第九条　保险条款约定"保险人按照基本医疗保险的标准核定医疗费用的赔偿金额"的,对于基本医疗保险范围外的医疗项目支出,保险人应当按照基本医疗保险范围内的同类医疗费用标准赔付。

第十条 保险人依据机动车交通事故责任强制保险条款，主张对于驾驶人未取得驾驶资格或者醉酒的、被保险机动车被盗抢期间肇事的、被保险人故意制造道路交通事故的情形下，保险人只负责垫付抢救费用而对于财产损失之外的死亡伤残赔偿金等损失不予赔偿的，人民法院不予支持。保险人赔偿保险金后向致害人追偿的，人民法院予以支持。

第十一条 保险人依据"被保险人未尽施救义务的，就扩大的损失部分保险人不承担保险责任"的保险条款，主张对于因被保险人未尽施救义务而扩大的损失部分不予赔偿的，人民法院予以支持。

第十二条 保险人采用保险卡的方式销售保险产品，保险卡载明"其他未尽事宜以某保险条款为准"等兜底条款，发生保险事故后，保险人援引上述兜底条款指明的其他保险条款拒赔的，因兜底条款指明的其他保险条款并未附在保险卡上，应当认定兜底条款指明的其他保险条款不属于保险合同的内容，对投保人、被保险人、受益人无约束力。但保险人能够证明投保人投保时知晓其内容的除外。

第十三条 保险人在保险单上以"特别声明"或者"特别约定"等方式对保险条款的相关内容单方作出变更，限制被保险人权利或者限缩保险人义务的，对投保人、被保险人、受益人不发生法律约束力。但保险人能够证明"特别声明"或者"特别约定"征得了投保人同意的除外。

第十四条 保险机动车未按规定年检，保险人依据"发生保险事故时保险机动车未按规定检验或者检验不合格的，保险人不承担保险责任"的保险条款，主张免除保险责任的，人民法院应当区分以下情形分别作出认定：

（一）交通事故发生后经公安机关检测认定车辆发生事故前存在安全隐患的，对于保险人免除保险责任的主张，人民法院予以支持。

（二）交通事故发生后经公安机关检测认定车辆发生事故前不存在安全隐患的，对于保险人免除保险责任的主张，人民法院不予支持。

（三）交通事故发生后公安机关未对车辆进行检测或虽进行检测但已无法确定事故发生前车辆是否存在安全隐患的，对于保险人免除保险责任的主张，人民法院予以支持。

第十五条 对于依照《道路交通事故受伤人员伤残评定》或者《职工工伤与职业病致残程度鉴定标准》相关标准评定的伤残级别与《人身保险残疾程度与保险金给付比例表》相一致的，保险人应当按照《人身保险残疾程度与保险金给付比例表》对应的赔付率赔付。

对于依照《道路交通事故受伤人员伤残评定》或者《职工工伤与职业病致残程度鉴定标准》相关标准评定构成残疾而在《人身保险残疾程度与保险金给付比例表》中找不到对应等级的，保险人应当按照评定结论确定的残疾等级，对应《人身保险残疾程度与保险金给付比例表》中相应等级的赔付率赔付。

对于依照《道路交通事故受伤人员伤残评定》或者《职工工伤与职业病致残程度鉴定标准》相关标准评定构成八至十级残疾的，保险人应当按照《人身保险残疾程度与保险金给付比例表》中的七级残疾标准赔付。

四、投保人的如实告知义务

第十六条 保险人以投保人违反了对投保单询问表中所列"其他"等兜底事项的如实告知义务为由，主张解除合同的，人民法院不予支持。

第十七条 投保人对其不知道的事项未作披露，保险人以投保人违反了如实告知义务为由要求解除合同的，人民法院不予支持。

第十八条 学生平安险的投保人以及履行如实告知义务的主体是学生或者其监护人，保险人就被保险人的有关情况提出询问的，应为各投保人履行如实告知义务提供必要条件，以使投保人知道询问的内容。保险人仅向学校进行询问而以投保人未履行如实告知义务为由要求解除合同的，人民法院不予支持。

第十九条 投保人、被保险人或者受益人以保险人指定机构对被保险人进行体检为由，主张减轻投保人的如实告知义务的，人民法院不予支持。

保险人知道被保险人的体检结果与投保

人的告知不符而仍然承保,或者体检机构未将体检结果告知保险人以致保险人仍然承保的,保险人以投保人未履行如实告知义务为由要求解除合同的,人民法院不予支持。

第二十条 保险合同订立时事故已发生,投保人就此向保险人作了不实告知,保险合同成立两年后,被保险人或者受益人以可抗辩期已过为由,要求保险人对该项隐瞒的事故赔偿或者给付保险金的,人民法院不予支持。

被保险人或者保险标的因前款规定的事故之外的其它原因发生新的保险责任范围内的事故的,无论该保险事故是否发生在保险合同成立后两年期间内,保险人应当依据保险合同的约定赔偿或者给付保险金。

第二十一条 保险人依据《保险法》第十六条第四款、第五款规定,主张不承担赔偿或者给付保险金责任,但未主张解除合同的,或者保险人主张解除合同但不符合《保险法》第十六条第二款规定的解除条件的,人民法院不予支持。

五、保险利益

第二十二条 车辆出借后发生保险事故,借用人或者借用人安排的驾驶人员具有合法驾驶身份,保险人以被保险人(车主)对第三者不承担赔偿责任为由拒绝赔偿保险金的,人民法院不予支持。

第二十三条 车辆挂靠人以被挂靠单位名义投保,发生保险事故后直接以自己的名义起诉保险人,并能够证明其与被挂靠单位之间存在挂靠关系的,对于保险人以挂靠人无保险利益为由要求裁定驳回起诉或拒绝赔偿保险金的请求,人民法院不予支持。

六、不利解释规则

第二十四条 采用保险人提供的格式条款订立的保险合同,保险人与投保人、被保险人或者受益人对合同条款有争议的,应当按照合同所使用的词句、合同的有关条款、交易习惯等,确定该条款的真实意思。仍有两种以上解释的,人民法院应当作出有利于投保人、被保险人和受益人的解释。

第二十五条 专业术语不适用不利解释规则,但法律之外的专业术语或者其解释所体现的表面文义与实质含义有较大差别、不就该差别予以揭示将对投保人构成普遍性误导的,保险人应就上述差别予以揭示。保险人未就上述差别予以揭示的,人民法院应当适用不利解释规则,作出对投保人、被保险人、受益人有利的解释。

七、保险代位求偿权

第二十六条 保险人行使代位求偿权,第三者以诉讼时效已经届满为由抗辩的,人民法院应当依照被保险人对第三者行使权利的诉讼时效的规定处理。

被保险人故意或者因重大过失致使诉讼时效届满,导致保险人不能行使代位请求赔偿的权利,保险人要求扣减或者返还相应保险金的,人民法院予以支持。

八、机动车第三者责任险

第二十七条 界定机动车第三者责任险中的"第三者",应以被保险人是否对其依法承担赔偿责任为标准。被保险人自身无论何种情形都不构成第三者。

同一被保险人的车辆之间发生事故所造成的同一被保险人的损失,不属于机动车第三者责任险赔偿的范围,保险人以此为由主张不应向被保险人赔偿保险金的,人民法院予以支持。

第二十八条 同一车辆既存在机动车交通事故责任强制保险又存在机动车商业责任保险的,不论被保险人或者受害人是否行使选择权,人民法院均应将精神损害抚慰金计算在机动车交通事故责任强制保险的赔偿范围。

第二十九条 责任保险的被保险人给第三者造成损害,被保险人未向第三者赔偿前,要求保险人赔偿保险金的,人民法院应当向第三者行使释明权,告知其可以作为有独立请求权第三人参加诉讼。第三者作为有独立请求权第三人参加诉讼的,人民法院应当判令保险人向第三者直接支付保险金。第三者拒绝作为有独立请求权第三人参加诉讼的,人民法院应当裁定驳回被保险人的起诉。

九、附　则

第三十条 本意见自印发之日起施行。

本意见施行后受理和正在审理的第一、二审案件适用本意见的规定;本意见施行前已经终审,当事人申请再审或者按照审判监督程序决定再审的案件,不适用本意见的规定。

本意见施行后,法律、行政法规和司法解释作出与本意见不一致的新规定的,从其规定。

山东省高级人民法院关于印发审理保险合同纠纷案件若干问题意见(试行)的通知

● 2011年3月17日

全省各级人民法院、济南铁路运输两级法院:

山东省高级人民法院《关于审理保险合同纠纷案件若干问题的意见(试行)》已于2011年3月2日经省法院审判委员会第12次会议讨论通过,现印发给你们,请在审判实践中参照执行。执行中有何意见或建议,请及时报告省法院。

关于审理保险合同纠纷案件若干问题的意见(试行)

为正确审理保险合同纠纷案件,根据《中华人民共和国合同法》、《中华人民共和国保险法》及相关法律、法规和司法解释规定,结合我省保险合同纠纷审判实践,制定本指导意见。

一、保险合同的成立生效问题

1. 保险人虽未出具保险单或者其它保险凭证,但已接受投保单并收取了投保人交纳的保险费的,一般应认定保险人同意承保,保险合同成立。依法成立的保险合同,自成立时生效。但投保人与保险人在投保单上或通过其他方式对合同成立、生效另有约定的除外。

保险人未及时处理投保业务导致保险合同未成立的,对由此给被保险人造成的损失,保险人应根据过错承担相应赔偿责任。

2. 保险合同生效后,投保人未按约定交纳保险费,除合同另有约定外,保险事故发生后,保险人不能以投保人拖欠保险费为由免除其应承担的保险责任,但可以扣减欠交的保险费。保险合同约定按已交纳保险费与应交保险费的比例承担保险责任的,依照其约定。

3. 保险合同约定的保险责任开始时间与保险合同生效时间不一致的,保险责任开始时间早于合同生效时间的,以合同生效时间为准,保险责任结束时间相应顺延。保险责任开始时间晚于合同生效时间的,以保险责任开始时间为准。

二、投保人的如实告知义务问题

4. 投保人的如实告知义务限于保险人询问的事项,对于保险人未询问的事项,投保人不负如实告知义务。

保险人在询问表、告知书等上面采用"其他"、"除此以外"等询问方式的,视为没有询问。

5. 投保人与被保险人非同一人时,保险人主张被保险人未履行如实告知义务而拒绝承担责任的,人民法院不予支持。

6. 人身保险合同中,投保人的如实告知义务不因保险人指定的机构对被保险人进行体检而免除。

7. 投保人因重大过失未履行如实告知义务的内容和保险事故发生之间不具有因果关系的,保险人对合同解除前发生的保险事故,以投保人未尽如实告知义务为由拒绝承担保险责任的,人民法院不予支持。

8. 保险代理人代投保人填写需投保人如实告知的事项并代投保人签名的,可以免除投保人的如实告知义务。保险代理人代为填写后经投保人签名确认的,代为填写的内容视为投保人的真实意思表示,但有证据证明保险代理人存在欺诈、胁迫等情形的除外。

三、保险人的提示和明确说明义务问题

9. 采用保险人提供的格式条款订立的保险合同中,"责任免除"、"除外责任"及其他有关免赔率、免赔额等部分或者全部免除保险人责任的条款,一般应当认定为保险法第十七条第二款规定的"免除保险人责任的条款"。但保险合同中有关法律、行政法规明确规定的保险人不承担保险责任的条款除外。

10. 保险人的提示和明确说明义务的对象是投保人,投保人与被保险人或受益人不一致的,被保险人或受益人主张保险人未向其履行提示或明确说明义务的,人民法院不予支持。

11. 保险人对履行提示和明确说明义务承担举证责任。

保险人在投保单、保险单或其它保险凭证上对免除保险人责任条款有显著标志(如字体加粗、加大或者颜色相异等),或者对全部免除保险人责任条款及说明内容单独印刷,并对此附有"投保人声明"或单独制作的"投保人声明书",投保人已签字确认表示对免责条款的概念、内容及其法律后果均已经明了的,一般应认定保险人已履行提示和明确说明义务。但投保人有证据证明保险人未实际进行提示或明确说明的除外。

四、投保人、被保险人保险利益的确定问题

12. 财产保险中,非保险标的所有人基于租借、挂靠、保管等合同对保险标的享有占有、使用等权利而进行投保的,发生保险事故时,应认定其对保险标的具有保险利益。

五、投保人的及时通知义务问题

13. 保险事故发生后,保险人仅以投保人、被保险人或受益人未履行及时通知义务为由要求不承担保险责任的,人民法院不予支持。

投保人、被保险人或受益人未依法律规定或者约定履行及时通知义务,导致保险事故的性质、原因和损失程度无法确定的,除可以通过其他途径进行确定外,保险人对于无法确定的部分主张不承担责任的,人民法院应予支持。投保人、被保险人或受益人应对"可以通过其他途径进行确定"承担举证责任。

六、保险责任认定的有关问题

14. 如事故是由多种原因造成,保险人以不属保险责任范围为由拒赔的,应以其中持续性地起决定或主导作用的原因是否属于保险责任范围为标准判断保险人是否应承担保险责任。

15. 分期交纳保险费的保险合同,投保人未按期足额交纳保险费的,保险人根据约定主张按照保险事故发生前保险人实际收取保险费总额与投保人应当交付的保险费的比例承担保险责任的,人民法院应予支持。

16. 由保险人制作的载明"该案一切赔偿责任业已终结"的收款数据不能单独作为保险人与被保险人或受益人达成最终赔偿或给付保险金协议的证据。但保险人有其他证据证明已经向被保险人或受益人说明了赔偿范围、标准、方法、数额等基本情况,被保险人或受益人已明确表示同意终结赔偿的,可以认定保险人的赔偿责任终结。

17. 被保险人与第三者之间的赔偿金额已为人民法院发生法律效力的裁判确认,在责任保险合同纠纷案件中保险人对该赔偿金额提出异议要求重新审核的,人民法院不予支持。保险人对生效判决确定的赔偿金额无异议,但是根据有效合同条款约定,要求扣除相应的免赔、比例赔偿或不予赔偿等项目的,人民法院应予支持。

被保险人与第三者之间的赔偿金额系当事人自行协商确定,或通过人民法院民事调解程序确定的,人民法院应根据保险人请求对相关事实进行必要的审查。

18. 投保人投保多份商业医疗费用报销型保险的,因同一保险事故被保险人要求各保险人支付的保险金超过实际发生的医疗费用的,人民法院不予支持。除保险合同另有约定外,各保险人按照其保险金额与保险金额总和的比例承担支付保险金的责任。

19. 人身意外伤害保险合同附有《人身保险残疾程度与保险金给付比例表》(保监发[1999]237号),且保险人履行了提示和明确说明义务,保险人主张以该表作为计算和支付残疾保险金依据的,人民法院应予支持。

七、机动车交通事故责任保险的有关问题

20. 第三者责任保险合同约定对应由责任强制保险赔偿的损失和费用不负赔偿责任的,若保险人履行了提示和明确说明义务,人民法院应认定该约定有效。

21. 有下列情形之一导致受害人人身损害的,保险人根据《机动车交通事故责任强制保险条例》第二十二条、二十三条规定向受害人支付死亡伤残赔偿金和医疗费用后向致害人追偿的,人民法院应予支持:

(1)驾驶人未取得驾驶资格或者醉酒的;
(2)被保险机动车被盗抢期间肇事的;
(3)被保险人故意制造道路交通事故的。

前款情形,致害人向受害人支付死亡伤残赔偿金和医疗费用后,依责任强制保险合同要求保险人承担保险责任的,人民法院不予支持。

22. 责任强制保险合同纠纷案件中，保险人主张按照《机动车交通事故责任强制保险条例》规定和机动车交通事故责任强制保险合同约定，在死亡伤残赔偿限额、医疗费用赔偿限额和财产损失赔偿限额内分别确定单项赔偿数额的，人民法院应予支持。

23. 当事人仅投一份责任保险的，同一起交通事故造成多人人身伤亡或财产损失的，保险人赔偿保险金的责任应当以一份责任保险金额为限。

24. 第三者责任保险合同约定保险人依照被保险机动车驾驶人在事故中所负的事故责任比例承担相应的赔偿责任的，被保险机动车驾驶人就基于连带责任而支付的超出其责任比例的赔偿数额，有权要求保险人在保险金额范围内赔付。保险人赔付后，可向其他责任人代位请求赔偿。

25. 牵引车、挂车连接使用时，分别投保了机动车责任保险，牵引车或挂车造成保险事故，被保险人在牵引车和挂车保险金总额范围内要求保险人承担保险责任的，人民法院应予支持。

26. 车上人员在车下时被所乘机动车造成人身或财产损害的，除合同另有约定外，保险人应按照责任强制保险和第三者责任保险承担保险责任。

车上人员在发生交通事故时摔出车外导致人身伤亡，被保险人或受害人要求保险人按照责任强制保险和第三者责任保险合同承担责任的，除合同另有约定外，人民法院不予支持。但机动车投保车上人员责任保险的，当事人可按照约定要求保险人承担车上人员责任保险的保险责任。

车上人员在发生交通事故时摔出车外后与所乘机动车发生碰撞导致人身伤亡，除合同另有约定外，保险人应按照责任强制保险和第三者责任保险承担保险责任。

27. 第三者责任保险中，被保险人允许的合法驾驶人在驾驶被保险车辆时发生交通事故致第三者人身伤亡和财产损失的，在承担损害赔偿责任后，有权要求保险人按照第三者责任保险合同约定赔付。

八、保险合同的解释问题

28. 对保险人提供的保险合同格式条款存在争议时，应从保险合同的用词、相关条款的文义、合同目的、交易习惯以及诚实信用原则，认定条款的真实意思。按照上述方法仍有两种以上解释的，应做出不利于保险人的解释。

保险合同当事人通过协商确定的特约条款和投保人提供的条款，对保险人不适用"不利解释原则"。

29. 投保单与保险单或其它保险凭证记载不一致的，除投保人有充分证据加以证明外，应以保险单或其他保险凭证的记载内容为准。

九、管辖确定

30. 人身保险合同的标的为人的寿命或身体，当事人因合同产生纠纷的，根据《民事诉讼法》第二十六条规定，被保险人住所地或被告住所地人民法院均有权管辖。

十、诉讼主体确定

31. 保险公司依法成立的各级分支机构具有独立的诉讼主体资格。保险公司设立的营销服务部在工商行政管理部门办理工商登记手续并取得营业执照的，应认定属于《民事诉讼法》第一百零八条规定的其他组织，可以自己的名义参加诉讼。

32. 因挂靠等原因导致车辆的实际所有人与登记所有人相分离，以登记所有人名义进行了投保，在发生保险事故后，登记所有人怠于主张权利的，车辆实际所有人有权作为原告对保险人提起诉讼。该类案件人民法院可以追加登记所有人为第二人。

33. 第三者责任保险的被保险人给第三者造成损害，第三者直接起诉保险人要求赔偿保险金的，人民法院不予支持。但法律、行政法规另有规定的除外。

第三者起诉被保险人要求承担赔偿责任，保险人申请作为第三人参加诉讼的，人民法院应予准许。

被保险人对第三者应负的赔偿责任确定后，被保险人不履行赔偿责任，也不请求保险人直接向第三者赔偿保险金的，第三者以保险人为被告要求直接赔偿保险金的，人民法院应予支持。

◎ 指导案例

1. 中国平安财产保险股份有限公司江苏分公司诉江苏镇江安装集团有限公司保险人代位求偿权纠纷案[①]

【关键词】民事/保险代位求偿权/财产保险合同/第三者对保险标的的损害/违约行为

【裁判要点】

因第三者的违约行为给被保险人的保险标的造成损害的,可以认定为属于《中华人民共和国保险法》第六十条第一款规定的"第三者对保险标的的损害"的情形。保险人由此依法向第三者行使代位求偿权的,人民法院应予支持。

【相关法条】

《中华人民共和国保险法》第60条第1款

【基本案情】

2008年10月28日,被保险人华东联合制罐有限公司(以下简称华东制罐公司)、华东联合制罐第二有限公司(以下简称华东制罐第二公司)与被告江苏镇江安装集团有限公司(以下简称镇江安装公司)签订《建设工程施工合同》,约定由镇江安装公司负责被保险人整厂机器设备迁建安装等工作。《建设工程施工合同》第二部分"通用条款"第38条约定:"承包人按专用条款的约定分包所承包的部分工程,并与分包单位签订分包合同,未经发包人同意,承包人不得将承包工程的任何部分分包";"工程分包不能解除承包人任何责任与义务。承包人应在分包场地派驻相应管理人员,保证本合同的履行。分包单位的任何违约行为或疏忽导致工程损害或给发包人造成其他损失,承包人承担连带责任"。《建设工程施工合同》第三部分"专用条款"第14条第(1)项约定"承包人不得将本工程进行分包施工"。"通用条款"第40条约定:"工程开工前,发包人为建设工程和施工场地内的自有人员、第三人人员生命财产办理保险,支付保险费用";"运至施工场地内用于工程的材料和待安装设备,由发包人办理保险,并支付保险费用";"发包人可以将有关保险事项委托承包人办理,费用由发包人承担";"承包人必须为从事危险作业的职工办理意外伤害保险,并为施工场地内自有人员生命财产和施工机械设备办理保险,支付保险费用"。

2008年11月16日,镇江安装公司与镇江亚民大件起重有限公司(以下简称亚民运输公司)公司签订《工程分包合同》,将前述合同中的设备吊装、运输分包给亚民运输公司。2008年11月20日,就上述整厂迁建设备安装工程,华东制罐公司、华东制罐第二公司向中国平安财产保险股份有限公司江苏分公司(以下简称平安财险公司)投保了安装工程一切险。投保单中记载被保险人为华东制罐公司及华东制罐第二公司,并明确记载承包人镇江安装公司不是被保险人。投保单"物质损失投保项目和投保金额"栏载明"安装项目投保金额为177465335.56元"。附加险中,还投保有"内陆运输扩展条款A",约定每次事故财产损失赔偿限额为200万元。投保期限从2008年11月20日起至2009年7月31日止。投保单附有被安装机器设备的清单,其中包括:SEQUA 彩印机 2 台,合计原值为 29894340.88 元。投保单所附保险条款中,对"内陆运输扩展条款A"作如下说明:经双方同意,鉴于被保险人已按约定交付了附加的保险费,保险公司负责赔偿被保险人的保险财产在中华人民共和国境内供货地点到保险单中列明的工地,除水运和空运以外的内陆运输途中因自然灾害或意外事故引起的损失,但被保险财产在运输时必须有合格的包装及装载。

2008年12月19日10时30分许,亚民运输公司驾驶员姜玉才驾驶苏 L06069、苏 L003 挂重型半挂车,从旧厂区承运彩印机至新厂区的途中,在转弯时车上钢丝绳断裂,造成彩印机侧翻滑落地面损坏。平安财险公司接险后,对受损标的确定了清单。经镇江市公安局交通巡逻警察

[①] 案例来源:《最高人民法院关于发布第15批指导性案例的通知》(2016年12月28日 发布 法〔2016〕449号),指导案例74号。

支队现场查勘,认定姜玉才负事故全部责任。后华东制罐公司、华东制罐第二公司、平安财险公司、镇江安装公司及亚民运输公司共同委托泛华保险公估有限公司(以下简称泛华公估公司)对出险事故损失进行公估,并均同意认可泛华公估公司的最终理算结果。2010年3月9日,泛华公估公司出具了公估报告,结论:出险原因系设备运输途中翻落(意外事故);保单责任成立;定损金额总损1518431.32元,净损1498431.32元;理算金额1498431.32元。泛华公估公司收取了平安财险公司支付的47900元公估费用。

2009年12月2日,华东制罐公司及华东制罐第二公司向镇江安装公司发出《索赔函》,称"该事故导致的全部损失应由贵司与亚民运输公司共同承担。我方已经向投保的中国平安财产保险股份有限公司镇江中心支公司报险。一旦损失金额确定,投保公司核实并先行赔付后,对赔付额内的权益,将由我方让渡给投保公司行使。对赔付不足部分,我方将另行向贵司与亚民运输公司主张"。

2010年5月12日,华东制罐公司、华东制罐第二公司向平安财险公司出具赔款收据及权益转让书,载明:已收到平安财险公司赔付的1498431.32元。同意将上述赔款部分保险标的的一切权益转让给平安财险公司,同意平安财险公司以平安财险公司的名义向责任方追偿。后平安财险公司诉至法院,请求判令镇江安装公司支付赔偿款和公估费。

【裁判结果】

江苏省镇江市京口区人民法院于2011年2月16日作出(2010)京商初字第1822号民事判决:一、江苏镇江安装集团有限公司于判决生效后10日内给付中国平安财产保险股份有限公司江苏分公司1498431.32元;二、驳回中国平安财产保险股份有限公司江苏分公司关于给付47900元公估费的诉讼请求。一审宣判后,江苏镇江安装集团有限公司向江苏省镇江市中级人民法院提起上诉。江苏省镇江市中级人民法院于2011年4月12日作出(2011)镇商终字第0133号民事判决:一、撤销镇江市京口区人民法院(2010)京商初字第1822号民事判决;二、驳回中国平安财产保险股份有限公司江苏分公司对江苏镇江安装集团有限公司的诉讼请求。二审宣判后,中国平安财产保险股份有限公司江苏分公司向江苏省高级人民法院申请再审。江苏省高级人民法院于2014年5月30日作出(2012)苏商再提字第0035号民事判决:一、撤销江苏省镇江市中级人民法院(2011)镇商终字第0133号民事判决;二、维持镇江市京口区人民法院(2010)京商初字第1822号民事判决。

【裁判理由】

法院生效裁判认为,本案的焦点问题是:1.保险代位求偿权的适用范围是否限于侵权损害赔偿请求权;2.镇江安装公司能否以华东制罐公司、华东制罐第二公司已购买相关财产损失险为由,拒绝保险人对其行使保险代位求偿权。

关于第一个争议焦点。《中华人民共和国保险法》(以下简称《保险法》)第六十条第一款规定:"因第三者对保险标的的损害而造成保险事故的,保险人自向被保险人赔偿保险金之日起,在赔偿金额范围内代位行使被保险人对第三者请求赔偿的权利"。该款使用的是"因第三者对保险标的的损害而造成保险事故"的表述,并未限制规定为"因第三者对保险标的的侵权损害而造成保险事故"。将保险代位求偿权的权利范围理解为限于侵权损害赔偿请求权,没有法律依据。从立法目的看,规定保险代位求偿权制度,在于避免财产保险的被保险人因保险事故的发生,分别从保险人及第三者获得赔偿,取得超出实际损失的不当利益,并因此增加道德风险。将《保险法》第六十条第一款中的"损害"理解为仅指"侵权损害",不符合保险代位求偿权制度设立的目的。故保险人行使代位求偿权,应以被保险人对第三者享有损害赔偿请求权为前提,这里的赔偿请求权既可因第三者对保险标的实施的侵权行为而产生,亦可基于第三者的违约行为等产生,不应仅限于侵权赔偿请求权。本案平安财险公司是基于镇江安装公司的违约行为而非侵权行为行使代位求偿权,镇江安装公司对保险事故的发生是否有过错,对案件的处理并无影响。并且,《建设工程施工合同》约定"承包人不得将本工程进行分包施工"。因此,镇江安装公司关于其对保险事故的发生没有过错因而不应承担责任的答辩意见,不能成立。平安财险公司向镇江安装公司主张权利,主体适格,并无不当。

关于第二个争议焦点。镇江安装公司提出,在发包人与其签订的建设工程施工合同通用条款第40条中约定,待安装设备由发包人办理保险,并支付保险费用。从该约定可以看出,就工厂搬迁及设备的拆解安装事项,发包人与镇江安装公司共同商定办理保险,虽然保险费用由发包人承担,但该约定在双方的合同条款中体现,即该费用系双方承担,或者说,镇江安装公司在总承包费用中已经就保险费用作出了让步。由发包人向平安财险公司投保的业务,承包人也应当是被保险人。关于镇江安装公司的上述抗辩意见,《保险法》第十二条第二款、第六款分别规定:"财产保险的被保险人在保险事故发生时,对保险标的应当具有保险利益";"保险利益是指投保人或者被保险人对保险标的具有的法律上承认的利益"。据此,不同主体对于同一保险标的可以具有不同的保险利益,可就同一保险标的的投保与其保险利益相对应的保险险种,成立不同的保险合同,并在各自的保险利益范围内获得保险保障,从而实现利用保险制度分散各自风险的目的。因发包人和承包人对保险标的具有不同的保险利益,只有分别投保与其保险利益相对应的财产保险类别,才能获得相应的保险保障,二者不能相互替代。发包人华东制罐公司和华东制罐第二公司作为保险标的的所有权人,其投保的安装工程一切险是基于对保险标的享有的所有权保险利益而投保的险种,旨在分散保险标的的损坏或灭失风险,性质上属于财产损失保险;附加险中投保的"内陆运输扩展条款A"约定"保险公司负责赔偿被保险人的保险财产在中华人民共和国境内供货地点到保险单中列明的工地,除水运和空运以外的内陆运输途中因自然灾害或意外事故引起的损失",该项附加险在性质上亦属财产损失保险。镇江安装公司并非案涉保险标的的所有权人,不享有所有权保险利益,其作为承包人对案涉保险标的享有责任保险利益,欲将施工过程中可能产生的损害赔偿责任转由保险人承担,应当投保相关责任保险,而不能借由保

包人投保的财产损失保险免除自己应负的赔偿责任。其次,发包人不认可承包人的被保险人地位,案涉《安装工程一切险投保单》中记载的被保险人为华东制罐公司及华东制罐第二公司,并明确记载承包人镇江安装公司不是被保险人。因此,镇江安装公司关于"由发包人向平安财险公司投保的业务,承包人也应当是被保险人"的答辩意见,不能成立。《建设工程施工合同》明确约定"运至施工场地内用于工程的材料和待安装设备,由发包人办理保险,并支付保险费用"及"工程分包不能解除承包人任何责任与义务,分包单位的任何违约行为或疏忽导致工程损害或给发包人造成其他损失,承包人承担连带责任"。由此可见,发包人从未作出在保险赔偿范围内免除承包人赔偿责任的意思表示,双方并未约定在保险赔偿范围内免除承包人的赔偿责任。再次,在保险事故发生后,被保险人积极向承包人索赔并向平安财险公司出具了权益转让书。根据以上情况,镇江安装公司以其对保险标的也具有保险利益,且保险标的的所有权人华东制罐公司和华东制罐第二公司已投保财产损失保险为由,主张免除其依建设工程施工合同应对两制罐公司承担的违约损害赔偿责任,并进而拒绝平安财险公司行使代位求偿权,没有法律依据,不予支持。

综上理由作出如上判决。

(生效裁判审判人员:刘振、曹霞、马倩)

2. 南丰海粮油工业有限公司诉中国人民财产保险股份有限公司海南省分公司海上货物运输保险合同纠纷案①

【关键词】民事 海事 海上货物运输保险合同 一切险 外来原因

【裁判要点】

海上货物运输保险合同中的"一切险",除包括平安险和水渍险的各项责任外,还包括被保险

---

① 案例来源:《最高人民法院关于发布第10批指导性案例的通知》(2015年4月15日 法〔2015〕85号),指导案例52号。

货物在运输途中由于外来原因所致的全部或部分损失。在被保险人不存在故意或者过失的情况下,由于相关保险合同中除外责任条款所列明情形之外的其他原因,造成被保险货物损失的,可以认定属于导致被保险货物损失的"外来原因",保险人应当承担运输途中由该外来原因所致的一切损失。

【相关法条】
《中华人民共和国保险法》第三十条
【基本案情】
1995年11月28日,海南丰海粮油工业有限公司(以下简称丰海公司)在中国人民财产保险股份有限公司海南省分公司(以下简称海南人保)投保了由印度尼西亚籍"哈卡"轮(HAGAAG)所运载的自印度尼西亚杜迈港至中国洋浦港的4999.85吨桶装棕榈油,投保险别为一切险,货价为3574892.75美元,保险金额为3951258美元,保险费为18966美元。投保后,丰海公司依约向海南人保支付了保险费,海南人保向丰海公司发出了起运通知,签发了海洋货物运输保险单,并将海洋货物运输保险条款附于保单之后。根据保险条款规定,一切险的承保范围除包括平安险和水渍险的各项责任外,海南人保还"负责被保险货物在运输途中由于外来原因所致的全部或部分损失"。该条款还规定了5项除外责任。上述投保货物是由丰海公司以CNF价格向新加坡丰益私人有限公司(以下简称丰益公司)购买的。根据买卖合同约定,发货人丰益公司与船东代理梁国际代理有限公司(以下简称梁国际)签订一份租约。该租约约定由"哈卡"轮将丰海公司投保的货物5000吨棕榈油运至中国洋浦港,将另1000吨棕榈油运往香港。

1995年11月29日,"哈卡"轮的期租船人、该批货物的实际承运人印度尼西亚PT. SAMUDERA INDRA公司(以下简称PSI公司)签发了编号为DM/YPU/1490/95的已装船提单。该提单载明船舶为"哈卡"轮,装货港为印度尼西亚杜迈港,卸货港为中国洋浦港,货物唛头为BATCH NO. 80211/95,装货数量为4999.85吨,清洁、运费已付。查明,发货人丰益公司将运费支付给梁国际,梁国际已将运费支付给PSI公司。1995年12月14日,丰海公司向其开证银行付款赎单,取得了上述投保货物的全套(3份)正本提单。1995年11月23日至29日,"哈卡"轮在杜迈港装载31623桶、净重5999.82吨四海牌棕榈油起航后,由于"哈卡"轮船东印度尼西亚PT. PERUSAHAAN PELAYARAN BAHTERA BINTANG SELATAN公司(以下简称BBS公司)与该轮的期租船人PSI公司之间因船舶租金发生纠纷,"哈卡"轮中止了提单约定的航程并对外封锁了该轮的动态情况。

为避免投保货物的损失,丰益公司、丰海公司、海南人保多次派代表参加"哈卡"轮船东与期租船人之间的协商,但由于船东以未收到租金为由不肯透露"哈卡"轮行踪,多方会谈未果。此后,丰益公司、丰海公司通过多种渠道交涉并多方查找"哈卡"轮行踪,海南人保亦通过其驻外机构协助查找"哈卡"轮。直至1996年4月,"哈卡"轮走私至中国汕尾被我海警查获。根据广州市人民检察院穗检刑免字(1996)64号《免予起诉决定书》的认定,1996年1月至3月,"哈卡"轮船长埃里斯·伦巴克根据BBS公司指示,指挥船员将其中11325桶、2100多吨棕榈油转载到属同一船公司的"依瓦那"和"萨拉哈"货船上运走销售,又让船员将船名"哈卡"轮涂改为"伊莉莎2"号(ELIZA II)。1996年4月,更改为"伊莉莎2"号的货船载剩余货物20298桶棕榈油走私至中国汕尾,4月16日被我海警查获。上述20298桶棕榈油已被广东省检察机关作为走私货物没收上缴国库。1996年6月6日丰海公司向海南人保递交索赔报告书,8月20日丰海公司再次向海南人保提出书面索赔申请,海南人保明确表示拒赔。丰海公司遂诉至海口海事法院。

丰海公司是海南丰源贸易发展有限公司和新加坡海源国际有限公司于1995年8月14日开办的中外合资经营企业。该公司成立后,就与海南人保建立了业务关系。1995年10月1日至同年11月28日(本笔保险单签发前)就发生了4笔进口棕榈油保险业务,其中3笔投保的险别为一切险,另1笔为"一切险附加战争险"。该4笔保险均发生索赔,其中有因为一切险范围内的货物短少、破漏发生的赔付。

【裁判结果】
海口海事法院于1996年12月25日作出

(1996)海商初字第096号民事判决:一、海南人保应赔偿丰海公司保险价值损失3593858.75美元;二、驳回丰海公司的其他诉讼请求。宣判后,海南人保提出上诉。海南省高级人民法院于1997年10月27日作出(1997)琼经终字第44号民事判决:撤销一审判决,驳回丰海公司的诉讼请求。丰海公司向最高人民法院申请再审。最高人民法院于2003年8月11日以(2003)民四监字第35号民事裁定,决定对本案进行提审,并于2004年7月13日作出(2003)民四提字第5号民事判决:一、撤销海南省高级人民法院(1997)琼经终字第44号民事判决;二、维持海口海事法院(1996)海商初字第096号民事判决。

【裁判理由】

最高人民法院认为:本案为国际海上货物运输保险合同纠纷,被保险人、保险货物的目的港等均在中华人民共和国境内,原审以中华人民共和国法律作为解决本案纠纷的准据法正确,双方当事人亦无异议。

丰海公司与海南人保之间订立的保险合同合法有效,双方的权利义务应受保险单及所附保险条款的约束。本案保险标的已经发生实际全损,对此发货人丰益公司没有过错,亦无证据证明被保险人丰海公司存在故意或过失。保险标的的损失是由于"哈卡"轮船东BBS公司与期租船人之间的租金纠纷,将船载货物运走销售和走私行为造成的。本案争议的焦点在于如何理解涉案保险条款中一切险的责任范围。

二审审理中,海南省高级人民法院认为,根据保险单所附的保险条款和保险行业惯例,一切险的责任范围包括平安险、水渍险和普通附加险(即偷窃提货不着险、淡水雨淋险、短量险、沾污险、渗漏险、碰损破碎险、串味险、受潮受热险、钩损险、包装破损险和锈损险),中国人民银行《关于〈海洋运输货物'一切险'条款解释的请示〉的复函》亦作了相同的明确规定。可见,丰海公司投保货物的损失不属于一切险的责任范围。此外,鉴于海南人保与丰海公司有长期的保险业务关系,在本案纠纷发生前,双方曾多次签订保险合同,并且海南人保还作过一切险范围内的赔付,所以丰海公司对本案保险合同的主要内容、免责条款及一切险的责任范围应该是清楚的,故认定一审判决适用法律错误。

根据涉案"海洋运输货物保险条款"的规定,一切险除了包括平安险、水渍险的各项责任外,还负责被保险货物在运输过程中由于各种外来原因所造成的损失。同时保险条款中还明确列明了五种除外责任,即:①被保险人的故意行为或过失所造成的损失;②属于发货人责任所引起的损失;③在保险责任开始前,被保险货物已存在的品质不良或数量短差所造成的损失;④被保险货物的自然损耗、本质缺陷、特性以及市价跌落、运输迟延所引起的损失;⑤本公司海洋运输货物战争险条款和货物运输罢工险条款规定的责任范围和除外责任。从上述保险条款的规定看,海洋运输货物保险条款中的一切险条款具有如下特点:

1. 一切险并非列明风险,而是非列明风险。在海洋运输货物保险条款中,平安险、水渍险为列明的风险,而一切险则为平安险、水渍险再加上未列明的运输途中由于外来原因造成的保险标的的损失。

2. 保险标的的损失必须是外来原因造成的。被保险人在向保险人要求保险赔偿时,必须证明保险标的的损失是因为运输途中外来原因引起的。外来原因可以是自然原因,亦可以是人为的意外事故。但是一切险承保的风险具有不确定性,要求是不能确定的、意外的、无法列举的承保风险。对于那些预期的、确定的、正常的危险,则不属于外来原因的责任范围。

3. 外来原因应当限于运输途中发生的,排除了运输发生以前和运输结束后发生的事故。只要被保险人证明损失并非因其自身原因,而是由于运输途中的意外事故造成的,保险人就应当承担保险赔偿责任。

根据保险法的规定,保险合同中规定有关于保险人责任免除条款的,保险人在订立合同时应当向投保人明确说明,未明确说明的,该条款仍然不能产生效力。据此,保险条款中列明的除外责任虽然不在保险人赔偿之列,但是应当以签订保险合同时,保险人已将除外责任条款明确告知被保险人为前提。否则,该除外责任条款不能约束被保险人。

关于中国人民银行的复函意见。在保监委

成立之前,中国人民银行系保险行业的行政主管机关。1997年5月1日,中国人民银行致中国人民保险公司《关于〈海洋运输货物保险"一切险"条款解释的请示〉的复函》中,认为一切险承保的范围是平安险、水渍险及被保险货物在运输途中由于外来原因所致的全部或部分损失。并且进一步提出:外来原因仅指偷窃、提货不着、淡水雨淋等。1998年11月27日,中国人民银行在对《中保财产保险有限公司关于海洋运输货物保险条款解释》的复函中,再次明确一切险的责任范围包括平安险、水渍险及被保险货物在运输途中由于外来原因所致的全部或部分损失。其中外来原因所致的全部或部分损失是指11种一般附加险。鉴于中国人民银行的上述复函不是法律法规,亦不属于行政规章。根据《中华人民共和国立法法》的规定,国务院各部、委员会、中国人民银行、国家审计署以及具有行政管理职能的直属机构,可以根据法律和国务院的行政法规、决定、命令,在本部门的权限范围内,制定规章;部门规章规定的事项应当属于执行法律或者国务院的行政法规、决定、命令的事项。因此,保险条款亦不在职能部门有权制定的规章范围之内,故中国人民银行对保险条款的解释不能作为约束被保险人的依据。另外,中国人民银行关于一切险的复函属于对保险合同条款的解释。而对于平等主体之间签订的保险合同,依法只有人民法院和仲裁机构才有权作出约束当事人的解释。为此,上述复函不能约束被保险人。要使该复函所做解释成为约束被保险人的合同条款,只能是将其作为保险合同的内容附在保险单中。之所以产生中国人民保险公司向主管机关请示一切险的责任范围,主管机关对此作出答复,恰恰说明对于一切险的理解存在争议。而依据保险法第31条的规定,对于保险合同的条款,保险人与投保人、被保险人或者受益人有争议时,人民法院或者仲裁机关应当作出有利于被保险人和受益人的解释。作为行业主管机关作出对本行业有利的解释,不能适用于非本行业的合同当事人。

综上,应认定本案保险事故属一切险的责任范围。二审法院认为丰海公司投保货物的损失不属一切险的责任范围错误,应予纠正。丰海公司的再审申请理由依据充分,应予支持。

3. 最高人民法院公布三起保险合同纠纷典型案例①

案例1:王某诉某人寿保险股份有限公司人身保险合同纠纷案
——保险合同代签名的法律后果

【要点提示】

投保人在订立保险合同时应当亲自签章。保险业务员代为签字,但投保人已经交纳保险费的,视为其对代签字行为的追认。

《解释(二)》涉及条款:第三条第一款 投保人或者投保人的代理人订立保险合同时没有亲自签字或者盖章,而由保险人或者保险人的代理人代为签字或者盖章的,对投保人不生效。但投保人已经交纳保险费的,视为其对代签字或者盖章行为的追认。

【简要案情】

保险公司的业务员张某与投保人王某是同学关系。在张某向王某推销保险产品时,王某在外地出差,于是王某让张某到自己家中找自己的妻子收取保险费。张某遂到王某家中找到王某的妻子取得了保险费,并代替王某在投保书上签字。投保书所记载的投保人与被保险人均为王某,投保的险种为重大疾病保险,保险期限为终生,交纳保险费期限为20年,每年应交纳保险费金额为2000元。王某出差回到北京以后,张某将保险合同及保险费发票交给了王某。此后,王某每年正常交纳保险费,累计交费12000元。直到2006年,王某、张某关系恶化,王某遂起诉保险公司,以投保书不是自己亲笔签字为由要求退还全部保险费。

【法院判决】

法院认为:王某在张某代其签署投保书后,取得了张某转交的保险合同文本及保险费发票,

---

① 案例来源:《人民法院报》2013年6月8日。

应视为其对张某所实施的代签约行为已经明知。在此后长达五年的时间里，王某按照保险合同的约定及时足额交纳各年度保险费的行为，即属于以积极参与合同履行的方式表达了其对于张某代其签约行为的追认。据此，法院认定王某追认了张某代其订立保险合同的行为，判决驳回王某的诉讼请求。

案例2：田某、冉某诉某保险公司人身保险合同纠纷案
——保险合同解除与保险人拒赔

【要点提示】

保险人未在法定期间内解除合同，丧失保险合同解除权。保险人以投保人违反如实告知义务为由拒绝赔偿的，人民法院不予支持。

《解释（二）》涉及条款：第八条　保险人未行使合同解除权，直接以存在保险法第十六条第四款、第五款规定的情形为由拒绝赔偿的，人民法院不予支持。但当事人就拒绝赔偿事宜及保险合同存续另行达成一致的情况除外。

【简要案情】

小田系田某、冉某之子。2007年6月21日，田某与某保险公司签订保险合同，合同约定：投保人为田某，被保险人为小田，保险受益人为田某、冉某，投保险种为终身保险，保险期间为终身，保险金额为2万元，如被保险人身故，保险公司将按基本保额的三倍给付身故保险金。合同签订后，田某按前述保险合同约定按期向保险公司缴纳了2007年至2009年的保险费共计4500元。2009年11月23日，被保险人小田因患肺结核死亡。田某认为属于保险责任事故，向保险公司提出理赔申请。保险公司于2009年12月25日向田某出具《拒绝给付保险金通知书》，该通知书载明的主要内容为"……经调查核实我公司发现投保前已患疾病，根据相关法律规定和保险合同条款，……本次事故我公司不承担保险责任。……该合同效力终止，……退还保单现金价值2116.74元……"。田某、冉某诉至该院，要求保险公司共同赔付保险金60000元。另查明，小田于2001年和2008年接受过肺结核诊治。

2007年6月19日，田某在申请投保时，在填写个人保险投保单告知事项第7条C项："被保险人是否曾患有或接受治疗过哮喘、肺结核、肺气肿……等疾病"时，投保人田某及被保险人小田均填写为"否"。

【法院判决】

法院认为，田某在投保时就被保险人小田曾患"肺结核"的事实未向保险公司尽到如实告知义务，保险公司有权解除合同。根据在案事实，保险公司于2009年12月25日作出《拒绝给付保险金通知》，该载明的内容可以确认，从2009年12月25日起保险公司就应当知道有解除事由，但保险公司在知道有解除事由之日起30日内未行使该解除权，其解除权已消灭。本案所涉保险合同未被解除的情况下，对双方仍具有约束力，保险公司应当按照本案所涉保险合同的约定承担给付田某等人保险金的责任。判决撤销原审民事判决，保险公司承担保险责任。

案例3：吴某诉某保险公司财产保险合同纠纷案
——"免除保险人责任的条款"的范围

【要点提示】

保险人提供的格式合同文本中的责任免除条款、免赔率条款、比例赔付条款，可以认定为《保险法》第十七条第二款规定的"免除保险人责任的条款"，保险人应当尽到提示和明确说明义务。

《解释（二）》涉及条款：第九条　保险人提供的格式合同文本中的责任免除条款、免赔额、免赔率、比例赔付或者给付等免除或者减轻保险人责任的条款，可以认定为保险法第十七条第二款规定的"免除保险人责任的条款"。

保险人因投保人、被保险人违反法定或者约定义务，享有解除合同权利的条款，不属于保险法第十七条第二款规定的"免除保险人责任的条款"。

【简要案情】

2004年11月17日，吴某就其所有的汽车向某保险公司投保了车损险、主险不计免赔特约

险、车上人员责任险等。保险合同载明:1.家庭自用汽车损失保险条款。其中第十二条第(八)项中载明,保险车辆用于营运收费性商业行为期间的任何损失和费用,保险公司不负责赔偿;2.机动车辆第三者责任保险条款。第三十二条载明,保险公司根据保险车辆驾驶人员在事故中所负责任比例,承担相应的赔偿责任,并在保险单载明的责任限额内按约定的免赔率免赔。其中,保险车辆同一保险年度内发生多次赔款,其免赔率从第二次开始每次增加5%,非营运车辆从事营业运输活动时发生保险事故,造成第三者损失,按本保险保费与相应的营业车辆保费的比例计算赔偿。3.附加条款及解释。其中载明,车上人员责任险系第三者责任险的附加险。在车上人员责任险条款第四条第(三)项载明,每次赔偿均实行20%绝对免赔率。2005年5月31日,吴某驾驶被保险车辆与案外人胡某驾驶的拖拉机相撞,致车辆受损及吴某和同乘人员于某、吕某受伤。交警大队做出交通事故认定书,认定吴某、胡某负事故同等责任。经法院判决,于某各项损失为28887元,吕某各项损失为955.30元,并胡某与吴某连带赔偿上述损失。吴某向保险公司申请理赔,保险公司认为,吴某将其车用于营运收费,根据保险条款约定属于保险公司无需赔偿;对于于某、吕某的损失,同意根据保险条款约定的比例进行赔偿。吴某认为保险公司在签订保险合同时,未向其交付保险条款,亦未就保险条款中关于保险公司不予理赔和按比例理赔所依据的免责条款进行必要的解释和说明。吴某诉至法院,要求保险公司赔偿全部损失。

【法院判决】

法院认为,本案的争议焦点为保险公司提供的保险条款中所约定的免赔事由及免赔率是否属于免责条款,以及该约定是否生效。本案中,保险公司提供的保险条款中关于免除保险人责任的约定,应当属于《保险法》规定的"免除保险人责任的条款",保险人应就这些条款履行明确说明义务。

4. 华泰财产保险有限公司北京分公司诉李志贵、天安财产保险股份有限公司河北省分公司张家口支公司保险人代位求偿权纠纷案①

【裁判要点】

因第三者对保险标的的损害造成保险事故,保险人向被保险人赔偿保险金后,代位行使被保险人对第三者请求赔偿的权利而提起诉讼的,应当根据保险人所代位的被保险人与第三者之间的法律关系,而不应当根据保险合同法律关系确定管辖法院。第三者侵害被保险人合法权益的,由侵权行为地或者被告住所地法院管辖。

【基本案情】

2011年6月1日,华泰财产保险有限公司北京分公司(简称华泰保险公司)与北京亚大锦都餐饮管理有限公司(简称亚大锦都餐饮公司)签订机动车辆保险合同,被保险车辆的车牌号为京A82368,保险期间自2011年6月5日0时起至2012年6月4日24时止。2011年11月18日,陈某某驾驶被保险车辆行驶至北京市朝阳区机场高速公路上时,与李志贵驾驶的车牌号为冀GA9120的车辆发生交通事故,造成被保险车辆受损。经交管部门认定,李志贵负事故全部责任。事故发生后,华泰保险公司依照保险合同的约定,向被保险人亚大锦都餐饮公司赔偿保险金83878元,并依法取得代位求偿权。基于肇事车辆系在天安财产保险股份有限公司河北省分公司张家口支公司(简称天安保险公司)投保了机动车交通事故责任强制保险,华泰保险公司于2012年10月诉至北京市东城区人民法院,请求判令被告肇事司机李志贵和天安保险公司赔偿83878元,并承担诉讼费用。

---

① 案例来源:《最高人民法院关于发布第6批指导性案例的通知》(2014年1月26日 法〔2014〕18号),指导案例25号。

被告李志贵的住所地为河北省张家口市怀来县沙城镇,被告天安保险公司的住所地为张家口市怀来县沙城镇燕京路东108号,保险事故发生地为北京市朝阳区机场高速公路上,被保险车辆行驶证载所有人的住址为北京市东城区工体北路新中西街8号。

【裁判结果】

北京市东城区人民法院于2012年12月17日作出(2012)东民初字第13663号民事裁定:对华泰保险公司的起诉不予受理。宣判后,当事人未上诉,裁定已发生法律效力。

【裁判理由】

法院生效裁判认为:根据《中华人民共和国保险法》第六十条的规定,保险人的代位求偿权是指保险人依法享有的,代位行使被保险人向造成保险标的损害负有赔偿责任的第三者请求赔偿的权利。保险人代位求偿权源于法律的直接规定,属于保险人的法定权利,并非基于保险合同而产生的约定权利。因第三者对保险标的的损害造成保险事故,保险人向被保险人赔偿保险金后,代位行使被保险人对第三者请求赔偿的权利而提起诉讼的,应根据保险人所代位的被保险人与第三者之间的法律关系确定管辖法院。第三者侵害被保险人合法权益,因侵权行为提起的诉讼,依据《中华人民共和国民事诉讼法》第二十八条的规定,由侵权行为地或者被告住所地法院管辖,而不适用财产保险合同纠纷管辖的规定,不应以保险标的物所在地作为管辖依据。本案中,第三者实施了道路交通侵权行为,造成保险事故,被保险人对第三者有侵权损害赔偿请求权;保险人行使代位权起诉第三者的,应当由侵权行为地或者被告住所地法院管辖。现二被告的住所地及侵权行为地均不在北京市东城区,故北京市东城区人民法院对该起诉没有管辖权,应裁定不予受理。

◎ 法规链接

中华人民共和国保险法

- 1995年6月30日第八届全国人民代表大会常务委员会第十四次会议通过
- 根据2002年10月28日第九届全国人民代表大会常务委员会第三十次会议《关于修改〈中华人民共和国保险法〉的决定》第一次修正
- 2009年2月28日第十一届全国人民代表大会常务委员会第七次会议修订
- 根据2014年8月31日第十二届全国人民代表大会常务委员会第十次会议《关于修改〈中华人民共和国保险法〉等五部法律的决定》第二次修正
- 根据2015年4月24日第十二届全国人民代表大会常务委员会第十四次会议《关于修改〈中华人民共和国计量法〉等五部法律的决定》第三次修正

第一章 总 则

第一条 【立法目的】为了规范保险活动,保护保险活动当事人的合法权益,加强对保险业的监督管理,维护社会经济秩序和社会公共利益,促进保险事业的健康发展,制定本法。

第二条 【调整范围】本法所称保险,是指投保人根据合同约定,向保险人支付保险费,保险人对于合同约定的可能发生的事故因其发生所造成的财产损失承担赔偿保险金责任,或者当被保险人死亡、伤残、疾病或者达到合同约定的年龄、期限等条件时承担给付保险金责任的商业保险行为。

第三条 【适用范围】在中华人民共和国境内从事保险活动,适用本法。

第四条 【从事保险活动的基本原则】从事保险活动必须遵守法律、行政法规,尊重社会公德,不得损害社会公共利益。

第五条 【诚实信用原则】保险活动当事人行使权利、履行义务应当遵循诚实信用原则。

第六条 【保险业务经营主体】保险业务由依照本法设立的保险公司以及法律、行政法规规定的其他保险组织经营,其他单位和个人不得经营保险业务。

第七条 【境内投保原则】在中华人民共和国境内的法人和其他组织需要办理境内保险的,应当向中华人民共和国境内的保险公司投保。

第八条 【分业经营原则】保险业和银行业、证券业、信托业实行分业经营、分业管理,保险公司与银行、证券、信托业务机构分别设立。国家另有规定的除外。

第九条 【保险监督管理机构】国务院保险监督管理机构依法对保险业实施监督管理。

国务院保险监督管理机构根据履行职责的需要设立派出机构。派出机构按照国务院保险监督管理机构的授权履行监督管理职责。

第一章 保险合同

第一节 一般规定

第十条 【保险合同及其主体】保险合同是投保人与保险人约定保险权利义务关系的协议。

投保人是指与保险人订立保险合同,并按照合同约定负有支付保险费义务的人。

保险人是指与投保人订立保险合同,并按照合同约定承担赔偿或者给付保险金责任的保险公司。

第十一条 【保险合同订立原则】订立保险合同,应当协商一致,遵循公平原则确定各方的权利和义务。

除法律、行政法规规定必须保险的外,保险合同自愿订立。

第十二条 【保险利益、保险标的】人身保险的投保人在保险合同订立时,对被保险人应当具有保险利益。

财产保险的被保险人在保险事故发生时,对保险标的应当具有保险利益。

人身保险是以人的寿命和身体为保险标的的保险。

财产保险是以财产及其有关利益为保险标的的保险。

被保险人是指其财产或者人身受保险合同保障,享有保险金请求权的人。投保人可以为被保险人。

保险利益是指投保人或者被保险人对保险标的的具有的法律上承认的利益。

第十三条 【保险合同成立与生效】投保人提出保险要求,经保险人同意承保,保险合同成立。保险人应当及时向投保人签发保险单或者其他保险凭证。

保险单或者其他保险凭证应当载明当事人双方约定的合同内容。当事人也可以约定采用其他书面形式载明合同内容。

依法成立的保险合同,自成立时生效。投保人和保险人可以对合同的效力约定附条件或者附期限。

第十四条 【保险合同效力】保险合同成立后,投保人按照约定交付保险费,保险人按照约定的时间开始承担保险责任。

第十五条 【保险合同解除】除本法另有规定或者保险合同另有约定外,保险合同成立后,投保人可以解除合同,保险人不得解除合同。

第十六条 【投保人如实告知义务】订立保险合同,保险人就保险标的或者被保险人的有关情况提出询问的,投保人应当如实告知。

投保人故意或者因重大过失未履行前款规定的如实告知义务,足以影响保险人决定是否同意承保或者提高保险费率的,保险人有权解除合同。

前款规定的合同解除权,自保险人知道有解除事由之日起,超过三十日不行使而消灭。自合同成立之日起超过二年的,保险人不得解除合同;发生保险事故的,保险人应当承担赔偿或者给付保险金的责任。

投保人故意不履行如实告知义务的,保险人对于合同解除前发生的保险事故,不承担赔偿或者给付保险金的责任,并不退还保险费。

投保人因重大过失未履行如实告知义务,对保险事故的发生有严重影响的,保险人对于合同解除前发生的保险事故,不承担赔偿或者给付保险金的责任,但应当退还保险费。

保险人在合同订立时已经知道投保人未如实告知的情况的,保险人不得解除合同;发生保险事故的,保险人应当承担赔偿或者给付保险金的责任。

保险事故是指保险合同约定的保险责任范围内的事故。

第十七条 【保险人说明义务】 订立保险合同，采用保险人提供的格式条款的，保险人向投保人提供的投保单应当附格式条款，保险人应当向投保人说明合同的内容。

对保险合同中免除保险人责任的条款，保险人在订立合同时应当在投保单、保险单或者其他保险凭证上作出足以引起投保人注意的提示，并对该条款的内容以书面或者口头形式向投保人作出明确说明；未作提示或者明确说明的，该条款不产生效力。

第十八条 【保险合同内容】 保险合同应当包括下列事项：

（一）保险人的名称和住所；

（二）投保人、被保险人的姓名或者名称、住所，以及人身保险的受益人的姓名或者名称、住所；

（三）保险标的；

（四）保险责任和责任免除；

（五）保险期间和保险责任开始时间；

（六）保险金额；

（七）保险费以及支付办法；

（八）保险金赔偿或者给付办法；

（九）违约责任和争议处理；

（十）订立合同的年、月、日。

投保人和保险人可以约定与保险有关的其他事项。

受益人是指人身保险合同中由被保险人或者投保人指定的享有保险金请求权的人。投保人、被保险人可以为受益人。

保险金额是指保险人承担赔偿或者给付保险金责任的最高限额。

第十九条 【无效格式条款】 采用保险人提供的格式条款订立的保险合同中的下列条款无效：

（一）免除保险人依法应承担的义务或者加重投保人、被保险人责任的；

（二）排除投保人、被保险人或者受益人依法享有的权利的。

第二十条 【保险合同变更】 投保人和保险人可以协商变更合同内容。

变更保险合同的，应当由保险人在保险单或者其他保险凭证上批注或者附贴批单，或者由投保人和保险人订立变更的书面协议。

第二十一条 【通知义务】 投保人、被保险人或者受益人知道保险事故发生后，应当及时通知保险人。故意或者因重大过失未及时通知，致使保险事故的性质、原因、损失程度等难以确定的，保险人对无法确定的部分，不承担赔偿或者给付保险金的责任，但保险人通过其他途径已经及时知道或者应当及时知道保险事故发生的除外。

第二十二条 【协助义务】 保险事故发生后，按照保险合同请求保险人赔偿或者给付保险金时，投保人、被保险人或者受益人应当向保险人提供其所能提供的与确认保险事故的性质、原因、损失程度等有关的证明和资料。

保险人按照合同的约定，认为有关的证明和资料不完整的，应当及时一次性通知投保人、被保险人或者受益人补充提供。

第二十三条 【理赔】 保险人收到被保险人或者受益人的赔偿或者给付保险金的请求后，应当及时作出核定；情形复杂的，应当在三十日内作出核定，但合同另有约定的除外。保险人应当将核定结果通知被保险人或者受益人；对属于保险责任的，在与被保险人或者受益人达成赔偿或者给付保险金的协议后十日内，履行赔偿或者给付保险金义务。保险合同对赔偿或者给付保险金的期限有约定的，保险人应当按照约定履行赔偿或者给付保险金义务。

保险人未及时履行前款规定义务的，除支付保险金外，应当赔偿被保险人或者受益人因此受到的损失。

任何单位和个人不得非法干预保险人履行赔偿或者给付保险金的义务，也不得限制被保险人或者受益人取得保险金的权利。

第二十四条 【拒绝赔付通知】 保险人依照本法第二十三条的规定作出核定后，对不属于保险责任的，应当自作出核定之日起三日内向被保险人或者受益人发出拒绝赔偿或者拒绝给付保险金通知书，并说明理由。

第二十五条 【先行赔付】 保险人自收到赔偿或者给付保险金的请求和有关证明、资料之日起六十日内，对其赔偿或者给付保险金的数额不能确定的,应当根据已有证明和资料可以确定的数额先予支付;保险人最终确定赔偿或者给付保险金的数额后,应当支付相应的差额。

第二十六条　【诉讼时效】人寿保险以外的其他保险的被保险人或者受益人,向保险人请求赔偿或者给付保险金的诉讼时效期间为二年,自其知道或者应当知道保险事故发生之日起计算。

人寿保险的被保险人或者受益人向保险人请求给付保险金的诉讼时效期间为五年,自其知道或者应当知道保险事故发生之日起计算。

第二十七条　【保险欺诈】未发生保险事故,被保险人或者受益人谎称发生了保险事故,向保险人提出赔偿或者给付保险金请求的,保险人有权解除合同,并不退还保险费。

投保人、被保险人故意制造保险事故的,保险人有权解除合同,不承担赔偿或者给付保险金的责任;除本法第四十三条规定外,不退还保险费。

保险事故发生后,投保人、被保险人或者受益人以伪造、变造的有关证明、资料或者其他证据,编造虚假的事故原因或者夸大损失程度的,保险人对其虚报的部分不承担赔偿或者给付保险金的责任。

投保人、被保险人或者受益人有前三款规定行为之一,致使保险人支付保险金或者支出费用的,应当退回或者赔偿。

第二十八条　【再保险】保险人将其承担的保险业务,以分保形式部分转移给其他保险人的,为再保险。

应再保险接受人的要求,再保险分出人应当将其自负责任及原保险的有关情况书面告知再保险接受人。

第二十九条　【再保险的保费及赔付】再保险接受人不得向原保险的投保人要求支付保险费。

原保险的被保险人或者受益人不得向再保险接受人提出赔偿或者给付保险金的请求。

再保险分出人不得以再保险接受人未履行再保险责任为由,拒绝履行或者迟延履行其原保险责任。

第三十条　【争议条款解释】采用保险人提供的格式条款订立的保险合同,保险人与投保人、被保险人或者受益人对合同条款有争议的,应当按照通常理解予以解释。对合同条款有两种以上解释的,人民法院或者仲裁机构应当作出有利于被保险人和受益人的解释。

第二节　人身保险合同

第三十一条　【人身保险利益】投保人对下列人员具有保险利益:

(一)本人;

(二)配偶、子女、父母;

(三)前项以外与投保人有抚养、赡养或者扶养关系的家庭其他成员、近亲属;

(四)与投保人有劳动关系的劳动者。

除前款规定外,被保险人同意投保人为其订立合同的,视为投保人对被保险人具有保险利益。

订立合同时,投保人对被保险人不具有保险利益的,合同无效。

第三十二条　【申报年龄不真实的处理】投保人申报的被保险人年龄不真实,并且其真实年龄不符合合同约定的年龄限制的,保险人可以解除合同,并按照合同约定退还保险单的现金价值。保险人行使合同解除权,适用本法第十六条第三款、第六款的规定。

投保人申报的被保险人年龄不真实,致使投保人支付的保险费少于应付保险费的,保险人有权更正并要求投保人补交保险费,或者在给付保险金时按照实付保险费与应付保险费的比例支付。

投保人申报的被保险人年龄不真实,致使投保人支付的保险费多于应付保险费的,保险人应当将多收的保险费退还投保人。

第三十三条　【死亡保险的禁止】投保人不得为无民事行为能力人投保以死亡为给付保险金条件的人身保险,保险人也不得承保。

父母为其未成年子女投保的人身保险,不受前款规定限制。但是,因被保险人死亡给付的保险金总和不得超过国务院保险监督管理机构规定的限额。

第三十四条　【死亡保险合同的效力】以死亡为给付保险金条件的合同,未经被保险人同意并认可保险金额的,合同无效。

按照以死亡为给付保险金条件的合同所签发的保险单,未经被保险人书面同意,不得转让或者质押。

父母为其未成年子女投保的人身保险,不受本条第一款规定限制。

第三十五条 【保险费的支付】 投保人可以按照合同约定向保险人一次支付全部保险费或者分期支付保险费。

第三十六条 【逾期支付保险费】 合同约定分期支付保险费,投保人支付首期保险费后,除合同另有约定外,投保人自保险人催告之日起超过三十日未支付当期保险费,或者超过约定的期限六十日未支付当期保险费的,合同效力中止,或者由保险人按照合同约定的条件减少保险金额。

被保险人在前款规定期限内发生保险事故的,保险人应当按照合同约定给付保险金,但可以扣减欠交的保险费。

第三十七条 【合同效力的恢复】 合同效力依照本法第三十六条规定中止的,经保险人与投保人协商并达成协议,在投保人补交保险费后,合同效力恢复。但是,自合同效力中止之日起满二年双方未达成协议的,保险人有权解除合同。

保险人依照前款规定解除合同的,应当按照合同约定退还保险单的现金价值。

第三十八条 【禁止通过诉讼要求支付保险费】 保险人对人寿保险的保险费,不得用诉讼方式要求投保人支付。

第三十九条 【受益人的确定】 人身保险的受益人由被保险人或者投保人指定。

投保人指定受益人时须经被保险人同意。投保人为与其有劳动关系的劳动者投保人身保险,不得指定被保险人及其近亲属以外的人为受益人。

被保险人为无民事行为能力人或者限制民事行为能力人的,可以由其监护人指定受益人。

第四十条 【受益顺序及份额】 被保险人或者投保人可以指定一人或者数人为受益人。

受益人为数人的,被保险人或者投保人可以确定受益顺序和受益份额;未确定受益份额的,受益人按照相等份额享有受益权。

第四十一条 【受益人变更】 被保险人或者投保人可以变更受益人并书面通知保险人。保险人收到变更受益人的书面通知后,应当在保险单或者其他保险凭证上批注或者附贴批单。

投保人变更受益人时须经被保险人同意。

第四十二条 【保险金作为遗产情形】 被保险人死亡后,有下列情形之一的,保险金作为被保险人的遗产,由保险人依照《中华人民共和国继承法》的规定履行给付保险金的义务:

(一)没有指定受益人,或者受益人指定不明无法确定的;

(二)受益人先于被保险人死亡,没有其他受益人的;

(三)受益人依法丧失受益权或者放弃受益权,没有其他受益人的。

受益人与被保险人在同一事件中死亡,且不能确定死亡先后顺序的,推定受益人死亡在先。

第四十三条 【受益权丧失】 投保人故意造成被保险人死亡、伤残或者疾病的,保险人不承担给付保险金的责任。投保人已交足二年以上保险费的,保险人应当按照合同约定向其他权利人退还保险单的现金价值。

受益人故意造成被保险人死亡、伤残、疾病的,或者故意杀害被保险人未遂的,该受益人丧失受益权。

第四十四条 【被保险人自杀处理】 以被保险人死亡为给付保险金条件的合同,自合同成立或者合同效力恢复之日起二年内,被保险人自杀的,保险人不承担给付保险金的责任,但被保险人自杀时为无民事行为能力人的除外。

保险人依照前款规定不承担给付保险金责任的,应当按照合同约定退还保险单的现金价值。

第四十五条 【免于赔付情形】 因被保险人故意犯罪或者抗拒依法采取的刑事强制措施导致其伤残或者死亡的,保险人不承担给付保险金的责任。投保人已交足二年以上保险费的,保险人应当按照合同约定退还保险单的现金价值。

第四十六条　【禁止追偿】被保险人因第三者的行为而发生死亡、伤残或者疾病等保险事故的,保险人向被保险人或者受益人给付保险金后,不享有向第三者追偿的权利,但被保险人或者受益人仍有权向第三者请求赔偿。

第四十七条　【人身保险合同解除】投保人解除合同的,保险人应当自收到解除合同通知之日起三十日内,按照合同约定退还保险单的现金价值。

第三节　财产保险合同

第四十八条　【财产保险利益】保险事故发生时,被保险人对保险标的不具有保险利益的,不得向保险人请求赔偿保险金。

第四十九条　【保险标的转让】保险标的转让的,保险标的的受让人承继被保险人的权利和义务。

保险标的转让的,被保险人或者受让人应当及时通知保险人,但货物运输保险合同和另有约定的合同除外。

因保险标的转让导致危险程度显著增加的,保险人自收到前款规定的通知之日起三十日内,可以按照合同约定增加保险费或者解除合同。保险人解除合同的,应当将已收取的保险费,按照合同约定扣除自保险责任开始之日起至合同解除之日应收的部分后,退还投保人。

被保险人、受让人未履行本条第二款规定的通知义务的,因转让导致保险标的的危险程度显著增加而发生的保险事故,保险人不承担赔偿保险金的责任。

第五十条　【禁止解除合同】货物运输保险合同和运输工具航程保险合同,保险责任开始后,合同当事人不得解除合同。

第五十一条　【安全义务】被保险人应当遵守国家有关消防、安全、生产操作、劳动保护等方面的规定,维护保险标的的安全。

保险人可以按照合同约定对保险标的的安全状况进行检查,及时向投保人、被保险人提出消除不安全因素和隐患的书面建议。

投保人、被保险人未按照约定履行其对保险标的的安全应尽责任的,保险人有权要求增加保险费或者解除合同。

保险人为维护保险标的的安全,经被保险人同意,可以采取安全预防措施。

第五十二条　【危险增加通知义务】在合同有效期内,保险标的的危险程度显著增加的,被保险人应当按照合同约定及时通知保险人,保险人可以按照合同约定增加保险费或者解除合同。保险人解除合同的,应当将已收取的保险费,按照合同约定扣除自保险责任开始之日起至合同解除之日应收的部分后,退还投保人。

被保险人未履行前款规定的通知义务的,因保险标的的危险程度显著增加而发生的保险事故,保险人不承担赔偿保险金的责任。

第五十三条　【降低保险费】有下列情形之一的,除合同另有约定外,保险人应当降低保险费,并按日计算退还相应的保险费:

(一)据以确定保险费率的有关情况发生变化,保险标的的危险程度明显减少的;

(二)保险标的的保险价值明显减少的。

第五十四条　【保费退还】保险责任开始前,投保人要求解除合同的,应当按照合同约定向保险人支付手续费,保险人应当退还保险费。保险责任开始后,投保人要求解除合同的,保险人应当将已收取的保险费,按照合同约定扣除自保险责任开始之日起至合同解除之日应收的部分后,退还投保人。

第五十五条　【保险价值的确定】投保人和保险人约定保险标的的保险价值并在合同中载明的,保险标的发生损失时,以约定的保险价值为赔偿计算标准。

投保人和保险人未约定保险标的的保险价值的,保险标的发生损失时,以保险事故发生时保险标的的实际价值为赔偿计算标准。

保险金额不得超过保险价值。超过保险价值的,超过部分无效,保险人应当退还相应的保险费。

保险金额低于保险价值的,除合同另有约定外,保险人按照保险金额与保险价值的比例承担赔偿保险金的责任。

第五十六条　【重复保险】重复保险的投保人应当将重复保险的有关情况通知各保险人。

重复保险的各保险人赔偿保险金的总和不得超过保险价值。除合同另有约定外，各保险人按照其保险金额与保险金额总和的比例承担赔偿保险金的责任。

重复保险的投保人可以就保险金额总和超过保险价值的部分，请求各保险人按比例返还保险费。

重复保险是指投保人对同一保险标的、同一保险利益、同一保险事故分别与两个以上保险人订立保险合同，且保险金额总和超过保险价值的保险。

第五十七条　【防止或减少损失责任】保险事故发生时，被保险人应当尽力采取必要的措施，防止或者减少损失。

保险事故发生后，被保险人为防止或者减少保险标的的损失所支付的必要的、合理的费用，由保险人承担；保险人所承担的费用数额在保险标的损失赔偿金额以外另行计算，最高不超过保险金额的数额。

第五十八条　【赔偿解除】保险标的发生部分损失的，自保险人赔偿之日起三十日内，投保人可以解除合同；除合同另有约定外，保险人也可以解除合同，但应当提前十五日通知投保人。

合同解除的，保险人应当将保险标的未受损失部分的保险费，按照合同约定扣除自保险责任开始之日起至合同解除之日止应收的部分后，退还投保人。

第五十九条　【保险标的残值权利归属】保险事故发生后，保险人已支付了全部保险金额，并且保险金额等于保险价值的，受损保险标的的全部权利归于保险人；保险金额低于保险价值的，保险人按照保险金额与保险价值的比例取得受损保险标的的部分权利。

第六十条　【代位求偿权】因第三者对保险标的的损害而造成保险事故的，保险人自向被保险人赔偿保险金之日起，在赔偿金额范围内代位行使被保险人对第三者请求赔偿的权利。

前款规定的保险事故发生后，被保险人已经从第三者取得损害赔偿的，保险人赔偿保险金时，可以相应扣减被保险人从第三者已取得的赔偿金额。

保险人依照本条第一款规定行使代位请求赔偿的权利，不影响被保险人就未取得赔偿的部分向第三者请求赔偿的权利。

第六十一条　【不能行使代位求偿权的法律后果】保险事故发生后，保险人未赔偿保险金之前，被保险人放弃对第三者请求赔偿的权利的，保险人不承担赔偿保险金的责任。

保险人向被保险人赔偿保险金后，被保险人未经保险人同意放弃对第三者请求赔偿的权利的，该行为无效。

被保险人故意或者因重大过失使保险人不能行使代位请求赔偿的权利的，保险人可以扣减或者要求返还相应的保险金。

第六十二条　【代位求偿权行使限制】除被保险人的家庭成员或者其组成人员故意造成本法第六十条第一款规定的保险事故外，保险人不得对被保险人的家庭成员或者其组成人员行使代位请求赔偿的权利。

第六十三条　【协助行使代位求偿权】保险人向第三者行使代位请求赔偿的权利时，被保险人应当向保险人提供必要的文件和所知道的有关情况。

第六十四条　【勘险费用承担】保险人、被保险人为查明和确定保险事故的性质、原因和保险标的的损失程度所支付的必要的、合理的费用，由保险人承担。

第六十五条　【责任保险】保险人对责任保险的被保险人给第三者造成的损害，可以依照法律的规定或者合同的约定，直接向该第三者赔偿保险金。

责任保险的被保险人给第三者造成损害，被保险人对第三者应负的赔偿责任确定的，根据被保险人的请求，保险人应当直接向该第三者赔偿保险金。被保险人怠于请求的，第三者有权就其应获赔偿部分直接向保险人请求赔偿保险金。

责任保险的被保险人给第三者造成损害，被保险人未向该第三者赔偿的，保险人不得向被保险人赔偿保险金。

责任保险是指以被保险人对第三者依法应负的赔偿责任为保险标的的保险。

第六十六条　【责任保险相应费用承担】责任保

险的被保险人因给第三者造成损害的保险事故而被提起仲裁或者诉讼的,被保险人支付的仲裁或者诉讼费用以及其他必要的、合理的费用,除合同另有约定外,由保险人承担。

第三章 保险公司

第六十七条 【设立须经批准】设立保险公司应当经国务院保险监督管理机构批准。

国务院保险监督管理机构审查保险公司的设立申请时,应当考虑保险业的发展和公平竞争的需要。

第六十八条 【设立条件】设立保险公司应当具备下列条件:

(一)主要股东具有持续盈利能力,信誉良好,最近三年内无重大违法违规记录,净资产不低于人民币二亿元;

(二)有符合本法和《中华人民共和国公司法》规定的章程;

(三)有符合本法规定的注册资本;

(四)有具备任职专业知识和业务工作经验的董事、监事和高级管理人员;

(五)有健全的组织机构和管理制度;

(六)有符合要求的营业场所和与经营业务有关的其他设施;

(七)法律、行政法规和国务院保险监督管理机构规定的其他条件。

第六十九条 【注册资本】设立保险公司,其注册资本的最低限额为人民币二亿元。

国务院保险监督管理机构根据保险公司的业务范围、经营规模,可以调整其注册资本的最低限额,但不得低于本条第一款规定的限额。

保险公司的注册资本必须为实缴货币资本。

第七十条 【申请文件、资料】申请设立保险公司,应当向国务院保险监督管理机构提出书面申请,并提交下列材料:

(一)设立申请书,申请书应当载明拟设立的保险公司的名称、注册资本、业务范围等;

(二)可行性研究报告;

(三)筹建方案;

(四)投资人的营业执照或者其他背景资料,经会计师事务所审计的上一年度财务会计报告;

(五)投资人认可的筹备组负责人和拟任董事长、经理名单及本人认可证明;

(六)国务院保险监督管理机构规定的其他材料。

第七十一条 【批准决定】国务院保险监督管理机构应当对设立保险公司的申请进行审查,自受理之日起六个月内作出批准或者不批准筹建的决定,并书面通知申请人。决定不批准的,应当书面说明理由。

第七十二条 【筹建期限和要求】申请人应当自收到批准筹建通知之日起一年内完成筹建工作;筹建期间不得从事保险经营活动。

第七十三条 【保险监督管理机构批准开业申请的期限和决定】筹建工作完成后,申请人具备本法第六十八条规定的设立条件的,可以向国务院保险监督管理机构提出开业申请。

国务院保险监督管理机构应当自受理开业申请之日起六十日内,作出批准或者不批准开业的决定。决定批准的,颁发经营保险业务许可证;决定不批准的,应当书面通知申请人并说明理由。

第七十四条 【设立分支机构】保险公司在中华人民共和国境内设立分支机构,应当经保险监督管理机构批准。

保险公司分支机构不具有法人资格,其民事责任由保险公司承担。

第七十五条 【设立分支机构提交的材料】保险公司申请设立分支机构,应当向保险监督管理机构提出书面申请,并提交下列材料:

(一)设立申请书;

(二)拟设机构三年业务发展规划和市场分析材料;

(三)拟任高级管理人员的简历及相关证明材料;

(四)国务院保险监督管理机构规定的其他材料。

第七十六条 【审批保险公司设立分支机构申请的期限】保险监督管理机构应当对保险公司设立分支机构的申请进行审查,自受理之日起六十日内作出批准或者不批准的决定。决定批准的,颁发分支机构经营保险业务许可证;决定不批准的,应当书面通知申请人并说明理由。

第七十七条　【工商登记】经批准设立的保险公司及其分支机构,凭经营保险业务许可证向工商行政管理机关办理登记,领取营业执照。

第七十八条　【工商登记期限】保险公司及其分支机构自取得经营保险业务许可证之日起六个月内,无正当理由未向工商行政管理机关办理登记的,其经营保险业务许可证失效。

第七十九条　【境外机构设立规定】保险公司在中华人民共和国境外设立子公司、分支机构,应当经国务院保险监督管理机构批准。

第八十条　【外国保险机构驻华代表机构设立的批准】外国保险机构在中华人民共和国境内设立代表机构,应当经国务院保险监督管理机构批准。代表机构不得从事保险经营活动。

第八十一条　【董事、监事和高级管理人员任职规定】保险公司的董事、监事和高级管理人员,应当品行良好,熟悉与保险相关的法律、行政法规,具有履行职责所需的经营管理能力,并在任职前取得保险监督管理机构核准的任职资格。

保险公司高级管理人员的范围由国务院保险监督管理机构规定。

第八十二条　【董事、高级管理人员的任职禁止】有《中华人民共和国公司法》第一百四十六条规定的情形或者下列情形之一的,不得担任保险公司的董事、监事、高级管理人员:

（一）因违法行为或者违纪行为被金融监督管理机构取消任职资格的金融机构的董事、监事、高级管理人员,自被取消任职资格之日起未逾五年的;

（二）因违法行为或者违纪行为被吊销执业资格的律师、注册会计师或者资产评估机构、验证机构等机构的专业人员,自被吊销执业资格之日起未逾五年的。

第八十三条　【董事、监事、高级管理人员的责任】保险公司的董事、监事、高级管理人员执行公司职务时违反法律、行政法规或者公司章程的规定,给公司造成损失的,应当承担赔偿责任。

第八十四条　【变更事项批准】保险公司有下列情形之一的,应当经保险监督管理机构批准:

（一）变更名称;
（二）变更注册资本;
（三）变更公司或者分支机构的营业场所;
（四）撤销分支机构;
（五）公司分立或者合并;
（六）修改公司章程;
（七）变更出资额占有限责任公司资本总额百分之五以上的股东,或者变更持有股份有限公司股份百分之五以上的股东;
（八）国务院保险监督管理机构规定的其他情形。

第八十五条　【精算报告制度和合规报告制度】保险公司应当聘用专业人员,建立精算报告制度和合规报告制度。

第八十六条　【如实报送报告、报表、文件和资料】保险公司应当按照保险监督管理机构的规定,报送有关报告、报表、文件和资料。

保险公司的偿付能力报告、财务会计报告、精算报告、合规报告及其他有关报告、报表、文件和资料必须如实记录保险业务事项,不得有虚假记载、误导性陈述和重大遗漏。

第八十七条　【账簿、原始凭证和有关资料的保管】保险公司应当按照国务院保险监督管理机构的规定妥善保管业务经营活动的完整账簿、原始凭证和有关资料。

前款规定的账簿、原始凭证和有关资料的保管期限,自保险合同终止之日起计算,保险期间在一年以下的不得少于五年,保险期间超过一年的不得少于十年。

第八十八条　【聘请或解聘中介服务机构】保险公司聘请或者解聘会计师事务所、资产评估机构、资信评级机构等中介服务机构,应当向保险监督管理机构报告;解聘会计师事务所、资产评估机构、资信评级机构等中介服务机构,应当说明理由。

第八十九条　【解散和清算】保险公司因分立、合并需要解散,或者股东会、股东大会决议解散,或者公司章程规定的解散事由出现,经国务院保险监督管理机构批准后解散。

经营有人寿保险业务的保险公司,除因分

立、合并或者被依法撤销外,不得解散。

保险公司解散,应当依法成立清算组进行清算。

第九十条 【重整、和解和破产清算】保险公司有《中华人民共和国企业破产法》第二条规定情形的,经国务院保险监督管理机构同意,保险公司或者其债权人可以依法向人民法院申请重整、和解或者破产清算;国务院保险监督管理机构也可以依法向人民法院申请对该保险公司进行重整或者破产清算。

第九十一条 【破产财产的清偿顺序】破产财产在优先清偿破产费用和共益债务后,按照下列顺序清偿:

(一)所欠职工工资和医疗、伤残补助、抚恤费用,所欠应当划入职工个人账户的基本养老保险、基本医疗保险费用,以及法律、行政法规规定应当支付给职工的补偿金;

(二)赔偿或者给付保险金;

(三)保险公司欠缴的除第(一)项规定以外的社会保险费用和所欠税款;

(四)普通破产债权。

破产财产不足以清偿同一顺序的清偿要求的,按照比例分配。

破产保险公司的董事、监事和高级管理人员的工资,按照该公司职工的平均工资计算。

第九十二条 【人寿保险合同及责任准备金转让】经营有人寿保险业务的保险公司被依法撤销或者被依法宣告破产的,其持有的人寿保险合同及责任准备金,必须转让给其他经营有人寿保险业务的保险公司;不能同其他保险公司达成转让协议的,由国务院保险监督管理机构指定经营有人寿保险业务的保险公司接受转让。

转让或者由国务院保险监督管理机构指定接受转让前款规定的人寿保险合同及责任准备金的,应当维护被保险人、受益人的合法权益。

第九十三条 【经营保险业务许可证的注销】保险公司依法终止其业务活动,应当注销其经营保险业务许可证。

第九十四条 【适用公司法的规定】保险公司,除本法另有规定外,适用《中华人民共和国公司法》的规定。

第四章 保险经营规则

第九十五条 【业务范围】保险公司的业务范围:

(一)人身保险业务,包括人寿保险、健康保险、意外伤害保险等保险业务;

(二)财产保险业务,包括财产损失保险、责任保险、信用保险、保证保险等保险业务;

(三)国务院保险监督管理机构批准的与保险有关的其他业务。

保险人不得兼营人身保险业务和财产保险业务。但是,经营财产保险业务的保险公司经国务院保险监督管理机构批准,可以经营短期健康保险业务和意外伤害保险业务。

保险公司应当在国务院保险监督管理机构依法批准的业务范围内从事保险经营活动。

第九十六条 【再保险业务】经国务院保险监督管理机构批准,保险公司可以经营本法第九十五条规定的保险业务的下列再保险业务:

(一)分出保险;

(二)分入保险。

第九十七条 【保证金】保险公司应当按照其注册资本总额的百分之二十提取保证金,存入国务院保险监督管理机构指定的银行,除公司清算时用于清偿债务外,不得动用。

第九十八条 【责任准备金】保险公司应当根据保障被保险人利益、保证偿付能力的原则,提取各项责任准备金。

保险公司提取和结转责任准备金的具体办法,由国务院保险监督管理机构制定。

第九十九条 【公积金】保险公司应当依法提取公积金。

第一百条 【保险保障基金】保险公司应当缴纳保险保障基金。

保险保障基金应当集中管理,并在下列情形下统筹使用:

(一)在保险公司被撤销或者被宣告破产时,向投保人、被保险人或者受益人提供救济;

(二)在保险公司被撤销或者被宣告破产时,向依法接受其人寿保险合同的保险公司提供救济;

(三)国务院规定的其他情形。

保险保障基金筹集、管理和使用的具体办

法,由国务院制定。

第一百零一条　【最低偿付能力】保险公司应当具有与其业务规模和风险程度相适应的最低偿付能力。保险公司的认可资产减去认可负债的差额不得低于国务院保险监督管理机构规定的数额;低于规定数额的,应当按照国务院保险监督管理机构的要求采取相应措施达到规定的数额。

第一百零二条　【财产保险公司自留保险费】经营财产保险业务的保险公司当年自留保险费,不得超过其实有资本金加公积金总和的四倍。

第一百零三条　【最大损失责任的赔付要求】保险公司对每一危险单位,即对一次保险事故可能造成的最大损失范围所承担的责任,不得超过其实有资本金加公积金总和的百分之十;超过的部分应当办理再保险。

保险公司对危险单位的划分应当符合国务院保险监督管理机构的规定。

第一百零四条　【危险单位划分方法和巨灾风险安排方案】保险公司对危险单位的划分方法和巨灾风险安排方案,应当报国务院保险监督管理机构备案。

第一百零五条　【再保险】保险公司应当按照国务院保险监督管理机构的规定办理再保险,并审慎选择再保险接受人。

第一百零六条　【资金运用的原则和形式】保险公司的资金运用必须稳健,遵循安全性原则。

保险公司的资金运用限于下列形式:

(一)银行存款;

(二)买卖债券、股票、证券投资基金份额等有价证券;

(三)投资不动产;

(四)国务院规定的其他资金运用形式。

保险公司资金运用的具体管理办法,由国务院保险监督管理机构依照前两款的规定制定。

第一百零七条　【保险资产管理公司】经国务院保险监督管理机构会同国务院证券监督管理机构批准,保险公司可以设立保险资产管理公司。

保险资产管理公司从事证券投资活动,应当遵守《中华人民共和国证券法》等法律、行政法规的规定。

保险资产管理公司的管理办法,由国务院保险监督管理机构会同国务院有关部门制定。

第一百零八条　【关联交易管理和信息披露制度】保险公司应当按照国务院保险监督管理机构的规定,建立对关联交易的管理和信息披露制度。

第一百零九条　【关联交易的禁止】保险公司的控股股东、实际控制人、董事、监事、高级管理人员不得利用关联交易损害公司的利益。

第一百一十条　【重大事项披露】保险公司应当按照国务院保险监督管理机构的规定,真实、准确、完整地披露财务会计报告、风险管理状况、保险产品经营情况等重大事项。

第一百一十一条　【保险销售人员任职资格】保险公司从事保险销售的人员应当品行良好,具有保险销售所需的专业能力。保险销售人员的行为规范和管理办法,由国务院保险监督管理机构规定。

第一百一十二条　【保险代理人登记制度】保险公司应当建立保险代理人登记管理制度,加强对保险代理人的培训和管理,不得唆使、诱导保险代理人进行违背诚信义务的活动。

第一百一十三条　【依法使用经营保险业务许可证】保险公司及其分支机构应当依法使用经营保险业务许可证,不得转让、出租、出借经营保险业务许可证。

第一百一十四条　【公平合理拟订保险条款和保险费率并及时履行义务】保险公司应当按照国务院保险监督管理机构的规定,公平、合理拟订保险条款和保险费率,不得损害投保人、被保险人和受益人的合法权益。

保险公司应当按照合同约定和本法规定,及时履行赔偿或者给付保险金义务。

第一百一十五条　【公平竞争原则】保险公司开展业务,应当遵循公平竞争的原则,不得从事不正当竞争。

第一百一十六条　【保险业务行为禁止】保险公司及其工作人员在保险业务活动中不得有下列行为:

(一)欺骗投保人、被保险人或者受益人;

(二)对投保人隐瞒与保险合同有关的重要情况;

（三）阻碍投保人履行本法规定的如实告知义务，或者诱导其不履行本法规定的如实告知义务；

（四）给予或者承诺给予投保人、被保险人、受益人保险合同约定以外的保险费回扣或者其他利益；

（五）拒不依法履行保险合同约定的赔偿或者给付保险金义务；

（六）故意编造未曾发生的保险事故、虚构保险合同或者故意夸大已经发生的保险事故的损失程度进行虚假理赔，骗取保险金或者牟取其他不正当利益；

（七）挪用、截留、侵占保险费；

（八）委托未取得合法资格的机构从事保险销售活动；

（九）利用开展保险业务为其他机构或者个人牟取不正当利益；

（十）利用保险代理人、保险经纪人或者保险评估机构，从事以虚构保险中介业务或者编造退保等方式套取费用等违法活动；

（十一）以捏造、散布虚假事实等方式损害竞争对手的商业信誉，或者以其他不正当竞争行为扰乱保险市场秩序；

（十二）泄露在业务活动中知悉的投保人、被保险人的商业秘密；

（十三）违反法律、行政法规和国务院保险监督管理机构规定的其他行为。

第五章　保险代理人和保险经纪人

第一百一十七条　【保险代理人】保险代理人是根据保险人的委托，向保险人收取佣金，并在保险人授权的范围内代为办理保险业务的机构或者个人。

保险代理机构包括专门从事保险代理业务的保险专业代理机构和兼营保险代理业务的保险兼业代理机构。

第一百一十八条　【保险经纪人】保险经纪人是基于投保人的利益，为投保人与保险人订立保险合同提供中介服务，并依法收取佣金的机构。

第一百一十九条　【保险代理机构、保险经纪人的资格条件及以业务许可管理】保险代理机构、保险经纪人应当具备国务院保险监督管理机构规定的条件，取得保险监督管理机构颁发的经营保险代理业务许可证、保险经纪业务许可证。

第一百二十条　【以公司形式设立的保险专业代理机构、保险经纪人的注册资本】以公司形式设立保险专业代理机构、保险经纪人，其注册资本最低限额适用《中华人民共和国公司法》的规定。

国务院保险监督管理机构根据保险专业代理机构、保险经纪人的业务范围和经营规模，可以调整其注册资本的最低限额，但不得低于《中华人民共和国公司法》规定的限额。

保险专业代理机构、保险经纪人的注册资本或者出资额必须为实缴货币资本。

第一百二十一条　【保险专业代理机构、保险经纪人的高级管理人员的经营管理能力与任职资格】保险专业代理机构、保险经纪人的高级管理人员，应当品行良好，熟悉保险法律、行政法规，具有履行职责所需的经营管理能力，并在任职前取得保险监督管理机构核准的任职资格。

第一百二十二条　【个人保险代理人、保险代理机构的代理从业人员、保险经纪人的经纪从业人员的任职资格】个人保险代理人、保险代理机构的代理从业人员、保险经纪人的经纪从业人员，应当品行良好，具有从事保险代理业务或者保险经纪业务所需的专业能力。

第一百二十三条　【经营场所与账簿记载】保险代理机构、保险经纪人应当有自己的经营场所，设立专门账簿记载保险代理业务、经纪业务的收支情况。

第一百二十四条　【保险代理机构、保险经纪人缴存保证金或者投保职业责任保险】保险代理机构、保险经纪人应当按照国务院保险监督管理机构的规定缴存保证金或者投保职业责任保险。

第一百二十五条　【个人保险代理人代为办理人寿保险业务接受委托的限制】个人保险代理人在代为办理人寿保险业务时，不得同时接受两个以上保险人的委托。

第一百二十六条　【保险业务委托代理协议】保险人委托保险代理人代为办理保险业务，应当与保险代理人签订委托代理协议,依法约定双方的权利和义务。

第一百二十七条 【保险代理责任承担】保险代理人根据保险人的授权代为办理保险业务的行为,由保险人承担责任。

保险代理人没有代理权、超越代理权或者代理权终止后以保险人名义订立合同,使投保人有理由相信其有代理权的,该代理行为有效。保险人可以依法追究越权的保险代理人的责任。

第一百二十八条 【保险经纪人的赔偿责任】保险经纪人因过错给投保人、被保险人造成损失的,依法承担赔偿责任。

第一百二十九条 【保险事故的评估和鉴定】保险活动当事人可以委托保险公估机构等依法设立的独立评估机构或者具有相关专业知识的人员,对保险事故进行评估和鉴定。

接受委托对保险事故进行评估和鉴定的机构和人员,应当依法、独立、客观、公正地进行评估和鉴定,任何单位和个人不得干涉。

前款规定的机构和人员,因故意或者过失给保险人或者被保险人造成损失的,依法承担赔偿责任。

第一百三十条 【保险佣金的支付】保险佣金只限于向保险代理人、保险经纪人支付,不得向其他人支付。

第一百三十一条 【保险代理人、保险经纪人及其从业人员的禁止行为】保险代理人、保险经纪人及其从业人员在办理保险业务活动中不得有下列行为:

(一)欺骗保险人、投保人、被保险人或者受益人;

(二)隐瞒与保险合同有关的重要情况;

(三)阻碍投保人履行本法规定的如实告知义务,或者诱导其不履行本法规定的如实告知义务;

(四)给予或者承诺给予投保人、被保险人或者受益人保险合同约定以外的利益;

(五)利用行政权力、职务或者职业便利以及其他不正当手段强迫、诱导或者限制投保人订立保险合同;

(六)伪造、擅自变更保险合同,或者为保险合同当事人提供虚假证明材料;

(七)挪用、截留、侵占保险费或者保险金;

(八)利用业务便利为其他机构或者个人牟取不正当利益;

(九)串通投保人、被保险人或者受益人,骗取保险金;

(十)泄露在业务活动中知悉的保险人、投保人、被保险人的商业秘密。

第一百三十二条 【准用条款】本法第八十六条第一款、第一百一十三条的规定,适用于保险代理机构和保险经纪人。

第六章 保险业监督管理

第一百三十三条 【保险监督管理机构职责】保险监督管理机构依照本法和国务院规定的职责,遵循依法、公开、公正的原则,对保险业实施监督管理,维护保险市场秩序,保护投保人、被保险人和受益人的合法权益。

第一百三十四条 【国务院保险监督管理机构立法权限】国务院保险监督管理机构依照法律、行政法规制定并发布有关保险业监督管理的规章。

第一百三十五条 【保险条款与保险费率的审批与备案】关系社会公众利益的保险险种、依法实行强制保险的险种和新开发的人寿保险险种等的保险条款和保险费率,应当报国务院保险监督管理机构批准。国务院保险监督管理机构审批时,应当遵循保护社会公众利益和防止不正当竞争的原则。其他保险险种的保险条款和保险费率,应当报保险监督管理机构备案。

保险条款和保险费率审批、备案的具体办法,由国务院保险监督管理机构依照前款规定制定。

第一百三十六条 【对违法、违规保险条款和费率采取的措施】保险公司使用的保险条款和保险费率违反法律、行政法规或者国务院保险监督管理机构的有关规定的,由保险监督管理机构责令停止使用,限期修改;情节严重的,可以在一定期限内禁止申报新的保险条款和保险费率。

第一百三十七条 【对保险公司偿付能力的监控】国务院保险监督管理机构应当建立健全保险公司偿付能力监管体系,对保险公司的偿付能力实施监控。

第一百三十八条　【对偿付能力不足的保险公司采取的措施】对偿付能力不足的保险公司,国务院保险监督管理机构应当将其列为重点监管对象,并可以根据具体情况采取下列措施:

（一）责令增加资本金、办理再保险；

（二）限制业务范围；

（三）限制向股东分红；

（四）限制固定资产购置或者经营费用规模；

（五）限制资金运用的形式、比例；

（六）限制增设分支机构；

（七）责令拍卖不良资产、转让保险业务；

（八）限制董事、监事、高级管理人员的薪酬水平；

（九）限制商业性广告；

（十）责令停止接受新业务。

第一百三十九条　【责令保险公司改正违法行为】保险公司未依照本法规定提取或者结转各项责任准备金,或者未依照本法规定办理再保险,或者严重违反本法关于资金运用的规定的,由保险监督管理机构责令限期改正,并可以责令调整负责人及有关管理人员。

第一百四十条　【保险公司整顿】保险监督管理机构依照本法第一百三十九条的规定作出限期改正的决定后,保险公司逾期未改正的,国务院保险监督管理机构可以决定选派保险专业人员和指定该保险公司的有关人员组成整顿组,对公司进行整顿。

整顿决定应当载明被整顿公司的名称、整顿理由、整顿组成员和整顿期限,并予以公告。

第一百四十一条　【整顿组职权】整顿组有权监督被整顿保险公司的日常业务。被整顿公司的负责人及有关管理人员应当在整顿组的监督下行使职权。

第一百四十二条　【被整顿保险公司的业务运作】整顿过程中,被整顿保险公司的原有业务继续进行。但是,国务院保险监督管理机构可以责令被整顿公司停止部分原有业务、停止接受新业务,调整资金运用。

第一百四十三条　【保险公司结束整顿】被整顿保险公司经整顿已纠正其违反本法规定的行为,恢复正常经营状况的,由整顿组提出报告,经国务院保险监督管理机构批准,结束整顿,并由国务院保险监督管理机构予以公告。

第一百四十四条　【保险公司接管】保险公司有下列情形之一的,国务院保险监督管理机构可以对其实行接管:

（一）公司的偿付能力严重不足的；

（二）违反本法规定,损害社会公共利益,可能严重危及或者已经严重危及公司的偿付能力的。

被接管的保险公司的债权债务关系不因接管而变化。

第一百四十五条　【国务院保险监管机构决定接管实施办法】接管组的组成和接管的实施办法,由国务院保险监督管理机构决定,并予以公告。

第一百四十六条　【接管保险公司期限】接管期限届满,国务院保险监督管理机构可以决定延长接管期限,但接管期限最长不得超过二年。

第一百四十七条　【终止接管】接管期限届满,被接管的保险公司已恢复正常经营能力的,由国务院保险监督管理机构决定终止接管,并予以公告。

第一百四十八条　【被整顿、被接管的保险公司的重整及破产清算】被整顿、被接管的保险公司有《中华人民共和国企业破产法》第二条规定情形的,国务院保险监督管理机构可以依法向人民法院申请对该保险公司进行重整或者破产清算。

第一百四十九条　【保险公司的撤销及清算】保险公司因违法经营被依法吊销经营保险业务许可证的,或者偿付能力低于国务院保险监督管理机构规定标准,不予撤销将严重危害保险市场秩序、损害公共利益的,由国务院保险监督管理机构予以撤销并公告,依法及时组织清算组进行清算。

第一百五十条　【提供信息资料】国务院保险监督管理机构有权要求保险公司股东、实际控制人在指定的期限内提供有关信息和资料。

第一百五十一条　【股东利用关联交易严重损害公司利益,危及公司偿付能力的处理措施】保险公司的股东利用关联交易严重损害公司利益,危及公司偿付能力的,由国务院保险监督管理机构责令改正。在按照要求改正前,国务院保险监督管理机构可以限制其股东权利;拒不改正的,可以责令其转让所持的保险公司股权。

第一百五十二条 【保险公司业务活动和风险管理重大事项说明】保险监督管理机构根据履行监督管理职责的需要,可以与保险公司董事、监事和高级管理人员进行监督管理谈话,要求其就公司的业务活动和风险管理的重大事项作出说明。

第一百五十三条 【保险公司被整顿、接管、撤销清算期间及出现重大风险时对直接责任人员采取的措施】保险公司在整顿、接管、撤销清算期间,或者出现重大风险时,国务院保险监督管理机构可以对该公司直接负责的董事、监事、高级管理人员和其他直接责任人员采取以下措施:

(一)通知出境管理机关依法阻止其出境;

(二)申请司法机关禁止其转移、转让或者以其他方式处分财产,或者在财产上设定其他权利。

第一百五十四条 【保险监督管理机构的履职措施及程序】保险监督管理机构依法履行职责,可以采取下列措施:

(一)对保险公司、保险代理人、保险经纪人、保险资产管理公司、外国保险机构的代表机构进行现场检查;

(二)进入涉嫌违法行为发生场所调查取证;

(三)询问当事人及与被调查事件有关的单位和个人,要求其对与被调查事件有关的事项作出说明;

(四)查阅、复制与被调查事件有关的财产权登记等资料;

(五)查阅、复制保险公司、保险代理人、保险经纪人、保险资产管理公司、外国保险机构的代表机构以及与被调查事件有关的单位和个人的财务会计资料及其他相关文件和资料;对可能被转移、隐匿或者毁损的文件和资料予以封存;

(六)查询涉嫌违法经营的保险公司、保险代理人、保险经纪人、保险资产管理公司、外国保险机构的代表机构以及与涉嫌违法事项有关的单位和个人的银行账户;

(七)对有证据证明已经或者可能转移、隐匿违法资金等涉案财产或者隐匿、伪造、毁损重要证据的,经保险监督管理机构主要负责人批准,申请人民法院予以冻结或者查封。

保险监督管理机构采取前款第(一)项、第(二)项、第(五)项措施的,应当经保险监督管理机构负责人批准;采取第(六)项措施的,应当经国务院保险监督管理机构负责人批准。

保险监督管理机构依法进行监督检查或者调查,其监督检查、调查的人员不得少于二人,并应当出示合法证件和监督检查、调查通知书;监督检查、调查的人员少于二人或者未出示合法证件和监督检查、调查通知书的,被检查、调查的单位和个人有权拒绝。

第一百五十五条 【配合检查、调查】保险监督管理机构依法履行职责,被检查、调查的单位和个人应当配合。

第一百五十六条 【保险监督管理机构工作人员行为准则】保险监督管理机构工作人员应当忠于职守,依法办事,公正廉洁,不得利用职务便利牟取不正当利益,不得泄露所知悉的有关单位和个人的商业秘密。

第一百五十七条 【金融监督管理机构监督管理信息共享机制】国务院保险监督管理机构应当与中国人民银行、国务院其他金融监督管理机构建立监督管理信息共享机制。

保险监督管理机构依法履行职责,进行监督检查、调查时,有关部门应当予以配合。

第七章 法律责任

第一百五十八条 【擅自设立保险公司、保险资产管理公司或非法经营商业保险业务的法律责任】违反本法规定,擅自设立保险公司、保险资产管理公司或者非法经营商业保险业务的,由保险监督管理机构予以取缔,没收违法所得,并处违法所得一倍以上五倍以下的罚款;没有违法所得或者违法所得不足二十万元的,处二十万元以上一百万元以下的罚款。

**第一百五十九条 【擅自设立保险代理机构、保险经纪人或者未取得许可从事保险业务的法律责任】违反本法规定,擅自设立保险专业代理机构、保险经纪人,或者未取得经营保险代理业务许可证、保险经纪业务许可证从事保险代理业务、保险经纪业务的,由保险监督管理机构予以取缔,没收违法所得,并处违法所得一倍以上五倍以下的罚款;没有违法所得或者违法所得不足五万元的,处五万元以上三十万元以下的罚款。

第一百六十条 【保险公司超出业务范围经营的法律责任】保险公司违反本法规定,超出批准的业务范围经营的,由保险监督管理机构责令限期改正,没收违法所得,并处违法所得一倍以上五倍以下的罚款;没有违法所得或者违法所得不足十万元的,处十万元以上五十万元以下的罚款。逾期不改正或者造成严重后果的,责令停业整顿或者吊销业务许可证。

第一百六十一条 【保险公司在保险业务活动中从事禁止性行为的法律责任】保险公司有本法第一百十六条规定行为之一的,由保险监督管理机构责令改正,处五万元以上三十万元以下的罚款;情节严重的,限制其业务范围、责令停止接受新业务或者吊销业务许可证。

第一百六十二条 【保险公司未经批准变更公司登记事项的法律责任】保险公司违反本法第八十四条规定的,由保险监督管理机构责令改正,处一万元以上十万元以下的罚款。

第一百六十三条 【超额承保及为无民事行为能力人承保以死亡为给付保险金条件的保险的法律责任】保险公司违反本法规定,有下列行为之一的,由保险监督管理机构责令改正,处五万元以上三十万元以下的罚款:

(一)超额承保,情节严重的;

(二)为无民事行为能力人承保以死亡为给付保险金条件的保险的。

第一百六十四条 【违反保险业务规则和保险组织机构管理规定的法律责任】违反本法规定,有下列行为之一的,由保险监督管理机构责令改正,处五万元以上三十万元以下的罚款;情节严重的,可以限制其业务范围、责令停止接受新业务或者吊销业务许可证:

(一)未按照规定提存保证金或者违反规定动用保证金的;

(二)未按照规定提取或者结转各项责任准备金的;

(三)未按照规定缴纳保险保障基金或者提取公积金的;

(四)未按照规定办理再保险的;

(五)未按照规定运用保险公司资金的;

(六)未经批准设立分支机构的;

(七)未按照规定申请批准保险条款、保险费率的。

第一百六十五条 【保险代理机构、保险经纪人违反诚信原则办理保险业务的法律责任】保险代理机构、保险经纪人有本法第一百三十一条规定行为之一的,由保险监督管理机构责令改正,处五万元以上三十万元以下的罚款;情节严重的,吊销业务许可证。

第一百六十六条 【不按规定缴存保证金或者投保职业责任保险、设立收支账簿的法律责任】保险代理机构、保险经纪人违反本法规定,有下列行为之一的,由保险监督管理机构责令改正,处二万元以上十万元以下的罚款;情节严重的,责令停业整顿或者吊销业务许可证:

(一)未按照规定缴存保证金或者投保职业责任保险的;

(二)未按照规定设立专门账簿记载业务收支情况的。

第一百六十七条 【违法聘任不具有任职资格的人员的法律责任】违反本法规定,聘任不具有任职资格的人员的,由保险监督管理机构责令改正,处二万元以上十万元以下的罚款。

第一百六十八条 【违法转让、出租、出借业务许可证的法律责任】违反本法规定,转让、出租、出借业务许可证的,由保险监督管理机构处一万元以上十万元以下的罚款;情节严重的,责令停业整顿或者吊销业务许可证。

第一百六十九条 【不按规定披露保险业务相关信息的法律责任】违反本法规定,有下列行为之一的,由保险监督管理机构责令限期改正;逾期不改正的,处一万元以上十万元以下的罚款:

(一)未按照规定报送或者保管报告、报表、文件、资料的,或者未按照规定提供有关信息、资料的;

(二)未按照规定报送保险条款、保险费率

备案的；

（三）未按照规定披露信息的。

第一百七十条　【提供保险业务相关信息不实、拒绝或者妨碍监督检查、不按规定使用保险条款、保险费率的法律责任】违反本法规定，有下列行为之一的，由保险监督管理机构责令改正，处十万元以上五十万元以下的罚款；情节严重的，可以限制其业务范围、责令停止接受新业务或者吊销业务许可证：

（一）编制或者提供虚假的报告、报表、文件、资料的；

（二）拒绝或者妨碍依法监督检查的；

（三）未按照规定使用经批准或者备案的保险条款、保险费率的。

第一百七十一条　【董事、监事、高级管理人员的法律责任】保险公司、保险资产管理公司、保险专业代理机构、保险经纪人违反本法规定的，保险监督管理机构除分别依照本法第一百六十条至第一百七十条的规定对该单位给予处罚外，对其直接负责的主管人员和其他直接责任人员给予警告，并处一万元以上十万元以下的罚款；情节严重的，撤销任职资格。

第一百七十二条　【个人保险代理人的法律责任】个人保险代理人违反本法规定的，由保险监督管理机构给予警告，可以并处二万元以下的罚款；情节严重的，处二万元以上十万元以下的罚款。

第一百七十三条　【外国保险机构违法从事保险活动的法律责任】外国保险机构未经国务院保险监督管理机构批准，擅自在中华人民共和国境内设立代表机构的，由国务院保险监督管理机构予以取缔，处五万元以上三十万元以下的罚款。

外国保险机构在中华人民共和国境内设立的代表机构从事保险经营活动的，由保险监督管理机构责令改正，没收违法所得，并处违法所得一倍以上五倍以下的罚款；没有违法所得或者违法所得不足二十万元的，处二十万元以上一百万元以下的罚款；对其首席代表可以责令撤换；情节严重的，撤销其代表机构。

第一百七十四条　【投保人、被保险人或受益人进行保险诈骗活动的法律责任】投保人、被保险人或者受益人有下列行为之一，进行保险诈骗活动，尚不构成犯罪的，依法给予行政处罚：

（一）投保人故意虚构保险标的，骗取保险金的；

（二）编造未曾发生的保险事故，或者编造虚假的事故原因或夸大损失程度，骗取保险金的；

（三）故意造成保险事故，骗取保险金的。

保险事故的鉴定人、评估人、证明人故意提供虚假的证明文件，为投保人、被保险人或者受益人进行保险诈骗提供条件的，依照前款规定给予处罚。

第一百七十五条　【侵权民事责任的规定】违反本法规定，给他人造成损害的，依法承担民事责任。

第一百七十六条　【拒绝、阻碍监督检查、调查职权的行政责任】拒绝、阻碍保险监督管理机构及其工作人员依法行使监督检查、调查职权，未使用暴力、威胁方法的，依法给予治安管理处罚。

第一百七十七条　【禁止从业的规定】违反法律、行政法规的规定，情节严重的，国务院保险监督管理机构可以禁止有关责任人员一定期限直至终身进入保险业。

第一百七十八条　【保险监督人员的法律责任】保险监督管理机构从事监督管理工作的人员有下列情形之一的，依法给予处分：

（一）违反规定批准机构的设立的；

（二）违反规定进行保险条款、保险费率审批的；

（三）违反规定进行现场检查的；

（四）违反规定查询账户或者冻结资金的；

（五）泄露其知悉的有关单位和个人的商业秘密；

（六）违反规定实施行政处罚的；

（七）滥用职权、玩忽职守的其他行为。

第一百七十九条　【刑事责任的规定】违反本法规定，构成犯罪的，依法追究刑事责任。

第八章　附　则

第一百八十条　【保险行业协会的规定】保险公司应当加入保险行业协会。保险代理人、保险经纪人、保险公估机构可以加入保险行业协会。

保险行业协会是保险业的自律性组织,是社会团体法人。

第一百八十一条 【其他保险组织的商业保险业务适用本法】保险公司以外的其他依法设立的保险组织经营的商业保险业务,适用本法。

第一百八十二条 【海上保险的法律适用】海上保险适用《中华人民共和国海商法》的有关规定;《中华人民共和国海商法》未规定的,适用本法的有关规定。

第一百八十三条 【合资保险公司、外资公司法律适用规定】中外合资保险公司、外资独资保险公司、外国保险公司分公司适用本法规定;法律、行政法规另有规定的,适用其规定。

第一百八十四条 【农业保险的规定】国家支持发展为农业生产服务的保险事业。农业保险由法律、行政法规另行规定。

强制保险,法律、行政法规另有规定的,适用其规定。

第一百八十五条 【施行日期】本法自2009年10月1日起施行。

中华人民共和国外资保险公司管理条例

- 2001年12月12日中华人民共和国国务院令第336号公布
- 根据2013年5月30日《国务院关于修改〈中华人民共和国外资保险公司管理条例〉的决定》第一次修订
- 根据2016年2月6日《国务院关于修改部分行政法规的决定》第二次修订
- 根据2019年9月30日《国务院关于修改〈中华人民共和国外资保险公司管理条例〉和〈中华人民共和国外资银行管理条例〉的决定》第三次修订

第一章 总 则

第一条 为了适应对外开放和经济发展的需要,加强和完善对外资保险公司的监督管理,促进保险业的健康发展,制定本条例。

第二条 本条例所称外资保险公司,是指依照中华人民共和国有关法律、行政法规的规定,经批准在中国境内设立和营业的下列保险公司:

(一)外国保险公司同中国的公司、企业在中国境内合资经营的保险公司(以下简称合资保险公司);

(二)外国保险公司在中国境内投资经营的外国资本保险公司(以下简称独资保险公司);

(三)外国保险公司在中国境内的分公司(以下简称外国保险公司分公司)。

第三条 外资保险公司必须遵守中国法律、法规,不得损害中国的社会公共利益。

外资保险公司的正当业务活动和合法权益受中国法律保护。

第四条 国务院保险监督管理机构负责对外资保险公司实施监督管理。国务院保险监督管理机构的派出机构根据国务院保险监督管理机构的授权,对本辖区的外资保险公司进行日常监督管理。

第二章 设立与登记

第五条 设立外资保险公司,应当经国务院保险监督管理机构批准。

设立外资保险公司的地区,由国务院保险监督管理机构按照有关规定确定。

第六条 设立经营人身保险业务的外资保险公司和经营财产保险业务的外资保险公司,其设立形式、外资比例由国务院保险监督管理机构按照有关规定确定。

第七条 合资保险公司、独资保险公司的注册资本最低限额为2亿元人民币或者等值的自由兑换货币;其注册资本最低限额必须为实缴货币资本。

外国保险公司分公司应当由其总公司无偿拨给不少于2亿元人民币或者等值的自由兑换货币的营运资金。

国务院保险监督管理机构根据外资保险公司业务范围、经营规模,可以提高前两款规定的外资保险公司注册资本或者营运资金的最低限额。

第八条 申请设立外资保险公司的外国公司,应当具备下列条件:

（一）提出设立申请前1年年末总资产不少于50亿美元；

（二）所在国家或者地区有完善的保险监管制度，并且该外国保险公司已经受到所在国家或者地区有关主管当局的有效监管；

（三）符合所在国家或者地区偿付能力标准；

（四）所在国家或者地区有关主管当局同意其申请；

（五）国务院保险监督管理机构规定的其他审慎性条件。

第九条 设立外资保险公司，申请人应当向国务院保险监督管理机构提出书面申请，并提交下列资料：

（一）申请人法定代表人签署的申请书，其中设立合资保险公司的，申请书由合资各方法定代表人共同签署；

（二）外国申请人所在国家或者地区有关主管当局核发的营业执照（副本）、对其符合偿付能力标准的证明及对其申请的意见书；

（三）外国申请人的公司章程、最近3年的年报；

（四）设立合资保险公司的，中国申请人的有关资料；

（五）拟设公司的可行性研究报告及筹建方案；

（六）拟设公司的筹建负责人员名单、简历和任职资格证明；

（七）国务院保险监督管理机构规定提供的其他资料。

第十条 国务院保险监督管理机构应当对设立外资保险公司的申请进行初步审查，自收到完整的申请文件之日起6个月内作出受理或者不受理的决定。决定受理的，发给正式申请表；决定不受理的，应当书面通知申请人并说明理由。

第十一条 申请人应当自接到正式申请表之日起1年内完成筹建工作；在规定的期限内未完成筹建工作，有正当理由的，经国务院保险监督管理机构批准，可以延长3个月。在延长期内仍未完成筹建工作的，国务院保险监督管理机构作出的受理决定自动失效。筹建工作完成后，申请人应当将填写好的申请表连同下列文件报国务院保险监督管理机构审批：

（一）筹建报告；

（二）拟设公司的章程；

（三）拟设公司的出资人及其出资额；

（四）法定验资机构出具的验资证明；

（五）对拟任该公司主要负责人的授权书；

（六）拟设公司的高级管理人员名单、简历和任职资格证明；

（七）拟设公司未来3年的经营规划和分保方案；

（八）拟在中国境内开办保险险种的保险条款、保险费率及责任准备金的计算说明书；

（九）拟设公司的营业场所和与业务有关的其他设施的资料；

（十）设立外国保险公司分公司的，其总公司对该分公司承担税务、债务的责任担保书；

（十一）设立合资保险公司的，其合资经营合同；

（十二）国务院保险监督管理机构规定提供的其他文件。

第十二条 国务院保险监督管理机构应当自收到设立外资保险公司完整的正式申请文件之日起60日内，作出批准或者不批准的决定。决定批准的，颁发经营保险业务许可证；决定不批准的，应当书面通知申请人并说明理由。

经批准设立外资保险公司的，申请人凭经营保险业务许可证向市场监督管理部门办理登记，领取营业执照。

第十三条 外资保险公司成立后，应当按照其注册资本或者营运资金总额的20%提取保证金，存入国务院保险监督管理机构指定的银行；保证金除外资保险公司清算时用于清偿债务外，不得动用。

第十四条 外资保险公司在中国境内设立分支机构，由国务院保险监督管理机构按照有关规定审核批准。

第三章 业务范围

第十五条 外资保险公司按照国务院保险监督管理机构核定的业务范围，可以全部或者部分依法经营下列种类的保险业务：

（一）财产保险业务，包括财产损失保险、责任保险、信用保险等保险业务；

（二）人身保险业务，包括人寿保险、健康保险、意外伤害保险等保险业务。

外资保险公司经国务院保险监督管理机构按照有关规定核定，可以在核定的范围内经营大型商业风险保险业务、统括保单保险业务。

第十六条 同一外资保险公司不得同时兼营财产保险业务和人身保险业务。

第十七条 外资保险公司可以依法经营本条例第十五条规定的保险业务的下列再保险业务：

（一）分出保险；

（二）分入保险。

第十八条 外资保险公司的具体业务范围、业务地域范围和服务对象范围，由国务院保险监督管理机构按照有关规定核定。外资保险公司只能在核定的范围内从事保险业务活动。

第四章 监督管理

第十九条 国务院保险监督管理机构有权检查外资保险公司的业务状况、财务状况及其资金运用状况，有权要求外资保险公司在规定的期限内提供有关文件、资料和书面报告，有权对违法违规行为依法进行处罚、处理。

外资保险公司应当接受国务院保险监督管理机构依法进行的监督检查，如实提供有关文件、资料和书面报告，不得拒绝、阻碍、隐瞒。

第二十条 除经国务院保险监督管理机构批准外，外资保险公司不得与其关联企业进行资产买卖或者其他交易。

前款所称关联企业，是指与外资保险公司有下列关系之一的企业：

（一）在股份、出资方面存在控制关系；

（二）在股份、出资方面同为第三人所控制；

（三）在利益上具有其他相关联的关系。

第二十一条 外国保险公司分公司应当于每一会计年度终了后3个月内，将该分公司及其总公司上一年度的财务会计报告报送国务院保险监督管理机构，并予公布。

第二十二条 外国保险公司分公司的总公司有下列情形之一的，该分公司应当自各该情形发生之日起10日内，将有关情况向国务院保险监督管理机构提交书面报告：

（一）变更名称、主要负责人或者注册地；

（二）变更资本金；

（三）变更持有资本总额或者股份总额10%以上的股东；

（四）调整业务范围；

（五）受到所在国家或者地区有关主管当局处罚；

（六）发生重大亏损；

（七）分立、合并、解散、依法被撤销或者被宣告破产；

（八）国务院保险监督管理机构规定的其他情形。

第二十三条 外国保险公司分公司的总公司解散、依法被撤销或者被宣告破产的，国务院保险监督管理机构应当停止该分公司开展新业务。

第二十四条 外资保险公司经营外汇保险业务的，应当遵守国家有关外汇管理的规定。

除经国家外汇管理机关批准外，外资保险公司在中国境内经营保险业务的，应当以人民币计价结算。

第二十五条 本条例规定向国务院保险监督管理机构提交、报送文件、资料和书面报告的，应当提供中文本。

第五章 终止与清算

第二十六条 外资保险公司因分立、合并或者公司章程规定的解散事由出现，经国务院保险监督管理机构批准后解散。外资保险公司解散的，应当依法成立清算组，进行清算。

经营人寿保险业务的外资保险公司，除分立、合并外，不得解散。

第二十七条 外资保险公司违反法律、行政法规，被国务院保险监督管理机构吊销经营保险业务许可证的，依法撤销，由国务院保险监督管理机构依法及时组织成立清算组进行清算。

第二十八条 外资保险公司因解散、依法被撤销而清算的，应当自清算组成立之日起60日内在报纸上至少公告3次。公告内容应当经国务院保险监督管理机构核准。

第二十九条 外资保险公司不能支付到期债务，

经国务院保险监督管理机构同意,由人民法院依法宣告破产。外资保险公司被宣告破产的,由人民法院组织国务院保险监督管理机构等有关部门和有关人员成立清算组,进行清算。

第三十条 外资保险公司解散、依法被撤销或者被宣告破产的,未清偿债务前,不得将其财产转移至中国境外。

第六章 法律责任

第三十一条 违反本条例规定,擅自设立外资保险公司或者非法从事保险业务活动的,由国务院保险监督管理机构予以取缔;依照刑法关于擅自设立金融机构罪、非法经营罪或者其他罪的规定,依法追究刑事责任;尚不够刑事处罚的,由国务院保险监督管理机构没收违法所得,并处违法所得1倍以上5倍以下的罚款,没有违法所得或者违法所得不足20万元的,处20万元以上100万元以下的罚款。

第三十二条 外资保险公司违反本条例规定,超出核定的业务范围、业务地域范围或者服务对象范围从事保险业务活动的,依照刑法关于非法经营罪或者其他罪的规定,依法追究刑事责任;尚不够刑事处罚的,由国务院保险监督管理机构责令改正,责令退还收取的保险费,没收违法所得,并处违法所得1倍以上5倍以下的罚款,没有违法所得或者违法所得不足10万元的,处10万元以上50万元以下的罚款;逾期不改正或者造成严重后果的,责令限期停业或者吊销经营保险业务许可证。

第三十三条 外资保险公司违反本条例规定,有下列行为之一的,由国务院保险监督管理机构责令改正,处5万元以上30万元以下的罚款;情节严重的,可以责令停止接受新业务或者吊销经营保险业务许可证:

(一)未按照规定提存保证金或者违反规定动用保证金的;

(二)违反规定与其关联企业从事交易活动的;

(三)未按照规定补足注册资本或者营运资金的。

第三十四条 外资保险公司违反本条例规定,有下列行为之一的,由国务院保险监督管理机构责令限期改正;逾期不改正的,处1万元以上10万元以下的罚款:

(一)未按照规定提交、报送有关文件、资料和书面报告的;

(二)未按照规定公告的。

第三十五条 外资保险公司违反本条例规定,有下列行为之一的,由国务院保险监督管理机构处10万元以上50万元以下的罚款:

(一)提供虚假的文件、资料和书面报告的;

(二)拒绝或者阻碍依法监督检查的。

第三十六条 外资保险公司违反本条例规定,将其财产转移至中国境外的,由国务院保险监督管理机构责令转回转移的财产,处转移财产金额20%以上等值以下的罚款。

第三十七条 外资保险公司违反中国有关法律、行政法规和本条例规定的,国务院保险监督管理机构可以取消该外资保险公司高级管理人员一定期限直至终身在中国的任职资格。

第七章 附 则

第三十八条 对外资保险公司的管理,本条例未作规定的,适用《中华人民共和国保险法》和其他有关法律、行政法规和国家其他有关规定。

第三十九条 香港特别行政区、澳门特别行政区和台湾地区的保险公司在内地(大陆)设立和营业的保险公司,比照适用本条例。

第四十条 外国保险集团公司可以在中国境内设立外资保险公司,具体管理办法由国务院保险监督管理机构依照本条例的原则制定。

第四十一条 境外金融机构可以入股外资保险公司,具体管理办法由国务院保险监督管理机构制定。

第四十二条 本条例自2002年2月1日起施行。

六 票据

司法解释

最高人民法院关于审理票据纠纷案件若干问题的规定

- 2020年12月29日
- 法释〔2020〕18号

为了正确适用《中华人民共和国票据法》（以下简称票据法），公正、及时审理票据纠纷案件，保护票据当事人的合法权益，维护金融秩序和金融安全，根据票据法及其他有关法律的规定，结合审判实践，现对人民法院审理票据纠纷案件的若干问题规定如下：

一、受理和管辖

第一条 因行使票据权利或者票据法上的非票据权利而引起的纠纷，人民法院应当依法受理。

第二条 依照票据法第十条的规定，票据债务人（即出票人）以在票据未转让时的基础关系违法、双方不具有真实的交易关系和债权债务关系、持票人应付对价而未付对价为由，要求返还票据而提起诉讼的，人民法院应当依法受理。

第三条 依照票据法第三十六条的规定，票据被拒绝承兑、被拒绝付款或者汇票、支票超过提示付款期限后，票据持有人背书转让的，被背书人以背书人为被告行使追索权而提起诉讼的，人民法院应当依法受理。

第四条 持票人不先行使付款请求权而先行使追索权遭拒绝提起诉讼的，人民法院不予受理。除有票据法第六十一条第二款和本规定第三条所列情形外，持票人只能在首先向付款人行使付款请求权而得不到付款时，才可以行使追索权。

第五条 付款请求权是持票人享有的第一顺序权利，追索权是持票人享有的第二顺序权利，即汇票到期被拒绝付款或者具有票据法第六十一条第二款所列情形的，持票人请求背书人、出票人以及汇票的其他债务人支付票据法第七十条第一款所列金额和费用的权利。

第六条 因票据纠纷提起的诉讼，依法由票据支付地或者被告住所地人民法院管辖。

票据支付地是指票据上载明的付款地，票据上未载明付款地的，汇票付款人或者代理付款人的营业场所、住所或者经常居住地，本票出票人的营业场所，支票付款人或者代理付款人的营业场所所在地为票据付款地。代理付款人即付款人的委托代理人，是指根据付款人的委托代为支付票据金额的银行、信用合作社等金融机构。

二、票据保全

第七条 人民法院在审理、执行票据纠纷案件时，对具有下列情形之一的票据，经当事人申请并提供担保，可以依法采取保全措施或者执行措施：

（一）不履行约定义务，与票据债务人有直接债权债务关系的票据当事人所持有的票据；

（二）持票人恶意取得的票据；

（三）应付对价而未付对价的持票人持有的票据；

（四）记载有"不得转让"字样而用于贴现的票据；

（五）记载有"不得转让"字样而用于质押的票据；

（六）法律或者司法解释规定有其他情形的票据。

三、举证责任

第八条 票据诉讼的举证责任由提出主张的一方当事人承担。

依照票据法第四条第二款、第十条、第十二条、第二十一条的规定，向人民法院提起诉讼的持票人有责任提供诉争票据。该票据的出票、承兑、交付、背书转让涉嫌欺诈、偷盗、胁迫、恐吓、暴力等非法行为的，持票人对持票的合法性应当负责举证。

第九条 票据债务人依照票据法第十三条的规

定,对与其有直接债权债务关系的持票人提出抗辩,人民法院合并审理票据关系和基础关系的,持票人应当提供相应的证据证明已经履行了约定义务。

第十条 付款人或者承兑人被人民法院依法宣告破产的,持票人因行使追索权而向人民法院提起诉讼时,应当向受理法院提供人民法院依法作出的宣告破产裁定书或者能够证明付款人或者承兑人破产的其他证据。

第十一条 在票据诉讼中,负有举证责任的票据当事人应当在一审人民法院法庭辩论结束以前提供证据。因客观原因不能在上述举证期限以内提供的,应当在举证期限届满以前向人民法院申请延期。延长的期限由人民法院根据案件的具体情况决定。

票据当事人在一审人民法院审理期间隐匿票据、故意有证不举,应当承担相应的诉讼后果。

四、票据权利及抗辩

第十二条 票据法第十七条第一款第(一)、(二)项规定的持票人对票据的出票人和承兑人的权利,包括付款请求权和追索权。

第十三条 票据债务人以票据法第十条、第二十一条的规定为由,对业经背书转让票据的持票人进行抗辩的,人民法院不予支持。

第十四条 票据债务人依照票据法第十二条、第十三条的规定,对持票人提出下列抗辩的,人民法院应予支持:

(一)与票据债务人有直接债权债务关系并且不履行约定义务的;

(二)以欺诈、偷盗或者胁迫等非法手段取得票据,或者明知有前列情形,出于恶意取得票据的;

(三)明知票据债务人与出票人或者与持票人的前手之间存在抗辩事由而取得票据的;

(四)因重大过失取得票据的;

(五)其他依法不得享有票据权利的。

第十五条 票据债务人依照票据法第九条、第十七条、第十八条、第二十二条和第三十一条的规定,对持票人提出下列抗辩的,人民法院应予支持:

(一)欠缺法定必要记载事项或者不符合法定格式的;

(二)超过票据权利时效的;

(三)人民法院作出的除权判决已经发生法律效力的;

(四)以背书方式取得但背书不连续的;

(五)其他依法不得享有票据权利的。

第十六条 票据出票人或者背书人被宣告破产的,而付款人或者承兑人不知其事实而付款或者承兑,因此所产生的追索权可以登记为破产债权,付款人或者承兑人为债权人。

第十七条 票据法第十七条第一款第(三)、(四)项规定的持票人对前手的追索权,不包括对票据出票人的追索权。

第十八条 票据法第四十条第二款和第六十五条规定的持票人丧失对其前手的追索权,不包括对票据出票人的追索权。

第十九条 票据法第十七条规定的票据权利时效发生中断的,只对发生时效中断事由的当事人有效。

第二十条 票据法第六十六条第一款规定的书面通知是否逾期,以持票人或者其前手发出书面通知之日为准;以信函通知的,以信函投邮邮戳记载之日为准。

第二十一条 票据法第七十条、第七十一条所称中国人民银行规定的利率,是指中国人民银行规定的企业同期流动资金贷款利率。

第二十二条 代理付款人在人民法院公示催告公告发布以前按照规定程序善意付款后,承兑人或者付款人以已经公示催告为由拒付代理付款人已经垫付的款项的,人民法院不予支持。

五、失票救济

第二十三条 票据丧失后,失票人直接向人民法院申请公示催告或者提起诉讼的,人民法院应当依法受理。

第二十四条 出票人已经签章的授权补记的支票丧失后,失票人依法向人民法院申请公示催告的,人民法院应当依法受理。

第二十五条 票据法第十五条第三款规定的可以申请公示催告的失票人,是指按照规定可以背书转让的票据在丧失票据占有以前的最后合法持票人。

第二十六条　出票人已经签章但未记载代理付款人的银行汇票丧失后，失票人依法向付款人即出票银行所在地人民法院申请公示催告的，人民法院应当依法受理。

第二十七条　超过付款提示期限的票据丧失以后，失票人申请公示催告的，人民法院应当依法受理。

第二十八条　失票人通知票据付款人挂失止付后三日内向人民法院申请公示催告的，公示催告申请书应当载明下列内容：

（一）票面金额；
（二）出票人、持票人、背书人；
（三）申请的理由、事实；
（四）通知票据付款人或者代理付款人挂失止付的时间；
（五）付款人或者代理付款人的名称、通信地址、电话号码等。

第二十九条　人民法院决定受理公示催告申请，应当同时通知付款人及代理付款人停止支付，并自立案之日起三日内发出公告。

第三十条　付款人或者代理付款人收到人民法院发出的止付通知，应当立即停止支付，直至公示催告程序终结。非经发出止付通知的人民法院许可擅自解付的，不得免除票据责任。

第三十一条　公告应当在全国性报纸或者其他媒体上刊登，并于同日公布于人民法院公告栏内。人民法院所在地有证券交易所的，还应当同日在该交易所公布。

第三十二条　依照《中华人民共和国民事诉讼法》（以下简称民事诉讼法）第二百一十九条的规定，公告期间不得少于六十日，且公示催告期间届满日不得早于票据付款日后十五日。

第三十三条　依照民事诉讼法第二百二十条第二款的规定，在公示催告期间，以公示催告的票据质押、贴现，因质押、贴现而接受该票据的持票人主张票据权利的，人民法院不予支持，但公示催告期间届满以后人民法院作出除权判决以前取得该票据的除外。

第三十四条　票据丧失后，失票人在票据权利时效届满以前请求出票人补发票据，或者请求债务人付款，在提供相应担保的情况下因债务人拒绝付款或者出票人拒绝补发票据提起诉讼的，由被告住所地或者票据支付地人民法院管辖。

第三十五条　失票人因请求出票人补发票据或者请求债务人付款遭到拒绝而向人民法院提起诉讼的，被告为与失票人具有票据债权债务关系的出票人、拒绝付款的票据付款人或者承兑人。

第三十六条　失票人为行使票据所有权，向非法持有票据人请求返还票据的，人民法院应当依法受理。

第三十七条　失票人向人民法院提起诉讼的，应向人民法院说明曾经持有票据及丧失票据的情形，人民法院应当根据案件的具体情况，决定当事人是否应当提供担保以及担保的数额。

第三十八条　对于伪报票据丧失的当事人，人民法院在查明事实，裁定终结公示催告或者诉讼程序后，可以参照民事诉讼法第一百一十一条的规定，追究伪报人的法律责任。

六、票据效力

第三十九条　依照票据法第一百零八条以及经国务院批准的《票据管理实施办法》的规定，票据当事人使用的不是中国人民银行规定的统一格式票据的，按照《票据管理实施办法》的规定认定，但在中国境外签发的票据除外。

第四十条　票据出票人在票据上的签章上不符合票据法以及下述规定的，该签章不具有票据法上的效力：

（一）商业汇票上的出票人的签章，为该法人或者该单位的财务专用章或者公章加其法定代表人、单位负责人或者其授权的代理人的签名或者盖章；
（二）银行汇票上的出票人的签章和银行承兑汇票的承兑人的签章，为该银行汇票专用章加其法定代表人或者其授权的代理人的签名或者盖章；
（三）银行本票上的出票人的签章，为该银行的本票专用章加其法定代表人或者其授权的代理人的签名或者盖章；
（四）支票上的出票人的签章，出票人为单

位的,为与该单位在银行预留签章一致的财务专用章或者公章加其法定代表人或者其授权的代理人的签名或者盖章;出票人为个人的,为与该个人在银行预留签章一致的签名或者盖章。

第四十一条 银行汇票、银行本票的出票人以及银行承兑汇票的承兑人在票据上未加盖规定的专用章而加盖该银行的公章,支票的出票人在票据上未加盖与该单位在银行预留签章一致的财务专用章而加盖该出票人公章的,签章人应当承担票据责任。

第四十二条 依照票据法第九条以及《票据管理实施办法》的规定,票据金额的中文大写与数码不一致,或者票据载明的金额、出票日期或者签发日期、收款人名称更改,或者违反规定加盖银行部门印章代替专用章,付款人或者代理付款人对此类票据付款的,应当承担责任。

第四十三条 因更改银行汇票的实际结算金额引起纠纷而提起诉讼,当事人请求认定汇票效力的,人民法院应当认定该银行汇票无效。

第四十四条 空白授权票据的持票人行使票据权利时未对票据必须记载事项补充完全,因付款人或者代理付款人拒绝接收该票据而提起诉讼的,人民法院不予支持。

第四十五条 票据的背书人、承兑人、保证人在票据上的签章不符合票据法以及《票据管理实施办法》规定的,或者无民事行为能力人、限制民事行为能力人在票据上签章的,其签章无效,但不影响人民法院对票据上其他签章效力的认定。

七、票据背书

第四十六条 因票据质权人以质押票据再行背书质押或者背书转让引起纠纷而提起诉讼的,人民法院应当认定背书行为无效。

第四十七条 依照票据法第二十七条的规定,票据的出票人在票据上记载"不得转让"字样,票据持有人背书转让的,背书行为无效。背书转让后的受让人不得享有票据权利,票据的出票人、承兑人对受让人不承担票据责任。

第四十八条 依照票据法第二十七条和第三十条的规定,背书人未记载被背书人名称即将票据交付他人的,持票人在票据被背书人栏内记载自己的名称与背书人记载具有同等法律效力。

第四十九条 依照票据法第三十一条的规定,连续背书的第一背书人应当是在票据上记载的收款人,最后的票据持有人应当是最后一次背书的被背书人。

第五十条 依照票据法第三十四条和第三十五条的规定,背书人在票据上记载"不得转让""委托收款""质押"字样,其后手再背书转让、委托收款或者质押的,原背书人对后手的被背书人不承担票据责任,但不影响出票人、承兑人以及原背书人之前手的票据责任。

第五十一条 依照票据法第五十七条第二款的规定,贷款人恶意或者有重大过失从事票据质押贷款的,人民法院应当认定质押行为无效。

第五十二条 依照票据法第二十七条的规定,出票人在票据上记载"不得转让"字样,其后手以此票据进行贴现、质押,通过贴现、质押取得票据的持票人主张票据权利的,人民法院不予支持。

第五十三条 依照票据法第三十四条和第三十五条的规定,背书人在票据上记载"不得转让"字样,其后手以此票据进行贴现、质押的,原背书人对后手的被背书人不承担票据责任。

第五十四条 依照票据法第三十五条第二款的规定,以汇票设定质押时,出质人在汇票上只记载了"质押"字样未在票据上签章的,或者出质人未在汇票、粘单上记载"质押"字样而另行签订质押合同、质押条款的,不构成票据质押。

第五十五条 商业汇票的持票人向其非开户银行申请贴现,与向自己开立存款账户的银行申请贴现具有同等法律效力。但是,持票人有恶意或者与贴现银行恶意串通的除外。

第五十六条 违反规定区域出票,背书转让银行汇票,或者违反票据管理规定跨越票据交换区域出票、背书转让银行本票、支票的,不影响出票人、背书人依法应当承担的票据责任。

第五十七条 依照票据法第三十六条的规定,票据被拒绝承兑、被拒绝付款或者超过提示付款期限,票据持有人背书转让的,背书人应当承担票据责任。

第五十八条 承兑人或者付款人依照票据法第五十三条第二款的规定对逾期提示付款的持票人付款与按照规定的期限付款具有同等法律效力。

八、票据保证

第五十九条 国家机关、以公益为目的的事业单位、社会团体作为票据保证人的,票据保证无效,但经国务院批准为使用外国政府或者国际经济组织贷款进行转贷,国家机关提供票据保证的除外。

第六十条 票据保证无效的,票据的保证人应当承担与其过错相应的民事责任。

第六十一条 保证人未在票据或者粘单上记载"保证"字样而另行签订保证合同或者保证条款的,不属于票据保证,人民法院应当适用《中华人民共和国民法典》的有关规定。

九、法律适用

第六十二条 人民法院审理票据纠纷案件,适用票据法的规定;票据法没有规定的,适用《中华人民共和国民法典》等法律以及国务院制定的行政法规。

中国人民银行制定并公布施行的有关行政规章与法律、行政法规不抵触的,可以参照适用。

第六十三条 票据当事人因对金融行政管理部门的具体行政行为不服提起诉讼的,适用《中华人民共和国行政处罚法》、票据法以及《票据管理实施办法》等有关票据管理的规定。

中国人民银行制定并公布施行的有关行政规章与法律、行政法规不抵触的,可以参照适用。

第六十四条 人民法院对票据法施行以前已经作出终审裁决的票据纠纷案件进行再审,不适用票据法。

十、法律责任

第六十五条 具有下列情形之一的票据,未经背书转让的,票据债务人不承担票据责任;已经背书转让的,票据无效不影响其他真实签章的效力:

(一)出票人签章不真实的;

(二)出票人为无民事行为能力人的;

(三)出票人为限制民事行为能力人的。

第六十六条 依照票据法第十四条、第一百零二条、第一百零三条的规定,伪造、变造票据者除应当依法承担刑事、行政责任外,给他人造成损失的,还应当承担民事赔偿责任。被伪造签章者不承担票据责任。

第六十七条 对票据未记载事项或者未完全记载事项作补充记载,补充事项超出授权范围的,出票人对补充后的票据应当承担票据责任。给他人造成损失的,出票人还应当承担相应的民事责任。

第六十八条 付款人或者代理付款人未能识别出伪造、变造的票据或者身份证件而错误付款,属于票据法第五十七条规定的"重大过失",给持票人造成损失的,应当依法承担民事责任。付款人或者代理付款人承担责任后有权向伪造者、变造者依法追偿。

持票人有过错的,也应当承担相应的民事责任。

第六十九条 付款人及其代理付款人有下列情形之一的,应当自行承担责任:

(一)未依照票据法第五十七条的规定对提示付款人的合法身份证明或者有效证件以及汇票背书的连续性履行审查义务而错误付款的;

(二)公示催告期间对公示催告的票据付款的;

(三)收到人民法院的止付通知后付款的;

(四)其他以恶意或者重大过失付款的。

第七十条 票据法第六十三条所称"其他有关证明"是指:

(一)人民法院出具的宣告承兑人、付款人失踪或者死亡的证明、法律文书;

(二)公安机关出具的承兑人、付款人逃匿或者下落不明的证明;

(三)医院或者有关单位出具的承兑人、付款人死亡的证明;

(四)公证机构出具的具有拒绝证明效力的文书。

承兑人自己作出并发布的表明其没有支付票款能力的公告,可以认定为拒绝证明。

第七十一条 当事人因申请票据保全错误而给

他人造成损失的,应当依法承担民事责任。

第七十二条 因出票人签发空头支票、与其预留本名的签名式样或者印鉴不符的支票给他人造成损失的,支票的出票人和背书人应当依法承担民事责任。

第七十三条 人民法院在审理票据纠纷案件时,发现与本案有牵连但不属同一法律关系的票据欺诈犯罪嫌疑线索的,应当及时将犯罪嫌疑线索提供给有关公安机关,但票据纠纷案件不应因此而中止审理。

第七十四条 依据票据法第一百零四条的规定,由于金融机构工作人员在票据业务中玩忽职守,对违反票据法规定的票据予以承兑、付款、贴现或者保证,给当事人造成损失的,由该金融机构与直接责任人员依法承担连带责任。

第七十五条 依照票据法第一百零六条的规定,由于出票人制作票据,或者其他票据债务人未按照法定条件在票据上签章,给他人造成损失的,除应当按照所记载事项承担票据责任外,还应当承担相应的民事责任。

持票人明知或者应当知道前款情形而接受的,可以适当减轻出票人或者票据债务人的责任。

◎ 请示答复

最高人民法院经济审判庭关于银行票据结算合同纠纷上诉案的电话答复

• 1990年7月24日

内蒙古自治区高级人民法院:

你院《关于银行票据结算合同纠纷上诉案的请示报告》已收悉,经我庭研究,现答复如下:

一、本案虽然从总体上来说是一起由古玉金、刘建军、赵明策划并实施的诈骗案,但却存在着两种关系:一是宝鸡五金公司与大同矿务局综合商场的所谓合同关系;二是宝鸡五金公司与银行的结算关系。票据是一种无因证券,它一经签发,就产生了独立的债权债务关系,并与该票据的原因相分离。因此,对于宝鸡五金公司与银行的结算关系可由法院分案审理。对于古玉金、刘建军等人的诈骗活动,公安机关早已立案侦查,并下令通缉,不存在移送经济犯罪问题。

二、工商行呼市大北街办事处将取款人"大同矿务局综合商店"背书上却为"河北省饶阳县食品公司留楚食品购销站"盖章的汇票错误解付,转入建行呼市第一办事处东街分理处古玉金账户,违反了银行结算办法的有关规定,应当承担过错责任。

建行呼市第一办事处东街分理处违反银行账户管理规定,为古玉金、刘建军等开立账户,违反现金管理规定,让古玉金、刘建军提取12.5万元的现金,也要承担过错责任。

托县工商行违反规定,将20万元购货款转入储蓄所个人存折,被刘建军、赵明提取现金潜逃,亦应承担相应责任。

三、宝鸡市五金公司业务员将汇票转结古玉金,违反了汇票结算办法的规定,因此,宝鸡市五金公司应承担一定经济责任。

四、上列当事人各自应承担的份额,由你们根据具体情况确定。

附:

内蒙古自治区高级人民法院关于银行票据结算合同纠纷上诉案的请示报告

1990年2月19日

最高人民法院:

我院在审理中国工商银行呼和浩特市支行大北街办事处与陕西省宝鸡市五金交电化工批发公司银行票据结算合同纠纷上诉一案中,在适用诉讼程序和实体处理上认识不尽一致,几种处理意见都有一定的依据和理由,但又觉得拿不准。为了正确处理好这一案件,并为今后处理类似案件提供案例,现将该案基本情况和我们的意见请示报告如下:

一、案情

上诉人(原审被告):中国工商银行呼和浩特

被上诉人(原审原告):陕西省宝鸡市五金交电化工批发公司(以下简称宝鸡五金公司)。

1988年2月,河北省饶阳县农民古玉金流窜来呼和浩特市,伪造"河北省饶阳县食品公司留楚食品购销站"的印章和介绍信等证件,冒充该站业务员,通过建设银行呼和浩特市第一办事处东街分理处主任闫培林在该处开立了账户,账号为"912719002"。另有两个身份不明自称刘建军、赵明的人,也在呼和浩特市伪造"大同市矿务局综合商场"的印章和介绍信,冒充该商场的业务员,在东街分理处开立了账户,账号为"912719019"。古、刘、赵开立账户后以经商为名,伺机诈骗。

1988年8月上、中旬,古玉金向陕西省宝鸡市机床厂供运科业务员李林召两次打电话,谎称他搞到200台18寸彩电,问李要不要。并称票已开出,每台2050元,供方山西大同矿务局综合商场每台加250元信息费,古玉金每台加50元信息费,每台价2350元,合计47万元。如果要货,8月22日前带款来呼市。李林召即与宝鸡市金台物资供应站联系,该站同意要这批货,商定由李林召先到呼市落实货源,如确有货,再派业务员申琦携款前往呼市。事成后由金台物资供应站给李林召信息费2000元。

李林召于8月20日来呼市见到了古玉金,古向李出示了伪造的呼市五金公司的提货单和发票。并与所谓供方"业务员"刘建军见面,刘说这批彩电是他通过呼市五金公司财务科长办成的,货款已付给了五金公司。如果要货,必须在8月27日将款汇入他的账上,否则就让给别人了。李林召接连向金台物资供应站发了两封电报,要申琦必于8月25日带款来呼市。金台物资供应站收到电报后因货款困难,又与宝鸡五金公司联系,该公司同意要这批货,事成后由该公司付给金台物资供应站信息费6000元。还商定由宝鸡五金公司业务员张锃与申琦一起到呼市办理,并嘱咐张锃必须坚持"一手钱,一手货,现货交易"。

张锃持中国工商银行宝鸡市渭滨办事处开具的一张47万元的汇票(汇款单位为宝鸡五金公司,收款单位为"大同矿务局综合商店",账号填为"912719019",汇入银行系呼和浩特大北街办事处)。与申琦一起于8月25日来到呼市,见到了古玉金、刘建军、李林召等人。刘建军再次向张、申2人出示了伪造的提货单和发票,在商量进款提货问题时,刘建军要求款先入他的账,9月10日提货,张锃坚持"一手交钱,一手交货"。此时另一帮忙搞彩电的李杰提出款先入河北省饶阳县食品公司留楚食品购销站的账户,由古玉金、李林召、李杰作担保,等9月9日再入大同矿务局综合商场的账,9月10日在呼市电视机厂提货。张锃同意先将款转入古的账上,并就此签了一份协议:供方刘建军、需方张锃、担保人古玉金、李杰、李林召都在协议上签了字。后张锃不放心,于8月27日亲自到呼市五金公司,询问是否卖给大同矿务局综合商场200台彩电,该公司明确答复:"没有这回事",认为刘建军的提货单和发票是伪造的,要求张锃协助将假提货单弄到手,把刘建军等人抓起来,张锃表示愿意配合。次日张锃又给呼市电视机厂销售科打电话,询问该厂是否卖给呼市五金公司200台彩电,该厂答复没有此事。张锃将此情况告诉了李林召、申琦等人,并表示他不能不见货将汇票交出。李林召等人又谎称,这批货是刘建军通过呼市五金公司私人从电视机厂搞出来的,绝对有货,并埋怨张锃说"陕西人做不成买卖",张锃是"木头人"等,几人争执不止,张锃将所签协议撕毁,表示不作这笔生意了。

8月28日至29日,张锃先后两次给宝鸡五金公司领导打电话汇报情况,要求回家。公司领导先让"再等一等,看看情况"。后又答复说:"买卖实在做不成就回来。"张锃、申琦、李林召又达成一份次日回家、费用自负的协议,3人都在协议上签了字。李杰得知后发火说:"你们都回家费用自负,我没有单位包车费谁负责"。并把张锃、申琦等人堵在屋里,向张锃强要了出租汽车费420元。此时古玉金装作同情张锃,骂李杰"太不像人"、"敲人竹杠子"。申琦、李林召也骂李杰不够意思。张锃提出与古玉金、李林召、申琦喝酒。在喝酒中,张锃对古玉金说:"古大哥,我信得过你,若把款放在你的账上,我信得过。"古玉金、李林召马上赞同,一再表示款放在古玉金的账上不会出问题,古玉金表示愿将自己的印章交给张锃保管,以示自己在张锃的款进入他的账户后不能办理取款手续。张锃、李林召将刚签好的回家协议烧掉，表示买卖继续要作，并由李林召草拟了第3份协议。该协议以大同矿务局综合商场为供方，以宝鸡五金公司为需方，购销天鹅牌彩电200台，单价2300元，总价46万元。协议规定："在1988年9月1日付给供方转账支票一份（已填好9月12日为有效的总价41万元"信息费另付"转账支票一份），供方协助需于1988年9月8、10、12日前提出200台彩电交给需方。如在9月12日18点供方未将彩电交给需方，需方声明已填好的金额41万元转账支票作废。"李林召于协议拟出后交给张锃、申琦作了修改。张锃作为需方代表签了字，古玉金、李林召、申琦作为联系担保人签了字。8月30日该四人找到了刘建军，刘以供方代表的名义在协议上签了字。

8月31日，张锃与古玉金到呼市大北街办事处办理转款手续，张称不知手续该怎么办，古玉金说他有熟人，就将汇票交给古玉金办理。按银行结算制度规定，汇票背书应盖汇票记名的收款单位即"大同矿务局综合商店"的公章，款只能转入该单位的账户。但古玉金、张锃为了把款转入古玉金的账户内，就在汇票背面盖了"河北省饶阳县食品公司留楚食品购销站"的公章，填写送款簿时把收款单位填为"留楚购销站"，账号也填为古玉金的账号"912719002"。大北街办事处办理解付手续时，本应发现汇票背面所盖的公章与汇票记名的收款单位不是一家，送款簿上填的收款单位、账号与汇票上记名的收款单位和账号不符，本应拒绝解付，但由于该办事处营业员马慧玲工作上的失职、疏忽，漏审了收款单位和账号，将款错付在古玉金的账上。

9月1日，张锃、古玉金、申琦、李林召按第三份协议，从古玉金账上开出一张9月12日才能进款41万元的转账支票交给了刘建军。张锃、申琦、李林召等待8日提货。9月4日古玉金用出租汽车带张锃、申琦、李林召到呼郊昭君墓游玩，9月5日、6日又带张锃等人到草原风景区昭河游玩。

呼市大北街办事处于9月2日以交换的方式将47万元汇票划给了建设银行呼市第一办事处东街分理处，9月3日正式进入古玉金账内，当天古玉金将转账支票上的转款日期由"9月12日"改为"9月2日"，在涂改处盖了古的个人印

章，将41万元款转入了"大同市矿务局综合商场"刘建军的账内，古、刘2人通过银行闫培林以"购农副产品"的名义当天就提出现金10万元；古又从自己账上所剩的6万元中提出现金25000元。9月7日刘建军、赵明2人通过闫培林以"收购农副产品"的名义向托县工商银行开出一张20万元的汇票，闫培林以分理处的名义向托县工商行出具了"此款无误"的证明。刘、赵2人通过关系找到了曾在托县银行工作过的干部孙永才和托县工商银行干部史剑波，经孙、史2人周旋将20万元汇票从托县建设银行转在托县工商银行，又转在史剑波个人存折内，全部提成现金交给刘、赵2人。刘、赵向孙永才行贿12000元，向史剑波行贿1500元，于当日携款逃跑；古玉金也于当日携款逃跑。

李林召于9月7日接到电报回了宝鸡。9月9日张、申2人发现款已被骗，即到呼市公安局报案。呼市公安局当即查封了古玉金、刘建军的账户。将古玉金账上的30850元，刘建军账上的110200元，计141050元，追缴回14万元退给宝鸡五金公司，其余33万元被古、刘等人骗走。

经呼市公安局立案调查证实，古玉金系河北省饶阳县耿村农民，自1988年春节出门再未回家。古曾在留楚食品购销站租过一间房子卖过猪肉，但不是该站的职工，该食品站从未在呼市开立银行账户。经向山西大同矿务局调查，该局根本就没有所谓的"大同矿务局综合商场或商店"。刘建军、赵明2人的身份住址至今不清。公安机关立案后，曾收审了闫培林、孙永才、史剑波。孙、史将收受的贿赂款交回了公安机关。现3人均被取保候审，对古玉金、刘建军、赵明已下通缉令缉捕。

二、第一审判决结果

宝鸡五金公司向呼市公安局报案后，经过三个多月的侦查未能抓获罪犯，遂于1988年12月20日以呼市大北街办事处违反银行结算制度，将本来汇给山西大同矿务局综合商店的47万元错付给了河北省饶阳县留楚食品购销站，以致被骗，请求判决大北街办事处返还错付货款赔偿全部损失为由诉至呼市中级人民法院。

呼市中级法院审理认为，根据全国联行往来制度，原告将款汇入被告方后，就使双方产生了关于银行票据结算的权利义务关系。被告方本

应严格审核汇票,发现不符合解付手续就不应解付。而被告方没有履行好自己的义务,对汇票进行了错误的解付,造成了原告方的资金损失,应负全部责任。按照银行结算办法第二十四条的规定:"银行办理结算因错付或者被冒领的,应及时查处,如造成客户资金损失,要负责赔偿"和民法通则第一百一十一条的规定,判决大北街办事处赔偿宝鸡五金公司 355575.30 元(包括利息)。

三、第二审对该案的处理意见

第一审宣判后大北街办事处不服,向我院提出上诉,经我院多次讨论,意见如下:第一种意见,合议庭和审委会多数同志认为,本案是一起严重的经济犯罪案件,第一审分案审理的法律依据不足,第二审应撤销原判,发回重审,将有关材料移送公安机关。主要理由有3点:(一)通观全部案情事实,本案的性质属于诈骗犯罪。是古、刘、赵等人伪造印章证件,冒允企业业务人员、开立假账户,贿赂银行工作人员,骗取现金 325000元。他们的犯罪行为贯穿于案件的全过程,并起了支配作用。银行票据结算只是诈骗犯罪发展过程中的一个环节,不能离开全案孤立地看待其中的这一段。因为本案的结算关系是在犯罪分子的欺骗下产生的,中途改变收款单位也是在犯罪分子的欺骗下进行的,而且是由罪犯古玉金直接办理的转款结算手续,结算的结果是犯罪分子将款骗走,所以说票据结算与诈骗犯罪是分不开的。(二)两院一部法(研)发(1987)7 号文件《关于在审理经济纠纷案件中发现经济犯罪必须及时移送的通知》中明确指出:"各级人民法院在审理经济纠纷案件中,如果发现有经济犯罪事实的,即应及时移送"。并指出:"在审理经济纠纷案件中,发现经济犯罪时,一般应将经济犯罪与经济纠纷全案移送,按照刑事诉讼法第五十三条和第五十四条的规定办理。如果经济纠纷与经济犯罪必须分案审理的,或者是经济纠纷案经审结后又发现有经济犯罪的,可只移送经济犯罪部分。"持这种意见的同志认为,在审理经济纠纷案件中发现经济犯罪事实的应及时移送,是办理这类案件的一个基本原则;将经济犯罪与经济纠纷全案移送是一般作法;经济纠纷与经济犯罪分案审理的是属于特殊情形。本案有严重的经济犯罪事实,又没有必须分案审理的特殊情况,第一审立案的法律依据不足,应按照"及时移送"的基本原则和"一般应将经济犯罪与经济纠纷全案移送"的规定,将全案移送公安机关。(三)由于古玉金、刘建军、赵明 3 名主犯均未抓获归案,有的案情事实还不够清楚,大北街银行办事处、宝鸡方以及建设银行呼市第一办事处的过错责任不好确认。如汇票究竟是怎样解付的,这一关键事实现在还不够清楚。张锃说:"当时我喝了啤酒,在银行凳子上坐着,由古玉金具体办理手续"。古究竟通过谁怎么办的手续张锃说不清楚。马慧玲对汇票是否是她解付的也含含糊糊,只是说:"如果要是我解付的这张汇票,也是在我最忙的时间,当时的具体情况回忆不起来了。"古玉金在逃,无法进行核对。又如大北街办事处认为"大同矿务局综合商店"与"大同市矿务局综合商场"是一码事,他们虽开始将错付在留梦食品购销站的账上,但有 41 万元款最终还是进了宝鸡五金公司原要汇入的单位即"大同市矿务局综合商场"的账上了,而宝鸡五金公司则坚持"商场"与"商店"是两个单位,古玉金先给他们联系的是"商店",后因商店的人回家了,又联系的"商场",所以根本不存在 41 万元款进入他们本来要汇入的单位。那么"商场"与"商店"究竟是一个单位还是两个单位,因古、刘在逃核对工作无法进行。所以现在作出实体处理,缺乏充分事实依据,一旦犯罪分子抓获后所供情况与我们现在认定的事实不符,就会被动。为了稳妥、慎重地处理好本案,还是全案移送公安机关,先通过缉拿罪犯、追缴赃款,以刑事附带民事来解决受害方损失,经过这些工作仍不能补偿损失,还需分案审理时,在搞清全案事实的基础上再继续以经济纠纷案件审理为宜。

第二种意见认为,本案有诈骗犯罪的事实,但大北街办事处的责任是清楚的,认为分案审理是可以的。至于过错,大北街办事处和宝鸡五金公司都有过错,建设银行呼市第一办事处也有过错,应追加为第三人,由三方按一定比例共同承担赔偿责任。主要理由是:1. 本案存在着刑事犯罪和票据结算两种关系,属于刑事犯罪应由公安机关侦查;属于票据结算则可以由法院以经济纠纷案件审理,这样既不影响对犯罪分子的打击处理,又不影响对经济纠纷的处理。2. 如果将案件移送给公安机关,何时能将罪犯捉拿归案,遥遥无期,这样就会使案件石沉大海、银行贷款利息越积越多,宝鸡五金公司的损失继续增大,对于发展经济不利。3. 大北街办事处处于结算关系的中心地位,在关键时刻发生错付,应负主要责任;宝鸡五金公司上当受骗执迷不悟,在经营活动中有严重失误,也应负相应责任;建设银行呼市第一办事处违反银行账户管理办法和现金管理条例的规定,给犯罪分子开立假账户,提取巨额现金,以使诈骗犯罪最终得逞,也应负一定的责任。设想按照5:3:2的比例,由大北街办事处、宝鸡五金公司、建设银行呼市第一办事处三方共同承担责任。这样既了结了案件,又使各方对自己的失误交了"学费",起了惩戒作用。

第三种意见是维持第一审判决,主要理由是:1. 本案的经济纠纷部分可以分案审理,理由如前所述。2. 宝鸡五金公司的过错被大北街办事处的过错所"冲销",大北街办事处在结算的关键时刻未把住关,发生错付,是造成损失的根本原因,负有无可推卸的责任,故应承担全部经济损失。

以上三种意见中,我院倾向第一种处理意见,特予请示,并望尽快批复。

最高人民法院关于对遗失金融债券可否按"公示催告"程序办理的复函

- 1992年5月8日
- 法函〔1992〕60号

中国银行:

你行中银综〔1992〕59号《关于对遗失债券有关法律问题的请示》收悉。经研究,答复如下:

我国民事诉讼法第一百九十三条规定:"按照规定可以背书转让的票据持有人,因票据被盗、遗失或者灭失,可以向票据支付地的基层人民法院申请公示催告。依照法律规定可以申请公示催告的其他事项,适用本章规定。"这里的票据是指汇票、本票和支票。你行发行的金融债券不属于以上几种票据,也不属于"依照法律规定可以申请公示催告的其他事项"。而且你行在"发行通知"中明确规定,此种金融债券"不计名、不挂失,可以转让和抵押"。因此,对你行发行的金融债券不能适用公示催告程序。

最高人民法院关于中国银行上海分行宝山支行、中国农业银行上海市五角场支行与上海华海集装箱制造有限公司、浙江工艺毛绒厂票据纠纷上诉案和中信实业银行上海市分行与浙江工艺毛绒厂追索票据纠纷上诉案处理意见的复函

- 1992年6月2日
- 法函〔1992〕77号

上海市高级人民法院:

你院(91)沪高经上字第48号、第49号《关于处理上诉人中国银行上海分行宝山支行、中国农业银行上海市五角场支行与被上诉人上海华海集装箱制造有限公司、浙江工艺毛绒厂票据纠纷上诉案和上诉人中信实业银行上海分行与被上诉人浙江工艺毛绒厂追索票据款纠纷上诉案的请示》收悉。经研究,答复如下:

一、你院请示中的五角场支行作为非开户银行受理贴现,在当时违反银行结算制度,通过私人关系,并且未对贴现申请人展望公司的资信情况作调查,五角场支行作为国家金融机构,明知自己的行为违反结算制度,会给票据债务人造成损害,仍然受理贴现,对此行为应当推定为具有重大过失。

二、宝山支行明知五角场支行违反结算制度受理贴现,仍然向五角场支行付款。宝山支行的行为同时违反了该行与承兑申请人华海公司承兑协议上关于遵守《银行结算办法》的约定,具有重大过失。由此造成的损失,应由宝山支行向五角场支行和展望公司提出解决。

三、根据《上海市票据暂行规定》第二十八条的规定,"持票人在转让汇票时必须在背书中记明被背书人名称"。而浙江工艺毛绒厂取得的

NO. 0180001 和 NO. 0180003 两张银行承兑汇票的背书人展望公司,并未在背书中记明被背书人,属于空白背书。根据《上海市票据暂行规定》,背书必须记名。因此,浙江工艺毛绒厂不能成为 NO. 0180001 和 NO. 0180003 两张银行承兑汇票的合法持有人。

四、中信实业银行已经行使了毛绒厂承兑申请的 3 张银行承兑汇票的票据权利,取得了毛绒厂 300 万元汇票款,但只给付毛绒厂 100 万元,余款应当偿还毛绒厂,若中信实业银行不予偿还,毛绒厂可以诉中信实业银行。

最高人民法院关于中国人民银行宁波市经济技术开发区支行工作人员截留当事人款项应当承担民事责任的函

- 1993 年 4 月 10 日
- 法函〔1993〕30 号

浙江省高级人民法院:

你院〔1992〕浙法经上字 90-82 号请示报告收悉。经研究,答复如下:原则同意你院意见。袁坚东是银行工作人员,违反结算制度截留支票款以掩盖其挪用库款的罪行,除应追究其刑事责任外,依照《中华人民共和国民法通则》第一百零八条第 2 款的规定,人民银行宁波市经济技术开发区支行应承担相应的民事责任。

最高人民法院经济审判庭关于银行承兑汇票能否部分金额贴现、部分用于抵押贷款的复函

- 1994 年 10 月 11 日
- 法经〔1994〕244 号

湖北省高级人民法院:

你院〔1993〕鄂经他字第 12 号《关于银行承兑汇票能否办理部分金额贴现和部分用于抵押贷款的请示报告》收悉。经研究,答复如下:

你院来文所述案件中,收款人黄陂县甘棠五金锻压厂(以下简称锻压厂)将承兑申请人汉川县杨林镇砖瓦厂、金额为 70 万元,并经农业银行汉川县支行(以下简称汉川县支行)杨林沟办事处承兑的 081419 号银行承兑汇票,背书转让给交通银行武汉分行(以下简称武汉分行),武汉分行就已经取得了该票据上的权利。同时,锻压厂向武汉分行申请贴现 70 万元,而武汉分行办理贴现金额 15 万元(扣除贴息,实付 141275.40元)。此后,锻压厂又以该汇票作抵押,与武汉分行签订了三份借款合同,从武汉分行贷出 52 万元。借款期届满,锻压厂未还款。这些行为并不影响武汉分行行使票据上的权利。鉴于武汉分行已经通过背书转让取得 081419 号银行承兑汇票的所有权;且该汇票的贴现人和抵押权人同为武汉分行,故该行享有的该票据权利依法应予保护;汉川县支行对其所属杨林沟办事处承兑的银行承兑汇票负有到期无条件付款的责任。

最高人民法院关于江西省九江外贸发展有限公司与中国建设银行深圳市分行罗湖支行、深圳艾尔迪实业有限公司票据纠纷案的答复

- 1998 年 3 月 25 日
- 〔1998〕经他字第 22 号函

江西省高级人民法院:

你院请示收悉,经研究,答复如下:

本案票据行为发生时,《票据法》已施行,但是与《票据法》配套的新的票据格式还未启用,根据中国人民银行有关文件规定,在新版汇票未印制启用前,仍使用旧版汇票。同时,《银行结算办法》亦未废止。因此在认定本案银行承兑汇票有效性问题时,应结合《银行结算办法》的规定考虑。

按照《银行结算办法》的有关规定,银行承兑汇票的签发人可以是收款人,也可以是承兑申请人,在由承兑申请人签发银行承兑汇票时,汇票的签发人则与承兑申请人为同一人。本案承兑申请人在"承兑申请人盖章"处签章后,承兑银行也在

汇票上盖章,承诺承兑,如认定汇票无效,发生止付票款,不仅使持票人处于不利地位,而且也不利于票据流通。因此,对使用旧版银行承兑汇票的,签发人与承兑申请人为同一人时,如果签发人仅在"承兑申请人盖章"处签章,其签章即视同为签发人签章,应认定该银行承兑汇票有效。

附:

《江西省高级人民法院关于江西省九江外贸发展有限公司与中国建设银行深圳市分行罗湖支行、深圳艾尔迪实业有限公司票据纠纷案的请示》内容

一、案件主要事实

江西省九江外贸发展有限公司(以下简称九江外贸公司)于1996年7月与深圳艾尔迪实业有限公司(以下简称深圳艾尔迪公司)签订一份工矿产品购销合同后,于同年7月27日签发一张编号为"IXIV00941825",收款人为深圳艾尔迪公司,金额为320万元的银行承兑汇票,并经交通银行九江支行(以下简称九江交通银行)承兑后,九江外贸公司于同年7月28日将该汇票交付给深圳艾尔迪公司。九江外贸公司在该汇票的承兑申请人盖章一栏盖了公司财务章、法定代表人印章及经办人印章,九江交通银行作为承兑银行在汇票上盖章,汇票签发日期为1996年7月27日,到期日为1996年12月26日,该汇票的汇票签发人盖章一栏空白。深圳艾尔迪公司取得该汇票后,于同年8月2日向中国建设银行深圳市分行罗湖支行(以下简称建行罗湖支行)申请贴现,建行罗湖支行因资金紧张没有贴现。同年11月29日,深圳艾尔迪公司又持票向建行罗湖支行申请贴现,建行罗湖支行于同日对该张银行承兑汇票予以贴现,将贴现款3177120.41元划入深圳艾尔迪公司账户之后,当日又从深圳艾尔迪公司账户扣划300余万元,用于偿还逾期贷款。因深圳艾尔迪公司取得银行承兑汇票后,并未按购销合同约定向九江外贸公司供货。九江外贸公司遂于1996年12月18日向九江市中级人民法院提起诉讼,要求确认该银行承兑汇票为无效票据。上述事实,有该汇票的复印件证实,且当事人均无异议。

九江市中级人民法院认为,九江外贸公司在签发银行承兑汇票时,虽然在汇票承兑申请人处盖了章,但不能等同其在汇票签发人栏盖章。该汇票由于没有出票人签章,欠缺汇票必须绝对记载法定事项而绝对当然无效。该院根据《中华人民共和国票据法》第二十二条第一款第七项、第二款及《中华人民共和国民法通则》第六十一条第一款的规定,判决:一、九江外贸公司签发的收款人为深圳艾尔迪公司,编号为"IXIV00941825",金额为320万元的银行承兑汇票无效;二、建行罗湖支行将上述无效银行承兑汇票返还给九江外贸公司;三、九江外贸公司利息损失依照中国人民银行同期流动资金贷款利率9.1%(年利率)计算,自1996年11月29日至本案执行完毕止,由九江外贸公司承担20%,深圳艾尔迪公司承担40%,建行罗湖支行承担40%;四、驳回九江外贸公司对差旅费损失的诉讼请求。建行罗湖支行不服上述一审判决,向江西省高级人民法院提起上诉。江西省高级人民法院在二审审理中,因对本案银行承兑汇票效力问题出现分歧意见,鉴于这一问题在适用法律方面具有典型意义,遂向本院请示。

二、分歧意见

(一)江西省高级人民法院的倾向性意见认为本案银行承兑汇票无效,理由是:

1. 本案票据行为发生时,《票据法》已生效,但与《票据法》配套的新的票据格式还未制定出来,使用的票据格式仍为旧版式。

2. 票据的要式性决定《票据法》规定的七个必须记载事项在票据的格式上均应体现出来。七个必须记载事项之一的出票人签章在旧版票据格式上体现为"汇票签发人盖章",旧版银行承兑汇票"承兑申请人盖章",不是《票据法》规定的必须记载事项,这一项空白并不影响票据的效力,但"汇票签发人盖章"栏不签章,则缺少了《票据法》规定的必须记载事项之一而导致票据无效。

3. 根据《银行结算办法》,银行承兑汇票既可由承兑申请人出票,也可由收款人出票,本案

的银行承兑汇票因"汇票签发人盖章"栏空白而无法确定谁是出票人,这与票据的文义性也是不符的。

4. 旧版银行承兑汇票当收款人签发汇票时,该汇票有两个基本当事人,即出票人(购销合同中的销货单位)、付款人(承兑银行),因出票人又是收款人,也就是说一人兼任了其他票据当事人的身份,该种汇票属变式汇票。这种做法与《票据法》的理论并不抵触,在当时的过渡时期,中国人民银行总行仍然允许收款人为出票人。

5. 新版银行承兑汇票将承兑申请人与出票人改为同一人,仅是将出票人与承兑银行之间的委托关系由一种间接关系变为一种直接关系,它所作的这种变动并不否认收款人可以出票的资格。

6. 新版银行承兑汇票是从1997年6月1日起启用,不能用新版格式的要求约束在此时间之前发生的票据行为。

(二)该院少数意见认为本案银行承兑汇票有效,理由是:

1. 本案票据行为发生于《票据法》生效之后,应适用《票据法》。《票据法》第二十二条规定的汇票必须记载事项"出票人签章",实际上指的是若没有出票人的签章,就缺乏出票人这最基本的当事人,因此该汇票无效。但本案的出票人十分明确,即九江外贸公司在本汇票上签章。作为银行承兑汇票的承兑申请人就是出票人。因此,本案并不缺少出票人,也不缺少绝对应记载事项,必须记载的事项都已具备。此银行承兑汇票上所记载的票据当事人的权利义务明确。

2. 《银行结算办法》规定的银行承兑汇票的出票人可以是承兑申请人,也可以是收款人。本案中九江外贸公司是作为承兑申请人在汇票上盖章的,因而九江外贸公司是本汇票的出票人无疑。虽然《银行结算办法》在本案票据行为发生时仍未废止,该办法并未规定银行承兑汇票中汇票签发人盖章一栏未盖章即无效。

3. 根据《票据法》的规定制定的新的银行承兑汇票票样,已将原承兑申请人盖章一栏和汇票签发人盖章栏合二为一,改为出票人签章一栏,取消了原来的收款人可出票的做法。按新的票样的内容,原汇票签发人盖章已无任何意义。本案由于使用的是旧票样,但旧票样的内容应按新票样的格式要求执行,此汇票的出票人则十分明确。

(三)中国人民银行有关部门意见

中国建设银行财会部就此问题向中国人民银行请示,中国人民银行总行会计司答复意见是:

1. 按照《银行结算办法》的有关规定,银行承兑汇票的签发人可以是收款人,也可以是承兑申请人。因此,在由承兑申请人签发银行承兑汇票时,汇票的签发人与承兑申请人为同一人。

2. 该银行承兑汇票使用的是旧版银行承兑汇票,票面设有"承兑申请人盖章"处和"签发人盖章"处。在实务中,承兑申请人在签发银行承兑汇票时,因其既是签发人,又是申请人,便在"承兑申请人盖章"处签章,而未在"签发人盖章"处签章,出现过签发人因合同纠纷,以此为借口,要求认定汇票无效,止付票款的现象,使持票人陷于不利的地位,这是不合理的。为此,对使用旧版银行承兑汇票的,当签发人与承兑申请人为同一人时,如果签发人仅在"承兑申请人盖章"处签章,其签章即视同签发人的签章。该银行承兑汇票若属于此类情况,宜认定为有效票据。

最高人民法院关于中国农业银行武汉市分行硚口区支行与中国工商银行大理市支行、云南省大理州物资贸易中心银行承兑汇票纠纷一案的答复

● 1998年11月4日
● 法经〔1998〕457号函

云南省高级人民法院:

你院请示收悉,经研究,答复如下:

一、硚口农行下属的崇仁路办事处在受理本案汇票收款人天天公司申请汇票贴现的前后,分别以电报、电话的方式查询该汇票的签发及承兑情况,承兑人大理工行均复电确认该汇票系其签发,并明确转给农行崇仁路办事处。该办事处在审查核实汇票真实、合法的情况下办理贴现,并将汇票作成背书转让,尽到了谨慎注意的责任,不存在《中华人民共和国票据法》第十二条第二

款规定的致使硚口农行不得享有票据权利的重大过失。至于农行崇仁路办事处在为天天公司开立账户、办理贴现、提现过程中有无违规行为,以及天天公司在与贸易中心的购销关系中有无诈骗行为,均非本案票据关系中的行为,不影响硚口农行享有票据权利。

二、本案汇票背书是在农行崇仁路办事处办理天天公司申请的汇票贴现时所作的转让背书,当时虽然只有背书人天天公司的签章,没有记载被背书人名称和背书日期,但其后已补记该办事处为汇票被背书人,且在背书转让上未涉及第三人,背书转让关系是明确的;由于背书日期未作记载,应视为在汇票到期日前背书,不影响背书的成立。同时,该办事处在取得汇票时经贴现已向背书人天天公司支付合理对价,属合法取得汇票,是该汇票的合法持票人。在本案汇票到期被拒绝付款时,硚口农行可以持票对承兑人大理工行、出票人贸易中心以及背书人天天公司主张票据权利。

附:

《云南省高级人民法院关于中国农业银行武汉市分行硚口区支行与中国工商银行大理市支行、云南省大理州物资贸易中心银行承兑汇票纠纷一案的请示》内容

一、案件主要事实

1996年1月16日,云南省大理州物资贸易中心与武汉市天天物资发展有限公司(以下分别简称贸易中心、天天公司)签订一份购销合同,约定由天天公司供给贸易中心镀锌板180吨,总价款127.2万元;贸易中心应于当月22日前将银行承兑汇票交给天天公司,天天公司应于当月27日前将镀锌板发运完毕。合同签订后,贸易中心于当月17日签发一份经中国工商银行大理市支行(以下简称大理工行)承兑的银行承兑汇票,汇票编号为IXIV00250806号,金额为100万元,收款人为天天公司,承兑人为大理工行,到期日为1996年2月28日。同年1月22日,贸易中心按约定将该汇票交给天天公司。

天天公司于收票当日电话向其开户行中国投资银行湖北省分行营业部申请贴现遭拒绝,随后又向中国农业银行武汉市分行硚口区支行崇仁路办事处(以下简称农行崇仁路办事处)申请贴现。农行崇仁路办事处于当日发电报给大理工行:"你行1月17日银行承兑汇票(1XIV00250806号)100万元,到期日2月28日,我行拟贴现,是否你行签发?能否保证承兑?请速复我农行崇仁路办。"大理工行亦于当日复电:"我行1月17日银行承兑汇票100万元确系我行签发,转武汉农行崇仁路办。"1月24日,天天公司到农行崇仁路办事处开立了账户并办理上述100万元汇票贴现,该办事处收下汇票,扣除贴现利息14472元,将余款985528元划入天天公司在该办事处开立的账户。次日,天天公司从该账户取走现金10万元。1月26日,天天公司从该账户转账35.5万元给中国钢铁炉料中南公司,购得镀锌板40.921吨,并发给贸易中心。按天天公司与贸易中心合同计算,该批镀锌板价值278262.80元。同日,天天公司还取走现金40万元,转账付出6900元。农行崇仁路办事处于当日再次电话向大理工行询问汇票情况,该行称一切以电报答复为准。1月29日,天天公司从该账户再取走现金12万元。至此,该账户内仅余3628元。

同年1月29日上午,贸易中心感觉天天公司有诈,遂向大理工行报告汇票被骗,该行当即电告农行崇仁路办事处:"我行1月17日签发银行承兑汇票100万元,现付款单位要求请贵行协助停办贴现该汇票。"农行崇仁路办事处随后回电:"你行1月17日签发银行承兑汇票100万元,据你行1月22日电文回复确认并电话核实,我行已于1月24日办理贴现,请贵行到期承付。"1月30日,贸易中心向武汉市江岸区人民法院起诉天天公司。2月5日,该院受理起诉,并由承办人到农行崇仁路办事处调查取证,手工绘制了上述汇票背书记载情况图,汇票背书不完整,其被背书人名称及背书日期空白。2月9日,贸易中心通过法院查明天天公司在农行崇仁路办事处违规开户、贴现、提现及汇票背书记载不合法等事实后,认为本案应属票据纠纷,遂向江岸区法院撤回对天天公司的起诉。2月14日,贸易中心提出书面抗辩,认为中国农业银行武汉市

分行硚口区支行(以下简称硚口农行)违法取得票据,依法不享有票据权利,因此拒绝承担付款义务。2月15日,大理工行发出退票理由书,对争议汇票实行拒付,并将硚口农行提示付款的汇票复印件退回;之后,该汇票被背书人一栏补记了农行崇仁路办事处的名称。4月1日,硚口农行向云南省大理白族自治州中级人民法院提起诉讼,请求判令大理工行承付该汇票,并承担利息及其他费用。

二、请示的问题

大理州中级人民法院在审理本案后,就有关适用法律的问题向云南省高级人民法院请示。云南高院审查认为:硚口农行在取得本案汇票时不存在《中华人民共和国票据法》第十二条第二款所规定的重大过失情形,其支付合理对价后取得汇票,应为该汇票的合法持票人。《票据法》上的重大过失,应指持票人在取得票据时,对票据的真实性、合法性未尽到小心谨慎的注意而受让不合规定的票据,因此不应享有票据权利。在本案中,硚口农行在取得汇票前,曾于1996年1月22日以电报方式就汇票的签发及承兑情况向大理工行进行查询,在大理工行确认汇票真实、合法的情况下方予贴现。故硚口农行在取得汇票时不存在重大过失。至于硚口农行在开户、贴现、提现过程中存在违规行为,不构成《票据法》上所指的重大过失,不影响硚口农行作为该汇票的合法持票人。贸易中心与天天公司之间的供销关系及天天公司与硚口农行之间的贴现关系,分别是天天公司及硚口农行取得汇票的原因关系。在此原因关系中存在的天天公司诈骗及硚口农行违规操作行为,均不影响票据关系中的合法持票人行使票据权利。

至于天天公司背书时未记载被背书人名称及背书日期,并不必然导致硚口农行丧失票据权利。未记载背书日期,依照《中华人民共和国票据法》第二十九条第二款的规定:"视为在汇票到期日前背书"即可,不影响合法持票人行使票据权利;关于未记载被背书人名称的问题,因《中华人民共和国票据法》第三十条将"记载被背书人名称"规定为背书绝对应记载的事项,故未记载被背书人名称时背书不生效。本案关键在于在背书不生效的情况下,合法持票人硚口农行本应享有的票据权利是否必然丧失,其是否可以采取其他救济方法。对此,《中华人民共和国票据法》未作明确规定,但参照《中华人民共和国票据法》第三十一条第一款关于"非经背书转让,而以其他合法方式取得汇票的,依法举证,证明其汇票权利"的规定,并参考相关《票据法》理论,似可作如下处理:本案中硚口农行不能立即主张票据权利,但汇票并非无效,该行必须先举证证实其系支付对价后善意取得汇票的合法持票人,然后才能主张票据权利。

为慎重起见,云南高院向最高人民法院请示,其请示的问题是:

1. 在本案中,硚口农行在取得汇票时是否存在《中华人民共和国票据法》第十二条第二款所规定的不得享有票据权利的重大过失情形?

2. 在背书人天天公司未记载被背书人硚口农行名称的情况下,硚口农行可否向大理工行及贸易中心主张票据权利?

最高人民法院关于中国农业银行汝州市支行与中国建设银行汝州市支行债券兑付纠纷案的复函

- 1999年3月17日
- 〔1998〕民他字第29号

河南省高级人民法院:

你院《关于中国农业银行汝州市支行与中国建设银行汝州市支行债券兑付一案的请示报告》收悉。经研究认为,根据汝州市第三水泥厂与汝州市农业银行签订的《企业债券代销合同》和债券票面的记载,汝州市农业银行应负有债券兑付义务,即汝州市建设银行所持的400万元债券应由汝州市农业银行负责兑付。但是,400万元债券的利息,根据汝州市建设银行与债券发行人汝州市第三水泥厂关于债券利息支付的约定,不应由汝州市农业银行支付。

附：

《河南省高级人民法院关于中国农业银行汝州市支行与中国建设银行汝州市支行债券兑付纠纷案的请示》内容

一、案件主要事实

中国建设银行汝州市支行于1992年7月9日认购了由汝州市第三水泥厂发行由汝州市农行代理发售的企业债券400万元,该债券票面载明:期限3年,年利率10%,从购券之日起计息,到期凭此券到发售单位兑付本息,并加盖有发行单位汝州市第三水泥厂和代理单位汝州市农行的印章。7月16日,中国建设银行汝州市支行将购券款400万元拨给了汝州市小屯乡财政所(第三水泥厂隶属于小屯乡,此款由分财政代管),汝州市农行、第三水泥厂均无提出异议,债券到期后,汝州市农行不予兑付债券本息,为此引起诉讼。另查明:1.该债券的发行是经过中国人民银行汝州市支行批准的,制定有《汝州市第三水泥厂债券发行办法》,该办法第二条规定,自购买日起开始计息,到期债券到原发售银行一次兑付本息。1992年7月2日,第三水泥厂与汝州市农行签订了《企业债券代销合同》并经过了汝州市公证处公证,该合同第四条规定:甲方(农行)负责债券到期的本息兑付,乙方水泥厂应付给甲方兑付储蓄费10000万元,甲方在销售中扣除。第八条规定,乙方在债券到期前6个月,将债券本息分次或一次足额交给甲方,保证甲方如期兑付。2.汝州市农行代理发售第三水泥厂债券,另汝州市卷烟厂、小屯乡财政所、汝州市山王煤矿是水泥厂的担保单位。3.《企业债券代销合同》第三条、第四条规定,汝州市农行代售债券收代销手续费8000元,兑付手续费10000元。1992年8月16日,汝州市小屯乡财政所汇到汝州市农行18000元,汇款用途栏内说明,付农行兑付债券手续费。

原审法院认为,汝州市建行认购了汝州市第三水泥厂发行、由汝州市农行代理发售的企业债券400万元是事实,该债券票面载明:期限3年,年利率10%,到期后,汝州市建行即享有兑取本息的权利。该债券是经汝州市人民银行批准发行的《企业债券发行办法》中规定到期持券到发售银行一次兑付本息,水泥厂与汝州市农行签订并经过公证的《企业债券代销合同》也明确规定,甲方(汝州市农行)负责债券到期的本息兑付,据此说明双方就债券由农行兑付的意思表示是一致的,且在事实上汝州市农行收到了该债券发售和兑付的手续费,因此汝州市农行应负责该债券的兑付义务。况且担保单位内容也说明是向汝州市农行保证债券到期由水泥厂向农行付本息的,可以印证汝州市支行负兑付义务,虽然汝州市农行、水泥厂均未提出异议,应视为其对付款方式的默认,汝州市农行之没有直接收到券款,不应负兑付义务的理由不能成立,其要追加水泥厂和担保单位为共同被告的理由,本院不予采纳。由于汝州市农行不兑付债券,给汝州市建行造成了一定损失,因此,在兑付债券时应按照银行流动资金贷款利率计付债券到期后至付款之日的利息作为对汝州市建行的赔偿。判决:汝州市农行于本判决生效后10日内向汝州市建行兑付企业债券400万元,利息120万元,并按照银行同期流动资金贷款利息支付汝州市建行上述款项,自1995年7月16日至本判决生效后第10日的利息,逾期不履行双倍支付迟延履行期的债券利息,诉讼费46631元,由汝州市农行承担。

二、当事人的请求及理由

汝州市农行上诉称:债券的票面虽载明了到期凭券到发售单位兑位本息,但却没有明确约定发售单位,相反,债券载明的注意事项都确认了上诉人代理单位的地位,事实上发售单位也不是上诉人,被上诉人直接从发售单位汝州市第三水泥厂处购的债券,显而易见,被上诉人与发行单位也形成了事实上的购买与发售关系,从被上诉人与汝州市第三水泥厂签订的债券利息合同中不难看出,发行单位汝州市第三水泥厂已经作出了分期支付债券利息及"根据经营状况,提前归还债券本息"的承诺,据此,被上诉人无权向上诉人主张权利。从债券发行的整个过程看,不管是代理发行还是代理发售,上诉人的法律地位始终是代理人,被代理人对代理人的代理行为应承担民事责任,最高人民法院经济庭1994年4月29日对中国人民银行条法司关于代理发行企业债券的金融机构应否承担企业债券发行人债务责任问题的复函中也说明"企业债券的发行人对企业债券的持有人负有按债券约定的期限偿付本息的义务"。金融机构接受企业债券发行的委托代理发行企业债券,根据《中华人民共和国民法通则》第六十三条第二款的规定,应当由企业债券的发行人对金融机构的民事法律行为承担民事责任。因此,当企业债券的发行人未按约定期限偿付企业债券的本息时,债券持有人应当向企业债券的发行人和(或)担保人主张民事权利。也足以说明被上诉人在债券到期时应向发行债券单位主张权利。

汝州市建行答辩称:债券"注明事项第二条明确约定"到期凭此券到发售单位兑取本息,上诉人和发行方签订的从企业债券代销合同也可以印证此事,该合同第二条规定"甲方负责按照乙方发行债券的条件和时间进行销售,"第四条规定"甲方负责债券到期的本息兑付",而合同中的甲方就是上诉人。被上诉人与发行单位签订的《债券利息合同》是无效合同,因为这份合同处分了上诉人权利义务而无上诉人参加,不能发生法律效力,当然不能使上诉人免除兑付义务。

三、河南省高级人民法院的处理意见

二审查明的事实与原审法院判决查明的事实基本一致。

另查明,1992年7月16日,汝州市建行为甲方与汝州市第三水泥厂为乙方订立了一份债券利息合同,该合同第二条明确规定,该债券利息乙方直接交给甲方,不再经农行转付。第五条规定本债券利息若不能如期偿还,由此造成的各种损失及费用由乙方及担保方负责。第六条规定乙方可根据经营状况,提前归还债券本息,甲方、乙方、担保方均盖有单位公章。

合议庭意见,汝州市建行认购了汝州市第三水泥厂发行由汝州市农行代理发售的企业债券400万元,该债券票面载明:期限3年,年利率10%,到期后,汝州市建行即享有兑付本息的权利。水泥厂与汝州市农行签订并经过公证的《企业债券代销合同》也明确规定:"甲方(汝州市农行)负责债券到期后本息兑付",且在事实上汝州市农行已收到了该债券发售和兑付的手续费。因此,汝州市农行上诉称,上诉人的法律地位始终是代理,被代理人对代理人的代理行为应承担民事责任,被上诉人无权向上诉人主张权利的理由不足,本院不予支持。因1992年7月16日汝州市建行(甲方)与汝州市第三水泥厂(乙方)自愿签订了一份债务利息合同并明确约定债务利息由乙方和担保人承担,该合同是对企业债券代销合同付息办法的变更,且不违背法律规定,又是双方真实意思的表示,该合同应予认定,汝州市建行应向发行人及担保人追偿利息,一审法院认定事实基本清楚,但对利息部分处理不当,应予纠正,撤销平顶山市中级人民法院〔1997〕平民初字第20号民事判决,汝州市农行于本判决生效后10日内向汝州市建行兑付债券400万元,一审诉讼费46631元,由汝州市农行负担36631元,由汝州市建行负担10000元,二审诉讼费46631元,由汝州市农行负担36631元,汝州市建行负担10000元。因债券案件属新型案件,改革性强,且有最高人民法院经济庭对中国人民银行条法司的复函如何理解问题。因此,将此案提交我院审委会进行了研究。

审委会多数人意见维持一审判决,其理由是水泥厂与汝州市农行签订并经过公证的《企业债券代销合同》中明确约定,甲方汝州市农行负责债券到期的本息兑付,据此说明双方就债券由农行兑付的意见表示是明确一致的,且在事实上汝州市农行已收到了债券发售和兑付的手续费。由汝州市农行代理发行的企业债券400万元,该债券票面明确载明,期限3年,年利率10%,从购券之日起计息,到期凭此券到发售单位兑付本息,汝州市农行就是发售债券单位,按照其承诺和约定,汝州市农行应负责债券的兑付义务,因此原审判决正确,应予维持。

少数人认为,此债券应由汝州市第三水泥厂和担保单位兑付。因水泥厂是债券发行单位,是债券受益者,农行只是代理发售,虽取得一定的手续费,并未享有其他利益,根据最高人民法院经济庭对中国人民银行条法司的复函,金融机构接受企业债券发行人的委托代理发行企业债券,根据《中华人民共和国民法通则》第六十三条第二款的规定,应当由企业债券的发行人对金融机构的民事法律行为承担民事责任。因此,当企业债券的发行人未按约定期限偿付企业债务本息时,债券持有人应当向企业债券的发行人和(或)担保人主张民事权利。对此,汝州市建设支行应向债券发行单位水泥厂及担保人主张民事权利。

最高人民法院关于景德镇市昌江信用联社营业部与中国银行景德镇市分行曹家岭办事处汇票结算纠纷案的答复

- 2000年9月15日
- 法经〔2000〕205号

江西省高级人民法院:

从你院报告反映的事实来看,景德镇市金属管件工贸有限公司(以下简称管件公司)作为出票人取得四张银行承兑汇票后,未将汇票交付票据上所载明的收款人,而在汇票第一背书人栏目中加盖了本单位公章和法定代表人私章,致上述汇票背书次序混乱、不连续,违反了《票据法》第三十一条的有关规定。景德镇市昌江信用联社营业部作为金融机构,应该知道管件公司不是承兑汇票的合法持票人,但其仍然接受该公司以上述承兑汇票质押并贷出款项,应属重大过失。根据《票据法》第十条第二款的规定,景德镇市昌江信用联社营业部因重大过失取得不符合《票据法》规定的票据,不得享有票据权利。

最高人民法院研究室对《票据法》第十七条如何理解和适用问题的复函

- 2000年9月29日
- 法(研)明传〔2000〕21号

上海市高级人民法院:

你院〔1999〕沪高经终字第584号《关于如何理解和适用(票据法)第十七条之规定的请示》收悉。经研究,答复如下:

一、《中华人民共和国票据法》第十七条第一款第(一)项规定的"持票人对票据的出票人和承兑人的权利",包括付款请求权和追索权;第(三)项规定的"持票人对前手的追索权",不包括对票据出票人的追索权。

二、你院请示的持票人行使追索权的期限,应当适用《中华人民共和国票据法》第十七条第一款第(一)项规定的两年期限。

最高人民法院关于鞍山钢铁公司弓长岭矿山公司与沈阳城市合作银行新华支行、辽阳城市合作银行弓长岭支行票据纠纷一案的复函

- 2002年8月29日
- 〔2001〕民他监字34号

辽宁省高级人民法院:

你院请示收悉,经研究,答复如下:

1. 结算处向弓长岭矿山公司背书转让银行承兑汇票时,在被背书人一栏仅记载为"弓矿公司",以及弓长岭矿山公司将该银行承兑汇票用作质押时,签章与预留印鉴不符,违反了《票据法》第七条和《银行结算办法》第八条第一款的规定。但是,上述签章的结果并不必然导致弓长岭矿山公司丧失票据权利。鉴于合作银行弓长岭支行非以此为由拒付票款,弓长岭矿山公司的前手对持票人的真实性没有提出异议,该银行承兑汇票到期日前无人对其主张票据权利,人民银行辽阳市分行在诉讼期间对此问题也出具了证明,故应确认背书连续,弓长岭矿山公司不因此丧失票据权利。2. 弓长岭矿山公司未背书记载"质押"字样,其后果仅为质押权人无法证明其票据质权,依票据的文义性,弓长岭矿山公司为持票人。合作银行弓长岭支行不向工商银行弓长岭支行拒付票款,而是向弓长岭矿山公司拒付票款的事实,也说明了这一点。根据《票据法》第五十三条第三款的规定,通过委托收款银行或者通过票据交换系统向付款人提示付款的,视同持票人提示付款。3. 该银行承兑汇票属于旧版汇

票,根据《银行结算会计核算手续》中有关收款人或被背书人开户行受理银行承兑汇票处理手续的规定,该银行承兑汇票的最后签章形式,不属于空白背书。4. 根据《票据法》第三十六条的规定,合作银行弓长岭支行拒绝付款退票后,不得背书转让。5. 该银行承兑汇票是在法定期限内通过票据交换系统提示付款的。合作银行弓长岭支行则是在接到新华支行转送的沈阳市大东区法院冻结止付的裁定及相关事宜的通知之后,以汇票冻结为由拒付,并向弓长岭矿山公司出具了借款特种传票。根据《票据法》第五十三条第一款第(二)项和第三款的规定,应视同弓长岭矿山公司向新华支行提示付款。综上所述,弓长岭矿山公司享有该银行承兑汇票的票据权利。新华支行对其承兑的汇票负有汇票到期日无条件付款的责任。

沈阳市大东区法院冻结本案汇票的裁定错误,应予撤销。

附:

《辽宁省高级人民法院关于鞍山钢铁公司弓长岭矿山公司与沈阳城市合作银行新华支行、辽阳城市合作银行弓长岭支行票据纠纷一案的请示》内容

一、案件主要事实

1997年3月8日,沈阳市宏顺金属材料改制厂(以下简称改制厂)为购买钢坯、螺纹钢与鞍山市人民检察院劳动服务公司铆焊厂(以下简称铆焊厂)签订了一份购销合同,铆焊厂依据该合同取得03677658号银行承兑汇票。该银行承兑汇票到期日为1997年9月12日,票面金额800万元,承兑人系沈阳城市合作银行新华支行(以下简称新华支行)。1997年3月27日铆焊厂将该银行承兑汇票背书转让给鞍钢供销公司销售结算处(以下简称结算处),结算处又将其背书转让给鞍山钢铁公司弓长岭矿山公司(以下简称弓长岭矿山公司),该次背书未记载背书日期,并将弓长岭矿山公司简写为"弓矿公司"。1997年4月29日,弓长岭矿山公司与其开户行中国工商银行辽阳市分行弓长岭支行(以下简称工商银行弓长岭支行)签订了一份1850万元的借款合同,借款日期自1997年4月29日至1997年10月28日止。同日双方又签订一份质押合同,质押清单中列有03677658号银行承兑汇票。质押时,弓长岭矿山公司在背书人栏加盖了"鞍山钢铁公司弓长岭矿山公司财务专用章"和其会计处长助理的个人名章,此财务专用章与其在该开户行的预留印鉴"鞍钢弓长岭矿山公司"不符,被背书人栏和背书日期空白。同年9月8日改制厂因铆焊厂未全面履行合同,向沈阳市大东区人民法院起诉,申请对该银行承兑汇票保全,同日,该院裁定冻结该汇票,停止支付,并委托承兑行新华支行通知有关单位。同月10日,新华支行派员将冻结裁定及冻结事宜通知了合作银行弓长岭支行。次日,工商银行弓长岭支行将该汇票交中国人民银行辽阳分行办理同城票据交换。同月12日合作银行弓长岭支行以汇票冻结为由向弓长岭矿山公司出具了特种借方传票,拒付此款。合作银行弓长岭支行退票后,工商银行弓长岭支行将该银行承兑汇票退给了弓长岭矿山公司。该公司于1997年10月7日向法院起诉,要求新华支行、合作银行弓长岭支行支付800万元票款及利息。

二、原一、二审法院审理情况

辽宁省辽阳市中级人民法院一审认为,弓长岭矿山公司所持汇票票面条款齐全,系新华支行签发属实,背书转让连续,弓长岭矿山公司以购销关系取得,并付出了对价,其票据权利应依法受到保护。弓长岭矿山公司是合法持票人,新华支行负有到期无条件支付的义务,其以法院冻结该汇票为由拒付票款理由不能成立。沈阳市大东区法院的裁定并没有冻结弓长岭矿山公司的财产,且根据《中华人民共和国票据法》的规定,也不能以其裁定作为对合法持票人的抗辩事由,新华支行拒付属于弓长岭矿山公司的款项,侵犯了合法持票人的财产权利是错误的。合作银行弓长岭支行收到该银行承兑汇票的解讫通知,以中国人民银行没有正式批准合作银行开展银行承兑汇票结算业务而提出退票是有根据的。因此,合作银行弓长岭支行不应承担法律责任。据此,作出〔1997〕辽经初字第273号民事判决:一、

新华支行按汇票金额支付给弓长岭矿山公司800万元。二、新华支行按上述汇票金额支付利息，按中国人民银行贷款利率计算，从1997年9月12日起至给付完毕之日止。案件受理费由新华支行承担。新华支行不服，向辽宁省高级人民法院提起上诉。

辽宁省高级人民法院二审认为，弓长岭矿山公司在受让该汇票时，在被背书人栏的签名与银行预留印鉴不符，被背书人栏为空白，违反了《票据法》第三十八条的规定。该汇票到期后，弓长岭矿山公司在法定期限内未向新华支行提示付款，且未作出说明，故新华支行可以拒付。工商银行弓长岭支行在向合作银行弓长岭支行请求付款遭拒绝后，将该票据退给弓长岭矿山公司。在未签回头背书、新华支行未作出拒绝证明或退票理由书的情况下，该公司径行向法院起诉，其一系列行为违反了《票据法》第五十三条关于"定日付款、出票后定期付款或者见票后定期付款的汇票，自到期日起10日内向承兑人提示付款"、第六十二条第一款关于持票人行使追索权时，应当提供被拒绝付款的有关证明、第六十五条"持票人不能出示拒绝证明、退票理由书或者未按规定期限提供其他合法证明的，丧失对前手的索权"的规定。所以，新华支行主张弓长岭矿山公司因空白背书，违反《票据法》规定而丧失该票据权利的上诉理由成立，其拒付理由充分，应予支持；其关于弓长岭矿山公司恶意取得该票据的上诉理由缺少事实依据，不予支持。原判认定弓长岭矿山公司所持汇票，票面齐全，背书连续，弓长岭矿山公司将汇票交开户行工商银行弓长岭支行转账与事实不符。确定弓长岭矿山公司为合法持票人而保护其票据权利不当。据此改判：一、撤销辽阳市中级人民法院〔1997〕辽经初字第273号民事判决；二、驳回弓长岭矿山公司的诉讼请求。一、二审案件受理费由弓长岭矿山公司承担。

三、辽宁省高级人民法院的请示意见

二审判决后，弓长岭矿山公司申请再审，其理由为：取得诉争票据已付出对价，背书转让连续，系合法持票人。在提示付款期内委托开户行向新华支行提示付款，该行负有到期无条件付款的责任。复查中，辽宁省高级人民法院审委会因对弓长岭矿山公司是否享有票据权利形成两种意见。多数意见认为，二审关于弓长岭矿山公司受让汇票时在背书人栏的签名与银行预留印鉴不符造成背书不连续、其质押汇票时在背书人栏的签名亦与银行预留印鉴不符；且被背书人栏空白，构成空白背书，其在法定期限内未向新华支行行使提示付款请求权，未作出说明，该行可以拒付。工商银行弓长岭支行请求付款被拒绝后，在其未签回头背书，新华支行未作拒绝证明的情况下径行起诉的行为违反《票据法》的认定正确，故弓长岭矿山公司丧失票据权利，新华支行拒付理由充分，应驳回再审申请，维持二审判决。少数意见认为，弓长岭矿山公司在受让和质押汇票时的签章未用全称或与其开户行预留印鉴不符，不导致票据无效及持票人丧失票据权利。弓长岭矿山公司系该汇票最后一手，无第三人主张，人民银行辽阳市分行证实该简称形成惯例，在辽阳地区形成惟一性简称，应认定该简称记载和签章系弓长岭矿山公司。背书连续转让背书连续，不包括质押背书，即使认定最后签章形式为空白背书，该背书无效也不影响弓长岭矿山公司依背书连续取得的票据权利。根据《票据法》的规定，通过委托收款银行或通过票据交换系统向付款人提示付款的视同持票人提示付款。持票人不能出示拒绝证明、退票理由书的，丧失对其前手的追索权，但付款人仍应对持票人承担责任。故认为应提起再审，撤销二审判决，维持一审判决。

最高人民法院关于中国工商银行运城市分行广场分理处与中国建设银行太原市分行承兑汇票纠纷执行争议案的复函

● 2002年11月19日
● 〔2001〕执监字第26号

山西省高级人民法院：

你院〔2001〕晋法执字第54号《关于申请人中国工商银行运城分行广场办事处解州分理处与被执行人中国建设银行太原市分行承兑汇票纠纷一案执行情况的报告》收悉，经研究，答复

如下：

1. 你院〔1998〕晋经监字第2号再审判决为本案最终执行依据，该判决明确判定了中国建设银行太原市分行（以下简称建行太原分行）、中国工商银行运城分行广场办事处解州分理处（现为中国工商银行运城分行城建办事处解州分理处，以下简称工行运城分行）、山西宏宝贸易公司（以下简称宏宝公司）、山西省朔州市物贸中心（以下简称朔州物贸）、山西金丰实业有限公司（以下简称金丰公司）具有返还义务的法律责任，且各方当事人的权利义务明确，各债权人可据以单独申请执行。

2. 依据《民事诉讼法》第二百零七条、二百一十六条、二百一十九条和《最高人民法院关于人民法院执行工作若干问题的规定（试行）》第十九条之规定，你院〔1998〕晋经监字第2号再审判决生效后，债权人未向法院申请执行的，法院不应依职权进行执行。本案只有朔州物贸、工行运城分行向太原市中级人民法院申请执行，且朔州物贸申请执行宏宝公司后，在太原市中级人民法院主持下，双方已于2000年11月达成执行和解协议并已履行完毕。工行运城分行申请执行建行太原分行后，因后者申诉而至今尚未执行。其他债权人均未申请执行，且已过法定申请执行期限，放弃申请执行的后果只能由其自行承担。建行太原分行未在法定期限内向法院申请强制执行，不能因其债权未予实现而拒绝履行其应向工行运城分行返还款项的义务。

3. 你院〔1997〕晋经终字第102号二审判决生效后，金丰公司于1997年12月14日向太原市中级人民法院申请执行，该院于同年12月22日立案后将冻结在建行太原分行账户上贴现款486.4597万元全部执行给金丰公司。二审判决执行完毕后，你院又以〔1998〕晋经终字第2号再审判决撤销了你院二审判决。本案由于判决的错误而造成执行的错误，根据《民事诉讼法》第二百一十四条和《最高人民法院关于人民法院执行工作若干问题的规定（试行）》第一百零九条之规定，应依职权对金丰公司依据二审判决获得的款项执行回转，并返还建行太原分行，以维护其合法权益。

4. 请你院按上述意见函复本案有关的执行当事人。

◎ 指导案例

长治市达洋电器有限公司诉博西家用电器（中国）有限公司买卖合同纠纷案[①]

【裁判摘要】

人民法院就票据作出的除权判决系对权利的重新确认，票据自除权判决公告之日起即丧失效力，持票人即丧失票据权利，使原来结合于票据中的权利人从票据中分离出来，公示催告申请人即有权依据除权判决请求票据付款人付款。但是，持票人丧失票据权利，并不意味着基础民事权利丧失，其仍有权依据基础合同主张民事权利，行使基础合同履行中的债务抵销权，并不损害基础合同相对方的合法权益。

【案情】

原告：长治市达洋电器有限公司。

法定代表人：臧永达，该公司董事长。

被告：博西家用电器（中国）有限公司。

法定代表人：盖尔克（ROLAND GERKE），该公司总裁。

原告长治市达洋电器有限公司（以下简称达洋公司）因与被告博西家用电器（中国）有限公司（以下简称博西公司）发生买卖合同纠纷，向江苏省南京市鼓楼区人民法院提起诉讼。

原告达洋公司诉称：达洋公司、被告博西公司双方有长期合作关系。2010年3月6日，达洋公司与博西公司分别签订2010年西门子冰箱/洗衣机销售合同、2010年西门子热水器/厨房电器销售合同、2010年博世冰箱/洗衣机/酒柜销售合同。由达洋公司给付博西公司预付款，博西公司根据达洋公司订单供应家用电器。2010年7月，达洋公司向郭鹏飞支付29万元，取得一份出票人为

[①] 案例来源：《最高人民法院公报》2011年第11期。

山西潞安环保能源开发股份有限公司、出票日期为2010年6月22日、票号为GA0101930426、票面金额为30万元、到期日为2010年12月22日的银行承兑汇票,达洋公司以该银行承兑汇票作为货款给付博西公司。博西公司接收后将其背书给博西华家用电器有限公司(以下简称博西华公司)。2010年7月23日,博西华公司向中国银行股份有限公司滁州分行(以下简称滁州中行)申请贴现。滁州中行经查询无误后,给付了博西华公司贴现款。2010年12月,滁州中行得知该银行承兑汇票在2010年10月20日被太原市杏花岭区人民法院作出除权判决。随后滁州中行将该银行承兑汇票退还博西华公司,博西华公司又退给博西公司,博西公司于2010年12月23日将该银行承兑汇票退还给达洋公司,并出具了退票说明,称因该银行承兑汇票被除权,以票据项下博西公司的后手索回款项并退还该票据为由,决定从达洋公司预付款中予以扣除30万元。达洋公司交付给博西公司的该银行承兑汇票,在背书转让时并无挂止,更没有被除权,同时博西公司也予以接收,该笔预付款的支付没有任何瑕疵。因博西公司的后手怠于行使票据权利,博西公司将已被除权的银行承兑汇票退还给达洋公司,并将达洋公司的预付款扣除,侵犯了达洋公司的合法权益。请求判决博西公司继续履行双方签订的2010年西门子冰箱/洗衣机销售合同、2010年西门子热水器/厨房电器销售合同、2010年博世冰箱/洗衣机/酒柜销售合同,并不得以GA0101930426票面金额为30万元的银行承兑汇票被除权为由扣除达洋公司相应货款。

被告博西公司辩称:原告达洋公司与博西公司之间的家用电器销售合同实际上仍在继续履行,达洋公司要求继续履行买卖合同的诉讼请求不存在。达洋公司以GA0101930426银行承兑汇票的形式向博西公司支付预付款30万元,后该银行承兑汇票被法院作出了除权判决,而被宣告无效,博西公司将该银行承兑汇票退还给了达洋公司,现由达洋公司持有该票据。因此,达洋公司未实际向博西公司支付该票据项下30万元货款,博西公司从达洋公司的预付款账款中扣除30万元,系合理合法的行为,并未侵犯达洋公司的合法权益。请求判决驳回达洋公司的诉讼请求。

南京市鼓楼区人民法院一审查明:

原告达洋公司、被告博西公司双方有长期业务合作关系。2010年3月6日,达洋公司与博西公司分别签订了2010年西门子冰箱/洗衣机销售合同、2010年西门子热水器/厨房电器销售合同、2010年博世冰箱/洗衣机/酒柜销售合同。由达洋公司给付博西公司预付款,博西公司再根据达洋公司订单供应家用电器。

2010年7月,原告达洋公司向郭鹏飞支付29万元,取得一份出票人为山西潞安环保能源开发股份有限公司、出票日期为2010年6月22日、票号为GA0101930426、票面金额为30万元、到期日为2010年12月22日的银行承兑汇票。该银行承兑汇票记载的达洋公司的直接前手(背书人)为长治市鸿腾商贸有限公司(以下简称鸿腾公司)。2010年7月5日,达洋公司为向被告博西公司支付预付款,将其持有的该银行承兑汇票背书给博西公司。博西公司在收到该银行承兑汇票后,又将其背书给博西华公司。2010年7月23日,博西华公司与滁州中行签订了汇票贴现协议,其主要内容为:贴现利率为4%,无论何种原因导致退票或滁州中行不能按时收到汇票款项的,滁州中行对博西华公司享有追索权,博西华公司同意滁州中行从博西华公司开立在滁州中行的账户中扣收未付的汇票金额及延误收款期间的利息和有关费用。滁州中行经对该银行承兑汇票的真实性、合法性、有效性进行审查核实无误,并于当日给付博西华公司贴现款294833.33元。

在滁州中行持有该银行承兑汇票,并给付博西华公司贴现款后,鸿腾公司以遗失了票号为GA0101930426的银行承兑汇票为由,向太原市杏花岭区人民法院(以下简称杏花岭法院)申请公示催告,该法院受理后,于2010年8月6日在人民法院报进行了公告。2010年10月9日,杏花岭法院作出(2010)杏民催字第34号民事判决,宣告上述票据无效,并于2010年10月20日在人民法院报进行了公告。

滁州中行于2010年11月得知上述情况后,将该银行承兑汇票退还给博西华公司,博西华公司后又退还给被告博西公司。2010年12月7日,滁州中行向博西华公司出具了"关于贴现银承被挂失作退票处理的说明",其主要内容为:博西华公司在滁州中行贴现的票号为GA0101930426金额为30万元的银行承兑汇票,已被中间背书人于2010年8月2日挂失,滁州中行已于2010年11月30日接中国银行股份有限公司安徽省分行法院挂失清单发现此情况,并于当日通知博西华公司,该票据已作退票处理。2010年12月13日,博西公司再将该银行承兑汇票退还给原告达洋公司。2010年12月22日,滁州中行从博西华公司账户划款30万元。

2010年12月22日,博西华公司向被告博西公司发函,其主要内容为:博西华公司于2010年7月21日从博西公司取得票号为GA0101930426、票面金额为30万元的银行承兑汇票已被法院于2010年10月20日公告了除权判决,宣告该票据无效,并确认鸿腾公司对该票据项下的30万元款项有权请求支付;基于此原因,滁州中行根据贴现协议的约定,于2010年12月22日从博西华公司账户扣划了与该银行承兑汇票票面金额等额的30万元。博西华公司要求博西公司将该汇票项下未能给付的30万元款项退还。

2010年12月23日,被告博西公司向原告达洋公司出具了退票说明,主要内容为:根据双方销售合同,达洋公司曾经背书转让一张票号为GA0101930426银行承兑汇票,作为支付的30万元货款;但该票据中的第三背书人鸿腾公司向法院申请公示催告,在法院作出了除权判决后,进行了公告,宣告该票据无效并确认鸿腾公司对该票据项下的30万元款项有权请求支付;该票据项下博西公司的后手从博西公司索回款项并退还该票据;博西公司决定从达洋公司预付款中予以扣除30万元作为2010年销售合同项下的货款支付。达洋公司、博西公司由此产生纠纷。

另查明,博西华公司已确认被告博西公司退还了30万元货款,博西公司也已实际从原告达洋公司预付款中扣除30万元。

上述事实,有家用电器销售合同三份、票号为GA0101930426银行承兑汇票一份、被告博西公司收条一份、贴现协议一份、贴现凭证一份、滁州中行贴现退票处理说明一份、博西华公司退票说明一份、博西华公司退票后回款说明一份、博西公司退票说明一份、杏花岭法院公告两份及庭审笔录等予以证实,法院予以确认。

本案一审的争议焦点为:被告博西公司将该银行承兑汇票退还原告达洋公司并从其预付款中扣除30万元是否损害达洋公司合法权益。

南京市鼓楼区人民法院一审认为:

本案系因鸿腾公司就票号为GA0101930426、票面金额为30万元的银行承兑汇票向法院申请公示催告,由法院作出除权判决后,被告博西公司从原告达洋公司预付款中扣除30万元并退还该银行承兑汇票,达洋公司以博西公司不应扣除其预付款30万元为由,要求博西公司继续供应货物而提起诉讼,达洋公司与博西公司之间的纠纷应系买卖合同纠纷。达洋公司与博西公司签订的2010年西门子冰箱/洗衣机销售合同、2010年西门子热水器/厨房电器销售合同、2010年博世冰箱/洗衣机/酒柜销售合同均合法有效,应受法律保护。

被告博西公司在履行买卖合同过程中,将被除权的银行承兑汇票退还原告达洋公司,从其预付款中扣除30万元,并不损害达洋公司的合法权益。主要理由如下:

首先,原告达洋公司持有的票号为GA0101930426、票面金额为30万元的银行承兑汇票记载事项符合法律规定,背书连续,反映的票据关系明确,其在向被告博西公司付款时,有权将该银行承兑汇票背书给博西公司。博西公司有权将该银行承兑汇票背书给与其有真实交易关系的博西华公司。博西华公司亦有权向滁州中行申请贴现。滁州中行在公示催告前取得该银行承兑汇票,其应系最后合法持票人。

其次,票据自法院除权判决公告之日起即丧失效力,持票人即丧失票据权利。除权判决系对权利的重新确认,既非创设新的票据权利,也非恢复票据上的实质权利,除权判决所确认的票据权利内容应与被宣告无效的票据权利相一致,不具有优于原票据上记载的权利,使原来结合了票据中的权利人从票据中分离出来,公示催告申请人即有权依据除权判决请求付款人付款。但是,持票人丧失票据权利,并不意味着基础民事权利丧失,其仍有权依据基础合同主张民事权利。就本案而言,滁州中行在公示催告期间内未申报票据权利,导致法院对该银行承兑汇票作出除权判决,其已丧失票据权利,但仍可依据基础关系即贴现合同约定向博西华公司追索贴现所得。

再次,博西华公司亦因该银行承兑汇票被法院判决除权而丧失票据权利,但其亦并不丧失基础民事权利,其有权依据与被告博西公司之间的基础法律关系,主张博西公司付款行为无效,而要求博西公司重新履行付款义务。同理,博西华公司已向博西公司主张了基础民事权利,博西公司虽不得再依据该银行承兑汇票主张票据权利,但仍有权依其与原告达洋公司之间的买卖合同而行使民事权利,而向达洋公司索要30万元。在本案中,博西公司从达洋公司预付款中扣除30万元,退还该银行承兑汇票,并向其出具退票说明,系其为解决与达洋公司之间买卖合同履行中的问题而行使债务抵销权,符合我国合同法的相关规定。因此,博西公司从达洋公司预付款中扣除30万元,并不损害达洋公司的合法权益。

综上所述,法院认为,原告达洋公司背书给被告博西公司票号为GA0101930426、票面金额为30万元的银行承兑汇票被法院判决除权而无效,博西公司基于基础关系实现民事权利并退回该银行承兑汇票,并不违反法律规定。达洋公司主张博西公司从其预付款账款中扣除30万元构成侵权,无事实和法律依据,法院不予采纳。博西公司的抗辩理由成立,法院予以采纳。因此,达洋公司请求法院判决博西公司不得扣除其相应货款,并要求博西公司继续履行货物供应义务的诉讼请求,不能成立,法院不予支持。达洋公司如确有基础民事交易关系,持有该银行承兑汇票仍可向交易相对人主张权利,以获得法律上的救济。

据此,江苏省南京市鼓楼区人民法院依照《中华人民共和国票据法》第十八条,最高人民法院《关于审理票据纠纷案件若干问题的规定》第十六条,《中华人民共和国合同法》第六十条、第九十九条、第一百零七条,《中华人民共和国民事诉讼法》第一百二十八条的规定,于2011年3月15日判决:

驳回达洋公司的诉讼请求。

一审宣判后,当事人在法定期间内未提出上诉,一审判决已发生法律效力。

◎ 法规链接

中华人民共和国票据法

- 1995年5月10日第八届全国人民代表大会常务委员会第十三次会议通过
- 根据2004年8月28日第十届全国人民代表大会常务委员会第十一次会议《关于修改〈中华人民共和国票据法〉的决定》修正

第一章 总 则

第一条 【立法宗旨】为了规范票据行为,保障票据活动中当事人的合法权益,维护社会经济秩序,促进社会主义市场经济的发展,制定本法。

第二条 【适用范围】在中华人民共和国境内的票据活动,适用本法。

本法所称票据,是指汇票、本票和支票。

第三条 【基本原则】票据活动应当遵守法律、行政法规,不得损害社会公共利益。

第四条 【票据权利与票据责任】票据出票人制作票据,应当按照法定条件在票据上签章,并按照所记载的事项承担票据责任。

持票人行使票据权利,应当按照法定程序在票据上签章,并出示票据。

其他票据债务人在票据上签章的,按照票据所记载的事项承担票据责任。

本法所称票据权利,是指持票人向票据债务人请求支付票据金额的权利,包括付款请求权和追索权。

本法所称票据责任,是指票据债务人向持票人支付票据金额的义务。

第五条 【票据代理】票据当事人可以委托其代理人在票据上签章,并应当在票据上表明其代理关系。

没有代理权而以代理人名义在票据上签章的,应当由签章人承担票据责任;代理人超越代理权限的,应当就其超越权限的部分承担票据责任。

第六条 【非完全行为能力人签章的效力】无民事行为能力人或者限制民事行为能力人在票

据上签章的,其签章无效,但是不影响其他签章的效力。

第七条　【票据签章】票据上的签章,为签名、盖章或者签名加盖章。

法人和其他使用票据的单位在票据上的签章,为该法人或者该单位的盖章加其法定代表人或其授权的代理人的签章。

在票据上的签名,应当为该当事人的本名。

第八条　【票据金额的记载】票据金额以中文大写和数码同时记载,二者必须一致,二者不一致的,票据无效。

第九条　【票据的记载事项及其更改】票据上的记载事项必须符合本法的规定。

票据金额、日期、收款人名称不得更改,更改的票据无效。

对票据上的其他记载事项,原记载人可以更改,更改时应当由原记载人签章证明。

第十条　【票据的基础关系】票据的签发、取得和转让,应当遵循诚实信用的原则,具有真实的交易关系和债权债务关系。

票据的取得,必须给付对价,即应当给付票据双方当事人认可的相对应的代价。

第十一条　【无对价的票据取得】因税收、继承、赠与可以依法无偿取得票据的,不受给付对价的限制。但是,所享有的票据权利不得优于其前手的权利。

前手是指在票据签章人或者持票人之前签章的其他票据债务人。

第十二条　【非法、恶意或重大过失取得票据的效力】以欺诈、偷盗或者胁迫等手段取得票据的,或者明知有前列情形,出于恶意取得票据的,不得享有票据权利。

持票人因重大过失取得不符合本法规定的票据的,也不得享有票据权利。

第十三条　【票据抗辩】票据债务人不得以自己与出票人或者与持票人的前手之间的抗辩事由,对抗持票人。但是,持票人明知存在抗辩事由而取得票据的除外。

票据债务人可以对不履行约定义务的与自己有直接债权债务关系的持票人,进行抗辩。

本法所称抗辩,是指票据债务人根据本法规定对票据债权人拒绝履行义务的行为。

第十四条　【伪造和变造票据的效力】票据上的记载事项应当真实,不得伪造、变造。伪造、变造票据上的签章和其他记载事项的,应当承担法律责任。

票据上有伪造、变造的签章的,不影响票据上其他真实签章的效力。

票据上其他记载事项被变造的,在变造之前签章的人,对原记载事项负责;在变造之后签章的人,对变造之后的记载事项负责;不能辨别是在票据被变造之前或者之后签章的,视同在变造之前签章。

第十五条　【票据丧失及其救济】票据丧失,失票人可以及时通知票据的付款人挂失止付,但是,未记载付款人或者无法确定付款人及其代理付款人的票据除外。

收到挂失止付通知的付款人,应当暂停支付。

失票人应当在通知挂失止付后3日内,也可以在票据丧失后,依法向人民法院申请公示催告,或者向人民法院提起诉讼。

第十六条　【行使或保全票据权利的场所和时间】持票人对票据债务人行使票据权利,或者保全票据权利,应当在票据当事人的营业场所和营业时间内进行,票据当事人无营业场所的,应当在其住所进行。

第十七条　【票据时效】票据权利在下列期限内不行使而消灭:

(一)持票人对票据的出票人和承兑人的权利,自票据到期日起2年。见票即付的汇票、本票,自出票日起2年;

(二)持票人对支票出票人的权利,自出票日起6个月;

(三)持票人对前手的追索权,自被拒绝承兑或者被拒绝付款之日起6个月;

(四)持票人对前手的再追索权,自清偿日或者被提起诉讼之日起3个月。

票据的出票日、到期日由票据当事人依法确定。

第十八条　【票据利益的返还请求权】持票人因超过票据权利时效或者因票据记载事项欠缺而丧失票据权利的,仍享有民事权利,可以请求出票人或者承兑人返还其与未支付的票据金额相当的利益。

第二章 汇 票
第一节 出 票

第十九条 【汇票的定义和种类】汇票是出票人签发的,委托付款人在见票时或者在指定日期无条件支付确定的金额给收款人或者持票人的票据。

汇票分为银行汇票和商业汇票。

第二十条 【出票的定义】出票是指出票人签发票据并将其交付给收款人的票据行为。

第二十一条 【出票行为的有效条件】汇票的出票人必须与付款人具有真实的委托付款关系,并且具有支付汇票金额的可靠资金来源。

不得签发无对价的汇票用以骗取银行或者其他票据当事人的资金。

第二十二条 【汇票的绝对必要记载事项】汇票必须记载下列事项:

(一) 表明"汇票"的字样;
(二) 无条件支付的委托;
(三) 确定的金额;
(四) 付款人名称;
(五) 收款人名称;
(六) 出票日期;
(七) 出票人签章。

汇票上未记载前款规定事项之一的,汇票无效。

第二十三条 【汇票的相对必要记载事项】汇票上记载付款日期、付款地、出票地等事项的,应当清楚、明确。

汇票上未记载付款日期的,为见票即付。

汇票上未记载付款地的,付款人的营业场所、住所或者经常居住地为付款地。

汇票上未记载出票地的,出票人的营业场所、住所或者经常居住地为出票地。

第二十四条 【不具票据上效力的记载事项】汇票上可以记载本法规定事项以外的其他出票事项,但是该记载事项不具有汇票上的效力。

第二十五条 【付款日期的记载形式】付款日期可以按照下列形式之一记载:

(一) 见票即付;
(二) 定日付款;
(三) 出票后定期付款;
(四) 见票后定期付款。

前款规定的付款日期为汇票到期日。

第二十六条 【出票的效力】出票人签发汇票后,即承担保证该汇票承兑和付款的责任。出票人在汇票得不到承兑或者付款时,应当向持票人清偿本法第七十条、第七十一条规定的金额和费用。

第二节 背 书

第二十七条 【汇票权利转让】持票人可以将汇票权利转让给他人或者将一定的汇票权利授予他人行使。

出票人在汇票上记载"不得转让"字样的,汇票不得转让。

持票人行使第一款规定的权利时,应当背书并交付汇票。

背书是指在票据背面或者粘单上记载有关事项并签章的票据行为。

第二十八条 【粘单】票据凭证不能满足背书人记载事项的需要,可以加附粘单,粘附于票据凭证上。

粘单上的第一记载人,应当在汇票和粘单的粘接处签章。

第二十九条 【背书的记载事项】背书由背书人签章并记载背书日期。

背书未记载日期的,视为在汇票到期日前背书。

第三十条 【记名背书】汇票以背书转让或者以背书将一定的汇票权利授予他人行使时,必须记载被背书人名称。

第三十一条 【背书的连续】以背书转让的汇票,背书应当连续。持票人以背书的连续,证明其汇票权利;非经背书转让,而以其他合法方式取得汇票的,依法举证,证明其汇票权利。

前款所称背书连续,是指在票据转让中,转让汇票的背书人与受让汇票的被背书人在汇票上的签章依次前后衔接。

第三十二条 【后手及其责任】以背书转让的汇票,后手应当对其直接前手背书的真实性负责。

后手是指在票据签章人之后签章的其他票据债务人。

第三十三条　【附条件背书、部分背书、分别背书的效力】背书不得附有条件。背书时附有条件的,所附条件不具有汇票上的效力。

将汇票金额的一部分转让的背书或者将汇票金额分别转让给2人以上的背书无效。

第三十四条　【背书人的禁止行为】背书人在汇票上记载"不得转让"字样,其后手再背书转让的,原背书人对后手的被背书人不承担保证责任。

第三十五条　【委托收款背书和质押背书及其效力】背书记载"委托收款"字样的,被背书人有权代背书人行使被委托的汇票权利。但是,被背书人不得再以背书转让汇票权利。

汇票可以设定质押;质押时应当以背书记载"质押"字样。被背书人依法实现其质权时,可以行使汇票权利。

第三十六条　【不得背书转让的情形】汇票被拒绝承兑、被拒绝付款或者超过付款提示期限的,不得背书转让;背书转让的,背书人应当承担汇票责任。

第三十七条　【背书人的责任】背书人以背书转让汇票后,即承担保证其后手所持汇票承兑和付款的责任。背书人在汇票得不到承兑或者付款时,应当向持票人清偿本法第七十条、第七十一条规定的金额和费用。

第三节　承　兑

第三十八条　【承兑的定义】承兑是指汇票付款人承诺在汇票到期日支付汇票金额的票据行为。

第三十九条　【定日付款或出票后定期付款的汇票的提示承兑】定日付款或者出票后定期付款的汇票,持票人应当在汇票到期日前向付款人提示承兑。

提示承兑是指持票人向付款人出示汇票,并要求付款人承诺付款的行为。

第四十条　【见票后定期付款汇票的提示承兑】见票后定期付款的汇票,持票人应当自出票日起1个月内向付款人提示承兑。

汇票未按照规定期限提示承兑的,持票人丧失对其前手的追索权。

见票即付的汇票无需提示承兑。

第四十一条　【付款人的承兑期间】付款人对向其提示承兑的汇票,应当自收到提示承兑的汇票之日起3日内承兑或者拒绝承兑。

付款人收到持票人提示承兑的汇票时,应当向持票人签发收到汇票的回单。回单上应当记明汇票提示承兑日期并签章。

第四十二条　【承兑的记载】付款人承兑汇票的,应当在汇票正面记载"承兑"字样和承兑日期并签章;见票后定期付款的,应当在承兑时记载付款日期。

汇票上未记载承兑日期的,以前条第一款规定期限的最后1日为承兑日期。

第四十三条　【承兑不得附有条件】付款人承兑汇票,不得附有条件;承兑附有条件的,视为拒绝承兑。

第四十四条　【付款人承兑后的责任】付款人承兑汇票后,应当承担到期付款的责任。

第四节　保　证

第四十五条　【汇票保证】汇票的债务可以由保证人承担保证责任。

保证人由汇票债务人以外的他人担当。

第四十六条　【汇票保证的记载事项】保证人必须在汇票或者粘单上记载下列事项:

（一）表明"保证"的字样;

（二）保证人名称和住所;

（三）被保证人的名称;

（四）保证日期;

（五）保证人签章。

第四十七条　【未记载事项的处理】保证人在汇票或者粘单上未记载前条第(三)项的,已承兑的汇票,承兑人为被保证人;未承兑的汇票,出票人为被保证人。

保证人在汇票或者粘单上未记载前条第(四)项的,出票日期为保证日期。

第四十八条　【票据保证不得附有条件】保证不得附有条件;附有条件的,不影响对汇票的保证责任。

第四十九条　【票据保证人的责任】保证人对合法取得汇票的持票人所享有的汇票权利,承担保证责任。但是,被保证人的债务因汇票记载事项欠缺而无效的除外。

第五十条 【保证人和被保证人的连带责任】被保证的汇票,保证人应当与被保证人对持票人承担连带责任。汇票到期后得不到付款的,持票人有权向保证人请求付款,保证人应当足额付款。

第五十一条 【共同保证人的连带责任】保证人为2人以上的,保证人之间承担连带责任。

第五十二条 【保证人的追索权】保证人清偿汇票债务后,可以行使持票人对被保证人及其前手的追索权。

第五节 付 款

第五十三条 【提示付款的期限】持票人应当按照下列期限提示付款:

(一) 见票即付的汇票,自出票日起1个月内向付款人提示付款;

(二) 定日付款、出票后定期付款或者见票后定期付款的汇票,自到期日起10日内向承兑人提示付款。

持票人未按照前款规定期限提示付款的,在作出说明后,承兑人或者付款人仍应当继续对持票人承担付款责任。

通过委托收款银行或者通过票据交换系统向付款人提示付款的,视同持票人提示付款。

第五十四条 【付款人当日足额付款】持票人依照前条规定提示付款的,付款人必须在当日足额付款。

第五十五条 【汇票签收】持票人获得付款的,应当在汇票上签收,并将汇票交给付款人。持票人委托银行收款的,受委托的银行将代收的汇票金额转账收入持票人账户,视同签收。

第五十六条 【收款银行和受托付款银行的责任】持票人委托的收款银行的责任,限于按照汇票上记载事项将汇票金额转入持票人账户。

付款人委托的付款银行的责任,限于按照汇票上记载事项从持票人账户支付汇票金额。

第五十七条 【付款人的审查义务】付款人及其代理付款人付款时,应当审查汇票背书的连续,并审查提示付款人的合法身份证明或者有效证件。

付款人及其代理付款人以恶意或者有重大过失付款的,应当自行承担责任。

第五十八条 【提前付款的责任承担】对定日付款、出票后定期付款或者见票后定期付款的汇票,付款人在到期日前付款的,由付款人自行承担所产生的责任。

第五十九条 【付款的币种】汇票金额为外币的,按照付款日的市场汇价,以人民币支付。

汇票当事人对汇票支付的货币种类另有约定的,从其约定。

第六十条 【付款的效力】付款人依法足额付款后,全体汇票债务人的责任解除。

第六节 追 索 权

第六十一条 【行使追索权的情形】汇票到期被拒绝付款的,持票人可以对背书人、出票人以及汇票的其他债务人行使追索权。

汇票到期日前,有下列情形之一的,持票人也可以行使追索权:

(一) 汇票被拒绝承兑的;

(二) 承兑人或者付款人死亡、逃匿的;

(三) 承兑人或者付款人被依法宣告破产的或者因违法被责令终止业务活动的。

第六十二条 【追索权的行使】持票人行使追索权时,应当提供被拒绝承兑或者被拒绝付款的有关证明。

持票人提示承兑或者提示付款被拒绝的,承兑人或者付款人必须出具拒绝证明,或者出具退票理由书。未出具拒绝证明或者退票理由书的,应当承担由此产生的民事责任。

第六十三条 【不能取得拒绝证明的处理】持票人因承兑人或者付款人死亡、逃匿或者其他原因,不能取得拒绝证明的,可以依法取得其他有关证明。

第六十四条 【法院司法文书、行政处罚决定具有拒绝证明的效力】承兑人或者付款人被人民法院依法宣告破产的,人民法院的有关司法文书具有拒绝证明的效力。

承兑人或者付款人因违法被责令终止业务活动的,有关行政主管部门的处罚决定具有拒绝证明的效力。

第六十五条 【追索权的丧失】持票人不能出示

拒绝证明、退票理由书或者未按照规定期限提供其他合法证明的,丧失对其前手的追索权。但是,承兑人或者付款人仍应当对持票人承担责任。

第六十六条 【拒绝事由的通知】持票人应当自收到被拒绝承兑或者被拒绝付款的有关证明之日起3日内,将被拒绝事由书面通知其前手;其前手应当自收到通知之日起3日内书面通知其再前手。持票人也可以同时向各汇票债务人发出书面通知。

未按照前款规定期限通知的,持票人仍可以行使追索权。因延期通知给其前手或者出票人造成损失的,由没有按照规定期限通知的汇票当事人,承担对该损失的赔偿责任,但是所赔偿的金额以汇票金额为限。

在规定期限内将通知按照法定地址或者约定的地址邮寄的,视为已经发出通知。

第六十七条 【拒绝事由通知的记载】依照前条第一款所作的书面通知,应当记明汇票的主要记载事项,并说明该汇票已被退票。

第六十八条 【连带债务人追索权的行使】汇票的出票人、背书人、承兑人和保证人对持票人承担连带责任。

持票人可以不按照汇票债务人的先后顺序,对其中任何一人、数人或者全体行使追索权。

持票人对汇票债务人中的1人或者数人已经进行追索的,对其他汇票债务人仍可以行使追索权。被追索人清偿债务后,与持票人享有同一权利。

第六十九条 【追索权的限制】持票人为出票人的,对其前手无追索权。持票人为背书人的,对其后手无追索权。

第七十条 【追索金额和费用】持票人行使追索权,可以请求被追索人支付下列金额和费用:

(一)被拒绝付款的汇票金额;

(二)汇票金额自到期日或者提示付款日起至清偿日止,按照中国人民银行规定的利率计算的利息;

(三)取得有关拒绝证明和发出通知书的费用。

被追索人清偿债务时,持票人应当交出汇票和有关拒绝证明,并出具所收到利息和费用的收据。

第七十一条 【再追索权及再追索金额】被追索人依照前条规定清偿后,可以向其他汇票债务人行使再追索权,请求其他汇票债务人支付下列金额和费用:

(一)已清偿的全部金额;

(二)前项金额自清偿日起至再追索清偿日止,按照中国人民银行规定的利率计算的利息;

(三)发出通知书的费用。

行使再追索权的被追索人获得清偿时,应当交出汇票和有关拒绝证明,并出具所收到利息和费用的收据。

第七十二条 【被追索人清偿债务的效力】被追索人依照前二条规定清偿债务后,其责任解除。

第三章 本 票

第七十三条 【本票的定义】本票是出票人签发的,承诺自己在见票时无条件支付确定的金额给收款人或者持票人的票据。

本法所称本票,是指银行本票。

第七十四条 【出票人资格】本票的出票人必须具有支付本票金额的可靠资金来源,并保证支付。

第七十五条 【本票绝对记载事项】本票必须记载下列事项:

(一)表明"本票"的字样;

(二)无条件支付的承诺;

(三)确定的金额;

(四)收款人名称;

(五)出票日期;

(六)出票人签章。

本票上未记载前款规定事项之一的,本票无效。

第七十六条 【本票相对记载事项】本票上记载付款地、出票地等事项的,应当清楚、明确。

本票上未记载付款地的,出票人的营业场所为付款地。

本票上未记载出票地的,出票人的营业场所为出票地。

第七十七条 【提示见票的效力】本票的出票人在持票人提示见票时,必须承担付款的责任。

第七十八条 【付款期限】本票自出票日起,付款期限最长不得超过2个月。

第七十九条 【逾期提示见票的法律后果】本票的持票人未按照规定期限提示见票的,丧失对出票人以外的前手的追索权。

第八十条 【汇票有关规定对本票的适用】本票的背书、保证、付款行为和追索权的行使,除本章规定外,适用本法第二章有关汇票的规定。

本票的出票行为,除本章规定外,适用本法第二十四条关于汇票的规定。

第四章 支 票

第八十一条 【支票的定义】支票是出票人签发的,委托办理支票存款业务的银行或者其他金融机构在见票时无条件支付确定的金额给收款人或者持票人的票据。

第八十二条 【支票存款账户的开立】开立支票存款账户,申请人必须使用其本名,并提交证明其身份的合法证件。

开立支票存款账户和领用支票,应当有可靠的资信,并存入一定的资金。

开立支票存款账户,申请人应当预留其本名的签名式样和印鉴。

第八十三条 【现金支票与转账支票】支票可以支取现金,也可以转账,用于转账时,应当在支票正面注明。

支票中专门用于支取现金的,可以另行制作现金支票,现金支票只能用于支取现金。

支票中专门用于转账的,可以另行制作转账支票,转账支票只能用于转账,不得支取现金。

第八十四条 【支票绝对记载事项】支票必须记载下列事项:

(一)表明"支票"的字样;

(二)无条件支付的委托;

(三)确定的金额;

(四)付款人名称;

(五)出票日期;

(六)出票人签章。

支票上未记载前款规定事项之一的,支票无效。

第八十五条 【支票金额的授权补记】支票上的金额可以由出票人授权补记,未补记前的支票,不得使用。

第八十六条 【支票相对记载事项】支票上未记载收款人名称的,经出票人授权,可以补记。

支票上未记载付款地的,付款人的营业场所为付款地。

支票上未记载出票地的,出票人的营业场所、住所或者经常居住地为出票地。

出票人可以在支票上记载自己为收款人。

第八十七条 【支票金额与空头支票的禁止】支票的出票人所签发的支票金额不得超过其签发时在付款人处实有的存款金额。

出票人签发的支票金额超过其付款时在付款人处实有的存款金额的,为空头支票。禁止签发空头支票。

第八十八条 【支票的签章与预留签名印鉴一致】支票的出票人不得签发与其预留本名的签名式样或者印鉴不符的支票。

第八十九条 【支票出票的效力】出票人必须按照签发的支票金额承担保证向该持票人付款的责任。

出票人在付款人处的存款足以支付支票金额时,付款人应当在当日足额付款。

第九十条 【支票见票即付】支票限于见票即付,不得另行记载付款日期。另行记载付款日期的,该记载无效。

第九十一条 【提示付款期限】支票的持票人应当自出票日起10日内提示付款;异地使用的支票,其提示付款的期限由中国人民银行另行规定。

超过提示付款期限的,付款人可以不予付款;付款人不予付款的,出票人仍应当对持票人承担票据责任。

第九十二条 【支票付款的效力】付款人依法支付支票金额的,对出票人不再承担受委托付款的责任,对持票人不再承担付款的责任。但是,付款人以恶意或者有重大过失付款的除外。

第九十三条 【汇票有关规定对支票的适用】支票的背书、付款行为和追索权的行使,除本章规定外,适用本法第二章有关汇票的规定。

支票的出票行为,除本章规定外,适用本法第二十四条、第二十六条关于汇票的规定。

第五章 涉外票据的法律适用

第九十四条 【涉外票据及其法律适用】涉外票

据的法律适用,依照本章的规定确定。

前款所称涉外票据,是指出票、背书、承兑、保证、付款等行为中,既有发生在中华人民共和国境内又有发生在中华人民共和国境外的票据。

第九十五条 【国际条约和国际惯例的适用】中华人民共和国缔结或者参加的国际条约同本法有不同规定的,适用国际条约的规定。但是,中华人民共和国声明保留的条款除外。

本法和中华人民共和国缔结或者参加的国际条约没有规定的,可以适用国际惯例。

第九十六条 【票据行为能力的准据法】票据债务人的民事行为能力,适用其本国法律。

票据债务人的民事行为能力,依照其本国法律为无民事行为能力或者为限制民事行为能力而依照行为地法律为完全民事行为能力的,适用行为地法律。

第九十七条 【票据形式的准据法】汇票、本票出票时的记载事项,适用出票地法律。

支票出票时的记载事项,适用出票地法律,经当事人协议,也可以适用付款地法律。

第九十八条 【票据行为的准据法】票据的背书、承兑、付款和保证行为,适用行为地法律。

第九十九条 【票据追索权行使期限的准据法】票据追索权的行使期限,适用出票地法律。

第一百条 【票据提示期限的准据法】票据的提示期限、有关拒绝证明的方式、出具拒绝证明的期限,适用付款地法律。

第一百零一条 【票据权利保全的准据法】票据丧失时,失票人请求保全票据权利的程序,适用付款地法律。

第六章 法律责任

第一百零二条 【票据欺诈行为的刑事责任】有下列票据欺诈行为之一的,依法追究刑事责任:

(一)伪造、变造票据的;

(二)故意使用伪造、变造的票据的;

(三)签发空头支票或者故意签发与其预留的本名签名式样或者印鉴不符的支票,骗取财物的;

(四)签发无可靠资金来源的汇票、本票,骗取资金的;

(五)汇票、本票的出票人在出票时作虚假记载,骗取财物的;

(六)冒用他人的票据,或者故意使用过期或者作废的票据,骗取财物的;

(七)付款人同出票人、持票人恶意串通,实施前六项所列行为之一的。

第一百零三条 【票据欺诈行为的行政责任】有前条所列行为之一,情节轻微,不构成犯罪的,依照国家有关规定给予行政处罚。

第一百零四条 【票据业务中玩忽职守的法律责任】金融机构工作人员在票据业务中玩忽职守,对违反本法规定的票据予以承兑、付款或者保证的,给予处分;造成重大损失,构成犯罪的,依法追究刑事责任。

由于金融机构工作人员因前款行为给当事人造成损失的,由该金融机构和直接责任人员依法承担赔偿责任。

第一百零五条 【付款人故意压票的法律责任】票据的付款人对见票即付或者到期的票据,故意压票,拖延支付的,由金融行政管理部门处以罚款,对直接责任人员给予处分。

票据的付款人故意压票,拖延支付,给持票人造成损失的,依法承担赔偿责任。

第一百零六条 【其他违法行为的民事责任】依照本法规定承担赔偿责任以外的其他违反本法规定的行为,给他人造成损失的,应当依法承担民事责任。

第七章 附 则

第一百零七条 【期限计算】本法规定的各项期限的计算,适用民法通则关于计算期间的规定。

按月计算期限的,按到期月的对日计算;无对日的,月末日为到期日。

第一百零八条 【票据的格式与印制】汇票、本票、支票的格式应当统一。

票据凭证的格式和印制管理办法,由中国人民银行规定。

第一百零九条 【实施办法的制定】票据管理的具体实施办法,由中国人民银行依照本法制定,报国务院批准后施行。

第一百一十条 【施行日期】本法自1996年1月1日起施行。

票据管理实施办法

- 1997年6月23日国务院批准
- 1997年8月21日中国人民银行令第2号发布
- 根据2011年1月8日《国务院关于废止和修改部分行政法规的决定》修订

第一条 为了加强票据管理,维护金融秩序,根据《中华人民共和国票据法》(以下简称票据法)的规定,制定本办法。

第二条 在中华人民共和国境内的票据管理,适用本办法。

第三条 中国人民银行是票据的管理部门。

票据管理应当遵守票据法和本办法以及有关法律、行政法规的规定,不得损害票据当事人的合法权益。

第四条 票据当事人应当依法从事票据活动,行使票据权利,履行票据义务。

第五条 票据当事人应当使用中国人民银行规定的统一格式的票据。

第六条 银行汇票的出票人,为经中国人民银行批准办理银行汇票业务的银行。

第七条 银行本票的出票人,为经中国人民银行批准办理银行本票业务的银行。

第八条 商业汇票的出票人,为银行以外的企业和其他组织。

向银行申请办理汇票承兑的商业汇票的出票人,必须具备下列条件:

(一)在承兑银行开立存款账户;

(二)资信状况良好,并具有支付汇票金额的可靠资金来源。

第九条 承兑商业汇票的银行,必须具备下列条件:

(一)与出票人具有真实的委托付款关系;

(二)具有支付汇票金额的可靠资金。

第十条 向银行申请办理票据贴现的商业汇票的持票人,必须具备下列条件:

(一)在银行开立存款账户;

(二)与出票人、前手之间具有真实的交易关系和债权债务关系。

第十一条 支票的出票人,为在经中国人民银行批准办理支票存款业务的银行、城市信用合作社和农村信用合作社开立支票存款账户的企业、其他组织和个人。

第十二条 票据法所称"保证人",是指具有代清偿票据债务能力的法人、其他组织或者个人。

国家机关、以公益为目的的事业单位、社会团体、企业法人的分支机构和职能部门不得为保证人;但是,法律另有规定的除外。

第十三条 银行汇票上的出票人的签章、银行承兑商业汇票的签章,为该银行的汇票专用章加其法定代表人或者其授权的代理人的签名或者盖章。

银行本票上的出票人的签章,为该银行的本票专用章加其法定代表人或者其授权的代理人的签名或者盖章。

银行汇票专用章、银行本票专用章须经中国人民银行批准。

第十四条 商业汇票上的出票人的签章,为该单位的财务专用章或者公章加其法定代表人或者其授权的代理人的签名或者盖章。

第十五条 支票上的出票人的签章,出票人为单位的,为与该单位在银行预留签章一致的财务专用章或者公章加其法定代表人或者其授权的代理人的签名或者盖章;出票人为个人的,为与该个人在银行预留签章一致的签名或者盖章。

第十六条 票据法所称"本名",是指符合法律、行政法规以及国家有关规定的身份证件上的姓名。

第十七条 出票人在票据上的签章不符合票据法和本办法规定的,票据无效;背书人、承兑人、保证人在票据上的签章不符合票据法和本办法规定的,其签章无效,但是不影响票据上其他签章的效力。

第十八条 票据法所称"代理付款人",是指根据付款人的委托,代其支付票据金额的银行、城市信用合作社和农村信用合作社。

第十九条 票据法规定可以办理挂失止付的票据丧失的,失票人可以依照票据法的规定及时通知付款人或者代理付款人挂失止付。

失票人通知票据的付款人或者代理付款

人挂失止付时,应当填写挂失止付通知书并签章。挂失止付通知书应当记载下列事项:
（一）票据丧失的时间和事由；
（二）票据种类、号码、金额、出票日期、付款日期、付款人名称、收款人名称；
（三）挂失止付人的名称、营业场所或者住所以及联系方法。

第二十条 付款人或者代理付款人收到挂失止付通知书,应当立即暂停支付。付款人或者代理付款人自收到挂失止付通知书之日起12日内没有收到人民法院的止付通知书的,自第13日起,挂失止付通知书失效。

第二十一条 付款人或者代理付款人在收到挂失止付通知书前,已经依法向持票人付款的,不再接受挂失止付。

第二十二条 申请人申请开立支票存款账户的,银行、城市信用合作社和农村信用合作社可以与申请人约定在支票上使用支付密码,作为支付支票金额的条件。

第二十三条 保证人应当依照票据法的规定,在票据或者其粘单上记载保证事项。保证人为出票人、付款人、承兑人保证的,应当在票据的正面记载保证事项；保证人为背书人保证的,应当在票据的背面或者其粘单上记载保证事项。

第二十四条 依法背书转让的票据,任何单位和个人不得冻结票据款项；但是,法律另有规定的除外。

第二十五条 票据法第五十五条所称的"签收",是指持票人在票据的正面签章,表明持票人已经获得付款。

第二十六条 通过委托收款银行或者通过票据交换系统向付款人提示付款的,持票人向银行提交票据日为提示付款日。

第二十七条 票据法第六十二条所称的"拒绝证明"应当包括下列事项：
（一）被拒绝承兑、付款的票据的种类及其主要记载事项；
（二）拒绝承兑、付款的事实依据和法律依据；
（三）拒绝承兑、付款的时间；
（四）拒绝承兑人、拒绝付款人的签章。

票据法第六十二条所称的"退票理由书"应当包括下列事项:
（一）所退票据的种类；
（二）退票的事实依据和法律依据；
（三）退票时间；
（四）退票人签章。

第二十八条 票据法第六十三条规定的"其他有关证明"是指:
（一）医院或者有关单位出具的承兑人、付款人死亡的证明；
（二）司法机关出具的承兑人、付款人逃匿的证明；
（三）公证机关出具的具有拒绝证明效力的文书。

第二十九条 票据法第七十条第一款第（二）项、第七十一条第一款第（二）项规定的"利率",是指中国人民银行规定的流动资金贷款利率。

第三十条 有票据法第一百零二条所列行为之一,情节轻微,不构成犯罪的,由公安机关依法予以处罚。

第三十一条 签发空头支票或者签发与其预留的签章不符的支票,不以骗取财物为目的的,由中国人民银行处以票面金额5%但不低于1000元的罚款；持票人有权要求出票人赔偿支票金额2%的赔偿金。

第三十二条 金融机构的工作人员在票据业务中玩忽职守,对违反票据法和本办法规定的票据予以承兑、付款、保证或者贴现的,对直接负责的主管人员和其他直接责任人员给予警告、记过、撤职或者开除的处分；造成重大损失,构成犯罪的,依法追究刑事责任。

第三十三条 票据的付款人对见票即付或者到期的票据,故意压票、拖延支付的,由中国人民银行处以压票、拖延支付期间内每日票据金额0.7‰的罚款；对直接负责的主管人员和其他直接责任人员给予警告、记过、撤职或者开除的处分。

第三十四条 违反中国人民银行规定,擅自印制票据的,由中国人民银行责令改正,处以1万元以上20万元以下的罚款；情节严重的,中国人民银行有权提请有关部门吊销其营业执照。

第三十五条 票据的格式、联次、颜色、规格及防伪技术要求和印制,由中国人民银行规定。

中国人民银行在确定票据格式时,可以根据少数民族地区和外国驻华使领馆的实际需要,在票据格式中增加少数民族文字或者外国文字。

第三十六条 本办法自 1997 年 10 月 1 日起施行。

七 信用证、独立保函

司法解释

最高人民法院关于审理信用证纠纷案件若干问题的规定

- 2020年12月29日
- 法释〔2020〕18号

根据《中华人民共和国民法典》《中华人民共和国涉外民事关系法律适用法》《中华人民共和国民事诉讼法》等法律，参照国际商会《跟单信用证统一惯例》等相关国际惯例，结合审判实践，就审理信用证纠纷案件的有关问题，制定本规定。

第一条 本规定所指的信用证纠纷案件，是指在信用证开立、通知、修改、撤销、保兑、议付、偿付等环节产生的纠纷。

第二条 人民法院审理信用证纠纷案件时，当事人约定适用相关国际惯例或者其他规定的，从其约定；当事人没有约定的，适用国际商会《跟单信用证统一惯例》或者其他相关国际惯例。

第三条 开证申请人与开证行之间因申请开立信用证而产生的欠款纠纷、委托人和受托人之间因委托开立信用证产生的纠纷、担保人为申请开立信用证或者委托开立信用证提供担保而产生的纠纷以及信用证项下融资产生的纠纷，适用本规定。

第四条 因申请开立信用证而产生的欠款纠纷、委托开立信用证纠纷和因此产生的担保纠纷以及信用证项下融资产生的纠纷应当适用中华人民共和国相关法律。涉外合同当事人对法律适用另有约定的除外。

第五条 开证行在作出付款、承兑或者履行信用证项下其他义务的承诺后，只要单据与信用证条款、单据与单据之间在表面上相符，开证行应当履行在信用证规定的期限内付款的义务。当事人以开证申请人与受益人之间的基础交易提出抗辩的，人民法院不予支持。具有本规定第八条的情形除外。

第六条 人民法院在审理信用证纠纷案件中涉及单证审查的，应当根据当事人约定适用的相关国际惯例或者其他规定进行；当事人没有约定的，应当按照国际商会《跟单信用证统一惯例》以及国际商会确定的相关标准，认定单据与信用证条款、单据与单据之间是否在表面上相符。

信用证项下单据与信用证条款之间、单据与单据之间在表面上不完全一致，但并不导致相互之间产生歧义的，不应认定为不符点。

第七条 开证行有独立审查单据的权利和义务，有权自行作出单据与信用证条款、单据与单据之间是否在表面上相符的决定，并自行决定接受或者拒绝接受单据与信用证条款、单据与单据之间的不符点。

开证行发现信用证项下存在不符点后，可以自行决定是否联系开证申请人接受不符点。开证申请人决定是否接受不符点，并不影响开证行最终决定是否接受不符点。开证行和开证申请人另有约定的除外。

开证行向受益人明确表示接受不符点的，应当承担付款责任。

开证行拒绝接受不符点时，受益人以开证申请人已接受不符点为由要求开证行承担信用证项下付款责任的，人民法院不予支持。

第八条 凡有下列情形之一的，应当认定存在信用证欺诈：

（一）受益人伪造单据或者提交记载内容虚假的单据；

（二）受益人恶意不交付货物或者交付的货物无价值；

（三）受益人和开证申请人或者其他第三方串通提交假单据，而没有真实的基础交易；

（四）其他进行信用证欺诈的情形。

第九条 开证申请人、开证行或者其他利害关系人发现有本规定第八条的情形，并认为将会给其造成难以弥补的损害时，可以向有管辖权的人民法院申请中止支付信用证项下的款项。

第十条 人民法院认定存在信用证欺诈的，应当裁定中止支付或者判决终止支付信用证项下

款项,但有下列情形之一的除外:

（一）开证行的指定人、授权人已按照开证行的指令善意地进行了付款;

（二）开证行或者其指定人、授权人已对信用证项下票据善意地作出了承兑;

（三）保兑行善意地履行了付款义务;

（四）议付行善意地进行了议付。

第十一条 当事人在起诉前申请中止支付信用证项下款项符合下列条件的,人民法院应予受理:

（一）受理申请的人民法院对该信用证纠纷案件享有管辖权;

（二）申请人提供的证据材料证明存在本规定第八条的情形;

（三）如不采取中止支付信用证下款项的措施,将会使申请人的合法权益受到难以弥补的损害;

（四）申请人提供了可靠、充分的担保;

（五）不存在本规定第十条的情形。

当事人在诉讼中申请中止支付信用证下款项的,应当符合前款第（二）、（三）、（四）、（五）项规定的条件。

第十二条 人民法院接受中止支付信用证项下款项申请后,必须在四十八小时内作出裁定;裁定中止支付的,应当立即开始执行。

人民法院作出中止支付信用证项下款项的裁定,应当列明申请人、被申请人和第三人。

第十三条 当事人对人民法院作出中止支付信用证项下款项的裁定有异议的,可以在裁定书送达之日起十日内向上一级人民法院申请复议。上一级人民法院应当自收到复议申请之日起十日内作出裁定。

复议期间,不停止原裁定的执行。

第十四条 人民法院在审理信用证欺诈案件过程中,必要时可以将信用证纠纷与基础交易纠纷一并审理。

当事人以基础交易欺诈为由起诉的,可以将与案件有关的开证行、议付行或者其他信用证法律关系的利害关系人列为第三人;第三人可以申请参加诉讼,人民法院也可以通知第三人参加诉讼。

第十五条 人民法院通过实体审理,认定构成信用证欺诈并且不存在本规定第十条的情形的,应当判决终止支付信用证项下的款项。

第十六条 保证人以开证行或者开证申请人接受不符点未征得其同意为由请求免除保证责任的,人民法院不予支持。保证合同另有约定的除外。

第十七条 开证申请人与开证行对信用证进行修改未征得保证人同意的,保证人只在原保证合同约定的或者法律规定的期间和范围内承担保证责任。保证合同另有约定的除外。

第十八条 本规定自2006年1月1日起施行。

最高人民法院关于审理独立保函纠纷案件若干问题的规定

- 2020年12月29日
- 法释〔2020〕18号

为正确审理独立保函纠纷案件,切实维护当事人的合法权益,服务和保障"一带一路"建设,促进对外开放,根据《中华人民共和国民法典》《中华人民共和国涉外民事关系法律适用法》《中华人民共和国民事诉讼法》等法律,结合审判实际,制定本规定。

第一条 本规定所称的独立保函,是指银行或非银行金融机构作为开立人,以书面形式向受益人出具的,同意在受益人请求付款并提交符合保函要求的单据时,向其支付特定款项或在保函最高金额内付款的承诺。

前款所称的单据,是指独立保函载明的受益人应提交的付款请求书、违约声明、第三方签发的文件、法院判决、仲裁裁决、汇票、发票等表明发生付款到期事件的书面文件。

独立保函可以依保函申请人的申请而开立,也可以依另一金融机构的指示而开立。开立人依指示开立独立保函的,可以要求指示人向其开立用以保障追偿权的独立保函。

第二条 本规定所称的独立保函纠纷,是指独立保函的开立、撤销、修改、转让、付款、追偿等环节产生的纠纷。

第三条 保函具有下列情形之一,当事人主张保

函性质为独立保函的,人民法院应予支持,但保函未载明据以付款的单据和最高金额的除外:

（一）保函载明见索即付;

（二）保函载明适用国际商会《见索即付保函统一规则》等独立保函交易示范规则;

（三）根据保函文本内容,开立人的付款义务独立于基础交易关系及保函申请法律关系,其仅承担相符交单的付款责任。

当事人以独立保函记载了对应的基础交易为由,主张该保函性质为一般保证或连带保证的,人民法院不予支持。

当事人主张独立保函适用民法典关于一般保证或连带保证规定的,人民法院不予支持。

第四条 独立保函的开立时间为开立人发出独立保函的时间。

独立保函一经开立即生效,但独立保函载明生效日期或事件的除外。

独立保函未载明可撤销,当事人主张独立保函开立后不可撤销的,人民法院应予支持。

第五条 独立保函载明适用《见索即付保函统一规则》等独立保函交易示范规则,或开立人和受益人在一审法庭辩论终结前一致援引的,人民法院应当认定交易示范规则的内容构成独立保函条款的组成部分。

不具有前款情形,当事人主张独立保函适用相关交易示范规则的,人民法院不予支持。

第六条 受益人提交的单据与独立保函条款之间、单据与单据之间表面相符,受益人请求开立人依据独立保函承担付款责任的,人民法院应予支持。

开立人以基础交易关系或独立保函申请关系对付款义务提出抗辩的,人民法院不予支持,但有本规定第十二条情形的除外。

第七条 人民法院在认定是否构成表面相符时,应当根据独立保函载明的审单标准进行审查;独立保函未载明的,可以参照适用国际商会确定的相关审单标准。

单据与独立保函条款之间、单据与单据之间表面上不完全一致,但并不导致相互之间产生歧义的,人民法院应当认定构成表面相符。

第八条 开立人有独立审查单据的权利与义务,有权自行决定单据与独立保函条款之间、单据与单据之间是否表面相符,并自行决定接受或拒绝接受不符点。

开立人已向受益人明确表示接受不符点,受益人请求开立人承担付款责任的,人民法院应予支持。

开立人拒绝接受不符点,受益人以保函申请人已接受不符点为由请求开立人承担付款责任的,人民法院不予支持。

第九条 开立人依据独立保函付款后向保函申请人追偿的,人民法院应予支持,但受益人提交的单据存在不符点的除外。

第十条 独立保函未同时载明可转让和据以确定新受益人的单据,开立人主张受益人付款请求权的转让对其不发生效力的,人民法院应予支持。独立保函对受益人付款请求权的转让有特别约定的,从其约定。

第十一条 独立保函具有下列情形之一,当事人主张独立保函权利义务终止的,人民法院应予支持:

（一）独立保函载明的到期日或到期事件届至,受益人未提交符合独立保函要求的单据;

（二）独立保函项下的应付款项已经全部支付;

（三）独立保函的金额已减额至零;

（四）开立人收到受益人出具的免除独立保函项下付款义务的文件;

（五）法律规定或者当事人约定终止的其他情形。

独立保函具有前款权利义务终止的情形,受益人以其持有独立保函文本为由主张享有付款请求权的,人民法院不予支持。

第十二条 具有下列情形之一的,人民法院应当认定构成独立保函欺诈:

（一）受益人与保函申请人或其他人串通,虚构基础交易的;

（二）受益人提交的第三方单据系伪造或内容虚假的;

（三）法院判决或仲裁裁决认定基础交易债务人没有付款或赔偿责任的;

（四）受益人确认基础交易债务已得到完全履行或者确认独立保函载明的付款到期事件并未发生的；

（五）受益人明知其没有付款请求权仍滥用该权利的其他情形。

第十三条　独立保函的申请人、开立人或指示人发现有本规定第十二条情形的，可以在提起诉讼或申请仲裁前，向开立人住所地或其他对独立保函欺诈纠纷案件具有管辖权的人民法院申请中止支付独立保函项下的款项，也可以在诉讼或仲裁过程中提出申请。

第十四条　人民法院裁定中止支付独立保函项下的款项，必须同时具备下列条件：

（一）止付申请人提交的证据材料证明本规定第十二条情形的存在具有高度可能性；

（二）情况紧急，不立即采取止付措施，将给止付申请人的合法权益造成难以弥补的损害；

（三）止付申请人提供了足以弥补被申请人因止付可能遭受损失的担保。

止付申请人以受益人在基础交易中违约为由请求止付的，人民法院不予支持。

开立人在依指示开立的独立保函项下已经善意付款的，对保障该开立人追偿权的独立保函，人民法院不得裁定止付。

第十五条　因止付申请错误造成损失，当事人请求止付申请人赔偿的，人民法院应予支持。

第十六条　人民法院受理止付申请后，应当在四十八小时内作出书面裁定。裁定应当列明申请人、被申请人和第三人，并包括初步查明的事实和是否准许止付申请的理由。

裁定中止支付的，应当立即执行。

止付申请人在止付裁定作出后三十日内未依法提起独立保函欺诈纠纷诉讼或申请仲裁的，人民法院应当解除止付裁定。

第十七条　当事人对人民法院就止付申请作出的裁定有异议的，可以在裁定书送达之日起十日内向作出裁定的人民法院申请复议。复议期间不停止裁定的执行。

人民法院应当在收到复议申请后十日内审查，并询问当事人。

第十八条　人民法院审理独立保函欺诈纠纷案件或处理止付申请，可以就当事人主张的本规定第十二条的具体情形，审查认定基础交易的相关事实。

第十九条　保函申请人在独立保函欺诈诉讼中仅起诉受益人的，独立保函的开立人、指示人可以作为第三人申请参加，或由人民法院通知其参加。

第二十条　人民法院经审理独立保函欺诈纠纷案件，能够排除合理怀疑地认定构成独立保函欺诈，并且不存在本规定第十四条第三款情形的，应当判决开立人终止支付独立保函项下被请求的款项。

第二十一条　受益人和开立人之间因独立保函而产生的纠纷案件，由开立人住所地或被告住所地人民法院管辖，独立保函载明由其他法院管辖或提交仲裁的除外。当事人主张根据基础交易合同争议解决条款确定管辖法院或提交仲裁的，人民法院不予支持。

独立保函欺诈纠纷案件由被请求止付的独立保函的开立人住所地或被告住所地人民法院管辖，当事人书面协议由其他法院管辖或提交仲裁的除外。当事人主张根据基础交易合同或独立保函的争议解决条款确定管辖法院或提交仲裁的，人民法院不予支持。

第二十二条　涉外独立保函未载明适用法律，开立人和受益人在一审法庭辩论终结前亦未就适用法律达成一致的，开立人和受益人之间因涉外独立保函而产生的纠纷适用开立人经常居所地法律；独立保函由金融机构依法登记设立的分支机构开立的，适用分支机构登记地法律。

涉外独立保函欺诈纠纷，当事人就适用法律不能达成一致的，适用被请求止付的独立保函的开立人经常居所地法律；独立保函由金融机构依法登记设立的分支机构开立的，适用分支机构登记地法律；当事人有共同经常居所地的，适用共同经常居所地法律。

涉外独立保函止付保全程序，适用中华人民共和国法律。

第二十三条　当事人约定在国内交易中适用独立保函，一方当事人以独立保函不具有涉外因素为由，主张保函独立性的约定无效的，人民法院不予支持。

第二十四条 对于按照特户管理并移交开立人占有的独立保函开立保证金，人民法院可以采取冻结措施，但不得扣划。保证金账户内的款项丧失开立保证金的功能时，人民法院可以依法采取扣划措施。

开立人已履行对外支付义务的，根据该开立人的申请，人民法院应当解除对开立保证金相应部分的冻结措施。

第二十五条 本规定施行后尚未终审的案件，适用本规定；本规定施行前已经终审的案件，当事人申请再审或者人民法院按照审判监督程序再审的，不适用本规定。

第二十六条 本规定自 2016 年 12 月 1 日起施行。

◎ 司法文件

最高人民法院关于严禁随意止付信用证项下款项的通知

- 2003 年 7 月 16 日
- 法〔2003〕103 号

各省、自治区、直辖市高级人民法院，各受理涉外商事案件的中级人民法院及各海事法院：

今年以来，国际钢材市场价格大幅下跌。受其影响，我国国内部分钢材产品价格也呈下降趋势。进口成本与内销差价的急剧缩小直接影响了钢材进口商的商业利益。一些进口商遂要求银行寻找单据理由对外拒付，或者寻找一些非常牵强的所谓"欺诈"理由申请法院止付信用证项下款项。一些法院随意裁定止付所涉信用证项下的款项，已经对外造成了不良影响。为了维护我国法院和我国银行的国际形象，现通知如下：

1. 严格坚持信用证独立性原则。信用证是独立于基础交易的单据交易，只要受益人所提交的单据表面上符合信用证的要求，开证行就负有在规定的期限内付款的义务。信用证交易与基础交易属于两个不同的法律关系，一般情况下不得因为基础交易发生纠纷而裁定止付开证行所开立信用证项下的款项。

2. 严格坚持信用证欺诈例外原则适用的条件。只有在有充分的证据证明信用证项下存在欺诈，且银行在合理的时间内尚未对外付款的情况下，人民法院才可以根据开证申请人的请求，并在其提供担保的情况下裁定止付信用证项下款项。但如果信用证已经承兑并转让或者信用证已经议付的，仍不得裁定止付。

各级人民法院应当对止付信用证项下款项高度重视，严禁在不符合条件的情况下随意裁定止付有关信用证项下款项，已经作出错误止付裁定的，相关人民法院应当立即予以纠正。

特此通知。

◎ 请示答复

最高人民法院关于海南五矿乐海有限公司与香港励源有限公司等债务纠纷一案的答复

- 2002 年 7 月 9 日
- 〔2001〕民他监字 14 号

海南省高级人民法院：

你院〔2001〕琼高法经申字第 8 号《关于海南五矿乐海有限公司与香港励源有限公司、新疆石油管理局对外贸易总公司深圳分公司、新疆石油管理局对外贸易总公司债务纠纷一案的请示》收悉。经研究认为，你院请示的问题，实际是在当事人约定信用证付款方式的国际贸易活动中，委托开立信用证的开证申请人已经付款赎单，而开证行未能向受益人支付货款，受益人能否向买方请求付款的问题。对此问题，我国法律没有明确规定，也无明确的国际惯例可循，关于"有条件付款说"和"绝对付款说"的争论，理论界尚无定论，司法实践遇到的情况还不多，尚需继续研究。根据本案实际情况，目前，以不启动再审程序为宜。

附：

《海南省高级人民法院关于海南五矿乐海有限公司与香港励源有限公司等债务纠纷一案的请示》内容

一、案件主要事实

1997年12月22日,新疆石油管理局对外贸易总公司深圳分公司(以下简称深圳分公司)副经理李生泉以香港励源有限公司(以下简称励源公司)的名义与海南五矿乐海有限公司(以下简称乐海公司)签订两份贸易合同。约定:乐海公司向励源公司购买俄罗斯产热轧钢卷1400吨、韩国产热轧钢卷3800吨,价格均为270美元/吨CNF FOCQD湛江中国,金额分别为378000美元和1026000美元,货物装运时间分别在1997年12月底和1998年1月10日前;付款方式:以海南汇通国际信托投资公司(以下简称汇通公司)开具不可撤销和见单90天全部付款的信用证付款,信用证可在香港任何银行自由议付,信用证金额和货物数量允许有10%增减;信用证有效期分别为1998年1月30日和2月9日。

签约当日,乐海公司向汇通公司出具不可撤销开立信用证申请书,委托汇通公司以详电方式为其开立总金额为1404000美元的90天不可撤销跟单信用证,受益人为励源公司,进口货物,品质、规格、数量、包装要求、单价、产地等与贸易合同相同,乐海公司保证向汇通公司支付该证项下货款、手续费、利息及一切费用。1997年12月23日,汇通公司开出以香港新华银行为通知行的T6389712311号不可撤销跟单信用证,金额为1404000美元,申请人为乐海公司,受益人为励源公司,有效期为1998年2月5日,提交该证项下所有单据及由受益人向汇通公司出具见单后90天付款的汇票,向香港任何银行议付,汇票金额按发票金额100%开立。其他内容与开证申请书相同。该信用证由香港新华银行通知受益人励源公司,励源公司将该信用证交其开户行香港广东省银行(以下简称广东银行)议付,广东银行没有议付。1998年1月14日,上述贸易合同和信用证项下的5530.41吨钢材运抵湛江港。19日,励源公司向广东银行提交3份格式《委托托收书》和上述信用证项下3套单据,委托该行办理该信用证项下的贷款托收。同日,广东银行按励源公司指示,将3套单据通过"中国快递"寄给汇通公司。汇通公司收到单据后,于1月24日向乐海公司发出信用证单据通知书,将广东银行寄来的单据交乐海公司审核。3套单据中包括励源公司于1月5日向汇通公司签发的HUT6389712311号信用证项下编号为LS98—1、—2、—3号的汇票3张,金额分别为402327美元、586858.50美元、504025.20美元,均为见单90天根据广东银行指令支付第一汇票。还有励源公司向乐海公司出具的上述信用证项下编号为LS98—1、—2、—3号的发票3张,货物名称、质量、价格等与贸易合同相符,并注明合同号为TYHML—1202/97、SC/97—12—011号。乐海公司审核后,于2月5日表示同意付款。2月6日,汇通公司向广东银行发出承兑电传,确认承兑该信用证项下3张总额为1493210.71美元的远期汇票,付款日为1998年5月6日。2月24日,乐海公司向汇通公司领取全套单据,并提取了货物。5月6日,汇票到期,汇通公司没有通过广东银行向励源公司付款。广东银行于5月11日电告汇通公司:HUT6389712311号信用证下586858.50美元、504025.20美元、402327美元,见票90天付款的3张汇票已到期,但未收到付款,要求告知处理意见。5月13日,汇通公司答复广东银行:1998年5月6日应支付的HUT6389712311号信用证下款1493210.70美元,由于临时性财政困难,要求将信用证付款期限延长3至6个月,产生利息可以先支付。但汇通公司始终未向励源公司支付上述信用证项下的货款。

乐海公司已全额付足申请开立信用证的保证金,现存于汇通公司账户。汇通公司是中国人民银行批准成立的非银行金融机构,具有包括进出口贸易结算在内的外汇业务的经营资格。国家外汇管理局1994年5月4日核发给该公司的《经营外汇业务许可证》有效期至1997年5月3日。国家外汇管理局于1997年8月27日以

〔97〕汇管复字第423号《关于海南汇通国际信托投资公司到期换证的批复》同意该公司到期换证,有效期1年。同时规定汇通公司应在30日内到中国人民银行换领《金融机构法人许可证》,但人民银行根据汇通公司的财务状况及其他原因,没有给汇通公司核发新证。1998年3月27日,国家外汇管理局海南分局发出琼汇发〔1998〕23号《关于汇通国际信托投资公司暂停办理贸易结算业务的通知》,鉴于该公司国际结算业务的现状,决定汇通公司从同年3月30日起,暂停办理新的贸易结算业务,并妥善处理原做国际结算业务所发生的债权债务。

乐海公司是在海南省工商局登记注册的企业法人。1997年3月19日海南省商业贸易厅核发的《海南企业认定证书》,认定该公司在本工商注册年度内享受省政府琼府〔1994〕16号文《海南省人民政府关于进一步放开我省企业从事进出口贸易及其有关问题的通知》第一条第(一)类企业的有关权力,按工商局核准的经营范围从事岛内进出口贸易。

根据中国人民银行1997年10月20日颁布的《关于商业银行国际结算远期信用证业务经营风险管理的通知》第一条第一款的规定:商业银行要严格审查开证申请人的资格,开证申请人必须是"对外付汇进出口单位名录"上的在册单位;不在册的单位申请开证,必须由外汇管理部门审核其进口的真实性。乐海公司不是"对外付汇进口单位名录"上的在册单位,因此不能选择国有商业银行开立信用证,只能选择风险较大的非银行金融机构汇通公司开立信用证。

另,乐海公司从1998年1月至7月分16笔向励源公司支付12609757元,其中有6笔在汇款凭证上注明是货款,另4笔中1笔注明是往来款,3笔是活期存款存折,其余为现金支付。深圳分公司副经理李生泉证明上述款项是励源公司向乐海公司所借款项,励源公司予以否认,乐海公司法定代表人程怀业在1998年1月16日致励源公司法定代表人罗小卉的传真中,称所付款项为货款保证金。

乐海公司于1999年向海口市中级人民法院提起诉讼,要求励源公司返还借款人民币12626776.73元,深圳分公司及新疆石油管理局对外经济贸易总公司(以下简称管理局外贸总公司)承担连带责任。励源公司则反诉乐海公司尚欠其货款人民币1077912.50元。

二、原一、二审法院审理情况

海口市中级人民法院一审认为,乐海公司和励源公司签订贸易合同后,汇通公司已按乐海公司的申请开出信用证,并将广东银行寄来的信用证项下单据交乐海公司审核、确认和领取,汇通公司也向广东银行发出按时交付接受汇票的承诺。信用证到期后,汇通公司未能解付信用证项下货款,广东银行已发函要求支付,乐海公司与励源公司之间的国际贸易关系,是以信用证方式支付货款进行结算的,双方对外贸合同中关于信用证条款的约定和实际履行符合《跟单信用证统一惯例》之规定。励源公司1998年1月19日向广东银行出具《委托托收书》,广东银行已出函说明为信用证项下托收而非信用证外的托收结算。励源公司提出信用证被广东银行拒收,双方是按托收方式进行货款结算,证据不足,理由不能成立。乐海公司向汇通公司付足全额开证保证金并申请开出了信用证,应属履行了支付货款的义务,汇通公司因头寸不足而未能支付信用证项下货款给受益人,不属乐海公司违约和过错,故乐海公司无义务再向受益人励源公司支付货款。励源公司所收乐海公司款项,双方并无书面合同约定真实用途。由于乐海公司在外贸合同中已付款赎单,履行完毕的外贸合同不存在债权债务关系,故上述款项不属支付外贸合同的货款;乐海公司主张借款无书面证据证明;励源公司收到上述款项后亦未如管理局外贸总公司所述为乐海公司开立信用证,励源公司所收款项无合法根据,故应认定其收取乐海公司之款为因民事行为不成立而产生的不当得利,乐海公司有权请求返还不当得利,励源公司负有返还义务。励源公司认为该款是乐海公司支付的外贸合同货款,理由不能成立,对其反诉请求不予支持。励源公司所欠乐海公司不当得利之债为12609757元,因部分款项是经深圳分公司转给励源公司的,故深圳分公司的行为属于出借银行账户,违反金融管理法规,按照最高级人民法院《关于出借银行账户的当事人是否承担民事责任问题的批复》,深圳分公司应对励源公司尚欠乐海公司债务承担赔偿责任。由于深圳分公司系管理局外贸总公司的非法人分支机构,在深圳分公司财产不足以承担赔偿责任时,应由管理局外贸总公司承担。故于1999年12月15日作出〔1999〕海中法经初字第136号民事判决,判决如下:一、励源公司在本判决发生法律效力之日起30日内返还乐海公司人民币12609757元;二、深圳分公司对上述债务承担赔偿责任,如其财产不足承担,则管理局外贸总公司继续承担赔偿责任;三、驳回乐海公司其他诉讼请求;四、驳回励源公司反诉请求。

励源公司不服,上诉至海南省高级人民法院。海南省高级人民法院二审认为,本案系乐海公司和励源公司之间基于买卖合同发生的债务纠纷,乐海公司以借款为由起诉,原审法院在原告未变更诉讼请求的情况下,以不当得利所作出的判决不妥,但根据我国现行法律,此类判决是否构成对法定程序的违反尚无定论。乐海公司主张双方争议是借款,但没有提供有关借款的书面证据,证人李生泉的证言因缺乏其他相应证据印证,也不能作为认定本案事实的根据,故其主张证据不足,不能成立。李生泉代表励源公司与乐海公司签订的买卖合同是双方真实意思表示,该合同虽未加盖励源公司公章,但励源公司已于签约后实际履行了合同,且该公司出具的发票上也注明了上述合同编号,应视为其对上述买卖合同已经追认。故励源公司关于上述合同是乐海公司和李生泉为诉讼之需合谋伪造以及双方之间是委托开证关系而非买卖关系的上诉理由,没有事实根据,不能成立。本案买卖合同签订后,励源公司依约履行了交货义务,乐海公司已经如数收到了励源公司交付的货物,因此,乐海公司对励源公司负有支付货款的当然义务。乐海公司向其开证行汇通公司申请开立信用证是履行付款义务的行为,汇通公司在其开出的信用证为受益人励源公司接受,并对该公司的远期汇票作出承兑后,即构成对励源公司第一性付款义务,励源公司可以首先从汇通公司取得货款。买卖双方约定信用证付款,目的是于买受人商业信用之上增加银行信用作为出卖人取得货款的保障,不应将此约定视为是对出卖人取得货款方式的限制。因此,银行的信用证付款虽然是第一性的付款,但不是绝对的付款。当汇通公司发生支付不能,未依约履行付款义务,励源公司无法通过信用证取得货款时,即有权根据买卖合同要求乐海公司直接支付货款。乐海公司根据开证协议向汇通公司支付的保证金,是为保障开证行对受益人付款后之偿付权的实现,而向汇通公司提供的担保,与受益人无关。乐海公司在买卖合同中的付款义务并不因其向开证行支付保证金而得以履行,双方之间的债权债务关系也不会因此而消灭。即无论信用证条款是否有效,都不影响励源公司向乐海公司行使货款请求权。故在不能证明是借款的情况下,双方争议的款项只能认定是乐海公司向励源公司支付的货款,并非不当得利。原判关于励源公司收取的款项为不当得利的认定不当,应予纠正。乐海公司在开证行的选择上未能尽到谨慎的注意,应自行承担由此产生的商业风险。对于依约应当支付并且已经支付的货款,乐海公司无权请求励源公司返还。因此,乐海公司关于励源公司应向其返还12626776.73元人民币和深圳分公司、外贸总公司应对励源公司上述债务承担共同清偿责任的诉讼请求应予驳回。励源公司关于乐海公司应向其偿付尚欠的货款人民币1077912.50元的反诉请求,是根据乐海公司向其支付的款项和励源公司向香港至裕行和成倡公司付款的金额计算而来的,但励源公司未能提供将乐海公司支付的人民币、美元兑换成港币和将港币折算成人民币的相应证据,乐海公司对此未予认可。故励源公司的反诉请求,证据不足,不予支持。励源公司可在补充相关证据之后,向有管辖权的人民法院另行起诉。该院于2000年9月25日作出〔2000〕琼经终字第38号民事判决,判决如下:一、撤销海口市中级人民法院〔1999〕海中法经初字第136号民事判决;二、驳回乐海公司诉讼请求;三、驳回励源公司反诉请求。

三、海南省高级人民法院请示意见

终审判决后,乐海公司不服,向海南省高级人民法院申请再审。海南省高级人民法院研究后形成两种意见:多数人认为,信用证虽然是主要的付款来源,但不是惟一来源,如果这一渠道未能达到卖方的期望,他只能抛开信用证直接向买方请求付款。买方的付款责任是在银行对信用证不能承付时,买方对卖方的付款责任的自动恢复。由于卖方已交出单据，因而丧失对货物的控制权，此时，卖方可以直接向买方请求付款，也可以作为普通债权人从银行破产账户中获得清偿，不足部分由买方支付。就本案而言，励源公司在汇通公司不能付款的情况下，有权要求乐海公司支付货款。

少数人认为，如果买方已经按合同要求开出信用证。那么，卖方只能要求银行付款，而绝对不能找买方，如果银行承兑远期汇票后收下单据，但以后丧失了支付能力，卖方应该在银行清盘时证明其债权，不能起诉买方，因为买方依约开立了信用证，就完全履行了债务，也就是说信用证是付款的惟一来源。就本案而言，乐海公司已向开证行足额交纳了开证保证金，如果允许卖方向买方直接索取货款，势必造成买一笔货物支付两笔货款的不公平现象。励源公司只能向汇迪公司主张支付信用证项下款项。

最高人民法院关于连云港口福食品有限公司与韩国中小企业银行信用证纠纷一案的请示的复函

- 2003年12月11日
- 〔2003〕民四他字第33号

江苏省高级人民法院：

你院《关于连云港口福食品有限公司与韩国中小企业银行信用证纠纷一案的请示报告》收悉。经研究，答复如下：

同意你院的倾向性意见，即第一种处理意见。

倒签提单并不必然构成信用证欺诈，也并不必然导致银行可以此为由拒付信用证项下的款项，应当分别情形处理。如果倒签提单的行为是出于受益人进行欺诈的主观恶意，即使倒签提单的行为是承运人所为，倒签提单作为一种欺诈手段，也应当被认为构成信用证欺诈，银行可以据以拒付信用证项下的款项；如果倒签提单并非出于受益人的主观恶意，开证申请人的利益也并未因倒签提单的行为遭受实际损害，则不应认为构成信用证欺诈，银行不能以倒签提单为由拒付信用证项下的款项。综合本案的情况，不应认定口福公司构成欺诈，韩国银行无权以倒签提单为由拒付信用证项下的款项。

另外，你院在审理本案过程中，应注意查明本案所涉货物的实际处理情况，再作出正确判决，以避免引发新的纠纷。

此复。

附：

江苏省高级人民法院关于连云港口福食品有限公司与韩国中小企业银行信用证纠纷一案的请示报告

最高人民法院：

我院在审理连云港口福食品有限公司（以下简称口福公司）与韩国中小企业银行（以下简称韩国银行）、中国银行连云港市核电站支行（以下简称电站支行）信用证纠纷一案时，涉及到承运人倒签提单问题。现就韩国银行能否以承运人倒签提单构成信用证欺诈为由，拒付信用证项下款项问题，向你院请示。

一、基本案情

2002年4月24日，韩国银行开出不可撤销跟单信用证一份，申请人韩国昌技公司，受益人口福公司，议付行为任何银行，付款人韩国银行，最迟装船日期2002年5月31日，所需单据为已签署的商业发票一式3份，全套正本清洁提单、装箱单一式3份等。口福公司收到信用证后，于2002年6月6日向电站支行提交了信用证项下的全套单据，其中提单正本载明的装船日期为2002年5月31日。电站支行在对上述单据进行了审核并认为单证相符的情况下，于当月7日通过快邮寄给了开证人。同月19日，电站支行收到韩国银行的2份拒付通知书，其拒付理由之一为提单日期伪造。电站支行与韩国银行多次交涉，韩国银行均拒付。同年9月3日，电站支行收到韩国银行退回的单据。同月9日，电站支行也将韩国银行退回的单据退给了口福公司。2002年9月，口福公司向原审法院南京中院提起诉讼，请求判决韩国银行支付信用证项下的款项,并由电站支行作为议付行承担连带付款责任。

韩国银行经一审法院合法传唤,未到庭参加诉讼,未申请延期审理,也未申请法院调查相关证据,庭后提交的几份证据包括"装船日期为2002年6月1日的提单副本复印件",对方当事人不同意质证,一审法院对韩国中小企业银行庭后提交的证据未组织质证。一审法院认为,韩国中小企业银行未在举证期限内提供任何证据证明口福公司存在欺诈行为,其拒付信用证项下的款项无事实依据,判决韩国中小企业银行支付信用证项下的款项及相应的利息。

韩国银行在二审法院确定的举证期限内,以"因客观原因无法调取6月1日提单副本"为由,申请法院调取本案所涉货物承运船舶"凌泉河"轮的航海日志,以核实本案所涉提单的实际装船日期。经本院调查,可以确定如下事实:口福公司组织好货源后,首先找到韩国的泛洋轮,并在信用证规定的装船期前的5月30日开始装船,但因开证申请人(韩国买方)要求泛洋轮拒载,泛洋轮拒载了口福公司的货物,为此泛洋轮经法院调解(另案处理)赔偿口福公司9万元损失。后口福公司又找到本案承运人中国集装箱运输有限公司(以下简称中集公司)装运本案所涉货物,中集公司书面承诺5月31日前装完货物。但经本院向中集公司下属的青岛国际货运有限公司和山东外轮理货公司调查,本案所涉货物的实际装船时间为2002年5月31日23时30分至6月1日4时,签发提单的日期应为2002年6月1日。

二、关于本案的法律适用问题

1. 本案系信用证合同纠纷。本案各方当事人一审中均以《跟单信用证统一惯例》第500号出版物(以下简称UCP500)作为诉辩的法律依据,二审中明确表示同意适用UCP500处理本案信用证合同纠纷,故本案有关信用证合同的争议应适用UCP500。

2. 本案二审中的争议焦点之一是口福公司是否构成信用证欺诈,而UCP500并未涉及信用证欺诈及法律救济问题。本案各方当事人也未就信用证欺诈及法律救济的法律适用达成一致协议。本院认为,口福公司向电站支行交付单据是为了履行信用证交易中的交单义务,是履行信用证合同的行为,因此,本案受益人所在地应是信用证合同的履行地,与合同有最密切联系的国家的法律应是中国法律。故本案关于信用证欺诈及法律救济问题应适用中国法。

三、关于本案倒签提单的法律后果问题

关于本案韩国银行能否以倒签提单为由拒付信用证项下的款项问题,经我院审判委员会讨论,形成两种意见:

第一种意见(倾向性意见)认为:本案韩国银行不能以倒签提单为由拒付信用证项下的款项。理由:(1)关于信用证欺诈的构成要件。参照国际上有关国家的立法和司法判例,信用证欺诈必须具备以下条件:①必须是受益人实施或参与实施了欺诈行为。而提单欺诈通常是受益人篡改真实提单的真实内容,或者与承运人合谋由承运人签发内容严重失实的提单;②欺诈行为给开证申请人(即基础合同的买方)造成了实质性损害,即由于受益人实施了欺诈行为导致基础合同的根本违约。就倒签提单的欺诈行为而言,当基础交易双方交易的是季节性、鲜活性货物时,或者当市场价格波动较大时,或者由于卖方未按期装运货物导致买方可能对其下家违约时,则买方就可能会将倒签提单的行为视为严重违约行为,从而构成实质性欺诈。(2)本案虽然存在倒签提单的客观事实,但从本案的实际情况来看,倒签提单系承运人所为,而不是信用证的受益人口福公司。(3)从本案承运人倒签提单的原因及其后果来看,本案货物未能及时装运与开证申请人阻挠受益人口福公司最初委托的承运人装运货物存在一定的因果关系,且提单倒签的时间只有4小时,韩国银行也没有证据证明买方因此而遭受重大损失。因此,本案在韩国银行没有证据证明受益人参与提单欺诈,且由于倒签提单给开证申请人造成实质性损害的情况下,不应适用信用证欺诈例外原则。韩国银行以本案存在倒签提单为由,要求适用信用证欺诈例外原则的理由不成立,应当予以驳回。

第二种意见认为:对于此类倒签提单情况是否构成欺诈,以及开证银行是否有权拒付信用证款项问题,我国法律尚无明确规定,一般情况下倒签提单可能危害交易安全,且开证银行亦有权以此为由提出单证实际不符问题,而不论受益人是否参与实施了倒签提单行为,因此对能否按上述第一种意见处理并无把握,建议向最高人民法院请示。

最后我院审委会一致同意就此案处理意见向最高人民法院请示,请予示复。

◎ 指导案例

1. 安徽省外经建设(集团)有限公司诉东方置业房地产有限公司保函欺诈纠纷案①

【关键词】民事　保函欺诈　基础交易审查有限及必要原则　独立反担保函

【裁判要点】

1. 认定构成独立保函欺诈需对基础交易进行审查时,应坚持有限及必要原则,审查范围应限于受益人是否明知基础合同的相对人并不存在基础合同项下的违约事实,以及是否存在受益人明知自己没有付款请求权的事实。

2. 受益人在基础合同项下的违约情形,并不影响其按照独立保函的规定提交单据并进行索款的权利。

3. 认定独立反担保函项下是否存在欺诈时,即使独立保函存在欺诈情形,独立保函项下已经善意付款的,人民法院亦不得裁定止付独立反担保函项下款项。

【相关法条】

《中华人民共和国涉外民事关系法律适用法》第8条、第44条

【基本案情】

2010年1月16日,东方置业房地产有限公司(以下简称东方置业公司)作为开发方,与作为承包方的安徽省外经建设(集团)有限公司(以下简称外经集团公司)、作为施工方的安徽外经建设中美洲有限公司(以下简称外经中美洲公司)在哥斯达黎加共和国圣何塞市签订了《哥斯达黎加湖畔华府项目施工合同》(以下简称《施工合同》),约定承包方为三栋各十四层综合商住楼施工。外经集团公司于2010年5月26日向中国建设银行股份有限公司安徽省分行(以下简称建行安徽省分行)提出申请,并以哥斯达黎加银行作为转开行,向作为受益人的东方置业公司开立履约保函,保证事项为哥斯达黎加湖畔华府项目。2010年5月28日,哥斯达黎加银行开立编号为G051225的履约保函,担保人为建行安徽省分行,委托人为外经集团公司,受益人为东方置业公司,担保金额为2008000美元,有效期至2011年10月12日,后延期至2012年2月12日。保函说明:无条件的、不可撤销的、必须的、见索即付的保函。执行此保函需要受益人给哥斯达黎加银行中央办公室外贸部提交一式两份的证明文件,指明执行此保函的理由,另外由受益人出具公证过的声明指出通知外经中美洲公司因为违约而产生此请求的日期,并附上保函证明原件和已经出具过的修改件。建行安徽省分行同时向哥斯达黎加银行开具编号为34147020000289的反担保函,承诺自收到哥斯达黎加银行通知后二十日内支付保函项下的款项。反担保函是"无条件的、不可撤销的、随时要求支付的",并约定"遵守国际商会出版的458号《见索即付保函统一规则》"。

《施工合同》履行过程中,2012年1月23日,建筑师Jose Brenes和Mauricio Mora出具《项目工程检验报告》。该报告认定施工项目存在"施工不良""品质低劣"且需要修改或修理的情形。2012年2月7日,外经中美洲公司以东方置业公司为被申请人向哥斯达黎加建筑师和工程师联合协会争议解决中心提交仲裁请求,认为东方置业公司拖欠应支付之已完成施工量的工程款及相应利息,请求解除合同并裁决东方置业公司赔偿损失。2月8日,东方置业公司向哥斯达黎加银行提交索赔声明、违约通知书、违约声明、《项目工程检验报告》等保函兑付文件,要求执行保函。2月10日,哥斯达黎加银行向建行安徽省

---

① 案例来源:《最高人民法院关于发布第21批指导性案例的通知》(2019年2月25日　法〔2019〕3号),指导案例109号。

分行发出电文,称东方置业公司提出索赔,要求支付G051225号银行保函项下2008000美元的款项,哥斯达黎加银行进而要求建行安徽省分行须于2012年2月16日前支付上述款项。2月12日,应外经中美洲公司申请,哥斯达黎加共和国行政诉讼法院第二法庭下达临时保护措施禁令,裁定哥斯达黎加银行暂停执行G051225号履约保函。

2月23日,外经集团公司向合肥市中级人民法院提起保函欺诈纠纷诉讼,同时申请中止支付G051225号保函、34147020000289号保函项下款项。一审法院于2月27日作出(2012)合民四初字第00005-1号裁定,裁定中止支付G051225号保函及34147020000289号保函项下款项,并于2月28日向建行安徽省分行送达了上述裁定。2月29日,建行安徽省分行向哥斯达黎加银行发送电文告知了一审法院已作出的裁定事由,并于当日向哥斯达黎加银行寄送了上述裁定书的复印件,哥斯达黎加银行于3月5日收到上述裁定书复印件。

3月6日,哥斯达黎加共和国行政诉讼法院第二法庭向外经中美洲公司申请预防性措施败诉,解除了临时保护措施禁令。3月20日,应哥斯达黎加银行的要求,建行安徽省分行延长了34147020000289号保函的有效期。3月21日,哥斯达黎加银行向东方置业公司支付了G051225号保函项下款项。

2013年7月9日,哥斯达黎加建筑师和工程师联合协会做出仲裁裁决,该仲裁裁决认定东方置业公司在履行合同过程中严重违约,并裁决终止《施工合同》,东方置业公司向外经中美洲公司支付1号至18号工程进度款共计800058.45美元及利息;第19号工程因未获得开发商验收,相关工程款请求未予支持;因G051225号保函项下款项已经支付,不支持外经中美洲公司退还保函的请求。

【裁判结果】

安徽省合肥市中级人民法院于2014年4月9日作出(2012)合民四初字第00005号民事判决:一、东方置业公司针对G051225号履约保函的索赔行为构成欺诈;二、建行安徽省分行终止向哥斯达黎加银行支付编号为34147020000289的银行保函项下2008000美元的款项;三、驳回外经集团公司的其他诉讼请求。东方置业公司不服一审判决,提起上诉。安徽省高级人民法院于2015年3月19日作出(2014)皖民二终字第00389号民事判决:驳回上诉,维持原判。东方置业公司不服二审判决,向最高人民法院申请再审。最高人民法院于2017年12月14日作出(2017)最高法民再134号民事判决:一、撤销安徽省高级人民法院(2014)皖民二终字第00389号、安徽省合肥市中级人民法院(2012)合民四初字第00005号民事判决;二、驳回外经集团公司的诉讼请求。

【裁判理由】

最高人民法院认为:第一,关于本案涉及的独立保函欺诈案件的识别依据、管辖权以及法律适用问题。本案争议的当事方东方置业公司及哥斯达黎加银行的经常居所地位于我国领域外,本案系涉外商事纠纷。根据《中华人民共和国涉外民事关系法律适用法》第八条"涉外民事关系的定性,适用法院地法"的规定,外经集团公司作为外经中美洲公司在国内的母公司,是涉案保函的开立申请人,其申请建行安徽省分行向哥斯达黎加银行开立见索即付的反担保函,由哥斯达黎加银行向受益人东方置业公司转开履约保函。根据保函文本内容,哥斯达黎加银行与建行安徽省分行的付款义务均独立于基础交易关系及保函申请法律关系,因此,上述保函可以确定为见索即付独立保函,上述反担保函可以确定为见索即付独立反担保函。外经集团公司以保函欺诈为由向一审法院提起诉讼,本案性质为保函欺诈纠纷。被请求止付的独立反担保函由建行安徽省分行开具,该分行所在地应当认定为外经集团公司主张的侵权结果发生地。一审法院作为侵权行为地法院对本案具有管辖权。因涉案保函载明适用《见索即付保函统一规则》,应当认定上述规则的内容构成争议保函的组成部分。根据《中华人民共和国涉外民事关系法律适用法》第四十四条"侵权责任,适用侵权行为地法律"的规定,《见索即付保函统一规则》未予涉及的保函欺诈之认定标准应适用中华人民共和国法律。我国没有加入《联合国独立保证与备用信用证公约》,本案当事人亦未约定适用上述公约或将公约有关内容作为国际交易规则订入保函,依据意思自治原则,《联合国独立保证与备用信用证公约》不应适用。

第二,关于东方置业公司作为受益人是否具有基础合同项下的初步证据证明其索赔请求具有事实依据的问题。

人民法院在审理独立保函及与独立保函相关的反担保案件时,对基础交易的审查,应当坚持有限原则和必要原则,审查的范围应当限于受益人是否明知基础合同的相对人并不存在基础合同项下的违约事实或者不存在其他导致独立保函付款的事实。否则,对基础合同的审查将会动摇独立保函"见索即付"的制度价值。

根据《最高人民法院关于贯彻执行〈中华人民共和国民法通则〉若干问题的意见(试行)》第六十八条的规定,欺诈主要表现为虚构事实与隐瞒真相。根据再审查明的事实,哥斯达黎加银行开立编号为G051225的履约保函,该履约保函明确规定了实现保函需要提交的文件为:说明执行保函理由的证明文件、通知外经中美洲公司执行保函请求的日期、保函证明原件和已经出具过的修改件。外经集团公司主张东方置业公司的行为构成独立保函项下的欺诈,应当提交证据证明东方置业公司在实现独立保函时具有下列行为之一:1.为索赔提交内容虚假或者伪造的单据;2.索赔请求完全没有事实基础和可信依据。本案中,保函担保的是"施工期间材料使用的质量和耐性,赔偿或补偿造成的损失,和/或承包方未履行义务的赔付",意即,保函担保的是施工质量和其他违约行为。因此,受益人只需提交能够证明存在施工质量问题的初步证据,即可满足保函实现所要求的"说明执行保函理由的证明文件"。本案基础合同履行过程中,东方置业公司的项目监理人员Jose Brenes和Mauricio Mora于2012年1月23日出具《项目工程检验报告》。该报告认定了施工项目存在"施工不良"、"品质低劣"且需要修改或修理的情形,该《项目工程检验报告》构成证明存在施工质量问题的初步证据。

本案当事方在《施工合同》中以及在保函项下并未明确约定实现保函时应向哥斯达黎加银行提交《项目工程检验报告》,因此,东方置业公司有权自主选择向哥斯达黎加银行提交"证明执行保函理由"之证明文件的类型,其是否向哥斯达黎加银行提交该报告不影响其保函项下权利的实现。另外,《施工合同》以及保函亦未规定上述报告须由AIA国际建筑师事务所或者具有美国建筑师协会国际会员身份的人员出具,因此,Jose Brenes和Mauricio Mora是否具有美国建筑师协会国际会员身份并不影响其作为发包方的项目监理人员出具《项目工程检验报告》。外经集团公司对Jose Brenes和Mauricio Mora均为发包方的项目监理人员身份是明知的,在其出具《项目工程检验报告》并领取工程款项时对Jose Brenes和Mauricio Mora的监理身份是认可的,其以自身认可的足以证明Jose Brenes和Mauricio Mora监理身份的证据反证Jose Brenes和Mauricio Mora出具的《项目工程检验报告》虚假,逻辑上无法自洽。因外经集团公司未能提供其他证据证明东方置业公司实现案涉保函完全没有事实基础或者提交虚假或伪造的文件,东方置业公司据此向哥斯达黎加银行申请实现保函权利具有事实依据。

综上,《项目工程检验报告》构成证明外经集团公司基础合同项下违约行为的初步证据,外经集团公司提供的证据不足以证明上述报告存在虚假或者伪造,亦不足以证明东方置业公司明知基础合同的相对人并不存在基础合同项下的违约事实或者不存在其他导致独立保函付款的事实而要求实现保函。东方置业公司基于外经集团公司基础合同项下的违约行为,依据合同的规定,提出实现独立保函项下的权利不构成保函欺诈。

第三,关于独立保函受益人基础合同项下的违约情形,是否必然构成独立保函项下的欺诈索款问题。

外经集团公司认为,根据《最高人民法院关于审理独立保函纠纷案件若干问题的规定》(以下简称独立保函司法解释)第十二条第三项、第四项、第五项,应当认定东方置业公司构成独立保函欺诈。根据独立保函司法解释第二十五条的规定,经庭审查明,外经集团公司仍坚持认为本案处理不应违反独立保函司法解释的规定精神。结合外经集团公司的主张,最高人民法院对上述涉及独立保函司法解释的相关问题作出进一步阐释。

独立保函独立于委托人和受益人之间的基础交易，出具独立保函的银行只负责审查受益人提交的单据是否符合保函条款的规定并有权自行决定是否付款，担保行的付款义务不受委托人与受益人之间基础交易项下抗辩权的影响。东方置业公司作为受益人，在提交证明存在工程质量问题的初步证据时，即使未启动任何诸如诉讼或者仲裁等争议解决程序并经上述程序确认相对方违约，都不影响其保函权利的实现。即使基础合同存在正在进行的诉讼或仲裁程序，只要相关争议解决程序尚未做出基础交易债务人没有付款或者赔偿责任的最终认定，亦不影响受益人保函权利的实现。进而言之，即便生效判决或者仲裁裁决认定受益人构成基础合同项下的违约，该违约事实的存在亦不必然成为构成保函"欺诈"的充分必要条件。

本案中，保函担保的事项是施工质量和其他违约行为，而受益人未支付工程款项的违约事实与工程质量出现问题不存在逻辑上的因果关系，东方置业公司作为受益人，其自身在基础合同履行中存在的违约情形，并不必然构成独立保函项下的欺诈索款。独立保函司法解释第十二条第三项的规定内容，将独立保函欺诈认定的条件限定为"法院判决或仲裁裁决认定基础交易债务人没有付款或赔偿责任"，因此，除非保函另有约定，对基础合同的审查应当限定在保函担保范围内的履约事项，而将受益人自身在基础合同中是否存在违约行为纳入保函欺诈的审查范围时应当十分审慎。虽然哥斯达黎加建筑师和工程师联合协会做出仲裁裁决，认定东方置业公司在履行合同过程中违约，但上述仲裁程序于2012年2月7日由外经集团公司发动，东方置业公司并未提出反请求，2013年7月9日做出的仲裁裁决仅针对外经集团公司的请求事项认定东方置业公司违约，但并未认定外经集团公司因对方违约行为的存在而免除付款或者赔偿责任。因此，不能依据上述仲裁裁决的内容认定东方置业公司构成独立保函司法解释第十二条第三项规定的保函欺诈。

另外，双方对工程质量发生争议的事实以及哥斯达黎加建筑师和工程师联合协会争议解决中心作出的《仲裁裁决书》中涉及工程质量问题部分的表述能够佐证，外经中美洲公司在《施工合同》项下的义务尚未完全履行，本案并不存在东方置业公司确认基础交易债务已经完全履行或者付款到期事件并未发生的情形。现有证据亦不能证明东方置业公司明知其没有付款请求权仍滥用权利。东方置业公司作为受益人，其自身在基础合同履行中存在的违约情形，虽经仲裁裁决确认但并未因此免除外经集团公司的付款或赔偿责任。综上，即使按照外经集团公司的主张适用独立保函司法解释，本案情形亦不构成保函欺诈。

第四，关于本案涉及的与独立保函有关的独立反担保函问题。

基于独立保函的特点，担保人于债务人之外构成对受益人的直接支付责任，独立保函与主债务之间没有抗辩权上的从属性，即使债务人在某一争议解决程序中行使抗辩权，并不当然使独立担保人获得该抗辩利益。另外，即使存在受益人在独立保函项下的欺诈性索款情形，亦不能推定担保行在独立反担保函项下构成欺诈性索款。只有担保行明知受益人系欺诈性索款且违反诚实信用原则付款，并向反担保行主张独立反担保函项下款项时，才能认定担保行构成独立反担保函项下的欺诈性索款。

外经集团公司以保函欺诈为由提起本案诉讼，其应当举证证明哥斯达黎加银行明知东方置业公司存在独立保函欺诈情形，仍然违反诚信原则予以付款，并进而以受益人身份在见索即付独立反担保函项下提出索款请求并构成反担保函项下的欺诈性索款。现外经集团公司不仅不能证明哥斯达黎加银行向东方置业公司支付独立保函下款项存在欺诈，亦没有举证证明哥斯达黎加银行在独立反担保函项下存在欺诈性索款情形，其主张止付独立反担保函项下款项没有事实依据。

2. 中国建设银行股份有限公司广州荔湾支行诉广东蓝粤能源发展有限公司等信用证开证纠纷案①

【关键词】民事　信用证开证　提单　真实意思表示　权利质押　优先受偿权

【裁判要点】

1. 提单持有人是否因受领提单的交付而取得物权以及取得何种类型的物权，取决于合同的约定。开证行根据其与开证申请人之间的合同约定持有提单时，人民法院应结合信用证交易的特点，对案涉合同进行合理解释，确定开证行持有提单的真实意思表示。

2. 开证行对信用证项下单据中的提单以及提单项下的货物享有质权的，开证行行使提单质权的方式与行使提单项下货物动产质权的方式相同，即对提单项下货物折价、变卖、拍卖后所得价款享有优先受偿权。

【相关法条】

《中华人民共和国海商法》第71条

《中华人民共和国物权法》第224条

《中华人民共和国合同法》第80条第1款

【基本案情】

中国建设银行股份有限公司广州荔湾支行（以下简称建行广州荔湾支行）与广东蓝粤能源发展有限公司（以下简称蓝粤能源公司）于2011年12月签订了《贸易融资额度合同》及《关于开立信用证的特别约定》等相关附件，约定该行向蓝粤能源公司提供不超过5.5亿元的贸易融资额度，包括开立等值额度的远期信用证。惠来粤东电力燃料有限公司（以下简称粤东电力）等担保人签订了保证合同等。2012年11月，蓝粤能源公司向建行广州荔湾支行申请开立8592万元的远期信用证。为开立信用证，蓝粤能源公司向建行广州荔湾支行出具了《信托收据》，并签订了《保证金质押合同》。《信托收据》确认自收据出具之日起，建行广州荔湾支行即取得上述信用证项下所涉单据和货物的所有权，建行广州荔湾支行为委托人和受益人，蓝粤能源公司为信托货物的受托人。信用证开立后，蓝粤能源公司进口了164998吨煤炭。建行广州荔湾支行承兑了信用证，并向蓝粤能源公司放款84867952.27元，用于蓝粤能源公司偿还建行首尔分行的信用证垫款。建行广州荔湾支行履行开证和付款义务后，取得了包括本案所涉提单在内的全套单据。蓝粤能源公司因经营状况恶化而未能付款赎单，故建行广州荔湾支行在本案审理过程中仍持有提单及相关单据。提单项下的煤炭因其他纠纷被广西防城港市港口区人民法院查封。建行广州荔湾支行提起诉讼，请求判令蓝粤能源公司向建行广州荔湾支行清偿信用证垫款本金84867952.27元及利息；确认建行广州荔湾支行对信用证项下164998吨煤炭享有所有权，并对处置该财产所得款项优先清偿上述信用证项下债务；粤东电力等担保人承担担保责任。

【裁判结果】

广东省广州市中级人民法院于2014年4月21日作出（2013）穗中法金民初字第158号民事判决，支持建行广州荔湾支行关于蓝粤能源公司还本付息以及担保人承担相应担保责任的诉请，但以信托收据及提单交付不能对抗第三人为由，驳回建行广州荔湾支行关于请求确认煤炭所有权以及优先受偿权的诉请。建行广州荔湾支行不服一审判决，提起上诉。广东省高级人民法院于2014年9月19日作出（2014）粤高法民二终字第45号民事判决，驳回上诉，维持原判。建行广州荔湾支行不服二审判决，向最高人民法院申请再审。最高人民法院于2015年10月19日作出（2015）民提字第126号民事判决，支持建行广州荔湾支行对案涉信用证项下提单对应货物处置所得价款享有优先受偿权，驳回其对案涉提单项下货物享有所有权的诉讼请求。

【裁判理由】

最高人民法院认为，提单具有债权凭证和所有权凭证的双重属性，但并不意味着谁持有提单

---

① 案例来源：《最高人民法院关于发布第21批指导性案例的通知》（2019年2月25日　法〔2019〕3号），指导案例111号。

谁就当然对提单项下货物享有所有权。对于提单持有人而言，其能否取得物权以及取得何种类型的物权，取决于当事人之间的合同约定。建行广州荔湾支行履行了开证及付款义务并取得信用证项下的提单，但是由于当事人之间没有移转货物所有权的意思表示，故不能认为建行广州荔湾支行取得提单即取得提单项下货物的所有权。虽然《信托收据》约定建行广州荔湾支行取得货物的所有权，并委托蓝粤能源公司处置提单项下的货物，但根据物权法定原则，该约定因构成让与担保而不能发生物权效力。然而，让与担保的约定虽不能发生物权效力，但该约定仍具有合同效力，且《关于开立信用证的特别约定》约定蓝粤能源公司违约时，建行广州荔湾支行有权处分信用证项下单据及货物，因此根据合同整体解释以及信用证交易的特点，表明当事人真实意思表示是通过提单的流转而设立提单质押。本案符合权利质押设立所须具备的书面质押合同和物权公示两项要件，建行广州荔湾支行作为提单持有人，享有提单权利质权。建行广州荔湾支行的提单权利质权如果与其他债权人对提单项下货物所可能享有的留置权、动产质权等权利产生冲突的，可在执行分配程序中依法予以解决。

法规链接

国内信用证结算办法

- 2016年4月27日中国人民银行、中国银行业监督管理委员会公告〔2016〕第10号公布
- 自2016年10月8日起施行

第一章 总则

第一条 为适应国内贸易活动需要，促进经济发展，依据《中华人民共和国中国人民银行法》、《中华人民共和国银行业监督管理法》、《中华人民共和国商业银行法》以及有关法律法规，制定本办法。

第二条 本办法所称国内信用证（以下简称信用证），是指银行（包括政策性银行、商业银行、农村合作银行、村镇银行和农村信用社）依照申请人的申请开立的、对相符交单予以付款的承诺。

前款规定的信用证是以人民币计价、不可撤销的跟单信用证。

第三条 本办法适用于银行为国内企事业单位之间货物和服务贸易提供的信用证服务。服务贸易包括但不限于运输、旅游、咨询、通讯、建筑、保险、金融、计算机和信息、专有权利使用和特许、广告宣传、电影音像等服务项目。

第四条 信用证业务的各方当事人应当遵守中华人民共和国的法律、法规以及本办法的规定，遵守诚实信用原则，认真履行义务，不得利用信用证进行欺诈等违法犯罪活动，不得损害社会公共利益。

第五条 信用证的开立和转让，应当具有真实的贸易背景。

第六条 信用证只限于转账结算，不得支取现金。

第七条 信用证与作为其依据的贸易合同相互独立，即使信用证含有对此类合同的任何援引，银行也与该合同无关，且不受其约束。

银行对信用证作出的付款、确认到期付款、议付或履行信用证项下其他义务的承诺，不受申请人与开证行、申请人与受益人之间关系而产生的任何请求或抗辩的制约。

受益人在任何情况下，不得利用银行之间或申请人与开证行之间的契约关系。

第八条 在信用证业务中，银行处理的是单据，而不是单据所涉及的货物或服务。

第二章 定义

第九条 信用证业务当事人

（一）申请人指申请开立信用证的当事人，一般为货物购买方或服务接受方。

（二）受益人指接受信用证并享有信用证权益的当事人，一般为货物销售方或服务提供方。

（三）开证行指申请人申请开立信用证的银行。

（四）通知行指应开证行的要求向受益人通知信用证的银行。

（五）交单行指向信用证有效地点提交信用证项下单据的银行。

（六）转让行指开证行指定的办理信用证

转让的银行。

（七）保兑行指根据开证行的授权或要求对信用证加具保兑的银行。

（八）议付行指开证行指定的为受益人办理议付的银行，开证行应指定一家或任意银行作为议付信用证的议付行。

第十条 信用证的有关日期和期限

（一）开证日期指开证行开立信用证的日期。信用证未记载生效日的，开证日期即为信用证生效日期。

（二）有效期指受益人向有效地点交单的截止日期。

（三）最迟货物装运日或服务提供日指信用证规定的货物装运或服务提供的截止日期。最迟货物装运日或服务提供日不得晚于信用证有效期。信用证未作规定的，有效期视为最迟货物装运日或服务提供日。

（四）付款期限指开证行收到相符单据后，按信用证条款规定进行付款的期限。信用证按付款期限分为即期信用证和远期信用证。

即期信用证，开证行应在收到相符单据次日起5个营业日内付款。

远期信用证，开证行应在收到相符单据次日起5个营业日内确认到期付款，并在到期付款。远期的表示方式包括：单据日后定期付款、见单后定期付款、固定日付款等可确定到期日的方式。信用证付款期限最长不超过1年。

（五）交单期指信用证项下所要求的单据提交到有效地的有效期限，以当次货物装运日或服务提供日开始计算。未规定该期限的，默认为货物装运日或服务提供日后15天。任何情况下，交单不得迟于信用证有效期。

第十一条 信用证有效地点

信用证有效地点指信用证规定的单据提交地点，即开证行、保兑行（转让行、议付行）所在地。如信用证规定有效地点为保兑行（转让行、议付行）所在地，则开证行所在地也视为信用证有效地点。

第十二条 转运、分批装运或分次提供服务、分期装运或分期提供服务

（一）转运指信用证项下货物在规定的装运地（港到卸货地、港）的运输途中，将货物从一运输工具卸下再装上另一运输工具。

（二）分批装运或分次提供服务指信用证规定的货物或服务在信用证规定的数量、内容或金额内部分或分次交货或部分或分次提供。

（三）分期装运或分期提供服务指信用证规定的货物或服务在信用证规定的分期时间表内装运或提供。任何一期未按信用证规定期限装运或提供的，信用证对该期及以后各期均告失效。

第三章 信用证业务办理

第一节 开 证

第十三条 开证银行与申请人在开证前应签订明确双方权利义务的协议。开证行可要求申请人交存一定数额的保证金，并可根据申请人资信情况要求其提供抵押、质押、保证等合法有效的担保。

开证申请人申请开立信用证，须提交其与受益人签订的贸易合同。

开证行应根据贸易合同及开证申请书等文件，合理、审慎设置信用证付款期限、有效期、交单期、有效地点。

第十四条 信用证的基本条款

信用证应使用中文开立，记载条款包括：

（一）表明"国内信用证"的字样。

（二）开证申请人名称及地址。

（三）开证行名称及地址。

（四）受益人名称及地址。

（五）通知行名称。

（六）开证日期。开证日期格式应按年、月、日依次书写。

（七）信用证编号。

（八）不可撤销信用证。

（九）信用证有效期及有效地点。

（十）是否可转让。可转让信用证须记载"可转让"字样并指定一家转让行。

（十一）是否可保兑。保兑信用证须记载"可保兑"字样并指定一家保兑行。

（十二）是否可议付。议付信用证须记载"议付"字样并指定一家或任意银行作为议付行。

（十三）信用证金额。金额须以大、小写同时记载。

（十四）付款期限。

（十五）货物或服务描述。

（十六）溢短装条款（如有）。

（十七）货物贸易项下的运输交货或服务贸易项下的服务提供条款。

货物贸易项下运输交货条款：

1. 运输或交货方式。

2. 货物装运地（港）、目的地、交货地（港）。

3. 货物是否分批装运、分期装运和转运，未作规定的，视为允许货物分批装运和转运。

4. 最迟货物装运日。

服务贸易项下服务提供条款：

1. 服务提供方式。

2. 服务提供地点。

3. 服务是否分次提供、分期提供，未作规定的，视为允许服务分次提供。

4. 最迟服务提供日。

5. 服务贸易项下双方认为应记载的其他事项。

（十八）单据条款，须注明据以付款或议付的单据，至少包括发票，表明货物运输或交付、服务提供的单据，如运输单据或货物收据、服务接受方的证明或服务提供方或第三方的服务履约证明。

（十九）交单期。

（二十）信用证项下相关费用承担方。未约定费用承担方时，由业务委托人或申请人承担相应费用。

（二十一）表明"本信用证依据《国内信用证结算办法》开立"的开证行保证文句。

（二十二）其他条款。

第十五条 信用证开立方式

开立信用证可以采用信开和电开方式。信开信用证，由开证行加盖业务用章（信用证专用章或业务专用章，下同），寄送通知行，同时应视情况需要以双方认可的方式证实信用证的真实有效性；电开信用证，由开证行以数据电文发送通知行。

第十六条 开证行的义务

开证行自开立信用证之时起，即受信用证内容的约束。

第二节 保　兑

第十七条 保兑是指保兑行根据开证行的授权或要求，在开证行承诺之外做出的对相符交单付款、确认到期付款或议付的确定承诺。

第十八条 保兑行自对信用证加具保兑之时起即不可撤销地承担对相符交单付款、确认到期付款或议付的责任。

第十九条 指定银行拒绝按照开证行授权或要求对信用证加具保兑时，应及时通知开证行，并可仅通知信用证而不加具保兑。

第二十条 开证行对保兑行的偿付义务不受开证行与受益人关系的约束。

第三节 修　改

第二十一条 信用证的修改

（一）开证申请人需对已开立的信用证内容修改的，应向开证行提出修改申请，明确修改的内容。

（二）增额修改的，开证行可要求申请人追加增额担保；付款期限修改的，不得超过本办法规定的信用证付款期限的最长限。

（三）开证行发出的信用证修改书中应注明本次修改的次数。

（四）信用证受益人同意或拒绝接受修改的，应提供接受或拒绝修改的通知。如果受益人未能给予通知，当交单与信用证以及尚未接受的修改的要求一致时，即视为受益人已做出接受修改的通知，并且该信用证修改自此对受益人形成约束。

对同一修改的内容不允许部分接受，部分接受将被视作拒绝接受修改。

（五）开证行自开出信用证修改书之时起，即不可撤销地受修改内容的约束。

第二十二条 保兑行有权选择是否将其保兑扩展至修改。保兑行将其保兑扩展至修改的，自作出此类扩展通知时，即不可撤销地受其约束；保兑行不对修改加具保兑的，应及时告知开证行并在给受益人的通知中告知受益人。

第四节 通　知

第二十三条 信用证及其修改的通知

(一)通知行的确定。

通知行可由开证申请人指定,如开证申请人没有指定,开证行有权指定通知行。通知行可自行决定是否通知。通知行同意通知的,应于收到信用证次日起3个营业日内通知受益人;拒绝通知的,应于收到信用证次日起3个营业日内告知开证行。

开证行发出的信用证修改书,应通过原信用证通知行办理通知。

(二)通知行的责任。

1. 通知行收到信用证或信用证修改书,应认真审查内容表面是否完整、清楚,核验开证行签字、印章、所用密押是否正确等表面真实性,或另以电讯方式证实。核验无误的,应填制信用证通知书或信用证修改通知书,连同信用证或信用证修改书正本交付受益人。

通知行通知信用证或信用证修改的行为,表明其已确信信用证或修改的表面真实性,而且其通知准确反映了其收到的信用证或修改的内容。

2. 通知行确定信用证或信用证修改书签字、印章、密押不符的,应即时告知开证行;表面内容不清楚、不完整的,应即时向开证行查询补正。

3. 通知行在收到开证行回复前,可先将收到的信用证或信用证修改书通知受益人,并在信用证通知书或信用证修改通知书上注明该通知仅供参考,通知行不负任何责任。

第二十四条 开证行应于收到通知行查询次日起2个营业日内,对通知行做出答复或提供其所要求的必要内容。

第二十五条 通知行应于收到受益人同意或拒绝修改通知书次日起3个营业日内告知开证行,在受益人告知通知行其接受修改或以交单方式表明接受修改之前,原信用证(或含有先前被接受的修改的信用证)条款对受益人仍然有效。

开证行收到通知行发来的受益人拒绝修改的通知,信用证视为未做修改,开证行应于收到通知次日起2个营业日内告知开证申请人。

第五节 转 让

第二十六条 转让是指由转让行应第一受益人的要求,将可转让信用证的部分或者全部转为可由第二受益人兑用。

可转让信用证指特别标注"可转让"字样的信用证。

第二十七条 对于可转让信用证,开证行必须指定转让行,转让行可为开证行。转让行无办理信用证转让的义务,除非其明确同意。转让行仅办理转让,并不承担信用证项下的付款责任,但转让行是保兑行或开证行的除外。

第二十八条 可转让信用证只能转让一次,即只能由第一受益人转让给第二受益人,已转让信用证不得应第二受益人的要求转让给任何其后的受益人,但第一受益人不视为其后的受益人。

已转让信用证指已由转让行转为可由第二受益人兑用的信用证。

第二十九条 第二受益人拥有收取转让后信用证款项的权利并承担相应的义务。

第三十条 已转让信用证必须转载原证条款,包括保兑(如有),但下列项目除外:

可用第一受益人名称替代开证申请人名称;如果原信用证特别要求开证申请人名称应在除发票以外的任何单据中出现时,转让行转让信用证时须反映该项要求。

信用证金额、单价可以减少,有效期、交单期可以缩短,最迟货物装运日或服务提供日可以提前。

投保比例可以增加。

有效地点可以修改为转让行所在地。

第三十一条 转让交单

(一)第一受益人有权以自己的发票替换第二受益人的发票后向开证行或保兑行索偿,以支取发票间的差额,但第一受益人以自己的发票索偿的金额不得超过原信用证金额。

(二)转让行应于收到第二受益人单据次日起2个营业日内通知第一受益人换单,第一受益人须在收到转让行换单通知次日起5个营业日内且在原信用证交单期和有效期内换单。

(三)若第一受益人提交的发票导致了第二受益人的交单中本不存在的不符点,转让行应在发现不符点的下一个营业日内通知第一受益人在5个营业日内且在原信用证交单期和有效期内修正。

(四)如第一受益人未能在规定的期限内换单,或未对其提交的发票导致的第二受益人交单中本不存在的不符点予以及时修正的,转让行有权将第二受益人的单据随附已转让信用证副本、信用证修改书副本及修改确认书(如有)直接寄往开证行或保兑行,并不再对第一受益人承担责任。

开证行或保兑行将依据已转让信用证副本、信用证修改书副本及修改确认书(如有)来审核第二受益人的交单是否与已转让信用证相符。

(五)第二受益人或者代表第二受益人的交单行的交单必须交给转让行,信用证另有规定的除外。

第三十二条 部分转让
若原信用证允许分批装运或分次提供服务,则第一受益人可将信用证部分或全部转让给一个或数个第二受益人,并由第二受益人分批装运或分次提供服务。

第三十三条 第一受益人的任何转让要求须说明是否允许以及在何条件下允许将修改通知第二受益人。已转让信用证须明确说明该项条款。

如信用证转让的第二受益人为多名,其中一名或多名第二受益人对信用证修改的拒绝不影响其他第二受益人接受修改。对接受者而言,该已转让信用证即被相应修改,而对拒绝修改的第二受益人而言,该信用证未被修改。

第三十四条 开证行或保兑行对第二受益人提交的单据不得以索款金额与单价的减少,投保比例的增加,以及受益人名称与原信用证规定的受益人名称不同而作为不符交单予以拒付。

转让行应在收到开证行付款、确认到期付款函(电)次日起2个营业日内对第二受益人付款、发出开证行已确认到期付款的通知。

转让行可按约定向第一受益人收取转让费用,并在转让信用证时注明须由第二受益人承担的费用。

第六节 议 付

第三十五条 议付指可议付信用证下单证相符或在开证行或保兑行已确认到期付款的情况下,议付行在收到开证行或保兑行付款前购买单据、取得信用证项下索款权利,向受益人预付或同意预付资金的行为。

议付行审核并转递单据而没有预付或没有同意预付资金不构成议付。

第三十六条 信用证未明示可议付,任何银行不得办理议付;信用证明示可议付,如开证行仅指定一家议付行,未被指定为议付行的银行不得办理议付,被指定的议付行可自行决定是否办理议付。

保兑行对以其为议付行的议付信用证加具保兑,在受益人请求议付时,须承担对受益人相符交单的议付责任。

指定议付行非保兑行且未议付时,保兑行仅承担对受益人相符交单的付款责任。

第三十七条 受益人可对议付信用证在信用证交单期和有效期内向议付行提示单据、信用证正本、信用证通知书、信用证修改书正本及信用证修改通知书(如有),并填制交单委托书和议付申请书,请求议付。

议付行在受理议付申请的次日起5个营业日内审核信用证规定的单据并决定议付的,应在信用证正本背面记明议付日期、业务编号、议付金额、到期日并加盖业务用章。

议付行拒绝议付的,应及时告知受益人。

第三十八条 索偿
议付行将注明付款提示的交单面函(寄单通知书)及单据寄开证行或保兑行索偿资金。除信用证另有约定外,索偿金额不得超过单据金额。

开证行、保兑行负有对议付行符合本办法的议付行为的偿付责任,该偿付责任独立于开证行、保兑行对受益人的付款责任并不受其约束。

第三十九条 追索权的行使
议付行议付时,必须与受益人书面约定是

否有追索权。若约定有追索权,到期不获付款议付行可向受益人追索。若约定无追索权,到期不获付款议付行不得向受益人追索,议付行与受益人约定的例外情况或受益人存在信用证欺诈的情形除外。

保兑行议付时,对受益人不具有追索权,受益人存在信用证欺诈的情形除外。

第七节　寄单索款

第四十条　受益人委托交单行交单,应在信用证交单期和有效期内填制信用证交单委托书,并提交单据和信用证正本及信用证通知书、信用证修改书正本及信用证修改通知书(如有)。交单行应在收单次日起5个营业日内对其审核相符的单据寄单。

第四十一条　交单行应合理谨慎地审查单据是否相符,但非保兑行的交单行对单据相符性不承担责任,交单行与受益人另有约定的除外。

第四十二条　交单行在交单时,应附寄一份交单面函(寄单通知书),注明单据金额、索偿金额、单据份数、寄单编号、索款路径、收款账号、受益人名称、申请人名称、信用证编号等信息,并注明此次交单是在正本信用证项下进行并已在信用证正本背面批注交单情况。

受益人直接交单时,应提交信用证正本及信用证通知书、信用证修改书正本及信用证修改通知书(如有)、开证行(保兑行、转让行、议付行)认可的身份证明文件。

第四十三条　交单行在确认受益人交单无误后,应在发票的"发票联"联次批注"已办理交单"字样或加盖"已办理交单"戳记,注明交单日期及交单行名称。

交单行寄单后,须在信用证正本背面批注交单日期、交单金额和信用证余额等交单情况。

第八节　付　　款

第四十四条　开证行或保兑行在收到交单行寄交的单据及交单面函(寄单通知书)或受益人直接递交的单据的次日起5个营业日内,及时核对是否相符交单。单证相符或单证不符但开证行或保兑行接受不符点的,对即期信用证,应于收到单据次日起5个营业日内支付相应款项给交单行或受益人(受益人直接交单时,本节下同);对远期信用证,应于收到单据次日起5个营业日内发出到期付款确认书,并于到期日支付款项给交单行或受益人。

第四十五条　开证行或保兑行付款后,应在信用证相关业务系统或信用证正本或副本背面记明付款日期、业务编号、来单金额、付款金额、信用证余额,并将信用证有关单据交开证申请人或寄开证行。

若受益人提交了相符单据或开证行已发出付款承诺,即使申请人交存的保证金及其存款账户余额不足支付,开证行仍应在规定的时间内付款。对申请人提供抵押、质押、保函等担保的,按《中华人民共和国担保法》、《中华人民共和国物权法》的有关规定索偿。

第四十六条　开证行或保兑行审核单据发现不符并决定拒付的,应在收到单据的次日起5个营业日内一次性将全部不符点以电子方式或其他快捷方式通知交单行或受益人。如开证行或保兑行未能按规定通知不符点,则无权宣称交单不符。

开证行或保兑行审核单据发现不符并拒付后,在收到交单行或受益人退单的要求之前,开证申请人接受不符点的,开证行或保兑行独立决定是否付款、出具到期付款确认书或退单;开证申请人不接受不符点的,开证行或保兑行可将单据退交单行或受益人。

第四十七条　开证行或保兑行拒付时,应提供书面拒付通知。拒付通知应包括如下内容:

(一)开证行或保兑行拒付。

(二)开证行或保兑行拒付所依据的每一个不符点。

(三)开证行或保兑行拒付后可选择以下意见处理单据:

1. 开证行或保兑行留存单据听候交单行或受益人的进一步指示。

2. 开证行留存单据直到其从开证申请人处收到放弃不符点的通知并同意接受该放弃,或者其同意接受对不符点的放弃之前从交单行或受益人处收到进一步指示。

3. 开证行或保兑行将退回单据。

4. 开证行或保兑行将按之前从交单行或

受益人处获得的指示处理。

第四十八条 开证行或保兑行付款后,对受益人不具有追索权,受益人存在信用证欺诈的情形除外。

第九节 注 销

第四十九条 信用证注销是指开证行对信用证未支用的金额解除付款责任的行为。

（一）开证行、保兑行、议付行未在信用证有效期内收到单据的,开证行可在信用证逾有效期一个月后予以注销。具体处理办法由各银行自定。

（二）其他情况下,须经开证行、已办理过保兑的保兑行、已办理过议付的议付行、已办理过转让的转让行与受益人协商同意,或受益人、上述保兑行（议付行、转让行）声明同意注销信用证,并与开证行就全套正本信用证收回达成一致后,信用证方可注销。

第四章 单据审核标准

第五十条 银行收到单据时,应仅以单据本身为依据,认真审核信用证规定的所有单据,以确定是否为相符交单。

相符交单指与信用证条款、本办法的相关适用条款、信用证审单规则及单据之内、单据之间相互一致的交单。

第五十一条 银行只对单据进行表面审核。

银行不审核信用证没有规定的单据。银行收到此类单据,应予退还或将其照转。

如信用证含有一项条件,却未规定用以表明该条件得到满足的单据,银行将视为未作规定不予理会,但提交的单据中显示的相关信息不得与上述条件冲突。

第五十二条 信用证要求提交运输单据、保险单据和发票以外的单据时,应对单据的出单人及其内容作出明确规定。未作规定的,只要所提交的单据内容表面形式满足单据功能且与信用证及其他规定单据不矛盾,银行可予接受。

除发票外,其他单据中的货物或服务或行为描述可使用统称,但不得与信用证规定的描述相矛盾。

发票须是税务部门统一监制的原始正本发票。

第五十三条 信用证要求某种单据提交多份的,所提交的该种单据中至少应有一份正本。

除信用证另有规定外,银行应将任何表面上带有出单人的原始签名或印章的单据视为正本单据（除非单据本身表明其非正本）,但此款不适用于增值税发票或其他类型的税务发票。

第五十四条 所有单据的出单日期均不得迟于信用证的有效期、交单期截止日以及实际交单日期。

受益人和开证申请人的开户银行、账号和地址出现在任何规定的单据中时,无须与信用证或其他规定单据中所载相同。

第五十五条 信用证审单规则由行业协会组织会员单位拟定并推广执行。行业协会应根据信用证业务开展实际,适时修订审单规则。

第五章 附 则

第五十六条 信用证凭证、信用证修改书、交单面函（寄单通知书）等格式、联次由行业协会制定并推荐使用,各银行参照其范式制作。

第五十七条 银行办理信用证业务的各项手续费收费标准,由各银行按照服务成本、依照市场定价原则制定,并遵照《商业银行服务价格管理办法》（中国银监会国家发展改革委令2014年第1号）相关要求向客户公示并向管理部门报告。

第五十八条 本办法规定的各项期限的计算,适用民法通则关于计算期间的规定。期限最后一日是法定节假日的,顺延至下一个营业日,但信用证规定的装运日或服务提供日不得顺延。

本办法规定的营业日指可办理信用证业务的银行工作日。

第五十九条 本办法由中国人民银行会同中国银行业监督管理委员会解释。

第六十条 本办法自2016年10月8日起施行。

八 证券、期货

司法解释

最高人民法院关于审理证券市场因虚假陈述引发的民事赔偿案件的若干规定

- 2003年1月9日
- 法释〔2003〕2号

为正确审理证券市场因虚假陈述引发的民事赔偿案件,规范证券市场民事行为,保护投资人合法权益,根据《中华人民共和国民法通则》、《中华人民共和国证券法》、《中华人民共和国公司法》以及《中华人民共和国民事诉讼法》等法律、法规的规定,结合证券市场实际情况和审判实践,制定本规定。

一、一般规定

第一条 本规定所称证券市场因虚假陈述引发的民事赔偿案件(以下简称虚假陈述证券民事赔偿案件),是指证券市场投资人以信息披露义务人违反法律规定,进行虚假陈述并致使其遭受损失为由,而向人民法院提起诉讼的民事赔偿案件。

第二条 本规定所称投资人,是指在证券市场上从事证券认购和交易的自然人、法人或者其他组织。

本规定所称证券市场,是指发行人向社会公开募集股份的发行市场,通过证券交易所报价系统进行证券交易的市场,证券公司代办股份转让市场以及国家批准设立的其他证券市场。

第三条 因下列交易发生的民事诉讼,不适用本规定:

(一)在国家批准设立的证券市场以外进行的交易;

(二)在国家批准设立的证券市场上通过协议转让方式进行的交易。

第四条 人民法院审理虚假陈述证券民事赔偿案件,应当着重调解,鼓励当事人和解。

第五条 投资人对虚假陈述行为人提起民事赔偿的诉讼时效期间,适用民法通则第一百三十五条的规定,根据下列不同情况分别起算:

(一)中国证券监督管理委员会或其派出机构公布对虚假陈述行为人作出处罚决定之日;

(二)中华人民共和国财政部、其他行政机关以及有权作出行政处罚的机构公布对虚假陈述行为人作出处罚决定之日;

(三)虚假陈述行为人未受行政处罚,但已被人民法院认定有罪的,作出刑事判决生效之日。

因同一虚假陈述行为,对不同虚假陈述行为人作出两个以上行政处罚;或者既有行政处罚,又有刑事处罚的,以最先作出的行政处罚决定公告之日或者作出的刑事判决生效之日,为诉讼时效起算之日。

二、受理与管辖

第六条 投资人以自己受到虚假陈述侵害为由,依据有关机关的行政处罚决定或者人民法院的刑事裁判文书,对虚假陈述行为人提起的民事赔偿诉讼;符合民事诉讼法第一百零八条规定的,人民法院应当受理。

投资人提起虚假陈述证券民事赔偿诉讼,除提交行政处罚决定或者公告,或者人民法院的刑事裁判文书以外,还须提交以下证据:

(一)自然人、法人或者其他组织的身份证明文件,不能提供原件的,应当提交经公证证明的复印件;

(二)进行交易的凭证等投资损失证据材料。

第七条 虚假陈述证券民事赔偿案件的被告,应当是虚假陈述行为人,包括:

(一)发起人、控股股东等实际控制人;

(二)发行人或者上市公司;

(三)证券承销商;

(四)证券上市推荐人;

(五)会计师事务所、律师事务所、资产评

估机构等专业中介服务机构;

（六）上述（二）、（三）、（四）项所涉单位中负有责任的董事、监事和经理等高级管理人员以及（五）项中直接责任人;

（七）其他作出虚假陈述的机构或者自然人。

第八条 虚假陈述证券民事赔偿案件，由省、直辖市、自治区人民政府所在的市、计划单列市和经济特区中级人民法院管辖。

第九条 投资人对多个被告提起证券民事赔偿诉讼的，按下列原则确定管辖：

（一）由发行人或者上市公司所在地有管辖权的中级人民法院管辖。但有本规定第十条第二款规定的情形除外。

（二）对发行人或者上市公司以外的虚假陈述行为人提起的诉讼，由被告所在地有管辖权的中级人民法院管辖。

（三）仅以自然人为被告提起的诉讼，由被告所在地有管辖权的中级人民法院管辖。

第十条 人民法院受理以发行人或者上市公司以外的虚假陈述行为人为被告提起的诉讼后，经当事人申请或者征得所有原告同意后，可以追加发行人或者上市公司为共同被告。人民法院追加后，应当将案件移送发行人或者上市公司所在地有管辖权的中级人民法院管辖。

当事人不申请或者原告不同意追加，人民法院认为确有必要追加的，应当通知发行人或者上市公司作为共同被告参加诉讼，但不得移送案件。

第十一条 人民法院受理虚假陈述证券民事赔偿案件后，受行政处罚当事人对行政处罚不服申请行政复议或者提起行政诉讼的，可以裁定中止审理。

人民法院受理虚假陈述证券民事赔偿案件后，有关行政处罚被撤销的，应当裁定终结诉讼。

三、诉讼方式

第十二条 本规定所涉证券民事赔偿案件的原告可以选择单独诉讼或者共同诉讼方式提起诉讼。

第十三条 多个原告因同一虚假陈述事实对相同被告提起的诉讼，既有单独诉讼也有共同诉讼的，人民法院可以通知提起单独诉讼的原告参加共同诉讼。

多个原告因同一虚假陈述事实对相同被告同时提起两个以上共同诉讼的，人民法院可以将其合并为一个共同诉讼。

第十四条 共同诉讼的原告人数应当在开庭审理前确定。原告人数众多的可以推选二至五名诉讼代表人，每名诉讼代表人可以委托一至二名诉讼代理人。

第十五条 诉讼代表人应当经过其所代表的原告特别授权，代表原告参加开庭审理，变更或者放弃诉讼请求、与被告进行和解或者达成调解协议。

第十六条 人民法院判决被告对人数众多的原告承担民事赔偿责任时，可以在判决主文中对赔偿总额作出判决，并将每个原告的姓名、应获得赔偿金额等列表附于民事判决书后。

四、虚假陈述的认定

第十七条 证券市场虚假陈述，是指信息披露义务人违反证券法律规定，在证券发行或者交易过程中，对重大事件作出违背事实真相的虚假记载、误导性陈述，或者在披露信息时发生重大遗漏、不正当披露信息的行为。

对于重大事件，应当结合证券法第五十九条、第六十条、第六十一条、第六十二条、第七十二条及相关规定的内容认定。

虚假记载，是指信息披露义务人在披露信息时，将不存在的事实在信息披露文件中予以记载的行为。

误导性陈述，是指虚假陈述行为人在信息披露文件中或者通过媒体，作出使投资人对其投资行为发生错误判断并产生重大影响的陈述。

重大遗漏，是指信息披露义务人在信息披露文件中，未将应当记载的事项完全或者部分予以记载。

不正当披露，是指信息披露义务人未在适当期限内或者未以法定方式公开披露应当披露的信息。

第十八条 投资人具有以下情形的，人民法院应

当认定虚假陈述与损害结果之间存在因果关系:

（一）投资人所投资的是与虚假陈述直接关联的证券;

（二）投资人在虚假陈述实施日及以后,至揭露日或者更正日之前买入该证券;

（三）投资人在虚假陈述揭露日或者更正日及以后,因卖出该证券发生亏损,或者因持续持有该证券而产生亏损。

第十九条 被告举证证明原告具有以下情形的,人民法院应当认定虚假陈述与损害结果之间不存在因果关系:

（一）在虚假陈述揭露日或者更正日之前已经卖出证券;

（二）在虚假陈述揭露日或者更正日及以后进行的投资;

（三）明知虚假陈述存在而进行的投资;

（四）损失或者部分损失是由证券市场系统风险等其他因素所导致;

（五）属于恶意投资、操纵证券价格的。

第二十条 本规定所指的虚假陈述实施日,是指作出虚假陈述或者发生虚假陈述之日。

虚假陈述揭露日,是指虚假陈述在全国范围发行或者播放的报刊、电台、电视台等媒体上,首次被公开揭露之日。

虚假陈述更正日,是指虚假陈述行为人在中国证券监督管理委员会指定披露证券市场信息的媒体上,自行公告更正虚假陈述并按规定履行停牌手续之日。

五、归责与免责事由

第二十一条 发起人、发行人或者上市公司对其虚假陈述给投资人造成的损失承担民事赔偿责任。

发行人、上市公司负有责任的董事、监事和经理等高级管理人员对前款的损失承担连带赔偿责任。但有证据证明无过错的,应予免责。

第二十二条 实际控制人操纵发行人或者上市公司违反证券法律规定,以发行人或者上市公司名义虚假陈述并给投资人造成损失的,可以由发行人或者上市公司承担赔偿责任。发行人或者上市公司承担赔偿责任后,可以向实际控制人追偿。

实际控制人违反证券法第四条、第五条以及第一百八十八条规定虚假陈述,给投资人造成损失的,由实际控制人承担赔偿责任。

第二十三条 证券承销商、证券上市推荐人对虚假陈述给投资人造成的损失承担赔偿责任。但有证据证明无过错的,应予免责。

负有责任的董事、监事和经理等高级管理人员对证券承销商、证券上市推荐人承担的赔偿责任负连带责任。其免责事由同前款规定。

第二十四条 专业中介服务机构及其直接责任人违反证券法第一百六十一条和第二百零二条的规定虚假陈述,给投资人造成损失的,就其负有责任的部分承担赔偿责任。但有证据证明无过错的,应予免责。

第二十五条 本规定第七条第（七）项规定的其他作出虚假陈述行为的机构或者自然人,违反证券法第五条、第七十二条、第一百八十八条和第一百八十九条规定,给投资人造成损失的,应当承担赔偿责任。

六、共同侵权责任

第二十六条 发起人对发行人信息披露提供担保的,发起人与发行人对投资人的损失承担连带责任。

第二十七条 证券承销商、证券上市推荐人或者专业中介服务机构,知道或者应当知道发行人或者上市公司虚假陈述,而不予纠正或者不出具保留意见的,构成共同侵权,对投资人的损失承担连带责任。

第二十八条 发行人、上市公司、证券承销商、证券上市推荐人负有责任的董事、监事和经理等高级管理人员有下列情形之一的,应当认定为共同虚假陈述,分别与发行人、上市公司、证券承销商、证券上市推荐人对投资人的损失承担连带责任:

（一）参与虚假陈述的;

（二）知道或者应当知道虚假陈述而未明确表示反对的;

（三）其他应当负有责任的情形。

七、损失认定

第二十九条 虚假陈述行为人在证券发行市场虚假陈述,导致投资人损失的,投资人有权要求虚假陈述行为人按本规定第三十条赔偿损失;导致证券被停止发行的,投资人有权要求返还和赔偿所缴股款及银行同期活期存款利率的利息。

第三十条 虚假陈述行为人在证券交易市场承担民事赔偿责任的范围,以投资人因虚假陈述而实际发生的损失为限。投资人实际损失包括:

(一) 投资差额损失;

(二) 投资差额损失部分的佣金和印花税。

前款所涉资金利息,自买入至卖出证券日或者基准日,按银行同期活期存款利率计算。

第三十一条 投资人在基准日及以前卖出证券的,其投资差额损失,以买入证券平均价格与实际卖出证券平均价格之差,乘以投资人所持证券数量计算。

第三十二条 投资人在基准日之后卖出或者仍持有证券的,其投资差额损失,以买入证券平均价格与虚假陈述揭露日或者更正日起至基准日期间,每个交易日收盘价的平均价格之差,乘以投资人所持证券数量计算。

第三十三条 投资差额损失计算的基准日,是指虚假陈述揭露或者更正后,为将投资人应获赔偿限定在虚假陈述所造成的损失范围内,确定损失计算的合理期间而规定的截止日期。基准日分别按下列情况确定:

(一) 揭露日或者更正日起,至被虚假陈述影响的证券累计成交量达到其可流通部分100%之日。但通过大宗交易协议转让的证券成交量不予计算。

(二) 按前项规定在开庭审理前尚不能确定的,则以揭露日或者更正日后第30个交易日为基准日。

(三) 已经退出证券交易市场的,以摘牌日前一交易日为基准日。

(四) 已经停止证券交易的,可以停牌日前一交易日为基准日;恢复交易的,可以本条第(一)项规定确定基准日。

第三十四条 投资人持股期间基于股东身份取得的收益,包括红利、红股、公积金转增所得的股份以及投资人持股期间出资购买的配股、增发股和转配股,不得冲抵虚假陈述行为人的赔偿金额。

第三十五条 已经除权的证券,计算投资差额损失时,证券价格和证券数量应当复权计算。

八、附则

第三十六条 本规定自2003年2月1日起施行。

第三十七条 本院2002年1月15日发布的《关于受理证券市场因虚假陈述引发的民事侵权纠纷案件有关问题的通知》中与本规定不一致的,以本规定为准。

最高人民法院关于审理期货纠纷案件若干问题的规定

- 2020年12月29日
- 法释〔2020〕18号

为了正确审理期货纠纷案件,根据《中华人民共和国民法典》《中华人民共和国民事诉讼法》等有关法律、行政法规的规定,结合审判实践经验,对审理期货纠纷案件的若干问题制定本规定。

一、一般规定

第一条 人民法院审理期货纠纷案件,应当依法保护当事人的合法权益,正确确定其应承担的风险责任,并维护期货市场秩序。

第二条 人民法院审理期货合同纠纷案件,应当严格按照当事人在合同中的约定确定违约方承担的责任,当事人的约定违反法律、行政法规强制性规定的除外。

第三条 人民法院审理期货侵权纠纷和无效的期货交易合同纠纷案件,应当根据各方当事人是否有过错,以及过错的性质、大小,过错和损失之间的因果关系,确定过错方承担的民事责任。

二、管辖

第四条 人民法院应当依据民事诉讼法第二十三条、第二十八条和第三十四条的规定确定期货纠纷案件的管辖。

第五条 在期货公司的分公司、营业部等分支机构进行期货交易的,该分支机构住所地为合同履行地。

因实物交割发生纠纷的,期货交易所住所地为合同履行地。

第六条 侵权与违约竞合的期货纠纷案件,依当事人选择的诉由确定管辖。当事人既以违约又以侵权起诉的,以当事人起诉状中在先的诉讼请求确定管辖。

第七条 期货纠纷案件由中级人民法院管辖。

高级人民法院根据需要可以确定部分基层人民法院受理期货纠纷案件。

三、承担责任的主体

第八条 期货公司的从业人员在本公司经营范围内从事期货交易行为产生的民事责任,由其所在的期货公司承担。

第九条 期货公司授权非本公司人员以本公司的名义从事期货交易行为的,期货公司应当承担由此产生的民事责任;非期货公司人员以期货公司名义从事期货交易行为,具备民法典第一百七十二条所规定的表见代理条件的,期货公司应当承担由此产生的民事责任。

第十条 公民、法人受期货公司或者客户的委托,作为居间人为其提供订约的机会或者订立期货经纪合同的中介服务的,期货公司或者客户应当按照约定向居间人支付报酬。居间人应当独立承担基于居间经纪关系所产生的民事责任。

第十一条 不以真实身份从事期货交易的单位或者个人,交易行为符合期货交易所交易规则的,交易结果由其自行承担。

第十二条 期货公司设立的取得营业执照和经营许可证的分公司、营业部等分支机构超出经营范围开展经营活动所产生的民事责任,该分支机构不能承担的,由期货公司承担。

客户有过错的,应当承担相应的民事责任。

四、无效合同责任

第十三条 有下列情形之一的,应当认定期货经纪合同无效:

(一)没有从事期货经纪业务的主体资格而从事期货经纪业务的;

(二)不具备从事期货交易主体资格的客户从事期货交易的;

(三)违反法律、行政法规的强制性规定的。

第十四条 因期货经纪合同无效给客户造成经济损失的,应当根据无效行为与损失之间的因果关系确定责任的承担。一方的损失系对方行为所致,应当由对方赔偿损失;双方有过错的,根据过错大小各自承担相应的民事责任。

第十五条 不具有主体资格的经营机构因从事期货经纪业务而导致期货经纪合同无效,该机构按客户的交易指令入市交易的,收取的佣金应当返还给客户,交易结果由客户承担。

该机构未按客户的交易指令入市交易,客户没有过错的,该机构应当返还客户的保证金并赔偿客户的损失。赔偿损失的范围包括交易手续费、税金及利息。

五、交易行为责任

第十六条 期货公司在与客户订立期货经纪合同时,未提示客户注意《期货交易风险说明书》内容,并由客户签字或者盖章,对于客户在交易中的损失,应当依据民法典第五百条第三项的规定承担相应的赔偿责任。但是,根据以往交易结果记载,证明客户已有交易经历的,应当免除期货公司的责任。

第十七条 期货公司接受客户全权委托进行期货交易的,对交易产生的损失,承担主要赔偿责任,赔偿额不超过损失的百分之八十,法律、行政法规另有规定的除外。

第十八条 期货公司与客户签订的期货经纪合同对下达交易指令的方式未作约定或者约定不明确的,期货公司不能证明其所进行的交易是依据客户交易指令进行的,对该交易造成客户的损失,期货公司应当承担赔偿责任,客户予以追认的除外。

第十九条 期货公司执行非受托人的交易指令

造成客户损失,应当由期货公司承担赔偿责任,非受托人承担连带责任,客户予以追认的除外。

第二十条　客户下达的交易指令没有品种、数量、买卖方向的,期货公司未予拒绝而进行交易造成客户的损失,由期货公司承担赔偿责任,客户予以追认的除外。

第二十一条　客户下达的交易指令数量和买卖方向明确,没有有效期限的,应当视为当日有效;没有成交价格的,应当视为按市价交易;没有开平仓方向的,应当视为开仓交易。

第二十二条　期货公司错误执行客户交易指令,除客户认可的以外,交易的后果由期货公司承担,并按下列方式分别处理:

（一）交易数量发生错误的,多于指令数量的部分由期货公司承担,少于指令数量的部分,由期货公司补足或者赔偿直接损失;

（二）交易价格超出客户指令价位范围的,交易差价损失或者交易结果由期货公司承担。

第二十三条　期货公司不当延误执行客户交易指令给客户造成损失的,应当承担赔偿责任,但由于市场原因致客户交易指令未能全部或者部分成交的,期货公司不承担责任。

第二十四条　期货公司超出客户指令价位的范围,将高于客户指令价格卖出或者低于客户指令价格买入后的差价利益占为己有的,客户要求期货公司返还的,人民法院应当支持,期货公司与客户另有约定的除外。

第二十五条　期货交易所未按交易规则规定的期限、方式,将交易或者持仓头寸的结算结果通知期货公司,造成期货公司损失的,由期货交易所承担赔偿责任。

期货公司未按期货经纪合同约定的期限、方式,将交易或者持仓头寸的结算结果通知客户,造成客户损失的,由期货公司承担赔偿责任。

第二十六条　期货公司与客户对交易结算结果的通知方式未作约定或者约定不明确,期货公司未能提供证据证明已经发出上述通知的,对客户因继续持仓而造成扩大的损失,应当承担主要赔偿责任,赔偿额不超过损失的百分之八十。

第二十七条　客户对当日交易结算结果的确认应当视为对该日之前所有持仓和交易结算结果的确认,所产生的交易后果由客户自行承担。

第二十八条　期货公司对交易结算结果提出异议,期货交易所未及时采取措施导致损失扩大的,对造成期货公司扩大的损失应当承担责任。

客户对交易结算结果提出异议,期货公司未及时采取措施导致损失扩大的,期货公司对造成客户扩大的损失应当承担赔偿责任。

第二十九条　期货公司对期货交易所或者客户对期货公司的交易结算结果有异议,而未在期货交易所交易规则规定或者期货经纪合同约定的时间内提出的,视为期货公司或者客户对交易结算结果已予以确认。

第三十条　期货公司进行混码交易的,客户不承担责任,但期货公司能够举证证明其已按照客户交易指令入市交易的,客户应当承担相应的交易结果。

六、透支交易责任

第三十一条　期货交易所在期货公司没有保证金或者保证金不足的情况下,允许期货公司开仓交易或者继续持仓,应当认定为透支交易。

期货公司在客户没有保证金或者保证金不足的情况下,允许客户开仓交易或者继续持仓,应当认定为透支交易。

审查期货公司或者客户是否透支交易,应当以期货交易所规定的保证金比例为标准。

第三十二条　期货公司的交易保证金不足,期货交易所未按规定通知期货公司追加保证金的,由于行情向持仓不利的方向变化导致期货公司透支发生的扩大损失,期货交易所应当承担主要赔偿责任,赔偿额不超过损失的百分之六十。

客户的交易保证金不足,期货公司未按约定通知客户追加保证金的,由于行情向持仓不利的方向变化导致客户透支发生的扩大损失,期货公司应当承担主要赔偿责任,赔偿额不超过损失的百分之八十。

第三十三条　期货公司的交易保证金不足,期货交易所履行了通知义务，而期货公司未及时追加保证金，期货公司要求保留持仓并经书面协商一致的，对保留持仓期间造成的损失，由期货公司承担；穿仓造成的损失，由期货交易所承担。

客户的交易保证金不足，期货公司履行了通知义务而客户未及时追加保证金，客户要求保留持仓并经书面协商一致的，对保留持仓期间造成的损失，由客户承担；穿仓造成的损失，由期货公司承担。

第三十四条 期货交易所允许期货公司开仓透支交易的，对透支交易造成的损失，由期货交易所承担主要赔偿责任，赔偿额不超过损失的百分之六十。

期货公司允许客户开仓透支交易的，对透支交易造成的损失，由期货公司承担主要赔偿责任，赔偿额不超过损失的百分之八十。

第三十五条 期货交易所允许期货公司透支交易，并与其约定分享利益，共担风险的，对透支交易造成的损失，期货交易所承担相应的赔偿责任。

期货公司允许客户透支交易，并与其约定分享利益，共担风险的，对透支交易造成的损失，期货公司承担相应的赔偿责任。

七、强行平仓责任

第三十六条 期货公司的交易保证金不足，又未能按期货交易所规定的时间追加保证金的，按交易规则的规定处理；规定不明确的，期货交易所有权就其未平仓的期货合约强行平仓，强行平仓所造成的损失，由期货公司承担。

客户的交易保证金不足，又未能按期货经纪合同约定的时间追加保证金的，按期货经纪合同的约定处理；约定不明确的，期货公司有权就其未平仓的期货合约强行平仓，强行平仓造成的损失，由客户承担。

第三十七条 期货交易所因期货公司违规超仓或其他违规行为而必须强行平仓的，强行平仓所造成的损失，由期货公司承担。

期货公司因客户违规超仓或其他违规行为而必须强行平仓的，强行平仓所造成的损失，由客户承担。

第三十八条 期货公司或者客户交易保证金不足，符合强行平仓条件后，应当自行平仓而未平仓造成的扩大损失，由期货公司或者客户自行承担。法律、行政法规另有规定或者当事人另有约定的除外。

第三十九条 期货交易所或者期货公司强行平仓数额应当与期货公司或者客户需追加的保证金数额基本相当。因超量平仓引起的损失，由强行平仓者承担。

第四十条 期货交易所对期货公司、期货公司对客户未按期货交易所交易规则规定或者期货经纪合同约定的强行平仓条件、时间、方式进行强行平仓，造成期货公司或者客户损失的，期货交易所或者期货公司应当承担赔偿责任。

第四十一条 期货交易所依法或依交易规则强行平仓发生的费用，由被平仓的期货公司承担；期货公司承担责任后有权向有过错的客户追偿。

期货公司依法或依约定强行平仓所发生的费用，由客户承担。

八、实物交割责任

第四十二条 交割仓库未履行货物验收职责或者因保管不善给仓单持有人造成损失的，应当承担赔偿责任。

第四十三条 期货公司没有代客户履行申请交割义务的，应当承担违约责任；造成客户损失的，应当承担赔偿责任。

第四十四条 在交割日，卖方期货公司未向期货交易所交付标准仓单，或者买方期货公司未向期货交易所账户交付足额货款，构成交割违约。

构成交割违约的，违约方应当承担违约责任；具有民法典第五百六十三条第一款第四项规定情形的，对方有权要求终止交割或者要求违约方继续交割。

征购或者竞卖失败的，应当由违约方按照交易所有关赔偿办法的规定承担赔偿责任。

第四十五条 在期货合约交割期内，买方或者卖方客户违约的，期货交易所应当代期货公司、期货公司应当代客户向对方承担违约责任。

第四十六条 买方客户未在期货交易所交易规

则规定的期限内对货物的质量、数量提出异议的,应视为其对货物的数量、质量无异议。

第四十七条 交割仓库不能在期货交易所交易规则规定的期限内,向标准仓单持有人交付符合期货合约要求的货物,造成标准仓单持有人损失的,交割仓库应当承担责任,期货交易所承担连带责任。

期货交易所承担责任后,有权向交割仓库追偿。

九、保证合约履行责任

第四十八条 期货公司未按照每日无负债结算制度的要求,履行相应的金钱给付义务,期货交易所亦未代期货公司履行,造成交易对方损失的,期货交易所应当承担赔偿责任。

期货交易所代期货公司履行义务或者承担赔偿责任后,有权向不履行义务的一方追偿。

第四十九条 期货交易所未代期货公司履行期货合约,期货公司应当根据客户请求向期货交易所主张权利。

期货公司拒绝代客户向期货交易所主张权利的,客户可直接起诉期货交易所,期货公司可作为第三人参加诉讼。

第五十条 因期货交易所的过错导致信息发布、交易指令处理错误,造成期货公司或者客户直接经济损失的,期货交易所应当承担赔偿责任,但其能够证明系不可抗力的除外。

第五十一条 期货交易所依据有关规定对期货市场出现的异常情况采取合理的紧急措施造成客户损失的,期货交易所不承担赔偿责任。

期货公司执行期货交易所的合理的紧急措施造成客户损失的,期货公司不承担赔偿责任。

十、侵权行为责任

第五十二条 期货交易所、期货公司故意提供虚假信息误导客户下单的,由此造成客户的经济损失由期货交易所、期货公司承担。

第五十三条 期货公司私下对冲、与客户对赌等不将客户指令入市交易的行为,应当认定为无效,期货公司应当赔偿由此给客户造成的经济损失;期货公司与客户均有过错的,应当根据过错大小,分别承担相应的赔偿责任。

第五十四条 期货公司擅自以客户的名义进行交易,客户对交易结果不予追认的,所造成的损失由期货公司承担。

第五十五条 期货公司挪用客户保证金,或者违反有关规定划转客户保证金造成客户损失的,应当承担赔偿责任。

十一、举证责任

第五十六条 期货公司应当对客户的交易指令是否入市交易承担举证责任。

确认期货公司是否将客户下达的交易指令入市交易,应当以期货交易所的交易记录、期货公司通知的交易结算结果与客户交易指令记录中的品种、买卖方向是否一致,价格、交易时间是否相符为标准,指令交易数量可以作为参考。但客户有相反证据证明其交易指令未入市交易的除外。

第五十七条 期货交易所通知期货公司追加保证金,期货公司否认收到上述通知的,由期货交易所承担举证责任。

期货公司向客户发出追加保证金的通知,客户否认收到上述通知的,由期货公司承担举证责任。

十二、保全和执行

第五十八条 人民法院保全与会员资格相应的会员资格费或者交易席位,应当依法裁定不得转让该会员资格,但不得停止该会员交易席位的使用。人民法院在执行过程中,有权依法采取强制措施转让该交易席位。

第五十九条 期货交易所、期货公司为债务人的,人民法院不得冻结、划拨期货公司在期货交易所或者客户在期货公司保证金账户中的资金。

有证据证明该保证金账户中有超出期货公司、客户权益资金的部分,期货交易所、期货公司在人民法院指定的合理期限内不能提出相反证据的,人民法院可以依法冻结、划拨该账户中属于期货交易所、期货公司的自有资金。

第六十条 期货公司为债务人的,人民法院不得冻结、划拨专用结算账户中未被期货合约占用的用于担保期货合约履行的最低限额的结算准备金;期货公司已经结清所有持仓并清偿客户资金的,人民法院可以对结算准备金依法予以冻结、划拨。

期货公司有其他财产的,人民法院应当依法先行冻结、查封、执行期货公司的其他财产。

第六十一条 客户、自营会员为债务人的,人民法院可以对其保证金、持仓依法采取保全和执行措施。

<h3 style="text-align:center">十三、其它</h3>

第六十二条 本规定所称期货公司是指经依法批准代理投资者从事期货交易业务的经营机构及其分公司、营业部等分支机构。客户是指委托期货公司从事期货交易的投资者。

第六十三条 本规定自2003年7月1日起施行。

2003年7月1日前发生的期货交易行为或者侵权行为,适用当时的有关规定;当时规定不明确的,参照本规定处理。

最高人民法院关于审理期货纠纷案件若干问题的规定(二)

● 2020年12月29日
● 法释〔2020〕18号

为解决相关期货纠纷案件的管辖、保全与执行等法律适用问题,根据《中华人民共和国民事诉讼法》等有关法律、行政法规的规定以及审判实践的需要,制定本规定。

第一条 以期货交易所为被告或者第三人的因期货交易所履行职责引起的商事案件,由期货交易所所在地的中级人民法院管辖。

第二条 期货交易所履行职责引起的商事案件是指:

(一)期货交易所会员及其相关人员、保证金存管银行及其相关人员、客户、其他期货市场参与者,以期货交易所违反法律法规以及国务院期货监督管理机构的规定,履行监督管理职责不当,造成其损害为由提起的商事诉讼案件;

(二)期货交易所会员及其相关人员、保证金存管银行及其相关人员、客户、其他期货市场参与者,以期货交易所违反其章程、交易规则、实施细则的规定以及业务协议的约定,履行监督管理职责不当,造成其损害为由提起的商事诉讼案件;

(三)期货交易所因履行职责引起的其他商事诉讼案件。

第三条 期货交易所为债务人,债权人请求冻结、划拨以下账户中资金或者有价证券的,人民法院不予支持:

(一)期货交易所会员在期货交易所保证金账户中的资金;

(二)期货交易所会员向期货交易所提交的用于充抵保证金的有价证券。

第四条 期货公司为债务人,债权人请求冻结、划拨以下账户中资金或者有价证券的,人民法院不予支持:

(一)客户在期货公司保证金账户中的资金;

(二)客户向期货公司提交的用于充抵保证金的有价证券。

第五条 实行会员分级结算制度的期货交易所的结算会员为债务人,债权人请求冻结、划拨结算会员以下资金或者有价证券的,人民法院不予支持:

(一)非结算会员在结算会员保证金账户中的资金;

(二)非结算会员向结算会员提交的用于充抵保证金的有价证券。

第六条 有证据证明保证金账户中有超过上述第三条、第四条、第五条规定的资金或者有价证券部分权益的,期货交易所、期货公司或者期货交易所结算会员在人民法院指定的合理期限内不能提出相反证据的,人民法院可以依法冻结、划拨超出部分的资金或者有价证券。

有证据证明期货交易所、期货公司、期货交易所结算会员自有资金与保证金发生混同,期货交易所、期货公司或者期货交易所结算会员在人民法院指定的合理期限内不能提出相反证据的,人民法院可以依法冻结、划拨相关账户内的资金或者有价证券。

第七条 实行会员分级结算制度的期货交易所或者其结算会员为债务人,债权人请求冻结、划拨期货交易所向其结算会员依法收取的结算担保金的,人民法院不予支持。

有证据证明结算会员在结算担保金专用账户中有超过交易所要求的结算担保金数额部分的,结算会员在人民法院指定的合理期限内不能提出相反证据的,人民法院可以依法冻结、划拨超出部分的资金。

第八条 人民法院在办理案件过程中,依法需要通过期货交易所、期货公司查询、冻结、划拨资金或者有价证券的,期货交易所、期货公司应当予以协助。应当协助而拒不协助的,按照《中华人民共和国民事诉讼法》第一百一十四条之规定办理。

第九条 本规定施行前已经受理的上述案件不再移送。

第十条 本规定施行前本院作出的有关司法解释与本规定不一致的,以本规定为准。

◎ 司法文件

最高人民法院关于审理期货纠纷案件座谈会纪要

- 1995年10月27日
- 法〔1995〕140号

1995年4月18日至21日,最高人民法院在四川省成都市召开了十四个省、市高级人民法院,六个中级人民法院审理期货纠纷案件有关审判人员座谈会,最高人民法院经济审判庭副庭长奚晓明主持了会议,最高人民法院副院长唐德华出席会议并讲了话。与会同志通过认真讨论,对目前审理期货纠纷案件的一些主要问题取得了基本一致的看法。现纪要如下:

一、关于审理期货纠纷案件应遵循的原则问题。 会议认为期货纠纷案件是新类型案件,如何公正、及时审理好前一阶段在期货市场盲目、无序状态下所形成的期货纠纷案件,保护当事人的合法权益,制裁非法交易行为,维护正常的期货市场秩序,是当前人民法院的一项重要任务。审理这类纠纷案件政策性强,缺乏法律依据;这类纠纷案件与其他经济纠纷案件相比,有着鲜明的特点。因此,处理这类案件,应特别注意坚持以下原则:

(一)坚持正确适用法律的原则。目前我国的期货交易法尚未颁布,人民法院审理期货纠纷案件,应当以民法通则作为基本依据,同时依照有关行政法规和地方性法规,参照国务院有关部门和地方人民政府制定的有关期货交易的规范性文件规定的精神,但对这类文件不宜直接引用。还应当明确处理客户与经纪公司之间的期货代理纠纷不能适用经济合同法和民法通则关于委托代理的规定。处理涉外、涉港澳期货纠纷案件,还应参照有关国际惯例。

(二)坚持风险和利益相一致的原则。期货交易的投机性和风险性都很大,期货交易者必须具备风险意识。人民法院在审理期货纠纷案件处理风险与利益的关系时,要按照期货交易的特点,既要依法保护期货交易双方的合法利益,也要正确确定其应承担的风险,任何一方不能只享受利益而不承担风险,或只承担风险而不享受利益。

(三)坚持过错和责任相一致的原则。在审理期货纠纷案件中,要坚持过错和责任相一致的原则。认真分析各方当事人是否有过错以及过错的性质、大小、过错和损失之间的因果关系,并据此确定他们各自应承担的责任。

(四)坚持尊重当事人合法约定的原则。对于当事人的约定,只要其不违背法律、行政法规的规定和期货交易的惯例,就可以作为处理当事人之间纠纷的依据。

会议还认为,目前人民法院受理的期货纠纷大多数是在前一阶段期货市场混乱无序,当事人各方在交易过程中的行为很不规范,有关期货方面的法律、法规不健全的情况下发生的,因此,对这类案件的受理和审判均应持慎重态度。有些纠纷可先通过行政或其他有关部门解决,确实解决不了必须通过法院依诉讼程序解决的,要依法受理。在审理过程中,遇到难度大、涉及面广或其他有关社会稳定的案件,要主动听取期货管理机关及其他有关方面的意见,必要时,请示上级法院,以使案件得到及时、妥善公正地处理。

二、关于期货纠纷案件的管辖问题。 会议认为,这类案件专业性较强,审理难度大,因此,一般应由被告所在地或期货交易所、经纪公司及领营业执照的期货经纪公司的分支机构所在地的中级人民法院管辖,案件比较集中且审判人员素质较高的地方,经高级人民法院批准,基层人民法院也可以管辖。涉外、涉港澳期货纠纷案件参照民事诉讼法第四编第二十五章的规定确定管辖。高级人民法院作一审,须报最高人民法院同意。

三、**关于从事期货交易业务的资格问题。**会议认为,在1993年4月28日国家工商行政管理局发布《期货经纪公司登记管理暂行办法》(以下简称《暂行办法》)之前,经有关机关批准登记后,在获准的范围内从事境内期货经纪业务的期货经纪公司,应认定为具有经营期货经纪业务的主体资格。期货经纪公司在《暂行办法》发布后,经国家工商局重新登记注册或者予以单项核定的,以及在规定的期限内已申请尚未予以登记或核定,但未对其作出变更登记、注销登记的,应认定其具有在核定的业务范围的经营期货业务的主体资格。在《暂行办法》发布后,届期不提出重新登记申请,或者提出申请后登记主管机关对其作出变更或注销登记决定的,或经中国证监会审核后不予批准或取消资格的,自中国证监会正式公布的日期之后应认定为不再具备经营期货业务的主体资格。

会议还认为,在1994年5月16日国务院办公厅转发国务院证券委员会《关于坚决制止期货市场盲目发展若干意见的请示》下发前,经有关机关批准登记后,在获准的范围内,从事境外期货经纪业务的,可认定其具有经营主体资格。在该文件下发后,所有期货经纪公司不再具有从事境外期货经纪业务的主体资格。少数全国性有进出口业务的公司已经中国证券监督管理委员会受理审核的,在审核结束前,可以认定其具有主体资格。审核结束后,应取得中国证券监督管理委员会颁发的《境外期货业务许可证》,否则应认定为无经营主体资格。未取得国家外汇管理局核发的"经营外汇业务许可证"和"经营外汇期货业务许可证",而开展外汇期货的,应认定不具备经营此项业务的主体资格。

四、**关于经纪人的法律地位及民事责任的承担问题。**会议认为,期货经纪公司的从业人员,不能独立地对外承担民事责任,其受委托所从事的行为产生的责任应由其所在的期货经纪公司承担。但因经纪人的非职务行为所产生的民事责任,应由经纪人自己承担。

五、**关于违约纠纷的处理问题。**会议认为:

(一)在期货交易过程中,期货交易所应承担保证期货合约履行的责任。任何一方不能如期全面履行期货合约规定的义务时,交易所均应代为履行,未代为履行的,应承担赔偿责任。交易所在代为履行后,享有向不履行义务一方追偿的权利。

(二)对客户下达的违反有关法律、行政法规、部门规章以及交易所交易规则的指令,经纪公司有权拒绝执行;因客户下达指令错误而造成损失的,由客户自己承担。就缺少品种的指令,经纪公司擅自进行交易,客户不予认可的,由经纪公司承担交易后果;只是缺少数量的,以实际交易量为准;只是缺少有效期限的,应视为当日委托有效;只是缺少价格的,应视为按市价交易。

(三)经纪公司应当准确及时地执行客户的指令,因错误执行客户指令而给客户造成损失的,由经纪公司承担赔偿责任。

(四)客户委派其工作人员具体操作交易的,应当在委托协议中确定操作人员的姓名或者向经纪公司留存其法定代表人的授权委托书。进行交易时,经纪公司只能按照客户操作人员的指令交易,接受非操作人员指令的,由经纪公司和下指令者共同承担责任。

(五)交易成交后,经纪公司应当在规定的时间内将交易的结果通知客户,因未及时通知而造成客户损失的,由经纪公司承担赔偿责任。但非经纪公司原因未能及时送达的,应分别情况区别对待。

(六)期货交易中经纪公司或者客户应当按照规定追加保证金。经纪公司或客户接到追加保证金的通知后,未能在规定的时间内追加保证金,交易所或者经纪公司可以就其未平仓的期货合约强行平仓,因强行平仓而造成的损失由经纪公司或客户承担。交易所或经纪公司未履行通知义务而强行平仓,给经纪公司或客户造成损失的,应承担赔偿责任。

(七)在规定的交割期限内,卖方未交付有效提货凭证的或者买方未向交易所账户解交足额货款的,交割期过后,卖方未按规定的时间、质量、数量交货,或者买方未按规定时间提货的均属违约,违约方应当按照交易所的规则承担违约责任。交易所委托的仓库接受卖方货物时,应当履行验收的责任,未在规定的期限内提出质量异议或因其保管不善造成损失的,卖方不承担责任,由交易所对买方承担违约责任,交易所再向仓库追索。

(八)期货交易所应提供完好的设备供会员公司使用,如因信息设备发生故障而给会员或客户造成损失的,期货交易所应当承担赔偿责任。但是,设备故障的原因如超出交易所合理控制范围的,可以免除交易所的责任。

六、关于期货交易中侵权纠纷的处理问题。会议认为,人民法院在处理期货交易中的侵权纠纷时,应当认真审查侵权行为和损失之间是否具有因果关系,行为人是否有过错,并应当按照过错大小准确确定当事人的民事责任。有过错的一方应当对无过错方的损失承担赔偿责任;双方均有过错的,各自承担相应的责任。

会议还认为,经纪公司应当将客户的保证金和自己的自有资金分户存放,专款专用,挪用客户的保证金给客户造成损失的,应当赔偿。会员公司或者客户透支的,应当返还占用交易所或经纪公司的款项;交易所允许会员透支所造成的损失,应由交易所承担;经纪公司允许客户透支,并和其约定分享利益、承担风险的,对客户用透支款项交易造成的亏损,应当按照约定承担责任,未作约定的,由经纪公司承担。

七、关于期货交易中的无效民事行为及其民事责任问题。会议认为,期货交易中的下列行为应认定为无效:

(一)没有从事期货经纪业务的主体资格而从事期货经纪业务的;

(二)以欺诈手段诱骗对方违背真实意思所为的;

(三)制造、散布虚假信息误导客户下单的;

(四)私下对冲、与客户对赌等违规操作的;

(五)其他违反法律或社会公共利益的。

上述无效行为给当事人造成保证金或佣金等损失的,应当根据无效行为与损失之间的因果关系确定责任的承担,如果一方的损失系对方行为所致,则应判令对方承担赔偿损失的责任;如果一方的损失属于正常风险,而非另一方的行为所致,则不应判令另一方承担赔偿损失的责任,例如,未经批准而从事期货经纪业务的,如果有证据证明期货经纪公司已经按照客户的指令进入期货交易市场进行交易,客户的损失属于正常风险损失,经纪公司对此不应承担民事赔偿责任。

会议还认为,对实施无效民事行为的当事人,根据具体情况,可以按照民法通则等有关规定,对其予以民事制裁。构成犯罪的,应移送有关机关依法追究刑事责任。

八、关于外汇按金交易问题。会议认为,外汇按金交易就其实质而言,属于一种远期的外汇现货交易,而不属于期货交易,但其在形式上与期货交易有相似之处。对这类案件可参照处理期货纠纷案件的有关原则处理。凡未经证监会和国家外汇管理局批准,擅自开展外汇按金交易业务的,客户委托未经批准登记的机构进行外汇按金交易的,均属违法行为。客户对剩余保证金可以请求返还。对客户请求赔偿损失的,也应认真分析损失与行为之间的因果关系,根据过错责任原则予以处理。

九、关于期货纠纷案件中的举证责任问题。会议认为,人民法院审理期货纠纷案件,一般应当贯彻民事诉讼法第六十四条规定的"谁主张、谁举证"的原则,但是如果客户主张经纪公司未入市交易,经纪公司否认的,应由经纪公司负举证责任。如果经纪公司提供不出相应的证据,就应当推定没有入市交易。

会议还认为,期货纠纷案件是一种新类型案件,难度大,政策性强,为了及时公正地审理这类案件,各级人民法院应当抽调较强的力量,组成专门合议庭,具体负责这类案件的审理。上级人民法院要加强对审理期货纠纷案件的监督指导,积极慎重、稳妥地完成这批期货纠纷案件的审判任务。

最高人民法院召开审理证券回购纠纷案件座谈会纪要

● 1997 年 1 月 9 日

为正确处理证券回购纠纷案件,1996 年 11 月 26 日至 29 日,最高法院在湖北省武汉市召开了有8个高级法院、5个中级法院有关审判人员参加的座谈会,中国人民银行、中国证券监督管理委员会、财政部派员参加了会议。证券回购是证券持有人(回购方,即资金拆入方)在卖出一笔证券的同时,与买方(返售方,即资金拆出方)签订协议约定一定期限和价格,买回同一笔证券的融资活动。1995年年底以来,一些地方人民法院开始受理证券回购纠纷案件。去年上半年这类案件上升的幅度非常大。证券回购合同纠纷案件是一种新类型案件。由于在这方面没有明确的法律规定和司法解释,致使审理工作难度较大,适用法律方面问题较多。

与会同志通过认真讨论,总的认为,人民法院审理证券回购案件,应在查明事实、分清责任的基础上,以《民法通则》、《经济合同法》为基本依据,按照国家有关行政法规,参照中国人民银行、财政部、中国证券监督管理委员会有关规章,妥善予以处理。对目前审判工作中遇到的一些主要问题,会议基本上达成了共识。现将会议的主要情况转发,供各地法院参考。

一、关于证券回购纠纷案件的受理与管辖问题

1995年10月27日,中国人民银行、财政部、中国证监会《关于认真清偿证券回购到期债务的通知》(银传[1995]80号)规定对同属一家金融机构的分支机构,分别以会员资格参加市场交易,发生证券回购纠纷应由其共同所属金融机构协调解决。

目前,有些交易场所为解决金融债务链,对部分相互拖欠的证券回购资金,通过交易场所进行了对冲。如果以当事人协议的方式对冲的,因其债权债务关系已经合法转移而应予承认,如当事人反悔而向法院起诉的,不予受理。如果以其他方式强行对冲的,由于变更、转移债权债务关系是当事人的权利,有的债权人或者债务人不同意对冲而起诉至法院的,人民法院应依法受理。

对已经人民法院判决或调解的证券回购案件,因政策调整而当事人申请再审的,人民法院不再重新处理。

证券回购纠纷属于合同纠纷,应按照《民事诉讼法》第二十四条的规定,由被告住所地或合同履行地人民法院管辖。证券交易行为在证券交易场所内进行的,融资本金交割行为的地点应为合同规定义务履行的地点,即合同履行地。因此,证券回购纠纷案件的地域管辖问题,应根据1996年7月4日最高人民法院《关于如何确定证券回购合同履行地问题的批复》(法复[1996]9号)的规定,凡是通过证券交易场所进行的证券回购交易(即场内交易)而产生的纠纷,证券交易场所所在地或者被告所在地的人民法院有管辖权;对未通过证券交易场所进行证券回购交易(即场外交易)而产生的纠纷,返售方所在地或者被告所在地的人民法院有管辖权。

关于证券回购纠纷案件的级别管辖问题,应按照各高级人民法院作出并经最高人民法院批准的关于案件级别管辖的规定执行。

二、关于证券回购合同的主体资格问题

对证券回购合同主体资格的审查,应以1995年8月8日中国人民银行、财政部、中国证监会《关于重申对进一步规范证券回购业务有关问题的通知》(银传[1995]60号)的规定为准,即非金融机构、个人以及不具有法人资格的金融机构一律不得直接参与证券回购业务。因此,对没有人民银行颁发的金融许可证,或者虽有金融许可证但没有从事证券交易经营范围的单位或者个人,一般应认定不具备订立证券回购合同的主体资格,其订立的证券回购合同应认定为无效。

关于财政证券机构的主体资格问题。财政证券机构(包括国债服务部、国债服务中心等国债中介机构)的形成有其历史原因,它们在国债的发行、兑付和流通转让方面曾起了重要作用。鉴于财政系统证券机构的清理和改组、转轨工作正在进行之中,对其从事的国债发行、兑付、转让(包括回购)等交易活动,可认定为具有从事该项交易的主体资格。

关于金融机构的分支机构的主体资格问题。一些金融机构的分支机构经工商行政管理机关登记领取企业法人营业执照,违反了1994年9月8日中国人民银行银发[1994]228号通知中关于证券交易营业部、证券业务部作为证券公司、信托投资公司的全资附属营业机构,不具有独立法人资格的规定,而应认定其不具有独立法人资格。对这些分支机构以自己的名义签订的证券回购合同,应依照银传(1995)60号文件中关于不具有法人资格的金融机构一律不得直接参与证券回购业务的规定处理。金融机构的分支机构无论是否领取了企业法人营业执照和是否具有会员席位,只要是在该文件下发后,都应确认其不具有从事证券交易的主体资格。但在文件下发前,金融机构的分支机构以自己名义签订的证券回购合同,应确认其主体资格合法。在诉讼中,只要金融机构的分支机构领取了营业执照,就具有诉讼的主体资格。但在实体处理上,对分支机构没有偿付能力的,应由其主管企业法人承担民事责任。

关于承包方、借用方的主体资格问题。有些金融机构将其在交易场所的席位发包或出借给其他单位或个人经营,违反了证券交易场所管理办法中有关会员席位不得转让使用的规定。无论承包方或借用方本身是否是具有会员席位的金融机构,其以发包方或出借方名义签订的证券回购合同,均应以主体资格不合法而确认为无效。

三、关于证券回购合同内容的合法性问题

证券回购合同的内容是否合法,要从实物券数额、回购期限、违约责任等方面进行审查。

1. 关于实物券数额的问题。1994年2月15日中国人民银行《信贷资金管理暂行办法》(银发[1994]37号)、1994年7月1日《关于坚决制止国债券卖空行为的通知》,以及银传[1995]60号通知,都规定了证券交易必须有足额的实物券。各证券交易场所制定的交易规则及经营证券回购业务的金融机构均必须严格遵守上述规定。但在《暂行办法》颁发之前,根据证券交易场所关于实物券数额的规定而订立的证券回购合同,不能以其实物券数额不足100%而认定为无效。而在《暂行办法》颁发之后,对实物券数额不足100%的证券回购合同,应认定合同无效。

2. 关于回购期限的问题。银传(1995)60号通知规定证券回购期限最长不得超过1年。因此,对约定的回购期限超过1年的,应认定为无效。

3. 关于违约责任条款的问题。当事人在回购合同中约定的逾期罚息,有的为日万分之八,有的为日万分之十,有的甚至高达日万分之十二。会议认为,对于逾期罚息过高的,不应予以认可,应当一律比照当时中国人民银行规定的有关逾期付款违约金的计算标准处理,超过部分不予保护。

四、关于证券回购合同纠纷案件中的民事责任承担问题

对于证券回购合同纠纷案件中的民事责任承担问题,要根据有关法律、司法解释及国家政策的规定,在全面审查证券回购合同是否有效的基础上,确定当事人应承担的民事责任。

1. 对证券回购合同认定为有效的,应保护回购合同约定的回购价格,并参照银行结算有关逾期付款的规定承担违约金。

2. 对证券回购合同认定为无效的,应根据1996年6月25日国务院批转中国人民银行《关于进一步做好证券回购债务清偿工作请示的通知》(国发[1996]20号)文件精神,返还融资本金,按同业拆借利率赔偿拆借期间的利息损失,并承担逾期罚息。

3. 对承包、借用经营期间发生的证券回购纠纷,只要是以发包方或出借方的名义签订的证券回购合同,发包或出借会员席位的金融机构就应承担民事责任。至于发包方、出借方与承包方、借用方之间,则属于另一法律关系,可作另案处理。

五、关于证券回购纠纷与经济犯罪交织的问题

在前一阶段的国债回购交易中,存在着许多违法甚至犯罪活动。因此,人民法院在审理证券回购纠纷案件中,要注意发现经济犯罪的问题,对于出租、出让交易席位,违规操作,严重失职,造成重大损失的;交易人员收受贿赂的;挪用、贪污回购资金的;冒用法人名义,伪造印鉴,进行诈骗犯罪的;利用国库券代保管单骗取资金的等行为,要特别注意发现其中的犯罪线索,对可能构成犯罪的,人民法院要及时移送有关机关。对证券回购纠纷事实清楚,法人应当承担民事责任的,应在移送犯罪线索后,继续审理经济纠纷。

最高人民法院关于恢复受理、审理和执行已经编入全国证券回购机构间债务清欠链条的证券回购经济纠纷案件的通知

- 2000年7月26日
- 法发〔2000〕115号

各省、自治区、直辖市高级人民法院,新疆维吾尔自治区高级人民法院生产建设兵团分院:

1998年12月18日和1999年1月21日,我院先后下发了法〔1998〕152号《关于中止审理、中止执行已编入全国证券回购机构间债务清欠链条的证券回购经济纠纷案件的通知》和法〔1999〕6号《关于补发最高人民法院法〔1998〕152号通知附件的通知》。对已经编入全国证券回购机构间债务清欠链条的证券回购纠纷,决定暂不受理、中止诉讼和中止执行。目前,全国证券回购债务清欠工作已经进入收尾阶段。现就有关问题通知如下:

自本通知下发之日起,各级人民法院对涉及已经编入全国证券回购机构间债务清欠链条,但债权债务未能清欠的证券回购纠纷,符合《中华人民共和国民事诉讼法》第一百零八条规定的,应当予以受理;对中止审理的已经编入全国证券回购机构间债务清欠链条的证券回购纠纷案件应当恢复审理;对已经发生法律效力的已经编入全国证券回购机构间债务清欠链条的证券回购纠纷案件的裁判文书应当恢复执行。

特此通知。

最高人民法院关于受理证券市场因虚假陈述引发的民事侵权纠纷案件有关问题的通知

- 2002年1月15日

经研究决定,人民法院对证券市场因虚假陈述引发的民事侵权赔偿纠纷案件(以下简称虚假陈述民事赔偿案件),凡符合《中华人民共和国民事诉讼法》规定受理条件的,自本通知下发之日起予以受理。现将有关问题通知如下:

一、虚假陈述民事赔偿案件,是指证券市场上证券信息披露义务人违反《中华人民共和国证券法》规定的信息披露义务,在提交或公布的信息披露文件中作出违背事实真相的陈述或记载,侵犯了投资者合法权益而发生的民事侵权索赔案件。

二、人民法院受理的虚假陈述民事赔偿案件,其虚假陈述行为,须经中国证券监督管理委员会及其派出机构调查并作出生效处罚决定。当事人依据查处结果作为提起民事诉讼事实依据的,人民法院方予依法受理。

三、虚假陈述民事赔偿案件的诉讼时效为2年,从中国证券监督管理委员会及其派出机构对虚假陈述行为作出处罚决定之日起计算。

四、对于虚假陈述民事赔偿案件,人民法院应当采取单独或者共同诉讼的形式予以受理,不宜以集团诉讼的形式受理。

五、各直辖市、省会市、计划单列市或经济特区中级人民法院为一审管辖法院;地域管辖采用原告就被告原则,统一规定为:

1. 对凡含有上市公司在内的被告提起的民事诉讼,由上市公司所在直辖市、省会市、计划单列市或经济特区中级人民法院管辖。

2. 对以机构(指作出虚假陈述的证券公司、中介服务机构等,下同)和自然人为共同被告提起的民事诉讼,由机构所在直辖市、省会市、计划单列市或经济特区中级人民法院管辖。

3. 对以数个机构为共同被告提起的民事诉讼,原告可以选择向其中一个机构所在直辖市、省会市、计划单列市或经济特区中级人民法院提起民事诉讼。原告向2个以上中级人民法院提起民事诉讼的,由最先立案的中级人民法院管辖。

六、有关中级人民法院受理此类案件后,应在3日内将受理情况逐级上报至最高人民法院。

最高人民法院关于
依法审理和执行被风险处置
证券公司相关案件的通知

- 2009年5月26日
- 法发〔2009〕35号

各省、自治区、直辖市高级人民法院,解放军军事法院,新疆维吾尔自治区高级人民法院生产建设兵团分院:

为维护证券市场和社会的稳定,依法审理和执行被风险处置证券公司的相关案件,现就有关问题通知如下:

一、为统一、规范证券公司风险处置中个人债权的处理,保持证券市场运行的连续性和稳定性,中国人民银行、财政部、中国银行业监督管理委员会、中国证券监督管理委员会联合制定发布了《个人债权及客户证券交易结算资金收购意见》。国家对个人债权和客户交易结算资金的收购,是国家有关行政部门和金融监管机构采取的特殊行政手段。相关债权是否属于应当收购的个人债权或者客户交易结算资金范畴,系由中国人民银行、金融监管机构以及依据《个人债权及客户证券交易结算资金收购意见》成立的甄别确认小组予以确认的,不属人民法院审理的范畴。因此,有关当事人因上述执行机关在风险处置过程中甄别确认其债权不属于国家收购范围的个人债权或者客户交易结算资金,向人民法院提起诉讼,请求确认其债权应纳入国家收购范围的,人民法院不予受理。国家收购范围之外的债权,有关权利人可以在相关证券公司进入破产程序后向人民法院申报。

二、托管是相关监管部门对高风险证券公司的证券经纪业务等涉及公众客户的业务采取的行政措施,托管机构仅对被托管证券公司的经纪业务行使经营管理权,不因托管而承继被托管证券公司的债务。因此,有关权利人仅以托管为由向人民法院提起诉讼,请求判令托管机构承担被托管证券公司债务的,人民法院不予受理。

三、处置证券类资产是行政处置过程中的一个重要环节,行政清算组依照法律、行政法规及国家相关政策,对证券类资产采取市场交易方式予以处置,在合理估价的基础上转让证券类资产,受让人支付相应的对价。因此,证券公司的债权人向人民法院提起诉讼,请求判令买受人承担证券公司债务偿还责任的,人民法院对其诉讼请求不予支持。

四、破产程序作为司法权介入的特殊偿债程序,是在债务人财产不足以清偿债务的情况下,以法定的程序和方法,为所有债权人创造获得公平受偿的条件和机会,以使所有债权人共同享有利益、共同分担损失。鉴此,根据企业破产法第十九条的规定,人民法院受理证券公司的破产申请后,有关证券公司财产的保全措施应当解除,执行程序应当中止。具体如下:

1. 人民法院受理破产申请后,已对证券公司有关财产采取了保全措施,包括执行程序中的查封、冻结、扣押措施的人民法院应当解除相应措施。人民法院解除有关证券公司财产的保全措施时,应当及时通知破产案件管理人并将有关财产移交管理人接管,管理人可以向受理破产案件的人民法院申请保全。

2. 人民法院受理破产申请后,已经受理有关证券公司执行案件的人民法院,对证券公司财产尚未执行或者尚未执行完毕的程序应当中止执行。当事人在破产申请受理后向有关法院申请对证券公司财产强制执行的,有关法院对其申请不予受理,并告知其依法向破产案件管理人申报债权。破产申请受理后人民法院未中止执行的,对于已经执行了的证券公司财产,执行法院应当依法执行回转,并交由管理人作为破产财产统一分配。

3. 管理人接管证券公司财产、调查证券公司财产状况后,发现有关法院仍然对证券公司财产进行保全或者继续执行,向采取保全措施或执行措施的人民法院提出申请的,有关人民法院应当依法及时解除保全或中止执行。

4. 受理破产申请的人民法院在破产宣告前裁定驳回申请人的破产申请,并终结证券公司破产程序的,应当在作出终结破产程序的裁定前,告知管理人通知原对证券公司财产采取保全措施的人民法院恢复原有的保全措施,有轮候保全的,以原采取保全措施的时间确定轮候顺位。对恢复受理证券公司为被执行人的执行案件,适用

五、证券公司进入破产程序后,人民法院作出的刑事附带民事赔偿或者涉及追缴赃款赃物的判决应当中止执行,由相关权利人在破产程序中以申报债权等方式行使权利;刑事判决中罚金、没收财产等处罚,应当在破产程序债权人获得全额清偿后的剩余财产中执行。

六、要进一步严格贯彻最高人民法院、最高人民检察院、公安部、中国证监会《关于查询、冻结、扣划证券和证券交易结算资金有关问题的通知》(法发〔2008〕4号),依法执行有关证券和证券交易结算资金。

各高级人民法院要及时组织辖区内法院有关部门认真学习和贯彻落实本通知精神,并依法监督下级法院严格执行,对未按照上述规定审理和执行有关案件的,上并追究相关人员的责任。

最高人民法院关于部分人民法院冻结、扣划被风险处置证券公司客户证券交易结算资金有关问题的通知

- 2010年6月22日
- 〔2010〕民二他字第21号

北京市、上海市、江苏省、山东省、湖北省、福建省高级人民法院:

近日,中国证券监督管理委员会致函我院称,因部分人民法院前期冻结、扣划的客户证券交易结算资金未能及时解冻或退回,导致相应客户证券交易结算资金缺口难以弥补,影响被处置证券公司行政清理工作,请求我院协调有关人民法院解冻或退回客户证券交易结算资金。经研究,现就有关问题通知如下:

一、关于涉及客户证券交易结算资金的冻结与扣划事项,应严格按照《中华人民共和国证券法》、《最高人民法院关于冻结、扣划证券交易结算资金有关问题的通知》(法〔2004〕239号)、《最高人民法院、最高人民检察院、公安部、中国证券监督管理委员会关于查询、冻结、扣划证券和证券交易结算资金有关问题的通知》(法发〔2008〕4号)、《最高人民法院关于依法审理和执行被风险处置证券公司相关案件的通知》(法发〔2009〕35号)的相关规定进行。人民法院在保全、执行措施中违反上述规定冻结、扣划客户证券交易结算资金的,应坚决予以纠正。

二、在证券公司行政处置过程中,按照国家有关政策弥补客户证券交易结算资金缺口是中国证券投资者保护基金有限责任公司(以下简称保护基金公司)的重要职责,被风险处置证券公司的客户证券交易结算资金专用存款账户、结算备付金账户内资金均属于证券交易结算资金,保护基金公司对被风险处置证券公司因违法冻结、扣划的客户证券交易结算资金予以垫付弥补后,取得相应的代位权,其就此主张权利的,人民法院应予支持。被冻结、扣划的客户证券交易结算资金已经解冻并转入管理人账户的,经保护基金公司申请,相关破产案件审理法院应当监督管理人退回保护基金公司专用账户;仍处于冻结状态的,由保护基金公司向相关保全法院申请解冻,保全法院应将解冻资金返还保护基金公司专用账户;已经扣划的,由保护基金公司向相关执行法院申请执行回转,执行法院应将退回资金划入保护基金公司专用账户。此外,被冻结、扣划客户证券交易结算资金对应缺口尚未弥补的,由相关行政清理组申请保全或者执行法院解冻或退回。

请各高级法院督促辖区内相关法院遵照执行。

特此通知。

◎ 请示答复

最高人民法院关于领取营业执照的证券公司营业部是否具有民事诉讼主体资格的复函

- 1997年8月22日
- 法函〔1997〕98号

上海市高级人民法院:

你院(1997)沪高经他字第4号请示收悉。经研究,答复如下:

证券公司营业部是经中国人民银行或其授

权的分支机构依据《中华人民共和国银行法》的有关规定批准设立,专营证券交易等业务的机构。其领有《经营金融业务许可证》和《营业执照》,具有一定的运营资金和在核准的经营范围内开展证券交易等业务的行为能力。根据最高人民法院《关于适用〈中华人民共和国民事诉讼法〉若干问题的意见》第40条第(5)项之规定,证券公司营业部可以作为民事诉讼当事人。

最高人民法院关于杜妍与中国银行辽宁分行股票及侵权纠纷一案的复函

● 2000年4月17日
● [2000]经他字第1号

辽宁省高级人民法院:

  你院请示收悉,经研究,答复如下:

  中国银行辽宁省分行原所属的沈阳证券交易经营部为客户在股票交易中提供融资借款并收取高额利息,是违反我国金融和股票管理法规的行为,应认定无效。融资借款与客户买卖股票属不同的法律关系,借款行为无效并不影响客户股票交易行为的合法性。证券经营部未经客户同意,强行平仓,造成客户资金损失,应承担赔偿责任。同时,客户透支进行股票交易,在股市持续下跌的情况下,可能将交易风险转移到证券经营部,其拒绝接受证券经营部平仓还款的通知,也有过错。因此,应认定双方当事人对造成的损失均有过错,主要过错在证券经营部。

  赔偿数额可为客户持有的股票买入价与证券经营部平仓市卖出价之间的差价总额,及该笔资金自卖出之日起至给付之日止的利息。

附:

《辽宁省高级人民法院关于杜妍与中国银行辽宁分行股票及侵权纠纷一案的请示》内容

一、案件主要事实

  1996年4月22日,杜妍到沈阳证券交易所经营部(以下简称证券经营部)开户并陆续存入现金及支票共计人民币1191704.26元,共提取490058.07元,用自用资金701646.19元在账上进行股票交易。自1996年6月5日,证券经营部开始向杜妍融资做股票买卖,并在收取手续费的同时收取1‰利息。1996年12月,中国银行大连国际信托咨询公司与君安证券有限公司签订了转让证券经营部的协议,且收到人民银行令其停止对外业务的通知。期间证券营业部虽多次要求杜妍返还透支款,但直到1997年6月还继续给杜妍融资买卖股票。1997年6月23日是杜妍最后一次在证券营业部交易,收盘时其账面融资总额显示为4223899.74元,证券营业部已冲回透支利息719324.00元,杜妍实际占用透支款3504575.74元。1997年7月3日,证券营业部未经杜妍许可开始出售杜妍的南京水运股票,7月4日将杜妍的312966股全部强行平仓,造成亏空。此时,证券营业部共收回透支款3098522.09元。杜妍向法院起诉,要求返还股票。证券营业部在答辩的同时提出反诉,要求杜妍返还尚欠营业部的透支款406934.04元。

  另查,证券营业部已于1997年7月正式移交给君安证券有限公司,其债权债务由中国银行辽宁分行大连国际信托咨询公司承担,而该咨询公司已被撤销,其债权债务由辽宁分行承担。

二、原审法院审理意见

  沈阳市中级人民法院审理认为,辽宁分行所属的证券营业部给杜妍多次融资并收取高额利息,形成了事实上的融资借贷行为。该行为违反了我国有关金融和股票管理法规,是无效行为,没有法律约束力,责任在辽宁分行。辽宁分行主张融资违法,杜妍不享有通过融资而购入股票所有权的主张不成立,其反诉尚欠的406934.04元是因其侵权低价抛售他人股票而导致的,不予支持。尽管融资违反法律规定,买卖股票并不违反法律规定,这是两个不同的法律关系。当借款不还时,当事人可以通过法律途径主张债权,而无权自行处置杜妍的股票。证券营业部在股市低迷时未经杜妍授权委托,擅自强行平仓收回借款本息,并从中获取手续费,直接给杜妍造成近70余万元的亏空,使其遭受了很大的经济损失,其行为构成侵权。依据无效合同和侵权行为的处理原则,杜妍应如数返还向证券营业部借款,证券营业部偿还强制抛售杜妍的全部股票并赔偿因此而造成杜妍丧失的被抛售股票的分红、送股、配股、派息应得利益。据此,沈阳市中级人民法院于1998年4月9日以〔1997〕沈经初字第586号作出如下判决:

一、原告杜妍与被告所属的证券营业部之间的融资行为无效,无法律约束力。

二、原告杜妍返还尚欠款3330463.59元。

三、辽宁分行偿还杜妍南京水运股票312966股,赔偿卖出上述股票之日起至偿还之日止期间所发生的分红、送股、配股、派息应得利益。

上述二、三项于本判决生效后7日内执行,其中返还款项逾期支付按有关迟延付款的规定处理;偿还股票逾期执行,如果遇股市下跌,则按应偿还期的7天期间内收市平均价,补足下跌部分价款。

三、辽宁省高级人民法院的请示意见

该案一审宣判后,辽宁分行不服,向辽宁省高级人民法院提起上诉,其理由为:1. 融资交易违反法律规定,被上诉人用融资购得的股票不享有合法所有权。上诉人强行平仓是在股市急剧下跌时,为维护国家财产少受损失不得已而为之的行为。2. 融资违反法律规定,因融资造成的损失,应双方共同承担。

辽宁省高级人民法院经审判委员会对此案讨论后一致意见认为,证券营业部在没有取得杜妍同意的情况下,强行平仓是一种侵权行为。关于对本案的处理形成两种处理意见。多数意见认为,融资交易作为一个整体为法律所禁止,双方均有过错;考虑到股票的上涨与下跌行情变化太大,且该项融资交易的主要过错在证券营业部,为了确保股民的利益不受损失,辽宁分行应赔偿股民购买股票的买入价与证券营业部卖出股票的卖出价之间的差价以及该笔资金自卖出之日起至给付之日止的利息(利率按中国人民银行同期贷款利率计算)。少数意见认为,尽管融资违反法律规定,但用融资款购买的股票所有权应归股民所有,原审判令辽宁分行赔偿杜妍被卖出的股票以及股票被卖出之日起给付之日止该股票分红、送股、派股及分红应得的利益正确。

最高人民法院关于审理虚假陈述侵权纠纷案件有关问题的复函

- 2003年7月7日
- 〔2003〕民二他字第22号

黑龙江省高级人民法院:

你院《关于审理虚假陈述侵权纠纷案件有关问题的请示》收悉。对所请示的问题,经研究答复如下:

一、关于承销商的责任问题

申银万国证券有限责任公司(下称申银万国)承销大庆联谊石化股份有限公司(下称大庆联谊)的股票发行时,因未尽到审核义务,且其编制的上市材料中含有虚假信息,而被中国证监会予以行政处罚。申银万国作为承销商,应当知道大庆联谊是否存在虚假陈述的情况,而其没有对最初源于大庆联谊的虚假陈述予以纠正或出具保留意见,并且自己也编制和出具了虚假陈述文件,故根据本院《关于审理证券市场因虚假陈述引发的民事赔偿案件的若干规定》(下称《规定》)第二十七条内容,申银万国的虚假陈述与大庆联谊的虚假陈述构成共同侵权,对因此给投资人的损失,两者应互为承担连带责任。

申银万国没有尽到责任(并编制虚假上市材料),使得含有虚假信息的大庆联谊股票得以发行和上市,其虚假行为影响了广大投资人。在大庆联谊的虚假陈述行为没有被揭露或者更正之前,发行市场的虚假陈述必然对交易市场产生影响,包括对交易市场的投资人进行投资时的影响。故同意你院第一种意见。

你院对《规定》第二十三、二十七条内容的理解是正确的。

二、关于实际控制人承担责任的顺序

实际控制人直接承担民事责任的条件,是其以自己名义直接在证券市场作出虚假陈述行为,并给投资人造成了损失。中国证监会的处罚决定,认定了大庆联谊石油化工总厂(下称石化总厂)存在虚假陈述行为,并且该行为发生在大庆

联谊成立之前。据此可以得出两个结论：一是石化总厂的虚假陈述行为是客观存在的；二是石化总厂的虚假陈述发生在大庆联谊成立之前，足以认定石化总厂作为实际控制人直接对证券市场实施了虚假陈述行为。石化总厂直接虚假陈述，也不排斥其操纵大庆联谊在发行股票、交易股份时，以大庆联谊名义进行虚假陈述。因此，石化总厂应当与大庆联谊对投资人因此所受损失共同承担民事责任。石化总厂与大庆联谊之间的责任划分问题，如当事人间有争议，可另行起诉。

三、关于揭露日或更正日的确定

关于大庆联谊揭露日、更正日的确定。1999年4月20日，大庆联谊仅就利润虚假、募集资金使用虚假等行为进行了自我更正，没有涉及发行阶段的虚假陈述行为。2000年4月27日，中国证监会行政处罚公告后，大庆联谊虚假发行的事实才首次得以公开披露。故原则同意你院关于大庆联谊虚假陈述揭露日确定的第二种意见及处理方案。

关于圣方科技揭露日或更正日的确定。2001年5月19日，圣方科技就其所收购的圣方显示器公司虚假注册资本500万元作出了更正，中国证监会事后主要就该虚假陈述内容进行行政处罚，故认定2001年5月19日为更正日，符合客观事实。同意你院第一种意见。

四、关于中介服务机构民事责任承担问题

《规定》第二十四条内容，是从归责角度对中介服务机构及其直接责任人作出过错推定责任承担总的规定，无论故意或过失，只要行为人主观具有过错，客观给他人造成了损失，该类虚假陈述行为人就其负有责任的部分承担民事责任。《规定》第二十七条内容，是从共同侵权角度对承担过错推定责任的各类虚假陈述行为人，如何判断其与发行人、上市公司构成共同侵权并承担连带责任作出的规定。当发行人或者上市公司存在虚假陈述行为时，上述负有特定义务的各类行为人如没有对虚假陈述内容予以纠正或保留意见，又没有证据证明其无过错（包括故意和过失），则其与发行人或者上市公司构成共同侵权，对投资人因此造成的损失承担连带责任。但专业中介服务机构及其直接责任人的民事责任限定于其负有责任的部分。

如果本案不存在其他法律障碍，请你院在收到本院答复意见后，督促有关法院尽快结案。

此复。

最高人民法院关于浦发期货经纪有限公司未按规定强制平仓是否承担责任问题请示的答复

● 2003年7月29日
● 〔2002〕民二他字第21号

天津市高级人民法院：

你院津高法民二〔2002〕2号关于浦发期货经纪有限公司未按规定强制平仓是否承担责任问题的请示报告收悉。经研究，答复如下：

本案当事人之间就"保仓"问题的具体约定符合意思自治原则，但是，该约定如与《最高人民法院关于审理期货纠纷案件若干问题的规定》第三十三条的规定相冲突，应当参照该司法解释第三十三条、第三十六条第二款的规定处理。

此复。

附：

《天津市高级人民法院关于浦发期货经纪有限公司未按规定强制平仓是否承担责任问题的请示》内容

一、案件基本事实

天津市和平区法院受理的曹秀英等六原告诉被告浦发期货经纪有限公司（以下简称浦发期货）期货交易纠纷案，在审理中，涉及应如何理解和适用相关法律的问题。和平区人民法院为此请示了天津市第一中级人民法院，天津市第一中级人民法院又向天津市高级人民法院提出请示。天津市高级人民法院经2002年第21次审委会研究，认为该类问题带有一定的普遍性，以津高法民二〔2002〕2号请示报告特向最高人民法院请示。

二、案件请示的理由

天津市和平区法院查明,2000年10月,曹秀英等六原告与浦发期货分别签订了期货经纪合同。合同约定,当曹秀英等的账户风险率[交易保证金(未平仓合约占用保证金)/客户保证金中未被交易占用的保证金+交易保证金]大于100%时,浦发期货将向曹秀英等发出追加保证金通知,曹秀英等应在下一交易日前及时追加保证金或者采取减仓措施。否则,浦发期货有权在事先未通知的情况下对曹秀英等的全部或部分未平仓合约强制平仓,直至曹秀英等的交易风险达到约定的风险率。曹秀英等应承担强制平仓的手续费及由此发生的损失。曹秀英等、浦发期货约定浦发期货按5%的比例收取交易保证金,这个比例与期货交易所对期货经纪公司收取的交易保证金持平,但该比例低于《期货经纪公司管理办法》中规定的应当至少高于期货交易所对期货经纪公司收取的交易保证金比例3个百分点的规定。合同签订后,曹秀英等即通过浦发期货进行了多笔期货交易。由于行情的变化,曹秀英等保证金减少,2001年2月23日当曹秀英等账户的风险率高于100%时,浦发期货即向曹秀英等发出了追加保证金的通知,但曹秀英等未及时追加,浦发期货亦未给予强制平仓,曹秀英等账户风险率最高时曾达1000%。曹秀英等虽未按照浦发期货多次追加保证金通知的要求及时足额追加保证金,但在浦发期货未采取强制平仓措施的情况下,先后多次追加了保证金,但风险率仍高于100%,浦发期货始终未给予强制平仓。曹秀英等在无钱追加保证金的情况下,曾于2001年3月23日和3月26日书面要求浦发期货给予"保仓",承诺如到期仍不能足额追加保证金,浦发期货可以强制平仓,损失由曹秀英等承担。由于行情的变化,曹秀英等账户的风险率逐渐下降,但到曹秀英等承诺追加保证金的最后期限,其账户风险率仍高于100%,浦发期货采取了强制平仓措施。平仓后,曹秀英等共计损失交易保证金100余万元。为此曹秀英等起诉浦发期货,以未及时平仓和未按规定比例收取保证金加大了风险为由要求浦发期货赔偿其交易损失。

三、争议焦点与法院处理意见

曹秀英等认为,根据1999年9月1日国务院颁布的《期货交易管理暂行条例》第四十条的规定,强制平仓是浦发期货的义务,浦发期货未履行其义务,应承担未及时平仓给曹秀英等造成的损失。

浦发期货认为,《期货交易管理暂行条例》是目前审理期货案件的重要依据,但规定的比较原则,在随后颁布的《期货经纪合同指引》(中国证监会1999年12月颁布)第十条中明确指出,强制平仓是经纪公司的权利而不是义务。天津市高级人民法院〔1998〕69号《关于审理期货纠纷案件若干问题的研讨会纪要》中有关强制平仓的规定已明确了强制平仓是公司的权利而非义务。因此,浦发期货不应承担任何责任。

(一)和平区人民法院处理意见

和平区人民法院审判委员会处理意见:在客户保证金不足的情况下,经纪公司既有权利也有义务采取强制平仓的措施,否则就是用自己的资金或其他客户的保证金来弥补该客户应追加的保证金。这是一种变相的透支行为,是国家法律所不允许的。因此,浦发期货应对未按规定平仓承担责任。

(二)天津市第一中级人民法院审委会意见

第一种意见认为,强制平仓是经纪公司的权利,在具备强制平仓的条件时,是否平仓、平仓的价位、时机等的选择都由经纪公司自己决定,由此产生的一切后果都由客户承担。

第二种意见与和平区人民法院的意见基本相同,主张强行平仓是经纪公司的权利,但达到一定条件,则转化为经纪公司的义务,当客户保证金不足使交易风险达到约定的条件时,经纪公司应当通知客户追加保证金,客户不按时追加保证金时,为保护自身利益,减少市场风险,经纪公司有权对客户的部分或全部持仓强制平仓,直至保证金余额能够满足约定的交易风险控制条件。但是如果不强制平仓,经纪公司就要用自己的资金或其他客户的保证金来弥补该客户应追加的保证金,实际是一种变相透支行为。因此,此时经纪公司有义务及时强制平仓以防止损失进一步扩大,因未及时强制平仓而造成的扩大的损失,经纪公司应承担赔偿责任。上述两种意见以第一种意见占多数。

(三) 天津市高级人民法院请示意见

天津市高级人民法院审委会经研究认为，

1. 天津市高级人民法院〔1998〕69号《关于审理期货纠纷案件若干问题的研讨会纪要》是本地区总结办案经验、提供办案参考的一个会议纪要，并不具备司法解释的效力，且该纪要形成在国务院《期货交易管理暂行条例》之前，因此，应该以国务院《期货交易管理暂行条例》作为审理本案的法律依据。

2. 依照国务院《期货交易管理暂行条例》的规定，当客户保证金不足时，经纪公司应当强制平仓，其中的"应当"带有义务性规范的性质。这是法律对期货经纪公司在特定情况下为一定行为的一种强制性规定。期货经纪公司作为接受客户委托从事期货交易的专门性公司，既要保护客户的合法权益，并且还承担着防范市场风险、保证期货市场安全、稳健运行的责任。因此，当客户保证金不足，客户又未按通知要求追加保证金时，及时强制平仓就成为经纪公司的一项法定义务。对于经纪公司未履行其法定的义务，给客户造成的扩大的损失，经纪公司应该承担相应的责任。

3. 按照客户与期货经纪公司签订的经纪合同，双方之间约定当风险率大于等于100%时，经纪公司通知后，客户应当及时追加保证金或者采取减仓措施。可见，及时追加保证金或者采取减仓措施是合同中约定的客户的义务，且该约定并不违反现行法律的规定。根据我们对现行法律和当事人之间合同的理解，客户的这一义务并不能应为经纪公司没有实行强制平仓而免除，即在经纪公司没有履行强制平仓的义务时，客户也应该及时追加保证金或主动采取减仓措施。客户如果没有履行其合同中的义务，也应该对扩大的损失承担责任。

4. 关于曹秀英等要求"保仓"的问题。因为本案浦发期货向曹秀英等收取的保证金比例与交易所向浦发期货收取的比例持平，因此，当曹秀英等账户风险率超过100%时，危及的不仅是浦发期货的利益，还直接导致了期货市场交易风险的存在，因此双方无权作此约定，对于双方"保仓"的约定，应该认定无效。

综上，该院审委会认为，本案当客户保证金不足时，不论是客户还是期货公司都没有完全尽到其相应的义务。因此，为规范期货交易行为，防范市场风险，同时为保护合同当事人的合法权益，对本案因未及时平仓所造成的扩大的损失，应当由曹秀英等、浦发期货共同承担。

最高人民法院关于新疆国际置地房地产开发有限责任公司与宏源证券股份有限公司乌鲁木齐北京路证券营业部、宏源证券股份有限公司委托监管合同纠纷一案请示的答复

● 2003年12月25日
● 〔2003〕民二他字第54号

新疆维吾尔自治区高级人民法院：

你院〔2003〕新民二请字第1号《关于新疆国际置地房地产开发有限责任公司(以下简称置地公司)与宏源证券股份有限公司乌鲁木齐北京路证券营业部、宏源证券股份有限公司(以下简称为证券公司)委托监管合同纠纷一案的请示》收悉，经研究，答复如下：

根据《民事诉讼法》第一百零八条的规定，原告应是与本案有直接利害关系的公民、法人和其他组织，否则不应予以受理。你院请示的案件，应首先明确签订委托监管协议的行为究竟是唐朝金的个人行为，还是置地公司授权或者事后追认的职务行为，只有在这个事实依法认定的前提下，才能认定置地公司是否有权以证券公司违反合同约定为由提起诉讼。如果认定签订委托监管协议系唐朝金的个人行为，则置地公司仅享有以侵权为由向证券公司提起诉讼的权利。请你院在查清事实的基础上依法作出裁判。

此复。

最高人民法院关于《湖北省高级人民法院关于原告罗佛英、凌秀英等2094人与被告湖北省荆江股份有限公司、中国银行荆州市沙市支行返还财产纠纷一案适用法律问题的请示》的答复

● 2006年8月2日

湖北省高级人民法院：

你院鄂高法〔2005〕334号《关于原告罗佛英、凌秀英等2094人与被告湖北省荆江股份有限公司、中国银行荆州市沙市支行返还财产纠纷一案适用法律问题的请示》收悉。经研究，答复如下：

根据1998年6月30日第247号国务院令发布施行的《非法金融机构和非法金融业务活动取缔办法》第二十一条之规定，并参照2005年10月27日修订的《中华人民共和国证券法》第一百八十八条之规定，原告罗佛英、林秀英等2094人与被告湖北省荆江股份有限公司、中国银行荆州市沙市支行返还财产纠纷，系涉及超范围发行股票而请求返还财产的案件，属于平等民事主体之间的权益纠纷，依照《中华人民共和国民事诉讼法》第一百零八条之规定，人民法院应当受理。

此复。

◎ 指导案例

1. 陈伟诉广东省机场管理集团公司、广州白云国际机场股份有限公司、上海证券交易所侵权纠纷案[①]

【裁判摘要】

权证属证券衍生品种，发布权证信息的提示性公告的权证信息披露与证券法规定的涉及上市公司财务状况、股权结构以及公司经营管理人员变化等公司内部重大事项的信息披露不同，应由发行人和相关投资者承担相关信息披露义务，而不是由权证标的证券上市公司承担。

行为人应在充分了解权证交易规则和各种风险的基础上进行高风险的权证交易。在发行人尽到了权证信息公告的披露义务、证券交易机构尽到了监管义务的前提下，行为人一旦根据自主决定进行权证买卖交易，在享有权证交易可能带来的收益的同时，也应承担可能出现的风险。因为疏忽大意没有发现重大信息，或者没有充分了解权证的有关规则，在进行交易行为时产生亏损的，相应后果应自行承担。

【案情】

原告：陈伟。

被告：广东省机场管理集团公司。

法定代表人：刘子静，该公司总裁。

被告：广州白云国际机场股份有限公司。

法定代表人：冼伟雄，该公司董事长。

被告：上海证券交易所。

法定代表人：朱从玖，该交易所总经理。

原告陈伟因与被告广东省机场管理集团公司（以下简称广东机场集团）、广州白云国际机场股份有限公司（以下简称白云机场）、上海证券交易所（以下简称上交所）发生侵权损害赔偿纠纷，向上海市第一中级人民法院提起诉讼。

原告陈伟诉称：原告检索到被告广东机场集团于2005年12月14日刊登的《G穗机场人民币普通股股票之认沽证上市公告书》，得知被告白云机场认沽权证（简称"机场JPT1"权证，代码580998）公开发行并上市。该公告载明："机场JPT1"权证行权期间为"权证上市首日起满3个月后第一个交易日至权证到期日止的任何一个交易日，为2006年3月23日起至2006年12月22日"。根据该公告，"机场JPT1"权证的交易终止日应当截止到行权期满月即2006年12月22日。原告遂于2006年12月15日买入"机场JPT1"权证43600份，并准备在12月22日前卖出。在被告广东机场集团、上交所未作任何提示

[①] 案例来源：《最高人民法院公报》2008年第12期。

的情况下,"机场JPT1"权证于买入当日即12月15日收盘时就终止交易。由于"机场JPT1"权证交易终止时收盘价为人民币0.332元,而白云机场股票价格为7.76元,行权价格为6.90元,故行权已无实际意义,"机场JPT1"权证的内在价值为零。而广东机场集团仅在2006年12月13日、14日通过媒体刊登《广东省机场管理集团公司关于"机场JPT1"权证认沽权证终止行权第一次提示性公告》和《广东省机场管理集团公司关于"机场JPT1"权证认沽权证终止上市提示性公告》,不仅刊登的次数不符合规定,刊登的标题也不够明确具体,不足以提示投资者权证交易已经到期。相反,公告的内容使投资者理解为最后交易日为2006年12月22日。广东机场集团的上述行为违反了证券法关于持续信息披露的规定,对投资者构成重大误导。白云机场作为"机场JPT1"权证证券标的公司,亦未充分履行"机场JPT1"权证上市及终止交易等相关的信息披露义务,应承担连带责任。上交所作为权证交易规则的指定机构和权证交易及信息披露的监管机构,对于广东机场集团、白云机场的违规行为未尽监管职责,也应承担连带责任。故请求判令广东机场集团赔偿原告投资损失计人民币13734元,白云机场、上交所承担连带赔偿责任。

原告陈伟提交以下证据:

1.原告在天同证券厦门厦禾路证券营业部的资金对账单,用以证明原告投资"机场JPT1"权证的交易记录;

2.原告的身份证明和证券账户,用以证明原告的投资主体身份;

3.《上海证券交易所权证管理暂行办法》全文,用以证明该规定制订不完善,表述不严谨,容易引起歧义;

4.被告广东机场集团制作的"机场JPT1"权证上市公告书,用以证明广东机场集团信息披露存在重大遗漏和缺陷。

被告广东机场集团辩称:首先,原告陈伟以本公司未尽信息披露义务,致使原告投资受损而提起民事赔偿诉讼,应当适用《最高人民法院关于审理证券市场因虚假陈述引发的民事赔偿案件的若干规定》(以下简称虚假陈述规定)。虚假陈述规定第6条规定:"投资人以自己受到虚假陈述侵害为由,依据有关机关的行政处罚决定或者人民法院的刑事裁判文书,对虚假陈述行为人提起的民事赔偿诉讼,符合民事诉讼法第108条规定的,人民法院应当受理。"原告并无有关机关的行政处罚决定或人民法院的刑事裁判文书为依据,本案起诉不符合案件的受理条件,应当驳回起诉。其次,本公司于2006年3月20日、12月13日、12月14日三次发布公告提示"机场JPT1"权证最后交易日为2006年12月15日,已经依法充分履行了权证信息披露义务。第三,根据证券投资风险自负的原则,原告投资"机场JPT1"权证应当充分考虑权证交易的风险因素,原告的损失属于投资风险损失,应由其自行承担,与本公司无关。综上,请求驳回原告对本公司的诉讼请求。

被告广东机场集团提交以下证据:

1. 2005年12月13日发布的《广东省机场管理集团公司关于广州白云国际机场股份有限公司人民币普通股股票之认沽权证上市公告书》;

2. 2006年3月20日发布的《广东省机场管理集团公司关于"机场JTP1"权证行权的提示公告》;

3. 2006年12月13日发布的《广东省机场管理集团公司关于"机场JTP1"认沽权证终止行权第一次提示性公告》;

4. 2006年12月14日发布的《广东省机场管理集团公司关于"机场JTP1"认沽权证终止上市提示性公告》;

5. 2006年12月19日发布的《广东省机场管理集团公司关于"机场JTP1"认沽权证终止行权第二次提示性公告》;

6. 2006年12月21日发布的《广东省机场管理集团公司关于"机场JTP1"认沽权证终止行权第三次提示性公告》;

7. 2006年12月25日发布的《广东省机场管理集团公司关于"机场JTP1"认沽权证行权结果的公告》;

8. 2006年12月26日发布的《广东省机场管理集团公司关于"机场JTP1"认沽权证终止上市的公告》。

上述八份证据均用以证明被告广东机场集团已经依据《上海证券交易所权证管理暂行办

法》，严格履行了权证信息披露义务，对此不存在过错，并且重复提示投资者"机场 JTP1"认沽权证最后交易日为 2006 年 12 月 15 日。

被告白云机场辩称：本公司不是"机场 JPT1"权证的发行人或相关投资者，不负有权证信息披露义务。原告陈伟以本公司是"机场 JPT1"权证标的证券公司为由，要求我公司赔偿原告的投资损失，缺乏法律根据。故请求驳回原告对本公司的全部诉讼请求。

被告白云机场没有提交证据。

被告上交所辩称：《上海证券交易所权证管理暂行办法》第 14 条对于"权证存续期间"、"权证交易期间"、"权证行权期间"均有明确规定，据此"机场 JPT1"权证存续期间应至 2006 年 12 月 22 日止，权证交易期间应至 2006 年 12 月 15 日止，权证行权期间应至 2006 年 12 月 22 日止。本交易所的法定职能系为证券集中交易提供场所和设施、组织和监督证券交易，与原告之间不存在合同关系或侵权关系，故请求驳回原告对本交易所的全部诉讼请求。

被告上交所提交以下证据：

1.《证券法》、《上海证券交易所权证管理暂行办法》，用以证明被告上交所的法定职能以及权证交易规则的制定程序和具体内容完全合法；

2. 上交所《关于发布上海证券交易所〈权证风险揭示书〉的通知》、《关于重申签署〈权证风险揭示书〉有关事项的通知》、《关于加强权证知识教育和风险揭示的函》、上海证券交易所网站内容，用以证明上交所已经向投资者充分揭示了权证交易的风险，完全履行了证券监管职责；

3. 原告陈伟与其指定交易的证券公司签署的《权证交易风险揭示书》以及证券公司对具体提示投资者"机场 JTP1"认沽权证最后交易日的情况说明一份，用以证明已经对原告进行了风险提示；

4. 中国证券登记结算有限责任公司提供的关于原告陈伟的历史成交记录，用以证明原告非首次参与权证交易，其应当了解权证交易规则并且明知权证交易的风险；

5. 关于"机场 JTP1"认沽权证的八份公告，与被告广东机场集团举证内容一致，用以证明广东机场集团已经依据权证交易规则合法履行了权证信息披露义务，上交所履行了法定监管职责，不存在过错。

上海市第一中级人民法院依法组织了质证。被告广东机场集团、白云机场、上交所对原告陈伟提交证据 1、2、3、4 的真实性均不持异议。但认为证据 1 中记载的交易记录可能不完整，应以中国证券登记结算有限责任公司的交易记录为准；证据 3 即《上海证券交易所权证管理暂行办法》经中国证监会批准，合法有效，但该文件的内容不能证明原告的主张。原告对广东机场集团提交证据的真实性不持异议，但认为该八份证据即八份公告中，只有公告 2、3、4 提示了最后交易日，但该三份公告的标题均是终止行权的提示性公告，根本未明确表述"最后交易日"，对投资者不能起到根本性的提示作用。白云机场、上交所对广东机场集团提交的证据没有异议。原告对上交所提交的证据 3 不予确认，认为该组证据的内容为证券公司所虚构，不能反映客观事实，对其他证据的真实性没有异议。广东机场集团、白云机场对上交所提交的证据没有异议。上海市第一中级人民法院认为：原告提交的证据 1 不能完整地反映客观事实，应当与中国证券登记结算有限责任公司的交易记录结合使用。对原、被告提交其他证据的真实性均予以认定。

上海市第一中级人民法院一审查明：

2005 年 12 月 13 日，被告广东机场集团作为发行人，发布《广东省机场管理集团公司关于广州白云国际机场股份有限公司人民币普通股股票之认沽权证上市公告书》，该公告载明：1. 作为被告白云机场股权分置改革的对价组成部分，广东机场集团无偿派发的 24000 万份白云机场认沽权证将于 2005 年 12 月 23 日起在上海证券交易所挂牌交易，权证类型为美式认沽权证，权证交易简称"机场 JTP1"，交易代码"580998"，标的证券为白云机场；2. 存续期：1 年，即 2005 年 12 月 23 日起至 2006 年 12 月 22 日；3. 行权价：7 元；4. 行权期间：权证上市首日起满 3 个月后第一个交易日至权证到期日止的任何一个交易日，为 2006 年 3 月 23 日起至 2006 年 12 月 22 日；5.

行权比例:权证持有人所持1份认沽权证可按行权价向广东机场集团卖出白云机场A股股票1股;6. 提示投资者应充分考虑风险因素包括权证价格波动风险、权证内在价值下跌至零的风险、时效性风险、市场流动性风险、利率风险、新品种尚未被市场完全认知的风险等。

2006年3月20日,被告广东机场集团发布《广东省机场管理集团公司关于"机场JTP1"权证行权的提示公告》,公告事项第10条载明:权证交易期间为2005年12月23日起至2006年12月15日,本认沽权证存续期满前5个交易日,权证终止交易,但可以行权。2006年12月13日,广东机场集团发布《广东省机场管理集团公司关于"机场JTP1"认沽权证终止行权第一次提示性公告》,公告事项第2条载明:根据《上海证券交易所权证管理暂行办法》的有关规定,权证存续期满前5个交易日终止交易,"机场JTP1"认沽权证的最后交易日为2006年12月15日(星期五),从2006年12月18日(星期一)起停止交易。2006年12月14日,广东机场集团发布《广东省机场管理集团公司关于"机场JTP1"认沽权证终止上市提示性公告》,公告事项第1条载明:根据《上海证券交易所权证管理暂行办法》的有关规定,权证存续期满前5个交易日终止交易,"机场JTP1"认沽权证的最后交易日为2006年12月15日(星期五),从2006年12月18日(星期一)起停止交易。

原告陈伟自2005年11月起开始从事相关权证交易,对"机场JTP1"的交易始于2006年4月20日起,并持续至2006年12月15日最后交易日。2006年12月15日,原告在天同证券厦门厦禾路证券营业部买入63600份,卖出20000份,当日成交计4次(买入3次,卖出1次),收盘余额计43600份,参考成本价格为每份人民币0.32元,总值为人民币13734元。

2005年7月19日,中国证监会批准并由被告上交所发布《上海证券交易所权证管理暂行办法》,该办法第4条规定:"本所对权证的发行、上市、交易、行权及信息披露进行监管,中国证监会另有规定的除外。"第14条第2款规定:"权证存续期满前5个交易日,权证终止交易,但可以行权。"第15条规定:"发行人应当在权证存续期满前至少7个工作日发布终止上市提示性公告。"第17条规定:"本所有权根据市场需要,要求发行人和相关投资者履行相关信息披露义务。"

根据被告上交所于2005年8月、2006年5月发布的三份通知,上交所所属会员必须按规定向首次买卖权证的投资者全面介绍相关业务规则,充分揭示可能产生的风险并与投资者签署《权证风险揭示书》。据此,原告陈伟与其指定交易的天同证券厦门厦禾路证券营业部于2005年11月22日签署了《权证交易风险揭示书》。

【审判】

本案一审的争议焦点是:一、原告陈伟的起诉是否符合法定条件;二、对于原告的损失,被告广东机场集团、白云机场、上交所是否应当承担连带赔偿责任。

一、关于原告陈伟的起诉是否符合法定条件的问题。

被告广东机场集团提出本案应当适用虚假陈述规定中关于前置程序的规定,原告陈伟的起诉不具备受理条件,应予驳回。针对这个问题,法院认为,虚假陈述规定主要调整和规范涉及上市公司内部财务状况、股权结构以及公司经营管理人员变化等重大事项的披露,权证属于证券衍生品种,权证交易的期限等内容属于权证交易规则所确定的提示性信息披露,与虚假陈述规定所确定的内容不相同,故本案不适用虚假陈述规定。对广东机场集团该项主张,不予支持。原告起诉符合法定条件,应予受理。

二、关于原告陈伟的损失是否应由被告广东机场集团、白云机场、上交所承担连带赔偿责任的问题。

证券法第63条规定:"发行人、上市公司依法披露的信息,必须真实、准确、完整,不得有虚假记载、误导性陈述或者重大遗漏。"《上海证券交易所权证管理暂行办法》第15条规定:"发行人应当在权证存续期满前至少7个工作日发布终止上市提示性公告。"被告广东机场集团作为"机场JTP1"的发行人,是信息披露的义务主体并应当严格依法履行相关的信息披露义务。在本案中,广东机场集团提交的八份证据,均属于"机场JTP1"发行、上市、交易、行权过程中应披露的信息,且公告的格式、内容、时点、方式亦均符合法定要件。关于争议的"最后交易日"的内容,根据法院查明的事实,前述公告均在有效期间内充分、明确提示投资者"机场JTP1"的最后交易日为2006年12月15日。原告陈伟认为上述公告的内容存在误导性表述,不足以提示投资者,显然与客观事实不符,故不予支持。

《上海证券交易所权证管理暂行办法》第17条规定:"本所有权根据市场需要,要求发行人和相关投资者履行相关信息披露义务。"根据前述规定,被告白云机场作为"机场JTP1"的标的证券上市公司,并非"机场JTP1"信息披露的义务主体。而"机场JTP1"权证信息也不属于证券法中上市公司应当披露的法定事项。因此,原告要求白云机场履行"机场JTP1"的信息披露义务,缺乏法律根据,不予支持。

证券法第102条规定:"证券交易所是为证券集中交易提供场所和设施,组织和监督证券交易,实行自律管理的法人。证券交易所的设立和解散,由国务院决定。"第118条规定:"证券交易所依照证券法律、行政法规制定上市规则、交易规则、会员管理规则和其他有关规则,并报国务院证券监督管理机构批准。"本案中,被告上交所依据法律授权制定《上海证券交易所权证管理暂行办法》并经中国证监会批准生效。上交所在制定权证交易规则、向交易所会员及投资者揭示权证交易风险等方面均符合法定程序,不存在过错。同时,根据本案查明的事实,被告广东机场集团在"机场JTP1"发行、上市、交易、行权过程中均严格依照规则充分履行了权证信息披露义务,上交所对此履行了法定的监管职责,也不存在过错。

权证作为证券市场新兴的交易衍生品种,存在利益与风险并存的特点,投资者在参与权证交易时应当理性评估自身的交易能力,充分注意权证交易的各种风险。原告陈伟作为"机场JTP1"的投资者,应当充分了解权证交易规则以及"机场JTP1"的基本信息,并在权证交易中谨慎注意投资风险。因此,在发行人被告广东机场集团尽到了权证信息公告的披露义务、证券交易机构被告上交所尽到了监管义务的前提下,原告主张其投资权证损失的原因是"机场JTP1"的最后交易日的不确定、权证信息披露的不准确、交易规则制定的不完善,显然与事实不符,也与公平公正、风险自负的证券交易原则相悖。综上,原告的诉讼请求不能成立。

据此,上海市第一中级人民法院于2007年11月10日判决:

驳回原告陈伟的诉讼请求。

一审案件受理费人民币143元,由原告陈伟负担。

陈伟不服一审判决,向上海市高级人民法院提出上诉,请求撤销原判,依法改判。理由是:被上诉人广东机场集团于2005年12月14日刊登的上市公告书未明确涉案"机场JTP1"权证的交易期间,导致上诉人认为涉案"机场JTP1"权证最后交易日应截止到2006年12月22日。上诉人在2006年12月15日买入"机场JPT1"权证时不知道该权证于当日收盘时终止交易。广东机场集团于2006年12月13日、14日刊登的公告中虽有关于"机场JTP1"权证交易期间的内容,但在刊登的标题中没有反映,不足以提示投资者权证最后交易日。在上述公告中均表述了"机场JPT1"权证行权期间为"权证上市首日起满3个月后第一个交易日至权证到期日止的任何一个交易日,为2006年3月23日起至2006年12月22日"。根据该公告,"机场JPT1"权证的交易终止日应当截止到行权日即2006年12月22日,而权证交易期间为2005年12月23日起至2006年12月15日的内容未在标题中指出,此外还规定2006年12月27日终止上市并予以摘牌。以上表明公告内容存在矛盾,广东机场集团的上述行为违反了证券法关于持续信息披露的规定,对投资者构成重大误导。被上诉人白云机场未充分履行"机场JPT1"权证上市及终止交易等相关的信息披露义务。被上诉人上交所作为权证交易规则的指定机构和权证交易及信息披露的监管机构,对于广东机场集团、白云机场的违规行为未尽监管职责,且制定的交易规则不完善,表述不严谨,应共同承担连带责任。

被上诉人广东机场集团辩称:广东机场集团虽未在上市公告书中提示权证的交易期间,但于2006年3月20日、12月13日、12月14日三次发布的公告中均提示"机场JPT1"权证最后交易日为2006年12月15日,广东机场集团已经依法充分履行了信息披露义务。信息披露人不可能将披露的信息内容都在公告标题中予以反映,上诉人在从事权证交易时,应全面阅读和了解有关权证的公告标题和内容,掌握和了解权证的交易规则。根据证券投资风险自负的原则,上诉人的投资损失应由其自行承担。请求驳回上诉,维持原判。

被上诉人白云机场辩称:白云机场不是"机场JTP1"权证的发行人或相关投资者,依法不负有权证信息披露义务,上诉人陈伟要求白云机场赔偿投资损失,缺乏法律依据。请求驳回上诉,维持原判。

被上诉人上交所辩称:《上海证券交易所权证管理暂行办法》对于"权证存续期间"、"权证交易期间"、"权证行权期间"均有明确规定,据此,"机场JPT1"权证存续期间应至2006年12月22日止,权证交易期间应至2006年12月15日止,被上诉人广东机场集团的提示性公告符合有关规定。上交所系为证券集中交易提供场所和设施、组织和监督证券交易的机构,与上诉人之间不存在合同关系或侵权关系。请求驳回上诉,维持原判。

上海市高级人民法院经二审,确认了一审查明的事实。另查明:《权证风险揭示书》载明:投资者在参与权证交易前,应认真阅读权证发行说明书和上市公告书,对其他可能影响权证交易和价格的因素也必须有所了解和掌握。《上海证券交易所权证管理暂行办法》第8条规定,权证上市申请经本所核准后,发行人应在其权证上市2个工作日之前,在至少一种指定报纸和指定网站上披露上市公告书。2006年12月14日发布的《广东省机场管理集团公司关于"机场JTP1"认沽权证终止上市提示性公告》第3条载明:2006年12月27日起,"机场JTP1"认沽权证将终止上市,予以摘牌。2006年12月15日白云机场的收盘价为7.94元。上诉人陈伟自述在报纸上看到了被上诉人广东机场集团发布的提示性公告,但仅阅看了公告标题而没有仔细阅读提示性公告内容,从而未及时了解权证最后交易日的信息。

本案二审的争议焦点是,被上诉人广东机场集团、白云机场、上交所是否应对上诉人的投资损失承担赔偿责任。

上海市高级人民法院认为:

被上诉人白云机场系"机场JTP1"的标的证券上市公司,不是"机场JTP1"权证信息披露义务主体。同时,根据证券法的规定,权证信息亦不属于上市公司应当披露的法定事项。证券交易所是为证券集中交易提供场所和设施,组织和监督证券交易,实行自律管理的法人,与投资者之间不存在直接的合同法律关系。被上诉人上交所制定权证交易规则符合法定程序,交易规则本身与上诉人的损失之间不存在因果关系。同时,根据本案查明的事实,上交所对广东机场集团权证信息披露、提示性公告发布等义务的监管中不存在过错。上诉人陈伟要求白云机场、上交所承担责任没有法律根据。一审法院说理充分,予以支持。

本案的关键是被上诉人广东机场集团是否应对上诉人陈伟的投资损失承担赔偿责任。

首先,关于涉案"机场JTP1"权证最后交易日等内容的公告,是否是证券法上的上市公司信息披露行为。权证属证券衍生品种,对于权证最后交易日等内容的提示,与证券法规定的涉及上市公司财务状况、股权结构以及公司经营管理人员变化等公司内部重大事项的信息披露不同,最后交易日是由权证交易规则直接规定的,并非权证发行人自行约定的事项或未公开的事项,属于公开信息。《上海证券交易所权证管理暂行办法》第14条第2款规定:权证存续期满前5个交易日,权证终止交易,但可以行权。根据该规定,权证存续期间一旦确定,最后交易日也随之确定,即使发行人没有提示权证的最后交易日等有关信息,权证投资者在知道权证的存续期间和权证交易规则的情况下,应当可以自行了解和掌握权证的最后交易日。因此,被上诉人广东机场集团关于涉案"机场JTP1"最后交易日的公告是具有提示性质的公告,不属于证券法上的上市公司信息披露。

第二,被上诉人广东机场集团是否尽到合法发布提示性公告的披露义务。根据本案查明的事实,广东机场集团作为涉案"机场JTP1"权证的发行人,在法定披露媒体上多次发布公告,其在上市公告书中虽未提示权证的最后交易日,但在2006年3月20日、12月13日、12月14日三次发布的提示性公告中均提示涉案"机场JTP1"

权证的最后交易日为 2006 年 12 月 15 日。上述公告中关于最后交易日的内容均非常明确,不存在误导性陈述,且与交易规则的规定相一致。上诉人陈伟于 2006 年 12 月 15 日买入涉案"机场JTP1"权证时,前述提示性公告已经多次提示最后交易日,上诉人应当通过相关媒体全面了解涉案"机场JTP1"权证最后交易日的相关信息。特别是 12 月 14 日发布的提示性公告中,第一条即明确载明最后交易日为 2006 年 12 月 15 日,2006年 12 月 27 日终止上市并予以摘牌。最后交易日和终止上市是两个不同的概念,该公告不存在混淆和矛盾之处,不会导致上诉人产生误解。综上可以认定,广东机场集团已经履行了自己依法发布提示性公告的义务。

上诉人陈伟仅阅读公告标题而没有仔细阅读公告内容,从而未及时发现公告关于涉案"机场JTP1"权证最后交易日的信息,导致交易风险的发生,应当自行承担相应的法律后果。一方面,提示性公告中涉及的内容不仅局限于最后交易日,还包含行权期间等其他内容,信息披露人不可能将公告的所有内容都在公告标题中予以反映,否则标题将不成其为标题,而是正文了。另一方面,从权证的特殊性看,持有权证在停止交易时并非完全失去价值,如果该权证在行权期间届满前,标的证券的价格下跌,低于行权价格,权证持有人所持权证可按行权价向发行人卖出,则持有行权仍然具有相应的投资价值。因此,关注最后交易日的内容还是关注行权期间的内容,反映的是不同投资者的投资理念。但是发行人在进行权证信息披露时,公告的标题、格式、内容均应符合交易规则,而不可能根据不同投资者的阅读习惯和投资偏好制定。虽然在涉案提示性公告的标题中确实没有出现"最后交易日"字样,但在从事高风险的权证交易时,投资者应当全面阅读和了解有关权证的公告标题和具体内容。在公告内容中,被上诉人广东机场集团已经依规交易规则在有效期间内充分、明确提示投资者"机场 JTP1"的最后交易日为 2006 年 12 月 15 日。因此,上诉人关于广东机场集团公告的标题不规范、内容存在误导性表述、不足以提示投资

者等诉讼主张没有事实根据。此外,上诉人在从事权证交易之前,已经签署了《权证风险揭示书》,《权证风险揭示书》明确提示了权证交易的风险,要求权证投资者应认真阅读权证发行说明书和上市公告书,对其他可能影响权证交易和价格的因素也必须有所了解和掌握。上诉人签署《权证风险揭示书》后,在从事权证交易时,应当学习足够的权证交易知识,充分了解和掌握权证交易规则和相关公告等信息,熟悉权证交易的规则和具备相应的投资风险认知能力。上诉人在2006 年 12 月 15 日之前进行了多种其他权证品种的交易,在 2006 年 12 月 15 日当日还频繁买卖涉案"机场 JTP1"权证获取差价。由此可知,上诉人具有一定的权证交易经验。在被上诉人广东机场集团、上交所已经按照交易规则将权证的有关知识、规则、信息予以提示和披露的情况下,上诉人作为理性的、成熟的投资者,应在充分了解权证交易规则和各种风险的基础上进行高风险的权证交易,一旦根据自主决定进行权证买卖交易,在享有权证交易可能带来的收益的同时,也应承担可能出现的风险。因为疏忽大意没有发现重要信息,或者没有充分了解权证的有关规则,在进行交易行为时产生亏损的,上诉人应自行承担相应后果。

综上,上诉人陈伟的上诉理山均不能成立,原审判决认定事实清楚,适用法律正确,应予维持。据此,上海市高级人民法院于 2008 年 3 月14 日判决:

驳回上诉,维持原判。

二审案件受理费人民币 143 元,由上诉人陈伟负担。

本判决为终审判决。

2. 邢立强诉上海证券交易所权证交易侵权纠纷案[①]

【裁判摘要】

权证产品属新型证券衍生品种,具有不同于

---

① 案例来源:《最高人民法院公报》2010 年第 7 期。

股票交易的特点。权证发行后，符合一定条件的机构经交易所审核可创设权证。投资者以交易所审核创设权证违规为由而提起的民事侵权之诉，具有可诉性；证券交易所审核合格券商创设权证，是证券法赋予其自律监管职能的行为，其审核行为只要符合权证管理业务规则，主观上不具有过错，其对于投资者因权证交易造成的损失不承担赔偿责任，投资者应自行承担风险损失。

【案情】

原告：邢立强，男，汉族，59岁，住吉林省长春市朝阳区。

被告：上海证券交易所。

法定代表人：张育军，该所总经理。

原告邢立强因与被告上海证券交易所（以下简称上交所）发生证券侵权纠纷，向上海市第一中级人民法院提起诉讼。

原告邢立强诉称：2005年11月22日，被告上交所在其网站及相关媒体发布《关于证券公司创设武钢权证有关事项的通知》（以下简称《创设通知》），该通知载明，经上交所同意，通知中国登记结算有限公司上海分公司在权证创设专用账户生成次日可交易的权证，该通知自2005年11月28日起施行。按此通知，创设权证最早上市时间应为2005年11月29日。但在2005年11月25日，上交所却提前三天发布公告，称已同意批准券商创设11.27亿份武钢认沽权证。该批创设的权证于2005年11月28日上市交易，该提前天量创设行为使原告持有115000份武钢认沽权证失去交易机会，由此而造成原告巨大亏损。上交所违规提前创设的行为是对投资者的欺诈，是造成投资者重大损失的直接原因，依法应当赔偿原告的损失。原告持有武钢认沽权证11500份，在2005年11月25日以涨停价1.86元收盘，因被告违规提前于11月28日创设，造成该权证连续跌停至1.09元，不仅导致原告至少一个涨停的一半的可得利益损失21390元（115000×1.86×10%），还导致原告直接损失88550元〔（1.86-1.09）×115000，即涨停收盘价减去连续跌停后的第一次卖出价之差再乘以持有的份额〕，同时在暴跌50%后又使原告间接损失20000元，故原告要求被告对上述损失予以全部赔偿，共计129940元（21390+88550+20000=129940），并以此笔损失资金为基础，被告还应赔偿原告在此轮大牛市的股资利息的至少六倍损失共计779640（129940×6），并且随着行情的发展，被告承担的赔偿额也应相应增加。被告的侵权行为使被告获取大量的利益，而原告为主张权利而付出的诉讼费、差旅费、误工费、邮寄费、复印费、取证费、鉴定费、律师费等费用均应由被告赔偿。基于以上事实和理由，原告请求：一、确认在2005年11月25日首次创设武钢认沽权证时上交所的提前创设行为是违法、违规、欺诈及操纵市场的过错行为，并且确认被告的过错行为与原告所受损失存在直接的因果关系，判令被告依法承担赔偿责任；二、判令被告依法赔偿原告因被告的过错行为导致原告持有的115000份武钢认沽权证突然失去卖出机会而造成的直接损失129940元；三、判令被告赔偿原告因第二项诉讼请求所判令的直接损失129940元的股资被被告占用所导致的直到本案执行前的行情经营损失779640元，同时确认该项损失数额随行情的发展而相应地增加；四、判令被告承担案件受理费、律师费、差旅费、误工费、邮寄费、复印费、取证费、鉴定费等一切诉讼费用。

原告邢立强提交了如下证据：

1. 被告上交所《关于证券公司创设武钢权证有关事项的通知》（2005年11月22日），用于证明该通知中第五项规定"有关事项施行日为11月28日，生成次日才可交易"。

2. 联合证券权证研究设计中心副主任裴晓岩《武钢权证创设制度首次推出的缺陷与公平问题》，用于证明有关舆论对上交所的创设权证制度提出质疑，表示该制度突如其来。

3. 上海证券报头版头条《10家券商昨创设武钢认沽权证，11.27亿份创设权证下周一抛向市场》，用于证明武钢认沽权证11月25日创设，11月28日交易，证明被告上交所违规提前创设权证。

4. 上海证券报头版头条《11.27亿份创设武钢认沽权证上市，券商跌停价抛出也有利可图》，用于证明券商11月28日就可以抛售武钢认沽权证，造成重大利空。

5. 武钢认沽权证（代码580999）自2005年11月23日上市起至12月末止的一小时K线图，

用于证明该权证的走势。

6. 原告邢立强的资金对账单,用于证明原告存在损失。

7. 原告邢立强武钢认沽权证持有变动记录,用于证明原告存在损失。

8. 中国证券登记结算有限责任公司上海分公司《证券交易记录查询申请表》,用于证明原告邢立强合法申请取得证据7。

9. 《中国证券报》报道《白云机场创设权证28日可上市》,用于证明被告上交所心虚,对首次上市日期进行解释,越描越黑。

10. 原告邢立强身份证复印件。

11. 原告邢立强上海证券交易所股票账户复印件。

12. 被告上交所基本信息。

13. 《第一财经日报》石仁坪文章《券商创设南航JTP1 获利或达150亿!》,用于证明被告上交所方面创设权证获得暴利。

14. 上海市高级人民法院《驳回再审申请通知书》(2007)沪高受监字第3号。

15. 最高人民法院的接待登记表的存根。证据14、15用于证明原告邢立强一直主张权利,产生了费用。

16. 《中国证券报》记者张翔文章《记者观察:权证不是好玩的》,用于证明记者认为提前创设与投资者损失的因果关系,与原告邢立强的诉请相互印证。

17. 《中国证券报》实习记者徐效鸿文章《武钢认沽权证:不会封跌停,博弈更惨烈》,用于证明当时市场认为武钢认沽权证不会封跌停,原告邢立强为保留证据购买了100份。

18. 中信证券股份有限公司关于注销武钢股份认股权证的公告,用于证明中信证券注销武钢认股权证违反常规,是烟雾弹,是怕股票上涨,股民要求行权,造成对原告邢立强的误导。

被告上交所辩称:原告邢立强是以被告侵犯其财产权为由提起的一般侵权诉讼,然而,本案被告制定权证创设规则并依之审核相关证券公司创立武钢权证申请之行为,属于面向整个权证市场、依法履行法定职责、具有普遍约束力的自律监管行为,而非针对原告而实施的具体行为。因此,原告诉称的被告的行为,不符合一般侵权

行为的构成要件,原告的侵权之诉不符合法律规定,依法应予以驳回。被告基于维护权证交易秩序、保护投资者权益之正当目的,按照相关规定审核创设人申请并无不当。原告的损失与诉争的被告行为之间,不存在因果关系,被告不应当承担民事赔偿责任。请求驳回原告的诉讼请求。

被告上交所提交了如下证据:

1. 《上海证券交易所权证管理暂行办法》(以下简称权证管理办法),用于证明被告上交所依法创设权证。

2. 《关于证券公司创设武钢权证有关事项的通知》,用于证明创设权证是面向整个权证市场、依法履行法定职责的自律监管行为。

3. 武钢集团2005年11月16日发布的《武钢股份控股股东关于公司人民币普通股股票之认购权证和认沽权证上市公告书》、2005年11月18日发布的《关于武汉钢铁(集团)公司认购权证、认沽权证上市的第二次提示性公告暨行权期调整的提示性公告》,用于证明武钢集团已经两次对投资者提示了权证创设的风险。

4. 合格机构名单及创设人清单、从事相关创新活动证券公司评审公告,用于证明截至2005年11月25日可以从事权证创设的合格机构为13家,其中10家在当日提出创设申请。权证创设是合格券商的自主行为。

5. 光大证券、海通证券、国信证券、广发证券、东海证券、中信证券、华泰证券、长江证券、国泰君安、国元证券2005年11月25日创设武钢JTP1权证的申请表、同日中登公司权证创设履约担保资金交收账户余额证明、同日创设权证业务通知单(创设第0001号-0010号),用于证明十家券商在11月25日自主提出创设武钢权证的申请,在11月28日之前十家券商在登记结算公司开设了账户提供了担保品,在创设申请中明确写明创设的权证的交易日期在11月28日。被告上交所依职权对十家券商的申请和保证进行了形式审核,通过后通知券商可以创设权证,被告的审核行为是面向整个市场、监管市场的行为,并不是针对原告邢立强的特定行为。

6. 十家券商关于创设武钢认沽权证的公告,用于证明十家券商对权证创设进行了程序披露,创设人对权证交易前进行了信息披露,明确

上市交易日期,投资者可以明确知道创设权证的交易日期。

7. 关于证券公司创设白云机场权证、包钢权证、邯钢权证、雅戈尔权证、海尔权证等有关事项的通知,用于证明权证创设三日后可以进行交易,是权证创设的惯例。

8. 2005年11月23日至25日三天武钢权证及武钢股份行情记录,用于证明2005年11月23日至25日武钢股份市场价格与武钢认沽权证相应价格,武钢认沽权证在这三天内被疯炒严重背离内在价值。原告邢立强在明知此种情况下仍大量买入武钢认沽权证,对由此造成的风险应自行承担。

9. 原告邢立强签署的风险揭示书,用于证明原告对权证交易的六大风险是明知的,被告上交所已经尽到提示义务。

10. 相关权证创设量与原告邢立强盈亏对照表,用于证明原告买卖权证有十多种,既有认沽权证也有认购权证,且买卖金额较大,说明原告是高风险偏好的投资者。权证创设量大,原告盈利大的情况也存在,创设量大,原告亏损小的情况也存在。说明盈亏与权证创设量大小没有必然关系。

11. 香港《证券及期货条例》,用于证明自律监管行为的绝对豁免原则是国际惯例。

上海市第一中级人民法院依法组织了质证。

对于原告邢立强提交的证据,被告上交所认为:证据1证明了被告依法对权证创设的主体和程序作出了规定,并不能证明被告的监管行为构成侵权,通知中规定的"施行"就是实施,就是可以交易。对证据2-4、证据9、证据13、证据16、证据17的合法性和关联性有异议,上述文章均是作者个人意见,作者个人对于权证创设制度的评论,不符合证据合法性的要求,不能作为证据;同时,媒体意见不是客观事实的反映,与本案无关,不能证明被告的监管行为构成侵权,也不能证明原告的损失与被告的行为有直接的因果关系。此外,证据9的报道内容正好证明股改派送权证上市交易三天后,创设权证即可交易是创设权证的交易惯例。对证据5的关联性有异议,K线图本身不能证明原告的盈亏,也不能证明原告诉请的金额;K线图本身仅证明原告没有机会卖

出武钢认沽权证,并不能证明原告的损失与被告的监管行为有直接的因果关系。对证据6、证据7的关联性有异议,对账单、变动记录本身不能证明原告诉请的金额,也不能证明原告的损失,其盈亏没有经过专业机构审计;此外,对账单、变动记录显示原告在2005年11月30日还有买入武钢认沽权证的记录,证明原告在创设权证上市交易后对于武钢认沽权证的判断是继续看涨,证明原告权证交易的盈亏完全取决于原告的个人判断,其损失亦由自身的买卖行为导致,与被告的行为无关。对证据8的关联性有异议。证据10、证据11是原告的个人信息不能作为本案证据。证据12,被告的基本信息已经更新。对证据14、证据15的关联性有异议,这两份证据与本案所审理的实体内容无关。对证据的18关联性有异议,与本案无关,不能证明被告的监管行为构成侵权,也不能证明原告的损失与被告行为有直接的因果关系。

对于被告上交所提交的证据,原告邢立强认为,对证据1的关联性有异议,原告对被告创设权证的依据没有异议,原告认为被告提前创设权证存在侵权。对证据2的关联性有异议,被告提出创设行为是针对整个市场的,但与原告提出的提前创设权证侵权无关。对证据3公告没有异议,原告作为投资者知道风险,但对被告的提前创设权证行为是无法预知的。对证据4-6十家券商的创设权证资格没有异议,部分券商的申请表中有提到11月28日权证交易日期,但被告不能以此推翻提前创设权证的责任,因为这些申请表是内部申报的,普通投资者是不可能知道的,这种方式也不是披露。11月25日是星期五、26、27日是双休日,28日星期一才开市交易,25日的申请,28日就上市交易,普通投资者无法进行调整,也不能认定是正常的披露。对证据7有异议,武钢权证是第一只发行的权证,不能以之后发行的权证操作行为来认定被告提前创设就是惯例。对证据8有异议,这三天的武钢认沽权证价值并没有背离价值,该份证据也无法证实该事实。对证据9本身没有异议,原告知道权证交易的风险,进行权证交易必须要签风险揭示书,这个风险揭示书与本案的权证风险没有关系。对证据10的合法性有异议,原告的账户中其他权

证交易与本案没有关系,权证创设量与原告的盈亏没有关系,原告起诉并不是针对权证创设量而是针对被告提前创设权证的行为。对证据11有异议,但根据香港《证券及期货条例》第二十一条,交易所并不存在豁免权。

上海市第一中级人民法院认证如下:对于原告邢立强提供的证据,其中证据10-12系本案原告、被告上交所的身份或单位信息资料,法院已对此进行过审核,与争议事实无关,无须作为证据使用。对于证据2-4、证据9、证据13、证据16、证据17,系有关媒体对系争权证创设事件的相关报道和评论,与本案争议事实存在一定关联性,可作为本案证据采纳,被告对这些证据的合法性和关联性提出异议的理由不能成立,不予采信。对于其他证据,被告未对其真实性提出异议,法院作为本案证据予以采纳,是否能够证明原告主张,法院将结合本案其他证据一并予以认定。对于被告提供的证据,鉴于原告对这些证据的真实性均无异议,仅对证据的证明力提出反驳,法院将被告提供的证据作为本案证据采纳,能否证明被告主张的事实,将结合本案其他证据一并予以认定。

上海市第一中级人民法院一审查明:

2005年11月16日,武汉钢铁(集团)公司(以下简称武钢集团)发布《关于武汉钢铁股份有限公司人民币普通股股票认购权证和认沽权证上市公告书》(以下简称武钢权证上市公告书),其中关于认沽权证的发行,公告称,本次发行备兑认沽权证47400万份,认沽权证交易代码"580999",权证交易简称"武钢JTP1",权证存续期间为2005年11月23日至2006年11月22日,权证行权日为2006年11月16日至2006年11月22日,上市时间为2006年11月23日,标的证券代码"600005",标的证券简称"武钢股份",行权价为3.13元,行权比例为1:1,结算方式为股票给付方式。

截至2005年11月25日,经中国证券业协会评审,中信证券等13家证券公司取得从事相关创新活动的试点资格。2005年11月21日,被告上交所发布《关于证券公司创设武钢权证有关事项的通知》,通知称,取得中国证券业协会创新活动试点的证券公司(以下简称创设人)可按照本通知的规定创设权证,创设人创设的权证应与武钢认购或认沽权证相同,并使用同一交易代码和行权代码。创设认沽权证的创设人应在中国登记结算有限责任公司上海分公司(以下简称中国结算上海分公司)开设权证创设专用账户和履约担保资金专用账户,并在履约担保资金专用账户全额存放现金,用于行权履约担保。创设人应将上述账户报上交所备案。创始人向上交所申请创设权证的,应提供中国结算上海分公司出具的其已提供行权履约担保的证明,经上交所审核同意,通知中国结算上海分公司在权证创设专用账户生成次日可交易的权证。权证创设后,创设人可向上交所申请注销权证,创设人每日申请创设或注销权证不得超过一次,每次创设或注销数量均不低于100万份。该通知自2005年11月28日起施行。2005年11月25日,被告上交所审核批准光大证券、海通证券、国信证券、广发证券、东海证券、中信证券、华泰证券、长江证券、国泰君安证券、国元证券等十家券商创设武钢认沽权证的申请,总计创设武钢认沽权证共11.27亿份,定于2008年11月28日上市。2005年11月26日,十家券商在《证券时报》披露了上述创设权证的信息,《上海证券报》等媒体进行了相关报道。

武钢权证上市后,原告邢立强在2005年11月24日、25日分别买入武钢认沽权证73100份(1.51元/份)、13100份(1.688元/份)、28600份(1.767元/份)、200份(1.806元/份),累计买入武钢认沽权证115000份。创设权证上市后,同年11月30日,原告又买入武钢认沽权证100份,每份1.09元。至此,原告共计持有武钢认沽权证115100份,平均买入成本价为1.604元/份。2005年12月5日,原告卖出全部武钢认沽权证115100份,成交价为1.09元/份。此后,原告在武钢权证存续期间,又多次买入和卖出。另查明,原告除持有武钢认沽权证外,还对包钢、武钢、邯钢认购权证以及包钢认沽权证进行过多次交易,互有盈亏。

本案一审的争议焦点是:一、原告邢立强作为投资者因投资权证产生损失以上交所作为被告提起侵权之诉是否具有可诉性;二、原告投资权证产生的损失与被告的监管行为是否存在法律上的因果关系,被告是否应当赔偿原告的交易损失。

【审判】

上海市第一中级人民法院一审认为:

一、关于本案的可诉性问题。

权证产品系证券衍生产品,根据修订后的《中华人民共和国证券法》(以下简称证券法)第二条第三款的规定,证券衍生产品的发行、交易的管理办法,由国务院依照证券法的原则规定。依此规定,权证的发行和交易行为可纳入证券法的调整范围。证券法对证券交易所的性质和地位作了明确规定,根据证券法第一百零二条第一款的规定,证券交易所是为证券集中交易提供场所和设施,组织和监督证券交易,实行自律管理的法人。根据证券法第一百一十条的规定,进入证券交易所参与集中交易的,必须是证券交易所的会员。权证交易亦属于证券交易,亦应在证券交易所内进行。鉴于普通投资者系通过交易所会员进场交易,投资者与交易所之间不存在直接的交易合同关系,交易所仅仅为交易提供平台和中介服务,因交易发生损失,交易所对投资者不承担契约上的义务。本案原告邢立强并非提起违约之诉,而是以被告上交所的审核券商创设权证违规为由提起的侵权之诉,根据《中华人民共和国民法通则》(以下简称民法通则)第一百零六条第二款的规定,原告提起侵权之诉不受主体限制,人民法院可以受理。相对于民法通则而言,证券法系特别法,证券法中关于侵权行为的规定应当优先适用,证券法没有规定的,可以适用一般民法关于民事侵权的规定。关于权证产品的发行和交易,目前尚未有单行法律和行政法规出台,只有上交所根据证券法和证监会的授权制订的业务规则即权证管理办法对权证的发行、交易等进行业务规范。而本案涉及的权证创设问题,也仅有权证管理办法第二十九条作了授权性规定,即对于已上市交易的权证,上交所可以允许合格机构创设同种权证。具体的权证创设规则也是由交易所根据权证管理办法的规定在某一具体的权证产品的上市公告中予以确定。因此,权证创设行为系证券交易所根据国务院证券监管部门批准的业务规则作出的履行自律监管行为,该行为如违反法律规定和业务规则,相关受众主体可以对交易所提起民事诉讼。根据以上分析,被告认为本案原告针对交易所的自律监管行为提起的诉讼不具可诉性的辩称,没有法律依据,不予采信。

二、关于原告邢立强的交易损失与被告上交所的监管行为之间的因果关系问题。

原告邢立强认为,被告上交所在审核武钢认沽权证时存在违规、欺诈行为,具体表现在未按公告时间创设权证、创设权证严重超量等方面,这些行为直接导致了原告的交易损失,应当由被告进行赔偿。对此,法院认为,被告上交所系根据权证管理办法第二十九条的规定,审核合格券商创设武钢权证,该审核行为符合业务规则的具体要求,是被告履行证券法赋予其自律监管职能的行为,具有合法性。根据权证管理办法的有关权证发行的规定,具有权证创设资格、开设创设专用账户且提供履约担保资金的证券公司,在其认为权证价格高估时,可以创设权证,并在市场上卖出,增加权证的供给;在权证价格回归价值时,可以回购并注销权证,释放履约担保金。根据上述业务规程,被告在武钢权证上市前,就已经要求发行人在 2005 年 11 月 18 日发布的公告中对有关创设权证对权证交易价格可能造成的影响予以特别提示。在 2005 年 11 月 21 日,武钢权证上市前两天,被告发布了关于证券公司创设武钢权证有关事项的通知,对权证创设的主体和相关程序进行了规定。2005 年 11 月 25 日,申请创设武钢权证的券商完成了相关创设登记及担保手续,被告审核后向中国结算上海分公司发出了创设权证业务通知单,同意创设人在权证创设专用账户生成次日可交易的权证。同年 11 月 26 日,创设人对创设权证事项进行了披露,明确公布所创设的权证将于 11 月 28 日起上市交易。从上述权证创设的过程来看,被告履行了相关监管义务,其行为并无不当。虽然被告在创设权证的通知中载明"该通知自 2005 年 11 月 28 日实施",但该表述并不表明创设权证只能在该日后即 11 月 29 日才能上市,该实施日即为上市日,故只要在 11 月 28 日前权证创设的相关手续完成,创设的权证即可上市交易。被告的上述审核行为符合权证创设的惯例,亦未违反业务规则的规定。原告认为被告允许十家券商提前创设武权证,没有事实依据,法院难以采信。

对权证交易进行监督和管理,是证券法赋予易所的一项职能。在武钢认沽权证上市后,投者对该权证进行了非理性的投机炒作,使得该证严重背离内在价值。被告上交所为抑制这种度炒作行为的继续,及时审核创设人创设权证,通过增加权证供应量的手段平抑权证价格,其目的在于维护权证交易的正常秩序,作为市场的监者,其核准创设权证的行为系针对特定产品的交易异常所采取的监管措施。该行为主观上并非于恶意,行为本身也并非针对特定投资者,而是对权证交易活动本身作出的普遍监管行为,是交易所的职责所在。就创设权证审核行为而言,被告的行为不符合侵权行为的基本要件,原告邢立强主张被告侵犯其民事权利,依据不足。

原告邢立强认为,被告上交所核准券商超量设权证亦是造成原告交易损失的直接原因。对此,法院认为,证券交易所作为证券市场的一线监管者行使监管职能,必然会对相对人和社会产生一定的影响和效应。创设权证制度在我国属于一项金融创新制度,是基于股权分置改革的总体要求.结合股改权证的运行特点,借鉴成熟市场的类似做法产生的一种市场化的供求平衡机制。鉴于这项制度仍处于探索阶段,故在创设程序、创设品种、创设数量等方面尚无规范可循,在具体实施时创设人可以根据发行权证的具体情况自由决定实施方案,交易所仅对其资格和上市程序进行审查。对于创设权证的具体规模,业务规则本身亦无限制。虽然涉案认沽权证的创设量远远超出了最初的发行量,但权证管理办法对此并无禁止性规定,只能根据具体权证产品的交易情况和特点予以确定适当的数量,以达到供求平衡。本案中,原告在武钢认沽权证交易中的损失,虽与券商创设权证增加供给量存在关联,但在被告事先已履行必要的信息披露和风险揭示的情况下,原告仍然不顾风险贸然入市,由此造成的交易风险与被告履行市场监管行为不存在必然的、直接的因果关系,故原告要求被告赔偿权证交易差价损失和可得利益损失,没有法律依据,不予支持。

综上,原告邢立强对被告上交所提起侵权损害赔偿的请求,没有事实和法律上的依据,法院不予支持,原告应自行承担权证交易的风险损失。据此,上海市第一中级人民法院依照民法通则第一百零六条第二款的规定,于2008年12月24日判决如下:

驳回原告邢立强的全部诉讼请求。

本案案件受理费人民币12896元,由原告邢立强负担。

邢立强不服一审判决,向上海市高级人民法院提起上诉。因邢立强未按规定预交上诉费,上海市高级人民法院于2009年5月26日作出裁定:本案按自动撤回上诉处理。

一审判决已发生法律效力。

3. 范有孚与银建期货经纪有限责任公司天津营业部期货交易合同纠纷再审案①

【裁判摘要】

根据《期货交易管理条例》第三十八条第二款的规定,期货公司采取强行平仓措施必须具备三个前提条件:一是客户保证金不足;二是客户没有按照要求及时追加保证金;三是客户没有及时自行平仓。期货公司违反上述规定和合同约定强行平仓,导致客户遭受损害的,应依法承担相应的责任。

附:最高人民法院民事判决书(2010)民提字第111号

申请再审人(一审被告,二审上诉人):银建期货经纪有限责任公司天津营业部。

负责人:韩兵,该公司经理。

委托代理人:于学会,北京市众天律师事务所律师。

委托代理人:詹敏,北京市中咨律师事务所律师。

被申请人(一审原告,二审上诉人):范有孚。

委托代理人:李玲,北京市汉韬律师事务所

---

① 案例来源:《最高人民法院公报》2011年第6期。

律师。

委托代理人：申利，北京市汉韬律师事务所律师。

申请再审人银建期货经纪有限责任公司天津营业部（以下简称天津营业部）为与范有孚期货交易合同纠纷一案，不服天津市高级人民法院(2009)津高民二终字第0028号民事判决，向本院申请再审。本院以(2010)民申字第147号民事裁定提审本案并依法组成由审判员贾纬担任审判长，代理审判员沙玲、周伦军参加的合议庭进行了审理，书记员赵穗军担任记录。本案现已审理终结。

2008年4月7日，范有孚向天津市第一中级人民法院提起诉讼称，根据合同约定和《期货交易管理条例》规定，天津营业部强行平仓损害了其权益，请求判令天津营业部赔偿其损失9027085.66元并承担诉讼费用。

天津市第一中级人民法院一审查明：2007年3月5日，范有孚与天津营业部签订期货经纪合同及其补充1、2配套协议，委托天津营业部按照交易指令为范有孚进行期货交易。该合同第六条约定："天津营业部有权根据期货交易所的规定或者按照市场情况随时自行通知保证金比例。天津营业部调整保证金、以天津营业部发出的调整保证金公告或者调整为准。"第七条约定："天津营业部有权根据自己的判断，随时对范有孚单独提高保证金比例。在此种情形下，提高保证金通知单独对范有孚发出。"第八条约定："范有孚在下达新的交易指令前或者在其持仓过程中，应随时关注自己的持仓，保证金和权益变化。"第十条约定："范有孚因交易亏损或者其他原因，其风险率小于100%时，天津营业部停止接受范有孚下达的开仓指令，并按照本合同约定的方式向范有孚发出追加保证金的通知，范有孚应当在下一交易日开市前及时追加保证金或者立即采取减仓措施，否则，天津营业部有权在事先不通知范有孚的情况下，对范有孚的部分或者全部未平仓合约强行平仓，最高可至范有孚的风险率大于100%。范有孚应承担强行平仓的手续费及由此发生的损失。"第十一条约定："范有孚在不能及时追加保证金情况下应自行采取减仓措施以符合天津营业部的保证金要求，尽量避免由天津营

业部执行强行平仓措施。范有孚不得以天津营业部强行平仓的时机、价位和数量不佳为由向天津营业部主张权益。"第十四条约定："天津营业部在每一交易日闭市后向范有孚发出每日交易结算单、调整保证金通知、追加保证金通知等通知事项……"

合同签订后，2007年12月24日前，范有孚持有Cu0802合约33手、Cu0803合约369手、Cu0804合约10手。2007年12月24日，范有孚根据天津营业部的通知，自行平仓大豆270手达到天津营业部要求的保证金水平。天津营业部在15时收市后，于18时50分通知范有孚加保证金。范有孚于2007年12月25日13时48分存入保证金150万元。2007年12月25日8时59分，天津营业部在集合竞价时对范有孚持空仓合约412手强行平仓，其平仓价位分别为Cu0802合约33手62390元/吨，Cu0803合约369手61250元/吨、Cu0804合约10手60840元/吨。当日，收盘价格分别为Cu0802合约58850元/吨、Cu0803合约57970元/吨、Cu0804合约58050元/吨。按照强行平仓价格与当日收盘价格的差价计算，范有孚持有Cu0802合约33手的差价损失为471900元、Cu0803合约369手的差价损失为6051600元、Cu0804合约10手的差价损失为139500元，共计损失为6663000元。

天津市第一中级人民法院认为，范有孚与天津营业部于2007年3月5日签订的期货经纪合同及补充协议，未违反有关法律规定，合法有效，双方当事人均应依约全面履行合同约定的权利义务。期货交易具有高风险特征，在本案中，范有孚作为天津营业部的期货交易客户，天津营业部在《开户申请书》、《期货交易风险说明书》中均给范有孚进行了风险提示，并经范有孚签字确认；同时在双方签订的期货经纪合同的第三条中对在交易中可能出现的风险及造成的后果也做了明确的约定，范有孚作为交易客户，在持仓过程中，应随时关注自己的持仓保证金及权益的变化，预见风险加大有可能造成强行平仓的后果时，应主动追加保证金或主动减仓，以避免损失的发生。因此范有孚应承担相应的责任。天津营业部作为交易场所，对期货市场风险具有监管的责任，应就交易中有可能或已经出现的风险，

对客户进行提示并应在合理的时间内通知客户追加保证金。本案中,天津营业部虽然依据期货交易的相关规定及双方约定,向范有孚发送了追加保证金的通知,但因其未能提供给范有孚追加保证金的合理时间,以致造成范有孚强行平仓的损失,对此天津营业部应承担相应赔偿责任。范有孚的实际损失应以33手Cu0802合约强行平仓价与当日收盘价的差价471900元、369手Cu0803合约差价6051600元、10手Cu0804合约差价139500元为损失依据,共计损失6663000元。范有孚诉讼请求以2007年12月28日的最低价格为据计算损失9027085.66元的事实依据不足。天津营业部以强行平仓行为符合有关法律规定,不赔偿范有孚经济损失的抗辩理由,法律依据不足,不予支持。据此,对范有孚造成的损失,双方应共同承担责任。综上,该院依据《中华人民共和国合同法》第一百二十条,最高人民法院《关于审理期货纠纷案件若干问题的规定》第三十九条的规定,判决:一、天津营业部于该判决生效后十日内赔偿范有孚经济损失6663000元的60%,计3997800元。二、驳回范有孚其他诉讼请求。一审案件受理费74989元,范有孚负担44993.4元,天津营业部负担29995.6元。

天津营业部和范有孚均不服天津市第一中级人民法院的一审判决,向天津市高级人民法院提起上诉。范有孚上诉称:一审判决认定事实不清,析责失当,应依法改判。一、一审判决书认定事实不清。1.已有证据充分证明,2007年12月24日下午2时余,天津营业部经理王建玲分别以口头和书面通知范有孚,因其保证金不足,需追加保证金或自行平仓铜合约65手。范有孚当即采取了自行平仓的措施,挂单平仓铜合约65手,天津营业部亦擅自重复为范有孚挂单铜约65手,共计130手。因市场原因未平出去,范有孚按天津营业部要求自行平仓大豆合约270手,已达到天津营业部要求的保证金水平。同时范有孚按照合同约定,以支票的方式向天津营业部支付保证金,但遭拒绝。2.一审判决认为范有孚于2007年12月25日13时48分存入保证金150万元,与事实不符。2007年12月25日上午9时许,范有孚就将资金即时到账的银行资金卡按惯例交给天津营业部支付保证金,而天津营业部拖至下午才转到公司自己的账上,实际范有孚上午9时许就支付了保证金。3.天津营业部没有按照合同第十条规定的时间,前后如一地通知范有孚追加保证金,24日天津营业部经理工建玲分别以口头和书面通知,而第二次提高保证金后,通知追加保证金的时间既不合理又严重违反了合同的规定。4.一审判决书在损失的计算及责任的分担方面计算有误。二、一审判决书析责失当。一审判决书判定天津营业部承担60%的责任,范有孚承担40%的责任,确为失当。此案是由于天津营业部严重违反合同,肆意侵害范有孚追加支付保证金、自行平仓之权利而造成。范有孚按照合同支付保证金并按照合同采取减仓措施,而天津营业部却滥施平仓之为,依法应当承担全部的责任,即赔偿范有孚经济损失9027085.66元。二审诉讼中,范有孚又变更其诉讼请求,要求判决天津营业部赔偿其平仓损失13066500元。范有孚请求:1.撤销一审判决,改判天津营业部赔偿范有孚经济损失9027085.66元;2.本案一、二审案件受理费均由天津营业部承担。针对范有孚的上诉理由和请求,天津营业部答辩称:天津营业部强行平仓的行为符合双方合同约定。由于2007年12月24日收盘时,范有孚所持仓的铜合约出现涨停板,市场发生变化,使范有孚保证金不足。因该公司只允许从登记的结算账户中支付保证金,范有孚于25日向天津营业部提交单位支票支付保证金被拒绝。因此,范有孚账户损失应由其自己负责。

天津营业部上诉称:一审法院认可双方签署的《期货经纪合同》及补充协议合法有效。该《期货经纪合同》第十条约定:范有孚因交易亏损或其他原因,其风险率小于100%时,天津营业部停止接受范有孚下达的开仓指令,并按照本合同约定的方式向范有孚发出追加保证金的通知。范有孚应当在下一交易日开市前及时追加保证金或者立即采取减仓措施,否则,天津营业部有权在事先不通知范有孚的情况下,对范有孚的部分或者全部未平仓合约强行平仓,最高可至范有孚的风险率大于100%。范有孚应承担强行平仓的手续费及由此发生的损失。最高人民法院《关于审理期货纠纷案件若干问题的规定》第三十六条第二款规定:"客户的交易保证金不足,又未能按期货经纪合同约定的时间追加保证金的,按期货经纪合同的约定处理;约定不明确的,期货公司有权就其未平仓的期货合约强行平仓,强行平仓造成的损失,由客户承担。"本案天津营业部对范有孚执行强行平仓完全符合上述合同约定及司法解释的规定,因此,强行平仓的行为应为合法有效,由此造成的损失,理应由范有孚承担。其次,范有孚的账户损失是因其交易方向错误,无法及时追加保证金遭遇的市场风险,并非天津营业部未能提供追加保证金的合理时间所致。2007年12月24日收盘后,天津营业部向范有孚发出强行平仓通知书,要求范有孚在第二日开盘前追加保证金1336万元,否则,将对范有孚的持仓予以全部或部分平仓。如果范有孚在25日的9时30分前后将资金追加到位,而在此之前天津营业部已将其账户合约强行平仓,则范有孚可以指责天津营业部未给其提供合理的追加保证金时间。而事实是,12月25日,范有孚已经无力按天津营业部要求追加保证金,到下午13时48分才追加到账150万元,其到账时间及金额均与天津营业部追加保证金通知的要求相差甚远。因此,范有孚的账户损失与天津营业部是否提供合理的追加保证金时间根本无关。综上,一审判决认定的事实及适用法律有误,应予撤销。请求:撤销一审判决,依法改判驳回范有孚的诉讼请求。针对天津营业部的上诉理由和请求范有孚答辩称,天津营业部的上诉理由不成立,应驳回其上诉请求。天津营业部擅自大幅度提高保证金,不合常规地强行平仓412手铜合约,应对范有孚损失承担全部赔偿责任。

天津市高级人民法院除确认一审法院查明的事实以外,另查明:2007年12月25日,天津营业部将保证金比例提高到16.5%。天津营业部向范有孚出具的2007年12月25日范有孚《交易结算单》成交记录显示,平仓盈亏为:-13066500元。

天津市高级人民法院二审认为,本案争议的焦点为天津营业部对范有孚因强行平仓所造成的损失是否承担赔偿责任,承担何种赔偿责任;强行平仓损失的计算标准如何确定。

关于天津营业部对范有孚因强行平仓所造成的损失是否承担赔偿责任,承担何种赔偿责任的问题。该院认为,保证金制度是期货交易风险控制的重要组成部分,是期货市场稳定和健康发展的前提。保证金的数额是由期货交易管理机构根据期货交易的实际状况作相应的调整。任期货交易所或期货公司应当给予客户合理追加保证金的时间。本案天津营业部在2007年12月24日15时收盘后,于18时50分通知范有孚追加保证金1336万元。2007年12月25日8时59分,天津营业部在集合竞价时即强行平仓范有孚持有铜合约412手,该行为使范有孚持仓虚亏变为实亏,而该期间范有孚根本无法将追加的保证金交到天津营业部账户上。特别是2007年12月24日范有孚根据天津营业部的通知自行平仓,已达到天津营业部要求的保证金水平,其已尽到注意义务。当日收盘后的18时50分,期货公司又大幅度提高了保证金比例达到16.5%,对此突变情形,天津营业部也未向范有孚特别告知,从而使范有孚失去对追加保证金数额的合理预期。为了保护客户的利益,由此造成的损失应由天津营业部承担。虽然双方签订的期货经纪合同及补充协议第十条约定:范有孚因交易亏损或其他原因,其风险率小于100%时,天津营业部按照合同约定的方式向范有孚发出追加保证金的通知。范有孚应当在下一交易日开市前及时追加保证金或者立即采取减仓措施,否则,天津营业部有权在事先不通知范有孚的情况下,对范有孚的部分或者全部未平仓合约强行平仓,最高可至范有孚的风险率大于100%。范有孚应承担强行平仓的手续费及由此发生的损失。但上述合同并未就追加保证金的合理时间进行约定,天津营业部挂单强平时银行尚未营业,显属未给予范有孚追加保证金的合理时间。对此,范有孚并无过错,天津营业部的强平行为与范有孚损失具有直接的因果关系,其应承担相应的赔偿责任。关于天津营业部以范有孚并未在2007年12月25日9点30分前后将资金追加到位,到下午13时48分才到账150万元,其到账时间及金额与天津营业部追加保证金通知的要求相差甚远,因此,范有孚的账户损失与天津营业部是否提供合理的追加保证金时间无关的主张,因天津营业部于2007年12月25日期货市场开盘前已挂单强平范有孚412手铜合约,相应的损失已经发生,故此后范有孚是否追加保证金与该损失并无法律上的因果关系，该院对天津营业部的主张不予支持。

关于按照何种标准计算强行平仓损失的问题。对于强行平仓损失的计算标准，我国法律及其行政法规并无相应的规定。根据天津营业部向范有孚出具的2007年12月25日范有孚《交易结算单》反映的内容，范有孚一审诉讼中主张的9027085.66元确属强平损失，应予支持。综上，一审判决认定事实清楚，但适用法律不当，应予纠正。依照《中华人民共和国民事诉讼法》第一百五十三条第一款第(二)项之规定，该院判决：一、撤销天津市第一中级人民法院(2008)一中民二初字第61号民事判决；二、天津营业部于该判决生效后十日内赔偿范有孚经济损失9027085.66元。如未按该判决规定的期间履行给付金钱义务，应当按照《中华人民共和国民事诉讼法》第二百二十九条的规定，加倍支付迟延履行期间的债务利息。一审案件受理费人民币74989元，二审案件受理费人民币74990元，由天津营业部负担。

天津营业部不服天津市高级人民法院二审判决，向本院申请再审称：(一)二审判决适用法律错误。二审判决书认为天津营业部应当在强行平仓前给予客户合理追加保证金的时间，该认定没有法律依据，属于法律适用错误。根据双方《期货经纪合同》第十条约定，只要天津营业部按照约定向范有孚发出追加保证金通知，而范有孚没有在第二日开盘前及时追加保证金或者立即采取减仓措施，天津营业部就有权对范有孚的持仓合约强行平仓。一审判决书却认为："上述合同未就追加保证金的合理时间进行约定。"就是说二审判决书不认可双方上述合同的约定。(二)二审判决认定的基本事实没有证据支持。前一日收盘后，天津营业部向范有孚发出追加保证金通知，要求范有孚在第二日开盘前追加保证金1300余万元；第二日开盘时，范有孚没有追加保证金，也没有自行平仓的指令，天津营业部在开盘后强行平仓部分合约412手；下午13时38分，范有孚追加150万元到账户。无论从到账时间还是到账金额都是"不合理"的。因此，二审判决认定天津营业部的过错是不成立的。(三)损失计算有误。2007年12月25日，范有孚《交易

结算单》上显示范有孚平仓盈亏为-1300余万元，这是范有孚的平仓合约从建仓起到平仓止的全部盈亏，这是由于范有孚选择买卖方向错误造成的投资亏损。并非天津营业部强行平仓给其造成的损失。天津营业部8时59分强行平仓，如果范有孚的资金在9时30分前到账，范有孚可以要求天津营业部立即为其恢复持仓或自己下单恢复持仓。这时强行平仓与重新恢复建仓之间产生的差价，就是天津营业部"过错"给范有孚造成的实际损失；由于范有孚没有在"合理"时间内追加保证金，其账户就不存在恢复持仓合约的问题，天津营业部的过错也就没有相应的后果。因此，按照二审判决书认定的责任，天津营业部的过错并未给范有孚账户造成实际的损失。综上，请求撤销二审判决，改判驳回范有孚的全部诉讼请求，并由其承担本案全部诉讼费用。

被申请人范有孚答辩称：(一)二审判决于法有据，应依法予以维持。(二)天津营业部的申诉不符合事实、证据和法律，应当依法予以驳回。首先，天津营业部擅自大幅度提高保证金的比例缺乏依据，且其通知范有孚追加保证金的时间不合理。其次，天津营业部的强平时间不合理且违规，剥夺了答辩人自行减仓的权利，其平仓行为不仅超量，平仓顺序也不符合惯例和规定。(三)应当依法对天津营业部惯用的暗箱操作进行彻查。请求驳回申诉，维持原二审判决。

本院再审期间另查明：2007年12月21日(周五)，上海期货交易所Cu0802、Cu0803、Cu0804合约的保证金比例均为7%；天津营业部保证金比例均为9.5%。12月24日，Cu0802合约出现第一个涨停板，Cu0803合约、Cu0804合约出现第二个涨停板。当日收市后，上海期货交易所交易发布公告称：今日Cu0803、Cu0804合约出现第2个涨停板，按交易规则，下一交易日上述合约涨/跌停板幅度调整为6%，交易保证金比例调整为9%；Cu0802合约出现第1个涨停板，下一交易日上述合约涨/跌停板幅度调整为5%，交易保证金比例仍为7%。据此，24日收市后天津营业部将Cu0802合约的保证金比例调整为14.5%，Cu0803、Cu0804合约的保证金比例调整为16.5%。25日收市，Cu0803、Cu0804合约未出现第3个涨停板，上海期货交易所将两合约保

证金比例调整为6.5%；Cu0802合约未出现第2个涨停板，上海期货交易所该合约保证金比例仍为7%。天津营业部则将Cu0803、Cu0804合约保证金比例调整为9%，将Cu0802合约保证金比例调整为9.5%。

范有孚在Cu0802、Cu0803、Cu0804合约开空仓的时间、价格及合约当日收盘价格如下：Cu0802合约，2007年12月20日开仓33手，开仓均价为55659.09元，当日收盘价为56020元。Cu0803合约，同年11月23日开仓15手，开仓均价为54412.67元，当日收盘价为55500元；11月26日开仓22手，开仓均价为55369.09元，当日收盘价为54620元；11月27日开仓35手，开仓均价为54051.43元，当日收盘价为54300元；11月28日开仓22手，开仓均价为54533.18元，当日收盘价为55500元；11月29日开仓25手，开仓均价为56467.60元，当日收盘价为57040元；11月30日开仓4手，开仓均价为56965.00元，当日收盘价为57880元；12月4日开仓60手，开仓均价为55913.50元，当日收盘价为55690元；12月5日开仓50手，开仓均价为55428.40元，当日收盘价为56930元；12月6日开仓31手，开仓均价为56577.74元，当日收盘价为56300元；12月10日开仓19手，开仓均价为5677420元，当日收盘价为56900元；12月14日开仓5手，开仓均价为53820.00元，当日收盘价为54120元；12月17日开仓8手，开仓均价为54345.00元，当日收盘价为53950元；12月18日开仓73手，开仓均价为52641.92元，当日收盘价为52410元。Cu0804合约，12月13日开仓9手，开仓均价为54628.89元，当日收盘价为54990元；12月17日开仓1手，开仓均价为54850.00元，当日收盘价为54000元。以上，范有孚33手Cu0802、396手Cu0803、10手Cu0804合约开空仓卖价均价分别为55659.09元、54860.78元、54651元。

天津营业部提供的12月24日范有孚交易结算单，显示："当日结存：15342772.36元；浮动盈亏：-7733100.00元；客户权益：7609672.36元；保证金占用：20968191.75元；可用资金：-13358519.39元；风险度：36.29%；追加保证金：13358519.39元。Cu0802、Cu0803、Cu0804三张合约24日结算价分别为：59690元、58330元、58630元。"该交易结算单是天津营业部在24日收市后，按照下一交易日Cu0802保证金比例调整为14.5%，Cu0803、Cu0804调整为16.5%计算得出的。如果24日保证金比例均按照9.5%计算，则范有孚资金账户当日结存24124957.86元；浮动盈亏为－7733100.00元；客户权益16391857.86元；保证金占用12186006.25元；风险度为74.34%。

12月25日8时55分，天津营业部将范有孚所持412手空仓合约以涨停价格强行平仓挂单。如此，Cu0802合约则是第2个涨停价，Cu0803、Cu0804合约已是第3个涨停价。集合竞价期间，三张合约412手全部以非涨停价格成交，成交价格为一审查明的价格。Cu0802、Cu0803、Cu0804合约分别于2008年2月15日、3月15日和4月15日到期，交割价分别为63660元、66810元和64200元。

范有孚与天津营业部签订的期货经纪合同第二十八条约定，"如期货公司强行平仓不符合约定条件，天津营业部应当恢复被强行平仓的头寸，并赔偿由此造成的直接损失"。

本院再审认为，本案当事人之间签订的期货经纪合同第六条、第七条、第十条、第十一条和第十四条约定了保证金比例及追加、强行平仓实施条件等风险控制内容。同时，国务院《期货交易管理条例》第二十九条、第三十八条，本院《关于审理期货纠纷案件若干问题的规定》第三十六条、第四十条对维持保证金标准以及合法依约强行平仓均作出了明确规定。故范有孚依据双方合同和《期货交易管理条例》等法律规定认为天津营业部强行平仓行为不当、侵犯其合法权益提起的民事赔偿之诉，是合同责任与侵权责任竞合之诉。双方当事人于本案争议的焦点为天津营业部强行平仓是否存在过错及应否承担民事责任、范有孚的损失构成和天津营业部的责任范围。

（一）关于天津营业部强行平仓是否存在过错及应否承担民事责任。

强行平仓是法律规定与合同约定的，当客户账户保证金不足且未按要求追加，客户也未自行平仓的前提下，则期货公司为控制风险有权对客户现有持仓采取方向相反的持仓从而结清客户某金融资产持仓的行为。对客户而言，强行平仓是其期货交易亏损到一定程度后由他人实施的最严厉的风险控制措施。所以,《期货交易管理条例》第三十八条第二款规定的"客户保证金不足时,应当及时追加保证金或者自行平仓。客户未在期货公司规定的时间内及时追加保证金或者自行平仓的,期货公司应当将该客户的合约强行平仓,强行平仓的有关费用和发生的损失由该客户承担"内容,为期货公司采取强行平仓措施之前,设定了以下三个条件:一是客户保证金不足,二是客户没有按照要求及时追加保证金,三是客户没有及时自行平仓。只有满足了上述三个法定条件,期货公司才有权强行平仓。如果期货公司不严格按照法律规定和合同约定执行强行平仓,这将使得客户不仅要承担市场交易风险可能造成的损害,而且还要承担市场运行机制中人为风险对其造成的损害。

天津营业部履行平仓是否有过错,是否损害了范有孚的权益,应当根据上述三个条件进行分析。第一、范有孚保证金是否不足。2007年12月24日(星期一)收市后,上海期货交易所将下一交易日的Cu0803、Cu0804保证金比例调整为9%,Cu0802保证金比例调整为7%。天津营业部则相应大幅度调高下一交易日Cu0803、Cu0804保证金比例为16.5%、Cu0802保证金比例为14.5%。因为上海期货交易所和天津营业部是在24日收市后调高25日的保证金比例,所以24日当日结算仍应执行21日(星期五)的保证金比例。而21日上海期货交易所Cu0802、Cu0803、Cu0804合约的保证金比例均为7%;天津营业部该三张合约保证金比例均为9.5%。天津营业部诉讼提交的24日范有孚交易结算单,执行的却是25日大幅提高后的16.5%和14.5%保证金比例。如果该交易结算单的数据是真实的,天津营业部就不该在25日才采取强行平仓措施,24日交易期间就应强行平仓。因为根据该交易结算单上数据,保证金占用/客户权益计算得出的风险率,不会是该交易结算单上的36.29%,而是275.54%。风险率为275.54%,意味着范有孚保证金不仅全部被持仓合约占用,而且令天津营业部还为其支付了合约占用资金的175.54%。所以,天津营业部提交的按照25日保证金比例计算的交易结算单,不能证明范有孚24日结算保证金不足。这种以下一交易日保证金比例作为当日结算依据的结算方式与上海期货交易所的交易规则相悖,故本院不予采信。保证金比例如按照9.5%计算,24日收市后的范有孚账户客户权益为16391857.86元,保证金占用为12186006.25元,风险率为74.34%,可用资金为正值。故本院对范有孚关于其24日根据天津营业部的通知,自行平仓270手大豆合约,使账户达到了天津营业部当日保证金比例要求的答辩意见予以支持。如果范有孚继续持仓而不追加保证金,即使不提高保证金比例,随着合约价格的波动,其账户以后也可能要发生穿仓的事实。尽管如此,但也不能以尚未发生的事实而认定范有孚账户保证金24日已经不足。第二、范有孚是否按照要求及时追加保证金。首先,风险率也称风险度,是期货交易客户账户中合约占用保证金金额与客户权益金额之比得出的风险控制参数。风险率越低,客户可用资金越多,合约占用保证金就越少,保证金风险就越小。格式期货经纪合同一般约定风险率大于100%,即客户账户可用资金小于0时,期货公司在交易期间或者结算时向客户发出限制开仓、追加保证金或者自行平仓的通知,客户应当及时追加或者在交易期间及时平仓,使风险率低于100%,即账户可用资金大于0,否则,期货公司有权对客户的部分或全部持仓合约强行平仓,直至客户可用资金大于0,也即风险率小于100%。本案双方期货经纪合同第十条约定的却是风险率小于100%时,天津营业部就可以向范有孚发出限制开仓、追加保证金或者自行平仓的通知,范有孚则需及时追加保证金或者立即采取减仓措施,不然天津营业部有权在事先不通知范有孚的情况下,对范有孚的部分或者全部未平仓合约强行平仓。显然,该条约定内容与风险率参数设置内涵、保证金风险控制目的和方法相左。将"大于100%"条件更换为"小于100%",这意味着天津营业部任何时候都可以采取限制开仓、通知追加保证金和自行平仓、如不满足要求直至强行平仓等措施。其次,法律规定和合同约定客户保证金不足时应当及时追加,但及时是建立在有追加的可能前提下。24日收市后,根据大幅度提高后的保证金比例,范有孚账户25日面临保证金不足需要追加，天津营业部却迟至晚18时50分才通知范有孚提高保证金比例并要求在25日开盘前追加保证金1336万元，否则强行平仓。而当晚18时50分至次日9时，银行等金融机构处于休息状态并不营业，这期间范有孚没有追加保证金的可能。25日9时以前，期货市场集合竞价期间，天津营业部即对范有孚412手空头合约以第3个和第2个涨停价实施强行平仓且全部以非涨停价格成交。所以，范有孚没有追加保证金的事实，应认定天津营业部没有给范有孚追加保证金的机会，而不应认定范有孚没有按照要求或者没有能力追加保证金。第三、天津营业部25日保证金比例是否合理。保证金比例高低直接关系到期货交易和结算占用资金的多少，关系到客户期货交易结算风险的高低。法律规定期货公司向客户收取的保证金，不得低于期货交易所规定的标准，但高于多少却没有确定。12月21日，天津营业部的保证金比例相对上海期货交易所的没有高过3%。但24日收市后，天津营业部大幅度提高标准，三张合约保证金比例均超过上海期货交易所标准7.5%。25日收市，上海期货交易所没有调整保证金比例，而天津营业部自行将三张合约的保证金比例又分别回调到9.5%和9%，故天津营业部25日保证金比例变动具有随意性和突发性。尽管本案合同没有明确约定保证金比例高于上海期货交易所标准多少，根据双方约定的"随时自行通知保证金比例，随时对范有孚单独提高保证金比例"内容，天津营业部随意单日对范有孚大幅度提高保证金比例似乎并不违约。但是，在风险很高的期货市场，这种随意单日远超过期货交易所标准的对客户大幅度提高保证金比例的行为，客观上使得客户在承受期货市场交易风险的同时还承受了来自市场交易风险之外的运行机制中人为导致的风险。"随时自行通知保证金比例，随时对范有孚单独提高保证金比例"的约定，属于概括性约定且以格式合同为表现。当格式合同履行中出现不同理解或履行中发生不公平现实时，应当适用《中华人民共和国合同法》第四十一条的规定，向有利于非格式合同提供方（客户）作合同解释和认定。所以，仅就25日一个交易日单独对范有孚实施远超过上海期货交易所标准的提高保证金比例

行为，是不公平和不合理的。第四、范有孚是否有及时自行平仓的机会。法律没有规定强行平仓前多长期间内自行平仓属于及时平仓，但现实要求自行平仓必须发生在期货交易时间之内，如果当日没有开市，即要求客户平仓或者挂出平仓单，是对法律规定的及时自行平仓操作的曲意理解，是对客户的苛刻要求。25日尚未开市的集合竞价期间，范有孚的412手合约即被强行平仓，天津营业部不仅没有给予范有孚追加保证金的机会，甚至连自行平仓的机会也没有给予。

根据本案强行平仓的时间、报价和数量，结合大幅度单日提高保证金比例，可以认定天津营业部不是出于善意的目的，其没有满足法律规定和合同约定条件实施的强行平仓行为是存在过错。根据双方合同第二十八条"如期货公司强行平仓不符合约定条件，天津营业部应当恢复被强行平仓的头寸，并赔偿由此造成的直接损失"的约定，本院《关于审理期货纠纷案件若干问题的规定》第四十条"期货交易所对期货公司、期货公司对客户未按期货交易所交易规则规定或者期货经纪合同约定的强行平仓条件、时间、方式进行强行平仓，造成期货公司或者客户损失的，期货交易所或者期货公司应当承担赔偿责任"之规定，天津营业部应对其强行平仓给范有孚造成的损失承担民事责任。本院对天津营业部关于范有孚没有追加保证金，也没有自行平仓的指令，其有权对范有孚的持仓合约强行平仓的再审理由不予支持。范有孚关于天津营业部追加保证金时间要求和强平仓时间不合理且违规，剥夺了其自行减仓权利的答辩理由成立，本院予以支持。

（二）关于范有孚的损失构成以及天津营业部的责任范围。

期货市场的风险包括市场交易风险和市场运行风险两大部分，市场交易风险法定由期货交易人自行承担，而市场运行风险并不法定由期货交易人承担。如果市场运行机制人为错误导致期货交易人发生风险损失，则应由责任人承担。期货交易风险主要是因期货交易人对合约走势判断错误和合约价格波动而产生，加之保证金交易制度放大风险所导致。具体本案，范有孚对Cu0802、Cu0803和Cu0804三张合约自开空仓至被强行平仓，共计亏损13066500元。其中就包

括了范有孚自己期货交易判断错误导致的亏损和天津营业部强行平仓过错而加大的亏损，即期货交易损失和强行平仓损失两部分。首先，对期货交易损失的分析。根据范有孚在Cu0802、Cu0803和Cu0804合约开空仓的时间和价格、开仓后三张合约价格的整体走势、三张合约到期日的交割价、逐日交易结算单等，证明范有孚对三张合约价格走势的判断发生了根本性错误。范有孚在三张合约价格相对底部开空仓，在三张合约价格震荡走高趋势中持续持仓，是范有孚本案期货交易损失的根本原因。根据期货交易实行的当日无负债结算制度，累计至24日收市结算，交易结算单显示范有孚浮动亏损达7733100元。该浮动亏损，完全是由于范有孚判断错误和持续持仓所导致。换言之，只要该三张合约价格不跌至范有孚开仓价格以下，且范有孚持续持仓，那么范有孚始终将处于浮动亏损状态，这期间无论谁平仓，浮动亏损都将变成实际亏损。所以截至24日收市，范有孚期货交易累计结算发生的浮动亏损并非天津营业部强行平仓所引发，也即该770余万元浮动亏损变为实际亏损与天津营业部强行平仓没有直接的因果关系。其次，具有过错的强行平仓的责任方式。如果期货公司强行平仓具有过错，行为损害了客户利益应当承担民事责任的，根据《中华人民共和国民法通则》第一百三十四条民事责任承担方式的规定，则期货公司应当采取恢复客户被强行平仓头寸的补救措施，不能恢复头寸的则应按照公平合理的价格赔偿客户因此发生的损失，本案双方合同第二十八条对此也作了约定。因本案三张合约已经到期交割，恢复被强行平仓的头寸成为不可能，故天津营业部只能赔偿范有孚因强行平仓发生的损失金额。再次，强行平仓损失的计算。站在天津营业部的角度而言，强行平仓后三张合约价格仍震荡走高，直至到期交割期间每日结算价的平均价、三张合约交割价均高于强行平仓价格。对范有孚来说，三张合约25日当日收盘价格就低于24日的收盘价格，28日收盘价格更低，假设其追加了保证金或者自行平仓可以减少更多的损失。双方上述观点都是建立在假设基础之上且从有利于自己的角度出发，而不是基于已经强行平仓的事实来正确思维和公平认识。同时，双方观点也不符合期货市场的特征，因为期货市场上对已经发生的价格走势，谁都可以做出准确判断并可以选择有利于自己的价格去适用，但对尚未发生的价格走势预测，谁也不能十分肯定其判断就一定准确。所以，基于已经发生的强行平仓事实，不能往后寻找而只能往前寻找强行平仓损失的计算基准点，才是客观和公正的。故本院对双方当事人有利于自己而忽视对方利益的观点，均不予采信和支持。综上所述，以24日收市后范有孚持仓的事实和结算的数据为基准，确定天津营业部过错的责任范围，对双方而言相对客观公正。那么，25日强行平仓后的范有孚账户亏损金额13066500元与24日收市后浮动亏损7733100元之差的5333400元，是天津营业部对范有孚因强行平仓导致的损失且应承担的赔偿范围。

本案一、二审判决均认为天津营业部强行平仓存在过错，应对范有孚承担相应责任正确。但天津市第一中级人民法院一审以三张合约强行平仓价格与平仓之后当日收盘价格之差计算损失为6663000元，是以强行平仓以后某个时间点的合约价格作为参照得出的，难以客观公正，也与范有孚和天津营业部双方各自主张的时间点价格不同，当事人双方都不予以认可。该院不仅损失计算方法不符合期货市场特征和规律，而且还将本应由天津营业部因强行平仓过错导致的损失，错误认定为双方混合过错所导致，判由天津营业部承担60%，范有孚自行承担40%，所以一审判决部分事实认定不清，责任划分不当。天津市高级人民法院二审则完全依据范有孚的诉讼请求，未将范有孚因期货交易判断错误和持续持仓产生的交易损失从整个损失中分离出来，而与天津营业部强行平仓过错导致的损失混同，判决天津营业部全部承担范有孚以28日收市价格计算得出的9027085.66元损失，同样是部分事实认定不清和责任划分不当。故本院再审对本案一、二审判决予以纠正。

综上，本院依据《中华人民共和国民事诉讼法》第一百八十六条第一款、本院《关于适用〈中华人民共和国民事诉讼法〉审判监督程序若干问题的解释》第三十八条之规定，判决如下：

一、撤销天津市高级人民法院(2009)津高民二终字第0028号民事判决；

二、撤销天津市第一中级人民法院（2008）一中民二初字第61号民事判决；

三、银建期货经纪有限责任公司天津营业部于本判决生效后十日内赔偿范有孚损失5333400元；

四、驳回范有孚其他诉讼请求。

一审受理费74989元，二审案件受理费74989元，均由银建期货经纪有限责任公司天津营业部负担。

本判决为终审判决。

4. 周益民诉上海联合产权交易所、华融国际信托有限责任公司股权转让纠纷案①

【裁判摘要】

产权交易所发布的产权交易信息是向不特定主体发出的要约邀请。根据产权交易市场的交易管理办法和交易习惯，信息一经发布，公告期内一般不得变更，但在无举牌申请人举牌的情况下，可以按照产权出让人的意愿，根据产权交易所的有关规则进行信息变更。举牌申请人在信息变更之后签收载明新信息的相关法律文件并举牌参加交易，应视为清楚并认可产权交易信息的变更。举牌申请人知晓变更情况并参加交易，在交易结束之后，又请求确认该信息变更无效的，人民法院不予支持。

【案情】

原告：周益民。

被告：上海联合产权交易所。

法定代表人：蔡敏勇，该交易所总裁。

被告：华融国际信托有限责任公司。

法定代表人：隋运生，该公司董事长。

原告周益民因与被告上海联合产权交易所（以下简称联交所）、被告华融国际信托有限责任公司（以下简称华融信托公司）发生股权转让纠纷，向上海市黄浦区人民法院提起诉讼。

原告周益民诉称：被告华融信托公司系银联数据服务有限公司（以下简称"银联数据公司"）股东。2009年8月28日，根据华融信托公司的委托，被告联交所发布了将华融信托公司持有的银联数据公司2.43%股权挂牌转让的信息公告，该公告确定了转让标的的相关情况，挂牌期满日至2009年9月25日止，公告还确定了交易方式等信息内容。为此，原告在2009年9月25日递交了挂牌资料，并支付保证金，联交所也确认了原告的意向受让人资格。但此前华融信托公司通过联交所于2009年9月22日在其网站重新发布了该项目的挂牌信息，将原来的挂牌期满日期延长到2009年10月23日，并对交易方式作了变更。原告随后对此提出异议，但联交所拒绝受理，并于2009年12月11日组织项目竞价，最终由案外人以最高价竞得上述股权。原告认为，两被告变更挂牌信息的行为违反相关规定，应为无效，竞价结果也归于无效。请求判令确认两被告于2009年9月22日变更银联数据公司2.43%股权挂牌转让信息公告的行为无效，以联交所2009年8月28日发布的挂牌信息为依据。

原告周益民提供以下证据：

1.《信息公告》1份，用以证明涉案挂牌期满日为2009年9月25日；

2.《产权交易业务申报回执》、《意向受让方资格确认意见书》各1份，用以证明原告周益民有权参与竞价；

3. 收据1份，用以证明原告周益民缴纳了相关费用；

4.《申请书》1份，用以证明原告周益民提出了异议。

被告联交所辩称：1. 涉案信息重新发布的公告始于2009年9月22日，同月25日原告周益民举牌，故原告是在重新发布公告期间内提出的举牌申请。但其举牌时未提出异议，并同意按出让文件规定的程序履行，承诺同意出让文件上各条款要求。2. 原告于2009年12月11日提交异议申请书，并非原告所称的12月8日。原告提出异议后，联交所与原告代理人交涉过，经代理人同意再次竞价并参与报价。3. 交易程序合法正当，整个过程经过公证处公证。综上，请求驳

① 案例来源：《最高人民法院公报》2011年第6期。

回原告的诉讼请求。

被告联交所提供以下证据：

1.《关于修改挂牌申请书披露部分信息的说明》、2009年8月31日《中国证券报》及2009年9月22日《上海证券报》产权信息联合发布公告版面摘选、《法律意见书》；

2.《举牌申请书》、《银联数据服务有限公司2.43%股权（450万股）出让文件》（以下简称《出让文件》）、《银联数据服务有限公司2.43%股权（450万股）转让项目（Q309SH1014022）保密承诺函》（以下简称《保密承诺函》）、《上海市产权交易受让委托合同》、《竞价文件交接单》、《授权委托书》、《受让确认书》、《竞价邀请函》、《竞买文件有效性审核表》、《受让人确认书》；

3.《上海市产权交易市场管理办法实施细则》、《上海市产权转让信息公开发布活动管理规则》、《企业国有产权交易操作规则》、《上海市产权转让竞价交易活动管理规则》；

4. 2009年9月26日《中国证券报》产权信息联合发布公告版面摘选、联交所网站公布涉案股权挂牌信息摘录、《关于产权转让信息发布合作协议》。

证据1、2、3、4均用以证明交易程序合法有效。

被告华融信托公司同意被告联交所的陈述。此外，华融信托公司认为变更信息属于"特殊原因"，目的是为了公允、理性竞价，故将多次竞价改为一次报价，此变更行为符合相关法律规定，所有文件均经过公证，故请求驳回原告诉讼请求。

被告华融信托公司提供以下证据：

1.《关于协助准备银联数据员工信托股权转让材料的函》；

2.《上海市产权交易出让委托合同》；

3.《上海联合产权交易所挂牌项目受理通知书》。

证据1、2、3均用以证明涉案产权交易程序合法有效。

案件审理中，上海市黄浦区人民法院至上海市产权交易管理办公室（以下简称产管办）了解涉案产权转让过程中信息变更应适用的规则。据产管办相关人员介绍，产权转让适用的通用规则是国务院国资委、财政部令第3号《企业国有产权转让管理暂行办法》，信息变更适用国资发产权[2009]120号《企业国有产权交易操作规则》（以下简称《企业国有产权交易操作规则》）及上海市人民政府令第36号《上海市产权交易市场管理办法》的相关规定。银联数据服务有限公司员工信托持股管理委员会（以下简称银联数据员工持股会）作为产权转让批准机构，有权决定是否属于"特殊原因"确需变更信息公告内容。另外，在信息变更之前，尚无公司参与竞拍。关于"信息发布渠道"，在规定的6家省级以上金融类刊物或网站上发布均符合要求，而且交易方式的变更无法在报刊上反映出来，具体交易方式是在网站上发布的，联交所的操作符合相关规定。根据产管办的《竞价项目情况汇报》反映，交易当日整体正常，未收到竞拍人的异议。另外，联交所主要是组织产权交易及审查交易主体资格的合法性、程序、条件。上海市黄浦区人民法院根据上述情况制作《调查笔录》1份。

上海市黄浦区人民法院依法组织了质证。被告联交所对原告周益民提供的证据除《异议申请书》的真实性有异议，认为申请书无公章且日期与实际不符外，对原告提供的其他证据的真实性均无异议。但原告提供的公告第一次信息公告而非重新发布的公告。庭审中，原告确认《异议申请书》递交日期为2009年12月11日。联交所对被告华融信托公司提供的证据的真实性均无异议。

被告华融信托公司对原告周益民提供的证据除《异议申请书》未收到外，对其他证据的真实性均无异议。但认为《信息公告》只能证明信息变更合法并已进行公告。2009年9月22日信息变更，原告代理机构上海泰地投资管理有限公司（以下简称泰地公司）于同月25日举牌，说明原告已了解变更信息事宜。保证金的缴纳也证明原告认可交易。《受理通知书》不能证明原告事后了解信息变更内容。华融信托公司对被告联交所提供的证据的真实性均无异议。

原告周益民对被告联交所提供的证据真实性均无异议，但认为：1. 联交所提供的证据1不能证明重新公告合法进行，联交所未在原来信息发布渠道变更信息，重新公告不属于相关法律所规定的"特殊原因"。2. 联交所提供的证据2的证明对象有异议。原告有权在首次公告期满日前任何一日举牌,无法推出原告知道并认可重新公告内容,两者无必然联系。首次公告与重新公告之间有三天重叠,泰地公司无义务告知系重新公告。3. 原告签署的均是联交所的格式性文件,应从合同格式条款角度进行理解。4. 对于联交所提交的证据4,原告认为信息变更不符合相关规定,未在原信息发布渠道进行发布。周益民对被告华融信托公司提供的证据真实性均无异议,但认为与本案无关。

原告周益民对法院调查形成的《调查笔录》及产管办提供的《竞价项目情况汇报》真实性均无异议,但认为《调查笔录》仅属个人解释。被告联交所、华融信托公司对《调查笔录》及《竞价项目情况汇报》真实性均无异议。

上海市黄浦区人民法院一审查明:

被告华融信托公司系银联数据公司的股东。2009年8月14日,华融信托公司基于银联数据公司、银联数据员工持股会的授权,委托被告联交所的执业会员上海汇源投资管理有限公司将华融信托公司代银联数据公司职工持有的2.43%(450万股)银联数据公司股权,通过联交所发布股权出让的挂牌交易信息。为此,联交所于2009年8月28日在其网站www.suaee.com及其交易大厅显示屏发布了上述股权出让的挂牌交易信息,挂牌的交易价格为人民币38765187.50元(以下币种均为人民币),挂牌期满日为2009年9月25日,交易方式为:挂牌期满,如征集到两个及以上符合条件的意向受让方,则选择"网络竞价-多次报价"的交易方式确定受让方。2009年8月31日,联交所在《中国证券报》上发布了上述股权转让的信息公告,并载明"欲了解以下项目详情,请登录联交所网站www.suaee.com"。

2009年9月3日,银联数据员工持股会请求被告联交所对原挂牌信息的部分内容即标的产权所属的行业、交易方式、推介意见等内容事项进行修订,并要求对"重大事项及其他披露内容"一栏的内容增加有关说明内容。其中,交易方式改为:网络竞价-一次报价。2009年9月22日,联交所在其网站及交易大厅显示屏发布了有关股权交易信息的变更公告。其中,将挂牌期限变更为2009年9月22日至2009年10月23日,交易方式则更改为"网络竞价-一次报价"。当日,联交所就上述信息的变更在《上海证券报》上刊登了公告。嗣后,联交所于2009年9月26日再次就上述信息的变更在《中国证券报》上刊登了公告。

2009年9月25日,原告周益民委托被告联交所的执业会员泰地公司向联交所递交一份《举牌申请书》,决定参与上述450万股银联数据公司股权的竞价交易,并按约支付了交易保证金770万元。同时,周益民出具《承诺书》一份,承诺接受本挂牌交易信息所载的全部受让要求。

2009年11月25日,被告联交所向泰地公司出具《竞价邀请函》一份,邀请泰地公司及其委托人即原告周益民参与450万股银联数据公司股权转让项目的竞价交易,并告知于2009年11月26日到联交所交易部领取《出让文件》。该《出让文件》所载明的交易方式为"一次报价"。同日,泰地公司向被告华融信托公司出具《保密承诺函》一份,并在《保密承诺函》上签字确认"收到出让文件2份"。2009年12月10日,周益民向联交所递交经其本人在"竞买人"一栏签字的《受让确认书》一份,承诺接受所领取《出让文件》中的各项条款和要求,并愿意按照《出让文件》规定的程序参与竞价。

2009年12月11日,原告周益民委托泰地公司向被告华融信托公司、联交所递交《申请书》一份,要求华融信托公司对涉案银联数据公司股权的挂牌延期事宜给予充分答复,并要求出示挂牌延期的相关报批和备案手续。嗣后,经联交所工作人员的现场解释,周益民决定参与当天的竞拍活动,并根据《出让文件》的要求,递交了《竞买文件》。当日,上海市静安区公证处、上海市产权交易管理办公室对整个竞价过程进行公证及监督。经竞价,案外人海通开元投资有限公司实际竞得涉案的450万股银联数据公司股权。目前,交易双方已实际完成了股权转让的过户及登记手续。

原告周益民认为,被告华融信托公司与被告联交所变更挂牌信息内容的行为违反相关规定,应为无效。遂向一审法院起诉,请求判令:华融信托公司与联交所于2009年9月22日变更银联数据公司2.43%股权挂牌转让信息公告内容的行为无效,应以联交所2009年8月28日发布的挂牌信息为依据。

另查明:2008年,被告联交所、天津产权交易中心、北京产权交易所、重庆联合产权交易所与《中国证券报》、《上海证券报》签订《关于产权转让信息发布合作协议》,约定:为共同落实国务院国资委下发的《关于建立中央企业国有企业产权转让信息联合发布制度有关事项的通知》(国资产权[2008]32号)的有关规定,上述四家产权交易所联合指定《中国证券报》、《上海证券报》作为发布中央企业产权转让信息的专门报刊;同时,四家产权交易所在各自机构网站上向社会公示该报刊的名称及相关信息;四家产权交易所将在《中国证券报》、《上海证券报》上定期定版发布中央企业国有产权转让的信息。

上海市黄浦区人民法院审理过程中,于2010年3月24日就本案系争的股权交易信息公告变更事宜,走访了作为上海市产权交易市场的监管机构和产权经纪行业的业务主管部门的上海市产权管理办公室。该办公室表示,银联数据员工持股会作为涉案股权出让批准机构,对于上述产权交易操作规则中所涉及的确需变更信息公告的"特殊原因",可以自行给出合理的界定。就本案而言,在涉案股权的交易信息变更之前,尚未有人举牌参与竞价,故实际并不涉及影响竞价人权利的事实。本案被告华融信托公司、联交所变更涉案股权交易信息公告的行为,符合相关的交易程序,且事实上,相当于对前一次信息公告的废止。另据办公室表示,2009年12月11日华融信托公司、联交所就涉案股权正式举行竞拍活动的当日,交易整体正常,未收到竞拍人的异议。上述调查情况,由法院制成《调查笔录》,原告周益民和华融信托公司、联交所对上述《调查笔录》的真实性均无异议。

上海市黄浦区人民法院一审认为:

涉案产权的两次信息公告,被告联交所均通过其网站及《中国证券报》、《上海证券报》等省级以上金融类报刊予以公布,并在报刊上明确注明"欲了解以下项目详情,请登录联交所网站www.suaee.com"。此外,联交所还通过设在交易大厅的显示屏对外公布信息公告,联交所已尽到其合理的通知义务,且符合法定程序。而原告周益民作为涉案产权的竞买人,产权信息的变更与其投资决策具有紧密联系,周益民对信息变更应当予以适当关注。从周益民通过泰地公司向联交所递交《举牌申请书》的时间明显晚于联交所公布信息变更公告的时间来看,周益民及泰地公司应当知晓涉案产权信息变更情况。而且在泰地公司于2009年11月25日代周益民领取的竞拍资料中的《出让文件》封面,亦已明确载明了"一次报价"的交易方式。此外,上述竞拍资料中的《受让确认书》亦载明交易方式为"一次性报价"。而泰地公司在《保密承诺函》上签字确认收到《出让文件》,以及周益民在《受让确认书》上予以签字确认时,并未提出任何异议,表明周益民已充分了解涉案产权的全部交易信息,并愿意按照《出让文件》的相关规定参与竞价。

产权交易应当遵循"公开、公平、公正"的原则。涉案产权系经公告后,由各竞拍人提出举牌申请并实际参与竞拍后成交。在上述产权交易的竞拍过程中,原告周益民与其他竞拍人享有同等的权利,并无任何差别。整个竞拍过程经上海市产权交易管理办公室监督并由相关公证部门公证,符合法定程序。虽然涉案产权由案外人合法竞得,但涉案股权转让信息依法变更并未影响周益民的合法权益。

综上,原告周益民的诉讼请求缺乏事实和法律依据,依法不予支持。据此,上海市黄浦区人民法院于2010年5月5日判决:

驳回原告周益民的诉讼请求。

周益民不服一审判决,向上海市第二中级人民法院提起上诉,请求撤销原判,依法改判。主要理由是:本案争议的焦点在于产权转让过程中的信息是否可以变更,如果可以变更,应遵守什么规则。对此,一审法院认定事实有误,适用法律不当。1.涉案股权转让信息变更不存在"特殊原因"。根据《上海市产权交易市场管理办法实施细则》第十七条的规定,产权转让公告的受让条件原则上不得变更,只有特殊原因下才能变更。但何谓特殊原因,该细则并未进一步明确规定。本案中,被上诉人联交所曾先后发布两次信息公告,但对比前后两次信息公告,并未发生有影响产权转让的任何情形,故实际并不存在所谓的特殊原因。一审庭审中,被上诉人华融信托公司、联交所对重新公告的原因也未作出合理的解释。一审法院虽曾走访了上海市产权管理办公室，但相关工作人员的回答也仅系其个人的观点，其解释不能代表细则的制定机构。且上海市产权管理办公室相关工作人员认为的产权转让批准机构有权决定确需变更信息的"特殊原因"的意见，亦显然与法律规定存在抵触。2. 涉案股权转让信息公告变更的程序不合法。首先，依据上述细则的规定，如因特殊原因确需变更的，应当由产权转让批准机构出具文件，并由联交所在原信息发布渠道进行公告。然而，本案中华融信托公司转让的是其信托持有的银联数据公司的股权，因此产权转让批准机构是银联数据员工持股会还是我国《公司法》规定的其他机构，一审法院对此并未予以查清和认定，仅凭上海市产权管理办公室相关工作人员的解释，依据尚欠不足。其次，对于原信息发布渠道的理解。尽管联交所与《中国证券报》、《上海证券报》签订有合作协议，两报均为信息发布的合法媒体，但从本案来看，既为原信息发布渠道，则应理解为前后两个渠道为同一媒体。故一审法院对此理解亦有误。3. 周益民递交举牌申请书的行为针对的是联交所2009年8月28日所发布的产权交易信息。一审法院以周益民作为涉案股权的竞买人，对于相关交易信息的变更未予以适当关注有违常理为由，认定周益民向联交所举牌时对于涉案股权的出让信息已发生变更的事实是明知的，难以使人信服。综上，华融信托公司、联交所变更信息内容的行为，违反了《上海市产权交易市场管理办法实施细则》第十七条的有关规定，应为无效。

被上诉人联交所辩称：首先，涉案股权转让的信息公告变更符合法定程序。根据《企业国有产权交易操作规则》第十九条以及《上海市产权交易市场管理办法实施细则》第十七条第五款的规定，产权转让信息公告的变更程序必须满足以下四个条件：因特殊原因、产权转让批准机构同意、在原信息发布渠道公告、重新计算公告期。本案中，涉案股权转让的信息公告的变更完全符合以上要求。1. 特殊原因变更是对信息公告进行重大变更或实质性变更。多次报价与一次报价的竞价交易方式存在实质性的区别，两者适用的情形不同。因而，将多次报价变更为一次报价，属于对信息公告进行重大变更或实质性变更。本案中，出让方、产权转让批准机构为了竞价人更公允、理性地竞价，报出符合其自身经济实力的价格，进而确保出让方在竞价结果后能及时安全的收到交易价款，申请将竞价交易方式变更为一次报价，完全符合联交所的竞价交易规则。2. 涉案股权转让的信息公告变更系由产权转让的批准机构即银联数据员工持股会作出。本案由联交所挂牌转让的涉案股权实际并非被上诉人华融信托公司的自有财产，而是银联数据员工持股会授权华融信托公司处置的信托财产。据此，银联数据员工持股会应是涉案股权的产权转让批准机构，有权决定信息公告的变更与否。3. 在原信息发布渠道公告的问题。根据《企业国有产权交易操作规则》第十六条的规定，企业国有产权转让信息应当在产权交易机构网站和省级以上公开发行的经济或者金融类报刊上进行公告。涉案股权转让的两次信息，均在联交所网站和指定的报刊上公告，同时还通过设在联交所交易大厅的显示屏对外公布。因此，涉案股权转让的两次信息公告均按照规定在原信息发布渠道进行了公告。4. 重新计算公告期的问题。根据《企业国有产权交易操作规则》第十七条的规定，信息公告期限应当不少于20个工作日，并以省级以上报刊的信息公告之日为起始日。涉案股权转让信息公告变更后，重新确定的公告日期为2009年9月22日至2009年10月23日，符合不少于20个工作日的公告期规定，且以省级以上报刊的信息公告日为起始日，故完全符合《企业国有产权交易操作规则》第十七条的规定。第二，涉案股权转让的信息变更没有损害任何投资人的利益。就本案而言，在涉案股权转让的信息公告变更之前，并无人递交举牌申请书。包括上诉人周益民在内的所有举牌人，都是在信息变更之后的重新公告期内举牌的。因此，涉案股权转让信息的变更行为并没有损害到任何举牌人或者潜在投资人的利益。银联数据员工持股会完全有权利按照《企业国有产权交易操作规则》的程序变更信息公告。此外，基于周益民嗣后所作出的书面承诺，以及实际参与交易信息变更后的竞价活动的行为，表明其已知道或者应当知道涉案股权转让的信息已发生变更,且已实际予以接受。综上,涉案股权转让信息公告的变更符合法定程序,且事实上没有损害任何投资人的利益。一审法院认定事实清楚、适用法律正确、审判程序合法。请求维持原判。

被上诉人华融信托公司辩称:1. 关于涉案股权转让信息公告变更的特殊原因。银联数据公司、银联数据员工持股会为了使举牌竞价人公允、理性的开展竞价活动,将多次竞价改为一次报价,由被上诉人联交所在原信息发布渠道进行公告并重新计算公告期,完全构成正当的理由和原因。2. 关于涉案股权转让批准机构的认定。依据本案所审理认定的事实,毫无疑问应为银联数据员工持股会。3. 关于原信息发布渠道的问题。即便上诉人周益民认为《中国证券报》与《上海证券报》并非为同一媒体,但对于联交所自身的网站显然应该认定系同一信息发布渠道。更何况,联交所嗣后又于2009年9月26日再次就上述信息的变更在《中国证券报》上刊登了公告。因此,一审判决认定涉案的信息变更公告符合法定程序是正确的。请求维持原判。

上海市第二中级人民法院经二审,确认了一审查明的事实。

本案二审的争议焦点是:2009年9月22日,被上诉人华融信托公司、联交所就之前发布的涉案股权转让信息公告进行变更的行为,是否有违我国相关法律、行政法规的规定或产权交易的行业规则。

上海市第二中级人民法院二审认为:

本案被上诉人华融信托公司委托被上诉人联交所在其网站、交易大厅显示屏以及《中国证券报》上所发布的涉案股权转让信息公告,虽载明有挂牌转让的价格、期限和交易方式等信息内容,但实际是向不特定主体发出的以吸引或邀请相对方发出要约为目的的意思表示,故应认定为要约邀请。依照一般要约邀请的法律性质,除了法定的不得撤销的情形外,只要未给善意相对人造成信赖利益的损失,要约邀请人可以变更或撤回要约邀请。本案中,通过产权交易所向不特定主体公开发布的特殊要约邀请,其信息的变更或撤销,应受相关产权交易市场的交易管理办法和操作细则的限制。这种限制是合法且必要的,有利于保证交易信息的稳定、保护信赖交易信息而履行了一定前期准备工作的相对人的经济利益。由于本案华融信托公司通过联交所挂牌交易的450万股银联数据公司股权,实际并不具有国有产权的性质,而是银联数据公司、银联数据员工持股会基于员工信托持股计划而交由华融信托公司托管的信托资产,其股权所有权人为银联数据公司的员工,故该股权的转让不能直接适用《企业国有产权转让管理暂行办法》、《企业国有产权交易操作规则》的相关规定,而应受《上海市产权交易市场管理办法》及其实施细则以及《上海市产权转让信息公开发布活动管理规则》的约束。根据上述相关交易规则,在产权转让公告中的受让条件,一经发布不得擅自变更,因特殊原因确需变更信息公告内容的,应当由产权出让批准机构出具文件,由联交所在原信息发布渠道进行公告,并重新计算公告期。据此,涉案股权转让的交易信息公告后,可以进行变更,但要有特殊原因且应当由产权出让机构批准。对于特殊原因的解释,《上海市产权交易市场管理办法实施细则》、《上海市产权转让信息公开发布活动管理规则》的相关条文未明确限定。但在不影响举牌申请人利益的情况下,适度保护产权转让人的交易自由,原则上可以尊重产权出让批准机构作出的合理解释。就本案而言,涉案股权转让的交易信息公告变更前并未有人递交举牌申请书,而且,权利人已就交易信息的变更作出决议并有合理的理由,在此情形下华融信托公司通过联交所变更交易信息并不实质性损害举牌申请人的权益,又有利于实现股权转让人的交易目的,并无不当。上海市产权管理办公室亦表示,该公告信息的变更符合相关交易程序,不违反产权交易规则。至于在原信息发布渠道公告的认定问题,根据《上海市产权交易市场管理办法实施细则》、《上海市产权转让信息公开发布活动管理规则》中相关信息发布的规定,产权转让信息应当由联交所在其网站和省级以上报刊上进行公告。涉案股权转让的两次信息,联交所均在其网站和指定的报刊上进行了公告,并且还通过设在联交所交易大厅的显示屏对外予以发布。虽然联交所在信息变更的当日未选择由之前的《中国证券报》，而是由《上海证券报》刊登变更后的交易信息公告，但嗣后联交所又于2009年9月26日再次就上述信息的变更在《中国证券报》上刊登了相应的公告。因此，上诉人周益民以信息变更未在原信息发布渠道公告为由否定变更公告的效力，理由不充分。综上，2009年9月22日华融信托公司、联交所就之前发布的涉案股权交易信息公告进行变更的行为，未违反我国相关法律、行政法规的规定，且与现行的产权交易规则亦不相悖。

此外，上诉人周益民通过泰地公司向被上诉人联交所递交《举牌申请书》的时间为2009年9月25日，晚于联交所公布的信息变更公告时间。根据《上海市产权交易市场管理办法实施细则》第十三条的规定，产权交易市场的产权交易活动实行委托代理制，周益民是委托联交所的经纪会员泰地公司代理涉案股权转让的交易活动。周益民作为涉案股权的竞买人，本人或其委托人理应对联交所公布的相关信息或公告予以适当关注，应当知道涉案股权交易信息已经发生变更。而且，泰地公司2009年11月25日代周益民领取的《出让文件》及周益民2009年12月10日递交的《受让确认书》中均明确载明交易方式为"一次性报价"，泰地公司、周益民对上述竞拍资料予以了签字确认，这足以证明，周益民本人或其委托人亦实际获悉涉案股权交易信息已发生变更。虽然在2009年12月11日被上诉人华融信托公司、联交所就涉案股权正式举行竞拍活动的当日，周益民曾委托泰地公司以递交《申请书》的方式，要求华融信托公司对涉案股权的挂牌延期事宜给予充分答复，并要求出示挂牌延期的相关报批和备案手续，但实际上，周益民还是实际参与了当天的竞拍活动，并根据《出让文件》的要求递交了《竞买文件》。基于上述事实，可以认定2009年9月25日周益民向联交所提交举牌申请书时，对于涉案股权的出让信息已于2009年9月22发生变更的事实应当知道，且事后实际也予以了确认。周益民认为其举牌系针对联交所2009年8月28日所发布的股权转让信息缺乏依据。此外，2009年12月11日华融信托公司、联交所就涉案股权所举行的竞拍活动，不仅周益民本人参与，且整个竞价过程由上海市静安区公证处、上海市产权交易管理办公室进行了公证和监督。经竞价，案外人海通开元投资有限公司实际竞得涉案450万股股权，且交易双方目前亦已完成了股权转让的过户及登记手续，整个竞拍过程是合法有效的。周益民现要求判令确认华融信托公司、联交所于2009年9月22日变更银联数据公司2.43%股权挂牌转让信息公告内容的行为无效以及应以联交所2009年8月28日发布的挂牌信息为依据的诉讼请求，没有事实根据和法律依据。

综上，一审判决认定事实清楚，适用法律正确，程序合法。上诉人周益民的上诉理由不能成立。据此，上海市第二中级人民法院依照《中华人民共和国民事诉讼法》第一百五十三条第一款第（一）项之规定，于2010年10月21日判决：

驳回上诉，维持原判。

本判决为终审判决。

◎ 法规链接

中华人民共和国证券法

- 1998年12月29日第九届全国人民代表大会常务委员会第六次会议通过
- 根据2004年8月28日第十届全国人民代表大会常务委员会第十一次会议《关于修改〈中华人民共和国证券法〉的决定》第一次修正
- 2005年10月27日第十届全国人民代表大会常务委员会第十八次会议第一次修订
- 根据2013年6月29日第十二届全国人民代表大会常务委员会第三次会议《关于修改〈中华人民共和国文物保护法〉等十二部法律的决定》第二次修正
- 根据2014年8月31日第十二届全国人民代表大会常务委员会第十次会议《关于修改〈中华人民共和国保险法〉等五部法律的决定》第三次修正
- 2019年12月28日第十三届全国人民代表大会常务委员会第十五次会议第二次修订

第一章 总 则

第一条 为了规范证券发行和交易行为，保护投资者的合法权益，维护社会经济秩序和社会公共利益,促进社会主义市场经济的发展,制定本法。

第二条 在中华人民共和国境内,股票、公司债券、存托凭证和国务院依法认定的其他证券的发行和交易,适用本法;本法未规定的,适用《中华人民共和国公司法》和其他法律、行政法规的规定。

政府债券、证券投资基金份额的上市交易,适用本法;其他法律、行政法规另有规定的,适用其规定。

资产支持证券、资产管理产品发行、交易的管理办法,由国务院依照本法的原则规定。

在中华人民共和国境外的证券发行和交易活动,扰乱中华人民共和国境内市场秩序,损害境内投资者合法权益的,依照本法有关规定处理并追究法律责任。

第三条 证券的发行、交易活动,必须遵循公开、公平、公正的原则。

第四条 证券发行、交易活动的当事人具有平等的法律地位,应当遵守自愿、有偿、诚实信用的原则。

第五条 证券的发行、交易活动,必须遵守法律、行政法规;禁止欺诈、内幕交易和操纵证券市场的行为。

第六条 证券业和银行业、信托业、保险业实行分业经营、分业管理,证券公司与银行、信托、保险业务机构分别设立。国家另有规定的除外。

第七条 国务院证券监督管理机构依法对全国证券市场实行集中统一监督管理。

国务院证券监督管理机构根据需要可以设立派出机构,按照授权履行监督管理职责。

第八条 国家审计机关依法对证券交易场所、证券公司、证券登记结算机构、证券监督管理机构进行审计监督。

第二章 证券发行

第九条 公开发行证券,必须符合法律、行政法规规定的条件,并依法报经国务院证券监督管理机构或者国务院授权的部门注册。未经依法注册,任何单位和个人不得公开发行证券。证券发行注册制的具体范围、实施步骤,由国务院规定。

有下列情形之一的,为公开发行:

(一)向不特定对象发行证券;

(二)向特定对象发行证券累计超过二百人,但依法实施员工持股计划的员工人数不计算在内;

(三)法律、行政法规规定的其他发行行为。

非公开发行证券,不得采用广告、公开劝诱和变相公开方式。

第十条 发行人申请公开发行股票、可转换为股票的公司债券,依法采取承销方式的,或者公开发行法律、行政法规规定实行保荐制度的其他证券的,应当聘请证券公司担任保荐人。

保荐人应当遵守业务规则和行业规范,诚实守信,勤勉尽责,对发行人的申请文件和信息披露资料进行审慎核查,督导发行人规范运作。

保荐人的管理办法由国务院证券监督管理机构规定。

第十一条 设立股份有限公司公开发行股票,应当符合《中华人民共和国公司法》规定的条件和经国务院批准的国务院证券监督管理机构规定的其他条件,向国务院证券监督管理机构报送募股申请和下列文件:

(一)公司章程;

(二)发起人协议;

(三)发起人姓名或者名称,发起人认购的股份数、出资种类及验资证明;

(四)招股说明书;

(五)代收股款银行的名称及地址;

(六)承销机构名称及有关的协议。

依照本法规定聘请保荐人的,还应当报送保荐人出具的发行保荐书。

法律、行政法规规定设立公司必须报经批准的,还应当提交相应的批准文件。

第十二条 公司首次公开发行新股,应当符合下列条件:

(一)具备健全且运行良好的组织机构;

(二)具有持续经营能力;

(三)最近三年财务会计报告被出具无保留意见审计报告;

（四）发行人及其控股股东、实际控制人最近三年不存在贪污、贿赂、侵占财产、挪用财产或者破坏社会主义市场经济秩序的刑事犯罪；

（五）经国务院批准的国务院证券监督管理机构规定的其他条件。

上市公司发行新股，应当符合经国务院批准的国务院证券监督管理机构规定的条件，具体管理办法由国务院证券监督管理机构规定。

公开发行存托凭证的，应当符合首次公开发行新股的条件以及国务院证券监督管理机构规定的其他条件。

第十三条 公司公开发行新股，应当报送募股申请和下列文件：

（一）公司营业执照；

（二）公司章程；

（三）股东大会决议；

（四）招股说明书或者其他公开发行募集文件；

（五）财务会计报告；

（六）代收股款银行的名称及地址。

依照本法规定聘请保荐人的，还应当报送保荐人出具的发行保荐书。依照本法规定实行承销的，还应当报送承销机构名称及有关的协议。

第十四条 公司对公开发行股票所募集资金，必须按照招股说明书或者其他公开发行募集文件所列资金用途使用；改变资金用途，必须经股东大会作出决议。擅自改变用途，未作纠正的，或者未经股东大会认可的，不得公开发行新股。

第十五条 公开发行公司债券，应当符合下列条件：

（一）具备健全且运行良好的组织机构；

（二）最近三年平均可分配利润足以支付公司债券一年的利息；

（三）国务院规定的其他条件。

公开发行公司债券筹集的资金，必须按照公司债券募集办法所列资金用途使用；改变资金用途，必须经债券持有人会议作出决议。公开发行公司债券筹集的资金，不得用于弥补亏损和非生产性支出。

上市公司发行可转换为股票的公司债券，除应当符合第一款规定的条件外，还应当遵守本法第十二条第二款的规定。但是，按照公司债券募集办法，上市公司通过收购本公司股份的方式进行公司债券转换的除外。

第十六条 申请公开发行公司债券，应当向国务院授权的部门或者国务院证券监督管理机构报送下列文件：

（一）公司营业执照；

（二）公司章程；

（三）公司债券募集办法；

（四）国务院授权的部门或者国务院证券监督管理机构规定的其他文件。

依照本法规定聘请保荐人的，还应当报送保荐人出具的发行保荐书。

第十七条 有下列情形之一的，不得再次公开发行公司债券：

（一）对已公开发行的公司债券或者其他债务有违约或者延迟支付本息的事实，仍处于继续状态；

（二）违反本法规定，改变公开发行公司债券所募资金的用途。

第十八条 发行人依法申请公开发行证券所报送的申请文件的格式、报送方式，由依法负责注册的机构或者部门规定。

第十九条 发行人报送的证券发行申请文件，应当充分披露投资者作出价值判断和投资决策所必需的信息，内容应当真实、准确、完整。

为证券发行出具有关文件的证券服务机构和人员，必须严格履行法定职责，保证所出具文件的真实性、准确性和完整性。

第二十条 发行人申请首次公开发行股票的，在提交申请文件后，应当按照国务院证券监督管理机构的规定预先披露有关申请文件。

第二十一条 国务院证券监督管理机构或者国务院授权的部门依照法定条件负责证券发行申请的注册。证券公开发行注册的具体办法由国务院规定。

按照国务院的规定，证券交易所等可以审核公开发行证券申请，判断发行人是否符合发行条件、信息披露要求，督促发行人完善信息披露内容。

依照前两款规定参与证券发行申请注册

的人员,不得与发行申请人有利害关系,不得直接或者间接接受发行申请人的馈赠,不得持有所注册的发行申请的证券,不得私下与发行申请人进行接触。

第二十二条 国务院证券监督管理机构或者国务院授权的部门应当自受理证券发行申请文件之日起三个月内,依照法定条件和法定程序作出予以注册或者不予注册的决定,发行人根据要求补充、修改发行申请文件的时间不计算在内。不予注册的,应当说明理由。

第二十三条 证券发行申请经注册后,发行人应当依照法律、行政法规的规定,在证券公开发行前公告公开发行募集文件,并将该文件置备于指定场所供公众查阅。

发行证券的信息依法公开前,任何知情人不得公开或者泄露该信息。

发行人不得在公告公开发行募集文件前发行证券。

第二十四条 国务院证券监督管理机构或者国务院授权的部门对已作出的证券发行注册的决定,发现不符合法定条件或者法定程序,尚未发行证券的,应当予以撤销,停止发行。已经发行尚未上市的,撤销发行注册决定,发行人应当按照发行价并加算银行同期存款利息返还证券持有人;发行人的控股股东、实际控制人以及保荐人,应当与发行人承担连带责任,但是能够证明自己没有过错的除外。

股票的发行人在招股说明书等证券发行文件中隐瞒重要事实或者编造重大虚假内容,已经发行并上市的,国务院证券监督管理机构可以责令发行人回购证券,或者责令负有责任的控股股东、实际控制人买回证券。

第二十五条 股票依法发行后,发行人经营与收益的变化,由发行人自行负责;由此变化引致的投资风险,由投资者自行负责。

第二十六条 发行人向不特定对象发行的证券,法律、行政法规规定应当由证券公司承销的,发行人应当同证券公司签订承销协议。证券承销业务采取代销或者包销方式。

证券代销是指证券公司代发行人发售证券,在承销期结束时,将未售出的证券全部退还给发行人的承销方式。

证券包销是指证券公司将发行人的证券按照协议全部购入或者在承销期结束时将售后剩余证券全部自行购入的承销方式。

第二十七条 公开发行证券的发行人有权依法自主选择承销的证券公司。

第二十八条 证券公司承销证券,应当同发行人签订代销或者包销协议,载明下列事项:

(一)当事人的名称、住所及法定代表人姓名;

(二)代销、包销证券的种类、数量、金额及发行价格;

(三)代销、包销的期限及起止日期;

(四)代销、包销的付款方式及日期;

(五)代销、包销的费用和结算办法;

(六)违约责任;

(七)国务院证券监督管理机构规定的其他事项。

第二十九条 证券公司承销证券,应当对公开发行募集文件的真实性、准确性、完整性进行核查。发现有虚假记载、误导性陈述或者重大遗漏的,不得进行销售活动;已经销售的,必须立即停止销售活动,并采取纠正措施。

证券公司承销证券,不得有下列行为:

(一)进行虚假的或者误导投资者的广告宣传或者其他宣传推介活动;

(二)以不正当竞争手段招揽承销业务;

(三)其他违反证券承销业务规定的行为。

证券公司有前款所列行为,给其他证券承销机构或者投资者造成损失的,应当依法承担赔偿责任。

第三十条 向不特定对象发行证券聘请承销团承销的,承销团应当由主承销和参与承销的证券公司组成。

第三十一条 证券的代销、包销期限最长不得超过九十日。

证券公司在代销、包销期内,对所代销、包销的证券应当保证先行出售给认购人,证券公司不得为本公司预留所代销的证券和预先购入并留存所包销的证券。

第三十二条 股票发行采取溢价发行的,其发行价格由发行人与承销的证券公司协商确定。

第三十三条 股票发行采用代销方式,代销期限届满,向投资者出售的股票数量未达到拟公开发行股票数量百分之七十的,为发行失败。发行人应当按照发行价并加算银行同期存款利息返还股票认购人。

第三十四条 公开发行股票,代销、包销期限届满,发行人应当在规定的期限内将股票发行情况报国务院证券监督管理机构备案。

第三章 证券交易

第一节 一般规定

第三十五条 证券交易当事人依法买卖的证券,必须是依法发行并交付的证券。

非依法发行的证券,不得买卖。

第三十六条 依法发行的证券,《中华人民共和国公司法》和其他法律对其转让期限有限制性规定的,在限定的期限内不得转让。

上市公司持有百分之五以上股份的股东、实际控制人、董事、监事、高级管理人员,以及其他持有发行人首次公开发行前发行的股份或者上市公司向特定对象发行的股份的股东,转让其持有的本公司股份的,不得违反法律、行政法规和国务院证券监督管理机构关于持有期限、卖出时间、卖出数量、卖出方式、信息披露等规定,并应当遵守证券交易所的业务规则。

第三十七条 公开发行的证券,应当在依法设立的证券交易所上市交易或者在国务院批准的其他全国性证券交易场所交易。

非公开发行的证券,可以在证券交易所、国务院批准的其他全国性证券交易场所、按照国务院规定设立的区域性股权市场转让。

第三十八条 证券在证券交易所上市交易,应当采用公开的集中交易方式或者国务院证券监督管理机构批准的其他方式。

第三十九条 证券交易当事人买卖的证券可以采用纸面形式或者国务院证券监督管理机构规定的其他形式。

第四十条 证券交易场所、证券公司和证券登记结算机构的从业人员,证券监督管理机构的工作人员以及法律、行政法规规定禁止参与股票交易的其他人员,在任期或者法定限期内,不得直接或者以化名、借他人名义持有、买卖股票或者其他具有股权性质的证券,也不得收受他人赠送的股票或者其他具有股权性质的证券。

任何人在成为前款所列人员时,其原已持有的股票或者其他具有股权性质的证券,必须依法转让。

实施股权激励计划或者员工持股计划的证券公司的从业人员,可以按照国务院证券监督管理机构的规定持有、卖出本公司股票或者其他具有股权性质的证券。

第四十一条 证券交易场所、证券公司、证券登记结算机构、证券服务机构及其工作人员应当依法为投资者的信息保密,不得非法买卖、提供或者公开投资者的信息。

证券交易场所、证券公司、证券登记结算机构、证券服务机构及其工作人员不得泄露所知悉的商业秘密。

第四十二条 为证券发行出具审计报告或者法律意见书等文件的证券服务机构和人员,在该证券承销期内和期满后六个月内,不得买卖该证券。

除前款规定外,为发行人及其控股股东、实际控制人,或者收购人、重大资产交易方出具审计报告或者法律意见书等文件的证券服务机构和人员,自接受委托之日起至上述文件公开后五日内,不得买卖该证券。实际开展上述有关工作之日早于接受委托之日的,自实际开展上述有关工作之日起至上述文件公开后五日内,不得买卖该证券。

第四十三条 证券交易的收费必须合理,并公开收费项目、收费标准和管理办法。

第四十四条 上市公司、股票在国务院批准的其他全国性证券交易场所交易的公司持有百分之五以上股份的股东、董事、监事、高级管理人员,将其持有的该公司的股票或者其他具有股权性质的证券在买入后六个月内卖出,或者在卖出后六个月内又买入,由此所得收益归该公司所有,公司董事会应当收回其所得收益。但是,证券公司因购入包销售后剩余股票而持有百分之五以上股份,以及有国务院证券监督管理机构规定的其他情形的除外。

前款所称董事、监事、高级管理人员、自然

人股东持有的股票或者其他具有股权性质的证券,包括其配偶、父母、子女持有的及利用他人账户持有的股票或者其他具有股权性质的证券。

公司董事会不按照第一款规定执行的,股东有权要求董事会在三十日内执行。公司董事会未在上述期限内执行的,股东有权为了公司的利益以自己的名义直接向人民法院提起诉讼。

公司董事会不按照第一款的规定执行的,负有责任的董事依法承担连带责任。

第四十五条　通过计算机程序自动生成或者下达交易指令进行程序化交易的,应当符合国务院证券监督管理机构的规定,并向证券交易所报告,不得影响证券交易所系统安全或者正常交易秩序。

第二节　证券上市

第四十六条　申请证券上市交易,应当向证券交易所提出申请,由证券交易所依法审核同意,并由双方签订上市协议。

证券交易所根据国务院授权的部门的决定安排政府债券上市交易。

第四十七条　申请证券上市交易,应当符合证券交易所上市规则规定的上市条件。

证券交易所上市规则规定的上市条件,应当对发行人的经营年限、财务状况、最低公开发行比例和公司治理、诚信记录等提出要求。

第四十八条　上市交易的证券,有证券交易所规定的终止上市情形的,由证券交易所按照业务规则终止其上市交易。

证券交易所决定终止证券上市交易的,应当及时公告,并报国务院证券监督管理机构备案。

第四十九条　对证券交易所所作出的不予上市交易、终止上市交易决定不服的,可以向证券交易所设立的复核机构申请复核。

第三节　禁止的交易行为

第五十条　禁止证券交易内幕信息的知情人和非法获取内幕信息的人利用内幕信息从事证券交易活动。

第五十一条　证券交易内幕信息的知情人包括:

(一)发行人及其董事、监事、高级管理人员;

(二)持有公司百分之五以上股份的股东及其董事、监事、高级管理人员,公司的实际控制人及其董事、监事、高级管理人员;

(三)发行人控股或者实际控制的公司及其董事、监事、高级管理人员;

(四)由于所任公司职务或者因与公司业务往来可以获取公司有关内幕信息的人员;

(五)上市公司收购人或者重大资产交易方及其控股股东、实际控制人、董事、监事和高级管理人员;

(六)因职务、工作可以获取内幕信息的证券交易场所、证券公司、证券登记结算机构、证券服务机构的有关人员;

(七)因职责、工作可以获取内幕信息的证券监督管理机构工作人员;

(八)因法定职责对证券的发行、交易或者对上市公司及其收购、重大资产交易进行管理可以获取内幕信息的有关主管部门、监管机构的工作人员;

(九)国务院证券监督管理机构规定的可以获取内幕信息的其他人员。

第五十二条　证券交易活动中,涉及发行人的经营、财务或者对该发行人证券的市场价格有重大影响的尚未公开的信息,为内幕信息。

本法第八十条第二款、第八十一条第二款所列重大事件属于内幕信息。

第五十三条　证券交易内幕信息的知情人和非法获取内幕信息的人,在内幕信息公开前,不得买卖该公司的证券,或者泄露该信息,或者建议他人买卖该证券。

持有或者通过协议、其他安排与他人共同持有公司百分之五以上股份的自然人、法人、非法人组织收购上市公司的股份,本法另有规定的,适用其规定。

内幕交易行为给投资者造成损失的,应当依法承担赔偿责任。

第五十四条　禁止证券交易场所、证券公司、证券登记结算机构、证券服务机构和其他金融机构的从业人员、有关监管部门或者行业协会的工作人员,利用因职务便利获取的内幕信息以外的其他未公开的信息,违反规定,从事与该信息相关的证券交易活动,或者明示、暗示他人从事相关交易活动。

利用未公开信息进行交易给投资者造成损失的,应当依法承担赔偿责任。

第五十五条 禁止任何人以下列手段操纵证券市场,影响或者意图影响证券交易价格或者证券交易量:

(一)单独或者通过合谋,集中资金优势、持股优势或者利用信息优势联合或者连续买卖;

(二)与他人串通,以事先约定的时间、价格和方式相互进行证券交易;

(三)在自己实际控制的账户之间进行证券交易;

(四)不以成交为目的,频繁或者大量申报并撤销申报;

(五)利用虚假或者不确定的重大信息,诱导投资者进行证券交易;

(六)对证券、发行人公开作出评价、预测或者投资建议,并进行反向证券交易;

(七)利用在其他相关市场的活动操纵证券市场;

(八)操纵证券市场的其他手段。

操纵证券市场行为给投资者造成损失的,应当依法承担赔偿责任。

第五十六条 禁止任何单位和个人编造、传播虚假信息或者误导性信息,扰乱证券市场。

禁止证券交易场所、证券公司、证券登记结算机构、证券服务机构及其从业人员,证券业协会、证券监督管理机构及其工作人员,在证券交易活动中作出虚假陈述或者信息误导。

各种传播媒介传播证券市场信息必须真实、客观,禁止误导。传播媒介及其从事证券市场信息报道的工作人员不得从事与其工作职责发生利益冲突的证券买卖。

编造、传播虚假信息或者误导性信息,扰乱证券市场,给投资者造成损失的,应当依法承担赔偿责任。

第五十七条 禁止证券公司及其从业人员从事下列损害客户利益的行为:

(一)违背客户的委托为其买卖证券;

(二)不在规定时间内向客户提供交易的确认文件;

(三)未经客户的委托,擅自为客户买卖证券,或者假借客户的名义买卖证券;

(四)为牟取佣金收入,诱使客户进行不必要的证券买卖;

(五)其他违背客户真实意思表示,损害客户利益的行为。

违反前款规定给客户造成损失的,应当依法承担赔偿责任。

第五十八条 任何单位和个人不得违反规定,出借自己的证券账户或者借用他人的证券账户从事证券交易。

第五十九条 依法拓宽资金入市渠道,禁止资金违规流入股市。

禁止投资者违规利用财政资金、银行信贷资金买卖证券。

第六十条 国有独资企业、国有独资公司、国有资本控股公司买卖上市交易的股票,必须遵守国家有关规定。

第六十一条 证券交易场所、证券公司、证券登记结算机构、证券服务机构及其从业人员对证券交易中发现的禁止的交易行为,应当及时向证券监督管理机构报告。

第四章 上市公司的收购

第六十二条 投资者可以采取要约收购、协议收购及其他合法方式收购上市公司。

第六十三条 通过证券交易所的证券交易,投资者持有或者通过协议、其他安排与他人共同持有一个上市公司已发行的有表决权股份达到百分之五时,应当在该事实发生之日起三日内,向国务院证券监督管理机构、证券交易所作出书面报告,通知该上市公司,并予公告,在上述期限内不得再行买卖该上市公司的股票,但国务院证券监督管理机构规定的情形除外。

投资者持有或者通过协议、其他安排与他人共同持有一个上市公司已发行的有表决权股份达到百分之五后,其所持该上市公司已发行的有表决权股份比例每增加或者减少百分之五,应当依照前款规定进行报告和公告,在该事实发生之日至公告后三日内,不得再行买卖该上市公司的股票,但国务院证券监督管理机构规定的情形除外。

投资者持有或者通过协议、其他安排与他人共同持有一个上市公司已发行的有表决权股份达到百分之五后,其所持该上市公司已发行的有表决权股份比例每增加或者减少百分之一,应当在该事实发生的次日通知该上市公司,并予公告。

违反第一款、第二款规定买入上市公司有表决权的股份的,在买入后的三十六个月内,对该超过规定比例部分的股份不得行使表决权。

第六十四条 依照前条规定所作的公告,应当包括下列内容:

(一)持股人的名称、住所;

(二)持有的股票的名称、数额;

(三)持股达到法定比例或者持股增减变化达到法定比例的日期、增持股份的资金来源;

(四)在上市公司中拥有有表决权的股份变动的时间及方式。

第六十五条 通过证券交易所的证券交易,投资者持有或者通过协议、其他安排与他人共同持有一个上市公司已发行的有表决权股份达到百分之三十时,继续进行收购的,应当依法向该上市公司所有股东发出收购上市公司全部或者部分股份的要约。

收购上市公司部分股份的要约应当约定,被收购公司股东承诺出售的股份数额超过预定收购的股份数额的,收购人按比例进行收购。

第六十六条 依照前条规定发出收购要约,收购人必须公告上市公司收购报告书,并载明下列事项:

(一)收购人的名称、住所;

(二)收购人关于收购的决定;

(三)被收购的上市公司名称;

(四)收购目的;

(五)收购股份的详细名称和预定收购的股份数额;

(六)收购期限、收购价格;

(七)收购所需资金额及资金保证;

(八)公告上市公司收购报告书时持有被收购公司股份数占该公司已发行的股份总数的比例。

第六十七条 收购要约约定的收购期限不得少于三十日,并不得超过六十日。

第六十八条 在收购要约确定的承诺期限内,收购人不得撤销其收购要约。收购人需要变更收购要约的,应当及时公告,载明具体变更事项,且不得存在下列情形:

(一)降低收购价格;

(二)减少预定收购股份数额;

(三)缩短收购期限;

(四)国务院证券监督管理机构规定的其他情形。

第六十九条 收购要约提出的各项收购条件,适用于被收购公司的所有股东。

上市公司发行不同种类股份的,收购人可以针对不同种类股份提出不同的收购条件。

第七十条 采取要约收购方式的,收购人在收购期限内,不得卖出被收购公司的股票,也不得采取要约规定以外的形式和超出要约的条件买入被收购公司的股票。

第七十一条 采取协议收购方式的,收购人可以依照法律、行政法规的规定同被收购公司的股东以协议方式进行股份转让。

以协议方式收购上市公司时,达成协议后,收购人必须在三日内将该收购协议向国务院证券监督管理机构及证券交易所作出书面报告,并予公告。

在公告前不得履行收购协议。

第七十二条 采取协议收购方式的,协议双方可以临时委托证券登记结算机构保管协议转让的股票,并将资金存放于指定的银行。

第七十三条 采取协议收购方式的,收购人收购或者通过协议、其他安排与他人共同收购一个上市公司已发行的有表决权股份达到百分之三十时,继续进行收购的,应当依法向该上市公司所有股东发出收购上市公司全部或者部分股份的要约。但是,按照国务院证券监督管理机构的规定免除发出要约的除外。

收购人依照前款规定以要约方式收购上市公司股份,应当遵守本法第六十五条第二款、第六十六条至第七十条的规定。

第七十四条 收购期限届满,被收购公司股权分布不符合证券交易所规定的上市交易要求的,该上市公司的股票应当由证券交易所依法终止上市交易;其余仍持有被收购公司股票的股东,有权向收购人以收购要约的同等条件出售其股票,收购人应当收购。

收购行为完成后,被收购公司不再具备股份有限公司条件的,应当依法变更企业形式。

第七十五条 在上市公司收购中,收购人持有的被收购的上市公司的股票,在收购行为完成后的十八个月内不得转让。

第七十六条 收购行为完成后,收购人与被收购公司合并,并将该公司解散的,被解散公司的原有股票由收购人依法更换。

收购行为完成后,收购人应当在十五日内将收购情况报告国务院证券监督管理机构和证券交易所,并予公告。

第七十七条 国务院证券监督管理机构依照本法制定上市公司收购的具体办法。

上市公司分立或者被其他公司合并,应当向国务院证券监督管理机构报告,并予公告。

第五章 信息披露

第七十八条 发行人及法律、行政法规和国务院证券监督管理机构规定的其他信息披露义务人,应当及时依法履行信息披露义务。

信息披露义务人披露的信息,应当真实、准确、完整,简明清晰,通俗易懂,不得有虚假记载、误导性陈述或者重大遗漏。

证券同时在境内境外公开发行、交易的,其信息披露义务人在境外披露的信息,应当在境内同时披露。

第七十九条 上市公司、公司债券上市交易的公司、股票在国务院批准的其他全国性证券交易场所交易的公司,应当按照国务院证券监督管理机构和证券交易场所规定的内容和格式编制定期报告,并按照下列规定报送和公告:

(一)在每一会计年度结束之日起四个月内,报送并公告年度报告,其中的年度财务会计报告应当经符合本法规定的会计师事务所审计;

(二)在每一会计年度的上半年结束之日起二个月内,报送并公告中期报告。

第八十条 发生可能对上市公司、股票在国务院批准的其他全国性证券交易场所交易的公司的股票交易价格产生较大影响的重大事件,投资者尚未得知时,公司应当立即将有关重大事件的情况向国务院证券监督管理机构和证券交易场所报送临时报告,并予公告,说明事件的起因、目前的状态和可能产生的法律后果。

前款所称重大事件包括:

(一)公司的经营方针和经营范围的重大变化;

(二)公司的重大投资行为,公司在一年内购买、出售重大资产超过公司资产总额百分之三十,或者公司营业用主要资产的抵押、质押、出售或者报废一次超过该资产的百分之三十;

(三)公司订立重要合同、提供重大担保或者从事关联交易,可能对公司的资产、负债、权益和经营成果产生重要影响;

(四)公司发生重大债务和未能清偿到期重大债务的违约情况;

(五)公司发生重大亏损或者重大损失;

(六)公司生产经营的外部条件发生的重大变化;

(七)公司的董事、三分之一以上监事或者经理发生变动,董事长或者经理无法履行职责;

(八)持有公司百分之五以上股份的股东或者实际控制人持有股份或者控制公司的情况发生较大变化,公司的实际控制人及其控制的其他企业从事与公司相同或者相似业务的情况发生较大变化;

(九)公司分配股利、增资的计划,公司股权结构的重要变化,公司减资、合并、分立、解散及申请破产的决定,或者依法进入破产程序、被责令关闭;

(十)涉及公司的重大诉讼、仲裁,股东大会、董事会决议被依法撤销或者宣告无效;

(十一)公司涉嫌犯罪被依法立案调查,公司的控股股东、实际控制人、董事、监事、高级管理人员涉嫌犯罪被依法采取强制措施;

（十二）国务院证券监督管理机构规定的其他事项。

公司的控股股东或者实际控制人对重大事件的发生、进展产生较大影响的，应当及时将其知悉的有关情况书面告知公司，并配合公司履行信息披露义务。

第八十一条 发生可能对上市交易公司债券的交易价格产生较大影响的重大事件，投资者尚未得知时，公司应当立即将有关该重大事件的情况向国务院证券监督管理机构和证券交易场所报送临时报告，并予公告，说明事件的起因、目前的状态和可能产生的法律后果。

前款所称重大事件包括：

（一）公司股权结构或者生产经营状况发生重大变化；

（二）公司债券信用评级发生变化；

（三）公司重大资产抵押、质押、出售、转让、报废；

（四）公司发生未能清偿到期债务的情况；

（五）公司新增借款或者对外提供担保超过上年末净资产的百分之二十；

（六）公司放弃债权或者财产超过上年末净资产的百分之十；

（七）公司发生超过上年末净资产百分之十的重大损失；

（八）公司分配股利，作出减资、合并、分立、解散及申请破产的决定，或者依法进入破产程序、被责令关闭；

（九）涉及公司的重大诉讼、仲裁；

（十）公司涉嫌犯罪被依法立案调查，公司的控股股东、实际控制人、董事、监事、高级管理人员涉嫌犯罪被依法采取强制措施；

（十一）国务院证券监督管理机构规定的其他事项。

第八十二条 发行人的董事、高级管理人员应当对证券发行文件和定期报告签署书面确认意见。

发行人的监事会应当对董事会编制的证券发行文件和定期报告进行审核并提出书面审核意见。监事应当签署书面确认意见。

发行人的董事、监事和高级管理人员应当保证发行人及时、公平地披露信息，所披露的信息真实、准确、完整。

董事、监事和高级管理人员无法保证证券发行文件和定期报告内容的真实性、准确性、完整性或者有异议的，应当在书面确认意见中发表意见并陈述理由，发行人应当披露。发行人不予披露的，董事、监事和高级管理人员可以直接申请披露。

第八十三条 信息披露义务人披露的信息应当同时向所有投资者披露，不得提前向任何单位和个人泄露。但是，法律、行政法规另有规定的除外。

任何单位和个人不得非法要求信息披露义务人提供依法需要披露但尚未披露的信息。任何单位和个人提前获知的前述信息，在依法披露前应当保密。

第八十四条 除依法需要披露的信息之外，信息披露义务人可以自愿披露与投资者作出价值判断和投资决策有关的信息，但不得与依法披露的信息相冲突，不得误导投资者。

发行人及其控股股东、实际控制人、董事、监事、高级管理人员等作出公开承诺的，应当披露。不履行承诺给投资者造成损失的，应当依法承担赔偿责任。

第八十五条 信息披露义务人未按照规定披露信息，或者公告的证券发行文件、定期报告、临时报告及其他信息披露资料存在虚假记载、误导性陈述或者重大遗漏，致使投资者在证券交易中遭受损失的，信息披露义务人应当承担赔偿责任；发行人的控股股东、实际控制人、董事、监事、高级管理人员和其他直接责任人员以及保荐人、承销的证券公司及其直接责任人员，应当与发行人承担连带赔偿责任，但是能够证明自己没有过错的除外。

第八十六条 依法披露的信息，应当在证券交易场所的网站和符合国务院证券监督管理机构规定条件的媒体发布，同时将其置备于公司住所、证券交易场所，供社会公众查阅。

第八十七条 国务院证券监督管理机构对信息披露义务人的信息披露行为进行监督管理。

证券交易场所应当对其组织交易的证券的信息披露义务人的信息披露行为进行监督，督促其依法及时、准确地披露信息。

第六章 投资者保护

第八十八条 证券公司向投资者销售证券、提供服务时,应当按照规定充分了解投资者的基本情况、财产状况、金融资产状况、投资知识和经验、专业能力等相关信息;如实说明证券、服务的重要内容,充分揭示投资风险;销售、提供与投资者上述状况相匹配的证券、服务。

投资者在购买证券或者接受服务时,应当按照证券公司明示的要求提供前款所列真实信息。拒绝提供或者未按照要求提供信息的,证券公司应当告知其后果,并按照规定拒绝向其销售证券、提供服务。

证券公司违反第一款规定导致投资者损失的,应当承担相应的赔偿责任。

第八十九条 根据财产状况、金融资产状况、投资知识和经验、专业能力等因素,投资者可以分为普通投资者和专业投资者。专业投资者的标准由国务院证券监督管理机构规定。

普通投资者与证券公司发生纠纷的,证券公司应当证明其行为符合法律、行政法规以及国务院证券监督管理机构的规定,不存在误导、欺诈等情形。证券公司不能证明的,应当承担相应的赔偿责任。

第九十条 上市公司董事会、独立董事、持有百分之一以上有表决权股份的股东或者依照法律、行政法规或者国务院证券监督管理机构的规定设立的投资者保护机构(以下简称投资者保护机构),可以作为征集人,自行或者委托证券公司、证券服务机构,公开请求上市公司股东委托其代为出席股东大会,并代为行使提案权、表决权等股东权利。

依照前款规定征集股东权利的,征集人应当披露征集文件,上市公司应当予以配合。

禁止以有偿或者变相有偿的方式公开征集股东权利。

公开征集股东权利违反法律、行政法规或者国务院证券监督管理机构有关规定,导致上市公司或者其股东遭受损失的,应当依法承担赔偿责任。

第九十一条 上市公司应当在章程中明确分配现金股利的具体安排和决策程序,依法保障股东的资产收益权。

上市公司当年税后利润,在弥补亏损及提取法定公积金后有盈余的,应当按照公司章程的规定分配现金股利。

第九十二条 公开发行公司债券的,应当设立债券持有人会议,并应当在募集说明书中说明债券持有人会议的召集程序、会议规则和其他重要事项。

公开发行公司债券的,发行人应当为债券持有人聘请债券受托管理人,并订立债券受托管理协议。受托管理人应当由本次发行的承销机构或者其他经国务院证券监督管理机构认可的机构担任,债券持有人会议可以决议变更债券受托管理人。债券受托管理人应当勤勉尽责,公正履行受托管理职责,不得损害债券持有人利益。

债券发行人未能按期兑付债券本息的,债券受托管理人可以接受全部或者部分债券持有人的委托,以自己名义代表债券持有人提起、参加民事诉讼或者清算程序。

第九十三条 发行人因欺诈发行、虚假陈述或者其他重大违法行为给投资者造成损失的,发行人的控股股东、实际控制人、相关的证券公司可以委托投资者保护机构,就赔偿事宜与受到损失的投资者达成协议,予以先行赔付。先行赔付后,可以依法向发行人以及其他连带责任人追偿。

第九十四条 投资者与发行人、证券公司等发生纠纷的,双方可以向投资者保护机构申请调解。普通投资者与证券公司发生证券业务纠纷,普通投资者提出调解请求的,证券公司不得拒绝。

投资者保护机构对损害投资者利益的行为,可以依法支持投资者向人民法院提起诉讼。

发行人的董事、监事、高级管理人员执行公司职务时违反法律、行政法规或者公司章程的规定给公司造成损失,发行人的控股股东、实际控制人等侵犯公司合法权益给公司造成损失,投资者保护机构持有该公司股份的,可以为公司的利益以自己的名义向人民法院提起诉讼,持股比例和持股期限不受《中华人民共和国公司法》规定的限制。

第九十五条 投资者提起虚假陈述等证券民事赔偿诉讼时,诉讼标的是同一种类,且当事人一方人数众多的,可以依法推选代表人进行诉讼。

对按照前款规定提起的诉讼,可能存在有相同诉讼请求的其他众多投资者的,人民法院可以发出公告,说明该诉讼请求的案件情况,通知投资者在一定期间向人民法院登记。人民法院作出的判决、裁定,对参加登记的投资者发生效力。

投资者保护机构受五十名以上投资者委托,可以作为代表人参加诉讼,并为经证券登记结算机构确认的权利人依照前款规定向人民法院登记,但投资者明确表示不愿意参加该诉讼的除外。

第七章 证券交易场所

第九十六条 证券交易所、国务院批准的其他全国性证券交易场所为证券集中交易提供场所和设施,组织和监督证券交易,实行自律管理,依法登记,取得法人资格。

证券交易所、国务院批准的其他全国性证券交易场所的设立、变更和解散由国务院决定。

国务院批准的其他全国性证券交易场所的组织机构、管理办法等,由国务院规定。

第九十七条 证券交易所、国务院批准的其他全国性证券交易场所可以根据证券品种、行业特点、公司规模等因素设立不同的市场层次。

第九十八条 按照国务院规定设立的区域性股权市场为非公开发行证券的发行、转让提供场所和设施,具体管理办法由国务院规定。

第九十九条 证券交易所履行自律管理职能,应当遵守社会公共利益优先原则,维护市场的公平、有序、透明。

设立证券交易所必须制定章程。证券交易所章程的制定和修改,必须经国务院证券监督管理机构批准。

第一百条 证券交易所必须在其名称中标明证券交易所字样。其他任何单位或者个人不得使用证券交易所或者近似的名称。

第一百零一条 证券交易所可以自行支配的各项费用收入,应当首先用于保证其证券交易场所和设施的正常运行并逐步改善。

实行会员制的证券交易所的财产积累归会员所有,其权益由会员共同享有,在其存续期间,不得将其财产积累分配给会员。

第一百零二条 实行会员制的证券交易所设理事会、监事会。

证券交易所设总经理一人,由国务院证券监督管理机构任免。

第一百零三条 有《中华人民共和国公司法》第一百四十六条规定的情形或者下列情形之一的,不得担任证券交易所的负责人:

(一)因违法行为或者违纪行为被解除职务的证券交易场所、证券登记结算机构的负责人或者证券公司的董事、监事、高级管理人员,自被解除职务之日起未逾五年;

(二)因违法行为或者违纪行为被吊销执业证书或者被取消资格的律师、注册会计师或者其他证券服务机构的专业人员,自被吊销执业证书或者被取消资格之日起未逾五年。

第一百零四条 因违法行为或者违纪行为被开除的证券交易场所、证券公司、证券登记结算机构、证券服务机构的从业人员和被开除的国家机关工作人员,不得招聘为证券交易所的从业人员。

第一百零五条 进入实行会员制的证券交易所参与集中交易的,必须是证券交易所的会员。证券交易所不得允许非会员直接参与股票的集中交易。

第一百零六条 投资者应当与证券公司签订证券交易委托协议,并在证券公司实名开立账户,以书面、电话、自助终端、网络等方式,委托该证券公司代其买卖证券。

第一百零七条 证券公司为投资者开立账户,应当按照规定对投资者提供的身份信息进行核对。

证券公司不得将投资者的账户提供给他人使用。

投资者应当使用实名开立的账户进行交易。

第一百零八条 证券公司根据投资者的委托,按照证券交易规则提出交易申报,参与证券交易所场内的集中交易,并根据成交结果承担相应的清算交收责任。证券登记结算机构根据成交结果,按照清算交收规则,与证券公司进行证券和资金的清算交收,并为证券公司客户办理证券的登记过户手续。

第一百零九条 证券交易所应当为组织公平的集中交易提供保障,实时公布证券交易即时行情,并按交易日制作证券市场行情表,予以公布。

证券交易即时行情的权益由证券交易所依法享有。未经证券交易所许可,任何单位和个人不得发布证券交易即时行情。

第一百一十条 上市公司可以向证券交易所申请其上市交易股票的停牌或者复牌,但不得滥用停牌或者复牌损害投资者的合法权益。

证券交易所可以按照业务规则的规定,决定上市交易股票的停牌或者复牌。

第一百一十一条 因不可抗力、意外事件、重大技术故障、重大人为差错等突发性事件而影响证券交易正常进行时,为维护证券交易正常秩序和市场公平,证券交易所可以按照业务规则采取技术性停牌、临时停市等处置措施,并应当及时向国务院证券监督管理机构报告。

因前款规定的突发性事件导致证券交易结果出现重大异常,按交易结果进行交收将对证券交易正常秩序和市场公平造成重大影响的,证券交易所按照业务规则可以采取取消交易、通知证券登记结算机构暂缓交收等措施,并应当及时向国务院证券监督管理机构报告并公告。

证券交易所对其依照本条规定采取措施造成的损失,不承担民事赔偿责任,但存在重大过错的除外。

第一百一十二条 证券交易所对证券交易实行实时监控,并按照国务院证券监督管理机构的要求,对异常的交易情况提出报告。

证券交易所根据需要,可以按照业务规则对出现重大异常交易情况的证券账户的投资者限制交易,并及时报告国务院证券监督管理机构。

第一百一十三条 证券交易所应当加强对证券交易的风险监测,出现重大异常波动的,证券交易所可以按照业务规则采取限制交易、强制停牌等处置措施,并向国务院证券监督管理机构报告;严重影响证券市场稳定的,证券交易所可以按照业务规则采取临时停市等处置措施并公告。

证券交易所对其依照本条规定采取措施造成的损失,不承担民事赔偿责任,但存在重大过错的除外。

第一百一十四条 证券交易所应当从其收取的交易费用和会员费、席位费中提取一定比例的金额设立风险基金。风险基金由证券交易所理事会管理。

风险基金提取的具体比例和使用办法,由国务院证券监督管理机构会同国务院财政部门规定。

证券交易所应当将收存的风险基金存入开户银行专门账户,不得擅自使用。

第一百一十五条 证券交易所依照法律、行政法规和国务院证券监督管理机构的规定,制定上市规则、交易规则、会员管理规则和其他有关业务规则,并报国务院证券监督管理机构批准。

在证券交易所从事证券交易,应当遵守证券交易所依法制定的业务规则。违反业务规则的,由证券交易所给予纪律处分或者采取其他自律管理措施。

第一百一十六条 证券交易所的负责人和其他从业人员执行与证券交易有关的职务时,与其本人或者其亲属有利害关系的,应当回避。

第一百一十七条 按照依法制定的交易规则进行的交易,不得改变其交易结果,但本法第一百一十一条第二款规定的除外。对交易中违规交易者应负的民事责任不得免除;在违规交易中所获利益,依照有关规定处理。

第八章 证券公司

第一百一十八条 设立证券公司,应当具备下列条件,并经国务院证券监督管理机构批准:

(一)有符合法律、行政法规规定的公司章程;

(二)主要股东及公司的实际控制人具有

良好的财务状况和诚信记录,最近三年无重大违法违规记录;

(三)有符合本法规定的公司注册资本;

(四)董事、监事、高级管理人员、从业人员符合本法规定的条件;

(五)有完善的风险管理与内部控制制度;

(六)有合格的经营场所、业务设施和信息技术系统;

(七)法律、行政法规和经国务院批准的国务院证券监督管理机构规定的其他条件。

未经国务院证券监督管理机构批准,任何单位和个人不得以证券公司名义开展证券业务活动。

第一百一十九条 国务院证券监督管理机构应当自受理证券公司设立申请之日起六个月内,依照法定条件和法定程序并根据审慎监管原则进行审查,作出批准或者不予批准的决定,并通知申请人;不予批准的,应当说明理由。

证券公司设立申请获得批准的,申请人应当在规定的期限内向公司登记机关申请设立登记,领取营业执照。

证券公司应当自领取营业执照之日起十五日内,向国务院证券监督管理机构申请经营证券业务许可证。未取得经营证券业务许可证,证券公司不得经营证券业务。

第一百二十条 经国务院证券监督管理机构核准,取得经营证券业务许可证,证券公司可以经营下列部分或者全部证券业务:

(一)证券经纪;

(二)证券投资咨询;

(三)与证券交易、证券投资活动有关的财务顾问;

(四)证券承销与保荐;

(五)证券融资融券;

(六)证券做市交易;

(七)证券自营;

(八)其他证券业务。

国务院证券监督管理机构应当自受理前款规定事项申请之日起三个月内,依照法定条件和程序进行审查,作出核准或者不予核准的决定,并通知申请人;不予核准的,应当说明理由。

证券公司经营证券资产管理业务的,应当符合《中华人民共和国证券投资基金法》等法律、行政法规的规定。

除证券公司外,任何单位和个人不得从事证券承销、证券保荐、证券经纪和证券融资融券业务。

证券公司从事证券融资融券业务,应当采取措施,严格防范和控制风险,不得违反规定向客户出借资金或者证券。

第一百二十一条 证券公司经营本法第一百二十条第一款第(一)项至第(三)项业务的,注册资本最低限额为人民币五千万元;经营第(四)项至第(八)项业务之一的,注册资本最低限额为人民币一亿元;经营第(四)项至第(八)项业务中两项以上的,注册资本最低限额为人民币五亿元。证券公司的注册资本应当是实缴资本。

国务院证券监督管理机构根据审慎监管原则和各项业务的风险程度,可以调整注册资本最低限额,但不得少于前款规定的限额。

第一百二十二条 证券公司变更证券业务范围,变更主要股东或者公司的实际控制人,合并、分立、停业、解散、破产,应当经国务院证券监督管理机构核准。

第一百二十三条 国务院证券监督管理机构应当对证券公司净资本和其他风险控制指标作出规定。

证券公司除依照规定为其客户提供融资融券外,不得为其股东或者股东的关联人提供融资或者担保。

第一百二十四条 证券公司的董事、监事、高级管理人员,应当正直诚实、品行良好,熟悉证券法律、行政法规,具有履行职责所需的经营管理能力。证券公司任免董事、监事、高级管理人员,应当报国务院证券监督管理机构备案。

有《中华人民共和国公司法》第一百四十六条规定的情形或者下列情形之一的,不得担任证券公司的董事、监事、高级管理人员:

(一)因违法行为或者违纪行为被解除职务的证券交易场所、证券登记结算机构的负责人或者证券公司的董事、监事、高级管理人员,自被解除职务之日起未逾五年;

(二) 因违法行为或者违纪行为被吊销执业证书或者被取消资格的律师、注册会计师或者其他证券服务机构的专业人员，自被吊销执业证书或者被取消资格之日起未逾五年。

第一百二十五条 证券公司从事证券业务的人员应当品行良好，具备从事证券业务所需的专业能力。

因违法行为或者违纪行为被开除的证券交易场所、证券公司、证券登记结算机构、证券服务机构的从业人员和被开除的国家机关工作人员，不得招聘为证券公司的从业人员。

国家机关工作人员和法律、行政法规规定的禁止在公司中兼职的其他人员，不得在证券公司中兼任职务。

第一百二十六条 国家设立证券投资者保护基金。证券投资者保护基金由证券公司缴纳的资金及其他依法筹集的资金组成，其规模以及筹集、管理和使用的具体办法由国务院规定。

第一百二十七条 证券公司从每年的业务收入中提取交易风险准备金，用于弥补证券经营的损失，其提取的具体比例由国务院证券监督管理机构会同国务院财政部门规定。

第一百二十八条 证券公司应当建立健全内部控制制度，采取有效隔离措施，防范公司与客户之间、不同客户之间的利益冲突。

证券公司必须将其证券经纪业务、证券承销业务、证券自营业务、证券做市业务和证券资产管理业务分开办理，不得混合操作。

第一百二十九条 证券公司的自营业务必须以自己的名义进行，不得假借他人名义或者以个人名义进行。

证券公司的自营业务必须使用自有资金和依法筹集的资金。

证券公司不得将其自营账户借给他人使用。

第一百三十条 证券公司应当依法审慎经营，勤勉尽责，诚实守信。

证券公司的业务活动，应当与其治理结构、内部控制、合规管理、风险管理以及风险控制指标、从业人员构成等情况相适应，符合审慎监管和保护投资者合法权益的要求。

证券公司依法享有自主经营的权利，其合法经营不受干涉。

第一百三十一条 证券公司客户的交易结算资金应当存放在商业银行，以每个客户的名义单独立户管理。

证券公司不得将客户的交易结算资金和证券归入其自有财产。禁止任何单位或者个人以任何形式挪用客户的交易结算资金和证券。证券公司破产或者清算时，客户的交易结算资金和证券不属于其破产财产或者清算财产。非因客户本身的债务或者法律规定的其他情形，不得查封、冻结、扣划或者强制执行客户的交易结算资金和证券。

第一百三十二条 证券公司办理经纪业务，应当置备统一制定的证券买卖委托书，供委托人使用。采取其他委托方式的，必须作出委托记录。

客户的证券买卖委托，不论是否成交，其委托记录应当按照规定的期限，保存于证券公司。

第一百三十三条 证券公司接受证券买卖的委托，应当根据委托书载明的证券名称、买卖数量、出价方式、价格幅度等，按照交易规则代理买卖证券，如实进行交易记录；买卖成交后，应当按照规定制作买卖成交报告单交付客户。

证券交易中确认交易行为及其交易结果的对账单必须真实，保证账面证券余额与实际持有的证券相一致。

第一百三十四条 证券公司办理经纪业务，不得接受客户的全权委托而决定证券买卖、选择证券种类、决定买卖数量或者买卖价格。

证券公司不得允许他人以证券公司的名义直接参与证券的集中交易。

第一百三十五条 证券公司不得对客户证券买卖的收益或者赔偿证券买卖的损失作出承诺。

第一百三十六条 证券公司的从业人员在证券交易活动中，执行所属的证券公司的指令或者利用职务违反交易规则的，由所属的证券公司承担全部责任。

证券公司的从业人员不得私下接受客户委托买卖证券。

第一百三十七条 证券公司应当建立客户信息查询制度，确保客户能够查询其账户信息、委托记录、交易记录以及其他与接受服务或者购买产品有关的重要信息。

证券公司应当妥善保存客户开户资料、委托记录、交易记录和与内部管理、业务经营有关的各项信息，任何人不得隐匿、伪造、篡改或者毁损。上述信息的保存期限不得少于二十年。

第一百三十八条 证券公司应当按照规定向国务院证券监督管理机构报送业务、财务等经营管理信息和资料。国务院证券监督管理机构有权要求证券公司及其主要股东、实际控制人在指定的期限内提供有关信息、资料。

证券公司及其主要股东、实际控制人向国务院证券监督管理机构报送或者提供的信息、资料，必须真实、准确、完整。

第一百三十九条 国务院证券监督管理机构认为有必要时，可以委托会计师事务所、资产评估机构对证券公司的财务状况、内部控制状况、资产价值进行审计或者评估。具体办法由国务院证券监督管理机构会同有关主管部门制定。

第一百四十条 证券公司的治理结构、合规管理、风险控制指标不符合规定的，国务院证券监督管理机构应当责令其限期改正；逾期未改正，或者其行为严重危及该证券公司的稳健运行、损害客户合法权益的，国务院证券监督管理机构可以区别情形，对其采取下列措施：

（一）限制业务活动，责令暂停部分业务，停止核准新业务；

（二）限制分配红利，限制向董事、监事、高级管理人员支付报酬、提供福利；

（三）限制转让财产或者在财产上设定其他权利；

（四）责令更换董事、监事、高级管理人员或者限制其权利；

（五）撤销有关业务许可；

（六）认定负有责任的董事、监事、高级管理人员为不适当人选；

（七）责令负有责任的股东转让股权，限制负有责任的股东行使股东权利。

证券公司整改后，应当向国务院证券监督管理机构提交报告。国务院证券监督管理机构经验收，治理结构、合规管理、风险控制指标符合规定的，应当自验收完毕之日起三日内解除对其采取的前款规定的有关限制措施。

第一百四十一条 证券公司的股东有虚假出资、抽逃出资行为的，国务院证券监督管理机构应当责令其限期改正，并可责令其转让所持证券公司的股权。

在前款规定的股东按照要求改正违法行为、转让所持证券公司的股权前，国务院证券监督管理机构可以限制其股东权利。

第一百四十二条 证券公司的董事、监事、高级管理人员未能勤勉尽责，而使证券公司存在重大违法违规行为或者重大风险的，国务院证券监督管理机构可以责令证券公司予以更换。

第一百四十三条 证券公司违法经营或者出现重大风险，严重危害证券市场秩序、损害投资者利益的，国务院证券监督管理机构可以对该证券公司采取责令停业整顿、指定其他机构托管、接管或者撤销等监管措施。

第一百四十四条 在证券公司被责令停业整顿、被依法指定托管、接管或者清算期间，或者出现重大风险时，经国务院证券监督管理机构批准，可以对该证券公司直接负责的董事、监事、高级管理人员和其他直接责任人员采取以下措施：

（一）通知出入境管理机关依法阻止其出境；

（二）申请司法机关禁止其转移、转让或者以其他方式处分财产，或者在财产上设定其他权利。

第九章　证券登记结算机构

第一百四十五条 证券登记结算机构为证券交易提供集中登记、存管与结算服务，不以营利为目的，依法登记，取得法人资格。

设立证券登记结算机构必须经国务院证券监督管理机构批准。

第一百四十六条 设立证券登记结算机构，应当具备下列条件：

（一）自有资金不少于人民币二亿元；

（二）具有证券登记、存管和结算服务所必须的场所和设施；

（三）国务院证券监督管理机构规定的其他条件。

证券登记结算机构的名称中应当标明证券登记结算字样。

第一百四十七条 证券登记结算机构履行下列职能：

（一）证券账户、结算账户的设立；

（二）证券的存管和过户；

（三）证券持有人名册登记；

（四）证券交易的清算和交收；

（五）受发行人的委托派发证券权益；

（六）办理与上述业务有关的查询、信息服务；

（七）国务院证券监督管理机构批准的其他业务。

第一百四十八条 在证券交易所和国务院批准的其他全国性证券交易场所交易的证券的登记结算，应当采取全国集中统一的运营方式。

前款规定以外的证券，其登记、结算可以委托证券登记结算机构或者其他依法从事证券登记、结算业务的机构办理。

第一百四十九条 证券登记结算机构应当依法制定章程和业务规则，并经国务院证券监督管理机构批准。证券登记结算业务参与人应当遵守证券登记结算机构制定的业务规则。

第一百五十条 在证券交易所或者国务院批准的其他全国性证券交易场所交易的证券，应当全部存管在证券登记结算机构。

证券登记结算机构不得挪用客户的证券。

第一百五十一条 证券登记结算机构应当向证券发行人提供证券持有人名册及有关资料。

证券登记结算机构应当根据证券登记结算的结果，确认证券持有人持有证券的事实，提供证券持有人登记资料。

证券登记结算机构应当保证证券持有人名册和登记过户记录真实、准确、完整，不得隐匿、伪造、篡改或者毁损。

第一百五十二条 证券登记结算机构应当采取下列措施保证业务的正常进行：

（一）具有必备的服务设备和完善的数据安全保护措施；

（二）建立完善的业务、财务和安全防范等管理制度；

（三）建立完善的风险管理系统。

第一百五十三条 证券登记结算机构应当妥善保存登记、存管和结算的原始凭证及有关文件和资料。其保存期限不得少于二十年。

第一百五十四条 证券登记结算机构应当设立证券结算风险基金，用于垫付或者弥补因违约交收、技术故障、操作失误、不可抗力造成的证券登记结算机构的损失。

证券结算风险基金从证券登记结算机构的业务收入和收益中提取，并可以由结算参与人按照证券交易业务量的一定比例缴纳。

证券结算风险基金的筹集、管理办法，由国务院证券监督管理机构会同国务院财政部门规定。

第一百五十五条 证券结算风险基金应当存入指定银行的专门账户，实行专项管理。

证券登记结算机构以证券结算风险基金赔偿后，应当向有关责任人追偿。

第一百五十六条 证券登记结算机构申请解散，应当经国务院证券监督管理机构批准。

第一百五十七条 投资者委托证券公司进行证券交易，应当通过证券公司申请在证券登记结算机构开立证券账户。证券登记结算机构应当按照规定为投资者开立证券账户。

投资者申请开立账户，应当持有证明中华人民共和国公民、法人、合伙企业身份的合法证件。国家另有规定的除外。

第一百五十八条 证券登记结算机构作为中央对手方提供证券结算服务的，是结算参与人共同的清算交收对手，进行净额结算，为证券交易提供集中履约保障。

证券登记结算机构为证券交易提供净额结算服务时，应当要求结算参与人按照货银对付的原则，足额交付证券和资金，并提供交收担保。

在交收完成之前，任何人不得动用用于交收的证券、资金和担保物。

结算参与人未按时履行交收义务的，证券登记结算机构有权按照业务规则处理前款所述财产。

第一百五十九条 证券登记结算机构按照业务

规则收取的各类结算资金和证券,必须存放于专门的清算交收账户,只能按业务规则用于已成交的证券交易的清算交收,不得被强制执行。

第十章　证券服务机构

第一百六十条　会计师事务所、律师事务所以及从事证券投资咨询、资产评估、资信评级、财务顾问、信息技术系统服务的证券服务机构,应当勤勉尽责、恪尽职守,按照相关业务规则为证券的交易及相关活动提供服务。

从事证券投资咨询服务业务,应当经国务院证券监督管理机构核准;未经核准,不得为证券的交易及相关活动提供服务。从事其他证券服务业务,应当报国务院证券监督管理机构和国务院有关主管部门备案。

第一百六十一条　证券投资咨询机构及其从业人员从事证券服务业务不得有下列行为:

（一）代理委托人从事证券投资;

（二）与委托人约定分享证券投资收益或者分担证券投资损失;

（三）买卖本证券投资咨询机构提供服务的证券;

（四）法律、行政法规禁止的其他行为。

有前款所列行为之一,给投资者造成损失的,应当依法承担赔偿责任。

第一百六十二条　证券服务机构应当妥善保存客户委托文件、核查和验证资料、工作底稿以及与质量控制、内部管理、业务经营有关的信息和资料,任何人不得泄露、隐匿、伪造、篡改或者毁损。上述信息和资料的保存期限不得少于十年,自业务委托结束之日起算。

第一百六十三条　证券服务机构为证券的发行、上市、交易等证券业务活动制作、出具审计报告及其他鉴证报告、资产评估报告、财务顾问报告、资信评级报告或者法律意见书等文件,应当勤勉尽责,对所依据的文件资料内容的真实性、准确性、完整性进行核查和验证。其制作、出具的文件有虚假记载、误导性陈述或者重大遗漏,给他人造成损失的,应当与委托人承担连带赔偿责任,但是能够证明自己没有过错的除外。

第十一章　证券业协会

第一百六十四条　证券业协会是证券业的自律性组织,是社会团体法人。

证券公司应当加入证券业协会。

证券业协会的权力机构为全体会员组成的会员大会。

第一百六十五条　证券业协会章程由会员大会制定,并报国务院证券监督管理机构备案。

第一百六十六条　证券业协会履行下列职责:

（一）教育和组织会员及其从业人员遵守证券法律、行政法规,组织开展证券行业诚信建设,督促证券行业履行社会责任;

（二）依法维护会员的合法权益,向证券监督管理机构反映会员的建议和要求;

（三）督促会员开展投资者教育和保护活动,维护投资者合法权益;

（四）制定和实施证券行业自律规则,监督、检查会员及其从业人员行为,对违反法律、行政法规、自律规则或者协会章程的,按照规定给予纪律处分或者实施其他自律管理措施;

（五）制定证券行业业务规范,组织从业人员的业务培训;

（六）组织会员就证券行业的发展、运作及有关内容进行研究,收集整理、发布证券相关信息,提供会员服务,组织行业交流,引导行业创新发展;

（七）对会员之间、会员与客户之间发生的证券业务纠纷进行调解;

（八）证券业协会章程规定的其他职责。

第一百六十七条　证券业协会设理事会。理事会成员依章程的规定由选举产生。

第十二章　证券监督管理机构

第一百六十八条　国务院证券监督管理机构依法对证券市场实行监督管理,维护证券市场公开、公平、公正,防范系统性风险,维护投资者合法权益,促进证券市场健康发展。

第一百六十九条　国务院证券监督管理机构在对证券市场实施监督管理中履行下列职责:

（一）依法制定有关证券市场监督管理的规章、规则,并依法进行审批、核准、注册,办理备案；

（二）依法对证券的发行、上市、交易、登记、存管、结算等行为，进行监督管理；

（三）依法对证券发行人、证券公司、证券服务机构、证券交易场所、证券登记结算机构的证券业务活动，进行监督管理；

（四）依法制定从事证券业务人员的行为准则，并监督实施；

（五）依法监督检查证券发行、上市、交易的信息披露；

（六）依法对证券业协会的自律管理活动进行指导和监督；

（七）依法监测并防范、处置证券市场风险；

（八）依法开展投资者教育；

（九）依法对证券违法行为进行查处；

（十）法律、行政法规规定的其他职责。

第一百七十条 国务院证券监督管理机构依法履行职责，有权采取下列措施：

（一）对证券发行人、证券公司、证券服务机构、证券交易场所、证券登记结算机构进行现场检查；

（二）进入涉嫌违法行为发生场所调查取证；

（三）询问当事人和与被调查事件有关的单位和个人，要求其对与被调查事件有关的事项作出说明；或者要求其按照指定的方式报送与被调查事件有关的文件和资料；

（四）查阅、复制与被调查事件有关的财产权登记、通讯记录等文件和资料；

（五）查阅、复制当事人和与被调查事件有关的单位和个人的证券交易记录、登记过户记录、财务会计资料及其他相关文件和资料；对可能被转移、隐匿或者毁损的文件和资料，可以予以封存、扣押；

（六）查询当事人和与被调查事件有关的单位和个人的资金账户、证券账户、银行账户以及其他具有支付、托管、结算等功能的账户信息，可以对有关文件和资料进行复制；对有证据证明已经或者可能转移或者隐匿违法资金、证券等涉案财产或者隐匿、伪造、毁损重要证据的，经国务院证券监督管理机构主要负责人或者其授权的其他负责人批准，可以冻结或者查封，期限为六个月；因特殊原因需要延长的，每次延长期限不得超过三个月，冻结、查封期限最长不得超过二年；

（七）在调查操纵证券市场、内幕交易等重大证券违法行为时，经国务院证券监督管理机构主要负责人或者其授权的其他负责人批准，可以限制被调查的当事人的证券买卖，但限制的期限不得超过三个月；案情复杂的，可以延长三个月；

（八）通知出入境管理机关依法阻止涉嫌违法人员、涉嫌违法单位的主管人员和其他直接责任人员出境。

为防范证券市场风险，维护市场秩序，国务院证券监督管理机构可以采取责令改正、监管谈话、出具警示函等措施。

第一百七十一条 国务院证券监督管理机构对涉嫌证券违法的单位或者个人进行调查期间，被调查的当事人书面申请，承诺在国务院证券监督管理机构认可的期限内纠正涉嫌违法行为，赔偿有关投资者损失，消除损害或者不良影响的，国务院证券监督管理机构可以决定中止调查。被调查的当事人履行承诺的，国务院证券监督管理机构可以决定终止调查；被调查的当事人未履行承诺或者有国务院规定的其他情形的，应当恢复调查。具体办法由国务院规定。

国务院证券监督管理机构决定中止或者终止调查的，应当按照规定公开相关信息。

第一百七十二条 国务院证券监督管理机构依法履行职责，进行监督检查或者调查，其监督检查、调查的人员不得少于二人，并应当出示合法证件和监督检查、调查通知书或者其他执法文书。监督检查、调查的人员少于二人或者未出示合法证件和监督检查、调查通知书或者其他执法文书的，被检查、调查的单位和个人有权拒绝。

第一百七十三条 国务院证券监督管理机构依法履行职责，被检查、调查的单位和个人应当配合，如实提供有关文件和资料，不得拒绝、阻碍和隐瞒。

第一百七十四条 国务院证券监督管理机构制

定的规章、规则和监督管理工作制度应当依法公开。

国务院证券监督管理机构依据调查结果,对证券违法行为作出的处罚决定,应当公开。

第一百七十五条 国务院证券监督管理机构应当与国务院其他金融监督管理机构建立监督管理信息共享机制。

国务院证券监督管理机构依法履行职责,进行监督检查或者调查时,有关部门应当予以配合。

第一百七十六条 对涉嫌证券违法、违规行为,任何单位和个人有权向国务院证券监督管理机构举报。

对涉嫌重大违法、违规行为的实名举报线索经查证属实的,国务院证券监督管理机构按照规定给予举报人奖励。

国务院证券监督管理机构应当对举报人的身份信息保密。

第一百七十七条 国务院证券监督管理机构可以和其他国家或者地区的证券监督管理机构建立监督管理合作机制,实施跨境监督管理。

境外证券监督管理机构不得在中华人民共和国境内直接进行调查取证等活动。未经国务院证券监督管理机构和国务院有关主管部门同意,任何单位和个人不得擅自向境外提供与证券业务活动有关的文件和资料。

第一百七十八条 国务院证券监督管理机构依法履行职责,发现证券违法行为涉嫌犯罪的,应当依法将案件移送司法机关处理;发现公职人员涉嫌职务违法或者职务犯罪的,应当依法移送监察机关处理。

第一百七十九条 国务院证券监督管理机构工作人员必须忠于职守、依法办事、公正廉洁,不得利用职务便利牟取不正当利益,不得泄露所知悉的有关单位和个人的商业秘密。

国务院证券监督管理机构工作人员在任职期间,或者离职后在《中华人民共和国公务员法》规定的期限内,不得到与原工作业务直接相关的企业或者其他营利性组织任职,不得从事与原工作业务直接相关的营利性活动。

第十三章 法律责任

第一百八十条 违反本法第九条的规定,擅自公开或者变相公开发行证券的,责令停止发行,退还所募资金并加算银行同期存款利息,处以非法所募资金金额百分之五以上百分之五十以下的罚款;对擅自公开或者变相公开发行证券设立的公司,由依法履行监督管理职责的机构或者部门会同县级以上地方人民政府予以取缔。对直接负责的主管人员和其他直接责任人员给予警告,并处以五十万元以上五百万元以下的罚款。

第一百八十一条 发行人在其公告的证券发行文件中隐瞒重要事实或者编造重大虚假内容,尚未发行证券的,处以二百万元以上二千万元以下的罚款;已经发行证券的,处以非法所募资金金额百分之十以上一倍以下的罚款。对直接负责的主管人员和其他直接责任人员,处以一百万元以上一千万元以下的罚款。

发行人的控股股东、实际控制人组织、指使从事前款违法行为的,没收违法所得,并处以违法所得百分之十以上一倍以下的罚款;没有违法所得或者违法所得不足二千万元的,处以二百万元以上二千万元以下的罚款。对直接负责的主管人员和其他直接责任人员,处以一百万元以上一千万元以下的罚款。

第一百八十二条 保荐人出具有虚假记载、误导性陈述或者重大遗漏的保荐书,或者不履行其他法定职责的,责令改正,给予警告,没收业务收入,并处以业务收入一倍以上十倍以下的罚款;没有业务收入或者业务收入不足一百万元的,处以一百万元以上一千万元以下的罚款;情节严重的,并处暂停或者撤销保荐业务许可。对直接负责的主管人员和其他直接责任人员给予警告,并处以五十万元以上五百万元以下的罚款。

第一百八十三条 证券公司承销或者销售擅自公开发行或者变相公开发行的证券的,责令停止承销或者销售,没收违法所得,并处以违法所得一倍以上十倍以下的罚款;没有违法所得或者违法所得不足一百万元的,处以一百万元以上一千万元以下的罚款;情节严重的,并处暂停或者撤销相关业务许可。给投资者造成损失的,应当与发行人承担连带赔偿责任。对直接负责的主管人员和其他直接责任人员给予警告,并处以五十万元以上五百万元以下的罚款。

第一百八十四条 证券公司承销证券违反本法第二十九条规定的,责令改正,给予警告,没收违法所得,可以并处五十万元以上五百万元以下的罚款;情节严重的,暂停或者撤销相关业务许可。对直接负责的主管人员和其他直接责任人员给予警告,可以并处二十万元以上二百万元以下的罚款;情节严重的,并处以五十万元以上五百万元以下的罚款。

第一百八十五条 发行人违反本法第十四条、第十五条的规定擅自改变公开发行证券所募集资金的用途的,责令改正,处以五十万元以上五百万元以下的罚款;对直接负责的主管人员和其他直接责任人员给予警告,并处以十万元以上一百万元以下的罚款。

发行人的控股股东、实际控制人从事或者组织、指使从事前款违法行为的,给予警告,并处以五十万元以上五百万元以下的罚款;对直接负责的主管人员和其他直接责任人员,处以十万元以上一百万元以下的罚款。

第一百八十六条 违反本法第三十六条的规定,在限制转让期内转让证券,或者转让股票不符合法律、行政法规和国务院证券监督管理机构规定的,责令改正,给予警告,没收违法所得,并处以买卖证券等值以下的罚款。

第一百八十七条 法律、行政法规规定禁止参与股票交易的人员,违反本法第四十条的规定,直接或者以化名、借他人名义持有、买卖股票或者其他具有股权性质的证券的,责令依法处理非法持有的股票、其他具有股权性质的证券,没收违法所得,并处以买卖证券等值以下的罚款;属于国家工作人员的,还应当依法给予处分。

第一百八十八条 证券服务机构及其从业人员,违反本法第四十二条的规定买卖证券的,责令依法处理非法持有的证券,没收违法所得,并处以买卖证券等值以下的罚款。

第一百八十九条 上市公司、股票在国务院批准的其他全国性证券交易场所交易的公司的董事、监事、高级管理人员、持有该公司百分之五以上股份的股东,违反本法第四十四条的规定,买卖该公司股票或者其他具有股权性质的证券的,给予警告,并处以十万元以上一百万元以下的罚款。

第一百九十条 违反本法第四十五条的规定,采取程序化交易影响证券交易所系统安全或者正常交易秩序的,责令改正,并处以五十万元以上五百万元以下的罚款。对直接负责的主管人员和其他直接责任人员给予警告,并处以十万元以上一百万元以下的罚款。

第一百九十一条 证券交易内幕信息的知情人或者非法获取内幕信息的人违反本法第五十三条的规定从事内幕交易的,责令依法处理非法持有的证券,没收违法所得,并处以违法所得一倍以上十倍以下的罚款;没有违法所得或者违法所得不足五十万元的,处以五十万元以上五百万元以下的罚款。单位从事内幕交易的,还应当对直接负责的主管人员和其他直接责任人员给予警告,并处以二十万元以上二百万元以下的罚款。国务院证券监督管理机构工作人员从事内幕交易的,从重处罚。

违反本法第五十四条的规定,利用未公开信息进行交易的,依照前款的规定处罚。

第一百九十二条 违反本法第五十五条的规定,操纵证券市场的,责令依法处理其非法持有的证券,没收违法所得,并处以违法所得一倍以上十倍以下的罚款;没有违法所得或者违法所得不足一百万元的,处以一百万元以上一千万元以下的罚款。单位操纵证券市场的,还应当对直接负责的主管人员和其他直接责任人员给予警告,并处以五十万元以上五百万元以下的罚款。

第一百九十三条 违反本法第五十六条第一款、第三款的规定,编造、传播虚假信息或者误导性信息,扰乱证券市场的,没收违法所得,并处以违法所得一倍以上十倍以下的罚款;没有违法所得或者违法所得不足二十万元的,处以二十万元以上二百万元以下的罚款。

违反本法第五十六条第二款的规定,在证券交易活动中作出虚假陈述或者信息误导的,责令改正,处以二十万元以上二百万元以下的罚款;属于国家工作人员的,还应当依法给予处分。

传播媒介及其从事证券市场信息报道的工作人员违反本法第五十六条第三款的规定,从事与其工作职责发生利益冲突的证券买卖的,没收违法所得,并处以买卖证券等值以下的罚款。

第一百九十四条 证券公司及其从业人员违反本法第五十七条的规定,有损害客户利益的行为的,给予警告,没收违法所得,并处以违法所得一倍以上十倍以下的罚款;没有违法所得或者违法所得不足十万元的,处以十万元以上一百万元以下的罚款;情节严重的,暂停或者撤销相关业务许可。

第一百九十五条 违反本法第五十八条的规定,出借自己的证券账户或者借用他人的证券账户从事证券交易的,责令改正,给予警告,可以处五十万元以下的罚款。

第一百九十六条 收购人未按照本法规定履行上市公司收购的公告、发出收购要约义务的,责令改正,给予警告,并处以五十万元以上五百万元以下的罚款。对直接负责的主管人员和其他直接责任人员给予警告,并处以二十万元以上二百万元以下的罚款。

收购人及其控股股东、实际控制人利用上市公司收购,给被收购公司及其股东造成损失的,应当依法承担赔偿责任。

第一百九十七条 信息披露义务人未按照本法规定报送有关报告或者履行信息披露义务的,责令改正,给予警告,并处以五十万元以上五百万元以下的罚款;对直接负责的主管人员和其他直接责任人员给予警告,并处以二十万元以上二百万元以下的罚款。发行人的控股股东、实际控制人组织、指使从事上述违法行为,或者隐瞒相关事项导致发生上述情形的,处以五十万元以上五百万元以下的罚款;对直接负责的主管人员和其他直接责任人员,处以二十万元以上二百万元以下的罚款。

信息披露义务人报送的报告或者披露的信息有虚假记载、误导性陈述或者重大遗漏的,责令改正,给予警告,并处以一百万元以上一千万元以下的罚款;对直接负责的主管人员和其他直接责任人员给予警告,并处以五十万元以上五百万元以下的罚款。发行人的控股股东、实际控制人组织、指使从事上述违法行为,或者隐瞒相关事项导致发生上述情形的,处以一百万元以上一千万元以下的罚款;对直接负责的主管人员和其他直接责任人员,处以五十万元以上五百万元以下的罚款。

第一百九十八条 证券公司违反本法第八十八条的规定未履行或者未按照规定履行投资者适当性管理义务的,责令改正,给予警告,并处以十万元以上一百万元以下的罚款。对直接负责的主管人员和其他直接责任人员给予警告,并处以二十万元以下的罚款。

第一百九十九条 违反本法第九十条的规定征集股东权利的,责令改正,给予警告,可以处五十万元以下的罚款。

第二百条 非法开设证券交易场所的,由县级以上人民政府予以取缔,没收违法所得,并处以违法所得一倍以上十倍以下的罚款;没有违法所得或者违法所得不足一百万元的,处以一百万元以上一千万元以下的罚款。对直接负责的主管人员和其他直接责任人员给予警告,并处以二十万元以上二百万元以下的罚款。

证券交易所违反本法第一百零五条的规定,允许非会员直接参与股票的集中交易的,责令改正,可以并处五十万元以下的罚款。

第二百零一条 证券公司违反本法第一百零七条第一款的规定,未对投资者开立账户提供的身份信息进行核对的,责令改正,给予警告,并处以五万元以上五十万元以下的罚款。对直接负责的主管人员和其他直接责任人员给予警告,并处以十万元以下的罚款。

证券公司违反本法第一百零七条第二款的规定,将投资者的账户提供给他人使用的,责令改正,给予警告,并处以十万元以上一百万元以下的罚款。对直接负责的主管人员和其他直接责任人员给予警告,并处以二十万元以下的罚款。

第二百零二条 违反本法第一百一十八条、第一百二十条第一款、第四款的规定,擅自设立证券公司、非法经营证券业务或者未经批准以证券公司名义开展证券业务活动的，责令改正，没收违法所得，并处以违法所得一倍以上十倍以下的罚款；没有违法所得或者违法所得不足一百万元的，处以一百万元以上一千万元以下的罚款。对直接负责的主管人员和其他直接责任人员给予警告，并处以二十万元以上二百万元以下的罚款。对擅自设立的证券公司，由国务院证券监督管理机构予以取缔。

证券公司违反本法第一百二十条第五款规定提供证券融资融券服务的，没收违法所得，并处以融资融券等值以下的罚款；情节严重的，禁止其在一定期限内从事证券融资融券业务。对直接负责的主管人员和其他直接责任人员给予警告，并处以二十万元以上二百万元以下的罚款。

第二百零三条 提交虚假证明文件或者采取其他欺诈手段骗取证券公司设立许可、业务许可或者重大事项变更核准的，撤销相关许可，并处以一百万元以上一千万元以下的罚款。对直接负责的主管人员和其他直接责任人员给予警告，并处以二十万元以上二百万元以下的罚款。

第二百零四条 证券公司违反本法第一百二十二条的规定，未经核准变更证券业务范围，变更主要股东或者公司的实际控制人，合并、分立、停业、解散、破产的，责令改正，给予警告，没收违法所得，并处以违法所得一倍以上十倍以下的罚款；没有违法所得或者违法所得不足五十万元的，处以五十万元以上五百万元以下的罚款；情节严重的，并处撤销相关业务许可。对直接负责的主管人员和其他直接责任人员给予警告，并处以二十万元以上二百万元以下的罚款。

第二百零五条 证券公司违反本法第一百二十三条第二款的规定，为其股东或者股东的关联人提供融资或者担保的，责令改正，并处以五十万元以上五百万元以下的罚款。对直接负责的主管人员和其他直接责任人员给予警告，并处以十万元以上一百万元以下的罚款。股东有过错的，在按照要求改正前，国务院证券监督管理机构可以限制其股东权利；拒不改正的，可以责令其转让所持证券公司股权。

第二百零六条 证券公司违反本法第一百二十八条的规定，未采取有效隔离措施防范利益冲突，或者未分开办理相关业务、混合操作的，责令改正，给予警告，没收违法所得，并处以违法所得一倍以上十倍以下的罚款；没有违法所得或者违法所得不足五十万元的，处以五十万元以上五百万元以下的罚款；情节严重的，并处撤销相关业务许可。对直接负责的主管人员和其他直接责任人员给予警告，并处以二十万元以上二百万元以下的罚款。

第二百零七条 证券公司违反本法第一百二十九条的规定从事证券自营业务的，责令改正，给予警告，没收违法所得，并处以违法所得一倍以上十倍以下的罚款；没有违法所得或者违法所得不足五十万元的，处以五十万元以上五百万元以下的罚款；情节严重的，并处撤销相关业务许可或者责令关闭。对直接负责的主管人员和其他直接责任人员给予警告，并处以二十万元以上二百万元以下的罚款。

第二百零八条 违反本法第一百三十一条的规定，将客户的资金和证券归入自有财产，或者挪用客户的资金和证券的，责令改正，给予警告，没收违法所得，并处以违法所得一倍以上十倍以下的罚款；没有违法所得或者违法所得不足一百万元的，处以一百万元以上一千万元以下的罚款；情节严重的，并处撤销相关业务许可或者责令关闭。对直接负责的主管人员和其他直接责任人员给予警告，并处以五十万元以上五百万元以下的罚款。

第二百零九条 证券公司违反本法第一百三十四条第一款的规定接受客户的全权委托买卖证券的，或者违反本法第一百三十五条的规定对客户的收益或者赔偿客户的损失作出承诺的，责令改正，给予警告，没收违法所得，并处以违法所得一倍以上十倍以下的罚款；没有违法所得或者违法所得不足五十万元的，处以五十万元以上五百万元以下的罚款；情节严重的，并处撤销相关业务许可。对直接负责的主管人员和其他直接责任人员给予警告，并处以二十万元以上二百万元以下的罚款。

证券公司违反本法第一百三十四条第二款的规定,允许他人以证券公司的名义直接参与证券的集中交易的,责令改正,可以并处五十万元以下的罚款。

第二百一十条 证券公司的从业人员违反本法第一百三十六条的规定,私下接受客户委托买卖证券的,责令改正,给予警告,没收违法所得,并处以违法所得一倍以上十倍以下的罚款;没有违法所得的,处以五十万元以下的罚款。

第二百一十一条 证券公司及其主要股东、实际控制人违反本法第一百三十八条的规定,未报送、提供信息和资料,或者报送、提供的信息和资料有虚假记载、误导性陈述或者重大遗漏的,责令改正,给予警告,并处以一百万元以下的罚款;情节严重的,并处撤销相关业务许可。对直接负责的主管人员和其他直接责任人员,给予警告,并处以五十万元以下的罚款。

第二百一十二条 违反本法第一百四十五条的规定,擅自设立证券登记结算机构的,由国务院证券监督管理机构予以取缔,没收违法所得,并处以违法所得一倍以上十倍以下的罚款;没有违法所得或者违法所得不足五十万元的,处以五十万元以上五百万元以下的罚款。对直接负责的主管人员和其他直接责任人员给予警告,并处以二十万元以上二百万元以下的罚款。

第二百一十三条 证券投资咨询机构违反本法第一百六十条第二款的规定擅自从事证券服务业务,或者从事证券服务业务有本法第一百六十一条规定行为的,责令改正,没收违法所得,并处以违法所得一倍以上十倍以下的罚款;没有违法所得或违法所得不足五十万元的,处以五十万元以上五百万元以下的罚款。对直接负责的主管人员和其他直接责任人员,给予警告,并处以二十万元以上二百万元以下的罚款。

会计师事务所、律师事务所以及从事资产评估、资信评级、财务顾问、信息技术系统服务的机构违反本法第一百六十条第二款的规定,从事证券服务业务未报备案的,责令改正,可以处二十万元以下的罚款。

证券服务机构违反本法第一百六十三条的规定,未勤勉尽责,所制作、出具的文件有虚假记载、误导性陈述或者重大遗漏的,责令改正,没收业务收入,并处以业务收入一倍以上十倍以下的罚款,没有业务收入或者业务收入不足五十万元的,处以五十万元以上五百万元以下的罚款;情节严重的,并处暂停或者禁止从事证券服务业务。对直接负责的主管人员和其他直接责任人员给予警告,并处以二十万元以上二百万元以下的罚款。

第二百一十四条 发行人、证券登记结算机构、证券公司、证券服务机构未按照规定保存有关文件和资料的,责令改正,给予警告,并处以十万元以上一百万元以下的罚款;泄露、隐匿、伪造、篡改或者毁损有关文件和资料的,给予警告,并处以二十万元以上二百万元以下的罚款;情节严重的,处以五十万元以上五百万元以下的罚款,并处暂停、撤销相关业务许可或者禁止从事相关业务。对直接负责的主管人员和其他直接责任人员给予警告,并处以十万元以上一百万元以下的罚款。

第二百一十五条 国务院证券监督管理机构依法将有关市场主体遵守本法的情况纳入证券市场诚信档案。

第二百一十六条 国务院证券监督管理机构或者国务院授权的部门有下列情形之一的,对直接负责的主管人员和其他直接责任人员,依法给予处分:

(一)对不符合本法规定的发行证券、设立证券公司等申请予以核准、注册、批准的;

(二)违反本法规定采取现场检查、调查取证、查询、冻结或者查封等措施的;

(三)违反本法规定对有关机构和人员采取监督管理措施的;

(四)违反本法规定对有关机构和人员实施行政处罚的;

(五)其他不依法履行职责的行为。

第二百一十七条 国务院证券监督管理机构或者国务院授权的部门的工作人员,不履行本法规定的职责,滥用职权、玩忽职守,利用职务便利牟取不正当利益,或者泄露所知悉的有关单位和个人的商业秘密的,依法追究法律责任。

第二百一十八条 拒绝、阻碍证券监督管理机构及其工作人员依法行使监督检查、调查职权,由证券监督管理机构责令改正,处以十万元以上一百万元以下的罚款,并由公安机关依法给予治安管理处罚。

第二百一十九条 违反本法规定,构成犯罪的,依法追究刑事责任。

第二百二十条 违反本法规定,应当承担民事赔偿责任和缴纳罚款、罚金、违法所得,违法行为人的财产不足以支付的,优先用于承担民事赔偿责任。

第二百二十一条 违反法律、行政法规或者国务院证券监督管理机构的有关规定,情节严重的,国务院证券监督管理机构可以对有关责任人员采取证券市场禁入的措施。

前款所称证券市场禁入,是指在一定期限内直至终身不得从事证券业务、证券服务业务,不得担任证券发行人的董事、监事、高级管理人员,或者一定期限内不得在证券交易所、国务院批准的其他全国性证券交易场所交易证券的制度。

第二百二十二条 依照本法收缴的罚款和没收的违法所得,全部上缴国库。

第二百二十三条 当事人对证券监督管理机构或者国务院授权的部门的处罚决定不服的,可以依法申请行政复议,或者依法直接向人民法院提起诉讼。

第十四章 附 则

第二百二十四条 境内企业直接或者间接到境外发行证券或者将其证券在境外上市交易,应当符合国务院的有关规定。

第二百二十五条 境内公司股票以外币认购和交易的,具体办法由国务院另行规定。

第二百二十六条 本法自2020年3月1日起施行。

中华人民共和国证券投资基金法

- 2003年10月28日第十届全国人民代表大会常务委员会第五次会议通过
- 2012年12月28日第十一届全国人民代表大会常务委员会第三十次会议修订
- 根据2015年4月24日第十二届全国人民代表大会常务委员会第十四次会议《关于修改〈中华人民共和国港口法〉等七部法律的决定》修正

第一章 总 则

第一条 为了规范证券投资基金活动,保护投资人及相关当事人的合法权益,促进证券投资基金和资本市场的健康发展,制定本法。

第二条 在中华人民共和国境内,公开或者非公开募集资金设立证券投资基金(以下简称基金),由基金管理人管理,基金托管人托管,为基金份额持有人的利益,进行证券投资活动,适用本法;本法未规定的,适用《中华人民共和国信托法》、《中华人民共和国证券法》和其他有关法律、行政法规的规定。

第三条 基金管理人、基金托管人和基金份额持有人的权利、义务,依照本法在基金合同中约定。

基金管理人、基金托管人依照本法和基金合同的约定,履行受托职责。

通过公开募集方式设立的基金(以下简称公开募集基金)的基金份额持有人按其所持基金份额享受收益和承担风险,通过非公开募集方式设立的基金(以下简称非公开募集基金)的收益分配和风险承担由基金合同约定。

第四条 从事证券投资基金活动,应当遵循自愿、公平、诚实信用的原则,不得损害国家利益和社会公共利益。

第五条 基金财产的债务由基金财产本身承担,基金份额持有人以其出资为限对基金财产的债务承担责任。但基金合同依照本法另有约定的,从其约定。

基金财产独立于基金管理人、基金托管人的固有财产。基金管理人、基金托管人不得将基金财产归入其固有财产。

基金管理人、基金托管人因基金财产的管理、运用或者其他情形而取得的财产和收益,归入基金财产。

基金管理人、基金托管人因依法解散、被依法撤销或者被依法宣告破产等原因进行清算的,基金财产不属于其清算财产。

第六条 基金财产的债权,不得与基金管理人、基金托管人固有财产的债务相抵销;不同基金财产的债权债务,不得相互抵销。

第七条 非因基金财产本身承担的债务,不得对基金财产强制执行。

第八条 基金财产投资的相关税收,由基金份额持有人承担,基金管理人或者其他扣缴义务人按照国家有关税收征收的规定代扣代缴。

第九条 基金管理人、基金托管人管理、运用基金财产,基金服务机构从事基金服务活动,应当恪尽职守,履行诚实信用、谨慎勤勉的义务。

基金管理人运用基金财产进行证券投资,应当遵守审慎经营规则,制定科学合理的投资策略和风险管理制度,有效防范和控制风险。

基金从业人员应当具备基金从业资格,遵守法律、行政法规,恪守职业道德和行为规范。

第十条 基金管理人、基金托管人和基金服务机构,应当依照本法成立证券投资基金行业协会(以下简称基金行业协会),进行行业自律,协调行业关系,提供行业服务,促进行业发展。

第十一条 国务院证券监督管理机构依法对证券投资基金活动实施监督管理;其派出机构依照授权履行职责。

第二章 基金管理人

第十二条 基金管理人由依法设立的公司或者合伙企业担任。

公开募集基金的基金管理人,由基金管理公司或者经国务院证券监督管理机构按照规定核准的其他机构担任。

第十三条 设立管理公开募集基金的基金管理公司,应当具备下列条件,并经国务院证券监督管理机构批准:

(一)有符合本法和《中华人民共和国公司法》规定的章程;

(二)注册资本不低于一亿元人民币,且必须为实缴货币资本;

(三)主要股东应当具有经营金融业务或者管理金融机构的良好业绩、良好的财务状况和社会信誉,资产规模达到国务院规定的标准,最近三年没有违法记录;

(四)取得基金从业资格的人员达到法定人数;

(五)董事、监事、高级管理人员具备相应的任职条件;

(六)有符合要求的营业场所、安全防范设施和与基金管理业务有关的其他设施;

(七)有良好的内部治理结构、完善的内部稽核监控制度、风险控制制度;

(八)法律、行政法规规定的和经国务院批准的国务院证券监督管理机构规定的其他条件。

第十四条 国务院证券监督管理机构应当自受理基金管理公司设立申请之日起六个月内依照本法第十三条规定的条件和审慎监管原则进行审查,作出批准或者不予批准的决定,并通知申请人;不予批准的,应当说明理由。

基金管理公司变更持有百分之五以上股权的股东,变更公司的实际控制人,或者变更其他重大事项,应当报经国务院证券监督管理机构批准。国务院证券监督管理机构应当自受理申请之日起六十日内作出批准或者不予批准的决定,并通知申请人;不予批准的,应当说明理由。

第十五条 有下列情形之一的,不得担任公开募集基金的基金管理人的董事、监事、高级管理人员和其他从业人员:

(一)因犯有贪污贿赂、渎职、侵犯财产罪或者破坏社会主义市场经济秩序罪,被判处刑罚的;

(二)对所任职的公司、企业因经营不善破产清算或者因违法被吊销营业执照负有个人责任的董事、监事、厂长、高级管理人员,自该公司、企业破产清算终结或者被吊销营业执照之日起未逾五年的;

(三)个人所负债务数额较大,到期未清偿的;

（四）因违法行为被开除的基金管理人、基金托管人、证券交易所、证券公司、证券登记结算机构、期货交易所、期货公司及其他机构的从业人员和国家机关工作人员；

（五）因违法行为被吊销执业证书或者被取消资格的律师、注册会计师和资产评估机构、验证机构的从业人员、投资咨询从业人员；

（六）法律、行政法规规定不得从事基金业务的其他人员。

第十六条 公开募集基金的基金管理人的董事、监事和高级管理人员，应当熟悉证券投资方面的法律、行政法规，具有三年以上与其所任职务相关的工作经历；高级管理人员还应当具备基金从业资格。

第十七条 公开募集基金的基金管理人的董事、监事、高级管理人员和其他从业人员，其本人、配偶、利害关系人进行证券投资，应当事先向基金管理人申报，并不得与基金份额持有人发生利益冲突。

公开募集基金的基金管理人应当建立前款规定人员进行证券投资的申报、登记、审查、处置等管理制度，并报国务院证券监督管理机构备案。

第十八条 公开募集基金的基金管理人的董事、监事、高级管理人员和其他从业人员，不得担任基金托管人或者其他基金管理人的任何职务，不得从事损害基金财产和基金份额持有人利益的证券交易及其他活动。

第十九条 公开募集基金的基金管理人应当履行下列职责：

（一）依法募集资金，办理基金份额的发售和登记事宜；

（二）办理基金备案手续；

（三）对所管理的不同基金财产分别管理、分别记账，进行证券投资；

（四）按照基金合同的约定确定基金收益分配方案，及时向基金份额持有人分配收益；

（五）进行基金会计核算并编制基金财务会计报告；

（六）编制中期和年度基金报告；

（七）计算并公告基金资产净值，确定基金份额申购、赎回价格；

（八）办理与基金财产管理业务活动有关的信息披露事项；

（九）按照规定召集基金份额持有人大会；

（十）保存基金财产管理业务活动的记录、账册、报表和其他相关资料；

（十一）以基金管理人名义，代表基金份额持有人利益行使诉讼权利或者实施其他法律行为；

（十二）国务院证券监督管理机构规定的其他职责。

第二十条 公开募集基金的基金管理人及其董事、监事、高级管理人员和其他从业人员不得有下列行为：

（一）将其固有财产或者他人财产混同于基金财产从事证券投资；

（二）不公平地对待其管理的不同基金财产；

（三）利用基金财产或者职务之便为基金份额持有人以外的人牟取利益；

（四）向基金份额持有人违规承诺收益或者承担损失；

（五）侵占、挪用基金财产；

（六）泄露因职务便利获取的未公开信息，利用该信息从事或者明示、暗示他人从事相关的交易活动；

（七）玩忽职守，不按照规定履行职责；

（八）法律、行政法规和国务院证券监督管理机构规定禁止的其他行为。

第二十一条 公开募集基金的基金管理人应当建立良好的内部治理结构，明确股东会、董事会、监事会和高级管理人员的职责权限，确保基金管理人独立运作。

公开募集基金的基金管理人可以实行专业人士持股计划，建立长效激励约束机制。

公开募集基金的基金管理人的股东、董事、监事和高级管理人员在行使权利或者履行职责时，应当遵循基金份额持有人利益优先的原则。

第二十二条 公开募集基金的基金管理人应当从管理基金的报酬中计提风险准备金。

公开募集基金的基金管理人因违法违规、违反基金合同等原因给基金财产或者基金份额持有人合法权益造成损失,应当承担赔偿责任的,可以优先使用风险准备金予以赔偿。

第二十三条 公开募集基金的基金管理人的股东、实际控制人应当按照国务院证券监督管理机构的规定及时履行重大事项报告义务,并不得有下列行为:

(一)虚假出资或者抽逃出资;

(二)未依法经股东会或者董事会决议擅自干预基金管理人的基金经营活动;

(三)要求基金管理人利用基金财产为自己或者他人牟取利益,损害基金份额持有人利益;

(四)国务院证券监督管理机构规定禁止的其他行为。

公开募集基金的基金管理人的股东、实际控制人有前款行为或者股东不再符合法定条件的,国务院证券监督管理机构应当责令其限期改正,并可视情节责令其转让所持有或者控制的基金管理人的股权。

在前款规定的股东、实际控制人按照要求改正违法行为、转让所持有或者控制的基金管理人的股权前,国务院证券监督管理机构可以限制有关股东行使股东权利。

第二十四条 公开募集基金的基金管理人违法违规,或者其内部治理结构、稽核监控和风险控制管理不符合规定的,国务院证券监督管理机构应当责令其限期改正;逾期未改正,或者其行为严重危及该基金管理人的稳健运行、损害基金份额持有人合法权益的,国务院证券监督管理机构可以区别情形,对其采取下列措施:

(一)限制业务活动,责令暂停部分或者全部业务;

(二)限制分配红利,限制向董事、监事、高级管理人员支付报酬、提供福利;

(三)限制转让固有财产或者在固有财产上设定其他权利;

(四)责令更换董事、监事、高级管理人员或者限制其权利;

(五)责令有关股东转让股权或者限制有关股东行使股东权利。

公开募集基金的基金管理人整改后,应当向国务院证券监督管理机构提交报告。国务院证券监督管理机构经验收,符合有关要求的,应当自验收完毕之日起三日内解除对其采取的有关措施。

第二十五条 公开募集基金的基金管理人的董事、监事、高级管理人员未能勤勉尽责,致使基金管理人存在重大违法违规行为或者重大风险的,国务院证券监督管理机构可以责令更换。

第二十六条 公开募集基金的基金管理人违法经营或者出现重大风险,严重危害证券市场秩序、损害基金份额持有人利益的,国务院证券监督管理机构可以对该基金管理人采取责令停业整顿、指定其他机构托管、接管、取消基金管理资格或者撤销等监管措施。

第二十七条 在公开募集基金的基金管理人被责令停业整顿、被依法指定托管、接管或者清算期间,或者出现重大风险时,经国务院证券监督管理机构批准,可以对该基金管理人直接负责的董事、监事、高级管理人员和其他直接责任人员采取下列措施:

(一)通知出境管理机关依法阻止其出境;

(二)申请司法机关禁止其转移、转让或者以其他方式处分财产,或者在财产上设定其他权利。

第二十八条 有下列情形之一的,公开募集基金的基金管理人职责终止:

(一)被依法取消基金管理资格;

(二)被基金份额持有人大会解任;

(三)依法解散、被依法撤销或者被依法宣告破产;

(四)基金合同约定的其他情形。

第二十九条 公开募集基金的基金管理人职责终止的,基金份额持有人大会应当在六个月内选任新基金管理人;新基金管理人产生前,由国务院证券监督管理机构指定临时基金管理人。

公开募集基金的基金管理人职责终止的,应当妥善保管基金管理业务资料,及时办理基金管理业务的移交手续,新基金管理人或者临时基金管理人应当及时接收。

第三十条 公开募集基金的基金管理人职责终

止的,应当按照规定聘请会计师事务所对基金财产进行审计,并将审计结果予以公告,同时报国务院证券监督管理机构备案。

第三十一条 对非公开募集基金的基金管理人进行规范的具体办法,由国务院金融监督管理机构依照本章的原则制定。

第三章 基金托管人

第三十二条 基金托管人由依法设立的商业银行或者其他金融机构担任。

商业银行担任基金托管人的,由国务院证券监督管理机构会同国务院银行业监督管理机构核准;其他金融机构担任基金托管人的,由国务院证券监督管理机构核准。

第三十三条 担任基金托管人,应当具备下列条件:

(一)净资产和风险控制指标符合有关规定;

(二)设有专门的基金托管部门;

(三)取得基金从业资格的专职人员达到法定人数;

(四)有安全保管基金财产的条件;

(五)有安全高效的清算、交割系统;

(六)有符合要求的营业场所、安全防范设施和与基金托管业务有关的其他设施;

(七)有完善的内部稽核监控制度和风险控制制度;

(八)法律、行政法规规定的和经国务院批准的国务院证券监督管理机构、国务院银行业监督管理机构规定的其他条件。

第三十四条 本法第十五条、第十七条、第十八条的规定,适用于基金托管人的专门基金托管部门的高级管理人员和其他从业人员。

本法第十六条的规定,适用于基金托管人的专门基金托管部门的高级管理人员。

第三十五条 基金托管人与基金管理人不得为同一机构,不得相互出资或者持有股份。

第三十六条 基金托管人应当履行下列职责:

(一)安全保管基金财产;

(二)按照规定开设基金财产的资金账户和证券账户;

(三)对所托管的不同基金财产分别设置账户,确保基金财产的完整与独立;

(四)保存基金托管业务活动的记录、账册、报表和其他相关资料;

(五)按照基金合同的约定,根据基金管理人的投资指令,及时办理清算、交割事宜;

(六)办理与基金托管业务活动有关的信息披露事项;

(七)对基金财务会计报告、中期和年度基金报告出具意见;

(八)复核、审查基金管理人计算的基金资产净值和基金份额申购、赎回价格;

(九)按照规定召集基金份额持有人大会;

(十)按照规定监督基金管理人的投资运作;

(十一)国务院证券监督管理机构规定的其他职责。

第三十七条 基金托管人发现基金管理人的投资指令违反法律、行政法规和其他有关规定,或者违反基金合同约定的,应当拒绝执行,立即通知基金管理人,并及时向国务院证券监督管理机构报告。

基金托管人发现基金管理人依据交易程序已经生效的投资指令违反法律、行政法规和其他有关规定,或者违反基金合同约定的,应当立即通知基金管理人,并及时向国务院证券监督管理机构报告。

第三十八条 本法第二十条、第二十二条的规定,适用于基金托管人。

第三十九条 基金托管人不再具备本法规定的条件,或者未能勤勉尽责,在履行本法规定的职责时存在重大失误的,国务院证券监督管理机构、国务院银行业监督管理机构应当责令改正;逾期未改正,或者其行为严重影响所托管基金的稳健运行、损害基金份额持有人利益的,国务院证券监督管理机构、国务院银行业监督管理机构可以区别情形,对其采取下列措施:

(一)限制业务活动,责令暂停办理新的基金托管业务;

(二)责令更换负有责任的专门基金托管部门的高级管理人员。

基金托管人整改后,应当向国务院证券

监督管理机构、国务院银行业监督管理机构提交报告;经验收,符合有关要求的,应当自验收完毕之日起三日内解除对其采取的有关措施。

第四十条 国务院证券监督管理机构、国务院银行业监督管理机构对有下列情形之一的基金托管人,可以取消其基金托管资格:

（一）连续三年没有开展基金托管业务的;

（二）违反本法规定,情节严重的;

（三）法律、行政法规规定的其他情形。

第四十一条 有下列情形之一的,基金托管人职责终止:

（一）被依法取消基金托管资格;

（二）被基金份额持有人大会解任;

（三）依法解散、被依法撤销或者被依法宣告破产;

（四）基金合同约定的其他情形。

第四十二条 基金托管人职责终止的,基金份额持有人大会应当在六个月内选任新基金托管人;新基金托管人产生前,由国务院证券监督管理机构指定临时基金托管人。

基金托管人职责终止的,应当妥善保管基金财产和基金托管业务资料,及时办理基金财产和基金托管业务的移交手续,新基金托管人或者临时基金托管人应当及时接收。

第四十三条 基金托管人职责终止的,应当按照规定聘请会计师事务所对基金财产进行审计,并将审计结果予以公告,同时报国务院证券监督管理机构备案。

第四章 基金的运作方式和组织

第四十四条 基金合同应当约定基金的运作方式。

第四十五条 基金的运作方式可以采用封闭式、开放式或者其他方式。

采用封闭式运作方式的基金(以下简称封闭式基金),是指基金份额总额在基金合同期限内固定不变,基金份额持有人不得申请赎回的基金;采用开放式运作方式的基金(以下简称开放式基金),是指基金份额总额不固定,基金份额可以在基金合同约定的时间和场所申购或者赎回的基金。

采用其他运作方式的基金的基金份额发售、交易、申购、赎回的办法,由国务院证券监督管理机构另行规定。

第四十六条 基金份额持有人享有下列权利:

（一）分享基金财产收益;

（二）参与分配清算后的剩余基金财产;

（三）依法转让或者申请赎回其持有的基金份额;

（四）按照规定要求召开基金份额持有人大会或者召集基金份额持有人大会;

（五）对基金份额持有人大会审议事项行使表决权;

（六）对基金管理人、基金托管人、基金服务机构损害其合法权益的行为依法提起诉讼;

（七）基金合同约定的其他权利。

公开募集基金的基金份额持有人有权查阅或者复制公开披露的基金信息资料,非公开募集基金的基金份额持有人对涉及自身利益的情况,有权查阅基金的财务会计账簿等财务资料。

第四十七条 基金份额持有人大会由全体基金份额持有人组成,行使下列职权:

（一）决定基金扩募或者延长基金合同期限;

（二）决定修改基金合同的重要内容或者提前终止基金合同;

（三）决定更换基金管理人、基金托管人;

（四）决定调整基金管理人、基金托管人的报酬标准;

（五）基金合同约定的其他职权。

第四十八条 按照基金合同约定,基金份额持有人大会可以设立日常机构,行使下列职权:

（一）召集基金份额持有人大会;

（二）提请更换基金管理人、基金托管人;

（三）监督基金管理人的投资运作、基金托管人的托管活动;

（四）提请调整基金管理人、基金托管人的报酬标准;

（五）基金合同约定的其他职权。

前款规定的日常机构,由基金份额持有人大会选举产生的人员组成;其议事规则,由基金合同约定。

第四十九条 基金份额持有人大会及其日常机构不得直接参与或者干涉基金的投资管理活动。

第五章 基金的公开募集

第五十条 公开募集基金,应当经国务院证券监督管理机构注册。未经注册,不得公开或者变相公开募集基金。

前款所称公开募集基金,包括向不特定对象募集资金、向特定对象募集资金累计超过二百人,以及法律、行政法规规定的其他情形。

公开募集基金应当由基金管理人管理,基金托管人托管。

第五十一条 注册公开募集基金,由拟任基金管理人向国务院证券监督管理机构提交下列文件:

(一)申请报告;
(二)基金合同草案;
(三)基金托管协议草案;
(四)招募说明书草案;
(五)律师事务所出具的法律意见书;
(六)国务院证券监督管理机构规定提交的其他文件。

第五十二条 公开募集基金的基金合同应当包括下列内容:

(一)募集基金的目的和基金名称;
(二)基金管理人、基金托管人的名称和住所;
(三)基金的运作方式;
(四)封闭式基金的基金份额总额和基金合同期限,或者开放式基金的最低募集份额总额;
(五)确定基金份额发售日期、价格和费用的原则;
(六)基金份额持有人、基金管理人和基金托管人的权利、义务;
(七)基金份额持有人大会召集、议事及表决的程序和规则;
(八)基金份额发售、交易、申购、赎回的程序、时间、地点、费用计算方式,以及给付赎回款项的时间和方式;
(九)基金收益分配原则、执行方式;
(十)基金管理人、基金托管人报酬的提取、支付方式与比例;
(十一)与基金财产管理、运用有关的其他费用的提取、支付方式;
(十二)基金财产的投资方向和投资限制;
(十三)基金资产净值的计算方法和公告方式;
(十四)基金募集未达到法定要求的处理方式;
(十五)基金合同解除和终止的事由、程序以及基金财产清算方式;
(十六)争议解决方式;
(十七)当事人约定的其他事项。

第五十三条 公开募集基金的基金招募说明书应当包括下列内容:

(一)基金募集申请的准予注册文件名称和注册日期;
(二)基金管理人、基金托管人的基本情况;
(三)基金合同和基金托管协议的内容摘要;
(四)基金份额的发售日期、价格、费用和期限;
(五)基金份额的发售方式、发售机构及登记机构名称;
(六)出具法律意见书的律师事务所和审计基金财产的会计师事务所的名称和住所;
(七)基金管理人、基金托管人报酬及其他有关费用的提取、支付方式与比例;
(八)风险警示内容;
(九)国务院证券监督管理机构规定的其他内容。

第五十四条 国务院证券监督管理机构应当自受理公开募集基金的募集注册申请之日起六个月内依照法律、行政法规及国务院证券监督管理机构的规定进行审查,作出注册或者不予注册的决定,并通知申请人;不予注册的,应当说明理由。

第五十五条 基金募集申请经注册后,方可发售基金份额。

基金份额的发售,由基金管理人或者其委托的基金销售机构办理。

第五十六条　基金管理人应当在基金份额发售的三日前公布招募说明书、基金合同及其他有关文件。

前款规定的文件应当真实、准确、完整。

对基金募集所进行的宣传推介活动，应当符合有关法律、行政法规的规定，不得有本法第七十七条所列行为。

第五十七条　基金管理人应当自收到准予注册文件之日起六个月内进行基金募集。超过六个月开始募集，原注册的事项未发生实质性变化的，应当报国务院证券监督管理机构备案；发生实质性变化的，应当向国务院证券监督管理机构重新提交注册申请。

基金募集不得超过国务院证券监督管理机构准予注册的基金募集期限。基金募集期限自基金份额发售之日起计算。

第五十八条　基金募集期限届满，封闭式基金募集的基金份额总额达到准予注册规模的百分之八十以上，开放式基金募集的基金份额总额超过准予注册的最低募集份额总额，并且基金份额持有人人数符合国务院证券监督管理机构规定的，基金管理人应当自募集期限届满之日起十日内聘请法定验资机构验资，自收到验资报告之日起十日内，向国务院证券监督管理机构提交验资报告，办理基金备案手续，并予以公告。

第五十九条　基金募集期间募集的资金应当存入专门账户，在基金募集行为结束前，任何人不得动用。

第六十条　投资人交纳认购的基金份额的款项时，基金合同成立；基金管理人依照本法第五十八条的规定向国务院证券监督管理机构办理基金备案手续，基金合同生效。

基金募集期限届满，不能满足本法第五十八条规定的条件的，基金管理人应当承担下列责任：

（一）以其固有财产承担因募集行为而产生的债务和费用；

（二）在基金募集期限届满后三十日内返还投资人已交纳的款项，并加计银行同期存款利息。

第六章　公开募集基金的基金份额的交易、申购与赎回

第六十一条　申请基金份额上市交易，基金管理人应当向证券交易所提出申请，证券交易所依法审核同意的，双方应当签订上市协议。

第六十二条　基金份额上市交易，应当符合下列条件：

（一）基金的募集符合本法规定；

（二）基金合同期限为五年以上；

（三）基金募集金额不低于二亿元人民币；

（四）基金份额持有人不少于一千人；

（五）基金份额上市交易规则规定的其他条件。

第六十三条　基金份额上市交易规则由证券交易所制定，报国务院证券监督管理机构批准。

第六十四条　基金份额上市交易后，有下列情形之一的，由证券交易所终止其上市交易，并报国务院证券监督管理机构备案：

（一）不再具备本法第六十二条规定的上市交易条件；

（二）基金合同期限届满；

（三）基金份额持有人大会决定提前终止上市交易；

（四）基金合同约定的或者基金份额上市交易规则规定的终止上市交易的其他情形。

第六十五条　开放式基金的基金份额的申购、赎回、登记，由基金管理人或者其委托的基金服务机构办理。

第六十六条　基金管理人应当在每个工作日办理基金份额的申购、赎回业务；基金合同另有约定的，从其约定。

投资人交付申购款项，申购成立；基金份额登记机构确认基金份额时，申购生效。

基金份额持有人递交赎回申请，赎回成立；基金份额登记机构确认赎回时，赎回生效。

第六十七条　基金管理人应当按时支付赎回款项，但是下列情形除外：

（一）因不可抗力导致基金管理人不能支付赎回款项；

（二）证券交易场所依法决定临时停市，导致基金管理人无法计算当日基金资产净值；

(三)基金合同约定的其他特殊情形。

发生上述情形之一的,基金管理人应当在当日报国务院证券监督管理机构备案。

本条第一款规定的情形消失后,基金管理人应当及时支付赎回款项。

第六十八条 开放式基金应当保持足够的现金或者政府债券,以备支付基金份额持有人的赎回款项。基金财产中应当保持的现金或者政府债券的具体比例,由国务院证券监督管理机构规定。

第六十九条 基金份额的申购、赎回价格,依据申购、赎回日基金份额净值加、减有关费用计算。

第七十条 基金份额净值计价出现错误时,基金管理人应当立即纠正,并采取合理的措施防止损失进一步扩大。计价错误达到基金份额净值百分之零点五时,基金管理人应当公告,并报国务院证券监督管理机构备案。

因基金份额净值计价错误造成基金份额持有人损失的,基金份额持有人有权要求基金管理人、基金托管人予以赔偿。

第七章 公开募集基金的投资与信息披露

第七十一条 基金管理人运用基金财产进行证券投资,除国务院证券监督管理机构另有规定外,应当采用资产组合的方式。

资产组合的具体方式和投资比例,依照本法和国务院证券监督管理机构的规定在基金合同中约定。

第七十二条 基金财产应当用于下列投资:

(一)上市交易的股票、债券;

(二)国务院证券监督管理机构规定的其他证券及其衍生品种。

第七十三条 基金财产不得用于下列投资或者活动:

(一)承销证券;

(二)违反规定向他人贷款或者提供担保;

(三)从事承担无限责任的投资;

(四)买卖其他基金份额,但是国务院证券监督管理机构另有规定的除外;

(五)向基金管理人、基金托管人出资;

(六)从事内幕交易、操纵证券交易价格及其他不正当的证券交易活动;

(七)法律、行政法规和国务院证券监督管理机构规定禁止的其他活动。

运用基金财产买卖基金管理人、基金托管人及其控股股东、实际控制人或者与其有其他重大利害关系的公司发行的证券或承销期内承销的证券,或者从事其他重大关联交易的,应当遵循基金份额持有人利益优先的原则,防范利益冲突,符合国务院证券监督管理机构的规定,并履行信息披露义务。

第七十四条 基金管理人、基金托管人和其他基金信息披露义务人应当依法披露基金信息,并保证所披露信息的真实性、准确性和完整性。

第七十五条 基金信息披露义务人应当确保应予披露的基金信息在国务院证券监督管理机构规定时间内披露,并保证投资人能够按照基金合同约定的时间和方式查阅或者复制公开披露的信息资料。

第七十六条 公开披露的基金信息包括:

(一)基金招募说明书、基金合同、基金托管协议;

(二)基金募集情况;

(三)基金份额上市交易公告书;

(四)基金资产净值、基金份额净值;

(五)基金份额申购、赎回价格;

(六)基金财产的资产组合季度报告、财务会计报告及中期和年度基金报告;

(七)临时报告;

(八)基金份额持有人大会决议;

(九)基金管理人、基金托管人的专门基金托管部门的重大人事变动;

(十)涉及基金财产、基金管理业务、基金托管业务的诉讼或者仲裁;

(十一)国务院证券监督管理机构规定应予披露的其他信息。

第七十七条 公开披露基金信息,不得有下列行为:

(一)虚假记载、误导性陈述或者重大遗漏;

(二)对证券投资业绩进行预测;

(三)违规承诺收益或者承担损失;

(四)诋毁其他基金管理人、基金托管人或者基金销售机构;

（五）法律、行政法规和国务院证券监督管理机构规定禁止的其他行为。

第八章 公开募集基金的基金合同的变更、终止与基金财产清算

第七十八条 按照基金合同的约定或者基金份额持有人大会的决议，基金可以转换运作方式或者与其他基金合并。

第七十九条 封闭式基金扩募或者延长基金合同期限，应当符合下列条件，并报国务院证券监督管理机构备案：

（一）基金运营业绩良好；

（二）基金管理人最近二年内没有因违法违规行为受到行政处罚或者刑事处罚；

（三）基金份额持有人大会决议通过；

（四）本法规定的其他条件。

第八十条 有下列情形之一的，基金合同终止：

（一）基金合同期限届满未延期；

（二）基金份额持有人大会决定终止；

（三）基金管理人、基金托管人职责终止，在六个月内没有新基金管理人、新基金托管人承接；

（四）基金合同约定的其他情形。

第八十一条 基金合同终止时，基金管理人应当组织清算组对基金财产进行清算。

清算组由基金管理人、基金托管人以及相关的中介服务机构组成。

清算组作出的清算报告经会计师事务所审计，律师事务所出具法律意见书后，报国务院证券监督管理机构备案并公告。

第八十二条 清算后的剩余基金财产，应当按照基金份额持有人所持份额比例进行分配。

第九章 公开募集基金的基金份额持有人权利行使

第八十三条 基金份额持有人大会由基金管理人召集。基金份额持有人大会设立日常机构的，由该日常机构召集；该日常机构未召集的，由基金管理人召集。基金管理人未按规定召集或者不能召集的，由基金托管人召集。

代表基金份额百分之十以上的基金份额持有人就同一事项要求召开基金份额持有人大会，而基金份额持有人大会的日常机构、基金管理人、基金托管人都不召集的，代表基金份额百分之十以上的基金份额持有人有权自行召集，并报国务院证券监督管理机构备案。

第八十四条 召开基金份额持有人大会，召集人应当至少提前三十日公告基金份额持有人大会的召开时间、会议形式、审议事项、议事程序和表决方式等事项。

基金份额持有人大会不得就未经公告的事项进行表决。

第八十五条 基金份额持有人大会可以采取现场方式召开，也可以采取通讯等方式召开。

每一基金份额具有一票表决权，基金份额持有人可以委托代理人出席基金份额持有人大会并行使表决权。

第八十六条 基金份额持有人大会应当有代表二分之一以上基金份额的持有人参加，方可召开。

参加基金份额持有人大会的持有人的基金份额低于前款规定比例的，召集人可以在原公告的基金份额持有人大会召开时间的三个月以后、六个月以内，就原定审议事项重新召集基金份额持有人大会。重新召集的基金份额持有人大会应当有代表三分之一以上基金份额的持有人参加，方可召开。

基金份额持有人大会就审议事项作出决定，应当经参加大会的基金份额持有人所持表决权的二分之一以上通过；但是，转换基金的运作方式、更换基金管理人或者基金托管人、提前终止基金合同、与其他基金合并，应当经参加大会的基金份额持有人所持表决权的三分之二以上通过。

基金份额持有人大会决定的事项，应当依法报国务院证券监督管理机构备案，并予以公告。

第十章 非公开募集基金

第八十七条 非公开募集基金应当向合格投资者募集，合格投资者累计不得超过二百人。

前款所称合格投资者，是指达到规定资产规模或者收入水平，并且具备相应的风险识别能力和风险承担能力，其基金份额认购金额不低于规定限额的单位和个人。

合格投资者的具体标准由国务院证券监督管理机构规定。

第八十八条 除基金合同另有约定外,非公开募集基金应当由基金托管人托管。

第八十九条 担任非公开募集基金的基金管理人,应当按照规定向基金行业协会履行登记手续,报送基本情况。

第九十条 未经登记,任何单位或者个人不得使用"基金"或者"基金管理"字样或者近似名称进行证券投资活动;但是,法律、行政法规另有规定的除外。

第九十一条 非公开募集基金,不得向合格投资者之外的单位和个人募集资金,不得通过报刊、电台、电视台、互联网等公众传播媒体或者讲座、报告会、分析会等方式向不特定对象宣传推介。

第九十二条 非公开募集基金,应当制定并签订基金合同。基金合同应当包括下列内容:

(一)基金份额持有人、基金管理人、基金托管人的权利、义务;

(二)基金的运作方式;

(三)基金的出资方式、数额和认缴期限;

(四)基金的投资范围、投资策略和投资限制;

(五)基金收益分配原则、执行方式;

(六)基金承担的有关费用;

(七)基金信息提供的内容、方式;

(八)基金份额的认购、赎回或者转让的程序和方式;

(九)基金合同变更、解除和终止的事由、程序;

(十)基金财产清算方式;

(十一)当事人约定的其他事项。

基金份额持有人转让基金份额的,应当符合本法第八十七条、第九十一条的规定。

第九十三条 按照基金合同约定,非公开募集基金可以由部分基金份额持有人作为基金管理人负责基金的投资管理活动,并在基金财产不足以清偿其债务时对基金财产的债务承担无限连带责任。

前款规定的非公开募集基金,其基金合同还应载明:

(一)承担无限连带责任的基金份额持有人和其他基金份额持有人的姓名或者名称、住所;

(二)承担无限连带责任的基金份额持有人的除名条件和更换程序;

(三)基金份额持有人增加、退出的条件、程序以及相关责任;

(四)承担无限连带责任的基金份额持有人和其他基金份额持有人的转换程序。

第九十四条 非公开募集基金募集完毕,基金管理人应当向基金行业协会备案。对募集的资金总额或者基金份额持有人的人数达到规定标准的基金,基金行业协会应当向国务院证券监督管理机构报告。

非公开募集基金财产的证券投资,包括买卖公开发行的股份有限公司股票、债券、基金份额,以及国务院证券监督管理机构规定的其他证券及其衍生品种。

第九十五条 基金管理人、基金托管人应当按照基金合同的约定,向基金份额持有人提供基金信息。

第九十六条 专门从事非公开募集基金管理业务的基金管理人,其股东、高级管理人员、经营期限、管理的基金资产规模等符合规定条件的,经国务院证券监督管理机构核准,可以从事公开募集基金管理业务。

第十一章 基金服务机构

第九十七条 从事公开募集基金的销售、销售支付、份额登记、估值、投资顾问、评价、信息技术系统服务等基金服务业务的机构,应当按照国务院证券监督管理机构的规定进行注册或者备案。

第九十八条 基金销售机构应当向投资人充分揭示投资风险,并根据投资人的风险承担能力销售不同风险等级的基金产品。

第九十九条 基金销售支付机构应当按照规定办理基金销售结算资金的划付,确保基金销售结算资金安全、及时划付。

第一百条 基金销售结算资金、基金份额独立于基金销售机构、基金销售支付机构或者基金份额登记机构的自有财产。基金销售机构、基金销售支付机构或者基金份额登记机构破产或者清算时,基金销售结算资金、基金份额不属于其破产财产或者清算财产。非因投资人本身的债务或者法律规定的其他情形,不得查封、冻结、扣划或者强制执行基金销售结算资金、基金份额。

基金销售机构、基金销售支付机构、基金份额登记机构应当确保基金销售结算资金、基金份额的安全、独立,禁止任何单位或者个人以任何形式挪用基金销售结算资金、基金份额。

第一百零一条 基金管理人可以委托基金服务机构代为办理基金的份额登记、核算、估值、投资顾问等事项,基金托管人可以委托基金服务机构代为办理基金的核算、估值、复核等事项,但基金管理人、基金托管人依法应当承担的责任不因委托而免除。

第一百零二条 基金份额登记机构以电子介质登记的数据,是基金份额持有人权利归属的根据。基金份额持有人以基金份额出质的,质权自基金份额登记机构办理出质登记时设立。

基金份额登记机构应当妥善保存登记数据,并将基金份额持有人名称、身份信息及基金份额明细等数据备份至国务院证券监督管理机构认定的机构。其保存期限自基金账户销户之日起不得少于二十年。

基金份额登记机构应当保证登记数据的真实、准确、完整,不得隐匿、伪造、篡改或者毁损。

第一百零三条 基金投资顾问机构及其从业人员提供基金投资顾问服务,应当具有合理的依据,对其服务能力和经营业绩进行如实陈述,不得以任何方式承诺或者保证投资收益,不得损害服务对象的合法权益。

第一百零四条 基金评价机构及其从业人员应当客观公正,按照依法制定的业务规则开展基金评价业务,禁止误导投资人,防范可能发生的利益冲突。

第一百零五条 基金管理人、基金托管人、基金服务机构的信息技术系统,应当符合规定的要求。国务院证券监督管理机构可以要求信息技术系统服务机构提供该信息技术系统的相关资料。

第一百零六条 律师事务所、会计师事务所接受基金管理人、基金托管人的委托,为有关基金业务活动出具法律意见书、审计报告、内部控制评价报告等文件,应当勤勉尽责,对所依据的文件资料内容的真实性、准确性、完整性进行核查和验证。其制作、出具的文件有虚假记载、误导性陈述或者重大遗漏,给他人财产造成损失的,应当与委托人承担连带赔偿责任。

第一百零七条 基金服务机构应当勤勉尽责、恪尽职守,建立应急等风险管理制度和灾难备份系统,不得泄露与基金份额持有人、基金投资运作相关的非公开信息。

第十二章 基金行业协会

第一百零八条 基金行业协会是证券投资基金行业的自律性组织,是社会团体法人。

基金管理人、基金托管人应当加入基金行业协会,基金服务机构可以加入基金行业协会。

第一百零九条 基金行业协会的权力机构为全体会员组成的会员大会。

基金行业协会设理事会。理事会成员依章程的规定由选举产生。

第一百一十条 基金行业协会章程由会员大会制定,并报国务院证券监督管理机构备案。

第一百一十一条 基金行业协会履行下列职责:

(一)教育和组织会员遵守有关证券投资的法律、行政法规,维护投资人合法权益;

(二)依法维护会员的合法权益,反映会员的建议和要求;

(三)制定和实施行业自律规则,监督、检查会员及其从业人员的执业行为,对违反自律规则和协会章程的,按照规定给予纪律处分;

(四)制定行业执业标准和业务规范,组织基金从业人员的从业考试、资质管理和业务培训;

(五)提供会员服务,组织行业交流,推动行业创新,开展行业宣传和投资人教育活动;

(六)对会员之间、会员与客户之间发生的基金业务纠纷进行调解;

（七）依法办理非公开募集基金的登记、备案；

（八）协会章程规定的其他职责。

第十三章 监督管理

第一百一十二条 国务院证券监督管理机构依法履行下列职责：

（一）制定有关证券投资基金活动监督管理的规章、规则，并行使审批、核准或者注册权；

（二）办理基金备案；

（三）对基金管理人、基金托管人及其他机构从事证券投资基金活动进行监督管理，对违法行为进行查处，并予以公告；

（四）制定基金从业人员的资格标准和行为准则，并监督实施；

（五）监督检查基金信息的披露情况；

（六）指导和监督基金行业协会的活动；

（七）法律、行政法规规定的其他职责。

第一百一十三条 国务院证券监督管理机构依法履行职责，有权采取下列措施：

（一）对基金管理人、基金托管人、基金服务机构进行现场检查，并要求其报送有关的业务资料；

（二）进入涉嫌违法行为发生场所调查取证；

（三）询问当事人和与被调查事件有关的单位和个人，要求其对与被调查事件有关的事项作出说明；

（四）查阅、复制与被调查事件有关的财产权登记、通讯记录等资料；

（五）查阅、复制当事人和与被调查事件有关的单位和个人的证券交易记录、登记过户记录、财务会计资料及其他相关文件和资料；对可能被转移、隐匿或者毁损的文件和资料，可以予以封存；

（六）查询当事人和与被调查事件有关的单位和个人的资金账户、证券账户和银行账户；对有证据证明已经或者可能转移或者隐匿违法资金、证券等涉案财产或者隐匿、伪造、毁损重要证据的，经国务院证券监督管理机构主要负责人批准，可以冻结或者查封；

（七）在调查操纵证券市场、内幕交易等重大证券违法行为时，经国务院证券监督管理机构主要负责人批准，可以限制被调查事件当事人的证券买卖，但限制的期限不得超过十五个交易日；案情复杂的，可以延长十五个交易日。

第一百一十四条 国务院证券监督管理机构工作人员依法履行职责，进行调查或者检查时，不得少于二人，并应当出示合法证件；对调查或者检查中知悉的商业秘密负有保密的义务。

第一百一十五条 国务院证券监督管理机构工作人员应当忠于职守，依法办事，公正廉洁，接受监督，不得利用职务牟取私利。

第一百一十六条 国务院证券监督管理机构依法履行职责时，被调查、检查的单位和个人应当配合，如实提供有关文件和资料，不得拒绝、阻碍和隐瞒。

第一百一十七条 国务院证券监督管理机构依法履行职责，发现违法行为涉嫌犯罪的，应当将案件移送司法机关处理。

第一百一十八条 国务院证券监督管理机构工作人员在任职期间，或者离职后在《中华人民共和国公务员法》规定的期限内，不得在被监管的机构中担任职务。

第十四章 法律责任

第一百一十九条 违反本法规定，未经批准擅自设立基金管理公司或者未经核准从事公开募集基金管理业务的，由证券监督管理机构予以取缔或者责令改正，没收违法所得，并处违法所得一倍以上五倍以下罚款；没有违法所得或者违法所得不足一百万元的，并处十万元以上一百万元以下罚款。对直接负责的主管人员和其他直接责任人员给予警告，并处三万元以上三十万元以下罚款。

基金管理公司违反本法规定，擅自变更持有百分之五以上股权的股东、实际控制人或者其他重大事项的，责令改正，没收违法所得，并处违法所得一倍以上五倍以下罚款；没有违法所得或者违法所得不足五十万元的，并处五万元以上五十万元以下罚款。对直接负责的主管人员给予警告，并处三万元以上十万元以下罚款。

第一百二十条 基金管理人的董事、监事、高级管理人员和其他从业人员,基金托管人的专门基金托管部门的高级管理人员和其他从业人员,未按照本法第十七条第一款规定申报的,责令改正,处三万元以上十万元以下罚款。

基金管理人、基金托管人违反本法第十七条第二款规定的,责令改正,处十万元以上一百万元以下罚款;对直接负责的主管人员和其他直接责任人员给予警告,暂停或者撤销基金从业资格,并处三万元以上三十万元以下罚款。

第一百二十一条 基金管理人的董事、监事、高级管理人员和其他从业人员,基金托管人的专门基金托管部门的高级管理人员和其他从业人员违反本法第十八条规定的,责令改正,没收违法所得,并处违法所得一倍以上五倍以下罚款;没有违法所得或者违法所得不足一百万元的,并处十万元以上一百万元以下罚款;情节严重的,撤销基金从业资格。

第一百二十二条 基金管理人、基金托管人违反本法规定,未对基金财产实行分别管理或者分账保管,责令改正,处五万元以上五十万元以下罚款;对直接负责的主管人员和其他直接责任人员给予警告,暂停或者撤销基金从业资格,并处三万元以上三十万元以下罚款。

第一百二十三条 基金管理人、基金托管人及其董事、监事、高级管理人员和其他从业人员有本法第二十条所列行为之一的,责令改正,没收违法所得,并处违法所得一倍以上五倍以下罚款;没有违法所得或者违法所得不足一百万元的,并处十万元以上一百万元以下罚款;基金管理人、基金托管人有上述行为的,还应当对其直接负责的主管人员和其他直接责任人员给予警告,暂停或者撤销基金从业资格,并处三万元以上三十万元以下罚款。

基金管理人、基金托管人及其董事、监事、高级管理人员和其他从业人员侵占、挪用基金财产而取得的财产和收益,归入基金财产。但是,法律、行政法规另有规定的,依照其规定。

第一百二十四条 基金管理人的股东、实际控制人违反本法第二十三条规定的,责令改正,没收违法所得,并处违法所得一倍以上五倍以下罚款;没有违法所得或者违法所得不足一百万元的,并处十万元以上一百万元以下罚款;对直接负责的主管人员和其他直接责任人员给予警告,暂停或者撤销基金或证券从业资格,并处三万元以上三十万元以下罚款。

第一百二十五条 未经核准,擅自从事基金托管业务的,责令停止,没收违法所得,并处违法所得一倍以上五倍以下罚款;没有违法所得或者违法所得不足一百万元的,并处十万元以上一百万元以下罚款;对直接负责的主管人员和其他直接责任人员给予警告,并处三万元以上三十万元以下罚款。

第一百二十六条 基金管理人、基金托管人违反本法规定,相互出资或者持有股份的,责令改正,可以处十万元以下罚款。

第一百二十七条 违反本法规定,擅自公开或者变相公开募集基金的,责令停止,返还所募资金和加计的银行同期存款利息,没收违法所得,并处所募资金金额百分之一以上百分之五以下罚款。对直接负责的主管人员和其他直接责任人员给予警告,并处五万元以上五十万元以下罚款。

第一百二十八条 违反本法第五十九条规定,动用募集的资金的,责令返还,没收违法所得,并处违法所得一倍以上五倍以下罚款;没有违法所得或者违法所得不足五十万元的,并处五万元以上五十万元以下罚款;对直接负责的主管人员和其他直接责任人员给予警告,并处三万元以上三十万元以下罚款。

第一百二十九条 基金管理人、基金托管人有本法第七十三条第一款第一项至第五项和第七项所列行为之一,或者违反本法第七十三条第二款规定的,责令改正,处十万元以上一百万元以下罚款;对直接负责的主管人员和其他直接责任人员给予警告,暂停或者撤销基金从业资格,并处三万元以上三十万元以下罚款。

基金管理人、基金托管人有前款行为,运用基金财产而取得的财产和收益,归入基金财产。但是,法律、行政法规另有规定的,依照其规定。

第一百三十条 基金管理人、基金托管人有本法第七十三条第一款第六项规定行为的,除依照

《中华人民共和国证券法》的有关规定处罚外，对直接负责的主管人员和其他直接责任人员暂停或者撤销基金从业资格。

第一百三十一条 基金信息披露义务人不依法披露基金信息或者披露的信息有虚假记载、误导性陈述或者重大遗漏的，责令改正，没收违法所得，并处十万元以上一百万元以下罚款；对直接负责的主管人员和其他直接责任人员给予警告，暂停或者撤销基金从业资格，并处三万元以上三十万元以下罚款。

第一百三十二条 基金管理人或者基金托管人不按照规定召集基金份额持有人大会的，责令改正，可以处五万元以下罚款；对直接负责的主管人员和其他直接责任人员给予警告，暂停或者撤销基金从业资格。

第一百三十三条 违反本法规定，未经登记，使用"基金"或者"基金管理"字样或者近似名称进行证券投资活动的，没收违法所得，并处违法所得一倍以上五倍以下罚款；没有违法所得或者违法所得不足一百万元的，并处十万元以上一百万元以下罚款。对直接负责的主管人员和其他直接责任人员给予警告，并处三万元以上三十万元以下罚款。

第一百三十四条 违反本法规定，非公开募集基金募集完毕，基金管理人未备案的，处十万元以上三十万元以下罚款。对直接负责的主管人员和其他直接责任人员给予警告，并处三万元以上十万元以下罚款。

第一百三十五条 违反本法规定，向合格投资者之外的单位或者个人非公开募集资金或者转让基金份额的，没收违法所得，并处违法所得一倍以上五倍以下罚款；没有违法所得或者违法所得不足一百万元的，并处十万元以上一百万元以下罚款。对直接负责的主管人员和其他直接责任人员给予警告，并处三万元以上三十万元以下罚款。

第一百三十六条 违反本法规定，擅自从事公开募集基金的基金服务业务的，责令改正，没收违法所得，并处违法所得一倍以上五倍以下罚款；没有违法所得或者违法所得不足三十万元的，并处十万元以上三十万元以下罚款。对直接负责的主管人员和其他直接责任人员给予警告，并处三万元以上十万元以下罚款。

第一百三十七条 基金销售机构未向投资人充分揭示投资风险并误导其购买与其风险承担能力不相当的基金产品的，处十万元以上三十万元以下罚款；情节严重的，责令其停止基金服务业务。对直接负责的主管人员和其他直接责任人员给予警告，撤销基金从业资格，并处三万元以上十万元以下罚款。

第一百三十八条 基金销售支付机构未按照规定划付基金销售结算资金的，处十万元以上三十万元以下罚款；情节严重的，责令其停止基金服务业务。对直接负责的主管人员和其他直接责任人员给予警告，撤销基金从业资格，并处三万元以上十万元以下罚款。

第一百三十九条 挪用基金销售结算资金或者基金份额的，责令改正，没收违法所得，并处违法所得一倍以上五倍以下罚款；没有违法所得或者违法所得不足一百万元的，并处十万元以上一百万元以下罚款。对直接负责的主管人员和其他直接责任人员给予警告，并处三万元以上三十万元以下罚款。

第一百四十条 基金份额登记机构未妥善保存或者备份基金份额登记数据的，责令改正，给予警告，并处十万元以上三十万元以下罚款；情节严重的，责令其停止基金服务业务。对直接负责的主管人员和其他直接责任人员给予警告，撤销基金从业资格，并处三万元以上十万元以下罚款。

基金份额登记机构隐匿、伪造、篡改、毁损基金份额登记数据的，责令改正，处十万元以上一百万元以下罚款，并责令其停止基金服务业务。对直接负责的主管人员和其他直接责任人员给予警告，撤销基金从业资格，并处三万元以上三十万元以下罚款。

第一百四十一条 基金投资顾问机构、基金评价机构及其从业人员违反本法规定开展投资顾问、基金评价服务的，处十万元以上三十万元以下罚款；情节严重的，责令其停止基金服务业务。对直接负责的主管人员和其他直接责任人员给予警告，撤销基金从业资格，并处三万元以上十万元以下罚款。

第一百四十二条 信息技术系统服务机构未按

照规定向国务院证券监督管理机构提供相关信息技术系统资料,或者提供的信息技术系统资料虚假、有重大遗漏的,责令改正,处三万元以上十万元以下罚款。对直接负责的主管人员和其他直接责任人员给予警告,并处一万元以上三万元以下罚款。

第一百四十三条　会计师事务所、律师事务所未勤勉尽责,所出具的文件有虚假记载、误导性陈述或者重大遗漏的,责令改正,没收业务收入,暂停或者撤销相关业务许可,并处业务收入一倍以上五倍以下罚款。对直接负责的主管人员和其他直接责任人员给予警告,并处三万元以上十万元以下罚款。

第一百四十四条　基金服务机构未建立应急等风险管理制度和灾难备份系统,或者泄露与基金份额持有人、基金投资运作相关的非公开信息的,处十万元以上三十万元以下罚款;情节严重的,责令其停止基金服务业务。对直接负责的主管人员和其他直接责任人员给予警告,撤销基金从业资格,并处三万元以上十万元以下罚款。

第一百四十五条　违反本法规定,给基金财产、基金份额持有人或者投资人造成损害的,依法承担赔偿责任。

基金管理人、基金托管人在履行各自职责的过程中,违反本法规定或者基金合同约定,给基金财产或者基金份额持有人造成损害的,应当分别对各自的行为依法承担赔偿责任;因共同行为给基金财产或者基金份额持有人造成损害的,应当承担连带赔偿责任。

第一百四十六条　证券监督管理机构工作人员玩忽职守、滥用职权、徇私舞弊或者利用职务上的便利索取或者收受他人财物的,依法给予行政处分。

第一百四十七条　拒绝、阻碍证券监督管理机构及其工作人员依法行使监督检查、调查职权未使用暴力、威胁方法的,依法给予治安管理处罚。

第一百四十八条　违反法律、行政法规或者国务院证券监督管理机构的有关规定,情节严重的,国务院证券监督管理机构可以对有关责任人员采取证券市场禁入的措施。

第一百四十九条　违反本法规定,构成犯罪的,依法追究刑事责任。

第一百五十条　违反本法规定,应当承担民事赔偿责任和缴纳罚款、罚金,其财产不足以同时支付时,先承担民事赔偿责任。

第一百五十一条　依照本法规定,基金管理人、基金托管人、基金服务机构应当承担的民事赔偿责任和缴纳的罚款、罚金,由基金管理人、基金托管人、基金服务机构以其固有财产承担。

依法收缴的罚款、罚金和没收的违法所得,应当全部上缴国库。

第十五章　附　　则

第一百五十二条　在中华人民共和国境内募集投资境外证券的基金,以及合格境外投资者在境内进行证券投资,应当经国务院证券监督管理机构批准,具体办法由国务院证券监督管理机构会同国务院有关部门规定,报国务院批准。

第一百五十三条　公开或者非公开募集资金,以进行证券投资活动为目的设立的公司或者合伙企业,资产由基金管理人或者普通合伙人管理的,其证券投资活动适用本法。

第一百五十四条　本法自2013年6月1日起施行。

证券公司监督管理条例

- 2008年4月23日中华人民共和国国务院令第522号公布
- 根据2014年7月29日《国务院关于修改部分行政法规的决定》修订

第一章　总　　则

第一条　为了加强对证券公司的监督管理,规范证券公司的行为,防范证券公司的风险,保护客户的合法权益和社会公共利益,促进证券业健康发展,根据《中华人民共和国公司法》(以下简称《公司法》)、《中华人民共和国证券法》(以下简称《证券法》),制定本条例。

第二条　证券公司应当遵守法律、行政法规和国务院证券监督管理机构的规定,审慎经营,履行对客户的诚信义务。

第三条　证券公司的股东和实际控制人不得滥用权利，占用证券公司或者客户的资产，损害证券公司或者客户的合法权益。

第四条　国家鼓励证券公司在有效控制风险的前提下，依法开展经营方式创新、业务或者产品创新、组织创新和激励约束机制创新。

国务院证券监督管理机构、国务院有关部门应当采取有效措施，促进证券公司的创新活动规范、有序进行。

第五条　证券公司按照国家规定，可以发行、交易、销售证券类金融产品。

第六条　国务院证券监督管理机构依法履行对证券公司的监督管理职责。国务院证券监督管理机构的派出机构在国务院证券监督管理机构的授权范围内，履行对证券公司的监督管理职责。

第七条　国务院证券监督管理机构、中国人民银行、国务院其他金融监督管理机构应当建立证券公司监督管理的信息共享机制。

国务院证券监督管理机构和地方人民政府应当建立证券公司的有关情况通报机制。

第二章　设立与变更

第八条　设立证券公司，应当具备《公司法》、《证券法》和本条例规定的条件，并经国务院证券监督管理机构批准。

第九条　证券公司的股东应当用货币或者证券公司经营必需的非货币财产出资。证券公司股东的非货币财产出资总额不得超过证券公司注册资本的30%。

证券公司股东的出资，应当经具有证券、期货相关业务资格的会计师事务所验资并出具证明；出资中的非货币财产，应当经具有证券相关业务资格的资产评估机构评估。

在证券公司经营过程中，证券公司的债权人将其债权转为证券公司股权的，不受本条第一款规定的限制。

第十条　有下列情形之一的单位或者个人，不得成为持有证券公司5%以上股权的股东、实际控制人：

（一）因故意犯罪被判处刑罚，刑罚执行完毕未逾3年；

（二）净资产低于实收资本的50%，或者或有负债达到净资产的50%；

（三）不能清偿到期债务；

（四）国务院证券监督管理机构认定的其他情形。

证券公司的其他股东应当符合国务院证券监督管理机构的相关要求。

第十一条　证券公司应当有3名以上在证券业担任高级管理人员满2年的高级管理人员。

第十二条　证券公司设立时，其业务范围应当与其财务状况、内部控制制度、合规制度和人力资源状况相适应；证券公司在经营过程中，经其申请，国务院证券监督管理机构可以根据其财务状况、内部控制水平、合规程度、高级管理人员业务管理能力、专业人员数量，对其业务范围进行调整。

第十三条　证券公司增加注册资本且股权结构发生重大调整，减少注册资本，变更业务范围或者公司章程中的重要条款，合并、分立，设立、收购或者撤销境内分支机构，在境外设立、收购、参股证券经营机构，应当经国务院证券监督管理机构批准。

前款所称公司章程中的重要条款，是指规定下列事项的条款：

（一）证券公司的名称、住所；

（二）证券公司的组织机构及其产生办法、职权、议事规则；

（三）证券公司对外投资、对外提供担保的类型、金额和内审批程序；

（四）证券公司的解散事由与清算办法；

（五）国务院证券监督管理机构要求证券公司章程规定的其他事项。

本条第一款所称证券公司分支机构，是指从事业务经营活动的分公司、证券营业部等证券公司下属的非法人单位。

第十四条　任何单位或者个人有下列情形之一的，应当事先告知证券公司，由证券公司报国务院证券监督管理机构批准：

（一）认购或者受让证券公司的股权后，其持股比例达到证券公司注册资本的5%；

（二）以持有证券公司股东的股权或者其他方式，实际控制证券公司5%以上的股权。

未经国务院证券监督管理机构批准,任何单位或者个人不得委托他人或者接受他人委托持有或者管理证券公司的股权。证券公司的股东不得违反国家规定,约定不按照出资比例行使表决权。

第十五条 证券公司合并、分立的,涉及客户权益的重大资产转让应当经具有证券相关业务资格的资产评估机构评估。

证券公司停业、解散或者破产的,应当经国务院证券监督管理机构批准,并按照有关规定安置客户,处理未了结的业务。

第十六条 国务院证券监督管理机构应当对下列申请进行审查,并在下列期限内,作出批准或者不予批准的书面决定:

(一)对在境内设立证券公司或者在境外设立、收购或者参股证券经营机构的申请,自受理之日起6个月;

(二)对增加注册资本且股权结构发生重大调整,减少注册资本,合并、分立或者要求审查股东、实际控制人资格的申请,自受理之日起3个月;

(三)对变更业务范围、公司章程中的重要条款或者要求审查高级管理人员任职资格的申请,自受理之日起45个工作日;

(四)对设立、收购、撤销境内分支机构,或者停业、解散、破产的申请,自受理之日起30个工作日;

(五)对要求审查董事、监事任职资格的申请,自受理之日起20个工作日。

国务院证券监督管理机构审批证券公司及其分支机构的设立申请,应当考虑证券市场发展和公平竞争的需要。

第十七条 公司登记机关应当依照法律、行政法规的规定,凭国务院证券监督管理机构的批准文件,办理证券公司及其境内分支机构的设立、变更、注销登记。

证券公司在取得公司登记机关颁发或者换发的证券公司或者境内分支机构的营业执照后,应当向国务院证券监督管理机构申请颁发或者换发经营证券业务许可证。经营证券业务许可证应当载明证券公司或者境内分支机构的证券业务范围。

未取得经营证券业务许可证,证券公司及其境内分支机构不得经营证券业务。

证券公司停止全部证券业务、解散、破产或者撤销境内分支机构的,应当在国务院证券监督管理机构指定的报刊上公告,并按照规定将经营证券业务许可证交国务院证券监督管理机构注销。

第三章 组织机构

第十八条 证券公司应当依照《公司法》、《证券法》和本条例的规定,建立健全组织机构,明确决策、执行、监督机构的职权。

第十九条 证券公司可以设独立董事。证券公司的独立董事,不得在本证券公司担任董事会外的职务,不得与本证券公司存在可能妨碍其做出独立、客观判断的关系。

第二十条 证券公司经营证券经纪业务、证券资产管理业务、融资融券业务和证券承销与保荐业务中两种以上业务的,其董事会应当设薪酬与提名委员会、审计委员会和风险控制委员会,行使公司章程规定的职权。

证券公司董事会设薪酬与提名委员会、审计委员会的,委员会负责人由独立董事担任。

第二十一条 证券公司设董事会秘书,负责股东会和董事会会议的筹备、文件的保管以及股东资料的管理,按照规定或者根据国务院证券监督管理机构、股东等有关单位或者个人的要求,依法提供有关资料,办理信息报送或者信息披露事项。董事会秘书为证券公司高级管理人员。

第二十二条 证券公司设立行使证券公司经营管理职权的机构,应当在公司章程中明确其名称、组成、职责和议事规则,该机构的成员为证券公司高级管理人员。

第二十三条 证券公司设合规负责人,对证券公司经营管理行为的合法合规性进行审查、监督或者检查。合规负责人为证券公司高级管理人员,由董事会决定聘任,并应当经国务院证券监督管理机构认可。合规负责人不得在证券公司兼任负责经营管理的职务。

合规负责人发现违法违规行为,应当向公司章程规定的机构报告,同时按照规定向国务院证券监督管理机构或者有关自律组织报告。

证券公司解聘合规负责人,应当有正当理由,并自解聘之日起3个工作日内将解聘的事实和理由书面报告国务院证券监督管理机构。

第二十四条 证券公司的董事、监事、高级管理人员应当在任职前取得经国务院证券监督管理机构核准的任职资格。

证券公司不得聘任、选任未取得任职资格的人员担任前款规定的职务;已经聘任、选任的,有关聘任、选任的决议、决定无效。

第二十五条 证券公司的法定代表人或者高级管理人员离任的,证券公司应当对其进行审计,并自其离任之日起2个月内将审计报告报送国务院证券监督管理机构;证券公司的法定代表人或者经营管理的主要负责人离任的,应当聘请具有证券、期货相关业务资格的会计师事务所对其进行审计。

前款规定的审计报告未报送国务院证券监督管理机构的,离任人员不得在其他证券公司任职。

第四章 业务规则与风险控制

第一节 一般规定

第二十六条 证券公司及其境内分支机构从事《证券法》第一百二十五条规定的证券业务,应当遵守《证券法》和本条例的规定。

证券公司及其境内分支机构经营的业务应经国务院证券监督管理机构批准,不得经营未经批准的业务。

2个以上的证券公司受同一单位、个人控制或者相互之间存在控制关系的,不得经营相同的证券业务,但国务院证券监督管理机构另有规定的除外。

第二十七条 证券公司应当按照审慎经营的原则,建立健全风险管理与内部控制制度,防范和控制风险。

证券公司应当对分支机构实行集中统一管理,不得与他人合资、合作经营管理分支机构,也不得将分支机构承包、租赁或者委托给他人经营管理。

第二十八条 证券公司受证券登记结算机构委托,为客户开立证券账户,应当按照证券账户管理规则,对客户申报的姓名或者名称、身份的真实性进行审查。同一客户开立的资金账户和证券账户的姓名或者名称应当一致。

证券公司为证券资产管理客户开立的证券账户,应当自开户之日起3个交易日内报证券交易所备案。

证券公司不得将客户的资金账户、证券账户提供给他人使用。

第二十九条 证券公司从事证券资产管理业务、融资融券业务,销售证券类金融产品,应当按照规定程序,了解客户的身份、财产与收入状况、证券投资经验和风险偏好,并以书面和电子方式予以记载、保存。证券公司应当根据所了解的客户情况推荐适当的产品或者服务。具体规则由中国证券业协会制定。

第三十条 证券公司与客户签订证券交易委托、证券资产管理、融资融券等业务合同,应当事先指定专人向客户讲解有关业务规则和合同内容,并将风险揭示书交由客户签字确认。业务合同的必备条款和风险揭示书的标准格式,由中国证券业协会制定,并报国务院证券监督管理机构备案。

第三十一条 证券公司从事证券资产管理业务、融资融券业务,应当按照规定编制对账单,按月寄送客户。证券公司与客户对对账单送交时间或者方式另有约定的,从其约定。

第三十二条 证券公司应当建立信息查询制度,保证客户在证券公司营业时间内能够随时查询其委托记录、交易记录、证券和资金余额,以及证券公司业务经办人员和证券经纪人的姓名、执业证书、证券经纪人证书编号等信息。

客户认为有关信息记录与实际情况不符的,可以向证券公司或者国务院证券监督管理机构投诉。证券公司应当指定专门部门负责处理客户投诉。国务院证券监督管理机构应当根据客户的投诉,采取相应措施。

第三十三条 证券公司不得违反规定委托其他单位或者个人进行客户招揽、客户服务、产品销售活动。

第三十四条 证券公司向客户提供投资建议,不得对证券价格的涨跌或者市场走势做出确定性的判断。

证券公司及其从业人员不得利用向客户提供投资建议而谋取不正当利益。

第三十五条 证券公司应当建立并实施有效的管理制度,防范其从业人员直接或者以化名、他人名义持有、买卖股票,收受他人赠送的股票。

第三十六条 证券公司应当按照规定提取一般风险准备金,用于弥补经营亏损。

第二节 证券经纪业务

第三十七条 证券公司从事证券经纪业务,应当对客户账户内的资金、证券是否充足进行审查。客户资金账户内的资金不足的,不得接受其买入委托;客户证券账户内的证券不足的,不得接受其卖出委托。

第三十八条 证券公司从事证券经纪业务,可以委托证券公司以外的人员作为证券经纪人,代理其进行客户招揽、客户服务等活动。证券经纪人应当具有证券从业资格。

证券公司应当与接受委托的证券经纪人签订委托合同,颁发证券经纪人证书,明确对证券经纪人的授权范围,并对证券经纪人的执业行为进行监督。

证券经纪人应当在证券公司的授权范围内从事业务,并应当向客户出示证券经纪人证书。

第三十九条 证券经纪人应当遵守证券公司从业人员的管理规定,其在证券公司授权范围内的行为,由证券公司依法承担相应的法律责任;超出授权范围的行为,证券经纪人应当依法承担相应的法律责任。

证券经纪人只能接受一家证券公司的委托,进行客户招揽、客户服务等活动。

证券经纪人不得为客户办理证券认购、交易等事项。

第四十条 证券公司向客户收取证券交易费用,应当符合国家有关规定,并将收费项目、收费标准在营业场所的显著位置予以公示。

第三节 证券自营业务

第四十一条 证券公司从事证券自营业务,限于买卖依法公开发行的股票、债券、权证、证券投资基金或者国务院证券监督管理机构认可的其他证券。

第四十二条 证券公司从事证券自营业务,应当使用实名证券自营账户。

证券公司的证券自营账户,应当自开户之日起3个交易日内报证券交易所备案。

第四十三条 证券公司从事证券自营业务,不得有下列行为:

(一)违反规定购买本证券公司控股股东或者与本证券公司有其他重大利害关系的发行人发行的证券;

(二)违反规定委托他人代为买卖证券;

(三)利用内幕信息买卖证券或者操纵证券市场;

(四)法律、行政法规或者国务院证券监督管理机构禁止的其他行为。

第四十四条 证券公司从事证券自营业务,自营证券总值与公司净资本的比例、持有一种证券的价值与公司净资本的比例、持有一种证券的数量与该证券发行总量的比例等风险控制指标,应当符合国务院证券监督管理机构的规定。

第四节 证券资产管理业务

第四十五条 证券公司可以依照《证券法》和本条例的规定,从事接受客户的委托、使用客户资产进行投资的证券资产管理业务。投资所产生的收益由客户享有,损失由客户承担,证券公司可以按照约定收取管理费用。

证券公司从事证券资产管理业务,应当与客户签订证券资产管理合同,约定投资范围、投资比例、管理期限及管理费用等事项。

第四十六条 证券公司从事证券资产管理业务,不得有下列行为:

(一)向客户做出保证其资产本金不受损失或者保证其取得最低收益的承诺;

(二)接受一个客户的单笔委托资产价值,低于国务院证券监督管理机构规定的最低限额;

(三)使用客户资产进行不必要的证券交易;

(四)在证券自营账户与证券资产管理账户之间或者不同的证券资产管理账户之间进

行交易,且无充分证据证明已依法实现有效隔离;

(五)法律、行政法规或者国务院证券监督管理机构禁止的其他行为。

第四十七条 证券公司使用多个客户的资产进行集合投资,应当符合法律、行政法规和国务院证券监督管理机构的有关规定。

第五节 融资融券业务

第四十八条 本条例所称融资融券业务,是指在证券交易所或者国务院批准的其他证券交易场所进行的证券交易中,证券公司向客户出借资金供其买入证券或者出借证券供其卖出,并由客户交存相应担保物的经营活动。

第四十九条 证券公司经营融资融券业务,应当具备下列条件:

(一)证券公司治理结构健全,内部控制有效;

(二)风险控制指标符合规定,财务状况、合规状况良好;

(三)有经营融资融券业务所需的专业人员、技术条件、资金和证券;

(四)有完善的融资融券业务管理制度和实施方案;

(五)国务院证券监督管理机构规定的其他条件。

第五十条 证券公司从事融资融券业务,应当与客户签订融资融券合同,并按照国务院证券监督管理机构的规定,以证券公司的名义在证券登记结算机构开立客户证券担保账户,在指定商业银行开立客户资金担保账户。客户资金担保账户内的资金应当参照本条例第五十七条的规定进行管理。

在以证券公司名义开立的客户证券担保账户和客户资金担保账户内,应当为每一客户单独开立授信账户。

第五十一条 证券公司向客户融资,应当使用自有资金或者依法筹集的资金;向客户融券,应当使用自有证券或者依法取得处分权的证券。

第五十二条 证券公司向客户融资融券时,客户应当交存一定比例的保证金。保证金可以用证券充抵。

客户交存的保证金以及通过融资融券交易买入的全部证券和卖出证券所得的全部资金,均为对证券公司的担保物,应当存入证券公司客户证券担保账户或者客户资金担保账户并记入该客户授信账户。

第五十三条 客户证券担保账户内的证券和客户资金担保账户内的资金为信托财产。证券公司不得违背受托义务侵占客户担保账户内的证券或者资金。除本条例第五十四条规定的情形或者证券公司和客户依法另有约定的情形外,证券公司不得动用客户担保账户内的证券或者资金。

第五十四条 证券公司应当逐日计算客户担保物价值与其债务的比例。当该比例低于规定的最低维持担保比例时,证券公司应当通知客户在一定的期限内补交差额。客户未能按期交足差额,或者到期未偿还融资融券债务的,证券公司应当立即按照约定处分其担保物。

第五十五条 客户依照本条例第五十二条第一款规定交存保证金的比例,由国务院证券监督管理机构授权的单位规定。

证券公司可以向客户融出的证券和融出资金可以买入证券的种类,可充抵保证金的有价证券的种类和折算率,融资融券的期限,最低维持担保比例和补交差额的期限,由证券交易所规定。

本条第一款、第二款规定由被授权单位或者证券交易所所做出的相关规定,应当向国务院证券监督管理机构备案,且不得违反国家货币政策。

第五十六条 证券公司从事融资融券业务,自有资金或者证券不足的,可以向证券金融公司借入。证券金融公司的设立和解散由国务院决定。

第五章 客户资产的保护

第五十七条 证券公司从事证券经纪业务,其客户的交易结算资金应当存放在指定商业银行,以每个客户的名义单独立户管理。

指定商业银行应当与证券公司及其客户签订客户的交易结算资金存管合同,约定客户的交易结算资金存取、划转、查询等事项,并按照证券交易净额结算、货银对付的要求，为证券公司开立客户的交易结算资金汇总账户。

客户的交易结算资金的存取，应当通过指定商业银行办理。指定商业银行应当保证客户能够随时查询客户的交易结算资金的余额及变动情况。

指定商业银行的名单，由国务院证券监督管理机构会同国务院银行业监督管理机构确定并公告。

第五十八条 证券公司从事证券资产管理业务，应当将客户的委托资产交由本条例第五十七条第四款规定的指定商业银行或者国务院证券监督管理机构认可的其他资产托管机构托管。

资产托管机构应当按照国务院证券监督管理机构的规定和证券资产管理合同的约定，履行安全保管客户的委托资产、办理资金收付事项、监督证券公司投资行为等职责。

第五十九条 客户的交易结算资金、证券资产管理客户的委托资产属于客户，应当与证券公司、指定商业银行、资产托管机构的自有资产相互独立、分别管理。非因客户本身的债务或者法律规定的其他情形，任何单位或者个人不得对客户的交易结算资金、委托资产申请查封、冻结或者强制执行。

第六十条 除下列情形外，不得动用客户的交易结算资金或者委托资金：

（一）客户进行证券的申购、证券交易的结算或者客户提款；

（二）客户支付与证券交易有关的佣金、费用或者税款；

（三）法律规定的其他情形。

第六十一条 证券公司不得以证券经纪客户或者证券资产管理客户的资产向他人提供融资或者担保。任何单位或者个人不得强令、指使、协助、接受证券公司以证券经纪客户或者证券资产管理客户的资产提供融资或者担保。

第六十二条 指定商业银行、资产托管机构和证券登记结算机构应当对存放在本机构的客户的交易结算资金、委托资金和客户担保账户内的资金、证券的动用情况进行监督，并按照规定定期向国务院证券监督管理机构报送客户的交易结算资金、委托资金和客户担保账户内的资金、证券的存管或者动用情况的有关数据。

指定商业银行、资产托管机构和证券登记结算机构对超出本条例第五十三条、第五十四条、第六十条规定的范围，动用客户的交易结算资金、委托资金和客户担保账户内的资金、证券的申请、指令，应当拒绝；发现客户的交易结算资金、委托资金和客户担保账户内的资金、证券被违法动用或者有其他异常情况的，应当立即向国务院证券监督管理机构报告，并抄报有关监督管理机构。

第六章 监督管理措施

第六十三条 证券公司应当自每一会计年度结束之日起4个月内，向国务院证券监督管理机构报送年度报告；自每月结束之日起7个工作日内，报送月度报告。

发生影响或者可能影响证券公司经营管理、财务状况、风险控制指标或者客户资产安全的重大事件的，证券公司应当立即向国务院证券监督管理机构报送临时报告，说明事件的起因、目前的状态、可能产生的后果和拟采取的相应措施。

第六十四条 证券公司年度报告中的财务会计报告、风险控制指标报告以及国务院证券监督管理机构规定的其他专项报告，应当经具有证券、期货相关业务资格的会计师事务所审计。证券公司年度报告应当附有该会计师事务所出具的内部控制评审报告。

证券公司的董事、高级管理人员应当对证券公司年度报告签署确认意见；经营管理的主要负责人和财务负责人应当对月度报告签署确认意见。在证券公司年度报告、月度报告上签字的人员，应当保证报告的内容真实、准确、完整；对报告内容持有异议的，应当注明自己的意见和理由。

第六十五条 对证券公司报送的年度报告、月度报告，国务院证券监督管理机构应当指定专人进行审核，并制作审核报告。审核人员应当在审核报告上签字。审核中发现问题的，国务院证券监督管理机构应当及时采取相应措施。

国务院证券监督管理机构应当对有关机构报送的客户的交易结算资金、委托资金和客户担保账户内的资金、证券的有关数据进行比对、核查,及时发现资金或者证券被违法动用的情况。

第六十六条 证券公司应当依法向社会公开披露其基本情况、参股及控股情况、负债及或有负债情况、经营管理状况、财务收支状况、高级管理人员薪酬和其他有关信息。具体办法由国务院证券监督管理机构制定。

第六十七条 国务院证券监督管理机构可以要求下列单位或者个人,在指定的期限内提供与证券公司经营管理和财务状况有关的资料、信息:

(一)证券公司及其董事、监事、工作人员;

(二)证券公司的股东、实际控制人;

(三)证券公司控股或者实际控制的企业;

(四)证券公司的开户银行、指定商业银行、资产托管机构、证券交易所、证券登记结算机构;

(五)为证券公司提供服务的证券服务机构。

第六十八条 国务院证券监督管理机构有权采取下列措施,对证券公司的业务活动、财务状况、经营管理情况进行检查:

(一)询问证券公司的董事、监事、工作人员,要求其对有关检查事项做出说明;

(二)进入证券公司的办公场所或者营业场所进行检查;

(三)查阅、复制与检查事项有关的文件、资料,对可能被转移、隐匿或者毁损的文件、资料、电子设备予以封存;

(四)检查证券公司的计算机信息管理系统,复制有关数据资料。

国务院证券监督管理机构为查清证券公司的业务情况、财务状况,经国务院证券监督管理机构负责人批准,可以查询证券公司及与证券公司有控股或者实际控制关系企业的银行账户。

第六十九条 证券公司以及有关单位和个人披露、报送或者提供的资料、信息应当真实、准确、完整,不得有虚假记载、误导性陈述或者重大遗漏。

第七十条 国务院证券监督管理机构对治理结构不健全、内部控制不完善、经营管理混乱、设立账外账或者进行账外经营、拒不执行监督管理决定、违法违规的证券公司,应当责令其限期改正,并可以采取下列措施:

(一)责令增加内部合规检查的次数并提交合规检查报告;

(二)对证券公司及其有关董事、监事、高级管理人员、境内分支机构负责人给予谴责;

(三)责令处分有关责任人员,并报告结果;

(四)责令更换董事、监事、高级管理人员或者限制其权利;

(五)对证券公司进行临时接管,并进行全面核查;

(六)责令暂停证券公司或者其境内分支机构的部分或者全部业务,限期撤销境内分支机构。

证券公司被暂停业务、限期撤销境内分支机构的,应当按照有关规定安置客户、处理未了结的业务。

对证券公司的违法违规行为,合规负责人已经依法履行制止和报告职责的,免除责任。

第七十一条 任何单位或者个人未经批准,持有或者实际控制证券公司5%以上股权的,国务院证券监督管理机构应当责令其限期改正;改正前,相应股权不具有表决权。

第七十二条 任何人未取得任职资格,实际行使证券公司董事、监事、高级管理人员或者境内分支机构负责人职权的,国务院证券监督管理机构应当责令其停止行使职权,予以公告,并可以按照规定对其采取证券市场禁入的措施。

第七十三条 证券公司董事、监事、高级管理人员或者境内分支机构负责人不再具备任职资格条件的,证券公司应当解除其职务并向国务院证券监督管理机构报告;证券公司未解除职务的,国务院证券监督管理机构应当责令其解除。

第七十四条 证券公司聘请或者解聘会计师事务所的,应当自做出决定之日起3个工作日内报国务院证券监督管理机构备案;解聘会计师事务所的,应当说明理由。

第七十五条 会计师事务所对证券公司或者其有关人员进行审计,可以查阅、复制与审计事项有关的客户信息或者证券公司的其他有关文件、资料,并可以调取证券公司计算机信息管理系统内的有关数据资料。

会计师事务所应当对所知悉的信息保密。法律、行政法规另有规定的除外。

第七十六条 证券交易所应当对证券公司证券自营账户和证券资产管理账户的交易行为进行实时监控;发现异常情况的,应当及时按照交易规则和会员管理规则处理,并向国务院证券监督管理机构报告。

第七章 法律责任

第七十七条 证券公司有下列情形之一的,依照《证券法》第一百九十八条的规定处罚:

(一)聘任不具有任职资格的人员担任境内分支机构的负责人;

(二)未按照国务院证券监督管理机构依法做出的决定,解除不再具备任职资格条件的董事、监事、高级管理人员、境内分支机构负责人的职务。

第七十八条 证券公司从事证券经纪业务,客户资金不足而接受其买入委托,或者客户证券不足而接受其卖出委托的,依照《证券法》第二百零五条的规定处罚。

第七十九条 证券公司将客户的资金账户、证券账户提供给他人使用的,依照《证券法》第二百零八条的规定处罚。

第八十条 证券公司诱使客户进行不必要的证券交易,或者从事证券资产管理业务时,使用客户资产进行不必要的证券交易的,依照《证券法》第二百一十条的规定处罚。

第八十一条 证券公司或者其境内分支机构超出国务院证券监督管理机构批准的范围经营业务的,依照《证券法》第二百一十九条的规定处罚。

第八十二条 证券公司在证券自营账户与证券资产管理账户之间或者不同的证券资产管理账户之间进行交易,且无充分证据证明已依法

实现有效隔离的,依照《证券法》第二百二十条的规定处罚。

第八十三条 证券公司违反本条例的规定,有下列情形之一的,责令改正,给予警告,没收违法所得,并处以违法所得1倍以上5倍以下的罚款;没有违法所得或者违法所得不足10万元的,处以10万元以上30万元以下的罚款;情节严重的,暂停或者撤销其相关证券业务许可。对直接负责的主管人员和其他直接责任人员,给予警告,并处3万元以上10万元以下的罚款;情节严重的,撤销任职资格或者证券从业资格:

(一)违反规定委托其他单位或者个人进行客户招揽、客户服务或者产品销售活动;

(二)向客户提供投资建议,对证券价格的涨跌或者市场走势做出确定性的判断;

(三)违反规定委托他人代为买卖证券;

(四)从事证券自营业务、证券资产管理业务,投资范围或者投资比例违反规定;

(五)从事证券资产管理业务,接受一个客户的单笔委托资产价值低于规定的最低限额。

第八十四条 证券公司违反本条例的规定,有下列情形之一的,责令改正,给予警告,没收违法所得,并处以违法所得1倍以上5倍以下的罚款;没有违法所得或者违法所得不足3万元的,处以3万元以上30万元以下的罚款。对直接负责的主管人员和其他直接责任人员单处或者并处警告、3万元以上10万元以下的罚款;情节严重的,撤销任职资格或者证券从业资格:

(一)未按照规定对离任的法定代表人或者高级管理人员进行审计,并报送审计报告;

(二)与他人合资、合作经营管理分支机构,或者将分支机构承包、租赁或者委托给他人经营管理;

(三)未按照规定将证券自营账户或者证券资产管理客户的证券账户报证券交易所备案;

(四)未按照规定程序了解客户的身份、财产与收入状况、证券投资经验和风险偏好;

(五)推荐的产品或者服务与所了解的客户情况不相适应;

（六）未按照规定指定专人向客户讲解有关业务规则和合同内容，并以书面方式向其揭示投资风险；

（七）未按照规定与客户签订业务合同，或者未在与客户签订的业务合同中载入规定的必备条款；

（八）未按照规定编制并向客户送交对账单，或者未按照规定建立并有效执行信息查询制度；

（九）未按照规定指定专门部门处理客户投诉；

（十）未按照规定提取一般风险准备金；

（十一）未按照规定存放、管理客户的交易结算资金、委托资金和客户担保账户内的资金、证券；

（十二）聘请、解聘会计师事务所，未按照规定向国务院证券监督管理机构备案，解聘会计师事务所未说明理由。

第八十五条 证券公司未按照规定为客户开立账户的，责令改正；情节严重的，处以20万元以上50万元以下的罚款，并对直接负责的董事、高级管理人员和其他直接责任人员，处以1万元以上5万元以下的罚款。

第八十六条 违反本条例的规定，有下列情形之一的，责令改正，给予警告，没收违法所得，并处以违法所得1倍以上5倍以下的罚款；没有违法所得或者违法所得不足10万元的，处以10万元以上60万元以下的罚款；情节严重的，撤销相关业务许可。对直接负责的主管人员和其他直接责任人员给予警告，撤销任职资格或者证券从业资格，并处以3万元以上30万元以下的罚款：

（一）未经批准，委托他人或者接受他人委托持有或者管理证券公司的股权，或者认购、受让或者实际控制证券公司的股权；

（二）证券公司股东、实际控制人强令、指使、协助、接受证券公司以证券经纪客户或者证券资产管理客户的资产提供融资或者担保；

（三）证券公司、资产托管机构、证券登记结算机构违反规定动用客户的交易结算资金、委托资金和客户担保账户内的资金、证券；

（四）资产托管机构、证券登记结算机构对违反规定动用委托资金和客户担保账户内的资金、证券的申请、指令予以同意、执行；

（五）资产托管机构、证券登记结算机构发现委托资金和客户担保账户内的资金、证券被违法动用而未向国务院证券监督管理机构报告。

第八十七条 指定商业银行有下列情形之一的，由国务院证券监督管理机构责令改正，给予警告，没收违法所得，并处以违法所得1倍以上5倍以下的罚款；没有违法所得或者违法所得不足10万元的，处以10万元以上60万元以下的罚款。对直接负责的主管人员和其他直接责任人员给予警告，并处以3万元以上30万元以下的罚款：

（一）违反规定动用客户的交易结算资金；

（二）对违反规定动用客户的交易结算资金的申请、指令予以同意或者执行；

（三）发现客户的交易结算资金被违法动用而未向国务院证券监督管理机构报告。

指定商业银行有前款规定的行为，情节严重的，由国务院证券监督管理机构会同国务院银行业监督管理机构责令其暂停或者终止客户的交易结算资金存管业务；对直接负责的主管人员和其他直接责任人员，国务院证券监督管理机构可以建议国务院银行业监督管理机构依法处罚。

第八十八条 违反本条例的规定，有下列情形之一的，责令改正，给予警告，并处以3万元以上20万元以下的罚款；对直接负责的主管人员和其他直接责任人员，给予警告，可以处以3万元以下的罚款：

（一）证券公司未按照本条例第六十六条的规定公开披露信息，或者公开披露的信息中有虚假记载、误导性陈述或者重大遗漏；

（二）证券公司控股或者实际控制的企业、资产托管机构、证券服务机构未按照规定向国务院证券监督管理机构报送、提供有关信息、资料，或者报送、提供的信息、资料中有虚假记载、误导性陈述或者重大遗漏。

第八十九条 违反本条例的规定，有下列情形之一的，责令改正，给予警告，没收违法所得，并处以违法所得等值罚款；没有违法所得或者违

法所得不足3万元的,处以3万元以下的罚款;情节严重的,撤销任职资格或者证券从业资格:

(一)合规负责人未按照规定向国务院证券监督管理机构或者有关自律组织报告违法违规行为;

(二)证券经纪人从事业务未向客户出示证券经纪人证书;

(三)证券经纪人同时接受多家证券公司的委托,进行客户招揽、客户服务等活动;

(四)证券经纪人接受客户的委托,为客户办理证券认购、交易等事项。

第九十条 证券公司违反规定收取费用的,由有关主管部门依法给予处罚。

第八章 附 则

第九十一条 证券公司经营证券业务不符合本条例第二十六条第二款规定的,应当在国务院证券监督管理机构规定的期限内达到规定要求。

第九十二条 证券公司客户的交易结算资金存管方式不符合本条例第五十七条规定的,国务院证券监督管理机构应当责令其限期调整。

证券公司客户的交易结算资金存管方式,应当自本条例实施之日起1年内达到规定要求。

第九十三条 证券公司可以向股东或者其他单位借入偿还顺序在普通债务之后的债,具体管理办法由国务院证券监督管理机构制定。

第九十四条 外商投资证券公司的业务范围、境外股东的资格条件和出资比例,由国务院证券监督管理机构规定,报国务院批准。

第九十五条 境外证券经营机构在境内经营证券业务或者设立代表机构,应当经国务院证券监督管理机构批准。具体办法由国务院证券监督管理机构制定,报国务院批准。

第九十六条 本条例所称证券登记结算机构,是指《证券法》第一百五十五条规定的证券登记结算机构。

第九十七条 本条例自2008年6月1日起施行。

证券公司风险处置条例

- 2008年4月23日中华人民共和国国务院令第523号公布
- 根据2016年2月6日《国务院关于修改部分行政法规的决定》修订

第一章 总 则

第一条 为了控制和化解证券公司风险,保护投资者合法权益和社会公共利益,保障证券业健康发展,根据《中华人民共和国证券法》(以下简称《证券法》)、《中华人民共和国企业破产法》(以下简称《企业破产法》),制定本条例。

第二条 国务院证券监督管理机构依法对处置证券公司风险工作进行组织、协调和监督。

第三条 国务院证券监督管理机构应当会同中国人民银行、国务院财政部门、国务院公安部门、国务院其他金融监督管理机构以及省级人民政府建立处置证券公司风险的协调配合与快速反应机制。

第四条 处置证券公司风险过程中,有关地方人民政府应当采取有效措施维护社会稳定。

第五条 处置证券公司风险过程中,应当保障证券经纪业务正常进行。

第二章 停业整顿、托管、接管、行政重组

第六条 国务院证券监督管理机构发现证券公司存在重大风险隐患,可以派出风险监控现场工作组对证券公司进行专项检查,对证券公司划拨资金、处置资产、调配人员、使用印章、订立以及履行合同等经营、管理活动进行监控,并及时向有关地方人民政府通报情况。

第七条 证券公司风险控制指标不符合有关规定,在规定期限内未能完成整改的,国务院证券监督管理机构可以责令证券公司停止部分或者全部业务进行整顿。停业整顿的期限不超过3个月。

证券经纪业务被责令停业整顿的,证券公司在规定的期限内可以将其证券经纪业务委托给国务院证券监督管理机构认可的证券公司管理,或者将客户转移到其他证券公司。证券公司逾期未按照要求委托证券经纪业务或

者未转移客户的,国务院证券监督管理机构应当将客户转移到其他证券公司。

第八条 证券公司有下列情形之一的,国务院证券监督管理机构可以对其证券经纪等涉及客户的业务进行托管;情节严重的,可以对该证券公司进行接管:

（一）治理混乱,管理失控;

（二）挪用客户资产并且不能自行弥补;

（三）在证券交易结算中多次发生交收违约或者交收违约数额较大;

（四）风险控制指标不符合规定,发生重大财务危机;

（五）其他可能影响证券公司持续经营的情形。

第九条 国务院证券监督管理机构决定对证券公司证券经纪等涉及客户的业务进行托管的,应当按照规定程序选择证券公司等专业机构成立托管组,行使被托管证券公司的证券经纪等涉及客户的业务的经营管理权。

托管组自托管之日起履行下列职责:

（一）保障证券公司证券经纪业务正常合规运行,必要时依照规定垫付营运资金和客户的交易结算资金;

（二）采取有效措施维护托管期间客户资产的安全;

（三）核查证券公司存在的风险,及时向国务院证券监督管理机构报告业务运行中出现的紧急情况,并提出解决方案;

（四）国务院证券监督管理机构要求履行的其他职责。

托管期限一般不超过12个月。满12个月,确需继续托管的,国务院证券监督管理机构可以决定延长托管期限,但延长托管期限最长不得超过12个月。

第十条 被托管证券公司应当承担托管费用和托管期间的营运费用。国务院证券监督管理机构应当对托管费用和托管期间的营运费用进行审核。

托管组不承担被托管证券公司的亏损。

第十一条 国务院证券监督管理机构决定对证券公司进行接管的,应当按照规定程序组织专业人员成立接管组,行使被接管证券公司的经营管理权,接管组负责人行使被接管证券公司法定代表人职权,被接管证券公司的股东会或者股东大会、董事会、监事会以及经理、副经理停止履行职责。

接管组自接管之日起履行下列职责:

（一）接管证券公司的财产、印章和账簿、文书等资料;

（二）决定证券公司的管理事务;

（三）保障证券公司证券经纪业务正常合规运行,完善内控制度;

（四）清查证券公司财产,依法保全、追收资产;

（五）控制证券公司风险,提出风险化解方案;

（六）核查证券公司有关人员的违法行为;

（七）国务院证券监督管理机构要求履行的其他职责。

接管期限一般不超过12个月。满12个月,确需继续接管的,国务院证券监督管理机构可以决定延长接管期限,但延长接管期限最长不得超过12个月。

第十二条 证券公司出现重大风险,但具备下列条件的,可以由国务院证券监督管理机构对其进行行政重组:

（一）财务信息真实、完整;

（二）省级人民政府或者有关方面予以支持;

（三）整改措施具体,有可行的重组计划。

被停业整顿、托管、接管的证券公司,具备前款规定条件的,也可以由国务院证券监督管理机构对其进行行政重组。

第十三条 证券公司进行行政重组,可以采取注资、股权重组、债务重组、资产重组、合并或者其他方式。

行政重组期限一般不超过12个月。满12个月,行政重组未完成的,国务院证券监督管理机构可以决定延长行政重组期限,但延长行政重组期限最长不得超过6个月。

国务院证券监督管理机构对证券公司的行政重组进行协调和指导。

第十四条 国务院证券监督管理机构对证券公司做出责令停业整顿、托管、接管、行政重组的处置决定,应当予以公告,并将公告张贴于被处置证券公司的营业场所。

处置决定包括被处置证券公司的名称、处置措施、事由以及范围等有关事项。

处置决定的公告日期为处置日,处置决定自公告之时生效。

第十五条 证券公司被责令停业整顿、托管、接管、行政重组的,其债权债务关系不因处置决定而变化。

第十六条 证券公司经停业整顿、托管、接管或者行政重组在规定期限内达到正常经营条件的,经国务院证券监督管理机构批准,可以恢复正常经营。

第十七条 证券公司经停业整顿、托管、接管或者行政重组在规定期限内仍达不到正常经营条件,但能够清偿到期债务的,国务院证券监督管理机构依法撤销其证券业务许可。

第十八条 被撤销证券业务许可的证券公司应当停止经营证券业务,按照客户自愿的原则将客户安置到其他证券公司,安置过程中相关各方应当采取必要措施保证客户证券交易的正常进行。

被撤销证券业务许可的证券公司有未安置客户等情形的,国务院证券监督管理机构可以比照本条例第三章的规定,成立行政清理组,清理账户、安置客户、转让证券类资产。

第三章 撤 销

第十九条 证券公司同时有下列情形的,国务院证券监督管理机构可以直接撤销该证券公司:

(一)违法经营情节特别严重、存在巨大经营风险;

(二)不能清偿到期债务,并且资产不足以清偿全部债务或者明显缺乏清偿能力;

(三)需要动用证券投资者保护基金。

第二十条 证券公司经停业整顿、托管、接管或者行政重组在规定期限内仍达不到正常经营条件,并且有本条例第十九条第(二)项或者第(三)项规定情形的,国务院证券监督管理机构应当撤销该证券公司。

第二十一条 国务院证券监督管理机构撤销证券公司,应当做出撤销决定,并按照规定程序选择律师事务所、会计师事务所等专业机构成立行政清理组,对该证券公司进行行政清理。

撤销决定应当予以公告,撤销决定的公告日期为处置日,撤销决定自公告之时生效。

本条例施行前,国务院证券监督管理机构已经对证券公司进行行政清理的,行政清理的公告日期为处置日。

第二十二条 行政清理期间,行政清理组负责人行使被撤销证券公司法定代表人职权。

行政清理组履行下列职责:

(一)管理证券公司的财产、印章和账簿、文书等资料;

(二)清理账户,核实资产负债有关情况,对符合国家规定的债权进行登记;

(三)协助甄别确认、收购符合国家规定的债权;

(四)协助证券投资者保护基金管理机构弥补客户的交易结算资金;

(五)按照客户自愿的原则安置客户;

(六)转让证券类资产;

(七)国务院证券监督管理机构要求履行的其他职责。

前款所称证券类资产,是指证券公司为维持证券经纪业务正常进行所必需的计算机信息管理系统、交易系统、通信网络系统、交易席位等资产。

第二十三条 被撤销证券公司的股东会或者股东大会、董事会、监事会以及经理、副经理停止履行职责。

行政清理期间,被撤销证券公司的股东不得自行组织清算,不得参与行政清理工作。

第二十四条 行政清理期间,被撤销证券公司的证券经纪等涉及客户的业务,由国务院证券监督管理机构按照规定程序选择证券公司等专业机构进行托管。

第二十五条 证券公司设立或者实际控制的关联公司,其资产、人员、财务或者业务与被撤销证券公司混合的,经国务院证券监督管理机构审查批准,纳入行政清理范围。

第二十六条 证券公司的债权债务关系不因其被撤销而变化。

自证券公司被撤销之日起,证券公司的债务停止计算利息。

第二十七条 行政清理组清理被撤销证券公司账户的结果,应当经具有证券、期货相关业务资格的会计师事务所审计,并报国务院证券监督管理机构认定。

行政清理组根据经国务院证券监督管理机构认定的账户清理结果,向证券投资者保护基金管理机构申请弥补客户的交易结算资金的资金。

第二十八条 行政清理组应当自成立之日起10日内,将债权人需要登记的相关事项予以公告。

符合国家有关规定的债权人应当自公告之日起90日内,持相关证明材料向行政清理组申报债权,行政清理组按照规定登记。无正当理由逾期申报的,不予登记。

已登记债权经甄别确认符合国家收购规定的,行政清理组应当及时按照国家有关规定申请收购资金并协助收购;经甄别确认不符合国家收购规定的,行政清理组应当告知申报的债权人。

第二十九条 行政清理组应当在具备证券业务经营资格的机构中,采用招标、公开询价等公开方式转让证券类资产。证券类资产转让方案应当报国务院证券监督管理机构批准。

第三十条 行政清理组不得转让证券类资产以外的资产,但经国务院证券监督管理机构批准,易贬损并可能遭受损失的资产或者确为保护客户和债权人利益的其他情形除外。

第三十一条 行政清理组不得对债务进行个别清偿,但为保护客户和债权人利益的下列情形除外:

(一)因行政清理组请求对方当事人履行双方均未履行完毕的合同所产生的债务;

(二)为维持业务正常进行而应当支付的职工劳动报酬和社会保险费用等正常支出;

(三)行政清理组履行职责所产生的其他费用。

第三十二条 为保护债权人利益,经国务院证券监督管理机构批准,行政清理组可以向人民法院申请对处置前被采取查封、扣押、冻结等强制措施的证券类资产以及其他资产进行变现处置,变现后的资金应当予以冻结。

第三十三条 行政清理费用经国务院证券监督管理机构审核后,从被处置证券公司财产中随时清偿。

前款所称行政清理费用,是指行政清理组管理、转让证券公司财产所需的费用,行政清理组履行职务和聘用专业机构的费用等。

第三十四条 行政清理期限一般不超过12个月。满12个月,行政清理未完成的,国务院证券监督管理机构可以决定延长行政清理期限,但延长行政清理期限最长不得超过12个月。

第三十五条 行政清理期间,被处置证券公司免缴行政性收费和增值税、营业税等行政法规定的税收。

第三十六条 证券公司被国务院证券监督管理机构依法责令关闭,需要进行行政清理的,比照本章的有关规定执行。

第四章 破产清算和重整

第三十七条 证券公司被依法撤销、关闭时,有《企业破产法》第二条规定情形的,行政清理工作完成后,国务院证券监督管理机构或者其委托的行政清理组依照《企业破产法》的有关规定,可以向人民法院申请对被撤销、关闭证券公司进行破产清算。

第三十八条 证券公司有《企业破产法》第二条规定情形的,国务院证券监督管理机构可以直接向人民法院申请对该证券公司进行重整。

证券公司或者其债权人依照《企业破产法》的有关规定,可以向人民法院提出对证券公司进行破产清算或者重整的申请,但应当依照《证券法》第一百二十九条的规定报经国务院证券监督管理机构批准。

第三十九条 对不需要动用证券投资者保护基金的证券公司,国务院证券监督管理机构应当在批准破产清算前撤销其证券业务许可。证券公司应当依照本条例第十八条的规定停止经营证券业务,安置客户。

对需要动用证券投资者保护基金的证券公司,国务院证券监督管理机构对该证券公司或者其债权人的破产清算申请不予批准,并依照本条例第三章的规定撤销该证券公司,进行行政清理。

第四十条　人民法院裁定受理证券公司重整或者破产清算申请的，国务院证券监督管理机构可以向人民法院推荐管理人人选。

第四十一条　证券公司进行破产清算的，行政清理时已登记的不符合国家收购规定的债权，管理人可以直接予以登记。

第四十二条　人民法院裁定证券公司重整的，证券公司或者管理人应当同时向债权人会议、国务院证券监督管理机构和人民法院提交重整计划草案。

第四十三条　自债权人会议各表决组通过重整计划草案之日起10日内，证券公司或者管理人应当向人民法院提出批准重整计划的申请。重整计划涉及《证券法》第一百二十九条规定相关事项的，证券公司或者管理人应当同时向国务院证券监督管理机构提出批准相关事项的申请，国务院证券监督管理机构应当自收到申请之日起15日内做出批准或者不予批准的决定。

第四十四条　债权人会议部分表决组未通过重整计划草案，但重整计划草案符合《企业破产法》第八十七条第二款规定条件的，证券公司或者管理人可以申请人民法院批准重整计划草案。重整计划草案涉及《证券法》第一百二十九条规定相关事项的，证券公司或者管理人应当同时向国务院证券监督管理机构提出批准相关事项的申请，国务院证券监督管理机构应当自收到申请之日起15日内做出批准或者不予批准的决定。

第四十五条　经批准的重整计划由证券公司执行，管理人负责监督。监督期届满，管理人应当向人民法院和国务院证券监督管理机构提交监督报告。

第四十六条　重整计划的相关事项未获国务院证券监督管理机构批准，或者重整计划未获人民法院批准的，人民法院裁定终止重整程序，并宣告证券公司破产。

第四十七条　重整程序终止，人民法院宣告证券公司破产的，国务院证券监督管理机构应当对证券公司做出撤销决定，人民法院依照《企业破产法》的规定组织破产清算。涉及税收事项，依照《企业破产法》和《中华人民共和国税收征收管理法》的规定执行。

人民法院认为应当对证券公司进行行政清理的，国务院证券监督管理机构比照本条例第三章的规定成立行政清理组，负责清理账户，协助甄别确认、收购符合国家规定的债权，协助证券投资者保护基金管理机构弥补客户的交易结算资金，转让证券类资产等。

第五章　监督协调

第四十八条　国务院证券监督管理机构在处置证券公司风险工作中，履行下列职责：

（一）制订证券公司风险处置方案并组织实施；

（二）派驻风险处置现场工作组，对被处置证券公司、托管组、接管组、行政清理组、管理人以及参与风险处置的其他机构和人员进行监督和指导；

（三）协调证券交易所、证券登记结算机构、证券投资者保护基金管理机构，保障被处置证券公司证券经纪业务正常进行；

（四）对证券公司的违法行为立案稽查并予以处罚；

（五）及时向公安机关等通报涉嫌刑事犯罪的情况，按照有关规定移送涉嫌犯罪的案件；

（六）向有关地方人民政府通报证券公司风险状况以及影响社会稳定的情况；

（七）法律、行政法规要求履行的其他职责。

第四十九条　处置证券公司风险过程中，发现涉嫌犯罪的案件，属公安机关管辖的，应当由国务院公安部门统一组织依法查处。有关地方人民政府应当予以支持和配合。

风险处置现场工作组、行政清理组和管理人需要从公安机关扣押资料中查询、复制与其工作有关资料的，公安机关应当支持和配合。证券公司进入破产程序的，公安机关应当依法将冻结的涉案资产移送给受理破产案件的人民法院，并留存必需的相关证据材料。

第五十条　国务院证券监督管理机构依照本条例第二章、第三章对证券公司进行处置的，可以向人民法院提出申请中止以该证券公司以及其分支机构为被告、第三人或者被执行人的民事诉讼程序或者执行程序。

证券公司设立或者实际控制的关联公司,其资产、人员、财务或者业务与被处置证券公司混合的,国务院证券监督管理机构可以向人民法院提出申请中止以该关联公司为被告、第三人或者被执行人的民事诉讼程序或者执行程序。

采取前两款规定措施期间,除本条例第三十一条规定的情形外,不得对被处置证券公司债务进行个别清偿。

第五十一条 被处置证券公司或者其关联客户可能转移、隐匿违法资金、证券,或者证券公司违反本条例规定可能对债务进行个别清偿的,国务院证券监督管理机构可以禁止相关资金账户、证券账户的资金和证券转出。

第五十二条 被处置证券公司以及其分支机构所在地人民政府,应当按照国家有关规定配合证券公司风险处置工作,制订维护社会稳定的预案,排查、预防和化解不稳定因素,维护被处置证券公司正常的营业秩序。

被处置证券公司以及其分支机构所在地人民政府,应当组织相关单位的人员成立个人债权甄别确认小组,按照国家规定对已登记的个人债权进行甄别确认。

第五十三条 证券投资者保护基金管理机构应当按照国家规定,收购债权、弥补客户的交易结算资金。

证券投资者保护基金管理机构可以对证券投资者保护基金的使用情况进行检查。

第五十四条 被处置证券公司的股东、实际控制人、债权人以及与被处置证券公司有关的机构和人员,应当配合证券公司风险处置工作。

第五十五条 被处置证券公司的董事、监事、高级管理人员以及其他有关人员应当妥善保管其使用和管理的证券公司财产、印章和账簿、文书等资料以及其他物品,按照要求向托管组、接管组、行政清理组或者管理人移交,并配合风险处置现场工作组、托管组、接管组、行政清理组的调查工作。

第五十六条 托管组、接管组、行政清理组以及被责令停业整顿、托管和行政重组的证券公司,应当按照规定向国务院证券监督管理机构报告工作情况。

第五十七条 托管组、接管组、行政清理组以及其工作人员应当勤勉尽责,忠实履行职责。

被处置证券公司的股东以及债权人有证据证明托管组、接管组、行政清理组以及其工作人员未依法履行职责的,可以向国务院证券监督管理机构投诉。经调查核实,由国务院证券监督管理机构责令托管组、接管组、行政清理组以及其工作人员改正或者对其予以更换。

第五十八条 有下列情形之一的机构或者人员,禁止参与处置证券公司风险工作:

(一)曾受过刑事处罚或者涉嫌犯罪正在被立案侦查、起诉;

(二)涉嫌严重违法正在被行政管理部门立案稽查或者曾因严重违法行为受到行政处罚未逾3年;

(三)仍处于证券市场禁入期;

(四)内部控制薄弱、存在重大风险隐患;

(五)与被处置证券公司处置事项有利害关系;

(六)国务院证券监督管理机构认定不宜参与处置证券公司风险工作的其他情形。

第六章 法律责任

第五十九条 证券公司的董事、监事、高级管理人员等对该证券公司被处置负有主要责任的,暂停其任职资格1至3年;情节严重的,撤销其任职资格、证券从业资格,并可以按照规定对其采取证券市场禁入的措施。

第六十条 被处置证券公司的董事、监事、高级管理人员等有关人员有下列情形之一的,处以其年收入1倍以上2倍以下的罚款,并可以暂停其任职资格、证券从业资格;情节严重的,撤销其任职资格、证券从业资格,处以其年收入2倍以上5倍以下的罚款,并可以按照规定对其采取证券市场禁入的措施:

(一)拒绝配合现场工作组、托管组、接管组、行政清理组依法履行职责;

(二)拒绝向托管组、接管组、行政清理组移交财产、印章或者账簿、文书等资料;

(三)隐匿、销毁、伪造有关资料,或者故意提供虚假情况;

(四)隐匿财产,擅自转移、转让财产;

(五)妨碍证券公司正常经营管理秩序和业务运行,诱发不稳定因素;

(六)妨碍处置证券公司风险工作正常进行的其他情形。

证券公司控股股东或者实际控制人指使董事、监事、高级管理人员有前款规定的违法行为的,对控股股东、实际控制人依照前款规定从重处罚。

第七章 附 则

第六十一条 证券公司因分立、合并或者出现公司章程规定的解散事由需要解散的,应当向国务院证券监督管理机构提出解散申请,并附解散理由和转让证券类资产、了结证券业务、安置客户等方案,经国务院证券监督管理机构批准后依法解散并清算,清算过程接受国务院证券监督管理机构的监督。

第六十二条 期货公司风险处置参照本条例的规定执行。

第六十三条 本条例自公布之日起施行。

期货交易管理条例

- 2007年3月6日中华人民共和国国务院令第489号公布
- 根据2012年10月24日《国务院关于修改〈期货交易管理条例〉的决定》第一次修订
- 根据2013年7月18日《国务院关于废止和修改部分行政法规的决定》第二次修订
- 根据2016年2月6日《国务院关于修改部分行政法规的决定》第三次修订
- 根据2017年3月1日《国务院关于修改和废止部分行政法规的决定》第四次修订

第一章 总 则

第一条 为了规范期货交易行为,加强对期货交易的监督管理,维护期货市场秩序,防范风险,保护期货交易各方的合法权益和社会公共利益,促进期货市场积极稳妥发展,制定本条例。

第二条 任何单位和个人从事期货交易及其相关活动,应当遵守本条例。

本条例所称期货交易,是指采用公开的集中交易方式或者国务院期货监督管理机构批准的其他方式进行的以期货合约或者期权合约为交易标的的交易活动。

本条例所称期货合约,是指期货交易场所统一制定的、规定在将来某一特定的时间和地点交割一定数量标的物的标准化合约。期货合约包括商品期货合约和金融期货合约及其他期货合约。

本条例所称期权合约,是指期货交易场所统一制定的、规定买方有权在将来某一时间以特定价格买入或者卖出约定标的物(包括期货合约)的标准化合约。

第三条 从事期货交易活动,应当遵循公开、公平、公正和诚实信用的原则。禁止欺诈、内幕交易和操纵期货交易价格等违法行为。

第四条 期货交易应当在依照本条例第六条第一款规定设立的期货交易所、国务院批准的或者国务院期货监督管理机构批准的其他期货交易场所进行。

禁止在前款规定的期货交易场所之外进行期货交易。

第五条 国务院期货监督管理机构对期货市场实行集中统一的监督管理。

国务院期货监督管理机构派出机构依照本条例的有关规定和国务院期货监督管理机构的授权,履行监督管理职责。

第二章 期货交易所

第六条 设立期货交易所,由国务院期货监督管理机构审批。

未经国务院批准或者国务院期货监督管理机构批准,任何单位或者个人不得设立期货交易场所或者以任何形式组织期货交易及其相关活动。

第七条 期货交易所不以营利为目的,按照其章程的规定实行自律管理。期货交易所以其全部财产承担民事责任。期货交易所的负责人由国务院期货监督管理机构任免。

期货交易所的管理办法由国务院期货监督管理机构制定。

第八条 期货交易所会员应当是在中华人民共和国境内登记注册的企业法人或者其他经济组织。

期货交易所可以实行会员分级结算制度。实行会员分级结算制度的期货交易所会员由结算会员和非结算会员组成。

第九条 有《中华人民共和国公司法》第一百四十六条规定的情形或者下列情形之一的,不得担任期货交易所的负责人、财务会计人员:

（一）因违法行为或者违纪行为被解除职务的期货交易所、证券交易所、证券登记结算机构的负责人,或者期货公司、证券公司的董事、监事、高级管理人员,以及国务院期货监督管理机构规定的其他人员,自被解除职务之日起未逾5年;

（二）因违法行为或者违纪行为被撤销资格的律师、注册会计师或者投资咨询机构、财务顾问机构、资信评级机构、资产评估机构、验证机构的专业人员,自被撤销资格之日未逾5年。

第十条 期货交易所应当依照本条例和国务院期货监督管理机构的规定,建立、健全各项规章制度,加强对交易活动的风险控制和对会员以及交易所工作人员的监督管理。期货交易所履行下列职责:

（一）提供交易的场所、设施和服务;
（二）设计合约,安排合约上市;
（三）组织并监督交易、结算和交割;
（四）为期货交易提供集中履约担保;
（五）按照章程和交易规则对会员进行监督管理;
（六）国务院期货监督管理机构规定的其他职责。

期货交易所不得直接或者间接参与期货交易。未经国务院期货监督管理机构审核并报国务院批准,期货交易所不得从事信托投资、股票投资、非自用不动产投资等与其职责无关的业务。

第十一条 期货交易所应当按照国家有关规定建立、健全下列风险管理制度:

（一）保证金制度;
（二）当日无负债结算制度;
（三）涨跌停板制度;
（四）持仓限额和大户持仓报告制度;
（五）风险准备金制度;
（六）国务院期货监督管理机构规定的其他风险管理制度。

实行会员分级结算制度的期货交易所,还应当建立、健全结算担保金制度。

第十二条 当期货市场出现异常情况时,期货交易所可以按照其章程规定的权限和程序,决定采取下列紧急措施,并应当立即报告国务院期货监督管理机构:

（一）提高保证金;
（二）调整涨跌停板幅度;
（三）限制会员或者客户的最大持仓量;
（四）暂时停止交易;
（五）采取其他紧急措施。

前款所称异常情况,是指在交易中发生操纵期货交易价格的行为或者发生不可抗拒的突发事件以及国务院期货监督管理机构规定的其他情形。

异常情况消失后,期货交易所应当及时取消紧急措施。

第十三条 期货交易所办理下列事项,应当经国务院期货监督管理机构批准:

（一）制定或者修改章程、交易规则;
（二）上市、中止、取消或者恢复交易品种;
（三）国务院期货监督管理机构规定的其他事项。

国务院期货监督管理机构批准期货交易所上市新的交易品种,应当征求国务院有关部门的意见。

第十四条 期货交易所的所得收益按照国家有关规定管理和使用,但应当首先用于保证期货交易场所、设施的运行和改善。

第三章 期货公司

第十五条 期货公司是依照《中华人民共和国公司法》和本条例规定设立的经营期货业务的金融机构。设立期货公司,应当在公司登记机关登记注册,并经国务院期货监督管理机构批准。

未经国务院期货监督管理机构批准,任何单位或者个人不得设立或者变相设立期货公司,经营期货业务。

第十六条 申请设立期货公司,应当符合《中华人民共和国公司法》的规定,并具备下列条件:

（一）注册资本最低限额为人民币3000万元；

（二）董事、监事、高级管理人员具备任职条件，从业人员具有期货从业资格；

（三）有符合法律、行政法规规定的公司章程；

（四）主要股东以及实际控制人具有持续盈利能力，信誉良好，最近3年无重大违法违规记录；

（五）有合格的经营场所和业务设施；

（六）有健全的风险管理和内部控制制度；

（七）国务院期货监督管理机构规定的其他条件。

国务院期货监督管理机构根据审慎监管原则和各项业务的风险程度，可以提高注册资本最低限额。注册资本应当是实缴资本。股东应当以货币或者期货公司经营必需的非货币财产出资，货币出资比例不得低于85%。

国务院期货监督管理机构应当在受理期货公司设立申请之日起6个月内，根据审慎监管原则进行审查，作出批准或者不批准的决定。

未经国务院期货监督管理机构批准，任何单位和个人不得委托或者接受他人委托持有或者管理期货公司的股权。

第十七条 期货公司业务实行许可制度，由国务院期货监督管理机构按其商品期货、金融期货业务种类颁发许可证。期货公司除申请经营境内期货经纪业务外，还可以申请经营境外期货经纪、期货投资咨询以及国务院期货监督管理机构规定的其他期货业务。

期货公司不得从事与期货业务无关的活动，法律、行政法规或者国务院期货监督管理机构另有规定的除外。

期货公司不得从事或者变相从事期货自营业务。

期货公司不得为其股东、实际控制人或者其他关联人提供融资，不得对外担保。

第十八条 期货公司从事经纪业务，接受客户委托，以自己的名义为客户进行期货交易，交易结果由客户承担。

第十九条 期货公司办理下列事项，应当经国务院期货监督管理机构批准：

（一）合并、分立、停业、解散或者破产；

（二）变更业务范围；

（三）变更注册资本且调整股权结构；

（四）新增持有5%以上股权的股东或者控股股东发生变化；

（五）国务院期货监督管理机构规定的其他事项。

前款第三项、第五项所列事项，国务院期货监督管理机构应当自受理申请之日起20日内作出批准或者不批准的决定；前款所列其他事项，国务院期货监督管理机构应当自受理申请之日起2个月内作出批准或者不批准的决定。

第二十条 期货公司或者其分支机构有《中华人民共和国行政许可法》第七十条规定的情形或者下列情形之一的，国务院期货监督管理机构应当依法办理期货业务许可证注销手续：

（一）营业执照被公司登记机关依法注销；

（二）成立后无正当理由超过3个月未开始营业，或者开业后无正当理由停业连续3个月以上；

（三）主动提出注销申请；

（四）国务院期货监督管理机构规定的其他情形。

期货公司在注销期货业务许可证前，应当结清相关期货业务，并依法返还客户的保证金和其他资产。期货公司分支机构在注销经营许可证前，应当终止经营活动，妥善处理客户资产。

第二十一条 期货公司应当建立、健全并严格执行业务管理规则、风险管理制度，遵守信息披露制度，保障客户保证金的存管安全，按照期货交易所的规定，向期货交易所报告大户名单、交易情况。

第二十二条 其他期货经营机构从事期货投资咨询业务，应当遵守国务院期货监督管理机构的规定。

第四章 期货交易基本规则

第二十三条 在期货交易所进行期货交易的，应当是期货交易所会员。

符合规定条件的境外机构，可以在期货交

易所从事特定品种的期货交易。具体办法由国务院期货监督管理机构制定。

第二十四条 期货公司接受客户委托为其进行期货交易，应当事先向客户出示风险说明书，经客户签字确认后，与客户签订书面合同。期货公司不得未经客户委托或者不按照客户委托内容，擅自进行期货交易。

期货公司不得向客户作获利保证；不得在经纪业务中与客户约定分享利益或者共担风险。

第二十五条 下列单位和个人不得从事期货交易，期货公司不得接受其委托为其进行期货交易：

（一）国家机关和事业单位；

（二）国务院期货监督管理机构、期货交易所、期货保证金安全存管监控机构和期货业协会的工作人员；

（三）证券、期货市场禁止进入者；

（四）未能提供开户证明材料的单位和个人；

（五）国务院期货监督管理机构规定不得从事期货交易的其他单位和个人。

第二十六条 客户可以通过书面、电话、互联网或者国务院期货监督管理机构规定的其他方式，向期货公司下达交易指令。客户的交易指令应当明确、全面。

期货公司不得隐瞒重要事项或者使用其他不正当手段诱骗客户发出交易指令。

第二十七条 期货交易所应当及时公布上市品种合约的成交量、成交价、持仓量、最高价与最低价、开盘价与收盘价和其他应当公布的即时行情，并保证即时行情的真实、准确。期货交易所不得发布价格预测信息。

未经期货交易所许可，任何单位和个人不得发布期货交易即时行情。

第二十八条 期货交易应当严格执行保证金制度。期货交易所向会员、期货公司向客户收取的保证金，不得低于国务院期货监督管理机构、期货交易所规定的标准，并应当与自有资金分开，专户存放。

期货交易所向会员收取的保证金，属于会员所有，除用于会员的交易结算外，严禁挪作他用。

期货公司向客户收取的保证金，属于客户所有，除下列可划转的情形外，严禁挪作他用：

（一）依据客户的要求支付可用资金；

（二）为客户交存保证金，支付手续费、税款；

（三）国务院期货监督管理机构规定的其他情形。

第二十九条 期货公司应当为每一个客户单独开立专门账户、设置交易编码，不得混码交易。

第三十条 期货公司经营期货经纪业务又同时经营其他期货业务的，应当严格执行业务分离和资金分离制度，不得混合操作。

第三十一条 期货交易所、期货公司、非期货公司结算会员应当按照国务院期货监督管理机构、财政部门的规定提取、管理和使用风险准备金，不得挪用。

第三十二条 期货交易的收费项目、收费标准和管理办法由国务院有关主管部门统一制定并公布。

第三十三条 期货交易的结算，由期货交易所统一组织进行。

期货交易所实行当日无负债结算制度。期货交易所应当在当日及时将结算结果通知会员。

期货公司根据期货交易所的结算结果对客户进行结算，并应当将结算结果按照与客户约定的方式及时通知客户。客户应当及时查询并妥善处理自己的交易持仓。

第三十四条 期货交易所会员的保证金不足时，应当及时追加保证金或者自行平仓。会员未在期货交易所规定的时间内追加保证金或者自行平仓的，期货交易所应当将该会员的合约强行平仓，强行平仓的有关费用和发生的损失由会员承担。

客户保证金不足时，应当及时追加保证金或者自行平仓。客户未在期货公司规定的时间内及时追加保证金或者自行平仓的，期货公司应当将该客户的合约强行平仓，强行平仓的有关费用和发生的损失由该客户承担。

第三十五条 期货交易的交割，由期货交易所统一组织进行。

交割仓库由期货交易所指定。期货交

所不得限制实物交割总量,并应当与交割仓库签订协议,明确双方的权利和义务。交割仓库不得有下列行为:

(一)出具虚假仓单;

(二)违反期货交易所业务规则,限制交割商品的入库、出库;

(三)泄露与期货交易有关的商业秘密;

(四)违反国家有关规定参与期货交易;

(五)国务院期货监督管理机构规定的其他行为。

第三十六条 会员在期货交易中违约的,期货交易所先以该会员的保证金承担违约责任;保证金不足的,期货交易所应当以风险准备金和自有资金代为承担违约责任,并由此取得对该会员的相应追偿权。

客户在期货交易中违约的,期货公司先以该客户的保证金承担违约责任;保证金不足的,期货公司应当以风险准备金和自有资金代为承担违约责任,并由此取得对该客户的相应追偿权。

第三十七条 实行会员分级结算制度的期货交易所,应当向结算会员收取结算担保金。期货交易所只对结算会员结算,收取和追收保证金,以结算担保金、风险准备金、自有资金代为承担违约责任,以及采取其他相关措施;对非结算会员的结算、收取和追收保证金、代为承担违约责任,以及采取其他相关措施,由结算会员执行。

第三十八条 期货交易所、期货公司和非期货公司结算会员应当保证期货交易、结算、交割资料的完整和安全。

第三十九条 任何单位或者个人不得编造、传播有关期货交易的虚假信息,不得恶意串通、联手买卖或者以其他方式操纵期货交易价格。

第四十条 任何单位或者个人不得违规使用信贷资金、财政资金进行期货交易。

银行业金融机构从事期货交易融资或者担保业务的资格,由国务院银行业监督管理机构批准。

第四十一条 国有以及国有控股企业进行境内外期货交易,应当遵循套期保值的原则,严格遵守国务院国有资产监督管理机构以及其他有关部门关于企业以国有资产进入期货市场的有关规定。

第四十二条 境外期货项下购汇、结汇以及外汇收支,应当符合国家外汇管理有关规定。

境内单位或者个人从事境外期货交易的办法,由国务院期货监督管理机构会同国务院商务主管部门、国有资产监督管理机构、银行业监督管理机构、外汇管理部门等有关部门制订,报国务院批准后施行。

第五章 期货业协会

第四十三条 期货业协会是期货业的自律性组织,是社会团体法人。

期货公司以及其他专门从事期货经营的机构应当加入期货业协会,并缴纳会员费。

第四十四条 期货业协会的权力机构为全体会员组成的会员大会。

期货业协会的章程由会员大会制定,并报国务院期货监督管理机构备案。

期货业协会设理事会。理事会成员按照章程的规定选举产生。

第四十五条 期货业协会履行下列职责:

(一)教育和组织会员遵守期货法律法规和政策;

(二)制定会员应当遵守的行业自律性规则,监督、检查会员行为,对违反协会章程和自律性规则的,按照规定给予纪律处分;

(三)负责期货从业人员资格的认定、管理以及撤销工作;

(四)受理客户与期货业务有关的投诉,对会员之间、会员与客户之间发生的纠纷进行调解;

(五)依法维护会员的合法权益,向国务院期货监督管理机构反映会员的建议和要求;

(六)组织期货从业人员的业务培训,开展会员间的业务交流;

(七)组织会员就期货业的发展、运作以及有关内容进行研究;

(八)期货业协会章程规定的其他职责。

期货业协会的业务活动应当接受国务院期货监督管理机构的指导和监督。

第六章 监督管理

第四十六条 国务院期货监督管理机构对期货

市场实施监督管理,依法履行下列职责:

(一)制定有关期货市场监督管理的规章、规则,并依法行使审批权;

(二)对品种的上市、交易、结算、交割等期货交易及其相关活动,进行监督管理;

(三)对期货交易所、期货公司及其他期货经营机构、非期货公司结算会员、期货保证金安全存管监控机构、期货保证金存管银行、交割仓库等市场相关参与者的期货业务活动,进行监督管理;

(四)制定期货从业人员的资格标准和管理办法,并监督实施;

(五)监督检查期货交易的信息公开情况;

(六)对期货业协会的活动进行指导和监督;

(七)对违反期货市场监督管理法律、行政法规的行为进行查处;

(八)开展与期货市场监督管理有关的国际交流、合作活动;

(九)法律、行政法规规定的其他职责。

第四十七条 国务院期货监督管理机构依法履行职责,可以采取下列措施:

(一)对期货交易所、期货公司及其他期货经营机构、非期货公司结算会员、期货保证金安全存管监控机构和交割仓库进行现场检查;

(二)进入涉嫌违法行为发生场所调查取证;

(三)询问当事人和与被调查事件有关的单位和个人,要求其对与被调查事件有关的事项作出说明;

(四)查阅、复制与被调查事件有关的财产权登记等资料;

(五)查阅、复制当事人和与被调查事件有关的单位和个人的期货交易记录、财务会计资料以及其他相关文件和资料;对可能被转移、隐匿或者毁损的文件和资料,可以予以封存;

(六)查询与被调查事件有关的单位的保证金账户和银行账户;

(七)在调查操纵期货交易价格、内幕交易等重大期货违法行为时,经国务院期货监督管理机构主要负责人批准,可以限制被调查事件当事人的期货交易,但限制的时间不得超过15个交易日;案情复杂的,可以延长至30个交易日;

(八)法律、行政法规规定的其他措施。

第四十八条 期货交易所、期货公司及其他期货经营机构、期货保证金安全存管监控机构,应当向国务院期货监督管理机构报送财务会计报告、业务资料和其他有关资料。

对期货公司及其他期货经营机构报送的年度报告,国务院期货监督管理机构应当指定专人进行审核,并制作审核报告。审核人员应当在审核报告上签字。审核中发现问题的,国务院期货监督管理机构应当及时采取相应措施。

必要时,国务院期货监督管理机构可以要求非期货公司结算会员、交割仓库,以及期货公司股东、实际控制人或者其他关联人报送相关资料。

第四十九条 国务院期货监督管理机构依法履行职责,进行监督检查或者调查时,被检查、调查的单位和个人应当配合,如实提供有关文件和资料,不得拒绝、阻碍和隐瞒;其他有关部门和单位应当给予支持和配合。

第五十条 国家根据期货市场发展的需要,设立期货投资者保障基金。

期货投资者保障基金的筹集、管理和使用的具体办法,由国务院期货监督管理机构会同国务院财政部门制定。

第五十一条 国务院期货监督管理机构应当建立、健全保证金安全存管监控制度,设立期货保证金安全存管监控机构。

客户和期货交易所、期货公司及其他期货经营机构、非期货公司结算会员以及期货保证金存管银行,应当遵守国务院期货监督管理机构有关保证金安全存管监控的规定。

第五十二条 期货保证金安全存管监控机构依照有关规定对保证金安全实施监控,进行每日稽核,发现问题应当立即报告国务院期货监督管理机构。国务院期货监督管理机构应当根据不同情况,依照本条例有关规定及时处理。

第五十三条 国务院期货监督管理机构对期货交易所和期货保证金安全存管监控机构的董事、监事、高级管理人员,实行资格管理制度。

第五十四条 国务院期货监督管理机构应当制定期货公司持续性经营规则,对期货公司的净资本与净资产的比例,净资本与境内期货经纪、境外期货经纪等业务规模的比例,流动资产与流动负债的比例等风险监管指标作出规定;对期货公司及其分支机构的经营条件、风险管理、内部控制、保证金存管、关联交易等方面提出要求。

第五十五条 期货公司及其分支机构不符合持续性经营规则或者出现经营风险的,国务院期货监督管理机构可以对期货公司及其董事、监事和高级管理人员采取谈话、提示、记入信用记录等监管措施或者责令期货公司限期整改,并对其整改情况进行检查验收。

期货公司逾期未改正,其行为严重危及期货公司的稳健运行,损害客户合法权益,或者涉嫌严重违法违规正在被国务院期货监督管理机构调查的,国务院期货监督管理机构可以区别情形,对其采取下列措施:

(一)限制或者暂停部分期货业务;

(二)停止批准新增业务;

(三)限制分配红利,限制向董事、监事、高级管理人员支付报酬、提供福利;

(四)限制转让财产或者在财产上设定其他权利;

(五)责令更换董事、监事、高级管理人员或者有关业务部门、分支机构的负责人员,或者限制其权利;

(六)限制期货公司自有资金或者风险准备金的调拨和使用;

(七)责令控股股东转让股权或者限制有关股东行使股东权利。

对经过整改符合有关法律、行政法规规定以及持续性经营规则要求的期货公司,国务院期货监督管理机构应当自验收完毕之日起3日内解除对其采取的有关措施。

对经过整改仍未达到持续性经营规则要求,严重影响正常经营的期货公司,国务院期货监督管理机构有权撤销其部分或者全部期货业务许可,关闭其分支机构。

第五十六条 期货公司违法经营或者出现重大风险,严重危害期货市场秩序、损害客户利益的,国务院期货监督管理机构可以对该期货公司采取责令停业整顿、指定其他机构托管或者接管等监管措施。经国务院期货监督管理机构批准,可以对该期货公司直接负责的董事、监事、高级管理人员和其他直接责任人员采取以下措施:

(一)通知出境管理机关依法阻止其出境;

(二)申请司法机关禁止其转移、转让或者以其他方式处分财产,或者在财产上设定其他权利。

第五十七条 期货公司的股东有虚假出资或者抽逃出资行为的,国务院期货监督管理机构应当责令其限期改正,并可责令其转让所持期货公司的股权。

在股东按照前款要求改正违法行为、转让所持期货公司的股权前,国务院期货监督管理机构可以限制其股东权利。

第五十八条 当期货市场出现异常情况时,国务院期货监督管理机构可以采取必要的风险处置措施。

第五十九条 期货公司的交易软件、结算软件,应当满足期货公司审慎经营和风险管理以及国务院期货监督管理机构有关保证金安全存管监控规定的要求。期货公司的交易软件、结算软件不符合要求的,国务院期货监督管理机构有权要求期货公司予以改进或者更换。

国务院期货监督管理机构可以要求期货公司的交易软件、结算软件的供应商提供该软件的相关资料,供应商应当予以配合。国务院期货监督管理机构对供应商提供的相关资料负有保密义务。

第六十条 期货公司涉及重大诉讼、仲裁,或者股权被冻结或者用于担保,以及发生其他重大事件时,期货公司及其相关股东、实际控制人应当自该事件发生之日起5日内向国务院期货监督管理机构提交书面报告。

第六十一条 会计师事务所、律师事务所、资产评估机构等中介服务机构向期货交易所和期货公司等市场相关参与者提供相关服务时,应当遵守期货法律、行政法规以及国家有关规定,并按照国务院期货监督管理机构的要求提供相关资料。

第六十二条 国务院期货监督管理机构应当与有关部门建立监督管理的信息共享和协调配合机制。

国务院期货监督管理机构可以和其他国家或者地区的期货监督管理机构建立监督管理合作机制,实施跨境监督管理。

第六十三条 国务院期货监督管理机构、期货交易所、期货保证金安全存管监控机构和期货保证金存管银行等相关单位的工作人员,应当忠于职守,依法办事,公正廉洁,保守国家秘密和有关当事人的商业秘密,不得利用职务便利牟取不正当的利益。

第七章 法律责任

第六十四条 期货交易所、非期货公司结算会员有下列行为之一的,责令改正,给予警告,没收违法所得:

(一)违反规定接纳会员的;

(二)违反规定收取手续费的;

(三)违反规定使用、分配收益的;

(四)不按照规定公布即时行情的,或者发布价格预测信息的;

(五)不按照规定向国务院期货监督管理机构履行报告义务的;

(六)不按照规定向国务院期货监督管理机构报送有关文件、资料的;

(七)不按照规定建立、健全结算担保金制度的;

(八)不按照规定提取、管理和使用风险准备金的;

(九)违反国务院期货监督管理机构有关保证金安全存管监控规定的;

(十)限制会员实物交割总量的;

(十一)任用不具备资格的期货从业人员的;

(十二)违反国务院期货监督管理机构规定的其他行为。

有前款所列行为之一的,对直接负责的主管人员和其他直接责任人员给予纪律处分,处1万元以上10万元以下的罚款。

有本条第一款第二项所列行为的,应当责令退还多收取的手续费。

期货保证金安全存管监控机构有本条第一款第五项、第六项、第九项、第十一项、第十二项所列行为的,依照本条第一款、第二款的规定处罚、处分。期货保证金存管银行有本条第一款第九项、第十二项所列行为的,依照本条第一款、第二款的规定处罚、处分。

第六十五条 期货交易所有下列行为之一的,责令改正,给予警告,没收违法所得,并处违法所得1倍以上5倍以下的罚款;没有违法所得或者违法所得不满10万元的,并处10万元以上50万元以下的罚款;情节严重的,责令停业整顿:

(一)未经批准,擅自办理本条例第十三条所列事项的;

(二)允许会员在保证金不足的情况下进行期货交易的;

(三)直接或间接参与期货交易,或者违反规定从事与其职责无关的业务的;

(四)违反规定收取保证金,或者挪用保证金的;

(五)伪造、涂改或者不按规定保存期货交易、结算、交割资料的;

(六)未建立或者未执行当日无负债结算、涨跌停板、持仓限额和大户持仓报告制度的;

(七)拒绝或者妨碍国务院期货监督管理机构监督检查的;

(八)违反国务院期货监督管理机构规定的其他行为。

有前款所列行为之一的,对直接负责的主管人员和其他直接责任人员给予纪律处分,处1万元以上10万元以下的罚款。

非期货公司结算会员有本条第一款第二项、第四项至第八项所列行为之一的,依照本条第一款、第二款的规定处罚、处分。

期货保证金安全存管监控机构有本条第一款第三项、第七项、第八项所列行为的,依照本条第一款、第二款的规定处罚、处分。

第六十六条 期货公司有下列行为之一的,责令改正,给予警告,没收违法所得,并处违法所得1倍以上3倍以下的罚款;没有违法所得或者违法所得不满10万元的,并处10万元以上30万元以下的罚款;情节严重的,责令停业整顿或者吊销期货业务许可证：

（一）接受不符合规定条件的单位或者个人委托的；

（二）允许客户在保证金不足的情况下进行期货交易的；

（三）未经批准，擅自办理本条例第十九条所列事项的；

（四）违反规定从事与期货业务无关的活动的；

（五）从事或者变相从事期货自营业务的；

（六）为其股东、实际控制人或者其他关联人提供融资，或者对外担保的；

（七）违反国务院期货监督管理机构有关保证金安全存管监控规定的；

（八）不按照规定向国务院期货监督管理机构履行报告义务或者报送有关文件、资料的；

（九）交易软件、结算软件不符合期货公司审慎经营和风险管理以及国务院期货监督管理机构有关保证金安全存管监控规定的要求的；

（十）不按照规定提取、管理和使用风险准备金的；

（十一）伪造、涂改或者不按照规定保存期货交易、结算、交割资料的；

（十二）任用不具备资格的期货从业人员的；

（十三）伪造、变造、出租、出借、买卖期货业务许可证或者经营许可证的；

（十四）进行混码交易的；

（十五）拒绝或者妨碍国务院期货监督管理机构监督检查的；

（十六）违反国务院期货监督管理机构规定的其他行为。

期货公司有前款所列行为之一的，对直接负责的主管人员和其他直接责任人员给予警告，并处1万元以上5万元以下的罚款；情节严重的，暂停或者撤销期货从业人员资格。

期货公司之外的其他期货经营机构有本条第一款第八项、第十二项、第十三项、第十五项、第十六项所列行为的，依照本条第一款、第二款的规定处罚。

期货公司的股东、实际控制人或者其他关联人未经批准擅自委托他人或者接受他人委托持有或者管理期货公司股权的，拒不配合国务院期货监督管理机构的检查，拒不按照规定履行报告义务、提供有关信息和资料，或者报送、提供的信息和资料有虚假记载、误导性陈述或者重大遗漏的，依照本条第一款、第二款的规定处罚。

第六十七条 期货公司有下列欺诈客户行为之一的，责令改正，给予警告，没收违法所得，并处违法所得1倍以上5倍以下的罚款；没有违法所得或者违法所得不满10万元的，并处10万元以上50万元以下的罚款；情节严重的，责令停业整顿或者吊销期货业务许可证：

（一）向客户作获利保证或者不按照规定向客户出示风险说明书的；

（二）在经纪业务中与客户约定分享利益、共担风险的；

（三）不按照规定接受客户委托或者不按照客户委托内容擅自进行期货交易的；

（四）隐瞒重要事项或者使用其他不正当手段，诱骗客户发出交易指令的；

（五）向客户提供虚假成交回报的；

（六）未将客户交易指令下达到期货交易所的；

（七）挪用客户保证金的；

（八）不按照规定在期货保证金存管银行开立保证金账户，或者违规划转客户保证金的；

（九）国务院期货监督管理机构规定的其他欺诈客户的行为。

期货公司有前款所列行为之一的，对直接负责的主管人员和其他直接责任人员给予警告，并处1万元以上10万元以下的罚款；情节严重的，暂停或者撤销期货从业人员资格。

任何单位或者个人编造并且传播有关货交易的虚假信息，扰乱期货交易市场的，依照本条第一款、第二款的规定处罚。

第六十八条 期货公司及其他期货经营机构、非期货公司结算会员、期货保证金存管银行提供虚假申请文件或者采取其他欺骗手段隐瞒重要事实骗取期货业务许可的，撤销其期货业务许可,没收违法所得。

第六十九条 期货交易内幕信息的知情人或者非法获取期货交易内幕信息的人,在对期货交易价格有重大影响的信息尚未公开前,利用内幕信息从事期货交易,或者向他人泄露内幕信息,使他人利用内幕信息进行期货交易的,没收违法所得,并处违法所得1倍以上5倍以下的罚款;没有违法所得或者违法所得不满10万元的,处10万元以上50万元以下的罚款。单位从事内幕交易的,还应当对直接负责的主管人员和其他直接责任人员给予警告,并处3万元以上30万元以下的罚款。

国务院期货监督管理机构、期货交易所和期货保证金安全存管监控机构的工作人员进行内幕交易的,从重处罚。

第七十条 任何单位或者个人有下列行为之一,操纵期货交易价格的,责令改正,没收违法所得,并处违法所得1倍以上5倍以下的罚款;没有违法所得或者违法所得不满20万元的,处20万元以上100万元以下的罚款:

(一)单独或者合谋,集中资金优势、持仓优势或者利用信息优势联合或者连续买卖合约,操纵期货交易价格的;

(二)蓄意串通,按事先约定的时间、价格和方式相互进行期货交易,影响期货交易价格或者期货交易量的;

(三)以自己为交易对象,自买自卖,影响期货交易价格或者期货交易量的;

(四)为影响期货市场行情囤积现货的;

(五)国务院期货监督管理机构规定的其他操纵期货交易价格的行为。

单位有前款所列行为之一的,对直接负责的主管人员和其他直接责任人员给予警告,并处1万元以上10万元以下的罚款。

第七十一条 交割仓库有本条例第三十五条第二款所列行为之一的,责令改正,给予警告,没收违法所得,并处违法所得1倍以上5倍以下的罚款;没有违法所得或者违法所得不满10万元的,并处10万元以上50万元以下的罚款;情节严重的,责令期货交易所暂停或者取消其交割仓库资格。对直接负责的主管人员和其他直接责任人员给予警告,并处1万元以上10万元以下的罚款。

第七十二条 国有以及国有控股企业违反本条例和国务院国有资产监督管理机构以及其他有关部门关于企业以国有资产进入期货市场的有关规定进行期货交易,或者单位、个人违规使用信贷资金、财政资金进行期货交易的,给予警告,没收违法所得,并处违法所得1倍以上5倍以下的罚款;没有违法所得或者违法所得不满10万元的,并处10万元以上50万元以下的罚款。对直接负责的主管人员和其他直接责任人员给予降级直至开除的纪律处分。

第七十三条 境内单位或者个人违反规定从事境外期货交易的,责令改正,给予警告,没收违法所得,并处违法所得1倍以上5倍以下的罚款;没有违法所得或者违法所得不满20万元的,并处20万元以上100万元以下的罚款;情节严重的,暂停其境外期货交易。对单位直接负责的主管人员和其他直接责任人员给予警告,并处1万元以上10万元以下的罚款。

第七十四条 非法设立期货交易场所或者以其他形式组织期货交易活动的,由所在地县级以上地方人民政府予以取缔,没收违法所得,并处违法所得1倍以上5倍以下的罚款;没有违法所得或者违法所得不满20万元的,处20万元以上100万元以下的罚款。对单位直接负责的主管人员和其他直接责任人员给予警告,并处1万元以上10万元以下的罚款。

非法设立期货公司及其他期货经营机构,或者擅自从事期货业务的,予以取缔,没收违法所得,并处违法所得1倍以上5倍以下的罚款;没有违法所得或者违法所得不满20万元的,处20万元以上100万元以下的罚款。对单位直接负责的主管人员和其他直接责任人员给予警告,并处1万元以上10万元以下的罚款。

第七十五条 期货公司的交易软件、结算软件供应商拒不配合国务院期货监督管理机构调查,或者未按照规定向国务院期货监督管理机构提供相关软件资料,或者提供的软件资料有虚假、重大遗漏的,责令改正,处3万元以上10万元以下的罚款。对直接负责的主管人员和其他直接责任人员给予警告,并处 1 万元以上 5 万元以下的罚款。

第七十六条 会计师事务所、律师事务所、资产评估机构等中介服务机构未勤勉尽责,所出具的文件有虚假记载、误导性陈述或者重大遗漏的,责令改正,没收业务收入,暂停或者撤销相关业务许可,并处业务收入 1 倍以上 5 倍以下的罚款。对直接负责的主管人员和其他直接责任人员给予警告,并处 3 万元以上 10 万元以下的罚款。

第七十七条 任何单位或者个人违反本条例规定,情节严重的,由国务院期货监督管理机构宣布该个人、该单位或者该单位的直接责任人员为期货市场禁止进入者。

第七十八条 国务院期货监督管理机构、期货交易所、期货保证金安全存管监控机构和期货保证金存管银行等相关单位的工作人员,泄露知悉的国家秘密或者会员、客户商业秘密,或者徇私舞弊、玩忽职守、滥用职权、收受贿赂的,依法给予行政处分或者纪律处分。

第七十九条 违反本条例规定,构成犯罪的,依法追究刑事责任。

第八十条 对本条例规定的违法行为的行政处罚,除本条例已有规定的外,由国务院期货监督管理机构决定;涉及其他有关部门法定职权的,国务院期货监督管理机构应当会同其他有关部门处理;属于其他有关部门法定职权的,国务院期货监督管理机构应当移交其他有关部门处理。

第八章 附 则

第八十一条 本条例下列用语的含义:

(一)商品期货合约,是指以农产品、工业品、能源和其他商品及其相关指数产品为标的物的期货合约。

(二)金融期货合约,是指以有价证券、利率、汇率等金融产品及其相关指数产品为标的物的期货合约。

(三)保证金,是指期货交易者按照规定交纳的资金或者提交的价值稳定、流动性强的标准仓单、国债等有价证券,用于结算和保证履约。

(四)结算,是指根据期货交易所公布的结算价格对交易双方的交易结果进行的资金清算和划转。

(五)交割,是指合约到期时,按照期货交易所的规则和程序,交易双方通过该合约所载标的物所有权的转移,或者按照规定结算价格进行现金差价结算,了结到期未平仓合约的过程。

(六)平仓,是指期货交易者买入或者卖出与其所持合约的品种、数量和交割月份相同但交易方向相反的合约,了结期货交易的行为。

(七)持仓量,是指期货交易者所持有的未平仓合约的数量。

(八)持仓限额,是指期货交易所对期货交易者的持仓量规定的最高数额。

(九)标准仓单,是指交割仓库开具并经期货交易所认定的标准化提货凭证。

(十)涨跌停板,是指合约在 1 个交易日中的交易价格不得高于或者低于规定的涨跌幅度,超出该涨跌幅度的报价将被视为无效,不能成交。

(十一)内幕信息,是指可能对期货交易价格产生重大影响的尚未公开的信息,包括:国务院期货监督管理机构以及其他相关部门制定的对期货交易价格可能发生重大影响的政策,期货交易所作出的可能对期货交易价格发生重大影响的决定,期货交易所会员、客户的资金和交易动向以及国务院期货监督管理机构认定的对期货交易价格有显著影响的其他重要信息。

(十二)内幕信息的知情人员,是指由于其管理地位、监督地位或者职业地位,或者作为雇员、专业顾问履行职务,能够接触或者获得内幕信息的人员,包括:期货交易所的管理人员以及其他由于任职可获取内幕信息的从业人员,国务院期货监督管理机构和其他有关部门的工作人员以及国务院期货监督管理机构规定的其他人员。

第八十二条 国务院期货监督管理机构可以批准设立期货专门结算机构,专门履行期货交易所的结算以及相关职责,并承担相应法律责任。

第八十三条 境外机构在境内设立、收购或者参股期货经营机构,以及境外期货经营机构在境内设立分支机构(含代表处)的管理办法,由国务院期货监督管理机构会同国务院商务主管部门、外汇管理部门等有关部门制订,报国务院批准后施行。

第八十四条 在期货交易所之外的国务院期货监督管理机构批准的交易场所进行的期货交易,依照本条例的有关规定执行。

第八十五条 不属于期货交易的商品或者金融产品的其他交易活动,由国家有关部门监督管理,不适用本条例。

第八十六条 本条例自2007年4月15日起施行。1999年6月2日国务院发布的《期货交易管理暂行条例》同时废止。

证券交易所风险基金管理暂行办法

- 2000年1月31日国务院批准
- 2000年4月4日中国证券监督管理委员会、财政部公布
- 根据2011年1月8日《国务院关于废止和修改部分行政法规的决定》第一次修订
- 根据2016年2月6日《国务院关于修改部分行政法规的决定》第二次修订

第一条 为保障证券交易系统的安全运转,妥善管理和使用证券交易所风险基金,根据《中华人民共和国证券法》的有关规定,制定本办法。

第二条 本办法所称证券交易所风险基金(以下简称"本基金")是指用于弥补证券交易所重大经济损失,防范与证券交易所业务活动有关的重大风险事故,以保证证券交易活动正常进行而设立的专项基金。

第三条 本基金来源:
(一)按证券交易所收取交易经手费的20%提取,作为风险基金单独列账;
(二)按证券交易所收取席位年费的10%提取,作为风险基金单独列账;
(三)按证券交易所收取会员费10%的比例一次性提取,作为风险基金单独列账;
(四)按本办法施行之日新股申购冻结资金利差账面余额的15%,一次性提取;
(五)对违规会员的罚款、罚息收入。

第四条 每一个财政年度终了,本基金净资产达到或超过10亿元后,下一年度不再根据本办法第三条第(一)、(二)项提取资金。

第五条 每一个财政年度终了,本基金净资产不足10亿元,下一年度应按本办法第三条第(一)、(二)项规定继续提取资金。

第六条 中国证券监督管理委员会(以下简称"证监会")会同财政部可以根据市场风险情况,适当调整本基金规模、资金提取和交纳方式、比例。

第七条 本基金由证券交易所理事会管理。理事会应当指定机构,负责本基金的日常管理和使用。

第八条 本基金应当以专户方式全部存入国有商业银行,存款利息全部转入基金专户。

第九条 本基金资产与证券交易所资产分开列账。本基金应当下设分类账,分别记录按本办法第三条各项所形成的本基金资产、利息收入及对应的资产本息使用情况。

第十条 本基金最低支付限额2000万元。

第十一条 按本办法第三条第(四)项所提取的资金,应当在该条其他项资金支付完毕后才能动用。

第十二条 证券交易所应当按照有关法律、法规的规定,建立和完善业务规则、内部管理制度及会员监管制度,最大限度地避免风险事故发生。

第十三条 动用本基金后,证券交易所应当向有关责任方追偿,追偿款转入本基金;同时,应及时修订和完善业务规则、内部管理制度及会员监管制度。

第十四条 经证监会批准,本基金作相应变更、清算时,由证监会会同财政部另行决定本基金剩余资产中应上交财政和退还有关出资人的比例和数额。

第十五条 本基金的财务核算与管理办法由财政部制定。

第十六条 本办法由证监会负责解释。

第十七条 本办法自颁布之日起施行。

九 金融

◎ 司法解释

最高人民法院关于人民法院能否对信用证开证保证金采取冻结和扣划措施问题的规定

- 2020 年 12 月 29 日
- 法释〔2020〕21 号

信用证开证保证金属于有进出口经营权的企业向银行申请对国外（境外）方开立信用证而备付的具有担保支付性质的资金。为了严肃执法和保护当事人的合法权益，现就有关冻结、扣划信用证开证保证金的问题规定如下：

一、人民法院在审理或执行案件时，依法可以对信用证开证保证金采取冻结措施，但不得扣划。如果当事人、开证银行认为人民法院冻结和扣划的某项资金属于信用证开证保证金的，应当依法提出异议并提供有关证据予以证明。人民法院审查后，可按以下原则处理：对于确系信用证开证保证金的，不得采取扣划措施；如果开证银行履行了对外支付义务，根据该银行的申请，人民法院应当立即解除对信用证开证保证金相应部分的冻结措施；如果申请开证人提供的开证保证金是外汇，当事人又举证证明信用证的受益人提供的单据与信用证条款相符时，人民法院应当立即解除冻结措施。

二、如果银行因信用证无效、过期，或者因单证不符而拒付信用证款项并且免除了对外支付义务，以及在正常付出了信用证款项并从信用证开证保证金中扣除相应款额后尚有剩余，即在信用证开证保证金账户存款已丧失保证金功能的情况下，人民法院可以依法采取扣划措施。

三、人民法院对于为逃避债务而提供虚假证据证明属信用证开证保证金的单位和个人，应当依照民事诉讼法的有关规定严肃处理。

最高人民法院关于银行储蓄卡密码被泄露导致存款被他人骗取引起的储蓄合同纠纷应否作为民事案件受理问题的批复

- 2005 年 7 月 25 日
- 法释〔2005〕7 号

四川省高级人民法院：

你院《关于存款人泄露银行储蓄卡密码导致存款被他人骗取引起的纠纷应否作为民事案件受理的请求》收悉。经研究，答复如下：

因银行储蓄卡密码被泄露，他人伪造银行储蓄卡骗取存款人银行存款，存款人依其与银行订立的储蓄合同提起民事诉讼的，人民法院应当依法受理。

此复。

◎ 司法文件

最高人民法院关于不得对中国人民银行及其分支机构的办公楼、运钞车、营业场所等进行查封的通知

- 1999 年 3 月 4 日
- 法〔1999〕28 号

各省、自治区、直辖市高级人民法院，解放军军事法院，新疆维吾尔自治区高级人民法院生产建设兵团分院：

近年来，一些地方发生中国人民银行分支机构因行使金融监管权而被列为被告的案件，有的受案法院查封了人民银行的办公楼（内有金库）、运钞车、营业场所，影响了人民银行金融监管工作的正常进行。为防止和杜绝类似事件的发生，特就有关问题通知如下：

中国人民银行是依法行使国家金融行政管理职权的国家机关，根据《中国人民银行法》和

《非法金融机构和非法金融活动取缔办法》的规定,对金融业实施监督管理,行使撤销、关闭金融机构,取缔非法金融机构等行政职权。因此,被撤销、关闭的金融机构或被取缔的非法金融机构自身所负的民事责任不应当由行使监督管理职权的中国人民银行承担,更不应以此为由查封中国人民银行及其分支机构的办公楼、运钞车和营业场所。各级人民法院在审理、执行当事人一方为被撤销、关闭的金融机构或被取缔的非法金融机构的经济纠纷案件中,如发现上述问题,应当及时依法予以纠正。

对确应由中国人民银行及其分支机构承担民事责任的案件,人民法院亦不宜采取查封其办公楼、运钞车、营业场所的措施。中国人民银行及其分支机构应当自觉履行已生效的法律文书,逾期不履行的,人民法院在查明事实的基础上,可以依法执行其其他财产。

最高人民法院关于执行《封闭贷款管理暂行办法》和《外经贸企业封闭贷款管理暂行办法》中应注意的几个问题的通知

- 2000年1月10日
- 法发〔2000〕4号

各省、自治区、直辖市高级人民法院,新疆维吾尔自治区高级人民法院生产建设兵团分院:

1999年7月26日,中国人民银行、国家经贸委、国家计委、财政部和国家税务总局联合下发了《封闭贷款管理暂行办法》(银发〔1999〕261号),同年8月5日中国人民银行、国家计委、财政部、外经贸部和国家税务总局又联合下发了《外经贸企业封闭贷款管理暂行办法》(银发〔1999〕285号)。封闭贷款是商业银行根据国家政策向特定企业发放的具有特定用途的贷款,为保证这项工作的顺利进行,使封闭贷款达到预期目的,现将有关问题通知如下:

一、人民法院审理民事经济纠纷案件,不得对债务人的封闭贷款结算专户采取财产保全措施或者先予执行。

二、人民法院在执行案件时,不得执行被执行人的封闭贷款结算专户中的款项。

三、如果有证据证明债务人为逃避债务将其他款项打入封闭贷款结算专户的,人民法院可以仅就所打入的款项采取执行措施。

四、如果债权人从债务人的封闭贷款结算专户中扣取了老的贷款和欠息,或者扣收老的欠税及各种费用,债务人起诉的,人民法院应当受理,并按照《封闭贷款管理暂行办法》第十四条的规定处理。债务人属于外经贸企业的,则按照《外经贸企业封闭贷款管理暂行办法》第二十一条的规定处理。

执行中有何问题,请及时向我院报告。

最高人民法院、中国人民银行关于依法规范人民法院执行和金融机构协助执行的通知

- 2000年9月4日
- 法发〔2000〕21号

各省、自治区、直辖市高级人民法院,解放军军事法院,新疆维吾尔自治区高级人民法院生产建设兵团分院,中国人民银行各分行,中国工商银行,中国农业银行,中国银行,中国建设银行及其他金融机构:

为依法保障当事人的合法权益,维护经济秩序,根据《中华人民共和国民事诉讼法》,现就规范人民法院执行和银行(含其分理处、营业所和储蓄所)以及其他办理存款业务的金融机构(以下统称金融机构)协助执行的有关问题通知如下:

一、人民法院查询被执行人在金融机构的存款时,执行人员应当出示本人工作证和执行公务证,并出具法院协助查询存款通知书。金融机构应当立即协助办理查询事宜,不需办理签字手续,对于查询的情况,由经办人签字确认。对协助执行手续完备拒不协助查询的,按照民事诉讼法第一百零二条规定处理。

人民法院对查询到的被执行人在金融机构

的存款,需要冻结的,执行人员应当出示本人工作证和执行公务证,并出具法院冻结裁定书和协助冻结存款通知书。金融机构应当立即协助执行。对协助执行手续完备拒不协助冻结的,按照民事诉讼法第一百零二条规定处理。

人民法院扣划被执行人在金融机构存款的,执行人员应当出示本人工作证和执行公务证,并出具法院扣划裁定书和协助扣划存款通知书,还应当附生效法律文书副本。金融机构应当立即协助执行。对协助执行手续完备拒不协助扣划的,按照民事诉讼法第一百零二条规定处理。

人民法院查询、冻结、扣划被执行人在金融机构的存款时,可以根据工作情况要求存款人开户的营业场所的上级机构责令该营业场所做好协助执行工作,但不得要求该上级机构协助执行。

二、人民法院要求金融机构协助冻结、扣划被执行人的存款时,冻结、扣划裁定和协助执行通知书适用留置送达的规定。

三、对人民法院依法冻结、扣划被执行人在金融机构的存款,金融机构应当立即予以办理,在接到协助执行通知书后,不得再扣划应当协助执行的款项用以收贷收息;不得为被执行人隐匿、转移存款。违反此项规定的,按照民事诉讼法第一百零二条的有关规定处理。

四、金融机构在接到人民法院的协助执行通知书后,向当事人通风报信,致使当事人转移存款的,法院有权责令该金融机构限期追回,逾期未追回的,按照民事诉讼法第一百零二条的规定予以罚款、拘留;构成犯罪的,依法追究刑事责任,并建议有关部门给予行政处分。

五、对人民法院依法向金融机构查询或查阅的有关资料,包括被执行人开户、存款情况以及会计凭证、账簿、有关对账单等资料(含电脑储存资料),金融机构应当及时如实提供并加盖印章;人民法院根据需要可抄录、复制、照相,但应当依法保守秘密。

六、金融机构作为被执行人,执行法院到有关人民银行查询其人民银行开户、存款情况的,有关人民银行应当协助查询。

七、人民法院在查询被执行人存款情况时,只提供单位账户名称而未提供账号的,开户银行应当根据银发(1997)94号《关于贯彻落实中共中央政法委〈关于司法机关冻结、扣划银行存款问题的意见〉的通知》第二条的规定,积极协助查询并书面告知。

八、金融机构的分支机构作为被执行人的,执行法院应当向其发出限期履行通知书,期限为15日;逾期未自动履行的,依法予以强制执行;对被执行人未能提供可供执行财产的,应当依法裁定逐级变更其上级机构为被执行人,直至其总行、总公司。每次变更前,均应当给予被变更主体15日的自动履行期限;逾期未自动履行的,依法予以强制执行。

九、人民法院依法可以对银行承兑汇票保证金采取冻结措施,但不得扣划。如果金融机构已对汇票承兑或者已对外付款,根据金融机构的申请,人民法院应当解除对银行承兑汇票保证金相应部分的冻结措施。银行承兑汇票保证金已丧失保证金功能时,人民法院可以依法采取扣划措施。

十、有关人民法院在执行由两个人民法院或者人民法院与仲裁、公证等有关机构就同一法律关系作出的两份或者多份生效法律文书的过程中,需要金融机构协助执行的,金融机构应当协助最先送达协助执行通知书的法院,予以查询、冻结,但不得扣划。有关人民法院应当就该两份或多份生效法律文书上报共同上级法院协调解决,金融机构应当按照共同上级法院的最终协调意见办理。

十一、财产保全和先予执行依照上述规定办理。

此前的规定与本通知有抵触的,以本通知为准。

最高人民法院关于在民事审判和执行工作中依法保护金融债权防止国有资产流失问题的通知

- 2005年3月16日
- 法〔2005〕32号

各省、自治区、直辖市高级人民法院,解放军军事法院,新疆维吾尔自治区高级人民法院生产建设兵团分院：

依法保护金融债权，防止国有资产流失，关系到国家经济安全，已经成为当前我国经济结构调整和金融体制改革过程中的重要问题。随着金融不良债权处置工作进入攻坚阶段和处置难度的加大、处置方式的多元化，人民群众和社会各界对人民法院在审理和执行涉及不良金融债权案件中如何依法保护金融债权，防止国有资产流失提出了更高的要求。为正确审理上述相关纠纷案件，保障金融不良债权处置工作的顺利进行，防止国有资产流失，现通知如下：

一、充分发挥民事审判和执行工作在依法调整社会各种经济关系，维护社会主义市场经济秩序方面的职能作用。在审理和执行涉及金融不良债权案件中要严格执行民事诉讼法、合同法、担保法及本院颁布的《关于审理企业破产案件若干问题的规定》《关于审理与企业改制相关的民事纠纷案件若干问题的规定》等一系列司法解释，准确理解和把握立法和司法解释的本意，统一司法尺度。

二、各级人民法院和广大法官要增强司法能力，提高司法水平，维护国家法制的统一，摒弃和坚决抵制地方保护主义。审理涉及金融不良债权案件，要坚持办案的法律效果与社会效果的统一，妥善处理国家利益和地方利益的关系，依法保护金融债权和企业职工的合法权益。

三、加强涉及金融不良债权案件的调研工作。随着我国金融体制改革的逐步深入，人民法院在审理和执行涉及金融不良债权案件中会不断遇到新情况和新问题。这些问题政策性强、社会影响大，而有关法律法规又相对滞后。人民法院要在总结经验的基础上加强调查研究，不断提高办案质量和效率。上级人民法院要加强对下级人民法院的监督指导，并开展有针对性的执法检查，发现问题及时纠正。

四、在审理和执行上述案件时，需要对金融不良债权和相关财产进行评估、审计的，要严格依照法律规定委托有相应资质并信誉良好的中介机构进行，要对评估、审计程序和结果进行严格审查。对被执行人的财产进行变价时，要尽可能采取由拍卖机构公开拍卖的方式，最大限度回收金融债权。

五、人民法院在民事审判和执行工作中，如发现金融机构工作人员在处置金融不良债权过程中与受让人、中介机构等恶意串通，故意违规处置金融不良债权，有经济犯罪嫌疑线索的，要及时将犯罪嫌疑线索移送检察机关查处。

六、要加强与金融监管部门、国有资产管理部门的沟通和协调，对辖区内有重大影响和易引起社会关注的案件，处理前应征求上述有关部门的意见，共同做好工作。

七、在执行涉及金融不良债权案件时，要做好处理突发事件的预案，防范少数不法人员煽动、组织不明真相的职工和群众冲击法院和执行现场，围攻法院工作人员和集体到党政机关上访。发生重大突发性事件，要及时向地方党委、人大和上级人民法院报告。

特此通知。

最高人民法院关于金融资产管理公司收购、处置银行不良资产有关问题的补充通知

- 2005 年 5 月 30 日
- 法〔2005〕62 号

各省、自治区、直辖市高级人民法院，新疆维吾尔自治区高级人民法院生产建设兵团分院：

为了深化金融改革，规范金融秩序，本院先后下发了《关于审理金融资产管理公司收购、管理、处置国有银行不良贷款形成的资产的案件适用法律若干问题的规定》《关于贯彻执行最高人民法院"十二条"司法解释有关问题的函的答复》和《关于国有金融资产管理公司处置国有商业银行不良资产案件交纳诉讼费用的通知》。最近，根据国务院关于国有独资商业银行股份制改革的总体部署，中国信达资产管理公司收购了中国银行、中国建设银行和交通银行剥离的不良资产。为了维护金融资产安全，降低不良资产处置成本，现将审理金融资产管理公司在收购、处置不良资产发生的纠纷案件的有关问题补充通知如下：

一、国有商业银行（包括国有控股银行）向金

融资产管理公司转让不良贷款,或者金融资产管理公司受让不良贷款后,通过债权转让方式处置不良资产的,可以适用本院发布的上述规定。

二、国有商业银行(包括国有控股银行)向金融资产管理公司转让不良贷款,或者金融资产管理公司收购、处置不良贷款的,担保债权同时转让,无须征得担保人的同意,担保人仍应在原担保范围内对受让人继续承担担保责任。担保合同中关于合同变更需经担保人同意的约定,对债权人转让债权没有约束力。

三、金融资产管理公司转让、处置已经涉及诉讼、执行或者破产等程序的不良债权时,人民法院应当根据债权转让协议和转让人或者受让人的申请,裁定变更诉讼或者执行主体。

最高人民法院关于延长国有金融资产管理公司处理国有商业银行不良资产案件减半缴纳诉讼费用期限的通知

- 2006年4月13日
- 法〔2006〕100号

各省、自治区、直辖市高级人民法院,新疆维吾尔自治区高级人民法院生产建设兵团分院:

为支持国有银行和国有企业改革发展,支持东方、华融、长城、信达四家金融资产管理公司继续做好收购、管理和处置国有银行不良资产工作,现将《最高人民法院关于国有金融资产管理公司处置国有商业银行不良资产案件缴纳诉讼费用的通知》(法〔2001〕156号)的有效期延长3年。2006年3月1日至2009年2月28日期间,各级人民法院在受理以上四家金融资产管理公司处置国有商业银行案件时,诉讼费用的收取仍然按照《最高人民法院关于国有金融资产管理公司处置国有商业银行不良资产案件缴纳诉讼费用的通知》(法〔2001〕156号)的各项规定执行。

最高人民法院关于人民法院在审理涉及汇达资产托管有限责任公司清收、处置不良资产所形成的案件时适用相关司法解释规定的通知

- 2006年10月30日
- 法〔2006〕298号

各省、自治区、直辖市高级人民法院,解放军军事法院,新疆维吾尔自治区高级人民法院生产建设兵团分院:

汇达资产托管有限责任公司(以下简称汇达资产公司)系经银监会、财政部、中国人民银行批准,于2005年8月1日成立的专门接收、管理和处置中国人民银行历史遗留的不良资产的国有资产管理公司,其前身是光大资产托管有限责任公司,现为中国信达资产管理公司的控股子公司。根据银监会"银监复〔2005〕148号"批复规定,汇达资产公司执行现行国有资产管理公司的有关政策和制度。为了确保汇达资产公司资产处置工作的顺利进行,降低该类不良资产处置的成本,现就与其民事诉讼相关的问题通知如下:

人民法院在审理涉及汇达资产公司在清理、处置中国人民银行历史遗留的不良资产所形成的纠纷案件时,应同样适用最高人民法院就审理涉及金融资产管理公司处置国有不良贷款案件所发布的司法解释及有关答复、通知的规定。

最高人民法院印发《关于为维护国家金融安全和经济全面协调可持续发展提供司法保障和法律服务的若干意见》的通知

- 2008年12月3日
- 法发〔2008〕38号

各省、自治区、直辖市高级人民法院,解放军军事法院,新疆维吾尔自治区高级人民法院生产建设

兵团分院:

现将最高人民法院《关于为维护国家金融安全和经济全面协调可持续发展提供司法保障和法律服务的若干意见》印发给你们,请认真贯彻执行。

附:

最高人民法院关于为维护国家金融安全和经济全面协调可持续发展提供司法保障和法律服务的若干意见

金融是现代经济的核心,在国家实行宏观经济调控、促进国民经济发展和维护社会稳定方面具有重要的作用。2007年8月美国"次贷危机"所引发的国际金融市场动荡和世界经济衰退,正日益对我国金融市场和经济增长产生较大的影响。为此,国务院强力推出了一系列扩大内需的措施,将积极的财政政策与适度宽松的货币政策相结合,通过扩大内需来抵消出口的减弱,通过大规模的公共投资来振兴日趋放缓的经济。这一系列举措不仅是我国维护金融稳定和经济全面协调可持续发展的迫切需要,也是我国为遏制世界经济衰退所采取的重要战略措施。同时,我国改革开放三十年来的经济运行也出现了很多需要高度重视的新情况、新问题。国际、国内宏观经济环境变化所引发的矛盾和纠纷在司法领域已经出现明显反映。人民法院的各项审判工作与国民经济发展、社会稳定大局密切相关,在当前国际、国内宏观经济环境变化、社会矛盾增多的情况下,为维护国家金融安全和经济平稳较快发展提供司法保障和法律服务,是当前和今后一个时期人民法院贯彻党的十七届三中全会精神,学习实践科学发展观,坚持"三个至上"指导思想的重要任务。各级人民法院必须进一步增强政治责任感,增强对宏观经济形势变化在司法领域引发的各种新情况和新问题的敏感性,服从和服务于国家对防范金融风险、维护金融安全和保护国民经济稳定的大局,认真履行宪法和法律赋予的职责,充分发挥人民法院审判职能作用,牢牢把握应对宏观经济环境带来的新情况、新问题的主动权,为维护国家金融安全和促进经济全面协调可持续发展提供有力的司法保障和优质的法律服务。

一、依法保障金融债权,努力维护国家金融安全

金融是国家经济的命脉,国有银行是金融的重心。各级人民法院必须充分认识当前国际金融局势的复杂性以及国内经济发展面临的困难,自觉服从于国家经济发展的大局,担负起保护金融债权、维护国家金融安全的职责,支持金融监管机构有效行使管理职能,保障国家经济宏观调控目标的顺利实施。

要最大限度保障国有金融债权。为了减少和处置国有商业银行不良资产,确保国有商业银行的竞争实力和兑付能力,中央和国务院实施金融不良债权剥离和处置战略。自1999年下半年迄今,中、农、工、建四家国有银行共剥离金融不良资产总额超过两万亿元,最近中国农业银行为加快改制,又剥离8000多亿金融不良资产。全国各级人民法院要继续按照《关于审理涉及金融资产管理公司收购、管理、处置国有银行不良贷款形成的案件适用法律若干问题的规定》等司法解释和司法政策的规定和精神审理相关案件,为国家金融债权清收提供司法保障。同时,各级人民法院要在法律和司法解释范围内,在合同效力、诉讼时效等重要方面,最大限度地保护国有金融债权。

要努力防止国有资产流失。在处理金融不良债权转让纠纷案件时,要注意防止国有资产流失。数以万亿的国有金融债权的剥离与处置,绝不仅是银行、金融资产管理公司与受让人之间简单的债权转让关系,而是巨额国有资产的流动与利益再分配问题。这种流动能否在公开公平公正的程序下进行,事关全体国民和国家的利益,事关我国金融体制改革乃至国有资产管理体制改革目标能否顺利实现。各级人民法院在相关案件审理过程中,要合理分配举证责任并对相关证据进行审查。审查的重点应当围绕诸如转让标的、转让程序、受让人资格等国家相关主管部门对金融不良债权转让所制定的各种限制性和禁止性规定,防止追偿诉讼成为少数违法者牟取暴利的工具,保障国有资产安全。

要依法制裁逃废银行债务行为。在审理金融纠纷案件中,要严格审查确定借贷双方的责任,坚决依法制止那些企图通过诉讼逃债、消债等规避法律的行为。对弄虚作假、乘机逃废债务的,要追究当事人和责任人相应的法律责任,维护信贷秩序。对于一些企业破产案件中所存在"假破产、真逃债"现象,各级人民法院要采取积极有效的措施,坚决抵制地方保护主义干扰,依法加大对"逃废债"行为的制裁,努力杜绝假借破产名义逃废、悬空债务的现象。

二、制裁金融违法违规行为,大力整顿规范金融秩序

维护良好金融运行秩序和环境,促进金融协调发展,是振兴经济和维护金融安全的重要方面。各级人民法院要配合金融监管部门,严厉打击和制裁各种扰乱金融秩序的违法、违规行为,为规范金融秩序,防范金融风险,维护社会稳定提供强有力的法律保障。

要严厉打击金融犯罪活动。各级人民法院要充分发挥刑事审判职能,严厉打击金融领域的犯罪行为。要依法及时审结破坏金融市场经济秩序的犯罪案件,努力挽回国家经济损失。要根据国务院《关于行政执法机关移送涉嫌犯罪案件的规定》精神,调整和充实审判力量,与有关部门密切配合,贯彻依法从严惩处的方针,促进整顿和规范市场经济秩序工作的深入进行。

要依法制裁金融违法行为。要防止一些民间机构和企业,通过高利率变相吸收公众存款、非法集资等扰乱国家正常金融秩序行为。对以不特定多数人为集资对象,以高利为诱饵,非法吸收公众存款的刑事犯罪行为,要依法予以打击。在审理和执行借款、民间借贷案件过程中,发现存在非法集资嫌疑和犯罪线索的,要积极与相关职能部门沟通,及时移送案件或者犯罪线索;要运用多种手段加强集资款的清收追讨,依法及时保护债权人合法权益。要做好处理突发事件的预案,防范少数不法人员煽动、组织群体性事件而引发新的社会矛盾。

要保障证券市场的稳定运行。证券市场的稳定运行和健康发展,直接关系到金融秩序和社会的稳定。当前,一些证券机构、上市公司、投资机构操纵股价、内幕交易、虚假陈述等违法行为时有发生,各级人民法院要从保护证券市场投资人合法权益,维护证券市场的公开公平公正的交易秩序出发,积极探索,妥善地处理好此类案件。要妥善审理公司股票债券交易纠纷、国债交易纠纷、企业债券发行纠纷、证券代销和包销协议纠纷、证券回购合同纠纷、上市公司收购纠纷等,保障证券交易的安全进行。

要加强与金融监管部门的协调配合,注意防范系统性风险。各级人民法院在公司案件审理过程中,发现上市公司、中介机构存在不实披露或不合理估价等情形的,应当及时向金融监管部门通报相关情况,提高上市公司和会计等中介机构信息披露的透明度,增加会计机构对复杂金融产品信息的披露,强化中介机构对有价证券的合理估价。在审理民间借贷、涉及资金链断裂企业债务纠纷案件时,对涉嫌非法吸收存款等违法行为,或者发现有引发系统性风险可能的,要及时向公安、检察、金融监管、工商等部门通报情况,统筹协调相关案件的处理和风险防范。

三、依法保障企业发展,全力维护社会和谐稳定

各级人民法院要进一步深刻认识保障企业发展,促进国企改革、维护企业稳定的重要意义。只有企业搞活,市场才能搞活;只有企业发展,经济才能发展;只有企业稳定,社会才能进一步稳定。要及时依法公正审理关系企业改革、发展和稳定的各类案件。积极探索为企业改革和发展服务的新途径,引导企业依法管理,增强企业的法律意识和自我保护意识,为企业改革和发展创造良好的法治环境。

要依法审理好企业债务纠纷案件。当前,在审理企业债务纠纷案件中,要特别注意企业因资金链断裂而引发的纠纷,在工作方法上要体现原则性和灵活性的统一。对因资金短缺但仍处于正常经营状态、有发展前景的负债企业,要慎用财产保全措施,对债权人要多做耐心细致的调解工作,通过设置担保等灵活多样的方法促成债权人给予债务企业合理的宽限期,帮助债务人度过暂时的财务危机。对多个债权人在不同法院同时申请执行同一债务企业的案件,上级人民法院要加强协调,统一执行工作措施,并同时注意做好执行和解工作,尽可能维持有发展前景的困难企业、劳动密

集型中小企业的生存,避免因执行工作简单化而激化社会矛盾,防止因对被执行企业可供执行财产的分配问题产生新的矛盾和冲突。

要依法审理好公司清算案件。要按照公司法及其司法解释的规定,积极稳妥受理公司清算案件,平等维护债权人和股东合法权益,强化投资者的清算义务,依法追究怠于履行清算义务侵害债权人利益的投资者的民事责任,保障市场主体退出过程规范有序,促进市场法治环境的不断优化。

要依法受理、审理好企业破产案件。要充分发挥企业破产法公平保护各方利益主体,实现资源优化配置的作用。对于已经符合企业破产法规定的破产原因的企业,要根据当事人的申请依法及时启动强制清算程序和企业破产程序。对于有挽救希望的企业,鼓励运用破产重整、和解制度,尽可能维持有发展前景企业的生存,避免因企业倒闭破产带来大量职工下岗、银行债权落空、影响社会稳定等社会连锁反应。对于因产业结构转变且经营前景暗淡而必须破产的企业,要在保障公开、公正、合法的基础上,提高审判效率,降低破产成本。对拖欠职工工资、社会保险等问题较多、历史包袱沉重、挽救无望的企业,要根据新破产法的规定,优先保护职工债权。要支持管理人对破产企业债权的清收,追回破产企业转移、隐匿的资产,努力提高债权清偿率。

四、依法规范经济秩序,促进经济全面协调可持续发展

依法规范经济秩序的根本目的在于完善社会主义市场经济体制,促进国民经济全面协调可持续发展。各级人民法院要通过切实有效地开展好各类案件的审判工作,保障经济体制改革,维护和健全市场经济秩序。

要强化各种诉讼救济措施。要积极回应对司法工作的新要求新期待,及时受理宏观经济环境变化引发的各类纠纷,最大限度发挥诉讼程序机制对各类社会矛盾的化解能力,全力维护社会稳定。对于有转移财产、逃避债务意图的企业,要加大诉讼保全力度。对债权人提出的诉前或诉中保全措施的申请,要在最短时间内完成审查程序,尽快实施冻结、查封、扣押措施,有效控制被诉企业财产,防止债务企业涉诉后转移有效资产等严重侵害债权人和职工利益的行为。对于可能逃匿的债务企业的股东和高管人员,要根据当事人的申请,依法及时采取边控等措施进行有效控制,防止因债务人逃匿而影响案件的审理和对债务企业财产的有效控制。

要保护国有资产不受侵犯。要严厉打击哄抢、盗窃、破坏或者故意毁坏国有企业生产资料、设备的犯罪,特别要打击针对国有企业的盗窃犯罪,保护国有企业资产。要依法严惩贪污、贿赂等职务犯罪,侵占、挪用、诈骗国有企业资金财物的犯罪,充分运用财产刑等刑罚手段,最大限度地为国家挽回经济损失,保护国有资产不受侵犯,维护正常的公私财物所有权关系。

要依法保护非公有制经济发展。个体、私营等非公有制经济是促进社会生产力发展的重要力量。我国物权法明确规定国家坚持和完善公有制为主体、多种所有制经济共同发展的基本经济制度,保障公有制经济的巩固和发展,鼓励、支持和引导非公有制经济的发展,保护国家的、集体的、私人的合法权益。各级人民法院要根据物权法等法律规定和精神,通过司法手段积极促进非公有制经济同国有经济的合资合作,推动非公有制经济进入法律法规未禁入的基础设施、公用事业及其他行业和领域,保护非公有制企业在投融资、税收、土地使用和对外贸易等方面,与其他企业享受同等待遇,确保非公有制经济健康发展,促进社会进步。

要依法维护国外投资者合法权益。在我国改革开放程度不断加大的前提下,人民法院面临的各类涉外案件审判任务也将随之增多。各级人民法院要认真研究涉外案件中的专业问题、商业惯例、海运规则以及外国法律和国际公约的适用等问题。要平等保护中外当事人的合法权益,维护我国政府和企业的国际信誉和对外开放形象,促进对外开放的深入进行。同时,也要建立应对内资企业和外商投资企业非法撤资逃债应急审理机制,做好人员控制、财产和证据保全、稳定职工和债权人等工作预案,依法追究投资者出资瑕疵责任和清算责任,维护债权人合法权益。

要依法保障房地产市场健康发展。房地产市场的发展不仅关系到我国城市化、工业化的进程,而且关系到金融安全和群众安居乐业等国计民生问题。各级人民法院要注意审查按揭贷款合同的真实性,依法制裁开发商以虚假按揭贷款合同套取银行资金等违法行为;依法优先保护建筑市场劳动者权益,制裁恶意拖欠劳务工资现象;制裁开发商恶意拖欠工程款等违约行为,保障房地产市场的健康发展。

五、促进政府依法行政,确保法律政策统一实施

维护金融安全和促进经济全面协调可持续发展,要求政府进一步转变经济管理职能,各级人民法院要通过开展卓有成效的行政审判工作,加强对行政执法活动的监督,推进依法行政。

要依法遏制地方保护、地区封锁和部门行业垄断。地方保护、地区封锁和部门行业垄断,严重阻碍全国统一公平竞争的社会主义大市场的形成,是造成市场经济秩序混乱的一个重要原因。各级人民法院应当充分发挥行政、民事审判作用,坚决遏制地方保护、地区封锁和部门行业垄断,对于涉及整治地方保护、地区封锁和部门行业垄断中发生的行政案件,要依法支持行政机关的整治行为;对于公平竞争权受到地方保护、地区封锁和部门行业垄断侵害的公民、法人和其他组织提起的行政、民事诉讼,应当依法保护其公平竞争权。

要加大征地、拆迁等行政案件的审理力度。在国家推行四万亿拉动内需的激励经济振兴措施、加强基础设施建设的过程中,不可避免地要进行农村土地征收和城市房屋拆迁。各级人民法院要认真做好征地、拆迁行政诉讼案件的审理工作,既要支持政府合理的征地、拆迁行政行为,保障社会公共设施的改造与完善,又要防止借征地、拆迁之机,损害群众及企业合法权益的情形发生,防止因案件审理不当而形成大规模的群体性事件,影响社会稳定。

要依法促使行政机关履行法定职责。行政机关不履行法定职责,该审批的不予审批,该制止的不予制止,该处罚的不予处罚,是有法不依、执法不严和违法不究的重要表现。各级人民法院应当积极受理和依法审判各类行政不作为案件,依法促使被诉行政机关履行法定职责。对公民、法人或者其它组织诉行政机关不履行保护公平竞争法律职责,以及要求主管行政机关对制假售假者依法追究法律责任,因主管行政机关不作为而提起的行政诉讼,应依法及时审理,公正审判;给公民、法人或者其他组织造成损失的,应当依法判决行政机关予以赔偿。

六、加强知识产权保护,落实国家知识产权战略

提高自主创新能力、建设创新型国家是促进国民经济又好又快发展的首要任务,人民法院在实施国家知识产权战略进程中责任重大。各级人民法院要按照《国家知识产权战略纲要》提出的"发挥司法保护知识产权的主导作用"的要求,切实依法加大对知识产权侵权行为的惩处力度,有效遏制侵权行为,维护公平竞争的市场秩序和公众合法权益。

要充分认识科教兴国的重大战略意义。依靠科技进步和创新,形成一批具有自主知识产权的关键技术和名牌产品,是保障国民经济全面协调可持续发展的重要保证。人民法院要进一步充分认识科教兴国的重大战略意义,尊重知识、尊重人才,加大对知识产权的司法保护力度。随着我国全面推进工业结构优化升级,各类新技术的引进与运用必将大大加快,各类企业尤其是大中型国有企业将更多地承担技术方案的产业化和实施者的角色,这有利于解决大量劳动力的就业问题,能够促进区域经济的发展,创造巨额的社会财富。因此,人民法院要进一步加强对技术方案形成阶段及技术方案产业化阶段的司法保护,切实依法保护企业的知识产权,促进社会财富的增长。

要依法保护科技创新活动。随着信息技术、生物技术等高新技术的发展,与高新技术发展和应用相关的案件以及新类型案件不断出现,我国知识产权审判涉及的范围已包括技术合同、商业秘密、商标、专利、著作权、计算机软件、计算机网络、数据库、域名、不正当竞争、垄断、植物新品种和其他科技成果权等各个领域。各级人民法院要严格认真按照《国家知识产权战略纲要》要求,充分发挥司法保护知识产权的主导作用,依照法律、法规和司法解释的规定,在案件管辖、诉前申请采取临时措施的审查、中止诉讼的程序、知识产权权利范围的确定和侵权认定方面,建立和完善知识产权审判制度和司法原则。要依法保护科技人员和作者等享有的智力成果权,采取责令停止侵权、排除妨害、消除危险和赔偿损失等各种司法救济手段以及民事制裁措施,制止、制裁侵权、假冒、盗版行为。通过对这些纠纷的处理,切实保护知识产权人的合法权益,促进知识与文化的传播,维护社会公众利益,保护科技创新活动,防止滥用知识产权的行为发生。

七、加大案件执行力度,为政府和企业排忧解难

各级人民法院必须进一步全面贯彻中发〔1999〕11号文件,按照党的十六大提出的"切实解决执行难"的要求,深化改革,完善措施,知难而进,努力使法院执行工作在保障金融安全和服务经济全面协调可持续发展中发挥更大的作用。

要继续开展未结金融案件的专项集中执行活动。各级人民法院要在最高人民法院的指导和部署下,通过集中时间、集中力量、统一调度、强化力度以及成立专门的执行组织等多种方式,结合集中清理执行积案活动,有计划地对金融案件进行专项执行,为国家和企业解难,并增强全社会的金融法制观念和风险意识。

要探索新的执行方法并加大金融案件执行力度。各级人民法院要努力探索并运用新的执行措施和方法,不断加大金融案件的执行力度,确保金融案件的顺利执行。要继续运用被实践证明行之有效的诸如以资产使用权抵债、资产抵债返租、企业整体承包经营、债权转股权以及托管等方式,大力解决难以执行的金融纠纷案件。同时,要对欠债不还的被执行人予以适度披露,积极配合建立社会信用体系。

建立系列案件审判执行统一协调机制。对于众多债权人向同一债务企业集中发动的系列诉讼案件,受理案件的不同地区、不同审级法院之间以及同一法院的不同审判部门之间要更加强信息沟通,在上级法院的统一指导下集中协调、集中判决,协调执行,避免各地法院针对同一债务企业的同类案件出现裁判标准不统一,以及针对同一债务企业的多个案件在执行中出现矛盾和冲突的现象,依法平等保护各地债权人的合法权益。

要坚决抵制、克服地方和部门保护主义。地方和部门保护主义是造成"执行难"的重要原因,必须坚决抵制和克服。人民法院作为国家审判机关绝不能搞地方和部门保护主义。对与法律相悖,给人民法院执行设置障碍的规定或文件,要及时向党委、人大、政府提出建议,予以撤销或废止。要及时向纪检监察机关提供地方和部门保护主义的典型事例,以便调查处理。

八、认真开展调查研究,及时总结审判经验

各级人民法院在为维护国家金融安全和经济全面协调可持续发展提供司法保障和法律服务的过程中,要及时掌握宏观经济环境变化引发的新情况和新问题。

要加强审判调研工作,及时总结审判经验。要提高对各类敏感问题发展趋势的预测能力和有效解决疑难复杂问题的能力,密切关注因宏观经济环境变化而在司法领域出现的各种新情况和新问题,深入开展前瞻性调查研究,及时向有关部门提出应对措施和建议。要加强对审判工作中法律适用疑难问题的调查研究,根据客观形势的新变化,从促进经济发展和社会全面进步出发,及时总结审判经验,提出相应的对策。在时机成熟时,制定相应的司法政策和司法解释。

要加强司法宣传工作,发挥审判工作的社会导向作用。对近期内审结的涉及扰乱国民经济和社会稳定的有影响的案件,要及时通过召开新闻发布会、发布典型案例、组织专题或系列报道等多种形式进行广泛宣传,教育和引导各类市场主体增强依法经营和风险防范意识,努力营造公平有序的社会主义市场经济秩序。

建立涉及社会稳定案件和大要案报告制度。对于众多债权人向同一债务企业集中发动的系列诉讼案件、企业破产清算案件、集团诉讼案件、群体性案件等可能存在影响社会和谐稳定因素的案件,各级人民法院立案、审判、执行及相关业务部门要及时向本院院长、审判委员会报告;特别重大的案件要及时向上级人民法院报告。

在国际金融和世界经济形势日趋严峻的情形下,我国的经济体制改革将进入向更加广阔的领域纵深发展的新阶段。人民法院为维护国家金融安全和经济全面协调可持续发展提供司法保障和法律服务的范围之广阔、任务之艰巨,将大大超过以往任何时期。各级人民法院要进一步深入学习党的十七大和十七届三中全会精神,坚持深入学习实践科学发展观,积极践行"三个至上"指导思想,进一步增强政治意识、大局意识、法律意识,充分发挥审判职能作用,公正高效司法,共同为维护我国金融安全,保障我国经济社会全面协调可持续发展,为构建社会主义和谐社会不断做出新的更大的贡献。

最高人民法院印发《关于审理涉及金融不良债权转让案件工作座谈会纪要》的通知

- 2009年3月30日
- 法发〔2009〕19号

各省、自治区、直辖市高级人民法院,解放军军事法院,新疆维吾尔自治区高级人民法院生产建设兵团分院:

为认真落实中央关于研究解决金融不良债权转让过程中国有资产流失问题的精神,统一思想,明确任务,依法公正妥善地审理涉及金融不良债权转让案件,防止国有资产流失,保障金融不良债权处置工作的顺利进行,维护和促进社会和谐稳定,维护社会公共利益和相关当事人的合法权益,最高人民法院商有关部门形成了《关于审理涉及金融不良债权转让案件工作座谈会纪要》,现印发给你们,请结合审判工作实际,遵照执行。

各高级人民法院,特别是不良债权转让纠纷案件数量较多、标的额较大、影响较大地区的高级人民法院,要加强对有关案件审判、执行工作的调研指导,发现新情况、新问题的,应当及时报告最高人民法院。

附:

最高人民法院关于审理涉及金融不良债权转让案件工作座谈会纪要

为了认真落实中央关于研究解决金融不良债权转让过程中国有资产流失问题的精神,统一思想,明确任务,依法妥善公正地审理涉及金融不良债权转让案件,防止国有资产流失,保障金融不良债权处置工作的顺利进行,维护和促进社会和谐稳定,最高人民法院邀请全国人大常委会法制工作委员会、中共中央政法委员会、国务院法制办公室、财政部、国务院国有资产监督管理委员会、中国银行业监督管理委员会、中国人民银行和审计署等单位,于2008年10月14日在海南省海口市召开了全国法院审理金融不良债权转让案件工作座谈会。各省、自治区、直辖市高级人民法院和解放军军事法院以及新疆维吾尔自治区高级人民法院生产建设兵团分院主管民商审判工作的副院长、相关审判庭的负责同志参加了座谈会。与会同志通过认真讨论,就关于审理涉及金融不良债权转让案件的主要问题取得了一致的看法。现纪要如下:

一、关于审理此类案件应遵循的原则

会议认为,此类案件事关金融不良资产处置工作的顺利进行,事关国有资产保护,事关职工利益保障和社会稳定。因此,人民法院必须高度重视此类案件,并在审理中注意坚持以下原则:

(一)坚持保障国家经济安全原则。民商事审判工作是国家维护经济秩序、防范和化解市场风险、维护国家经济安全的重要手段。全国法院必须服从和服务于国家对整个国民经济稳定和国有资产安全的监控,从中央政策精神的目的出发,以民商事法律、法规的基本精神为依托,本着规范金融市场、防范金融风险、维护金融稳定、保障经济安全的宗旨,依法公正妥善地审理此类纠纷案件,确保国家经济秩序稳定和国有资产安全。

(二)坚持维护企业和社会稳定原则。金融不良资产的处置,涉及企业重大经济利益。全国法院要进一步强化政治意识、大局意识、责任意识和保障意识,从维护国家改革、发展和稳定的大局出发,依法公正妥善地审理好此类纠纷案件,切实防止可能引发的群体性、突发性和恶性事件,切实做到"化解矛盾、理顺关系、安定人心、维护秩序"。

(三)坚持依法公正和妥善合理的原则。人民法院在审理此类案件中,要将法律条文规则的适用与中央政策精神的实现相结合,将坚持民商法的意思自治、平等保护等理念与国家经济政策、金融市场监管和社会影响等因素相结合,正确处理好保护国有资产、保障金融不良资产处置工作顺利进行、维护企业和社会稳定的"关系",做到统筹兼顾、妥善合理,确保依法公正与妥善合理的统一,确保审判的法律效果和社会效果统一。

(四)坚持调解优先、调判结合的原则。为了避免矛盾激化,维护社会稳定,平衡各方利益,人民法院在诉讼中应当向当事人充分说明国家的政策精神,澄清当事人对法律和政策的模糊认识。坚持调解优先,积极引导各方当事人本着互谅互让的精神进行协商,尽最大可能采用调解的方式解决纠纷。如果当事人不能达成和解,人民法院要根据相关法律法规以及本座谈会纪要(以下简称《纪要》)进行妥善公正的审理。

二、关于案件的受理

会议认为,为确保此类案件得到公正妥善的处理,凡符合民事诉讼法规定的受理条件及《纪要》有关规定精神涉及的此类案件,人民法院应予受理。不良债权已经剥离至金融资产管理公司又被转让给受让人后,国有企业债务人知道或者应当知道不良债权已经转让而仍向原国有银行清偿的,不得对抗受让人对其提起的追索之诉,国有企业债务人在对受让人清偿后向原国有银行提起返还不当得利之诉的,人民法院应予受理;国有企业债务人不知道不良债权已经转让而向原国有银行清偿的,可以对抗受让人对其提起的追索之诉,受让人向国有银行提起返还不当得利之诉的,人民法院应予受理。

受让人在对国有企业债务人的追索诉讼中,主张追加原国有银行为第三人的,人民法院不予支持;在《纪要》发布前已经终审或者根据《纪要》做出终审的,当事人根据《纪要》认为生效裁判存在错误而申请再审的,人民法院不予支持。

案件存在下列情形之一的,人民法院不予受理:

(一)金融资产管理公司与国有银行就政策性金融资产转让协议发生纠纷起诉到人民法院的;

(二)债权人向国家政策性关闭破产的国有企业债务人主张清偿债务的;

(三)债权人向已列入经国务院批准的全国企业政策性关闭破产总体规划并拟实施关闭破产的国有企业债务人主张清偿债务的;

(四)《纪要》发布前,受让人与国有企业债务人之间的债权债务关系已经履行完毕,优先购买权人或国有企业债务人提起不良债权转让合同无效诉讼的;

(五)受让人自金融资产管理公司受让不良债权后,以不良债权存在瑕疵为由起诉原国有银行的;

(六)国有银行或金融资产管理公司转让享受天然林资源保护工程政策的国有森工企业不良债权而引发受让人向森工企业主张债权的(具体详见《天然林资源保护区森工企业金融机构债务免除申请表》名录);

(七)在不良债权转让合同无效之诉中,国有企业债务人不能提供相应担保或者优先购买权人放弃优先购买权的。

三、关于债权转让生效条件的法律适用和自行约定的效力

会议认为,不良债权成立在合同法施行之前,转让于合同法施行之后的,该债权转让对债务人生效的条件应适用合同法第八十条第一款的规定。

金融资产管理公司受让不良债权后,自行与债务人约定或重新约定诉讼管辖的,如不违反法律规定,人民法院应当认定该约定有效。金融资产管理公司在不良债权转让合同中订有禁止转售、禁止向国有银行、各级人民政府、国家机构等追偿、禁止转让给特定第三人等要求受让人放弃部分权利条款的,人民法院应认定该条款有效。国有银行向金融资产管理公司转让不良债权,或者金融资产管理公司收购、处置不良债权的,担保债权同时转让,无须征得担保人的同意,担保人仍应在原担保范围内对受让人继续承担担保责任。担保合同中关于合同变更需经担保人同意或者禁止转让主债权的约定,对主债权和担保权利转让没有约束力。

四、关于地方政府等的优先购买权

会议认为,为了防止在通过债权转让方式处置不良债权过程中发生国有资产流失,相关地方人民政府或者代表本级人民政府履行出资人职责的机构、部门或者持有国有企业债务人国有资本的集团公司可以对不良债权行使优先购买权。

金融资产管理公司向非国有金融机构法人转让不良债权的处置方案、交易条件以及处置程序、方式确定后,单笔(单户)转让不良债权的,金融资产管理公司应当通知国有企业债务人注册登记地的优先购买权人。以整体"资产包"的形式转让不良债权的,如资产包中主要债务人注册登记地属同一辖区,应当通知该辖区的优先购买权人;如资产包中主要债务人注册登记地属不同辖区,应当通知主要债务人共同的上级行政区域的优先购买权人。

按照确定的处置方案、交易条件以及处置程序、方式,上述优先购买权人在同等条件下享有优先购买权。优先购买权人收到通知后明确表示不予购买或者在收到通知之日起三十日内未就是否行使优先购买权做出书面答复,或者未在公告确定的拍卖、招标日之前做出书面答复或者未按拍卖公告、招标公告的规定时间和条件参加竞拍、竞标的,视为放弃优先购买权。

金融资产管理公司在《纪要》发布之前已经完成不良债权转让,上述优先购买权人主张行使优先购买权的,人民法院不予支持。

债务人主张优先购买不良债权的,人民法院不予支持。

五、关于国有企业的诉权及相关诉讼程序

会议认为,为避免当事人滥用诉权,在受让人向国有企业债务人主张债权的诉讼中,国有企业债务人以不良债权转让行为损害国有资产等为由,提出不良债权转让合同无效抗辩的,人民法院应告知其向同一人民法院另行提起不良债权转让合同无效的诉讼;国有企业债务人不另行起诉的,人民法院对其抗辩不予支持。国有企业债务人另行提起不良债权转让合同无效诉讼的,人民法院应中止审理受让人向国有企业债务人主张债权的诉讼,在不良债权转让合同无效诉讼被受理后,两案合并审理。国有企业债务人在二审期间另行提起不良债权转让合同无效诉讼的,人民法院应中止审理受让人向国有企业债务人主张债权的诉讼,在不良债权转让合同无效诉讼被受理且做出一审裁判后再行审理。

国有企业债务人提出的不良债权转让合同无效诉讼被受理后,对于受让人的债权系直接从金融资产管理公司处受让的,人民法院应当将金融资产管理公司和受让人列为案件当事人;如果受让人的债权系金融资产管理公司转让给其他受让人后,因该受让人再次转让或多次转让而取得的,人民法院应当将金融资产管理公司和该转让人以及后手受让人列为案件当事人。

六、关于不良债权转让合同无效和可撤销事由的认定

会议认为,在审理不良债权转让合同效力的诉讼中,人民法院应当根据合同法和《金融资产管理公司条例》等法律法规,并参照国家相关政策规定,重点审查不良债权的可转让性、受让人的适格性以及转让程序的公正性和合法性。金融资产管理公司转让不良债权存在下列情形的,人民法院应当认定转让合同损害国家利益或社会公共利益或者违反法律、行政法规强制性规定而无效。

(一)债务人或者担保人为国家机关的;

(二)被有关国家机关依法认定为涉及国防、军工等国家安全和敏感信息的以及其他依法禁止转让或限制转让情形的;

(三)与受让人恶意串通转让不良债权的;

(四)转让不良债权公告违反《金融资产管理公司资产处置公告管理办法(修订)》规定,对依照公开、公平、公正和竞争、择优原则处置不良资产造成实质性影响的;

(五)实际转让的资产包与转让前公告的资产包内容严重不符,且不符合《金融资产管理公司资产处置公告管理办法(修订)》规定的;

(六)根据有关规定应经合法、独立的评估机构评估,但未经评估的;或者金融资产管理公司与评估机构、评估机构与债务人、金融资产管理公司和债务人以及三方之间恶意串通,低估、漏估不良债权的;

(七)根据有关规定应当采取公开招标、拍卖等方式处置,但未公开招标、拍卖的;或者公开招标中的投标人少于三家(不含三家)的;或者以拍卖方式转让不良债权时,未公开选择有资质的拍卖中介机构的;或者未依照《中华人民共和国拍卖法》的规定进行拍卖的;

(八)根据有关规定应当向行政主管部门办理相关报批或者备案、登记手续而未办理,且在一审法庭辩论终结前仍未能办理的;

(九)受让人为国家公务员、金融监管机构工作人员、政法干警、金融资产管理公司工作人员、国有企业债务人管理人员、参与资产处置工作的律师、会计师、评估师等中介机构等关联人或者上述关联人参与的非金融机构法人的；

(十)受让人与参与不良债权转让的金融资产管理公司工作人员、国有企业债务人或者受托资产评估机构负责人员等有直系亲属关系的；

(十一)存在其他损害国家利益或社会公共利益的转让情形的。

在金融资产管理公司转让不良债权后，国有企业债务人有证据证明不良债权根本不存在或者已经全部或部分归还而主张撤销不良债权转让合同的，人民法院应当撤销或者部分撤销不良债权转让合同；不良债权转让合同被撤销或者部分撤销后，受让人可以请求金融资产管理公司承担相应的缔约过失责任。

七、关于不良债权转让无效合同的处理

会议认为，人民法院认定金融不良债权转让合同无效后，对于受让人直接从金融资产管理公司受让不良债权的，人民法院应当判决金融资产管理公司与受让人之间的债权转让合同无效；受让人通过再次转让而取得债权的，人民法院应当判决金融资产管理公司与转让人、转让人与后手受让人之间的系列债权转让合同无效。债权转让合同被认定无效后，人民法院应当按照合同法的相关规定处理；受让人要求转让人赔偿损失，赔偿损失数额应以受让人实际支付的价金之利息损失为限。相关不良债权的诉讼时效自金融不良债权转让合同被认定无效之日起重新计算。

金融资产管理公司以整体"资产包"的形式转让不良债权中出现单笔或者数笔债权无效情形，或者单笔或数笔不良债权的债务人为非国有企业，受让人请求认定合同全部无效的，人民法院应当判令金融资产管理公司与转让人之间的资产包债权转让合同无效；受让人请求认定已履行或已清结部分有效的，人民法院应当认定尚未履行或尚未清结部分无效，并判令受让人将尚未履行部分或尚未清结部分返还给金融资产管理公司，金融资产管理公司不再向受让人返还相应价金。

八、关于举证责任分配和相关证据的审查

会议认为，人民法院在审查不良债权转让合同效力时，要加强对不良债权转让合同、转让标的、转让程序以及相关证据的审查，尤其是对受让人权利范围、受让人身份合法性以及证据真实性的审查。不良债权转让合同中经常存在诸多限制受让人权利范围的条款，人民法院应当要求受让人向法庭披露不良债权转让合同以证明其权利合法性和权利范围。受让人不予提供的，人民法院应当责令其提供；受让人拒不提供的，应当承担举证不能的法律后果。人民法院在对受让人身份的合法性以及是否存在恶意串通等方面存在合理怀疑时，应当根据最高人民法院《关于民事诉讼证据的若干规定》及时合理地分配举证责任；但人民法院不得仅以不良债权出让价格与资产账面额之间的差额幅度作为引起怀疑的证据，而应当综合判断。对当事人伪造或变造借款合同、担保合同、借款借据、修改缔约时间和债务人还贷时间以及产生诉讼时效中断证据等情形的，人民法院应当严格依据相关法律规定予以制裁。

九、关于受让人收取利息的问题

会议认为，受让人向国有企业债务人主张利息的计算基数应以原借款合同本金为准；受让人向国有企业债务人主张不良债权受让日之后发生的利息的，人民法院不予支持。但不良债权转让合同被认定无效的，出让人在向受让人返还受让款本金的同时，应当按照中国人民银行规定的同期定期存款利率支付利息。

十、关于诉讼或执行主体的变更

会议认为，金融资产管理公司转让已经涉及诉讼、执行或者破产等程序的不良债权的，人民法院应当根据债权转让合同以及受让人或者转让人的申请，裁定变更诉讼主体或者执行主体。在不良债权转让合同被认定无效后，金融资产管理公司请求变更受让人为金融资产管理公司以通过诉讼继续追索国有企业债务人的，人民法院应予支持。人民法院裁判金融不良债权转让合同无效后当事人履行相互返还义务时，应从不良债权最终受让人开始逐一与前手相互返还，直至完成第一受让人与金融资产管理公司的相互返还。后手受让人直接对金融资产管理公司主张

不良债权转让合同无效并请求赔偿的,人民法院不予支持。

十一、关于既有规定的适用

会议认为,国有银行向金融资产管理公司转让不良债权,或者金融资产管理公司受让不良债权后,通过债权转让方式处置不良资产的,可以适用最高人民法院《关于审理金融资产管理公司收购、管理、处置国有银行不良贷款形成的资产的案件适用法律若干问题的规定》、《关于贯彻执行最高人民法院"十二条"司法解释有关问题的函的答复》、《关于金融资产管理公司收购、管理、处置银行不良资产有关问题的补充通知》和《关于国有金融资产管理公司处置国有商业银行不良资产案件交纳诉讼费用的通知》。受让人受让不良债权后再行转让的,不适用上述规定,但受让人为相关地方人民政府或者代表本级人民政府履行出资人职责的机构、部门或者持有国有企业债务人国有资本的集团公司除外。

国有银行或者金融资产管理公司根据《关于贯彻执行最高人民法院"十二条"司法解释有关问题的函的答复》的规定,在全国或省级有影响的报纸上发布有催收内容的债权转让通知或公告的,该公告或通知之日应为诉讼时效的实际中断日,新的诉讼时效应自此起算。上述公告或者通知对保证合同诉讼时效发生同等效力。

十二、关于《纪要》的适用范围

会议认为,在《纪要》中,国有银行包括国有独资商业银行、国有控股商业银行以及国有政策性银行;金融资产管理公司包括华融、长城、东方和信达等金融资产管理公司和资产管理公司通过组建或参股等方式成立的资产处置联合体。国有企业债务人包括国有独资和国有控股的企业法人。受让人是指非金融资产管理公司法人、自然人。不良债权转让包括金融资产管理公司政策性和商业性不良债权的转让。政策性不良债权是指1999年、2000年上述四家金融资产管理公司在国家统一安排下通过再贷款或者财政担保的商业票据形式支付收购成本从中国银行、中国农业银行、中国建设银行、中国工商银行以及国家开发银行收购的不良债权;商业性不良债权是指2004年至2005年上述四家金融资产管理公司在政府主管部门主导下从交通银行、中国银行、中国建设银行和中国工商银行收购的不良债权。

《纪要》的内容和精神仅适用于在《纪要》发布之后尚在一审或者二审阶段的涉及最初转让方为国有银行、金融资产管理公司通过债权转让方式处置不良资产形成的相关案件。人民法院依照审判监督程序决定再审的案件,不适用《纪要》。

会议还认为,鉴于此类纠纷案件具有较强政策性,人民法院在案件审理过程中,遇到难度大、涉及面广或者涉及社会稳定的案件,要紧紧依靠党委领导,自觉接受人大监督,必要时也可以请示上级人民法院。在不良债权处置工作中发现违规现象的,要及时与财政、金融监管部门联系或者向金融监管部门提出司法建议;对存在经济犯罪嫌疑、发现犯罪线索的,要及时向有关侦查机关移送案件或者案件线索。上级人民法院要加强审理此类纠纷案件的监督指导,及时总结审判经验,发布案件指导,依法妥善公正地审理好此类案件。

最高人民法院印发《关于人民法院为防范化解金融风险和推进金融改革发展提供司法保障的指导意见》的通知

- 2012年2月10日
- 法发〔2012〕3号

各省、自治区、直辖市高级人民法院,解放军军事法院,新疆维吾尔自治区高级人民法院生产建设兵团分院:

现将最高人民法院《关于人民法院为防范化解金融风险和推进金融改革发展提供司法保障的指导意见》印发给你们,请认真贯彻执行。

最高人民法院关于人民法院为防范化解金融风险和推进金融改革发展提供司法保障的指导意见

随着经济发展方式转变和结构调整,我国经济社会发展对金融改革和发展提出了更高的要求。国际金融危机使世界经济金融格局发生深刻变化,我国经济和金融开放程度不断提高,金融风险隐患也在积聚。中央经济工作会议和第四次全国金融工作会议提出了今后一个时期我国金融工作的总体要求,突出强调要显著增强我国金融业综合实力、国际竞争力和抗风险能力,全面推动金融改革、开放和发展。规范金融秩序,防范金融风险,推动金融改革,支持金融创新,维护金融安全,不仅是今后一个时期金融改革发展的主要任务,也是人民法院为国家全面推进金融改革发展提供司法保障的重要方面。各级人民法院要充分认识为防范化解金融风险和推进金融改革发展提供司法保障的重要性和紧迫性,充分发挥审判职能作用,深化能动司法,把握好"稳中求进"的工作总基调,为全面推进金融改革发展,保障实体经济平稳健康发展提供有力的司法保障。

一、制裁金融违法犯罪,积极防范化解金融风险

金融风险突发性强、波及面广、危害性大,积极防范化解金融风险是金融工作的生命线。各级人民法院必须充分认识当前国际金融局势的复杂性以及国内金融领域的突出问题和潜在风险,通过审判工作严厉打击金融犯罪活动,制裁金融违法行为,防范化解金融风险,保障国家金融改革发展任务的顺利进行。

1. 依法惩治金融犯罪活动。各级人民法院要充分发挥刑事审判职能,依法惩治金融领域的犯罪行为。要依法审理贷款、票据、信用证、信用卡、有价证券、保险合同方面的金融诈骗案件,加大对操纵市场、欺诈上市、内幕交易、虚假披露等行为的刑事打击力度,切实维护金融秩序。要通过对非法集资案件的审判,依法惩治集资诈骗、非法吸收或变相吸收公众存款、传销等经济犯罪行为,以及插手民间借贷金融活动的黑社会性质组织犯罪及其他暴力性犯罪,维护金融秩序和人民群众的财产安全。要依法审判洗钱、伪造货币、贩运伪造的货币、逃汇套汇、伪造变造金融凭证等刑事案件,努力挽回经济损失。

2. 依法制裁金融违法行为。各级人民法院在审理金融民商事纠纷案件中,要注意其中的高利贷、非法集资、非法借贷拆借、非法外汇买卖、非法典当、非法发行证券等金融违法行为;发现犯罪线索的,依法及时移送有关侦查机关。对于可能影响社会稳定的金融纠纷案件,要及时与政府和有关部门沟通协调,积极配合做好处理突发事件的预案,防范少数不法人员煽动、组织群体性和突发性事件而引发新的社会矛盾。

3. 支持清理整顿交易场所。各级人民法院要根据国务院《关于清理整顿各类交易场所切实防范金融风险的决定》(国发[2011]38号)精神,高度重视各类交易场所违法交易活动中蕴藏的金融风险,对于"清理整顿各类交易场所部际联席会议"所提出的工作部署和政策界限,要予以充分尊重,积极支持政府部门推进清理整顿交易场所和规范金融市场秩序的工作。要审慎受理和审理相关纠纷案件,防范系统性和区域性金融风险,维护社会稳定。

4. 切实防范系统金融风险。各级人民法院要妥善审理因民间借贷、企业资金链断裂、中小企业倒闭、证券市场操纵和虚假披露等引发的纠纷案件,发现有引发全局性、系统性风险可能的,及时向公安、检察、金融监管、工商等部门通报情况。要正确适用司法强制措施,与政府相关部门一道统筹协调相关案件的处理,防止金融风险扩散蔓延。要加强对融资性担保公司、典当行、小额贷款公司、理财咨询公司等市场主体融资交易的调研和妥善审理相关纠纷案件,规范融资担保和典当等融资行为,切实防范融资担保风险向金融风险的转化。要依法审理地方政府举债融资活动中出现的违规担保纠纷,依法规范借贷和担保各方行为,避免财政金融风险传递波及。要加强与银行、证券、保险等金融监管部门的协调配合,确有必要时,可建立相应的金融风险防范协同联动机制。

二、依法规范金融秩序,推动金融市场协调发展

金融市场的稳定运行和健康发展,直接关涉金融秩序和社会政治的稳定。各级人民法院要通过切实有效地开展好各类金融案件的审判工作,促进多层次金融市场体系建设,维护金融市场秩序,推动金融市场全面协调发展。

5. 保障信贷市场规范健康发展。各级人民法院要根据《最高人民法院关于依法妥善审理民间借贷纠纷案件,促进经济发展维护社会稳定的通知》的精神,妥善审理民间借贷等金融案件,保障民间借贷对正规金融的积极补充作用。要依法认定民间借贷合同的效力,保护合法的民间借贷法律关系,提高资金使用效率,推动中小微企业"融资难、融资贵"问题的解决。要依法保护合法的借贷利息,遏制民间融资中的高利贷化和投机化倾向,规范和引导民间融资健康发展。要高度重视和妥善审理涉及地下钱庄纠纷案件,严厉制裁地下钱庄违法行为,遏制资金游离于金融监管之外,维护安全稳定的信贷市场秩序。

6. 保障证券期货市场稳定发展。各级人民法院要从保护证券期货市场投资人合法权益、维护市场公开公平公正的交易秩序出发,积极研究和妥善审理因证券机构、上市公司、投资机构内幕交易、操纵市场、欺诈上市、虚假披露等违法违规行为引发的民商事纠纷案件,消除危害我国证券期货市场秩序和社会稳定的严重隐患。要妥善审理公司股票债券交易纠纷、国债交易纠纷、企业债券发行纠纷、证券代销和包销协议纠纷、证券回购合同纠纷、期货纠纷、上市公司收购纠纷等,保障证券期货等交易的安全进行。

7. 依法保障保险市场健康发展。各级人民法院要妥善审理因销售误导和理赔等引发的保险纠纷案件,规范保险市场秩序,推动保险服务水平的提高。要在保险合同纠纷案件审理中,注意协调依法保护投保人利益和平等保护市场各类主体、尊重保险的精算基础和保护特定被保险人利益、维护安全交易秩序和尊重便捷保险交易规则、防范道德风险和鼓励保险产品创新等多种关系,要积极支持保险行业协会等调处各类保险纠纷,维护保险业对经济社会发展的"助推器"和"稳定器"功能,促进保险业的健康持续发展。

8. 促进金融中介机构规范发展。各级人民法院在金融纠纷案件审理过程中,发现中介机构存在不实披露或不合理估价等违法违规情形的,应当及时向金融监管部门通报相关情况,提高中介机构信息披露的透明度,加大会计机构对复杂金融产品信息的披露,强化中介机构对金融产品的合理估价。要妥善审理违法违规提供金融中介服务的纠纷案件,正确认定投资咨询机构、保荐机构、信用评级机构、保险公估机构、财务顾问、会计师事务所、律师事务所等中介机构的民事责任,努力推动各类投资中介机构规范健康发展。

9. 完善金融企业市场退出机制。各级人民法院要妥善审理金融企业的重整和破产案件,规范金融企业和投资者的行为,建立合理的金融企业市场退出机制,维护金融市场稳健运行,夯实金融市场规范发展的基础,为金融企业破产立法奠定扎实的实证基础。要以优化证券市场优胜劣汰机制为导向,根据国家关于稳步推进上市公司退市制度改革的部署,加强对上市公司破产案件的受理和审理的调研工作,不断提高审判能力,最大限度地保障投资者合法权益,保障上市公司破产重整过程规范有序,促进证券市场法制环境的不断优化。

三、依法保障金融债权,努力维护国家金融安全

金融安全关乎国家安全和社会和谐稳定。保障金融债权的实现程度,是衡量金融安全水平的重要因素。各级人民法院要自觉服从和服务于国家经济发展的大局,依法支持金融监管机构有效行使管理职能,担负起保护金融债权、维护国家金融安全的职责。

10. 妥善审理金融不良债权案件。金融不良债权的处置事关国家利益和金融改革,各级人民法院要继续按照《关于审理涉及金融资产管理公司收购、管理、处置国有银行不良贷款形成的案件适用法律若干问题的规定》和《关于审理涉及金融不良债权转让案件工作座谈会纪要》等司法解释和司法政策的规定和精神审理相关案件,保障国家金融债权顺利清收,防止追偿诉讼成为少数违法者牟取暴利的工具,依法维护国有资产安全。

11. 依法制裁逃废金融债务行为。在审理金融纠纷案件中,要坚持标准,认真把关,坚决依法制止那些企图通过诉讼逃债、消债等规避法律的行为。对弄虚作假、乘机逃废债务的,要严格追究当事人和相关责任人的法律责任,维护信贷秩序和金融安全。针对一些企业改制、破产活动中所存在的"假改制,真逃债"、"假破产、真逃债"的现象,各级人民法院要在党委的领导下,密切配合各级政府部门,采取一系列积极有效的措施,依法加大对"逃废金融债务"行为的制裁,协

同构筑"金融安全区",最大限度地保障国有金融债权。

12. 继续加大金融案件执行力度。各级人民法院要在最高人民法院的指导和部署下,继续通过集中时间、集中力量、统一调度、强化力度等多种方式,有计划地开展金融案件专项执行活动。在必要时,要在各级党委领导下,各级政府支持下,通过执行联动机制,加大金融案件的执行力度,确保金融案件的顺利执行。要妥善运用诸如以资产使用权抵债、资产抵债返租、企业整体承包经营、债权转股权以及托管等执行方式,努力解决难以执行的金融纠纷案件。

四、依法保障金融改革,积极推进金融自主创新

随着金融改革的日益深入和金融创新的不断发展,金融改革和创新业务引发的纠纷案件显著增多,呈现出案件类型多样化、法律关系复杂化、利益主体多元化等特点。人民法院要妥善处理鼓励金融改革创新和防范化解金融风险之间的关系,依法保护各类金融主体的合法权益。

13. 妥善审理金融创新涉诉案件,推动金融产品创新。各级人民法院要关注和有效应对金融创新业务涉诉问题,加强对因股权出质、浮动抵押、保理、"银证通"清算、抵押贷款资产证券化信托、黄金期货交易委托理财、代客境外理财产品(QDII)、外汇贷款利率、货币掉期合约、外汇汇率锁定合约、信用证议付、独立函等引发的新型案件的调研,上级人民法院要及时总结审判经验,加强对下级人民法院的审判指导。人民法院在审查金融创新产品合法性时,对于法律、行政法规没有规定或者规定不明确的,应当遵循商事交易的特点、理念和惯例,坚持维护社会公共利益原则,充分听取金融监管机构的意见,不宜以法律法规没有明确规定为由,简单否定金融创新成果的合法性,为金融创新活动提供必要的成长空间。

14. 妥善审理金融知识产权案件,保障金融自主创新。随着金融机构在金融创新领域中投入的不断加大,知识产权已经成为有效提升银行竞争力的重要手段。各级人民法院要加强对金融业务电子化和网络化进程中基础性金融技术知识产权的司法保护,加大对商业银行、保险公司、证券公司自主开放的软件和数据库的保护力度。要加强对知识产权担保、信托、保险、证券化等新情况、新问题的调研。在案件审理中注意金融法律和知识产权法律适用的衔接与协调,要通过对金融知识产权案件审理,切实保护金融知识产权人的合法权益,激励和保护金融创新,维护金融业公平竞争秩序。

15. 依法妥善运用各种司法措施,保护金融信息安全。各级人民法院要从防范系统性金融风险和保障国家金融安全的高度,认识依法保护金融信息安全的重要性和紧迫性,妥善运用各种司法措施,保障国家金融网络安全和金融信息安全。要依法打击攻击金融网络、盗取金融信息、危害金融安全的违法犯罪行为,依法审理金融电子化产品运用中引发的侵害金融债权纠纷案件,保护金融债权人合法的财产和信息安全,维护国家金融网络安全和信息安全。

五、深化能动司法理念,全面提升金融审判水平

化解金融纠纷的创新性和前沿性,要求人民法院必须大力开展调查研究,发挥司法建议功能,延伸能动司法效果,构建专业审判机制,拓展金融解纷资源,不断提高金融审判水平。

16. 发挥司法建议功能,延伸能动司法效果。各级人民法院要关注金融纠纷的市场和法律风险,加强各种信息的搜集、分析、研判,充分发挥司法建议的预警作用。要通过对审理案件过程中发现的问题,有针对性地提出对策建议,有效帮助金融机构完善产品设计。要通过行政审判,探索符合金融领域规律的审查标准和方式,促进政府依法行政和有效防范化解金融风险。要充分发挥金融商事审判的延伸服务功能,对金融机构自身管理方面存在的缺陷,要及时发现,及时反馈,为金融监管部门和金融机构查堵漏洞、防范风险提出司法建议。

17. 加强监督指导工作,回应金融案件审判需求。各级人民法院要在审判工作中密切关注因金融改革和创新而出现的各种新情况和新问题,深入开展前瞻性调查研究,及时总结审判经验。要发挥指导性案例以及其他典型案例的规范指引作用,通过多种信息披露形式展示指导性案例和其他典型案例的处理模式和思路,引导金融市场主体预防避免类似金融纠纷。最高人民法院将加紧制定物权法担保物权、保险法、融资租赁、证券市场虚假陈述、质押式国债回购、票据贴现回购、国家资本金、银行卡以及利息裁判标准等方面的司法解释和指导意见,以有效回应金融审判实践的需求。

18. 构建专业审判机制,拓展金融解纷资源。各级人民法院要积极培育和利用专业资源,探索构建高效的专业审判模式。要大力培养专家型法官,加强与专业研究机构、高校的合作与资源共享,努力打造金融专家法官队伍。要针对金融案件专业性强的特点,积极借助外部智力资源,建立专家咨询、专家研讨机制,努力提高金融案件审判的专业化水平。要尝试专家陪审机制,通过聘请金融法律专家作为专家陪审员,充分发挥金融专业人士在专业性强、案件类型新、社会影响大的金融案件审判中的作用。

19. 探索集中审理制度,完善统一协调机制。对于众多债权人向同一金融机构集中提起的系列诉讼案件、金融机构破产案件、集团诉讼案件、群体性案件等,可能引发区域性或系统性金融风险和存在影响社会和谐稳定因素的特殊类型民商事金融案件,相关的不同地区、不同审级法院之间应加强信息沟通,在上级法院的统一指导下探索集中受理、诉讼保全、集中协调、集中审理、集中判决、协调执行,以防范金融风险扩散,避免各地法院针对同一金融机构的同类案件出现裁判标准不统一,以及针对同一金融机构的多个案件在执行中出现矛盾和冲突的现象,依法平等保护各地债权人的合法权益。

20. 加强司法宣传工作,发挥审判导向作用。各级人民法院要加强金融法制宣传工作,及时通过召开新闻发布会、组织专题或系列报道等多种形式,教育和引导各类金融主体增强依法经营和风险防范意识,倡导守法诚信的金融市场风尚,努力营造公平规范有序的金融市场交易秩序。

我国金融发展已经处于一个新的历史起点,人民法院为防范化解金融风险和推进金融改革发展提供司法保障的范围之广阔、任务之艰巨,将大大超过以往任何时期。各级人民法院要把中央经济工作会议和第四次全国金融工作会议的精神,切实贯彻到金融案件的审判和执行实践中,进一步增强大局意识和风险意识,坚持"为大局服务,为人民司法"工作主题,践行社会主义法治理念,充分发挥审判职能作用,共同为防范化解金融风险,维护金融秩序稳定,推动金融市场协调发展,保障金融改革创新,保障国家金融安全做出新的更大的贡献。

◎ 请示答复

最高人民法院关于银行扣款侵权问题的复函

- 1990年2月23日
- 法(经)函〔1990〕8号

云南省高级人民法院:

你院经请字〔1989〕第2号《关于银行利用收贷名义,从其开办公司的债务人在银行开设的账户内强制划款应如何处理的请示报告》收悉。经研究,我院认为:

银行不应当为某一公司讨债而强行扣划债务人在银行的存款。中国工商银行北京市分行海淀区办事处假借收贷名义,要求中国银行昆明分行为其所开办的北京市海淀区工商银行银海服务公司,从云南富滇实业开发公司在中国银行昆明分行开设的账户内强行划款,归还北京市海淀区工商银行银海服务公司,属于侵权行为。

最高人民法院关于广东省连县工贸总公司诉怀化市工商银行侵权一案的复函

- 1990年7月19日
- 〔1989〕民他字第44号

湖南省高级人民法院:

你院湘法民请字〔1989〕第17号《关于广东省连县工贸总公司诉怀化市工商银行侵权一案的请示报告》收悉。经研究认为:广东省连县工贸总公司的预付货款被骗,在诈骗犯杨爱秀受刑事处罚并追回部分赃款后,该公司对造成货款被骗负有直接责任的湖南省怀化市农业银行榆树信用社和怀化市工商银行，均有权提起民事诉讼，并要求其承担相应的民事责任。怀化市工商局在本案鉴证工作中的错误，可建议行政部门追究有关人员的行政责任。

最高人民法院关于刘玉兰诉工商银行榆次市支行赔偿存款纠纷一案的复函

- 1990年8月28日
- 〔1990〕民他字第25号

山西省高级人民法院：

你院晋法民报字〔1990〕第2号《关于刘玉兰诉工商银行榆次市支行赔偿存款纠纷》一案的请示报告收悉。经研究认为，由于工商银行榆次市支行粮店街储蓄所违反《中国人民银行储蓄存款章程》和《中国工商银行储蓄会计出纳核算制度》中关于印鉴挂失和提前支取的有关规定，致使刘玉兰的1万余元存款（包含利息）被冒领，依照《民法通则》第一百零六条和第一百三十一条的规定，粮店街储蓄所对刘玉兰存款的损失应承担主要赔偿责任。刘玉兰对户口本、存单保管不善，丢失后，未及时发现、挂失，对造成存款损失亦有之，亦应承担一定责任。

此外，晋中地区中级法院〔1988〕法民裁初字第1号和第2号民事裁决定书对晋中地区电业局和工商银行榆次市分行罚款不当，应予撤销。

最高人民法院关于定边县塑料制品厂与中国工商银行咸阳市支行营业部侵权赔偿纠纷一案有关问题的复函

- 1990年12月30日
- 法（经）函〔1990〕103号

陕西省高级人民法院：

你院陕高法经申〔1990〕1号《关于定边县塑料制品厂与中国工商银行咸阳市支行营业部侵权赔偿纠纷一案有关问题的请示报告》收悉。经研究，答复如下：

一、中国工商银行咸阳市支行营业部支付汇款时未按照结算制度的规定严格审查，违反现金管理规定支付现金，并将属于陕西省定边县塑料制品厂的公款转入所谓的刘占斌私人储蓄，导致客户购货款被冒领，应当承担一定的赔偿责任。

二、陕西省定边县塑料制品厂由于工作疏忽，为冒领人获悉汇票详情提供了机会，这一点与购货款被冒领有关，故该厂也应承担一定责任。

你院可根据具体案情确定它们各自过错的大小，依法令其承担相应的民事责任。

此复。

最高人民法院经济审判庭关于对南宁市金龙车辆配件厂集资纠纷是否由人民法院受理问题的答复

- 1991年9月29日
- 法经〔1991〕121号

广西壮族自治区高级人民法院：

你院法经字〔1991〕第16号《关于南宁市金龙车辆配件厂集资纠纷是否由人民法院受理的请示报告》收悉，经研究，答复如下：

南宁市金龙车辆配件厂集资纠纷，已经南宁市人民政府调查组、自治区乡镇企业局和南宁市人民政府联合工作组的查处，历经四年，政府及主管部门已做了大量工作。在此情况下如果将此纠纷交法院处理，将会拖延时间，不利于及时解决。而且，集资纠纷案件不属于人民法院经济审判庭的收案范围。因此，该纠纷仍由有关人民政府及主管部门处理为妥。但是，如果集资人作为债权人坚持《民事诉讼法》中的"企业法人破产还债程序"向人民法院提出破产还债申请，或者南宁市金龙车辆配件厂作为债务人向人民法院申请宣告破产还债的，法院则应依法予以受理。

以上意见供参考。

最高人民法院关于金融机构不履行其义务是否应当承担责任问题的复函

- 1991年10月23日
- 法(经)函〔1991〕131号

江苏省高级人民法院:

你院苏法经上字〔1991〕第21号请示报告收悉。经研究,答复如下:

据你院报告称:江苏省盐城市生产资料公司与深圳市上博联合企业公司在签订购销化肥合同时,曾经要求上博公司提供担保。当上博公司的开户银行深圳发展银行发展大厦支行站前分理处向盐城市生产资料公司的开户行盐城市工商银行具函,证明上博公司"完全可以承担你们的业务项目",并承诺"你行款到我行后,由我行负责专款专用,并监督使用"后,盐城市生产资料公司才在合同上加盖了公章。汇票开出后,盐城市生产资料公司又派人向深圳发展银行站前分理处了解上博公司的情况,站前分理处主任承认该函为分理处所出,并表示对函的内容负责,盐城市生产资料公司才将盐城市工商银行开出的汇票交给上博公司,上博公司在入账时曾告知分理处负责人,该汇票系购买化肥款。据此,我们认为:深圳发展银行站前分理处虽未向盐城市生产资料公司作出担保合同履行或者承担连带责任的意思表示,但深圳发展银行站前分理处承诺对盐城市工商银行的汇款负责监督专款专用后,并未履行自己的义务,致使款到8日内被挪作他用。根据《民法通则》第一百零六条第一款关于"公民、法人违反合同或者不履行其他义务时,应当承担民事责任"的规定,深圳发展银行站前分理处应当承担与其过错相适应的责任。

最高人民法院关于汪小嫚诉工商银行长沙县支行赔偿案如何处理的复函

- 1993年5月3日
- 〔1992〕民他字第29号

湖南省高级人民法院:

你院(1992)湘法民申字第2号《关于汪小嫚诉工商银行长沙县支行赔偿存款一案的请示报告》收悉。经研究,我院同意你院审判委员会第一种意见,即由于长沙县支行在办理提前支取汪小嫚存款时,没有按规定核对取款人的身份证件,该行应当对由此造成的损失负全部赔偿责任。

此复。

最高人民法院对《关于贯彻执行最高人民法院"十二条"司法解释有关问题的函》的答复

- 2002年1月7日
- 法函〔2002〕3号

信达、华融、长城、东方资产管理公司:

你们于2001年10月15日发出的"信总报〔2001〕64号"关于贯彻执行最高人民法院"十二条"司法解释有关问题的函收悉。经研究,现就函中所提出问题答复如下:

依据我院《关于审理涉及金融资产管理公司收购、管理、处置国有银行不良贷款形成的资产的案件适用法律若干问题的规定》(以下简称《规定》)第十条规定,为了最大限度地保全国有资产,金融资产管理公司在全国或省级有影响的报纸上发布的有催收内容的债权转让公告或通知所构成的诉讼时效中断,可以溯及至金融资产管理公司受让原债权银行债权之日;金融资产管理公司对已承接的债权,可以在上述报纸上以发布催收公告的方式取得诉讼时效中断(主张权利)的证据。关于涉及资产管理公司清收不良资产的诉讼案件,其"管辖问题"应按《规定》执行。

最高人民法院关于吉林市商业银行营业部与交通银行吉林分行船营支行长春路分理处存单质押纠纷一案请示的答复

- 2003年1月4日
- 〔2003〕民二他字第21号

吉林省高级人民法院:

你院2002年11月22日〔2002〕吉高法民三请字第1号《关于上诉人吉林市商业银行营业部与被上诉人交通银行吉林分行船营支行长春路分理处存单纠纷一案的请示报告》,我院于2003年6月2日收悉。根据你院二审认定的事实,经研究,答复如下:

吉林市商业银行营业部(以下简称商业银行)因为贷出款项,并通过存单质押而取得了交通银行吉林分行船营支行长春路分理处(以下简称交通银行)出具的存单。依照本院《关于审理存单纠纷案件的若干规定》第一条第(一)款的规定,本案商业银行以存单质押请求兑付而起诉,应属存单纠纷案件。商业银行在接受出质存单后向交通银行进行了核押,依照上述司法解释第八条第三款的规定,质押合同有效,交通银行应承担本案所涉存单的兑付责任。但应以该存单质押的债权为限。

此复。

最高人民法院关于人民法院是否受理金融资产管理公司与国有商业银行就政策性金融资产转让协议发生的纠纷问题的答复

- 2005年6月17日
- 〔2004〕民二他字第25号

湖北省高级人民法院:

你院鄂高法〔2004〕378号《关于中国农业银行武汉市汉口支行与中国长城资产管理公司武汉办事处债权转让合同纠纷上诉案法律适用问题的请示》收悉。经研究,答复如下:

金融资产管理公司接收国有商业银行的不良资产是国家根据有关政策实施的,具有政府指令划转国有资产的性质。金融资产管理公司与国有商业银行就政策性金融资产转让协议发生纠纷起诉到人民法院的,人民法院不予受理。同意你院审判委员会第二种意见。

此复。

◎ 指导案例

1. 王永胜诉中国银行股份有限公司南京河西支行储蓄存款合同纠纷案[①]

【裁判摘要】

犯罪分子利用商业银行对其自助柜员机管理、维护上的疏漏,通过在自助银行网点门口刷卡处安装读卡器、在柜员机上部安装摄像装置的方式,窃取储户借记卡的卡号、信息及密码,复制假的借记卡,将储户借记卡账户内的钱款支取、消费的,应当认定商业银行没有为在其自助柜员机办理交易的储户提供必要的安全、保密的环境,构成违约。储户诉讼请求商业银行按照储蓄存款合同承担支付责任,商业银行以储户借记卡内的资金短少是由于犯罪行为所致,不应由其承担民事责任为由进行抗辩的,对其抗辩主张人民法院不予支持。

【案情】

原告:王永胜。

被告:中国银行股份有限公司南京河西支行。

负责人:逄南宁,该支行行长。

原告王永胜因与被告中国银行股份有限公司南京河西支行(以下简称中行河西支行)发生

[①] 案例来源:《最高人民法院公报》2009年第2期。

储蓄存款合同纠纷,向江苏省南京市鼓楼区人民法院提起诉讼。

原告王永胜诉称:2007年10月9日,原告在被告中行河西支行处申领中行借记卡一张,卡号为6013821200011990595。2007年12月2日晚,原告到中国银行(以下简称中行)下关热河南路分理处自助银行柜员机(ATM)上取款5000元,并查询存款余额为463942.2元。2007年12月5日下午,原告在中行江宁分理处准备取款10000元时,被柜台营业员告知卡内余额为2800余元。当晚原告再次查询,发现卡内又少了2000元。原告当即向南京市公安局鼓楼分局(以下简称鼓楼公安分局)报案。经公安机关侦查,查明有3名男子在中行下关热河南路分理处自助银行的自动门上安装了存储式读卡装置,并在取款机上安装了探头,籍此获取了原告借记卡的密码及信息资料,然后复制两张伪卡在北京、江西等地取款或消费463942.2元。后犯罪分子之一、案外人汤海仁被公安机关抓获,并被南京市鼓楼区人民法院以(2008)鼓刑初字第241号刑事判决书认定犯信用卡诈骗罪,判处有期徒刑十年六个月,并处罚金人民币100000元,该刑事判决已发生法律效力。上述事件发生后,原告多次与中行南京下关支行(以下简称中行下关支行)交涉。2008年1月24日原告与中行下关支行达成协议,由中行下关支行先行借给原告232000元用于发放部分民工工资,待问题查明后再进一步解决。原告与被告之间存在储蓄存款合同关系,被告有义务保护原告的资金安全。由于被告对自助柜员机的安全管理存在漏洞,给犯罪分子留下可乘之机,导致原告卡内存款463942.2元被犯罪分子用伪造的借记卡取走或消费,对此原告并无过失。请求判令被告按照双方签订的储蓄存款合同支付原告款463942.2元,以及上述款项自2007年12月4日至实际支付之日止的利息。

原告王永胜提供以下证据:

1. 南京市鼓楼区人民法院(2008)鼓刑初字第241号刑事判决书一份,用以证明犯罪分子汤海仁因犯信用卡诈骗罪,被依法判处有期徒刑十年六个月,并处罚金人民币100000元的事实;

2. 6013821200011990595号借记卡交易清单一份,用以证明涉案借记卡账户交易情况;

3. 2008年1月24日原告与中行下关支行达成的协议一份,用以证明中行下关支行先行借给原告232000元用于支付民工工资的事实。

被告中行河西支行辩称:首先,南京市鼓楼区人民法院(2008)鼓刑初字第241号刑事判决书确认犯罪金额为428709.50元,对在北京从涉案借记卡账户中分14笔支取的35140元未予认定,该14笔款项不排除原告王永胜自行支取的可能,被告只认可刑事判决所认定的犯罪金额。其次,原告借记卡内的资金短少是由于犯罪行为所致,对于犯罪行为给原告造成的资金损失,被告不应承担民事责任。被告在为原告提供服务的过程中严格遵守监管部门的相关规定,所设自助银行网点均有符合规范的安全防范设施,被告亦通过多种形式提醒储户妥善保管借记卡密码。原告借记卡账户内的存款被盗,是因原告没有妥善保管密码,原告自身具有过错。综上,请求法院在查明事实的基础上依法判决。

被告中行河西支行提交以下证据:

1. 南京市公安局2007年12月24日颁发的安全防范设施合格证一份,中行向储户公示的取款机操作指南、柜员机界面提示的内容,用以证明被告履行了保护储户存款安全的义务;

2. 借记卡业务登记表(附管理协议书及章程),用以证明原告王永胜办理借记卡的具体情况,以及被告已经合理提示"持卡人应妥善保管密码,因密码泄露而造成的风险及损失由持卡人本人承担"的事实;

3. 银行对账单、交易明细表各一份,用以证明涉案借记卡账户的交易情况;

4. 中行下关支行向人民法院出具的申请书一份,用以证明中行下关支行同意其出借给王永胜的232000元作为中行河西支行的出借款在本案中予以抵扣。

南京市鼓楼区人民法院依法调取了以下证据:

1. 鼓楼公安分局对案外人汤海仁、原告王永胜的询问笔录,用以证明汤海仁等人通过安装读卡器、具备摄像功能的MP4等方式,窃得原告涉案借记卡信息及密码后复制两张假卡提取或消费的事实;

2. 中行北京天缘公寓支行的交易明细

表，用以证明卡号为6013821200011990595的借记卡于2007年12月3日22时22分9秒至2007年12月4日0时33分53秒期间在北京天缘公寓支行所管理的自助银行柜员机上14次取款35000元，发生异地取款手续费140元的事实。

南京市鼓楼区人民法院依法组织了质证。被告中行河西支行对原告王永胜提供的证据1、2、3的真实性均无异议，但认为上述证据均与被告应否承担民事责任没有关联性。原告对被告提供的证据1、2、3、4的真实性均无异议，但认为证据1、2不能证明中行提供的自助银行交易场所能够保障储户的资金安全。南京市鼓楼区人民法院经质证，对原、被告提供证据的真实性均予以认定。

南京市鼓楼区人民法院经审理查明：

2007年10月9日，原告王永胜在被告中行河西支行办理长城电子借记卡（以下简称借记卡）一张，卡号为6013821200011990595。该借记卡为无存折卡，王永胜在业务登记表中进行了签名，业务登记表背面附有管理协议书及借记卡章程，载有"持卡人应妥善保管密码，因密码泄露而造成的风险与损失由持卡人本人承担"的内容。

2007年12月2日晚，案外人汤海仁等五人到中行热河南路支行的自助银行网点，在门口刷卡处安装读卡器，在柜员机上部安装了具备摄像功能的MP4。当日19时5分，原告王永胜持借记卡在该自助银行柜员机取款5000元。汤海仁等遂窃取到了原告借记卡的卡号、信息及密码，并据此复制两张假银行卡。2007年12月3日，汤海仁等三人持其中一张卡到南昌，其余两人持另一张卡到北京，分别实施信用卡诈骗犯罪行为。

2007年12月6日，王永胜发现其借记卡内存款短少后，即到中行下关支行打印交易明细并向鼓楼公安分局报案。鼓楼公安分局立案后，于2008年1月11日将案外人汤海仁抓获并于当天对其实施刑事拘留。2008年5月22日，南京市鼓楼区检察院以汤海仁犯信用卡诈骗罪向南京市鼓楼区人民法院提起公诉。法院经审理认定，2007年12月4日、5日，汤海仁等人以复制的银行卡在南昌、余干等地刷卡消费及取款合计428709.50元。据此，南京市鼓楼区人民法院于2008年6月5日作出（2008）鼓刑初字第241号刑事判决书，判决汤海仁犯信用卡诈骗罪，判处有期徒刑十年六个月，并处罚金人民币100000元。该刑事判决已发生法律效力。

此外，中行河西支行提供的查询明细显示：卡号为6013821200011990595的借记卡于2007年12月3日在中行江宁大市口支行柜面被取款50000元，于当日19时58分在中行光华路自助银行柜员机被取款5000元。原告王永胜认可该两次取款均系其本人支取。南京市鼓楼区人民法院依法调取的2007年12月22日中行北京天缘公寓支行提供的交易明细显示：卡号为6013821200011990595的借记卡于2007年12月3日22时22分9秒至2007年12月4日0时33分53秒期间在该支行所管理的自助银行柜员机上14次取款35000元，发生异地取款手续费140元。上述14笔交易所涉35140元在（2008）鼓刑初字第241号刑事判决书中未被确认为案外人汤海仁的犯罪金额。

2008年1月24日，原告王永胜与中行下关支行签订一份协议，约定：中行下关支行先借给原告232000元帮助原告解决发放民工工资的问题，如原告对中行下关支行提起民事诉讼且法院判决中行下关支行对原告赔偿，则中行下关支行有权以协议项下对原告的债权进行抵偿。协议签订当日，中行下关支行即支付原告232000元。本案审理中，中行下关支行出具申请一份，同意其出借给原告的232000元作为被告中行河西支行的出借款在本案中予以抵扣。2008年3月12日，原告以中行下关支行为被告向南京市下关区人民法院提起诉讼，同年4月30日，南京市下关区人民法院裁定该案中止审理，同年6月5日，南京市鼓楼区人民法院就信用卡诈骗案作出刑事判决。后原告考虑到诉讼主体资格的问题，向南京市下关区人民法院撤回起诉，并以中行河西支行为被告向南京市鼓楼区人民法院提起本案诉讼。

【审判】

南京市鼓楼区人民法院依法主持了调解，因意见分歧较大，双方当事人未能达成调解合意。

本案的争议焦点是：犯罪分子通过在自助银行网点门口刷卡处安装读卡器、在柜员机上部安装摄像装置的方式，窃取原告王永胜借记卡的卡号、信息及密码，复制假的银行卡，将借记卡账户内的钱款支取、消费的事实发生后，与原告建立储蓄存款合同的被告中行河西支行应否对前述被犯罪分子支取及消费的款项承担支付责任。

南京市鼓楼区人民法院认为：

原告王永胜在被告中行河西支行办理了无存折借记卡，即与中行河西支行建立了储蓄合同关系。根据储蓄合同的性质，中行河西支行负有按照原告的指示，将存款支付给原告或者原告指定的代理人，并保证原告借记卡内存款安全的义务。《中华人民共和国商业银行法》（以下简称商业银行法）第二十九条第一款规定：＂商业银行办理个人储蓄存款业务，应当遵循存款自愿、取款自由、存款有息、为存款人保密的原则。＂为存款人保密，保障存款人的合法权益不受任何单位和个人的侵犯，是商业银行的法定义务。商业银行的保密义务不仅是指银行对储户已经提供的个人信息保密，也包括为到银行办理交易的储户提供必要的安全、保密的环境。商业银行设置自助银行柜员机，是一项既能方便储户取款，又能提高自身工作效率并增加市场竞争力的重要举措，银行亦能从中获取经营收益。对自助银行柜员机进行日常维护、管理，为在自助银行柜员机办理交易的储户提供必要的安全、保密环境，也是银行安全、保密义务的一项重要内容。这项义务应当由设置自助银行柜员机的银行承担。根据本案查明的事实，案外人汤海仁等五人通过在中行热河南路支行自助银行网点门口刷卡处安装读卡器、在柜员机上部安装具有摄像功能的MP4的方式，窃取了王永胜借记卡的卡号、信息及密码，复制了假的银行卡，并从原告借记卡账户内支取、消费428709.50元。上述事实说明，涉案中行热河南路支行自助银行柜员机存在重大安全漏洞。由于具备专业知识的银行工作人员对自助银行柜员机疏于管理、维护，未能及时检查、清理，没有及时发现、拆除犯罪分子安装的读卡器及摄像装置，致使自助银行柜员机反而成了隐藏犯罪分子作案工具的处所，给储户造成安全隐患，为犯罪留下可乘之机。综上，原告借记卡密码被犯罪分子所窃取，是银行未能履行其为储户提供必要的安全、保密环境的义务所致。

被告中行河西支行认为，被告与原告王永胜在借记卡管理协议书及章程中已经约定＂持卡人应妥善保管密码，因密码泄露而造成的风险及损失由持卡人本人承担＂。本案中，原告借记卡的存款被盗是因原告没有妥善保管密码所致，原告自身具有过错。因此，涉案借记卡的资金损失应由持卡人即原告本人承担。对此法院认为，原、被告双方在借记卡管理协议书及章程中的约定，应当是指在银行为持卡人提供了必要的安全、保密条件的情况下，完全由于持卡人自己的过失使借记卡遗失或密码失窃造成的风险及损失，由持卡人本人自行承担。而本案中原告借记卡失密，是银行违反安全保密义务所致。储户大多缺乏专业知识，在使用自助柜员机进行交易时，难以辨别门禁识别装置是否正常，是否安装了其他不明识别器，也难以发现柜员机上方是否安装了非法摄像装置。银行无权单方面增加储户的义务。银行未对自助柜员机进行必要的维护、未能给储户提供安全、保密的环境，导致持卡人借记卡密码泄漏，并且在借记卡还在储户本人手中的情况下，未能准确识别被犯罪分子复制的假卡，最终导致储户借记卡账户内的资金被犯罪分子骗走，又错误解释借记卡管理协议书及章程约定的含义，主张风险一律由持卡人本人承担，没有法律依据，不予支持。

被告中行河西支行认为，原告王永胜借记卡内的资金短少是由于犯罪行为所致，对犯罪行为给原告造成的资金损失，被告不应承担民事责任。对此法院认为，首先，信用卡诈骗罪是指以非法占有为目的，违反信用卡管理法规，利用信用卡进行诈骗活动，骗取数额较大的财物的行为。根据本案查明的事实，案外人汤海仁等人利用被告未尽保管义务、对自助银行柜员机疏于管理的安全漏洞，窃得原告借记卡的密码，而后使用复制的假卡进行支取和消费。银行未能准确地识别该复制的假卡，从而将原告借记卡账户中的存款错误地交付给假卡持有人。因此，在真借记卡尚由原告持有的情况下，汤海仁等人的行为并非直接侵害了原告的财产所有权,而是侵犯了银行的财产所有权。原告与被告建立的储蓄合同关系合法有效,双方的债权债务关系仍然存在。被告认为原告借记卡内的资金短少属于犯罪行为给原告造成的资金损失,被告不应承担民事责任的主张,没有事实根据和法律依据,不予支持。

其次,商业银行法第33条规定:"商业银行应当保证存款本金和利息的支付,不得拖延、拒绝支付存款本金和利息。"该条规定了商业银行的保证支付义务,被告错误的将原告借记卡账户内的存款交付给假卡持有人,未适当完成自己的支付义务,故原告要求中行河西支行支付相应存款及相应利息的主张合法,应予以支持。

被告中行河西支行认为,南京市鼓楼区人民法院(2008)鼓刑初字第241号刑事判决书中确认犯罪金额为428709.50元,对涉案借记卡账户在北京被支取的35140元未予认定,该款项不排除原告王永胜自行支取的可能,被告只认可刑事判决中所认定的犯罪金额。对此法院认为,首先,前述35140元款项在(2008)鼓刑初字第241号刑事判决书中未被确认为案外人汤海仁的犯罪金额,但并不能证明被告所称的系原告自行支取的主张。其次,根据鼓楼公安分局对案外人汤海仁的询问笔录,汤海仁等人2007年12月2日晚复制原告的借记卡后即离开南京到江西南昌、余干和北京等地,这说明2007年12月3日晚19时58分在中行南京光华路自助柜员机从涉案借记卡账户中支取的5000元并非汤海仁等人利用复制的假银行卡所支取,原告亦认可其于2007年12月3日晚19时58分在光华路自助柜员机取款5000元的事实。这一事实同时证明2007年12月3日晚8时左右原告尚在南京市区。中行北京天缘公寓支行提供的交易明细所显示的前述35140元被支取的时间为2007年12月3日晚22时22分9秒至2007年12月4日凌晨0时33分53秒,这个时间段离原告在光华路自助柜员机取款的时间不足两个半小时。根据常理推断,在如此短的时间内,原告不可能从南京到北京取款。因此,中行河西支行不能证明该35140元系按原告的指示予以支取,仍应就35140元向

王永胜承担给付责任。

中行下关支行基于原告王永胜借记卡内存款被犯罪分子所支取及消费的事实,于2008年1月24日出借给原告232000元,现其同意在本案中作为被告中行河西支行的出借款予以抵扣,符合双方签订协议的真实意思,中行河西支行与原告在庭审中亦予以认可,对此予以准许。

综上,原告王永胜借记卡账户内资金短少系因被告中行河西支行未履行其应尽的安全、保密义务所致,原告要求中行河西支行支付存款及相应利息的诉讼请求予以支持,但应扣除中行下关支行已出借的232000元。据此,南京市鼓楼区人民法院于2008年11月26日判决:

被告中行河西支行于本判决生效之日起十日内一次性支付原告王永胜存款人民币231849.2元及相应利息。

一审宣判后,双方当事人在法定期限内均未提出上诉,一审判决已经发生法律效力。

2. 沈阳银胜天成投资管理有限公司与中国华融资产管理公司沈阳办事处债权转让合同纠纷案[①]

【裁判摘要】

一、金融资产管理公司收购和处置银行不良金融债权,具有较强的政策性。银行不良金融债权的转让,不能完全等同于一般民事主体之间的债权转让行为,具有高风险、高收益的特点,与等价交换的市场规律有较为明显的区别。不良债权交易的实物资产,不是一般资产买卖关系,而主要是一种风险与收益的转移。

二、银行不良金融债权以资产包形式整体出售转让的,资产包内各不良金融债权的可回收比例各不相同,而资产包一旦形成,即具有不可分割性。因此,资产包整体买进后,如需解除合同,也必须整体解除,将资产包整体返还。银行不良金融债权的受让人在将资产包中相对优质的债权变卖获益后,又通过诉讼请求部分解除合同,将资产

[①] 案例来源:《最高人民法院公报》2010年第5期。

包中其他债权返还的,人民法院不予支持。

三、不良金融资产转让协议之目的是公平合规的完成债权及实物资产的顺利转让,在未对受让人是否能够清收债权及清收债权的比例作出承诺和规范的情况下,受让人以合同预期盈利目的不能实现为由提出解除合同的诉讼请求,人民法院不予支持。

【案情】

申请再审人(原审被告、二审上诉人):中国华融资产管理公司沈阳办事处。

负责人:祝晓军,该办事处总经理。

委托代理人:徐桂艳,该办事处职员。

委托代理人:贾圣囡,北京市北斗鼎铭律师事务所律师。

被申请人(原审原告、二审被上诉人):沈阳银盛天成投资管理有限公司。

法定代表人:傅才,该公司总经理。

委托代理人:包丽敏,辽宁华君律师事务所律师。

委托代理人:王黎黎,辽宁华君律师事务所律师。

申请再审人中国华融资产管理公司沈阳办事处因与被申请人沈阳银盛天成投资管理有限公司债权转让合同纠纷一案,不服辽宁省高级人民法院(2009)辽民二终字第86号民事判决,向本院申请再审。本院于2009年8月14日作出(2009)民申字第557号民事裁定,提审本案。本院依法组成由审判员叶小青担任审判长,审判员陈明焰、王闯参加的合议庭进行了审理。书记员张永妹担任记录。本案现已审理终结。

原审法院查明:2005年12月12日,辽宁华安拍卖有限公司在辽宁日报上发布出售鞍山、朝阳、锦州、阜新、营口、盘锦及葫芦岛等七个地区的资产包的拍卖公告。2005年12月27日,沈阳银盛天成投资管理有限公司(以下简称银盛天成公司)通过辽宁华安拍卖有限公司以拍卖方式从中国华融资产管理公司沈阳办事处(以下简称华融沈阳办)购得了鞍山、朝阳、锦州、阜新、盘锦及葫芦岛等七个地区的资产包并全额支付了拍卖价款7350万元。拍卖成交后,银盛天成公司与华融沈阳办签订《债权及实物资产转让协议》约定:"华融沈阳办将拥有所有权和处分权的阜新、鞍山、锦州、朝阳、盘锦、营口、葫芦岛等七个地区的资产包,包内资产总额约26亿元,包括金额约人民币24.8亿元的贷款债权及其从权利,其中本金11.45亿元,利息13.35亿元;实物资产13项,账面价值约1.335亿元转让给银盛天成公司,银盛天成公司一次性向华融沈阳办支付转让价款人民币7350万元。华融沈阳办收到银盛天成公司全部转让价款之日起30日内将收购档案和处置档案的现有材料全部移交完毕,将证明其对实物资产拥有处分权的文件交付给银盛天成公司,并制作实物资产交接清单,由双方在实物资产所在地共同填写实物资产交接单,即视为已履行了实物资产交付义务。自资产转移之日起,银盛天成公司承担与转让资产有关的一切风险、责任、损失和其他费用,包括但不限于资产转移日之前因不可归责于华融沈阳办方的事由导致或产生的转让资产的主从债务人破产、解散、清偿能力的降低或丧失主体资格,抵、质押物的毁损、灭失、被征用或收回,与转让资产有关的、任何应付未付的费用,所转让的主债权已过诉讼时效、担保债权中的担保人免责,实物资产实际数量(或面积)与转让数量(或面积)之差异。转让债权本金、表内利息、表外利息之和与本协议附件示列的金额不一致时,如超过金额或短少金额不超过转让标的总额的5%(含5%),双方均不再向对方主张权利;短少金额超过转让标的总额的5%,银盛天成公司有权要求同比例调减转让价款。银盛天成公司承诺并认可:华融沈阳办按现状拍卖实物资产,华融沈阳办对所拍卖的房产及土地使用权不负责腾迁场地,银盛天成公司自行负责腾迁场地并承担因此而发生的费用。银盛天成公司自行办理实物资产过户手续并承担资产过户所需交纳的税费,实物资产交付后,如出现资产的实际数量与质量与本协议附件不符(包括出现房产、土地使用权实际面积减少或机器设备数量减少的情形)华融沈阳办不承担违约责任。银盛天成公司确认:华融沈阳办已将拍卖标的有关情况向其作出了说明和解释,银盛天成公司在参加竞买前,充分考虑了拍卖标的存在或可能存在的影响债权行使或实现的法律和现实风险,银盛天成公司对此予以认可;为签订本协议,银盛天成公司已经对拍卖标的进行充分、全面的调查和必要的了解,对于受让后知悉的、不属于华融沈阳办在本协议项下明确保证并给予救济的拍卖标的中存在的瑕疵及由此造成的任何风险,银盛天成公司自愿承担;除本协议明确的救济方式外,银盛天成公司同意不向华融沈阳办主张任何其他权利。银盛天成公司受让债权后,如经法院或仲裁机构终审裁决认定华融沈阳办所转让的债权不存在,则华融沈阳办将该项债权的拍卖价款退还给银盛天成公司,但华融沈阳办无需支付该项拍卖价款的利息和相关拍卖费用。"此次转让具体包括771项债权资产及13项实物资产;协议签订后,银盛天成公司及时支付了全部拍卖价款,华融沈阳办也交付了771项债权资产的档案材料,在实物资产交接中,华融沈阳办将9户实物资产:盘山建筑材料企业集团总公司、鞍山市民族大厦、鞍山市百货公司、葫芦岛市燃料总公司第二公司、葫芦岛市五金交电化工公司、锦州汤河子商场、辽河油田康达机电产品销售处、盘锦拖拉机配件厂的档案材料交付给了银盛天成公司,其余4户实物资产的档案材料没有交付给银盛天成公司。对于实物资产,双方未按协议约定在实物资产所在地共同填写实物资产交接单。银盛天成公司于2006年2月5日将债权中的240户债权资产及3项实物资产转让给案外人沈阳天成项目投资管理有限公司(以下简称天成公司),转让价款为人民币4500万元。银盛天成公司现有的债权资产中存在以下问题:29户债权已经破产终结;24户债权处于破产程序中;债务人名称为鞍山民族大厦的债权已经辽宁省高级人民法院(2003)辽民二合终字第285号民事判决驳回华融沈阳办诉讼请求,华融沈阳办并未取得对鞍山民族大厦的债权;债务人名称为鞍山市药材公司、锦州经济技术开发区汽车维修中心、锦州高普皮革有限公司等3户债权业经华融沈阳办执行回款或回物,但华融沈阳办将未扣除已执行款项的全部债权转让给银盛天成公司;债务人名称为锦州汽车运输公司的债权业经华融沈阳办执行回款,华融沈阳办扣除已执行的90万元后将剩余债权转让给了银盛天成公司。关于实物资产部分:华融沈阳办转让的债务人为辽宁省盘山建筑材料企业(集团)总公司、葫芦岛起重机厂(土地使用人为葫芦岛市燃料总公司第二分公司)二户实物资产为国有划拨土地使用权;转让的盘锦拖拉机配件厂的土地、厂房由盘锦市中级人民院在2000年7月19日的(2000)盘中执字第81号裁定中以评估价格7327567.00元抵给给中国工商银行盘锦市分行,虽然中国工商银行盘锦市分行已于2000年5月26日将债权转让给华融沈阳办,但是由于华融沈阳办未及时向盘锦市中级法院行使诉讼权利变更诉讼主体,使得盘锦市中级法院将剩余的4009m^{2}土地和房屋及沙岭二厂17400m^{2}土地和房屋裁定给盘锦市工商银行,现银盛天成公司无法办理相关过户手续;转让的锦州汤河子商场的房地产有锦州市中级法院在2000年6月20日的(2000)锦执字第8号民事裁定中裁定允许锦州汤河子商场使用;转让的盘锦市辽河油田康达机电产品销售处的机电产品、辽河油田联谊宏大经济技术实业公司的设备银盛天成公司在自行调查中找不到具体的实物。银盛天成公司多次催促华融沈阳办履行对实物资产的交付义务并配合办理产权过户事宜,并且向华融沈阳办发律师函要求重视此事,但是华融沈阳办仍未履行实地交接和配合义务。庭审中,华融沈阳办自认双方未在实物资产所在地共同填写实物资产交接单,只是将与实物资产相关的享有所有权和处分权的档案资料移交给银盛天成公司,所转让的房产及土地在转让前并未办理过户至华融沈阳办名下。银盛天成公司、华融沈阳办双方就实物资产交付及配合办理过户手续协商一年无果,引发纠纷。

华融沈阳办转让的771户债权资产定价合计为人民币51888062.10元,13项实物资产定价合计为人民币31341400.00元,二者合计为人民币83229462.10元,其中实物资产名称为鞍山市百货公司和鞍山市民族大厦二户定价中包含了同名的债权资产定价,因华融沈阳办提交的《关于对鞍山等七个地区剩余资产整体打包的处置方案》(以下简称处置方案)中并未对这两户的债权部分和实务部分分别定价,故实物资产部分定价合计包括该两户债权部分的定价。因此,债权资产在整个资产包的比例约为62%,实物资产在整个资产包的比例约为38%。华融沈阳办在处置方案第17、19页中记载,"此资产包预计有回收的资产价值为8331万元","虽然资产包可回收价值为7423万元,但拟定打包处置拍卖底价为7350万元",转让双方最终债权转让价格为人民币7350万元。银盛天成公司于2006年2月5日将240户债权资产及3项实物资产转让给天成公司,转让价款为人民币4500万元,根据处置方案,此次转让的240户债权资产的定价合计为人民币36104281.03元,3项实物资产的定价合计为人民币17115100元,二者合计为人民币53219381.03元,转让给天成公司后,银盛天成公司剩余的531户债权资产及10项实物资产的定价合计为人民币30010081.07元。由于处置方案中对债权资产及实物资产的定价合计为人民币83229462.10元,因此银盛天成公司转让给天成公司部分占资产包的比例为64%,银盛天成公司现有的债权及实物资产占资产包的比例为36%。结合双方实际转让价款为人民币7350万元、拍卖佣金为人民币294万元的事实,银盛天成公司实际上以人民币4500万元价格转让给天成公司的债权及实物资产的购买价格为人民币4704万元,拍卖佣金为人民币188.16万元,银盛天成公司现有的债权及实物资产的购买价格为2646万元,拍卖佣金为人民币105.84万元。

银盛天成公司就实物资产交接及配合办理过户手续等问题与华融沈阳办协商未果,于2007年11月14日向沈阳市中级人民法院提起诉讼,请求判令解除银盛天成公司与华融沈阳办签订的《债权及实物资产转让协议》;判令华融沈阳办返还部分转让款人民币26460000.00元,相应利息银盛天成公司保留诉权;判令华融沈阳办赔偿损失人民币1058400.00元;四、诉讼费用由华融沈阳办承担。

【审判】

原审法院认为:债权让与者,指以移转债权为标的之协议,让与方负有将债权移转于受让方之基本义务,同时其应将证明债权存在的文件一并交付给受让人,并告知受让人关于主张债权所相关的资讯,以利于受让人实行或保全其债权。买卖合同之出卖方不仅应保证所出卖的标的物属于出卖方所有或者出卖人有权处分,而且应保证标的物的转让不为法律所禁止或已满足法律对转让有限制之物允许转让的条件。本案中,华融沈阳办作为让与方在与受让方订立债权及实物资产转让协议前,并未取得对鞍山民族大厦的债权人权利即将该户债权转让给受让方银盛大成公司,致使银盛天成公司不享有对该户债权的债权人权利被驳回诉讼请求,对于该户债权对应的拍卖价款华融沈阳办应予返还;华融沈阳办已经在拍卖时告知银盛天成公司部分债权应经破产,虽然部分债权已经破产终结,但破产终结裁定只是表明债务人受偿能力极低,债权仍然存在,华融沈阳办在拍卖时已经就此瑕疵告知银盛天成公司,故银盛天成公司对29户债权不存在的主张,原审法院不予支持;债务人名称为鞍山市药材公司、锦州经济技术开发区汽车维修中心、锦州高普皮革有限公司等3户债权虽业经华融沈阳办执行回款或回物,且华融沈阳办不能证明已经扣除执行款项,但该3户债权的债权总额未超过双方在协议第8条约定的5%的比例,故对银盛天成公司关于该3户债权的主张,原审法院不予支持;债务人名称为锦州汽车运输公司的债权虽业经华融沈阳办执行回款,但华融沈阳办能够证明已经扣除已执行款90万元,故对银盛天成公司关于该户债权的主张,原审法院不予支持;双方并未在实物资产所在地共同填写实物资产交接单,华融沈阳办虽已将部分实物资产相关的档案资料移交给银盛天成公司,但实物资产大多为不动产,不动产的转让不同于一般债权资产的转让,其经登记方能实现权属变更目的的特性决定了华融沈阳办应配合银盛天成公司办理过户登记手续,故华融沈阳办对实物资产已经交接的主张,原审法院不予支持;双方在协议第4.1条中约定"华融沈阳办将证明其对实物资产拥有处分权的文件交付给银盛天成公司",但是华融沈阳办作为实物资产的出让方,应对转让标的物承担权利担保和瑕疵担保义务,华融沈阳办在转让前应保证自己对所转让的实物资产享有所有权和处分权,对于转让中涉及土地的部分应保证在转让时符合土地转让的条件,根据最高人民法院《关于审理涉及国有土地使用权合同纠纷案件适用法律问题的解释》法释〔2005〕5号第11条的规定,双方对于划拨土地的转让行为是无效行为。众所周知,在我国以四大资产管理公司处置的不良债权,一般清收风险较高,将不良债权与实物资产整体打包的处置方式会因实物资产易于变现而降低不良债权的清收风险。本案中,双方签订的《债权及实物资产转让协议》虽包括债权、实物资产两个部分,但是双方并未在协议中进行区分,从华融沈阳办提交的处置方案看,其出售时也是将债权和实物资产作为一个整体而出售,其中抵债金额为人民币 13549.98 万元的 13 项实物资产的存在,对于购买方判断该不良资产包的成本支出与预期收益的问题有重要影响。华融沈阳办在合同履行过程中未能按照约定履行实物资产的交付义务,且未能履行部分在整个资产包的比例约为 38%,华融沈阳办不完全履行义务之行为已经导致银盛天成公司购买资产包之合同目的无法实现,故银盛天成公司要求解除债权及实物资产转让协议、返还拍卖款及赔偿损失的诉讼请求,原审法院予以支持。关于华融沈阳办主张银盛天成公司于签订债权转让协议时已知悉风险,其已履行告知义务的抗辩理由,因本案债权转让合同为格式合同,虽约定有"华融沈阳办收到银盛天成公司全部转让价款之日起 30 日内将收购档案和处置档案的现有材料全部移交完毕,将证明其对实物资产拥有处分权的文件交付给银盛天成公司,并制作实物资产交接清单,由双方在实物资产所在地共同填写实物资产交接单,即视为已履行了实物资产交付义务;自资产转移之日起,银盛天成公司承担与转让资产有关的一切风险、责任、损失和其他费用,包括但不限于资产转移日之前因不可归责于华融沈阳办方的事由导致或产生的转让资产的主从债务人破产、解散、清偿能力的降低或丧失主体资格,抵、质押物的毁损、灭失、被征用或收回,与转让资产有关的任何应付未付的费用,所转让的主债权已过诉讼时效、担保债权中的担保人免责,实物资产实际数量(或面积)与转让数量(或面积)之差异;华融沈阳办按现状拍卖实物资产,华融沈阳办对所拍卖的房屋及土地使用权不负责腾迁场地,银盛天成公司自行负责腾迁场地并承担因此而发生的费用。银盛天成公司自行办理实物资产过户手续并承担资产过户所需交纳的税费,实物资产交付后,如出现资产的实际数量与质量与本协议附件不符(包括出现房产、土地使用权实际面积减少或机器设备数量减少的情形),华融沈阳办不承担违约责任。银盛天成公司确认:华融沈阳办已将拍卖标的有关情况向其作出了说明和解释,银盛天成公司在参加竞买前,充分考虑了拍卖标的存在或可能存在的影响债权行使或实现的法律和现实风险,银盛天成公司对此予以认可;为签订本协议,银盛天成公司已经对拍卖标的进行充分、全面的调查和必要的了解,对于受让后知悉的、不属于华融沈阳办在本协议项下明确保证并给予救济的拍卖标的中存在的瑕疵及由此造成的任何风险,银盛天成公司自愿承担"的条款,但"转让标的中存在的瑕疵"系指债权转让后影响债权行使或实现的法律和现实风险,华融沈阳办对个别债权资产不享有债权人权利的情形不在此列。根据《中华人民共和国合同法》(以下简称合同法)第四十一条"格式条款的理解发生争议的,应当按通常理解予以解释。对格式条款有两种以上理解的,应当作不利于提供格式条款一方的解释。格式条款和非格式条款不一致的,应当采用非格式条款"之规定,华融沈阳办对债权为鞍山民族大厦的抗辩原审法院不予支持。华融沈阳办虽将部分实物资产的相关档案资料交付给银盛天成公司,但交付不等于交接,且华融沈阳办对部分实物资产未向银盛天成公司提交任何档案资料,对机器设备未进行交付,在银盛天成公司自行调查实物资产过程中,华融沈阳办亦未能尽实物资产转让人之义务,配合银盛天成公司办理相关手续,故对华融沈阳办关于实物资产已经交接的抗辩,原审法院不予支持。综上,依据合同法第六十条、第九十四条第一款第(四)项之规定,原审法院判决:一、解除银盛天成公司与华融沈阳办签订的《债权及实物资产转让协议》。二、华融沈阳办于本判决生效之日起十日内向银盛天成公司返还转让款人民币 26460000 元。三、银盛天成公司于判决生效之日起十日内返还已收到的 531 户债权资产及 10 项实物资产的档案材料。四、华融沈阳办于判决生效之日起十日内向银盛天成公司赔偿损失 1058400 元。华融沈阳办如果未按照本判决指定的期间履行给付义务,应当按照《中华人民共和国民事诉讼法》第二百二十九条规定,加倍支付迟延履行期间的债务利息。案件受理费291400元,由华融沈阳办负担160270元,退还银盛天成公司131130元。

华融沈阳办不服原审法院上述民事判决,向辽宁省高级人民法院提起上诉称:一、债权转让协议并非格式合同。合同法规定格式合同须具备两个特征:多次适用性和双方未协商。债权转让协议并不符合这两个要件。协议中对华融沈阳办免责的约定具有法律效力;二、华融沈阳办享有对实物类资产包转让的相关权益,包括法院的判决、裁定等。已经将取得实物类资产的相关物权权益证明交付银盛天成公司。实物类资产包已经顺利交接。银盛天成公司去清收债权必备的材料已经齐全。而现场交接单不是合同主义务,其制作与否不影响债权受让方整体权利的行使。本案实物类资产总标的未超出合同约定的正负5%的范围,华融沈阳办依约可以免责。三、原判认定合同目的无法实现,属于法律适用严重错误。本案协议专为资产转让制定,资产包实现了对价转让,合同目的已经实现。债权清收当属另外一个法律关系,原判将银盛天成公司清收债权遇到的风险,认定为华融沈阳办未履约,认定错误。整个资产包价值26亿元人民币,实物资产占比4%左右,即使说合同目的未实现,华融沈阳办可以援引免责条款予以抗辩。银盛天成公司转让了资产包中240户普通债权包和3户实物债权包优良资产,实现了4500万元的收益,已经达到60%。四、葫芦岛超重机厂等两户土地权属为划拨不可以转让,属适用法律错误。该两户债权总标的额未越过合同总标的额正负5%范围,华融沈阳办免责。最高法院的相关司法解释均规定,土地使用权人对自己名下的划拨用地未经政府批准擅自转让的无效,华融沈阳办不是该标的土地使用权人,华融沈阳办也不是转让不动产,而只是转让实物类债权包,不适用这条司法解释。五、鞍山民族大厦一户判决认定事实错误。鞍山民族大厦一户债权分成四类,两类债权的取得依据的是不同编号的合同。其中,前者依据14个合同,后者依据6个合同。原审判决所称的未取得相关权利的问题编号的合同均发生在14个合同中,不仅华融沈阳办依据债权转让协议相关规定(未占总标的额5%)免责,而且原审程序中华融沈阳办已经举出有力证据证

明只是4个合同编号书写错误,实体债权取得不受影响。该实物类资产包华融沈阳办已经依据鞍山法院的(2002)鞍民初字第202号民事裁定书实际取得。六、原审判决解除合同,却责令银盛天成公司只返还部分债权包,相互矛盾。合同解除后,应恢复原状。至于如何恢复,乃另一法律关系,不应由该诉之判决确认。判决对合同最为关键的条款效力问题认定前后矛盾,对协议第8条5%的比例的法律效力问题,判决认定截然相反。请求依法撤销原审判决。

银盛天成公司答辩称:一、原审认定事实清楚,华融沈阳办未能按合同约定履行资产交接义务。二、由于华融沈阳办怠于履行实物资产交接义务,银盛天成公司不能接收实物资产,无法变更产权登记取得权利证书,因此签订《债权及实物资产转让协议》的合同目的无法实现,银盛天成公司请求解除合同的主张应当予以支持。本案中,由于华融沈阳办不履行出让方应尽的交接义务和配合办理产权变更登记义务,使银盛天成公司无法取得实物资产的权利证明,已经严重影响银盛天成公司实现合同的目的。三、本合同的文本是由华融沈阳办提供的格式文本,签订合同时不允许对内容进行更改,无论其是否被认定为格式合同,银盛天成公司有权通过诉讼来解决与华融沈阳办之间的争议。四、根据合同法的规定,合同解除后当事人可以要求恢复原状,恢复原状过程中当事人双方互负返还义务,而且返还义务应当对等或等价。本案合同解除后,银盛天成公司要求将已出资的部分按华融沈阳办提供的作价依据折价,转让价款和相应拍卖佣金由银盛天成公司承担,而目前仍由银盛天成公司享有债权531户和实物资产10户全部返还给华融沈阳办,华融沈阳办也应当将与可返还债权和实物资产相对应的价款返还给银盛天成公司,并承担相应部分的拍卖佣金损失。五、关于鞍山民族大厦一户债权,因已有生效的判决认定银盛天成公司不享有该债权,依协议第9.5条约定,华融沈阳办应当向银盛天成公司返还该债权的转让价款,原审判决在解除合同后一并退回并无不当。请求二审法院依法驳回上诉,维持原判决。

辽宁省高级人民法院对原审认定事实予以确认。

辽宁省高级人民法院认为：本案债权转让协议是双方当事人真实意思表示，合法有效。双方当事人均应按协议约定履行合同义务。合同签订后，银盛天成公司按协议约定向华融沈阳办支付了全部转让价款。但华融沈阳办未按协议约定履行交付实物资产的义务，使银盛天成公司无法实现合同目的。债权转让协议中关于资产交接的范围中约定"制作实物资产交接清单"，由双方在实物资产所在地共同填写实物资产交接单。即视为已履行了实物资产交付义务。实物资产交接单为本协议的附件。华融沈阳办虽然将有关资产交付给银盛天成公司，但没有依据此条款在实物资产所在地共同填写实物资产交接单，故不能视为华融沈阳办已履行了实物交付义务。华融沈阳办亦认可没有"在实物资产所在地共同填写实物资产交接单"的事实。由于该笔实物资产的价款占债权转让总价款的38%，因此是买受人判断是否购买债权与实物资产的重要指标。且实物资产的存在使清收与收回成本的可能性大大提高，该类实物资产的清收直接影响合同目的实现。华融沈阳办与银盛天成公司于2005年12月27日签订债权转让协议，至2007年11月5日华融沈阳办未履行协议约定义务。原审审理的一年期间，没有证据证明华融沈阳办有履行协议意思表示。由于华融沈阳办未按协议履行在实物资产所在地共同填写实物资产交接单的义务，使合同履行不能，银盛天成公司提出解除双方签订的债权转让协议有法律依据。合同法第九十四条规定："有下列情形之一的，当事人可以解除合同：（三）当事人一方迟延履行主要债务，经催告后在合理期限内仍未履行；（四）当事人一方迟延履行债务或有其他违约行为，致使不能实现合同目的。"第九十七条规定："合同解除后，尚未履行的，终止履行；已履行的，根据履行情况和合同性质，当事人可以要求恢复原状，采取其他补救措施，并有权要求赔偿损失。"银盛天成公司将240户的债权资产及3项实物资产转让他人时，并不知道华融沈阳办不履行债权转让协议义务，且其中的这3项实物资产是银盛天成公司自行查找、在没有办理过户手续的情况下转让的。由于本案所涉转让的债权，是对每一笔债权或每一项实物资产分别评估定价后组合转让的，因此，转让标的是可拆分的。根据合同法的规定，合同解除后，已经履行的，根据履行情况和合同性质，当事人可以要求恢复原状，采取其他补救措施，并有权要求赔偿损失。由于银盛天成公司已将240户债权及3项实物资产转让给他人，该部分债权及部分实物资产已不能恢复原状。原审法院判决银盛天成公司将其余部分恢复原状并返还相应的转让价款正确，应予以维持。

关于华融沈阳办提出的债权转让协议并非格式合同的理由。债权转让协议是否是格式合同并不影响合同条款的效力，银盛天成公司并未对合同条款提出异议，双方当事人均应按债权转让协议的约定履行各自义务。由于华融沈阳办未按协议约定履行实物资产交付义务，银盛天成公司请求解除合同。

关于实物类资产包是否已经交接问题。华融沈阳办提出已经将借款合同、借据、放款凭证、法院判决、裁定等资料交给了银盛天成公司。但这些只是实物资产的资料，并不是实物交付。双方签订的债权转让协议中4.1条明确约定，"华融沈阳办将证明其对实物资产拥有处分权的文件交付给银盛公司，并制作实物资产交接清单，由双方在实物资产所在地共同填写实物资产交接单。即视为已履行了实物资产交付义务。实物资产交接单为本协议的附件"。因此，华融沈阳办仅交付文件资料不能视为已履行了实物交付义务。关于合同中约定的正负5%的误差范围的免责问题，债权转让协议中第八条违约责任条款中明确约定，"转让债权本金、表内利息、表外利息之和与本协议附件列示的金额不一致时，如超过金额或短少不超过转让标的总额的5%（含5%），双方均不再向对方主张权利；短少金额超过转让标的总额的5%，银盛天成公司有权要求同比例调减转让价款"。因此，该条款仅限于非实物类债权转让，不适用于实物类资产。

关于华融沈阳办提出的本案合同的目的已经实现一节。银盛天成公司签订债权转让协议的目的是通过支付对价取得债权权利和实物资产的所有权或处分权，通过对债权的清收或资产的处置，取得高于购买成本的利润。从购买债权的总价款的构成看，购买实物资产的价款占购买全部资产价款的38%，所以该实物资产的交付直接影响合同目的的实现。华融沈阳办提出的协议中的7.5条、8条、9.3条、9.4条,均不属于华融沈阳办不履行实物资产交付义务的免责条款。关于华融沈阳办提出的原审认定葫芦岛起重机厂等两户土地权属均是划拨土地,依法不可转让,属适用法律错误问题。根据最高人民法院《关于审理涉及国有土地使用权合同纠纷案件适用法律问题的解释》法释〔2005〕5号第11条规定"土地使用权人未经有批准权的人民政府批准,与受让方订立合同转让划拨土地使用权的,应当认定合同无效。但起诉前经有批准权的人民政府批准办理土地使用权出让手续的,应当认定合同有效。"华融沈阳办将未经人民政府批准的划拨土地使用权转让给银盛天成公司,该转让行为无效。

关于华融沈阳办提出的鞍山民族大厦一户债权认定的事实问题。华融沈阳办将享有的债务人为鞍山民族大厦的14笔债权转让给银盛天成公司,该笔债权是华融沈阳办受让于中国工商银行鞍山市分行的债权。华融沈阳办提供给银盛天成公司这14户债权资料,在中国工商银行鞍山分行转让给华融沈阳办的债权资料中有12户的债权没有相关资料,华融沈阳办没有证据证明其交付的鞍山民族大厦一户债权的档案资料中有中国工商银行鞍山分行债权剥离时合同中记载的借款合同等相关资料。华融沈阳办对14户中的4户债权曾向法院提起诉讼,法院均判决华融沈阳办不享有这4户债权。华融沈阳办提出的该4个合同编号书写错误不影响实体债权取得问题,因缺乏证据支持,该院不予采纳。

该院依照《中华人民共和国民事诉讼法》第一百五十三条第一款(一)项之规定,判决驳回上诉,维持原判。二审案件受理费89696元,由华融沈阳办承担。

申请再审人华融沈阳办不服上述民事判决,向本院申请再审:银盛天成公司参加资产拍卖前曾对相关债权进行了调查,华融沈阳办对本案处理的资产瑕疵进行了尽职披露,没有不实陈述。整体打包处置的债权具有不可分性,不能分拆处理。华融沈阳办向银盛天成公司转让的实物资产并非实物本身,而是与债权相关的实物权利凭证,银盛天成公司诉请判令华融沈阳办交付

实物,缺乏事实依据。原审支持银盛天成公司的诉讼请求,属认定事实不清。不良金融债权处置具有很强政策性,本案在辽宁高院二审审理期间,最高人民法院于2009年3月30日颁布了《关于审理涉及金融不良债权转让案件工作座谈会纪要》,二审法院不予适用,而适用合同法审视本案法律关系,属适用法律不当。

申请被再审人银盛天成公司答辩称:1. 原审认定事实清楚,华融沈阳办至今未能按合同约定履行实物资产交接义务,应当承担相应后果;2. 由于华融沈阳办怠于履行实物资产交接义务,导致银盛天成公司不能实现合同目的,依法应对《债权及实物资产转让协议》予以解除;3.《债权及实物资产转让协议》是华融沈阳办提供的不可更改的格式合同,对合同7.5条、8条、9.3条、9.4条等规定应当作出不利于华融沈阳办的解释,华融沈阳办不能依据上述条款免责;4. 依据合同法第九十七条规定,合同解除后未处理部分应当返还华融沈阳办并由华融沈阳办承担相应赔偿责任。原审认定事实清楚,适用法律并无不当,请求予以维持。

本院对原审查明的事实予以确认。

本院经再审认为:本案债权转让协议符合相关法律规定,是双方当事人真实意思表示,当属有效。二审法院对此认定正确,本院予以维持。

金融资产管理公司收购和处置银行不良金融债权,事关国家金融安全,具有较强的政策性,本案所涉债权转让协议,不能完全等同于一般民事主体之间的债权让与行为,具有高风险,高收益,与等价交换的市场规律有较为明显区别;不良债权交易的实物资产,不是一般资产买卖关系,而主要是一种风险与收益的转移。本案不良金融债权总额26亿元,仅以不到3%的价格成交,体现了不良金融债权处置的特殊性,这在一般民事主体之间的债权让与中一般是不会出现的。本案所涉转债标的是以资产包形式整体出售的债权,资产包内各不良金融债权良莠不齐,可回收比例各不相同,依照财政部《关于金融资产管理公司债权资产打包转让有关问题的通知》第二条第(三)项规定,资产包应当科学合理组包,保证包内资产质量、形态、行业、地区分布等的合理性。所以,资产包一旦形成,即具有不可

分割的性质,否则,上述合理性即被打破。故,本案合同所涉债权和实物资产,当属一个有机整体,不可分割。资产包整体买进,合同解除时也应当整体解除,资产整体返还。本案中,银盛天成公司将资产包中相对优质债权予以变卖,请求通过诉讼将其余部分予以解除,原审判由银盛天成公司返还资产包剩余的部分资产,对华融沈阳办显失公平。本院在庭审中询问银盛天成公司,是否能将资产包整体退还,银盛天成公司称由于其余部分已经处置,已经不可能实际退还。本案资产包整体债权总额26亿余元,其中实物资产1.3亿余元,实物资产额度仅占不良债权总额度的5%,且有大部分实物资产已经实际交付。虽然各单个资产标有价款,但那只是资产包整体作价的参考,无法预知每个单笔债权或实物资产是否能够回收。故华融沈阳办关于依照债权及实物资产转让合同第八条的约定,资产交付差额5%以内免责的抗辩可以成立。本案实物资产交付并非物权意义上的所有权转移,而是交付附属于不良债权对物的权利凭证,如法院的判决、裁定等。上述实物资产交付后,还需权利人通过自身操作,依法主张权利方有可能实现资产权益。原审确认华融沈阳办已将与实物资产相关的享有所有权和处分权的档案资料移交给银盛天成公司,银盛天成公司完全可以据此向实物占有人主张权利。当然,既然是属于不良债权,该实物资产是否能够清收存在不确定性风险,其中因企业破产分配及政策性破产不能主张权利的损失,依约应由不良资产买受者银盛天成公司承担。华融沈阳办未依约在实物资产所在地共同填写实物资产交接单,属一般违约行为,并不影响银盛天成公司清收债权,应属实物资产交付中的履约瑕疵,并非华融沈阳办迟延履行主要债务。华融沈阳办与银盛天成公司签订的债权及实物资产转让协议目的是公平合规的完成债权及实物资产的顺利转让,并无任何条款对银盛天成公司是否能够清收债权及对清收债权的比例作出承诺和规范。因此,华融沈阳办的行为不构成根本违约,转债合同目的已经基本达成。为保障交易公平和交易秩序,本案合同应予维持。银盛天成公司关于解除本案合同,返还剩余债权和实物资产并赔偿相关损失的诉讼请求缺乏事实和法律依据,应当予以驳回。原审引据合同法第九十四条第(三)、(四)款规定,认为华融沈阳办迟延履行合同主要义务,导致合同目的不能实现,并据此作出合同解除的判决,属于认定事实不清,适用法律不当,本院予以纠正。

综上,原审判决认定事实不清,适用法律不当。依照《中华人民共和国民事诉讼法》第一百五十三条第一款第(三)项之规定,本院判决如下:

一、撤销辽宁省高级人民法院(2009)辽民二终字第86号民事判决;

二、撤销沈阳市中级人民法院[2007]沈中民(3)合初字第514号民事判决;

三、驳回沈阳银盛天成投资管理有限公司的诉讼请求。

一审案件诉讼费291400元,由沈阳银盛天成投资管理有限公司负担;二审案件受理费89696元,由沈阳银盛天成投资管理有限公司负担。

本判决为终审判决。

3. 蔡红辉诉金才来信用卡纠纷案[①]

【裁判摘要】

银联卡特约商户在受理有预留签名的银联信用卡消费时,应当根据其与发卡银行之间的约定以及中国人民银行《银行卡联网联合业务规范》的规定,核对持卡人在交易凭证上的签字与信用卡签名条上预留的签字是否一致。未核对签名造成持卡人损失的,应承担相应的赔偿责任。信用卡所有人为信用卡设置了密码,但因自身原因导致密码泄露的,可以适当减轻特约商户的赔偿责任。

【案情】

原告:蔡红辉。

被告:金才来。

原告蔡红辉因与被告金才来发生信用卡纠

---

① 案例来源:《最高人民法院公报》2010年第12期。

纷,向浙江省宁波市鄞州区人民法院提起诉讼。

原告蔡红辉诉称:2009年5月16日22时30分许,原告驾车在宁波市邱隘镇方庄社区路边停车时,被案外人汪成楠等四人劫持。汪成楠等四人抢走原告信用卡6张,逼迫原告说出密码并限制原告的人身自由。5月17日9时,原告被解除人身限制后立即报案。后查询信用卡记录得知,5月19日上午8时19分、8时20分,原告的信用卡被他人在被告金才来经营的宁波市鄞州邱隘金凤珠宝店进行了刷卡消费,其中鄞州银行信用卡消费75000元,中国银行信用卡消费3670元,POS签购单上持卡人签名为刘明。原告在前述两张信用卡背面均有原告本人的预留签名,被告未审查该持卡人签名与信用卡预留签名是否一致,也未对持卡人的身份证进行核对审查,对持卡人的不正常消费行为未采取严格的审查措施,导致原告财产受损,故应承担相应的赔偿责任,请求法院判令被告赔偿原告经济损失78670元。

原告蔡红辉一审提交以下证据:

1. (2009)甬鄞刑初字第762号刑事判决书及(2009)甬刑终字第275号刑事裁定书各1份,用以证明2009年5月16日原告蔡红辉遭到抢劫以及信用卡被抢劫后在被告金才来处消费78670元,在其他ATM机上支取现金49200元等事实;

2. 涉案中国银行及鄞州银行信用卡复印件各一份,用以证明原告蔡红辉在该两张信用卡的背面均有预留签名的事实;

3. 签字为"刘明"的宁波银联商务POS签购单两份,金额分别为75000元、3670元,用以证明2009年5月17日原告蔡红辉被抢的两张信用卡在被告金才来经营的宁波市鄞州邱隘金凤珠宝店消费78670元,消费时,持卡人签名与信用卡背面的预留签名不一致。

被告金才来辩称:首先,法律并未禁止使用他人的信用卡消费,而且信用卡上也无法显示相关信息,被告无法确认持卡消费人是否是原告蔡红辉本人;其次,原告被盗刷的两张信用卡均是凭密码消费,而不是凭签名消费,故原告经济损失与被告无关;第三,案发后,公安机关已经追回部分赃物、赃款,因此原告实际的经济损失不足78670元。请求驳回原告的诉讼请求。

被告金才来一审没有提交证据。

宁波市鄞州区人民法院一审查明:

2009年5月16日22时30分许,原告蔡红辉驾车在邱隘镇方庄社区路边停车时,被罪犯汪成楠等四人劫持。罪犯通过搜身,劫得原告身上现金850元、价值21177元的手表1只、信用卡6张,并用威胁手段获得前述信用卡的密码。罪犯限制原告的人身自由,先后在几家银行的ATM机上取得现金49200元。5月17日8时许,罪犯汪成楠至被告金才来个体经营的宁波市鄞州邱隘金凤珠宝店,以劫得的鄞州银行、中国银行两张信用卡及密码刷卡购得价值78670元的黄金项链3条、黄金手链2条和黄金戒指2枚,并以"刘明"的名义在两份POS签购单上持卡人签名处签名,该签名与信用卡背面的预留签名不符。当日9时,原告被解除人身限制后报案。案发后,公安机关陆续将四罪犯抓获,追回现金15040元、黄金项链2条、黄金手链2条和黄金戒指2枚,其中1条价值8013元的黄金项链系罪犯汪成楠所有并自愿退赔给原告,其余价值42693元的金饰均系罪犯从被告处刷卡购得。前述款物已由公安机关返还原告,其余现金和实物被罪犯挥霍或遗失。四罪犯以抢劫罪被判刑后,至今未继续退赔原告的经济损失。

另查明,宁波市工商银行委托宁波银联商务有限公司作为甲方与乙方宁波市鄞州邱隘金凤珠宝店签订《宁波市特约商户受理银联卡协议书》第八条第十款规定:"乙方应严格按甲方最新提供的《宁波市特约商户POS受理指南》受理银联卡,乙方收银人员应核对持卡人在交易凭证上的签字,与银联卡签名条上的签字是否一致(持记名IC卡交易除外),乙方受理要求持卡人必须签名的交易时,银联卡上没有签名、签名无法辨认、签名被涂改或者明显不一致的,乙方应拒绝交易。若因交易签购单无持卡人签名或者签名与卡片预留的签名明显不符,由此造成的经济损失,由乙方承担相应责任。"

本案争议的焦点是:对于既设定了密码又预留了签名的信用卡,犯罪分子以胁迫信用卡所有人的手段获得该卡密码后,在信用卡特约商户处消费,签名与预留签名不符,商户没有核对信用卡使用人在交易凭证上的签字与信用卡签名条上的签字是否一致,导致信用卡所有人财产受到损失,商户应否承担赔偿责任。

【审判】

宁波市鄞州区人民法院一审认为:

中国人民银行《银行卡联网联合业务规范》第三章3.3节c项规定:"持卡人将银行卡交特约商户收银员;特约商户收银员在POS上刷卡,输入交易金额,要求持卡人通过密码键盘输入6位个人密码,如发卡行不要求输入密码的,由收银员直接按确认键。交易成功,打印交易单据,收银员核对单据上打印交易账号和卡号是否相符后交持卡人签名确认,并对信用卡交易核对签名与卡片背面签名是否一致后,将银行卡、签购单回单联等交持卡人;交易不成功,收银员应就提示向持卡人解释。"本案中,宁波市鄞州邱隘金凤珠宝店作为乙方,与宁波市工商银行委托的宁波银联商务有限公司签订的《宁波市特约商户受理银联卡协议书》第八条第十款规定:"乙方应严格按甲方最新提供的《宁波市特约商户POS受理指南》受理银联卡,乙方收银人员应核对持卡人在交易凭证上的签字,与银联卡签名条上的签字是否一致(持不记名IC卡交易除外),乙方受理要求持卡人必须签名的交易时,银联卡上没有签名、签名无法辨认、签名被涂改或者明显不一致的,乙方应拒绝交易。若因交易签购单无持卡人签名或者签名与卡片预留的签名明显不符,由此造成的经济损失,由乙方承担相应责任。"原告蔡红辉按照其与发卡银行的约定,在信用卡上预留了签名、设定了密码。发卡银行在信用卡正面印制了原告姓名的拼音。宁波市鄞州邱隘金凤珠宝店是银联卡的特约商户,被告金才来作为业主在受理银联信用卡时,应当核对持卡人在交易凭证上的签字与信用卡签名条上的签字、信用卡正面的拼音姓名是否一致。本案犯罪分子持抢劫所得的信用卡至被告处刷卡购买黄金饰品,持卡人在POS签购单上的签名与信用卡背面的预留签名不符,也与信用卡正面的拼音明显不同,因此,应当认定被告未进行认真审核,对原告因此而造成的损失,被告应当承担相应责任。原告虽设定了密码,但在犯罪分子的威胁之下透露了密码,故应当适当减轻被告的赔偿责任。结合案情全面分析,酌定被告应对原告的损失承担60%的赔偿责任。

关于原告蔡红辉损失的计算问题,涉案信用卡在被告处刷卡消费的金额为78670元,但应当扣除公安机关追回并发还原告的金饰价值合计42693元,此外,罪犯自愿退赔的黄金项链,可按8013元评估价,根据刷卡消费额占全部损失的比例予以折算扣减。因此,对于原告信用卡消费损失的金额应认定为31810元。按照被告承担60%责任计算,应当赔偿原告19086元。

据此,浙江省宁波市鄞州区人民法院于2010年1月6日判决:

被告金才来赔偿原告蔡红辉经济损失19086元。

一审宣判后,双方当事人在法定期间内均未提出上诉,一审判决已经发生法律效力。

4. 梅州市梅江区农村信用合作联社江南信用社诉罗苑玲储蓄合同纠纷案[①]

【裁判摘要】

一、根据《中华人民共和国合同法》第五十二条第(五)项的规定,违反法律、行政法规的强制性规定的合同无效。最高人民法院《关于适用〈中华人民共和国合同法〉若干问题的解释(二)》第十四条规定,所谓强制性规定是指效力性强制性规定。仅是针对特定主体的对内管理行为、不涉及公共利益的规定,不属于效力性强制性规定,违反该规定不能导致合同无效。

二、银行作为专业金融机构,对于关乎储户切身利益的内部业务规定,负有告知储户的义务。如银行未向储户履行告知义务,当双方对于储蓄合同相关内容的理解产生分歧时,应当按照一般社会生活常识和普遍认知对合同相关内

---

① 案例来源:《最高人民法院公报》2011年第1期。

作出解释,不能片面依照银行内部业务规定解释合同内容。

【案情】

原告:梅州市梅江区农村信用合作联社江南信用社。

负责人:黄艳秀,该社主任。

被告:罗苑玲。

原告梅州市梅江区农村信用合作联社江南信用社(以下简称江南信用社)因与被告罗苑玲发生储蓄合同纠纷,向广东省梅州市梅江区人民法院提起诉讼。

原告江南信用社诉称:2008年10月14日,被告罗苑玲到原告处办理定期存单支取业务,其所持存单载明:编号为5700140234,账号为59606090007409,户名为罗苑玲,存入金额为人民币77000元整,存入日为2000年7月6日,存期8年,到期日为2008年7月6日,凭密码身份证支取。该存单上的"利率"及"到期利息"栏均为空白。根据中国人民银行的有关规定,从1996年5月1日起,取消八年期定期整存整取储蓄种类。被告于2000年7月6日存入的涉案存款,只能按照中国人民银行规定的利率支付利息,但由于原告工作人员的疏忽,在办理该笔业务时仍按已取消的八年期定期整存整取利率计付利息,因此多付被告利息70093.59元。事后原告与被告多次协商返还多付利息未果。我国实行严格的法定利率政策,金融机构的存贷款利息均需严格按照中国人民银行规定的利率执行,具有强制性,非依法定程序,任何单位和个人都无权变动。被告多得利息70093.59元属于不当得利,依法应予返还。请求判令被告归还原告多付利息70093.59元。

原告江南信用社提交了如下证据:被告罗苑玲的定期储蓄存单、储蓄存款利息支付清单、利息计算表、历年储蓄存款利率表、《储蓄管理条例》等。

被告罗苑玲辩称:被告于2000年7月6日与原告江南信用社签订涉案存单,此存单实质是双方自愿签订的储蓄合同。存单上的"利率"、"到期利息"栏虽然显示空白,但当时原告工作人员口头明确告知原告利率为17.1%,且始终未告知原告八年期定期整存整取储蓄种类已取消,存款合同到期后,被告到原告处支取存款本息,原告出具涉案存款利息清单1份交由被告签名确认后,原告按约支付存款本息,该存款合同已履行完毕。涉案存款合同是双方自愿签订,对双方均具有约束力,现原告要求被告返还利息没有事实依据和法律根据。综上,请求驳回原告的诉讼请求。

被告罗苑玲未提交相关证据。

梅州市梅江区人民法院一审查明:

2000年7月6日,被告罗苑玲在原告江南信用社处存入人民币77000元,原告开具定期储蓄存单1份并交于被告收执,存单内容显示:种类栏为整存整取,存入日和起息日栏均为2000年7月6日,存期栏为8年,到期日栏为2008年7月6日,利率栏为空白,密码栏为密码身份证,到期利息栏为空白,户名栏为罗苑玲,账号栏为59606090007409。原、被告均在相应栏目签名盖章确认。2008年10月14日,被告到原告处办理上述定期储蓄存单支取手续,原告按八年期储蓄存款利率将上述存款本息(扣除利息税)支付给被告,并开具储蓄存款利息支付清单1份交给被告收执。该清单内容显示:账号1015960070421200000051,户名罗苑玲,种类对私整整,期限8年,计息本金77000元,起息日期2000年7月6日,止息日期2008年10月14日,天数2978天,利率17.1%,利息金额105486.92元.利息合计105486.92元,应纳税利息105486.92元,税率5%,代扣利息税款19313.20元,实付利息86173.72元,实付本息163173.72元。清单由原、被告签名盖章确认后,被告将款支出并存入在原告处另行开立的账户。

庭审中,针对涉案存单上的"利率"栏和"到期利息"栏为空白的情况,原告江南信用社认为:被告罗苑玲在2000年存款时选择八年存期,而当时中国人民银行已明确规定取消八年期存款利率,所以涉案存单上的"利率"和"到期利息"栏目均为空白,应视为双方未约定利率和利息,对此应当根据"有约定按约定,无约定按法定"的原则处理。被告取款时因原告工作人员工作疏忽导致多付利息给被告。由于电脑程序及操作问题,存款当时原告无法复核存单内容,因此在取款后予以复核。原告一经发现多付利息给被告,即与被告交涉。

对此被告则认为：被告存款时已与原告约定利率为17.1%，当时并未注意存单上未显示利率。存单到期后，被告已支取本息，双方各自履行了合同义务并均无异议。

另查明：原告江南信用社提交的《关于罗苑玲存款利息计算方法》表明：本金77000元按5年期定期计算利息为8870.4元（扣除利息税后），本息合计85870.4元作本金按3年期定期计算利息至2008年7月6日，同年7月6日至同年10月14日按活期利率计付利息，被告罗苑玲应实得利息为16080.12元（扣除利息税后）。

诉讼中，原告江南信用社向梅州市梅江区人民法院提出财产保全申请，梅州市梅江区人民法院作出（2008）梅区民初字第543号民事裁定书，依法冻结被告罗苑玲在江南信用社101596007012120003 7703账户内的存款，冻结金额以人民币73000元为限。

本案一审的争议焦点是：涉案储蓄存单关于八年存期的约定是否有效，如果无效，被告罗苑玲应否返还多付的利息。

【一审】

梅州市梅江区人民法院一审认为：

根据本案事实，被告罗苑玲于2000年7月6日到原告江南信用社处存入人民币77000元，原告开具定期储蓄存单交予被告收执，原、被告之间的储蓄合同关系成立。

国务院发布的《储蓄管理条例》第二十二条规定，储蓄存款利率由中国人民银行拟订，经国务院批准后公布，或者由国务院授权中国人民银行制定、公布。第二十三条规定，储蓄机构必须挂牌公告储蓄存款利率，不得擅自变动。中国人民银行广东省分行于1996年5月发布的《转发中国人民银行总行关于降低金融机构存、贷款利率的通知》第六条规定："取消八年期存款利率种类，约定存期和实际存期都在五年以上的存款，按五年期的存款计息。即在五年存期内按5年期定期存款利率计息，超过5年的按活期存款计息。"因此，原告江南信用社与被告罗苑玲在涉案存单中约定的八年存期违反了上述规定，应认定为无效。原告根据被告存款时的利率政策和标准计算出被告应得利息为16080.12元（扣除利息税后），符合有关规定，应予认定。

原告江南信用社与被告罗苑玲虽然在涉案存单中约定存期为八年，但涉案存单上"利率"栏和"到期利息"栏均为空白，说明双方就该部分内容未达成一致意见，没有形成完整的储蓄合同。造成上述瑕疵，双方均有责任，原告作为金融部门疏于管理，未按有关规定执行存款存期和利率，并且在被告取款过程中，原告工作人员仍然按照八年存期的存款利率17.1%计付利息，导致多付被告利息70093.6元（即原告实付利息86173.72元减去被告应得利息16080.12元），原告对此应承担主要责任，酌定承担责任比例为60%，即42056.16元；被告作为储蓄合同的一方，对合同的主要条款负有与原告达成一致意见的责任，但对原告出具的涉案存单内容未进行详细审阅，亦有过失，应承担次要责任，酌定承担责任比例为40%，即28037.44元。据此，被告应返还原告人民币28037.44元。

综上，梅州市梅江区人民法院依据《中华人民共和国民法通则》第四条、第六条、第八十四条，《中华人民共和国合同法》第七条、第五十八条之规定，于2009年5月15日判决如下：

被告罗苑玲应在本判决生效之日起5日内返还原告江南信用社利息人民币28037.44元。

【二审】

江南信用社、罗苑玲均不服一审判决，向广东省梅州市中级人民法院提起上诉。

上诉人江南信用社上诉称：一、一审判决定性错误。首先，一审法院认定江南信用社与上诉人罗苑玲在涉案存单中约定的八年存期无效，而因双方缔约过失造成合同无效，则应适用各自返还原则。其次，我国实行法定利率政策，金融机构对存、贷款利率不得擅自变动。按照中国人民银行公布的标准，罗苑玲存款时的五年期挂牌利率为2.88%，因此，虽然由于江南信用社工作人员的失误多付罗苑玲利息70093.59元，但罗苑玲取得该笔款项没有事实根据和法律依据，属于不当得利，理应返还江南信用社。然而，一审判决并未分析罗苑玲多得的70093.59元利息的性质，而以"储蓄合同纠纷"为由审理本案，作出错误定性。二、本案中，存单上的"利率"和"到期利息"两栏空白，江南信用社与罗苑玲对此均有过错。根据民法理论，损害事实是构成过错赔偿责任的首要条件,因此,江南信用社是否需要承担过错责任,主要看罗苑玲是否遭受损失。国务院发布的《储蓄管理条例》第二十二条规定:"储蓄存款利率由中国人民银行拟订,经国务院批准后公布,或者由国务院授权中国人民银行制定、公布。"也就是说,中国实行的是统一标准的法定利率政策。因此,罗苑玲此笔存款在任何金融机构储蓄,所得利息数额都完全相同。按照罗苑玲存款当时的利率政策和标准,罗苑玲应得利息为16080.12元,江南信用社已支付罗苑玲86173.72元,罗苑玲并未遭受任何损失,同时还占有70093.59元不当得利。故一审法院以江南信用社有过错为由,判令罗苑玲取得60%的不当得利,没有法律依据。综上所述,一审判决定性错误、判决不当,请求撤销一审判决,依法改判。

上诉人罗苑玲上诉称:一审法院认定有误,适用法律错误。一、一审判决认定涉案存单中约定的八年存期无效是错误的。1. 国务院颁布的《储蓄管理条例》第二十二条、二十三条虽然规定储蓄存款利率由中国人民银行拟订,储蓄机构必须挂牌公布储蓄存款利率,不得擅自变动,但该规定旨在规范储蓄机构在储蓄业务中的活动,不影响储蓄机构对外从事民事活动中的行为的效力,不能以储蓄机构违反该项规定为由确认涉案储蓄合同关于存期的约定无效。2. 本案涉及的不仅仅是储蓄存款利率的问题,还涉及储蓄种类问题。对于储蓄机构开办储蓄种类的问题,法律和行政法规并未作出禁止性规定,且在1996年5月1日前,储蓄机构也确实开办过八年期存款。因此,应当认定罗苑玲与上诉人江南信用社之间的储蓄存款合同关于存期八年的约定有效,双方应按照合同的约定履行各自义务。二、一审法院认为存单"利率"栏和"到期利息"栏空白,说明双方对该部分内容未达成一致意见,未形成完整的储蓄合同,造成上述瑕疵双方均有责任,这一认定是错误的。理由是:1. 涉案储蓄合同上述栏目虽为空白,但罗苑玲到江南信用社处存款时,江南信用社工作人员口头告知罗苑玲利率为17.1%,且江南信用社出具的存款利息清单上也载明利率为17.1%。存款利息清单也是合同的组成部分,可以说明当时的约定利率。涉案储蓄合同相关栏目空白,责任不在储户,退一步来讲,储蓄合同是格式合同,如有歧义,应作出有利于另一方即罗苑玲的解释。现一审法院却以"存单上'利率'栏和'到期利息'栏均为空白"为由认定双方对该部分未达成一致意见、未形成完整的储蓄合同,显然是错误的。2. 罗苑玲与江南信用社签订的储蓄存款合同是合法有效的,双方应按约履行,一审法院以"存单上'利率'栏和'到期利息'栏均为空白"认定合同有瑕疵,从而判令罗苑玲承担次要责任是错误的。综上所述,请求撤销一审判决,依法改判驳回江南信用社的诉讼请求。

梅州市中级人民法院经二审,确认了一审查明的事实。

本案二审的争议焦点是:上诉人罗苑玲与上诉人江南信用社签订的涉案储蓄存单关于八年存期的约定是否有效,存单利率应如何确定。

梅州市中级人民法院二审认为:

上诉人罗苑玲到上诉人江南信用社处存入人民币77000元,江南信用社开具定期储蓄存单交于罗苑玲收执,双方的储蓄存款合同关系成立。

关于涉案储蓄存单中八年存期的约定的效力问题,根据《中华人民共和国合同法》第五十二条第(五)项的规定,违反法律、行政法规的强制性规定的合同无效。根据最高人民法院《关于适用〈中华人民共和国合同法〉若干问题的解释(二)》第十四条的规定,所谓强制性规定是指效力性强制性规定。据此,国务院《储蓄管理条例》第二十二条"储蓄存款利率由中国人民银行拟订,经国务院批准后公布,或者由国务院授权中国人民银行制定、公布"和第二十三条"储蓄机构必须挂牌公告储蓄存款利率,不得擅自变动"的规定,是对金融机构关于储蓄存款利率拟订、公布、变动等的管理性规定,不是对储蓄机构对外签订、履行储蓄存款合同的效力性规定,不影响储蓄机构从事民事活动中的行为的效力,不能以储蓄机构违反该项规定为由,确认涉案储蓄合同关于存期的约定无效。而中国人民银行广东省分行于1996年5月发布的《转发中国人民银行总行关于降低金融机构存、贷款利率的通知》第六条关于取消八年期存款利率种类的规定属于部门规章,不属法律法规,不能导致双方签订的合同条款无效。在没有法律法规明确规定涉案存单关于八年存期的约定为无效条款的情况下,不能仅根据上述规定确认该约定无效。上诉人罗苑玲与上诉人江南信用社作为平等的合同主体,均享有自愿约定合同内容的权利,故双方订立的储蓄存单中关于八年存期的约定合法有效。

关于涉案储蓄存单的利率如何确认的问题,本案中,上诉人罗苑玲与上诉人江南信用社约定储蓄存单为八年存期、种类为整存整取,但存单上"利率"栏和"到期利息"栏均为空白,按照何种利率支付利息是履行合同的关键。对此,江南信用社认为按照中国人民银行广东省分行于1996年5月发布的《转发中国人民银行总行关于降低金融机构存、贷款利率的通知》中关于取消八年期定期整存整取利率种类的规定,罗苑玲的储蓄存单不能按照八年期定期整存整取利率支付利息。罗苑玲则认为,江南信用社应遵守存单约定按照八年期定期整存整取利率支付利息。

法院认为,首先,上诉人江南信用社作为专业金融机构,对于关乎储户切身利益的内部业务规定,负有告知储户的义务。中国人民银行广东省分行于1996年5月发布的《转发中国人民银行总行关于降低金融机构存、贷款利率的通知》仅是部门规章在相关金融机构的内部告知,罗苑玲作为普通储户,不可能全面了解银行内部规定,银行也无权要求储户自行熟知所有储蓄规定。江南信用社作为专业的金融机构,掌握取消八年期定期整存整取利率种类的相关规定,而且此规定与储户的储蓄利益密切相关,储户在办理储蓄业务时是否知道该项规定决定着其是否改变储蓄存期的种类,故江南信用社有义务在罗苑玲办理业务时告知相关信息。但江南信用社未尽告知义务,没有向罗苑玲说明八年期定期整存整取利率种类已取消,而是直接与罗苑玲签订了八年期整存整取储蓄存单。罗苑玲作为普通储户,签订存单时约定为八年存期、种类为整存整取,其自然认为涉案储蓄存单是以八年期定期整存整取利率即17.1%计息。

其次,如银行未就有关内部业务规定向储户履行告知义务,当双方对于储蓄合同相关内容的理解产生分歧时,应当按照一般社会生活常识和普遍认知对合同相关内容作出解释,不能片面依照银行内部业务规定解释合同内容。根据本案事实,上诉人罗苑玲与上诉人江南信用社签订储蓄存款合同时,双方共同约定储蓄存期为八年期、种类为整存整取。普通储户的存款储蓄年限是根据储蓄机构提供的储蓄种类及利率来设定的,就储户对储蓄业务的了解,定期存款的储蓄种类和利率是一一对应的,即相应的存期对应相应的利率。储蓄机构在1996年5月前开设过八年期存款,对应利率为17.1%。罗苑玲在江南信用社办理涉案存款业务时,江南信用社在没有告知八年期定期整存整取利率已取消的情况下,与罗苑玲签订了涉案存单,并约定存期为八年期、种类为整存整取,按照一般社会生活常识,罗苑玲有理由相信八年期定期整存整取储蓄种类仍然存在且对应利率保持17.1%不变,其不可能想到这一存款利率种类已被取消。因此,虽然本案存单上"利率"栏和"到期利息"栏为空白,但不能仅以银行内部关于取消八年期定期整存整取利率种类的业务规定予以解释,而应当按照一般社会常识和储户对于存单约定内容的普遍认知解释相关合同内容,即涉案存单应以利率17.1%计息。

综上,上诉人江南信用社以八年期定期整存整取利率种类已被取消,上诉人罗苑玲取得的部分利息属不当得利为由,要求罗苑玲返还利息没有法律依据,不予支持。江南信用社认为涉案存单约定八年期定期整存整取利率计息违反了金融机构的利率政策,可在对外承担合同义务的同时,对内按相关管理规定自行处理。

一审判决认定事实基本清楚,但适用法律错误,处理不当,应予纠正。上诉人江南信用社的上诉意见理据不足,予以驳回,上诉人罗苑玲的上诉意见理由充分,予以采纳。据此,梅州市中级人民法院依照《中华人民共和国民事诉讼法》第一百五十三条第一款第(二)项的规定,于2009年12月15日判决如下:

一、撤销梅州市梅江区人民法院(2008)梅区民初字第543号民事判决。

二、驳回上诉人江南信用社的诉讼请求。

本判决为终审判决。

十 知识产权与竞争纠纷

（一）综合

◎ 司法解释

最高人民法院关于审理涉及计算机网络域名民事纠纷案件适用法律若干问题的解释

- 2020年12月29日
- 法释〔2020〕18号

为了正确审理涉及计算机网络域名注册、使用等行为的民事纠纷案件（以下简称域名纠纷案件），根据《中华人民共和国民法典》《中华人民共和国反不正当竞争法》和《中华人民共和国民事诉讼法》（以下简称民事诉讼法）等法律的规定，作如下解释：

第一条 对于涉及计算机网络域名注册、使用等行为的民事纠纷，当事人向人民法院提起诉讼，经审查符合民事诉讼法第一百一十九条规定的，人民法院应当受理。

第二条 涉及域名的侵权纠纷案件，由侵权行为地或者被告住所地的中级人民法院管辖。对难以确定侵权行为地和被告住所地的，原告发现该域名的计算机终端等设备所在地可以视为侵权行为地。

涉外域名纠纷案件包括当事人一方或者双方是外国人、无国籍人、外国企业或组织、国际组织，或者域名注册地在外国的域名纠纷案件。在中华人民共和国领域内发生的涉外域名纠纷案件，依照民事诉讼法第四编的规定确定管辖。

第三条 域名纠纷案件的案由，根据双方当事人争议的法律关系的性质确定，并在其前冠以计算机网络域名；争议的法律关系的性质难以确定的，可以通称为计算机网络域名纠纷案件。

第四条 人民法院审理域名纠纷案件，对符合以下各项条件的，应当认定被告注册、使用域名等行为构成侵权或者不正当竞争：

（一）原告请求保护的民事权益合法有效；

（二）被告域名或其主要部分构成对原告驰名商标的复制、模仿、翻译或音译；或者与原告的注册商标、域名等相同或近似，足以造成相关公众的误认；

（三）被告对该域名或其主要部分不享有权益，也无注册、使用该域名的正当理由；

（四）被告对该域名的注册、使用具有恶意。

第五条 被告的行为被证明具有下列情形之一的，人民法院应当认定其具有恶意：

（一）为商业目的将他人驰名商标注册为域名的；

（二）为商业目的注册、使用与原告的注册商标、域名等相同或近似的域名，故意造成与原告提供的产品、服务或者原告网站的混淆，误导网络用户访问其网站或其他在线站点的；

（三）曾要约高价出售、出租或者以其他方式转让该域名获取不正当利益的；

（四）注册域名后自己并不使用也未准备使用，而有意阻止权利人注册该域名的；

（五）具有其他恶意情形的。

被告举证证明在纠纷发生前其所持有的域名已经获得一定的知名度，且能与原告的注册商标、域名等相区别，或者具有其他情形足以证明其不具有恶意的，人民法院可以不认定被告具有恶意。

第六条 人民法院审理域名纠纷案件，根据当事人的请求以及案件的具体情况，可以对涉及的注册商标是否驰名依法作出认定。

第七条 人民法院认定域名注册、使用等行为构成侵权或者不正当竞争的，可以判令被告停止侵权、注销域名，或者依原告的请求判令由原告注册使用该域名；给权利人造成实际损害的，可以判令被告赔偿损失。

侵权人故意侵权且情节严重，原告有权向人民法院请求惩罚性赔偿。

◎ 司法文件

最高人民法院关于全国部分法院知识产权审判工作座谈会纪要（节录）

- 1998年7月20日
- 法〔1998〕65号

……

二、关于严格诉讼程序问题

审理知识产权纠纷案件，应当严格执行民事诉讼法和最高人民法院有关审判程序的司法解释，切实纠正重实体轻程序的倾向。与会同志就知识产权审判程序，集中讨论了以下问题：

（一）收案范围和案件受理问题

人民法院应当依法受理以下各类知识产权民事纠纷案件：1.关于知识产权的权利归属纠纷案件；2.关于侵犯专利权、商标权、著作权和邻接权、科技成果权等纠纷案件；3.不正当竞争纠纷案件，指依照《中华人民共和国反不正当竞争法》第五条、第九条、第十条、第十四条的规定受理的案件；4.知识产权合同纠纷案件；5.其他知识产权纠纷案件。知识产权民事纠纷案件的起诉人，可以是合同当事人，权利人和利害关系人。利害关系人包括独占、排他许可合同的被许可人、依照法律规定已经继承或正在继承的知识产权中财产权利的继承人等。

（二）案件管辖问题

1. 级别管辖。目前，除专利纠纷案件属于指定管辖外，对于其他绝大多数知识产权民事纠纷案件，各级法院均有管辖权。近年来，虽然知识产权民事纠纷案件总量有增加，但是，案件的绝对数量仍然较少。许多基层法院审判人员由于接触案件少，难以较快熟悉审判业务，对保证办案质量有所影响。不少同志认为，知识产权民事纠纷案件由中级人民法院作一审，有利于锻炼专业法官队伍，提高办案质量。建议除少数已经成立知识产权审判庭的基层法院外，高级人民法院可以根据案件的具体情况，决定由中级人民法院作为知识产权民事纠纷案件的一审法院，并报最高人民法院备案。对专利纠纷案件，仍按照最高人民法院的规定确定一审法院。

2. 地域管辖。依照民事诉讼法的规定，知识产权民事纠纷案件依案件的性质可以由被告住所地、侵权行为地和合同履行地的人民法院管辖。在审判实践中，一些法院对最高人民法院司法解释中关于"侵权结果发生地"的理解，有一定的混乱，有的甚至认为，在侵权案件中，受到损害的原告住所地或者"侵权物"的达到地就是"侵权结果发生地"。与会同志普遍认为，在知识产权侵权纠纷案件中，侵权结果发生地，应当理解为是侵权行为直接产生的结果发生地，不能以原告受到损害就认为原告所在地就是侵权结果发生地。

对于以销售侵权物品为由起诉销售者的案件，销售地法院有管辖权；如果原告对销售者不起诉，仅对制造者起诉，制造地与销售地又不一致的，应由制造地（通常为被告住所地）法院管辖；如果在侵权物品销售地以制造者与销售者为共同被告起诉时，侵权物品销售地法院有管辖权。销售者是制造者的分支机构的，其销售行为视为制造者的销售行为，原告在销售地起诉制造者的制造、销售行为的，销售地法院有管辖权。

（三）举证责任和证据的审查认定问题

知识产权民事纠纷案件与其他民事纠纷案件一样，应当适用"谁主张，谁举证"的举证责任原则。在侵权案件中，原告应当证明自己享有的知识产权等民事权利及被告对其实施了法律所禁止的行为。原告完成举证义务后，由被告进行抗辩。被告提出的抗辩主张，可以是对原告所举事实与证据的否定，也可以提出其他主张，并且应当为此提供必要的证据，例如其主张没有过错不应承担责任时，应当举证证明其主观上没有过错。在举证过程中，人民法院应当注意举证责任的转移问题，即在当事人一方举证证明自己的主张时，对方对该项主张进行反驳的，应当提出充分的反证，这时，举证责任就转移到由对方承担。此外，人民法院对于当事人的某些主张，应当根据法律并从实际情况出发，实行"举证责任倒置"的原则，即一方对于自己的主张，由于证据被对方掌握而无法以合法手段收集证据时,人民法院应当要求对方当事人举证。例如,在方法专利和技术秘密侵权诉讼中的被告,应当提供其使用的方法的证据,被告拒不提供证据的,人民法院可以根据查明的案件事实,认定被告是否构成侵权。侵权行为证实后,权利人要求按照侵权人的获利额进行赔偿时,侵权人应当提供其经营额、利润等情况的全部证据,侵权人拒不提供其侵权获利证据的,人民法院可以查封有关账务账册,依法组织审计。

对证据的提交和审查认定,与会同志认为应当注意以下几个问题:

1. 证据一般应当在开庭前递交,并且应当给各方当事人留有交换证据的时间,交换证据可以通过开庭前组织各方当事人的方式进行。

2. 开庭后提交的证据,必须经过质证才能采信;经过庭审有待进一步查明的事实,可以给予当事人合理的举证期限,但以不影响在审限内结案为原则。

3. 对证据的审查,应当注意其真实性、合法性、关联性,认真审查其证明力。对违法取得的证据不得采信;对与证明案件事实无关的证据应予剔除;当争议双方提出相反证据时,应当结合其他关联证据确定采信哪方提供的证据。

4. 对能够证明案件事实的主要证据,必要时应当及时作出证据保全的裁定。

(四) 专业鉴定问题

审理知识产权民事纠纷案件往往涉及对专业技术事实的审查认定,人民法院必须充分重视专业鉴定。不少同志介绍了组织专业鉴定的做法,主要有:

1. 人民法院可以根据审理案件的实际需要,决定是否进行专业鉴定。

2. 如果没有法定鉴定部门,可以由当事人自行协商选择鉴定部门进行鉴定;协商不成的,人民法院根据需要可以指定有一定权威的专业组织为鉴定部门,也可以委托国家科学技术部各省(自治区、直辖市)主管部门组织专家进行鉴定,但不应委托国家知识产权局、国家工商行政管理局商标局、国家版权局进行专业鉴定。

3. 鉴定部门和鉴定人应当鉴定专业技术问题,对所提交鉴定的事实问题发表意见。

4. 人民法院应当就当事人争议的专业技术事实,向鉴定部门提出明确的鉴定事项和鉴定要求;应当将当事人提供的与鉴定事项有关的全部证据、材料提交给鉴定部门;对当事人提交并要求保密的材料,鉴定部门和鉴定人负有保密义务。人民法院应当向当事人告知鉴定部门的名称以及鉴定人的身份,当事人有权对鉴定部门提出异议,也有权要求鉴定人回避。

5. 当事人有权就鉴定项目的有关问题向鉴定部门和鉴定人提出自己的意见,鉴定部门和鉴定人应当认真研究答复。

6. 人民法院应当监督鉴定部门和鉴定人在科学、保密、不受任何组织或者个人干预的情况下作出专业鉴定结论。

7. 鉴定部门和鉴定人应当将鉴定结论以及作出结论的事实依据和理由、意见以书面形式提交给人民法院。鉴定结论应当经过当事人质证后决定是否采信;当事人有权要求鉴定人出庭接受质询。未经当事人质证的鉴定结论不能采信。

(五) 财产保全和先予执行问题

与会同志认为,在审理知识产权民事纠纷案件中,严格依法适用财产保全或先予执行措施,对于制止侵权,防止权利人损失扩大并保证生效判决的顺利执行具有重要意义。

人民法院采取财产保全或先予执行措施应当严格按照民事诉讼法的有关规定慎重进行。在采取财产保全或先予执行措施前,应当严格审查当事人是否提出了财产保全或者先予执行的申请并提供了可靠足够的担保;申请人享有的知识产权是否具有稳定的法律效力;被申请人的侵权事实是否明显;保全的范围是否合理,保全的方式是否适当,先予执行是否必要,被申请人是否有偿付能力等。对于不必要保全或者先予执行的,或者保全或先予执行结果会给被申请人的合法权益造成无法挽回的重大损失的,人民法院不应当采取财产保全或先予执行措施。

三、关于正确适用法律问题

与会同志认为,在审理知识产权民事纠纷案件中要做到严肃执法,必须熟练掌握有关知识产权方面的法律、法规及其他相关法律、法规,深刻领会立法本意和正确理解各个条文的含义。要

重点处理好以下几个问题:

(一)知识产权法律适用原则

全国人民代表大会及其常务委员会制定的有关知识产权方面的法律和国务院制定的有关知识产权方面的行政法规,是人民法院审理知识产权民事纠纷案件的法律依据。与会同志认为,对上述法律行政法规的适用应当坚持:第一,新法优于旧法、特别法优于普通法,法律有专门规定的依据专门规定的原则。除法律有明确规定外,新法不具有溯及既往的效力。第二,法律优于行政法规,即有法律依法律;无法律依行政法规;无法律也无行政法规的,依照有关法律所规定的法律原则处理。第三,人民法院在审理涉外知识产权民事纠纷案件中,应当严格按照我国法律、法规的有关规定办理。我国缔结或者参加的国际条约同我国法律有不同规定的,应当优先适用国际条约的规定,但我国声明保留的条款除外;我国法律、法规和我国缔结或者参加的国际条约没有规定的,可以适用国际惯例。

(二)知识产权权利冲突的处理原则

知识产权权利冲突,是指对争议的智力成果或者标记,原、被告双方均拥有知识产权。造成权利冲突的原因,主要是因为我国对知识产权审查授权的部门不同,且这些知识产权授权的最终审查权不在人民法院。近年来,人民法院在审理知识产权民事纠纷案件中,权利冲突的案件时有发生,主要表现为:1.同一类型权利的冲突,如发明、实用新型及外观设计专利权之间的冲突;2.不同类型权利的冲突,外观设计专利权与商标权发生冲突,或商标权与著作权发生冲突,或商标权与在先使用的商品的特有的名称、包装、装潢权利发生冲突,或商标权与企业名称权发生冲突等。

如何解决权利冲突,公正保护知识产权所有人的合法权益?与会同志认为,人民法院受理的知识产权纠纷案件或者其他民事纠纷案件中,凡涉及权利冲突的,一般应当由当事人按照有关知识产权的撤销或者无效程序,请求有关授权部门先解决权利冲突问题后,再处理知识产权的侵权纠纷或者其他民事纠纷案件。经过撤销或者无效程序未解决权利冲突的,或者自当事人请求之日起3个月内有关授权部门未作出处理结果且又无正当理由的,人民法院应当按照民法通则规定的诚实信用原则和保护公民、法人的合法的民事权益原则,依法保护在先授予的权利人或在先使用人享有继续使用的合法的民事权益。

(三)民事制裁的适用

根据民法通则第一百三十四条第三款和最高人民法院1994年9月29日制发的《关于进一步加强知识产权司法保护的通知》的规定,与会同志认为,为了加大对知识产权的保护力度,严厉制裁侵权者,人民法院在审理知识产权民事纠纷案件中,对情节严重的侵权行为给予相应的民事制裁是十分必要的。对于具体罚款数额,可以参照有关知识产权单行法律规定的处罚标准予以确定。

(四)侵权纠纷案件的诉讼时效

知识产权纠纷案件的诉讼时效应当依据民法通则关于诉讼时效的规定和有关法律的规定办理。审判实践表明,某些知识产权侵权行为往往是连续进行的,有的持续时间较长。有些权利人从知道或者应当知道权利被侵害之日起2年内未予追究,当权利人提起侵权之诉时,权利人的知识产权仍在法律规定的保护期内,侵权人仍然在实施侵权行为。对此类案件的诉讼时效如何认定?与会同志认为,对于连续实施的知识产权侵权行为,从权利人知道或者应当知道侵权行为发生之日起至权利人向人民法院提起诉讼之日止已超过2年的,人民法院不能简单地以超过诉讼时效为由判决驳回权利人的诉讼请求。在该项知识产权受法律保护期间,人民法院应当判决被告停止侵权行为,侵权损害赔偿额应自权利人向人民法院起诉之日起向前推算2年计算,超过2年的侵权损害不予保护。

(五)侵权损害赔偿

赔偿损失是侵权人承担民事责任的最广泛、最基本的方式之一。如果对权利人提出的赔偿损失问题解决不好,就会出现"赢了官司输了钱"、"损失大赔偿少"、"得不偿失"的情况,不能依法有效地保护知识产权。根据民法通则的规定,民事权利受到侵害的基本赔偿原则是赔偿实际损失。对此,最高人民法院曾对商标侵权、专利侵权损失赔偿的计算问题制发过司法解释。审判实践证明,这些司法解释对于大多数案件,是适用的,但也出现一些案件的损害赔偿额难以用现有的司法解释规定的方法来计算。对此,与会同志认为,对于已查明被告构成侵权并造成原告损害,但原告损失额与被告获得额等均不能确认的案件,可以采用定额赔偿的办法来确定损害赔偿额。定额赔偿的幅度,可掌握在5000元至30万元之间,具体数额,由人民法院根据侵害的知识产权的类型、评估价值、侵权持续的时间、权利因侵权所受到的商誉损害等因素在定额赔偿幅度内确定。

(六)犯罪线索的移送

与会同志认为,在建立社会主义市场经济体制的过程中,进一步加大执法力度,严惩侵犯知识产权犯罪是十分必要的。人民法院在审理知识产权侵权纠纷案件中,如果发现侵权行为情节严重或者获取非法所得数额巨大构成犯罪嫌疑的案件,应当严格依照刑事诉讼法的规定和最高人民法院的有关司法解释及时移送公安机关处理。对于受害人提起刑事自诉的,人民法院应当依法受理。

最高人民法院关于贯彻实施国家知识产权战略若干问题的意见(节录)

- 2009年3月23日
- 法发[2009]16号

……

三、依法审理好各类知识产权案件,切实加大知识产权司法保护力度

8. 统筹兼顾各种重大关系,确保《纲要》提出的各项专项任务在人民法院系统的贯彻落实,实现知识产权审判全面协调可持续发展。一是处理好执行法律与服务大局的关系,既要坚持宪法和法律至上,履行法定职责,遵循司法规律、司法途径和司法方式,严格依法办案,做到公正司法,维护法律权威;又要强化大局意识和宏观思维,正确处理局部利益与全局利益的关系,努力实现办案法律效果与社会效果的有机统一,确保正确政治方向。二是处理好保护私权与维护公共利益的关系,既要强化私权保护意识和尊重私权保护规律,依法保护当事人的合法权益,通过保护私权实现激励创新的知识产权制度目标;又要合理界定知识产权的界限,服从法律为保护公共利益所设定的强制性规范,确保私权与公共利益的平衡,维护公共秩序。三是处理好依法保护与适度保护的关系,充分考虑和把握我国经济社会和科技文化发展状况,善于利用司法政策、自由裁量权和法律适用技术,使司法保护既合法,又适度;既能激励科技创新和经济发展,又有利于促进知识传播和运用;既能切实保护创新成果和创新权益,又能促进企业提高自主创新能力。四是处理好保护权利与防止滥用的关系,既要加大知识产权司法保护力度,严厉打击假冒、盗版等严重侵权行为,大力降低维权成本,大幅提高侵权代价,有效遏制侵权行为,切实保护权利人和消费者的合法权益,维护公平竞争的市场秩序;又要防止知识产权滥用,依法审查和支持在先权、先用权、现有技术、禁止反悔、合理使用等抗辩事由,制止垄断行为,依法受理和审查确认不侵权之诉和滥诉反赔之诉,规制滥用知识产权和诉讼程序打击竞争对手、排除和限制竞争、阻碍创新的行为,维护社会公众的合法权益。

9. 加强专利权司法保护,保障技术创新权益,促进自主创新。从我国国情出发,以国家战略需求为导向,依法保护专利权,根据我国科技发展阶段和产业知识产权政策,确定合理的权利保护范围和强度,平衡好权利人、使用者和社会公众之间的利益格局,强化科技创新活动中的知识产权司法政策导向作用。加大对经济增长有重大突破性带动作用、具有自主知识产权的关键核心技术的保护力度,促进高技术产业与新兴产业发展,提升我国自主创新能力和增强国家核心竞争力。不断完善专利侵权判定标准,准确确定专利权保护范围,正确认定专利侵权行为,在依法保护专利权的同时,防止不适当地扩张专利权保护范围、压缩创新空间、损害创新能力和公共利益。严格专利权利要求的解释,充分尊重权利要求的公示和划界作用,妥善处理相同侵权与等同侵权的关系,适度从严把握等同侵权的适用条件,合理确定等同侵权的适用范围,防止等同侵权的过度适用。注重发挥人民陪审员、专家证人和专家咨询、技术鉴定的作用,通过多种途径和渠道有效解决专业技术事实认定问题。

10. 加强商标权司法保护,维护商标信誉,推动形成自主品牌。通过商标案件的审判,支持和引导企业实施商标战略,促使其在经营中积极、规范使用自主商标,促进自主品牌的形成和品牌经济的发展。严厉制裁商标假冒、恶意模仿等侵权行为,严格适用侵权法律责任,切实保障商标权人和消费者的利益,维护公平竞争的市场秩序。正确把握商标权的法律属性,根据商标用于区别商品或服务来源的核心功能,合理界定商标权的范围,根据商标的显著性程度、知名度大小等确定保护强度和范围,准确认定商标侵权判定中的商品类似、商标近似和误导性后果。正确把握驰名商标司法认定和保护的法律定位,坚持事实认定、个案认定、被动认定、因需认定等司法原则,依法慎重认定驰名商标,合理适度确定驰名商标跨类保护范围,强化有关案件的审判监督和业务指导。妥善处理商标权保护与特定产业发展的关系,既注重保护商标权,又有利于促进相关产业的升级和发展。依法受理并及时处理好涉及地理标志和奥林匹克标志、世界博览会标志、特殊标志等案件。

11. 加强著作权司法保护,维护著作权人合法权利,提升国家文化软实力。严厉制裁盗版、抄袭等侵犯著作权行为,加大侵权赔偿力度,提高全社会的版权保护意识。依法合理界定著作权保护与合理使用、法定许可的关系,平衡处理创作者、传播者和利用者之间的利益关系,确保私人权利与公共利益的平衡,保障人民基本文化权益。加强对新闻出版、广播影视、文学艺术、文化娱乐、广告设计、工艺美术、计算机软件、信息网络等领域的著作权案件审判,推动版权相关产业健康有序发展,推进文化创新,增强文化发展活力,繁荣文化市场。有效应对互联网等新技术发展对著作权保护的挑战,准确把握网络环境下著作权司法保护的尺度。妥善处理保护著作权与保障信息传播的关系,既要有利于网络新技术和新商业模式的开发和运用,促进信息传播,又要充分考虑网络侵权的特点和维权的困难,完善网络环境下的证据规则,有效保障著作权。加大对计算机软件的司法保护力度,帮助企业开拓市场,促进相关服务外包产业成长。

12. 加强商业秘密司法保护,保护企业权益和职工择业自由,保障商业信息安全与人才合理流动。依法制裁窃取和非法披露、使用他人商业秘密的行为,保护企业商业秘密权益,引导市场主体依法建立健全商业秘密管理制度。妥善处理保护商业秘密与自由择业、涉密者竞业限制与人才合理流动的关系,维护职工合法权益。根据商业秘密案件特点,合理分配当事人的举证责任,合理确定当事人和诉讼参与人的保密义务。注意保护被控侵权人对自己商业秘密的正当权益,防止原告滥用诉权获取他人商业秘密。

13. 加强植物新品种权司法保护,激励农业科技创新,促进农业发展。强化农业知识产权保护,依法保护植物新品种权和育种技术,加大对具有自主知识产权的重大农业科技成果和植物新品种的保护力度,合理调节资源提供者、育种者、生产者和经营者之间的利益关系,激励农业科技创新,推动现代农业经营方式的转变,促进农业发展,保护农民利益,维护农村稳定,保障社会主义新农村建设。准确掌握植物新品种侵权判定标准,以繁殖材料承载的性状特征确定品种权的保护范围,以生产、销售或者重复使用授权品种的繁殖材料为侵权行为方式。依法判定民事责任,保障权利人利益的实现,注重对农民合法权益的保护,通过育种者免责、农民免责等权利限制,合理平衡权利人与社会公众的利益关系;本着既要及时制止侵权和防止侵权物再扩散,又要避免资源浪费的原则,慎重适用销毁侵权物的民事责任。针对种子生产和销售的季节性特点,注意运用证据保全措施及时固定相关证据。

14. 加强特定领域知识产权司法保护,有效保护特种资源,维护我国特色优势。根据现有法律规则和立法精神,积极保护遗传资源、传统知识、民间文艺和其他一切非物质文化遗产,根据历史和现实,公平合理地协调和平衡在发掘、整理、传承、保护、开发和利用过程中各方主体的利益关系,保护提供者、持有者知情同意和惠益分享的正当权益,合理利用相关信息。加强对传统医药和传统工艺的保护,促进传统知识和民间文艺的发展,推动传统资源转化为现实生产力和市场竞争力,弘扬民族产业优势和地区特色经济优势。依法保护集成电路布图设计专有权,及时予以司法救济,促进集成电路产业发展。

15. 依法制止不正当竞争,规范市场竞争秩序,推动形成统一开放竞争有序的现代市场体系。审理好仿冒知名商品特有名称、包装、装潢和虚假宣传、商业诋毁等不正当竞争案件,积极受理涉及企业名称(商号)、商业外观、计算机网络域名等新类型知识产权案件,制止一切非诚信的仿冒搭车行为,避免市场混淆和误导公众,切实维护权利人和消费者的合法权益,确保诚信竞争和有序竞争,促进社会信用体系建设。依法积极受理涉及注册商标、企业名称等与在先权利冲突的民事纠纷,按照遵循诚实信用、维护公平竞争和保护在先权利等原则,妥善予以裁决。准确把握反不正当竞争法的立法精神和适用条件,既要与时俱进,对市场上新出现的竞争行为,适用反不正当竞争法的原则规定予以规范和调整;又要严格依法,对于法律未作特别规定的竞争行为,只有按照公认的商业标准和普遍认识能够认定违反反不正当竞争法的原则规定时,才可以认定为不正当竞争行为,防止因不适当扩大不正当竞争行为方式范围而妨碍自由、公平竞争。对于既不存在商业秘密,又不存在法定和约定营业限制的竞争领域,不能简单地以利用或损害特定竞争优势为由,适用反不正当竞争法的原则规定认定构成不正当竞争。

16. 积极开展反垄断审判,保护市场公平竞争,维护消费者利益与社会公共利益。根据民事诉讼法和反垄断法规定的受理条件,依法受理当事人因垄断行为提起的民事诉讼。切实履行审判职责,妥善处理竞争政策与产业政策的关系,审理好涉及滥用知识产权的垄断案件以及其他各类垄断案件,制止垄断行为,鼓励公平竞争,提高引进外资质量,促进经济结构调整,维护国家经济运行健康有序。加强反垄断审判调查研究工作,认真总结审判经验,及时明确司法原则、裁判标准和操作程序。

17. 妥善处理知识产权合同纠纷,维护交易安全,促进智力成果创造运用。尊重当事人意思自治,维护合同的严肃性和有效性,严格解除条件,依法制裁违约行为。依法合理掌握权属纠纷诉讼时效,准确界定职务成果与非职务成果,既要有利于激发研发创作人创新积极性,又要有利于促进成果的转化实施。本着尽可能降低交易风险和减少交易成本的精神,依法界定在知识产权委托或合作创造、转让、许可、质押等环节形成的法律关系和利益分配及责任承担,促进自主创新成果的知识产权化、商品化、产业化、市场化。积极受理特许经营合同纠纷,妥善处理知识产权代理合同纠纷。

18. 认真审查知识产权诉前临时措施申请,及时慎重裁定,有效制止侵权。发挥诉前临时措施的及时救济功能,确保在法定时限内作出裁定并立即予以执行。对于商标和著作权侵权案件,尤其是假冒和盗版等显性侵权和故意侵权案件,注意积极采取诉前责令停止侵权措施。适度从严掌握认定侵权可能性的标准,原则上应当达到基本确信的程度,在专利案件尤其是发明和实用新型专利案件中,要审慎决定采取诉前责令停止侵权措施。对于当事人起诉时或诉讼中提出的临时措施申请,要迅速审查并及时裁定和执行。对于证据保全申请,重点考虑证据风险和申请人的取证能力,及时作出裁定。

19. 强化对知识产权授权确权行为的司法复审,依法审查授权条件,统一和完善授权审查标准。在事实认定和法律适用上对专利和商标等知识产权授权确权行政行为进行全面的合法性审查,既要给予行政主管机关对专业技术事实评判的适当尊重,又要对相关的实质性授权条件进行独立审查判断,切实依法全面履行司法复审的基本职责。加强与行政主管机关的工作协调与业务交流,促进审理和审查标准的统一与完善,提高相关案件的执法水平。努力提高审判效率,及时依法确认权利的有效性,保障权利维护和利益实现的时效性。

20. 加强知识产权行政司法保护,依法监督行政行为,支持依法行政。依法审理各类知识产权行政案件,在合法性审查中既要保护知识产权行政相对人的合法权益,又要维护知识产权行政管理秩序,依法支持行政机关制裁侵权行为,促进知识产权行政保护。行政机关申请强制执行行政处理决定,经审查符合执行条件的,应及时裁定并予以强制执行。

21. 加大知识产权刑事司法保护力度，依法严厉制裁侵犯知识产权犯罪行为，充分体现惩罚和震慑犯罪功能。依法受理知识产权刑事案件并及时作出裁判，切实加大对假冒注册商标和侵犯著作权犯罪行为的打击力度，在依法适用主刑的同时，加大罚金刑的适用与执行力度，并注意通过采取追缴违法所得、收缴犯罪工具、销毁侵权产品等措施，从经济上剥夺侵权人的再犯罪能力和条件。配合有关部门，针对反复侵权、群体性侵权以及大规模假冒、盗版等行为，有计划、有重点地开展知识产权保护专项行动，遏制假冒盗版现象。统一和规范侵犯知识产权犯罪案件适用刑罚的条件和标准，准确把握宽严相济的刑事政策。依法审理侵犯知识产权的刑事自诉案件，切实保障被害人的刑事自诉权利。

22. 加强知识产权审判监督，保障当事人申诉权，维护知识产权司法公正。既要充分维护正确生效裁判的既判力，又要让符合法定条件的案件及时进入再审，确保公正司法和维护法制统一。统一裁定再审的标准，以生效裁判确有错误作为上级法院和本院依职权启动再审的标准，以符合法定再审事由作为依当事人申请裁定再审的标准。通过及时、规范的听证程序和耐心细致的审查说服工作，尽可能使当事人服判息诉，尽可能降低多次申诉的比率。努力提高审查的质量和效率，对于经审查申请书、答辩意见等足以确定再审事由是否成立的，可以迳行裁定。

23. 加大知识产权案件执行力度，保障裁判权益及时实现，树立司法保护权威。健全知识产权案件强制执行机制，充分运用执行工作联动威慑机制，完善提级执行、指定执行、委托执行等措施，保证知识产权案件的切实执行，强化对诉前临时措施裁定的及时执行。对被执行人拒不履行停止侵权的生效裁判内容继续其原侵权行为的，除支持权利人依法追究其民事责任以外，积极协调公安、检察机关以拒不执行判决、裁定罪追究其刑事责任。

24. 依法开展涉外知识产权司法保护，保障对外开放，促进国际经贸合作。正确处理本国利益与他国利益的关系、对外关系与具体案件审理的关系、本国当事人与外国当事人的利益关系，始终坚持依法公正审判和平等保护原则，维护和提升我国司法良好的国际形象，优化经济发展外部环境。统筹国内国际两个大局，妥善处理与贸易有关的重大知识产权纠纷，既要确保遵循相关国际公约及国际惯例，也始终维护国家利益和经济安全。注意从个案中发现知识产权工作的薄弱环节和管理漏洞，通过司法建议和裁判说明等形式，对行政管理提出改进建议，为行业和产业提供行为预警，提高企业应对知识产权纠纷的能力，延伸知识产权司法保护效果。

……

最高人民法院印发《关于当前经济形势下知识产权审判服务大局若干问题的意见》的通知

- 2009年4月21日
- 法发〔2009〕23号

各省、自治区、直辖市高级人民法院，解放军军事法院，新疆维吾尔自治区高级人民法院生产建设兵团分院：

现将《最高人民法院关于当前经济形势下知识产权审判服务大局若干问题的意见》印发给你们，请结合审判工作实际，认真贯彻执行。

最高人民法院关于当前经济形势下知识产权审判服务大局若干问题的意见

当前，我国国民经济继续保持平稳较快发展，改革开放深入推进，社会事业加快发展，人民生活进一步改善，但同时也面临着严重的困难和挑战。为深入贯彻全国"两会"精神，落实国家知识产权战略，使知识产权审判更好地服务于有效应对国际金融危机冲击、促进经济平稳较快发展的大局，为"保增长、保民生、保稳定"作出更加积极的贡献，现就当前经济形势下人民法院做好知识产权审判工作的若干问题，提出如下意见：

一、立足实际,突出重点,努力增强知识产权审判服务大局的针对性和有效性

1. 充分认识知识产权保护对于促进经济平稳较快发展的重要性,切实增强服务大局的使命感。知识产权是国家科技创新能力和水平的集中体现,是国家发展的战略性资源,是提高国际竞争力的核心要素。现代经济竞争归根结底也是知识产权的竞争。加强知识产权保护,提高知识产权的创造、运用和管理水平,对于加快经济结构调整、转变发展方式、推进自主创新、深化改革、提高对外开放水平,从而保持经济平稳较快发展,都具有重要意义。历史经验表明,经济危机常常伴随着科技革命,科技革命又成为推动新一轮经济增长和繁荣的重要引擎。在当前经济形势下加强知识产权保护,对于有效推动科技创新和科技革命,为催生新兴产业、创造新的市场需求、培育新的经济增长点和引领经济发展新方向,具有重大作用。

2. 高度关注国际国内经济形势变化对于知识产权审判的新需求,切实增强服务大局的针对性、有效性和主动性。当前经济形势对于知识产权审判提出了更新更高的要求和期待。知识产权司法保护只能加强和提升,不能削弱和放松。各级法院务必要增强危机意识、忧患意识、宏观意识和大局意识,更加注重拓展创新空间,促进培育自主知识产权、自主品牌和新的经济增长点,增强企业的市场竞争力,提高国家的核心竞争力;更加注重营造开放自由的贸易和投资环境,规范市场秩序,维护公平竞争,完善社会主义市场经济体制,大力推动诚信社会的建设,在应对挑战、化危为机中充分发挥知识产权审判的独特职能作用。

二、加大专利权保护力度,着力培育科技创新能力和拓展创新空间,积极推进自主创新

3. 以贯彻新修订的专利法为契机,高度重视专利审判工作,全面提高专利审判水平。以专利为核心的科技创新成果构成了企业和国家的核心竞争力,加强专利权保护对于科技进步和自主创新具有最直接、最重要的促进作用。各有关法院要以提高创新能力和建设创新型国家的责任感和使命感,高度重视专利案件的审理,把提高专利审判水平作为一项重点工作。要深刻领会和正确把握专利法立法宗旨和精神,加强调查研究,及时发现新情况,解决新问题,确保修订后的专利法的正确贯彻实施。

4. 准确把握专利司法政策,切实加强专利权保护。要从我国国情出发,根据我国科技发展阶段和产业知识产权政策,依法确定合理的专利司法保护范围和强度,既要使企业具有投资创新的动力,使个人具有创造热情,使社会富有创造活力,又不能使专利权成为阻碍技术进步、不正当打击竞争对手的工具;既能够充分调动、配置全社会的资本和技术资源,又能够加速技术信息的传播和利用。要正确适用专利侵权判定原则和方法,进一步总结审判经验,完善权利要求解释规则和侵权对比判定标准。正确解释发明和实用新型专利的权利要求,准确界定专利权保护范围,既不能简单地将专利权保护范围限于权利要求严格的字面含义,也不能将权利要求作为一种可以随意发挥的技术指导,应当从上述两种极端解释的中间立场出发,使权利要求的解释既能够为专利权人提供公平的保护,又能确保给予公众以合理的法律稳定性。凡写入独立权利要求的技术特征,均应纳入技术特征对比之列。对于权利人在专利授权确权程序中所做的实质性的放弃或者限制,在侵权诉讼中应当禁止反悔,不能将有关技术内容再纳入保护范围。严格等同侵权的适用条件,探索完善等同侵权的适用规则,防止不适当地扩张保护范围。依法认真审查各种不侵权抗辩事由和侵权责任抗辩事由,合理认定先用权,依法支持现有技术抗辩。

三、加强商业标识保护,积极推动品牌经济发展,规范市场秩序和维护公平竞争

5. 充分尊重知名品牌的市场价值,依法加强知名品牌保护。知名品牌凝聚了企业的竞争优势,是企业参与国内国际市场竞争的利器,代表着核心的经济竞争力,是企业和国家的战略性资产,也是引领市场消费方向的主要因素。人民法院要通过依法加强商标权保护和制止不正当竞争,为知名品牌的创立和发展提供和谐宽松的法律环境,促进品牌经济发展,刺激和创造消费需求,拉动经济增长,增强我国企业的国内和国际竞争力。

6. 完善商标司法政策,加强商标权保护,促

进自主品牌的培育。正确把握商标权的专用权属性,合理界定权利范围,既确保合理利用商标资源,又维护公平竞争;既以核定使用的商品和核准使用的商标为基础,加强商标专用权核心领域的保护,又以市场混淆为指针,合理划定商标权的排斥范围,确保经营者之间在商标的使用上保持清晰的边界,使自主品牌的创立和发展具有足够的法律空间。未经商标注册人许可,在同一种商品上使用与其注册商标相同的商标,除构成正当合理使用的情形外,认定侵权行为时不需要考虑混淆因素。认定商品类似和商标近似要考虑请求保护的注册商标的显著程度和市场知名度,对于显著性越强和市场知名度越高的注册商标,给予其范围越宽和强度越大的保护,以激励市场竞争的优胜者,净化市场环境,遏制不正当搭车、模仿行为。

7. 妥善处理注册商标实际使用与民事责任承担的关系,使民事责任的承担有利于鼓励商标使用,激活商标资源,防止利用注册商标不正当地投机取巧。请求保护的注册商标未实际投入商业使用的,确定民事责任时可将责令停止侵权行为作为主要方式,在确定赔偿责任时可以酌情考虑未实际使用的事实,除为维权而支出的合理费用外,如果确无实际损失和其他损害,一般不根据被控侵权人的获利确定赔偿;注册人或者受让人并无实际使用意图,仅将注册商标作为索赔工具的,可以不予赔偿;注册商标已构成商标法规定的连续三年停止使用情形的,可以不支持其损害赔偿请求。

8. 加强驰名商标司法认定的审核监督,完善驰名商标司法保护制度,确保司法保护的权威性和公信力。严格把握驰名商标的认定范围和认定条件,严禁扩张认定范围和降低认定条件。凡商标是否驰名不是认定被诉侵权行为要件的情形,均不应认定商标是否驰名。凡能够在认定类似商品的范围内给予保护的注册商标,均无需认定驰名商标。对于确实符合法律要求的驰名商标,要加大保护力度,坚决制止贬损或者淡化驰名商标的侵权行为,依法维护驰名商标的品牌价值。认真贯彻《最高人民法院关于涉及驰名商标认定的民事纠纷案件管辖问题的通知》(法〔2009〕1号),凡通知下发以后不具有管辖权的法院受理的此类案件,均需移送有管辖权的法院审理;通知下发前受理、尚未审结的此类案件,要严格执行判前审核制度。各级法院均应加强已认定驰名商标的案件的评查和审判监督,对于伪造证据骗取驰名商标认定的案件,以及其他违法认定驰名商标的案件,均需通过审判监督程序予以纠正;当事人在涉及驰名商标认定的案件中有妨碍民事诉讼行为的,依法给予制裁。有管辖权的法院均应积极接受有关方面对于驰名商标司法认定的监督,发现问题务必及时解决。有关驰名商标司法保护的司法解释颁布施行以后,各级法院要认真贯彻落实,使驰名商标司法保护更加规范化。

9. 加强商标授权确权案件的审判工作,正确处理保护商标权与维持市场秩序的关系。既要有效遏制不正当抢注他人在先商标行为,加强对于具有一定知名度的在先商标的保护,又要准确把握商标权的相对权属性,不能轻率地给予非驰名注册商标跨类保护。正确区分撤销注册商标的公权事由和私权事由,防止不适当地扩张撤销注册商标的范围,避免撤销注册商标的随意性。对于注册使用时间较长、已建立较高市场声誉和形成自身的相关公众群体的商标,不能轻率地予以撤销,在依法保护在先权利的同时,尊重相关公众已在客观上将相关商标区别开来的市场实际。要把握商标法有关保护在先权利与维护市场秩序相协调的立法精神,注重维护已经形成和稳定了的市场秩序,防止当事人假商标争议制度不正当地投机取巧和巧取豪夺,避免因轻率撤销已注册商标给企业正常经营造成重大困难。与他人著作权、企业名称权等在先财产权利相冲突的注册商标,因超过商标法规定的争议期限而不可撤销的,在先权利人仍可在诉讼时效期间内对其提起侵权的民事诉讼,但人民法院不再判决承担停止使用该注册商标的民事责任。

10. 妥善处理注册商标、企业名称与在先权利的冲突,依法制止"傍名牌"等不正当竞争行为。除注册商标之间的权利冲突民事纠纷外,对于涉及注册商标、企业名称与在先权利冲突的民事纠纷,包括被告实际使用中改变了注册商标或者超出核定使用的商品范围使用注册商标的纠纷,只要属于民事权益争议并符合民事诉讼法规定的受理条件,人民法院应予受理。凡被诉侵权商标在人民法院受理案件时尚未获得注册的,均不妨碍人民法院依法受理和审理;被诉侵权商标虽为注册商标,但被诉侵权行为是复制、摹仿、翻译在先驰名商标的案件,人民法院应当依法受理。

按照诚实信用、维护公平竞争和保护在先权利等原则,依法审理该类权利冲突案件。有工商登记等的合法形式,但实体上构成商标侵权或者不正当竞争的,依法认定构成商标侵权或者不正当竞争,既不需要以行政处理为前置条件,也不应因行政处理而中止诉讼。在中国境外取得的企业名称等商业标识,即便其取得程序符合境外的法律规定,但在中国境内的使用行为违反我国法律和扰乱我国市场经济秩序的,按照知识产权的独立性和地域性原则,依照我国法律认定其使用行为构成商标侵权或者不正当竞争。企业名称因突出使用而侵犯在先注册商标专用权的,依法按照商标侵权行为处理;企业名称未突出使用但其使用足以产生市场混淆、违反公平竞争的,依法按照不正当竞争处理。对于因历史原因造成的注册商标与企业名称的权利冲突,当事人不具有恶意的,应当视案件具体情况,在考虑历史因素和使用现状的基础上,公平合理地解决冲突,不宜简单地认定构成商标侵权或者不正当竞争;对于权属已经清晰的老字号等商业标识纠纷,要尊重历史和维护已形成的法律秩序。对于具有一定市场知名度、为相关公众所熟知、已实际具有商号作用的企业名称中的字号、企业或者企业名称的简称,视为企业名称并给予制止不正当竞争的保护。因使用企业名称而构成侵犯商标权的,可以根据案件具体情况判令停止使用,或者对该企业名称的使用方式、使用范围作出限制。因企业名称不正当使用他人具有较高知名度的注册商标,不论是否突出使用均难以避免产生市场混淆的,应当根据当事人的请求判决停止使用或者变更该企业名称。判决停止使用而当事人拒不执行的,要加大强制执行和相应的损害赔偿救济力度。

11. 加强不正当竞争和反垄断审判,统筹兼顾自由竞争与公平竞争的关系,积极促进市场结构完善和社会主义市场经济体制的健全。妥善处理专利、商标、著作权等知识产权专门法与反不正当竞争法的关系,反不正当竞争法补充性保护不能抵触专门法的立法政策,凡专门法已作穷尽规定的,原则上不再以反不正当竞争法作扩展保护。凡反不正当竞争法已在特别规定中作穷尽性保护的行为,一般不再按照原则规定扩展其保护范围;对于其未作特别规定的竞争行为,只有按照公认的商业标准和普遍认识能够认定违反原则规定时,才可以认定构成不正当竞争行为,防止因不适当地扩大不正当竞争范围而妨碍自由、公平竞争。妥善处理保护商业秘密与自由择业、涉密者竞业限制和人才合理流动的关系,维护劳动者正当就业、创业的合法权益。高度重视反垄断法的执行,依法审理好各类垄断纠纷案件,遏制垄断行为,维护公平竞争,为企业提供自由宽松的创业和发展环境。

四、完善知识产权诉讼制度,着力改善贸易和投资环境,积极推动对外开放水平的提高

12. 加强诉权保护,畅通诉讼渠道。依法加强诉权保护,凡符合受理条件的起诉均应及时受理;凡经权利人明确授权代为提起诉讼的律师,均可以权利人的名义提起诉讼,并考虑境外当事人维权的实际,不苛求境外权利人在起诉书上签章。结合知识产权审判实际,完善各种诉讼制度,简化救济程序,积极施行各项便民利民措施,增强司法救济的有效性。

13. 完善确认不侵权诉讼制度,遏制知识产权滥用行为,为贸易和投资提供安全宽松的司法环境。继续探索和完善知识产权领域的确认不侵权诉讼制度,充分发挥其维护投资和经营活动安全的作用。除知识产权权利人针对特定主体发出侵权警告且未在合理期限内依法提起诉讼,被警告人可以提起确认不侵权诉讼以外,正在实施或者准备实施投资建厂等经营活动的当事人,受到知识产权权利人以其他方式实施的有关侵犯专利权等的警告或威胁,主动请求该权利人确认其行为不构成侵权,且以合理的方式提供了确认所需的资料和信息,该权利人在合理期限内未作答复或者拒绝确认的,也可以提起确认不侵权诉讼。探索确认不侵犯商业秘密诉讼的审理问题,既保护原告的合法权益和投资安全,又防止原告滥用诉权获取他人商业秘密。

14. 严格把握法律条件,慎用诉前停止侵权措施。采取诉前停止侵权措施既要积极又要慎重,既要合理又要有效,要妥善处理有效制止侵权与维护企业正常经营的关系。诉前停止侵权主要适用于事实比较清楚、侵权易于判断的案件,适度从严掌握认定侵权可能性的标准,应当达到基本确信的程度。在认定是否会对申请人造成难以弥补的损害时,应当重点考虑有关损害是否可以通过金钱赔偿予以弥补以及是否有可执行的合理预期。担保金额的确定既要合理又要有效,主要考虑禁令实施后对被申请人可能造成的损失,也可以参考申请人的索赔数额。严格审查被申请人的社会公共利益抗辩,一般只有在涉及公众健康、环保以及其他重大社会利益的情况下才予考虑。诉前停止侵权涉及当事人的重大经济利益和市场前景,要注意防止和规制当事人滥用有关权利。应考虑被诉企业的生存状态,防止采取措施不当使被诉企业生产经营陷入困境。特别是在专利侵权案件中,如果被申请人的行为不构成字面侵权,其行为还需要经过进一步审理进行比较复杂的技术对比才能作出判定时,不宜裁定责令诉前停止侵犯专利权;在被申请人依法已经另案提出确认不侵权诉讼或者已就涉案专利提出无效宣告请求的情况下,要对被申请人主张的事实和理由进行审查,慎重裁定采取有关措施。根据案件进展情况,注意依法适时解除诉前停止侵权裁定。加强在诉前停止侵权措施申请错误时对受害人的救济,申请人未在法定期限内起诉或者已经实际构成申请错误,受害人提起损害赔偿诉讼的,应给予受害人应有的充分赔偿。对于为阻碍他人新产品上市等重大经营活动而恶意申请诉前停止侵权措施,致使他人的市场利益受到严重损害的情形,要注意给予受害人充分保护。

15. 充分发挥停止侵害的救济作用,妥善适用停止侵害责任,有效遏制侵权行为。根据当事人的诉讼请求、案件的具体情况和停止侵害的实际需要,可以明确责令当事人销毁制造侵权产品的专用材料、工具等,但采取销毁措施应当以有必要为前提,与侵权行为的严重程度相当,且不能造成不必要的损失。如果停止有关行为会造成当事人之间的重大利益失衡,或者有悖社会公共利益,或者实际上无法执行,可以根据案件具体情况进行利益衡量,不判决停止行为,而采取更充分的赔偿或者经济补偿等替代性措施了断纠纷。权利人长期放任侵权、怠于维权,在其请求停止侵害时,倘若责令停止有关行为会在当事人之间造成较大的利益不平衡,可以审慎地考虑不再责令停止行为,但不影响依法给予合理的赔偿。

16. 增强损害赔偿的补偿、惩罚和威慑效果,降低维权成本,提高侵权代价。在确定损害赔偿时要善用证据规则,全面、客观地审核计算赔偿数额的证据,充分运用逻辑推理和日常生活经验,对有关证据的真实性、合法性和证明力进行综合审查判断,采取优势证据标准认定损害赔偿事实。积极引导当事人选用侵权受损或者侵权获利方法计算赔偿,尽可能避免简单适用法定赔偿方法。对于难以证明侵权受损或侵权获利的具体数额,但有证据证明前述数额明显超过法定赔偿最高限额的,应当综合全案的证据情况,在法定最高限额以上合理确定赔偿额。除法律另有规定外,在适用法定赔偿时,合理的维权成本应另行计赔。适用法定赔偿时要尽可能细化和具体说明各种实际考虑的酌定因素,使最终得出的赔偿结果合理可信。根据权利人的主张和被告无正当理由拒不提供所持证据的行为推定侵权获利的数额,要有合理的根据或者理由,所确定的数额要合情合理,具有充分的说服力。注意参照许可费计算赔偿时的可比性,充分考虑正常许可与侵权实施在实施方式、时间和规模等方面的区别,并体现侵权赔偿金适当高于正常许可费的精神。注意发挥审计、会计等专业人员辅助确定损害赔偿的作用,引导当事人借助专业人员帮助计算、说明和质证。积极探索知识产权损害赔偿专业评估问题,在条件成熟时适当引入由专业机构进行专门评估的损害赔偿认定机制。

17. 注意研究经济领域的知识产权新问题,积极促进科技兴贸基地和服务外包基地建设。加强科技兴贸基地和服务外包基地建设所涉及的知识产权保护问题的调查研究,有针对性地加强相关知识产权的司法保护,为促进科技兴贸基地和服务外包基地建设提供优良的司法环境。加大对信息、软件、医药、新材料、航空航天、精细化工等高新技术领域的知识产权保护力度,积极促进科技兴贸基地建设。引导高技术企业进一步增强自主创新能力,拥有自主知识产权,大力支持具有自主品牌和自主知识产权的高新技术产品出口,进一步提高出口产品国际市场竞争力。深入研究服务外包中的知识产权法律问题,促进服务外包基地建设。通过司法裁判引导服务外包企业树立知识产权保护意识,建立健全企业知识产权保护制度,提高外包服务的竞争力。

18. 完善有关加工贸易的司法政策,促进加工贸易健康发展。认真研究加工贸易中的知识产权保护问题,抓紧总结涉及加工贸易的知识产权案件的审判经验,解决其中存在的突出问题,完善司法保护政策,促进加工贸易的转型升级。妥善处理当前外贸"贴牌加工"中多发的商标侵权纠纷,对于构成商标侵权的情形,应当结合加工方是否尽到必要的审查注意义务,合理确定侵权责任的承担。

19. 坚持平等保护原则,坚决反对任何形式的保护主义。严格依法办案,平等保护本地与外地、本国与外国当事人的合法权益,坚决遏制地方保护和部门保护,促进国内市场的统一开放,完善投资环境和增强投资信心,提高国际声誉和树立良好形象,提高对外开放水平。统筹好国内国际两个大局,妥善处理与贸易有关的重大知识产权纠纷,积极服务于国内国际两个市场、两种资源的统筹利用,既确保遵循相关国际公约和国际惯例,促进国际经贸合作,又始终注意维护国家利益和经济安全,激励和促进自主创新,提升我国的知识产权综合能力和国际竞争力。正确处理对外关系与具体案件审理的关系,无论普通涉外案件还是引起国际关注的敏感性案件,都要严格依法办案,不能为盲目迎合片面的外部舆论而牺牲公正司法。

20. 加强同类案件和关联案件的协调指导,规范司法行为,维护法治统一。加强同类案件的调查研究和业务指导,加大司法解释力度,完善司法政策,积极推行典型案例指导制度,不断明确和完善法律适用标准。强化对法官行使自由裁量权的约束和规范机制,细化正当行使自由裁量权的标准。对于法律问题相同、裁判定性不一的案件,强化审级监督,充分发挥二审和再审的纠错功能。加强关联案件的协调指导力度,完善

协调处理机制。对于涉及同一法律事实或者同一法律关系的关联案件,需要移送的,应当依照法律规定移送管辖和合并审理。健全关联案件审理法院之间的相互沟通制度和报请共同上级法院协调指导制度。在后受理的法院,应积极主动加强沟通并及时报请上级法院进行协调,避免作出相互矛盾的判决。

最高人民法院印发《关于专利、商标等授权确权类知识产权行政案件审理分工的规定》的通知

● 2009 年 6 月 26 日
● 法发〔2009〕39 号

为贯彻落实《国家知识产权战略纲要》,完善知识产权审判体制,确保司法标准的统一,现就专利、商标等授权确权类知识产权行政案件的审理分工作如下规定:

第一条 下列一、二审案件由北京市有关中级人民法院、北京市高级人民法院和最高人民法院知识产权审判庭审理:

(一)不服国务院专利行政部门专利复审委员会作出的专利复审决定和无效决定的案件;

(二)不服国务院专利行政部门作出的实施专利强制许可决定和实施专利强制许可的使用费裁决的案件;

(三)不服国务院工商行政管理部门商标评审委员会作出的商标复审决定和裁定的案件;

(四)不服国务院知识产权行政部门作出的集成电路布图设计复审决定和撤销决定的案件;

(五)不服国务院知识产权行政部门作出的使用集成电路布图设计非自愿许可决定的案件和使用集成电路布图设计非自愿许可的报酬裁决的案件;

(六)不服国务院农业、林业行政部门植物新品种复审委员会作出的植物新品种复审决定、无效决定和更名决定的案件;

(七)不服国务院农业、林业行政部门作出的实施植物新品种强制许可决定和实施植物新

品种强制许可的使用费裁决的案件。

第二条 当事人对于人民法院就第一条所列案件作出的生效判决或者裁定不服，向上级人民法院申请再审的案件，由上级人民法院知识产权审判庭负责再审审查和审理。

第三条 由最高人民法院、北京市高级人民法院和北京市有关中级人民法院知识产权审判庭审理的上述案件，立案时统一使用"知行"字编号。

第四条 本规定自2009年7月1日起施行，最高人民法院于2002年5月21日作出的《关于专利法、商标法修改后专利、商标相关案件分工问题的批复》(法〔2002〕117号)同时废止。

最高人民法院关于印发基层人民法院管辖第一审知识产权民事案件标准的通知

● 2010年1月28日
● 法发〔2010〕6号

各省、自治区、直辖市高级人民法院，解放军军事法院，新疆维吾尔自治区高级人民法院生产建设兵团分院：

根据有关高级人民法院的报请，现将经最高人民法院批准的目前具有一般知识产权民事案件管辖权的基层人民法院管辖第一审知识产权民事案件的标准(见附件)统一予以印发，自2010年2月1日起施行。之前已经受理的案件，仍按照各地原标准执行。特此通知。

附件：

基层人民法院管辖第一审知识产权民事案件标准

地区	基层人民法院	管辖第一审知识产权民事案件的标准
北京市	东城区人民法院	诉讼标的额在500万元以下的第一审一般知识产权民事案件以及诉讼标的额在500万元以上1000万元以下且当事人住所地均在北京市高级人民法院辖区的第一审一般知识产权民事案件
	西城区人民法院	
	崇文区人民法院	
	宣武区人民法院	
	朝阳区人民法院	
	海淀区人民法院	
	丰台区人民法院	
	石景山区人民法院	
	昌平区人民法院	

续表

地区	基层人民法院		管辖第一审知识产权民事案件的标准
天津市	和平区人民法院		诉讼标的额在100万元以下的第一审一般知识产权民事案件
	经济技术开发区人民法院		诉讼标的额在50万元以下的第一审一般知识产权民事案件
辽宁省	大连市	西岗区人民法院	诉讼标的额在500万元以下的第一审一般知识产权民事案件
上海市	浦东新区人民法院		诉讼标的额在200万元以下的第一审一般知识产权民事案件
	卢湾区人民法院		
	杨浦区人民法院		
	黄浦区人民法院		
江苏省	南京市	宣武区人民法院	诉讼标的额在200万元以下的第一审一般知识产权民事案件
		鼓楼区人民法院	
		江宁区人民法院	
	苏州市	虎丘区人民法院	
		昆山市人民法院	
		太仓市人民法院	
		常熟市人民法院	
		工业园区人民法院	
	无锡市	滨湖区人民法院	
		江阴市人民法院	
		宜兴市人民法院	
	常州市	武进区人民法院	诉讼标的额在100万元以下的第一审一般知识产权民事案件
		天宁区人民法院	
		常州高新技术产业开发区人民法院	
	镇江市	镇江经济开发区人民法院	
	南通市	通州区人民法院	

续表

地区	基层人民法院		管辖第一审知识产权民事案件的标准
浙江省	杭州市	西湖区人民法院	诉讼标的额在500万元以下的第一审一般知识产权民事案件（义乌市人民法院同时管辖诉讼标的额在500万元以下的第一审实用新型和外观设计专利纠纷案件）
		滨江区人民法院	
		余杭区人民法院	
		萧山区人民法院	
	宁波市	北仑区人民法院	
		鄞州区人民法院	
		余姚市人民法院	
		慈溪市人民法院	
	温州市	鹿城区人民法院	
		瓯海区人民法院	
		乐清市人民法院	
		瑞安市人民法院	
	嘉兴市	南湖区人民法院	
		海宁市人民法院	
	绍兴市	绍兴县人民法院	
	金华市	婺城区人民法院	
		义乌市人民法院	
	台州市	玉环县人民法院	
安徽省	合肥市	高新技术产业开发区人民法院	诉讼标的额在5万元以下的第一审一般知识产权民事案件
福建省	福州市	鼓楼区人民法院	诉讼标的额在50万元以下的第一审一般知识产权民事案件
	厦门市	思明区人民法院	
	泉州市	晋江市人民法院	
江西省	南昌市	南昌高新技术产业开发区人民法院	诉讼标的额在100万元以下的第一审一般知识产权民事案件
		南昌经济技术开发区人民法院	
山东省	济南市	历下区人民法院	诉讼标的额在50万元以下的第一审一般知识产权民事案件以及诉讼标的额在50万元以上100万元以下且当事人住所地均在其所属中级人民法院辖区的第一审一般知识产权民事案件
	青岛市	市南区人民法院	

续表

地区	基层人民法院		管辖第一审知识产权民事案件的标准
湖北省	武汉市	江岸区人民法院	诉讼标的额在300万元以下的第一审一般知识产权民事案件以及诉讼标的额在300万元以上800万元以下且当事人住所地均在武汉市中级人民法院辖区的第一审一般知识产权民事案件
湖南省	长沙市	天心区人民法院	诉讼标的额在300万元以下的第一审一般知识产权民事案件
		岳麓区人民法院	
	株洲市	天元区人民法院	
广东省	广州市	越秀区人民法院	诉讼标的额在200万元以下的第一审一般知识产权民事案件
		海珠区人民法院	
		天河区人民法院	
		白云区人民法院	
		萝岗区人民法院	
		南沙区人民法院	
	深圳市	罗湖区人民法院	
		福田区人民法院	
		南山区人民法院	
		盐田区人民法院	
		龙岗区人民法院	
		宝安区人民法院	
	佛山市	南海区人民法院	
		禅城区人民法院	
		顺德区人民法院	
	汕头市	龙湖区人民法院	
	江门市	蓬江区人民法院	
		新会区人民法院	
	东莞市	东莞市第一人民法院	
	中山市	中山市人民法院	

续表

地区	基层人民法院		管辖第一审知识产权民事案件的标准
广西壮族自治区	南宁市	青秀区人民法院	诉讼标的额在80万元以下的第一审一般知识产权民事案件以及诉讼标的额在80万元以上150万元以下且当事人住所地均在南宁市中级人民法院辖区的第一审一般知识产权民事案件
四川省	成都市	高新区人民法院	诉讼标的额在50万元以下的第一审一般知识产权民事案件
		武侯区人民法院	
		锦江区人民法院	
重庆市	渝中区人民法院		诉讼标的额在300万元以下的第一审一般知识产权民事案件
	沙坪坝区人民法院		
甘肃省	兰州市	城关区人民法院	诉讼标的额在30万元以下的第一审一般知识产权民事案件
	天水市	秦州区人民法院	
新疆生产建设兵团	农十二师	乌鲁木齐垦区人民法院	诉讼标的额在100万元以下的第一审一般知识产权民事案件以及诉讼标的额在100万元以上300万元以下且当事人住所地均在农十二师中级人民法院辖区的第一审一般知识产权民事案件
	农六师	五家渠市人民法院	诉讼标的额在100万元以下的第一审一般知识产权民事案件以及诉讼标的额在100万元以上200万元以下且当事人住所地均在农六师中级人民法院辖区的第一审一般知识产权民事案件

最高人民法院关于调整地方各级人民法院管辖第一审知识产权民事案件标准的通知

- 2010年1月28日
- 法发〔2010〕5号

各省、自治区、直辖市高级人民法院,解放军军事法院,新疆维吾尔自治区高级人民法院生产建设兵团分院:

为进一步加强最高人民法院和高级人民法院的知识产权审判监督和业务指导职能,合理均衡各级人民法院的工作负担,根据人民法院在知识产权民事审判工作中贯彻执行修改后的民事诉讼法的实际情况,现就调整地方各级人民法院管辖第一审知识产权民事案件标准问题,通知如下:

一、高级人民法院管辖诉讼标的额在2亿元以上的第一审知识产权民事案件,以及诉讼标的额在1亿元以上且当事人一方住所地不在其辖区或者涉外、涉港澳台的第一审知识产权民事案件。

二、对于本通知第一项标准以下的第一审知识产权民事案件，除应当由经最高人民法院指定具有一般知识产权民事案件管辖权的基层人民法院管辖的以外，均由中级人民法院管辖。

三、经最高人民法院指定具有一般知识产权民事案件管辖权的基层人民法院，可以管辖诉讼标的额在500万元以下的第一审一般知识产权民事案件，以及诉讼标的额在500万元以上1000万元以下且当事人住所地均在其所属高级或中级人民法院辖区的第一审一般知识产权民事案件，具体标准由有关高级人民法院自行确定并报最高人民法院批准。

四、对重大疑难、新类型和在适用法律上有普遍意义的知识产权民事案件，可以依照民事诉讼法第三十九条的规定，由上级人民法院自行决定由其审理，或者根据下级人民法院报请决定由其审理。

五、对专利、植物新品种、集成电路布图设计纠纷案件和涉及驰名商标认定的纠纷案件以及垄断纠纷案件等特殊类型的第一审知识产权民事案件，确定管辖时还应当符合最高人民法院有关上述案件管辖的特别规定。

六、军事法院管辖军内第一审知识产权民事案件的标准，参照当地同级地方人民法院的标准执行。

七、本通知下发后，需要新增指定具有一般知识产权民事案件管辖权的基层人民法院的，有关高级人民法院应将该基层人民法院管辖第一审一般知识产权民事案件的标准一并报最高人民法院批准。

八、本通知所称"以上"包括本数，"以下"不包括本数。

九、本通知自2010年2月1日起执行。之前已经受理的案件，仍按照各地原标准执行。

本通知执行过程中遇到的问题，请及时报告最高人民法院。

最高人民法院印发《关于充分发挥知识产权审判职能作用推动社会主义文化大发展大繁荣和促进经济自主协调发展若干问题的意见》的通知（节录）

● 2011年12月16日
● 法发〔2011〕18号

……

二、加强涉文化类知识产权案件的审判，促进文化创新和培育新型文化业态，积极推动社会主义文化大发展大繁荣

4. 高度重视涉文化类知识产权案件的审判，依法加强文化类知识产权的保护。我国已形成以著作权法、非物质文化遗产法、计算机软件保护条例、信息网络传播权保护条例等法律、行政法规为主干的文化法律体系，涉文化类知识产权案件的审判已成为知识产权审判的重要方面。要认真贯彻落实中央关于大力发展公益性文化事业、加快发展文化产业的政策措施，制定和完善有关司法解释和司法政策，高度重视涉文化类审判工作，充分发挥知识产权审判对文化建设的规范、引导、促进和保障作用，激励全民族文化创造活力持续迸发，丰富人民社会文化生活，保障人民基本文化权益，推动文化产业跨越式发展，提升我国整体文化实力和国际竞争力。要高度重视涉及文化产业的新类型知识产权保护，积极推动文化产业发展成为国民经济支柱性产业。特别是依法加强出版发行、影视制作、广告、演艺、娱乐、设计等产业领域的著作权保护，推动传统文化产业发展壮大。深入研究和大力加强文化创意、数字出版、移动多媒体、动漫游戏、软件、数据库等战略性新兴文化产业的著作权保护，培育新型文化业态，扩展文化产业发展新领域，培育国民经济新的增长点，提升我国整体文化实力和竞争力。密切关注电信网、广电网、互联网"三网融合"等信息技术发展带来的新问题，在保护著作权益的同时，注重促进新兴产业的发展，促进我国信息化水平的提高。

5. 加大文化创造者权益保护，保障文化创造源泉充分涌流。要妥善处理作品的独创性与独创高度的关系，既维护给予作品著作权保护的基本标准的统一性，又注意把握各类作品的特点和适应相关保护领域的特殊需求，使保护强度与独创高度相协调。要妥善适用著作权法有关著作权的概括性规定，及时保护创作者的新权益。妥善处理个人作品、职务作品和法人作品的关系，既最大限度保护作者权益和鼓励创作积极性，又依法保护法人或者其他组织的合法权益。妥善运用思想和表达两分法，注意思想与表达区分的相对性，合理界定作品保护范围。高度重视传播者权益保护，充分保护出版者、表演者、录音录像制作者、广播电台、电视台的合法权益，促进作品的传播和利用。积极探索对综艺晚会、体育节目等所涉权益的法律保护，合理平衡相关各方利益。

6. 加强网络环境下的著作权保护，妥善处理保护著作权与促进信息网络产业发展和保障信息传播的关系。要准确把握法律、行政法规和司法解释有关网络环境下著作权保护的精神实质，特别要准确把握权利人、网络服务提供者和社会公众之间的利益平衡，既要加强网络环境下著作权保护，又要注意促进信息网络技术创新和商业模式发展，确保社会公众利益。正确把握作品、表演、录音录像制品提供行为与网络服务提供行为的划分，妥善处理有关网络服务提供者免责与归责、"通知与移除"规则与过错归责、网络服务提供者侵权过错与一般侵权过错的差别等关系。凡网络服务提供行为符合法定免责条件的，网络服务提供者不承担侵权赔偿责任；虽然不完全符合法定的免责条件，但网络服务提供者不具有过错的，也不承担侵权赔偿责任。要根据信息网络环境的特点和实际，准确把握网络服务提供行为的侵权过错认定，既要根据侵权事实明显的过错标准认定过错，不使网络服务提供者承担一般性的事先审查义务和较高的注意义务，又要适当地调动网络服务提供者主动防止侵权和与权利人合作防止侵权的积极性。要维护"通知与移除"规则的基本价值，除根据明显的侵权事实能够认定网络服务提供者具有明知或者应知的情形外，追究网络服务提供者的侵权赔偿责任应当以首先适用"通知与移除"规则为前提，既要防止降低网络服务提供者的过错认定标准，使"通知与移除"规则形同虚设；又要防止网络服务提供者对于第三方利用其网络服务侵权消极懈怠，滥用"通知与移除"规则。

7. 妥善处理好技术中立与侵权行为认定的关系，实现有效保护著作权与促进技术创新、产业发展的和谐统一。既要准确把握技术作为工具手段所具有的价值中立性和多用途性，又要充分认识技术所反映和体现的技术提供者的行为与目的。既不能把技术所带来的侵权后果无条件地归责于技术提供者，窒息技术创新和发展；也不能将技术中立绝对化，简单地把技术中立作为不适宜免除侵权责任的挡箭牌。对于具有实质性非侵权商业用途的技术，严格把握技术提供者承担连带责任的条件，不能推定技术提供者应知具体的直接侵权行为的存在，其只在具备其他帮助或者教唆行为的条件下才与直接侵权人承担连带责任；对于除主要用于侵犯著作权外不具有其他实质性商业用途的技术，可以推定技术提供者应知具体的直接侵权行为的存在，其应与直接侵权人承担连带责任。在审理涉及网络著作权、"三网融合"等新兴产业著作权案件时，尤其要准确把握技术中立的精神，既有利于促进科技和商业创新，又防止以技术中立为名行侵权之实。

8. 妥当运用著作权的限制和例外规定，正确判定被诉侵权行为的合法性，促进商业和技术创新，充分保障人民基本文化权益。正确认定合理使用和法定许可行为，依法保护作品的正当利用和传播。在促进技术创新和商业发展确有必要的特殊情形下，考虑作品使用行为的性质和目的、被使用作品的性质、被使用部分的数量和质量、使用对作品潜在市场或价值的影响等因素，如果该使用行为既不与作品的正常使用相冲突，也不至于不合理地损害作者的正当利益，可以认定为合理使用。对设置或者陈列在室外社会公共场所的艺术作品进行临摹、绘画、摄影或者录像，并对其成果以合理的方式和范围再行使用，无论该使用行为是否具有商业目的，均可认定为合理使用。

9. 综合运用多种法律手段，积极推动非物质文化遗产的保护、传承和开发利用,促进我国丰富的文化资源转化为强大的文化竞争力。非物质文化遗产是凝聚民族精神、传承民族文化、维护文化多样性、促进社会和谐和可持续发展的重要基础和纽带,是文化创新的重要源泉。本着传承与创新、保护和利用并重的原则,根据现有法律和立法精神,积极保护民间文学艺术、传统知识、遗传资源等非物质文化遗产,公平合理地协调和平衡在发掘、整理、传承、保护、开发和利用过程中各方主体的利益关系。坚持尊重原则,利用非物质文化遗产应尊重其形式和内涵,不得以歪曲、贬损等方式使用非物质文化遗产。坚持来源披露原则,利用非物质文化遗产应以适当方式说明信息来源。鼓励知情同意和惠益分享,非物质文化遗产利用者应尽可能取得保存者、提供者、持有者或者相关保护部门的知情同意,并以适当方式与其分享使用利益。综合运用著作权法、商标法、专利法、反不正当竞争法等多种手段,积极保护非物质文化遗产的传承和商业开发利用。

10. 充分利用著作权保护手段,依法保护民间文学艺术作品。民间文学艺术作品的著作权保护,既要有利于民间文学艺术的传承,发挥其凝聚民族精神和维系民族精神家园的作用,又要有利于创新和利用,提高中华文化影响力。民间文学艺术作品可由产生和传承该作品的特定民族或者区域群体共同享有著作权,该特定民族或者区域的相关政府部门有权代表行使保护权利。对于民间文学艺术作品的保存人和整理人,应尊重其以适当方式署名的权利。利用民间文学艺术的元素或者素材进行后续创作,无需取得许可或支付费用;形成具有独创性作品的,作者可依法获得完整的著作权保护,但应说明其作品的素材来源。不当利用民间文学艺术作品给特定民族或者区域群体精神权益造成损害的,人民法院可以判令不当利用人承担相应的民事责任。

11. 有效利用商标法、专利法等法律手段,保护非物质文化遗产的商业价值,促进具有地方特色的自然、人文资源优势转化为现实生产力。将非物质文化遗产的名称、标志等申请商标注册,构成对非物质文化遗产的歪曲、贬损、误导等不正当利用行为,损害特定民族或者区域群体

精神权益的,可以认定为具有其他不良影响,禁止作为商标使用;已经使用并造成不良影响的,人民法院可以根据具体案情,判决使用人承担停止使用、赔礼道歉、消除影响等民事责任。非物质文化遗产的名称、标志等构成地理标志的,可视具体情况作为在先权利予以保护。非物质文化遗产中的传统知识和遗传资源构成商业秘密的,禁止他人窃取、非法披露和使用。违反法律、法规的规定获取或者利用遗传资源,依赖该遗传资源完成发明创造并获得专利授权,专利权人指控他人侵犯其专利权的,可以不予支持。

三、加大科技成果权保护力度,推动科技进步与创新,提高自主创新能力

12. 依法加强专利、植物新品种、集成电路布图设计等科技类知识产权保护,积极推动科技进步和创新。根据科技进步的新趋势和经济发展的新需求,以提高我国原始创新能力和增强集成创新、引进消化吸收再创新能力为重要目标,准确贯彻专利法立法精神和正确进行侵权判定,加强对关键核心技术、基础前沿领域和战略性新兴产业的知识产权保护,推动技术突破和技术创新,推进传统产业优化升级,加快培育和发展战略性新兴产业,加快形成先导性、支柱性产业,增强企业和国家核心竞争力。加大涉文化领域科技类知识产权保护力度,发挥科技创新对文化发展的引擎作用,推动提高文化产业技术装备水平,增强文化产业核心竞争力,推动中华文化走向世界。

13. 正确把握专利权保护宽严适度的司法政策,大力提高自主创新能力。确定专利权的具体保护范围和强度时要适当考虑不同技术领域专利权的特点和创新实际,符合不同技术领域的创新需求、创新特点和发展实际。坚持发明和实用新型专利权利范围的折衷解释原则,准确界定专利权的保护范围。重视专利的发明目的对专利权保护范围的限定作用,不应把具有专利所要克服的现有技术缺陷或者不足的技术方案纳入保护范围。对于创新程度高、研发投入大、对经济增长具有突破和带动作用的首创发明,应给予相对较高的保护强度和较宽的等同保护范围;对于创新程度相对较低的改进发明,应适当限制其等同保护范围。

14. 正确运用专利侵权判定方法,加大对专利侵权行为的遏制力度。准确把握发明和实用新型专利侵权判定的全部技术特征对比、禁止反悔、捐献等判断规则,继续探索完善等同侵权适用条件。等同侵权应以手段、功能和效果基本相同并且对所属领域普通技术人员显而易见为必要条件,防止简单机械适用等同侵权或者不适当扩展其适用范围。现有技术抗辩规则在等同侵权和相同侵权中均可适用。准确把握外观设计专利侵权判定的整体观察设计特征、综合判断整体视觉效果的判定方法,以外观设计产品的一般消费者为判断主体,以外观设计的区别设计特征为核心,以产品外观设计整体视觉效果的相同或者近似作为判断侵权成立的根本标准。正确适用现有技术和设计抗辩,被诉侵权人以一份对比文献中记载的一项现有技术方案或者一项现有设计与公知常识或者惯常设计的显而易见组合主张现有技术或者现有设计抗辩的,应当予以支持。被诉侵权人以实施抵触申请中的技术方案或者外观设计主张其不构成专利侵权的,可以参照现有技术或者现有设计抗辩的审查判断标准予以评判。

15. 妥善审理产品制造方法发明专利侵权案件,依法保护方法发明专利权。在适当考虑方法专利权利人维权的实际困难的同时,兼顾被诉侵权人保护其商业秘密的合法权益。依法适用新产品制造方法专利的举证责任倒置规则,使用专利方法获得的产品以及制造该产品的技术方案在专利申请日前不为公众所知的,制造相同产品的被诉侵权人应当承担其产品制造方法不同于专利方法的举证责任。使用专利方法获得的产品不属于新产品,专利权人能够证明被诉侵权人制造了同样产品,经合理努力仍无法证明被诉侵权人确实使用了该专利方法,但根据案件具体情况,结合已知事实以及日常生活经验,能够认定该同样产品经由专利方法制造的可能性很大的,可以根据民事诉讼证据司法解释有关规定,不再要求专利权人提供进一步的证据,而由被诉侵权人提供其制造方法不同于专利方法的证据。要针对方法专利侵权举证困难的实际,依法采取证据保全措施,适当减轻方法专利权利人的举证负担。要注意保护被申请人的利益,防止当事人滥用证据保全制度非法获取他人商业秘密。被诉侵权人提供了其制造方法不同于专利方法的证据,涉及商业秘密的,在审查判断时应注意采取措施予以保护。

16. 妥善处理保护专利权与防止权利滥用的关系,依法规制滥用专利权及滥用诉前禁令制度。在依法保护专利权和保障当事人诉权的同时,注意防止专利权人明显违背法律目的行使权利,不正当地损害竞争对手,妨碍公平竞争和扰乱市场秩序。对于明知其专利权属于现有技术或者现有设计,仍然恶意向正当实施者及其交易对象滥发侵权警告或者滥用诉权,构成侵权的,可以视情支持受害人的损害赔偿请求。适度从严把握法律条件,加强程序保障,依法慎重采取诉前停止侵犯专利权措施。坚持把事实比较清楚、侵权易于判断作为采取诉前停止侵权措施的前提条件。对于需要进行比较复杂的技术对比才能作出侵权可能性判断的行为,不宜裁定采取责令诉前停止侵权措施。在条件允许的情况下,尽可能通过听取申请人与被申请人意见的方式对侵权可能性作出准确判断。宣告涉案专利权无效的无效请求审查决定已经作出的,一般不得裁定采取诉前停止侵害专利权措施。

17. 加强植物新品种权保护,推进农业科技创新,促进农业发展方式加快转变。加大对具有自主知识产权的重大农业科技成果和植物新品种的保护力度,促进提高自主创新能力,推进农业科技进步,提高农业综合生产能力、抗风险能力和市场竞争力。依法严格保障品种权人的利益,大力促进品种的培育和创新成果的转化,发展现代农业。加大对侵犯植物新品种行为的打击力度,对于为商业目的生产、销售或者重复使用授权品种繁殖材料等侵权行为,要及时依法予以制止;对于假冒他人授权品种的行为,也应以侵犯植物新品种权纠纷论处。依法审查品种权人的证据保全申请,积极采取证据保全措施,保障品种权人及时获得司法救济。对被诉侵权繁殖材料采取证据保全措施,应尽量遵守相应的技术规程,保证取样的客观性和代表性,但不得以未邀请有关专业技术人员协助取样为由简单否定证据保全的效力。注意依法保护农民的合法权益,维护农业和农村稳定。正确区分作为品种生产者、管理者的制种大户与以种植为业的普通个人、农村承包经营户，既要依法免除以种植为业的普通个人、农村承包经营户自繁自用授权品种繁殖材料的侵权责任，又要防止实质上成为品种生产者和管理者的制种大户逃避法律制裁。

四、加强商标权保护，培育和维护知名品牌，积极促进社会主义市场经济的竞争性、创新性和包容性增长

18. 依法加强商标权保护。商标权的保护，必须有利于鼓励正当竞争，有利于划清商业标识之间的边界，有利于遏制恶意抢注他人知名商业标识及"傍名牌"行为，有利于为知名品牌的创立和发展提供和谐宽松的法律环境，为培育知名品牌和提升企业综合竞争力提供助力，推动我国从制造大国向品牌强国加快转变。要根据商标的知名度、显著程度等，恰当运用商标近似、商品类似、在先使用并且有一定影响的商标、以欺骗或者不正当手段取得商标注册等裁量性法律标准，妥善把握商标注册申请人或者注册人是否有真实使用意图，以及结合商标使用过程中的"傍名牌"行为认定主观恶意等，用足用好商标法有关规定，加大遏制恶意抢注、"傍名牌"等不正当行为的力度，充分体现商标权保护的法律导向。

19. 妥善处理商标近似与商标构成要素近似的关系，准确把握认定商标近似的法律尺度。认定是否构成近似商标，要根据案件的具体情况。通常情况下，相关商标的构成要素整体上构成近似的，可以认定为近似商标。相关商标构成要素整体上不近似，但主张权利的商标的知名度远高于被诉侵权商标的，可以采取比较主要部分决定其近似与否。要妥善处理最大限度划清商业标识之间的边界与特殊情况下允许构成要素近似商标之间适当共存的关系。相关商标均具有较高知名度，或者相关商标的共存是特殊条件下形成时，认定商标近似还应根据两者的实际使用状况、使用历史、相关公众的认知状态、使用者的主观状态等因素综合判定，注意尊重已经客观形成的市场格局，防止简单地把商标构成要素近似等同于商标近似，实现经营者之间的包容性发展。

20. 充分考虑商标所使用商品的关联性，准确把握商品类似的认定标准。认定商品类似可以参考类似商品区分表，但更应当尊重市场实际。要以相关公众的一般认识为标准，结合商品的功能、用途、生产部门、销售渠道、消费对象等因素，正确认定商标法意义上的商品类似。主张权利的商标已实际使用并具有一定知名度的，认定商品类似要充分考虑商品之间的关联性。相关公众基于对商品的通常认知和一般交易观念认为存在特定关联性的商品，可视情纳入类似商品范围。

21. 规范驰名商标的认定和保护，切实加强驰名商标保护。驰名商标保护的目的在于适当扩张具有较高知名程度的商标的保护范围和保护强度，不是评定或者授予荣誉称号。凡当事人主张驰名商标保护且符合保护条件和确有必要的，应当依法予以认定和保护。对于一般公众广泛知晓的驰名商标，要结合众所周知的驰名事实，减轻商标权人对于商标驰名情况的举证责任。认定驰名商标并不要求具有等同划一的知名程度，但驰名商标的保护范围和强度要与其显著性和知名度相适应，对于显著性越强和知名度越高的驰名商标，要给予其更宽的跨类保护范围和更强的保护力度。要认真执行司法解释的规定，准确把握驰名商标的保护范围，加强对驰名商标事实认定的严格把关，坚持判前审核制度，防止当事人弄虚作假，为骗取驰名商标的认定而进行虚假诉讼。

22. 妥善认定商标侵权抗辩，维护正当经营者的合法权益。商标侵权行为应以在商业标识意义上使用相同或者近似商标为条件，被诉侵权人为描述或者说明其产品或者服务的特点而善意合理地使用相同或者近似标识的，可以依法认定为正当使用。注册商标权人的注册商标属于复制、摹仿或者翻译他人未在中国注册的驰名商标、抢注被代理人或者被代表人的商标或者以不正当手段抢注他人已经使用并有一定影响的商标，被诉侵权的在先商标使用人以此为由提出抗辩的，应当予以支持。

23. 妥善处理实体与程序的关系，强化商标授权确权争议的实质性解决。程序既有其独立的法律价值，又必须以实体问题的解决和实体公正的实现为取向和终极目标。实体公正既是程

序运行的目标和指引,又需要以程序公正为支撑和保障。既要高度重视程序公正,防止忽视程序公正片面追求实体公正,又要以实体公正为依归,防止机械司法。当事人因行使程序权利的瑕疵而可能影响其重大实体权益,甚至可能导致其丧失救济机会且没有其他救济途径的,可以根据案件具体情况给予补救机会。要注重商标授权确权争议的实质性解决,避免陷入不必要的程序重复,搁置实体问题和回避矛盾。对于商标是否应予注册、是否应当撤销等能够做出实体性判断的,可以在裁判理由中作出明确的判断,为被诉行政机关重作决定作出明确指引。

五、依法规范竞争秩序,培育自由公平、诚信守法的竞争文化,创造公平有序、充满活力的市场环境

24. 加强不正当竞争案件的审判,维护市场公平竞争。妥善处理好知识产权专门法与反不正当竞争法的关系,在激励创新的同时,又要鼓励公平竞争。反不正当竞争法补充保护作用的发挥不得抵触知识产权专门法的立法政策,凡是知识产权专门法已作穷尽性规定的领域,反不正当竞争法原则上不再提供附加保护,允许自由利用和自由竞争,但在与知识产权专门法的立法政策相兼容的范围内,仍可以从制止不正当竞争的角度给予保护。妥善处理好反不正当竞争法的原则规定与特别规定之间的关系,既要充分利用原则规定的灵活性和适应性,有效制止各种花样翻新、层出不穷的不正当竞争行为,又要防止原则规定适用的随意性,避免妨碍市场自由公平竞争。严格把握反不正当竞争法原则规定的适用条件,凡属反不正当竞争法特别规定已作明文禁止的行为领域,只能依照特别规定规制同类不正当竞争行为,原则上不宜再适用原则规定扩张适用范围。反不正当竞争法未作特别规定予以禁止的行为,如果给其他经营者的合法权益造成损害,确属违反诚实信用原则和公认的商业道德而具有不正当性,不制止不足以维护公平竞争秩序的,可以适用原则规定予以规制。正确把握诚实信用原则和公认的商业道德的评判标准,以特定商业领域普遍认同和接受的经济人伦理标准为尺度,避免把诚实信用原则和公认的商业道德简单等同于个人道德或者社会公德。

25. 依法加强商业秘密保护,有效制止侵犯商业秘密的行为,为企业的创新和投资创造安全和可信赖的法律环境。根据案件具体情况,合理把握秘密性和不正当手段的证明标准,适度减轻商业秘密权利人的维权困难。权利人提供了证明秘密性的优势证据或者对其主张的商业秘密信息与公有领域信息的区别点作出充分合理的解释或者说明的,可以认定秘密性成立。商业秘密权利人提供证据证明被诉当事人的信息与其商业秘密相同或者实质相同且被诉当事人具有接触或者非法获取该商业秘密的条件,根据案件具体情况或者已知事实以及日常生活经验,能够认定被诉当事人具有采取不正当手段的较大可能性,可以推定被诉当事人采取不正当手段获取商业秘密的事实成立,但被诉当事人能够证明其通过合法手段获得该信息的除外。以符合法定条件的商业秘密信息为依据,准确界定商业秘密的保护范围,每个单独的商业秘密信息单元均构成独立的保护对象。完善商业秘密案件的审理和质证方式,对于涉及商业秘密的证据,要尝试采取仅向代理人展示、分阶段展示、具结保密承诺等措施限制商业秘密的知悉范围和传播渠道,防止在审理过程中二次泄密。妥善处理商业秘密民事侵权诉讼程序与刑事诉讼程序的关系,既注意两种程序的关联性,又注意其相互独立性,在依法保护商业秘密的同时,也要防止经营者恶意启动刑事诉讼程序干扰和打压竞争对手。

26. 妥善处理保护商业秘密与自由择业、涉密者竞业限制和人才合理流动的关系,维护劳动者正当就业、创业的合法权益,依法促进劳动力的合理流动。职工在工作中掌握和积累的知识、经验和技能,除属于单位的商业秘密的情形外,构成其人格的组成部分,职工离职后有自主利用的自由。在既没有违反竞业限制义务,又没有侵犯商业秘密的情况下,劳动者运用自己在原用人单位学习的知识、经验与技能为其他与原单位存在竞争关系的单位服务的,不宜简单地以反不正当竞争法的原则规定认定构成不正当竞争。妥善处理商业秘密保护和竞业限制协议的关系,竞业限制协议以可保护的商业秘密存在为前提,但两者具有不同的法律依据和行为表现,违反竞业限制义务不等于侵犯商业秘密,竞业限制的期限

也不等于保密期限。原告以侵犯商业秘密为由提起侵权之诉,不受已存在竞业限制约定的限制。

27. 加强垄断案件的审理工作,及时有效制止垄断行为,增强市场活力,促进市场结构的完善和市场经济的健康发展。要强化反垄断法的效果思维,全面考虑各种相关因素,综合评估涉嫌垄断行为的反竞争和促进竞争的效果,依法认定垄断行为。注意发挥经济学专家和专业机构的作用,探索引进经济分析方法的途径和方式。要根据不同的垄断行为类型,合理分配垄断民事纠纷案件中当事人的证明责任。对于明显具有严重排除、限制竞争效果的垄断协议,可以不再要求受害人举证证明该协议具有排除、限制竞争的效果;对于公用企业以及其他具有独占经营资格的经营者滥用市场支配地位的,可以根据案件具体情况适当减轻受害人的举证责任。

六、加强知识产权诉讼制度建设,完善审判体制和工作机制

28. 深刻把握知识产权案件的特点与规律,建立健全适合知识产权案件特点的纠纷解决机制。正确把握"调解优先、调判结合"的工作原则。要根据知识产权案件专业技术性强的特点,积极引导当事人选择委托调解、专家调解、行业调解等方式解决纠纷。坚持依法自愿调解原则,不得违背当事人意愿强调硬调和以拖促调。对于当事人或者相关行业对判明是非的期待高,或者对明确规则的要求强烈,或者对判决的接受程度高的案件,尽可能选择以判决方式解决纠纷,充分发挥司法裁判的指引和导向功能。要发挥科技专家在解决纠纷中的作用,完善知识产权案件专业技术问题解决机制。

29. 继续完善知识产权审判体制机制,充分发挥知识产权司法保护的综合效能。按照国家知识产权战略的要求,积极推进由知识产权审判庭集中审理知识产权民事、行政和刑事案件的试点工作,建立知识产权民事、行政和刑事审判协调机制,提高司法效率,统一司法标准,发挥整体保护效能,努力构建资源优化、科学运行、高效权威的知识产权审判体系。要加强与公安机关、检察机关以及知识产权行政执法机关的协调配合,形成保护合力。优化知识产权案件管辖布局,适

当增加管辖一般知识产权案件的基层法院,鼓励中、基层法院根据工作需要开展跨地区划片集中管辖,合理配置审判资源。

30. 维护法治统一,促进市场统一开放。完善案件管辖制度,加强监督制约,适当采取提级管辖、异地指定管辖等措施,有效遏制地方保护和部门保护现象,保障案件公正审理。决定提级管辖或者异地指定管辖的,原管辖法院要正确对待,及时移交案件。切实加强审判监督,发挥二审和再审的纠错功能,防止为顾及审判绩效考核指标而迁就错误裁判。对于指令再审的案件,有关再审法院要正确理解和认真对待再审指令,依法改正错误。对于无视再审指令,拖延再审或者无正当理由不执行再审指令的,要严肃纪律,情节严重的给予通报批评。进一步完善工作机制,适当加大知识产权关联案件的协调和指导力度,维护裁判标准的统一。

最高人民法院印发《关于充分发挥审判职能作用为深化科技体制改革和加快国家创新体系建设提供司法保障的意见》的通知(节录)

● 2012 年 7 月 19 日
● 法发〔2012〕15 号

……

二、加大智力成果保护力度,有效激励自主创新和技术跨越

(三)切实贯彻加强保护、分门别类和宽严适度的知识产权司法政策,合理界定专利权保护范围和强度。根据原始创新、集成创新和引进消化吸收再创新的实际和特点,进一步完善专利等科技成果司法保护体系和裁判标准,积极促进关键领域的原创性重大突破以及战略性高技术领域跨越式发展,不断适应科技领域日益活跃的创新实际,不断强化法律适用标准的与时俱进。结合专利创新程度和产业政策,进一步强化司法裁判对科技创新活动的导向作用,有针对性地加大对关键领域和核心技术的保护力度。对于创新程度高、对技术革新具有突破和带动作用的首创发

明,给予相对较高的保护强度和较宽的保护范围,促进原始创新能力明显提高。适度从严把握等同侵权的适用条件,避免不适当地扩张专利权保护范围,防止压缩创新空间和损害公共利益,促进集成创新、引进消化吸收再创新能力大幅增强。进一步完善权利要求解释规则,合理划定民事权利与公有领域的法律界限,既保护权利人的正当权益,鼓励发明创造,又防止其不适当地侵入公有领域,妨碍科技创新。

(四)合理调整专利授权确权司法审查标准,积极鼓励发明创造。妥善审理专利授权确权纠纷案件,依法履行对专利授权确权行为的司法审查职责,强化对实质性授权条件的审查判断,为科技创新营造良好的司法环境。根据不同技术领域的特点、具体产业政策的要求和我国科技发展的实际,细化和完善专利授权确权司法审查标准,促使专利审查规则和授权行为的规范化、科学化,不断提高专利授权质量。完善司法审查程序和证据规则,改进裁判方式,尽可能避免循环诉讼和程序往复,促进行政争议的实质性解决,尽快稳定权利状态,提高司法审查、授权确权的质量和效率。充分考虑专利文件撰写的客观局限,在专利申请文件公开的范围内,尽可能保证确有创造性的发明创造取得专利权,实现专利申请人所获得的权利与其技术贡献相匹配,最大限度地提升科技支撑引领经济社会发展的能力。

(五)加强工业设计司法保护,推动经济和产业格局优化。依法审理涉及发明、实用新型、外观设计、集成电路布图设计等各类科技成果权的纠纷案件,积极推进我国工业设计和制造水平的深刻变革。综合利用各种法律手段,加大工业设计保护力度,激发设计人员的创作热情,促进实用与美感兼具、创新与文化融合的工业设计不断涌现,提升我国在国际分工和产业链中的地位。贯彻新专利法提高外观设计授权标准的立法精神,根据一般消费者的知识水平和认知能力,适当考虑外观设计的设计空间,细化和完善司法审查标准,提高外观设计授权质量,推动产品设计多样化。加强对具有独创性的集成电路布图设计的保护,依法打击非法复制和商业利用集成电路布图设计的行为,鼓励集成电路技术创新。

(六)依法明晰技术成果归属,激发创造热情,依法审理技术成果权属、发明人资格纠纷案件,准确界定职务成果与非职务成果的法律界限,既要根据意思自治原则,依法支持发明人依合同约定取得技术成果权,又要准确把握职务技术成果的认定标准,防止职务成果非职务化。依法审理职务发明人奖励、报酬纠纷案件,结合科技创新质量和实际贡献,保障发明人获得相应奖励和报酬的权利,既要激励企业职工从事技术创新的积极性,又要鼓励企业加大研发投入,增强社会创造活力。

(七)妥善处理专利与标准的关系,合理平衡各方利益。对于涉及国家、行业或者地方标准的专利侵权纠纷案件,要结合行业特点、标准性质、制定程序等,根据公平合理无歧视的原则,合理确定当事人的法律责任,推动专利信息事先披露、许可费支付等标准制定程序和规则的完善。合理规范和平衡专利权人与社会公众之间的利益关系,规范公众可以获得实施许可的方式、条件和程序,既要鼓励专利的标准化,发挥标准对技术创新的推动作用,又要防止标准对技术创新的阻碍,实现标准和技术创新的互相促进和良性循环,共同提高创新主体的核心竞争力。

(八)依法制止科技领域的不正当竞争和垄断行为,营造公平有序的创新环境。针对高新技术领域市场竞争激烈、新类型不正当竞争行为频发的新情况新特点,妥善运用反不正当竞争法的原则条款,以诚实信用原则和公认的商业道德为基本标准,有效遏制各种搭车模仿、阻碍创新的新类型不正当竞争行为,为形成公平诚信的竞争秩序提供及时有力的司法规范和引导。加强高科技领域垄断纠纷案件的审理,积极探索和总结法律适用的新问题,有效遏制垄断行为,打破行业壁垒和部门分割,保障各类企业公平获得创新资源,实现创新资源的合理配置和高效利用,促进技术创新和产业发展。

(九)加强商业秘密司法保护,维护合法正当的创新秩序。结合商业秘密保护的实际,针对商业秘密纠纷案件举证难、保密难等特点,尽可能降低商业秘密权利人的维权难度,合理分配当事人的举证责任,有效遏制侵犯商业秘密行为。依法认定商业秘密的构成要件,促使企业增强对商业秘密的保护意识,规范和完善保密措施。妥善处理商业秘密保护与科技人才合理流动的关系，既要保护企业的商业秘密，又要保障科技人才的合理流动，鼓励科研院所、高等院校与企业创新人才双向交流。

（十）加大农业科技成果保护力度，促进农业科技创新。依法审理各类涉农科技纠纷案件，严厉打击制售假冒伪劣品种、侵犯植物新品种权等侵犯农业科技成果的行为，最大程度地激励农业技术创新，促进农业生物技术、先进制造技术、精准农业技术等方面重大自主创新成果的创造，积极推动突破农业技术瓶颈和抢占现代农业科制高点。切实从我国农业科技整体水平出发，依法确认育种者免责、农民免责，合理平衡权利人与社会公众的利益关系，加快农业技术转移和成果转化，推动现代农业经营方式转变，促进涉农新型产业的发展。

（十一）加强科技领域的商标权司法保护，促进企业提高品牌战略的创新能力。依法审理商标权纠纷案件，增强科技型企业的商标意识，支持和引导科技型企业实施商标品牌战略，促使其在经营中积极、规范使用自主商标，提高企业的市场竞争力和创新能力。严厉制裁商标假冒、恶意模仿等侵权行为，维护知名品牌市场价值，发挥知名品牌凝聚创新要素和整合创新资源的品牌效应，促使拥有知名品牌的企业发挥骨干创新主体的引领作用。

（十二）加大涉科技领域和商业领域的著作权保护力度，推进科技创新、文化创新和新兴产业发展。针对科技创新带来的著作权保护领域和保护需求的新变化，根据文化创新的需要和商业领域著作权保护的新特点，加强相关著作权保护力度，积极促进文化创新、商业模式创新和文化创意产业发展，推进文化与科技、产业相互激励和深度融合。大力加强软件、数据库、动漫、网络、文化创意等新兴文化产业和高新科技领域的著作权保护，准确把握新科技环境下著作权司法标准，实现激励创作、促进产业发展和保障创新成果惠及民生的协调统一。积极应对数字化、网络化、智能化带来的著作权保护新问题，在保护著作权益的同时，注重促进工业化和信息化的融合，提高科技对文化事业和文化产业发展的支撑能力。

（十三）充分发挥涉科技领域的司法审查职能，积极营造促进科技创新的执法环境。依法审理涉科技领域的行政案件，支持和监督行政机关依法制裁侵犯科技成果权的行为，促进行政执法的法治化和规范化。依法受理行政机关申请的强制执行案件，经审查符合执行条件的，应及时裁定并予以执行，促进行政机关营造有利于知识产权保护和国家创新体系建设的行政管理秩序。

（十四）充分发挥刑罚功能，严惩侵犯知识产权犯罪。对侵犯商标权、著作权、商业秘密及假冒专利等知识产权犯罪行为，进一步完善定罪量刑标准，规范缓刑适用，根据犯罪情况和危害后果，依法从严惩处。在依法判处主刑的同时，加大罚金刑的适用与执行力度，并通过采取销毁侵权产品以及追缴、退赔违法所得等措施，剥夺侵权人的再犯罪能力和条件。

三、依法促进创新要素合理配置，积极推动科技与经济社会发展紧密结合

（十五）妥善处理技术合同纠纷，促进科技成果转化。依法审理科技创新中产生的各类技术合同纠纷案件，认真贯彻合同法，尊重当事人意思自治，审慎把握合同无效和合同解除的事由，加强保护守约方合法权益，合理认定技术成果开发、转让、许可、质押、技术咨询和中介等环节形成的利益分配及责任承担，引导和支持企业加强技术研发能力建设，推动产学研用紧密结合，培育和规范知识产权服务市场，促进技术成果迅速转化为现实生产力和市场竞争力。

（十六）妥善处理科技领域的劳动、人事纠纷，保障科技人才合理流动。坚持依法保障劳动者合法权益与用人单位生存发展并重理念，依法审理科研人才与用人单位的劳动、人事纠纷案件，切实保障科研院所、高等院校等单位的科研人才在订立、履行、变更、解除或者终止劳动、聘用合同过程中的合法权益，保障科研人才向企业研发机构的合理流动，推动建立开放、竞争、流动的单位用人机制。

（十七）妥善处理科技领域的企业改制、破产纠纷，优化创新主体运作机制。依法审理科技型企业纠纷案件，促进技术开发类科研机构向企业化转制，引导科技型企业不断完善公司治理结构和建立现代企业制度。依法审理涉及以技术成果投资的股权、期权纠纷案件,合理平衡创业投资机构与企业等创新主体的利益关系,引导创业投资机构投资科技型中小企业,促进社会投资主体多元化。依法受理企业破产案件和强制清算案件,妥善处理淘汰落后技术和过剩产能中的企业破产纠纷,保障市场主体依法有序退出市场。

(十八)妥善处理科技领域的金融纠纷,促进对科技创新的金融支持。依法审理借款纠纷案件,保护合法的民间借贷和企业融资行为,拓宽金融为企业科技创新融资的渠道,引导银行等金融机构加大对科技型中小企业的金融支持。依法审理担保物权纠纷案件,依法认定企业以知识产权和股权质押等方式作出的担保,促进解决科技型中小企业融资难的问题。

(十九)妥善处理科技领域的涉外纠纷,促进科技国际合作与交流。依法平等保护中外当事人的合法权益,积极营造更加公平、透明、稳定、可预期的贸易投资环境和发展环境,积极促进创新主体充分利用国际国内创新资源,提高科技发展的科学化水平和国际化程度。依法审理企业在参股并购、联合开发、专利交叉许可以及外商来华设立研发机构中的纠纷案件,促进对国际科技资源的引进,推动全方位、多层次、高水平的科技国际合作。

……

◎ 地方司法文件

重庆市高级人民法院关于确定知识产权侵权损害赔偿数额若干问题的指导意见

- 2007年7月1日
- 渝高法〔2007〕89号

为维护知识产权权利人的合法权益,统一执法标准,制裁侵权行为,根据《中华人民共和国商标法》、《中华人民共和国著作权法》、《中华人民共和国专利法》和最高人民法院相关司法解释的精神,结合我市审判实践,就知识产权案件审理中如何确定侵权损害赔偿数额的问题提出如下意见:

第一条 人民法院确定侵权损害赔偿数额可采取以下方法:
(1)当事人双方协商;
(2)依权利人的实际损失;
(3)依侵权人因侵权行为的实际获利;
(4)依权利许可使用费的合理倍数;
(5)采用法定赔偿。

第二条 确定损害赔偿额的计算方法按照以下顺序予以适用:
(1)双方于诉讼过程中或诉讼外协商确定的赔偿数额。但双方于诉讼前虽就赔偿额达成了协议,侵权人不予履行,或者协商过程中存在违反合法、自愿原则,造成对权利人明显不公的,权利人可以不受协议的约束;
(2)双方无法协商确定赔偿数额的,权利人可以在庭审辩论终结之前,依据法庭确认的事实选择以其损失或侵权人的获利请求赔偿。请求以何种方法计算赔偿额不属于增加或变更诉讼请求;
(3)权利人的损失或侵权人的获利均无法查明时,人民法院可以以权利许可使用费的合理倍数确定损害赔偿数额;
(4)没有可供参照的许可使用费,人民法院可以采用法定赔偿。

第三条 本意见第一条第二项所称"权利人的实际损失"除指权利人现有财产的减少或丧失之外,还应包括权利人可得利益的减少或丧失,即如果不发生侵权行为时权利人可以得到的实际利益。

第四条 可得利益损失通常可以依据以下方法计算:
(1)权利人的知识产权在侵权行为发生前后价值的差额。但权利人应当证明价值的减少与侵权行为之间的因果关系;
(2)根据权利人因被侵权所造成的合法产品销售减少量或侵权产品销售量与合法产品的单位利润的乘积计算;合法产品的单位利润无法确定的,可以采用侵权产品的单位利润;
(3)著作权侵权案件中,侵权人以报刊、图书出版或类似方式侵权的,可参照国家有关稿酬或版税的规定,在正常稿酬或税率的2－5倍以内确定赔偿数额；

(4)侵权人侵权导致权利人许可使用合同或转让合同不能履行或难以正常履行产生的预期利润损失。

第五条 本意见第一条第三项所称"侵权人的实际获利"一般可以根据侵权产品销售量与侵权产品的单位利润的乘积计算；侵权产品的单位利润无法确定的,可以采用权利人合法产品的单位利润。

第六条 本意见第四条第二项、第五条所称"合法产品的单位利润"一般指净利润；如果以净利润计算不足以弥补权利人的损失,人民法院可以视案件具体情况选择适用营业利润或销售利润。所称"侵权产品的单位利润"一般指营业利润,侵权情节严重或给权利人造成较大损失的,也可以适用销售利润。

第七条 侵权人所获利润是因侵犯权利人的知识产权专有权利所获得的利润,对因其他因素形成的利润应当从侵权人整体获利中予以剔除。

侵权人不能证明其成本、必要费用或其他利润形成因素的,其因侵权行为所得收入即为侵权获利。

第八条 专利侵权案件中,侵权产品中体现成品的技术功能和效果的关键部位侵犯权利人专利权的,可以按照成品的利润计算赔偿数额；在成品中只起辅助性作用的部件侵犯专利权的,应当按照该部件本身的价值及其实现成品利润中所起的作用等因素合理确定赔偿数额。

第九条 专利侵权案件中,包装物侵犯他人外观设计专利权的,一般应当按照包装物本身的价值及其实现被包装产品利润中所起的作用等因素合理确定赔偿数额；包装物系吸引消费者购买该产品的主要因素,并且与被包装产品在销售时不可分离的,也可以按照被包装产品的利润计算赔偿数额。

第十条 著作权侵权案件中,侵权人将权利人的作品用于广告或商业性使用,并且在侵权人的广告或商业行为以及所获利润中只起辅助作用的,一般不直接以侵权人因广告或商业行为

所获利润作为赔偿额,而可以以该类作品的预期稿酬收入或行业内通常的使用费标准为基础,考虑作品在广告或商业中的具体使用情况和对广告或商业效果的影响大小,乘以合理的倍数。

依前款所确定的赔偿数额一般应高于按照本意见第四条第三项确定的赔偿数额。

第十一条 著作权侵权案件中,侵权人以网络传播的方式使用文字、摄影作品的,根据使用的方式和目的,按照本意见第四条第三项或第十条确定赔偿数额。

第十二条 根据本意见第五条,在确定侵权产品的销售数量时,计入损害赔偿额的侵权产品应是已流入市场无法收回的已销售产品。侵权产品的销售数量无法确定时,可以参考侵权人在有关媒介上宣传的销售数量。

第十三条 未销售的侵权产品,包括许诺销售或即发侵权的产品,除判令侵权人不得使用、禁止销售或销毁外,一般只将权利人因诉讼而发生的合理开支计算在赔偿范围内。

第十四条 侵权人的侵权行为在诉讼期间仍在继续,权利人在庭审辩论终结前提出增加赔偿的请求并提供证据证明的,人民法院应该将诉讼期间权利人扩大的损失或侵权人增加的获利一并列入赔偿范围。

第十五条 本意见第一条第四项所称"许可使用费"是指权利人在纠纷发生前就涉案专利、商标、作品许可他人使用时已实际收取或依据合同可以收取的费用。权利人应该就许可使用合同的真实性和实施情况进行举证。对经审查发现许可使用合同不真实或许可使用费明显不合理的,不能以此作为计算依据。

第十六条 人民法院在确定许可使用费的倍数时,应该考虑侵权人的侵权使用是否与许可使用的情况相似,包括许可使用的方式、时间、范围以及侵权情节等因素。侵权人的侵权使用幅度小于许可使用幅度的,可以确定较低的倍数；对于以假冒为业或多次侵权等情节严重的行为可以适用较高倍数。许可使用费的倍数一般在1－3倍以内考虑。

第十七条 根据本意见第二条第四项,人民法院在适用法定赔偿方法确定赔偿数额时,应当要

求权利人就有关损失客观存在的事实进行举证，并就损失的大致范围作出合理说明。

第十八条　人民法院在适用法定赔偿方法确定赔偿数额时，一般应当在法定赔偿的最高限额50万元以内加以考虑。如果确有证据证明权利人的损失或侵权人的获利已经超过50万元，只是具体数额难以确定，人民法院可以在50万元以上确定合理的赔偿数额。

第十九条　人民法院在确定赔偿数额或权利人在说明损失范围时可以参考以下因素：

（1）权利人可能的损失或侵权人可能的获利；

（2）同技术领域或同行业中类似的专利或商标的许可使用费、转让费，某一类作品一般情况下许可他人使用收取的费用或行业标准；

（3）市场上同类产品或服务通常的利润；

（4）专利、商标或作品的类型、知名度、市场价值，专利的新颖性和创造性、商标的显著性以及作品的独创性程度等；

（5）侵权人的主观过错、侵权方式、侵权持续时间、范围和后果；

（6）权利人因调查、制止侵权行为所支付的合理费用；

（7）其他可能影响权利人损失或侵权人获利的因素。

第二十条　下列案件，权利人可以请求精神损害赔偿：

（1）侵犯自然人的著作权中的人身权，包括发表权、署名权、修改权和保护作品完整权的案件；

（2）侵犯自然人的著作邻接权中的表演者人身权，包括表明表演者身份权、保护表演者形象不受歪曲权的案件。

第二十一条　人民法院应综合考虑下列因素以决定是否适用精神损害赔偿：

（1）权利人的意愿是否被严重违背；

（2）权利人体现在作品中的精神是否被严重歪曲；

（3）是否给权利人的声誉和社会评价带来较大的负面影响；

（4）侵权人是否因此获得较大的名誉或经济利益；

（5）其他严重损害权利人精神利益的情形。

第二十二条　人民法院应当根据权利人的知名度、作品的知名度和价值、当地的社会经济情况、侵权人的过错程度、侵权情节、影响范围等因素合理确定精神损害赔偿数额。精神损害赔偿数额一般不超过10万元。

第二十三条　权利人可以单独就精神损害赔偿提起诉讼，也可以与财产权利损害赔偿一并提起诉讼。在后一种情形下，权利人如果将精神损害赔偿列为独立的诉讼请求，人民法院应该就该诉讼请求单独确定赔偿额。

第二十四条　权利人请求将其为制止侵权而支出的合理费用列入赔偿范围的，应该举示证据证明产生了合理开支。人民法院应当对权利人举示的各项开支的合法性和必要性进行审查，确属于合理开支的，应予支持。

第二十五条　"合理开支"一般包括：

（1）律师合理的代理费；

（2）权利人为购买侵权商品证据而支出的费用；

（3）被判决采信的证据的保全、公证费用；

（4）被判决采信的审计报告或鉴定报告的审计费、鉴定费；

（5）被判决采纳的证人证言的证人出庭作证必要的交通食宿费；

（6）当事人及其委托代理人为调查取证而产生的必要的交通食宿费；

（7）为消除侵权影响而产生的费用，如必要的广告费用等；

（8）其他正当费用。

第二十六条　律师代理费是指我国执业律师收取的符合国家有关部门规定的诉讼代理费用。在确定合理的代理费数额时，应综合考虑权利人诉讼请求被支持的程度以及请求赔偿额与实际判赔额的比例等因素。

第二十七条　因丢失作品原件而引发的纠纷，权利人以财产所有权被侵犯提起诉讼的，除应赔偿权利人的直接财产损失外，还应当将权利人因著作权无法行使而可能受到的损失计算在赔偿范围内，并适当考虑权利人所受到的精神损害。

第二十八条 "权利人因著作权无法行使而可能遭受的损失"可以综合考虑下列因素，比照权利人正常行使著作权时可能获得的利益进行计算：

（1）作品所反映的内容能否再现、再现的难度；

（2）权利人为创作作品所付出的智力劳动和作品的独创性；

（3）作者在相关创作领域的成就和地位；

（4）作者同类作品的使用付费情况等。

第二十九条 同一侵权行为构成对同一权利人不同知识产权权利侵害的，根据权利人的诉讼选择，人民法院可以并案或分案审理，但应对不同权利被侵犯的事实分别进行认定，并不得判决侵权人重复赔偿。在确定损害赔偿额时，可以首先考虑侵权人的违法所得，也可以经权利人请求，以受到侵害最严重的权利所遭受的损失为计算依据。

侵权人应该就同一侵权行为在另案中已经进行赔偿的事实进行举证。权利人的损失在另案中没有得到全面赔偿的，可以在后案中判决赔偿不足部分。

第三十条 音乐电视著作权侵权纠纷案件中，音乐电视制片者单独起诉的，分别案件具体情况按以下方法处理：

（1）音乐电视制片者能够证明与音乐作品的著作权人就音乐作品的使用、报酬支付等有约定的，人民法院应该将音乐作品著作权人的作品表演权费用计入赔偿范围。但是侵权人有证据表明已经支付过作品表演权费用或者已经在另案中赔偿过该费用的除外。

（2）音乐电视制片者不能够证明与音乐作品的著作权人就音乐作品的使用、报酬支付等有约定的，人民法院应该只判决赔偿音乐电视制片者所受到的损失。

第二十一条 同一侵权事实中存在数个可能承担连带责任的侵权人，权利人只起诉其中一方的，人民法院可以判决由该侵权人承担全部赔偿责任。

如果被诉侵权人证明权利人在另案中已就同一侵权事实获得连带责任另一方赔偿的，人民法院应该审查另案中的赔偿额是否足以弥补权利人的损失，并判决本案被诉侵权人承担不足部分的赔偿责任。

第三十二条 本意见由本院审判委员会负责解释。本意见如与相关法律规定或最高人民法院的司法解释相冲突，以相关法律规定或最高人民法院的司法解释为准。

第三十三条 本意见自7月1日起施行。

江苏省高级人民法院关于知识产权侵权损害适用定额赔偿办法若干问题的指导意见

• 2005年11月18日

为规范全省法院在审理知识产权案件过程中对定额赔偿办法的适用，统一执法标准，根据《中华人民共和国民法通则》、《中华人民共和国著作权法》、《中华人民共和国专利法》、《中华人民共和国商标法》、《中华人民共和国反不正当竞争法》等法律、法规及相关司法解释的规定，结合我省审判实践，制定如下指导意见：

一、适用条件

第一条 原告以因侵权所受到的损失或者被告因侵权所获得的利益要求损害赔偿，但其所受到的损失或被告获得的利益难以确定的，可以直接适用定额赔偿办法确定赔偿数额。

第二条 原告起诉时请求适用定额赔偿办法，或者在一审法庭辩论终结前请求适用定额赔偿办法计算赔偿数额的，应当准许。原告请求适用定额赔偿办法，被告以其他赔偿方法抗辩的，法院应当进行审查。被告抗辩主张不能成立，但其提供的有一定依据的计算赔偿数额的方法或结果可以作为确定赔偿数额的参考因素。

第三条 原告同时请求按因侵权所受到的损失或被告因侵权所获得的利益和定额赔偿办法计算赔偿数额的，应当首先审查原告受到的损失或被告获得的利益；原告受到的损失或被告获得利益难以确定的，可以按照定额赔偿办法确定赔偿数额。

第四条 原告请求按被告因侵权所获得的利益计算赔偿数额,并申请保全被告的财务账册等证据,当事人对证据保全取得的财务账册等证据无异议,且通过审计确定了被告所获得的利益额,如原告再要求按定额赔偿办法确定赔偿数额的,一般不予准许。

人民法院未保全到被告的财务账册等证据,或者保全到的证据未被采信的,可以按照定额赔偿办法确定赔偿数额,但有本意见第五条规定的情形除外。

第五条 原告要求按被告因侵权所获得的利益计算赔偿数额,并提供被告在广告宣传、行业协会报告等相关资料中记载的销售、获利情况,或者有其他初步证据能够支持其诉讼请求,或者有证据证明被告持有其获利的相关证据但拒绝提供,或者因被告的原因致使其提供的证据不能被采信的,不应当适用定额赔偿办法确定赔偿数额,可以直接支持原告的诉讼请求。

二、参考因素

(一)一般规定

第六条 适用定额赔偿办法时,应当根据以下因素综合确定赔偿数额:

1. 知识产权的种类;
2. 侵权行为的性质、持续时间、范围、后果等;
3. 原告可能遭受的损失、被告可能获得的利益;
4. 合理的转让费、许可使用费等收益、报酬;
5. 被告的过错程度;
6. 被告有无侵权史;
7. 被告有无对权利人侵权判决未予执行或完整执行的记录;
8. 其他应当考虑的因素。

原告应当对以上因素承担初步举证责任。

第七条 原告因侵权行为受到商业信誉损失的,可以将商业信誉损失作为确定赔偿数额的因素。

作为自然人的原告因侵权行为受到精神损害的,可以根据其请求在定额赔偿额之外确定其精神损害的赔偿数额。

第八条 因个案具体情况不判决销毁涉案侵权产品较为合理的,可以视情况增加定额赔偿的数额。

(二)具体规定

第九条 审理著作权侵权纠纷案件,可以根据以下因素按照国家规定稿酬或版税标准的2至8倍综合确定赔偿数额:

1. 被侵权作品的独创性程度、知名度和市场影响力;
2. 作者的知名度;
3. 作品受侵权部分在作品整体中的地位和作用。

商业性使用作品的,可以参考市场因素综合确定赔偿数额。

第十条 产品部件构成专利侵权的,在确定赔偿数额时,应当考虑该部件在整个产品中所起的作用。体现成品的技术功能和效果的关键部件侵犯他人专利权的,可以参考整个产品的利润并结合其他因素合理确定赔偿数额。在整个产品中只起辅助性作用的一般零部件侵犯他人专利权的,可以参照该部件本身的价值及其实现整个产品利润中所起的作用等因素合理确定赔偿数额。

第十一条 包装物侵犯他人外观设计专利权、知名商品特有的包装装潢专有权、著作权、商标专用权等权利的,一般应当参照该包装物本身的价值及其实现被包装产品利润中所起的作用等因素合理确定赔偿数额。包装物如果系吸引一般消费者购买该产品的主要因素,并且与被包装产品在销售时不可分离的,可以参照被包装产品的利润合理确定赔偿数额。

第十二条 原告在一案中以其多项专利权被侵害起诉同一被告,但只要求在一个最高限额以内综合确定赔偿数额,在审理过程中,因部分专利权被宣告无效,或被告实施的行为被认定对原告部分专利权不构成侵犯的,可以酌情减少定额赔偿数额。

第十三条 因被告侵权行为导致权利人商业秘

密被公开的,应当结合该项商业秘密的研究开发成本、竞争优势情况、实施收益、可得利益、可保持竞争优势的时间等因素确定赔偿数额。

第十四条 因散布虚假信息,损害不特定多数同业经营者商业信誉、商品声誉而引发的诉讼,应当考虑存在其他受害人等因素合理确定赔偿数额。

三、存在数项权利或数个侵权行为时定额赔偿办法的适用

第十五条 适用定额赔偿办法一般应以每项具体权利作为计算单位。

第十六条 在权利发生竞合时,原告以其多项权利受到侵害提起诉讼,经审判人员释明后,以其选择的一项权利作为计算单位确定赔偿数额;原告不作出选择的,以对其最为有利的一项权利作为计算单位确定赔偿数额。

第十七条 在同一诉讼中,被告生产、销售的多种类型产品侵犯他人一项专利权的,可以以每一类产品分别确定赔偿数额。

四、诉讼期间持续侵权的损害赔偿

第十八条 侵权行为在诉讼期间仍在持续,原告在一审法庭辩论终结前提出增加赔偿数额请求且提供相应证据的,可以在增加后的赔偿总额范围内确定赔偿数额。

在二审程序中,原告就持续侵权提出增加赔偿数额的,二审法院可以根据当事人自愿的原则予以调解;调解不成的,一般可以就赔偿数额予以加判。两次酌定赔偿的总额超过50万元的,比照本意见第二十三条规定处理。

五、合理费用的确定与适用

第十九条 因制止侵权行为所支付的合理费用,包括:

1. 公证费;2. 调查取证费;3. 咨询费、档案查询费、翻译费;4. 交通费、住宿费;5. 材料印制费;6. 律师代理费;7. 原告为制止侵权行为支付的其他合理费用。

对上述费用的合理性、必要性和关联性应当进行审查。

第二十条 合理费用可以在定额赔偿数额以外确定。

第二十一条 在相关联的案件中,对于原告为制止侵权行为而共同支付的合理费用,已在其他案件中确定或考虑过的不再重复计算。

第二十二条 原告要求支付律师代理费的,可以参考国家司法行政部门规定的律师收费标准、实际判赔额和请求赔偿额的比例等因素合理酌定。原告提出款诉讼请求,应当提供执业律师已实际收取费用的正规票据。

六、其 他

第二十三条 适用定额赔偿办法应当在50万元以下确定赔偿数额。原告提供的证据虽不能准确计算出因侵权所受到的损失或被告因侵权所获得的利益,但足以证明其受到的损失或被告获得的利益超过定额赔偿最高限额,而原告非唯一请求适用定额赔偿办法的,可以参照其他赔偿原则在最高限额以上酌情确定赔偿数额。

第二十四条 确定定额赔偿数额的参考因素应当在判决书中予以表述。

第二十五条 合理费用项目应当在判决书的事实部分予以认定。

江苏省高级人民法院关于在当前宏观经济形势下进一步做好知识产权审判工作促进自主创新的指导意见

- 2009年3月2日
- 苏高法审委[2009]6号

在当前宏观经济形势下,为切实贯彻《江苏省高级人民法院关于保增长、保民生、保稳定的司法应对措施》,进一步做好知识产权审判工作,大力促进自主创新和自主品牌建设,依法服务于党和国家"保增长、保民生、保稳定"的工作大局,根据知识产权法律及相关司法解释规定,现提出如下指导意见:

一、充分认识进一步做好知识产权审判工作积极应对宏观经济形势变化的重大意义

1. 在当前国际金融危机影响持续加深、全球经济增长明显放缓的宏观经济形势下,大力推进自主创新和自主品牌建设,加快经济发展方式

转变,积极实现产业技术改造和优化升级,努力提高产品的高附加值显得十分迫切和重要,也是应对金融危机的战略选择。不断提升知识产权创造、运用、管理和保护能力,促进自主创新和自有品牌培育,提升企业市场竞争力和抗风险能力,维护经济秩序稳定是人民法院知识产权审判工作的重要职责。因此,各级人民法院要充分认识进一步做好当前的知识产权审判工作,对于促进自主创新和"保增长、保民生、保稳定"的重大意义,更加注意发挥司法保护知识产权的主导作用,全面贯彻实施国家和省知识产权战略,认真落实《江苏省高级人民法院关于实施〈国家知识产权战略纲要〉的意见》和《江苏省高级人民法院关于保增长、保民生、保稳定的司法应对措施》,积极推动自主创新、自有品牌建设和"保增长、保民生、保稳定"中心工作目标的实现。

二、当前知识产权审判工作积极应对宏观经济形势变化的总体原则

2. 坚持促进自主创新原则。当前,大力推进自主创新,并以此为着力点加快经济发展方式转变,提升产品的高附加值,努力培育新的经济增长点是保增长、保民生、保稳定的根本之策和必然选择。因此,知识产权审判应当更加注重促进自主创新能力的提高,引导和促进企业培育自主知识产权和自有品牌,提升市场竞争力和抗风险能力。

3. 坚持重点保护原则。在宏观环境趋紧、竞争日趋激烈的新形势下,加快发展现代服务业、优势产业、新兴产业等,对于产业升级,转变增长方式,带动新的经济增长极为关键。因此,知识产权审判要更加注重对符合国家经济发展导向、对经济增长有突破性带动作用的新兴产业、优势产业等产业中的知识产权,尤其是核心技术、自主知识产权和知名品牌的保护,促进产业结构加快优化升级以及新的经济增长点的形成。

4. 坚持依法适度保护原则。知识产权具有垄断性和专有性。保护知识产权不当,会影响企业的生存和发展,甚至影响或限制整个行业的发展。因此,当前知识产权审判要更加注重能动司法和适度保护,防止僵化思维和机械执法。在裁判时要综合考量法律文义、立法目的和适用效果,使案件裁判与科技发展和文化创新的现实需求、与当前经济环境变化的内在需求,与我国、我省经济技术领域的特点、发展的阶段性特征相适应,既要坚持依法保护,又要防止因保护不当而提高企业利用技术的成本,不适当地压缩企业的发展空间。

三、当前知识产权审判工作积极应对宏观经济形势变化的主要措施

5. 慎重采取临时禁令措施。临时禁令申请的审查,应当体现从严掌握采取禁令措施的条件,慎重采取强制措施,在依法的前提下尽可能保障企业生存和发展的导向。

对禁令申请的审查,应当注意审查申请人胜诉的可能性、是否提供担保以及担保方式等要件,并从严解释"难以弥补的损害"要件。胜诉可能性不大或难以确定,或者申请人未提供足额的现金或其他有效担保的,应当驳回当事人的申请。

符合颁发临时禁令条件的,应当尽可能采取由被申请企业提供担保、双方预先进行利益约定等灵活多样的变通方式,以保证企业生产、销售等经营活动正常进行。

裁定采取临时禁令的,实际采取措施的方式也应当适度,防止因措施不当给企业造成不必要的损失。能够对部分产品、设备等采取措施的,不应当对全部产品、设备采取措施;能够对产品零部件采取措施的,不应当对产品整体采取措施。

6. 妥善把握专利侵权判定标准。专利侵权案件的审判,应当体现促进技术创新和产业优化升级的导向。加大对新能源、新医药、新材料、环保、机械制造、电子信息、石油化工、冶金建材、轻工纺织等对经济增长有突破性带动作用的产业中拥有自主知识产权的核心技术,以及发明创造程度较高的专利技术的保护力度,在侵权认定和责任确定等方面体现对专利权的保护和对侵权行为的严厉制裁。严格慎重认定涉及创造性程度不高,或者影响行业整体发展的专利侵权行为。从严认定等同侵权。

7. 妥善认定外贸贴牌加工中的商标侵权行为。外贸贴牌加工中的商标侵权案件的审理,应当体现规范对外加工贸易秩序,促进对外加工企业和行业的生存与发展,加工贸易转型升级的导向。在侵权认定和责任承担上,重点审查加工方对委托方提交的商标授权使用文件的真实性、合法性是否尽到必要的、合理的审查义务。加工方未尽必要的、合理的审查义务,加工侵犯他人注册商标专用权的商品的,除承担停止侵权的民事责任外,还应当承担损害赔偿的民事责任;已尽审查义务的,判决承担停止侵权的民事责任。虽然委托方未经商标权人合法授权,但加工方基于自身的审查识别能力无法审查识别商标授权使用文件的真实性、合法性的,视为其已尽到必要的、合理的审查义务。

要结合加工贸易的特点,妥当确定损害赔偿额。境内加工方对境外委托人的侵权获利额不应当承担连带赔偿责任,只应当在其加工获利额即加工费的范围内承担适当的赔偿责任。

8. 妥善认定不正当竞争行为。不正当竞争案件的审理,应当体现依法妥当认定不正当竞争行为,有效制止和防范垄断,促进企业和行业良性竞争和发展,整体上提高企业应对宏观经济形势变化能力的导向。

妥善处理知识产权专门法与反不正当竞争法之间的关系。凡知识产权专门法已作穷尽保护规定的,原则上不再适用反不正当竞争法扩展保护,为自由竞争留下空间。

从严把握反不正当竞争法原则条款的适用范围。在反不正当竞争法中未作特别规定的行为,只有按照公认的商业标准和普遍认识能够认定违反原则条款时,才可以适用原则条款认定构成不正当竞争行为。

9. 依法认定竞业限制条款的效力。涉及竞业限制的不正当竞争案件的审理,应当体现既要保护企业的商业秘密等合法权益,又要依法保护职工的自主择业权,维护职工合法利益的导向。认定竞业限制协议的效力时,应当以企业拥有商业秘密为前提,同时审查被限制者是否掌握或知悉商业秘密并负有保密义务、是否约定补偿费、补偿标准是否符合《江苏省劳动合同条例》规定的最低标准以及是否实际支付等因素。协议内容不符合其中任一要件的,对被限制者不具有约束力,双方同意继续履行的除外。

10. 妥善认定涉外技术交易合同的效力。

涉外技术贸易纠纷的审理,应当体现促进技术引进和推广应用的导向。妥当认定技术进口合同的效力,从严掌握合同解除的条件,尽可能维持合同的效力,促使合同履行,通过裁判促进符合国家投资导向的重大产业项目的引进。对于限制研发、强制回授、阻碍实施、搭售、限购和禁止有效质疑等非法垄断技术、妨碍技术进步的合同条款,应当认定无效。

11. 妥善适用停止侵权的民事责任。停止侵权责任的适用,应当体现维护公共利益,保障企业生存和社会稳定的导向。责令停止使用软件、专利技术、商标、字号等将有损社会公共利益、给企业造成重大经济损失或者严重影响企业生存和发展的,可以依法不采用判决停止侵权的责任方式而采用其他责任方式。

企业将他人具有较高知名度的注册商标作为字号使用并产生市场混淆的,在认定构成不正当竞争行为后,应当依法支持当事人停止使用或者变更企业名称的请求。企业突出使用字号而侵犯他人注册商标专用权的,可根据具体情况判令其停止使用,或者对使用名称的方式、范围作出停止突出使用、规范使用、附加区别标志等限制。但权利人长期放任侵权、怠于维权,责令停止侵权会在当事人之间造成较大利益不平衡的,可以不判令停止使用,但不影响依法承担赔偿损失等民事责任。

在著作权、专利权案件审理中,判决销毁侵权雕塑、专利产品等可能有损社会公共利益或给使用人造成重大损失的,可以不判令销毁而采取适当增加赔偿额等方式。判决停止使用并销毁侵权软件复制品将给使用人造成重大损失的,可以在判令使用人向著作权人支付合理费用后允许其继续使用。

12. 加强调研和协调。要密切关注经济社会环境的新情况新变化,及时跟踪和研究宏观经济形势变化引发的知识产权新类型案件、疑难复杂案件以及可能影响企业、行业、产业整体发展的知识产权案件的法律适用问题,加强对关联案件、重大案件的协调,及时提出司法对策,注意总结审判经验,切实发挥知识产权审判促进自主创新的司法保障作用。

上海市高级人民法院关于印发《关于知识产权侵权纠纷中适用法定赔偿方法确定赔偿数额的若干问题的意见(试行)》的通知

- 2010年8月10日
- 沪高法〔2010〕267号

市第一、第二中级法院,浦东新区法院、黄浦区法院、杨浦区法院、卢湾区法院:

上海市高级人民法院《关于知识产权侵权纠纷中适用法定赔偿方法确定赔偿数额的若干问题的意见(试行)》业经上海市高级人民法院审判委员会2010年第18次会议讨论通过。现印发你们,请认真组织学习、贯彻执行。执行中遇到问题,请及时报告我院民三庭。

关于知识产权侵权纠纷中适用法定赔偿方法确定赔偿数额的若干问题的意见(试行)

为在知识产权侵权案件中依法公平、合理地确定法定赔偿数额,统一执法标准,加强对知识产权的司法保护,根据《中华人民共和国著作权法》、《中华人民共和国商标法》、《中华人民共和国专利法》及最高人民法院有关司法解释的规定,结合我市审判工作实际,现对确定知识产权侵权损害法定赔偿数额的若干问题提出如下意见,请参照执行。

一、适用法定赔偿的范围、原则与基本要求

1. 知识产权侵权诉讼中,确定侵权损害赔偿数额,有下列情形之一的,方可适用法定赔偿方法:

(1)根据案件现有证据,难以确定权利人损失数额、侵权人非法获利;

(2)经法院释明,权利人明确请求法院适用法定赔偿方法确定侵权损害赔偿数额,亦未提供相应证据证明权利人损失、侵权人非法获利。

对于难以证明权利人受损或者侵权人非法获利的具体数额,但有证据证明前述数额确已超过法定赔偿最高限额的,不应适用法定赔偿方法,而应综合全案的证据情况,在法定赔偿最高限额以上合理确定赔偿数额。

2. 适用法定赔偿方法确定的赔偿数额应公平合理,确保权利人损失获得充分赔偿。

3. 适用法定赔偿方法确定赔偿数额时,应根据案件具体情况在判决中分析和阐明权利价值、侵权情节、侵权恶意、侵权损害后果等方面具体情形与确定赔偿数额之间的联系。

4. 适用法定赔偿方法确定赔偿数额时,判决赔偿数额既应当保持同类案件之间的赔偿尺度协调,又应考虑不同案件之间的案情差异。

二、适用法定赔偿方法确定赔偿数额的酌定因素

5. 适用法定赔偿方法确定赔偿数额时,一般综合以下因素酌定赔偿数额:

(1)被侵犯知识产权的权利价值;

(2)侵权情节;

(3)侵权损害后果;

(4)侵权人过错程度;

(5)其他应予考虑的因素。

6. 著作权侵权诉讼中,可根据以下因素衡量著作权权利价值:

(1)作品的类型、独创性程度、创作投入、创作难度、创作周期、知名度、市场价值、获奖情况;

(2)侵权行为发生时的合理转让价格、合理许可费用、行业内的通常许可使用费或者国家规定的有关使用费标准;

(3)行业稿酬标准;

(4)著作权集体管理组织的许可使用费;

(5)其他可以衡量著作权权利价值的因素。

7. 商标侵权诉讼中,可根据以下因素衡量商标权权利价值:

(1)商标知名度、商标显著性;

(2)商标的商业声誉;

(3)商标估值、设计成本、广告投入、价值培育投入、市场开拓成本;

(4)商标实际使用状况与收益;

(5)侵权行为发生时的合理转让价格、合理许可费用;

(6)商标使用许可的种类、时间、范围;

(7)其他可以衡量商标权权利价值的因素。

8. 专利侵权诉讼中,可根据以下因素衡量专利权权利价值:
(1) 专利技术创造性、专利设计显著性;
(2) 专利技术研发成本、实施情况;
(3) 侵权行为发生时的合理转让价格、合理许可费用;
(4) 专利使用许可的种类、时间、范围;
(5) 市场上同类产品的平均利润;
(6) 其他可以衡量专利权权利价值的因素。
9. 知识产权侵权诉讼中,可根据以下因素衡量侵权情节:
(1) 侵权行为方式,可区别直接侵权与间接侵权,生产过程中的侵权与销售过程中的侵权;
(2) 侵权产品生产与销售规模、侵权作品传播范围;
(3) 侵权行为持续时间;
(4) 侵权次数,初次侵权或重复侵权;
(5) 侵权行为的组织化程度;
(6) 权利人发出侵权警告后侵权人的行为表现;
(7) 其他可以衡量侵权情节的因素。
10. 知识产权侵权诉讼中,可根据侵权行为对权利人商业利润、商业声誉、社会评价的影响等衡量侵权损害后果。
11. 知识产权侵权诉讼中,因判决停止侵权可能损害社会公共利益或者严重损害第三人利益而不判决停止侵权的,赔偿数额应当高于判决停止侵权的同类案件。

三、合理开支的确定

12. 适用法定赔偿,应分别计算损失赔偿数额与权利人为维权而支付的合理开支数额,法院应当审查维权开支的真实性、关联性、必要性和合理性。
13. 合理开支包括:
(1) 公证费、认证费;
(2) 符合司法行政部门规定的律师费;
(3) 调查、取证费;
(4) 翻译费;
(5) 其他为制止侵权、消除影响而支付的合理费用。
14. 权利人主张为制止侵权行为、消除影响而支付的合理费用,应当提交相关的合同和已经实际支付的凭证。该合理费用在其他相关联的案件中已获得赔偿的,不再重复计算。
15. 权利人主张律师费用的,可以参考司法行政部门规定的律师收费标准、实际判赔额与请求赔偿额、案件的复杂程度等因素合理酌定。

四、侵犯著作权案件中赔偿数额的确定

16. 侵犯文字、美术、摄影等作品著作权的,可以在国家规定的稿酬标准的2至5倍范围内确定法定赔偿额,文字作品不足千字的以千字计算。著作权人能证明其作品能获得更高稿酬的,应予支持。
17. 以网络方式传播文字、美术、摄影等作品侵犯著作权的,参考作品许可费、作品知名度、侵权网站经营规模、传播范围、侵权作品点击次数等因素来确定赔偿数额。
18. 以网络传播的方式传播影视作品侵犯著作权的,应考虑主张权利的原告取得版权的对价,作品知名度、上映档期、网站传播时间与影视作品公映的时间之间的间隔,侵权网站的经营规模、传播范围,涉案作品的网上点击次数等因素。
19. 在互联网上传播侵权作品的,赔偿数额一般应高于在局域网上传播侵权作品的行为。
20. 侵犯商业应用范围较广或者商业价值较高的计算机软件著作权的,赔偿数额应当高于侵犯一般计算机软件著作权的行为。
21. 软件最终用户侵犯计算机软件著作权,被判停止侵权的,可以参考正版软件市场销售价格确定赔偿数额,根据侵权用户实际侵权使用时间,计算侵权赔偿数额。

五、侵犯商标权案件中赔偿数额的确定

22. 权利人请求保护的注册商标未实际投入商业使用的,不以侵权人的获利确定赔偿数额,如果权利人确有证据证明其实际损失的,可酌情予以支持。
23. 注册商标已构成商标法规定的连续三年停止使用情形的,可以仅判决赔偿权利人为制止侵权而支出的合理费用,不支持权利人要求损害赔偿的请求。

六、侵犯专利权案件中赔偿数额的确定

24. 侵犯专利权案件中,可以区分被侵犯专利系外观设计、实用新型或者发明专利而确定赔偿数额。
25. 同一产品既构成侵犯专利权,又构成侵犯其他权利的,不应重复计赔,在确定侵犯专利权获得利益时应扣除因侵犯其他权利获得的利益。

26. 侵犯发明、实用新型专利权的产品系另一产品的零部件的,可根据该零部件本身的价值及其在实现成品利润中的作用等因素合理确定赔偿数额。

27. 侵犯外观设计专利权的产品为包装物的,可根据包装物本身的价值及其在实现被包装产品利润中的作用等因素合理确定赔偿数额。

七、反不正当竞争纠纷中赔偿数额的确定

28. 确定反不正当竞争法第十条规定的侵犯商业秘密行为的损害赔偿额,可以参照确定侵犯专利权的损害赔偿额的方法进行;确定反不正当竞争法第五条、第九条、第十四条规定的不正当竞争行为的损害赔偿额,可以参照确定侵犯注册商标专用权的损害赔偿额的方法进行。

29. 因侵权行为导致商业秘密已公开的,应当根据该项商业秘密的商业价值确定损害赔偿额。商业秘密的商业价值,根据其研究开发成本、实施该项商业秘密的收益、可得利益、可保持竞争优势的时间等因素确定,权利人或法院委托的评估机构的估价可以作为法院判决的参考。

30. 因散布虚假信息,损害不特定多数同业经营者商业信誉、商品声誉而引发的诉讼,应当考虑存在其他受害人等因素合理确定赔偿数额。

八、其他

31. 本意见如与相关法律规定或者最高人民法院的司法解释相冲突,以法律或者司法解释的规定为准。

32. 本意见自 2010 年 8 月 20 日起试行。

北京市高级人民法院关于审理电子商务侵害知识产权纠纷案件若干问题的解答

● 2013 年 12 月 28 日
● 京高法发〔2013〕23 号

1. 什么是电子商务、电子商务平台经营者和网络卖家?

本解答所述的电子商务是指根据信息网络公开传播的商品或服务的交易信息进行交易的活动。以信息网络作为交流通道、支付通道或交付通道,但交易信息不在信息网络公开传播的交易活动不属于本解答所述的电子商务。

电子商务平台经营者,是指为电子商务提供交易平台,即为交易信息的公开传播提供网络中间服务的网络服务提供者。

网络卖家,是指利用电子商务平台经营者提供的网络服务提供商品或服务的交易方。

2. 审理电子商务侵害知识产权纠纷案件的基本原则是什么?

审理电子商务侵害知识产权纠纷案件,在依法行使裁量权时,应当兼顾权利人、电子商务平台经营者、网络卖家、社会公众的利益。

电子商务平台经营者应当承担必要的、合理的知识产权合法性注意义务。能够以更低的成本预防和制止侵权行为的权利人或电子商务平台经营者应当主动、及时采取必要措施,否则应当承担不利后果。

3. 如何认定自营型电子商务平台经营者的侵权责任?

电子商务平台经营者以自己的名义向公众提供被控侵权交易信息或从事相应交易行为侵害他人知识产权的,应当承担赔偿损失等侵权责任。

电子商务平台经营者未明确标示被控侵权交易信息或相应交易行为由他人利用其网络服务提供或从事的,推定由其提供或从事。

4. 电子商务平台经营者承担赔偿责任的条件是什么?

网络卖家利用电子商务平台经营者的网络服务提供被控侵权交易信息或从事相应交易行为侵害他人知识产权的,应当依法承担赔偿损失等侵权责任。

电子商务平台经营者知道网络卖家利用其网络服务侵害他人知识产权,但未及时采取必要措施的,应当对知道之后产生的损害与网络卖家承担连带赔偿责任。

5. 如何认定电子商务平台经营者知道?

知道包括明知和应知。明知指电子商务平台经营者实际知道侵权行为存在;应知是指按照利益平衡原则和合理预防原则的要求,电子商务平台经营者在某些情况下应当注意到侵权行为存在。

电子商务平台经营者对利用其网络服务公开传播的交易信息一般没有主动监控义务。不能仅因电子商务平台经营者按照相关管理要求进行交易信息合法性的事前监控，或者客观上存在网络卖家利用其网络服务侵害他人知识产权的行为，就当然认定电子商务平台经营者知道侵权行为存在。

6．认定电子商务平台经营者"知道网络卖家利用其网络服务侵害他人知识产权"的要件是什么？

同时符合以下情形的，可以认定电子商务平台经营者知道网络卖家利用其网络服务侵害他人知识产权：

（1）明知或应知被控侵权交易信息通过其网络服务进行传播；

（2）明知或应知被控侵权交易信息或相应交易行为侵害他人知识产权。

7．如何认定特定信息公开传播前电子商务平台经营者"知道网络卖家利用其网络服务侵害他人知识产权"？

符合以下情形之一的，可以推定电子商务平台经营者在被控侵权交易信息公开传播前"明知或应知被控侵权交易信息通过其网络服务进行传播"：

（1）电子商务平台经营者与提供被控侵权交易信息的网络用户合作经营，且应当知道被控侵权交易信息通过其网络服务进行传播；

（2）电子商务平台经营者从被控侵权交易信息的网络传播或相应交易行为中直接获得经济利益，且应当知道被控侵权交易信息通过其网络服务进行传播；

（3）商务交易平台经营者在交易信息公开传播前明知或应知被控侵权交易信息通过其网络服务进行传播的其他情形。

在上述情形中，如被控侵权交易信息或相应交易行为侵害他人知识产权，推定电子商务平台经营者"知道网络卖家利用其网络服务侵害他人知识产权"。

8．如何认定交易信息公开传播后电子商务平台经营者"明知或应知被控侵权交易信息通过其网络服务进行传播"？

符合以下情形之一的，可以推定电子商务平台经营者在被控侵权交易信息公开传播后"明知或应知被控侵权交易信息通过其网络服务进行传播"：

（1）被控侵权交易信息位于网站的首页、各栏目的首页或网站的其他主要页面等明显可见的位置；

（2）电子商务平台经营者对被控侵权交易信息进行了人工编辑、选择或推荐；

（3）权利人的通知足以使电子商务平台经营者知道被控侵权交易信息通过其网络服务进行传播；

（4）电子商务平台经营者在交易信息公开传播后明知或应知被控侵权交易信息通过其网络服务进行传播的其他情形。

9．如何认定交易信息公开传播后电子商务平台经营者"明知或应知被控侵权交易信息或相应交易行为侵害他人知识产权"？

符合以下情形之一的，可以推定电子商务平台经营者在被控侵权交易信息公开传播后"明知或应知被控侵权交易信息或相应交易行为侵害他人知识产权"：

（1）交易信息中存在明确表明未经权利人许可的自认，足以使人相信侵权的可能性较大；

（2）知名商品或者服务以明显不合理的价格出售，足以使人相信侵权的可能性较大；

（3）权利人的通知足以使人相信侵权的可能性较大；

（4）电子商务平台经营者在交易信息公开传播后明知或应知被控侵权交易信息或相应交易行为侵害他人知识产权的其他情形。

10．联系信息不明导致权利人无法通知应如何处理？

电子商务平台经营者未公开其名称、联系方式等信息，或公开的信息有误，导致权利人在发现侵权行为后无法发送通知的，电子商务平台经营者对因此导致的损害扩大部分承担连带赔偿责任。

11．对权利人的通知有何要求？

权利人认为网络卖家利用电子商务平台经营者提供的网络服务侵害其知识产权的，有权以书信、传真、电子邮件等方式通知电子商务平台经营者采取删除、屏蔽、断开链接等必要措施。通知应当包含下列内容：

(1)权利人的姓名(名称)、联系方式和地址等信息;

(2)足以准确定位被控侵权交易信息的具体信息;

(3)证明权利归属、侵权成立等相关情况的证据材料;

(4)权利人对通知的真实性负责的承诺。

权利人发送的通知不符合上述条件的,视为未发出通知。

12. 权利人提交通知时是否需要提交实际交易情况的相关证据?

根据公开传播的交易信息足以对侵权与否进行判断的,权利人可以不提交实际交易的商品或服务的相关证据。

根据公开传播的交易信息不足以对侵权与否进行判断的,或者权利人主张交易信息与实际交易的商品或服务不一致的,权利人可以提交实际交易的商品或服务的相关证据。

13. 电子商务平台经营者如何处理通知?

权利人的通知及所附证据能够证明被控侵权交易信息的侵权可能性较大的,电子商务平台经营者应当及时采取必要措施,否则认定其有过错。

必要措施应当合理,应当与侵权情节相适应,否则电子商务平台经营者应当依法承担法律责任。

电子商务平台经营者在采取必要措施后,应当及时将通知及所采取措施的情况告知网络卖家,并及时将所采取措施的相关情况告知权利人。网络卖家联系方式不清楚导致无法通知的,电子商务平台经营者应当在网络上公告通知的内容。

14. 网络卖家是否可以提交反通知?

网络卖家可以在电子商务平台经营者告知的合理期限内提出要求恢复被删除的内容,或者恢复被屏蔽、被断开的链接的反通知。逾期不提出反通知的,视为认可电子商务平台经营者采取的必要措施。

反通知应当包含下列内容:

(1)网络卖家的真实姓名(名称)、联系方式和地址;

(2)足以准确定位交易信息的具体信息;

(3)不构成侵权的证明材料;

(4)网络卖家对反通知真实性负责的承诺。

网络卖家发送的反通知不符合上述条件的,视为未发出反通知。

15. 电子商务平台经营者应当如何处理反通知?

电子商务平台经营者收到网络卖家发送的反通知后,应当将网络卖家的反通知转送给权利人,并告知权利人在合理期限内对侵权是否成立进行确认。

权利人在合理期限内撤回本次通知,或者未对侵权是否成立进行确认的,电子商务平台经营者应当及时取消必要措施,恢复被删除的内容或者恢复被屏蔽、被断开的链接。

权利人在合理期限内确认侵权成立,且网络卖家提供的证据不能充分证明电子商务平台经营者采取的措施是错误的,电子商务平台经营者不必取消所采取的措施。

16. 如何确定错误通知或错误采取措施的法律责任?

权利人因错误发送通知,或者在接到反通知后错误确认侵权,损害网络卖家的合法权益的,应当依法承担赔偿责任。

电子商务平台经营者错误采取措施,或采取措施不合理,或错误取消必要措施,损害权利人或网络卖家的合法权益的,应当依法承担赔偿责任。

电子商务平台经营者因为权利人或网络卖家的错误行为而承担了赔偿责任后,有权依法向权利人或网络卖家追偿。

◎ 指导案例

最高人民法院公布八起知识产权司法保护典型案例[①]

案例 1　申请人美国礼来公司、礼来(中国)研发有限公司与被申请人黄孟炜行为保全申请案

(一)基本案情

被申请人于 2012 年 5 月入职礼来中国公

---

① 案例来源:《人民法院公报》2013 年 10 月 23 日。

司,双方签订了《保密协议》。2013年1月,被申请人从礼来中国公司的服务器上下载了48个申请人所拥有的文件(申请人宣称其中21个为其核心机密商业文件),并将上述文件私自存储至被申请人所拥有的设备上。经交涉,被申请人签署同意函,承认下载了33个属于公司的保密文件,并承诺允许申请人指定的人员检查和删除上述文件。此后,申请人曾数次派员联系被申请人,但被申请人拒绝履行同意函约定的事项。申请人于2013年2月27日致信被申请人宣布解除双方劳动关系。2013年7月,美国礼来公司、礼来中国公司以黄孟炜侵害技术秘密为由诉至上海市第一中级人民法院,同时提出行为保全的申请,请求法院责令被申请人黄孟炜不得披露、使用或者允许他人使用从申请人处盗取的21个商业秘密文件。为此,申请人向法院提供了涉案21个商业秘密文件的名称及内容、承诺书等证据材料,并就上述申请提供了担保金。

(二)裁判结果

上海市第一中级人民法院审查认为,申请人提交的证据能够初步证明被申请人获取并掌握了申请人的商业秘密文件,由于被申请人未履行允许检查和删除上述文件的承诺,致使申请人所主张的商业秘密存在被披露、使用或者外泄的危险,可能对申请人造成无法弥补的损害,符合行为保全的条件。2013年7月31日,该院作出民事裁定,禁止被申请人黄孟炜披露、使用或允许他人使用申请人美国礼来公司、礼来中国公司主张作为商业秘密保护的21个文件。

(三)典型意义

修改后的民事诉讼法增加规定了行为保全制度,将其适用范围扩大到全部民事案件领域。行为保全措施是权利人在紧急情况下保护其权利的有效手段。人民法院根据当事人申请积极合理采取知识产权保全措施,可以充分利用保全制度的时效性,提高知识产权司法救济的及时性、便利性和有效性,对于加大知识产权保护力度具有重要促进意义。本案系我国首例依据修改后的民事诉讼法在商业秘密侵权诉讼中适用行为保全措施的案件,凸显了人民法院顺应社会需求,依法加强知识产权司法保护的实践努力。

案例2 佛山市海天调味食品股份有限公司诉佛山市高明威极调味食品有限公司侵害商标权及不正当竞争纠纷案

(一)基本案情

海天公司是"威极"注册商标的权利人,该商标注册于1994年2月28日,核定使用的商品为酱油等。威极公司成立于1998年2月24日。威极公司将"威极"二字作为其企业字号使用,并在广告牌、企业厂牌上突出使用"威极"二字。在威极公司违法使用工业盐水生产酱油产品被曝光后,海天公司的市场声誉和产品销量均受到影响。海天公司认为威极公司的行为侵害其商标权并构成不正当竞争,向广东省佛山市中级人民法院提起诉讼,请求法院判令威极公司停止侵权、赔礼道歉,并赔偿其经济损失及合理费用共计人民币1000万元。

(二)裁判结果

广东省佛山市中级人民法院一审认为,威极公司在其广告牌及企业厂牌上突出使用"威极"二字侵犯了海天公司的注册商标专用权;威极公司的两位股东在该公司成立前均从事食品行业和酱油生产行业,理应知道海天公司及其海天品牌下的产品但仍将海天公司注册商标中的"威极"二字登记为企业字号,具有攀附海天公司商标商誉的恶意,导致公众发生混淆或误认,导致海天公司商誉受损,构成不正当竞争。遂判决威极公司立即停止在其广告牌、企业厂牌上突出使用"威极"二字,停止使用带有"威极"字号的企业名称并在判决生效后十日内向工商部门办理企业字号变更手续,登报向海天公司赔礼道歉、消除影响,并赔偿海天公司经济损失及合理费用共计人民币655万元。在计算损害赔偿时,审理法院根据海天公司在16天内应获的合理利润额以及合理利润下降幅度推算其因商誉受损遭受的损失,并结合威极公司侵犯注册商标专用权行为及不正当竞争行为的性质、期间、后果等因素,酌定海天公司因产品销量下降导致的利润损失为人民币350万元;同时将海天公司为消除影响、恢复名誉、制止侵权结果扩大而支出的合理广告费人民币300万元和律师费人民币5万元一并纳入赔偿范围。威极公司提起上诉后在二审阶段主动申请撤回上诉。

(三)典型意义

本案是因威权公司违法使用工业盐水生产酱油产品的"酱油门"事件而引发的诉讼,社会关注度较高。法院在案件裁判中通过确定合法有效的民事责任,切实维护了权利人的利益。在停止侵害方面,法院在认定被告构成不正当竞争之后,判决被告停止使用相关字号并责令其限期变更企业名称,彻底杜绝了再次侵权的危险。在损害赔偿方面,在有证据显示权利人所受损失较大,但现有证据又不足以直接证明其实际损失数额的情况下,通过结合审计报表等相关证据确定损害赔偿数额,使损害赔偿数额更接近权利人的实际损失,使权利人所受损失得到最大限度的补偿。同时,法院将权利人为消除侵权和不正当竞争行为的影响、恢复名誉、制止侵权结果扩大而支出的合理广告费纳入赔偿范围,体现了加强知识产权司法保护的力度和决心。

案例3 宝马股份公司诉广州世纪宝驰服饰实业有限公司侵害商标权及不正当竞争纠纷案

(一)基本案情

宝马公司在中国拥有注册在第12类汽车等商品上的"BMW"、" "、"宝马"等商标及在第25类服装商品上的" "商标。世纪宝驰公司生产并销售标注" "、"FENGBAOMAFENG及 "、"丰宝马丰 FENGBAOMAFENG及 "等标识的服装产品,并在其网站及店铺上显著标注"FENGBAOMAFENG及图"等标识,在服装吊牌、网站、宣传图册等处使用"德国世纪宝马集团股份有限公司"企业名称。宝马公司以侵害商标权及不正当竞争为由诉至北京市第二中级人民法院,请求判令世纪宝驰公司等停止侵权,并赔偿经济损失人民币200万元。

(二)裁判结果

北京市高级人民法院二审认为,世纪宝驰公司在其生产的服装及宣传中突出使用与宝马公司的注册商标相近似的被诉侵权标识,侵犯了宝马公司的商标专用权;其在服装吊牌等处使用"德国世纪宝马集团股份有限公司"企业名称的行为违背诚实信用和公认的商业道德,意在利用宝马公司的商誉牟取非法利益,构成不正当竞争。宝马公司提交的证据足以证明世纪宝驰公司侵权的主观恶意明显,侵权时间长、范围广、获利巨大,远远超过人民币200万元,侵权情节极其严重,加之宝马公司的涉案注册商标具有较高的知名度,宝马公司为制止侵权行为亦支付了合理费用。为保障权利人合法权益的充分实现,加大侵权代价,降低维权成本,对宝马公司关于损害赔偿的诉讼请求予以全额支持。据此,判决被告停止侵权、消除影响、赔偿经济损失人民币200万元。同时,针对世纪宝驰公司的恶意侵权行为,对其处以罚款人民币10万元的民事制裁,并向国家工商行政管理总局发出司法建议,建议其对侵权行为进行全面查处。2013年初,国家工商总局发出专门通知,要求全国各地工商部门调查处理涉嫌侵犯宝马股份公司相关注册商标专用权的行为,各地工商局随即对涉及侵犯宝马股份公司商标权的傍名牌仿冒活动进行了全面调查和处理。

(三)典型意义

该案是人民法院依法加大恶意侵权行为惩处力度的典型案例。首先,在赔偿数额的确定方面,在现有证据证明侵权人的侵权获利远远超出商标法规定的50万元法定赔偿最高限额和权利人索赔请求的情况下,考虑到侵权人属于组织化的大规模侵权、主观恶意明显、侵权时间长、范围广、获利巨大等因素,二审法院没有采取法定赔偿的方式确定损害赔偿数额,而是根据案件具体情况运用裁量权的酌定赔偿数额,全额支持了权利人的诉请。其次,在加大侵权代价方面,根据本案侵权人有组织、规模化恶意侵权的实际情况,在行政机关未进行过行政处罚的情况下,本着加大惩处力度的精神,二审法院依法对侵权人采取民事制裁措施。最后,审理法院结合在案件审理中发现的其他未经处理的侵权行为,向有关部门发出司法建议,提出相应的处理方案,工商部门根据该司法建议积极行动,切实打击了恶意侵权行为,取得了良好的社会效果。该案表明了中国法院平等保护中外知识产权权利人的合法权益、维护公平有序的市场经济秩序、加大知识产权保护力度的决心和行动。

案例4 珠海格力电器股份有限公司诉广东美的制冷设备有限公司等侵害发明专利权纠纷案

（一）基本案情

美的公司生产了型号为KFR-26GW/DY-V2(E2)等四种型号的"美的分体式空调器"产品。格力公司以美的公司制造销售的上述产品侵犯其"控制空调器按照自定义曲线运行的方法"发明专利权为由，向广东省珠海市中级人民法院起诉，请求判令被告停止侵权行为、赔偿损失以及因调查、制止侵权行为所支付的合理费用。

（二）裁判结果

广东省高级人民法院二审认为，KFR-26GW/DY-V2(E2)型空调器在"舒睡模式3"运行方式下的技术方案侵犯了涉案发明专利权。该被诉侵权产品所附安装说明书明确记载了"舒睡模式3"的功能，并载明该说明书适用于其余三款空调器产品，可以推知该三款空调器亦具有"舒睡模式3"。本案四款被诉侵权产品属于同一系列，仅功率不同而功能相同，符合产业惯例。美的公司虽主张该三款空调器的功能存在差别因而不构成专利侵权，但并未提供相应证据，在此情况下通过现有证据可以推知该三款空调器也具有相同的"舒睡模式3"，侵犯了涉案专利权。关于赔偿数额，美的公司仅提供了型号为KFR-26GW/DY-V2(E2)空调器产品的相关数据，可以确定该型号空调器的利润为人民币47.7万元。美的公司在一审法院释明相关法律后果的情况下，仍拒不提供其生产销售其他型号空调器的相关数据，可以推定美的公司生产的其余三款空调器的利润均不少于人民币47.7万元。故综合本案全部证据确定美的公司应赔偿格力公司经济损失人民币200万元。

（三）典型意义

本案双方当事人均为国内知名家电企业，案情疑难复杂，社会影响较大。二审法院正确适用相关法律及司法解释的规定，合理适用事实推定规则和举证妨碍制度，正确认定案件事实，准确

确定侵权赔偿数额，贯彻了加大司法保护力度的精神。在侵权事实认定方面，在依法认定特定型号侵权产品构成侵权的基础上，根据与专利技术特征有关的说明书的记载，结合当事人虽提出异议但未提供相反证据的具体情况，合理推定另三款产品亦构成侵权。在损害赔偿数额确定方面，积极运用举证妨碍制度。侵权人持有其他三款产品的侵权获利证据而拒不提供，二审法院根据现有证据推定该三款产品的获利均不低于第一款产品，据此运用裁量权在专利侵权法定赔偿最高限额以上确定赔偿，加重了侵权人的侵权代价。

案例5 亚什兰许可和知识产权有限公司、北京天使专用化学技术有限公司诉北京瑞仕邦精细化工技术有限公司、苏州瑞普工业助剂有限公司、魏星光等侵害发明专利权纠纷案

（一）基本案情

亚什兰公司系"水包水型聚合物分散体的制造方法"发明专利的权利人，天使公司经亚什兰公司许可在中国大陆境内合法使用上述专利。该发明专利系一种产品制造方法发明专利，但利用该方法制造的产品并非新产品。魏星光于1996年进入天使公司工作，先后担任天使公司总经理和亚什兰中国区业务总监职务，后离职并成为瑞仕邦公司的股东和董事，在瑞普公司成立后又担任该公司董事。瑞普公司和瑞仕邦公司生产制造并销售了与涉案方法专利所生产的产品相同的完全水性聚合物浓缩液。亚什兰公司和天使公司虽通过申请法院采取证据保全措施、公证保全等多种方法调查收集涉及被告生产工艺的证据，但仍未获得能够证明被告完整生产工艺技术方案的全部证据。亚什兰公司和天使公司向江苏省苏州市中级人民法院提起诉讼，主张瑞仕邦公司和瑞普公司生产销售的上述完全水性聚合物浓缩液构成专利侵权，魏星光构成帮助侵权，请求判令被告立即停止侵权、连带赔偿经济损失和制止侵权的合理费用共计人民币2000万元；同时针对本案被告向北京市第一中级人民法院提起相关联的商业秘密侵权诉讼。

（二）裁判结果

江苏省苏州市中级人民法院认为，本案专利

方法涉及的产品是一种具有特定客户群的工业用化学制剂，权利人既无法从公开市场购买，又无从进入瑞普公司车间获知该产品完整的生产工艺流程，亚什兰公司已尽合理努力穷尽其举证能力但仍难以证实被告确实使用了其专利方法。考虑到魏星光及瑞普公司主要技术人员原均系天使公司工作人员，有机会接触到涉案专利方法的完整生产流程，同时瑞普公司虽主张其生产工艺中某些物质的添加方式和含量与涉案专利技术方案不同，但在法院释明的情况下仍拒绝提供相应证据予以佐证，被告使用专利方法生产完全水性聚合物浓缩液的可能性较大，在被告未提供进一步相反证据的前提下，根据本案具体情况可以认定被控侵权技术方案侵犯了涉案专利权，瑞普公司和瑞仕邦公司构成专利侵权。在此基础上，苏州市中级人民法院主持调解，最终双方当事人达成调解方案：瑞仕邦公司、瑞普公司和魏星光承诺不使用涉案专利方法，瑞仕邦公司和魏星光就本案被诉侵犯专利权行为支付亚什兰公司人民币1500万元补偿金，就相关联的被诉侵犯商业秘密行为支付亚什兰公司人民币700万元补偿金。

（三）典型意义

本案是合理运用证据规则以事实推定的方式认定侵犯产品制造方法专利权并通过调解达成高额补偿金的典型案例。由于侵权证据的难以获得性，产品制造方法专利尤其是不属于新产品的产品制造方法专利一直是知识产权保护的难点。本案中，审理法院根据案件具体情况，在权利人已尽合理努力并穷尽其举证能力，结合已知事实以及日常生产经验，能够认定同样产品经由专利方法制造的可能性较大的前提下，不再苛求专利权人提供进一步的证据，而将举证责任适当转移给被诉侵权人。同时，审理法院在被诉侵权人不能提供相反证据的情况下，认定其使用了专利方法。这种方法合理减轻了方法专利权利人的举证负担，对于便利方法专利权利人依法维权具有重要意义。同时，审理法院出于妥善解决社会矛盾的考虑，在案件审理中聘请技术专家担任人民陪审员，确保案件事实认定质量，并在查明事实和明晰是非的基础上促成当事人达成以合计支付人民币2200万元高额补偿金为条件的调解协议，切实维护了权利人的利益。

案例6　北京锐邦涌和科贸有限公司诉强生（上海）医疗器材有限公司、强生（中国）医疗器材有限公司纵向垄断协议纠纷案

（一）基本案情

原告锐邦公司作为被告强生公司医用缝线、吻合器等医疗器械产品的经销商，与强生公司已有15年的经销合作关系。2008年1月，强生公司与锐邦公司签订《经销合同》及附件，约定锐邦公司不得以低于强生公司规定的价格销售产品。2008年3月，锐邦公司在北京大学人民医院举行的强生医用缝线销售招标中以最低报价中标。2008年7月，强生公司以锐邦公司私自降价为由取消锐邦公司在阜外医院、整形医院的经销权。2008年8月15日后，强生公司不再接受锐邦公司医用缝线产品订单，2008年9月完全停止了缝线产品、吻合器产品的供货。2009年，强生公司不再与锐邦公司续签经销合同。原告向上海市第一中级人民法院起诉，主张被告在经销合同中约定的限制最低转售价格条款，构成反垄断法所禁止的纵向垄断协议，诉请法院判令被告赔偿因执行该垄断协议对原告低价竞标行为进行"处罚"而给原告造成的经济损失人民币1439.93万元。

（二）裁判结果

上海市高级人民法院二审认为，本案相关市场是中国大陆地区的医用缝线产品市场，该市场竞争不充分，强生公司在此市场具有很强的市场势力，本案所涉限制最低转售价格协议在本案相关市场产生了排除、限制竞争的效果，同时并不存在明显、足够的促进竞争效果，应认定构成垄断协议。强生公司对锐邦公司所采取的取消部分医院经销资格、停止缝线产品供货行为属于反垄断法禁止的垄断行为，强生公司应赔偿上述垄断行为给锐邦公司造成的2008年缝线产品正常利润损失。据此判决强生公司赔偿锐邦公司经济损失人民币53万元。

（三）典型意义

该案是国内首例纵向垄断协议纠纷案件，也是全国首例原告终审判决胜诉的垄断纠纷案件，在我国反垄断审判发展中具有里程碑意义。

该案涉及对限制最低转售价格行为进行反垄断分析的一系列重大问题，该案二审判决对限制最低转售价格行为的法律评价原则、举证责任分配、分析评价因素等问题进行了探索和尝试,其分析方法与结论对推进我国反垄断案件审判和反垄断法实施具有重要意义。该案的判决,充分体现和发挥了人民法院依法制止垄断行为、保护和促进市场公平竞争的职能作用。

案例7 江西亿铂电子科技有限公司、余志宏等侵犯商业秘密罪刑事案

(一)基本案情

被告人余志宏、罗石和、肖文娟、李影红原系珠海赛纳公司员工,四人在日常工作中能够接触并掌握珠海赛纳公司的品牌区、南美区、亚太区的客户资料以及2010年的销售量、销售金额及珠海赛纳公司产品的成本价、警戒价、销售价等经营性信息,并负有保守珠海赛纳公司商业秘密的义务。2011年初,余志宏与他人成立江西亿铂公司,生产打印机用碳鼓等耗材产品,并成立中山沃德公司及香港Aster公司、美国Aster公司、欧洲Aster公司销售江西亿铂公司产品。余志宏、罗石和、肖文娟、李影红等人将各自因工作关系掌握的珠海赛纳公司的客户采购产品情况、销售价格体系、产品成本等信息私自带入江西亿铂公司、中山沃德公司,以此制定了该两公司部分产品的美国价格体系、欧洲价格体系,并以低于珠海赛纳公司的价格向原属于珠海赛纳公司的部分客户销售相同型号的产品。经对江西亿铂公司、中山沃德公司的财务资料和出口报关单审计,两公司共向原珠海赛纳公司的11个客户销售与珠海赛纳公司相同型号的产品金额共计7659235.72美元;按照珠海赛纳公司相同型号产品的平均销售毛利润率计算,给珠海赛纳公司造成的经济损失共计人民币22705737.03元(2011年5月至12月的经济损失人民币11319749.58元;2012年1月至4月的经济损失人民币11385987.45元)。

(二)裁判结果

广东省珠海市中级人民法院二审认为,江西亿铂公司、中山沃德公司、余志宏、罗石和、肖文娟、李影红的行为构成侵犯商业秘密罪,判处江西亿铂公司罚金人民币2140万元;判处中山沃德公司罚金人民币1420万元;判处余志宏有期徒刑六年,并处罚金人民币100万元;判处罗石和有期徒刑三年,并处罚金人民币20万元;判处李影红有期徒刑二年,缓刑三年,并处罚金人民币10万元;判处肖文娟有期徒刑二年,缓刑三年,并处罚金人民币10万元。

(三)典型意义

本案系全国最大一宗侵犯经营信息类商业秘密刑事犯罪案件,人民法院判处的罚金总额高达3700万元,创商业秘密犯罪案件罚金数额全国之最。这是广东省法院系统实行知识产权审判"三合一"模式审理知识产权刑事案件的成功范例,突出了司法保护知识产权的整体性和有效性,充分体现了司法保护知识产权的主导作用。本案裁判无论是在罚金数额的计算还是自然人刑事责任的承担方面,都体现了严厉制裁侵犯知识产权犯罪行为的导向。

案例8 宗连贵等28人假冒注册商标罪刑事案

(一)基本案情

2007年11月份,被告人宗连贵、黄立安共同出资成立油脂公司,自2008年8、9月份至2011年9月4日期间,雇佣多名工人在其公司内生产假冒"金龙鱼"、"鲁花"注册商标的食用油并销售,同时将购进的非法制造的"金龙鱼"、"鲁花"注册商标标识对外销售;在明知宗连贵、黄立安生产的食用油系假冒的情况下,被告人陈金孝等仍接受雇佣,从事生产、销售,非法经营数额达人民币19249759.5元。2009年底至2011年,被告人刘志勇等人在明知宗连贵油脂公司生产的"金龙鱼"、"鲁花"食用油系假冒注册商标的商品的情况下,仍多次购买并销售,涉案金额达数百万元人民币。

(二)裁判结果

河南省高级人民法院二审认为,被告人宗连贵、黄立安等人为进行违法犯罪活动而设立公司,并且以实施犯罪为主要活动,应以自然人犯罪而不是单位犯罪论处。被告人宗连贵犯假冒注册商标罪、销售非法制造的注册商标标识罪,数罪并罚,判处执行有期徒刑十二年零六个月,并处罚金人民币1050万元;被告人黄立安犯假冒注册商标罪、销售非法制造的注册商标标识罪,数罪并罚,判处执行有期徒刑十一年零六个月,并处罚金人民币1050万元;被告人陈金孝犯假冒注册商标罪和销售非法制造的注册商标标识罪,合并执行有期徒刑八年,并处罚金人民币90万元;被告人刘志勇犯销售假冒注册商标的商品罪,判处有期徒刑四年零三个月,并处罚金人民币97万元;其他24名被告人也分别被判处了期限不等的有期徒刑和数量不等的罚金。

(三)典型意义

该案是一起利用刑事手段打击侵犯知识产权犯罪、维护市场秩序和保护食品安全的典型案例。该案的犯罪数额之高、危害之深、影响之广、判处的罚金之高,在全国知识产权审判领域罕见。该案是河南法院系统实行知识产权审判"三合一"审理知识产权刑事案件的典型判例,体现了人民法院加大知识产权刑事司法保护力度、严厉打击侵犯知识产权犯罪的精神。审理法院综合运用各种刑罚手段,不仅坚决对犯罪分子定罪判刑,而且特别重视运用财产刑加大对侵犯知识产权犯罪的惩处力度,注重从经济上剥夺犯罪分子再犯罪的能力和条件。本案28名被告人全部依法被追究刑事责任,在判处被告人有期徒刑同时判处罚金刑,罚金总额高达人民币2704万元,有力地震慑了侵犯知识产权犯罪行为,净化了市场环境,维护了市场经济秩序。

(二)著作权

◎ 司法解释

最高人民法院关于审理著作权民事纠纷案件适用法律若干问题的解释

- 2020年12月29日
- 法释〔2020〕19号

为了正确审理著作权民事纠纷案件,根据《中华人民共和国民法典》《中华人民共和国著作权法》《中华人民共和国民事诉讼法》等法律的规定,就适用法律若干问题解释如下:

第一条 人民法院受理以下著作权民事纠纷案件:

(一)著作权及与著作权有关权益权属、侵权、合同纠纷案件;

(二)申请诉前停止侵害著作权、与著作权有关权益行为,申请诉前财产保全、诉前证据保全案件;

(三)其他著作权、与著作权有关权益纠纷案件。

第二条 著作权民事纠纷案件,由中级以上人民法院管辖。

各高级人民法院根据本辖区的实际情况,可以报请最高人民法院批准,由若干基层人民法院管辖第一审著作权民事纠纷案件。

第三条 对著作权行政管理部门查处的侵害著作权行为,当事人向人民法院提起诉讼追究该行为人民事责任的,人民法院应当受理。

人民法院审理已经过著作权行政管理部门处理的侵害著作权行为的民事纠纷案件,应当对案件事实进行全面审查。

第四条 因侵害著作权行为提起的民事诉讼,由著作权法第四十七条、第四十八条所规定侵权行为的实施地、侵权复制品储藏地或者查封扣押地、被告住所地人民法院管辖。

前款规定的侵权复制品储藏地,是指大量或者经常性储存、隐匿侵权复制品所在地;查封扣押地,是指海关、版权等行政机关依法查封、扣押侵权复制品所在地。

第五条 对涉及不同侵权行为实施地的多个被告提起的共同诉讼,原告可以选择向其中一个被告的侵权行为实施地人民法院提起诉讼;仅对其中某一被告提起的诉讼,该被告侵权行为实施地的人民法院有管辖权。

第六条 依法成立的著作权集体管理组织,根据著作权人的书面授权,以自己的名义提起诉讼,人民法院应当受理。

第七条 当事人提供的涉及著作权的底稿、原件、合法出版物、著作权登记证书、认证机构出具的证明、取得权利的合同等,可以作为证据。

在作品或者制品上署名的自然人、法人或者非法人组织视为著作权、与著作权有关权益的权利人，但有相反证明的除外。

第八条 当事人自行或者委托他人以定购、现场交易等方式购买侵权复制品而取得的实物、发票等，可以作为证据。

公证人员在未向涉嫌侵权的一方当事人表明身份的情况下，如实对另一方当事人按照前款规定的方式取得的证据和取证过程出具的公证书，应当作为证据使用，但有相反证据的除外。

第九条 著作权法第十条第(一)项规定的"公之于众"，是指著作权人自行或者经著作权人许可将作品向不特定的人公开，但不以公众知晓为构成条件。

第十条 著作权法第十五条第二款所指的作品，著作权人是自然人的，其保护期适用著作权法第二十一条第一款的规定；著作权人是法人或非法人组织的，其保护期适用著作权法第二十一条第二款的规定。

第十一条 因作品署名顺序发生的纠纷，人民法院按照下列原则处理：有约定的按约定确定署名顺序；没有约定的，可以按照创作作品付出的劳动、作品排列、作者姓氏笔画等确定署名顺序。

第十二条 按照著作权法第十七条规定委托作品著作权属于受托人的情形，委托人在约定的使用范围内享有使用作品的权利；双方没有约定使用作品范围的，委托人可以在委托创作的特定目的范围内免费使用该作品。

第十三条 除著作权法第十一条第三款规定的情形外，由他人执笔，本人审阅定稿并以本人名义发表的报告、讲话等作品，著作权归报告人或讲话人享有。著作权人可以支付执笔人适当的报酬。

第十四条 当事人合意以特定人物经历为题材完成的自传体作品，当事人对著作权归属有约定的，依其约定；没有约定的，著作权归该特定人物享有，执笔人或整理人对作品完成付出劳动的，著作权人可以向其支付适当的报酬。

第十五条 由不同作者就同一题材创作的作品，作品的表达系独立完成并且有创作性的，应当认定作者各自享有独立著作权。

第十六条 通过大众传播媒介传播的单纯事实消息属于著作权法第五条第(二)项规定的时事新闻。传播报道他人采编的时事新闻，应当注明出处。

第十七条 著作权法第三十三条第二款规定的转载，是指报纸、期刊登载其他报刊已发表作品的行为。转载未注明被转载作品的作者和最初登载的报刊出处的，应当承担消除影响、赔礼道歉等民事责任。

第十八条 著作权法第二十二条第(十)项规定的室外公共场所的艺术作品，是指设置或者陈列在室外社会公众活动处所的雕塑、绘画、书法等艺术作品。

对前款规定艺术作品的临摹、绘画、摄影、录像人，可以对其成果以合理的方式和范围再行使用，不构成侵权。

第十九条 出版者、制作者应当对其出版、制作有合法授权承担举证责任，发行者、出租者应当对其发行或者出租的复制品有合法来源承担举证责任。举证不能的，依据著作权法第四十七条、第四十八条的相应规定承担法律责任。

第二十条 出版物侵害他人著作权的，出版者应当根据其过错、侵权程度及损害后果等承担赔偿损失的责任。

出版者对其出版行为的授权、稿件来源和署名、所编辑出版物的内容等未尽到合理注意义务的，依据著作权法第四十九条的规定，承担赔偿损失的责任。

出版者应对其已尽合理注意义务承担举证责任。

第二十一条 计算机软件用户未经许可或者超过许可范围商业使用计算机软件的，依据著作权法第四十八条第(一)项、《计算机软件保护条例》第二十四条第(一)项的规定承担民事责任。

第二十二条 著作权转让合同未采取书面形式的，人民法院依据民法典第四百九十条的规定审查合同是否成立。

第二十三条 出版者将著作权人交付出版的作品丢失、毁损致使出版合同不能履行的，著作权人有权依据民法典第一百八十六条、第二百三十八条、第一千一百八十四条等规定要求出版者承担相应的民事责任。

第二十四条　权利人的实际损失,可以根据权利人因侵权所造成复制品发行减少量或者侵权复制品销售量与权利人发行该复制品单位利润乘积计算。发行减少量难以确定的,按照侵权复制品市场销售量确定。

第二十五条　权利人的实际损失或者侵权人的违法所得无法确定的,人民法院根据当事人的请求或者依职权适用著作权法第四十九条第二款的规定确定赔偿数额。

人民法院在确定赔偿数额时,应当考虑作品类型、合理使用费、侵权行为性质、后果等情节综合确定。

当事人按照本条第一款的规定就赔偿数额达成协议的,应当准许。

第二十六条　著作权法第四十九条第一款规定的制止侵权行为所支付的合理开支,包括权利人或者委托代理人对侵权行为进行调查、取证的合理费用。

人民法院根据当事人的诉讼请求和具体案情,可以将符合国家有关部门规定的律师费用计算在赔偿范围内。

第二十七条　侵害著作权的诉讼时效为三年,自著作权人知道或者应当知道权利受到损害以及义务人之日起计算。权利人超过三年起诉的,如果侵权行为在起诉时仍在持续,在该著作权保护期内,人民法院应当判决被告停止侵权行为;侵权损害赔偿数额应当自权利人向人民法院起诉之日起向前推算三年计算。

第二十八条　人民法院采取保全措施的,依据民事诉讼法及《最高人民法院关于审查知识产权纠纷行为保全案件适用法律若干问题的规定》的有关规定办理。

第二十九条　除本解释另行规定外,人民法院受理的著作权民事纠纷案件,涉及著作权法修改前发生的民事行为的,适用修改前著作权法的规定;涉及著作权法修改以后发生的民事行为的,适用修改后著作权法的规定;涉及著作权法修改前发生,持续到著作权法修改后的民事行为的,适用修改后著作权法的规定。

第三十条　以前的有关规定与本解释不一致的,以本解释为准。

最高人民法院关于审理侵害信息网络传播权民事纠纷案件适用法律若干问题的规定

- 2020 年 12 月 29 日
- 法释〔2020〕19 号

为正确审理侵害信息网络传播权民事纠纷案件,依法保护信息网络传播权,促进信息网络产业健康发展,维护公共利益,根据《中华人民共和国民法典》《中华人民共和国著作权法》《中华人民共和国民事诉讼法》等有关法律规定,结合审判实际,制定本规定。

第一条　人民法院审理侵害信息网络传播权民事纠纷案件,在依法行使裁量权时,应当兼顾权利人、网络服务提供者和社会公众的利益。

第二条　本规定所称信息网络,包括以计算机、电视机、固定电话机、移动电话机等电子设备为终端的计算机互联网、广播电视网、固定通信网、移动通信网等信息网络,以及向公众开放的局域网络。

第三条　网络用户、网络服务提供者未经许可,通过信息网络提供权利人享有信息网络传播权的作品、表演、录音录像制品,除法律、行政法规另有规定外,人民法院应当认定其构成侵害信息网络传播权行为。

通过上传到网络服务器、设置共享文件或者利用文件分享软件等方式,将作品、表演、录音录像制品置于信息网络中,使公众能够在个人选定的时间和地点以下载、浏览或者其他方式获得的,人民法院应当认定其实施了前款规定的提供行为。

第四条　有证据证明网络服务提供者与他人以分工合作等方式共同提供作品、表演、录音录像制品,构成共同侵权行为的,人民法院应当判令其承担连带责任。网络服务提供者能够证明其仅提供自动接入、自动传输、信息存储空间、搜索、链接、文件分享技术等网络服务,主张其不构成共同侵权行为的,人民法院应予支持。

第五条 网络服务提供者以提供网页快照、缩略图等方式实质替代其他网络服务提供者向公众提供相关作品的,人民法院应当认定其构成提供行为。

前款规定的提供行为不影响相关作品的正常使用,且未不合理损害权利人对该作品的合法权益,网络服务提供者主张其未侵害信息网络传播权的,人民法院应予支持。

第六条 原告有初步证据证明网络服务提供者提供了相关作品、表演、录音录像制品,但网络服务提供者能够证明其仅提供网络服务,且无过错的,人民法院不应认定为构成侵权。

第七条 网络服务提供者在提供网络服务时教唆或者帮助网络用户实施侵害信息网络传播权行为的,人民法院应当判令其承担侵权责任。

网络服务提供者以言语、推介技术支持、奖励积分等方式诱导、鼓励网络用户实施侵害信息网络传播权行为的,人民法院应当认定其构成教唆侵权行为。

网络服务提供者明知或者应知网络用户利用网络服务侵害信息网络传播权,未采取删除、屏蔽、断开链接等必要措施,或者提供技术支持等帮助行为的,人民法院应当认定其构成帮助侵权行为。

第八条 人民法院应当根据网络服务提供者的过错,确定其是否承担教唆、帮助侵权责任。网络服务提供者的过错包括对于网络用户侵害信息网络传播权行为的明知或者应知。

网络服务提供者未对网络用户侵害信息网络传播权的行为主动进行审查的,人民法院不应据此认定其具有过错。

网络服务提供者能够证明已采取合理、有效的技术措施,仍难以发现网络用户侵害信息网络传播权行为的,人民法院应当认定其不具有过错。

第九条 人民法院应当根据网络用户侵害信息网络传播权的具体事实是否明显,综合考虑以下因素,认定网络服务提供者是否构成应知:

(一)基于网络服务提供者提供服务的性质、方式及其引发侵权的可能性大小,应当具备的管理信息的能力;

(二)传播的作品、表演、录音录像制品的类型、知名度及侵权信息的明显程度;

(三)网络服务提供者是否主动对作品、表演、录音录像制品进行了选择、编辑、修改、推荐等;

(四)网络服务提供者是否积极采取了预防侵权的合理措施;

(五)网络服务提供者是否设置便捷程序接收侵权通知并及时对侵权通知作出合理的反应;

(六)网络服务提供者是否针对同一网络用户的重复侵权行为采取了相应的合理措施;

(七)其他相关因素。

第十条 网络服务提供者在提供网络服务时,对热播影视作品等以设置榜单、目录、索引、描述性段落、内容简介等方式进行推荐,且公众可以在其网页上直接以下载、浏览或者其他方式获得的,人民法院可以认定其应知网络用户侵害信息网络传播权。

第十一条 网络服务提供者从网络用户提供的作品、表演、录音录像制品中直接获得经济利益的,人民法院应当认定其对该网络用户侵害信息网络传播权的行为负有较高的注意义务。

网络服务提供者针对特定作品、表演、录音录像制品投放广告获取收益,或者获取与其传播的作品、表演、录音录像制品存在其他特定联系的经济利益,应当认定为前款规定的直接获得经济利益。网络服务提供者因提供网络服务而收取一般性广告费、服务费等,不属于本款规定的情形。

第十二条 有下列情形之一的,人民法院可以根据案件具体情况,认定提供信息存储空间服务的网络服务提供者应知网络用户侵害信息网络传播权:

(一)将热播影视作品等置于首页或者其他主要页面等能够为网络服务提供者明显感知的位置的;

(二)对热播影视作品等的主题、内容主动进行选择、编辑、整理、推荐,或者为其设立专门的排行榜的;

(三)其他可以明显感知相关作品、表演、录音录像制品为未经许可提供,仍未采取合理措施的情形。

第十三条 网络服务提供者接到权利人以书信、传真、电子邮件等方式提交的通知及构成侵权的初步证据，未及时根据初步证据和服务类型采取必要措施的，人民法院应当认定其明知相关侵害信息网络传播权行为。

第十四条 人民法院认定网络服务提供者转送通知、采取必要措施是否及时，应当根据权利人提交通知的形式，通知的准确程度，采取措施的难易程度，网络服务的性质，所涉作品、表演、录音录像制品的类型、知名度、数量等因素综合判断。

第十五条 侵害信息网络传播权民事纠纷案件由侵权行为地或者被告住所地人民法院管辖。侵权行为地包括实施被诉侵权行为的网络服务器、计算机终端等设备所在地。侵权行为地和被告住所地均难以确定或者在境外的，原告发现侵权内容的计算机终端等设备所在地可以视为侵权行为地。

第十六条 本规定施行之日起，《最高人民法院关于审理涉及计算机网络著作权纠纷案件适用法律若干问题的解释》（法释〔2006〕11号）同时废止。

本规定施行之后尚未终审的侵害信息网络传播权民事纠纷案件，适用本规定。本规定施行前已经终审，当事人申请再审或者按照审判监督程序决定再审的，不适用本规定。

◎ 司法文件

最高人民法院关于转发〔2005〕民三他字第2号函的通知

- 2005年6月8日
- 法（民三）明传〔2005〕4号

各省、自治区、直辖市高级人民法院：

现将我院就山东省高级人民法院《关于济宁之窗信息有限公司网络链接行为是否侵犯录音制品制作者信息网络传播权及赔偿数额如何计算问题的请示》的〔2005〕民三他字第2号的答复函转发你院，请予参照执行。

附：

（2005）民三他字第2号

2005年6月2日

山东省高级人民法院：

你院鲁高法〔2005〕7号《关于济宁之窗信息有限公司网络链接行为是否侵犯录音制品制作者权信息网络传播权及赔偿数额如何计算问题的请示》收悉。经研究答复如下：

对于网络服务提供者在提供链接服务中涉及的侵犯著作权的行为，应当依据《最高人民法院关于审理涉及计算机网络著作权纠纷案件适用法律若干问题的解释》的有关规定进行认定。网络服务提供者明知有侵犯著作权的行为，或者经著作权人提出确有证据的侵权警告，仍然提供链接服务的，可以根据案件的具体情况，依据《最高人民法院关于审理涉及计算机网络著作权纠纷案件适用法律若干问题的解释》第四条的规定，追究其相应的民事责任。

最高人民法院关于做好涉及网吧著作权纠纷案件审判工作的通知

- 2010年11月25日
- 法发〔2010〕50号

各省、自治区、直辖市高级人民法院，新疆维吾尔自治区高级人民法院生产建设兵团分院：

近年来，各级人民法院审理的网吧因提供影视作品被诉侵权的相关案件大幅增加，出现了一些新情况和新问题，引起有关方面的高度关注。为解决当前审理涉及网吧著作权纠纷案件中存在的突出问题，依法妥善审理好此类案件，现就有关事项通知如下：

一、各级人民法院要认真研究分析当前涉及网吧著作权纠纷案件急剧上升的成因和现状，在此类案件的审理中，在积极支持当事人依法维权的同时,也要注意防止滥用权利情形的发生。要注意处理好依法保护与适度保护的关系,既要依法保护当事人的著作权,有效制止侵权行为,又要正确确定网吧经营者和相关影视作品提供者的责任承担,注意把握司法导向和利益平衡,积极促进信息传播和规范传播秩序,推动相关互联网文化产业健康发展。

二、要积极探索有效解决纠纷的途径,认真贯彻"调解优先,调判结合"的工作原则。在加强诉讼调解的同时,积极推动建立诉讼与非诉讼相衔接的矛盾纠纷解决机制,发挥行业主管部门和行业协会的作用,采取各种措施引导网吧经营者规范经营行为,以减少诉讼,维护社会和谐稳定。

三、网吧经营者未经许可,通过网吧自行提供他人享有著作权的影视作品,侵犯他人信息网络传播权等权利的,应当根据原告的诉讼请求判决其停止侵权和赔偿损失。赔偿数额的确定要合理和适度,要符合网吧经营活动的特点和实际,除应考虑涉案影视作品的市场影响、知名度、上映档期、合理的许可使用费外,还应重点考虑网吧的服务价格、规模、主观过错程度以及侵权行为的性质、持续时间、对侵权作品的点击或下载数量、当地经济文化发展状况等因素。

法律、行政法规对网吧经营者承担侵权责任的情形另有规定的,按其规定执行。

四、网吧经营者能证明涉案影视作品是从有经营资质的影视作品提供者合法取得,根据取得时的具体情形不知道也没有合理理由应当知道涉案影视作品侵犯他人信息网络传播权等权利的,不承担赔偿损失的民事责任。但网吧经营者经权利人通知后,未及时采取必要措施的,应对损害的扩大部分承担相应的民事责任。

五、网吧经营者请求追加涉案影视作品提供者为共同被告的,可根据案件的具体情况决定是否追加其参加诉讼。

本通知自下发之日起执行。执行中如有问题和新情况,请及时层报最高人民法院。

◎ 请示答复

最高人民法院关于刘国础诉叶毓山著作权一案的复函

- 1990年1月22日
- 〔1989〕民他字第56号

四川省高级人民法院:

你院〔89〕川法民示字第8号《关于刘国础诉叶毓山著作权一案的请示报告》收悉。经研究,答复如下:

一、歌乐山烈士群雕,是倡议单位聘请叶毓山个人创作并由叶亲自参加和指导下制作完成的。刘国础仅在参加群雕制作过程中提过一些建议,与叶毓山又没有合作创作的约定,不能认定是群雕的共同创作人。

二、全国城市雕塑设计方案展览会只评选雕塑作品,不评选环境沙盘模型。因此,群雕作为雕塑作品所获得的纪念铜牌,只能归其作者叶毓山享有。

三、沙盘模型应由谁署名问题,与叶毓山无关,不属于本案审理的范围,可告知原告,如有争议,应另行起诉。

以上意见供参考。

最高人民法院关于范曾诉吴铎侵害著作权一案的复函

- 1990年7月9日
- 〔1989〕民他字第20号

北京市高级人民法院:

你院京高法字〔1989〕第295号"关于范曾诉吴铎侵害著作权一案的请示报告"收悉。经研究,我们同意你院倾向性意见,即吴铎将所临摹范曾的绘画作品署上自己的姓名,赠送他人,致其临摹作品在日本展览,并制成画册出售,吴铎的行为构成了对范曾著作权的侵害,应承担相应的民事责任。

此复。

最高人民法院关于范曾诉盛林虎姓名权纠纷案的复函

- 1990年11月5日
- 〔1989〕民他字第55号

江苏省高级人民法院：

你院(1989)民请字第6号关于范曾诉盛林虎姓名权纠纷一案的请示报告收悉。经研究，我们认为，盛林虎临摹范曾绘画作品是一种复制行为。未经作者范曾同意，以营利为目的出售该复制品，侵害了范曾的著作权，盛林虎应承担侵权的民事责任。根据该案情况，其案由以定著作权纠纷为宜。

以上意见，供参考。

最高人民法院关于胡由之、郑乃章诉刘桢、卢碧亮著作权纠纷案的复函

- 1992年4月13日
- 〔1991〕民他字第47号

江西省高级人民法院：

你院赣法(民)发〔1991〕1号《关于胡由之、郑乃章诉刘桢、卢碧亮著作权纠纷案的请示》收悉。

根据你院报告及案卷材料，我们研究认为：由刘桢、胡由之、郑乃章三人署名，并请卢碧亮翻译成英文，向国际古陶瓷学术讨论会投稿的《镇窑结构及其特征的剖析》一文，是在原刘、胡、郑三人合作作品的基础上缩写而成的。此后，刘桢将该文中"技术秘密"的内容去掉，文字上稍加修改润色，以《景德镇窑及其构造特征》（以下简称"特征"）为题，请卢碧亮译成英文后发表在国外某杂志上，署名刘桢、卢碧亮。由于该文未署胡由之、郑乃章之名，侵犯了胡、郑二人的著作权，刘桢应承担民事责任。该文本应署名译者的卢碧亮却署名为作者，但由于该文署名方式主要系刘桢所为，卢碧亮对侵权无过错，可不承担民事责任。鉴于在诉讼中，刘桢已将"特征"的中文稿在国内有关杂志上以刘桢、胡由之、郑乃章三人的名义发表，并已向胡、郑二人赔礼道歉等情节，请审理时予以考虑。

最高人民法院关于白亚青、刘七勤与甘肃省卫生厅等著作权纠纷案的答复

- 1996年5月8日
- 〔1996〕民他字第77号函

甘肃省高级人民法院：

你院关于白亚青、刘七勤诉甘肃省卫生厅等著作权纠纷案请示收悉。经研究同意你院审委会研究的倾向性意见，即《ICD—9卡片索引系统》可作为编辑作品给予著作权法的保护；其著作权归北京协和医院疾病分类合作中心与甘肃省卫生厅享有。

以上意见供参考。

最高人民法院关于自贡市公共交通总公司与自贡市五星广告灯饰公司侵犯著作权纠纷案的答复

- 1996年12月17日
- 〔1995〕民他字第38号函

四川省高级人民法院：

你院(95)川民他字第10号关于自贡市公共交通总公司诉自贡市五星广告灯饰公司侵犯著作权一案的请示报告收悉。经研究答复如下：

1. 自贡市公共交通总公司设计制作的"希望之光"大型灯组，是以线条、色彩、灯光等要素表达主题的作品，将其认定为具有独创性的作品是适当的。

2. 该作品是专门为参加灯会创作的，灯会结束后，该作品即被运回存放，不另在公共场所设置或陈列，因而不应将其认定为"设置或者陈列在公共场所的艺术作品"。

3. 自贡市五星广告灯饰公司未经作者许可，在自制的电视广告中使用"希望之光"美术作品，不属于著作权法第二十二条第一款第(十)项"合理使用"的范围，侵犯了自贡市公共交通总公

司的著作权,应依照著作权法的有关规定承担相应的民事责任。

最高人民法院民事审判庭关于武生活与杨学洪合作作品署名权纠纷一案的电话答复

- 1990年2月7日
- 〔1989〕民他字第58号

山东省高级人民法院：

你院"关于临沂市武生活与杨学洪合作作品署名权纠纷一案的请示报告"收悉。经研究,我们提出如下意见:①该案当事人是对《中国城市经济社会年鉴》特载部分的"写作负责人名单"有争议,不是对尊载作品作者的署名权之争,也不是作品本身的归属之争,无需作出是职务作品、还是合作作品的认定;②写作负责人错写为李玉华,既不是李的责任,也不涉及李的权利,判决结果也不需要李承担民事责任,故不应将李追加为第三人;③写作负责人名单问题,按要求应以市长指定为准报送。武生活在1986年12月填表时,私自将名单填报李玉华,似应由行政解决,但在1987年4月以市政府名义报送文章时,附表写作负责人为武生活、杨学洪,而《年鉴》仍按前表登"特载"应承担主要责任,可建议由行政出面联系《中国城市经济社会年鉴》予以更正。在联系有关单位妥善解决后,可裁定发回第一审,动员原告撤诉或驳回起诉。

以上意见,供你们审理该案时参考。

附：

山东省高级人民法院关于临沂市武生活与杨学洪合作作品署名权纠纷一案的请示报告

1989年8月15日　　鲁法(民)发〔1989〕78号

最高人民法院：

我省临沂市武生活与杨学洪合作作品署名权纠纷一案,武生活不服临沂地区中级人民法院第一审判决,向省院提出上诉。经我院审理认为,该案有其特殊性,为慎重判处,特此报告请示。现将案情及处理意见报告如下：

上诉人：武生活(原审被告),男,46岁,汉族,大专文化,四川省梓潼县人,现任临沂市人民政府经济研究中心主任,住市府家属院。

委托代理人：宋秉明,山东省经济法律顾问处律师。

被上诉人：杨学洪(原审原告),男,36岁,汉族,大专文化,山东省莒县人,现任临沂市人民政府经济研究中心干部,住临沂市政府家属院。

原审第三人：李玉华,男,25岁,汉族,中专文化,临沂市人,系临沂市人民政府经济研究中心干部。

案情：

1986年2月22日《中国城市经济社会年鉴》(以下简称年鉴)理事会,向临沂市市长发出响应信,并向市长约稿。按照《年鉴》理事会章程规定,凡参加者需交会会费(交不起者可免);市长担任《年鉴》理事会理事并由市长指定理事联络员和写作负责人,当时的临沂市市长陈豁然指定武生活为理事联络员；武生活、杨学洪为写作负责人,并于1986年5月21日签发了同意参加《年鉴》理事会的响应信。在这期间陈豁然、武生活、杨学洪三人按写作提纲,共同研究了文章题目和写作内容,即：在杨学洪、武生活1986年3月为《临沂地区经济社会年鉴》写的《临沂市经济社会概况》一文的基础上,由武生活执笔修改整理而成《古城春晓话临沂》一文。文章写成后经陈豁然修改定稿发往《年鉴》编辑部。编辑部将《古城春晓话临沂》改名为《琅琊古城的今天》。以"临沂市长陈豁然"的署名登载在《年鉴》1986年版第756页上。

1986年12月6日,武生活与本单位打字员李玉华夫长沙参加《年鉴》理事会议。会议期间,武生活未经市长指定和李玉华同意(本人不知道),在填写理事联络员、写作负责人登记表时将李玉华的名字填入写作负责人一栏内。后被登载在《年鉴》1987年版特载上。1987年4月,由被上诉人杨学洪执笔写了《临沂新姿》一文,经副市长刘丕祥,原市长陈豁然修改定稿后报送,仍以临沂市市长陈豁然的署名登载在《年鉴》1987年版第798页上。按照《年鉴》编写提要规定,特载部分登载理事联络员、写作负责人名单。关于城市状况介绍部分规定:"文章一般要署作者名(建议小城市仍由市长署名);文章中的统计数字和打印稿要加盖统计局、市政府办公厅(室)公章"。1986年、1987年临沂报送的两文附页上写作负责人均是武生活和杨学洪二人。但武生活在填表时删掉了写作负责人之一杨学洪的名字。当《年鉴》1987年版发表后,杨学洪发现写作负责人是李玉华,即找上诉人质问,双方酿成纠纷。1988年7月3日被上诉人杨学洪向临沂地区中级人民法院提起诉讼,要求上诉人停止侵害,消除影响,赔礼道歉,赔偿经济损失。上诉人答辩称:"两篇作品属职务作品,个人没有署名权。"并反诉称:"原告说我侵犯版权纯属无中生有;写作负责人只有我一人"。

第一审审理期间,1988年10月27日临沂市人民政府向《年鉴》编辑部交了5000元会费。在诉争前的1987年武生活将合著的《琅琊古城的今天》一文,作为自己的论文之一,被评为市级拔尖人才,说明武本人承认是合作作品,享有著作权。关于两文的属性问题,职务作品目前在我国无法律规定,山东省新闻出版局版权处与国家版权局对此问题的看法完全相反,省版权处认为是合作作品,国家版权局则认为是职务作品。写作负责人是否属于文章署名权的范围?《年鉴》编辑部的两次函件前后不一致,第一次承认写作负责人是作者。第二次不承认写作负责人是作者。但从1985、1986、1987年出版情况看,具有表明作者身份的意思。1986、1987年的稿酬问题。1986年由武生活从长沙开会期间带回130元,共9人平均分配。1987年由编辑部直接寄给杨学洪130元,由杨学洪个人处理了。

临沂地区中级人民法院审理认为:1986、1987年发表在《年鉴》上的两文系陈豁然、杨学洪、武生活三人共同创作的作品,陈豁然及原、被告均有署名权。被告武生活连续2年侵犯了原告杨学洪写作负责人的署名权,事实清楚,证据充分,应承担民事责任。经调解无效,于1988年11月26日公开审理判决:一、由被告武生活负责恢复原告杨学洪在1986、1987年《中国城市经济社会年鉴》版本中的《琅琊古城的今天》和《临沂新姿》两篇作品的写作负责人署名权;停止对原告杨学洪在此两篇文章中的写作负责人署名权的不法侵害;二、被告武生活向原告杨学洪赔礼道歉,消除影响;三、被告武生活赔偿原告杨学洪经济损失200元整;四、驳回被告武生活的反诉请求。武生活不服,向我院提出上诉。其理由:1. 是职务作品,著作权应归市政府所有,原审认定为三人合作作品是错误的。因为一是以市政府名义,并交了会费;二是加盖公章并落款。2. 写作负责人只有我一个,并且写作负责人不属署名权范围。3. 如果是合作作品,那么侵权人是陈豁然,应追加陈为被告。4. 第一审法院偏袒原告一方,并剥夺了我的辩论权。

本案的焦点有两个。一是两文的属性;是职务作品,还是非职务作品?二是写作负责人是一个还是两个?写作负责人是否属于作者署名权范围?

对此,我院审判委员会研究的意见是:参照最高人民法院〔1988〕民他字第21号"关于由别人代为起草而以个人名义发表的会议讲话作品其著作权(版权)应归个人所有的批复"精神,本案所争执的作品属职务作品,因文章的内容基本上反映了市政府的意志;文章内表明的数字为市统计局提供并盖有市政府、市统计局的公章;文章的落款为临沂市人民政府;《年鉴》规定以原市长陈豁然的名义发表;武生活、杨学洪执笔写稿是完成市长交给的工作任务;《年鉴》特载写作负责人名单不属于著作权的署名权范围。因此,本案所争执的作品其著作权应归市政府所有。《年鉴》特载写作负责人姓名具有表明实际作者的意思。因此,上诉人武生活在填报理事、理事联络员、写作负责人登记表时擅自删掉写作负责人之一杨学洪而换成李玉华,可视为侵权,应承担民事责任,向被上诉人杨学洪、第三人李玉华赔礼道歉,并负责向《年鉴》编辑部声明再版时予以更正。本案由省法院改判处理。

上述意见当否,请批示。

最高人民法院知识产权庭关于沙茂世与刘新著作权权属侵权纠纷案的函

- 1999 年 3 月 17 日
- 〔1999〕知监字第 6 号函

浙江省高级人民法院：

沙茂世因与刘新著作权权属、侵权纠纷一案不服杭州市中级人民法院（1997）杭民终字第412 号民事裁定，向我院申请再审称：著作权纠纷属于人民法院受理民事诉讼案件的范围，杭州市中级人民法院裁定不予受理缺乏法律依据。请求撤销该裁定，确认沙孟海为相关作品的著作权人。

该案杭州市中级人民法院已经过再审程序驳回了沙茂世的再审申请。鉴于本诉讼涉及人民法院知识产权案件的收案范围的问题，现请你院进行复查，于三个月内将复查结果报告我院，并直接答复当事人。

最高人民法院知识产权庭关于徐州光学仪器总厂与徐州医用光学电子仪器研究所、李国强侵犯著作权及侵犯商业秘密纠纷案的函

- 1999 年 4 月 26 日
- 〔1999〕知监字第 1 号函

江苏省高级人民法院：

关于徐州光学仪器总厂（以下简称光仪厂）诉徐州医用光学电子仪器研究所（以下简称医光所）、李国强侵犯著作权及侵犯商业秘密纠纷一案，医光所不服你院（1998）苏知终字第 5 号民事判决，向本院申请再审称：

1. 李国强利用业余时间自行设计编写的 WX 型多部位微循环显微仪产品样本，没有利用光仪厂任何物质技术条件，依据著作权法第 16 条之规定，该样本的著作权应属李国强所有。

2. 二审判决认定医光所侵犯了光仪厂的编辑作品著作权没有事实和法律依据。

另据再审申请人向本院递交的请求书反映，徐州中院将强制执行本案生效判决，并要将李国强关押起来。

现将再审申请人的有关材料转你院，请你院尽快进行复查，并于三个月内将复查结果报我院并直接答复再审申请人。

最高人民法院知识产权庭关于哈尔滨东恪国际通讯设备有限公司与哈尔滨维时通讯电子技术有限公司计算机软件著作权侵权纠纷案的函

- 1999 年 5 月 6 日
- 〔1999〕知监字第 2 号函

黑龙江省高级人民法院：

哈尔滨东恪国际通讯设备有限公司诉哈尔滨维时通讯电子技术有限公司（简称维时公司）计算机软件著作权侵权纠纷一案，维时公司不服你院（1997）民终字第 3 号民事判决，向本院申请再审。

现将再审申请人的有关材料转你院，请你院进行复查。你院在复查中似应注意对维时公司销售 IC 卡所获利润中硬件、侵权软件和其他非侵权软件各占利润的比例划分问题。请你院将复查结果于三个月内报我院并直接答复申请再审人。

最高人民法院关于湖南丽丹芬化妆品有限公司与长沙广播电视发展总公司著作权侵权纠纷案的函

- 1999 年 5 月 20 日
- 〔1998〕知监字第 70 号函

湖南省高级人民法院：

湖南丽丹芬化妆品有限公司为与长沙广播

电视发展总公司、长沙美伦化妆品有限责任公司著作权侵权纠纷一案,不服你院(1996)湘高经二终这第1号民事判决,向湖南省人民检察院提出申诉。湖南省人民检察院提请最高人民检察院抗诉,最高人民检察院以高检发民行抗字(1998)第21号民事抗诉书向本院提出抗诉。

现将最高人民检察院抗诉书及案卷一宗转去,请你院依照《中华人民共和国民事诉讼法》第一百八十六条之规定,对本案进行再审,并将再审结果报告本院及最高人民检察院。

最高人民法院关于叶庆球与珠海市香洲船舶修造厂等著作权侵权纠纷案的函

- 1999年9月22日
- [1997]知监字第48号函

广东省高级人民法院:

原审上诉人叶庆球为与原审被上诉人珠海市香洲船舶修造厂(以下简称香洲船厂)、梁智川、孙世军、江涌著作权侵权纠纷一案,不服你院(1996)粤知终字第21号民事判决,向本院提出再审申请。本院经调卷审查,认为你院判决认定事实不清、适用法律错误,已于1999年9月22日以[1997]知监字第48号民事裁定指令你院再审本案。你院在再审过程中请注意审查以下问题:

一、关于著作权归属问题。你院认定叶庆球是"VGX8159"总布置图和线型图的作者是正确的,但未对该两图的著作权归属作出认定。本案没有证据证明香港船东与叶庆球之间曾就上述图纸的著作权归属有过约定,也无据证明香港船东以30万元佣金为对价买断图纸的著作权或使用权,根据本案的实际情况,应当认定叶庆球与香洲船厂之间是一种委托设计关系。由于双方并未约定委托作品的著作权归属,根据著作权法第十七条的规定,应认定受托人叶庆球是上述两图的著作权人。

二、关于侵权定性问题。首先,根据著作权法第五十二条第二款的规定,香洲船厂依照

"VZXZ813"图纸建造渔船的行为不是侵犯著作权行为,故叶庆球以香洲船厂造船所获利润为索赔依据的诉讼请求,不能得到支持。其次,香洲船厂设计、制作"VZXZ813"部分,主要是水线以上部分作厂改动,且在送审图纸的设计人一栏中未署叶庆球之名,似构成了侵犯叶庆球的署名权、复制权,应承担相应的民事责任。你院二审判决认定"VZXZ813"图纸是香洲船厂"重新设计"的,缺乏事实根据;认定叶庆球与香洲船厂之间无直接法律关系也有所不当。

最高人民法院知识产权庭关于中国和平出版社与王晓龙等著作权侵权纠纷案的函

- 1999年10月26日
- [1999]知监字第26号函

天津市高级人民法院:

中国和平出版社(以下简称和平出版社)为与王晓龙、天津市南开区五环科技文化用品经营部(以下简称五环经营部)侵犯著作权纠纷一案,不服你院(1999)高知终字第2号民事判决,向本院申请再审称:

1. 五环经营部以支付一切必要费用和稿费为代价,根据其与王晓龙签订的合作出版协议第4条之约定,合法取得了《中考总复习系统指导》丛书的专有出版许可,而且协议中没有约定明确的有效期限,故原审判决认定五环经营部已将协议约定的"权利用尽"与事实不符。

2. 和平出版社与五环经营部订立出版合同,合法取得了丛书的出版许可,而且王晓龙对五环经营部委托和平出版社出书是明知而且默认的。

3. 二审判决判令和平出版社和五环经营部分别一次性赔偿王晓龙损失人民币50000元,二者承担连带责任,无事实和法律依据。理由是:首先,和平出版社已如约支付给五环经营部50000元稿酬;其次,和平出版社已经尽了审查义务,主观上没有过错,不存在侵权行为,所以不应承担连带责任。

现将申请再审人的有关材料转你院,请你院进行复查,将复查结果于三个月内报告我院并迳复申请再审人。

最高人民法院知识产权审判庭关于中国标准出版社与中国劳动出版社著作权侵权纠纷案的答复

- 1999年11月22日
- 〔1998〕知他字第6号函

北京市高级人民法院:

你院〔1998〕286号请示收悉。经研究,答复如下:

1. 推荐性国家标准,属于自愿采用的技术性规范,不具有法规性质。由于推荐性标准在制定过程中需要付出创造性劳动,具有创造性智力成果的属性,如果符合作品的其他条件,应当确认属于著作权法保护的范围。对这类标准,应当依据著作权法的相关规定予以保护。法院应当根据本案的实际情况,确认这类作品的著作权人,确认原告是否经过合法授权,最终确定原告的诉讼请求是否成立。

2. 国家标准化管理机关依法组织制订的强制性标准,是具有法规性质的技术性规范,由标准化管理机关依法发布并监督实施。为保证标准的正确发布实施,标准化管理部门依职权将强制性标准的出版社授予中国标准出版社,这既是一种出版资格的确认,排除了其他出版单位的出版资格;同时也应认定是出版经营权利的独占许可。其他出版单位违反法律、法规出版强制性标准,客观上损害了被许可人的民事权益。请你院与朝阳区法院依据民事诉讼法及其他法律的规定,并考虑办案的社会效果,多做工作,争取调解解决此案。

以上意见供参考。

最高人民法院关于郑海金与许正雄、天津人民出版社等著作权侵权纠纷案的函

- 2000年3月9日
- 〔1998〕知监字第33号函

湖南省高级人民法院:

根据有关方面的反映,本院对长沙市北区人民法院一审、长沙市中级人民法院二审审结的郑海金与许正雄、天津人民出版社等著作权侵权纠纷一案中涉及的《侵华日军投降内幕》(以下简称《内幕》)作品是否应当受到著作权保护的问题进行了审查。经审查认为:《内幕》作品最早发表在1994年第二期《炎黄春秋》杂志上,同年5月,经四川省委战部对该书稿进行审查后,批准同意出版。《内幕》一书正文未发现有违反法律的内容。因此,一、二审法院按照著作权法的规定对该作品给予保护,是正确的。鉴于天津人民出版社对赔偿数额等问题提出异议,向本院提出再审申请,根据《中华人民共和国民事诉讼法》第一百七十八条的规定,现请你院就该再审申请中涉及的有关问题进行复查,并将复查结果直接答复当事人。

最高人民法院关于深圳市帝慧科技实业有限公司与连樟文等计算机软件著作权侵权纠纷案的函

- 2000年4月7日
- 〔1999〕知监字第18号函

广东省高级人民法院:

原审上诉人深圳市帝慧科技实业有限公司(以下简称帝慧公司)、原审被告连樟文、刘九发为与原审被上诉人曾小坚、曹荣贵计算机软件著作权侵权纠纷一案,不服你院(1997)粤知终字第55号终审民事判决,向本院申请再审。本院经

调卷审查认为,你院上述判决缺乏事实依据,已于2000年4月7日以(1999)知监字第18号民事裁定指令你院对本院再审。你院在再审过程中请注意以下问题:

一、广东省软件侵权鉴定分析专家组的《"安全文明小区通用电脑管理系统"与"公安基层业务管理系统"的相似性鉴定分析报告》(以下简称《鉴定报告》)并未对原被告软件的源程序或目标程序代码进行实际比较,而是通过比较程序的运行参数(变量)、界面和数据库结构,就得出了两个软件实质相似的结论。运行参数属于软件编制过程中的构思而非表达;界面是程序运行的结果,非程序本身,且相同的界面可以通过不同的程序得到;数据库结构不属于计算机软件,也构不成数据库作品,且本案原告的数据库结构实际上就是公安派出所的通用表格,不具有独创性。因此,《鉴定报告》所称的两个软件存在实质相似性,并非著作权法意义上的实质相似性。

二、根据《鉴定报告》及其附件三("关于程序自动生成的说明"),原告的程序是FoxBase for DOS环境下生成的,被告的程序代码很可能通过FoxPro For Windows工具自动生成,原被告的程序代码不具有可比性。根据该《鉴定报告》,难以认定被告抄袭了原告的程序代码,同时由于该鉴定未对两个软件文档进行比较鉴定,也不能得出被告抄袭原告文档的结论。因此,依据《鉴定报告》的结论认定被告侵权成立,缺乏事实依据。

◎ 地方司法文件

北京市高级人民法院关于侵害知识产权及不正当竞争案件确定损害赔偿的指导意见及法定赔偿的裁判标准

● 2020年4月21日

为妥善审理侵害知识产权及不正当竞争案件,提高知识产权保护水平,统一裁判标准,建立与知识产权市场价值相协调的损害赔偿机制,根据《中华人民共和国著作权法》《中华人民共和国商标法》《中华人民共和国专利法》《中华人民共和国反不正当竞争法》等有关法律及最高人民法院有关司法解释的规定,结合我市审判工作实践,对侵害知识产权及不正当竞争案件中损害赔偿的确定,以及侵害著作权、商标权及不正当竞争案件中适用法定赔偿的考量因素及裁判标准,制定如下意见。

第一章 基本规定

1.1 【损害赔偿的确定原则】

确定损害赔偿坚持知识产权市场价值导向,遵循填平原则,体现补偿为主、惩罚为辅的损害赔偿司法认定机制。

被告因过错侵害他人知识产权或实施不正当竞争行为,且造成损害的,应当承担损害赔偿责任。

1.2 【赔偿计算方法及顺序】

当事人应当按照权利人的实际损失、侵权人的获利、许可使用费、法定赔偿的顺序,提出具体的赔偿计算方法。

当事人选择后序赔偿计算方法的,可以推定前序赔偿计算方法难以确定赔偿数额,但有相反证据的除外。

当事人还可以依据协商一致的其他合理方式提出具体的赔偿计算方法。

1.3 【赔偿计算方法的举证】

原告除明确具体赔偿数额、赔偿计算方法外,还应当按照提出的赔偿计算方法进行举证。被告对原告主张的赔偿数额和赔偿计算方法不予认可的,也可以提出具体的赔偿计算方法并进行相应举证。

当事人可以证明赔偿的具体数额,也可以证明赔偿数额的合理区间;既可以精确计算,也可以概括估算。

1.4 【赔偿计算方法的种类】

同一案件中,当事人针对同一被诉行为可以同时提出多种赔偿计算方法,针对不同被诉行为也可以分别提出赔偿计算方法。

1.5 【未明确赔偿计算方法的后果】

原告仅提出赔偿数额,经释明后仍未提出具体赔偿计算方法且未提供相应证据的,对于其举证责任转移的主张,一般不予支持。

上述原告不服一审判决赔偿数额提起上诉的,在无充分理由和证据时,二审法院对一审判决确定的赔偿数额一般不予调整。

1.6 【赔偿数额的阐述】

当事人已提出具体赔偿计算方法和相应的证据,判决书中应当评述计算方法的合理性和证据的可信度,细化阐述判决采用的赔偿计算方法,并在此基础上确定赔偿数额。

1.7 【实际损失和侵权获利的确定】

确定权利人的实际损失和侵权人的获利,应当运用证据规则,采取优势证据标准,考虑知识产权的市场价值、贡献率等合理因素。

确定侵权人的获利,一般以营业利润为准;被告完全以侵权为业的,可以销售利润为准。

原告确有必要自行修复商誉的,为修复商誉已实际支出的合理广告费可作为确定实际损失的考量因素。

1.8 【裁量性赔偿的适用】

裁量性赔偿不是法定赔偿,属于对权利人的实际损失或侵权人的获利的概括计算。

有证据证明权利人的实际损失或侵权人的获利明显在法定赔偿限额以外,综合全案证据情况,可以在法定限额以外合理确定赔偿数额。

1.9 【合理的许可使用费】

参照许可使用费确定赔偿数额的,一般不低于可比较的合理许可使用费。

认定合理的许可使用费,可以综合考虑下列因素:

(1)许可使用合同是否实际履行,有无发票、付款凭证等相应证据;

(2)许可使用合同是否备案;

(3)许可使用的权项、方式、范围、期限等因素与被诉行为之间有无可比性;

(4)许可使用费是否为正常的商业许可费用而未受到诉讼、并购、破产、清算等外在因素的影响;

(5)许可人与被许可人之间是否存在亲属关系、投资或关联公司等利害关系;

(6)其他因素。

1.10 【法定赔偿的适用】

在案证据难以确定权利人的实际损失、侵权人的获利、许可使用费,也难以采用其他合理方式确定赔偿数额的,可以适用法定赔偿。

原告明确请求适用法定赔偿,被告对此不予认可且提供一定证据证明权利人的实际损失、侵权人的获利、许可使用费等,被告提供的证据可以作为确定赔偿数额的参考。

1.11 【法定赔偿的说明】

原告直接依据法定赔偿方法请求损害赔偿的,应当说明适用法定赔偿的理由及主张赔偿数额的相关因素。

1.12 【法定赔偿数额的确定】

法定赔偿数额的确定,应当遵循裁判标准一致性原则,综合考虑权利、行为、过错、后果、因果关系等因素,体现案件之间的相同点和不同点,合理确定赔偿数额。

1.13 【惩罚性赔偿的适用条件】

惩罚性赔偿的适用,应当依照法律的规定。

恶意实施侵害商标权或者侵犯商业秘密行为,且情节严重的,适用惩罚性赔偿。

"恶意"一般为直接故意。"情节严重"一般是指被诉行为造成了严重损害后果。

1.14 【惩罚性赔偿的适用方法】

惩罚性赔偿的适用,应当依据当事人的主张,但一般情况下当事人应当在一审法庭辩论终结前提出该主张。

1.15 【惩罚性赔偿"恶意"的认定】

具有下列情形之一的,可以认定为被告具有恶意:

(1)被告或者其控股股东、法定代表人等在生效判决作出后,重复或变相重复实施相同侵权行为或不正当竞争行为;

(2)被告或者其控股股东、法定代表人等经权利人多次警告或受到行政机关处罚后,仍继续实施侵权行为或不正当竞争行为;

(3)假冒原告注册商标;

(4)攀附原告驰名商标声誉,抢注原告驰名商标;

(5)被告在相同或类似商品上使用原告驰名商标;

(6)原告与被告之间存在劳动、劳务关系,或者具有代理、许可、经销、合作等关系,或者进行过磋商,被告明知他人知识产权存在;

(7)被告存在掩盖被诉行为、伪造或毁灭侵权证据等行为；

(8)被告拒不履行行为保全裁定；

(9)其他情形。

1.16 【侵害商标权"情节严重"的认定】

具有下列情形之一的，可以认定为侵害商标权的情节严重：

(1)完全以侵权为业；

(2)被诉行为持续时间长；

(3)被诉行为涉及区域范围广；

(4)侵权获利数额巨大；

(5)被诉行为同时违反了食品、药品、医疗、卫生、环境保护等法律法规，可能危害人身安全、破坏环境资源或者严重损害公共利益；

(6)其他情形。

1.17 【侵犯商业秘密"情节严重"的认定】

具有下列情形之一的，可以认定为侵犯商业秘密的情节严重：

(1)完全以侵权为业；

(2)被诉行为持续时间长；

(3)被诉行为导致商业秘密为公众所知悉；

(4)侵权获利数额巨大；

(5)被告多次侵犯他人商业秘密或侵犯他人多项商业秘密；

(6)被诉行为同时违反了食品、药品、医疗、卫生、环境保护等法律法规，可能危害人身安全、破坏环境资源或者严重损害公共利益；

(7)其他情形。

1.18 【惩罚性赔偿的"基数"】

惩罚性赔偿的"基数"包括权利人的实际损失、侵权人的获利以及许可使用费。

原告维权支出的合理开支，一般不纳入计算基数。

1.19 【惩罚性赔偿的"倍数"】

惩罚性赔偿的数额，以前款确定的赔偿数额作为计算基数，在法定倍数范围内酌情确定。

惩罚性赔偿的"倍数"，可以不是整数。

1.20 【惩罚性赔偿与行政罚款、刑事罚金的关系】

被告以其同一被诉行为已受到行政罚款或者刑事罚金处罚为由，请求抵销惩罚性赔偿相应数额的，一般不予支持。

1.21 【约定赔偿的适用】

当事人依法约定赔偿数额或者赔偿计算方法，并在诉讼中主张依据该约定确定赔偿数额的，应当予以支持。

1.22 【合理开支的确定原则】

确定合理开支的数额，应当综合考虑合同、发票、支付凭证等证据的真实性、关联性，以及相应开支的合理性、必要性。

被告应当赔偿原告为制止被诉行为支出的合理开支，该项内容单独列出。

1.23 【合理开支中律师费的确定】

对于案情简单、诉讼标的不大、权利义务清楚的案件，原告主张较高数额律师费的，不宜全额支持。

对于专业性强、案情复杂、工作量大的案件，原告以计时收费方式主张律师费的，可以予以支持。

对于尚未实际支出但根据合同约定必然发生的律师费，且律师确已付出相应劳动并符合付款条件的，可以予以支持。

1.24 【关联案件的合理开支】

在关联案件中，对于原告为制止被诉行为而共同支付的合理开支，已在其他案件中获得赔偿的，不再重复计算。

1.25 【精神损害赔偿的适用】

侵害著作人身权及表演者人身权情节严重，且适用停止侵权、消除影响、赔礼道歉仍不足以抚慰原告所受精神损害的，应当判令支付精神损害抚慰金。精神损害抚慰金一般不低于5000元，不高于10万元。

1.26 【举证妨碍的适用范围】

在侵害知识产权及不正当竞争案件中，均可以适用举证妨碍的有关规定分配举证责任、确定赔偿数额。

1.27 【举证妨碍的适用条件】

权利人的损失难以确定，原告就侵权人的获利提供了初步证据，在与被诉行为相关的账簿、资料主要由被告掌握的情况下，可以责令被告提供与被诉行为相关的账簿、资料；被告无正当理由拒不提供的，可以根据原告的主张和提供的证据认定赔偿数额。

1.28 【举证妨碍的释明及后果】

责令被告提供账簿、资料的，应当向其释明拒不提供或者提供虚假账簿、资料的法律后果。

被告在一审诉讼中无正当理由拒不提供或提供虚假账簿、资料，在二审诉讼中提交相应证据，用以推翻一审判决依法认定的事实的，不予采信。

1.29 【赔偿证据的保全】

与赔偿数额有关的证据可能灭失或者以后难以取得的，当事人可以依法提出证据保全申请。

具有相应资质的金融机构以担保书或独立保函形式为证据保全提供担保的，一般应予准许。

1.30 【赔偿证据的保密】

当事人提交的与赔偿数额有关的证据涉及国家秘密、商业秘密或者法律规定应当保密的情形的，可以请求责令对方当事人及其诉讼代理人保密。

经审查需要保密的，可以责令对方当事人及其诉讼代理人签署保密承诺书，并采取适当措施限定质证的范围和方式。

第二章 文字作品法定赔偿的裁判标准

2.1 【一般考量因素】

适用法定赔偿确定文字作品的赔偿数额时，通常可以考虑涉案文字作品的独创性、创作成本、作品或作者的知名度、作品的潜在市场价值、取得相关权利付出的合理成本、许可使用费、侵权情节、被告主观过错等因素。

适用法定赔偿确定其他类型作品赔偿数额的一般考量因素，可以参照上述条款。

2.2 【特别考量因素】

除一般考量因素外，文字作品的法定赔偿可以考虑的特别因素包括国家行政主管部门规定的稿酬标准、版税率、作品的类型、作品的创作难度、作品的篇幅等。

2.3 【参考许可使用费的基本赔偿标准】

能够查明涉案文字作品通过相同或者类似方式取得许可使用费的，可以将许可使用费作为基础，根据作品许可使用的权利种类、地域范围、期限、方式等因素，按照可比性原则参考确定赔偿数额。

涉案文字作品未许可他人使用的，与涉案文字作品类型相同、发表时间相近、题材相似、市场知名度相当的其他作品的许可使用费，可以作为计算赔偿数额的参考。

其他类型作品可以参照上述方法，确定赔偿数额。

2.4 【参考行业利润率的基本赔偿标准之一】

被告未经许可通过图书、音像制品等形式复制、发行涉案文字作品的，可以参考正版图书、音像制品的定价、相关行业的平均利润率、侵权内容在涉案文字作品中所占比例与复制发行量的乘积，确定赔偿数额。

2.5 【参考行业利润率的基本赔偿标准之二】

被告未经许可通过图书、音像制品等形式复制、发行涉案文字作品的，可以参考被诉侵权作品的定价、相关行业的平均利润率、侵权内容在被诉侵权作品中所占比例与复制发行量的乘积，确定赔偿数额。

2.6 【最低侵权复制品数量的参考标准】

图书和音像制品的出版商、复制商、发行商等应当能够提供侵权复制品的具体数量而拒不提供，或所提供的证据不能采信的，可以参考下列数量确定侵权复制品的数量：

（1）图书不低于3000册；

（2）音像制品不低于2万盘。

其他类型作品可以参照上述标准，确定赔偿数额。

2.7 【参考在线传播数量的基本赔偿标准】

被告未经许可通过信息网络传播涉案文字作品，能够查明被诉侵权作品的下载量或者阅读量，且被诉侵权作品是付费下载或者付费阅读的，可以参考下载量或者阅读量确定赔偿数额。

被诉侵权作品是免费下载或者免费阅读的，因下载量、阅读量等数据形成情况比较复杂，下载量、阅读量等数据仅作为计算权利人的实际损失或者侵权人的获利的参考因素，对下载量、阅读量等数据运用逻辑推理和日常生活经验法则合理酌定。

2.8 【参考稿酬的基本赔偿标准】

被告未经许可通过发行图书、报刊等或者通

过信息网络传播涉案文字作品，无法查明许可使用费，也无法查明出版发行数量或者下载量、阅读量的，可以参考国家行政主管部门规定的基本稿酬标准确定赔偿数额。

其中，原创作品按照80元至300元/千字计算，翻译作品按照50元至200元/千字计算，汇编作品按照10元至20元/千字计算。不足千字部分按千字计算。

2.9 【其他基本赔偿标准】

涉案文字作品虽系原创，但内容陈旧、临近保护期限、知名度低或被告侵权情节轻微的，可以按照40元至80元/千字酌情确定赔偿数额。

涉案文字作品虽系原创，但发表于信息网络，篇幅巨大、独创性低且知名度低，按照字数计算的赔偿数额明显畸高的，可以按照每部作品5万元以下酌情确定赔偿数额。

2.10 【同时提供下载或在线收听的酌加标准】

被告提供涉案文字作品在线阅读的同时提供下载或在线收听的，可以比照前述2.8条规定的基本赔偿标准，酌情提高1-2倍确定赔偿数额。

2.11 【广告使用的酌加标准】

被告未经许可以广告方式使用涉案文字作品，包括用于报刊广告、户外广告、网络广告、店面广告或者宣传片等，综合考虑广告主的广告投入、制作者收取的制作费以及作品知名度、涉案文字作品在广告中的作用、被告的经营规模及侵权方式和范围等，可以比照前述2.9条规定外的基本赔偿标准，酌情提高1-10倍确定赔偿数额。

2.12 【影视性使用的酌加标准】

被告未经许可将涉案文字作品改编并拍摄、制作为电影、电视剧、网络游戏、短视频的，可以比照前述除2.9条规定外的基本赔偿标准，酌情提高1-20倍确定赔偿数额。

2.13 【知名度的酌加标准】

涉案文字作品具有获得国际或国内知名奖项、进入国际或国内阅读、销售排行榜前列、作者知名度较高等情节的，可以比照前述除2.9条规定外的基本赔偿标准，酌情提高1-5倍确定赔偿数额。

2.14 【侵权情节严重的酌加标准】

有下列情形之一的，属于侵权情节严重，可以比照前述2.9条规定外的基本赔偿标准，酌情提高1-5倍确定赔偿数额：

(1) 被诉行为持续时间较长；

(2) 被诉行为影响较大；

(3) 权利人发出侵权警告或通知后被诉行为仍持续；

(4) 重复侵权或变相重复实施相同被诉行为；

(5) 侵权获利数额较大；

(6) 其他情形。

其他类型作品可以参照上述规定。

2.15 【酌加情形的累计计算】

本章所列酌加情形可以累计计算，但累计后的总额不应超过著作权法规定的法定赔偿限额。

其他类型作品可以参照上述规定。

2.16 【酌减情形】

有下列情形之一的，可以比照前述基本赔偿标准，酌情降低赔偿数额：

(1) 涉案文字作品独创性低；

(2) 难以与权利人取得联系且已向相关单位提存使用费；

(3) 原告大量购入低价值文字作品，批量提起诉讼；

(4) 被诉行为系执行国家政策或者具有公益性；

(5) 按照前述标准计算的赔偿数额，明显不合理的高于涉案文字作品市场价值，或者明显不合理的高于同类作品市场价值；

(6) 其他情形。

其他类型作品可以参照上述规定。

第三章 音乐作品法定赔偿的裁判标准

3.1 【特别考量因素】

除一般考量因素外，音乐作品的法定赔偿可以考虑的特别因素包括音乐作品的类型、音乐作品的曲长、音乐作品是否由著作权集体管理组织管理等。

3.2 【复制、发行、在线播放的基本赔偿标准】

被告未经许可以音像制品的形式复制、发行

涉案音乐作品或者在线播放涉案音乐作品，无其他参考因素时，原告为词、曲著作权人的，每首音乐作品的赔偿数额一般不少于600元，其中词、曲著作权人赔偿占比为40%、60%；原告为录音制作者的，每首音乐作品的赔偿数额一般不少于2000元；原告为表演者的，每首音乐作品的赔偿数额一般不少于400元。

被告未经许可以图书、杂志等载体复制、发行涉案音乐作品，可以参照文字作品的规定确定赔偿数额。

3.3 【同时提供播放和下载的酌加标准】

被告未经许可同时提供在线播放和下载涉案音乐作品的，可以比照前述在线播放的基本赔偿标准，酌情提高1-2倍确定赔偿数额。

3.4 【公开现场表演的基本赔偿标准】

被告未经许可将涉案音乐作品非免费现场表演的，现场表演的门票收入能够确定的，可以门票收入除以现场表演的歌曲数量为基数，以该基数的5%至10%酌情确定赔偿数额，每首音乐作品的赔偿数额不少于3000元，其中词、曲著作权人赔偿占比为40%、60%。

无法以上述方法确定赔偿数额的，可以综合考虑演出现场规模、演出性质、演出场次等因素，按照每首音乐作品不少于3000元确定赔偿数额，其中词、曲著作权人赔偿占比为40%、60%。

3.5 【经营场所播放背景音乐的基本赔偿标准】

被告未经许可在经营场所将涉案音乐作品作为背景音乐播放的，原告为词、曲著作权人的，每首音乐作品的赔偿数额一般不少于600元，其中词、曲著作权人赔偿占比为40%、60%。

3.6 【广播音乐作品的基本赔偿标准】

被告未经许可广播涉案音乐作品侵害广播权的，可以比照前述3.5条规定的基本赔偿标准，酌情确定赔偿数额。

3.7 【直播的基本赔偿标准】

主播人员未经许可在网络直播中播放或演唱涉案音乐作品，根据主播人员的知名度、直播间在线观看人数、直播间点赞及打赏量、平台知名度等因素，可以比照前述在线播放、现场表演的基本赔偿标准，酌情确定赔偿数额。

3.8 【广告使用的酌加标准】

被告未经许可将涉案音乐作品用于电视广告、网络广告、宣传片、商业促销活动现场等，可以比照前述基本赔偿标准，酌情提高1-10倍确定赔偿数额。

3.9 【知名度的酌加标准】

涉案音乐作品具有获得国际或国内知名奖项、进入国际或国内音乐排行榜前列、专辑销量在国际或国内销量排行榜前列、成为国际或国内知名影视剧主题曲等情节的，可以比照前述基本赔偿标准，酌情提高1-5倍确定赔偿数额。

3.10 【侵权情节严重的酌加标准】

有下列情形之一的，属于侵权情节严重，可以比照前述基本赔偿标准，酌情提高1-5倍确定赔偿数额：

（1）擅自将涉案音乐作品作为主题曲；

（2）擅自在热门综艺节目中使用涉案音乐作品；

（3）被诉侵权作品位列排行榜前列；

（4）其他情形。

3.11 【酌减情形】

有下列情形之一的，可以比照前述基本赔偿标准，酌情降低赔偿数额：

（1）涉案音乐作品被使用的曲谱小节、歌词较少；

（2）其他情形。

第四章 美术作品法定赔偿的裁判标准

4.1 【特别考量因素】

除一般考量因素外，美术作品的法定赔偿可以考虑的特别因素包括美术作品的类型、侵权商品中美术作品的贡献率等。

4.2 【参考复制、发行量的基本赔偿标准】

被告未经许可复制、发行涉案美术作品，可以参照涉案美术作品的正版定价乘以侵权复制品的数量，再乘以根据涉案美术作品所占篇幅、所处位置、使用次数、贡献率等因素酌定的合适比率，确定赔偿数额。

4.3 【复制、发行、放映、在线传播的基本赔偿标准】

被告未经许可复制、发行、放映、通过信息网络传播涉案美术作品的，无其他参考因素时，每幅美术作品的赔偿数额一般为800元至3000元。

4.4 【展览的基本赔偿标准】

被告未经许可将涉案美术作品原件或者复制件公开陈列的,根据陈列场所的规模、陈列场所的性质、是否收取门票及门票价格、具体展览方式和时间等因素,可以比照前述4.3条规定的基本赔偿标准,酌情确定赔偿数额。

4.5 【影视性使用的酌加标准】

被告未经许可使用涉案美术作品制作动画片或者将涉案美术作品用作影视剧的主要道具、网络游戏中的元素等,可以比照前述4.3条规定的基本赔偿标准,酌情提高1-20倍确定赔偿数额。

4.6 【广告使用的酌加标准】

被告未经许可将涉案美术作品用于报刊广告、平面印刷的广告宣传品、户外广告、店面广告、电视广告、宣传片、网络广告等,可以比照前述4.3条规定的基本赔偿标准,酌情提高1-5倍确定赔偿数额。

4.7 【其他商业化使用的酌加标准】

有下列情形之一的,属于未经许可将涉案美术作品进行商业化使用,可以比照前述4.3条规定的基本赔偿标准,酌情提高1-10倍确定赔偿数额:

(1)将涉案美术作品制作为商品的;

(2)将涉案美术作品作为企业标识进行使用;

(3)将涉案美术作品作为商品的包装、装潢;

(4)其他情形。

4.8 【知名度的酌加标准】

涉案美术作品具有获得国际或国内知名奖项、在拍卖过程中成交价格较高、被公众知晓程度较高等情形的,可以比照前述4.3条规定的基本赔偿标准,酌情提高1-5倍确定赔偿数额。

4.9 【侵权情节严重的酌加标准】

有下列情形之一的,属于侵权情节严重,可以比照前述4.3条规定的基本赔偿标准,酌情提高1-5倍确定赔偿数额:

(1)通过专门图片类网站、客户端软件或公众号等,大量登载侵权美术作品供公众下载;

(2)突出使用涉案美术作品;

(3)侵权商品销售量大;

(4)被诉侵权作品影响大;

(5)其他情形。

4.10 【酌减情形】

有下列情形之一的,可以比照前述4.3条规定的基本赔偿标准,酌情降低赔偿数额:

(1)涉案美术作品为系列作品,每幅作品之间仅细节部分存在差异;

(2)其他情形。

第五章 摄影作品法定赔偿的裁判标准

5.1 【特别考量因素】

除一般考量因素外,摄影作品的法定赔偿可以考虑的特别因素包括摄影作品的拍摄难度、摄影作品清晰度(格式、尺寸)、后期制作成本、被诉侵权作品清晰度、侵权商品中摄影作品的贡献率等。

5.2 【参考复制、发行量的基本赔偿标准】

被告未经许可复制、发行涉案摄影作品的,可以参照美术作品4.2条的规定,确定赔偿数额。

5.3 【复制、发行、放映、在线传播的基本赔偿标准】

被告未经许可复制、发行、放映、通过信息网络传播涉案摄影作品的,无其他参考因素时,每幅摄影作品的赔偿数额一般为500元至2000元。

5.4 【VR全景摄影作品的酌加标准】

被告未经许可使用VR全景摄影作品的,根据VR全景摄影作品的单一视角图拍摄数量、作品展现场景的效果、拍摄成本、制作难度等因素,可以比照前述摄影作品的基本赔偿标准,每幅VR全景摄影作品酌情提高1-5倍确定赔偿数额。

5.5 【体育赛事等大型活动现场摄影作品的酌加标准】

被告未经许可使用体育赛事等大型活动现场摄影作品的,根据赛事级别、拍摄对象的知名度、拍摄角度、拍摄难度、呈现画面稀有程度、作品的时效性等因素,可以比照前述摄影作品的基本赔偿标准,酌情提高1-5倍确定赔偿数额。

5.6 【酌减情形】

有下列情形之一的,可以比照前述基本赔偿标准,酌情降低赔偿数额:

(1)被诉侵权作品像素低、尺寸小;
(2)涉案摄影作品为系列作品,每幅作品之间仅细节部分存在差异;
(3)其他情形。

5.7 【参照适用】
摄影作品展览的基本赔偿标准,影视性使用、广告使用、其他商业化使用、知名度、侵权情节严重的酌加标准,参照适用美术作品的相关规定。

第六章 视频类作品、制品法定赔偿的裁判标准

6.1 【视频的范围】
本章规定的视频类作品及制品,包括电影(微电影)、电视剧、动画片、纪录片、短视频、MTV、综艺节目视频、体育赛事节目视频、连续的游戏画面等。

6.2 【特别考量因素】
除一般考量因素外,视频类作品、制品的法定赔偿可以考虑的特别因素包括:
(1)视频的具体情况,如视频的类型、时长、票房收入、收视率、点击率、档期、是否属于国家行政主管部门发布的预警名单中的作品等;
(2)原告获得授权的具体范围及类型,如传播渠道、传播平台、是否可以转授权等;
(3)原告提供涉案视频的商业模式、收费标准等;
(4)被诉行为是否发生在热播期或热映期、被诉侵权视频的清晰程度、被诉侵权视频的影响力等;
(5)其他因素。

6.3 【广播、放映的基本赔偿标准】
被告未经许可将涉案视频类作品进行广播或放映的,无其他参考因素时,电影、电视剧、纪录片、动画片类作品每部赔偿数额一般不少于2万元;微电影类作品每部赔偿数额一般不少于1万元;综艺节目视频类作品每期赔偿数额一般不少于3000元;其他短视频类作品每条赔偿数额一般不少于2000元。

6.4 【参考在线播放收费的基本赔偿标准】
被告未经许可在线播放涉案视频类作品、制品,需付费观看的,可以参考单部计费标准、会员收费标准等不同收费方式以及收费标准,确定每

部作品或制品的赔偿数额。

6.5 【在线播放的基本赔偿标准】
被告未经许可在线播放涉案视频类作品、制品,无其他参考因素时,电影、电视剧、纪录片、动画片类作品每部赔偿数额一般不少于3万元;微电影类作品每部赔偿数额一般不少于1.5万元;综艺节目视频类作品每期赔偿数额一般不少于4000元;其他短视频类作品每条赔偿数额一般不少于2500元;录像制品每部赔偿数额一般不少于500元。

6.6 【同时提供播放和下载的酌加标准】
被告未经许可在线播放涉案视频类作品、制品并提供下载的,可以比照前述在线播放的基本赔偿标准,酌情提高1-2倍确定赔偿数额。

6.7 【网吧播放的基本赔偿标准】
被告未经许可将涉案影视作品上传至网吧局域网,或从第三方购买置有影视作品的软件安装到网吧局域网及接受网络更新服务,具有过错的,每部作品的赔偿数额一般为3000元至8000元。

6.8 【VOD播放的基本赔偿标准】
被告未经许可在酒店、宾馆等场所通过VOD点播系统播放涉案影视作品的,每部作品的赔偿数额一般为1万元至3万元。

6.9 【卡拉OK经营者的考量因素】
卡拉OK经营者未经许可使用涉案MTV的,可以综合考虑涉案歌曲的知名度、创作时间、点播次数、全行业点播报告、经营场所的规模、所处地理位置及各方主体的利益平衡等因素,确定赔偿数额。

6.10 【卡拉OK经营者的基本赔偿标准】
卡拉OK经营者未经权利人许可,也未与著作权集体管理组织签订许可使用合同并支付费用的,每首歌曲赔偿数额一般为200元至800元。

卡拉OK经营者与著作权集体管理组织签订许可使用合同并支付费用,但著作权集体管理组织未获得涉案歌曲授权的,卡拉OK经营者仍应承担赔偿责任,每首歌曲赔偿数额一般不高于200元。

6.11 【分割片段的基本赔偿标准】
被告未经许可将涉案电影、电视剧、综艺节

目视频、体育赛事节目视频、连续的游戏画面等分割成若干片段,通过信息网络传播,能够替代或基本替代被分割视频的,可以按照前述在线播放的基本赔偿标准,确定赔偿数额。被诉侵权片段不能替代被分割视频的,每一片段的赔偿数额一般不少于500元,但赔偿总额不应超过整部作品的基本赔偿标准。

6.12 【知名度的酌加标准】

涉案视频具有获得国际或国内知名奖项、票房收入较高、收视率或点击率较高等情形的,可以比照前述基本赔偿标准,酌情提高1-5倍确定赔偿数额。

6.13 【侵权情节严重的酌加标准】

有下列情形之一的,属于侵权情节严重,可以比照前述基本赔偿标准,酌情提高1-5倍确定赔偿数额:

(1)被诉行为发生在首次播映日之前或热播期、热映期;

(2)将涉案视频推荐至首页、热门栏目等用户关注度较高的页面;

(3)将涉案视频用于广告或截取画面制作广告;

(4)其他情形。

6.14 【酌减情形】

有下列情形之一的,可以比照前述基本赔偿标准,酌情降低赔偿数额:

(1)涉案视频的著作权保护期即将届满;

(2)涉案视频未获得审批许可即在我国境内公开传播;

(3)其他情形。

第七章 侵害商标权法定赔偿的裁判标准

7.1 【考量因素】

适用法定赔偿确定侵害商标权行为的赔偿数额时,可以综合考虑涉案商标的显著性、知名度、声誉,商标权人的商品单价及利润,被诉侵权商品的单价及利润,被告的类型、经营方式、经营规模、侵权情节、主观恶意等因素。

7.2 【考量证据】

原告主张法定赔偿时提交的下列证据,除明显不符合常理或者有相反证据外,可以予以采信:

(1)被告以公开方式宣称的销售数量、销售额、利润等;

(2)第三方平台显示的被诉侵权商品销售数量、销售额、利润等;

(3)国家行政主管部门、行业协会、中立机构发布的统计报告或者行业报告显示的行业平均销售数量、销售额、利润等;

(4)与被告具有可比性的第三方销售数量、销售额、成交价格、利润等;

(5)符合行业惯例的平均价格;

(6)其他证据。

对于前述第(1)(2)项证据,被告仅以夸大宣传或者刷单、刷量等为由否认的,一般不予支持。

7.3 【生产商的基本赔偿标准】

以被诉侵权商品的生产商作为被告的,可以根据侵权商品的销售价格、被告的生产规模、商标许可使用费、商品利润率等因素,酌情确定赔偿数额,赔偿数额一般不低于20万元。

7.4 【线下销售直接侵权的基本赔偿标准】

以被诉侵权商品的线下销售商为被告的,无其他参考因素时,赔偿数额一般为2000元至3万元。

7.5 【线上销售直接侵权的基本赔偿标准】

以被诉侵权商品的线上销售商为被告的,可以参照7.4条的规定,酌情确定赔偿数额。

7.6 【销售商直接侵权的酌加标准】

具有下列情形之一的,可以比照上述销售商的基本赔偿标准,酌情提高1-5倍确定赔偿数额:

(1)被诉侵权商品的销售数量、用户评论数量较大;

(2)线下经营规模较大;

(3)经营场所处于繁华地段;

(4)线上店铺的关注量、收藏量、店铺会员量较大;

(5)使用涉案商标的商品价格较高;

(6)其他情形。

7.7 【帮助侵权的赔偿标准】

被告仅系超市、商场、市场或者电商平台等经营者,且上述主体经营查明构成帮助侵权的,可以比照前述赔偿标准,视其主观过错程度,酌情确定赔偿数额。

7.8 【知名度的酌加标准】

涉案商标知名度较高或者商标权人知名度较高的,可以比照前述基本赔偿标准,酌情提高1-5倍确定赔偿数额。

涉案商标在被诉行为发生及持续期间为驰名商标的,可以比照前述基本赔偿标准,酌情提高5-10倍确定赔偿数额。

7.9 【侵权情节严重的酌加标准】

有下列情形之一的,属于侵权情节严重,可以比照前述基本赔偿标准,酌情提高1-5倍确定赔偿数额:

(1)被诉行为持续时间较长;

(2)被诉行为涉及区域范围较广;

(3)侵权获利数额较大;

(4)其他情形。

7.10 【批量维权的酌减情形】

原告基于同一商标,针对不同销售商分别提起诉讼,案件数量较多且累计赔偿数额明显不合理的,或者具有明知生产商而不予起诉等不合理情形的,按照上述基本赔偿标准下限的60%至70%确定赔偿数额。

7.11 【其他酌减情形】

按照前述规定计算的赔偿数额,具有明显不合理的高于涉案商标市场价值等情形的,可以根据案件具体情况,比照前述基本赔偿标准,酌情降低赔偿数额。

第八章 不正当竞争行为法定赔偿的裁判标准

8.1 【适用范围】

对于反不正当竞争法规定的具体不正当竞争行为及违反原则性条款的不正当竞争行为确定赔偿数额时,经营者的实际损失、侵权人获得的利益均难以确定的,均可适用法定赔偿。

8.2 【考量因素】

适用法定赔偿确定不正当竞争行为的赔偿数额时,可以综合考虑下列因素:

(1)不正当竞争行为对原告实际损失的影响;

(2)原告因不正当竞争行为造成的投资回报及交易机会的减少或丧失、竞争优势的降低、客户的流失、市场份额的下降及商业信誉的贬损;

(3)被告可能获得的利润或者其他潜在利益;

(4)行业特点、商业模式;

(5)其他因素。

8.3 【"仿冒"行为的基本赔偿标准】

被告实施反不正当竞争法第六条规定的行为,赔偿数额一般不低于10万元。

8.4 【多项"仿冒"行为的计算】

同一案件中,被告实施多项"仿冒"行为,造成不同损害后果的,赔偿数额应当分别计算。

8.5 【销售"仿冒"商品的赔偿参考】

被诉行为违反反不正当竞争法第六条规定,被告为销售商的,可以参考第七章有关销售商的规定,酌情确定赔偿数额。

上述被告可以提出合法来源抗辩,抗辩成立的,不承担损害赔偿责任。

8.6 【侵犯商业秘密赔偿的考量因素】

适用法定赔偿确定侵犯商业秘密的赔偿数额时,可以综合考虑商业秘密市场价值,即商业秘密的种类、研究开发成本、创新程度高低、可保持竞争优势的时间、转让费、许可使用费等实际收益或预期收益,被诉行为的性质、持续时间、范围及后果等因素。

8.7 【侵犯多项商业秘密的计算】

同一案件中,被告侵犯原告多项商业秘密的,赔偿数额应当分别计算。

8.8 【销售侵犯商业秘密商品的免责】

被告销售不知道是侵犯商业秘密商品,能够证明该商品是自己合法取得并说明提供者的,一般仅承担停止销售的责任,不承担损害赔偿责任。

8.9 【商业诋毁的基本赔偿标准】

被告实施商业诋毁行为的,赔偿数额一般不低于1万元。

8.10 【网络不正当竞争行为赔偿的考量因素】

被告主要利用技术手段,通过网络实施被诉行为的,可以参考流量损失酌情确定赔偿数额。流量损失可以根据原告因流量减少导致的利润损失、因广告点击减少导致的利润损失、会员费损失、流量基础数据和数据产品的销售许可损失、流量变现能力的降低等因素确定。

附 则

本意见自下发之日起执行,《北京市高级人

民法院关于确定著作权侵权损害赔偿责任的指导意见》(京高法发〔2005〕12号)同时废止,北京市高级人民法院以前发布的其他有关规定与本意见不一致的,以本意见为准。

广东省高级人民法院关于审理侵犯音像著作权纠纷案件若干问题的指导意见

• 2009年3月2日
• 粤高法发〔2009〕21号

一、诉权及原告资格的认定

1. 在侵犯音像著作权纠纷中,境外民事主体作为权利人,授权我国境内的代理人代为起诉,代理人凭有效授权文书签署起诉状的,人民法院应当受理。

2. 原告与多个著作权人、与著作权有关的权利人订立专有使用权的许可使用合同,同时亦就其所获授权作品与多个著作权使用人订立转许可使用合同,并在诉讼发生时以自己的名义起诉被控侵权行为人侵犯其著作权专有使用权,若原告的行为不损害国家、社会公众及权利人利益的,人民法院应当受理。

3. 音乐作品的著作权人与中国音乐著作权协会之间存在授权管理协议,但未约定由中国音乐著作权协会行使诉权,著作权人以自己的名义起诉被控侵权行为人的,人民法院应当受理。

二、侵犯音像著作权纠纷中原告的举证责任

4. 原告提交取得权利的合同证明其拥有著作权或与著作权有关的权利的,根据《最高人民法院关于审理著作权民事纠纷案件适用法律若干问题的解释》第7条的规定,该合同可作为原告拥有权利的证据。被控侵权行为人若抗辩主张原告取得权利的合同不成立、或应当被撤销或无效的,应当对其主张承担举证责任。

5. 当事人提交在国(境)内签订的涉外著作权转让或者许可使用合同作为证据的,根据《最高人民法院关于民事诉讼证据的若干规定》第11条的规定,无须再对国(境)内形成的涉外合同办理公证认证手续。

6. 原告提交域外形成的从公共渠道可以获得的公开出版物,或者作品登记证书等官方文本作为证据,被控侵权人以该证据未办理公证认证等证明手续要求法院不予采信的,不予支持。

7. 在侵犯音像著作权纠纷中,录音、录像制作者作为邻接权人,提交公开出版的署名制品、自己制作制品的证据或者委托他人制作制品的合同及制品原件等,证明自己系权利人的,即已完成举证责任。被控侵权行为人主张录音、录像制作者的出版、制作未取得著作权人合法授权的,应对其主张承担举证责任。

三、侵犯音像著作权纠纷中侵权责任的认定

8. 在侵犯音像著作权纠纷中,复制人若以其与委托复制人之间存在授权复制合同进行抗辩,主张其行为没有过错,不承担赔偿责任的,应当视以下具体情况作出认定:

(1)复制人以磨蚀、伪造、覆盖等手法人为破坏音像制品的来源识别码(SID码)的,其侵权的主观心态明显出于恶意,具有主观过错,应承担赔偿责任。

(2)复制人不存在侵权故意,但无法证明其已验证委托单位的《音像制品出版许可证》、委托单位营业执照副本、著作权人和与著作权有关的权利人的授权书,并没有根据权利人的授权书向权利人核实授权情况的,应认定其对委托人是否确属权利人未尽审查义务,并承担赔偿责任。

9. 未经录音录像制作者许可发行、出租音像制品,能够证明自己发行、出租的制品有合法来源的,可以免予承担赔偿责任,但应当承担停止侵权的民事责任;发行人、出租人因未经许可发行、出租制品获得不当得利的,应向录音录像制作者返还不当得利。

10. 认定音像制品是否具有合法来源,应当审查以下事实综合判断:

(1)发行人、出租人的音像制品是否来源于有《音像制品出版许可证》并经工商行政管理部门登记的音像出版单位;

(2)音像制品及其包装物上是否标明了出版单位的名称、地址、音像制品的版号、出版时间、责任编辑、著作权人、条形码以及进口批准文号等;

(3)发行人、出租人与出版者之间是否签署商业合同、开具发票；

（4）音像制品的销售价格是否不合理的低于同类制品的市场价格等等。

11. 发行人、出租人有下列行为的，不应认定其发行、出租的音像制品具有合法来源：

（1）发行、出租以磨蚀、伪造、覆盖等手法人为破坏来源识别码（SID 码）的音像制品的；

（2）在收到权利人要求停止发行、出租的律师函后，拒不停止发行、出租或者拒收权利人律师函的。

12. 使用已被他人制作成录音制品并传播的音乐作品另行制作录音制品并出版、复制、发行，著作权人没有声明不许使用，且出版者、发行人、复制人就录音制品依法向著作权人支付报酬的，出版者、发行人、复制人的行为符合《著作权法》第 39 条第三款法定许可的规定，不构成侵权。出版者、发行人、复制人向著作权人支付报酬的时间，可以在使用作品之前，或之后的合理期限内。

13. 涉外录音录像制品转让合同或涉外录音录像制品许可使用合同已生效，尚未获得内容审查的行政批准的，根据《关贸总协定与贸易有关的知识产权协议》（《Trips 协议》）第 14 条第 2 项、《伯尔尼保护文学和艺术作品公约》第 2 条、第 3 条及《中华人民共和国民法通则》第 142 条的规定，相关权利人享有禁止他人未经许可复制其制品的权利。

14. 著作权人与录音录像制作权人之间的授权使用合同对使用期限届满后停止发行的期限没有约定或约定不明的，录音录像制作权人及其许可销售人在期限届满之日起 3 个月内销售在使用期限内出版、发行的录音录像制品的，不构成侵权。

四、侵犯音像著作权纠纷中全面赔偿原则的适用

15. 在依照《中华人民共和国民事诉讼法》第 48 条和最高人民法院《关于审理著作权民事纠纷案件适用法律若干问题的解释》第 25 条的规定酌情确定音像制品权人应获得的赔偿额时，应区分复制人、批发商和零售商各自侵权行为的性质及后果的不同，公平合理地确定赔偿数额。

16. 复制人、发行人、出租人具有本《意见》第 8 条第（1）项及第 11 条行为的，应提高赔偿数额及进行民事处罚。

17. 权利人单独主张制止侵权的合理费用并查证属实的，人民法院应当全额予以支持。权利人诉请将制止侵权的合理费用与遭受的损失一并酌情判决的，不应当限制制止侵权的合理开支在总赔偿额中所占的比例。

18. 适用最高人民法院《关于审理著作权民事纠纷案件适用法律若干问题的解释》第 26 条的规定认定权利人主张的律师费，当事人支付的律师费数额符合国家、省、市相关部门的收费实施办法的相关规定的，应当全额予以支持。

19. 在没有证据显示原告滥用诉权，故意提出不存在的巨额赔偿导致诉讼费不合理增加情形的，即使原告的赔偿请求没有得到全额支持，也可以判决被控侵权人承担全部或绝大部分诉讼费用。

五、关于通过网络侵犯音像著作权纠纷的若干法律问题

20. 只有在被告所在地及实施被诉侵权行为的网络服务器、计算机终端等设备所在地等侵权行为地无法确定的情况下，才能将原告发现侵权内容的计算机终端等设备所在地视为侵权所在地。

21. P2P 软件最终用户未经权利人许可，将音像制品上传到 P2P 软件在该用户计算机设定的"共享目录"中，使其他使用者可以通过互联网络进行下载的，构成侵犯他人信息网络传播权的直接侵权行为，应承担停止侵权，赔偿损失，消除影响，赔礼道歉等民事责任。

22. 网络服务提供者明知或应知他人实施直接侵权行为，仍然为其提供 P2P 软件下载、BBS、用户登录及注册、目录索引、搜索及链接等一系列相关服务，帮助后者完成侵权或扩大侵权损失的，构成通过网络帮助他人侵权，与直接侵权行为人共同承担侵权责任。

23. P2P 网络服务提供者构成帮助直接侵权行为人侵权，需要满足下列条件：

（1）直接侵权行为人有擅自上传音像制品供其他网络用户下载的行为；

（2）网络服务提供者客观上有提供 P2P 软件下载、BBS、用户登录及注册、目录索引、搜索、链接等一系列服务帮助他人实施侵权的行为；

(3)网络服务提供者主观上存在过错,即明知或应知他人正在实施直接侵权行为仍然予以帮助;

(4)"应知"的判断标准,是一个理性、谨慎、具有网络专业知识的网络服务商应有的水准,而非一个不具备网络专业知识的普通人应有的水准。

24. 权利人发出通知后,P2P网络服务提供者是否采取相关措施停止帮助侵权的行为,可以作为认定其是否明知的证据。但若有证据证明P2P网络服务提供者应当知道的,其仍然不能免除赔偿责任。

六、关于侵犯音像著作权纠纷的诉讼时效问题

25. 在侵犯音像著作权纠纷中,若原告必须向公安部光盘生产源鉴定中心申请进行生产源鉴定的,诉讼时效应从鉴定结果送达原告之日起计算。被告主张从原告获取被控侵权光盘之日起或光盘送交鉴定单位之日起开始起计诉讼时效的,不予支持。

浙江省高级人民法院民三庭印发《关于审理网络著作权侵权纠纷案件的若干解答意见》的通知

- 2009年10月20日
- 浙法民三〔2009〕6号

本省各中级人民法院、具有部分知识产权民事案件管辖权的基层法院:

为正确审理网络著作权侵权纠纷案件,统一执法尺度,提高审判质量,我庭制定了《关于审理网络著作权侵权纠纷案件的若干解答意见》,现印发给你们,供审判中参考。实践中如遇到新的问题,请及时报告我庭。

浙江省高级人民法院关于审理网络著作权侵权纠纷案件的若干解答意见

为正确审理网络著作权侵权纠纷案件,统一我省法院审理网络著作权侵权纠纷案件的执法尺度,提高我省法院网络著作权侵权纠纷案件的审判水平,我庭在全面调查总结我省法院审理网络著作权侵权纠纷案件情况的基础上,根据《中华人民共和国民事诉讼法》、《中华人民共和国民法通则》、《中华人民共和国著作权法》、《信息网络传播权保护条例》等法律法规及最高人民法院有关司法解释的规定,特就目前审理网络著作权侵权纠纷案件中遇到的疑难问题,作如下解答:

一、网络著作权侵权纠纷案件的管辖

1. 在何种情形下可以发现侵权内容的计算机终端等设备所在地法院为管辖法院

对于侵权行为地或被告住所地明确的案件,不能直接以发现侵权内容的计算机终端等设备所在地作为案件管辖联结点。只有在侵权行为地和被告住所地难以确定时,才能将发现侵权内容的计算机终端等设备所在地视为侵权行为地,由该地人民法院管辖。

2. 如何确定实施被诉侵权行为的网络服务器、计算机终端等设备所在地

为上传作品提供存储服务的网络服务器放置地点可确定为实施被诉侵权行为的网络服务器所在地;直接上传作品的用户计算机终端等设备所在地可确定为实施被诉侵权行为的计算机终端等设备所在地。一般而言,可以根据网络服务提供者的住所地或者经营场所来认定服务器的放置地点,但被告以服务器托管等理由提出异议的,被告应举证证明服务器放置地点。

3. 对虚列被告如何处理

原告虽将网络接入服务提供者或提供链接、搜索服务的网络服务提供者列为共同被告,但对上述能确定管辖联结点的共同被告没有明确诉讼请求,且其他被告以此为由提出管辖权异议的,经审查属实的,受诉法院应裁定将案件移送有管辖权的法院审理。

4. 对"先诉后撤"如何处理

原告在起诉时,故意将无利害关系的当事人列为共同被告制造管辖联结点,但在法院受理至庭审后,又撤回对该当事人的起诉并导致确定管辖的联结点消失,无论其他被告是否提出管辖权异议,受诉法院均应依职权裁定将案件移送有管辖权的法院审理。

二、原告权利主体的身份证明

5. 如何认定匿名、署假名或笔名作品的权

利主体身份

对于匿名、署假名或笔名创作的作品,可以通过查看发表作品的 IP 地址、核对登录的用户名和密码等方式来确认原告的权利主体身份。但在被告提出异议和相关证据并请求法院调查取证的情况下,人民法院可以要求网络服务提供者提供原告的注册资料等进一步核实。

6. 原告是否可以仅提供数字化作品的载体来证明其权利主体身份

一般情况下,原告可以提供涉案电子化作品的载体来作为证明其权利主体身份的初步证据。但当多方当事人或案外人均持有涉案电子化作品的载体时,原告还应提供诸如早于网页资料公开发表的书面载体、底稿、原件、合法出版物、著作权登记证书、认证机构出具的证明以及取得权利的合同等证据。

7. 是否能仅根据数字化作品创作、发表时间来认定原告的权利主体身份

由于计算机或服务器内的时间可以通过操作系统进行任意编辑和修改,故对原告提供的此类证据应结合其他证据严格审查。

8. 通过许可方式获得作品著作权的权利主体身份如何认定

原告系通过许可合同等方式取得作品著作权的,其不仅应提供许可合同,还应举证证明作品的许可人系原始著作权人。对于在境外形成的作品,原告仅提供了经公证认证的许可合同,而未对作品的原始著作权情况进行公证认证的,不能证明其为权利人。即使被控侵权人没有异议,人民法院也应主动对权利人的身份进行审查。

9. 数码照片的权利人如何认定

对于数码照片,可根据其本身反映出来的分辨率等参数,结合当事人陈述的创作意图、拍摄地点、取景构思等能够体现出作者个人特性的作品创作过程等进行综合认定。必要时,可将数码照片提交专业的机构进行数据还原,以得出最初的真实参数。

三、被控侵权行为主体的确定

10. 网站备案登记信息是否可以作为认定被控侵权行为主体的证据

一般而言,备案登记信息对于认定网站经营者具有直接的证明效力。对于已备案网站,可根据 ICP/IP 地址备案登记信息来确定被控侵权行为人。但是,经营性网站实行许可制度,而非经营性网站实行备案制度,且非经营性网站的备案系网站开办者自行在网上进行,备案部门对该备案信息不进行实质审核,故非经营性网站的网上备案信息不具有国家相关管理部门确认的效力,仅具有初步的证据效力,可以被相反证据推翻。

11. 域名持有者信息在认定网站经营者中有何作用

域名持有者信息仅具有初步的证明效力,如有其他证据证明域名持有者与网站实际经营者不一致的,不能认定域名持有者为侵权行为人。

12. 被控侵权网页上标示的联系方式等信息是否可以作为认定被控侵权行为主体的证据

如果被控侵权网站上的名称、地址、电话、传真、邮箱以及其他联系方式等信息与被告相关信息一致,可作为认定网站自己标明的经营者为被控侵权行为主体的初步证据。

13. 是否可以根据"×××版权所有"信息来确定网站经营者

网站版权页上显示的"×××版权所有"信息,可以作为认定网站经营者和行为主体的初步证据。但由于版权所有者也可能仅是设计网页整体结构、风格的主体,在有相反证据的情况下,不能简单按照版权所有者来确定行为主体,而应结合其他证据进行确定。

14. 能否认定设链网站经营者为内容服务提供者

如果被链接网站或网页(具体表现为被控侵权网站的某个频道或栏目等)上显示的域名、网站名称等信息未表明该网页属于第三方所有,且链接网站的经营者也不能提供充分证据证明该被链接网站或网页为第三方经营时,应当认定链接网站的经营者为被链接网站或网页内容的提供者。另外,如果提供存储空间服务的网站未明确标示该信息存储空间为服务对象提供,亦无充分证据证明侵权内容系用户上传,可认定该网站经营者为直接的内容提供者。

15. 关联关系情形下的侵权人如何认定

某些网络服务提供者为了逃避侵权责任,往

往设立一个关联公司,一旦两者成为共同被告,关联公司就自认被控侵权网站系其单独经营。在这种情况下,关联公司自认的证明力较弱,人民法院应严格审查,并结合其他证据认定网站的实际经营者。

四、公证证据的审查和采信

16. 如何对异地公证证据进行审查和采信

虽然异地公证取证在程序上存在着瑕疵,但原则上应以此来认定案件事实,而不能简单、机械地否定其法律效力。但以侵害他人合法权益或者违反法律禁止性规定的方法取得的证据,或者有相反证据足以推翻的,不能作为认定案件事实的依据。

17. 如何对网络侵权公证证据进行审查和采信

根据最高人民法院(2008)民申字第926号民事裁定书,由于在技术上确实能够达到虚拟的目标网页与真实的互联网网页同时并存的状态,因此对于当事人提供的网络侵权公证证据,人民法院要根据网络环境和网络证据的具体情况,按照电子证据审查的真实性和完整性标准,审查公证证明的网络信息是否来自于互联网而非本地电脑,并在此基础上决定能否作为定案依据。对于公证行为是在公证处以外的场所进行,公证所用的电脑及移动硬盘在公证之前不为公证员所控制,且公证书没有记载是否对该电脑及移动硬盘的清洁性进行检查的情况下,此类公证书虽能证明在公证员面前发生了公证书记载的行为,但还不足以证明该行为发生于互联网环境之中。但是,虽然原告提供的网络侵权公证证据属于在公证处以外的场所取得,但如被告对该证据没有异议,也未提供相反证据的,人民法院对该网络侵权证据一般不主动进行审查,可认定其具有证明效力。

18. 来自境外网站、但未办理公证认证等证明手续的证据是否应当被采信

一般而言,当事人提交的域外证据应当经过公证、认证。但对于能够在境内登陆境外网站获得的公开出版物等证据材料,由于当事人完全可以自行核实与验证,具有高度可信性和可检索性,为减少当事人诉累,一般无需办理公证认证等证明手续。对方当事人仅以未办理公证认证等证明手续提出异议的,一般不予支持。

五、网络环境下的侵权行为认定

19. 是否可以根据网络服务提供者的身份来判定侵权行为的性质

随着网络技术的发展,内容服务提供者与网络服务提供者的身份与分工变得越来越模糊,因此在具体案件中,应当根据服务者从事的具体行为和提供的服务内容来判定是否属于侵犯信息网络传播权的行为,而不能简单地根据其身份来判定行为性质。

20. 通过网络传送作品的行为侵犯了权利人的哪种权利

通过网络服务器直接将作品传送至其他用户的行为,并不导致作品有形载体所有权或占有的转移,且作品的接收者系特定主体而非不特定公众,因此既不同于以出售或者赠与方式向公众提供作品的原件或复制件的发行行为,也不同于向公众提供作品的信息网络传播行为。由于该行为导致的是作品复制件数量的绝对增加,在现有法律框架下,可将该行为认定为复制行为。

21. 网络定时播放行为侵犯了权利人的哪种权利

由于网络定时播放行为不允许用户选定时间,且系通过有线方式进行传输,不完全符合信息网络传播权和广播权的定义,在《著作权法》未对此类行为的性质进行进一步明确的情况下,可根据《著作权法》第二十条第一款第(十七)项的规定,按照"应当由著作权人享有的其他权利"的兜底性条款来规范网络定时播放行为。

22. 报刊杂志的电子化是否侵犯了权利人的信息网络传播权

除非经权利人同意,报刊、杂志的所有者将报刊、杂志电子化后置于网络上供网用户浏览、查阅,构成对权利人信息网络传播权的侵犯。

23. 网吧等局域网上传并传播作品的行为是否侵犯了权利人的信息网络传播权

虽然网吧等局域网的开放范围和传播作品的范围有限,但由于用户可在其自行划定的地域范围和时间范围内,任意选择一个时间点和一台局域网中的计算机终端获得作品,该行为为传播作品的方式仍属于交互式传播。在未经权利人许可的情况下,该行为构成对权利人信息网络传播

权的侵犯。

24. 网络服务提供者提供链接、搜索或存储空间等服务的行为是否侵犯了权利人的信息网络传播权

网络服务提供者根据内容提供者的指令，仅通过网络自动提供作品的存储、链接或搜索等服务，不对存储或传输内容进行编辑、修改或选择的，除非网络服务提供者明知或应知有侵犯著作权的行为，或者经著作权人提出确有证据的警告后仍不采取相应措施的，不能认定网络服务提供者的行为构成对信息网络传播权的侵犯。

25. 网络接入服务提供者在何种情形下会侵犯权利人的信息网络传播权

网络接入服务提供者仅提供设备或技术，根据服务对象的指令提供自动的、单纯的网络接入服务，除非其对侵权内容进行选择、编辑和修改等，不能认定网络接入服务提供者的行为构成对信息网络传播权的侵犯。

26. 能否认定网站的合作经营者共同侵犯了信息网络传播权

提供链接的网站经营者与被链网站或网页的内容提供者存在共同经营等合作关系的，应当认定两者属于共同侵权，承担连带责任。

六、网络服务提供者过错的认定

27. 如何认定网络服务提供者具有过错

具有主观过错，是提供信息存储空间、链接和搜索等服务的网络服务提供者承担侵权责任的前提。网络服务提供者明知或应知服务对象实施了侵犯他人著作权的行为，但仍不采取移除侵权内容等措施以消除侵权后果、并继续为该侵权行为提供服务的，即可认定其具有主观过错。

28. 如何认定网络服务提供者明知提供服务的信息属于侵权信息

判断是否明知，可根据相关证据进行认定。(1)权利人提供的通知符合《信息网络传播权保护条例》第十四条所规定的条件，而网络服务提供者仍然对侵权内容提供服务的，可认定其明知。即使权利人提供的通知不充分，但根据通知所包含的信息足以准确定位侵权内容，网络服务提供者仍然不采取措施而继续提供服务的，也可认定其明知。(2)权利人有其他证据证明网络服务提供者原本就知晓侵权事实的存在，如曾经明确向他人表示知晓网站中存有他人上传的侵权内容，但为了提高网站的点击率而故意予以保留等，可认定其明知。

29. 如何认定网络服务提供者应知提供服务的信息属于侵权信息

判断是否应知，应以被告是否尽到合理的注意义务为标准。一般而言，网络服务提供者不具有审查提供的信息是否侵权的能力，也不负有事先对其提供的所有信息是否侵权进行主动审查、监控的义务，但网络服务提供者应当对其提供信息的合法性承担一定的注意义务。负有注意义务的网络服务提供者，在采取合理、有效的技术措施对侵权信息进行过滤和监控后，仍难以发现侵权信息的，不应认定其未尽到注意义务。

30. 如何判断网络服务提供者已尽到合理的注意义务

判断网络服务提供者是否已经尽到合理的注意义务，可以综合考虑以下几个因素：(1)网络服务提供者的信息管理能力，包括其系自然人还是法人、注册资本多少、是否专业的经营者、经营时间长短等。(2)网络服务提供者对侵权信息是否存在选择、编辑、修改、分类列表及推荐等行为。存在上述行为的，应对存储、链接、搜索内容的合法性承担相对较高的注意义务。(3)侵权信息的明显程度。不同类型作品的侵权明显程度往往不同。例如，通常情况下，投资影音作品的制片公司、唱片公司或相关权利人不可能上传或允许他人上传作品供公众免费欣赏，因此，在网络上传播的尚在？上映档期的或者知名度较高的作品，存在侵权的可能性较大，网络服务提供者对其合法性较易判断。但如果服务对象提供的作品是一般的文字和摄影作品，则网络服务提供者对其合法性较难判断。(4)在链接侵权的情况下，可以考虑被控侵权人是否将被链网站作为自己网站上的一个频道或栏目、与被链网站间是否存在合作经营或利润分成等关系，以及对被链网站具体内容的控制程度等。

七、民事责任的承担

31. 判决侵权人承担停止侵权的民事责任的形式有哪些

可根据网络环境的特点和案件的具体情况，

判令侵权人采取技术手段删除侵权内容、断开与侵权内容的链接等。

32. 判决在网站上进行赔礼道歉、消除影响应注意哪些

对于判决在网站上进行赔礼道歉、消除影响的,应当结合权利人的诉讼请求,在判决主文中明确刊登声明的相关网站主页、声明持续的时间以及不执行的相应后果。

33. 在网络环境中侵犯文字、美术、摄影等作品著作权的,适用法定赔偿方式确定赔偿数额应考虑哪些因素

一般可以参照国家相关部门规定的稿酬标准,在该标准的2—5倍范围内酌情确定赔偿数额。影响文字、美术、摄影作品网络侵权赔偿数额的因素包括但不限于:作品的性质、作品(作者)的知名度、作品独创性程度、作品获奖情况、作品的使用方式、使用性质、侵权的主观故意、侵权行为持续时间、侵权地域范围、被告的基本情况。

34. 在网络环境中侵犯影视作品著作权的,适用法定赔偿方法确定赔偿数额应考虑哪些因素

对于在网络环境中侵犯影视作品著作权的,在适用法定赔偿方式确定赔偿数额时,通常要考虑影视作品的市场影响、知名度、上映档期、合理的许可使用费、侵权行为的性质、持续的时间、点击或下载数、地域范围、被告主观过错程度、被告网站的影响、规模以及广告收入情况,必要时还需考虑影视作品的投资成本、票房收益、被告的经济实力等因素。一般而言,每集电视剧在人民币1万元以下(整部电视剧一般不超过10万元)酌情确定赔偿额,每部电影在人民币10万元以下酌情确定赔偿数额。

35. 在网络环境中侵犯音乐作品著作权的,适用法定赔偿方法确定赔偿数额应考虑哪些因素

对于在网络环境中侵犯音乐作品著作权的,在适用法定赔偿方式确定赔偿数额时,应综合考虑侵权行为的持续时间、点击率、网站的性质和规模、侵权行为人的过错程度、音乐作品、制品的流行程度、音乐作品、制品的合理许可使用费等因素,每首音乐作品一般在人民币1000元以下酌情确定赔偿额。

36. 为制止侵权行为而支付的合理费用如何确定

合理费用一般包括调查取证费用和律师费。调查取证费包括公证费、侵权产品购买费、当事人及其委托代理人为调查取证而产生的必要的交通住宿费等。律师费首先要考虑收费是否符合《律师服务收费管理办法》的规定,其次还要考虑律师执业所在地价格管理部门确定的律师行业收费标准。此外还需考虑案件的复杂程度、律师的工作量、判赔数额等具体因素。但在相关联的案件中,对于权利人为制止侵权行为而共同支付的合理费用已在其他案件中获得赔偿的,不再重复赔偿。

北京市高级人民法院关于印发《关于审理涉及网络环境下著作权纠纷案件若干问题的指导意见(一)(试行)》的通知

- 2010年5月19日
- 京高法发〔2010〕166号

市第一、第二中级人民法院;各区、县人民法院:

现将《北京市高级人民法院审理涉及网络环境下著作权纠纷案件若干问题的指导意见(一)(试行)》已经北京市高级人民法院审判委员会2010年5月17日第七次会议讨论通过,现予印发,望认真贯彻执行。执行中有何问题,请及时报告我院民三庭。本指导意见中所涉及意见如与法律法规、司法解释有冲突的,以法律法规、司法解释为准。

特此通知

北京市高级人民法院关于网络著作权纠纷案件若干问题的指导意见(一)(试行)

一、网络服务提供者侵权责任的构成要件

1. 网络服务提供者构成对信息网络传播权的侵犯、承担侵权的民事责任,应具备违法行为、损害后果、违法行为与损害后果具有因果关系和

过错四个要件。

二、信息网络传播行为的判断及其法律调整

（一）信息网络传播行为的判断及法律调整

2. 信息网络传播行为是指将作品、表演、录音录像制品上传至或以其他方式将其置于向公众开放的网络服务器中，使公众可以在选定的时间和地点获得作品、表演、录音录像制品的行为。

将作品、表演、录音录像制品上传至或以其他方式置于向公众开放的网络服务器中，使作品、表演、录音录像制品处于公众可以在选定的时间和地点下载、浏览或以其他方式在线获得的，即构成信息网络传播行为，无需当事人举证证明实际进行过下载、浏览或以其他方式在线获得的事实。

3. 网络服务提供者为服务对象提供自动接入、自动传输、信息存储空间、搜索、链接、P2P（点对点）等服务的，属于为服务对象传播的信息在网络上传播提供技术、设施支持的帮助行为，不构成直接的信息网络传播行为。

4. 网络服务提供者的行为是否构成信息网络传播行为，通常应以传播的作品、表演、录音录像制品是否由网络服务提供者上传或以其它方式置于向公众开放的网络服务器上为标准。

原告主张网络服务提供者所提供服务的形式使用户误认为系网络服务提供者传播作品、表演、录音录像制品，但网络服务提供者能够提供证据证明其提供的仅是自动接入、自动传输、信息存储空间、搜索、链接、P2P（点对点）等服务的，不应认为网络服务提供者的行为构成信息网络传播行为。

5. 网络服务提供者主张其仅提供信息存储空间、搜索、链接、P2P（点对点）等技术、设备服务，但其与提供作品、表演、录音录像制品的网络服务提供者在频道、栏目等内容方面存在合作关系的，可以根据合作的具体情况认定其实施了信息网络传播行为。

6. 提供信息存储空间服务的网络服务提供者对服务对象提供的作品、表演、录音录像制品的主题、质量、内容等进行审查或者对作品、表演、录音录像制品进行了涉及内容的选择、编辑、整理，以其决定是否在网络上发布的，其行为构成直接的信息网络传播行为，但基于法律、法规和部门规章的要求对著作权状况之外的内容进行审查的除外。

7. 提供搜索、链接服务的网络服务提供者所提供服务的形式使用户误认为系其提供作品、表演、录音录像制品，被链网站经营者主张其构成侵权的，可以依据反不正当竞争法予以调整。

8. 网络服务提供者主张其仅为被诉侵权的作品、表演、录音录像制品提供了信息存储空间、搜索、链接、P2P（点对点）等服务的，应举证证明。网络服务提供者不能提供证据证明被诉侵权的作品、表演、录音录像制品系由他人提供并置于向公众开放的网络服务器中的，可以推定该服务提供者实施了信息网络传播行为。

9. 将作品、表演、录音录像制品上传至或以其他方式置于向公众开放的局域网中，使公众可以在其个人选定的时间和地点获得的，属于信息网络传播行为。

10. 网络服务提供者通过信息网络按照事先安排的时间表向公众提供作品的在线播放的，不构成信息网络传播行为，应适用著作权法第十条第一款第（十七）项进行调整。

（二）"快照"的性质及法律责任

11. 网络服务提供者在提供搜索服务时以"快照"形式在其服务器上生成作品、表演、录音录像制品的复制件并通过信息网络向公众提供，使得公众能够在选定的时间和地点获取作品的，构成信息网络传播行为。

12. 网络服务提供者主张其提供的网页"快照"服务属于《信息网络传播权保护条例》第二十一条所称的提供系统缓存服务、应当免责，如"快照"服务系网络服务提供者事先把被诉侵权作品、表演、录音录像制品存储在网络服务器中，或者其行为不符合《信息网络传播权保护条例》第二十一条规定的三个免责条件的，不能够援引该条款免责。

13. 网络服务提供者以提供网页"快照"的形式使用他人网站上传播的作品、表演、录音录像制品，未影响他人网站对作品、表演、录音录像制品的正常使用，亦未不合理地损害他人网站对于作品、表演、录音录像制品的合法权益，从而未实质性代替用户对他人网站的访问，并符合法律

规定的其他条件的,可以认定构成合理使用。

三、网络技术、设备服务提供行为的法律性质、服务提供者的过错判断及其法律适用

（一）网络技术、设备服务行为的法律性质

14. 提供信息存储空间、搜索、链接、P2P(点对点)等服务的网络服务提供者通过网络参与、教唆、帮助他人实施侵犯著作权、表演者权、录音录像制作者权的行为,并有过错的,承担共同侵权责任。

15. 提供信息存储空间、搜索、链接、P2P(点对点)等服务的网络服务提供者构成侵权应当以他人实施了直接侵权行为为前提条件,即第三人利用信息存储空间、搜索、链接、P2P(点对点)等服务传播作品、表演、录音录像制品的行为系侵犯他人的信息网络传播权的行为。

（二）网络技术、设备服务提供者过错的标准及其判断

16. 判断提供信息存储空间、搜索、链接、P2P(点对点)等服务的网络服务提供者有无过错,应审查网络服务提供者对其行为的不良后果是否知道或者有合理理由知道。是否知道或者有合理理由知道应以网络服务提供者的预见能力和预见范围为基础,又要区别通常预见水平和专业预见水平等情况。

网络服务提供者对其行为的不良后果知道或者有合理理由知道,一般指网络服务提供者知道或者有合理理由知道他人利用其服务传播被诉作品、表演、录音录像制品构成侵权。

"知道"指网络服务提供者实际知道侵权行为存在;"有合理理由知道"指因存在着明显侵权行为的事实或者情况,网络服务提供者从中应当意识到侵权行为的存在。

17. 提供信息存储空间、搜索、链接、P2P(点对点)等服务的网络服务提供者对他人利用其服务传播作品、表演、录音录像制品是否侵权一般不负有事先进行主动审查、监控的义务。

依照相关法律及其规定应当进行审查的,应当审查。

18. 根据服务对象的指令,通过信息网络自动为被诉侵权作品、表演、录音录像制品提供信息存储空间、搜索、链接、P2P(点对点)等服务,且对被诉侵权的作品、表演、录音录像制品不进行编辑、修改或选择的,除非有网络服务提供者知道或者有合理理由知道存在侵权行为的其他情形,否则不应认定网络服务提供者有过错。

19. 在下列情况下,提供信息存储空间的网络服务提供者应当知道也能够知道被诉作品、表演、录音录像制品侵权的,可以认定其有过错:

（1）存储的被诉侵权的内容为处于档期或者热播、热映期间的视听作品、流行的音乐作品或知名度较高的其他作品及与之相关的表演、录音录像制品,且上述作品、表演、录音录像制品位于首页、其他主要页面或者其他可为服务提供者明显所见的位置的;

（2）被诉侵权的作品、表演、录音录像制品位于BBS首页或其他主要页面,在合理期间内网络服务提供者未采取移除措施的;

（3）将被诉侵权的专业制作且内容完整的视听作品,或者处于档期或者热播、热映期间的视听作品置于显要位置,或者对其进行推荐,或者为其设立专门的排行榜或者"影视"频道等影视作品分类目录的;

（4）对服务对象上传的被诉侵权作品、表演、录音录像制品进行选择、整理、分类的;

（5）其他。

20. 提供搜索、链接、P2P(点对点)等服务的网络服务提供者按照自己的意志,在搜集、整理、分类的基础上,对被诉侵权的作品、表演、录音录像制品制作相应的分类、列表,网络服务提供者知道或者有理由知道被诉侵权作品、表演、录音录像制品构成侵权的,可以认定其有过错。

（三）P2P(点对点)服务的法律适用

21. 提供P2P(点对点)服务的网络服务提供者通过P2P(点对点)服务参与、教唆、帮助他人实施侵权行为从而构成侵权的,应当适用《民法通则》第一百三十条规定和最高人民法院2006年12月修正的《关于审理涉及计算机网络著作权纠纷案件适用法律若干问题的解释》第三条的规定。

（四）网络技术、设备服务提供者的免责条件

22.《信息网络传播权保护条例》第二十条、第二十一条、第二十二条、第二十三条针对提供自动接入、自动传输、系统缓存、信息存储空间、

搜索、链接服务的网络服务提供者所规定的免责条件仅指免除损害赔偿的责任；网络服务提供者是否承担其他责任，应依据《民法通则》《著作权法》等法律法规的规定予以确定。

23. 网络服务提供者主张其符合《信息网络传播权保护条例》规定的免责条件的，应对所依据的相关事实负举证责任。

24.《信息网络传播权保护条例》第二十二条规定所称"改变"，是指对服务对象提供的作品、表演、录音录像制品的内容进行了改变。

下列行为不应视为对服务对象提供的作品、表演、录音录像制品进行了"改变"：

（1）仅对作品、表演、录音录像制品的存储格式进行了改变；

（2）对作品、表演、录音录像加注数字水印等网站标识；

（3）在作品、表演、录音录像之前或结尾处投放广告以及在作品、表演、录音录像中插播广告。

25. 网络服务提供者因提供信息存储空间服务，按照时间、流量等向用户收取标准费用的，不属于《信息网络传播权保护条例》第二十二条第（四）项所称的"从服务对象提供作品、表演、录音录像制品中直接获得经济利益"。

网络服务提供者因提供信息存储空间服务而收取的广告费，一般不应认定为直接获得的经济利益；网络服务提供者针对特定作品、表演、录音录像制品而投放的广告，可以根据案件的具体情况，在认定网络服务提供者是否存在过错时酌情予以综合考虑。

26. 根据《信息网络传播权保护条例》第二十三条的规定免除提供搜索、链接服务的网络服务提供者的损害赔偿责任的，应同时具备以下两个条件：一是提供搜索、链接服务的网络服务提供者对所链接的作品、表演、录音录像制品是否侵权不明知并且不应知；二是提供搜索、链接服务的网络服务提供者接到权利人的通知书后，根据本条例规定断开与侵权的作品、表演、录音录像制品的链接。

27. 权利人向提供信息存储空间、搜索、链接服务的网络服务提供者提交的通知应符合《信息网络传播权保护条例》第十四条的规定。

28. 权利人提交的通知未包含被诉侵权的作品、表演、录音录像制品的网络地址，但网络服务提供者根据该通知提供的信息对被诉侵权的作品、表演、录音录像制品能够足以准确定位的，可以认定权利人提交的通知属于最高人民法院《关于审理涉及计算机网络著作权纠纷案件适用法律若干问题的解释》第四条所称的"确有证据的警告"。

29. 对被诉侵权的作品、表演、录音录像制品是否能够足以准确定位，应当考虑网络服务提供者提供的服务类型、权利人要求删除或断开链接的文字作品或者表演、录音录像制品的文件类型以及作品、表演、录音录像制品的名称是否具有特定性等具体情况认定。

30. 接到权利人符合《信息网络传播权保护条例》第十四条规定的通知或者最高人民法院《关于审理涉及计算机网络著作权纠纷案件适用法律若干问题的解释》第四条所称的"确有证据的警告"后，网络服务提供者在合理期限内未及时删除权利人认为侵权的作品、表演、录音录像制品，或者在合理期限内未及时断开与侵权的作品、表演、录音录像制品的链接的，如权利人通知的内容属实，可以认定网络服务提供者存在过错，对损害的扩大部分承担相应的法律责任。

31. 网络服务提供者是否在合理期限内及时删除侵权的作品、表演、录音录像制品，或者断开与侵权作品、表演、录音录像制品的链接，应根据权利人提交的通知的形式、通知的准确性、通知中涉及的文件数量、删除或者断开链接的难易程度、网络服务的性质等因素综合认定。

四、技术措施

32.《信息网络传播权保护条例》第二十六条规定的技术措施是指为保护权利人在著作权法上的正当利益而采取的控制浏览、欣赏或者控制使用作品、表演、录音录像制品的技术措施。

下列情形中的技术措施不应认定为应受著作权法保护的技术措施。

（1）用于实现作品、表演、录音录像制品与产品或者服务的捆绑销售的；

（2）用于实现作品、表演、录音录像制品价格区域划分的；

（3）用于破坏未经许可使用作品、表演、录音录像制品的用户的计算机系统的；

(4) 其他妨害公共利益保护、与权利人在著作权法上的正当利益无关的技术措施。

33. 受著作权法保护的技术措施应为有效的技术措施。技术措施是否有效，应以一般用户掌握的通常方法是否能够避开或者破解为标准。技术专家能够通过某种方式避开或者破解技术措施的，不影响技术措施的有效性。

五、网站经营者的认定

34. 网站登记备案信息、网站中标示的信息载明的经营者，是网站经营者。网站登记备案信息、网站中标示的信息所载明的经营者不一致的，除有相反证据证明外，可以认定网站登记备案信息、网站中标示的信息所载明的经营者为共同经营者。

35. 域名持有者注册信息可以作为证明网站经营者身份的初步证据，但有相反证明的除外。

北京市高级人民法院关于视频分享著作权纠纷案件的审理指南

- 2012年12月31日
- 京高法发〔2012〕419号

一、视频分享服务的判断及证明

1. 视频分享服务是指网络服务提供者为网络用户提供作品、表演、录音录像制品的存储空间服务。

网络服务提供者主张其提供视频分享服务的，可以通过提交上传者用户名、注册IP地址、注册时间、上传IP地址等用户注册资料及上传信息等予以证明。

二、视频分享服务的法律性质及侵权认定要件

2. 视频分享服务不构成对他人信息网络传播权的直接侵权，但同时符合以下条件，网络服务提供者与网络用户构成共同侵权，承担连带责任：

(1) 网络用户利用视频分享服务提供涉案作品、表演、录音录像制品系侵犯他人信息网络传播权的行为；

(2) 网络服务提供者知道或有合理的理由应当知道网络用户利用其视频分享服务提供涉案作品、表演、录音录像制品系侵犯他人信息网络传播权的行为，且未及时采取必要措施。

3. 网络服务提供者利用其服务模式诱导鼓励网络用户提供侵犯他人信息网络传播权的作品、表演、录音录像制品的，构成教唆网络用户实施侵权行为。

4. 网络服务提供者接到权利人的通知后未在合理期限内删除涉案作品、表演、录音录像制品，且同时符合以下条件的，应当对损害的扩大部分承担连带责任：

(1) 网络用户提供涉案作品、表演、录音录像制品的行为系侵犯他人信息网络传播权的行为；

(2) 通知中包含的信息足以使网络服务提供者准确定位涉案作品、表演、录音录像制品。

三、视频分享服务提供者过错的判断

5. 不能仅因视频分享网站上存在侵权作品、表演、录音录像制品，即认定网络服务提供者有过错。

6. 网络服务提供者同时符合以下条件的，可以认定其有合理的理由应当知道网络用户利用其视频分享服务提供涉案作品、表演、录音录像制品系侵犯他人信息网络传播权的行为：

(1) 能够合理地认识到涉案作品、表演、录音录像制品在其存储空间传播；

(2) 能够合理地认识到网络用户提供涉案作品、表演、录音录像制品未经权利人的许可。

7. 有以下情形之一的，可以推定网络服务提供者"能够合理地认识到涉案作品、表演、录音录像制品在其存储空间传播"，但有相反证据的除外：

(1) 涉案作品、表演、录音录像制品位于视频分享网站中的"影视"或其他该类性质的栏目中；

(2) 网络服务提供者对涉案作品、表演、录音录像制品进行了人工编辑、整理或推荐；

(3) 涉案作品、表演、录音录像制品或与其相关的信息出现在视频分享网站的首页、各栏目的首页或网站的其他主要页面；

(4) 其他情形。

8. 有以下情形之一的，可以推定网络服务提供者"能够合理地认识到网络用户提供涉案作品、表演、录音录像制品未经权利人的许可"，但有相反证据的除外：

(1)网络用户提供的是专业制作且内容完整的作品、表演、录音录像制品,或者处于档期或者热播、热映期间的作品、表演、录音录像制品;

(2)网络用户提供的是正在制作过程中且按照常理制作者不可能准许其传播的作品、表演、录音录像制品;

(3)其他情形。

9. 网络服务提供者从网络用户提供作品、表演、录音录像制品中直接获得经济利益,且该提供系未经权利人许可,推定其主观上有过错。

指导案例

1. 洪福远、邓春香诉贵州五福坊食品有限公司、贵州今彩民族文化研发有限公司著作权侵权纠纷案①

【裁判摘要】

民间文学艺术衍生作品的表达系独立完成且有创作性的部分,符合著作权法保护的作品特征的,应当认定作者对其独创性部分享有著作权。

【相关法条】

《中华人民共和国著作权法》第三条

《中华人民共和国著作权法实施条例》第二条

【基本案情】

原告洪福远、邓春香诉称:原告洪福远创作完成的《和谐共生十二》作品,发表在2009年8月贵州人民出版社出版的《福远蜡染艺术》一书中。洪福远曾将该涉案作品的使用权(蜡染上使用除外)转让给原告邓春香,由邓春香维护著作财产权。被告贵州五福坊食品有限公司(以下简称五福坊公司)以促销为目的,擅自在其销售的商品上裁切性地使用了洪福远的上述画作。原告认为被告侵犯了洪福远的署名权和邓春香的著作财产权,请求法院判令:被告就侵犯著作财产权赔偿邓春香经济损失20万元;被告停止使用涉案图案,销毁涉案包装盒及产品册页;被告就侵犯洪福远著作人身权刊登声明赔礼道歉。

被告五福坊公司辩称:第一,原告起诉其拥有著作权的作品与贵州今彩民族文化研发有限公司(以下简称今彩公司)为五福坊公司设计的产品外包装上的部分图案,均借鉴了贵州黄平革家传统蜡染图案,被告使用今彩公司设计的产品外包装不构成侵权;第二,五福坊公司的产品外包装是委托本案第三人今彩公司设计的,五福坊公司在使用产品外包装时已尽到合理注意义务;第三,本案所涉作品在产品包装中位于右下角,整个作品面积只占产品外包装面积的二十分之一左右,对于产品销售的促进作用影响较小,原告起诉的赔偿数额20万元显然过高。原告的诉请没有事实和法律依据,故请求驳回原告的诉讼请求。

第三人今彩公司述称:其为五福坊公司进行广告设计、策划,2006年12月创作完成"四季如意"的手绘原稿,直到2011年10月五福坊公司开发针对旅游市场的礼品,才重新截取该图案的一部分使用,图中的鸟纹、如意纹、铜鼓纹均源于贵州黄平革家蜡染的"原形",原作品中的鸟纹图案也源于贵州传统蜡染,原告方主张的作品不具有独创性,本案不存在侵权的事实基础,故原告的诉请不应支持。

法院经审理查明:原告洪福远从事蜡染艺术设计创作多年,先后被文化部授予"中国十大民间艺术家""非物质文化遗产保护工作先进个人"等荣誉称号。2009年8月其创作完成的《和谐共生十二》作品发表在贵州人民出版社出版的《福远蜡染艺术》一书中,该作品借鉴了传统蜡染艺术的自然纹样和几何纹样的特征,色彩以靛蓝为主,描绘了一幅花、鸟共生的和谐图景。但该作品对鸟的外形进行了补充,对鸟的眼睛、嘴巴丰富了线条,使得鸟图形更加传神,对鸟的脖子、羽毛融入了作者个人的独创,使得鸟图形更为生动,对中间的铜鼓纹花也融合了作者自己的构思

---

① 案例来源:《最高人民法院关于发布第16批指导性案例的通知》(2017年3月6日发布 法〔2017〕53号),指导案例80号。

而有别于传统的蜡染艺术图案。2010年8月1日，原告洪福远与原告邓春香签订《作品使用权转让合同》，合同约定洪福远将涉案作品的使用权（蜡染上使用除外）转让给邓春香，由邓春香维护受让权利范围内的著作财产权。

被告五福坊公司委托第三人今彩公司进行产品的品牌市场形象策划设计服务，包括进行产品包装及配套设计、产品手册以及促销宣传品的设计等。根据第三人今彩公司的设计服务，五福坊公司在其生产销售的产品贵州辣子鸡、贵州小米渣、贵州猪肉干的外包装礼盒的左上角、右下角使用了蜡染花鸟图案和如意图案边框。洪福远认为五福坊公司使用了其创作的《和谐共生十二》作品，一方面侵犯了洪福远的署名权，割裂了作者与作品的联系，另一方面侵犯了邓春香的著作财产权。经比对查明，五福坊公司生产销售的上述三种产品外包装礼盒和产品手册上使用的蜡染花鸟图案与洪福远创作的《和谐共生十二》作品，在鸟与花图形的结构造型、线条的取舍与排列上一致，只是图案的底色和线条的颜色存在差别。

【裁判结果】

贵州省贵阳市中级人民法院于2015年9月18日作出(2015)筑知民初字第17号民事判决：一、被告贵州五福坊食品有限公司于本判决生效之日起10日内赔偿原告邓春香经济损失10万元；二、被告贵州五福坊食品有限公司在本判决生效后，立即停止使用涉案《和谐共生十二》作品；三、被告贵州五福坊食品有限公司于本判决生效之日起5日内销毁涉案产品贵州辣子鸡、贵州小米渣、贵州猪肉干的包装盒及产品宣传册页；四、驳回原告洪福远和邓春香的其余诉讼请求。一审宣判后，各方当事人均未上诉，判决已发生法律效力。

【裁判理由】

法院生效裁判认为：本案的争议焦点一是本案所涉《和谐共生十二》作品是否受著作权法保护；二是案涉产品的包装图案是否侵犯原告的著作权；三是如何确定本案的责任主体；四是本案的侵权责任方式如何判定；五是本案的赔偿数额如何确定。

关于第一个争议焦点，本案所涉原告洪福远的《和谐共生十二》画作中两只鸟尾部重合，中间采用铜鼓纹花连接而展示对称的美感，而这些正是传统蜡染艺术的自然纹样和几何纹样的主题特征。根据本案现有证据，可以认定涉案作品显然借鉴了蜡染艺术的表达方式，创作灵感直接来源于黄平苗家蜡染背扇图案。但涉案作品对鸟的外形进行了补充，对鸟的眼睛、嘴巴丰富了线条，对鸟的脖子、羽毛融入了作者个人的独创，使得鸟图形更为传神生动，对中间的铜鼓纹花也融合了作者的构思而有别于传统的蜡染艺术图案。根据著作权法实施条例第二条"著作权法所称作品，是指文学、艺术和科学领域内具有独创性并能以某种有形形式复制的智力成果"的规定，本案所涉原告洪福远创作的《和谐共生十二》画作属于传统蜡染艺术作品的衍生作品，是对传统蜡染艺术作品的传承与创新，符合著作权法保护的作品特征，在洪福远具有独创性的范围内受著作权法的保护。

关于第二个争议焦点，根据著作权法实施条例第四条第九项"美术作品，是指绘画、书法、雕塑等以线条、色彩或者其他方式构成的有审美意义的平面或者立体的造型艺术作品"的规定，绘画作品主要是以线条、色彩等方式构成的有审美意义的平面造型艺术作品。经过庭审比对，本案所涉产品贵州辣子鸡等包装礼盒和产品手册中使用的花鸟图案与涉案《和谐共生十二》画作，在鸟与花图形的结构造型、线条的取舍与排列上一致，只是图案的底色和线条的颜色存在差别，就比对的效果来看图案的底色和线条的颜色差别已然成为侵权的掩饰手段而已，并非独创性的智力劳动；第三人今彩公司主张其设计、使用在五福坊公司产品包装礼盒和产品手册中的作品创作于2006年，但其没有提交任何证据可以佐证，而洪福远的涉案作品于2009年发表在《福远蜡染艺术》一书中，且书中画作直接注明了作品创作日期为2003年，由此可以认定洪福远的涉案作品创作并发表在先。在五福坊公司生产、销售涉案产品之前，洪福远即发表了涉案《和谐共生十二》作品，五福坊公司有机会接触到原告的作品。据此，可以认定第三人今彩公司有抄袭洪福远涉案作品的故意，五福坊公司在生产、销售涉案产品包装礼盒和产品手册中部分使用原告的作品,侵犯了原告对涉案绘画美术作品的复制权。

关于第三个争议焦点,庭前准备过程中,经法院向洪福远释明是否追加今彩公司为被告参加诉讼,是否需要变更诉讼请求,原告以书面形式表示不同意追加今彩公司为被告,并认为五福坊公司与今彩公司属于另一法律关系,不宜与本案合并审理。事实上,五福坊公司与今彩公司签订了合同书,合同约定被告生产的所有产品的外包装、广告文案、宣传品等皆由今彩公司设计,合同也约定如今彩公司提交的设计内容有侵权行为,造成的后果由今彩公司全部承担。但五福坊公司作为产品包装的委托方,并未举证证明其已尽到了合理的注意义务,且也是侵权作品的最终使用者和实际受益者,根据著作权法第四十八条第二款第一项"有下列侵权行为的,应当根据情况,承担停止侵害、消除影响、赔礼道歉、赔偿损失等民事责任……(一)未经著作权人许可,复制、发行、表演、放映、广播、汇编、通过信息网络向公众传播其作品的,本法另有规定的除外"、《最高人民法院关于审理著作权民事纠纷案件适用法律若干问题的解释》(以下简称《著作权纠纷案件解释》)第十九条、第二十条第二款的规定,五福坊公司依法应承担本案侵权的民事责任。五福坊公司与第三人今彩公司之间属另一法律关系,不属于本案的审理范围,当事人可另行主张解决。

关于第四个争议焦点,根据著作权法第四十七条、第四十八条规定,侵犯著作权或与著作权有关的权利的,应当根据案件的实际情况,承担停止侵害、消除影响、赔礼道歉、赔偿损失等民事责任。本案中,第一,原告方的部分著作人身权和财产权受到侵害,客观上产生相应的经济损失,对于原告方的第一项赔偿损失的请求,依法应当获得相应的支持;第二,无论侵权人有无过错,为防止损失的扩大,责令侵权人立即停止正在实施的侵犯他人著作权的行为,以保护权利人的合法权益,也是法律实施的目的,对于原告方第二项要求被告停止使用涉案图案,销毁涉案包装盒及产品册页的诉请,依法应予支持;第三,五福坊公司事实上并无主观故意,也没有重大过失,只是没有尽到合理的审查义务而基于法律的规定承担侵权责任。洪福远也未举证证明被告侵

权行为造成其声誉的损害,故对于洪福远要求五福坊公司在《贵州都市报》综合版面刊登声明赔礼道歉的第三项诉请,不予支持。

关于第五个争议焦点,本案中,原告方并未主张为制止侵权行为所支出的合理费用,也没有举证证明为制止侵权行为所支出的任何费用。庭审中,原告方没有提交任何证据以证明其实际损失的多少,也没有提交任何证据以证明五福坊公司因侵权行为的违法所得。事实上,原告方的实际损失本身难以确定,被告方因侵权行为的违法所得也难以查清。根据《著作权纠纷案件解释》第二十五条第一款、第二款"权利人的实际损失或者侵权人的违法所得无法确定的,人民法院根据当事人的请求或者依职权适用著作权法第四十八条第二款(现为第四十九条第二款)的规定确定赔偿数额。人民法院在确定赔偿数额时,应当考虑作品类型、合理使用费、侵权行为性质、后果等情节综合确定"的规定,结合本案的客观实际,主要考量以下5个方面对侵权著作权赔偿数额的影响:第一,洪福远的涉案《和谐共生十二》作品属于贵州传统蜡染艺术作品的衍生作品,著作权作品的创作是在传统蜡染艺术作品基础上的传承与创新,涉案作品中鸟图形的轮廓与对称的美感来源于传统艺术作品,作者构思的创新有一定的限度和相对局限的空间;第二,贵州蜡染有一定的区域特征和地理标志意义,以花、鸟、虫、鱼等为创作缘起的蜡染艺术作品在某种意义上属于贵州元素或贵州符号,五福坊公司作为贵州的本土企业,其使用贵州蜡染艺术作品符合民间文学艺术作品作为非物质文化遗产固有的民族性、区域性的基本特征要求;第三,根据洪福远与邓春香签订的《作品使用权转让合同》,洪福远已经将其创作的涉案《和谐共生十二》作品的使用权(蜡染上使用除外)转让给邓春香,即涉案作品的大部分著作财产权转让给了传统民间艺术传承区域外的邓春香,由邓春香维护涉案著作财产权,基于本案著作人身权与财产权的权利主体在传统民间艺术传承区域范围内外客观分离的状况,传承区域范围内的企业侵权行为产生的后果与影响并不显著;第四,洪福远几十年来执着于民族蜡染艺术的探索与追求,在创作中将传统的民族蜡染与中国古典文化有机地揉

和,从而使蜡染艺术升华到一定高度,对区域文化的发展起到一定的推动作用。尽管涉案作品的大部分著作财产权已经转让给了传统民间艺术传承区域外的邓春香,但洪福远的创作价值以及其在蜡染艺术业内的声誉应得到尊重;第五,五福坊公司涉案产品贵州辣子鸡、贵州小米渣、贵州猪肉干的生产经营规模、销售渠道等应予以参考,根据五福坊公司提交的五福坊公司与广州卓凡彩色印刷有限公司的采购合同,尽管上述证据不一定完全客观反映五福坊公司涉案产品的生产经营状况,但在原告方无任何相反证据的情形下,被告的证明主张在合理范围内应为法律所允许。综合考量上述因素,参照贵州省当前的经济发展水平和人们的生活水平,酌情确定由五福坊公司赔偿邓春香经济损失 10 万元。

(生效裁判审判人员:唐有临、刘永菊、袁波文)

2. 张晓燕诉雷献和、赵琪、山东爱书人音像图书有限公司著作权侵权纠纷案①

【裁判摘要】

1. 根据同一历史题材创作的作品中的题材主线、整体线索脉络,是社会共同财富,属于思想范畴,不能为个别人垄断,任何人都有权对此类题材加以利用并创作作品。

2. 判断作品是否构成侵权,应当从被诉侵权作品作者是否接触过权利人作品、被诉侵权作品与权利人作品之间是否构成实质相似等方面进行。在判断是否构成实质相似时,应比较作者在作品表达中的取舍、选择、安排、设计等是否相同或相似,不应从思想、情感、创意、对象等方面进行比较。

3. 按照著作权法保护作品的规定,人民法院应保护作者具有独创性的表达,即思想或情感的表现形式。对创意、素材、公有领域信息、创作形式、必要场景,以及具有唯一性或有限性的表达形式,则不予保护。

【相关法条】

《中华人民共和国著作权法》第二条
《中华人民共和国著作权法实施条例》第二条

【基本案情】

原告张晓燕诉称:其于 1999 年 12 月开始改编创作《高原骑兵连》剧本,2000 年 8 月根据该剧本筹拍 20 集电视连续剧《高原骑兵连》(以下将该剧本及其电视剧简称"张剧"),2000 年 12 月该剧摄制完成,张晓燕系该剧著作权人。被告雷献和作为《高原骑兵连》的名誉制片人参与了该剧的摄制。被告雷献和作为第一编剧和制片人、被告赵琪作为第二编剧拍摄了电视剧《最后的骑兵》(以下将该电视剧及其剧本简称"雷剧")。2009 年 7 月 1 日,张晓燕从被告山东爱书人音像图书有限公司购得《最后的骑兵》DVD 光盘,发现与"张剧"有很多雷同之处,主要人物关系、故事情节及其他方面相同或近似,"雷剧"对"张剧"剧本及电视剧构成侵权。故请求法院判令:三被告停止侵权,雷献和在《齐鲁晚报》上公开发表致歉声明并赔偿张晓燕剧本稿酬损失、剧本出版发行及改编费损失共计 80 万元。

被告雷献和辩称:"张剧"剧本根据张冠林的长篇小说《雪域河源》改编而成,"雷剧"最初由雷献和根据师永刚的长篇小说《天苍茫》改编,后由赵琪参照其小说《骑马挎枪走天涯》重写剧本定稿。2000 年上半年,张晓燕找到雷献和,提出合拍反映骑兵生活的电视剧。雷献和向张晓燕介绍了改编《天苍茫》的情况,建议合拍,张晓燕未同意。2000 年 8 月,雷献和与张晓燕签订了合作协议,约定拍摄制作由张晓燕负责,雷献和负责军事保障,不参与艺术创作,雷献和没有看到张晓燕的剧本。"雷剧"和"张剧"创作播出的时间不同,"雷剧"不可能影响"张剧"的发行播出。

法院经审理查明:"张剧""雷剧"、《骑马挎枪走天涯》《天苍茫》,均系以二十世纪八十年代中期精简整编中骑兵部队撤(缩)编为主线展开

---

① 案例来源:《最高人民法院关于发布第 16 批指导性案例的通知》(2017 年 3 月 6 日发布 法〔2017〕53 号),指导案例 81 号。

的军旅、历史题材作品。短篇小说《骑马挎枪走天涯》发表于《解放军文艺》1996年第12期总第512期；长篇小说《天苍茫》于2001年4月由解放军文艺出版社出版发行；"张剧"于2004年5月17日至5月21日由中央电视台第八套节目在上午时段以每天四集的速度播出；"雷剧"于2004年5月19日至29日由中央电视台第一套节目在晚上黄金时段以每天两集的速度播出。

《骑马挎枪走天涯》通过对骑兵连被撤销前后连长、指导员和一匹神骏的战马的描写，叙述了骑兵在历史上的辉煌、骑兵连被撤销、骑兵连官兵特别是骑兵连长对骑兵、战马的痴迷。《骑马挎枪走天涯》存在如下描述：神马（15号军马）出身来历中透着神秘、连长与军马的水乳交融、指导员孔越华的人物形象、连长作诗、父亲当过骑兵团长、骑兵在未来战争中发挥的重要作用、连长为保留骑兵连所做的努力、骑兵连最后被撤销、结尾处连长与神马的悲壮。"雷剧"中天马的来历也透着神秘，除了连长常问天的父亲曾为骑兵师长外，上述情节内容与《骑马挎枪走天涯》基本相似。

《天苍茫》是讲述中国军队最后一支骑兵连充满传奇与神秘历史的书，书中展示草原与骑兵的生活，如马与人的情感、最后一匹野马的基因价值、以及研究马语的老人，神秘的预言者，最后的野马在香港赛马场胜出的传奇故事。《天苍茫》中连长成天的父亲是原骑兵师的师长，司令员是山南骑兵连的第一任连长、成天父亲的老部下，成天从小暗恋司令员女儿兰静，指导员王青衣与兰静相爱，并促成成天与基因学者刘可可的爱情。最后连长为救被困沼泽的研究人员牺牲。雷剧中高波将前指导员跑得又快又稳性子好的"大喇嘛"牵来交给常问天作为临时坐骑。结尾连长为完成抓捕任务而牺牲。"雷剧"中有关指导员孔越华与连长常问天之间关系的描述与《天苍茫》中指导员王青衣与连长成天关系的情节内容有相似之处。

法院依法委托中国版权保护中心版权鉴定委员会对张剧与雷剧进行鉴定，结论如下：1. 主要人物设置及关系部分相似；2. 主要线索脉络即骑兵部队缩编（撤销）存在相似之处；3. 存在部分相同或者近似的情节，但除一处语言表达基本相同之外，这些情节的具体表达基本不同。语言表达基本相同的情节是指双方作品中男主人公表达"愿做牧马人"的话语的情节。"张剧"电视剧第四集春冬季说："草原为家，以马为伴，做个牧马人"；"雷剧"第十八集常问天说："以草原为家，以马为伴，你看过电影《牧马人》吗？做个自由的牧马人。"

【裁判结果】

山东省济南市中级人民法院于2011年7月13日作出(2010)济民三初字第84号民事判决：驳回张晓燕的全部诉讼请求。张晓燕不服，提起上诉。山东省高级人民法院于2012年6月14日作出(2011)鲁民三终字第194号民事判决：驳回上诉，维持原判。张晓燕不服，向最高人民法院申请再审。最高人民法院经审查，于2014年11月28日作出(2013)民申字第1049号民事裁定：驳回张晓燕的再审申请。

【裁判理由】

法院生效裁判认为：本案的争议焦点是"雷剧"的剧本及电视剧是否侵害"张剧"的剧本及电视剧的著作权。

判断作品是否构成侵权，应当从被诉侵权作品的作者是否"接触"过要求保护的权利人作品、被诉侵权作品与权利人的作品之间是否构成"实质相似"两个方面进行判断。本案各方当事人对雷献和接触"张剧"剧本及电视剧并无争议，本案的核心问题在于两部作品是否构成实质相似。

我国著作权法所保护的是作品中作者具有独创性的表达，即思想或情感的表现形式，不包括作品中所反映的思想或情感本身。这里指的思想，包括对物质存在、客观事实、人类情感、思维方法的认识，是被描述、被表现的对象，属于主观范畴。思想者借助物质媒介，将构思诉诸形式表现出来，将意象转化为形象、将抽象转化为具体、将主观转化为客观、将无形转化为有形，为他人感知的过程即为创作，创作形成的有独创性的表达属于受著作权法保护的作品。著作权法保护的表达不仅指文字、色彩、线条等符号的最终形式，当作品的内容被用于体现作者的思想、情感时，内容也属于受著作权法保护的表达，但创意、素材或公有领域的信息、创作形式、必要场景或表达唯一或有限则被排除在著作权法的保护范围之外。必要场景,指选择某一类主题进行创作时,不可避免而必须采取某些事件、角色、布局、场景,这种表现特定主题不可或缺的表达方式不受著作权法保护;表达唯一或有限,指一种思想只有唯——种或有限的表达形式,这些表达视为思想,也不给予著作权保护。在判断"雷剧"与"张剧"是否构成实质相似时,应比较两部作品中对于思想和情感的表达,将两部作品表达中作者的取舍、选择、安排、设计是否相同或相似,而不是离开表达看思想、情感、创意、对象等其他方面。结合张晓燕的主张,从以下几个方面进行分析判断:

关于张晓燕提出"雷剧"与"张剧"题材主线相同的主张,因"雷剧"与《骑马挎枪走天涯》都通过紧扣"英雄末路、骑兵绝唱"这一主题和情境描述了"最后的骑兵"在撤编前后发生的故事,可以认定"雷剧"题材主线及整体线索脉络来自《骑马挎枪走天涯》。"张剧""雷剧"以及《骑马挎枪走天涯》《天苍茫》4部作品均系以二十世纪八十年代中期精简整编中骑兵部队撤(缩)编为主线展开的军旅历史题材作品,是社会的共同财富,不能为个别人所垄断,故4部作品的作者都有权以自己的方式对此类题材加以利用并创作作品。因此,即便"雷剧"与"张剧"题材主线存在一定的相似性,因题材主线不受著作权法保护,且"雷剧"的题材主线系来自最早发表的《骑马挎枪走天涯》,不能认定"雷剧"抄袭自"张剧"。

关于张晓燕提出"雷剧"与"张剧"人物设置与人物关系相同、相似的主张,鉴于前述4部作品均系以特定历史时期骑兵部队撤(缩)编为主线展开的军旅题材作品,除了《骑马挎枪走天涯》受短篇小说篇幅的限制,没有三角恋爱关系或军民关系外,其他3部作品中都包含三角恋爱关系、官兵上下关系、军民关系等人物设置和人物关系,这样的表现方式属于军旅题材作品不可避免地采取的必要场景,因表达方式有限,不受著作权法保护。

关于张晓燕提出"雷剧"与"张剧"语言表达及故事情节相同、相似的主张,从语言表达看,"雷剧"中"做个自由的'牧马人'"与"张剧"中"做个牧马人"语言表达基本相同,但după语言表达

属于特定语境下的惯常用语,非独创性表达。从故事情节看,用于体现作者的思想与情感的故事情节属于表达的范畴,具有独创性的故事情节应受著作权法保护,但是,故事情节中仅部分元素相同、相似并不能当然得出故事情节相同、相似的结论。前述4部作品相同、相似的部分多属于公有领域素材或缺乏独创性的素材,有的仅为故事情节中的部分元素相同,但情节所展开的具体内容和表达的意义并不相同。二审法院认定"雷剧"与"张剧"6处相同、相似的故事情节,其中老部下关系、临时指定马匹等在《天苍茫》中也有相似的情节内容,其他部分虽在情节设计方面存在相同、相似之处,但有的仅为情节表达中部分元素的相同、相似,情节内容相同、相似的部分少且微不足道。

整体而言,"雷剧"与"张剧"具体情节展开不同、描写的侧重点不同、主人公性格不同、结尾不同,二者相同、相似的故事情节在"雷剧"中所占比例极低,且在整个故事情节中处于次要位置,不构成"雷剧"中的主要部分,不会导致读者和观众对两部作品产生相同、相似的欣赏体验,不能得出两部作品实质相似的结论。根据《最高人民法院关于审理著作权民事纠纷案件适用法律若干问题的解释》第十五条"由不同作者就同一题材创作的作品,作品的表达系独立完成并且有创作性的,应当认定作者各自享有独立著作权"的规定,"雷剧"与"张剧"属于由不同作者就同一题材创作的作品,两剧都有独创性,各自享有独立著作权。

(生效裁判审判人员:于晓白、骆电、李嵘)

3. 英特宜家系统有限公司诉台州市中天塑业有限公司著作权纠纷案①

【裁判摘要】

我国是《伯尔尼保护文学艺术作品公约》《与贸易有关的知识产权协议》的参加国,根据著

---

① 案例来源:《最高人民法院公报》2010年第7期。

作权法以及国务院《实施国际著作权条约的规定》,外国实用艺术作品受我国法律保护。

司法实践中,对于实用艺术作品的著作权保护,人民法院一般是从实用艺术作品的实用性与艺术性角度分别予以考虑,对于实用性部分不适用著作权法保护,但对于艺术性部分可以归入著作权法规定的"美术作品"予以依法保护。外国实用艺术作品的权利人申请著作权保护时,应当首先从审美意义方面予以审查,如果涉案实用艺术作品不具备美术作品应当具备的艺术高度,即使被控侵权产品与涉案作品构成相似或者基本相同,也不能作为实用艺术作品获得著作权保护。

【案情】

原告:英特宜家系统有限公司(Inter Ikea Systems B. V.)。

法定代表人:加布里埃尔·奥尔森·斯加林(MariaGabrielle Olsson Skalin),该公司常务董事。

被告:台州市中天塑业有限公司。

法定代表人:陈爱华,该公司总经理。

原告英特宜家系统有限公司(以下简称英特宜家公司)因与被告台州市中天塑业有限公司(以下简称中天公司)发生著作财产权纠纷,向上海市第二中级人民法院提起诉讼。

原告英特宜家公司诉称:原告创立于1943年,是世界上最大的家具零售公司,在31个国家和地区设立了190多家专营店。玛莫特(Mammut)系列儿童家具是在原告的指导下,由设计师莫滕·谢尔斯特鲁普(Morten Kjelstrup)和服装设计师阿伦·厄斯特(Allan Ostgaard)代表原告设计完成,原告是玛莫特系列作品的著作权人。玛莫特系列商品多年前就在商品目录和多本书籍中刊载,1994年,玛莫特童椅还获得瑞典"年度家具"的大奖。被告中天公司未经原告允许擅自抄袭玛莫特系列作品的设计,生产和销售了多种型号的儿童椅和儿童凳,并在其公司网站上展示侵权商品。自2004年起,原告就委托律师多次致函被告要求其停止侵权行为,被告对此置之不理,还将侵权设计申请了外观设计专利,后专利被国家知识产权局专利复审委员会宣告无效。玛莫特系列儿童椅和儿童凳,属于家具,具有实用性,同时具有较高的艺术性,属于受中国法律保护的实用艺术作品。被告生产、销售侵权作品及网络宣传行为侵犯了原告的著作权,给原告造成了极大的经济损失。请求判令:1. 被告立即停止一切侵犯原告玛莫特系列作品著作权的行为;2. 被告立即收回已投入市场的侵权产品、销毁侵权商品存货和生产模具、印模,销毁带有侵权商品的包装及宣传材料;3. 被告立即删除www. ztpc. cc网页中展示的侵权产品图片;4. 被告赔偿原告包括合理费用在内的经济损失人民币50万元;5. 被告就其侵权行为在《新民晚报》、《钱江晚报》上刊登声明,消除影响。

原告英特宜家公司一审提交以下证据:

1. 经过公证的原告英特宜家公司与案外人瑞典宜家公司签署《知识产权权属问题的声明》、莫滕·谢尔斯特鲁普和阿伦·厄斯特出具的《关于"Mammut作品著作权"的声明》各1份,用以证明玛莫特作品的相关著作权已经于1992年2月8日转让给英特宜家公司。

2. 杂志《艺术家庭》(1994年)、《大众化设计》(1995年)各1册,用以证明玛莫特系列商品多年前就在商品目录和多本书籍中刊载。

3. 上海市公证处制作的(2006)沪证字第7549号公证书、北京市长安公证处制作的(2008)京长安内经证字第2664号公证书各1份,用以证明被告中天公司实施了侵权行为。

4. 知识产权局网站查询结果和无效宣告请求审查决定书,主要内容是:2006年8月30日,国家知识产权局专利复审委员会宣告200430019946. X号外观设计专利全部无效,用以证明被告中天公司对于前述设计不享有外观设计专利。

被告中天公司辩称:1. 原告英特宜家公司不具备本案诉讼主体资格;2. 玛莫特系列产品在设计上更多考虑家具实用功能方面的要求,不具有实用艺术品应当具有的独创性和艺术性等特征,不属于实用艺术作品,而是实用工业品,与国内外的其他椅子没有什么区别;3. 被告生产的产品是被告的设计人员独立创作完成的,不存在侵犯他人著作权的事实。此外,在涉案产品设计完成之前,与该产品外形基本一致的家具设计就曾在动画作品中出现。综上,原告的诉讼请求应当被驳回。

被告中天公司一审没有提交证据。

上海市第二中级人民法院一审查明：

原告英特宜家公司于1983年10月31日成立于荷兰。涉案玛莫特（Mammut）儿童椅和儿童凳由莫滕·谢尔斯特鲁普（Morten Kjelstrup）和阿伦·厄斯特（Allan Ostgaard）两位设计师于1991年2月6日创作完成，1992年1月正式将作品交付给案外人瑞典宜家公司（Ikea of Sweden Aktiebolag）。1992年2月8日，瑞典宜家公司将玛莫特（Mammut）系列作品的著作权转让给英特宜家公司。《艺术家庭》、《大众化设计》等杂志书籍对玛莫特儿童椅和儿童凳做过相关介绍。

玛莫特儿童椅由椅背、椅垫和椅腿三个部分组成，椅背是由一块梯形的实木和三根矩形木条组成，其中上部的梯形实木占据了整个椅背近二分之一的空间，椅垫是一般椅凳的基本结构，椅腿是由四根立椎体组成，呈上窄、下宽的形状。玛莫特儿童凳由凳面和凳腿两部分组成，凳面是上下均等的圆形实体，形状与一般的儿童凳无异，凳腿是四根纺锤状棒体。

2006年6月10日，案外人黄晔在上海市清涧路187弄11幢33号1508室，购买了童凳3张和童椅2张，付款后获得发票、名片各1张和宣传册1份，发票上盖有"台州市中天塑业有限公司"的发票专用章，名片上印有"台州市中天塑业有限公司、李伟上海区域经理"等字样，宣传册上印有"中天塑业"、"ZTPC"等字样。黄晔对购物地点及所购童凳和童椅等进行了拍照。上述过程在上海市公证处公证员黄欣、公证人员丁振华的监督下进行，上海市公证处对此制作了(2006)沪公字第7549号公证书。

原告英特宜家公司还提供了以"上海市永冠贸易有限公司"名义购买阿木童凳和阿木童椅的销售发票和送货清单各1张，发票上盖有"台州市中天塑业有限公司"的发票专用章。

2008年4月10日，高露云（北京）知识产权代理有限公司的代理人李春娟在位于北京市东城区朝阳门北大街6号首创大厦的北京市长安公证处与公证人员对 www.ztpc.cc 网站上的有关内容进行证据保全，北京市长安公证处制作了(2008)京长安内经证字第2664号公证书。该份公证书载明，www.ztpc.cc 网站展示了被告中天公司的产品，原告英特宜家公司认为其中ZTT-326等15个型号的产品属于侵权产品。

被告中天公司的法定代表人陈爱华于2004年2月10日、2004年10月25日和2005年8月8日，向国家知识产权局申请了五项外观设计专利，名称分别为：椅（阿木童）、椅（ZTY-521）、凳（ZTY-537）、凳（ZTY-536）、椅（ZTY-538），专利号分别为：200430019946.X、200430083416.1、200430083418.0、2004300834195、200530114174.2。其中，200430019946.X 号外观设计专利于2006年8月30日被国家知识产权局专利复审委员会宣告全部无效。

经比对，在 www.ztpc.cc 网站上被控侵权的15个型号产品中，被告中天公司的儿童凳产品（ZTY-525S、ZTY-525M、ZTY-525L）与原告英特宜家公司的玛莫特儿童凳从整体形状上看构成基本相同，儿童凳产品（ZTY-534、ZTY-533、ZTY-537、ZTY-536、ZTY-541、ZTT-322、ZTT-325、ZTT-326、ZTY-542）与原告的玛莫特儿童凳在凳面部分的形状上有所区别，但在凳腿部分的形状上基本相同，两者从整体上看构成相似。儿童椅（ZTY-521、ZTY-538、ZTY-535）与原告的玛莫特儿童椅在椅背部分的形状上有所区别，但在椅腿部分的形状上基本相同，两者从整体上看构成相似。

经比对，原告英特宜家公司公证购买的被告中天公司的阿木童儿童凳、儿童椅产品在整体外形上与玛莫特儿童凳、儿童椅构成基本相同。

本案的争议焦点是：被告中天公司生产的涉案儿童凳、儿童椅产品是否侵犯原告英特宜家公司的著作权。

【审判】

上海市第二中级人民法院一审认为：

《中华人民共和国著作权法》（以下简称著作权法）第二条第二款规定："外国人、无国籍人的作品根据其作者所属国或者经常居住地同中国签订的协议或者共同参加的国际条约享有的著作权，受本法保护。"我国是《伯尔尼保护文学艺术作品公约》（以下简称伯尔尼公约）、《与贸易有关的知识产权协议》的参加国，在伯尔尼公约中，实用艺术作品被归入"文学艺术作品"受到保护。国务院《实施国际著作权条约的规定》第六条规定："对外国实用艺术作品的保护期，为自该作品完成起二十五年。美术作品(包括动画形象设计)用于工业制品的,不适用前款规定。"根据上述规定,外国实用艺术作品受我国法律保护。被告中天公司认为原告英特宜家公司不具备本案诉讼主体资格的主张没有法律依据,不予支持。

著作权法第三条规定:"本法所称的作品,包括以下列形式创作的文学、艺术和自然科学、社会科学、工程技术等作品:……(四)美术、建筑作品;……"前述规定中,未将实用艺术作品单列为作品,在司法实践中。根据我国参加的国际公约和相关法律规定,对实用艺术作品的著作权保护,是从实用艺术作品的实用性和艺术性角度分别予以考虑,对于实用性部分不适用著作权保护,对于艺术性部分可以归入著作权法规定的"美术作品"予以依法保护。《中华人民共和国著作权法实施条例》第四条第八项规定:"美术作品,是指绘画、书法、雕塑等以线条、色彩或者其他方式构成的有审美意义的平面或者立体的造型艺术作品。"外国实用艺术作品的权利人申请著作权保护时,应当审查涉案实用艺术作品在审美意义上是否具有美术作品应当具备的艺术高度,从审美意义上分析作品的艺术高度,一般从作品思想、表达方式是否具备独创性等方面考察。本案中,涉案的玛莫特儿童椅由椅背、椅垫和椅腿三个部分组成,椅背是由一块梯形的实木和三根矩形木条组成,其中上部的梯形实木占据了整个椅背近二分之一的空间,椅垫是一般椅凳的基本结构,椅腿是由四根立椎体组成,呈上窄、下宽的形状。玛莫特儿童凳由凳面和凳腿两部分组成,凳面是上下均等的圆形实体,形状与一般的儿童凳无异,凳腿是四根纺锤状棒体。根据上述事实,玛莫特儿童椅和儿童凳从表达形式来讲,设计要点主要体现在造型线条上,简单、流畅的线条力图体现朴实而略带童趣的作品思想,但这样的设计思想并不能与其他普通儿童用品设计思想完全区别开来;从表达的独创性来讲,玛莫特儿童椅和儿童凳除了在细节方面立椎体以及纺锤状棒体的凳腿与普通的儿童椅和儿童凳有所区别外,整体外形上与绝大多数普通儿童椅和儿童凳区别不大。总体而言,玛莫特儿童椅和儿童凳属于造型设计较为简单的儿童椅和儿童凳,不具备美术作品应当具备的艺术高度。因此,尽管被告中天公司生产的涉案儿童凳、儿童椅产品与原告英特宜家公司的玛莫特儿童椅和儿童凳从整体上看构成相似或者基本相同,也不构成对原告著作权的侵犯。

据此,上海市第二中级人民法院于2009年8月22日判决:

驳回原告英特宜家公司的诉讼请求。

一审判决宣判后,双方当事人均未提出上诉,一审判决已经发生法律效力。

(三)专利权

◎ 司法解释

最高人民法院关于审理专利纠纷案件适用法律问题的若干规定

- 2020年12月29日
- 法经〔2020〕19号

为了正确审理专利纠纷案件,根据《中华人民共和国民法典》《中华人民共和国专利法》《中华人民共和国民事诉讼法》和《中华人民共和国行政诉讼法》等法律的规定,作如下规定:

第一条 人民法院受理下列专利纠纷案件:

1. 专利申请权权属纠纷案件;
2. 专利权权属纠纷案件;
3. 专利合同纠纷案件;
4. 侵害专利权纠纷案件;
5. 假冒他人专利纠纷案件;
6. 发明专利临时保护期使用费纠纷案件;
7. 职务发明创造发明人、设计人奖励、报酬纠纷案件;
8. 诉前申请行为保全纠纷案件;
9. 诉前申请财产保全纠纷案件;
10. 因申请行为保全损害责任纠纷案件;
11. 因申请财产保全损害责任纠纷案件;
12. 发明创造发明人、设计人署名权纠纷案件;

13. 确认不侵害专利权纠纷案件；

14. 专利权宣告无效后返还费用纠纷案件；

15. 因恶意提起专利权诉讼损害责任纠纷案件；

16. 标准必要专利使用费纠纷案件；

17. 不服国务院专利行政部门维持驳回申请复审决定案件；

18. 不服国务院专利行政部门专利权无效宣告请求决定案件；

19. 不服国务院专利行政部门实施强制许可决定案件；

20. 不服国务院专利行政部门实施强制许可使用费裁决案件；

21. 不服国务院专利行政部门行政复议决定案件；

22. 不服国务院专利行政部门作出的其他行政决定案件；

23. 不服管理专利工作的部门行政决定案件；

24. 确认是否落入专利权保护范围纠纷案件；

25. 其他专利纠纷案件。

第二条 因侵犯专利权行为提起的诉讼，由侵权行为地或者被告住所地人民法院管辖。

侵权行为地包括：被诉侵犯发明、实用新型专利权的产品的制造、使用、许诺销售、销售、进口等行为的实施地；专利方法使用行为的实施地，依照该专利方法直接获得的产品的使用、许诺销售、销售、进口等行为的实施地；外观设计专利产品的制造、许诺销售、销售、进口等行为的实施地；假冒他人专利的行为实施地。上述侵权行为的侵权结果发生地。

第三条 原告仅对侵权产品制造者提起诉讼，未起诉销售者，侵权产品制造地与销售地不一致的，制造地人民法院有管辖权；以制造者与销售者为共同被告起诉的，销售地人民法院有管辖权。

销售者是制造者分支机构，原告在销售地起诉侵权产品制造者制造、销售行为的，销售地人民法院有管辖权。

第四条 对申请日在2009年10月1日前（不含该日）的实用新型专利提起侵犯专利权诉讼，原告可以出具由国务院专利行政部门作出的检索报告；对申请日在2009年10月1日以后的实用新型或者外观设计专利提起侵犯专利权诉讼，原告可以出具由国务院专利行政部门作出的专利权评价报告。根据案件审理需要，人民法院可以要求原告提交检索报告或者专利权评价报告。原告无正当理由不提交的，人民法院可以裁定中止诉讼或者判令原告承担可能的不利后果。

侵犯实用新型、外观设计专利权纠纷案件的被告请求中止诉讼的，应当在答辩期内对原告的专利权提出宣告无效的请求。

第五条 人民法院受理的侵犯实用新型、外观设计专利权纠纷案件，被告在答辩期间内请求宣告该项专利权无效的，人民法院应当中止诉讼，但具备下列情形之一的，可以不中止诉讼：

（一）原告出具的检索报告或者专利权评价报告未发现导致实用新型或者外观设计专利权无效的事由的；

（二）被告提供的证据足以证明其使用的技术已经公知的；

（三）被告请求宣告该项专利权无效所提供的证据或者依据的理由明显不充分的；

（四）人民法院认为不应当中止诉讼的其他情形。

第六条 人民法院受理的侵犯实用新型、外观设计专利权纠纷案件，被告在答辩期间届满后请求宣告该项专利权无效的，人民法院不应当中止诉讼，但经审查认为有必要中止诉讼的除外。

第七条 人民法院受理的侵犯发明专利权纠纷案件或者经国务院专利行政部门审查维持专利权的侵犯实用新型、外观设计专利权纠纷案件，被告在答辩期间内请求宣告该项专利权无效的，人民法院可以不中止诉讼。

第八条 人民法院决定中止诉讼，专利权人或者利害关系人请求责令被告停止有关行为或者采取其他制止侵权损害继续扩大的措施，并提供了担保，人民法院经审查符合有关法律规定的，可以在裁定中止诉讼的同时一并作出有关裁定。

第九条 人民法院对专利权进行财产保全,应当向国务院专利行政部门发出协助执行通知书,载明要求协助执行的事项,以及对专利权保全的期限,并附人民法院作出的裁定书。

对专利权保全的期限一次不得超过六个月,自国务院专利行政部门收到协助执行通知书之日起计算。如果仍然需要对该专利权继续采取保全措施的,人民法院应当在保全期限届满前向国务院专利行政部门另行送达继续保全的协助执行通知书。保全期限届满前未送达的,视为自动解除对该专利权的财产保全。

人民法院对出质的专利权可以采取财产保全措施,质权人的优先受偿权不受保全措施的影响;专利权人与被许可人已经签订的独占实施许可合同,不影响人民法院对该专利权进行财产保全。

人民法院对已经进行保全的专利权,不得重复进行保全。

第十条 2001年7月1日以前利用本单位的物质技术条件所完成的发明创造,单位与发明人或者设计人订有合同,对申请专利的权利和专利权的归属作出约定的,从其约定。

第十一条 人民法院受理的侵犯专利权纠纷案件,涉及权利冲突的,应当保护在先依法享有权利的当事人的合法权益。

第十二条 专利法第二十三条第三款所称的合法权利,包括就作品、商标、地理标志、姓名、企业名称、肖像,以及有一定影响的商品名称、包装、装潢等享有的合法权利或者权益。

第十三条 专利法第五十九条第一款所称的"发明或者实用新型专利权的保护范围以其权利要求的内容为准,说明书及附图可以用于解释权利要求的内容",是指专利权的保护范围应当以权利要求记载的全部技术特征所确定的范围为准,也包括与该技术特征相等同的特征所确定的范围。

等同特征,是指与所记载的技术特征以基本相同的手段,实现基本相同的功能,达到基本相同的效果,并且本领域普通技术人员在被诉侵权行为发生时无需经过创造性劳动就能够联想到的特征。

第十四条 专利法第六十五条规定的权利人因被侵权所受到的实际损失可以根据权利人的专利产品因侵权所造成销售量减少的总数乘以每件专利产品的合理利润所得之积计算。权利人销售量减少的总数难以确定的,侵权产品在市场上销售的总数乘以每件专利产品的合理利润所得之积可以视为权利人因被侵权所受到的实际损失。

专利法第六十五条规定的侵权人因侵权所获得的利益可以根据该侵权产品在市场上销售的总数乘以每件侵权产品的合理利润所得之积计算。侵权人因侵权所获得的利益一般按照侵权人的营业利润计算,对于完全以侵权为业的侵权人,可以按照销售利润计算。

第十五条 权利人的损失或者侵权人获得的利益难以确定,有专利许可使用费可以参照的,人民法院可以根据专利权的类型、侵权行为的性质和情节、专利许可的性质、范围、时间等因素,参照该专利许可使用费的倍数合理确定赔偿数额;没有专利许可使用费可以参照或者专利许可使用费明显不合理的,人民法院可以根据专利权的类型、侵权行为的性质和情节等因素,依照专利法第六十五条第二款的规定确定赔偿数额。

第十六条 权利人主张其为制止侵权行为所支付合理开支的,人民法院可以在专利法第六十五条确定的赔偿数额之外另行计算。

第十七条 侵犯专利权的诉讼时效为三年,自专利权人或者利害关系人知道或者应当知道权利受到损害以及义务人之日起计算。权利人超过三年起诉的,如果侵权行为在起诉时仍在继续,在该项专利权有效期内,人民法院应当判决被告停止侵权行为,侵权损害赔偿数额应当自权利人向人民法院起诉之日起向前推算三年计算。

第十八条 专利法第十一条、第六十九条所称的许诺销售,是指以做广告、在商店橱窗中陈列或者在展销会上展出等方式作出销售商品的意思表示。

第十九条 人民法院受理的侵犯专利权纠纷案件,已经过管理专利工作的部门作出侵权或者不侵权认定的,人民法院仍应当就当事人的诉讼请求进行全面审查。

第二十条　以前的有关司法解释与本规定不一致的，以本规定为准。

最高人民法院关于审理侵犯专利权纠纷案件应用法律若干问题的解释

- 2009年12月28日
- 法释〔2009〕21号

《最高人民法院关于审理侵犯专利权纠纷案件应用法律若干问题的解释》已于2009年12月21日最高人民法院审判委员会第1480次会议通过，现予公布，自2010年1月1日起施行。

为正确审理侵犯专利权纠纷案件，根据《中华人民共和国专利法》、《中华人民共和国民事诉讼法》等有关法律规定，结合审判实际，制定本解释。

第一条　人民法院应当根据权利人主张的权利要求，依据专利法第五十九条第一款的规定确定专利权的保护范围。权利人在一审法庭辩论终结前变更其主张的权利要求的，人民法院应当准许。

权利人主张以从属权利要求确定专利权保护范围的，人民法院应当以该从属权利要求记载的附加技术特征及其引用的权利要求记载的技术特征，确定专利权的保护范围。

第二条　人民法院应当根据权利要求的记载，结合本领域普通技术人员阅读说明书及附图后对权利要求的理解，确定专利法第五十九条第一款规定的权利要求的内容。

第三条　人民法院对于权利要求，可以运用说明书及附图、权利要求书中的相关权利要求、专利审查档案进行解释。说明书对权利要求用语有特别界定的，从其特别界定。

以上述方法仍不能明确权利要求含义的，可以结合工具书、教科书等公知文献以及本领域普通技术人员的通常理解进行解释。

第四条　对于权利要求中以功能或者效果表述的技术特征，人民法院应当结合说明书和附图描述的该功能或者效果的具体实施方式及其等同的实施方式，确定该技术特征的内容。

第五条　对于仅在说明书或者附图中描述而在权利要求中未记载的技术方案，权利人在侵犯专利权纠纷案件中将其纳入专利权保护范围的，人民法院不予支持。

第六条　专利申请人、专利权人在专利授权或者无效宣告程序中，通过对权利要求、说明书的修改或者意见陈述而放弃的技术方案，权利人在侵犯专利权纠纷案件中又将其纳入专利权保护范围的，人民法院不予支持。

第七条　人民法院判定被诉侵权技术方案是否落入专利权的保护范围，应当审查权利人主张的权利要求所记载的全部技术特征。

被诉侵权技术方案包含与权利要求记载的全部技术特征相同或者等同的技术特征的，人民法院应当认定其落入专利权的保护范围；被诉侵权技术方案的技术特征与权利要求记载的全部技术特征相比，缺少权利要求记载的一个以上的技术特征，或者有一个以上技术特征不相同也不等同的，人民法院应当认定其没有落入专利权的保护范围。

第八条　在与外观设计专利产品相同或者相近种类产品上，采用与授权外观设计相同或者近似的外观设计的，人民法院应当认定被诉侵权设计落入专利法第五十九条第二款规定的外观设计专利权的保护范围。

第九条　人民法院应当根据外观设计产品的用途，认定产品种类是否相同或者相近。确定产品的用途，可以参考外观设计的简要说明、国际外观设计分类表、产品的功能以及产品销售、实际使用的情况等因素。

第十条　人民法院应当以外观设计专利产品的一般消费者的知识水平和认知能力，判断外观设计是否相同或者近似。

第十一条　人民法院认定外观设计是否相同或者近似时，应当根据授权外观设计、被诉侵权设计的设计特征，以外观设计的整体视觉效果进行综合判断；对于主要由技术功能决定的设计特征以及对整体视觉效果不产生影响的产品的材料、内部结构等特征，应当不予考虑。

下列情形,通常对外观设计的整体视觉效果更具有影响:
(一)产品正常使用时容易被直接观察到的部位相对于其他部位;
(二)授权外观设计区别于现有设计的设计特征相对于授权外观设计的其他设计特征。

被诉侵权设计与授权外观设计在整体视觉效果上无差异的,人民法院应当认定两者相同;在整体视觉效果上无实质性差异的,应当认定两者近似。

第十二条 将侵犯发明或者实用新型专利权的产品作为零部件,制造另一产品的,人民法院应当认定属于专利法第十一条规定的使用行为;销售该另一产品的,人民法院应当认定属于专利法第十一条规定的销售行为。

将侵犯外观设计专利权的产品作为零部件,制造另一产品并销售的,人民法院应当认定属于专利法第十一条规定的销售行为,但侵犯外观设计专利权的产品在该另一产品中仅具有技术功能的除外。

对于前两款规定的情形,被诉侵权人之间存在分工合作的,人民法院应当认定为共同侵权。

第十三条 对于使用专利方法获得的原始产品,人民法院应当认定为专利法第十一条规定的依照专利方法直接获得的产品。

对于将上述原始产品进一步加工、处理而获得后续产品的行为,人民法院应当认定属于专利法第十一条规定的使用依照该专利方法直接获得的产品。

第十四条 被诉落入专利权保护范围的全部技术特征,与一项现有技术方案中的相应技术特征相同或者无实质性差异的,人民法院应当认定被诉侵权人实施的技术属于专利法第六十二条规定的现有技术。

被诉侵权设计与一个现有设计相同或者无实质性差异的,人民法院应当认定被诉侵权人实施的设计属于专利法第六十二条规定的现有设计。

第十五条 被诉侵权人以非法获得的技术或者设计主张先用权抗辩的,人民法院不予支持。

有下列情形之一的,人民法院应当认定属于专利法第六十九条第(二)项规定的已经作好制造、使用的必要准备:
(一)已经完成实施发明创造所需的主要技术图纸或者工艺文件;
(二)已经制造或者购买实施发明创造所必需的主要设备或者原材料。

专利法第六十九条第(二)项规定的原有范围,包括专利申请日前已有的生产规模以及利用已有的生产设备或者根据已有的生产准备可以达到的生产规模。

先用权人在专利申请日后将其已经实施或作好实施必要准备的技术或设计转让或者许可他人实施,被诉侵权人主张该实施行为属于在原有范围内继续实施的,人民法院不予支持,但该技术或设计与原有企业一并转让或者承继的除外。

第十六条 人民法院依据专利法第六十五条第一款的规定确定侵权人因侵权所获得的利益,应当限于侵权人因侵犯专利权行为所获得的利益;因其他权利所产生的利益,应当合理扣除。

侵犯发明、实用新型专利权的产品系另一产品的零部件的,人民法院应当根据该零部件本身的价值及其在实现成品利润中的作用等因素合理确定赔偿数额。

侵犯外观设计专利权的产品为包装物的,人民法院应当按照包装物本身的价值及其在实现被包装产品利润中的作用等因素合理确定赔偿数额。

第十七条 产品或者制造产品的技术方案在专利申请日以前为国内外公众所知的,人民法院应当认定该产品不属于专利法第六十一条第一款规定的新产品。

第十八条 权利人向他人发出侵犯专利权的警告,被警告人或者利害关系人经书面催告权利人行使诉权,自权利人收到该书面催告之日起一个月内或者自书面催告发出之日起二个月内,权利人不撤回警告也不提起诉讼,被警告人或者利害关系人向人民法院提起请求确认其行为不侵犯专利权的诉讼的,人民法院应当受理。

第十九条 被诉侵犯专利权行为发生在 2009 年 10 月 1 日以前的,人民法院适用修改前的专利法;发生在2009年10月1日以后的,人民法院适用修改后的专利法。

被诉侵犯专利权行为发生在2009年10月1日以前且持续到2009年10月1日以后,依据修改前和修改后的专利法的规定侵权人均应承担赔偿责任的,人民法院适用修改后的专利法确定赔偿数额。

第二十条 本院以前发布的有关司法解释与本解释不一致的,以本解释为准。

最高人民法院关于审理侵犯专利权纠纷案件应用法律若干问题的解释(二)

- 2020年12月29日
- 法释〔2020〕19号

为正确审理侵犯专利权纠纷案件,根据《中华人民共和国民法典》《中华人民共和国专利法》《中华人民共和国民事诉讼法》等有关法律规定,结合审判实践,制定本解释。

第一条 权利要求书有两项以上权利要求的,权利人应当在起诉状中载明据以起诉被诉侵权人侵犯其专利权的权利要求。起诉状对此未记载或者记载不明的,人民法院应当要求权利人明确。经释明,权利人仍不予明确的,人民法院可以裁定驳回起诉。

第二条 权利人在专利侵权诉讼中主张的权利要求被国务院专利行政部门宣告无效的,审理侵犯专利权纠纷案件的人民法院可以裁定驳回权利人基于该无效权利要求的起诉。

有证据证明宣告上述权利要求无效的决定被生效的行政判决撤销的,权利人可以另行起诉。

专利权人另行起诉的,诉讼时效期间从本条第二款所称行政判决书送达之日起计算。

第三条 因明显违反专利法第二十六条第三款、第四款导致说明书无法用于解释权利要求,且不属于本解释第四条规定的情形,专利权因此被请求宣告无效的,审理侵犯专利权纠纷案件的人民法院一般应当裁定中止诉讼;在合理期限内专利权未被请求宣告无效的,人民法院可以根据权利要求的记载确定专利权的保护范围。

第四条 权利要求书、说明书及附图中的语法、文字、标点、图形、符号等存有歧义,但本领域普通技术人员通过阅读权利要求书、说明书及附图可以得出唯一理解的,人民法院应当根据该唯一理解予以认定。

第五条 在人民法院确定专利权的保护范围时,独立权利要求的前序部分、特征部分以及从属权利要求的引用部分、限定部分记载的技术特征均有限定作用。

第六条 人民法院可以运用与涉案专利存在分案申请关系的其他专利及其专利审查档案、生效的专利授权确权裁判文书解释涉案专利的权利要求。

专利审查档案,包括专利审查、复审、无效程序中专利申请人或者专利权人提交的书面材料,国务院专利行政部门制作的审查意见通知书、会晤记录、口头审理记录、生效的专利复审请求审查决定书和专利权无效宣告请求审查决定书等。

第七条 被诉侵权技术方案在包含封闭式组合物权利要求全部技术特征的基础上增加其他技术特征的,人民法院应当认定被诉侵权技术方案未落入专利权的保护范围,但该增加的技术特征属于不可避免的常规数量杂质的除外。

前款所称封闭式组合物权利要求,一般不包括中药组合物权利要求。

第八条 功能性特征,是指对于结构、组分、步骤、条件或其之间的关系等,通过其在发明创造中所起的功能或者效果进行限定的技术特征,但本领域普通技术人员仅通过阅读权利要求即可直接、明确地确定实现上述功能或者效果的具体实施方式的除外。

与说明书及附图记载的实现前款所称功能或者效果不可缺少的技术特征相比,被诉侵权技术方案的相应技术特征是以基本相同的手段,实现相同的功能,达到相同的效果,且本领域普通技术人员在被诉侵权行为发生时无需经过创造性劳动就能够联想到的,人民法院应当认定该相应技术特征与功能性特征相同或者等同。

第九条 被诉侵权技术方案不能适用于权利要求中使用环境特征所限定的使用环境的,人民法院应当认定被诉侵权技术方案未落入专利权的保护范围。

第十条 对于权利要求中以制备方法界定产品的技术特征,被诉侵权产品的制备方法与其不相同也不等同的,人民法院应当认定被诉侵权技术方案未落入专利权的保护范围。

第十一条 方法权利要求未明确记载技术步骤的先后顺序,但本领域普通技术人员阅读权利要求书、说明书及附图后直接、明确地认为该技术步骤应当按照特定顺序实施的,人民法院应当认定该步骤顺序对于专利权的保护范围具有限定作用。

第十二条 权利要求采用"至少""不超过"等用语对数值特征进行界定,且本领域普通技术人员阅读权利要求书、说明书及附图后认为专利技术方案特别强调该用语对技术特征的限定作用,权利人主张与其不相同的数值特征属于等同特征的,人民法院不予支持。

第十三条 权利人证明专利申请人、专利权人在专利授权确权程序中对权利要求书、说明书及附图的限缩性修改或者陈述被明确否定的,人民法院应当认定该修改或者陈述未导致技术方案的放弃。

第十四条 人民法院在认定一般消费者对于外观设计所具有的知识水平和认知能力时,一般应当考虑被诉侵权行为发生时授权外观设计所属相同或者相近种类产品的设计空间。设计空间较大的,人民法院可以认定一般消费者通常不容易注意到不同设计之间的较小区别;设计空间较小的,人民法院可以认定一般消费者通常容易注意到不同设计之间的较小区别。

第十五条 对于成套产品的外观设计专利,被诉侵权设计与其一项外观设计相同或者近似的,人民法院应当认定被诉侵权设计落入专利权的保护范围。

第十六条 对于组装关系唯一的组件产品的外观设计专利,被诉侵权设计与其组合状态下的外观设计相同或者近似的,人民法院应当认定被诉侵权设计落入专利权的保护范围。

对于各构件之间无组装关系或者组装关系不唯一的组件产品的外观设计专利,被诉侵权设计与其全部单个构件的外观设计均相同或者近似的,人民法院应当认定被诉侵权设计落入专利权的保护范围;被诉侵权设计缺少其单个构件的外观设计或者与之不相同也不近似的,人民法院应当认定被诉侵权设计未落入专利权的保护范围。

第十七条 对于变化状态产品的外观设计专利,被诉侵权设计与变化状态图所示各种使用状态下的外观设计均相同或者近似的,人民法院应当认定被诉侵权设计落入专利权的保护范围;被诉侵权设计缺少其一种使用状态下的外观设计或者与之不相同也不近似的,人民法院应当认定被诉侵权设计未落入专利权的保护范围。

第十八条 权利人依据专利法第十三条诉请在发明专利申请公布日至授权公告日期间实施该发明的单位或者个人支付适当费用的,人民法院可以参照有关专利许可使用费合理确定。

发明专利申请公布时申请人请求保护的范围与发明专利公告授权时的专利权保护范围不一致,被诉技术方案均落入上述两种范围的,人民法院应当认定被告在前款所称期间内实施了该发明;被诉技术方案仅落入其中一种范围的,人民法院应当认定被告在前款所称期间内未实施该发明。

发明专利公告授权后,未经专利权人许可,为生产经营目的使用、许诺销售、销售在本条第一款所称期间内已由他人制造、销售、进口的产品,且该他人已支付或者书面承诺支付专利法第十三条规定的适当费用的,对于权利人关于上述使用、许诺销售、销售行为侵犯专利权的主张,人民法院不予支持。

第十九条 产品买卖合同依法成立的,人民法院应当认定属于专利法第十一条规定的销售。

第二十条 对于将依照专利方法直接获得的产品进一步加工、处理而获得的后续产品,进行再加工、处理的,人民法院应当认定不属于专利法第十一条规定的"使用依照该专利方法直接获得的产品"。

第二十一条 明知有关产品系专门用于实施专利的材料、设备、零部件、中间物等,未经专利权人许可,为生产经营目的将该产品提供给他人实施了侵犯专利权的行为,权利人主张该提供者的行为属于民法典第一千一百六十九条规定的帮助他人实施侵权行为的,人民法院应予支持。

明知有关产品、方法被授予专利权,未经专利权人许可,为生产经营目的积极诱导他人实施了侵犯专利权的行为,权利人主张该诱导者的行为属于民法典第一千一百六十九条规定的教唆他人实施侵权行为的,人民法院应予支持。

第二十二条 对于被诉侵权人主张的现有技术抗辩或者现有设计抗辩,人民法院应当依照专利申请日时施行的专利法界定现有技术或者现有设计。

第二十三条 被诉侵权技术方案或者外观设计落入在先的涉案专利权的保护范围,被诉侵权人以其技术方案或者外观设计被授予专利权为由抗辩不侵犯涉案专利权的,人民法院不予支持。

第二十四条 推荐性国家、行业或者地方标准明示所涉必要专利的信息,被诉侵权人以实施该标准无需专利权人许可为由抗辩不侵犯该专利权的,人民法院一般不予支持。

推荐性国家、行业或者地方标准明示所涉必要专利的信息,专利权人、被诉侵权人协商该专利的实施许可条件时,专利权人故意违反其在标准制定中承诺的公平、合理、无歧视的许可义务,导致无法达成专利实施许可合同,且被诉侵权人在协商中无明显过错的,对于权利人请求停止标准实施行为的主张,人民法院一般不予支持。

本条第二款所称实施许可条件,应当由专利权人、被诉侵权人协商确定。经充分协商,仍无法达成一致的,可以请求人民法院确定。人民法院在确定上述实施许可条件时,应当根据公平、合理、无歧视的原则,综合考虑专利的创新程度及其在标准中的作用、标准所属的技术领域、标准的性质、标准实施的范围和相关的许可条件等因素。

法律、行政法规对实施标准中的专利另有规定的,从其规定。

第二十五条 为生产经营目的使用、许诺销售或者销售不知道是未经专利权人许可而制造并售出的专利侵权产品,且举证证明该产品合法来源的,对于权利人请求停止上述使用、许诺销售、销售行为的主张,人民法院应予支持,但被诉侵权产品的使用者举证证明其已支付该产品的合理对价的除外。

本条第一款所称不知道,是指实际不知道且不应当知道。

本条第一款所称合法来源,是指通过合法的销售渠道、通常的买卖合同等正常商业方式取得产品。对于合法来源,使用者、许诺销售者或者销售者应当提供符合交易习惯的相关证据。

第二十六条 被告构成对专利权的侵犯,权利人请求判令其停止侵权行为的,人民法院应予支持,但基于国家利益、公共利益的考量,人民法院可以不判令被告停止被诉行为,而判令其支付相应的合理费用。

第二十七条 权利人因被侵权所受到的实际损失难以确定的,人民法院应当依照专利法第六十五条第一款的规定,要求权利人对侵权人因侵权所获得的利益进行举证;在权利人已经提供侵权人所获利益的初步证据,而与专利侵权行为相关的账簿、资料主要由侵权人掌握的情况下,人民法院可以责令侵权人提供该账簿、资料;侵权人无正当理由拒不提供或者提供虚假的账簿、资料的,人民法院可以根据权利人的主张和提供的证据认定侵权人因侵权所获得的利益。

第二十八条 权利人、侵权人依法约定专利侵权的赔偿数额或者赔偿计算方法,并在专利侵权诉讼中主张依据该约定确定赔偿数额的,人民法院应予支持。

第二十九条 宣告专利权无效的决定作出后,当事人根据该决定依法申请再审,请求撤销专利权无效宣告前人民法院作出但未执行的专利侵权的判决、调解书的,人民法院可以裁定中止再审审查,并中止原判决、调解书的执行。

专利权人向人民法院提供充分、有效的担保，请求继续执行前款所称判决、调解书的，人民法院应当继续执行；侵权人向人民法院提供充分、有效的反担保，请求中止执行的，人民法院应当准许。人民法院生效裁判未撤销宣告专利权无效的决定的，专利权人应当赔偿因继续执行给对方造成的损失；宣告专利权无效的决定被人民法院生效裁判撤销，专利权仍有效的，人民法院可以依据前款所称判决、调解书直接执行上述反担保财产。

第三十条 在法定期限内对宣告专利权无效的决定不向人民法院起诉或者起诉后生效裁判未撤销该决定，当事人根据该决定依法申请再审，请求撤销宣告专利权无效前人民法院作出但未执行的专利侵权的判决、调解书的，人民法院应当再审。当事人根据该决定，依法申请终结执行宣告专利权无效前人民法院作出但未执行的专利侵权的判决、调解书的，人民法院应当裁定终结执行。

第三十一条 本解释自2016年4月1日起施行。最高人民法院以前发布的相关司法解释与本解释不一致的，以本解释为准。

最高人民法院关于对当事人能否选择从属权利要求确定专利权保护范围的请示的答复

● 2007年11月13日
● [2007]民三他字第10号

你院《关于连云港鹰游纺机有限责任公司与江阴周庄纺织设备厂专利侵权纠纷一案的请示》收悉。经研究，答复如下：

一、当事人放弃独立权利要求，自愿选择从属权利要求确定专利权保护范围的，人民法院应当允许。专利法第五十六条第一款规定，发明或者实用新型专利权的保护范围以其权利要求的内容为准。专利法实施细则第二十一条第一款规定，权利要求书应当有独立权利要求，也可以有从属权利要求。由于专利法第五十六条第一款所说的"权利要求"没有仅限定为专利法实施细则第二十一条第一款规定的"独立权利要求"，因此也应当包括实施细则规定的"从属权利要求"。"从属权利要求"是附加的技术特征，对其所引用的权利要求包括独立权利要求作进一步的限定，因此从属权利要求所限定的专利权的保护范围要小于独立权利要求或者其所引用的权利要求所限定的专利权的保护范围。因此，在当事人放弃独立权利要求，自愿选择从属权利要求作为其专利权保护范围的依据的情况下，由于这种选择既不违反法律，也没有损害社会公众利益，人民法院应当允许。

二、当事人选择从属权利要求确定专利权保护范围与该专利权是否经过无效程序似没有直接关系，但与案件是否中止诉讼有关系。正如前述，既然当事人选择从属权利要求确定专利权保护范围并不违反法律，也不损害社会公众利益，那么一项专利权无论经过宣告专利权无效程序还是没有经过宣告专利权无效程序，都应当允许当事人选择从属权利要求确定专利权保护范围。但是，当一方当事人所选择的从属权利要求不具备法律稳定性并且符合民事诉讼法及本院有关司法解释规定的中止诉讼的情形时，人民法院应当中止诉讼。例如，当专利权是实用新型专利时，由于未经过实质审查，也未经过宣告专利权无效程序对其有效性进行审查，甚至也未提供检索报告证明该实用新型专利权具备法律稳定性的初步证据，或者提供的检索报告初步证明该实用新型专利权的所有权利要求缺乏新颖性、创造性，那么无论是该实用新型专利权的独立权利要求还是从属权利要求均不具备法律稳定性。在此情况下，一方当事人仍然可以放弃独立权利要求而选择从属权利要求作为确定其专利权保护范围的依据。但是，由于所选择的从属权利要求也不具备法律稳定性，如果对方当事人在答辩期内提出宣告该专利权无效请求并申请中止诉讼的，人民法院应当中止诉讼，待专利无效结果作出后再恢复诉讼。如果对方当事人明确表示拒绝提出宣告该实用新型专利权无效请求并且不申请中止诉讼，而仅以不侵权或者公知技术进行抗辩的，当事人选择从属权利要求作为确定其专利权保护范围依据的，人民法院也可以不中止诉讼，在推定该实用新型专利权有效的基础上,直接进行侵权对比或者确认公知技术抗辩是否成立。

三、当当事人放弃独立权利要求,选择从属权利要求确定专利权保护范围时,应当以其所选择的从属权利要求记载的技术特征与该从属权利要求所引用的权利要求记载的技术特征共同限定该专利权的保护范围。这就是说,不能仅以该从属权利要求本身记载的技术特征作为确定专利权保护范围的依据,也不能将没有引用关系的其他权利要求记载的技术特征加在一起作为确定专利权保护范围的依据。因为每一个从属权利要求与其所引用的权利要求记载的都系各自不同的完整的技术方案,应当分别受到保护。例如,本案中,权利要求1为独立权利要求,权利要求2、3、4、5均为从属权利要求。其中,权利要求2与其所引用的权利要求1;权利要求3与其所引用的权利要求1;权利要求3与其所引用的权利要求2和权利要求2引用的权利要求1;权利要求4与其所引用的权利要求1;权利要求4与其所引用的权利要求2和权利要求2引用的权利要求1;权利要求5与其所引用的权利要求1,均为独立的技术方案,专利权人可以选择其中的一个或者全部予以保护,法院可以引导专利权人作出适当的选择。

四、在当事人没有放弃独立权利要求,自愿选择从属权利要求确定专利权保护范围的情况下,人民法院不得自行采用从属权利要求确定专利权的保护范围。因为独立权利要求的保护范围最大,在当事人没有主动放弃保护请求的情况下,人民法院应当尊重当事人的选择。当当事人没有明确放弃以独立权利要求确定专利权保护范围时,如果另一方当事人对该独立权利要求提出公知技术抗辩并且成立的,人民法院应当依照公知技术抗辩原则处理,认定被控侵权产品或者方法属于公知技术,不构成侵权。

此复。

◎ 司法文件

最高人民法院关于开展涉及集成电路布图设计案件审判工作的通知

- 2001年11月16日
- 法发〔2001〕24号

各省、自治区、直辖市高级人民法院,解放军军事法院,新疆维吾尔自治区高级人民法院生产建设兵团分院:

国务院《集成电路布图设计保护条例》自2001年10月1日起施行。对集成电路布图设计专有权进行司法保护,是人民法院的一项新的审判任务。做好这项审判工作,将对保护集成电路布图设计权利人的合法权益,鼓励集成电路技术的创新,促进科学技术的发展具有重要意义。

为确保人民法院依法受理和公正审判涉及集成电路布图设计(以下简称布图设计)的案件,根据《中华人民共和国民事诉讼法》、《中华人民共和国行政诉讼法》及《集成电路布图设计保护条例》的有关规定,现就涉及布图设计案件审判工作的有关问题通知如下:

一、关于受理案件的范围

人民法院受理符合《中华人民共和国民事诉讼法》第一百零八条、《中华人民共和国行政诉讼法》第四十一条规定的起诉条件的下列涉及布图设计的案件:

(一)布图设计专有权权属纠纷案件;

(二)布图设计专有权转让合同纠纷案件;

(三)侵犯布图设计专有权纠纷案件;

(四)诉前申请停止侵权、财产保全案件;

(五)不服国务院知识产权行政部门驳回布图设计登记申请的复审决定的案件;

(六)不服国务院知识产权行政部门撤销布图设计登记申请决定的案件;

(七)不服国务院知识产权行政部门关于使用布图设计非自愿许可决定的案件;

(八)不服国务院知识产权行政部门关于使用布图设计非自愿许可的报酬的裁决的案件;

（九）不服国务院知识产权行政部门对侵犯布图设计专有权行为处理决定的案件；

（十）不服国务院知识产权行政部门行政复议决定的案件；

（十一）其他涉及布图设计的案件。

二、关于案件的管辖

本通知第一条所列第（五）至（十）类案件，由北京市第一中级人民法院作为第一审人民法院审理；其余各类案件，由各省、自治区、直辖市人民政府所在地，经济特区所在地和大连、青岛、温州、佛山、烟台市的中级人民法院作为第一审人民法院审理。

三、关于诉前申请采取责令停止有关行为措施的适用

对于申请人民法院采取诉前责令停止侵犯布图设计专有权行为措施的，应当参照《最高人民法院关于对诉前停止侵犯专利权行为适用法律问题的若干规定》执行。

四、关于中止诉讼

人民法院受理的侵犯布图设计专有权纠纷案件，被告以原告的布图设计专有权不具有足够的稳定性为由要求中止诉讼的，人民法院一般不中止诉讼。

各高、中级人民法院要组织有关审判人员认真学习、研究集成电路布图设计条例，熟悉掌握相关的法学理论和专业知识，努力提高审判人员的业务素质和司法水平。要积极开展涉及布图设计案件的调研工作，及时总结审判经验。对涉及布图设计案件终审裁决的法律文书，要及时报送最高人民法院。

最高人民法院关于学习贯彻修改后的专利法的通知

- 2009 年 9 月 27 日
- 法发〔2009〕49 号

各省、自治区、直辖市高级人民法院，解放军军事法院，新疆维吾尔自治区高级人民法院生产建设兵团分院：

《全国人民代表大会常务委员会关于修改〈中华人民共和国专利法〉的决定》于 2008 年 12 月 27 日经第十一届全国人民代表大会常务委员会第六次会议审议通过，自 2009 年 10 月 1 日起施行。为了保证修改后的专利法的贯彻实施，现就有关问题通知如下：

一、认真做好修改后的专利法的学习、贯彻工作。修改后的专利法，适度调整了专利授权条件，赋予外观设计专利权人许诺销售权，强化专利侵权损害赔偿责任，明确规定诉前证据保全措施、现有技术和现有设计抗辩事由等，对激励自主创新、促进科学技术进步和经济社会发展具有十分重要的意义，是我国专利制度发展历程中又一里程碑。各级人民法院要充分认识专利法修改的重要意义，高度重视修改后的专利法的学习、贯彻工作，结合人民法院的实际情况，制定学习、贯彻的具体计划和措施，学习好、领会好新的立法精神，为贯彻实施修改后的专利法打下良好的基础。

二、人民法院审理侵犯专利权纠纷案件，对于 2009 年 10 月 1 日以前的被诉侵犯专利权行为，适用修改前的专利法；对于 2009 年 10 月 1 日以后的被诉侵犯专利权行为，适用修改后的专利法；对于发生在 2009 年 10 月 1 日以前且持续到 2009 年 10 月 1 日以后的被诉侵犯专利权行为，依据修改前和修改后的专利法侵权人均应承担赔偿责任的，适用修改后的专利法确定赔偿数额。

三、被诉侵犯专利权行为发生在 2009 年 10 月 1 日以前，当事人在 2009 年 10 月 1 日以后向人民法院申请采取责令停止有关行为的措施、申请保全证据的，适用修改后的专利法。

四、人民法院适用修改后的专利法审理专利纠纷案件时，《最高人民法院关于对诉前停止侵犯专利权行为适用法律问题的若干规定》、《最高人民法院关于审理专利纠纷案件适用法律问题的若干规定》与修改后的专利法相抵触的内容，不再适用。

五、各级人民法院在适用修改后的专利法的过程中，要不断总结经验。对遇到的问题，要认真研究并提出意见，及时向最高人民法院请示报告，以保证修改后的专利法正确贯彻实施。

特此通知。

◎ 请示答复

最高人民法院关于林翠雯、福州九星企业集团公司与福特卫视电子有限公司、福建华强特种器材公司专利侵权纠纷案的函

- 1998 年 12 月 31 日
- [1998] 知监字第 4－3 号函

福建省高级人民法院：

　　林翠雯和福州九星企业集团公司诉福特卫视电子有限公司、福建华强特种器材公司专利侵权纠纷一案，本院知识产权审判庭曾于 1998 年 2 月 19 日以 (1998) 法知监字第 4 号函要求你院就本案有关问题进行复查，并于同年 4 月 17 日以 (1998) 知监字第 4－2 号函建议你院暂缓对本案判决的执行。你院已通知福州市中级人民法院暂缓执行本案判决。日前，林翠雯和福州九星企业集团公司向本院提交了中国专利局于 1998 年 10 月 16 日作出的《撤销专利权请求的审查决定书》(该决定在新的权利要求书的基础上维持了林翠雯的 95222858.0 号实用新型专利权)，并同时请求解除暂缓执行，继续执行原判决。经审查有关材料，现对本案有关问题的处理意见函告如下：

　　1. 关于是否继续暂缓执行本案判决的问题，请你院在对林翠雯的 95222858.0 号专利新的权利要求书与被告产品技术特征进行对比后自行作出决定。

　　2. 关于原判决所采用的技术特征对比方法的问题和侵权赔偿额确定的问题，请你院复查后，将复查结果直接答复申请再审人。

　　现一并将林翠雯和福州九星企业集团公司致本院知识产权审判庭的《请求解除〈暂缓执行通知〉的报告》和中国专利局关于林翠雯 95222858.0 号专利的《撤销专利权请求的审查决定书》复印件各一份转去，请你院审查处理。

最高人民法院知识产权庭关于梁祥荣与玉林市玉林镇人造革厂侵犯专利权纠纷案的函

- 1999 年 5 月 29 日
- [1999] 知监字第 11 号函

广西壮族自治区高级人民法院：

　　申请再审人梁祥荣因与玉林市玉林镇人造革厂侵犯专利权纠纷一案，不服你院 (1997) 桂经终字第 191 号民事判决，向本院申请再审称：

　　1. 被申请人在专利申请日前并没有做好使用该专利方法的必要准备，更不存在已经使用该方法制造、销售产品的事实。

　　2. 我国专利法对"先用权"有非常严格的限制，即先用权人只能在原有范围内继续制造、使用，否则就构成侵权。但二审判决却未调查被申请人原有的使用范围，也不考虑其是否在原有范围内继续使用。

　　现将申请再审人的有关材料转你院，请你院对以上两个问题进行复查，将复查结果于三个月内报告我院并迳复申请再审人。

最高人民法院民事审判第三庭关于对出具检索报告是否为提起实用新型专利侵权诉讼的条件的请示的答复

- 2001 年 11 月 13 日
- [2001] 民三函字第 2 号

北京市高级人民法院：

　　你院京高法 [2001]279 号《关于出具检索报告是否提起实用新型专利侵权诉讼条件的请示》收悉，经研究，答复如下：

　　最高人民法院《关于审理专利纠纷案件适用法律问题的若干规定》第八条第一款规定："提起侵犯实用新型专利权诉讼的原告，应当在起诉时出具由国务院专利行政部门作出的检索报告。"

该司法解释是根据《专利法》第五十七条第二款的规定作出的,主要针对在专利侵权诉讼中因被告提出宣告专利权无效导致中止诉讼问题而采取的措施。因此,检索报告,只是作为实用新型专利权有效性的初步证据,并非出具检索报告是原告提起实用新型专利侵权诉讼的条件,该司法解释所称"应当",意在强调从严执行这项制度,以防过于宽松而使之失去意义。凡符合民事诉讼法第一百零八条规定的起诉条件的案件,人民法院均应当立案受理。但对于原告坚持不出具检索报告,且被告在答辩期间内提出宣告该实用新型专利权无效的请求,如无其他可以不中止诉讼的情形,人民法院应当中止诉讼。

同意你院请示中的第二种意见。

最高人民法院关于对国家知识产权局《在新修改的专利法实施前受理但尚未结案的专利纠纷案件适用法律问题的函》的答复

- 2002 年 2 月 21 日
- 〔2002〕民三函字第 3 号

国家知识产权局:

贵局《关于在新修改的专利法实施前受理但尚未结案的专利纠纷案件适用法律问题的函》(国知发法字〔2001〕第 163 号)收悉。经研究,答复如下:

新修改的专利法已经于 2001 年 7 月 1 日起施行。专利法规定,专利管理部门对侵权赔偿数额等涉及当事人民事权益争议的,只能进行调解。调解不成,当事人向人民法院提起民事诉讼。在新修改的专利法实施后,专利管理部门仍旧适用原专利法有关处理纠纷程序上的规定行使职权,已丧失了法律依据,也将与人民法院依法审判涉及专利的民事纠纷案件及行政案件发生矛盾。因此,对于专利管理部门在 2001 年 7 月 1 日前受理尚未审结的案件,应当适用现行的专利法及其实施细则的规定处理。

特此函告。

最高人民法院对"处理专利侵权纠纷可否认定部分侵权"问题的答复

- 2004 年 7 月 26 日
- 〔2004〕行他字第 8 号

辽宁省高级人民法院:

你院〔2004〕辽行终字第 3 号《关于处理专利侵权纠纷可否认定部分侵权的请示报告》收悉。经研究,答复如下:

判断专利侵权通常适用"全面覆盖"原则,即被控侵权产品要具有专利独立权利要求记载的全部必要技术特征,方能认定侵权成立,不存在部分侵权的问题。就本案来说,权利要求 1 记载的是粉镀锌的方法,权利要求 2 记载的是粉镀锌装置,两者均为独立权利要求,当被控侵权的方法具有权利要求 1 记载的全部必要技术特征时,即构成对该方法专利权的侵犯;当被控侵权的方法和装置同时具有权利要求 1 和权利要求 2 记载的全部必要技术特征时,既构成对该专利的方法专利权的侵犯,也构成对该专利的产品专利权的侵犯。

此复。

最高人民法院关于在专利侵权诉讼中能否直接裁判涉案专利属于从属专利或者重复授权专利问题的复函

- 2004 年 12 月 6 日
- 〔2004〕民三他字第 9 号

云南省高级人民法院:

你院云高法报〔2004〕91 号《关于人民法院能否直接裁判无独立请求权的第三人的专利为从属专利等问题的请示》收悉。经研究,根据所涉及案件的具体情况,答复如下:

人民法院审理专利侵权纠纷案件时,无须在判决中直接认定当事人拥有或者实施的专利是否属于某项专利的从属专利,也不宜认定是否属于重复授权专利。但是,根据专利法规定的先申请原则,应当依法保护申请在先的专利。不论被控侵权物是否具有专利,只要原告的专利是在先申请的,则应根据被控侵权物的技术特征是否完全覆盖原告的专利权保护范围,判定被告是否构成专利侵权。在进行技术对比判定时,应当以申请在先的原告专利的权利要求记载的全部必要技术特征与被控侵权物的相应技术特征进行对比。被控侵权物包含了权利要求记载的全部技术特征的,或者被控侵权物的个别或某些技术特征虽然与权利要求记载的相应技术特征不相同,但依据等同原则属于与权利要求记载的技术特征相等同的技术特征的,人民法院应当认定被控侵权物落入专利权保护范围,被告构成专利侵权。

此复。

最高人民法院关于朝阳兴诺公司按照建设部颁发的行业标准《复合载体夯扩桩设计规程》设计、施工而实施标准中专利的行为是否构成侵犯专利权问题的函

- 2008年7月8日
- [2008]民三他字第4号

辽宁省高级人民法院:

你院《关于季强、刘辉与朝阳市兴诺建筑工程有限公司专利侵权纠纷一案的请示》([2007]辽民四知终字第126号)收悉。经研究,答复如下:

鉴于目前我国标准制定机关尚未建立有关标准中专利信息的公开披露及使用制度的实际情况,专利权人参与了标准的制定或者经其同意,将专利纳入国家、行业或者地方标准的,视为专利权人许可他人在实施标准的同时实施该专利,他人的有关实施行为不属于专利法第十一条所规定的侵犯专利权的行为。专利权人可以要求实施人支付一定的使用费,但支付的数额应当明显低于正常的许可使用费;专利权人承诺放弃专利使用费的,依其承诺处理。

对于你院所请示的案件,请你院在查明有关案件事实,特别是涉案专利是否已被纳入争议标准的基础上,按照上述原则依法作出处理。

此复。

◎ 地方司法文件

北京市高级人民法院关于印发《北京市高级人民法院专利侵权判定指南》的通知

- 2013年9月4日
- 京高法发[2013]301号

市第一、第二、第三中级人民法院;
海淀区、朝阳区人民法院:

京高法发[2013]301号《北京市高级人民法院专利侵权判定指南》已经批准,现予印发,请自印发之日起遵照执行。执行中有何问题,请及时报告我院民三庭。2001年9月29日我院下发的京高法发[2001]229号《北京市高级人民法院关于专利侵权判定若干问题的意见(试行)》同时废止。

特此通知。

北京市高级人民法院
《专利侵权判定指南》

一、发明、实用新型专利权保护范围的确定

(一)确定保护范围的解释对象

1. 审理侵犯发明或者实用新型专利权纠纷案件,应当首先确定专利权保护范围。发明或者实用新型专利权保护范围应当以权利要求书记载的技术特征所确定的内容为准,也包括与所记载的技术特征相等同的技术特征所确定的内容。

确定专利权保护范围时,应当对专利权人作为权利依据所主张的相关权利要求进行解释。

2. 专利独立权利要求从整体上反映发明或者实用新型专利的技术方案,记载解决技术问题的必要技术特征,与从属权利要求相比,其保护

范围最大。确定专利权保护范围时,通常应当对保护范围最大的专利独立权利要求作出解释。

3. 一项专利中有两个以上的独立权利要求的,应该根据权利人提出的请求,解释其中有关独立权利要求确定的保护范围。

4. 权利人主张以从属权利要求确定保护范围的,应当以该从属权利要求记载的附加技术特征及其直接或间接引用的权利要求记载的技术特征,一并确定专利权保护范围。

5. 技术特征是指在权利要求所限定的技术方案中,能够相对独立地执行一定的技术功能、并能产生相对独立的技术效果的最小技术单元或者单元组合。

(二)解释原则

6. 专利权有效原则。在权利人据以主张的专利权未被宣告无效之前,其专利权应予保护,而不得以该专利权不符合专利法相关授权条件、应予无效为由作出裁判。

专利登记簿副本,或者专利证书和当年缴纳专利年费的收据可以作为证明专利权有效的证据。

7. 折衷原则。解释权利要求时,应当以权利要求记载的技术内容为准,根据说明书及附图、现有技术、专利对现有技术所做的贡献等因素合理确定专利权保护范围;既不能将专利权保护范围拘泥于权利要求书的字面含义,也不能将专利权保护范围扩展到所属技术领域的普通技术人员在专利申请日前通过阅读说明书及附图后需要经过创造性劳动才能联想到的内容。

8. 整体(全部技术特征)原则。将权利要求中记载的全部技术特征所表达的技术内容作为一个整体技术方案对待,记载在前序部分的技术特征和记载在特征部分的技术特征,对于限定保护范围具有相同作用。

(三)解释方法

9. 确定专利权保护范围时,应当以国务院专利行政部门公告授权的专利文本或者已经发生法律效力的专利复审请求审查决定、无效宣告请求审查决定及相关的授权、确权行政判决所确定的权利要求为准。权利要求存在多个文本的,以最终有效的文本为准。

10. 解释权利要求应当从所属技术领域的普通技术人员的角度进行。

所属技术领域的普通技术人员,亦可称为本领域的技术人员,是一种假设的"人",他知晓申请日之前该技术领域所有的普通技术知识,能够获知该领域中所有的现有技术,并具有运用该申请日之前常规实验手段的能力。

所属技术领域的普通技术人员,不是指具体的某一个人或某一类人,不宜用文化程度、职称、级别等具体标准来参照套用。当事人对所属技术领域的普通技术人员是否知晓某项普通技术知识以及运用某种常规实验手段的能力有争议的,应当举证证明。

11. 对权利要求的解释,包括澄清、弥补和特定情况下的修正三种形式,即当权利要求中的技术特征所表达的技术内容不清楚时,澄清该技术特征的含义;当权利要求中的技术特征在理解上存在缺陷时,弥补该技术特征的不足;当权利要求中的技术特征之间存在矛盾等特定情况时,修正该技术特征的含义。

12. 专利说明书及附图可以用对权利要求字面所限定的技术方案的保护范围作出合理的解释,即把与权利要求书记载的技术特征等同的特征解释进专利权保护范围,或者依据专利说明书及附图对某些技术特征作出界定。

13. 解释权利要求,可以使用专利说明书及附图、权利要求书中的相关权利要求、专利审查档案以及生效法律文书所记载的内容。

以上述方法仍不能明确权利要求含义的,可以结合工具书、教科书等公知文献及所属技术领域的普通技术人员的通常理解进行解释。

本指南所称专利审查档案,是指专利审查、复审、无效过程中国务院专利行政部门及专利复审委员会发出的审查意见通知书,专利申请人、专利权人做出的书面答复,口审记录表,会晤记录等。

本指南所称生效法律文书,是指已经发生法律效力的专利复审请求审查决定、专利无效宣告请求审查决定及相关的授权、确权行政判决。

14. 权利要求与专利说明书出现不一致或者相互矛盾的,该专利不符合专利法第二十六条第四款的规定,告知当事人通过专利无效宣告程序解决。当事人启动专利无效宣告程序的,可以根据具体案情确定是否中止诉讼。

当事人不愿通过专利无效程序解决,或者未

在合理期限内提起专利权无效宣告请求的,应当按照专利权有效原则和权利要求优先原则,以权利要求限定的保护范围为准。但是所属领域的技术人员通过阅读权利要求书和说明书及附图,能够对实现要求保护的技术方案得出具体、确定、唯一的解释的,应当根据该解释来澄清或者修正权利要求中的错误表述。

15. 从属权利要求包含了应当记载在独立权利要求中、解决发明技术问题必不可少的必要技术特征(缺少该技术特征,独立权利要求中记载的技术方案不能实现发明目的)的,该专利不符合专利法实施细则第二十条第二款的规定,告知当事人通过专利无效宣告程序解决。当事人启动专利无效宣告程序的,可以根据具体案情确定是否中止诉讼。

16. 对于权利要求中以功能或者效果表述的功能性技术特征,应当结合说明书和附图描述的该功能或者效果的具体实施方式及其等同的实施方式,确定该技术特征的内容。

功能性技术特征,是指权利要求中的对产品的部件或部件之间的配合关系或者对方法的步骤采用其在发明创造中所起的作用、功能或者产生的效果来限定的技术特征。

下列情形一般不宜认定为功能性技术特征:

(1)以功能或效果性语言表述且已经成为所属技术领域的普通技术人员普遍知晓的技术名词一类的技术特征,如导体、散热装置、粘结剂、放大器、变速器、滤波器等;

(2)使用功能性或效果性语言表述,但同时也用相应的结构、材料、步骤等特征进行描述的技术特征。

17. 在确定功能性技术特征的内容时,应当将功能性技术特征限定为说明书中所对应的为实现所述功能、效果所必须的结构、步骤特征。

18. 方法专利权利要求对步骤顺序有明确限定的,步骤本身以及步骤之间的顺序均应对专利权保护范围起到限定作用;方法专利权利要求对步骤顺序没有明确限定的,不应以此为由,不考虑步骤顺序对权利要求的限定作用,而应结合说明书和附图、权利要求记载的整体技术方案、各个步骤之间的逻辑关系以及专利审查档案,从所属领域的普通技术人员的角度出发,确定各步骤是否应当按照特定的顺序实施。

19. 以方法特征限定的产品权利要求,方法特征对于专利权保护范围具有限定作用。

20. 实用新型专利权利要求中包含非形状、非构造技术特征的,该技术特征用于限定专利权的保护范围,并按照该技术特征的字面含义进行解释。

非形状、非构造技术特征,是指实用新型专利权利要求中记载的不属于产品的形状、构造或者其结合等的技术特征,如用途、制造工艺、使用方法、材料成分(组分、配比)等。

21. 产品发明或者实用新型专利权利要求未限定应用领域、用途的,应用领域、用途一般对专利权保护范围不起限定作用。

产品发明或者实用新型专利权利要求限定应用领域、用途的,应用领域、用途应当作为对权利要求的保护范围具有限定作用的技术特征。但是,如果该特征对所要求保护的结构和/或组成本身没有带来影响,也未对该技术方案获得授权产生实质性作用,只是对产品或设备的用途或使用方式进行描述的,则对专利权保护范围不起限定作用。

22. 写入权利要求的使用环境特征属于必要技术特征,对专利权保护范围具有限定作用。

使用环境特征是指权利要求中用来描述发明所使用的背景或者条件的技术特征。

23. 被诉侵权技术方案可以适用于产品权利要求记载的使用环境的,应当认定被诉侵权技术方案具备了权利要求记载的使用环境特征,而不以被诉侵权技术方案实际使用该环境特征为前提。

24. 说明书对技术术语的解释与该技术术语通用含义不同的,以说明书的解释为准。

被诉侵权行为发生时,技术术语已经产生其他含义的,应当采用专利申请日时的含义解释该技术术语。

25. 同一技术术语在权利要求书和说明书中所表达的含义应当一致,不一致时应以权利要求书为准。

26. 当权利要求中引用了附图标记时,不应以附图中附图标记所反映出的具体结构来限定权利要求中的技术特征。

27. 专利权的保护范围不应受说明书中公开

的具体实施方式的限制,但下列情况除外:

(1)权利要求实质上即是实施方式所记载的技术方案的;

(2)权利要求包括功能性技术特征的。

28. 摘要的作用是提供技术信息,便于公众进行检索,不能用于确定专利权的保护范围,也不能用于解释权利要求。

29. 当专利文件中的印刷错误影响到专利权保护范围的确定时,可以依据专利审查档案进行修正。

对于明显的语法错误、文字错误等,能从权利要求或说明书的整体及上下文得出唯一理解的,应依据实际情况予以解释。

二、发明、实用新型专利权的侵权判定

（一）技术特征的比对方法

30. 判定被诉侵权技术方案是否落入专利权的保护范围,应当审查权利人主张的权利要求所记载的全部技术特征,并以权利要求中记载的全部技术特征与被诉侵权技术方案所对应的全部技术特征逐一进行比较。

31. 被诉侵权技术方案包含与权利要求记载的全部技术特征相同或者等同的技术特征的,应当认定其落入专利权保护范围;被诉侵权技术方案的技术特征与权利要求记载的全部技术特征相比,缺少权利要求记载的一个或多个技术特征,或者有一个或一个以上技术特征不相同也不等同的,应当认定其没有落入专利权保护范围。

32. 进行侵权判定,不应以专利产品与被诉侵权技术方案直接进行比对,但专利产品可以用以帮助理解有关技术特征与技术方案。

33. 权利人、被诉侵权人均有专利权时,一般不能将双方专利产品或者双方专利的权利要求进行比对。

34. 对产品发明或者实用新型进行专利侵权判定比对,一般不考虑被诉侵权技术方案与专利技术是否为相同技术领域。

（二）相同侵权

35. 相同侵权,即文字含义上的侵权,是指被诉侵权技术方案包含了与权利要求记载的全部技术特征相同的对应技术特征。

36. 当权利要求中记载的技术特征采用上位概念特征,而被诉侵权技术方案的相应技术特征采用的是相应的下位概念特征时,则被诉侵权技术方案落入专利权保护范围。

37. 被诉侵权技术方案在包含了权利要求中的全部技术特征的基础上,又增加了新的技术特征的,仍然落入专利权保护范围。

但是,如果权利要求中的文字表述已将增加的新的技术特征排除在外,则不应当认为被诉侵权技术方案落入该权利要求的保护范围。

38. 对于组合物的封闭式权利要求,被诉侵权技术方案在包含权利要求中的全部技术特征的基础上,又增加了新的技术特征的,则不落入专利权保护范围。但是,被诉侵权技术方案中新增加的技术特征对组合物的性质和技术效果未产生实质性影响或该特征属于不可避免的常规数量杂质的情况除外。

39. 对于包含功能性特征的权利要求,如果被诉侵权技术方案不但实现了与该特征相同的功能,而且实现该功能的结构、步骤与专利说明书中记载的具体实施方式所确定的结构、步骤相同的,则被诉侵权技术方案落入专利权保护范围。

40. 在后获得专利权的发明或实用新型是对在先发明或实用新型专利的改进,在后专利的某项权利要求记载了在先专利某项权利要求中记载的全部技术特征,又增加了另外的技术特征的,在后专利属于从属专利。实施从属专利落入在先专利的保护范围。

下列情形属于从属专利:

(1)在后产品专利权利要求在包含了在先产品专利权利要求的全部技术特征的基础上,增加了新的技术特征;

(2)在原有产品专利权利要求的基础上,发现了原来未曾发现的新的用途;

(3)在原有方法专利权利要求的基础上,增加了新的技术特征。

（三）等同侵权

41. 在专利侵权判定中,在相同侵权不成立的情况下,应当判断是否构成等同侵权。

42. 等同侵权,是指被诉侵权技术方案有一个或者一个以上技术特征与权利要求中的相应技术特征从字面上看不相同,但是属于等同特征,应当认定被诉侵权技术方案落入专利权保护范围。

43. 等同特征,是指与权利要求所记载的技

术特征以基本相同的手段,实现基本相同的功能,达到基本相同的效果,并且所属技术领域的普通技术人员无需经过创造性劳动就能够想到的技术特征。

44. 基本相同的手段,一般是指在被诉侵权行为发生日前专利所属技术领域惯常替换的技术特征以及工作原理基本相同的技术特征。

申请日后出现的、工作原理与专利技术特征不同的技术特征,属于被诉侵权行为发生日所属技术领域普通技术人员容易想到的替换特征,可以认定为基本相同的手段。

45. 基本相同的功能,是指被诉侵权技术方案中的替换手段所起的作用与权利要求对应技术特征在专利技术方案中所起的作用基本上是相同的。

46. 基本相同的效果,一般是指被诉侵权技术方案中的替换手段所达到的效果与权利要求对应技术特征的技术效果无实质性差异。

被诉侵权技术方案中的替换手段相对于权利要求对应技术特征在技术效果上不属于明显提高或者降低的,应当认为属于无实质性差异。

47. 无需经过创造性劳动就能够想到,即对所属技术领域的普通技术人员而言,被诉侵权技术方案中替换手段与权利要求对应技术特征相互替换是显而易见的。

48. 对手段、功能、效果以及是否需要创造性劳动应当依次进行判断。

49. 等同特征的替换应当是具体的、对应的技术特征之间的替换,而不是完整技术方案之间的替换。

50. 等同特征,可以是权利要求中的若干技术特征对应于被诉侵权技术方案中的一个技术特征,也可以是权利要求中的一个技术特征对应于被诉侵权技术方案中的若干技术特征的组合。

51. 等同特征替换,既包括对权利要求中区别技术特征的替换,也包括对权利要求前序部分中的技术特征的替换。

52. 判定被诉侵权技术方案的技术特征与权利要求的技术特征是否等同的时间点,应当以被诉侵权行为发生日为界限。

53. 权利要求与被诉侵权技术方案存在多个等同特征的,如果多个等同特征的叠加导致

被诉侵权技术方案形成了与权利要求技术构思不同的技术方案,或者被诉侵权技术方案取得了预料不到的技术效果的,则一般不宜认定构成等同侵权。

54. 对于包含功能性特征的权利要求,如果被诉侵权技术方案相应技术特征不但实现了相同的功能,而且实现该功能的结构、步骤与专利说明书中记载的具体实施方式所确定的结构、步骤等同的,应当认定构成等同特征。

上述等同的判断时间点应当为专利申请日。

55. 对于包含有数值范围的专利技术方案,如果被诉侵权技术方案所使用的数值与权利要求记载的相应数值不同的,不应认定构成等同。

但专利权人能够证明被诉侵权技术方案所使用的数值,在技术效果上与权利要求中记载的数值无实质差异的,应当认定构成等同。

56. 对于仅在说明书或者附图中描述而在权利要求中未概括的技术方案,应视为专利权人放弃了该技术方案。专利权人以等同侵权为由主张专利权保护范围包括该技术方案的,不予支持。

被诉侵权技术方案属于说明书中明确排除的技术方案,专利权人主张构成等同侵权的,不予支持。

57. 对被诉侵权技术方案中的技术特征与权利要求中的技术特征是否等同进行判断时,被侵权人可以专利权人对该等同特征已经放弃、应当禁止其反悔为由进行抗辩。

禁止反悔,是指在专利授权或者无效程序中,专利申请人或专利权人通过对权利要求、说明书的修改或者意见陈述的方式,对权利要求的保护范围作了限制或者部分放弃,从而在侵犯专利权诉讼中,在确定是否构成等同侵权时,禁止专利申请人或专利权人将已放弃的内容重新纳入专利权保护范围。

58. 专利申请人或专利权人限制或者部分放弃的保护范围,应当是基于克服缺乏新颖性或创造性、缺少必要技术特征和权利要求得不到说明书的支持以及说明书未充分公开等不能获得授权的实质性缺陷的需要。

专利申请人或专利权人不能说明其修改专利文件原因的,可以推定其修改是为克服获得授权的实质性缺陷。

59. 专利权人对权利要求保护范围所作的部分放弃必须是明示的,而且已经被记录在书面陈述、专利审查档案、生效的法律文书中的。

60. 禁止反悔的适用以被诉侵权人提出请求为前提,并由被诉侵权人提供专利申请人或专利权人反悔的相应证据。

在人民法院依法取得记载有专利权人反悔的证据的情况下,可以根据业已查明的事实,通过适用禁止反悔对权利要求的保护范围予以必要的限制,合理确定专利权保护范围。

三、外观设计专利权保护范围的确定

61. 审理侵犯外观设计专利权纠纷案件,应当首先确定专利权保护范围。外观设计专利权保护范围以表示在图片或者照片中的该专利产品的外观设计为准,外观设计的简要说明及其设计要点、专利权人在无效程序及其诉讼程序中的意见陈述、应国务院专利行政部门的要求在专利申请程序中提交的样品或者模型等,可以用于解释外观设计专利权保护范围。

62. 外观设计专利公告授权文本中没有设计要点的,专利权人可以提交书面材料,说明外观设计的独创部位及其设计内容。

63. 当事人提交的用以证明专利产品外观设计发展变化的相关证据,可以在确定保护范围时予以考虑。

64. 在确定外观设计专利权保护范围时,应当区分使用状态参考图与变化状态产品的使用状态视图。

使用状态参考图是国务院专利行政部门在审查过程中对在简要说明中未写明外观设计产品使用方法、用途或功能的新开发的产品,或者在一些使用方法、用途或功能不明确的产品无法进行分类时,为了便于对该产品正确分类而要求专利申请人提供的视图。使用状态参考图不能用于确定外观设计的保护范围,但是可以作为确定产品类别的因素。

变化状态产品的使用状态视图,应当作为确定产品外观设计保护范围的依据。

65. 外观设计专利权请求保护色彩的,应当将请求保护的色彩作为确定外观设计专利权保护范围的要素之一,即在侵权判定中,应当将其所包含的形状、图案、色彩及其组合与被诉产品相应的形状、图案、色彩及其组合进行综合对比。

66. 外观设计专利权请求保护色彩的,专利权人应当提交由国务院专利行政部门出具或认可的相关证据,用以确定外观设计的保护范围。必要时,应当与国务院专利行政部门专利审查档案中的色彩进行核对。

67. 对整体视觉效果不产生影响的产品的大小、材料、内部结构,应当排除在外观设计专利权保护范围之外。

68. 相似外观设计专利权的保护范围由各个独立的外观设计分别确定。基本设计与其它相似设计均可以作为确定外观设计专利权保护范围的依据。

相似外观设计,是指对同一产品的多项相似外观设计提出一件外观设计专利申请并获得授权的外观设计专利。在多项相似外观设计中,应当指定一项作为基本设计。相似基本设计与某一相似外观设计之间具有相同或者相似的设计特征,并且二者之间的区别点在于局部细微变化、该类产品的惯常设计、设计单元重复排列或者仅色彩要素的变化等情形。

69. 成套产品的整体外观设计与组成该成套产品的每一件外观设计均已显示在该外观设计专利文件的图片或者照片中的,其权利保护范围由组成该成套产品的每一件产品的外观设计或者该成套产品的整体外观设计确定。

成套产品设计,是指用于同一类别并且成套出售或使用的产品的两项以上外观设计,作为一件外观设计申请提出并获得授权的外观设计专利。

四、外观设计专利权的侵权判定

70. 在与外观设计产品相同或者相近种类产品上,采用与授权外观设计相同或者相近似设计的,应当认定被诉侵权外观设计落入外观设计专利的保护范围。

71. 进行外观设计侵权判定,应当用授权公告中表示该外观设计的图片或者照片与被诉侵权外观设计或者体现被诉侵权外观设计的图片或者照片进行比较,而不应以专利权人提交的外观设计专利产品实物与被诉侵权外观设计进行比较。但是,该专利产品实物与表示在专利公告文件的图片或照片中的外观设计产品完全一致，或者与专利权人应国务院专利行政部门在专利申请程序中为更清楚地了解图片或照片中的内容而要求提交的样品或者模型完全一致，并且各方当事人均无异议的除外。

72. 进行外观设计侵权判定，应当通过一般消费者的视觉进行直接观察对比，不应通过放大镜、显微镜等其他工具进行比较。但是，如果表示在图片或者照片中的产品外观设计在申请专利时是经过放大的，则在侵权比对时也应将被控侵权产品进行相应放大进行比对。

73. 进行外观设计侵权判定，应当首先审查被诉侵权产品与外观设计产品是否属于相同或者相近种类产品。

74. 应当根据外观设计产品的用途（使用目的、使用状态），认定产品种类是否相同或者相近。

确定产品的用途时，可以按照下列顺序参考相关因素综合确定：外观设计的简要说明、国际外观设计分类表、产品的功能以及产品销售、实际使用的情况等因素。

如果外观设计产品与被诉侵权外观设计产品的用途（使用目的、使用状态）没有共同性，则外观设计产品与被诉侵权产品不属于相同或相近种类产品。

75. 判定是否侵犯外观设计专利权，应当以是否相同或者相近似为标准，而不以是否构成一般消费者混淆、误认为标准。

76. 应当以外观设计专利产品的一般消费者的知识水平和认知能力，判断外观设计是否相同或者近似，而不应以该外观设计专利所属技术领域的普通设计人员的观察能力为标准。

77. 一般消费者，是一种假设的"人"，对其应当从知识水平和认知能力两方面进行界定。

一般消费者的知识水平是指，他通常对外观设计专利申请日之前相同种类或者相近种类产品的外观设计及其常用设计手法具有常识性的了解。

一般消费者的认知能力是指，他通常对外观设计产品之间在形状、图案以及色彩上的区别具有一定的分辨力，但不会注意到产品的形状、图案以及色彩的微小变化。

对外观设计产品的一般消费者的知识水平和认知能力作出具体界定时，应当针对具体的外观设计产品，并考虑申请日前该外观设计产品的设计发展过程。

78. 判断外观设计是否相同或相近似时，不应以外观设计创作者的主观看法为准，而以一般消费者的视觉效果为准。

79. 判断外观设计是否构成相同或相近似时以整体观察、综合判断为原则，即应当对授权外观设计、被诉侵权设计可视部分的全部设计特征进行观察、对能够影响产品外观设计整体视觉效果的所有因素进行综合考虑后作出判断。

下列情形通常对外观设计的整体视觉效果更具有影响：

（1）产品正常使用时容易被直接观察到的部位相对于其他部位；

（2）外观设计区别于现有设计的设计特征相对于外观设计的其他设计特征。

80. 被诉侵权设计与授权外观设计在整体视觉效果上无差异的，应当认定两者相同；在整体视觉效果上无实质性差异的，应当认定两者构成相近似。具体而言：

（1）如果两者的形状、图案、色彩等整体上的视觉效果无差异，则应当认为两者构成相同；

（2）如果两者的形状、图案、色彩等整体上的视觉效果不完全相同，但是没有明显差异的，则应当认为两者相近似；

（3）如果两者的形状、图案、色彩等整体上的视觉效果不同，且有明显差异的，则应当认为两者不相同且不相近似。

81. 在判断相同或相近似时，由产品功能、技术效果决定的设计特征不予考虑。

由产品功能、技术效果决定的设计特征，是指实现产品功能、技术效果的有限或者唯一的设计。

82. 对于立体产品的外观设计，通常形状对整体视觉效果更具有影响，在进行相同相近似判断时，应以形状为重点；但如果其形状属于惯常设计，则图案、色彩对整体视觉效果更具有影响。

惯常设计，是指现有设计中一般消费者所熟知的、只要提到产品名称就能想到的相应设计。

83. 对于平面产品的外观设计，通常图案、色彩对整体视觉效果更具有影响，在进行相同相近似判断时,应以图案、色彩为重点。

84. 对要求保护色彩的外观设计,应当先确定该外观设计是否属于惯常设计,如果是惯常设计,则应当仅对其图案、色彩作出判定;如果形状、图案、色彩均为新设计,则应当对形状、图案、色彩三者的结合作出判定。

85. 将不透明材料替换为透明材料,或者将透明材料替换为不透明材料,且仅属于材料特征的变换,未导致产品外观设计发生明显变化的,在判断外观设计的相同相近似时,应不予考虑。但是,如果透明材料使得该产品外观设计的美感发生了变化,导致一般消费者对该产品的整体视觉发生变化,则应当予以考虑。

被诉侵权产品系将不透明材料替换为透明材料,通过透明材料可以观察到产品内部结构,则内部结构应当视为该产品的外观设计的一部分。

86. 专利权人、被诉侵权人的外观设计专利申请均已被授权,且专利权人的外观设计专利的申请日早于被诉侵权人的外观设计专利的申请日,如果被诉侵权人的外观设计与专利权人的外观设计构成相同或相近似的,则可以认定被诉侵权人实施其外观设计专利的行为,侵犯了在先的外观设计专利权。

五、其他专利侵权行为的认定

(一)专利侵权行为

87. 发明和实用新型专利权被授予后,除专利法另有规定的以外,任何单位或者个人未经专利权人许可,都不得实施其专利,即不得为生产经营目的制造、使用、许诺销售、销售、进口其专利产品,或者使用其专利方法以及使用、许诺销售、销售、进口依照该专利方法直接获得的产品。

外观设计专利权被授予后,任何单位或者个人未经专利权人许可,都不得实施其专利,即不得为生产经营目的制造、销售、进口其外观设计专利产品。

88. 发明专利公开日以及实用新型、外观设计专利授权公告日之前的实施行为,不属于侵犯专利权的行为。

在发明专利公开日至授权公告日之间,即发明专利权的临时保护期内,实施该发明的单位或者个人应向权利人支付适当的使用费。对其实施行为的判定,可以参照适用有关专利侵权的法律规定。

专利申请日时申请人请求保护的范围与专利公告授权时的专利权保护范围不一致,被诉侵权技术方案均落入上述两个保护范围的,应当认定被诉侵权人在临时保护期内实施了该发明。被诉侵权技术方案仅落入其中一个保护范围的,应当认定被诉侵权人在临时保护期内未实施该发明。

89. 制造发明或者实用新型专利产品,是指权利要求中所记载的产品技术方案被实现,产品的数量、质量不影响对制造行为的认定。

以下行为应当认定为制造发明或者实用新型专利产品行为:

(1)以不同制造方法制造产品的行为,但以方法限定的产品权利要求除外;

(2)委托他人制造或者在产品上标明"监制"等类以参与行为;

(3)将部件组装成专利产品的行为。

90. 制造外观设计专利产品,是指专利权人向国务院专利行政部门申请专利时提交的图片或者照片中的该外观专利产品被实现。

91. 使用发明或者实用新型专利产品,是指权利要求所记载的产品技术方案的技术功能得到了应用。

92. 将侵犯发明或者实用新型专利权的产品作为零部件或中间产品,制造另一产品的,应当认定属于对专利产品的使用。

93. 使用专利方法,是指权利要求记载的专利方法技术方案的每一个步骤均被实现,使用该方法的结果不影响对是否构成侵犯专利权的认定。

94. 使用外观设计专利产品,是指该外观设计产品的功能、技术性能得到了应用。

外观设计专利权人的禁止权不包括禁止他人使用其外观设计专利产品的权利。

95. 将侵犯他人专利权的产品用于出租的,应当认定属于对专利产品的使用。

96. 销售专利产品,是指将落入专利权保护范围的被诉侵权产品的所有权、或者依照专利方法直接制得的产品的所有权、或者将含有外观设计专利的产品的所有权从卖方有偿转移到买方。

搭售或以其他方式转让上述产品所有权,变

相获取商业利益的,也属于销售该产品。

97. 将侵犯发明或者实用新型专利权的产品作为零部件或中间产品,制造另一产品后,销售该另一产品的,应当认定属于对专利产品的销售。

将侵犯外观设计专利权的产品作为零部件,制造另一产品并销售的,应当认定属于销售外观设计专利产品的行为,但侵犯外观设计专利权的产品在另一产品中仅具有技术功能的除外。

仅具有技术功能,是指该零部件构成最终产品的内部结构,在最终产品的正常使用中不产生视觉效果,只具有技术功能作用。

98. 在销售侵犯他人专利权的产品行为实际发生前,被诉侵权人作出销售侵犯他人专利权产品意思表示的,构成许诺销售。

以做广告、在商店橱窗中陈列、在网络或者在展销会上展出等方式作出销售侵犯他人专利权产品的意思表示的,可以认定为许诺销售。

99. 进口专利产品,是指将落入产品专利权利要求保护范围的产品、依照专利方法直接获得的产品或者含有外观设计专利的产品在空间上从境外越过边界进境内的行为。

100. 方法专利延及产品,指一项方法发明专利权被授予后,任何单位或个人未经专利权人许可,除了不得为生产经营目的而使用该专利方法外,还不得为生产经营目的而使用、许诺销售、销售、进口依照该专利方法所直接获得的产品。

101. 依照专利方法直接获得的产品,是指将原材料、物品按照方法专利权利要求记载的全部步骤特征进行处理加工,使得原材料、物品在结构上或物理化学特性上产生明显变化后所获得的原始产品。

将上述原始产品进一步加工、处理而获得的后续产品,即以该原始产品作为中间部件或原材料,加工、处理成为其他的后续产品,应当认定属于使用依照该专利方法直接获得的产品的行为。对该后续产品的进一步加工、处理,不属于使用依照该专利方法所直接获得的产品的行为。

102. 专利法第六十一条规定的"新产品",是指国内外第一次生产出的产品,该产品与专利申请日之前已有的同类产品相比,在产品的组份、结构或者其质量、性能、功能方面有明显区别。

产品或者制造产品的技术方案在专利申请日以前为国内外公众所知的,应当认定该产品不属于专利法规定的新产品。

是否属于新产品,应由专利权人举证证明。专利权人提交证据初步证明该产品属于专利法规定的新产品的,视其尽到举证责任。

103. 同样产品,是指被诉侵权产品与实施新产品制造方法直接得到的原始产品的形状、结构或成份等无实质性差异。

是否属于同样产品,应由权利人举证证明。

104. 对于用途发明专利,权利人应证明被诉侵权人制造、使用、销售、许诺销售、进口被诉权产品系用于该专利的特定用途。

(二)共同侵权行为

105. 两人以上共同实施专利法第十一条规定的行为,或者两人以上相互分工协作,共同实施专利法第十一条规定的行为的,构成共同侵权。

106. 教唆、帮助他人实施专利法第十一条规定的行为的,与实施人为共同侵权人。

107. 将侵犯专利权的产品作为零部件,制造另一产品并出售的,如果被诉侵权人存在分工合作,构成共同侵权。

108. 提供、出售或者进口专门用于实施他人产品专利的材料、专用设备或者零部件的,或者提供、出售或者进口专门用于实施他人方法专利的材料、器件或者专用设备的,上述行为人与实施人构成共同侵权。

109. 为他人实施专利法第十一条规定的行为提供场所、仓储、运输等便利条件的,与实施人构成共同侵权。

110. 技术转让合同的受让人按照合同的约定受让技术并予以实施,侵犯他人专利权的,由受让人承担侵权责任。

六、专利侵权抗辩

(一)专利权效力抗辩

111. 被诉侵权人以专利权超过保护期、被专利权人放弃、被生效法律文书宣告无效进行抗辩的,应当提供相应的证据。

112. 在侵犯专利权诉讼中,被诉侵权人以专利权不符合专利授权条件、应当被宣告无效进行抗辩的,其无效宣告请求应当向专利复审委员会提出。

(二) 滥用专利权抗辩

113. 被诉侵权人以专利权人恶意取得专利权且滥用专利权提起侵权诉讼进行抗辩的,应当提供相应的证据。

在侵犯专利权诉讼中,专利权被宣告无效的,不宜轻易认定为滥用专利权。

114. 恶意取得专利权,是指将明知不应当获得专利保护的发明创造,故意采取规避法律或者不正当手段获得了专利权,其目的在于获得不正当利益或制止他人的正当实施行为。

以下情形可以认定为恶意:

(1) 将申请日前已有的国家标准、行业标准等技术标准申请专利并取得专利权的;

(2) 将明知为某一地区广为制造或使用的产品申请专利并取得专利权的。

(三) 不侵权抗辩

115. 被诉侵权技术方案的技术特征与权利要求记载的全部技术特征相比,缺少权利要求中记载的一项或一项以上技术特征的,不构成侵犯专利权。

116. 被诉侵权技术方案的技术特征与权利要求中对应技术特征相比,有一项或者一项以上的技术特征既不相同也不等同的,不构成侵犯专利权。

本条第一款所称技术特征不相同不等同是指:

(1) 该技术特征使被诉侵权技术方案构成了一项新的技术方案;

(2) 该技术特征在功能、效果上明显优于权利要求中对应的技术特征,并且所属技术领域的普通技术人员认为这种变化具有实质性的改进,而不是显而易见的。

117. 被诉侵权技术方案省略权利要求中个别技术特征或者以简单或低级的技术特征替换权利要求中相应技术特征,舍弃或显著降低权利要求中与该技术特征对应的性能和效果从而形成变劣技术方案的,不构成侵犯专利权。

118. 任何单位或个人非生产经营目的制造、使用、进口专利产品的,不构成侵犯专利权。

(四) 不视为侵权的抗辩

119. 专利产品或者依照专利方法直接获得的产品,由专利权人或者经其许可的单位、个人售出后,使用、许诺销售、销售、进口该产品的,不视为侵犯专利权,包括:

(1) 专利权人或者其被许可人在中国境内售出其专利产品或者依照专利方法直接获得的产品后,购买者在中国境内使用、许诺销售、销售该产品;

(2) 专利权人或者其被许可人在中国境外售出其专利产品或者依照专利方法直接获得的产品后,购买者将该产品进口到中国境内以及随后在中国境内使用、许诺销售、销售该产品;

(3) 专利权人或者其被许可人售出其专利产品的专用部件后,使用、许诺销售、销售该部件或将其组装制造专利产品;

(4) 方法专利的专利权人或者其被许可人售出专门用于实施其专利方法的设备后,使用该设备实施该方法专利。

120. 在专利申请日前已经制造相同产品、使用相同方法或者已经做好制造、使用的必要准备,并且仅在原有范围内继续制造、使用的,不视为侵犯专利权。

使用、许诺销售、销售上述情形下制造的专利产品或者依照专利方法直接获得的产品的,也不视为侵犯专利权。

121. 享有先用权的条件是:

(1) 做好了制造、使用的必要准备。即已经完成实施发明创造所必需的主要技术图纸或者工艺文件,或者已经制造或者购买实施发明创造所必需的主要设备或者原材料。

(2) 仅在原有范围内继续制造、使用。"原有范围"包括:专利申请日前已有的生产规模以及利用已有的生产设备或者根据已有的生产准备可以达到的生产规模。超出原有范围的制造、使用行为,构成侵犯专利权。

(3) 在先制造产品或者在先使用的方法或设计,应是先用权人自己独立研究完成或者以合法手段从专利权人或其他独立研究完成者处取得的,而不是在专利申请日前抄袭、窃取或者以其他不正当手段获取的。被诉侵权人以非法获得的技术或者设计主张先用权抗辩的,不应予以支持。

(4) 先用权人对于自己在先实施的技术不能转让,除非连同所属企业一并转让。即先用权人在专利申请日后将其已经实施或作好实施必要准备的技术或设计转让或者许可他人实施,被诉侵权人主张该实施行为属于在原有范围内继续实施的,不应予以支持,但该技术或设计与原有企业一并转让或者承继的除外。

122. 临时通过中国领土、领水、领空的外国运输工具,依照其所属国同中国签订的协议,或者共同参加的国际公约,或者依照互惠原则,为运输工具自身需要而在其装置和设备中使用有关专利的,不视为侵犯专利权。

但是临时过境不包括用交通运输工具对专利产品的"转运",即从一个交通运输工具转到另一个交通运输工具的行为。

123. 专为科学研究和实验而使用有关专利,不视为侵犯专利权。

专为科学研究和实验,是指专门针对专利技术方案本身进行的科学研究和实验。

应当区别对专利技术方案本身进行科学研究、实验和在科学研究、实验中使用专利技术方案:

(1)对专利技术方案本身进行科学研究实验,其目的是研究、验证、改进他人专利技术,在已有专利技术的基础上产生新的技术成果。

(2)在科学研究、实验过程中使用专利技术方案,其目的不是为研究、改进他人专利技术,而是利用专利技术方案作为手段进行其他技术的研究实验,或者是研究实施专利技术方案的商业前景,其结果与专利技术没有直接关系的行为。该种行为构成侵犯专利权。

本条第一款中的使用有关专利的行为,包括该研究实验者自行制造、使用、进口有关专利产品或使用专利方法的行为,也包括他人为该研究试验者制造、进口有关专利产品的行为。

124. 为提供行政审批所需要的信息,而制造、使用、进口专利药品或者专利医疗器械,以及专门为其制造、进口专利药品或者专利医疗器械,不视为侵犯专利权。

行政审批所需要的信息,是指《中华人民共和国药品管理法》《中华人民共和国药品管理法实施条例》以及《药品注册管理办法》等相关药品管理法律法规、部门规章等规定的实验资料、研究报告、科技文献等相关材料。

(五)现有技术抗辩及现有设计抗辩

125. 现有技术抗辩,是指被诉落入专利权保护范围的全部技术特征,与一项现有技术方案中的相应技术特征相同或者等同,或者所属技术领域的普通技术人员认为被诉侵权技术方案是一项现有技术与所属领域公知常识的简单组合的,应当认定被诉侵权人实施的技术属于现有技术,被诉侵权人的行为不构成侵犯专利权。

126. 现有技术,是指专利申请日以前在国内外为公众所知的技术。对于依据2008年修订的专利法实施之前的专利法规定申请并获得授权的专利权,其现有技术应当依据之前专利法的规定确定。

127. 抵触申请不属于现有技术,不能作为现有技术抗辩的理由。但是,被诉侵权人主张其实施的是属于抵触申请的专利的,可以参照本指南第125条关于现有技术抗辩的规定予以处理。

抵触申请,是指由任何单位或者个人就与专利权人的发明创造同样的发明创造在申请日以前向国务院专利行政部门提出申请并且记载在申请日以后公布的专利申请文件或者公告的专利文件中的专利申请。

128. 现有设计抗辩,是指被诉侵权产品的外观设计与一项现有设计相同或者相近似,或者被诉侵权产品的外观设计是一项现有外观设计与该产品的惯常设计的简单组合,则被诉侵权产品的外观设计构成现有设计,被诉侵权人的行为不构成侵犯外观设计专利权。

129. 现有设计是指申请日以前在国内外为公众所知的设计,包括在国内外以出版物形式公开和以使用等方式公开的设计。但是,对于依据2008年修订的专利法实施之前专利法规定申请并获得授权的外观设计专利权,其现有设计应当依据之前专利法的规定确定。

130. 被诉侵权人以其实施现有设计进行抗辩的,应当在侵权诉讼中主张,并提供现有设计的相关证据。

131. 被诉侵权人以实施现有设计进行抗辩的,应当判断被诉侵权产品的外观设计是否与现有设计相同或相近似,而不应将专利外观设计与现有设计进行比对。

132. 被诉侵权人主张其实施的是外观设计专利的抵触申请的,应当将被诉侵权外观设计与抵触申请进行比对。被诉侵权外观设计与抵触申请相同或相近似的,被诉侵权人的行为不构成侵犯外观设计专利权。

(六)合理来源抗辩

133. 为生产经营目的,使用、许诺销售或者销售不知道是未经专利权人许可而制造并售出的专利产品或者依照专利方法直接获得的产品的行为,属于侵犯专利权行为。

使用者或者销售者能证明其产品合法来源的,不承担赔偿责任,但是应当承担停止侵害的法律责任。

合法来源是指使用者或者销售者从合法的进货渠道,以合理的价格购买了被诉侵权产品,并提供相关票据。

○ 指导案例

1. 威海嘉易烤生活家电有限公司诉永康市金仕德工贸有限公司、浙江天猫网络有限公司侵害发明专利权纠纷案①

【关键词】民事/侵害发明专利权/有效通知/必要措施/网络服务提供者/连带责任

【裁判要点】

1. 网络用户利用网络服务实施侵权行为,被侵权人依据侵权责任法向网络服务提供者所发出的要求其采取必要措施的通知,包含被侵权人身份情况、权属凭证、侵权人网络地址、侵权事实初步证据等内容的,即属有效通知。网络服务提供者自行设定的投诉规则,不得影响权利人依法维护其自身合法权利。

2. 侵权责任法第三十六条第二款所规定的网络服务提供者接到通知后所应采取的必要措施包括但不限于删除、屏蔽、断开链接。"必要措施"应遵循审慎、合理的原则,根据所侵害权利的性质、侵权的具体情形和技术条件等予以综合确定。

【相关法条】

《中华人民共和国侵权责任法》第三十六条

【基本案情】

原告威海嘉易烤生活家电有限公司(以下简称嘉易烤公司)诉称:永康市金仕德工贸有限公司(以下简称金仕德公司)未经其许可,在天猫商城等网络平台上宣传并销售侵害其ZL200980000002.8号专利权的产品,构成专利侵权;浙江天猫网络有限公司(以下简称天猫公司)在嘉易烤公司投诉金仕德公司侵权行为的情况下,未采取有效措施,应与金仕德公司共同承担侵权责任。请求判令:1. 金仕德公司立即停止销售被诉侵权产品;2. 金仕德公司立即销毁库存的被诉侵权产品;3. 天猫公司撤销金仕德公司在天猫平台上所有的侵权产品链接;4. 金仕德公司、天猫公司连带赔偿嘉易烤公司50万元;5. 本案诉讼费用由金仕德公司、天猫公司承担。

金仕德公司答辩称:其只是卖家,并不是生产厂家,嘉易烤公司索赔数额过高。

天猫公司答辩称:1. 其作为交易平台,并不是生产销售侵权产品的主要经营方或者销售方;2. 涉案产品是否侵权不能确定;3. 涉案产品是否使用在先也不能确定;4. 在不能证明其为侵权方的情况下,由其连带赔偿50万元缺乏事实和法律依据,且其公司业已删除了涉案产品的链接,嘉易烤公司关于撤销金仕德公司在天猫平台上所有侵权产品链接的诉讼请求亦不能成立。

法院经审理查明:2009年1月16日,嘉易烤公司及其法定代表人李琏熙共同向国家知识产权局申请了名称为"红外线加热烹调装置"的发明专利,并于2014年11月5日获得授权,专利号为ZL200980000002.8。该发明专利的权利要求书记载:"1. 一种红外线加热烹调装置,其特征在于,该红外线加热烹调装置包括:托架,在其上部中央设有轴孔,且在其一侧设有控制电源的开关;受红外线照射就会被加热的旋转盘,作为在其上面可以盛食物的圆盘形容器,在其下部中

---

① 案例来源:《最高人民法院关于发布第16批指导性案例的通知》(2017年3月6日发布 法〔2017〕53号),指导案例83号。

央设有可拆装的插入到上述轴孔中的突起;支架,在上述托架的一侧纵向设置;红外线照射部,其设在上述支架的上端,被施加电源就会朝上述旋转盘照射红外线;上述托架上还设有能够从内侧拉出的接油盘;在上述旋转盘的突起上设有轴向的排油孔。"2015年1月26日,涉案发明专利的专利权人变更为嘉易烤公司。涉案专利年费缴纳至2016年1月15日。

2015年1月29日,嘉易烤公司的委托代理机构北京商专律师事务所向北京市海诚公证处申请证据保全公证,其委托代理人王永先、时寅在公证处监督下,操作计算机登入天猫网(网址为http://www.tmall.com),在一家名为"益心康旗舰店"的网上店铺购买了售价为388元的3D烧烤炉,并拷贝了该网店经营者的营业执照信息。同年2月4日,时寅在公证处监督下接收了寄件人名称为"益心康旗舰店"的快递包裹一个,内有韩文包装的3D烧烤炉及赠品、手写收据联和中文使用说明书、保修卡。公证员对整个证据保全过程进行了公证并制作了(2015)京海诚内民证字第01494号公证书。同年2月10日,嘉易烤公司委托案外人张一军向淘宝网知识产权保护平台上传了包含专利侵权分析报告和技术特征比对表在内的投诉材料,但淘宝网最终没有审核通过。同年5月5日,天猫公司向浙江省杭州市钱塘公证处申请证据保全公证,由其代理人习曼丽在公证处的监督下操作电脑,在天猫网益心康旗舰店搜索"益心康3D烧烤炉韩式家用不粘电烤炉无烟烤肉机电烤盘铁板烧烤肉锅",显示没有搜索到符合条件的商品。公证员对整个证据保全过程进行了公证并制作了(2015)浙杭钱证内字第10879号公证书。

一审庭审中,嘉易烤公司主张将涉案专利权利要求1作为本案要求保护的范围。经比对,嘉易烤公司认为除了开关位置的不同,被控侵权产品的技术特征完全落入了涉案专利权利要求1记载的保护范围,而开关位置的变化是业内普通技术人员不需要创造性劳动就可解决的,属于等同特征。两原审被告对比对结果不持异议。

另查明,嘉易烤公司为本案支出公证费4000元,代理服务费81000元。

【裁判结果】

浙江省金华市中级人民法院于2015年8月12日作出(2015)浙金知民初字第148号民事判决:一、金仕德公司立即停止销售侵犯专利号为ZL200980000002.8的发明专利权的产品的行为;二、金仕德公司于判决生效之日起十日内赔偿嘉易烤公司经济损失150000元(含嘉易烤公司为制止侵权而支出的合理费用);三、天猫公司对上述第二项中金仕德公司赔偿金额的50000元承担连带赔偿责任;四、驳回嘉易烤公司的其他诉讼请求。一审宣判后,天猫公司不服,提起上诉。浙江省高级人民法院于2015年11月17日作出(2015)浙知终字第186号民事判决:驳回上诉,维持原判。

【裁判理由】

法院生效裁判认为:各方当事人对于金仕德公司销售的被诉侵权产品落入嘉易烤公司涉案专利权利要求1的保护范围,均不持异议,原审判决认定金仕德公司涉案行为构成专利侵权正确。关于天猫公司在本案中是否构成共同侵权,侵权责任法第三十六条第二款规定,网络用户利用网络服务实施侵权行为的,被侵权人有权通知网络服务提供者采取删除、屏蔽、断开链接等必要措施。网络服务提供者接到通知后未及时采取必要措施的,对损害的扩大部分与该网络用户承担连带责任。上述规定系针对权利人发现网络用户利用网络服务提供者的服务实施侵权行为后"通知"网络服务提供者采取必要措施,以防止侵权后果不当扩大的情形,同时还明确界定了此种情形下网络服务提供者所应承担的义务范围及责任构成。本案中,天猫公司涉案被诉侵权行为是否构成侵权应结合对天猫公司的主体性质、嘉易烤公司"通知"的有效性以及天猫公司在接到嘉易烤公司的"通知"后是否应当采取措施及所采取的措施的必要性和及时性等加以综合考量。

首先,天猫公司依法持有增值电信业务经营许可证,系信息发布平台的服务提供商,其在本案中为金仕德公司经营的"益心康旗舰店"销售涉案被诉侵权产品提供网络技术服务,符合侵权责任法第三十六条第二款所规定网络服务提供者的主体条件。

其次,天猫公司在二审庭审中确认嘉易烤公

司已于2015年2月10日委托案外人张一军向淘宝网知识产权保护平台上传了包含被投诉商品链接及专利侵权分析报告、技术特征比对表在内的投诉材料,且根据上述投诉材料可以确定被投诉主体及被投诉商品。

侵权责任法第三十六条第二款所涉及的"通知"是认定网络服务提供者是否存在过错及应否就危害结果的不当扩大承担连带责任的条件。"通知"是指被侵权人就他人利用网络服务商的服务实施侵权行为的事实向网络服务提供者所发出的要求其采取必要技术措施,以防止侵权行为进一步扩大的行为。"通知"既可以是口头的,也可以是书面的。通常,"通知"内容应当包括权利人身份情况、权属凭证、证明侵权事实的初步证据以及指向明确的被诉侵权人网络地址等材料。符合上述条件的,即应视为有效通知。嘉易烤公司涉案投诉通知符合侵权责任法规定的"通知"的基本要件,属有效通知。

再次,经查,天猫公司对嘉易烤公司投诉材料作出审核不通过的处理,其在回复中表明审核不通过原因是:烦请在实用新型、发明的侵权分析对比表二中详细填写被投诉商品落入贵方提供的专利权利要求的技术点,建议采用图文结合的方式一一指出。(需注意,对比的对象为卖家发布的商品信息上的图片、文字),并提供购买订单编号或双方会员名。

二审法院认为,发明或实用新型专利侵权的判断往往并非仅依赖表面或书面材料就可以作出,因此专利权人的投诉材料通常只需包括权利人身份、专利名称及专利号、被投诉商品及被投诉主体内容,以便投诉接受方转达被投诉主体。在本案中,嘉易烤公司的投诉材料已完全包含上述要素。至于侵权分析比对,天猫公司一方面认为其对卖家所售商品是否侵犯发明专利判断能力有限,另一方面却又要求投诉方"详细填写被投诉商品落入贵方提供的专利权利要求的技术点,建议采用图文结合的方式一一指出",该院认为,考虑到互联网领域投诉数量巨大、投诉情况复杂的因素,天猫公司的上述要求基于其自身利益考量虽也具有一定的合理性,而且也有利于天猫公司对于被投诉行为的性质作出初步判断并采取相应的措施。但就权利人而言,天猫公司前述要求并非权利人投诉通知有效的必要条件。况且,嘉易烤公司在本案的投诉材料中提供了多达5页的以图文并茂的方式表现的技术特征对比表,天猫公司仍以教条的、格式化的回复将技术特征对比作为审核不通过的原因之一,处置失当。至于天猫公司审核不通过并提出提供购买订单编号或双方会员名的要求,该院认为,本案中投诉方是否提供购买订单编号或双方会员名并不影响投诉行为的合法有效。而且,天猫公司所确定的投诉规制并不对权利人维权产生法律约束力,权利人只需在法律规定的框架内行使维权行为即可,投诉方完全可以根据自己的利益考量决定是否接受天猫公司所确定的投诉规制。更何况投诉方可能无需购买商品而通过其他证据加以证明,也可以根据他人的购买行为发现可能的侵权行为,甚至投诉方即便存在直接购买行为,但也可以基于某种经济利益或商业秘密的考量而拒绝提供。

最后,侵权责任法第三十六条第二款所规定的网络服务提供者接到通知后所应采取必要措施包括但并不限于删除、屏蔽、断开链接。"必要措施"应根据所侵害权利的性质、侵权的具体情形和技术条件等来加以综合确定。

本案中,在确定嘉易烤公司的投诉行为合法有效之后,需要判断天猫公司在接受投诉材料之后的处理是否审慎、合理。该院认为,本案系侵害发明专利权纠纷。天猫公司作为电子商务网络服务平台的提供者,基于其公司对于发明专利侵权判断的主观能力、侵权投诉胜诉概率以及利益平衡等因素的考量,并不必然要求天猫公司在接受投诉后对被投诉商品立即采取删除和屏蔽措施,对被诉商品采取的必要措施应当秉承审慎、合理原则,以免损害被投诉人的合法权益。但是将有效的投诉通知材料转达被投诉人并通知被投诉人申辩当属天猫公司应当采取的必要措施之一。否则权利人投诉行为将失去任何意义,权利人的维权行为也将难以实现。网络服务平台提供者应该保证有效投诉信息传递的顺畅,而不应成为投诉信息的黑洞。被投诉人对于其或生产、或销售的商品是否侵权,以及是否应主动自行停止被投诉行为,自会作出相应的判断及应对。而天猫公司未履行上述基本义务的结果导致被投诉人未收到任何警示从而造成损害后果的扩大。至于天猫公司在嘉易烤公司起诉后即对被诉商品采取删除和屏蔽措施,当属审慎、合理。综上,天猫公司在接到嘉易烤公司的通知后未及时采取必要措施,对损害的扩大部分应与金仕德公司承担连带责任。天猫公司就此提出的上诉理由不能成立。关于天猫公司所应承担责任的份额,一审法院综合考虑侵权持续的时间及天猫公司应当知道侵权事实的时间,确定天猫公司对金仕德公司赔偿数额的50000元承担连带赔偿责任,并无不当。

(生效裁判审判人员:周平、陈宇、刘静)

2. 礼来公司诉常州华生制药有限公司侵害发明专利权纠纷案①

【关键词】民事/侵害发明专利权/药品制备方法发明专利/保护范围/技术调查官/被诉侵权药品制备工艺查明

【裁判要点】

1. 药品制备方法专利侵权纠纷中,在无其他相反证据情形下,应当推定被诉侵权药品在药监部门的备案工艺为其实际制备工艺;有证据证明被诉侵权药品备案工艺不真实的,应当充分审查被诉侵权药品的技术来源、生产规程、批生产记录、备案文件等证据,依法确定被诉侵权药品的实际制备工艺。

2. 对于被诉侵权药品制备工艺等复杂的技术事实,可以综合运用技术调查官、专家辅助人、司法鉴定以及科技专家咨询等多种途径进行查明。

【相关法条】

《中华人民共和国专利法》(2008年修正)第五十九条第一款、第六十一条、第六十八条第一款(本案适用的是2000年修正的《中华人民共和国专利法》第五十六条第一款、第五十七条第二款、第六十二条第一款)

《中华人民共和国民事诉讼法》第七十八条、第七十九条

【基本案情】

2013年7月25日,礼来公司(又称伊莱利利公司)向江苏省高级人民法院(以下简称江苏高院)诉称,礼来公司拥有涉案91103346.7号方法发明专利权,涉案专利方法制备的药物奥氮平为新产品。常州华生制药有限公司(以下简称华生公司)使用落入涉案专利权保护范围的制备方法生产药物奥氮平并面向市场销售,侵害了礼来公司的涉案方法发明专利权。为此,礼来公司提起本案诉讼,请求法院判令:1. 华生公司赔偿礼来公司经济损失人民币151060000元、礼来公司为制止侵权所支付的调查取证费和其他合理开支人民币28800元;2. 华生公司在其网站及《医药经济报》刊登声明,消除因其侵权行为给礼来公司造成的不良影响;3. 华生公司承担礼来公司因本案发生的律师费人民币1500000元;4. 华生公司承担本案的全部诉讼费用。

江苏高院一审查明:

涉案专利为英国利利工业公司1991年4月24日申请的名称为"制备一种噻吩并苯二氮杂化合物的方法"的第91103346.7号中国发明专利申请,授权公告日为1995年2月19日。2011年4月24日涉案专利权期满终止。1998年3月17日,涉案专利的专利权人变更为英国伊莱利利有限公司;2002年2月28日专利权人变更为伊莱利利公司。

涉案专利授权公告的权利要求为:

1. 一种制备2-甲基-10-(4-甲基-1-哌嗪基)-4H-噻吩并[2,3,-b][1,5]苯并二氮杂,或其酸加成盐的方法,

---

① 案例来源:《最高人民法院关于发布第16批指导性案例的通知》(2017年3月6日发布 法〔2017〕53号),指导案例84号。

所述方法包括：
(a)使 N-甲基哌嗪与下式化合物反应，

式中 Q 是一个可以脱落的基团，或
(b)使下式的化合物进行闭环反应

2001年7月，中国医学科学院药物研究所(简称医科院药物所)和华生公司向国家药品监督管理局(简称国家药监局)申请奥氮平及其片剂的新药证书。2003年5月9日，医科院药物所和华生公司获得国家药监局颁发的奥氮平原料药和奥氮平片《新药证书》，华生公司获得奥氮平和奥氮平片《药品注册批件》。新药申请资料中《原料药生产工艺的研究资料及文献资料》记载了制备工艺，即加入4-氨基-2-甲基-10-苄基-噻吩并苯并二氮杂、盐酸盐、甲基哌嗪及二甲基甲酰胺搅拌,得粗品,收率94.5%；加入2-甲基-10-苄基-(4-甲基-1-哌嗪基)-4H-噻吩并苯并二氮杂、冰醋酸、盐酸搅拌，然后用氢氧化钠中和后得粗品，收率73.2%；再经过两次精制，总收率为39.1%。从反应式分析，该过程就是以式四化合物与甲基哌嗪反应生成式五化合物，再对式五化合物脱苄基，得式一化合物。2003年8月，华生公司向青岛市第七人民医院推销其生产的"华生-奥氮平"5mg-新型抗精神病药，其产品宣传资料记载，奥氮平片主要成份为奥氮平，其化学名称为2-甲基-10-(4-甲基-1-哌嗪)-4H-噻吩并苯并二氮杂。

在另案审理中，根据江苏高院的委托，2011年8月25日，上海市科技咨询服务中心出具(2010)鉴字第19号《技术鉴定报告书》。该鉴定报告称，按华生公司备案的"原料药生产工艺的研究资料及文献资料"中记载的工艺进行实验操作，不能获得原料药奥氮平。鉴定结论为：华生公司备案资料中记载的生产原料药奥氮平的关键反应步骤缺乏真实性，该备案的生产工艺不可行。

经质证，伊莱利利公司认可该鉴定报告，华生公司对该鉴定报告亦不持异议，但是其坚持认为采取两步法是可以生产出奥氮平的，只是因为有些内容涉及商业秘密没有写入备案资料中，故专家依据备案资料生产不出来。

华生公司认为其未侵害涉案专利权，理由是：2003年至今，华生公司一直使用2008年补充报批的奥氮平备案生产工艺，该备案文件已于2010年9月8日获国家药监局批准，具备可行性。在礼来公司未提供任何证据证明华生公司的生产工艺的情况下，应以华生公司2008年奥氮平备案工艺作为认定侵权与否的比对工艺。

华生公司提交的2010年9月8日国家药监局《药品补充申请批件》中"申请内容"栏为："(1)改变影响药品质量的生产工艺；(2)修改药品注册标准。""审批结论"栏为："经审查，同意本品变更生产工艺并修订质量标准。变更后的生产工艺在不改变原合成路线的基础上，仅对其制备工艺中所用溶剂和试剂进行调整。质量标准所附执行，有效期24个月。"

上述2010年《药品补充申请批件》所附《奥氮平药品补充申请注册资料》中5.1原料药生产工艺的研究资料及文献资料章节中5.1.1说明内容为："根据我公司奥氮平原料药的实际生产情况，在不改变原申报生产工艺路线的基础上，对奥氮平的制备工艺过程做了部分调整变更，对工艺进行优化，使奥氮平各中间体的质量得到进一步的提高和保证，其制备过程中的相关杂质得到有效控制。……由于工艺路线没有变更，并且最后一步的结晶溶剂亦没有变更，故化合物的结构及晶型不会改变。"

最高人民法院二审审理过程中，为准确查明本案所涉技术事实，根据民事诉讼法第七十九条、《最高人民法院关于适用〈中华人民共和国民事诉讼法〉的解释》(以下简称《民事诉讼法解释》)第一百二十二条之规定，对礼来公司的专家辅助人出庭申请予以准许;根据《民事诉讼法解释》第一百一十七条之规定,对华生公司的证人出庭申请予以准许;根据民事诉讼法第七十八条、《民事诉讼法解释》第二百二十七条之规定,通知出具(2014)司鉴定第02号《技术鉴定报告》的江苏省科技咨询中心工作人员出庭;根据《最高人民法院关于知识产权法院技术调查官参与诉讼活动若干问题的暂行规定》第二条、第十条之规定,首次指派技术调查官出庭,就相关技术问题与各方当事人分别询问了专家辅助人、证人及鉴定人。

最高人民法院二审另查明:

1999年10月28日,华生公司与医科院药物所签订《技术合同书》,约定医科院药物所将其研制开发的抗精神分裂药奥氮平及其制剂转让给华生公司,医科院药物所负责完成临床前报批资料并在北京申报临床;验收标准和方法按照新药审批标准,采用领取临床批件和新药证书方式验收;在其他条款中双方对新药证书和生产的报批作出了约定。

医科院药物所1999年10月填报的(京99)药申临字第82号《新药临床研究申请表》中,"制备工艺"栏绘制的反应路线如下:

1999年11月9日,北京市卫生局针对医科院药物所的新药临床研究申请作出《新药研制现场考核报告表》,"现场考核结论"栏记载:"该所具备研制此原料的条件,原始记录、实验资料基本完整,内容真实。"

2001年6月,医科院药物所和华生公司共同向国家药监局提交《新药证书、生产申请表》((2001)京申产字第019号)。针对该申请,江苏省药监局2001年10月22日作出《新药研制现场考核报告表》,"现场考核结论"栏记载:"经现场考核,样品制备及检验原始记录基本完整,检验仪器条件基本具备,研制单位暂无原料药生产车间,现申请本品的新药证书。"

根据华生公司申请,江苏省药监局2009年5月21日发函委托江苏省常州市食品药品监督管理局药品安全监管处对华生公司奥氮平生产现场进行检查和产品抽样,江苏药监局针对该检查和抽样出具了《药品注册生产现场检查报告》(受理号CXHB0800159),其中"检查结果"栏记载:"按照药品注册现场检查的有关要求,2009年7月7日对该品种的生产现场进行了第一次检查,该公司的机构和人员、生产和检验设施能满足该品种的生产要求,原辅材料等可溯源,主要原料均按规定量投料,生产过程按申报的工艺进行。2009年8月25日,按药品注册现场核查的有关要求,检查了70309001、70309002、70309003三批产品的批生产记录、检验记录、原料领用使用、库存情况记录等,已按抽样要求进行了抽样。""综合评定结论"栏记载:"根据综合评定,现场检查结论为:通过"。

国家药监局2010年9月8日颁发给华生公司的《药品补充申请批件》所附《奥氮平药品补充申请注册资料》中,5.1"原料药生产工艺的研究资料及文献资料"之5.1.2"工艺路线"中绘制的反应路线如下:

2015年3月5日，江苏省科技咨询中心受上海市方达(北京)律师事务所委托出具(2014)司鉴字第02号《技术鉴定报告》，其"鉴定结论"部分记载："1. 华生公司2008年向国家药监局备案的奥氮平制备工艺是可行的。2. 对比华生公司2008年向国家药监局备案的奥氮平制备工艺与礼来公司第91103346.7号方法专利，两者起始原料均为仲胺化物，但制备工艺路径不同，具体表现在：(1)反应中产生的关键中间体不同；(2)反应步骤不同：华生公司的是四步法，礼来公司是二步法；(3)反应条件不同：取代反应中，华生公司采用二甲基甲酰胺为溶媒，礼来公司采用二甲基亚砜和甲苯的混合溶剂为溶媒。"

二审庭审中，礼来公司明确其在本案中要求保护涉案专利权利要求1中的方法(a)。

【裁判结果】

江苏省高级人民法院于2014年10月14日作出(2013)苏民初字第0002号民事判决：1. 常州华生制药有限公司赔偿礼来公司经济损失及为制止侵权支出的合理费用人民币计350万元；2. 驳回礼来公司的其他诉讼请求。案件受理费人民币809744元，由礼来公司负担161950元，常州华生制药有限公司负担647794元。礼来公司、常州华生制药有限公司均不服，提起上诉。最高人民法院2016年5月31日作出(2015)民三终字第1号民事判决：1. 撤销江苏省高级人民法院(2013)苏民初字第0002号民事判决；2. 驳回礼来公司的诉讼请求。一、二审案件受理费各人民币809744元，由礼来公司负担323897元，常州华生制药有限公司负担1295591元。

【裁判理由】

法院生效裁判认为，《最高人民法院关于审理侵犯专利权纠纷案件应用法律若干问题的解释》第七条规定："人民法院判定被诉侵权技术方案是否落入专利权的保护范围，应当审查权利人主张的权利要求所记载的全部技术特征。被诉侵权技术方案包含与权利要求记载的全部技术特征相同或者等同的技术特征的，人民法院应当认定其落入专利权的保护范围；被诉侵权技术方案的技术特征与权利要求记载的全部技术特征相比，缺少权利要求记载的一个以上的技术特征，或者有一个以上技术特征不相同也不等同的，人民法院应当认定其没有落入专利权的保护范围。"本案中，华生公司被诉生产销售的药品与涉案专利方法制备的产品相同，均为奥氮平，判定华生公司奥氮平制备工艺是否落入涉案专利权保护范围，涉及以下三个问题：

一、关于涉案专利权的保护范围

专利法第五十六条第一款规定："发明或者实用新型专利权的保护范围以其权利要求的内容为准，说明书及附图可以用于解释权利要求。"本案中，礼来公司要求保护涉案专利权利要求1中的方法(a)，该权利要求采取开放式的撰写方式，其中仅限定了参加取代反应的三环还原物及N-甲基哌嗪以及发生取代的基团，其保护范围涵盖了所有采用所述三环还原物与N-甲基哌嗪在Q基团处发生取代反应而生成奥氮平的制备方法，无论采用何种反应起始物、溶剂、反应条件，均在其保护范围之内。基于此，判定华生公司奥氮平制备工艺是否落入涉案专利权保护范围，关键在于两个技术方案反应路线的比对，而具体的反应起始物、溶剂、反应条件等均不纳入侵权比对范围，否则会不当限缩涉案专利权的保护范围，损害礼来公司的合法权益。

二、关于华生公司实际使用的奥氮平制备工艺

专利法第五十七条第二款规定："专利侵权纠纷涉及新产品制造方法的发明专利的，制造同样产品的单位或者个人应当提供其产品制造方法不同于专利方法的证明。"本案中，双方当事人对奥氮平为专利法中所称的新产品不持异议，华生公司应就其奥氮平制备工艺不同于涉案专利

方法承担举证责任。具体而言,华生公司应当提供证据证明其实际使用的奥氮平制备工艺反应路线未落入涉案专利权保护范围,否则,将因其举证不能而承担推定礼来公司侵权指控成立的法律后果。

本案中,华生公司主张其自2003年至今一直使用2008年向国家药监局补充备案工艺生产奥氮平,并提交了其2003年和2008年奥氮平批生产记录(一审补充证据6)、2003年、2007年和2013年生产规程(一审补充证据7)、《药品补充申请批件》(一审补充证据12)等证据证明其实际使用的奥氮平制备工艺。如前所述,本案的侵权判定关键在于两个技术方案反应路线的比对,华生公司2008年补充备案工艺的反应路线可见于其向国家药监局提交的《奥氮平药品补充申请注册资料》,其中5.1"原料药生产工艺的研究资料及文献资料"之5.1.2"工艺路线"图显示该反应路线为:先将"仲胺化物"中的仲氨基用苄基保护起来,制得"苄基化物"(苄基化),再进行闭环反应,生成"苄基取代的噻吩并苯并二氮杂"三环化合物(还原化物)。"还原化物"中的氯被N-甲基哌嗪取代,生成"缩合物",然后脱去苄基,制得奥氮平。本院认为,现有在案证据能够形成完整证据链,证明华生公司2003年至涉案专利权到期日期间一直使用其2008年补充备案工艺的反应路线生产奥氮平,主要理由如下:

首先,华生公司2008年向国家药监局提出奥氮平药品补充申请注册,在其提交的《奥氮平药品补充申请注册资料》中,明确记载了其奥氮平制备工艺的反应路线。针对该补充申请,江苏省药监部门于2009年7月7日和8月25日对华生公司进行了生产现场检查和产品抽样,并出具了《药品注册生产现场检查报告》(受理号CXHB0800159),该报告显示华生公司的"生产过程按申报的工艺进行","三批样品"已按抽样要求进行了抽样",现场检查结论为"通过"。也就是说,华生公司2008年补充备案工艺经过药监部门的现场检查,具备可行性。基于此,2010年9月8日,国家药监局向华生公司颁发了《药品补充申请批件》,同意华生公司奥氮平"变更生产工艺并修订质量标准"。对于华生公司2008年补充备案工艺的可行性,礼来公司专家辅助人在二审庭审中予以认可,江苏省科技咨询中心出具的(2014)司鉴字第02号《技术鉴定报告》在其鉴定结论部分也认为"华生公司2008年向国家药监局备案的奥氮平制备工艺是可行的"。因此,在无其他相反证据的情形下,应当推定华生公司2008年补充备案工艺即为其取得《药品补充申请批件》后实际使用的奥氮平制备工艺。

其次,一般而言,适用于大规模工业化生产的药品制备工艺步骤繁琐,操作复杂,其形成不可能是一蹴而就的。从研发阶段到实际生产阶段,其长期的技术积累过程通常是在保持基本反应路线稳定的情况下,针对实际生产中发现的缺陷不断优化调整反应条件和操作细节。华生公司的奥氮平制备工艺受让于医科院药物所,双方于1999年10月28日签订了《技术转让合同》。按照合同约定,医科院药物所负责完成临床前报批资料并在北京申报临床。在医科院药物所1999年10月填报的(京99)药申临字第82号《新药临床研究申请表》中,"制备工艺"栏绘制的反应路线显示,其采用了与华生公司2008年补充备案工艺相同的反应路线。针对该新药临床研究申请,北京市卫生局1999年11月9日作出《新药研制现场考核报告表》,确认"原始记录、实验资料基本完整,内容真实"。在此基础上,医科院药物所和华生公司按照《技术转让合同》的约定,共同向国家药监局提交新药证书、生产申请表((2001)京申产字第019号)。针对该申请,江苏省药监局2001年10月22日作出《新药研制现场考核报告表》,确认"样品制备及检验原始记录基本完整"。通过包括前述考核在内的一系列审查后,2003年5月9日,医科院药物所和华生公司获得国家药监局颁发的奥氮平原料药和奥氮平片《新药证书》。由此可见,华生公司自1999年即拥有了与其2008年补充备案工艺反应路线相同的奥氮平制备工艺,并以此申报新药注册,取得新药证书。因此,华生公司在2008补充备案工艺之前使用反应路线完全不同的其他制备工艺生产奥氮平的可能性不大。

最后,国家药监局2010年9月8日向华生公司颁发的《药品补充申请批件》"审批结论"栏记载:"变更后的生产工艺在不改变原合成路线的基础上,仅对其制备工艺中所用溶剂和试剂进行调整",即国家药监局确认华生公司2008年补充备案工艺与其之前的制备工艺反应路线相同。华生公司在一审中提交了其2003、2007和2013年的生产规程,2003、2008年的奥氮平批生产记录,华生公司主张上述证据涉及其商业秘密,一审法院组织双方当事人进行了不公开质证,确认其真实性和关联性。本院经审查,华生公司2003、2008年的奥氮平批生产记录是分别依据2003、2007年的生产规程进行实际生产所作的记录,上述生产规程和批生产记录均表明华生公司奥氮平制备工艺的基本反应路线与其2008年补充备案工艺的反应路线相同,只是在保持该基本反应路线不变的基础上对反应条件、溶剂等生产细节进行调整,不断优化,这样的技术积累过程是符合实际生产规律的。

综上,本院认为,华生公司2008年补充备案工艺真实可行,2003年至涉案专利权到期日期间华生公司一直使用2008年补充备案工艺的反应路线生产奥氮平。

三、关于礼来公司的侵权指控是否成立

对比华生公司奥氮平制备工艺的反应路线和涉案方法专利,二者的区别在于反应步骤不同,关键中间体不同。具体而言,华生公司奥氮平制备工艺使用的三环还原物的胺基是被苄基保护的,由此在取代反应之前必然存在苄基化反应步骤以生成苄基化的三环还原物,相应的在取代反应后也必然存在脱苄基反应步骤以获得奥氮平。而涉案专利的反应路线中并未对三环还原物中的胺基进行苄基保护,从而不存在相应的苄基化反应步骤和脱除苄基的反应步骤。

《最高人民法院关于审理专利纠纷案件适用法律问题的若干规定》第十七条第二款规定:"等同特征,是指与所记载的技术特征以基本相同的手段,实现基本相同的功能,达到基本相同的效果,并且本领域普通技术人员在被诉侵权行为发生时无需经过创造性劳动就能够联想到的特征。"本案中,就华生公司奥氮平制备工艺的反应路线和涉案方法专利的区别而言,首先,苄基保护的三环还原物中间体与未加苄基保护的三环还原物中间体为不同的化合物,两者在化学反应特性上存在差异,即在未加苄基保护的三环还原物中间体上,可脱落的Q基团和胺基均可与N-甲基哌嗪发生反应,而苄基保护的三环还原物中间体由于其中的胺基被苄基保护,无法与N-甲基哌嗪发生不期望的取代反应,取代反应只能发生在Q基团处;相应地,涉案专利的方法中不存在取代反应前后的加苄基和脱苄基反应步骤。因此,两个技术方案在反应中间物和反应步骤上的差异较大。其次,由于增加了加苄基和脱苄基步骤,华生公司的奥氮平制备工艺在终产物收率方面会有所减损,而涉案专利由于不存在加苄基保护步骤和脱苄基步骤,收率不会因此而下降。故两个技术方案的技术效果如收率高低等方面存在较大差异。最后,尽管对所述三环还原物中的胺基进行苄基保护以减少副反应是化学合成领域的公知常识,但是这种改变是实质性的,加苄基保护的三环还原物中间体的反应特性发生了改变,增加反应步骤也使收率下降。而且加苄基保护为公知常识仅说明华生公司的奥氮平制备工艺相对于涉案专利方法改进有限,但并不意味着两者所采用的技术手段是基本相同的。

综上,华生公司的奥氮平制备工艺在三环还原物中间体是否为苄基化中间体以及由此增加的苄基化反应步骤和脱苄基步骤方面,与涉案专利方法是不同的,相应的技术特征也不属于基本相同的技术手段,达到的技术效果存在较大差异,未构成等同特征。因此,华生公司奥氮平制备工艺未落入涉案专利权保护范围。

综上所述,华生公司奥氮平制备工艺未落入礼来公司所有的涉案专利权的保护范围,一审判决认定事实和适用法律存在错误,依法予以纠正。

(生效裁判审判人员:周翔、吴蓉、宋淑华)

3. 高仪股份公司诉浙江健龙卫浴有限公司侵害外观设计专利权纠纷案[①]

【关键词】 民事/侵害外观设计专利/设计特征/功能性特征/整体视觉效果

【裁判要点】

1. 授权外观设计的设计特征体现了其不同于现有设计的创新内容，也体现了设计人对现有设计的创造性贡献。如果被诉侵权设计未包含授权外观设计区别于现有设计的全部设计特征，一般可以推定被诉侵权设计与授权外观设计不近似。

2. 对设计特征的认定，应当由专利权人对其所主张的设计特征进行举证。人民法院在听取各方当事人质证意见基础上，对证据进行充分审查，依法确定授权外观设计的设计特征。

3. 对功能性设计特征的认定，取决于外观设计产品的一般消费者看来该设计是否仅仅由特定功能所决定，而不需要考虑该设计是否具有美感。功能性设计特征对于外观设计的整体视觉效果不具有显著影响。功能性与装饰性兼具的设计特征对整体视觉效果的影响需要考虑其装饰性的强弱，装饰性越强，对整体视觉效果的影响越大，反之则越小。

【相关法条】

《中华人民共和国专利法》第五十九条第二款

【基本案情】

高仪股份公司（以下简称高仪公司）为"手持淋浴喷头（No. A4284410X2）"外观设计专利的权利人，该外观设计专利现合法有效。2012年11月，高仪公司以浙江健龙卫浴有限公司（以下简称健龙公司）生产、销售和许诺销售的丽雅系列等卫浴产品侵害其"手持淋浴喷头"外观设计专利权为由提起诉讼，请求法院判令健龙公司立即停止被诉侵权行为，销毁库存的侵权产品及专用于生产侵权产品的模具，并赔偿高仪公司经济损失20万元。经一审庭审比对，健龙公司被诉侵权产品与高仪公司涉案外观设计专利的相同之处为：二者属于同类产品，从整体上看，二者均是由喷头头部和手柄两个部分组成，被诉侵权产品头部出水面的形状与涉案专利相同，均表现为出水孔呈放射状分布在两端圆、中间长方形的区域内，边缘呈圆弧状。两者的不同之处为：1. 被诉侵权产品的喷头头部四周为斜面，从背面向出水口倾斜，而涉案专利主视图及左视图中显示其喷头头部四周为圆弧面；2. 被诉侵权产品头部的出水面与面板间仅由一根线条分隔，涉案专利头部的出水面与面板间由两条线条构成的带状分隔；3. 被诉侵权产品头部出水面的出水孔分布方式与涉案专利略有不同；4. 涉案专利的手柄上有长椭圆形的开关设计，被诉侵权产品没有；5. 涉案专利中头部与手柄的连接虽然有一定的斜角，但角度很小，几乎为直线形连接，被诉侵权产品头部与手柄的连接产生的斜角角度较大；6. 从涉案专利的仰视图看，手柄底部为圆形，被诉侵权产品仰视的底部是曲面扇形，涉案专利手柄下端为圆柱体，向与头部连接处方向逐步收缩压扁呈扁椭圆体，被诉侵权产品的手柄下端为扇面柱体，且向与喷头连接处过渡均为扇面柱体，过渡中的手柄中段有弧度的突起；7. 被诉侵权产品的手柄底端有一条弧形的装饰线，将手柄底端与产品的背面连成一体，涉案专利的手柄底端没有这样的设计；8. 涉案专利头部和手柄的长度比例与被诉侵权产品有所差别，两者的头部与手柄的连接处弧面亦有差别。

【裁判结果】

浙江省台州市中级人民法院于2013年3月5日作出（2012）浙台知民初字第573号民事判决，驳回高仪公司诉讼请求。高仪公司不服，提起上诉。浙江省高级人民法院于2013年9月27日作出（2013）浙知终字第255号民事判决：1. 撤销浙江省台州市中级人民法院（2012）浙台知民初字第573号民事判决；2. 健龙公司立即停止

[①] 案例来源：《最高人民法院关于发布第16批指导性案例的通知》（2017年3月6日发布　法〔2017〕53号），指导案例85号。

制造、许诺销售、销售侵害高仪公司"手持淋浴喷头"外观设计专利权的产品的行为,销毁库存的侵权产品;3. 健龙公司赔偿高仪公司经济损失(含高仪公司为制止侵权行为所支出的合理费用)人民币10万元;4. 驳回高仪公司的其他诉讼请求。健龙公司不服,提起再审申请。最高人民法院于2015年8月11日作出(2015)民提字第23号民事判决:1. 撤销二审判决;2. 维持一审判决。

【裁判理由】

法院生效裁判认为,本案的争议焦点在于被诉侵权产品外观设计是否落入涉案外观设计专利权的保护范围。

专利法第五十九条第二款规定:"外观设计专利权的保护范围以表示在图片或者照片中的该产品的外观设计为准,简要说明可以用于解释图片或者照片所表示的该产品的外观设计。"《最高人民法院关于审理侵犯专利权纠纷案件应用法律若干问题的解释》(以下简称《侵犯专利权纠纷案件解释》)第八条规定:"在与外观设计专利产品相同或者相近种类产品上,采用与授权外观设计相同或者近似的外观设计的,人民法院应当认定被诉侵权设计落入专利法第五十九条第二款规定的外观设计专利权的保护范围";第十条规定:"人民法院应当以外观设计专利产品的一般消费者的知识水平和认知能力,判断外观设计是否相同或者近似。"本案中,被诉侵权产品与涉案外观设计专利产品相同,均为淋浴喷头类产品,因此,本案的关键问题是对于一般消费者而言,被诉侵权产品外观设计与涉案授权外观设计是否相同或者近似,具体涉及以下四个问题:

一、关于涉案授权外观设计的设计特征

外观设计专利制度的立法目的在于保护具有美感的创新性工业设计方案,一项外观设计应当具有区别于现有设计的可识别性创新设计才能获得专利授权,该创新设计即是授权外观设计的设计特征。通常情况下,外观设计的设计人都是以现有设计为基础进行创新。对于已有产品,获得专利权的外观设计一般会具有现有设计的部分内容,同时具有与现有设计不相同也不近似的设计内容,正是这部分设计内容使得该授权外观设计具有创新性,从而满足专利法第二十三条所规定的实质性授权条件:不属于现有设计也不存在抵触申请,并且与现有设计或者现有设计特征的组合相比具有明显区别。对于该部分设计内容的描述即构成授权外观设计的设计特征,其体现了授权外观设计不同于现有设计的创新内容,也体现了设计人对现有设计的创造性贡献。由于设计特征的存在,一般消费者容易将授权外观设计区别于现有设计,因此,其对外观设计产品的整体视觉效果具有显著影响,如果被诉侵权设计未包含授权外观设计区别于现有设计的全部设计特征,一般可以推定被诉侵权设计与授权外观设计不近似。

对于设计特征的认定,一般来说,专利权人可能将设计特征记载在简要说明中,也可能会在专利授权确权或者侵权程序中对设计特征作出相应陈述。根据"谁主张、谁举证"的证据规则,专利权人应当对其所主张的设计特征进行举证。另外,授权确权程序的目的在于对外观设计是否具有专利性进行审查,因此,该过程中有关审查文档的相关记载对确定设计特征有着重要的参考意义。理想状态下,对外观设计专利的授权确权,应当是在对整个现有设计检索后的基础上确定对比设计来评判其专利性,但是,由于检索数据库的限制、无效宣告请求人检索能力的局限等原因,授权确权程序中有关审查文档所确定的设计特征可能不是在穷尽整个现有设计的检索基础上得出的,因此,无论是专利权人举证证明的设计特征,还是通过授权确权有关审查文档记载确定的设计特征,如果第三人提出异议,都应当允许其提供反证予以推翻。人民法院在听取各方当事人质证意见的基础上,对证据进行充分审查,依法确定授权外观设计的设计特征。

本案中,专利权人高仪公司主张跑道状的出水面为涉案授权外观设计的设计特征,健龙公司对此不予认可。对此,法院生效裁判认为,首先,涉案授权外观设计没有简要说明记载其设计特征,高仪公司在二审诉讼中提交了12份淋浴喷头产品的外观设计专利文件,其中7份记载的公告日早于涉案专利的申请日,其所附图片表示的外观设计均未采用跑道状的出水面。在针对涉案授权外观设计的无效宣告请求审查程序中,专利复审委员会作出第17086号决定,认定涉案授权外观设计与最接近的对比设计证据1相比："从整体形状上看，与在先公开的设计相比，本专利喷头及其各面过渡的形状、喷头正面出水区域的设计以及喷头宽度与手柄直径的比例具有较大差别，上述差别均是一般消费者容易关注的设计内容"，即该决定认定喷头出水面形状的设计为涉案授权外观设计的设计特征之一。其次，健龙公司虽然不认可跑道状的出水面为涉案授权外观设计的设计特征，但是在本案一、二审诉讼中其均未提交相应证据证明跑道状的出水面为现有设计。本案再审审查阶段，健龙公司提交200630113512.5号淋浴喷头外观设计专利视图拟证明跑道状的出水面已被现有设计所公开，经审查，该外观设计专利公告日早于涉案授权外观设计申请日，可以作为涉案授权外观设计的现有设计，但是其主视图和使用状态参考图所显示的出水面两端呈矩形而非呈圆弧形，其出水面并非跑道状。因此，对于健龙公司关于跑道状出水面不是涉案授权外观设计的设计特征的再审申请理由，本院不予支持。

二、关于涉案授权外观设计产品正常使用时容易被直接观察到的部位

认定授权外观设计产品正常使用时容易被直接观察到的部位，应当以一般消费者的视角，根据产品用途，综合考虑产品的各种使用状态得出。本案中，首先，涉案授权外观设计是淋浴喷头产品外观设计，淋浴喷头产品由喷头、手柄构成，二者在整个产品结构中所占空间比例相差不大。淋浴喷头产品可以手持，也可以挂于墙上使用，在其正常使用状态下，对于一般消费者而言，喷头、手柄及其连接处均是容易被直接观察到的部位。其次，第17086号决定认定在先申请的设计证据2与涉案授权外观设计采用了同样的跑道状出水面，但是基于涉案授权外观设计的"喷头与手柄成一体，喷头及其与手柄连接的各面均为弧面且喷头前倾，此与在先申请的设计相比具有较大的差别，上述差别均是一般消费者容易关注的设计内容"，认定二者属于不相同且不相近似的外观设计。可见，淋浴喷头产品容易被直接观察到的部位并不仅限于其喷头头部出水面，在对淋浴喷头产品外观设计的整体视觉效果进行综合判断时，其喷头、手柄及其连接处均应作为容易被直接观察到的部位予以考虑。

三、关于涉案授权外观设计手柄上的推钮是否为功能性设计特征

外观设计的功能性设计特征是指那些在外观设计产品的一般消费者看来，由产品所要实现的特定功能唯一决定而不考虑美学因素的特征。通常情况下，设计人在进行产品外观设计时，会同时考虑功能因素和美学因素。在实现产品功能的前提下，遵循人文规律和法则对产品外观进行改进，即产品必须首先实现其功能，其次还要在视觉上具有美感。具体到一项外观设计的某一特征，大多数情况下均兼具功能性和装饰性，设计者会在能够实现特定功能的多种设计中选择一种其认为最具美感的设计，而仅由特定功能唯一决定的设计只有在少数特殊情况下存在。因此，外观设计的功能性设计特征包括两种：一是实现特定功能的唯一设计；二是实现特定功能的多种设计之一，但是该设计仅由所要实现的特定功能决定而与美学因素的考虑无关。对功能性设计特征的认定，不在于该设计是否因功能或技术条件的限制而不具有可选择性，而在于外观设计产品的一般消费者看来该设计是否仅仅由特定功能所决定，而不需要考虑该设计是否具有美感。一般而言，功能性设计特征对于外观设计的整体视觉效果不具有显著影响；而功能性与装饰性兼具的设计特征对整体视觉效果的影响需要考虑其装饰性的强弱，装饰性越强，对整体视觉效果的影响相对较大，反之则相对较小。

本案中，涉案授权外观设计与被诉侵权产品外观设计的区别之一在于后者缺乏前者在手柄位置上具有的一类跑道状推钮设计。推钮的功能是控制水流开关，是否设置推钮这一部件是由是否需要在淋浴喷头产品上实现控制水流开关的功能所决定的，但是，只要在淋浴喷头手柄位置设置推钮，该推钮的形状就可以有多种设计。当一般消费者看到淋浴喷头手柄上的推钮时，自然会关注其装饰性，考虑该推钮设计是否美观，而不是仅仅考虑该推钮是否能实现控制水流开关的功能。涉案授权外观设计的设计者选择将手柄位置的推钮设计为类跑道状，其目的也在于与跑道状的出水面相协调，增加产品整体上的美感。因此，二审判决认定涉案授权外观设计中

的推钮为功能性设计特征,适用法律错误,本院予以纠正。

四、关于被诉侵权产品外观设计与涉案授权外观设计是否构成相同或者近似

《侵犯专利权纠纷案件解释》第十一条规定,认定外观设计是否相同或者近似时,应当根据授权外观设计、被诉侵权设计的设计特征,以外观设计的整体视觉效果进行综合判断;对于主要由技术功能决定的设计特征,应当不予考虑。产品正常使用时容易被直接观察到的部位相对于其他部位、授权外观设计区别于现有设计的设计特征相对于授权外观设计的其他设计特征,通常对外观设计的整体视觉效果更具有影响。

本案中,被诉侵权产品外观设计与涉案授权外观设计相比,其出水孔分布在喷头正面跑道状的区域内,虽然出水孔的数量及其在出水面两端的分布与涉案授权外观设计存在些许差别,但是总体上,被诉侵权产品采用了与涉案授权外观设计高度近似的跑道状出水面设计。关于两者的区别设计特征,一审法院归纳了八个方面,对此双方当事人均无异议。对于这些区别设计特征,首先,如前所述,第17086号决定认定涉案外观设计专利的设计特征有三点:一是喷头及其各面过渡的形状,二是喷头出水面形状,三是喷头宽度与手柄直径的比例。除喷头出水面形状这一设计特征之外,喷头及其各面过渡的形状、喷头宽度与手柄直径的比例等设计特征也对产品整体视觉效果产生显著影响。虽然被诉侵权产品外观设计采用了与涉案授权外观设计高度近似的跑道状出水面,但是,在喷头及其各面过渡的形状这一设计特征上,涉案授权外观设计的喷头、手柄及其连接各面均呈圆弧过渡,而被诉侵权产品外观设计的喷头、手柄及其连接各面均为斜面过渡,从而使得二者在整体设计风格上呈现明显差异。另外,对于非设计特征之外的被诉侵权产品外观设计与涉案授权外观设计相比的区别设计特征,只要其足以使两者在整体视觉效果上产生明显差异,也应予以考虑。其次,淋浴喷头产品的喷头、手柄及其连接处均为其正常使用

时容易被直接观察到的部位,在对整体视觉效果进行综合判断时,在上述部位上的设计均应予以重点考查。具体而言,涉案授权外观设计的手柄上设置有一类跑道状推钮,而被诉侵权产品无此设计,因该推钮并非功能性设计特征,推钮的有无这一区别设计特征会对产品的整体视觉效果产生影响;涉案授权外观设计的喷头与手柄连接产生的斜角角度较小,而被诉侵权产品的喷头与手柄连接产生的斜角角度较大,从而使得两者在左视图上呈现明显差异。正是由于被诉侵权产品外观设计未包含涉案授权外观设计的全部设计特征,以及被诉侵权产品外观设计与涉案授权外观设计在手柄、喷头与手柄连接处的设计等区别设计特征,使得两者在整体视觉效果上呈现明显差异,两者既不相同也不近似,被诉侵权产品外观设计未落入涉案外观设计专利权的保护范围。二审判决仅重点考虑了涉案授权外观设计跑道状出水面的设计特征,而对于涉案授权外观设计的其他设计特征,以及淋浴喷头产品正常使用时其他容易被直接观察到的部位上被诉侵权产品外观设计与涉案授权外观设计专利的区别设计特征未予考虑,认定两者构成近似,适用法律错误,本院予以纠正。

综上,健龙公司生产、许诺销售、销售的被诉侵权产品外观设计与高仪公司所有的涉案授权外观设计既不相同也不近似,未落入涉案外观设计专利权保护范围,健龙公司生产、许诺销售、销售被诉侵权产品的行为不构成对高仪公司涉案专利权的侵害。二审判决适用法律错误,本院依法应予纠正。

(生效裁判审判人员:周翔、吴蓉、宋淑华)

4. 柏万清诉成都难寻物品营销服务中心等侵害实用新型专利权纠纷案[①]

【关键词】民事/侵害实用新型专利权/保护

---

① 案例来源:《最高人民法院关于发布第11批指导性案例的通知》(2015年11月19日 法〔2015〕320号),指导案例55号。

范围/技术术语/侵权对比

【裁判要点】

专利权的保护范围应当清楚,如果实用新型专利权的权利要求书的表述存在明显瑕疵,结合涉案专利说明书、附图、本领域的公知常识及相关现有技术等,不能确定权利要求中技术术语的具体含义而导致专利权的保护范围明显不清,则因无法将其与被诉侵权技术方案进行有实质意义的侵权对比,从而不能认定被诉侵权技术方案构成侵权。

【相关法条】

《中华人民共和国专利法》第26条第4款、第59条第1款

【基本案情】

原告柏万清系专利号200420091540.7、名称为"防电磁污染服"实用新型专利(以下简称涉案专利)的专利权人。涉案专利权利要求1的技术特征为:A. 一种防电磁污染服,包括上装和下装;B. 服装的面料里设有起屏蔽作用的金属网或膜;C. 起屏蔽作用的金属网或膜由导磁率高而无剩磁的金属细丝或者金属粉末构成。该专利说明书载明,该专利的目的是提供一种成本低、保护范围宽和效果好的防电磁污染服。其特征在于所述服装在面料里设有由导磁率高而无剩磁的金属细丝或者金属粉末构成的起屏蔽保护作用的金属网或膜。所述金属细丝可用市售5到8丝的铜丝等,所述金属粉末可用如软铁粉末等。附图1、2表明,防护服是在不改变已有服装样式和面料功能的基础上,通过在面料里织进导电金属细丝或以喷、涂、扩散、浸泡和印染等任一方式的加工方法将导电金属粉末与面料复合,构成带网眼的网状结构即可。

2010年5月28日,成都难寻物品营销服务中心销售了由上海添香实业有限公司生产的添香牌防辐射服上装,该产品售价490元,其技术特征是:a. 一种防电磁污染服上装;b. 服装的面料里设有起屏蔽作用的金属防护网;c. 起屏蔽作用的金属防护网由不锈钢金属纤维构成。7月19日,柏万清以成都难寻物品营销服务中心销售、上海添香实业有限公司生产的添香牌防辐射服上装(以下简称被诉侵权产品)侵犯涉案专利权为由,向四川省成都市中级人民法院提起民事诉讼,请求判令成都难寻物品营销服务中心立即停止销售被控侵权产品;上海添香实业有限公司停止生产、销售被控侵权产品,并赔偿经济损失100万元。

【裁判结果】

四川省成都市中级人民法院于2011年2月18日作出(2010)成民初字第597号民事判决,驳回柏万清的诉讼请求。宣判后,柏万清提起上诉。四川省高级人民法院于2011年10月24日作出(2011)川民终字第391号民事判决驳回柏万清上诉,维持原判。柏万清不服,向最高人民法院申请再审,最高人民法院于2012年12月28日裁定驳回其再审申请。

【裁判理由】

法院生效裁判认为:本案争议焦点是上海添香实业有限公司生产、成都难寻物品营销服务中心销售的被控侵权产品是否侵犯柏万清的"防电磁污染服"实用新型专利权。《中华人民共和国专利法》第二十六条第四款规定:"权利要求书应当以说明书为依据,清楚、简要地限定要求专利保护的范围。"第五十九条第一款规定:"发明或者实用新型专利权的保护范围以其权利要求的内容为准,说明书及附图可以用于解释权利要求的内容。"可见,准确界定专利权的保护范围,是认定被诉侵权技术方案是否构成侵权的前提条件。如果权利要求书的撰写存在明显瑕疵,结合涉案专利说明书、附图、本领域的公知常识以及相关现有技术等,仍然不能确定权利要求中技术术语的具体含义,无法准确确定专利权的保护范围的,则无法将被诉侵权技术方案与之进行有意义的侵权对比。因此,对于保护范围明显不清楚的专利权,不能认定被诉侵权技术方案构成侵权。

本案中,涉案专利权利要求1的技术特征C中的"导磁率高"的具体范围难以确定。首先,根据柏万清提供的证据,虽然磁导率有时也被称为导磁率,但磁导率有绝对磁导率与相对磁导率之分,根据具体条件的不同还涉及起始磁导率μ_i、最大磁导率μ_m等概念。不同概念的含义不同,计算方式也不尽相同。磁导率并非常数,磁场强度H发生变化时,即可观察到磁导率的变化。但是在涉案专利说明书中,既没有记载导磁率在涉案专利技术方案中是指相对磁导率还是绝对磁

导率或者其他概念,又没有记载导磁率高的具体范围,也没有记载包括磁场强度H等在内的计算导磁率的客观条件。本领域技术人员根据涉案专利说明书,难以确定涉案专利中所称的导磁率高的具体含义。其次,从柏万清提交的相关证据来看,虽能证明有些现有技术中确实采用了高磁导率、高导磁率等表述,但根据技术领域以及磁场强度的不同,所谓高导磁率的含义十分宽泛,从80 Gs/Oe 到83.5×104 Gs/Oe 均被柏万清称为高导磁率。柏万清提供的证据并不能证明在涉案专利所属技术领域中,本领域技术人员对于高导磁率的含义或者范围有着相对统一的认识。最后,柏万清主张根据具体使用环境的不同,本领域技术人员可以确定具体的安全下限,从而确定所需的导磁率。该主张实际上是将能够实现防辐射目的的所有情形均纳入涉案专利权的保护范围,保护范围过于宽泛,亦缺乏事实和法律依据。

综上所述,根据涉案专利说明书以及柏万清提供的有关证据,本领域技术人员难以确定权利要求1技术特征C中"导磁率高"的具体范围或者具体含义,不能准确确定权利要求1的保护范围,无法将被诉侵权产品与之进行有实质意义的侵权对比。因此,二审判决认定柏万清未能举证证明被诉侵权产品落入涉案专利权的保护范围,并无不当。

5. 瓦莱奥清洗系统公司诉厦门卢卡斯汽车配件有限公司等侵害发明专利权纠纷案①

【关键词】民事　发明专利权　功能性特征　先行判决　行为保全

【裁判要点】

1. 如果专利权利要求的某个技术特征已经限定或者隐含了特定结构、组分、步骤、条件或其相互之间的关系等,即使该技术特征同时还限定了其所实现的功能或者效果,亦不属于《最高人民法院关于审理侵犯专利权纠纷案件应用法律若干问题的解释(二)》第八条所称的功能性特征。

2. 在专利侵权诉讼程序中,责令停止被诉侵权行为的行为保全具有独立价值。当事人既申请责令停止被诉侵权行为,又申请先行判决停止侵害,人民法院认为需要作出停止侵害先行判决的,应当同时对行为保全申请予以审查;符合行为保全条件的,应当及时作出裁定。

【相关法条】

1.《中华人民共和国专利法》第59条
2.《中华人民共和国民事诉讼法》第153条

【基本案情】

瓦莱奥清洗系统公司(以下简称瓦莱奥公司)是涉案"机动车辆的刮水器的连接器及相应的连接装置"发明专利的专利权人,该专利仍在保护期内。瓦莱奥公司于2016年向上海知识产权法院提起诉讼称,厦门卢卡斯汽车配件有限公司(以下简称卢卡斯公司)、厦门富可汽车配件有限公司(以下简称富可公司)未经许可制造、销售、许诺销售,陈少强未经许可制造、销售的雨刮器产品落入其专利权保护范围。瓦莱奥公司请求判令卢卡斯公司、富可公司和陈少强停止侵权,赔偿损失及制止侵权的合理开支暂计600万元,并请求人民法院先行判决卢卡斯公司、富可公司和陈少强立即停止侵害涉案专利权的行为。此外,瓦莱奥公司还提出了临时行为保全申请,请求法院裁定卢卡斯公司、富可公司、陈少强立即停止侵权行为。

【裁判结果】

上海知识产权法院于2019年1月22日作出先行判决,判令厦门卢卡斯汽车配件有限公司、厦门富可汽车配件有限公司于判决生效之日起立即停止对涉案发明专利权的侵害。厦门卢卡斯汽车配件有限公司、厦门富可汽车配件有限公司不服上述判决,向最高人民法院提起上诉。最高人民法院于2019年3月27日公开开庭审理本案,作出(2019)最高法知民终2号民事判

---

① 案例来源:《最高人民法院关于发布第22批指导性案例的通知》(2019年12月24日　法〔2019〕293号),指导案例115号。

决,并当庭宣判,判决驳回上诉,维持原判。

【裁判理由】

最高人民法院认为:

一、关于"在所述关闭位置,所述安全搭扣面对所述锁定元件延伸,用于防止所述锁定元件的弹性变形,并锁定所述连接器"的技术特征是否属于功能性特征以及被诉侵权产品是否具备上述特征的问题

第一,关于上述技术特征是否属于功能性特征的问题。功能性特征是指不直接限定发明技术方案的结构、组分、步骤、条件或其之间的关系等,而是通过其在发明创造中所起的功能或者效果对结构、组分、步骤、条件或其之间的关系等进行限定的技术特征。如果某个技术特征已经限定或者隐含了发明技术方案的特定结构、组分、步骤、条件或其之间的关系等,即使该技术特征还同时限定了其所实现的功能或者效果,原则上亦不属于《最高人民法院关于审理侵犯专利权纠纷案件应用法律若干问题的解释(二)》第八条所称的功能性特征,不应作为功能性特征进行侵权比对。前述技术特征实际上限定了安全搭扣与锁定元件之间的方位关系并隐含了特定结构——"安全搭扣面对所述锁定元件延伸",该方位和结构所起到的作用是"防止所述锁定元件的弹性变形,并锁定所述连接器"。根据这一方位和结构关系,结合涉案专利说明书及其附图,特别是说明书第【0056】段关于"连接器的锁定由搭扣的垂直侧壁的内表面保证,内表面沿爪外侧表面延伸,因此,搭扣阻止爪向连接器外横向变形,因此连接器不能从钩形端解脱出来"的记载,本领域普通技术人员可以理解,"安全搭扣面对所述锁定元件延伸",在延伸部分与锁定元件外表面的距离足够小的情况下,就可以起到防止锁定元件弹性变形并锁定连接器的效果。可见,前述技术特征的特点是,既限定了特定的方位和结构,又限定了该方位和结构的功能,且只有将该方位和结构及其所起到的功能结合起来理解,才能清晰地确定该方位和结构的具体内容。这种"方位或者结构+功能性描述"的技术特征虽有对功能的描述,但是本质上仍是方位或者结构特征,不是《最高人民法院关于审理侵犯专利权纠纷案件应用法律若干问题的解释(二)》第八条

意义上的功能性特征。

第二,关于被诉侵权产品是否具备前述技术特征的问题。涉案专利权利要求1的前述技术特征既限定了安全搭扣与锁定元件的方位和结构关系,又描述了安全搭扣所起到的功能,该功能对于确定安全搭扣与锁定元件的方位和结构关系具有限定作用。前述技术特征并非功能性特征,其方位、结构关系的限定和功能限定在权利判定时均应予以考虑。本案中,被诉侵权产品的安全搭扣两侧壁内表面设有一对垂直于侧壁的凸起,当安全搭扣处于关闭位置时,其侧壁内的凸起朝向弹性元件的外表面,可以起到限制弹性元件变形张开、锁定弹性元件并防止刮水器臂从弹性元件中脱出的效果。被诉侵权产品在安全搭扣处于关闭位置时,安全搭扣两侧壁内表面垂直于侧壁的凸起朝向弹性元件的外表面,属于涉案专利权利要求1所称的"所述安全搭扣面对所述锁定元件延伸"的一种形式,且同样能够实现"防止所述锁定元件的弹性变形,并锁定所述连接器"的功能。因此,被诉侵权产品具备前述技术特征,落入涉案专利权利要求1的保护范围。原审法院在认定上述特征属于功能性特征的基础上,认定被诉侵权产品具有与上述特征等同的技术特征,比对方法及结论虽有偏差,但并未影响本案侵权判定结果。

二、关于本案诉中行为保全申请的具体处理问题

本案需要考虑的特殊情况是,原审法院虽已作出关于责令停止侵害涉案专利权的先行判决,但并未生效,专利权人继续坚持其在一审程序中的行为保全申请。此时,第二审人民法院对于停止侵害专利权的行为保全申请,可以考虑如下情况,分别予以处理:如果情况紧急或者可能造成其他损害,专利权人提出行为保全申请,而第二审人民法院无法在行为保全申请处理期限内作出终审判决的,应当对行为保全申请单独处理,依法及时作出裁定;符合行为保全条件的,应当及时采取保全措施。此时,由于原审判决已经认定侵权成立,第二审人民法院可根据案情对该行为保全申请进行审查,且不要求必须提供担保。如果第二审人民法院能够在行为保全申请处理期限内作出终审判决的,可以及时作出判决并驳

回行为保全申请。本案中，瓦莱奥公司坚持其责令卢卡斯公司、富可公司停止侵害涉案专利权的诉中行为保全申请，但是其所提交的证据并不足以证明发生了给其造成损害的紧急情况，且最高人民法院已经当庭作出判决，本案判决已经发生法律效力，另行作出责令停止侵害涉案专利权的行为保全裁定已无必要。对于瓦莱奥公司的诉中行为保全申请，不予支持。

（四）商标权

◎ 司法解释

最高人民法院关于审理商标授权确权行政案件若干问题的规定

- 2020年12月29日
- 法释〔2020〕19号

为正确审理商标授权确权行政案件，根据《中华人民共和国商标法》《中华人民共和国行政诉讼法》等法律规定，结合审判实践，制定本规定。

第一条 本规定所称商标授权确权行政案件，是指相对人或者利害关系人因不服国家知识产权局作出的商标驳回复审、商标不予注册复审、商标撤销复审、商标无效宣告及无效宣告复审等行政行为，向人民法院提起诉讼的案件。

第二条 人民法院对商标授权确权行政行为进行审查的范围，一般应根据原告的诉讼请求及理由确定。原告在诉讼中未提出主张，但国家知识产权局相关认定存在明显不当的，人民法院在各方当事人陈述意见后，可以对相关事由进行审查并作出裁判。

第三条 商标法第十条第一款第（一）项规定的同中华人民共和国的国家名称等"相同或者近似"，是指商标标志整体上与国家名称等相同或者近似。

对于含有中华人民共和国的国家名称等，但整体上并不相同或者不相近似的标志，如果该标志作为商标注册可能导致损害国家尊严的，人民法院可以认定属于商标法第十条第一款第（八）项规定的情形。

第四条 商标标志或者其构成要素带有欺骗性，容易使公众对商品的质量等特点或者产地产生误认，国家知识产权局认定其属于2001年修正的商标法第十条第一款第（七）项规定情形的，人民法院予以支持。

第五条 商标标志或者其构成要素可能对我国社会公共利益和公共秩序产生消极、负面影响的，人民法院可以认定其属于商标法第十条第一款第（八）项规定的"其他不良影响"。

将政治、经济、文化、宗教、民族等领域公众人物姓名等申请注册为商标，属于前款所指的"其他不良影响"。

第六条 商标标志由县级以上行政区划的地名或者公众知晓的外国地名和其他要素组成，如果整体上具有区别于地名的含义，人民法院应当认定其不属于商标法第十条第二款所指情形。

第七条 人民法院审查诉争商标是否具有显著特征，应当根据商标所指定使用商品的相关公众的通常认识，判断该商标整体上是否具有显著特征。商标标志中含有描述性要素，但不影响其整体具有显著特征的；或者描述性标志以独特方式加以表现，相关公众能够以其识别商品来源的，应当认定其具有显著特征。

第八条 诉争商标为外文标志时，人民法院应当根据中国境内相关公众的通常认识，对该外文商标是否具有显著特征进行审查判断。标志中外文的固有含义可能影响其在指定使用商品上的显著特征，但相关公众对该固有含义的认知程度较低，能够以该标志识别商品来源的，可以认定其具有显著特征。

第九条 仅以商品自身形状或者自身形状的一部分作为三维标志申请注册商标，相关公众一般情况下不易将其识别为指示商品来源标志的，该三维标志不具有作为商标的显著特征。

该形状系申请人所独创或者最早使用并不能当然导致其具有作为商标的显著特征。

第一款所称标志经过长期或者广泛使用，相关公众能够通过该标志识别商品来源的，可以认定该标志具有显著特征。

第十条 诉争商标属于法定的商品名称或者约定俗成的商品名称的,人民法院应当认定其属于商标法第十一条第一款第(一)项所指的通用名称。依据法律规定或者国家标准、行业标准属于商品通用名称的,应当认定为通用名称。相关公众普遍认为某一名称能够指代一类商品的,应当认定为约定俗成的通用名称。被专业工具书、辞典等列为商品名称的,可以作为认定约定俗成的通用名称的参考。

约定俗成的通用名称一般以全国范围内相关公众的通常认识为判断标准。对于由于历史传统、风土人情、地理环境等原因形成的相关市场固定的商品,在该相关市场内通用的称谓,人民法院可以认定为通用名称。

诉争商标申请人明知或者应知其申请注册的商标为部分区域内约定俗成的商品名称的,人民法院可以视其申请注册的商标为通用名称。

人民法院审查判断诉争商标是否属于通用名称,一般以商标申请日时的事实状态为准。核准注册时事实状态发生变化的,以核准注册时的事实状态判断其是否属于通用名称。

第十一条 商标标志只是或者主要是描述、说明所使用商品的质量、主要原料、功能、用途、重量、数量、产地等的,人民法院应当认定其属于商标法第十一条第一款第(二)项规定的情形。商标标志或者其构成要素暗示商品的特点,但不影响其识别商品来源功能的,不属于该项所规定的情形。

第十二条 当事人依据商标法第十三条第二款主张诉争商标构成对其未注册的驰名商标的复制、摹仿或者翻译而不应予以注册或者应予无效的,人民法院应当综合考量如下因素以及因素之间的相互影响,认定是否容易导致混淆:

(一)商标标志的近似程度;
(二)商品的类似程度;
(三)请求保护商标的显著性和知名程度;
(四)相关公众的注意程度;
(五)其他相关因素。

商标申请人的主观意图以及实际混淆的证据可以作为判断混淆可能性的参考因素。

第十三条 当事人依据商标法第十三条第三款主张诉争商标构成对其已注册的驰名商标的复制、摹仿或者翻译而不应予以注册或者应予无效的,人民法院应当综合考虑如下因素,以认定诉争商标的使用是否足以使相关公众认为其与驰名商标具有相当程度的联系,从而误导公众,致使驰名商标注册人的利益可能受到损害:

(一)引证商标的显著性和知名程度;
(二)商标标志是否足够近似;
(三)指定使用的商品情况;
(四)相关公众的重合程度及注意程度;
(五)与引证商标近似的标志被其他市场主体合法使用的情况或者其他相关因素。

第十四条 当事人主张诉争商标构成对其已注册的驰名商标的复制、摹仿或者翻译而不应予以注册或者应予无效,国家知识产权局依据商标法第三十条规定裁决支持其主张的,如果诉争商标注册未满五年,人民法院在当事人陈述意见之后,可以按照商标法第三十条规定进行审理;如果诉争商标注册已满五年,应当适用商标法第十三条第三款进行审理。

第十五条 商标代理人、代表人或者经销、代理等销售代理关系意义上的代理人、代表人未经授权,以自己的名义将与被代理人或者被代表人的商标相同或者近似的商标在相同或者类似商品上申请注册的,人民法院适用商标法第十五条第一款的规定进行审理。

在为建立代理或者代表关系的磋商阶段,前款规定的代理人或者代表人将被代理人或者被代表人的商标申请注册的,人民法院适用商标法第十五条第一款的规定进行审理。

商标申请人与代理人或者代表人之间存在亲属关系等特定身份关系的,可以推定其商标注册行为系与该代理人或者代表人恶意串通,人民法院适用商标法第十五条第一款的规定进行审理。

第十六条 以下情形可以认定为商标法第十五条第二款中规定的"其他关系":

(一)商标申请人与在先使用人之间具有亲属关系;

(二)商标申请人与在先使用人之间具有劳动关系；

(三)商标申请人与在先使用人营业地址邻近；

(四)商标申请人与在先使用人曾就达成代理、代表关系进行过磋商，但未形成代理、代表关系；

(五)商标申请人与在先使用人曾就达成合同、业务往来关系进行过磋商，但未达成合同、业务往来关系。

第十七条 地理标志利害关系人依据商标法第十六条主张他人商标不应予以注册或者应予无效，如果诉争商标指定使用的商品与地理标志产品并非相同商品，而地理标志利害关系人能够证明诉争商标使用在该产品上仍然容易导致相关公众误认为该产品来源于该地区并因此具有特定的质量、信誉或者其他特征的，人民法院予以支持。

如果该地理标志已经注册为集体商标或者证明商标，集体商标或者证明商标的权利人或者利害关系人可选择依据该条或者另行依据商标法第十三条、第三十条等主张权利。

第十八条 商标法第三十二条规定的在先权利，包括当事人在诉争商标申请日之前享有的民事权利或者其他应予保护的合法权益。诉争商标核准注册时在先权利已不存在的，不影响诉争商标的注册。

第十九条 当事人主张诉争商标损害其在先著作权的，人民法院应当依照著作权法等相关规定，对所主张的客体是否构成作品、当事人是否为著作权人或者其他有权主张著作权的利害关系人以及诉争商标是否构成对著作权的侵害等进行审查。

商标标志构成受著作权法保护的作品的，当事人提供的涉及商标标志的设计底稿、原件、取得权利的合同、诉争商标申请日之前的著作权登记证书等，均可以作为证明著作权归属的初步证据。

商标公告、商标注册证等可以作为确定商标申请人为有权主张商标标志著作权的利害关系人的初步证据。

第二十条 当事人主张诉争商标损害其姓名权，如果相关公众认为该商标标志指代了该自然人，容易认为标记有该商标的商品系经过该自然人许可或者与该自然人存在特定联系的，人民法院应当认定该商标损害了该自然人的姓名权。

当事人以其笔名、艺名、译名等特定名称主张姓名权的，该特定名称具有一定的知名度，与该自然人建立了稳定的对应关系，相关公众以其指代该自然人的，人民法院予以支持。

第二十一条 当事人主张的字号具有一定的市场知名度，他人未经许可申请注册与该字号相同或者近似的商标，容易导致相关公众对商品来源产生混淆，当事人以此主张构成在先权益的，人民法院予以支持。

当事人以具有一定市场知名度并已与企业建立稳定对应关系的企业名称的简称为依据提出主张的，适用前款规定。

第二十二条 当事人主张诉争商标损害角色形象著作权的，人民法院按照本规定第十九条进行审查。

对于著作权保护期限内的作品，如果作品名称、作品中的角色名称等具有较高知名度，将其作为商标使用在相关商品上容易导致相关公众误认为其经过权利人的许可或者与权利人存在特定联系，当事人以此主张构成在先权益的，人民法院予以支持。

第二十三条 在先使用人主张商标申请人以不正当手段抢先注册其在先使用并有一定影响的商标的，如果在先使用商标已经有一定影响，而商标申请人明知或者应知该商标，即可推定其构成"以不正当手段抢先注册"。但商标申请人举证证明其没有利用在先使用商标商誉的恶意的除外。

在先使用人举证证明其在先商标有一定的持续使用时间、区域、销售量或者广告宣传的，人民法院可以认定为有一定影响。

在先使用人主张商标申请人在与其不相类似的商品上申请注册其在先使用并有一定影响的商标，违反商标法第三十二条规定的，人民法院不予支持。

第二十四条 以欺骗手段以外的其他方式扰乱商标注册秩序、损害公共利益、不正当占用公共资源或者谋取不正当利益的，人民法院可以认定其属于商标法第四十四条第一款规定的"其他不正当手段"。

第二十五条　人民法院判断诉争商标申请人是否"恶意注册"他人驰名商标，应综合考虑引证商标的知名度、诉争商标申请人申请诉争商标的理由以及使用诉争商标的具体情形来判断其主观意图。引证商标知名度高、诉争商标申请人没有正当理由的，人民法院可以推定其注册构成商标法第四十五条第一款所指的"恶意注册"。

第二十六条　商标权人自行使用、他人经许可使用以及其他不违背商标权人意志的使用，均可认定为商标法第四十九条第二款所称的使用。

实际使用的商标标志与核准注册的商标标志有细微差别，但未改变其显著特征的，可以视为注册商标的使用。

没有实际使用注册商标，仅有转让或者许可行为；或者仅是公布商标注册信息、声明享有注册商标专用权的，不认定为商标使用。

商标权人有真实使用商标的意图，并且有实际使用的必要准备，但因其他客观原因尚未实际使用注册商标的，人民法院可以认定其有正当理由。

第二十七条　当事人主张国家知识产权局下列情形属于行政诉讼法第七十条第（三）项规定的"违反法定程序"的，人民法院予以支持：

（一）遗漏当事人提出的评审理由，对当事人权利产生实际影响的；

（二）评审程序中未告知合议组成员，经审查确有应当回避事由而未回避的；

（三）未通知适格当事人参加评审，该方当事人明确提出异议的；

（四）其他违反法定程序的情形。

第二十八条　人民法院审理商标授权确权行政案件的过程中，国家知识产权局对诉争商标予以驳回、不予核准注册或者予以无效宣告的事由不复存在的，人民法院可以依据新的事实撤销国家知识产权局相关裁决，并判令其根据变更后的事实重新作出裁决。

第二十九条　当事人依据在原行政行为之后新发现的证据，或者在原行政程序中因客观原因

无法取得或在规定的期限内不能提供的证据，或者新的法律依据提出的评审申请，不属于以"相同的事实和理由"再次提出评审申请。

在商标驳回复审程序中，国家知识产权局以申请商标与引证商标不构成使用在同一种或者类似商品上的相同或者近似商标为由准予申请商标初步审定公告后，以下情形不视为"以相同的事实和理由"再次提出评审申请：

（一）引证商标所有人或者利害关系人依据该引证商标提出异议，国家知识产权局予以支持，被异议商标申请人申请复审的；

（二）引证商标所有人或者利害关系人在申请商标获准注册后依据该引证商标申请宣告其无效的。

第三十条　人民法院生效裁判对于相关事实和法律适用已作出明确认定，相对人或者利害关系人对于国家知识产权局依据该生效裁判重新作出的裁决提起诉讼的，人民法院依法裁定不予受理；已经受理的，裁定驳回起诉。

第三十一条　本规定自 2017 年 3 月 1 日起施行。人民法院依据 2001 年修正的商标法审理的商标授权确权行政案件可参照适用本规定。

最高人民法院关于商标法修改决定施行后商标案件管辖和法律适用问题的解释

● 2020 年 12 月 29 日
● 法释〔2020〕19 号

为正确审理商标案件，根据 2013 年 8 月 30 日第十二届全国人民代表大会常务委员会第四次会议《关于修改〈中华人民共和国商标法〉的决定》和重新公布的《中华人民共和国商标法》《中华人民共和国民事诉讼法》和《中华人民共和国行政诉讼法》等法律的规定，就人民法院审理商标案件有关管辖和法律适用等问题，制定本解释。

第一条　人民法院受理以下商标案件：

1. 不服国家知识产权局作出的复审决定

或者裁定的行政案件；

2. 不服国家知识产权局作出的有关商标的其他行政行为的案件；

3. 商标权权属纠纷案件；

4. 侵害商标权纠纷案件；

5. 确认不侵害商标权纠纷案件；

6. 商标权转让合同纠纷案件；

7. 商标使用许可合同纠纷案件；

8. 商标代理合同纠纷案件；

9. 申请诉前停止侵害注册商标专用权案件；

10. 申请停止侵害注册商标专用权损害责任案件；

11. 申请诉前财产保全案件；

12. 申请诉前证据保全案件；

13. 其他商标案件。

第二条 不服国家知识产权局作出的复审决定或者裁定的行政案件及国家知识产权局作出的有关商标的行政行为案件，由北京市有关中级人民法院管辖。

第三条 第一审商标民事案件，由中级以上人民法院及最高人民法院指定的基层人民法院管辖。

涉及对驰名商标保护的民事、行政案件，由省、自治区人民政府所在地市、计划单列市、直辖市辖区中级人民法院及最高人民法院指定的其他中级人民法院管辖。

第四条 在行政管理部门查处侵害商标权行为过程中，当事人就相关商标提起商标权权属或者侵害商标权民事诉讼的，人民法院应当受理。

第五条 对于在商标法修改决定施行前提出的商标注册及续展申请，国家知识产权局于决定施行后作出对该商标申请不予受理或者不予续展的决定，当事人提起行政诉讼的，人民法院审查时适用修改后的商标法。

对于在商标法修改决定施行前提出的商标异议申请，国家知识产权局于决定施行后作出对该异议不予受理的决定，当事人提起行政诉讼的，人民法院审查时适用修改前的商标法。

第六条 对于在商标法修改决定施行前当事人就尚未核准注册的商标申请复审，国家知识产权局于决定施行后作出复审决定或者裁定，当事人提起行政诉讼的，人民法院审查时适用修改后的商标法。

对于在商标法修改决定施行前受理的商标复审申请，国家知识产权局于决定施行后作出核准注册决定，当事人提起行政诉讼的，人民法院不予受理；国家知识产权局于决定施行后作出不予核准注册决定，当事人提起行政诉讼的，人民法院审查相关诉权和主体资格问题时，适用修改前的商标法。

第七条 对于在商标法修改决定施行前已经核准注册的商标，国家知识产权局于决定施行前受理、在决定施行后作出复审决定或者裁定，当事人提起行政诉讼的，人民法院审查相关程序问题适用修改后的商标法，审查实体问题适用修改前的商标法。

第八条 对于在商标法修改决定施行前受理的相关商标案件，国家知识产权局于决定施行后作出决定或者裁定，当事人提起行政诉讼的，人民法院认定该决定或者裁定是否符合商标法有关审查时限规定时，应当从修改决定施行之日起计算该审查时限。

第九条 除本解释另行规定外，商标法修改决定施行后人民法院受理的商标民事案件，涉及该决定施行前发生的行为的，适用修改前商标法的规定；涉及该决定施行前发生，持续到该决定施行后的行为的，适用修改后商标法的规定。

最高人民法院关于审理商标案件有关管辖和法律适用范围问题的解释

● 2020 年 12 月 29 日

● 法释〔2020〕19 号

《全国人民代表大会常务委员会关于修改〈中华人民共和国商标法〉的决定》（以下简称商标法修改决定）已由第九届全国人民代表大会常务委员会第二十四次会议通过，自 2001 年 12 月 1 日起施行。为了正确审理商标案件，根据《中华人民共和国商标法》（以下简称商标法)、《中华人民共和国民事诉讼法》和《中华人民共和国行政诉讼法》(以下简称行政诉讼法)的规定,现就人民法院审理商标案件有关管辖和法律适用范围等问题,作如下解释:

第一条 人民法院受理以下商标案件:
1. 不服国家知识产权局作出的复审决定或者裁定的行政案件;
2. 不服国家知识产权局作出的有关商标的其他行政行为的案件;
3. 商标权权属纠纷案件;
4. 侵害商标权纠纷案件;
5. 确认不侵害商标权纠纷案件;
6. 商标权转让合同纠纷案件;
7. 商标使用许可合同纠纷案件;
8. 商标代理合同纠纷案件;
9. 申请诉前停止侵害注册商标专用权案件;
10. 申请停止侵害注册商标专用权损害责任案件;
11. 申请诉前财产保全案件;
12. 申请诉前证据保全案件;
13. 其他商标案件。

第二条 本解释第一条所列第1项第一审案件,由北京市高级人民法院根据最高人民法院的授权确定其辖区内有关中级人民法院管辖。

本解释第一条所列第2项第一审案件,根据行政诉讼法的有关规定确定管辖。

商标民事纠纷第一审案件,由中级以上人民法院管辖。

各高级人民法院根据本辖区的实际情况,经最高人民法院批准,可以在较大城市确定1-2个基层人民法院受理第一审商标民事纠纷案件。

第三条 商标注册人或者利害关系人向国家知识产权局就侵犯商标权行为请求处理,又向人民法院提起侵害商标权诉讼请求损害赔偿的,人民法院应当受理。

第四条 国家知识产权局在商标法修改决定施行前受理的案件,于该决定施行后作出复审决定或裁定,当事人对复审决定或裁定不服向人民法院起诉的,人民法院应当受理。

第五条 除本解释另行规定外,对商标法修改决定施行前发生,属于修改后商标法第四条、第五条、第八条、第九条第一款、第十条第一款(二)、(三)、(四)项、第十条第二款、第十一条、第十二条、第十三条、第十五条、第十六条、第二十四条、第二十五条、第三十一条所列举的情形,国家知识产权局于商标法修改决定施行后作出复审决定或者裁定,当事人不服向人民法院起诉的行政案件,适用修改后商标法的相应规定进行审查;属于其他情形的,适用修改前商标法的相应规定进行审查。

第六条 当事人就商标法修改决定施行时已满一年的注册商标发生争议,不服国家知识产权局作出的裁定向人民法院起诉的,适用修改前商标法第二十七条第二款规定的提出申请的期限处理;商标法修改决定施行时商标注册不满一年的,适用修改后商标法第四十一条第二款、第三款规定的提出申请的期限处理。

第七条 对商标法修改决定施行前发生的侵犯商标专用权行为,商标注册人或者利害关系人于该决定施行后在起诉前向人民法院提出申请采取责令停止侵权行为或者保全证据措施的,适用修改后商标法第五十七条、第五十八条的规定。

第八条 对商标法修改决定施行前发生的侵犯商标专用权行为起诉的案件,人民法院于该决定施行时尚未作出生效判决的,参照修改后商标法第五十六条的规定处理。

第九条 除本解释另行规定外,商标法修改决定施行后人民法院受理的商标民事纠纷案件,涉及该决定施行前发生的民事行为的,适用修改前商标法的规定;涉及该决定施行后发生的民事行为的,适用修改后商标法的规定;涉及该决定施行前发生,持续到该决定施行后的民事行为的,分别适用修改前、后商标法的规定。

第十条 人民法院受理的侵犯商标权纠纷案件,已经过行政管理部门处理的,人民法院仍应当就当事人民事争议的事实进行审查。

最高人民法院关于审理商标民事纠纷案件适用法律若干问题的解释

- 2020年12月29日
- 法释〔2020〕19号

为了正确审理商标纠纷案件,根据《中华人民共和国民法典》《中华人民共和国商标法》《中华人民共和国民事诉讼法》等法律的规定,就适用法律若干问题解释如下:

第一条 下列行为属于商标法第五十七条第(七)项规定的给他人注册商标专用权造成其他损害的行为:

(一)将与他人注册商标相同或者相近似的文字作为企业的字号在相同或者类似商品上突出使用,容易使相关公众产生误认的;

(二)复制、摹仿、翻译他人注册的驰名商标或其主要部分在不相同或者不相类似商品上作为商标使用,误导公众,致使该驰名商标注册人的利益可能受到损害的;

(三)将与他人注册商标相同或者相近似的文字注册为域名,并且通过该域名进行相关商品交易的电子商务,容易使相关公众产生误认的。

第二条 依据商标法第十三条第二款的规定,复制、摹仿、翻译他人未在中国注册的驰名商标或其主要部分,在相同或者类似商品上作为商标使用,容易导致混淆的,应当承担停止侵害的民事法律责任。

第三条 商标法第四十三条规定的商标使用许可包括以下三类:

(一)独占使用许可,是指商标注册人在约定的期间、地域和以约定的方式,将该注册商标仅许可一个被许可人使用,商标注册人依约定不得使用该注册商标;

(二)排他使用许可,是指商标注册人在约定的期间、地域和以约定的方式,将该注册商标仅许可一个被许可人使用,商标注册人依约定可以使用该注册商标但不得另行许可他人使用该注册商标;

(三)普通使用许可,是指商标注册人在约定的期间、地域和以约定的方式,许可他人使用其注册商标,并可自行使用该注册商标和许可他人使用其注册商标。

第四条 商标法第六十条第一款规定的利害关系人,包括注册商标使用许可合同的被许可人、注册商标财产权利的合法继承人等。

在发生注册商标专用权被侵害时,独占使用许可合同的被许可人可以向人民法院提起诉讼;排他使用许可合同的被许可人可以和商标注册人共同起诉,也可以在商标注册人不起诉的情况下,自行提起诉讼;普通使用许可合同的被许可人经商标注册人明确授权,可以提起诉讼。

第五条 商标注册人或者利害关系人在注册商标续展宽展期内提出续展申请,未获核准前,以他人侵犯其注册商标专用权提起诉讼的,人民法院应当受理。

第六条 因侵犯注册商标专用权行为提起的民事诉讼,由商标法第十三条、第五十七条所规定侵权行为的实施地、侵权商品的储藏地或者查封扣押地、被告住所地人民法院管辖。

前款规定的侵权商品的储藏地,是指大量或者经常性储存、隐匿侵权商品所在地;查封扣押地,是指海关等行政机关依法查封、扣押侵权商品所在地。

第七条 对涉及不同侵权行为实施地的多个被告提起的共同诉讼,原告可以选择其中一个被告的侵权行为实施地人民法院管辖;仅对其中某一个被告提起的诉讼,该被告侵权行为实施地的人民法院有管辖权。

第八条 商标法所称相关公众,是指与商标所标识的某类商品或者服务有关的消费者和与前述商品或者服务的营销有密切关系的其他经营者。

第九条 商标法第五十七条第(一)(二)项规定的商标相同,是指被控侵权的商标与原告的注册商标相比较,二者在视觉上基本无差别。

商标法第五十七条第(二)项规定的商标近似,是指被控侵权的商标与原告的注册商标相比较,其文字的字形、读音、含义或者图形的构图及颜色,或者其各要素组合后的整体结构相似,或者其立体形状、颜色组合近似,易使相关公众对商品的来源产生误认或者认为其来源与原告注册商标的商品有特定的联系。

第十条 人民法院依据商标法第五十七条第(一)(二)项的规定,认定商标相同或者近似按照以下原则进行:

(一)以相关公众的一般注意力为标准;

(二)既要进行对商标的整体比对,又要进行对商标主要部分的比对,比对应当在比对对象隔离的状态下分别进行;

(三)判断商标是否近似,应当考虑请求保护注册商标的显著性和知名度。

第十一条 商标法第五十七条第(二)项规定的类似商品,是指在功能、用途、生产部门、销售渠道、消费对象等方面相同,或者相关公众一般认为其存在特定联系、容易造成混淆的商品。

类似服务,是指在服务的目的、内容、方式、对象等方面相同,或者相关公众一般认为存在特定联系、容易造成混淆的服务。

商品与服务类似,是指商品和服务之间存在特定联系,容易使相关公众混淆。

第十二条 人民法院依据商标法第五十七条第(二)项的规定,认定商品或者服务是否类似,应当以相关公众对商品或者服务的一般认识综合判断;《商标注册用商品和服务国际分类表》《类似商品和服务区分表》可以作为判断类似商品或者服务的参考。

第十三条 人民法院依据商标法第六十三条第一款的规定确定侵权人的赔偿责任时,可以根据权利人选择的计算方法计算赔偿数额。

第十四条 商标法第六十三条第一款规定的侵权所获得的利益,可以根据侵权商品销售量与该商品单位利润乘积计算;该商品单位利润无法查明的,按照注册商标商品的单位利润计算。

第十五条 商标法第六十三条第一款规定的因被侵权所受到的损失,可以根据权利人因侵权所造成商品销售减少量或者侵权商品销售量与该注册商标商品的单位利润乘积计算。

第十六条 权利人因被侵权所受到的实际损失、侵权人因侵权所获得的利益、注册商标使用许可费均难以确定的,人民法院可以根据当事人的请求或者依职权适用商标法第六十三条第三款的规定确定赔偿数额。

人民法院在适用商标法第六十三条第三款规定确定赔偿数额时,应当考虑侵权行为的性质、期间、后果,侵权人的主观过错程度,商标的声誉及制止侵权行为的合理开支等因素综合确定。

当事人按照本条第一款的规定就赔偿数额达成协议的,应当准许。

第十七条 商标法第六十三条第一款规定的制止侵权行为所支付的合理开支,包括权利人或者委托代理人对侵权行为进行调查、取证的合理费用。

人民法院根据当事人的诉讼请求和案件具体情况,可以将符合国家有关部门规定的律师费用计算在赔偿范围内。

第十八条 侵犯注册商标专用权的诉讼时效为三年,自商标注册人或者利害权利人知道或者应当知道权利受到损害以及义务人之日起计算。商标注册人或者利害关系人超过三年起诉的,如果侵权行为在起诉时仍在持续,在该注册商标专用权有效期限内,人民法院应当判决被告停止侵权行为,侵权损害赔偿数额应当自权利人向人民法院起诉之日起向前推算三年计算。

第十九条 商标使用许可合同未经备案的,不影响该许可合同的效力,但当事人另有约定的除外。

第二十条 注册商标的转让不影响转让前已经生效的商标使用许可合同的效力,但商标使用许可合同另有约定的除外。

第二十一条 人民法院在审理侵犯注册商标专用权纠纷案件中,依据民法典第一百七十九条、商标法第六十条的规定和案件具体情况,可以判决侵权人承担停止侵害、排除妨碍、消除危险、赔偿损失、消除影响等民事责任,还可以作出罚款,收缴侵权商品、伪造的商标标识和主要用于生产侵权商品的材料、工具、设备等财物的民事制裁决定。罚款数额可以参照商标法第六十条第二款的有关规定确定。

行政管理部门对同一侵犯注册商标专用权行为已经给予行政处罚的,人民法院不再予以民事制裁。

第二十二条 人民法院在审理商标纠纷案件中,根据当事人的请求和案件的具体情况,可以对涉及的注册商标是否驰名依法作出认定。

认定驰名商标,应当依照商标法第十四条的规定进行。

当事人对曾经被行政主管机关或者人民法院认定的驰名商标请求保护的,对方当事人对涉及的商标驰名不持异议,人民法院不再审查。提出异议的,人民法院依照商标法第十四条的规定审查。

第二十三条 本解释有关商品商标的规定,适用于服务商标。

第二十四条 以前的有关规定与本解释不一致的,以本解释为准。

最高人民法院关于审理注册商标、企业名称与在先权利冲突的民事纠纷案件若干问题的规定

- 2020年12月29日
- 法释〔2020〕19号

为正确审理注册商标、企业名称与在先权利冲突的民事纠纷案件,根据《中华人民共和国民法典》《中华人民共和国商标法》《中华人民共和国反不正当竞争法》和《中华人民共和国民事诉讼法》等法律的规定,结合审判实践,制定本规定。

第一条 原告以他人注册商标使用的文字、图形等侵犯其著作权、外观设计专利权、企业名称权等在先权利为由提起诉讼,符合民事诉讼法第一百一十九条规定的,人民法院应当受理。

原告以他人使用在核定商品上的注册商标与其在先的注册商标相同或者近似为由提起诉讼的,人民法院应当根据民事诉讼法第一百二十四条第(三)项的规定,告知原告向有关行政主管机关申请解决。但原告以他人超出核定商品的范围或者以改变显著特征、拆分、组合等方式使用的注册商标,与其注册商标相同或者近似为由提起诉讼的,人民法院应当受理。

第二条 原告以他人企业名称与其在先的企业名称相同或者近似,足以使相关公众对其商品的来源产生混淆,违反反不正当竞争法第六条第(二)项的规定为由提起诉讼,符合民事诉讼法第一百一十九条规定的,人民法院应当受理。

第三条 人民法院应当根据原告的诉讼请求和争议民事法律关系的性质,按照民事案件案由规定,确定注册商标或者企业名称与在先权利冲突的民事纠纷案件的案由,并适用相应的法律。

第四条 被诉企业名称侵犯注册商标专用权或者构成不正当竞争的,人民法院可以根据原告的诉讼请求和案件具体情况,确定被告承担停止使用、规范使用等民事责任。

最高人民法院关于审理涉及驰名商标保护的民事纠纷案件应用法律若干问题的解释

- 2020年12月29日
- 法释〔2020〕19号

为在审理侵犯商标权等民事纠纷案件中依法保护驰名商标,根据《中华人民共和国商标法》《中华人民共和国反不正当竞争法》《中华人民共和国民事诉讼法》等有关法律规定,结合审判实际,制定本解释。

第一条 本解释所称驰名商标,是指在中国境内为相关公众所熟知的商标。

第二条 在下列民事纠纷案件中,当事人以商标驰名作为事实根据,人民法院根据案件具体情况,认为确有必要的,对所涉商标是否驰名作出认定:

(一)以违反商标法第十三条的规定为由,提起的侵犯商标权诉讼;

(二)以企业名称与其驰名商标相同或者近似为由,提起的侵犯商标权或者不正当竞争诉讼;

(三)符合本解释第六条规定的抗辩或者反诉的诉讼。

第三条 在下列民事纠纷案件中,人民法院对于所涉商标是否驰名不予审查:
(一)被诉侵犯商标权或者不正当竞争行为的成立不以商标驰名为事实根据的;
(二)被诉侵犯商标权或者不正当竞争行为因不具备法律规定的其他要件而不成立的。
原告以被告注册、使用的域名与其注册商标相同或者近似,并通过该域名进行相关商品交易的电子商务,足以造成相关公众误认为由,提起的侵权诉讼,按照前款第(一)项的规定处理。

第四条 人民法院认定商标是否驰名,应当以证明其驰名的事实为依据,综合考虑商标法第十四条第一款规定的各项因素,但是根据案件具体情况无需考虑该条规定的全部因素即足以认定商标驰名的情形除外。

第五条 当事人主张商标驰名的,应根据案件具体情况,提供下列证据,证明被诉侵犯商标权或者不正当竞争行为发生时,其商标已属驰名:
(一)使用该商标的商品的市场份额、销售区域、利税等;
(二)该商标的持续使用时间;
(三)该商标的宣传或者促销活动的方式、持续时间、程度、资金投入和地域范围;
(四)该商标曾被作为驰名商标受保护的记录;
(五)该商标享有的市场声誉;
(六)证明该商标已属驰名的其他事实。
前款所涉及的商标使用的时间、范围、方式等,包括其核准注册前持续使用的情形。
对于商标使用时间长短、行业排名、市场调查报告、市场价值评估报告、是否曾被认定为著名商标等证据,人民法院应当结合认定商标驰名的其他证据,客观、全面地进行审查。

第六条 原告以被诉商标的使用侵犯其注册商标专用权为由提起民事诉讼,被告以原告的注册商标复制、摹仿或者翻译其在先未注册驰名商标为由提出抗辩或者提起反诉的,应当对其在先未注册商标驰名的事实负举证责任。

第七条 被诉侵犯商标权或者不正当竞争行为发生前,曾被人民法院或者行政管理部门认定驰名的商标,被告对该商标驰名的事实不持异议的,人民法院应当予以认定。被告提出异议的,原告仍应当对该商标驰名的事实负举证责任。
除本解释另有规定外,人民法院对于商标驰名的事实,不适用民事诉讼证据的自认规则。

第八条 对于在中国境内为社会公众所熟知的商标,原告已提供其商标驰名的基本证据,或者被告不持异议的,人民法院对该商标驰名的事实予以认定。

第九条 足以使相关公众对使用驰名商标和被诉商标的商品来源产生误认,或者足以使相关公众认为使用驰名商标和被诉商标的经营者之间具有许可使用、关联企业关系等特定联系的,属于商标法第十三条第二款规定的"容易导致混淆"。
足以使相关公众认为被诉商标与驰名商标具有相当程度的联系,而减弱驰名商标的显著性、贬损驰名商标的市场声誉,或者不正当利用驰名商标的市场声誉的,属于商标法第十三条第三款规定的"误导公众,致使该驰名商标注册人的利益可能受到损害"。

第十条 原告请求禁止被告在不相类似商品上使用与原告驰名的注册商标相同或者近似的商标或者企业名称的,人民法院应当根据案件具体情况,综合考虑以下因素后作出裁判:
(一)该驰名商标的显著程度;
(二)该驰名商标在使用被诉商标或者企业名称的商品的相关公众中的知晓程度;
(三)使用驰名商标的商品与使用被诉商标或者企业名称的商品之间的关联程度;
(四)其他相关因素。

第十一条 被告使用的注册商标违反商标法第十三条的规定,复制、摹仿或者翻译原告驰名商标,构成侵犯商标权的,人民法院应当根据原告的请求,依法判决禁止被告使用该商标,但被告的注册商标有下列情形之一的,人民法院对原告的请求不予支持:
(一)已经超出商标法第四十五条第一款规定的请求宣告无效期限的;
(二)被告提出注册申请时,原告的商标并不驰名的。

第十二条 当事人请求保护的未注册驰名商标,属于商标法第十条、第十一条、第十二条规定不得作为商标使用或者注册情形的,人民法院不予支持。

第十三条 在涉及驰名商标保护的民事纠纷案件中,人民法院对于商标驰名的认定,仅作为案件事实和判决理由,不写入判决主文;以调解方式审结的,在调解书中对商标驰名的事实不予认定。

第十四条 本院以前有关司法解释与本解释不一致的,以本解释为准。

◎ 请示答复

最高人民法院关于上海啤酒厂破产案中转让"天鹅"注册商标问题的答复

● 1997年3月11日

上海市高级人民法院:

我院接国家工商行政管理局商标局转来材料,知悉上海市普陀区人民法院受理的上海啤酒厂破产一案中,债权人交通银行上海分行、中国银行上海市分行、建设银行上海三支行及"天鹅"牌上海啤酒商标的独占使用人上海啤酒有限公司向有关法院和国家工商行政管理局商标局反映:上海啤酒厂有《中华人民共和国企业破产法(试行)》第三十五条第一款第(二)项规定的行为,非正常压价出售"天鹅"等注册商标,要求确认该行为无效;同时反映上海啤酒厂企业破产清算组追认该项转让行为,损害了债权人利益。

经研究认为,如果所反映的情况属实,则有关"天鹅"等注册商标的申请转让,应属无效的民事行为;有关注册商标权应并入破产财产,经评估后依照我院《关于贯彻执行〈中华人民共和国企业破产法〉(试行)若干问题的意见》中的有关规定处理。

请你院监督指导上海市普陀区人民法院处理该注册商标转让的有关事宜,妥善处理有关各方的异议,并将处理结果尽快报我院知识产权庭。

最高人民法院知识产权审判庭对公安部经济犯罪侦查局〔1998〕215号文的答复意见

● 1999年1月19日
● 〔1999〕法知字第1号函

公安部经济犯罪侦查局:

你局公经〔1998〕215号文收悉。经研究,答复如下:

"江峰"注册商标原是属于江峰机械厂所有的财产,在江峰机械厂并入重庆长江电工厂后,该注册商标与其他财产一样,由长江电工厂接收,成为长江电工厂的合法财产,并非无主财产,也未丧失其价值。虽然长江电工厂应当办理注册人的变更手续,但鉴于我国商标法及其实施细则对企业兼并后注册商标的变更问题没有规定明确的程序和期限,故不宜以未办理变更手续而否认长江电工厂对该商标的所有权。

长江电工厂应当依照商标法及其实施细则的有关规定,迅速办理变更手续。本意见仅供参考。

最高人民法院知识产权庭关于烟台市京蓬农药厂诉潍坊市益农化工厂商标侵权纠纷案的答复

● 2000年4月17日
● 〔1999〕知他字第5号函

山东省高级人民法院:

你院鲁高法函(1999)118号《关于烟台市京蓬农药厂诉潍坊市益农化工厂商标侵权纠纷一案的请示》收悉。经研究,答复如下:

烟台市京蓬农药厂(以下简称京蓬厂)的"桃小灵"注册商标与潍坊市益农化工厂(以下简称益农厂)的"桃小一次净"商品名称都具有区别商品品质和来源的标识作用,"桃小"在其中均是起主要识别作用的部分,"灵"与"一次净"都均有功效显著之意,因此,两者的字型和含义存在一定的近似之处。本案的关键问题就是判定这种"近似"是否足以造成消费者的误认,即是否符合《商标法实施细则》第四十一条第(2)项的规定,属于《商标法》第三十八条第(4)项所指的对他人的商标权造成其他损害的行为。参照国家工商行政管理《关于执行〈商标法〉及其〈实施细则〉若干问题的通知》第七条的解释,"足以造成误认"是指会造成对商品来源的误认,或者会产生双方当事人之间存在某种特殊联系的错误认识。从本案现有材料看,证明已经在客观上造成误认的证据似有不足,以普通消费者的一般注意力为标准判定足以造成误认的证据也不扎实,原审判决作出使消费者产生两者存在一种特殊联系感觉的认定,在事实依据方面尚有所欠缺。但你院倾向性意见所述理由似尚不足以推翻原审判决的认定。理由是:一、字型结构、词语组合、包装装潢上的明显差异不能作为否定两者近似并足以造成误认的充足理由,因为认定近似并不需要在字型、读音、含义三方面均构成近似,而且包装装潢的异同不能作为商标侵权的判断依据。二、虽然"桃小"是昆虫的通用名称,商标权人不能以其注册了"桃小灵"商标而限制他人使用该词汇,且农药行业中有将药物防治对象与防治效果组合命名的惯例,但这并不等于说他人在任何情况下使用"桃小",均是正当合理的。判断正当与否,要结合案件的实际情况,根据是否造成了对他人商标权的损害来认定。如果本案"桃小灵"与"桃小一次净"之间构成近似并足以造成消费者的误认,则益农厂使用"桃小"就是不正当的,要承担侵权的法律责任。此外,从京蓬厂提供的证据看,已发生了农药经销商产生"桃小一次净"是"桃小灵"替代产品错误认识的客观事实,经销商虽然不是最终消费者,但在一定程度上反映了普通消费者的主观判断。你院复查本案时应当考虑这一情况。

综上,虽然原审判决存在一定缺陷,但鉴于本案二审判决已经发生法律效力,且本案影响较大,故建议你院进一步查明有关事实,取得足够的事实依据后,依法对本案作出慎重处理。

以上意见供参考。

最高人民法院知识产权庭关于万胜亚洲有限公司、怡东电脑有限公司与华源实业(集团)股份有限公司商标侵权纠纷案的函

• 2000年5月8日
• [1999]知监字第22号函

广东省高级人民法院:

关于上诉人(原审被告)万胜亚洲有限公司(以下简称万胜公司)、怡东电脑有限公司(以下简称怡东公司)与被上诉人(原审原告)华源实业(集团)股份有限公司(以下简称华源公司)商标侵权纠纷一案,万胜公司不服你院(1997)粤知终字第42号民事判决,向本院申请再审。申请再审期间,万胜公司向本院提交了国家工商行政管理局商标评审委员会于1999年7月21日作出的商评字(1999)第771号《关于第592880号"万胜"商标注册不当终局裁定书》,裁定撤销华源公司的"万胜"注册商标。鉴于本案生效判决尚未执行,现将申请再审人的有关材料转你院,建议你院依照民事诉讼法的有关规定,作出终结执行的裁定。

请你院于三个月内将处理结果报告我院。

最高人民法院关于对杭州张小泉剪刀厂与上海张小泉刀剪总店、上海张小泉刀剪制造有限公司商标侵权及不正当竞争纠纷一案有关适用法律问题的函

• 2003年11月4日
• [2003]民三他字第1号

上海市高级人民法院:

你院《关于杭州张小泉剪刀厂与上海张小泉刀剪总店、上海张小泉刀剪制造有限公司商标侵权及不正当竞争纠纷一案的请示报告》收

悉。经研究，对请示中涉及的法律适用问题答复如下：

一、同意你院关于应当依法受理本案的意见。

二、同意你院关于在先取得企业名称权的权利人有权正当使用自己的企业名称，不构成侵犯在后注册商标专用权行为的意见。企业名称权和商标专用权各自有其权利范围，均受法律保护。企业名称经核准登记以后，权利人享有在不侵犯他人合法权益的基础上使用企业名称进行民事活动、在相同行政区划范围内阻止他人登记同一名称、禁止他人假冒企业名称等民事权利。考虑到本案纠纷发生的历史情况和行政法规、规章允许企业使用简化名称以及字号的情况，上海张小泉刀剪总店过去在产品上使用"张小泉"或者"上海张小泉"字样的行为不宜认定侵犯杭州张小泉剪刀厂的合法权益。今后上海张小泉刀剪总店应当在商品、服务上规范使用其经核准登记的企业名称。

三、使用与他人在先注册并驰名的商标文字相同的文字作为企业名称或者名称中部分文字，该企业所属行业（或者经营特点）又与注册商标核定使用的商品或者服务相同或者有紧密联系，客观上可能产生淡化他人驰名商标，损害商标注册人的合法权益，人民法院应当根据当事人的请求对这类行为予以制止。从你院请示报告中所陈述的查明事实看，本案上海张小泉刀剪总店成立在先且其字号的知名度较高，上海张小泉刀剪制造有限公司系上海张小泉刀剪总店与他人合资设立，且"张小泉"文字无论作为字号还是商标，其品牌知名度和声誉的产生都是有长期的历史原因。因此，请你院根据本案存在的上述事实以及本案被告是否存在其他不正当竞争行为等全案情况，对上海张小泉刀剪制造有限公司使用"张小泉"文字是否构成侵权或者不正当竞争及赔偿等问题，依法自行裁决。

以上意见供参考。

最高人民法院关于对南京金兰湾房地产开发公司与南京利源物业发展有限公司侵犯商标专用权纠纷一案请示的答复

- 2004年2月2日
- 〔2003〕民三他字第10号

江苏省高级人民法院：

你院〔2003〕苏民三审监字第008号《关于南京利源物业发展有限公司与南京金兰湾房地产开发公司商标侵权纠纷一案的请示报告》收悉。经研究，答复如下：

根据《中华人民共和国商标法》第五十二条第（一）项、《中华人民共和国商标法实施条例》第三条、第四十九条的规定，以地名作为文字商标进行注册的，商标专用权人有权禁止他人将与该地名相同的文字作为商标或者商品名称等商业标识在相同或者类似商品上使用来表示商品的来源；但无权禁止他人在相同或者类似商品上正当使用该地名来表示商品与产地、地理位置等之间的联系（地理标志作为商标注册的另论）。能否准确把握上述界限，是正确认定涉及地名的文字商标专用权的权利范围，依法保护商标专用权并合理维护正当的公众利益的关键。

我们认为应当注意以下问题：一、使用人使用地名的目的和方式。使用地名的方式往往表现出使用目的。使用人使用地名的方式是公众惯常理解的表示商品产地、地理位置等方式的，应当认为是属于正当使用地名。二、商标和地名的知名度。所使用的文字，如果其作为商标知名度高，则一般情况下，相关公众混淆、误认的可能性较大；如果其作为地名知名度高，则相关公众对其出处的混淆、误认的可能性会较小。三、相关商品或服务的分类情况。商品或服务的分类情况，往往决定了是否需要指示其地理位置。房地产销售中指示房地产的地理位置，一般应当认为是基于说明该商品的自然属性的需要。四、相关公众在选择此类商品或服务时的注意程度。根据相关公众选择此类商品或服务时的一般注意程度，审查确认是否会因这种使用而对该商品或服务的来源混淆、误认。五、地名使用的具体环境、情形。在房地产广告上为突出地理位置的优越而突出使用地名与在一般商品上、一般商品的广告上为突出商品的产地而突出使用地名往往给予公众的注意程度不同，产生的效果也有所差别。

你院请示中涉及的是否构成侵权的问题，请你院在查明事实的基础上，根据有关法律和司法解释的规定并结合上述意见自行决定。

此复。

最高人民法院关于转发〔2005〕民三他字第 6 号函的通知

● 2005 年 8 月 22 日

各省、自治区、直辖市高级人民法院：

现将我院就辽宁省高级人民法院《关于大连金州酒业有限公司与大连市金州区白酒厂商标侵权纠纷一案的请示》的〔2005〕民三他字第 6 号的答复函转发你院，请予参照执行。

附：

〔2005〕民三他字第 6 号

2005 年 8 月 19 日

辽宁省高级人民法院：你院〔2004〕辽民四知终字第 176 号《关于大连金州酒业有限公司与大连市金州区白酒厂商标侵权纠纷一案的请示》收悉。经研究，答复如下：

注册商标含有地名的，商标专用权人不得禁止地名所在区域的其他经营者为表明地理来源等正当用途而在商品名称中使用该地名。但是，除各自使用的地名文字相同外，如果商品名称与使用特殊的字体、形状等外观的注册商标构成相同或者近似，或者注册商标使用的地名除具有地域含义外，还具有使相关公众与注册商标的商品来源必然联系起来的其他含义（即第二含义），则不在此限。

请你院依据有关商标的法律、行政法规和司法解释的规定，并结合上述意见，根据案件事实，认真请示案件中的被诉行为是否构成侵权。

◎ 地方司法文件

北京市高级人民法院关于审理商标民事纠纷案件若干问题的解答

● 2006 年 3 月 7 日
● 京高法发〔2006〕68 号

针对我市法院商标民事纠纷案件审理中遇到的情况和问题，为准确适用相关法律、法规和司法解释，统一我市法院审理商标民事纠纷案件的执法尺度，提高我市法院商标民事纠纷案件的审判水平，特就审判中出现的问题作以下解答：

1. 如何理解注册商标专用权的范围？

注册商标专用权人享有在核定的商品上专有使用其注册商标的权利，以及禁止他人未经其许可在同一种或者类似商品上使用与其注册商标相同或者近似的商标的权利。

注册商标是驰名商标的，注册商标专用权人有权禁止他人在不相同或者不类似的商品上使用与注册商标相同或者近似的商标，误导公众，致使该注册商标专用权人利益可能受到损害的行为。

2. 商标的使用方式有哪些？

在商业活动中，使用商标标识表明商品的来源，使相关公众能够区分提供商品的不同市场主体的方式，均为商标的使用方式。除商标法实施条例第三条所列举的商标使用方式外，在音像、电子媒体、网络等平面或立体媒介上使用商标标识，使相关公众对商标、商标所标示的商品及商品提供者有所认识的，都是商标的使用。

3. 如何界定服务商标的使用？

在商业活动中，有下列行为之一的，可以认定为服务商标的使用：

（1）在服务场所内外标明其服务商标的；

（2）在服务招牌上标明其服务商标的；

(3)在为提供服务所使用的物品上标明其服务商标的;

(4)在服务人员的服装、鞋帽及标牌、名片、名信片等物品上标明其服务商标的;

(5)在服务提供者的财务账册、发票、合同等商业交易文书上标明其服务商标的;

(6)利用音像、电子媒体、网络等平面或者立体媒介使相关公众认识到其为服务商标的;

(7)其他在商业活动中使用服务商标的行为。

4. 转让注册商标是否属于商标使用行为?

仅实施转让注册商标的行为,没有发挥商标的区分不同商品来源的功能,不属于商标使用行为。

5. 如何界定计算机软件商品商标的使用?

除本解答第2条所述商标使用方式外,在安装、运行计算机软件时,显示器显示出的对话框、标题栏、图标及版权页等界面上出现注册商标,表明其所标示的商品区别于其他同类商品的来源的,亦为商标的使用方式。

6. 实际使用的商标与注册商标有差异的,能否认定是对注册商标的使用?

实际使用的商标未改变注册商标的显著特征的,视为对注册商标的使用;否则,不能认定是对注册商标的使用。

7. 《类似商品和服务区分表》的作用是什么?

《类似商品和服务区分表》可以作为判断商品是否类似的参考,但不是判断类似的唯一参考标准。如果当事人提出与《类似商品和服务区分表》的划分不一致的关于商品类似或者不类似的证据的,应当根据当事人提供的证据予以认定,否则应当参考《类似商品和服务区分表》认定商品是否类似。

8. 如何判断商品与服务是否类似?

判断商品与服务是否类似应考虑下列因素:商品与服务在性质上的相关程度,在用途、用户、通常效用、销售渠道及销售习惯等方面的一致性,即在商品和服务中使用相同或者近似商标,是否足以造成相关公众的混淆、误认。

9. 判断商标近似的标准是什么?

在判断商标近似时应当以对相关商品具有一般性的知识、经验的相关公众在选购商品时所施加的普通注意程度为标准。

10. 在确定相关公众时应考虑哪些因素?

相关公众是指与商标所标示的某类商品有关的消费者和与前述商品的营销有密切关系的其他经营者。在确定相关公众时,应当考虑商品性质、种类、价格等因素对其范围及其注意程度的影响。

11. 足以造成相关公众的混淆、误认与商标近似的关系如何?

足以造成相关公众的混淆、误认是构成商标近似的必要条件。仅商标文字、图案近似,但不足以造成相关公众混淆、误认的,不构成商标近似,在商标近似判断中应当对是否足以造成相关公众的混淆、误认进行认定。

12. 如何判断足以造成相关公众的混淆、误认?

足以造成相关公众的混淆、误认是指相关公众误认为被控侵权商标与注册商标所标示的商品来自同一市场主体,或者虽然认为两者所标示的商品来自不同的市场主体,但是误认为使用两者的市场主体之间存在经营上、组织上或法律上的关联。

13. 整体比对方法与主要部分比对方法在判断商标近似时应如何适用?

商标的主要部分影响相关公众对商标的整体印象,因此在判断商标是否近似时应当以整体比对方法为主,并辅之以主要部分对比方法。注册商标中有放弃专用权的部分的,在比对时仍应当用包括放弃专用权的部分在内的注册商标整体进行比对。

14. 如何判断文字商标是否近似?

判断文字商标是否近似应以是否足以造成相关公众的混淆、误认为标准,将文字商标整体进行比对并考虑文字的读音、字体、含义、排列方式等方面因素。

属于下列情形之一的,可以认定为近似商标:

(1)字形近似的;

(2)字形不同但读音、含义相同的;

(3)文字不同但读音相同、字形近似且文字无含义的;

(4)由三个以上的字组成、无确定含义但排

列顺序相同的;或者虽然排列顺序不同但发音近似、字形近似的;

(5)由外文字母组成的无含义商标,部分字母相同且排列顺序相同,或者虽然排列顺序不同但发音、字形近似的;

(6)可以判定为近似商标的其他情形。

15. 如何判断图形商标是否近似?

判断图形商标是否近似应当以注册商标与被控侵权商标外观是否足以造成相关公众的混淆、误认为标准,外观的比对应从图形的构图、设计方面进行。

注册商标与被控侵权商标虽有不同之处,但给相关公众的整体印象基本一致的;或者两图形较小,相关公众运用一般注意程度不易辨认其构图、设计的,只要两图形整体外观近似,即可认定为近似商标。如果两图形构图、设计近似,即使颜色或者反映的事物不同,也应当认定为近似商标;相反,如果两图形反映的是同一事物,但构图、设计均不同的,则不应认定为近似商标。

16. 如何判断图形文字组合商标是否近似?

图形文字组合商标有下列情形之一,足以造成相关公众混淆、误认的,可以认定为近似商标:

(1)商标整体近似的;

(2)商标文字相同或者近似的;

(3)商标文字不同,但图形相同或者近似的;

(4)可以判定为近似组合商标的其他情形。

17. 将组合商标的各部分分别使用在商品或包装的各个不同部位的,如何判断近似?

应当用组合商标与在不同部位使用的各个标志分别进行比对,比对时应考虑各部分标志的使用部位、相关公众对其注意程度以及是否认为是商标的使用等情况。如果作为商标使用的标志是组合商标的主要部分,相关公众对组合商标的整体印象主要来源于该标志,这种使用足以造成相关公众混淆、误认的,应认定两者近似;否则不宜认定为近似。

18. 能否将权利人多个不同注册商标组合起来的标志与被控侵权商标比对以判断两者是否近似?

多个注册商标组合在一起的排列方式有多种,权利人未将其组合形式注册为商标的,不能用组合形式与被控侵权商标进行比对;应当将权利人的各个注册商标分别与被控侵权商标进行比对,判断是否近似。

19. 权利人注册商标的实际使用形态与注册形态不一致,能否用实际使用形态与被控侵权商标比对判断是否近似?

判断商标是否近似,应以权利人商标的注册形态与被控侵权商标进行比对,不能以权利人商标的实际使用形态与被控侵权商标进行比对。

20. 哪些行为可以认定为商标法第五十七条规定的即将实施侵犯注册商标专用权的行为?

下列行为可以认定为即将实施侵犯注册商标专用权的行为:

(1)以销售为目的持有侵权商品;

(2)以销售为目的发布侵权商品宣传广告;

(3)以制造或者销售侵权商品为目的,持有侵权标识或者带有侵权标识的包装物;

(4)其他可以认定为即将实施的侵权行为。

21. 承揽加工带有他人注册商标的商品是否构成商标侵权?

承揽加工带有他人注册商标的商品的,承揽人应当对定作人是否享有注册商标专用权进行审查。未尽到注意义务加工侵犯注册商标专用权的商品的,承揽人与定作人构成共同侵权,应当与定作人共同承担损害赔偿等责任。承揽人不知道是侵犯注册商标专用权的商品,并能够提供定作人及其商标权利证明的,不承担损害赔偿责任。

22. 销售商品时搭赠侵犯注册商标专用权的商品是否构成商标侵权?

搭赠是销售的一种形式,因此搭赠侵犯注册商标专用权商品的行为是商标侵权行为,搭赠人应承担停止侵权的责任;明知或者应知所搭赠的商品是侵犯注册商标专用权的商品的,还应当承担损害赔偿责任。

23. 商标使用许可合同终止后,被许可人继续销售合同终止前生产的带有许可人注册商标的商品的,是否构成商标侵权?

商标使用许可合同有约定或者当事人就此问题达成协议的,按照当事人的约定处理。没有约定或者当事人不能达成协议的,可以根据具体情况确定合理销售期限。在该期限内被许可人销售使用许可合同期限内制造的商品的,不认定为侵权;被许可人逾期销售的,构成侵权。

24. 在同一种或者类似商品上使用与他人在先注册商标相同或者近似的文字作为商品名称并经相关行业主管机关审批的,是否构成商标侵权?

商品名称虽已经过行业主管机关的审批,但如果该名称在使用时发挥了商标的功能,足以造成相关公众的混淆、误认的,构成商标侵权。

25. 将权利人一种商品上的注册商标去除,换上同一权利人另一种商品的另一注册商标后再出售的,是否构成商标侵权?

将权利人一种商品上的注册商标去除,换上同一权利人另一种商品的另一注册商标后再出售的,属于商标法第五十二条第(四)项规定的"未经商标注册人同意,更换其注册商标并将该更换商标的商品又投入市场的"行为,应当认定构成商标侵权。

26. 正当使用商标标识行为的构成要件有哪些?

构成正当使用商标标识的行为应当具备以下要件:

(1)使用出于善意;

(2)不是作为自己商品的商标使用;

(3)使用只是为了说明或者描述自己的商品。

27. 哪些行为属于正当使用商标标识的行为?

满足本解答第26条规定要件的下列行为,属于正当使用商标标识的行为:

(1)使用注册商标中含有的本商品的通用名称、图形、型号的;

(2)使用注册商标中直接表示商品的性质、用途、质量、主要原料、种类及其他特征的标志的;

(3)在销售商品时,为说明来源、指示用途等在必要范围内使用他人注册商标标识的;

(4)规范使用与他人注册商标相同或者近似的自己的企业名称及其字号的;

(5)使用与他人注册商标相同或者近似的自己所在地的地名的;

(6)其他属于正当使用商标标识的行为。

28. 注册商标的使用导致该商标文字在一定程度上通用化的,他人使用该商标文字是否构成商标侵权?

他人将该商标文字在已通用化的范围内使用而不是作为商标使用,且不足以造成相关公众的混淆、误认的,应当认定不构成商标侵权。

29. 外观设计专利权或者著作权的保护期届满后,原权利人将外观设计、作品或者其中一部分注册为商标的,能否依据商标权禁止他人实施该外观设计或者使用该作品?

外观设计专利权或者著作权的保护期届满后,外观设计或者作品即进入公有领域,他人实施该外观设计或者使用该作品,不构成对原权利人专利权或者著作权中的财产权的侵犯。但如他人将与原权利人的注册商标相同或者近似的该外观设计或者该作品作为商标使用,足以造成相关公众的混淆、误认的,应认定为商标侵权。

30. 能否以被控侵权人在报刊杂志等媒介上关于侵权商品销售数量的宣传作为确定其销售侵权商品数量的参考?

在没有其他参考依据的情况下,可以根据被控侵权人在有关媒介上宣传的销售数量作为认定其销售侵权商品数量的参考。

31. 虽然侵权成立,但权利人从未使用也未许可他人使用其注册商标的,侵权人应否承担损害赔偿责任?

虽然侵权成立,但权利人从未使用也未许可他人使用其注册商标的,可以根据权利人未使用注册商标持续的时间、权利人制止侵权行为的合理开支、侵权行为的性质、情节、范围以及侵权商品的种类等因素,酌情确定损害赔偿数额。

32. 赔礼道歉的民事责任能否在商标侵权案件中适用?

注册商标专用权是一种具有财产价值的权利,因此在商标侵权案件中,不应判令侵权人承担赔礼道歉的民事责任。

33. 如何认定注册商标转让合同的生效时间?

注册商标转让合同没有特别约定的,合同在双方当事人签字或者盖章之日成立并生效。自国家商标行政主管机关核准公告之日起,受让人享有商标权。

34. 转让注册商标是否影响未备案的在先商

标使用许可合同的效力?

除当事人另有约定的以外,商标使用许可合同未备案的,不影响该合同的效力;注册商标的转让也不影响转让前已经生效的商标使用许可合同的效力。因此,在许可合同约定期间,转让注册商标的,被许可人可以继续使用该商标。

35. 注册商标转让合同生效后,核准公告前,受让人能否作为原告对商标侵权行为提起诉讼?

注册商标转让合同生效后,核准公告前,商标权仍然由转让人享有,受让人对商标侵权行为无权起诉。但是转让合同约定受让人在合同签订之日起可以使用该注册商标,并授予受让人对商标侵权行为起诉权的,受让人可以起诉。

36. 在商标侵权诉讼中,被告向国家商标行政主管机关申请撤销原告主张权利的注册商标的,是否中止诉讼?

在商标侵权案件中,被告向国家商标行政主管机关请求撤销原告主张权利的注册商标的,一般不中止诉讼。但被告依据商标法第四十一条的规定请求撤销该注册商标,并有充分的证据或者理由否定该注册商标的效力的,可以中止诉讼。

37. 什么情况下,商标普通使用许可合同的被许可人可以提起的商标侵权之诉?

普通使用许可合同的许可人在合同中明确授权或者在合同之外另行授权被许可人对商标侵权行为提起诉讼的,被许可人依授权对使用许可范围内的侵权行为起诉的,应予受理。

38. 商标权人的法定代表人或者代理人未经授权转让商标权人的注册商标并经核准公告的,应如何处理?

商标权人的法定代表人或代理人者未经授权转让商标权人的注册商标的,商标权人可以向人民法院提起民事诉讼,请求确认转让行为无效、返还注册商标。商标权人也可以针对商标局核准转让注册商标的行为提起行政诉讼。

39. 他人擅自转让商标权人的注册商标并经核准公告的,应如何处理?

他人擅自转让商标权人的注册商标的,属于商标侵权行为,商标权人可以针对此种行为向人民法院提起侵权之诉,请求返还注册商标。商标权人也可以针对商标局核准转让注册商标的行为提起行政诉讼。

40. 被他人擅自转让的注册商标又通过正常商业交易转让给第三人并经核准公告的,该第三人能否取得商标权?

擅自转让商标权人注册商标的行为是商标侵权行为,受让人不能因此取得商标权。受让人通过正常商业交易再将该注册商标转让给第三人并经核准公告的,第三人亦不能因此取得该商标权。

注:

1. 如非特别指明,本解答中所称"商品",包括服务。

2. 本解答执行中的问题由北京市高级人民法院民事审判第三庭负责解释。

3. 本解答自下发之日起施行,北京市高级人民法院 2004 年 2 月 18 日发布的《关于审理商标民事纠纷案件若干问题的解答》(京高法发(2004)48 号)同时废止,本解答施行前北京市高级人民法院发布的指导意见中与本解答矛盾的不再适用。

河南省高级人民法院关于审理涉及驰名商标认定案件若干问题的指导意见

● 2007 年 4 月 19 日
● 豫高法〔2007〕第 95 号

第一条 根据《中华人民共和国商标法》(以下简称《商标法》)、《中华人民共和国商标法实施条例》和最高人民法院《关于审理涉及计算机网络域名民事纠纷案件适用法律若干问题的解释》、《关于审理商标民事纠纷案件适用法律若干问题的解释》,结合我省法院审理涉及驰名商标认定案件的实际,制定本意见。

第二条 本意见中的驰名商标是指在中国为相关公众广为知晓并享有较高声誉的商标。驰名商标司法认定是对某一商标驰名状态的认定,属于案件事实认定的范畴。

第三条 人民法院认定驰名商标,应当维护权利人利益与社会公共利益的平衡，坚持积极保护和严格认定相统一的原则。应根据具体案件中涉案商标的知名度、显著性和被控侵权行为是否会造成相关公众产生联想或误导性后果等因素，确定驰名商标跨类保护的范围，不应任意扩大驰名商标跨类保护。

第四条 人民法院在诉讼中应根据当事人的要求认定涉案商标为驰名商标，不得依职权主动认定，在判决主文中不认定涉案商标是否构成驰名商标。

第五条 人民法院认定驰名商标仅对个案有效。

第六条 人民法院在审理涉及注册商标跨类保护、请求停止侵害未注册商标以及有关域名与商标冲突的商标侵权和不正当竞争等案件中，可以认定驰名商标；在审理其他案件中不得认定驰名商标。

原告的侵权诉讼请求不能成立或其诉讼请求可以通过一般商标侵权及其他途径救济的，不得认定驰名商标。

第七条 人民法院认定驰名商标，应当综合考虑《商标法》第十四条规定的认定驰名商标的因素，但不以被认定商标满足该条规定的全部因素为前提条件。

第八条 本意见中的"相关公众"，包括但不限于在我国领域内与使用商标所标示的某类商品或者服务有关的消费者，生产该商品或者提供服务的其他经营者，经销渠道中所涉及的销售者和相关人员。

只针对特殊消费群体的商品和服务，不以一般消费者为其相关公众。

未在我国境内实际使用，但为我国相关公众广为知晓且享有较高声誉的商标，也可认定为驰名商标。

第九条 认定《商标法》第十四条第（一）项中"知晓程度"，应综合考虑商标使用的持续时间，商标各种宣传的持续时间、程度、地理范围，商标受保护的记录及商标驰名的其他因素。

本意见中的"广为知晓"一般是指涉案商标在我国三分之二以上省级行政区域内为相关公众所普遍知悉。

第十条 本意见中商标的"较高声誉"是指相关公众对商标所标识的商品或服务普遍给予较高的评价，且无较严重的资信状况不良记录。有关政府部门、行业协会授予的荣誉称号、证书等可作为有较高声誉的证据。

虽有较高知晓度，但资信状况严重不佳的商标一般不认定驰名商标。资信状况严重不佳包括：因重大违法经营被行政管理部门处罚，重大的产品质量或服务质量问题，拒不履行生效判决等。

第十一条 社会调查机构出具的涉案商标在相关公众中认知度的调查报告，可作为证明相关公众知晓程度的参考因素。

调查报告应经过庭审质证并确认其效力。对调查报告的质证、认证主要应围绕调查机构的权威性、调查方法的科学性及可行性等问题进行。质证时，调查机构应派员出庭接受质询。

调查报告中对相关公众抽样调查应体现不同地域、不同层次，方法应当科学。对消费者和经销商等相关公众调查的范围，一般应有包括审理法院所在地在内的至少全国五个主要代表性城市和不少于一千份调查问卷。

商标在相关公众中认知度的调查，一般由当事人委托，人民法院也可根据当事人的申请委托调查，但不依职权委托调查。

第十二条 认定驰名的商标应有持续多年使用的记录，起诉时使用时间较短（少于五年）的商标，一般不予认定，但众所周知的商标不受此限制。

下列材料可作为证明《商标法》第十四条第（二）项中"商标持续使用时间"的证据：该商标使用、注册的历史和范围的有关材料，包括国内、外商标注册证书、续展证明材料、商标许可使用合同、销售合同等证明商标最早使用时间及持续使用的相关证明。

第十三条 下列材料可作为证明《商标法》第十四条第（三）项中"商标的宣传工作的持续时间、程度和地理范围"的证据：

（一）该商标宣传所采用的宣传方式（电视、报纸、网站、户外、展会、冠名比赛等）的证据；

（二）宣传的起止时间、持续时间、地域范围以及广告投放量的有关材料；

(三)广告发布合同书、各区域、各种媒体广告分布的分析报告及有关近三年广告投入的分类审计报告;

(四)电视广告时段监控材料;

(五)户外广告、报刊、展会、冠名比赛等宣传中广告的照片、主办单位出具的原始凭证,刊登的报刊等;

(六)网络宣传的内容,有关网络信息点击、评论、报道的公证材料。

第十四条 下列材料可作为证明《商标法》第十四条第(四)项中"商标受保护记录"的证据:

(一)商标被侵权事实情况汇总材料;

(二)各地行政管理部门在处理该商标侵权等纠纷过程中出具的处理决定书或其他相关文件,人民法院的生效裁判文书;

(三)购买侵权商品的销售发票、致侵权企业律师函等证明采取措施进行商标保护的其他证据。

第十五条 下列材料可作为证明《商标法》第十四条第(五)项中"商标驰名的其他因素"的证据:

(一)使用该商标的主要商品近三年的产量、销售量、销售收入、利税、销售区域汇总表和至少以省级行政区域为单位对近三年销售量、销售收入、利税等分类统计表。上述数据应配套提供国内、外主要的销售合同及销售发票、增值税发票、进出口海关报关单,向税务部门缴纳的销售利润明细表、纳税证明等原始凭证或由税务、海关等部门确认的汇总表,中介机构的审计报告;

(二)由具有权威性的省级以上行政部门或全国性的行业协会提供的,证明使用该商标的主要商品近三年市场占有率、销售量、销售额和利税量等在中国同行业中的排名材料的原件或经过公证的复印件。证明材料中的"市场占有率"、销售量、销售额等"全国排名"必须表述准确。认定驰名商标的相应产品的上述指标或服务规模一般要求在全国同行业中排名前五位。

第十六条 本意见中规定审查的证据应与需要认定的驰名商标有直接的关联性。对有历史延续性的商标,前期的使用、宣传等情况可以作为目前涉案商标认定时的参考。

第十七条 属众所周知的商标,可以减轻原告的举证责任。

原告对曾经被行政主管机关或者人民法院认定的驰名商标请求保护,且被诉侵权人对涉及的商标驰名不持异议的,原告可以不再另行提供商标驰名的证据;提出异议的,原告应重新提供证据。

第十八条 对案件当事人是否存在真正的争议,人民法院应重点审查下列情况:

(一)被诉侵权人的主体情况、与原告是否有关联关系;

(二)被控侵权商品产量、销售量、产品的制造者或进货渠道,被控侵权标识的印制者或销售者,被控侵权商品或行为的存续时间、被诉侵权行为的目前状况;

(三)被控侵权人的主观过错、行为动机。

(四)其他与案件有关的情况。

第十九条 对当事人刻意制造案件以获得驰名商标认定的,人民法院应驳回原告的诉讼请求,并可以依照民事诉讼法第一百零二条规定对当事人予以制裁。对已认定涉案商标驰名的生效判决应按有关程序依法撤销。

第二十条 各中级法院在案件审理中拟认定驰名商标的案件,应在驰名商标认定之前向省高级法院报告,并在一审判决书生效后五日内将判决书报省高级法院备案。

第二十一条 本意见与有关法律法规和最高人民法院的司法解释不一致的,以法律法规和司法解释为准。

第二十二条 本意见自下发之日起执行。

青海省高级人民法院关于审理涉及驰名商标认定案件若干问题的指导意见

● 2009 年 3 月 17 日
● 青高法〔2009〕67 号

第一条 根据《中华人民共和国商标法》、最高人民法院《关于审理涉及计算机网络域名民事纠纷案件适用法律若干问题的解释》《关于审理商标民事纠纷案件适用法律若干问题的解释》等法律、法规及司法解释的规定,结合我省法院审理涉及驰名商标认定案件的实际,制定本意见。

第二条 本意见所称驰名商标是指在中国境内为相关公众广为知晓并享有市场美誉的商标。

第三条 人民法院认定驰名商标,应当坚持被动认定、因需认定、个案有效的原则,不应任意扩大驰名商标跨类保护。

第四条 人民法院认定的驰名商标,仅对该裁判文书所涉及的案件具有效力,并不必然对其他案件产生影响。

第五条 在下列民事纠纷案件中,当事人以认定驰名商标作为构成侵犯商标权或者不正当竞争行为的事实根据的,人民法院可以根据案件的具体情况,对所涉商标是否驰名作出认定:

(一)原告以被告违反商标法第十三条的规定为由提起的侵犯商标权民事纠纷案件;

(二)原告以被告注册、使用的域名与其驰名商标相同或者近似为由提起的侵犯商标权或者不正当竞争民事纠纷案件;

(三)原告以被告的企业名称使用与其驰名商标相同或者近似的文字为由提起的侵犯商标权或者不正当竞争民事纠纷案件;

(四)原告以被告使用的商标侵犯其注册商标专用权为由提起诉讼,被告以被诉侵权商标为其在先使用未注册驰名商标进行不侵权抗辩或者提起反诉的民事纠纷案件;

(五)依照法律、行政法规的规定或者案件的具体情况需要认定商标驰名的其他民事纠纷案件。

第六条 原告的侵权诉讼请求不能成立或其诉讼请求可以通过一般商标侵权及其他途径救济的,不得认定驰名商标。

第七条 商标法第十三条第一款规定的"容易导致混淆",包括使相关公众对商品的来源产生误认,或者足以使相关公众认为商品经营者之间具有许可使用、关联企业关系等特定联系。

商标法第十三条第二款规定的"误导公众,致使该驰名商标注册人的利益可能受到损害",包括足以使相关公众认为商品或者其经营者之间具有相当程度的联系,而利用驰名商标的市场声誉、减弱驰名商标的显著性或者贬损驰名商标的市场声誉。

第八条 当事人请求保护未注册驰名商标的,人民法院应当审查该商标是否符合商标法第十条、第十一条、第十二条规定。

第九条 人民法院认定驰名商标,应当考虑该驰名商标的显著性、在被控侵权商品的相关公众中的知晓程度,以及相关商品的关联程度等情形。具体认定时应综合考虑《商标法》第十四条规定的认定驰名商标的因素,但不以该商标必须满足该条规定的全部因素为前提。

第十条 认定《商标法》第十四条第(一)项中"知晓程度",应综合考虑商标使用的持续时间,商标各种宣传的持续时间、程度、地理范围,商标受保护的记录及商标驰名的其他因素。

本意见中的"广为知晓"一般指涉案商标在我国三分之二以上省级行政区域内为相关公众所普遍知悉;但对于有特定地域要求的商品和服务,不受三分之二以上省级行政区域的限制。

第十一条 社会调查机构出具的涉案商标在相关公众中认知度的调查报告,应当慎重对待,仅作为证明相关公众知名程度的参考因素。根据《商标法》第十四条第(二)至(四)项不能得出该商标驰名事实的结论时,不能仅凭调查报告认定该商标具有较高知名度和声誉度。

调查报告应经过庭审质证并确认其效力。对调查报告的质证、认证主要应围绕调查机构的权威性、调查方法的科学性及可行性等问题进行。

第十二条 认定驰名的商标应有持续多年使用的记录,起诉时使用时间少于三年的商标,一般不予认定,但众所周知的商标不受此限制。

《商标法》第十四条第(二)项中"商标使用的持续时间"的证据包括:该商标使用、注册的有关材料,包括国内、外商标注册证书、续展证明材料,商标许可使用合同、销售合同等证明商标最早使用时间及持续使用的相关证明。

第十三条 《商标法》第十四条第(三)项中"商标的宣传工作的持续时间、程度和地理范围"

的证据应当包括:

(一)该商标宣传所采用的宣传方式(电视、报纸、网站、户外、展会、冠名比赛等)的证据;

(二)宣传的起止时间、持续时间、地域范围以及广告投放量的有关材料;

(三)广告发布合同书、各区域、各种媒体广告分布的分析报告及有关近三年广告投入的分类审计报告;

一般要求广告的覆盖面要达到全国大部分地区,广告时间要持续,广告的形式要多样,广告的投放量应该在同行业中处于前列。

第十四条 《商标法》第十四条第(四)项中"商标受保护记录"的证据应当包括:

(一)商标被侵权事实情况汇总材料;

(二)各地行政管理部门在处理该商标侵权等纠纷过程中出具的处理决定书或其他相关文件,人民法院的生效裁判文书;

(三)购买侵权商品的销售发票、致侵权企业律师函等证明采取措施进行商标保护的其他证据。

第十五条 《商标法》第十四条第(五)项中"商标驰名的其他因素"的证据应当包括:

(一)使用该商标的主要商品近三年的产量、销售量、销售收入、利税、销售区域汇总表和有关部门对商品近三年销售量、销售收入、利税等分类统计表。上述数据应相应提供国内、外主要的销售合同及销售发票、增值税发票、进出口海关报关单,向税务部门缴纳的销售利润明细表、纳税证明等原始凭证或由税务、海关等部门确认的汇总表,中介机构的审计报告;

(二)由具有权威性的省级以上行政部门或全国性的行业协会提供的,证明使用该商标的主要商品近三年市场占有率、销售量、销售额和利税量等在中国同行业中的排名材料的原件或经过公证的复印件。认定驰名商标的相应产品一般要求在全国同行业中排名前列。

第十六条 被诉侵犯商标权或者不正当竞争行为发生前曾被人民法院或者国务院工商行政管理部门认定的驰名商标,被告对该商标驰名的事实不持异议的,人民法院予以认定。但人民法院有相反证据足以推翻的除外。

对于前款规定的商标驰名的事实,被告提出异议的,原告应当对该事实负举证责任。

被告在第一审程序中对第一款规定的商标驰名不持异议,但在第二审程序中无正当理由提出异议的,应当对其持异议的事实提供证据加以证明。

第十七条 对于在中国境内为社会公众广为知晓的商标,人民法院应适当减轻原告的举证责任。原告提供其商标驰名的初步证据,或被告不持异议的,人民法院对该商标驰名的事实予以认定。

虽有较高知晓度,但资信状况严重不佳的商标不予认定驰名商标。资信状况严重不佳包括:因重大违法经营被行政管理部门处罚,重大的产品质量或服务质量问题,拒不履行生效判决等。

第十八条 对案件当事人是否存在真正的争议,人民法院应重点审查下列情况:

(一)认定驰名商标案件的被告原则上应到庭参加诉讼,其委托代理人参加诉讼的,法院可主动向被告核实案情,审查被告的主体情况、与原告是否有关联关系;并充分向被告释明案件裁判可能带来的后果,以防止原告虚构案情,制造假案。

(二)被控侵权产品的制造者或进货渠道,被控侵权标识的印制者或销售者,被控侵权品或行为的存续时间、被诉侵权行为的目前状况以及商品产量、销售量。

(三)被控侵权人的主观过错、行为动机。

(四)其他与案件有关的情况。

第十九条 对当事人刻意制造案件以获得驰名商标认定,能够查实的,人民法院应当依照民事诉讼法第一百零二条规定的妨碍民事诉讼行为处理。对已认定涉案商标驰名的生效判决应按有关程序依法撤销。

第二十条 驰名商标司法认定是对某一商标驰名状态的认定,属于案件事实认定的范畴,只在裁判文书的事实和理由部分进行表述,人民法院对驰名商标的认定不写入判决主文,不使用"中国驰名商标"之类的称谓,也不在调解书中予以认定。

原告不得将申请认定驰名商标作为独立的诉讼请求提出,如原告提出该项请求的,法院应向其释明,要求其变更;原告如坚持不进行变更,应驳回其要求认定驰名商标的诉讼请求。

第二十一条 涉及驰名商标认定的民事纠纷案件,由西宁市中级人民法院管辖,其他中院无权受理。其他中级人民法院在案件审理过程中发现须认定驰名商标的,必须及时将案件移送西宁市中级人民法院审理。

第二十二条 中级人民法院在案件审理中拟认定驰名商标的案件,判决前必须书面报请省高级法院审查。一审判决生效后十日内将判决书报省高级法院备案,并由省高级人民法院报送最高人民法院备案。

第二十三条 本意见中的"相关公众",是指在我国领域内与使用商标所标示的某类商品或者服务有关的消费者,生产该商品或者提供服务的其他经营者,经销渠道中所涉及的销售者和相关人员。只针对特殊消费群体的商品和服务,其相关公众不以一般消费者为准,而应该考虑该行业及其相关的消费者。

第二十四条 本意见中的"市场美誉"是指相关公众对商标所标识的商品或服务普遍给予较高的评价,且无较严重的资信状况不良记录。

第二十五条 本意见与有关法律、法规和最高人民法院的司法解释不一致的,以法律、法规和司法解释为准。

第二十六条 本意见经本院审判委员会讨论通过后,自下发之日起执行。

◎ 指导案例

1. 王碎永诉深圳歌力思服饰股份有限公司、杭州银泰世纪百货有限公司侵害商标权纠纷案①

【关键词】民事 侵害商标权 诚实信用 权利滥用

【裁判要点】
当事人违反诚实信用原则,损害他人合法权益,扰乱市场正当竞争秩序,恶意取得、行使商标权并主张他人侵权的,人民法院应当以构成权利滥用为由,判决对其诉讼请求不予支持。

【相关法条】
《中华人民共和国民事诉讼法》第十三条
《中华人民共和国商标法》第五十二条

【基本案情】
深圳歌力思服装实业有限公司成立于1999年6月8日。2008年12月18日,该公司通过受让方式取得第1348583号"歌力思"商标,该商标核定使用于第25类的服装等商品之上,核准注册于1999年12月,2009年11月19日,该商标经核准续展注册,有效期自2009年12月28日至2019年12月27日。深圳歌力思服装实业有限公司还是第4225104号"ELLASSAY"的商标注册人。该商标核定使用商品为第18类的(动物)皮;钱包;旅行包;文件夹(皮革制);皮制带子;裘皮;伞;手杖;手提包;购物袋。注册有效期限自2008年4月14日至2018年4月13日。2011年11月4日,深圳歌力思服装实业有限公司更名为深圳歌力思服饰股份有限公司(以下简称歌力思公司,即本案一审被告人)。2012年3月1日,上述"歌力思"商标的注册人相应变更为歌力思公司。

一审原告人王碎永于2011年6月申请注册了第7925873号"歌力思"商标,该商标核定使用商品为第18类的钱包、手提包等。王碎永还曾于2004年7月7日申请注册第4157840号"歌力思及图"商标。后因北京市高级人民法院于2014年4月2日作出的二审判决认定,该商标损害了歌力思公司的关联企业歌力思投资管理有限公司的在先字号权,因此不应予以核准注册。

自2011年9月起,王碎永先后在杭州、南京、上海、福州等地的"ELLASSAY"专柜,通过公证程序购买了带有"品牌中文名:歌力思,品牌英文名:ELLASSAY"字样吊牌的皮包。2012年3月7日,王碎永以歌力思公司及杭州银泰世纪百

---

① 案例来源:《最高人民法院关于发布第16批指导性案例的通知》(2017年3月6日发布 法〔2017〕53号),指导案例82号。

货有限公司(以下简称杭州银泰公司)生产、销售上述皮包的行为构成对王碎永拥有的"歌力思"商标、"歌力思及图"商标权的侵害为由,提起诉讼。

【裁判结果】

杭州市中级人民法院于2013年2月1日作出(2012)浙杭知初字第362号民事判决,认为歌力思公司及杭州银泰公司生产、销售被诉侵权商品的行为侵害了王碎永的注册商标专用权,判决歌力思公司、杭州银泰公司承担停止侵权行为、赔偿王碎永经济损失及合理费用共计10万元及消除影响。歌力思公司不服,提起上诉。浙江省高级人民法院于2013年6月7日作出(2013)浙知终字第222号民事判决,驳回上诉、维持原判。歌力思公司及王碎永均不服,向最高人民法院申请再审。最高人民法院裁定提审本案,并于2014年8月14日作出(2014)民提字第24号判决,撤销一审、二审判决,驳回王碎永的全部诉讼请求。

【裁判理由】

法院生效裁判认为,诚实信用原则是一切市场活动参与者所应遵循的基本准则。一方面,它鼓励和支持人们通过诚实劳动积累社会财富和创造社会价值,并保护在此基础上形成的财产性权益,以及基于合法、正当的目的支配该财产性权益的自由和权利;另一方面,它又要求人们在市场活动中讲究信用、诚实不欺,在不损害他人合法利益、社会公共利益和市场秩序的前提下追求自己的利益。民事诉讼活动同样应当遵循诚实信用原则。一方面,它保障当事人有权在法律规定的范围内行使和处分自己的民事权利和诉讼权利;另一方面,它又要求当事人在不损害他人和社会公共利益的前提下,善意、审慎地行使自己的权利。任何违背法律目的和精神,以损害他人正当权益为目的,恶意取得并行使权利、扰乱市场正当竞争秩序的行为均属于权利滥用,其相关权利主张不应得到法律的保护和支持。

第4157840号"歌力思及图"商标迄今为止尚未被核准注册,王碎永无权据此对他人提起侵害商标权之诉。对于歌力思公司、杭州银泰公司的行为是否侵害王碎永的第7925873号"歌力思"商标权的问题,首先,歌力思公司拥有合法的在先权利基础。歌力思公司及其关联企业最早将"歌力思"作为企业字号使用的时间为1996年,最早在服装等商品上取得"歌力思"注册商标专用权的时间为1999年。经长期使用和广泛宣传,作为企业字号和注册商标的"歌力思"已经具有了较高的市场知名度,歌力思公司对前述商业标识享有合法的在先权利。其次,歌力思公司在本案中的使用行为系基于合法的权利基础,使用方式和行为性质均具有正当性。从销售场所来看,歌力思公司对被诉侵权商品的展示和销售行为均完成于杭州银泰公司的歌力思专柜,专柜通过标注歌力思公司的"ELLASSAY"商标等方式,明确表明了被诉侵权商品的提供者。在歌力思公司的字号、商标等商业标识已经具有较高的市场知名度,而王碎永未能举证证明其"歌力思"商标同样具有知名度的情况下,歌力思公司在其专柜中销售被诉侵权商品的行为,不会使普通消费者误认该商品来自于王碎永。从歌力思公司的具体使用方式来看,被诉侵权商品的外包装、商品内的显著部位均明确标注了"ELLASSAY"商标,而仅在商品吊牌之上使用了"品牌中文名:歌力思"的字样。由于"歌力思"本身就是歌力思公司的企业字号,且与其"ELLASSAY"商标具有互为指代关系,故歌力思公司在被诉侵权商品的吊牌上使用"歌力思"文字来指代商品生产者的做法并无明显不妥,不具有攀附王碎永"歌力思"商标知名度的主观意图,亦不会为普通消费者正确识别被诉侵权商品的来源制造障碍。在此基础上,杭州银泰公司销售被诉侵权商品的行为亦不为法律所禁止。最后,王碎永取得和行使"歌力思"商标权的行为难谓正当。"歌力思"商标由中文文字"歌力思"构成,与歌力思公司在先使用的企业字号及在先注册的"歌力思"商标的文字构成完全相同。"歌力思"本身为无固有含义的臆造词,具有较强的固有显著性,依常理判断,在完全没有接触或知悉的情况下,因巧合而出现雷同注册的可能性较低。作为地域接近、经营范围关联程度较高的商品经营者,王碎永对"歌力思"字号及商标完全不了解的可能性较低。在上述情形之下,王碎永仍在手提包、钱包等商品上申请注册"歌力思"商标,其行为难谓正当。王碎永以非善意取得的商标权对歌力思公司的正当使用行为提起的侵权之诉,构成权利滥用。

(生效裁判审判人员:王艳芳、朱理、佟姝)

2. 郭明升、郭明锋、孙淑标假冒注册商标案

【关键词】刑事　假冒注册商标罪　非法经营数额　网络销售　刷信誉

【裁判要点】

假冒注册商标犯罪的非法经营数额、违法所得数额,应当综合被告人供述、证人证言、被害人陈述、网络销售电子数据、被告人银行账户往来记录、送货单、快递公司电脑系统记录、被告人等所作记账等证据认定。被告人辩解称网络销售记录存在刷信誉的不真实交易,但无证据证实的,对其辩解不予采纳。

【相关法条】

《中华人民共和国刑法》第二百一十三条

【基本案情】

公诉机关指控:2013年11月底至2014年6月期间,被告人郭明升为谋取非法利益,伙同被告人孙淑标、郭明锋在未经三星(中国)投资有限公司授权许可的情况下,从他人处批发假冒三星手机裸机及配件进行组装,利用其在淘宝网上开设的"三星数码专柜"网店进行"正品行货"宣传,并以明显低于市场价格公开对外销售,共计销售假冒的三星手机20000余部,销售金额2000余万元,非法获利200余万元,应当以假冒注册商标罪追究其刑事责任。被告人郭明升在共同犯罪中起主要作用,系主犯。被告人郭明锋、孙淑标在共同犯罪中起辅助作用,系从犯,应当从轻处罚。

被告人郭明升、孙淑标、郭明锋及其辩护人对其未经"SAMSUNG"商标注册人授权许可,组装假冒的三星手机,并通过淘宝网店进行销售的犯罪事实无异议,但对非法经营额、非法获利提出异议,辩解称其淘宝网店存在请人刷信誉的行为,真实交易量只有10000多部。

法院经审理查明:"SAMSUNG"是三星电子株式会社在中国注册的商标,该商标有效期至2021年7月27日;三星(中国)投资有限公司是三星电子株式会社在中国投资设立,并经三星电子株式会社特别授权负责三星电子株式会社名下商标、专利、著作权等知识产权管理和法律事务的公司。2013年11月,被告人郭明升通过网络中介购买店主为"汪亮"、账号为play2011－1985的淘宝店铺,并改名为"三星数码专柜",在未经三星(中国)投资公司授权许可的情况下,从深圳市华强北远望数码城、深圳福田区通天地手机市场批发假冒的三星I8552手机裸机及配件进行组装,并通过"三星数码专柜"在淘宝网上以"正品行货"进行宣传、销售。被告人郭明锋负责该网店的客服工作及客服人员的管理,被告人孙淑标负责假冒的三星I8552手机裸机及配件的进货、包装及联系快递公司发货。至2014年6月,该网店共计组装、销售假冒三星I8552手机20000余部,非法经营额2000余万元,非法获利200余万元。

【裁判结果】

江苏省宿迁市中级人民法院于2015年9月8日作出(2015)宿中知刑初字第0004号刑事判决,以被告人郭明升犯假冒注册商标罪,判处有期徒刑五年,并处罚金人民币160万元;被告人孙淑标犯假冒注册商标罪,判处有期徒刑三年,缓刑五年,并处罚金人民币20万元。被告人郭明锋犯假冒注册商标罪,判处有期徒刑三年,缓刑四年,并处罚金人民币20万元。宣判后,三被告人均没有提出上诉,该判决已经生效。

【裁判理由】

法院生效裁判认为,被告人郭明升、郭明锋、孙淑标在未经"SAMSUNG"商标注册人授权许可的情况下,购进假冒"SAMSUNG"注册商标的手机机头及配件,组装假冒"SAMSUNG"注册商标的手机,并通过网店对外以"正品行货"销售,属于未经注册商标所有人许可在同一种商品上使用与其相同的商标的行为,非法经营数额达2000余万元,非法获利200余万元,属情节特别严重,其行为构成假冒注册商标罪。被告人郭明升、郭

---

① 案例来源:《最高人民法院关于发布第16批指导性案例的通知》(2017年3月6日发布　法〔2017〕53号),指导案例87号。

明锋、孙淑标虽然辩解称其网店售销记录存在刷信誉的情况，对公诉机关指控的非法经营数额、非法获利提出异议，但三被告人在公安机关的多次供述，以及公安机关查获的送货单、支付宝向被告人郭明锋银行账户付款记录、郭明锋银行账户对外付款记录、"三星数码专柜"淘宝记录、快递公司电脑系统记录、公安机关现场扣押的笔记等证据之间能够互相印证，综合公诉机关提供的证据，可以认定公诉机关关于三被告人共计销售假冒的三星 I8552 手机 20000 余部，销售金额 2000 余万元，非法获利 200 余万元的指控能够成立，三被告人关于销售记录存在刷信誉行为的辩解无证据予以证实，不予采信。被告人郭明升、郭明锋、孙淑标，系共同犯罪，被告人郭明升起主要作用，是主犯；被告人郭明锋、孙淑标在共同犯罪中起辅助作用，是从犯，依法可以从轻处罚。故依法作出上述判决。

（生效裁判审判人员：程黎明、朱庚、白金）

3. 成都同德福合川桃片有限公司诉重庆市合川区同德福桃片有限公司、余晓华侵害商标权及不正当竞争纠纷案[①]

【关键词】民事　侵害商标权　不正当竞争　老字号　虚假宣传

【裁判要点】

1. 与"老字号"无历史渊源的个人或企业将"老字号"或与其近似的字号注册为商标后，以"老字号"的历史进行宣传的，应认定为虚假宣传，构成不正当竞争。

2. 与"老字号"具有历史渊源的个人或企业在未违反诚实信用原则的前提下，将"老字号"注册为个体工商户字号或企业名称，未引人误认且未突出使用该字号的，不构成不正当竞争或侵犯注册商标专用权。

【相关法条】

《中华人民共和国商标法》第 57 条第 7 项

《中华人民共和国反不正当竞争法》第 2 条、第 9 条

【基本案情】

原告（反诉被告）成都同德福合川桃片食品有限公司（以下简称成都同德福公司）诉称，成都同德福公司为"同德福 TONGDEFU 及图"商标权人，余晓华先后成立的个体工商户和重庆市合川区同德福桃片有限公司（以下简称重庆同德福公司），在其字号及生产的桃片外包装上突出使用了"同德福"，侵害了原告享有的"同德福 TONGDEFU 及图"注册商标专用权并构成不正当竞争。请求法院判令重庆同德福公司、余晓华停止使用并注销含有"同德福"字号的企业名称；停止侵犯原告商标专用权的行为，登报赔礼道歉、消除影响，赔偿原告经济、商誉损失 50 万元及合理开支 5066.4 元。

被告（反诉原告）重庆同德福公司、余晓华同答辩并反诉称，重庆同德福公司的前身为始创于 1898 年的同德福斋铺，虽然同德福斋铺因公私合营而停止生产，但未中断独特技艺的代代相传。"同德福"第四代传人余晓华继承祖业先后注册了个体工商户和公司，规范使用其企业名称及字号，重庆同德福公司、余晓华的注册行为是善意的，不构成侵权。成都同德福公司与老字号"同德福"并没有直接的历史渊源，但其将"同德福"商标与老字号"同德福"进行关联的宣传，属于虚假宣传。而且，成都同德福公司擅自使用"同德福"知名商品名称，构成不正当竞争。请求法院判令成都同德福公司停止虚假宣传，在全国性报纸上登报消除影响；停止对"同德福"知名商品特有名称的侵权行为。

法院经审理查明：开业于 1898 年的同德福斋铺，在 1916 年至 1956 年期间，先后由余鸿春、余复光、余永祚三代人经营。在 20 世纪 20 年代至 50 年代期间，"同德福"商号享有较高知名度。1956 年，由于公私合营，同德福斋铺停止经营。1998 年，合川市桃片厂温江分厂获准注册了第 1215206 号"同德福 TONGDEFU 及图"商标，核定使用范围为第 30 类，即糕点、桃片（糕点）、可

[①] 案例来源：《最高人民法院关于发布第 12 批指导性案例的通知》（2016 年 5 月 20 日　法〔2016〕172 号），指导案例 58 号。

可产品、人造咖啡。2000年11月7日,前述商标的注册人名义经核准变更为成都同德福公司。成都同德福公司的多种产品外包装使用了"老字号""百年老牌"字样、"'同德福牌'桃片简介:'同德福牌'桃片创制于清乾隆年间(或1840年),有着悠久的历史文化"等字样。成都同德福公司网站中"公司简介"页面将《合川文史资料选辑(第二辑)》中关于同德福斋铺的历史用于其"同德福"牌合川桃片的宣传。

2002年1月4日,余永祚之子余晓华注册个体工商户,字号名称为合川市老字号同德福桃片厂,经营范围为桃片、小食品自产自销。2007年,其字号名称变更为重庆市合川区同德福桃片厂,后注销。2011年5月6日,重庆同德福公司成立,法定代表人为余晓华,经营范围为糕点(烘烤类糕点、熟粉类糕点)生产,该公司是第6626473号"余复光1898"图文商标、第7587928号"余晓华"图文商标的注册商标专用权人。重庆同德福公司的多种产品外包装使用了"老字号【同德福】商号,始创于清光绪23年(1898年)历史悠久"等介绍同德福斋铺历史及获奖情况的内容,部分产品在该段文字后注明"以上文字内容摘自《合川县志》";【同德福】颂:同德福,在合川,驰名远,开百年,做桃片,四代传,品质高,价亦廉,讲诚信,无欺言,买卖公,热情谈"、"合川桃片""重庆市合川区同德福桃片有限公司"等字样。

【裁判结果】

重庆市第一中级人民法院于2013年7月3日作出(2013)渝一中法民初字第00273号民事判决:一、成都同德福公司立即停止上涉案的虚假宣传行为。二、成都同德福公司就其虚假宣传行为由本判决生效之日起连续五日在其网站刊登声明消除影响。三、驳回成都同德福公司的全部诉讼请求。四、驳回重庆同德福公司、余晓华的其他反诉请求。一审宣判后,成都同德福公司不服,提起上诉。重庆市高级人民法院于2013年12月17日作出(2013)渝高法民终字00292号民事判决:驳回上诉,维持原判。

【裁判理由】

法院生效裁判认为:个体工商户余晓华及重庆同德福公司与成都同德福公司经营范围相似,存在竞争关系;其字号中包含"同德福"三个字与成都同德福公司的"同德福TONGDEFU及图"注册商标的文字部分相同,与该商标构成近似。其登记字号的行为是否构成不正当竞争关键在于该行为是否违反诚实信用原则。成都同德福公司的证据不足以证明"同德福TONGDEFU及图"商标已经具有相当知名度,即便他人将"同德福"登记为字号并规范使用,不会引起相关公众误认,因而不能说明余晓华将个体工商户字号注册为"同德福"具有"搭便车"的恶意。而且,在二十世纪二十年代至五十年代期间,"同德福"商号享有较高商誉。同德福斋铺先后由余鸿春、余复光、余永祚三代人经营,尤其是在余复光经营期间,同德福斋铺生产的桃片获得了较多荣誉。余晓华系余复光之孙、余永祚之子,基于同德福斋铺的商号曾经获得的知名度及其与同德福斋铺经营者之间的直系亲属关系,将个体工商户字号登记为"同德福"具有合理性。余晓华登记个体工商户字号的行为是善意的,并未违反诚实信用原则,不构成不正当竞争。基于经营的延续性,其变更个体工商户字号的行为以及重庆同德福公司登记公司名称的行为亦不构成不正当竞争。

从重庆同德福公司产品的外包装来看,重庆同德福公司使用的是企业全称,标注于外包装正面底部,"同德福"三字位于企业全称之中,与整体保持一致,没有以简称等形式单独突出使用,也没有为突出显示而采取任何变化,且整体文字大小、字形、颜色与其他部分相比不突出。因此,重庆同德福公司在产品外包装上标注企业名称的行为系规范使用,不构成突出使用字号,也不构成侵犯商标权。就重庆同德福公司标注"同德福颂"的行为而言,"同德福颂"四字相对于其具体内容(三十六字打油诗)字体略大,但视觉上形成一个整体。其具体内容系根据史料记载的同德福斋铺曾经在商品外包装上使用过的一段类似文字改编,意在表明"同德福"商号的历史和经营理念,并非为突出"同德福"三个字。且重庆同德福公司的产品外包装使用了多项商业标识,其中"合川桃片"集体商标特别突出,其自有商标也比较明显,并同时标注了"合川桃片"地理标志及重庆市非物质文化遗产,相对于这些标识来看,"同德福颂"及其具体内容仅属于普通描述性文字,明显不具有商业标识的形式,也不够突出醒目,客观上不容易使消费者对商品来源产生误认,亦不具备替代商标的功能。因此,重庆同德福公司标注"同德福颂"的行为不属于侵犯商标权意义上的"突出使用",不构成侵犯商标权。

成都同德福公司的网站上登载的部分"同德福牌"桃片的历史及荣誉,与史料记载的同德福斋铺的历史及荣誉一致,且在其网站上标注了史料来源,但并未举证证明其与同德福斋铺存在何种联系。此外,成都同德福公司还在其产品外包装标明其为"百年老牌""老字号""始创于清朝乾隆年间"等字样,而其"同德福 TONGDEFU 及图"商标核准注册的时间是1998年,就其采取前述标注行为的依据,成都同德福公司亦未举证证明。成都同德福公司的前述行为与事实不符,容易使消费者对于其品牌的起源、历史及其与同德福斋铺的关系产生误解,进而取得竞争上的优势,构成虚假宣传,应承担相应的停止侵权、消除影响的民事责任。

4. 兰建军、杭州小拇指汽车维修科技股份有限公司诉天津市小拇指汽车维修服务有限公司等侵害商标权及不正当竞争纠纷案①

【关键词】民事　侵害商标权　不正当竞争　竞争关系

【裁判要点】

1. 经营者是否具有超越法定经营范围而违反行政许可法律法规的行为,不影响其依法行使制止商标侵权和不正当竞争的民事权利。

2. 反不正当竞争法并未限制经营者之间必须具有直接的竞争关系,也没有要求其从事相同行业。经营者之间具有间接竞争关系,行为人违背反不正当竞争法的规定,损害其他经营者合法权益的,也应当认定为不正当竞争行为。

【相关法条】

《中华人民共和国反不正当竞争法》第二条

【基本案情】

原告兰建军、杭州小拇指汽车维修科技股份有限公司(以下简称杭州小拇指公司)诉称:其依法享有"小拇指"注册商标专用权,而天津市小拇指汽车维修服务有限公司(以下简称天津小拇指公司)、天津市华商汽车进口配件公司(以下简称天津华商公司)在从事汽车维修及通过网站进行招商加盟过程中,多处使用了"小拇指"标识,且存在单独或突出使用"小拇指"的情形,侵害了其注册商标专用权;同时,天津小拇指公司擅自使用杭州小拇指公司在先的企业名称,构成对杭州小拇指公司的不正当竞争。故诉请判令天津小拇指公司立即停止使用"小拇指"字号进行经营、天津小拇指公司及天津华商公司停止商标侵权及不正当竞争行为、公开赔礼道歉、连带赔偿经济损失630000元及合理开支24379.4元,并承担案件诉讼费用。

被告天津小拇指公司、天津华商公司辩称:1. 杭州小拇指公司的经营范围并不含许可经营项目及汽车维修类,也未取得机动车维修的许可,且不具备"两店一年"的特许经营条件,属于超越经营范围的非法经营,故其权利不应得到保护。2. 天津小拇指公司、天津华商公司使用"小拇指"标识有合法来源,不构成商标侵权。3. 杭州小拇指公司并不从事汽车维修行业,双方不构成商业竞争关系,且不能证明其为知名企业,其主张企业名称权缺乏法律依据,天津小拇指公司、天津华商公司亦不构成不正当竞争,故请求驳回原告诉讼请求。

法院经审理查明:杭州小拇指公司成立于2004年10月22日,法定代表人为兰建军。其经营范围为:"许可经营项目:无;一般经营项目:服务;汽车玻璃修补的技术开发,汽车油漆快速修复的技术开发;批发、零售;汽车配件;含下属分支机构经营范围;其他无需报经审批的一切合法项目(上述经营范围不含国家法律法规规定禁止、限制和许可经营的项目。)凡以上涉及许可证制度的凭证经营。"其下属分支机构为杭州小拇指公司萧山分公司,该分公司成立于2005年11

---

① 案例来源:《最高人民法院关于发布第7批指导性案例的通知》(2014年6月26日　法〔2014〕161号),指导案例30号。

月8日,经营范围为:"汽车涂漆、玻璃安装"。该分公司于2008年8月1日取得的《道路运输经营许可证》载明的经营范围为:"维修(二类机动车维修:小型车辆维修)"。

2011年1月14日,杭州小拇指公司取得第6573882号"小拇指"文字注册商标,核定服务项目(第35类):连锁店的经营管理(工商管理辅助);特许经营的商业管理;商业管理咨询;广告(截止)。该商标现在有效期内。2011年4月14日,兰建军将其拥有的第6573881号"小拇指"文字注册商标以独占使用许可的方式,许可给杭州小拇指公司使用。

杭州小拇指公司多次获中国连锁经营协会颁发的中国特许经营连锁120强证书,2009年杭州小拇指公司"小拇指汽车维修服务"被浙江省质量技术监督局认定为浙江服务名牌。

天津小拇指公司成立于2008年10月16日,法定代表人田俊山。其经营范围为:"小型客车整车修理、总成修理、整车维护、小修、维修救援、专项修理。(许可经营项目的经营期限以许可证为准)"。该公司于2010年7月28日取得的《天津市机动车维修经营许可证》载明类别为"二类(汽车维修)",经营项目为"小型客车整车修理、总成修理、整车维护、小修、维修救援、专项维修。"有效期自2010年7月28日至2012年7月27日。

天津华商公司成立于1992年11月23日,法定代表人与天津小拇指公司系同一人,即田俊山。其经营范围为:"汽车配件、玻璃、润滑脂、轮胎、汽车装具;车身清洁维护、电气系统维修、涂漆;代办快件、托运、信息咨询;普通货物(以上经营范围涉及行业许可证的凭许可证件在有效期内经营,国家有专项专营规定的按规定办理)"。天津华商公司取得的《天津市机动车维修经营许可证》的经营项目为"小型客车整车修理、总成修理、整车维护、小修、维修救援、专项修理",类别为一类(汽车维修)",现在有效期内。

天津小拇指公司、天津华商公司在从事汽车维修及通过网站进行招商加盟过程中,多处使用了"小拇指"标识,且存在单独或突出使用"小拇指"的情形。

2008年6月30日,天津华商公司与杭州小拇指公司签订了《特许连锁经营合同》,许可天津华商公司在天津经营"小拇指"品牌汽车维修连锁中心,合同期限为2008年6月30日至2011年6月29日。该合同第三条第(4)项约定:"乙方(天津华商公司)设立加盟店,应以甲方(杭州小拇指公司)书面批准的名称开展经营活动。商号的限制使用(以下选择使用):(√)未经甲方书面同意,乙方不得在任何场合和时间,以任何形式使用或对'小拇指'或'小拇指徽修'等相关标志进行企业名称登记注册;未经甲方书面同意,不得将'小拇指'或'小拇指徽修'名称加上任何前缀、后缀进行修改或补充;乙方不得注册含有'小拇指'或'小拇指徽修'或与其相关或相近似字样的域名等,该限制包含对乙方的分支机构的限制"。2010年12月16日,天津华商公司与杭州小拇指公司因履行《特许连锁经营合同》发生纠纷,经杭州市仲裁委员会仲裁裁决解除合同。

另查明,杭州小拇指公司于2008年4月8日取得商务部商业特许经营备案。天津华商公司曾向商务部行政主管部门反映杭州小拇指公司违规从事特许经营活动应予撤销备案的问题。对此,浙江省商务厅《关于上报杭州小拇指汽车维修科技股份有限公司特许经营有关情况的函》记载:1.杭州小拇指公司特许经营备案时已具备"两店一年"条件,符合《商业特许经营管理条例》第七条的规定,可以予以备案;2.杭州小拇指公司主要负责"小拇指"品牌管理,不直接从事机动车维修业务,并且拥有自己的商标、专利、经营模式等经营资源,可以开展特许经营业务;3.经向浙江省道路运输管理局有关负责人了解,杭州小拇指公司下属直营店拥有《道路运输经营许可证》,经营范围包含"三类机动车维修"或"二类机动车维修",具备从事机动车维修的资质;4.杭州小拇指公司授权许可,以及机动车维修经营不在特许经营许可范围内。

【裁判结果】

天津市第二中级人民法院于2012年9月17日作出(2012)二中民三知初字第47号民事判决:一、判决生效之日起天津市小拇指汽车维修服务有限公司立即停止侵害第6573881号和第6573882号"小拇指"文字注册商标的行为,即天津市小拇指汽车维修服务有限公司立即在其网站

(www.tjxiaomuzhi.net)、宣传材料、优惠体验券及其经营场所(含分支机构)停止使用"小拇指"标识,并停止单独使用"小拇指"字样;二、判决生效之日起天津市华商汽车进口配件公司立即停止侵害第6573881号和第6573882号"小拇指"文字注册商标的行为,即天津市华商汽车进口配件公司立即停止在其网站(www.tjxiaomuzhi.com)使用"小拇指"标识;三、判决生效之日起十日内,天津市小拇指汽车维修服务有限公司、天津市华商汽车进口配件公司连带赔偿兰建军、杭州小拇指汽车维修科技股份有限公司经济损失及维权费用人民币50000元;四、驳回兰建军、杭州小拇指汽车维修科技股份有限公司的其他诉讼请求。宣判后,兰建军、杭州小拇指公司及天津小拇指公司、天津华商公司均提出上诉。天津市高级人民法院于2013年2月19日作出(2012)津高民三终字第0046号民事判决:一、维持天津市第二中级人民法院(2012)二中民三知初字47号民事判决第一、二、三项及逾期履行责任部分;二、撤销天津市第二中级人民法院(2012)二中民三知初字第47号民事判决第四项;三、自本判决生效之日起,天津市小拇指汽车维修服务有限公司立即停止在其企业名称中使用"小拇指"字号;四、自本判决生效之日起十日内,天津市小拇指汽车维修服务有限公司赔偿杭州小拇指汽车维修科技股份有限公司经济损失人民币30000元;五、驳回兰建军、杭州小拇指汽车维修科技股份有限公司的其他上诉请求;六、驳回天津市小拇指汽车维修服务有限公司、天津市华商汽车进口配件公司的上诉请求。

【裁判理由】

法院生效裁判认为:本案的主要争议焦点为被告天津小拇指公司、天津华商公司的被诉侵权行为是否侵害了原告兰建军、杭州小拇指公司的注册商标专用权,以及是否构成对杭州小拇指公司的不正当竞争。

一、关于被告是否侵害了兰建军、杭州小拇指公司的注册商标专用权

天津小拇指公司、天津华商公司在从事汽车维修及通过网站进行招商加盟过程中,多处使用了"小拇指"标识,且存在单独或突出使用"小拇指"的情形,相关公众施以一般注意力,足以对服务的来源产生混淆,或误认天津小拇指公司与杭州小拇指公司之间存在特定联系。标识主体及最易识别部分"小拇指"字样与涉案注册商标相同,同时考虑天津小拇指公司在经营场所、网站及宣传材料中对"小拇指"的商标性使用行为,应当认定该标识与涉案的"小拇指"文字注册商标构成近似。据此,因天津小拇指公司、天津华商公司在与兰建军、杭州小拇指公司享有权利的第6573881号"小拇指"文字注册商标核定的相同服务项目上,未经许可而使用"小拇指"及单独使用"小拇指"字样,足以导致相关公众的混淆和误认,属于《中华人民共和国商标法》(简称《商标法》)第五十二条第(一)项规定的侵权行为。天津小拇指公司、天津华商公司通过其网站进行招商加盟的商业行为,根据《最高人民法院关于审理商标民事纠纷案件适用法律若干问题的解释》第十二条之规定,可以认定在与兰建军、杭州小拇指公司享有权利的第6573882号"小拇指"文字注册商标核定服务项目相类似的服务中使用了近似商标,且未经权利人许可,亦构成《商标法》第五十二条第(一)项规定的侵权行为。

二、被告是否构成对杭州小拇指公司的不正当竞争

该争议焦点涉及两个关键问题:一是经营者是否存在超越法定经营范围的违反行政许可法律法规行为及其民事权益能否得到法律保护;二是如何认定反不正当竞争法调整的竞争关系。

(一)关于经营者是否存在超越法定经营范围行为及其民事权益能否得到法律保护

天津小拇指公司、天津华商公司认为其行为不构成不正当竞争的一个主要理由在于,杭州小拇指公司未依法取得机动车维修的相关许可,超越法定经营范围从事特许经营且不符合法定条件,属于非法经营行为,杭州小拇指公司主张的民事权益不应得到法律保护。故本案中要明确天津小拇指公司、天津华商公司所指称杭州小拇指公司超越法定经营范围而违反行政许可法律法规的行为是否成立,以及相应民事权益能否得到法律保护的问题。

首先,对于超越法定经营范围违反有关行政许可法律法规的行为,应当依法由相应的行政主管部门进行认定,主张对方有违法经营行为的一

方,应自行承担相应的举证责任。本案中,对于杭州小拇指公司是否存在非法从事机动车维修及特许经营业务的行为,从现有证据和事实看,难以得出肯定性的结论。经营汽车维修属于依法许可经营的项目,但杭州小拇指公司并未从事汽车维修业务,其实际从事的是授权他人在车辆清洁、保养和维修等服务中使用其商标,或以商业特许经营的方式许可其直营店、加盟商在经营活动中使用其"小拇指"品牌、专利技术等,这并不以其自身取得经营机动车维修业务的行政许可为前提条件。此外,杭州小拇指公司已取得商务部商业特许经营备案,杭州小拇指公司特许经营备案时已具备"两店一年"条件,其主要负责"小拇指"品牌管理,不直接从事机动车维修业务,并且拥有自己的商标、专利、经营模式等经营资源,可以开展特许经营业务。故本案依据现有证据,并不能认定杭州小拇指公司存在违反行政许可法律法规从事机动车维修或特许经营业务的行为。

其次,即使有关行为超越法定经营范围而违反行政许可法律法规,也应由行政主管部门依法查处,不必然影响有关民事权益受到侵害的主体提起民事诉讼的资格,亦不能以此作为被诉侵权者对其行为不构成侵权的抗辩。本案中,即使杭州小拇指公司超越法定经营范围而违反行政许可法律法规,这属于行政责任范畴,该行为并不影响其依法行使制止商标侵权和不正当竞争行为的民事权利,也不影响人民法院依法保护其民事权益。被诉侵权者以经营者超越法定经营范围而违反行政许可法律法规为由主张其行为不构成侵权的,人民法院不予支持。

(二)关于如何认定反不正当竞争法调整的竞争关系

经营者之间是否存在竞争关系是认定构成不正当竞争的关键。《中华人民共和国反不正当竞争法》(以下简称反不正当竞争法)第二条规定:"经营者在市场交易中,应当遵循自愿、平等、公平、诚实信用的原则,遵守公认的商业道德。本法所称的不正当竞争,是指经营者违反本法规定,损害其他经营者的合法权益,扰乱社会经济秩序的行为。本法所称的经营者,是指从事商品经营或者营利性服务(以下所称商品包括服务)的法人、其他经济组织和个人。"由此可见,反

正当竞争法并未限制经营者之间必须具有直接的或具体的竞争关系,也没有要求经营者从事相同行业。反不正当竞争法所规制的不正当竞争行为,是指损害其他经营者合法权益、扰乱经济秩序的行为,从直接损害对象看,受损害的是其他经营者的市场利益。因此,经营者之间具有间接竞争关系,行为人违反反不正当竞争法的规定,损害其他经营者合法权益的,也应当认定为不正当竞争行为。

本案中,被诉存在不正当竞争的天津小拇指公司与天津华商公司均从事汽车维修行业。根据已查明的事实,杭州小拇指公司本身不具备从事机动车维修的资质,也并未实际从事汽车维修业务,但从其所从事的汽车玻璃修补、汽车油漆快速修复等技术开发活动,以及经授权许可使用的注册商标核定服务项目所包含的车辆保养和维修等可以认定,杭州小拇指公司通过将其拥有的企业标识、注册商标、专利、专有技术等经营资源许可其直营店或加盟店使用,使其成为"小拇指"品牌的运营商,以商业特许经营的方式从事与汽车维修相关的经营活动。因此,杭州小拇指公司是汽车维修市场的相关经营者,其与天津小拇指公司及天津华商公司之间存在间接竞争关系。

反不正当竞争法第五条第(三)项规定,禁止经营者擅自使用他人企业名称,引人误认为是他人的商品,以损害竞争对手。在认定原被告双方存在间接竞争关系的基础上,确定天津小拇指公司登记注册"小拇指"字号是否构成擅自使用他人企业名称的不正当竞争行为,应当综合考虑以下因素:

1. 杭州小拇指公司的企业字号是否具有一定的市场知名度。根据本案现有证据,杭州小拇指公司自2004年10月成立时起即以企业名称中的"小拇指"作为字号使用,并以商业特许经营的方式从事汽车维修行业,且专门针对汽车小擦小碰的微创伤修复,创立了"小拇指"汽车微修体系,截至2011年,杭州小拇指公司在全国已有加盟店400余个。虽然"小拇指"本身为既有词汇,但通过其直营店和加盟店在汽车维修领域的持续使用及宣传,"小拇指"汽车维修已在相关市场起到识别经营主体及与其他服务相区别的作用。2008年10月天津小拇指公司成立时,杭州小拇

指公司的"小拇指"字号及相关服务在相关公众中已具有一定的市场知名度。

2. 天津小拇指公司登记使用"小拇指"字号是否具有主观上的恶意。市场竞争中的经营者,应当遵循诚实信用原则,遵守公认的商业道德,尊重他人的市场劳动成果,登记企业名称时,理应负有对同行业在先字号予以避让的义务。本案中,天津华商公司作为被特许人,曾于2008年6月30日与作为"小拇指"品牌特许人的杭州小拇指公司签订《特许连锁经营合同》,法定代表人田俊山代表该公司在合同上签字,其知晓合同的相关内容。天津小拇指公司虽主张其与天津华商公司之间没有关联,是两个相互独立的法人,但两公司的法定代表人均为田俊山,且天津华商公司的网站内所显示的宣传信息及相关联系信息均直接指向天津小拇指公司,并且天津华商公司将其登记的经营地点作为天津小拇指公司天津总店的经营地点。故应认定,作为汽车维修相关市场的经营者,天津小拇指公司成立时,对杭州小拇指公司及其经营资源、发展趋势等应当知晓,但天津小拇指公司仍将"小拇指"作为企业名称中识别不同市场主体核心标识的企业字号,且不能提供使用"小拇指"作为字号的合理依据,其主观上明显具有"搭便车"及攀附他人商誉的意图。

3. 天津小拇指公司使用"小拇指"字号是否足以造成市场混淆。根据已查明事实,天津小拇指公司在其开办的网站及其他宣传材料中,均以特殊字体突出注明"汽车小划小碰怎么办?找天津小拇指"、"天津小拇指专业特长"的字样,其"优惠体验券"中亦载明"汽车小划小痕,找天津小拇指",其服务对象与杭州小拇指公司运营的"小拇指"汽车微修体系的消费群体多有重合。且自2010年起,杭州小拇指公司在天津地区的加盟店也陆续成立,两者的服务区域也已出现重合。故小拇指公司以"小拇指"为字号登记使用,必然会使相关公众误认两者存在某种渊源或联系,加之天津小拇指公司存在单独或突出使用"小拇指"汽车维修、"天津小拇指"等字样进行宣传的行为,足以使相关公众对市场主体和服务来源产生混淆和误认,容易造成竞争秩序的混乱。

综合以上分析,天津小拇指公司登记使用该企业名称本身违反了诚实信用原则,具有不正当性,且无论是否突出使用均难以避免产生市场混淆,已构成不正当竞争,应对此承担停止使用"小拇指"字号及赔偿相应经济损失的民事责任。

5. 迈克尔·杰弗里·乔丹与国家工商行政管理总局商标评审委员会、乔丹体育股份有限公司"乔丹"商标争议行政纠纷案[①]

【关键词】行政 商标争议 姓名权 诚实信用

【裁判要点】

1. 姓名权是自然人对其姓名享有的人身权,姓名权可以构成商标法规定的在先权利。外国自然人外文姓名的中文译名符合条件的,可以依法主张作为特定名称按照姓名权的有关规定予以保护。

2. 外国自然人就特定名称主张姓名权保护的,该特定名称应当符合以下三项条件:(1)该特定名称在我国具有一定的知名度,为相关公众所知悉;(2)相关公众使用该特定名称指代该自然人;(3)该特定名称已经与该自然人之间建立了稳定的对应关系。

3. 使用是姓名权人享有的权利内容之一,并非姓名权人主张保护其姓名权的法定前提条件。特定名称按照姓名权受法律保护的,即使自然人并未主动使用,也不影响姓名权人按照商标法关于在先权利的规定主张权利。

4. 违反诚实信用原则,恶意申请注册商标,侵犯他人现有在先权利的"商标权人",以该商标的宣传、使用、获奖、被保护等情况形成了"市场秩序"或者"商业成功"为由,主张该注册商标合

[①] 案例来源:《最高人民法院关于发布第22批指导性案例的通知》(2019年12月24日 法〔2019〕293号),指导案例113号。

法有效的,人民法院不予支持。

【相关法条】

1.《中华人民共和国商标法》(2013年修正)第32条(本案适用的是2001年修正的《中华人民共和国商标法》第31条)

2.《中华人民共和国民法通则》第4条、第99条第1款

3.《中华人民共和国民法总则》第7条、第110条

4.《中华人民共和国侵权责任法》第2条第2款

【基本案情】

再审申请人迈克尔杰弗里乔丹(以下简称迈克尔乔丹)与被申请人国家工商行政管理总局商标评审委员会(以下简称商标评审委员会)、一审第三人乔丹体育股份有限公司(以下简称乔丹公司)商标争议行政纠纷案中,涉及乔丹公司的第6020569号"乔丹"商标(即涉案商标),核定使用在国际分类第28类的体育活动器械、游泳池(娱乐用)、旱冰鞋、圣诞树装饰品(灯饰和糖果除外)。再审申请人主张该商标含有其英文姓名的中文译名"乔丹",属于2001年修正的商标法第三十一条规定的"损害他人现有的在先权利"的情形,故向商标评审委员会提出撤销申请。

商标评审委员会认为,涉案商标"乔丹"与"Michael Jordan"及其中文译名"迈克尔乔丹"存在一定区别,并且"乔丹"为英美普通姓氏,难以认定这一姓氏与迈克尔乔丹之间存在当然的对应关系,故裁定维持涉案商标。再审申请人不服,向北京市第一中级人民法院提起行政诉讼。

【裁判结果】

北京市第一中级人民法院于2015年4月1日作出(2014)一中行(知)初字第9163号行政判决,驳回迈克尔杰弗里乔丹的诉讼请求。迈克尔杰弗里乔丹不服一审判决,提起上诉。北京市高级人民法院于2015年8月17日作出(2015)高行(知)终字第1915号行政判决,驳回迈克尔杰弗里乔丹上诉,维持原判。迈克尔杰弗里乔丹仍不服,向最高人民法院申请再审。最高人民法院提审后,于2016年12月7日作出(2016)最高法行再27号行政判决:一、撤销北京市第一中级人民法院(2014)一中行(知)初字第9163号行政判决;二、撤销北京市高级人民法院(2015)高行(知)终字第1915号行政判决;三、撤销国家工商行政管理总局商标评审委员会商评字〔2014〕第052058号关于第6020569号"乔丹"商标争议裁定;四、国家工商行政管理总局商标评审委员会对第6020569号"乔丹"商标重新作出裁定。

【裁判理由】

最高人民法院认为,本案争议焦点为争议商标的注册是否损害了再审申请人就"乔丹"主张的姓名权,违反2001年修正的商标法第三十一条关于"申请商标注册不得损害他人现有的在先权利"的规定。判决主要认定如下:

一、关于再审申请人主张保护姓名权的法律依据

商标法第三十一条规定:"申请商标注册不得损害他人现有的在先权利"。对于商标法已有特别规定的在先权利,应当根据商标法的特别规定予以保护。对于商标法虽无特别规定,但根据民法通则、侵权责任法和其他法律的规定应予保护,并且在争议商标申请日之前已由民事主体依法享有的民事权利或者民事权益,应当根据该概括性规定给予保护。《中华人民共和国民法通则》第九十九条第一款、《中华人民共和国侵权责任法》第二条第二款均明确规定,自然人依法享有姓名权。故姓名权可以构成商标法第三十一条规定的"在先权利"。争议商标的注册损害他人在先姓名权的,应当认定该争议商标的注册违反商标法第三十一条的规定。

姓名被用于指代、称呼、区分特定的自然人,姓名权是自然人对其姓名享有的重要人身权。随着我国社会主义市场经济不断发展,具有一定知名度的自然人将其姓名进行商业化利用,通过合同等方式为特定商品、服务代言并获得经济利益的现象已经日益普遍。在适用商标法第三十一条的规定对他人的在先姓名权予以保护时,不仅涉及对自然人人格尊严的保护,而且涉及对自然人姓名,尤其是知名人物姓名所蕴含的经济利益的保护。未经许可擅自将他人享有在先姓名权的姓名注册为商标,容易导致相关公众误认为标记有该商标的商品或者服务与该自然人存在代言、许可等特定联系的,应当认定该商标的注册损害他人的在先姓名权,违反商标法第三十一

条的规定。

二、关于再审申请人主张的姓名权所保护的具体内容

自然人依据商标法第三十一条的规定,就特定名称主张姓名权保护时,应当满足必要的条件。

其一,该特定名称应具有一定知名度、为相关公众所知悉,并用于指代该自然人。《最高人民法院关于审理不正当竞争民事案件应用法律若干问题的解释》第六条第二款是针对"擅自使用他人的姓名,引人误认为是他人的商品"的不正当竞争行为的认定作出的司法解释,该不正当竞争行为本质上也是损害他人姓名权的侵权行为。认定该行为时所涉及的"引人误认为是他人的商品",与本案中认定争议商标的注册是否容易导致相关公众误认为存在代言、许可等特定联系是密切相关的。因此,在本案中可参照适用上述司法解释的规定,确定自然人姓名权保护的条件。

其二,该特定名称应与该自然人之间已建立稳定的对应关系。在解决本案涉及的在先姓名权与注册商标权的权利冲突时,应合理确定在先姓名权的保护标准,平衡在先姓名权人与商标权人的利益。既不能由于争议商标标志中使用或包含有仅为部分人所知悉或临时性使用的自然人"姓名",即认定争议商标的注册损害该自然人的姓名权;也不能如商标评审委员会所主张的那样,以自然人主张的"姓名"与该自然人形成"唯一"对应为前提,对自然人主张姓名权的保护提出过苛的标准。自然人所主张的特定名称与该自然人已经建立稳定的对应关系时,即使该对应关系达不到"唯一"的程度,也可以依法获得姓名权的保护。综上,在适用商标法第三十一条关于"不得损害他人现有的在先权利"的规定时,自然人就特定名称主张姓名权保护的,该特定名称应当符合以下三项条件:一是该特定名称在我国具有一定的知名度、为相关公众所知悉;二是相关公众使用该特定名称指代该自然人;三是该特定名称已经与该自然人之间建立了稳定的对应关系。

在判断外国人能否就其外文姓名的部分中文译名主张姓名权保护时,需要考虑我国相关公众对外国人的称谓习惯。中文译名符合前述三项条件的,可以依法主张姓名权的保护。本案现有证据足以证明"乔丹"在我国具有较高的知名度、为相关公众所知悉,我国相关公众通常以"乔丹"指代再审申请人,并且"乔丹"已经与再审申请人之间形成了稳定的对应关系,故再审申请人就"乔丹"享有姓名权。

三、关于再审申请人及其授权的耐克公司是否主动使用"乔丹",其是否主动使用的事实对于再审申请人在本案中主张的姓名权有何影响

首先,根据《中华人民共和国民法通则》第九十九条第一款的规定,"使用"是姓名权人享有的权利内容之一,并非其承担的义务,更不是姓名权人"禁止他人干涉、盗用、假冒",主张保护其姓名权的法定前提条件。

其次,在适用商标法第三十一条的规定保护他人在先姓名权时,相关公众是否容易误认为标记有争议商标的商品或者服务与该自然人存在代言、许可等特定联系,是认定争议商标的注册是否损害该自然人姓名权的重要因素。因此,在符合前述有关姓名权保护的三项条件的情况下,自然人有权根据商标法第三十一条的规定,就并未主动使用的特定名称获得姓名权的保护。

最后,对于在我国具有一定知名度的外国人,其本人或者利害关系人可能并未在我国境内主动使用其姓名;或者由于便于称呼、语言习惯、文化差异等原因,我国相关公众、新闻媒体所熟悉和使用的"姓名"与其主动使用的姓名并不完全相同。例如在本案中,我国相关公众、新闻媒体普遍以"乔丹"指代再审申请人,而再审申请人、耐克公司则主要使用"迈克尔乔丹"。但不论是"迈克尔乔丹"还是"乔丹",在相关公众中均具有较高的知名度,均被相关公众普遍用于指代再审申请人,且再审申请人并未提出异议或者反对。故商标评审委员会、乔丹公司关于再审申请人、耐克公司未主动使用"乔丹",再审申请人对"乔丹"不享有姓名权的主张,不予支持。

四、关于乔丹公司对于争议商标的注册是否存在明显的主观恶意

本案中,乔丹公司申请注册争议商标时是否存在主观恶意,是认定争议商标的注册是否损害再审申请人姓名权的重要考量因素。本案证据

足以证明乔丹公司是在明知再审申请人及其姓名"乔丹"具有较高知名度的情况下,并未与再审申请人协商、谈判以获得其许可或授权,而是擅自注册了包括争议商标在内的大量与再审申请人密切相关的商标,放任相关公众误认为标记有争议商标的商品与再审申请人存在特定联系的损害结果,使得乔丹公司无需付出过多成本,即可实现由再审申请人为其"代言"等效果。乔丹公司的行为有违《中华人民共和国民法通则》第四条规定的诚实信用原则,其对于争议商标的注册具有明显的主观恶意。

五、关于乔丹公司的经营状况,以及乔丹公司对其企业名称、有关商标的宣传、使用、获奖、被保护等情况,对本案具有何种影响

乔丹公司的经营状况,以及乔丹公司对其企业名称、有关商标的宣传、使用、获奖、被保护等情况,均不足以使争议商标的注册具有合法性。

其一,从权利的性质以及损害在先姓名权的构成要件来看,姓名被用于指代、称呼、区分特定的自然人,姓名权是自然人对其姓名享有的人身权。而商标的主要作用在于区分商品或者服务来源,属于财产权,与姓名权是性质不同的权利。在认定争议商标的注册是否损害他人在先姓名权时,关键在于是否容易导致相关公众误认为标记有争议商标的商品或者服务与姓名权人之间存在代言、许可等特定联系,其构成要件与侵害商标权的认定不同。因此,即使乔丹公司经过多年的经营、宣传和使用,使得乔丹公司及其"乔丹"商标在特定商品类别上具有较高知名度,相关公众能够认识到标记有"乔丹"商标的商品来源于乔丹公司,也不足以据此认定相关公众不容易误认为标记有"乔丹"商标的商品与再审申请人之间存在代言、许可等特定联系。

其二,乔丹公司恶意申请注册争议商标,损害再审申请人的在先姓名权,明显有悖于诚实信用原则。商标评审委员会、乔丹公司主张的市场秩序或者商业成功并不完全是乔丹公司诚信经营的合法成果,而是一定程度上建立于相关公众误认的基础之上。维护此种市场秩序或者商业成功,不仅不利于保护姓名权人的合法权益,而且不利于保障消费者的利益,更不利于净化商标注册和使用环境。

(五)植物新品种权

◎ 司法解释

最高人民法院关于审理植物新品种纠纷案件若干问题的解释

● 2020 年 12 月 29 日
● 法释〔2020〕19 号

为依法受理和审判植物新品种纠纷案件,根据《中华人民共和国民法典》《中华人民共和国种子法》《中华人民共和国民事诉讼法》《中华人民共和国行政诉讼法》《全国人民代表大会常务委员会关于在北京、上海、广州设立知识产权法院的决定》和《全国人民代表大会常务委员会关于专利等知识产权案件诉讼程序若干问题的决定》的有关规定,现就有关问题解释如下:

第一条 人民法院受理的植物新品种纠纷案件主要包括以下几类:

(一)植物新品种申请驳回复审行政纠纷案件;

(二)植物新品种权无效行政纠纷案件;

(三)植物新品种权更名行政纠纷案件;

(四)植物新品种权强制许可纠纷案件;

(五)植物新品种权实施强制许可使用费纠纷案件;

(六)植物新品种申请权权属纠纷案件;

(七)植物新品种权权属纠纷案件;

(八)植物新品种申请权转让合同纠纷案件;

(九)植物新品种权转让合同纠纷案件;

(十)侵害植物新品种权纠纷案件;

(十一)假冒他人植物新品种权纠纷案件;

(十二)植物新品种培育人署名权纠纷案件;

(十三)植物新品种临时保护期使用费纠纷案件;

(十四)植物新品种行政处罚纠纷案件;

(十五) 植物新品种行政复议纠纷案件；

(十六) 植物新品种行政赔偿纠纷案件；

(十七) 植物新品种行政奖励纠纷案件；

(十八) 其他植物新品种权纠纷案件。

第二条 人民法院在依法审查当事人涉及植物新品种权的起诉时，只要符合《中华人民共和国民事诉讼法》第一百一十九条、《中华人民共和国行政诉讼法》第四十九条规定的民事案件或者行政案件的起诉条件，均应当依法予以受理。

第三条 本解释第一条所列第一至五类案件，由北京知识产权法院作为第一审人民法院审理；第六至十八类案件，由知识产权法院、各省、自治区、直辖市人民政府所在地和最高人民法院指定的中级人民法院作为第一审人民法院审理。

当事人对植物新品种纠纷民事、行政案件第一审判决、裁定不服，提起上诉的，由最高人民法院审理。

第四条 以侵权行为地确定人民法院管辖的侵害植物新品种权的民事案件，其所称的侵权行为地，是指未经品种权所有人许可，生产、繁殖或者销售该授权植物新品种的繁殖材料的所在地，或者为商业目的将该授权品种的繁殖材料重复使用于生产另一品种的繁殖材料的所在地。

第五条 关于植物新品种申请驳回复审行政纠纷案件、植物新品种权无效或者更名行政纠纷案件，应当以植物新品种审批机关为被告；关于植物新品种强制许可纠纷案件，应当以植物新品种审批机关为被告；关于实施强制许可使用费纠纷案件，应当根据原告所请求的事项和所起诉的当事人确定被告。

第六条 人民法院审理侵害植物新品种权纠纷案件，被告在答辩期间内向植物新品种审批机关请求宣告该植物新品种权无效的，人民法院一般不中止诉讼。

最高人民法院关于审理侵犯植物新品种权纠纷案件具体应用法律问题的若干规定

- 2020 年 12 月 29 日
- 法释〔2020〕19 号

为正确处理侵害植物新品种权纠纷案件，根据《中华人民共和国民法典》《中华人民共和国种子法》《中华人民共和国民事诉讼法》《全国人民代表大会常务委员会关于在北京、上海、广州设立知识产权法院的决定》和《全国人民代表大会常务委员会关于专利等知识产权案件诉讼程序若干问题的决定》等有关规定，结合侵害植物新品种权纠纷案件的审判经验和实际情况，就具体应用法律的若干问题规定如下：

第一条 植物新品种权所有人（以下称品种权人）或者利害关系人认为植物新品种权受到侵害的，可以依法向人民法院提起诉讼。

前款所称利害关系人，包括植物新品种实施许可合同的被许可人、品种权财产权利的合法继承人等。

独占实施许可合同的被许可人可以单独向人民法院提起诉讼；排他实施许可合同的被许可人可以和品种权人共同起诉，也可以在品种权人不起诉时，自行提起诉讼；普通实施许可合同的被许可人经品种权人明确授权，可以提起诉讼。

第二条 未经品种权人许可，生产、繁殖或者销售授权品种的繁殖材料，或者为商业目的将授权品种的繁殖材料重复使用于生产另一品种的繁殖材料的，人民法院应当认定为侵害植物新品种权。

被诉侵权物的特征、特性与授权品种的特征、特性相同，或者特征、特性的不同是因非遗传变异所致的，人民法院一般应当认定被诉侵权物属于生产、繁殖或者销售授权品种的繁殖材料。

被诉侵权人重复以授权品种的繁殖材料

为亲本与其他亲本另行繁殖的,人民法院一般应当认定属于为商业目的将授权品种的繁殖材料重复使用于生产另一品种的繁殖材料。

第三条 侵害植物新品种权纠纷案件涉及的专门性问题需要鉴定的,由双方当事人协商确定的有鉴定资格的鉴定机构、鉴定人鉴定;协商不成的,由人民法院指定的有鉴定资格的鉴定机构、鉴定人鉴定。

没有前款规定的鉴定机构、鉴定人的,由具有相应品种检测技术水平的专业机构、专业人员鉴定。

第四条 对于侵害植物新品种权纠纷案件涉及的专门性问题可以采取田间观察检测、基因指纹图谱检测等方法鉴定。

对采取前款规定方法作出的鉴定意见,人民法院应当依法质证,认定其证明力。

第五条 品种权人或者利害关系人向人民法院提起侵害植物新品种权诉讼前,可以提出行为保全或者证据保全请求,人民法院经审查作出裁定。

人民法院采取证据保全措施时,可以根据案件具体情况,邀请有关专业技术人员按照相应的技术规程协助取证。

第六条 人民法院审理侵害植物新品种权纠纷案件,应当依照民法典第一百七十九条、第一千一百八十五条、种子法第七十三条的规定,结合案件具体情况,判决侵权人承担停止侵害、赔偿损失等民事责任。

人民法院可以根据权利人的请求,按照权利人因被侵权所受实际损失或者侵权人因侵权所得利益确定赔偿数额。权利人的损失或者侵权人获得的利益难以确定的,可以参照该植物新品种权许可使用费的倍数合理确定。权利人为制止侵权行为所支付的合理开支应当另行计算。

依照前款规定难以确定赔偿数额的,人民法院可以综合考虑侵权的性质、期间、后果,植物新品种权许可使用费的数额,植物新品种实施许可的种类、时间、范围及权利人调查、制止侵权所支付的合理费用等因素,在300万元以下确定赔偿数额。

故意侵害他人植物新品种权,情节严重的,可以按照第二款确定数额的一倍以上三倍以下确定赔偿数额。

第七条 权利人和侵权人均同意将侵权物折价抵扣权利人所受损失的,人民法院应当准许。权利人或者侵权人不同意折价抵扣的,人民法院依照当事人的请求,责令侵权人对侵权物作消灭活性等使其不能再被用作繁殖材料的处理。

侵权物正处于生长期或者销毁侵权物将导致重大不利后果的,人民法院可以不采取责令销毁侵权物的方法,而判令其支付相应的合理费用。但法律、行政法规另有规定的除外。

第八条 以农业或者林业种植为业的个人、农村承包经营户接受他人委托代为繁殖侵害品种权的繁殖材料,不知道代繁物是侵害品种权的繁殖材料并说明委托人的,不承担赔偿责任。

◎ 指导案例

1. 莱州市金海种业有限公司诉张掖市富凯农业科技有限责任公司侵犯植物新品种权纠纷案①

【关键词】民事/侵犯植物新品种权/玉米品种鉴定/DNA指纹检测/近似品种/举证责任

【裁判要点】

依据中华人民共和国农业行业标准《玉米品种鉴定DNA指纹方法》NY/T1432-2007检测及判定标准的规定,品种间差异位点数等于1,判定为近似品种;品种间差异位点数大于等于2,判定为不同品种。品种间差异位点数等于1,不足以认定不是同一品种。对差异位点数在两个以下的,应当综合其他因素判定是否为不同品种,如可采取扩大检测位点进行加测,以及提交审定样品进行测定等,举证责任由被诉侵权一方承担。

---

① 案例来源:《最高人民法院关于发布第17批指导性案例的通知》(2017年11月15日)指导案例92号。

【相关法条】

《中华人民共和国植物新品种保护条例》第16条、第17条

【基本案情】

2003年1月1日，经农业部核准，"金海5号"被授予中华人民共和国植物新品种权，品种号为：CNA20010074.2，品种权人为莱州市金海农作物研究有限公司。2010年1月8日，品种权人授权莱州市金海种业有限公司（以下简称"金海种业公司"）独家生产经营玉米杂交种"金海5号"，并授权金海种业公司对擅自生产销售该品种的侵权行为，可以以自己的名义独立提起诉讼。2011年，张掖市富凯农业科技有限责任公司（以下简称"富凯公司"）在张掖市甘州区沙井镇古城村八社、十一社进行玉米制种。金海种业公司以富凯公司的制种行为侵害其"金海5号"玉米植物新品种权为由向张掖市中级人民法院（以下简称"张掖中院"）提起诉讼。张掖中院受理后，根据金海种业公司的申请，于2011年9月13日对沙井镇古城村八社、十一社种植的被控侵权玉米以活体玉米植株上随机提取玉米果穗、现场封存的方式进行证据保全，并委托北京市农科院玉米种子检测中心对被提取的样品与农业部植物新品种保护办公室植物新品种保藏中心保存的"金海5号"标准样品之间进行对比鉴定。该鉴定中心出具的检测报告结论为"无明显差异"。

张掖中院以构成侵权为由，判令富凯公司承担侵权责任。富凯公司不服，向甘肃省高级人民法院（以下简称"甘肃高院"）提出上诉，甘肃高院审理后以原审判决认定事实不清，裁定发回张掖中院重审。

案件发回重审后，张掖中院复函北京市农科院玉米种子检测中心，要求对"JA2011-098-006"号结论为"无明显差异"的检测报告给予补充鉴定或说明。该中心答复："待测样品与农业部品种保护的对照样品金海5号比较，在40个点位上，仅有1个差异位点，依据行业标准判定为近似，结论为待测样品与对照样品无明显差异。这一结论应解读为：依据DNA指纹检测标准，将差异至少两个位点作为判定两个样品不同的充分条件，而对差异位点在两个以下的，表明依据该标准判定两个样品不同的条件不充分，因此不能得出待测样品与对照样品不同的结论。"经质证，金海种业公司对该检测报告不持异议。富凯公司认为检验报告载明差异位点数为"1"，说明被告并未侵权，故该检测报告不能作为本案证据予以采信。

【裁判结果】

张掖市中级人民法院以（2012）张中民初字第28号民事判决，判令：驳回莱州市金海种业有限公司的诉讼请求。莱州市金海种业有限公司不服，提出上诉。甘肃省高级人民法院于2014年9月17日作出（2013）甘民三终字第63号民事判决：一、撤销张掖市中级人民法院（2012）张中民初字第28号民事判决。二、张掖市富凯农业科技有限责任公司立即停止侵犯莱州市金海种业有限公司植物新品种权的行为，并赔偿莱州市金海种业有限公司经济损失50万元。

【裁判理由】

法院生效判决认为：未经品种权人许可，为商业目的生产或销售授权品种的繁殖材料的，是侵犯植物新品种权的行为。而确定行为人生产、销售的植物新品种的繁殖材料是否是授权品种的繁殖材料，核心在于应用该繁殖材料培育的植物新品种的特征、特性，是否与授权品种的特征、特性相同。本案中，经人民法院委托鉴定，北京市农科院玉米种子检测中心出具的鉴定意见表明待测样品与授权样品"无明显差异"，但在DNA指纹图谱检测对比的40个位点上，有1个位点的差异。依据中华人民共和国农业行业标准《玉米品种鉴定DNA指纹方法NY/T1432-2007检测及判定标准》的规定：品种间差异位点数等于1，判定为近似品种；品种间差异位点数大于等于2，判定为不同品种。依据DNA指纹检测标准，将差异至少两个位点作为标准，来判定两个品种是否不同。品种间差异位点数等于1，不足以认定不是同一品种。DNA检测与DUS（田间观察检测）没有位点的直接对应性。对差异点数在两个以下的，应当综合其他因素进行判定，如可采取扩大检测位点进行加测以及提交审定样品进行测定等。此时的举证责任应由被诉侵权的一方承担。由于植物新品种授权所依据的方式是DUS检测，而不是实验室的DNA指纹鉴定，因此，张掖市富凯农业科技有限责任公司

如果提交相反的证据证明通过DUS检测,被诉侵权繁殖材料的特征、特性与授权品种的特征、特性不相同,则可以推翻前述结论。根据已查明的事实,被上诉人富凯公司经释明后仍未能提供相反的证据,亦不具备DUS检测的条件。因此,依据《最高人民法院关于审理侵犯植物新品种权纠纷案件具体应用法律问题的若干规定》第二条第一款"未经品种权人许可,为商业目的生产或销售授权品种的繁殖材料,或者为商业目的将授权品种的繁殖材料重复使用于生产另一品种的繁殖材料的,人民法院应当认定为侵犯植物新品种权"的规定,应认定富凯公司的行为构成侵犯植物新品种权。

关于侵权责任问题。依据《最高人民法院关于审理侵犯植物新品种权纠纷案件具体应用法律问题的若干规定》第六条之规定,富凯公司应承担停止侵害、赔偿损失的民事责任。由于本案的侵权行为发生在三年前,双方当事人均未能就被侵权人因侵权所受损失或侵权人因侵权所获利润双方予以充分举证,法院查明的侵权品种种植亩数为1000亩,综合考虑侵权行为的时间、性质、情节等因素,酌定赔偿50万元,并判令停止侵权行为。

(生效裁判审判人员:康天翔、窦桂兰、李雪亮)

2. 天津天隆种业科技有限公司与江苏徐农种业科技有限公司侵害植物新品种权纠纷案[①]

【关键词】民事/侵害植物新品种权/相互授权许可

【裁判要点】

分别持有植物新品种父本与母本的双方当事人,因不能达成相互授权许可协议,导致植物新品种不能继续生产,损害双方各自利益,也不符合合作育种的目的。为维护社会公共利益,保障国家粮食安全,促进植物新品种转化实施,确保已广为种植的新品种继续生产,在衡量父本与母本对植物新品种生产具有基本相同价值基础上,人民法院可以直接判令双方当事人相互授权许可并相互免除相应的许可费。

【相关法条】

《中华人民共和国合同法》第五条

《中华人民共和国植物新品种保护条例》第二条、第六条、第三十九条

【基本案情】

天津天隆种业科技有限公司(以下简称天隆公司)与江苏徐农种业科技有限公司(以下简称徐农公司)相互以对方为被告,分别向法院提起两起植物新品种侵权诉讼。

北方杂交粳稻工程技术中心(与辽宁省稻作研究所为一套机构两块牌子)、徐州农科所共同培育成功的三系杂交粳稻9优418水稻品种,于2000年11月10日通过国家农作物品种审定。9优418水稻品种来源于母本9201A、父本C418。2003年12月30日,辽宁省稻作研究所向国家农业部提出C418水稻植物新品种权申请,于2007年5月1日获得授权,并许可天隆公司独占实施C418植物新品种权。2003年9月25日,徐州农科所就其选育的徐9201A水稻品种向国家农业部申请植物新品种权保护,于2007年1月1日获得授权。2008年1月3日,徐州农科所许可徐农公司独占实施徐9201A植物新品种权。经审理查明,徐农公司和天隆公司生产9优418使用的配组完全相同,都使用父本C418和母本徐9201A。

2010年11月14日,一审法院根据天隆公司申请,委托农业部合肥测试中心对天隆公司公证保全的被控侵权品种与授权品种C418是否存在亲子关系进行DNA鉴定。检验结论:利用国家标准GB/T20396-2006中的48个水稻SSR标记,对9优418和C418的DNA进行标记分析,结果显示,在测试的所有标记中,9优418完全继承了C418的带型,可以认定9优418与C418存在亲子关系。

2010年8月5日,一审法院根据徐农公司申

---

① 案例来源:《最高人民法院关于发布第16批指导性案例的通知》(2017年3月6日发布 法〔2017〕53号),指导案例86号。

请,委托农业部合肥测试中心对徐农公司公证保全的被控侵权品种与C418和徐9201A是否存在亲子关系进行鉴定。检验结论:利用国家标准GB/T20396-2006中的48个水稻SSR标记,对被控侵权品种与C418和徐9201A的DNA进行标记分析,结果显示:在测试的所有标记中,被控侵权品种完全继承了C418和徐9201A的带型,可以认定被控侵权品种与C418和徐9201A存在亲子关系。

根据天隆公司提交的C418品种权申请请求书,其说明书内容包括:C418是北方杂粳中心国际首创"籼粳架桥"制恢技术,和利用籼粳中间材料构建籼粳有利基因集团培育出形态倾籼且有特异亲和力的粳型恢复系。C418具有较好的特异亲和性,这是通过"籼粳架桥"方法培育出来的恢复系所具有的一种性能,体现在杂种一代更好的协调籼粳两大基因组生态差异和遗传差异,因而较好地解决了通常籼粳杂种存在的结实率偏低,籽粒充实度差,对温度敏感、早衰等障碍。C418具有籼粳综合优良性状,所配制的杂交组合一般都表现较高的结实率和一定的耐寒性。

根据徐农公司和徐州农科所共同致函天津市种子管理站,称其自主选育的中粳不育系徐9201A于1996年通过,在审定之前命名为"9201A",简称"9A",审定时命名为"徐9201A"。以徐9201A为母本先后选配出9优138、9优418、9优24等三系杂交粳稻组合。在2000年填报全国农作物品种审定申请书时关于亲本的内容仍延用1995年配组时的品种来源9201A×C418。徐9201A于2003年7月申请农业部新品种权保护,在品种权申请请求书的品种说明书中已注明徐9201A配组育成了9优138、9优418、9优24、9优686、9优88等杂交组合。徐9201A与9201A是同一个中粳稻不育系。天隆公司侵权使用9201A就是侵权使用徐9201A。

【裁判结果】

就天隆公司诉徐农公司一案,江苏省南京市中级人民法院于2011年8月31日作出(2009)宁民三初字第63号民事判决:一、徐农公司立即停止销售9优418杂交粳稻种子,未经权利人许可不得将植物新品种C418种子重复使用于生产9优418杂交粳稻种子;二、徐农公司于判决生效之日起十五日内赔偿天隆公司经济损失50万元;三、驳回天隆公司的其他诉讼请求。一审案件受理费15294元,由徐农公司负担。

就徐农公司诉天隆公司一案,江苏省南京市中级人民法院于2011年9月8日作出(2010)宁知民初字第069号民事判决:一、天隆公司于判决生效之日起立即停止对徐农公司涉案徐9201A植物新品种权之独占实施权的侵害;二、天隆公司于判决生效之日起10日内赔偿徐农公司经济损失200万元;三、驳回徐农公司的其他诉讼请求。

徐农公司、天隆公司不服一审判决,就上述两案分别提起上诉。江苏省高级人民法院于2013年12月29日合并作出(2011)苏知民终字第0194号、(2012)苏知民终字第0055号民事判决:一、撤销江苏省南京市中级人民法院(2009)宁民三初字第63号、(2010)宁知民初字第069号民事判决。二、天隆公司于本判决生效之日起十五日内补偿徐农公司50万元整。三、驳回天隆公司、徐农公司的其他诉讼请求。

【裁判理由】

法院生效裁判认为:在通常情况下,植物新品种权作为一种重要的知识产权应当受到尊重和保护。植物新品种保护条例第六条明确规定:"完成育种的单位或者个人对其授权品种,享有排他的独占权。任何单位或者个人未经品种权所有人许可,不得为商业目的生产或者销售该授权品种的繁殖材料,不得为商业目的将该授权品种的繁殖材料重复使用于生产另一品种的繁殖材料",但需要指出的是,该规定并不适用于本案情形。首先,9优418的合作培育源于上世纪九十年代国内杂交水稻科研大合作,本身系无偿配组。9优418品种性状优良,在江苏、安徽、河南等地广泛种植,受到广大种植农户的普遍欢迎,已成为中粳杂交水稻的当家品种,而双方当事人相互指控对方侵权,本身也足以表明9优418品种具有较高的经济价值和市场前景,涉及到辽宁稻作所与徐州农科所合作双方以及本案双方当事人的重大经济利益。在二审期间,法院做了大量调解工作,希望双方当事人能够相互授权许可,使9优418这一优良品种能够继续获得生产,双方当事人也均同意就涉案品种权相互授权可,但仅因一审判令天隆公司赔偿徐农公司100万元,徐农公司赔偿天隆公司50万元,就其中的150万元赔偿差额双方当事人不能达成妥协,故调解不成。天隆公司与徐农公司不能达成妥协,致使9优418品种不能继续生产,不能认为仅关涉双方的利益,实际上已经损害了国家粮食安全战略的实施,有损公共利益,且不符合当初辽宁稻作所与徐州农科所合作育种的根本目的,也不符合促进植物新品种转化实施的根本要求。从表面上看,双方当事人的行为系维护各自的知识产权,但实际结果是损害知识产权的运用和科技成果的转化。鉴于该两案已关涉国家粮食生产安全等公共利益,影响9优418这一优良品种的推广,双方当事人在行使涉案植物新品种独占实施许可权时均应当受到限制,即在生产9优418水稻品种时,均应当允许对方使用己方的亲本繁殖材料,这一结果显然有利于辽宁稻作所与徐州农科所合作双方及本案双方当事人的共同利益,也有利于广大种植农户的利益,故一审判令该两案双方当事人相互停止侵权并赔偿对方损失不当,应予纠正。其次,9优418是三系杂交组合,综合双亲优良性状,杂种优势显著,其中母本不育系作用重要,而父本C418的选育也成功解决了三系杂交粳稻配套的重大问题,在9优418配组中父本与母本具有相同的地位及作用。法院判决,9优418水稻品种的合作双方徐州农科所和辽宁省稻作研究所及本案当事人徐农公司和天隆公司均有权使用对方获得授权的亲本繁殖材料,且应当相互免除许可使用费,但仅限于生产和销售9优418这一水稻品种,不得用于其他商业目的。因徐农公司为推广9优418品种付出了许多商业努力并进行种植技术攻关,而天隆公司是在9优418品种已获得市场广泛认可的情况下进入该生产领域,其明显减少了推广该品种的市场成本,为体现公平合理,法院同时判令天隆公司给予徐农公司50万元的经济补偿。最后,鉴于双方当事人各自生产9优418,事实上存在着一定的市场竞争和利益冲突,法院告诫双方当事人应当遵守我国反不正当竞争法的相

关规定,诚实经营,有序竞争,确保质量,尤其应当清晰标注各自的商业标识,防止发生新的争议和纠纷,共同维护好9优418品种的良好声誉。

3. 山东登海先锋种业有限公司诉陕西农丰种业有限责任公司、山西大丰种业有限公司侵害植物新品种权纠纷案①

【关键词】民事 侵害植物新品种权 特征特性 DNA指纹鉴定 DUS测试报告 特异性

【裁判要点】

判断被诉侵权繁殖材料的特征特性与授权品种的特征特性相同是认定构成侵害植物新品种权的前提。当DNA指纹鉴定意见为两者相同或相近似时,被诉侵权方提交DUS测试报告证明通过田间种植,被控侵权品种与授权品种对比具有特异性,应当认定不构成侵害植物新品种权。

【相关法条】

《中华人民共和国植物新品种保护条例》第2条、第6条

【基本案情】

先锋国际良种公司是"先玉335"植物新品种权的权利人,其授权山东登海先锋种业有限公司(以下简称"登海公司")作为被许可人对侵害该植物新品种权提起民事诉讼。登海公司于2014年3月16日向陕西省西安市中级人民法院起诉称,2013年山西大丰种业有限公司(以下简称"大丰公司")生产、陕西农丰种业有限责任公司(以下简称"农丰种业")销售的外包装为"大丰30"的玉米种子侵害"先玉335"的植物新品种权。北京玉米种子检测中心于2013年6月9日对送检的被控侵权种子依据NY/T1432-2007玉米品种DNA指纹鉴定方法,使用3730XL型遗传分析仪,384孔PCR仪进行检测,结论为,待测样品编号YA2196与对照样品编号BGG253"先

---

① 案例来源:《最高人民法院关于发布第19批指导性案例的通知》(2018年12月19日 法〔2018〕338号),指导案例100号。

玉335"比较位点数40,差异位点数0,结论为相同或极近似。

山西省农业种子总站于2014年4月25日出具的《"大丰30"玉米品种试验审定情况说明》记载:"大丰30"作为大丰公司2011年申请审定的品种,由于北京市农林科学院玉米研究中心所作的DNA指纹鉴定认为"大丰30"与"先玉335"的40个比较位点均无差异,判定结论为两个品种无明显差异,2011年未通过审定。大丰公司提出异议,该站于2011年委托农业部植物新品种测试中心对"大丰30"进行DUS测试,即特异性(Distinctness)、一致性(Uniformity)和稳定性(Stability)测试,结论为"大丰30"具有特异性、一致性、稳定性,与"先玉335"为不同品种。"大丰30"玉米种作为审定推广品种,于2012年2月通过山西省、陕西省农作物品种审定委员会的审定。

大丰公司在一审中提交了农业部植物新品种测试中心2011年12月出具的《农业植物新品种测试报告》原件,测试地点为农业部植物新品种测试(杨凌)分中心测试基地,依据的测试标准为《植物新品种DUS测试指南-玉米》,测试材料为农业部植物新品种测试中心提供,测试时期为一个生长周期。测试报告特异性一栏记载,近似品种名称为:鉴2011-001B先玉335,有差异性状:41*果穗:穗轴颖片青武显色强度,申请品种描述:8强到极强,近似品种描述:5中。所附数据结果表记载,鉴2011-001A(大丰30)与鉴2011-001B的测试结果除"41*果穗"外,差别还在"9 雄穗:花药花青武显色强度",分别为"6中到强、7强""24.2*植株:高度",分别为"5中""7高""27.2*果穗:长度"分别为"5中""3短"。结论为,"大丰30"具有特异性、一致性、稳定性。

二审法院审理中,大丰公司提交了于2014年4月28日测试审核的《农业植物新品种DUS测试报告》,加盖有农业部植物新品种测试(杨凌)分中心和农业植物新品种保护办公室的印鉴。该报告依据的测试标准为《植物新品种特异性、一致性和稳定性测试指南 玉米》。测试时期为两个生长周期"2012年4月-8月、2013年4月-8月",近似品种为"先玉335"。所记载的差异性状为:"11. 雄穗:花药花青武显色强度申请品种为7. 强,近似品种为6. 中到强""41.籽粒:形状,申请品种为5. 楔形,近似品种为4. 近楔形""42.果穗:穗轴颖片花青武显色强度,申请品种为9. 极强,近似品种为6. 中到强"。测试结论为"大丰30"具有特异性、一致性、稳定性。

【裁判结果】

陕西省西安市中级人民法院于2014年9月29日作出(2014)西中民四初字第132号判决判令驳回登海公司的诉讼请求。登海公司不服提出上诉。陕西省高级人民法院于2015年3月20日作出(2015)陕民三终字第1号判决,驳回上诉,维持原判。登海公司不服,向最高人民法院申请再审。最高人民法院于2015年12月1日作出(2015)民申字第2633号裁定,驳回登海公司的再审申请。

【裁判理由】

最高人民法院审查认为,本案主要涉及以下两个问题:

一、关于判断"大丰30"具有特异性的问题

我国对主要农作物进行品种审定时,要求申请审定品种必须与已审定通过或本级品种审定委员会已受理的其他品种具有明显区别。"大丰30"在2011年的品种审定中,经DNA指纹鉴定,被认定与"先玉335"无差异,视为同一品种而未能通过当年的品种审定。大丰公司对结论提出异议,主张两个品种在性状上有明显的差异,为不同品种,申请进行田间种植测试。根据《主要农作物品种审定办法》的规定,申请者对审定结果有异议的,可以向原审定委员会申请复审。品种审定委员会办公室认为有必要的,可以在复审前安排一个生产周期的品种试验。大丰公司在一审中提交的DUS测试报告正是大丰公司提出异议后,山西省农业种子总站委托农业部植物新品种测试中心完成的测试。该测试报告由农业部植物新品种测试中心按照《主要农作物品种审定办法》的规定,指定相应的DUS测试机构进行田间种植,依据相关测试指南整理测试数据,进行性状描述,编制测试报告。该测试报告真实、合法,与争议的待证事实具有关联性。涉案DUS测试报告记载,"大丰30"与近似品种"先玉335"存在明显且可重现的差异,符合NY/T2232

—2012《植物新品种特异性、一致性和稳定性测试指南 玉米》关于"当申请品种至少在一个性状与近似品种具有明显且可重现的差异时，即可判定申请品种具备特异性"的规定。因此，可以依据涉案测试报告认定"大丰30"具有特异性。

二、关于是否应当以 DNA 指纹鉴定意见认定存在侵权行为的问题

DNA 指纹鉴定技术作为在室内进行基因型身份鉴定的方法，经济便捷，不受环境影响，测试周期短，有利于及时保护权利人的利益，同时能够提高筛选近似品种提高特异性评价效率，实践中多用来检测品种的真实性、一致性，并基于分子标记技术构建了相关品种的指纹库。DNA 指纹鉴定所采取的核心引物(位点)与 DUS 测试的性状特征之间并不一定具有对应性，而植物新品种权的审批机关对申请品种的特异性、一致性和稳定性进行实质审查所依据的是田间种植 DUS 测试。在主要农作物品种审定时，也是以申请审定品种的选育报告、比较试验报告等为基础，进行品种试验，针对品种在田间种植表现出的性状进行测试并作出分析和评价。因此，作为繁殖材料，其特征特性应当依据田间种植进行 DUS 测试所确定的性状特征为准。因此，DNA 鉴定意见为相同或高度近似时，可直接进行田间成对 DUS 测试比较，通过田间表型确定身份。当被诉侵权一方主张以田间种植 DUS 测试确定的特异性结论推翻 DNA 指纹鉴定意见时，应当由其提交证据予以证明。由于大丰公司提交的涉案 DUS 测试报告证明，通过田间种植，"大丰 30"与"先玉 335"相比，具有特异性。根据认定侵害植物新品种权行为的"被控侵权物的特征特性与授权品种的特征特性相同，或者特征特性不同是因为非遗传变异所导致"的判定规则，"大丰 30"与"先玉 335"的特征特性并不相同，并不存在"大丰 30"侵害"先玉 335"植物新品种权的行为。大丰公司生产、农丰种业销售的"大丰 30"并未侵害"先玉 335"的植物新品种权。综上，驳回登海公司的再审申请。

（六）不正当竞争与反垄断

◎ **司法解释**

最高人民法院关于审理不正当竞争民事案件应用法律若干问题的解释

● 2020 年 12 月 29 日
● 法释〔2020〕19 号

为了正确审理不正当竞争民事案件，依法保护经营者的合法权益，维护市场竞争秩序，依照《中华人民共和国民法典》《中华人民共和国反不正当竞争法》《中华人民共和国民事诉讼法》等法律的有关规定，结合审判实践经验和实际情况，制定本解释。

第一条 在中国境内具有一定的市场知名度，为相关公众所知悉的商品，应当认定为反不正当竞争法第五条第(二)项规定的"知名商品"。人民法院认定知名商品，应当考虑该商品的销售时间、销售区域、销售额和销售对象，进行任何宣传的持续时间、程度和地域范围，作为知名商品受保护的情况等因素，进行综合判断。原告应当对其商品的市场知名度负举证责任。

在不同地域范围内使用相同或者近似的知名商品特有的名称、包装、装潢，在后使用者能够证明其善意使用的，不构成反不正当竞争法第五条第(二)项规定的不正当竞争行为。因后来的经营活动进入相同地域范围而使其商品来源足以产生混淆，在先使用者请求责令在后使用者附加足以区别商品来源的其他标识的，人民法院应当予以支持。

第二条 具有区别商品来源的显著特征的商品的名称、包装、装潢，应当认定为反不正当竞争法第五条第(二)项规定的"特有的名称、包装、装潢"。有下列情形之一的，人民法院不认定为知名商品特有的名称、包装、装潢：

（一）商品的通用名称、图形、型号；

（二）仅仅直接表示商品的质量、主要原料、功能、用途、重量、数量及其他特点的商品名称；

（三）仅由商品自身的性质产生的形状，为获得技术效果而需有的商品形状以及使商品具有实质性价值的形状；

（四）其他缺乏显著特征的商品名称、包装、装潢。

前款第（一）、（二）、（四）项规定的情形经过使用取得显著特征的，可以认定为特有的名称、包装、装潢。

知名商品特有的名称、包装、装潢中含有本商品的通用名称、图形、型号，或者直接表示商品的质量、主要原料、功能、用途、重量、数量以及其他特点，或者含有地名，他人因客观叙述商品而正当使用的，不构成不正当竞争行为。

第三条 由经营者营业场所的装饰、营业用具的式样、营业人员的服饰等构成的具有独特风格的整体营业形象，可以认定为反不正当竞争法第五条第（二）项规定的"装潢"。

第四条 足以使相关公众对商品的来源产生误认，包括误认为与知名商品的经营者具有许可使用、关联企业关系等特定联系的，应当认定为反不正当竞争法第五条第（二）项规定的"造成和他人的知名商品相混淆，使购买者误认为是该知名商品"。

在相同商品上使用相同或者视觉上基本无差别的商品名称、包装、装潢，应当视为足以造成和他人知名商品相混淆。

认定与知名商品特有名称、包装、装潢相同或者近似，可以参照商标相同或者近似的判断原则和方法。

第五条 商品的名称、包装、装潢属于商标法第十条第一款规定的不得作为商标使用的标志，当事人请求依照反不正当竞争法第五条第（二）项规定予以保护的，人民法院不予支持。

第六条 企业登记主管机关依法登记注册的企业名称，以及在中国境内进行商业使用的外国（地区）企业名称，应当认定为反不正当竞争法第五条第（三）项规定的"企业名称"。具有一定的市场知名度、为相关公众所知悉的企业名

称中的字号，可以认定为反不正当竞争法第五条第（三）项规定的"企业名称"。

在商品经营中使用的自然人的姓名，应当认定为反不正当竞争法第五条第（三）项规定的"姓名"。具有一定的市场知名度、为相关公众所知悉的自然人的笔名、艺名等，可以认定为反不正当竞争法第五条第（三）项规定的"姓名"。

第七条 在中国境内进行商业使用，包括将知名商品特有的名称、包装、装潢或者企业名称、姓名用于商品、商品包装以及商品交易文书上，或者用于广告宣传、展览以及其他商业活动中，应当认定为反不正当竞争法第五条第（二）项、第（三）项规定的"使用"。

第八条 经营者具有下列行为之一，足以造成相关公众误解的，可以认定为反不正当竞争法第九条第一款规定的引人误解的虚假宣传行为：

（一）对商品作片面的宣传或者对比的；

（二）将科学上未定论的观点、现象等当作定论的事实用于商品宣传的；

（三）以歧义性语言或者其他引人误解的方式进行商品宣传的。

以明显的夸张方式宣传商品，不足以造成相关公众误解的，不属于引人误解的虚假宣传行为。

人民法院应当根据日常生活经验、相关公众一般注意力、发生误解的事实和被宣传对象的实际情况等因素，对引人误解的虚假宣传行为进行认定。

第九条 有关信息不为其所属领域的相关人员普遍知悉和容易获得，应当认定为反不正当竞争法第十条第三款规定的"不为公众所知悉"。

具有下列情形之一的，可以认定有关信息不构成不为公众所知悉：

（一）该信息为其所属技术或者经济领域的人的一般常识或者行业惯例；

（二）该信息仅涉及产品的尺寸、结构、材料、部件的简单组合等内容，进入市场后相关公众通过观察产品即可直接获得；

（三）该信息已经在公开出版物或者其他媒体上公开披露；

（四）该信息已通过公开的报告会、展览等方式公开；

（五）该信息从其他公开渠道可以获得；

（六）该信息无需付出一定的代价而容易获得。

第十条 有关信息具有现实的或者潜在的商业价值，能为权利人带来竞争优势的，应当认定为反不正当竞争法第十条第三款规定的"能为权利人带来经济利益、具有实用性"。

第十一条 权利人为防止信息泄漏所采取的与其商业价值等具体情况相适应的合理保护措施，应当认定为反不正当竞争法第十条第三款规定的"保密措施"。

人民法院应当根据所涉信息载体的特性、权利人保密的意愿、保密措施的可识别程度、他人通过正当方式获得的难易程度等因素，认定权利人是否采取了保密措施。

具有下列情形之一，在正常情况下足以防止涉密信息泄漏的，应当认定权利人采取了保密措施：

（一）限定涉密信息的知悉范围，只对必须知悉的相关人员告知其内容；

（二）对于涉密信息载体采取加锁等防范措施；

（三）在涉密信息的载体上标有保密标志；

（四）对于涉密信息采用密码或者代码等；

（五）签订保密协议；

（六）对于涉密的机器、厂房、车间等场所限制来访者或者提出保密要求；

（七）确保信息秘密的其他合理措施。

第十二条 通过自行开发研制或者反向工程等方式获得的商业秘密，不认定为反不正当竞争法第十条第（一）、（二）项规定的侵犯商业秘密行为。

前款所称"反向工程"，是指通过技术手段对从公开渠道取得的产品进行拆卸、测绘、分析等而获得该产品的有关技术信息。当事人以不正当手段知悉了他人的商业秘密之后，又以反向工程为由主张获取行为合法的，不予支持。

第十三条 商业秘密中的客户名单，一般是指客户的名称、地址、联系方式以及交易的习惯、意向、内容等构成的区别于相关公知信息的特殊客户信息，包括汇集众多客户的客户名册，及保持长期稳定交易关系的特定客户。

客户基于对职工个人的信赖而与职工所在单位进行市场交易，该职工离职后，能够证明客户自愿选择与自己或者其新单位进行市场交易的，应当认定没有采用不正当手段，但职工与原单位另有约定的除外。

第十四条 当事人指称他人侵犯其商业秘密的，应当对其拥有的商业秘密符合法定条件、对方当事人的信息与其商业秘密相同或者实质相同以及对方当事人采取不正当手段的事实负举证责任。其中，商业秘密符合法定条件的证据，包括商业秘密的载体、具体内容、商业价值和对该项商业秘密所采取的具体保密措施等。

第十五条 对于侵犯商业秘密行为，商业秘密独占使用许可合同的被许可人提起诉讼的，人民法院应当依法受理。

排他使用许可合同的被许可人和权利人共同提起诉讼，或者在权利人不起诉的情况下，自行提起诉讼，人民法院应当依法受理。

普通使用许可合同的被许可人和权利人共同提起诉讼，或者经权利人书面授权，单独提起诉讼的，人民法院应当依法受理。

第十六条 人民法院对于侵犯商业秘密行为判决停止侵害的民事责任时，停止侵害的时间一般持续到该项商业秘密已为公众知悉时为止。

依据前款规定判决停止侵害的时间如果明显不合理的，可以在依法保护权利人该项商业秘密竞争优势的情况下，判决侵权人在一定期限或者范围内停止使用该项商业秘密。

第十七条 确定反不正当竞争法第十条规定的侵犯商业秘密行为的损害赔偿额，可以参照确定侵犯专利权的损害赔偿额的方法进行；确定反不正当竞争法第五条、第九条、第十四条规定的不正当竞争行为的损害赔偿额，可以参照确定侵犯注册商标专用权的损害赔偿额的方法进行。

因侵权行为导致商业秘密已为公众所知悉的，应当根据该项商业秘密的商业价值确定损害赔偿额。商业秘密的商业价值，根据其研究开发成本、实施该项商业秘密的收益、可得利益、可保持竞争优势的时间等因素确定。

第十八条 反不正当竞争法第五条、第九条、第十条、第十四条规定的不正当竞争民事第一审案件,一般由中级人民法院管辖。

各高级人民法院根据本辖区的实际情况,经最高人民法院批准,可以确定若干基层人民法院受理不正当竞争民事第一审案件,已经批准可以审理知识产权民事案件的基层人民法院,可以继续受理。

第十九条　本解释自二〇〇七年二月一日起施行。

最高人民法院关于审理因垄断行为引发的民事纠纷案件应用法律若干问题的规定

- 2020年12月29日
- 法释〔2020〕19号

为正确审理因垄断行为引发的民事纠纷案件,制止垄断行为,保护和促进市场公平竞争,维护消费者利益和社会公共利益,根据《中华人民共和国民法典》《中华人民共和国反垄断法》和《中华人民共和国民事诉讼法》等法律的相关规定,制定本规定。

第一条　本规定所称因垄断行为引发的民事纠纷案件(以下简称垄断民事纠纷案件),是指因垄断行为受到损失以及因合同内容、行业协会的章程等违反反垄断法而发生争议的自然人、法人或者非法人组织,向人民法院提起的民事诉讼案件。

第二条　原告直接向人民法院提起民事诉讼,或者在反垄断执法机构认定构成垄断行为的处理决定发生法律效力后向人民法院提起民事诉讼,并符合法律规定的其他受理条件的,人民法院应当受理。

第三条　第一审垄断民事纠纷案件,由知识产权法院,省、自治区、直辖市人民政府所在地的市、计划单列市中级人民法院以及最高人民法院指定的中级人民法院管辖。

第四条　垄断民事纠纷案件的地域管辖,根据案件具体情况,依照民事诉讼法及相关司法解释有关侵权纠纷、合同纠纷等的管辖规定确定。

第五条　民事纠纷案件立案时的案由并非垄断纠纷,被告以原告实施了垄断行为为由提出抗辩或者反诉且有证据支持,或者案件需要依据反垄断法作出裁判,但受诉人民法院没有垄断民事纠纷案件管辖权的,应当将案件移送有管辖权的人民法院。

第六条　两个或者两个以上原告因同一垄断行为向有管辖权的同一法院分别提起诉讼的,人民法院可以合并审理。

两个或者两个以上原告因同一垄断行为向有管辖权的不同法院分别提起诉讼的,后立案的法院在得知有关法院先立案的情况后,应当在七日内裁定将案件移送先立案的法院;受移送的法院可以合并审理。被告应当在答辩阶段主动向受诉人民法院提供其因同一行为在其他法院涉诉的相关信息。

第七条　被诉垄断行为属于反垄断法第十三条第一款第一项至第五项规定的垄断协议的,被告应对该协议不具有排除、限制竞争的效果承担举证责任。

第八条　被诉垄断行为属于反垄断法第十七条第一款规定的滥用市场支配地位的,原告应当对被告在相关市场内具有支配地位和其滥用市场支配地位承担举证责任。

被告以其行为具有正当性为由进行抗辩的,应当承担举证责任。

第九条　被诉垄断行为属于公用企业或者其他依法具有独占地位的经营者滥用市场支配地位的,人民法院可以根据市场结构和竞争状况的具体情况,认定被告在相关市场内具有支配地位,但有相反证据足以推翻的除外。

第十条　原告可以以被告对外发布的信息作为证明其具有市场支配地位的证据。被告对外发布的信息能够证明其在相关市场内具有支配地位的,人民法院可以据此作出认定,但有相反证据足以推翻的除外。

第十一条　证据涉及国家秘密、商业秘密、个人隐私或者其他依法应当保密的内容的,人民法院可以依职权或者当事人的申请采取不公开开庭、限制或者禁止复制、仅对代理律师展示、责令签署保密承诺书等保护措施。

第十二条　当事人可以向人民法院申请一至二

名具有相应专门知识的人员出庭,就案件的专门性问题进行说明。

第十三条 当事人可以向人民法院申请委托专业机构或者专业人员就案件的专门性问题作出市场调查或者经济分析报告。经人民法院同意,双方当事人可以协商确定专业机构或者专业人员;协商不成的,由人民法院指定。

人民法院可以参照民事诉讼法及相关司法解释有关鉴定意见的规定,对前款规定的市场调查或者经济分析报告进行审查判断。

第十四条 被告实施垄断行为,给原告造成损失的,根据原告的诉讼请求和查明的事实,人民法院可以依法判令被告承担停止侵害、赔偿损失等民事责任。

根据原告的请求,人民法院可以将原告因调查、制止垄断行为所支付的合理开支计入损失赔偿范围。

第十五条 被诉合同内容、行业协会的章程等违反反垄断法或者其他法律、行政法规的强制性规定的,人民法院应当依法认定其无效。但是,该强制性规定不导致该民事法律行为无效的除外。

第十六条 因垄断行为产生的损害赔偿请求权诉讼时效期间,从原告知道或者应当知道权益受到损害以及义务人之日起计算。

原告向反垄断执法机构举报被诉垄断行为的,诉讼时效从其举报之日起中断。反垄断执法机构决定不立案、撤销案件或者决定终止调查的,诉讼时效期间从原告知道或者应当知道不立案、撤销案件或者终止调查之日起重新计算。反垄断执法机构调查后认定构成垄断行为的,诉讼时效期间从原告知道或者应当知道反垄断执法机构认定构成垄断行为的处理决定发生法律效力之日起重新计算。

原告知道或者应当知道权益受到损害以及义务人之日超过三年,如果起诉时被诉垄断行为仍然持续,被告提出诉讼时效抗辩的,损害赔偿应当自原告向人民法院起诉之日向前推算三年计算。自权利受到损害之日起超过二十年的,人民法院不予保护,有特殊情况的,人民法院可以根据权利人的申请决定延长。

◎ 指导案例

1. 吴小秦诉陕西广电网络传媒(集团)股份有限公司捆绑交易纠纷案[①]

【关键词】 民事　捆绑交易　垄断　市场支配地位　搭售

【裁判要点】

1. 作为特定区域内唯一合法经营有线电视传输业务的经营者及电视节目集中播控者,在市场准入、市场份额、经营地位、经营规模等各要素上均具有优势,可以认定该经营者占有市场支配地位。

2. 经营者利用市场支配地位,将数字电视基本收视维护费和数字电视付费节目费捆绑在一起向消费者收取,侵害了消费者的消费选择权,不利于其他服务提供者进入数字电视服务市场。经营者即使存在两项服务分别收费的例外情形,也不足以否认其构成反垄断法所禁止的搭售。

【相关法条】

《中华人民共和国反垄断法》第十七条第一款第五项

【基本案情】

原告吴小秦诉称:2012年5月10日,其前往陕西广电网络传媒(集团)股份有限公司(以下简称广电公司)缴纳数字电视基本收视维护费得知,该项费用由每月25元调至30元,吴小秦遂缴纳了3个月费用90元,其中数字电视基本收视维护费75元、数字电视节目费15元。之后,吴小秦获悉数字电视节目应由用户自由选择,自愿订购。吴小秦认为,广电公司属于公用企业,

---

[①] 案例来源:《最高人民法院关于发布第16批指导性案例的通知》(2017年3月6日发布　法〔2017〕53号),指导案例79号。

在数字电视市场内具有支配地位,其收取数字电视节目费的行为剥夺了自己的自主选择权,构成搭售,故诉至法院,请求判令:确认被告2012年5月10日收取其数字电视节目费15元的行为无效,被告返还原告15元。

广电公司辩称:广电公司作为陕西省内唯一电视节目集中播控者,向选择收看基本收视节目之外的消费者收取费用,符合反垄断法的规定;广电公司具备陕西省有线电视市场支配地位,鼓励用户选择有线电视套餐,但并未滥用市场支配地位,强行规定用户在基本收视业务之外必须消费的服务项目,用户有自主选择权;垄断行为的认定属于行政权力,而不是司法权力,原告没有请求认定垄断行为无效的权利;广电公司虽然推出了一系列满足用户进行个性化选择的电视套餐,但从没有进行强制搭售的行为,保证了绝大多数群众收看更多电视节目的选择权利;故请求驳回原告要求确认广电公司增加节目并收取费用无效的请求;愿意积极解决吴小秦的第二项诉讼请求。

法院经审理查明:2012年5月10日,吴小秦前往广电公司缴纳数字电视基本收视维护费时获悉,数字电视基本收视维护费每月最低标准由25元上调至30元。吴小秦缴纳了2012年5月10日至8月9日的数字电视基本收视维护费90元。广电公司向吴小秦出具的收费专用发票载明:数字电视基本收视维护费75元及数字电视节目费15元。之后,吴小秦通过广电公司客户服务中心(服务电话96766)咨询,广电公司节目升级增加了不同的收费节目,有不同的套餐,其中最低套餐基本收视费每年360元,用户每次最少应缴纳3个月费用。广电公司是经陕西省政府批准,陕西境内唯一合法经营有线电视传输业务的经营者和唯一电视节目集中播控者。广电公司承认其在有线电视传输业务中在陕西省占有支配地位。

另查,2004年12月2日国家发展改革委、国家广电总局印发的《有线电视基本收视维护费管理暂行办法》规定:有线电视基本收视维护费实行政府定价,收费标准由价格主管部门制定。2005年7月11日国家广电总局关于印发《推进试点单位有线电视数字化整体转换的若干意见(试行)》的通知规定,各试点单位在推进整体转换过程中,要重视付费频道等新业务的推广,供用户自由选择,自愿订购。陕西省物价局于200?年5月29日出台的《关于全省数字电视基本视维护费标准的通知》规定:数字电视基本收视维护费收费标准为:以居民用户收看一台电视机使用一个接收终端为计费单位。全省县城以上城市居民用户每主终端每月25元;有线数字电视用户可根据实际情况自愿选择按月、按季或年度缴纳基本收视维护费。国家发展改革委、国家广电总局于2009年8月25日出台的《关于加强有线电视收费管理等有关问题的通知》指出,有线电视基本收视维护费实行政府定价;有线电视增值业务服务和数字电视付费节目收费,由有线电视运营机构自行确定。

二审中,广电公司提供了四份收费专用发票复印件,证明在5月10日前后,广电公司的营业厅收取过25元的月服务费,因无原件,吴小秦不予质证。庭后广电公司提供了其中三张的原件,双方进行了核对与质证。该票据上均显示一年交费金额为300元,即每月25元。广电公司提供了五张票据的原件,包括一审提供过原件的三张,交易地点均为咸阳市。由此证明广电公司在5月10日前后,提供过每月25元的收费服务。

再审中,广电公司提交了其2016年网站费套餐截图、关于印发《2016年大众业务实施办法(试行)的通知》、2016年部分客户收费发票。

【裁判结果】

陕西省西安市中级人民法院于2013年1月5日作出(2012)西民四初字第438号民事判决:1. 确认陕西广电网络传媒(集团)股份有限公司2012年5月10日收取原告吴小秦数字电视节目费15元的行为无效;2. 陕西广电网络传媒(集团)股份有限公司于本判决生效之日起十日内返还吴小秦15元。陕西广电网络传媒(集团)股份有限公司提起上诉,陕西省高级人民法院于2013年9月12日作出(2013)陕民三终字第38号民事判决:1. 撤销一审判决;2. 驳回吴小秦的诉讼请求。吴小秦不服二审判决,向最高人民法院提出再审申请。最高人民法院于2016年5月31日作出(2016)最高法民再98号民事判决:1. 撤陕西省高级人民法院(2013)陕民三终字第38号民事判决;2.维持陕西省西安市中级人民法院(2012)西民四初字第438号民事判决。

【裁判理由】

法院生效裁判认为:本案争议焦点包括,一是本案诉争行为是否违反了反垄断法第十七条第五项之规定,二是一审法院适用反垄断法是否适当。

一、关于本案诉争行为是否违反了反垄断法第十七条第五项之规定

反垄断法第十七条第五项规定,禁止具有市场支配地位的经营者没有正当理由搭售商品或者在交易时附加其他不合理的交易条件。本案中,广电公司在一审答辩中明确认可其"是经陕西省政府批准,陕西境内唯一合法经营有线电视传输业务的经营者。作为陕西省唯一电视节目集中播控者,广电公司具备陕西省有线电视市场支配地位,鼓励用户选择更丰富的有线电视套餐,但并未滥用市场支配地位,也未强行规定用户在基本收视业务之外必须消费的服务项目。"二审中,广电公司虽对此不予认可,但并未举出其不具有市场支配地位的相应证据。再审审查过程中,广电公司对一、二审法院认定其具有市场支配地位的事实并未提出异议。鉴于广电公司作为陕西境内唯一合法经营有线电视传输业务的经营者,陕西省内唯一电视节目集中播控者,一、二审法院在查明事实的基础上认定在有线电视传输市场中,广电公司在市场准入、市场份额、经营地位、经营规模等各要素上均具有优势,占有支配地位,并无不当。

关于广电公司在向吴小秦提供服务时是否构成搭售的问题。反垄断法第十七条第五项规定禁止具有市场支配地位的经营者没有正当理由搭售商品。本案中,根据原审法院查明的事实,广电公司在提供服务时其工作人员告知吴小秦每月最低收费标准已从2012年3月起由25元上调为30元,每次最少缴纳一个季度,并未告知吴小秦可以单独缴纳数字电视基本收视维护费或者数字电视付费节目费。吴小秦通过广电公司客户服务中心(服务电话号码96766)咨询获悉,广电公司节目升级,增加了不同的收费节目,有不同的套餐,其中最低套餐基本收视费为每年360元,每月30元,用户每次最少应缴纳3个月费用。根据前述事实并结合广电公司给吴小秦开具的收费专用发票记载的收费项目——数字电视基本收视维护费75元及数字电视节目费15元的事实,可以认定广电公司实际上是将数字电视基本收视节目和数字电视付费节目捆绑在一起向吴小秦销售,并没有告知吴小秦是否可以单独选购数字电视基本收视服务的服务项目。此外,从广电公司客户服务中心(服务电话号码96766)的答复中亦可佐证广电公司在提供此服务时,是将数字电视基本收视维护费和数字电视付费节目费一起收取并提供。虽然广电公司在二审中提交了其向其他用户单独收取数字电视基本收视维护费的相关票据,但该证据仅能证明广电公司在收取该费用时存在客户服务中心说明的套餐之外的例外情形。再审中,广电公司并未对客户服务中心说明的套餐之外的例外情形作出合理解释,其提交的单独收取相关费用的票据亦发生在本案诉讼之后,不足以证明诉讼时的情形,对此不予采信。因此,存在客户服务中心说明的套餐之外的例外情形并不足以否认广电公司将数字电视基本收视维护费和数字电视付费节目费一起收取的普遍做法。二审法院认定广电公司不仅提供了组合服务,也提供了基本服务,证据不足,应予纠正。因此,现有证据不能证明普通消费者可以仅缴纳电视基本收视维护费或者数字电视付费节目费,即不能证明消费者选择权的存在。二审法院在不能证明是否有选择权的情况下直接认为本案属于未告知消费者有选择权而涉及侵犯消费者知情权的问题,进而在此基础上,认定为广电公司的销售行为未构成反垄断法所规制的没有正当理由的搭售,事实和法律依据不足,应予纠正。

根据本院查明的事实,数字电视基本收视维护费和数字电视付费节目费属于两项单独的服务。在原审诉讼及本院诉讼中,广电公司未证明将两项服务一起提供符合提供数字电视服务的交易习惯;同时,如将数字电视基本收视维护费和数字电视付费节目费分别收取,现亦无证据证明会损害该两种服务的性能和使用价值;广电公司更未对前述行为说明其正当理由,在此情形下,广电公司利用其市场支配地位,将数字电视

基本收视维护费和数字电视付费节目费一起收取,客观上影响消费者选择其他服务提供者提供相关数字付费节目,同时也不利于其他服务提供者进入电视服务市场,对市场竞争具有不利的效果。因此一审法院认定其违反了反垄断法第十七条第五项之规定,并无不当。吴小秦部分再审申请理由成立,予以支持。

二、关于一审法院适用反垄断法是否适当

本案诉讼中,广电公司在答辩中认为本案的发生实质上是一个有关吴小秦基于消费者权益保护法所应当享受的权利是否被侵犯的纠纷,而与垄断行为无关,认为一审法院不应当依照反垄断法及相关规定,认为其处于市场支配地位,从而确认其收费行为无效。根据《最高人民法院关于适用〈中华人民共和国民事诉讼法〉的解释》第二百二十六条及第二百二十八条的规定,人民法院应当根据当事人的诉讼请求、答辩意见以及证据交换的情况,归纳争议焦点,并就归纳的争议焦点征求当事人的意见。在法庭审理时,应当围绕当事人争议的事实、证据和法律适用等焦点问题进行。根据查明的事实,吴小秦在其诉状中明确主张"被告收取原告数字电视节目费,实际上是为原告在提供上述服务范围外增加提供服务内容,对此原告应当具有自主选择权。被告属于公用企业或者其他依法具有独占地位的经营者,在数字电视市场内具有支配地位。被告的上述行为违反了反垄断法第十七条第一款第五项关于'禁止具有市场支配地位的经营者从事没有正当理由搭售商品,或者在交易时附加其他不合理的交易条件的滥用市场支配地位行为',侵害了原告的合法权益。原告依照《最高人民法院关于审理因垄断行为引发的民事纠纷案件应用法律若干问题的规定》,提起民事诉讼,请求人民法院依法确认被告的捆绑交易行为无效,判令其返还原告15元。"在该诉状中,吴小秦并未主张其消费者权益受到损害,因此一审法院根据吴小秦的诉讼请求适用反垄断法进行审理,并无不当。

综上,广电公司在陕西省境内有线电视传输服务市场上具有市场支配地位,其将数字电视基本收视服务和数字电视付费节目服务捆绑在一起向吴小秦销售,违反了反垄断法第十七条第一款第五项之规定。吴小秦关于确认广电公司收取其数字电视节目费15元的行为无效和请求判令返还15元的再审请求成立。一审判决认定事实清楚,适用法律正确,应予维持,二审判决认定事实依据不足,适用法律有误,应予纠正。

(生效裁判审判人员:王艳芳、钱小红、杜微科)

2. 北京奇虎科技有限公司诉腾讯科技(深圳)有限公司、深圳市腾讯计算机系统有限公司滥用市场支配地位纠纷案[①]

【关键词】民事　滥用市场支配地位　垄断相关市场

【裁判要点】

1. 在反垄断案件的审理中,界定相关市场通常是重要的分析步骤。但是,能否明确界定相关市场取决于案件具体情况。在滥用市场支配地位的案件中,界定相关市场是评估经营者的市场力量及被诉垄断行为对竞争影响的工具,其本身并非目的。如果通过排除或者妨碍竞争的直接证据,能够对经营者的市场地位及被诉垄断行为的市场影响进行评估,则不需要在每一个滥用市场支配地位的案件中,都明确而清楚地界定相关市场。

2. 假定垄断者测试(HMT)是普遍适用的界定相关市场的分析思路。在实际运用时,假定垄断者测试可以通过价格上涨(SSNIP)或质量下降(SSNDQ)等方法进行。互联网即时通信服务的免费特征使用户具有较高的价格敏感度,采用价格上涨的测试方法将导致相关市场界定过宽,应当采用质量下降的假定垄断者测试进行定性分析。

3. 基于互联网即时通信服务低成本、高覆

[①] 案例来源:《最高人民法院关于发布第16批指导性案例的通知》(2017年3月6日发布　法〔2017〕53号),指导案例78号。

盖的特点,在界定其相关地域市场时,应当根据多数需求者选择商品的实际区域、法律法规的规定、境外竞争者的现状及进入相关地域市场的及时性等因素,进行综合评估。

4. 在互联网领域中,市场份额只是判断市场支配地位的一项比较粗且可能具有误导性的指标,其在认定市场支配力方面的地位和作用必须根据案件具体情况确定。

【相关法条】

《中华人民共和国反垄断法》第十七条、第十八条、第十九条

【基本案情】

北京奇虎科技有限公司(以下简称奇虎公司)、奇智软件(北京)有限公司于2010年10月29日发布扣扣保镖软件。2010年11月3日,腾讯科技(深圳)有限公司(以下简称腾讯公司)发布《致广大QQ用户的一封信》,在装有360软件的电脑上停止运行QQ软件。11月4日,奇虎公司宣布召回扣扣保镖软件。同日,360安全中心亦宣布,在国家有关部门的强力干预下,目前QQ和360软件已经实现了完全兼容。2010年9月,腾讯QQ即时通信软件与QQ软件管理一起打包安装,安装过程中并未提示用户将同时安装QQ软件管理。2010年9月21日,腾讯公司发出公告称,正在使用的QQ软件管理和QQ医生将自动升级为QQ电脑管家。奇虎公司诉至广东省高级人民法院,指控腾讯公司滥用其在即时通信软件及服务相关市场的市场支配地位。奇虎公司主张,腾讯公司和深圳市腾讯计算机系统有限公司(以下简称腾讯计算机公司)在即时通信软件及服务相关市场具有市场支配地位,两公司明示禁止其用户使用奇虎公司的360软件,否则停止QQ软件服务;拒绝向安装有360软件的用户提供相关的软件服务,强制用户删除360软件;采取技术手段,阻止安装了360浏览器的用户访问QQ空间,上述行为构成限制交易;腾讯公司和腾讯计算机公司将QQ软件管家与即时通信软件相捆绑,以升级QQ软件管家的名义安装QQ医生,构成捆绑销售。请求判令腾讯公司和腾讯计算机公司立即停止滥用市场支配地位的垄断行为,连带赔偿奇虎公司经济损失1.5亿元。

【裁判结果】

广东省高级人民法院于2013年3月20日作出(2011)粤高法民三初字第2号民事判决:驳回北京奇虎科技有限公司的诉讼请求。北京奇虎科技有限公司不服,提出上诉。最高人民法院于2014年10月8日作出(2013)民三终字第4号民事判决:驳回上诉,维持原判。

【裁判理由】

法院生效裁判认为:本案中涉及的争议焦点主要包括,一是如何界定本案中的相关市场,二是被上诉人是否具有市场支配地位,三是被上诉人是否构成反垄断法所禁止的滥用市场支配地位行为等几个方面。

一、如何界定本案中的相关市场

该争议焦点可以进一步细化为一些具体问题,择要概括如下:

首先,并非在任何滥用市场支配地位的案件中均必须明确而清楚地界定相关市场。竞争行为都是在一定的市场范围内发生和展开的,界定相关市场可以明确经营者之间竞争的市场范围及其面对的竞争约束。在滥用市场支配地位的案件中,合理地界定相关市场,对于正确认定经营者的市场地位、分析经营者的行为对市场竞争的影响、判断经营者行为是否违法,以及在违法情况下需承担的法律责任等关键问题,具有重要意义。因此,在反垄断案件的审理中,界定相关市场通常是重要的分析步骤。尽管如此,是否能够明确界定相关市场取决于案件具体情况,尤其是案件证据、相关数据的可获得性、相关领域竞争的复杂性等。在滥用市场支配地位案件的审理中,界定相关市场是评估经营者的市场力量及被诉垄断行为对竞争的影响的工具,其本身并非目的。即使不明确界定相关市场,也可以通过排除或者妨碍竞争的直接证据对被诉经营者的市场地位及被诉垄断行为可能的市场影响进行评估。因此,并非在每一个滥用市场支配地位的案件中均必须明确而清楚地界定相关市场。一审法院实际上已经对本案相关市场进行了界定,只是由于本案相关市场的边界具有模糊性,一审法院仅对其边界的可能性进行了分析而没有对相关市场的边界给出明确结论。有鉴于此,奇虎公司关于一审法院未对本案相关商品市场作出明

确界定,属于本案基本事实认定不清的理由不能成立。

其次,关于"假定垄断者测试"方法可否适用于免费商品领域问题。法院生效裁判认为:第一,作为界定相关市场的一种分析思路,假定垄断者测试(HMT)具有普遍的适用性。实践中,假定垄断者测试的分析方法有多种,既可以通过数量不大但有意义且并非短暂的价格上涨(SSNIP)的方法进行,又可以通过数量不大但有意义且并非短暂的质量下降(SSNDQ)的方法进行。同时,作为一种分析思路或者思考方法,假定垄断者测试在实际运用时既可以通过定性分析的方法进行,又可以在条件允许的情况下通过定量分析的方法进行。第二,在实践中,选择何种方法进行假定垄断者测试取决于案件所涉市场竞争领域以及可获得的相关数据的具体情况。如果特定市场领域的商品同质化特征比较明显,价格竞争是较为重要的竞争形式,则采用数量不大但有意义且并非短暂的价格上涨(SSNIP)的方法较为可行。但是如果在产品差异化非常明显且质量、服务、创新、消费者体验等非价格竞争成为重要竞争形式的领域,采用数量不大但有意义且并非短暂的价格上涨(SSNIP)的方法则存在较大困难。特别是,当特定领域商品的市场均衡价格为零时,运用 SSNIP 方法尤为困难。在运用SSNIP方法时,通常需要确定适当的基准价格,进行5%-10%幅度的价格上涨,然后确定需求者的反应。在基准价格为零的情况下,如果进行5%-10%幅度的价格增长,增长后其价格仍为零;如果将价格从零提升到一个较小的正价格,则相当于价格增长幅度的无限增大,意味着商品特性或者经营模式发生较大变化,因而难以进行SSNIP测试。第三,关于假定垄断者测试在本案中的可适用性问题。互联网服务提供商在互联网领域的竞争中更加注重质量、服务、创新等方面的竞争而不是价格竞争。在免费的互联网基础即时通信服务已经长期存在并成为通行商业模式的情况下,用户具有极高的价格敏感度,改变免费策略转而收取哪怕是较小数额的费用都可能导致用户的大量流失。同时,将价格由免费转变为收费也意味着商品特性和经营模式的重大变化,即由免费商品转变为收费商品,由间接盈利模式转变为直接盈利模式。在这种情况下,如果采取基于相对价格上涨的假定垄断者测试,很可能将不具有替代关系的商品纳入相关市场中,导致相关市场界定过宽。因此,基于相对价格上涨的假定垄断者测试并不完全适宜在本案中适用。尽管基于相对价格上涨的假定垄断者测试难以在本案中完全适用,但仍可以采取该方法的变通形式,例如基于质量下降的假定垄断者测试。由于质量下降程度较难评估以及相关数据难以获得,因此可以采用质量下降的假定垄断者测试进行定性分析而不是定量分析。

再次,关于本案相关市场是否应确定为互联网应用平台问题。上诉人认为,互联网应用平台与本案的相关市场界定无关;被上诉人则认为,互联网竞争实际上是平台的竞争,本案的相关市场范围远远超出了即时通信服务市场。法院生效裁判针对互联网领域平台竞争的特点,阐述了相关市场界定时应如何考虑平台竞争的特点及处理方式,认为:第一,互联网竞争一定程度地呈现出平台竞争的特征。被诉垄断行为发生时,互联网的平台竞争特征已经比较明显。互联网经营者通过特定的切入点进入互联网领域,在不同类型和需求的消费者之间发挥中介作用,以此创造价值。第二,判断本案相关商品市场是否应确定为互联网应用平台,其关键问题在于,网络平台之间为争夺用户注意力和广告主的相互竞争是否完全跨越了由产品或者服务特点所决定的界限,并给经营者施加了足够强大的竞争约束。这一问题的答案最终取决于实证检验。在缺乏确切的实证数据的情况下,至少注意如下方面:首先,互联网应用平台之间争夺用户注意力和广告主的竞争以其提供的关键核心产品或者服务为基础。其次,互联网应用平台的关键核心产品或者服务在属性、特征、功能、用途等方面上存在较大的不同。虽然广告主可能不关心这些产品或者服务的差异,只关心广告的价格和效果,因而可能将不同的互联网应用平台视为彼此可以替代,但是对于免费端的广大用户而言,其很难将不同平台提供的功能和用途完全不同的产品或者服务视为可以有效地相互替代。一个试图查找某个历史人物生平的用户通常会选择使用搜索引擎而不是即时通信,其几乎不会认为两者可以相互替代。再次，互联网应用平台关键核心产品或者服务的特性、功能、用途等差异决定了其所争夺的主要用户群体和广告主可能存在差异，因而在获取经济利益的模式、目标用户群、所提供的后续市场产品等方面存在较大区别。最后，本案中应该关注的是被上诉人是否利用了其在即时通信领域中可能的市场支配力量排除、限制互联网安全软件领域的竞争，将其在即时通信领域中可能存在的市场支配力量延伸到安全软件领域，这一竞争过程更多地发生在免费的用户端。鉴于上述理由，在本案相关市场界定阶段互联网平台竞争的特性不是主要考虑因素。第三，本案中对互联网企业平台竞争特征的考虑方式。相关市场界定的目的是为了明确经营者所面对的竞争约束，合理认定经营者的市场地位，并正确判断其行为对市场竞争的影响。即使不在相关市场界定阶段主要考虑互联网平台竞争的特性，但为了正确认定经营者的市场地位，仍然可以在识别经营者的市场地位和市场控制力时予以适当考虑。因此，对于本案，不在相关市场界定阶段主要考虑互联网平台竞争的特性并不意味着忽视这一特性，而是为了以更恰当的方式考虑这一特性。

最后，关于即时通信服务相关地域市场界定需要注意的问题。法院生效裁判认为：本案相关地域市场的界定，应从中国大陆地区的即时通信服务市场这一目标地域开始，对本案相关地域市场进行考察。因为基于互联网的即时通信服务可以低成本、低代价到达或者覆盖全球，并无额外的、值得关注的运输成本、价格成本或者技术障碍，所以在界定相关地域市场时，将主要考虑多数需求者选择商品的实际区域、法律法规的规定、境外竞争者的现状及其进入相关地域市场的及时性等因素。由于每一个因素均不是决定性的，因此需要根据上述因素进行综合评估。首先，中国大陆地区境内绝大多数用户均选择使用中国大陆地区范围内的经营者提供的即时通信服务。中国大陆地区境内用户对于国际即时通信产品并无较高的关注度。其次，我国有关互联网的行政法规规章等对经营即时通信服务规定了明确的要求和条件。我国对即时通信等增值电信业务实行行政许可制度，外国经营者通常不能直接进入我国大陆境内经营，需要以中外合资经营企业的方式进入并取得相应的行政许可。再次，位于境外的即时通信服务经营者的实际情况。在本案被诉垄断行为发生前，多数主要国际即时通信经营者例如MSN、雅虎、Skype、谷歌等均已经通过合资的方式进入中国大陆地区市场。因此，在被诉垄断行为发生时，尚未进入我国大陆境内的主要国际即时通信服务经营者已经很少。如果我国大陆境内的即时通信服务质量小幅下降，已没有多少境外即时通信服务经营者可供境内用户选择。最后，境外即时通信服务经营者在较短的时间内（例如一年）及时进入中国大陆地区并发展到足以制约境内经营者的规模存在较大困难。境外即时通信服务经营者首先需要通过合资方式建立企业、满足一系列许可条件并取得相应的行政许可，这在相当程度上延缓了境外经营者的进入时间。综上，本案相关地域市场应为中国大陆地区市场。

综合本案其他证据和实际情况，本案相关市场界定为中国大陆地区即时通信服务市场，既包括个人电脑端即时通信服务，又包括移动端即时通信服务；既包括综合性即时通信服务，又包括文字、音频以及视频等非综合性即时通信服务。

二、被上诉人是否具有市场支配地位

对于经营者在相关市场中的市场份额在认定其市场支配力方面的地位和作用，法院生效裁判认为：市场份额在认定市场支配力方面的地位和作用必须根据案件具体情况确定。一般而言，市场份额越高，持续的时间越长，就越可能预示着市场支配地位的存在。尽管如此，市场份额只是判断市场支配地位的一项比较粗糙且可能具有误导性的指标。在市场进入比较容易，或者高市场份额源于经营者更高的市场效率或者提供了更优异的产品，或者市场外产品对经营者形成较强的竞争约束等情况下，高的市场份额并不能直接推断出市场支配地位的存在。特别是，互联网环境下的竞争存在高度动态的特征，相关市场的边界远不如传统领域那样清晰，在此情况下，更不能高估市场份额的指示作用，而应更多地关注市场进入、经营者的市场行为、对竞争的影响等有助于判断市场支配地位的具体事实和证据。

结合上述思路,法院生效裁判从市场份额、相关市场的竞争状况、被诉经营者控制商品价格、数量或者其他交易条件的能力、该经营者的财力和技术条件、其他经营者对该经营者在交易上的依赖程度、其他经营者进入相关市场的难易程度等方面,对被上诉人是否具有市场支配地位进行考量和分析。最终认定本案现有证据并不足以支持被上诉人具有市场支配地位的结论。

三、被上诉人是否构成反垄断法所禁止的滥用市场支配地位行为

法院生效裁判打破了传统的分析滥用市场支配地位行为的"三步法",采用了更为灵活的分析步骤和方法,认为:原则上,如果被诉经营者不具有市场支配地位,则无需对其是否滥用市场支配地位进行分析,可以直接认定其不构成反垄断法所禁止的滥用市场支配地位行为。不过,在相关市场边界较为模糊、被诉经营者是否具有市场支配地位不甚明确时,可以进一步分析被诉垄断行为对竞争的影响效果,以检验关于其是否具有市场支配地位的结论正确与否。此外,即使被诉经营者具有市场支配地位,判断其是否构成滥用市场支配地位,也需要综合评估该行为对消费者和竞争造成的消极效果和可能具有的积极效果,进而对该行为的合法性与否作出判断。本案主要涉及两个方面的问题:

一是关于被上诉人实施的"产品不兼容"行为(用户二选一)是否构成反垄断法禁止的限制交易行为。根据反垄断法第十七条的规定,具有市场支配地位的经营者,没有正当理由,限定交易相对人只能与其进行交易或者只能与其指定的经营者进行交易的,构成滥用市场支配地位。上诉人主张,被上诉人没有正当理由,强制用户停止使用并卸载上诉人的软件,构成反垄断法禁止的滥用市场支配地位限制交易行为。法院生效裁判认为,虽然被上诉人实施的"产品不兼容"行为对用户造成了不便,但是并未导致排除或者限制竞争的明显效果。这一方面说明被上诉人实施的"产品不兼容"行为不构成反垄

断法所禁止的滥用市场支配地位行为,也从另一方面佐证了被上诉人不具有市场支配地位的结论。

二是被上诉人是否构成反垄断法所禁止的搭售行为。根据反垄断法第十七条的规定,具有市场支配地位的经营者,没有正当理由搭售商品,或者在交易时附加其他不合理的交易条件的,构成滥用市场支配地位。上诉人主张,被上诉人将QQ软件管家与即时通信软件捆绑搭售,并且以升级QQ软件管家的名义安装QQ医生,不符合交易惯例、消费习惯或者商品的功能,消费者选择权受到了限制,不具有正当理由;一审判决关于被诉搭售行为产生排除、限制竞争效果的举证责任分配错误。对此,法院生效裁判认为,上诉人关于被上诉人实施了滥用市场支配地位行为的上诉理由不能成立。

(生效裁判审判人员:王闯、王艳芳、朱理)

3. 山东鲁锦实业有限公司诉鄄城县鲁锦工艺品有限责任公司、济宁礼之邦家纺有限公司侵害商标权及不正当竞争纠纷案[①]

【关键词】民事 商标侵权 不正当竞争 商品通用名称

【裁判要点】

判断具有地域性特点的商品通用名称,应当注意从以下方面综合分析:(1)该名称在某一地区或领域约定俗成,长期普遍使用并为相关公众认可;(2)该名称所指代的商品生产工艺经某一地区或领域群众长期共同劳动实践而形成;(3)该名称所指代的商品生产原料在某一地区或领域普遍生产。

【相关法条】

《中华人民共和国商标法》第五十九条

【基本案情】

原告山东鲁锦实业有限公司(以下简称鲁锦

---

① 案例来源:《最高人民法院关于发布第10批指导性案例的通知》(2015年4月15日 法〔2015〕85号),指导案例46号。

公司)诉称:被告鄄城县鲁锦工艺品有限责任公司(以下简称鄄城鲁锦公司)、济宁礼之邦家纺有限公司(以下简称礼之邦公司)大量生产、销售标有"鲁锦"字样的鲁锦产品,侵犯其"鲁锦"注册商标专用权。鄄城鲁锦公司企业名称中含有原告的"鲁锦"注册商标字样,误导消费者,构成不正当竞争。"鲁锦"不是通用名称。请求判令二被告承担侵犯商标专用权和不正当竞争的法律责任。

被告鄄城鲁锦公司辩称:原告鲁锦公司注册成立前及鲁锦商标注册完成前,"鲁锦"已成为通用名称。按照有关规定,其属于"正当使用",不构成商标侵权,也不构成不正当竞争。

被告礼之邦公司一审未作答辩,二审上诉称:"鲁锦"是鲁西南一带民间纯棉手工纺织品的通用名称,不知道"鲁锦"是鲁锦公司的注册商标,接到诉状后已停止相关使用行为,故不应承担赔偿责任。

法院经审理查明:鲁锦公司的前身嘉祥县瑞锦民间工艺品厂于1999年12月21日取得注册号为第1345914号的"鲁锦"文字商标,有效期为1999年12月21日至2009年12月20日,核定使用商品为第25类服装、鞋、帽类。鲁锦公司又于2001年11月14日取得注册号为第1665032号的"Lj+LUJIN"的组合商标,有效期为2001年11月14日至2011年11月13日,核定使用商品为第24类的"纺织物、棉织品、内衣用织物、纱布、纺织品、毛巾布、无纺布、浴巾、床单、纺织品家具罩等"。嘉祥县瑞锦民间工艺品厂于2001年2月9日更名为嘉祥县鲁锦实业有限公司,后于2007年6月11日更名为山东鲁锦实业有限公司。

鲁锦公司在获得"鲁锦"注册商标专用权后,在多家媒体多次宣传其产品及注册商标,并于2006年3月被"中华老字号"工作委员会接纳为会员单位。鲁锦公司经过多年努力及长期大量的广告宣传和市场推广,其"鲁锦"牌系列产品,特别是"鲁锦"牌服装在国内享有一定的知名度。2006年11月16日,"鲁锦"注册商标被审定为山东省著名商标。

2007年3月,鲁锦公司从礼之邦鲁锦专卖店购买到由鄄城鲁锦公司生产的同鲁锦公司注册商标所核定使用的商品相同或类似的商品,该商品上的标签(吊牌)、包装盒、包装袋及店堂门面上均带有"鲁锦"字样。在该店门面上"鲁锦"已被突出放大使用,其出具的发票上加盖的印章为礼之邦公司公章。

鄄城鲁锦公司于2003年3月3日成立,在产品上使用的商标是"精一坊文字+图形"组合商标,该商标已申请注册,但尚未核准。2007年9月,鄄城鲁锦公司申请撤销鲁锦公司已注册的第1345914号"鲁锦"商标,国家工商总局商标评审委员会已受理但未作出裁定。

一审法院根据鲁锦公司的申请,依法对鄄城鲁锦公司、礼之邦公司进行了证据保全,发现二被告存有大量同"鲁锦"注册商标核准使用的商品同类或者类似的商品,该商品上的标签(吊牌)、包装盒、包装袋、商品标价签以及被告店堂门面上均带有原告注册商标"鲁锦"字样。被控侵权商品的标签(吊牌)、包装盒、包装袋上已将"鲁锦"文字放大,作为商品的名称或者商品装潢醒目突出使用,且包装袋上未标识生产商及其地址。

另查明:鲁西南民间织锦是一种山东民间纯棉手工纺织品,因其纹彩绚丽、灿烂似锦而得名,在鲁西南地区已有上千年的历史,是历史悠久的齐鲁文化的一部分。从20世纪80年代中期开始,鲁西南织锦开始被开发利用。1986年1月8日,在济南举行了"鲁西南织锦与现代生活展览汇报会"。1986年8月20日,在北京民族文化宫举办了"鲁锦与现代生活展"。1986年前后,《人民日报》《经济参考》《农民日报》等报刊发表"鲁锦"的专题报道,中央电视台、山东电视台也拍摄了多部"鲁锦"的专题片。自此,"鲁锦"作为山东民间手工棉纺织品的通称被广泛使用。此后,鲁锦的研究、开发和生产逐渐普及并不断发展壮大。1987年11月15日,为促进鲁锦文化与现代生活的进一步结合,加拿大国际发展署(CIDA)与中华全国妇女联合会共同在鄄城县杨屯村举行了双边合作项目——鄄城杨屯妇女鲁锦纺织联社培训班。

山东省及济宁、菏泽等地方史志资料在谈及历史、地方特产或传统工艺时,对"鲁锦"也多有记载,均认为"鲁锦"是流行在鲁西南地区广大农村的一种以棉纱为主要原料的传统纺织产品,是山东的主要民间美术品种之一。相关工具书及出版物也对"鲁锦"多有介绍,均认为"鲁锦"是山东民间手工织花棉布,以棉花为主要原料,手工织线、染色、织造,俗称"土布"或"手织布",因此布色彩斑斓,似锦似绣,故称为"鲁锦"。

1995年12月25日,山东省文物局作出《关于建设"中国鲁锦博物馆"的批复》,同意菏泽地区文化局在鄄城县成立"中国鲁锦博物馆"。2006年12月23日,山东省人民政府公布第一批省级非物质文化遗产,其中山东省文化厅、鄄城县、嘉祥县申报的"鲁锦民间手工技艺"被评定为非物质文化遗产。2008年6月7日,国务院国发〔2008〕19号文件确定由山东省鄄城县、嘉祥县申报的"鲁锦织造技艺"被列入第二批国家级非物质文化遗产名录。

【裁判结果】

山东省济宁市中级人民法院于2008年8月25日作出(2007)济民五初字第6号民事判决:一、鄄城鲁锦公司于判决生效之日立即停止在其生产、销售的第25类服装类系列商品上使用"鲁锦"作为其商品名称或者商品装潢,并于判决生效之日起30日内,消除其现存被控侵权产品上标明的"鲁锦"字样;礼之邦公司立即停止销售鄄城鲁锦公司生产的被控侵权商品。二、鄄城鲁锦公司于判决生效之日起15日内赔偿鲁锦公司经济损失25万元;礼之邦公司赔偿鲁锦公司经济损失1万元。三、鄄城鲁锦公司于判决生效之日起30日内变更企业名称,变更后的企业名称中不得包含"鲁锦"文字;礼之邦公司于判决生效之日立即消除店堂门面上的"鲁锦"字样。宣判后,鄄城鲁锦公司与礼之邦公司提出上诉。山东省高级人民法院于2009年8月5日作出(2009)鲁民三终字第34号民事判决:撤销山东省济宁市中级人民法院(2007)济民五初字第6号民事判决;驳回鲁锦公司的诉讼请求。

【裁判理由】

法院生效裁判认为:根据本案事实可以认定,在1999年鲁锦公司将"鲁锦"注册为商标之前,已是山东民间手工棉纺织品的通用名称,"鲁锦"织造技艺为非物质文化遗产。鄄城鲁锦公司、济宁礼之邦公司的行为不构成商标侵权,也非不正当竞争。

首先,"鲁锦"已成为具有地域性特点的棉纺织品的通用名称。商品通用名称是指行业规范或社会公众约定俗成的对某一商品的通常称谓。该通用名称可以是行业规范规定的称谓,也可以是公众约定俗成的简称。鲁锦指鲁西南民间纯棉手工织锦,其纹彩绚丽灿烂似锦,在鲁西南地区已有上千年的历史。"鲁锦"作为具有山东特色的手工纺织品的通用名称,为国家主流媒体、各类专业报纸以及山东省新闻媒体所公认,山东省、济宁、菏泽、嘉祥、鄄城的省市县三级史志资料均将"鲁锦"记载为传统鲁西南民间织锦的"新名",有关工艺美术和艺术的工具书中也确认"鲁锦"就是产自山东的一种民间纯棉手工纺织品。"鲁锦"织造工艺历史悠久,在提到"鲁锦"时,人们想到的就是传统悠久的山东民间手工棉纺织品及其织造工艺。"鲁锦织造技艺"被确定为国家级非物质文化遗产。"鲁锦"代表的纯棉手工纺织生产工艺并非由某一自然人或企业法人发明而成,而是由山东地区特别是鲁西南地区人民群众长期劳动实践而形成。"鲁锦"代表的纯棉手工纺织品的生产原料亦非某一自然人或企业法人特定种植,而是山东不特定地区广泛种植的棉花。自20世纪80年代中期后,经过媒体的大量宣传,"鲁锦"已成为以棉花为主要原料、手工织线、染色、织造的山东地区民间手工纺织品的通称,且已在山东地区纺织行业领域内通用,并被相关社会公众所接受。综上,可以认定"鲁锦"是山东地区特别是鲁西南地区民间纯棉手工纺织品的通用名称。

关于鲁锦公司主张"鲁锦"这一名称不具有广泛性,在我国其他地方也出产老粗布,但不叫"鲁锦"。对此法院认为,对于具有地域性特点的商品通用名称,判断其广泛性应以特定产区及相关公众为标准,而不应以全国为标准。我国其他省份的手工棉纺织品不叫"鲁锦",并不影响"鲁锦"专指山东地区特有的民间手工棉纺织品这一事实。关于鲁锦公司主张"鲁锦"不具有科学性,棉织品应称为"棉"而不应称为"锦"。对此法院认为,名称的确定与其是否符合科学没有必然关系,对于已为相关公众接受、指代明确、约定俗成的名称,即使有不科学之处,也不影响其成为通用名称。关于鲁锦公司还主张"鲁锦"不具有普遍性,山东省内有些经营者、消费者将这种民间手工棉纺织品称为"粗布"或"老土布"。对此法院认为,"鲁锦"这一称谓是20世纪80年代中期确定的新名称,经过多年宣传与使用,现已为相关公众所知悉和接受。"粗布""老土布"等旧有名称的存在,不影响"鲁锦"通用名称的认定。

其次,注册商标中含有的本商品的通用名称,注册商标专用权人无权禁止他人正当使用。《中华人民共和国商标法实施条例》第四十九条规定:"注册商标中含有的本商品的通用名称、图形、型号,或者直接表示商品的质量、主要原料、功能、用途、重量、数量及其他特点,或者含有地名,注册商标专用权人无权禁止他人正当使用。"商标的作用主要为识别性,即消费者能够依不同的商标而区别相应的商品及服务的提供者。保护商标权的目的,就是防止对商品及服务的来源产生混淆。由于鲁锦公司的"鲁锦"文字商标和"Lj+LUJIN"组合商标,与作为山东民间手工棉纺织品通用名称的"鲁锦"一致,其应具备的显著性区别特征因此趋于弱化。"鲁锦"虽不是鲁锦服装的通用名,但却是山东民间手工棉纺织品的通用名。商标注册人对商标中通用名称部分不享有专用权,不影响他人将"鲁锦"作为通用名称正当使用。鲁西南地区有不少以鲁锦为面料生产床上用品、工艺品、服饰的厂家,这些厂家均可以正当使用"鲁锦"名称,在其产品上叙述性标明其面料采用鲁锦。

本案中,鄄城鲁锦公司在其生产的涉案产品的包装盒、包装袋上使用"鲁锦"两字,虽然在商标上使用了鲁锦公司商标中含有的商品通用名,但仅是为了表明其产品采用鲁锦面料,其生产技艺具备鲁锦特点,并不具有侵犯鲁锦"鲁锦"注册商标专用权的主观恶意,也并非作为商业标识使用,属于正当使用,故不应认定为侵犯"鲁锦"注册商标专用权的行为。基于同样的理由,鄄城鲁锦公司在其企业名称中使用"鲁锦"字样,也系正当使用,不构成不正当竞争。礼之邦公司作为鲁锦制品的专卖店,同样有权使用

"鲁锦"字样,亦不构成对"鲁锦"注册商标专用权的侵犯。

此外,鲁锦公司的"鲁锦"文字商标和"Lj+LUJIN"的组合商标已经国家商标局核准注册并核定使用于第25类、第24类商品上,该注册商标专用权应依法受法律保护。虽然鄄城鲁锦公司对此商标提出撤销申请,但在国家商标局商标评审委员会未撤销前,仍应依法保护上述有效注册商标。鉴于"鲁锦"是注册商标,为规范市场秩序,保护公平竞争,鄄城鲁锦公司在今后使用"鲁锦"字样以表明其产品面料性质的同时,应合理避让鲁锦公司的注册商标专用权,应在其产品包装上突出使用自己的"精一坊"商标,以显著区别产品来源,方便消费者识别。

4. 意大利费列罗公司诉蒙特莎(张家港)食品有限公司、天津经济技术开发区正元行销有限公司不正当竞争纠纷案[①]

【关键词】民事　不正当竞争　知名商品特有包装、装潢

【裁判要点】

1. 反不正当竞争法所称的知名商品,是指在中国境内具有一定的市场知名度,为相关公众所知悉的商品。在国际上已知名的商品,我国对其特有的名称、包装、装潢的保护,仍应以其在中国境内为相关公众所知悉为必要。故认定该知名商品,应当结合该商品在中国境内的销售时间、销售区域、销售额和销售对象,进行宣传的持续时间、程度和地域范围,作为知名商品受保护的情况等因素,并适当考虑该商品在国外已知名的情况,进行综合判断。

2. 反不正当竞争法所保护的知名商品特有的包装、装潢,是指能够区别商品来源的盛装或者保护商品的容器等包装,以及在商品或者其包装上附加的文字、图案、色彩及其排列组合所构

[①] 案例来源:《最高人民法院关于发布第10批指导性案例的通知》(2015年4月15日　法〔2015〕85号),指导案例47号。

成的装潢。

3. 对他人能够区别商品来源的知名商品特有的包装、装潢,进行足以引起市场混淆、误认的全面模仿,属于不正当竞争行为。

【相关法条】

《中华人民共和国反不正当竞争法》第五条第二项

【基本案情】

原告意大利费列罗公司(以下简称费列罗公司)诉称:被告蒙特莎(张家港)食品有限公司(以下简称蒙特莎公司)仿冒原告产品,擅自使用与原告知名商品特有的包装、装潢相同或近似的包装、装潢,使消费者产生混淆。被告蒙特莎公司的上述行为及被告天津经济技术开发区正元行销有限公司(以下简称正元公司)销售仿冒产品的行为已给原告造成重大经济损失。请求判令蒙特莎公司不得生产、销售,正元公司不得销售符合前述费列罗公司巧克力产品特有的任何一项或几项组合的包装、装潢的产品或者任何与费列罗公司的上述包装、装潢相似的足以引起消费者误认的巧克力产品,并赔礼道歉、消除影响、承担诉讼费用,蒙特莎公司赔偿损失300万元。

被告蒙特莎公司辩称:原告涉案产品在中国境内市场并没有被相关公众所知悉,而蒙特莎公司生产的金莎巧克力产品在中国境内消费者中享有很高的知名度,属于知名商品。原告诉请中要求保护的包装、装潢是国内外同类巧克力产品的通用包装、装潢,不具有独创性和特异性。蒙特莎公司生产的金莎巧克力使用的包装、装潢是其和专业设计人员合作开发的,并非仿冒他人已有的包装、装潢。普通消费者只需施加一般的注意,就不会混淆原、被告各自生产的巧克力产品。原告认为自己产品的包装涵盖了商标、外观设计、著作权等多项知识产权,但未明确指出被控侵权产品的包装、装潢具体侵犯了其何种权利,其起诉要求保护的客体模糊不清。故原告起诉无事实和法律依据,请求驳回原告的诉讼请求。

法院经审理查明:费列罗公司于1946年在意大利成立,1982年其生产的费列罗巧克力投放市场,曾在亚洲多个国家和地区的电视、报刊、杂志发布广告。在我国台湾和香港地区,费列罗巧克力取名"金莎"巧克力,并分别于1990年6月和1993年在我国台湾和香港地区注册"金莎"商标。1984年2月,费列罗巧克力通过中国粮油食品进出口总公司采取寄售方式进入了国内市场,主要在免税店和机场商店等当时政策所允许的场所销售,并延续到1993年前。1986年10月,费列罗公司在中国注册了"FERRERO ROCHER"和图形(椭圆花边图案)以及其组合的系列商标,并在中国境内销售的巧克力商品上使用。费列罗巧克力使用的包装、装潢的主要特征是:1. 每一粒球状巧克力用金色纸质包装;2. 在金色球状包装上配以印有"FERRERO ROCHER"商标的椭圆形金边标签作为装潢;3. 每一粒金球状巧克力均有咖啡色纸质底托作为装潢;4. 若干形状的塑料透明包装,以呈现金球状内包装;5. 塑料透明包装上使用椭圆形金边图案作为装潢,椭圆形内配有产品图案和商标,并由商标处延伸出红金颜色的绶带状图案。费列罗巧克力产品的8粒装、16粒装、24粒装以及30粒装立体包装于1984年在世界知识产权组织申请为立体商标。费列罗公司自1993年开始,以广东、上海、北京地区为核心逐步加大费列罗巧克力在国内的报纸、期刊和室外广告的宣传力度,相继在一些大中城市设立专柜进行销售,并通过赞助一些商业和体育活动,提高其产品的知名度。2000年6月,其"FERRERO ROCHER"商标被国家工商行政管理部门列入全国重点商标保护名录。我国广东、河北等地工商行政管理部门曾多次查处仿冒费列罗巧克力包装、装潢的行为。

蒙特莎公司是1991年12月张家港市乳品一厂与比利时费塔代尔有限公司合资成立的生产、销售各种花色巧克力的中外合资企业。张家港市乳品一厂自1990年开始生产金莎巧克力,并于1990年4月23日申请注册"金莎"文字商标,1991年4月经国家工商行政管理局商标局核准注册。2002年,张家港市乳品一厂向蒙特莎公司转让"金莎"商标,于2002年11月25日提出申请,并于2004年4月21日经国家工商管理总局商标局核准转让。由此蒙特莎公司开始生产、销售金莎巧克力。蒙特莎公司生产、销售金莎巧克力产品,其除将"金莎"更换为"金莎TRESOR DORE"组合商标外,仍延续使用张家港市乳品一厂金莎巧克力产品使用的包装、装潢。被控侵权的金莎 TRESOR DORE 巧克力包装、装潢为：每粒金莎 TRESOR DORE 巧克力呈球状并均由金色锡纸包装；在每粒金球状包装顶部均配以印有"金莎 TRESOR DORE"商标的椭圆形金边标签；每粒金球状巧克力均有底面平滑无褶皱、侧面带波浪褶皱的呈碗状的咖啡色纸质底托；外包装为透明塑料纸或塑料盒；外包装正中处使用椭圆金边图案，内配产品图案及金莎 TRESOR DORE 商标，并由此延伸出红金色绶带。以上特征与费列罗公司起诉中请求保护的包装、装潢在整体印象和主要部分上相近似。正元公司为蒙特莎公司生产的金莎 TRESOR DORE 巧克力在天津市的经销商。2003 年 1 月，费列罗公司经天津市公证处公证，在天津市河东区正元公司处购买了被控侵权产品。

【裁判结果】

天津市第二中级人民法院于 2005 年 2 月 7 日作出（2003）二中民三初字第 63 号民事判决：判令驳回费列罗公司对蒙特莎公司、正元公司的诉讼请求。费列罗公司提起上诉，天津市高级人民法院于 2006 年 1 月 9 日作出（2005）津高民三终字第 36 号判决：1. 撤销一审判决；2. 蒙特莎公司立即停止使用金莎 TRESOR DORE 系列巧克力侵权包装、装潢；3. 蒙特莎公司赔偿费列罗公司人民币 700000 元，于本判决生效后十五日内给付；4. 责令正元公司立即停止销售使用侵权包装、装潢的金莎 TRESOR DORE 系列巧克力；5. 驳回费列罗公司其他诉讼请求。蒙特莎公司不服二审判决，向最高人民法院提出再审申请。最高人民法院于 2008 年 3 月 24 日作出（2006）民三提字第 3 号民事判决：1. 维持天津市高级人民法院（2005）津高民三终字第 36 号民事判决第一项、第五项；2. 变更天津市高级人民法院（2005）津高民三终字第 36 号民事判决第二项为：蒙特莎公司立即停止在本案金莎 TRESOR DORE 系列巧克力商品上使用与费列罗系列巧克力商品特有的包装、装潢相近似的包装、装潢的不正当竞争行为；3. 变更天津市高级人民法院（2005）津高民三终字第 36 号民事判决第三项为：蒙特莎公司自本判决送达后十五日内，赔偿费列罗公司人民币 500000 元；4. 变更天津市高级人民法院（2005）津高民三终字第 36 号民事判决第四项为：责令正元公司立即停止销售上述金莎 TREDOR DORE 系列巧克力商品。

【裁判理由】

最高人民法院认为：本案主要涉及费列罗巧克力是否为在先知名商品，费列罗巧克力使用的包装、装潢是否为特有的包装、装潢，以及蒙特莎公司生产的金莎 TRESOR DORE 巧克力使用包装、装潢是否构成不正当竞争行为等争议焦点问题。

一、关于费列罗巧克力是否为在先知名商品

根据中国粮油食品进出口总公司与费列罗公司签订的寄售合同、寄售合同确认书等证据，二审法院认定费列罗巧克力自 1984 年开始在中国境内销售无误。反不正当竞争法所指的知名商品，是在中国境内具有一定的市场知名度，为相关公众所知悉的商品。在国际已知名的商品，我国法律对其特有名称、包装、装潢的保护，仍应以在中国境内为相关公众所知悉为必要。其所主张的商品或者服务具有知名度，通常系由在中国境内生产、销售或者从事其他经营活动而产生。认定知名商品，应当考虑该商品的销售时间、销售区域、销售额和销售对象，进行宣传的持续时间、程度和地域范围，作为知名商品受保护的情况等因素，进行综合判断；也不排除适当考虑国外已知名的因素。本案二审判决中关于"对商品知名状况的评价应根据其在国内外特定市场的知名度综合判定，不能理解为仅指在中国境内知名的商品"的表述欠当，但根据费列罗巧克力进入中国市场的时间、销售情况以及费列罗公司进行的多种宣传活动，认定其属于在中国境内的相关市场具有较高知名度的知名商品正确。蒙特莎公司关于费列罗巧克力在中国境内市场知名的时间晚于金莎 TRESOR DORE 巧克力的主张不能成立。此外，费列罗公司费列罗巧克力的包装、装潢使用在先，蒙特莎公司主张其使用的涉案包装、装潢为自主开发设计缺乏充分证据支持，二审判决认定蒙特莎公司擅自使用费列罗巧克力特有包装、装潢正确。

二、关于费列罗巧克力使用的包装、装潢是否具有特有性

盛装或者保护商品的容器等包装，以及在商

品或者其包装上附加的文字、图案、色彩及其排列组合所构成的装潢,在其能够区别商品来源时,即属于反不正当竞争法保护的特有包装、装潢。费列罗公司请求保护的费列罗巧克力使用的包装、装潢系由一系列要素构成。如果仅仅以锡箔纸包裹球状巧克力,采用透明塑料外包装,呈现巧克力内包装等方式进行简单的组合,所形成的包装、装潢因无区别商品来源的显著特征而不具有特有性;而且这种组合中的各个要素也属于食品包装行业中通用的包装、装潢元素,不能被独占使用。但是,锡纸、纸托、塑料盒等包装材质与形状、颜色的排列组合有很大的选择空间;将商标标签附加在包装上,该标签的尺寸、图案、构图方法等亦有很大的设计自由度。在可以自由设计的范围内,将包装、装潢各要素独特排列组合,使其具有区别商品来源的显著特征,可以构成商品特有的包装、装潢。费列罗巧克力所使用的包装、装潢因其构成要素在文字、图形、色彩、形状、大小等方面的排列组合具有独特性,形成了显著的整体形象,且与商品的功能性无关,经过长时间使用和大量宣传,已足以使相关公众将上述包装、装潢的整体形象与费列罗公司的费列罗巧克力商品联系起来,具有识别其商品来源的作用,应当属于反不正当竞争法第五条第二项所保护的特有的包装、装潢。蒙特莎公司关于判定涉案包装、装潢为特有,会使巧克力行业的通用包装、装潢被费列罗公司排他性独占使用,垄断国内球形巧克力市场等理由,不能成立。

三、关于相关公众是否容易对费列罗巧克力与金莎 TRESOR DORE 巧克力引起混淆、误认

对商品包装、装潢的设计,不同经营者之间可以相互学习、借鉴,并在此基础上进行创新设计,形成有明显区别各自商品的包装、装潢。这种做法是市场经营和竞争的必然要求。就本案而言,蒙特莎公司可以充分利用巧克力包装、装潢设计中的通用要素,自由设计与他人在先使用的特有包装、装潢具有明显区别的包装、装潢。但是,对他人具有识别商品来源意义的特有包装、装潢,则不能作足以引起市场混淆、误认的全面模仿,否则就会构成不正当的市场竞争。我国反不正当竞争法中规定的混淆、误认,是指足以使相关公众对商品的来源产生误认,包括误认为

与知名商品的经营者具有许可使用、关联企业关系等特定联系。本案中,由于费列罗巧克力使用的包装、装潢的整体形象具有区别商品来源的显著特征,蒙特莎公司在其巧克力商品上使用的包装、装潢与费列罗巧克力特有包装、装潢,又达到在视觉上非常近似的程度。即使双方商品存在价格、质量、口味、消费层次等方面的差异和厂商名称、商标不同等因素,也未免使相关公众易于误认金莎 TRESOR DORE 巧克力与费列罗巧克力存在某种经济上的联系。据此,再审申请人关于本案相似包装、装潢不会构成消费者混淆、误认的理由不能成立。

综上,蒙特莎公司在其生产的金莎 TRESOR DORE 巧克力商品上,擅自使用与费列罗公司的费列罗巧克力特有的包装、装潢相近似的包装、装潢,足以引起相关公众对商品来源的混淆、误认,构成不正当竞争。

◎ 法规链接

中华人民共和国
反不正当竞争法

- 1993 年 9 月 2 日第八届全国人民代表大会常务委员会第三次会议通过
- 2017 年 11 月 4 日第十二届全国人民代表大会常务委员会第三十次会议修订
- 根据 2019 年 4 月 23 日第十三届全国人民代表大会常务委员会第十次会议《关于修改〈中华人民共和国建筑法〉等八部法律的决定》修正

第一章 总 则

第一条 为了促进社会主义市场经济健康发展,鼓励和保护公平竞争,制止不正当竞争行为,保护经营者和消费者的合法权益,制定本法。

第二条 经营者在生产经营活动中,应当遵循自愿、平等、公平、诚信的原则,遵守法律和商业道德。

本法所称的不正当竞争行为,是指经营者在生产经营活动中,违反本法规定,扰乱市场竞争秩序,损害其他经营者或者消费者的合法

权益的行为。

本法所称的经营者,是指从事商品生产、经营或者提供服务(以下所称商品包括服务)的自然人、法人和非法人组织。

第三条 各级人民政府应当采取措施,制止不正当竞争行为,为公平竞争创造良好的环境和条件。

国务院建立反不正当竞争工作协调机制,研究决定反不正当竞争重大政策,协调处理维护市场竞争秩序的重大问题。

第四条 县级以上人民政府履行工商行政管理职责的部门对不正当竞争行为进行查处;法律、行政法规规定由其他部门查处的,依照其规定。

第五条 国家鼓励、支持和保护一切组织和个人对不正当竞争行为进行社会监督。

国家机关及其工作人员不得支持、包庇不正当竞争行为。

行业组织应当加强行业自律,引导、规范会员依法竞争,维护市场竞争秩序。

第二章 不正当竞争行为

第六条 经营者不得实施下列混淆行为,引人误认为是他人商品或者与他人存在特定联系:

(一)擅自使用与他人有一定影响的商品名称、包装、装潢等相同或者近似的标识;

(二)擅自使用他人有一定影响的企业名称(包括简称、字号等)、社会组织名称(包括简称等)、姓名(包括笔名、艺名、译名等);

(三)擅自使用他人有一定影响的域名主体部分、网站名称、网页等;

(四)其他足以引人误认为是他人商品或者与他人存在特定联系的混淆行为。

第七条 经营者不得采用财物或者其他手段贿赂下列单位或者个人,以谋取交易机会或者竞争优势:

(一)交易相对方的工作人员;

(二)受交易相对方委托办理相关事务的单位或者个人;

(三)利用职权或者影响力影响交易的单位或者个人。

经营者在交易活动中,可以以明示方式向交易相对方支付折扣,或者向中间人支付佣金。经营者向交易相对方支付折扣、向中间人支付佣金的,应当如实入账。接受折扣、佣金的经营者也应当如实入账。

经营者的工作人员进行贿赂的,应当认定为经营者的行为;但是,经营者有证据证明该工作人员的行为与为经营者谋取交易机会或者竞争优势无关的除外。

第八条 经营者不得对其商品的性能、功能、质量、销售状况、用户评价、曾获荣誉等作虚假或者引人误解的商业宣传,欺骗、误导消费者。

经营者不得通过组织虚假交易等方式,帮助其他经营者进行虚假或者引人误解的商业宣传。

第九条 经营者不得实施下列侵犯商业秘密的行为:

(一)以盗窃、贿赂、欺诈、胁迫、电子侵入或者其他不正当手段获取权利人的商业秘密;

(二)披露、使用或者允许他人使用以前项手段获取的权利人的商业秘密;

(三)违反保密义务或者违反权利人有关保守商业秘密的要求,披露、使用或者允许他人使用其所掌握的商业秘密;

(四)教唆、引诱、帮助他人违反保密义务或者违反权利人有关保守商业秘密的要求,获取、披露、使用或者允许他人使用权利人的商业秘密。

经营者以外的其他自然人、法人和非法人组织实施前款所列违法行为的,视为侵犯商业秘密。

第三人明知或者应知商业秘密权利人的员工、前员工或者其他单位、个人实施本条第一款所列违法行为,仍获取、披露、使用或者允许他人使用该商业秘密的,视为侵犯商业秘密。

本法所称的商业秘密,是指不为公众所知悉、具有商业价值并经权利人采取相应保密措施的技术信息、经营信息等商业信息。

第十条 经营者进行有奖销售不得存在下列情形:

(一)所设奖的种类、兑奖条件、奖金金额或者奖品等有奖销售信息不明确,影响兑奖;

（二）采用谎称有奖或者故意让内定人员中奖的欺骗方式进行有奖销售；

（三）抽奖式的有奖销售，最高奖的金额超过五万元。

第十一条 经营者不得编造、传播虚假信息或者误导性信息，损害竞争对手的商业信誉、商品声誉。

第十二条 经营者利用网络从事生产经营活动，应当遵守本法的各项规定。

经营者不得利用技术手段，通过影响用户选择或者其他方式，实施下列妨碍、破坏其他经营者合法提供的网络产品或者服务正常运行的行为：

（一）未经其他经营者同意，在其合法提供的网络产品或者服务中，插入链接、强制进行目标跳转；

（二）误导、欺骗、强迫用户修改、关闭、卸载其他经营者合法提供的网络产品或者服务；

（三）恶意对其他经营者合法提供的网络产品或者服务实施不兼容；

（四）其他妨碍、破坏其他经营者合法提供的网络产品或者服务正常运行的行为。

第三章 对涉嫌不正当竞争行为的调查

第十三条 监督检查部门调查涉嫌不正当竞争行为，可以采取下列措施：

（一）进入涉嫌不正当竞争行为的经营场所进行检查；

（二）询问被调查的经营者、利害关系人及其他有关单位、个人，要求其说明有关情况或者提供与调查行为有关的其他资料；

（三）查询、复制与涉嫌不正当竞争行为有关的协议、账簿、单据、文件、记录、业务函电和其他资料；

（四）查封、扣押与涉嫌不正当竞争行为有关的财物；

（五）查询涉嫌不正当竞争行为的经营者的银行账户。

采取前款规定的措施，应当向监督检查部门主要负责人书面报告，并经批准。采取前款第四项、第五项规定的措施，应当向设区的市级以上人民政府监督检查部门主要负责人书面报告，并经批准。

监督检查部门调查涉嫌不正当竞争行为，应当遵守《中华人民共和国行政强制法》和其他有关法律、行政法规的规定，并应当将查处结果及时向社会公开。

第十四条 监督检查部门调查涉嫌不正当竞争行为，被调查的经营者、利害关系人及其他有关单位、个人应当如实提供有关资料或者情况。

第十五条 监督检查部门及其工作人员对调查过程中知悉的商业秘密负有保密义务。

第十六条 对涉嫌不正当竞争行为，任何单位和个人有权向监督检查部门举报，监督检查部门接到举报后应当依法及时处理。

监督检查部门应当向社会公开受理举报的电话、信箱或者电子邮件地址，并为举报人保密。对实名举报并提供相关事实和证据的，监督检查部门应当将处理结果告知举报人。

第四章 法律责任

第十七条 经营者违反本法规定，给他人造成损害的，应当依法承担民事责任。

经营者的合法权益受到不正当竞争行为损害的，可以向人民法院提起诉讼。

因不正当竞争行为受到损害的经营者的赔偿数额，按照其因被侵权所受到的实际损失确定；实际损失难以计算的，按照侵权人因侵权所获得的利益确定。经营者恶意实施侵犯商业秘密行为，情节严重的，可以在按照上述方法确定数额的一倍以上五倍以下确定赔偿数额。赔偿数额还应当包括经营者为制止侵权行为所支付的合理开支。

经营者违反本法第六条、第九条规定，权利人因被侵权所受到的实际损失、侵权人因侵权所获得的利益难以确定的，由人民法院根据侵权行为的情节判决给予权利人五百万元以下的赔偿。

第十八条 经营者违反本法第六条规定实施混淆行为的，由监督检查部门责令停止违法行为，没收违法商品。违法经营额五万元以上的，可以并处违法经营额五倍以下的罚款；没有违法经营额或者违法经营额不足五万元的，可以并处二十五万元以下的罚款。情节严重的,吊销营业执照。

经营者登记的企业名称违反本法第六条规定的,应当及时办理名称变更登记;名称变更前,由原企业登记机关以统一社会信用代码代替其名称。

第十九条 经营者违反本法第七条规定贿赂他人的,由监督检查部门没收违法所得,处十万元以上三百万元以下的罚款。情节严重的,吊销营业执照。

第二十条 经营者违反本法第八条规定对其商品作虚假或者引人误解的商业宣传,或者通过组织虚假交易等方式帮助其他经营者进行虚假或者引人误解的商业宣传的,由监督检查部门责令停止违法行为,处二十万元以上一百万元以下的罚款;情节严重的,处一百万元以上二百万元以下的罚款,可以吊销营业执照。

经营者违反本法第八条规定,属于发布虚假广告的,依照《中华人民共和国广告法》的规定处罚。

第二十一条 经营者以及其他自然人、法人和非法人组织违反本法第九条规定侵犯商业秘密的,由监督检查部门责令停止违法行为,没收违法所得,处十万元以上一百万元以下的罚款;情节严重的,处五十万元以上五百万元以下的罚款。

第二十二条 经营者违反本法第十条规定进行有奖销售的,由监督检查部门责令停止违法行为,处五万元以上五十万元以下的罚款。

第二十三条 经营者违反本法第十一条规定损害竞争对手商业信誉、商品声誉的,由监督检查部门责令停止违法行为、消除影响,处十万元以上五十万元以下的罚款;情节严重的,处五十万元以上三百万元以下的罚款。

第二十四条 经营者违反本法第十二条规定妨碍、破坏其他经营者合法提供的网络产品或者服务正常运行的,由监督检查部门责令停止违法行为,处十万元以上五十万元以下的罚款;情节严重的,处五十万元以上三百万元以下的罚款。

第二十五条 经营者违反本法规定从事不正当竞争,有主动消除或者减轻违法行为危害后果等法定情形的,依法从轻或者减轻行政处罚;违法行为轻微并及时纠正,没有造成危害后果的,不予行政处罚。

第二十六条 经营者违反本法规定从事不正当竞争,受到行政处罚的,由监督检查部门记入信用记录,并依照有关法律、行政法规的规定予以公示。

第二十七条 经营者违反本法规定,应当承担民事责任、行政责任和刑事责任,其财产不足以支付的,优先用于承担民事责任。

第二十八条 妨害监督检查部门依照本法履行职责,拒绝、阻碍调查的,由监督检查部门责令改正,对个人可以处五千元以下的罚款,对单位可以处五万元以下的罚款,并可以由公安机关依法给予治安管理处罚。

第二十九条 当事人对监督检查部门作出的决定不服的,可以依法申请行政复议或者提起行政诉讼。

第三十条 监督检查部门的工作人员滥用职权、玩忽职守、徇私舞弊或者泄露调查过程中知悉的商业秘密的,依法给予处分。

第三十一条 违反本法规定,构成犯罪的,依法追究刑事责任。

第三十二条 在侵犯商业秘密的民事审判程序中,商业秘密权利人提供初步证据,证明其已经对所主张的商业秘密采取保密措施,且合理表明商业秘密被侵犯,涉嫌侵权人应当证明权利人所主张的商业秘密不属于本法规定的商业秘密。

商业秘密权利人提供初步证据合理表明商业秘密被侵犯,且提供以下证据之一的,涉嫌侵权人应当证明其不存在侵犯商业秘密的行为:

(一)有证据表明涉嫌侵权人有渠道或者机会获取商业秘密,且其使用的信息与该商业秘密实质上相同;

(二)有证据表明商业秘密已经被涉嫌侵权人披露、使用或者有被披露、使用的风险;

(三)有其他证据表明商业秘密被涉嫌侵权人侵犯。

第五章 附　则
第三十三条　本法自2018年1月1日起施行。

中华人民共和国反垄断法

- 2007年8月30日第十届全国人民代表大会常务委员会第二十九次会议通过
- 2007年8月30日中华人民共和国主席令第68号公布
- 自2008年8月1日起施行

第一章　总　则
第一条　为了预防和制止垄断行为,保护市场公平竞争,提高经济运行效率,维护消费者利益和社会公共利益,促进社会主义市场经济健康发展,制定本法。

第二条　中华人民共和国境内经济活动中的垄断行为,适用本法;中华人民共和国境外的垄断行为,对境内市场竞争产生排除、限制影响的,适用本法。

第三条　本法规定的垄断行为包括:
（一）经营者达成垄断协议;
（二）经营者滥用市场支配地位;
（三）具有或者可能具有排除、限制竞争效果的经营者集中。

第四条　国家制定和实施与社会主义市场经济相适应的竞争规则,完善宏观调控,健全统一、开放、竞争、有序的市场体系。

第五条　经营者可以通过公平竞争、自愿联合,依法实施集中,扩大经营规模,提高市场竞争能力。

第六条　具有市场支配地位的经营者,不得滥用市场支配地位,排除、限制竞争。

第七条　国有经济占控制地位的关系国民经济命脉和国家安全的行业以及依法实行专营专卖的行业,国家对其经营者的合法经营活动予以保护,并对经营者的经营行为及其商品和服务的价格依法实施监管和调控,维护消费者利益,促进技术进步。

前款规定行业的经营者应当依法经营,诚实守信,严格自律,接受社会公众的监督,不得利用其控制地位或者专营专卖地位损害消费者利益。

第八条　行政机关和法律、法规授权的具有管理公共事务职能的组织不得滥用行政权力,排除、限制竞争。

第九条　国务院设立反垄断委员会,负责组织、协调、指导反垄断工作,履行下列职责:
（一）研究拟订有关竞争政策;
（二）组织调查、评估市场总体竞争状况,发布评估报告;
（三）制定、发布反垄断指南;
（四）协调反垄断行政执法工作;
（五）国务院规定的其他职责。

国务院反垄断委员会的组成和工作规则由国务院规定。

第十条　国务院规定的承担反垄断执法职责的机构(以下统称国务院反垄断执法机构)依照本法规定,负责反垄断执法工作。

国务院反垄断执法机构根据工作需要,可以授权省、自治区、直辖市人民政府相应的机构,依照本法规定负责有关反垄断执法工作。

第十一条　行业协会应当加强行业自律,引导本行业的经营者依法竞争,维护市场竞争秩序。

第十二条　本法所称经营者,是指从事商品生产、经营或者提供服务的自然人、法人和其他组织。

本法所称相关市场,是指经营者在一定时期内就特定商品或者服务(以下统称商品)进行竞争的商品范围和地域范围。

第二章　垄断协议
第十三条　禁止具有竞争关系的经营者达成下列垄断协议:
（一）固定或者变更商品价格;
（二）限制商品的生产数量或者销售数量;
（三）分割销售市场或者原材料采购市场;
（四）限制购买新技术、新设备或者限制开发新技术、新产品;
（五）联合抵制交易;
（六）国务院反垄断执法机构认定的其他垄断协议。

本法所称垄断协议,是指排除、限制竞争的协议、决定或者其他协同行为。

第十四条 禁止经营者与交易相对人达成下列垄断协议：
（一）固定向第三人转售商品的价格；
（二）限定向第三人转售商品的最低价格；
（三）国务院反垄断执法机构认定的其他垄断协议。

第十五条 经营者能够证明所达成的协议属于下列情形之一的，不适用本法第十三条、第十四条的规定：
（一）为改进技术、研究开发新产品的；
（二）为提高产品质量、降低成本、增进效率，统一产品规格、标准或者实行专业化分工的；
（三）为提高中小经营者经营效率，增强中小经营者竞争力的；
（四）为实现节约能源、保护环境、救灾救助等社会公共利益的；
（五）因经济不景气，为缓解销售量严重下降或者生产明显过剩的；
（六）为保障对外贸易和对外经济合作中的正当利益的；
（七）法律和国务院规定的其他情形。

属于前款第一项至第五项情形，不适用本法第十三条、第十四条规定的，经营者还应当证明所达成的协议不会严重限制相关市场的竞争，并且能够使消费者分享由此产生的利益。

第十六条 行业协会不得组织本行业的经营者从事本章禁止的垄断行为。

第三章 滥用市场支配地位

第十七条 禁止具有市场支配地位的经营者从事下列滥用市场支配地位的行为：
（一）以不公平的高价销售商品或者以不公平的低价购买商品；
（二）没有正当理由，以低于成本的价格销售商品；
（三）没有正当理由，拒绝与交易相对人进行交易；
（四）没有正当理由，限定交易相对人只能与其进行交易或者只能与其指定的经营者进行交易；
（五）没有正当理由搭售商品，或者在交易时附加其他不合理的交易条件；
（六）没有正当理由，对条件相同的交易相对人在交易价格等交易条件上实行差别待遇；
（七）国务院反垄断执法机构认定的其他滥用市场支配地位的行为。

本法所称市场支配地位，是指经营者在相关市场内具有能够控制商品价格、数量或者其他交易条件，或者能够阻碍、影响其他经营者进入相关市场能力的市场地位。

第十八条 认定经营者具有市场支配地位，应当依据下列因素：
（一）该经营者在相关市场的市场份额，以及相关市场的竞争状况；
（二）该经营者控制销售市场或者原材料采购市场的能力；
（三）该经营者的财力和技术条件；
（四）其他经营者对该经营者在交易上的依赖程度；
（五）其他经营者进入相关市场的难易程度；
（六）与认定该经营者市场支配地位有关的其他因素。

第十九条 有下列情形之一的，可以推定经营者具有市场支配地位：
（一）一个经营者在相关市场的市场份额达到二分之一的；
（二）两个经营者在相关市场的市场份额合计达到三分之二的；
（三）三个经营者在相关市场的市场份额合计达到四分之三的。

有前款第二项、第三项规定的情形，其中有的经营者市场份额不足十分之一的，不应当推定该经营者具有市场支配地位。

被推定具有市场支配地位的经营者，有证据证明不具有市场支配地位的，不应当认定其具有市场支配地位。

第四章 经营者集中

第二十条 经营者集中是指下列情形：
（一）经营者合并；
（二）经营者通过取得股权或者资产的方

式取得对其他经营者的控制权;

（三）经营者通过合同等方式取得对其他经营者的控制权或者能够对其他经营者施加决定性影响。

第二十一条　经营者集中达到国务院规定的申报标准的,经营者应当事先向国务院反垄断执法机构申报,未申报的不得实施集中。

第二十二条　经营者集中有下列情形之一的,可以不向国务院反垄断执法机构申报:

（一）参与集中的一个经营者拥有其他每个经营者百分之五十以上有表决权的股份或者资产的;

（二）参与集中的每个经营者百分之五十以上有表决权的股份或者资产被同一个未参与集中的经营者拥有的。

第二十三条　经营者向国务院反垄断执法机构申报集中,应当提交下列文件、资料:

（一）申报书;

（二）集中对相关市场竞争状况影响的说明;

（三）集中协议;

（四）参与集中的经营者经会计师事务所审计的上一会计年度财务会计报告;

（五）国务院反垄断执法机构规定的其他文件、资料。

申报书应当载明参与集中的经营者的名称、住所、经营范围、预定实施集中的日期和国务院反垄断执法机构规定的其他事项。

第二十四条　经营者提交的文件、资料不完备的,应当在国务院反垄断执法机构规定的期限内补交文件、资料。经营者逾期未补交文件、资料的,视为未申报。

第二十五条　国务院反垄断执法机构应当自收到经营者提交的符合本法第二十三条规定的文件、资料之日起三十日内,对申报的经营者集中进行初步审查,作出是否实施进一步审查的决定,并书面通知经营者。国务院反垄断执法机构作出决定前,经营者不得实施集中。

国务院反垄断执法机构作出不实施进一步审查的决定或者逾期未作出决定的,经营者可以实施集中。

第二十六条　国务院反垄断执法机构决定实施进一步审查的,应当自决定之日起九十日内审查完毕,作出是否禁止经营者集中的决定,并书面通知经营者。作出禁止经营者集中的决定,应当说明理由。审查期间,经营者不得实施集中。

有下列情形之一的,国务院反垄断执法机构经书面通知经营者,可以延长前款规定的审查期限,但最长不得超过六十日:

（一）经营者同意延长审查期限的;

（二）经营者提交的文件、资料不准确,需要进一步核实的;

（三）经营者申报后有关情况发生重大变化的。

国务院反垄断执法机构逾期未作出决定的,经营者可以实施集中。

第二十七条　审查经营者集中,应当考虑下列因素:

（一）参与集中的经营者在相关市场的市场份额及其对市场的控制力;

（二）相关市场的市场集中度;

（三）经营者集中对市场进入、技术进步的影响;

（四）经营者集中对消费者和其他有关经营者的影响;

（五）经营者集中对国民经济发展的影响;

（六）国务院反垄断执法机构认为应当考虑的影响市场竞争的其他因素。

第二十八条　经营者集中具有或者可能具有排除、限制竞争效果的,国务院反垄断执法机构应当作出禁止经营者集中的决定。但是,经营者能够证明该集中对竞争产生的有利影响明显大于不利影响,或者符合社会公共利益的,国务院反垄断执法机构可以作出对经营者集中不予禁止的决定。

第二十九条　对不予禁止的经营者集中,国务院反垄断执法机构可以决定附加减少集中对竞争产生不利影响的限制性条件。

第三十条　国务院反垄断执法机构应当将禁止经营者集中的决定或者对经营者集中附加限制性条件的决定,及时向社会公布。

第三十一条　对外资并购境内企业或者以其他方式参与经营者集中,涉及国家安全的,除依照本法规定进行经营者集中审查外,还应当按照国家有关规定进行国家安全审查。

第五章 滥用行政权力排除、限制竞争

第三十二条 行政机关和法律、法规授权的具有管理公共事务职能的组织不得滥用行政权力,限定或者变相限定单位或者个人经营、购买、使用其指定的经营者提供的商品。

第三十三条 行政机关和法律、法规授权的具有管理公共事务职能的组织不得滥用行政权力,实施下列行为,妨碍商品在地区之间的自由流通:

(一)对外地商品设定歧视性收费项目、实行歧视性收费标准,或者规定歧视性价格;

(二)对外地商品规定与本地同类商品不同的技术要求、检验标准,或者对外地商品采取重复检验、重复认证等歧视性技术措施,限制外地商品进入本地市场;

(三)采取专门针对外地商品的行政许可,限制外地商品进入本地市场;

(四)设置关卡或者采取其他手段,阻碍外地商品进入或者本地商品运出;

(五)妨碍商品在地区之间自由流通的其他行为。

第三十四条 行政机关和法律、法规授权的具有管理公共事务职能的组织不得滥用行政权力,以设定歧视性资质要求、评审标准或者不依法发布信息等方式,排斥或者限制外地经营者参加本地的招标投标活动。

第三十五条 行政机关和法律、法规授权的具有管理公共事务职能的组织不得滥用行政权力,采取与本地经营者不平等待遇等方式,排斥或者限制外地经营者在本地投资或者设立分支机构。

第三十六条 行政机关和法律、法规授权的具有管理公共事务职能的组织不得滥用行政权力,强制经营者从事本法规定的垄断行为。

第三十七条 行政机关不得滥用行政权力,制定含有排除、限制竞争内容的规定。

第六章 对涉嫌垄断行为的调查

第三十八条 反垄断执法机构依法对涉嫌垄断行为进行调查。

对涉嫌垄断行为,任何单位和个人有权向反垄断执法机构举报。反垄断执法机构应当为举报人保密。

举报采用书面形式并提供相关事实和证据的,反垄断执法机构应当进行必要的调查。

第三十九条 反垄断执法机构调查涉嫌垄断行为,可以采取下列措施:

(一)进入被调查的经营者的营业场所或者其他有关场所进行检查;

(二)询问被调查的经营者、利害关系人或者其他有关单位或者个人,要求其说明有关情况;

(三)查阅、复制被调查的经营者、利害关系人或者其他有关单位或者个人的有关单证、协议、会计账簿、业务函电、电子数据等文件、资料;

(四)查封、扣押相关证据;

(五)查询经营者的银行账户。

采取前款规定的措施,应当向反垄断执法机构主要负责人书面报告,并经批准。

第四十条 反垄断执法机构调查涉嫌垄断行为,执法人员不得少于二人,并应当出示执法证件。

执法人员进行询问和调查,应当制作笔录,并由被询问人或者被调查人签字。

第四十一条 反垄断执法机构及其工作人员对执法过程中知悉的商业秘密负有保密义务。

第四十二条 被调查的经营者、利害关系人或者其他有关单位或者个人应当配合反垄断执法机构依法履行职责,不得拒绝、阻碍反垄断执法机构的调查。

第四十三条 被调查的经营者、利害关系人有权陈述意见。反垄断执法机构应当对被调查的经营者、利害关系人提出的事实、理由和证据进行核实。

第四十四条 反垄断执法机构对涉嫌垄断行为调查核实后,认为构成垄断行为的,应当依法作出处理决定,并可以向社会公布。

第四十五条 对反垄断执法机构调查的涉嫌垄断行为,被调查的经营者承诺在反垄断执法机构认可的期限内采取具体措施消除该行为后果,反垄断执法机构可以决定中止调查。中止调查的决定应当载明被调查的经营者承诺

的具体内容。

反垄断执法机构决定中止调查的,应当对经营者履行承诺的情况进行监督。经营者履行承诺的,反垄断执法机构可以决定终止调查。

有下列情形之一的,反垄断执法机构应当恢复调查:

(一)经营者未履行承诺的;

(二)作出中止调查决定所依据的事实发生重大变化的;

(三)中止调查的决定是基于经营者提供的不完整或者不真实的信息作出的。

第七章 法律责任

第四十六条 经营者违反本法规定,达成并实施垄断协议的,由反垄断执法机构责令停止违法行为,没收违法所得,并处上一年度销售额百分之一以上百分之十以下的罚款;尚未实施所达成的垄断协议的,可以处五十万元以下的罚款。

经营者主动向反垄断执法机构报告达成垄断协议的有关情况并提供重要证据的,反垄断执法机构可以酌情减轻或者免除对该经营者的处罚。

行业协会违反本法规定,组织本行业的经营者达成垄断协议的,反垄断执法机构可以处五十万元以下的罚款;情节严重的,社会团体登记管理机关可以依法撤销登记。

第四十七条 经营者违反本法规定,滥用市场支配地位的,由反垄断执法机构责令停止违法行为,没收违法所得,并处上一年度销售额百分之一以上百分之十以下的罚款。

第四十八条 经营者违反本法规定实施集中的,由国务院反垄断执法机构责令停止实施集中、限期处分股份或者资产、限期转让营业以及采取其他必要措施恢复到集中前的状态,可以处五十万元以下的罚款。

第四十九条 对本法第四十六条、第四十七条、第四十八条规定的罚款,反垄断执法机构确定具体罚款数额时,应当考虑违法行为的性质、程度和持续的时间等因素。

第五十条 经营者实施垄断行为,给他人造成损失的,依法承担民事责任。

第五十一条 行政机关和法律、法规授权的具有管理公共事务职能的组织滥用行政权力,实施排除、限制竞争行为的,由上级机关责令改正;对直接负责的主管人员和其他直接责任人员依法给予处分。反垄断执法机构可以向有关上级机关提出依法处理的建议。

法律、行政法规对行政机关和法律、法规授权的具有管理公共事务职能的组织滥用行政权力实施排除、限制竞争行为的处理另有规定的,依照其规定。

第五十二条 对反垄断执法机构依法实施的审查和调查,拒绝提供有关材料、信息,或者提供虚假材料、信息,或者隐匿、销毁、转移证据,或者有其他拒绝、阻碍调查行为的,由反垄断执法机构责令改正,对个人可以处二万元以下的罚款,对单位可以处二十万元以下的罚款;情节严重的,对个人处二万元以上十万元以下的罚款,对单位处二十万元以上一百万元以下的罚款;构成犯罪的,依法追究刑事责任。

第五十三条 对反垄断执法机构依据本法第二十八条、第二十九条作出的决定不服的,可以先依法申请行政复议;对行政复议决定不服的,可以依法提起行政诉讼。

对反垄断执法机构作出的前款规定以外的决定不服的,可以依法申请行政复议或者提起行政诉讼。

第五十四条 反垄断执法机构工作人员滥用职权、玩忽职守、徇私舞弊或者泄露执法过程中知悉的商业秘密,构成犯罪的,依法追究刑事责任;尚不构成犯罪的,依法给予处分。

第八章 附 则

第五十五条 经营者依照有关知识产权的法律、行政法规规定行使知识产权的行为,不适用本法;但是,经营者滥用知识产权,排除、限制竞争的行为,适用本法。

第五十六条 农业生产者及农村经济组织在农产品生产、加工、销售、运输、储存等经营活动中实施的联合或者协同行为,不适用本法。

第五十七条 本法自2008年8月1日起施行。

国务院反垄断委员会关于相关市场界定的指南

● 2009年5月24日

第一章 总 则

第一条 指南的目的和依据

为了给相关市场界定提供指导，提高国务院反垄断执法机构执法工作的透明度，根据《中华人民共和国反垄断法》（以下称《反垄断法》），制定本指南。

第二条 界定相关市场的作用

任何竞争行为（包括具有或可能具有排除、限制竞争效果的行为）均发生在一定的市场范围内。界定相关市场就是明确经营者竞争的市场范围。在禁止经营者达成垄断协议、禁止经营者滥用市场支配地位、控制具有或者可能具有排除、限制竞争效果的经营者集中等反垄断执法工作中，均可能涉及相关市场的界定问题。

科学合理地界定相关市场，对识别竞争者和潜在竞争者、判定经营者市场份额和市场集中度、认定经营者的市场地位、分析经营者的行为对市场竞争的影响、判断经营者行为是否违法以及在违法情况下需承担的法律责任等关键问题，具有重要的作用。因此，相关市场的界定通常是对竞争行为进行分析的起点，是反垄断执法工作的重要步骤。

第三条 相关市场的含义

相关市场是指经营者在一定时期内就特定商品或者服务（以下统称商品）进行竞争的商品范围和地域范围。在反垄断执法实践中，通常需要界定相关商品市场和相关地域市场。

相关商品市场，是根据商品的特性、用途及价格等因素，由需求者认为具有较为紧密替代关系的一组或一类商品所构成的市场。这些商品表现出较强的竞争关系，在反垄断执法中可以作为经营者进行竞争的商品范围。

相关地域市场，是指需求者获取具有较为紧密替代关系的商品的地理区域。这些地域表现出较强的竞争关系，在反垄断执法中可以作为经营者进行竞争的地域范围。

当生产周期、使用期限、季节性、流行时尚性或知识产权保护期限等已构成商品不可忽视的特征时，界定相关市场还应考虑时间性。

在技术贸易、许可协议等涉及知识产权的反垄断执法工作中，可能还需要界定相关技术市场，考虑知识产权、创新等因素的影响。

第二章 界定相关市场的基本依据

第四条 替代性分析

在反垄断执法实践中，相关市场范围的大小主要取决于商品（地域）的可替代程度。

在市场竞争中对经营者行为构成直接和有效竞争约束的，是市场里存在需求者认为具有较强替代关系的商品或能够提供这些商品的地域，因此，界定相关市场主要从需求者角度进行需求替代分析。当供给替代对经营者行为产生的竞争约束类似于需求替代时，也应考虑供给替代。

第五条 需求替代

需求替代是根据需求者对商品功能用途的需求、质量的认可、价格的接受以及获取的难易程度等因素，从需求者的角度确定不同商品之间的替代程度。

原则上，从需求者角度来看，商品之间的替代程度越高，竞争关系就越强，就越可能属于同一相关市场。

第六条 供给替代

供给替代是根据其他经营者改造生产设施的投入、承担的风险、进入目标市场的时间等因素，从经营者的角度确定不同商品之间的替代程度。

原则上，其他经营者生产设施改造的投入越少，承担的额外风险越小，提供紧密替代商品越迅速，则供给替代程度就越高，界定相关市场尤其在识别相关市场参与者时就应考虑供给替代。

第三章 界定相关市场的一般方法

第七条 界定相关市场的方法概述

界定相关市场的方法不是唯一的。在反垄断执法实践中，根据实际情况，可能使用不同的方法。界定相关市场时，可以基于商品的特征、用途、价格等因素进行需求替代分析，必要时进行供给替代分析。在经营者竞争的市场范围不够清晰或不易确定时,可以按照"假定垄断者测试"的分析思路(具体见第十条)来界定相关市场。

反垄断执法机构鼓励经营者根据案件具体情况运用客观、真实的数据,借助经济学分析方法来界定相关市场。

无论采用何种方法界定相关市场,都要始终把握商品满足消费者需求的基本属性,并以此作为对相关市场界定中出现明显偏差时进行校正的依据。

第八条　界定相关商品市场考虑的主要因素

从需求替代角度界定相关商品市场,可以考虑的因素包括但不限于以下各方面:

(一)需求者因商品价格或其他竞争因素变化,转向或考虑转向购买其他商品的证据。

(二)商品的外形、特性、质量和技术特点等总体特征和用途。商品可能在特征上表现出某些差异,但需求者仍可以基于商品相同或相似的用途将其视为紧密替代品。

(三)商品之间的价格差异。通常情况下,替代性较强的商品价格比较接近,而且在价格变化时表现出同向变化趋势。在分析价格时,应排除与竞争无关的因素引起价格变化的情况。

(四)商品的销售渠道。销售渠道不同的商品面对的需求者可能不同,相互之间难以构成竞争关系,则成为相关商品的可能性较小。

(五)其他重要因素。如,需求者偏好或需求者对商品的依赖程度;可能阻碍大量需求者转向某些紧密替代商品的障碍、风险和成本;是否存在区别定价等。

从供给角度界定相关商品市场,一般考虑的因素包括:其他经营者对商品价格等竞争因素的变化做出反应的证据;其他经营者的生产流程和工艺,转产的难易程度,转产需要的时间,转产的额外费用和风险,转产后所提供商品的市场竞争力,营销渠道等。

任何因素在界定相关商品市场时的作用都不是绝对的,可以根据案件的不同情况有所侧重。

第九条　界定相关地域市场考虑的主要因素

从需求替代角度界定相关地域市场,可以考虑的因素包括但不限于以下各方面:

(一)需求者因商品价格或其他竞争因素变化,转向或考虑转向其他地域购买商品的证据。

(二)商品的运输成本和运输特征。相对于商品价格来说,运输成本越高,相关地域市场的范围越小,如水泥等商品;商品的运输特征也决定了商品的销售地域,如需要管道运输的工业气体等商品。

(三)多数需求者选择商品的实际区域和主要经营者商品的销售分布。

(四)地域间的贸易壁垒,包括关税、地方性法规、环保因素、技术因素等。如关税相对商品的价格来说比较高时,则相关地域市场很可能是一个区域性市场。

(五)其他重要因素。如,特定区域需求者偏好;商品运进和运出该地域的数量。

从供给角度界定相关地域市场时,一般考虑的因素包括:其他地域的经营者对商品价格等竞争因素的变化做出反应的证据;其他地域的经营者供应或销售相关商品的即时性和可行性,如将订单转向其他地域经营者的转换成本等。

第四章　关于假定垄断者测试分析思路的说明

第十条　假定垄断者测试的基本思路

假定垄断者测试是界定相关市场的一种分析思路,可以帮助解决相关市场界定中可能出现的不确定性,目前为各国和地区制定反垄断指南时普遍采用。依据这种思路,人们可以借助经济学工具分析所获取的相关数据,确定假定垄断者可以将价格维持在高于竞争价格水平的最小商品集合和地域范围,从而界定相关市场。

假定垄断者测试一般先界定相关商品市场。首先从反垄断审查关注的经营者提供的商品(目标商品)开始考虑,假设该经营者是以利润最大化为经营目标的垄断者(假定垄断者),要么要分析的问题是,在其他商品的销售条件保持不变的情况下,假定垄断者能否持久地(一般为1年)小幅(一般为5%－10%)提高目标商品的价格。目标商品涨价会导致需求者转向购买具有紧密替代关系的其他商品，从而引起假定垄断者销售量下降。如果目标商品涨价后，即使假定垄断者销售量下降，但其仍然有利可图，则目标商品就构成相关商品市场。

如果涨价引起需求者转向具有紧密替代关系的其他商品，使假定垄断者的涨价行为无利可图，则需要把该替代商品增加到相关商品市场中，该替代商品与目标商品形成商品集合。接下来分析如果该商品集合涨价，假定垄断者是否仍有利可图。如果答案是肯定的，那么该商品集合就构成相关商品市场；否则还需要继续进行上述分析过程。

随着商品集合越来越大，集合内商品与集合外商品的替代性越来越小，最终会出现某一商品集合，假定垄断者可以通过涨价实现盈利，由此便界定出相关商品市场。

界定相关地域市场与界定相关商品市场的思路相同。首先从反垄断审查关注的经营者经营活动的地域(目标地域)开始，要分析的问题是，在其他地域的销售条件不变的情况下，假定垄断者对目标地域内的相关商品进行持久(一般为1年)小幅涨价(一般为5%－10%)是否有利可图。如果答案是肯定的，目标地域就构成相关地域市场；如果其他地域市场的强烈替代使得涨价无利可图，就需要扩大地域范围，直到涨价最终有利可图，该地域就是相关地域市场。

第十一条 假定垄断者测试的几个实际问题

原则上，在使用假定垄断者测试界定相关市场时，选取的基准价格应为充分竞争的当前市场价格。但在滥用市场支配地位、共谋行为和已经存在共谋行为的经营者集中案件中，当前价格明显偏离竞争价格，选择当前价格作为基准价格会使相关市场界定的结果不合理。在此情况下，应该对当前价格进行调整，使用更具有竞争性的价格。

此外，一般情况下，价格上涨幅度为5%－10%，但在执法实践中，可以根据案件涉及行业的不同情况，对价格小幅上涨的幅度进行分析确定。

在经营者小幅提价时，并不是所有需求者(或地域)的替代反应都是相同的。在替代反应不同的情况下，可以对不同需求者群体(或地域)进行不同幅度的测试。此时，相关市场界定还需要考虑需求者群体和特定地域的情况。

十一 破产、改制与清算

◎ 司法解释

最高人民法院关于适用《中华人民共和国企业破产法》若干问题的规定（一）

- 2011年9月9日
- 法释〔2011〕22号

为正确适用《中华人民共和国企业破产法》，结合审判实践，就人民法院依法受理企业破产案件适用法律问题作出如下规定。

第一条 债务人不能清偿到期债务并且具有下列情形之一的，人民法院应当认定其具备破产原因：
（一）资产不足以清偿全部债务；
（二）明显缺乏清偿能力。

相关当事人以对债务人的债务负有连带责任的人未丧失清偿能力为由，主张债务人不具备破产原因的，人民法院应不予支持。

第二条 下列情形同时存在的，人民法院应当认定债务人不能清偿到期债务：
（一）债权债务关系依法成立；
（二）债务履行期限已经届满；
（三）债务人未完全清偿债务。

第三条 债务人的资产负债表，或者审计报告、资产评估报告等显示其全部资产不足以偿付全部负债的，人民法院应当认定债务人资产不足以清偿全部债务，但有相反证据足以证明债务人资产能够偿付全部负债的除外。

第四条 债务人账面资产虽大于负债，但存在下列情形之一的，人民法院应当认定其明显缺乏清偿能力：
（一）因资金严重不足或者财产不能变现等原因，无法清偿债务；
（二）法定代表人下落不明且无其他人员负责管理财产，无法清偿债务；
（三）经人民法院强制执行，无法清偿债务；
（四）长期亏损且经营扭亏困难，无法清偿债务；
（五）导致债务人丧失清偿能力的其他情形。

第五条 企业法人已解散但未清算或者未在合理期限内清算完毕，债权人申请债务人破产清算的，除债务人在法定异议期限内举证证明其未出现破产原因外，人民法院应当受理。

第六条 债权人申请债务人破产的，应当提交债务人不能清偿到期债务的有关证据。债务人对债权人的申请未在法定期限内向人民法院提出异议，或者异议不成立的，人民法院应当依法裁定受理破产申请。

受理破产申请后，人民法院应当责令债务人依法提交其财产状况说明、债务清册、债权清册、财务会计报告等有关材料，债务人拒不提交的，人民法院可以对债务人的直接责任人员采取罚款等强制措施。

第七条 人民法院收到破产申请时，应当向申请人出具收到申请及所附证据的书面凭证。

人民法院收到破产申请后应当及时对申请人的主体资格、债务人的主体资格和破产原因，以及有关材料和证据等进行审查，并依据企业破产法第十条的规定作出是否受理的裁定。

人民法院认为申请人应当补充、补正相关材料的，应当自收到破产申请之日起五日内告知申请人。当事人补充、补正相关材料的期间不计入企业破产法第十条规定的期限。

第八条 破产案件的诉讼费用，应根据企业破产法第四十三条的规定，从债务人财产中拨付。相关当事人以申请人未预先交纳诉讼费用为由，对破产申请提出异议的，人民法院不予支持。

第九条 申请人向人民法院提出破产申请，人民法院未接收其申请，或者未按本规定第七条执行的，申请人可以向上一级人民法院提出破产申请。

上一级人民法院接到破产申请后，应当责

令下级法院依法审查并及时作出是否受理的裁定;下级法院仍不作出是否受理裁定的,上一级人民法院可以径行作出裁定。

上一级人民法院裁定受理破产申请的,可以同时指令下级人民法院审理该案件。

最高人民法院关于适用《中华人民共和国企业破产法》若干问题的规定(二)

- 2020 年 12 月 29 日
- 法释〔2020〕18 号

根据《中华人民共和国民法典》《中华人民共和国企业破产法》等相关法律,结合审判实践,就人民法院审理企业破产案件中认定债务人财产相关的法律适用问题,制定本规定。

第一条 除债务人所有的货币、实物外,债务人依法享有的可以用货币估价并可以依法转让的债权、股权、知识产权、用益物权等财产和财产权益,人民法院均应认定为债务人财产。

第二条 下列财产不应认定为债务人财产:

(一)债务人基于仓储、保管、承揽、代销、借用、寄存、租赁等合同或者其他法律关系占有、使用的他人财产;

(二)债务人在所有权保留买卖中尚未取得所有权的财产;

(三)所有权专属于国家且不得转让的财产;

(四)其他依照法律、行政法规不属于债务人的财产。

第三条 债务人已依法设定担保物权的特定财产,人民法院应当认定为债务人财产。

对债务人的特定财产在担保物权消灭或者实现担保物权后的剩余部分,在破产程序中可用以清偿破产费用、共益债务和其他破产债权。

第四条 债务人对按份享有所有权的共有财产的相关份额,或者共同享有所有权的共有财产的相应财产权利,以及依法分割共有财产所得部分,人民法院均应认定为债务人财产。

人民法院宣告债务人破产清算,属于共有财产分割的法定事由。人民法院裁定债务人重整或者和解的,共有财产的分割应当依据民法典第三百零三条的规定进行;基于重整或者和解的需要必须分割共有财产,管理人请求分割的,人民法院应予准许。

因分割共有财产导致其他共有人损害产生的债务,其他共有人请求作为共益债务清偿的,人民法院应予支持。

第五条 破产申请受理后,有关债务人财产的执行程序未依照企业破产法第十九条的规定中止的,采取执行措施的相关单位应当依法予以纠正。依法执行回转的财产,人民法院应当认定为债务人财产。

第六条 破产申请受理后,对于可能因有关利益相关人的行为或者其他原因,影响破产程序依法进行的,受理破产申请的人民法院可以根据管理人的申请或者依职权,对债务人的全部或者部分财产采取保全措施。

第七条 对债务人财产已采取保全措施的相关单位,在知悉人民法院已裁定受理有关债务人的破产申请后,应当依照企业破产法第十九条的规定及时解除对债务人财产的保全措施。

第八条 人民法院受理破产申请后至破产宣告前裁定驳回破产申请,或者依企业破产法第一百零八条的规定裁定终结破产程序的,应当及时通知原已采取保全措施并已依法解除保全措施的单位按照原保全顺位恢复相关保全措施。

在已依法解除保全的单位恢复保全措施或者表示不再恢复之前,受理破产申请的人民法院不得解除对债务人财产的保全措施。

第九条 管理人依据企业破产法第三十一条和第三十二条的规定提起诉讼,请求撤销涉及债务人财产的相关行为并由相对人返还债务人财产的,人民法院应予支持。

管理人因过错未依法行使撤销权导致债务人财产不当减损,债权人提起诉讼主张管理人对其损失承担相应赔偿责任的,人民法院应予支持。

第十条 债务人经过行政清理程序转入破产程序的,企业破产法第三十一条和第三十二条规定的可撤销行为的起算点,为行政监管机构作出撤销决定之日。

债务人经过强制清算程序转入破产程序的,企业破产法第三十一条和第三十二条规定的可撤销行为的起算点,为人民法院裁定受理强制清算申请之日。

第十一条 人民法院根据管理人的请求撤销涉及债务人财产的以明显不合理价格进行的交易的,买卖双方应当依法返还从对方获取的财产或者价款。

因撤销该交易,对于债务人应返还受让人已支付价款所产生的债务,受让人请求作为共益债务清偿的,人民法院应予支持。

第十二条 破产申请受理前一年内债务人提前清偿的未到期债务,在破产申请受理前已经到期,管理人请求撤销该清偿行为的,人民法院不予支持。但是,该清偿行为发生在破产申请受理前六个月内且债务人有企业破产法第二条第一款规定情形的除外。

第十三条 破产申请受理后,管理人未依据企业破产法第三十一条的规定请求撤销债务人无偿转让财产、以明显不合理价格交易、放弃债权行为的,债权人依据民法典第五百三十八条、第五百三十九条等规定提起诉讼,请求撤销债务人上述行为并将因此追回的财产归入债务人财产的,人民法院应予受理。

相对人以债权人行使撤销权的范围超出债权人的债权抗辩的,人民法院不予支持。

第十四条 债务人对以自有财产设定担保物权的债权进行的个别清偿,管理人依据企业破产法第三十二条的规定请求撤销的,人民法院不予支持。但是,债务清偿时担保财产的价值低于债权额的除外。

第十五条 债务人经诉讼、仲裁、执行程序对债权人进行的个别清偿,管理人依据企业破产法第三十二条的规定请求撤销的,人民法院不予支持。但是,债务人与债权人恶意串通损害其他债权人利益的除外。

第十六条 债务人对债权人进行的以下个别清偿,管理人依据企业破产法第三十二条的规定请求撤销的,人民法院不予支持:

(一)债务人为维系基本生产需要而支付水费、电费等的;

(二)债务人支付劳动报酬、人身损害赔偿金的;

(三)使债务人财产受益的其他个别清偿。

第十七条 管理人依据企业破产法第三十三条的规定提起诉讼,主张被隐匿、转移财产的实际占有人返还债务人财产,或者主张债务人虚构债务或者承认不真实债务的行为无效并返还债务人财产的,人民法院应予支持。

第十八条 管理人代表债务人依据企业破产法第一百二十八条的规定,以债务人的法定代表人和其他直接责任人员对所涉债务人财产的相关行为存在故意或者重大过失,造成债务人财产损失为由提起诉讼,主张上述责任人员承担相应赔偿责任的,人民法院应予支持。

第十九条 债务人对外享有债权的诉讼时效,自人民法院受理破产申请之日起中断。

债务人无正当理由未对其到期债权及时行使权利,导致其对外债权在破产申请受理前一年内超过诉讼时效期间的,人民法院受理破产申请之日起重新计算上述债权的诉讼时效期间。

第二十条 管理人代表债务人提起诉讼,主张出资人向债务人依法缴付未履行的出资或者返还抽逃的出资本息,出资人以认缴出资尚未届至公司章程规定的缴纳期限或者违反出资义务已经超过诉讼时效为由抗辩的,人民法院不予支持。

管理人依据公司法的相关规定代表债务人提起诉讼,主张公司的发起人和负有监督股东履行出资义务的董事、高级管理人员,或者协助抽逃出资的其他股东、董事、高级管理人员、实际控制人等,对股东违反出资义务或者抽逃出资承担相应责任,并将财产归入债务人财产的,人民法院应予支持。

第二十一条 破产申请受理前,债权人就债务人财产提起下列诉讼,破产申请受理时案件尚未审结的,人民法院应当中止审理:

(一)主张次债务人代替债务人直接向自己偿还债务的;

(二)主张债务人的出资人、发起人和负有监督股东履行出资义务的董事、高级管理人员，或者协助抽逃出资的其他股东、董事、高级管理人员、实际控制人等直接向其承担出资不实或者抽逃出资责任的；

（三）以债务人的股东与债务人法人人格严重混同为由，主张债务人的股东直接向其偿还债务人对其所负债务的；

（四）其他就债务人财产提起的个别清偿诉讼。

债务人破产宣告后，人民法院应当依照企业破产法第四十四条的规定判决驳回债权人的诉讼请求。但是，债权人一审中变更其诉讼请求为追收的相关财产归入债务人财产的除外。

债务人破产宣告前，人民法院依据企业破产法第十二条或者第一百零八条的规定裁定驳回破产申请或者终结破产程序的，上述中止审理的案件应当依法恢复审理。

第二十二条 破产申请受理前，债权人就债务人财产向人民法院提起本规定第二十一条第一款所列诉讼，人民法院已经作出生效民事判决书或者调解书但尚未执行完毕的，破产申请受理后，相关执行行为应当依据企业破产法第十九条的规定中止，债权人应当依法向管理人申报相关债权。

第二十三条 破产申请受理后，债权人就债务人财产向人民法院提起本规定第二十一条第一款所列诉讼的，人民法院不予受理。

债权人通过债权人会议或者债权人委员会，要求管理人依法向次债务人、债务人的出资人等追收债务人财产，管理人无正当理由拒绝追收，债权人会议依据企业破产法第二十二条的规定，申请人民法院更换管理人的，人民法院应予支持。

管理人不予追收，个别债权人代表全体债权人提起相关诉讼，主张次债务人或者债务人的出资人等向债务人清偿或者返还债务人财产，或者依法申请合并破产的，人民法院应予受理。

第二十四条 债务人有企业破产法第二条第一款规定的情形时，债务人的董事、监事和高级管理人员利用职权获取的以下收入，人民法院应当认定为企业破产法第三十六条规定的非正常收入：

（一）绩效奖金；

（二）普遍拖欠职工工资情况下获取的工资性收入；

（三）其他非正常收入。

债务人的董事、监事和高级管理人员拒不向管理人返还上述债务人财产，管理人主张上述人员予以返还的，人民法院应予支持。

债务人的董事、监事和高级管理人员因返还第一款第（一）项、第（三）项非正常收入形成的债权，可以作为普通破产债权清偿。因返还第一款第（二）项非正常收入形成的债权，依据企业破产法第一百一十三条第三款的规定，按照该企业职工平均工资计算的部分作为拖欠职工工资清偿；高出该企业职工平均工资计算的部分，可以作为普通破产债权清偿。

第二十五条 管理人拟通过清偿债务或者提供担保取回质物、留置物，或者与质权人、留置权人协议以质物、留置物折价清偿债务等方式，进行对债权人利益有重大影响的财产处分行为的，应当及时报告债权人委员会。未设立债权人委员会的，管理人应当及时报告人民法院。

第二十六条 权利人依据企业破产法第三十八条的规定行使取回权，应当在破产财产变价方案或者和解协议、重整计划草案提交债权人会议表决前向管理人提出。权利人在上述期限后主张取回相关财产的，应当承担延迟行使取回权增加的相关费用。

第二十七条 权利人依据企业破产法第三十八条的规定向管理人主张取回相关财产，管理人不予认可，权利人以债务人为被告向人民法院提起诉讼请求行使取回权的，人民法院应予受理。

权利人依据人民法院或者仲裁机关的相关生效法律文书向管理人主张取回所涉争议财产，管理人以生效法律文书错误为由拒绝其行使取回权的，人民法院不予支持。

第二十八条 权利人行使取回权时未依法向管理人支付相关的加工费、保管费、托运费、委托费、代销费等费用，管理人拒绝其取回相关财产的，人民法院应予支持。

第二十九条 对债务人占有的权属不清的鲜活易腐等不易保管的财产或者不及时变现价值将严重贬损的财产,管理人及时变价并提存变价款后,有关权利人就该变价款行使取回权的,人民法院应予支持。

第三十条 债务人占有的他人财产被违法转让给第三人,依据民法典第三百一十一条的规定第三人已善意取得财产所有权,原权利人无法取回该财产的,人民法院应当按照以下规定处理:

(一)转让行为发生在破产申请受理前的,原权利人因财产损失形成的债权,作为普通破产债权清偿;

(二)转让行为发生在破产申请受理后的,因管理人或者相关人员执行职务导致原权利人损害产生的债务,作为共益债务清偿。

第三十一条 债务人占有的他人财产被违法转让给第三人,第三人已向债务人支付了转让价款,但依据民法典第三百一十一条的规定未取得财产所有权,原权利人依法追回转让财产的,对因第三人已支付对价而产生的债务,人民法院应当按照以下规定处理:

(一)转让行为发生在破产申请受理前的,作为普通破产债权清偿;

(二)转让行为发生在破产申请受理后的,作为共益债务清偿。

第三十二条 债务人占有的他人财产毁损、灭失,因此获得的保险金、赔偿金、代偿物尚未交付给债务人,或者代偿物虽已交付给债务人但能与债务人财产予以区分的,权利人主张取回就此获得的保险金、赔偿金、代偿物的,人民法院应予支持。

保险金、赔偿金已经交付给债务人,或者代偿物已经交付给债务人且不能与债务人财产予以区分的,人民法院应当按照以下规定处理:

(一)财产毁损、灭失发生在破产申请受理前的,权利人因财产损失形成的债权,作为普通破产债权清偿;

(二)财产毁损、灭失发生在破产申请受理后的,因管理人或者相关人员执行职务导致权利人损害产生的债务,作为共益债务清偿。

债务人占有的他人财产毁损、灭失,没有获得相应的保险金、赔偿金、代偿物,或者保险金、赔偿金、代偿物不足以弥补其损失的部分,人民法院应当按照本条第二款的规定处理。

第三十三条 管理人或者相关人员在执行职务过程中,因故意或者重大过失不当转让他人财产或者造成他人财产毁损、灭失,导致他人损害产生的债务作为共益债务,由债务人财产随时清偿不足弥补损失,权利人向管理人或者相关人员主张承担补充赔偿责任的,人民法院应予支持。

上述债务作为共益债务由债务人财产随时清偿后,债权人以管理人或者相关人员执行职务不当导致债务人财产减少给其造成损失为由提起诉讼,主张管理人或者相关人员承担相应赔偿责任的,人民法院应予支持。

第三十四条 买卖合同双方当事人在合同中约定标的物所有权保留,在标的物所有权未依法转移给买受人前,一方当事人破产的,该买卖合同属于双方均未履行完毕的合同,管理人有权依据企业破产法第十八条的规定决定解除或者继续履行合同。

第三十五条 出卖人破产,其管理人决定继续履行所有权保留买卖合同的,买受人应当按照原买卖合同的约定支付价款或者履行其他义务。

买受人未依约支付价款或者履行完毕其他义务,或者将标的物出卖、出质或者作出其他不当处分,给出卖人造成损害,出卖人管理人依法主张取回标的物的,人民法院应予支持。但是,买受人已经支付标的物总价款百分之七十五以上或者第三人善意取得标的物所有权或者其他物权的除外。

因本条第二款规定未能取回标的物,出卖人管理人依法主张买受人继续支付价款、履行完毕其他义务,以及承担相应赔偿责任的,人民法院应予支持。

第三十六条 出卖人破产,其管理人决定解除所有权保留买卖合同,并依据企业破产法第十七条的规定要求买受人向其交付买卖标的物的,人民法院应予支持。

买受人以其不存在未依约支付价款或者履行完毕其他义务,或者将标的物出卖、出质或者作出其他不当处分情形抗辩的,人民法院不予支持。

买受人依法履行合同义务并依据本条第一款将买卖标的物交付出卖人管理人后,买受人已支付价款损失形成的债权作为共益债务清偿。但是,买受人违反合同约定,出卖人管理人主张上述债权作为普通破产债权清偿的,人民法院应予支持。

第三十七条 买受人破产,其管理人决定继续履行所有权保留买卖合同的,原买卖合同中约定的买受人支付价款或者履行其他义务的期限在破产申请受理时视为到期,买受人管理人应当及时向出卖人支付价款或者履行其他义务。

买受人管理人无正当理由未及时支付价款或者履行完毕其他义务,或者将标的物出卖、出质或者作出其他不当处分,给出卖人造成损害,出卖人依据民法典第六百四十一条等规定主张取回标的物的,人民法院应予支持。但是,买受人已支付标的物总价款百分之七十五以上或者第三人善意取得标的物所有权或者其他物权的除外。

因本条第二款规定未能取回标的物,出卖人依法主张买受人继续支付价款、履行完毕其他义务,以及承担相应赔偿责任的,人民法院应予支持。对因买受人未支付价款或者未履行完毕其他义务,以及买受人管理人将标的物出卖、出质或者作出其他不当处分导致出卖人损害产生的债务,出卖人主张作为共益债务清偿的,人民法院应予支持。

第三十八条 买受人破产,其管理人决定解除所有权保留买卖合同,出卖人依据企业破产法第三十八条的规定主张取回买卖标的物的,人民法院应予支持。

出卖人取回买卖标的物,买受人管理人主张出卖人返还已支付价款的,人民法院应予支持。取回的标的物价值明显减少给出卖人造成损失的,出卖人可从买受人已支付价款中优先予以抵扣后,将剩余部分返还给买受人;对买受人已支付价款不足以弥补出卖人标的物价值减损损失形成的债权,出卖人主张作为共益债务清偿的,人民法院应予支持。

第三十九条 出卖人依据企业破产法第三十九条的规定,通过通知承运人或者实际占有人中止运输、返还货物、变更到达地,或者将货物交给其他收货人等方式,对在运途中标的物主张了取回权但未能实现,或者在货物未达管理人前已向管理人主张取回在运途中标的物,在买卖标的物到达管理人后,出卖人向管理人主张取回的,管理人应予准许。

出卖人对在运途中标的物未及时行使取回权,在买卖标的物到达管理人后向管理人行使在运途中标的物取回权的,管理人不应准许。

第四十条 债务人重整期间,权利人要求取回债务人合法占有的权利人的财产,不符合双方事先约定条件的,人民法院不予支持。但是,因管理人或者自行管理的债务人违反约定,可能导致取回物被转让、毁损、灭失或者价值明显减少的除外。

第四十一条 债权人依据企业破产法第四十条的规定行使抵销权,应当向管理人提出抵销主张。

管理人不得主动抵销债务人与债权人的互负债务,但抵销使债务人财产受益的除外。

第四十二条 管理人收到债权人提出的主张债务抵销的通知后,经审查无异议的,抵销自管理人收到通知之日起生效。

管理人对抵销主张有异议的,应当在约定的异议期限内或者自收到主张债务抵销的通知之日起三个月内向人民法院提起诉讼。无正当理由逾期提起的,人民法院不予支持。

人民法院判决驳回管理人提起的抵销无效诉讼请求的,该抵销自管理人收到主张债务抵销的通知之日起生效。

第四十三条 债权人主张抵销,管理人以下列理由提出异议的,人民法院不予支持:

(一)破产申请受理时,债务人对债权人负有的债务尚未到期;

(二)破产申请受理时,债权人对债务人负有的债务尚未到期;

(三)双方互负债务标的物种类、品质不同。

第四十四条 破产申请受理前六个月内,债务人有企业破产法第二条第一款规定的情形,债务人与个别债权人以抵销方式对个别债权人清偿,其抵销的债权债务属于企业破产法第四十条第(二)、(三)项规定的情形之一,管理人在破产申请受理之日起三个月内向人民法院提起诉讼,主张该抵销无效的,人民法院应予支持。

第四十五条 企业破产法第四十条所列不得抵销情形的债权人,主张以其对债务人特定财产享有优先受偿权的债权,与债务人对其不享有优先受偿权的债权抵销,债务人管理人以抵销存在企业破产法第四十条规定的情形提出异议的,人民法院不予支持。但是,用以抵销的债权大于债权人享有优先受偿权财产价值的除外。

第四十六条 债务人的股东主张以下列债务与债务人对其负有的债务抵销,债务人管理人提出异议的,人民法院应予支持:

(一)债务人股东因欠缴债务人的出资或者抽逃出资对债务人所负的债务;

(二)债务人股东滥用股东权利或者关联关系损害公司利益对债务人所负的债务。

第四十七条 人民法院受理破产申请后,当事人提起的有关债务人的民事诉讼案件,应当依据企业破产法第二十一条的规定,由受理破产申请的人民法院管辖。

受理破产申请的人民法院管辖的有关债务人的第一审民事案件,可以依据民事诉讼法第三十八条的规定,由上级人民法院提审,或者报请上级人民法院批准后交下级人民法院审理。

受理破产申请的人民法院,如对有关债务人的海事纠纷、专利纠纷、证券市场因虚假陈述引发的民事赔偿纠纷等案件不能行使管辖权的,可以依据民事诉讼法第三十七条的规定,由上级人民法院指定管辖。

第四十八条 本规定施行前本院发布的有关企业破产的司法解释,与本规定相抵触的,自本规定施行之日起不再适用。

最高人民法院关于适用《中华人民共和国企业破产法》若干问题的规定(三)

· 2020 年 12 月 29 日
· 法释〔2020〕18 号

为正确适用《中华人民共和国企业破产法》,结合审判实践,就人民法院审理企业破产案件中有关债权人权利行使等相关法律适用问题,制定本规定。

第一条 人民法院裁定受理破产申请的,此前债务人尚未支付的公司强制清算费用、未终结的执行程序中产生的评估费、公告费、保管费等执行费用,可以参照企业破产法关于破产费用的规定,由债务人财产随时清偿。

此前债务人尚未支付的案件受理费、执行申请费,可以作为破产债权清偿。

第二条 破产申请受理后,经债权人会议决议通过,或者第一次债权人会议召开前经人民法院许可,管理人或者自行管理的债务人可以为债务人继续营业而借款。提供借款的债权人主张参照企业破产法第四十二条第四项的规定优先于普通破产债权清偿的,人民法院应予支持,但其主张优先于此前已就债务人特定财产享有担保的债权清偿的,人民法院不予支持。

管理人或者自行管理的债务人可以为前述借款设定抵押担保,抵押物在破产申请受理前已为其他债权人设定抵押的,债权人主张按照民法典第四百一十四条规定的顺序清偿,人民法院应予支持。

第三条 破产申请受理后,债务人欠缴款项产生的滞纳金,包括债务人未履行生效法律文书应当加倍支付的迟延利息和劳动保险金的滞纳金,债权人作为破产债权申报的,人民法院不予确认。

第四条 保证人被裁定进入破产程序的,债权人有权申报其对保证人的保证债权。

主债务未到期的,保证债权在保证人破产申请受理时视为到期。一般保证的保证人主张行使先诉抗辩权的,人民法院不予支持,但债权人在一般保证人破产程序中的分配额应予提存,待一般保证人应承担的保证责任确定后再按照破产清偿比例予以分配。

保证人被确定应当承担保证责任的,保证人的管理人可以就保证人实际承担的清偿额向主债务人或其他债务人行使求偿权。

第五条 债务人、保证人均被裁定进入破产程序的,债权人有权向债务人、保证人分别申报债权。

债权人向债务人、保证人均申报全部债权的,从一方破产程序中获得清偿后,其对另一方的债权额不作调整,但债权人的受偿额不得超出其债权总额。保证人履行保证责任后不再享有求偿权。

第六条 管理人应当依照企业破产法第五十七条的规定对所申报的债权进行登记造册,详尽记载申报人的姓名、单位、代理人、申报债权额、担保情况、证据、联系方式等事项,形成债权申报登记册。

管理人应当依照企业破产法第五十七条的规定对债权的性质、数额、担保财产、是否超过诉讼时效期间、是否超过强制执行期间等情况进行审查,编制债权表并提交债权人会议核查。

债权表、债权申报登记册及债权申报材料在破产期间由管理人保管,债权人、债务人、债务人职工及其他利害关系人有权查阅。

第七条 已经生效法律文书确定的债权,管理人应当予以确认。

管理人认为债权人据以申报债权的生效法律文书确定的债权错误,或者有证据证明债权人与债务人恶意通过诉讼、仲裁或者公证机关赋予强制执行力公证文书的形式虚构债权债务的,应当依法通过审判监督程序向作出该判决、裁定、调解书的人民法院或者上一级人民法院申请撤销生效法律文书,或者向受理破产申请的人民法院申请撤销或者不予执行仲裁裁决、不予执行公证债权文书后,重新确定债权。

第八条 债务人、债权人对债权表记载的债权有异议的,应当说明理由和法律依据。经管理人解释或调整后,异议人仍然不服的,或者管理人不予解释或调整的,异议人应当在债权人会议核查结束后十五日内向人民法院提起债权确认的诉讼。当事人之间在破产申请受理前订立有仲裁条款或仲裁协议的,应当向选定的仲裁机构申请确认债权债务关系。

第九条 债务人对债权表记载的债权有异议向人民法院提起诉讼的,应将被异议债权人列为被告。债权人对债权表记载的他人债权有异议的,应将被异议债权人列为被告;债权人对债权表记载的本人债权有异议的,应将债务人列为被告。

对同一笔债权存在多个异议人,其他异议人申请参加诉讼的,应当列为共同原告。

第十条 单个债权人有权查阅债务人财产状况报告、债权人会议决议、债权人委员会决议,管理人监督报告等参与破产程序所必需的债务人财务和经营信息资料。管理人无正当理由不予提供的,债权人可以请求人民法院作出决定;人民法院应当在五日内作出决定。

上述信息资料涉及商业秘密的,债权人应当依法承担保密义务或者签署保密协议;涉及国家秘密的应当依照相关法律规定处理。

第十一条 债权人会议的决议除现场表决外,可以由管理人事先将相关决议事项告知债权人,采取通信、网络投票等非现场方式进行表决。采取非现场方式进行表决的,管理人应当在债权人会议召开后的三日内,以信函、电子邮件、公告等方式将表决结果告知参与表决的债权人。

根据企业破产法第八十二条规定,对重整计划草案进行分组表决时,权益因重整计划草案受到调整或者影响的债权人或者股东,有权参加表决;权益未受到调整或者影响的债权人或者股东,参照企业破产法第八十三条的规定,不参加重整计划草案的表决。

第十二条 债权人会议的决议具有以下情形之一,损害债权人利益,债权人申请撤销的,人民法院应予支持:

(一)债权人会议的召开违反法定程序;

(二)债权人会议的表决违反法定程序;

(三)债权人会议的决议内容违法;

(四)债权人会议的决议超出债权人会议的职权范围。

人民法院可以裁定撤销全部或者部分事项决议,责令债权人会议依法重新作出决议。

债权人申请撤销债权人会议决议的,应当提出书面申请。债权人会议采取通信、网络投票等非现场方式进行表决的,债权人申请撤销的期限自债权人收到通知之日起算。

第十三条 债权人会议可以依照企业破产法六十八条第一款第四项的规定,委托债权人委员会行使企业破产法第六十一条第一款第二、三、五项规定的债权人会议职权。债权人会议不得作出概括性授权,委托其行使债权人会议所有职权。

第十四条 债权人委员会决定所议事项应获得全体成员过半数通过,并作成议事记录。债权人委员会成员对所议事项的决议有不同意见的,应当在记录中载明。

债权人委员会行使职权应当接受债权人会议的监督,以适当的方式向债权人会议及时汇报工作,并接受人民法院的指导。

第十五条 管理人处分企业破产法第六十九条规定的债务人重大财产的,应当事先制作财产管理或者变价方案并提交债权人会议进行表决,债权人会议表决未通过的,管理人不得处分。

管理人实施处分前,应当根据企业破产法第六十九条的规定,提前十日书面报告债权人委员会或者人民法院。债权人委员会可以依照企业破产法第六十八条第二款的规定,要求管理人对处分行为作出相应说明或者提供有关文件依据。

债权人委员会认为管理人实施的处分行为不符合债权人会议通过的财产管理或变价方案的,有权要求管理人纠正。管理人拒绝纠正的,债权人委员会可以请求人民法院作出决定。

人民法院认为管理人实施的处分行为不符合债权人会议通过的财产管理或变价方案的,应当责令管理人停止处分行为。管理人应当予以纠正,或者提交债权人会议重新表决通过后实施。

第十六条 本规定自2019年3月28日起实施。

实施前本院发布的有关企业破产的司法解释,与本规定相抵触的,自本规定实施之日起不再适用。

最高人民法院关于企业开办的公司被撤销后由谁作为诉讼主体问题的批复

- 1987年10月15日
- 法(经)复〔1987〕42号

新疆维吾尔自治区高级人民法院:

你院1987年6月25日关于涉及新疆石河子华侨农工商联合企业(又名华侨农场,以下称华侨农场)开办的富华经销公司(简称富华公司)的经济纠纷案件应如何确定诉讼主体的请示报告收悉。现答复如下:

华侨农场系全民所有制企业,富华公司为华侨农场开办的公司。经与有关部门联系,国务院国发〔1985〕102号《关于进一步清理和整顿公司的通知》也适用于企业办的公司。因此,同意你院对华侨农场适用上述通知的意见,富华公司资不抵债,华侨农场应对富华公司的债务负连带责任。鉴于华侨农场在富华公司被撤销后即成立了财产清算小组负责清理该公司的财产,根据本院1984年9月17日《关于在经济审判工作中贯彻执行〈民事诉讼法(试行)〉若干问题的意见》"企业关闭的,由其主管单位或清理人(单位)作诉讼当事人"的规定,对涉及富华公司的经济纠纷案件,人民法院应将华侨农场和富华公司财产清算小组列为共同被告。

乌鲁木齐市中级法院审结的河北省青龙县皮毛厂诉富华公司购销羊皮合同货款纠纷案,在执行过程中,富华公司被撤销。根据上述原则,该院应当依照民事诉讼法(试行)第一百二十二条第一款第(六)项规定,裁定确认华侨农场和富华公司财产清算小组承担民事责任,执行原调解协议。

此复。

最高人民法院关于实行社会保险的企业破产后各种社会保险统筹费用应缴纳至何时的批复

● 1996 年 11 月 22 日
● 法复〔1996〕17 号

四川省高级人民法院：

你院川高法（1995）167 号《关于实行社会保险的企业破产后，各种社会保险统筹费用应缴纳至何时的请示》已收悉。经研究，现答复如下：

参加社会保险的企业破产的，欠缴的社会保险统筹费用应当缴纳至人民法院裁定宣告破产之日。

最高人民法院关于审理企业破产案件若干问题的规定

● 2002 年 7 月 30 日
● 法释〔2002〕23 号

为正确适用《中华人民共和国企业破产法（试行）》（以下简称企业破产法）、《中华人民共和国民事诉讼法》（以下简称民事诉讼法），规范对企业破产案件的审理，结合人民法院审理企业破产案件的实际情况，特制定以下规定。

一、关于企业破产案件管辖

第一条 企业破产案件由债务人住所地人民法院管辖。债务人住所地指债务人的主要办事机构所在地。债务人无办事机构的，由其注册地人民法院管辖。

第二条 基层人民法院一般管辖县、县级市或者区的工商行政管理机关核准登记企业的破产案件；

中级人民法院一般管辖地区、地级市（含本级）以上的工商行政管理机关核准登记企业的破产案件。

纳入国家计划调整的企业破产案件，由中级人民法院管辖。

第三条 上级人民法院审理下级人民法院管辖的企业破产案件，或者将本院管辖的企业破产案件移交下级人民法院审理，以及下级人民法院需要将自己管辖的企业破产案件交由上级人民法院审理的，依照民事诉讼法第三十九条的规定办理；省、自治区、直辖市范围内因特殊情况需对个别企业破产案件的地域管辖作调整的，须经共同上级人民法院批准。

二、关于破产申请与受理

第四条 申请（被申请）破产的债务人应当具备法人资格，不具备法人资格的企业、个体工商户、合伙组织、农村承包经营户不具备破产主体资格。

第五条 国有企业向人民法院申请破产时，应当提交其上级主管部门同意其破产的文件；其他企业应当提供其开办人或者股东会议决定企业破产的文件。

第六条 债务人申请破产，应当向人民法院提交下列材料：

（一）书面破产申请；

（二）企业主体资格证明；

（三）企业法定代表人与主要负责人名单；

（四）企业职工情况和安置预案；

（五）企业亏损情况的书面说明，并附审计报告；

（六）企业至破产申请日的资产状况明细表，包括有形资产、无形资产和企业投资情况等；

（七）企业在金融机构开设账户的详细情况，包括开户审批材料、账号、资金等；

（八）企业债权情况表，列明企业的债务人名称、住所、债务数额、发生时间和催讨偿还情况；

（九）企业债务情况表，列明企业的债权人名称、住所、债权数额、发生时间；

（十）企业涉及的担保情况；

（十一）企业已发生的诉讼情况；

（十二）人民法院认为应当提交的其他材料。

第七条 债权人申请债务人破产，应当向人民法院提交下列材料：
（一）债权发生的事实与证据；
（二）债权性质、数额、有无担保，并附证据；
（三）债务人不能清偿到期债务的证据。

第八条 债权人申请债务人破产，人民法院可以通知债务人核对以下情况：
（一）债权的真实性；
（二）债权在债务人不能偿还的到期债务中所占的比例；
（三）债务人是否存在不能清偿到期债务的情况。

第九条 债权人申请债务人破产，债务人对债权人的债权提出异议，人民法院认为异议成立的，应当告知债权人先行提起民事诉讼。破产申请不予受理。

第十条 人民法院收到破产申请后，应当在7日内决定是否立案；破产申请人提交的材料需要更正、补充，人民法院可以责令申请人限期更正、补充。按期更正、补充材料的，人民法院自收到更正补充材料之日起7日内决定是否立案；未按期更正、补充，视为撤回申请。

人民法院决定受理企业破产案件的，应当制作案件受理通知书，并送达申请人和债务人。通知书作出时间为破产案件受理时间。

第十一条 在人民法院决定受理企业破产案件前，破产申请人可以请求撤回破产申请。

人民法院准许申请人撤回破产申请的，在撤回破产申请之前已经支出的费用由破产申请人承担。

第十二条 人民法院经审查发现有下列情况的，破产申请不予受理：
（一）债务人有隐匿、转移财产等行为，为了逃避债务而申请破产的；
（二）债权人借破产申请毁损债务人商业信誉，意图损害公平竞争的。

第十三条 人民法院对破产申请不予受理的，应当作出裁定。

破产申请人对不予受理破产申请的裁定不服的，可以在裁定送达之日起10日内向上一级人民法院提起上诉。

第十四条 人民法院受理企业破产案件后，发现不符合法律规定的受理条件或者有本规定第十二条所列情形的，应当裁定驳回破产申请。

人民法院受理债务人的破产申请后，发现债务人巨额财产下落不明且不能合理解释财产去向的，应当裁定驳回破产申请。

破产申请人对驳回破产申请的裁定不服的，可以在裁定送达之日起10日内向上一级人民法院提起上诉。

第十五条 人民法院决定受理企业破产案件后应当组成合议庭，并在10日内完成下列工作：
（一）将合议庭组成人员情况书面通知破产申请人和被申请人，并在法院公告栏张贴企业破产受理公告。公告内容应当写明：破产申请受理时间、债务人名称，申报债权的期限、地点和逾期未申报债权的法律后果、第一次债权人会议召开的日期、地点；
（二）在债务人企业发布公告，要求保护好企业财产，不得擅自处理企业的账册、文书资料、印章，不得隐匿、私分、转让、出售企业财产；
（三）通知债务人立即停止清偿债务，非经人民法院许可不得支付任何费用；
（四）通知债务人的开户银行停止债务人的结算活动，并不得扣划债务人款项抵扣债务。但经人民法院依法许可的除外。

第十六条 人民法院受理债权人提出的企业破产案件后，应当通知债务人在15日内向人民法院提交有关会计报表、债权债务清册、企业资产清册以及人民法院认为应当提交的资料。

第十七条 人民法院受理企业破产案件后，除应当按照企业破产法第九条的规定通知已知的债权人外，还应当于30日内在国家、地方有影响的报纸上刊登公告，公告内容同第十五条第（一）项的规定。

第十八条 人民法院受理企业破产案件后，除可以随即进行破产宣告成立清算组的外，在企业原管理组织不能正常履行管理职责的情况下，可以成立企业监管组。企业监管组成员从企业上级主管部门或者股东会议代表、企业原管理人员、主要债权人中产生，也可以聘请会计师、律师等中介机构参加。企业监管组主要负责处理以下事务：

（一）清点、保管企业财产；
（二）核查企业债权；
（三）为企业利益而进行的必要的经营活动；
（四）支付人民法院许可的必要支出；
（五）人民法院许可的其他工作。

企业监管组向人民法院负责，接受人民法院的指导、监督。

第十九条 人民法院受理企业破产案件后，以债务人为原告的其他民事纠纷案件尚在一审程序的，受诉人民法院应当将案件移送受理破产案件的人民法院；案件已进行到二审程序的，受诉人民法院应当继续审理。

第二十条 人民法院受理企业破产案件后，对债务人财产的其他民事执行程序应当中止。

以债务人为被告的其他债务纠纷案件，根据下列不同情况分别处理：

（一）已经审结但未执行完毕的，应当中止执行，由债权人凭生效的法律文书向受理破产案件的人民法院申报债权。

（二）尚未审结且无其他被告和无独立请求权的第三人的，应当中止诉讼，由债权人向受理破产案件的人民法院申报债权。在企业被宣告破产后，终结诉讼。

（三）尚未审结并有其他被告或者无独立请求权的第三人的，应当中止诉讼，由债权人向受理破产案件的人民法院申报债权。待破产程序终结后，恢复审理。

（四）债务人系从债务人的债务纠纷案件继续审理。

三、关于债权申报

第二十一条 债权人申报债权应当提交债权证明和合法有效的身份证明；代理申报人应当提交委托人的有效身份证明、授权委托书和债权证明。

申报的债权有财产担保的，应当提交证明财产担保的证据。

第二十二条 人民法院在登记申报的债权时，应当记明债权人名称、住所、开户银行、申报债权数额、申报债权的证据、财产担保情况、申报时间、联系方式以及其他必要的情况。

已经成立清算组的，由清算组进行上述债权登记工作。

第二十三条 连带债务人之一或者数人破产的，债权人可就全部债权向该债务人或者各债务人行使权利，申报债权。债权人未申报债权的，其他连带债务人可就将来可能承担的债务申报债权。

第二十四条 债权人虽未在法定期间申报债权，但有民事诉讼法第七十六条规定情形的，在破产财产分配前可向清算组申报债权。清算组负责审查其申报的债权，并由人民法院审查确定。债权人会议对人民法院同意该债权人参加破产财产分配有异议的，可以向人民法院申请复议。

四、关于破产和解与破产企业整顿

第二十五条 人民法院受理企业破产案件后，在破产程序终结前，债务人可以向人民法院申请和解。人民法院在破产案件审理过程中，可以根据债权人、债务人具体情况向双方提出和解建议。

人民法院作出破产宣告裁定前，债权人会议与债务人达成和解协议并经人民法院裁定认可的，由人民法院发布公告，中止破产程序。

人民法院作出破产宣告裁定后，债权人会议与债务人达成和解协议并经人民法院裁定认可，由人民法院裁定中止执行破产宣告裁定，并公告中止破产程序。

第二十六条 债务人不按和解协议规定的内容清偿全部债务的，相关债权人可以申请人民法院强制执行。

第二十七条 债务人不履行或者不能履行和解协议的，经债权人申请，人民法院应当裁定恢复破产程序。和解协议系在破产宣告前达成的，人民法院应当在裁定恢复破产程序的同时裁定宣告债务人破产。

第二十八条 企业由债权人申请破产的，如被申请破产的企业系国有企业，依照企业破产法第四章的规定，其上级主管部门可以申请对该企业进行整顿。整顿申请应当在债务人被宣告破产前提出。

企业无上级主管部门的，企业股东会议可

以通过决议并以股东会议名义申请对企业进行整顿。整顿工作由股东会议指定人员负责。

第二十九条　企业整顿期间,企业的上级主管部门或者负责实施整顿方案的人员应当定期向债权人会议和人民法院报告整顿情况、和解协议执行情况。

第三十条　企业整顿期间,对于债务人财产的执行仍适用企业破产法第十一条的规定。

五、关于破产宣告

第三十一条　企业破产法第三条第一款规定的"不能清偿到期债务"是指:

（一）债务的履行期限已届满;

（二）债务人明显缺乏清偿债务的能力。

债务人停止清偿到期债务并呈连续状态,如无相反证据,可推定为"不能清偿到期债务"。

第三十二条　人民法院受理债务人破产案件后,有下列情形之一的,应当裁定宣告债务人破产:

（一）债务人不能清偿债务且与债权人不能达成和解协议的;

（二）债务人不履行或者不能履行和解协议的;

（三）债务人在整顿期间有企业破产法第二十一条规定情形的;

（四）债务人在整顿期满后有企业破产法第二十二条第二款规定情形的。

宣告债务人破产应当公开进行。由债权人提出破产申请的,破产宣告时应当通知债务人到庭。

第三十三条　债务人自破产宣告之日起停止生产经营活动。为债权人利益确有必要继续生产经营的,须经人民法院许可。

第三十四条　人民法院宣告债务人破产后,应当通知债务人的开户银行,限定其银行账户只能由清算组使用。人民法院通知开户银行时应当附破产宣告裁定书。

第三十五条　人民法院裁定宣告债务人破产后应当发布公告,公告内容包括债务人亏损情况、资产负债状况、破产宣告时间、破产宣告理由和法律依据以及对债务人的财产、账册、文书、资料和印章的保护等内容。

第三十六条　破产宣告后,破产企业的财产在其他民事诉讼程序中被查封、扣押、冻结的,受理破产案件的人民法院应当立即通知采取查封、扣押、冻结措施的人民法院予以解除,并向受理破产案件的人民法院办理移交手续。

第三十七条　企业被宣告破产后,人民法院应当指定必要的留守人员。破产企业的法定代表人、财会、财产保管人员必须留守。

第三十八条　破产宣告后,债权人或者债务人对破产宣告有异议的,可以在人民法院宣告企业破产之日起10日内,向上一级人民法院申诉。上一级人民法院应当组成合议庭进行审理,并在30日内作出裁定。

六、关于债权人会议

第三十九条　债权人会议由申报债权的债权人组成。

债权人会议主席由人民法院在有表决权的债权人中指定。必要时,人民法院可以指定多名债权人会议主席,成立债权人会议主席委员会。

少数债权人拒绝参加债权人会议,不影响会议的召开。但债权人会议不得作出剥夺其对破产财产受偿的机会或者不利于其受偿的决议。

第四十条　第一次债权人会议应当在人民法院受理破产案件公告3个月期满后召开。除债务人的财产不足以支付破产费用,破产程序提前终结外,不得以一般债权的清偿率为零为理由取消债权人会议。

第四十一条　第一次债权人会议由人民法院召集并主持。人民法院除完成本规定第十七条确定的工作外,还应当做好以下准备工作:

（一）拟订第一次债权人会议议程;

（二）向债务人的法定代表人或者负责人发出通知,要求其必须到会;

（三）向债务人的上级主管部门、开办人或者股东会议代表发出通知,要求其派员列席会议;

（四）通知破产清算组成员列席会议;

（五）通知审计、评估人员参加会议;

（六）需要提前准备的其他工作。

第四十二条 债权人会议一般包括以下内容：

（一）宣布债权人会议职权和其他有关事项；

（二）宣布债权人资格审查结果；

（三）指定并宣布债权人会议主席；

（四）安排债务人法定代表人或者负责人接受债权人询问；

（五）由清算组通报债务人的生产经营、财产、债务情况并作清算工作报告和提出财产处理方案及分配方案；

（六）讨论并审查债权的证明材料、债权的财产担保情况及数额、讨论通过和解协议、审阅清算组的清算报告、讨论通过破产财产的处理方案与分配方案等。讨论内容应当记明笔录。债权人对人民法院或者清算组登记的债权提出异议的，人民法院应当及时审查并作出裁定。

（七）根据讨论情况，依照企业破产法第十六条的规定进行表决。

以上第（五）至（七）项议程内的工作在本次债权人会议上无法完成的，交由下次债权人会议继续进行。

第四十三条 债权人认为债权人会议决议违反法律规定或者侵害其合法权益的，可以在债权人会议作出决议后7日内向人民法院提出，由人民法院依法裁定。

第四十四条 清算组财产分配方案经债权人会议两次讨论未获通过的，由人民法院依法裁定。

对前款裁定，占无财产担保债权总额半数以上债权的债权人有异议的，可以在人民法院作出裁定之日起10日内向上一级人民法院申诉。上一级人民法院应当组成合议庭进行审理，并在30日内作出裁定。

第四十五条 债权人可以委托代理人出席债权人会议，并可以授权代理人行使表决权。代理人应当向人民法院或者债权人会议主席提交授权委托书。

第四十六条 第一次债权人会议后又召开债权人会议的，债权人会议主席应当在发出会议通知前3日报告人民法院，并由会议召集人在开

会前15将会议时间、地点、内容、目的等事项通知债权人。

七、关于清算组

第四十七条 人民法院应当自裁定宣告企业破产之日起15日内成立清算组。

第四十八条 清算组成员可以从破产企业上级主管部门、清算中介机构以及会计、律师中产生，也可以从政府财政、工商管理、计委、经委、审计、税务、物价、劳动、社会保险、土地管理、国有资产管理、人事等部门中指定。人民银行分（支）行可以按照有关规定派人参加清算组。

第四十九条 清算组经人民法院同意可以聘请破产清算机构、律师事务所、会计事务所等中介机构承担一定的破产清算工作。中介机构就清算工作向清算组负责。

第五十条 清算组的主要职责是：

（一）接管破产企业。向破产企业原法定代表人及留守人员接收原登记造册的资产明细表、有形资产清册，接管所有财产、账册、文书档案、印章、证照和有关资料。破产宣告前成立企业监管组的，由企业监管组和企业原法定代表人向清算组进行移交；

（二）清理破产企业财产，编制财产明细表和资产负债表，编制债权债务清册，组织破产财产的评估、拍卖、变现；

（三）回收破产企业的财产，向破产企业的债务人、财产持有人依法行使财产权利；

（四）管理、处分破产财产，决定是否履行合同和在清算范围内进行经营活动。确认别除权、抵销权、取回权；

（五）进行破产财产的委托评估、拍卖及其他变现工作；

（六）依法提出并执行破产财产处理和分配方案；

（七）提交清算报告；

（八）代表破产企业参加诉讼和仲裁活动；

（九）办理企业注销登记等破产终结事宜；

（十）完成人民法院依法指定的其他事项。

第五十一条　清算组对人民法院负责并且报告工作,接受人民法院的监督。人民法院应当及时指导清算组的工作,明确清算组的职权与责任,帮助清算组拟订工作计划,听取清算组汇报工作。

清算组有损害债权人利益的行为或者其他违法行为的,人民法院可以根据债权人的申请或者依职权予以纠正。

人民法院可以根据债权人的申请或者依职权更换不称职的清算组成员。

第五十二条　清算组应当列席债权人会议,接受债权人会议的询问。债权人有权查阅有关资料、询问有关事项;清算组的决定违背债权人利益的,债权人可以申请人民法院裁定撤销该决定。

第五十三条　清算组对破产财产应当及时登记、清理、审计、评估、变价。必要时,可以请求人民法院对破产企业财产进行保全。

第五十四条　清算组应当采取有效措施保护破产企业的财产。债务人的财产权利如不依法登记或者及时行使将丧失权利的,应当及时予以登记或者行使;对易损、易腐、跌价或者保管费用较高的财产应当及时变卖。

八、关于破产债权

第五十五条　下列债权属于破产债权:

(一)破产宣告前发生的无财产担保的债权;

(二)破产宣告前发生的虽有财产担保但是债权人放弃优先受偿的债权;

(三)破产宣告前发生的虽有财产担保但是债权数额超过担保物价值部分的债权;

(四)票据出票人被宣告破产,付款人或者承兑人不知其事实而向持票人付款或者承兑所产生的债权;

(五)清算组解除合同,对方当事人依法或者依照合同约定产生的对债务人可以用货币计算的债权;

(六)债务人的受托人在债务人破产后,为债务人的利益处理委托事务所发生的债权;

(七)债务人发行债券形成的债权;

(八)债务人的保证人代替债务人清偿债务后依法可以向债务人追偿的债权;

(九)债务人的保证人按照《中华人民共和国担保法》第三十二条的规定预先行使追偿权而申报的债权;

(十)债务人为保证人的,在破产宣告前已经被生效的法律文书确定承担的保证责任;

(十一)债务人在破产宣告前因侵权、违约给他人造成财产损失而产生的赔偿责任;

(十二)人民法院认可的其他债权。以上第(五)项债权以实际损失为计算原则。违约金不作为破产债权,定金不再适用定金罚则。

第五十六条　因企业破产解除劳动合同,劳动者依法或者依据劳动合同对企业享有的补偿金请求权,参照企业破产法第三十七条第二款第(一)项规定的顺序清偿。

第五十七条　债务人所欠非正式职工(含短期劳动工)的劳动报酬,参照企业破产法第三十七条第二款第(一)项规定的顺序清偿。

第五十八条　债务人所欠企业职工集资款,参照企业破产法第三十七条第二款第(一)项规定的顺序清偿。但对违反法律规定的高额利息部分不予保护。

职工向企业的投资,不属于破产债权。

第五十九条　债务人退出联营应当对该联营企业的债务承担责任的,联营企业的债权人对该债务人享有的债权属于破产债权。

第六十条　与债务人互负债权债务的债权人可以向清算组请求行使抵销权,抵销权的行使应当具备以下条件:

(一)债权人的债权已经得到确认;

(二)主张抵销的债权债务均发生在破产宣告之前。

经确认的破产债权可以转让。受让人以受让的债权抵销其所欠债务人债务的,人民法院不予支持。

第六十一条　下列债权不属于破产债权:

(一)行政、司法机关对破产企业的罚款、罚金以及其他有关费用;

(二)人民法院受理破产案件后债务人未支付应付款项的滞纳金,包括债务人未执行生效法律文书应当加倍支付的迟延利息和劳动保险金的滞纳金;

（三）破产宣告后的债务利息；

（四）债权人参加破产程序所支出的费用；

（五）破产企业的股权、股票持有人在股权、股票上的权利；

（六）破产财产分配开始后才向清算组申报的债权；

（七）超过诉讼时效的债权；

（八）债务人开办单位对债务人未收取的管理费、承包费。

上述不属于破产债权的权利，人民法院或者清算组也应当对当事人的申报进行登记。

第六十二条 政府无偿拨付给债务人的资金不属于破产债权。但财政、扶贫、科技管理等行政部门通过签订合同，按有偿使用、定期归还原则发放的款项，可以作为破产债权。

第六十三条 债权人对清算组确认或者否认的债权有异议的，可以向清算组提出。债权人对清算组的处理仍有异议的，可以向人民法院提出。人民法院应当在查明事实的基础上依法作出裁决。

九、关于破产财产

第六十四条 破产财产由下列财产构成：

（一）债务人在破产宣告时所有的或者经营管理的全部财产；

（二）债务人在破产宣告至破产程序终结前取得的财产；

（三）应当由债务人行使的其他财产权利。

第六十五条 债务人与他人共有的物、债权、知识产权等财产或者财产权，应当在破产清算中予以分割，债务人分割所得属于破产财产；不能分割的，应当就其应得部分转让，转让所得属于破产财产。

第六十六条 债务人的开办人注册资金投入不足的，应当由该开办人予以补足，补足部分属于破产财产。

第六十七条 企业破产前受让他人财产并依法取得所有权或土地使用权的，即便未支付或者未完全支付对价的，该财产仍属于破产财产。

第六十八条 债务人的财产被采取民事诉讼执行措施的，在受理破产案件后尚未执行的或者未执行完毕的剩余部分，在该企业被宣告破产后列入破产财产。因错误执行应当执行回转的财产，在执行回转后列入破产财产。

第六十九条 债务人依照法律规定取得代位求偿权的，依该代位求偿权享有的债权属于破产财产。

第七十条 债务人在被宣告破产时未到期的债权视为已到期，属于破产财产，但应当减去未到期的利息。

第七十一条 下列财产不属于破产财产：

（一）债务人基于仓储、保管、加工承揽、委托交易、代销、借用、寄存、租赁等法律关系占有、使用的他人财产；

（二）抵押物、留置物、出质物，但权利人放弃优先受偿权的或者优先偿付被担保债权剩余的部分除外；

（三）担保物灭失后产生的保险金、补偿金、赔偿金等代位物；

（四）依照法律规定存在优先权的财产，但权利人放弃优先受偿权或者优先偿付特定债权剩余的部分除外；

（五）特定物买卖中，尚未转移占有但相对人已完全支付对价的特定物；

（六）尚未办理产权证或者产权过户手续但已向买方交付的财产；

（七）债务人在所有权保留买卖中尚未取得所有权的财产；

（八）所有权专属于国家且不得转让的财产；

（九）破产企业工会所有的财产。

第七十二条 本规定第七十一条第（一）项所列的财产，财产权利人有权取回。

前款财产在破产宣告前已经毁损灭失的，财产权利人仅能以直接损失额为限申报债权；在破产宣告后因清算组的责任毁损灭失的，财产权利人有权获得等值赔偿。

债务人转让上述财产获利的，财产权利人有权要求债务人等值赔偿。

十、关于破产财产的收回、处理和变现

第七十三条 清算组应当向破产企业的债务人

和财产持有人发出书面通知,要求债务人和财产持有人于限定的时间向清算组清偿债务或者交付财产。

破产企业的债务人和财产持有人有异议的,应当在收到通知后的7日内提出,由人民法院作出裁定。

破产企业的债务人和财产持有人在收到通知后既不向清算组清偿债务或者交付财产,又没有正当理由不在规定的异议期内提出异议的,由清算组向人民法院提出申请,经人民法院裁定后强制执行。

破产企业在境外的财产,由清算组予以收回。

第七十四条 债务人享有的债权,其诉讼时效自人民法院受理债务人的破产申请之日起,适用《中华人民共和国民法通则》第一百四十条关于诉讼时效中断的规定。债务人与债权人达成和解协议,中止破产程序的,诉讼时效自人民法院中止破产程序裁定之日起重新计算。

第七十五条 经人民法院同意,清算组可以聘用律师或者其他中介机构的人员追收债权。

第七十六条 债务人设立的分支机构和没有法人资格的全资机构的财产,应当一并纳入破产程序进行清理。

第七十七条 债务人在其开办的全资企业中的投资权益应当予以追收。

全资企业资不抵债的,清算组停止追收。

第七十八条 债务人对外投资形成的股权及其收益应当予以追收。对该股权可以出售或者转让,出售、转让所得计入破产财产进行分配。

股权价值为负值的,清算组停止追收。

第七十九条 债务人开办的全资企业,以及由其参股、控股的企业不能清偿到期债务,需要进行破产还债的,应当另行提出破产申请。

第八十条 清算组处理集体所有土地使用权时,应当遵守相关法律规定。未办理土地征用手续的集体所有土地使用权,应当在该集体范围内转让。

第八十一条 破产企业的职工住房,已经签订合同、交付房款,进行房改给个人的,不属于破产财产。未进行房改的,可由清算组向有关部门申请办理房改事项,向职工出售。按照国家规定不具备房改条件,或者职工在房改中不购买住房的,由清算组根据实际情况处理。

第八十二条 债务人的幼儿园、学校、医院等公益福利性设施,按国家有关规定处理,不作为破产财产分配。

第八十三条 处理破产财产前,可以确定有相应评估资质的评估机构对破产财产进行评估,债权人会议、清算组对破产财产的评估结论、评估费用有异议的,参照最高人民法院《关于民事诉讼证据的若干规定》第二十七条的规定处理。

第八十四条 债权人会议对破产财产的市场价格无异议的,经人民法院同意后,可以不进行评估。但是国有资产除外。

第八十五条 破产财产的变现应当以拍卖方式进行。由清算组负责委托有拍卖资格的拍卖机构进行拍卖。

依法不得拍卖或者拍卖所得不足以支付拍卖所需费用的,不进行拍卖。

前款不进行拍卖或者拍卖不成的破产财产,可以在破产分配时进行实物分配或者作价变卖。债权人对清算组在实物分配或者作价变卖中对破产财产的估价有异议的,可以请求人民法院进行审查。

第八十六条 破产财产中的成套设备,一般应当整体出售。

第八十七条 依法属于限制流通的破产财产,应当由国家指定的部门收购或者按照有关法律规定处理。

十一、关于破产费用

第八十八条 破产费用包括:

(一)破产财产的管理、变卖、分配所需要的费用;

(二)破产案件的受理费;

(三)债权人会议费用;

(四)催收债务所需费用;

(五)为债权人的共同利益而在破产程序中支付的其他费用。

第八十九条 人民法院受理企业破产案件可以按照《人民法院诉讼收费办法补充规定》预收案件受理费。

破产宣告前发生的经人民法院认可的必要支出,从债务人财产中拨付。债务人财产不足以支付的,如系债权人申请破产的,由债权人支付。

第九十条　清算期间职工生活费、医疗费可以从破产财产中优先拨付。

第九十一条　破产费用可随时支付,破产财产不足以支付破产费用的,人民法院根据清算组的申请裁定终结破产程序。

十二、关于破产财产的分配

第九十二条　破产财产分配方案经债权人会议通过后,由清算组负责执行。财产分配可以一次分配,也可以多次分配。

第九十三条　破产财产分配方案应当包括以下内容:

(一) 可供破产分配的财产种类、总值,已经变现的财产和未变现的财产;

(二) 债权清偿顺序、各顺序的种类与数额,包括破产企业所欠职工工资、劳动保险费用和破产企业所欠税款的数额和计算依据,纳入国家计划调整的企业破产,还应当说明职工安置费的数额和计算依据;

(三) 破产债权总额和清偿比例;

(四) 破产分配的方式、时间;

(五) 对将来能够追回的财产拟进行追加分配的说明。

第九十四条　列入破产财产的债权,可以进行债权分配。债权分配以便于债权人实现债权为原则。

将人民法院已经确认的债权分配给债权人的,由清算组向债权人出具债权分配书,债权人可以凭债权分配书向债务人要求履行。债务人拒不履行的,债权人可以申请人民法院强制执行。

第九十五条　债权人未在指定期限内领取分配的财产的,对该财产可以进行提存或者变卖后提存价款,并由清算组向债权人发出催领通知书。债权人在收到催领通知书一个月后或者在清算组发出催领通知书两个月后,债权人仍未领取的,清算组应当对该部分财产进行追加分配。

十三、关于破产终结

第九十六条　破产财产分配完毕,由清算组向人民法院报告分配情况,并申请人民法院终结破产程序。

人民法院在收到清算组的报告和终结破产程序申请后,认为符合破产程序终结规定的,应当在7日内裁定终结破产程序。

第九十七条　破产程序终结后,由清算组向破产企业原登记机关办理企业注销登记。

破产程序终结后仍有可以追收的破产财产、追加分配等善后事宜需要处理的,经人民法院同意,可以保留清算组或者保留部分清算组成员。

第九十八条　破产程序终结后出现可供分配的财产的,应当追加分配。追加分配的财产,除企业破产法第四十条规定的由人民法院追回的财产外,还包括破产程序中因纠正错误支出收回的款项,因权利被承认追回的财产,债权人放弃的财产和破产程序终结后实现的财产权利等。

第九十九条　破产程序终结后,破产企业的账册、文书等卷宗材料由清算组移交破产企业上级主管机关保存;无上级主管机关的,由破产企业的开办人或者股东保存。

十四、其　他

第一百条　人民法院在审理企业破产案件中,发现破产企业的原法定代表人或者直接责任人员有企业破产法第三十五条所列行为的,应当向有关部门建议,对该法定代表人或者直接责任人员给予行政处分;涉嫌犯罪的,应当将有关材料移送相关国家机关处理。

第一百零一条　破产企业有企业破产法第三十五条所列行为,致使企业财产无法收回,造成实际损失的,清算组可以对破产企业的原法定代表人、直接责任人员提起民事诉讼,要求其承担民事赔偿责任。

第一百零二条　人民法院受理企业破产案件后,发现企业有巨额财产下落不明的,应当将有关涉嫌犯罪的情况和材料,移送相关国家机关处理。

第一百零三条　人民法院可以建议有关部门对

破产企业的主要责任人员限制其再行开办企业,在法定期限内禁止其担任公司的董事、监事、经理。

第一百零四条 最高人民法院发现各级人民法院,或者上级人民法院发现下级人民法院在破产程序中作出的裁定确有错误的,应当通知其纠正;不予纠正的,可以裁定指令下级人民法院重新作出裁定。

第一百零五条 纳入国家计划调整的企业破产案件,除适用本规定外,还应当适用国家有关企业破产的相关规定。

第一百零六条 本规定自2002年9月1日起施行。在本规定发布前制定的有关审理企业破产案件的司法解释,与本规定相抵触的,不再适用。

最高人民法院关于审理与企业改制相关的民事纠纷案件若干问题的规定

- 2020年12月29日
- 法释〔2020〕18号

为了正确审理与企业改制相关的民事纠纷案件,根据《中华人民共和国民法典》《中华人民共和国公司法》《中华人民共和国全民所有制工业企业法》《中华人民共和国民事诉讼法》等法律、法规的规定,结合审判实践,制定本规定。

一、案件受理

第一条 人民法院受理以下平等民事主体间在企业产权制度改造中发生的民事纠纷案件:
（一）企业公司制改造中发生的民事纠纷;
（二）企业股份合作制改造中发生的民事纠纷;
（三）企业分立中发生的民事纠纷;
（四）企业债权转股权纠纷;
（五）企业出售合同纠纷;
（六）企业兼并合同纠纷;
（七）与企业改制相关的其他民事纠纷。

第二条 当事人起诉符合本规定第一条所列情形,并符合民事诉讼法第一百一十九条规定的起诉条件的,人民法院应当予以受理。

第三条 政府主管部门在对企业国有资产进行行政性调整、划转过程中发生的纠纷,当事人向人民法院提起民事诉讼的,人民法院不予受理。

二、企业公司制改造

第四条 国有企业依公司法整体改造为国有独资有限责任公司的,原企业的债务,由改造后的有限责任公司承担。

第五条 企业通过增资扩股或者转让部分产权,实现他人对企业的参股,将企业整体改造为有限责任公司或者股份有限公司的,原企业债务由改造后的新设公司承担。

第六条 企业以其部分财产和相应债务与他人组建新公司,对所转移的债务债权人认可的,由新组建的公司承担民事责任;对所转移的债务未通知债权人或者虽通知债权人,而债权人不予认可的,由原企业承担民事责任。原企业无力偿还债务,债权人就此向新设公司主张债权的,新设公司在所接收的财产范围内与原企业承担连带民事责任。

第七条 企业以其优质财产与他人组建新公司,而将债务留在原企业,债权人以新设公司和原企业作为共同被告提起诉讼主张债权的,新设公司应当在所接收的财产范围内与原企业共同承担连带责任。

三、企业股份合作制改造

第八条 由企业职工买断企业产权,将原企业改造为股份合作制的,原企业的债务,由改造后的股份合作制企业承担。

第九条 企业向其职工转让部分产权,由企业与职工共同组建股份合作制企业的,原企业的债务由改造后的股份合作制企业承担。

第十条 企业通过其职工投资增资扩股,将原企业改造为股份合作制企业的,原企业的债务由改造后的股份合作制企业承担。

第十一条 企业在进行股份合作制改造时,参照公司法的有关规定,公告通知了债权人。企业股份合作制改造后,债权人就原企业资产管理人(出资人)隐瞒或者遗漏的债务起诉股份合作制企业的,如债权人在公告期内申报过该债权,股份合作制企业在承担民事责任后,可再向原企业资产管理人(出资人)追偿。如债权人在公告期内未申报过该债权,则股份合作制企业不承担民事责任,人民法院可告知债权人另行起诉原企业资产管理人(出资人)。

四、企业分立

第十二条 债权人向分立后的企业主张债权,企业分立时对原企业的债务承担有约定,并经债权人认可的,按照当事人的约定处理;企业分立时对原企业债务承担没有约定或者约定不明,或者虽然有约定但债权人不予认可的,分立后的企业应当承担连带责任。

第十三条 分立的企业在承担连带责任后,各分立的企业间对原企业债务承担有约定的,按照约定处理,没有约定或者约定不明的,根据企业分立时的资产比例分担。

五、企业债权转股权

第十四条 债权人与债务人自愿达成债权转股权协议,且不违反法律和行政法规强制性规定的,人民法院在审理相关的民事纠纷案件中,应当确认债权转股权协议有效。

政策性债权转股权,按照国务院有关部门的规定处理。

第十五条 债务人以隐瞒企业资产或者虚列企业资产为手段,骗取债权人与其签订债权转股权协议,债权人在法定期间内行使撤销权的,人民法院应当予以支持。

债权转股权协议被撤销后,债权人有权要求债务人清偿债务。

第十六条 部分债权人进行债权转股权的行为,不影响其他债权人向债务人主张债权。

六、国有小型企业出售

第十七条 以协议转让形式出售企业,企业出售合同未经有审批权的地方人民政府或其授权的职能部门审批的,人民法院在审理相关的民事纠纷案件时,应当确认该企业出售合同不生效。

第十八条 企业出售中,当事人双方恶意串通,损害国家利益的,人民法院在审理相关的民事纠纷案件时,应当确认该企业出售行为无效。

第十九条 企业出售中,出卖人实施的行为具有法律规定的撤销情形,买受人在法定期限内行使撤销权的,人民法院应当予以支持。

第二十条 企业出售合同约定的履行期限届满,一方当事人拒不履行合同,或者未完全履行合同义务,致使合同目的不能实现,对方当事人要求解除合同并要求赔偿损失的,人民法院应当予以支持。

第二十一条 企业出售合同约定的履行期限届满,一方当事人未完全履行合同义务,对方当事人要求继续履行合同并要求赔偿损失的,人民法院应当予以支持。双方当事人均未完全履行合同义务的,应当根据当事人的过错,确定各自应当承担的民事责任。

第二十二条 企业出售时,出卖人对所售企业的资产负债状况、损益状况等重大事项未履行如实告知义务,影响企业出售价格,买受人就此向人民法院起诉主张补偿的,人民法院应当予以支持。

第二十三条 企业出售合同被确认无效或者被撤销的,企业售出后买受人经营企业期间发生的经营盈亏,由买受人享有或者承担。

第二十四条 企业售出后,买受人将所购企业资产纳入本企业或者将所购企业变更为所属分支机构的,所购企业的债务,由买受人承担。但买卖双方另有约定,并经债权人认可的除外。

第二十五条 企业售出后,买受人将所购企业资产作价入股与他人重新组建新公司,所购企业法人予以注销的,对所购企业出售前的债务,买受人应当以其所有财产,包括在新组建公司中的股权承担民事责任。

第二十六条 企业售出后,买受人将所购企业重新注册为新的企业法人,所购企业法人被注销的,所购企业出售前的债务,应当由新注册的企业法人承担。但买卖双方另有约定,并经债权人认可的除外。

第二十七条 企业售出后,应当办理而未办理企业法人注销登记,债权人起诉该企业的,人民法院应当根据企业资产转让后的具体情况,告知债权人追加责任主体,并判令责任主体承担民事责任。

第二十八条 出售企业时,参照公司法的有关规定,出卖人公告通知了债权人。企业售出后,债权人就出卖人隐瞒或者遗漏的原企业债务起诉买受人的,如债权人在公告期内申报过该债权,买受人在承担民事责任后,可再行向出卖人追偿。如债权人在公告期内未申报过该债权,则买受人不承担民事责任。人民法院可告知债权人另行起诉出卖人。

第二十九条 出售企业的行为具有民法典第五百三十八条、第五百三十九条规定的情形,债权人在法定期限内行使撤销权的,人民法院应当予以支持。

七、企业兼并

第三十条 企业兼并协议自当事人签字盖章之日起生效。需经政府主管部门批准的,兼并协议自批准之日起生效;未经批准的,企业兼并协议不生效。但当事人在一审法庭辩论终结前补办报批手续的,人民法院应当确认该兼并协议有效。

第三十一条 企业吸收合并后,被兼并企业的债务应当由兼并方承担。

第三十二条 企业新设合并后,被兼并企业的债务由新设合并后的企业法人承担。

第三十三条 企业吸收合并或新设合并后,被兼并企业应当办理而未办理工商注销登记,债权人起诉被兼并企业的,人民法院应当根据企业兼并后的具体情况,告知债权人追加责任主体,并判令责任主体承担民事责任。

第三十四条 以收购方式实现对企业控股的,被控股企业的债务,仍由其自行承担。但因控股企业抽逃资金、逃避债务,致被控股企业无力偿还债务的,被控股企业的债务则由控股企业承担。

八、附则

第三十五条 本规定自二○○三年二月一日起施行。在本规定施行前,本院制定的有关企业改制方面的司法解释与本规定相抵触的,不再适用。

最高人民法院关于破产企业国有划拨土地使用权应否列入破产财产等问题的批复

- 2020年12月29日
- 法释〔2020〕18号

湖北省高级人民法院:

你院鄂高法〔2002〕158号《关于破产企业国有划拨土地使用权应否列入破产财产以及有关抵押效力认定等问题的请示》收悉。经研究,答复如下:

一、根据《中华人民共和国土地管理法》第五十八条第一款第(三)项及《城镇国有土地使用权出让和转让暂行条例》第四十七条的规定,破产企业以划拨方式取得的国有土地使用权不属于破产财产,在企业破产时,有关人民政府可以予以收回,并依法处置。纳入国家兼并破产计划的国有企业,其依法取得的国有土地使用权,应依据国务院有关文件规定办理。

二、企业对其以划拨方式取得的国有土地使用权无处分权,以该土地使用权设定抵押,未经有审批权限的人民政府或土地行政管理部门批准的,不影响抵押合同效力;履行了法定的审批手续,并依法办理抵押登记的,抵押权自登记时设立。根据《中华人民共和国城市房地产管理法》第五十一条的规定,抵押权人只有在以抵押标的物折价或拍卖、变卖所得价款缴纳相当于土地使用权出让金的款项后,对剩余部分方可享有优先受偿权。但纳入国家兼并破产计划的企业,其用以划拨方式取得的国有土地使用权设定抵押的,应依据国务院有关文件规定办理。

三、国有企业以关键设备、成套设备、建筑物设定抵押的,如无其他法定的无效情形,不应当仅以未经政府主管部门批准为由认定抵押合同无效。

本批复自公布之日起施行,正在审理或者尚未审理的案件,适用本批复,但对提起再审的判决、裁定已经发生法律效力的案件除外。

此复。

最高人民法院关于审理企业破产案件确定管理人报酬的规定

- 2007年4月12日
- 法释〔2007〕9号

为公正、高效审理企业破产案件,规范人民法院确定管理人报酬工作,根据《中华人民共和国企业破产法》的规定,制定本规定。

第一条 管理人履行企业破产法第二十五条规定的职责,有权获得相应报酬。

管理人报酬由审理企业破产案件的人民法院依据本规定确定。

第二条 人民法院应根据债务人最终清偿的财产价值总额,在以下比例限制范围内分段确定管理人报酬:

(一)不超过一百万元(含本数,下同)的,在12%以下确定;

(二)超过一百万元至五百万元的部分,在10%以下确定;

(三)超过五百万元至一千万元的部分,在8%以下确定;

(四)超过一千万元至五千万元的部分,在6%以下确定;

(五)超过五千万元至一亿元的部分,在3%以下确定;

(六)超过一亿元至五亿元的部分,在1%以下确定;

(七)超过五亿元的部分,在0.5%以下确定。

担保权人优先受偿的担保物价值,不计入前款规定的财产价值总额。

高级人民法院认为有必要的,可以参照上述比例在30%的浮动范围内制定符合当地实际情况的管理人报酬比例限制范围,并通过当地有影响的媒体公告,同时报最高人民法院备案。

第三条 人民法院可以根据破产案件的实际情况,确定管理人分期或者最后一次性收取报酬。

第四条 人民法院受理企业破产申请后,应当对债务人可供清偿的财产价值和管理人的工作量作出预测,初步确定管理人报酬方案。管理人报酬方案应当包括管理人报酬比例和收取时间。

第五条 人民法院采取公开竞争方式指定管理人的,可以根据社会中介机构提出的报价确定管理人报酬方案,但报酬比例不得超出本规定第二条规定的限制范围。

上述报酬方案一般不予调整,但债权人会议异议成立的除外。

第六条 人民法院应当自确定管理人报酬方案之日起三日内,书面通知管理人。

管理人应当在第一次债权人会议上报告管理人报酬方案内容。

第七条 管理人、债权人会议对管理人报酬方案有意见的,可以进行协商。双方就调整管理人报酬方案内容协商一致的,管理人应向人民法院书面提出具体的请求和理由,并附相应的债权人会议决议。

人民法院经审查认为上述请求和理由不违反法律和行政法规强制性规定,且不损害他人合法权益的,应当按照双方协商的结果调整管理人报酬方案。

第八条 人民法院确定管理人报酬方案后,可以根据破产案件和管理人履行职责的实际情况进行调整。

人民法院应当自调整管理人报酬方案之日起三日内,书面通知管理人。管理人应当自收到上述通知之日起三日内,向债权人委员会或者债权人会议主席报告管理人报酬方案调整内容。

第九条 人民法院确定或者调整管理人报酬方案时,应当考虑以下因素:

(一)破产案件的复杂性;

(二)管理人的勤勉程度;

(三)管理人为重整、和解工作做出的实际贡献;

(四)管理人承担的风险和责任;

(五)债务人住所地居民可支配收入及物价水平;

(六)其他影响管理人报酬的情况。

第十条　最终确定的管理人报酬及收取情况，应列入破产财产分配方案。在和解、重整程序中，管理人报酬方案内容应列入和解协议草案或重整计划草案。

第十一条　管理人收取报酬，应当向人民法院提出书面申请。申请书应当包括以下内容：

（一）可供支付报酬的债务人财产情况；

（二）申请收取报酬的时间和数额；

（三）管理人履行职责的情况。

人民法院应当自收到上述申请书之日起十日内，确定支付管理人的报酬数额。

第十二条　管理人报酬从债务人财产中优先支付。

债务人财产不足以支付管理人报酬和管理人执行职务费用的，管理人应当申请人民法院终结破产程序。但债权人、管理人、债务人的出资人或者其他利害关系人愿意垫付上述报酬和费用的，破产程序可以继续进行。

上述垫付款项作为破产费用从债务人财产中向垫付人随时清偿。

第十三条　管理人对担保物的维护、变现、交付等管理工作付出合理劳动的，有权向担保权人收取适当的报酬。管理人与担保权人就上述报酬数额不能协商一致的，人民法院应当参照本规定第二条规定的方法确定，但报酬比例不得超出该条规定限制范围的10%。

第十四条　律师事务所、会计师事务所通过聘请本专业的其他社会中介机构或者人员协助履行管理人职责的，所需费用从其报酬中支付。

破产清算事务所通过聘请其他社会中介机构或者人员协助履行管理人职责的，所需费用从其报酬中支付。

第十五条　清算组中有关政府部门派出的工作人员参与工作的不收取报酬。其他机构或人员的报酬根据其履行职责的情况确定。

第十六条　管理人发生更换的，人民法院应当分别确定更换前后的管理人报酬。其报酬比例总和不得超出本规定第二条规定的限制范围。

第十七条　债权人会议对管理人报酬有异议的，应当向人民法院书面提出具体的请求和理由。异议书应附有相应的债权人会议决议。

第十八条　人民法院应当自收到债权人会议异议书之日起三日内通知管理人。管理人应当自收到通知之日起三日内作出书面说明。

人民法院认为有必要的，可以举行听证会，听取当事人意见。

人民法院应当自收到债权人会议异议之日起十日内，就是否调整管理人报酬问题书面通知管理人、债权人委员会或者债权人会议主席。

最高人民法院关于审理企业破产案件指定管理人的规定

● 2007年4月12日
● 法释〔2007〕8号

为公平、公正审理企业破产案件，保证破产审判工作依法顺利进行，促进管理人制度的完善和发展，根据《中华人民共和国企业破产法》的规定，制定本规定。

一、管理人名册的编制

第一条　人民法院审理企业破产案件应当指定管理人。除企业破产法和本规定另有规定外，管理人应当从管理人名册中指定。

第二条　高级人民法院应当根据本辖区律师事务所、会计师事务所、破产清算事务所等社会中介机构及专职从业人员数量和企业破产案件数量，确定由本院或者所辖中级人民法院编制管理人名册。

人民法院应当分别编制社会中介机构管理人名册和个人管理人名册。由直辖市以外的高级人民法院编制的管理人名册中，应当注明社会中介机构和个人所属中级人民法院辖区。

第三条　符合企业破产法规定条件的社会中介机构及其具备相关专业知识并取得执业资格的人员，均可申请编入管理人名册。已被编入机构管理人名册的社会中介机构中，具备相关专业知识并取得执业资格的人员，可以申请编入个人管理人名册。

第四条　社会中介机构及个人申请编入管理人名册的，应当向所在地区编制管理人名册的人民法院提出,由该人民法院予以审定。

人民法院不受理异地申请,但异地社会中介机构在本辖区内设立的分支机构提出申请的除外。

第五条 人民法院应当通过本辖区有影响的媒体就编制管理人名册的有关事项进行公告。公告应当包括以下内容:

(一)管理人申报条件;

(二)应当提交的材料;

(三)评定标准、程序;

(四)管理人的职责以及相应的法律责任;

(五)提交申报材料的截止时间;

(六)人民法院认为应当公告的其他事项。

第六条 律师事务所、会计师事务所申请编制管理人名册的,应当提供下列材料:

(一)执业证书、依法批准设立文件或者营业执照;

(二)章程;

(三)本单位专职从业人员名单及其执业资格证书复印件;

(四)业务和业绩材料;

(五)行业自律组织对所提供材料真实性以及有无被行政处罚或者纪律处分情况的证明;

(六)人民法院要求的其他材料。

第七条 破产清算事务所申请编入管理人名册的,应当提供以下材料:

(一)营业执照或者依法批准设立的文件;

(二)本单位专职从业人员的法律或者注册会计师资格证书,或者经营管理经历的证明材料;

(三)业务和业绩材料;

(四)能够独立承担民事责任的证明材料;

(五)行业自律组织对所提供材料真实性以及有无被行政处罚或者纪律处分情况的证明,或者申请人就上述情况所作的真实性声明;

(六)人民法院要求的其他材料。

第八条 个人申请编入管理人名册的,应当提供下列材料:

(一)律师或者注册会计师执业证书复印件以及执业年限证明;

(二)所在社会中介机构同意其担任管理人的函件;

(三)业务专长及相关业绩材料;

(四)执业责任保险证明;

(五)行业自律组织对所提供材料真实性以及有无被行政处罚或者纪律处分情况的证明;

(六)人民法院要求的其他材料。

第九条 社会中介机构及个人具有下列情形之一的,人民法院可以适用企业破产法第二十四条第三款第四项的规定:

(一)因执业、经营中故意或者重大过失行为,受到行政机关、监管机构或者行业自律组织行政处罚或者纪律处分之日起未逾三年;

(二)因涉嫌违法行为正被相关部门调查;

(三)因不适当履行职务或者拒绝接受人民法院指定等原因,被人民法院从管理人名册除名之日起未逾三年;

(四)缺乏担任管理人所应具备的专业能力;

(五)缺乏承担民事责任的能力;

(六)人民法院认为可能影响履行管理人职责的其他情形。

第十条 编制管理人名册的人民法院应当组成专门的评审委员会,决定编入管理人名册的社会中介机构和个人名单。评审委员会成员应不少于七人。

人民法院应当根据本辖区社会中介机构以及社会中介机构中个人的实际情况,结合其执业业绩、能力、专业水准、社会中介机构的规模、办理企业破产案件的经验等因素制定管理人评定标准,由评审委员会根据申报人的具体情况评定其综合分数。

人民法院根据评审委员会评审结果,确定管理人初审名册。

第十一条 人民法院应当将管理人初审名册通过本辖区有影响的媒体进行公示,公示期为十日。

对于针对编入初审名册的社会中介机构和个人提出的异议,人民法院应当进行审查。异议成立、申请人确不宜担任管理人的,人民法院应将该社会中介机构或者个人从管理人初审名册中删除。

第十二条　公示期满后，人民法院应审定管理人名册，并通过全国有影响的媒体公布，同时逐级报最高人民法院备案。

第十三条　人民法院可以根据本辖区的实际情况，分批确定编入管理人名册的社会中介机构及个人。

编制管理人名册的全部资料应当建立档案备查。

第十四条　人民法院可以根据企业破产案件受理情况、管理人履行职务以及管理人资格变化等因素，对管理人名册适时进行调整。新编入管理人名册的社会中介机构和个人应当按照本规定的程序办理。

人民法院发现社会中介机构或者个人有企业破产法第二十四条第三款规定情形的，应当将其从管理人名册中除名。

二、管理人的指定

第十五条　受理企业破产案件的人民法院指定管理人，一般应从本地管理人名册中指定。

对于商业银行、证券公司、保险公司等金融机构以及在全国范围内有重大影响、法律关系复杂、债务人财产分散的企业破产案件，人民法院可以从所在地区高级人民法院编制的管理人名册列明的其他地区管理人或者异地人民法院编制的管理人名册中指定管理人。

第十六条　受理企业破产案件的人民法院，一般应指定管理人名册中的社会中介机构担任管理人。

第十七条　对于事实清楚、债权债务关系简单、债务人财产相对集中的企业破产案件，人民法院可以指定管理人名册中的个人为管理人。

第十八条　企业破产案件有下列情形之一的，人民法院可以指定清算组为管理人：

（一）破产申请受理前，根据有关规定已经成立清算组，人民法院认为符合本规定第十九条的规定；

（二）审理企业破产法第一百三十三条规定的案件；

（三）有关法律规定企业破产时成立清算组；

（四）人民法院认为可以指定清算组为管理人的其他情形。

第十九条　清算组为管理人的，人民法院可以从政府有关部门、编入管理人名册的社会中介机构、金融资产管理公司中指定清算组成员，人民银行及金融监督管理机构可以按照有关法律和行政法规的规定派人参加清算组。

第二十条　人民法院一般应当按照管理人名册所列名单采取轮候、抽签、摇号等随机方式公开指定管理人。

第二十一条　对于商业银行、证券公司、保险公司等金融机构或者在全国范围有重大影响、法律关系复杂、债务人财产分散的企业破产案件，人民法院可以采取公告的方式，邀请编入各地人民法院管理人名册中的社会中介机构参与竞争，从参与竞争的社会中介机构中指定管理人。参与竞争的社会中介机构不得少于三家。

采取竞争方式指定管理人的，人民法院应当组成专门的评审委员会。

评审委员会应当结合案件的特点，综合考量社会中介机构的专业水准、经验、机构规模、初步报价等因素，从参与竞争的社会中介机构中择优指定管理人。被指定为管理人的社会中介机构应经评审委员会成员二分之一以上通过。

采取竞争方式指定管理人的，人民法院应当确定一至两名备选社会中介机构，作为需要更换管理人时的接替人选。

第二十二条　对于经过行政清理、清算的商业银行、证券公司、保险公司等金融机构的破产案件，人民法院除可以按照本规定第十八条第一项的规定指定管理人外，也可以在金融监督管理机构推荐的已编入管理人名册的社会中介机构中指定管理人。

第二十三条　社会中介机构、清算组成员有下列情形之一，可能影响其忠实履行管理人职责的，人民法院可以认定为企业破产法第二十四条第三款第三项规定的利害关系：

（一）与债务人、债权人有未了结的债权债务关系；

（二）在人民法院受理破产申请前三年内，

曾为债务人提供相对固定的中介服务；

（三）现在是或者在人民法院受理破产申请前三年内曾经是债务人、债权人的控股股东或者实际控制人；

（四）现在担任或者在人民法院受理破产申请前三年内曾经担任债务人、债权人的财务顾问、法律顾问；

（五）人民法院认为可能影响其忠实履行管理人职责的其他情形。

第二十四条　清算组成员的派出人员、社会中介机构的派出人员、个人管理人有下列情形之一，可能影响其忠实履行管理人职责的，可以认定为企业破产法第二十四条第三款第三项规定的利害关系：

（一）具有本规定第二十三条规定情形；

（二）现在担任或者在人民法院受理破产申请前三年内曾经担任债务人、债权人的董事、监事、高级管理人员；

（三）与债权人或者债务人的控股股东、董事、监事、高级管理人员存在夫妻、直系血亲、三代以内旁系血亲或者近姻亲关系；

（四）人民法院认为可能影响其公正履行管理人职责的其他情形。

第二十五条　在进入指定管理人程序后，社会中介机构或者个人发现与本案有利害关系的，应主动申请回避并向人民法院书面说明情况。人民法院认为社会中介机构或者个人与本案有利害关系的，不应指定该社会中介机构或者个人为本案管理人。

第二十六条　社会中介机构或者个人有重大债务纠纷或者因涉嫌违法行为正被相关部门调查的，人民法院不应指定该社会中介机构或者个人为本案管理人。

第二十七条　人民法院指定管理人应当制作决定书，并向被指定为管理人的社会中介机构或者个人、破产申请人、债务人、债务人的企业登记机关送达。决定书应与受理破产申请的民事裁定书一并公告。

第二十八条　管理人无正当理由，不得拒绝人民法院的指定。

管理人一经指定，不得以任何形式将管理人应当履行的职责全部或者部分转给其他社会中介机构或者个人。

第二十九条　管理人凭指定管理人决定书按照国家有关规定刻制管理人印章，并交人民法院封样备案后启用。

管理人印章只能用于所涉破产事务。管理人根据企业破产法第一百二十二条规定终止执行职务后，应当将管理人印章交公安机关销毁，并将销毁的证明送交人民法院。

第三十条　受理企业破产案件的人民法院应当将指定管理人过程中形成的材料存入企业破产案件卷宗，债权人会议或者债权人委员会有权查阅。

三、管理人的更换

第三十一条　债权人会议根据企业破产法第二十二条第二款的规定申请更换管理人的，应由债权人会议作出决议并向人民法院提出书面申请。

人民法院在收到债权人会议的申请后，应当通知管理人在两日内作出书面说明。

第三十二条　人民法院认为申请理由不成立的，应当自收到管理人书面说明之日起十日内作出驳回申请的决定。

人民法院认为申请更换管理人的理由成立的，应当自收到管理人书面说明之日起十日内作出更换管理人的决定。

第三十三条　社会中介机构管理人有下列情形之一的，人民法院可以根据债权人会议的申请或者依职权迳行决定更换管理人：

（一）执业许可证或者营业执照被吊销或者注销；

（二）出现解散、破产事由或者丧失承担执业责任风险的能力；

（三）与本案有利害关系；

（四）履行职务时，因故意或者重大过失导致债权人利益受到损害；

（五）有本规定第二十六条规定的情形。

清算组成员参照适用前款规定。

第三十四条　个人管理人有下列情形之一的，人民法院可以根据债权人会议的申请或者依职权迳行决定更换管理人：

（一）执业资格被取消、吊销；

（二）与本案有利害关系；
（三）履行职务时，因故意或者重大过失导致债权人利益受到损害；
（四）失踪、死亡或者丧失民事行为能力；
（五）因健康原因无法履行职务；
（六）执业责任保险失效；
（七）有本规定第二十六条规定的情形。

清算组成员的派出人员、社会中介机构的派出人员参照适用前款规定。

第三十五条 管理人无正当理由申请辞去职务的，人民法院不予许可。正当理由的认定，可参照适用本规定第三十三条、第三十四条规定的情形。

第三十六条 人民法院对管理人申请辞去职务未予许可，管理人仍坚持辞去职务并不再履行管理人职责的，人民法院应当决定更换管理人。

第三十七条 人民法院决定更换管理人的，原管理人应当自收到决定书之次日起，在人民法院监督下向新任管理人移交全部资料、财产、营业事务及管理人印章，并及时向新任管理人书面说明工作进展情况。原管理人不能履行上述职责的，新任管理人可以直接接管相关事务。

在破产程序终结前，原管理人应当随时接受新任管理人、债权人会议、人民法院关于其履行管理人职责情况的询问。

第三十八条 人民法院决定更换管理人的，应将决定书送达原管理人、新任管理人、破产申请人、债务人以及债务人的企业登记机关，并予公告。

第三十九条 管理人申请辞去职务未获人民法院许可，但仍坚持辞职并不再履行管理人职责，或者人民法院决定更换管理人后，原管理人拒不向新任管理人移交相关事务的，人民法院可以根据企业破产法第一百三十条的规定和具体情况，决定对管理人罚款。对社会中介机构为管理人的罚款 5 万元至 20 万元人民币，对个人为管理人的罚款 1 万元至 5 万元人民币。

管理人有前款规定行为或者无正当理由拒绝人民法院指定的，编制管理人名册的人民法院可以决定停止其担任管理人一年至三年，或者将其从管理人名册中除名。

第四十条 管理人不服罚款决定的，可以向上一级人民法院申请复议，上级人民法院应在收到复议申请后五日内作出决定，并将复议结果通知下级人民法院和当事人。

最高人民法院关于《中华人民共和国企业破产法》施行时尚未审结的企业破产案件适用法律若干问题的规定

● 2007 年 4 月 25 日
● 法释〔2007〕10 号

为正确适用《中华人民共和国企业破产法》，对人民法院审理企业破产法施行前受理的、施行时尚未审结的企业破产案件具体适用法律问题，规定如下：

第一条 债权人、债务人或者出资人向人民法院提出重整或者和解申请，符合下列条件之一的，人民法院应予受理：
（一）债权人申请破产清算的案件，债务人或者出资人于债务人被宣告破产前提出重整申请，且符合企业破产法第七十条第二款的规定；
（二）债权人申请破产清算的案件，债权人于债务人被宣告破产前提出重整申请，且符合企业破产法关于债权人直接向人民法院申请重整的规定；
（三）债务人申请破产清算的案件，债务人于被宣告破产前提出重整申请，且符合企业破产法关于债务人直接向人民法院申请重整的规定；
（四）债务人依据企业破产法第九十五条的规定申请和解。

第二条 清算组在企业破产法施行前未通知或者答复未履行完毕合同的对方当事人解除或者继续履行合同的，从企业破产法施行之日起计算，在该法第十八条第一款规定的期限内未通知或者答复的，视为解除合同。

第三条　已经成立清算组的,企业破产法施行后,人民法院可以指定该清算组为管理人。
　　尚未成立清算组的,人民法院应当依照企业破产法和《最高人民法院关于审理企业破产案件指定管理人的规定》及时指定管理人。

第四条　债权人主张对债权债务抵销的,应当符合企业破产法第四十条规定的情形;但企业破产法施行前,已经依据有关法律规定抵销的除外。

第五条　对于尚未清偿的破产费用,应当按企业破产法第四十一条和第四十二条的规定区分破产费用和共益债务,并依据企业破产法第四十三条的规定清偿。

第六条　人民法院尚未宣告债务人破产的,应当适用企业破产法第四十六条的规定确认债权利息;已经宣告破产的,依据企业破产法施行前的法律规定确认债权利息。

第七条　债权人已经向人民法院申报债权的,由人民法院将相关申报材料移交给管理人;尚未申报的,债权人应当直接向管理人申报。

第八条　债权人未在人民法院确定的债权申报期内向人民法院申报债权的,可以依据企业破产法第五十六条的规定补充申报。

第九条　债权人对债权表记载债权有异议,向受理破产申请的人民法院提起诉讼的,人民法院应当依据企业破产法第二十一条和第五十八条的规定予以受理。但人民法院对异议债权已经作出裁决的除外。
　　债权人就争议债权起诉债务人,要求其承担偿还责任的,人民法院应当告知该债权人变更其诉讼请求为确认债权。

第十条　债务人的职工就清单记载有异议,向受理破产申请的人民法院提起诉讼的,人民法院应当依据企业破产法第二十一条和第四十八条的规定予以受理。但人民法院对异议债权已经作出裁决的除外。

第十一条　有财产担保的债权人未放弃优先受偿权利的,对于企业破产法第六十一条第一款第七项、第十项规定以外的事项享有表决权。但该债权人对于企业破产法施行前已经表决的事项主张行使表决权,或者以其未行使表决权为由请求撤销债权人会议决议的,人民法院不予支持。

第十二条　债权人认为债权人会议的决议违反法律规定,损害其利益,向人民法院请求撤销该决议,裁定尚未作出的,人民法院应当依据企业破产法第六十四条的规定作出裁定。

第十三条　债权人对于财产分配方案的裁定不服,已经申诉的,由上一级人民法院依据申诉程序继续审理;企业破产法施行后提起申诉的,人民法院应当告知其依据企业破产法第六十六条的规定申请复议。
　　债权人对于人民法院作出的债务人财产管理方案的裁定或者破产财产变价方案的裁定不服,向受理破产申请的人民法院申请复议的,人民法院应当依据企业破产法第六十六条的规定予以受理。
　　债权人或者债务人对破产宣告裁定有异议,已经申诉的,由上一级人民法院依据申诉程序继续审理;企业破产法施行后提起申诉的,人民法院不予受理。

第十四条　企业破产法施行后,破产人的职工依据企业破产法第一百三十二条的规定主张权利的,人民法院应予支持。

第十五条　破产人所欠董事、监事和高级管理人员的工资,应当依据企业破产法第一百一十三条第三款的规定予以调整。

第十六条　本规定施行前本院作出的有关司法解释与本规定相抵触的,人民法院审理尚未结的企业破产案件不再适用。

最高人民法院关于债权人对人员下落不明或者财产状况不清的债务人申请破产清算案件如何处理的批复

● 2008年8月7日
● 法释〔2008〕10号

贵州省高级人民法院:
　　你院《关于企业法人被吊销营业执照后,依法负有清算责任的人未向法院申请破产,债权人是否可以申请被吊销营业执照的企业破产的请示》(〔2007〕黔高民二破请终字1号)收悉。经

研究,批复如下:

债权人对人员下落不明或者财产状况不清的债务人申请破产清算,符合企业破产法规定的,人民法院应依法予以受理。债务人能否依据企业破产法第十一条第二款的规定向人民法院提交财产状况说明、债权债务清册等相关材料,并不影响对债权人申请的受理。

人民法院受理上述破产案件后,应当依据企业破产法的有关规定指定管理人追收债务人财产;经依法清算,债务人确无财产可供分配的,应当宣告债务人破产并终结破产程序;破产程序终结后二年内发现有依法应当追回的财产或者有应当供分配的其他财产,债权人可以请求人民法院追加分配。

债务人的有关人员不履行法定义务,人民法院可依据有关法律规定追究其相应法律责任;其行为导致无法清算或者造成损失,有权利人起诉请求其承担相应民事责任的,人民法院应依予以支持。

此复。

最高人民法院关于对因资不抵债无法继续办学被终止的民办学校如何组织清算问题的批复

- 2020年12月29日
- 法释〔2020〕18号

贵州省高级人民法院:

你院《关于遵义县中山中学被终止后人民法院如何受理"组织清算"的请示》[（2010）黔高研请字第1号]收悉。经研究,答复如下:

依照《中华人民共和国民办教育促进法》第十条批准设立的民办学校因资不抵债无法继续办学被终止,当事人依照《中华人民共和国民办教育促进法》第五十八条第二款规定向人民法院申请清算的,人民法院应当依法受理。人民法院组织民办学校破产清算,参照适用《中华人民共和国企业破产法》规定的程序,并依照《中华人民共和国民办教育促进法》第五十九条规定的顺序清偿。

最高人民法院关于税务机关就破产企业欠缴税款产生的滞纳金提起的债权确认之诉应否受理问题的批复

- 2012年6月26日
- 法释〔2012〕9号

青海省高级人民法院:

你院《关于税务机关就税款滞纳金提起债权确认之诉应否受理问题的请示》(青民他字〔2011〕1号)收悉。经研究,答复如下:

税务机关就破产企业欠缴税款产生的滞纳金提起的债权确认之诉,人民法院应依法受理。依照企业破产法、税收征收管理法的有关规定,破产企业在破产案件受理前因欠缴税款产生的滞纳金属于普通破产债权。对于破产案件受理后因欠缴税款产生的滞纳金,人民法院应当依照《最高人民法院关于审理企业破产案件若干问题的规定》第六十一条规定处理。

此复。

最高人民法院关于个人独资企业清算是否可以参照适用企业破产法规定的破产清算程序的批复

- 2012年12月11日
- 法释〔2012〕16号

贵州省高级人民法院:

你院《关于个人独资企业清算是否可以参照适用破产清算程序的请示》(〔2012〕黔高研请字第2号)收悉。经研究,批复如下:

根据《中华人民共和国企业破产法》第一百三十五条的规定,在个人独资企业不能清偿到期债务,并且资产不足以清偿全部债务或者明显缺乏清偿能力的情况下,可以参照适用企业破产法规定的破产清算程序进行清算。

根据《中华人民共和国个人独资企业法》第

三十一条的规定，人民法院参照适用破产清算程序裁定终结个人独资企业的清算程序后，个人独资企业的债权人仍然可以就其未获清偿的部分向投资人主张权利。

最高人民法院关于破产案件立案受理有关问题的通知

● 2016 年 7 月 28 日

各省、自治区、直辖市高级人民法院，新疆维吾尔自治区高级人民法院生产建设兵团分院：

中央经济工作会议提出推进供给侧结构性改革，这是适应我国经济发展新常态作出的重大战略部署。为供给侧结构性改革提供有力的司法保障，是当前和今后一段时期人民法院的重要任务。破产审判工作具有依法促进市场主体再生或有序退出、优化社会资源配置、完善优胜劣汰机制的独特功能，是人民法院保障供给侧结构性改革、推动过剩产能化解的重要途径。因此，各级法院要高度重视，大力加强破产审判工作，认真研究解决影响破产审判职能发挥的体制性、机制性障碍。当前，尤其要做好破产案件的立案受理工作，这是加强破产审判工作的首要环节。为此，特就人民法院破产案件立案受理的有关问题通知如下：

一、破产案件的立案受理事关当事人破产申请权保障，决定破产程序能否顺利启动，是审理破产案件的基础性工作，各级法院要充分认识其重要意义，依照本通知要求，切实做好相关工作，不得在法定条件之外设置附加条件，限制剥夺当事人的破产申请权，阻止破产案件立案受理，影响破产程序正常启动。

二、自 2016 年 8 月 1 日起，对于债权人、债务人等法定主体提出的破产申请材料，人民法院立案部门应一律接收并出具书面凭证，然后根据《中华人民共和国企业破产法》第八条的规定进行形式审查。立案部门经审查认为申请人提交的材料符合法律规定的，应按 2016 年 8 月 1 日起实施的《强制清算与破产案件类型及代字标准》，以"破申"作为案件类型代字编制案号，当场登记立案。不符合法律规定的，应予释明，并以书面形式一次性告知应当补充、补正的材料，补充、补正期间不计入审查期限。申请人按要求补充、补正的，应当登记立案。

立案部门登记立案后，应及时将案件移送负责审理破产案件的审判业务部门。

三、审判业务部门应当在五日内将立案及合议庭组成情况通知债务人及提出申请的债权人。对于债权人提出破产申请的，应在通知中向债务人释明，如对破产申请有异议，应当自收到通知之日起七日内向人民法院提出。

四、债权人提出破产申请的，审判业务部门应当自债务人异议期满之日起十日内裁定是否受理。其他情形的，审判业务部门应当自人民法院收到破产申请之日起十五日内裁定是否受理。

有特殊情况需要延长上述审限的，经上一级人民法院批准，可以延长十五日。

五、破产案件涉及的矛盾错综复杂，协调任务繁重，审理周期长，对承办法官的绩效考评应充分考虑这种特殊性。各高级法院要根据本地实际，积极探索建立能够全面客观反映审理破产案件工作量的考评指标体系和科学合理的绩效考评机制，充分调动法官承办破产案件的积极性。

六、各级法院要在地方党委的领导下，同地方政府建立破产工作统一协调机制，积极争取机构、编制、财政、税收等方面的支持，根据审判任务变化情况合理设置机构、配置人员，建立破产援助基金，协调政府解决职工安置问题，妥善化解影响社会稳定的各类风险。

七、请各高级法院、解放军军事法院，新疆维吾尔自治区高级人民法院生产建设兵团分院对本辖区、本系统各级法院今年上半年立案的破产案件数量和破产审判庭设置情况进行统计汇总，于 2016 年 8 月 20 日之前报最高人民法院民二庭。

各级人民法院对本通知执行中发现的新情况、新问题，应逐级报最高人民法院。

特此通知。

◎ 司法文件

最高人民法院关于人民法院在审理企业破产案件中适用最高人民法院《关于审理企业破产案件若干问题的规定》的通知

- 2002年12月26日
- 法〔2002〕273号

各省、自治区、直辖市高级人民法院,解放军军事法院,新疆维吾尔自治区高级人民法院生产建设兵团分院:

最高人民法院《关于审理企业破产案件若干问题的规定》(以下简称《规定》)已由最高人民法院审判委员会第1232次会议通过,并于2002年9月1日起施行。为在审理企业破产案件工作中正确适用《规定》,现就有关问题通知如下:

一、各级人民法院应当认真组织审判人员学习《规定》,深刻理解其含义,准确把握司法解释的精神,充分认识《规定》在规范企业破产行为,保障债权人和债务人的合法权益、防止假破产、真逃债,建立社会信用,维护社会经济秩序,促进社会主义市场经济发展方面的重要作用。

二、当事人向人民法院提出企业破产申请后,由立案庭接收有关申请材料,确定案号,并将有关申请材料移交审理企业破产案件的审判庭,由该审判庭依照《规定》的有关规定,决定是否受理当事人的申请。

三、企业破产申请人根据《规定》第十三条第二款、第十四条第三款的规定,向上一级人民法院提起上诉的,由上级人民法院审理企业破产案件的审判庭审理。

四、企业破产案件当事人根据《规定》第三十八条、第四十四条第二款的规定,向上一级人民法院申诉的,由上级人民法院审理企业破产案件的审判庭审理。

五、根据《规定》第一百零四条的规定,最高人民法院发现地方各级人民法院,或者上级人民法院发现下级人民法院在企业破产程序中作出的裁定确有错误的,由最高人民法院或者上级人民法院审理企业破产案件的审判庭审理。

六、各级人民法院在执行《规定》的过程中,应当注意加强调查研究,总结审判实践经验,切实保证《规定》的有效实施。

最高人民法院关于正确审理企业破产案件为维护市场经济秩序提供司法保障若干问题的意见

- 2009年6月12日
- 法发〔2009〕36号

各省、自治区、直辖市高级人民法院,解放军军事法院,新疆维吾尔自治区高级人民法院生产建设兵团分院:

当前,由于国际金融危机的不断发展和蔓延,我国经济发展仍然面临着严峻的考验。阻碍经济良性运行的负面因素和潜在风险明显增多,许多企业因资金链断裂引发的系统风险不断显现,严重影响了我国经济发展秩序良性运转和社会稳定。在当前经济形势下,充分发挥人民法院商事审判的职能作用,正确审理企业破产案件,防范和化解企业债务风险,挽救危困企业,规范市场主体退出机制,维护市场运行秩序,对于有效应对国际金融危机冲击,保障经济平稳较快发展,具有重要意义。现就人民法院做好企业破产案件审判工作,提出以下意见:

一、依法受理企业破产案件,为建立我国社会主义市场经济良性运行机制提供司法保障

1. 人民法院要正确认识企业破产法保障债权公平有序受偿、完善优胜劣汰的竞争机制、优化社会资源配置、调整社会产业结构、拯救危困企业的作用,依法受理审理企业破产清算、重整、和解案件,综合利用企业破产法的多种程序,充分发挥其对市场经济的调整作用,建立企业法人规范退出市场的良性运行机制,努力推动经济社会又好又快发展。

2. 为保障国家产业结构调整政策的落实,对于已经出现破产原因的企业,人民法院要依法受理符合条件的破产清算申请,通过破产清算程序使其从市场中有序退出。对于虽有借破产逃废债务可能但符合破产清算申请受理条件的非诚信企业,也要将其纳入到法定的破产清算程序中,通过撤销和否定其不当处置财产行为,以及追究出资人等相关主体责任的方式,使其借破产逃废债务的目的落空,剥夺其市场主体资格。对债权人申请债务人破产清算的,人民法院审查的重点是债务人是否不能清偿到期债务,而不能以债权人无法提交债务人财产状况说明等为由,不受理债权人的申请。

3. 对于虽然已经出现破产原因或者有明显丧失清偿能力可能,但符合国家产业结构调整政策、仍具发展前景的企业,人民法院要充分发挥破产重整和破产和解程序的作用,对其进行积极有效的挽救。破产重整和和解制度,为尚有挽救希望的危困企业提供了避免破产清算死亡、获得再生的机会,有利于债务人及其债权人、出资人、职工、关联企业等各方主体实现共赢,有利于社会资源的充分利用。努力推动企业重整和和解成功,促进就业、优化资源配置、减少企业破产给社会带来的不利影响,是人民法院审理企业破产案件的重要目标之一,也是人民法院商事审判工作服务于保增长、保民生、保稳定大局的必然要求。

二、坚持在当地党委的领导下,努力配合政府做好企业破产案件中的维稳工作,为构建和谐社会提供司法保障

4. 债务人进入破产程序后,因涉及债权人、债务人、出资人、企业职工等众多当事人的利益,各方矛盾极为集中和突出,处理不当,极易引发群体性、突发性事件,影响社会稳定。人民法院审理企业破产案件,一定要坚持在当地党委的领导下,充分发挥地方政府建立的风险预警机制、联动机制、资金保障机制等协调机制的作用,努力配合政府做好企业破产案件中的维稳工作。

5. 对于职工欠薪和就业问题突出、债权人矛盾激化、债务人弃企逃债等敏感类破产案件,要及时向当地党委汇报,争取政府的支持。在政府协调下,加强与相关部门的沟通、配合,及时采取有力措施,积极疏导并化解各种矛盾纠纷,避免哄抢企业财产、职工集体上访的情况发生,将不稳定因素消除在萌芽状态。有条件的地方,可通过政府设立的维稳基金或鼓励第三方垫款等方式,优先解决破产企业职工的安置问题,政府或第三方就劳动债权的垫款,可以在破产程序中按照职工债权的受偿顺序优先获得清偿。

三、充分发挥破产重整和和解程序挽救危困企业、实现企业持续经营的作用,保障社会资源有效利用

6. 人民法院要充分发挥司法能动作用,注重做好当事人的释明和协调工作,合理适用破产重整和和解程序。对于当事人同时申请债务人清算、重整、和解的,人民法院要根据债务人的实际情况和各方当事人的意愿,在组织各方当事人充分论证的基础上,对于有重整或者和解可能的,应当依法受理重整或者和解申请。当事人申请重整,但因企业经营规模较小、虽有挽救必要但重整成本明显高于重整收益的困难企业,有关权利人不同意重整的,人民法院可引导当事人通过和解方式挽救企业。人民法院要加强破产程序中的调解工作,在法律允许的框架下,积极支持债务人、管理人和新出资人等为挽救企业所做的各项工作,为挽救困难企业创造良好的法律环境。

7. 人民法院适用强制批准裁量权挽救危困企业时,要保证反对重整计划草案的债权人或者出资人在重整中至少可以获得在破产清算中本可获得的清偿。对于重整计划草案被提请批准时依照破产清算程序所能获得的清偿比例的确定,应充分考虑其计算方法是否科学、客观、准确,是否充分保护了利害关系人的应有利益。人民法院要严格审查重整计划草案,综合考虑社会公共利益,积极审慎适用裁量权。对不符合强制批准条件的,不能借挽救企业之名违法审批。上级人民法院要肩负起监督职责,对利害关系人就重整程序中反映的问题要进行认真审查,问题属实的,要及时予以纠正。

四、在破产程序中要注重保障民生,切实维护职工合法权益

8. 依法优先保护劳动者权益,是破产法律制度的重要价值取向。人民法院在审理企业破产案件中,要切实维护职工的合法权益,严格依法保护职工利益。召开债权人会议要有债务人的职工和工会代表参加,保障职工对破产程序的参与权。职工对管理人确认的工资等债权有异议的,管理人要认真审查核对,发现错误要及时纠正;因管理人未予纠正,职工据此提起诉讼的,人民法院要严格依法审理,及时作出判决。

9. 表决重整计划草案时,要充分尊重职工的意愿,并就债务人所欠职工工资等债权设定专门表决组进行表决;职工债权人表决组未通过重整计划草案的,人民法院强制批准必须以应当优先清偿的职工债权全额清偿为前提。企业继续保持原经营范围的,人民法院要引导债务人或管理人在制作企业重整计划草案时,尽可能保证企业原有职工的工作岗位。

10. 保障职工合法权益需要社会各方面的共同努力。人民法院要加强与国家社会保障部门、劳动部门、工商行政管理部门、组织人事等部门的沟通和协调,积极提出司法建议,推动适合中国特色的社会保障体制的建立和完善。

五、妥善指定适格管理人,充分发挥管理人在企业破产程序中的积极作用

11. 人民法院要根据企业破产法和有关司法解释的规定,采用适当方式指定管理人,对于重大疑难案件,可以通过竞争的方式择优确定管理人。要注意处理好审理破产案件的审判庭和司法技术辅助工作部门的关系,在指定管理人时,应由审理破产案件的审判庭根据案件实际情况决定采用哪类管理人以及采用哪种产生方式,在决定通过随机方式或者竞争方式产生管理人或其成员时,再由司法技术辅助工作部门根据规定产生管理人或其成员。

12. 企业重整中,因涉及重大资产重组、经营模式选择、引入新出资人等商业运作内容,重整中管理人的职责不仅是管理和处分债务人财产,更要管理债务人的经营业务,特别是制定和执行重整计划。因此,在我国目前管理人队伍尚未成熟的情况下,人民法院指定管理人时,应当注意吸收相关部门和人才,根据实际情况选择指定的形式和方式,以便产生适格管理人。

13. 管理人的工作能力和敬业精神直接决定着企业破产案件能否依法有效进行,以及破产法律制度能否充分发挥其应有的作用。人民法院要特别注意加强对管理人业务知识和各种能力的培养,建立管理人考核机制,通过业绩考核,形成激励和淘汰机制,逐步实现管理人队伍的专业化。

六、正确适用企业破产法的各项制度,充分保护债权人合法权益

14. 人民法院在审理企业破产案件中,要充分调动管理人的积极性,促使其利用法律手段,努力查找和追收债务人财产,最大限度保护债权人利益。对出资不实、抽逃出资的,要依法追回;对于不当处置公司财产的行为,要依法撤销或者认定无效,并追回有关财产;对于违反法律、行政法规等规定,给公司或债权人造成损失的,要依法追究行为人的民事责任;对于发现妨碍清算行为的犯罪线索,要及时向侦查机关通报情况。

15. 要充分发挥债权人会议和债权人委员会的职能作用,切实保障债权人对破产程序的参与权,坚决防止地方保护主义,即使在以挽救债务人为主要目的的破产重整和和解程序中,仍然要以充分保障债权人利益为前提,重整计划和和解协议的通过与否,要严格按照法定的程序确定表决权并依法表决。

16. 人民法院在审理债务人人员下落不明或财产状况不清的破产案件时,要从充分保障债权人合法利益的角度出发,在对债务人的法定代表人、财务管理人员、其他经营管理人员,以及出资人等进行释明,或者采取相应罚款、训诫、拘留等强制措施后,债务人仍不向人民法院提交有关材料或者不提交全部材料,影响清算顺利进行的,人民法院就现有财产对已知债权进行公平清偿并裁定终结清算程序后,应当告知债权人可以另行提起诉讼要求有责任的有限责任公司股东、股份有限公司董事、控股股东,以及实际控制人等清算义务人对债务人的债务承担清偿责任。

七、正确认识破产程序与执行程序的功能定位,做好两个程序的有效衔接

17. 人民法院要充分认识破产程序和执行程序的不同功能定位,充分发挥企业破产法公平保护全体债权人的作用。破产程序是对债务人全部财产进行的概括执行,注重对所有债权的公平受偿,具有对一般债务清偿程序的排他性。因此,人民法院受理破产申请后,对债务人财产所采取的所有保全措施和执行程序都应解除和中止,相关债务在破产清算程序中一并公平清偿。

18. 人民法院要注重做好破产程序和执行程序的衔接工作,确保破产财产妥善处置。涉及到人民法院内部破产程序和执行程序的操作的,应注意不同法院、不同审判部门、不同程序的协调与配合。涉及到债务人财产被其他国家行政机关采取保全措施或执行程序的,人民法院应积极与上述机关进行协调和沟通,取得有关机关的配合,依法解除有关保全措施,中止有关执行程序。

19. 人民法院受理破产申请后,在宣告债务人破产前裁定驳回申请人的破产申请,并终结程序的,应当在作出终结破产程序的裁定前,告知管理人通知原对债务人财产采取保全措施或执行程序的法院恢复原有的保全措施或执行程序,有轮候保全的,以原采取保全措施的时间确定轮候顺位。对恢复受理债务人为被执行人的执行案件,应当适用申请执行时效中断的有关规定。

八、加强审理破产案件法官专业化队伍建设,充分发挥商事审判职能作用

20. 随着我国经济市场化、国际化程度越来越高,企业破产案件将呈逐步增长趋势,这对人民法院审判工作提出了更高的要求。一方面,企业破产案件审理周期长、难度大、事务性工作繁重,人民法院长期以来案多人少的矛盾更加突出。另一方面,由于破产案件审理的复杂性和特殊性,客观上需要一支不仅具备较为扎实的法学理论功底,而且还要有解决社会矛盾、处理应急事务、协调各方利益等多方面工作能力的专业化法官队伍。因此,人民法院要加强法官专业化队伍建设,在人财物方面给予支持和保障。有条件的法院可以根据企业破产案件的数量,成立专门的破产案件审判庭,或指定专门的合议庭负责审理破产案件。

21. 人民法院要积极调动法官审理企业破产案件的积极性,在考核法官工作业绩时,要充分考虑企业破产案件审理的特殊性,以及法官办理企业破产案件所付出的辛勤劳动和承担的各种压力,积极探索能够客观反映审理破产案件工作量的科学考评标准,不断提高破产案件的审理质量。

22. 审理企业破产案件的法官,要大力加强对党的路线方针政策的学习,增强大局意识和责任意识。在当前经济形势下,更要正确处理好保护金融债权与挽救危困企业之间的关系,实现债权人与债务人的共赢,共渡难关。正确处理好保护投资者利益与维护职工合法权益之间的关系,保障社会和谐稳定。正确处理好企业破产清算与企业再生之间的关系,实现社会资源的充分利用以及法律效果和社会效果的有机统一。广大法官要大力加强廉政建设,严格执行最高人民法院"五个严禁"等审判纪律和规章制度,无论是在指定管理人还是在委托拍卖财产等敏感环节,都要坚持以制度管人,坚决杜绝人情案、关系案、金钱案,确保以公正高效的审判业绩,为我国国民经济平稳较快发展创造条件。

最高人民法院印发《关于审理公司强制清算案件工作座谈会纪要》的通知

● 2009年11月4日
● 法发〔2009〕52号

各省、自治区、直辖市高级人民法院,解放军军事法院,新疆维吾尔自治区高级人民法院生产建设兵团分院:

现将最高人民法院《关于审理公司强制清算案件工作座谈会纪要》印发给你们,请结合审判工作实际,遵照执行。

当前,因受国际金融危机和世界经济衰退影响,公司经营困难引发的公司强制清算案件大幅度增加。《中华人民共和国公司法》和《最高人民法院关于适用〈中华人民共和国公司法〉若干问题的规定(二)》(以下简称公司法司法解释二)对于公司强制清算案件审理中的有关问题已作出规定,但鉴于该类案件非讼程序的特点和目前清算程序规范的不完善,有必要进一步明确该类案件审理原则,细化有关程序和实体规定,更好地规范公司退出市场行为,维护市场运行秩序,依法妥善审理公司强制清算案件,维护和促进经济社会和谐稳定。为此,最高人民法院在广泛调研的基础上,于2009年9月15日至16日在浙江省绍兴市召开了全国部分法院审理公司强制清算案件工作座谈会。与会同志通过认真讨论，就有关审理公司强制清算案件中涉及的主要问题达成了共识。现纪要如下：

一、关于审理公司强制清算案件应当遵循的原则

1. 会议认为，公司作为现代企业的主要类型，在参与市场竞争时，不仅要严格遵循市场准入规则，也要严格遵循市场退出规则。公司强制清算作为公司退出市场机制的重要途径之一，是公司法律制度的重要组成部分。人民法院在审理此类案件时，应坚持以下原则：

第一，坚持清算程序公正原则。公司强制清算的目的在于有序结束公司存续期间的各种商事关系，合理调整众多法律主体的利益，维护正常的经济秩序。人民法院审理公司强制清算案件，应当严格依照法定程序进行，坚持在程序正义的基础上实现清算结果的公正。

第二，坚持清算效率原则。提高社会经济的整体效率，是公司强制清算制度追求的目标之一，要严格而不失快捷地使已经出现解散事由的公司退出市场，将其可能给各方利益主体造成的损失降至最低。人民法院审理强制清算案件，要严格按照法律规定及时有效地完成清算，保障债权人、股东等利害关系人的利益及时得到实现，避免因长期拖延清算给相关利害关系人造成不必要的损失，保障社会资源的有效利用。

第三，坚持利益均衡保护原则。公司强制清算中应当以维护公司各方主体利益平衡为原则，实现公司退出环节中的公平公正。人民法院在审理公司强制清算案件时，既要充分保护债权人利益，又要兼顾职工利益、股东利益和社会利益，妥善处理各方利益冲突，实现法律效果和社会效果的有机统一。

二、关于强制清算案件的管辖

2. 对于公司强制清算案件的管辖应当分别从地域管辖和级别管辖两个角度确定。地域管辖法院应为公司住所地的人民法院，即公司主要办事机构所在地法院；公司主要办事机构所在地不明确、存在争议的，由公司注册登记地人民法院管辖。级别管辖应当按照公司登记机关的级别予以确定，即基层人民法院管辖县、县级市或者区的公司登记机关核准登记公司的公司强制清算案件；中级人民法院管辖地区、地级市以上的公司登记机关核准登记公司的公司强制清算案件。存在特殊原因的，也可参照适用《中华人民共和国企业破产法》第四条、《中华人民共和国民事诉讼法》第三十七条和第三十九条的规定，确定公司强制清算案件的审理法院。

三、关于强制清算案件的案号管理

3. 人民法院立案庭收到申请人提交的对公司进行强制清算的申请后，应当及时以"（×××）××法×清（预）字第×号"立案。立案庭立案后，应当将申请人提交的申请等有关材料移交审理强制清算案件的审判庭审查，并由审判庭依法作出是否受理强制清算申请的裁定。

4. 审判庭裁定不予受理强制清算申请的，裁定生效后，公司强制清算案件应当以"（×××）××法×清（预）字第×号"结案。审判庭裁定受理强制清算申请的，立案庭应当以"（×××）××法×清（算）字第×号"立案。

5. 审判庭裁定受理强制清算申请后，在审理强制清算案件中制作的民事裁定书、决定书等，应当在"（××××）××法×清（算）字第×号"后依次编号，如"（××××）××法×清（算）字第×-1号民事裁定书"、"（××××）××法×清（算）字第×-2号民事裁定书"等，或者"（××××）××法×清（算）字第×-1号决定书"、"（××××）××法×清（算）字第×-2号决定书"等。

四、关于强制清算案件的审判组织

6. 因公司强制清算案件在案件性质上类似于企业破产案件，因此强制清算案件应当由负责审理企业破产案件的审判庭审理。有条件的人民法院，可由专门的审判庭或者指定专门的合议庭审理公司强制清算案件和企业破产案件。公司强制清算案件应当组成合议庭进行审理。

五、关于强制清算的申请

7. 公司债权人或者股东向人民法院申请强制清算应当提交清算申请书。申请书应当载明申请人、被申请人的基本情况和申请的事实和理由。同时，申请人应当向人民法院提交被申请人已经发生解散事由以及申请人对被申请人享有债权或者股权的有关证据。公司解散后已经自行成立清算组进行清算，但债权人或者股东以有故意拖延清算，或者存在其他违法清算可能严重损害债权人或者股东利益为由,申请人民法院强制清算的,申请人还应当向人民法院提交公司故意拖延清算,或者存在其他违法清算行为可能严重损害其利益的相应证据材料。

8. 申请人提交的材料需要更正、补充的,人民法院应当责令申请人于七日内予以更正、补充。申请人由于客观原因无法按时更正、补充的,应当向人民法院予以书面说明并提出延期申请,由人民法院决定是否延长期限。

六、关于对强制清算申请的审查

9. 审理强制清算案件的审判庭审查决定是否受理强制清算申请时,一般应当召开听证会。对于事实清楚、法律关系明确、证据确实充分的案件,经书面通知被申请人,其对书面审查方式无异议的,也可决定不召开听证会,而采用书面方式进行审查。

10. 人民法院决定召开听证会的,应当于听证会召开五日前通知申请人、被申请人,并送达相关申请材料。公司股东、实际控制人等利害关系人申请参加听证的,人民法院应予准许。听证会中,人民法院应当组织有关利害关系人对申请人是否具备申请资格、被申请人是否已经发生解散事由、强制清算申请是否符合法律规定等内容进行听证。因补充证据等原因需要再次召开听证会的,应在补充期限届满后十日内进行。

11. 人民法院决定不召开听证会的,应当及时通知申请人和被申请人,并向被申请人送达有关申请材料,同时告知被申请人若对申请人的申请有异议,应当自收到人民法院通知之日起七日内向人民法院书面提出。

七、关于对强制清算申请的受理

12. 人民法院应当在听证会召开之日或者自异议期满之日起十日内,依法作出是否受理强制清算申请的裁定。

13. 被申请人就申请人对其是否享有债权或股权,或者对申请人是否发生解散事由提出异议的,人民法院对申请人提出的强制清算申请应不予受理。申请人可就有关争议单独提起诉讼或者仲裁予以确认后,另行向人民法院提起强制清算申请。但对上述异议事项已有生效法律文书予以确认,以及发生被吊销企业法人营业执照、责令关闭或者被撤销等解散事由有明确、充分证据的除外。

14. 申请人提供被申请人自行清算中故意拖延清算,或者存在其他违法清算可能严重损害债权人或者股东利益的相应证据材料后,被申请人未能举出相反证据的,人民法院对申请人提出的强制清算申请应予受理。债权人申请强制清算,被申请人的主要财产、账册、重要文件等灭失,或者被申请人人员下落不明,导致无法清算的,人民法院不得以此为由不予受理。

15. 人民法院受理强制清算申请后,经审查发现强制清算申请不符合法律规定的,可以裁定驳回强制清算申请。

16. 人民法院裁定不予受理或者驳回受理申请,申请人不服的,可以向上一级人民法院提起上诉。

八、关于强制清算申请的撤回

17. 人民法院裁定受理公司强制清算申请前,申请人请求撤回其申请的,人民法院应予准许。

18. 公司因公司章程规定的营业期限届满或者公司章程规定的其他解散事由出现,或者股东会、股东大会决议自愿解散的,人民法院受理强制清算申请后,清算组对股东进行剩余财产分配前,申请人以公司修改章程,或者股东会、股东大会决议公司继续存续为由,请求撤回强制清算申请的,人民法院应予准许。

19. 公司因依法被吊销营业执照、责令关闭或者被撤销,或者被人民法院判决强制解散的,人民法院受理强制清算申请后,清算组对股东进行剩余财产分配前,申请人向人民法院申请撤回强制清算申请的,人民法院应不予准许。但申请人有证据证明相关行政决定被撤销,或者人民法院作出解散公司判决后当事人又达成公司存续和解协议的除外。

九、关于强制清算案件的申请费

20. 参照《诉讼费用交纳办法》第十条、第十四条、第二十条和第四十二条关于企业破产案件申请费的有关规定,公司强制清算案件的申请费以强制清算财产总额为基数,按照财产案件受理费标准减半计算,人民法院受理强制清算申请后从被申请人财产中优先拨付。因财产不足以清偿全部债务,强制清算程序依法转入破产清算程序的,不再另行计收破产案件申请费;按照上述标准计收的强制清算案件申请费超过30万元的,超过部分不再收取,已经收取的,应予退还。

21. 人民法院裁定受理强制清算申请前,申请人请求撤回申请,人民法院准许的,强制清算案件的申请费不再从被申请人财产中予以拨付;人民法院受理强制清算申请后,申请人请求撤回申请,人民法院准许的,已经从被申请人财产中优先拨付的强制清算案件申请费不予退回。

十、关于强制清算清算组的指定

22. 人民法院受理强制清算案件后,应当及时指定清算组成员。公司股东、董事、监事、高级管理人员能够而且愿意参加清算的,人民法院可优先考虑指定上述人员组成清算组;上述人员不能、不愿进行清算,或者由其负责清算不利于清算依法进行的,人民法院可以指定《人民法院中介机构管理人名册》和《人民法院个人管理人名册》中的中介机构或者个人组成清算组;人民法院也可根据实际需要,指定公司股东、董事、监事、高级管理人员,与管理人名册中的中介机构或者个人共同组成清算组。人民法院指定管理人名册中的中介机构或者个人组成清算组,或者担任清算组成员的,应当参照适用《最高人民法院关于审理企业破产案件指定管理人的规定》。

23. 强制清算清算组成员的人数应当为单数。人民法院指定清算组成员的同时,应当根据清算组成员的推选,或者依职权,指定清算组负责人。清算组负责人代行清算中公司诉讼代表人职权。清算组成员未依法履行职责的,人民法院应当依利害关系人的申请,或者依职权及时予以更换。

十一、关于强制清算清算组成员的报酬

24. 公司股东、实际控制人或者股份有限公司的董事担任清算组成员的,不计付报酬。上述人员以外的有限责任公司的董事、监事、高级管理人员,股份有限公司的监事、高级管理人员担任清算组成员的,可以按照其上一年度的平均工资标准计付报酬。

25. 中介机构或者个人担任清算组成员的,其报酬由中介机构或者个人与公司协商确定;协商不成的,由人民法院参照《最高人民法院关于审理企业破产案件确定管理人报酬的规定》确定。

十二、关于强制清算清算组的议事机制

26. 公司强制清算中的清算组因清算事务发生争议的,应当参照公司法第一百一十二条的规定,经全体清算组成员过半数决议通过。与争议事项有直接利害关系的清算组成员可以发表意见,但不得参与投票;因利害关系人回避表决无法形成多数意见的,清算组可以请求人民法院作出决定。与争议事项有直接利害关系的清算组成员未回避表决形成决定的,债权人或者清算组其他成员可以参照公司法第二十二条的规定,自决定作出之日起六十日内,请求人民法院予以撤销。

十三、关于强制清算中的财产保全

27. 人民法院受理强制清算申请后,公司财产存在被隐匿、转移、毁损等可能影响依法清算情形的,人民法院可依清算组或者申请人的申请,对公司财产采取相应的保全措施。

十四、关于无法清算案件的审理

28. 对于被申请人主要财产、账册、重要文件等灭失,或者被申请人人员下落不明的强制清算案件,经向被申请人的股东、董事等直接责任人员释明或采取罚款等民事制裁措施后,仍然无法清算或无法全面清算,对于尚有部分财产,且依据现有账册、重要文件等,可以进行部分清偿的,应当参照企业破产法的规定,对现有财产进行公平清偿后,以无法全面清算为由终结强制清算程序;对于没有任何财产、账册、重要文件,被申请人人员下落不明的,应当以无法清算为由终结强制清算程序。

29. 债权人申请强制清算,人民法院以无法清算或者无法全面清算为由裁定终结强制清算程序的,应当在终结裁定中载明,债权人可以另行依据公司法司法解释二第十八条的规定,要求被申请人的股东、董事、实际控制人等清算义务人对其债务承担偿还责任。股东申请强制清算,人民法院以无法清算或者无法全面清算为由作出终结强制清算程序的,应当在终结裁定中载明,股东可以向控股股东等实际操控公司的主体主张有关权利。

十五、关于强制清算案件衍生诉讼的审理

30. 人民法院受理强制清算申请前已经开始,人民法院受理强制清算申请时尚未审结的有关被强制清算公司的民事诉讼,由原受理法院继续审理,但应依法将原法定代表人变更为清算组负责人。

31. 人民法院受理强制清算申请后，就强制清算公司的权利义务产生争议的，应当向受理强制清算申请的人民法院提起诉讼，并由清算组负责代表清算中公司参加诉讼活动。受理强制清算申请的人民法院对此类案件，可以适用民事诉讼法第三十七条和第三十九条的规定确定审理法院。上述案件在受理法院内部各审判庭之间按照业务分工进行审理。人民法院受理强制清算申请后，就强制清算公司的权利义务产生争议，当事人双方就产生争议约定有明确有效的仲裁条款的，应当按照约定通过仲裁方式解决。

十六、关于强制清算和破产清算的衔接

32. 公司强制清算中，清算组在清理公司财产、编制资产负债表和财产清单时，发现公司财产不足清偿债务的，除依据公司法司法解释二第十七条的规定，通过与债权人协商制作有关债务清偿方案小清偿债务的外，应依据公司法第一百八十八条和企业破产法第七条第三款的规定向人民法院申请宣告破产。

33. 公司强制清算中，有关权利人依据企业破产法第二条和第七条的规定向人民法院另行提起破产申请的，人民法院应当依法进行审查。权利人的破产申请符合企业破产法规定的，人民法院应当依法裁定予以受理。人民法院裁定受理破产申请后，应当裁定终结强制清算程序。

34. 公司强制清算转入破产清算后，原强制清算中的清算组由《人民法院中介机构管理人名册》和《人民法院个人管理人名册》中的中介机构或者个人组成或者参加的，除该中介机构或者个人存在与本案有利害关系等不宜担任管理人或者管理人成员的情形外，人民法院可根据企业破产法及其司法解释的规定，指定该中介机构或者个人作为破产案件的管理人，或吸收该中介机构为新成立的清算组管理人的成员。上述中介机构或个人在公司强制清算和破产清算中取得的报酬总额，不应超过按照企业破产法计付的管理人或管理人成员的报酬。

35. 上述中介机构或者个人不宜担任破产清算中的管理人或者管理人的成员的，人民法院应当根据企业破产法和有关司法解释的规定，及时指定管理人。原强制清算中的清算组应当及时将清算事务及有关材料等移交给管理人。公司强制清算中已经完成的清算事项，如无违反企业破产法或者有关司法解释的情形的，在破产清算程序中应承认其效力。

十七、关于强制清算程序的终结

36. 公司依法清算结束，清算组制作清算报告并报人民法院确认后，人民法院应当裁定终结清算程序。公司登记机关依清算组的申请注销公司登记后，公司终止。

37. 公司因公司章程规定的营业期限届满或者公司章程规定的其他解散事由出现，或者股东会、股东大会决议自愿解散的，人民法院受理债权人提出的强制清算申请后，对股东进行剩余财产分配前，公司修改章程、或者股东会、股东大会决议公司继续存续，申请人在其个人债权及他人债权均得到全额清偿后，未撤回申请的，人民法院可以根据被申请人的请求裁定终结强制清算程序，强制清算程序终结后，公司可以继续存续。

十八、关于强制清算案件中的法律文书

38. 审理强制清算的审判庭审理该类案件时，对于受理、不受理强制清算申请、驳回申请人的申请、允许或者驳回申请人撤回申请、采取保全措施、确认清算方案、确认清算终结报告、终结强制清算程序的，应当制作民事裁定书。对于指定或者变更清算组成员、确定清算组成员报酬、延长清算期限、制裁妨碍清算行为的，应当制作决定书。对于其他所涉有关法律文书的制作，可参照企业破产清算中人民法院的法律文书样式。

十九、关于强制清算程序中对破产清算程序的准用

39. 鉴于公司强制清算与破产清算在具体程序操作上的相似性，就公司法、公司法司法解释二，以及本会议纪要未予涉及的情形，如清算公司的有关人员未依法妥善保管其占有和管理的财产、印章和账簿、文书资料，清算组未及时接管清算中公司的财产、印章和账簿、文书，清算中公司拒不向人民法院提交或者揉夺不真实的财产状况说明、债务清册、债权清册、有关财务会计报告以及职工工资的支付情况和社会保险费用的缴纳情况，清算中公司拒不向清算组移交财产、印章和账簿、文书等资料，或者伪造、销毁有关财产证据材料而使财产状况不明，股东未缴足出资、抽逃出资，以及公司董事、监事、高级管理人员非法侵占公司财产等,可参照企业破产法及其司法解释的有关规定处理。

二十、关于审理公司强制清算案件中应当注意的问题

40. 鉴于此类案件属于新类型案件,且涉及的法律关系复杂、利益主体众多,人民法院在审理难度大、涉及面广、牵涉社会稳定的重大疑难清算案件时,要在严格依法的前提下,紧紧依靠党委领导和政府支持,充分发挥地方政府建立的各项机制,有效做好维护社会稳定的工作。同时,对于审判实践中发现的新情况、新问题,要及时逐级上报。上级人民法院要加强对此类案件的监督指导,注重深入调查研究,及时总结审判经验,确保依法妥善审理好此类案件。

最高人民法院关于印发《人民法院破产程序法律文书样式(试行)》的通知

● 2011年10月13日

各省、自治区、直辖市高级人民法院,解放军军事法院,新疆维吾尔自治区高级人民法院生产建设兵团分院:

为了更好地指导各级人民法院正确适用《中华人民共和国企业破产法》及相关司法解释,规范人民法院破产程序法律文书,提高人民法院审理企业破产案件质量,最高人民法院制作了《人民法院破产程序法律文书样式(试行)》,现予以印发,并就适用该文书样式的有关问题通知如下:

一、关于本文书样式的体例

针对破产程序各阶段和相关程序的工作内容,按照简洁、实用、便利的原则,文书样式分为"通用类文书"、"破产清算程序用文书"、"重整程序用文书"、"和解程序用文书"以及适用于破产衍生诉讼一审程序的"破产衍生诉讼用文书"五类共105个文书样式。各文书样式均包括文书主文和制作说明两部分。文书主文是文书的核心部分,包括文书名称、文号、名头、主文、落款、附件等部分。制作说明是文书样式的辅助部分,主要列明制作文书样式的法律依据以及文书制作中需要注意的问题,以有利于人民法院正确制作、使用文书。

二、关于相关案件的案号和各文书样式的文号

1. 破产案件的案号

破产案件的案号为"(××××)×破字第×号"。人民法院审理一个债务人的破产案件,包括破产申请受理前后,以及破产清算与重整、和解之间相互转化程序前后,均应使用同一案号。

"(××××)×破字第×号"中的"(×××)",应列明人民法院受理破产案件的年份;"(××××)×破字第×号"中的"×",应列明审理破产案件法院的简称;"(××××)×破字第×号"中的"×",应列明该破产案件的案号。

2. 破产案件中出具的各类文书的文号

鉴于破产案件进展中程序不同和出具的各文书性质不同,人民法院在审理一个破产案件中将出具众多的民事裁定书、决定书、通知、公告和复函等各类文书,为体现相关文书出具的不同阶段以及各类文书的排序,人民法院在审理破产案件时,应当在上述案号的基础上,在所出具有关文书的文号上分别以"预"、"初"、"-×"等予以标识。具体如下:

"(××××)×破(预)字第×号"中的"(预)",体现该文书出具在破产申请受理前,即人民法院裁定受理破产清算、重整、和解申请前制作的各类法律文书,以及作出的不予受理和受理上述申请的民事裁定书,均以"(××××)×破(预)字第×号"确定文号。人民法院裁定受理破产申请后,则应以"(××××)×破字第×号"确定文号。

"(××××)×破初字第×号"中的"初",体现该文书系审理破产案件的人民法院作出的一审裁定。根据企业破产法的规定,申请人不服该裁定的可向上一级人民法院提起上诉。此类文号涉及人民法院作出的不予受理破产申请和驳回破产申请两类民事裁定书。

"(××××)×破字第×-×号"中的"-×",体现不同文书的编排序号。如人民法院在审理一个破产案件中作出的所有民事裁定书,应当分别以"(××××)×破字第×-1号"民事裁定书、"(××××)×破字第×-2号"民事裁书、"(××××)×破字第×-3号"民事裁定书……依次编号;作出的所有决定书,应当分别以"(××××)×破字第×-1号"决定书、"(××××)×破字第×-2号"决定书、"(××××)×破字第×-3号"决定书……依次编号,等等。编排序号不受破产申请受理前后的影响,如破产申请受理前最后编号为"(××××)×破(预)字第×-5号"民事裁定书的,破产申请受理后应直接以"(××××)×破字第×-6号"民事裁定书依次编号。

3. 上一级人民法院审理相关案件的案号

受理破产案件的人民法院作出的不予受理或者驳回破产申请的民事裁定书,以及拘留、罚款决定书,根据法律规定可以分别向上一级人民法院提起上诉或申请复议。上一级人民法院对于这类案件应当分别以"(××××)×破(预)终字第×号"、"(××××)×破终字第×号"、以及"(××××)×破复字第×号"确定案号。其中,"(××××)×破(预)终字第×号"中的"(××××)",应列明二审法院受理破产案件的年份;"(××××)×破(预)终字第×号"中的"×",应列明二审法院的简称;"(××××)×破(预)终字第×号"中的"×",应列明该二审案件的案号。其他两类文书同理。

4. 破产衍生诉讼案件的案号

根据企业破产法的规定,破产申请受理后有关债务人的实体权利义务等发生争议的,均应另行向受理破产申请的人民法院提起诉讼,即为破产衍生诉讼。因破产衍生诉讼独立于破产案件,系普通民商事案件,因此,其一审均应以"(××××)×民初字第×号"确定案号,二审均应以"(××××)×民终字第×号"确定案号。

三、关于本文书样式的适用

人民法院适用企业破产法审理相关案件涉及的文书样式十分复杂,且在实践中会不断遇到新情况新问题,此次下发的仅是其中常用的、具有代表性的文书样式,且有的文书样式尚待相关司法解释颁布后再作补充与完善。因此,实践中如遇未列出的文书,可参考这些常用样式,根据案件具体情况变通适用。

请各高级人民法院注意收集辖区内人民法院在适用本文书样式中发现的问题并提出改进建议,及时报告最高人民法院民事审判第二庭。

特此通知。

《人民法院破产程序法律文书样式(试行)》

一、通用类文书

文书样式1

××××人民法院
决定书
(指定管理人用)

(××××)×破字第×-×号

××××年××月××日,本院根据×××(申请人姓名或名称)的申请,裁定受理×××(债务人名称)破产清算(或重整、和解)一案。经……(写明指定程序),依照……(写明所依据的法律条款项)之规定,指定×××担任×××(债务人名称)管理人。

管理人应当勤勉尽责,忠实执行职务,履行《中华人民共和国企业破产法》规定的管理人的各项职责,向人民法院报告工作,并接受债权人会议和债权人委员会的监督。管理人职责如下:

(一)接管债务人的财产、印章和账簿、文书等资料;

(二)调查债务人财产状况,制作财产状况报告;

(三)决定债务人的内部管理事务;

(四)决定债务人的日常开支和其他必要开支;

(五)在第一次债权人会议召开之前,决定继续或者停止债务人的营业;

(六)管理和处分债务人的财产;

(七)代表债务人参加诉讼、仲裁或者其他法律程序;

(八)提议召开债权人会议;

(九)本院认为管理人应当履行的其他职责。

××××年××月××日
(院印)

说明：

一、本样式系根据《最高人民法院关于审理企业破产案件指定管理人的规定》第二十七条制定，供人民法院裁定受理破产清算、重整或者和解申请后指定管理人时使用。

二、指定清算组担任管理人的，还应写明：依照《最高人民法院关于审理企业破产案件指定管理人的规定》第十九条之规定，指定×××为清算组成员。

三、本决定书应送达管理人、破产申请人、债务人及债务人的企业登记机关。

文书样式2

××××人民法院
通知书
（告知债务人有关人员的相关义务用）

（××××）×破字第×－×号

×××：

本院于××××年××月××日根据×××（申请人姓名或名称）的申请裁定受理×××（债务人名称）破产清算（或重整、和解）一案，并于××××年××月××日指定×××为×××（债务人名称）管理人。依照《中华人民共和国企业破产法》第十五条之规定，从即日起至破产清算（或重整、和解）程序终结（或终止）之日，你应当承担下列义务：

一、自收到受理破产申请的裁定之日起15日内向本院提交财产状况说明、债务清册、债权清册、有关财务会计报告以及职工工资的支付和社会保险费用的缴纳情况。

二、自案件受理之日起停止清偿债务。

三、自本院受理破产申请的裁定送达之日起至破产程序终结之日，法定代表人、财务管理人员及其他经营管理人员承担下列义务：（1）妥善保管其占有和管理的财产、印章和账簿、文书等资料；（2）根据本院、管理人的要求进行工作，并如实回答询问；（3）列席债权人会议并如实回答债权人的询问；（4）未经本院许可，不得离开住所地；（5）不得新任其他企业的董事、监事、高级管理人员。

四、管理人接管时，法定代表人应向管理人办理移交手续，并答复有关财产及业务的询问。

五、第一次债权人会议定于××××年×月××日于本院第×审判庭召开，法定代表人及财务管理人员必须准时参加。

特此通知

××××年××月××日
（院印）

说明：

一、本样式系根据《中华人民共和国企业破产法》第十五条制定，供人民法院受理破产清算、重整或者和解申请后告知债务人有关人员相关义务时使用。

二、本通知应当送达债务人的法定代表人，根据案件的实际情况，经人民法院决定（经合议庭研究并记入笔录即可），也可以送达债务人的财务管理人员或其他经营管理人员。

文书样式3

××××人民法院
决定书
（指定债权人会议主席用）

（××××）×破字第×－×号

××××年××月××日，本院根据×××（申请人姓名或名称）的申请裁定受理×××（债务人名称）破产清算（或重整、和解）一案。依照《中华人民共和国企业破产法》第六十条第一款的规定，特指定×××担任债权人会议主席。

××××年××月××日
（院印）

说明：

一、本样式系根据《中华人民共和国企业破产法》第六十条第一款制定，供人民法院裁定受理破产清算、重整或者和解申请后指定债权人会议主席时使用。

二、指定单位担任债权人会议主席的，该单位应指定一个常任代表。

三、本决定书应送达被指定的单位或个人。

文书样式4

××××人民法院
民事裁定书
(确认债权表记载的无争议债权用)

(××××)×破字第×-×号

××××年××月××日,本院根据××申请人姓名或名称)的申请裁定受理×××(债务人名称)破产清算(或重整、和解)一案。本院查明:……(概括写明债权人申报债权、管理人审查债权及债权人会议核查债权的情况)。

本院认为,根据债权人会议核查的情况,债务人、债权人对×××等×位债权人的债权均无异议。依照《中华人民共和国企业破产法》第五十八条第二款之规定,裁定如下:

确认×××等×位债权人的债权(详见无争议债权表)。

本裁定自即日起生效。

审判长×××
(代理)审判员×××
(代理)审判员×××
××××年××月××日
(院印)

本件与原本核对无异

书记员×××

附:无争议债权表
说明:
一、本样式系根据《中华人民共和国企业破产法》第五十八条第二款制定,供人民法院确认债权表记载的无争议债权时使用。
二、根据情况可以先在债权人会议上口头裁定。本裁定书应送达债务人、管理人及所附债权表上载明的债权人。
三、本样式同样适用于确认补充申报的债权。

文书样式5

××××人民法院
决定书
(临时确定债权额用)

(××××)×破字第×-×号

××××年××月××日,×××(债权人姓名或名称)向×××(债务人名称)管理人申报债权,……(写明债权申报的具体情况)。×××(债务人名称)管理人经审查认为,……(写明管理人的审查意见)。经第×次债权人会议核查,×××(异议人姓名或名称)对×××(债权人姓名或名称)申报的债权提出异议,认为……(写明异议人的意见)。

本院经审查认为,……(写明法院初步审查的意见)。本院依照《中华人民共和国企业破产法》第五十九条第二款之规定,决定如下:

临时确定×××的债权数额为××元。

××××年××月××日
(院印)

说明:
一、本样式系根据《中华人民共和国企业破产法》第五十九条第二款制定,供人民法院为债权人行使表决权而临时确定债权额用。
二、本决定书应送达债权人、债务人、管理人及异议人。

文书样式6

××××人民法院
民事裁定书
(撤销债权人会议决议用)

(××××)×破字第×-×号

申请人:……(写明债权人姓名或名称等基本情况)。
法定代表人(或代表人):……(写明姓名和职务)。

委托代理人：……（写明姓名等基本情况）。

××××年××月××日，×××向本院提出申请称，债权人会议于××××年××月××日作出决议，……（写明决议的内容）。该决议第×项违反了……（写明法律依据），损害了其合法权益，请求本院撤销该决议，责令债权人会议依法重新作出决议。

本院认为：……（写明支持或不支持申请人的理由）。依照……（写明所依据的法律条款项）之规定，裁定如下：

一、撤销债权人会议××××年××月××日决议的第×项；

二、债权人会议重新作出决议。

或者：

驳回×××（债权人姓名或名称）的申请。

本裁定自即日起生效。

审判长×××
（代理）审判员×××
（代理）审判员×××
××××年××月××日
（院印）

本件与原本核对无异

书记员×××

说明：

一、本样式系根据《中华人民共和国企业破产法》第六十四条第二款制定，供人民法院根据债权人的申请决定是否撤销债权人会议决议时使用。

二、当事人是自然人的，应当写明其姓名、性别、出生日期、民族、国籍、职业（或工作单位和职务）及住所。当事人是法人的，写明其名称和住所地，并写明法定代表人及其姓名和职务。当事人是依法成立的不具备法人资格的其他组织的，写明其名称及住所地，并写明负责人及其姓名和职务。有委托代理人的，应写明其姓名、性别、职业（或工作单位和职务）及住所；若委托代理人系当事人的近亲属，还应在姓名后括注其与当事人的关系；若委托代理人系律师，只写明其姓名、单位和职务。

三、本决定书应送达申请人、管理人并通知其他债权人或债权人委员会成员。

文书样式7

××××人民法院
决定书
（认可债权人委员会成员用）

（××××）×破字第×—×号

×××（债务人名称）第×次债权人会议决定设立债权人委员会，并为此选任……（写明选任的债权人的姓名或名称）为债权人代表，推选×××为职工代表（工会代表）。本院认为，债权人委员会成员的人数和构成符合《中华人民共和国企业破产法》第六十七条之规定，故决定如下：

认可……为债权人委员会成员。

××××年××月××日
（院印）

说明：

一、本样式系根据《中华人民共和国企业破产法》第六十七条制定，供人民法院决定认可债权人委员会成员时使用。

二、本决定书应送达债权人委员会成员和管理人。

文书样式8

××××人民法院
决定书
（针对监督事项作出决定用）

（××××）×破字第×—×号

申请人：×××（债务人名称）债权人委员会。

被申请人：……（写明姓名或名称等基本情况）。

××××年××月××日，×××（债务人名称）债权人委员会向本院提出申请，称……（简要写明被申请人拒绝接受监督的有关情况），请求本院就此作出决定。

本院认为：……（写明意见及理由）。依照……（写明所依据的法律条款项）之规定，决定如下：

……(针对监督事项对管理人、债务人的有关人员提出具体要求)。

××××年××月××日
(院印)

说明:

一、本样式系根据《中华人民共和国企业破产法》第六十八条制定,供人民法院根据债权委员会的申请就监督事项作出决定时使用。

二、被申请人可为管理人或者债务人的有关人员。被申请人是管理人的,其基本情况只需写明"×××(债务人名称)管理人";被申请人是债务人的有关人员的,其基本情况的写法与样式6相同。

三、本决定书应送达申请人和被申请人。

文书样式9

××××人民法院
复函
(许可管理人为某些行为用)

(××××)×破字第×-×号

×××(债务人名称)管理人:

本院于××××年××月××日收到《……》(写明来文的名称),……(引用请示的内容及事实和理由)。经研究,答复如下:

……(写明答复意见)。

此复

××××年××月××日
(院印)

说明:

一、本样式系根据《中华人民共和国企业破产法》第二十六条、第二十八条制定,供人民法院收到管理人的有关申请后作出答复时使用。

二、许可的行为范围限于《中华人民共和国企业破产法》第二十六条、第二十八条第一款所列行为。具体包括:在第一次债权人会议召开之前,决定继续或停止债务人的营业;聘用必要的工作人员;在第一次债权人会议召开之前,有《中华人民共和国企业破产法》第六十九条第一款所列行为。

文书样式10

××××人民法院
决定书
(批准或驳回债权人会议更换管理人的申请用)

(××××)×破字第×-×号

××××年××月××日,×××(债务人名称)债权人会议向本院提出申请,称……(写明依据的事实及理由),请求本院更换管理人,并提交了债权人会议决议。

管理人称:……(概括写明管理人所做书面说明的内容)。

本院查明:……

本院认为:……(写明审查意见及理由)。……(写明重新指定管理人的有关情况)。依照……(写明所依据的法律条款项)之规定,决定如下:

一、解除×××(原管理人的姓名或名称)的×××(债务人名称)管理人职务;

二、指定×××(新管理人的姓名或名称)为×××(债务人名称)管理人。

或者:

驳回×××(债务人全称)债权人会议的申请。

××××年××月××日
(院印)

说明:

一、本样式系根据《中华人民共和国企业破产法》第二十二条及《最高人民法院关于审理企业破产案件指定管理人的规定》第三十一条、第三十二条制定,供人民法院根据债权人会议的申请决定更换管理人或驳回债权人会议的申请时使用。

二、更换管理人的,应将本决定书送达原管理人、新管理人、破产申请人、债务人及债务人的企业登记机关;驳回申请的,应将本决定书送达债权人及管理人。

文书样式 11

××××人民法院
决定书
(依职权更换管理人用)

(××××)×破字第×-×号

××××年××月××日,本院作出(××××)×破字第×-×号决定书,指定×××(原管理人的姓名或名称)为×××(债务人名称)管理人。……(写明管理人坚持辞职或出现不能履行职务的情形)。

本院认为:……(写明审查意见及理由)。……(写明重新指定管理人的有关情况)。依照……(写明所依据的法律条款项)之规定,决定如下:

一、解除×××(原管理人的姓名或名称)的×××(债务人名称)管理人职务;

二、指定×××(新管理人的姓名或名称)为×××(债务人名称)管理人。

××××年××月××日
(院印)

说明:

一、本样式系根据《最高人民法院关于审理企业破产案件指定管理人的规定》第三十三条、第三十四条、第三十六条制定,供人民法院依职权决定更换管理人时使用。

二、本决定书应送达原管理人、新管理人、破产申请人、债务人及债务人的企业登记机关。

文书样式 12

××××人民法院
公告
(更换管理人用)

(××××)×破字第×-×号

本院于××××年××月××日裁定受理×××(债务人名称)破产清算(或重整、和解)一案,并指定×××(原管理人的姓名或名称)为×××(债务人名称)管理人。因……(写明更换的理由),依照……(写明所依据的法律条款项)之规定,于××××年××月××日决定解除×××(原管理人的姓名或名称)的×××(债务人名称)管理人职务,指定×××(新管理人的姓名或名称)为×××(债务人名称)管理人(通信地址:_____;邮政编码:_____;联系电话:_____)。

特此公告

××××年××月××日
(院印)

说明:

本样式系根据《最高人民法院关于审理企业破产案件指定管理人的规定》第三十八条制定,供人民法院决定更换管理人后发布公告用。

文书样式 13

××××人民法院
决定书
(许可或驳回管理人辞职申请用)

(××××)×破字第×-×号

××××年××月××日,×××(担任管理人的社会中介机构的名称或自然人的姓名)向本院提交申请,称……(写明申请人的理由),请求本院准予其辞去×××(债务人名称)管理人职务。

本院认为:……(写明审查意见及理由)。依照……(写明所依据的法律条款项)之规定,决定如下:

准许×××(担任管理人的社会中介机构的名称或自然人的姓名)辞去×××(债务人名称)管理人职务。

或者

驳回×××(担任管理人的社会中介机构的名称或自然人的姓名)的申请。

××××年××月××日
(院印)

说明：

一、本样式系根据《中华人民共和国企业破产法》第二十九条、《最高人民法院关于审理企业破产案件指定管理人的规定》第三十四条制定,供人民法院批准或驳回管理人辞职申请时使用。

二、批准辞职的,本决定书应送达管理人、破产申请人、债务人及债务人的企业登记机关;驳回申请的,本决定书应送达管理人。

文书样式14

××××人民法院
通知书
(确定管理人报酬方案用)

(××××)×破字第×-×号

×××(担任管理人的社会中介机构的名称或自然人的姓名):

依照《最高人民法院关于审理企业破产案件确定管理人报酬的规定》第二条、第四条之规定,本院初步确定你(或者你所、公司)担任×××(债务人名称)管理人应获取的报酬,根据×××(债务人名称)最终清偿的财产价值总额,……(依次分段写明确定的比例),采取……(分期预收或最后一次性收取报酬)的方式收取。

特此通知

××××年××月××日
(院印)

说明：

一、本样式系根据《最高人民法院关于审理企业破产案件确定管理人报酬的规定》第二条、第四条、第五条制定,供人民法院决定管理人报酬方案时使用。

二、采用竞争方式指定管理人的,应引用《最高人民法院关于审理企业破产案件确定管理人报酬的规定》第二条和第五条。

三、本通知应自管理人报酬方案确定之日起三日内送达管理人。

文书样式15

××××人民法院
通知书
(调整管理人报酬方案用)

(××××)×破字第×-×号

×××(担任管理人的社会中介机构的名称或自然人的姓名):

××××年××月××日,本院初步确定你(或者你所、公司)担任×××(债务人名称)管理人应获取的报酬,根据×××(债务人名称)最终清偿的财产价值总额,……(依次分段写明确定的比例),采取……(分期预收或最后一次性收取报酬)的方式收取。因……(写明调整的理由),依照《最高人民法院关于审理企业破产案件确定管理人报酬的规定》第八条之规定,本院将报酬方案调整为:根据×××(债务人名称)最终清偿的财产价值总额,……(依次分段写明确定的比例),采取……(分期预收或最后一次性收取报酬)的方式收取。

特此通知

××××年××月××日
(院印)

说明：

一、本样式系根据《最高人民法院关于审理企业破产案件确定管理人报酬的规定》第八条制定,供人民法院调整管理人报酬方案用。

二、本通知应自管理人报酬方案调整之日起三日内送达管理人及债权人委员会成员或者债权人会议主席。

文书样式16

××××人民法院
通知书
(确定管理人应收取的报酬数额用)

(××××)×破字第×-×号

×××(担任管理人的社会中介机构的名称

或自然人的姓名）：

根据你（或者你所、公司）的申请，本院依照《最高人民法院关于审理企业破产案件确定管理人报酬的规定》第十一条之规定，确定你（或者你单位）应收取（或者本期应收取）的报酬金额为××元。

特此通知

××××年××月××日
（院印）

说明：

一、本样式系根据《最高人民法院关于审理企业破产案件确定管理人报酬的规定》第十一条制定，供人民法院确定管理人应收取的报酬数额用。

二、本通知应送达管理人。

文书样式17

××××人民法院
决定书
（认可或驳回债权人会议关于管理人报酬异议用）

（××××）×破字第×－×号

××××年××月××日，本院收到×××（债务人名称）债权人会议的异议书，称……（写明依据的事实及理由），请求本院重新确定管理人报酬方案。

本院认为：……（写明审查意见及理由）。依照……（写明所依据的法律条款项）之规定，决定如下：

×××（担任管理人的社会中介机构的名称或自然人的姓名）的报酬根据×××（债务人名称）最终清偿的财产价值总额，……（依次分段写明确定的比例），采取……（分期预收或最后一次性收取报酬）的方式收取。

或者：

驳回×××（债务人名称）债权人会议的异议。

××××年××月××日
（院印）

说明：

一、本样式系根据《最高人民法院关于审理企业破产案件确定管理人报酬的规定》第十八条制定，供人民法院收到债权人会议关于管理人报酬的异议书后作决定时使用。

二、本决定书应送达管理人、债权人委员会成员或者债权人会议主席。

文书样式18

××××人民法院
拘留决定书

（××××）×破字第×－×号

被拘留人：……（写明姓名、性别、出生年月日、民族、籍贯、职业或者工作单位和职务、住址）

本院在审理×××（债务人名称）破产清算（或重整、和解）一案中，查明……（写明被拘留人的行为）。本院认为，……（写明予以拘留的理由）。依照《中华人民共和国企业破产法》第一百二十九条之规定，决定如下：

对×××拘留×日。

如不服本决定，可在收到决定书的次日起三日内，口头或者书面向××××人民法院（应为上一级人民法院）申请复议一次。复议期间，不停止决定的执行。

××××年××月××日
（院印）

说明：

一、本样式系根据《中华人民共和国企业破产法》第一百二十九条并参照《中华人民共和国民事诉讼法》第一百零五条制定，供人民法院对债务人的有关人员作出拘留决定时使用。

二、本决定书应送达被拘留人。

文书样式 19

××××人民法院
罚款决定书

（××××）×破字第×-×号

被罚款人：……（写明姓名或名称等基本情况）。
本院在审理×××（债务人名称）破产清算（或重整、和解）一案中，查明……（写明被罚款人的行为）。本院认为，……（写明予以罚款的理由）。依照……（写明所依据的法律条款项）之规定，决定如下：
对×××罚款×××元，限于××××年×月××日前向本院交纳。
如不服本决定，可在收到决定书的次日起三日内，口头或者书面向××××人民法院（应为上一级人民法院）申请复议一次。复议期间，不停止决定的执行。

××××年××月××日
（院印）

说明：
一、本样式系根据《中华人民共和国企业破产法》第一百二十六条、第一百二十七条、第一百二十九条、第一百三十条并参照《中华人民共和国民事诉讼法》第一百零五条制定，供人民法院对债务人的有关人员、直接责任人员、管理人作出罚款决定时使用。
二、被罚款人基本情况的写法与样式6相同。
三、本决定书应送达被罚款人。

文书样式 20

××××人民法院
复议决定书
（维持或撤销下级法院拘留、罚款决定书用）

（××××）×破复字第×号

申请复议人……（写明姓名或名称等基本情况）。
申请复议人不服××××人民法院×××年××月××日作出的（××××）×破字第×-×号罚款（或拘留）决定书，向本院提出复议申请。申请复议人提出……（简要写明申请的理由和复议请求）。
本院认为：……（写明作出复议决定的理由）。依照……（写明所依据的法律条款项）之规定，决定如下：
驳回申请，维持原决定。
或者：
一、撤销××××人民法院（××××）×破字×-×号罚款（或拘留）决定书；
二、……（写明变更的决定内容。不需作出变更决定的，此项不写）。

××××年××月××日
（院印）

说明：
一、本样式系参照《中华人民共和国民事诉讼法》第一百零五条制定，供人民法院收到被拘留人或者被罚款人不服拘留、罚款决定提出复议申请后，驳回申请或撤销原决定时使用。
二、当事人基本情况的写法与样式6相同。
三、本决定书应送达申请复议人。

二、破产清算程序用文书

文书样式 21

××××人民法院
通知书
（收到破产清算申请后通知债务人用）

（××××）×破（预）字第×-×号

×××（债务人名称）：
××××年××月××日，×××（债权人或对已解散企业法人负有清算责任的人的姓名或名称）以……为由向本院申请对你单位进行破产清算。依据《中华人民共和国企业破产法》第十条第一款之规定，你单位对申请如有异议，应在收到本通知之日起七日内向本院书面提出并附相关证据材料。

特此通知

××××年××月××日

（院印）

说明：

一、本样式系根据《中华人民共和国企业破产法》第十条第一款制定，供人民法院收到债权人或对已解散企业法人负有清算责任的人提出的破产清算申请后通知债务人时使用。

二、"你单位"可根据当事人的具体情况表述为："你公司或厂、企业、学校等"。

三、破产申请书及有关证据应一并送达债务人。

文书样式 22

××××人民法院
民事裁定书
（受理债权人的破产清算申请用）

（××××）×破(预)字第×—×号

申请人：……（写明姓名或名称等基本情况）。

被申请人：……（写明名称等基本情况）。

××××年××月××日，×××（申请人姓名或名称）以……为由向本院申请对×××（被申请人名称）进行破产清算。本院于××××年××月××日通知了×××（被申请人名称）。×××（被申请人名称）在法定期限内就该申请向本院提出异议称，……（或者：×××在法定期限内未提出异议）。

本院查明：……（写明申请人对被申请人享有的债权情况、被申请人的住所地、工商登记注册情况及资产负债情况等）。

本院认为：……（从本院是否具有管辖权、申请人对被申请人是否享有债权、申请人是否属于破产适格主体、是否具备破产原因等方面写明受理申请的理由。有异议的，写明异议不成立的理由）。依照《中华人民共和国企业破产法》第二条第一款、第三条、第七条第二款、第十条第一

款之规定，裁定如下：

受理×××（申请人姓名或名称）对×××（被申请人名称）的破产清算申请。

本裁定自即日起生效。

审判长×××

（代理）审判员×××

（代理）审判员×××

××××年××月××日

（院印）

本件与原本核对无异

书记员×××

说明：

一、本样式系根据《中华人民共和国企业破产法》第十条第一款制定，供人民法院决定受理债权人的破产清算申请时使用。

二、当事人基本情况的写法与样式 6 相同。

三、本裁定书应自作出之日起五日内送达申请人和被申请人。

文书样式 23

××××人民法院
通知书
（受理债权人的破产清算申请后
通知债务人提交材料用）

（××××）×破字第×—×号

×××（债务人名称）：

××××年××月××日，本院根据×××（债权人姓名或名称）的申请裁定受理×××（债务人名称）破产清算一案。依据《中华人民共和国企业破产法》第十一条第二款之规定，你单位应在收到本通知之日起十五日内，向本院提交财产状况说明、债务清册、债权清册、有关财务会计报告以及职工工资的支付和社会保险费用的缴纳情况。如拒不提交或提交的材料不真实，本院将依据《中华人民共和国企业破产法》第一百二十七条第一款之规定，对直接责任人员处以罚款。

特此通知

××××年××月××日
(院印)

说明:
一、本样式系根据《中华人民共和国企业破产法》第十一条第二款制定,供人民法院受理债权人的破产清算申请后通知债务人提交材料时使用。
二、"你单位"可根据当事人的具体情况表述为:"你公司或厂、企业、学校等"。
三、本通知应与受理破产申请的裁定书一并送达债务人。
四、如需对有关责任人员罚款,应另行制作决定书。

文书样式24

××××人民法院
民事裁定书
(受理债务人的破产清算申请用)

(××××)×破(预)字第×-×号

申请人:……(写明名称等基本情况)。
××××年××月××日,×××(申请人名称)以……为由向本院申请进行破产清算。
本院查明:……(写明申请人的住所地、工商登记注册情况及资产负债情况、职工情况等)。
本院认为:……(从本院是否具有管辖权、申请人是否属于破产适格主体、是否具备破产原因等方面写明受理申请的理由)。依照《中华人民共和国企业破产法》第二条、第三条、第七条第一款、第十条第二款之规定,裁定如下:
受理×××(申请人名称)的破产清算申请。
本裁定自即日起生效。

审判长×××
(代理)审判员×××
(代理)审判员×××
××××年××月××日
(院印)

本件与原本核对无异

书记员×××

说明:
一、本样式系根据《中华人民共和国企业破产法》第十条第二款制定,供人民法院决定受理债务人的破产清算申请时使用。
二、申请人基本情况的写法与样式6相同。
三、本裁定书应送达申请人。

文书样式25

××××人民法院
民事裁定书
(受理对已解散企业法人负有
清算责任的人的破产清算申请用)

(××××)×破(预)字第×-×号

申请人:……(写明姓名或名称等基本情况)。
被申请人:……(写明名称等基本情况)。
××××年××月××日,×××(申请人姓名或名称)以……为由向本院申请对×××(被申请人名称)进行破产清算。
本院查明:……(写明被申请人的住所地、工商登记注册情况、解散的情况及资产负债情况、职工情况以及申请人的基本情况、申请人与被申请人的关系等)。
本院认为:……(从本院是否具有管辖权、申请人的申请资格、被申请人是否属于破产适格主体、是否具备破产原因等方面写明受理申请的理由)。依照《中华人民共和国企业破产法》第二条、第三条、第七条第三款、第十条第二款之规定,裁定如下:
受理×××(申请人姓名或名称)对×××(被申请人名称)的破产清算申请。
本裁定自即日起生效。

审判长×××
(代理)审判员×××
(代理)审判员×××
××××年××月××日
(院印)

本件与原本核对无异

书记员×××

说明：

一、本样式系根据《中华人民共和国企业破产法》第七条第三款、第十条第二款制定，供人民法院裁定受理对已解散企业法人负有清算责任的人的破产清算申请时使用。

二、当事人基本情况的写法与样式6相同。

三、本裁定书应送达申请人和被申请人。

文书样式26

××××人民法院
民事裁定书
(不予受理债权人的破产清算申请用)

（××××）×破(预)初字第×-×号

申请人：……(写明债权人姓名或名称等基本情况)。

被申请人：……(写明债务人名称等基本情况)。

××××年××月××日，×××(申请人姓名或名称)以……为由向本院申请对×××(被申请人名称)进行破产清算。本院于×××年××月××日通知×××(被申请人名称)。×××(被申请人名称)于××××年××月××日向本院提出异议称，……。

本院查明：……。

本院认为：……(写明不予受理的理由)。依照……(写明所依据的法律条款项)之规定，裁定如下：

对×××(申请人姓名或名称)的申请，不予受理。

如不服本裁定，可在裁定书送达之日起十日内，向本院递交上诉状，并提交副本×份，上诉于××××人民法院。

审判长　×××
(代理)审判员　×××
(代理)审判员　×××
××××年××月××日
(院印)

本件与原本核对无异

书记员　×××

说明：

一、本样式系根据《中华人民共和国企业破产法》第十二条第一款制定，供人民法院裁定不予受理债权人的破产清算申请时使用。

二、当事人基本情况的写法与样式6相同。

三、本裁定书应送达申请人和被申请人。

文书样式27

××××人民法院
民事裁定书
(不予受理债务人的破产清算申请用)

（××××）×破(预)初字第×-×号

申请人：……(写明债务人名称等基本情况)。

××××年××月××日，×××(债务人名称)以……为由向本院申请进行破产清算。

本院查明：……。

本院认为：……(写明不予受理的理由)。依照……(写明所依据的法律条款项)之规定，裁定如下：

对×××(申请人名称)的申请，不予受理。

如不服本裁定，可在裁定书送达之日起十日内，向本院递交上诉状，并提交副本×份，上诉于××××人民法院。

审判长　×××
(代理)审判员　×××
(代理)审判员　×××
××××年××月××日
(院印)

本件与原本核对无异

书记员　×××

说明：

一、本样式系根据《中华人民共和国企业破产法》第十二条第一款制定，供人民法院裁定不予受理债务人的破产清算申请时使用。

二、当事人基本情况的写法与样式6相同。

三、本裁定书应送达申请人。

文书样式 28

×××related×人民法院
民事裁定书
(不予受理对已解散企业法人负有
清算责任的人的破产清算申请用)

(××××)×破(预)初字第×-×号

申请人:……(写明姓名或名称等基本情况)。
被申请人:……(写明名称等基本情况)。
×××年××月××日,×××(申请人姓名或名称)以……为由向本院申请对×××(被申请人名称)进行破产清算。
本院查明:……
本院认为:……(写明不予受理的理由)。依照……(写明所依据的法律条款项)之规定,裁定如下:
对×××(申请人名称)的申请,不予受理。
如不服本裁定,可在裁定书送达之日起十日内,向本院递交上诉状,并提交副本×份,上诉于×××人民法院。

审判长 ×××
(代理)审判员 ×××
(代理)审判员 ×××
×××年××月××日
(院印)

本件与原本核对无异

书记员 ×××

说明:
一、本样式系根据《中华人民共和国企业破产法》第十二条第一款制定,供人民法院裁定不予受理负有清算责任的人的破产清算申请时使用。
二、当事人基本情况的写法与样式6相同。
三、本裁定书应送达申请人和被申请人。

文书样式 29

×××related×人民法院
民事裁定书
(维持或撤销不予受理破产清算申请的裁定用)

(××××)×破(预)终字第×号

上诉人(原审申请人):……(写明姓名或名称等基本情况)。
被上诉人(原审被申请人):……(写明名称等基本情况)。
上诉人×××不服×××人民法院(××××)×破(预)初字第×-×号民事裁定,向本院提起上诉。本院受理后依法组成合议庭审理了本案,现已审理终结。
……(写明一审认定的事实、裁定结果及理由)。
×××(上诉人姓名或名称)不服,向本院上诉称:……(写明上诉请求与理由)。
本院查明:……
本院认为:……(写明维持或者撤销原裁定的理由)。依照……(写明所依据的法律条款项)之规定,裁定如下:
驳回上诉,维持原裁定。
或者:
一、撤销×××人民法院(××××)×破(预)初字第×-×号民事裁定;
二、由×××人民法院裁定受理×××对×××的破产清算申请。
本裁定为终审裁定并自即日起生效。

审判长 ×××
(代理)审判员 ×××
(代理)审判员 ×××
×××年××月××日
(院印)

本件与原本核对无异

书记员 ×××

说明:
一、本样式系根据《最高人民法院关于适用〈中华人民共和国民事诉讼法〉若干问题的意见》第一百八十七条制定,供二审人民法院收到不服一审不予受理破产清算申请的裁定而提起上诉的案件之后,裁定驳回上诉或撤销原裁定时使用。

二、如系债务人申请破产,则不列被上诉人。

三、当事人基本情况的写法与样式6相同。

四、本裁定书应送达上诉人和被上诉人。

文书样式30

××××人民法院
民事裁定书
(驳回债权人的破产清算申请用)

(××××)×破初字第×-×号

申请人:……(写明姓名或名称等基本情况)。

被申请人:……(写明名称等基本情况)。

××××年××月××日,×××(申请人姓名或名称)以……为由向本院申请对×××(被申请人名称)进行破产清算。本院于××××年××月××日裁定受理。

本院查明:……

本院认为:……(写明驳回申请的理由)。依照《中华人民共和国企业破产法》第十二条第二款之规定,裁定如下:

驳回×××(申请人姓名或名称)的申请。

如不服本裁定,可在裁定书送达之日起十日内,向本院递交上诉状,并提交副本×份,上诉于×××人民法院。

审判长×××
(代理)审判员×××
(代理)审判员×××
××××年××月××日
(院印)

本件与原本核对无异

书记员×××

说明:

一、本样式系根据《中华人民共和国企业破产法》第十二条第二款制定,供人民法院裁定驳回债权人的破产清算申请时使用。

二、当事人基本情况的写法与样式6相同。

三、本裁定书应送达申请人、被申请人和管理人。

文书样式31

××××人民法院
民事裁定书
(驳回债务人的破产清算申请用)

(××××)×破初字第×-×号

申请人:……(写明名称等基本情况)。

××××年××月××日,×××(申请人名称)以……为由向本院申请进行破产清算。本院于××××年××月××日裁定受理。

本院查明:……

本院认为:……(写明驳回申请的理由)。依照《中华人民共和国企业破产法》第十二条第二款之规定,裁定如下:

驳回×××(申请人名称)的申请。

如不服本裁定,可在裁定书送达之日起十日内,向本院递交上诉状,并提交副本×份,上诉于×××人民法院。

审判长×××
(代理)审判员×××
(代理)审判员×××
××××年××月××日
(院印)

本件与原本核对无异

书记员×××

说明:

一、本样式系根据《中华人民共和国企业破产法》第十二条第二款制定,供人民法院裁定驳回债务人的破产清算申请时使用。

二、当事人基本情况的写法与样式6相同。

三、本裁定书应送达申请人和管理人。

文书样式32

×××× 人民法院
民事裁定书
（驳回对已解散企业法人负有
清算责任的人的破产清算申请用）

（××××）×破初字第×—×号

申请人：……（写明姓名或名称等基本情况）。

被申请人：……（写明名称等基本情况）。

×××年××月××日，×××（申请人姓名或名称）以……为由向本院申请对×××（被申请人名称）进行破产清算。本院于×××年××月××日裁定受理。

本院查明：……

本院认为：……（写明驳回申请的理由）。依照《中华人民共和国企业破产法》第十二条第二款之规定，裁定如下：

驳回×××（申请人姓名或名称）的申请。

如不服本裁定，可在裁定书送达之日起十日内，向本院递交上诉状，并提交副本×份，上诉于×××× 人民法院。

审判长　×××
（代理）审判员　×××
（代理）审判员　×××
×××年××月××日
（院印）

本件与原本核对无异

书记员　×××

说明：

一、本样式系根据《中华人民共和国企业破产法》第十二条第二款制定，供人民法院裁定驳回对已解散企业法人负有清算责任的人的破产清算申请时使用。

二、当事人基本情况的写法与样式6相同。

三、本裁定书应送达申请人、被申请人和管理人。

文书样式33

×××× 人民法院
民事裁定书
（维持或撤销驳回破产清算申请的裁定用）

（××××）×破终字第×号

上诉人（原审申请人）：……（写明姓名或名称等基本情况）。

被上诉人（原审被申请人）：……（写明名称等基本情况）。

上诉人×××不服××××人民法院（××××）×破初字第×—×号民事裁定，向本院提起上诉。本院受理后依法组成合议庭审理了本案，现已审理终结。

……（写明一审认定的事实、裁定结果及理由）。

×××（上诉人姓名或名称）不服，向本院上诉称：……（写明上诉请求与理由）。

本院查明：……

本院认为：……（写明维持或者撤销原裁定的理由）。本院依照……（写明所依据的法律条款项）之规定，裁定如下：

驳回上诉，维持原裁定。

或者：

一、撤销××××人民法院（××××）×破初字第×—×号民事裁定；

二、×××（被上诉人名称）破产程序继续进行。本裁定为终审裁定并自即日起生效。

审判长　×××
（代理）审判员　×××
（代理）审判员　×××
×××年××月××日
（院印）

本件与原本核对无异

书记员　×××

说明：

一、本样式系根据《最高人民法院关于适用〈中华人民共和国民事诉讼法〉若干问题的意见》第一百八十七条制定，供二审人民法院收到不服一审驳回破产清算申请的裁定而提起上诉的案件之后,裁定驳回上诉或撤销原裁定时使用。

二、当事人基本情况的写法与样式6相同。

三、如系债务人申请破产,则不列被上诉人。

四、本裁定书应送达上诉人、被上诉人和管理人。

文书样式34

××××人民法院
通知书
(受理破产清算申请后通知已知债权人用)

(××××)×破字第×-×号

×××(债权人名称):

本院根据×××(申请人姓名或名称)的申请于××××年××月××日裁定受理×××(债务人名称)破产清算一案,并于××××年×月××日指定×××为×××(债务人名称)管理人。你单位应在××××年××月××日前,向×××(债务人名称)管理人(通信地址:_____;邮政编码:_____;联系电话:_____)申报债权,书面说明债权数额、有无财产担保及是否属于连带债权,并提供相关证据材料。如未能在上述期限内申报债权,可以在破产财产分配方案提交债权人会议讨论前补充申报,但此前已进行的分配,不再对你(或你单位)补充分配,为审查和确认补充申报债权所产生的费用,由你(或你单位)承担。未申报债权的,不得依照《中华人民共和国企业破产法》规定的程序行使权利。

本院定于××××年××月××日××时在_____(地点)召开第一次债权人会议。依法申报债权的债权人有权参加债权人会议。参加会议时应提交个人身份证明;委托代理人出席会议的,应提交授权委托书、委托代理人的身份证件或律师执业证,委托代理人是律师的还应提交律师事务所的指派函。(如系法人或其他组织的,则改为"参加会议时应提交营业执照、法定代表人或负责人身份证明书;委托代理人出席会议的,应提交授权委托书、委托代理人的身份证件或律师执业证,委托代理人是律师的还应提交律师事务所的指派函。")

特此通知

××××年××月××日
(院印)

说明:

一、本样式系根据《中华人民共和国企业破产法》第十四条的规定制定,供人民法院受理破产清算申请后通知已知债权人时使用。

二、本通知应在裁定受理破产清算申请之日起二十五日内发出。

三、"你单位"可根据当事人的具体情况表述为:"你公司或厂、企业、学校等"。

文书样式35

××××人民法院
公告
(受理破产清算申请用)

(××××)×破字第×-×号

本院根据×××(申请人姓名或名称)的申请于××××年××月××日裁定受理×××(债务人名称)破产清算一案,并于××××年×月××日指定×××为×××(债务人名称)管理人。×××(债务人名称)的债权人应自××××年××月××日前,向×××(债务人名称)管理人(通信地址:_____;邮政编码:_____;联系电话:_____)申报债权。未在上述期限内申报债权的,可以在破产财产分配方案提交债权人会议讨论前补充申报,但对此前已进行的分配无权要求补充分配,同时要承担为审查和确认补充申报债权所产生的费用。未申报债权的,不得依照《中华人民共和国企业破产法》规定的程序行使权利。×××(债务人名称)的债务人或者财产持有人应当向×××(债务人名称)管理人清偿债务或交付财产。

本院定于××××年××月××日××时在_____(地点)召开第一次债权人会议。依法申报债权的债权人有权参加债权人会议。

参加会议的债权人系法人或其他组织的,应提交营业执照、法定代表人或负责人身份证明书,如委托代理人出席会议,应提交特别授权委托书,委托代理人的身份证件或律师执业证,委托代理人是律师的还应提交律师事务所的指派函。参加会议的债权人系自然人的,应提交个人身份证明。如委托代理人出席会议,应提交特别授权委托书,委托代理人的身份证件或律师执业证,委托代理人是律师的还应提交律师事务所的指派函。

特此公告

××××年××月××日

（院印）

说明:

本样式系根据《中华人民共和国企业破产法》第十四条制定,供人民法院裁定受理破产清算申请后发布公告时使用。

文书样式36

×××× 人民法院
民事裁定书
（宣告债务人破产用）

（××××）×破字第×-×号

××××年××月××日,×××（申请人姓名或名称）以……为由向本院申请对×××（债务人名称）进行破产清算,本院于××××年××月××日裁定受理。

本院查明:……（写明债权人会议召开情况）。

本院认为:……（写明宣告破产的理由）。依照……（写明所依据的法律条款项）之规定,裁定如下:

宣告×××（债务人名称）破产。

本裁定自即日起生效。

审判长 ×××

（代理）审判员 ×××

（代理）审判员 ×××

××××年××月××日

（院印）

本件与原本核对无异

书记员 ×××

说明:

一、本样式供人民法院依据《中华人民共和国企业破产法》第一百零七条之规定裁定宣告债务人破产时使用。

二、本裁定书应自作出之日起五日内送达债务人、管理人,十日内通知已知债权人。

文书样式37

×××× 人民法院
民事裁定书
（不足清偿破产费用时宣告债务人
破产并终结破产程序用）

（××××）×破字第×-×号

申请人:×××（债务人名称）管理人。

××××年××月××日,×××（债务人名称）管理人向本院提出申请,称……（写明债务人财产不足以清偿破产费用的事实）,请求本院终结×××（债务人名称）破产清算程序。

本院认为:……（写明宣告债务人破产并终结破产程序的理由）。依照《中华人民共和国企业破产法》第四十三条、第一百零七条之规定,裁定如下:

一、宣告×××（债务人名称）破产;

二、终结×××（债务人名称）破产程序。

本裁定自即日起生效。

审判长 ×××

（代理）审判员 ×××

（代理）审判员 ×××

××××年××月××日

（院印）

本件与原本核对无异

书记员 ×××

说明:

一、本样式供人民法院依据《中华人民共和国企业破产法》第四十三条、第一百零七条之规定裁定宣告债务人破产并终结破产程序时使用。

二、本裁定书应自作出之日起五日内送达债务人、管理人,十日内通知已知债权人。

文书样式38

×××ㄨ人民法院
公告
(宣告债务人破产用)

(××××)×破字第×-×号

×××年××月××日,本院根据×××(申请人姓名或名称)的申请裁定受理×××(债务人名称)破产清算一案。查明,……(写明债务人的资产负债情况)。本院认为,……(写明宣告破产的理由)。依照……(写明判决所依据的法律条款项)之规定,本院于×××年××月××日裁定宣告×××(债务人名称)破产。

特此公告

×××年××月××日
(院印)

说明:

本样式系根据《中华人民共和国企业破产法》第一百零七条制定,供人民法院裁定宣告债务人破产后发布公告使用。

文书样式39

×××ㄨ人民法院
公告
(不足清偿破产费用时宣告债务人
破产并终结破产程序用)

(××××)×破字第×-×号

×××年××月××日,本院根据×××(申请人姓名或名称)的申请裁定受理×××(债务人名称)破产清算一案。查明,……(写明债务人财产不足以清偿破产费用的事实)。本院认为,……(写明宣告债务人破产并终结破产程序的理由)。依照《中华人民共和国企业破产法》第四十三条、第一百零七条之规定,本院于×××年××月××日裁定宣告×××(债务人名称)破产并终结×××(债务人名称)破产清算程序。

特此公告

×××年××月××日
(院印)

说明:

本样式系根据《中华人民共和国企业破产法》第四十三条、第一百零七条制定,供人民法院裁定宣告债务人破产并终结破产程序后发布公告使用。

文书样式40

×××ㄨ人民法院
民事裁定书
(通过债务人财产的管理方案用)

(××××)×破字第×-×号

申请人:×××(债务人名称)管理人。

×××年××月××日,×××(债务人名称)管理人向本院提出申请,称其拟订的《×××(债务人名称)财产的管理方案》经债权人会议表决未通过,请求本院依法裁定。

本院认为:……(写明对方案的审查意见及理由)。依照……(写明所依据的法律条款项)之规定,裁定如下:

对×××(债务人名称)管理人制作的《×××(债务人名称)财产的管理方案》,本院予以认可。

债权人如不服本裁定,可自本裁定宣布之日起十五日内向本院申请复议。复议期间不停止裁定的执行。

或者:

一、不予认可《×××(债务人名称)财产的管理方案》;

二、由×××(债务人名称)管理人重新制作。

审判长×××
(代理)审判员×××

(代理)审判员×××
××××年××月××日
（院印）

本件与原本核对无异

书记员×××

附：《×××（债务人名称）破产财产的变价方案》

说明：

一、本样式系根据《中华人民共和国企业破产法》第六十五条第一款制定，供债权人会议未通过债务人财产的管理方案时，人民法院裁定用。

二、本裁定主要采取口头裁定并当场宣布的方式告知债权人。

三、法院裁定不予认可时，债权人无申请复议权。

文书样式41

××××人民法院
民事裁定书
（通过破产财产的变价方案用）

（××××）×破字第×－×号

申请人：×××（债务人名称）管理人。

××××年××月××日，×××（债务人名称）管理人向本院提出申请，称其拟订的《×××（债务人名称）破产财产的变价方案》经债权人会议表决未通过，请求本院依法裁定。

本院认为：……（写明对方案的审查意见及理由）。依照……（写明所依据的法律条款项）之规定，裁定如下：

对×××（债务人名称）管理人制作的《×××（债务人名称）破产财产的变价方案》，本院予以认可。

债权人如不服本裁定，可自本裁定宣布之日起十五日内向本院申请复议。复议期间不停止裁定的执行。

或者：

一、不予认可《×××（债务人名称）破产财产的变价方案》；

二、由×××（债务人名称）管理人重新制作。

审判长×××
(代理)审判员×××
(代理)审判员×××
××××年××月××日
（院印）

本件与原本核对无异

书记员×××

附：《×××（债务人名称）破产财产的变价方案》

说明：

一、本样式系根据《中华人民共和国企业破产法》第六十五条第一款制定，供债权人会议未通过破产财产的变价方案时，人民法院裁定用。

二、本裁定主要采取口头裁定并当场宣布的方式告知债权人。

三、法院裁定不予认可时，债权人无申请复议权。

文书样式42

××××人民法院
民事裁定书
（通过破产财产的分配方案用）

（××××）×破字第×－×号

申请人：×××（债务人名称）管理人。

××××年××月××日，×××（债务人名称）管理人向本院提出申请，称其拟订的《×××（债务人名称）破产财产的分配方案》经债权人会议两次表决仍未通过，请求本院依法裁定。

本院认为：……（写明对方案的审查意见及理由）。依照……（写明所依据的法律条款项）之规定，裁定如下：

对×××（债务人名称）管理人制作的《×××（债务人名称）破产财产的分配方案》，本院予以认可。

债权额占无财产担保的债权总额二分之一以上的债权人如不服本裁定，可自本裁定宣布之日起十五日内向本院申请复议。复议期间不停止裁定的执行。

或者:

一、不予认可《×××(债务人名称)破产财产的分配方案》;

二、由×××(债务人名称)管理人重新制作。

审判长×××
(代理)审判员×××
(代理)审判员×××
××××年××月××日
(院印)

本件与原本核对无异

书记员×××

附:《×××(债务人名称)破产财产的变价方案》

说明:

一、本样式系根据《中华人民共和国企业破产法》第六十五条第二款制定,供债权人会议未通过破产财产的分配方案时,人民法院裁定通过用。

二、本裁定主要采取口头裁定并当场宣布的方式告知债权人。

三、法院裁定不予认可时,债权人无申请复议权。

文书样式43

××××人民法院
复议决定书
(维持或撤销本院民事裁定书用)

(××××)×破字第×-×号

申请复议人:……(写明姓名或名称等基本情况)。

申请复议人不服本院××××年××月××日作出的(××××)×破字第×-×号民事裁定书,向本院提出复议申请,请求……(写明申请人的请求及理由)。

本院认为:……(写明审查意见及理由)。依照……(写明所依据的法律条款项)之规定,裁定如下:

驳回申请,维持原裁定。

或者:

一、撤销本院(××××)×破字第×-×号民事裁定书;

二、由×××(债务人名称)管理人重新制作。

审判长×××
(代理)审判员×××
(代理)审判员×××
××××年××月××日
(院印)

本件与原本核对无异

书记员×××

说明:

一、本样式系根据《中华人民共和国企业破产法》第六十六条制定,供人民法院收到债权人不服本院关于通过债务人财产的管理方案、破产财产的变价方案、破产财产的分配方案的民事裁定书而提出复议申请后,裁定维持或撤销原裁定时使用。

二、当事人基本情况的写法与样式6相同。

三、审查复议申请时,应另行组成合议庭。

文书样式44

××××人民法院
民事裁定书
(认可破产财产分配方案用)

(××××)×破字第×-×号

申请人:×××(债务人名称)管理人。

××××年××月××日,×××(债务人名称)管理人向本院提出申请,称其制作的《×××(债务人名称)破产财产的分配方案》已经×次债权人会议通过,请求本院裁定认可。

本院认为:……(写明认可或不认可的理由)。依照……(写明所依据的法律条款项)之规定,裁定如下:

对第×次债权人会议通过的《×××(债务人名称)破产财产的分配方案》,本院予以认可。

本裁定自即日起生效。
或者：
一、对第×次债权人会议通过的《×××（债务人名称）破产财产的分配方案》本院不予认可；
二、由×××（债务人名称）管理人重新制作。

审判长×××
（代理）审判员×××
（代理）审判员×××
××××年××月××日
（院印）

本件与原本核对无异
书记员×××

附：《×××（债务人名称）破产财产的分配方案》

说明：
本样式系根据《中华人民共和国企业破产法》第一百一十五条制定，供人民法院根据管理人的申请裁定认可或不认可破产财产分配方案时使用。

文书样式45

××××人民法院
民事裁定书
（终结破产程序用）

（××××）×破字第×－×号

申请人：×××（债务人名称）管理人。
××××年××月××日，×××（债务人名称）管理人向本院提出申请，称……（写明依据的事实和理由），请求本院终结×××（债务人名称）破产程序。
本院认为：……（写明同意终结的理由）。依照……（写明所依据的法律条款项）之规定，裁定如下：
终结×××（债务人名称）破产程序。
本裁定自即日起生效。

审判长×××
（代理）审判员×××
（代理）审判员×××
××××年××月××日
（院印）

本件与原本核对无异
书记员×××

说明：
一、本样式系根据《中华人民共和国企业破产法》第一百零八条、第一百二十条制定，供人民法院根据管理人的申请裁定终结破产程序时使用。
二、本裁定书应送达债务人、管理人并通知债权人。

文书样式46

××××人民法院
公告
（终结破产程序用）

（××××）×破字第×－×号

因……（写明终结原因），依照……（写明所依据的法律条款项）之规定，本院于××××年××月××日裁定终结×××（债务人名称）破产程序。
特此公告

××××年××月××日
（院印）

说明：
本样式系根据《中华人民共和国企业破产法》第一百零五条、第一百零八条、第一百二十条制定，供人民法院裁定终结破产程序后发布公告时使用。

文书样式47

×××× 人民法院
决定书
（管理人终止执行职务用）

（××××）×破字第×-×号

××××年××月××日，本院裁定终结×××（债务人名称）破产清算程序。××××年××月××日，×××（债务人名称）管理人向×××（债务人名称）的原登记机关办理了注销登记。经查，不存在诉讼或仲裁未决的情况。依照《中华人民共和国企业破产法》第一百二十二条之规定，本院决定如下：

×××（债务人名称）管理人自即日起终止执行职务。

××××年××月××日
（院印）

说明：

一、本样式系根据《中华人民共和国企业破产法》第一百二十二条制定，供人民法院决定管理人终止执行职务用。

二、本决定书应送达管理人及债务人的原登记机关。

文书样式48

×××× 人民法院
民事裁定书
（追加分配破产财产用）

（××××）×破字第×-×号

申请人：……（写明姓名或名称等基本情况）。

××××年××月××日，×××（申请人姓名或名称）向本院提出申请称，……（写明有关事实及理由），请求本院按照《×××（债务人名称）破产财产的分配方案》进行追加分配。

本院查明：……

本院认为：……（写明同意或不同意的理由）。依照《中华人民共和国企业破产法》第一百二十三条之规定，裁定如下：

按第×次债权人会议通过的《×××（债务人名称）破产财产的分配方案》进行第×次分配。

或者：

一、驳回×××（申请人姓名或名称）的申请；

二、有关财产上交国库。

本裁定自即日起生效。

审判长×××
（代理）审判员×××
（代理）审判员×××
××××年××月××日
（院印）

本件与原本核对无异

书记员×××

说明：

一、本样式系根据《中华人民共和国企业破产法》第一百二十三条制定，供人民法院根据债权人的申请决定追加或不追加分配破产财产时使用。

二、申请人基本情况的写法与样式6相同。

三、本裁定书应送达申请人。

三、重整程序用文书

文书样式49

×××× 人民法院
通知书
（收到重整申请后通知债务人用）

（××××）×破（预）字第×-×号

×××（债务人名称）：

××××年××月××日，×××（债权人或出资人的姓名或名称）以……为由向本院申请对你单位进行重整。依照《中华人民共和国企业破产法》第十条之规定，你单位对申请如有异议，应在收到本通知之日起七日内向本院书面提出并附相关证据材料。
特此通知

×××年××月××日
（院印）

说明：

一、本样式系根据《中华人民共和国企业破产法》第十条制定，供人民法院收到债权人或出资额占债务人注册资本十分之一以上的出资人的重整申请后通知债务人时使用。

二、"你单位"可根据具体情况表为："你公司或厂、企业、学校等"。

文书样式 50

×××人民法院
民事裁定书
（受理债权人直接提出的重整申请用）

（××××）×破（预）字第×－×号

申请人：……（写明姓名或名称等基本情况）。

被申请人：……（写明名称等基本情况）。

××××年××月××日，×××（申请人姓名或名称）以……为由向本院申请对×××（被申请人名称）进行重整。本院于××××年××月××日通知了×××（被申请人名称）。×××（被申请人名称）在法定期限内就该申请向本院提出异议称，……（或者：×××在法定期限内未提出异议）。

本院查明：……（写明申请人对被申请人享有的债权情况、被申请人的住所地、工商登记注册情况及资产负债情况等）。

本院认为：……（从本院是否具有管辖权、申请人对被申请人是否享有债权、被申请人是否属于重整适格主体、是否具备重整原因等方面写明受理申请的理由。有异议的，与明异议不成立的理由）。依照《中华人民共和国企业破产法》第二条第二款、第三条、第七条第二款、第七十条第一款、第七十一条之规定，裁定如下：

受理×××（申请人姓名或名称）对×××（被申请人名称）的重整申请。

本裁定自即日起生效。

审判长×××
（代理）审判员×××
（代理）审判员×××
××××年××月××日
（院印）

本件与原本核对无异

书记员×××

说明：

一、本样式系根据《中华人民共和国企业破产法》第七十条、第七十一条制定，供人民法院根据债权人的申请裁定债务人重整时使用。

二、当事人基本情况的写法与样式 6 相同。

三、本裁定书应送达申请人和被申请人。

文书样式 51

×××人民法院
通知书
（受理债权人提出的重整申请后
通知债务人提交材料用）

（××××）×破字第×－×号

×××（债务人名称）：

××××年××月××日，本院根据×××（债权人姓名或名称）的申请裁定受理×××（债务人名称）重整一案。依据《中华人民共和国企业破产法》第十一条第二款之规定，你单位应在收到本通知之日起十五日内，向本院提交财产状况说明、债务清册、债权清册、有关财务会计报告以及职工工资的支付和社会保险费用的缴纳情况。如拒不提交或提交的材料不真实，本院将依照《中华人民共和国企业破产法》第一百二十七条第一款之规定，对直接责任人员处以罚款。

特此通知

××××年××月××日
（院印）

说明：

一、本样式系根据《中华人民共和国企业破

产法》第十一条第二款制定,供人民法院受理债权人的重整申请后通知债务人提交材料时使用。

二、"你单位"可根据当事人的具体情况表述为:"你公司或厂、企业、学教等"。

三、本通知应与受理重整申请的裁定书一并送达债务人。

四、如需对有关责任人员罚款,应另行制作决定书。

文书样式 52

××××人民法院
民事裁定书
(受理债务人直接提出的重整申请用)

(××××)×破(预)字第×-×号

申请人:……(写明名称等基本情况)。

××××年××月××日,×××(申请人名称)以……为由向本院申请重整。

本院查明:……(写明申请人的住所地、工商登记注册情况及资产负债情况、职工情况等)。

本院认为:……(从本院是否具有管辖权、被申请人是否属于重整适格主体、是否具备重整原因等方面写明受理申请的理由)。依照《中华人民共和国企业破产法》第二条第二款、第三条、第七条第一款、第七十条第一款、第七十一条之规定,裁定如下:

受理×××(申请人名称)的重整申请。

本裁定自即日起生效。

审判长×××
(代理)审判员×××
(代理)审判员×××
×××年××月××日
(院印)

本件与原本核对无异

书记员×××

说明:

一、本样式系根据《中华人民共和国企业破产法》第七十条、第七十一条制定,供人民法院根据债务人的申请裁定重整时使用。

二、当事人基本情况的写法与样式 6 相同。

三、债务人直接向人民法院申请重整的,本裁定书应送达债务人。若债务人是在人民法院受理债权人的破产申请后宣告破产前申请重整的,本裁定书还应送达申请对债务人进行破产清算的债权人。

文书样式 53

××××人民法院
民事裁定书
(受理破产申请后宣告债务人
破产前裁定债务人重整用)

(××××)×破字第×-×号

申请人:……(写明姓名或名称等基本情况)。

被申请人:……(写明名称或名称等基本情况)。

××××年××月××日,本院根据×××(债权人姓名或名称)的申请裁定受理×××(债务人名称)破产清算一案。××××年××月××日,×××(申请人姓名或名称)以……为由向本院申请对×××(债务人名称)进行重整。

本院查明:……

本院认为:……(从被申请人是否属于重整适格主体、是否具备重整原因等方面写明受理申请的理由)。依照《中华人民共和国企业破产法》第二条、第七十条第二款、第七十一条之规定,裁定如下:

自××××年××月××日起对×××(债务人名称)进行重整。

本裁定自即日起生效。

审判长×××
(代理)审判员×××
(代理)审判员×××
×××年××月××日
(院印)

本件与原本核对无异

书记员×××

说明:

一、本样式系根据《中华人民共和国企业破

产法》第七十条第二款、第七十一条制定,供人民法院在受理债权人提出的破产清算申请后、宣告债务人破产前,根据债务人或出资额占债务人注册资本十分之一以上的出资人的申请,裁定债务人重整时使用。

二、当事人基本情况的写法与样式 6 相同。

三、本裁定书应送达申请人、被申请人及申请对债务人进行破产清算的债权人。

文书样式 54

×××× 人民法院
公告
(受理债权人或债务人直接提出的重整申请用)

(××××)× 破字第 ×-× 号

本院根据 ×××(申请人姓名或名称)的申请于 ×××× 年 ×× 月 ×× 日裁定受理 ×××(债务人名称)重整一案,并于 ×××× 年 ×× 月 ×× 日指定 ××× 担任 ×××(债务人名称)管理人。×××(债务人名称)的债权人应自 ×× ×× 年 ×× 月 ×× 日前,向 ×××(债务人名称)管理人(通讯地址:_____;邮政编码:_____;联系电话:_____)申报债权,书面说明债权数额、有无财产担保及是否属于连带债权,并提供相关证据材料。未在上述期限内申报债权的,可以在重整计划草案提交债权人会议讨论前补充申报,但要承担为审查和确认补充申报债权所产生的费用。未依法申报债权的,在重整计划执行期间不得行使权利,在重整计划执行完毕后可以按照重整计划规定的同类债权的清偿条件行使权利。×××(债务人名称)的债务人或者财产持有人应当向 ×××(债务人名称)管理人清偿债务或交付财产。

第一次债权人会议将于 ×××× 年 ×× 月 ×× 日 ×× 时在 ××(地点)召开。依法申报债权的债权人为债权人会议的成员,有权参加债权人会议。参加会议的债权人系法人或其他组织的,应提交营业执照、法定代表人或负责人身份证明书,如委托代理人出席会议,应提交特别授权委托书、委托代理人的身份证件或律师执业证,委托代理

人是律师的还应提交律师事务所的指派函。债权人系自然人的,应提交个人身份证明。如委托代理人出席会议,应提交特别授权委托书、委托代理人的身份证件或律师执业证,委托代理人是律师的还应提交律师事务所的指派函。

特此公告

×××× 年 ×× 月 ×× 日
(院印)

说明:

本样式系根据《中华人民共和国企业破产法》第七十一条制定,供人民法院根据债权人或债务人的申请直接裁定受理债务人重整案件后发布公告时使用。

文书样式 55

×××× 人民法院
公告
(受理破产清算申请后宣告债务人
破产前裁定债务人重整用)

(××××)× 破字第 ×-× 号

本院根据 ×××(债权人姓名或名称)的申请于 ×××× 年 ×× 月 ×× 日裁定受理 ×××(债务人名称)破产清算一案,并于 ×××× 年 × 月 ×× 日指定 ××× 担任 ×××(债务人名称)管理人。×××× 年 ×× 月 ×× 日,本院根据 ×××(申请人姓名或名称)的申请裁定 ×× ×(债务人名称)重整。

特此公告

×××× 年 ×× 月 ×× 日
(院印)

说明:

本样式系根据《中华人民共和国企业破产法》第七十一条制定,供人民法院在受理债权人提出的破产清算申请后、宣告债务人破产前,根据债务人或出资额占债务人注册资本十分之一以上的出资人的申请,裁定债务人重整后发布公告时使用。

文书样式56

×××× 人民法院
民事裁定书
(不予受理债权人直接提出的重整申请用)

(××××)×破(预)初字第×－×号

申请人：……(写明姓名或名称等基本情况)。

被申请人：……(写明名称等基本情况)。

×××年××月××日，×××(申请人姓名或名称)以……为由向本院申请对×××(被申请人名称)进行重整。本院于×××年××月××日通知了×××(被申请人名称)。×××(被申请人名称)于×××年××月×日向本院提出异议称，……

本院查明：……

本院认为：……(写明不予受理的理由)。依照……(写明所依据的法律条款项)之规定，裁定如下：

对×××(申请人姓名或名称)的重整申请，本院不予受理。

如不服本裁定，可在裁定书送达之日起十日内，向本院递交上诉状，并提交副本×份，上诉于××××人民法院。

审判长×××
(代理)审判员×××
(代理)审判员×××
×××年××月××日
(院印)

本件与原本核对无异

书记员×××

说明：

一、本样式系根据《中华人民共和国企业破产法》第十二条第一款制定，供人民法院裁定不予受理债权人的重整申请时使用。

二、当事人基本情况的写法与样式6相同。

三、本裁定书应送达申请人和被申请人。

文书样式57

×××× 人民法院
民事裁定书
(不予受理债务人直接提出的重整申请用)

(××××)×破(预)初字第×－×号

申请人：……(写明名称等基本情况)。

×××年××月××日，×××(申请人名称)向本院提出重整申请，称……(写明依据的事实和理由)。

本院查明：……

本院认为：……(写明不予受理的理由)。依照……(写明所依据的法律条款项)之规定，裁定如下：

对×××(申请人名称)的重整申请，本院不予受理。

如不服本裁定，可在裁定书送达之日起十日内，向本院递交上诉状，并提交副本×份，上诉于××××人民法院。

审判长×××
(代理)审判员×××
(代理)审判员×××
×××年××月××日
(院印)

本件与原本核对无异

书记员×××

说明：

一、本样式系根据《中华人民共和国企业破产法》第七十条第二款制定，供人民法院裁定不予受理债务人的重整申请时使用。

二、申请人基本情况的写法与样式6相同。

三、本裁定书应送达申请人。

文书样式 58

××××人民法院
民事裁定书
(不予受理债务人或出资人在人民
法院受理破产申请后宣告债务人
破产前提出的重整申请用)

(××××)×破初字第×－×号

申请人：……(写明姓名或名称等基本情况)。

被申请人：……(写明名称等基本情况)。

××××年××月××日,本院根据×××(债权人姓名或名称)的申请裁定受理×××(债务人名称)破产清算一案。××××年××月××日,×××(申请人姓名或名称)以……为由向本院申请对×××(债务人名称)进行重整。

本院查明：……

本院认为：……(写明不予受理的理由)。依照……(写明所依据的法律条款项)之规定,裁定如下：

对×××(申请人姓名或名称)的申请,本院不予受理。

如不服本裁定,可在裁定书送达之日起十日内,向本院递交上诉状,并提交副本×份,上诉于×××人民法院。

审判长×××
(代理)审判员×××
(代理)审判员×××
××××年××月××日
(院印)

本件与原本核对无异
书记员×××

说明：
一、本样式系根据《中华人民共和国企业破产法》第七十条第二款制定,供人民法院裁定不予受理债务人或出资人的重整申请时使用。
二、当事人基本情况的写法与样式6相同。
三、本裁定书应送达申请人和被申请人。

文书样式 59

××××人民法院
民事裁定书
(维持或撤销不予受理重整申请的裁定用)

(××××)×破(预)终字第×号

上诉人(原审申请人)：……(写明姓名或名称等基本情况)。

被上诉人(原审被申请人)：……(写明名称等基本情况)。

上诉人×××不服××××人民法院(××××)×破(预)初字第×－×号民事裁定,向本院提起上诉。本院受理后依法组成合议庭审理了本案,现已审理终结。

……(写明一审认定的事实、裁定结果及理由)。

×××(上诉人姓名或名称)不服,向本院上诉称：……(写明上诉请求与理由)。

本院查明：……

本院认为：……(写明维持或者撤销原裁定的理由)。依照……(写明所依据的法律条款项)之规定,裁定如下：

驳回上诉,维持原裁定。

或者：

一、撤销××××人民法院(××××)×破(预)初字第×－×号民事裁定;

二、由××××人民法院裁定受理×××对×××的重整申请。

本裁定为终审裁定并自即日起生效。

审判长×××
(代理)审判员×××
(代理)审判员×××
××××年××月××日
(院印)

本件与原本核对无异
书记员×××

说明：
一、本样式系根据《最高人民法院关于适用〈中华人民共和国民事诉讼法〉若干问题的意见》第一百八十七条制定,供二审人民法院收到不服一审不予受理重整申请的裁定而提起上诉的案件后,裁定驳回上诉或撤销原裁定时使用。

二、如系债务人申请重整,则不列被上诉人。

三、当事人基本情况的写法与样式6相同。

四、如果一审裁定是针对债务人或出资人在人民法院受理破产申请后宣告破产前提出的重整申请作出的,则案号应为(××××)×破终字第×号,相应首部应为上诉人×××不服×××人民法院(××××)×破初字第×-×号民事裁定,向本院提起上诉。判项主文应为:一、撤销×××人民法院(××××)×破初字第×-×号民事裁定;二、由×××人民法院裁定×××重整。

五、本裁定书应送达上诉人和被上诉人。

文书样式60

××××人民法院
决定书
(许可债务人自行管理财产和营业事务用)

(××××)×破字第×-×号

申请人:……(债务人名称等基本情况)。

××××年××月××日,×××向本院提出申请,称……(写明理由),请求本院许可其在重整期间自行管理财产和营业事务。

本院查明:……

本院认为:……(写明意见及理由)。依照《中华人民共和国企业破产法》第七十三条之规定,决定如下:

准许×××(债务人名称)在×××(债务人名称)管理人的监督下自行管理财产和营业事务。

或者:

驳回×××(债务人名称)的申请。

××××年××月××日
(院印)

说明:

一、本样式系根据《中华人民共和国企业破产法》第七十三条制定,供人民法院许可债务人在重整期间自行管理财产和营业事务时使用。

二、申请人基本情况的写法与样式6相同。

三、本决定书应送达债务人和管理人。

四、债务人申请重整的同时提出要自行管理财产和营业事务的,可在受理裁定中一并表述。

文书样式61

××××人民法院
通知书
(受理债权人或债务人直接提出的重整申请后通知已知债权人用)

(××××)×破字第×-×号

×××(债权人姓名或名称):

本院根据×××(申请人姓名或名称)的申请于××××年××月××日裁定受理×××(债务人名称)重整一案,并于××××年××月××日指定×××担任×××(债务人名称)管理人。请你(或你单位)在××××年××月××日前,向×××(债务人名称)管理人(通讯地址:_____;邮政编码:_____;联系电话:_____)申报债权,书面说明债权数额、有无财产担保及是否属于连带债权,并提供相关证据材料。如未能在上述期限内申报债权,可以在重整计划草案提交债权人会议讨论前补充申报,但要承担为审查和确认补充申报债权所产生的费用。未依法申报债权的,在重整计划执行期间不得行使权利,在重整计划执行完毕后可以按照重整计划规定的同类债权的清偿条件行使权利。×××(债务人名称)的债务人或者财产持有人应当向×××(债务人名称)管理人清偿债务或交付财产。

本院定于××××年××月××日××时在_____(地点)召开第一次债权人会议。依法申报债权后,你(或你单位)就成为债权人会议的成员,有权参加债权人会议。参加会议时应提交个人身份证明;委托代理人出席会议的,应提交授权委托书,委托代理人的身份证件或律师执业证,委托代理人是律师的还应提交律师事务所的指派函。(如系法人或其他组织的,则改为"参加会议时应提交营业执照、法定代表人或负责人身份证明书;委托代理人出席会议的,应提交授权委托书、委托代理人的身份证件或律师执业证,委托代理人是律师的还应提交律师事务所的指派函。")

特此通知

××××年××月××日
(院印)

说明:

一、本样式系根据《中华人民共和国企业破产法》第十四条第二款的规定制定,供人民法院裁定债务人重整后通知已知债权人时使用。

二、"你单位"可根据当事人的具体情况表述为:"你公司或厂、企业等"。

三、本通知应在裁定债务人重整之日起二十五日内发出。

文书样式 62

××××人民法院
复函
(同意董事、监事、高级管理
人员向第三人转让股权用)

(××××)×破字第×-×号

×××(申请人姓名):

××××年××月××日,你向本院提交申请,称……(写明请求及事实理由)。经研究,答复如下:

……(写明答复意见)。

××××年××月××日
(院印)

说明:

一、本样式系根据《中华人民共和国企业破产法》第七十七条制定,供人民法院收到董事、监事、高级管理人员关于向第三人转让股权的有关申请后作出答复时使用。

二、本文书应送达申请人,同时抄送管理人。

文书样式 63

××××人民法院
复函
(许可担保权人恢复行使担保权用)

(××××)×破字第×-×号

×××(申请人姓名):

××××年××月××日,你(或你单位)向本院提交申请,称……(写明请求及事实理由)。经研究,答复如下:

……(写明答复意见)。

××××年××月××日
(院印)

说明:

一、本样式系根据《中华人民共和国企业破产法》第七十五条制定,供人民法院收到担保权人恢复行使担保权的有关申请后作出答复时使用。

二、"你单位"可根据当事人的具体情况表述为:"你行或公司等"。

三、本文书应送达申请人,同时抄送管理人。

文书样式 64

××××人民法院
决定书
(设小额债权组用)

(××××)×破字第×-×号

××××年××月××日,本院裁定×××(债务人名称)重整。因……(写明普通债权中债权数额的大概分布情况),依照《中华人民共和国企业破产法》第八十二条第二款之规定,决定如下:

在普通债权组中设小额债权组对重整计划草案进行表决。债权额×万元以下的债权属于小额债权,列入小额债权组表决。

××××年××月××日
(院印)

说明：

本样式系根据《中华人民共和国企业破产法》第八十二条第二款制定，供人民法院决定设小额债权组用。

文书样式 65

××××人民法院
民事裁定书
(根据申请终止重整程序用)

(××××)×破字第×-×号

申请人：……(申请人姓名或名称等基本情况)。

××××年××月××日，×××(申请人姓名或名称)向本院提出申请，称……(写明依据的事实及理由)，请求本院终止×××(债务人名称)重整程序。

本院查明：……(写明查明的事实)。

本院认为：……(写明同意申请的理由)。依照《中华人民共和国企业破产法》第七十八条第×项之规定，裁定如下：

一、终止×××(债务人名称)重整程序；

二、宣告×××(债务人名称)破产。

本裁定自即日起生效。

审判长×××
(代理)审判员×××
(代理)审判员×××
××××年××月××日
(院印)

本件与原本核对无异

书记员×××

说明：

一、本样式系根据《中华人民共和国企业破产法》第七十八条制定，供人民法院根据管理人或利害关系人的申请决定终止重整程序并宣告债务人破产时使用。

二、申请人基本情况的写法与样式 6 相同。

三、本裁定书应送达债务人、管理人及利害关系人并通知债权人。

文书样式 66

××××人民法院
民事裁定书
(法院直接裁定终止重整程序用)

(××××)×破字第×-×号

××××年××月××日，本院根据×××(申请人姓名或名称)的申请裁定×××(债务人名称)重整。因……(写明出现了某种法定情形)，依照《中华人民共和国企业破产法》第七十九第三款(或者第八十八条)之规定，裁定如下：

一、终止×××(债务人名称)重整程序；

二、宣告×××(债务人名称)破产。

本裁定自即日起生效。

审判长×××
(代理)审判员×××
(代理)审判员×××
××××年××月××日
(院印)

本件与原本核对无异

书记员×××

说明：

一、本样式系根据《中华人民共和国企业破产法》第七十九第三款、第八十八条制定，供人民法院依职权裁定终止重整程序并宣告债务人破产时使用。

二、本裁定书应送达债务人、管理人及利害关系人并通知债权人。

文书样式 67

××××人民法院
公告
(根据申请终止重整程序并宣告债务人破产用)

(××××)×破字第×-×号

因……(写明终止原因)，根据×××(申请人姓名或名称)的申请，本院于××××年××月

××日依照《中华人民共和国企业破产法》第七十八条第×项之规定，裁定终止×××(债务人名称)重整程序并宣告×××(债务人名称)破产。

特此公告

××××年××月××日
(院印)

说明：

本样式系根据《中华人民共和国企业破产法》第七十八条制定，供人民法院根据管理人或者利害关系人的申请裁定终止重整程序并宣告债务人破产后发布公告使用。

文书样式68

××××人民法院
公告
(法院直接裁定终止重整程序
并宣告债务人破产用)

(××××)×破字第×－×号

因……(写明终止原因)，本院于××××年××月××日依照《中华人民共和国企业破产法》第七十九条第三款(或者第八十八条)之规定，裁定终止×××(债务人名称)重整程序并宣告×××(债务人名称)破产。

特此公告

××××年××月××日
(院印)

说明：

本样式系根据《中华人民共和国企业破产法》第七十九条第三款、第八十八条制定，供人民法院依职权裁定终止重整程序并宣告债务人破产后发布公告使用。

文书样式69

××××人民法院
民事裁定书
(延长重整计划草案提交期限用)

(××××)×破字第×－×号

申请人：……(写明名称等基本情况)。

××××年××月××日，×××(申请人名称)向本院提出申请，称……(写明依据的事实及理由)，请求本院将重整计划草案提交期限延长三个月。

本院认为：……(写明同意或不同意申请的理由)。依照《中华人民共和国企业破产法》第七十九条第二款之规定，裁定如下：

重整计划草案提交期限延长至××××年××月××日。

或者：

驳回×××(申请人名称)的申请。

本裁定为终审裁定。

审判长×××
(代理)审判员×××
(代理)审判员×××
××××年××月××日
(院印)

本件与原本核对无异

书记员×××

说明：

一、本样式系根据《中华人民共和国企业破产法》第七十九条第二款制定，供人民法院根据债务人或管理人的申请裁定延长重整计划草案提交期限时使用。

二、申请人是管理人的，其基本情况只需写明"×××(债务人名称)管理人"；申请人是债务人的，其基本情况的写法与样式6相同。

三、本裁定书应送达债务人和管理人。

文书样式 70

××××人民法院
民事裁定书
(批准重整计划用)

(××××)×破字第×-×号

申请人：……(写明名称等基本情况)。

××××年××月××日，×××(申请人名称)向本院提出申请，称……(写明依据的事实及理由)，请求本院批准重整计划(附后)。

本院认为：……(写明批准重整计划的具体理由)。依照《中华人民共和国企业破产法》第八十六条第二款之规定，裁定如下：

一、批准×××(债务人名称)重整计划；

二、终止×××(债务人名称)重整程序。

本裁定为终审裁定。

审判长×××
(代理)审判员×××
(代理)审判员×××
××××年××月××日
(院印)

本件与原本核对无异

书记员×××

附：重整计划

说明：

一、本样式系根据《中华人民共和国企业破产法》第八十六条第二款制定，供人民法院根据债务人或管理人的申请决定批准重整计划时使用。

二、申请人是管理人的，其基本情况只需写明"×××(债务人名称)管理人"；申请人是债务人的，其基本情况的写法与样式6相同。

三、本裁定书应送达管理人、债务人、债权人及利害关系人。

文书样式 71

××××人民法院
民事裁定书
(批准重整计划草案用)

(××××)×破字第×-×号

申请人：……(写明名称等基本情况)。

××××年××月××日，×××(申请人名称)向本院提出申请，称……(写明依据的事实及理由)，请求本院批准重整计划草案(附后)。

本院查明，……(说明重整计划草案表决通过情况)。

本院认为：……(写明批准重整计划草案的具体理由)。依照《中华人民共和国企业破产法》第八十七条第二款、第三款之规定，裁定如下：

一、批准×××(债务人名称)重整计划草案；

二、终止×××(债务人名称)重整程序。

本裁定为终审裁定。

审判长×××
(代理)审判员×××
(代理)审判员×××
××××年××月××日
(院印)

本件与原本核对无异

书记员×××

附：重整计划草案

说明：

一、本样式系根据《中华人民共和国企业破产法》第八十七条第三款制定，供人民法院根据债务人或管理人的申请决定批准重整计划草案时使用。

二、申请人是管理人的，其基本情况只需写明"×××(债务人名称)管理人"；申请人是债务人的，其基本情况的写法与样式6相同。

三、本裁定书应送达管理人、债务人、债权人及利害关系人。

文书样式 72

×××× 人民法院
民事裁定书
(不批准重整计划用)

(××××)×破字第×-×号

申请人：……(写明名称等基本情况)。
××××年××月××日，×××(申请人名称)向本院提出申请，称……(写明依据的事实及理由)，请求本院批准重整计划。
本院查明：……(写明重整计划通过的情况及重整计划的主要内容)。
本院认为：……(写明不批准重整计划的理由)。依照《中华人民共和国企业破产法》第八十八条之规定，裁定如下：
一、驳回×××(申请人名称)的申请；
二、终止×××(债务人名称)重整程序；
三、宣告×××(债务人名称)破产。
本裁定自即日起生效。

审判长　×××
(代理)审判员　×××
(代理)审判员　×××
××××年××月××日
(院印)

本件与原本核对无异

书记员　×××

附：重整计划
说明：
一、本样式系根据《中华人民共和国企业破产法》第八十八条制定，供人民法院裁定不批准重整计划时使用。
二、申请人可以是债务人或管理人。申请人是管理人的，其基本情况只需写明"×××(债务人名称)管理人"；申请人是债务人的，其基本情况的写法与样式 6 相同。
三、本裁定书应送达管理人、债务人、债权人及利害关系人。

文书样式 73

×××× 人民法院
民事裁定书
(不批准重整计划草案用)

(××××)×破字第×-×号

申请人：……(写明名称等基本情况)。
××××年××月××日，×××(申请人名称)向本院提出申请，称……(写明依据的事实及理由)，请求本院批准重整计划草案。
本院查明：……(写明重整计划草案未获得通过的情况及重整计划草案的主要内容)。
本院认为：……(写明不批准重整计划草案的理由)。依照《中华人民共和国企业破产法》第八十八条之规定，裁定如下：
一、驳回×××(申请人名称)的申请；
二、终止×××(债务人名称)重整程序；
三、宣告×××(债务人名称)破产。
本裁定自即日起生效。

审判长　×××
(代理)审判员　×××
(代理)审判员　×××
××××年××月××日
(院印)

本件与原本核对无异

书记员　×××

附：重整计划草案
说明：
一、本样式系根据《中华人民共和国企业破产法》第八十八条制定，供人民法院裁定不批准重整计划草案时使用。
二、申请人可以是债务人或管理人。申请人是管理人的，其基本情况只需写明"×××(债务人名称)管理人"；申请人是债务人的，其基本情况的写法与样式 6 相同。
三、本裁定书应送达管理人、债务人、债权人及利害关系人。

文书样式 74

××××人民法院
公告
(批准重整计划或重整计划草案
并终止重整程序用)

(××××)×破字第×-×号

××××年××月××日,本院根据×××(申请人姓名或名称)的申请,依据《中华人民共和国企业破产法》第八十六条第二款(或者第八十七条第二款、第三款)之规定,裁定批准重整计划(或重整计划草案)并终止×××(债务人名称)重整程序。

特此公告

××××年××月××日
(院印)

说明:
本样式系根据《中华人民共和国企业破产法》第八十六条第二款、第八十七条第三款制定,供人民法院裁定批准重整计划或重整计划草案并终止重整程序后发布公告使用。

文书样式 75

××××人民法院
公告
(不批准重整计划或重整计划草案并终止重整
程序宣告债务人破产用)

(××××)×破字第×-×号

××××年××月××日,本院依照《中华人民共和国企业破产法》第八十八条之规定,裁定驳回×××(申请人名称)关于批准重整计划(或重整计划草案)的申请并终止×××(债务人名称)重整程序,宣告×××(债务人名称)破产。

特此公告

××××年××月××日
(院印)

说明:
本样式系根据《中华人民共和国企业破产法》第八十八条制定,供人民法院裁定不批准重整计划或重整计划草案并终止重整程序宣告债务人破产后发布公告使用。

文书样式 76

××××人民法院
民事裁定书
(延长重整计划执行的监督期限用)

(××××)×破字第×-×号

申请人:×××(债务人名称)管理人。

××××年××月××日,×××(债务人名称)管理人向本院提出申请,称……(写明依据的事实及理由),请求本院将×××(债务人名称)重整计划执行的监督期限延长×个月至××××年××月××日。

本院认为:……(写明同意或不同意的理由)。依照……(写明所依据的法律条款项)之规定,裁定如下:

将×××(债务人名称)重整计划执行的监督期限延长×个月至××××年××月××日。

或者:
驳回×××(债务人名称)管理人的申请。
本裁定自即日起生效。

审判长 ×××
(代理)审判员 ×××
(代理)审判员 ×××
××××年××月××日
(院印)

本件与原本核对无异

书记员 ×××

说明:
一、本样式系根据《中华人民共和国企业破产法》第九十一条第三款制定,供人民法院根据理人的申请决定延长重整计划执行的监督期限时使用。

二、同意延长的,应将裁定书送达管理人、债务人及利害关系人;不同意延长的,应将裁定书送达管理人。

文书样式 77

×××× 人民法院
民事裁定书
(终止重整计划的执行用)

(××××)×破字第×—×号

申请人:……(写明姓名或名称等基本情况)。

××××年××月××日,×××(申请人姓名或名称)向本院提出申请,称……(写明依据的事实及理由),请求本院终止×××(债务人名称)重整计划的执行。

本院查明:……

本院认为:……(写明同意的理由)。依照《中华人民共和国企业破产法》第九十三条第一款之规定,如下:

一、终止×××(债务人名称)重整计划的执行;

二、宣告×××(债务人名称)破产。

本裁定自即日起生效。

审判长×××
(代理)审判员×××
(代理)审判员×××
××××年××月××日
(院印)

本件与原本核对无异

书记员×××

说明:

一、本样式系根据《中华人民共和国企业破产法》第九十三条第一款制定,供人民法院根据管理人或利害关系人的申请裁定终止重整计划的执行时使用。

二、申请人是管理人的,其基本情况只需写明"×××(债务人名称)管理人";申请人是利害关系人的,其基本情况的写法与样式6相同。

三、本裁定书应送达债务人、管理人、债权人及利害关系人。

文书样式 78

×××× 人民法院
民事裁定书
(延长重整计划执行期限用)

(××××)×破字第×—×号

申请人:……(写明名称等基本情况)。

××××年××月××日,本院裁定批准×××(债务人名称)重整计划并终止重整程序。××××年××月××日,×××(债务人名称)向本院提出申请,称……(写明依据的事实及理由),请求本院批准延长重整计划的执行期限至××××年××月××日。

本院查明:……

本院认为:……(写明批准或不批准的理由)。依照……(写明所依据的法律条款项)之规定,裁定如下:

×××(债务人名称)重整计划的执行期限延长至××××年××月××日。

或者:

驳回×××(债务人名称)的申请。

本裁定自即日起生效。

审判长×××
(代理)审判员×××
(代理)审判员×××
××××年××月××日
(院印)

本件与原本核对无异

书记员×××

说明:

一、本样式供人民法院根据债务人的申请延长重整计划的执行期限时用。

二、本裁定书应送达管理人、债务人、债权人及利害关系人。

文书样式 79

×××× 人民法院
通知书
（协助执行重整计划用）

（××××）× 破字第 × - × 号

×××：
本院已于 ×××× 年 ×× 月 ×× 日裁定批准 ×××（债务人名称）重整计划（或重整计划草案）。依照……（写明所依据的法律条款项）之规定，请你单位自收到本通知书之日起协助执行以下事项：
……
特此通知。

×××× 年 ×× 月 ×× 日
（院印）

说明：
本样式供重整计划执行中人民法院要求相关单位协助执行相关事项时用。

四、和解程序用文书

文书样式 80

×××× 人民法院
民事裁定书
（受理债务人直接提出的和解申请用）

（××××）× 破（预）字第 × - × 号

申请人：……（写明名称等基本情况）。
×××× 年 ×× 月 ×× 日，申请人 ××× 以……为由向本院申请和解并提交了和解协议草案。
本院查明：……
本院认为：……（从本院是否具有管辖权、申请人是否属于破产适格主体、是否具备破产原因等方面写明受理申请的理由）。依照《中华人民共和国企业破产法》第二条、第三条、第七条、第九十五条、第九十六条第一款之规定，裁定如下：

受理 ×××（债务人名称）的和解申请。
本裁定自即日起生效。

审判长 ×××
（代理）审判员 ×××
（代理）审判员 ×××
×××× 年 ×× 月 ×× 日
（院印）

本件与原本核对无异
书记员 ×××

说明：
一、本样式系根据《中华人民共和国企业破产法》第九十六条第一款制定，供人民法院裁定直接受理债务人的和解申请时使用。
二、申请人基本情况的写法与样式 6 相同。
三、本裁定书应送达债务人。

文书样式 81

×××× 人民法院
民事裁定书
（受理破产清算申请后裁定债务人和解用）

（××××）× 破字第 × - × 号

申请人：……（写明名称等基本情况）。
×××× 年 ×× 月 ×× 日，本院根据 ××× 的申请裁定受理 ×××（债务人名称）破产清算一案。×××× 年 ×× 月 ×× 日，×××（债务人名称）以……为由向本院申请和解并提交了和解协议草案。
本院查明：……
本院认为：……（从申请人是否属于破产适格主体、是否具备破产原因等方面写明裁定和解的理由）。依照《中华人民共和国企业破产法》第二条、第七条、第九十五条、第九十六条第一款之规定，裁定如下：

×××（债务人名称）和解。
本裁定自即日起生效。

审判长 ×××
（代理）审判员 ×××

（代理）审判员×××

××××年××月××日

（院印）

本件与原本核对无异

书记员×××

说明：

一、本样式系根据《中华人民共和国企业破产法》第九十六条第一款制定，供人民法院受理破产清算申请后裁定债务人和解时使用。

二、申请人基本情况的写法与样式6相同。

三、本裁定书应送达债务人和破产申请人。

文书样式82

××××人民法院
民事裁定书
（不予受理债务人直接提出的
和解申请用）

（××××）×破（预）初字第×－×号

申请人：……（写明名称等基本情况）。

×××年××月××日，申请人×××以……为由向本院申请和解并提交了和解协议草案。

本院查明：……

本院认为：……（写明不受理的理由）。依照……（写明所依据的法律条款项）之规定，裁定如下：

不予受理×××（申请人名称）的和解申请。

如不服本裁定，可在裁定书送达之日起十日内，向本院递交上诉状，并提交副本×份，上诉于×××人民法院。

审判长×××

（代理）审判员×××

（代理）审判员×××

××××年××月××日

（院印）

本件与原本核对无异

书记员×××

说明：

一、本样式系根据《中华人民共和国企业破产法》第十二条第一款制定，供人民法院裁定不受理债务人直接提出的和解申请时使用。

二、申请人基本情况的写法与样式6相同。

三、本裁定书应送达债务人。

文书样式83

××××人民法院
民事裁定书
（受理破产申请后裁定不予受理债务人
提出的和解申请用）

（××××）×破初字第×－×号

申请人：……（写明名称等基本情况）。

××××年××月××日，本院根据×××的申请裁定受理×××（债务人名称）破产清算一案。××××年××月××日，×××（债务人名称）以……为由向本院申请和解并提交了和解协议草案。

本院查明：……

本院认为：……（写明不受理的理由）。依照……（写明所依据的法律条款项）之规定，裁定如下：

对×××（债务人名称）的和解申请，本院不予受理。

如不服本裁定，可在裁定书送达之日起十日内，向本院递交上诉状，并提交副本×份，上诉于×××人民法院。

审判长×××

（代理）审判员×××

（代理）审判员×××

××××年××月××日

（院印）

本件与原本核对无异

书记员×××

说明：

一、本样式系根据《中华人民共和国企业破产法》第十二条第一款制定，供人民法院受理破产申请后裁定不予受理债务人提出的和解申请时使用。

二、申请人基本情况的写法与样式6相同。

三、本裁定书应送达债务人。

文书样式84

××××人民法院
民事裁定书
(维持或撤销不予受理和解申请的裁定用)

(××××)×破(预)终字第×号

上诉人(原审申请人):……(写明名称等基本情况)。

上诉人×××不服××××人民法院(××××)×破(预)初字第×-×号民事裁定,向本院提起上诉。本院受理后依法组成合议庭审理了本案,现已审理终结。

……(写明一审认定的事实、裁定结果及理由)

×××(债务人名称)不服,向本院上诉称:……(写明上诉请求与理由)。

本院查明:……

本院认为:……(写明维持或者撤销原裁定的理由)。依照……(写明所依据的法律条款项)之规定,裁定如下:

驳回上诉,维持原裁定。

或者:

一、撤销×××人民法院(××××)×破(预)初字第×-×号民事裁定;

二、由×××人民法院裁定受理×××(债务人名称)的和解申请。

本裁定为终审裁定并自即日起生效。

审判长×××
(代理)审判员×××
(代理)审判员×××
××××年××月××日
(院印)

本件与原本核对无异

书记员×××

说明:

一、本样式系根据《最高人民法院关于适用〈中华人民共和国民事诉讼法〉若干问题的意见》第一百八十七条制定,供二审人民法院收到不服一审不予受理和解申请的裁定而提起上诉的案件之后,裁定驳回上诉或撤销原裁定时使用。

二、上诉人基本情况的写法与样式6相同。

三、如果一审裁定是针对债务人在人民法院受理破产申请后宣告破产前提出的和解申请作出的,则案号应为(××××)×破终字第×号,相应首部应为上诉人×××不服××××人民法院(××××)×破初字第×-×号民事裁定,向本院提起上诉。判项主文应为:一、撤销×××人民法院(××××)×破初字第×-×号民事裁定;二、由×××人民法院裁定×××和解。

四、本裁定书应送达上诉人。

文书样式85

××××人民法院
公告
(裁定受理债务人直接提出的和解申请用)

(××××)×破字第×-×号

本院根据×××(申请人姓名或名称)的申请于××××年××月××日裁定受理×××(债务人名称)和解一案,并于××××年××月××日指定×××担任×××(债务人名称)管理人。×××(债务人名称)的债权人应自××××年××月××日前,向×××(债务人名称)管理人(通讯地址:_____;邮政编码:_____;联系电话:_____)申报债权,书面说明债权数额、有无财产担保及是否属于连带债权,并提供相关证据材料。未在上述期限内申报债权的,可以在和解协议草案提交债权人会议讨论前补充申报,但要承担为审查和确认补充申报债权所产生的费用。未依法申报债权的,在和解协议执行期间不得行使权利,在和解协议执行完毕后可以按照和解协议规定的清偿条件行使权利。

×××(债务人名称)的债务人或者财产持有人应当向×××(债务人名称)管理人清偿债务或交付财产。

本院定于××××年××月××日××时在_____(地点)召开第一次债权人会议。依法申报债权的债权人为债权人会议的成员,有权参加债权人会议。参加会议的债权人系法人或其他组织的,应提交营业执照、法定代表人或负责人身份证明书,如委托代理人出席会议,应提交特别授权委托书、委托代理人的身份证件或律师执业证,委托代理人是律师的还应提交律师事务所的指派函。债权人系自然人的,应提交个人身份证明。如委托代理人出席会议,应提交特别授权委托书、委托代理人的身份证件或律师执业证,委托代理人是律师的还应提交律师事务所的指派函。

特此公告

××××年××月××日
(院印)

说明:

本样式系根据《中华人民共和国企业破产法》第十四条、第九十六条第一款、第一百条第三款制定,供人民法院裁定受理债务人直接提出的和解申请后发布公告使用。

文书样式86

×××人民法院
公告
(受理破产申请后宣告债务人破产前
裁定债务人和解用)

(××××)×破字第×-×号

本院根据×××(申请人姓名或名称)的申请于××××年××月××日裁定受理×××(债务人名称)破产清算一案,并于××××年××月××日指定××担任×××(债务人名称)管理人。××××年××月××日,本院根据×××(债务人名称)的申请裁定×××(债务人名称)和解。

特此公告

××××年××月××日
(院印)

说明:

本样式系根据《中华人民共和国企业破产法》第九十六条第一款制定,供人民法院在受理破产申请后、宣告债务人破产前,根据债务人的申请,裁定债务人和解后发布公告时使用。

文书样式87

×××人民法院
通知书
(裁定受理债务人直接提出的和解申请后
通知已知债权人用)

(××××)×破字第×-×号

×××(债权人姓名或名称):

本院根据×××(申请人姓名或名称)的申请于××××年××月××日裁定受理×××(债务人名称)和解一案,并于××××年××月××日指定××担任×××(债务人名称)管理人。请你(或你单位)在××××年××月××日前,向×××(债务人名称)管理人(通讯地址:_____;邮政编码:_____;联系电话:_____)申报债权,书面说明债权数额、有无财产担保及是否属于连带债权,并提供相关证据材料。如未能在上述期限内申报债权,可以在和解协议草案提交债权人会议讨论前补充申报,但要承担为审查和确认补充申报债权所产生的费用。未依法申报债权的,在和解协议执行期间不得行使权利,在和解协议执行完毕后可以按照和解协议规定的清偿条件行使权利。×××(债务人名称)的债务人或者财产持有人应当向×××(债务人名称)管理人清偿债务或交付财产。本院定于××××年××月××日××时在_____(地点)召开第一次债权人会议。依法申报债权后,你(或你单位)就成为债权人会议的成员,有权参加债权人会议。参加会议时应提交个人身份证明;委托代理人出席会议的,应提交授权委托书、委托代理人的身份证件或律师执业证,委托代理人是律师的还应提交律师事务所的指派函。(如系法人或其他组织的,则改为参加会议时应提交营业执照、法定代表人或负责人身份证明书;委托代理人出席会议的,应提交授权委托书、委托代理人的身份证件或律师执业证,委托代理人是律师的还应提交律师事务所的指派函。)

特此通知

××××年××月××日
(院印)

说明:

一、本样式系根据《中华人民共和国企业破产法》第十四条、第一百条第三款的规定制定,供人民法院裁定受理债务人直接提出的和解申请后通知已知债权人用。

二、"你单位"可根据当事人的具体情况表述为:"你公司或厂、企业等"。

三、本通知应在裁定受理和解申请之日起二十五日内发出。

文书样式88

××××人民法院
民事裁定书
(认可或不予认可和解协议用)

(××××)×破字第×-×号

申请人:……(写明债务人名称等基本情况)。

××××年××月××日,×××(债务人名称)向本院提出申请,称和解协议已经第×次债权人会议通过,请求本院裁定予以认可。

本院认为:……(写明认可或不认可的理由)。依照……(写明所依据的法律条款项)之规定,裁定如下:

一、认可×××(债务人名称)和解协议;

二、终止×××(债务人名称)和解程序。

或者:

一、驳回×××(债务人名称)的申请;

二、终止×××(债务人名称)和解程序;

三、宣告×××(债务人名称)破产。

本裁定自即日起生效。

审判长×××
(代理)审判员×××
(代理)审判员×××
××××年××月××日
(院印)

本件与原本核对无异

书记员×××

附:和解协议

说明:

一、本样式系根据《中华人民共和国企业破产法》第九十八条、第九十九条制定,供人民法院裁定认可或不认可和解协议时使用。

二、本裁定书应送达债务人、管理人、债权人及利害关系人。

文书样式89

××××人民法院
民事裁定书
(和解协议草案未获通过时
裁定终止和解程序用)

(××××)×破字第×-×号

××××年××月××日,本院根据×××(债务人名称)的申请,裁定受理×××(债务人名称)和解一案。……(写明和解协议草案经债权人会议表决未获通过的具体情况)。依照《中华人民共和国企业破产法》第九十九条之规定,裁定如下:

一、终止×××(债务人名称)和解程序;

二、宣告×××(债务人名称)破产。

本裁定自即日起生效。

审判长×××
(代理)审判员×××
(代理)审判员×××
××××年××月××日
(院印)

本件与原本核对无异

　　　　　　　　　书记员×××

说明：

一、本样式系根据《中华人民共和国企业破产法》第九十九条制定，供人民法院在和解协议草案未获通过时裁定终止和解程序时使用。

二、本裁定书应送达债务人、管理人并通知债权人。

文书样式 90

××××人民法院
民事裁定书
（确认和解协议无效用）

　　　　　　（××××）×破字第×-×号

申请人：……（写明姓名或名称等基本情况）。

××××年××月××日，申请人×××以……为由，请求本院确认第×次债权人会议通过的和解协议无效。

本院查明：……

本院认为：……（写明对和解协议效力的审查意见及理由）。依照……（写明所依据的法律条款项）之规定，裁定如下：

一、撤销本院（××××）×破字第×-×号民事裁定书；

二、×××（债务人名称）和解协议无效；

三、宣告×××（债务人名称）破产。

或者：

驳回×××（申请人姓名或名称）的申请。

本裁定自即日起生效。

　　　　　　　　　审判长×××
　　　　　　　　（代理）审判员×××
　　　　　　　　（代理）审判员×××
　　　　　　　　××××年××月××日
　　　　　　　　　　（院印）

本件与原本核对无异

　　　　　　　　　书记员×××

说明：

一、本样式系根据《中华人民共和国企业破产法》第一百零三条制定，供人民法院确认和解协议无效时用。

二、申请人应为利害关系人。其基本情况的写法与样式 6 相同。

三、裁定确认和解协议无效的，应将本裁定书送达债务人、管理人并通知债权人。驳回申请的，应将本裁定书送达申请人。

文书样式 91

××××人民法院
民事裁定书
（终止和解协议的执行用）

　　　　　　（××××）×破字第×-×号

申请人：……（写明姓名或名称等基本情况）。

××××年××月××日，申请人×××以……为由，请求本院裁定终止×××（债务人名称）和解协议的执行。

本院查明：……

本院认为：……（写明审查意见及理由）。依照《中华人民共和国企业破产法》第一百零四条第一款之规定，裁定如下：

一、终止×××（债务人名称）和解协议的执行；

二、宣告×××（债务人名称）破产。

或者：

驳回×××（申请人姓名或名称）的申请。

本裁定自即日起生效。

　　　　　　　　　审判长×××
　　　　　　　　（代理）审判员×××
　　　　　　　　（代理）审判员×××
　　　　　　　　××××年××月××日
　　　　　　　　　　（院印）

本件与原本核对无异

　　　　　　　　　书记员×××

说明：

一、本样式系根据《中华人民共和国企业破

产法》第一百零四条第一款制定,供人民法院根据和解债权人的申请裁定终止和解协议的执行并宣告债务人破产时使用。

二、申请人基本情况的写法与样式6相同。

三、本决定书应送达债务人、管理人并通知债权人。

文书样式92

×××人民法院
民事裁定书
(认可债务人与全体债权人自行达成的协议用)

(××××)×破字第×-×号

申请人:……(写明名称等基本情况)。

×××年××月××日,申请人×××以……为由请求本院裁定认可×××协议。

本院查明:……

本院认为:……(写明认可或不认可的理由)。依照《中华人民共和国企业破产法》第一百零五条之规定,裁定如下:

一、认可×××协议;

二、终结×××(债务人名称)破产程序。

或者:

驳回×××(债务人名称)的申请。

本裁定自即日起生效。

审判长×××
(代理)审判员×××
(代理)审判员×××
×××年××月××日
(院印)

本件与原本核对无异
书记员×××

附:×××协议

说明:

一、本样式系根据《中华人民共和国企业破产法》第一百零五条制定,供人民法院认可债务人与全体债权人自行达成的协议并终结破产程序使用。

二、申请人应为债务人。其基本情况的写法

与样式6相同。

三、若宣告破产后裁定认可协议的,应在裁定书的首部增加宣告破产的事实,并在裁定主文中一并撤销宣告破产的裁定,具体表述为:撤销本院(××××)×破字第×-×号民事裁定书。

四、裁定认可的,应将裁定书送达债务人、管理人并通知债权人。裁定驳回的,应将裁定书送达申请人。

文书样式93

×××人民法院
公告
(认可和解协议并终止和解程序用)

(××××)×破字第×-×号

×××年××月××日,本院根据×××(债务人名称)的申请,依照《中华人民共和国企业破产法》第九十八条之规定,以(××××)×破字第×-×号民事裁定书裁定认可×××(债务人名称)和解协议并终止×××(债务人名称)和解程序。

特此公告

×××年××月××日
(院印)

说明:

本样式系根据《中华人民共和国企业破产法》第九十八条制定,供人民法院裁定认可和解协议并终止和解程序后发布公告使用。

文书样式94

×××人民法院
公告
(终止和解程序并宣告债务人破产用)

(××××)×破字第×-×号

因……(写明终止原因),×××年××月××日,本院依照《中华人民共和国企业破产法》

第九十九条之规定,以(××××)×破字第×-×号民事裁定书裁定终止×××(债务人名称)和解程序并宣告×××(债务人名称)破产清算。

特此公告

×××年××月××日

(院印)

说明:

本样式系根据《中华人民共和国企业破产法》第九十九条制定,供人民法院裁定终止和解程序并宣告债务人破产后发布公告使用。

五、破产衍生诉讼用文书

文书样式95

××××人民法院
民事判决书
(破产撤销权诉讼一审用)

(××××)×民初字第×号

原告:×××,(债务人名称)管理人。
被告:……(写明姓名或名称等基本情况)。
原告×××诉被告×××破产撤销权纠纷一案,本院受理后,依法组成合议庭公开开庭进行了审理。……(写明本案当事人及其诉讼代理人等)到庭参加了诉讼。本案现已审理终结。
原告×××诉称:……(概述原告提出的具体诉讼请求及所根据的事实与理由)。
被告×××辩称:……(概述被告答辩的主要意见)。
经审理查明:……(写明认定的事实及证据)。
本院认为:……(写明判决的理由)。依照……(写明判决所依据的法律条款项)之规定,判决如下:
……(写明判决结果)。
……(写明诉讼费用的负担)。
如不服本判决,可在判决书送达之日起十五日内,向本院提交上诉状,并按对方当事人的人数提交副本×份,上诉于×××人民法院。

审判长×××
(代理)审判员×××
(代理)审判员×××
×××年××月××日
(院印)

本件与原本核对无异

书记员×××

说明:

一、本样式系根据《中华人民共和国企业破产法》第三十一条、第三十二条制定,供人民法院受理管理人行使撤销权之诉后进行一审判决时使用。

二、应区分不同管理人类型分别确定原告:管理人为个人的,原告应列为担任管理人的律师或者注册会计师;管理人为中介机构的,原告应列为担任管理人的律师事务所、会计师事务所或者破产清算事务所;管理人为清算组的,原告应列为(债务人名称)清算组,身份标明为该企业管理人。律师事务所等中介机构或者清算组作为原告的,还应当将中介机构管理人负责人或者清算组组长列为诉讼代表人。

三、被告基本情况的写法与样式6相同。

四、此处的被告为受益人。

文书样式96

××××人民法院
民事判决书
(破产抵销权诉讼一审用)

(××××)×民初字第×号

原告:……(写明姓名或名称等基本情况)。
被告:×××(债务人名称),住所地……
诉讼代表人:×××,该企业管理人(或管理人负责人)。
原告×××诉被告×××破产抵销权纠纷一案,本院受理后,依法组成合议庭公开开庭进行了审理。……(写明本案当事人及其诉讼代理人等)到庭参加了诉讼。本案现已审理终结。
原告×××诉称:……(概述原告提出的具

体诉讼请求及所根据的事实与理由)。

被告×××辩称：……(概述被告答辩的主要意见)。

经审理查明：……(写明认定的事实及证据)。

本院认为：……(写明判决的理由)。依照……(写明判决所依据的法律条款项)之规定,判决如下：

……(写明判决结果)。

……(写明诉讼费用的负担)。

若不服本判决,可在判决书送达之日起十五日内,向本院提交上诉状,并按对方当事人的人数提交副本×份,上诉于××××人民法院。

审判长×××

(代理)审判员×××

(代理)审判员×××

××××年××月××日

(院印)

本件与原本核对无异

书记员×××

说明：

一、本样式系根据《中华人民共和国企业破产法》第四十条制定,供人民法院受理债权人行使抵销权之诉后进行一审判决时使用。

二、原告应为要求行使抵销权的债权人。

三、原告基本情况的写法与样式6相同。

四、当债务人的管理人为个人管理人时,其诉讼代表人为担任管理人的律师或者注册会计师；当管理人为中介机构或者清算组时,其诉讼代表人为管理人的负责人或者清算组组长。

文书样式97

××××人民法院
民事判决书
(破产债权确认诉讼一审用)

(××××)×民初字第×号

原告：……(写明姓名或名称等基本情况)。

被告：×××(债务人名称),住所地……

诉讼代表人：×××,该企业管理人(或管理人负责人)。

原告×××诉被告×××破产债权确认纠纷一案,本院受理后,依法组成合议庭公开开庭进行了审理。……(写明本案当事人及其诉讼代理人等)到庭参加了诉讼。本案现已审理终结。

原告×××诉称：……(概述原告提出的具体诉讼请求及所根据的事实与理由)。

被告×××辩称：……(概述被告答辩的主要意见)。

经审理查明：……(写明认定的事实及证据)。

本院认为：……(写明判决的理由)。依照……(写明判决所依据的法律条款项)之规定,判决如下：

……(写明判决结果)。

……(写明诉讼费用的负担)。

若不服本判决,可在判决书送达之日起十五日内,向本院提交上诉状,并按对方当事人的人数提交副本×份,上诉于××××人民法院。

审判长×××

(代理)审判员×××

(代理)审判员×××

××××年××月××日

(院印)

本件与原本核对无异

书记员×××

说明：

一、本样式系根据《中华人民共和国企业破产法》第五十八条制定,供人民法院受理破产债权确认之诉后进行一审判决时使用。

二、原告也可能是债务人。当债务人为原告时,当事人的具体写法为：

原告：×××(债务人名称),住所地……

诉讼代表人：×××,该企业管理人(或管理人负责人)。

被告：……(写明债权人的姓名或名称等基本情况)。

原告也可能是其他债权人,此时的被告为债务人和相关债权人。

三、当事人基本情况的写法与样式6、样式

96相同。

四、本样式同样适用于职工权益清单更正纠纷。

文书样式98

××××人民法院
民事判决书
（取回权诉讼一审用）

（××××）×民初字第×号

原告：……（写明姓名或名称等基本情况）。

被告：×××（债务人名称），住所地……

诉讼代表人：×××，该企业管理人（或管理人负责人）。

原告×××诉被告×××取回权纠纷一案，本院受理后，依法组成合议庭公开开庭进行了审理。……（写明本案当事人及其诉讼代理人等）到庭参加了诉讼。本案现已审理终结。

原告×××诉称：……（概述原告提出的具体诉讼请求及所根据的事实与理由）。

被告×××辩称：……（概述被告答辩的主要意见）。

经审理查明：……（写明认定的事实及证据）。

本院认为：……（写明判决的理由）。依照……（写明判决所依据的法律条款项）之规定，判决如下：

……（写明判决结果）。

……（写明诉讼费用的负担）。

若不服本判决，可在判决书送达之日起十五日内，向本院提交上诉状，并按对方当事人的人数提交副本×份，上诉于××××人民法院。

审判长×××
（代理）审判员×××
（代理）审判员×××
××××年××月××日
（院印）

本件与原本核对无异

书记员×××

说明：

一、本样式系根据《中华人民共和国企业破产法》第三十八条、第三十九条制定，供人民法院受理财产的权利人提起取回权之诉后进行一审判决时使用。

二、原告基本情况的写法与样式6、样式96相同。

文书样式99

××××人民法院
民事判决书
（别除权诉讼一审用）

（××××）×民初字第×号

原告：……（写明姓名或名称等基本情况）。

被告：×××（债务人名称），住所地……

诉讼代表人：×××，该企业管理人（或管理人负责人）。

原告×××诉被告×××别除权纠纷一案，本院受理后，依法组成合议庭公开开庭进行了审理。……（写明本案当事人及其诉讼代理人等）到庭参加了诉讼。本案现已审理终结。

原告×××诉称：……（概述原告提出的具体诉讼请求及所根据的事实与理由）。

被告×××辩称：……（概述被告答辩的主要意见）。

经审理查明：……（写明认定的事实及证据）。

本院认为：……（写明判决的理由）。依照……（写明判决所依据的法律条款项）之规定，判决如下：

……（写明判决结果）。

……（写明诉讼费用的负担）。

若不服本判决，可在判决书送达之日起十五日内，向本院提交上诉状，并按对方当事人的人数提交副本×份，上诉于××××人民法院。

审判长×××
（代理）审判员×××
（代理）审判员×××

××××年××月××日
(院印)

本件与原本核对无异

书记员×××

说明:
一、本样式系根据《中华人民共和国企业破产法》第一百零九条制定,供人民法院受理对债务人特定财产享有担保权的权利人提起别除权之诉后进行一审判决时使用。
二、原告应为要求行使别除权的权利人。
三、原告基本情况的写法与样式6、样式96相同。

文书样式100

××××人民法院
民事判决书
(确认债务人无效行为诉讼一审用)

(××××)×民初字第×号

原告:×××,(债务人名称)管理人。
被告:……(写明姓名或名称等基本情况)。
原告×××诉被告×××无效行为纠纷一案,本院受理后,依法组成合议庭公开开庭进行了审理。……(写明本案当事人及其诉讼代理人等)到庭参加了诉讼。本案现已审理终结。
原告×××诉称:……(概述原告提出的具体诉讼请求及所根据的事实与理由)。
被告×××辩称:……(概述被告答辩的主要意见)。
经审理查明:……(写明认定的事实及证据)。
本院认为:……(写明判决的理由)。依照……(写明判决所依据的法律条款项)之规定,判决如下:
……(写明判决结果)。
……(写明诉讼费用的负担)。
若不服本判决,可在判决书送达之日起十五日内,向本院提交上诉状,并按对方当事人的人数提交副本×份,上诉于×××人民法院。

审判长×××

(代理)审判员×××
(代理)审判员×××
××××年××月××日
(院印)

本件与原本核对无异

书记员×××

说明:
一、本样式系根据《中华人民共和国企业破产法》第三十三条制定,供人民法院受理管理人请求确认债务人行为无效之诉后进行一审判决时使用。
二、此处的被告为无效行为的相对人,被告基本情况的写法与样式6相同。

文书样式101

××××人民法院
民事判决书
(对外追收债权或财产诉讼一审用)

(××××)×民初字第×号

原告:×××(债务人名称),住所地……
诉讼代表人:×××,该企业管理人(或管理人负责人)。
被告:……(写明姓名或名称等基本情况)。
原告×××诉被告×××……纠纷(包括清偿债务或者交付财产)一案,本院受理后,依法组成合议庭公开开庭进行了审理。……(写明本案当事人及其诉讼代理人等)到庭参加了诉讼。本案现已审理终结。
原告×××诉称:……(概述原告提出的具体诉讼请求及所根据的事实与理由)。
被告×××辩称:……(概述被告答辩的主要意见)。
经审理查明:……(写明认定的事实及证据)。
本院认为:……(写明判决的理由)。依照……(写明判决所依据的法律条款项)之规定,判决如下:
……(写明判决结果)。

……(写明诉讼费用的负担)。

若不服本判决,可在判决书送达之日起十五日内,向本院提交上诉状,并按对方当事人的人数提交副本×份,上诉于××××人民法院。

审判长×××
(代理)审判员×××
(代理)审判员×××
×××年××月××日
(院印)

本件与原本核对无异

书记员×××

说明:

一、本样式系根据《中华人民共和国企业破产法》第十七条制定,供人民法院受理管理人向债务人的债务人或财产持有人提起清偿债务或返还财产之诉后进行一审判决时使用。

二、被告基本情况的写法与样式6、样式96相同。

文书样式102

××××人民法院
民事判决书
(追收出资诉讼一审用)

(××××)×民初字第×号

原告:×××(债务人名称),住所地……
诉讼代表人:×××,该企业管理人(或管理人负责人)。
被告:……(写明姓名或名称等基本情况)。
原告×××诉被告×××缴纳出资纠纷一案,本院受理后,依法组成合议庭公开开庭进行了审理。……(写明本案当事人及其诉讼代理人等)到庭参加了诉讼。本案现已审理终结。
原告×××诉称:……(概述原告提出的具体诉讼请求及所根据的事实与理由)。
被告×××辩称:……(概述被告答辩的主要意见)。
经审理查明:……(写明认定的事实及证据)。

本院认为:……(写明判决的理由)。依照……(写明判决所依据的法律条款项)之规定,判决如下:

……(写明判决结果)。
……(写明诉讼费用的负担)。

若不服本判决,可在判决书送达之日起十五日内,向本院提交上诉状,并按对方当事人的人数提交副本×份,上诉于××××人民法院。

审判长×××
(代理)审判员×××
(代理)审判员×××
×××年××月××日
(院印)

本件与原本核对无异

书记员×××

说明:

一、本样式系根据《中华人民共和国企业破产法》第三十五条制定,供人民法院受理管理人向债务人股东提起追收出资之诉后进行一审判决时使用。

二、本样式适用于股东返还抽逃出资等违反出资义务的诉讼一审用。

文书样式103

××××人民法院
民事判决书
(追收非正常收入诉讼一审用)

(××××)×民初字第×号

原告:×××(债务人名称),住所地……
诉讼代表人:×××,该企业管理人(或管理人负责人)。
被告:……(写明姓名或名称等基本情况)。
原告×××诉被告×××返还非正常收入纠纷一案,本院受理后,依法组成合议庭公开开庭进行了审理。……(写明本案当事人及其诉讼代理人等)到庭参加了诉讼。本案现已审理终结。
原告×××诉称:……(概述原告提出的具

体诉讼请求及所根据的事实与理由)。

被告×××辩称:……(概述被告答辩的主要意见)。

经审理查明:……(写明认定的事实及证据)。

本院认为:……(写明判决的理由)。依照……(写明判决所依据的法律条款项)之规定,判决如下:

……(写明判决结果)。

……(写明诉讼费用的负担)。

如不服本判决,可在判决书送达之日起十五日内,向本院提交上诉状,并按对方当事人的人数提交副本×份,上诉于××××人民法院。

审判长×××

(代理)审判员×××

(代理)审判员×××

××××年××月××日

(院印)

本件与原本核对无异

书记员×××

说明:

一、本样式系根据《中华人民共和国企业破产法》第三十六条制定,供人民法院受理管理人向有关人员提出追收非正常收入之诉后进行一审判决时使用。

二、被告应为债务人的董事、监事和高级管理人员。

三、被告基本情况的写法与样式6、样式96相同。

文书样式104

××××人民法院

民事判决书

(损害债务人利益赔偿诉讼一审用)

(××××)×民初字第×号

原告:×××(债务人名称),住所地……

诉讼代表人:×××,该企业管理人(或管理人负责人)。

被告:……(写明姓名或名称等基本情况)。

原告×××诉被告×××损害赔偿纠纷一案,本院受理后,依法组成合议庭公开开庭进行了审理。……(写明本案当事人及其诉讼代理人等)到庭参加了诉讼。本案现已审理终结。

原告×××诉称:……(概述原告提出的具体诉讼请求及所根据的事实与理由)。

被告×××辩称:……(概述被告答辩的主要意见)。

经审理查明:……(写明认定的事实及证据)。

本院认为:……(写明判决的理由)。依照……(写明判决所依据的法律条款项)之规定,判决如下:

……(写明判决结果)。

……(写明诉讼费用的负担)。

如不服本判决,可在判决书送达之日起十五日内,向本院提交上诉状,并按对方当事人的人数提交副本×份,上诉于××××人民法院。

审判长×××

(代理)审判员×××

(代理)审判员×××

××××年××月××日

(院印)

本件与原本核对无异

书记员×××

说明:

一、本样式系根据《中华人民共和国企业破产法》第一百二十五条、第一百二十八条制定,供人民法院受理管理人向有关人员提出损害赔偿之诉后进行一审判决时使用。

二、被告应为债务人的董事、监事、高级管理人员、法定代表人或直接责任人员。

三、被告基本情况的写法与样式6、样式96相同。

文书样式 105

×××× 人民法院
民事判决书
（管理人承担赔偿责任诉讼一审用）

（××××）×民初字第×号

原告：……（写明姓名或名称等基本情况）。
被告：×××,（债务人名称）管理人；或者××,（债务人名称）清算组管理人成员。
原告×××诉被告×××损害赔偿纠纷一案，本院受理后，依法组成合议庭公开开庭进行了审理。……（写明本案当事人及其诉讼代理人等）到庭参加了诉讼。本案现已审理终结。
原告×××诉称：……（概述原告提出的具体诉讼请求及所根据的事实与理由）。
被告×××辩称：……（概述被告答辩的主要意见）。
经审理查明：……（写明认定的事实及证据）。
本院认为：……（写明判决的理由）。依照……（写明判决所依据的法律条款项）之规定，判决如下：
……（写明判决结果）。
……（写明诉讼费用的负担）。
如不服本判决，可在判决书送达之日起十五日内，向本院提交上诉状，并按对方当事人的人数提交副本，上诉于××××人民法院。

审判长×××
（代理）审判员×××
（代理）审判员×××
×××年××月××日
（院印）

本件与原本核对无异
书记员×××

说明：
一、本样式系根据《中华人民共和国企业破产法》第一百三十条制定，供人民法院受理有关主体向管理人提出损害赔偿之诉后进行一审判决时使用。
二、原告包括因管理人不当履行职责而遭受损害的债权人、债务人或者第三人。原告基本情况的写法与样式6相同。
三、应区分不同管理人类型分别确定被告：管理人为个人的，被告应列为担任管理人的律师或者注册会计师；管理人为中介机构的，被告应列为担任管理人的律师事务所、会计师事务所或者破产清算事务所；管理人为清算组的，被告应列为清算组各成员。

最高人民法院关于印发《管理人破产程序工作文书样式（试行）》的通知

● 2011年10月13日

各省、自治区、直辖市高级人民法院，解放军军事法院，新疆维吾尔自治区高级人民法院生产建设兵团分院：

为了进一步明确破产程序中管理人的工作职责，统一管理人工作的文书格式，促进管理人正确履行职务，提高管理人的工作效率和质量，最高人民法院制订了《管理人破产程序工作文书样式（试行）》，现予以印发，并就该文书样式的有关问题通知如下：

一、关于文书样式的体例

针对破产程序各阶段管理人的工作内容，按照简洁、实用、便利的原则，文书样式分为"通用类文书"、"破产清算程序用文书"、"重整程序用文书"、"和解程序用文书"四大类共计59个文书样式。各文书样式均包括文书主文和制作说明两部分。文书主文是文书的核心部分，包括文书名称、文号、名头、主文、落款、附件等部分。制作说明是文书样式的辅助部分，主要列明制作文书样式的法律依据以及文书制作中需要注意的问题，以有利于管理人正确制作、使用文书样式。

二、关于本文书样式的文号

管理人破产程序工作文书文号统一为（××××）××破管字第×号。"（××××）××破管字第×号"中的"（××××）"，应列明人民法院指定管理人的年份；"（××××）破管字第×号"中的"××"，应列明破产企业的简称，简称一般为2~4个字;"(××××)××破管字第×号"中的序号"×",应列明按文书制作时间先后编排的序号。

三、关于文书样式的适用

管理人在执行职务过程中需要制作大量的工作文书,涉及的文书样式十分复杂,且在实践中会不断遇到新情况新问题,此次下发的仅是其中常用的、具有代表性的样式,且有的文书样式尚待相关司法解释颁布后再作补充完善。因此,实践中如遇未列出的文书,可参考这些常用样式,根据案件具体情况变通适用。

请各高级人民法院注意收集辖区内管理人在适用本文书样式中发现的问题并提出改进建议,及时报告最高人民法院民事审判第二庭。

特此通知。

《管理人破产程序工作文书样式(试行)》

一、通用类文书

文书样式1

通知书
(要求债务人的债务人清偿债务用)

(××××)××破管字第×号

×××(债务人的债务人名称/姓名):

×××(债务人名称)因_____(写明破产原因),×××(申请人名称/姓名)于×××年××月××日向×××人民法院提出对×××(债务人名称)进行重整/和解/破产清算的申请[债务人自行申请破产的,写××债务人名称)因_____(写明破产原因),于××××年××月××日向×××人民法院提出重整/和解/破产清算申请]。

××××人民法院于××××年××月×日作出(××××)×破(预)字第-×号民事裁定书,裁定受理×××(债务人名称)重整/和解/破产清算,并于××××年××月××日作出(××××)×破字第-×号决定书,指定×××担任管理人。

根据管理人掌握的材料,你公司/你因____事项(列明债务事由),尚欠×××(债务人名称)人民币××元(大写:_____元)。根据《中华人民共和国企业破产法》第十七条之规定,请你公司/你于接到本通知之日起×日内,向管理人清偿所欠债务。债务清偿款应汇入:××银行(列明开户单位和银行账号)。

若你公司/你对本通知书列明的债务持有异议,可在接到本通知书之日起×日内向管理人书面提出,并附相关证据,以便管理人核对查实。

若你公司/你在破产申请受理后仍向×××(债务人名称)清偿债务,使×××(债务人名称)的债权人受到损失的,不免除你公司/你继续清偿债务的义务。

特此通知。

(管理人印鉴)
××××年××月××日

附:1. 受理破产申请裁定书复印件一份;
2. 指定管理人的决定书复印件一份;
3. 管理人联系方式:_____。

说明:

一、本文书依据的法律是《中华人民共和国企业破产法》第十七条之规定:"人民法院受理破产申请后,债务人的债务人或者财产持有人应当向管理人清偿债务或者交付财产。债务人的债务人或者财产持有人故意违反前款规定向债务人清偿债务或者交付财产,使债权人受到损失的,不免除其清偿债务或交付财产的义务。"通知书由管理人向债务人的债务人发送。

二、通知书应当载明债务人的债务人恶意清偿的法律后果。

文书样式2

通知书
(要求债务人财产的持有人交付财产用)

(××××)××破管字第×号

×××(债务人财产的持有人名称/姓名):

×××(债务人名称)因_____(写明破

产原因)，×××(申请人名称/姓名)于××× ×年××月××日向××××人民法院提出对×××(债务人名称)进行重整/和解/破产清算的申请[债务人自行申请破产的，写×××(债务人名称)因_____(写明破产原因)，于×××年××月××日向××××人民法院提出重整/和解/破产清算申请]。

×××人民法院于×××年××月××日作出(××××)×破(预)字第×-×号民事裁定书，裁定受理×××(债务人名称)重整/和解/破产清算，并于××××年××月××日作出(××××)×破字第×-×号决定书，指定××担任管理人。

根据管理人掌握的材料，你公司/你因____ ____(列明事由)占有×××(债务人名称)的下列财产(列明财产种类、数量等)：
1._____；
2._____；
……

根据《中华人民共和国企业破产法》第十七条之规定，请你公司/你于接到本通知书之日起七日内，向管理人交付上述财产。财产应交至：_____。

若你公司/你对本通知书项下要求交付财产的有无或者交付财产种类、数量等持有异议，可在收到本通知书之日起七日内向管理人书面提出，并附相关合法、有效的证据，以便管理人核对查实。

若你公司/你在破产申请受理后仍向×××(债务人名称)交付财产，使×××(债务人名称)的债权人受到损失的，不免除你公司/你继续交付财产的义务。

特此通知。

(管理人印鉴)

×××年××月××日

附：1. 受理破产申请裁定书复印件一份；
    2. 指定管理人的决定书复印件一份；
    3. 管理人联系方式：_____。

说明：
一、本文书依据的法律是《中华人民共和国企业破产法》第十七条之规定："人民法院受理破产申请后，债务人的债务人或者财产持有人应当向管理人清偿债务或者交付财产。债务人的债务人或者财产持有人故意违反前款规定向债务人清偿债务或者交付财产，使债权人受到损失的，不免除其清偿债务或交付财产的义务。"通知书由管理人向持有债务人财产的相对人发送。

二、通知书应当载明财产持有人恶意向债务人交付财产的法律后果。

文书样式3

通知书
(解除双方均未履行完毕的合同用)

(××××)××破管字第×号

×××(合同相对人名称/姓名)：

×××(债务人名称)因_____(写明破产原因)，×××(申请人名称/姓名)于×××年××月××日向××××人民法院提出对×××(债务人名称)进行重整/和解/破产清算的申请[债务人自行申请破产的，写×××(债务人名称)因_____(写明破产原因)，于×××年××月××日向××××人民法院提出重整/和解/破产清算申请]。

×××人民法院于×××年××月××日作出(××××)×破(预)字第×-×号民事裁定书，裁定受理×××(债务人名称)重整/和解/破产清算，并于××××年××月××日作出(××××)×破字第×-×号决定书，指定××担任管理人。

根据管理人掌握的材料，在法院裁定受理破产申请前，×××(债务人名称)于×××年××月××日与你公司/你签订了《_____合同》。现双方均未履行完毕上述合同，_____ (简述合同履行情况)。

根据《中华人民共和国企业破产法》第十八条之规定，管理人决定解除上述合同。你公司/你如因上述合同解除产生损失的，可以损害赔偿请求权向管理人申报债权。

特此通知。

（管理人印鉴）

××× 年 ×× 月 ×× 日

附：1. 受理破产申请裁定书复印件一份；
2. 指定管理人的决定书复印件一份；
3. 合同复印件一份；
4. 管理人联系方式：_____。

说明：

一、本文书依据的法律是《中华人民共和国企业破产法》第十八条之规定："人民法院受理破产申请后，管理人对破产申请受理前成立而债务人和对方当事人均未履行完毕的合同有权决定解除或者继续履行，并通知对方当事人。"以及第五十三条之规定："管理人或者债务人依照本法规定解除合同的，对方当事人以因合同解除所产生的损害赔偿请求权申报债权。"

二、本通知书由管理人向双方均未履行完毕合同的相对方发送。通知书应当载明合同相对人有权就合同解除所产生的损害赔偿请求权申报债权。

文书样式 4

通知书
（继续履行双方均未履行完毕的合同用）

（××××）×× 破管字第 × 号

×××（合同相对人名称/姓名）：

×××（债务人名称）因_____（写明破产原因），×××（申请人名称/姓名）于 ××× 年 ×× 月 ×× 日向 ××× 人民法院提出对 ×××（债务人名称）进行重整/和解/破产清算的申请[债务人自行申请破产的，写 ×××（债务人名称）因_____（写明破产原因），于 ××× 年 ×× 月 ×× 日向 ××× 人民法院提出重整/和解/破产清算申请]。

×××人民法院于 ××× 年 × 月 × 日作出（××××）×破（预）字第 - × 号民事裁定书，裁定受理 ×××（债务人名称）重整/和解/破产清算，并于 ××× 年 ×× 月 × 日作出（××××）× 破字第 - × 号决定书，指定 ××× 担任管理人。

根据管理人掌握的材料，在法院裁定受理破产申请前，×××（债务人名称）于 ××× 年 ×× 月 ×× 日与你公司/你签订了《_____合同》。现双方均未履行完毕上述合同，_____（简述合同履行情况）。

根据《中华人民共和国企业破产法》第十八条之规定，管理人决定继续履行上述合同，_____（简要要求相对方继续履行的合同义务）。

特此通知。

（管理人印鉴）

××× 年 ×× 月 ×× 日

附：1. 受理破产申请裁定书复印件一份；
2. 指定管理人的决定书复印件一份；
3. 合同复印件一份；
4. 管理人联系方式：_____。

说明：

一、本文书依据的法律是《中华人民共和国企业破产法》第十八条之规定："人民法院受理破产申请后，管理人对破产申请受理前成立而债务人和对方当事人均未履行完毕的合同有权决定解除或者继续履行，并通知对方当事人。"

二、本通知书由管理人向双方均未履行完毕合同的相对方发送。通知书应当载明要求相对人继续履行的合同义务。

文书样式 5

通知书
（继续履行合同提供担保用）

（××××）×× 破管字第 × 号

×××（合同相对人名称/姓名）：

×××（债务人名称）因_____（写明破产原因），×××（申请人名称/姓名）于 ××× 年 ×× 月 ×× 日向 ××× 人民法院提出对 ×××（债务人名称）进行重整/和解/破产清算的申请[债务人自行申请破产的，写 ×××（债务人名称）因_____（写明破产原因），于 ××× 年 ×× 月 ×× 日向 ××× 人民法院提出重整/和解/破产清算申请]。

×××人民法院于×××年××月×日作出(××××)×破(预)字第×-×号民事裁定书,裁定受理×××(债务人名称)重整/和解/破产清算,并于×××年××月××日作出(××××)×破字第×-×号决定书,指定×××担任管理人。

本管理人于×××年××月××日向你公司/你发送(××××)××破管字第×号《通知书》,决定继续履行×××(债务人名称)于×××年××月××日与你公司/你签订的《_____合同》。你公司/你于×××年××月××日要求本管理人提供担保。

根据《中华人民共和国企业破产法》第十八条第二款之规定,本管理人现提供下列担保:

提供保证人的:

列明保证人的姓名或名称,保证方式,保证担保的范围,保证期间等。

提供物的担保的:

列明担保人的姓名或名称,担保方式,担保物的情况,担保范围等。

你公司/你对管理人提供的担保无异议的,请于×××年××月××日与本管理人签订担保合同。

特此通知。

(管理人印鉴)

×××年××月××日

附:1. 保证人基本情况或者担保物权利凭证复印件等相关资料;

2. 管理人联系方式:_____。

说明:

一、本文书依据的法律是《中华人民共和国企业破产法》第十八条第二款之规定:"管理人决定继续履行合同的,对方当事人应当履行;但是,对方当事人有权要求管理人提供担保。管理人不提供担保的,视为解除合同。"

二、本通知书由管理人向合同相对方发送。

文书样式6

通知书
(回复相对人催告继续履行合同用)

(××××)××破管字第×号

×××(合同相对人名称/姓名):

你公司/你于×××年××月××日向本管理人发送的_____(合同相对人所发送关于继续履行合同的催告函件名称)已收到。经管理人核实,在法院裁定受理破产申请前,×××(债务人名称)确于×××年××月××日与你公司/你签订了《_____合同》,且目前双方均未履行完毕,……(简述合同履行情况)。

同意继续履行合同的:

本管理人认为,_____(简述同意继续履行的理由),根据《中华人民共和国企业破产法》第十八条之规定,管理人决定继续履行上述合同。

同意继续履行合同,但商请延期的:

本管理人认为,_____(简述同意继续履行合同,但需要延期的理由),根据《中华人民共和国企业破产法》第十八条之规定,管理人商请将上述合同延期至×××年××月××日履行。

不同意继续履行合同,决定解除的:

本管理人认为,_____(简述不同意继续履行的理由),根据《中华人民共和国企业破产法》第十八条之规定,管理人决定解除上述合同。你公司/你可就因上述合同解除所产生的损害赔偿请求权向管理人申报债权。

特此通知。

(管理人印鉴)

×××年××月××日

说明:

一、本文书依据的法律是《中华人民共和国企业破产法》第十八条之规定:"人民法院受理破产申请后,管理人对破产申请受理前成立而债务人和对方当事人均未履行完毕的合同有权决定解除或者继续履行,并通知对方当事人。管理人自破产申请受理之日起二个月内未通知对方当事人,或者自收到对方当事人催告之日起三十日内未答复的,视为解除合同。"

二、本通知书是管理人接到相对人发出的要求继续履行双方均未履行完毕的合同的催告函,在核实有关情况后,决定同意继续履行合同,或者同意继续履行合同但商请延期,或者不同意继续履行决定解除合同的回复。本通知书应当在收到催告函之日起三十日内向合同相对人发出。

文书样式7

告知函
(解除财产保全措施用)

(××××)××破管字第×号

×××(作出财产保全措施的人民法院或者单位):

×××(债务人名称)因_____(写明破产原因),×××(申请人名称/姓名)于×××年×月×日向××人民法院提出对×××(债务人名称)进行重整/和解/破产清算的申请[债务人自行申请破产的,写×××(债务人名称)因_____(写明破产原因),于×××年×月×日向××人民法院提出重整/和解/破产清算申请]。

×××人民法院于×××年×月×日作出(××××)破(预)字第×-×号民事裁定书,裁定受理×××(债务人名称)重整/和解/破产清算,并于×××年××月××日作出(××××)×破字第×-×号决定书,指定×××担任管理人。

根据管理人掌握的材料,贵院/贵单位于×××年××月××日对×××(债务人名称)的下列财产采取了保全措施:

1. _____;
2. _____;
……

根据《中华人民共和国企业破产法》第十九条之规定,人民法院受理破产申请后,有关债务人财产的保全措施应当解除,但贵院/贵单位至今尚未解除对×××(债务人名称)财产所采取的保全措施,现特函请贵院/贵单位解除对×××(债务人名称)财产的保全措施。

特此告知。

(管理人印鉴)

××××年××月××日

附:1. 受理破产申请裁定书复印件一份;
2. 指定管理人的决定书复印件一份;
3. 财产保全措施相关资料复印件一套;
4. 破产案件受理法院联系方式:_____;
5. 管理人联系方式:_____。

说明:

一、本文书依据的法律是《中华人民共和国企业破产法》第十九条之规定:"人民法院受理破产申请后,有关债务人财产的保全措施应当解除,执行程序应当中止。"由管理人告知相关法院或者单位解除有关债务人财产的保全措施时使用。

二、根据《中华人民共和国企业破产法》第十九条之规定精神,破产申请受理后,对债务人财产采取保全措施的相关法院或者单位无需等待破产案件受理法院或者管理人的通知,即应主动解除财产保全措施。但由于实践中可能存在相关法院或者单位不知道破产申请已经受理,或者虽然知道但不主动解除财产保全措施的情况,故本文书样式确定由管理人直接向相关法院或者单位发送告知函,以此提示相关法院或者单位有关债务人的破产申请已经受理,相关财产保全措施应予解除。如果相关法院或者单位接到告知函后仍不解除财产保全措施的,管理人可以请求破产案件受理法院协调解决。

文书样式8

告知函
(中止执行程序用)

(××××)××破管字第×号

××××人民法院(执行案件受理人民法院)：
××× (债务人名称)因_____(写明破产原因)，×××(申请人名称/姓名)于×××年××月××日向××××人民法院提出对×××(债务人名称)进行重整/和解/破产清算的申请[债务人自行申请破产的，写×××(债务人名称)因_____(写明破产原因)，于×××年××月××日向××××人民法院提出重整/和解/破产清算申请]。
×××人民法院于×××年××月××日作出(××××)×破(预)字第×-×号民事裁定书，裁定受理×××(债务人名称)重整/和解/破产清算，并于×××年××月××日作出(××××)×破字第×-×号决定书，指定×××担任管理人。
根据管理人掌握的材料，贵院于×××年××月××日受理了×××(强制执行申请人名称/姓名)对×××(债务人名称)申请强制执行一案，案号为××××，执行内容为：_____。
根据《中华人民共和国企业破产法》第十九条之规定，人民法院受理破产申请后，有关债务人财产的执行程序应当中止，但贵院至今尚未中止对×××(债务人名称)的执行，_____(简述案件执行状态)。现特函请贵院裁定中止对×××(债务人名称)的执行程序。
特此告知。

(管理人印鉴)
××××年××月××日

附：1. 受理破产申请裁定书复印件一份；
   2. 指定管理人的决定书复印件一份；
   3. 强制执行案件相关资料复印件一套；
   4. 破产案件受理法院联系方式：_____；
   5. 管理人联系方式：_____。
说明：
一、本文书依据的法律是《中华人民共和国企业破产法》第十九条之规定："人民法院受理破产申请后，有关债务人财产的保全措施应当解除，执行程序应当中止。"由管理人告知相关法院中止对债务人执行程序时使用。
二、根据《中华人民共和国企业破产法》第十九条之规定精神，破产申请受理后，对债务人财产采取执行措施的相关法院，无需等待破产案件受理法院或者管理人的通知，即应主动中止执行程序。但由于实践中可能存在相关法院不知道破产申请已经受理，或者虽然知道但不主动中止执行程序的情况，故本文书样式确定由管理人直接向相关法院发送告知函，以此提示相关法院，有关债务人的破产申请已经受理，相关执行程序应当中止。如果相关法院接到告知函后仍不中止执行程序的，管理人可以请求破产案件受理法院协调解决。

文书样式9

告知函
(告知相关法院/仲裁机构中止法律程序用)

(××××)××破管字第×号

×××(受理有关债务人诉讼或仲裁的人民法院或仲裁机构名称)：
×××(债务人名称)因_____(写明破产原因)，×××(申请人名称/姓名)于×××年××月××日向××××人民法院提出对×××(债务人名称)进行重整/和解/破产清算的申请[债务人自行申请破产的，写×××(债务人名称)因_____(写明破产原因)，于×××年××月××日向××××人民法院提出重整/和解/破产清算申请]。
×××人民法院于×××年××月××日作出(××××)×破(预)字第×-×号民事裁定书，裁定受理×××(债务人名称)重整/和解/破产清算，并于×××年××月××日作出(××××)×破字第×-×号决定书，指定×××担任管理人。
根据管理人掌握的材料，贵院/贵仲裁委员会于×××年××月××日受理了有关×××(债务人名称)的民事诉讼/仲裁案件，案号为××

××，目前尚未审理终结。根据《中华人民共和国企业破产法》第二十条之规定，该民事诉讼/仲裁应当在破产申请受理后中止，但贵院/贵仲裁委员会尚未中止对上述民事诉讼/仲裁案件的审理。根据《中华人民共和国企业破产法》第二十条之规定，现函告贵院/贵仲裁委员会裁定中止上述对×××（债务人名称）的民事诉讼/仲裁程序。

特此告知。

（管理人印鉴）

××××年××月××日

附：1. 受理破产申请裁定书复印件一份；
2. 指定管理人的决定书复印件一份；
3. 管理人联系方式：＿＿＿＿。

说明：

一、本文书依据的法律是《中华人民共和国企业破产法》第二十条之规定："人民法院受理破产申请后，已经开始而尚未终结的有关债务人的民事诉讼或者仲裁应当中止；……"

二、根据《中华人民共和国企业破产法》第二十条之规定精神，破产申请受理后，有关债务人的民事诉讼或者仲裁尚未终止的，相关法院或者仲裁机构无需等待破产案件受理法院或者管理人的通知，即应主动中止民事诉讼或者仲裁程序。但由于实践中可能存在相关法院或者仲裁机构不知道破产申请已经受理，或者虽然知道但不主动中止法律程序的情况，故本文书样式确定由管理人直接向相关法院发送告知函，以此提示相关法院或者仲裁机构，有关债务人的破产申请已经受理，相关法律程序应当中止。如果相关法院或者仲裁机构接到告知函后仍不中止法律程序的，管理人可以请求破产案件受理法院协调解决。

文书样式 10

告知函
（告知相关法院/仲裁机构
可以恢复法律程序用）

（××××）××破管字第×号

×××（受理有关债务人诉讼或仲裁的人民法院或仲裁机构名称）：

×××（债务人名称）因＿＿＿＿（写明破产原因），×××（申请人名称/姓名）于×××年××月××日向×××人民法院提出对×××（债务人名称）进行重整/和解/破产清算的申请[债务人自行申请破产的，写×××（债务人名称）因＿＿＿＿（写明破产原因），于×××年××月××日向×××人民法院提出重整/和解/破产清算申请]。

×××人民法院于××××年××月×日作出（××××）×破（预）字第×－×号民事裁定书，裁定受理×××（债务人名称）重整/和解/破产清算，并于××××年××月××日作出（××××）×破字第×－×号决定书，指定×××担任管理人。

根据管理人掌握的材料，贵院/贵仲裁委员会已中止了关于×××（债务人名称）的案号为×××的民事诉讼/仲裁案件的审理。现管理人已接管债务人的财产，根据《中华人民共和国企业破产法》第二十条之规定，请贵院/贵仲裁委员会恢复对上述民事诉讼/仲裁案件的审理。

特此告知。

（管理人印鉴）

××××年××月××日

附：1. 受理破产申请裁定书复印件一份；
2. 指定管理人的决定书复印件一份；
3. 管理人联系方式：＿＿＿＿。

说明：

一、本文书依据的法律是《中华人民共和国企业破产法》第二十条之规定："人民法院受理破产申请后，已经开始而尚未终结的有关债务人的民事诉讼或者仲裁应当中止；在管理人接管债务人的财产后，该诉讼或者仲裁继续进行。"由管理人在接管债务人财产后，向相关法院或者仲裁机构发送。

二、管理人应当在接管债务人财产后及时发送本告知函，告知相关法院或者仲裁机构继续进行原来中止的法律程序。

文书样式11

关于提请人民法院许可聘用工作人员的报告

（××××）××破管字第×号

××××人民法院：

本管理人在破产管理工作中，根据《中华人民共和国企业破产法》第二十八条之规定，拟聘请以下人员作为×××（债务人名称）（重整/和解/破产清算）案件的工作人员：

1. 拟聘工作人员姓名_____；工作内容：_____；拟聘请期限为自×××年××月×日至×××年××月××日止；拟聘请费用为×××元；聘用理由：_____。

2. 拟聘工作人员姓名_____；工作内容：_____；拟聘请期限为自×××年××月×日至×××年××月××日止；拟聘请费用为×××元；聘用理由：_____。

……特此报告。

（管理人印鉴）

××××年××月××日

附：1. 拟签订的《聘用合同》复印件；
2. 拟聘请工作人员简历复印件；
3. 拟聘请工作人员证件复印件；
4. 拟聘请工作人员联系方式：_____。

说明：

一、本文书依据的法律是《中华人民共和国企业破产法》第二十八条第一款之规定："管理人经人民法院许可，可以聘用必要的工作人员。"由管理人在拟聘用工作人员时向破产案件受理法院提出。

二、破产案件审理过程中，法院与管理人处于监督与被监督的关系。因此，聘用申请应当列明聘用理由、聘用岗位职责、聘用费用标准，供法院许可时参考。

三、拟聘用工作人员有多名的，逐一列明姓名、拟聘岗位、聘用期限及费用。

文书样式12

关于提请人民法院许可继续/停止债务人营业的报告

（××××）××破管字第×号

××××人民法院/×××（债务人名称）债权人会议：

本管理人在接管债务人财产后，经调查认为，债务人继续营业将有利于/不利于广大债权人、职工和相关各方的利益，决定继续/停止债务人的营业，详细理由见附件《关于继续/停止债务人营业的分析报告》。

报请法院的：

现根据《中华人民共和国企业破产法》第二十六条之规定，请贵院予以许可。

报请债权人会议的：

现根据《中华人民共和国企业破产法》第六十一条第一款第五项之规定，提请债权人会议表决。

特此报告。

（管理人印鉴）

××××年××月××日

附：《关于继续/停止债务人营业的分析报告》

说明：

一、本文书依据的法律是《中华人民共和国企业破产法》第二十五条第一款第五项、第二十六条或者第六十一条第一款第五项之规定，由管理人决定是否继续债务人的营业，并报请人民法院许可，或者报请债权人会议表决。

二、第一次债权人会议召开之前，管理人决定继续或者停止债务人的营业的，应当根据《中华人民共和国企业破产法》第二十五条第一款第五项、第二十六条之规定，向受理破产案件的法院提出申请报告，由法院批准许可。第一次债权人会议召开后决定债务人的营业继续或者停止的，则应当根据《中华人民共和国企业破产法》第六十一条第一款第五项之规定，提交债权人会议表决。

三、鉴于继续或停止债务人营业的理由比较复杂,因此,本文书应附详细分析报告。

文书样式13

关于拟实施处分债务人财产行为的报告

(××××)××破管字第×号

××××人民法院/×××(债务人名称)债权人会议:

本管理人在履行职责过程中,拟实施下列行为:

1. 拟实施行为的具体内容,包括涉及的金额、行为的相对方、实施的时间等;
2. 行为的实施方式和程序;
3. 实施该行为的原因;
4. 对债务人财产的影响;
5. 其他需要报告的事项。

第一次债权人会议召开之前:

因上述行为属于《中华人民共和国企业破产法》第六十九条第一款规定的行为之一,且第一次债权人会议尚未召开,现根据《中华人民共和国企业破产法》第二十六条之规定,请贵院予以许可。

第一次债权人会议召开之后,报告债权人委员会的:

因上述行为属于《中华人民共和国企业破产法》第六十九条第一款规定的行为之一,现根据该条规定,向债权人委员会报告。

第一次债权人会议召开之后,报告人民法院的:

因上述行为属于《中华人民共和国企业破产法》第六十九条第一款规定的行为之一,且债权人会议未设立债权人委员会,现根据《中华人民共和国企业破产法》第六十九条第二款之规定,向贵院报告。

(管理人印鉴)

××××年××月××日

说明:

一、本文书依据的法律是《中华人民共和国企业破产法》第二十六条及第六十九条之规定。

二、第一次债权人会议召开前,管理人在实施《中华人民共和国企业破产法》第六十九条所规定之行为时,应当向破产案件受理法院提交申请报告,需法院许可后方可实施相应行为。第一次债权人会议召开后,已成立债权人委员会的,向债权人委员会提交报告;未设立债权人委员会的,向法院及时报告。

三、第一次债权人会议召开后,债权人委员会或者人民法院同意管理人所报告行为的,出具批准意见;不同意所报告行为的,可以向管理人提出意见。

文书样式14

关于提请人民法院确定管理人
报酬方案的报告

(××××)××破管字第×号

××××人民法院:

本管理人接受贵院指定后,对×××(债务人名称)可供清偿的财产价值和管理人工作量进行了预测,并初步确定了《管理人报酬方案》。方案主要内容如下:

一、债务人可供清偿的财产情况

根据管理人截至目前掌握的材料,×××(债务人名称)不包括担保物在内的最终可供清偿的财产价值约为人民币××元,担保物价值约为人民币××元。

二、管理人报酬比例

根据不包括担保权人优先受偿的担保物价值在内的债务人最终可供清偿的财产总额价值和管理人工作量所作的预测(详见附件《管理人工作量预测报告(或者竞争管理人报价书)》),依照最高人民法院《关于审理企业破产案件确定管理人报酬的规定》第二条之规定,确定管理人在以下比例限制范围内分段确定管理人报酬:

1. 不超过_____元(含本数,下同)的,按_____%确定;
2. 超过_____元至_____元的部分,按_____%确定;

……

三、管理人报酬收取时间

最后一次性收取的：

本方案确定管理人最后一次性收取报酬，收取时间为破产财产最后分配之前。

分期收取的：

本方案确定管理人在破产程序期间分期收取报酬，收取时间分别为：

第一次：本方案经第一次债权人会议通过后××日内；

第二次：＿＿＿＿＿＿；

第三次：＿＿＿＿＿＿；

……

四、管理担保物的费用

破产程序期间，管理人对担保物的维护、变现、交付等管理工作付出了合理劳动，经与担保权人协商，确定管理人在担保物变现价值××%范围内收取适当报酬，报酬金额为人民币××元，收取时间为：＿＿＿＿。

五、其他需要说明的问题

……

现根据最高人民法院《关于审理企业破产案件确定管理人报酬的规定》第四条之规定，请贵院予以确定。

（管理人印鉴）

××××年××月××日

附：1.《管理人报酬方案》；

2.《管理人工作量预测报告（或者竞争管理人报价书）》。

说明：

一、本文书依据的法律是《中华人民共和国企业破产法》第二十八条及最高人民法院《关于审理企业破产案件确定管理人报酬的规定》第二条、第四条之规定，管理人根据对债务人可供清偿的财产价值和管理人工作量的预测，制作报酬方案报人民法院初步确定。

二、管理人工作量预测报告应当列明管理人投入的工作团队人数、工作时间预测、工作重点和难点等。破产重整或者和解案件，管理人还应当列明管理人对重整、和解工作的贡献。

三、采取公开竞争方式指定管理人的，管理人报酬依据中介机构竞争担任管理人时的报价确定。

四、担保物变现收取的报酬比例不得超过最高人民法院《关于审理企业破产案件确定管理人报酬的规定》第二条规定报酬比例限制范围的10%。

文书样式15

关于提请债权人会议审查管理人报酬方案的报告

（××××）××破管字第×号

×××（债务人名称）债权人会议：

本管理人根据对×××（债务人名称）可供清偿的财产价值和管理人工作量所作的预测，于××××年××月××日制作《管理人报酬方案》报请××××人民法院确定。××××人民法院于××××年××月××日通知本管理人，初步确定了《管理人报酬方案》。现根据《中华人民共和国企业破产法》第六十一条第一款第二项、最高人民法院《关于审理企业破产案件确定管理人报酬的规定》第六条第二款之规定，向第一次债权人会议报告，请债权人会议审查。

（管理人印鉴）

××××年××月××日

附：××××人民法院确定的《管理人报酬方案》

说明：

本文书依据的法律是《中华人民共和国企业破产法》第六十一条第一款第二项及最高人民法院《关于审理企业破产案件确定管理人报酬的规定》第六条第二款之规定。管理人报酬方案在人民法院确定后由管理报告第一次债权人会议，由债权人会议审查。债权人会议有异议的，有权向人民法院提出。

文书样式 16

关于提请人民法院调整管理人报酬方案的报告

（××××）××破管字第×号

××××人民法院：

贵院于××××年××月××日确定了××（债务人名称）破产一案的《管理人报酬方案》。本管理人于××××年××月××日向第一次债权人会议报告了《管理人报酬方案》内容，债权人会议对方案提出了调整意见。

现管理人与债权人会议就报酬方案的调整已协商一致，债权人会议决议对《管理人报酬方案》作以下调整：

一、＿＿＿＿；
二、＿＿＿＿；
……

调整理由如下：

一、＿＿＿＿；
二、＿＿＿＿；
……

根据最高人民法院《关于审理企业破产案件确定管理人报酬的规定》第七条第一款之规定，请求贵院核准以上调整内容。

特此报告。

（管理人印鉴）
××××年××月××日

附：债权人会议关于调整管理人报酬方案的决议

说明：

一、本文书依据的法律是《最高人民法院关于审理企业破产案件确定管理人报酬的规定》第七条第一款之规定，由管理人与债权人会议就报酬方案调整协商一致后，提请人民法院核准。

二、本文书应当列明调整管理人报酬方案的理由，并附债权人会议关于调整管理人报酬方案的决议。

文书样式 17

关于提请债权人会议调整管理人报酬方案的报告

（××××）××破管字第×号

×××（债务人名称）债权人委员会/债权人会议主席：

本管理人于××××年××月××日收到××××人民法院关于调整管理人报酬方案的通知，对管理人报酬方案作以下调整：

一、＿＿＿＿；
二、＿＿＿＿；
……

根据《最高人民法院关于审理企业破产案件确定管理人报酬的规定》第八条第二款之规定，现向债权人委员会/债权人会议主席报告。

（管理人印鉴）
××××年××月××日

附：××××人民法院关于管理人报酬方案调整的通知

说明：

本文书的法律依据是《最高人民法院关于审理企业破产案件确定管理人报酬的规定》第八条第二款之规定，由管理人自收到人民法院关于调整管理人报酬方案的通知起三日内报告债权人委员会。未成立债权人委员会的，报告债权人会议主席。

文书样式 18

关于提请人民法院准予管理人收取报酬的报告

（××××）××破管字第×号

××××人民法院：

×××（债务人名称）破产一案《管理人报酬方案》已由贵院确定，并报告第一次债权人会议审查通过。（报酬方案经过调整的，还应当注月:贵院并于×××年××月××日确定对该报酬方案进行调整。)

截至××××年××月××日,×××(债务人名称)可供清偿的财产情况为_____,管理人已完成_____(履行职责情况)。根据《管理人报酬方案》,可收取第×期(或者全部)报酬计人民币××元。

本管理人现根据《最高人民法院关于审理企业破产案件确定管理人报酬的规定》第十一条之规定,申请收取报酬人民币××元,请贵院予以核准。

特此报告。

(管理人印鉴)

×××年××月××日

附:《管理人报酬方案》(报酬方案经过调整的,再附《管理人报酬调整方案》)

说明:

一、本文书依据的法律是《最高人民法院关于审理企业破产案件确定管理人报酬的规定》第十一条之规定:"管理人收取报酬,应当向破产案件受理法院提出书面申请。申请书内容应当包括:(1)可供支付报酬的债务人财产情况;(2)申请收取报酬的时间和数额;(3)管理人履行职责的情况。"

二、管理人履行职责的情况,分期收取的,要写明收取报酬时管理人完成的工作;最后一次收取的,简要写明管理人职务执行完成的情况。

文书样式19

通知书
(要求追回债务人财产用)

(××××)××破管字第×号

×××(占有债务人财产的相对人名称/姓名):

×××(债务人名称)因_____(写明破产原因),×××(申请人名称/姓名)于×××年××月××日向×××人民法院提出对×××(债务人名称)进行重整/和解/破产清算的申请[债务人自行申请破产的,写×××(债务人名称)因_____(写明破产原因),于×××年××月××日向×××人民法院提出重整/和解/破产清算申请]。

×××人民法院于×××年××月××日作出(×××)×破(预)字第×-×号民事裁定书,裁定受理×××(债务人名称)重整/和解/破产清算,并于×××年××月××日作出(×××)×破字第×-×号决定书,指定×××担任管理人。

根据管理人调查,×××(债务人名称)存在下列行为(列明行为时间、内容等):

1. _____;
2. _____;
……

根据《中华人民共和国企业破产法》第二十一条、第三十二条或者第三十三条的规定,本管理人认为上述行为应当予以撤销(或者被确认无效)。你公司/你基于上述行为取得的×××(债务人名称)财产(列明财产名称和数量)应当予以返还。现本管理人要求你公司/你于接到本通知书之日起×日内,向本管理人返还上述财产(列明返还财产的方式和地点;返还财产有困难的,可以要求相对人支付或者补足与财产等值的价款)。

如你公司/你对本通知内容有异议,可在接到本通知书之日起×日内向本管理人提出,并附相关证据,配合管理人核实。

特此通知。

(管理人印鉴)

×××年××月××日

附:1. 受理破产申请裁定书复印件一份;
2. 指定管理人的决定书复印件一份;
3. 相对人占有债务人财产的证据;
4. 管理人联系方式_____。

说明:

一、本文书依据的法律是《中华人民共和国企业破产法》第三十四条之规定:"因本法第三十一条、第三十二条或者第三十三条规定的行为而取得的债务人财产,管理人有权追回。"由管理人向占有债务人财产的相对人发送。

二、相对人无权占有债务人财产的情形,主要是指《中华人民共和国企业破产法》第三十一条、第三十二条或者第三十三条规定的"无偿受让财产"、"以明显不合理的价格进行交易受让财产"、"以债务人财产代物清偿的方式接受提前清偿或者个别清偿"、"为逃避债务而占有被隐匿、转移的财产"等行为,管理人应当依法撤销或者确认行为无效,并通知相对人返还基于上述行为取得的债务人财产。财产返还确有困难的,可以要求相对人支付或者补足与财产等值的价款。

三、相对人拒不返还取得的债务人财产,管理人可以向人民法院提起撤销之诉或者确认无效之诉。

文书样式20

通知书
(要求相对人撤销担保用)

　　　　　　　　(××××)××破管字第×号
×××(相对人名称/姓名):
　　×××(债务人名称)因_____(写明破产原因),×××(申请人名称/姓名)于××××年××月××日向××××人民法院提出对×××(债务人名称)进行重整/和解/破产清算的申请[债务人自行申请破产的,写×××(债务人名称)因_____(写明破产原因),于××××年××月××日向××××人民法院提出重整/和解/破产清算申请]。
　　××××人民法院于××××年××月××日作出(××××)×破(预)字第×-×号民事裁定书,裁定受理×××(债务人名称)重整/和解/破产清算,并于××××年××月××日作出(××××)×破字第×-×号决定书,指定×××担任管理人。
　　根据管理人调查,×××(债务人名称)对你公司/你原负有无财产担保债务_____(列明债务性质和债务金额),但×××(债务人名称)于××××年××月××日以其自有财产(列明财产名称)为该债务提供了财产担保。根据《中华人民共和国企业破产法》第三十一条之规定,

本管理人现要求你公司/你撤销对该债务提供的财产担保。
　　如你公司/你对本通知内容有异议,可在接到本通知书之日起×日内向本管理人提出,并附相关证据,配合管理人核实。
　　特此通知。

　　　　　　　　　　　　　　(管理人印鉴)
　　　　　　　　　　　×××年××月××日

附:1. 受理破产申请裁定书复印件一份;
　2. 指定管理人的决定书复印件一份;
　3. 债务设定财产担保的证据材料;
　4. 管理人联系方式:_____。
说明:
　一、本文书依据的法律是《中华人民共和国企业破产法》第三十一条第三项之规定,对没有财产担保的债务提供财产担保的,管理人有权请求人民法院予以撤销。由管理人向对债务设定财产担保的相对人发送。
　二、对没有财产担保的债务提供财产担保的行为,管理人可先要求相对人撤销,如涂销物权担保登记、返还质押物等。相对人无正当理由拒不撤销的,管理人有权向人民法院提起撤销之诉。

文书样式21

通知书
(要求债务人的出资人补缴出资用)

　　　　　　　　(××××)××破管字第×号
×××(债务人的出资人名称/姓名):
　　×××(债务人名称)因_____(写明破产原因),×××(申请人名称/姓名)于××××年××月××日向××××人民法院提出对×××(债务人名称)进行重整/和解/破产清算的申请[债务人自行申请破产的,写×××(债务人名称)因_____(写明破产原因),于××××年××月××日向××××人民法院提出重整/和解/破产清算申请]。
　　××××人民法院于××××年××月

×日作出（××××）×破（预）字第×-×号民事裁定书，裁定受理×××（债务人名称）重整/和解/破产清算，并于××××年××月××日作出（××××）×破字第×-×号决定书，指定×××担任管理人。

根据管理人调查，你公司/你作为×××（债务人名称）的出资人，认缴出资额为：_____（货币种类）××元（大写：_____），认缴方式为：_____，你公司/你应当于××××年××月××日前按期足额缴纳上述出资。

截至本通知书发出之日，你公司/你上述出资义务尚未履行完毕，(以货币出资的)尚有____（货币种类）××元（大写：_____）未缴纳/(以非货币财产出资的)_____尚未办理财产权转移手续。

根据《中华人民共和国企业破产法》第三十五条之规定，你公司/你应当缴纳全部所认缴的出资，而不受出资期限的限制。现通知你公司/你于接到本通知书之日起×日内，向本管理人缴纳上述未缴出资（列明管理人的开户银行、账户和账号）/办理财产权转移手续。

如对本通知书中所列出资缴纳义务的有无、数额、形式等有异议，你公司/你可于接到本通知书之日起×日内向本管理人提出，并附相关证据，配合管理人核实。

特此通知。

（管理人印鉴）

××××年××月××日

附：1. 受理破产申请裁定书复印件一份；
2. 指定管理人的决定书复印件一份；
3. 出资人未足额交纳出资的证据材料；
4. 管理人联系方式：_____。

说明：

本文书依据的法律是《中华人民共和国企业破产法》第三十五条之规定："人民法院受理破产申请后，债务人的出资人尚未完全履行出资义务的，管理人应当要求该出资人缴纳所认缴的出资，而不受出资期限的限制。"由管理人向出资义务未履行完毕的出资人发送。

文书样式22

通知书
（要求债务人的高管返还财产用）

（××××）××破管字第×号

×××（高管姓名）：

×××（债务人名称）因_____（写明破产原因），×××（申请人名称/姓名）于××年××月××日向××××人民法院提出对×××（债务人名称）进行重整/和解/破产清算的申请[债务人自行申请破产的，写×××（债务人名称）因_____（写明破产原因），于××年××月××日向××××人民法院提出重整/和解/破产清算申请]。

××××人民法院于××××年××月×日作出（××××）×破（预）字第×-×号民事裁定书，裁定受理×××（债务人名称）重整/和解/破产清算，并于××××年××月××日作出（××××）×破字第×-×号决定书，指定×××担任管理人。

根据管理人调查，在你担任×××（债务人名称）×××（职位）期间，获取非正常收入人民币××元（或者侵占了企业的财产），具体为：

1. _____（列明各笔非正常收入金额、时间及认定理由）；
2. _____ _____（列明被侵占的企业财产及认定理由）；
……

根据《中华人民共和国企业破产法》第三十六条之规定，现要求你于接到本通知书之日起×日内，向本管理人返还你收取的上述非正常收入（或者侵占的企业财产）（列明返还收入或者财产的方式和地点）。

如对上述通知内容有异议，可在接到本通知书之日起×日内向本管理人提出，并附相关证据，配合管理人核实。

特此通知。

（管理人印鉴）

××××年××月××日

附:1. 受理破产申请裁定书复印件一份;
2. 指定管理人的决定书复印件一份;
3. 高管非正常收入清单或者被侵占的财产清单;
4. 管理人联系方式:＿＿＿＿。

说明:

本文书依据的法律是《中华人民共和国企业破产法》第三十六条之规定:"债务人的董事、监事和高级管理人员利用职权从企业获取的非正常收入和侵占的企业财产,管理人应当追回。"由管理人要求债务人的董事、监事和高级管理人员返还利用职权获取的非正常收入或者侵占的企业财产时使用。

文书样式23

通知书
(要求取回担保物用)

(××××)××破管字第×号

×××(质权人或留置权人名称/姓名):

×××(债务人名称)因＿＿＿＿(写明破产原因),×××(申请人名称/姓名)于××××年××月××日向×××人民法院提出对×××(债务人名称)进行重整/和解/破产清算的申请[债务人自行申请破产的,写×××(债务人名称)因＿＿＿＿(写明破产原因),于××××年××月××日向×××人民法院提出重整/和解/破产清算申请]。

×××人民法院于××××年××月×日作出(××××)×破(预)字第×-×号民事裁定书,裁定受理×××(债务人名称)重整/和解/破产清算,并于××××年××月××日作出(××××)×破字第×-×号决定书,指定×××担任管理人。

根据管理人掌握的材料,×××(债务人名称)所有的×××(担保物名称)因＿＿＿＿(简述设定质押或者被留置的原因),尚在你处质押(或留置)。

根据《中华人民共和国企业破产法》第三十七条第一款之规定,管理人拟通过以下方式,取回上述担保物:

1. 清偿债务,＿＿＿＿(简述清偿内容);
2. 提供替代担保,＿＿＿＿(替代担保方式,简述替代担保物的名称、价值、现状等情况)。

清偿债务方式下适用:

你公司/你应当在收到本通知书之日起×日内,告知本管理人债务履行方式,并在本管理人清偿债务后×日内,解除对上述担保物的质押(或留置),返还本管理人(列明财产交付地点和方式,质押办理登记的,应当要求质权人协助办理质押登记涂销手续)。

提供替代担保方式下适用:

你公司/你应当在接到本通知书之日起×日内,与本管理人共同办理替代担保的设定手续,并在替代担保设定后立即解除对原担保物的质押(或留置),返还本管理人(列明财产交付地点和方式,质押办理登记的,应当要求质权人协助办理质押登记涂销手续)。

你公司/你如对本通知涉及的主债务、担保物等情况有异议,可于接到本通知书之日起×日内向本管理人提出,并附相关合法、有效的证据,配合管理人核实。

特此通知。

(管理人印鉴)
××××年××月××日

附:1. 受理破产申请裁定书复印件一份;
2. 指定管理人的决定书复印件一份;
3. 主债务合同复印件;
4. 担保物的权属证明复印件;
5. 管理人联系方式:＿＿＿＿。

说明:

本文书依据的法律是《中华人民共和国企业破产法》第三十七条第一款之规定:"人民法院受理破产申请后,管理人可以通过清偿债务或者提供为债权人接受的担保,取回质物、留置物。"由管理人要求取回债权人占有的质物或者留置物时使用。

文书样式 24

通知书
（决定是否同意权利人取回财产用）

（××××）××破管字第×号

×××（申请取回人名称/姓名）：
同意取回时适用：
你公司/你关于要求取回_____（要求取回的标的物名称、数量）的申请收悉。经审核，你公司/你为上述财产的权利人。根据《中华人民共和国企业破产法》第三十八条之规定，同意你公司/你取回上述财产。你公司/你可于接到本通知书之日起×日内与本管理人接洽办理取回手续。

不同意取回时适用：
你公司/你关于要求取回_____（要求回的标的物名称、数量）的申请收悉。经查明，_____（简述查明事实）。本管理人认为，你公司/你不是上述财产的权利人（简述理由）。因此，本管理人不同意你公司/你取回上述财产的要求。

特此通知。

（管理人印鉴）
××××年××月××日

附：1. 指定管理人的决定书复印件一份；
2. 财产权属证明（不同意取回时附）；
3. 管理人联系方式：_____。

说明：
一、本文书依据的法律是《中华人民共和国企业破产法》第三十八条之规定："人民法院受理破产申请时，债务人占有的不属于债务人的财产，该财产的权利人可以通过管理人取回。但是本法另有规定的除外。"由管理人同意或者不同意相关权利人要求取回债务人占有的财产时使用。

二、管理人拒绝权利人取回财产的，应当列明管理人查明权利人无权取回的事实和理由。例如，财产属于债务人所有，或者财产不属于权利人等。管理人拒绝取回的，权利人可以通过确权诉讼解决对于取回标的物的权属争议。

文书样式 25

通知书
（要求出卖人交付在途标的物用）

（××××）××破管字第×号

×××（出卖人名称/姓名）：
×××（债务人名称）因_____（写明破产原因），×××（申请人名称/姓名）于××××年××月××日向×××人民法院提出对×××（债务人名称）进行重整/和解/破产清算的申请[债务人自行申请破产的，写×××（债务人名称）因_____（写明破产原因），于××××年××月××日向×××人民法院提出重整/和解/破产清算申请]。

×××人民法院于××××年××月××日作出（××××）×破（预）字第×－×号民事裁定书，裁定受理×××（债务人名称）重整/和解/破产清算，并于××××年××月××日作出（××××）×破字第×－×号决定书，指定×××担任管理人。

根据管理人掌握的材料，在人民法院受理破产申请前，×××（债务人名称）于××××年××月××日与你公司/你签订了《_____》（买卖合同名称），约定由×××（债务人名称）向你公司/你购买_____（简述买卖标的物名称和数量）。现你公司/你已于××××年××月××日发运上述买卖标的物，货物尚在运途中，货款尚未结清。

根据《中华人民共和国企业破产法》第三十九条之规定，本管理人决定依照《_____》（买卖合同名称）的约定，向你公司/你支付全部合同价款共计人民币××元，请你公司/你在收到货款后继续交付上述买卖标的物，于××××年××月××日前将货物发至_____（交货地点）。

你公司/你如对本通知中的合同、合同标的物、合同价款等情况有异议，可在接到本通知书之日起×日内向管理人书面提出，并附相关合法、有效的证据，配合管理人核实。

特此通知。

（管理人印鉴）

××××年××月××日

附:1. 受理破产申请裁定书复印件一份；

2. 指定管理人的决定书复印件一份；

3.《_____》（买卖合同名称）复印件一份及发送货物的相关凭证；

4. 管理人联系方式:_____。

说明：

本文书依据的法律是《中华人民共和国企业破产法》第三十九条之规定:"人民法院受理破产申请时，出卖人已将买卖标的物作为买受人的债务人发运，债务人尚未收到且未付清全部价款的，出卖人可以取回在运途中的标的物。但是，管理人可以支付全部价款，请求出卖人交付标的物。"由管理人决定支付全部价款，请求出卖人交付在途买卖标的物时使用。

文书样式26

通知书
（是否同意抵销用）

（××××）××破管字第×号

×××（申请抵销人名称/姓名）：

你公司/你关于要求抵销_____（主张抵销的债务内容）的申请收悉。经本管理人核实：_____（简述核实的内容）。

同意抵销时适用：

根据《中华人民共和国企业破产法》第四十条之规定，决定同意你公司/你的抵销申请。经抵销，你公司/你尚欠债务人债务××元，请于收到本通知书×日内向本管理人清偿，债务清偿款应汇入××银行（列明开户单位和银行账号）。（抵销后债务人欠申请抵销人债务的，写明债务人尚欠你公司/你债务××元。）

不同意抵销时适用：

本管理人认为，_____（简述不同意抵销的理由），根据《中华人民共和国企业破产法》第四十条之规定，不同意你公司/你的抵销申请。

如你公司/你对管理人不同意抵销的决定有

异议，可于接到本通知书之日起×日内向本管理人提出，并附相关证据，配合管理人核实。

特此通知。

（管理人印鉴）

××××年××月××日

附:1. 指定管理人的决定书复印件一份；

2. 申请人对债务人负有的债务不得抵销的证据（不同意抵销时用）；

3. 管理人联系方式:_____。

说明：

本文书依据的法律是《中华人民共和国企业破产法》第四十条，由管理人决定是否同意抵销申请时向申请人发送。

文书样式27

关于破产费用、共益债务清偿情况的报告

（××××）××破管字第×号

×××（债务人名称）债权人会议：

本管理人接受指定后，接管了×××（债务人名称）的财产，依法履行了相应职责。经管理人查实，自×××人民法院受理×××（债务人名称）破产申请之日至××××年××月××日止（以下简称"报告期间"），共发生破产费用、共益债务合计人民币××元，其中：

一、破产费用共计人民币××元，已清偿××元。（不足以全部清偿的，写明未清偿金额）

分别列明：（1）破产案件诉讼费用；（2）管理、变价、分配破产财产的费用；（3）聘用工作人员的费用；（4）管理人执行职务的费用，以及其他各项费用的发生金额、明细与清偿情况。

二、共益债务共计人民币××元，已清偿××元。（不足以全部清偿的，写明未清偿金额）

分别列明：（1）继续履行合同所产生的债务；（2）债务人财产受无因管理所产生的债务；（3）因债务人不当得利所产生的费用；（4）为债务人继续营业而应支付的劳动报酬和社会保险费用以及由此产生的其他债务；（5）管理人或工作人员执行职务致人损害所产生的债务；（6）债务人

财产致人损害所产生的债务;以及其他各项费用的发生金额、明细与清偿情况。

以上破产费用和共益债务清偿情况,请债权人会议审查。

特此报告。

(管理人印鉴)

××××年××月××日

附:破产费用及共益债务发生与清偿情况明细表各一份。

说明:

一、本文书依据的法律是《中华人民共和国企业破产法》第四十三条、第六十一条第一款第二项之规定,由管理人制作后提请债权人会议审查。

二、债务人财产不足以清偿破产费用的,管理人应当另行申请终结破产程序。

文书样式28

关于债务人财产不足以清偿破产费用提请人民法院终结破产程序的报告

(××××)××破管字第×号

××××人民法院:

×××(债务人名称)因_____(写明破产原因),×××(申请人名称/姓名)于××年××月××日向贵院提出对×××(债务人名称)进行重整/和解/破产清算的申请[债务人自行申请破产的,写×××(债务人名称)因____(写明破产原因),于××××年××月××日向贵院提出重整/和解/破产清算申请]。

贵院于××××年××月××日作出(××××)×破(预)字第×-×号民事裁定书,裁定受理×××(债务人名称)重整/和解/破产清算。截至××××年××月××日,本案发生的破产费用共计人民币××元,实际清偿××元,尚余××元未支付,另预期发生破产费用人民币××元。现债务人可供清偿的财产共计人民币××元,债务人财产已经不足以清偿破产费用。现根据《中华人民共和国企业破产法》第四

十三条第四款之规定,提请贵院裁定宣告×××(债务人名称)破产,并终结破产程序。

特此报告。

(管理人印鉴)

××××年××月××日

附:1. 破产费用及共益债务清偿情况报告一份;

2. 债务人财产状况报告一份。

说明:

本文书依据的法律是《中华人民共和国企业破产法》第四十三条第四款之规定:"债务人财产不足以清偿破产费用的,管理人应当提请人民法院终结破产程序。……"由管理人向人民法院提交。

文书样式29

关于×××(债务人名称)职工债权的公示

(××××)××破管字第×号

×××(债务人名称)因_____(写明破产原因),××××人民法院于×××年××月××日作出(××××)×破(预)字第×-×号民事裁定书,裁定受理××××(债务人名称)重整/和解/破产清算。××××人民法院于××××年××月××日作出(××××)×破字第×-×号决定书,指定×××担任管理人。

经管理人调查,确认×××(债务人名称)共有在册职工×名,截至××××年××月××日,尚欠职工的工资和医疗、伤残补助、抚恤费用,应当划入职工个人账户的基本养老保险、基本医疗保险费用,以及法律、行政法规规定应当支付给职工的补偿金(以上统称职工债权)的总额为人民币××元(详见职工债权清单)。现根据《中华人民共和国企业破产法》第四十八条的规定,予以公示。公示日期至××××年××月××日止。

职工从公示之日起×日内对本公示所附清单记载的债权数额有异议的,可以要求管理人更正。

特此公示。

(管理人印鉴)

××××年××月××日

附:1.×××(债务人名称)职工债权清单;

2.管理人联系方式:_____。

说明:

一、本文书依据的法律是《中华人民共和国企业破产法》第四十八条之规定:"债务人所欠职工的工资和医疗、伤残补助、抚恤费用,所欠的应当划入职工个人账户的基本养老保险、基本医疗保险费用,以及法律、行政法规规定应当支付给职工的补偿金,不必申报,由管理人调查后列出清单并予以公示。职工对清单记载有异议的,可以要求管理人更正;管理人不予更正的,职工可以向人民法院提起诉讼。"由管理人调查确认职工债权后,列出清单予以公示。

二、《中华人民共和国企业破产法》对职工债权清单的公示期未作规定,管理人可以根据案情需要、职工人数具体掌握。但公示期届满之后,职工对清单记载有异议的,仍可以要求管理人更正。规定公示期的意义,在于提示职工及时行使自己的异议权,提高破产案件的审理效率。

三、职工债权清单应当以表格形式逐一列明每位职工债权人的姓名、年龄、工作岗位、工作年限、企业欠费金额、性质以及时期等具体情况。

文书样式30

通知书
(回复职工对债权清单的异议用)

(××××)××破管字第×号

×××(职工姓名):

你对(××××)×破管×字第×号公示所附的职工债权清单中有关×××(职工姓名)的××(欠款项目)所提异议材料收悉。

不予变更的情形下适用:

经管理人核实,认为_____列明不予变更的理由),故决定维持公示记载的债权金额,不予更正。如你对不予更正决定仍有异议的,可向受理本破产案件的人民法院提起诉讼。

准予变更的情形下适用:

经管理人核实,认为_____(列明同意变更或部分变更的理由),故决定变更公示记载的×××(职工姓名)债权,变更后金额为人民币××元。如你对变更决定仍有异议的,可向受理本破产案件的人民法院提起诉讼。

特此通知。

(管理人印鉴)

××××年××月××日

说明:

一、本文书依据的法律是《中华人民共和国企业破产法》第四十八条之规定,"职工对经公示的职工债权清单有异议的,可以要求管理人更正"。本文书系管理人对职工异议不予更正的书面答复,文书应直接送达提出异议的债务人职工。职工仍持异议的,可以向人民法院提起诉讼。由管理人向提出异议的职工发送。

二、职工提出的异议,可以针对本人的债权金额,也可以针对清单记载的其他职工的债权金额。

三、管理人对职工提出的异议,可以不予更正、部分更正或者准予更正。职工对管理人的决定仍然有异议的,可以向人民法院提起诉讼。

四、管理人对变更后的职工债权,应当予以重新公示。

文书样式31

关于提请债权人会议核查债权的报告

(××××)××破管字第×号

×××(债务人名称)债权人会议:

×××人民法院于××××年××月××日作出(××××)×破字第×-×号决定书,指定×××担任×××(债务人名称)一案的管理人。

本案的债权申报期限经××××人民法院确定,自××××年××月××日起至××××年××月××日止。债权申报期限内,共有×户债权人申报×笔债权,申报的债权总额为人民币××元。其中,对债务人的特定财产享有担保权的债权共×户,总额为人民币××元;税收债权共×户,总额为人民币××元;普通债权共×户,总额为人民币××元。

管理人收到债权申报材料后,对申报的债权登记造册,并逐一进行了审查,审查后编制了债权表。

对编入债权表内的债权,管理人认为成立的共×户,总额为人民币××元。其中,对债务人的特定财产享有担保权的债权共×户,总额为人民币××元;税收债权共×户,总额为人民币××元;普通债权共×户,总额为人民币××元。

对编入债权表内的债权,管理人认为不成立的共×户,总额为人民币××元。其中,主张对债务人的特定财产享有担保权的债权共×户,总额为人民币××元;税收债权共×户,总额为人民币××元;普通债权共×户,总额为人民币××元。

另经管理人调查,职工债权共×笔,总额为人民币××元。

现根据《中华人民共和国企业破产法》第五十八条第一款之规定,将债权表提交第一次债权人会议核查。

特此报告。

（管理人印鉴）
××××年××月××日

附:1. 指定管理人的决定书复印件一份;
2. 债权申报登记册及债权表一份。
说明:
一、本文书依据的法律是《中华人民共和国企业破产法》第五十八条第一款之规定,"依照本法第五十七条规定编制的债权表,应当提交第一次债权人会议核查"。由管理人将编制的债权表提交第一次债权人会议核查。
二、申报的债权无论是否属于破产债权,均应当登记入册。管理人对申报的债权进行审查后编制债权表。
三、对管理人审查认为成立和不成立的债权,均应编入债权表,但应当予以分别记载。债

权表应当列明债权的性质、金额、有无担保等具体情况。

文书样式32

关于提请人民法院确认无异议债权的报告

（××××)××破管字第×号

××××人民法院:
根据《中华人民共和国企业破产法》第五十八条第一款之规定,本管理人于××××年××月××日将编制的债权表提交第一次债权人会议核查。同时,本管理人于××××年××月××日将编制的债权表送交债务人核对。经核查、核对,债权人、债务人对债权表中记载的共×笔债权无异议(详见无异议债权清单)。根据《中华人民共和国企业破产法》第五十八条第二款之规定,申请贵院裁定确认债权表记载的无异议债权。

特此报告。

（管理人印鉴）
××××年××月××日

附:1. 债权申报登记册及债权表各一份;
2. 第一次债权人会议对债权表的核查结果;
3. 债务人核对意见;
4. 债权表中的无异议债权清单。
说明:
一、本文书依据的法律是《中华人民共和国企业破产法》第五十八条第二款之规定:"债务人、债权人对债权表记载的债权无异议的,由人民法院裁定确认。"由管理人将债权表提请人民法院裁定确认。
二、管理人提请人民法院裁定确认的债权表,应当由第一次债权人会议核查表决通过。同时,应当事先送交债务人的原法定代表人或其他高级管理人员核对,听取债务人的意见。
三、债权人、债务人对债权表记载的债权均无异议的,管理人应当提请人民法院裁定确认无异议债权。

文书样式 33

管理人执行职务的工作报告

(××××)××破管字第×号

×××(债务人名称)债权人会议：

×××(债务人名称)因_____(写明破产原因)，×××(申请人名称/姓名)于×××年××月××日向×××人民法院提出对×××(债务人名称)进行重整/和解/破产清算的申请[债务人自行申请破产的，写×××(债务人名称)因_____(写明破产原因)，于×××年××月××日向×××人民法院提出重整/和解/破产清算申请]。

×××人民法院于××××年××月××日作出(××××)×破(预)字第×-×号民事裁定书，裁定受理×××(债务人名称)重整/和解/破产清算，并于××××年××月××日作出(××××)×破字第×-×号决定书，指定×××担任管理人。

本管理人接受指定后，依据《中华人民共和国企业破产法》之规定，勤勉忠实地履行了管理人职责，现将有关执行职务的情况报告如下：

一、债务人/破产人(企业)的基本情况

1. 企业的设立日期、性质、住所地、法定代表人姓名；

2. 企业注册资本、出资人及出资比例；

3. 企业生产经营范围；

4. 企业员工状况；

5. 企业资产财务状况；

6. 企业目前状态。

二、执行职务的具体情况

(一)执行职务的准备工作

1. 管理人团队的组成情况；

2. 管理人内部规章制度的建立情况；

3. 聘请工作人员情况。

(二)接管债务人财产的基本情况

1. 接管时间；

2. 财产接管状况；

3. 均未履行完毕的合同履行或者解除情况；

4. 需保留劳动关系的职工情况；

5. 需解除劳动合同的人员状况及安置方案、工资和补偿金数额。

(三)债权申报登记工作情况

1. 债权申报的期间；

2. 登记的各类债权户数和总额；

3. 认为成立的各类债权户数和总额；

4. 认为不成立的各类债权户数和总额；

5. 职工债权笔数和总额；

6. 异议债权的基本情况。

(四)债务人对外债权、投资的清收情况

1. 要求债务人的债务人或财产持有人清偿债务或者交付财产的情况；

2. 对外债权的清收情况及清收总额；

3. 对外投资、股权总额以及处置方式、权益收回的基本情况。

(五)有关债务人的民事诉讼和仲裁情况

1. 民事诉讼与仲裁的案件数量、争议标的金额、程序进展等；

2. 有关债务人财产的保全措施解除情况；

3. 有关债务人财产的执行程序中止情况。

(六)有关债务人财产的追收情况

1. 依据《企业破产法》第三十四条追回财产的情况；

2. 请求出资人补缴出资款的情况；

3. 追回高管非正常收入和侵占财产的情况；

4. 取回担保物的情况；

5. 取回在途买卖标的物的情况；

6. 权利人行使取回权、抵销权的情况。

(七)管理人处分债务人财产的基本情况

1. 债务人财产评估情况；

2. 债务人财产的处置(包括拍卖、变卖情况)。

(八)资产审计、评估工作情况

1. 聘请审计或评估机构专项审计或评估情况；

2. 对审计后资产、负债情况的确认。

三、接受债权人会议和债权人委员会监督的基本情况

……

特此报告。

（管理人印鉴）
×××年××月××日

附：相关报告材料

说明：

一、本文书依据的法律是《中华人民共和国企业破产法》第二十三条之规定："管理人应当列席债权人会议，向债权人会议报告职务执行情况，并回答询问。"由管理人递交债权人会议。

二、本文书应当详细列明管理人接受指定后，在工作准备、财产接管、债权债务清理、债权申报登记、财产处分等方面的职务执行情况。相关职务执行情况有具体报告的，应当作为本文书的附件一并递交债权人会议。

三、管理人处分债务人财产的行为系指《中华人民共和国企业破产法》第六十九条规定的行为。

文书样式34

关于×××（债务人名称）财产状况的报告

（××××）××破管字第×号

×××（债务人名称）债权人会议：

×××（债务人名称）因_____（写明破产原因），×××（申请人名称/姓名）于××××年××月××日向×××人民法院提出对×××（债务人名称）进行重整/和解/破产清算的申请[债务人自行申请破产的，写×××（债务人名称）因_____（写明破产原因），于××××年××月××日向×××人民法院提出重整/和解/破产清算申请]。

××××人民法院于××××年××月×日作出（××××）×破（预）字第×-×号民事裁定书，裁定受理×××（债务人名称）重整/和解/破产清算，并于××××年××月××日作出（××××）×破字第×-×号决定书，指定×××担任管理人。

本管理人接受指定后，按照《中华人民共和国企业破产法》之规定，对×××（债务人名称）的财产状况进行了调查，现报告如下：

一、×××（债务人名称）基本情况

1. 企业的设立日期、性质、住所地、法定代表人姓名；

2. 企业注册资本、出资人及出资比例；

3. 企业生产经营范围；

4. 企业目前状态。

二、×××（债务人名称）的资产、负债及相关情况

列明×××（债务人名称）截至××××年××月××日的财产总额，并附财产清单。（委托审计机构审计的，列明审计情况）

三、关联方关系及其往来余额

列明关联企业名称及与×××（债务人名称）的关系，并列明往来款科目、余额和性质。

四、其他事项

（一）双方当事人均未履行完毕的合同

列明合同名称、订立日期、合同金额、合同履行状态等情况。

（二）影响债务人财产变现能力的情况

列明财产的状况、保管费用、变现障碍等情况。

（三）其他债务人财产可能出现增减的情况

列明管理人行使撤销权、确认无效、追缴注册资本、行使抵销权等情况。

特此报告。

（管理人印鉴）
×××年××月××日

附：财产清单

说明：

一、本文书依据的法律是《中华人民共和国企业破产法》第二十五条之规定："管理人履行下列职责：……（二）调查债务人财产状况，制作财产状况报告。"由管理人调查债务人财产状况后所制作，并递交债权人会议。

二、本文书应当附财产明细清单。

文书样式 35

关于×××(债务人名称)财产
管理方案的报告

(××××)××破管字第×号

×××(债务人名称)债权人会议:

×××(债务人名称)因_____(写明破产原因),×××(申请人名称/姓名)于××××年××月××日向×××人民法院提出对×××(债务人名称)进行重整/和解/破产清算的申请[债务人自行申请破产的,写×××(债务人名称)因_____(写明破产原因),于××××年××月××日向×××人民法院提出重整/和解/破产清算申请]。

×××人民法院于××××年××月××日作出(××××)×破字第×-×号决定书,指定×××担任管理人。

本管理人接受指定后,于××××年××月××日接管了债务人财产,现提交《债务人财产管理方案》供债权人会议审议。

一、债务人财产的接管

(一)接管的具体步骤

列明接管的时间、措施;制定的接收方案;包括交付财产通知、接管通知、《接管清单》等在内的各类接管文件。

(二)接管的债务人财产及资料汇总

1. 固定资产和实物资产
2. 无形资产
3. 有价证券
4. 尚未履行完毕的合同
5. 债务人的诉讼、仲裁案件的材料
6. 财产权属证书
7. 印章、证照
8. 财务账册、银行存款凭证等财务资料
9. 债务人银行账户资料
10. 人事档案
11. 文书档案
12. 其他接管的财产

(三)未接管债务人财产及资料总汇

列明财产清单及未接管原因。

二、债务人财产的管理

(一)对接管财产的管理措施

1. 列明各项有关债务人财产管理的规章制度,例如:《债务人财产保管和使用办法》、《债务人印章和资料的保管和使用办法》、《债务人财务收支管理办法和标准》等;

2. 列明债务人财产、账簿、文书、资料的保管措施;

3. 列明债务人财产的安全保卫措施。

(二)未接管财产的追回措施

列明未接管财产的追回方案。

特此报告。

(管理人印鉴)

××××年××月××日

附:1.《财产接管清单》、《财产状况报告》等材料。

2. 各类财产管理的规章制度。

说明:

一、本文书依据的法律是《中华人民共和国企业破产法》第六十一条第一款第八项之规定,由管理人向债权人会议提交。

二、本文书应当列明财产接管的具体情况,财产接管后的保管、处分等管理制度和措施,以及对未接管财产如何进一步接管,或者如何追回被他人占有的债务人财产的具体方案。

文书样式 36

通知书
(通知召开债权人会议用)

(××××)××破管字第×号

×××(债权人名称/姓名):

×××(债务人名称)因_____(写明破产原因),×××(申请人名称/姓名)于××××年××月××日向×××人民法院提出对×××(债务人名称)进行重整/和解/破产清算的申请[债务人自行申请破产的,写×××(债务人名称)因_____(写明破产原因),于××

××年××月××日向××××人民法院提出重整/和解/破产清算申请］。

××××人民法院于××××年××月××日作出(××××)×破字第×－×号决定书，指定×××担任管理人。

现经××××人民法院决定(或经债权人会议主席决定)，定于××××年××月××日×时在××(会议召开地点)召开×××(债务人名称)破产一案第×次债权人会议，就＿＿＿事项(概述会议议题，详见附件)进行表决，请你公司/你准时参加。

参会人员须提交下列证件：

1. 债权人系自然人的，提交身份证原件和复印件；

2. 债权人是机构(单位)的，提交营业执照副本原件和复印件，以及法定代表人的身份证原件和复印件；

3. 委托他人出席的，提交授权委托书及委托代理人身份证原件和复印件。

特此通知。

(管理人印鉴)

××××年××月××日

附：1. 债权人会议议程；

2. 债权人会议议题清单。

说明：

一、本文书依据的法律是《中华人民共和国企业破产法》第八十三条之规定："召开债权人会议，管理人应当提前十五日通知已知的债权人。"由管理人通知债权人参加债权人会议时用。

二、根据《中华人民共和国企业破产法》第六十二条之规定，第一次债权人会议由人民法院召集，以后的债权人会议由人民法院认为必要时决定召开，或者由债权人会议主席收到提议后决定召开。

三、会议通知内容应当注明参加债权人会议应当携带的身份证明材料，并介绍会议主要议题。

文书样式37

关于提议召开债权人会议的报告

(××××)××破管字第×号

×××(债务人名称)债权人会议主席：

现因＿＿＿＿(列明具体原因)，本管理人根据《中华人民共和国企业破产法》第六十二条第二款之规定，提议于××××年××月××日召开×次债权人会议，就以下事项进行表决：

＿＿＿＿(列明提请债权人会议表决的议题名称)；

……

特此报告。

(管理人印鉴)

××××年××月××日

说明：

一、本文书依据的法律是《中华人民共和国企业破产法》第六十二条第二款之规定："(第一次债权人会议)以后的债权人会议，在人民法院认为必要时，或者管理人、债权人委员会、占债权总额四分之一以上的债权人向债权人会议主席提议时召开。"由管理人向债权人会议主席提交。

二、报告应当列明提请债权人会议表决的议题。

文书样式38

关于提请人民法院裁定××方案的报告
(提请人民法院裁定债权人会议表决未通过方案用)

(××××)××破管字第×号

××××人民法院：

经一次表决的：

根据《中华人民共和国企业破产法》第六十一条第一款之规定，本管理人于××××年×月×日将《债务人财产管理方案》/《破产财产变价方案》提交第×次债权人会议表决，因＿＿＿＿(列明未获通过的理由)，方案未获通过。现根据《中华人民共和国企业破产法》第六十五条第一款之规定,提请贵院裁定认可《债务人财产管理方案》/《破产财产变价方案》。

经二次表决的:

根据《中华人民共和国企业破产法》第六十一条第一款之规定,本管理人于×××年××月××日将《破产财产分配方案》提交第×次债权人会议表决,因_____(列明未获通过的理由),方案未获通过。根据《中华人民共和国企业破产法》第六十五条第二款之规定,本管理人又于×××年××月××日将《破产财产分配方案》提交第×次债权人会议二次表决,仍未获通过。现根据《中华人民共和国企业破产法》第六十五条第二款之规定,提请贵院裁定认可《债务人财产管理方案》/《破产财产变价方案》。

特此报告。

(管理人印鉴)

×××年××月××日

附:1. 提交表决的《债务人财产管理方案》、《破产财产变价方案》或《破产财产分配方案》;

2. 债权人会议表决记录及结果。

说明:

一、本文书依据的法律是《中华人民共和国企业破产法》第六十五条第一款和第二款之规定:"本法第六十一条第一款第八项、第九项所列事项,经债权人会议表决未通过的,由人民法院裁定。""本法第六十一条第一款第十项所列事项,经债权人会议二次表决仍未通过的,由人民法院裁定。"由管理人将有关债权人会议表决未通过的方案提请人民法院裁定。

二、《中华人民共和国企业破产法》第六十一条第一款第八项所列事项为"通过债务人财产的方案",第九项所列事项为"通过破产财产的变价方案",第十项所列事项为"通过破产财产的分配方案"。

二、破产清算程序用文书

文书样式39

关于提请债权人会议审议破产财产变价方案的报告

(××××)××破管字第×号

×××(破产人名称)债权人会议:

×××(破产人名称)因_____(写明破产原因),××××人民法院于×××年××月××日作出(××××)×破字第×-×号民事裁定书,宣告×××(破产人名称)破产。

现根据《中华人民共和国企业破产法》第一百一十一条之规定,拟订《×××(破产人名称)破产财产变价方案》,提交债权人会议审议表决。

特此报告。

(管理人印鉴)

×××年××月××日

附:《×××(破产人名称)破产财产变价方案》

说明:

本文书依据的法律是《中华人民共和国企业破产法》第一百一十一条之规定,由管理人提交债权人会议审议。

文书样式40

《×××(破产人名称)破产财产变价方案》

(××××)××破管字第×号

一、变价原则

阐述本方案确定的财产变价原则。

二、破产财产状况

分别列明经审计、评估的破产人货币(有价证券)资金、应收账款和预付账款、对外债权、对外投资、存货、固定资产、无形资产等各类破产财产的状况。

三、破产财产变价方案

分别列明各类破产财产的处置措施：
（一）对外债权、对外投资的处置
1. 经调查后发现确无追回可能或追收成本大于债权本身的，报请债权人委员会审议，予以核销处理。
2. 破产人的债务人已破产的，依法申报债权。
3. 其他对外债权、投资的处置方案。
（二）存货、固定资产、无形资产的处置
一般采取拍卖方式进行变价。需要采取拍卖方式之外的变价措施的，列明相应的变价措施。
（三）其他破产财产的处置
四、变价预备措施
对拟公开拍卖财产遭遇流拍时的预备处置措施。
五、设定担保权的特定财产的变价处置方案
说明：
一、本文书依据的法律是《中华人民共和国企业破产法》第一百一十一条之规定，由管理人拟订后提交债权人会议审议。
二、本文书须重点反映各类破产财产的价值、可变价状况，以及相应的变价原则和变价措施。
三、破产人为国有企业的，破产财产变价措施应当符合国有资产管理的相关规定。
四、货币和有价证券类之外的资产，变价一般应当采取拍卖方式。
五、依照《中华人民共和国企业破产法》第十章之规定，设定担保权的破产人特定财产不纳入破产财产范围，但为全面反映破产人财产的变价情况，可以在《破产财产变价方案》中附带列明特定财产的变价处置情况。

文书样式41

关于提请债权人会议审议破产财产分配方案的报告

（××××）××破管字第×号

×××（破产人名称）债权人会议：

根据××××年××月××日第×次债权人会议表决通过的《×××（破产人名称）破产财产变价方案》，在法院的监督、指导下，本管理人已完成对破产财产的变价工作。现根据《中华人民共和国企业破产法》第一百一十五条之规定，拟订《×××（破产人名称）破产财产分配方案》，提交债权人会议审议表决。

特此报告。

（管理人印鉴）

××××年××月××日

附：《×××（破产人名称）破产财产分配方案》

说明：

本文书依据的法律是《中华人民共和国企业破产法》第一百一十五条之规定，由管理人提交债权人会议审议。

文书样式42

《×××（破产人名称）破产财产分配方案》

（××××）××破管字第×号

一、参加破产财产分配的债权情况
简述参加破产财产分配的债权人人数、各类债权总额等基本情况。另行制作《参与分配债权人表》，详细列明参与分配的债权人名称或者姓名、住所、债权性质与债权额等情况。
二、可供分配的破产财产总额
分别列明货币财产和非货币财产的变价额。直接分配非货币财产的，列明非货币财产的估价额。
三、破产财产分配的顺序、比例和数额
（一）破产费用和共益债务的清偿情况
列明各项破产费用和共益债务的数额，包括已发生的费用和未发生但需预留的费用。人民法院最终确定的管理人报酬及收取情况须特别列明。
（二）破产债权的分配
列明剩余的可供分配破产债权的破产财产数额，依《中华人民共和国企业破产法》第一百一十三条规定的顺序清偿。分别列明每一顺序债权的应清偿额、分配额、清偿比例等。

四、破产财产分配实施办法

(一)分配方式

一般以货币方式进行分配,由管理人根据各债权人提供的银行账号,实施转账支付,或者由债权人领取。

(二)分配步骤

列明分配次数和时间,拟实施数次分配的,应当说明实施数次分配的理由。

(三)分配提存

列明破产财产分配额提存的情况,以及提存分配额的处置方案。

五、特定财产清偿方案

(一)对特定财产享有担保权的债权情况

(二)可供清偿的特定财产总额

列明特定财产的变价总额。

(三)特定财产清偿方案

特定财产的清偿方案。特定财产不足分配所有担保债权的,还应列明未受偿的担保债权数额。

附:《破产债权清偿分配明细表》

说明:

一、本文书依据的法律是《中华人民共和国企业破产法》第一百一十五条之规定,由管理人拟订后提交债权人会议审议。

二、本文书应当列明不同破产财产的变价情况,以及不同清偿顺位债权人的分配额。破产财产的分配原则上应当以货币分配方式进行,但对于无法变价或者不宜变价的非货币财产,经债权人会议决议同意,可以进行实物分配。

三、未发生但需预留的破产费用包括分配公告费用、破产程序终结后的档案保管费用等。

四、根据《最高人民法院关于审理企业破产案件确定管理人报酬的规定》第十条之规定,最终确定的管理人报酬及收取情况,应当列入破产财产分配方案。

五、依照《中华人民共和国企业破产法》第十章之规定,设定担保权的破产人特定财产不纳入破产财产范围,但为全面反映破产人财产的分配情况,可以在《破产财产分配方案》中附带列明特定财产的清偿处置情况。

文书样式43

关于提请人民法院
裁定认可破产财产分配方案的报告

(××××)××破管字第×号

××××人民法院:

本管理人拟订的《×××(破产人名称)破产财产分配方案》已于××××年××月××日第×次债权人会议表决通过。现根据《中华人民共和国企业破产法》第一百一十五条第三款之规定,提请贵院裁定认可。

特此报告。

(管理人印鉴)

××××年××月××日

附:1.《×××(破产人名称)破产财产分配方案》;

2.债权人会议表决结果。

说明:

本文书依据的法律是《中华人民共和国企业破产法》第一百一十五条第三款之规定:"债权人会议通过破产财产分配方案后,由管理人将该方案提请人民法院裁定认可。"由管理人提请人民法院裁定认可。

文书样式44

公告
(破产财产中间分配用)

(××××)××破管字第×号

×××(破产人名称)债权人:

《×××(破产人名称)破产财产分配方案》已于××××年××月××日经第×次债权人会议表决通过,并于××××年××月××日经×××人民法院(××××)破字第×-×号民事裁定书裁定认可,现根据《中华人民共和国企业破产法》第一百一十六条之规定,由本管理人执行。

×××(破产人名称)破产财产共实施×次分配,本次分配为第×次分配,确定于×××年××月××日实施(列明分配实施方法),本次分配总额为人民币××元,其中,……(列明不同清偿顺序债权的分配总额)。

另有分配额人民币××元,因_____(列明提存原因),暂予以提存。

特此公告。

(管理人印鉴)

×××年××月××日

说明:

一、本文书依据的法律是《中华人民共和国企业破产法》第一百一十六条之规定,由管理人在对实施多次分配方案的中间分配时发布。

二、公告应当列明实施分配的方法。实施分配款项集中发放的,应当列明分配地点、分配时间、款项领取手续等;实施分配款项转账发放的,应当列明转账时间、款项受领条件等。

三、公告应当列明不同清偿顺序债权的分配总额。例如欠付职工工资、医疗、伤残补助、抚恤费用及应当划入职工个人账户的基本养老保险、基本医疗保险费用与应当支付的补偿金的分配总额为人民币××元;欠缴的其他社会保险费用和税收的分配总额为人民币××元;普通债权的分配总额为人民币××元。

四、分配额暂予以提存的,公告应当载明提存情况。

五、公告应当发布为当地有影响的媒体。

文书样式45

公告
(破产财产最后分配用)

(×××)××破管字第×号

×××(破产人名称)债权人:

《×××(破产人名称)破产财产分配方案》已于×××年×月×日经第×次债权人会议表决通过,并于×××年×月×日经××人民法院(×××)×破字第-×号民事裁定书裁定认可,现根据《中华人民共和国企业破产法》第一百一十六条之规定,由本管理人执行。

根据《×××(破产人名称)破产财产分配方案》确定的分配步骤,×××(破产人名称)破产财产实施×次分配,本次分配为最后分配(或者:×××(破产人名称)破产财产实施一次分配,本次分配即为最后分配),确定于×××年××月××日实施(列明分配实施方法)。

最后分配的分配总额为人民币××元,其中,……(列明不同清偿顺序债权的分配总额)。

对附生效条件或者解除条件的债权提存分配额的处置:

在本次分配前,管理人对附生效条件/解除条件的共计人民币××元的债权分配额进行了提存。在本次分配公告日,分配额共计人民币××元的债权的生效条件仍未成就(或者解除条件已经成就),根据《中华人民共和国企业破产法》第一百一十七条第二款之规定,提存的分配额应当分配给其他债权人;分配额共计人民币××元的债权的生效条件已经成就(或者解除条件仍未成就),根据《中华人民共和国企业破产法》第一百一十七条第二款之规定,提存的分配额应当交付给相应债权人。

对未受领的分配额的提存:

对本次分配前债权人未受领的破产财产分配额,以及本次分配债权人未受领的破产财产分配额,管理人将予以提存。债权人自本次公告之日起满二个月仍不领取的,视为放弃受领分配的权利,提存的分配额将根据《中华人民共和国企业破产法》第一百一十九条之规定,分配给其他债权人。

对诉讼或者仲裁未决的债权分配额的提存:

分配额共计人民币××元的债权,因在本次分配公告日涉及债权确认的相关诉讼/仲裁尚未终结,根据《中华人民共和国企业破产法》第一百一十九条之规定,管理人将分配额提存。自破产程序终结之日起满二年仍不能受领分配的,将由××××人民法院分配给其他债权人。

特此公告。

(管理人印鉴)

×××年××月××日

说明：

一、本文书依据的法律是《中华人民共和国企业破产法》第一百一十六条、第一百一十七条之规定，由管理人在对破产财产实施最后分配时发布。

二、公告应当列明实施分配的方法，实施分配款项集中发放的，应当列明分配地点、分配时间、款项领取手续等；实施分配款项转账发放的，应当列明转账时间、款项受领条件等。

三、公告应当载明不同清偿顺序债权的分配总额。例如欠付职工工资、医疗、伤残补助、抚恤费用及应当划入职工个人账户的基本养老保险、基本医疗保险费用与应当支付的补偿金的分配总额为人民币××元；欠缴的其他社会保险费用和税款的分配总额为人民币××元；普通债权的分配总额为人民币××元。

四、公告还应当载明提存分配额的最后分配情况。

五、公告应当发布于当地有影响的媒体。

文书样式46

关于破产财产分配执行情况的报告

（××××）××破管字第×号

××××人民法院：

根据你院（××××）×破字第×-×号民事裁定书裁定认可的《×××（破产人名称）破产财产分配方案》，本管理人已于××××年×月××日将破产财产全部分配完结，现将分配情况报告如下：

一、可供分配的破产财产总额

列明最终可供分配的破产财产总额。

二、已经分配的破产财产

分别列明对破产人特定财产享有优先受偿权的债权；破产费用和共益债务；《中华人民共和国企业破产法》第一百一十三条规定的债权等不同清偿对象的分配总额和支付情况。

具体的债权清偿金额详见附表《×××（破产人名称）破产财产分配表》。

三、提存的分配额及拟处置意见

列明未受领的破产财产分配额与因诉讼或者仲裁未决的债权分配额的提存情况。

具体的提存分配额详见附表《×××破产财产提存分配额情况表》。

四、特定财产清偿处置情况

特此报告。

（管理人印鉴）

××××年××月××日

附：1.《×××（破产人名称）破产财产分配表》；

2.《×××（破产人名称）破产财产提存分配额情况表》。

说明：

一、本文书依据的法律是《中华人民共和国企业破产法》第一百二十条之规定："管理人在最后分配完结后，应当及时向人民法院提交破产财产分配报告。"由管理人制作后提交人民法院。

二、破产财产分配报告应当根据破产财产清偿对象的不同，分别列明分配总额及支付情况。设定担保权的特定财产分配情况应当单独列明；《中华人民共和国企业破产法》第一百一十三条规定的三类债权应当分别列明。债权分配总额为零的，亦应当予以注明。例如破产费用分配额为××元，实际支付××元；普通债权分配总额为××元，实际支付××元。

三、分配报告还应当列明分配额提存的情况。

文书样式47

关于提请人民法院裁定终结破产程序的报告
（无财产可供分配用）

（××××）××破管字第×号

××××人民法院：

贵院于××××年××月××日作出（××××）×破字第×-×号民事裁定书，裁定宣告×××（破产人名称）破产。现经管理人调查，××（破产人名称）在偿付破产费用和共益债务后，无可供分配的破产财产，根据《中华人民共和国企业破产法》第一百二十条第一款之规定,管理人请求法院裁定终结×××(破产人名称)的破产程序。

特此报告。

(管理人印鉴)

×××年××月××日

附:1.破产费用和共益债务清偿报告;
2.破产人财产状况报告。

说明:

一、本文书依据的法律是《中华人民共和国企业破产法》第一百二十条第一款之规定:"破产人无财产可供分配的,管理人应当请求人民法院裁定终结破产程序。"由管理人发现破产人无财产可供分配时,向人民法院提交。

二、管理人在请求人民法院裁定终结破产程序时,应当附破产人的财产状况报告,证明破产人确无可供分配的财产。

三、破产人无财产可供分配,是指破产人以特定财产清偿担保债权、破产财产清偿破产费用和共益债务之后,无其他财产可供分配。破产财产不足清偿破产费用的,则应当依照《中华人民共和国企业破产法》第四十三条第四款之规定,提请法院终结破产程序。

文书样式48

关于提请人民法院裁定终结破产程序的报告
(最后分配完结用)

(××××)××破管字第×号

×××人民法院:

贵院于××××年××月××日作出(××)×破字第×-×号民事裁定书,裁定宣告×××(破产人名称)破产,并于××××年××月××日裁定认可《×××(破产人名称)破产财产分配方案》。

现破产财产分配方案已执行完毕,最后分配已完结。根据《中华人民共和国企业破产法》第一百二十条第二款之规定,管理人提请贵院裁定终结×××(破产人名称)的破产程序。

特此报告。

(管理人印鉴)

×××年××月××日

附:破产财产分配执行情况的报告

说明:

一、本文书依据的法律是《中华人民共和国企业破产法》第一百二十条第二款之规定:"管理人在最后分配完结后,提请人民法院裁定终结破产程序。"由管理人在最后分配完结后,向人民法院提出。

二、提请裁定终结破产程序时,应当附破产财产分配执行情况报告。

文书样式49

关于管理人终止执行职务的报告

(××××)××破管字第×号

×××人民法院:

××××年××月××日,贵院作出(××)×破字第×-×号民事裁定书,裁定终结×××(破产人名称)的破产程序,管理人职务已全部执行完毕,现将有关情况报告如下:

一、破产财产的分配情况

简述破产财产的分配情况。无财产可供分配的,附破产人财产状况报告;最后分配完结的,附破产财产分配报告。

二、破产程序终结后的职务执行情况

说明破产程序终结后,管理人办理破产人工商、税务等注销登记手续的情况。

三、无未决诉讼或者仲裁的情况

说明破产人无未诉讼或者仲裁程序。

四、档案移交保管情况

综上,根据《中华人民共和国企业破产法》第一百二十二条之规定,管理人依法终止执行管理人职务。

特此报告。

(管理人印鉴)

×××年××月××日

说明：

一、本文书依据的法律是《中华人民共和国企业破产法》第一百二十二条之规定："管理人办理注销登记完毕后申请终止执行职务。"由管理人终止执行职务时向人民法院报告。

二、报告主要列明破产程序终结情况，以及程序终结后管理人执行职务的情况，并说明无存在诉讼或者仲裁未决的情况。

三、重整程序用文书

文书样式 50

通知书
（重整期间决定是否同意取回财产用）

（××××）××破管字第×号

×××（要求取回财产的申请人名称/姓名）：

同意取回时适用：

你公司/你关于要求取回_____（取回标的物的名称、数量）的申请收悉。经本管理人审核，债务人占有上述财产时约定，_____（列明关于取回条件的约定）。因此，你公司/你的申请符合事先约定的条件，根据《中华人民共和国企业破产法》第七十六条的规定，同意你公司/你取回上述财产。

你公司/你可于接到本通知书之日起×日内，向本管理人接洽办理上述财产的取回手续。

不同意取回时适用：

你公司/你关于要求取回_____（取回标的物的名称、数量）的申请收悉。经本管理人审核，债务人占有上述财产已约定，_____（列明关于取回条件的约定）。现因_____（列明相应情形），故你公司/你的申请不符合事先约定的条件，根据《中华人民共和国企业破产法》第七十六条的规定，管理人不同意你公司/你取回上述财产。

如对管理人的上述决定有异议，你公司/你可于接到本通知书之日起×日内向本管理人提出，并附相关证据，配合管理人核实。

特此通知。

（管理人印鉴）
××××年××月××日

附：债务人占有财产时关于取回条件约定的证据材料

说明：

一、本文书依据的法律是《中华人民共和国企业破产法》第七十六条之规定："债务人合法占有他人财产的，该财产的权利人在重整期间要求取回的，应当符合事先约定的条件。"由管理人向提出取回申请的财产权利人发送。

二、财产权利人请求取回财产的，应当符合事先约定的条件。因此，本文书应当列明双方事先关于取回财产的约定条件。

文书样式 51

关于提请人民法院终止重整程序的报告

（××××）××破管字第×号

××××人民法院：

贵院于××××年××月××日作出（××××）破（预）字第×-×号民事裁定书，裁定债务人×××（债务人名称）重整。重整期间，管理人发现×××（债务人名称）存在下列情形，导致重整程序无法继续进行：

1. _____；
2. _____；
……

根据《中华人民共和国企业破产法》第七十八条之规定，管理人申请贵院依法裁定终止××× （债务人名称）的重整程序，并宣告×××（债务人名称）破产。

特此报告。

（管理人印鉴）
××××年××月××日

附：重整程序无法继续进行的证据材料

说明：

一、本文书依据的法律是《中华人民共和国企业破产法》第七十八条之规定，由管理人发现重整债务人发生第七十八条规定的三种情形之一的,请求法院裁定终止重整程序,并宣告债务人破产。

二、本文书应当列明导致重整程序无法继续进行的具体情形。例如,重整债务人经营状况和财产状况继续发生恶化的,应当列明恶化的具体程度,并附相关的证据材料。

文书样式 52

关于提请审议重整计划草案的报告

(××××)××破管字第×号

提交人民法院的:

××××人民法院:

贵院于××××年××月××日以(×××)×破(预)字第×-×号民事裁定书,裁定××(债务人名称)重整,并于××××年××月××日作出(××××)×破字第×-×号决定书,指定××担任管理人。

本管理人接受指定后,负责管理×××(债务人名称)财产和营业事务。根据《中华人民共和国企业破产法》第八十条第二款之规定,管理人起草了《×××(债务人名称)重整计划草案》,现提交贵院,请贵院召开债权人会议,对重整计划草案进行表决。

提交债权人会议的:

×××(债务人名称)债权人会议:

××××人民法院于××××年××月××日以(××××)×破(预)字第×-×号民事裁定书,裁定×××(债务人名称)重整,并于××××年××月××日作出(××××)×破字第×-×号决定书,指定××担任管理人。

本管理人接受指定后,负责管理×××(债务人名称)财产和营业事务。根据《中华人民共和国企业破产法》第八十条第二款之规定,管理人起草了《×××(债务人名称)重整计划草案》,现提交债权人会议审议表决。

特此报告。

(管理人印鉴)

××××年××月××日

附:重整计划草案及说明各一份

×××(债务人名称)重整计划草案

一、债务人基本情况

二、重整计划草案起草的过程和可行性分析

简述重整计划草案起草的前期过程,重点分析重整计划草案实施的可行性。

三、重整计划草案的框架和主要内容

(一)债务人的经营方案

简述经营团队组成、经营计划、经营计划的可行性分析、经营目标等。

(二)债权分类和调整方案

简述经法院裁定确认的债权核查情况,并按债权类别介绍各类债权的金额和调整方案,说明债权调整的理由和实施途径。

(三)出资人权益调整方案

简述出资人情况及出资比例,介绍出资人权益调整方案,说明调整的理由和实施途径。

(四)债权受偿方案

简述各类债权的受偿途径和比例,并须特别说明如果不重整而直接进行破产清算的债权的可能受偿比例。

(五)重整计划的执行期限

说明确定重整计划执行期限的理由。

(六)重整计划执行的监督期限

说明重整计划执行监督措施及确定重整计划执行监督期限的理由。

(七)有利于债务人重整的其他方案

四、重整计划草案的重点与难点

突出说明重整计划实施中的重点与难点,介绍解决的方案和途径,以及重整计划实施过程中需要进一步工作的内容。

说明:

一、本文书依据的法律是《中华人民共和国企业破产法》第七十九条、第八十条第一款之规定,由管理人制作后同时向受理破产案件的人民法院和债权人会议提交。

二、根据《中华人民共和国企业破产法》第八十条第一款之规定,管理人负责管理财产和营业事务的,由管理人制作重整计划草案;债务人自行管理财产和营业事务的,由债务人制作重整计划草案。

三、根据《中华人民共和国企业破产法》第八十四条之规定,人民法院应当自收到重整计划草案之日起三十日内召开债权人会议,对重整计划草案进行表决。

四、本文书应当附重整计划草案及说明,就一些重要问题,例如债权调整、出资人利益调整、重整后的经营方案等作出说明。

文书样式53

关于申请延期提交重整计划草案的报告

(××××)××破管字第×号

××××人民法院:

贵院于××××年××月××日以(××××)破(预)字第×-×号民事裁定书,裁定××(债务人名称)重整,并于××××年××月××日作出(××××)×破字第×-×号决定书,指定××担任管理人。

本管理人接受指定后,负责管理×××(债务人名称)财产和营业事务,并就重整计划草案的制作进行了充分研究。现管理人无法在贵院裁定重整之日起六个月内(即××××年××月××日前)按期提交重整计划草案,理由如下:

1. _____;
2. _____;
……

现根据《中华人民共和国企业破产法》第七十九条第二款之规定,请求贵院裁定延期×个月,至××××年××月××日前提交重整计划草案。

特此报告。

(管理人印鉴)

××××年××月××日

说明:

一、本文书依据的法律是《中华人民共和国企业破产法》第七十九条第二款之规定:"前款规定的(重整计划草案提交)期限届满,经债务人或者管理人请求,有正当理由的,人民法院可以裁定延期三个月。"由管理人向人民法院提交。

二、管理人应当向法院说明申请延期提交重整计划草案的正当理由,申请延长的期限最长不得超过三个月。

文书样式54

关于提请人民法院裁定批准重整计划的报告
(请求批准经债权人会议表决通过的重整计划用)

(××××)××破管字第×号

××××人民法院:

贵院受理的×××(债务人名称)重整一案,于××××年××月××日召开了第×次债权人会议。债权人会议依照债权分类对重整计划草案进行了分组表决(重整计划草案涉及出资人权益调整的:并设出资人组进行了表决),各表决组均表决通过了重整计划草案。

根据《中华人民共和国企业破产法》第八十六条之规定,管理人现提请贵院裁定批准该重整计划。

特此报告。

(管理人印鉴)

××××年××月××日

附:1. 重整计划草案;
2. 债权人会议及出资人会议各表决组表决结果。

说明:

一、本文书依据的法律是《中华人民共和国企业破产法》第八十六条之规定:"各表决组均通过重整计划草案时,重整计划即为通过。自重整计划通过之日起十日内,债务人或者管理人应当向人民法院提出批准重整计划的申请。"由管理人在各表决组通过重整计划草案后向人民法院提交。

二、重整计划草案涉及出资人权益调整事项的,重整计划草案还应当经过出资人表决组通过。

三、本文书应当附重整计划草案和表决结果。表决结果应当经债权人会议主席或者债权人代表签字确认。

文书样式55

关于提请人民法院裁定批准重整计划草案的报告（请求批准经债权人会议表决未通过的重整计划草案用）

（××××）××破管字第×号

××××人民法院：

贵院受理的×××（债务人名称）重整一案，于××××年××月××日召开了第×次债权人会议。债权人会议依照债权分类对重整计划草案进行了分组表决（重整计划草案涉及出资人权益调整的；并设出资人组进行了表决）。经表决，×××表决组通过了重整计划草案，×××表决组未通过重整计划草案。经债务人（或管理人）与表决未通过的××表决组协商，××表决组拒绝再次表决（或于××××年××月××日再次表决后，仍未通过重整计划草案）。

管理人认为，重整计划草案符合法院批准的条件，理由如下：

1.＿＿＿＿＿＿；

2.＿＿＿＿＿＿；

……

综上，根据《中华人民共和国企业破产法》第八十七条第二款之规定，提请贵院裁定批准该重整计划草案。

特此报告。

（管理人印鉴）

××××年××月××日

附：1. 重整计划草案；

2. 各表决组第一次表决结果；

3. ×××表决组拒绝再次表决文件或再次表决结果；

4. 重整计划草案符合法院强制批准的相关证据材料。

说明：

一、本文书依据的法律是《中华人民共和国企业破产法》第八十七条第二款之规定，由管理人在重整计划草案经两次表决未通过，提请法院批准时提交。

二、报告应当详细阐述重整计划草案符合法院强制批准条件的理由。

三、报告应当附各表决组表决结果。

文书样式56

关于重整计划执行情况的监督报告

（××××）××破管字第×号

××××人民法院：

贵院于××××年××月××日以（×××）×破（预）字第×－×号民事裁定书，裁定×××（债务人名称）重整，并于××××年××月××日作出（××××）破字第×－×号民事裁定书，裁定批准×××（债务人名称）的重整计划（或者重整计划草案）。

依据《中华人民共和国企业破产法》第九十条之规定，管理人对债务人重整计划的执行情况进行了监督，＿＿＿＿＿＿（简述监督期内，管理人采取的监督措施及债务人接受监督的情况）。根据重整计划的规定，监督期已于××××年××月××日届满。现管理人将债务人执行重整计划的相关情况报告如下：

一、重整计划的基本情况

简述重整案件的受理日期、重整计划的批准情况、批准日期、执行期限、监督期限等。

二、重整计划执行情况

（一）重整计划的主要内容

（二）重整计划各部分内容的具体执行情况

列明经营方案、债权调整及受偿、出资人权益调整，以及其他重整方案的执行情况。未能执行或者未执行完毕的，应当说明理由及解决方案。

三、债务人的经营状况

简述债务人在重整期间的经营状况，包括：债务人的资产负债、销售（营业）额、成本、税后净利润、现金流量值等经营指标。反映债务人在重整前后的经营状况变化。

四、监督期届满后债务人执行重整计划的建议

如果监督期限届满重整计划未执行完毕的，管理人可对监督期满后债务人继续执行重整计

划提出建议。

特此报告。

(管理人印鉴)

×××年××月××日

附：1. 重整计划；

2. 债务人重整计划执行情况报告；

3. 债务人经营状况报告。

说明：

一、本文书依据的法律是《中华人民共和国企业破产法》第九十条第一款、第九十一条第一款之规定，由管理人在重整计划执行监督期满后，报告人民法院。

二、本文书应当列明债务人执行重整计划的情况，以及重整计划执行的效果。

三、监督期限届满，重整计划未执行完毕的，管理人可以对债务人继续执行重整计划提出建议。

文书样式 57

关于申请延长重整计划执行监督期限的报告

(××××)××破管字第×号

×××人民法院：

贵院于××××年××月××日以(×××)×破(预)字第×－×号民事裁定书，裁定××(债务人名称)重整，并于×.×年×月×日作出(××××)×破字第×－×号民事裁定书，裁定批准重整计划(或者重整计划草案)，重整计划执行期限自××××年××月××日起至××××年××月××日止；重整计划执行监督期限自××××年××月××日起至××××年××月××日止。

重整计划执行监督期内，管理人依据《中华人民共和国企业破产法》第九十条之规定，对债务人执行重整计划的情况进行了监督。在重整计划执行过程中，管理人发现存在下列情形，认为需要延长重整计划执行监督期限：

1. _____；

2. _____；

……

为保障重整计划的顺利执行完毕，管理人根据《中华人民共和国企业破产法》第九十一条第三款之规定，申请法院裁定延长重整计划执行的监督期限×个月，即延长至××××年××月××日止。

特此报告。

(管理人印鉴)

×××年××月××日

说明：

本文书依据的法律是《中华人民共和国企业破产法》第九十一条第三款之规定，由管理人在重整计划执行监督期限届满前，认为需要延长监督期限时向法院提交。

文书样式 58

关于提请人民法院裁定终止重整计划执行的报告

(××××)××破管字第×号

×××人民法院：

贵院于××××年××月××日以(×××)×破(预)字第×－×号民事裁定书，裁定××(债务人名称)重整，并于××××年××月××日作出(××××)×破字第×－×号民事裁定书，裁定批准重整计划(或者重整计划草案)，重整计划执行期限自××××年××月××日起至××××年××月××日止。

现经管理人调查，×××(债务人名称)出现下列不能执行(或不执行)重整计划的情况：

1. _____；

2. _____；

……

因×××(债务人名称)不能执行(或不执行)重整计划，管理人根据《中华人民共和国企业破产法》第九十三条第一款之规定，请求贵院裁定终止重整计划的执行，并宣告×××(债务人名称)破产。

特此报告。

附：重整计划不能执行或者债务人不执行重整计划的相关材料

说明：

一、本文书依据的法律是《中华人民共和国企业破产法》第九十三条第一款之规定，由管理人在债务人不执行或者不能执行重整计划时向法院提交。

二、本文书应当具体说明债务人不能执行或不执行重整计划的具体情况。

四、和解程序用文书

文书样式59

管理人执行职务的工作报告
（和解程序用）

（××××）××破管字第×号

××××人民法院：

贵院于××××年××月××日作出（××××）×破（预）字第×-×号民事裁定书，裁定×××（债务人名称）和解，并于××××年××月××日作出（××××）破字第×-×号决定书，指定×××担任管理人。

××××年××月××日，×××（债务人名称）第×次债权人会议表决通过了债务人提出的和解协议。贵院于××××年××月××日作出（××××）破字第×-×号民事裁定书，裁定认可和解协议。

根据《中华人民共和国企业破产法》第九十八条之规定，本管理人已向债务人移交了财产和营业事务，现将管理人执行职务的情况报告如下：

一、债务人的基本情况

列明债务人的设立日期、性质、住所地、经营范围、注册资金、出资人及出资比例、财产状况等基本情况。

二、和解协议通过和人民法院裁定认可的基本情况

1. 和解协议的基本内容；
2. 债权人会议表决通过和解协议的基本情况；
3. 人民法院裁定认可和解协议的基本情况。

三、财产和营业事务移交的基本情况

四、其他需要报告的职务执行情况

特此报告。

（管理人印鉴）

××××年××月××日

附：1. 和解协议；
2. 债权人会议对和解协议的表决结果；
3. 其他相关报告材料。

说明：

一、本文书依据的法律是《中华人民共和国企业破产法》第九十八条之规定："债权人会议通过和解协议的，由人民法院裁定认可，终止和解程序，并予以公告。管理人应当向债务人移交财产和营业事务，并向人民法院提交执行职务的报告。"由管理人向人民法院提交。

二、本文书应当列明管理人接受指定后，在工作准备、财产接管、债权债务清理、债权申报登记等方面的职务执行情况。重点报告和解协议通过情况及财产、营业事务移交情况。相关职务执行情况有具体报告的，应当作为本文书的附件一并提交。

最高人民法院印发《关于审理上市公司破产重整案件工作座谈会纪要》的通知

● 2012年10月29日

● 法〔2012〕261号

各省、自治区、直辖市高级人民法院，解放军军事法院，新疆维吾尔自治区高级人民法院生产建设兵团分院：

现将最高人民法院《关于审理上市公司破产重整案件工作座谈会纪要》印发给你们，请结合审判工作实际，遵照执行。

关于审理上市公司破产重整案件工作座谈会纪要

《企业破产法》施行以来,人民法院依法审理了部分上市公司破产重整案件,最大限度地减少了因上市公司破产清算给社会造成的不良影响,实现了法律效果和社会效果的统一。上市公司破产重整案件的审理不仅涉及到《企业破产法》、《证券法》《公司法》等法律的适用,还涉及司法程序与行政程序的衔接问题,有必要进一步明确该类案件的审理原则,细化有关程序和实体规定,更好地规范相关主体的权利义务,以充分保护债权人、广大投资者和上市公司的合法权益,优化配置社会资源,促进资本市场健康发展。为此,最高人民法院会同中国证券监督管理委员会,于2012年3月22日在海南省万宁市召开了审理上市公司破产重整案件工作座谈会。与会同志通过认真讨论,就审理上市公司破产重整案件的若干重要问题取得了共识。现纪要如下:

一、关于上市公司破产重整案件的审理原则

会议认为,上市公司破产重整案件事关资本市场的健康发展,事关广大投资者的利益保护,事关职工权益保障和社会稳定。因此,人民法院应当高度重视此类案件,并在审理中注意坚持以下原则:

(一)依法公正审理原则。上市公司破产重整案件参与主体众多,涉及利益关系复杂,人民法院审理上市公司破产重整案件,既要有利于化解上市公司的债务和经营危机,提高上市公司质量,保护债权人和投资者的合法权益,维护证券市场和社会的稳定,又要防止没有再生希望的上市公司利用破产重整程序逃废债务,滥用司法资源和社会资源;既要保护债权人利益,又要兼顾职工利益、出资人利益和社会利益,妥善处理好各方利益的冲突。上市公司重整计划草案未获批准或重整计划执行不能的,人民法院应当及时宣告债务人破产清算。

(二)挽救危困企业原则。充分发挥上市公司破产重整制度的作用,为尚有挽救希望的危困企业提供获得新生的机会,有利于上市公司、债权人、出资人、关联企业等各方主体实现共赢,有利于社会资源的有效利用。对于具有重整可能的企业,努力推动重整成功,可以促进就业,优化资源配置,促进产业结构的调整和升级换代,减少上市公司破产清算对社会带来的不利影响。

(三)维护社会稳定原则。上市公司进入破产重整程序后,因涉及债权人、上市公司、出资人、企业职工等相关当事人的利益,各方矛盾比较集中和突出,如果处理不当,极易引发群体性、突发性事件,影响社会稳定。人民法院审理上市公司破产重整案件,要充分发挥地方政府的风险预警、部门联动、资金保障等协调机制的作用,积极配合政府做好上市公司重整中的维稳工作,并根据上市公司的特点,加强与证券监管机构的沟通协调。

二、关于上市公司破产重整案件的管辖

会议认为,上市公司破产重整案件应当由上市公司住所地的人民法院,即上市公司主要办事机构所在地法院管辖;上市公司主要办事机构所在地不明确、存在争议的,由上市公司注册登记地人民法院管辖。由于上市公司破产重整案件涉及法律关系复杂,影响面广,对专业知识和综合能力要求较高,人力物力投入较多,上市公司破产重整案件一般应由中级人民法院管辖。

三、关于上市公司破产重整的申请

会议认为,上市公司不能清偿到期债务,并且资产不足以清偿全部债务或者明显缺乏清偿能力,或者有明显丧失清偿能力可能的,上市公司或者上市公司的债权人、出资额占上市公司注册资本十分之一以上的出资人可以向人民法院申请对上市公司进行破产重整。

申请人申请上市公司破产重整的,除提交《企业破产法》第八条规定的材料外,还应当提交关于上市公司具有重整可行性的报告、上市公司住所地省级人民政府向证券监督管理部门的通报情况材料以及证券监督管理部门的意见、上市公司住所地人民政府出具的维稳预案等。上市公司自行申请破产重整的,还应当提交切实可行的职工安置方案。

四、关于对上市公司破产重整申请的审查

会议认为,债权人提出重整申请,上市公司在法律规定的时间内提出异议,或者债权人、上市公司、出资人分别向人民法院提出破产清算申请和重整申请的,人民法院应当组织召开听证会。

人民法院召开听证会的,应当于听证会召开前通知申请人、被申请人,并送达相关申请材料。公司债权人、出资人、实际控制人等利害关系人申请参加听证的,人民法院应当予以准许。人民法院应当就申请人是否具备申请资格、上市公司是否已经发生重整事由、上市公司是否具有重整可行性等内容进行听证。

鉴于上市公司破产重整案件较为敏感,不仅涉及企业职工和二级市场众多投资者的利益安排,还涉及与地方政府和证券监管机构的沟通协调。因此,目前人民法院在裁定受理上市公司破产重整申请前,应当将相关材料逐级报送最高人民法院审查。

五、关于对破产重整上市公司的信息保密和披露

会议认为,对于股票仍在正常交易的上市公司,在上市公司破产重整申请相关信息披露前,上市公司及其债权人、出资人等利害关系人应当按照法律、行政法规、证券监管机构的部门规章及证券交易所上市规则做好信息保密工作。

上市公司的债权人提出破产重整申请的,人民法院应当要求债权人提供其已就此告知上市公司的有关证据。上市公司应当按照相关规则及时履行信息披露义务。

上市公司进入破产重整程序后,由管理人履行相关法律、行政法规、部门规章和公司章程规定的原上市公司董事会、董事和高级管理人员承担的职责和义务,上市公司自行管理财产和营业事务的除外。管理人在上市公司破产重整程序中存在信息披露违法违规行为的,应当依法承担相应的责任。

六、关于上市公司破产重整计划草案的制定

会议认为,上市公司或者管理人制定的上市公司重整计划草案应当包括详细的经营方案。有关经营方案涉及并购重组等行政许可审批事项的,上市公司或管理人应当聘请经证券监管机构核准的财务顾问机构、律师事务所以及具有证券期货业务资格的会计师事务所、资产评估机构等证券服务机构按照证券监管机构的有关要求及格式编制相关材料,并作为重整计划草案及其经营方案的必备文件。

控股股东、实际控制人及其关联方在上市公司破产重整程序前因违规占用、担保等行为对上市公司造成损害的,制定重整计划草案时应当根据其过错对控股股东及实际控制人支配的股东的股权作相应调整。

七、关于上市公司破产重整中出资人组的表决

会议认为,出资人组对重整计划草案中涉及出资人权益调整事项的表决,经参与表决的出资人所持表决权三分之二以上通过的,即为该组通过重整计划草案。

考虑到出席表决会议需要耗费一定的人力物力,一些中小投资者可能放弃参加表决会议的权利。为最大限度地保护中小投资者的合法权益,上市公司或者管理人应当提供网络表决的方式,为出资人行使表决权提供便利。关于网络表决权行使的具体方式,可以参照适用中国证券监督管理委员会发布的有关规定。

八、关于上市公司重整计划草案的会商机制

会议认为,重整计划草案涉及证券监管机构行政许可事项的,受理案件的人民法院应当通过最高人民法院,启动与中国证券监督管理委员会的会商机制。即由最高人民法院将有关材料函送中国证券监督管理委员会,中国证券监督管理委员会安排并购重组专家咨询委员会对会商案件进行研究。并购重组专家咨询委员会应当按照与并购重组审核委员会相同的审核标准,对提起会商的行政许可事项进行研究并出具专家咨询意见。人民法院应当参考专家咨询意见,作出是否批准重整计划草案的裁定。

九、关于上市公司重整计划涉及行政许可部分的执行

会议认为,人民法院裁定批准重整计划后,重整计划内容涉及证券监管机构并购重组行政许可事项的,上市公司应当按照相关规定履行行政许可核准程序。重整计划草案提交出资人组表决且经人民法院裁定批准后,上市公司无须再行召开股东大会,可以直接向证券监管机构提交出资人组表决结果及人民法院裁定书,以申请并购重组许可申请。并购重组审核委员会审核工作应当充分考虑并购重组专家咨询委员会提交的专家咨询意见。并购重组申请事项获得证监管机构行政许可后,应当在重整计划的执行期限内实施完成。

会议还认为,鉴于上市公司破产重整案件涉及的法律关系复杂,利益主体众多,社会影响较大,人民法院对于审判实践中发现的新情况、新问题,要及时上报。上级人民法院要加强对此类案件的监督指导,加强调查研究,及时总结审判经验,确保依法妥善审理好此类案件。

最高人民法院印发《关于执行案件移送破产审查若干问题的指导意见》的通知

- 2017年1月20日
- 法发〔2017〕2号

各省、自治区、直辖市高级人民法院,解放军军事法院,新疆维吾尔自治区高级人民法院生产建设兵团分院:

现将《最高人民法院关于执行案件移送破产审查若干问题的指导意见》印发给你们,请认真遵照执行。

最高人民法院关于执行案件移送破产审查若干问题的指导意见

推进执行案件移送破产审查工作,有利于健全市场主体救治和退出机制,有利于完善司法工作机制,有利于化解执行积案,是人民法院贯彻中央供给侧结构性改革部署的重要举措,是当前和今后一段时期人民法院服务经济社会发展大局的重要任务。为促进和规范执行案件移送破产审查工作,保障执行程序与破产程序的有序衔接,根据《中华人民共和国企业破产法》《中华人民共和国民事诉讼法》《最高人民法院关于适用〈中华人民共和国民事诉讼法〉的解释》等规定,现对执行案件移送破产审查的若干问题提出以下意见。

一、执行案件移送破产审查的工作原则、条件与管辖

1.执行案件移送破产审查工作,涉及执行程序与破产程序之间的转换衔接,不同法院之间、同一法院内部执行部门、立案部门、破产审判部门之间,应坚持依法有序、协调配合、高效便捷的工作原则,防止推诿扯皮,影响司法效率,损害当事人合法权益。

2.执行案件移送破产审查,应同时符合下列条件:

(1)被执行人为企业法人;

(2)被执行人或者有关被执行人的任何一个执行案件的申请执行人书面同意将执行案件移送破产审查;

(3)被执行人不能清偿到期债务,并且资产不足以清偿全部债务或者明显缺乏清偿能力。

3.执行案件移送破产审查,由被执行人住所地人民法院管辖。在级别管辖上,为适应破产审判专业化建设的要求,合理分配审判任务,实行以中级人民法院管辖为原则、基层人民法院管辖为例外的管辖制度。中级人民法院经高级人民法院批准,也可以将案件交由具备审理条件的基层人民法院审理。

二、执行法院的征询、决定程序

4.执行法院在执行程序中应加强对执行案件移送破产审查有关事宜的告知和征询工作。执行法院采取财产调查措施后,发现作为被执行人的企业法人符合破产法第二条规定的,应及时询问申请执行人、被执行人是否同意将案件移送破产审查。申请执行人、被执行人均不同意移送且无人申请破产的,执行法院应当按照《最高人民法院关于适用〈中华人民共和国民事诉讼法〉的解释》第五百一十六条的规定处理,企业法人的其他已经取得执行依据的债权人申请参与分配的,人民法院不予支持。

5.执行部门应严格遵守执行案件移送破产审查的内部决定程序。承办人认为执行案件符合移送破产审查条件的,应提出审查意见,经合议庭评议同意后,由执行法院院长签署移送决定。

6.为减少异地法院之间移送的随意性,基层人民法院拟将执行案件移送异地中级人民法院进行破产审查的,在作出移送决定前,应先报请其所在地中级人民法院执行部门审核同意。

7.执行法院作出移送决定后,应当于五日内

送达申请执行人和被执行人。申请执行人或被执行人对决定有异议的，可以在受移送法院破产审查期间提出，由受移送法院一并处理。

8. 执行法院作出移送决定后，应当书面通知所有已知执行法院，执行法院均应中止对被执行人的执行程序。但是，对被执行人的季节性商品、鲜活、易腐烂变质以及其他不宜长期保存的物品，执行法院应当及时变价处置，处置的价款不作分配。受移送法院裁定受理破产案件的，执行法院应当在收到裁定书之日起七日内，将该价款移交受理破产案件的法院。

案件符合终结本次执行程序条件的，执行法院可以同时裁定终结本次执行程序。

9. 确保对被执行人财产的查封、扣押、冻结措施的连续性，执行法院决定移送后、受移送法院裁定受理破产案件之前，对被执行人的查封、扣押、冻结措施不解除。查封、扣押、冻结期限在破产审查期间届满的，申请执行人可以向执行法院申请延长期限，由执行法院负责办理。

三、移送材料及受移送法院的接收义务

10. 执行法院作出移送决定后，应当向受移送法院移送下列材料：

（1）执行案件移送破产审查决定书；

（2）申请执行人或被执行人同意移送的书面材料；

（3）执行法院采取财产调查措施查明的被执行人的财产状况、已查封、扣押、冻结财产清单及相关材料；

（4）执行法院已分配财产清单及相关材料；

（5）被执行人债务清单；

（6）其他应当移送的材料。

11. 移送的材料不完备或内容错误，影响受移送法院认定破产原因是否具备的，受移送法院可以要求执行法院补齐，执行法院应于十日内补齐、补正。该期间不计入受移送法院破产审查的期间。

受移送法院需要查阅执行程序中的其他案件材料，或者依法委托执行法院办理财产处置等事项的，执行法院应予协助配合。

12. 执行法院移送破产审查的材料，由受移送法院立案部门负责接收。受移送法院不得以材料不完备等为由拒绝接收。立案部门经审核认为移送材料完备的，应以"破申"作为案件类型代字编制案号登记立案，并及时将案件移送破产审判部门进行破产审查。破产审判部门在审查过程中发现本院对案件不具有管辖权的，应当按照《中华人民共和国民事诉讼法》第三十六条的规定处理。

四、受移送法院破产审查与受理

13. 受移送法院的破产审判部门应当自收到移送的材料之日起三十日内作出是否受理的裁定。受移送法院作出裁定后，应当在五日内送达申请执行人、被执行人，并送交执行法院。

14. 申请执行人申请或同意移送破产审查的，裁定书中以该申请执行人为申请人，被执行人为被申请人；被执行人申请或同意移送破产审查的，裁定书中以该被执行人为申请人；申请人、被执行人同意移送破产审查的，双方均为申请人。

15. 受移送法院裁定受理破产案件的，在此前的执行程序中产生的评估费、公告费、保管费等执行费用，可以参照破产费用的规定，从债务人财产中随时清偿。

16. 执行法院收到受移送法院受理裁定后，应当于七日内将已经扣划到账的银行存款、实际扣押的动产、有价证券等被执行人财产移交给受理破产案件的法院或管理人。

17. 执行法院收到受移送法院受理裁定时，已通过拍卖程序处置且成交裁定已送达买受人的拍卖财产，通过以物抵偿还债务且抵债裁定已送达债权人的抵债财产，已完成转账、汇款、现金交付的执行款，因财产所有权已经发生变动，不属于被执行人的财产，不再移交。

五、受移送法院不予受理或驳回申请的处理

18. 受移送法院做出不予受理或驳回申请裁定的，应当在裁定生效后七日内将接收的材料、被执行人的财产退回执行法院，执行法院应当恢复对被执行人的执行。

19. 受移送法院作出不予受理或驳回申请的裁定后，人民法院不得重复启动执行案件移送破产审查程序。申请执行人或被执行人以新证据足以证明被执行人已经具备了破产原因为由，再次要求将执行案件移送破产审查的，人民法院不予支持。但是，申请执行人或被执行人可以直接向具有管辖权的法院提出破产申请。

20.受移送法院裁定宣告被执行人破产或裁定终止和解程序、重整程序的，应当自裁定作出之日起五日内送交执行法院，执行法院应当裁定终结对被执行人的执行。

六、执行案件移送破产审查的监督

21.受移送法院拒绝接收移送的材料，或者收到移送的材料后不按规定的期限作出是否受理裁定的，执行法院可函请受移送法院的上一级法院进行监督。上一级法院收到函件后应当指令受移送法院在十日内接收材料或作出是否受理的裁定。

受移送法院收到上级法院的通知后，十日内仍不接收材料或不作出是否受理裁定的，上一级法院可以径行对移送破产审查的案件行使管辖权。上一级法院裁定受理破产案件的，可以指令受移送法院审理。

◎ 请示答复

最高人民法院经济审判庭关于朝阳电池厂关闭后清偿债务问题的答复

● 1987年1月2日

辽宁省高级人民法院：

你院辽法（经）请〔1986〕24号"关于集体所有制企业关闭后的债务，应由谁清偿的请示"收悉。经我们研究认为：根据民法通则第四十八条"集体所有制企业法人以企业所有的财产承担民事责任"的规定，朝阳电池厂如系集体所有制企业法人，则该厂关闭后的债务，应以其所有的财产清偿债务。资不抵债时，按照民事诉讼法（试行）第一百八十条规定的顺序清偿。

此复。

附：

辽宁省高级人民法院关于集体所有制企业关闭后的债务应由谁清偿的请示

1986年11月12日　辽法（经）请〔1986〕24号

最高人民法院：

辽宁省朝阳市中级人民法院审理锦州市葫芦岛染料化工厂等六家企业诉朝阳电池厂购销合同拖欠货款纠纷一案，因电池厂关闭资不抵债，无力偿还欠款。对集体所有制企业关闭后的债务，应由谁清偿，朝阳市中级人民法院经讨论有两种意见。

第一种意见认为，应由电池厂的主管局市二轻局偿还。其根据是按最高人民法院《关于在经济审判工作中贯彻执行〈民事诉讼法（试行）〉若干问题的意见》中"企业关闭的，由其主管单位或清理人（单位）作为诉讼当事人"的规定，将电池厂的主管局朝阳市二轻局列为本案被告。根据《工矿产品购销合同条例》（1984年1月23日国务院颁布）第八条第四款"当事人一方发生合并、分立时，由合并、分立后的当事人承担或分别承担履行合同规定的权利和义务。关、停单位应根据上级主管部门批准的关、停文件清理合同；遗留的有关事宜，由其上级主管部门按国家有关规定负责处理"的规定，电池厂关闭后的债务，亦应由上级主管部门市二轻局清偿。判决后，执行中遇到应当终结执行的情况时再依照民事诉讼法（试行）第一百八十三条的规定，裁定终结执行。

第二种意见认为，电池厂关闭后的债务，应由他自己偿还。资不抵债时，按民事诉讼法（试行）第一百八十条规定的清偿顺序偿还。其理由是，民法通则第四十八条规定："全民所有制企业法人以国家授予它经营管理的财产承担民事责任。集体所有制企业法人以企业所有的财产承担民事责任。"民法通则虽未实施，但可参照此精神审理案件，因为电池厂是集体所有制企业，只能以它的资产清偿还债，即使是关闭，也要列为被告，不应判决它的主管部门市二轻局偿还债务。

省法院审判委员会讨论认为,朝阳电池厂由于经营不善,长期亏损,经朝阳地区专员公署办公会议决定关闭,关闭后的善后事宜,责成地区经委、二轻局牵头,银行、税务局、劳动局参加组成清理小组进行处埋。由此可见,二轻局既是电池厂的上级主管部门,又是清理人(单位)。依照最高人民法院《关于在经济审判工作中贯彻执行〈民事诉讼法(试行)若干问题的意见〉》,应把朝阳市二轻局作为被告,参加诉讼,承担清偿责任。法院判决后,在执行中遇到民事诉讼法(试行)第一百八十二条、第一百八十三条规定情形的,裁定中止执行或终结执行。

但是,朝阳市二轻局是政府机关,按国家有关规定是不允许用国家财政款偿还集体企业的债务。实际上朝阳市二轻局也无力偿还,电池厂已无财产可供偿还债务。且此类问题甚多,若将朝阳市二轻局列为被告参加诉讼必将引起连锁反应,此类问题究竟如何处理为妥,我院拿不准,特此报告,请批示。

特此请示。

最高人民法院经济审判庭关于人民法院通知已撤销单位的主管部门应诉后工商部门在行政干预下又将已撤销的单位予以恢复应如何确定当事人问题的电话答复

● 1987 年 11 月 30 日

江西省高级人民法院:

你院赣法经〔1987〕第 12 号"关于人民法院通知已撤销单位的主管部门应诉后,工商部门在行政干预下又将已撤销的单位予以恢复,应如何确定当事人的请示"收悉。经研究答复如下:

一、国务院国发〔1985〕102 号文件中"呈报单位和各级人民政府、各有关部门,要对成立公司认真进行审核,因审核不当而造成严重后果的,要承担经济、法律责任"的规定,并非仅限于公司被撤销或关闭后,审核部门才承担经济、法律责任。只要是因审核不当而造成严重后果的,无论公司是否被撤销或关闭,均应承担连带责任。根据你院所报材料,桃花工业供销公司营业执照主管部门栏内盖有乡人民政府公章;公司成立时谎报资金 15 万元;桃花乡企业工业办公室从公司收取的原告赣州地区轻化建材公司预付货款中提取了 6 万元,公司的利润、积累和乡工业办公室的收入全部由乡人民政府统一使用,这说明桃花工业供销公司同桃花乡政府在财务方面是一体的,桃花乡政府对桃花工业供销公司的债务应负连带清偿责任。桃花工业供销公司如未被撤销,应与桃花乡政府作为共同被告;如已撤销又有清算组织的,其清算组织应与桃花乡政府作为共同被告;如已撤销又无清算组织的,则应由桃花乡政府作为被告。

二、南蚌市郊区工商局在行政干预下,于 1987 年 9 月 16 日作出的"恢复桃花工业供销公司,但不能经营"的书面通知,如确有错误,应由作出通知的工商局予以纠正。

三、桃花工业供销公司下属的副食品加工厂是用本案原告部分预付款开办起来的,该厂已濒临倒闭,其占用的财产应用来清偿桃花工业供销公司的债务。

四、此案不宜由江西省高级法院作一审。

此复。

附:

江西省高级人民法院关于人民法院通知已撤销单位的主管部门应诉后工商部门在行政干预下又将已撤销的单位予以恢复应如何确定当事人的请示

1987 年 11 月 5 日　　赣法经(1987)第 12 号

最高人民法院:

我院在审理原告赣州地区轻化建材公司诉被告南昌市桃花工业供销公司购销钢材合同纠纷案件中,查明,1984 年 9 月,南昌市郊区工商局核准,将南昌市郊区桃花社队企业供销经理部,变更为南昌市桃花工业供销公司，经济性质集体，申报资金15万元，其中流动资金5万元，经营范围民用建材等项，在1985年南昌市换发全国统一营业执照期间（全市6月1日至7月30日，郊区至11月）该公司未办换照手续，按照南昌市工商局1985年5月8日通知（5月20日在《江西日报》和《南昌晚报》发布公告）"各工商企业必须按照办理换照手续，如逾期不办者，作自动停业论处"，"原发营业执照同时作废"的规定，南昌市郊区工商局于1986年8月14日书面通知南昌市郊区桃花乡工办："原桃花工业供销公司，至今未换发全国统一营业执照，已作自动注销办理。……责令该公司立即停业，收回原发执照及公章，否则按有关规定进行查处"。郊区工商局在1987年6月19日给原告单位的书面证明："该公司是作为自动停业处理的企业"，"企业停业以后，一切债权债务问题应由企业主管部门负责清理"。

南昌市郊区工商局发出1986年8月14日通知后，桃花乡工办要求将原公司变更为桃花乡工业供销经理部，郊区工商局没有同意，桃花乡工办便于1986年8月30日向郊区工商局申请，新开办桃花工业供销经理部申报资金2万元，其中流动资金1.95万元。原公司下属三个小门市店铺，由个人承包，也未办理全国统一营业执照换照手续，于1985年7、8月先后撤销。原公司下属的一个副食品加工厂，是用赣州汇来的贷款兴办的，于1985年3月成立，经济性质集体，独立核算，由3人承包，原有职工20多人，同年7月8日，换发了全国统一营业执照，因经营亏损，人员逐渐减少，现剩职工5人，濒临倒闭，该厂原值约3万余元的财产有待作价处理。

同时还查明，桃花乡人民政府对这一合同纠纷负有直接责任，原桃花工业供销公司由桃花乡分管的副乡长同意成立，公司的经理由桃花乡政府的办事机构工业办公室聘请，公司成立时谎报有资金15万元，公司与赣州方面签订的钢材合同，向乡领导作了汇报，在合同鉴订前，桃花乡人民政府在合同上盖了公章，致使赣州方确信合同有保障，便汇款256万元给桃花工业供销公司，该公司留下的36万元中，乡工办提取了6万元利润和积累。乡工办的收入全部由乡人民政府统一支配使用。

根据上述事实，我院依照民法通则第四十七条、《国务院关于进一步清理和整顿公司的通知》第三条和最高人民法院《关于在经济审判工作中贯彻执行〈民事诉讼法（试行）〉若干问题的意见》第二条第一款的规定，于1987年7月28日通知其主管部门桃花乡人民政府作为被告应诉，桃花乡人民政府向本院提出答辩状，否认自己是被告，提出本案被告是桃花工业供销经理部，并同时向本院提交郊区工商局给他们出具的书面证明材料，该证明材料在确认桃花工业供销公司确已撤销后，又指出"该公司不具备条件"，要求将公司变更为经理部"必须在原办企业的基础上进行，而公司作为自动注销，要办变更手续就没有基础。"这一证明材料对其明显不利。于是，桃花乡人民政府便通过郊区人民政府对郊区工商局进行干预，郊区工商局又于1987年9月16日书面通知桃花乡工办。通知全文是："1986年8月14日，我局根据市工商局发布的公告，向你们发了责令桃花工业供销公司停业的通知，当时由于没有考虑该公司已进驻区政府工作组，钢材案件没有了结，债权债务尚在清理的实际情况（我院注：该工作组的组长是郊区工商局原副局长现任调研员的胡寿林同志，通知说的这一条理由纯系遁词），也未向区领导请示汇报，将该公司视为自动停业是不宜的，后来，虽然你们兴办了桃花工业供销经理部，客观上是在行使公司的职权，但由于手续不符，对工作组开展工作和该公司清理债务都带来极大不便，你办提出恢复公司的要求，我局经过研究，认为是有客观理由的，因此，决定收回1986年8月14日我局发出的责令桃花工业供销公司停业的通知，并同意恢复公司，但不能经营，同时，撤销你办为取代公司而兴办的桃花工业供销经理部。"桃花乡政府向本院提交上述书面通知的复印件后，我院于9月29日函请省、市工商局，请他们对南昌市郊区工商局9月16日通知是否正确进行审定。省、市工商局的负责同志指出：郊区工商局9月16日通知违反上级的规定，是行政干预造成的，这一通告推翻了1986年8月14日通知的正确性，是不对的，不妥的。

我们认为，南昌市郊区工商局在行政干预下，将已停业撤销的公司予以恢复，且不准经营，使桃花乡人民政府逃避应诉和应承担的责任，不又不符合工商法规的规定，是不依法行政的行为，而且干扰了人民法院的审判活动。类似情况在我省已发生多起，如果对这些不法行政的行为不实事求是分析认定，势必损害法律的尊严和法院的威信。因此，郊区工商局9月16日通知应视为无效，南昌市桃花工业供销公司没有在上级工商部门规定的时间内办理换照手续，且又不符合公司成立的条件，郊区工商局原来将其作为自动停业处理是符合规定的，公司撤销后，新成立的经理部是一个新的企业，不能取代公司的诉讼地位，为此，我们认为以桃花乡人民政府作为本案被告，符合民法通则、《国务院关于进一步清理和整顿公司的通知》和最高人民法院的规定，以上意见，是否恰当，恳请批示。

最高人民法院经济审判庭关于区公所开办的企业倒闭后能否由县政府承担连带责任问题的复函

- 1989年9月5日
- 〔1989〕法经函字第24号

江苏省高级人民法院：

你院〔87〕经复字第79号请示报告收悉。经研究并征询有关部门意见，现答复如下：

安徽省五河县城郊区公所是五河县人民政府的派出机关，五河县城郊贸易公司因违法经营被撤销后，已由五河县政府有关单位组织专案组对该公司的财产和债权债务进行了清算和处理。因此可由五河县人民政府作为本案的被告参加诉讼。至于五河县人民政府是否承担连带责任，则要看五河县城郊区公所是城郊贸易公司的开办单位还是审核单位；如确是开办单位，根据《中共中央、国务院关于进一步制止党政机关和党政干部经商、办企业的规定》第六条，应当承担连带责任；如仅是审核单位且审核不当，则应根据《国务院关于进一步清理和整顿公司的通知》第三条规定承担经济、法律责任，如仅是审核单位或主管部门，且并无审核不当，则不承担经济责任。

附：

江苏省高级人民法院关于"区公所开办的企业倒闭以后，能否由县政府作为被告"的请示报告

1987年11月11日 〔1987〕经复字第79号

最高人民法院：

我省南京市中级人民法院1987年2月19日受理了南京市鼓楼区人民法院移送的南京市鼓楼区物资站（以下简称物资站）诉安徽省五河县城郊贸易公司（以下简称贸易公司）钢材购销合同纠纷案。该案因诉讼主体难以确定，办案受阻，特向你院请示。现将该案的基本案情和我院的意见报告如下：

1984年9月14日和9月24日，物资站与贸易公司在南京签订了两份钢材购销合同，由贸易公司供给物资站250吨钢材，总价款323000元。合同签订后，物资站按约于1984年9月15日、10月12两次将全部贷款汇给了贸易公司。贸易公司收款后根本无货供给，在物资站的追要下，后退回了10万元贷款，余款223000元一直未退。物资站多次催款不成，于1986年11月12日诉至南京市鼓楼区人民法院。鼓楼区法院在查明贸易公司已被撤销后，便依法诉讼状送达给该公司的主管部门安徽省五河县城郊区公所，要求其依法应诉。城郊区公所于1986年12月19日以"原城郊贸易公司是以该公司负责人许林个人承包的独立核算单位，其债权债务应由该公司自己负责。该纠纷不属南京市鼓楼区人民法院管辖"为由拒绝应诉。鼓楼区法院经审认为：对该案有管辖权，但鉴于本案诉讼标的额较大，案情复杂，于1987年2月19日将此案移送至南京市中级人民法院。

南京市中院立案后进行了审理。经查，贸易公司系五河县城郊区公所企业办事处在1983年办的集体性质的企业，1984年7月22日又将该企业与许林签订了承包协议。许林承包以后，由该公司在经营活动中买空卖空、违法经营，公

司承包人许林又在经营活动中犯有贪污罪行。1985年4月27日,县委常委在听取关于贸易公司的情况汇报后,决定成立由县公安局副局长王延寿、县检察院检察长胡开延、县工商局副局长欧佩录三人负责的"城郊区贸易公司专案组"。同一天,县公安局将许林收容审查(许林因贪污罪,于1986年被五河县人民法院判处有期徒刑13年)。4月30日,县工商局又依法吊销了该公司的营业执照,同时查封了该公司。专案组经过6个多月的内查外调,查明:贸易公司共有债权64万余元,债务81万余元,资不抵债。专案组追回了7万余元的债款以及贸易公司尚存的物资交给了区公所。此外,将贸易公司用物资站17万元货款买的4000吨煤交给了贸易公司的债权人五河县物资局。对其他外地债权人却未依法偿还。

鉴于贸易公司已经倒闭,南京市中院的承办人员先后5次去五河县找当地的有关领导,要求先确定本案的诉讼主体,即该案是区公所应诉还是由五河县人民政府应诉? 但这一问题至今仍未解决。

区公所认为:它尽管是贸易公司的主办单位,但它本身是县政府的派出机构,在法律上不具备独立法人的资格,没有承担清偿债务的民事能力,且贸易公司倒闭后,其债权债务的清理工作均由县政府负责处理,区公所未介入清理,不能作为被告参加诉讼,应由县政府应诉。县政府则认为:区公所是贸易公司的主管部门,专案组追回的7万余元债款及贸易公司尚存的物资交给了区公所,理应由区公所作为被告参加诉讼。由于在诉讼主体问题上区公所和县政府互相推诿,致使这起纠纷案件至今无法审理。

根据上述情况,经我院审判委员会研究认为:贸易公司已经倒闭,五河县城郊区公所虽是该公司的主办单位,但它是县政府的派出机关,不具备独立法人的资格。因此,它不能作为本案的被告参加诉讼,五河县人民政府具有独立法人的资格,对其派出机关所进行的活动应承担责任。而且在贸易公司倒闭后,亦出面进行过清算处理。据此,五河县人民政府应当作为本案的被告,参加诉讼,负民事连带责任。

以上意见当否,请批复。

最高人民法院关于佛山市中级人民法院受理经济合同纠纷案件与青岛市中级人民法院受理破产案件工作协调问题的复函

● 1990年10月6日
● 法(经)函[1990]70号

广东省高级人民法院:

你院(90)粤法经请字第2号关于佛山市中级人民法院受理经济合同纠纷案件与青岛市中级人民法院受理破产案件工作协调问题的请示收悉。经研究,答复如下:

一、依照《中华人民共和国企业破产法(试行)》第三条之规定,确定企业是否达到破产界限,并不以"连带清偿责任人清偿后仍资不抵债"为前提条件。

二、广东省佛山市石湾区对外贸易公司所享有的债权是有保证人担保的债权,而不是以债务人的财产担保的债权,因而仍然属于普通的债权。

三、佛山市中级人民法院如已审结佛山市石湾区对外贸易公司诉山东省胶州市第二棉纺织厂等单位联营合同投资纠纷一案,债权人可凭生效的法律文书向青岛市中级人民法院申报债权。

四、破产程序终结后,佛山市石湾区对外贸易公司可向依法应当承担连带责任的保证人追偿其未得到清偿的债权部分。

此复。

最高人民法院关于内蒙古化肥生产供销技术服务联营公司申请破产一案的复函

● 1991年6月7日
● 法(经)函[1991]62号

内蒙古自治区高级人民法院:

你院[1990]内法经请字第3号关于内蒙古

化肥生产供销技术服务联营公司申请破产一案的请示报告收悉。经研究，答复如下：

鉴于内蒙古化肥生产供销技术服务联营公司属于依法成立、独立核算、自负盈亏的全民所有制企业，不能清偿到期债务，依照《中华人民共和国企业破产法（试行）》第二条、第三条和第八条之规定，本案可以作为破产案件受理。

此复。

最高人民法院经济审判庭关于如何对待多个债权人问题的电话答复

● 1991年6月26日

河北省高级人民法院：

你院冀法（经）〔1991〕61号《关于在执行最高人民法院法（经）发〔1991〕10号文件第四条时应如何对待"多个债权人"问题的请示》收悉，经研究，答复如下：

在清理整顿公司中，公司被撤销且资不抵债的，可视为该公司被宣告破产。根据《中华人民共和国民事诉讼法》第二百零四条的规定，破产财产不是清偿同一顺序的清偿要求的，按照比例分配，破产债权不仅包括已通过诉讼得以确认的债权，也包括未经诉讼确认的其他债权，对未经诉讼确认的债权，如果债务人对债权人的主张无异议，即可直接参与清偿；如果债务人对债权人的主张有异议，则应通过诉讼程序解决。

附：

河北省高级人民法院关于在执行最高人民法院法（经）发〔1991〕10号文件第四条时应如何对待"多个债权人"问题的请示

1991年5月11日　冀法（经）〔1991〕61号

最高人民法院：

我院在执行你院〔1990〕法经上字第2号民事判决时，恰逢你院法（经）发〔1991〕10号文件（以下简称"10号文件"）下发，该文件第四条规定："人民法院在执行过程中发现被执行的公司已被撤销，有多个债权人，且资不抵债的，应当委托被撤销公司所在地的人民法院，依照该《通知》第六条规定执行。"经初步了解，此案被执行人属于该条规定的情况，共有11家属于同一清偿顺序的债权人，我院去执行被执行人财产时，这些债权人中有3家的债权已通过诉讼得以确认并已进入执行程序；有6家已向法院起诉，正在审理期间；有2家未向法院起诉，应如何对待这些债权人有以下三种不同意见：

一种意见认为，人民法院执行已生效的法律文书，是在民事诉讼过程中运用国家强制力，强制被执行人履行所负义务以满足申请人所享有的权利的行为，申请人的权利是经过人民法院的审判而予以确认并赋予强制执行效力的，在申请人的权利尚未全部满足之前，而被执行人尚有可执行的财产时，应将被执行人的全部可以执行的财产在已生效并已进入执行程序的法律文书所确认的债权人中按比例分割，而没有依据将尚未进入执行程序，甚至尚未进入诉讼程序的所有债权人一并在已经开始的执行程序中予以考虑。

第二种意见认为，根据国务院"68号文件"和最高人民法院"10号文件"规定精神，已进入执行程序和正在审理期间尚未结案的应一并考虑，具体办法是，被执行人所在地的法院通知受诉法院尽快审结，然后由其统一按各债权人的债权所占比例分配被执行人的财产，未向法院起诉的债权人的债权则不予考虑。

第三种意见认为，第二种意见基本可行，但为了保护所有债权人的利益，应由被执行人所在地的法院向未起诉的债务人说明情况，如其表示放弃债权即不予考虑，如其表示主张债权向法院起诉，并在指定期限内向法院起诉的，即应等受诉法院审结之后按最高人民法院"10号文件"统一执行。

应如何处理，请批复。

最高人民法院关于青海省非金属矿工业公司债权债务清偿法律适用问题的复函

- 1991年12月20日
- 法(经)函〔1991〕149号

青海省高级人民法院：

你院(91)青法经字第15号、〔1991〕青法经发字第20号报告收悉。经研究，答复如下：

鉴于青海省非金属矿工业公司是经过青海省工商行政管理局核准的全民所有制企业，因经营管理不善造成严重的亏损，不能清偿到期债务，故应当适用《中华人民共和国企业破产法（试行）》的规定宣告破产。清偿债务应当依照法律规定的顺序清偿。

此复。

最高人民法院关于破产债权能否与未到位的注册资金抵销问题的复函

- 1995年4月10日
- 法函〔1995〕32号

湖北省高级人民法院：

你院〔1994〕鄂经初字第10号请示报告收悉，经研究，答复如下：

据你院报告称：中国外运武汉公司（下称武汉公司）与香港德仓运输股份有限公司（下称香港公司）合资成立的武汉货柜有限公司（下称货柜公司），于1989年3月7日至8日曾召开董事会议，决定将注册资金由原来的110万美元增加到180万美元。1993年1月4日又以董事会决议对合资双方同意将注册资金增加到240万美元的《合议书》予以认可。事后，货柜公司均依规定向有关审批机构和国家工商行政管理局办理了批准、变更手续。因此，应当确认货柜公司的注册资金已变更为240万美元，尚未到位的资金应由出资人予以补足。货柜公司被申请破产后武汉公司作为货柜公司的债权人同货柜公司的其他债权人享有平等的权利。为保护其他债权人的合法权益，武汉公司对货柜公司享有的破产债权不能与该公司对货柜公司未出足的注册资金相抵销。

最高人民法院关于哈尔滨百货采购供应站申请破产一案的复函

- 1995年5月4日
- 法函〔1995〕48号

黑龙江省高级人民法院：

你院《关于哈尔滨百货采购供应站申请破产一案的汇报》收悉。经研究，答复如下：

哈尔滨百货采购供应站（下称百货供应站）在负债累累的情况下，抽出其绝大部分注册资金开办哈尔滨康安批发市场，尔后，申请破产。其做法严重侵害了债权人的利益。虽然该行为未发生在法院受理破产案件前六个月内，但其目的是为了逃避债务，故原则上应根据《中华人民共和国民法通则》第五十八条第一款第（七）项的规定，追回百货供应站开办康安批发市场投入的2217.3万元及该场所得的盈利，作为破产财产统一分配。但在具体处理方式上，可采取整体转让康安批发市场或以债权人的债权作为股份，依照我国公司法的规定，组成规范化的公司，以避免康安批发市场与百货供应站同时倒闭。如上述两种具体处理方式均不可行，则可将康安批发市场的现有全部财产及其债务纳入百货供应站破产清偿范围之内。以上意见供你院处理本案时参考，并请注意总结这方面的经验。

最高人民法院经济审判庭关于人民法院不宜以一方当事人公司营业执照被吊销，已丧失民事诉讼主体资格为由，裁定驳回起诉问题的复函

- 2000年1月29日
- 法经〔2000〕23号函

甘肃省高级人民法院：

你院〔1999〕甘经终字第193号请示报告收悉。经研究，答复如下：

吊销企业法人营业执照，是工商行政管理局对实施违法行为的企业法人给予的一种行政处罚。根据《中华人民共和国民法通则》第四十条、第四十六条和《中华人民共和国企业法人登记管理条例》第三十三条的规定，企业法人营业执照被吊销后，应当由其开办单位（包括股东）或者企业组织清算组依法进行清算，停止清算范围外的活动。清算期间，企业民事诉讼主体资格依然存在。本案中人民法院不应以甘肃新科工贸有限责任公司（以下简称新科公司）被吊销企业法人营业执照，丧失民事诉讼主体资格为由，裁定驳回起诉。本案债务人新科公司在诉讼中被吊销企业法人营业执照后，至今未组织清算组依法进行清算，因此，债权人兰州岷山制药厂以新科公司为被告，后又要求追加该公司全体股东为被告，应当准许，追加该公司的股东为共同被告参加诉讼，承担清算责任。

附：

《甘肃省高级人民法院关于人民法院不宜以一方当事人公司营业执照被吊销，已丧失民事诉讼主体资格为由，裁定驳回起诉问题的请示》内容

一、案件主要事实

甘肃省高级人民法院就其所审理的兰州岷山制药厂（以下简称制药厂）与甘肃新科工贸有限责任公司（以下简称新科公司）欠款纠纷上诉案件中所遇到的民事诉讼主体确定问题请示到本院。

该案的简要案情如下：中国银行甘肃省分行与新科公司签订一借款合同，制药厂为新科公司提供了保证。1996年2月，因新科公司到期未偿还借款，中国银行甘肃省分行即从保证人制药厂账户中扣划走借款本息共计334869.89元。1996年4月15日，制药厂与新科公司就该笔扣款达成借款合同和还款计划。新科公司只履行了部分还款义务，仍欠275628.11元。1999年3月10日，制药厂向兰州市中级人民法院提起诉讼，要求新科公司偿还欠款，并赔偿经济损失。兰州市中级人民法院于1999年4月7日立案受理了本案，新科公司作为被告参加了诉讼，其公章也在使用。1999年6月11日一审开庭时，新科公司出庭应诉，举证其于1999年6月8日收到吊销营业执照的处罚决定书，并表示其不申请复议。后，制药厂请求追加新科公司股东为被告，请求法院对新科公司组织清算。1999年6月29日，兰州市中级人民法院以新科公司被吊销营业执照，本案无明确被告为由，裁定驳回制药厂起诉。制药厂不服，上诉至甘肃省高级人民法院。

对新科公司民事诉讼主体的确认问题，甘肃省高级人民法院认为，《中华人民共和国公司法》（以下简称《公司法》）第一百九十二条规定："公司违反法律、行政法规被依法责令关闭的，应当解散，由有关主管部门组织股东、有关机关及有关专业人员成立清算组，进行清算。"但该法条对主管机关未予明确。国家工商行政管理局答复甘肃省高级人民法院的意见是：该条有关主管机关，是指依国家法律、行政法规，有权责令公司关闭的部门或机关，工商机关作为登记机关，不负责对吊销营业执照的公司组织清算。新科公司被吊销营业执照后，未对债务进行清理。制药厂作为债权人诉至法院，请求法院组织清算，缺乏法律依据。审判实践中特别是涉及有限责任公司为债务人的，被工商行政管理局吊销营业执照后，没有明确债务承担者，无部门组织清算，股东又不管，一审驳回起诉，二审可以维持，但债权人的利益无法保护。为妥善解决此类问题，提请本院答复。

二、分歧意见

对本案被告民事诉讼主体资格的确认问题，

研究中,存在着两种不同意见,即:

一种意见认为,新科公司既然已被工商行政管理局吊销了企业法人营业执照,就不应再具备民事诉讼主体资格。如还承认新科公司的民事诉讼主体资格,与工商行政管理局的处罚决定相矛盾。同意将股东列为被告,承担责任。

另一种意见(绝大多数意见)则认为,吊销企业法人营业执照,是工商行政管理局对违反行政法规的企业法人作出的一种行政处罚。企业法人被吊销营业执照后,应当停止清算范围外的一切活动。经清算程序结束,办理了工商注销登记后,该企业法人才归于消灭。清算期间,企业法人(清算法人)民事诉讼主体资格依然存在。有限责任公司是企业法人中最典型的形态,其在清算期间,也应视为存续,可以有限责任公司名义从事清算活动、起诉、应诉。新科公司被吊销企业法人营业执照后,未进行清算,债权人制药厂起诉新科公司,后又要求追加新科公司全体股东为被告,应当准许。兰州市中级人民法院以新科公司被吊销企业法人营业执照,丧失民事诉讼主体资格为由,裁定驳回起诉,是不妥的。

最高人民法院关于破产企业拖欠税金是否受破产法规定的破产债权申报期限限制问题的答复

- 2002年1月18日
- 法研〔2002〕11号

广东省高级人民法院:

你院粤高法〔2001〕138号"关于拖欠税金是否受破产法规定的破产债权申报期限限制的请示"收悉。经研究答复如下:

根据《中华人民共和国破产法(试行)》第三十七条第二款的规定,破产企业所欠税款不属于破产债权,不适用《中华人民共和国破产法(试行)》第九条的规定。

最高人民法院给重庆市高级人民法院的复函

- 2002年7月16日
- 法民二〔2002〕第27号

重庆市高级人民法院:

据中国银行反映亦经重庆市南岸区人民法院证实,该院于2001年7月10日受理了重庆市南岸区长生桥农村合作基金会破产一案,并于同年7月23日裁定该基金会破产还债,该案目前仍在审理中。

本院认为,农村合作基金会是设置在社区内不以营利为目的的资金互助组织,经依法核准登记,即取得社会团体法人资格。鉴于现有法律、法规尚无将农村合作基金会登记为企业法人的规定,因此农村合作基金会不能以资不抵债的企业法人向人民法院申请破产。为了有效防范和化解金融风险,保持农村经济和社会的稳定,各地人民政府正在根据国务院确定的统一部署、分别处理、风险自担、稳步推进的原则,对农村合作基金会进行全面清理整顿。人民法院不应受理农村合作基金会的破产案件。你院应依法督促重庆市南岸区人民法院立即撤销其受理的重庆市南岸区长生桥农村合作基金会破产案。并告知该基金会的清偿机构可以向有管辖权的人民法院提起诉讼,主张该基金会的合法债权。

请按以上意见迅速办理,并将结果书面报告我院。

附:

《重庆市高级人民法院的请示》内容

一、案件的主要事实

2001年7月10日某市南岸区人民法院受理了该市南岸区长生桥镇农村"三金"清理整顿工作组申请该市南岸区长生桥农村合作基金会破产一案,并于同年7月23日裁定该基金会破产还债,至2002年6月反映到最高人民法院时该案仍在审理中。问题在于农村合作基金会是否具有破产能力,其能否被宣告破产?

农村合作基金会形式多样,始于何时恐难以考证,但大规模出现是在20世纪90年代初期,一时间似可与农业银行、农村信用合作社比肩并行。1994年9月国务院发出国发〔1994〕54号《国务院批转中国人民银行关于加强金融机构监管工作意见的通知》,1995年4月19日农业部发布《农村合作基金会登记管理办法》,制止农村合作基金会违反规定办理存贷款业务的行为,并予以规范管理。尽管有关部门做了大量工作,还是有不少农村合作基金会的管理很不规范,违背原来设立的宗旨而非法办理存贷款业务,不能及时兑付农户的到期集资股金,有些已经存在恐荒、挤兑等严重影响社会稳定的问题。为了有效防范和化解金融风险,保持农村经济和社会稳定,各地人民政府自1999年起根据统一部署,分别处理、风险自担、稳步推进的原则,对农村合作基金会积极进行全面清理整顿。此项工作至今已经进行了4年。

二、某市南岸区人民法院将南岸区长生桥农村合作基金会作为破产企业的理由及背景

某市南岸区人民法院报告称:该市南岸区长生桥农村合作基金会经该市工商行政管理局核准,取得了企业法人营业执照。根据《中华人民共和国民事诉讼法》中企业法人破产还债程序的有关规定,该基金会具有破产主体资格。

上述破产案立案之前,该农村合作基金会以中国银行武汉市新洲支行为被告,向某省某市中级人民法院提起了存单兑付纠纷之诉讼。1999年12月15日,该中级人民法院以有效存单已被权利人支取,现出示的存款证明书系伪造而驳回了该基金会的诉讼请求。案经二审,某省高级人民法院于2000年11月23日以存单上载明的存款人是"南岸区长生桥镇合作基金会",而不是提起诉讼的"南岸区长生桥镇农村合作基金会"(注:较存单上多了"农村"二字),故其不是合格原告,且其出示的存款证明书系伪造,故裁定撤销武汉市中院上述判决,驳回该基金会的起诉。半年后上述破产案立案。受案法院要求破产人的债务人中国银行新洲支行清偿债务。

最高人民法院关于蓬莱京鲁通讯视像设备厂破产还债案有关法律适用问题的复函

● 2003年2月25日
● 〔2001〕民立他字第49号

山东省高级人民法院:

你院〔2001〕鲁法经字8—1号《关于蓬莱京鲁通讯视像设备厂破产还债一案有关问题的请示》收悉。经研究,答复如下:

对于你院所请示问题,最高人民法院1997年3月6日法发〔1997〕2号《关于当前人民法院审理企业破产案件应当注意的几个问题的通知》第十条和2002年7月8日《关于审理企业破产案件若干问题的规定》第一百零四条均已作出明确规定,上级人民法院发现下级人民法院的裁定确有错误,应当通知其依法纠正;必要时可以裁定指令下级人民法院重新作出裁定。因此,对于已经审理终结的破产案件进行监督、纠正是有法可依的,但在适用时应当严格、谨慎,并应充分考虑该破产案件提起再审的可行性,依法妥善处理。

附:

《山东省高级人民法院关于蓬莱京鲁通讯视像设备厂破产还债案有关法律适用问题的请示》内容

一、案件主要事实

蓬莱京鲁通讯视像设备厂(以下简称蓬莱设备厂)系1988年由中国邮电器材总公司、山东电视机厂、蓬莱县光学电子工业公司三方投资935万元设立的企业法人。1990年底,北京牡丹电子集团出资184万元在该企业参股。1996年12月6日因资不抵债无力偿还到期债务,由债权人蓬莱市经济开发投资公司(以下简称蓬莱市投资公司)提交证据向蓬莱市人民法院申请破产还债。经蓬莱市人民法院审查,认为蓬莱市投资公司的申请符合《中华人民共和国破产法(试行)》(以

下简称《破产法》)第三条、第七条规定,依法受理了此案,并委托蓬莱市审计师事务所对蓬莱设备厂的资产负债情况进行了审计。该院经审计、审查认为债权人所述事实属实,于1996年12月13日裁定宣告蓬莱设备厂破产还债。

宣告蓬莱设备厂破产还债后,该院指定组成清算组,对破产企业的债权债务进行清理。经清算组清理,蓬莱设备厂的全部财产经蓬莱市审计师事务所评估为17330175元,其中抵押给中国工商银行蓬莱市支行(以下简称蓬莱市支行)及蓬莱市投资公司的财产,账面值为12217005元,评估值为12928303元。因蓬莱市支行及蓬莱市投资公司的债权属破产前成立的有财产担保的债权,债权人享有就该担保物优先受偿的权利,蓬莱市人民法院依法裁定优先受偿,未清偿的部分5372218元作为破产财产依照破产程序受偿。蓬莱设备厂全部资产评估值减去抵押财产评估值余4401872元为破产财产,经公开拍卖,由应买人蓬莱京鲁电子集团公司以320000元中买。蓬莱设备厂的企业债权1773010元,蓬莱设备厂实际破产财产4973010元。

蓬莱设备厂的破产资产支付破产费用后,不足清偿企业所欠工人工资、集资、保险费用,清算组于1997年3月20日提请该院终结蓬莱设备厂破产还债程序。1997年4月10日该院根据清算组的申请,于1997年4月10日以〔1996〕蓬经破字第5—7号民事裁定终结了蓬莱设备厂破产还债程序,并在《人民法院报》上刊登了公告,将清算组的财产清算情况及终结裁定送达各债权人。债权人北京牡丹电子集团公司镇江电视机厂不服蓬莱市人民法院的破产裁定,向最高人民法院提出申诉。最高人民法院于2001年6月5日将有关材料转山东省高级人民法院复查处理。

二、请示意见

山东省高级人民法院经审查,发现蓬莱市人民法院在审理该案时没有依据《破产法》的规定召开债权人会议,而是在发现破产财产不足以清偿工人工资及保险费用后,即参照其他法院在《人民法院报》上刊登有关公告的做法,裁定终结了破产还债程序;在处理破产财产时,虽然采用了拍卖的方法,但是将破产财产整体拍卖给了竞买方,且买方并没有将价款实际交付,而是以负责接收破产企业职工的方式代替实际交付,违反了有关的法律规定。但鉴于该案已审理终结,对此案再进行监督纠正,没有法律依据,遂向最高人民法院请示。

最高人民法院关于河南省高级人民法院就郑州亚细亚五彩购物广场有限公司破产一案中董桂琴等50家商户能否行使取回权问题请示的答复

- 2003年6月9日
- 〔2003〕民二他字第14号

河南省高级人民法院:

你院〔2003〕豫法民二函字第02号请示收悉。经研究,答复如下:

原则同意你院不支持董桂琴等50家商户行使取回权的第二种意见。董桂琴等50家商户与亚细亚五彩购物广场有限公司(以下简称五彩购物广场)形成了委托收取销售货款的关系,现有证据不能证明五彩购物广场对所收取的货款开立专门账户加以管理,即五彩购物广场代收的货款没有特定化。由于货币作为动产的特殊属性,董桂琴等50家商户对没有特定化的货款不具有所有权关系,在企业破产还债程序中不能行使取回权,可以以普通债权人的身份参与破产财产的分配。望你院并郑州中院做好当事人的工作。

此复。

最高人民法院关于法〔2001〕12号通知第二条如何适用的请示的答复

- 2003年9月8日
- 〔2003〕民二他字第33号

北京市高级人民法院:

你院送来京高发〔2003〕198号《关于法〔2001〕12号通知第二条如何适用的请示》收悉。

经研究，答复如下：

一、根据法〔2001〕12号通知第二条的规定，凡以中国人民银行批准进行重组和决定撤销、关闭的信托投资公司为被告的案件，已经审理终结的，应告知当事人持生效法律文书向实施撤销或者停业整顿的信托投资公司的清算组申报债权。当事人申请执行的，人民法院应不予受理。已受理的执行案件作终结执行处理。

二、属于第九批撤销名单中的信托投资公司，同样适用法〔2001〕12号通知的规定。

此复。

最高人民法院关于〔2003〕鲁法民二字第17号请示的答复

- 2003年9月8日
- 〔2003〕民二他字第38号

山东省高级人民法院：

你院〔2003〕鲁法民二字第17号请示收悉。关于企业改制行为发生在最高人民法院《关于审理与企业改制相关的民事纠纷案件若干问题的规定》（以下简称《规定》）实施前、《规定》实施后人民法院尚未审结的与企业改制相关的民事纠纷案件，是否适用《规定》处理的问题，经研究，答复如下：

《规定》自2003年2月1日起施行。因本《规定》原则上不具有溯及既往的效力，因此，对因2003年2月1日前当事人实施的企业改制行为而引发的民事纠纷，不论在《规定》实施前或者实施后诉至人民法院的，人民法院应当适用企业改制行为发生时的法律、法规、政策以及最高人民法院制定的有关企业改制方面的司法解释。

但对《规定》实施后人民法院正在审理的与企业改制相关的民事纠纷案件，如果适用《规定》实施前最高人民法院制定的有关企业改制方面的司法解释与本《规定》精神相抵触的，可以参照本《规定》的精神处理。

此复。

最高人民法院关于对《最高人民法院关于审理企业破产案件若干问题的规定》第五十六条理解的答复

- 2003年9月9日
- 法函〔2003〕46号

劳动和社会保障部：

你部2002年12月15日对我院《关于审理企业破产案件若干问题的规定》（以下简称《规定》）第五十六条执行中的有关问题征求意见的函收悉，经研究，答复如下：

一、《规定》第五十六条不适用于纳入国家计划调整的企业破产案件，该类企业破产案件适用国务院国发〔1994〕59号《关于在若干城市试行国有企业破产有关问题的通知》和国发〔1997〕10号《关于在若干城市试行国有企业兼并破产和职工再就业有关问题的补充通知》的有关规定。在根据相关规定向破产企业职工发放安置费、经济补偿金后，不再就解除劳动合同补偿金予以补偿。

二、《规定》第五十六条中"依法或者依据劳动合同"的含义是：第一，补偿金的数额应当依据劳动合同的约定，劳动合同中没有约定的，则应依照法律、法规、参照部门规章的相关规定予以补偿。第二，如果劳动合同约定的补偿金或者根据有关规定确定的补偿金额过低或者过高，清算组可以根据有关规定进行调整。调整的标准，应当以破产企业正常生产经营状况下职工十二个月的月平均工资为基数计算补偿金额。第三，清算组调整后，企业的工会、职工个人认为补偿金仍然过低的，可以向受理破产案件的人民法院提出变更申请；债权人会议对清算组确定的职工补偿金有异议的，按《规定》第四十四条规定的程序进行。

此复。

最高人民法院执行工作办公室关于确定外资企业清算的裁决执行问题的复函

- 2003年10月10日
- [2002]执他字第11号

广东省高级人民法院：

你院[2001]粤高法执监字第288号《关于是否受理澳大利亚庄臣有限公司依仲裁裁决申请执行广州金城房地产股份有限公司一案的请示报告》收悉。经研究，答复如下：

一、根据你院报告反映的情况，未发现本案仲裁裁决存在民事诉讼法第二百六十条规定的不予执行事由。

二、本案仲裁裁决主文（裁决项）要求进行的清算属于给付内容。只是根据现行司法解释和行政法规的规定，人民法院不主管对合营企业的清算，当事人不能自行清算的，由企业审批机关组织特别清算。因裁决主文明确指引清算以理由部分[仲裁庭的意见（三）]确定的原则进行，因此，本案裁决主文应当与理由联系起来理解，理由部分所述内容应当理解为构成裁决主文的一部分，其中关于清算后按比例分配资产的要求，也是给付内容，但具体给付数额需要根据清算结果确定。

三、本案中企业审批机关组织了特别清算。对于清算结果的依法确认问题，同意你院关于仲裁委秘书处无权代表仲裁庭对清算结果进行确认的意见，同时本案中仲裁委秘书处实际上并未真正确认清算结果。但清算委员会的清算报告经过审批机关确认后，在利害关系人没有明确异议的情况下，应当视为是确定的、有效的。该清算的结果使裁决中按比例分配资产的内容在具体分配数额方面得以明确。

四、为了维护生效裁判文书的权威性，维护清算的法律秩序和经济秩序，人民法院应当在适当的条件下，以强制力保障根据法院判决或者仲裁裁决所作的清算的依法进行和清算结果的实现。对本案中已经因清算结果而进一步明确的按比例分配资产的裁决内容，应当予以执行。

五、执行中应当注意，如果利害关系人对清算结果依法提出了异议，并启动了相应的行政或司法程序，执行法院对其争议的财产或其相应的数额应当暂时不予处理。

最高人民法院对《商务部关于请确认〈关于审理与企业改制相关的民事纠纷案件若干问题的规定〉是否适用于外商投资的函》的复函

- 2003年10月20日
- [2003]民二外复第13号

中华人民共和国商务部：

你部于2003年9月12日发给本院的商法函[2003]33号《关于请确认〈关于审理与企业改制相关的民事纠纷案件若干问题的规定〉是否适用于外商投资的函》收悉。经研究，答复如下：

中国企业与外国企业合资、合作的行为，以及外资企业在中国的投资行为，虽然涉及到企业主体、企业资产及股东的变化，但他们不属于国有企业改制范畴，且有专门的法律、法规调整，因此，外商投资行为不受上述司法解释的调整。

此复。

最高人民法院对《关于审理企业破产案件若干问题的规定》第三十八条、第四十四条第二款的理解与适用的请示的答复

- 2004年2月3日
- [2003]民二他字第64号

湖北省高级人民法院：

你院鄂高法[2003]389号请示收悉。我庭研究认为，《关于审理企业破产案件若干问题的规定》（以下简称《规定》）第三十八条和第四十四条第二款规定的申诉程序，是最高法院在法律

没有具体规定时，根据法律的精神和现实的需要，探索如何完善上级法院对下级法院审理企业破产案件进行审判监督的具体体现。鉴于此种申诉程序尚在探索阶段，我庭谨提供如下意见供参考：

一、人民法院作出破产宣告裁定依法应当进行公告，鉴于破产宣告裁定对破产程序当事人影响较大，也仅要求在人民法院公告栏进行公告，因此人民法院在破产宣告裁定作出当日即应当进行公告，公告之日即裁定之日。《规定》第三十八条规定债权人或债务人向上级法院进行申诉的申诉期自裁定之日起算，也即从公告之日起算。如人民法院在裁定之日未作公告，而在裁定日后公告的，可酌情考虑自公告之日起算当事人的申诉期。

二、破产案件分配方案经债权人会议两次讨论未通过的，人民法院可以依法作出裁定。由于债权人会议系债权人自治组织，根据破产法的规定享有审查、通过破产财产分配方案的权力，因此，人民法院在债权人会议未通过破产财产分配方案时以裁定形式通过方案，性质上属于司法对债权人意思自治的干预，因此，人民法院不仅在裁定中要说明裁定的理由，而且应当在债权人会议期间作出裁定并参加会议的全体债权人宣读，使债权人及时知悉自身权利状态。《规定》第四十四条第二款规定债权人就该裁定向上级法院申诉的期间起算自裁定之日，也即起算自人民法院向参加会议的全体债权人宣读裁定之日。由于人民法院通过破产财产分配方案的裁定无需公告，也无需送达债权人（债权人人数众多时也无法送达），因此，在债权人会议期间宣读裁定应当是必要的。

司法实践中，有的法院不在债权人会议期间进行裁定，而是在债权人会议后通过书面审理进行，并且裁定后也不送达，确实存在不利于债权人维护自身权利的情况。对于此种情况如何进行救济尚有待探索，但从程序上要求人民法院在债权人会议期间作出裁定并向参加会议的全体债权人宣读裁定，是避免出现上述情况的重要保障，各级人民法院应当予以充分重视。

此复。

○ 地方司法文件

广东省高级人民法院关于印发《全省部分法院破产审判业务座谈会纪要》的通知

● 2012年7月2日
● 粤高法〔2012〕255号

全省各中级人民法院、广州海事法院、广州铁路运输中级法院：

现将《全省部分法院破产审判业务座谈会纪要》印发给你们，请结合审判工作实际，参考适用。适用中如遇到问题，请及时层报我院民一庭。

全省部分法院破产审判业务座谈会纪要

为更好地适用《中华人民共和国企业破产法》（以下简称《企业破产法》）及其司法解释的规定，妥善受理、审理破产案件，更加充分地发挥《企业破产法》在调整市场经济中的重要作用，广东省高级人民法院在广泛调研的基础上，于2012年4月18日在东莞市召开了全省部分法院破产审判业务座谈会。与会同志经认真讨论，就破产审判工作所涉的部分问题达成了共识。现纪要如下：

一、申请和受理问题

1. 各级法院要紧密配合中央关于加快转变经济发展方式、调整经济结构的战略思路，积极能动为我省经济转型升级服务，统一思想、提高认识，树立依法受理破产案件的观念，充分认识并发挥

《企业破产法》在优化社会资源配置、完善优胜劣汰竞争机制及拯救危困企业等方面的积极作用，对当事人提出的符合受理条件的破产申请，应当依法予以受理，而不应以不符合法律、司法解释规定的理由不予受理。

2. 人民法院在受理破产案件前，原则上应组织申请人、被申请人及主要债权人进行听证，

听取各方关于应否受理破产申请的意见,充分了解债务人的资产、负债、经营、职工等相关情况,依法审查决定是否受理。

3. 各级法院在受理按照最高法院和省法院规定应逐级审批的破产案件时,应按照要求履行审批、备案手续。广东省高级人民法院《关于加强破产审判管理指导监督工作的通知》[粤高法明传(2005)114号]要求中级法院受理前须报省法院审批的申报债权数额标准由原来的"3000万元以上"调整为"1亿元以上",基层法院受理前须报中级法院审批的申报债权数额标准由各中级法院根据各地实际情况自行规定,其他备案、报批标准仍按上述通知执行。

4. 上一级人民法院依照最高人民法院《关于适用〈企业破产法〉若干问题的规定(一)》第九条责令下级人民法院在一定期限内作出是否受理破产申请的裁定的,下级人民法院应当将处理结果及时书面报告上一级人民法院。

二、人民法院审查破产申请期间债务人财产的保全问题

5. 人民法院审查破产申请期间,破产申请人及其他利害关系人如认为债务人可能通过转移财产、恶意清偿债务等方式损害其合法权益的,可依照《中华人民共和国民事诉讼法》第九十二条的规定,向接收破产申请的人民法院就债务人财产提出财产保全申请,人民法院经审查符合要求的应予准许,并采取必要的财产保全措施。人民法院经审查认为有必要的,可以要求财产保全的申请人提供相应担保。

6. 当事人提出财产保全申请的,应当按照《诉讼费用交纳办法》的相关规定预交保全费,破产案件受理后上述费用纳入破产费用范畴,以破产财产优先清偿。

三、关联企业破产问题

7. 各级法院应当积极探索关联企业合并破产问题,在充分尊重法人人格独立和股东有限责任的基础上,对于关联企业成员存在法人人格、财产高度混同、利用关联关系损害债权人利益等情形的,可依据管理人或债权人的申请采取关联企业合并破产方式。本条所称关联企业包括相互之间存在控制与从属关系或者其他重大影响关系的企业。

8. 关联企业合并破产案件应报经有权决定管辖的上级法院批准后受理,一般由控制企业所在地或主要财产所在地法院管辖;关联企业的个别成员已经进入破产程序的,由已受理该成员破产案件的人民法院管辖;关联企业的成员已分别在不同人民法院进入破产程序,报请共同上级法院指定管辖法院。

9. 为减少不同程序间的协调成本、保障破产程序公平有序进行,对尚不符合合并破产条件的关联企业成员破产案件,如确属必要,可报经有权决定管辖的上级法院批准,由控制企业所在地或主要财产所在地法院集中审理。

四、对债务人下落不明、无产可破、缺少账册的破产案件处理问题

10. 人民法院受理债务人下落不明、无产可破、缺少账册等破产案件后,应当及时指定管理人并督促管理人找寻债务人财产并运用法律手段予以追收,尽可能保障债权人的合法权益。

11. 因债务人的出资人怠于履行义务,导致债务人的主要财产、账册、重要文件等灭失而无法清算或者无法依法全面清算的,人民法院在所发现和追收的财产进行分配后,可以无法清算或无法依法清算为由裁定终结债务人破产程序,并告知相关权利人可依相关法律规定另行向债务人的出资人等主张权利。

五、对管理人编制的债权表的审查问题

12. 对于《企业破产法》第五十八条第二款规定的债务人、债权人均无异议并经债权人会议依法确认的债权表记载的债权,人民法院可根据管理人的申请径行作出裁定予以确认。

六、管理人的选定及管理人队伍培育问题

13. 各级法院应依照《企业破产法》及最高人民法院《关于审理企业破产案件指定管理人的规定》的相关规定,根据案件的具体情况采取适当方式指定合适的管理人,原则上应采用随机方式在已制定的管理人候选名册中选定管理人;对于金融机构、上市公司或者其他法律关系复杂、影响重大、可能影响社会稳定不宜采用随机方式选定管理人的破产案件,已经成立清算组的可指定清算组为管理人,未成立清算组的可采取竞争方式在已制定的管理人候选名册中选定管理人。破产审判部门决定以随机方式或者竞争方式产

生管理人的,其具体操作程序应交由司法技术辅助部门或相关部门主持进行。

14. 为加快培育成熟的管理人队伍,各级法院应当积极探索有效的管理人管理机制,通过定期召开管理人座谈会等方式深入了解管理人工作中存在的问题和困难,及时研究、解决或向有关部门反映,要注重加强对已制定的管理人名册中的候选管理人的培训工作。

七、破产审判中相关法院之间的工作配合问题

15. 破产管理人持审理破产案件的法院作出的生效法律文书,请求省内其他法院配合解除有关债务人的财产保全措施、中止执行程序或实施其他配合工作时,各级法院应依照《企业破产法》的规定积极予以配合,执行中如遇到障碍,相关法院可报请共同上级法院协调解决。破产管理人持生效法律文书请求外省法院配合工作时如遇到障碍,可逐级上报省法院协调解决。

八、破产重整问题

16. 人民法院受理重整申请后,应结合听证情况对重整申请的合法性、可行性进行实质审查。审查过程中,人民法院可以征询银行等金融机构或工商、证券、国资、税务等行政管理部门的意见。

17. 对于虽然已经出现破产原因或者丧失清偿能力可能,但符合国家产业结构调整政策、具备发展前景的企业,人民法院应充分发挥破产重整制度的功能,对其进行积极拯救。

九、破产审判中的边控问题

18. 人民法院在审理破产案件过程中,可依法对债务人的法定代表人及其他相关人员采取限制出境、扣留证件、司法拘留等强制措施。如需边检部门协助执行,应将裁定书、决定书、边控申请表等资料一并逐级报送省法院协调边控部门办理边控手续。

十、破产审判队伍建设问题

19. 各中级法院要认真领会、贯彻最高人民法院《关于正确适用〈企业破产法〉若干问题的规定(一)充分发挥人民法院审理企业破产案件司法职能作用的通知》的精神,进一步加强破产审判队伍建设,尽快设立破产审判专业合议庭,有条件的法院可根据实际情况建立专门的破产审判庭。

十一、破产衍生诉讼归口审理问题

20. 为深化破产审判机制改革,优化司法资源配置,充分发挥由破产审判业务庭审理破产衍生诉讼案件的优势,破产案件受理后提起的破产衍生诉讼案件(除劳动争议、知识产权、海事海商等类型案件外),原则上统一由破产审判业务庭(包括审理破产案件的专门破产审判庭、商事审判庭或其他审判业务庭)审理(按省法院粤高法明传〔2012〕172号文执行)。

十二、破产案件绩效考核管理问题

21. 破产案件在工作量、工作性质、案件流程上与普通民商事案件存在明显差异,这在客观上决定了对破产案件的绩效考评和审判管理都应区别于普通民商事案件。各级法院应根据辖区实际情况,积极探索能够全面客观反映审理破产案件工作量的科学考评标准,对破产案件施行科学绩效考评。

◎ 指导案例

1. 成都市国土资源局武侯分局与招商(蛇口)成都房地产开发有限责任公司、成都港招实业开发有限责任公司、海南民丰科技实业开发总公司债权人代位权纠纷案[①]

【裁判摘要】

一、根据《中华人民共和国合同法》第七十二条的规定,因债务人怠于行使其到期债权,对债权人造成损害的,债权人可以向人民法院请求以自己的名义代位行使债务人的债权,但该债权专属于债务人自身的除外。债务人与次债务人约

---

① 案例来源:《最高人民法院公报》2012年第6期。

定以代物清偿方式清偿债务的,因代物清偿协议系实践性合同,故若次债务人未实际履行代物清偿协议,则次债务人与债务人之间的原金钱债务并未消灭,债权人仍有权代位行使债务人的债权。

二、企业改制只是转换企业的组织形式和变更企业的经济性质,原企业的债权债务并不因改制而消灭。根据最高人民法院《关于审理与企业改制相关的民事纠纷案件若干问题的规定》第五条的规定,企业通过增资扩股或者转让部分产权,实现他人对企业的参股,将企业整体改造为有限责任公司或者股份有限公司的,原企业债务由改造后的新设公司承担。故债权人代位行使对次债务人的债权,次债务人改制的,由改制后的企业向债权人履行清偿义务。

【案情】

申请再审人(一审原告、二审上诉人):成都市国土资源局武侯分局。

法定代表人:高斗,该局局长。

委托代理人:李春林,四川康悦律师事务所律师。

委托代理人:赵硕,四川康悦律师事务所律师。

被申请人:(一审被告、二审被上诉人):招商(蛇口)成都房地产开发有限责任公司。

法定代表人:王云,该公司董事长。

委托代理人:税兵,四川亚峰律师事务所律师。

委托代理人:刘意识,四川亚峰律师事务所律师。

原审第三人:成都港招实业开发有限责任公司。

法定代表人:何汉光,该公司总经理。

原审第三人:海南民丰科技实业开发总公司。

法定代表人:龙运涛,该公司总经理。

委托代理人:税兵,四川亚峰律师事务所律师。

委托代理人:许巧蓉,四川亚峰律师事务所律师。

申请再审人成都市国土资源局武侯分局因与被申请人招商(蛇口)成都房地产开发有限责任公司、第三人成都港招实业开发有限公司、第三人海南民丰科技实业开发总公司债权人代位权纠纷一案,不服四川省高级人民法院(2008)川民终字第90号民事判决,向本院申请再审,本院于2010年12月10日作出民申字第989号民事裁定,提审本案。本院依法组成由审判员王闯担任审判长,审判员李京平、代理审判员王富博参加的合议庭进行了审理。书记员商敏担任本案记录。本案现已审理终结。

四川省成都市中级人民法院经审理查明:2002年6月28日,成都市武侯区人民法院针对成都市国土资源局武侯分局(以下简称武侯国土局)与四川港招实业股份有限公司(以下简称四川港招公司)拖欠征用土地费两案,分别作出(2001)武侯民初字第1924号、1925号民事判决。该两份判决均认定:1999年7月20日由武侯国土局、四川港招公司、招商局(蛇口)成都房地产开发公司(以下简称招商局公司)三方共同签订的《债务关系转移合同》系各方当事人真实意思表示,其内容合法,应受法律保护。根据《债务关系转移合同》约定,招商局公司欠武侯国土局土地征用费21833446.50元债务全部由四川港招公司承担。后四川港招公司与武侯国土局先后于2000年7月20日、2001年3月29日签订两份《交款合同》,分别约定:四川港招公司应于2000年9月30日前、2001年12月20日前各向武侯国土局支付800万元、1000万元,但四川港招公司并未履行付款义务,故成都市武侯区人民法院在上述两份判决书中分别判决四川港招公司支付武侯国土局1000万元、800万元。该两份民事判决书生效后,成都市武侯区人民法院于2003年5月28日发出(2003)武侯民一再字第3号、4号民事裁定,对该两案进行再审,并于2003年10月15日作出(2003)武侯民一再字第3号、4号民事判决,撤销了该院(2001)武侯民初字第1924号、1925号民事判决,确认武侯国土局与招商局公司、四川港招公司于1997年7月20日签订的《债务关系转移合同》无效。宣判后,招商局公司不服,向成都市中级人民法院提出上诉,该院于2004年12月1日作出(2004)成民再字第42号、43号民事判决,驳回上诉,维持原判。之后,招商局公司继续向四川省高级人民法院提起申诉,该院于2006年7月5日分别作出(2005)

川民再终字第41号、42号民事判决,依法撤销了(2003)武侯民一再字第3号、4号及(2004)成民再字第42号、43号民事判决,维持了(2001)武侯民初字第1924号、1925号两份判决。四川省高级人民法院在两份再审判决中,确认了武侯国土局、四川港招公司与招商局公司三方签订的《债务关系转移合同》以及武侯国土局与四川港招公司签订的《交款合同》均为有效合同,同时认定四川港招公司为成都港招实业开发有限责任公司(以下简称成都港招公司)投资开办的公司,而成都港招公司未按规定将注册资本金注入四川港招公司,应承担投资不实的责任。2006年9月1日,成都市武侯区人民法院在执行前述两案过程中,分别作出(2006)武侯执裁字第69号、70号民事裁定,认定成都港招公司在向其开办的四川港招公司投入注册资金时,未将其应当投入四川港招公司的价值21441941元的泰丰国际商贸中心项目用地土地使用权转移到四川港招公司,构成投资不实,故裁定追加第三人成都港招公司为被执行人,成都港招公司应在注册资金不实的21441941元范围内对武侯国土局承担责任。

另查明:1.招商(蛇口)进出口贸易公司于1993年在成都投资设立招商局(蛇口)成都实业开发总公司,又由招商局(蛇口)成都实业开发公司投资成立了全民所有制的招商局公司。1995年,招商局(蛇口)成都实业开发总公司改制为成都港招公司。1999年2月,成都港招公司投资开办了四川港招公司。1999年8月,招商局公司改制为有限责任公司,并更名为招商(蛇口)成都房地产开发有限责任公司(以下简称招商房地产公司)。在改制过程中,成都港招公司与招商房地产公司协商,改制更名后的招商房地产公司保留原招商局公司在成都市武侯区桂溪乡长寿村七组、桐梓林村一组的13241.4平方米的土地使用权(该土地与泰丰国际商务中心项目用地为同一地块),同时承担招商局公司230万美元债务,其余资产、债权、债务由成都港招公司承担,注册资金由800万元增加为1000万元。1999年8月11日,成都港招公司将其所有的招商房地产公司的全部股权1000万元转让给四川奇峰房地开发有限责任公司及另两位自然人。同年8月23日,招商房地产公司成立并开始营业。2004年1月30日,成都市工商行政管理局以《成工商处字(2003)第06133号处罚决定书》,吊销了成都港招公司的营业执照。

2.1998年4月12日,成都港招公司曾与招商局公司签订《债权债务清算协议书》,约定招商局公司将占地13241.4平方米的泰丰国际商贸中心项目用地的土地使用权以评估价34441941元抵偿给成都港招公司,用以抵偿招商局公司欠成都港招公司的3481.55万元欠款,双方之间债权债务全面结清;招商局公司应于协议生效之日起第二日将土地交成都港招公司开发使用。但该土地使用权至今未转移至成都港招公司名下。

3.2004年11月17日,海南民丰科技实业开发总公司(以下简称海南民丰公司)与成都鑫达房地产开发有限公司(以下简称鑫达公司)签订了《招商(蛇口)成都房地产开发有限公司股份转让协议书》,约定海南民丰公司将其持有的招商房地产公司49%的股份转让给鑫达公司,并约定招商房地产公司在2003年4月前的债权债务由海南民丰公司负担。

因成都港招公司既不向武侯国土局承担注册资金不实的赔偿责任,也不以诉讼或者仲裁方式向招商房地产公司主张到期债权,已造成武侯国土局债权受损,故武侯国土局于2006年11月29日向成都市中级人民法院提起代位权诉讼,请求判令由招商房地产公司履行成都港招公司对武侯国土局负有的21441941元债务,并承担本案诉讼费、保全费。

【审判】

四川省成都市中级人民法院经审理认为:根据四川省高级人民法院(2005)川民再终字第41号、42号民事判决,本案武侯国土局与招商局公司、四川港招公司于1999年7月20日签订的《债务关系转移合同》为合法有效。根据该合同,招商局公司欠武侯国土局征地费21833446.50元的债务应由四川港招公司承担。其次,根据前述四川省高级人民法院民事判决、成都市武侯区人民法院(2001)武侯民初字1924号、1925民事判决以及成都市武侯区人民法院(2006)武侯执裁字第69号、70号民事裁定,武侯国土局对四川港招公司享有本金1800万元及利息的债权,成都港招公司因出资不实,在21441941元范围内对武侯国土局承担责任。成都港招公司与招商局公司于1998年4月12日签订的《债权债务清算协议书》为双方当事人真实意思表示，不违反法律规定，应属合法有效。根据该协议约定，招商局公司对成都港招公司负有给付占地13241.40平方米的泰丰国际商贸中心项目用地的土地使用权之义务，但未履行。招商局公司经改制更名后，变更为招商房地产公司，故招商局公司所应给付成都港招公司土地使用权的义务由改制更名后的招商房地产公司承担。最高人民法院《关于适用〈中华人民共和国合同法〉若干问题的解释（一）》（以下简称《合同法解释（一）》)第十三条规定："合同法第七十三条规定的'债务人怠于行使其到期债权，对债权人造成损害的'，是指债务人不履行对债权人的到期债务，又不以诉讼方式或者仲裁方式向其债务人主张其享有的具有金钱给付内容的到期债权，致使债权人的到期债权未能实现。"根据此规定，债权人行使代位权的前提条件之一是债权人怠于行使具有金钱给付内容到期债权，从而导致债权人的到期债权未能实现。而在本案中，武侯国土局所主张的成都港招公司对招商房地产公司享有的债权为土地使用权给付之债，并非具有金钱给付内容的债权，故武侯国土局提出的其有权代位行使成都港招公司对招商房地产公司的享有债权的主张，不符合最高人民法院《合同法解释（一）》有关代位权构成要件之规定，对其诉讼请求不予支持。根据最高人民法院《关于审理与企业改制相关的民事纠纷案件若干问题的规定》第五条"企业通过增资扩股或者转让部分产权，实现他人对企业的参股，将企业整体改造为有限责任公司或者股份有限公司的，原企业债务由改造后的新设公司承担"之规定，招商局公司在改制为招商房地产公司后，其所负债务应全部由招商房地产公司负担，对于海南民丰公司提出的招商房地产公司不是本案适格被告的答辩意见不予支持。对于海南民丰公司提出的成都港招公司对招商房地产公司享有之债权已超过诉讼时效的问题，因海南民丰公司并非该债权债务关系之当事人，无权提出债权超过诉讼时效的主张。招商房地产公司、成都港招公司经依法传唤无正当理由未到庭，在本案一审中放弃了对武侯国土局起诉事实和诉讼请求的抗辩、陈述权利，因放弃上述权利所引起的诉讼后果，应由招商房地产公司、成都港招公司自行承担。该院判决：驳回武侯国土局的诉讼请求；第一审案件受理费117220元，诉讼保全费110520元，合计227740元，由武侯国土局负担。

武侯国土局不服上述民事判决，向四川省高级人民法院提起上诉称：案涉1998年4月12日的《债权债务清算协议书》约定"以物抵债"的条款因违反国家强制性规定而属无效协议。依照《中华人民共和国合同法》（以下简称合同法）第五十八条关于"合同无效后因该合同取得的财产，应当予以返还"的规定，成都港招公司与招商房地产公司之间的债权仍为金钱给付内容的债权。根据现有证据证明，到期债权已由"土地过户"转化为返还借款、赔偿的金钱债权，原审判决驳回武侯国土局的诉讼请求属法律适用不当。招商局公司系全民所有制公司，其在改制过程中未经国资委审批，事后又未补办审批手续，故其与成都港招公司签订的《债权债务及资产处置协议》无效，不应作为证据使用。《债权债务及资产处置协议》约定的土地资产总地价29448874元系依据无效的《资产评估价格书》，该评估价格不具有合法性，且与同一土地评估之间差了500多万元，具有故意低价评估国有资产之嫌。招商局公司注销工商档案资料、《土地估价报告》不具有真实性、合法性以及与本案的关联性；招商（蛇口）成都实业公司改制成为成都港招公司没有事实依据。综上，请求二审法院撤销原判，依法改判。

招商房地产公司答辩称：招商房地产公司不是本案适格被告。案涉清算协议的债务人是招商局公司，招商房地产公司与招商局公司是两个不同的法人主体，招商房地产公司对招商局公司的债务不负有清偿责任。武侯国土局的代位权主张无法律依据和合同依据。一方面，清算协议中成都港招公司享有的权利是获得土地使用权，武侯国土局对非金钱给付内容的债权无权主张代位权。另一方面，武侯国土局的债务人是四川港招公司，该局只能对四川港招公司的债务人行使代位权，而无权对成都港招公司的债权人行使代位权。武侯国土局主张的清算协议中对招商局公司约定的合同义务是向成都港招公司交付土地,其只能诉请交付土地,而无权要求给付金钱。成都港招公司与招商房地产公司和招商局公司没有合法、确定的债权债务关系,该两公司不负有清偿债务的义务。案涉清算协议载明的债务金额不具有真实性,从招商局公司和成都港招公司同期的资产负债表显示,招商局公司的资产负债为1079万元,成都港招公司债权合计为619万元,与清算协议约定的差距太大,证明该协议属虚假协议;即使该协议真实,也因成都港招公司与招商局公司签订的《债权债务及资产处置协议》致双方的债权债务关系归于消灭。武侯国土局提起诉讼已过诉讼时效,已丧失胜诉权。请求二审法院驳回上诉,维持原判。

海南民丰公司的答辩理由和请求与招商房地产公司的理由和请求相同。

四川省高级人民法院经审理查明的事实,除招商局公司与招商房地产公司的关系外,其余发生纠纷的原因、过程等主要事实与原审判决认定一致,该院予以确认。该院另查明:

1. 1999年8月22日,招商局公司办理了《企业申请注销登记注册书》主要载明:注销理由为由全民所有制改为有限责任公司;在企业人员安置、债权债务处理情况栏中,明确除招商房地产公司保留涉诉土地外,其余资产及债权、债务均由成都港招公司承担;招商局公司在招商银行贷款230万美元(折合人民币19125309.82元)及该贷款在1999年6月30日后产生的利息,由招商房地产公司承担,招商局公司其余自开业至1999年8月9日的全部债权、债务由成都港招公司承担,另证明招商局公司人员由成都港招公司安置。

2. 1999年8月10日,成都港招公司与招商局公司签订《债权、债务及资产处置协议》,该协议约定的主要内容与上述工商企业注销注册书内容相同。

3. 招商局公司系经成都市城乡建设管理委员会于1993年7月3日批准,并经工商机关核定的招商局(蛇口)成都实业开发公司投资注册资金800万元设立的全民所有制企业。该公司因改制于1999年8月23日注销。

4. 成都港招公司1997年12月31日的《资产负债表》载明其他应收款期末数为6197415.85元。招商局公司1997年12月31日《资产负债表》载明其期末数合计为1079万元。

5. 2002年10月30日,招商房地产公司将19056597.56元人民币汇至中国外汇交易中心。同年11月1日,该款解汇兑换230万美元,偿还给了招商银行成都市分行。

6. 1999年8月23日,招商房地产公司的《公司设立登记申请书》,载明其股东发起人为四川奇峰房地产开发有限责任公司、叶文金、刘宗明。

四川省高级人民法院经审理认为,本案诉争主要问题是武侯国土局能否对招商房地产公司行使代位权。

根据合同法第七十三条关于"因债务人怠于行使其到期债权,对债权人造成损害的,债权人可以向人民法院请求以自己的名义代位行使债务人的债权,但该债权专属于债务人的除外。代位权行使的范围以债权人的债权为限"的规定原则,代位权的构成要件,一是债务人需对第三人享有权利,二是债务人怠于行使权利,三是债务人已陷入迟延,四是已对债权人造成损害,债权人有保全债权的必要。

武侯国土局因土地征用费问题与招商局公司、四川港招公司签订《债务关系转移合同》以及武侯国土局与招商局公司签订的《交款合同》,已被前述生效判决确认为有效。之后,在该案执行过程中,成都市武侯区人民法院裁定追加成都港招公司为被执行人,认定其在四川港招公司注册资金不实的21441941元范围内承担责任。据此可以确认,成都港招公司是武侯国土局的债务人。

武侯国土局在本案中主张行使代位权,其主要依据是成都港招公司与招商局公司签订的《债权债务清算协议》,该协议确定由招商局公司将其泰丰国际商贸中心项目用地使用权以评估价34441941元抵偿其所欠成都港招公司的3481.55万元,双方债权债务结清,招商局公司应于协议生效第二天将土地交成都港招公司使用。现招商地产公司辩称该清算协议是成都港招公司为设立四川港招公司签订的虚假协议,该协议确定的欠款数额没有基础证据证明,但其并未提交充足证据;依据该协议,可以确定协议双方存在债权债务关系,即招商局公司对成都港招公司负有债务,且为金钱债务;至于协议关于以土地作价清偿的约定,只是双方选择的了结债权债务的方式，其是否合法有效，不影响这一基本事实认定。

招商局公司若按清算协议约定履行，其即不再对成都港招公司负有债务，但其实际并未将土地使用权转移过户至成都港招公司名下，清算协议未得到实际履行，协议双方的债权债务仍然存在。此时，武侯国土局可以以招商局公司为次债务人，依法行使代位权。但综合本案现有证据，其后招商局公司确有改制的事实存在，且因改制而注销；招商局公司改制注销时，就其债权、债务及资产与成都招商实业开发有限公司签订了《债权、债务及资产处置协议》并记载于工商机关的相关登记档案中，明确除由招商房地产公司代招商局公司偿还230万美元外，其他债权、债务和资产均由成都港招公司承担。该230万美元业已偿还。据此，依照《债权、债务及资产处置协议》，招商房地产公司承受的仅是招商局公司原欠相关银行的金融债务，且已实际履行，其他债权债务及资产，由成都港招公司自行承担；而成都港招公司本系武侯国土局的债权人，不存在行使代位权的问题。现武侯国土局虽对招商局公司改制行为及相关协议持有异议，但其并未提交充足证据，其主张不能成立。

招商房地产公司是工商管理机关核准，以新公司设立标准设立的股份制公司，无论是注册资金数额、股东构成、企业性质等，均有别于招商局公司，两者并非简单更名关系。换言之，原招商局公司所欠成都港招公司的债务，不能等同于现招商房地产公司所欠成都港招公司债务。现有证据表明，招商房地产公司只是保留了原招商局公司的案涉土地，并以代其偿还230万美元作为对价，除此之外，未承受招商局公司的其他债务，包括所欠成都港招公司的债务，其没有为招商局公司代偿其他债务的依据。因此，武侯国土局将招商房地产公司作为次债务人，要求由承担原招商局公司所欠成都港招公司的债务，不符合合同法第七十三条以及最高人民法院前述司法解释的规定，其上诉请求的事实及法律依据不足，不能成立，该院不予支持。该院依照《中华人民共和国民事诉讼法》第一百五十三条第一款第（一）项之规定，判决：驳回上诉，维持原判。二审案件受理费117220元，由武侯国土局承担。

武侯国土局不服四川省高级人民法院上述民事判决，向本院申请再审称：第一，原二审法院采信招商房地产公司改制前与成都港招公司签订的《债权、债务及资产处置协议》证据是错误的。招商房地产公司由招商局公司改制设立，不论是招商局公司注销工商档案，还是招商房地产公司设立工商档案，都无国资行政部门合法审批手续，且评估单位无国资行政单位颁发的《资产评估资格书》，其改制行为因违法而应无效。1999年招商局公司改制时签订的《债权、债务及资产处置协议》约定土地评估总地价为29448874元，而1997年12月该宗土地评估价34441941元，二者相差500多万元。前后二次评估价格相差500多万元。说明改制时故意低估国有资产，导致国有资产的流失。招商局公司改制时将优良资产土地交由改制后招商房地产公司承继，却把全部债务交由成都港招公司承担，其行为本身就是利用企业改制之机，悬空、逃废债务的行为表现，属恶意串通，损害国家、申请人及其他债权人利益。根据最高人民法院《关于人民法院在审理企业破产和改制案件中切实防止债务人逃废债务的紧急通知》第八条"当事人双方恶意串通，损害国家或债权人利益的，应当依法确认有关协议无效"规定，应当认定《债权、债务及资产处置协议》无效。第二，原二审法院认为招商房地产公司不应当承继改制前招商局房地产公司债务，缺乏法律依据和事实依据。招商局房地产公司是通过增资扩股的方式（由800万元注册资金增资1000万元注册资金）实现他人（四川奇峰房地产开发有限责任公司、叶文金、刘宗明）对企业的参股并将企业改造为有限责任公司的。根据最高人民法院《关于审理与企业改制相关的民事纠纷案件若干问题的规定》第五条"企业通过增资扩股，实现他人对企业的参股，将企业整体改造为有限责任公司的，原企业债务由改造后的新设公司承担"之规定，招商局公司原债务应由招商房地产公司来承担，但二审法院并未适用该司法解释。招商房地产公司通过承担并偿还招商银行贷款230万美元即人民币19056597.56元债务的方式，取得招商局公司改制前价值3400多万元的土地，就算按改制评估价值2900余万元计算也有1000多万元盈利。

原审法院以"招商房地产公司只是保留了原招商局公司的涉案土地并以代其偿还230万美元作为对价"为由认为其不再承担债务,违背了债务承继原则和企业债务随企业财产变动原则。第三,原一二审法院单以"注册资金、股东构成、企业性质"作为判断招商局公司与招商房地产公司之间关系,从而得出"并非简单更名关系,原招商局公司欠成都港招公司债务,不能等同于现招商房地产公司所欠成都港招公司债务"的结论,违背企业变更债务承继的法定原则。1999年8月6日,成都市工商行政管理向武侯工商行政管理局出具《企业名称变更核准通知书》载明:"招商局蛇口房地产公司"企业名称变更登记材料收悉。经审查,核准该企业名称变更为"招商蛇口房地产公司",可以证明招商蛇口房地产公司仅是企业改制名称的变更。招商房地产公司为变更《国有土地使用证》均以"名称变更"为由向成都市国土资源局报送材料,并经成都市国土资源局审查"该宗地使用者名称原为招商局蛇口房地产公司,该公司名称变更为招商房地产公司"。原二审法院简单从企业注册资金、股东构成、企业性质方面对两企业进行对比,从而得出两企业并非简单"更名关系"的结论,过于草率。既然是国有企业改制,两个企业前后在性质、股东构成肯定不同。法律并未规定企业注册资金、股东构成、企业性质发生了工商变更,变更后的企业不承担企业变更前的债务。综上,请求本院依法撤销本案一、二审判决,依法改判支持其一审诉讼请求,并判令招商房地产公司承担诉讼费和保全费。

招商房地产公司辩称:第一,《再审请求书》所陈述的再审申请理由不能成立。原《债权、债务及资产处置协议》是双方当事人真实意思的表示,并记载于工商登记资料中,原一审法院和二审法院均确认其有效,再审申请人至今并未提供足以推翻原判决的新证据,二审法院采信《债权、债务及资产处置协议》作为证据,不构成法律适用错误。招商房地产公司的设立过程合法,不存在恶意串通、逃废债务的行为。招商房地产公司与招商局公司为两个独立法人,彼此的债权债务关系早已消灭,不存在所谓的债务承继问题,自应独立承担民事责任。第二,原审法院的判决理由认定事实清楚,证据充分确实。原判决认定的

主要事实是"招商房地产公司是在承接了招商局公司的土地和相应的230万美元的债务、向原招商局公司出资人支付了1000万元货币资金的基础上,以新公司设立标准设立的股份制公司"。原判决据此认为原招商局公司所欠成都港招公司债务,不能等同于现招商房地产公司所欠成都港招公司债务,判决驳回了再审申请人的诉讼请求,原判决认定主要事实的证据充分确实。第三,原判决适用法律正确,企业改制司法解释不适用本案。武侯国土局引用2002年《关于人民法院审理企业破产和改制案件中切实防止债务人逃废债务的紧急通知》(以下简称《通知》)第八条规定,以招商局公司的改制未经批准为由,认为《资产处置协议》无效,从而认为原判决适用法律错误。武侯国土局的上述观点违背法律事实,故意曲解法律。《通知》第八条是针对国有企业改制作出的规定,而招商局公司在1999年前已经不属于国有企业,不适用《通知》第八条的规定,不存在所谓的改制审批问题。再审申请人故意曲解企业改制司法解释,把企业设立公司的合法行为认定为企业借改制逃避债务的违法行为。本案招商房地产公司的设立行为,完全符合《公司法》和《公司登记管理条例》的相关规定,不存在把优质资产转移出去,进而导致企业丧失基本生产经营能力和对外偿债能力的现象,不属于逃废企业债务的违法行为。综上,武侯国土局的再审申请理由不能成立,请求本院驳回其再审申请。

第三人海南民丰公司的答辩理由与招商房地产公司的答辩理由相同。

第三人成都港招公司经公告送达开庭通知,未到庭参加诉讼。

本院经再审审理,对一、二审法院查明的基本事实予以确认。

本院认为,本案的诉讼焦点是:武侯国土局能否对招商房地产公司行使代位权。该焦点问题可以分解为两个具体问题:其一,武侯国土局能否对改制前的招商局公司行使代位权?其二,改制后的招商房地产公司应否对原招商局公司的债务承担责任?

关于第一个问题,即武侯国土局能否对改制前的招商局公司行使代位权问题。本院认为,根据合同法第七十三条关于"因债务人怠于行使其

到期债权,对债权人造成损害的,债权人可以向人民法院请求以自己的名义代位行使债务人的债权,但该债权专属于债务人自身的除外"之规定,债权人代位权是债权人为了保全其债权不受损害而以自己的名义代债务人行使权利。本案中,武侯国土局因土地征地费问题与招商局公司、四川港招公司签订《债权债务转移合同》以及武侯国土局与四川港招公司签订的《交款合同》已为人民法院生效法律文书确认为有效,武侯国土局对四川港招公司的债权合法确定,因此四川港招公司是武侯国土局的债务人。成都港招公司因在开办四川港招公司过程中出资不实而被生效的裁判文书认定应在注册资金不实的21441941元范围内对武侯国土局承担责任,故成都港招公司亦是武侯国土局的债务人,武侯国土局对成都港招公司的债权亦属合法且已确定。成都港招公司与招商局公司于1998年4月12日签订《债权债务清算协议书》,约定招商局公司应将其泰丰国际商贸中心项目用地土地使用权以评估价34441941元抵偿其所欠成都港招公司的3481.55万元的债务。该协议书系双方当事人真实意思表示,不违反法律、行政法规强制性规定,应属有效。根据该协议,招商局公司对成都港招公司负有3481.55万元的金钱债务,招商局公司对成都港招公司负有给付泰丰国际商贸中心项目用地土地使用权的义务。本院认为,成都港招公司与招商局公司双方协议以土地作价清偿的约定构成了代物清偿法律关系。依据民法基本原理,代物清偿作为清偿债务的方法之一,是以他种给付代替原定给付的清偿,以债权人等有受领权的人现实地受领给付为生效条件,在新债务未履行前,原债务并不消灭,当新债务履行后,原债务同时消灭。本案中,成都港招公司与招商局公司虽然签订了《债权债务清算协议书》并约定"以地抵债"的代物清偿方式了结双方债务,但由于该代物清偿协议并未实际履行,因此双方原来的3481.55万元的金钱债务并未消灭,招商局公司仍对成都港招公司负有3481.55万元的金钱债务。据此,招商局公司是成都港招公司的债权人,进而是武侯国土局的次债务人。根据合同法第七十三条以及本院《合同法解释(一)》第十一条、第十三条之规定,因为成都港招公司既未向武侯国土局承担注册资金不实的赔偿责任,又未以诉讼或者仲裁方式向招商局公司主张已到期债权,致使债权人武侯国土局的债权未能实现;已经构成合同法第七十三条规定的"债务人怠于行使其到期债权,对债权人造成损害",因此,武侯国土局有权代位行使成都港招公司基于《债权债务清算协议书》而对招商局公司享有的合法金钱债权,但该代位权的行使范围应以其对成都港招公司的债权即注册资金不实的21441941元范围为限。

关于第二个问题,即改制后的招商房地产公司应否对原招商局公司的债务承担责任。本院认为,本案现已查明的事实表明,成都港招公司本来就对四川港招公司出资不实,未将其应当投入四川港招公司价值21441941元的泰丰国际商贸中心项目用地土地使用权投入到四川港招公司。却于1999年7月20日与武侯国土局、四川港招公司签订《债务关系转移合同》将其欠武侯国土局的征地费21833446.5元转移给其出资不实设立的四川港招公司。在该《债务关系转移合同》签订后尚不到一个月,成都港招公司便于同年8月10日与招商局公司签订《债权、债务以及资产处置协议》,将招商局公司改制为招商房地产公司,将本应投入四川港招公司的泰丰国际商贸中心项目用地土地使用权留给了改制后的招商房地产公司并由其负偿还招商局公司欠招商银行230万美元贷款,其余资产及其债权、债务以及职工安置均由成都港招公司承担;同年8月22日,招商局公司办理了《企业申请注销登记注册书》,并于8月23日因改制而注销。该改制系采取增资扩股的方式进行,即招商局公司在由800万元注册资金增资1000万元注册资金的同时,将其增资后更名的招商房地产公司享有的1000万元股权转让给四川奇峰房地产开发有限责任公司、叶文金、刘宗明,从而实现他人对企业的参股并将企业改造为有限责任公司。招商局公司与成都港招公司的上述出资不实、债务转移、债权债务和资产处置以及采增资扩股方式的企业改制等一系列行为,暂且不论其是否真正存在恶意逃债、损害债权人利益的动机和目的,但实际结果的确导致武侯国土局不能实现对四川港招公司和成都港招公司的债权,令本院不得不对其上述系列行为的动机产生怀疑。为了更好地审理企业改制相关的民事纠纷案件，最高人民法院专门制定了《关于审理与企业改制相关的民事纠纷案件若干问题的规定》，该规定所确立的法人财产原则、企业债务承继原则以及企业债务随企业财产变动原则，旨在防止企业在改制过程中造成企业财产流失，避免损害债权人的利益。本院认为，企业改制或者改造只是企业变更的一种形式，根据法人财产原则和企业债务承继原则，变更设立后的公司应当承继原企业的债权债务。虽然招商局公司在改制时与成都港招公司签订了《债权、债务及资产处置协议》，但无论是招商局公司对成都港招公司负有的3481.55万元的债务，还是招商局公司欠招商银行的230万美元的贷款，均是招商局公司改制前的对外负债，根据法人财产原则以及企业债务承继原则，改制后的招商房地产公司均应负责偿还改制前的招商局公司的债务。尽管改制后的招商房地产公司在注册资金数额、股东构成、企业性质等方面均有别于原招商局公司，但企业改制只是转换企业的组织形式和变更企业的经济性质，原企业的债权债务并不因改制而消灭。根据法人财产原则和企业债务承继原则以及本院《关于审理与企业改制相关的民事纠纷案件若干问题的规定》第五条关于"企业通过增资扩股，实现他人对企业的参股，将企业整体改造为有限责任公司或者股份有限公司，原企业债务由改造后的新设公司承担"之规定，原招商局公司对成都港招公司的债务应由改制后的招商房地产公司承担。故武侯国土局将招商房地产公司作为次债务人，要求其承担原招商局公司所欠成都港招公司的债务，不仅符合合同法第七十三条和本院《合同法解释（一）》关于债权人代位权制度及其构成要件之规定，而且符合本院《关于审理与企业改制相关的民事纠纷案件若干问题的规定》的原则和规定。因此，武侯国土局关于要求招商房地产公司承担原招商局公司所欠成都港招公司债务的请求，于法有据，应予支持，招商房地产公司应在21441941元范围内向武侯国土局承担清偿责任。根据本院《合同法解释（一）》第二十条关于"债权人向次债务人提起的代位权诉讼经人民法院审理后认定代位权成立的，由次债务人向债权

人履行清偿义务，债权人与债务人、债务人与次债务人之间相应的债权债务关系即予消灭"之规定，招商房地产公司向武侯国土局履行21441941元的清偿责任后，武侯国土局与成都港招公司、武侯国土局与四川港招公司、成都港招公司与招商房地产公司（原招商局公司）之间相应的债权债务关系即予消灭。

综上，本院认为，武侯国土局对成都港招公司所享有的债权合法有效，成都港招公司对原招商局公司所享的债权亦经生效法律文书所确定，合法有效并已到期；成都港招公司既未向武侯国土局承担注册资金不实的赔偿责任，又怠于行使其对招商局公司或者改制后的招商房地产公司的到期债权，致使武侯国土局的债权未能实现，故武侯国土局关于要求招商房地产公司承担原招商局公司所欠成都港招公司债务的再审请求和理由成立，本院予以支持。原一、二审判决认定事实基本清楚，但适用法律不当，本院予以纠正。依照《中华人民共和国合同法》第七十三条、本院《关于适用〈中华人民共和国合同法〉若干问题的解释（一）》第十三条、第十九条、第二十条、《关于审理与企业改制相关的民事纠纷案件若干问题的规定》第五条以及《中华人民共和国民事诉讼法》第一百五十三条第一款第（二）项、第一百八十六条第一款之规定，判决如下：

一、撤销四川省高级人民法院（2008）川民终字第90号、四川省成都市中级人民法院（2007）成民初字第19号民事判决；

二、招商（蛇口）成都房地产开发有限责任公司向成都市国土资源局武侯分局支付21441941元；

三、上述给付义务履行后，成都市国土资源局武侯分局与成都港招实业开发有限责任公司、成都市国土资源局武侯分局与四川港招实业股份有限公司、成都港招实业开发有限责任公司与招商（蛇口）成都房地产开发有限责任公司之间相应的债权债务关系即予消灭。

一审、二审案件诉讼费各117220元，诉讼保全费110520元，由招商（蛇口）成都房地产开发有限责任公司负担。

本判决为终审判决。

2. 宋文军诉西安市大华餐饮有限公司股东资格确认纠纷案

【关键词】民事　股东资格确认　初始章程　股权转让限制　回购

【裁判要点】

国有企业改制为有限责任公司，其初始章程对股权转让进行限制，明确约定公司回购条款，只要不违反公司法等法律强制性规定，可认定为有效。有限责任公司按照初始章程约定，支付合理对价回购股东股权，且通过转让给其他股东等方式进行合理处置的，人民法院应予支持。

【相关法条】

《中华人民共和国公司法》第十一条、第二十五条第二款、第三十五条、第七十四条

【基本案情】

西安市大华餐饮有限责任公司（以下简称大华公司）成立于1990年4月5日。2004年5月，大华公司由国有企业改制为有限责任公司，宋文军系大华公司员工，出资2万元成为大华公司的自然人股东。大华公司章程第三章"注册资本和股份"第十四条规定"公司股权不向公司以外的任何团体和个人出售、转让。公司改制一年后，经董事会批准后可在公司内部赠予、转让和继承。持股人死亡或退休经董事会批准后方可继承、转让或由企业收购，持股人若辞职、调离或被辞退、解除劳动合同的，人走股留，所持股份由企业收购……"，第十三章"股东认为需要规定的其他事项"下第六十六条规定"本章程由全体股东共同认可，自公司设立之日起生效"。该公司章程经大华公司全体股东签名通过。2006年6月3日，宋文军向公司提出解除劳动合同，并申请退出其所持有的公司的2万元股份。2006年8月28日，经大华公司法定代表人赵来锁同意，宋文军领到退出股金款2万元整。2007年1月8日，大华公司召开2006年度股东大会，大会应到股东107人，实到股东104人，代表股权占公司股份总数的93%，会议审议通过了宋文军、王培青、杭春国三位股东退股的申请并决议"其股金暂由公司收购保管，不得参与红利分配"。后宋文军以大华公司的回购行为违反法律规定，未履行法定程序且公司法规定股东不得抽逃出资等，请求依法确认其具有大华公司的股东资格。

【裁判结果】

西安市碑林区人民法院于2014年6月10日作出(2014)碑民初字第01339号民事判决，判令：驳回原告宋文军要求确认其具有被告西安市大华餐饮有限责任公司股东资格之诉讼请求。一审宣判后，宋文军提出上诉。西安市中级人民法院于2014年10月10日作出了(2014)西中民四终字第00277号民事判决书，驳回上诉，维持原判。终审宣判后，宋文军仍不服，向陕西省高级人民法院申请再审。陕西省高级人民法院于2015年3月25日作出(2014)陕民二申字第00215号民事裁定，驳回宋文军的再审申请。

【裁判理由】

法院生效裁判认为：通过听取再审申请人宋文军的再审申请理由及被申请人大华公司的答辩意见，本案的焦点问题如下：1. 大华公司的公司章程中关于"人走股留"的规定，是否违反了《中华人民共和国公司法》(以下简称《公司法》)的禁止性规定，该章程是否有效；2. 大华公司回购宋文军股权是否违反《公司法》的相关规定，大华公司是否构成抽逃出资。

针对第一个焦点问题，首先，大华公司章程第十四条规定，"公司股权不向公司以外的任何团体和个人出售、转让。公司改制一年后，经董事会批准后可以公司内部赠与、转让和继承。持股人死亡或退休经董事会批准后方可继承、转让或由企业收购，持股人若辞职、调离或被辞退、解除劳动合同的，人走股留，所持股份由企业收购。"依照《公司法》第二十五条第二款"股东应当在公司章程上签名、盖章"的规定，有限公司章程系公司设立时全体股东一致同意并对公司及全体股东产生约束力的规则性文件，宋文军在公

---

① 案例来源：《最高人民法院关于发布第18批指导性案例的通知》(2018年6月20日　法〔2018〕164号)，指导案例96号。

司章程上签名的行为,应视为其对前述规定的认可和同意,该章程对大华公司及宋文军均产生约束力。其次,基于有限责任公司封闭性和人合性的特点,由公司章程对公司股东转让股权作出某些限制性规定,系公司自治的体现。在本案中,大华公司进行企业改制时,宋文军之所以成为大华公司的股东,其原因在于宋文军与大华公司具有劳动合同关系,如果宋文军与大华公司没有建立劳动关系,宋文军则没有成为大华公司股东的可能性。同理,大华公司章程将是否与公司具有劳动合同关系作为取得股东身份的依据继而作出"人走股留"的规定,符合有限责任公司封闭性和人合性的特点,亦系公司自治原则的体现,不违反公司法的禁止性规定。第三,大华公司章程第十四条关于股权转让的规定,属于对股东转让股权的限制性规定而非禁止性规定,宋文军依法转让股权的权利没有公司章程所禁止,大华公司章程不存在侵害宋文军股权转让权利的情形。综上,本案一、二审法院均认定大华公司章程不违反《公司法》的禁止性规定,应为有效的结论正确,宋文军的这一再审申请理由不能成立。

针对第二个焦点问题,《公司法》第七十四条所规定的异议股东回购请求权具有法定的行使条件,即只有在"公司连续五年不向股东分配利润,而公司该五年连续盈利,并且符合本法规定的分配利润条件的;公司合并、分立、转让主要财产的;公司章程规定的营业期限届满或者章程规定的其他解散事由出现,股东会会议通过决议修改章程使公司存续的"三种情形下,异议股东有权要求公司回购其股权,对应的是公司是否应当履行回购异议股东股权的法定义务。而本案属于大华公司是否有权基于公司章程的约定及与宋文军的合意而回购宋文军股权,对应的是大华公司是否具有回购宋文军股权的权利,二者性质不同,《公司法》第七十四条不能适用于本案。在本案中,宋文军于2006年6月3日向大华公司提出解除劳动合同申请并于同日手书《退股申请》,提出"本人要求全额退股,年终盈利与亏损与我无关",该《退股申请》应视为其真实意思表

示。大华公司于2006年8月28日退还其全额股金款2万元,并于2007年1月8日召开股东大会审议通过了宋文军等三位股东的退股申请,大华公司基于宋文军的退股申请,依照公司章程的规定回购宋文军的股权,程序并无不当。另外,《公司法》所规定的抽逃出资专指公司股东抽逃其对于公司出资的行为,公司不能构成抽逃出资的主体,宋文军的这一再审申请理由不能成立。

综上,裁定驳回再审申请人宋文军的再审申请。

3. 台州德力奥汽车部件制造有限公司诉浙江建环机械有限公司管理人浙江安天律师事务所、中国光大银行股份有限公司台州温岭支行第三人撤销之诉案①

【关键词】民事/第三人撤销之诉/破产程序/个别清偿行为/原告主体资格

【裁判要点】

在银行承兑汇票的出票人进入破产程序后,对付款银行于法院受理破产申请前六个月内从出票人还款账户划扣票款的行为,破产管理人提起请求撤销个别清偿行为之诉,法院判决予以支持的,汇票的保证人与该生效判决具有法律上的利害关系,具有提起第三人撤销之诉的原告主体资格。

【相关法条】

《中华人民共和国民事诉讼法》第56条

【基本案情】

2014年3月21日,中国光大银行股份有限公司台州温岭支行(以下简称光大银行温岭支行)分别与浙江建环机械有限公司(以下简称建环公司)、台州德力奥汽车部件制造有限公司(以下简称德力奥公司)等签订《综合授信协议》《最高额保证合同》,约定光大银行温岭支行在2014年4月1日至2015年3月31日期间向建环公司提供最高额520万元的授信额度,德力奥公司等

---

① 案例来源:《最高人民法院关于发布第27批指导性案例的通知》(2021年2月19日 法〔2021〕55号),指导案例151号。

为该授信协议项下最高本金余额520万元提供连带责任保证。2014年4月2日,光大银行温岭支行与建环公司签订《银行承兑协议》,建环公司提供50%保证金(260万元),光大银行温岭支行向建环公司出具承兑汇票520万元,汇票到期日为2014年10月2日。2014年10月2日,陈某1将260万元汇至陈某2兴业银行的账户,然后陈某2将260万元汇至其在光大银行温岭支行的账户,再由陈某2将260万元汇至建环公司在光大银行温岭支行的还款账户。2014年10月8日,光大银行温岭支行在建环公司的上述账户内扣划2563430.83元,并陆续支付持票人承兑汇票票款共37笔,合计520万元。

2015年1月4日,浙江省玉环县人民法院受理建环公司的破产重整申请,并指定浙江安天律师事务所担任管理人(以下简称建环公司管理人)。因重整不成,浙江省玉环县人民法院裁定终结建环公司的重整程序并宣告其破产清算。2016年10月13日,建环公司管理人提起请求撤销个别清偿行为之诉,浙江省玉环县人民法院于2017年1月10日作出(2016)浙1021民初7201号民事判决,判令光大银行温岭支行返还建环公司管理人2563430.83元及利息损失。光大银行温岭支行不服提起上诉,浙江省台州市中级人民法院于2017年7月10日作出(2016)浙10民终360号二审判决:驳回上诉,维持原判。

2018年1月,光大银行温岭支行因保证合同纠纷一案将德力奥公司等诉至温岭市人民法院。原、被告均不服一审判决,上诉至台州市中级人民法院,二审判决德力奥公司等连带偿还光大银行温岭支行垫付款本金及利息等。

德力奥公司遂向台州市中级人民法院起诉撤销浙江省玉环县人民法院(2016)浙1021民初7201号民事判决第一项及台州市中级人民法院(2016)浙10民终360号民事判决。

【裁判结果】

台州市中级人民法院于2019年3月15日作出(2018)浙10民撤2号民事判决:驳回原告台州德力奥汽车部件制造有限公司的诉讼请求。台州德力奥汽车部件制造有限公司不服,上诉至浙江省高级人民法院。浙江省高级人民法院于2019年7月15日作出(2019)浙民终330号民事判决:一、撤销台州市中级人民法院(2018)浙10民撤2号民事判决;二、撤销台州市中级人民法院(2016)浙10民终360号民事判决和浙江省玉环县人民法院(2016)浙1021民初7201号民事判决第一项"限被告中国光大银行股份有限公司台州温岭支行于判决生效后一个月内返还原告浙江建环机械有限公司管理人浙江安天律师事务所人民币2563430.83元,并从2016年10月13日起按中国人民银行规定的同期同类贷款基准利率赔偿利息损失";三、改判浙江省玉环县人民法院(2016)浙1021民初7201号民事判决第二项"驳回原告浙江建环机械有限公司管理人浙江安天律师事务所的其余诉讼请求"为"驳回原告浙江建环机械有限公司管理人浙江安天律师事务所的全部诉讼请求";四、驳回台州德力奥汽车部件制造有限公司的其他诉讼请求。浙江建环机械有限公司管理人浙江安天律师事务所不服,向最高人民法院申请再审。最高人民法院于2020年5月27日作出(2020)最高法民申2033号民事裁定:驳回浙江建环机械有限公司管理人浙江安天律师事务所的再审申请。

【裁判理由】

最高人民法院认为:关于德力奥公司是否有权提起第三人撤销之诉的问题。本案涉汇票到期前建环公司未能依约将票款足额存入其在光大银行温岭支行的账户,基于票据无因性以及光大银行温岭支行作为银行承兑汇票的第一责任人,光大银行温岭支行须先行向持票人兑付票据金额,然后再向出票人(本案即建环公司)追偿,德力奥公司依约亦需承担连带偿付责任。由于案涉汇票到期前,建环公司依约将票款足额存入了其在光大银行温岭支行的账户,光大银行温岭支行向持票人兑付了票款,故不存在建环公司欠付光大银行温岭支行票款的问题,德力奥公司亦就无须承担连带偿付责任。但是,由于建环公司破产管理人针对建环公司在汇票到期前向其在光大银行温岭支行账户的汇款行为提起请求撤销个别清偿行为之诉,若建环公司破产管理人的诉求得到支持,德力奥公司作为建环公司申请光大银行温岭支行开具银行承兑汇票的保证人即要承担连带还款责任,故原案的处理结果与德力奥公司有法律上的利害关系,应当认定德力奥公司属于民事诉讼法第五十六条规定的无独立请求权第三人。

◎ 法规链接

中华人民共和国企业破产法

- 2006年8月27日第十届全国人民代表大会常务委员会第二十三次会议通过
- 2006年8月27日中华人民共和国主席令第54号公布
- 自2007年6月1日起施行

第一章 总 则

第一条 【立法宗旨】为规范企业破产程序，公平清理债权债务，保护债权人和债务人的合法权益，维护社会主义市场经济秩序，制定本法。

第二条 【清理债务与重整】企业法人不能清偿到期债务，并且资产不足以清偿全部债务或者明显缺乏清偿能力的，依照本法规定清理债务。

企业法人有前款规定情形，或者有明显丧失清偿能力可能的，可以依照本法规定进行重整。

第三条 【破产案件的管辖】破产案件由债务人住所地人民法院管辖。

第四条 【程序的法律适用】破产案件审理程序，本法没有规定的，适用民事诉讼法的有关规定。

第五条 【破产程序的效力】依照本法开始的破产程序，对债务人在中华人民共和国领域外的财产发生效力。

对外国法院作出的发生法律效力的破产案件的判决、裁定，涉及债务人在中华人民共和国领域内的财产，申请或者请求人民法院承认和执行的，人民法院依照中华人民共和国缔结或者参加的国际条约，或者按照互惠原则进行审查，认为不违反中华人民共和国法律的基本原则，不损害国家主权、安全和社会公共利益，不损害中华人民共和国领域内债权人的合法权益的，裁定承认和执行。

第六条 【企业职工权益的保障与企业经营管理人员法律责任的追究】人民法院审理破产案件，应当依法保障企业职工的合法权益，依法追究破产企业经营管理人员的法律责任。

第二章 申请和受理

第一节 申 请

第七条 【申请主体】债务人有本法第二条规定的情形，可以向人民法院提出重整、和解或者破产清算申请。

债务人不能清偿到期债务，债权人可以向人民法院提出对债务人进行重整或者破产清算的申请。

企业法人已解散但未清算或者未清算完毕，资产不足以清偿债务的，依法负有清算责任的人应当向人民法院申请破产清算。

第八条 【破产申请书与证据】向人民法院提出破产申请，应当提交破产申请书和有关证据。

破产申请书应当载明下列事项：

（一）申请人、被申请人的基本情况；

（二）申请目的；

（三）申请的事实和理由；

（四）人民法院认为应当载明的其他事项。

债务人提出申请的，还应当向人民法院提交财产状况说明、债务清册、债权清册、有关财务会计报告、职工安置预案以及职工工资的支付和社会保险费用的缴纳情况。

第九条 【破产申请的撤回】人民法院受理破产申请前，申请人可以请求撤回申请。

第二节 受 理

第十条 【破产申请的受理】债权人提出破产申请的，人民法院应当自收到申请之日起五日内通知债务人。债务人对申请有异议的，应当自收到人民法院的通知之日起七日内向人民法院提出。人民法院应当自异议期满之日起十日内裁定是否受理。

除前款规定的情形外，人民法院应当自收到破产申请之日起十五日内裁定是否受理。

有特殊情况需要延长前两款规定的裁定受理期限的，经上一级人民法院批准，可以延长十五日。

第十一条 【裁定受理与债务人提交材料】人民法院受理破产申请的，应当自裁定作出之日起五日内送达申请人。

债权人提出申请的，人民法院应当自裁定作出之日起五日内送达债务人。债务人应当自裁定送达之日起十五日内,向人民法院提交财产状况说明、债务清册、债权清册、有关财务会计报告以及职工工资的支付和社会保险费用的缴纳情况。

第十二条　【裁定不受理与驳回申请】人民法院裁定不受理破产申请的,应当自裁定作出之日起五日内送达申请人并说明理由。申请人对裁定不服的,可以自裁定送达之日起十日内向上一级人民法院提起上诉。

人民法院受理破产申请后至破产宣告前,经审查发现债务人不符合本法第二条规定情形的,可以裁定驳回申请。申请人对裁定不服的,可以自裁定送达之日起十日内向上一级人民法院提起上诉。

第十三条　【指定管理人】人民法院裁定受理破产申请的,应当同时指定管理人。

第十四条　【通知债权人与公告】人民法院应当自裁定受理破产申请之日起二十五日内通知已知债权人,并予以公告。

通知和公告应当载明下列事项:

(一)申请人、被申请人的名称或者姓名;

(二)人民法院受理破产申请的时间;

(三)申报债权的期限、地点和注意事项;

(四)管理人的名称或者姓名及其处理事务的地址;

(五)债务人的债务人或者财产持有人应当向管理人清偿债务或者交付财产的要求;

(六)第一次债权人会议召开的时间和地点;

(七)人民法院认为应当通知和公告的其他事项。

第十五条　【债务人的有关人员的义务】自人民法院受理破产申请的裁定送达债务人之日起至破产程序终结之日,债务人的有关人员承担下列义务:

(一)妥善保管其占有和管理的财产、印章和账簿、文书等资料;

(二)根据人民法院、管理人的要求进行工作,并如实回答询问;

(三)列席债权人会议并如实回答债权人的询问;

(四)未经人民法院许可,不得离开住所地;

(五)不得新任其他企业的董事、监事、高级管理人员。

前款所称有关人员,是指企业的法定代表人;经人民法院决定,可以包括企业的财务管理人员和其他经营管理人员。

第十六条　【债务人个别清偿的无效】人民法院受理破产申请后,债务人对个别债权人的债务清偿无效。

第十七条　【债务人的债务人或者财产持有人的义务】人民法院受理破产申请后,债务人的债务人或者财产持有人应当向管理人清偿债务或者交付财产。

债务人的债务人或者财产持有人故意违反前款规定向债务人清偿债务或者交付财产,使债权人受到损失的,不免除其清偿债务或者交付财产的义务。

第十八条　【破产申请受理前成立的合同的继续履行与解除】人民法院受理破产申请后,管理人对破产申请受理前成立而债务人和对方当事人均未履行完毕的合同有权决定解除或者继续履行,并通知对方当事人。管理人自破产申请受理之日起二个月内未通知对方当事人,或者自收到对方当事人催告之日起三十日内未答复的,视为解除合同。

管理人决定继续履行合同的,对方当事人应当履行;但是,对方当事人有权要求管理人提供担保。管理人不提供担保的,视为解除合同。

第十九条　【保全措施解除与执行程序中止】人民法院受理破产申请后,有关债务人财产的保全措施应当解除,执行程序应当中止。

第二十条　【民事诉讼或仲裁的中止与继续】人民法院受理破产申请后,已经开始而尚未终结的有关债务人的民事诉讼或者仲裁应当中止;在管理人接管债务人的财产后,该诉讼或者仲裁继续进行。

第二十一条　【债务人的民事诉讼的管辖】人民法院受理破产申请后,有关债务人的民事诉讼,只能向受理破产申请的人民法院提起。

第三章　管　理　人

第二十二条　【管理人的指定与更换】管理人由人民法院指定。

债权人会议认为管理人不能依法、公正执行职务或者有其他不能胜任职务情形的,可以申请人民法院予以更换。

指定管理人和确定管理人报酬的办法,由最高人民法院规定。

第二十三条　【管理人的义务】管理人依照本法规定执行职务,向人民法院报告工作,并接受债权人会议和债权人委员会的监督。

管理人应当列席债权人会议,向债权人会议报告职务执行情况,并回答询问。

第二十四条　【管理人的资格】管理人可以由有关部门、机构的人员组成的清算组或者依法设立的律师事务所、会计师事务所、破产清算事务所等社会中介机构担任。

人民法院根据债务人的实际情况,可以在征询有关社会中介机构的意见后,指定该机构具备相关专业知识并取得执业资格的人员担任管理人。

有下列情形之一的,不得担任管理人:

（一）因故意犯罪受过刑事处罚；

（二）曾被吊销相关专业执业证书；

（三）与本案有利害关系；

（四）人民法院认为不宜担任管理人的其他情形。

个人担任管理人的,应当参加执业责任保险。

第二十五条　【管理人的职责】管理人履行下列职责:

（一）接管债务人的财产、印章和账簿、文书等资料；

（二）调查债务人财产状况,制作财产状况报告；

（三）决定债务人的内部管理事务；

（四）决定债务人的日常开支和其他必要开支；

（五）在第一次债权人会议召开之前,决定继续或者停止债务人的营业；

（六）管理和处分债务人的财产；

（七）代表债务人参加诉讼、仲裁或者其他法律程序；

（八）提议召开债权人会议；

（九）人民法院认为管理人应当履行的其他职责。

本法对管理人的职责另有规定的,适用其规定。

第二十六条　【第一次债权人会议前管理人行为的许可】在第一次债权人会议召开之前,管理人决定继续或者停止债务人的营业或者有本法第六十九条规定行为之一的,应当经人民法院许可。

第二十七条　【管理人的忠实义务】管理人应当勤勉尽责,忠实执行职务。

第二十八条　【管理人聘任工作人员与管理人的报酬】管理人经人民法院许可,可以聘用必要的工作人员。

管理人的报酬由人民法院确定。债权人会议对管理人的报酬有异议的,有权向人民法院提出。

第二十九条　【管理人的辞职】管理人没有正当理由不得辞去职务。管理人辞去职务应当经人民法院许可。

第四章　债务人财产

第三十条　【债务人财产】破产申请受理时属于债务人的全部财产,以及破产申请受理后至破产程序终结前债务人取得的财产,为债务人财产。

第三十一条　【受理破产申请前一年内行为的撤销】人民法院受理破产申请前一年内,涉及债务人财产的下列行为,管理人有权请求人民法院予以撤销:

（一）无偿转让财产的；

（二）以明显不合理的价格进行交易的；

（三）对没有财产担保的债务提供财产担保的；

（四）对未到期的债务提前清偿的；

（五）放弃债权的。

第三十二条　【受理破产申请前六个月内行为的撤销】人民法院受理破产申请前六个月内,债务人有本法第二条第一款规定的情形,仍对个别债权人进行清偿的,管理人有权请求人民法院予以撤销。但是,个别清偿使债务人财产受益的除外。

第三十三条　【无效行为】涉及债务人财产的下

列行为无效：

（一）为逃避债务而隐匿、转移财产的；

（二）虚构债务或者承认不真实的债务的。

第三十四条 【追回因被撤销或无效行为取得的债务人的财产】因本法第三十一条、第三十二条或者第三十三条规定的行为而取得的债务人的财产，管理人有权追回。

第三十五条 【债务人的出资人缴纳出资】人民法院受理破产申请后，债务人的出资人尚未完全履行出资义务的，管理人应当要求该出资人缴纳所认缴的出资，而不受出资期限的限制。

第三十六条 【管理人员非正常收入和财产的追回】债务人的董事、监事和高级管理人员利用职权从企业获取的非正常收入和侵占的企业财产，管理人应当追回。

第三十七条 【管理人取回质物、留置物】人民法院受理破产申请后，管理人可以通过清偿债务或者提供为债权人接受的担保，取回质物、留置物。

前款规定的债务清偿或者替代担保，在质物或者留置物的价值低于被担保的债权额时，以该质物或者留置物当时的市场价值为限。

第三十八条 【权利人财产的取回】人民法院受理破产申请后，债务人占有的不属于债务人的财产，该财产的权利人可以通过管理人取回。但是，本法另有规定的除外。

第三十九条 【在途运输标的物的取回与交付】人民法院受理破产申请时，出卖人已将买卖标的物向作为买受人的债务人发运，债务人尚未收到且未付清全部价款的，出卖人可以取回在运途中的标的物。但是，管理人可以支付全部价款，请求出卖人交付标的物。

第四十条 【抵销权】债权人在破产申请受理前对债务人负有债务的，可以向管理人主张抵销。但是，有下列情形之一的，不得抵销：

（一）债务人的债务人在破产申请受理后取得他人对债务人的债权的；

（二）债权人已知债务人有不能清偿到期债务或者破产申请的事实，对债务人负担债务的；但是，债权人因为法律规定或者有破产申请一年前所发生的原因而负担债务的除外。

（三）债务人的债务人已知债务人有不能清偿到期债务或者破产申请的事实，对债务人取得债权的；但是，债务人的债务人因为法律规定或者有破产申请一年前所发生的原因而取得债权的除外。

第五章 破产费用和共益债务

第四十一条 【破产费用】人民法院受理破产申请后发生的下列费用，为破产费用：

（一）破产案件的诉讼费用；

（二）管理、变价和分配债务人财产的费用；

（三）管理人执行职务的费用、报酬和聘用工作人员的费用。

第四十二条 【共益债务】人民法院受理破产申请后发生的下列债务，为共益债务：

（一）因管理人或者债务人请求对方当事人履行双方均未履行完毕的合同所产生的债务；

（二）债务人财产受无因管理所产生的债务；

（三）因债务人不当得利所产生的债务；

（四）为债务人继续营业而应支付的劳动报酬和社会保险费用以及由此产生的其他债务；

（五）管理人或者相关人员执行职务致人损害所产生的债务；

（六）债务人财产致人损害所产生的债务。

第四十三条 【破产费用和共益债务的清偿】破产费用和共益债务由债务人财产随时清偿。

债务人财产不足以清偿所有破产费用和共益债务的，先行清偿破产费用。

债务人财产不足以清偿所有破产费用或者共益债务的，按照比例清偿。

债务人财产不足以清偿破产费用的，管理人应当提请人民法院终结破产程序。人民法院应当自收到请求之日起十五日内裁定终结破产程序，并予以公告。

第六章 债权申报

第四十四条 【债权人依法定程序行使权利】人民法院受理破产申请时对债务人享有债权的债权人，依照本法规定的程序行使权利。

第四十五条 【债权申报期限】人民法院受理破

产申请后,应当确定债权人申报债权的期限。债权申报期限自人民法院发布受理破产申请公告之日起计算,最短不得少于三十日,最长不得超过三个月。

第四十六条 【未到期的债权与附利息的债权的算定】未到期的债权,在破产申请受理时视为到期。

附利息的债权自破产申请受理时起停止计息。

第四十七条 【附条件、附期限债权与未决债权的申报】附条件、附期限的债权和诉讼、仲裁未决的债权,债权人可以申报。

第四十八条 【申报债权的公示与异议】债权人应当在人民法院确定的债权申报期限内向管理人申报债权。

债务人所欠职工的工资和医疗、伤残补助、抚恤费用,所欠的应当划入职工个人账户的基本养老保险、基本医疗保险费用,以及法律、行政法规规定应当支付给职工的补偿金,不必申报,由管理人调查后列出清单并予以公示。职工对清单记载有异议的,可以要求管理人更正;管理人不予更正的,职工可以向人民法院提起诉讼。

第四十九条 【申报债权的书面说明】债权人申报债权时,应当书面说明债权的数额和有无财产担保,并提交有关证据。申报的债权是连带债权的,应当说明。

第五十条 【连带债权人申报债权】连带债权人可以由其中一人代表全体连带债权人申报债权,也可以共同申报债权。

第五十一条 【连带债务人申报债权】债务人的保证人或者其他连带债务人已经代替债务人清偿债务的,以其对债务人的求偿权申报债权。

债务人的保证人或者其他连带债务人尚未代替债务人清偿债务的,以其对债务人的将来求偿权申报债权。但是,债务人已经向管理人申报全部债权的除外。

第五十二条 【连带债务人的债权人申报债权】连带债务人数人被裁定适用本法规定的程序的,其债权人有权就全部债权分别在各破产案件中申报债权。

第五十三条 【解除合同后对方当事人申报债权】管理人或者债务人依照本法规定解除合同的,对方当事人以因合同解除所产生的损害赔偿请求权申报债权。

第五十四条 【受托人申报债权】债务人是委托合同的委托人,被裁定适用本法规定的程序,受托人不知该事实,继续处理委托事务的,受托人以由此产生的请求权申报债权。

第五十五条 【票据付款人申报债权】债务人是票据的出票人,被裁定适用本法规定的程序,该票据的付款人继续付款或者承兑的,付款人以由此产生的请求权申报债权。

第五十六条 【补充申报债权】在人民法院确定的债权申报期限内,债权人未申报债权的,可以在破产财产最后分配前补充申报;但是,此前已进行的分配,不再对其补充分配。为审查和确认补充申报债权的费用,由补充申报人承担。

债权人未依照本法规定申报债权的,不得依照本法规定的程序行使权利。

第五十七条 【债权表】管理人收到债权申报材料后,应当登记造册,对申报的债权进行审查,并编制债权表。

债权表和债权申报材料由管理人保存,供利害关系人查阅。

第五十八条 【债权表的核查、确认与异议】依照本法第五十七条规定编制的债权表,应当提交第一次债权人会议核查。

债务人、债权人对债权表记载的债权无异议的,由人民法院裁定确认。

债务人、债权人对债权表记载的债权有异议的,可以向受理破产申请的人民法院提起诉讼。

第七章 债权人会议

第一节 一般规定

第五十九条 【债权人会议的组成】依法申报债权的债权人为债权人会议的成员,有权参加债权人会议,享有表决权。

债权尚未确定的债权人,除人民法院能够为其行使表决权而临时确定债权额的外,不得行使表决权。

对债务人的特定财产享有担保权的债权

人,未放弃优先受偿权利的,对于本法第六十一条第一款第七项、第十项规定的事项不享有表决权。

债权人可以委托代理人出席债权人会议,行使表决权。代理人出席债权人会议,应当向人民法院或者债权人会议主席提交债权人的授权委托书。

债权人会议应当有债务人的职工和工会的代表参加,对有关事项发表意见。

第六十条　【债权人会议主席】债权人会议设主席一人,由人民法院从有表决权的债权人中指定。

债权人会议主席主持债权人会议。

第六十一条　【债权人会议的职权】债权人会议行使下列职权:

(一)核查债权;

(二)申请人民法院更换管理人,审查管理人的费用和报酬;

(三)监督管理人;

(四)选任和更换债权人委员会成员;

(五)决定继续或者停止债务人的营业;

(六)通过重整计划;

(七)通过和解协议;

(八)通过债务人财产的管理方案;

(九)通过破产财产的变价方案;

(十)通过破产财产的分配方案;

(十一)人民法院认为应当由债权人会议行使的其他职权。

债权人会议应当对所议事项的决议作出会议记录。

第六十二条　【债权人会议的召开】第一次债权人会议由人民法院召集,自债权申报期限届满之日起十五日内召开。

以后的债权人会议,在人民法院认为必要时,或者管理人、债权人委员会、占债权总额四分之一以上的债权人向债权人会议主席提议时召开。

第六十三条　【通知债权人】召开债权人会议,管理人应当提前十五日通知已知的债权人。

第六十四条　【债权人会议的决议】债权人会议的决议,由出席会议的有表决权的债权人过半数通过,并且其所代表的债权额占无财产担保债权总额的二分之一以上。但是,本法另有规定的除外。

债权人认为债权人会议的决议违反法律规定,损害其利益的,可以自债权人会议作出决议之日起十五日内,请求人民法院裁定撤销该决议,责令债权人会议依法重新作出决议。

债权人会议的决议,对于全体债权人均有约束力。

第六十五条　【法院裁定事项】本法第六十一条第一款第八项、第九项所列事项,经债权人会议表决未通过的,由人民法院裁定。

本法第六十一条第一款第十项所列事项,经债权人会议二次表决仍未通过的,由人民法院裁定。

对前两款规定的裁定,人民法院可以在债权人会议上宣布或者另行通知债权人。

第六十六条　【债权人申请复议】债权人对人民法院依照本法第六十五条第一款作出的裁定不服的,债权额占无财产担保债权总额二分之一以上的债权人对人民法院依照本法第六十五条第二款作出的裁定不服的,可以自裁定宣布之日或者收到通知之日起十五日内向该人民法院申请复议。复议期间不停止裁定的执行。

第二节　债权人委员会

第六十七条　【债权人委员会的组成】债权人会议可以决定设立债权人委员会。债权人委员会由债权人会议选任的债权人代表和一名债务人的职工代表或者工会代表组成。债权人委员会成员不得超过九人。

债权人委员会成员应当经人民法院书面决定认可。

第六十八条　【债权人委员会的职权】债权人委员会行使下列职权:

(一)监督债务人财产的管理和处分;

(二)监督破产财产分配;

(三)提议召开债权人会议;

(四)债权人会议委托的其他职权。

债权人委员会执行职务时,有权要求管理人、债务人的有关人员对其职权范围内的事务作出说明或者提供有关文件。

管理人、债务人的有关人员违反本法规定拒绝接受监督的,债权人委员会有权就监督事项请求人民法院作出决定;人民法院应当在五日内作出决定。

第六十九条　【管理人行为的告知】 管理人实施下列行为,应当及时报告债权人委员会:

（一）涉及土地、房屋等不动产权益的转让;

（二）探矿权、采矿权、知识产权等财产权的转让;

（三）全部库存或者营业的转让;

（四）借款;

（五）设定财产担保;

（六）债权和有价证券的转让;

（七）履行债务人和对方当事人均未履行完毕的合同;

（八）放弃权利;

（九）担保物的取回;

（十）对债权人利益有重大影响的其他财产处分行为。

未设立债权人委员会的,管理人实施前款规定的行为应当及时报告人民法院。

第八章　重　整

第一节　重整申请和重整期间

第七十条　【重整申请】 债务人或者债权人可以依照本法规定,直接向人民法院申请对债务人进行重整。

债权人申请对债务人进行破产清算的,在人民法院受理破产申请后、宣告债务人破产前,债务人或者出资额占债务人注册资本十分之一以上的出资人,可以向人民法院申请重整。

第七十一条　【裁定重整与公告】 人民法院经审查认为重整申请符合本法规定的,应当裁定债务人重整,并予以公告。

第七十二条　【重整期间】 自人民法院裁定债务人重整之日起至重整程序终止,为重整期间。

第七十三条　【债务人自行管理与营业】 在重整期间,经债务人申请,人民法院批准,债务人可以在管理人的监督下自行管理财产和营业事务。

有前款规定情形的,依照本法规定已接管债务人财产和营业事务的管理人应当向债务人移交财产和营业事务,本法规定的管理人的职权由债务人行使。

第七十四条　【管理人管理与营业】 管理人负责管理财产和营业事务的,可以聘任债务人的经营管理人员负责营业事务。

第七十五条　【重整期间担保权的行使与借款】

在重整期间,对债务人的特定财产享有的担保权暂停行使。但是,担保物有损坏或者价值明显减少的可能,足以危害担保权人权利的,担保权人可以向人民法院请求恢复行使担保权。

在重整期间,债务人或者管理人为继续营业而借款的,可以为该借款设定担保。

第七十六条　【重整期间的取回权】 债务人合法占有的他人财产,该财产的权利人在重整期间要求取回的,应当符合事先约定的条件。

第七十七条　【重整期间对出资人收益分配与董事、监事、高级管理人员持股转让的限制】 在重整期间,债务人的出资人不得请求投资收益分配。

在重整期间,债务人的董事、监事、高级管理人员不得向第三人转让其持有的债务人的股权。但是,经人民法院同意的除外。

第七十八条　【重整终止与破产宣告】 在重整期间,有下列情形之一的,经管理人或者利害关系人请求,人民法院应当裁定终止重整程序,并宣告债务人破产:

（一）债务人的经营状况和财产状况继续恶化,缺乏挽救的可能性;

（二）债务人有欺诈、恶意减少债务人财产或者其他显著不利于债权人的行为;

（三）由于债务人的行为致使管理人无法执行职务。

第二节　重整计划的制定和批准

第七十九条　【重整计划草案的提交期限】 债务人或者管理人应当自人民法院裁定债务人重整之日起六个月内,同时向人民法院和债权人会议提交重整计划草案。

前款规定的期限届满,经债务人或者管理人请求,有正当理由的,人民法院可以裁定延期三个月。

债务人或者管理人未按期提出重整计划草案的,人民法院应当裁定终止重整程序,并宣告债务人破产。

第八十条　【重整计划草案的制作主体】债务人自行管理财产和营业事务的,由债务人制作重整计划草案。

管理人负责管理财产和营业事务的,由管理人制作重整计划草案。

第八十一条　【重整计划草案的内容】重整计划草案应当包括下列内容:

(一)债务人的经营方案;

(二)债权分类;

(三)债权调整方案;

(四)债权受偿方案;

(五)重整计划的执行期限;

(六)重整计划执行的监督期限;

(七)有利于债务人重整的其他方案。

第八十二条　【债权分类与重整计划草案分组表决】下列各类债权的债权人参加讨论重整计划草案的债权人会议,依照下列债权分类,分组对重整计划草案进行表决:

(一)对债务人的特定财产享有担保权的债权;

(二)债务人所欠职工的工资和医疗、伤残补助、抚恤费用,所欠的应当划入职工个人账户的基本养老保险、基本医疗保险费用,以及法律、行政法规规定应当支付给职工的补偿金;

(三)债务人所欠税款;

(四)普通债权。

人民法院在必要时可以决定在普通债权组中设小额债权组对重整计划草案进行表决。

第八十三条　【不得减免的费用】重整计划不得规定减免债务人欠缴的本法第八十二条第一款第二项规定以外的社会保险费用;该项费用的债权人不参加重整计划草案的表决。

第八十四条　【重整计划草案的表决】人民法院应当自收到重整计划草案之日起三十日内召开债权人会议,对重整计划草案进行表决。

出席会议的同一表决组的债权人过半数同意重整计划草案,并且其所代表的债权额占该组债权总额的三分之二以上的,即为该组通过重整计划草案。

债务人或者管理人应当向债权人会议就重整计划草案作出说明,并回答询问。

第八十五条　【出资人代表列席会议与出资人组表决】债务人的出资人代表可以列席讨论重整计划草案的债权人会议。

重整计划草案涉及出资人权益调整事项的,应当设出资人组,对该事项进行表决。

第八十六条　【表决通过重整计划与重整程序终止】各表决组均通过重整计划草案时,重整计划即为通过。

自重整计划通过之日起十日内,债务人或者管理人应当向人民法院提出批准重整计划的申请。人民法院经审查认为符合本法规定的,应当自收到申请之日起三十日内裁定批准,终止重整程序,并予以公告。

第八十七条　【裁定批准重整计划与重整程序终止】部分表决组未通过重整计划草案的,债务人或者管理人可以同未通过重整计划草案的表决组协商。该表决组可以在协商后再表决一次。双方协商的结果不得损害其他表决组的利益。

未通过重整计划草案的表决组拒绝再次表决或者再次表决仍未通过重整计划草案,但重整计划草案符合下列条件的,债务人或者管理人可以申请人民法院批准重整计划草案:

(一)按照重整计划草案,本法第八十二条第一款第一项所列债权就该特定财产将获得全额清偿,其因延期清偿所受的损失将得到公平补偿,并且其担保权未受到实质性损害,或者该表决组已经通过重整计划草案;

(二)按照重整计划草案,本法第八十二条第一款第二项、第三项所列债权将获得全额清偿,或者相应表决组已经通过重整计划草案;

(三)按照重整计划草案,普通债权所获得的清偿比例,不低于其在重整计划草案被申请批准时依照破产清算程序所能获得的清偿比例,或者该表决组已经通过重整计划草案;

(四)重整计划草案对出资人权益的调整公平、公正,或者出资人组已经通过重整计划草案;

(五)重整计划草案公平对待同一表决组

的成员,并且所规定的债权清偿顺序不违反本法第一百一十三条的规定;

(六)债务人的经营方案具有可行性。

人民法院经审查认为重整计划草案符合前款规定的,应当自收到申请之日起三十日内裁定批准,终止重整程序,并予公告。

第八十八条 【重整程序的非正常终止】重整计划草案未获得通过且未按照本法第八十七条的规定获得批准,或者已通过的重整计划未获得批准的,人民法院应当裁定终止重整程序,并宣告债务人破产。

第三节 重整计划的执行

第八十九条 【重整计划的执行主体】重整计划由债务人负责执行。

人民法院裁定批准重整计划后,已接管财产和营业事务的管理人应当向债务人移交财产和营业事务。

第九十条 【重整计划执行的监督与报告】自人民法院裁定批准重整计划之日起,在重整计划规定的监督期内,由管理人监督重整计划的执行。

在监督期内,债务人应当向管理人报告重整计划执行情况和债务人财务状况。

第九十一条 【监督报告与监督期限的延长】监督期届满时,管理人应当向人民法院提交监督报告。自监督报告提交之日起,管理人的监督职责终止。

管理人向人民法院提交的监督报告,重整计划的利害关系人有权查阅。

经管理人申请,人民法院可以裁定延长重整计划执行的监督期限。

第九十二条 【重整计划的约束力】经人民法院裁定批准的重整计划,对债务人和全体债权人均有约束力。

债权人未依照本法规定申报债权的,在重整计划执行期间不得行使权利;在重整计划执行完毕后,可以按重整计划规定的同类债权的清偿条件行使权利。

债权人对债务人的保证人和其他连带债务人所享有的权利,不受重整计划的影响。

第九十三条 【重整计划的终止】债务人不能执

行或者不执行重整计划的,人民法院经管理人或者利害关系人请求,应当裁定终止重整计划的执行,并宣告债务人破产。

人民法院裁定终止重整计划执行的,债权人在重整计划中作出的债权调整的承诺失去效力。债权人因执行重整计划所受的清偿仍然有效,债权未受清偿的部分作为破产债权。

前款规定的债权人,只有在其他同顺位债权人同自己所受的清偿达到同一比例时,才能继续接受分配。

有本条第一款规定情形的,为重整计划的执行提供的担保继续有效。

第九十四条 【重整计划减免的债务不再清偿】按照重整计划减免的债务,自重整计划执行完毕时起,债务人不再承担清偿责任。

第九章 和 解

第九十五条 【和解申请】债务人可以依照本法规定,直接向人民法院申请和解;也可以在人民法院受理破产申请后、宣告债务人破产前,向人民法院申请和解。

债务人申请和解,应当提出和解协议草案。

第九十六条 【裁定和解】人民法院经审查认为和解申请符合本法规定的,应当裁定和解,予以公告,并召集债权人会议讨论和解协议草案。

对债务人的特定财产享有担保权的权利人,自人民法院裁定和解之日起可以行使权利。

第九十七条 【通过和解协议】债权人会议通过和解协议的决议,由出席会议的有表决权的债权人过半数同意,并且其所代表的债权额占无财产担保债权总额的三分之二以上。

第九十八条 【裁定认可和解协议并终止和解程序】债权人会议通过和解协议的,由人民法院裁定认可,终止和解程序,并予以公告。管理人应当向债务人移交财产和营业事务,并向人民法院提交执行职务的报告。

第九十九条 【和解协议的否决与宣告破产】和解协议草案经债权人会议表决未获得通过,或者已经债权人会议通过的和解协议未获得人民法院认可的,人民法院应当裁定终止和解程序,并宣告债务人破产。

第一百条 【和解协议的约束力】经人民法院裁定认可的和解协议,对债务人和全体和解债权人均有约束力。

和解债权人是指人民法院受理破产申请时对债务人享有无财产担保债权的人。

和解债权人未依照本法规定申报债权的,在和解协议执行期间不得行使权利;在和解协议执行完毕后,可以按照和解协议规定的清偿条件行使权利。

第一百零一条 【和解协议的影响】和解债权人对债务人的保证人和其他连带债务人所享有的权利,不受和解协议的影响。

第一百零二条 【债务人履行和解协议的义务】债务人应当按照和解协议规定的条件清偿债务。

第一百零三条 【和解协议无效与宣告破产】因债务人的欺诈或者其他违法行为而成立的和解协议,人民法院应当裁定无效,并宣告债务人破产。

有前款规定情形的,和解债权人因执行和解协议所受的清偿,在其他债权人所受清偿同等比例的范围内,不予返还。

第一百零四条 【终止执行和解协议与宣告破产】债务人不能执行或者不执行和解协议的,人民法院经和解债权人请求,应当裁定终止和解协议的执行,并宣告债务人破产。

人民法院裁定终止和解协议执行的,和解债权人在和解协议中作出的债权调整的承诺失去效力。和解债权人因执行和解协议所受的清偿仍然有效,和解债权未受清偿的部分作为破产债权。

前款规定的债权人,只有在其他债权人同自己所受的清偿达到同一比例时,才能继续接受分配。

有本条第一款规定情形的,为和解协议的执行提供的担保继续有效。

第一百零五条 【自行和解与破产程序终结】人民法院受理破产申请后,债务人与全体债权人就债权债务的处理自行达成协议的,可以请求人民法院裁定认可,并终结破产程序。

第一百零六条 【和解协议减免债务不再清偿】按照和解协议减免的债务,自和解协议执行完毕时起,债务人不再承担清偿责任。

第十章 破产清算
第一节 破产宣告

第一百零七条 【破产宣告】人民法院依照本法规定宣告债务人破产的,应当自裁定作出之日起五日内送达债务人和管理人,自裁定作出之日起十日内通知已知债权人,并予以公告。

债务人被宣告破产后,债务人称为破产人,债务人财产称为破产财产,人民法院受理破产申请时对债务人享有的债权称为破产债权。

第一百零八条 【破产宣告前的破产程序终结】破产宣告前,有下列情形之一的,人民法院应当裁定终结破产程序,并予以公告:

(一)第三人为债务人提供足额担保或者为债务人清偿全部到期债务的;

(二)债务人已清偿全部到期债务的。

第一百零九条 【别除权】对破产人的特定财产享有担保权的权利人,对该特定财产享有优先受偿的权利。

第一百一十条 【别除权的不完全实现与放弃】享有本法第一百零九条规定权利的债权人行使优先受偿权利未能完全受偿的,其未受偿的债权作为普通债权;放弃优先受偿权利的,其债权作为普通债权。

第二节 变价和分配

第一百一十一条 【破产财产变价方案】管理人应当及时拟订破产财产变价方案,提交债权人会议讨论。

管理人应当按照债权人会议通过的或者人民法院依照本法第六十五条第一款规定裁定的破产财产变价方案,适时变价出售破产财产。

第一百一十二条 【变价出售方式】变价出售破产财产应当通过拍卖进行。但是,债权人会议另有决议的除外。

破产企业可以全部或者部分变价出售。企业变价出售时,可以将其中的无形资产和其他财产单独变价出售。

按照国家规定不能拍卖或者限制转让的财产,应当按照国家规定的方式处理。

第一百一十三条 【破产财产的清偿顺序】破产财产在优先清偿破产费用和共益债务后,依下列顺序清偿：

（一）破产人所欠职工的工资和医疗、伤残补助、抚恤费用，所欠的应当划入职工个人账户的基本养老保险、基本医疗保险费用，以及法律、行政法规规定应当支付给职工的补偿金；

（二）破产人欠缴的除前项规定以外的社会保险费用和破产人所欠税款；

（三）普通破产债权。

破产财产不足以清偿同一顺序的清偿要求的，按照比例分配。

破产企业的董事、监事和高级管理人员的工资按照该企业职工的平均工资计算。

第一百一十四条 【破产财产的分配方式】破产财产的分配应当以货币分配方式进行。但是，债权人会议另有决议的除外。

第一百一十五条 【破产财产的分配方案】管理人应当及时拟订破产财产分配方案，提交债权人会议讨论。

破产财产分配方案应当载明下列事项：

（一）参加破产财产分配的债权人名称或者姓名、住所；

（二）参加破产财产分配的债权额；

（三）可供分配的破产财产数额；

（四）破产财产分配的顺序、比例及数额；

（五）实施破产财产分配的方法。

债权人会议通过破产财产分配方案后，由管理人将该方案提请人民法院裁定认可。

第一百一十六条 【破产财产分配方案的执行】破产财产分配方案经人民法院裁定认可后，由管理人执行。

管理人按照破产财产分配方案实施多次分配的，应当公告本次分配的财产额和债权额。管理人实施最后分配的，应当在公告中指明，并载明本法第一百一十七条第二款规定的事项。

第一百一十七条 【附条件债权的分配】对于附生效条件或者解除条件的债权，管理人应当将其分配额提存。

管理人依照前款规定提存的分配额，在最后分配公告日，生效条件未就或者解除条件成就的，应当分配给其他债权人；在最后分配公告日，生效条件成就或者解除条件未成就的，应当交付给债权人。

第一百一十八条 【未受领的破产财产的分配】债权人未受领的破产财产分配额，管理人应当提存。债权人自最后分配公告之日起满二个月仍不领取的，视为放弃受领分配的权利，管理人或者人民法院应当将提存的分配额分配给其他债权人。

第一百一十九条 【诉讼或仲裁未决债权的分配】破产财产分配时，对于诉讼或者仲裁未决的债权，管理人应当将其分配额提存。自破产程序终结之日起满二年仍不能受领分配的，人民法院应当将提存的分配额分配给其他债权人。

第三节　破产程序的终结

第一百二十条 【破产程序的终结及公告】破产人无财产可供分配的，管理人应当请求人民法院裁定终结破产程序。

管理人在最后分配完结后，应当及时向人民法院提交破产财产分配报告，并请人民法院裁定终结破产程序。

人民法院应当自收到管理人终结破产程序的请求之日起十五日内作出是否终结破产程序的裁定。裁定终结的，应当予以公告。

第一百二十一条 【破产人的注销登记】管理人应当自破产程序终结之日起十日内，持人民法院终结破产程序的裁定，向破产人的原登记机关办理注销登记。

第一百二十二条 【管理人执行职务的终止】管理人于办理注销登记完毕的次日终止执行职务。但是，存在诉讼或者仲裁未决情况的除外。

第一百二十三条 【破产程序终结后的追加分配】自破产程序依照本法第四十三条第四款或者第一百二十条的规定终结之日起二年内，有下列情形之一的，债权人可以请求人民法院按照破产财产分配方案进行追加分配：

（一）发现有依照本法第三十一条、第三十二条、第三十三条、第三十六条规定应当追回的财产的；

（二）发现破产人有应当供分配的其他财产的。

有前款规定情形,但财产数量不足以支付分配费用的,不再进行追加分配,由人民法院将其上交国库。

第一百二十四条 【对未受偿债权的清偿责任】 破产人的保证人和其他连带债务人,在破产程序终结后,对债权人依照破产清偿程序未受清偿的债权,依法继续承担清偿责任。

第十一章 法律责任

第一百二十五条 【破产企业董事、监事和高级管理人员的法律责任】 企业董事、监事或者高级管理人员违反忠实义务、勤勉义务,致使所在企业破产的,依法承担民事责任。

有前款规定情形的人员,自破产程序终结之日起三年内不得担任任何企业的董事、监事、高级管理人员。

第一百二十六条 【有义务列席债权人会议的债务人的有关人员的法律责任】 有义务列席债权人会议的债务人的有关人员,经人民法院传唤,无正当理由拒不列席债权人会议的,人民法院可以拘传,并依法处以罚款。债务人的有关人员违反本法规定,拒不陈述、回答,或者作虚假陈述、回答,人民法院可以依法处以罚款。

第一百二十七条 【不履行法定义务的直接责任人员的法律责任】 债务人违反本法规定,拒不向人民法院提交或者提交不真实的财产状况说明、债务清册、债权清册、有关财务会计报告以及职工工资的支付情况和社会保险费用的缴纳情况的,人民法院可以对直接责任人员依法处以罚款。

债务人违反本法规定,拒不向管理人移交财产、印章和账簿、文书等资料的,或者伪造、销毁有关财产证据材料而使财产状况不明的,人民法院可以对直接责任人员依法处以罚款。

第一百二十八条 【债务人的法定代表人和其他直接责任人员的法律责任】 债务人有本法第三十一条、第三十二条、第三十三条规定的行为,损害债权人利益的,债务人的法定代表人和其他直接责任人员依法承担赔偿责任。

第一百二十九条 【债务人的有关人员擅自离开住所地的法律责任】 债务人的有关人员违反本法规定,擅自离开住所地的,人民法院可以予以训诫、拘留,可以依法并处罚款。

第一百三十条 【管理人的法律责任】 管理人未依照本法规定勤勉尽责,忠实执行职务的,人民法院可以依法处以罚款;给债权人、债务人或者第三人造成损失的,依法承担赔偿责任。

第一百三十一条 【刑事责任】 违反本法规定,构成犯罪的,依法追究刑事责任。

第十二章 附 则

第一百三十二条 【别除权适用的例外】 本法施行后,破产人在本法公布之日前所欠职工的工资和医疗、伤残补助、抚恤费用,所欠的应当划入职工个人账户的基本养老保险、基本医疗保险费用,以及法律、行政法规规定应当支付给职工的补偿金,依照本法第一百一十三条的规定清偿后不足以清偿的部分,以本法第一百零九条规定的特定财产优先于对该特定财产享有担保权的权利人受偿。

第一百三十三条 【本法施行前国务院规定范围内企业破产的特别规定】 在本法施行前国务院规定的期限和范围内的国有企业实施破产的特殊事宜,按照国务院有关规定办理。

第一百三十四条 【金融机构破产的特别规定】 商业银行、证券公司、保险公司等金融机构有本法第二条规定情形的,国务院金融监督管理机构可以向人民法院提出对该金融机构进行重整或者破产清算的申请。国务院金融监督管理机构依法对出现重大经营风险的金融机构采取接管、托管等措施的,可以向人民法院申请中止以该金融机构为被告或者被执行人的民事诉讼程序或者执行程序。

金融机构实施破产的,国务院可以依据本法和其他有关法律的规定制定实施办法。

第一百三十五条 【企业法人以外组织破产的准用规定】 其他法律规定企业法人以外的组织的清算,属于破产清算的,参照适用本法规定的程序。

第一百三十六条 【施行日期】 本法自2007年6月1日起施行,《中华人民共和国企业破产法(试行)》同时废止。

十二 海事海商

司法解释

最高人民法院关于保函是否具有法律效力问题的批复

- 1988年10月4日
- 法(交)复〔1988〕44号

广东省高级人民法院：

你院〔88〕粤法经字第235号函收悉。

经研究，原则同意你院意见。我们认为：海上货物运输的托运人为换取清洁提单而向承运人出具的保函，对收货人不具有约束力。不论保函如何约定，都不影响收货人向承运人或托运人索赔；对托运人和承运人出于善意而由一方出具另一方接受的保函，双方均有履行之义务。

本案承运人预见到以水尺计重和航行中开舱晒货会产生误差及损耗，但在托运人出具保函承诺"如到卸货港发生短重，其责任由货方负责"的前提下，才签发了清洁提单，没有欺诈收货人的故意，在航行中也没有过错，故不负赔偿责任。托运人申请以水尺计重，要求承运人途中开舱晒货，并就此可能出现的短重出具了保函，应履行其在保函中所作的承诺，承担货物短少的赔偿责任。

此复。

最高人民法院关于审理船舶碰撞和触碰案件财产损害赔偿的规定

- 2020年12月29日
- 法释〔2020〕18号

根据《中华人民共和国民法典》和《中华人民共和国海商法》的有关规定，结合我国海事审判实践并参照国际惯例，对审理船舶碰撞和触碰案件的财产损害赔偿规定如下：

一、请求人可以请求赔偿对船舶碰撞或者触碰所造成的财产损失，船舶碰撞或者触碰后相继发生的有关费用和损失，为避免或者减少损害而产生的合理费用和损失，以及预期可得利益的损失。

因请求人的过错造成的损失或者使损失扩大的部分，不予赔偿。

二、赔偿应当尽量达到恢复原状，不能恢复原状的折价赔偿。

三、船舶损害赔偿分为全损赔偿和部分损害赔偿。

（一）船舶全损的赔偿包括：

船舶价值损失；

未包括在船舶价值内的船舶上的燃料、物料、备件、供应品，渔船上的捕捞设备、网具、渔具等损失；

船员工资、遣返费及其他合理费用。

（二）船舶部分损害的赔偿包括：合理的船舶临时修理费、永久修理费及辅助费用、维持费用，但应满足下列条件：

船舶应就近修理，除非请求人能证明在其他地方修理更能减少损失和节省费用，或者有其他合理的理由。如果船舶经临时修理可继续营运，请求人有责任进行临时修理；

船舶碰撞部位的修理，同请求人为保证船舶适航，或者因另外事故所进行的修理，或者与船舶例行的检修一起进行时，赔偿仅限于修理本次船舶碰撞的受损部位所需的费用和损失。

（三）船舶损害赔偿还包括：

合理的救助费，沉船的勘查、打捞和清除费用，设置沉船标志费用；

拖航费用，本航次的租金或者运费损失，共同海损分摊；

合理的船期损失；

其他合理的费用。

四、船上财产的损害赔偿包括：

船上财产的灭失或者部分损坏引起的贬值损失；

合理的修复或者处理费用；

合理的财产救助、打捞清除费用，共同海

损分摊；

其他合理费用。

五、船舶触碰造成设施损害的赔偿包括：

设施的全损或者部分损坏修复费用；

设施修复前不能正常使用所产生的合理的收益损失。

六、船舶碰撞或者触碰造成第三人财产损失的，应予赔偿。

七、除赔偿本金外，利息损失也应赔偿。

八、船舶价值损失的计算，以船舶碰撞发生地当时类似船舶的市价确定；碰撞发生地无类似船舶市价的，以船舶船籍港类似船舶的市价确定，或者以其他地区类似船舶市价的平均价确定；没有市价的，以原船舶的造价或者购置价，扣除折旧（折旧率按年4－10%）计算；折旧后没有价值的按残值计算。

船舶被打捞后尚有残值的，船舶价值应扣除残值。

九、船上财产损失的计算：

（一）货物灭失的，按照货物的实际价值，即以货物装船时的价值加运费加请求人已支付的货物保险费计算，扣除可节省的费用。

（二）货物损坏的，以修复所需的费用，或者以货物的实际价值扣除残值和可节省的费用计算；

（三）由于船舶碰撞在约定的时间内迟延交付所产生的损失，按迟延交付货物的实际价值加预期可得利润与到岸时的市价的差价计算，但预期可得利润不得超过货物实际价值的10%；

（四）船上捕捞的鱼货，以实际的鱼货价值计算。鱼货价值参照海事发生时当地市价，扣除可节省的费用。

（五）船上渔具、网具的种类和数量，以本次出海捕捞作业所需量扣减现存量计算，但所需量超过渔政部门规定或者许可的种类和数量的，不予认定；渔具、网具的价值，按原购置价或者原造价扣除折旧费用和残值计算。

（六）旅客行李、物品（包括自带行李）的损失，属本船旅客的损失，依照海商法的规定处理；属他船旅客的损失，可参照旅客运输合同中有关旅客行李灭失或者损坏的赔偿规定处理；

（七）船员个人生活必需品的损失，按实际损失适当予以赔偿；

（八）承运人与旅客书面约定由承运人保管的货币、金银、珠宝、有价证券或者其他贵重物品的损失，依海商法的规定处理；船员、旅客、其他人员个人携带的货币、金银、珠宝、有价证券或者其他贵重物品的损失，不予认定。

（九）船上其他财产的损失，按其实际价值计算。

十、船期损失的计算：

期限：船舶全损的，以找到替代船所需的合理期间为限，但最长不得超过两个月；船舶部分损害的修船期限，以实际修复所需的合理期间为限，其中包括联系、住坞、验船等所需的合理时间；渔业船舶，按上述期限扣除休渔期为限，或者以一个渔汛期为限。

船期损失，一般以船舶碰撞前后各两个航次的平均净盈利计算；无前后各两个航次可参照的，以其他相应航次的平均净盈利计算。

渔船渔汛损失，以该渔船前3年的同期渔汛平均净收益计算，或者以本年内同期同类渔船的平均净收益计算。计算渔汛损失时，应当考虑到碰撞渔船在对船捕渔作业或者围网灯光捕渔作业中的作用等因素。

十一、租金或者运费损失的计算：

碰撞导致期租合同承租人停租或者不付租金的，以停租或者不付租金额，扣除可节省的费用计算。

因货物灭失或者损坏导致到付运费损失的，以尚未收取的运费金额扣除可节省的费用计算。

十二、设施损害赔偿的计算：

期限：以实际停止使用期间扣除常规检修的期间为限。

设施部分损坏或者全损，分别以合理的修复费用或者重新建造的费用，扣除已使用年限的折旧费计算。

设施使用的收益损失，以实际减少的净收益，即按停止使用前3个月的平均净盈利计算；部分使用并有收益的，应当扣减。

十三、利息损失的计算：

船舶价值的损失利息，从船期损失停止计算之日起至判决或者调解指定的应付之日止。

其他各项损失的利息，从损失发生之日或者

费用产生之日起计算至判决或调解指定的应付之日止；

利息按本金性质的同期利率计算。

十四、计算损害赔偿的货币，当事人有约定的，依约定；没有约定的，按以下相关的货币计算：

按船舶营运或者生产经营所使用的货币计算；

船载进、出口货物的价值，按买卖合同或者是单、运单记明的货币计算；

以特别提款权计算损失的，按法院判决或者调解之日的兑换率换算成相应的货币。

十五、本规定不包括对船舶碰撞或者触碰责任的确定，不影响船舶所有人或者承运人依法享受免责和责任限制的权利。

十六、本规定中下列用语的含义：

"船舶"是指所有用作或者能够用作水上运输工具的各类水上船筏，包括非排水船舶和水上飞机。但是用于军事的和政府公务的船舶除外。

"设施"是指人为设置的固定或者可移动的构造物，包括固定平台、浮鼓、码头、堤坝、桥梁、敷设或者架设的电缆、管道等。

"船舶碰撞"是指在海上或者与海相通的可航水域，两艘或者两艘以上的船舶之间发生接触或者没有直接接触，造成财产损害的事故。

"船舶触碰"是指船舶与设施或者障碍物发生接触并造成财产损害的事故。

"船舶全损"是指船舶实际全部损失，或者损坏已达到相当严重的程度，以至于救助、打捞、修理等费用之和达到或者超过碰撞或者触碰发生前的船舶价值。

"辅助费用"是指为进行修理而产生的合理费用，包括必要的进坞费、清舱除气费、排放油污水处理费、港口使费、引航费、检疫费以及修船期间所产生的住坞费、码头费等费用，但不限于上述费用。

"维持费用"是指船舶修理期间，船舶和船员日常消耗的费用，包括燃料、物料、淡水及供应品的消耗和船员工资等。

十七、本规定自发布之日起施行。

最高人民法院关于承运人就海上货物运输向托运人、收货人或提单持有人要求赔偿的请求权时效期间的批复

- 1997年8月5日
- 法释〔1997〕3号

山东省高级人民法院：

你院《关于赔偿请求权时效期间的请示》（鲁法经〔1996〕74号）收悉。经研究，答复如下：

承运人就海上货物运输向托运人、收货人或提单持有人要求赔偿的请求权，在有关法律未予以规定前，比照适用《中华人民共和国海商法》第二百五十七条第一款的规定，时效期间为1年，自权利人知道或者应当知道权利被侵害之日起计算。

此复

最高人民法院关于如何确定沿海、内河货物运输赔偿请求权时效期间问题的批复

- 2001年5月24日
- 法释〔2001〕18号

浙江省高级人民法院：

你院浙高法〔2000〕267号《关于沿海、内河货物运输赔偿请求权诉讼时效期间如何计算的请示》收悉。

经研究，答复如下：

根据《中华人民共和国海商法》第二百五十七条第一款规定的精神，结合审判实践，托运人、收货人就沿海、内河货物运输合同向承运人要求赔偿的请求权，或者承运人就沿海、内河货物运输向托运人、收货人要求赔偿的请求权，时效期间为1年，自承运人交付或者应当交付货物之日起计算。

此复

最高人民法院关于审理船舶碰撞纠纷案件若干问题的规定

- 2020 年 12 月 29 日
- 法释〔2020〕18 号

为正确审理船舶碰撞纠纷案件,依照《中华人民共和国民法典》《中华人民共和国民事诉讼法》《中华人民共和国海商法》《中华人民共和国海事诉讼特别程序法》等法律,制定本规定。

第一条 本规定所称船舶碰撞,是指海商法第一百六十五条所指的船舶碰撞,不包括内河船舶之间的碰撞。

海商法第一百七十条所指的损害事故,适用本规定。

第二条 审理船舶碰撞纠纷案件,依照海商法第八章的规定确定碰撞船舶的赔偿责任。

第三条 因船舶碰撞导致船舶触碰引起的侵权纠纷,依照海商法第八章的规定确定碰撞船舶的赔偿责任。

非因船舶碰撞导致船舶触碰引起的侵权纠纷,依照民法通则的规定确定触碰船舶的赔偿责任,但不影响海商法第八章之外其他规定的适用。

第四条 船舶碰撞产生的赔偿责任由船舶所有人承担,碰撞船舶在光船租赁期间并经依法登记的,由光船承租人承担。

第五条 因船舶碰撞发生的船上人员的人身伤亡属于海商法第一百六十九条第三款规定的第三人的人身伤亡。

第六条 碰撞船舶互有过失造成船载货物损失,船载货物的权利人对承运货物的本船提起违约赔偿之诉,或者对碰撞船舶一方或者双方提起侵权赔偿之诉的,人民法院应当依法予以受理。

第七条 船载货物的权利人因船舶碰撞造成其货物损失向承运货物的本船提起诉讼的,承运船舶可以依照海商法第一百六十九条第二款的规定主张按照过失程度的比例承担赔偿责任。

前款规定不影响承运人和实际承运人援用海商法第四章关于承运人抗辩理由和限制赔偿责任的规定。

第八条 碰撞船舶船载货物权利人或者第三人向碰撞船舶一方或者双方就货物或其他财产损失提出赔偿请求的,由碰撞船舶方提供证据证明过失程度的比例。无正当理由拒不提供证据的,由碰撞船舶一方承担全部赔偿责任或者由双方承担连带赔偿责任。

前款规定的证据指具有法律效力的判决书、裁定书、调解书和仲裁裁决书。对于碰撞船舶提交的国外的判决书、裁定书、调解书和仲裁裁决书,依照民事诉讼法第二百八十二条和第二百八十三条规定的程序审查。

第九条 因起浮、清除、拆毁由船舶碰撞造成的沉没、遇难、搁浅或被弃船舶及船上货物或者使其无害的费用提出的赔偿请求,责任人不能依照海商法第十一章的规定享受海事赔偿责任限制。

第十条 审理船舶碰撞纠纷案件时,人民法院根据当事人的申请进行证据保全取得的或者向有关部门调查收集的证据,应当在当事人完成举证并出具完成举证说明书后出示。

第十一条 船舶碰撞事故发生后,主管机关依法进行调查取得并经过事故当事人和有关人员确认的碰撞事实调查材料,可以作为人民法院认定案件事实的证据,但有相反证据足以推翻的除外。

最高人民法院关于审理海上保险纠纷案件若干问题的规定

- 2020 年 12 月 29 日
- 法释〔2020〕18 号

为正确审理海上保险纠纷案件,依照《中华人民共和国海商法》《中华人民共和国保险法》《中华人民共和国海事诉讼特别程序法》和《中华人民共和国民事诉讼法》的相关规定,制定本规定。

第一条 审理海上保险合同纠纷案件,适用海商法的规定;海商法没有规定的,适用保险法的有关规定;海商法、保险法均没有规定的,适用民法典等其他相关法律的规定。

第二条 审理非因海上事故引起的港口设施或者码头作为保险标的的保险合同纠纷案件,适用保险法等法律的规定。

第三条 审理保险人因发生船舶触碰港口设施或者码头等保险事故,行使代位请求赔偿权利向造成保险事故的第三人追偿的案件,适用海商法的规定。

第四条 保险人知道被保险人未如实告知海商法第二百二十二条第一款规定的重要情况,仍收取保险费或者支付保险赔偿,保险人又以被保险人未如实告知重要情况为由请求解除合同的,人民法院不予支持。

第五条 被保险人未按照海商法第一百三十四条的规定向保险人支付约定的保险费的,保险责任开始前,保险人有权解除保险合同,但保险人已经签发保险单证的除外;保险责任开始后,保险人以被保险人未支付保险费请求解除合同的,人民法院不予支持。

第六条 保险人以被保险人违反合同约定的保证条款未立即书面通知保险人为由,要求从违反保证条款之日起解除保险合同的,人民法院应予支持。

第七条 保险人收到被保险人违反合同约定的保证条款书面通知后仍支付保险赔偿,又以被保险人违反合同约定的保证条款为由请求解除合同的,人民法院不予支持。

第八条 保险人收到被保险人违反合同约定的保证条款的书面通知后,就修改承保条件、增加保险费等事项与被保险人协商未能达成一致的,保险合同于违反保证条款之日解除。

第九条 在航次之中发生船舶转让的,未经保险人同意转让的船舶保险合同至航次终了时解除。船舶转让时起至航次终了时止的船舶保险合同的权利、义务由船舶出让人享有、承担,也可以由船舶受让人继受。

船舶受让人根据前款规定向保险人请求赔偿时,应当提交有效的保险单证及船舶转让合同的证明。

第十条 保险人与被保险人在订立保险合同时均不知道保险标的已经发生保险事故而遭受损失,或者保险标的的已经不可能因发生保险事故而遭受损失的,不影响保险合同的效力。

第十一条 海上货物运输中因承运人无正本提单交付货物造成的损失不属于保险人的保险责任范围。保险合同当事人另有约定的,依约定。

第十二条 发生保险事故后,被保险人为防止或者减少损失而采取的合理措施没有效果,要求保险人支付由此产生的合理费用的,人民法院应予支持。

第十三条 保险人在行使代位请求赔偿权利时,未依照海事诉讼特别程序法的规定,向人民法院提交其已经向被保险人实际支付保险赔偿凭证的,人民法院不予受理;已经受理的,裁定驳回起诉。

第十四条 受理保险人行使代位请求赔偿权利纠纷案件的人民法院应当仅就造成保险事故的第三人与被保险人之间的法律关系进行审理。

第十五条 保险人取得代位请求赔偿权利后,以被保险人向第三人提起诉讼、提交仲裁、申请扣押船舶或者第三人同意履行义务为由主张诉讼时效中断的,人民法院应予支持。

第十六条 保险人取得代位请求赔偿权利后,主张享有被保险人因申请扣押船舶取得的担保权利的,人民法院应予支持。

第十七条 本规定自2007年1月1日起施行。

最高人民法院关于审理无正本提单交付货物案件适用法律若干问题的规定

- 2020年12月29日
- 法释〔2020〕18号

为正确审理无正本提单交付货物案件,根据《中华人民共和国民法典》《中华人民共和国海商法》等法律,制定本规定。

第一条 本规定所称正本提单包括记名提单、指示提单和不记名提单。

第二条 承运人违反法律规定,无正本提单交付货物,损害正本提单持有人提单权利的,正本提单持有人可以要求承运人承担由此造成损失的民事责任。

第三条 承运人因无正本提单交付货物造成正本提单持有人损失的,正本提单持有人可以要求承运人承担违约责任,或者承担侵权责任。

正本提单持有人要求承运人承担无正本提单交付货物民事责任的,适用海商法规定;海商法没有规定的,适用其他法律规定。

第四条 承运人因无正本提单交付货物承担民事责任的,不适用海商法第五十六条关于限制赔偿责任的规定。

第五条 提货人凭伪造的提单向承运人提取了货物,持有正本提单的收货人可以要求承运人承担无正本提单交付货物的民事责任。

第六条 承运人因无正本提单交付货物造成正本提单持有人损失的赔偿额,按照货物装船时的价值加运费和保险费计算。

第七条 承运人依照提单载明的卸货港所在地法律规定,必须将承运到港的货物交付给当地海关或者港口当局的,不承担无正本提单交付货物的民事责任。

第八条 承运到港的货物超过法律规定期限无人向海关申报,被海关提取并依法变卖处理,或者法院依法裁定拍卖承运人留置的货物,承运人主张免除交付货物责任的,人民法院应予支持。

第九条 承运人按照记名提单托运人的要求中止运输、返还货物、变更到达地或者将货物交给其他收货人,持有记名提单的收货人要求承运人承担无正本提单交付货物民事责任的,人民法院不予支持。

第十条 承运人签发一式数份正本提单,向最先提交正本提单的人交付货物后,其他持有相同正本提单的人要求承运人承担无正本提单交付货物民事责任的,人民法院不予支持。

第十一条 正本提单持有人可以要求无正本提单交付货物的承运人与无正本提单提取货物的人承担连带赔偿责任。

第十二条 向承运人实际交付货物并持有指示提单的托运人,虽然在正本提单上没有载明其托运人身份,因承运人无正本提单交付货物,要求承运人依据海上货物运输合同承担无正本提单交付货物民事责任的,人民法院应予支持。

第十三条 在承运人未凭正本提单交付货物后,正本提单持有人与无正本提单提取货物的人就货款支付达成协议,在协议款项得不到赔付时,不影响正本提单持有人就其遭受的损失,要求承运人承担无正本提单交付货物的民事责任。

第十四条 正本提单持有人以承运人无正本提单交付货物为由提起的诉讼,适用海商法第二百五十七条的规定,时效期间为一年,自承运人应当交付货物之日起计算。

正本提单持有人以承运人与无正本提单提取货物的人共同实施无正本提单交付货物行为为由提起的侵权诉讼,诉讼时效适用本条前款规定。

第十五条 正本提单持有人以承运人无正本提单交付货物为由提起的诉讼,时效中断适用海商法第二百六十七条的规定。

正本提单持有人以承运人与无正本提单提取货物的人共同实施无正本提单交付货物行为为由提起的侵权诉讼,时效中断适用本前款规定。

最高人民法院关于审理海事赔偿责任限制相关纠纷案件的若干规定

- 2020 年 12 月 29 日
- 法释〔2020〕18 号

为正确审理海事赔偿责任限制相关纠纷案件,依照《中华人民共和国海事诉讼特别程序法》《中华人民共和国海商法》的规定,结合审判实际,制定本规定。

第一条 审理海事赔偿责任限制相关纠纷案件,适用海事诉讼特别程序法、海商法的规定;海事诉讼特别程序法、海商法没有规定的,适用其他相关法律、行政法规的规定。

第二条 同一海事事故中,不同的责任人在起诉前依据海事诉讼特别程序法第一百零二条的规定向不同的海事法院申请设立海事赔偿责任限制基金的,后立案的海事法院应当依照民事诉讼法的规定,将案件移送先立案的海事法院管辖。

第三条 责任人在诉讼中申请设立海事赔偿责任限制基金的,应当向受理相关海事纠纷案件的海事法院提出。

相关海事纠纷由不同海事法院受理,责任人申请设立海事赔偿责任限制基金的,应当依据诉讼管辖协议向最先立案的海事法院提出;当事人之间未订立诉讼管辖协议的,向最先立案的海事法院提出。

第四条 海事赔偿责任限制基金设立后,设立基金的海事法院对海事请求人就与海事事故相关纠纷向责任人提起的诉讼具有管辖权。

海事请求人向其他海事法院提起诉讼的,受理案件的海事法院应当依照民事诉讼法的规定,将案件移送设立海事赔偿责任限制基金的海事法院,但当事人之间订有诉讼管辖协议的除外。

第五条 海事诉讼特别程序法第一百零六条第二款规定的海事法院在十五日内作出裁定的期间,自海事法院受理设立海事赔偿责任限制基金申请的最后一次公告发布之次日起第三十日开始计算。

第六条 海事诉讼特别程序法第一百一十二条规定的申请债权登记期间的届满之日,为海事法院受理设立海事赔偿责任限制基金申请的最后一次公告发布之次日起第六十日。

第七条 债权人申请登记债权,符合有关规定的,海事法院应当在海事赔偿责任限制基金设立后,依照海事诉讼特别程序法第一百一十四条的规定作出裁定;海事赔偿责任限制基金未依法设立的,海事法院应当裁定终结债权登记程序。债权人已经交纳的申请费由申请设立海事赔偿责任限制基金的人负担。

第八条 海事赔偿责任限制基金设立后,海事请求人基于责任人依法不能援引海事赔偿责任限制抗辩的海事赔偿请求,可以对责任人的财产申请保全。

第九条 海事赔偿责任限制基金设立后,海事请求人就同一海事事故产生的属于海商法第二百零七条规定的可以限制赔偿责任的海事赔偿请求,以行使船舶优先权为由申请扣押船舶的,人民法院不予支持。

第十条 债权人提起确权诉讼时,依据海商法第二百零九条的规定主张责任人无权限制赔偿责任的,应当以书面形式提出。案件的审理不适用海事诉讼特别程序法规定的确权诉讼程序,当事人对海事法院作出的判决、裁定可以依法提起上诉。

两个以上债权人主张责任人无权限制赔偿责任的,海事法院可以将相关案件合并审理。

第十一条 债权人依据海事诉讼特别程序法第一百一十六条第一款的规定提起确权诉讼后,需要判定碰撞船舶过失程度比例的,案件的审理不适用海事诉讼特别程序法规定的确权诉讼程序,当事人对海事法院作出的判决、裁定可以依法提起上诉。

第十二条 海商法第二百零四条规定的船舶经营人是指登记的船舶经营人,或者接受船舶所有人委托实际使用和控制船舶并应当承担船舶责任的人,但不包括无船承运业务经营者。

第十三条 责任人未申请设立海事赔偿责任限制基金,不影响其在诉讼中对海商法第二百零七条规定的海事请求提出海事赔偿责任限制抗辩。

第十四条 责任人未提出海事赔偿责任限制抗辩的,海事法院不应主动适用海商法关于海事赔偿责任限制的规定进行裁判。

第十五条 责任人在一审判决作出前未提出海事赔偿责任限制抗辩,在二审、再审期间提出的,人民法院不予支持。

第十六条 责任人对海商法第二百零七条规定的海事赔偿请求未提出海事赔偿责任限制抗辩,债权人依据有关生效裁判文书或者仲裁裁决书,申请执行责任人海事赔偿责任限制基金以外的财产的,人民法院应予支持,但债权人以上述文书作为债权证据申请登记债权并经海事法院裁定准予的除外。

第十七条 海商法第二百零七条规定的可以限制赔偿责任的海事赔偿请求不包括因沉没、遇难、搁浅或者被弃船舶的起浮、清除、拆毁或者使之无害提起的索赔，或者因船上货物的清除、拆毁或者使之无害提起的索赔。

由于船舶碰撞致使责任人遭受前款规定的索赔，责任人就因此产生的损失向对方船舶追偿时，被请求人主张依据海商法第二百零七条的规定限制赔偿责任的，人民法院应予支持。

第十八条　海商法第二百零九条规定的"责任人"是指海事事故的责任人本人。

第十九条　海事请求人以发生海事事故的船舶不适航为由主张责任人无权限制赔偿责任，但不能证明引起赔偿请求的损失是由于责任人本人的故意或者明知可能造成损失而轻率地作为或者不作为造成的，人民法院不予支持。

第二十条　海事赔偿责任限制基金应当以人民币设立，其数额按法院准予设立基金的裁定生效之日的特别提款权对人民币的换算办法计算。

第二十一条　海商法第二百一十三条规定的利息，自海事事故发生之日起至基金设立之日止，按同期全国银行间同业拆借中心公布的贷款市场报价利率计算。

以担保方式设立海事赔偿责任限制基金的，基金设立期间的利息按同期全国银行间同业拆借中心公布的贷款市场报价利率计算。

第二十二条　本规定施行前已经终审的案件，人民法院进行再审时，不适用本规定。

第二十三条　本规定施行前本院发布的司法解释与本规定不一致的，以本规定为准。

最高人民法院关于审理船舶油污损害赔偿纠纷案件若干问题的规定

- 2020 年 12 月 29 日
- 法释〔2020〕18 号

为正确审理船舶油污损害赔偿纠纷案件，依照《中华人民共和国民法典》《中华人民共和国海洋环境保护法》《中华人民共和国海商法》《中华人民共和国民事诉讼法》《中华人民共和国海事诉讼特别程序法》等法律法规以及中华人民共和国缔结或者参加的有关国际条约，结合审判实践，制定本规定。

第一条　船舶发生油污事故，对中华人民共和国领域和管辖的其他海域造成油污损害或者形成油污损害威胁，人民法院审理相关船舶油污损害赔偿纠纷案件，适用本规定。

第二条　当事人就油轮装载持久性油类造成的油污损害提起诉讼、申请设立油污损害赔偿责任限制基金，由船舶油污事故发生地海事法院管辖。

油轮装载持久性油类引起的船舶油污事故，发生在中华人民共和国领域和管辖的其他海域外，对中华人民共和国领域和管辖的其他海域造成油污损害或者形成油污损害威胁，当事人就船舶油污事故造成的损害提起诉讼、申请设立油污损害赔偿责任限制基金，由油污损害结果地或者采取预防油污措施地海事法院管辖。

第三条　两艘或者两艘以上船舶泄漏油类造成油污损害，受损害人请求各泄漏油船舶所有人承担赔偿责任，按照泄漏油数量及泄漏油类对环境的危害性等因素能够合理分开各自造成的损害，由各泄漏油船舶所有人分别承担责任；不能合理分开各自造成的损害，各泄漏油船舶所有人承担连带责任。但泄漏油船舶所有人依法免予承担责任的除外。

各泄漏油船舶所有人对受损害人承担连带责任的，相互之间根据各自责任大小确定相应的赔偿数额；难以确定责任大小的，平均承担赔偿责任。泄漏油船舶所有人支付超出自己应当赔偿的数额，有权向其他泄漏油船舶所有人追偿。

第四条　船舶互有过失碰撞引起油类泄漏造成油污损害的，受损害人可以请求泄漏油船舶所有人承担全部赔偿责任。

第五条　油轮装载的持久性油类造成油污损害的，应依照《防治船舶污染海洋环境管理条例》《1992 年国际油污损害民事责任公约》的规定确定赔偿限额。

油轮装载的非持久性燃油或者非油轮装载的燃油造成油污损害的，应依照海商法关于海事赔偿责任限制的规定确定赔偿限额。

第六条 经证明油污损害是由于船舶所有人的故意或者明知可能造成此种损害而轻率地作为或者不作为造成的,船舶所有人主张限制赔偿责任,人民法院不予支持。

第七条 油污损害是由于船舶所有人故意造成的,受损害人请求船舶油污损害责任保险人或者财务保证人赔偿,人民法院不予支持。

第八条 受损害人直接向船舶油污损害责任保险人或者财务保证人提起诉讼,船舶油污损害责任保险人或者财务保证人可以对受损害人主张船舶所有人的抗辩。

除船舶所有人故意造成油污损害外,船舶油污损害责任保险人或者财务保证人向受损害人主张其对船舶所有人的抗辩,人民法院不予支持。

第九条 船舶油污损害赔偿范围包括:

(一)为防止或者减轻船舶油污损害采取预防措施所发生的费用,以及预防措施造成的进一步灭失或者损害;

(二)船舶油污事故造成该船舶之外的财产损害以及由此引起的收入损失;

(三)因油污造成环境损害所引起的收入损失;

(四)对受污染的环境已采取或将要采取合理恢复措施的费用。

第十条 对预防措施费用以及预防措施造成的进一步灭失或损害,人民法院应当结合污染范围、污染程度、油类泄漏量、预防措施的合理性、参与清除油污人员及投入使用设备的费用等因素合理认定。

第十一条 对遇险船舶实施防污措施,作业开始时的主要目的仅是为防止、减轻油污损害的,所发生的费用应认定为预防措施费用。

作业具有救助遇险船舶、其他财产和防止、减轻油污损害的双重目的,应根据目的的主次比例合理划分预防措施费用与救助措施费用;无合理依据区分主次目的的,相关费用应平均分摊。但污染危险消除后发生的费用不应列为预防措施费用。

第十二条 船舶泄漏油类污染其他船舶、渔具、养殖设施等财产,受损害人请求油污责任人赔偿因清洗、修复受污染财产支付的合理费用,人民法院应予支持。

受污染财产无法清洗、修复,或者清洗、修复成本超过其价值的,受损害人请求油污责任人赔偿合理的更换费用,人民法院应予支持,但应参照受污染财产实际使用年限与预期使用年限的比例作合理扣减。

第十三条 受损害人因其财产遭受船舶油污,不能正常生产经营的,其收入损失应以财产清洗、修复或者更换所需合理期间为限进行计算。

第十四条 海洋渔业、滨海旅游业及其他用海、临海经营单位或者个人请求因环境污染所遭受的收入损失,具备下列全部条件,由此证明收入损失与环境污染之间具有直接因果关系的,人民法院应予支持:

(一)请求人的生产经营活动位于或者接近污染区域;

(二)请求人的生产经营活动主要依赖受污染资源或者海岸线;

(三)请求人难以找到其他替代资源或者商业机会;

(四)请求人的生产经营业务属于当地相对稳定的产业。

第十五条 未经相关行政主管部门许可,受损害人从事海上养殖、海洋捕捞,主张收入损失的,人民法院不予支持;但请求赔偿清洗、修复、更换养殖或者捕捞设施的合理费用,人民法院应予支持。

第十六条 受损害人主张因其财产受污染或者因环境污染造成的收入损失,应以其前三年同期平均净收入扣减受损期间的实际净收入计算,并适当考虑影响收入的其他相关因素予以合理确定。

按照前款规定无法认定收入损失的,可以参考政府部门的相关统计数据和信息,或者同区域同类生产经营者的同期平均收入合理认定。

受损害人采取合理措施避免收入损失,请求赔偿合理措施的费用,人民法院应予支持,但以其避免发生的收入损失数额为限。

第十七条 船舶油污事故造成环境损害的,对环境损害的赔偿应限于已实际采取或者将要采取的合理恢复措施的费用。恢复措施的费用包括合理的监测、评估、研究费用。

第十八条 船舶取得有效的油污损害民事责任保险或者具有相应财务保证的，油污受损害人主张船舶优先权的，人民法院不予支持。

第十九条 对油轮装载的非持久性燃油、非油轮装载的燃油造成油污损害的赔偿请求，适用海商法关于海事赔偿责任限制的规定。

同一海事事故造成前款规定的油污损害和海商法第二百零七条规定的可以限制赔偿责任的其他损害，船舶所有人依照海商法第十一章的规定主张在同一赔偿限额内限制赔偿责任的，人民法院应予支持。

第二十条 为避免油轮装载的非持久性燃油、非油轮装载的燃油造成油污损害，对沉没、搁浅、遇难船舶采取起浮、清除或者使之无害措施，船舶所有人对由此发生的费用主张依照海商法第十一章的规定限制赔偿责任的，人民法院不予支持。

第二十一条 对油轮装载持久性油类造成的油污损害，船舶所有人，或者船舶油污责任保险人、财务保证人主张责任限制的，应当设立油污损害赔偿责任限制基金。

油污损害赔偿责任限制基金以现金方式设立的，基金数额为《防治船舶污染海洋环境管理条例》《1992年国际油污损害民事责任公约》规定的赔偿限额。以担保方式设立基金的，担保数额为基金数额及其基金设立期间的利息。

第二十二条 船舶所有人、船舶油污损害责任保险人或者财务保证人申请设立油污损害赔偿责任限制基金，利害关系人对船舶所有人主张限制赔偿责任有异议的，应当在海事诉讼特别程序法第一百零六条第一款规定的异议期内以书面形式提出，但提出该异议不影响基金的设立。

第二十三条 对油轮装载持久性油类造成的油污损害，利害关系人没有在异议期内对船舶所有人主张限制赔偿责任提出异议，油污损害赔偿责任限制基金设立后，海事法院应当解除对船舶所有人的财产采取的保全措施或者发还为解除保全措施而提供的担保。

第二十四条 对油轮装载持久性油类造成的油污损害，利害关系人在异议期内对船舶所有人主张限制赔偿责任提出异议的，人民法院在认定船舶所有人有权限制赔偿责任的裁决生效后，应当解除对船舶所有人的财产采取的保全措施或者发还为解除保全措施而提供的担保。

第二十五条 对油轮装载持久性油类造成的油污损害，受损害人提起诉讼时主张船舶所有人无权限制赔偿责任的，海事法院对船舶所有人是否有权限制赔偿责任的争议，可以先行审理并作出判决。

第二十六条 对油轮装载持久性油类造成的油污损害，受损害人没有在规定的债权登记期间申请债权登记的，视为放弃在油污损害赔偿责任限制基金中受偿的权利。

第二十七条 油污损害赔偿责任限制基金不足以清偿有关油污损害的，应根据确认的赔偿数额依法按比例分配。

第二十八条 对油轮装载持久性油类造成的油污损害，船舶所有人、船舶油污损害责任保险人或者财务保证人申请设立油污损害赔偿责任限制基金、受损害人申请债权登记与受偿，本规定没有规定的，适用海事诉讼特别程序法及相关司法解释的规定。

第二十九条 在油污损害赔偿责任限制基金分配以前，船舶所有人、船舶油污损害责任保险人或者财务保证人，已先行赔付油污损害的，可以书面申请从基金中代位受偿。代位受偿应限于赔付的范围，并不超过接受赔付的人依法可获得的赔偿数额。

海事法院受理代位受偿申请后，应书面通知所有对油污损害赔偿责任限制基金提出主张的利害关系人。利害关系人对申请人主张代位受偿的权利有异议的，应在收到通知之日起十五日内书面提出。

海事法院经审查认定申请人代位受偿权利成立，应裁定予以确认；申请人主张代位受偿的权利缺乏事实或者法律依据的，裁定驳回其申请。当事人对裁定不服的，可以在收到裁定书之日起十日内提起上诉。

第三十条 船舶所有人为主动防止、减轻油污损害而支出的合理费用或者所作的合理牺牲，请求参与油污损害赔偿责任限制基金分配的,人民法院应予支持,比照本规定第二十九条第二款、第三款的规定处理。

第三十一条 本规定中下列用语的含义是:

(一)船舶,是指非用于军事或者政府公务的海船和其他海上移动式装置,包括航行于国际航线和国内航线的油轮和非油轮。其中,油轮是指为运输散装持久性货油而建造或者改建的船舶,以及实际装载散装持久性货油的其他船舶。

(二)油类,是指烃类矿物油及其残余物,限于装载于船上作为货物运输的持久性货油、装载用于本船运行的持久性和非持久性燃油,不包括装载于船上作为货物运输的非持久性货油。

(三)船舶油污事故,是指船舶泄漏油类造成油污损害,或者虽未泄漏油类但形成严重和紧迫油污损害威胁的一个或者一系列事件。一系列事件因同一原因而发生的,视为同一事故。

(四)船舶油污损害责任保险人或者财务保证人,是指事故中泄漏油类或者直接形成油污损害威胁的船舶一方的油污责任保险人或者财务保证人。

(五)油污损害赔偿责任限制基金,是指船舶所有人、船舶油污损害责任保险人或者财务保证人,对油轮装载持久性油类造成的油污损害申请设立的赔偿责任限制基金。

第三十二条 本规定实施前本院发布的司法解释与本规定不一致的,以本规定为准。

本规定施行前已经终审的案件,人民法院进行再审时,不适用本规定。

最高人民法院关于审理海上货运代理纠纷案件若干问题的规定

- 2020年12月29日
- 法释〔2020〕18号

为正确审理海上货运代理纠纷案件,依法保护当事人合法权益,根据《中华人民共和国民法典》《中华人民共和国海商法》《中华人民共和国民事诉讼法》和《中华人民共和国海事诉讼特别程序法》等有关法律规定,结合审判实践,制定本规定。

第一条 本规定适用于货运代理企业接受委托人委托处理与海上货物运输有关的货运代理事务时发生的下列纠纷:

(一)因提供订舱、报关、报检、报验、保险服务所发生的纠纷;

(二)因提供货物的包装、监装、监卸、集装箱装拆箱、分拨、中转服务所发生的纠纷;

(三)因缮制、交付有关单证、费用结算所发生的纠纷;

(四)因提供仓储、陆路运输服务所发生的纠纷;

(五)因处理其他海上货运代理事务所发生的纠纷。

第二条 人民法院审理海上货运代理纠纷案件,认定货运代理企业因处理海上货运代理事务与委托人之间形成代理、运输、仓储等不同法律关系的,应分别适用相关的法律规定。

第三条 人民法院应根据书面合同约定的权利义务的性质,并综合考虑货运代理企业取得报酬的名义和方式、开具发票的种类和收费项目、当事人之间的交易习惯以及合同实际履行的其他情况,认定海上货运代理合同关系是否成立。

第四条 货运代理企业在处理海上货运代理事务过程中以自己的名义签发提单、海运单或者其他运输单证,委托人据此主张货运代理企业承担承运人责任的,人民法院应予支持。

货运代理企业以承运人代理人名义签发提单、海运单或者其他运输单证,但不能证明取得承运人授权,委托人据此主张货运代理企业承担承运人责任的,人民法院应予支持。

第五条 委托人与货运代理企业约定了转委托权限,当事人就权限范围内的海上货运代理事务主张委托人同意转委托的,人民法院应予支持。

没有约定转委托权限,货运代理企业或第三人以委托人知道货运代理企业将海上货运代理事务转委托或部分转委托第三人处理而未表示反对为由,主张委托人同意转委托的,人民法院不予支持,但委托人的行为明确表明其接受转委托的除外。

第六条 一方当事人根据双方的交易习惯,有理由相信行为人有权代表对方当事人订立海上货运代理合同,该方当事人依据民法典第一百七十二条的规定主张合同成立的,人民法院应予支持。

第七条 海上货运代理合同约定货运代理企业交付处理海上货运代理事务取得的单证以委托人支付相关费用为条件,货运代理企业以委托人未支付相关费用为由拒绝交付单证的,人民法院应予支持。

合同未约定或约定不明确,货运代理企业以委托人未支付相关费用为由拒绝交付单证的,人民法院应予支持,但提单、海运单或者其他运输单证除外。

第八条 货运代理企业接受契约托运人的委托办理订舱事务,同时接受实际托运人的委托向承运人交付货物,实际托运人请求货运代理企业交付其取得的提单、海运单或者其他运输单证的,人民法院应予支持。

契约托运人是指本人或者委托他人以本人名义或者委托他人为本人与承运人订立海上货物运输合同的人。

实际托运人是指本人或者委托他人以本人名义或者委托他人为本人将货物交给与海上货物运输合同有关的承运人的人。

第九条 货运代理企业按照概括委托权限完成海上货运代理事务,请求委托人支付相关合理费用的,人民法院应予支持。

第十条 委托人以货运代理企业处理海上货运代理事务给委托人造成损失为由,主张由货运代理企业承担相应赔偿责任的,人民法院应予支持,但货运代理企业证明其没有过错的除外。

第十一条 货运代理企业未尽谨慎义务,与未在我国交通主管部门办理提单登记的无船承运业务经营者订立海上货物运输合同,造成委托人损失的,应承担相应的赔偿责任。

第十二条 货运代理企业接受未在我国交通主管部门办理提单登记的无船承运业务经营者的委托签发提单,当事人主张由货运代理企业和无船承运业务经营者对提单项下的损失承担连带责任的,人民法院应予支持。

货运代理企业承担赔偿责任后,有权向无船承运业务经营者追偿。

第十三条 因本规定第一条所列纠纷提起的诉讼,由海事法院管辖。

第十四条 人民法院在案件审理过程中,发现不具有无船承运业务经营资格的货运代理企业违反《中华人民共和国国际海运条例》的规定,以自己的名义签发提单、海运单或者其他运输单证的,应当向有关交通主管部门发出司法建议,建议交通主管部门予以处罚。

第十五条 本规定不适用于与沿海、内河货物运输有关的货运代理纠纷案件。

第十六条 本规定施行前本院作出的有关司法解释与本规定相抵触的,以本规定为准。

本规定施行后,案件尚在一审或者二审阶段的,适用本规定;本规定施行前已经终审的案件,本规定施行后当事人申请再审或者按照审判监督程序决定再审的案件,不适用本规定。

最高人民法院关于海事诉讼管辖问题的规定

● 2016年2月24日
● 法释〔2016〕2号

为推进"一带一路"建设、海洋强国战略、京津冀一体化、长江经济带发展规划的实施,促进海洋经济发展,及时化解海事纠纷,保证海事法院正确行使海事诉讼管辖权,依法审理海事案件,根据《中华人民共和国民事诉讼法》《中华人民共和国海事诉讼特别程序法》《中华人民共和国行政诉讼法》以及全国人民代表大会常务委员会《关于在沿海港口城市设立海事法院的决定》等法律规定,现将海事诉讼管辖的几个问题规定如下:

一、关于管辖区域调整

1. 根据航运经济发展和海事审判工作的需要,对大连、武汉海事法院的管辖区域作出如下

调整:

(1)大连海事法院管辖下列区域:南自辽宁省与河北省的交界处、东至鸭绿江口的延伸海域和鸭绿江水域,其中包括黄海一部分、渤海一部分、海上岛屿;吉林省的松花江、图们江等通海可航水域及港口;黑龙江省的黑龙江、松花江、乌苏里江等通海可航水域及港口。

(2)武汉海事法院管辖下列区域:自四川省宜宾市合江门至江苏省浏河口之间长江干线及支线水域,包括宜宾、泸州、重庆、涪陵、万州、宜昌、荆州、城陵矶、武汉、九江、安庆、芜湖、马鞍山、南京、扬州、镇江、江阴、张家港、南通等主要港口。

2.其他各海事法院依据此前最高人民法院发布的决定或通知确定的管辖区域对海事案件行使管辖权。

二、关于海事行政案件管辖

1.海事法院审理第一审海事行政案件。海事法院所在地的高级人民法院审理海事行政上诉案件,由行政审判庭负责审理。

2.海事行政案件由最初作出行政行为的行政机关所在地海事法院管辖。经复议的案件,由复议机关所在地海事法院管辖。

对限制人身自由的行政强制措施不服提起的诉讼,由被告所在地或者原告所在地海事法院管辖。

前述行政机关所在地或者原告所在地不在海事法院管辖区域内的,由行政执法行为实施地海事法院管辖。

三、关于海事海商纠纷管辖权异议案件的审理

1.当事人不服管辖权异议裁定的上诉案件由海事法院所在地的高级人民法院负责海事海商案件的审判庭审理。

2.发生法律效力的管辖权异议裁定违反海事案件专门管辖确需纠正的,人民法院可依照《中华人民共和国民事诉讼法》第一百九十八条规定再审。

四、其他规定

本规定自2016年3月1日起施行。最高人民法院以前作出的有关规定与本规定不一致的,以本规定为准。

最高人民法院关于审理发生在我国管辖海域相关案件若干问题的规定(一)

- 2016年8月1日
- 法释〔2016〕16号

为维护我国领土主权、海洋权益,平等保护中外当事人合法权利,明确我国管辖海域的司法管辖与法律适用,根据《中华人民共和国领海及毗连区法》《中华人民共和国专属经济区和大陆架法》《中华人民共和国刑法》《中华人民共和国出境入境管理法》《中华人民共和国治安管理处罚法》《中华人民共和国刑事诉讼法》《中华人民共和国民事诉讼法》《中华人民共和国海事诉讼特别程序法》《中华人民共和国行政诉讼法》及中华人民共和国缔结或者参加的有关国际条约,结合审判实际,制定本规定。

第一条 本规定所称我国管辖海域,是指中华人民共和国内水、领海、毗连区、专属经济区、大陆架,以及中华人民共和国管辖的其他海域。

第二条 中国公民或组织在我国与有关国家缔结的协定确定的共同管理的渔区或公海从事捕捞等作业的,适用本规定。

第三条 中国公民或者外国人在我国管辖海域实施非法猎捕、杀害珍贵濒危野生动物或者非法捕捞水产品等犯罪的,依照我国刑法追究刑事责任。

第四条 有关部门依据出境入境管理法、治安管理处罚法,对非法进入我国内水从事渔业生产或者渔业资源调查的外国人,作出行政强制措施或行政处罚决定,行政相对人不服的,可分别依据出境入境管理法第六十四条和治安管理处罚法第一百零二条的规定,向有关机关申请复议或向有管辖权的人民法院提起行政诉讼。

第五条 因在我国管辖海域内发生海损事故,请求损害赔偿提起的诉讼,由管辖该海域的海事法院、事故船舶最先到达地的海事法院、船舶

被扣押地或者被告住所地海事法院管辖。

因在公海等我国管辖海域外发生海损事故,请求损害赔偿在我国法院提起的诉讼,由事故船舶最先到达地、船舶被扣押地或者被告住所地海事法院管辖。

事故船舶为中华人民共和国船舶的,还可以由船籍港所在地海事法院管辖。

第六条 在我国管辖海域内,因海上航运、渔业生产及其他海上作业造成污染、破坏海洋生态环境,请求损害赔偿提起的诉讼,由管辖该海域的海事法院管辖。

污染事故发生在我国管辖海域外,对我国管辖海域造成污染或污染威胁,请求损害赔偿或者预防措施费用提起的诉讼,由管辖该海域的海事法院或采取预防措施地的海事法院管辖。

第七条 本规定施行后尚未审结的案件,适用本规定;本规定施行前已经终审,当事人申请再审或者按照审判监督程序决定再审的案件,不适用本规定。

第八条 本规定自2016年8月2日起施行。

最高人民法院关于审理发生在我国管辖海域相关案件若干问题的规定(二)

- 2016年8月1日
- 法释〔2016〕17号

为正确审理发生在我国管辖海域相关案件,维护当事人合法权益,根据《中华人民共和国刑法》《中华人民共和国渔业法》《中华人民共和国民事诉讼法》《中华人民共和国刑事诉讼法》《中华人民共和国行政诉讼法》,结合审判实际,制定本规定。

第一条 当事人因船舶碰撞、海洋污染等事故受到损害,请求侵权人赔偿渔船、渔具、渔货损失以及收入损失的,人民法院应予支持。

当事人违反渔业法第二十三条,未取得捕捞许可证从事海上捕捞作业,依照前款规定主张收入损失的,人民法院不予支持。

第二条 人民法院在审判执行工作中,发现违法行为,需要有关单位对其依法处理的,应及时向相关单位提出司法建议,必要时可以抄送该单位的上级机关或者主管部门。违法行为涉嫌犯罪的,依法移送刑事侦查部门处理。

第三条 违反我国国(边)境管理法规,非法进入我国领海,具有下列情形之一的,应当认定为刑法第三百二十二条规定的"情节严重":

(一)经驱赶拒不离开的;

(二)被驱离后又非法进入我国领海的;

(三)因非法进入我国领海被行政处罚或者被刑事处罚后,一年内又非法进入我国领海的;

(四)非法进入我国领海从事捕捞水产品等活动,尚不构成非法捕捞水产品等犯罪的;

(五)其他情节严重的情形。

第四条 违反保护水产资源法规,在海洋水域,在禁渔区、禁渔期或者使用禁用的工具、方法捕捞水产品,具有下列情形之一的,应当认定为刑法第三百四十条规定的"情节严重":

(一)非法捕捞水产品一万公斤以上或者价值十万元以上的;

(二)非法捕捞有重要经济价值的水生动物苗种、怀卵亲体二千公斤以上或者价值二万元以上的;

(三)在水产种质资源保护区内捕捞水产品二千公斤以上或者价值二万元以上的;

(四)在禁渔区内使用禁用的工具或者方法捕捞的;

(五)在禁渔期内使用禁用的工具或者方法捕捞的;

(六)在公海使用禁用渔具从事捕捞作业,造成严重影响的;

(七)其他情节严重的情形。

第五条 非法采捕珊瑚、砗磲或者其他珍贵、濒危水生野生动物,具有下列情形之一的,应当认定为刑法第三百四十一条第一款规定的"情节严重":

(一)价值在五十万元以上的;

(二)非法获利二十万元以上的;

(三)造成海域生态环境严重破坏的;

(四)造成严重国际影响的;

(五)其他情节严重的情形。

实施前款规定的行为,具有下列情形之一的,应当认定为刑法第三百四十一条第一款规定的"情节特别严重":

(一)价值或者非法获利达到本条第一款规定标准五倍以上的;

(二)价值或者非法获利达到本条第一款规定的标准,造成海域生态环境严重破坏的;

(三)造成海域生态环境特别严重破坏的;

(四)造成特别严重国际影响的;

(五)其他情节特别严重的情形。

第六条 非法收购、运输、出售珊瑚、砗磲或者其他珍贵、濒危水生野生动物及其制品,具有下列情形之一的,应当认定为刑法第三百四十一条第一款规定的"情节严重":

(一)价值在五十万元以上的;

(二)非法获利在二十万元以上的;

(三)具有其他严重情节的。

非法收购、运输、出售珊瑚、砗磲或者其他珍贵、濒危水生野生动物及其制品,具有下列情形之一的,应当认定为刑法第三百四十一条第一款规定的"情节特别严重":

(一)价值在二百五十万元以上的;

(二)非法获利在一百万元以上的;

(三)具有其他特别严重情节的。

第七条 对案件涉及的珍贵、濒危水生野生动物的种属难以确定的,由司法鉴定机构出具鉴定意见,或者由国务院渔业行政主管部门指定的机构出具报告。

珍贵、濒危水生野生动物或者其制品的价值,依照国务院渔业行政主管部门的规定核定。核定价值低于实际交易价格的,以实际交易价格认定。

本解释所称珊瑚、砗磲,是指列入《国家重点保护野生动物名录》中国家一、二级保护的,以及列入《濒危野生动植物种国际贸易公约》附录一、附录二中的珊瑚、砗磲的所有种,包括活体和死体。

第八条 实施破坏海洋资源犯罪行为,同时构成非法捕捞罪、非法猎捕、杀害珍贵、濒危野生动物罪、组织他人偷越国(边)境罪、偷越国(边)境等犯罪的,依照处罚较重的规定定罪处罚。

有破坏海洋资源犯罪行为,又实施走私、妨害公务等犯罪的,依照数罪并罚的规定处理。

第九条 行政机关在行政诉讼中提交的于中华人民共和国领域外形成的,符合我国相关法律规定的证据,可以作为人民法院认定案件事实的依据。

下列证据不得作为定案依据:

(一)调查人员不具有所在国法律规定的调查权;

(二)证据调查过程不符合所在国法律规定,或者违反我国法律、法规的禁止性规定;

(三)证据不完整,或保管过程存在瑕疵,不能排除篡改可能的;

(四)提供的证据为复制件、复制品,无法与原件核对,且所在国执法部门亦未提供证明复制件、复制品与原件一致的公函;

(五)未履行中华人民共和国与该国订立的有关条约中规定的证明手续,或者未经所在国公证机关证明,并经中华人民共和国驻该国使领馆认证;

(六)不符合证据真实性、合法性、关联性的其他情形。

第十条 行政相对人未依法取得捕捞许可证擅自进行捕捞,行政机关认为该行为构成渔业法第四十一条规定的"情节严重"情形的,人民法院应当从以下方面综合审查,并作出认定:

(一)是否未依法取得渔业船舶检验证书或渔业船舶登记证书;

(二)是否故意遮挡、涂改船名、船籍港;

(三)是否标写伪造、变造的渔业船舶船名、船籍港,或者使用伪造、变造的渔业船舶证书;

(四)是否标写其他合法渔业船舶的船名、船籍港或者使用其他渔业船舶证书;

(五)是否非法安装挖捕珊瑚等国家重点保护水生野生动物设施;

(六)是否使用相关法律、法规、规章禁用的方法实施捕捞;

(七)是否非法捕捞水产品、非法捕捞有重要经济价值的水生动物苗种、怀卵亲体或者在水产种质资源保护区内捕捞水产品,数量或价

值较大;

(八)是否在禁渔区、禁渔期实施捕捞;

(九)是否存在其他严重违法捕捞行为的情形。

第十一条 行政机关对停靠在渔港、无船名、船籍港和船舶证书的船舶,采取禁止离港、指定地点停放等强制措施,行政相对人以行政机关超越法定职权为由提起诉讼,人民法院不予支持。

第十二条 无船名、无船籍港、无渔业船舶证书的船舶从事非法捕捞,行政机关经审慎调查,在无相反证据的情况下,将现场负责人或者实际负责人认定为违法行为人的,人民法院应予支持。

第十三条 行政机关有证据证明行政相对人采取将装载物品倒入海中等故意毁灭证据的行为,但行政相对人予以否认的,人民法院可以根据行政相对人的行为给行政机关举证造成困难的实际情况,适当降低行政机关的证明标准或者决定由行政相对人承担相反事实的证明责任。

第十四条 外国公民、无国籍人、外国组织,认为我国海洋、公安、海关、渔业行政主管部门及其所属的渔政监督管理机构等执法部门在行政执法过程中侵害其合法权益的,可以依据行政诉讼法等相关法律规定提起行政诉讼。

第十五条 本规定施行后尚未审结的一审、二审案件,适用本规定;本规定施行前已经终审,当事人申请再审或者按照审判监督程序决定再审的案件,不适用本规定。

第十六条 本规定自 2016 年 8 月 2 日起施行。

◎ 司法文件

全国海事法院院长座谈会纪要

● 2001 年 9 月 11 日

2001 年 7 月 19 日至 20 日,全国海事法院院长在宁波召开审判工作座谈会。最高人民法院副院长万鄂湘参加了座谈会,并作了重要讲话。与会人员一致认为,海事审判是我国司法的对外窗口,我国的海事审判水平稳步提高,已经引起我国航运界、司法界的高度重视,并引起国外越来越多的关注。中国即将加入世贸组织,经济全球化的步伐必将进一步加快。这就要求在海事审判工作中紧围绕公正与效率这一主题,更加严格按照法律规定审理各类案件,统一司法。与会同志就目前海事审判中有关案件管辖以及在适用《中华人民共和国海商法》(以下简称海商法)时存在的一些问题进行了研讨,并达成一致意见。现纪要如下:

一、关于管辖

随着我国对外贸易和航运事业的发展,各海事法院的地域管辖范围已不能适应形势发展的需要,最高人民法院将在调查研究的基础上对各海事法院的地域管辖范围作出调整,适当扩大其管辖区域范围,以适应不断发展的形势的需要。

海事法院依照《中华人民共和国海事诉讼特别程序法》的规定对海事案件行使专门管辖权,对共同海损纠纷案件、海上保险合同纠纷案件、海事仲裁裁决的承认和执行案件,连接点在北京的,由天津海事法院行使管辖权。

海事法院应当加强对海事行政案件和海事行政执行案件的司法管辖,有效地保护公民、法人和其他组织的合法权利,维护和监督行政机关依法行使行政职权。

为依法保护船员的具有船舶优先权的合法权益,因船员劳务合同纠纷直接向海事法院提起诉讼的,海事法院应当受理。

二、关于船舶所有权、抵押权未经登记不得对抗第三人的问题

在审理有关海事案件中,涉及船舶所有权或者抵押权未经登记的,应当根据不同情况依法处理:

1. 对根据船舶建造合同、船舶买卖合同、船舶租购合同等合法方式接受船舶,但没有依法进行所有权登记的委托建造方或者买受方,其与合同对方之间的权利义务关系依据合同约定和法律规定予以保护;但其对合同之外的第三人提出的船舶所有权主张(包括以船舶所有人名义向他人请求船舶损害赔偿等)或者抗辩,法院依法不应支持和保护。

2. 未经船舶所有权登记的船舶买受人不能以其不是船舶登记所有人为由主张免除对他人应当承担的民事责任或者义务，即当该船舶没有其他登记所有人时，买受人应当独立承担船舶对第三人的侵权民事责任和义务；当该船舶有其他登记所有人时，由登记所有人承担对第三人的侵权民事责任和义务。买受人对在接受或掌管该船舶之后发生的对第三人的侵权民事责任亦有过错的，承担连带责任。

3. 对设定船舶抵押权但没有依法进行抵押权登记的抵押权人，可以根据与船舶所有人之间设定的船舶抵押权到期债权，请求拍卖该船舶清偿债务；但是，其提出的针对第三人的抵押权主张或者抗辩，法院依法不应支持和保护，即在其他债权人参加对拍卖船舶所得价款清偿时，未经登记的船舶抵押权不能优先于已登记的船舶抵押权和其他海事债权受偿。

三、关于海上货物运输中承运人的认定及责任

海商法第四十二条规定了海上货物运输中承运人的定义，并规定提单是运输合同的证明。在提单作为惟一运输证件时，若提单没有抬头，除非签发人能证明代签的事实，否则应当以提单签发人作为承运人。

在审理海上货物运输纠纷案件中，要严格依照海商法和《中华人民共和国民法通则》（以下简称民法通则）的规定确定承运人的责任，并准确把握海商法作为特别法与民法通则在法律适用上的关系。在认定承运人倒签、预借提单的事实后，承运人应承担与其违反法律规定的行为有直接因果关系的损害后果。在海上货物运输特别是大宗散装货物的运输纠纷案件中，根据海商法的规定，由于货物本身的质量或者潜在缺陷造成的货损和属于正常范围内的货物减量、耗损或重量误差，承运人不承担赔偿责任。

一般情况下，合法持有正本提单的人向承运人主张无单放货损失赔偿的，应定性为违约纠纷，承运人应当承担与无单放货行为有直接因果关系的损失赔偿责任。

四、关于留置权

沿海内河货物运输中，托运人或者收货人不支付运费、保管费以及其他运输费用的，依照《中华人民共和国合同法》的规定，承运人对相应的运输货物享有留置权，除非当事人之间另有约定；但非中华人民共和国港口之间的海上货物运输，依照海商法的有关规定，应当向承运人支付的运费、共同海损分摊、滞期费和承运人为货物垫付的必要费用以及应当向承运人支付的其他费用没有付清，又没有提供适当担保的，承运人可以在合理的限度内留置债务人所有的货物。审判实践中应当注意不同的法律就留置权的行使所作的不同规定。

留置权的行使要以合法占有为前提。留置标的物在债权人行使留置权前已被法院应其他债权人的申请予以扣押的，或者债权人行使留置权后法院应其他债权人的申请对留置标的物进行扣押，留置权人的权利仍应当依法予以保护。

五、关于诉讼时效

海商法关于诉讼时效的规定是一套完整的制度。海商法与民法通则规定的时效中断的事由是不同的，在审理海事案件中要注意准确理解海商法的规定。在适用海商法审理海事纠纷时，如果债务人仅同意与债权人协商赔偿事宜但未就其具体赔偿达成协议的，或者海事请求人撤回诉前海事请求保全申请、海事强制令、海事证据保全申请或者上述申请被海事法院裁定驳回的，不构成时效中断。

海商法中对承运人的时效规定同样适用于实际承运人。

以上意见，供各级法院在海事审判实践中参照执行。

◎ 请示答复

最高人民法院交通运输审判庭关于接受平安保险公司申请为水险业务中提供有关担保的函

● 1989 年 7 月 25 日
● 法交〔1989〕15 号

广东、上海、武汉、青岛、天津、大连海事法院：

平安保险公司是交通部香港招商局和中国工商银行深圳分行合资经营的全民所有制金融保险企业,于1988年3月经中国人民银行总行批准成立,5月正式开业,现注册资本为人民币1.5亿元、港币1.5亿元。平安保险公司现有四个分公司,且将在国内沿海地区继续设立分支机构。为提高赔付能力,该公司于1988年10月又与中国人民保险公司订立了分保合同,将其所承保业务的30%分保给中国人民保险公司。该公司经营范围为办理企业财产险、货物运输险、船舶险、建筑安装工程险等人民币和外汇业务。现平安保险公司向我庭申请接受在其经营的水险业务中为船舶、货物保险人提供的有关担保。

经研究认为,平安保险公司为国营企业,资金雄厚,其担保有可靠的保证,同时法院接受平安公司为其被保险人出具的担保,也扩大了为当事人担保的渠道,对法院审理海事案件提供了方便条件。故决定各海事法院接受平安保险公司为其被保险人提供的担保。

执行中有何问题,望告我庭。

特此通知。

最高人民法院对山东省高级人民法院《关于船舶所有权纠纷一案的请示报告》的答复

- 1995年1月4日
- 〔1995〕交他字第1号

山东省高级人民法院:

你院(1994)鲁经终字第328号请示报告收悉。经研究,答复如下:

黑龙江省东宁县华埠经济贸易公司(以下简称"东宁公司")与俄罗斯纳霍德卡市南海滨区社会股份有限公司(以下简称:"俄方")签订了进口"尼古拉"号废钢船的买卖合同,因东宁公司未以船舶所有人的身份进行船舶登记,根据《中华人民共和国海商法》第九条和《中华人民共和国交通部拆解船舶监督管理规则》第七条的规定,东宁公司不能做为船舶所有人起诉威海经济技术开发区木材公司侵权。"尼古拉"号的所有权在东宁公司与俄方之间依约是否转移,东宁公司应按照《中苏两国交货共同条件》中的仲裁条款规定,提请仲裁解决。

最高人民法院关于船员私自承揽运输擅自开航的民事责任应否由轮船公司承担的答复

- 1995年4月21日
- 法函〔1995〕43号

湖北省高级人民法院:

你院〔1995〕告申呈字第1号《关于国营四川涪陵轮船公司应否承担民事责任的请示》收悉。经研究,答复如下:

我国船舶航运主管部门对内河船舶船员的职责已有明确规定。在有关规定和运输企业的实务操作中,都没有给予船员(包括船长)对外承揽运输业务签订合同的职权。航行于我国境内各港口之间的船舶,除需服从所属航运企业内职能部门的调度外,依据我国有关安全航行的法规的规定,还需经港务监督(或港航监督)部门的批准,办理进出港口签证手续。违反上述规定,船员私自承揽运输、擅自开航是超越职权范围的个人行为。"川陵四号"拖轮大副郑世荣图谋私利,私自承揽运输并对公司隐瞒事实,在公司调度室明确表示不同意出航的情况下,擅自开航,应对其超越职权范围的个人行为承担民事责任。轮船公司不应对船员的个人行为承担民事责任。

最高人民法院关于"恒海"轮6.10航次船舶适航问题的答复

- 1995年5月24日
- 〔1995〕交他字第3号

海南省高级人民法院:

你院经济庭〔1994〕琼经终字第31号请示报告收悉。经研究答复如下:

"恒海"轮持有有效的船舶检验证书,经营海口到北海往返班轮运输,属近岸航区;1993年6月10日的6.10航次配备三名驾驶人员并有二名持有B类船长证书,符合近岸航行船舶驾驶员值班配备标准。至于船长因病上岸或者因故离船,船舶公司又派不出船长,提出申请由本船大副暂代船长,只要经主管机关审查批准,并予以进出港口签证,就构不成该船舶"不适航"。交通部安全监督局是我国海上交通安全的主管机关,有权对船员考试发证规则及实施细则作出解释。海南省港航监督局和交通部安全监督局均认定该轮该航次的船员配备适航,法院应予以支持。"恒海"轮重大火灾事故属意外事故,与该航次是否适航之间无因果关系。同意你院经济庭请示报告的意见。

此复。

最高人民法院关于福建省生产资料总公司与金鸥航运有限公司国际海运纠纷一案中提单仲裁条款效力问题的复函

- 1995年10月20日
- 法函[1995]135号

广东省高级人民法院:

你院[1994]粤法经二上字第146号请示收悉,经研究,现答复如下:

涉外案件,当事人事先在合同中约定或争议发生后约定由国外的临时仲裁机构或非常设仲裁机构仲裁的,原则上应当承认该仲裁条款的效力,法院不再受理当事人的起诉。

本案上诉人福建省生产资料总公司虽然不是租船合同和海上货物运输合同的签约人,但其持有承运人签发的含有合并租约和仲裁条款的提单,并明示接受该仲裁条款,因此,该条款对承运人和提单持有人均有约束力。此案中,我国法院应承认该临时仲裁条款的效力。

此复。

最高人民法院关于宁波市外海航运公司申请海事赔偿责任限制设立基金有关问题的复函

- 1995年12月7日
- 法函[1995]160号

浙江省高级人民法院:

你院[1995]浙法经字92号,关于宁波市外海航运公司申请海事赔偿责任限制设立基金有关问题的请示收悉。经研究,答复如下:

责任人申请海事赔偿责任限制,未提供资金设立海事赔偿责任限制基金,可以采取提供充分担保的形式。宁波市外海航运公司是在诉讼过程中申请享受海事赔偿责任限制权利的,法院可以撤销令其设立海事赔偿责任限制基金的裁定。但在本案实体审理中,如果没有充分证据证明"引起赔偿请求的损失是由于责任人的故意或者明知可能造成损失而轻率地作为或者不作为造成的",责任人有权享受海事赔偿责任限制,且这种权利不因责任人未设立责任限制基金或者提供相应的担保而丧失。

此复。

最高人民法院关于提单持有人向收货人实际取得货物后能否再向承运人主张提单项下货物物权的复函

- 2000年8月11日
- [2000]交他字第1号

福建省高级人民法院:

你院[1999]闽经终字第165号关于福建省东海经贸股份有限公司诉韩国双龙船务公司、中国福州外轮代理公司提单纠纷一案的请示收悉。经研究,答复如下:

一、本案提单持有人福建省东海经贸股份有限公司与承运人韩国双龙船务公司形成了提单运输法律关系,应按海上货物运输合同纠纷处理。

二、承运人韩国双龙船务公司负有凭正本提单交付货物的义务。其接受托运人的保函并将货物交付给非提单持有人(贸易合同的买方),侵犯了提单持有人的担保物权,违反我国法律规定和国际航运惯例,本应承担无单放货违约赔偿责任。但是,提单担保物权人福建省东海经贸股份有限公司通过与提货人、托运人签订补充协议重新取得了提单项下货物的占有权,并从中收取了部分款项,致使提单失去了担保物权凭证的效力。故福建省东海贸易股份有限公司丧失了因无单放货向承运人索赔提单项下货款的权利。

此复。

最高人民法院关于船东所有的船舶能否因期租人对第三方负有责任而被扣押等问题的复函

- 2001 年 1 月 3 日
- 〔1998〕交他字 1 号

上海市高级人民法院:

你院〔1996〕沪高经终字第 515 号《关于船东所有的船舶能否因期租人对第三方负有责任而被扣押等问题的请示》收悉。经研究,同意你院倾向性意见。现答复如下:

一、根据最高人民法院《关于海事法院诉讼前扣押船舶的规定》第三条第(一)款、第(三)款的规定,海事法院可以扣押对海事请求负有责任的船舶经营人、承租人所有的、经营的或租用的其他船舶。故三善海运株式会社可以申请扣押亚马大益卡埃琳达斯公司期租给亚马大益卡埃劳埃德公司的"阿曼达·格劳列"轮。因该轮关系到所有权归属问题,所以不能变卖。

二、亚马大益卡埃劳埃德公司对"阿曼达·格劳列"轮的扣押负有责任,给船舶所有人亚马大益卡埃琳达斯公司造成的损失应负赔偿责任。其中与亚马达益卡埃琳达斯公司的期租船合同责任期间,提出解除合同的行为属无效。该行为不影响财产保全的效力。

三、根据 2000 年 7 月 1 日起实施的《中华人民共和国海事诉讼特别程序法》第二十三条的规定,对定期租船人或者航次租船人经营的或租用的船舶不得扣押。该案是发生在《中华人民共和国海事诉讼特别程序法》颁布实施以前,所以应适用最高人民法院《关于海事法院诉讼前扣押船舶的规定》。

此复。

附:

上海市高级人民法院关于船东所有的船舶能否因期租人对第三方负有责任而被扣押等问题的请示

1997 年 12 月 28 日
〔1996〕沪高经终字第 515 号

最高人民法院:

我院在审理上诉人印度尼西亚共和国亚马大益卡埃琳达斯公司与被上诉人韩国三善海运株式会社错误申请扣船损害赔偿纠纷一案过程中,对船东所有的船舶能否承租人对第三方负有责任而被扣押问题有不同看法,特向钧院请示如下。

一、基本案情

印尼亚马大益卡埃琳达斯公司(以下简称琳达斯公司)所有的"阿曼达·格劳列"轮自 1994 年 10 月起出租给案外人亚马大益卡埃劳埃德公司(以下简称劳埃德公司)18 个月。租赁期内,韩国三善海运株式会社(以下简称三善海运)因与劳埃德公司有其他租船合同纠纷,向上海海事法院申请诉前扣押劳埃德公司"所属"的"阿曼达·格劳列"轮,以后转为诉讼保全。船舶实施扣押后,劳埃德公司既不提供担保,又不到庭参加诉讼,还通知船东琳达斯公司中止租船合约。为此,琳达斯公司以船舶所有人的身份要求上海海事法院解除扣押,但未被准许,引起本案纠纷。三善海运提起的租船合同纠纷经上海海事法院审理,最终判决劳埃德公司偿付三善海运租金及船舶滞留损失共达 45 万美元。本案海事法院认定,"阿曼达·格劳列"轮为琳达斯公司所有,我国现行的扣押规定允许扣押承租人租用的其他船舶,原告请求停止侵权、释放船舶不属本判决处置范围,将另行处理,对原告的诉讼请求判决不予支持。"阿曼达·格劳列"轮已由上海海事法院于1996年10月21日裁定释放,自1995年10月31日起计算,实际扣押期间超过1年。

二、请示的问题

1. 关于船东期租出去的船舶能否扣押的问题,我们有两种意见。

一种意见认为,民事诉讼财产保全的范围仅仅限于当事人的请求及与案件有关的财物,钧院1994年12月22日《关于在经济审判工作中严格执行〈民事诉讼法〉的若干规定》第十四条规定,人民法院对于案外人的财产不得采取财产保全措施。由于钧院《关于海事法院诉讼前扣押船舶的规定》允许扣押对海事请求负有责任的"船舶经营人、承租人所有的、经营的或租用的其他船舶"与前述规定不尽一致,在扣押时应特别慎重。《民事诉讼法》之所以规定可以采取财产保全措施,其目的就在于避免发生判决后不能执行或难以执行的情况。钧院《关于海事法院拍卖被扣押船舶清偿债务的规定》明确提出:"被拍卖船舶的所有人必须是被告,且应对该项海事请求确实负有责任",如果对船舶经营人、承租人所有的、经营的或租用的其他船舶实施扣押,一旦被申请人不提供担保,所扣押船舶最终并不能拍卖,这与《民事诉讼法》规定财产保全措施的立法原意不符,对无任何责任的船东利益也是一种损害。《1952年统一海船扣押某些规定的国际公约》规定,申请人对被申请人光船承租的船舶可以实施扣押,登记的船舶所有人的其他船舶不得因该海事请求而被扣押,由此可以认为船东期租出去的船舶不宜因为承租人对第三方负有责任而遭扣押,有关规定似应作出相应修改。

另一种意见认为,船舶的所有权包括了占有、使用、收益、处分等四种权利,这四种权利可以与所有权人相分离。租船合同一经订立,出租人仍然享有或部分享有船舶的占有、收益和处分权,即光船租赁的出租人享有处分权、部分收益权;期租合同的出租人享有处分权、占有权以及部分的收益权。承租人则可获得或部分获得占有、使用、收益权权利,即光船租赁的承租人可获得船舶的占有、使用权和部分收益权,期租合同的承租人可获得使用权和部分收益权。为了平等地保护公民和法人的民事权利,制约承租人的经营行为,按照钧院现行的扣押规定,经过严格的司法程序,可以对承租人所有的、经营的、或租用的其他船舶依法扣押。这种扣押实际上是冻结承租人的占有(光船租赁)、使用、收益权,尽管按照现行规定船舶最终不能拍卖,但这对负有责任的承租人来说,其将自负扣船期间的收益损失,还须赔偿出租人由此产生的租金等损失,只有这样才能使承租人正视第三方的海事请求,尽快通过合法途径解决纠纷。《1952年扣船国际公约》我国并未参加,对于我国的司法实践没有约束力。

2. 关于租船合同履行期间船舶被司法扣押,合同能否解除、损失如何赔偿问题

本案"阿曼达·格劳列"轮被扣押后,劳埃德公司自1995年11月7日起停付租金,并函告琳达斯公司:卸货完毕三日内该轮如未能释放即解除合约。这一解除是否有效?我们也有不同意见。

一种意见认为,正常的租船合同履行期间,出租人可以从承租人使用船舶所创造的利益中收取租金,一旦租出的船舶由于某种原因被扣押,承租人因为无法实际使用船舶,其当然可以停付租金,并解除合同。出租人因司法扣押收不到租金,为了自己的利益,根据《海商法》的规定也可以解除合同。租船合同被解除,申请人的扣船就失去了真实依据和作用,其不及时撤销申请,对船舶所有人由此产生的损失需负赔偿责任。

另一种意见认为,因为承租人对船舶扣押负有责任,其提出解除合同的主张实际上就是一种规避法律的行为,解除合同的要求应属无效,由此引起出租人经济损失全部应由承租人负责赔偿。出租人为了自己的利益要求解除合同的,因其不是财产保全的被申请人,无法对抗司法扣押的强制效力,有关损失可以依据租船合同向承租人追偿。

以上问题我们都倾向于第二种意见,认为本案三善海运对劳埃德公司租用的"阿曼达·格劳

列"轮依据现行扣船规定可以申请扣押，但最终因船舶所有人琳达斯公司无过错，船舶不能拍卖，只能释放。在租船合同履行期间承租人因对船舶被扣负有责任，应向船东赔偿损失，其单方面的解除行为无效。租船合同履行期终结后，"阿曼达·格劳列"轮不再由劳埃德公司经营，三善海运不撤销扣船申请需承担赔偿责任。

以上意见当否？请及时给予批示。

最高人民法院关于中国上海抽纱进出口公司与中国太平洋保险公司上海分公司海上货物运输保险合同纠纷请示的复函

- 2001年1月3日
- [2000]交他字第8号

上海市高级人民法院：

你院[2000]沪高经终字第280号关于《中国抽纱上海进出口公司与中国太平洋保险公司上海分公司海上货物运输保险合同纠纷一案的请示》收悉。经研究，答复如下：

1. 关于无单放货是否属于保险理赔的责任范围问题。我们认为，根据保险条款，保险条款一切险中的"提货不着"险并不是指所有的提货不着。无单放货是承运人违反凭单交货义务的行为，是其自愿承担的一种商业风险，而非货物在海运途中因外来原因所致的风险，不是保险合同约定由保险人应承保的风险；故无单放货不属于保险理赔的责任范围。

2. 关于在承运人和保险人均有赔偿责任的情况下，保险人取得代位求偿权后，向承运人代位求偿的诉讼时效如何计算的问题。我们认为，保险人取得的代位求偿权是被保险人移转的债权，保险人取代被保险人的法律地位后，对承运人享有的权利范围不得超过被保险人；凡承运人得以对抗被保险人而享有的抗辩权同样可以对抗保险人，该抗辩权包括因诉讼时效超过而拒绝赔付的抗辩权。保险人只能在被保险人有权享有的时效期间提起诉讼，即保险人代被保险人向承运人代位求偿的诉讼时效亦为

1年，应自承运人交付或应当交付货物之日起计算。

此复。

最高人民法院关于保险船舶发生保险事故后造成第三者船舶沉没而引起的清理航道费用是否属于直接损失的复函

- 2001年2月18日
- [2000]交他字第12号

上海市高级人民法院：

你院[2000]沪高经终字第367号《关于保险船舶发生保险事故后造成第三者船舶沉没而引起的清理航道费用是否属直接损失的请示》收悉。经研究同意你院审判委员会的倾向性意见，即根据中国人民银行《沿海、内河船舶保险条款》和《沿海、内河船舶保险条款解释》的有关规定，保险船舶发生保险事故造成第三者船舶沉没而引起的清理航道费用不属于直接损失，亦不属于保险责任。

此复。

最高人民法院关于津龙翔（天津）国际贸易公司与南京扬洋化工运贸公司、天津天龙液体化工储运公司沿海货物运输合同货损赔偿纠纷一案请示的复函

- 2001年8月10日
- [2001]民四他字第7号

天津市高级人民法院：

你院津高法[2001]34号《关于津龙翔（天津）国际贸易公司与南京扬洋化工运贸公司、天津天龙液体化工储运公司沿海货物运输合同货损赔偿

纠纷一案的请示》收悉。经研究，答复如下：

一、根据最高人民法院法释〔2001〕18号《最高人民法院关于如何确定沿海、内河货物运输赔偿请求权时效期间问题的批复》，托运人、收货人就沿海、内河货物运输向承运人要求赔偿的请求权，时效期间为1年，自承运人交付或者应当交付货物之日起计算。因此，该案的诉讼时效期间应为1年。

二、在请求权竞合的情况下，诉讼当事人有权在一审开庭前请求对方当事人承担违约责任或者侵权责任，此后不得进行变更。该案当事人在一审时以违约提起诉讼，二审时不应以侵权确认时效。

此复。

附：

天津市高级人民法院关于津龙翔(天津)国际贸易公司与南京扬洋化工运贸公司、天津天龙液体化工储运公司沿海货物运输合同货损赔偿纠纷上诉案的请示

2001年3月9日
津高法〔2001〕34号

最高人民法院：

我院在审理津龙翔(天津)国际贸易公司与南京扬洋化工运贸公司、天津天龙液体化工储运公司沿海货物运输合同货损赔偿纠纷上诉案中，对有关法律的适用存在不同认识，现将案件相关问题，请示如下：

一、案件基本情况

上诉人(原审原告)：津龙翔(天津)国际贸易公司(简称津龙翔公司)。

被上诉人(原审被告)：南京扬洋化工运贸公司(简称扬洋公司)。

原审第三人：天津天龙液体化工储运公司(简称天龙公司)。

津龙翔公司与扬洋公司于1996年5月16日签订运输合同，约定承运人扬洋公司为托运人津龙翔公司承运甲醇、正丁醇、丙酮共计2000吨，承运船舶"宁化408"轮，装卸时间48小时，非承运人原因造成等装、等卸超过装卸时间，承运人按每小时1500元收延滞费，货物数量、质量由托运人负责，货物交接按交通部《水规》办理。津龙翔公司租用天龙公司储罐接卸货物，约定将正丁醇300吨与原货物混装108号储罐，津龙翔公司对混装货物质量负责。5月31日，在镇海港装运甲醇、正丁醇、丙酮，签发水路货物运单，明确权利义务和责任界限适用《水规》。运单上托运人宁波甬翔贸易公司向保险公司上海公司全额投保运输险。6月6日"宁化408"轮运抵卸货港，津龙翔公司委托天津商检局登船取样，天龙公司将108号储罐软管与船方卸货软管连接，将300吨正丁醇卸入岸上已储有700吨正丁醇的108号储罐内。6月8日"宁化408"轮驶离天津港，6月13日到张家港洗舱，发现右3舱壁严重变形，右2舱与右3舱之间舱壁与底板的焊缝处有撕裂等。同时，商检局出具检测报告，发现甲醇、正丁醇异常。6月18日，上诉人又委托天津合成材料研究所化验。次日，该所出具检验报告，显示甲醇中含有少量的正丁醇，正丁醇中含有少量的甲醇。上诉人、被上诉人互通了承运货物出现质量问题的情况。10月3日，保险公司赔偿甲醇质量损失329349.90元，正丁醇质量损失760075元，宁波甬翔贸易公司向保险公司出具了收据及权益转让书。

1996年5月10日，津龙翔公司与案外人北京通黄福利厂签订供销合同，约定向通黄福利厂出售甲醇1000吨、正丁醇1000吨，供货期为5~12月。6月30日，通黄福利厂因货物污染提出解除合同。10月4日，津龙翔公司向扬洋公司提出岸上700吨正丁醇、甲醇污染及延期租罐损失3250000元，上诉人愿从以后租用被上诉人船舶运费中抵扣。扬洋公司致函津龙翔公司，明确"宁化408"轮货物污染非人为因素造成，且投保人已从保险公司得到赔偿，并签署权益转让书，再提出赔偿于法无据。

1998年5月8日，上诉人津龙翔公司起诉，请求判令赔偿降价损失701759.25元及正丁醇、甲醇销售困难造成的延长正丁醇储罐费1260000

元,甲醇储罐费814800元。

原审法院委托天津市航海协会鉴定,认为:"甲醇与正丁醇渗透污染原因:1.高速透气阀突然卡住,造成舱内高压气体无法释放出去,从而高膨胀的蒸汽压力挤压舱壁;2.由于液体探测装置所存在的潜在缺陷,加之高温下工作,造成该设备工作紊乱。"津龙翔公司、扬洋公司和天龙公司对污染产生原因的鉴定意见均未提出异议。

原审法院认为,本案为沿海货物运输合同货损赔偿纠纷。双方约定适用交通部《水规》,但规则中没有诉讼时效的规定,根据最相类似原则,《中华人民共和国海商法》(以下简称《海商法》)规定,海上货物运输向承运人要求赔偿的请求权,时效期间为1年。1996年6月8日,"宁化408"轮卸货完毕驶离天津港,本航次结束。津龙翔公司于1998年5月8日提起诉讼,已超过1年诉讼时效。虽然津龙翔公司分别在1996年7月4日、7月10日,1997年1月、5月29日向扬洋公司提出索赔,但被上诉人没有同意,根据《海商法》的规定,诉讼时效不构成中断。津龙翔公司提出的"本案应当是航次租船合同纠纷。根据我国《海商法》第二百五十七条第二款航次租船合同的请求权,时效期间为2年"的主张,不予支持。因为,双方之间签订的运输合同,从合同名称、当事人的称谓、合同的内容以及履行中作为承运人的被上诉人向上诉人签发的运单,均表明其为沿海货物运输合同,且本次运输没有整船整舱租用的意思表示,没有《水规》中航次租船合同当事人权利义务的明显特征,因而不适用《海商法》第二百五十七条第二款的规定。扬洋公司根据《水规》180天索赔时效的规定主张诉讼时效为180天,理由不充分,不予支持。因为《水规》中的规定是索赔时效,不是诉讼时效,《民法通则》所指法律另有规定的诉讼时效,应是全国人大及其常委会或授权国务院所制定的法律,而《水规》是交通部的部门规章,虽然是规范性文件,但其与法律相比是不同层次的规范性文件,所以《水规》中关于索赔时效的规定,不属于法律特别规定的时效。对上诉人要求被上诉人赔偿岸上700吨正丁醇降价损失及甲醇、正丁醇延期租罐费损失的主张,亦不支持。理由:1.保险公司已对全额投保的货损给予赔偿,托运人不再享

有向承运人请求赔偿的权利。根据《水路货物运输实行保险与负责运输相结合的补偿制度的规定》和最高人民法院法(交)复〔1989〕3号《关于保险货物发生损失引起运输合同赔偿纠纷如何适用法律问题的批复》"对已投保货物运输险的货物由于承运人责任造成损失的,应当依照《经济合同法》第四十一条的规定,由承运人按货物的实际损失赔偿。"本案系全额投保,保险人已赔偿,且投保人已签署权益转让书。故上诉人无权再向被上诉人请求赔偿。2.根据《水规》、《水路货物运输实行保险与负责运输相结合的补偿制度的规定》、《货物运输事故赔偿价格计算规定》及最高人民法院1992年2月12日法函〔1992〕16号复函"托运人主张的货损、货差一经认定,赔偿数额应包括货损、货差本额及利息。"本案所涉损失系货物自身损失以外的储罐费损失和承运人责任期间以外、运输货物以外的岸上700吨货物的损失,不属于运输合同货损的赔偿范围。3.上诉人自身过错扩大损失不应赔偿。根据《水规》第三十八条规定,收货人在提取货物时负有认真验收义务。根据运输合同,上诉人负责货物质量和验收,在未作出检验结果的情况下决定将300吨正丁醇卸入原存有700吨正丁醇的储罐中,造成岸上700吨正丁醇被污染。上诉人和第三人签订的储罐租赁及货物接卸协议书的补充协议书中约定,上诉人对混装后货物质量负责,证明上诉人应该预见到长途运输货物与岸上货物混装,会有扩大损失的可能,而疏忽大意,造成损失扩大,是上诉人没有履行检验义务和混装造成的,被上诉人不负检验义务,更不预见混装,故不应承担损失责任。依照《民事诉讼法》第六十四条第一款和《民法通则》第一百三十七条、《海商法》第二百五十七条第一款规定,判决:驳回津龙翔(天津)国际贸易有限公司的诉讼请求。

津龙翔(天津)国际贸易有限公司不服原审法院判决,提起上诉,请求:撤销原审判决,改判被上诉人承担赔偿责任。认为:

1. 原审判决对运输合同的定性和诉讼时效的认定错误

上诉人被上诉人之间于1996年5月16日签订的运输合同符合航次租船合同的特征。合同中规定船舶受载期限、装卸船期限(装卸时

间)、滞期费和速遣费,符合航次租船合同的特征。"整船整舱租用"不是航次租船合同的特征。

合同的名称和当事人之间的称谓不是确定合同性质的标准。被上诉人签发运单并不改变运输合同的性质,运单在运输合同双方当事人之间,只是起到货物收据,以及卸货港托运人提货凭证的作用。上诉人与被上诉人之间具有航次租船合同的意思表示一致。本案一审过程中,双方在运输合同具有航次租船合同性质这一点上,没有任何争议。

本案运输合同是航次租船合同,因而,《海商法》第二百五十七条第一款的规定不适用,认定时效期间为1年,系适用法律错误。1992年11月18日,最高人民法院关于学习宣传和贯彻执行《海商法》的通知第五条明确:《海商法》实施后,国内水路货物运输合同仍适用《经济合同法》和《民法通则》。就沿海航次租船合同而言,诉讼时效期间均为2年。

本案所适用的法律中,没有"最相类似原则"的法律规定。一审法院适用"最相类似原则",缺乏法律依据。即使认为适用《海商法》第二百五十七条不明确,也应适用《民法通则》一百三十五条规定的普通诉讼时效。

2. 一审法院不支持上诉人关于岸上700吨正丁醇降价损失及甲醇、正丁醇延期租罐费损失的主张,是错误的

货物运输保险不影响被上诉人应承担的责任。上诉人的诉讼请求独立于货物运输保险而存在。1996年6月6日,宁波甬翔贸易公司向保险公司全额投保了货物运输险;事故发生后,保险公司赔付了"宁化408"轮承运货物的质量损失,属于保险公司的承保范围和保险责任。上诉人向被上诉人提出的赔偿请求,属于货物运输产生的违约和侵权法律关系,并不包括保险公司已赔付的损失,不存在重复请求。《水路货物运输实行保险与负责运输相结合的补偿制度的规定》不能作为认定的依据。虽然货物投保了运输险,但"宁化408"轮并未投保运输货物赔偿责任险,不存在适用上述《规定》的前提。

上诉人在一审中请求的损失应当属于被上诉人的赔偿责任范围;上诉人没有过错;一审法院对收货人验收货物的义务存在严重误解,而上诉

人不能预见混装可能造成的损失、与第三人之间的混装协议并不能证明上诉人应该预见损失的发生;被上诉人能够预见混装。

被上诉人南京扬洋化工运贸有限公司答辩认为,一审法院判决认定事实清楚,适用法律正确,实体处理得当,应予维持。

1. 上诉人主张本案所涉运输合同是航次租船合同的理由不能成立

上诉人所言"整船整舱租用"不是航次租船合同的特征不能成立,船舶受载期、装卸时间、滞期费、速遣费的规定并非只是航次租船合同才可能的规定,一般的运输合同亦可以有这样的规定。运单在《水规》是运输合同的形式之一,并非上诉人所称的货物收据。本案运输合同是以运单为主要合同形式的一般沿海运输合同,另补充订立的条款只是约定当事人在运输合同中须遵守的特约事项。合同性质应当是法院根据合同订立当时的具体情况进行认定,在审判过程中,当事人对合同性质的看法并不能证明当事人双方在合同订立当时有订立航次租船合同的表示。

2. 本案诉讼应适用180天时效或1年时效

答辩人向一审法院提供了最高人民法院关于认定《水路货物运输合同实施细则》及《水规》规定的索赔时效属法律特别规定的时效的批复,因此,本案的诉讼时效起算的依据应为《水路货物运输合同实施细则》和与之相关的《水规》。上诉人主张适用《海商法》关于航次租船合同的2年诉讼时效是将本案的运输合同认定为航次租船合同为前提的。本案的运输合同性质不是航次租船合同,一审法院适用《海商法》第二百五十七条规定的对承运人的1年诉讼时效,是正确的。

3. 一审法院不支持上诉人关于岸上700吨正丁醇降价损失及甲醇、正丁醇超期储罐费损失是正确的

上诉人以其索赔主张是侵权之诉应独立于运输保险的主张不能成立。本案的一审中,双方当事人的争议一直为答辩人在履行运输合同中违约责任的范围,上诉人从未向答辩人提起侵权之诉,如要提起,应重起诉。

《水路货物运输实行保险与负责运输相结合的补偿制度的规定》现今仍是有效的法律文件,仍应适用。本案中适用《水规》是当事人双方的

选择。现上诉人提出侵权之诉,目的就是要突破《水规》对承运人货损赔偿范围的规定。上诉人的侵权之诉反证了一审法院认定的上诉人诉称的损失"不属于运输合同货损违约赔偿范围"的结论是正确的。

货物混装确属当事人的自身过错,《水规》第三十七条的规定与第三十八条的规定的收货人的验货义务并不矛盾。在所装货物为化工品、危险品的情况下,不同质量的货物混装产生的后果远比船舶滞留几天的损失为大。上诉人为了避免支付滞期费而不顾货物混装而产生的后果在未验货之前就向已装有货物的岸罐卸货,反映了上诉人未履行验货义务,具有过错。

第三人天津天龙液体化工储运有限公司答辩:

1. 被上诉人没有理由申请法院追加天龙公司为本案的第三人

程序上,第三人是要同案件处理结果有法律上的利害关系。本案被上诉人向法院申请追加第三人,并没有说明天龙公司与上诉人和被上诉人之间的纠纷有法律上的利害关系。

实体上,上诉人与被上诉人的纠纷是108号储罐中700吨正丁醇混装引起的损害赔偿问题,上诉人与天龙公司签订的补充协议规定:"乙方(上诉人)对混装后货物质量负责。"因此,被上诉人没有根据申请追加天龙公司为第三人。

2. 答辩人对108号储罐中正丁醇的混装损失没有任何责任

答辩人处于港口经营人的地位,上诉人是港口作业的委托方。根据协议,答辩人"利用本公司码头和储罐为乙方(上诉人)接物料",接运方式为"自船至储罐,自储罐至铁路罐车、汽车罐车及罐桶"。卸货前,答辩人履行了法定的港口经营人的义务。答辩人对"宁化408"轮货物在卸货前被污染或存在污染的可能性不知情,也不可能知情。货物接卸过程是按照接卸液体化学品的操作程序进行的作业,因此,答辩人没有过错。

3. 一审法院没有判决第三人对上诉人的货损负责是正确的

二、二审审理情况

本案在二审审理中,各方当事人对原审认定事实无异议,亦未提出新证据。

经二审审理,认为本案存在的诉争焦点有两个:一是合同定性及相应的诉讼时效期间,二是关于赔偿的损失范围及责任的承担。对以上两个焦点问题涉及一些法律上的认识理解,一、二审之间,合议庭内部均存在一些不同意见。主要问题是合同定性及诉讼时效问题。

原审法院认为本案为沿海货物运输合同损赔赔偿纠纷,诉讼时效为1年,上诉人起诉已超过诉讼时效期间。二审合议庭、庭务会一致意见认为本案诉讼时效为2年,上诉人起诉是在诉讼时效期间,驳回上诉人诉讼请求不当,应当予以纠正。但是,认定本案时效为2年的理由存在两种不同意见。

第一种意见认为,原审法院认定本案为沿海货物运输合同货物赔偿纠纷是正确的,但按《海商法》第二百五十七条第一款规定认为本案诉讼时效为1年是错误的。因为最高人民法院1992年11月18日关于贯彻执行《海商法》的通知第五条明确规定,沿海货物运输合同纠纷案件仍适用《民法通则》,故本案不应适用《海商法》,应适用《民法通则》的2年诉讼时效。

第二种意见认为,就诉讼时效问题,由于诉争受损货物并非运输合同项下的货物,而是由于承运人履约不当造成收货人合同以外岸上货物的损害,应为违约和侵权竞合,因此,不涉及运输合同种类的定性问题。因侵权之诉的诉讼时效,就本案而言依据《民法通则》应为2年,且原审期间原告系以履约不当造成其其他财产损失为由提起诉讼,不同于一般情况下的不存在合同关系的侵权之诉,不宜以原告未以侵权单独提起诉讼而驳回其诉请。至于最高人民法院的通知只是针对《海商法》第四章而言,因为《海商法》规定第四章不适用国内港口之间的海上货物运输,《海商法》的其他章节,如十三章时效,仍适用国内港口之间的海上货物运输。

合议庭的多数意见为第一种意见。

经我院审判委员会讨论,倾向第一种意见。

三、需请示的问题

1992年11月18日,最高人民法院关于学习宣传和贯彻执行《海商法》的通知第五条,《海商法》实施后,国内水路货物运输合同仍适用《经济合同法》和《民法通则》。通知是否只是针对《海商法》

第四章而言,《海商法》的其他章节,如十三章时效,是否仍适用国内港口之间的海上货物运输。

问题:

1. 本案时效是适用《民法通则》还是《海商法》十三章?

2. 当事人在一审时以合同违约提起诉讼,一审判决后当事人上诉,二审应以合同违约还是以侵权确认时效?

妥否,请批复。

最高人民法院关于长春大成玉米开发公司与中国人民保险公司吉林省分公司海上保险合同纠纷一案的请示的复函

- 2001年11月7日
- 〔2001〕民四他字第25号

辽宁省高级人民法院:

你院〔2001〕辽经一终字第13号请示报告收悉,经研究,答复如下:

本案中预约保险合同是当事人就长期货物运输保险达成的一种协议。投保人长春大成玉米开发有限公司(以下简称大成公司)依据该协议向中国人民保险公司吉林省分公司(以下简称保险公司)投保,保险公司在协议约定的期限内不得拒绝投保人大成公司的投保,投保人大成公司也要在协议约定的期限内将其出运的货物全部在保险公司投保,这应是预约保险合同的对等义务,但预约保险合同不具备我国《海商法》第二百一十七条规定的海上保险合同的全部内容,故其不能直接产生保险合同义务,大成公司不能据此向保险公司主张保险权益。

本案中,大成公司向保险公司投保时,已经知道四份保险单项下货物全部随船沉没,货损事故已经发生。同意你院审判委员会多数人意见,根据我国《海商法》第二百二十四条的规定,保险公司不应承担保险赔偿责任。

此复。

附:

辽宁省高级人民法院关于长春大成玉米开发公司与中国人民保险公司吉林省分公司海上保险合同纠纷一案的请示报告

2001年6月7日 〔2001〕辽经一终字第13号

最高人民法院:

我院在审理的上诉人长春大成玉米开发有限公司(下称大成公司)与被上诉人中国人民保险公司吉林省分公司(下称保险公司)海上保险合同纠纷上诉案件中。对此案如何适用法律问题把握不准,特向你院请示。

一、案件基本事实

1998年11月10日,保险公司的职能部门国际业务部签发保险单一份,投保人一栏中为大成公司,保险公司在保单的"特别约定"一栏中写明:"此保单为开口保单,根据实际发生承担保险责任,计收保费。保险期限1年(自1998年4月13日至1994年4月13日)。"大成公司对此保单认可。签发保险单的同时,保险公司交给了大成公司数份盖有保险公司法定代表人印章的空白保险单,供大成公司在发运货物时填写和向保险公司申报用。此后,大成公司将其从铁路、港口发运的大部分货物向保险公司进行了申报,并按申报数量向保险公司交纳了保费。但大成公司将1998年5月份的一票货物和6月份的三票货物在长春保险公司进行了投保,将1998年12月下旬的六票货物在通化保险公司进行了投保,相应的保费也由大成公司通过银行直接汇给了上述两公司。但大成公司未将这一情况告诉保险公司所属的国际业务部。1998年12月初,大成公司在鲅鱼圈港将3604吨玉米淀粉装入"嘉裕"轮,欲运往广州等地。12月5日晨06:15时,该船因稳性原因在装货港内倾覆,大成公司3604吨货物随船沉没。当日9时许,大成公司将保险标的为该批货物的保险单送给了保险公司。将该保单的保险费连同其他在同一时期应付的保险费一同付给了保险公司，保险公司对此明知并予以收取。该保险单上注明的填写日期为1998年12月5日。

二、一、二审法院处理情况

大连海事法院认为：大成公司、保险公司于1998年11月10日签订的海上保险合同属预约保险协议，该协议依法成立，具有法律效力。大成公司、保险公司应依诚实信用原则履行该协议。大成公司须对预约保险协议中约定的货物向保险公司投保及保险公司不得拒绝大成公司的投保，是大成公司、保险公司双方在该协议中设立的对价义务。因此，只有大成公司履行了如实申报并将全部货物向保险公司投保的义务，保险公司才能对大成公司投保的货物承担保险责任。大成公司未将其发运的全部货物如实向保险公司申报，而向通化保险公司和长春保险公司另行投保，违背了保险合同当事人应遵循的诚实信用原则，构成了严重违约。大成公司虽主张该批货物是保险公司的工作人员为履行职责而分配给通化保险公司和长春保险公司的，但未能提供出相应的证据予以证明，故大成公司的这一主张，原审法院不予采信。保险公司在知悉大成公司未如实申报货物并将部分货物向其他公司投保情况时，有权拒绝接受大成公司在事故发生后所进行的申报和赔偿请求，如果保险公司因不知道情况而接受了这种申报，则在知道该情况后，有权拒绝其赔偿请求。因此，保险公司拒绝大成公司就涉案货物提出的索赔请求，并无不当。大成公司要求保险公司赔偿货物损失的诉讼请求于约于法无据，原审法院不予支持。依据《中华人民共和国保险法》第四条和《中华人民共和国海商法》第二百二十四条的规定，判决驳回大成公司的诉讼请求。

大成公司上诉不服原审法院判决上诉认为，保险公司应负赔偿责任。保险公司则答辩认为一审判决正确，保险公司不负赔偿责任。

二审法院经审理合议庭评议时，形成两种意见：一种意见认为，保险公司不负赔偿责任，理由是：预约保险协议的性质，源于预约合同，《合同法》未作规定，不能直接产生合同义务。保险人义务发生根据是有效的保险合同，而不是预约保险合同。预约保险合同的约束在于，投保人依据预约保险协议投保的，保险公司不得拒绝承保。合同成立的条件是保险标的存在。该案是大成公司在事故发生后利用保险公司预留已盖章的空白保单向保险公司投保。该保险合同不符合合同成立条件中的标的物仍存在的前提。根据《保险法》第二条关于"未来可能发生的事故"为保险合同成立条件的规定精神，本案的保险标的已经发生的事故、灭失，因此，保险合同不成立，虽然保险公司接受了投保并接受了保费，但不能仅以此节判定保险公司负赔偿责任。另一种意见认为，保险公司应负赔偿责任。理由是：保险事故发生时保险公司已明知，即保险事故发生后，保险公司接收了投保单，日后又收取了保费，因此，应负赔偿责任。

本案经本院审委会讨论后也形成两种意见，多数人同意合议庭第一种意见，少数人同合议庭第二种意见。鉴于处理本案的法律规定不够明确，且案件类型较新，保险公司应否负赔偿责任不好掌握，故报请你院，请指示。

最高人民法院关于香港运惟船务代理有限公司诉深圳土畜产茶叶进出口公司航次租船合同纠纷一案仲裁条款效力问题的请示的复函

• 2002年7月16日
• 〔2002〕民四他字第18号

广东省高级人民法院：

你院粤高法立〔2002〕15号请示报告收悉。经研究，认为对租船合同中仲裁条款效力的审查，应当适用当事人在仲裁条款中约定适用的法律。当事人没有约定或者约定不明确的，应当适用合同中约定的仲裁地的法律。本案当事人之间订立的《租船协议》中明确约定仲裁地点在香港，故应当适用香港特别行政区的相关法律审查本案中仲裁条款的效力。你院报告中认为应当依据《中华人民共和国仲裁法》的规定审查涉外仲裁条款效力的意见属于适用法律不当。依照香港特别行政区的法律审查本案仲裁条款的效力,需经当事人举证查明香港法后才能认定。审查后,如你院认为仲裁条款无效,应当将审查的意见再报告本院。

此复。

附:

广东省高级人民法院关于香港运惟船务代理有限公司诉深圳土畜产茶叶进出口公司航次租船合同纠纷一案仲裁条款效力问题的请示

2002年4月8日
粤高法立〔2002〕15号

最高人民法院:

香港运惟船务有限公司与深圳土畜产茶叶进出口公司于2000年7月7日,签订了《租船协议》,协议第十六条约定:"双方友好协商执行合同中发生的争议。协商未成时,双方定在香港仲裁。"双方发生纠纷后,至今未对仲裁机构达成补充协议;香港运惟船务代理有限公司于2001年10月17日,向广州海事法院提起诉讼。深圳土畜产茶叶进出口公司在答辩期间提出管辖权异议。广州海事法院审查认为:双方签订的《租船协议》中的仲裁条款只约定仲裁事项和仲裁地点,没有约定仲裁机构。且至今未对仲裁机构达成补充协议,因此仲裁条款无效。广州海事法院对本案有管辖权,并按你院法发〔1995〕18号文规定,报请我院审查。

经我院审查认为:双方当事人在本案所涉的《租船协议》仲裁条款中对仲裁机构没有约定,发生纠纷后,至今也未就仲裁机构达成补充协议。根据《中华人民共和国仲裁法》第十六条、第十八条规定,该仲裁条款无效。香港运惟船务代理有限公司向协议约定的卸货港——中国深圳妈湾港所在地的广州海事法院起诉,符合法律规定,广州海事法院对本案拥有管辖权。现依照你院法发〔1995〕18号文规定,报请你院

审查。

请批复。

附:广州海事法院请示报告1份(略)

最高人民法院关于中国人民保险公司青岛市分公司与巴拿马浮山航运有限公司船舶保险合同纠纷一案的复函

● 2002年12月25日
● 〔2002〕民四他字第12号

山东省高级人民法院:

你院鲁高法函〔2002〕24号《关于中国人民保险公司青岛市分公司与巴拿马浮山航运有限公司船舶保险合同纠纷一案的请示》收悉。经研究,答复如下:

关于巴拿马浮山航运有限公司所属的"浮山"轮与"继承者"轮在青岛主航道发生的无接触碰撞是否属于船舶碰撞的问题,根据最高人民法院法发〔1995〕17号《关于审理船舶碰撞和触碰案件财产损害赔偿的规定》第十六条的规定,船舶碰撞包括两艘或者两艘以上船舶之间发生接触或者无接触的碰撞。"浮山轮"投保了"一切险",船舶保险条款属于格式条款,该条款第一条订明的碰撞责任包括因被保险船舶与其他船舶碰撞而引起被保险人应负的法律赔偿责任,订立船舶保险合同时保险人并未向被保险人明示船舶碰撞排除无接触碰撞。根据诚信原则和《中华人民共和国合同法》第四十一条的规定,对格式条款有两种以上解释的,应当作出不利于提供格式条款一方的解释。因此,本案船舶保险条款所指碰撞应当包括无接触碰撞。

此复。

附：

山东省高级人民法院关于中国人民保险公司青岛市分公司与巴拿马浮山航运有限公司船舶保险合同纠纷一案的请示

2002年3月27日

鲁高法函〔2002〕24号

最高人民法院：

关于上诉人巴拿马浮山航运有限公司（以下简称浮山航运）与上诉人中国人民保险公司青岛市分公司（以下简称青岛人保）船舶保险合同纠纷一案，已由青岛海事法院于2000年12月15日作出〔1999〕青海法商初字第180号判决。宣判后，青岛人保和浮山航运均不服，向本院提起上诉。在审理中对如何适用《中华人民共和国海商法》第一百六十五条、第一百七十条和最高人民法院《关于审理船舶碰撞和触碰案件财产损害赔偿的规定》第十六条的规定，来认定本案所涉船舶保险单中"船舶碰撞"是否包括"间接碰撞"，产生了两种理解意见，难以统一。现将有关情况报告如下：

一、当事人的基本情况

上诉人（原审被告）：中国人民保险公司青岛市分公司。住所地：青岛市香港中路64号。

法定代表人：王忠义，总经理。

委托代理人：张志国，山东文康律师事务所律师。

上诉人（原审原告）：巴拿马浮山航运有限公司（Floating Mountain Shipping Ltd. S. A.，Panama）。营业地址：青岛市南京路25号。

法定代表人：单新友，总裁。

委托代理人：汪鹏南，大连海事法律事务所律师。

委托代理人：朱海林，山东博论律师事务所律师。

二、本案基本案情

1997年1月1日，船舶经营管理人青岛汇泉船务公司为巴拿马浮山航运有限公司所属的"浮山"轮，向青岛人保投保。同日，青岛人保出具编号为009970098的船舶保险单。该保险单规定的保险期限自1997年1月1日北京时间0时至1997年12月31日北京时间24时止，保险条件为根据本公司"船舶保险条款"（1998年1月1日制定的格式条款）承保，保险险别为一切险加战争险，保险金额为100万美元，保险船舶为"浮山"轮，免赔金额为2500美元，保险费为按约定费率计算，付费办法为按季平均交费。

中国人民保险公司"船舶保险条款"第一条"责任范围"第（二）款"一切险"为"本保险承保上述原因所造成被保险船舶的全损和部分损失以及下列责任和费用：1. 碰撞责任：①本保险负责因被保险船舶与其他船舶碰撞或触碰任何固定的、浮动的物体或其他物体而引起被保险人应负的法律赔偿责任……"。

1997年6月3日15：50时，"继承者"轮（属超大型船舶）在通过青岛主航道时，与"浮山"轮相遇，"浮山"轮突然向右转向，对着"继承者"轮右舷首部开来，"继承者"轮用VHF呼叫，没有回音。为避免碰撞，"继承者"轮向左转向，避开了"浮山"轮，但由于落流的影响，"继承者"轮被压向左舷的浅点，于16：20时搁浅在检疫锚地东南0.3海里处。"继承者"轮搁浅后，全速倒车，不但未能脱浅，而且使船搁浅更严重。6月3日至6月4日，青岛港务局派拖轮试拖，未能使"继承者"轮脱浅。6月6日，"继承者"轮船东委托烟台救捞局对"继承者"轮进行救助，并签订了"无效果无报酬"的救助合同。至6月12日09：30时，"继承者"轮被拖离浅滩起浮。

1997年6月19日，"继承者"轮船东作为原告，以"浮山"轮船东为被告向新加坡高等法院申请扣押"浮山"轮并提起诉讼，新加坡高等法院对"浮山"轮予以扣押并以〔1997〕853号案立案审理。在审理过程中，上述原、被告达成和解协议，由上述被告"浮山"轮船东（即本案浮山航运）赔偿上述原告"继承者"轮船东35万美元，新加坡高等法院于2000年3月15日终止该案诉讼。上述35万美元赔偿款，"浮山"轮船东（本案浮山航运）已实际支付给"继承者"轮船东。另外，"浮山"轮船东在上述案件中还支付了聘请律师费用和咨询费用计177739.81新加坡元。上述案件和解前,浮山航运曾于2000年1月13日传真通知青岛人保,拟与"继承者"轮船东和解。

青岛海事法院判决:一、青岛人保赔偿浮山航运保险金347500美元及利息。二、驳回浮山航运的其他诉讼请求(详见原审判决书)。

本院对本案的有关保险合同条款中"船舶碰撞"是否应包括间接碰撞、保险人是否应对间接碰撞承担赔偿责任存在两种意见。

一种意见认为,原审法院的认定是正确的,即间接碰撞已纳入了船舶碰撞的范围之内,间接碰撞应属于人保青岛公司赔偿的范围,依据是《海商法》第一百六十五条"船舶碰撞,是指船舶在海上或者与海相通的可航水域发生接触造成损害的事故"的规定。《海商法》第一百七十条规定:"船舶因操纵不当或者不遵守航行规章,虽然实际上没有同其他船舶发生碰撞,但是使其他船舶以及船上的人员、货物或者其他财产遭受损失的,适用本章的规定。"最高人民法院《关于审理船舶碰撞和触碰案件财产损害赔偿的规定》第十六条对"船舶碰撞"的含义做了释义:"船舶碰撞是指在海上或者与海相通的可航水域,两艘或者两艘以上船舶之间发生接触或者没有直接接触,造成财产损害的事故。"1910年《统一船舶碰撞某些法律规定的国际公约》第13条规定:"本公约的规定扩及一艘船舶对另一艘船舶造成损害的赔偿案件,而不论这种损害是由于执行或不执行某项操纵,或是由于不遵守规章所造成,即使未曾发生碰撞,也是如此。"国际海事委员会于1987年起草了《船舶碰撞损害赔偿国际公约草案》(简称《里斯本规则草案》),该规则草案第1条规定了"船舶碰撞"的新定义:1."船舶碰撞系指船舶间,即使没有实际接触,发生的造成灭失或损害的任何事故。"2."船舶碰撞系指一船或几船的过失造成两船或多船间的相互作用所引起的灭失或损害而不论船舶间是否发生接触。"根据以上法律法规及国际公约的规定,应理解为船舶碰撞的概念应该包含船舶的间接碰撞。另外,双方当事人所签保险合同中"碰撞责任"的除外责任中也未说明对间接碰撞不负赔偿责任。《保险法》第三十条规定:"对于保险合同的条款,保险人与投保人、被保险人或者受益人有争议时,人民法院或者仲裁机关应作有利于被保险人和

受益人的解释。"《保险法》第十七条规定:"保险合同中规定有关于保险人责任免除条款的,保险人在订立保险合同时应当向投保人明确说明,未明确说明的,该条款不产生效力。"所以,人保青岛公司应对浮山航运船舶间接碰撞所造成的损失承担保险赔付责任。

另一种意见认为,船舶因操作不当或不遵守航行规章,没有与其他船舶发生接触,但实际上已给他船以及船上的人员,或其他财产造成损失的情况,不属于船舶碰撞。对此,《海商法》第一百六十五条描述得很清楚,即"船舶碰撞是指船舶在海上或与海相通的可航水域发生接触造成损害的事故"。《海商法》第一百七十条"船舶因操纵不当或者不遵守航行规章,虽然实际上没有同其他船舶发生碰撞,但是使其他船舶以及船上的人员、货物或者其他财产遭受损失的,适用本章的规定"的规定,仅仅是解决因此种情况造成的损害如何处理的问题,解决的是加害方与受害方的损失赔偿,而不是解决什么是碰撞问题。最高人民法院《关于审理船舶碰撞和触碰案件财产损害赔偿的规定》对"船舶碰撞"解释为"船舶碰撞是指在海上或者与海相通的可航水域,两艘或者两艘以上的船舶之间发生接触或者没有直接接触,造成财产损害的事故"。该规定也是解决加害方与受害方的损失赔偿问题,对"船舶碰撞"所作的解释,只能是在适用该规定时,才能按此解释去处理,像"浮山"轮与"继承者"轮未发生碰撞所造成的损害。本案不是解决碰撞的加害方与受害方的问题,而是解决造成这样的损害结果,是否属于保险人的保险范围问题。根据以上论述,保险合同中规定的"碰撞",就是指《海商法》第一百六十五条规定的碰撞,只有在两船接触发生碰撞所造成的损害,保险人才负赔偿责任,没有发生接触的碰撞所造成的损害,不是该保险合同约定的责任,保险人不应负赔偿责任,保险合同中条款的意思表示是明确的,不应适用《保险法》第三十条的规定,作有利于被保险人的解释。

以上两种意见,我院倾向第二种意见,但考虑此问题涉及法律解释和适用问题,且该案件是否赔付也涉及保险公司以后的保险问题,具有典型意义,为保证裁判的统一性,特向贵院请示。

请示复。

最高人民法院关于船舶抵押合同为从合同时债权人同时起诉主债务人和抵押人地方人民法院应否受理请示的复函

- 2003年1月6日
- 〔2002〕民四他字第37号

山东省高级人民法院：

你院鲁高法函〔2002〕51号《关于船舶抵押合同为从合同时，债权人同时起诉主债务人和抵押人，地方人民法院应否受理的请示》收悉。经研究，同意你院倾向性意见。现答复如下：

船舶抵押合同纠纷案件应由海事法院专门管辖。船舶抵押合同为从合同时，债权人同时起诉主债务人和抵押人的船舶抵押合同纠纷案件，一律由海事法院管辖；债权人直接起诉船舶抵押人的船舶抵押合同纠纷案件，亦应由海事法院管辖；地方法院受理的上述案件，应当移送有关海事法院。

此复。

附：

山东省高级人民法院关于船舶抵押合同为从合同时，债权人同时起诉主债务人和抵押人，地方人民法院应否受理的请示

2002年9月18日　鲁高法函〔2002〕51号

最高人民法院：

你院《关于海事法院受理案件范围的若干规定》第十五条规定了海商合同纠纷案件包括船舶抵押合同纠纷案件。在审判实践中，对受理船舶抵押合同纠纷案件的范围有不同观点。一种意见认为，当主合同为普通民事合同，船舶抵押合同为从合同或为主合同的条款时，如原告既起诉主合同的债务人，也起诉抵押人，可以按普通的民事合同纠纷向地方人民法院起诉，地方人民法院可以受理，该类案件不受最高人民法院《关于海事法院受理案件范围的若干规定》的约束。另一种意见认为，船舶抵押合同纠纷案件包括与船舶抵押有关的民事合同纠纷案件，如借款合同和船舶抵押、履约担保船舶抵押等各种纠纷案件。当船舶抵押合同为从合同或为主合同的条款时，应严格执行最高人民法院关于船舶抵押合同纠纷案件由海事法院专门管辖的规定，不论原告起诉主债务人和抵押人，还是直接起诉船舶抵押人，均应由海事法院受理，地方法院受理的，应移交海事法院。我们倾向后一种意见。

当否，请批示。

最高人民法院关于对中国长江航运（集团）总公司与武汉港务管理局委托代收水运客货运附加费纠纷一案请示的复函

- 2003年5月28日
- 〔2002〕民四他字第41号

湖北省高级人民法院：

你院《关于对中国长江航运（集团）总公司与武汉港务管理局委托代收水运客货运附加费纠纷一案的请示报告》收悉。本院经研究认为，水运客货运附加费属国家行政规费，交通部是惟一的法定征收单位。中国长江航运（集团）总公司（以下称长航总公司）和武汉港务管理局虽为企业法人，但根据交财发〔1993〕456号和交财发〔1993〕541号两个文件的规定，它们是受交通部委托征收水运客货运附加费的代征单位和代收单位，因此与交通部形成行政委托法律关系，长航总公司与武汉港务管理局之间则构成该项行政委托的转委托关系，不应认定是民事委托关系。

综上，同意你院审判委员会的第二种意见，本案纠纷不属人民法院受理范围，应依法驳回长航总公司的起诉。

此复。

附：

湖北省高级人民法院关于对中国长江航运（集团）总公司与武汉港务管理局委托代收水运客货运附加费纠纷一案的请示报告

2002年11月12日　〔2002〕鄂民四他字第53号

最高人民法院：

  武汉海事法院受理的中国长江航运（集团）总公司与武汉港务管理局纠纷一案，因该案系该院受理的新型案件，涉及面广，武汉海事法院对案件的有关问题向湖北省高级人民法院请示。我院对该案的处理未能形成一致意见，故特向贵院请示。

一、基本案情

  根据武汉海事法院武海法〔2002〕45号请示报告，本案的基本事实是：

  1993年4月30日，交通部、国家计委、财政部、国家物价局以交财发〔1993〕456号文联合颁发《关于扩大港口建设费征收范围、提高征收标准及开征水运客货运附加费的通知》。该通知规定，从1993年7月1日起，对交通部所属航运企业承运的沿海、内河旅客和货物征收水运客货运附加费，由交通部负责征收使用。征收实施细则由交通部、财政部另行颁发。该文主送单位包括原、被告。同年5月25日，交通部、财政部以交财发〔1993〕541号文发布《水运客货运附加费征收办法》。该办法规定，客货运附加费的义务缴费人为购买客票的旅客（或其代理人）和货物托运人或收货人（或其代理人）。客货运附加费的征收管理工作由交通部负责。负责承运旅客或货物的航运企业及为航运企业办理运费结算业务的港口经交通部批准后为客货运附加费代征单位。其他为航运企业办理运费结算业务的单位为代收单位，代收单位由航运企业委托。代征单位应经常检查代收单位的收、缴情况。征收客货运附加费不另制单据。客货运附加费加入客票票价中；货运附加费在现行运输费用结算单据上

增列货运附加费项目。代征或代收单位可按客货运附加费征收额计提5‰的手续费。代收单位代征的费款（扣除5‰手续费后的净额）应于收到费款后的7日内缴给代征单位。代征单位收到的费款（扣除5‰手续费后的净额）应于3日内存入专户，并于月后3日内连同专户存款利息收入一并汇缴交通部专户。代征或代收单位不得截留、挪用、滞缴征收的客货运附加费。如发现有截留、挪用、滞缴的，除应追缴费款外，还应按日核收截留、挪用、滞缴金额5‰的滞纳金。情节严重的，可处以截留、挪用、滞缴费款5倍以下的罚款。该办法附件一水运客货运附加费代征单位名单列明了原告中国长江航运（集团）总公司，但无被告武汉港务管理局。该办法主送单位包括原、被告。根据交财发〔1993〕456号文和541号文的规定，原告中国长江航运（集团）总公司作为水运客货附加费代征主体，委托被告武汉港务管理局代收水运客货运附加费，双方建立了委托合同法律关系。武汉港务管理局成为中国长江航运（集团）总公司委托的水运客货运附加费代收单位。自1993年7月起，被告武汉港务管理局根据原告中国长江航运（集团）总公司的委托，开始办理委托事务即代收水运客货运附加费，并向原告中国长江航运（集团）总公司报送《水运客货运附加费代收月报表》，最后一次报送月报表时间为2001年11月。在委托合同履行中，被告武汉港务管理局向原告中国长江航运（集团）总公司解缴了部分代收的水运客货运附加费，最后一次解缴时间为2000年10月25日。截止2001年9月30日，被告武汉港务管理局尚欠缴原告中国长江航运（集团）总公司水运客货运附加费29128085.8元，其中缴费义务人欠缴875955.67元，被告武汉港务管理局实际截留应解缴款28252130.13元。经原告中国长江航运（集团）总公司催缴，被告武汉港务管理局至今仍未解缴。为此，中国长江航运（集团）总公司申请武汉海事法院诉前保全了沿江大道91—92号武汉港务管理局所属房产及土地使用权，并起诉要求法院判令被告武汉港务管理局缴纳水运客货附加费29128085.8元及该款日5‰的滞纳金。武汉港务管理局则辩称，原、武汉港务管理局都是受交通部委托收取水运客货运附加费，双方纠纷只能

由交通部行使行政职权解决,本案超出了民事诉讼范围。中国长江航运(集团)总公司作为交通部的收费代理人,也不具有诉讼主体资格。请求驳回中国长江航运(集团)总公司的起诉。

二、本案的争议焦点

双方当事人争议的焦点是:本案是否属于人民法院受理民事诉讼的范围,原告有无诉讼主体资格。

原告中国长江航运(集团)总公司请求判令武汉港务管理局向其缴纳截留的水运客货运附加费人民币29128085.80元及其该款项的滞纳金,并承担本案的诉讼费及保全费。中国长江航运(集团)总公司认为,本案依法属于民事诉讼调整范围。其理由:(1)原被告均系企业法人,属平等民事主体。(2)本案的诉因属民事诉讼调整范围。原被告双方是基于委托法律关系而产生的一种民事权利义务关系,附加费虽属规费,但最高人民法院关于民事案件案由规定包含有船舶水道规费纠纷,已将其纳入民事诉讼调整范围。(3)武汉港务管理局欠缴附加费的行为侵害了中国长江航运(集团)总公司的财产权益。中国长江航运(集团)总公司作为规章授权的代征单位,对逾期追缴不到的附加费,将向交通部承担赔偿责任。武汉港务管理局作为中国长江航运(集团)总公司委托的代收单位,其代理行为的法律后果将由中国长江航运(集团)总公司承担。同时,中国长江航运(集团)总公司依法具备本案诉讼主体资格。中国长江航运(集团)总公司是经规章授权并直接承受权利和义务的组织,原被告在客观事实上已形成了一种委托代理关系。中国长江航运(集团)总公司委托武汉港务管理局代收附加费,而武汉港务管理局对代收的附加费不交付中国长江航运(集团)总公司,依据交通部、财政部〔1993〕541号文的规定,中国长江航运(集团)总公司对此欠款负有赔偿的义务。因此,中国长江航运(集团)总公司与本案有利害关系,具备诉讼主体资格,其起诉符合《民事诉讼法》规定的起诉条件。

武汉港务管理局认为,本案附加费争议不属于民事纠纷,应由国家行政机关行使行政职权解决,中国长江航运(集团)总公司起诉超出了民事诉讼范围。其理由:附加费是行政规费,交通部是收取附加费的管理者和使用者,原被告都是受交通部委托而履行收取附加费行政职能的组织,原被告的行为都是依据行政规章而实施的具体行政行为。因此,双方争议不属于民事法律规范调整的范畴。而且,就民事诉讼而言,因附加费的所有权属代表国家的交通部,中国长江航运(集团)总公司是交通部收取附加费的代理人,武汉港务管理局是交通部收取附加费的转托受托人,原被告之间没有利害关系,双方只是代理人与转托人之间的法律关系。代理行为的法律后果应由被代理人交通部承担。因而中国长江航运(集团)总公司不具有中国长江航运(集团)总公司的诉讼主体资格,其以自己名义提起民事诉讼不符合《民事诉讼法》的规定。

三、武汉海事法院审判委员会意见

2002年7月23日,武汉海事法院审判委员会对本案定性处理进行了讨论,形成两种意见。

第一种意见(多数意见):

原告中国长江航运(集团)总公司受行政规章授权代征水运客货运附加费,与武汉港务管理局形成事实上的委托合同关系,本案为委托合同纠纷,属海事法院专属管辖案件,应予受理。原告中国长江航运(集团)总公司与交通部的关系不同于民法上的代理关系,中国长江航运(集团)总公司受规章授权,是独立的主体,有自己独立的请求,所以原告中国长江航运(集团)总公司有本案诉讼主体资格。本案应适用《民法通则》处理。被告武汉港务管理局代收水运客货运附加费后,未按委托合同约定解缴中国长江航运(集团)总公司,违背了诚实信用原则。武汉港务管理局应将已代收的水运客货运附加费28252130.13元缴付中国长江航运(集团)总公司。至于日50‰的滞纳金,显然属于处罚性质,不同于违约金,在处理本案中不予适用。但武汉港务管理局应自2001年10月15日起至本判决生效之日止,按中国人民银行流动资金贷款利率支付中国长江航运(集团)总公司利息。

第二种意见(少数意见):

本案争议系行政委托合同纠纷。征收水客货运附加费属具体行政行为,相对于缴费义务人而言,征收主体交通部、代征主体中国长江航运(集团)总公司、代收主体武汉港务管理局同属一方,代征、代收都是根据交通部、财政部《水运货运附加费征收办法》的规定,协助征收主体实施行政征收行为,原、被告之间关系属内部委托关系,其争议应首先通过行政程序解决。因此,本案不属人民法院受案范围,应驳回中国长江航运(集团)总公司的起诉。

武汉海事法院审判委员会倾向于第一种意见。

四、我院审判委员会的意见

我院审判委员会经过讨论,对本案的处理形成两种意见。

第一种意见是审判委员会的多数人意见:本案可按民事案件处理,案由定为委托代收水运客货运附加费纠纷,属武汉海事法院专属管辖。

《行政诉讼法》第二条规定:"公民、法人或者其他组织认为行政机关和行政机关工作人员的具体行政行为侵犯其合法权益,有权依照本法向人民法院提起诉讼"。本案不符合这一规定,不属行政案件。

本案中武汉港务局向长江航运(集团)总公司解缴了部分附加费,逐月报表,两当事人之间有事实上的委托合同关系。最高人民法院在确定民事案由时将类似于水运、客货运规费的船舶规费纠纷列入民事案件范围,《民事诉讼法》也未将此类案件排斥在外。本案的两当事人是不相隶属的平等主体,长江航运(集团)总公司的代征权力来自行政规章的授权,而武汉港务局的代收附加费权力来自于长江航运(集团)总公司的委托,他们之间的委托代收附加费纠纷与《民事诉讼法》的调整范围的规定不相矛盾。故本案可按民事案件处理。

第二种意见是审判委员会少数委员的意见:本案既不是行政案件,也不是民事案件,应驳回长江航运(集团)总公司的起诉。因为本案双方的权利义务不是完全平等的,也不是双方协商的,不是当事人意思自治的表现。交通部、财政部以交财发〔1993〕541号文发布的《水运客货运附加费征收办法》中专门规定了违反该规定的处理办法,即代征单位及代收单位如有截留、挪用、滞缴的,除应追缴费款外,还应按日核按截留、挪用、滞缴费款五倍以下的罚款。这些都是具体行政处罚措施,应由交通部按文件规定作出具体行政行为后,若武汉港务局不服,可以向武汉海事法院提起诉讼,法院可作为行政案件受理。因此

本案不应按民事案件处理,目前也不能按行政案件处理,应驳回长江航运(集团)总公司的起诉。

以上哪种意见正确,请指示。

最高人民法院关于招远市玲珑电池有限公司与烟台集洋集装箱货运有限责任公司海事赔偿责任限制申请一案请示的复函

- 2003年6月9日
- 〔2002〕民四他字第38号

山东省高级人民法院:

你院鲁高法函〔2002〕49号《关于招远市玲珑电池有限公司与烟台集洋集装箱货运有限责任公司海事赔偿责任限制申请一案请示》收悉。经研究,答复如下:

根据我国《海商法》和《海事诉讼特别程序法》规定,申请建立海事赔偿责任限制基金可以在诉讼中或诉讼前提出;海事赔偿责任限制属于当事人的抗辩权,申请限制海事赔偿责任,应当以海事请求人在诉讼中向责任人提出的海事请求为前提,不能构成独立的诉讼请求。

烟台集洋集装箱货运有限责任公司(以下简称集洋公司)虽是涉案运输合同承运人,但不是船舶经营人,不具有申请限制赔偿责任的主体资格。

同意你院关于案件处理的倾向性意见。对集洋公司的申请,应当裁定驳回起诉。

此复。

附:

山东省高级人民法院关于招远市玲珑电池有限公司与烟台集洋集装箱货运有限责任公司海事赔偿责任限制申请一案请示

鲁高法函〔2002〕49号

最高人民法院:

上诉人招远市玲珑电池有限公司与被上诉人烟台集洋集装箱货运有限责任公司海事赔偿责任限制申请一案,前由青岛海事法院作出〔2001〕青海法海事初字第49号民事判决。招远市玲珑电池有限公司不服一审判决,向我院提起上诉。我院在审理本案过程中,在理解海事赔偿责任限制的适用程序、适用主体方面存在两种不同的意见,经合议庭评议并经审判委员会讨论,特请示报告如下:

一、当事人的基本情况

上诉人(原审被申请人):招远市玲珑电池有限公司(以下简称玲珑公司)。住所地:山东省招远市河东路408号。

法定代表人:李凌云,该司总经理。

被上诉人(原审申请人):烟台集洋集装箱货运有限责任公司(以下简称集洋公司)。住所地:山东省烟台市芝罘区新环海路6号。

法定代理人:刘遵和,该司经理。

二、原审判决认定的事实及判决要点

山东省青岛海运总公司(以下简称海运公司)所属"静水泉"轮装载集装箱货物(包括玲珑公司所有的价值1401600元的货物),在由大连驶往黄埔港,途经厦门附近海域时,机舱大量进水,于1998年11月18日0720时沉没,随船货物全部灭失。2000年10月23日,中华人民共和国厦门海事局出具的《关于"静水泉"轮沉没事故调查结论的函》中称:"静水泉"轮沉没是由于船底大量进水,最终丧失浮力而造成;该轮该航次装载状态符合船舶技术要求;"静水泉"轮船底破损,可能原因仍不能排除,即"静水泉"轮在航行中发生过触底或碰撞过不明漂流物导致船底破损;由于载货和大风浪或综合多个原因造成船底开裂。

玲珑公司因其货物随同"静水泉"轮沉没,向青岛海事法院提起诉讼,请求法院判令集洋公司与海运公司赔偿143.88万元(包括货物损失人民币140.16万元、运杂费损失人民币3.72万元)及利息。青岛海事法院于2000年12月15日作出〔1999〕青海法海商初字第126号一审判决,认为:玲珑公司与集洋公司之间构成水路联运合同,集洋公司作为水路联运合同的承运人应赔偿玲珑公司货物灭失损失;海运公司作为货物的实际承运人应承担连带赔偿责任。判决:

一、集洋公司偿付玲珑公司货物损失1438400元及该款项自1998年11月19日至本判决生效之日止的银行同期存款利息;

二、海运公司承担连带赔偿责任。

一审判决后,集洋公司提起上诉。山东省高级人民法院于2001年6月8日作出〔2001〕鲁经终字第205号终审民事判决,认为:"集洋公司与玲珑公司建立了'门到门'的运输合同关系,集洋公司为该合同关系的承运人,在接到玲珑公司的提货通知后,集洋公司就不同的运输区间委托相应的陆路和水路承运人(海运公司)承担相应的运输任务";"一审判决认定玲珑公司与集洋公司之间为运输关系,事实认定清楚,适用法律正确,但认定玲珑公司已交付本次运输的海运费不当,应当予以纠正"。判决:

一、撤销青岛海事法院〔1999〕青海法海商初字第126号民事判决;

二、集洋公司偿付玲珑公司货物损失人民币1401600元及该款项自1998年11月19日起至本判决生效之日止的银行同期存款利息;海运公司对上述债务承担连带赔偿责任。

因"静水泉"轮沉没事故,船舶所有人海运公司于1999年3月12日向青岛海事法院提出海事赔偿责任限制申请及设立责任限制基金申请。海事法院于1999年3月22日以〔1999〕青海法海事初字第14-1号民事裁定准许海运公司的责任限制申请,令其在5日内在青岛海事法院设立责任限制基金4331551.58元。1999年10月10日,海运公司再次向青岛海事法院提出海事赔偿责任限制申请,海事法院受理了其申请,发出通知及公告,于1999年12月7日以〔1999〕青海法海事初字第41号裁定准许海运公司提出的海事赔偿责任限制申请。

2001年6月27日,集洋公司向青岛海事法院提出:就被申请人的货损索赔请求,申请海事赔偿责任限制;申请享受海运公司设立的责任限制基金。海事法院于同日对该申请予以立案。开庭后,申请人又将其申请事项变更为:(1)请求法院依法裁定申请人有权享受海事赔偿责任限制;(2)请求法院依法裁定海运公司设立的责任限制基金视为申请人设立的责任限制基金;(3)

请求法院依法裁定玲珑公司的索赔应参加上述责任限制基金的分配；（4）请求法院依法裁定中止玲珑公司执行申请人财产，并裁定玲珑公司退付已执行的申请人的存款103678.70元人民币；（5）请求法院依法裁定由被申请人玲珑公司承担一切申请费用。

玲珑公司于同年7月2日向青岛海事法院申请执行山东省高级人民法院的〔2001〕鲁经终字第205号民事判决书，青岛海事法院亦予以立案执行。

青岛海事法院认为："海事赔偿责任限制"是一种与民事损害赔偿制度相悖的特殊赔偿制度，诉的要素完全齐备，可以构成一独立确认之诉。根据《海事诉讼特别程序法》第二条的规定，在《海事诉讼特别程序法》没有规定的情况下，在诉讼程序上应该适用《中华人民共和国民事诉讼法》第一审普通程序的有关规定；裁决结果应当以民事判决的形式做出。

根据山东省高级人民法院〔2001〕鲁经终字第205号生效判决的认定，集洋公司作为"门到门"运输（包括陆路与水路两个不同的运输区段）合同的承运人，对玲珑公司的货损承担赔偿责任。该所谓"门到门"运输合同，实际上属于多式联运合同，所以集洋公司是作为（国内）多式联运经营人对玲珑公司承担赔偿责任的。根据《合同法》第三百二十一条的规定，货物的毁损、灭失发生于多式联运的某一运输区段的，多式联运经营人的赔偿责任和责任限额，适用调整该区段运输方式的有关法律规定。本案中货物灭失发生在海上运输区段，而《海商法》调整的范围包括海江之间、江海之间直达的海上货物运输和海上旅客运输，规定海事赔偿责任限制制度的《海商法》第十一章理应适用于所有海上运输（包括国内沿海运输）引起的责任限制纠纷。

根据《海商法》第十一章的规定，享受海事赔偿责任限制必须符合以下条件：（1）申请人符合海商法规定的可以限制赔偿责任的主体条件；（2）申请人申请限制的债权属于限制性债权；（3）经证明，申请人没有不得享受责任限制的行为。关于第二、第三个条件，当事人没有异议。关于责任主体问题，《海商法》规定船舶所有人（包括船舶承租人和船舶经营人）、救助人、保险人及对所有人、救助人行为、过失负有责任的其他人员，可以享受赔偿责任限制。本案中，集洋公司主张自己是船舶（"静水泉"轮）经营人，请求以船舶经营人身份享受责任限制。

在我国的法律体系中，有关"船舶经营人"的规定只出现在《海商法》与《船舶登记管理条例》中，但均未对"船舶经营人"下定义，无法准确揭示这一概念的内涵。《海商法》上"船舶经营人"的外延应该大于《船舶登记管理条例》上"船舶经营人"的外延，而且是真包含关系。对于《海商法》上的"船舶经营人"，在没有权解释的情况下，应当认为，船舶经营人分为技术上的船舶经营人和商业上的船舶经营人，技术上的船舶经营人主要指负责船舶人员配备、物品供应、货物装载以及维持船舶机器设备正常运转的任何自然人或法人，商业上的船舶经营人更多地是指从事与船舶有关的订舱、商谈运费、指定挂靠港等行为的任何自然人或法人。所以，船舶经营人应该包括直接从事船舶营运的船舶所有人、船舶承租人以及与船舶营运有关且承担船舶营运引起的有关责任的其他任何自然人或法人。根据这样的定义，集洋公司与玲珑公司成立多式联运合同后，其将海运区段的运输又委托给海运公司，装载在海运公司所属的"静水泉"轮上从烟台港运往广州，结果因"静水泉"轮沉没，集洋公司对玲珑公司承担了货物灭失赔偿责任，集洋公司从事了与"静水泉"轮营运有关的行为，并承担了"静水泉"轮营运产生的有关责任，所以集洋公司可以作为"静水泉"轮的船舶经营人。

同时，根据《海商法》第二百一十二条规定的"一次事故一个限额"的原则，海运公司按照法定的赔偿限额在本院已设立的海事赔偿责任限制基金，已构成对因"静水泉"轮沉没引起的向所有可能因此承担责任的人提出的赔偿请求进行限制而需设立的基金的总额。即该基金应视为因"静水泉"轮沉没事故可以提出海事赔偿责任限制申请的所有当事人各自设立的基金，所以虽然集洋公司没有实际在任何法院设立海事赔偿责任限制基金，但从法律上应视为其已设立。也就是说，玲珑公司对集洋公司的债权应在责任限制范围内从海运公司已在原审法院设立的基金中按照法律规定的基金分配方案受偿。玲珑公司提出的即使集洋公司享受责任限制，也应该单独设立自己的责任限额和责任基金的主张，没有任何法律依据，不予支持。

向法院请求责任限制应该受到诉讼时效制度的约束，根据《中华人民共和国民法通则》中有关诉讼时效的规定，并考虑海事赔偿责任限制制度的特殊性，申请海事赔偿责任限制的诉讼时效应为二年，从申请人被依法裁决（包括仲裁裁决）承担有关海事赔偿责任时起算；但由于申请责任限制并不当然构成对责任的承认，所以自引起海事赔偿请求的事故发生之日起，当事人即可以申请责任限制。因此，集洋公司海事赔偿责任限制申请没有超过法定期限。

至于集洋公司提出的裁定中止玲珑公司执行其财产并退回已执行的财产的请求是有关执行的问题，应由执行机构依法处理，集洋公司不应在本案诉讼中提出中止玲珑公司已提起的执行程序并归还已执行财产的请求。

另外，由于责任限制是需要责任人主张才有可能实际享受的权利，所以因此产生的案件受理费应由申请人自己承担。

青岛海事法院依照《中华人民共和国海商法》第二百零四条、第二百零七条、第二百零九条、第二百一十二条的规定，于 2001 年 12 月 26 日判决：

一、申请人集洋公司对因"静水泉"轮沉没而引起的对被申请人玲珑公司承担的赔偿责任有权享受海事赔偿责任限制；

二、海运公司因"静水泉"轮沉没设立的责任限制基金也应视为申请人集洋公司设立的基金，被申请人玲珑公司对集洋公司的上述可限制债权应从海运公司设立的基金中按照法律规定的基金分配方法受偿；

三、驳回集洋公司的其他请求。

案件受理费 3000 元由申请人集洋公司负担。

三、当事人上诉及答辩理由

玲珑公司不服一审判决，上诉称：（1）海事赔偿责任限制申请的性质是抗辩权，不具备反诉的性质和功能；（2）本案不适用《合同法》第三百二十一条，从而也不适用海商法；（3）集洋公司不是船舶经营人，不符合责任限制的主体条件；（4）集洋公司的责任限制申请，在时间上超过了法律的规定，无权得到法律的保护。请求二审法院撤销一审判决，依法判决集洋公司无权享受海事赔偿责任限制。

集洋公司答辩认为：（1）海事赔偿责任限制申请是一项独立的实体请求权，它可以独立成诉，而并不仅仅是一种抗辩权；（2）集洋公司提出享受海事赔偿责任限制的申请并未超过法律规定的时效，申请海事赔偿责任限制是一项实体请求，集洋公司在先前的海上运输索赔诉讼中没有正式提出责任限制申请并不构成权利放弃，申请海事赔偿责任限制的时效应当按照《民法通则》的规定确定为两年；（3）本案不但适用《合同法》第三百二十一条，也适用《海商法》第十一章；（4）集洋公司属于《海商法》第十一章所指的船舶经营人，依法应当享受责任限制。在海事责任限制主体确定原则上，法律强调的是与责任的关系而不是与船舶的关系；（5）本案所涉海事事故的海事赔偿责任限制基金实际已经设立，集洋公司依法有权享受该基金所带来的法律利益。海事赔偿责任限制是一种事故责任限制制度，贯彻的是一次事故、一个限额原则，责任人中有一人设立了海事赔偿责任限制基金，该基金即视为全体责任人所设。综上，请求二审法院驳回上诉，维持原判。

四、请示的问题

本案是集洋公司申请海事赔偿责任限制，申请享受海运公司已经设立的海事赔偿责任限制基金。关于案件的处理，经本院审判委员会讨论，形成两种意见。倾向性意见认为：从实体上讲，集洋公司不属于可以申请海事赔偿责任限制的主体，因为集洋公司虽是合同承运人，但其既不是船舶所有人，也不是船舶经营人，不应享受责任限制。另外，申请人申请海事赔偿责任限制实质是程序问题，而不是实体问题，所以，集洋公司的申请应当以裁定的形式予以驳回。少数意见认为，海事赔偿责任限制申请是一个独立的确认之诉，本案可以适用《合同法》第三百二十一条，从而适用《海商法》第十一章的规定。本案中，集洋公司符合船舶经营人身份，可以以船舶经营人身份申请责任限制，集洋公司的申请应当获得支持。因"静水泉"轮涉案较多，经审委会研究须由最高人民法院予以明确:(1)不申请设立海事赔偿责任限制基金,单独申请享受海事赔偿责任限制的,法院的裁判文书适用判决还是裁定;(2)《海商法》第二百零四条规定的船舶经营人的内涵及其具体包括哪些主体,从而确定集洋公司是否符合船舶经营人身份,是否可以享受责任限制。

特此请示,请予答复。

最高人民法院关于大连港务局与大连中远国际货运有限公司海上货物运输货损赔偿追偿纠纷一案的请示的复函

- 2003 年 11 月 12 日
- [2002]民四他字第 21 号

辽宁省高级人民法院:

你院[2002]辽民四终字第11号《关于大连港务局与大连中远国际货运有限公司海上货物运输货损赔偿追偿纠纷一案的请示报告》收悉。经研究。答复如下:

《中华人民共和国海商法》第二百五十七条第一款规定:"就海上货物运输向承运人要求赔偿的请求权,时效期间为一年,自承运人交付或者应当交付货物之日起计算;在时效期间内或者时效期间届满后,被认定为负有责任的人向第三人提起追偿请求的,时效期间为九十日,自追偿请求人解决原赔偿请求之日起或者收到受理对其本人提起诉讼的法院的起诉状副本之日起计算。"根据《海商法》和我国《民事诉讼法》的有关规定,原赔偿请求若是通过法院诉讼解决的,则追偿请求人向第三人追偿时效的起算点应当自追偿请求人收到法院认定其承担赔偿责任的生效判决之日起计算。

此复。

附:

辽宁省高级人民法院关于大连港务局与大连中远国际货运有限公司海上货物运输货损赔偿追偿纠纷一案的请示报告(摘要)

[2002]辽民四终字第 11 号

最高人民法院:

我院在审理上诉人大连港务局与被上诉人大连中远国际货运有限公司海上货物运输货损赔偿追偿纠纷一案中,对如何适用《海商法》第二百五十七条关于时效的规定认识不一致,故向贵院请示。现将有关情况报告如下:

一、案件的基本事实

1999 年 7 月 15 日,温州温庆石化有限公司(以下简称温庆公司)与大连中远国际货运有限公司(以下简称中远公司)签订了海上运输协议,约定温庆公司将大庆石化总厂供应的化工产品 1029 吨委托中远公司承运,中远公司于到货一周内代为支付运费。中远公司又于 1999 年 7 月 30 日与大连港务局下属的大连港黑嘴子港务公司(以下简称港务公司)签订了海上运输协议,约定由中远公司委托港务公司办理中远公司上述承运的大庆石化总厂供应的石化产品,约定内容除包干费用及支付时间不同外,其他约定和其与温庆公司的协议基本一致。港务公司于 1999 年 11 月 4 日在大连港将货物交付"浙椒 518"轮实际运输,同年 11 月 9 日,货物运抵温州港第五码头,卸下 946.87 吨货物,剩余 82.15 吨"浙椒 518"轮将其留置并擅自售出。温庆公司于 1999 年 12 月 25 日向宁波海事法院提起诉讼,要求船东及中远公司赔偿其货物损失。宁波海事法院于 2000 年 1 月 20 日向中远公司送达了开庭传票,2000 年 8 月 10 日,中远公司申请追加大连港务局(以下简称港务局)为该案被告,宁波海事法院予以准许,并于 2000 年 12 月 21 日做出判决,判令船东赔偿温庆公司的货物损失,并以中远公司、港务局均为契约承运人为由,判令二者承担连带责任。港务局不服宁波海事法院的判决,上诉至浙江省高级人民法院。浙江省高级人民法院于2001年4月20日做出判决，以"港务局与温庆公司之间无直接的法律关系，也并未实际承运，其与中远公司之间的权利义务关系和中远公司与温庆公司之间的权利义务关系是两个独立的法律关系，对该案货损不应承担法律责任"为由，撤销了原一审判决，由中远公司连带赔偿温庆公司的货物损失。2001年6月14日，中远公司收到浙江省高级人民法院的二审判决书。2001年8月10日，中远公司向大连海事法院提起对港务局的起诉。2001年10月15日，宁波海事法院对中远公司采取了强制执行措施，划拨了中远公司的银行存款620000元。

二、一审法院处理情况

大连海事法院审理认为：中远公司与港务局下属的港务公司签订的水路货物运输合同依法成立。对实际承运人"浙椒518"轮船东留置并擅自出卖货物而给作为托运人的中远公司造成的损失，港务公司与船东都负有连带的赔偿责任。中远公司有权向任何一方主张全额赔偿。中远公司在原案一审中即请求追加港务局为该案被告，并得到宁波海事法院准许，且浙江高院判决中远公司承担连带责任的判决书中远公司于2001年6月14日才接到，中远公司于2001年8月10日向本院提起对港务局的追偿请求，10月15日被宁波海事法院强制执行，因此港务局辩称中远公司的诉讼已超时效的理由与事实不符，不予认可。按照《最高人民法院关于承运人就海上货物运输向托运人、收货人或提单持有人要求赔偿的请求权时效期间的批复》的规定，承运人就海上货物运输向托运人、收货人或提单持有人要求赔偿的请求权时效期间为一年，因此，中远公司关于港务局对运输包干费的反诉请求已超过诉讼时效的答辩理由符合法律规定，应予支持。判决：

一、港务局赔付中远公司损失620000元；
二、驳回港务局对中远公司的反诉请求。

港务局不服原审判决，上诉称：（1）中远公司的追偿权时效期间已过；（2）我方的反诉请求时效期间应为二年而不是一年，故中远公司应向我方支付运输包干费及滞纳金。

三、请示的问题

本案经本院审委会讨论，倾向性意见认为：《海商法》第二百五十七条第二款的规定在理解上有歧义，"自追偿请求人解决原赔偿请求之日起"中的"解决"包括以法院生效判决方式的"解决"，故原审法院以中远公司收到浙江高院生效判决之日起算并无不当。《海商法》第二百五十七条第二款中的"受理对其本人提起诉讼的法院的起诉状副本之日起算"的规定在实务中无法操作，因为当事人在接到原案起诉状副本的九十日内原案可能尚未审结，这就使得中远公司是否对温庆公司承担赔偿责任、赔偿多少等均处于不确定状态，此时中远公司提起追偿请求尚不具备起诉的条件和依据，法院亦不能受理其追偿请求。为了充分保护债权人的合法权益，建议就《海商法》第二百五十七条的理解适用请示最高人民法院后，再对本案的实体作出处理。

因在审判实践中就此类案件如何适用《海商法》第二百五十七条分歧很大，故决定向最高人民法院请示。

最高人民法院关于未取得无船承运业务经营资格的经营者与托运人订立的海上货物运输合同或签发的提单是否有效的请示的复函

● 2007年11月28日
● 民四他字〔2007〕第19号

天津市高级人民法院：

你院关于未取得无船承运业务经营资格的经营者与托运人订立的海上货物运输合同或签发的提单是否有效的请示收悉。

根据《中华人民共和国国际海运条例》（以下简称《海运条例》）的规定，经营无船承运业务，应当向国务院交通主管部门办理提单登记，并交纳保证金。本案中深圳龙峰国际货运代理公司在未取得无船承运业务经营资格的情况下签发了未在交通主管部门登记的提单，违反了《海运条例》的规定，受理案件的法院应当向有关交通主管部门发出司法建议，建议交通主管部门予以处罚。但深圳龙峰国际货运代理公司收到货物后应托运人的要求签发提单的行为,不属于《中华人民共和国合同法》第五十二条第(五)项规定的违反法律、行政法规的强制性规定的情形,该提单应认定为有效。

此复。

最高人民法院关于非航行国际航线的我国船舶在我国海域造成油污损害的民事赔偿责任适用法律问题的请示的答复

- 2008年7月3日
- 〔2008〕民四他字第20号

山东省高级人民法院:

你院《关于非航行国际航线的我国船舶在我国海域造成油污损害的民事赔偿责任适用法律问题的请示》收悉。经研究,答复如下:

本案申请人锦州中信船务有限公司系中国法人,其所属的"恒冠36"轮系在我国登记的非航行国际航线的船舶,其在威海海域与中国籍"辽长渔6005"轮碰撞导致漏油发生污染,故本案不具有涉外因素,不适用我国加入的《1902年国际油污损害民事责任公约》。

同意你院的倾向性意见,即本案应适用《中华人民共和国海商法》、《中华人民共和国海洋环境保护法》以及相关行政法规的规定确定当事人的责任,油污责任人可以依据《中华人民共和国海商法》第十一章的规定享有海事赔偿责任限制。

此复。

附:

山东省高级人民法院关于非航行国际航线的我国船舶在我国海域造成油污损害的民事赔偿责任适用法律问题的请示

最高人民法院:

青岛海事法院受理的申请人锦州中信船务有限公司申请设立海事赔偿责任限制基金一案,因对于设立责任限制基金的法律适用存在争议,向我院请示。我院经审判委员会研究后,对基金设立的法律适用仍存在不同意见。现将有关情况报告如下:

一、案件基本情况

锦州中信船务有限公司系"恒冠36"轮的船舶所有权证书记载的船舶所有人,于2004年4月10日取得该轮的所有权。"恒冠36"轮的船籍港为锦州港,总吨位为1998吨,载重吨3350吨,系从事国内沿海、长江中下游及支流各港间成品油运输的油轮;船舶经营人九江振兴轮船有限公司,于2004年7月3日办理船舶租赁登记,租赁期限为5年,《船舶营业运输证》载明其许可证核定的经营范围为国内沿海普通货船、成品油船运输、长江中下游及支流省级普通货船、成品油船、化学品船运输。

辽宁省船舶检验局于2007年2月14日颁发的有效期至2008年4月2日的《海上贷船适航证》载明:2007年2月5日在福州港对"恒冠36"轮进行了船体外部检查,查明该船安全设备、船舶结构、机械及电气设备和无线电通信设备符合相应的规范、章程,认为该船处于适航状态,准予航行近海航区(航线),作油船(闪点≤60。)用。

2007年3月21日,"恒冠36"轮从大连新港装载2973.95吨船用燃料油开航,准备运往上海港。2007年3月24日0110时左右,"恒冠36"轮与中国籍"辽长渔6005"轮在威海海域约北纬3805.02,东经12214.44附近发生碰撞,导致该轮4号货舱左舷破损,造成约200吨以上船用燃料油泄漏入海。事故发生后,"恒冠36"轮靠泊威海威阳码头。

事故发生后,锦州中信船务有限公司向威海海事局提供了关于清污抢险费用的32万美元现金担保,"恒冠36"轮油污责任保险人为其出具了包含清污抢险费用及油污损害赔偿的担保金额为325万美元的信誉担保。

锦州中信船务有限公司于2007年7月18日向青岛海事法院提出设立海事赔偿责任限制基金的申请,认为"恒冠36"轮的船籍港为锦州港,系从事沿海运输的船舶,在我国威海海域与中国籍的"辽长渔6005"轮发生碰撞,造成我国海域污染。因"恒冠36"轮并非航行国际航线且载运2000吨以上的散装货油的船舶,且本案不具备涉外因素,根据《中华人民共和国民法通则》第一百四十二条及《中华人民共和国海商法》第二百六十八条的规定,并且按照最高人民法院《第二次全国涉外商事海事审判工作会议纪要》第一百四十一条的精神以及最高人民法院于2004年8月19日对"烟台海上救助打捞局与荣成市落凤港渔业公司船舶油污损害赔偿纠纷一案"提审作出的(2002)民四提字第3号终审判决所确定的原则,其作为该轮的登记船舶所有人,有权依照《中华人民共和国海商法》第十一章的规定享受海事赔偿责任限制。根据《中华人民共和国海商法》第二百一十条规定,并参照《交通部关于不满300总吨及沿海运输、沿海作业船舶海事赔偿限额的规定》第四条的规定,请求为其在2007年3月24日因"恒冠36"轮与"辽长渔6005"轮在威海海域发生的碰撞事故中可能承担的所有非人身伤亡赔偿责任设立海事赔偿责任限制基金,基金数额为208583计算单位及自事故发生之日起至基金设立之日止的利息,并请求责令威海海事局向申请人返还32万美元的现金担保及325万美元的信誉担保。

青岛海事法院受理后,依法向有关利害关系人送达了异议通知书,并在《人民日报》发布了公告。

异议人威海市海洋与渔业局、中华人民共和国威海海事局、山东省海洋与渔业厅于异议期内向青岛海事法院提出异议称,申请人基于上述事故为"恒冠36"轮申请设立责任限制基金,其申请基金限额208583计算单位,不符合我国加入的有关国际公约和相关法律法规的规定,主要理由为:第一,我国加入《1969国际油污民事责任公约》(以下简称69公约)、《〈1969年国际油污损害民事责任公约〉1992议定书》(以下简称92议定书)以及《〈1992年国际油污损害民事责任公约议定书〉2000年修正案》(以下简称2000修正案),且上述公约、议定书、修正案已经在我国生效,我国未作出任何保留。根据《中华人民共和国民法通则》、《中华人民共和国海商法》有关涉外法律关系的规定,我国缔结或者参加的国际条约同本国法律法规有不同规定的,除声明保留的条款外,应适用国际条约的规定。我国现行法律未对油污责任限制作出规定,因此,上述69公约、92议定书、2000修正案应当作为我国法律渊源在我国强制适用。"恒冠36",系油船,载重吨为3350吨,并且涉案事故中装运了2973吨燃料油,符合69公约及92议定书关于"船舶"、"油类"、"适用地域"等适用范围的规定。《中华人民共和国海商法》第二百零八条第(二)项明确规定,中华人民共和国参加的国际油污损害民事责任公约规定的油污损害的赔偿请求不适用该法第十一章有关海事责任限制的规定。因此,本案应适用69公约、92议定书及2000修正案的规定。根据现行实施的《1992年国际油污损害民事责任公约议定书》2000年修正案的规定,"恒冠36"油污责任限制基金数额应为4510000计算单位。第二,我国有关法规的相关规定,均以69公约及其议定书、修正案作为油污责任处理依据。《中华人民共和国防止船舶污染海域管理条例》第十三条规定"航行国际航线、载运2000吨以上的散装货油的船舶,除执行本条例规定外,并适用于我国参加的《1969年国际油污损害民事责任公约》",明确了凡是在中华人民共和国登记的、载运2000吨以上散装持久性油类的船舶的油污责任适用国际公约而不是我国海商法。1980年7月29日交通部下发的《关于认真贯彻执行〈1969年国际油污损害民事责任公约〉的通知》(交港监字〔1980〕1600号文)、国家海事局在《关于我国国际航线油轮执行〈1992年国际油污损害民事责任公约〉的通知》(海船舶字〔2000〕15号)等均以公约的规定要求办理船舶油污保险或取得其他财务保证等。第三,本案对海域造成的污染严重,其损失和费用巨大,应从保护资源和国家公共利益的角度严格适用有关公约的规定。第四,申请人已经就该船根据油污责任公约的规定进行了油污责任保险,其油污保险人应依其保险责任承担公约义务,如允许申请人以海商法进行海事责任限制,不仅违反法律和国际公约规定,同时也违反了我国海商法的规定,并且可能使保险人逃避应有的义务。

二、青岛海事法院的意见

青岛海事法院认为,我国已经加入69公约、

92议定书及2000修正案,并且69公约、92议定书、2000修正案已经对我国生效,作为缔约国,我国应当遵守69公约、92议定书、2000修正案的规定,这是缔约国的一项条约法上的义务。只要在缔约国登记的符合公约规定的船舶运输公约规定的油类,在公约规定的地域发生公约规定的污染损害,其油污损害民事赔偿责任以及基金限额均应适用69公约、92议定书以及2000修正案的规定。我国加入69公约、92议定书、2000修正案时均未作出保留,因此,我国应当严格遵守69公约、92议定书、2000修正案的规定。

我国交通部1980年3月1日下发的《关于我国接受〈1969年国际油污民事责任公约〉的通知》(〔80〕交港监字334号通知)、1980年7月29日下发的《关于认真贯彻执行〈1969年国际油污损害民事责任公约〉的通知》(交港监字〔1980〕1600号文)、1999年9月6日下发的《关于〈1969年国际油污损害民事责任公约〉1992的议定书对我国生效的通知》(交国际发〔1999〕465号文)及2003年11月11日《关于〈1992年国际油污损害民事责任公约议定书〉2000年修正案和〈1992年国际油污赔偿基金公约议定书〉2000年修正案生效的公告》(交通部公告第16号)等均未对油污损害民事责任适用69公约、92议定书、2000修正案作出船舶是否航行国际航线的区分。我国交通部关于认真贯彻执行《1969年国际油污损害民事责任公约》的通知(〔80〕交港监字1600号)、我国海事局海船舶字〔2000〕15号《关于我国国际航线油轮执行〈1992年国际油污损害责任公约〉的通知》也按照公约的规定要求载运2000吨以上的船舶办理油污保险或其他财务保证。

本案申请人锦州中信船务有限公司所属的"恒冠36"轮虽系在我国登记的非航行国际航线的船舶,其在我国海域与我国的船舶碰撞导致漏油发生污染,也不具有涉外因素,但它系为运输散装油类货物而建造的海船,且其实际运输散装油类货物并且发生漏油事故时处于实际运输散装油类的航行期间,属于92议定书规定的"船舶",而且其运载的系船用燃料油,泄漏入海导致船体之外的损害,符合92议定书规定的"油类"及"污染损害"范围,油污污染事故发生于我国威海海域,符合92议定书规定的污染损害发生的地域范围。根据《中华人民共和国海商法》第二百零八条第(二)项的规定,我国参加的国际油污损害民事责任公约规定的油污损害的赔偿请求不适用该法第十一章有关海事责任限制的规定。而且,2000年4月1日起开始施行的《中华人民共和国海洋环境法》在附则中第九十七条规定:"中华人民共和国缔结或者参加的与海洋环境保护有关的国际条约与本法有不同规定的,适用国际条约的规定;但是,中华人民共和国声明保留的条款除外",因此,本案应当适用92议定书及2000修正案的规定,而不应适用海商法第十一章关于海事赔偿责任限制的规定。本案申请人申请设立海事赔偿责任限制基金的限额不应按照海商法第二百一十条以及《交通部关于不满300总吨及沿海运输、沿海作业船舶海事赔偿限额的规定》第四条的规定计算,而应该按照92议定书以及2000修正案的规定计算,其申请责任海事赔偿责任限制基金的限额应为4510000计算单位,而非208583计算单位。

此外,1983年12月29日开始实行的《中华人民共和国防止船舶污染海域管理条例》第十三条规定:"航行国际航线、载运二千吨以上的散装货油的船舶,除执行本条例规定外,并适用于我国参加的《1969年国际油污损害民事责任公约》。"从该规定也可看出,航行国际航线以及载运二千吨以上的散装货油的船舶,也应当适用我国参加的《1969年国际油污损害民事责任公约》。"恒冠36"轮在事发时装载了2973.95吨船用燃料油,因此,即使根据《中华人民共和国防止船舶污染海域管理条例》的规定,本案也应当适用69公约及其92议定书、2000修正案。

根据2005年12月29日《最高人民法院关于印发〈第二次全国涉外商事海事审判工作会议纪要〉的通知》(法发〔2005〕22号文)中发布的《第二次全国涉外商事海事审判工作会议纪要》第一百四十一条的规定,我国加入的92公约仅适用于具有涉外因素的缔约国船舶油污损害赔偿纠纷,包括航行国际航线的我国船舶在我国海域造成的油污损害赔偿纠纷,不适用于非航行国际航线的我国船舶在我国海域造成的油污损害赔偿纠纷。2004年8月19日最高人民法院对

"烟台海上救助打捞局与荣城市落风港渔业公司船舶油污损害赔偿纠纷一案"提审作出的(2002)民四提字第3号终审裁定认定无涉外因素的油污案件适用我国海商法第十一章或交通部《关于不满300总吨及沿海运输、沿海作业船舶海事赔偿限额的规定》。

综上,青岛海事法院认为,本案应适用69公约、92议定书以及2000修正案确定责任限制基金数额。

三、我院意见

我院审判委员会研究青岛海事法院的请示后,形成两种意见。

第一种意见,本案不适用公约。我国《民法通则》第八章涉外民事关系的法律适用是利用国内法与公约、条约处理民事法律关系适用冲突规范的总则,按照该章的规定,只有涉外民事法律关系才涉及公约的适用,本案中,不论事故发生地点,还是当事人均不具有涉外因素,因此在法律适用上无需运用冲突规范考虑国际公约的适用,并且最高人民法院《第二次全国涉外商事海事审判工作会议纪要》已经以最高人民法院法发〔2005〕26号文件下发各级人民法院,该文件第十二章关于船舶油污损害赔偿纠纷案件的法律适用中确定:我国加入的《1992年国际油污损害民事责任公约》适用于具有涉外因素的缔约国船舶油污损害赔偿纠纷,包括航行于国际航线的我国船舶在我国海域造成的油污损害赔偿纠纷,非航行于国际航线的我国船舶在我国海域造成的油污损害赔偿纠纷不适用该公约的规定而应依据我国《海商法》、《海洋环境保护法》的规定确定海事赔偿责任限制。另外,在最高人民法院提审的我院案件中(最高人民法院的案号为〔2002〕民四提字第3号)对于同样的非航行国际航线的我国船舶作出的决定部是让其按照我国《海商法》规定设立责任限制。因此,从法律规定、最高人民法院的指导性意见及审判实践中,对于非航行国际航线的船舶造成的油污损害赔偿案件都是依据我国《海商法》设立赔偿责任限制。本案亦应照此审理。

第二种意见,本案适用公约。

1. 我国《海商法》第十一章海事赔偿责任限制中对于依照《海商法》享受责任限制的情形作了规定,但在该章第二百零八条(二)项中明显排除了中华人民共和国参加的国际油污损害民事责任限制公约规定的油污损害的赔偿请求,就是说基于油污损害提出的责任限制请求,不适用《海商法》关于设置责任限制基金的规定。

2. 本案当事船舶的船东锦州中信船务有限公司依照公约的规定向"The shipown-ers mutual protection and indemnity association (LUXEMBOURG)"投保了油污险,根据我国《海商法》第二百零六条的规定,被保险人依照本章规定可以限制赔偿责任的,对该海事请求承担责任的保险人,有权依照本章规定享受相同的赔偿责任限制,《1976年海事索赔责任限制公约》第一条亦有相同的规定,该规定表述为,对于本公约规定须受责任限制的索赔承担责任的保险人,有权与被保险人在同一限度内享受本公约的利益。故尽管本案是船东锦州中信船务有限公司提出责任限制请求,由于保险人也享受到由此带来的利益,而本案中的该保险人是英国的保险公司,因此使本案具有涉外因素,从而可以适用公约的规定。但是非国际航线运输的船舶且仅在国内保险公司投保的则不适用公约的规定。

由于涉案船舶按规定在国外投保,资金有保障,损失的赔偿最终都由外国保险公司承担,如不适用公约不足以维护国家及当事人的合法利益。

3. 由于本案中油污造成的损失较大,且船方先行支付了部分费用,如仅按照我国《海商法》的规定设立责任限制,赔偿数额可能难以补偿实际损失,且难于处理当事人先行付出的费用,不仅当事人的利益得不到保护,清污处理事故的费用也都得不到满足,强制保险的规定也丧失了其意义,不利于和谐社会的发展。

我院审判委员会倾向第一种意见。

以上意见当否,请指示。

◎ 指导案例

1. 江苏炜伦航运股份有限公司诉米拉达玫瑰公司船舶碰撞损害赔偿纠纷案[①]

【关键词】民事　船舶碰撞　损害赔偿　合意违反航行规则　责任认定

【裁判要点】

航行过程中,当事船舶协商不以《1972年国际海上避碰规则》确立的规则交会,发生碰撞事故后,双方约定的内容以及当事船舶在发生碰撞事故时违反约定的情形,不应作为人民法院判定双方责任的主要依据,仍应当以上述规则为准据,在综合分析紧迫局面形成原因、当事船舶双方过错程度及处置措施恰当与否的基础上,对事故责任作出认定。

【相关法条】

《中华人民共和国海商法》第一百六十九条

【基本案情】

2008年6月3日晚,原告江苏炜伦航运股份有限公司所有的"炜伦06"轮与被告米拉达玫瑰公司所有的"MIRANDA ROSE"轮(以下简称"玫瑰"轮)在各自航次的航程中,在上海港圆圆沙警戒区相遇。当日23时27分,由外高桥集装箱码头开出的另一艘外轮"里约热内卢快航"轮与"玫瑰"轮联系后开始实施追越。23时32分,"里约热内卢快航"轮引航员呼叫"炜伦06"轮和位于"炜伦06"轮左前方0.2海里的"正安8"轮,要求两轮与其绿灯交会。"正安8"轮予以拒绝并大角度向右调整航向,快速穿越到警戒区北侧驶离。"炜伦06"轮则在"里约热内卢快航"轮引航员执意要求下,同意绿灯交会。"玫瑰"轮随即与"炜伦06"轮联系,也要求绿灯交会,"炜伦06"轮也回复同意。23时38分,当"炜伦06"轮行至"玫瑰"轮船艏偏左方向,发现"玫瑰"轮显示红灯,立即联系"玫瑰"轮,要求其尽快向左调整航行。"炜伦06"轮随后开始减速,但"玫瑰"轮因"里约热内卢快航"轮追越尚未驶过让清,距离较近,无法向左调整航向。23时41分,"炜伦06"轮与"里约热内卢快航"轮近距离交会,位于"玫瑰"轮左前方、距离仅0.2海里。此时,"炜伦06"轮、"玫瑰"轮均觉察危险,同时大角度向左转向。23时42分"炜伦06"轮右后部与"玫瑰"轮船艏右侧发生碰撞。事故造成原告遭受救助费、清污费、货物减损费、修理费等各项损失共计人民币4504605.75元。

原告遂以"玫瑰"轮违反双方关于"绿灯交会"的约定为由,诉请法院判令"玫瑰"轮承担80%的责任。被告则提出,原告应就涉案碰撞事故承担90%的责任,且原告主张的部分损失不合理。

【裁判结果】

上海海事法院于2011年9月20日作出(2010)沪海法海初字第24号民事判决:一、被告米拉达玫瑰公司应于本判决生效之日起十日内向原告江苏炜伦航运股份有限公司赔偿损失人民币2252302.79元;二、被告米拉达玫瑰公司应于本判决生效之日起十日内向原告江苏炜伦航运股份有限公司赔偿上述款项的利息损失,按照中国人民银行同期活期存款利率标准,从2008年6月3日起计算至判决生效之日止;三、对原告江苏炜伦航运股份有限公司的其他诉讼请求不予支持。宣判后,当事人双方均未上诉,判决已发生法律效力。

【裁判理由】

法院生效裁判认为:在两轮达成一致意见前,两轮交叉相遇时,本应"红灯交会"。"玫瑰"轮为了自己进北槽航道出口方便,首先提出"绿灯交会"的提议。该提议违背了《1972年国际海上避碰规则》(以下简称《72避碰规则》)规定的其应承担的让路义务。但是,"炜伦06"轮同意了该违背规则的提议。此时,双方绿灯交会的意向应是指在整个避让过程中,双方都应始终向对方显示本船的绿灯舷侧。在这种特殊情况下,没

[①] 案例来源:《最高人民法院关于发布第7批指导性案例的通知》(2014年6月26日　法〔2014〕161号), 指导案例31号。

有了《72避碰规则》意义上的"让路船"和"直航船"。因此，当两轮发生碰撞危险时，两轮应具有同等的避免碰撞的责任，两轮均应按照《72避碰规则》的相关规定，特别谨慎驾驶。但事实上，在达成绿灯交会的一致意向后，双方都认为对方会给自己让路，未能对所处水域的情况进行有效观察并对当时的局面和碰撞危险作出充分估计，直至紧迫危险形成后才采取行动，最终无法避免碰撞。综上，两轮均有瞭望疏忽、未使用安全航速、未能尽到特别谨慎驾驶的义务并尽早采取避免碰撞的行为，都违反了《72避碰规则》中有关瞭望、安全航速和避免碰撞的行动等规定，对碰撞事故的发生责任相当，应各承担50%的责任。

被告系"玫瑰"轮的船舶所有人，根据《最高人民法院关于审理船舶碰撞纠纷案件若干问题的规定》的规定，应就"玫瑰"轮在涉案碰撞事故中对原告造成的损失承担赔偿责任。法院根据双方提供的证据，核定了原告具体损失金额，按照被告应负的责任份额，依法作出如上判决。

2. 中国太平洋财产保险股份有限公司与中远航运股份有限公司、第三人海南分公司海南一汽海马汽车销售有限公司水路货物运输合同货损赔偿纠纷案①

【裁判摘要】

《中华人民共和国海商法》作为特别法，优先适用于海上货物运输合同纠纷的审理。依照《中华人民共和国海商法》第二条第二款的规定，中华人民共和国港口之间的海上货物运输，包括内河货物运输和沿海货物运输，不能适用《中华人民共和国海商法》第四章的规定，应当适用《中华人民共和国合同法》的有关规定。

【案情】

再审申请人（一审被告、二审上诉人）：中远航运股份有限公司。

法定代表人：许立荣，该公司董事长。

委托代理人：张佳春，北京市天达律师事务所律师。

委托代理人：韩翠晶，北京市天达律师事务所律师。

再审被申请人（一审原告、二审上诉人）：中国太平洋财产保险股份有限公司海南分公司。

负责人：项勇，该公司总经理。

委托代理人：任雁冰，广东恒福律师事务所律师。

委托代理人：梁永刚，广东恒福律师事务所律师。

一审第三人：海南一汽海马汽车销售有限公司。

法定代表人：吴绍明，该公司董事长。

委托代理人：陈勇。

再审申请人中远航运股份有限公司（以下简称中远公司）与被申请人中国太平洋财产保险股份有限公司海南分公司（以下简称太保海南公司）、一审第三人海南一汽海马汽车销售有限公司（以下简称海马销售公司）水路货物运输合同货损赔偿纠纷一案，海南省高级人民法院于2010年3月12日作出（2010）琼民三终字第2号民事判决，已经发生法律效力。中远公司不服该判决，向本院申请再审。本院于2010年11月19日以（2010）民申字第1504号民事裁定，决定对本案再审。本院依法组成合议庭，于2011年2月11日公开开庭审理了本案。再审申请人中远公司的委托代理人张佳春、韩翠晶，被申请人太保海南公司的委托代理人任雁冰，一审第三人海马销售公司的委托代理人陈勇到庭参加诉讼。本案现已审理终结。

太保海南公司向一审海口海事法院起诉称：2007年1月1日，海南金盘物流有限公司（以下简称金盘物流公司）代表海马销售公司，与中远公司签订了《车辆运输合作协议》。2007年12月17日，中远公司"富源口"轮装运海马销售公司所有的海马牌商品车610台，由海口开往上海。海马销售公司同时就该批汽车向太保海南公司投保了水路运输保险。2007年12月23日，当上述商品车到达上海时，发现大部分车辆严重

---

① 案例来源：《最高人民法院公报》2012年第8期。

受损。太保海南公司共向海马销售公司赔偿保险理赔款16395960元,并支付了其他相关费用807804元。请求判令:1.中远公司赔偿保险理赔款和其他费用损失及上述两项损失的利息;2.中远公司承担本案诉讼费用以及因诉讼所支出的其他有关费用。

中远公司一审答辩称:1.与中远公司签订水路运输合同的是金盘物流公司,而非海马销售公司,太保海南公司主体不适格,无权行使保险代位求偿权;2.涉案火灾事故因汽车自燃引起,承运人无需承担责任;3.太保海南公司诉称的货损金额不真实、不合理;4.即使中远公司需承担赔偿责任,也只应在海事赔偿责任限制范围内承担责任。中远公司庭前向海口海事法院提出《海事赔偿责任限制申请书》,请求的赔偿限额为7900000元。

【审判】

海口海事法院一审查明:海马销售公司与金盘物流公司于2006年12月31日签订的《协议书》约定,海马销售公司将海马商品车的物流、仓储、运输等事项委托给金盘物流公司运营,金盘物流公司负海马销售公司委托的海马商品车的物流、仓储、运输等工作;金盘物流公司对海马销售公司经销汽车产品进行投保,包括运输险和仓储险;在汽车产品运输、仓储期间发生保险事故的,由金盘物流公司开展索赔工作。2007年1月1日,金盘物流公司与中远公司签订《车辆运输合作协议》,金盘物流公司指定中远公司作为承运车从海口至上海水路运输的承运商,由中远公司利用其滚装船为金盘物流公司实施海口至上海的承运车水路运输。该协议第十七条第8项约定,因不可免责原因,中远公司违反协议致使金盘物流公司或承运车厂家遭受损失,金盘物流公司或承运车厂家有权提出索赔。第二十二条第1项规定,"承运车厂家"是指承运车的制造商或负责承运车销售管理的企业。根据《独家经销商协议》,海马销售公司是涉案车辆的所有权人。2007年12月16日,金盘物流公司为涉案货物投保了水路运输基本险,太保海南公司为保险人,海马销售公司为被保险人,投保标的为海马牌轿车610辆,运输工具为"富源口"轮,起运港为海口秀英码头,目的港为上海海通码头。同年12月17日,中远公司所属的"富源口"轮装载海马销售公司所有的海马牌轿车611辆(其中1辆为试验车),由海口运往上海。上述车辆均拥有车辆合格证,证明"富源口"轮承运车辆均为一汽海马汽车有限公司出厂的新车,其出厂前均经过严格的强制测试(包括路试等),对于行驶和运输途中可能产生的任何情况(包括可能的颠簸和震动等)均能保证安全。涉案船舶《海事报告》及《航海日志》证明,2007年12月21日约0950时,当航行至舟山群岛附近海域时,船上货舱发生火灾,船舶立即组织船员进行灭火,12月22日约0823-0835时,经派船员下船舱探火,证实火已被扑灭,12月23日1700时船舶到达上海海通码头。涉案火灾焚烧范围广,中心及其所影响区域温度高,甚至造成甲板产生变形。火灾共涉及462辆车,为便于事故处理和车辆检查,双方确认将所涉车辆回运到海口。之后,被保险人海马销售公司与保险人太保海南公司于2008年4月10日达成《保险赔付协议》,双方确认太保海南公司就涉案受损海马商品车向海马销售公司赔付16395960元,其中包括太保海南公司于2008年2月3日向投保人金盘物流公司预付赔款1000000元;协议生效前已发生的施救费用(清洗费、场地费、保管费、回运费)由太保海南公司另行支付给金盘物流公司;协议生效后,海马销售公司同意将向第三者追偿的权益转让给太保海南公司。同年4月24日,太保海南公司向海马销售公司转账支付15395960元,海马销售公司向太保海南公司出具了赔款收据。

保险事故发生后,"富源口"轮未向消防机构进行报告和申请火灾原因调查。为查明涉案火灾原因,太保海南公司、中远公司分别单独就火灾发生原因委托鉴定。太保海南公司委托中国检验认证集团上海有限公司进行鉴定,该公司出具《鉴定报告》,证明"富源口"轮火灾事故系车辆本身之外的原因所致。中远公司委托浙江出入境检验检疫鉴定所鉴定,该鉴定所出具《司法鉴定报告书》,证明本案火灾事故是因车辆本身自燃所致;中远公司委托上海悦之保险公估有限公司进行鉴定,该公司出具《公估报告》,证明本案火灾事故是因车辆本身自燃引起;中远公司委托广州海正保险公估有限公司进行鉴定,该公司出具《检验报告》,证明本案火灾事故是因车辆本身自燃引起。经审查,上述作出有关火灾原因认定的机构均不具备公共管理职能,不具备火灾调查和认定的资质及营业范围。

太保海南公司、中远公司和海马销售公司为证明涉案火灾所造成的损失,分别提供证据予以证明。太保海南公司为证明其损失,提供了《关于"富源口"轮事故中19辆受损海马商品车的检查报告》、《关于"富源口"轮事故中443辆受损海马商品车的检查报告》和《"富源口"轮承运车辆损失评估报告》等主要证据,证明经车辆生产厂家一汽海马汽车有限公司质量管理部依照相关产品质量和检验标准检查,涉案火灾事故造成"富源口"轮承运车辆中19辆全损、443辆产生严重损失和损害;经其经营管理部评估,涉案火灾事故造成"富源口"轮承运车辆受损金额为27860950元。第三人海马销售公司也提供了同样的证据。另,太保海南公司委托海口市价格认证中心对损失进行鉴定,该中心具备价格鉴定资质,出具《估价报告书》证明涉案火灾事故造成"富源口"轮承运车辆受损金额为16797902元。中国检验认证集团上海有限公司出具《鉴定报告》,证明涉案受损车辆的损失情况和剩余价值为21809698元。该公司并不具备价格鉴定资质,有关损失数额引用海口市价格认证中心出具《估价报告书》中的有关认定。为证明涉案车辆的实际处理情况,海马销售公司提供了涉案受损车辆经修复后实际处理的销售合同及其发票,证明涉案受损车辆共444辆(含1台试验车)经修复后的销售价格共计为19245400元。中远公司另单方委托浙江出入境检验检疫鉴定所和广州海正保险公估有限公司进行鉴定。浙江出入境检验检疫鉴定所出具的《司法鉴定报告书》,证明涉案受损车辆的损失总额应为4597340元,该鉴定所的营业范围不包括价格鉴定。广州海正保险公估有限公司具备价格评估资质,出具《检验报告》证明受损车辆的损失金额应为4566500元。中远公司委托代理人所在的广东恒运律师事务所主任黄亚泉先生是广州海正保险公估有限公司最大的股东,且黄亚泉先生曾受中远公司委托,于2008年3月5日就本案火灾事故的处理,向金盘物流公司和太保海南公司发出过《声

明》。火灾事故发生后,太保海南公司为确定保险事故的性质、原因和程度,以及对受损车辆进行施救、处理,在与中远公司协商一致的情况下,将涉案受损车辆从上海回运到海口,并产生码头堆存费321618元、搬运及美容费132200元、清洗费97240元、转运费13230元、看管费20900元、评估鉴定费107700(32700元+75000元)元,以及其在诉前为保全证据而支出的证据保全费5000元,共计697888元。

另查明,根据交通部2006年公布的《老旧运输船舶管理规定》,"富源口"轮虽系老旧船舶,但其属于五类老旧海船,其强制报废期限为34年以上,而本案火灾事故发生时,该轮的船龄只有25年,还远未达到需强制报废的年限。"富源口"轮具有包括《船舶国籍证书》、《货船构造安全证书》、《货船设备安全证书》、《安全管理证书》、《船体和轮机人级证书》、《船舶年审合格证》及《最低安全配员证书》等各项有效的适航证书,在没有其他相反证据证明的情况下,认定"富源口"轮适航。根据"富源口"轮《船舶国籍证书》和《船舶所有权证书》,该轮的总吨为8553吨,核定的经营范围为国内沿海及长江中下游各港口间商品汽车整车运输。2009年10月23日,国际货币基金组织公布的特别提款权对人民币的折算率为1特别提款权兑换10.9057元人民币。

结合本案的事实,一审海口海事法院对本案争议焦点的分析认定如下:

(一)关于太保海南公司的主体资格问题。海马销售公司与金盘物流公司于2006年12月31日签订的《协议书》符合《中华人民共和国合同法》第四百零三条的规定,其性质属于委托合同,金盘物流公司是受托人,海马销售公司是委托人。2007年1月1日,金盘物流公司与中远公司签订《车辆运输合作协议》,该协议实际上是金盘物流公司代表海马销售公司与中远公司签订的。而且,根据第三人海马销售公司和中远公司提供的2004年、2005年、2006年和2008年度的车辆运输合作协议,从2004年开始,中远公司就以此种方式与金盘物流公司进行合作。故中远公司对于金盘物流公司与海马销售公司的关系以及金盘物流公司的代理人身份应该是很清楚

的。中远公司主张其如果知道委托人是海马销售公司就不会与金盘物流公司签订合同,但没有提供相应证据证明。因此,对太保海南公司主张的海马销售公司与中远公司之间存在水路货物运输合同的事实,予以认定。

2007年12月16日,金盘物流公司为涉案货物投保了水路运输基本险,太保海南公司为保险人,海马销售公司为被保险人。火灾事故发生后,被保险人海马销售公司与保险人太保海南公司达成《保险赔付协议》。2008年4月24日,太保海南公司向海马销售公司转账支付15395960元,海马销售公司向太保海南公司出具了赔款收据。太保海南公司向海马销售公司支付保险赔款,不仅有赔付协议,而且有银行转账凭证及赔款收据,对于太保海南公司主张的其已就涉案受损海马汽车向海马销售公司支付保险赔款的事实,予以认定。

(二)关于涉案火灾事故原因问题。关于太保海南公司提供的中国检验认证集团上海有限公司出具的《鉴定报告》和中远公司提供的浙江出入境检验检疫鉴定所出具的《司法鉴定报告书》、上海悦之保险公估有限公司出具的《公估报告》、广州海正保险公估有限公司出具的《检验报告》,因出具报告的机构及其鉴定、检验人员均不具有从事火灾事故原因鉴定的资质或资格,违反了国家有关火灾事故鉴定及处理的强制性规定,且其鉴定和检验人员不具备火灾鉴定及船舶、汽车电器等方面的专业知识。对于上述鉴定、检验和公估报告的证据效力,不予认定;对其所作出的火灾原因认定,不予采信。

根据《中华人民共和国消防法》第五十一条的规定,以及公安部于2009年4月颁发的《火灾事故调查规定》第五条的规定,火灾事故调查和处理的唯一法定机构是公安消防机构,除此之外,其他任何单位和部门均无权、无资质、无能力对火灾事故进行调查和处理。

根据《中华人民共和国海上交通事故调查处理条例》第九条的规定,以及《中华人民共和国消防法》第六十四条的规定,中远公司及"富源口"轮船船长负有报告火灾事故并申请公安消防机构进行鉴定的法定义务。由于中远公司未能及时报告和申请公安消防机构进行调查、鉴定,导致本案火灾事故原因时过境迁而无法查明其原因。因此,对于太保海南公司、中远公司及海马销售公司所主张的本案火灾事故是因"汽车本身以外的原因"或"车辆本身自燃"所致的事实,不予认定。因无法查明火灾事故原因,故认定涉案火灾事故原因不明。

(三)关于涉案火灾损失认定的问题。浙江出入境检验检疫鉴定所出具的《司法鉴定报告书》,证明涉案受损车辆的损失总额应为4597340元。该鉴定所虽然具有司法鉴定资质,但其不具有商品价格认证或鉴定资质。对该鉴定报告的证据效力及中远公司所主张的涉案受损车辆损失金额,不予认定。

广州海正保险公估有限公司出具的《检验报告》,证明受损车辆的损失金额应为4566500元。但该检验机构与中远公司存在利害关系。其在报告上署名的检验人员蔡兆春当时不具有检验或公估资格,且其拒绝在法庭笔录上签字。因此,对于该检验报告,不予采信。

海口市价格认证中心是本案中唯一具有价格司法鉴定资质的机构。本案受损车辆作为刚出厂的新车,经过火灾高达1000度以上的高温烘烤,其油漆、内在零部件等均发生不同程度的质变,并有潜在质量风险,不仅已经无法修复到新产品的标准,更无法统一其修理费用;而且,如果只对其进行简单的外观修理,而不进行任何内部零部件的质量检查和修理,其结果将无法保证车辆的正常安全行驶。认证中心鉴定人员从受损车辆的这一实际出发,使用市场法定损,相比中远公司举证中所使用的修复法,更符合本案实际,也更具有合理性。该《估价报告》关于车辆损失的描述与中国检验认证集团上海有限公司鉴定人员的描述基本一致,其定损结果也获得了中国检验认证集团上海有限公司鉴定人员的认可;受损车辆443辆(不包括全损的19辆)在经过修理、运输及承担质量风险后的处理价格约为1900万元,即使不考虑其所附加的修理费和运输费,涉案车辆的价格损失仍达到约2000万元,而估价报告的定损金额为1600多万元,与车辆实际处理价格相比最为接近,这些均反映了估价报告的公正性和合理性。因此,对于海口市价格认证中心出具的《估价报告书》的证据效力及其对本案受损车辆所作的定损结论,即损失金额为16797902元,予以认定。

太保海南公司为确定保险事故的性质、原因和程度,以及对受损车辆进行施救、处理,在与中远公司协商一致的情况下,将涉案受损车辆从上海回运到海口,由此所发生的码头堆存费、搬运及美容费、清洗费、转运费、看管费、评估鉴定费,以及在诉前为保全证据而支出的证据保全费,共计697888元。上述费用的发生均有相关的协议及发票证明,且均属必要、合理,予以认定。

(四)关于中远公司是否可以享受海事赔偿责任限制的问题。"富源口"轮属于从事国内沿海运输的适航船舶,本案货物损失也不是由于中远公司的故意或者明知可能造成损失而轻率地作为或不作为造成的,中远公司有权依据《中华人民共和国海商法》第十一章有关海事赔偿责任限制及交通部《关于不满300总吨船舶及沿海运输、沿海作业船舶海事赔偿限额的规定》规定的赔偿限额赔偿损失。根据国际货币基金组织2009年10月23日公布的特别提款权对人民币的比率计算,中远公司可享受的海事赔偿责任限额为人民币8243897元。

综上,本案系水路货物运输合同货损赔偿纠纷。本案《车辆运输合作协议》在性质上属于水路货物运输合同,其虽系金盘物流公司与中远公司签订,因金盘物流公司是海马销售公司的委托代理人,该协议项下所约定的金盘物流公司的权利和义务应由海马销售公司享有和承担。且该协议也明确约定,海马销售公司作为承运车厂家有权就货损失向承运人提出索赔。因此,海马销售公司与中远公司之间存在水路货物运输合同关系。太保海南公司是本案所涉汽车的保险人,其已向被保险人海马销售公司支付了保险赔偿金及相关施救费用,有权行使代位求偿权向承运人中远公司提出索赔。中远公司关于海马销售公司与中远公司之间不存在水路货物运输合同关系,因而太保海南公司无权向其行使代位追偿权及太保海南公司主体不适格的主张,不予支持。

太保海南公司在本案中代位的是被保险人海马销售公司在水路货物运输合同项下的地位,故其应受该水路运输合同的调整。该运输合同,

双方当事人意思表示真实,内容明确、规范,不违反国家法律、行政法规的强制性规定,依法确认有效。中远公司作为本航次货物运输的承运人,其责任期间为从货物装上船时起至卸下船时止。按照《国内水路货物运输规则》第四十八条和《中华人民共和国合同法》第三百一十一条的规定,沿海货物运输承运人承担的是一种较为严格的赔偿责任,除因不可抗力、货物本身的原因、托运人或收货人本身的过错所造成的货物损失外,承运人均应承担赔偿责任,并且承运人对其除外责任负有举证责任。"富源口"轮在运输途中,因船舱发生火灾事故,造成其承运的汽车受损,中远公司虽主张本案火灾事故是因托运人交付的汽车自燃引起,但不能举证证明本案火灾事故下为汽车自燃以及属于《国内水路货物运输规则》和《中华人民共和国合同法》规定的其他免责事项;且由于中远公司未能及时报告和申请公安消防机构进行调查、鉴定,导致本案火灾事故因时过境迁而无法查明其原因,中远公司的免责主张不成立。中远公司应对本案中太保海南公司所遭受的损失及其利息承担赔偿责任。

"富源口"轮属于从事国内沿海运输的适航船舶,中远公司有权依据《中华人民共和国海商法》第十一章有关海事赔偿责任限制及交通部《关于不满300总吨船舶及沿海运输、沿海作业船舶海事赔偿限额的规定》规定的赔偿限额赔偿损失。太保海南公司请求的超过赔偿限额部分的损失,不予支持。

依照《中华人民共和国合同法》第三百一十一条、第四百零三条和《中华人民共和国海商法》第十一章、第二百四十条第一款、第二百五十二条第一款、第二百七十七条的规定,一审判决:1.中远公司赔偿太保海南公司经济损失8243897元;2.驳回太保海南公司对中远公司的其他诉讼请求。

中远公司、太保海南公司均不服一审判决,向海南省高级人民法院提起上诉。

中远公司上诉称:1.太保海南公司的被保险人海马销售公司与中远公司之间不存在水路货物运输合同关系;2.火灾事故系汽车自燃所致,中远公司无需承担赔偿责任;3.太保海南公司未能完成有效证明涉案所称受损车辆实际损

失的举证责任。请求撤销一审判决,将本案发回重审或者另行改判驳回太保海南公司的诉讼请求。

太保海南公司上诉称:一审判决没有计算海事赔偿责任限额利息,显属错误。其余认定事实清楚,适用法律正确。

海南省高级人民法院对海口海事法院查明的事实予以确认。

另查明:1. 广州海正保险公估有限公司具备估价资质和营业范围。广州海正保险公估有限公司注册资金为人民币200万元,股东为黄亚泉、张金带、黄安华、黄安文四人,其中黄亚泉和张金带各占30%的股份,黄安华、黄安文各占20%的股份。黄亚泉同时为广东恒运律师事务所主任,本案中远公司的委托代理人黄晖系广东恒运律师事务所执业律师,陈群系广东恒运律师事务所律师助理。蔡兆春于2008年9月21日获得保险公估资质,而广州海正保险公估有限公司作出《检验报告》的日期为2008年8月13日,在检验期间,蔡兆春并没有保险公估资质。《检验报告》上打印有蔡兆春和韩军明两人名字,但无手写签字,该公司法定代表人周翠英没有在上面签字。2. 一汽海马汽车有限公司质量管理部和经营管理部是一汽海马汽车有限公司的两个内设机构。

海南省高级人民法院根据各方当事人的诉辩情况,结合本案的事实,对本案争议焦点的分析认定如下:

(一)关于太保海南公司是否具备本案诉讼主体资格的问题。2007年1月1日,金盘物流公司与中远公司签订《车辆运输合作协议》。该协议双方真实意思表示,内容不违反法律、强制性法规的规定,是有效的协议,各方当事人应予遵守和履行。海马销售公司是涉案车辆的销售管理企业及所有权人。海马销售公司与金盘物流公司协议约定,海马销售公司委托金盘物流公司对海马汽车进行运输等工作,根据《中华人民共和国海商法》第四十二条关于托运人概念和范围的规定,海马销售公司属于委托他人为本人将货物交给与海上货物运输合同有关的承运人的人,是托运人。《车辆运输合作协议》第十七条第8项和第二十二条第1项赋予了海马销售公司在中远公司因不可免责原因违反协议给金盘物流公司、各关联公司及托运人造成损失时,可以直接向中远公司提出索赔的权利。因此,海马销售公司根据《车辆运输合作协议》销售管理企业的相关约定及托运人的身份,有权向中远公司进行索赔。

2008年4月10日,被保险人海马销售公司与保险人太保海南公司达成《保险赔付协议》。太保海南公司提供的记账回执、支票存根及赔款收据表明,其已实际赔付了16395960元。太保海南公司向海马销售公司赔偿涉案车辆的损失之后,有权取代海马销售公司在《车辆运输合作协议》中的合同权利,向中远公司进行索赔。故本案太保海南公司是适格的诉讼主体,中远公司有关太保海南公司非本案适格诉讼主体的主张,不予支持。

(二)关于涉案火灾事故原因的认定问题。火灾事故调查是一项公共管理职能,未经法律及行政法规授权,任何单位不得行使该项职能。《中华人民共和国消防法》第五十一条、公安部于2009年4月颁发的《火灾事故调查规定》第五条以及《中华人民共和国海上交通事故调查处理条例》第九条第三款均明确火灾事故调查和处理的法定机构是公安消防机构,法律、行政法规并未授权其他机关、单位行使此项职能。《运输船舶消防管理规定》第二十三条、《中华人民共和国消防法》第六十四条均明确规定个人和组织在火灾发生后具有报警的义务。"富源口"轮船长在火灾后,没有报警并申请公安消防机构进行鉴定,其对火灾原因的查明负有不可推卸的责任。任何有关不报警、不鉴定的方案和约定都是非法、无效的。一审法院有关中远公司及"富源口"轮船长负有报告火灾事故并申请公安消防机构进行鉴定的法定义务的认定准确。

为证明火灾原因,太保海南公司提供了中国检验认证集团上海有限公司出具的《鉴定报告》,中远公司提供了浙江出入境检验检疫鉴定所出具的《司法鉴定报告书》、上海悦之保险公估有限公司出具的《公估报告》、广州海正保险公估有限公司出具的《检验报告》。上述出具报告的机构不具备火灾鉴定人的执业资格和营业范围,不具备社会公共管理职能,违背了前述法律、法规有关火灾事故原因调查权、鉴定权应由公安消防机构行使的规定,其所出具的结论不具备合法性和证明力。《中华人民共和国海商法》第五十四条规定承运人应对在航运过程中所产生的货物灭失、损坏的免责事由承担举证责任,中远公司未能申请公安消防机构对火灾原因进行查明,其对火灾原因负有举证不能之责任,根据最高人民法院《关于民事诉讼证据的若干规定》第二条的规定,应由其承担不利的后果,对本次火灾所造成的损失承担赔偿责任。

(三)关于涉案火灾造成的车辆损失的认定问题。《火灾事故调查规定》第二十三条第二款规定:"公安机关消防机构可以根据需要委托依法设立的价格鉴证机构对火灾直接财产损失进行鉴定。"第二十六条进一步规定:"对受损单位和个人提供的由价格鉴证机构出具的鉴定意见,公安机关消防机构应当审查下列事项:(一)鉴证机构、鉴证人是否具有资质、资格;(二)鉴证机构、鉴证人是否盖章签名;(三)鉴定意见依据是否充分;(四)鉴定是否存在其他影响鉴定意见正确性的情形。对符合规定的,可以作为证据使用;对不符合规定的,不予采信。"因此,符合《火灾事故调查规定》第二十六条审查事项的鉴定意见,法院可以采纳作为认定火灾损失的证据,中远公司有关除公安消防机构之外的组织均不具备统计火灾损失的资质或资格的主张,不予支持。

浙江出入境检验检疫鉴定所不具备价格鉴定资质和损失认定的营业范围,对其出具的《司法鉴定报告书》所做的损失认定不予确认。广州海正保险公估有限公司虽然具备价格评估的资质和营业范围,但作为《检验报告》签署人之一的蔡兆春在报告作出前并未取得有效的保险评估资质,该公司法定代表人周翠英没有在《检验报告》上签字,该报告不具备合法性。蔡兆春在一审出庭接受询问时拒绝在庭审笔录上签名。另外,中远公司委托代理人所在的广东恒运律师事务所的主任黄亚泉先生是广州海正保险公估有限公司最大的股东,且黄亚泉先生曾受中远公司委托,于2008年3月5日就本案火灾事故的处理,向金盘物流公司和太保海南公司发出过《声明》,一审法院对广州海正保险公估有限公司与中远公司存在利害关系的认定并无不当。广州海正保险公估有限公司作为利害关系人应当在鉴定过程中回避而未予回避,违反了《司法鉴定程序通则》第二十条有关回避的规定。对该公司出具的《检验报告》的效力不予认定。

海口市价格认证中心具有价格司法鉴定资质和营业范围,其出具的《估价报告书》符合《火灾事故调查规定》第二十六条所要求的审查条件。虽然中远公司提出该报告书中存在 VIN 码错误的问题,但该瑕疵并不属于影响鉴定意见正确性的情形,对该《估价报告书》予以认定。涉案车辆在本案火灾中所受的损失为 16797902 元。

太保海南公司为确定保险事故的性质、原因和程度,以及为对受损车辆进行施救、处理,在与中远公司协商一致的情况下,将涉案受损车辆从上海回运到海口,产生码头堆存费、搬运及美容费、清洗费等共计 697888 元。

综上,中远公司应对本案中太保海南公司所遭受的损失 17093848 元及其利息承担赔偿责任。"富源口"轮属于从事国内沿海运输的适航船舶,本案无证据表明涉案货物损失是由于中远公司的故意或者明知可能造成损失而轻率地作为或者不作为造成的,根据《中华人民共和国海商法》第五十八条和五十九条的规定,中远公司有权享受海事赔偿责任限制。依据《中华人民共和国海商法》第二百一十条第二款、《关于不满 300 总吨船舶及沿海运输、沿海作业船舶海事赔偿限额的规定》第四条以及一审查明的特别提款权的折算率,中远公司应对太保海南公司承担 8243897 元的赔偿责任。

(四)关于太保海南公司利息请求的问题。根据《中华人民共和国海商法》第二百一十三条的规定,债务人只有在设立基金的情况下才产生利息,本案中远公司并未设立基金,太保海南公司要求中远公司参照已设立基金的情形支付利息,法律无明文规定,不予支持。一审判决认定事实清楚,适用法律正确。依照《中华人民共和国民事诉讼法》第一百五十三条第一款第(一)项之规定,二审判决:驳回上诉,维持原判。

中远公司不服二审判决,向本院申请再审称:1. 二审判决适用法律错误。本案为中华人民共和国港口之间的海上货物运输合同纠纷,而二审判决在认定"太保海南公司是否具备诉讼主体资格"、"涉案火灾事故原因"等问题时,均适用了《中华人民共和国海商法》第四章的规定;2.金盘物流公司与海马销售公司签订的《协议书》不是委托合同,海马销售公司不能依据《车辆运输合作协议》向中远公司提出违约索赔。《车辆运输合作协议》第十七条第8项的约定不应成为中远公司设立对第三人的"违约责任";3.二审判决对本案火灾原因举证责任的认定没有事实和法律依据,金盘物流公司应对事故承担全责;4.二审判决对本案受损车辆损失金额的认定没有事实和法律依据。请求撤销一、二审判决,改判驳回太保海南公司的全部诉讼请求,并由太保海南公司承担一、二审诉讼费用。

太保海南公司答辩称:1.本案应当适用《中华人民共和国合同法》和《国内水路货物运输规则》,二审判决适用《中华人民共和国海商法》确有错误;2.海马销售公司有权依据金盘物流公司与中远公司之间的《车辆运输合作协议》对中远公司提出违约索赔。二审判决根据《车辆运输合作协议》第十七条第8项的约定,认定海马销售公司可以直接向中远公司索赔是正确的;3.二审判决认定中远公司对火灾造成损失的免责承担举证责任是正确的;4.二审判决对涉案受损车辆损失的认定依据充分。

海马销售公司答辩称:1.海马销售公司与金盘物流公司之间系委托代理关系,中远公司对此是明知的,海马销售公司可以向中远公司提起违约之诉,太保海南公司诉讼主体资格合法有效;2.二审判决依据《车辆运输合作协议》第十七条第8项的约定,认定海马销售公司有权向中远公司索赔是正确的;3.涉案火灾事故原因系中远公司未依法履行法定义务而无法查明,中远公司对火灾原因负有举证不能的责任;4.二审判决对广州海正保险公估有限公司的《检验报告》和浙江出入境检验检疫所的《司法鉴定报告书》的证据效力和得出的损失金额没有采信是正确的。

本案开庭审理过程中,中远公司提交了案涉390辆汽车从上海回运至海口的水路货物运单及462辆汽车的货载订舱单作为新证据,证明从上海至海口的运输系独立的水路货物运输。

太保海南公司与海马销售公司对上述新证据的真实性均有异议,并认为虽然确实存在回运的事实,但回运行为只是双方处理问题的一个步骤,而不是独立行为。

太保海南公司提交了四份新证据:1.海马销售公司的说明;2.金盘物流公司的说明及该公司营业执照(副本);上述证据用以证明海马销售公司与金盘物流公司之间是委托代理关系。3.海马销售公司关于海马商品车编号的说明,用以证明海马商品车编号的原则和方法;4.中远公司上市公布资料,用以证明中远公司为海马商品车厂家提供运输服务,而不是为金盘物流公司提供运输服务。中远公司对上述证据的真实性没有提出异议,但对与本案的关联性提出异议,并认为海马销售公司与金盘物流公司系兄弟公司,具有利害关系,其互相印证的证据1、2没有效力。证据4均为公司的宣传资料,不是对本案特定合同的解释说明。海马销售公司对上述证据没有提出异议。

本院经审查认为,中远公司提交的上海至海口的运单及货载订舱单,因均为复印件,且太保海南公司和海马销售公司均对其真实性有异议,本院不予认定。太保海南公司提交的4份新证据,因中远公司和海马销售公司对真实性未提出异议,本院予以认定。

本院经审理查明:原审法院查明的基本事实,有相关证据予以佐证,本院予以确认。

本院认为:本案为水路货物运输合同货损赔偿纠纷。金盘物流公司与中远公司签订的《车辆运输合作协议》合法有效,对各方当事人均具有约束力。本案的争议焦点为:(一)二审判决是否存在法律适用错误问题;(二)海马销售公司是否能够依据《车辆运输合作协议》向中远公司提出违约索赔,即太保海南公司是否具有合法的诉讼主体资格;(三)二审判决对本案火灾原因举证责任以及货损赔偿责任的认定是否正确;(四)二审判决对涉案受损车辆损失金额的认定是否正确。

关于法律适用问题。本案系中远公司履行其签订的《车辆运输合作协议》,负责承运涉案车辆海上运输期间,因承运车辆损坏而引起的纠纷,属于海上货物运输合同货损赔偿纠纷,《中华人民共和国海商法》作为特别法应当优先适用。

但本案所涉运输为海口至上海，系中华人民共和国港口之间的海上运输。《中华人民共和国海商法》第二条第二款规定："本法第四章海上货物运输合同的规定，不适用于中华人民共和国港口之间的海上货物运输。"故《中华人民共和国海商法》第四章不适用于本案，本案应当适用《中华人民共和国海商法》第四章之外的其他规定，《中华人民共和国海商法》没有规定的，应当适用《中华人民共和国合同法》的有关规定。

海南省高级人民法院二审判决对本案"太保海南公司是否具备诉讼主体资格"进行认定时，适用《中华人民共和国海商法》第四十二条关于托运人概念和范围的规定，认定海马销售公司属于委托他人为本人将货物交给与海上货物运输合同有关的承运人的人；对本案"涉案火灾事故原因"进行认定时，适用《中华人民共和国海商法》第五十四条关于承运人对其他原因造成损坏应当负举证责任的规定，认定中远公司对火灾事故原因负有举证不能的责任；对本案"火灾造成的车辆损失"进行认定时，适用《中华人民共和国海商法》第五十八条和五十九条的规定，认定中远公司有权享受海事赔偿责任限制。以上适用条款均为《中华人民共和国海商法》第四章的规定。故二审判决适用法律明显错误，应当予以纠正。

关于太保海南公司的诉讼主体资格问题。海马销售公司与金盘物流公司于2006年12月31日签订《协议书》约定：海马销售公司将海马商品车的物流、仓储、运输等事项委托给金盘物流公司运营，金盘物流公司负责海马销售公司委托的海马商品车的物流、仓储、运输等工作。金盘物流公司与中远公司于2007年1月1日签订《车辆运输合作协议》第一条约定：金盘物流公司指定中远公司作为承运车从海口至上海水路运输的承运商，由中远公司利用其滚装船为金盘物流公司实施海口至上海的承运车水路运输。第十七条第8项约定：因不可免责原因，中远公司违反协议致使金盘物流公司(含金盘物流公司各关联公司、托运人)或承运车厂家遭受损失，金盘物流公司或承运车厂家有权提出索赔。本院认为，按照该协议的约定，中远公司在订立合同时，已经知道其所承运货物的托运人实际为"承运车厂家"，并且在协议中明确约定"承运车厂家"因中远公司违反运输合同而遭受损失时，具有向中远公司提出索赔的权利。该约定系协议当事人一致的意思表示，约定第三人可以直接向中远公司提出索赔，对各方当事人均具有约束力。该约定不属于《中华人民共和国合同法》第六十四条规定的"当事人约定由债务人向第三人履行债务"的情形，中远公司主张海马销售公司无权依据《车辆运输合作协议》提起诉讼缺乏法律依据。《车辆运输合作协议》第二十二条第1项约定："承运车厂家"是指承运车的制造商或负责承运车销售管理的企业。根据《独家经销商协议》，海马销售公司为涉案车辆的销售管理企业和所有权人。故海马销售公司有权依据《车辆运输合作协议》向中远公司提出索赔。保险人太保海南公司向海马销售公司支付保险赔偿后依法取得代位求偿权。二审判决认定太保海南公司具有合法的诉讼主体资格并无不当。

关于火灾事故原因的举证责任及货损赔偿责任。根据案涉"富源口"轮《海事报告》和《航海日志》的记载，"富源口"轮从海口至上海航途中货舱发生火灾导致承运车辆受损。对此事实，各方当事人均无异议。本案不适用《中华人民共和国海商法》第四章的规定，应当适用《中华人民共和国合同法》第十七章运输合同的有关规定确定责任。《中华人民共和国合同法》第三百一十一条规定："承运人对运输过程中货物的毁损、灭失承担损害赔偿责任，但承运人证明货物的毁损、灭失是因不可抗力、货物本身的自然性质或者合理损耗以及托运人、收货人的过错造成的，不承担损害赔偿责任。"因此，中远公司作为货物运输合同承运人，对运输过程中造成的货物损失应当承担赔偿责任，除非其举证证明存在法定免责事由。中远公司主张涉案火灾事故因汽车自燃引起，应当承担相应的举证责任。二审判决对火灾事故原因举证责任的认定并无不当。

为证明案涉火灾事故的原因，太保海南公司提交了中国检验认证集团上海有限公司出具的《鉴定报告》，中远公司提交了浙江出入境检验疫鉴定所出具的《司法鉴定报告书》、上海悦之保险公估有限公司出具的《公估报告》和广州海正保险公估有限公司出具的《检验报告》。本院认为,公安部《火灾事故调查规定》第六条规定:"火灾事故的调查由公安消防机构负责实施。"第十条规定:"各级公安消防机构应当配备专职或者兼职火灾事故调查人员。火灾事故调查人员应当按照公安消防监督人员资格管理的有关规定,取得岗位资格。"因此,火灾事故调查和处理机构应当为公安消防机构,调查人员应当具备相应的岗位资格。中远公司和太保海南公司委托的机构并非公安消防机构,检验师和鉴定人均不具备火灾事故鉴定的岗位资质。二审判决对中远公司和太保海南公司提交的鉴定、检验和公估报告中作出的火灾原因认定均不予采信并无不当。火灾事故发生后,因中远公司并未向公安消防机构以及港务监督部门报告,造成火灾原因无法查明。中远公司不能提交充分证据证明其对火灾事故具有法定免责事由,二审判决由中远公司承担举证不能的不利后果,对火灾事故造成的损失承担赔偿责任并无不当。

原审查明,2007 年 12 月 23 日"富源口"轮到达上海大通码头,因运输途中发生火灾导致承运车辆受损。中远公司与金盘物流公司经协商一致签署了车辆回运协议。该协议第一条约定:关于"富源口"轮 2007 年 12 月 21 日货舱起火一事的后续处理由双方通过友好协商或其他方式解决。第二条约定:事故中涉及的 462 辆商品车(包括目前暂存舱内的 72 台)由"富源口"轮重新运回海口。结合《海事报告》和《航海日志》的记载,该回运协议已经充分证明了火灾事故的发生以及车辆受损的后果。中远公司认为没有编制卸车交接记录就不能证明货损事实的主张缺乏事实和法律依据。回运协议第五条约定:车辆在卸货港交货后,中远公司从上海至海口段的运输责任即告终止,风险转移至金盘物流公司承担。中远公司认为该约定说明回运协议履行完毕,货物风险责任已经转移至金盘物流公司,中远公司不应承担赔偿责任。本院认为,回运协议所指的从上海至海口的水路运输确系独立的运输合同,但协议第五条约定的风险责任的转移仅仅是针对上海至海口段运输过程中可能产生的风险责任。该回运协议的签订以及回运的事实并不能视为金盘物流公司就火灾事故放弃对中远公司的索赔,也不能视为金盘物流公司对中远公司关于火灾原因系车辆自燃的主张表示默认。再审申请人中远公司认为金盘物流公司的卸货行为和回运行为既证明运输合同履行完毕,也表明金盘物流公司愿意自行承担货损责任的主张缺乏充分的事实和法律依据。

关于车辆损失金额。为证明车辆受损情况,中远公司提交了浙江出入境检验检疫鉴定所出具的《司法鉴定报告书》和广州海正保险公估有限公司出具的《检验报告》。浙江出入境检验检疫鉴定所的业务范围不包括价格鉴定,不具有商品价格鉴定资质。广州海正保险公估有限公司作为利害关系人在鉴定过程中并未回避,且其《检验报告》签署人蔡兆春在报告作出时并未取得相应鉴定资质,并拒绝在一审庭审笔录上签名。二审判决对上述两份鉴定检验报告不予采信并无明显不当。

太保海南公司为证明车辆受损情况,提交了海口市价格认证中心出具的《估价报告书》、《车辆堆存协议》及发票、《车辆清洗协议》及发票、运输发票等一系列证据材料。为证明受损车辆的实际处理情况,根据中远公司的申请以及一审法院的要求,海马销售公司补充提供了案涉受损车辆修复后实际处理的销售合同及其发票。太保海南公司委托的海口市价格认证中心具有价格司法鉴定资质和营业范围,二审判决对该《评估报告书》的证据效力予以认定并无不当。

根据回运协议的约定,各方当事人对火灾事故造成 462 辆商品车受损,所有事故车辆均由中远公司运回海口后卸至海口秀英港码头的事实并无异议。为确定保险事故的性质、原因和程度,太保海南公司委托海口市价格认证中心对事故车进行检验并无不当。中远公司关于《估价报告书》与本案争议货损不存在事实关联性的主张缺乏充分的事实依据。

本案受损车辆为新车,经过火灾事故的高温烘烤后,存在潜在质量风险,修复后的车辆价值相比新车有很大的差异。海口市价格认证中心出具的《估价报告书》采用市场法定损,相比中远公司主张的以修复价格确定损失更为符合实际,也更为合理。此外,结合海马销售公司提交的案涉受损车辆经修复后实际处理的销售合同及其发票,二审判决对《估价报告书》中关于车辆损失金额为16797902元的定损结论予以认定并无不当。中远公司并未提交充分的相反证据,其关于二审判决认定损失金额错误的主张缺乏充分的事实和法律依据。

综上,中远公司作为案涉货物运输合同承运人,对运输过程中发生火灾事故造成承运车辆的损失应当承担赔偿责任。"富源口"轮属于从事国内沿海运输的适航船舶,根据《中华人民共和国海商法》第二百零四条的规定,中远公司有权享受海事赔偿责任限制。二审判决适用《中华人民共和国海商法》第四十二条、第五十四条、第五十八条、第五十九条属于法律适用错误,应予纠正,但认定事实清楚,判决结果正确,本院予以维持。依照《中华人民共和国民事诉讼法》第一百八十六条第一款之规定,判决如下:

维持海南省高级人民法院(2010)琼民三终字第2号民事判决。

本判决为终审判决。

3. 浙江隆达不锈钢有限公司诉 A.P.穆勒-马士基有限公司 海上货物运输合同纠纷案①

【关键词】民事 海上货物运输合同 合同变更 改港 退运 抗辩权

【裁判要点】

在海上货物运输合同中,依据合同法第三百零八条的规定,承运人将货物交付收货人之前,托运人享有要求变更运输合同的权利,但双方当事人仍要遵循合同法第五条规定的公平原则确定各方的权利和义务。托运人行使此项权利时,承运人也可相应行使一定的抗辩权。如果变更海上货物运输合同难以实现或者将严重影响承运人正常营运,承运人可以拒绝托运人改港或者退运的请求,但应及时通知托运人不能变更的原因。

【相关法条】

《中华人民共和国合同法》第308条
《中华人民共和国海商法》第86条

【基本案情】

2014年6月,浙江隆达不锈钢有限公司(以下简称隆达公司)由中国宁波港出口一批不锈钢无缝产品至斯里兰卡科伦坡港,货物报关价值为366918.97美元。隆达公司通过货代向A.P.穆勒-马士基有限公司(以下简称马士基公司)订舱,涉案货物于同年6月28日装载于4个集装箱内装船出运,出运时隆达公司要求做电放处理。2014年7月9日,隆达公司通过货代向马士基公司发邮件称,发现货物运错目的地要求改港或者退运。马士基公司于同日回复,因货物距抵达目的港不足2天,无法安排改港,如需退运则需与目的港确认后回复。次日,隆达公司的货代询问货物退运是否可以原船带回,马士基公司于当日回复"原船退回不具有操作性,货物在目的港卸货后,需要由现在的收货人在目的港清关后,再向当地海关申请退运。海关批准后,才可以安排退运事宜"。2014年7月10日,隆达公司又提出"这个货要安排退运,就是因为清关清不了,所以才退回宁波的,有其他办法吗"。此后,马士基公司再未回复邮件。

涉案货物于2014年7月12日左右到达目的港。马士基公司应隆达公司的要求于2015年1月29日向其签发了编号603386880的全套正本提单。根据提单记载,托运人为隆达公司,收货人及通知方均为VENUS STEEL PVT LTD,起运港中国宁波,卸货港科伦坡。2015年5月19日,隆达公司向马士基公司发邮件表示已按马士基公司要求申请退运。马士基公司随后告知隆达公司涉案货物已被拍卖。

【裁判结果】

宁波海事法院于2016年3月4日作出(2015)甬海法商初字第534号民事判决,认为隆达公司因未采取自行提货等有效措施导致涉案货物被海关拍卖,相应货损风险应由该公司承担,故驳回隆达公司的诉讼请求。一审判决后,隆达公司提出上诉。浙江省高级人民法院于

---

① 案例来源:《最高人民法院关于发布第21批指导性案例的通知》(2019年2月25日 法〔2019〕3号),指导案例108号。

2016年9月29日作出(2016)浙民终222号民事判决:撤销一审判决;马士基公司于判决送达之日起十日内赔偿隆达公司货物损失183459.49美元及利息。二审法院认为依据合同法第三百零八条,隆达公司在马士基公司交付货物前享有请求改港或退运的权利。在隆达公司提出退运要求后,马士基公司既未明确拒绝安排退运,也未通知隆达公司自行处理,对涉案货损应承担相应的赔偿责任,酌定责任比例为50%。马士基公司不服二审判决,向最高人民法院申请再审。最高人民法院于2017年12月29日作出(2017)最高法民再412号民事判决:撤销二审判决;维持一审判决。

【裁判理由】

最高人民法院认为,合同法与海商法有关调整海上运输关系、船舶关系的规定属于普通法与特别法的关系。根据海商法第八十九条的规定,船舶在装货港开航前,托运人可以要求解除合同。本案中,隆达公司在涉案货物海上运输途中请求承运人进行退运或者改港,因海商法未就航程中托运人要求变更运输合同的权利进行规定,故本案可适用合同法第三百零八条关于托运人要求变更运输合同权利的规定。基于特别法优先适用于普通法的法律适用基本原则,合同法第三百零八条规定的是一般运输合同,该条规定在适用于海上货物运输合同的情况下,应该受到海商法基本价值取向及强制性规定的限制。托运人依据合同法第三百零八条主张变更运输合同的权利不得致使海上货物运输合同中各方当事人利益显失公平,也不得使承运人违反对其他托运人承担的安排合理航线等义务,或剥夺承运人关于履行海上货物运输合同变更事项的相应抗辩权。

合同法总则规定的基本原则是合同法立法的准则,是适用于合同法全部领域的准则,也是合同法具体制度及规范的依据。依据合同法第三百零八条的规定,在承运人将货物交付收货人之前,托运人享有要求变更运输合同的权利,但双方当事人仍要遵循合同法第五条规定的公平原则确定各方的权利和义务。海上货物运输具有运输量大、航程预先拟定、航线相对固定等特殊性,托运人要求改港或者退运的请求有时不仅不易操作,还会妨碍承运人的正常营运或者给其他货物的托运人或收货人带来较大损害。在此情况下,如果要求承运人无条件服从托运人变更运输合同的请求,显失公平。因此,在海上货物运输合同下,托运人并非可以无限制地行使请求变更的权利,承运人也并非在任何情况下都应无条件服从托运人请求变更的指示。为合理平衡海上货物运输合同中各方当事人利益之平衡,在托运人行使要求变更权利的同时,承运人也相应地享有一定的抗辩权利。如果变更运输合同难以实现或者将严重影响承运人正常营运,承运人可以拒绝托运人改港或者退运的要求,但应当及时通知托运人不能执行的原因。如果承运人关于不能执行原因等抗辩成立,承运人未按照托运人退运或改港的指示执行则并无不当。

涉案货物采用的是国际班轮运输,载货船舶除运载隆达公司托运的4个集装箱外,还运载了其他货主托运的众多货物。涉案货物于2014年6月28日装船出运,于2014年7月12日左右到达目的港。隆达公司于2014年7月9日才要求马士基公司退运或者改港。马士基公司在航程已过大半,距离到目的港只有两三天的时间,以航程等原因无法安排改港、原船返回不具有操作性为抗辩事由,符合案件事实情况,该抗辩事由成立,马士基公司未安排退运或者改港并无不当。

马士基公司将涉案货物运至目的港后,因无人提货,将货物卸载至目的港码头符合海商法第八十六条的规定。马士基公司于2014年7月9日通过邮件回复隆达公司距抵达目的港不足2日。隆达公司已了解货物到港的大体时间并明知涉案货物在目的港无人提货,但在长达8个月的时间里未采取措施处理涉案货物致其被海关拍卖。隆达公司虽主张马士基公司未尽到谨慎管货义务,但并未举证证明马士基公司存在管货不当的事实。隆达公司的该项主张缺乏依据。依据海商法第八十六条的规定,马士基公司卸货后所产生的费用和风险应由收货人承担,马士基公司作为承运人无需承担相应的风险。

4. 交通运输部南海救助局诉阿昌格罗斯投资公司、香港安达欧森有限公司上海代表处海难救助合同纠纷案①

【关键词】民事　海难救助合同　雇佣救助　救助报酬

【裁判要点】

1.《1989年国际救助公约》和我国海商法规定救助合同"无效果无报酬",但均允许当事人对救助报酬的确定可以另行约定。若当事人明确约定,无论救助是否成功,被救助方均应支付报酬,且以救助船舶每马力小时和人工投入等作为计算报酬的标准时,则该合同系雇佣救助合同,而非上述国际公约和我国海商法规定的救助合同。

2. 在《1989年国际救助公约》和我国海商法对雇佣救助合同没有具体规定的情况下,可以适用我国合同法的相关规定确定当事人的权利义务。

【相关法条】

《中华人民共和国合同法》第8条、第107条

《中华人民共和国海商法》第179条

【基本案情】

交通运输部南海救助局(以下简称南海救助局)诉称:"加百利"轮在琼州海峡搁浅后,南海救助局受阿昌格罗斯投资公司(以下简称投资公司)委托提供救助、交通、守护等服务,但投资公司一直未付救助费用。请求法院判令投资公司和香港安达欧森有限公司上海代表处(以下简称上海代表处)连带支付救助费用7240998.24元及利息。

法院经审理查明:投资公司所属"加百利"轮系希腊籍油轮,载有卡宾达原油54580吨。2011年8月12日0500时左右在琼州海峡北水道附近搁浅,船舶及船载货物处于危险状态,严重威胁海域环境安全。事故发生后,投资公司立即授权上海代表处就"加百利"轮搁浅事宜向南海救助局发出紧急邮件,请南海救助局根据经验安排两艘拖轮进行救助,并表示同意南海救助局的报价。

8月12日2040时,上海代表处通过电子邮件向南海救助局提交委托书,委托南海救助局派出"南海救116"轮和"南海救101"轮到现场协助"加百利"轮出浅,承诺无论能否成功协助出浅,均同意按每马力小时3.2元的费率付费,计费周期为拖轮自其各自的值班待命点备车开始起算至上海代表处通知任务结束、拖轮回到原值班待命点为止。"南海救116"轮和"南海救101"轮只负责拖带作业,"加百利"轮脱浅作业过程中如发生任何意外南海救助局无需负责。另,请南海救助局派遣一组潜水队员前往"加百利"轮探摸,费用为:陆地调遣费10000元;水上交通费55000元;作业费每8小时40000元,计费周期为潜水员登上交通船开始起算,到作业完毕离开交通船上岸为止。8月13日,投资公司还提出租用"南海救201"轮将其两名代表从海口运送至"加百利"轮。南海救助局向上海代表处发邮件称,"南海救201"轮费率为每马力小时1.5元,根据租用时间计算总费用。

与此同时,为预防危险局面进一步恶化造成海上污染,湛江海事局决定对"加百利"轮采取强制过驳减载脱浅措施。经湛江海事局组织安排,8月18日"加百利"轮利用高潮乘潮成功脱浅,之后安全到达目的港广西钦州港。

南海救助局实际参与的救助情况如下:

南海救助局所属"南海救116"轮总吨为3681,总功率为9000千瓦(12240马力)。"南海救116"轮到达事故现场后,根据投资公司的指示,一直在事故现场对"加百利"轮进行守护,共工作155.58小时。

南海救助局所属"南海救101"轮总吨为4091,总功率为13860千瓦(18850马力)。该轮未到达事故现场即返航。南海救助局主张该轮工作时间共计13.58小时。

---

① 案例来源:《最高人民法院关于发布第21批指导性案例的通知》(2019年2月25日　法〔2019〕3号),指导案例110号。

南海救助局所属"南海救201"轮总吨为552,总功率为4480千瓦(6093马力)。8月13日,该轮运送2名船东代表登上搁浅船,工作时间为7.83小时。8月16日,该轮运送相关人员及设备至搁浅船,工作时间为7.75小时。8月18日,该轮将相关人员及行李运送上过驳船,工作时间为8.83小时。

潜水队员未实际下水作业,工作时间为8小时。

另查明涉案船舶的获救价值为30531856美元,货物的获救价值为48053870美元,船舶的获救价值占全部获救价值的比例为38.85%。

【裁判结果】

广州海事法院于2014年3月28日作出(2012)广海法初字第898号民事判决:一、投资公司向南海救助局支付救助报酬6592913.58元及利息;二、驳回南海救助局的其他诉讼请求。投资公司不服一审判决,提起上诉。广东省高级人民法院于2015年6月16日作出(2014)粤高法民四终字第117号民事判决:一、撤销广州海事法院(2012)广海法初字第898号民事判决;二、投资公司向南海救助局支付救助报酬2561346.93元及利息;三、驳回南海救助局的其他诉讼请求。南海救助局不服二审判决,申请再审。最高人民法院于2016年7月7日作出(2016)最高法民再61号民事判决:一、撤销广东省高级人民法院(2014)粤高法民四终字第117号民事判决;二、维持广州海事法院(2012)广海法初字第898号民事判决。

【裁判理由】

最高人民法院认为,本案系海难救助合同纠纷。中华人民共和国加入了《1989年国际救助公约》(以下简称救助公约),救助公约所确立的宗旨在本案中应予遵循。因投资公司是希腊公司,"加百利"轮为希腊籍油轮,本案具有涉外因素。各方当事人在诉讼中一致选择适用中华人民共和国法律,根据《中华人民共和国涉外民事关系法律适用法》第三条的规定,适用中华人民共和国法律对本案进行审理。我国海商法作为调整海上运输关系、船舶关系的特别法,应优先适用。海商法没有规定的,适用我国合同法等相关法律的规定。

海难救助是一项传统的国际海事法律制度,救助公约和我国海商法对此作了专门规定。救助公约第十二条、海商法第一百七十九条规定了"无效果无报酬"的救助报酬支付原则,救助公约第十三条、海商法第一百八十条及第一百八十三条在该原则基础上进一步规定了报酬的评定标准与具体承担。上述条款是对当事人基于"无效果无报酬"原则确定救助报酬的海难救助合同的具体规定。与此同时,救助公约和我国海商法均允许当事人对救助报酬的确定另行约定。因此,在救助公约和我国海商法规定的"无效果无报酬"救助合同之外,还可以依当事人的约定形成雇佣救助合同。

根据本案查明的事实,投资公司与南海救助局经过充分磋商,明确约定无论救助是否成功,投资公司均应支付报酬,且"加百利"轮脱浅作业过程中如发生任何意外,南海救助局无需负责。依据该约定,南海救助局救助报酬的获得与否和救助是否有实际效果并无直接联系,而救助报酬的计算,是以救助船舶每马力小时,以及人工投入等事先约定的固定费率和费用作为依据,与获救财产的价值并无关联。因此,本案所涉救助合同不属于救助公约和我国海商法所规定的"无效果无报酬"救助合同,而属雇佣救助合同。

关于雇佣救助合同下的报酬支付条件及标准,救助公约和我国海商法并未作具体规定。一、二审法院依据海商法第一百八十条规定的相关因素对当事人在雇佣救助合同中约定的固定费率予以调整,属适用法律错误。本案应依据我国合同法的相关规定,对当事人的权利义务予以规范和确定。南海救助局以其与投资公司订立的合同为依据,要求投资公司全额支付约定的救助报酬并无不当。

综上,二审法院以一审判决确定的救助报酬数额为基数,依照海商法的规定,判令投资公司按照船舶获救价值占全部获救财产价值的比例支付救助报酬,适用法律和处理结果错误,应予纠正。一审判决适用法律错误,但鉴于一审判决对相关费率的调整是以当事人的合同约定为基础,南海救助局对此并未行使相关诉讼权利提出异议,一审判决结果可予维持。

◎ **法规链接**

中华人民共和国海商法

- 1992年11月7日第七届全国人民代表大会常务委员会第二十八次会议通过
- 1992年11月7日中华人民共和国主席令第64号公布
- 自1993年7月1日起施行

第一章 总 则

第一条 为了调整海上运输关系、船舶关系,维护当事人各方的合法权益,促进海上运输和经济贸易的发展,制定本法。

第二条 本法所称海上运输,是指海上货物运输和海上旅客运输,包括海江之间、江海之间的直达运输。

本法第四章海上货物运输合同的规定,不适用于中华人民共和国港口之间的海上货物运输。

第三条 本法所称船舶,是指海船和其他海上移动式装置,但是用于军事的、政府公务的船舶和20总吨以下的小型船艇除外。

前款所称船舶,包括船舶属具。

第四条 中华人民共和国港口之间的海上运输和拖航,由悬挂中华人民共和国国旗的船舶经营。但是,法律、行政法规另有规定的除外。

非经国务院交通主管部门批准,外国籍船舶不得经营中华人民共和国港口之间的海上运输和拖航。

第五条 船舶经依法登记取得中华人民共和国国籍,有权悬挂中华人民共和国国旗航行。

船舶非法悬挂中华人民共和国国旗航行的,由有关机关予以制止,处以罚款。

第六条 海上运输由国务院交通主管部门统一管理,具体办法由国务院交通主管部门制定,报国务院批准后施行。

第二章 船 舶

第一节 船舶所有权

第七条 船舶所有权,是指船舶所有人依法对其船舶享有占有、使用、收益和处分的权利。

第八条 国家所有的船舶由国家授予具有法人资格的全民所有制企业经营管理的,本法有关船舶所有人的规定适用于该法人。

第九条 船舶所有权的取得、转让和消灭,应当向船舶登记机关登记;未经登记的,不得对抗第三人。

船舶所有权的转让,应当签订书面合同。

第十条 船舶由两个以上的法人或者个人共有的,应当向船舶登记机关登记;未经登记的,不得对抗第三人。

第二节 船舶抵押权

第十一条 船舶抵押权,是指抵押权人对于抵押人提供的作为债务担保的船舶,在抵押人不履行债务时,可以依法拍卖,从卖得的价款中优先受偿的权利。

第十二条 船舶所有人或者船舶所有人授权的人可以设定船舶抵押权。

船舶抵押权的设定,应当签订书面合同。

第十三条 设定船舶抵押权,由抵押权人和抵押人共同向船舶登记机关办理抵押权登记;未登记的,不得对抗第三人。

船舶抵押权登记,包括下列主要项目:

(一) 船舶抵押权人和抵押人的姓名或者名称、地址;

(二) 被抵押船舶的名称、国籍、船舶所有权证书的颁发机关和证书号码;

(三) 所担保的债权数额、利息率、受偿期限。

船舶抵押权的登记状况,允许公众查询。

第十四条 建造中的船舶可以设定船舶抵押权。

建造中的船舶办理抵押权登记,还应当向船舶登记机关提交船舶建造合同。

第十五条 除合同另有约定外,抵押人应当对被抵押船舶进行保险;未保险的,抵押权人有权对该船舶进行保险,保险费由抵押人负担。

第十六条 船舶共有人就共有船舶设定抵押权,应当取得持有2/3以上份额的共有人的同意,共有人之间另有约定的除外。

船舶共有人设定的抵押权,不因船舶的共有权的分割而受影响。

第十七条 船舶抵押权设定后,未经抵押权人同意,抵押人不得将被抵押船舶转让给他人。

第十八条 抵押权人将被抵押船舶所担保的债权全部或者部分转让他人的,抵押权随之转移。

第十九条 同一船舶可以设定两个以上抵押权,其顺序以登记的先后为准。

同一船舶设定两个以上抵押权的,抵押权人按照抵押权登记的先后顺序,从船舶拍卖所得价款中依次受偿。同日登记的抵押权,按照同一顺序受偿。

第二十条 被抵押船舶灭失,抵押权随之消灭。由于船舶灭失得到的保险赔偿,抵押权人有权优先于其他债权人受偿。

第三节 船舶优先权

第二十一条 船舶优先权,是指海事请求人依照本法第二十二条的规定,向船舶所有人、光船承租人、船舶经营人提出海事请求,对产生该海事请求的船舶具有优先受偿的权利。

第二十二条 下列各项海事请求具有船舶优先权:

(一)船长、船员和在船上工作的其他在编人员根据劳动法律、行政法规或者劳动合同所产生的工资、其他劳动报酬、船员遣返费用和社会保险费用的给付请求;

(二)在船舶营运中发生的人身伤亡的赔偿请求;

(三)船舶吨税、引航费、港务费和其他港口规费的缴付请求;

(四)海难救助的救助款项的给付请求;

(五)船舶在营运中因侵权行为产生的财产赔偿请求。

载运2000吨以上的散装货油的船舶,持有有效的证书,证明已经进行油污损害民事责任保险或者具有相应的财务保证的,对其造成的油污损害的赔偿请求,不属于前款第(五)项规定的范围。

第二十三条 本法第二十二条第一款所列各项海事请求,依照顺序受偿。但是,第(四)项海事请求,后于第(一)项至第(三)项发生的,应当先于第(一)项至第(三)项受偿。

本法第二十二条第一款第(一)、(二)、(三)、(五)项中有两个以上海事请求的,不分先后,同时受偿;不足受偿的,按照比例受偿。第(四)项中有两个以上海事请求的,后发生的先受偿。

第二十四条 因行使船舶优先权产生的诉讼费用,保存、拍卖船舶和分配船舶价款产生的费用,以及为海事请求人的共同利益而支付的其他费用,应当从船舶拍卖所得价款中先行拨付。

第二十五条 船舶优先权先于船舶留置权受偿,船舶抵押权后于船舶留置权受偿。

前款所称船舶留置权,是指造船人、修船人在合同另一方未履行合同时,可以留置所占有的船舶,以保证造船费用或者修船费用得以偿还的权利。船舶留置权在造船人、修船人不再占有所造或者所修的船舶时消灭。

第二十六条 船舶优先权不因船舶所有权的转让而消灭。但是,船舶转让时,船舶优先权自法院应受让人申请予以公告之日起满60日不行使的除外。

第二十七条 本法第二十二条规定的海事请求权转移的,其船舶优先权随之转移。

第二十八条 船舶优先权应当通过法院扣押产生优先权的船舶行使。

第二十九条 船舶优先权,除本法第二十六条规定的外,因下列原因之一而消灭:

(一)具有船舶优先权的海事请求,自优先权产生之日起满1年不行使;

(二)船舶经法院强制出售;

(三)船舶灭失。

前款第(一)项的1年期限,不得中止或者中断。

第三十条 本节规定不影响本法第十一章关于海事赔偿责任限制规定的实施。

第三章 船 员

第一节 一般规定

第三十一条 船员,是指包括船长在内的船上一切任职人员。

第三十二条 船长、驾驶员、轮机长、轮机员、电机员、报务员,必须由持有相应适任证书的人担任。

第三十三条 从事国际航行的船舶的中国籍船

员,必须持有中华人民共和国港务监督机构颁发的海员证和有关证书。

第三十四条 船员的任用和劳动方面的权利、义务,本法没有规定的,适用有关法律、行政法规的规定。

第二节 船　　长

第三十五条 船长负责船舶的管理和驾驶。

船长在其职权范围内发布的命令,船员、旅客和其他在船人员必须执行。

船长应当采取必要的措施,保护船舶和在船人员、文件、邮件、货物以及其他财产。

第三十六条 为保障在船人员和船舶的安全,船长有权对在船上进行违法、犯罪活动的人采取禁闭或者其他必要措施,并防止其隐匿、毁灭、伪造证据。

船长采取前款措施,应当制作案情报告书,由船长和两名以上在船人员签字,连同人犯送交有关当局处理。

第三十七条 船长应当将船上发生的出生或者死亡事件记入航海日志,并在两名证人的参加下制作证明书。死亡证明书应当附有死者遗物清单。死者有遗嘱的,船长应当予以证明。死亡证明书和遗嘱由船长负责保管,并送交家属或者有关方面。

第三十八条 船舶发生海上事故,危及在船人员和财产的安全时,船长应当组织船员和其他在船人员尽力施救。在船舶的沉没、毁灭不可避免的情况下,船长可以作出弃船决定;但是,除紧急情况外,应当报经船舶所有人同意。

弃船时,船长必须采取一切措施,首先组织旅客安全离船,然后安排船员离船,船长应当最后离船。在离船前,船长应当指挥船员尽力抢救航海日志、机舱日志、油类记录簿、无线电台日志、本航次使用过的海图和文件,以及贵重物品、邮件和现金。

第三十九条 船长管理船舶和驾驶船舶的责任,不因引航员引领船舶而解除。

第四十条 船长在航行中死亡或者因故不能执行职务时,应当由驾驶员中职务最高的人代理船长职务;在下一个港口开航前,船舶所有人应当指派新船长接任。

第四章　海上货物运输合同

第一节　一般规定

第四十一条 海上货物运输合同,是指承运人收取运费,负责将托运人托运的货物经海路由一港运至另一港的合同。

第四十二条 本章下列用语的含义:

(一)"承运人",是指本人或者委托他人以本人名义与托运人订立海上货物运输合同的人。

(二)"实际承运人",是指接受承运人委托,从事货物运输或者部分运输的人,包括接受转委托从事此项运输的其他人。

(三)"托运人",是指:

1. 本人或者委托他人以本人名义或者委托他人为本人与承运人订立海上货物运输合同的人;

2. 本人或者委托他人以本人名义或者委托他人为本人将货物交给与海上货物运输合同有关的承运人的人。

(四)"收货人",是指有权提取货物的人。

(五)"货物",包括活动物和由托运人提供的用于集装货物的集装箱、货盘或者类似的装运器具。

第四十三条 承运人或者托运人可以要求书面确认海上货物运输合同的成立。但是,航次租船合同应当书面订立。电报、电传和传真具有书面效力。

第四十四条 海上货物运输合同和作为合同凭证的提单或者其他运输单证中的条款,违反本章规定的,无效。此类条款的无效,不影响该合同和提单或者其他运输单证中其他条款的效力。将货物的保险利益转让给承运人的条款或者类似条款,无效。

第四十五条 本法第四十四条的规定不影响承运人在本章规定的承运人责任和义务之外,增加其责任和义务。

第二节　承运人的责任

第四十六条 承运人对集装箱装运的货物的责任期间,是指从装货港接收货物时起至卸货港交付货物时止,货物处于承运人掌管之下的全部期间。承运人对非集装箱装运的货物的责任期间,是指从货物装上船时起至卸下船时止,货物处于承运人掌管之下的全部期间。在承运人的责任期间,货物发生灭失或者损坏,除本节另有规定外,承运人应当负赔偿责任。

前款规定,不影响承运人就非集装箱装运的货物,在装船前和卸船后所承担的责任,达成任何协议。

第四十七条 承运人在船舶开航前和开航当时,应当谨慎处理,使船舶处于适航状态,妥善配备船员、装备船舶和配备供应品,并使货舱、冷藏舱、冷气舱和其他载货处所适于并能安全收受、载运和保管货物。

第四十八条 承运人应当妥善地、谨慎地装载、搬移、积载、运输、保管、照料和卸载所运货物。

第四十九条 承运人应当按照约定的或者习惯的或者地理上的航线将货物运往卸货港。

船舶在海上为救助或者企图救助人命或者财产而发生的绕航或者其他合理绕航,不属于违反前款规定的行为。

第五十条 货物未能在明确约定的时间内,在约定的卸货港交付的,为迟延交付。

除依照本章规定承运人不负赔偿责任的情形外,由于承运人的过失,致使货物因迟延交付而灭失或者损坏的,承运人应当负赔偿责任。

除依照本章规定承运人不负赔偿责任的情形外,由于承运人的过失,致使货物因迟延交付而遭受经济损失的,即使货物没有灭失或者损坏,承运人仍然应当负赔偿责任。

承运人未能在本条第一款规定的时间届满六十日内交付货物,有权对货物灭失提出赔偿请求的人可以认为货物已经灭失。

第五十一条 在责任期间货物发生的灭失或者损坏是由于下列原因之一造成的,承运人不负赔偿责任:

(一)船长、船员、引航员或者承运人的其他受雇人在驾驶船舶或者管理船舶中的过失;

(二)火灾,但是由于承运人本人的过失所造成的除外;

(三)天灾,海上或者其他可航水域的危险或者意外事故;

(四)战争或者武装冲突;

(五)政府或者主管部门的行为、检疫限制或者司法扣押;

(六)罢工、停工或者劳动受到限制;

(七)在海上救助或者企图救助人命或者财产;

(八)托运人、货物所有人或者他们的代理人的行为;

(九)货物的自然特性或者固有缺陷;

(十)货物包装不良或者标志欠缺、不清;

(十一)经谨慎处理仍未发现的船舶潜在缺陷;

(十二)非由于承运人或者承运人的受雇人、代理人的过失造成的其他原因。

承运人依照前款规定免除赔偿责任的,除第(二)项规定的原因外,应当负举证责任。

第五十二条 因运输活动物的固有的特殊风险造成活动物灭失或者损害的,承运人不负赔偿责任。但是,承运人应当证明其已履行托运人关于运输活动物的特别要求,并证明根据实际情况,灭失或者损害是由于此种固有的特殊风险造成的。

第五十三条 承运人在舱面上装载货物,应当同托运人达成协议,或者符合航运惯例,或者符合有关法律、行政法规的规定。

承运人依照前款规定将货物装载在舱面上,对由于此种装载的特殊风险造成的货物灭失或者损坏,不负赔偿责任。

承运人违反本条第一款规定将货物装载在舱面上,致使货物遭受灭失或者损坏的,应当负赔偿责任。

第五十四条 货物的灭失、损坏或者迟延交付是由于承运人或者承运人的受雇人、代理人的不能免除赔偿责任的原因和其他原因共同造成的,承运人仅在其不能免除赔偿责任的范围内负赔偿责任;但是,承运人对其他原因造成的灭失、损坏或者迟延交付应当负举证责任。

第五十五条 货物灭失的赔偿额,按照货物的实际价值计算;货物损坏的赔偿额,按照货物受损前后实际价值的差额或者货物的修复费用计算。

货物的实际价值,按照货物装船时的价值加保险费加运费计算。

前款规定的货物实际价值,赔偿时应当减去因货物灭失或者损坏而少付或者免付的有关费用。

第五十六条 承运人对货物的灭失或者损坏的赔偿限额,按照货物件数或者其他货运单位数计算,每件或者每个其他货运单位为666.67计算单位,或者按照货物毛重计算,每公斤为2计算单位,以二者中赔偿限额较高的为准。但是,托运人在货物装运前已经申报其性质和价值,并在提单中载明的,或者承运人与托运人已经另行约定高于本条规定的赔偿限额的除外。

货物用集装箱、货盘或者类似装运器具集装的,提单中载明装在此类装运器具中的货物件数或者其他货运单位数的,视为前款所指的货物件数或者其他货运单位数;未载明的,每一装运器具视为一件或者一个单位。

装运器具不属于承运人所有或者非由承运人提供的,装运器具本身应当视为一件或者一个单位。

第五十七条 承运人对货物因迟延交付造成经济损失的赔偿限额,为所迟延交付的货物的运费数额。货物的灭失或者损坏和迟延交付同时发生的,承运人的赔偿责任限额适用本法第五十六条第一款规定的限额。

第五十八条 就海上货物运输合同所涉及的货物灭失、损坏或者迟延交付对承运人提起的任何诉讼,不论海事请求人是否合同的一方,也不论是根据合同或者是根据侵权行为提起的,均适用本章关于承运人的抗辩理由和限制赔偿责任的规定。

前款诉讼是对承运人的受雇人或者代理人提起的,经承运人的受雇人或者代理人证明,其行为是在受雇或者受委托的范围之内的,适用前款规定。

第五十九条 经证明,货物的灭失、损坏或者迟延交付是由于承运人的故意或者明知可能造成损失而轻率地作为或者不作为造成的,承运人不得援用本法第五十六条或者第五十七条限制赔偿责任的规定。

经证明,货物的灭失、损坏或者迟延交付是由于承运人的受雇人、代理人的故意或者明知可能造成损失而轻率地作为或者不作为造成的,承运人的受雇人或者代理人不得援用本法第五十六条或者第五十七条限制赔偿责任的规定。

第六十条 承运人将货物运输或者部分运输委托给实际承运人履行的,承运人仍然应当依照本章规定对全部运输负责。对实际承运人承担的运输,承运人应当对实际承运人的行为或者实际承运人的受雇人、代理人在受雇或者受委托的范围内的行为负责。

虽有前款规定,在海上运输合同中明确约定合同所包括的特定的部分运输由承运人以外的指定的实际承运人履行的,合同可以同时约定,货物在指定的实际承运人掌管期间发生的灭失、损坏或者迟延交付,承运人不负赔偿责任。

第六十一条 本章对承运人责任的规定,适用于实际承运人。对实际承运人的受雇人、代理人提起诉讼的,适用本法第五十八条第二款和第五十九条第二款的规定。

第六十二条 承运人承担本章未规定的义务或者放弃本章赋予的权利的任何特别协议,经实际承运人书面明确同意的,对实际承运人发生效力;实际承运人是否同意,不影响此项特别协议对承运人的效力。

第六十三条 承运人与实际承运人都负有赔偿责任的,应当在此项责任范围内负连带责任。

第六十四条 就货物的灭失或者损坏分别向承运人、实际承运人以及他们的受雇人、代理人提出赔偿请求的,赔偿总额不超过本法第五十六条规定的限额。

第六十五条 本法第六十条至第六十四条的规定,不影响承运人和实际承运人之间相互追偿。

第三节 托运人的责任

第六十六条 托运人托运货物,应当妥善包装,并向承运人保证,货物装船时所提供的货物的品名、标志、包数或者件数、重量或者体积的正确性;由于包装不良或者上述资料不正确,对承运人造成损失的,托运人应当负赔偿责任。

承运人依照前款规定享有的受偿权利,不影响其根据货物运输合同对托运人以外的人所承担的责任。

第六十七条 托运人应当及时向港口、海关、检疫、检验和其他主管机关办理货物运输所需要的各项手续，并将已办理各项手续的单证送交承运人；因办理各项手续的有关单证送交不及时、不完备或者不正确，使承运人的利益受到损害的，托运人应当负赔偿责任。

第六十八条 托运人托运危险货物，应当依照有关海上危险货物运输的规定，妥善包装，作出危险品标志和标签，并将其正式名称和性质以及应当采取的预防危害措施书面通知承运人；托运人未通知或者通知有误的，承运人可以在任何时间、任何地点根据情况需要将货物卸下、销毁或者使之不能为害，而不负赔偿责任。托运人对承运人因运输此类货物所受到的损害，应当负赔偿责任。

承运人知道危险货物的性质并已同意装运的，仍然可以在该项货物对于船舶、人员或者其他货物构成实际危险时，将货物卸下、销毁或者使之不能为害，而不负赔偿责任。但是，本款规定不影响共同海损的分摊。

第六十九条 托运人应当按照约定向承运人支付运费。

托运人与承运人可以约定运费由收货人支付；但是，此项约定应当在运输单证中载明。

第七十条 托运人对承运人、实际承运人所遭受的损失或者船舶所遭受的损坏，不负赔偿责任；但是，此种损失或者损坏是由于托运人或者托运人的受雇人、代理人的过失造成的除外。

托运人的受雇人、代理人对承运人、实际承运人所遭受的损失或者船舶所遭受的损坏，不负赔偿责任；但是，这种损失或者损坏是由于托运人的受雇人、代理人的过失造成的除外。

第四节 运输单证

第七十一条 提单，是指用以证明海上货物运输合同和货物已经由承运人接收或者装船，以及承运人保证据以交付货物的单证。提单中载明的向记名人交付货物，或者按照指示人的指示交付货物，或者向提单持有人交付货物的条款，构成承运人据以交付货物的保证。

第七十二条 货物由承运人接收或者装船后，应托运人的要求，承运人应当签发提单。

提单可以由承运人授权的人签发。提单由载货船舶的船长签发的，视为代表承运人签发。

第七十三条 提单内容，包括下列各项：

（一）货物的品名、标志、包数或者件数、重量或者体积，以及运输危险货物时对危险性质的说明；

（二）承运人的名称和主营业所；

（三）船舶名称；

（四）托运人的名称；

（五）收货人的名称；

（六）装货港和在装货港接收货物的日期；

（七）卸货港；

（八）多式联运提单增列接收货物地点和交付货物地点；

（九）提单的签发日期、地点和份数；

（十）运费的支付；

（十一）承运人或者其代表的签字。

提单缺少前款规定的一项或者几项的，不影响提单的性质；但是，提单应当符合本法第七十一条的规定。

第七十四条 货物装船前，承运人已经应托运人的要求签发收货待运提单或者其他单证的，货物装船完毕，托运人可以将收货待运提单或者其他单证退还承运人，以换取已装船提单；承运人也可以在收货待运提单上加注承运船舶的船名和装船日期，加注后的收货待运提单视为已装船提单。

第七十五条 承运人或者代其签发提单的人，知道或者有合理的根据怀疑提单记载的货物的品名、标志、包数或者件数、重量或者体积与实际接收的货物不符，在签发已装船提单的情况下怀疑与已装船的货物不符，或者没有适当的方法核对提单记载的，可以在提单上批注，说明不符之处、怀疑的根据或者说明无法核对。

第七十六条 承运人或者代其签发提单的人未在提单上批注货物表面状况的，视为货物的表面状况良好。

第七十七条 除依照本法第七十五条的规定作出保留外,承运人或者代其签发提单的人签发的提单,是承运人已经按照提单所载状况收到货物或者货物已经装船的初步证据;承运人向善意受让提单的包括收货人在内的第三人提出的与提单所载状况不同的证据,不予承认。

第七十八条 承运人同收货人、提单持有人之间的权利、义务关系,依据提单的规定确定。

收货人、提单持有人不承担在装货港发生的滞期费、亏舱费和其他与装货有关的费用,但是提单中明确载明上述费用由收货人、提单持有人承担的除外。

第七十九条 提单的转让,依照下列规定执行:

(一)记名提单:不得转让;

(二)指示提单:经过记名背书或者空白背书转让;

(三)不记名提单:无需背书,即可转让。

第八十条 承运人签发提单以外的单证用以证明收到待运货物的,此项单证即为订立海上货物运输合同和承运人接收单证中所列货物的初步证据。

承运人签发的此类单证不得转让。

第五节 货物交付

第八十一条 承运人向收货人交付货物时,收货人未将货物灭失或者损坏的情况书面通知承运人的,此项交付视为承运人已经按照运输单证的记载交付以及货物状况良好的初步证据。

货物灭失或者损坏的情况非显而易见的,在货物交付的次日起连续七日内,集装箱货物交付的次日起连续十五日内,收货人未提交书面通知的,适用前款规定。

货物交付时,收货人已经会同承运人对货物进行联合检查或者检验的,无需就所查明的灭失或者损坏的情况提交书面通知。

第八十二条 承运人自向收货人交付货物的次日起连续六十日内,未收到收货人就货物因迟延交付造成经济损失而提交的书面通知的,不负赔偿责任。

第八十三条 收货人在目的港提取货物前或者承运人在目的港交付货物前,可以要求检验机构对货物状况进行检验;要求检验的一方应支付检验费用,但是有权向造成货物损失的责任方追偿。

第八十四条 承运人和收货人对本法第八十一条和第八十三条规定的检验,应当相互提供合理的便利条件。

第八十五条 货物由实际承运人交付的,收货人依照本法第八十一条的规定向实际承运人提交的书面通知,与向承运人提交书面通知具有同等效力;向承运人提交的书面通知,与向实际承运人提交书面通知具有同等效力。

第八十六条 在卸货港无人提取货物或者收货人迟延、拒绝提取货物的,船长可以将货物卸在仓库或者其他适当场所,由此产生的费用和风险由收货人承担。

第八十七条 应当向承运人支付的运费、共同海损分摊、滞期费和承运人为货物垫付的必要费用以及应当向承运人支付的其他费用没有付清,又没有提供适当担保的,承运人可以在合理的限度内留置其货物。

第八十八条 承运人根据本法第八十七条规定留置的货物,自船舶抵达卸货港的次日起满六十日无人提取的,承运人可以申请法院裁定拍卖;货物易腐烂变质或者货物的保管费用可能超过其价值的,可以申请提前拍卖。

拍卖所得价款,用于清偿保管、拍卖货物的费用和运费以及应当向承运人支付的其他有关费用;不足的金额,承运人有权向托运人追偿;剩余的金额,退还托运人;无法退还、自拍卖之日起满一年又无人领取的,上缴国库。

第六节 合同的解除

第八十九条 船舶在装货港开航前,托运人可以要求解除合同。但是,除合同另有约定外,托运人应当向承运人支付约定运费的一半;货物已经装船的,并应当负担装货、卸货和其他与此有关的费用。

第九十条 船舶在装货港开航前,因不可抗力或者其他不能归责于承运人和托运人的原因致使合同不能履行的,双方均可以解除合同,互相不负赔偿责任。除合同另有约定外,运费已经支付的,承运人应当将运费退还给托运人;货物已经装船的,托运人应当承担装卸费用;已经签发提单的,托运人应当将提单退还承运人。

第九十一条 因不可抗力或者其他不能归责于承运人和托运人的原因致使船舶不能在合同约定的目的港卸货的,除合同另有约定外,船长有权将货物在目的港邻近的安全港口或者地点卸载,视为已经履行合同。

船长决定将货物卸载的,应当及时通知托运人或者收货人,并考虑托运人或者收货人的利益。

第七节 航次租船合同的特别规定

第九十二条 航次租船合同,是指船舶出租人向承租人提供船舶或者船舶的部分舱位,装运约定的货物,从一港运至另一港,由承租人支付约定运费的合同。

第九十三条 航次租船合同的内容,主要包括出租人和承租人的名称、船名、船籍、载货重量、容积、货名、装货港和目的港、受载期限、装卸期限、运费、滞期费、速遣费以及其他有关事项。

第九十四条 本法第四十七条和第四十九条的规定,适用于航次租船合同的出租人。

本章其他有关合同当事人之间的权利、义务的规定,仅在航次租船合同没有约定或者没有不同约定时,适用于航次租船合同的出租人和承租人。

第九十五条 对按照航次租船合同运输的货物签发的提单,提单持有人不是承租人的,承运人与该提单持有人之间的权利、义务关系适用提单的约定。但是,提单中载明适用航次租船合同条款的,适用该航次租船合同的条款。

第九十六条 出租人应当提供约定的船舶;经承租人同意,可以更换船舶。但是,提供的船舶或者更换的船舶不符合合同约定的,承租人有权拒绝或者解除合同。

因出租人过失未提供约定的船舶致使承租人遭受损失的,出租人应当负赔偿责任。

第九十七条 出租人在约定的受载期限内未能提供船舶的,承租人有权解除合同。但是,出租人将船舶延误情况和船舶预期抵达装货港的日期通知承租人的,承租人应当自收到通知时起四十八小时内,将是否解除合同的决定通知出租人。

因出租人过失延误提供船舶致使承租人遭受损失的,出租人应当负赔偿责任。

第九十八条 航次租船合同的装货、卸货期限及其计算办法,超过装货、卸货期限后的滞期费和提前完成装货、卸货的速遣费,由双方约定。

第九十九条 承租人可以将其租用的船舶转租;转租后,原合同约定的权利和义务不受影响。

第一百条 承租人应当提供约定的货物;经出租人同意,可以更换货物。但是,更换的货物对出租人不利的,出租人有权拒绝或者解除合同。

因未提供约定的货物致使出租人遭受损失的,承租人应当负赔偿责任。

第一百零一条 出租人应当在合同约定的卸货港卸货。合同订有承租人选择卸货港条款的,在承租人未按照合同约定及时通知确定的卸货港时,船长可以从约定的选港中自行选定一港卸货。承租人未按照合同约定及时通知确定的卸货港,致使出租人遭受损失的,应当负赔偿责任。出租人未按照合同约定,擅自选定港口卸货致使承租人遭受损失的,应当负赔偿责任。

第八节 多式联运合同的特别规定

第一百零二条 本法所称多式联运合同,是指多式联运经营人以两种以上的不同运输方式,其中一种是海上运输方式,负责将货物从接收地运至目的地交付收货人,并收取全程运费的合同。

前款所称多式联运经营人,是指本人或者委托他人以本人名义与托运人订立多式联运合同的人。

第一百零三条 多式联运经营人对多式联运货物的责任期间,自接收货物时起至交付货物时止。

第一百零四条 多式联运经营人负责履行或者组织履行多式联运合同,并对全程运输负责。

多式联运经营人与参加多式联运的各区段承运人,可以就多式联运合同的各区段运输,另以合同约定相互之间的责任。但是,此项合同不得影响多式联运经营人对全程运输所承担的责任。

第一百零五条 货物的灭失或者损坏发生于多式联运的某一运输区段的,多式联运经营人的赔偿责任和责任限额,适用调整该区段运输方式的有关法律规定。

第一百零六条 货物的灭失或者损坏发生的运输区段不能确定的,多式联运经营人应当依照本章关于承运人赔偿责任和责任限额的规定负赔偿责任。

第五章 海上旅客运输合同

第一百零七条 海上旅客运输合同,是指承运人以适合运送旅客的船舶经海路将旅客及其行李从一港运送至另一港,由旅客支付票款的合同。

第一百零八条 本章下列用语的含义:

(一)"承运人",是指本人或者委托他人以本人名义与旅客订立海上旅客运输合同的人。

(二)"实际承运人",是指接受承运人委托,从事旅客运送或者部分运送的人,包括接受转委托从事此项运送的其他人。

(三)"旅客",是指根据海上旅客运输合同运送的人;经承运人同意,根据海上货物运输合同,随船护送货物的人,视为旅客。

(四)"行李"是指根据海上旅客运输合同由承运人载运的任何物品和车辆,但是活动物除外。

(五)"自带行李",是指旅客自行携带、保管或者放置在客舱中的行李。

第一百零九条 本章关于承运人责任的规定,适用于实际承运人。本章关于承运人的受雇人、代理人责任的规定,适用于实际承运人的受雇人、代理人。

第一百一十条 旅客客票是海上旅客运输合同成立的凭证。

第一百一十一条 海上旅客运输的运送期间,自旅客登船时起至旅客离船时止。客票票价含接送费用的,运送期间并包括承运人经水路将旅客从岸上接到船上和从船上送到岸上的时间,但是不包括旅客在港站内、码头上或者在港口其他设施内的时间。

旅客的自带行李,运送期间同前款规定。

旅客自带行李以外的其他行李,运送期间自旅客将行李交付承运人或者承运人的受雇人、代理人时起至承运人或者承运人的受雇人、代理人交还旅客时止。

第一百一十二条 旅客无票乘船、越级乘船或者超程乘船,应当按照规定补足票款,承运人可以按照规定加收票款;拒不交付的,船长有权在适当地点令其离船,承运人有权向其追偿。

第一百一十三条 旅客不得随身携带或者在行李中夹带违禁品或者易燃、易爆、有毒、有腐蚀性、有放射性以及有可能危及船上人身和财产安全的其他危险品。

承运人可以在任何时间、任何地点将旅客违反前款规定随身携带或者在行李中夹带的违禁品、危险品卸下、销毁或者使之不能为害,或者送交有关部门,而不负赔偿责任。

旅客违反本条第一款规定,造成损害的,应当负赔偿责任。

第一百一十四条 在本法第一百一十一条规定的旅客及其行李的运送期间,因承运人或者承运人的受雇人、代理人在受雇或者受委托的范围内的过失引起事故,造成旅客人身伤亡或者行李灭失、损坏的,承运人应当负赔偿责任。

请求人对承运人或者承运人的受雇人、代理人的过失,应当负举证责任;但是,本条第三款和第四款规定的情形除外。

旅客的人身伤亡或者自带行李的灭失、损坏,是由于船舶的沉没、碰撞、搁浅、爆炸、火灾所引起或者是由于船舶的缺陷所引起的,承运人或承运人的受雇人、代理人除非提出反证,应当视为其有过失。

旅客自带行李以外的其他行李的灭失或者损坏,不论由于何种事故所引起,承运人或者承运人的受雇人、代理人除非提出反证,应当视为其有过失。

第一百一十五条 经承运人证明,旅客的人身伤亡或者行李的灭失、损坏,是由于旅客本人的过失或者旅客和承运人的共同过失造成的,可以免除或者相应减轻承运人的赔偿责任。

经承运人证明,旅客的人身伤亡或者行李的灭失、损坏,是由于旅客本人的故意造成的,或者旅客的人身伤亡是由于旅客本人健康状况造成的,承运人不负赔偿责任。

第一百一十六条 承运人对旅客的货币、金银、珠宝、有价证券或者其他贵重物品所发生的灭失、损坏,不负赔偿责任。

旅客与承运人约定将前款规定的物品交由承运人保管的,承运人应当依照本法第一百一十七条的规定负赔偿责任;双方以书面约定的赔偿限额高于本法第一百一十七条的规定的,承运人应当按照约定的数额负赔偿责任。

第一百一十七条 除本条第四款规定的情形外,承运人在每次海上旅客运输中的赔偿责任限额,依照下列规定执行:

(一)旅客人身伤亡的,每名旅客不超过46666 计算单位;

(二)旅客自带行李灭失或者损坏的,每名旅客不超过 833 计算单位;

(三)旅客车辆包括该车辆所载行李灭失或者损坏的,每一车辆不超过 3333 计算单位;

(四)本款第(二)、(三)项以外的旅客其他行李灭失或者损坏的,每名旅客不超过 1200 计算单位。

承运人和旅客可以约定,承运人对旅客车辆和旅客车辆以外的其他行李损失的免赔额。但是,对每一车辆损失的免赔额不得超过 117 计算单位,对每名旅客的车辆以外的其他行李损失的免赔额不得超过 13 计算单位。在计算每一车辆或者每名旅客的车辆以外的其他行李的损失赔偿数额时,应当扣除约定的承运人免赔额。

承运人和旅客可以书面约定高于本条第一款规定的赔偿责任限额。

中华人民共和国港口之间的海上旅客运输,承运人的赔偿责任限额,由国务院交通主管部门制定,报国务院批准后施行。

第一百一十八条 经证明,旅客的人身伤亡或者行李的灭失、损坏,是由于承运人的故意或者明知可能造成损害而轻率地作为或者不作为造成的,承运人不得援用本法第一百一十六条和第一百一十七条限制赔偿责任的规定。

经证明,旅客的人身伤亡或者行李的灭失、损坏,是由于承运人的受雇人、代理人的故意或者明知可能造成损害而轻率地作为或者不作为造成的,承运人的受雇人、代理人不得援用本法第一百一十六条和第一百一十七条限制赔偿责任的规定。

第一百一十九条 行李发生明显损坏的,旅客应当依照下列规定向承运人或者承运人的受雇人、代理人提交书面通知:

(一)自带行李,应当在旅客离船前或者离船时提交;

(二)其他行李,应当在行李交还前或者交还时提交。

行李的损坏不明显,旅客在离船时或者行李交还时难以发现的,以及行李发生灭失的,旅客应当在离船或者行李交还之日或者应当交还之日起十五日内,向承运人或者承运人的受雇人、代理人提交书面通知。

旅客未依照本条第一、二款规定及时提交书面通知的,除非提出反证,视为已经完整无损地收到行李。

行李交还时,旅客已经会同承运人对行李进行联合检查或者检验的,无需提交书面通知。

第一百二十条 向承运人的受雇人、代理人提出的赔偿请求,受雇人或者代理人证明其行为是在受雇或者受委托的范围内的,有权援用本法第一百一十五条、第一百一十六条和第一百一十七条的抗辩理由和赔偿责任限制的规定。

第一百二十一条 承运人将旅客运送或者部分运送委托给实际承运人履行的,仍然应当依照本章规定,对全程运送负责。实际承运人履行运送的,承运人应当对实际承运人的行为或者实际承运人的受雇人、代理人在受雇或者受委托的范围内的行为负责。

第一百二十二条 承运人承担本章未规定的义务或者放弃本章赋予的权利的任何特别协议,经实际承运人书面明确同意的,对实际承运人发生效力;实际承运人是否同意,不影响此项特别协议对承运人的效力。

第一百二十三条 承运人与实际承运人均负有赔偿责任的,应当在此项责任限度内负连带责任。

第一百二十四条 就旅客的人身伤亡或者行李

的灭失、损坏,分别向承运人、实际承运人以及他们的受雇人、代理人提出赔偿请求的,赔偿总额不得超过本法第一百一十七条规定的限额。

第一百二十五条 本法第一百二十一条至第一百二十四条的规定,不影响承运人和实际承运人之间相互追偿。

第一百二十六条 海上旅客运输合同中含有下列内容之一的条款无效:

(一)免除承运人对旅客应当承担的法定责任;

(二)降低本章规定的承运人责任限额;

(三)对本章规定的举证责任作出相反的约定;

(四)限制旅客提出赔偿请求的权利。

前款规定的合同条款的无效,不影响合同其他条款的效力。

第六章 船舶租用合同

第一节 一般规定

第一百二十七条 本章关于出租人和承租人之间权利、义务的规定,仅在船舶租用合同没有约定或者没有不同约定时适用。

第一百二十八条 船舶租用合同,包括定期租船合同和光船租赁合同,均应当书面订立。

第二节 定期租船合同

第一百二十九条 定期租船合同,是指船舶出租人向承租人提供约定的由出租人配备船员的船舶,由承租人在约定的期间内按照约定的用途使用,并支付租金的合同。

第一百三十条 定期租船合同的内容,主要包括出租人和承租人的名称、船名、船籍、船级、吨位、容积、船速、燃料消耗、航区、用途、租船期间、交船和还船的时间和地点以及条件、租金及其支付,以及其他有关事项。

第一百三十一条 出租人应当按照合同约定的时间交付船舶。

出租人违反前款规定的,承租人有权解除合同。出租人将船舶延误情况和船舶预期抵达交船港的日期通知承租人的,承租人应自接到通知时起四十八小时内,将解除合同或者继续租用船舶的决定通知出租人。

因出租人过失延误提供船舶致使承租人遭受损失的,出租人应当负赔偿责任。

第一百三十二条 出租人交付船舶时,应当做到谨慎处理,使船舶适航。交付的船舶应当适于约定的用途。

出租人违反前款规定的,承租人有权解除合同,并有权要求赔偿因此遭受的损失。

第一百三十三条 船舶在租期内不符合约定的适航状态或者其他状态,出租人应当采取可能采取的合理措施,使之尽快恢复。

船舶不符合约定的适航状态或者其他状态而不能正常营运连续满二十四小时的,对因此而损失的营运时间,承租人不付租金,但是上述状态是由承租人造成的除外。

第一百三十四条 承租人应当保证船舶在约定航区内的安全港口或者地点之间从事约定的海上运输。

承租人违反前款规定的,出租人有权解除合同,并有权要求赔偿因此遭受的损失。

第一百三十五条 承租人应当保证船舶用于运输约定的合法的货物。

承租人将船舶用于运输活动物或者危险货物的,应当事先征得出租人的同意。

承租人违反本条第一款或者第二款的规定致使出租人遭受损失的,应当负赔偿责任。

第一百三十六条 承租人有权就船舶的营运向船长发出指示,但是不得违反定期租船合同的约定。

第一百三十七条 承租人可以将租用的船舶转租,但是应当将转租的情况及时通知出租人。租用的船舶转租后,原租船合同约定的权利和义务不受影响。

第一百三十八条 船舶所有人转让已经租出的船舶的所有权,定期租船合同约定的当事人的权利和义务不受影响,但是应当及时通知承租人。船舶所有权转让后,原租船合同由受让人和承租人继续履行。

第一百三十九条 在合同期间,船舶进行海难救助的,承租人有权获得扣除救助费用、损失赔偿、船员应得部分以及其他费用后的救助款项的一半。

第一百四十条 承租人应当按照合同约定支付

租金。承租人未按照合同约定支付租金的,出租人有权解除合同,并有权要求赔偿因此遭受的损失。

第一百四十一条 承租人未向出租人支付租金或者合同约定的其他款项的,出租人对船上属于承租人的货物和财产以及转租船舶的收入有留置权。

第一百四十二条 承租人向出租人交还船舶时,该船舶应当具有与出租人交船时相同的良好状态,但是船舶本身的自然磨损除外。

船舶未能保持与交船时相同的良好状态的,承租人应当负责修复或者给予赔偿。

第一百四十三条 经合理计算,完成最后航次的日期约为合同约定的还船日期,但可能超过合同约定的还船日期的,承租人有权超期用船以完成该航次。超期期间,承租人应当按照合同约定的租金率支付租金;市场的租金率高于合同约定的租金率的,承租人应当按照市场租金率支付租金。

第三节 光船租赁合同

第一百四十四条 光船租赁合同,是指船舶出租人向承租人提供不配备船员的船舶,在约定的期间内由承租人占有、使用和营运,并向出租人支付租金的合同。

第一百四十五条 光船租赁合同的内容,主要包括出租人和承租人的名称、船名、船籍、船级、吨位、容积、航区、用途、租赁期间、交船和还船的时间和地点以及条件、船舶检验、船舶的保养维修、租金及其支付、船舶保险、合同解除的时间和条件,以及其他有关事项。

第一百四十六条 出租人应当在合同约定的港口或者地点,按照合同约定的时间,向承租人交付船舶以及船舶证书。交船时,出租人应当做到谨慎处理,使船舶适航。交付的船舶应当适于合同约定的用途。

出租人违反前款规定的,承租人有权解除合同,并有权要求赔偿因此遭受的损失。

第一百四十七条 在光船租赁期间,承租人负责船舶的保养、维修。

第一百四十八条 在光船租赁期间,承租人应当按照合同约定的船舶价值,以出租人同意的保险方式为船舶进行保险,并负担保险费用。

第一百四十九条 在光船租赁期间,因承租人对船舶占有、使用和营运的原因使出租人的利益受到影响或者遭受损失的,承租人应当负责消除影响或者赔偿损失。

因船舶所有权争议或者出租人所负的债务致使船舶被扣押的,出租人应当保证承租人的利益不受影响;致使承租人遭受损失的,出租人应当负赔偿责任。

第一百五十条 在光船租赁期间,未经出租人书面同意,承租人不得转让合同的权利和义务或者以光船租赁的方式将船舶进行转租。

第一百五十一条 未经承租人事先书面同意,出租人不得在光船租赁期间对船舶设定抵押权。

出租人违反前款规定,致使承租人遭受损失的,应当负赔偿责任。

第一百五十二条 承租人应当按照合同约定支付租金。承租人未按照合同约定的时间支付租金连续超过七日的,出租人有权解除合同,并有权要求赔偿因此遭受的损失。

船舶发生灭失或者失踪的,租金应当自船舶灭失或者得知其最后消息之日起停止支付,预付租金应当按照比例退还。

第一百五十三条 本法第一百三十四条、第一百三十五条第一款、第一百四十二条和第一百四十三条的规定,适用于光船租赁合同。

第一百五十四条 订有租购条款的光船租赁合同,承租人按照合同约定向出租人付清租购费时,船舶所有权即归于承租人。

第七章 海上拖航合同

第一百五十五条 海上拖航合同,是指承拖方用拖轮将被拖物经海路从一地拖至另一地,而由被拖方支付拖航费的合同。

本章规定不适用于在港区内对船舶提供的拖轮服务。

第一百五十六条 海上拖航合同应当书面订立。海上拖航合同的内容,主要包括承拖方和被拖方的名称和住所、拖轮和被拖物的名称和主要尺度、拖轮马力、起拖地和目的地、起拖日期、拖航费及其支付方式,以及其他有关事项。

第一百五十七条 承拖方在起拖前和起拖当时,应当谨慎处理,使拖轮处于适航、适拖状态,妥善配备船员,配置拖航索具和配备供应品以及该航次必备的其他装置、设备。

被拖方在起拖前和起拖当时,应当做好被拖物的拖航准备,谨慎处理,使被拖物处于适拖状态,并向承拖方如实说明被拖物的情况,提供有关检验机构签发的被拖物适合拖航的证书和有关文件。

第一百五十八条 起拖前,因不可抗力或者其他不能归责于双方的原因致使合同不能履行的,双方均可以解除合同,并互相不负赔偿责任。除合同另有约定外,拖航费已经支付的,承拖方应当退还给被拖方。

第一百五十九条 起拖后,因不可抗力或者其他不能归责于双方的原因致使合同不能继续履行的,双方均可以解除合同,并互相不负赔偿责任。

第一百六十条 因不可抗力或者其他不能归责于双方的原因致使被拖物不能拖至目的地的,除合同另有约定外,承拖方可以在目的地的邻近地点或者拖轮船长选定的安全的港口或者锚泊地,将被拖物移交给被拖方或者其代理人,视为已经履行合同。

第一百六十一条 被拖方未按照约定支付拖航费和其他合理费用的,承拖方对被拖物有留置权。

第一百六十二条 在海上拖航过程中,承拖方或者被拖方遭受的损失,由一方的过失造成的,有过失的一方应当负赔偿责任;由双方过失造成的,各方按照过失程度的比例负赔偿责任。

虽有前款规定,经承拖方证明,被拖方的损失是由于下列原因之一造成的,承拖方不负赔偿责任:

(一)拖轮船长、船员、引航员或者承拖方的其他受雇人、代理人在驾驶拖轮或者管理拖轮中的过失;

(二)拖轮在海上救助或者企图救助人命或者财产时的过失。

本条规定仅在海上拖航合同没有约定或者没有不同约定时适用。

第一百六十三条 在海上拖航过程中,由于承拖方或者被拖方的过失,造成第三人人身伤亡或者财产损失的,承拖方和被拖方对第三人负连带赔偿责任。除合同另有约定外,一方连带支付的赔偿超过其应当承担的比例的,对另一方有追偿权。

第一百六十四条 拖轮所有人拖带其所有的或者经营的驳船载运货物,经海路由一港运至另一港的,视为海上货物运输。

第八章 船舶碰撞

第一百六十五条 船舶碰撞,是指船舶在海上或者与海相通的可航水域发生接触造成损害的事故。

前款所称船舶,包括与本法第三条所指船舶碰撞的任何其他非用于军事的或者政府公务的船艇。

第一百六十六条 船舶发生碰撞,当事船舶的船长在不严重危及本船和船上人员安全的情况下,对于相碰的船舶和船上人员必须尽力施救。

碰撞船舶的船长应当尽可能将其船舶名称、船籍港、出发港和目的港通知对方。

第一百六十七条 船舶发生碰撞,是由于不可抗力或者其他不能归责于任何一方的原因或无法查明的原因造成的,碰撞各方互相不负赔偿责任。

第一百六十八条 船舶发生碰撞,是由于一船的过失造成的,由有过失的船舶负赔偿责任。

第一百六十九条 船舶发生碰撞,碰撞的船舶互有过失的,各船按照过失程度的比例负赔偿责任;过失程度相当或者过失程度的比例无法判定的,平均负赔偿责任。

互有过失的船舶,对碰撞造成的船舶以及船上货物和其他财产的损失,依照前款规定的比例负赔偿责任。碰撞造成第三人财产损失的,各船的赔偿责任均不超过其应当承担的比例。

互有过失的船舶,对造成的第三人的人身伤亡,负连带赔偿责任。一船连带支付的赔偿超过本条第一款规定的比例的,有权向其他有过失的船舶追偿。

第一百七十条 船舶因操纵不当或者不遵守航行规章,虽然实际上没有同其他船舶发生碰撞,但是使其他船舶以及船上的人员、货物或者其他财产遭受损失的,适用本章的规定。

第九章 海难救助

第一百七十一条 本章规定适用于在海上或者与海相通的可航水域,对遇险的船舶和其他财产进行的救助。

第一百七十二条 本章下列用语的含义:

(一)"船舶",是指本法第三条所称的船舶和与其发生救助关系的任何其他非用于军事的或者政府公务的船艇。

(二)"财产",是指非永久地和非有意地依附于岸线的任何财产,包括有风险的运费。

(三)"救助款项",是指依照本章规定,被救助方应当向救助方支付的任何救助报酬、酬金或者补偿。

第一百七十三条 本章规定,不适用于海上已经就位的从事海底矿物资源的勘探、开发或者生产的固定式、浮动式平台和移动式近海钻井装置。

第一百七十四条 船长在不严重危及本船和船上人员安全的情况下,有义务尽力救助海上人命。

第一百七十五条 救助方与被救助方就海难救助达成协议,救助合同成立。

遇险船舶的船长有权代表船舶所有人订立救助合同。遇险船舶的船长或者船舶所有人有权代表船上财产所有人订立救助合同。

第一百七十六条 有下列情形之一,经一方当事人起诉或者双方当事人协议仲裁的,受理争议的法院或者仲裁机构可以判决或者裁决变更救助合同:

(一)合同在不正当的或者危险情况的影响下订立,合同条款显失公平的;

(二)根据合同支付的救助款项明显过高或者过低于实际提供的救助服务的。

第一百七十七条 在救助作业过程中,救助方对被救助方负有下列义务:

(一)以应有的谨慎进行救助;

(二)以应有的谨慎防止或者减少环境污染损害;

(三)在合理需要的情况下,寻求其他救助方援助;

(四)当被救助方合理地要求其他救助方参与救助作业时,接受此种要求,但是要求不合理的,原救助方的救助报酬金额不受影响。

第一百七十八条 在救助作业过程中,被救助方对救助方负有下列义务:

(一)与救助方通力合作;

(二)以应有的谨慎防止或者减少环境污染损害;

(三)当获救的船舶或者其他财产已经被送至安全地点时,及时接受救助方提出的合理的移交要求。

第一百七十九条 救助方对遇险的船舶和其他财产的救助,取得效果的,有权获得救助报酬;救助未取得效果的,除本法第一百八十二条或者其他法律另有规定或者合同另有约定外,无权获得救助款项。

第一百八十条 确定救助报酬,应当体现对救助作业的鼓励,并综合考虑下列各项因素:

(一)船舶和其他财产的获救的价值;

(二)救助方在防止或者减少环境污染损害方面的技能和努力;

(三)救助方的救助成效;

(四)危险的性质和程度;

(五)救助方在救助船舶、其他财产和人命方面的技能和努力;

(六)救助方所用的时间、支出的费用和遭受的损失;

(七)救助方或者救助设备所冒的责任风险和其他风险;

(八)救助方提供救助服务的及时性;

(九)用于救助作业的船舶和其他设备的可用性和使用情况;

(十)救助设备的备用状况、效能和设备的价值。

救助报酬不得超过船舶和其他财产的获救价值。

第一百八十一条 船舶和其他财产的获救价值,是指船舶和其他财产获救后的估计价值或者实际出卖的收入,扣除有关税款和海关、检疫、检验费用以及进行卸载、保管、估价、出卖而产生的费用后的价值。

前款规定的价值不包括船员的获救的私人物品和旅客的获救的自带行李的价值。

第一百八十二条 对构成环境污染损害危险的船舶或者船上货物进行的救助，救助方依照本法第一百八十条规定获得的救助报酬，少于依照本条规定可以得到的特别补偿的，救助方有权依照本条规定，从船舶所有人处获得相当于救助费用的特别补偿。

救助人进行前款规定的救助作业，取得防止或者减少环境污染损害效果的，船舶所有人依照前款规定应当向救助方支付的特别补偿可以另行增加，增加的数额可以达到救助费用的百分之三十。受理争议的法院或者仲裁机构认为适当，并且考虑到本法第一百八十条第一款的规定，可以判决或者裁决进一步增加特别补偿数额；但是，在任何情况下，增加部分不得超过救助费用的百分之一百。

本条所称救助费用，是指救助方在救助作业中直接支付的合理费用以及实际使用救助设备、投入救助人员的合理费用。确定救助费用应当考虑本法第一百八十条第一款第（八）、（九）、（十）项的规定。

在任何情况下，本条规定的全部特别补偿，只有在超过救助方依照本法第一百八十条规定能够获得的救助报酬时，方可支付，支付金额为特别补偿超过救助报酬的差额部分。

由于救助方的过失未能防止或者减少环境污染损害的，可以全部或者部分地剥夺救助方获得特别补偿的权利。

本条规定不影响船舶所有人对其他被救助方的追偿权。

第一百八十三条 救助报酬的金额，应当由获救的船舶和其他财产的各所有人，按照船舶和其他各项财产各自的获救价值占全部获救价值的比例承担。

第一百八十四条 参加同一救助作业的各救助方的救助报酬，应当根据本法第一百八十条规定的标准，由各方协商确定；协商不成的，可以提请受理争议的法院判决或者经各方协议提请仲裁机构裁决。

第一百八十五条 在救助作业中救助人命的救助方，对获救人员不得请求酬金，但是有权从救助船舶或者其他财产、防止或者减少环境污染损害的救助方获得的救助款项中，获得合理的份额。

第一百八十六条 下列救助行为无权获得救助款项：

（一）正常履行拖航合同或者其他服务合同的义务进行救助的，但是提供不属于履行上述义务的特殊劳务除外；

（二）不顾遇险的船舶的船长、船舶所有人或者其他财产所有人明确的和合理的拒绝，仍然进行救助的。

第一百八十七条 由于救助方的过失致使救助作业成为必需或者更加困难的，或者救助方有欺诈或者其他不诚实行为的，应当取消或者减少向救助方支付的救助款项。

第一百八十八条 被救助方在救助作业结束后，应当根据救助方的要求，对救助款项提供满意的担保。

在不影响前款规定的情况下，获救船舶的所有人应当在获救的货物交还前，尽力使货物的所有人对其应当承担的救助款项提供满意的担保。

在未根据救助人的要求对获救的船舶或者其他财产提供满意的担保以前，未经救助方同意，不得将获救的船舶和其他财产从救助作业完成后最初到达的港口或者地点移走。

第一百八十九条 受理救助款项请求的法院或者仲裁机构，根据具体情况，在合理的条件下，可以裁定或者裁决被救助方向救助方先行支付适当的金额。

被救助方根据前款规定先行支付金额后，其根据本法第一百八十八条规定提供的担保金额应当相应扣减。

第一百九十条 对于获救满九十日的船舶和其他财产，如果被救助方不支付救助款项也不提供满意的担保，救助方可以申请法院裁定强制拍卖；对于无法保管、不易保管或者保管费用可能超过其价值的获救的船舶和其他财产，可以申请提前拍卖。

拍卖所得价款，在扣除保管和拍卖过程中的一切费用后，依照本法规定支付救助款项；剩余的金额，退还被救助方；无法退还、自拍卖之日起满一年又无人认领的，上缴国库；不足的金额，救助方有权向被救助方追偿。

第一百九十一条 同一船舶所有人的船舶之间进行的救助,救助方获得救助款项的权利适用本章规定。

第一百九十二条 国家有关主管机关从事或者控制的救助作业,救助方有权享受本章规定的关于救助作业的权利和补偿。

第十章 共同海损

第一百九十三条 共同海损,是指在同一海上航程中,船舶、货物和其他财产遭遇共同危险,为了共同安全,有意地合理地采取措施所直接造成的特殊牺牲、支付的特殊费用。

无论在航程中或者在航程结束后发生的船舶或者货物因迟延所造成的损失,包括船期损失和行市损失以及其他间接损失,均不得列入共同海损。

第一百九十四条 船舶因发生意外、牺牲或者其他特殊情况而损坏时,为了安全完成本航程,驶入避难港口、避难地点或者驶回装货港口、装货地点进行必要的修理,在该港口或者地点额外停留期间所支付的港口费、船员工资、给养,船舶所消耗的燃料、物料,为修理而卸载、储存、重装或者搬移船上货物、燃料、物料以及其他财产所造成的损失、支付的费用,应当列入共同海损。

第一百九十五条 为代替可以列为共同海损的特殊费用而支付的额外费用,可以作为代替费用列入共同海损,但是,列入共同海损的代替费用的金额,不得超过被代替的共同海损的特殊费用。

第一百九十六条 提出共同海损分摊请求的一方应当负举证责任,证明其损失应列入共同海损。

第一百九十七条 引起共同海损特殊牺牲、特殊费用的事故,可能是由航程中一方的过失造成的,不影响该方要求分摊共同海损的权利,但是,非过失方或者过失方可以就此项过失提出赔偿请求或者进行抗辩。

第一百九十八条 船舶、货物和运费的共同海损牺牲的金额,依照下列规定确定:

(一)船舶共同海损牺牲的金额,按照实际支付的修理费,减除合理的以新换旧的扣减额计算。船舶尚未修理的,按照牺牲造成的合理贬值计算,但是不得超过估计的修理费。

船舶发生实际全损或者修理费用超过修复后的船舶价值的,共同海损牺牲金额按照该船舶在完好状态下的估计价值,减除不属于共同海损损坏的估计的修理费和该船舶受损后的价值的余额计算。

(二)货物共同海损牺牲的金额,货物灭失的,按照货物在装船时的价值加保险费加运费,减除由于牺牲无需支付的运费计算。货物损坏,在就损坏程度达成协议前售出的,按照货物在装船时的价值加保险费加运费,与出售货物净得的差额计算。

(三)运费共同海损牺牲的金额,按照货物遭受牺牲造成的运费的损失金额,减除为取得这笔运费本应支付,但是由于牺牲无需支付的营运费用计算。

第一百九十九条 共同海损应当由受益方按照各自的分摊价值的比例分摊。

船舶、货物和运费的共同海损分摊价值,分别依照下列规定确定:

(一)船舶共同海损分摊价值,按照船舶在航程终止时的完好价值,减除不属于共同海损的损失金额计算,或者按照船舶在航程终止时的实际价值,加上共同海损牺牲的金额计算。

(二)货物共同海损分摊价值,按照货物在装船时的价值加保险费加运费,减除不属于共同海损的损失金额和承运人承担风险的运费计算。货物在抵达目的港以前售出的,按照出售净得金额,加上共同海损牺牲的金额计算。

旅客的行李和私人物品,不分摊共同海损。

(三)运费分摊价值,按照承运人承担风险并于航程终止时有权收取的运费,减除为取得该项运费而在共同海损事故发生后,为完成本航程所支付的营运费用,加上共同海损牺牲的金额计算。

第二百条 未申报的货物或者谎报的货物,应当参加共同海损分摊;其遭受的特殊牺牲,不得列入共同海损。

不正当地以低于货物实际价值作为申报价值的,按照实际价值分摊共同海损;在发生共同海损牺牲时,按照申报价值计算牺牲金额。

第二百零一条 对共同海损特殊牺牲和垫付的共同海损特殊费用,应当计算利息。对垫付的共同海损特殊费用,除船员工资、给养和船舶消耗的燃料、物料外,应当计算手续费。

第二百零二条 经利益关系人要求,各分摊方应当提供共同海损担保。

以提供保证金方式进行共同海损担保的,保证金应当交由海损理算师以保管人名义存入银行。

保证金的提供、使用或者退还,不影响各方最终的分摊责任。

第二百零三条 共同海损理算,适用合同约定的理算规则;合同未约定的,适用本章的规定。

第十一章 海事赔偿责任限制

第二百零四条 船舶所有人、救助人,对本法第二百零七条所列海事赔偿请求,可以依照本章规定限制赔偿责任。

前款所称的船舶所有人,包括船舶承租人和船舶经营人。

第二百零五条 本法第二百零七条所列海事赔偿请求,不是向船舶所有人、救助人本人提出,而是向他们对其行为、过失负有责任的人员提出的,这些人员可以依照本章规定限制赔偿责任。

第二百零六条 被保险人依照本章规定可以限制赔偿责任的,对该海事赔偿请求承担责任的保险人,有权依照本章规定享受相同的赔偿责任限制。

第二百零七条 下列海事赔偿请求,除本法第二百零八条和第二百零九条另有规定外,无论赔偿责任的基础有何不同,责任人均可以依照本章规定限制赔偿责任:

(一)在船上发生的或者与船舶营运、救助作业直接相关的人身伤亡或者财产的灭失、损坏,包括对港口工程、港池、航道和助航设施造成的损坏,以及由此引起的相应损失的赔偿请求;

(二)海上货物运输因迟延交付或者旅客及其行李运输因迟延到达造成损失的赔偿请求;

(三)与船舶营运或者救助作业直接相关的,侵犯非合同权利的行为造成其他损失的赔偿请求;

(四)责任人以外的其他人,为避免或者减少责任人依照本章规定可以限制赔偿责任的损失而采取措施的赔偿请求,以及因此项措施造成进一步损失的赔偿请求。

前款所列赔偿请求,无论提出的方式有何不同,均可以限制赔偿责任。但是,第(四)项涉及责任人以合同约定支付的报酬,责任人的支付责任不得援用本条赔偿责任限制的规定。

第二百零八条 本章规定不适用于下列各项:

(一)对救助款项或者共同海损分摊的请求;

(二)中华人民共和国参加的国际油污损害民事责任公约规定的油污损害的赔偿请求;

(三)中华人民共和国参加的国际核能损害责任限制公约规定的核能损害的赔偿请求;

(四)核动力船舶造成的核能损害的赔偿请求;

(五)船舶所有人或者救助人的受雇人提出的赔偿请求,根据调整劳务合同的法律,船舶所有人或者救助人对该类赔偿请求无权制赔偿责任,或者该项法律作了高于本章规定的赔偿限额的规定。

第二百零九条 经证明,引起赔偿请求的损失是由于责任人的故意或者明知可能造成损失而轻率地作为或者不作为造成的,责任人无权依照本章规定限制赔偿责任。

第二百一十条 除本法第二百一十一条另有规定外,海事赔偿责任限制,依照下列规定计算赔偿限额:

(一)关于人身伤亡的赔偿请求

1. 总吨位300吨至500吨的船舶,赔偿限额为333000计算单位;

2. 总吨位超过500吨的船舶,500吨以下部分适用本项第1目的规定,500吨以上的部分,应当增加下列数额:

501吨至3000吨的部分,每吨增加500计算单位;

3001吨至30000吨的部分，每吨增加333计算单位；

30001吨至70000吨的部分，每吨增加250计算单位；

超过70000吨的部分，每吨增加167计算单位。

（二）关于非人身伤亡的赔偿请求

1. 总吨位300吨至500吨的船舶，赔偿限额为167000计算单位；

2. 总吨位超过500吨的船舶，500吨以下部分适用本项第1目的规定，500吨以上的部分，应当增加下列数额：

501吨至30000吨的部分，每吨增加167计算单位；

30001吨至70000吨的部分，每吨增加125计算单位；

超过70000吨的部分，每吨增加83计算单位。

（三）依照第（一）项规定的限额，不足以支付全部人身伤亡的赔偿请求的，其差额应当与非人身伤亡的赔偿请求并列，从第（二）项数额中按照比例受偿。

（四）在不影响第（三）项关于人身伤亡赔偿请求的情况下，就港口工程、港池、航道和助航设施的损害提出的赔偿请求，应当较第（二）项中的其他赔偿请求优先受偿。

（五）不以船舶进行救助作业或者在被救船舶上进行救助作业的救助人，其责任限额按照总吨位为1500吨的船舶计算。

总吨位不满300吨的船舶，从事中华人民共和国港口之间的运输的船舶，以及从事沿海作业的船舶，其赔偿限额由国务院交通主管部门制定，报国务院批准后施行。

第二百一十一条 海上旅客运输的旅客人身伤亡赔偿责任限制，按照46666计算单位乘以船舶证书规定的载客定额计算赔偿限额，但是最高不超过25000000计算单位。

中华人民共和国港口之间海上旅客运输的旅客人身伤亡，赔偿限额由国务院交通主管部门制定，报国务院批准后施行。

第二百一十二条 本法第二百一十条和第二百一十一条规定的赔偿限额，适用于特定场合发生的事故引起的，向船舶所有人、救助人本人和他们对其行为、过失负有责任的人员提出的请求的总额。

第二百一十三条 责任人要求依照本法规定限制赔偿责任的，可以在有管辖权的法院设立责任限制基金。基金数额分别为本法第二百一十条、第二百一十一条规定的限额，加上自责任产生之日起至基金设立之日止的相应利息。

第二百一十四条 责任人设立责任限制基金后，向责任人提出请求的任何人，不得对责任人的任何财产行使任何权利；已设立责任限制基金的责任人的船舶或者其他财产已经被扣押，或者基金设立人已经提交抵押物的，法院应当及时下令释放或者责令退还。

第二百一十五条 享受本章规定的责任限制的人，就同一事故向请求人提出反请求的，双方的请求金额应当相互抵销，本章规定的赔偿限额仅适用于两个请求金额之间的差额。

第十二章 海上保险合同

第一节 一般规定

第二百一十六条 海上保险合同，是指保险人按照约定，对被保险人遭受保险事故造成保险标的的损失和产生的责任负责赔偿，而由被保险人支付保险费的合同。

前款所称保险事故，是指保险人与被保险人约定的任何海上事故，包括与海上航行有关的发生于内河或者陆上的事故。

第二百一十七条 海上保险合同的内容，主要包括下列各项：

（一）保险人名称；

（二）被保险人名称；

（三）保险标的；

（四）保险价值；

（五）保险金额；

（六）保险责任和除外责任；

（七）保险期间；

（八）保险费。

第二百一十八条 下列各项可以作为保险标的：

（一）船舶；

（二）货物；

（三）船舶营运收入，包括运费、租金、旅

客票款;

（四）货物预期利润;

（五）船员工资和其他报酬;

（六）对第三人的责任;

（七）由于发生保险事故可能受到损失的其他财产和产生的责任、费用。

保险人可以将对前款保险标的的保险进行再保险。除合同另有约定外，原被保险人不得享有再保险的利益。

第二百一十九条 保险标的的保险价值由保险人与被保险人约定。

保险人与被保险人未约定保险价值的，保险价值依照下列规定计算：

（一）船舶的保险价值，是保险责任开始时船舶的价值，包括船壳、机器、设备的价值，以及船上燃料、物料、索具、给养、淡水的价值和保险费的总和；

（二）货物的保险价值，是保险责任开始时货物在起运地的发票价格或者非贸易商品在起运地的实际价值以及运费和保险费的总和；

（三）运费的保险价值，是保险责任开始时承运人应收运费总额和保险费的总和；

（四）其他保险标的的保险价值，是保险责任开始时保险标的的实际价值和保险费的总和。

第二百二十条 保险金额由保险人与被保险人约定。保险金额不得超过保险价值；超过保险价值的，超过部分无效。

第二节 合同的订立、解除和转让

第二百二十一条 被保险人提出保险要求，经保险人同意承保，并就海上保险合同的条款达成协议后，合同成立。保险人应当及时向被保险人签发保险单或者其他保险单证，并在保险单或者其他保险单证中载明当事人双方约定的合同内容。

第二百二十二条 合同订立前，被保险人应当将其知道的或在通常业务中应当知道的有关影响保险人据以确定保险费率或者确定是否同意承保的重要情况，如实告知保险人。

保险人知道或者在通常业务中应当知道的情况，保险人没有询问的，被保险人无需告知。

第二百二十三条 由于被保险人的故意，未将本法第二百二十二条第一款规定的重要情况如实告知保险人的，保险人有权解除合同，并不退还保险费。合同解除前发生保险事故造成损失的，保险人不负赔偿责任。

不是由于被保险人的故意，未将本法第二百二十二条第一款规定的重要情况如实告知保险人的，保险人有权解除合同或者要求相应增加保险费。保险人解除合同的，对于合同解除前发生保险事故造成的损失，保险人应当负赔偿责任；但是，未告知或者错误告知的重要情况对保险事故的发生有影响的除外。

第二百二十四条 订立合同时，被保险人已经知道或者应当知道保险标的的已经因发生保险事故而遭受损失的，保险人不负赔偿责任，但是有权收取保险费；保险人已经知道或者应当知道保险标的的已经不可能因发生保险事故而遭受损失的，被保险人有权收回已经支付的保险费。

第二百二十五条 被保险人对同一保险标的的就同一保险事故向几个保险人重复订立合同，而使该保险标的的保险金额总和超过保险标的的的价值的，除合同另有约定外，被保险人可以向任何保险人提出赔偿请求。被保险人获得的赔偿金额总和不得超过保险标的的的受损价值。各保险人按照其承保的保险金额同保险金额总和的比例承担赔偿责任。任何一个保险人支付的赔偿金额超过其应当承担的赔偿责任的，有权向未按照其应当承担的赔偿责任支付赔偿金额的保险人追偿。

第二百二十六条 保险责任开始前，被保险人可以要求解除合同，但是应当向保险人支付手续费，保险人应当退还保险费。

第二百二十七条 除合同另有约定外，保险责任开始后，被保险人和保险人均不得解除合同。

根据合同约定在保险责任开始后可以解除合同的，被保险人要求解除合同，保险人有权收取自保险责任开始之日起至合同解除之日止的保险费，剩余部分予以退还；保险人要求解除合同，应当将自合同解除之日起至保险期间届满之日止的保险费退还被保险人。

第二百二十八条 虽有本法第二百二十七条规定，货物运输和船舶的航次保险，保险责任开始后，被保险人不得要求解除合同。

第二百二十九条 海上货物运输保险合同可以由被保险人背书或者以其他方式转让,合同的权利、义务随之转移。合同转让时尚未支付保险费的,被保险人和合同受让人负连带支付责任。

第二百三十条 因船舶转让而转让船舶保险合同的,应当取得保险人同意。未经保险人同意,船舶保险合同从船舶转让时起解除;船舶转让发生在航次之中的,船舶保险合同至航次终了时解除。

合同解除后,保险人应当将自合同解除之日起至保险期间届满之日止的保险费退还被保险人。

第二百三十一条 被保险人在一定期间分批装运或者接受货物的,可以与保险人订立预约保险合同。预约保险合同应当由保险人签发预约保险单证加以确认。

第二百三十二条 应被保险人要求,保险人应当对依据预约保险合同分批装运的货物分别签发保险单证。

保险人分别签发的保险单证的内容与预约保险单证的内容不一致的,以分别签发的保险单证为准。

第二百三十三条 被保险人知道经预约保险合同保险的货物已经装运或者到达的情况时,应当立即通知保险人。通知的内容包括装运货物的船名、航线、货物价值和保险金额。

第三节 被保险人的义务

第二百三十四条 除合同另有约定外,被保险人应当在合同订立后立即支付保险费;被保险人支付保险费前,保险人可以拒绝签发保险单证。

第二百三十五条 被保险人违反合同约定的保证条款时,应当立即书面通知保险人。保险人收到通知后,可以解除合同,也可以要求修改承保条件、增加保险费。

第二百三十六条 一旦保险事故发生,被保险人应当立即通知保险人,并采取必要的合理措施,防止或者减少损失。被保险人收到保险人发出的有关采取防止或者减少损失的合理措施的特别通知的,应当按照保险人通知的要求处理。

对于被保险人违反前款规定所造成的扩大的损失,保险人不负赔偿责任。

第四节 保险人的责任

第二百三十七条 发生保险事故造成损失后,保险人应当及时向被保险人支付保险赔偿。

第二百三十八条 保险人赔偿保险事故造成的损失,以保险金额为限。保险金额低于保险价值的,在保险标的发生部分损失时,保险人按照保险金额与保险价值的比例负赔偿责任。

第二百三十九条 保险标的在保险期间发生几次保险事故所造成的损失,即使损失金额的总和超过保险金额,保险人也应当赔偿。但是,对发生部分损失后未经修复又发生全部损失的,保险人按照全部损失赔偿。

第二百四十条 被保险人为防止或者减少根据合同可以得到赔偿的损失而支出的必要的合理费用,为确定保险事故的性质、程度而支出的检验、估价的合理费用,以及为执行保险人的特别通知而支出的费用,应当由保险人在保险标的损失赔偿之外另行支付。

保险人对前款规定的费用的支付,以相当于保险金额的数额为限。

保险金额低于保险价值的,除合同另有约定外,保险人应当按照保险金额与保险价值的比例,支付本条规定的费用。

第二百四十一条 保险金额低于共同海损分摊价值的,保险人按保险金额同分摊价值的比例赔偿共同海损分摊。

第二百四十二条 对于被保险人故意造成的损失,保险人不负赔偿责任。

第二百四十三条 除合同另有约定外,因下列原因之一造成货物损失的,保险人不负赔偿责任:

(一)航行迟延、交货迟延或者行市变化;

(二)货物的自然损耗、本身的缺陷和自然特性;

(三)包装不当。

第二百四十四条 除合同另有约定外,因下列原因之一造成保险船舶损失的,保险人不负赔偿责任:

(一)船舶开航时不适航,但是在船舶定期保险中被保险人不知道的除外;

(二)船舶自然磨损或者锈蚀。

运费保险比照适用本条的规定。

第五节 保险标的的损失和委付

第二百四十五条 保险标的发生保险事故后灭失,或者受到严重损坏完全失去原有形体、效用,或者不能再为被保险人所拥有的,为实际全损。

第二百四十六条 船舶发生保险事故后,认为实际全损已经不可避免,或者为避免发生实际全损所需支付的费用超过保险价值的,为推定全损。

货物发生保险事故后,认为实际全损已经不可避免,或者为避免发生实际全损所需支付的费用与继续将货物运抵目的地的费用之和超过保险价值的,为推定全损。

第二百四十七条 不属于实际全损和推定全损的损失,为部分损失。

第二百四十八条 船舶在合理时间内未从被获知最后消息的地点抵达目的地,除合同另有约定外,满两个月后仍没有获知其消息的,为船舶失踪。船舶失踪视为实际全损。

第二百四十九条 保险标的发生推定全损,被保险人要求保险人按照全部损失赔偿的,应当向保险人委付保险标的。保险人可以接受委付,也可以不接受委付,但是应当在合理的时间内将接受委付或者不接受委付的决定通知被保险人。

委付不得附带任何条件。委付一经保险人接受,不得撤回。

第二百五十条 保险人接受委付的,被保险人对委付财产的全部权利和义务转移给保险人。

第六节 保险赔偿的支付

第二百五十一条 保险事故发生后,保险人向被保险人支付保险赔偿前,可以要求被保险人提供与确认保险事故性质和损失程度有关的证明和资料。

第二百五十二条 保险标的发生保险责任范围内的损失是由第三人造成的,被保险人向第三人要求赔偿的权利,自保险人支付赔偿之日起,相应转移给保险人。

被保险人应当向保险人提供必要的文件和其所需要知道的情况,并尽力协助保险人向第三人追偿。

第二百五十三条 被保险人未经保险人同意放弃向第三人要求赔偿的权利,或者由于过失使保险人不能行使追偿权利的,保险人可以相应扣减保险赔偿。

第二百五十四条 保险人支付保险赔偿时,可以从应支付的赔偿额中相应扣减被保险人已经从第三人取得的赔偿。

保险人从第三人取得的赔偿,超过其支付的保险赔偿的,超过部分应当退还给被保险人。

第二百五十五条 发生保险事故后,保险人有权放弃对保险标的的权利,全额支付合同约定的保险赔偿,以解除对保险标的的义务。

保险人行使前款规定的权利,应当自收到被保险人有关赔偿损失的通知之日起的七日内通知被保险人;被保险人在收到通知前,为避免或者减少损失而支付的必要的合理费用,仍然应当由保险人偿还。

第二百五十六条 除本法第二百五十五条的规定外,保险标的发生全损,保险人支付全部保险金额的,取得对保险标的的全部权利;但是,在不足额保险的情况下,保险人按照保险金额与保险价值的比例取得对保险标的的部分权利。

第十三章 时　　效

第二百五十七条 就海上货物运输向承运人要求赔偿的请求权,时效期间为一年,自承运人交付或者应当交付货物之日起计算;在时效期间内或者时效期间届满后,被认定为负有责任的人向第三人提起追偿请求的,时效期间为九十日,自追偿请求人解决原赔偿请求之日起或者收到受理对其本人提起诉讼的法院的起诉状副本之日起计算。

有关航次租船合同的请求权,时效期间为二年,自知道或者应当知道权利被侵害之日起计算。

第二百五十八条 就海上旅客运输向承运人要求赔偿的请求权,时效期间为二年,分别依照下列规定计算:

(一)有关旅客人身伤害的请求权,自旅客离船或者应当离船之日起计算;

(二)有关旅客死亡的请求权,发生在运送期间的,自旅客应当离船之日起计算;因运送期间内的伤害而导致旅客离船后死亡的,自旅客死亡之日起计算,但是此期限自离船之日起不得超过三年。

(三)有关行李灭失或者损坏的请求权,自旅客离船或者应当离船之日起计算。

第二百五十九条 有关船舶租用合同的请求权,时效期间为二年,自知道或者应当知道权利被侵害之日起计算。

第二百六十条 有关海上拖航合同的请求权,时效期间为一年,自知道或者应当知道权利被侵害之日起计算。

第二百六十一条 有关船舶碰撞的请求权,时效期间为二年,自碰撞事故发生之日起计算;本法第一百六十九条第三款规定的追偿请求权,时效期间为一年,自当事人连带支付损害赔偿之日起计算。

第二百六十二条 有关海难救助的请求权,时效期间为二年,自救助作业终止之日起计算。

第二百六十三条 有关共同海损分摊的请求权,时效期间为一年,自理算结束之日起计算。

第二百六十四条 根据海上保险合同向保险人要求保险赔偿的请求权,时效期间为二年,自保险事故发生之日起计算。

第二百六十五条 有关船舶发生油污损害的请求权,时效期间为三年,自损害发生之日起计算;但是,在任何情况下时效期间不得超过从造成损害的事故发生之日起六年。

第二百六十六条 在时效期间的最后六个月内,因不可抗力或者其他障碍不能行使请求权的,时效中止。自中止时效的原因消除之日起,时效期间继续计算。

第二百六十七条 时效因请求人提起诉讼、提交仲裁或者被请求人同意履行义务而中断。但是,请求人撤回起诉、撤回仲裁或者起诉被裁定驳回的,时效不中断。

请求人申请扣船的,时效自申请扣船之日起中断。

自中断时起,时效期间重新计算。

第十四章 涉外关系的法律适用

第二百六十八条 中华人民共和国缔结或者参加的国际条约同本法有不同规定的,适用国际条约的规定;但是,中华人民共和国声明保留的条款除外。

中华人民共和国法律和中华人民共和国缔结或者参加的国际条约没有规定的,可以适用国际惯例。

第二百六十九条 合同当事人可以选择合同适用的法律,法律另有规定的除外。合同当事人没有选择的,适用与合同有最密切联系的国家的法律。

第二百七十条 船舶所有权的取得、转让和消灭,适用船旗国法律。

第二百七十一条 船舶抵押权适用船旗国法律。

船舶在光船租赁以前或者光船租赁期间,设立船舶抵押权的,适用原船舶登记国的法律。

第二百七十二条 船舶优先权,适用受理案件的法院所在地法律。

第二百七十三条 船舶碰撞的损害赔偿,适用侵权行为地法律。

船舶在公海上发生碰撞的损害赔偿,适用受理案件的法院所在地法律。

同一国籍的船舶,不论碰撞发生于何地,碰撞船舶之间的损害赔偿适用船旗国法律。

第二百七十四条 共同海损理算,适用理算地法律。

第二百七十五条 海事赔偿责任限制,适用受理案件的法院所在地法律。

第二百七十六条 依照本章规定适用外国法律或者国际惯例的,不得违背中华人民共和国的社会公共利益。

第十五章 附 则

第二百七十七条 本法所称计算单位,是指国际货币基金组织规定的特别提款权;其人民币数额为法院判决之日、仲裁机构裁决之日或者当事人协议之日,按照国家外汇主管机关规定的国际货币基金组织的特别提款权对人民币的换算办法计算得出的人民币数额。

第二百七十八条 本法自1993年7月1日起施行。

十三　涉外商事

◎ 司法解释

最高人民法院关于审理涉台民商事案件法律适用问题的规定

- 2020 年 12 月 29 日
- 法释〔2020〕18 号

为正确审理涉台民商事案件，准确适用法律，维护当事人的合法权益，根据相关法律，制定本规定。

第一条　人民法院审理涉台民商事案件，应当适用法律和司法解释的有关规定。

根据法律和司法解释中选择适用法律的规则，确定适用台湾地区民事法律的，人民法院予以适用。

第二条　台湾地区当事人在人民法院参与民事诉讼，与大陆当事人有同等的诉讼权利和义务，其合法权益受法律平等保护。

第三条　根据本规定确定适用有关法律违反国家法律的基本原则或者社会公共利益的，不予适用。

最高人民法院关于适用《中华人民共和国涉外民事关系法律适用法》若干问题的解释（一）

- 2020 年 12 月 29 日
- 法释〔2012〕18 号

为正确审理涉外民事案件，根据《中华人民共和国涉外民事关系法律适用法》的规定，对人民法院适用该法的有关问题解释如下：

第一条　民事关系具有下列情形之一的，人民法院可以认定为涉外民事关系：

（一）当事人一方或双方是外国公民、外国法人或者其他组织、无国籍人；

（二）当事人一方或双方的经常居所地在中华人民共和国领域外；

（三）标的物在中华人民共和国领域外；

（四）产生、变更或者消灭民事关系的法律事实发生在中华人民共和国领域外；

（五）可以认定为涉外民事关系的其他情形。

第二条　涉外民事关系法律适用法实施以前发生的涉外民事关系，人民法院应当根据该涉外民事关系发生时的有关法律规定确定应当适用的法律；当时法律没有规定的，可以参照涉外民事关系法律适用法的规定确定。

第三条　涉外民事关系法律适用法与其他法律对同一涉外民事关系法律适用规定不一致的，适用涉外民事关系法律适用法的规定，但《中华人民共和国票据法》《中华人民共和国海商法》《中华人民共和国民用航空法》等商事领域法律的特别规定以及知识产权领域法律的特别规定除外。

涉外民事关系法律适用法对涉外民事关系的法律适用没有规定而其他法律有规定的，适用其他法律的规定。

第四条　中华人民共和国法律没有明确规定当事人可以选择涉外民事关系适用的法律，当事人选择适用法律的，人民法院应认定该选择无效。

第五条　一方当事人以双方协议选择的法律与系争的涉外民事关系没有实际联系为由主张选择无效的，人民法院不予支持。

第六条　当事人在一审法庭辩论终结前协议选择或者变更选择适用的法律的，人民法院应予准许。

各方当事人援引相同国家的法律且未提出法律适用异议的，人民法院可以认定当事人已经就涉外民事关系适用的法律做出了选择。

第七条　当事人在合同中援引尚未对中华人民共和国生效的国际条约，人民法院可以根据该国际条约的内容确定当事人之间的权利义务，但违反中华人民共和国社会公共利益或中华人民共和国法律、行政法规强制性规定的除外。

第八条 有下列情形之一,涉及中华人民共和国社会公共利益、当事人不能通过约定排除适用、无需通过冲突规范指引而直接适用于涉外民事关系的法律、行政法规的规定,人民法院应当认定为涉外民事关系法律适用法第四条规定的强制性规定:
（一）涉及劳动者权益保护的；
（二）涉及食品或公共卫生安全的；
（三）涉及环境安全的；
（四）涉及外汇管制等金融安全的；
（五）涉及反垄断、反倾销的；
（六）应当认定为强制性规定的其他情形。

第九条 一方当事人故意制造涉外民事关系的连结点,规避中华人民共和国法律、行政法规的强制性规定的,人民法院应认定为不发生适用外国法律的效力。

第十条 涉外民事争议的解决须以另一涉外民事关系的确认为前提时,人民法院应当根据该先决问题自身的性质确定其应当适用的法律。

第十一条 案件涉及两个或者两个以上的涉外民事关系时,人民法院应当分别确定应当适用的法律。

第十二条 当事人没有选择涉外仲裁协议适用的法律,也没有约定仲裁机构或者仲裁地,或者约定不明的,人民法院可以适用中华人民共和国法律认定该仲裁协议的效力。

第十三条 自然人在涉外民事关系产生或者变更、终止时已经连续居住一年以上且作为其生活中心的地方,人民法院可以认定为涉外民事关系法律适用法规定的自然人的经常居所地,但就医、劳务派遣、公务等情形除外。

第十四条 人民法院应当将法人的设立登记地认定为涉外民事关系法律适用法规定的法人的登记地。

第十五条 人民法院通过由当事人提供、已对中华人民共和国生效的国际条约规定的途径、中外法律专家提供等合理途径仍不能获得外国法律的,可以认定为不能查明外国法律。

根据涉外民事关系法律适用法第十条第一款的规定,当事人应当提供外国法律,其在人民法院指定的合理期限内无正当理由未提供该外国法律的,可以认定为不能查明外国法律。

第十六条 人民法院应当听取各方当事人对应当适用的外国法律的内容及其理解与适用的意见,当事人对该外国法律的内容及其理解与适用均无异议的,人民法院可以予以确认;当事人有异议的,由人民法院审查认定。

第十七条 涉及香港特别行政区、澳门特别行政区的民事关系的法律适用问题,参照适用本规定。

第十八条 涉外民事关系法律适用法施行后发生的涉外民事纠纷案件,本解释施行后尚未终审的,适用本解释;本解释施行前已经终审,当事人申请再审或者按照审判监督程序决定再审的,不适用本解释。

第十九条 本院以前发布的司法解释与本解释不一致的,以本解释为准。

◎ 司法文件

最高人民法院转发对外经济贸易部《关于执行联合国国际货物销售合同公约应注意的几个问题》的通知

- 1987年12月10日
- 法(经)发[1987]34号

各省、自治区、直辖市高级人民法院、中级人民法院、各铁路运输中级法院,各海事法院：

鉴于《联合国国际货物销售合同公约》将于1988年1月1日起对我国生效,现将对外经济贸易部《关于执行联合国国际货物销售合同公约应注意的几个问题》转发给你们。请你们组织有关人员认真研究,以便在涉外经济审判工作中正确执行该《公约》。执行中有什么问题,望及时向我院汇报。

附：

对外经济贸易部关于执行联合国国际货物销售合同公约应注意的几个问题

1987年12月4日 〔1987〕外经贸法字第22号

各省、自治区、直辖市及计划单列市、区经贸厅（委、局）、外贸局（总公司）、各总公司、各工贸公司：

我国政府已于1986年12月11日正式核准了《联合国国际货物销售合同公约》（以下简称公约）。鉴于参加公约的国家已经超过10个，公约将于1988年1月1日生效，为便于我各对外经济贸易公司正确执行公约，现将应注意的几个问题通知如下：

一、目前已经参加公约的国家除中国外，还有美国、意大利、赞比亚、南斯拉夫、阿根廷、匈牙利、埃及、叙利亚、法国和莱索托等国家。1986年，该10个国与我国的进出口贸易总额已达92.3亿美元，贸易合同的数量是相当大的。我国政府既已加入公约，也就承担了执行公约的义务，因此，根据公约第一条（1）款的规定，自1988年1月1日起我各公司与上述国家（匈牙利除外）的公司达成的货物买卖合同如不另做法律选择，则合同规定事项将自动适用公约的有关规定，发生纠纷或诉讼亦将依据公约处理。故各公司对一般的货物买卖合同应考虑适用公约，但公司亦可根据交易的性质、产品的特性以及国别等具体因素，与外商达成与公约条文不一致的合同条款，或在合同中明确排除适用公约，转而选择某一国的国内法为合同适用法律。

二、公约只适用于货物的买卖。公约采用了排除方法对货物的范围做了规定（见公约第二、三条）。凡不在公约第二、三条排除的范围内的货物均属公约适用的范围。

三、公约并未对解决合同纠纷的所有法律都做出规定。我国贸易公司应根据具体交易情况，对公约未予规定的问题，或在合同中做出明确规定，或选择某一国内法管辖合同。

四、中国和匈牙利之间的协定贸易虽属货物买卖，但目前不适用公约，仍适用中国与匈牙利1962年鉴定的"交货共同条件"。

五、公约对合同订立的程序以及买卖双方的权利义务做了规定。这些规定与我国现行法律及公司的习惯作法有许多不一致的地方，请各公司注意。

各省经贸厅（委、局）和各外贸公司、工贸公司要及时认真组织外经贸干部学习研究公约。学习中存在的问题请商有关部门解决，也可直接向经贸部条法局反映。

附：

联合国国际货物销售合同公约

1980年4月11日订于维也纳

本公约各缔约国，

铭记联合国大会第六届特别会议通过的关于建立新的国际经济秩序的各项决议的广泛目标，考虑到在平等互利基础上发展国际贸易是促进各国间友好关系的一个重要因素，认为采用照顾到不同的社会、经济和法律制度的国际货物销售合同统一规则，将有助于减少国际贸易的法律障碍，促进国际贸易的发展，兹协议如下：

第一部分 适用范围和总则
第一章 适用范围

第一条

（1）本公约适用于营业地在不同国家的当事人之间所订立的货物销售合同：

（a）如果这些国家是缔约国；或

（b）如果国际私法规则导致适用某一缔约国的法律。

（2）当事人营业地在不同国家的事实，如果从合同或从订立合同前任何时候或订立合同时，当事人之间的任何交易或当事人透露的情报均看不出，应不予考虑。

（3）在确定本公约的适用时，当事人的国籍和当事人或合同的民事或商业性质，应不予考虑。

第二条

本公约不适用于以下的销售：

（a）购供私人、家人或家庭使用的货物的销售，除非卖方在订立合同前任何时候或订立合同时不知道而且没有理由知道这些货物是购供任何这种使用；

（b）经由拍卖的销售；

（c）根据法律执行令状或其他令状的销售；

（d）公债、股票、投资证券、流通票据或货币的销售；

（e）船舶、船只、气垫船或飞机的销售；

（f）电力的销售。

第三条

（1）供应尚待制造或生产的货物的合同应视为销售合同，除非订购货物的当事人保证供应这种制造或生产所需的大部分重要材料。

（2）本公约不适用于供应货物一方的绝大部分义务在于供应劳力或其他服务的合同。

第四条

本公约只适用于销售合同的订立和卖方和买方因此种合同而产生的权利和义务。特别是，本公约除非另有明文规定，与以下事项无关：

（a）合同的效力，或其任何条款的效力，或任何惯例的效力；

（b）合同对所售货物所有权可能产生的影响。

第五条

本公约不适用于卖方对于货物对任何人所造成的死亡或伤害的责任。

第六条

双方当事人可以不适用本公约，或在第十二条的条件下，减损本公约的任何规定或改变其效力。

第二章 总 则

第七条

（1）在解释本公约时，应考虑到本公约的国际性质和促进其适用的统一以及在国际贸易上遵守诚信的需要。

（2）凡本公约未明确解决的属于本公约范围的问题，应按照本公约所依据的一般原则来解决，在没有一般原则的情况下，则应按照国际私法规定适用的法律来解决。

第八条

（1）为本公约的目的，一方当事人所作的声明和其他行为，应依照他的意旨解释，如果另一方当事人已知道或者不可能不知道此一意旨。

（2）如果上一款的规定不适用，当事人所作的声明和其他行为，应按照一个与另一方当事人同等资格、通情达理的人处于相同情况中应有的理解来解释。

（3）在确定一方当事人的意旨或一个通情达理的人应有的理解时，适当地考虑到与事实有关的一切情况，包括谈判情形、当事人之间确立的任何习惯作法、惯例和当事人其后的任何行为。

第九条

（1）双方当事人业已同意的任何惯例和他们之间确立的任何习惯做法，对双方当事人均有约束力。

（2）除非另有协议，双方当事人应视为已默示地同意对他们的合同或合同的订立适用双方当事人已知道或理应知道的惯例，而这种惯例，在国际贸易上，已为有关特定贸易所涉同类合同的当事人所广泛知道并为他们所经常遵守。

第十条

为本公约的目的：

（a）如果当事人有一个以上的营业地，则以与合同及合同的履行关系最密切的营业地为其营业地，但要考虑到双方当事人在订立合同前任何时候或订立合同时所知道或所设想的情况；

（b）如果当事人没有营业地，则以其惯常居住地为准。

第十一条

销售合同无须以书面订立或书面证明，在形式方面也不受任何其他条件的限制。销售合同可以用包括人证在内的任何方法证明。

第十二条

本公约第十一条、第二十九条或第二部分准许销售合同或其更改或根据协议终止，或者任何发价、接受或其他意旨表示得以书面以外任何形式做出的任何规定不适用，如果任何一方当事人的营业地是在已按照本公约第九十六条做出了声明的一个缔约国内，各当事人不得减损本条或改变其效力。

第十三条

为本公约的目的，"书面"包括电报和电传。

第二部分 合同的订立

第十四条

（1）向一个或一个以上特定的人提出的订立合同的建议，如果十分确定并且表明发价人在得到接受时承受约束的意旨，即构成发价。一个建议如果写明货物并且明示或暗示地规定数量和价格或规定如何确定数量和价格，即为十分确定。

（2）非向一个或一个以上特定的人提出的建议，仅应视为邀请做出发价，除非提出建议的人明确地表示相反的意向。

第十五条

（1）发价于送达被发价人时生效。

（2）一项发价，即使是不可撤销的，得于撤回，如果撤回通知于发价送达被发价人之前或同时，送达被发价人。

第十六条

（1）在未订立合同之前，发价得予撤销，如果撤销通知于被发价人发出接受通知之前送达被发价人。

（2）但在下列情况下，发价不得撤销：

（a）发价写明接受发价的期限或以其他方式表示发价是不可撤销的；或

（b）被发价人有理由信赖该项发价是不可撤销的，而且被发价人已本着对该项发价的信赖行事。

第十七条

一项发价，即使是不可撤销的，于拒绝通知送达发价人时终止。

第十八条

（1）被发价人声明或做出其他行为表示同意一项发价，即是接受，缄默或不行动本身不等于接受。

（2）接受发价于表示同意的通知送达发价人时生效。如果表示同意的通知在发价人所规定的时间内，如未规定时间，在一段合理的时间内，未曾送达发价人，接受就成为无效，但须适当地考虑到交易的情况，包括发价人所使用的通讯方法的迅速程度。对口头发价必须立即接受，但情况有别者不在此限。

（3）但是，如果根据该项发价或依照当事人之间确立的习惯作法和惯例，被发价人可以做出某种行为，例如与发运货物或支付价款有关的行为，来表示同意，而无须向发价人发出通知，则接受于该项行为做出时生效，但该行为必须在上一款所规定的期间内做出。

第十九条

（1）对发价表示接受但载有添加、限制或其他更改的答复，即为拒绝该项发价，并构成还价。

（2）但是，对发价表示接受但载有添加或不同条件的答复，如所载的添加或不同条件在实质上并不变更该项发价的条件，除发价人在不过分迟延的时间内以口头或书面通知反对其间的差异外，仍构成接受。如果发价人不做出这种反对，合同的条件就以该项发价的条件以及接受通知内所载的更改为准。

（3）有关货物价格、付款、货物质量和数量、交货地点和时间、一方当事人对另一方当事人的赔偿责任范围或解决争端等等的添加或不同条件，均视为在实质上变更发价的条件。

第二十条

（1）发价人在电报或信件内规定的接受期间，从电报交发时刻或信上载明的发信日期起算，如信上未载明发信日期，则从信封上所载日期起算。发价人以电话、电传或其他快速通讯方法规定的接受期间，从发价送达被发价人时起算。

（2）在计算接受期间时，接受期间内的正

式假日或非营业日应计算在内。但是如果接受期间的最后1天未能送到发价人地址,因为那天在发价人营业地是正式假日或非营业日,则接受期间应顺延至下一个营业日。

第二十一条

（1）逾期接受仍有接受的效力,如果发价人毫不迟延地用口头或书面将此种意见通知被发价人。

（2）如果载有逾期接受的信件或其他书面文件表明,他是在传递正常、能及时送达发价人的情况下寄发的,则该项逾期接受具有接受的效力,除非发价人毫不迟延地用口头或书面通知被发价人:他认为他的发价已经失效。

第二十二条

接受得予撤回,如果撤回通知于接受原应生效之前或同时,送达发价人。

第二十三条

合同于按照本公约规定对发价的接受生效时订立。

第二十四条

为本公约本部分的目的,接受声明或任何其他意旨表示"送达"对方,系指用口头通知对方或通过任何其他方法送交对方本人,或其营业地或通讯地址,如无营业地或通讯地址,则送交对方惯常居住地。

第三部分 货物销售

第一章 总 则

第二十五条

一方当事人违反合同的结果,如使另一方当事人蒙受损害,以致于实际上剥夺了他根据合同规定有权期待得到的东西,即为根本违反合同,除非违反合同一方并不预知而且一个同等资格、通情达理的人处于相同情况中也没有理由预知会发生这种结果。

第二十六条

宣告合同无效的声明,必须向另一方当事人发出通知,方始有效。

第二十七条

除非本公约本部分另有明文规定,当事人按照本部分的规定,以适当情况的方法发出任何通知、要求或其他通知后,这种通知在传递上发生耽搁或错误,或者未能到达,并不使当事人丧失依靠该项通知的权利。

第二十八条

如果按照本公约的规定,一方当事人有权要求另一方当事人履行某一义务,法院没有义务做出判决,要求具体履行此一义务,除非法院依照其本身的法律对不属本公约范围的类似销售合同愿意这样做。

第二十九条

（1）合同只需双方当事人协议,就可更改或终止。

（2）规定任何更改或根据协议终止必须以书面做出的书面合同,不得以任何其他方式更改或根据协议终止。但是,一方当事人的行为,如经另一方当事人寄以信赖,就不得坚持此项规定。

第二章 卖方的义务

第三十条

卖方必须按照合同和本公约的规定,交付货物,移交一切与货物有关的单据并转移货物所有权。

第一节 交付货物和移交单据

第三十一条

如果卖方没有义务要在任何其他特定地点交付货物,他的交货义务如下:

(a)如果销售合同涉及到货物的运输,卖方应把货物移交给第一承运人,以运交给买方;

(b)在不属于上一款规定的情况下,如果合同指的是特定货物或从特定存货中提取的或尚待制造或生产的未经特定化的货物,而双方当事人在订立合同时已知道这些货物是在某一特定地点,或将在某一特定地点制造或生产,卖方应在该地点把货物交给买方处置;

(c)在其他情况下,卖方应在他于订立合同时的营业地把货物交给买方处置。

第三十二条

（1）如果卖方按照合同或本公约的规定将货物交付给承运人,但货物没有以货物上加标记,或以装运单据或其他方式清楚地注明有关合同,卖方必须向买方发出列明货物的发通知。

（2）如果卖方有义务安排货物的运输，他必须订立必要的合同，以按照通常运输条件，用适合情况的运输工具，把货物运到指定地点。

（3）如果卖方没有义务对货物的运输办理保险，他必须在买方提出要求时，向买方提供一切现有的必要资料，使他能够办理这种保险。

第三十三条

卖方必须按以下规定的日期交付货物：

（a）如果合同规定有日期，或从合同可以确定日期，应在该日期交付；

（b）如果合同规定有一段时间，或从合同可以确定一段时间，除非情况表明应由买方选定一个日期外，应在该段时间内任何时候交货；或者

（c）在其他情况下，应在订立合同后一段合理时间内交货。

第三十四条

如果卖方有义务移交与货物有关的单据，他必须按照合同所规定的时间、地点和方式移交这些单据。如果卖方在那个时间以前已移交这些单据，他可以在那个时间到达前纠正单据中任何不符合合同规定的情形，但是，此一权利的行使不得使买方遭受不合理的不便或承担不合理的开支。但是，买方保留本公约所规定的要求损害赔偿的任何权利。

第二节　货物相符与第三方要求

第三十五条

（1）卖方交付的货物必须与合同所规定的数量、质量和规格相符，并须按照合同所规定的方式装箱或包装。

（2）除双方当事人业已另有协议外，货物除非符合以下规定，否则即为与合同不符：

（a）货物适用于同一规格货物通常使用的目的；

（b）货物适用于订立合同时曾明示或默示地通知卖方的任何特定目的，除非情况表明买方并不依赖卖方的技能和判断力，或者这种依赖对他是不合理的；

（c）货物的质量与卖方向买方提供的货物样品或样式相同；

（d）货物按照同类货物通用的方式装箱或包装，如果没有此种通用方式，则按照足以保全和保护货物的方式装箱或包装。

（3）如果买方在订立合同时知道或者不可能不知道货物不符合同，卖方就无须按上一款（a）项至（d）项负有此种不符合同的责任。

第三十六条

（1）卖方应按照合同和本公约的规定，对风险移转到买方时所存在的任何不符合同情形，负有责任，即使这种不符合同情形在该时间后方始明显。

（2）卖方对在上一款所述时间后发生的任何不符合同情形，也应负有责任，如果这种不符合同情形是由于卖方违反他的某项义务所致，包括违反关于在一段时间内货物将继续适用于其通常使用的目的或某种特定目的，或将保持某种特定质量或性质的任何保证。

第三十七条

如果卖方在交货日期前交付货物，他可以在那个日期到达前，交付任何缺漏部分或补足所交付货物的不足数量，或交付用以替换所交付不符合同规定的货物，或对所交付货物中任何不符合同规定的情形做出补救，但是，此一权利的行使不得使买方遭受不合理的不便或承担不合理的开支。但是，买方保留本公约所规定的要求损害赔偿的任何权利。

第三十八条

（1）买方必须在按情况实际可行的最短时间内检验货物或由他人检验货物。

（2）如果合同涉及到货物的运输，检验可推迟到货物到达目的地后进行。

（3）如果货物在运输途中改运或买方须再发运货物，没有合理机会加以检验，而卖方在订立合同时已知道或理应知道这种改运或再发运的可能性，检验可推迟到货物到达新目的地后进行。

第三十九条

（1）买方对货物不符合同，必须在发现或理应发现不符情形后一段合理时间内通知卖方，说明不符合同情形的性质，否则就丧失声

称货物不符合同的权利。

（2）无论如何，如果买方不在实际收到货物之日起两年内将货物不符合同情形通知卖方，他就丧失声称货物不符合同的权利，除非这一时限与合同规定的保证期限不符。

第四十条

如果货物不符合同规定指的是卖方已知道或不可能不知道而又没有告知买方的一些事实，则卖方无权援引第三十八条和第三十九条的规定。

第四十一条

卖方所交付的货物，必须是第三方不能提出任何权利或要求的货物，除非买方同意在这种权利或要求的条件下，收取货物。但是，如果这种权利或要求是以工业产权或其他知识产权为基础的，卖方的义务应依照第四十二条的规定。

第四十二条

（1）卖方所交付的货物，必须是第三方不能根据工业产权或其他知识产权主张任何权利或要求的货物，但以卖方在订立合同时已知道或不可能不知道的权利或要求为限，而且这种权利或要求根据以下国家的法律规定是以工业产权或其他知识产权为基础的：

（a）如果双方当事人在订立合同时预期货物将在某一国境内转售或做其他使用，则根据货物将在其境内转售或做其他使用的国家的法律；或者

（b）在任何其他情况下，根据买方营业地所在国家的法律。

（2）卖方在上一款中的义务不适用于以下情况：

（a）买方在订立合同时已知道或不可能不知道此项权利或要求；或者

（b）此项权利或要求的发生，是由于卖方要遵照买方所提供的技术图样、图案、款式或其他规格。

第四十三条

（1）买方如果不在已知道或理应知道第三方的权利或要求后一段合理时间内，将此一权利或要求的性质通知卖方，就丧失援引第四十一条或第四十二条规定的权利。

（2）卖方如果知道第三方的权利或要求以及此一权利或要求的性质，就无权援引上一款的规定。

第四十四条

尽管有第三十九条第(1)款和第四十三条第(1)款的规定，买方如果对他未发出所需的通知具备合理的理由，仍可按照第五十条规定减低价格，或要求利润损失以外的损害赔偿。

第三节 卖方违反合同的补救办法

第四十五条

（1）如果卖方不履行他在合同和本公约中的任何义务，买方可以：

（a）行使第四十六条至第五十二条所规定的权利；

（b）按照第七十四条至第七十七条的规定，要求损害赔偿。

（2）买方可能享有的要求损害赔偿的任何权利，不因他行使采取其他补救办法的权利而丧失。

（3）如果买方对违反合同采取某种补救办法，法院或仲裁庭不得给予卖方宽限期。

第四十六条

（1）买方可以要求卖方履行义务，除非买方已采取与此一要求相抵触的某种补救办法。

（2）如果货物不符合同，买方只有在此种不符合同情形构成根本违反合同时，才可以要求交付替代货物，而且关于替代货物的要求，必须与依照第三十九条发出的通知同时提出，或者在该项通知发出后一段合理时间内提出。

（3）如果货物不符合同，买方可以要求卖方通过修理对不符合同之处做出补救，除非他考虑了所有情况之后，认为这样做是不合理的。修理的要求必须与依照第三十九条发出的通知同时提出，或者在该项通知发出后一段合理时间内提出。

第四十七条

（1）买方可以规定一段合理时限的额外时间，让卖方履行其义务。

（2）除非买方收到卖方的通知，声称他将不在所规定的时间内履行义务，买方在这段时

间内不得对违反合同采取任何补救办法。但是，买方并不因此丧失他对迟延履行义务可能享有的要求损害赔偿的任何权利。

第四十八条

（1）在第四十九条的条件下卖方即使在交货日期之后，仍可自付费用，对任何不履行义务做出补救，但这种补救不得造成不合理的迟延，也不得使买方遭受不合理的不便，或无法确定卖方是否将偿付买方预付的费用。但是，买方保留本公约所规定的要求损害赔偿的任何权利。

（2）如果卖方要求买方表明他是否接受卖方履行义务，而买方不在一段合理时间内对此一要求做出答复，则卖方可以按其要求中所指明的时间履行义务。买方不得在该段时间内采取与卖方履行义务相抵触的任何补救办法。

（3）卖方表明他将在某一特定时间内履行义务的通知，应视为包括根据上一款规定要买方表明决定的要求在内。

（4）卖方按照本条第（2）款和第（3）款做出的要求或通知，必须在买方收到后，始生效力。

第四十九条

（1）买方在以下情况下可以宣告合同无效：

（a）卖方不履行其在合同或本公约中的任何义务，等于根本违反合同；或

（b）如果发生不交货的情况，卖方不在买方按照第四十七条第（1）款规定的额外时间内交付货物，或卖方声明他将不在所规定的时间内交付货物。

（2）但是，如果卖方已交付货物，买方就丧失宣告合同无效的权利，除非：

（a）对于迟延交货，他在知道交货后一段合理时间内这样做；

（b）对于迟延交货以外的任何违反合同的事情：

①他在已知道或理应知道这种违反合同后一段合理时间内这样做；或

②他在买方按照第四十七条第（1）款规定的任何额外时间满期后，或在卖方声明他将不在这一额外时间履行义务后一段合理时间内这样做；或

③他在卖方按照第四十八条第（2）款指明的任何额外时间满期后，或在买方声明他将不接受卖方履行义务后一段合理时间内这样做。

第五十条

如果货物不符合同，不论价款是否已付，买方都可以减低价格，减价按实际交付的货物在交货时的价值与符合合同的货物在当时的价值两者之间的比例计算。但是，如果卖方按照第三十七条或第四十八条的规定对任何不履行义务做出补救，或者买方拒绝接受卖方按照该两条规定履行义务，则买方不得减低价格。

第五十一条

（1）如果卖方只交付一部分货物，或者交付的货物中只有一部分符合合同规定，第四十六条至第五十条的规定适用于缺漏部分及不符合同规定部分的货物。

（2）买方只有在完全不交付货物或不照合同规定交付货物等于根本违反合同时，才可以宣告整个合同无效。

第五十二条

（1）如果卖方在规定的日期前交付货物，买方可以收取货物，也可以拒绝收取货物。

（2）如果卖方交付的货物数量大于合同规定的数量，买方可以收取也可以拒绝收取多交部分的货物。如果买方收取多交部分货物的全部或一部分，他必须按合同价格付款。

第三章 买方的义务

第五十三条

买方必须按照合同和本公约规定支付货物价款和收取货物。

第一节 支付价款

第五十四条

买方支付价款的义务包括根据合同或任何有关法律和规章规定的步骤和手续，以便支付价款。

第五十五条

如果合同已有效地订立，但没有明示或暗示地规定价格或规定如何确定价格，在没有任

何相反表示的情况下,双方当事人应视为已默示地引用订立合同时此种货物在有关贸易的类似情况下销售的通常价格。

第五十六条

如果价格是按货物的重量规定的,如有疑问,应按净重确定。

第五十七条

(1)如果买方没有义务在任何其他特定地点支付价款,他必须在以下地点向卖方支付价款:

(a)卖方的营业地;或者

(b)如凭移交货物或单据支付价款,则为移交货物或单据的地点。

(2)卖方必须承担因其营业地在订立合同后发生变动而增加的支付方面的有关费用。

第五十八条

(1)如果买方没有义务在任何其他特定时间内支付价款,他必须于卖方按照合同和本公约规定将货物或控制货物处置权的单据交给买方处置时支付价款。卖方可以支付价款作为移交货物或单据的条件。

(2)如果合同涉及到货物的运输,卖方可以在支付价款后方可把货物或控制货物处置权的单据移交给买方作为发运货物的条件。

(3)买方在未有机会检验货物前,无义务支付价款,除非这种机会与双方当事人议定的交货或支付程序相抵触。

第五十九条

买方必须按合同和本公约规定的日期或从合同和本公约可以确定的日期支付价款,而无需卖方提出任何要求或办理任何手续。

第二节 收取货物

第六十条

买方收取货物的义务如下:

(a)采取一切理应采取的行动,以期卖方能交付货物;和

(b)接收货物。

第三节 买方违反合同的补救办法

第六十一条

(1)如果买方不履行他在合同和本公约中的任何义务,卖方可以:

(a)行使第六十二条至第六十五条所规定的权利;

(b)按照第七十四至第七十七条的规定,要求损害赔偿。

(2)卖方可能享有的要求损害赔偿的任何权利,不因他行使采取其他补救办法的权利而丧失。

(3)如果卖方对违反合同采取某种补救办法,法院或仲裁庭不得给予买方宽限期。

第六十二条

卖方可以要求买方支付价款、收取货物或履行他的其他义务,除非卖方已采取与此一要求相抵触的某种补救办法。

第六十三条

(1)卖方可以规定一段合理时限的额外时间,让买方履行义务。

(2)除非卖方收到买方的通知,声称他将不在所规定的时间内履行义务,卖方不得在这段时间内对违反合同采取任何补救办法。但是,卖方并不因此丧失他对迟延履行义务可能享有的要求损害赔偿的任何权利。

第六十四条

(1)卖方在以下情况下可以宣告合同无效:

(a)买方不履行其在合同或本公约中的任何义务,等于根本违反合同;或

(b)买方不在卖方按照第六十三条第(1)款规定的额外时间内履行支付价款的义务或收取货物,或买方声明他将不在所规定的时间内这样做。

(2)但是,如果买方已支付价款,卖方就丧失宣告合同无效的权利,除非:

(a)对于买方迟延履行义务,他在知道买方履行义务前这样做;或者

(b)对于买方迟延履行义务以外的任何违反合同事情:

①他在已知道或理应知道这种违反合同后一段合理时间内这样做;或

②他在卖方按照第六十三条第(1)款规定的任何额外时间满期后或在买方声明他将不在这一额外时间内履行义务后一段合理时间内这样做。

第六十五条

(1)如果买方应根据合同规定订明货物

的形状、大小或其他特征,而他在议定的日期或在收到卖方的要求后一段合理时间内没有订明这些规格,则卖方在不损害其可能享有的任何其他权利的情况下,可以依照他所知的买方的要求,自己订明规格。

(2)如果卖方自己订明规格,他必须把订明规格的细节通知买方,而且必须规定一段合理时间,让买方可以在该段时间内订出不同的规格。如果买方在收到这种通知后没有在该段时间内这样做,卖方所订的规格就具有约束力。

第四章 风险移转

第六十六条

货物在风险移转到买方承担后遗失或损坏,买方支付价款的义务并不因此解除,除非这种遗失或损坏是由于卖方的行为或不行为所造成。

第六十七条

(1)如果销售合同涉及到货物的运输,但卖方没有义务在某一特定地点交付货物,自货物按照销售合同交付给第一承运人以转交给买方时起,风险就移转到买方承担。如果卖方有义务在某一特定地点把货物交付给承运人,在货物于该地点交付给承运人以前,风险不移转到买方承担。卖方受权保留控制货物处置权的单据,并不影响风险的移转。

(2)但是,在货物以货物上加标记,或以装运单据,或向买方发出通知或其他方式清楚地注明有关合同以前,风险不移转到买方承担。

第六十八条

对于在运输途中销售的货物,从订立合同时起,风险就移转到买方承担。但是,如果情况表明有此需要,从货物交付给签发载有运输合同单据的承运人时起,风险就由买方承担。尽管如此,如果卖方在订立合同时已知道或理应知道货物已经遗失或损坏,而他又不将这一事实告知买方,则这种遗失或损坏应由卖方负责。

第六十九条

(1)在不属于第六十七条和第六十八条规定的情况下,从买方接收货物时起,或如果买方不在适当时间内这样做,则从货物交给他处置但他不收取货物从而违反合同时起,风险移转到买方承担。

(2)但是,如果买方有义务在卖方营业地以外的某一地点接收货物,当交货时间已到而买方知道货物已在该地点交给他处置时,风险方始移转。

(3)如果合同指的是当时未加识别的货物,则这些货物在未清楚注明有关合同以前,不得视为已交给买方处置。

第七十条

如果卖方已根本违反合同,第六十七条、第六十八条和第六十九条的规定,不损害买方因此种违反合同而可以采取的各种补救办法。

第五章 卖方和买方义务的一般规定

第一节 预期违反合同和分批交货合同

第七十一条

(1)如果订立合同后,另一方当事人由于下列原因显然将不履行其大部分重要义务,一方当事人可以中止履行义务:

(a)他履行义务的能力或他的信用有严重缺陷;或

(b)他在准备履行合同或履行合同中的行为。

(2)如果卖方在上一款所述的理由明化以前已将货物发运,他可以阻止将货物交付给买方,即使买方持有其有权获得货物的单据。本款规定只与买方和卖方间对货物的权利有关。

(3)中止履行义务的一方当事人不论是在货物发运前还是发运后,都必须立即通知另一方当事人,如经另一方当事人对履行义务提供充分保证,则他必须继续履行义务。

第七十二条

(1)如果在履行合同日期之前,明显看出一方当事人将根本违反合同,另一方当事人可以宣告合同无效。

(2)如果时间许可,打算宣告合同无效的一方当事人必须向另一方当事人发出合理的通知,使他可以对履行义务提供充分保证。

(3) 如果另一方当事人已声明他将不履行其义务,则上一款的规定不适用。

第七十三条

(1) 对于分批交付货物的合同,如果一方当事人不履行对任何一批货物的义务,便对该批货物构成根本违反合同,则另一方当事人可以宣告合同对该批货物无效。

(2) 如果一方当事人不履行对任何一批货物的义务,使另一方当事人有充分理由断定对今后各批货物将会发生根本违反合同,该另一方当事人可以在一段合理时间内宣告合同今后无效。

(3) 买方宣告合同对任何一批货物的交付无效时,可以同时宣告合同对已交付的或今后交付的各批货物均为无效,如果各批货物是互相依存的,不能单独用于双方当事人在订立合同时所设想的目的。

第二节 损害赔偿

第七十四条

一方当事人违反合同应负的损害赔偿额,应与另一方当事人因他违反合同而遭受的包括利润在内的损失额相等。这种损害赔偿不得超过违反合同一方在订立合同时,依照他当时已知道或理应知道的事实和情况,对违反合同预料到或理应预料到的可能损失。

第七十五条

如果合同被宣告无效,而在宣告无效后一段合理时间内,买方以合理方式购买替代货物,或者卖方已以合理方式把货物转卖,则要求损害赔偿的一方可以取得合同价格和替代货物交易价格之间的差额以及按照第七十四条规定可以取得的任何其他损害赔偿。

第七十六条

(1) 如果合同被宣告无效,而货物又有时价,要求损害赔偿的一方,如果没有根据第七十五条规定进行购买或转卖,则可以取得合同规定的价格和宣告合同无效时的时价之间的差额以及按照第七十四条规定可以取得的任何其他损害赔偿。但是,如果要求损害赔偿的一方在接收货物之后宣告合同无效,则应适用接收货物时的时价,而不适用宣告合同无效时的时价。

(2) 为上一款的目的,时价指原应交付货物地点的现行价格,如果该地点没有时价,则指另一合理替代地点的价格,但应适当地考虑货物运费的差额。

第七十七条

声称另一方违反合同的一方,必须按情况采取合理措施,减轻由于该另一方违反合同而引起的损失,包括利润方面的损失。如果他不采取这种措施,违反合同一方可以要求从损害赔偿中扣除原可以减轻的损失数额。

第三节 利 息

第七十八条

如果一方当事人没有支付价款或任何其他拖欠金额,另一方有权对这些款额收取利息,但不妨碍要求按照第七十四条规定可以取得的损害赔偿。

第四节 免 责

第七十九条

(1) 当事人对不履行义务,不负责任,如果他能证明此种不履行义务,是由于某种非他所能控制的障碍,而且对于这种障碍,没有理由预期他在订立合同时能考虑到或能避免或克服它或它的后果。

(2) 如果当事人不履行义务是由于他所雇用履行合同的全部或一部分规定的第三方不履行义务所致,该当事人只有在以下情况下才能免除责任:

(a) 他按照上一款的规定应免除责任;

(b) 假如该款的规定也适用于他所雇用的人,这个人也同样会免除责任。

(3) 本条所规定的免责对障碍存在的期间有效。

(4) 不履行义务的一方必须将障碍及其对他履行义务能力的影响通知另一方。如果该项通知在不履行义务的一方已知道或理应知道此一障碍后一段合理时间内仍未为另一方收到,则他对由于另一方未收到通知而造成的损害应负赔偿责任。

(5) 本条规定不妨碍任一方行使本公约

规定的要求损害赔偿以外的任何权利。

第八十条

一方当事人因其行为或不行为而使得另一方当事人不履行义务时,不得声称该另一方当事人不履行义务。

第五节 宣告合同无效的效果

第八十一条

(1) 宣告合同无效解除了双方在合同中的义务,但应负责的任何损害赔偿仍应负责。宣告合同无效不影响合同中关于解决争端的任何规定,也不影响合同中关于双方在宣告合同无效后权利和义务的任何其他规定。

(2) 已全部或局部履行合同的一方,可以要求另一方归还按照合同供应的货物或支付的价款。如果双方都须归还,他们必须同时这样做。

第八十二条

(1) 买方如果不可能按实际收到货物的原状归还货物,他就丧失宣告合同无效或要求卖方交付替代货物的权利。

(2) 上一款的规定不适用于以下情况:

(a) 如果不可能归还货物或不可能按实际收到货物的原状归还货物,并非由于买方的行为或不行为所造成;或者

(b) 如果货物或其中一部分的毁灭或变坏,是由于按照第三十八条规定进行检验所致;或者

(c) 如果货物或其中一部分,在买方发现或理应发现与合同不符以前,已为买方在正常营业过程中售出,或在正常使用过程中消费或改变。

第八十三条

买方虽然依第八十二条规定丧失宣告合同无效或要求卖方交付替代货物的权利,但是根据合同和本公约规定,他仍保有采取一切其他补救办法的权利。

第八十四条

(1) 如果卖方有义务归还价款,他必须同时从支付价款之日起支付价款利息。

(2) 在以下情况下,买方必须向卖方说明他从货物或其中一部分得到的一切利益:

(a) 如果他必须归还货物或其中一部分;或者

(b) 如果他不可能归还全部或一部分货物,或不可能按实际收到货物的原状归还全部或一部分货物,但他已宣告合同无效或已要求卖方交付替代货物。

第六节 保全货物

第八十五条

如果买方推迟收取货物,或在支付价款和交付货物应同时履行时,买方没有支付价款,而卖方仍拥有这些货物或仍能控制这些货物的处置权,卖方必须按情况采取合理措施,以保全货物。他有权保有这些货物,直至买方把他所付的合理费用偿还给他为止。

第八十六条

(1) 如果买方已收到货物,但打算行使合同或本公约规定的任何权利,把货物退回,他必须按情况采取合理措施,以保全货物。他有权保有这些货物,直至卖方把他所付的合理费用偿还给他为止。

(2) 如果发运给买方的货物已到达目的地,并交给买方处置,而买方行使退货权利,则买方必须代表卖方收取货物,除非他这样做需要支付价款而且会使他遭受不合理的不便或需承担不合理的费用。如果卖方或受权代表他掌管货物的人也在目的地,则此一规定不适用。如果买方根据本款规定收取货物,他的权利和义务与上一款所规定的相同。

第八十七条

有义务采取措施以保全货物的一方当事人,可以把货物寄放在第三方的仓库,由另一方当事人担负费用,但该项费用必须合理。

第八十八条

(1) 如果另一方当事人在收取货物或收回货物或支付价款或保全货物费用方面有不合理的迟延,按照第八十五条或第八十六条规定有义务保全货物的一方当事人,可以采取任何适当办法,把货物出售,但必须事前向另一方当事人发出合理的意向通知。

(2) 如果货物易于迅速变坏,或者货物的保全牵涉到不合理的费用,则按照第八十五条

或第八十六条规定有义务保全货物的一方当事人,必须采取合理措施,把货物出售。在可能的范围内,他必须把出售货物的打算通知另一方当事人。

(3) 出售货物的一方当事人,有权从销售所得收入中扣回为保全货物和销售货物而付的合理费用。他必须向另一方当事人说明所余款项。

第四部分 最后条款

第八十九条

兹指定联合国秘书长为本公约保管人。

第九十条

本公约不优于业已缔结或可能缔结并载有与属于本公约范围内事项有关的条款的任何国际协定,但以双方当事人的营业地均在这种协定的缔约国内为限。

第九十一条

(1) 本公约在联合国国际货物销售合同会议闭幕会议上开放签字,并在纽约联合国总部继续开放签字,直至1981年9月30日为止。

(2) 本公约须经签字国批准、接受或核准。

(3) 本公约从开放签字之日起开放给所有非签字国加入。

(4) 批准书、接受书、核准书和加入书应送交联合国秘书长存放。

第九十二条

(1) 缔约国可在签字、批准、接受、核准或加入时声明它不受本公约第二部分的约束或不受本公约第三部分的约束。

(2) 按照上一款规定就本公约第二部分或第三部分做出声明的缔约国,在该声明适用的部分所规定事项上,不得视为本公约第一条第(1)款范围内的缔约国。

第九十三条

(1) 如果缔约国具有两个或两个以上的领土单位,而依照该国宪法规定,各领土单位对本公约所规定的事项适用不同的法律制度,则该国得在签字、批准、接受、核准或加入时声明本公约适用于该国全部领土单位或仅适用于其中的一个或数个领土单位,并且可以随时提出另一声明来修改其所做的声明。

(2) 此种声明应通知保管人,并且明确地说明适用本公约的领土单位。

(3) 如果根据按本条做出的声明,本公约适用于缔约国的一个或数个但不是全部领土单位,而一方当事人的营业地位于该缔约国内,则为本公约的目的,该营业地除非位于本公约适用的领土单位内,否则视为不在缔约国内。

(4) 如果缔约国没有按照本条第(1)款做出声明,则本公约适用于该国所有领土单位。

第九十四条

(1) 对属于本公约范围的事项具有相同或非常近似的法律规则的两个或两个以上缔约国,可随时声明本公约不适用于营业地在这些缔约国内的当事人之间的销售合同,也不适用于这些合同的订立。此种声明可联合做出,也可以相互单方面声明的方式做出。

(2) 对属于本公约范围的事项具有与一个或一个以上非缔约国相同或非常近似的法律规则的缔约国,可随时声明本公约不适用于营业地在这些非缔约国内的当事人之间的销售合同,也不适用于这些合同的订立。

(3) 作为根据上一款所做声明对象的国家如果后来成为缔约国,这项声明从本公约对该新缔约国生效之日起,具有根据第(1)款所做声明的效力,但以该新缔约国加入这项声明,或做出相互方面声明为限。

第九十五条

任何国家在交存其批准书、接受书、核准书或加入书时,可声明它不受本公约第一条第(1)款(b)项的约束。

第九十六条

本国法律规定销售合同必须以书面订立或书面证明的缔约国,可以随时按照第十二条的规定,声明本公约第十一条、第二十九条或第二部分准许销售合同或其更改或根据协议终止,或者任何发价、接受或其他意旨表示得以书面以外任何形式做出的任何规定不适用,如果任何一方当事人的营业地是在该缔约国内。

第九十七条

(1) 根据本公约规定在签字时做出的声明,须在批准、接受或核准时加以确认。

(2) 声明和声明的确认,应以书面提出,并应正式通知保管人。

(3) 声明在本公约对有关国家开始生效时同时生效。但是,保管人于此种生效后收到正式通知的声明,应于保管人收到声明之日起6个月后的第一个月第一天生效。根据第九十四条规定做出的相互单方面声明,应于保管人收到最后一份声明之日起6个月后的第一个月第一天生效。

(4) 根据本公约规定做出声明的任何国家可以随时用书面正式通知保管人撤回该项声明。此种撤回于保管人收到通知之日起6个月后的第一个月第一天生效。

(5) 撤回根据第九十四条做出的声明,自撤回生效之日起,就会使另一个国家根据该条所做的任何相互声明失效。

第九十八条

除本公约明文许可的保留外,不得作任何保留。

第九十九条

(1) 在本条第(6)款规定的条件下,本公约在第十件批准书、接受书、核准书或加入书,包括载有根据第九十二条规定做出的声明的文书交存之日起12个月后的第一个月第一天生效。

(2) 在本条第(6)款规定的条件下,对于在第十件批准书、接受书、核准书或加入书交存后才批准、接受、核准或加入本公约的国家,本公约在该国交存其批准书、接受书、核准书或加入书之日起12个月后的第一个月第一天对该国生效,但不适用的部分除外。

(3) 批准、接受、核准或加入本公约的国家,如果是1964年7月1日在海牙签订的《关于国际货物销售合同的订立统一法公约》(《1964年海牙订立合同公约》)和1964年7月1日在海牙签订的《关于国际货物销售统一法的公约》(《1964年海牙货物销售公约》)中一项或两项公约的缔约国,应按情况同时通知荷兰政府声明退出《1964年海牙货物销售公

约》或《1964年海牙订立合同公约》或退出该两公约。

(4) 凡为《1964年海牙货物销售公约》缔约国并批准、接受、核准或加入本公约和根据第九十二条规定声明或业已声明不受本公约第二部分约束的国家,应于批准、接受、核准或加入时通知荷兰政府声明退出《1964年海牙货物销售公约》。

(5) 凡为《1964年海牙订立合同公约》缔约国并批准、接受、核准或加入本公约和根据第九十二条规定声明或业已声明不受本公约第三部分约束的国家,应于批准、接受、核准或加入时通知荷兰政府声明退出《1964年海牙订立合同公约》。

(6) 为本条的目的,《1964年海牙订立合同公约》或《1964年海牙货物销售公约》的缔约国的批准、接受、核准或加入本公约,应在这些国家按照规定退出该两公约生效后方始生效。本公约保管人应与1964年两公约的保管人荷兰政府进行协商,以确保在这方面进行必要的协调。

第一百条

(1) 本公约适用于合同的订立,只要订立该合同的建议是在本公约对第一条第(1)款(a)项所指缔约国或第一条第(1)款(b)项所指缔约国生效之日或其后作出的。

(2) 本公约只适用于在它对第一条第(1)款(a)项所指缔约国或第一条第(1)款(b)项所指缔约国生效之日或其后订立的合同。

第一百零一条

(1) 缔约国可以用书面正式通知保管人声明退出本公约,或本公约第二部分或第三部分。

(2) 退出于保管人收到通知12个月后的第一个月第一天起生效。凡通知内订明一段退出生效的更长时间,则退出于保管人收到通知后该段更长时间期满时起生效。

1980年4月11日订于维也纳,正本一份,其阿拉伯文本、中文本、英文本、法文本、俄文本和西班牙文本都具有同等效力。

下列全权代表,经各自政府正式授权,在本公约上签字,以资证明。(略)

最高人民法院关于印发《全国沿海地区涉外、涉港澳经济审判工作座谈会纪要》的通知

- 1989年6月12日
- 法(经)发〔1989〕12号

各省、自治区、直辖市高级人民法院、中级人民法院、各海事法院：

现将《全国沿海地区涉外、涉港澳经济审判工作座谈会纪要》印发给你们，望遵照执行。

附：

全国沿海地区涉外、涉港澳经济审判工作座谈会纪要

全国沿海地区涉外、涉港澳经济审判工作座谈会于1988年12月12日至16日在广东省佛山市召开。参加这次座谈会的有沿海和边疆开放地区部分高、中级人民法院经济庭有关同志。会议期间，最高人民法院院长任建新同志到会作了讲话。

会议总结交流了涉外、涉港澳经济审判工作的经验，研究了审判实践中急需明确的一些问题，讨论了加强涉外、涉港澳经济审判工作，为搞好治理整顿和扩大对外开放服务的具体措施。现纪要如下：

一

会议认为，党的十三届三中全会提出的"治理经济环境，整顿经济秩序，全面深化改革"的方针，对我国今后的改革、开放具有重要的意义。治理经济环境、整顿经济秩序的目的在于为发展我国的社会主义商品经济和扩大对外开放创造良好的条件和提供必要的保证。人民法院的涉外、涉港澳经济审判工作要坚持围绕治理整顿，依法保护和支持有利于改革开放、有利于发展对外经济贸易和技术合作的活动；依法限制和制裁不利于改革开放、不利于发展对外经济贸易和技术合作的行为，为全国的改革开放创造一个良好的环境。

近10年来，人民法院的涉外、涉港澳经济审判工作有了初步开展，也积累了一些经验，但是同我国对外经济贸易和技术合作交流的发展情况相比，仍然很不相称，离对外开放的要求还有很大差距。今后，在改革开放的新形势下，涉外、涉港澳经济审判工作的任务将越来越繁重，各级人民法院对这种发展趋势应有足够的思想准备，要注意研究新情况，解决新问题，不断总结经验，把涉外、涉港澳经济审判工作向前推进一步。

二

根据我国民事诉讼法和民法通则的规定和各地的经验，涉外、涉港澳经济审判工作应当坚持以下三项基本原则：

（一）维护国家主权的原则。根据我国法律和国际条约的约定，凡是应当由我国法院管辖的案件，人民法院都必须行使司法管辖权。人民法院在审理涉外经济纠纷案件时，应当适用我国的程序法，按照《中华人民共和国民事诉讼法(试行)》第五编关于涉外民事诉讼程序的特别规定审理；第五编中未作规定的，根据该法第一百八十五条的规定，适用该法其他编的有关规定。在实体法方面，如果当事人协议选择适用的法律或者人民法院确定适用的法律为外国法时，不得违反我国的社会公共利益，否则不予适用。外国法院作出的生效判决，需要在中国境内执行的，须经我国人民法院裁定认可，才能执行。

（二）平等互惠的原则。外国人、外国企业和组织在我国人民法院起诉、应诉，同中国公民、企业和组织有同等的诉讼权利和义务。但是，如果某一外国法院对中国公民、企业和组织的民事诉讼权利加以限制，我国人民法院实行对等原则，对该国公民、企业和组织的民事诉讼权利给予相应的限制。人民法院在审判工作中对中外当事人一律依法办事，公正审判，绝不偏袒任何一方。

（三）遵循国际条约，尊重国际惯例。凡是我国缔结或者参加并已对我国生效的国际条约，与我国法律就同一事项有不同规定时，优先适应国际条约的规定。但是，我国声明保留的条款除

外。涉外、涉港澳经济纠纷案件的双方当事人在合同中选择适用的国际惯例，只要不违背我国的社会公共利益，应当作为解决当事人间纠纷的依据。

三

会议就涉外、涉港澳经济审判工作中遇到的亟待解决的一些问题进行了探讨，并提出了以下意见：

（一）管辖问题

1. 涉外、涉港澳经济诉讼，主要有三类：因经济合同纠纷提起的诉讼，因物权纠纷提起的诉讼和因侵权行为提起的诉讼。凡是合同履行地或合同签订地在我国境内的，或者双方争议的财产在我国境内的，或者侵权行为发生地或侵权结果发生地在我国境内的，我国人民法院有管辖权。此外，根据审判实践，凡是被告在我国境内有住所、营业所或设有常驻代表机构的，或者被告在我国境内有非争议财产的，我国人民法院亦可管辖。

对于发生在境外的我国法院没有管辖权的经济纠纷案件，除涉及不动产物权的纠纷外，只要双方当事人有书面协议，约定到中国法院进行诉讼的，我国人民法院依据当事人提交的书面协议，取得对该项诉讼的管辖权。在没有协议的情况下，一方当事人向我国人民法院起诉，另一方当事人应诉并就实体问题进行答辩的，视为双方当事人承认我国人民法院对该项诉讼的管辖权。

涉外、涉港澳经济合同的当事人书面协议提交仲裁的，如果该仲裁协议无效，或者内容不明确以致无法执行，一方当事向我国人民法院起诉的，只要中国法院对该项诉讼具有管辖权，人民法院应予受理。

凡是中国法院享有管辖权的涉外、涉港港澳经济纠纷案件，外国法院或者港澳地区法院对该案的受理，并不影响当事人就同一案件在我国人民法院起诉，但是否受理，应当根据案件的具体情况决定。

2. 凡是我国民事诉讼法和其他法律规定由中国法院专属管辖的经济纠纷案件，包括因不动产提起的诉讼、港口作业中发生的诉讼，因登记发生的诉讼，以及在我国境内履行的中外合资经营企业合同纠纷，中外合作经营企业合同纠纷和中外合作勘探开发自然资源合同纠纷引起的讼，外国法院或者港澳地区法院无权管辖，当事人也不得约定由我国境外的法院管辖。但是根据我国民事诉讼法第一百九十二条和涉外经济合同法第三十七条、第三十八条的规定，如果涉外经济合同中订有仲裁条款或者当事人另有仲裁协议，约定将合同争议提交中国涉外仲裁机构或者其他国家的仲裁机构仲裁的，只要该仲裁条款或仲裁协议合法有效，当事人因合同争议向我国法院提起诉讼时，我国人民法院应不予受理，当事人坚持起诉的，应当依法裁定驳回起诉，不能以属于我国法院专属管辖为由对抗或者否定当事人间仲裁条款或仲裁协议的效力。

3. 涉外经济纠纷案件，由中级人民法院作第一审，省、自治区、直辖市高级人民法院作第二审。涉港澳经济纠纷案件，当前一般仍应由中级人民法院作第一审，在有条件的地方，中级人民法院可以将案情比较简单、争讼标的较小的案件交由基层人民法院受理。

（二）案件受理问题

1. 两个诉因并存的案件的受理问题。一个法律事实或法律行为有时可以同时产生两个法律关系，最常见的是债权关系与物权关系并存，或者被告的行为同时构成破坏合同和民事侵害。原告可以选择两者之中有利于自己的一种诉因提起诉讼，有管辖权的受诉法院不应以存在其他诉因为由拒绝受理。但当事人不得就同一法律事实或法律行为，分别以不同的诉因提起两个诉讼。

2. 无效合同中解决争议条款的效力的问题。涉外、涉港澳经济合同中解决争议条款，包括仲裁条款、司法管辖条款和法律适用条款等，不因合同本身无效而失去效力。我国参加的《联合国国际货物销售合同公约》第八十一条就规定，宣告合同无效，解除了双方在合同中的义务，但不影响合同中关于解决争端的任何规定。在合同宣告无效后，当事人之间需要解决的善后问题，例如损害赔偿，返还价款或货物等，仍应按照当事人在合同中约定的解决争议条款加以处理。

（三）诉讼主体和诉讼代理问题

1. 外国和港澳地区非法人企业的诉讼主体

的确定问题。非法人企业（包括个体企业和合伙企业）的实体权利和义务最终是由个体业主或合伙人享有和承担，其诉讼权利和义务也相应地应由他们享有和承担。法律文书上应将个体企业的业主和合伙企业的合伙人作为诉讼主体并列为：某某人，某某企业业主；某某人，某某企业合伙人。合伙企业有负责人的，可将其列为诉讼代表人。遇到个体企业、合伙企业关闭或合伙人退伙的情况，则分别写为：某某，某某企业前业主或某某企业前合伙人。

2. 港澳律师能否代理诉讼问题。我国民事诉讼规定："外国人、无国籍人、外国企业和组织在人民法院起诉、应诉，委托律师代理诉讼的，必须委托中华人民共和国律师"。司法部、铁道部和外国专家局《关于外国律师不得在我国开业的联合通知》也明确规定，外国律师不得以律师的名义在我国代理诉讼和出庭。目前，香港、澳门地区的律师尚不具有中华人民共和国的律师资格，所以他们不能作为当事人的诉讼代理人到内地参与诉讼。

（四）诉讼保全问题

诉讼保全的目的在于使以后的生效判决得到执行。但是，采取诉讼保全措施既不能违反我国法律规定，也不能违反我国缔结或参加的国际条约和国际上通行的惯例。

1. 诉讼保全的适用范围问题。实行诉讼保全的财产价值不应超过诉讼请求的数额，而且必须是被申请人的财物或者债权，对于被申请人租赁使用的他人财物，不得实行诉讼保全。被申请人财物已为第三人设置抵押权的，不得就抵押物价值已设置抵押部分实行诉讼保全。

在涉外、涉港澳经济纠纷案件审理过程中，需对外国或港澳地区当事人在我国境内的财产实行诉讼保全而涉及在中国的合资企业时，一般只能对其合资企业中分得的利润进行冻结，而不能对其合资企业中的股金进行冻结，以免影响合资企业的正常活动。但是，如果外国或港澳地区当事人在诉讼期间转让其在合资企业的股权时，法院可以应他方当事人的申请，冻结其股权。

2. 关于冻结信用证项下货款的问题。根据在国际上长期广泛适用的《跟单信用证统一惯例》的规定，银行信用证是银行以自身信誉向卖方提供付款保证的一种凭证，是国际货物买卖中常用的付款方式，也是我国对外贸易中常用的付款方式。信用证是独立于买卖合同的单据交易，只要卖方所提交的单据表面上符合信用证的要求，开证银行就负有在规定的期限内付款的义务。如果单证不符，开证银行有权拒付，无需由法院采取诉讼保全措施。信用证交易和买卖合同属于两个不同的法律关系，在一般情况下不要因为涉外买卖合同发生纠纷，轻易冻结中国银行所开信用证项下货款，否则，会影响中国银行的信誉。根据国际国内的实践经验，如有充分证据证明卖方是利用签订合同进行欺诈，且中国银行在合理的时间内尚未对外付款，在这种情况下，人民法院可以根据买方的请求，冻结信用证项下货款。在远期信用证情况下，如中国银行已承兑了汇票，中国银行在信用证上的责任已变为票据上的无条件付款责任，人民法院就不应加以冻结。所以，采用这项保全措施一定要慎重，要事先与中国银行取得联系，必要时应向上级人民法院请示。对中国涉外仲裁机构提交的冻结信用证项下货款的申请，人民法院也应照此办理。

（五）法律适用问题

审理涉外、涉港澳经济纠纷案件，必须按照民法通则、民事诉讼法和涉外经济合同法的规定，正确地解决法律适用问题。当前，需要明确以下各点：

1. 在程序法方面，包括司法管辖权、诉讼过程中的文书送达、调查取证，以及判决的承认和执行等，应当按照我国民事诉讼法和其他法律中的程序规定办理。但是我国缔结或者参加的国际条约（例如《承认和执行外国仲裁裁决公约》和中外司法协助协定）与我国法律有不同规定的，除我国声明保留的条款外，应当优先适用国际条约的规定。

2. 在实体方面，首先，鉴于我国已加入1980年《联合国国际货物销售合同公约》，承担了执行该公约的义务，自1988年1月1日起，我国公司同该公约的其他批准国（如美国、法国、意大利、南斯拉夫、埃及、叙利亚、阿根廷、赞比亚、莱索托等国）的公司订立的合同，如未另行选择所适用的法律，将自动直接适用该公约的有关规定。法院应当按该公约规定处理它们之间的合同纠纷。其次,凡是当事人在合同中引用的国际惯例,例如离岸价格(F.O.B)、成本加运费价格(C&F)、到岸价格(C.I.F)等国际贸易价格条件,以及托收、信用证付款等国际贸易支付方式,对当事人有约束力,法院应当尊重当事人的这种选择,予以适用。第三,对于外国或者港澳地区的公司、企业或其他经济组织是否具有法人资格,是承担有限责任还是无限责任的问题,应当根据该公司、企业或者其他经济组织成立的法律确定。它们在中国境内进行经营活动的能力,还应当根据中国的法律予以确定。外国或港澳地区的公司、企业、其他经济组织或者个人之间在中国境外设立代理关系的,代理合同是否成立及其效力如何。应依代理人住所地或其营业所所在地的法律确定。

(六)缺席判决问题

作为被告或者无独立请求权的第三人的外国或者港澳地区的当事人及其委托代理人既不答辩,又经两次合法传唤,无正当理由拒不到庭的,应视为自动放弃抗辩的权利,人民法院可以根据原告的诉讼请求、查明的事实和经过审查的依据,作出公正的缺席判决。

(七)公告送达、答辩和上诉期限的问题

对于在港澳地区的当事人公告送达的期限可以适用民事诉讼法第七十五条的规定。港澳地区的被告提出答辩状的期限适用民事诉讼法第八十六条的规定;向第二审法院上诉或提交答辩状的期限分别适用民事诉讼法(试行)第一百四十五条和第一百四十八条的规定。

四

会议要求各地高、中级人民法院把搞好涉外、涉港澳经济审判工作放到应有的位置,提高思想认识,克服畏难情绪,增强主动精神,密切同对外经济贸易、审计、监察等有关部门的联系,在加强调查研究的基础上,高质量地办好几个涉外、涉港澳经济纠纷案件,以取得经验。上级法院要加强对下级法院的指导,要建立涉外、涉港澳经济纠纷案件的大案、要案登记制度。

各地高、中级人民法院要从长远考虑,根据需要选择和配备适当的力量专门从事涉外、涉港澳经济审判工作,人员要相对稳定。要加强对他们的培养,不断提高他们的业务素质。

有条件的高、中级人民法院可以逐步开展对某些外国和港澳地区经济法律的研究,做到分工各有侧重,材料综合利用,这对于提高我国涉外、涉港澳经济审判工作的水平是十分有益的。

最高人民法院关于印发《全国法院涉港澳商事审判工作座谈会纪要》的通知

- 2008年1月21日
- 法发〔2008〕8号

各省、自治区、直辖市高级人民法院,新疆维吾尔自治区高级人民法院生产建设兵团分院:

2007年11月21日至22日,最高人民法院召开了全国法院涉港澳商事审判工作座谈会。现将《全国法院涉港澳商事审判工作座谈会纪要》印发给你们,请结合工作实际,贯彻执行。

全国法院涉港澳商事审判工作座谈会纪要

为进一步贯彻"公正司法,一心为民"的方针,落实"公正与效率"工作主题,规范涉港澳审判工作,增强司法能力,提高司法水平,最高人民法院于2007年11月21日至22日在广西壮族自治区南宁市召开了全国法院涉港澳商事审判工作座谈会。各高级人民法院分管院长和庭长,以及具有涉港澳商事案件管辖权的中级人民法院分管院长参加了会议。最高人民法院副院长万鄂湘出席会议并讲话。

会议总结交流了近年来涉港澳商事审判工作的经验,研究了审判实践中亟待解决的问题,讨论了促进内地与香港特别行政区、内地与澳门特别行政区司法协助的措施。现就会议达成共识的若干问题纪要如下:

一、关于案件管辖权

1. 人民法院受理涉港澳商事案件,应当参照《中华人民共和国民事诉讼法》第四编和《最高人民法院关于涉外民商事案件诉讼管辖若干问题的规定》确定案件的管辖。

2. 有管辖权的人民法院受理的涉港澳商事案件,如果被告以存在有效仲裁协议为由对人民法院的管辖权提出异议,受理案件的人民法院可以对案件管辖问题作出裁定。如果认定仲裁协议无效、失效或者内容不明无法执行的,在作出裁定前应当按照《最高人民法院关于人民法院处理与涉外仲裁及外国仲裁事项有关问题的通知》(法发〔1995〕18号)逐级上报。

3. 人民法院受理涉港澳商事案件后,被告以存在有效仲裁协议为由对人民法院的管辖权提出异议,且在人民法院受理商事案件的前后或者同时向另一人民法院提起确认仲裁协议效力之诉的,应分别以下情况处理:

(1)确认仲裁协议效力之诉受理在先或者两案同时受理的,受理商事案件的人民法院应中止对管辖权异议的审理,待确认仲裁协议效力之诉审结后,再恢复审理并就管辖权问题作出裁定;

(2)商事案件受理在先且管辖权异议尚未审结的,对于被告另行提起的确认仲裁协议效力之诉,人民法院应不予受理;受理后发现其他人民法院已经先予受理当事人间的商事案件并正在就管辖权异议进行审理的,应当将案件移送受理商事案件的人民法院在管辖权异议程序中一并解决。

(3)商事案件受理在先且人民法院已经就案件管辖权问题作出裁定,确认仲裁协议无效的,被告又向其他人民法院提起确认仲裁协议效力之诉,人民法院应不予受理;受理后发现上述情况的,应裁定驳回当事人的起诉。

4. 下级人民法院违反《最高人民法院关于涉外民商事案件诉讼管辖若干问题的规定》受理涉港澳商事案件并作出实体判决的,上级人民法院可以程序违法为由撤销下级人民法院的判决,将案件移送有管辖权的人民法院审理。

5. 人民法院受理破产申请后,即使该人民法院不享有涉外民商事案件管辖权,但根据《中华人民共和国企业破产法》第二十一条的规定,有关债务人的涉港澳商事诉讼仍应由该人民法院管辖。

6. 内地人民法院和香港特别行政区法院或者澳门特别行政区法院都享有管辖权的涉港澳商事案件,一方当事人向香港特别行政区法院或者澳门特别行政区法院起诉被受理后,当事人又向内地人民法院提起相同诉讼,香港特别行政区法院或者澳门特别行政区法院是否已经受理案件或作出判决,不影响内地人民法院行使管辖权,但是否受理由人民法院根据案件具体情况决定。

内地人民法院已经受理当事人申请认可或执行香港特别行政区法院或者澳门特别行政区法院就相同诉讼作出的判决的,或者香港特别行政区法院、澳门特别行政区法院的判决已获内地人民法院认可和执行的,内地人民法院不应再受理相同诉讼。

7. 人民法院受理的涉港澳商事案件,如果被告未到庭应诉,即使案件存在不方便管辖的因素,在被告未提出管辖权异议的情况下,人民法院不应依职权主动适用不方便法院原则放弃对案件的管辖权。

二、关于当事人主体资格

8. 香港特别行政区、澳门特别行政区的当事人参加诉讼,应提供经注册地公证、认证机构公证、认证的商业登记等身份证明材料。

9. 人民法院受理香港特别行政区、澳门特别行政区的当事人作为被告的案件的,该当事人在内地设立"三资企业"时向"三资企业"的审批机构提交并经审批的商业登记等身份证明材料可以作为证明其存在的证据,但有相反证据的除外。

10. 原告起诉时提供了作为被告的香港特别行政区、澳门特别行政区的当事人存在的证明,香港特别行政区、澳门特别行政区的当事人拒绝提供证明其身份的公证材料的,不影响人民法院对案件的审理。

三、关于司法文书送达

11. 作为受送达人的香港特别行政区、澳门特别行政区的自然人或者企业、组织的法定代表人、主要负责人在内地的,人民法院可以向该自然人或者法定代表人、主要负责人送达。

12. 除受送达人在授权委托书中明确表明其诉讼代理人无权代为接收有关司法文书外,其委托的诉讼代理人为有权代其接受送达的诉讼代理人,人民法院可以向该诉讼代理人送达。

13. 人民法院向香港特别行政区、澳门特别行政区的受送达人送达司法文书，可以送达给其在内地依法设立的代表机构。

受送达人在内地有分支机构或者业务代办人的，经该受送达人授权，人民法院可以向其分支机构或者业务代办人送达。

14. 人民法院向香港特别行政区、澳门特别行政区受送达人送达司法文书，可以分别按照《最高人民法院关于内地与香港特别行政区法院相互委托送达民商事司法文书的安排》或者《最高人民法院关于内地与澳门特别行政区法院就民商事案件相互委托送达司法文书和调取证据的安排》送达。

按照前款规定方式送达的，自内地的高级人民法院或者最高人民法院将有关司法文书递送香港特别行政区高等法院或者澳门特别行政区终审法院之日起满三个月，如果未能收到送达与否的证明文件且根据各种情况不足以认定已经送达的，视为不能适用上述安排中规定的方式送达。

15. 人民法院向香港特别行政区、澳门特别行政区受送达人送达司法文书，可以邮寄送达。

邮寄送达时应附有送达回证。受送达人未在送达回证上签收但在邮件回执上签收的，视为送达，签收日期为送达日期。

自邮寄之日起满三个月，虽未收到送达与否的证明文件，但根据各种情况足以认定已经送达的，期间届满之日视为送达。

自邮寄之日起满三个月，如果未能收到送达与否的证明文件，且根据各种情况不足以认定已经送达的，视为不能适用邮寄方式送达。

16. 除上述送达方式外，人民法院可以通过传真、电子邮件等能够确认收悉的其他适当方式向受送达人送达。

17. 人民法院不能依照上述方式送达的，可以公告送达。公告内容应当在境内外公开发行的报刊上刊登，自公告之日起满三个月即视为送达。

18. 除公告送达方式外，人民法院可以同时采取多种方式向香港特别行政区、澳门特别行政区的受送达人进行送达，但应当根据最先实现送达的送达方式确定送达时间。

19. 人民法院向在内地的香港特别行政区、澳门特别行政区的自然人或者企业、组织的法定代表人、主要负责人、诉讼代理人、代表机构以及有权接受送达的分支机构、业务代办人送达司法文书，可以适用留置送达的方式。

20. 香港特别行政区、澳门特别行政区的受送达人未对人民法院送达的司法文书履行签收手续，但存在以下情形之一的，视为送达：

（1）受送达人向人民法院提及了所送达司法文书的内容；

（2）受送达人已经按照所送达司法文书的内容履行；

（3）其他可以视为已经送达的情形。

21. 人民法院送达司法文书，根据有关规定需通过上级人民法院转递的，应附申请转递函。

上级人民法院收到下级人民法院申请转递的司法文书，应在七个工作日内予以转递。

上级人民法院认为下级人民法院申请转递的司法文书不符合有关规定需要补正的，应说明需补正的事由并在七个工作日内退回申请转递的人民法院。

四、关于"三资企业"股权纠纷、清算

22. 在内地依法设立的"三资企业"的股东及其股权份额应当根据外商投资企业批准证书记载的股东名称及股权份额确定。

23. 外商投资企业批准证书记载的股东以外的自然人、法人或者其他组织向人民法院提起民事诉讼，请求确认委托投资合同的效力及其在该"三资企业"中的股东地位和股权份额的，人民法院可以对当事人间是否存在委托投资合同、委托投资合同的效力等问题经过审理后作出判决，但应驳回其请求确认股东地位和股权份额的诉讼请求。

24. 在内地设立的"三资企业"的原股东向人民法院提起民事诉讼，请求确认股权转让合同无效并恢复其在该"三资企业"中的股东地位和股权份额的，人民法院审理后可以依法对股权转让合同的效力作出判决，但应驳回其请求恢复股东地位和股权份额的诉讼请求。

五、关于仲裁司法审查

25. 人民法院审理当事人申请撤销、执行内地仲裁机构作出的涉港澳仲裁裁决案件，申请认可和执行香港特别行政区、澳门特别行政区仲裁机构作出的仲裁裁决或者临时仲裁庭在香港特别行政区、澳门特别行政区作出的仲裁裁决案件,对于事实清楚、争议不大的,可以经过书面审理后径行作出裁定;对于事实不清、争议较大的,可以在询问当事人、查清事实后再作出裁定。

26. 当事人向人民法院申请执行涉港澳仲裁裁决,应当在《中华人民共和国民事诉讼法》第二百一十九条规定的期限内提出申请。如果裁决书未明确履行期限,应从申请人收到裁决书正本或者正式副本之日起计算申请人申请执行的期限。

27. 当事人对内地仲裁机构作出的涉港澳仲裁裁决分别向不同人民法院申请撤销及执行的,受理执行申请的人民法院应当按照《最高人民法院关于适用〈中华人民共和国仲裁法〉若干问题的解释》第二十五条的规定中止执行。受理执行申请的人民法院如果对于受理撤销申请的人民法院作出的决定撤销或者不予撤销的裁定存在异议,亦不能直接作出与该裁定相矛盾的执行或者不予执行的裁定,而应报请它们的共同上级人民法院解决。

当事人对内地仲裁机构作出的涉港澳仲裁裁决向人民法院申请执行且人民法院已经作出应予执行的裁定后,如果一方当事人向人民法院申请撤销该裁决,受理撤销申请的人民法院认为裁决应予撤销且该人民法院与受理执行申请的人民法院非同一人民法院时,不应直接作出撤销仲裁裁决的裁定,而应报请它们的共同上级人民法院解决。

28. 当事人向人民法院申请执行内地仲裁机构作出的涉港澳仲裁裁决或者申请认可和执行香港特别行政区、澳门特别行政区仲裁机构作出的仲裁裁决或者临时仲裁庭在香港特别行政区、澳门特别行政区作出的仲裁裁决,人民法院经审查认为裁决存在依法不予执行或者不予认可和执行的情形,在作出裁定前,应当报请本辖区所属高级人民法院进行审查;如果高级人民法院同意不予执行或者不予认可和执行,应将其审查意见报最高人民法院,待最高人民法院答复后,方可作出裁定。

29. 当事人向人民法院申请撤销内地仲裁机构作出的涉港澳仲裁裁决,人民法院经审查认为裁决存在依法应予撤销或者可以重新仲裁的情形,在裁定撤销裁决或者通知仲裁庭重新仲裁之前,应当报请本辖区所属高级人民法院进行审查;如果高级人民法院同意撤销或者通知仲裁庭重新仲裁,应将其审查意见报最高人民法院,待最高人民法院答复后,方可裁定撤销或者通知仲裁庭重新仲裁。

30. 当事人申请内地人民法院撤销香港特别行政区、澳门特别行政区仲裁机构作出的仲裁裁决或者临时仲裁庭在香港特别行政区、澳门特别行政区作出的仲裁裁决的,人民法院应不予受理。

六、其他

31. 有管辖权的基层人民法院审理事实清楚、权利义务关系明确、争议不大的涉港澳商事案件,可以适用《中华人民共和国民事诉讼法》规定的简易程序。

32. 人民法院审理涉港澳商事案件,在内地无住所的香港特别行政区、澳门特别行政区当事人的答辩、上诉期限,参照适用《中华人民共和国民事诉讼法》第二百四十八条、第二百四十九条的规定。

33. 本纪要中所称涉港澳商事案件是指当事人一方或者双方是香港特别行政区、澳门特别行政区的自然人或者企业、组织,或者当事人之间商事法律关系的设立、变更、终止的法律事实发生在香港特别行政区、澳门特别行政区,或者诉讼标的物在香港特别行政区、澳门特别行政区的商事案件。

最高人民法院关于进一步做好边境地区涉外民商事案件审判工作的指导意见

● 2010 年 12 月 8 日
● 法发〔2010〕57 号

各省、自治区、直辖市高级人民法院:

随着我国边境地区经贸及人员往来的日益频繁,边境地区涉外民商事案件逐渐增多,并呈现出新的特点。为充分发挥人民法院的审判职能，进一步提高我国边境地区涉外民商事纠纷案件的审判效率，切实做好边境地区涉外民商事审判工作，特提出如下意见：

一、发生在边境地区的涉外民商事案件，争议标的额较小、事实清楚、权利义务关系明确的，可以由边境地区的基层人民法院管辖。

二、为更有效地向各方当事人送达司法文书和与诉讼相关的材料，切实保护当事人诉讼程序上的各项权利，保障当事人参与诉讼活动，人民法院可以根据边境地区的特点，进一步探索行之有效的送达方式。采用公告方式送达的，除人身关系案件外，可以采取在边境口岸张贴公告的形式。采用公告方式送达时，其他送达方式可以同时采用。

三、境外当事人到我国参加诉讼，人民法院应当要求其提供经过公证、认证的有效身份证明。境外当事人是法人时，对其法定代表人或者有权代表该法人参加诉讼的人的身份证明，亦应当要求办理公证、认证手续。如果境外当事人是自然人，其亲自到人民法院法官面前，出示护照等有效身份证明及入境证明，并提交上述材料的复印件的，可不再要求办理公证、认证手续。

四、境外当事人在我国境外出具授权委托书，委托代理人参加诉讼，人民法院应当要求其就授权委托书办理公证、认证手续。如果境外当事人在我国境内出具授权委托书，经我国的公证机关公证后，则不再要求办理认证手续。境外当事人是自然人或法人时，该自然人或者有权代表该法人出具授权委托书的人亲自到人民法院法官面前签署授权委托书的，无需办理公证、认证手续。

五、当事人提供境外形成的用于证明案件事实的证据时，可以自行决定是否办理相关证据的公证、认证手续。对于当事人提供的证据，不论是否办理了公证、认证手续，人民法院均应当进行质证并决定是否采信。

六、边境地区受理案件的人民法院应当及时、准确地掌握我国缔结或者参加的民商事司法协助国际条约，在涉外民商事审判工作中更好地履行国际条约义务，充分运用已经生效的国际条约，特别是我国与周边国家缔结的双边民商事司法协助条约，必要时，根据条约的相关规定请求该周边国家协助送达司法文书、协助调查取证或者提供相关的法律资料。

七、人民法院在审理案件过程中，对外国人采取限制出境措施，应当从严掌握，必须同时具备以下条件：（一）被采取限制出境措施的人只能是在我国有未了结民商事案件的当事人或当事人的法定代表人、负责人；（二）当事人有逃避诉讼或者逃避履行法定义务的可能；（三）不采取限制出境措施可能造成案件难以审理或者无法执行。

八、人民法院审理边境地区的涉外民商事纠纷案件，也应当充分发挥调解的功能和作用，调解过程中，应当注意发挥当地边检、海关、公安等政府部门以及行业协会的作用。

九、人民法院应当支持和鼓励当事人通过仲裁等非诉讼途径解决边境地区发生的涉外民商事纠纷。当事人之间就纠纷的解决达成了有效的仲裁协议，或者在无协议时根据相关国际条约的规定当事人之间的争议应当通过仲裁解决的，人民法院应当告知当事人通过仲裁方式解决纠纷。

十、人民法院在审理边境地区涉外民商事纠纷案件的过程中，应当加强对当事人的诉讼指导。对在我国没有住所又没有可供执行的财产的被告提起诉讼，人民法院应当给予原告必要的诉讼指导，充分告知其诉讼风险，特别是无法有效送达的风险和生效判决在我国境内无法执行的风险。

败诉一方当事人在我国境内没有财产或者其财产不足以执行生效判决时，人民法院应当告知胜诉一方当事人可以根据我国与其他国家缔结的民商事司法协助国际条约的相关规定，向可供执行财产所在地国家的法院申请承认和执行我国法院的民商事判决。

十一、各相关省、自治区高级人民法院可以根据各自辖区内边境地区涉外民商事纠纷案件的不同情况和特点，制定相应的具体执行办法，并报最高人民法院备案。

请示答复

最高人民法院研究室关于法院是否同工商行政管理机关会鉴文件处理进口冷暖风机问题的电话答复

- 1987年8月29日

广东省高级人民法院：

你院粤法经行字〔1987〕第230号请示收悉。关于是否同省工商行政管理局会签文件处理有关进口冷暖风机的问题，经研究，我们同意你院的意见，即不与省工商行政管理局会签文件对进口冷暖风机进行处理。对依法诉讼到法院的案件，由法院依照有关法律法规处理。

最高人民法院关于英国嘉能可有限公司申请承认和执行英国伦敦金属交易所仲裁裁决一案请示的复函

- 2001年4月19日
- 〔2001〕民四他字第2号

重庆市高级人民法院：

你院2000年12月12日〔2000〕渝高法执行字第26号《关于对英国嘉能可有限公司申请承认及执行英国伦敦金属交易所仲裁裁决一案有关问题的请示》收悉。经研究认为：根据联合国《承认及执行外国仲裁裁决公约》第五条第一款（甲）项规定，对合同当事人行为能力的认定，应依照属人主义原则适用我国法院。重庆机械设备进出口公司职员孙健与英国嘉能可有限公司签订合同，孙健在"代表"公司签订本案合同时未经授权且公司也未在该合同上加盖印章，缺乏代理关系成立的形式要件，事后重庆机械设备进出口公司对孙健的上述行为明确表示否认。同时孙健的签约行为也不符合两公司之间以往的习惯做法，不能认定为表见代理。根据《中华人民共和国民法通则》第六十六条第一款和我院《关于适用〈中华人民共和国涉外经济合同法〉若干问题的解答》第三条第一款第四项之规定，孙健不具代理权，其"代表"公司签订的合同应当认定为无效合同，其民事责任不应由重庆机械设备进出口公司承担。同理，孙健"代表"公司签订的仲裁条款亦属无效，其法律后果亦不能及于重庆机械设备进出口公司。本案所涉仲裁裁决，依法应当拒绝承认及执行。

此复。

最高人民法院关于德宝（远东）有限公司与天锋国际有限公司出资纠纷上诉一案合作协议效力问题的请示的复函

- 2004年7月27日
- 〔2004〕民四他字第26号

湖北省高级人民法院：

你院〔2003〕鄂民四终字第46号《关于中国香港特别行政区德宝（远东）有限公司与中国香港特别行政区天锋国际有限公司出资纠纷上诉一案合作协议效力问题的请示》收悉。经研究，答复如下：

关于管辖权和法律适用问题，同意你院意见。香港德宝（远东）有限公司与香港天锋国际有限公司于1995年8月5日在香港订立《合作经营湖北德宝实业有限公司协议书》，将前者在合作企业湖北德宝实业有限公司中54%的股份划分为100股，转让其中49%的股份给后者。该协议处理的是香港德宝（远东）有限公司在中国内地设立的合作企业的股权，涉及该协议的履行行为主要发生在湖北，因此，可以认定协议履行地在中国内地。根据《中华人民共和国民事诉讼法》第二百四十三条之规定，武汉市中级人民法院作为合同履行地法院对本案享有管辖权。此外，武汉市中级人民法院已在2000年5月19日的《人民法院报》上公告送达了驳回管辖异议的裁定书，香港德宝（远东）有限公司未就该裁定提起上诉,反而进行了应诉答辩,应视为其已接受了中国内地法院的管辖,无权再提出管辖权异议。本案双方当事人没有在合同中约定解决其争议应适用的法律,依照《中华人民共和国民法通则》第一百四十五条的规定,应适用最密切联系原则确定准据法。本案双方当事人虽均为香港公司,协议书也在香港订立,甚至在境外作了部分履行,但协议的目的是为了转让设在内地的合作企业的股权,实现香港天锋国际有限公司在合作企业的经营及利益分配,因此,可以认定内地与该协议书具有更密切的联系,应适用中国内地的法律进行认定和处理。

关于合作协议书所反映法律关系的性质,同意你院审判委员会的第二种意见。湖北德宝实业有限公司的原始资本构成中不含香港天锋国际有限公司的投资,两当事人的签约行为发生在合作企业合同订立之后且约定转让香港宝(远东)有限公司的股权,故依法应认定合作协议书属股权转让法律关系,认定隐名投资法律关系没有事实和法律依据。该合作协议书未履行法定的报批手续,依法应认定无效。

此复。

◎ 指导案例

1.香港锦程投资有限公司与山西省心血管疾病医院、第三人山西寰能科贸有限公司中外合资经营企业合同纠纷案①

【裁判摘要】

《中华人民共和国中外合资经营企业法实施条例》第十四条规定:"合营企业协议、合同和章程经审批机构批准后生效,其修改时同。"当事人在履行合营企业协议或合同的过程中达成的补充协议,虽然属于对原合同的修改,但其效力应当结合案情全面加以分析。如果补充协议内容不涉及必须报经审批机关审批的事项,对于已获批准的合营企业协议不构成实质性变更的,一方当事人仅以补充协议未经审批机关审批为由主张协议内容无效的,人民法院不予支持。

【案情】

上诉人(原审原告):香港锦程投资有限公司。

法定代表人:崔程,该公司董事长。

委托代理人:王纯,北京尚公律师事务所律师。

上诉人(原审被告):山西省心血管疾病医院。

法定代表人:李保,该医院院长。

委托代理人:李飞,山西黄河律师事务所律师。

委托代理人:武晓峰,山西黄河律师事务所律师。

原审第三人:山西寰能科贸有限公司。

法定代表人:王建明,该公司董事长。

上诉人香港锦程投资有限公司(以下简称锦程公司)与上诉人山西省心血管疾病医院(以下简称心血管医院)、原审第三人山西寰能科贸有限公司(以下简称寰能公司)中外合资经营企业合同纠纷一案,山西省高级人民法院(以下简称原审法院)于2009年11月23日做出(2008)晋民初字第12号民事判决。锦程公司和心血管医院均不服该判决,向本院提起上诉。本院受理后,依法组成由审判员陆效龙担任审判长、审判员奚向阳、代理审判员杨弘磊参加评议的合议庭,于2010年4月20日公开开庭审理了本案。锦程公司的法定代表人崔程、委托代理人王纯,心血管医院的委托代理人李飞、武晓峰到庭参加了诉讼,原审第三人寰能公司经本院合法传唤未派员到庭。本案现已审理终结。

锦程公司向原审法院起诉称:原、被告双方当事人于2006年8月在"2006年山西(香港)投资洽谈会"上就"山西省心血管医院及老年养老、康复项目"(以下简称合作项目)签订了《合作意向书》。同年11月18日,原告根据心血管医院的要求和提供的设备清单与香港宝和集团有限公司(以下简称宝和公司)签订了订购医疗设备

---

① 案例来源:《最高人民法院公报》2010年第12期。

的合同,并在随后支付了4512.28万港元的佣金和预付款。同年11月,原、被告双方及第三人签订了《中外合资经营企业合同》(以下简称《合资合同》)和《中外合资经营企业章程》(以下简称《合资章程》)。同年12月,经山西省人民政府相关职能部门审核批准,合资三方共同组建了中外合资经营企业山西九方健康产业发展有限公司(以下简称九方公司或者合资公司)。2007年1月,合资公司领取了《企业法人营业执照》。同年2月25日,合资三方共同签署《备忘录》约定心血管医院加快办理有关土地作价入资手续,并在2007年6月前完成。但心血管医院没有完成此项义务,于同年9月底口头通知原告合作项目和合资公司停止运行,并经原告要求于同年11月16日发函以土地手续无法落实为由终止了合作项目的执行。2008年1月22日,心血管医院与第二人寰能公司签订《关于返还山西寰能科贸有限公司投资款备忘》,认定心血管医院单方面终止项目合作并返还其投资款人民币2619700元。由于心血管医院违约,原告与宝和公司的买卖合同无法继续履行。经协商未果,宝和公司在香港特别行政区高等法院原讼庭提起诉讼,要求原告承担违约责任,香港特别行政区高等法院最终判令原告向宝和公司支付23622800港元的赔偿金。在被告的违约事实发生后,原告多次向被告提出合作项目终止后善后事宜的处理,特别是原告的损失如何赔偿等问题,但被告采取推诿、消极的态度,导致多方无法沟通,至今未能达成一致意见。原告无奈,只得采取诉讼方式予以救济。请求判令:1. 由被告向原告支付违约金,包括按照《合资合同》第14.1条约定应支付的迟延出资违约金人民币2814750元和按照《合资合同》第14.2条约定应支付的因被告过错导致《合资合同》不能履行的违约金人民币2250万元(按《合资合同》注册资本金的15%计算);2. 由被告向原告赔偿损失,包括原告为合作项目购买医疗设备产生的损失人民币23764064.34元、原告为购买医疗设备已支付款项的利息损失人民币581.39万元(本金4512.28万港元,折算为人民币4539.26万元,自2006年12月25日起算,暂计至2008年8月31日,按人民银行同期流动资金贷款利率计算)以及原告的先期投入

人民币300万元;3. 由被告赔偿原告可得利益损失人民币1000万元;4. 承担本案的全部诉讼费用。

心血管医院答辩称:(一)锦程公司未按期足额缴纳出资,不具备向答辩人主张违约责任或损害赔偿责任的主体资格,其全部诉讼请求没有法律依据。《中华人民共和国公司法》第二十八条第一款、第二款以及1987年12月30日国务院批准的《中外合资经营企业合营各方出资的若干规定》第七条均规定,只有已按期足额缴纳出资的守约方,才能要求其他违约方承担违约责任或者损害赔偿责任。本案中,锦程公司应出资人民币6000万元(其中现金出资人民币3000万元,设备出资人民币3000万元),至约定的最后出资期限届满,锦程公司现金出资为零,设备也未交付。锦程公司不是守约方,而是违约方,不具备向包括答辩人在内的其他股东追究违约责任或损害赔偿责任的主体资格;(二)除因不具备主体资格而没有法律依据外,锦程公司的全部诉讼请求同时违反了其他法律规定,或与事实不符,或与约定不符,或没有证据支持。具体如下:1. 2007年2月25日合资公司《备忘录》有关变更出资期限的约定,因未经审批部门批准而未生效,锦程公司根据《合资合同》第14.1条要求支付人民币2814750元的违约金,没有法律与事实依据;2.《合资合同》第14.2条适用于除出资违约以外的其他违约情形且以过失为前提,心血管医院对合资公司未取得土地使用权没有任何过失,锦程公司也未提出任何证据证明心血管医院有其他违约行为,况且按合资公司注册资本总额的15%计算违约金没有法律依据,故锦程公司根据《合资合同》第14.2条要求答辩人支付人民币2250万元违约金,也没有法律和事实依据;3. 锦程公司要求赔偿购买设备的货款损失人民币23764064.34元及利息损失人民币581.39万元,属诉讼主体错误,且证据不具有关联性、真实性,不能相互印证,违反了民事证据规则。锦程公司履行设备出资义务的对象是九方公司而不是心血管医院,锦程公司应向九方公司主张,无权向心血管医院主张。根据香港特别行政区《高等法院规则》Order42中5B的规定,"法庭须在宣告判决或命令时,就任何有关决定发表其理由"。但

该《谕令》(Consent Order,在同意下作出的命令)中并没有记载法院发表的理由,也没有记载承担的是什么责任。该《谕令》虽经司法部认可的香港律师公证,只是司法协助的程序问题,仅表明《谕令》形式的真实性,故锦程公司所提交的香港特别行政区高等法院原讼法庭于2008年7月24日作出的HCA808/2008《谕令》与本案没有关联性,且无法证明锦程公司与宝和公司债权债务关系的真实性,不应作为证据采纳。锦程公司提交的关于其设备交易的证据不能相互印证,不具备真实性,不应作为证据采纳。即使存在购买设备的损失,锦程公司对损失的形成具有重大过错;4.锦程公司要求返回先期投入的人民币300万元,不能得到支持。锦程公司未提交已投入人民币300万元的任何证据;即使有人民币300万元投入,根据公司法法理,也应由设立后的九方公司承担,上述约定因显失公平而成为可撤销条款;合资公司已依法注册,不符合《合资合同》第14.3条约定的"无法注册"的适用条件;既然是按14.1条执行,心血管医院则无须向同是违约方的锦程公司承担责任;5.锦程公司根据招商广告和政府文件要求赔偿人民币1000万元的可得利益损失,没有事实和法律依据。可得利益是指守约方根据合同可以获得的预期利益,锦程公司是违约方,依法不享有履行利益或期待利益,无权要求可得利益损害赔偿;《山西省重点招商推介项目》这一广告性质的文字材料和政府核准立项的批文,不是认定、计算可得利益损失的依据,企业的经营充满了未知因素,不倒闭只赢利是无法预见的;(三)九方公司及各方股东均有严重损失,损失的原因并非各方股东的违约行为,而是不能预见并不能克服的客观原因。2007年9月30日,山西省卫生厅召集心血管医院主要负责人开会,宣布合营项目停止操作,并成立了由厅领导和答辩人主要负责人组成的善后工作处理领导组。在答辩人倾尽全力办理土地手续、没有任何过错的情况下,相关政府部门未能批准土地作价入股,不但《合资合同》继续履行的基础已经丧失,同时也给合资公司、各方股东造成了损失。答辩人认为,造成损失的原因并非各方股东的违约行为,各股东都是受害者。在这种情况下,仅让某一个股东承担损失后果,明显违

背了本案事实和相关法律规定。综上,依法应驳回锦程公司的全部诉讼请求。

第三人寰能公司称:寰能公司与心血管医院于2008年1月22日签订了《关于返还山西寰能科贸有限公司投资款备忘录》并已履行完毕。据此,我公司已将原《合资合同》项下的所有权利及责任转给了心血管医院,本案中涉及我公司的权利及责任应由心血管医院承担。原告锦程公司没有向我公司提出具体诉请,本案纠纷与我公司已没有实质性关系。

原审法院经审理查明:2006年7月27日,在"2006年山西(香港)投资洽谈会"上,锦程公司和心血管医院就"山西省心血管疾病医院及老年养老、康复中心"项目,签订了《合作意向书》。约定:心血管医院负责项目所涉土地出让审批手续的办理,并对土地使用权进行评估。

同年11月10日,心血管医院向锦程公司发送"山西省心血管疾病医院及老年康复养老中心项目进口设备投资需求的函",内容是:为保证合作项目的顺利实施,提供总价款人民币12310万元的医疗设备清单,由锦程公司直接采购投资。

同年11月18日,根据心血管医院的要求和所提供的设备清单,买方锦程公司与卖方宝和公司签订了合同号为HY20061118的购买医疗设备的《合同》。《合同》第10条:合同订立后,买方30日内分期向卖方支付货款总额35%的预付款。向卖方30日内一次性按照合同总额5%支付佣金。买卖双方另行签署和办理买方伍仟万股股权抵押给卖方的合同及相关手续。《合同》第11条:如果买方未能履行上述义务,卖方有权全部或部分撤销、解除合同,无需买方同意且无需向买方支付任何赔偿。买方需按照合同总额25%向卖方支付违约金并承担违约所造成的全部损失。买方向卖方支付的5%佣金不再返还。《合同》第20条:……无论何种原因,如果买方终止本合同,无论全部还是部分,终止通知必须以书面方式发送给卖方。据此卖方应停止工作并且买方应向卖方支付在终止之前所有卖方已经制造、修改或订购并且符合合同规定的货物在本合同项下规定的价款。该等货物应交付给买方。

同年11月30日,锦程公司、心血管医院及寰能公司签订了《合资合同》和《合资章程》。《合资合同》的主要内容为:第六条注册资本、投资总额与投资方式。6.1 注册资本人民币1.5亿。6.2 投资方式,心血管医院人民币6750万元,以等值的土地面积作价置换。锦程公司人民币6000万元,其中现金人民币3000万元,设备人民币3000万元。寰能公司现金人民币2250万元。6.3-6.5规定了三方股东分期缴付出资的期限,最后期限是合资公司注册后18个月内。第七条各方责任。7.1 心血管医院责任,根据第六章的规定对合资公司的注册资本进行出资,负责办理项目土地出让的相关全部手续并承担全部费用……7.2 锦程公司责任,根据第六章的规定对合资公司的注册资本进行出资,为合资公司推荐在海外购置所需机器设备……第十四条违约责任。14.1 甲乙丙任何一方未按合同的第六条款的规定依期按数投资时,从逾期第30个银行日算起,每逾期一日,违约方应缴付投资额的0.5‰的违约金外,守约一方有权按本合同第十七条的规定终止合同,并要求违约方赔偿损失。14.2 由于一方的过失,造成本合同及其附件不能履行或不能完全履行时,由过失的一方承担违约责任;如属三方的过失,根据实际情况,由三方承担各自应负的违约责任。14.3 各方签订本合同后,心血管医院未能如期办理完成土地作价入股手续使合资公司无法注册视为心血管医院违约。按14.1 款执行,同时应返还锦程公司已投入的人民币300万元及设备订购的损失。第十五条合同的修改、终止和解除。15.1 本合同及其附件修改时必须经甲乙丙三方签署书面协议并报原审批部门批准,方能生效。15.3 合资公司由于某种原因出现连年亏损,无力继续经营,经董事会一致通过并报原审批部门批准,可提前终止合资期限或解除合同。《合资章程》的主要内容是:3.3 甲乙丙方应按合同规定的期限缴清各自出资额。10.4 合资公司由于某种原因出现连年亏损,无力继续经营,经董事会一致通过并报原审批部门批准,可提前终止合资期限或解除合同。12.1 本章程的修改,必须经董事会会议一致通过决议,并报原审批机构批准。12.3 本章程须经山西省商务厅批准才能生效,修改时同。

同年12月,经山西省人民政府相关职能部门审核批准,三方共同组建了中外合资经营企业-九方公司。九方公司于2007年1月9日领取了《企业法人营业执照》。依照《合资合同》、《合资章程》的规定,三方股东的全部注册资本金的最后出资期限为合资公司注册后18个月内,即2008年7月9日。

2007年2月25日,合资公司三方股东共同签署九方公司《备忘录》,主要内容:1.心血管医院加快办理有关土地作价入资手续,在2007年6月底前完成相关土地手续。2.锦程公司按约定已完成了设备的订购,同时根据心血管医院土地办理的情况适时注入资金。三方均同意根据心血管医院土地手续办理的实际情况调整合资公司各方出资的时间与额度,按照上述原则实施,各方均等同于履行了出资义务。

同年9月底,心血管医院口头通知锦程公司合作项目和合资公司"停止运行"。同年10月28日,锦程公司致函心血管医院,要求"正式书面函告合资公司停止运行的情况"。同年11月16日,心血管医院向锦程公司发送了"关于省心血管疾病医院及老年养老、康复中心项目终止实施解决善后工作函",函告内容是:"由于政策界限不明确等原因,土地手续无法落实,导致该项目终止执行"。

在心血管医院通知"项目终止执行"后,锦程公司分别于同年10月29日、11月20日、12月18日三次致函宝和公司,就合同解除相关事宜与宝和公司进行协商。宝和公司的信函最终提出以"不低于合同总额15%的比例"追偿违约赔偿金的要求。

2008年1月22日,心血管医院与寰能公司签订《关于返还山西寰能科贸有限公司投资款备忘》,内容是:心血管医院单方面终止项目合作,同意返还寰能公司投资款人民币2619700元。

同年4月,宝和公司向香港特别行政区高等法院原讼庭提起诉讼,要求锦程公司承担违约责任。香港特别行政区高等法院于同年7月24日作出《谕令》,内容如下:基于宝和公司和锦程公司的共同请求,双方同意达成一致内容如下:1.经法院裁决,债务将由锦程公司承担;2.锦程公司必须向宝和公司赔付总额23622800港币;3.

法院无任何诉讼费。

【审判】

原审法院认为：本案争议的焦点有三个：一是锦程公司的违约金请求能否成立，具体数额如何确定；二是锦程公司的损失赔偿金请求能否成立，具体数额如何确定；三是锦程公司的人民币1000万可得利益请求能否成立。

关于第一个焦点。其一，锦程公司以《合资合同》14.1款要求心血管医院承担2814750元人民币的违约金的请求。原审法院认为：首先，《中华人民共和国公司法》第二十八条第一款规定，"股东应当按期足额缴纳公司章程中规定的各自所认缴的出资额。股东以货币出资的，应当将货币出资足额存入有限责任公司在银行开设的账户；以非货币财产出资的，应当依法办理其财产权的转移手续"；第二款规定，"股东不按照前款规定缴纳出资的，除应当向公司足额缴纳外，还应当向已按期足额缴纳出资的股东承担违约责任"；三方签订的《合资合同》14.1款约定："甲乙丙任何一方未按合同的第六条款的规定依期按数投资时，……守约一方有权要求违约方赔偿损失。"在心血管医院没有完成合资公司注册后6个月内，缴付现金人民币4050万元义务的同时，锦程公司也没有完成其按时缴付现金人民币2000万元的出资义务。锦程公司不是主张权利的适格主体。其次，虽然锦程公司以三方股东在《备忘录》中达成了"适时注入资金"的约定来否认己方违约。但是，根据《中华人民共和国公司法》第二十八条第一款的规定，股东认缴的出资额应当按期足额缴纳。而"适时注入资金"的约定，将《合资合同》、《合资章程》中确定的出资时间变成了不确定，是对九方公司利益的损害，违反了公司法的强制性规定，故"适时注入资金"的约定应认定为无效。按期足额缴纳出资是股东的法定义务，锦程公司不能以任何理由免除或迟延其出资义务的履行，也就是说，作为违约方的锦程公司，无权向心血管医院主张2814750元人民币的违约金。

其二，锦程公司依照《合资合同》14.2款要求心血管医院应按照《合资合同》标的额（注册资本金1.5亿元人民币）的15%，向锦程公司支付2250万元人民币的违约金请求。原审法院认为：在《合资合同》14.1约定了出资违约的责任承担前提下，《合资合同》14.2的约定，适用于除出资违约以外的其他违约情形。而心血管医院终止合作项目的执行，是由于其无法履行以土地作价入股的出资义务，并无其他违约行为。且该条款并未约定违约金及违约金的计算方式，锦程公司以合资公司注册资本总额的15%计算违约金没有法律依据。综上，锦程公司提出的违约金主张不能成立，原审法院不予支持。

关于第二个焦点。锦程公司提出先期投入人民币300万、锦程公司支付货款的利息损失折算为人民币581.39万元和向宝和公司赔付的折算为人民币23764064.34元赔偿金等三项损失赔偿金的请求。

其一，锦程公司的损失赔偿金请求能否成立。首先，违约金是当事人在合同中约定的一方违反合同的赔偿金。三方股东签订的《合资合同》14.3款明确约定："甲方（心血管医院）未能如期办理完成土地作价入股手续使合资公司无法注册视为甲方违约。同时应返还乙方（锦程公司）已投入的人民币300万元及设备订购的损失"。因此，锦程公司的该项请求因其在合同中的约定，同样是一项违约金的请求。虽然适用14.3款约定前提是"心血管医院未能如期办理完成土地作价入股手续使合资公司无法注册视为甲方违约,"但本案的客观事实是，在心血管医院和锦程公司零出资的情形下，九方公司已经成立。由于土地作价出资的不可能，心血管医院已经通知合作项目终止执行，合资公司无法经营。因此，心血管医院以合资公司成立来抗辩不承担责任的理由，不能成立。其次，心血管医院在和锦程公司于2006年11月10日达成《合作意向书》之后，即向锦程公司发送"山西省心血管疾病医院及老年康复养老中心项目进口设备投资需求的函"，提供了总价款人民币12310万元的医疗设备清单，由锦程公司直接采购投资。锦程公司随即按照心血管医院的要求和提供的清单与宝和公司签订了购买医疗设备的《合同》。2006年11月30日，锦程公司、心血管医院及寰能公司签订《合资合同》和《合资章程》。《合资合同》明确锦程公司人民币6000万元的出资，分别为现金人民币3000万元和设备人民币3000万元；

锦程公司有为合资公司推荐在海外购置所需机器设备的责任;心血管医院在未能如期办理完成土地作价入股手续时,要对锦程公司的设备订购损失承担责任。特别是,合资公司三方股东于2007年2月25日共同签署的《备忘录》明确记载:锦程公司按约定已完成了设备的订购。以上证据足以证明,合作项目的终止执行,锦程公司购买设备存在实际的损失。根据《中华人民共和国合同法》第一百零七条的规定"当事人不履行合同义务或履行合同义务不符合约定的应当承担违约责任",心血管医院未履行其以土地作价出资的义务,导致合作项目的终止,造成了锦程公司的实际损失,心血管医院应当赔偿锦程公司的购买设备损失。因此,锦程公司的损失赔偿金请求成立。

其二,锦程公司损失赔偿金具体数额的确定。首先,针对锦程公司提出的4512.28万元港币货款产生利息损失581.39万元人民币的诉讼请求。原审法院认为:第一,锦程公司提供证据存在诸多问题:1.锦程公司与宝和公司的《合同》,复印件与原件内容一致,格式不同;2.宝和公司给锦程公司开具的收款收据,有复印件有存根,没有原件;3.锦程公司发送给宝和公司2007年10月29日的函件,记载内容是锦程公司已于2006年12月13日依据双方协议给付宝和公司合同总额35%的预付货款和合同总额5%的佣金,即支付4512.28万元港币。而收据显示截止2006年12月13日,锦程公司并未支付佣金且支付货款总额仅为2950万元港币;4.宝和公司发送给锦程公司11月16日的回函,内容是"11月20日的来函已收悉。"第二,锦程公司对能证明其购买设备损失的重要证据均未提供:1.锦程公司发送给宝和公司2007年12月18日的函件,证明锦程公司与宝和公司之间在2007年1月15日签订有一份《补充协议书》,未提供;2.根据收据,锦程公司已支付宝和公司4512.28万元港币,而香港《谕令》判令锦程公司赔付的是2362.28万港币,则锦程公司应有宝和公司返还2150万港币的凭据,未提供;3.锦程公司与宝和公司的《合同》第10条约定,买卖双方另行签署和办理伍仟万股股权抵押合同及相关手续,未提供。……基于此,对锦程公司的该项诉讼请求不

予支持。其次,针对锦程公司提出的按照香港特别行政区高等法院《谕令》向宝和公司赔付的折算为人民币23764064.34元赔偿金的诉讼请求。原审法院认为:香港特别行政区高等法院作出的《谕令》,只是基于宝和公司和锦程公司的共同请求,双方同意达成一致的基础上作出的同意命令,香港特别行政区高等法院并未对锦程公司与宝和公司之间买卖合同关系进行实体的审理;且香港特别行政区高等法院《谕令》即使真实、合法、有效,其效力只能及于《谕令》的当事人锦程公司和宝和公司,对《谕令》外的第三人心血管医院不产生法律拘束力。因此,对锦程公司提出的该项诉讼请求不予支持。再次,针对锦程公司提出的先期投入人民币300万元的诉讼请求。原审法院认为:锦程公司依据的是三方股东签订的《合资合同》,该《合资合同》是三方股东本着平等互利的原则,自愿签订的,是三方股东真实意思的表示。该《合资合同》经山西省商务厅批准,合法有效。该《合资合同》14.3款明确规定:"甲方(心血管医院)未能如期办理完成土地作价入股手续使合资公司无法注册视为甲方违约。按14.1条款执行,同时应返还乙方(锦程公司)已投入的人民币300万元及设备订购的损失"。故对锦程公司提出的人民币300万先期投入的诉讼请求予以支持。

最后,锦程公司损失赔偿金额的确定。

原审法院综合比较认为:心血管医院因未履行以土地作价出资的义务,单方终止了合作项目,造成了锦程公司的实际损失,应当承担违约责任;锦程公司对其购买医疗设备的实际损失存在举证瑕疵,亦应承担一定的责任,其主张的货款利息及按照《谕令》确定赔偿金的诉讼请求不能得到支持。原审法院以存在实际损失为基础,考虑双方的过错程度,根据公平原则和诚实信用原则,酌情判令心血管医院按锦程公司所主张的其已支付医疗设备价款4512.28万元港币的15%向锦程公司承担违约责任,即向锦程公司支付人民币678.842万元违约金。

关于第三个焦点。原审法院认为:首先,可得利益赔偿的数额应与合同履行的程度相关联。在心血管病医院违约未将土地作价入股的情形下,锦程公司亦违反《中华人民共和国公司法》的

法定出资义务，没有履行其出资义务。依据《中华人民共和国公司法》，股东只能以其出资享有红利。锦程公司没有出资，当然不能取得预期的收益。其次，可得利益应具备现实的物质基础。本案中，三方股东均未投资，合作项目终止，九方公司无法经营，更无法获利。第三，《山西省重点招商推介项目》虽然对该合作项目的收益预期，做了极为明确和肯定的预测。但是三方在签订的《合资合同》和《合资章程》中均约定，"合资公司由于某种原因出现连年亏损，无力继续经营，经董事会一致通过并报原审批部门批准，可提前终止合资期限或解除合同"。也就是说，高收益的同时也伴随着高风险，不能以不确定的预期来主张其可得利益。因此，锦程公司提出的人民币1000万可得利益的主张不能成立，原审法院不予支持。

综上，原审法院依照《中华人民共和国合同法》第五条、第六条、第一百零七条、第一百一十四条、第一百二十条，《中华人民共和国公司法》第二十八条之规定，判决如下：一、心血管医院于判决生效后三十日内向锦程公司支付先期投入违约金人民币300万元；二、心血管医院于判决生效后三十日内向锦程公司支付医疗设备损失违约金人民币678.842万元；三、驳回锦程公司的其他诉讼请求。案件受理费人民币381263元，由心血管医院负担人民币281263元，由锦程公司负担人民币100000元。

锦程公司和心血管医院均不服原审法院的上述判决，向本院提起上诉。

锦程公司上诉称：（一）被上诉人心血管医院严重违反《合资合同》约定，未能办理土地作价入股手续造成项目合作无法进行，应当承担根本违约责任，原审判决对双方违约责任认定错误。《合资合同》第14.1条约定了股东违约责任，第14.2约定了因一方过错造成合同不能履行或不能完全履行的违约责任，第14.3条则是在第14.2条的基础上进一步专门明确甲方心血管医院的土地不能作价入股的根本违约责任。心血管医院在合资公司注册后6个月内至少交付现金人民币4050万元，但其一直未支付现金出资，也未按照《备忘录》约定的时间将土地使用权作价入股，明显违反了股东出资义务，直至2007年11月16日其单方通知项目停止运作。按每日0.5‰计算，自2006年6月30日起至2007年11月16日止共计139天，违约金应为人民币2814750元。除按照《合资合同》第14.1条的约定支付违约金外，心血管医院严重违反《合资合同》约定，导致项目合作无法进行，还应按照合同总金额的15%支付违约金人民币2250万元；（二）原审判决以上诉人未按《合资合同》出资到位为由认定上诉人无权要求心血管医院承担违约责任不符合事实。早在2006年11月18日，锦程公司已经根据心血管医院的要求和提供的设备清单，与宝和公司签订了高达人民币一亿多元的购买医疗设备合同，并支付了4512.28万元港币现金，余款以股权质押折抵，设备随时可以报关。2007年2月25日，合资公司三方股东共同签署《备忘录》也已确认了锦程公司的设备定购完成，并改原付款方式为根据心血管医院土地办理情况支付现金。因此，锦程公司是根据三方股东约定出资的，不存在违约入资的行为，锦程公司有权向心血管医院主张违约责任；（三）原审判决对上诉人的实际损失认定错误。由于心血管医院的违约行为，造成项目彻底无法进行，锦程公司定购设备的合同也无法履行。锦程公司经多次与设备供应商宝和公司协商未果，宝和公司在香港起诉了锦程公司并要求巨额赔偿。后经锦程公司与宝和公司多次谈判、尽力将损失减少到最低，香港特别行政区高等法院原讼庭于2008年7月24日作出808号《谕令》，由锦程公司赔偿宝和公司损失港币23622800元，折合人民币23764064.34元。对于已经发生的上述实际损失，心血管医院应当予以赔偿。一审法院不顾《备忘录》已经确定锦程公司完成定购义务的事实，对锦程公司与宝和公司的合同往来一再质疑，否定锦程公司存在的实际损失，否定香港特别行政区高等法院《谕令》是香港特别行政区高等法院对定购设备案的处理结果，认定《谕令》对心血管医院没有约束力，是完全错误的。一审中，锦程公司在一审开庭后根据法院要求再次提供了宝和公司出具的收款收据及其法定代表人的证明，但是心血管医院以超过举证期限为由拒绝质证。锦程公司认为，锦程公司依据法院要求追加证据，不违反证据规则，上述证据完全可以证明锦程公司与宝和公司的合同法律关系及锦程公司已经支付款项的情况。心血管医院应当赔偿锦程公司购买设备款项的利息损失;(四)心血管医院应赔偿上诉人因本案合作无法履行而遭受的预期利益损失。本案项目是山西省重点招商推介项目,根据山西省人民政府部门审核发放的《山西省重点招商推介项目》介绍说明,对合作项目的收益有充分合理的预测,其中载明"项目建成后,每床/年可产生利润为1.25美元。据山西省发展和改革委员会批准立项的晋发改外资〔2007〕88号《关于晋港合资山西省心血管疾病医院及老年康复、养老中心项目核准的批复》,合作项目应设500张病床。据此计算,项目建成后,锦程公司作为持股40%的股东,可得利益为1708万元人民币,上诉人仅要求心血管医院支付预期利益人民币1000万元。综上,一审法院认定事实不清,证据采纳错误,恳请二审法院依法查明事实,予以改判。请求:1. 撤销山西省高级人民法院(2008)晋民初字第12号民事判决书主文第二项、第三项;2. 改判被上诉人承担违约金,支付因其过错导致《合资合同》不能履行的违约金人民币2250万元、未按《合资合同》约定出资的违约金人民币2814750元;3. 改判被上诉人赔偿上诉人为合作项目购买医疗设备产生的实际损失人民币23764064.34元及已支付款项的利息损失人民币581.39万元(已付设备本金4512.28万港元,折算为人民币4539.26万元。自2006年12月25日起算,暂计算至2008年8月31日,按中国人民银行同期流动资金贷款利率计算);4. 改判被上诉人赔偿上诉人可得利益损失人民币1000万元。

心血管医院上诉称:(一)原审判决在被上诉人没有任何证据证明先期投入人民币300万元的情况下判决上诉人承担人民币300万元违约金,不但认定事实不当,也与原审判决的其他认定相矛盾。原审判决混淆了违约金与赔偿金两种不同的责任形式,将赔偿金变成了违约金,免除了被上诉人应承担的投入人民币300万元的举证责任。《合资合同》第14.3条约定清楚地表明该人民币300万元是损失赔偿金,不是违约金,一审庭审已经查明被上诉人未提交已投入人民币300万元的任何证据,其该项诉讼请求没有任何事实依据;原审判决已经根据《公司法》第二十八条有关只向守约股东承担违约责任的规定,对被上诉人提出的全部违约金请求予以驳回,如果将上述人民币300万元视为违约金,上诉人同样不应承担责任;合资公司已经依法注册,不符合《合资合同》第14.3条约定的"无法注册"的适用条件,上诉人不具备承担责任的基础;(二)原审判决在对没有证据支持的设备价款不予认定的情况下,又以该设备价款为基础判令上诉人按15%承担违约金,不但前后矛盾,也违反了法律规定。被上诉人在一审诉讼中提交的证据不具有真实性和关联性,证据之间自相矛盾,无法相互印证,如合同原件与复印件格式不同,股权质押数量超过了其发行资本股,七份商业收据在字体、签名等要素上过于雷同,往来函件的日期不合理等,均反映出部分或者全部证据为伪证的高度盖然性。根据被上诉人提交的证据,根本无法认定被上诉人与卖方之间合同的真实情况,到底支付了多少设备价款,承担了什么违约责任。原审判决正因为被上诉人所举的证据不能证明其主张,而对包括设备价款在内的具体数额均未认定,但却又依据该设备价款判定上诉人承担15%的违约金,自相矛盾;《合资合同》第14.2条特别约定了违约责任的成立以过失为要件,但上诉人未取得土地没有任何过失,被上诉人提供的全部证据也不能证明上诉人存在任何过失;上诉人于2007年9月、11月分别口头、书面通知被上诉人有关"土地手续无法落实"的情况,是履行及时通知、防止损失扩大的义务,而在主管部门组织下进行善后工作也是在履行防止损失扩大的义务。《合资合同》、《合资章程》对合资公司终止有专门的规定,合资公司终止程序应依法进行,上诉人的通知行为不属于单方终止行为,与是否违约没有关联;根据《中华人民共和国合同法》的规定,承担违约责任的具体方式,只能是继续履行、采取补救措施、承担赔偿责任或支付违约金等,其中不但赔偿损失应以实际发生的损失为限,而且违约金的调整标准也是实际造成的损失,但原审判决判令上诉人承担设备价款的15%即人民币678.842万元违约金,并没有被上诉人所受实际损失的任何证据来支持,原审判决违反了相关法律规定;被上诉人履行设备出资义务的对象是合资公司而不是上诉人，被上诉人提供设备是根据合资公司的实际需求而不是答辩人的实际需求，被上诉人是为履行出资义务购买设备而不是为了上诉人的利益购买设备，与上诉人是否构成违约没有任何关联；同时，通知被上诉人履行设备出资义务的主体也是合资公司而不是上诉人。因此，被上诉人应向合资公司主张权利，无权向上诉人主张，不应由包括上诉人在内的其他股东赔偿。就该项诉讼请求，被上诉人对上诉人没有诉权；原审判决根据公平原则判令上诉人承担责任，但公平原则下的责任不可能是违约金责任；(三)《中华人民共和国公司法》第二十八条及《中外合资经营企业合营各方出资的若干规定》第七条等法律法规均明确规定，只有已按期足额缴纳出资的守约方，才能要求其他违约方承担违约责任或损害赔偿责任，而违约方也只能向守约方承担上述责任。本案中，合资公司各股东均未按约定或法律规定按期足额缴纳出资。在此情况下，任何一方股东均无权要求其他股东承担违约责任或损害赔偿责任。同时，《合资合同》第14.1条也明确约定是向"守约方"承担违约责任。被上诉人在其自身严重违反出资义务的前提下，不具备向包括上诉人在内的其他股东追究违约责任或损害赔偿责任的主体资格，其全部诉讼请求一概没有法律依据。原审判决所判令的款项，不论是违约金还是赔偿金，均属于违约责任的范围，上诉人均不应承担；(四)合资公司不能取得土地，原因在于政府部门，上诉人为土地作价入股已做出了最大努力，不存在任何过错。合资公司及各方股东均有严重损失，但造成损失的原因并非各方股东的违约行为，各股东都是受害者。在这种情况下，仅让某一个股东承担损失后果，明显违背了本案事实以及相关法律规定，合资公司及其股东应向政府主张权利。综上，原审判决认定事实不当，适用法律错误，请求：1. 撤销山西省高级人民法院(2008)晋民初字第12号民事判决第一项，改判驳回被上诉人的该项诉讼请求；2. 撤销山西省高级人民法院(2008)晋民初字第12号民事判决第二项，改判上诉人不承担设备损失违约金；3. 维持山西省高级人民法院(2008)晋民初字第12号民事判决第三项；4. 判令由被上诉人承担全部诉讼费用。

寰能公司提交书面意见称：寰能公司于2006年11月与心血管医院、锦程公司三方签订了《合资合同》、《合资章程》，共同组建了九方公司。因锦程公司前期投入了一定人力物力进行准备工作，三方协商同意折合成人民币300万元并写入《合资合同》。《合资合同》签订后，主要由心血管医院和锦程公司分别负责办理土地入股和设备采购。因土地入股的办理手续比预想中进展缓慢，合资三方的现金投入相应推后，锦程公司已在香港购置的医疗设备也暂缓报关。2007年2月25日，合资三方又签订了一份《备忘录》。该《备忘录》要求心血管医院加快办理有关土地作价入资手续并在同年6月前完成，同时确认锦程公司已按照约定完成了设备订购，同意锦程公司根据项目实际运作情况做好设备的报关及设备的相关投资工作，根据心血管医院土地办理的情况适时注入现金，也同意寰能公司根据项目的进展情况及合资公司运作的实际需要分阶段注入资金。同年9月下旬，心血管医院突然口头告知寰能公司土地使用权无法办理、合作项目停止运作。2008年1月22日，心血管医院与寰能公司签订了《关于返还山西寰能科贸有限公司投资款备忘》，确认心血管医院于同年2月29日返还寰能公司投资款人民币2619700元，寰能公司自全部投资款返还之日起退出九方公司并将其在九方公司的所有权利及责任转给心血管医院。至此，寰能公司已彻底退出三方合作。心血管医院与锦程公司之间的诉讼请求均与寰能公司无关。

心血管医院针对锦程公司的上诉答辩称：(一)锦程公司未按期足额缴纳出资，是违约方，不具备向心血管医院主张违约责任的主体资格，其全部诉讼请求均没有法律依据；(二)《备忘录》实质上修改了《合资合同》、《合资章程》中出资期限的约定且未经审批部门批准，应认定未生效，不能据此确定各股东的权利义务。即使《备忘录》确认了锦程公司的设备订购完成，但订购不等于出资，锦程公司始终未履行设备、现金出资义务，合资公司也始终未收到锦程公司的设备、现金出资，锦程公司存在"违约入资"行为，并不能依据未生效的《备忘录》免除出资违约责任；(三)心血管医院于2007年11月书面通知锦程公司有关"土地手续无法落实"的情况,是履行及时通知、防止损失扩大的义务,在政府主管部门未批准终止合同的情况下,心血管医院没有也无权单方终止合同,因此,通知行为不属于单方终止行为,与是否违约没有关联;(四)锦程公司主张重复适用《合资合同》第14.1条和第14.3条,其实质是双重获益。按照注册资本总额的15%计算违约金没有合同与法律依据。锦程公司自身也是违约方,在主体不适格的前提下要求心血管医院承担违约责任,没有事实和法律依据;(五)《谕令》与本案没有关联性,且无法证明锦程公司与宝和公司之间债权债务关系的真实性;一审法院在庭审后要求锦程公司提交的证据不属于新证据,违反了人民法院调取证据的规定;锦程公司提供的设备买卖合同、商业收据以及其他关于设备交易的证据不能相互印证,且充满了不合常理的矛盾,故其要求赔偿购买设备的货款及其利息损失的诉讼请求无法成立;锦程公司履行出资义务的对象是合资公司而不是心血管医院,设备货款及其利息损失与心血管医院是否构成违约没有任何关联,锦程公司应向合资公司主张权利;(六)锦程公司也是违约方,无权要求可得利益损害赔偿;企业经营充满了未知因素,锦程公司根据招商广告和政府文件要求赔偿人民币1000万元可得利益损失,没有事实与法律依据。综上,锦程公司的全部诉讼请求均没有事实和法律依据,依法应予驳回。

锦程公司针对心血管医院的上诉未提交书面答辩意见,庭审中称:(一)原审判决判令心血管医院支付人民币300万元违约金是正确的,锦程公司在合作项目前期投入了大量工作,使得前期工作顺利进行,先期投入是合资三方认可的实际损失。《合资合同》第14.3条约定如心血管疾病医院无法完成土地交付应返还人民币300万元,而非合资公司返还;(二)锦程公司按照心血管医院的要求与宝和公司签订了购买设备合同,原审判决因证据存在微小瑕疵不予认定是错误的。合同复印件与原件有微小不符,但不应否定原件的效力。关于购买设备的损失认定,心血管医院与锦程公司均提出了异议,锦程公司认为赔偿不应是15%的已付款项,而应是全部损失2300余万港元及利息。宝和公司的证据是锦程公司应一审法院的要求提供的,属于在举证期限内的证据,心血管医院在一审期间不予质证,对锦程公司不公;(三)香港特别行政区高等法院的《谕令》相当于调解书,具有法律效力,在对方没有提供证据否定《谕令》效力的情况下应予认定;(四)合资三方签署的《备忘录》要求锦程公司根据心血管医院的土地办理进展情况入资,各方均等同于完成了入资义务。《备忘录》变更了原出资义务,虽然未经批准,但报批的负责人是心血管医院,系心血管医院未完成报批。本案不是处理对外的法律关系,在处理当事人内部是否违约的问题上应当适用《备忘录》的约定。《备忘录》认可设备订购已完成并要求锦程公司根据土地入股手续办理的情况适时入资;(五)《合资合同》约定,只要未完成以土地入股即应承担违约责任,故无论心血管医院是否有过失均应承担违约责任。综上,心血管医院的上诉请求缺乏事实依据,应予驳回。

对于原审判决认定的事实,锦程公司认为有关2007年2月25日《备忘录》的认定遗漏了第三人寰能公司也依据项目进展情况入资的事实。本院查明:2007年2月25日,锦程公司、心血管医院及第三人寰能公司签订的《备忘录》约定内容之第3项为"丙方(寰能公司)根据本项目进展情况及合资公司运作的实际需要,分阶段注入资金(现金)确保公司的前期运作"。因此,锦程公司的上述主张符合事实,本院予以认定。

对于原审判决认定的事实,心血管医院则认为有关心血管医院让锦程公司购买设备的认定不是真实情况,而是合资公司购买设备。本院查明:2006年11月10日,心血管医院就合作项目进口设备投资需求事宜向锦程公司发函称:"心血管医院住院大楼现已主体完工,计划于2007年10月正常运行。根据双方的合作约定,部分设备应由贵公司直接采购投资。现将部分设备名录提供给贵公司,望尽早安排,以保证项目顺利实施。设备明录如下:1.正电子发射型断层扫描器1台,每台2000万,计2000万;2.单电子发射型电脑断层扫描器2台,每台360万,计720万;3. INTER ACHIEVA3.0磁共振成像系统1台,每台1600万,计1600万;4. BRILLIANCE CT64排螺旋CT1台,每台1500万,计1500万;

5.平板探测器血管造影系统4台,每台750万,计3000万;6.直接数位化X线摄影系统(双板)2台,每台300万,计600万;7.数字肠胃机1台,每台250万,计250万;8.iU22智慧化彩色超声诊断系统(腹部机)5台,每台300万,计1500万;9.iE33智慧心血管超声系统(心脏机)2台,每台300万,计600万;10.生化分析仪3台,每台180万,计540万;合计:12310万元"。该函对拟订购设备的名称、数量、单价、总价等均提出了明确要求,虽然其目的是为了合资公司的运营,但心血管医院发函要求锦程公司尽早安排购买设备事宜是能够认定的事实,故心血管医院否认其让锦程公司购买设备与事实不符,本院不予支持。原审判决对此节的事实认定正确,本院予以确认。

二审期间,双方当事人均未向本院提交新的证据。庭审中,双方当事人亦均未对原审判决认定的其他事实提出异议。据此,本院对原审判决认定的事实予以确认。但是,原审判决对有证据支持的心血管医院办理土地使用权作价入资情况及锦程公司向宝和公司支付佣金和预付款等事实的认定有遗漏,本院在二审中查明并确认。

本院查明:2006年10月9日,心血管医院以晋心请字(2006)第23号《关于山西省心血管疾病医院及老年养老、康复中心项目国有划拨土地协议出让的请示》向山西省卫生厅请示报山西省国土资源厅进行对原审法院所属国有划拨土地的协议出让和土地作价入股的权属变更。同年10月16日,山西省卫生厅以晋卫请[2006]184号《关于山西省心血管疾病医院及老年养老、康复中心项目国有划拨土地协议出让及免交土地出让金的请示》向山西省国土资源厅申请免交土地出让金。同年11月9日,山西省财政厅以晋财资[2006]39号《关于对山西省心血管疾病医院及老年养老、康复中心项目国有土地作价入股的批复》同意心血管医院在该合作项目中以土地使用权作价入股,并要求按照国有资产评估管理有关规定对拟作价入股的国有土地进行评估。同年11月23日,山西至源不动产评估咨询有限公司提交了晋至源(2006)(估)字第087号《土地估价报告》,对心血管医院国有划拨土地使用权进行了价格评估。同年12月31日,山西省财政厅以晋财资[2006]47号《关于核准山西省心血管疾病医院及养老、康复中心土地使用权评估项目的通知》,核准了评估机构的评估行为及评估结果对心血管医院以土地使用权作价入股的行为有效。2007年2月9日,山西省发展和改革委员会以晋发改外资发[2007]88号《关于晋港合资山西省心血管疾病医院及老年康复、养老中心项目核准的批复》核准了山西省卫生厅请示的心血管医院、锦程公司、寰能公司共同投资建设的心血管疾病医院及老年康复、养老中心项目,并对项目建筑总面积、项目总投资、出资比例、项目运行方式及期限等提出了明确要求。同年6月22日,山西省太原市规划局核发了《规划设计条件通知书》。同年8月13日,山西省太原市国土资源局以并国土资字[2007]169号《关于晋港合资山西省心血管疾病医院及老年康复、养老中心项目用地预审的批复》同意通过用地预审,并要求心血管医院依法办理土地管理、环境保护、地质灾害危险性评估等相关用地手续。心血管医院未提供此后其向有关政府部门办理相关用地手续的证明材料,亦未提供有关政府部门不同意办理相关用地手续的书面证据。

又查明:锦程公司与宝和公司签订的医疗设备买卖合同的总价款为112457261港元。宝和公司分别于2006年11月22日、11月23日、11月28日、12月13日、12月18日、12月19日及12月25日向锦程公司出具《正式收据》七张。该七份《正式收据》记载宝和公司收到锦程公司支付的购买医疗设备预付款39500000港元、佣金5622800港元,共计45122800港元。中国委托公证人黄国喜律师出具《证明书》证明宝和公司收据的炭纸副本存根之复印件与原本相符。该《证明书》加盖了中国法律服务(香港)有限公司转递专用章。

本院经审理认为:

(一)关于管辖权与准据法。

本案当事人锦程公司系在香港特别行政区注册成立,故本案为涉港合资经营企业合同纠纷。《合资合同》第18.1条中约定,凡因执行本合同所发生的或与本合同有关的一切争议,双方应通过友好协商解决;如果协商不成,应按中华人民共和国有关法律程序,提交有关司法部门裁决。因此，原审法院依据当事人的上述约定和《中华人民共和国民事诉讼法》有关管辖的规定行使管辖权并无不当。

《中华人民共和国中外合资经营企业法实施条例》第十五条规定，合营企业合同的订立、效力、解释、执行及其争议的解决，均应适用中国的法律。本案为涉港合资经营企业合同纠纷，应当参照适用该规定确定应适用的准据法。锦程公司、心血管医院及第三人寰能公司签订的《合资合同》第17.1条约定，本合同的订立、效力、解释、履行和争议的解决均受中华人民共和国法律的管辖。该约定符合《中华人民共和国中外合资经营企业法实施条例》第十五条的规定，因此，本案纠纷应适用内地的法律解决。

（二）关于《合资合同》及《合资章程》的效力。

锦程公司、心血管医院及第三人寰能公司签订的《合资合同》和《合资章程》，系合资三方的真实意思表示，其内容不违反法律规定，并报经相关审批机关进行了审批，依法应认定其合法有效。

（三）关于2007年2月25日《备忘录》的效力。

在签订《合资合同》及《合资章程》之后，锦程公司、心血管医院和第三人寰能公司于2007年2月25日签订了一份有关九方公司的《备忘录》，对《合资合同》中合资各方出资的时间及额度进行了调整，即心血管医院在同年6月前完成相关土地手续，锦程公司根据项目的实际运作情况办理设备的进口报关以及根据土地办理情况适时注入资金，寰能公司根据项目进展和合资公司运作的实际需要分阶段注入资金确保公司的前期运作。考虑到经审批的《合资合同》已对各方出资做了明确约定，合资三方在《备忘录》中还特别约定"均同意根据甲方（心血管医院）土地手续办理的实际情况调整合资公司各方出资的时间及额度，按照上述原则实施，各方均等同于履行了出资义务"。但因该《备忘录》未报经有关审批机关批准，故锦程公司与心血管医院对其效力各执一词。本院认为：《备忘录》确实变更了《合资合同》约定的出资时间及额度，但三方签订《备忘录》的背景系因心血管医院以土地使用权作价入资需要办理规划、财政、土地等报批手续，其目的并非刻意规避或者改变审批机关的审批事项而是更合理地调整各方出资时间、额度及先后顺序，《备忘录》约定的事项并非必须报经审批机关审批之事项，无需再行报批。《备忘录》系合资三方在平等、自愿、协商一致的基础上达成的，其对各方出资所做的调整是必要和合理的，其内容反映了合资各方的真实意思表示，依法应当认定其合法有效，对合资各方均具有约束力。心血管医院在本案诉讼之前从未对《备忘录》及其效力提出过异议，在诉讼之后主张《备忘录》实质上修改了《合资合同》和《合资章程》有关出资期限的规定且因未经审批机关审批应认定未生效，与事实及相关法律规定不符，本院不予支持。

（四）关于违约主体。

本案所涉合作项目是山西省"2006山西（香港）投资洽谈会"上签署的唯一对外招商引资的卫生事业项目。在正式签订《合资合同》和《合资章程》之前，锦程公司与心血管医院先行签订了一份《合作意向书》对项目的投资总额、出资、建筑面积、经营方式及责任等做了初步约定，锦程公司还依据心血管医院提供的《进口设备投资需求的函》向宝和公司订购了心血管医院指定的医疗设备并按约支付了佣金和预付款。在签订《合资合同》和《合资章程》之后，由于心血管医院未办理完土地使用权作价入股手续，合资三方签订了有关九方公司的《备忘录》。该《备忘录》不仅确认了锦程公司已经订购医疗设备的事实，而且明确要求锦程公司根据项目的实际运作情况做好设备的进口报关及设备投资的相关工作，并根据心血管医院的土地办理情况适时注入现金。据此，锦程公司与卖方宝和公司协商推迟了医疗设备的装运，也未进一步投入资金。应该说，锦程公司为合作项目及合资公司所做的大量前期工作及投入，其依约完成设备订购并向卖方宝和公司支付订购设备的佣金和预付款等事实，均表明锦程公司不仅有履约的诚意而且有实质性的履约行为。其之所以未严格按照《合资合同》的约定出资，是因为遵守合资三方签订的《备忘录》的约定而暂缓或者适时入资，并非在逃避《合资合同》或者《合资章程》约定的合资方应承担的出资义务，故不应认定锦程公司违约。

另一方面，心血管医院在签订《合作意向书》、《合资合同》及《备忘录》之后未能办理或者如期办理完土地使用权作价入股手续，违背了其在《合作意向书》、《合资合同》及《备忘录》中所做的相关承诺。心血管医院在口头通知锦程公司合作项目停止运作后，又在2007年11月16日给锦程公司《关于省心血管疾病医院及老年养老、康复中心项目终止实施解决善后工作的函》中明确承认"由于政策界限不明确等原因，土地手续无法落实，导致该项目终止执行"；其还在2008年1月22日与寰能公司签订的《关于返还山西寰能科贸有限公司投资款备忘》中明确承认"单方面终止项目合作"。虽然心血管医院主张无法办理土地使用权作价入股手续系由于政府部门的原因，其自身不存在过错，但其并没有提供政府相关部门拒绝或者不同意办理土地使用权作价入股手续的书面证据。由于心血管医院未继续办理有关手续，合作项目及合资公司不得不因缺乏土地而停止运作。综上，本案纠纷产生的原因在于：心血管医院未能按照《合资合同》的约定办理完土地使用权作价入股手续，从而导致《合资合同》无法继续履行，合作项目及合资公司停止运作。原审判决依据《中华人民共和国公司法》第二十八条第一款的规定认定锦程公司未出资存在违约，与锦程公司在订立《合资合同》之前先行订购医疗设备、支付佣金和预付款等事实以及《备忘录》有关根据心血管医院办理土地手续的进展情况"适时注入资金"的要求明显不符，据此认定锦程公司违约不当，属适用法律错误。

心血管医院作为合资方未能履行办理土地使用权作价入股的义务，依法应认定其构成违约。心血管医院与第三人寰能公司签订的偿还投资款协议明确承认其"单方面终止项目运作"，而且实际向寰能公司偿还了投资款，表明了心血管医院不仅承认其作为合作项目出资方的单方面违约行为，而且向寰能公司实际承担了其作为合作项目主办方的违约责任。心血管医院一方面对寰能公司承认单方面违约并偿还投资款，另一方面却对锦程公司拒不承认违约并拒绝赔偿任何损失，对锦程公司不公。《中华人民共和国合同法》第一百零七条规定，当事人一方不履行合同义务或者履行合同义务不符合约定的，应当承担继续履行、采取补救措施或者赔偿损失等违约责任。锦程公司依据《合资合同》的约定要求心血管医院承担违约责任并赔偿损失符合上述法律规定，本院予以支持。合资公司九方公司在注册成立后没有实际运作，也无任何财产，因此，本案纠纷不应也不可能通过向九方公司主张予以解决，故心血管医院有关锦程公司应向九方公司主张权利的主张缺乏法律依据，本院不予支持。

（五）关于 HCA808/2008 号《谕令》的证明力。

由于心血管医院分别以口头和书面方式通知锦程公司合作项目停止运作，锦程公司随即与宝和公司就终止买卖合同及违约赔偿事宜进行协商。因协商未果，宝和公司起诉至香港特别行政区高等法院要求锦程公司赔偿其损失。香港特别行政区高等法院依据双方达成的和解协议做出了上述《谕令》。据此，锦程公司应向宝和公司支付赔偿金23622800港元。鉴于锦程公司和宝和公司均系在香港特别行政区注册成立的公司，加之锦程公司声称的已支付给宝和公司的佣金和预付款总额已经超过了《谕令》所要求的赔偿金总额，故《谕令》不存在执行问题，也不存在需要内地法院认可和执行的问题。本案中，锦程公司提交《谕令》的目的在于将其作为证据证明其存在订购医疗设备的损失，故应当对《谕令》是否具有证据效力做出认定。

《中华人民共和国民事诉讼法》及内地其他相关法律法规没有关于香港特别行政区法院做出的《谕令》在内地诉讼程序中是否具有证据效力的规定。本院认为：香港特别行政区高等法院的《谕令》在本案诉讼中能否作为证据采信应当审查其是否具有真实性、合法性、有效性及关联性。锦程公司就该《谕令》向原审法院提交了经公证的顾张文菊、叶成庆律师事务所顾张文菊律师出具的《法律意见书》。该《法律意见书》认为：根据《香港特别行政区高等法院规则》"高等法院规则"第42号命令第5A条规则，香港特别行政区高等法院有权根据当事人双方达成的和解协议做出上述《谕令》，其具有与法庭判决或者命令同等的效力；《香港特别行政区高等法院规则》"高等法院规则"第42号命令第5B条有关判决需附具理由的规定不适用于依据《香港特别行政区高等法院规则》"高等法院规则"第42号命令第5A条规则做出的《谕令》;《谕令》对锦程公司和宝和公司具有约束力和强制执行力。因此,本院确认《谕令》的真实性、合法性、有效性。至于是否具有关联性,本院认为,锦程公司与宝和公司签订的买卖合同、宝和公司出具的七份收据、合资三方签订的《备忘录》、锦程公司与宝和公司之间的来往函件、宝和公司的起诉状以及香港特别行政区高等法院的诉讼文书等构成了一条完整的证据链,能够足以证明锦程公司订购医疗设备、支付佣金和预付款,锦程公司与宝和公司就违约事宜进行协商、协商未果后向香港特别行政区高等法院提起诉讼以及香港特别行政区高等法院送达诉讼文书等事实,亦足以证明《谕令》与锦程公司、宝和公司之间的医疗设备买卖合同纠纷相关,因此,《谕令》与本案纠纷具有关联性。此外,锦程公司在提交《谕令》时办理了相关公证和转递手续,符合最高人民法院《关于民事诉讼证据的若干规定》第十一条第二款关于"当事人向人民法院提供的证据是在香港、澳门、台湾地区形成的,应当履行相关的证明手续"的规定。因此,在心血管医院没有举出直接相反证据的情况下,应认定《谕令》在本案中具有证明力,可以作为证据使用并依此确定锦程公司订购医疗设备的损失额。心血管医院关于《谕令》无法证明锦程公司与宝和公司之间债权债务关系的真实性以及《谕令》与本案纠纷没有关联性的主张没有事实和法律依据,本院不予支持。心血管医院关于《谕令》中确定的赔偿数额超过了宝和公司承诺的15%的比例可能存在双方串通的主张缺乏具体证据证明,本院亦不予支持。

(六)关于锦程公司违约金之主张。

锦程公司在一、二审程序中均主张心血管医院应当分别依据《合资合同》第14.1条和第14.2条之规定,向其支付迟延出资违约金人民币2814750元和终止合同履行违约金人民币2250万元。但是,心血管医院未能办理土地使用权作价入股手续、导致《合资合同》终止履行的行为,在性质上不属于延迟出资行为,而是根本违约行为,故不应按照《合资合同》中有关迟延出资的约定支付违约金。锦程公司主张心血管医院应按照《合资合同》第14.1条向其支付延期出资违约金没有依据,本院不予支持。而《合资合同》第14.2条约定的是因合资一方的过失导致合同及其附件不能或不能完全履行的违约责任,并非关于违约金的约定。该条没有关于违约金比例的任何约定,锦程公司亦未提供证据证明双方曾就违约事宜达成过按照《合资合同》注册资本金总额的15%支付违约金的口头或者书面协议。故锦程公司有关《合资合同》第14.2条属于违约金条款且要求心血管医院向其支付人民币2250万元违约金的主张没有事实和法律依据,本院亦不予支持。

(七)关于锦程公司损失额的确定。

本案中,锦程公司主张的损失包括先期投入人民币300万元的本金、向宝和公司支付4512.28万港元佣金和预付款的利息、依据《谕令》向宝和公司支付23622800港元的赔偿金损失以及可得利益损失人民币1000万元。以下分述之。

关于人民币300万的先期投入,心血管医院上诉认为锦程公司并未举证证明其向合作项目或者合资公司实际投入,依法应不予支持;但锦程公司认为三方当事人已在《合资合同》中对该先期投入款做了明确确认,无需再提供证据证明,依法应予支持。本院认为:《合资合同》第14.3条约定,"各方签订本合同后,甲方未能如期办理完成土地作价入股手续使合资公司无法注册视为违约。按14.1条款执行,同时应返还乙方已投入的300万元及订购设备的损失"。该《合资合同》系合资三方的真实意思表示,得到了相关审批机构的审批,依法应认定其合法有效。对于《合资合同》所记载的内容,除非有直接相反的证据,否则应予确认。合资三方签订的《备忘录》明确确认合资各方为合作项目和合资公司做出了实质性工作及投入,襄он公司在二审程序中提交的书面意见明确承认"因锦程公司前期投入了一定人力物力进行准备工作,三方协商同意折合人民币300万元并写入《合资合同》",心血管医院亦未在签订《合资合同》后的合理时间内对此提出异议,因此,应认定锦程公司向合作项目先期投入了人民币300万元。锦程公司在一审起诉时未主张该款之利息,应视为其放弃了对先期投入款利息的主张。原审判决虽然认定锦程公司先期投入了人民币300万元,但判决书主文认定为"先期投入违约金300万元"错误,本院予以纠正。

关于4512.28万港元佣金与预付款,心血管医院上诉认为锦程公司的举证存在相互矛盾的地方,如买卖合同复印件与原件不一致、收据没有原件、来往函件内容与收据之间存在矛盾以及相关函件的日期与内容之间存在矛盾等,依法应不予认定;锦程公司则认为应当以买卖合同原件为准,宝和公司出具的证明和收据均表明锦程公司实际支付了4512.28万港元的佣金与预付款,依法应予认定。本院认为:鉴于锦程公司与宝和公司之间存在订购医疗设备的法律关系且买卖合同中有关于设备总额、佣金、预付款的明确约定,加之司法部委托公证人黄国棐律师对"收据的炭纸副本存根之复印件与该文件原本相符"进行了公证,因此,在没有直接相反证据证明的情况下,应当确认宝和公司收据的真实性。心血管医院虽主张锦程公司提供的上述证据等存在瑕疵并认为锦程公司可能与宝和公司存在串通,但其并未提供充分地证据予以证明,本院对其该主张不予支持。原审判决一方面未认定锦程公司向宝和公司支付4512.28万港元的佣金和预付款,另一方面却又以此为基数计算心血管医院应支付的违约金数额,既自相矛盾又缺乏依据,本院予以纠正。锦程公司和心血管医院亦均对原审判决的上述认定提出上诉,本院认为两上诉人对此的异议意见正确。故锦程公司有关心血管医院应向其支付4512.28万港元之利息的主张,本院予以支持。锦程公司起诉时主张该款利息的起算日为2006年12月25日,本院予以确认。

关于23622800港元的赔偿金,因《谕令》在本案中具有证明力,故应认定其属于锦程公司订购医疗设备之损失。但《中华人民共和国合同法》第一百一十九条第一款规定,当事人一方违约后,对方应当采取适当措施防止损失的扩大;没有采取适当措施致使损失扩大的,不得就扩大的损失要求赔偿。宝和公司于2008年1月4日致锦程公司的函件表明,宝和公司同意按照买卖合同总额112457261港元15%的比例计算赔偿金。而双方在香港特别行政区高等法院诉讼的过程中达成的和解协议确定的赔偿额超出了宝和公司先前承诺的赔偿额,对此,锦程公司存在过错,依法无权就扩大的损失要求心血管医院赔偿。故心血管医院应按上述买卖合同总额的15%计算向锦程公司支付赔偿金。

关于人民币1000万元的可得利益损失,锦程公司认为根据山西省发展和改革委员会批准立项的晋发改外资[2007]88号文可以计算出合作项目及其作为股东可以获得的利益,仅要求人民币1000万元是合理的,应予支持;而心血管医院则认为锦程公司未考虑项目风险,以招商广告和政府文件为依据计算可得利益不合理,应不予支持。本院认为:虽然《中华人民共和国合同法》第一百一十三条规定,当事人一方违约造成对方损失的赔偿额可以包括履行合同后可以获得的利益,但本案合作项目及合资公司所需的资金并没有全部到位,合作项目、合资公司亦没有实际运作,根本没有利润可言。何况合资公司是否盈利取决于诸多因素,故锦程公司仅依据政府文件认定其应当获得人民币1000万元的可得利益赔偿依据不足,本院对此不予支持。心血管医院对此的抗辩理由成立,本院予以支持。

此外,心血管医院还认为按照《合资合同》第14.3条的约定,其退还先期投入和赔偿订购设备损失的前提条件是"未能如期办理完成土地作价入股手续使合资公司无法注册",而本案合资公司九方公司早已注册成立,故锦程公司有关退还先期投入和赔偿订购设备损失的主张因不具备"合资公司无法注册"的先决条件而不成立。本院认为:心血管医院在本案中的违约行为属于根本违约,其违约的结果直接导致合资公司无法继续运作,合资目的无法实现。虽然《合资合同》第14.3条约定了"合资公司无法注册"的前提条件,但这并非是心血管医院承担违约责任的唯一条件。《中华人民共和国合同法》第一百零七条对违约方应承担的违约责任做了明确规定,心血管医院作为违约方理应依法承担违约责任。故对心血管医院的上述理由,本院亦不予支持。

综上,上诉人锦程公司关于违约金、订购医疗设备的扩大损失及可得利益损失的上诉理由均不成立,本院不予支持。但因心血管医院违约对其造成的佣金和预付款利息及订购医疗设备的部分损失,应予支持;上诉人心血管医院关于先期投入、佣金与预付款利息及订购医疗设备损失均不应承担责任的上诉理由均不成立,本院不予支持。原审判决认定事实部分不清,适用法律不当,本院予以纠正。依照《中华人民共和国合同法》第八条、第四十四条、第六十条、第一百零七条、第一百一十九条及《中华人民共和国民事诉讼法》第一百五十三条第一款第(二)项之规定,本院判决如下:

一、撤销山西省高级人民法院(2008)晋民初字第12号民事判决;

二、山西省心血管疾病医院于判决生效后三十日内向香港锦程投资有限公司支付先期投入款人民币300万元;

三、山西省心血管疾病医院于判决生效后三十日内向香港锦程投资有限公司支付订购医疗设备损失16868389.15港元;

四、山西省心血管疾病医院于判决生效后三十日内向香港锦程投资有限公司支付佣金与预付款4512.28万港元之利息损失(按照中国人民银行同期港元贷款利率计算,自2006年12月25日起至2008年7月24日止);

五、驳回香港锦程投资有限公司的其他诉讼请求。

如逾期不履行本判决确定之金钱给付义务,应当依照《中华人民共和国民事诉讼法》第二百二十九条之规定,加倍支付迟延履行期间的债务利息。

一审案件受理费人民币381263元,二审案件受理费人民币366263.57元,共计人民币747526.57元,由香港锦程投资有限公司承担人民币149505.31元,由山西省心血管疾病医院承担人民币598021.26元。

2. 中化国际(新加坡)有限公司诉蒂森克虏伯冶金产品有限责任公司国际货物买卖合同纠纷案[①]

【关键词】民事　国际货物买卖合同　联合国国际货物销售合同公约　法律适用　根本违约

【裁判要点】

1. 国际货物买卖合同的当事各方所在国为《联合国国际货物销售合同公约》的缔约国,应优先适用公约的规定,公约没有规定的内容,适用合同中约定适用的法律。国际货物买卖合同中当事人明确排除适用《联合国国际货物销售合同公约》的,则不应适用该公约。

2. 在国际货物买卖合同中,卖方交付的货物虽然存在缺陷,但只要买方经过合理努力就能使用货物或转售货物,不应视为构成《联合国国际货物销售合同公约》规定的根本违约的情形。

【相关法条】

《中华人民共和国民法通则》第145条

《联合国国际货物销售合同公约》第1条、第25条

【基本案情】

2008年4月11日,中化国际(新加坡)有限公司(以下简称中化新加坡公司)与蒂森克虏伯冶金产品有限责任公司(以下简称德国克虏伯公司)签订了购买石油焦的《采购合同》,约定本合同应当根据美国纽约州当时有效的法律订立、管辖和解释。中化新加坡公司按约支付了全部货款,但德国克虏伯公司交付的石油焦HGI指数仅为32,与合同中约定的HGI指数典型值为36-46之间不符。中化新加坡公司认为德国克虏伯公司构成根本违约,请求判令解除合同,要求德国克虏伯公司返还货款并赔偿损失。

【裁判结果】

江苏省高级人民法院一审认为,根据《联合国国际货物销售合同公约》的有关规定,德国克虏伯公司提供的石油焦HGI指数远低于合同约定标准,导致石油焦难以在国内市场销售,签订买卖合同时的预期目的无法实现,故德国克虏伯公司的行为构成根本违约。江苏省高级人民法院于2012年12月19日作出(2009)苏民三初字第0004号民事判决:一、宣告蒂森克虏伯冶金产

[①] 案例来源:《最高人民法院关于发布第21批指导性案例的通知》(2019年2月25日　法[2019]3号),指导案例107号。

品有限责任公司与中化国际(新加坡)有限公司于2008年4月11日签订的《采购合同》无效。二、蒂森克房伯冶金产品有限责任公司于本判决生效之日起三十日内返还中化国际(新加坡)有限公司货款2684302.9美元并支付自2008年9月25日至本判决确定的给付之日的利息。三、蒂森克房伯冶金产品有限责任公司于本判决生效之日起三十日内赔偿中化国际(新加坡)有限公司损失520339.77美元。

宣判后,德国克房伯公司不服一审判决,向最高人民法院提起上诉,认为一审判决对本案适用法律认定错误。最高人民法院认为一审判决认定事实基本清楚,但部分法律适用错误,责任认定不当,应当予以纠正。最高人民法院于2014年6月30日作出(2013)民四终字第35号民事判决:一、撤销江苏省高级人民法院(2009)苏民三初字第0004号民事判决第一项。二、变更江苏省高级人民法院(2009)苏民三初字第0004号民事判决第二项为蒂森克房伯冶金产品有限责任公司于本判决生效之日起三十日内赔偿中化国际(新加坡)有限公司货款损失1610581.74美元并支付自2008年9月25日至本判决确定的给付之日的利息。三、变更江苏省高级人民法院(2009)苏民三初字第0004号民事判决第三项为蒂森克房伯冶金产品有限责任公司于本判决生效之日起三十日内赔偿中化国际(新加坡)有限公司堆存费损失98442.79美元。四、驳回中化国际(新加坡)有限公司的其他诉讼请求。

【裁判理由】

最高人民法院认为,本案为国际货物买卖合同纠纷,双方当事人均为外国公司,案件具有涉外因素。《最高人民法院关于适用〈中华人民共和国涉外民事关系法律适用法〉若干问题的解释(一)》第二条规定:"涉外民事关系法律适用法实施以前发生的涉外民事关系,人民法院应当根据该涉外民事关系发生时的有关法律规定确定应当适用的法律;当时法律没有规定的,可以参照涉外民事关系法律适用法的规定确定。"案涉《采购合同》签订于2008年4月11日,在《中华人民共和国涉外民事关系法律适用法》实施之前,当事人签订《采购合同》时的《中华人民共和国民法通则》第一百四十五条规定:"涉外合同的

当事人可以选择处理合同争议所适用的法律,法律另有规定的除外。涉外合同的当事人没有选择的,适用与合同有最密切联系的国家的法律。"本案双方当事人在合同中约定应当根据美国纽约州当时有效的法律订立、管辖和解释,该约定不违反法律规定,应认定有效。由于本案当事人营业地所在国新加坡和德国均为《联合国国际货物销售合同公约》缔约国,美国亦为《联合国国际货物销售合同公约》缔约国,且在一审审理期间双方当事人一致选择适用《联合国国际货物销售合同公约》作为确定其权利义务的依据,并未排除《联合国国际货物销售合同公约》的适用,江苏省高级人民法院适用《联合国国际货物销售合同公约》审理本案是正确的。而对于审理案件中涉及到的问题《联合国国际货物销售合同公约》没有规定的,应当适用当事人选择的美国纽约州法律。《〈联合国国际货物销售合同公约〉判例法摘要汇编》并非《联合国国际货物销售合同公约》的组成部分,其不能作为审理本案的法律依据。但在如何准确理解《联合国国际货物销售合同公约》相关条款的含义方面,其可以作为适当的参考资料。

双方当事人在《采购合同》中约定的石油焦HGI指数典型值在36-46之间,而德国克房伯公司实际交付的石油焦HGI指数为32,低于双方约定的HGI指数典型值的最低值,不符合合同约定。江苏省高级人民法院认定德国克房伯公司构成违约是正确的。

关于德国克房伯公司的上述违约行为是否构成根本违约的问题。首先,从双方当事人在合同中对石油焦需符合的化学和物理特性规格约定的内容看,合同对石油焦的受潮率、硫含量、灰含量、挥发物含量、尺寸、热值、硬度(HGI值)等七个方面作出了约定。而从目前事实看,对于德国克房伯公司交付的石油焦,中化新加坡公司仅认为HGI指数一项不符合合同约定,而对于其他六项指标,中化新加坡公司并未提出异议。结合当事人提交的证人证言以及证人出庭的陈述,HGI指数表示石油焦的研磨指数,指数越低,石油焦的硬度越大,研磨难度越大。但中化新加坡公司一方提交的上海大学材料科学与工程学院出具的说明亦不否认HGI指数为32的石油焦可以使用,只

是认为其用途有限。故可以认定虽然案涉石油焦HGI指数与合同约定不符,但该批石油焦仍然具有使用价值。其次,本案一审审理期间,中化新加坡公司为减少损失,经过积极的努力将案涉石油焦予以转售,且其在就将相关问题致德国克房伯公司的函件中明确表示该批石油焦转售的价格"未低于市场合理价格"。这一事实说明案涉石油焦是可以以合理价格予以销售的。第三,综合考量其他国家裁判对《联合国国际货物销售合同公约》中关于根本违约条款的理解,只要买方经过合理努力就能使用货物或转售货物,甚至打些折扣,质量不符依然不是根本违约。故应当认为德国克房伯公司交付HGI指数为32的石油焦的行为,并不构成根本违约。江苏省高级人民法院认定德国克房伯公司构成根本违约并判决宣告《采购合同》无效,适用法律错误,应予以纠正。

◎ 法规链接

中华人民共和国涉外民事关系法律适用法

- 2010年10月28日第十一届全国人民代表大会常务委员会第十七次会议通过
- 2010年10月28日中华人民共和国主席令第36号公布
- 自2011年4月1日起施行

第一章 一般规定

第一条 为了明确涉外民事关系的法律适用,合理解决涉外民事争议,维护当事人的合法权益,制定本法。

第二条 涉外民事关系适用的法律,依照本法确定。其他法律对涉外民事关系法律适用另有特别规定的,依照其规定。

本法和其他法律对涉外民事关系法律适用没有规定的,适用与该涉外民事关系有最密切联系的法律。

第三条 当事人依照法律规定可以明示选择涉外民事关系适用的法律。

第四条 中华人民共和国法律对涉外民事关系有强制性规定的,直接适用该强制性规定。

第五条 外国法律的适用将损害中华人民共和国社会公共利益的,适用中华人民共和国法律。

第六条 涉外民事关系适用外国法律,该国不同区域实施不同法律的,适用与该涉外民事关系有最密切联系区域的法律。

第七条 诉讼时效,适用相关涉外民事关系应当适用的法律。

第八条 涉外民事关系的定性,适用法院地法律。

第九条 涉外民事关系适用的外国法律,不包括该国的法律适用法。

第十条 涉外民事关系适用的外国法律,由人民法院、仲裁机构或者行政机关查明。当事人选择适用外国法律的,应当提供该国法律。

不能查明外国法律或者该国法律没有规定的,适用中华人民共和国法律。

第二章 民事主体

第十一条 自然人的民事权利能力,适用经常居所地法律。

第十二条 自然人的民事行为能力,适用经常居所地法律。

自然人从事民事活动,依照经常居所地法律为无民事行为能力,依照行为地法律为有民事行为能力的,适用行为地法律,但涉及婚姻家庭、继承的除外。

第十三条 宣告失踪或者宣告死亡,适用自然人经常居所地法律。

第十四条 法人及其分支机构的民事权利能力、民事行为能力、组织机构、股东权利义务等事项,适用登记地法律。

法人的主营业地与登记地不一致的,可以适用主营业地法律。法人的经常居所地,为其主营业地。

第十五条 人格权的内容,适用权利人经常居所地法律。

第十六条 代理适用代理行为地法律,但被代理人与代理人的民事关系,适用代理关系发生地法律。

当事人可以协议选择委托代理适用的法律。

第十七条　当事人可以协议选择信托适用的法律。当事人没有选择的,适用信托财产所在地法律或者信托关系发生地法律。

第十八条　当事人可以协议选择仲裁协议适用的法律。当事人没有选择的,适用仲裁机构所在地法律或者仲裁地法律。

第十九条　依照本法适用国籍国法律,自然人具有两个以上国籍的,适用有经常居所的国籍国法律;在所有国籍国均无经常居所的,适用与其有最密切联系的国籍国法律。自然人无国籍或者国籍不明的,适用其经常居所地法律。

第二十条　依照本法适用经常居所地法律,自然人经常居所地不明的,适用其现在居所地法律。

第三章　婚姻家庭

第二十一条　结婚条件,适用当事人共同经常居所地法律;没有共同经常居所地的,适用共同国籍国法律;没有共同国籍,在一方当事人经常居所地或者国籍国缔结婚姻的,适用婚姻缔结地法律。

第二十二条　结婚手续,符合婚姻缔结地法律、一方当事人经常居所地法律或者国籍国法律的,均为有效。

第二十三条　夫妻人身关系,适用共同经常居所地法律;没有共同经常居所地的,适用共同国籍国法律。

第二十四条　夫妻财产关系,当事人可以协议选择适用一方当事人经常居所地法律、国籍国法律或者主要财产所在地法律。当事人没有选择的,适用共同经常居所地法律;没有共同经常居所地的,适用共同国籍国法律。

第二十五条　父母子女人身、财产关系,适用共同经常居所地法律;没有共同经常居所地的,适用一方当事人经常居所地法律或者国籍国法律中有利于保护弱者权益的法律。

第二十六条　协议离婚,当事人可以协议选择适用一方当事人经常居所地法律或者国籍国法律。当事人没有选择的,适用共同经常居所地法律;没有共同经常居所地的,适用共同国籍国法律;没有共同国籍的,适用办理离婚手续机构所在地法律。

第二十七条　诉讼离婚,适用法院地法律。

第二十八条　收养的条件和手续,适用收养人和被收养人经常居所地法律。收养的效力,适用收养时收养人经常居所地法律。收养关系的解除,适用收养时被收养人经常居所地法律或者法院地法律。

第二十九条　扶养,适用一方当事人经常居所地法律、国籍国法律或者主要财产所在地法律中有利于保护被扶养人权益的法律。

第三十条　监护,适用一方当事人经常居所地法律或者国籍国法律中有利于保护被监护人权益的法律。

第四章　继　承

第三十一条　法定继承,适用被继承人死亡时经常居所地法律,但不动产法定继承,适用不动产所在地法律。

第三十二条　遗嘱方式,符合遗嘱人立遗嘱时或者死亡时经常居所地法律、国籍国法律或者遗嘱行为地法律的,遗嘱均为成立。

第三十三条　遗嘱效力,适用遗嘱人立遗嘱时或者死亡时经常居所地法律或者国籍国法律。

第三十四条　遗产管理等事项,适用遗产所在地法律。

第三十五条　无人继承遗产的归属,适用被继承人死亡时遗产所在地法律。

第五章　物　权

第三十六条　不动产物权,适用不动产所在地法律。

第三十七条　当事人可以协议选择动产物权适用的法律。当事人没有选择的,适用法律事实发生时动产所在地法律。

第三十八条　当事人可以协议选择运输中动产物权发生变更适用的法律。当事人没有选择的,适用运输目的地法律。

第三十九条　有价证券,适用有价证券权利实现地法律或者其他与该有价证券有最密切联系的法律。

第四十条　权利质权,适用质权设立地法律。

第六章　债　权

第四十一条　当事人可以协议选择合同适用的法律。当事人没有选择的,适用履行义务最能体现该合同特征的一方当事人经常居所地法律或者其他与该合同有最密切联系的法律。

第四十二条 消费者合同,适用消费者经常居所地法律;消费者选择适用商品、服务提供地法律或者经营者在消费者经常居所地没有从事相关经营活动的,适用商品、服务提供地法律。

第四十三条 劳动合同,适用劳动者工作地法律;难以确定劳动者工作地的,适用用人单位主营业地法律。劳务派遣,可以适用劳务派出地法律。

第四十四条 侵权责任,适用侵权行为地法律,但当事人有共同经常居所地的,适用共同经常居所地法律。侵权行为发生后,当事人协议选择适用法律的,按照其协议。

第四十五条 产品责任,适用被侵权人经常居所地法律;被侵权人选择适用侵权人主营业地法律、损害发生地法律的,或者侵权人在被侵权人经常居所地没有从事相关经营活动的,适用侵权人主营业地法律或者损害发生地法律。

第四十六条 通过网络或者采用其他方式侵害姓名权、肖像权、名誉权、隐私权等人格权的,适用被侵权人经常居所地法律。

第四十七条 不当得利、无因管理,适用当事人协议选择适用的法律。当事人没有选择的,适用当事人共同经常居所地法律;没有共同经常居所地的,适用不当得利、无因管理发生地法律。

第七章 知识产权

第四十八条 知识产权的归属和内容,适用被请求保护地法律。

第四十九条 当事人可以协议选择知识产权转让和许可使用适用的法律。当事人没有选择的,适用本法对合同的有关规定。

第五十条 知识产权的侵权责任,适用被请求保护地法律,当事人也可以在侵权行为发生后协议选择适用法院地法律。

第八章 附 则

第五十一条 《中华人民共和国民法通则》第一百四十六条、第一百四十七条,《中华人民共和国继承法》第三十六条,与本法的规定不一致的,适用本法。

第五十二条 本法自2011年4月1日起施行。

十四 诉讼时效

◎ 司法解释

最高人民法院关于债务人在约定的期限届满后未履行债务而出具没有还款日期的欠款条诉讼时效期间应从何时开始计算问题的批复

- 2020年12月29日
- 法释〔2020〕17号

山东省高级人民法院：

你院鲁高法〈1992〉70号请示收悉。关于债务人在约定的期限届满后未履行债务，而出具没有还款日期的欠款条，诉讼时效期间应从何时开始计算的问题，经研究，答复如下：

据你院报告称，双方当事人原约定，供方交货后，需方立即付款。需方收货后因无款可付，经供方同意写了没有还款日期的欠款条。根据民法典第一百九十五条的规定，应认定诉讼时效中断。如果供方在诉讼时效中断后一直未主张权利，诉讼时效期间则应从供方收到需方所写欠款条之日起重新计算。

此复。

最高人民法院关于承运人就海上货物运输向托运人、收货人或提单持有人要求赔偿的请求权时效期间的批复

- 1997年8月5日
- 法释〔1997〕3号

山东省高级人民法院：

你院《关于赔偿请求权时效期间的请示》（鲁法经〔1996〕74号）收悉。经研究，答复如下：

承运人就海上货物运输向托运人、收货人或提单持有人要求赔偿的请求权，在有关法律未予以规定前，比照适用《中华人民共和国海商法》第二百五十七条第一款的规定，时效期间为1年，自权利人知道或者应当知道权利被侵害之日起计算。

此复。

最高人民法院关于超过诉讼时效期间借款人在催款通知单上签字或者盖章的法律效力问题的批复

- 1999年2月11日
- 法释〔1999〕7号

河北省高级人民法院：

你院〔1998〕冀经一请字第38号《关于超过诉讼时效期间信用社向借款人发出的"催收到期贷款通知单"是否受法律保护的请示》收悉。经研究，答复如下：

根据《中华人民共和国民法通则》第四条、第九十条规定的精神，对于超过诉讼时效期间，信用社向借款人发出催收到期贷款通知单，债务人在该通知单上签字或者盖章的，应当视为对原债务的重新确认，该债权债务关系应受法律保护。

此复。

最高人民法院关于审理民事案件适用诉讼时效制度若干问题的规定

- 2020年12月29日
- 法释〔2020〕17号

为正确适用法律关于诉讼时效制度的规定，保护当事人的合法权益，依据《中华人民共和国民法典》《中华人民共和国民事诉讼法》等法律的规定，结合审判实践，制定本规定。

第一条 当事人可以对债权请求权提出诉讼时效抗辩，但对下列债权请求权提出诉讼时效抗辩的，人民法院不予支持：

（一）支付存款本金及利息请求权；

（二）兑付国债、金融债券以及向不特定对象发行的企业债券本息请求权；

（三）基于投资关系产生的缴付出资请求权；

（四）其他依法不适用诉讼时效规定的债权请求权。

第二条 当事人未提出诉讼时效抗辩，人民法院不应对诉讼时效问题进行释明。

第三条 当事人在一审期间未提出诉讼时效抗辩，在二审期间提出的，人民法院不予支持，但其基于新的证据能够证明对方当事人的请求权已过诉讼时效期间的情形除外。

当事人未按照前款规定提出诉讼时效抗辩，以诉讼时效期间届满为由申请再审或者提出再审抗辩的，人民法院不予支持。

第四条 未约定履行期限的合同，依照民法典第五百一十条、第五百一十一条的规定，可以确定履行期限的，诉讼时效期间从履行期限届满之日起计算；不能确定履行期限的，诉讼时效期间从债权人要求债务人履行义务的宽限期届满之日起计算，但债务人在债权人第一次向其主张权利之时明确表示不履行义务的，诉讼时效期间从债务人明确表示不履行义务之日起计算。

第五条 享有撤销权的当事人一方请求撤销合同的，应适用民法典关于除斥期间的规定。对方当事人对撤销合同请求权提出诉讼时效抗辩的，人民法院不予支持。

合同被撤销，返还财产、赔偿损失请求权的诉讼时效期间从合同被撤销之日起计算。

第六条 返还不当得利请求权的诉讼时效期间，从当事人一方知道或者应当知道不当得利事实及对方当事人之日起计算。

第七条 管理人因无因管理行为产生的给付必要管理费用、赔偿损失请求权的诉讼时效期间，从无因管理行为结束并且管理人知道或者应当知道本人之日起计算。

本人因不当无因管理行为产生的赔偿损失请求权的诉讼时效期间，从其知道或者应当知道管理人及损害事实之日起计算。

第八条 具有下列情形之一的，应当认定为民法典第一百九十五条规定的"权利人向义务人提出履行请求"，产生诉讼时效中断的效力：

（一）当事人一方直接向对方当事人送交主张权利文书，对方当事人在文书上签名、盖章、按指印或者虽未签名、盖章、按指印但能够以其他方式证明该文书到达对方当事人的；

（二）当事人一方以发送信件或者数据电文方式主张权利，信件或者数据电文到达或者应当到达对方当事人的；

（三）当事人一方为金融机构，依照法律规定或者当事人约定从对方当事人账户中扣收欠款本息的；

（四）当事人一方下落不明，对方当事人在国家级或者下落不明的当事人一方住所地的省级有影响的媒体上刊登具有主张权利内容的公告的，但法律和司法解释另有特别规定的，适用其规定。

前款第（一）项情形中，对方当事人为法人或者其他组织的，签收人可以是其法定代表人、主要负责人、负责收发信件的部门或者被授权主体；对方当事人为自然人的，签收人可以是自然人本人、同住的具有完全行为能力的亲属或者被授权主体。

第九条 权利人对同一债权中的部分债权主张权利，诉讼时效中断的效力及于剩余债权，但权利人明确表示放弃剩余债权的情形除外。

第十条 当事人一方向人民法院提交起诉状或者口头起诉的，诉讼时效从提交起诉状或者口头起诉之日起中断。

第十一条 下列事项之一，人民法院应当认定与提起诉讼具有同等诉讼时效中断的效力：

（一）申请支付令；

（二）申请破产、申报破产债权；

（三）为主张权利而申请宣告义务人失踪或死亡；

（四）申请诉前财产保全、诉前临时禁令等诉前措施；

（五）申请强制执行；

(六)申请追加当事人或者被通知参加诉讼；

(七)在诉讼中主张抵销；

(八)其他与提起诉讼具有同等诉讼时效中断效力的事项。

第十二条 权利人向人民调解委员会以及其他依法有权解决相关民事纠纷的国家机关、事业单位、社会团体等社会组织提出保护相应民事权利的请求，诉讼时效从提出请求之日起中断。

第十三条 权利人向公安机关、人民检察院、人民法院报案或者控告，请求保护其民事权利的，诉讼时效从其报案或者控告之日起中断。

上述机关决定不立案、撤销案件、不起诉的，诉讼时效期间从权利人知道或者应当知道不立案、撤销案件或者不起诉之日起重新计算；刑事案件进入审理阶段，诉讼时效期间从刑事裁判文书生效之日起重新计算。

第十四条 义务人作出分期履行、部分履行、提供担保、请求延期履行、制定清偿债务计划等承诺或者行为的，应当认定为民法典第一百九十五条规定的"义务人同意履行义务"。

第十五条 对于连带债权人中的一人发生诉讼时效中断效力的事由，应当认定对其他连带债权人也发生诉讼时效中断的效力。

对于连带债务人中的一人发生诉讼时效中断效力的事由，应当认定对其他连带债务人也发生诉讼时效中断的效力。

第十六条 债权人提起代位权诉讼的，应当认定对债权人的债权和债务人的债权均发生诉讼时效中断的效力。

第十七条 债权转让的，应当认定诉讼时效从债权转让通知到达债务人之日起中断。

债务承担情形下，构成对原债务人对债务承认的，应当认定诉讼时效从债务承担意思表示到达债权人之日起中断。

第十八条 主债务诉讼时效期间届满，保证人享有主债务人的诉讼时效抗辩权。

保证人未主张前述诉讼时效抗辩权，承担保证责任后向主债务人行使追偿权的，人民法院不予支持，但主债务人同意给付的情形除外。

第十九条 诉讼时效期间届满，当事人一方向对方当事人作出同意履行义务的意思表示或者自愿履行义务后，又以诉讼时效期间届满为由进行抗辩的，人民法院不予支持。

当事人双方就原债务达成新的协议，债权人主张义务人放弃诉讼时效抗辩权的，人民法院应予支持。

超过诉讼时效期间，贷款人向借款人发出催收到期贷款通知单，债务人在通知单上签字或者盖章，能够认定借款人同意履行诉讼时效期间已经届满的义务的，对于贷款人关于借款人放弃诉讼时效抗辩权的主张，人民法院应予支持。

第二十条 本规定施行后，案件尚在一审或者二审阶段的，适用本规定；本规定施行前已经终审的案件，人民法院进行再审时，不适用本规定。

第二十一条 本规定施行前本院作出的有关司法解释与本规定相抵触的，以本规定为准。

◎ 司法文件

最高人民法院关于对全国证券回购机构间经统一清欠后尚余的债权债务诉讼时效问题的通知

- 2001年1月20日
- 法〔2001〕9号

各省、自治区、直辖市高级人民法院，新疆维吾尔自治区高级人民法院生产建设兵团分院：

我院于1998年12月18日和1999年1月21日，先后下发了法〔1998〕152号《关于中止审理、中止执行已编入全国证券回购机构间债务清欠链条的证券回购经济纠纷案件的通知》和法〔1999〕6号《关于补发最高人民法院〔1998〕152号通知附件的通知》。对已经编入全国证券回购机构间债务清欠链条的证券回购纠纷，决定暂不受理，对已经立案受理的案件中止诉讼和中止执行。2000年7月26日，我院又下发法〔2000〕115号《关于恢复受理、审理和执行已经编入全国证券回购机构间债务清欠链条的证券回购经济纠纷案件的通知》,对涉及已经编入全国证券回购机构间债务清欠链条,但债权债务未能清欠的证券回购纠纷,符合《中华人民共和国民事诉讼法》第一百零八条规定的,应当予以受理。现就此类案件诉讼时效问题通知如下:

凡已编入全国证券回购机构间债务清欠链条,经全国证券回购债务清欠办公室统一组织清欠后尚余的债权债务,其诉讼时效自我院法〔2000〕115号文件下发之日即2000年7月26日起重新计算。

特此通知。

◎ 请示答复

最高人民法院经济审判庭关于济南重型机械厂诉中国技术进出口总公司加工步进式管机合同纠纷案件诉讼时效问题的电话答复

• 1990年3月24日

山东省高级人民法院:

你院鲁法(经)发〔1990〕16号"关于济南重型机械厂诉中国技术进出口总公司加工步进式管机合同纠纷案件诉讼时效问题的请示报告"收悉。经研究,答复如下:

中技公司撤销刘润生兴鲁公司经理职务,济南重机厂并不知道。况且,刘润生被撤销经理职务后仍为兴鲁公司工作人员。济南重机厂向其主张权利应视为向兴鲁公司主张权利,刘润生1987年11月26日给济南重机厂写信表示付款,应视为以法人名义所为的法律行为。因此,济南重机厂1989年9月30日向中技公司主张权利,未超过法定诉讼时效。

此复。

附一:

山东省高级人民法院关于济南重型机械厂诉中国技术进出口总公司加工步进式管机合同纠纷案件诉讼时效问题的请示报告

1990年3月14日 鲁法(经)发〔1990〕16号

最高人民法院:

我省济南市中级人民法院受理的原告济南重型机械厂(以下简称重机厂)诉被告中国技术进出口总公司(以下简称中技公司)加工步进式管机合同纠纷一案,双方对诉讼时效争议较大,现就有关问题请示如下:

一、案件主要事实:

1984年9月24日,中技公司的下属单位济南兴鲁科技开发公司(以下简称兴鲁公司)与重机厂签订由重机厂为兴鲁公司加工3台步进式管机,计价款46万元的合同。1985年11月,兴鲁公司从重机厂接收了制造成功的3台管机,并当时拉走1台,另2台寄存重机厂库房内。同年12月19日,双方达成1986年3月底前付清全部货款的延期付款协议。到1987年1月14日,兴鲁公司只付了8万余元货款,尚欠38万元未付。兴鲁公司法定代表人刘润生因犯有其他错误,中技公司于1987年8月31日撤销刘的经理职务,任命亓风芝为该公司经理,并向济南市工商行政管理局发了函。随后,中技公司法律顾问又在《中国法制报》上作了公告,此情况重机厂并不知道。1987年11月26日,刘润生又给重机厂写了立即付款的信件,但并未付款。经中技公司申请,济南市工商行政管理局于1988年6月28日批准兴鲁公司歇业,但兴鲁公司的法定代表人一直未作变更,仍然是刘润生。1989年9月30日重机厂向中技公司主张权利,要求中技公司偿付所欠货款并承担延期付款的违约责任。

二、双方争议的理由:

中技公司认为,重机厂主张权利超过法定诉

讼时效,不应受法律保护。因重机厂1987年1月14日收到我下属兴鲁公司8万元货款后,直到1989年9月30日前未主张自己的权利;重机厂1987年11月26日收到原兴鲁公司经理刘润生立即付款的信件不具有法律效力,因为刘润生的经理职务已被我公司解除,并向有关工商行政管理部门发函和在《中国法制报》上公告,刘润生已不是兴鲁公司的法定代表人,其行为不能代表兴鲁公司。

重机厂认为,我厂主张权利没有超过法定诉讼时效,应受法律保护。中技公司所称刘润生任兴鲁公司经理职务于1987年8月31日被解除,并向有关工商行政管理部门去函和在《中国法制报》上公告的事,我厂一直不知道。1988年6月28日由中技公司申请,并经有关工商行政管理部门批准兴鲁公司歇业时,该公司的法定代表人一直是刘润生,而未给予变更。根据国务院颁布的《工商企业登记管理条例》第五条、第十一条和《公司登记管理暂行条例》第六条、第十三条关于变更主要登记事项,应在规定的时间内向工商行政管理机关申请变更登记的规定精神,刘润生的经理职务虽被中技公司解除,但未依法办理变更手续,故其1987年11月26日给我厂立即付款的信件具有法律效力。从此信时间起到我厂主张权利时止,未超过法定诉讼时效。

三、本院的意见:

认定重机厂主张权利是否超过诉讼时效的关键,是中技公司1987年8月31日撤销刘润生兴鲁公司经理职务,并向工商行政管理机关去函和在《中国法制报》上公告的行为有无法律效力,这涉及到刘润生1987年11月26日给重机厂还款信件的效力。中技公司这种行为在当时的《工商企业登记管理条例》和《公司登记管理暂行条例》中没有明确规定是否合法,故不好认定具有法律效力。但在上述两个"条例"中均原则规定了企业、公司变更登记事项,应向工商行政管理机关申请变更登记。刘润生被撤销兴鲁公司经理职务,属变更登记事项,须办理申请变更登记手续,但中技公司只向工商行政管理机关去函和在报上公告,直至1988年6月28日兴鲁公司被工商行政管理机关批准歇业,也未对刘润生在兴鲁公司的法定代表人资格予以变更。所以,我们认为济南市中级人民法院关于自刘润生1987年11月26日给重机厂表示还款的信件起,至1989年9月30日重机厂向中技公司主张权利时止,其诉讼时效不超过2年的认定是有道理的。

以上意见当否,请批复。

附二:

山东省济南市中级人民法院
关于诉讼时效的请示

1990年2月26日 〔1989〕济法经字第111号

山东省高级人民法院:

我院受理的原告济南重型机械厂(以下简称重机厂)诉被告中国技术进出口总公司(以下简称中技公司)加工承揽合同纠纷一案,原、被告对诉讼时效争议较大,现就有关问题请示如下:

一、主要事实:

1984年9月24日,中技公司的下属单位济南兴鲁科技开发公司(以下简称兴鲁公司)与重机厂签订由重机厂为兴鲁公司加工3台步进式管机的加工定货协议,计价款46万元。1985年11月兴鲁公司从重机厂接收了3台制造成功的管机,当时拉走1台,另两台寄存重机厂库房内。1985年12月19日兴鲁公司与重机厂签订《延期付款协议》,答应1986年3月底前付清全部货款,至1987年1月14日付款8万余元,尚欠38万元未付。因兴鲁公司法定代表人刘润生犯有其他错误,中技公司于1987年8月31日撤销了刘的经理职务,任命亓风芝为该公司经理,并向济南市工商行政管理局发了函,随后中技公司法律顾问又在《中国法制报》上作了公告,此情况重机厂并不知道。1987年11月26日该刘又给重机厂写了立即付款的信件,但并未付款。经中技公司申请,济南市工商行政管理局于1988年6月28日批准兴鲁公司歇业,但兴鲁公司的法定代表人刘润生一直未作变更。1989年9月30日重机厂向中技公司提出权利主张。

二、我院意见：

1. 根据本案事实，参照1982年7月7日国务院常务会议通过的《工商企业登记管理条例》第十一条、1985年8月14日国务院批准的《公司登记管理暂行规定》第十三条的规定精神，因刘润生的法定代表人资格直到该公司歇业时未作变更，故该刘于1987年11月26日向重机厂表示立即还款的信是有效的。

2. 中技公司1987年8月31日撤销刘润生兴鲁公司经理职务后在《中国法制报》上作了公告，该公告无法律政策依据，不具有法律效力。

鉴于以上两点，我院认为：刘润生被撤销兴鲁公司经理职务以后，其法定代表人资格至该公司歇业一直未作变更，因此自刘1987年11月26日给重机厂表示还款的信件至1989年9月30日重机厂向中技公司提出权利主张时效不超过2年。

妥否，请批复。

最高人民法院关于购销合同标的物掺杂使假引起的诉讼如何确定诉讼时效的复函

- 1992年1月16日
- 法函〔1992〕10号

辽宁省高级人民法院：

你院〔1991〕经上字第4号《关于审理购销合同纠纷案件中标的物掺杂使假是否受诉讼时效期间约束问题的请示报告》收悉。经研究，答复如下：

因购销合同的标的物掺杂使假引起的纠纷，应当适用《中华人民共和国民法通则》第一百三十五条规定，即"向人民法院请求保护民事权利的诉讼时效期间为2年"。

最高人民法院经济审判庭关于广西第四地质队、吴进福诉广西玉林地区饮食服务公司、玉林地区商业局购销麻袋合同货款纠纷一案是否超过诉讼时效问题的复函

- 1992年5月4日
- 法经〔1992〕69号

广西壮族自治区高级人民法院：

你院1992年2月12日桂高法经字〔1992〕第2号《关于广西第四地质队、吴进福诉广西玉林地区饮食服务公司、玉林地区商业局购销麻袋合同货款纠纷一案是否超过诉讼时效的请示》收悉。经研究，答复如下：

从请示报告中看，自1985年9月12日玉林地区饮食贸易公司最后一次退款，到1989年7月24日广西地质四队向玉林地区饮食服务公司去函要款，在将近四年的时间里，广西地质四队既未直接向饮食贸易公司及其主管单位饮食服务公司主张过权利，也未发现有其他引起诉讼时效中断的情况，因此，本案不适用民法通则关于诉讼时效中断的规定。但是，由于1985年3月23日与玉林地区饮食贸易公司签订购销麻袋合同的是广西地质四队五分队开办的综合服务公司。该公司当时系由吴进福承包，综合服务公司1985年10月被撤销，承包人吴进福一度下落不明；1986年7月至1988年7月，广州市人民检察院在处理邓永峰诈骗案时曾致函广西地质四队，要求协助追缴涉及本案的款项，广西地质四队为此成立了专案组，帮助寻找吴进福下落，为广州市人民检察院追款提供线索等，这些情况在客观上造成地质四队未及时向饮食服务公司主张民事权利。因此，本案可以依照民法通则第一百三十七条关于"有特殊情况的人民法院可以延长诉讼时效期间"的规定，延长诉讼时效期间。

此复。

最高人民法院关于四川高院请示长沙铁路天群实业公司贸易部与四川鑫达实业有限公司返还代收贷款一案如何适用法(民)复〔1990〕3号批复中"诉讼时效期间"问题的复函

- 2000年4月5日
- 〔1999〕民他字第12号

四川省高级人民法院：

你院〔1998〕川民终示字第138号《关于长沙铁路天群实业公司贸易部与四川鑫达实业有限公司返还代收贷款一案的请示报告》收悉。据报告述称，长沙铁路天群实业公司贸易部（以下简称天群贸易部）与成都军区铁合金厂清偿货款纠纷，于1994年11月25日向法院起诉，四川鑫达实业有限公司作为第三人参加诉讼。天群贸易部于1997年6月经法院准予撤诉后，又于1998年3月向法院起诉，要求鑫达公司返还代收贷款。我院经研究认为，根据《民法通则》第一百四十条的规定，天群贸易部向法院起诉，应视为诉讼时效中断，诉讼时效期间应从撤诉之日起重新计算。

最高人民法院研究室关于对租赁合同债务人因欠付租金而出具的"欠款结算单"不适用普通诉讼时效的复函

- 2000年12月25日
- 法研〔2000〕122号

河南省高级人民法院：

你院〔2000〕豫法民字第118号《关于"租赁合同"双方当事人就逾期所欠租金结算后，债务方出具的"欠款结算单"能否按"债务纠纷"适用普遍诉讼时效的请示》收悉。经研究，答复如下：

租赁合同债务人因欠付租金而出具的"欠款结算单"只表明未付租金的数额，并未改变其与债权人之间的租赁关系。因此，租赁合同当事人之间就该欠款结算单所发生纠纷的诉讼时效期间适用《中华人民共和国民法通则》第一百三十六条的规定。

最高人民法院关于超过诉讼时效期间后债务人向债权人发出确认债务的询证函的行为是否构成新的债务的请示的答复

- 2004年6月4日
- 〔2003〕民二他字第59号

重庆市高级人民法院：

你院渝高法〔2003〕232号请示收悉。经研究，答复如下：

根据你院请示的中国农业银行重庆市渝中区支行与重庆包装技术研究所、重庆嘉陵企业公司华西国际贸易公司借款合同纠纷案有关事实，重庆嘉陵企业公司华西国际贸易公司于诉讼时效期间届满后主动向中国农业银行重庆市渝中区支行发出询证函核对贷款本息的行为，与本院法释〔1999〕7号《关于超过诉讼时效期间借款人在催款通知单上签字或盖章的法律效力问题的批复》所规定的超过诉讼时效期间后借款人在信用社发出的催款通知单上签字或盖章的行为类似，因此，对债务人于诉讼时效期间届满后主动向债权人发出询证函核对贷款本息行为的法律后果问题可参照本院上述《关于超过诉讼时效期间借款人在催款通知单上签字或盖章的法律效力问题的批复》的规定进行认定和处理。

此复。

商事程序法

一 民事诉讼（商事部分）

◎ 司法解释

最高人民法院关于第三人能否对管辖权提出异议问题的批复

- 1990年7月28日
- 法（经）复〔1990〕9号

江苏省高级人民法院：

你院苏法（经）：〔1989〕第9号《关于第三人能否对管辖权提出异议的请示》收悉。经研究，答复如下：

一、有独立请求权的第三人主动参加他人已开始的诉讼，应视为承认和接受了受诉法院的管辖，因而不发生对管辖权提出异议的问题；如果是受诉法院依职权通知他参加诉讼，则他有权选择是以有独立请求权的第三人的身份参加诉讼，还是以原告身份向其他有管辖权的法院另行起诉。

二、无独立请求权的第三人参加他人已开始的诉讼，是通过支持一方当事人的主张，维护自己的利益。由于他在诉讼中始终辅助一方当事人，并以一方当事人的主张为转移。所以，他无权对受诉法院的管辖权提出异议。

附：

江苏省高级人民法院关于第三人能否对管辖权提出异议的请示

1989年7月18日　苏法（经）〔1989〕第9号

最高人民法院：

最高人民法院《关于审理经济纠纷案件具体适用民事诉讼法（试行）若干问题的解答》中规定："案件的当事人对管辖权有异议的，应向受理该案的法院提出。受理该案的法院在对该案进行实体审理之前，应先审议当事人对管辖提出的异议，就本法院对该案件是否具有管辖权问题依法作出书面裁定。"审判实践中，对第三人能否就管辖权提出异议，理解不一。

一种意见认为：广义的当事人包括原告、被告、共同诉讼人和第三人。案件的当事人有权向受理法院提出管辖异议，这是当事人的一项诉讼权利。第三人既为诉讼当事人，也应享有这一权利，有权提出管辖异议。

另一种意见认为：民事诉讼中的第三人，是指对他人争议的诉讼标的有独立的请求权，或者虽没有独立的请求权，但案件的处理结果与他有法律上的利害关系，因而参加到当事人已经开始的民事诉讼中来进行诉讼的人。狭义的当事人仅指原、被告，不包括第三人。在诉讼中，有些诉讼权利为所有诉讼参加人所共同享有，有些诉讼权利为某些诉讼参加人享有。管辖异议权仅为原、被告享有，第三人无权对管辖权提出异议。

我们倾向于后一种意见。

以上意见当否，请批示。

最高人民法院关于涉外民商事案件诉讼管辖若干问题的规定

- 2020年12月29日
- 法释〔2020〕20号

为正确审理涉外民商事案件，依法保护中外当事人的合法权益，根据《中华人民共和国民事诉讼法》第十八条的规定，现将有关涉外民商事案件诉讼管辖的问题规定如下：

第一条　第一审涉外民商事案件由下列人民法院管辖：

（一）国务院批准设立的经济技术开发区人民法院；

（二）省会、自治区首府、直辖市所在地的中级人民法院；

（三）经济特区、计划单列市中级人民法院；

（四）最高人民法院指定的其他中级人民法院；

（五）高级人民法院。

上述中级人民法院的区域管辖范围由所在地的高级人民法院确定。

第二条　对国务院批准设立的经济技术开发区人民法院所作的第一审判决、裁定不服的，其第二审由所在地中级人民法院管辖。

第三条　本规定适用于下列案件：

（一）涉外合同和侵权纠纷案件；

（二）信用证纠纷案件；

（三）申请撤销、承认与强制执行国际仲裁裁决的案件；

（四）审查有关涉外民商事仲裁条款效力的案件；

（五）申请承认和强制执行外国法院民事判决、裁定的案件。

第四条　发生在与外国接壤的边境省份的边境贸易纠纷案件，涉外房地产案件和涉外知识产权案件，不适用本规定。

第五条　涉及香港、澳门特别行政区和台湾地区当事人的民商事纠纷案件的管辖，参照本规定处理。

第六条　高级人民法院应当对涉外民商事案件的管辖实施监督，凡越权受理涉外民商事案件的，应当通知或者裁定将案件移送有管辖权的人民法院审理。

第七条　本规定于2002年3月1日起施行。本规定施行前已经受理的案件由原受理人民法院继续审理。

本规定人发布前的有关司法解释、规定与本规定不一致的，以本规定为准。

◎ 司法文件

最高人民法院关于加强涉外商事案件诉讼管辖工作的通知

- 2004年12月29日
- 法〔2004〕265号

各省、自治区、直辖市高级人民法院，解放军军事法院，新疆维吾尔自治区高级人民法院生产建设兵团分院：

最高人民法院2002年3月1日法释〔2002〕5号《关于涉外民商事案件诉讼管辖若干问题的规定》施行以来，各地法院认真贯彻落实，建立了涉外商事审判工作的新格局，提高了审判质量和涉外商事法官素质，为应对我国加入世界贸易组织后所面临的挑战作出了较大贡献。为进一步方便当事人诉讼，防止涉外商事案件流失，培育并充分利用司法资源，不断提高涉外商事审判能力，现根据最高人民法院《关于涉外民事案件诉讼管辖若干问题的规定》第一条第（四）项的规定，通知如下：

一、受理边境贸易纠纷案件法院的上诉审中级人民法院，国务院批准设立的经济技术开发区法院的上诉审中级人民法院，以及其他中级人民法院，需要指定管辖一审涉外商事案件的，由其所在地的高级人民法院报请最高人民法院审批。

各高级人民法院要在调研的基础上，于2005年3月底前将需要指定管辖的上列中级人民法院上报指定。

二、授权广东省和各直辖市的高级人民法院根据实际工作需要指定辖区内的基层人民法院管辖本区的第一审涉外（含涉港澳台）商事案件，明确基层人民法院与中级人民法院的案件管辖分工，并将指定管辖的情况报最高人民法院备案。

三、指定管辖一审涉外商事案件的法院，必须坚持标准。要设立专门的涉外商事审判庭或者合议庭，配备足够的审判力量，确保审判质量。需要管辖第一审涉外商事案件但暂不具备条件的，要加强法官培训，待符合条件后再报请指定。

四、指定管辖一审涉外商事案件的法院，要及时确定其管辖区域，并向社会公布，确保最高人民法院《关于涉外民商事案件诉讼管辖若干问题的规定》的正确贯彻实施。

五、各高级人民法院要切实加强对涉外商事案件诉讼管辖工作的监督指导，坚决纠正不当管辖，认真解决涉外商事案件管辖中存在的问题，正确行使涉外商事案件的管辖权，维护我国的司法权威。

特此通知。

最高人民法院关于调整高级人民法院和中级人民法院管辖第一审民商事案件标准的通知

- 2008年2月3日
- 法发〔2008〕10号

各省、自治区、直辖市高级人民法院，解放军军事法院，新疆维吾尔自治区高级人民法院生产建设兵团分院：

为贯彻执行修改后的民事诉讼法，进一步加强最高人民法院和高级人民法院的审判监督和指导职能，现就调整高级人民法院和中级人民法院管辖第一审民商事案件标准问题，通知如下：

一、高级人民法院管辖下列第一审民商事案件。

北京、上海、广东、江苏、浙江高级人民法院，可管辖诉讼标的额在2亿元以上的第一审民商事案件，以及诉讼标的额在1亿元以上且当事人一方住所地不在本辖区或者涉外、涉港澳台的第一审民商事案件。

天津、重庆、山东、福建、湖北、湖南、河南、辽宁、吉林、黑龙江、广西、安徽、江西、四川、陕西、河北、山西、海南高级人民法院，可管辖诉讼标的额在1亿元以上的第一审民商事案件，以及诉讼标的额在5000万元以上且当事人一方住所地不在本辖区或者涉外、涉港澳台的第一审民商事案件。

甘肃、贵州、新疆、内蒙古、云南高级人民法院和新疆生产建设兵团分院，可管辖诉讼标的额在5000万元以上的第一审民商事案件，以及诉讼标的额在2000万元以上且当事人一方住所地不在本辖区或者涉外、涉港澳台的第一审民商事案件。

青海、宁夏、西藏高级人民法院可管辖诉讼标的额在2000万元以上的第一审民商事案件，以及诉讼标的额在1000万元以上且当事人一方住所地不在本辖区或者涉外、涉港澳台的第一审民商事案件。

二、中级人民法院管辖下列第一审民商事案件。

中级人民法院管辖第一审民商事案件标准，由高级人民法院自行确定，但应当符合下列条件：

北京、上海所辖中级人民法院，广东、江苏、浙江辖区内省会城市、计划单列市和经济较为发达的市中级人民法院，可管辖诉讼标的额不低于5000万元的第一审民商事案件，以及诉讼标的额不低于2000万元且当事人一方住所地不在本辖区或者涉外、涉港澳台的第一审民商事案件。其他中级人民法院可管辖诉讼标的额不低于2000万元的第一审民商事案件，以及诉讼标的额不低于800万元且当事人一方住所地不在本辖区或者涉外、涉港澳台的第一审民商事案件。

天津所辖中级人民法院，重庆所辖城区中级人民法院，山东、福建、湖北、湖南、河南、辽宁、吉林、黑龙江、广西、安徽、江西、四川、陕西、河北、山西、海南辖区内省会城市、计划单列市和经济较为发达的市中级人民法院，可管辖诉讼标的额不低于800万元的第一审民商事案件，以及诉讼标的额不低于300万元且当事人一方住所地不在本辖区或者涉外、涉港澳台的第一审民商事案件。其他中级人民法院可管辖诉讼标的额不低于500万元的第一审民商事案件，以及诉讼标的额不低于200万元且当事人一方住所地不在本辖区或者涉外、涉港澳台的第一审民商事案件。

甘肃、贵州、新疆、内蒙古、云南辖区内省会城市中级人民法院，可管辖诉讼标的额不低于300万元的第一审民商事案件，以及诉讼标的额不低于200万元且当事人一方住所地不在本辖区或者涉外、涉港澳台的第一审民商事案件。其他中级人民法院可管辖诉讼标的额不低于200万元的第一审民商事案件，以及诉讼标的额不低于100万元且当事人一方住所地不在本辖区或者涉外、涉港澳台的第一审民商事案件。

青海、宁夏、西藏辖区内中级人民法院，可管辖诉讼标的额不低于100万元的第一审民商事案件，以及诉讼标的额不低于50万元且当事人一方住所地不在本辖区或者涉外、涉港澳台的第一审民商事案件。

三、婚姻、继承、家庭、物业服务、人身损害赔偿、交通事故、劳动争议等案件,以及群体性纠纷案件,一般由基层人民法院管辖。

四、对重大疑难、新类型和在适用法律上有普遍意义的案件,可以依照民事诉讼法第三十九条的规定,由上级人民法院自行决定由其审理,或者根据下级人民法院报请决定由其审理。

五、实行专门管辖的海事海商案件、集中管辖的涉外民商事案件和知识产权案件,按现行规定执行。

六、军事法院管辖军内第一审民商事案件的标准,参照当地同级地方人民法院标准执行。

七、高级人民法院认为确有必要的,可以制定适当高于本通知的标准。对于辖区内贫困地区的中级人民法院,可以适当降低标准。

八、各高级人民法院关于本辖区的级别管辖标准应当于2008年3月5日前报我院批准。未经批准的,不得作为确定级别管辖的依据。

本通知执行过程中遇到的问题,请及时报告我院。

全国各省、自治区、直辖市高级人民法院和中级人民法院管辖第一审民商事案件标准

● 2008年3月31日

北京市

一、高级人民法院管辖诉讼标的额在2亿元以上的第一审民商事案件,以及诉讼标的额在1亿元以上且当事人一方住所地不在本辖区或者涉外、涉港澳台的第一审民商事案件。

二、中级人民法院、北京铁路运输中级法院管辖诉讼标的额在5000万元以上的第一审民商事案件,以及诉讼标的额在2000万元以上且当事人一方住所地不在本辖区或者涉外、涉港澳台的第一审民商事案件。

上海市

一、高级人民法院管辖诉讼标的额在2亿元以上的第一审民商事案件,以及诉讼标的额在1亿元以上且当事人一方住所地不在本辖区的第一审民商事案件或者涉外、涉港澳台的第一审民事案件。

二、中级人民法院管辖诉讼标的额在5000万元以上的第一审民商事案件,以及诉讼标的额在2000万元以上且当事人一方住所地不在本辖区的第一审民商事案件或者涉外、涉港澳台的第一审民事案件。

广东省

一、高级人民法院管辖下列第一审民商事案件:

1. 诉讼标的额在3亿元以上的案件,以及诉讼标的额在2亿元以上且当事人一方住所地不在本辖区或者涉外、涉港澳台的案件;

2. 在全省有重大影响的案件;

3. 认为应由本院受理的案件。

二、中级人民法院管辖下列第一审民商事案件:

1. 广州、深圳、佛山、东莞市中级人民法院管辖诉讼标的额在3亿元以下5000万元以上的第一审民商事案件,以及诉讼标的额在2亿元以下4000万元以上且当事人一方住所地不在本辖区或者涉外、涉港澳台的第一审民商事案件;

2. 珠海、中山、江门、惠州市中级人民法院管辖诉讼标的额在3亿元以下3000万元以上的第一审民商事案件,以及诉讼标的额在2亿元以下2000万元以上且当事人一方住所地不在本辖区或者涉外、涉港澳台的第一审民商事案件;

3. 汕头、潮州、揭阳、汕尾、梅州、河源、韶关、清远、肇庆、云浮、阳江、茂名、湛江市中级人民法院管辖诉讼标的额在3亿元以下2000万元以上的第一审民商事案件,以及诉讼标的额在2亿元以下1000万元以上且当事人一方住所地不在本辖区或者涉外、涉港澳台的第一审民商事案件。

江苏省

一、高级人民法院管辖诉讼标的额在2亿元以上的第一审民商事案件,以及诉讼标的额在1亿元以上且当事人一方住所地不在本辖区或者涉外、涉港澳台的第一审民商事案件。

二、中级人民法院管辖下列第一审民商事案件

1. 南京、苏州、无锡市中级人民法院管辖诉讼标的额在 3000 万元以上，以及诉讼标的额在 1000 万元以上且当事人一方住所地不在本辖区或者涉外、涉港澳台的第一审民商事案件；

2. 扬州、南通、泰州、镇江、常州市中级人民法院管辖诉讼标的额在 800 万元以上，以及诉讼标的额在 300 万元以上且当事人一方住所地不在本辖区或者涉外、涉港澳台的第一审民商事案件；

3. 连云港、盐城、徐州、淮安市中级人民法院管辖诉讼标的额在 500 万元以上，以及诉讼标的额在 200 万元以上且当事人一方住所地不在本辖区或者涉外、涉港澳台的第一审民商事案件；

4. 宿迁市中级人民法院管辖诉讼标的额在 300 万元以上，以及诉讼标的额在 200 万元以上且当事人一方住所地不在本辖区或者涉外、涉港澳台的第一审民商事案件。

浙江省

一、高级人民法院管辖诉讼标的额在 2 亿元以上的第一审民商事案件，以及诉讼标的额在 1 亿元以上且当事人一方住所地不在本辖区或者涉外、涉港澳台的第一审民商事案件。

二、中级人民法院管辖下列第一审民商事案件

1. 杭州市、宁波市中级人民法院管辖诉讼标的额在 3000 万元以上的第一审民商事案件，以及诉讼标的额在 1000 万元以上且当事人一方住所地不在本辖区或者涉外、涉港澳台的第一审民商事案件；

2. 温州市、嘉兴市、绍兴市、台州市、金华市中级人民法院管辖诉讼标的额在 1000 万元以上的第一审民商事案件，以及诉讼标的额在 500 万元以上且当事人一方住所地不在本辖区或者涉外、涉港澳台的第一审民商事案件；

3. 其他中级人民法院管辖诉讼标的额在 500 万元以上的第一审民商事案件，以及诉讼标的额在 200 万元以上且当事人一方住所地不在本辖区或者涉外、涉港澳台的第一审民商事案件。

天津市

一、高级人民法院管辖诉讼标的额在 1 亿元以上的第一审民商事案件，以及诉讼标的额在 5000 万元以上且当事人一方住所地不在本辖区或者涉外、涉港澳台的第一审民商事案件。

二、中级人民法院管辖诉讼标的额在 800 万元以上的第一审民商事案件，以及诉讼标的额在 500 万元以上且当事人一方住所地不在本辖区或者涉外、涉港澳台的第一审民商事案件。

重庆市

一、高级人民法院管辖诉讼标的额在 1 亿元以上的第一审民商事案件，以及诉讼标的额在 5000 万元以上且当事人一方住所地不在本辖区或者涉外、涉港澳台的第一审民商事案件。

二、第一、第五中级人民法院管辖诉讼标的额在 800 万元以上的第一审民商事案件，以及诉讼标的额在 300 万元以上且当事人一方住所地不在本辖区或者涉外、涉港澳台的第一审民商事案件。

三、第二、三、四中级人民法院管辖诉讼标的额在 500 万元以上的第一审民商事案件，以及诉讼标的额在 200 万元以上且当事人一方住所地不在本辖区或者涉外、涉港澳台的第一审民商事案件。

山东省

一、高级人民法院管辖诉讼标的额在 1 亿元以上的民商事案件，以及诉讼标的额在 5000 万元以上且当事人一方住所地不在本辖区或者涉外、涉港澳台的第一审民商事案件。

二、中级人民法院管辖下列第一审民商事案件

1. 济南、青岛市中级人民法院管辖诉讼标的额在 1000 万元以上的第一审民商事案件，以及诉讼标的额在 500 万元以上且当事人一方住所地不在本辖区或者涉外、涉港澳台的第一审民商事案件；

2. 烟台、临沂、淄博、潍坊市中级人民法院管辖诉讼标的额在 500 万元以上的第一审民商事案件，以及诉讼标的额在 200 万元以上且当事人一方住所地不在本辖区或者涉外、涉港澳台的第一审民商事案件；

3. 济宁、威海、泰安、滨州、日照、东营市中级人民法院管辖诉讼标的额在 300 万元以上的

第一审民商事案件,以及诉讼标的额在 200 万元以上且当事人一方住所地不在本辖区或者涉外、涉港澳台的第一审民商事案件;

德州、聊城、枣庄、菏泽、莱芜市中级人民法院管辖诉讼标的额在 300 万元以上的第一审民商事案件,以及诉讼标的额在 200 万元以上且当事人一方住所地不在本辖区的第一审国内民商事案件;

4. 济南铁路运输中级法院依照专门管辖规定,管辖诉讼标的额在 300 万元以上的第一审民商事案件。青岛海事法院管辖第一审海事纠纷和海商纠纷案件,不受争议金额限制。

福建省

一、高级人民法院管辖下列第一审民商事案件

诉讼标的额在 1 亿元以上的第一审民商事案件,以及诉讼标的额在 5000 万元以上且当事人一方住所地不在本辖区或者涉外、涉港澳台的第一审民商事案件。

二、中级人民法院管辖下列第一审民商事案件

1. 福州、厦门、泉州市中级人民法院管辖除省高级人民法院管辖以外的、诉讼标的额在 800 万元以上的第一审民商事案件,以及诉讼标的额在 300 万元以上且当事人一方住所地不在本辖区或者涉外、涉港澳台的第一审民商事案件;

2. 漳州、莆田、三明、南平、龙岩、宁德市中级人民法院管辖除省高级人民法院管辖以外的、诉讼标的额在 500 万元以上的第一审民商事案件,以及诉讼标的额在 200 万元以上且当事人一方住所地不在本辖区的第一审民商事案件或者涉外、涉港澳台的第一审民商事案件。

湖北省

一、高级人民法院管辖下列案件

1. 诉讼标的额在 1 亿元以上,以及诉讼标的额在 5000 万元以上且当事人一方住所地不在本辖区的第一审民商事案件。

2. 上级人民法院指定管辖的案件。

二、中级人民法院管辖下列第一审民商事案件

1. 武汉、汉江中级人民法院管辖诉讼标的额在 800 万元以上的第一审民商事案件,以及诉讼标的额在 300 万元以上且当事人一方住所地不在本辖区的民商事案件;

2. 其他中级人民法院管辖诉讼标的额在 500 万元以上的第一审民商事案件,以及诉讼标的额在 200 万元以上且当事人一方住所地不在本辖区的第一审民商事案件;

3. 在本辖区有重大影响的案件;

4. 一方当事人为县(市、市辖区)人民政府的案件;

5. 上级人民法院指定本院管辖的案件。

湖南省

一、高级人民法院管辖下列第一审民商事案件

1. 诉讼标的额在 1 亿元以上的案件;

2. 当事人一方住所地不在本辖区,诉讼标的额在 5000 万元以上的案件;

3. 在本辖区内有重大影响的案件;

4. 根据法律规定提审的案件;

5. 最高人民法院指定管辖、根据民事诉讼法第三十九条指令管辖(交办)的案件或其他人民法院依法移送的民商事案件。

二、中级人民法院管辖下列第一审民商事案件

1. 长沙市中级人民法院管辖诉讼标的额在 800 万元以上 1 亿元以下的第一审民商事案件,以及诉讼标的额在 300 万元以上 5000 万元以下且当事人一方住所地不在本辖区或者涉外、涉港澳台的第一审民商事案件;

2. 岳阳市、湘潭市、株洲市、衡阳市、郴州市、常德市中级人民法院管辖诉讼标的额在 400 万元以上 1 亿元以下的第一审民商事案件,以及诉讼标的额在 200 万元以上 5000 万元以下且当事人一方住所地不在本辖区或者涉外、涉港澳台的第一审民商事案件;

3. 益阳市、邵阳市、永州市、娄底市、怀化市、张家界市中级人民法院管辖诉讼标的额在 300 万元以上 1 亿元以下的第一审民商事案件,以及诉讼标的额在 200 万元以上 5000 万元以下且当事人一方住所地不在本辖区或者涉外、涉港澳台的第一审民商事案件;

4. 湘西土家族苗族自治州中级人民法院管

辖诉讼标的额在200万元以上1亿元以下的第一民商事案件，以及诉讼标的额在150万元以上5000万元以下且当事人一方住所地不在本辖区或者涉外、涉港澳台的第一审民商事案件；

5. 根据法律规定提审的案件；

6. 上级人民法院指定管辖、根据民事诉讼法第三十九条指令管辖（交办）或其他人民法院依法移送的民商事案件。

河南省

一、高级人民法院管辖诉讼标的额在1亿元以上的第一审民商事案件，以及诉讼标的额在5000万元以上且当事人一方住所地不在本辖区的案件。

二、中级人民法院管辖下列第一审民商事案件

1. 郑州市中级人民法院管辖诉讼标的额在800万元以上1亿元以下的第一审民商事案件，以及诉讼标的额在500万元以上且当事人一方住所地不在本辖区的第一审民商事案件；

2. 洛阳市、新乡市、安阳市、焦作市、平顶山市、南阳市中级人民法院管辖诉讼标的额在500万元以上1亿元以下的第一审民商事案件，以及诉讼标的额在300万元以上且当事人一方住所地不在本辖区的第一审民商事案件；

3. 其他中级人民法院管辖诉讼标的额在300万元以上1亿元以下的第一审民商事案件，以及诉讼标的额在200万元以上且当事人一方住所地不在本辖区的第一审民商事案件。

辽宁省

一、高级人民法院管辖诉讼标的额在1亿元以上的第一审民商事案件，以及诉讼标的额在5000万元以上且当事人一方住所地不在本辖区或者涉外、涉港澳台的第一审民商事案件。

二、中级人民法院管辖下列第一审民商事案件

1. 沈阳、大连中级人民法院管辖诉讼标的额在800万元以上的第一审民商事案件，以及诉讼标的额在300万元以上且当事人一方住所地不在本辖区或者涉外、涉港澳台的第一审民商事案件；

2. 鞍山、抚顺、本溪、丹东、锦州、营口、辽阳、葫芦岛中级人民法院管辖诉讼标的额在500万元以上的第一审民商事案件，以及诉讼标的额在200万元以上且当事人一方住所地不在本辖区或者涉外、涉港澳台的第一审民商事案件；

3. 其他中级人民法院管辖诉讼标的额在300万元以上的第一审民商事案件，以及诉讼标的额在100万元以上且当事人一方住所地不在本辖区或者涉外、涉港澳台的第一审民商事案件。

吉林省

一、高级人民法院管辖诉讼标的额在1亿元以上的第一审民商事案件，以及诉讼标的额在5000万元以上且当事人一方住所地不在本辖区或者涉外、涉港澳台的第一审民商事案件。

二、中级人民法院管辖下列第一审民商事案件

1. 长春市中级人民法院管辖诉讼标的额在800万元以上的第一审民商事案件，以及诉讼标的额在300万元以上且当事人一方住所地不在本辖区的第一审民商事案件；

2. 吉林市中级人民法院管辖诉讼标的额在500万元以上的第一审民商事案件，以及诉讼标的额在200万元以上且当事人一方住所地不在本辖区的第一审民商事案件；

3. 延边州中级人民法院、四平市、通化市、松原市、白山市、白城市、辽源市中级人民法院以及吉林市中级人民法院分院、延边州中级人民法院分院管辖诉讼标的额在300万元以上的第一审民商事案件，以及诉讼标的额在100万元以上且当事人一方住所地不在本辖区的第一审民商事案件。

黑龙江省

一、高级人民法院管辖诉讼标的额在1亿元以上的第一审民商事案件，以及诉讼标的额在5000万元以上且当事人一方住所地不在本辖区或者涉外、涉港澳台的第一审民商事案件。

二、中级人民法院管辖下列第一审民商事案件

1. 哈尔滨市中级人民法院管辖诉讼标的额在800万元以上的第一审民商事案件，以及诉讼标的额在300万元以上且当事人一方住所地不在

在本辖区或者涉外、涉港澳台的第一审民商事案件；

2. 齐齐哈尔市、牡丹江市、佳木斯市、大庆市中级人民法院管辖诉讼标的额在500万元以上的第一审民商事案件，以及诉讼标的额在200万元以上且当事人一方住所地不在本辖区或者涉外、涉港澳台的第一审民商事案件。

3. 绥化、鸡西、伊春、鹤岗、七台河、双鸭山、黑河、大兴安岭、黑龙江省农垦、哈尔滨铁路、黑龙江省林区中级人民法院管辖诉讼标的额在300万元以上的第一审民商事案件，以及诉讼标的额在100万元以上且当事人一方住所地不在本辖区或者涉外、涉港澳台的第一审民商事案件。

广西壮族自治区

一、高级人民法院管辖下列第一审民商事案件

高级法院管辖诉讼标的额在1亿元以上的第一审民商事案件，以及诉讼标的额在5000万元以上且当事人一方住所地不在本辖区或者涉外、涉港澳台的第一审民商事案件。

二、中级人民法院管辖下列第一审民商事案件

1. 南宁市中级人民法院管辖诉讼标的额在800万元以上的第一审民商事案件，以及诉讼标的额在300万元以上且当事人一方住所地不在本辖区或者涉外、涉港澳台的第一审民商事案件；

2. 柳州、桂林、北海、梧州市中级人民法院管辖诉讼标的额在500万元以上的第一审民商事案件，以及诉讼标的额在200万元以上且当事人一方住所地不在本辖区或者涉外、涉港澳台的第一审民商事案件；

3. 玉林、贵港、钦州、防城港市中级人民法院管辖诉讼标的额在300万元以上的第一审民商事案件，以及诉讼标的额在200万元以上且当事人一方住所地不在本辖区或者涉外、涉港澳台的第一审民商事案件；

4. 百色、河池、崇左、来宾、贺州市中级人民法院和南宁铁路运输中级法院管辖诉讼标的额在150万元以上的第一审民商事案件，以及诉讼标的额在100万元以上且当事人一方住所地不在本辖区或者涉外、涉港澳台的第一审民商事案件。

安徽省

一、高级人民法院管辖诉讼标的额在1亿元以上的第一审民商事案件，以及诉讼标的额在5000万元以上且当事人一方住所地不在本辖区或者涉外、涉港澳台的第一审民商事案件。

二、中级人民法院管辖下列第一审民商事案件

1. 合肥市中级人民法院管辖诉讼标的额在800万元以上1亿元以下的第一审民商事案件，以及诉讼标的额在300万元以上5000万元以下且当事人一方住所地不在本辖区或者涉外、涉港澳台的第一审民商事案件。

2. 芜湖市、马鞍山市、铜陵市中级人民法院管辖诉讼标的额在300万元以上1亿元以下的第一审民商事案件，以及诉讼标的额在200万元以上5000万元以下且当事人一方住所地不在本辖区或者涉外、涉港澳台的第一审民商事案件。

3. 其他中级人民法院管辖诉讼标的额在150万元以上1亿元以下的第一审民商事案件，以及诉讼标的额在80万元以上5000万元以下且当事人一方住所地不在本辖区或者涉外、涉港澳台的第一审民商事案件。

江西省

一、高级人民法院管辖诉讼标的额在1亿元以上的第一审民商事案件，以及诉讼标的额在5000万元以上且当事人一方住所地不在本辖区或者涉外、涉港澳台的第一审民商事案件。

二、南昌市中级人民法院管辖诉讼标的额在500万元以上的第一审民商事案件，以及诉讼标的额在200万元以上且当事人一方住所地不在本辖区或者涉外、涉港澳台的第一审民商事案件。

其他中级人民法院管辖诉讼标的额在300万元以上的第一审民商事案件，以及诉讼标的额在200万元以上且当事人一方住所地不在本辖区或者涉外、涉港澳台的第一审民商事案件。

四川省

一、高级人民法院管辖下列第一审民事案件

1. 诉讼标的额在1亿元以上的第一审民商事案件，以及诉讼标的额在5000万元以上且当

事人一方住所地不在本辖区或者涉外、涉港澳台的第一审民事案件;

2. 最高人民法院指定高级人民法院审理或者高级人民法院认为应当由自己审理的属于中级人民法院管辖的其他第一审民事案件。

二、中级人民法院管辖下列第一审民事案件

1. 成都市中级人民法院管辖诉讼标的额在800万元以上1亿元以下的第一审民事案件,以及诉讼标的额在300万元以上5000万元以下且当事人一方住所地不在本辖区的第一审民事案件;

2. 甘孜、阿坝、凉山州中级人民法院管辖诉讼标的额在100万元以上1亿元以下的第一审民事案件,以及诉讼标的额在50万元以上5000万元以下且当事人一方住所地不在本辖区的第一审民事案件;

3. 其他中级人民法院管辖诉讼标的额在500万元以上1亿元以下的第一审民商事案件,以及诉讼标的额在200万元以上5000万元以下且当事人一方住所地不在本辖区的第一审民事案件;

4. 根据最高人民法院的规定和指定,管辖涉外、涉港澳台第一审民事案件;

5. 在本辖区内有重大影响的其他第一审民事案件;

6. 高级人民法院指定中级人民法院审理的第一审民事案件或者中级法院认为应当由自己审理的属于基层法院管辖的第一审民事案件;

7. 法律、司法解释明确规定由中级法院管辖的第一审民事案件。

陕西省

一、高级人民法院管辖诉讼标的额在1亿元以上的第一审民商事案件,以及诉讼标的额在5000万元以上且当事人一方住所地不在本辖区或者涉外、涉港澳台的第一审民商事案件。

二、中级人民法院管辖下列第一审民事案件

1. 西安市中级人民法院管辖诉讼标的额在800万元以上的第一审民商事案件,以及诉讼标的额在300万元以上且当事人一方住所地不在本辖区或者涉外、涉港澳台的第一审民商事案件;

2. 宝鸡、咸阳、铜川、延安、榆林、渭南、汉中市中级人民法院、西安铁路运输中级法院管辖诉讼标的额在500万元以上的第一审民商事案件,以及诉讼标的额在200万元以上且当事人一方住所地不在本辖区或者涉外、涉港澳台的第一审民商事案件;

3. 安康、商洛中级人民法院管辖诉讼标的额在300万元以上的第一审民商事案件,以及诉讼标的额在100万元以上且当事人一方住所地不在本辖区或者涉外、涉港澳台的第一审民商事案件。

河北省

一、高级人民法院管辖诉讼标的额在1亿元以上的第一审民商事案件,以及诉讼标的额在5000万元以上且当事人一方住所地不在本辖区或者涉外、涉港澳台的第一审民商事案件。

二、中级人民法院管辖下列第一审民商事案件

1. 石家庄、唐山市中级人民法院管辖诉讼标的额在800万元以上的第一审民商事案件,以及诉讼标的额在300万元以上且当事人一方住所地不在本辖区或者涉外、涉港澳台的第一审民商事案件;

2. 保定、秦皇岛、廊坊、邢台、邯郸、沧州、衡水市中级人民法院管辖诉讼标的额在500万元以上的第一审民商事案件,以及诉讼标的额在200万元以上且当事人一方住所地不在本辖区或者涉外、涉港澳台的第一审民商事案件;

3. 张家口、承德市中级人民法院管辖诉讼标的额在300万元以上的第一审民商事案件,以及诉讼标的额在100万元以上且当事人一方住所地不在本辖区或者涉外、涉港澳台的第一审民商事案件。

山西省

一、高级人民法院管辖诉讼标的额在1亿元以上的第一审民商事案件,以及诉讼标的额在5000万元以上且当事人一方住所地不在本辖区或者涉外、涉港澳台的第一审民商事案件。

二、中级人民法院管辖下列第一审民商事案件

太原市中级人民法院管辖诉讼标的额在800万元以上1亿元以下的第一审民商事案件,以及

诉讼标的额在300万元以上且当事人一方住所地不在本辖区或者涉外、涉港澳台的第一审民事案件；其他中级人民法院管辖诉讼标的额在500万元以上1亿元以下的第一审民商事案件，以及诉讼标的额在200万元以上且当事人一方住所地不在本辖区或者涉外、涉港澳台的第一审民商事案件。

海南省

一、高级人民法院管辖下列第一审民商事案件

1. 诉讼标的额在1亿元以上的第一审民商事案件；

2. 诉讼标的额在5000万元以上且当事人一方住所地不在本辖区或者涉外、涉港澳台的第一审民商事案件。

二、中级人民法院管辖下列第一审民商事案件

1. 诉讼标的额在800万元以上1亿元以下的第一审民商事案件；

2. 诉讼标的额在500万元以上5000万元以下且当事人一方住所地不在本辖区或者涉外、涉港澳台的第一审民商事案件。

甘肃省

一、高级人民法院管辖诉讼标的额在5000万元以上的第一审民事案件，以及诉讼标的额在2000万元以上且当事人一方住所地不在本辖区或者涉外、涉港澳台的第一审民事案件。

二、中级人民法院管辖下列第一审民事案件

1. 兰州市中级人民法院管辖诉讼标的额在300万元以上的第一审民事案件，以及诉讼标的额在200万元以上且当事人一方住所地不在本辖区或者涉外、涉港澳台的第一审民事案件；

2. 白银、金昌、庆阳、平凉、天水、酒泉、张掖、武威中级人民法院管辖诉讼标的额在200万元以上的第一审民事案件，以及诉讼标的额在100万元以上且当事人一方住所地不在本辖区或者涉外、涉港澳台的第一审民事案件；

3. 陇南、定西、甘南、临夏中级人民法院管辖诉讼标的额在100万元以上的第一审民事案件，以及诉讼标的额在50万元以上且当事人一方住所地不在本辖区或者涉外、涉港澳台的第一审民事案件；

4. 嘉峪关市人民法院、甘肃矿区人民法院管辖诉讼标的额在5000万元以下的第一审民事案件，以及诉讼标的额在2000万元以下且当事人一方住所地不在本辖区或者涉外、涉港澳台的第一审民事案件；

5. 兰州铁路运输中级法院、陇南市中级人民法院分院管辖诉讼标的额在200万元以上的第一审民事案件，以及诉讼标的额在100万元以上且当事人一方住所地不在本辖区的第一审民事案件。

贵州省

一、高级人民法院管辖标的额在5000万元以上的第一审民事案件，以及诉讼标的额在2000万元以上且当事人一方住所地不在本辖区或者涉外、涉港澳台的第一审民事案件。

二、中级人民法院管辖下列第一审民事案件

1. 贵阳市中级人民法院管辖诉讼标的额在300万元以上的第一审民事案件，以及诉讼标的额在200万元以上且当事人一方住所地不在本辖区或者涉外、涉港澳台的第一审民事案件；

2. 遵义市、六盘水市中级人民法院管辖诉讼标的额在200万元以上的第一审民事案件，以及诉讼标的额在100万元以上且当事人一方住所地不在本辖区或者涉外、涉港澳台的第一审民事案件；

3. 其他中级人民法院管辖诉讼标的额在100万元以上的第一审民事案件。

新疆维吾尔自治区

一、高级人民法院管辖下列第一审民商事案件

1. 诉讼标的额在5000万元以上的第一审民商事案件；

2. 诉讼标的额在2000万元以上且当事人一方住所地不在本辖区或者涉外、涉港澳台的第一审民商事案件。

二、中级人民法院管辖下列第一审民商事案件

1. 乌鲁木齐市中级人民法院管辖诉讼标的额在300万元以上5000万元以下的第一审民商事案件，以及诉讼标的额在200万元以上2000

万元以下且当事人一方住所地不在本辖区的第一审民商事案件；

2. 和田地区、克孜勒苏柯尔克孜自治州、博尔塔拉蒙古自治州中级人民法院管辖诉讼标的额在150万元以上5000万元以下的第一审民商事案件，以及诉讼标的额在100万元以上2000万元以下且当事人一方住所地不在本辖区的第一审民商事案件；

3. 其他中级人民法院和乌鲁木齐铁路运输中级法院管辖诉讼标的额在200万元以上5000万元以下的第一审民商事案件，以及诉讼标的额在100万元以上2000万元以下且当事人一方住所地不在本辖区的第一审民商事案件；

4. 诉讼标的额在200万元以上2000万元以下的涉外、涉港澳台民商事案件；

5. 乌鲁木齐市中级人民法院管辖诉讼标的额在2000万元以下的涉外、涉港澳台实行集中管辖的五类民商事案件。

三、伊犁哈萨克自治州法院管辖下列第一审民商事案件

（一）高级人民法院伊犁哈萨克自治州分院管辖下列第一审民商事案件

1. 高级人民法院伊犁哈萨克自治州分院在其辖区内管辖与高级人民法院同等标的的民商事案件及当事人一方住所地不在本辖区或者涉外、涉港澳台的第一审民商事案件；

2. 管辖诉讼标的额在2000万元以下的涉外、涉港澳台实行集中管辖的五类民商事案件。

（二）中级人民法院管辖下列第一审民商事案件

1. 塔城、阿勒泰地区中级人民法院管辖诉讼标的额在200万元以上5000万元以下的第一审民商事案件，以及诉讼标的额在100万元以上2000万元以下且当事人一方住所地不在本辖区或者涉外、涉港澳台的民商事案件；

2. 高级人民法院伊犁哈萨克自治州分院管辖发生于奎屯市、伊宁市等二市八县辖区内，依本规定应由中级人民法院管辖的诉讼标的额在200万元以上5000万元以下以及诉讼标的额在100万元以上2000万元以下的当事人一方住所地不在本辖区或者涉外、涉港澳台的第一审民商事案件。

内蒙古自治区

一、高级人民法院管辖下列第一审民商事案件

1. 诉讼标的额在5000万元以上的第一审民商事案件，以及诉讼标的额在2000万元以上且当事人一方住所地不在本辖区或者涉外、涉港澳台的第一审民商事案件；

2. 在全区范围内有重大影响的民商事案件。

二、中级人民法院管辖下列第一审民商事案件

1. 呼和浩特市、包头市中级人民法院管辖诉讼标的额在300万元以上5000万元以下的第一审民商事案件，以及诉讼标的额在200万元以上2000万元以下且当事人一方住所地不在本辖区或者涉外、涉港澳台的第一审民商事案件；

2. 呼伦贝尔市、兴安盟、通辽市、赤峰市、锡林郭勒盟、乌兰察布市、鄂尔多斯市、巴彦淖尔市、乌海市、阿拉善盟中级人民法院和呼和浩特铁路运输中级法院管辖诉讼标的额在200万元以上5000万元以下的第一审民商事案件，以及诉讼标的额在100万元以上2000万元以下且当事人一方住所地不在本辖区或者涉外、涉港澳台的第一审民商事案件。

云南省

一、高级人民法院管辖下列第一审民商事案件

1. 诉讼标的额在1亿元以上的第一审民商事案件；

2. 诉讼标的额在5000万元以上且涉外、涉港澳台第一审民商事案件；

3. 诉讼标的额在5000万元以上的当事人一方住所地不在本辖区的第一审民商事案件；

4. 继续执行管辖在全省范围内有重大影响的民商事案件的规定。

二、中级人民法院管辖下列第一审民商事案件

1. 昆明市中级人民法院管辖诉讼标的额在400万元以上的第一审民商事案件，以及诉讼标的额在200万元以上且当事人一方住所地不在本辖区的第一审民商事案件；

2. 红河州、文山州、西双版纳州、德宏州、大理州、楚雄州、曲靖市、昭通市、玉溪市、普洱市、临沧市、保山市中级人民法院管辖诉讼标的额在200万元以上的第一审民商事案件,以及诉讼标的额在100万元以上且当事人一方住所地不在本辖区的第一审民商事案件;

3. 丽江市、迪庆州、怒江州中级人民法院管辖诉讼标的额在100万元以上的第一审民商事案件,以及诉讼标的额在100万元以上且当事人一方住所地不在本辖区的第一审民商事案件;

4. 昆明市、红河州、文山州、西双版纳州、德宏州、怒江州、普洱市、临沧市、保山市中级人民法院管辖诉讼标的额在5000万元以下的涉外、涉港澳台第一审民商事案件;

5. 继续执行各州、市中级人民法院管辖在法律适用上具有普遍意义的新类型民、商事案件和在辖区内有重大影响的民、商事案件的规定。

新疆维吾尔自治区高级人民法院生产建设兵团分院

一、高级人民法院生产建设兵团分院管辖诉讼标的额在5000万元以上的第一审民商事案件,以及诉讼标的额在2000万元以上且当事人一方住所地不在本辖区或者涉外、涉港澳台的第一审民商事案件。

二、农一师、农二师、农四师、农六师、农七师、农八师中级人民法院管辖诉讼标的额在200万元以上的第一审民商事案件,以及诉讼标的额在100万元以上且当事人一方住所地不在本辖区或者涉外、涉港澳台的第一审民商事案件。

其他农业师中级人民法院管辖诉讼标的额在150万元以上的第一审民商事案件,以及诉讼标的额在100万元以上且当事人一方住所地不在本辖区或者涉外、涉港澳台的第一审民商事案件。

青海省

一、高级人民法院管辖下列第一审民商事案件

1. 诉讼标的额在2000万元以上的第一审民商事案件,以及诉讼标的额在1000万元以上且当事人一方住所地不在本辖区或者涉外、涉港澳台的第一审民商事案件;

2. 最高人民法院指定由高级人民法院管辖的案件;

3. 在全省范围内有重大影响的案件。

二、中级人民法院管辖下列第一审民商事案件

1. 西宁市中级人民法院管辖全市、海西州中级人民法院管辖格尔木市诉讼标的额在100万元以上2000万元以下的第一审民商事案件,以及诉讼标的额在50万元以上且当事人一方住所地不在本辖区的第一审民商事案件;

2. 海东地区、海南、海北、黄南、海西州中级人民法院管辖(除格尔木市)诉讼标的额在60万元以上2000万元以下的第一审民商事案件,以及诉讼标的额在50万元以上且当事人一方住所地不在本辖区的第一审民商事案件;

3. 果洛、玉树州中级人民法院管辖诉讼标的额在50万元以上2000万元以下的第一审民商事案件,以及诉讼标的额在30万元以上且当事人一方住所地不在本辖区的第一审民商事案件;

4. 上级人民法院指定管辖的案件。

宁夏回族自治区

一、高级人民法院管辖诉讼标的额在2000万元以上的第一审民商事案件,以及诉讼标的额在1000万元以上且当事人一方住所地不在本辖区或者涉外、涉港澳台的第一审民商事案件。

二、中级人民法院管辖下列第一审民商事案件

1. 银川市中级人民法院管辖诉讼标的额在200万元以上的第一审民商事案件,以及诉讼标的额在100万元以上且当事人一方住所地不在本辖区的第一审民商事案件;

2. 依照法释(2002)5号司法解释第一条、第三条、第五条的规定,银川市中级人民法院集中管辖本省争议金额在1000万元以下的第一审涉外、涉港澳台民商事案件;

3. 石嘴山、吴忠、中卫、固原市中级人民法院管辖诉讼标的额在100万元以上的第一审民商事案件,以及诉讼标的额在80万元以上且当事人一方住所地不在本辖区的民商事案件。

西藏自治区

一、高级人民法院管辖诉讼标的额在2000万元以上的第一审民商事案件，以及诉讼标的额在500万元以上且当事人一方住所地不在本辖区或者涉外、涉港澳台的第一审民商事案件。

二、中级人民法院管辖下列第一审民商事案件

1. 拉萨市中级人民法院管辖拉萨城区诉讼标的额在200万元以上、所辖各县诉讼标的额在100万元以上的第一审民商事案件；

2. 其他各地区中级人民法院管辖地区行署所在地诉讼标的额在150万元以上、所辖各县范围内诉讼标的额在100万元以上的第一审民商事案件；

3. 诉讼标的额在500万元以下的涉外、涉港澳台的第一审民商事案件，均由各地方中级人民法院管辖。

最高人民法院关于涉及驰名商标认定的民事纠纷案件管辖问题的通知

- 2009年1月5日
- 法〔2009〕1号

各省、自治区、直辖市高级人民法院，解放军军事法院，新疆维吾尔自治区高级人民法院生产建设兵团分院：

为进一步加强人民法院对驰名商标的司法保护，完善司法保护制度，规范司法保护行为，增强司法保护的权威性和公信力，维护公平竞争的市场经济秩序，为国家经济发展大局服务，从本通知下发之日起，涉及驰名商标认定的民事纠纷案件，由省、自治区人民政府所在地的市、计划单列市中级人民法院，以及直辖市辖区内的中级人民法院管辖。其他中级人民法院管辖此类民事纠纷案件，需报经最高人民法院批准；未经批准的中级人民法院不再受理此类案件。

以上通知，请遵照执行。

最高人民法院关于印发修改后的《民事案件案由规定》的通知（节录）

- 2020年12月29日
- 法〔2020〕347号

各省、自治区、直辖市高级人民法院，解放军军事法院，新疆维吾尔自治区高级人民法院生产建设兵团分院：

为切实贯彻实施民法典，最高人民法院对2011年2月18日第一次修正的《民事案件案由规定》（以下简称2011年《案由规定》）进行了修改，自2021年1月1日起施行。现将修改后的《民事案件案由规定》（以下简称修改后的《案由规定》）印发给你们，请认真贯彻执行。

2011年《案由规定》施行以来，在方便当事人进行民事诉讼，规范人民法院民事立案、审判和司法统计工作等方面，发挥了重要作用。近年来，随着民事诉讼法、邮政法、消费者权益保护法、环境保护法、反不正当竞争法、农村土地承包法、英雄烈士保护法等法律的制定或者修订，审判实践中出现了许多新类型民事案件，需要对2011年《案由规定》进行补充和完善。特别是民法典将于2021年1月1日起施行，迫切需要增补新的案由。经深入调查研究，广泛征求意见，最高人民法院对2011年《案由规定》进行了修改。现就各级人民法院适用修改后的《案由规定》的有关问题通知如下：

一、高度重视民事案件案由在民事审判规范化建设中的重要作用，认真学习掌握修改后的《案由规定》

民事案件案由是民事案件名称的重要组成部分，反映案件所涉及的民事法律关系的性质，是对当事人诉争的法律关系性质进行的概括，是人民法院进行民事案件管理的重要手段。建立科学、完善的民事案件案由体系，有利于方便当事人进行民事诉讼，有利于统一民事案件的法律适用标准，有利于对受理案件进行分类管理，有利于确定各民事审判业务庭的管辖分工，有利于

提高民事案件司法统计的准确性和科学性，从而更好地为创新和加强民事审判管理、为人民法院司法决策服务。

各级人民法院要认真学习修改后的《案由规定》，理解案由编排体系和具体案由制定的背景、法律依据、确定标准、具体含义、适用顺序以及变更方法等问题，准确选择适用具体案由，依法维护当事人诉讼权利，创新和加强民事审判管理，不断推进民事审判工作规范化建设。

二、关于《案由规定》修改所遵循的原则

一是严格依法原则。本次修改的具体案由均具有实体法和程序法依据，符合民事诉讼法关于民事案件受案范围的有关规定。

二是必要性原则。本次修改是以保持案由运行体系稳定为前提，对于必须增加、调整的案由作相应修改，尤其是对照民法典的新增制度和重大修改内容，增加、变更部分具体案由，并根据现行立法和司法实践需要完善部分具体案由，对案由编排体系不作大的调整。民法典施行后，最高人民法院将根据工作需要，结合司法实践，继续细化完善民法典新增制度案由，特别是第四级案由。对本次未作修改的部分原有案由，届时一并修改。

三是实用性原则。案由体系是在现行有效的法律规定基础上，充分考虑人民法院民事立案、审判实践以及司法统计的需要而编排的，本次修改更加注重案由的简洁明了、方便实用，既便于当事人进行民事诉讼，也便于人民法院进行民事立案、审判和司法统计工作。

三、关于案由的确定标准

民事案件案由应当依据当事人诉争的民事法律关系的性质来确定。鉴于具体案件中当事人的诉讼请求、争议的焦点可能有多个，争议的标的也可能是多个，为保证案由的高度概括和简洁明了，修改后的《案由规定》仍沿用2011年《案由规定》关于案由的确定标准，即对民事案件案由的表述方式原则上确定为"法律关系性质"加"纠纷"，一般不包含争议焦点、标的物、侵权方式等要素。但是，实践中当事人诉争的民事法律关系的性质具有复杂多变性，单纯按照法律关系标准去划分案由体系的做法难以更好地满足民事审判实践的需要，难以更好地满足司法统计的需要。为此，修改后的《案由规定》在坚持以法律关系性质作为确定案由的主要标准的同时，对少部分案由也依据请求权、形成权或者确认之诉、形成之诉等其他标准进行确定，对少部分案由的表述也包含了争议焦点、标的物、侵权方式等要素。另外，为了与行政案件案由进行明显区分，本次修改还对个别案由的表述进行了特殊处理。

对民事诉讼法规定的适用特别程序、督促程序、公示催告程序、公司清算、破产程序等非讼程序审理的案件案由，根据当事人的诉讼请求予以直接表述；对公益诉讼、第三人撤销之诉、执行程序中的异议之诉等特殊诉讼程序案件的案由，根据修改后民事诉讼法规定的诉讼制度予以直接表述。

四、关于案由体系的总体编排

1. 关于案由纵向和横向体系的编排设置。修改后的《案由规定》以民法学理论对民事法律关系的分类为基础，以法律关系的内容即民事权利类型来编排案由的纵向体系。在纵向体系上，结合民法典、民事诉讼法等民事立法及审判实践，将案由的编排体系划分为人格权纠纷，婚姻家庭、继承纠纷，物权纠纷，合同、准合同纠纷，劳动争议与人事争议，知识产权与竞争纠纷，海事海商纠纷，与公司、证券、保险、票据等有关的民事纠纷，侵权责任纠纷，非讼程序案件案由，特殊诉讼程序案件案由，共计十一大部分，作为第一级案由。

在横向体系上，通过总分式四级结构的设计，实现案由从高级（概括）到低级（具体）的演进。如物权纠纷（第一级案由）→所有权纠纷（第二级案由）→建筑物区分所有权纠纷（第三级案由）→业主专有权纠纷（第四级案由）。在第一级案由项下，细分为五十四类案由，作为第二级案由（以大写数字表示）；在第二级案由项下列出了473个案由，作为第三级案由（以阿拉伯数字表示）。第三级案由是司法实践中最常用和广泛使用的案由。基于审判工作指导、调研和司法统计的需要，在部分第三级案由项下又列出了391个第四级案由（以阿拉伯数字加（）表示）。基于民事法律关系的复杂性，不可能穷尽所有第四级案由，目前所列的第四级案由只是一些典型的、常见的或者为了司法统计需要而

设立的案由。

修改后的《案由规定》采用纵向十一个部分、横向四级结构的编排设置,形成了网状结构体系,基本涵盖了民法典所涉及的民事纠纷案件类型以及人民法院当前受理的民事纠纷案件类型,有利于贯彻落实民法典等民事法律关于民事权益保护的相关规定。

2. 关于物权纠纷案由与合同纠纷案由的编排设置。修改后的《案由规定》仍然沿用2011年《案由规定》关于物权纠纷案由与合同纠纷案由的编排体系。按照物权变动原因与结果相区分的原则,对于涉及物权变动的原因,即债权性质的合同关系引发的纠纷案件的案由,修改后的《案由规定》将其放在合同纠纷项下;对于涉及物权变动的结果,即物权设立、权属、效力、使用、收益等物权关系产生的纠纷案件的案由,修改后的《案由规定》将其放在物权纠纷项下。前者如第三级案由"居住权合同纠纷"列在第二级案由"合同纠纷"项下;后者如第三级案由"居住权纠纷"列在第二级案由"物权纠纷"项下。

具体适用时,人民法院应根据当事人诉争的法律关系的性质,查明该法律关系涉及的是物权变动的原因关系还是物权变动的结果关系,以正确认定案由。当事人诉争的法律关系性质涉及物权变动原因的,即因债权性质的合同关系引发的纠纷案件,应当选择适用第二级案由"合同纠纷"项下的案由,如"居住权合同纠纷"案由;当事人诉争的法律关系性质涉及物权变动结果的,即因物权设立、权属、效力、使用、收益等物权关系引发的纠纷案件,应当选择第二级案由"物权纠纷"项下的案由,如"居住权纠纷"案由。

3. 关于第三部分"物权纠纷"项下"物权保护纠纷"案由与"所有权纠纷""用益物权纠纷""担保物权纠纷"案由的编排设置。修改后的《案由规定》仍然沿用2011年《案由规定》关于物权纠纷案由的编排设置。"所有权纠纷""用益物权纠纷""担保物权纠纷"案由既包括以上三种类型的物权确认纠纷案由,也包括以上三种类型的侵害物权纠纷案由。民法典物权编第三章"物权的保护"所规定的物权请求权或者债权请求权保护方法,即"物权保护纠纷",在修改后的《案由规定》列举的每个物权类型(第三级案由)项下都可能部分或者全部适用,多数都可以作为第四级案由列举,但为避免使整个案由体系冗长繁杂,在各第三级案由下并未一一列出。实践中需要确定具体个案案由时,如果当事人的诉讼请求只涉及"物权保护纠纷"项下的一种物权请求权或者债权请求权,则可以选择适用"物权保护纠纷"项下的六种第三级案由;如果当事人的诉讼请求涉及"物权保护纠纷"项下的两种或者两种以上物权请求权或者债权请求权,则应按照所保护的权利种类,选择适用"所有权纠纷""用益物权纠纷""担保物权纠纷"项下的第三级案由(各种物权类型纠纷)。

4. 关于侵权责任纠纷案由的编排设置。修改后的《案由规定》仍然沿用2011年《案由规定》关于侵权责任纠纷案由与其他第一级案由的编排设置。根据民法典侵权责任编的相关规定,该编的保护对象为民事权益,具体范围是民法典总则编第五章所规定的人身、财产权益。这些民事权益,又分别在人格权编、物权编、婚姻家庭编、继承编等予以了细化规定,而这些民事权益纠纷往往既包括权属确认纠纷也包括侵权责任纠纷,这就为科学合理编排民事案件案由体系增加了难度。为了保持整个案由体系的完整性和稳定性,尽可能避免重复交叉,修改后的《案由规定》将这些侵害民事权益侵权责任纠纷案由仍旧分别保留在"人格权纠纷""婚姻家庭、继承纠纷""物权纠纷""知识产权与竞争纠纷"等第一级案由体系项下,对照侵权责任编新规定调整第一级案由"侵权责任纠纷"项下案由;同时,将一些实践中常见的、其他第一级案由不便列出的侵权责任纠纷案由也列在第一级案由"侵权责任纠纷"项下,如"非机动车交通事故责任纠纷"。从"兜底"考虑,修改后的《案由规定》将第一级案由"侵权责任纠纷"列在其他八个民事权益纠纷类型之后,作为第九部分。

具体适用时,涉及侵权责任纠纷的,为明确和统一法律适用问题,应当先适用第九部分"侵权责任纠纷"项下根据侵权责任编相关规定列出的具体案由;没有相应案由的,再适用"人格权纠纷""物权纠纷""知识产权与竞争纠纷"等其他部分项下的具体案由。如环境污染、高度危险行为均可能造成人身损害和财产损害,确定案由时,应当适用第九部分"侵权责任纠纷"项下"环境污染责任纠纷""高度危险责任纠纷"案由,而不应适用第一部分"人格权纠纷"项下的"生命权、身体权、健康权纠纷"案由,也不应适用第三部分"物权纠纷"项下的"财产损害赔偿纠纷"案由。

五、适用修改后的《案由规定》应当注意的问题

1. 在案由横向体系上应当按照由低到高的顺序选择适用个案案由。确定个案案由时,应当优先适用第四级案由,没有对应的第四级案由的,适用相应的第三级案由;第三级案由中没有规定的,适用相应的第二级案由;第二级案由没有规定的,适用相应的第一级案由。这样处理,有利于更准确地反映当事人诉争的法律关系的性质,有利于促进分类管理科学化和提高司法统计准确性。

2. 关于个案案由的变更。人民法院在民事立案审查阶段,可以根据原告诉讼请求涉及的法律关系性质,确定相应的个案案由;人民法院受理民事案件后,经审理发现当事人起诉的法律关系与实际诉争的法律关系不一致的,人民法院结案时应当根据法庭查明的当事人之间实际存在的法律关系的性质,相应变更个案案由。当事人在诉讼过程中增加或者变更诉讼请求导致当事人诉争的法律关系发生变更的,人民法院应当相应变更个案案由。

3. 存在多个法律关系时个案案由的确定。同一诉讼中涉及两个以上的法律关系的,应当根据当事人诉争的法律关系的性质确定个案案由;均为诉争的法律关系的,则按诉争的两个以上法律关系并列确定相应的案由。

4. 请求权竞合时个案案由的确定。在请求权竞合的情形下,人民法院应当按照当事人自主选择行使的请求权所涉及的诉争的法律关系的性质,确定相应的案由。

5. 正确认识民事案件案由的性质与功能。案由体系的编排制定是人民法院进行民事审判管理的手段。各级人民法院应当依法保障当事人依法律规定享有的起诉权利,不得将修改后的《案由规定》等同于民事诉讼法第一百一十九条规定的起诉条件,不得以当事人的诉请在修改后的《案由规定》中没有相应案由可以适用为由,

裁定不予受理或者驳回起诉,损害当事人的诉讼权利。

6. 案由体系中的选择性案由(即含有顿号的部分案由)的使用方法。对这些案由,应当根据具体案情,确定相应的个案案由,不应直接将该案由全部引用。如"生命权、身体权、健康权纠纷"案由,应当根据具体侵害对象来确定相应的案由。

本次民事案件案由修改工作主要基于人民法院当前司法实践经验,对照民法典等民事立法修改完善相关具体案由。2021年1月1日民法典施行后,修改后的《案由规定》可能需要对标民法典具体施行情况作进一步调整。地方各级人民法院要密切关注民法典施行后立案审判中遇到的新情况、新问题,重点梳理汇总民法典新增制度项下可以细化规定为第四级案由的新类型案件,及时层报最高人民法院。

民事案件案由规定

......

第四部分 合同、准合同纠纷

十、合同纠纷

74. 缔约过失责任纠纷
75. 预约合同纠纷
76. 确认合同效力纠纷
（1）确认合同有效纠纷
（2）确认合同无效纠纷
77. 债权人代位权纠纷
78. 债权人撤销权纠纷
79. 债权转让合同纠纷
80. 债务转移合同纠纷
81. 债权债务概括转移合同纠纷
82. 债务加入纠纷
83. 悬赏广告纠纷
84. 买卖合同纠纷
（1）分期付款买卖合同纠纷
（2）凭样品买卖合同纠纷
（3）试用买卖合同纠纷
（4）所有权保留买卖合同纠纷
（5）招标投标买卖合同纠纷

(6) 互易纠纷
(7) 国际货物买卖合同纠纷
(8) 信息网络买卖合同纠纷
85. 拍卖合同纠纷
86. 建设用地使用权合同纠纷
(1) 建设用地使用权出让合同纠纷
(2) 建设用地使用权转让合同纠纷
87. 临时用地合同纠纷
88. 探矿权转让合同纠纷
89. 采矿权转让合同纠纷
90. 房地产开发经营合同纠纷
(1) 委托代建合同纠纷
(2) 合资、合作开发房地产合同纠纷
(3) 项目转让合同纠纷
91. 房屋买卖合同纠纷
(1) 商品房预约合同纠纷
(2) 商品房预售合同纠纷
(3) 商品房销售合同纠纷
(4) 商品房委托代理销售合同纠纷
(5) 经济适用房转让合同纠纷
(6) 农村房屋买卖合同纠纷
92. 民事主体间房屋拆迁补偿合同纠纷
93. 供用电合同纠纷
94. 供用水合同纠纷
95. 供用气合同纠纷
96. 供用热力合同纠纷
97. 排污权交易纠纷
98. 用能权交易纠纷
99. 用水权交易纠纷
100. 碳排放权交易纠纷
101. 碳汇交易纠纷
102. 赠与合同纠纷
(1) 公益事业捐赠合同纠纷
(2) 附义务赠与合同纠纷
103. 借款合同纠纷
(1) 金融借款合同纠纷
(2) 同业拆借纠纷
(3) 民间借贷纠纷
(4) 小额借款合同纠纷
(5) 金融不良债权转让合同纠纷
(6) 金融不良债权追偿纠纷
104. 保证合同纠纷

105. 抵押合同纠纷
106. 质押合同纠纷
107. 定金合同纠纷
108. 进出口押汇纠纷
109. 储蓄存款合同纠纷
110. 银行卡纠纷
(1) 借记卡纠纷
(2) 信用卡纠纷
111. 租赁合同纠纷
(1) 土地租赁合同纠纷
(2) 房屋租赁合同纠纷
(3) 车辆租赁合同纠纷
(4) 建筑设备租赁合同纠纷
112. 融资租赁合同纠纷
113. 保理合同纠纷
114. 承揽合同纠纷
(1) 加工合同纠纷
(2) 定作合同纠纷
(3) 修理合同纠纷
(4) 复制合同纠纷
(5) 测试合同纠纷
(6) 检验合同纠纷
(7) 铁路机车、车辆建造合同纠纷
115. 建设工程合同纠纷
(1) 建设工程勘察合同纠纷
(2) 建设工程设计合同纠纷
(3) 建设工程施工合同纠纷
(4) 建设工程价款优先受偿权纠纷
(5) 建设工程分包合同纠纷
(6) 建设工程监理合同纠纷
(7) 装饰装修合同纠纷
(8) 铁路修建合同纠纷
(9) 农村建房施工合同纠纷
116. 运输合同纠纷
(1) 公路旅客运输合同纠纷
(2) 公路货物运输合同纠纷
(3) 水路旅客运输合同纠纷
(4) 水路货物运输合同纠纷
(5) 航空旅客运输合同纠纷
(6) 航空货物运输合同纠纷
(7) 出租汽车运输合同纠纷
(8) 管道运输合同纠纷

(9) 城市公交运输合同纠纷
(10) 联合运输合同纠纷
(11) 多式联运合同纠纷
(12) 铁路货物运输合同纠纷
(13) 铁路旅客运输合同纠纷
(14) 铁路行李运输合同纠纷
(15) 铁路包裹运输合同纠纷
(16) 国际铁路联运合同纠纷
117. 保管合同纠纷
118. 仓储合同纠纷
119. 委托合同纠纷
(1) 进出口代理合同纠纷
(2) 货运代理合同纠纷
(3) 民用航空运输销售代理合同纠纷
(4) 诉讼、仲裁、人民调解代理合同纠纷
(5) 销售代理合同纠纷
120. 委托理财合同纠纷
(1) 金融委托理财合同纠纷
(2) 民间委托理财合同纠纷
121. 物业服务合同纠纷
122. 行纪合同纠纷
123. 中介合同纠纷
124. 补偿贸易纠纷
125. 借用合同纠纷
126. 典当纠纷
127. 合伙合同纠纷
128. 种植、养殖回收合同纠纷
129. 彩票、奖券纠纷
130. 中外合作勘探开发自然资源合同纠纷
131. 农业承包合同纠纷
132. 林业承包合同纠纷
133. 渔业承包合同纠纷
134. 牧业承包合同纠纷
135. 土地承包经营权合同纠纷
(1) 土地承包经营权转让合同纠纷
(2) 土地承包经营权互换合同纠纷
(3) 土地经营权入股合同纠纷
(4) 土地经营权抵押合同纠纷
(5) 土地经营权出租合同纠纷
136. 居住权合同纠纷
137. 服务合同纠纷
(1) 电信服务合同纠纷

(2) 邮政服务合同纠纷
(3) 快递服务合同纠纷
(4) 医疗服务合同纠纷
(5) 法律服务合同纠纷
(6) 旅游合同纠纷
(7) 房地产咨询合同纠纷
(8) 房地产价格评估合同纠纷
(9) 旅店服务合同纠纷
(10) 财会服务合同纠纷
(11) 餐饮服务合同纠纷
(12) 娱乐服务合同纠纷
(13) 有线电视服务合同纠纷
(14) 网络服务合同纠纷
(15) 教育培训合同纠纷
(16) 家政服务合同纠纷
(17) 庆典服务合同纠纷
(18) 殡葬服务合同纠纷
(19) 农业技术服务合同纠纷
(20) 农机作业服务合同纠纷
(21) 保安服务合同纠纷
(22) 银行结算合同纠纷
138. 演出合同纠纷
139. 劳务合同纠纷
140. 离退休人员返聘合同纠纷
141. 广告合同纠纷
142. 展览合同纠纷
143. 追偿权纠纷

十一、不当得利纠纷
144. 不当得利纠纷

十二、无因管理纠纷
145. 无因管理纠纷

第五部分　知识产权与竞争纠纷

十三、知识产权合同纠纷
146. 著作权合同纠纷
(1) 委托创作合同纠纷
(2) 合作创作合同纠纷
(3) 著作权转让合同纠纷
(4) 著作权许可使用合同纠纷
(5) 出版合同纠纷
(6) 表演合同纠纷
(7) 音像制品制作合同纠纷

（8）广播电视播放合同纠纷
（9）邻接权转让合同纠纷
（10）邻接权许可使用合同纠纷
（11）计算机软件开发合同纠纷
（12）计算机软件著作权转让合同纠纷
（13）计算机软件著作权许可使用合同纠纷
147. 商标合同纠纷
（1）商标权转让合同纠纷
（2）商标使用许可合同纠纷
（3）商标代理合同纠纷
148. 专利合同纠纷
（1）专利申请权转让合同纠纷
（2）专利权转让合同纠纷
（3）发明专利实施许可合同纠纷
（4）实用新型专利实施许可合同纠纷
（5）外观设计专利实施许可合同纠纷
（6）专利代理合同纠纷
149. 植物新品种合同纠纷
（1）植物新品种育种合同纠纷
（2）植物新品种申请权转让合同纠纷
（3）植物新品种权转让合同纠纷
（4）植物新品种实施许可合同纠纷
150. 集成电路布图设计合同纠纷
（1）集成电路布图设计创作合同纠纷
（2）集成电路布图设计专有权转让合同纠纷
（3）集成电路布图设计许可使用合同纠纷
151. 商业秘密合同纠纷
（1）技术秘密让与合同纠纷
（2）技术秘密许可使用合同纠纷
（3）经营秘密让与合同纠纷
（4）经营秘密许可使用合同纠纷
152. 技术合同纠纷
（1）技术委托开发合同纠纷
（2）技术合作开发合同纠纷
（3）技术转化合同纠纷
（4）技术转让合同纠纷
（5）技术许可合同纠纷
（6）技术咨询合同纠纷
（7）技术服务合同纠纷
（8）技术培训合同纠纷
（9）技术中介合同纠纷
（10）技术进口合同纠纷

（11）技术出口合同纠纷
（12）职务技术成果完成人奖励、报酬纠纷
（13）技术成果完成人署名权、荣誉权、奖励权纠纷
153. 特许经营合同纠纷
154. 企业名称（商号）合同纠纷
（1）企业名称（商号）转让合同纠纷
（2）企业名称（商号）使用合同纠纷
155. 特殊标志合同纠纷
156. 网络域名合同纠纷
（1）网络域名注册合同纠纷
（2）网络域名转让合同纠纷
（3）网络域名许可使用合同纠纷
157. 知识产权质押合同纠纷
十四、知识产权权属、侵权纠纷
158. 著作权权属、侵权纠纷
（1）著作权权属纠纷
（2）侵害作品发表权纠纷
（3）侵害作品署名权纠纷
（4）侵害作品修改权纠纷
（5）侵害保护作品完整权纠纷
（6）侵害作品复制权纠纷
（7）侵害作品发行权纠纷
（8）侵害作品出租权纠纷
（9）侵害作品展览权纠纷
（10）侵害作品表演权纠纷
（11）侵害作品放映权纠纷
（12）侵害作品广播权纠纷
（13）侵害作品信息网络传播权纠纷
（14）侵害作品摄制权纠纷
（15）侵害作品改编权纠纷
（16）侵害作品翻译权纠纷
（17）侵害作品汇编权纠纷
（18）侵害其他著作财产权纠纷
（19）出版者权权属纠纷
（20）表演者权权属纠纷
（21）录音录像制作者权权属纠纷
（22）广播组织权权属纠纷
（23）侵害出版者权纠纷
（24）侵害表演者权纠纷
（25）侵害录音录像制作者权纠纷
（26）侵害广播组织权纠纷

(27)计算机软件著作权权属纠纷
(28)侵害计算机软件著作权纠纷
159. 商标权权属、侵权纠纷
(1)商标权权属纠纷
(2)侵害商标权纠纷
160. 专利权权属、侵权纠纷
(1)专利申请权权属纠纷
(2)专利权权属纠纷
(3)侵害发明专利权纠纷
(4)侵害实用新型专利权纠纷
(5)侵害外观设计专利权纠纷
(6)假冒他人专利纠纷
(7)发明专利临时保护期使用费纠纷
(8)职务发明创造发明人、设计人奖励、报酬纠纷
(9)发明创造发明人、设计人署名权纠纷
(10)标准必要专利使用费纠纷
161. 植物新品种权权属、侵权纠纷
(1)植物新品种申请权权属纠纷
(2)植物新品种权权属纠纷
(3)侵害植物新品种权纠纷
(4)植物新品种临时保护期使用费纠纷
162. 集成电路布图设计专有权权属、侵权纠纷
(1)集成电路布图设计专有权权属纠纷
(2)侵害集成电路布图设计专有权纠纷
163. 侵害企业名称(商号)权纠纷
164. 侵害特殊标志专有权纠纷
165. 网络域名权属、侵权纠纷
(1)网络域名权属纠纷
(2)侵害网络域名纠纷
166. 发现权纠纷
167. 发明权纠纷
168. 其他科技成果纠纷
169. 确认不侵害知识产权纠纷
(1)确认不侵害专利权纠纷
(2)确认不侵害商标权纠纷
(3)确认不侵害著作权纠纷
(4)确认不侵害植物新品种权纠纷
(5)确认不侵害集成电路布图设计专用权纠纷
(6)确认不侵害计算机软件著作权纠纷

170. 因申请知识产权临时措施损害责任纠纷
(1)因申请诉前停止侵害专利权损害责任纠纷
(2)因申请诉前停止侵害注册商标专用权损害责任纠纷
(3)因申请诉前停止侵害著作权损害责任纠纷
(4)因申请诉前停止侵害植物新品种权损害责任纠纷
(5)因申请海关知识产权保护措施损害责任纠纷
(6)因申请诉前停止侵害计算机软件著作权损害责任纠纷
(7)因申请诉前停止侵害集成电路布图设计专用权损害责任纠纷
171. 因恶意提起知识产权诉讼损害责任纠纷
172. 专利权宣告无效后返还费用纠纷

十五、不正当竞争纠纷

173. 仿冒纠纷
(1)擅自使用与他人有一定影响的商品名称、包装、装潢等相同或者近似的标识纠纷
(2)擅自使用他人有一定影响的企业名称、社会组织名称、姓名纠纷
(3)擅自使用他人有一定影响的域名主体部分、网站名称、网页纠纷
174. 商业贿赂不正当竞争纠纷
175. 虚假宣传纠纷
176. 侵害商业秘密纠纷
(1)侵害技术秘密纠纷
(2)侵害经营秘密纠纷
177. 低价倾销不正当竞争纠纷
178. 捆绑销售不正当竞争纠纷
179. 有奖销售纠纷
180. 商业诋毁纠纷
181. 串通投标不正当竞争纠纷
182. 网络不正当竞争纠纷

十六、垄断纠纷

183. 垄断协议纠纷
(1)横向垄断协议纠纷
(2)纵向垄断协议纠纷

184. 滥用市场支配地位纠纷
(1) 垄断定价纠纷
(2) 掠夺定价纠纷
(3) 拒绝交易纠纷
(4) 限定交易纠纷
(5) 捆绑交易纠纷
(6) 差别待遇纠纷
185. 经营者集中纠纷
……

第七部分　海事海商纠纷
十九、海事海商纠纷
193. 船舶碰撞损害责任纠纷
194. 船舶触碰损害责任纠纷
195. 船舶损坏空中设施、水下设施损害责任纠纷
196. 船舶污染损害责任纠纷
197. 海上、通海水域污染损害责任纠纷
198. 海上、通海水域养殖损害责任纠纷
199. 海上、通海水域财产损害责任纠纷
200. 海上、通海水域人身损害责任纠纷
201. 非法留置船舶、船载货物、船用燃油、船用物料损害责任纠纷
202. 海上、通海水域货物运输合同纠纷
203. 海上、通海水域旅客运输合同纠纷
204. 海上、通海水域行李运输合同纠纷
205. 船舶经营管理合同纠纷
206. 船舶买卖合同纠纷
207. 船舶建造合同纠纷
208. 船舶修理合同纠纷
209. 船舶改建合同纠纷
210. 船舶拆解合同纠纷
211. 船舶抵押合同纠纷
212. 航次租船合同纠纷
213. 船舶租用合同纠纷
(1) 定期租船合同纠纷
(2) 光船租赁合同纠纷
214. 船舶融资租赁合同纠纷
215. 海上、通海水域运输船舶承包合同纠纷
216. 渔船承包合同纠纷
217. 船舶属具租赁合同纠纷
218. 船舶属具保管合同纠纷
219. 海运集装箱租赁合同纠纷
220. 海运集装箱保管合同纠纷
221. 港口货物保管合同纠纷
222. 船舶代理合同纠纷
223. 海上、通海水域货运代理合同纠纷
224. 理货合同纠纷
225. 船舶物料和备品供应合同纠纷
226. 船员劳务合同纠纷
227. 海难救助合同纠纷
228. 海上、通海水域打捞合同纠纷
229. 海上、通海水域拖航合同纠纷
230. 海上、通海水域保险合同纠纷
231. 海上、通海水域保赔合同纠纷
232. 海上、通海水域运输联营合同纠纷
233. 船舶营运借款合同纠纷
234. 海事担保合同纠纷
235. 航道、港口疏浚合同纠纷
236. 船坞、码头建造合同纠纷
237. 船舶检验合同纠纷
238. 海事请求担保纠纷
239. 海上、通海水域运输重大责任事故责任纠纷
240. 港口作业重大责任事故责任纠纷
241. 港口作业纠纷
242. 共同海损纠纷
243. 海洋开发利用纠纷
244. 船舶共有纠纷
245. 船舶权属纠纷
246. 海运欺诈纠纷
247. 海事债权确权纠纷

第八部分　与公司、证券、保险、票据等有关的民事纠纷
二十、与企业有关的纠纷
248. 企业出资人权益确认纠纷
249. 侵害企业出资人权益纠纷
250. 企业公司制改造合同纠纷
251. 企业股份合作制改造合同纠纷
252. 企业债权转股权合同纠纷
253. 企业分立合同纠纷
254. 企业租赁经营合同纠纷
255. 企业出售合同纠纷

256. 挂靠经营合同纠纷
257. 企业兼并合同纠纷
258. 联营合同纠纷
259. 企业承包经营合同纠纷
（1）中外合资经营企业承包经营合同纠纷
（2）中外合作经营企业承包经营合同纠纷
（3）外商独资企业承包经营合同纠纷
（4）乡镇企业承包经营合同纠纷
260. 中外合资经营企业合同纠纷
261. 中外合作经营企业合同纠纷

二十一、与公司有关的纠纷

262. 股东资格确认纠纷
263. 股东名册记载纠纷
264. 请求变更公司登记纠纷
265. 股东出资纠纷
266. 新增资本认购纠纷
267. 股东知情权纠纷
268. 请求公司收购股份纠纷
269. 股权转让纠纷
270. 公司决议纠纷
（1）公司决议效力确认纠纷
（2）公司决议撤销纠纷
271. 公司设立纠纷
272. 公司证照返还纠纷
273. 发起人责任纠纷
274. 公司盈余分配纠纷
275. 损害股东利益责任纠纷
276. 损害公司利益责任纠纷
277. 损害公司债权人利益责任纠纷
（1）股东损害公司债权人利益责任纠纷
（2）实际控制人损害公司债权人利益责任纠纷
278. 公司关联交易损害责任纠纷
279. 公司合并纠纷
280. 公司分立纠纷
281. 公司减资纠纷
282. 公司增资纠纷
283. 公司解散纠纷
284. 清算责任纠纷
285. 上市公司收购纠纷

二十二、合伙企业纠纷

286. 入伙纠纷
287. 退伙纠纷
288. 合伙企业财产份额转让纠纷

二十三、与破产有关的纠纷

289. 请求撤销个别清偿行为纠纷
290. 请求确认债务人行为无效纠纷
291. 对外追收债权纠纷
292. 追收未缴出资纠纷
293. 追收抽逃出资纠纷
294. 追收非正常收入纠纷
295. 破产债权确认纠纷
（1）职工破产债权确认纠纷
（2）普通破产债权确认纠纷
296. 取回权纠纷
（1）一般取回权纠纷
（2）出卖人取回权纠纷
297. 破产抵销权纠纷
298. 别除权纠纷
299. 破产撤销权纠纷
300. 损害债务人利益赔偿纠纷
301. 管理人责任纠纷

二十四、证券纠纷

302. 证券权利确认纠纷
（1）股票权利确认纠纷
（2）公司债券权利确认纠纷
（3）国债权利确认纠纷
（4）证券投资基金权利确认纠纷
303. 证券交易合同纠纷
（1）股票交易纠纷
（2）公司债券交易纠纷
（3）国债交易纠纷
（4）证券投资基金交易纠纷
304. 金融衍生品种交易纠纷
305. 证券承销合同纠纷
（1）证券代销合同纠纷
（2）证券包销合同纠纷
306. 证券投资咨询纠纷
307. 证券资信评级服务合同纠纷
308. 证券回购合同纠纷
（1）股票回购合同纠纷
（2）国债回购合同纠纷
（3）公司债券回购合同纠纷
（4）证券投资基金回购合同纠纷

(5)质押式证券回购纠纷
309. 证券上市合同纠纷
310. 证券交易代理合同纠纷
311. 证券上市保荐合同纠纷
312. 证券发行纠纷
(1)证券认购纠纷
(2)证券发行失败纠纷
313. 证券返还纠纷
314. 证券欺诈责任纠纷
(1)证券内幕交易责任纠纷
(2)操纵证券交易市场责任纠纷
(3)证券虚假陈述责任纠纷
(4)欺诈客户责任纠纷
315. 证券托管纠纷
316. 证券登记、存管、结算纠纷
317. 融资融券交易纠纷
318. 客户交易结算资金纠纷
二十五、期货交易纠纷
319. 期货经纪合同纠纷
320. 期货透支交易纠纷
321. 期货强行平仓纠纷
322. 期货实物交割纠纷
323. 期货保证合约纠纷
324. 期货交易代理合同纠纷
325. 侵占期货交易保证金纠纷
326. 期货欺诈责任纠纷
327. 操纵期货交易市场责任纠纷
328. 期货内幕交易责任纠纷
329. 期货虚假信息责任纠纷
二十六、信托纠纷
330. 民事信托纠纷
331. 营业信托纠纷
332. 公益信托纠纷
二十七、保险纠纷
333. 财产保险合同纠纷
(1)财产损失保险合同纠纷
(2)责任保险合同纠纷
(3)信用保险合同纠纷
(4)保证保险合同纠纷
(5)保险人代位求偿权纠纷
334. 人身保险合同纠纷
(1)人寿保险合同纠纷

(2)意外伤害保险合同纠纷
(3)健康保险合同纠纷
335. 再保险合同纠纷
336. 保险经纪合同纠纷
337. 保险代理合同纠纷
338. 进出口信用保险合同纠纷
339. 保险费纠纷
二十八、票据纠纷
340. 票据付款请求权纠纷
341. 票据追索权纠纷
342. 票据交付请求权纠纷
343. 票据返还请求权纠纷
344. 票据损害责任纠纷
345. 票据利益返还请求权纠纷
346. 汇票回单签发请求权纠纷
347. 票据保证纠纷
348. 确认票据无效纠纷
349. 票据代理纠纷
350. 票据回购纠纷
二十九、信用证纠纷
351. 委托开立信用证纠纷
352. 信用证开证纠纷
353. 信用证议付纠纷
354. 信用证欺诈纠纷
355. 信用证融资纠纷
356. 信用证转让纠纷
三十、独立保函纠纷
357. 独立保函开立纠纷
358. 独立保函付款纠纷
359. 独立保函追偿纠纷
360. 独立保函欺诈纠纷
361. 独立保函转让纠纷
362. 独立保函通知纠纷
363. 独立保函撤销纠纷
……

最高人民法院关于调整高级人民法院和中级人民法院管辖第一审民商事案件标准的通知

- 2015年4月30日
- 法发〔2015〕7号

为适应经济社会发展和民事诉讼需要,准确适用修改后的民事诉讼法关于级别管辖的相关规定,合理定位四级法院民商事审判职能,现就调整高级人民法院和中级人民法院管辖第一审民商事案件标准问题,通知如下:

一、当事人住所地均在受理法院所处省级行政辖区的第一审民商事案件

北京、上海、江苏、浙江、广东高级人民法院,管辖诉讼标的额5亿元以上一审民商事案件,所辖中级人民法院管辖诉讼标的额1亿元以上一审民商事案件。

天津、河北、山西、内蒙古、辽宁、安徽、福建、山东、河南、湖北、湖南、广西、海南、四川、重庆高级人民法院,管辖诉讼标的额3亿元以上一审民商事案件,所辖中级人民法院管辖诉讼标的额3000万元以上一审民商事案件。

吉林、黑龙江、江西、云南、陕西、新疆高级人民法院和新疆生产建设兵团分院,管辖诉讼标的额2亿元以上一审民商事案件,所辖中级人民法院管辖诉讼标的额1000万元以上一审民商事案件。

贵州、西藏、甘肃、青海、宁夏高级人民法院,管辖诉讼标的额1亿元以上一审民商事案件,所辖中级人民法院管辖诉讼标的额500万元以上一审民商事案件。

二、当事人一方住所地不在受理法院所处省级行政辖区的第一审民商事案件

北京、上海、江苏、浙江、广东高级人民法院,管辖诉讼标的额3亿元以上一审民商事案件,所辖中级人民法院管辖诉讼标的额5000万元以上一审民商事案件。

天津、河北、山西、内蒙古、辽宁、安徽、福建、山东、河南、湖北、湖南、广西、海南、四川、重庆高级人民法院,管辖诉讼标的额1亿元以上一审民商事案件,所辖中级人民法院管辖诉讼标的额2000万元以上一审民商事案件。

吉林、黑龙江、江西、云南、陕西、新疆高级人民法院和新疆生产建设兵团分院,管辖诉讼标的额5000万元以上一审民商事案件,所辖中级人民法院管辖诉讼标的额1000万元以上一审民商事案件。

贵州、西藏、甘肃、青海、宁夏高级人民法院,管辖诉讼标的额2000万元以上一审民商事案件,所辖中级人民法院管辖诉讼标的额500万元以上一审民商事案件。

三、解放军军事法院管辖诉讼标的额1亿元以上一审民商事案件,大单位军事法院管辖诉讼标的额2000万元以上一审民商事案件。

四、婚姻、继承、家庭、物业服务、人身损害赔偿、名誉权、交通事故、劳动争议等案件,以及群体性纠纷案件,一般由基层人民法院管辖。

五、对重大疑难、新类型和在适用法律上有普遍意义的案件,可以依照民事诉讼法第三十九条的规定,由上级人民法院自行决定由其审理,或者根据下级人民法院报请决定由其审理。

六、本通知调整的级别管辖标准不涉及知识产权案件、海事海商案件和涉外涉港澳台民商事案件。

七、本通知规定的第一审民商事案件标准,包含本数。

本通知自2015年5月1日起实施,执行过程中遇到的问题,请及时报告我院。

◎ 请示答复

最高人民法院关于借款合同纠纷案件管辖问题的复函

- 1990年4月2日
- 〔1990〕法经函字第11号

北京市高级人民法院:

你院经高法字(1990)第35号报告收悉。经研究,现对该借款合同纠纷案管辖问题答

复如下：

一、该借款合同的签订地在北京，根据民事诉讼法（试行）第二十三条之规定，北京市中级人民法院对该借款合同纠纷案有管辖权。中信贸易公司给付贷款的方式是自带信汇和电汇，借款合同的履行地应在收款方贸易中心所在地连云港市。连云港市中级人民法院对借款合同纠纷案也有管辖权。

二、当事人之间的委托合同与借款合同本身虽属两个不同的民事法律关系，其诉讼标的也不相同，但两者之间有着事实上的联系。委托合同的存在是借款合同产生的原因，借款合同的签订是为了保证委托合同的履行。该两合同产生的纠纷案件，符合合并审理的条件。而且贸易中心起诉在先，起诉状的内容亦涉及两个法律关系。两案合并审理，既便于法院查明事实，分清责任，又可以减少当事人不必要的讼累。

三、现连云港中院已作出合并审理判决，中信贸易公司不服判决上诉至江苏省高级人民法院。北京市中院不应再对借款合同纠纷进行实体审理。中信公司对借款合同纠纷的诉讼请求，应向江苏省高级人民法院提出，由该院在二审中一并审理。

此复。

最高人民法院关于重庆市万州区龙宝农村信用社与四川省雅安市工业开发区城市信用社存单纠纷案件指定管辖的通知

- 2001年12月29日
- 〔2001〕民立他字第24号

重庆市高级人民法院、四川省高级人民法院：

重庆市高级人民法院（2000）渝高法经告终字第65号请示收悉。关于重庆市万州区龙宝农村信用社联合社与四川省雅安市工业开发区城市信用社存单纠纷一案的管辖问题，经研究，答复如下：根据本案实际情况，依照《中华人民共和国民事诉讼法》第二十五条、第三十七条第二款的规定，本案由重庆市第二中级人民法院管辖。四川省雅安市中级人民法院应将其受理的雅安市工业开发区城市信用社诉西南超磊石材公司借款纠纷一案及案卷材料移送至重庆市第二中级人民法院。

最高人民法院关于秦皇岛市利滕实业有限公司与长春市星宇饲料有限责任公司、长春市大成生化工程开发有限公司购销合同纠纷案件的指定管辖的复函

- 2001年12月29日
- 〔2001〕民立他字第28号

河北省高级人民法院、吉林省高级人民法院：

你们分别报来的秦皇岛市经济技术开发区人民法院受理的秦皇岛市利滕实业有限公司（简称利滕公司）诉长春市星宇饲料有限责任公司（简称星宇公司）、第三人长春大成生化工程发展有限公司（简称大成公司）购销合同纠纷案和长春市宽城区人民法院受理的大成公司诉星宇公司合同纠纷两案的管辖权争议请示收悉，经研究认为：

秦皇岛市经济技术开发区法院受理的利滕公司诉星宇公司、第三人大成公司购销合同纠纷案与长春市宽城区法院受理的大成公司诉星宇公司合同纠纷案，不存在管辖争议。但秦皇岛市经济技术开发区人民法院受理并作出判决的利滕公司诉星宇公司、第三人大成公司合同纠纷案，将该合同的供方星宇公司的违约责任判归该购销合同的上家大成公司承担不当。为依法保护各方合法权益，妥善处理该案，请河北省高级人民法院指定秦皇岛市中级人民法院作为一审法院予以审理。

此复。

最高人民法院关于北泰汽车工业控股有限公司申请认可香港特别行政区法院命令案的请示的复函

- 2011年9月28日
- 〔2011〕民四他字第19号

北京市高级人民法院：

你院京高法〔2011〕第156号《关于北泰汽车工业控股有限公司申请认可香港特别行政区法院命令案的请示》收悉。经研究，答复如下：

本案系当事人申请认可香港特别行政区高等法院作出的清盘命令案件。根据《最高人民法院关于内地与香港特别行政区法院相互认可和执行当事人协议管辖的民商事案件判决的安排》第一条的规定，涉案清盘命令不属于该安排规定的可以相互认可和执行的判决范围，故本案不能适用该安排的规定。《中华人民共和国民事诉讼法》第二百六十五条和《中华人民共和国企业破产法》第五条是对外国法院所作判决的承认和执行的规定，亦不能适用于本案。你院关于适用上述法律规定对涉案清盘命令予以认可的理由不能成立。

综上，目前内地法院认可香港特别行政区高等法院作出的清盘命令没有法律依据，故对涉案清盘命令应不予认可。

此复

◎ 指导案例

牡丹江市宏阁建筑安装有限责任公司诉牡丹江市华隆房地产开发有限责任公司、张继增建设工程施工合同纠纷案[①]

【关键词】民事诉讼　抗诉　申请撤诉　终结审查

【裁判要点】

人民法院接到民事抗诉书后，经审查发现案件纠纷已经解决，当事人申请撤诉，且不损害国家利益、社会公共利益或第三人利益的，应当依法作出对抗诉案终结审查的裁定；如果已裁定再审，应当依法作出终结再审诉讼的裁定。

【相关法条】

《中华人民共和国民事诉讼法》第一百四十条第一款第（十一）项

【基本案情】

2009年6月15日，黑龙江省牡丹江市华隆房地产开发有限责任公司（简称华隆公司）因与牡丹江市宏阁建筑安装有限责任公司（简称宏阁公司）、张继增建设工程施工合同纠纷一案，不服黑龙江省高级人民法院同年2月11日作出的（2008）黑民一终字第173号民事判决，向最高人民法院申请再审。最高人民法院于同年12月8日作出（2009）民申字第1164号民事裁定，按照审判监督程序提审本案。在最高人民法院民事审判第一庭提审期间，华隆公司鉴于当事人之间已达成和解且已履行完毕，提交了撤回再审申请书。最高人民法院经审查，于2010年12月15日以（2010）民提字第63号民事裁定准许其撤回再审申请。

申诉人华隆公司在向法院申请再审的同时，也向检察院申请抗诉。2010年11月12日，最高人民检察院受理后决定对本案按照审判监督程序提出抗诉。2011年3月9日，最高人民法院立案一庭收到最高人民检察院高检民抗〔2010〕58号民事抗诉书后进行立案登记，同月11日移送审判监督庭审理。最高人民法院审判监督庭经审查发现，华隆公司曾向本院申请再审，其纠纷已解决，且申请检察院抗诉的理由与申请再审的理由基本相同，遂与最高人民检察院沟通并建议其撤回抗诉，最高人民检察院不同意撤回抗诉。再与华隆公司联系，华隆公司称当事人之间已就抗诉案达成和解且已履行完毕，纠纷已经解决，并于同年4月13日再次向最高人民法院提交了

[①] 案例来源：《最高人民法院关于发布第2批指导性案例的通知》（2012年4月9日，法〔2012〕172号），指导案例7号。

撤诉申请书。

【裁判结果】

最高人民法院于2011年7月6日以(2011)民抗字第29号民事裁定书,裁定本案终结审查。

【裁判理由】

最高人民法院认为:对于人民检察院抗诉再审的案件,或者人民法院依据当事人申请或依据职权裁定再审的案件,如果再审期间当事人达成和解并履行完毕,或者撤回申诉,且不损害国家利益、社会公共利益的,为了尊重和保障当事人在法定范围内对本人合法权利的自由处分权,实现诉讼法律效果与社会效果的统一,促进社会和谐,人民法院应当根据《最高人民法院关于适用〈中华人民共和国民事诉讼法〉审判监督程序若干问题的解释》第三十四条的规定,裁定终结再审诉讼。

本案中,申诉人华隆公司不服原审法院民事判决,在向最高人民法院申请再审的同时,也向检察机关申请抗诉。在本院提审期间,当事人达成和解,华隆公司向本院申请撤诉。由于当事人有权在法律规定的范围内自由处分自己的民事权益和诉讼权利,其撤诉申请意思表示真实,已裁定准许其撤回再审申请,本案当事人之间的纠纷已得到解决,且本案并不涉及国家利益、社会公共利益或第三人利益,故检察机关抗诉的基础已不存在,本案已无按抗诉程序裁定进入再审的必要,应当依法裁定本案终结审查。

二、海事诉讼

◎ 司法解释

最高人民法院关于如何确定沿海、内河货物运输赔偿请求权时效期间问题的批复

- 2001年5月24日
- 法释〔2001〕18号

浙江省高级人民法院：

你院浙高法〔2000〕267号《关于沿海、内河货物运输赔偿请求权诉讼时效期间如何计算的请示》收悉。

经研究，答复如下：

根据《中华人民共和国海商法》第二百五十七条第一款规定的精神，结合审判实践，托运人、收货人就沿海、内河货物运输合同向承运人要求赔偿的请求权，或者承运人就沿海、内河货物运输向托运人、收货人要求赔偿的请求权，时效期间为1年，自承运人交付或者应当交付货物之日起计算。

此复。

最高人民法院关于适用《中华人民共和国海事诉讼特别程序法》若干问题的解释

- 2003年1月6日
- 法释〔2003〕3号

为了依法正确审理海事案件，根据《中华人民共和国民事诉讼法》和《中华人民共和国海事诉讼特别程序法》的规定以及海事审判实践，对人民法院适用海事诉讼特别程序法的若干问题作出如下解释：

一、关于管辖

第一条 在海上或者通海水域发生的与船舶或者运输、生产、作业相关的海事侵权纠纷、海商合同纠纷，以及法律或者相关司法解释规定的其他海事纠纷案件由海事法院及其上级人民法院专门管辖。

第二条 涉外海事侵权纠纷案件和海上运输合同纠纷案件的管辖，适用民事诉讼法第二十四章的规定；民事诉讼法第二十四章没有规定的，适用海事诉讼特别程序法第六条第二款（一）、（二）项的规定和民事诉讼法的其他有关规定。①

第三条 海事诉讼特别程序法第六条规定的海船指适合航行于海上或者通海水域的船舶。

第四条 海事诉讼特别程序法第六条第二款（一）项规定的船籍港指被告船舶的船籍港。被告船舶的船籍港不在中华人民共和国领域内，原告船舶的船籍港在中华人民共和国领域内的，由原告船舶的船籍港所在地的海事法院管辖。

第五条 海事诉讼特别程序法第六条第二款（二）项规定的起运港、转运港和到达港指合同约定的或者实际履行的起运港、转运港和到达港。合同约定的起运港、转运港和到达港与实际履行的起运港、转运港和到达港不一致的，以实际履行的地点确定案件管辖。

第六条 海事诉讼特别程序法第六条第二款（四）项的保赔标的物所在地指保赔船舶的所在地。

第七条 海事诉讼特别程序法第六条第二款（七）项规定的船舶所在地指起诉时船舶的停泊地或者船舶被扣押地。

第八条 因船员劳务合同纠纷直接向海事法院提起的诉讼，海事法院应当受理。

第九条 因海难救助费用提起的诉讼，除依照民事诉讼法第三十二条的规定确定管辖外，还可

---

① 本条根据法释〔2008〕18号第六十九条调整。

以由被救助的船舶以外的其他获救财产所在地的海事法院管辖。

第十条 与船舶担保或者船舶优先权有关的借款合同纠纷,由被告住所地、合同履行地、船舶的船籍港、船舶所在地的海事法院管辖。

第十一条 海事诉讼特别程序法第七条(三)项规定的有管辖权的海域指中华人民共和国的毗连区、专属经济区、大陆架以及有管辖权的其他海域。

第十二条 海事诉讼特别程序法第七条(三)项规定的合同履行地指合同的实际履行地;合同未实际履行的,为合同约定的履行地。

第十三条 当事人根据海事诉讼特别程序法第十一条的规定申请执行海事仲裁裁决,申请承认和执行国外海事仲裁裁决的,由被执行的财产所在地或者被执行人住所地的海事法院管辖;被执行的财产为船舶的,无论该船舶是否在海事法院管辖区域范围内,均由海事法院管辖。船舶所在地没有海事法院的,由就近的海事法院管辖。

前款所称财产所在地和被执行人住所地是指海事法院行使管辖权的地域。

第十四条 认定海事仲裁协议效力案件,由被申请人住所地、合同履行地或者约定的仲裁机构所在地的海事法院管辖。

第十五条 除海事法院及其上级人民法院外,地方人民法院对当事人提出的船舶保全申请应不予受理;地方人民法院为执行生效法律文书需要扣押和拍卖船舶的,应当委托船籍港所在地或者船舶所在地的海事法院执行。

第十六条 两个以上海事法院都有管辖权的诉讼,原告可以向其中一个海事法院起诉;原告向两个以上有管辖权的海事法院起诉的,由最先立案的海事法院管辖。

第十七条 海事法院之间因管辖权发生争议,由争议双方协商解决;协商解决不了的,报请最高人民法院指定管辖。

二、关于海事请求保全

第十八条 海事诉讼特别程序法第十二条规定的被请求人的财产包括船舶、船载货物、船用燃油以及船用物料。对其他财产的海事请求保全适用民事诉讼法有关财产保全的规定。

第十九条 海事诉讼特别程序法规定的船载货物指处于承运人掌管之下,尚未装船或者已经装载于船上以及已经卸载的货物。

第二十条 海事诉讼特别程序法第十三条规定的被保全的财产所在地指船舶的所在地或者货物的所在地。当事人在诉讼前对已经卸载但在承运人掌管之下的货物申请海事请求保全,如果货物所在地不在海事法院管辖区域的,可以向卸货港所在地的海事法院提出,也可以向货物所在地的地方人民法院提出。

第二十一条 诉讼或者仲裁前申请海事请求保全适用海事诉讼特别程序法第十四条的规定。

外国法院已受理相关海事案件或者有关纠纷已经提交仲裁,但涉案财产在中华人民共和国领域内,当事人向财产所在地的海事法院提出海事请求保全申请的,海事法院应当受理。

第二十二条 利害关系人对海事法院作出的海事请求保全裁定提出异议,经审查认为理由不成立的,应当书面通知利害关系人。

第二十三条 被请求人或者利害关系人依据海事诉讼特别程序法第二十条的规定要求海事请求人赔偿损失,向采取海事请求保全措施的海事法院提起诉讼的,海事法院应当受理。

第二十四条 申请扣押船舶错误造成的损失,包括因船舶被扣押在停泊期间产生的各项维持费用与支出、船舶被扣押造成的船期损失和被申请人为使船舶解除扣押而提供担保所支出的费用。

第二十五条 海事请求保全扣押船舶超过三十日、扣押货物或者其他财产超过十五日,海事请求人未提起诉讼或者未按照仲裁协议申请仲裁的,海事法院应当及时解除保全或者返还担保。

海事请求人未在期限内提起诉讼或者申请仲裁,但海事请求人和被请求人协议进行和解或者协议约定了担保期限的,海事法院可以根据海事请求人的申请,裁定认可该协议。

第二十六条 申请人为申请扣押船舶提供限额担保的,在扣押船舶期限届满时,未按照海事法院的通知追加担保的,海事法院可以解除扣押。

第二十七条 海事诉讼特别程序法第十八条第二款、第七十四条规定的提供给海事请求人的担保,除被请求人和海事请求人有约定的外,海事请求人应当返还;海事请求人不返还担保的,该担保至海事请求保全期间届满之次日失效。

第二十八条 船舶被扣押期间产生的各项维持费用和支出,应当作为为债权人共同利益支出的费用,从拍卖船舶的价款中优先拨付。

第二十九条 海事法院根据海事诉讼特别程序法第二十七条的规定准许已经实施保全的船舶继续营运的,一般仅限于航行于国内航线上的船舶完成本航次。

第三十条 申请扣押船舶的海事请求人在提起诉讼或者申请仲裁后,不申请拍卖被扣押船舶的,海事法院可以根据被申请人的申请拍卖船舶。拍卖所得价款由海事法院提存。

第三十一条 海事法院裁定拍卖船舶,应当通过报纸或者其他新闻媒体连续公告三日。

第三十二条 利害关系人请求终止拍卖被扣押船舶的,是否准许,海事法院应当作出裁定;海事法院裁定终止拍卖船舶的,为准备拍卖船舶所发生的费用由利害关系人承担。

第三十三条 拍卖船舶申请人或者利害关系人申请终止拍卖船舶的,应当在公告确定的拍卖船舶日期届满七日前提出。

第三十四条 海事请求人和被请求人应当按照海事法院的要求提供海事诉讼特别程序法第三十三条规定的已知的船舶优先权人、抵押权人和船舶所有人的有关确切情况。

第三十五条 海事诉讼特别程序法第三十八条规定的船舶现状指船舶展示时的状况。船舶交接时的状况与船舶展示时的状况经评估确有明显差别的,船舶价款应当作适当的扣减,但属于正常损耗或者消耗的燃油不在此限。

第三十六条 海事请求人申请扣押船载货物的价值应当与其请求的债权数额相当,但船载货物为不可分割的财产除外。

第三十七条 拍卖的船舶移交后,海事法院应当及时通知相关的船舶登记机关。

第三十八条 海事请求人申请扣押船用燃油、物料的,除适用海事诉讼特别程序法第五十条的规定外,还可以适用海事诉讼特别程序法第三章第一节的规定。

第三十九条 二十总吨以下小型船艇的扣押和拍卖,可以依照民事诉讼法规定的扣押和拍卖程序进行。

第四十条 申请人依据《中华人民共和国海商法》第八十八条规定申请拍卖留置的货物的,参照海事诉讼特别程序法关于拍卖船载货物的规定执行。

三、关于海事强制令

第四十一条 诉讼或者仲裁前申请海事强制令的,适用海事诉讼特别程序法第五十三条的规定。

外国法院已受理相关海事案件或者有关纠纷已经提交仲裁的,当事人向中华人民共和国的海事法院提出海事强制令申请,并向法院提供可以执行海事强制令的相关证据的,海事法院应当受理。

第四十二条 海事法院根据海事诉讼特别程序法第五十七条规定,准予申请人海事强制令申请的,应当制作民事裁定书并发布海事强制令。

第四十三条 海事强制令由海事法院执行。被申请人、其他相关单位或者个人不履行海事强制令的,海事法院应当依据民事诉讼法的有关规定强制执行。

第四十四条 利害关系人对海事法院作出海事强制令的民事裁定提出异议,海事法院经审查认为理由不成立的,应当书面通知利害关系人。

第四十五条 海事强制令发布后十五日内,被请求人未提出异议,也未就相关的海事纠纷提起诉讼或者申请仲裁的,海事法院可以应申请人的请求,返还其提供的担保。

第四十六条 被请求人依据海事诉讼特别程序法第六十条的规定要求海事请求人赔偿损失的,由发布海事强制令的海事法院受理。

四、关于海事证据保全

第四十七条 诉讼前申请海事证据保全,适用海事诉讼特别程序法第六十四条的规定。

外国法院已受理相关海事案件或者有关

纠纷已经提交仲裁,当事人向中华人民共和国的海事法院提出海事证据保全申请,并提供被保全的证据在中华人民共和国领域内的相关证据的,海事法院应当受理。

第四十八条 海事请求人申请海事证据保全,申请书除应当依照海事诉讼特别程序法第六十五条的规定载明相应内容外,还应当载明证据收集、调取的有关线索。

第四十九条 海事请求人在采取海事证据保全的海事法院提起诉讼后,可以申请复制保全的证据材料;相关海事纠纷在中华人民共和国领域内的其他海事法院或者仲裁机构受理的,受诉法院或者仲裁机构应海事请求人的申请可以申请复制保全的证据材料。

第五十条 利害关系人对海事法院作出的海事证据保全裁定提出异议,海事法院经审查认为理由不成立的,应当书面通知利害关系人。

第五十一条 被请求人依据海事诉讼特别程序法第七十一条的规定要求海事请求人赔偿损失的,由采取海事证据保全的海事法院受理。

五、关于海事担保

第五十二条 海事诉讼特别程序法第七十七条规定的正当理由指:
(1)海事请求人请求担保的数额过高;
(2)被请求人已采取其他有效的担保方式;
(3)海事请求人的请求权消灭。

六、关于送达

第五十三条 有关海事强制令、海事证据保全的法律文书可以向当事船舶的船长送达。

第五十四条 应当向被告送达的开庭传票等法律文书,可以向被扣押的被告船舶的船长送达,但船长作为原告的除外。

第五十五条 海事诉讼特别程序法第八十条第一款(三)项规定的其他适当方式包括传真、电子邮件(包括受送达人的专门网址)等送达方式。

通过以上方式送达的,应确认受送达人确已收悉。

七、关于审判程序

第五十六条 海事诉讼特别程序法第八十四条规定的当事人应当在开庭审理前完成举证的内容,包括当事人按照海事诉讼特别程序法第八十二条的规定填写《海事事故调查表》和提交有关船舶碰撞的事实证据材料。

前款规定的证据材料,当事人应当在一审开庭前向海事法院提供。

第五十七条 《海事事故调查表》属于当事人对发生船舶碰撞基本事实的陈述。经对方当事人认可或者经法院查证属实,可以作为认定事实的依据。

第五十八条 有关船舶碰撞的事实证据材料指涉及船舶碰撞的经过、碰撞原因等方面的证据材料。

有关船舶碰撞的事实证据材料,在各方当事人完成举证后进行交换。当事人在完成举证前向法院申请查阅有关船舶碰撞的事实证据材料的,海事法院应予驳回。

第五十九条 海事诉讼特别程序法第八十五条规定的新的证据指非当事人所持有,在开庭前尚未掌握或者不能获得,因而在开庭前不能举证的证据。

第六十条 因船舶碰撞以外的海事海商案件需要进行船舶检验或者估价的,适用海事诉讼特别程序法第八十六条的规定。

第六十一条 依据《中华人民共和国海商法》第一百七十条的规定提起的诉讼和因船舶触碰造成损害提起的诉讼,参照海事诉讼特别程序法关于审理船舶碰撞案件的有关规定审理。

第六十二条 未经理算的共同海损纠纷诉至海事法院的,海事法院应责令当事人自行委托共同海损理算。确有必要由海事法院委托理算的,由当事人提出申请,委托理算的费用由主张共同海损的当事人垫付。

第六十三条 当事人对共同海损理算报告提出异议,经海事法院审查异议成立,需要补充理算或者重新理算的,应当由原委托人通知理算人进行理算。原委托人不通知理算的,海事法院可以通知理算人重新理算,有关费用由异议人垫付;异议人拒绝垫付费用的,视为撤销异议。

第六十四条 因与共同海损纠纷有关的非共同海损损失向责任人提起的诉讼,适用海事诉讼特别程序法第九十二条规定的审限。

第六十五条 保险人依据海事诉讼特别程序法第九十五条规定行使代位请求赔偿权利,应当以自己的名义进行;以他人名义提起诉讼的,海事法院应不予受理或者驳回起诉。

第六十六条 保险人依据海事诉讼特别程序法第九十五条的规定请求变更当事人或者请求作为共同原告参加诉讼的,海事法院应当予以审查并作出是否准予的裁定。当事人对裁定不服的,可以提起上诉。

第六十七条 保险人依据海事诉讼特别程序法第九十五条的规定参加诉讼的,被保险人依此前进行的诉讼行为所取得的财产保全或者通过扣押取得的担保权益等,在保险人的代位请求赔偿权利范围内对保险人有效。被保险人因自身过错产生的责任,保险人不予承担。

第六十八条 海事诉讼特别程序法第九十六条规定的支付保险赔偿的凭证指赔偿金收据、银行支付单据或者其他支付凭证。仅有被保险人出具的权利转让书但不能出具实际支付证明的,不能作为保险人取得代位请求赔偿权利的事实依据。

第六十九条 海事法院根据油污损害的保险人或者提供财务保证的其他人的请求,可以通知船舶所有人作为无独立请求权的第三人参加诉讼。

第七十条 海事诉讼特别程序法第一百条规定的失控指提单或者其他提货凭证被盗、遗失。

第七十一条 申请人依据海事诉讼特别程序法第一百条的规定向海事法院申请公示催告的,应当递交申请书。申请书应当载明:提单等提货凭证的种类、编号、货物品名、数量、承运人、托运人、收货人、承运船舶名称、航次以及背书情况和申请的理由、事实等。有副本的应当附有单证的副本。

第七十二条 海事法院决定受理公示催告申请的,应当同时通知承运人、承运人的代理人或者货物保管人停止交付货物,并于三日内发出公告,敦促利害关系人申报权利。公示催告的期间由海事法院根据情况决定,但不得少于三十日。

第七十三条 承运人、承运人的代理人或者货物保管人收到海事法院停止交付货物的通知后,应当停止交付,至公示催告程序终结。

第七十四条 公示催告期间,转让提单的行为无效;有关货物的存储保管费用及风险由申请人承担。

第七十五条 公示催告期间,国家重点建设项目待安装、施工、生产的货物,救灾物资,或者货物本身属性不宜长期保管以及季节性货物,在申请人提供充分可靠担保的情况下,海事法院可以依据申请人的申请作出由申请人提取货物的裁定。

承运人、承运人的代理人或者货物保管人收到海事法院准予提取货物的裁定后,应当依据裁定的指令将货物交付给指定的人。

第七十六条 公示催告期间,利害关系人可以向海事法院申报权利。海事法院收到利害关系人的申报后,应当裁定终结公示催告程序,并通知申请人和承运人、承运人的代理人或者货物保管人。

申请人、申报人可以就有关纠纷向海事法院提起诉讼。

第七十七条 公示催告期间无人申报的,海事法院应当根据申请人的申请作出判决,宣告提单或者有关提货凭证无效。判决内容应当公告,并通知承运人、承运人的代理人或者货物保管人。自判决公告之日起,申请人有权请求承运人、承运人的代理人或者货物保管人交付货物。

第七十八条 利害关系人因正当理由不能在公示催告期间向海事法院申报的,自知道或者应当知道判决公告之日起一年内,可以向作出判决的海事法院起诉。

八、关于设立海事赔偿责任限制基金程序

第七十九条 海事诉讼特别程序法第一百零一条规定的船舶所有人指有关船舶证书上载明的船舶所有人。

第八十条 海事事故发生在中华人民共和国领域外的,船舶发生事故后进入中华人民共和国领域内的第一到达港视为海事诉讼特别程序法第一百零二条规定的事故发生地。

第八十一条 当事人在诉讼中申请设立海事赔偿责任限制基金的,应当向受理相关海事纠纷案件的海事法院提出,但当事人之间订有有效诉讼管辖协议或者仲裁协议的除外。

第八十二条 设立海事赔偿责任限制基金应当通过报纸或者其他新闻媒体连续公告三日。如果涉及的船舶是可以航行于国际航线的,应当通过对外发行的报纸或者其他新闻媒体发布公告。

第八十三条 利害关系人依据海事诉讼特别程序法第一百零六条的规定对申请人设立海事赔偿责任限制基金提出异议的,海事法院应当对设立基金申请人的主体资格、事故所涉及的债权性质和申请设立基金的数额进行审查。

第八十四条 准予申请人设立海事赔偿责任限制基金的裁定生效后,申请人应当在三日内在海事法院设立海事赔偿责任限制基金。申请人逾期未设立基金的,按自动撤回申请处理。

第八十五条 海事诉讼特别程序法第一百零八条规定的担保指中华人民共和国境内的银行或者其他金融机构所出具的担保。

第八十六条 设立海事赔偿责任限制基金后,向基金提出请求的任何人,不得就该项索赔对设立或以其名义设立基金的人的任何其他财产,行使任何权利。

九、关于债权登记与受偿程序

第八十七条 海事诉讼特别程序法第一百一十一条规定的与被拍卖船舶有关的债权指与被拍卖船舶有关的海事债权。

第八十八条 海事诉讼特别程序法第一百一十五条规定的判决书、裁定书、调解书和仲裁裁决书指我国国内的判决书、裁定书、调解书和仲裁裁决书。对于债权人提供的国外的判决书、裁定书、调解书和仲裁裁决书,适用民事诉讼法第二百六十六条和第二百六十七条规定的程序审查。①

第八十九条 在债权登记前,债权人已向受理债权登记的海事法院以外的海事法院起诉的,受理案件的海事法院应当将案件移送至登记债权的海事法院一并审理,但案件已经进入二审的除外。

第九十条 债权人依据海事诉讼特别程序法第一百一十六条规定向受理债权登记的海事法院提起确权诉讼的,应当在办理债权登记后七日内提出。

第九十一条 海事诉讼特别程序法第一百一十九条第二款规定的三项费用按顺序拨付。

十、关于船舶优先权催告程序

第九十二条 船舶转让合同订立后船舶实际交付前,受让人即可申请船舶优先权催告。

受让人不能提供原船舶证书的,不影响船舶优先权催告申请的提出。

第九十三条 海事诉讼特别程序法第一百二十条规定的受让人指船舶转让中的买方和有关船意向的人,但受让人申请海事法院作出除权判决时,必须提交其已经实际受让船舶的证据。

第九十四条 船舶受让人对不准予船舶优先权催告申请的裁定提出复议的,海事法院应当在七日内作出复议决定。

第九十五条 海事法院准予船舶优先权催告申请的裁定生效后,应当通过报纸或者其他新闻媒体连续公告三日。优先权催告的船舶为可以航行于国际航线的,应当通过对外发行的报纸或者其他新闻媒体发布公告。

第九十六条 利害关系人在船舶优先权催告期间提出优先权主张的,海事法院应当裁定优先权催告程序终结。

十一、其 他

第九十七条 在中华人民共和国领域内进行海事诉讼,适用海事诉讼特别程序法的规定。海事诉讼特别程序法没有规定的,适用民事诉讼法的有关规定。

第九十八条 本规定自2003年2月1日起实施。

---

① 本条根据法释[2008]18号第70条调整。

最高人民法院关于海事法院可否适用小额诉讼程序问题的批复

- 2013年6月19日
- 法释〔2013〕16号

上海市高级人民法院：

你院《关于海事法院适用小额诉讼程序的请示》（沪高法〔2013〕5号）收悉。经研究，批复如下：

2012年修订的《中华人民共和国民事诉讼法》简易程序一章规定了小额诉讼程序，《中华人民共和国海事诉讼特别程序法》第九十八条规定海事法院可以适用简易程序。因此，海事法院可以适用小额诉讼程序审理简单的海事、海商案件。

适用小额诉讼程序的标的额应以实际受理案件的海事法院或其派出法庭所在的省、自治区、直辖市上年度就业人员年平均工资百分之三十为限。

最高人民法院关于扣押与拍卖船舶适用法律若干问题的规定

- 2014年12月8日最高人民法院审判委员会第1631次会议通过
- 2015年2月28日最高人民法院公告公布
- 自2015年3月1日起施行
- 法释〔2015〕6号

为规范海事诉讼中扣押与拍卖船舶，根据《中华人民共和国民事诉讼法》《中华人民共和国海事诉讼特别程序法》等法律，结合司法实践，制定本规定。

第一条 海事请求人申请对船舶采取限制处分或者抵押等保全措施的，海事法院可以依照民事诉讼法的有关规定，裁定准许并通知船舶登记机关协助执行。

前款规定的保全措施不影响其他海事请求人申请扣押船舶。

第二条 海事法院应不同海事请求人的申请，可以对本院或其他海事法院已经扣押的船舶采取扣押措施。

先申请扣押船舶的海事请求人未申请拍卖船舶的，后申请扣押船舶的海事请求人可以依据海事诉讼特别程序法第二十九条的规定，向准许其扣押申请的海事法院申请拍卖船舶。

第三条 船舶因光船承租人对海事请求负有责任而被扣押的，海事请求人依据海事诉讼特别程序法第二十九条的规定，申请拍卖船舶用于清偿光船承租人经营该船舶产生的相关债务的，海事法院应予准许。

第四条 海事请求人申请扣押船舶的，海事法院应当责令其提供担保。但因船员劳务合同、海上及通海水域人身损害赔偿纠纷申请扣押船舶，且事实清楚、权利义务关系明确的，可以不要求提供担保。

第五条 海事诉讼特别程序法第七十六条第二款规定的海事请求人提供担保的具体数额，应当相当于船舶扣押期间可能产生的各项维持费用与支出、因扣押造成的船期损失和被请求人为使船舶解除扣押而提供担保所支出的费用。

船舶扣押后，海事请求人提供的担保不足以赔偿可能给被请求人造成损失的，海事法院应责令其追加担保。

第六条 案件终审后，海事请求人申请返还其所提供担保的，海事法院应将该申请告知被请求人，被请求人在三十日内未提起相关索赔诉讼的，海事法院可以准许海事请求人返还担保的申请。

被请求人同意返还，或生效法律文书认定被请求人负有责任，且赔偿或给付金额与海事请求人要求被请求人提供担保的数额基本相当的，海事法院可以直接准许海事请求人返还担保的申请。

第七条 船舶扣押期间由船舶所有人或光船承租人负责管理。

船舶所有人或光船承租人不履行船舶管理职责的，海事法院可委托第三人或者海事请求人代为管理，由此产生的费用由船舶所有人或光船承租人承担，或在拍卖船舶价款中优先拨付。

第八条 船舶扣押后，海事请求人依据海事诉讼特别程序法第十九条的规定，向其他有管辖权的海事法院提起诉讼的，可以由扣押船舶的海事法院继续实施保全措施。

第九条 扣押船舶裁定执行前，海事请求人撤回扣押船舶申请的，海事法院应当裁定予以准许，并终结扣押船舶裁定的执行。

扣押船舶裁定作出后因客观原因无法执行的，海事法院应当裁定终结执行。

第十条 船舶拍卖未能成交，需要再次拍卖的，适用拍卖法第四十五条关于拍卖日七日前发布拍卖公告的规定。

第十一条 拍卖船舶由拍卖船舶委员会实施，海事法院不另行委托拍卖机构进行拍卖。

第十二条 海事法院拍卖船舶应当依据评估价确定保留价。保留价不得公开。

第一次拍卖时，保留价不得低于评估价的百分之八十；因流拍需要再行拍卖的，可以酌情降低保留价，但降低的数额不得超过前次保留价的百分之二十。

第十三条 对经过两次拍卖仍然流拍的船舶，可以进行变卖。变卖价格不得低于评估价的百分之五十。

第十四条 依照本规定第十三条变卖仍未成交的，经已受理登记债权三分之二以上份额的债权人同意，可以低于评估价的百分之五十进行变卖处理。仍未成交的，海事法院可以解除船舶扣押。

第十五条 船舶经海事法院拍卖、变卖后，对该船舶已采取的其他保全措施效力消灭。

第十六条 海事诉讼特别程序法第一百一十一条规定的申请债权登记期间的届满之日，为拍卖船舶公告最后一次发布之日起第六十日。

前款所指公告为第一次拍卖时的拍卖船舶公告。

第十七条 海事法院受理债权登记申请后，应当在船舶被拍卖、变卖成交后，依照海事诉讼特别程序法第一百一十四条的规定作出是否准予的裁定。

第十八条 申请拍卖船舶的海事请求人未经债权登记，直接要求参与拍卖船舶价款分配的，海事法院应予准许。

第十九条 海事法院裁定终止拍卖船舶的，应当同时裁定终结债权登记受偿程序，当事人已经缴纳的债权登记申请费予以退还。

第二十条 当事人在债权登记前已经就有关债权提起诉讼的，不适用海事诉讼特别程序法第一百一十六条第二款的规定，当事人对海事法院作出的判决、裁定可以依法提起上诉。

第二十一条 债权人依照海事诉讼特别程序法第一百一十六条第一款的规定提起确权诉讼后，需要判定碰撞船舶过失程度比例的，当事人对海事法院作出的判决、裁定可以依法提起上诉。

第二十二条 海事法院拍卖、变卖船舶所得价款及其利息，先行拨付海事诉讼特别程序法第一百一十九条第一款规定的费用后，依法按照下列顺序进行分配：

（一）具有船舶优先权的海事请求；

（二）由船舶留置权担保的海事请求；

（三）由船舶抵押权担保的海事请求；

（四）与被拍卖、变卖船舶有关的其他海事请求。

依据海事诉讼特别程序法第二十三条第二款的规定申请扣押船舶的海事请求人申请拍卖船舶的，在前款规定海事请求清偿后，参与船舶价款的分配。

依照前款规定分配后的余款，按照民事诉讼法及相关司法解释的规定执行。

第二十三条 当事人依照民事诉讼法第十五章第七节的规定，申请拍卖船舶实现船舶担保物权的，由船舶所在地或船籍港所在地的海事法院管辖，按照海事诉讼特别程序法以及本规定关于船舶拍卖受偿程序的规定处理。

第二十四条 海事法院的上级人民法院扣押与拍卖船舶的，适用本规定。

执行程序中拍卖被扣押船舶清偿债务的，适用本规定。

第二十五条 本规定施行前已经实施的船舶扣押与拍卖，本规定施行后当事人申请复议的，不适用本规定。

本规定施行后，最高人民法院1994年7月6日制定的《关于海事法院拍卖被扣押船舶清偿债务的规定》(法发〔1994〕14号)同时废止。最高人民法院以前发布的司法解释和规范性文件与本规定不一致的,以本规定为准。

最高人民法院关于海事法院受理案件范围的规定

- 2015年12月28日最高人民法院审判委员会第1674次会议通过
- 2016年2月24日最高人民法院公告公布
- 自2016年3月1日起施行
- 法释〔2016〕4号

根据《中华人民共和国民事诉讼法》《中华人民共和国海事诉讼特别程序法》《中华人民共和国行政诉讼法》以及我国缔结或者参加的有关国际条约,结合我国海事审判实际,现将海事法院受理案件的范围规定如下:

一、海事侵权纠纷案件

1. 船舶碰撞损害责任纠纷案件,包括浪损等间接碰撞的损害责任纠纷案件;

2. 船舶触碰海上、通海可航水域、港口及其岸上的设施或者其他财产的损害责任纠纷案件,包括船舶触碰码头、防波堤、栈桥、船闸、桥梁、航标、钻井平台等设施的损害责任纠纷案件;

3. 船舶损坏在空中架设或者在海底、通海可航水域敷设的设施或者其他财产的损害责任纠纷案件;

4. 船舶排放、泄漏、倾倒油类、污水或者其他有害物质,造成水域污染或者他船、货物及其他财产损失的损害责任纠纷案件;

5. 船舶的航行或者作业损害捕捞、养殖设施及水产养殖物的责任纠纷案件;

6. 航道中的沉船沉物及其残骸、废弃物,海上或者通海可航水域的临时或者永久性设施、装置,影响船舶的航行,造成船舶、货物及其他财产损失和人身损害的责任纠纷案件;

7. 船舶航行、营运、作业等活动侵害他人人身权益的责任纠纷案件;

8. 非法留置或者扣留船舶、船载货物和船舶物料、燃油、备品的责任纠纷案件;

9. 为船舶工程提供的船舶关键部件和专用物品存在缺陷而引起的产品质量责任纠纷案件;

10. 其他海事侵权纠纷案件。

二、海商合同纠纷案件

11. 船舶买卖合同纠纷案件;

12. 船舶工程合同纠纷案件;

13. 船舶关键部件和专用物品的分包施工、委托建造、订制、买卖等合同纠纷案件;

14. 船舶工程经营合同(含挂靠、合伙、承包等形式)纠纷案件;

15. 船舶检验合同纠纷案件;

16. 船舶工程场地租用合同纠纷案件;

17. 船舶经营管理合同(含挂靠、合伙、承包等形式)、航线合作经营合同纠纷案件;

18. 与特定船舶营运相关的物料、燃油、备品供应合同纠纷案件;

19. 船舶代理合同纠纷案件;

20. 船舶引航合同纠纷案件;

21. 船舶抵押合同纠纷案件;

22. 船舶租用合同(含定期租船合同、光船租赁合同等)纠纷案件;

23. 船舶融资租赁合同纠纷案件;

24. 船员劳动合同、劳务合同(含船员劳务派遣协议)项下与船员登船、在船服务、离船遣返相关的报酬给付及人身伤亡赔偿纠纷案件;

25. 海上、通海可航水域货物运输合同纠纷案件,包括含有海运区段的国际多式联运、水陆联运等货物运输合同纠纷案件;

26. 海上、通海可航水域旅客和行李运输合同纠纷案件;

27. 海上、通海可航水域货运代理合同纠纷案件;

28. 海上、通海可航水域运输集装箱租用合同纠纷案件;

29. 海上、通海可航水域运输理货合同纠纷案件;

30. 海上、通海可航水域拖航合同纠纷案件;

31. 轮渡运输合同纠纷案件;

32. 港口货物堆存、保管、仓储合同纠纷案件;

33. 港口货物抵押、质押等担保合同纠纷案件;

34. 港口货物质押监管合同纠纷案件;

35. 海运集装箱仓储、堆存、保管合同纠纷案件;

36. 海运集装箱抵押、质押等担保合同纠纷案件;

37. 海运集装箱融资租赁合同纠纷案件;

38. 港口或者码头租赁合同纠纷案件;

39. 港口或者码头经营管理合同纠纷案件;

40. 海上保险、保赔合同纠纷案件;

41. 以通海可航水域运输船舶及其营运收入、货物及其预期利润、船员工资和其他报酬、对第三人责任等为保险标的的保险合同、保赔合同纠纷案件;

42. 以船舶工程的设备设施以及预期收益、对第三人责任为保险标的的保险合同纠纷案件;

43. 以港口生产经营的设备设施以及预期收益、对第三人责任为保险标的的保险合同纠纷案件;

44. 以海洋渔业、海洋开发利用、海洋工程建设等活动所用的设备设施以及预期收益、对第三人的责任为保险标的的保险合同纠纷案件;

45. 以通海可航水域工程建设所用的设备设施以及预期收益、对第三人的责任为保险标的的保险合同纠纷案件;

46. 港航设备设施融资租赁合同纠纷案件;

47. 港航设备设施抵押、质押等担保合同纠纷案件;

48. 以船舶、海运集装箱、港航设备设施设定担保的借款合同纠纷案件,但当事人仅就借款合同纠纷起诉的案件除外;

49. 为购买、建造、经营特定船舶而发生的借款合同纠纷案件;

50. 为担保海上运输、船舶买卖、船舶工程、港口生产经营相关债权实现而发生的担保、独立保函、信用证等纠纷案件;

51. 与上述第11项至第50项规定的合同或者行为相关的居间、委托合同纠纷案件;

52. 其他海商合同纠纷案件。

三、海洋及通海可航水域开发利用与环境保护相关纠纷案件

53. 海洋、通海可航水域能源和矿产资源勘探、开发、输送纠纷案件;

54. 海水淡化和综合利用纠纷案件;

55. 海洋、通海可航水域工程建设(含水下疏浚、围海造地、电缆或者管道敷设以及码头、船坞、钻井平台、人工岛、隧道、大桥等建设)纠纷案件;

56. 海岸带开发利用相关纠纷案件;

57. 海洋科学考察相关纠纷案件;

58. 海洋、通海可航水域渔业经营(含捕捞、养殖等)合同纠纷案件;

59. 海洋开发利用设备设施融资租赁合同纠纷案件;

60. 海洋开发利用设备设施抵押、质押等担保合同纠纷案件;

61. 以海洋开发利用设备设施设定担保的借款合同纠纷案件,但当事人仅就借款合同纠纷起诉的案件除外;

62. 为担保海洋及通海可航水域工程建设、海洋开发利用等海上生产经营相关债权实现而发生的担保、独立保函、信用证等纠纷案件;

63. 海域使用权纠纷(含承包、转让、抵押等合同纠纷及相关侵权纠纷)案件,但因申请海域使用权引起的确权纠纷案件除外;

64. 与上述第53项至63项规定的合同或者行为相关的居间、委托合同纠纷案件;

65. 污染海洋环境、破坏海洋生态责任纠纷案件;

66. 污染通海可航水域环境、破坏通海可航水域生态责任纠纷案件;

67. 海洋或者通海可航水域开发利用、工程建设引起的其他侵权责任纠纷及相邻关系纠纷案件。

四、其他海事海商纠纷案件

68. 船舶所有权、船舶优先权、船舶留置权、船舶抵押权等船舶物权纠纷案件;

69. 港口货物、海运集装箱及港航设备设施的所有权、留置权、抵押权等物权纠纷案件;

70. 海洋、通海可航水域开发利用设备设施等财产的所有权、留置权、抵押权等物权纠纷案件;

71. 提单转让、质押所引起的纠纷案件;

72. 海难救助纠纷案件;

73. 海上、通海可航水域打捞清除纠纷案件;

74. 共同海损纠纷案件;

75. 港口作业纠纷案件;

76. 海上、通海可航水域财产无因管理纠纷案件;

77. 海运欺诈纠纷案件;

78. 与航运经纪及航运衍生品交易相关的纠纷案件。

五、海事行政案件

79. 因不服海事行政机关作出的涉及海上、通海可航水域或者港口内的船舶、货物、设备设施、海运集装箱等财产的行政行为而提起的行政诉讼案件;

80. 因不服海事行政机关作出的涉及海上、通海可航水域运输经营及相关辅助性经营、货运代理、船员适任与上船服务等方面资质资格与合法性事项的行政行为而提起的行政诉讼案件;

81. 因不服海事行政机关作出的涉及海洋、通海可航水域开发利用、渔业、环境与生态资源保护等活动的行政行为而提起的行政诉讼案件;

82. 以有关海事行政机关拒绝履行上述第79项至第81项所涉行政管理职责或者不予答复而提起的行政诉讼案件;

83. 以有关海事行政机关及其工作人员作出上述第79项至第81项行政行为或者行使相关行政管理职权损害合法权益为由,请求有关行政机关承担国家赔偿责任的案件;

84. 以有关海事行政机关及其工作人员作出上述第79项至第81项行政行为或者行使相关行政管理职权影响合法权益为由,请求有关行政机关承担国家补偿责任的案件;

85. 有关海事行政机关作出上述第79项至第81项行政行为而依法申请强制执行的案件。

六、海事特别程序案件

86. 申请认定海事仲裁协议效力的案件;

87. 申请承认、执行外国海事仲裁裁决,申请认可、执行香港特别行政区、澳门特别行政区、台湾地区海事仲裁裁决,申请执行或者撤销国内海事仲裁裁决的案件;

88. 申请承认、执行外国法院海事裁判文书,申请认可、执行香港特别行政区、澳门特别行政区、台湾地区法院海事裁判文书的案件;

89. 申请认定海上、通海可航水域财产无主的案件;

90. 申请无因管理海上、通海可航水域财产的案件;

91. 因海上、通海可航水域活动或者事故申请宣告失踪、宣告死亡的案件;

92. 起诉前就海事纠纷申请扣押船舶、船载货物、船用物料、船用燃油或者申请保全其他财产的案件;

93. 海事请求人申请财产保全错误或者请求担保数额过高引起的责任纠纷案件;

94. 申请海事强制令案件;

95. 申请海事证据保全案件;

96. 因错误申请海事强制令、海事证据保全引起的责任纠纷案件;

97. 就海事纠纷申请支付令案件;

98. 就海事纠纷申请公示催告案件;

99. 申请设立海事赔偿责任限制基金(含油污损害赔偿责任限制基金)案件;

100. 与拍卖船舶或者设立海事赔偿责任限制基金(含油污损害赔偿责任限制基金)相关的债权登记与受偿案件;

101. 与拍卖船舶或者设立海事赔偿责任限制基金(含油污损害赔偿责任限制基金)相关的确权诉讼案件;

102. 申请从油污损害赔偿责任限制基金中代位受偿案件;

103. 船舶优先权催告案件;

104. 就海事纠纷申请司法确认调解协议案件;

105. 申请实现以船舶、船载货物、船用物料、海运集装箱、港航设备设施、海洋开发利用设备设施等财产为担保物的担保物权案件;

106. 地方人民法院为执行生效法律文书委托扣押、拍卖船舶案件;

107. 申请执行海事法院及其上诉审高级人民法院和最高人民法院就海事纠纷作出的生效法律文书案件;

108. 申请执行与海事纠纷有关的公证债权文书案件。

七、其他规定

109. 本规定中的船舶工程系指船舶的建造、修理、改建、拆解等工程及相关的工程监理;本规定中的船舶关键部件和专用物品,系指舱盖板、船壳、龙骨、甲板、救生艇、船用主机、船用辅机、船用钢板、船用油漆等船舶主体结构、重要标志性部件以及专供船舶或者船舶工程使用的设备和材料。

110.当事人提起的民商事诉讼、行政诉讼包含本规定所涉海事纠纷的,由海事法院受理。

111.当事人就本规定中有关合同所涉事由引起的纠纷,以侵权等非合同诉由提起诉讼的,由海事法院受理。

112.法律、司法解释规定或者上级人民法院指定海事法院管辖其他案件的,从其规定或者指定。

113.本规定自2016年3月1日起施行。最高人民法院于2001年9月11日公布的《关于海事法院受理案件范围的若干规定》(法释〔2001〕27号)同时废止。

114.最高人民法院以前作出的有关规定与本规定不一致的,以本规定为准。

◎ 司法文件

最高人民法院、公安部关于海事法院审判人员等处理海事案件登外轮问题的通知

- 1986年10月25日
- 法(经)发〔1986〕30号

各沿海省、自治区、直辖市高级人民法院、公安厅(局):

为了便于及时处理涉外海事案件,现根据1981年6月4日国务院国发〔1981〕99号文件批准的《登外轮人员审批和管理办法》的规定精神,对海事法院审判人员等处理海事案件登外轮的问题通知如下:

一、海事法院的审判人员、执行人员和司法警察在处理案件过程中需要登外轮时,凭海事法院院长签发的《执行公务证》并着国家规定的法院制服登轮;随同办案人员登轮的翻译、鉴定人员凭海事法院的通知书登轮。海事法院应事先将登轮时间和人数通知边防检查站。

《执行公务证》在有效期限内使用。

二、海事法院在内河对外开放港口登外轮处理案件时,此照上述规定办理。

三、登外轮的海事法院办案人员和翻译、鉴定人员,必须严格遵守国务院国发〔1981〕99号文件批准的《登外轮工作人员守则》。

特此通知,望遵照执行。

附:海事法院执行公务证样式(略)

最高人民法院关于执行领事条约中对派遣国船舶实行强制措施时保护条款的通知

- 1994年1月14日
- 法〔1994〕2号

海南省、广东省、福建省、浙江省、湖北省、山东省、天津市、辽宁省高级人民法院、各海事法院:

为了认真执行我国和外国缔结的领事条约中关于对派遣国的船舶采取强制措施,或在其船舶上进行正式调查时,应事先通知领馆,以便在采取行动时领事官员或其代表能到场。如情况紧急,不能事先通知,应在采取上述行动后立即通知,并应领馆官员的请求迅速提供所采取行动的全部情况的规定,特通知如下:

一、诉前扣船是在紧急情况下采取的财产保全措施,执行扣押船舶的海事法院,必须在发布扣船命令的同时,书面通知船籍国驻我国的使、领馆。

二、海事法院裁定拍卖被扣船舶清偿债务的,必须在发布拍卖船舶公告前,书面通知被告所在国驻我国的使、领馆。

三、海事法院因海事、海商纠纷需要,在缔约国船舶上进行正式调查的,应事先通知船籍国驻我国的使、领馆,如情况紧急,不能事先通知,应在调查之后立即书面通知。

四、各海事法院在采取上述行动时,凡因情况紧急,事后通知船籍国驻我国使领馆的,如该国领事官员请求提供所采取行动的全部情况的,应当迅速提供。

五、上述通知书由海事法院报送其所在省、市高级人民法院审查后,径送外交领事司,再通过领事司负责转给被通知的船舶派遣国驻我国的使、领馆。

六、在送达通知书时,须附有扣押船舶的民事裁定书。或强制拍卖被扣押船舶的民事裁定书和送达回证。

最高人民法院关于学习宣传贯彻海事诉讼特别程序法的通知

- 2000年2月28日
- 法发〔2000〕7号

各省、自治区、直辖市高级人民法院,解放军军事法院,新疆维吾尔自治区高级人民法院生产建设兵团分院:

《中华人民共和国海事诉讼特别程序法》(以下简称海事诉讼特别程序法)经第九届全国人民代表大会常务委员会第十三次会议审议通过,已于1999年12月25日公布,自2000年7月1日起施行。海事诉讼特别程序法是为科学规范海事诉讼程序,维护当事人的诉讼权利,正确实施《中华人民共和国海商法》及其他海事实体法律而设立的特殊的诉讼程序制度,是我国诉讼法律制度的重要组成部分。为了正确贯彻执行海事诉讼特别程序法,切实保障当事人依法进行海事诉讼,维护司法公正,特通知如下:

一、各级人民法院,尤其是海事法院及其上诉高级人民法院应当充分认识实施海事诉讼特别程序法的重要意义,认真组织审判人员对这部法律逐条学习和研究,加强培训,准确理解立法原意,认真做好贯彻执行这部法律的各项准备工作;同时,要进一步搞好公开审判,以案讲法,配合有关部门,积极开展宣传活动,使广大人民群众和社会各界了解这部法律,提高依法进行海事诉讼的法律意识。

二、在2000年7月1日前,审理海事海商案件,应当适用《中华人民共和国民事诉讼法》(以下简称民事诉讼法)和最高人民法院的有关司法解释性规定;在这期间受理但未审结的案件,已经依照民事诉讼法的规定进行的诉讼程序有效。2000年7月1日起,海事诉讼特别程序法有规定的,应当严格按照海事诉讼特别程序法的规定办理,海事诉讼特别程序法没有规定的,适用民事诉讼法的规定。

三、自2000年7月1日起,除海事法院及其所在地的高级人民法院依法受理海事海商案件外,地方各级人民法院应当按照民事诉讼法、海事诉讼特别程序法的规定严格执行审查立案程序,不得采取改变案由或者追加第三人等方式变相受理海事海商案件。海事法院和地方人民法院对案件管辖不明确的,应当逐级向上级人民法院请示;有争议的,依据海事诉讼特别程序法第十条的规定办理。

四、自2000年7月1日起,除依法执行已生效的判决、仲裁裁决、依法赋予强制执行效力的公证债权文书外,非因海事诉讼特别程序法第二十一条规定的海事请求,海事法院、地方各级人民法院不得受理任何财产保全申请扣押船舶。

五、自2000年7月1日起,最高人民法院《关于海事法院诉讼前扣押船舶的规定》、《关于海事法院拍卖被扣押船舶清偿债务的规定》以及其他关于海事诉讼程序方面的司法解释,凡与海事诉讼特别程序法相抵触的,停止执行。

六、各级人民法院在执行海事诉讼特别程序法过程中,要不断总结经验。对执行中遇到的问题,应当认真研究并提出意见,及时向我院请示报告,以保证海事诉讼特别程序法正确贯彻实施。

最高人民法院关于指定上海海事法院管辖与中国海事仲裁委员会上海分会相关的海事仲裁司法审查案件的通知

- 2005年5月27日
- 法〔2005〕66号

辽宁省、山东省、湖北省、浙江省、福建省、广东省、海南省、广西壮族自治区、天津市、上海市高

级人民法院,各海事法院:

经上海市司法局批准并登记,中国海事仲裁委员会上海分会于2003年1月8日在上海市正式挂牌成立并开始受理海事仲裁案件。为了明确相关案件的管辖分工,加强海事仲裁司法监督工作,方便当事人诉讼,根据《中华人民共和国民事诉讼法》、《中华人民共和国仲裁法》和《中华人民共和国海事诉讼特别程序法》的有关规定,通知如下:

指定上海海事法院管辖涉及中国海事仲裁委员会上海分会的海事仲裁协议效力的案件和申请撤销其海事仲裁裁决的案件。

◎ 请示答复

最高人民法院关于是否支持土耳其船东复议申请释放所扣押船舶的请示的复函

- 2003年8月15日
- 〔2003〕民四他字第17号

天津市高级人民法院:

你院津高法〔03〕84号请示收悉。经研究,答复如下:

天津海事法院作出的扣押土耳其籍"Hidir Selek"轮以及拍卖该轮的民事裁定符合《中华人民共和国海事诉讼特别程序法》的规定。因HSH NORDBANK AG已经向天津海事法院提起诉讼,天津海事法院未要求其追加担保并不违反我院《关于适用〈中华人民共和国海事诉讼特别程序法〉若干问题的解释》的规定。至于ETA PETROLAKARYAKIT TICARETI VE NAKLIYATIA. S. 提出的土耳其伊斯坦布尔第六基本商务法庭2003/836裁决的承认与执行问题,应当依照中土两国之间司法协助协定规定的程序办理。ETA PETROLAKARYAKIT TICARETI VE NAKLIYATIA. S. 对天津海事法院拍卖船舶的民事裁定提出的复议申请理由不充分,应予驳回。

此复。

附一:

天津市高级人民法院关于是否支持土耳其船东复议申请释放所扣押船舶的请示

津高法〔03〕84号

最高人民法院:

2003年8月8日,天津海事法院就是否承认土耳其船东所提交的土耳其伊斯坦布尔第6基本商务法庭判决,支持其复议申请释放所扣船舶一案,向我院请示。并称已接最高人民法院外事局通知暂缓拍卖船舶。鉴于天津海事法院依法五日内须做出复议决定,且该案具有重大影响,我院特紧急请示钧院。

我院经研究认为:应驳回土耳其船东的复议申请。在同意天津海事法院所述理由(见附件二)基础上,进一步认为:

1. 土耳其船东并未向我国受案法院提交足以支持其主张的具有法律效力的法律文件。依据国际私法通行原则。程序法适用法院地法,我国《海事诉讼特别程序法》第二十九条规定:船舶扣押期间届满,被请求人不提供担保,而且船舶不宜继续扣押的,海事请求人可以在起诉后向扣押船舶的海事法院拍卖船舶。

2. 据国际通行做法,对他国非实体性判决及非最终判决,均不予承认。

3. 应确认扣押船舶申请人HSHNORDBANKAG(德国银行)是适格抵押权人。

综上,我院拟同意天津海事法院的意见,驳回复议,拍卖涉案船舶。当否,请批复。

附二:

天津海事法院关于是否承认土耳其共和国法院判决的请示报告

一、案件的基本情况

2003年6月6日,申请人HSHNORDBANK-AG(以下简称德国银行)以被申请人ETA PET-

ROLAKARYAKIT TICARETINAKLIYATIA. S（以下简称土耳其船东）拖欠贷款为由向我院递交诉前财产保全申请书，请求我院扣押土耳其船东所有的"HIDIRSELEK"轮（以下简称"黑地"轮），以行使其抵押权。我院于6月7日依法裁定扣押了该轮，土耳其船东就"黑地"轮被扣未在法定复议期间向我院提出异议。6月27日，土耳其船东向我院递交申请书，要求我院解除对"黑地"轮的扣押，其主要理由为：（1）"黑地"轮系贷款合同项下的抵押物，双方签定的贷款合同和抵押合同规定，有关抵押的法律问题适用土耳其共和国法律，根据土耳其共和国法律规定，有运输计划的船不能扣押，"黑地"轮抵中国新港系执行运输计划，因此天津海事法院不能实施扣押。（2）根据贷款合同约定，当贷款人未履行还款义务时，德国银行要向贷款人发出违约通知，如贷款人两周后仍未履行义务，德国银行才有权采取强制执行行动，而德国银行扣船前未依约向贷款人发出违约通知，因此德国银行无权扣押"黑地"轮。7月23日，土耳其船东又以德国银行在船舶被扣37天后未向法院追加扣船担保为由，再次申请我院释放"黑地"轮。7月7日，德国银行在法定期间内向我院提起诉讼，请求我院确认其对"黑地"轮的抵押权，并判令被告支付贷款6571157.81美元。7月16日，德国银行以扣押期间已满、土耳其船东未提供担保、"黑地"轮不适宜继续扣押为由，申请我院依法拍卖"黑地"轮。7月28日，我院以德国银行已递交卖船申请、要求德国银行追加扣船担保已无必要为由驳回了土耳其船东关于释放船舶的申请。7月29日，我院裁定准许德国银行的卖船申请，依法拍卖"黑地"轮。8月4日，土耳其船东对我院关于拍卖船舶的裁定提出复议申请，要求终止卖船程序，主要理由是：（1）德国银行未按法院要求追加扣船担保。（2）目前"黑地"轮船员情绪稳定，不存在不适宜继续扣押的情况。（3）土耳其法院已就此问题做出判决，并依据和中国的司法协助协定向中国司法部提出请求函，请求承认土耳其法院判决。我院对该复议申请尚未做出答复。

案件进入诉讼程序后，我院从原、被告提交的证据材料中了解到，原告为行使船舶抵押权，分别在中国、美国、新加坡、土耳其、南非五个国家申请扣押了KARAHASAN航运集团公司下属的四个公司（包括本案被告）所有的五条船舶（包括"黑地"轮）。2003年7月2日，上述四家公司以德国银行扣船申请非法、扣押令非法为由，向土耳其伊斯坦布尔第6基本商务法庭提起诉讼，请求该法院撤销扣押船舶命令、释放船舶。该法院在审查了上述四家公司提交的所有文件后，在未通知德国银行的情况下，于7月3日做出判决，判决提供3500亿土耳其里拉的担保，终止德国银行基于抵押权取得的对上述四家公司所有的AHMETBEY轮、EDIPKARAHASAN轮、HIDIRSELEK轮、ORSE轮和BAHAKARAHASAN轮的保全扣押判决的扣押令，撤销阻止船舶履行航次任务的决定，将3500亿土耳其里拉的担保或担保函作为本判决的担保后，指令将递交伊斯坦布尔扣押执行部门以执行本判决，一封指令函将递交AHMETBEY轮在宾西法尼亚州巴克郡Novalog泊位被阻止航行的有关部门，一封指令函将递交EDIPKARAHASAN轮在新加坡被阻止航行的相关部门，一封指令函将递交HIDIRSELEK轮在中国新港被阻止航行的相关部门，一封指令函将递交ORSE轮在土耳其Yaimca港被阻止航行的相关部门，一封指令函将递交BAHAKARAHASAN轮在南非共和国德班港被阻止航行的相关部门。该判决主要理由为：德国银行已经从没有管辖权的法院根据没有管辖权、没有适用性的法律取得了扣押船舶命令，对船舶实行了保全扣押并阻止其履行航次任务，是非法的。德国银行应该向有管辖权的法院提出请求执行其抵押合同下的权利，但是德国银行并没有遵守这一规定，而是向国外法院请求并取得了判决，并因此扣押了船舶，阻止其履行航次任务，也是非法的。因为抵押合同中明确约定有管辖权的法律和有管辖权的法院分别是土耳其法律和土耳其法院。另外，根据惟一适用的土耳其法律，"一艘准备为履行航次任务而航行的船舶不能通过执行而出售，也不能因保全而扣押"。

二、我院的处理意见和理由

我院认为：对土耳其法院的判决不予承认和执行，理由如下：

1. 德国银行和土耳其船东签订的抵押契约第17条约定："A. 本《抵押契约》应根据土耳其

共和国法律解释和执行;B. 船东同意抵押权人有自由但无义务在任何国家的法院提起诉讼以保护,或执行本契约设立的担保,或执行《贷款协议》和担保文件的规定或追偿到期债务,并以执行本《抵押契约》和/或贷款协议下的担保为目的提起诉讼,船东在此接受抵押权人为自身利益而选择任何国家的法院包括德国法院"。根据上述约定,德国银行选择在我国诉讼行使其民事权利并无不当,我院对此案具有管辖权。

2. 根据我国法律规定,是否准予申请人的财产保全申请系民事诉讼中的程序事项,而处理诉讼程序问题适用法院地法,即中国法律,不适用原、被告在抵押合同和贷款合同中约定的土耳其法,我院依据《中华人民共和国海事诉讼特别程序法》的规定扣押"黑地"轮是合法、正当行为。土耳其共和国法院的判决不仅认定德国银行在我国申请扣押船舶非法,同时认为我国法院扣押船舶行为非法,损害了我国的司法主权,依据《中华人民共和国和土耳其共和国关于民事、商事和刑事司法协助的协定》(以下简称《协定》)第五条的规定,"如果缔约一方认为提供司法协助有损其国家主权、安全或公共秩序,可以拒绝缔约另一方提出的司法协助请求"。

3. 土耳其法院的判决是在未通知德国银行参加诉讼的情况下,仅依据土耳其船东提交的文件做出的。而依据《协定》第二十三条第三款规定"根据作出裁决的缔约一方的法律,未能参加诉讼的败诉一方未经适当传唤或被剥夺了答辩的权利或在其没有诉讼行为能力时被剥夺了得到适当代理的权利",被请求法院对于请求国法院这样做出的判决不予承认和执行。

4. 我院受理的德国银行诉土耳其船东船舶抵押合同纠纷于7月7日立案,目前尚在审理过程中,依据《协定》第二十三条第四款规定,"被请求的缔约一方的法院或仲裁机构对于相同当事人之间就同一标的的案件已经作出了最终裁决,或正在进行审理,或已经承认了第三国对该案作出的最终裁决",被请求法院对于请求国法院做出的判决不予承认和执行。

土耳其船东以土耳其共和国法院的判决作为对我院拍卖"黑地"轮裁定复议及申请释放船舶的主要理由,因此,是否承认土耳其共和国法院的判决与我院拍卖"黑地"轮紧密相关,我院认为,解决土耳其共和国法院判决的效力问题应在本案中一并进行,不必另行立案。如另行立案,则必然按诉讼程序逐步进行,势必影响拍卖船舶程序的进行。

根据《中华人民共和国海事诉讼特别程序法》第三十条第二款的规定,海事法院应当在收到复议申请之日起五日内做出复议决定,鉴于我院对被告就卖船裁定提出复议申请的答复期限即将届满,请求贵院尽快批示。

最高人民法院关于黑龙江鸿昌国际货物运输代理有限公司申请撤销中国海事仲裁委员会仲裁裁决案的复函

● 2003 年 12 月 10 日
● 〔2003〕民四他字第 32 号

天津市高级人民法院:

你院津高法(2003)171号《关于黑龙江鸿昌国际货物运输代理有限公司与福建省轮船总公司、美国连捷海运有限公司(TRANSMARINE INC)申请撤销仲裁裁决一案的请示报告》收悉。经研究,答复如下:

根据天津海事法院查明的事实,中国海事仲裁委员会于 2002 年 11 月 29 日受理福建省轮船总公司与美国连捷海运有限公司、黑龙江鸿昌国际货物运输代理有限公司(以下简称鸿昌公司)租金及滞纳金纠纷案,并于 2002 年 11 月 29 日将仲裁文件以特快专递方式向鸿昌公司进行送达,送达地址为哈尔滨市香坊区珠江路 31 号。但当时鸿昌公司已在工商行政管理机关将公司经营地址变更登记为哈尔滨市开发区嵩山路 38 号。在送达仲裁文件的特快专递被邮政部门因"迁移新址不明"退回的情况下,仲裁委员会仍委托送达人按原地址进行送达,而未采取向当地工商行政管理机关查询这一最通常的合理查询的方法。因此,本案仲裁文件的送达不符合《中国海事仲裁委员会仲裁规则》第八十一条"向当事人或其代理人发送的任何书面通讯,如经当面递交收讯人或投递至收讯人的营业地点、惯常住所或通讯地址,或者经合理查询不能找到上述任一地点而以挂号信或能提供作过投递企图的记录的其他任何手段投递给收讯人最后一个为人所知的营业地点、惯常住所或通讯地址"的规定,不能视为已经送达。中国海事仲裁委员会的仲裁裁决是在鸿昌公司没有得到指定仲裁员和进行仲裁程序通知的情况下作出的,属于不应由鸿昌公司负责的原因未能陈述意见的情况,符合《中华人民共和国民事诉讼法》第二百六十条第一款规定的情形。根据《中华人民共和国仲裁法》第七十条的规定,此仲裁裁决应予撤销。

此复。

附:

天津市高级人民法院关于申请人黑龙江鸿昌国际货物运输代理有限公司与被申请人福建省轮船总公司、美国连捷海运有限公司申请撤销仲裁裁决一案的请示

津高法〔2003〕171号

最高人民法院:

天津海事法院以(2003)海商初字第469号《关于申请撤销涉外仲裁裁决案的请示报告》,就申请人黑龙江鸿昌国际货物运输代理有限公司与被申请人福建省轮船总公司、美国连捷海运有限公司(TRANS MARINE INC)申请撤销仲裁裁决事宜报请本院审查。本院经研究,同意天津海事法院的意见,即拟裁定中止撤销程序,通知中国海事仲裁委员会重新仲裁。根据最高人民法院法〔2000〕51号《关于审理和执行涉外民商事案件应当注意的几个问题的通知》的规定,现将该案呈报钧院审查,请予批复:

一、当事人的基本情况

申请人:黑龙江鸿昌国际货物运输代理有限公司(简称鸿昌公司)。住所地,黑龙江省哈尔滨市香坊区民航路5号。

法定代表人:霍士荣,董事长。

被申请人:福建省轮船总公司(简称轮船公司)。住所地,福建省福州市台江区中平路79号。

法定代表人:刘启闽,总经理。

被申请人:美国连捷海运有限公司(TRANS MARINE INC)(简称连捷公司)。

二、相关的事实

轮船公司于2002年7月12日依据"还款协议书"向中国海事仲裁委员会提出仲裁申请。请求:连捷公司、鸿昌公司支付拖欠的款项USD33814及利息;

在该"还款协议书"中约定:(1)连捷公司同意将所欠轮船公司租金USD27814及滞纳金于6月30日前支付给轮船公司;(2)轮船公司收到全部付款后不得再向连捷公司主张与本次租船有关的任何权利;(3)连捷公司应提供保证人,为本协议的履行提供连带责任担保,若连捷公司不能按本协议履行还款义务,轮船公司有权直接要求保证人代为偿还;(4)若本还款协议无法正常履行,轮船公司仍保留按原租船合同向连捷公司索赔的权利;(5)因本协议发生的争议由中国海事仲裁委员会仲裁解决。在该还款协议保证人一栏中有鸿昌公司公章。该协议签署日期是2002年5月28日。

中国海事仲裁委员会于2002年11月29日受理了该案,并于2002年11月29日以特快专递的方式向鸿昌公司进行了送达,送达的地址是哈尔滨市香坊区珠江路31号,但因"迁移新址不明"被邮局退回。仲裁委员会秘书处于2002年12月18日致函轮船公司,请其核查鸿昌公司的地址。但轮船公司未提供鸿昌公司的新地址。仲裁委员会根据《中国海事仲裁委员会仲裁规则》第八十一条"向当事人或其代理人发送的任何书面通讯,如经当面递交收讯人或投递至收讯人的营业地点、惯常住所或通讯地址,或者经合理查询不能找到上述任一地点而以挂号信或提供作过投递企图的记录的其他任何手段投递给收讯人最后一个为人所知的营业地点、惯常住所或通讯地址,即应视为已经送达"之规定,委托北京市通商律师事务所宋迪煌律师向鸿昌公司再次送达仲裁通知及附件材料。以后本案所有仲裁文件均通过北京市通商律师事务所宋迪煌

律师以平信方式邮寄给鸿昌公司。送达的地址仍然是哈尔滨市香坊区珠江路31号。鸿昌公司均未收到上述文件。仲裁委员会于2003年4月18日作出裁决:连捷公司给付轮船公司所欠租金及滞纳金USD33814,并按同期银行贷款利率支付自2002年5月31日起至实际支付之日止的银行利息;鸿昌公司对上述给付事项承担连带责任。

黑龙江工商行政管理局出具证明:鸿昌公司2002年10月17日住所地址变更为哈尔滨市开发区嵩山路38号;2003年8月14日,住所地址变更为哈尔滨市香坊区民航路5号。

鸿昌公司在天津海事法院提出撤销仲裁裁决申请。主要理由:(1)整个裁决过程鸿昌公司毫不知情,并且鸿昌公司从未收到中国海事仲裁委员会任何仲裁文件。直到黑龙江省延寿县人民法院执行庭执行鸿昌公司财产时方知所谓租金争议仲裁一案。(2)仲裁裁决所依据的证据是伪造的。鸿昌公司从未与轮船公司、连捷公司签订过任何还款协议,更不用说协议提交仲裁。还款协议上鸿昌公司印章是虚假的,该还款协议也是无效的,因此不能作为仲裁所依据的证据使用。

天津海事法院认为:仲裁委员会先以特快专递形式向鸿昌公司送达,送达的地址是鸿昌公司的原办公地址哈尔滨市珠江路31号,而当时其已在工商行政主管机关登记变更的经营地址是哈尔滨市嵩山路38号。这种送达不符合《仲裁规则》第八十一条关于投递至收讯人的营业地点、惯常住所或通讯地址的规定。在特快专递被邮政部门明确"迁移新址不明"退回送达文书的情况下,仲裁申请人、仲裁庭及其委托送达人均未采用向当地工商行政主管机关查询这一最通常的可以合理查询的方法,仍按已变更前的地址以平信方式将该案所有文书向鸿昌公司寄送,这种送达方式也不符合《仲裁规则》第八十一条关于经合理查询不能找到上述任一地点而以挂号信或能提供作过投递企图的记录的其他任何手段投递给收讯人最后一个为人所知的营业地点、惯常住所或通讯地址的规定,不能视为已经送达。

根据《民事诉讼法》第二百六十条第一款第二项的规定,仲裁庭的送达应达到当事人能够得到通知的程度,如果被申请人没有得到指定仲裁员或者进行仲裁程序的通知,或者由于其他不属于被申请人负责的原因未陈述意见的,人民法院应予裁定撤销或通知仲裁庭重新仲裁。本案申请人鸿昌公司在迁址后向工商行政机关办理了变更登记,得不到仲裁庭的通知不属于鸿昌公司应负责的原因。中国海事仲裁委员会(2003)海仲裁字第002号裁决的程序显然不符合法律规定。

另外,鸿昌公司提出的裁决所依据的证据是伪造的问题,这一问题应在合法的审理程序中予以确认;申请人可以在仲裁委员会重新仲裁时,根据《仲裁规则》第四条规定的程序行使自己的权利。

综上,本案应裁定中止撤销程序,通知中国海事仲裁委员会重新仲裁。

三、天津市高级法院处理意见

天津高院经审查同意天津海事法院意见。

◎ 指导案例

1. 中海发展股份有限公司货轮公司申请设立海事赔偿责任限制基金案[①]

【裁判要点】

1. 对于申请设立海事赔偿责任限制基金的,法院仅就申请人主体资格、事故所涉及的债权性质和申请设立基金的数额进行程序性审查。有关申请人实体上应否享有海事赔偿责任限制,以及事故所涉债权除限制性债权外是否同时存在其他非限制性债权等问题,不影响法院依法作出准予设立海事赔偿责任限制基金的裁定。

2. 《中华人民共和国海商法》第二百一十条第二款规定的"从事中华人民共和国港口之间的运输的船舶",应理解为发生海事事故航次正在

[①] 案例来源:《最高人民法院关于发布第4批指导性案例的通知》(2013年1月31日 法〔2013〕24号),指导案例16号。

【基本案情】

中海发展股份有限公司货轮公司（以下简称货轮公司）所属的"宁安11"轮，于2008年5月23日从秦皇岛运载电煤前往上海外高桥码头，5月26日在靠泊码头过程中触碰码头的2号卸货机，造成码头和机器受损。货轮公司遂于2009年3月9日向上海海事法院申请设立海事赔偿责任限制基金。货轮公司申请设立非人身伤亡海事赔偿责任限制基金，数额为2242643计算单位（折合人民币25442784.84元）和自事故发生之日起至基金设立之日止的利息。

上海外高桥发电有限责任公司、上海外高桥第二发电有限责任公司作为第一异议人，中国人民财产保险股份有限公司上海市分公司、中国大地财产保险股份有限公司上海分公司、中国平安财产保险股份有限公司上海分公司、安诚财产保险股份有限公司上海分公司、中国太平洋财产保险股份有限公司上海分公司、中国大地财产保险股份有限公司营业部、永诚财产保险股份有限公司上海分公司等7位异议人作为第二异议人，分别针对货轮公司的上述申请，向上海海事法院提出了书面异议。上海海事法院于2009年5月27日就此项申请和异议召开了听证会。

第一异议人称："宁安11"轮系因船长的错误操作行为导致了事故发生，应对本次事故全部责任，故申请人无权享受海事赔偿责任限制。"宁安11"轮是一艘可以从事国际远洋运输的船舶，不属于从事中国港口之间货物运输的船舶，不适用交通部《关于不满300总吨船舶及沿海运输、沿海作业船舶海事赔偿限额的规定》（以下简称《船舶赔偿限额规定》）第四条规定的限额，而应适用《中华人民共和国海商法》（以下简称《海商法》）第二百一十条第一款第（二）项规定的限额。

第二异议人称：事故所涉及的债权性质虽然大部分属于限制性债权，但其中清理残骸费用应当属于非限制性债权，申请人无权就此项费用申请限制赔偿责任。其他异议意见和理由同第一异议人。

上海海事法院经审理查明：申请人系"宁安11"轮登记的船舶所有人。涉案船舶触碰事故所造成的码头和机器损坏，属于与船舶营运直接相关的财产损失。另，"宁安11"轮总吨位为26358吨，营业运输证载明的核定经营范围为"国内沿海及长江中下游各港间普通货物运输"。

【裁判结果】

上海海事法院于2009年6月10日作出(2009)沪海法限字第1号民事裁定，驳回异议人的异议，准许申请人设立海事赔偿责任限制基金，基金数额为人民币25442784.84元和该数自2008年5月26日起至基金设立之日止的银行利息。宣判后，异议人中国人民财产保险股份有限公司上海市分公司提出上诉。上海市高级人民法院于2009年7月27日作出(2009)沪高民四(海)限字第1号民事裁定，驳回上诉，维持原裁定。

【裁判理由】

法院生效裁判认为：根据《最高人民法院关于适用〈中华人民共和国海事诉讼特别程序法〉若干问题的解释》第八十三条的规定，申请设立海事赔偿责任限制基金，应当对申请人的主体资格、事故所涉及的债权性质和申请设立基金的数额进行审查。

货轮公司是"宁安11"轮的船舶登记所有人，属于《海商法》第二百零四条和《中华人民共和国海事诉讼特别程序法》第一百零一条第一款规定的可以申请设立海事赔偿责任限制基金的主体。异议人提出的申请人所属船舶应对事故负全责，其无权享受责任限制的意见，因涉及对申请人是否享有赔偿责任限制实体权利的判定，而该问题应在案件的实体审理中解决，故对第一异议人的该异议不作处理。

鉴于涉案船舶触碰事故所造成的码头和机器损坏，属于与船舶营运直接相关的财产损失，依据《海商法》第二百零七条的规定，责任人可以限制赔偿责任。因此，第二异议人提出的清理残骸费用属于非限制性债权，申请人无权享有该项赔偿责任限制的意见，不影响法院准予申请人就所涉限制性债权事项提出的设立海事赔偿责任限制基金申请。

关于"宁安11"轮是否属于《海商法》第二百一十条第二款规定的"从事中华人民共和国港口之间的运输的船舶"，进而应按照何种标准计算赔偿限额的问题。鉴于"宁安11"轮营业运输证载明的核定经营范围为"国内沿海及长江中下游各港间普通货物运输",涉案事故发生时其所从事的也正是从秦皇岛港至上海港航次的运营。因此,该船舶应认定为"从事中华人民共和国港口之间的运输的船舶",而不宜以船舶适航证书上记载的船舶可航区域或者船舶有能力航行的区域来确定。为此,异议人提出的"宁安11"轮所准予航行的区域为近海,是一艘可以从事国际远洋运输船舶的意见不予采纳。申请人据此申请适用《海商法》第二百一十条第二款和《船舶赔偿限额规定》第四条规定的标准计算涉案限制基金的数额并无不当。异议人有关适用《海商法》第二百一十条第一款第(二)项规定计算涉案基金数额的主张及理由,依据不足,不予采纳。

鉴于事故发生之日国际货币基金组织未公布特别提款权与人民币之间的换算比率,申请人根据次日公布的比率1:11.345计算,异议人并无异议,涉案船舶的总吨位为26358吨,因此,涉案海事赔偿责任限额为〔(26358-500)×167+167000〕×50% =2242643特别提款权,折合人民币25442784.84元,基金数额应为人民币25442784.84元和该款自事故发生之日起至基金设立之日止按中国人民银行同期活期存款利率计算的利息。

2. 阿斯特克有限公司申请设立海事赔偿责任限制基金案①

【关键词】民事 海事赔偿责任限制基金 事故原则 一次事故 多次事故

【裁判要点】

海商法第二百一十二条确立海事赔偿责任限制实行"一次事故,一个限额,多次事故,多个限额"的原则。判断一次事故还是多次事故的关键是分析事故之间是否因同一原因所致。如果因同一原因发生多个事故,且原因链没有中断的,应认定为一次事故。如果原因链中断并再次发生事故,则应认定为形成新的独立事故。

【相关法条】

《中华人民共和国海商法》第212条

【基本案情】

阿斯特克有限公司向天津海事法院提出申请称,其所属的"艾侬"轮收到养殖损害索赔请求。对于该次事故所造成的非人身伤亡损失,阿斯特克有限公司作为该轮的船舶所有人申请设立海事赔偿责任限制基金,责任限额为422510特别提款权及该款项自2014年6月5日起至基金设立之日止的利息。

众多养殖户作为利害关系人提出异议,认为阿斯特克有限公司应当分别设立限制基金,而不能就整个航次设立一个限制基金。

法院查明:涉案船舶韩国籍"艾侬"轮的所有人为阿斯特克有限公司,船舶总吨位为2030吨。2014年6月5日,"艾侬"轮自秦皇岛开往天津港装货途中,在河北省昌黎县、乐亭县海域驶入养殖区域,造成了相关养殖户的养殖损失。

另查明,"艾侬"轮在本案损害事故发生时使用英版1249号海图,该海图已标明本案损害事故发生的海域设置了养殖区,并划定了养殖区范围。涉案船舶为执行涉案航次所预先设定的航线穿越该养殖区。

再查明,郭金武与刘海忠的养殖区相距约500米左右,涉案船舶航行时间约2分钟;刘海忠与李卫国等人的养殖区相距约9000米左右,涉案船舶航行时间约30分钟。

【裁判结果】

天津海事法院于2014年11月10日作出(2014)津海法限字第1号民事裁定:一、准许阿斯特克有限公司提出的设立海事赔偿责任限制基金的申请。二、海事赔偿责任限制基金数额为422510特别提款权及利息(利息自2014年6月5日起至基金设立之日止,按中国人民银行确定的金融机构同期一年期贷款基准利率计算)。三、阿斯特克有限公司应在裁定生效之日起三日内以人民币或法院认可的担保设立海事赔偿责任限制基金(基金的人民币数额按本裁定生效之

---

① 案例来源:《最高人民法院关于发布第21批指导性案例的通知》(2019年2月25日 法〔2019〕3号),指导案例112号。

日的特别提款权对人民币的换算办法计算)。逾期不设立基金的,按自动撤回申请处理。郭金武、刘海忠不服一审裁定,向天津市高级人民法院提起上诉。天津市高级人民法院于2015年1月19日作出(2015)津高民四终字第10号民事裁定:驳回上诉,维持原裁定。郭金武、刘海忠、李卫国、赵来军、齐永平、李建永、齐秀奎不服二审裁定,申请再审。最高人民法院于2015年8月10日作出(2015)民申字第853号民事裁定,提审本案,并于2015年9月29日作出(2015)民提字第151号民事裁定:一、撤销天津市高级人民法院(2015)津高民四终字第10号民事裁定。二、撤销天津海事法院(2014)津海法限字第1号民事裁定。三、驳回阿斯特克有限公司提出的设立海事赔偿责任限制基金的申请。

【裁判理由】

最高人民法院认为,海商法第二百一十二条确立海事赔偿责任限制实行事故原则,即"一次事故,一个限额,多次事故,多个限额"。判断一次还是多次事故的关键是分析两次事故之间是否因同一原因所致。如果因同一原因发生多个事故,但原因链没有中断,则应认定为一个事故。如果原因链中断,有新的原因介入,则新的原因与新的事故构成新的因果关系,形成新的独立事故。就本案而言,涉案"艾侬"轮所使用的英版海图明确标注了养殖区范围,但船员却将航线设定到养殖区,本身存在重大过错。涉案船舶在预知所经临的海域可能存在大面积养殖区的情形下,应加强瞭望义务,保证航行安全,避免冲撞养殖区造成损失。根据涉案船舶航行轨迹,涉案船舶实际驶入了郭金武经营的养殖区。鉴于损害事故发生于中午时分,并无夜间的视觉障碍,如船员谨慎履行瞭望和驾驶义务,应能注意到海面上悬挂养殖物浮球的存在。在昌黎县海洋局出具证据证明郭金武遭受实际损害的情形下,可以推定船员未履行谨慎瞭望义务,导致第一次侵权行为发生。依据航行轨迹,船舶随后进入刘海忠的养殖区,由于郭金武与刘海忠的养殖区毗邻,相距约500米,基于船舶运动的惯性及船舶驾驶规律,涉案船舶在当时情形下无法采取合理措施避让刘海忠的养殖区,致使第二次侵权行为发生。从原因上分析,两次损害行为均因船舶驶入郭金武养殖区之前,船员疏于瞭望的过失所致,属同一原因,且原因链并未中断,故应将两次侵权行为认定为一次事故。船舶驶离刘海忠的养殖区进入开阔海域,航行约9000米,时长约半小时后进入李卫国等人的养殖区再次造成损害事故。在进入李卫国等人的养殖区之前,船员应有较为充裕的时间调整驾驶疏忽的心理状态,且在预知航行前方还有养殖区存在的情形下,更应加强瞭望义务,避免再次造成损害。涉案船舶显然未尽到谨慎驾驶的义务,致使第二次损害事故的发生。两次事故之间无论从时间关系还是从主观状态均无关联性,第二次事故的发生并非第一次事故自然延续所致,两次事故之间并无因果关系。阿斯特克有限公司主张在整个事故发生过程中船员错误驶入的心理状态没有变化,原因链没有中断的理由不能成立。虽然两次事故的发生均因"同一性质的原因",即船员疏忽驾驶所致,但并非基于"同一原因",引起两次事故。依据"一次事故,一次限额"的原则,涉案船舶应分别针对两次事故设立不同的责任限制基金。一、二审法院未能全面考察养殖区的位置、两次事故之间的因果关系及当事人的主观状态,作出涉案船舶仅造成一次事故,允许涉案船舶设立一个基金的认定错误,依法应予纠正。

◎ 法规链接

中华人民共和国
海事诉讼特别程序法

- 1999年12月25日第九届全国人民代表大会常务委员会第十三次会议通过
- 1999年12月25日中华人民共和国主席令第28号公布
- 自2000年7月1日起施行

第一章 总 则

第一条 为维护海事诉讼当事人的诉讼权利,保证人民法院查明事实,分清责任,正确适用法律,及时审理海事案件,制定本法。

第二条 在中华人民共和国领域内进行海事诉讼,适用《中华人民共和国民事诉讼法》和本法。本法有规定的,依照其规定。

第三条 中华人民共和国缔结或者参加的国际条约与《中华人民共和国民事诉讼法》和本法对涉外海事诉讼有不同规定的,适用该国际条约的规定,但中华人民共和国声明保留的条款除外。

第四条 海事法院受理当事人因海事侵权纠纷、海商合同纠纷以及法律规定的其他海事纠纷提起的诉讼。

第五条 海事法院及其所在地的高级人民法院和最高人民法院审理海事案件的,适用本法。

第二章 管 辖

第六条 海事诉讼的地域管辖,依照《中华人民共和国民事诉讼法》的有关规定。

下列海事诉讼的地域管辖,依照以下规定:

(一)因海事侵权行为提起的诉讼,除依照《中华人民共和国民事诉讼法》第二十九条至第三十一条的规定以外,还可以由船籍港所在地海事法院管辖;

(二)因海上运输合同纠纷提起的诉讼,除依照《中华人民共和国民事诉讼法》第二十八条的规定以外,还可以由转运港所在地海事法院管辖;

(三)因海船租用合同纠纷提起的诉讼,由交船港、还船港、船籍港所在地、被告住所地海事法院管辖;

(四)因海上保赔合同纠纷提起的诉讼,由保赔标的物所在地、事故发生地、被告住所地海事法院管辖;

(五)因海船的船员劳务合同纠纷提起的诉讼,由原告住所地、合同签订地、船员登船港或者离船港所在地、被告住所地海事法院管辖;

(六)因海事担保纠纷提起的诉讼,由担保物所在地、被告住所地海事法院管辖;因船舶抵押纠纷提起的诉讼,还可以由船籍港所在地海事法院管辖;

(七)因海船的船舶所有权、占有权、使用权、优先权纠纷提起的诉讼,由船舶所在地、船籍港所在地海事法院管辖。

第七条 下列海事诉讼,由本条规定的海事法院专属管辖:

(一)因沿海港口作业纠纷提起的诉讼,由港口所在地海事法院管辖;

(二)因船舶排放、泄漏、倾倒油类或者其他有害物质,海上生产、作业或者拆船、修船作业造成海域污染损害提起的诉讼,由污染发生地、损害结果地或者采取预防污染措施地海事法院管辖;

(三)因在中华人民共和国领域和有管辖权的海域履行的海洋勘探开发合同纠纷提起的诉讼,由合同履行地海事法院管辖。

第八条 海事纠纷的当事人都是外国人、无国籍人、外国企业或者组织,当事人书面协议选择中华人民共和国海事法院管辖的,即使与纠纷有实际联系的地点不在中华人民共和国领域内,中华人民共和国海事法院对该纠纷也具有管辖权。

第九条 当事人申请认定海上财产无主的,向财产所在地海事法院提出;申请因海上事故宣告死亡的,向处理海事事故主管机关所在地或者受理相关海事案件的海事法院提出。

第十条 海事法院与地方人民法院之间因管辖权发生争议,由争议双方协商解决;协商解决不了的,报请他们的共同上级人民法院指定管辖。

第十一条 当事人申请执行海事仲裁裁决,申请承认和执行外国法院判决、裁定以及国外海事仲裁裁决的,向被执行的财产所在地或者被执行人住所地海事法院提出。被执行的财产所在地或者被执行人住所地没有海事法院的,向被执行的财产所在地或者被执行人住所地的中级人民法院提出。

第三章 海事请求保全

第一节 一般规定

第十二条 海事请求保全是指海事法院根据海事请求人的申请,为保障其海事请求的实现,对被请求人的财产所采取的强制措施。

第十三条 当事人在起诉前申请海事请求保全,应当向被保全的财产所在地海事法院提出。

第十四条 海事请求保全不受当事人之间关于该海事请求的诉讼管辖协议或者仲裁协议的

约束。

第十五条 海事请求人申请海事请求保全,应当向海事法院提交书面申请。申请书应当载明海事请求事项、申请理由、保全的标的物以及要求提供担保的数额,并附有关证据。

第十六条 海事法院受理海事请求保全申请,可以责令海事请求人提供担保。海事请求人不提供的,驳回其申请。

第十七条 海事法院接受申请后,应当在48小时内作出裁定。裁定采取海事请求保全措施的,应当立即执行;对不符合海事请求保全条件的,裁定驳回其申请。

当事人对裁定不服的,可以在收到裁定书之日起5日内申请复议一次。海事法院应当在收到复议申请之日起5日内作出复议决定。复议期间不停止裁定的执行。

利害关系人对海事请求保全提出异议,海事法院经审查,认为理由成立的,应当解除对其财产的保全。

第十八条 被请求人提供担保,或者当事人有正当理由申请解除海事请求保全的,海事法院应当及时解除保全。

海事请求人在本法规定的期间内,未提起诉讼或者未按照仲裁协议申请仲裁的,海事法院应当及时解除保全或者返还担保。

第十九条 海事请求保全执行后,有关海事纠纷未进入诉讼或者仲裁程序的,当事人就该海事请求,可以向采取海事请求保全的海事法院或者其他有管辖权的海事法院提起诉讼,但当事人之间订有诉讼管辖协议或者仲裁协议的除外。

第二十条 海事请求人申请海事请求保全错误的,应当赔偿被请求人或者利害关系人因此所遭受的损失。

第二节 船舶的扣押与拍卖

第二十一条 下列海事请求,可以申请扣押船舶:

(一)船舶营运造成的财产灭失或者损坏;

(二)与船舶营运直接有关的人身伤亡;

(三)海难救助;

(四)船舶对环境、海岸或者有关利益方造成的损害或者损害威胁;为预防、减少或者消除此种损害而采取的措施;为此种损害而支付的赔偿;为恢复环境而实际采取或者准备采取的合理措施的费用;第三方因此种损害而蒙受或者可能蒙受的损失;以及与本项所指的性质类似的损害、费用或者损失;

(五)与起浮、清除、回收或者摧毁沉船、残骸、搁浅船、被弃船或者使其无害有关的费用,包括与起浮、清除、回收或者摧毁现在或者曾在该船上的物件或者使其无害的费用,以及与维护放弃的船舶和维持其船员有关的费用;

(六)船舶的使用或者租用的协议;

(七)货物运输或者旅客运输的协议;

(八)船载货物(包括行李)或者与其有关的灭失或者损坏;

(九)共同海损;

(十)拖航;

(十一)引航;

(十二)为船舶营运、管理、维护、维修提供物资或者服务;

(十三)船舶的建造、改建、修理、改装或者装备;

(十四)港口、运河、码头、港湾以及其他水道规费和费用;

(十五)船员的工资和其他款项,包括应当为船员支付的遣返费和社会保险费;

(十六)为船舶或者船舶所有人支付的费用;

(十七)船舶所有人或者光船承租人应当支付或者他人为其支付的船舶保险费(包括互保会费);

(十八)船舶所有人或者光船承租人应当支付的或者他人为其支付的与船舶有关的佣金、经纪费或者代理费;

(十九)有关船舶所有权或者占有的纠纷;

(二十)船舶共有人之间有关船舶的使用或者收益的纠纷;

(二十一)船舶抵押权或者同样性质的权利;

(二十二)因船舶买卖合同产生的纠纷。

第二十二条 非因本法第二十一条规定的海事

请求不得申请扣押船舶,但为执行判决、仲裁裁决以及其他法律文书的除外。

第二十三条 有下列情形之一的,海事法院可以扣押当事船舶:

(一)船舶所有人对海事请求负有责任,并且在实施扣押时是该船的所有人;

(二)船舶的光船承租人对海事请求负有责任,并且在实施扣押时是该船的光船承租人或者所有人;

(三)具有船舶抵押权或者同样性质的权利的海事请求;

(四)有关船舶所有权或者占有的海事请求;

(五)具有船舶优先权的海事请求。

海事法院可以扣押对海事请求负有责任的船舶所有人、光船承租人、定期租船人或者航次租船人在实施扣押时所有的其他船舶,但与船舶所有权或者占有有关的请求除外。

从事军事、政府公务的船舶不得被扣押。

第二十四条 海事请求人不得因同一海事请求申请扣押已被扣押过的船舶,但有下列情形之一的除外:

(一)被请求人未提供充分的担保;

(二)担保人有可能不能全部或者部分履行担保义务;

(三)海事请求人因合理的原因同意释放被扣押的船舶或者返还已提供的担保;或者不能通过合理措施阻止释放被扣押的船舶或者返还已提供的担保。

第二十五条 海事请求人申请扣押当事船舶,不能立即查明被请求人名称的,不影响申请的提出。

第二十六条 海事法院在发布或者解除扣押船舶命令的同时,可以向有关部门发出协助执行通知书,通知书应当载明协助执行的范围和内容,有关部门有义务协助执行。海事法院认为必要,可以直接派员登轮监护。

第二十七条 海事法院裁定对船舶实施保全后,经海事请求人同意,可以采取限制船舶处分或者抵押等方式允许该船舶继续营运。

第二十八条 海事请求保全扣押船舶的期限为30日。

海事请求人在30日内提起诉讼或者申请仲裁以及在诉讼或者仲裁过程中申请扣押船舶的,扣押船舶不受前款规定期限的限制。

第二十九条 船舶扣押期间届满,被请求人不提供担保,而且船舶不宜继续扣押的,海事请求人可以在提起诉讼或者申请仲裁后,向扣押船舶的海事法院申请拍卖船舶。

第三十条 海事法院收到拍卖船舶的申请后,应当进行审查,作出准予或者不准予拍卖船舶的裁定。

当事人对裁定不服的,可以在收到裁定书之日起5日内申请复议一次。海事法院应当在收到复议申请之日起5日内作出复议决定。复议期间停止裁定的执行。

第三十一条 海事请求人提交拍卖船舶申请后,又申请终止拍卖的,是否准许由海事法院裁定。海事法院裁定终止拍卖船舶的,为准备拍卖船舶所发生的费用由海事请求人承担。

第三十二条 海事法院裁定拍卖船舶,应当通过报纸或者其他新闻媒体发布公告。拍卖外籍船舶的,应当通过对外发行的报纸或者其他新闻媒体发布公告。

公告包括以下内容:

(一)被拍卖船舶的名称和国籍;

(二)拍卖船舶的理由和依据;

(三)拍卖船舶委员会的组成;

(四)拍卖船舶的时间和地点;

(五)被拍卖船舶的展示时间和地点;

(六)参加竞买应当办理的手续;

(七)办理债权登记事项;

(八)需要公告的其他事项。

拍卖船舶的公告期间不少于30日。

第三十三条 海事法院应当在拍卖船舶30日前,向被拍卖船舶登记国的登记机关和已知的船舶优先权人、抵押权人和船舶所有人发出通知。

通知内容包括被拍卖船舶的名称、拍卖船舶的时间和地点、拍卖船舶的理由和依据以及债权登记等。

通知方式包括书面方式和能够确认收悉的其他适当方式。

第三十四条 拍卖船舶由拍卖船舶委员会实施。

拍卖船舶委员会由海事法院指定的本院执行人员和聘请的拍卖师、验船师3人或者5人组成。

拍卖船舶委员会组织对船舶鉴定、估价；组织和主持拍卖；与竞买人签订拍卖成交确认书；办理船舶移交手续。

拍卖船舶委员会对海事法院负责，受海事法院监督。

第三十五条 竞买人应当在规定的期限内向拍卖船舶委员会登记。登记时应当交验本人、企业法定代表人或者其他组织负责人身份证明和委托代理人的授权委托书，并交纳一定数额的买船保证金。

第三十六条 拍卖船舶委员会应当在拍卖船舶前，展示被拍卖船舶，并提供察看被拍卖船舶的条件和有关资料。

第三十七条 买受人在签署拍卖成交确认书后，应当立即交付不低于20%的船舶价款，其余价款在成交之日起7日内付清，但拍卖船舶委员会与买受人另有约定的除外。

第三十八条 买受人付清全部价款后，原船舶所有人应当在指定的期限内于船舶停泊地以船舶现状向买受人移交船舶。拍卖船舶委员会组织和监督船舶的移交，并在船舶移交后与买受人签署船舶移交完毕确认书。

移交船舶完毕，海事法院发布解除扣押船舶命令。

第三十九条 船舶移交后，海事法院应当通过报纸或者其他新闻媒体发布公告，公布船舶已经公开拍卖并移交给买受人。

第四十条 买受人接收船舶后，应当持拍卖成交确认书和有关材料，向船舶登记机关办理船舶所有权登记手续。原船舶所有人应当向原船舶登记机关办理船舶所有权注销登记。原船舶所有人不办理船舶所有权注销登记的，不影响船舶所有权的转让。

第四十一条 竞买人之间恶意串通的，拍卖无效。参与恶意串通的竞买人应当承担拍卖船舶费用并赔偿有关损失。海事法院可以对参与恶意串通的竞买人处最高应价10%以上30%以下的罚款。

第四十二条 除本节规定的以外，拍卖适用《中华人民共和国拍卖法》的有关规定。

第四十三条 执行程序中拍卖被扣押船舶清偿债务的，可以参照本节有关规定。

第三节 船载货物的扣押与拍卖

第四十四条 海事请求人为保障其海事请求的实现，可以申请扣押船载货物。

申请扣押的船载货物，应当属于被请求人所有。

第四十五条 海事请求人申请扣押船载货物的价值，应当与其债权数额相当。

第四十六条 海事请求保全扣押船载货物的期限为15日。

海事请求人在15日内提起诉讼或者申请仲裁以及在诉讼或者仲裁过程中申请扣押船载货物的，扣押船载货物不受前款规定期限的限制。

第四十七条 船载货物扣押期间届满，被请求人不提供担保，而且货物不宜继续扣押的，海事请求人可以在提起诉讼或者申请仲裁后，向扣押船载货物的海事法院申请拍卖货物。

对无法保管、不易保管或者保管费用可能超过其价值的物品，海事请求人可以申请提前拍卖。

第四十八条 海事法院收到拍卖船载货物的申请后，应当进行审查，在7日内作出准予或者不准予拍卖船载货物的裁定。

当事人对裁定不服的，可以在收到裁定书之日起5日内申请复议一次。海事法院应当在收到复议申请之日起5日内作出复议决定。复议期间停止裁定的执行。

第四十九条 拍卖船载货物由海事法院指定的本院执行人员和聘请的拍卖师组成的拍卖组织实施，或者由海事法院委托的机构实施。

拍卖船载货物，本节没有规定的，参照本章第二节拍卖船舶的有关规定。

第五十条 海事请求人对与海事请求有关的船用燃油、船用物料申请海事请求保全，适用本节规定。

第四章 海事强制令

第五十一条 海事强制令是指海事法院根据海事请求人的申请，为使其合法权益免受侵害，责令被请求人作为或者不作为的强制措施。

第五十二条 当事人在起诉前申请海事强制令,应当向海事纠纷发生地海事法院提出。

第五十三条 海事强制令不受当事人之间关于该海事请求的诉讼管辖协议或者仲裁协议的约束。

第五十四条 海事请求人申请海事强制令,应当向海事法院提交书面申请。申请书应当载明申请理由,并附有关证据。

第五十五条 海事法院受理海事强制令申请,可以责令海事请求人提供担保。海事请求人不提供的,驳回其申请。

第五十六条 作出海事强制令,应当具备下列条件:

(一)请求人有具体的海事请求;

(二)需要纠正被请求人违反法律规定或者合同约定的行为;

(三)情况紧急,不立即作出海事强制令将造成损害或者使损害扩大。

第五十七条 海事法院接受申请后,应当在48小时内作出裁定。裁定作出海事强制令的,应当立即执行;对不符合海事强制令条件的,裁定驳回其申请。

第五十八条 当事人对裁定不服的,可以在收到裁定书之日起5日内申请复议一次。海事法院应当在收到复议申请之日起5日内作出复议决定。复议期间不停止裁定的执行。

利害关系人对海事强制令提出异议,海事法院经审查,认为理由成立的,应当裁定撤销海事强制令。

第五十九条 被请求人拒不执行海事强制令的,海事法院可以根据情节轻重处以罚款、拘留;构成犯罪的,依法追究刑事责任。

对个人的罚款金额,为1000元以上3万元以下。对单位的罚款金额,为3万元以上10万元以下。

拘留的期限,为15日以下。

第六十条 海事请求人申请海事强制令错误的,应当赔偿被请求人或者利害关系人因此所遭受的损失。

第六十一条 海事强制令执行后,有关海事纠纷未进入诉讼或者仲裁程序的,当事人就该海事请求,可以向作出海事强制令的海事法院或者其他有管辖权的海事法院提起诉讼,但当事人之间订有诉讼管辖协议或者仲裁协议的除外。

第五章 海事证据保全

第六十二条 海事证据保全是指海事法院根据海事请求人的申请,对有关海事请求的证据予以提取、保存或者封存的强制措施。

第六十三条 当事人在起诉前申请海事证据保全,应当向被保全的证据所在地海事法院提出。

第六十四条 海事证据保全不受当事人之间关于该海事请求的诉讼管辖协议或者仲裁协议的约束。

第六十五条 海事请求人申请海事证据保全,应当向海事法院提交书面申请。申请书应当载明请求保全的证据、该证据与海事请求的联系、申请理由。

第六十六条 海事法院受理海事证据保全申请,可以责令海事请求人提供担保。海事请求人不提供的,驳回其申请。

第六十七条 采取海事证据保全,应当具备下列条件:

(一)请求人是海事请求的当事人;

(二)请求保全的证据对该海事请求具有证明作用;

(三)被请求人是与请求保全的证据有关的人;

(四)情况紧急,不立即采取证据保全就会使该海事请求的证据灭失或者难以取得。

第六十八条 海事法院接受申请后,应当在48小时内作出裁定。裁定采取海事证据保全措施的,应当立即执行;对不符合海事证据保全条件的,裁定驳回其申请。

第六十九条 当事人对裁定不服的,可以在收到裁定书之日起5日内申请复议一次。海事法院应当在收到复议申请之日起5日内作出复议决定。复议期间不停止裁定的执行。被请求人申请复议的理由成立的,应当将保全的证据返还被请求人。

利害关系人对海事证据保全提出异议,海

事法院经审查，认为理由成立的，应当裁定撤销海事证据保全；已经执行的，应当将与利害关系人有关的证据返还利害关系人。

第七十条 海事法院进行海事证据保全，根据具体情况，可以对证据予以封存，也可以提取复制件、副本，或者进行拍照、录相，制作节录本、调查笔录等。确有必要的，也可以提取证据原件。

第七十一条 海事请求人申请海事证据保全错误的，应当赔偿被请求人或者利害关系人因此所遭受的损失。

第七十二条 海事证据保全后，有关海事纠纷未进入诉讼或者仲裁程序的，当事人就该海事请求，可以向采取证据保全的海事法院或者其他有管辖权的海事法院提起诉讼，但当事人之间订有诉讼管辖协议或者仲裁协议的除外。

第六章 海事担保

第七十三条 海事担保包括本法规定的海事请求保全、海事强制令、海事证据保全等程序中所涉及的担保。

担保的方式为提供现金或者保证、设置抵押或者质押。

第七十四条 海事请求人的担保应当提交给海事法院；被请求人的担保可以提交给海事法院，也可以提供给海事请求人。

第七十五条 海事请求人提供的担保，其方式、数额由海事法院决定。被请求人提供的担保，其方式、数额由海事请求人和被请求人协商；协商不成的，由海事法院决定。

第七十六条 海事请求人要求被请求人就海事请求保全提供担保的数额，应当与其债权数额相当，但不得超过被保全的财产价值。

海事请求人提供担保的数额，应当相当于因其申请可能给被请求人造成的损失。具体数额由海事法院决定。

第七十七条 担保提供后，提供担保的人有正当理由的，可以向海事法院申请减少、变更或者取消该担保。

第七十八条 海事请求人请求担保的数额过高，造成被请求人损失的，应当承担赔偿责任。

第七十九条 设立海事赔偿责任限制基金和先予执行等程序所涉及的担保，可以参照本章规定。

第七章 送 达

第八十条 海事诉讼法律文书的送达，适用《中华人民共和国民事诉讼法》的有关规定，还可以采用下列方式：

（一）向受送达人委托的诉讼代理人送达；

（二）向受送达人在中华人民共和国领域内设立的代表机构、分支机构或者业务代办人送达；

（三）通过能够确认收悉的其他适当方式送达。

有关扣押船舶的法律文书也可以向当事船舶的船长送达。

第八十一条 有义务接受法律文书的人拒绝签收，送达人在送达回证上记明情况，经送达人、见证人签名或者盖章，将法律文书留在其住所或者办公处所的，视为送达。

第八章 审判程序

第一节 审理船舶碰撞案件的规定

第八十二条 原告在起诉时、被告在答辩时，应当如实填写《海事事故调查表》。

第八十三条 海事法院向当事人送达起诉状或者答辩状时，不附送有关证据材料。

第八十四条 当事人应当在开庭审理前完成举证。当事人完成举证并向海事法院出具完成举证说明书后，可以申请查阅有关船舶碰撞的事实证据材料。

第八十五条 当事人不能推翻其在《海事事故调查表》中的陈述和已经完成的举证，但有新的证据，并有充分的理由说明该证据不能在举证期间内提交的除外。

第八十六条 船舶检验、估价应当由国家授权或者其他具有专业资格的机构或者个人承担。非经国家授权或者未取得专业资格的机构或者个人所作的检验或者估价结论，海事法院不予采纳。

第八十七条 海事法院审理船舶碰撞案件，应当在立案后1年内审结。有特殊情况需要延长的，由本院院长批准。

第二节 审理共同海损案件的规定

第八十八条 当事人就共同海损的纠纷,可以协议委托理算机构理算,也可以直接向海事法院提起诉讼。海事法院受理未经理算的共同海损纠纷,可以委托理算机构理算。

第八十九条 理算机构作出的共同海损理算报告,当事人没有提出异议的,可以作为分摊责任的依据;当事人提出异议的,由海事法院决定是否采纳。

第九十条 当事人可以不受因同一海损事故提起的共同海损诉讼程序的影响,就非共同海损损失向责任人提起诉讼。

第九十一条 当事人就同一海损事故向受理共同海损案件的海事法院提起非共同海损的诉讼,以及对共同海损分摊向责任人提起追偿诉讼的,海事法院可以合并审理。

第九十二条 海事法院审理共同海损案件,应当在立案后1年内审结。有特殊情况需要延长的,由本院院长批准。

第三节 海上保险人行使代位请求赔偿权利的规定

第九十三条 因第三人造成保险事故,保险人向被保险人支付保险赔偿后,在保险赔偿范围内可以代位行使被保险人对第三人请求赔偿的权利。

第九十四条 保险人行使代位请求赔偿权利时,被保险人未向造成保险事故的第三人提起诉讼的,保险人应当以自己的名义向该第三人提起诉讼。

第九十五条 保险人行使代位请求赔偿权利时,被保险人已经向造成保险事故的第三人提起诉讼的,保险人可以向受理该案的法院提出变更当事人的请求,代位行使被保险人对第三人请求赔偿的权利。

被保险人取得的保险赔偿不能弥补第三人造成的全部损失的,保险人和被保险人可以作为共同原告向第三人请求赔偿。

第九十六条 保险人依照本法第九十四条、第九十五条的规定提起诉讼或者申请参加诉讼的,应当向受理该案的海事法院提交保险人支付保险赔偿的凭证,以及参加诉讼应当提交的其他文件。

第九十七条 对船舶造成油污损害的赔偿请求,受损害人可以向造成油污损害的船舶所有人提出,也可以直接向承担船舶所有人油污损害责任的保险人或者提供财务保证的其他人提出。

油污损害责任的保险人或者提供财务保证的其他人被起诉的,有权要求造成油污损害的船舶所有人参加诉讼。

第四节 简易程序、督促程序和公示催告程序

第九十八条 海事法院审理事实清楚、权利义务关系明确、争议不大的简单的海事案件,可以适用《中华人民共和国民事诉讼法》简易程序的规定。

第九十九条 债权人基于海事事由请求债务人给付金钱或者有价证券,符合《中华人民共和国民事诉讼法》有关规定的,可以向有管辖权的海事法院申请支付令。

债务人是外国人、无国籍人、外国企业或者组织,但在中华人民共和国领域内有住所、代表机构或者分支机构并能够送达支付令的,债权人可以向有管辖权的海事法院申请支付令。

第一百条 提单等提货凭证持有人,因提货凭证失控或者灭失,可以向货物所在地海事法院申请公示催告。

第九章 设立海事赔偿责任限制基金程序

第一百零一条 船舶所有人、承租人、经营人、救助人、保险人在发生海事事故后,依法申请责任限制的,可以向海事法院申请设立海事赔偿责任限制基金。

船舶造成油污损害的,船舶所有人及其责任保险人或者提供财务保证的其他人为取得法律规定的责任限制的权利,应当向海事法院设立油污损害的海事赔偿责任限制基金。

设立责任限制基金的申请可以在起诉前或者诉讼中提出,但最迟应当在一审判决作出前提出。

第一百零二条 当事人在起诉前申请设立海事

赔偿责任限制基金的,应当向事故发生地、合同履行地或者船舶扣押地海事法院提出。

第一百零三条 设立海事赔偿责任限制基金,不受当事人之间关于诉讼管辖协议或者仲裁协议的约束。

第一百零四条 申请人向海事法院申请设立海事赔偿责任限制基金,应当提交书面申请。申请书应当载明申请设立海事赔偿责任限制基金的数额、理由,以及已知的利害关系人的名称、地址和通讯方法,并附有关证据。

第一百零五条 海事法院受理设立海事赔偿责任限制基金申请后,应当在7日内向已知的利害关系人发出通知,同时通过报纸或者其他新闻媒体发布公告。

通知和公告包括下列内容:
(一)申请人的名称;
(二)申请的事实和理由;
(三)设立海事赔偿责任限制基金事项;
(四)办理债权登记事项;
(五)需要告知的其他事项。

第一百零六条 利害关系人对申请人申请设立海事赔偿责任限制基金有异议的,应当在收到通知之日起7日内或者未收到通知的在公告之日起30日内,以书面形式向海事法院提出。

海事法院收到利害关系人提出的书面异议后,应当进行审查,在15日内作出裁定。异议成立的,裁定驳回申请人的申请;异议不成立的,裁定准予申请人设立海事赔偿责任限制基金。

当事人对裁定不服的,可以在收到裁定书之日起7日内提起上诉。第二审人民法院应当在收到上诉状之日起15日内作出裁定。

第一百零七条 利害关系人在规定的期间内没有提出异议的,海事法院裁定准予申请人设立海事赔偿责任限制基金。

第一百零八条 准予申请人设立海事赔偿责任限制基金的裁定生效后,申请人应当在海事法院设立海事赔偿责任限制基金。

设立海事赔偿责任限制基金可以提供现金,也可以提供经海事法院认可的担保。

海事赔偿责任限制基金的数额,为海事赔偿责任限额和自事故发生之日起至基金设立之日止的利息。以担保方式设立基金的,担保数额为基金数额及其在基金设立期间的利息。

以现金设立基金的,基金到达海事法院指定账户之日为基金设立之日。以担保设立基金的,海事法院接受担保之日为基金设立之日。

第一百零九条 设立海事赔偿责任限制基金以后,当事人就有关海事纠纷应当向设立海事赔偿责任限制基金的海事法院提起诉讼,但当事人之间订有诉讼管辖协议或者仲裁协议的除外。

第一百一十条 申请人申请设立海事赔偿责任限制基金错误的,应当赔偿利害关系人因此所遭受的损失。

第十章 债权登记与受偿程序

第一百一十一条 海事法院裁定强制拍卖船舶的公告发布后,债权人应当在公告期间,就与被拍卖船舶有关的债权申请登记。公告期间届满不登记的,视为放弃在本次拍卖船舶价款中受偿的权利。

第一百一十二条 海事法院受理设立海事赔偿责任限制基金的公告发布后,债权人应当在公告期间就与特定场合发生的海事事故有关的债权申请登记。公告期间届满不登记的,视为放弃债权。

第一百一十三条 债权人向海事法院申请登记债权的,应当提交书面申请,并提供有关债权证据。

债权证据,包括证明债权的具有法律效力的判决书、裁定书、调解书、仲裁裁决书和公证债权文书,以及其他证明具有海事请求的证据材料。

第一百一十四条 海事法院应当对债权人的申请进行审查,对提供债权证据的,裁定准予登记;对不提供债权证据的,裁定驳回申请。

第一百一十五条 债权人提供证明债权的判决书、裁定书、调解书、仲裁裁决书或者公证债权文书的,海事法院经审查认定上述文书真实合法的,裁定予以确认。

第一百一十六条 债权人提供其他海事请求证据的,应当在办理债权登记以后,在受理债权登记的海事法院提起确权诉讼。当事人之间有仲裁协议的,应当及时申请仲裁。

海事法院对确权诉讼作出的判决、裁定具有法律效力,当事人不得提起上诉。

第一百一十七条 海事法院审理并确认债权后,应当向债权人发出债权人会议通知书,组织召开债权人会议。

第一百一十八条 债权人会议可以协商提出船舶价款或者海事赔偿责任限制基金的分配方案,签订受偿协议。

受偿协议经海事法院裁定认可,具有法律效力。

债权人会议协商不成的,由海事法院依照《中华人民共和国海商法》以及其他有关法律规定的受偿顺序,裁定船舶价款或者海事赔偿责任限制基金的分配方案。

第一百一十九条 拍卖船舶所得价款及其利息,或者海事赔偿责任限制基金及其利息,应当一并予以分配。

分配船舶价款时,应当由责任人承担的诉讼费用,为保存、拍卖船舶和分配船舶价款产生的费用,以及为债权人的共同利益支付的其他费用,应当从船舶价款中先行拨付。

清偿债务后的余款,应当退还船舶原所有人或者海事赔偿责任限制基金设立人。

第十一章 船舶优先权催告程序

第一百二十条 船舶转让时,受让人可以向海事法院申请船舶优先权催告,催促船舶优先权人及时主张权利,消灭该船舶附有的船舶优先权。

第一百二十一条 受让人申请船舶优先权催告的,应当向转让船舶交付地或者受让人住所地海事法院提出。

第一百二十二条 申请船舶优先权催告,应当向海事法院提交申请书、船舶转让合同、船舶技术资料等文件。申请书应当载明船舶的名称、申请船舶优先权催告的事实和理由。

第一百二十三条 海事法院在收到申请书以及有关文件后,应当进行审查,在7日内作出准予或者不准予申请的裁定。

受让人对裁定不服的,可以申请复议一次。

第一百二十四条 海事法院在准予申请的裁定生效后,应当通过报纸或者其他新闻媒体发布公告,催促船舶优先权人在催告期间主张船舶优先权。

船舶优先权催告期间为60日。

第一百二十五条 船舶优先权催告期间,船舶优先权人主张权利的,应当在海事法院办理登记;不主张权利的,视为放弃船舶优先权。

第一百二十六条 船舶优先权催告期间届满,无人主张船舶优先权的,海事法院应当根据当事人的申请作出判决,宣告该转让船舶不附有船舶优先权。判决内容应当公告。

第十二章 附 则

第一百二十七条 本法自2000年7月1日起施行。

三 商事仲裁

◎ 司法解释

最高人民法院关于适用《中华人民共和国仲裁法》若干问题的解释

- 2006年8月23日
- 法释〔2006〕7号

根据《中华人民共和国仲裁法》和《中华人民共和国民事诉讼法》等法律规定，对人民法院审理涉及仲裁案件适用法律的若干问题作如下解释：

第一条 仲裁法第十六条规定的"其他书面形式"的仲裁协议，包括以合同书、信件和数据电文（包括电报、电传、传真、电子数据交换和电子邮件）等形式达成的请求仲裁的协议。

第二条 当事人概括约定仲裁事项为合同争议的，基于合同成立、效力、变更、转让、履行、违约责任、解释、解除等产生的纠纷都可以认定为仲裁事项。

第三条 仲裁协议约定的仲裁机构名称不准确，但能够确定具体的仲裁机构的，应当认定选定了仲裁机构。

第四条 仲裁协议仅约定纠纷适用的仲裁规则的，视为未约定仲裁机构，但当事人达成补充协议或者按照约定的仲裁规则能够确定仲裁机构的除外。

第五条 仲裁协议约定两个以上仲裁机构的，当事人可以协议选择其中的一个仲裁机构申请仲裁；当事人不能就仲裁机构选择达成一致的，仲裁协议无效。

第六条 仲裁协议约定由某地的仲裁机构仲裁且该地仅有一个仲裁机构的，该仲裁机构视为约定的仲裁机构。该地有两个以上仲裁机构的，当事人可以协议选择其中的一个仲裁机构申请仲裁；当事人不能就仲裁机构选择达成一致的，仲裁协议无效。

第七条 当事人约定争议可以向仲裁机构申请仲裁也可以向人民法院起诉的，仲裁协议无效。但一方向仲裁机构申请仲裁，另一方未在仲裁法第二十条第二款规定期间内提出异议的除外。

第八条 当事人订立仲裁协议后合并、分立的，仲裁协议对其权利义务的继受人有效。

当事人订立仲裁协议后死亡的，仲裁协议对承继其仲裁事项中的权利义务的继承人有效。

前两款规定情形，当事人订立仲裁协议时另有约定的除外。

第九条 债权债务全部或者部分转让的，仲裁协议对受让人有效，但当事人另有约定、在受让债权债务时受让人明确反对或者不知有单独仲裁协议的除外。

第十条 合同成立后未生效或者被撤销的，仲裁协议效力的认定适用仲裁法第十九条第一款的规定。

当事人在订立合同时就争议达成仲裁协议的，合同未成立不影响仲裁协议的效力。

第十一条 合同约定解决争议适用其他合同、文件中的有效仲裁条款的，发生合同争议时，当事人应当按照该仲裁条款提请仲裁。

涉外合同应当适用的有关国际条约中有仲裁规定的，发生合同争议时，当事人应当按照国际条约中的仲裁规定提请仲裁。

第十二条 当事人向人民法院申请确认仲裁协议效力的案件，由仲裁协议约定的仲裁机构所在地的中级人民法院管辖；仲裁协议约定的仲裁机构不明确的，由仲裁协议签订地或者被申请人住所地的中级人民法院管辖。

申请确认涉外仲裁协议效力的案件，由仲裁协议约定的仲裁机构所在地、仲裁协议签订地、申请人或者被申请人住所地的中级人民法院管辖。

涉及海事海商纠纷仲裁协议效力的案件，由仲裁协议约定的仲裁机构所在地、仲裁协议签订地、申请人或者被申请人住所地的海事法院管辖；上述地点没有海事法院的，由就近的海事法院管辖。

第十三条 依照仲裁法第二十条第二款的规定,当事人在仲裁庭首次开庭前没有对仲裁协议的效力提出异议,而后向人民法院申请确认仲裁协议无效的,人民法院不予受理。

仲裁机构对仲裁协议的效力作出决定后,当事人向人民法院申请确认仲裁协议效力或者申请撤销仲裁机构的决定的,人民法院不予受理。

第十四条 仲裁法第二十六条规定的"首次开庭"是指答辩期满后人民法院组织的第一次开庭审理,不包括审前程序中的各项活动。

第十五条 人民法院审理仲裁协议效力确认案件,应当组成合议庭进行审查,并询问当事人。

第十六条 对涉外仲裁协议的效力审查,适用当事人约定的法律;当事人没有约定适用的法律但约定了仲裁地的,适用仲裁地法律;没有约定适用的法律也没有约定仲裁地或者仲裁地约定不明的,适用法院地法律。

第十七条 当事人以不属于仲裁法第五十八条或者民事诉讼法第二百五十八条规定的事由申请撤销仲裁裁决的,人民法院不予支持。①

第十八条 仲裁法第五十八条第一款第一项规定的"没有仲裁协议"是指当事人没有达成仲裁协议。仲裁协议被认定无效或者被撤销的,视为没有仲裁协议。

第十九条 当事人以仲裁裁决事项超出仲裁协议范围为由申请撤销仲裁裁决,经审查属实的,人民法院应当撤销仲裁裁决中的超范部分。但超范部分与其他裁决事项不可分的,人民法院应当撤销仲裁裁决。

第二十条 仲裁法第五十八条规定的"违反法定程序",是指违反仲裁法规定的仲裁程序和当事人选择的仲裁规则可能影响案件正确裁决的情形。

第二十一条 当事人申请撤销国内仲裁裁决的案件属于下列情形之一的,人民法院可以依照仲裁法第六十一条的规定通知仲裁庭在一定期限内重新仲裁:

(一)仲裁裁决所根据的证据是伪造的;

(二)对方当事人隐瞒了足以影响公正裁决的证据的。

人民法院应当在通知中说明要求重新仲裁的具体理由。

第二十二条 仲裁庭在人民法院指定的期限内开始重新仲裁的,人民法院应当裁定终结撤销程序;未开始重新仲裁的,人民法院应当裁定恢复撤销程序。

第二十三条 当事人对重新仲裁裁决不服的,可以在重新仲裁裁决书送达之日起六个月内依据仲裁法第五十八条规定向人民法院申请撤销。

第二十四条 当事人申请撤销仲裁裁决的案件,人民法院应当组成合议庭审理,并询问当事人。

第二十五条 人民法院受理当事人撤销仲裁裁决的申请后,另一方当事人申请执行同一仲裁裁决的,受理执行申请的人民法院应当在受理后裁定中止执行。

第二十六条 当事人向人民法院申请撤销仲裁裁决被驳回后,又在执行程序中以相同理由提出不予执行抗辩的,人民法院不予支持。

第二十七条 当事人在仲裁程序中未对仲裁协议的效力提出异议,在仲裁裁决作出后以仲裁协议无效为由主张撤销仲裁裁决或者提出不予执行抗辩的,人民法院不予支持。

当事人在仲裁程序中对仲裁协议的效力提出异议,在仲裁裁决作出后又以此为由主张撤销仲裁裁决或者提出不予执行抗辩,经审查符合仲裁法第五十八条或者民事诉讼法第二百一十三条、第二百五十八条规定的,人民法院应予支持。②

第二十八条 当事人请求不予执行仲裁调解书或者根据当事人之间的和解协议作出的仲裁裁决书的,人民法院不予支持。

第二十九条 当事人申请执行仲裁裁决案件,由被执行人住所地或者被执行的财产所在地的

---

① 本条根据法释[2008]18号第七十九条调整。
② 本条根据法释[2008]18号第八十条调整。

中级人民法院管辖。

第三十条 根据审理撤销、执行仲裁裁决案件的实际需要，人民法院可以要求仲裁机构作出说明或者向相关仲裁机构调阅仲裁案卷。

人民法院在办理涉及仲裁的案件过程中作出的裁定，可以送相关的仲裁机构。

第三十一条 本解释自2006年9月8日起实施。

本院以前发布的司法解释与本解释不一致的，以本解释为准。

最高人民法院关于审理当事人申请撤销仲裁裁决案件几个具体问题的批复

- 1998年7月21日
- 法释〔1998〕16号

安徽省高级人民法院：

你院（1996）经他字第26号《关于在审理一方当事人申请撤销仲裁裁决的案件中几个具体问题应如何解决的请示报告》收悉。经研究，答复如下：

一、原依照有关规定设立的仲裁机构在《中华人民共和国仲裁法》（以下简称仲裁法）实施前受理、实施后审理的案件，原则上应当适用仲裁法的有关规定。鉴于原仲裁机构的体制与仲裁法规定的仲裁机构有所不同，原仲裁机构适用仲裁法某些规定有困难的，如仲裁庭的组成，也可以适用《中华人民共和国经济合同仲裁条例》的有关规定，人民法院在审理有关申请撤销仲裁裁决案件中不应以未适用仲裁法的规定为由，撤销仲裁裁决。

二、一方当事人向人民法院申请撤销仲裁裁决的，人民法院在审理时，应当列对方当事人为被申请人。

三、当事人向人民法院申请撤销仲裁裁决的案件，应当按照非财产案件收费标准计收案件受理费；该费用由申请人交纳。

此复。

最高人民法院关于确认仲裁协议效力几个问题的批复

- 1998年10月26日
- 法释〔1998〕27号

山东省高级人民法院：

你院鲁高法函〔1997〕84号《关于认定重建仲裁机构前达成的仲裁协议的效力的几个问题的请示》收悉。经研究，答复如下：

一、在《中华人民共和国仲裁法》实施后重新组建仲裁机构前，当事人达成的仲裁协议只约定了仲裁地点，未约定仲裁机构，双方当事人在补充协议中选定了在该地点依法重新组建的仲裁机构的，仲裁协议有效；双方当事人达不成补充协议的，仲裁协议无效。

二、在仲裁法实施后依法重新组建仲裁机构前，当事人在仲裁协议中约定了仲裁机构，一方当事人申请仲裁，另一方当事人向人民法院起诉的，经人民法院审查，按照有关规定能够确定新的仲裁机构的，仲裁协议有效。对当事人的起诉，人民法院不予受理。

三、当事人对仲裁协议的效力有异议，一方当事人申请仲裁机构确认仲裁协议效力，另一方当事人请求人民法院确认仲裁协议无效，如果仲裁机构先于人民法院接受申请并已作出决定，人民法院不予受理；如果仲裁机构接受申请后尚未作出决定，人民法院应予受理，同时通知仲裁机构终止仲裁。

四、一方当事人就合同纠纷或者其他财产权益纠纷申请仲裁，另一方当事人对仲裁协议的效力有异议，请求人民法院确认仲裁协议无效并就合同纠纷或者其他财产权益纠纷起诉的，人民法院受理后应当通知仲裁机构中止仲裁。人民法院依法作出仲裁协议有效或者无效的裁定后，应当将裁定书副本送达仲裁机构，由仲裁机构根据人民法院的裁定恢复仲裁或者撤销仲裁案件。

人民法院依法对仲裁协议作出无效的裁定后，另一方当事人拒不应诉的，人民法院可以缺席判决；原受理仲裁申请的仲裁机构在人民法院确认仲裁协议无效后仍不撤销其仲裁案件的,不影响人民法院对案件的审理。

此复。

最高人民法院关于当事人对人民法院撤销仲裁裁决的裁定不服申请再审人民法院是否受理问题的批复

- 1999年2月11日
- 法释〔1999〕6号

陕西省高级人民法院:

你院陕高法〔1998〕78号《关于当事人对人民法院撤销仲裁裁决的裁定不服申请再审是否应当受理的请示》收悉。经研究,答复如下:

根据《中华人民共和国仲裁法》第九条规定的精神,当事人对人民法院撤销仲裁裁决的裁定不服申请再审的,人民法院不予受理。

此复。

最高人民法院关于人民检察院对撤销仲裁裁决的民事裁定提起抗诉,人民法院应如何处理问题的批复

- 2000年7月10日
- 法释〔2000〕17号

陕西省高级人民法院:

你院陕高法〔1999〕183号《关于下级法院撤销仲裁裁决的民事裁定确有错误,检察机关抗诉应如何处理的请示》收悉。经研究,答复如下:

检察机关对发生法律效力的撤销仲裁裁决的民事裁定提起抗诉,没有法律依据,人民法院不予受理。依照《中华人民共和国仲裁法》第九条的规定,仲裁裁决被人民法院依法撤销后,当事人可以重新达成仲裁协议申请仲裁,也可以向人民法院提起诉讼。

此复。

最高人民法院关于人民检察院对不撤销仲裁裁决的民事裁定提出抗诉人民法院应否受理问题的批复

- 2000年12月13日
- 法释〔2000〕46号

内蒙古自治区高级人民法院:

你院〔2000〕内法民再字第29号《关于人民检察院能否对人民法院不予撤销仲裁裁决的民事裁定抗诉的请示报告》收悉。经研究,答复如下:

人民检察院对发生法律效力的不撤销仲裁裁决的民事裁定提出抗诉,没有法律依据,人民法院不予受理。

此复。

最高人民法院关于当事人对驳回其申请撤销仲裁裁决的裁定不服而申请再审,人民法院不予受理问题的批复

- 2004年7月26日
- 法释〔2004〕9号

陕西省高级人民法院:

你院陕高法〔2004〕225号《关于当事人不服人民法院驳回其申请撤销仲裁裁决的裁定申请再审,人民法院是否受理的请示》收悉。经研究,答复如下:

根据《中华人民共和国仲裁法》第九条规定的精神,当事人对人民法院驳回其申请撤销仲裁裁决的裁定不服而申请再审的,人民法院不予受理。

此复。

最高人民法院关于对上海市高级人民法院等就涉及中国国际经济贸易仲裁委员会及其原分会等仲裁机构所作仲裁裁决司法审查案件请示问题的批复

- 2015年6月23日最高人民法院审判委员会第1655次会议通过
- 2015年7月15日最高人民法院公告公布
- 自2015年7月17日起施行
- 法释〔2015〕15号

上海市高级人民法院、江苏省高级人民法院、广东省高级人民法院：

因中国国际经济贸易仲裁委员会（以下简称中国贸仲）于2012年5月1日施行修订后的仲裁规则以及原中国国际经济贸易仲裁委员会华南分会（现已更名为华南国际经济贸易仲裁委员会，同时使用深圳国际仲裁院的名称，以下简称华南贸仲）、原中国国际经济贸易仲裁委员会上海分会（现已更名为上海国际经济贸易仲裁委员会，同时使用上海国际仲裁中心的名称，以下简称上海贸仲）变更名称并施行新的仲裁规则，致使部分当事人对相关仲裁协议的效力以及上述各仲裁机构受理仲裁案件的权限、仲裁的管辖、仲裁的执行等问题产生争议，向人民法院请求确认仲裁协议效力、申请撤销或者不予执行相关仲裁裁决，引发诸多仲裁司法审查案件。上海市高级人民法院、江苏省高级人民法院、广东省高级人民法院就有关问题向我院请示。

为依法保护仲裁当事人合法权益，充分尊重当事人意思自治，考虑中国贸仲和华南贸仲、上海贸仲的历史关系，从支持和维护仲裁事业健康发展、促进建立多元纠纷解决机制出发，经研究，对有关问题答复如下：

一、当事人在华南贸仲更名为华南国际经济贸易仲裁委员会、上海贸仲更名为上海国际经济贸易仲裁委员会之前签订仲裁协议约定将争议提交"中国国际经济贸易仲裁委员会华南分会"或者"中国国际经济贸易仲裁委员会上海分会"仲裁的，华南贸仲或者上海贸仲对案件享有管辖权。当事人以华南贸仲或者上海贸仲无权仲裁为由请求人民法院确认仲裁协议无效、申请撤销或者不予执行仲裁裁决的，人民法院不予支持。

当事人在华南贸仲更名为华南国际经济贸易仲裁委员会、上海贸仲更名为上海国际经济贸易仲裁委员会之后（含更名之日）本批复施行之前签订仲裁协议约定将争议提交"中国国际经济贸易仲裁委员会华南分会"或者"中国国际经济贸易仲裁委员会上海分会"仲裁的，中国贸仲对案件享有管辖权。但申请人向华南贸仲或者上海贸仲申请仲裁，被申请人对华南贸仲或者上海贸仲的管辖权没有提出异议的，当事人在仲裁裁决作出后以华南贸仲或者上海贸仲无权仲裁为由申请撤销或者不予执行仲裁裁决的，人民法院不予支持。

当事人在本批复施行之后（含施行起始之日）签订仲裁协议约定将争议提交"中国国际经济贸易仲裁委员会华南分会"或者"中国国际经济贸易仲裁委员会上海分会"仲裁的，中国贸仲对案件享有管辖权。

二、仲裁案件的申请人向仲裁机构申请仲裁的同时请求仲裁机构对案件的管辖权作出决定，仲裁机构作出确认仲裁协议有效、其对案件享有管辖权的决定后，被申请人在仲裁庭首次开庭前向人民法院提起申请确认仲裁协议效力之诉的，人民法院应予受理并作出裁定。申请人或者仲裁机构根据《最高人民法院关于确认仲裁协议效力几个问题的批复》（法释〔1998〕27号）第三条或者《最高人民法院关于适用〈中华人民共和国仲裁法〉若干问题的解释》（法释〔2006〕7号）第十三条第二款的规定主张人民法院对被申请人的起诉应当不予受理的，人民法院不予支持。

三、本批复施行之前，中国贸仲或者华南贸仲、上海贸仲已经受理的根据本批复第一条规定不应由其受理的案件，当事人在仲裁裁决作出后以仲裁机构无权仲裁为由申请撤销或者不予执行仲裁裁决的，人民法院不予支持。

四、本批复施行之前，中国贸仲或者华南贸仲、上海贸仲受理了同一仲裁案件，当事人在仲裁庭首次开庭前向人民法院申请确认仲裁协效力的，人民法院应当根据本批复第一条的规定进行审理并作出裁定。

本批复施行之前，中国贸仲或者华南贸仲、上海贸仲受理了同一仲裁案件，当事人并未在仲裁庭首次开庭前向人民法院申请确认仲裁协议效力的，先受理的仲裁机构对案件享有管辖权。

此复。

◎ 司法文件

最高人民法院关于实施《中华人民共和国仲裁法》几个问题的通知

● 1997年3月26日
● 法发〔1997〕4号

各省、自治区、直辖市高级人民法院：

现就人民法院实施《中华人民共和国仲裁法》(以下简称《仲裁法》)需要明确的几个问题，通知如下：

一、《仲裁法》施行前当事人依法订立的仲裁协议继续有效，有关当事人向人民法院起诉的，人民法院不予受理，应当告知其向依照《仲裁法》组建的仲裁机构申请仲裁。当事人双方书面协议放弃仲裁后，一方向人民法院起诉的，人民法院应当依法受理。

二、在仲裁过程中，当事人申请财产保全的，一般案件由被申请人住所地或者财产所在地的基层人民法院作出裁定；属涉外仲裁案件的，依照《中华人民共和国民事诉讼法》第二百五十六条的规定，由被申请人住所地或者财产所在地的中级人民法院作出裁定。有关人民法院对仲裁机构提交的财产保全申请应当认真进行审查，符合法律规定的，即应依法作出财产保全的裁定；如认为不符合法律规定的，应依法裁定驳回申请。[①]

三、对依照《仲裁法》组建的仲裁机构所作

出的仲裁裁决(包括涉外仲裁裁决)，当事人申请执行的，人民法院应当依法受理。

最高人民法院关于不得以裁决书送达超过期限而裁定撤销仲裁裁决的通知

● 1997年4月6日

各省、自治区、直辖市高级人民法院：

据了解，目前一些地区人民法院以仲裁裁决书送达超过规定期限，不符合仲裁程序，违反国务院办公厅国办发〔1995〕38号"关于进一步做好重新组建仲裁机构工作的通知"(简称国办发〔1995〕38号文)规定为由，裁定撤销仲裁裁决。

国办发〔1995〕38号文第三条规定中提到的六个月期限，指的是仲裁机构作出仲裁裁决的期限，不包括送达仲裁裁决的期限。法院以仲裁裁决送达超过六个月规定期限，不符合仲裁程序，违反国办发〔1995〕38号文规定为由，裁定撤销仲裁裁决，既于法律无据，也不利于保护当事人合法权益。因此，各地人民法院凡发现在审判工作中存在上述问题的，应当及时依法予以纠正。

特此通知

最高人民法院关于人民法院撤销涉外仲裁裁决有关事项的通知

● 1998年4月23日
● 法〔1998〕40号

为严格执行《中华人民共和国仲裁法》(以下简称仲裁法)和《中华人民共和国民事诉讼法》(以下简称民事诉讼法)，保障诉讼和仲裁活动依法进行，现决定对人民法院撤销我国涉外仲裁裁决建立报告制度，为此，特作如下通知：

[①] 本条根据法释〔2008〕18号第四十五条调整。

一、凡一方当事人按照仲裁法的规定向人民法院申请撤销我国涉外仲裁裁决,如果人民法院经审查认为涉外仲裁裁决具有民事诉讼法第二百五十八条第一款规定的情形之一的,在裁定撤销裁决或通知仲裁庭重新仲裁之前,须报请本辖区所属高级人民法院进行审查。如果高级人民法院同意撤销裁决或通知仲裁庭重新仲裁,应将其审查意见报最高人民法院。待最高人民法院答复后,方可裁定撤销裁决或通知仲裁庭重新仲裁。①

二、受理申请撤销裁决的人民法院如认为应予撤销裁决或通知仲裁庭重新仲裁的,应在受理申请后三十日内报其所属的高级人民法院,该高级人民法院如同意撤销裁决或通知仲裁庭重新仲裁的,应在十五日内报最高人民法院,以严格执行仲裁法第六十条的规定。

最高人民法院关于现职法官不得担任仲裁员的通知

- 2004 年 7 月 13 日
- 法〔2004〕129 号

各省、自治区、直辖市高级人民法院,解放军军事法院,新疆维吾尔自治区高级人民法院生产建设兵团分院:

最近,最高人民法院就全国人大代表关于法官可否被仲裁委员会聘任,担任仲裁员的询问答复了全国人大代表。现将有关精神通知如下:

根据《中华人民共和国法官法》、《中华人民共和国仲裁法》的有关规定,法官担任仲裁员,从事案件的仲裁工作,不符合有关法律规定,超出了人民法院和法官的职权范围,不利于依法公正保护诉讼当事人的合法权益。因此,法官不得担任仲裁员;已经被仲裁委员会聘任,担任仲裁员的法官应当在本通知下发后一个月内辞去仲裁员职务,解除聘任关系。

特此通知。

请示答复

最高人民法院关于安徽国泰物业有限公司申请确认仲裁协议效力一案的复函

- 2000 年 8 月 14 日
- 〔2000〕经监字第 200 号

安徽省高级人民法院:

你院(1999)皖经监字第 008 号《关于安徽国泰物业有限公司申请确认仲裁协议效力一案的请示报告》收悉。经研究,答复如下:

本案双方当事人在《商品房购销合同》中明确约定,合同履行中发生争议由当地合同仲裁委员会仲裁。该约定对仲裁事项的表述,符合国务院办公厅《关于贯彻实施〈中华人民共和国仲裁法〉需要明确的几个问题的通知》第 4 条第 1 款关于仲裁事项的格式要求,应确认对仲裁事项约定明确。同时,本案双方当事人住所地及合同签订地、履行地、标的物所在地均在安庆市,合同中约定的"当地合同仲裁委员会"应认定为安庆仲裁委员会。故本案仲裁协议有效。原审以仲裁事项和仲裁委员会约定都不明确为由,裁定本案仲裁协议无效不当,应予纠正。

最高人民法院关于中化国际石油(巴哈马)有限公司诉海南昌盛石油开发有限公司购销合同纠纷案中仲裁协议效力问题的复函

- 2000 年 12 月 5 日
- 〔2000〕交他字第 14 号

海南省高级人民法院:

你院 2000 年 11 月 6 日〔2000〕琼高法立字

---

① 本条根据法释〔2008〕18 号第 58 条调整。

第 55 号"关于中化国际石油(巴哈马)有限公司诉海南昌盛石油开发有限公司购销合同纠纷案中仲裁协议效力的请示报告"收悉。本院经审查认为:根据 1996 年 6 月 8 日国办发〔1996〕22 号"关于贯彻实施《中华人民共和国仲裁法》需要明确的几个问题的通知"的规定,新组建的仲裁委员会可以受理涉外仲裁案件。因此,所谓"中国相关的国际贸易仲裁机构"不能推定为就是受理涉外仲裁案件的中国国际经济贸易仲裁委员会。鉴于本案当事人对仲裁机构的约定不明确,而一方当事人已起诉至有关人民法院,表明双方当事人已不可能就仲裁机构达成补充协议。依据《中华人民共和国仲裁法》第十八条之规定,应认定本案仲裁条款无效。

此复。

最高人民法院关于广州市东方酒店集团有限公司申请撤销仲裁裁决一案的复函

- 2001 年 4 月 27 日
- 〔2000〕经监字第 349 号

广东省高级人民法院:

你院粤高法立(2000)34 号关于广州市东方酒店集团有限公司申请撤销仲裁裁决一案的请示收悉。经研究,答复如下:

本案《承包经营合同》规定:"甲乙双方一致同意,在乙方独立行使合作企业经营管理权期间,除本补充合同已作出具体明确约定的事项外,其他事项按原合作合同的条款执行。"从上述内容看,双方当事人对"其他事项"是否包括产生争议后的解决方式并无明确约定,故以该条款为依据,援引双方当事人在合作合同中约定的仲裁条款适用于本案争议,理由不充分。鉴于《承包经营合同》中未明确约定仲裁条款,且仲裁机关亦明确表示该案不属仲裁机关管辖,对双方当事人在履行承包经营合同中产生的争议,应由人民法院受理。

根据《仲裁法》第七十条的规定,人民法院裁定撤销涉外仲裁裁决应当符合《民事诉讼法》第二百六十条第一款的规定,你院拟同意深圳市中级法院受理并裁定撤销中国国际经济贸易仲裁委员会深圳分会仲裁裁决的意见,没有法律依据。

最高人民法院关于不承认及执行伦敦最终仲裁裁决案的请示的复函

- 2001 年 9 月 11 日
- 〔2000〕交他字第 11 号

湖北省高级人民法院:

你院鄂高法(2000)231 号关于不承认及执行伦敦最终仲裁裁决案的请示收悉。经研究认为:

一、鉴于本案被申请人中国外运南京公司的所有活动都是通过其经纪人丸红公司进行的,因此应当认定丸红公司是被申请人的代理人,被申请人应当受丸红公司代其签订的租船合同的约束。

二、被申请人签发航次指令的行为是一种履行合同的行为,该行为表明被申请人与申请人之间有租船合同。

三、因为本案租船合同和租船概要中均含有仲裁条款,所以应当认定被申请人与申请人之间存在仲裁协议,本案仲裁裁决不具有不予承认和执行的情形。根据《中华人民共和国民事诉讼法》第 269 条和《承认和执行外国仲裁裁决公约》的规定,该仲裁裁决应当得到承认与执行。

此复。

最高人民法院关于内蒙古至诚矿业有限公司与南非华金国际集团有限公司合资经营纠纷一案中仲裁条款效力问题的函

- 2002 年 4 月 13 日
- 〔2001〕民四他字第 26 号

内蒙古自治区高级人民法院:

你院〔2001〕内经请字第 4 号关于内蒙古至

诚矿业有限公司与南非华金国际集团有限公司合资经营合同纠纷一案中仲裁条款效力的请示收悉。经研究,答复如下:

本案双方当事人在合同中约定:"凡因履行本合同发生的或与本合同有关的一切争议,各方应尽力友好协商解决。协商不成,可提请北京中国对外经济贸易仲裁委员会进行仲裁。"该仲裁条款订明仲裁地点在北京,仲裁机构使用了中国国际经济贸易仲裁委员会的旧名称。虽然仲裁条款对仲裁机构名称的表述不完整,但可以辨别出该名称系指更名后的中国国际经济贸易仲裁委员会,不存在仲裁条款无效的法定事由。鉴此,应认定合同双方当事人选择的仲裁机构是明确的,合同仲裁条款合法有效。根据《中华人民共和国仲裁法》第五条的规定,人民法院对本案没有管辖权。

此复。

最高人民法院关于仲裁协议无效是否可以裁定不予执行的处理意见

- 2002年6月20日
- 〔1999〕执监字第174-1号

广东省高级人民法院:

你院(1999)粤高法执监字第65-2号"关于中国农业银行杭州市延安路支行申请执行杭州市经济合同仲裁和会杭裁字(1996)第80号裁决书一案"的报告收悉,经研究,答复如下:

申请人中国农业银行浙江省信托投资公司(现为中国农业银行杭州市延安路支行,以下简称农业银行)与被申请人深圳政华实业公司(以下简称政华公司)、招商银行深圳福田支行(以下简称招商银行)合作投资担保合同纠纷一案,杭州市经济合同仲裁委员会于1996年10月25日作出杭裁字(1996)第80号裁决书裁决:政华公司在裁决生效后十日内归还农业银行借款及利息人民币617万余元,招商银行承担连带偿付责任。在执行该仲裁裁决过程中,被执行人招商银行向深圳市中级人民法院申请不予执行该仲裁裁决。深圳市中级人民法院认为:由于当事人只约定了仲裁地点,未约定仲裁机构,且双方当事人事后又未达成补充协议,故仲裁协议无效,杭州市经济合同仲裁和会无权对本案进行仲裁。因此,以(1997)深中法执字第10-15号民事裁定书裁定不予执行。

本院认为:本案的仲裁协议只约定仲裁地点而没有约定具体的仲裁机构,应当认定无效,但仲裁协议无效并不等于没有仲裁协议。仲裁协议无效的法律后果是不排除人民法院的管辖权,当事人可以选择由法院管辖而排除仲裁管辖,当事人未向法院起诉而选择仲裁应诉的,应视为当事人对仲裁庭管辖权的认可。招商银行在仲裁裁决前未向人民法院起诉,而参加仲裁应诉,应视为其对仲裁庭关于管辖权争议的裁决的认可。本案仲裁庭在裁决驳回管辖权异议后作出的仲裁裁决,在程序上符合仲裁法和民诉法的规定,没有不予执行的法定理由。执行法院不应再对该仲裁协议的效力进行审查。执行法院也不能将"仲裁协议无效"视为"没有仲裁协议"而裁定不予执行。因此,深圳市中级人民法院裁定不予执行错误,本案仲裁裁决应当恢复执行。

请你院监督执行法院按上述意见办理,在两个月内执结此案并报告本院。

此复。

最高人民法院关于朱裕华与上海海船厨房设备金属制品厂申请撤销仲裁裁决再审一案的请示的报告的复函

- 2007年9月18日
- 〔2007〕民四他字第7号

上海市高级人民法院:

你院〔2007〕沪高民四(商)他字第2号《关于朱裕华与上海海船厨房设备金属制品厂申请撤销仲裁裁决再审一案的请示报告》已收悉。经研究,答复如下:

根据你院的请示报告,中国国际经济贸易仲裁委员会上海分会在仲裁朱裕华与上海海船厨房设备金属制品厂合作合同纠纷一案过程中，因将受送达人朱裕华的送达地址书写不当而未能向其送达"仲裁通知"、"仲裁规则"、"仲裁员名册"、"仲裁申请书及附件材料"及"仲裁庭组成和开庭通知"，导致受送达人朱裕华未能出庭并陈述意见。根据《中华人民共和国仲裁法》第七十条、《中华人民共和国民事诉讼法》第二百六十条第一款第（二）项之规定，同意你院的审查意见，即中国国际经济贸易仲裁委员会上海分会〔2004〕中国贸仲沪裁字第073号裁决应予撤销。

附：

上海市高级人民法院关于朱裕华与上海海船厨房设备金属制品厂申请撤销仲裁裁决再审一案的请示报告

2007年3月12日
〔2007〕沪高民四（商）他字第2号

最高人民法院：

申请人朱裕华为与上海海船厨房设备金属制品厂合作纠纷仲裁案，以中国国际经济贸易仲裁委员会上海分会（下称仲裁委）送达地址书写错误，导致其未能出庭陈述意见为由，先后申请撤销仲裁裁决和不予执行仲裁裁决。被驳回后，其向我院申诉。我院曾于2006年3月向你院请示"当事人向人民法院申请撤销涉外仲裁裁决被驳回后，又在执行程序中提出新证据进行不予执行抗辩的，是否适用你院法发〔2005〕26号《第二次全国涉外商事海事审判工作会议纪要》第76条之规定"？你院于2006年11月23日以〔2006〕民四他字第15号批复"本案存在《中华人民共和国民事诉讼法》第二百六十条第一款第（二）项和《中华人民共和国仲裁法》第七十一条规定的不予执行的情形，鉴于申请人申请不予执行和撤销本案仲裁裁决已先后被上海市第一、第二、中级人民法院裁定驳回，你院可依照民事诉讼法第一百七十七条第二款之规定对本案作出处理。"据此，我院于2007年1月9日作出〔2007〕沪高民四（商）监字第1号民事裁定，指令上海市第二中级人民法院（下称二中院）对朱裕华申请撤销仲裁一案进行再审；再审期间，中止原裁定的执行。

二中院经再审认为，仲裁委在仲裁过程中，因对受送达人朱裕华的送达地址书写不当而未能向其送达"仲裁通知"、"仲裁规则"、"仲裁员名册"、"仲裁申请书及附件材料"及"仲裁庭组成和开庭通知"，导致朱裕华未能出庭陈述意见，确存在《中华人民共和国民事诉讼法》第二百六十条第一款第（二）项规定的情形。朱裕华关于撤销该裁决的申请理由成立。依照《中华人民共和国仲裁法》第七十条及民事诉讼法第二百六十条第一款第（二）项的规定，拟裁定撤销该院〔2004〕沪二中民五（商）初字第99号民事裁定；撤销中国国际经济贸易仲裁委员会上海分会〔2004〕中国贸仲沪裁字第073号裁决。

上述拟处理意见已报经我院审查，经我院审委会讨论拟同意二中院处理意见。根据你院《关于人民法院撤销涉外仲裁裁决有关事项的通知》规定，特将该案的处理意见上报你院审查。

当否，请指示。

最高人民法院关于上海城通轨道交通投资开发建设有限公司、林敏申请撤销仲裁裁决一案的请示的复函

• 2007年9月18日
• 〔2007〕民四他字第12号

上海市高级人民法院：

你院〔2007〕沪高民四（商）他字第1号"关于上海城通轨道交通投资开发建设有限公司、林敏申请撤销仲裁裁决一案的请示"收悉。经研究，答复如下：

本案为申请撤销涉外仲裁裁决案件，案件涉及到的两份仲裁协议即合资合同中的仲裁条款和《会议纪要》中的仲裁条款均是当事人真实意思表示，不违反法律规定，应认定有效。你院请示报告归纳的本案争议的实质问题是准确的，即本案实质在于解决合资合同中仲裁条款和《会议

纪要》中仲裁条款效力范围的冲突问题,亦即两仲裁条款约定的仲裁事项的冲突问题。

本案所涉仲裁裁决解决的是当事人对《董事会决议》效力问题的争议。根据目前查明的事实,《董事会决议》是对合资各方增资问题作出的决议,作为本案当事人的各合资方在《董事会决议》作出后,又召开股东会议,形成一份《会议纪要》,《会议纪要》进一步对《董事会决议》的履行作出了约定,并明确"各投资方如不能履行本决议的,如有纠纷,由上海仲裁委员会进行仲裁。"如当事人未在《会议纪要》中约定新的仲裁条款,则对于因履行《董事会决议》产生的纠纷,中国国际经济贸易仲裁委员会上海分会(以下简称贸仲上海分会)依据合资合同中的仲裁条款当然有权进行仲裁,但由于当事人在《会议纪要》中约定了新的仲裁条款,依据该约定,因履行《董事会决议》(包括对其效力)产生的争议,当事人均应依照《会议纪要》中仲裁条款的约定,由上海仲裁委员会仲裁解决。因此贸仲上海分会无权对因《董事会决议》产生的纠纷进行仲裁。且上海市第一中级人民法院在贸仲上海分会作出仲裁裁决前,已经先行作出民事裁定,明确认定贸仲上海分会对有关庄城公司增资事项不具有管辖权,此后贸仲上海分会仍然作出涉案仲裁裁决,明显与人民法院生效裁定相违背。

综上,同意你院请示意见,本案仲裁裁决依法应予撤销。

此复。

附:

上海市高级人民法院关于上海城通轨道交通投资开发建设有限公司、林敏申请撤销仲裁裁决一案的请示报告

2007年5月9日
〔2007〕沪高民四(商)他字第1号

最高人民法院:

上海市第二中级人民法院就申请人上海城通轨道交通投资开发建设有限公司、林敏请求撤销中国国际经济贸易仲裁委员会上海分会〔2004〕中国贸仲沪裁字第0167号仲裁裁决一案,报我院请示。经我院审查,拟同意撤销该仲裁裁决,特报钧院请示。

一、当事人基本情况

申请人(仲裁被申请人):上海城通轨道交通投资开发建设有限公司(以下简称城通公司)。

申请人(仲裁被申请人):林敏,新西兰籍。

被申请人(仲裁申请人):北京庄胜房地产开发有限公司(以下简称庄胜公司)。

被申请人:建采有限公司(以下简称建采公司),系香港公司。

二、案情概要

2002年5月,城通公司、林敏与庄胜公司、建采公司共同出资498万美元设立了中外合资经营企业上海庄城置业发展有限公司(以下简称庄城公司),其中城通公司和林敏各占10%股份、庄胜公司占55%股份、建采公司占25%股份。合资合同第五十七条约定:凡执行本合同所发生的或与本合同有关的一切争议,合营各方应通过友好协商或调解解决,如经过协商调解无效,应提交中国对外经济贸易仲裁委员会上海分会进行仲裁,仲裁裁决是终局的,对各方都有约束力,合营各方应执行裁决,仲裁费用由败诉方承担。

2003年6月23日,庄城公司召开董事会,决定将庄城公司增资至1200万美元,增资后各投资方的股权比例分别为城通公司4.15%、林敏10%、庄胜公司60.85%、建采公司25%。增资决议经政府有关职能部门批准后,庄城公司取得了新的企业法人营业执照。因林敏、庄胜公司以及建采公司未按约履行出资义务,庄城公司于2004年2月13日再次召开董事会,并作出《董事会决议》。该《董事会决议》的主要内容是:(1)各投资方必须于2004年2月23日前将对庄城公司的增资到位,未按时增资到位的投资方,则同意退出庄城公司,其他股东对其股份拥有优先购买权。(2)庄胜公司承诺向庄城公司提供贷款人民币1800万元,贷款期限2个月,庄胜公司于2004年2月17日前将人民币410万元汇入松江区土地局,于2004年2月23日前将剩余的人民币1390万元汇入庄城公司。如庄城公司未能在贷款

期限内向庄胜公司偿还上述贷款,则庄胜公司有权将此债权按原值转为对庄城公司的出资,各投资方按实际出资对其在庄城公司的股权进行重新计算。(3)如庄胜公司不能提供上述贷款,则同意退出庄城公司,其他股东对其股份拥有优先购买权。(4)决议报送松江区外经贸委备案。

2004年3月18日,庄城公司各投资方召开了股东会会议,并通过了一份《会议纪要》。该《会议纪要》的主要内容是:(1)在《董事会决议》的基础上,各投资方同意资金到位的最后时间为2004年3月23日;(2)各投资方必须于2004年3月23日前,严格按照《董事会决议》履行各自义务,不得拖延时间;(3)各投资方在注入资金时,不得以交通枢纽内已中标的土地进行抵押、转让,不得通过质押庄城公司股权等方式取得资金;(4)各投资方如不能履行本决议的,如有纠纷,由上海仲裁委员会(以下简称上仲)进行仲裁。

(二)仲裁审理情况

2004年4月2日,城通公司和林敏以庄胜公司及建采公司未按约履行义务为由,向上仲提起仲裁,请求仲裁庭裁决庄胜公司以人民币4571.36万元向林敏转让其持有的庄城公司60.85%股权,建采公司以124.5万美元向城通公司转让其持有的庄城公司25%股权。

2004年6月3日,庄胜公司向贸仲上海分会提起仲裁,请求仲裁庭裁决《董事会决议》无效。

2004年6月8日,庄胜公司向上海市第一中级人民法院(以下简称一中院)提出申请,请求法院确认《会议纪要》中约定由上仲进行仲裁的仲裁条款无效,上仲无权受理城通公司、林敏与庄胜公司、建采公司股权转让纠纷一案,该案应按照合资合同中的仲裁条款由贸仲上海分会进行仲裁。

2004年6月28日,城通公司致函贸仲上海分会秘书处,以城通公司、林敏已向上仲提起仲裁为由,请求贸仲上海分会撤销庄胜公司在贸仲上海分会申请仲裁的案件。

2004年7月23日,贸仲总会作出管辖权决定,驳回城通公司提出的撤销该案的请求,确定贸仲上海分会对该案享有管辖权。其理由是:申请人庄胜公司提起仲裁的依据是合资合同第五十七条,该条款是当事人真实意思表示,当事人明确选择了贸仲上海分会作为仲裁机构,故该条款合法有效,当事人有权以此为依据向贸仲上海分会申请仲裁;城通公司和林敏向上仲申请仲裁所依据的是《会议纪要》中的仲裁条款,该两案的依据明显不同;在现有材料中,没有任何证据显示《会议纪要》仲裁条款取代了合资合同仲裁条款。

2004年8月10日,城通公司和林敏向上海市第二中级人民法院(以下简称二中院)提出申请,请求确认合资合同中约定的由贸仲上海分会进行仲裁的仲裁条款对《董事会决议》及《会议纪要》不具有约束力。

2004年9月28日,一中院作出〔2004〕沪一中执字第422号民事裁定(以下简称422号民事裁定),认定贸仲上海分会对有关庄城公司增资事项不具有管辖权,同时裁定《会议纪要》中关于由上仲仲裁的条款有效。

2004年11月24日,二中院作出〔2004〕沪二中民五(商)初字第96号民事裁定(以下简称96号民事裁定),以贸仲总会已在先对该案件作出管辖权决定为由,驳回城通公司、林敏的前述申请。

2004年11月25日,贸仲上海分会作出〔2004〕中国贸仲沪字第0167号仲裁裁决(以下简称涉案仲裁裁决),裁决《董事会决议》未生效。其理由是:《董事会决议》的效力问题是与合资合同密切相关联的争议;《会议纪要》未明确将该纪要中的仲裁条款取代合资合同仲裁条款;《会议纪要》的仲裁条款明确约定仅将不履行该纪要的纠纷提交上仲仲裁,而并未将董事会决议本身的效力等问题包括在内;《董事会决议》已构成对合资合同内容的实质性修改,但目前当事人尚未报审批机构批准。

2004年12月6日,城通公司和林敏向二中院申请撤销涉案仲裁裁决。

三、需要说明的问题

在二中院作出96号民事裁定前,该案承办人为此与贸仲上海分会秘书处进行了沟通,向其表明即将作出的96号民事裁定仅是根据最高人民法院《关于确认仲裁协议效力几个问题的批复》第三条的规定,即"当事人请求人民法院确认仲裁协议无效,如果仲裁机构先于人民法院接受申请并已作出决定,人民法院不予受理",从程序上驳回了城通公司和林敏的申请,并不意味着贸仲上海分会对所涉争议拥有管辖权。秘书处称将转告仲裁庭慎重处理本案,但此后贸仲上海分会仍作出了涉案仲裁裁决(仲裁庭首席仲裁员为原贸仲总会秘书长王生长)。

四、二中院的处理意见

二中院认为:贸仲上海分会无权对《董事会决议》的效力进行审理并作出裁决。因为本案当事人就合资合同签订有"有关合资合同的争议由贸仲上海分会进行仲裁"的仲裁条款,一般情况下,当事人就《董事会决议》所产生的争议应由贸仲上海分会进行仲裁。但本案当事人在《会议纪要》中对《董事会决议》约定的各方增资到位的期限等相关内容进行了修改,还进一步作出了特别约定,即由上仲对《会议纪要》所引起的争议进行仲裁,该纪要是对《董事会决议》的修改和确认,其实质是《董事会决议》的延续,该纪要中约定由上仲仲裁的条款的效力当然及于《董事会决议》。该院拟按照《中华人民共和国仲裁法》第七十条和《中华人民共和国民事诉讼法》第二百六十条第一款的规定,裁定撤销涉案仲裁裁决。

五、我院审查意见

本案经我院审委会讨论,一致认为:本案争议的实质在于解决合资合同仲裁条款和《会议纪要》仲裁条款效力范围的冲突问题。第一,依据有关法律规定,因贸仲上海分会位于二中院辖区范围内,故二中院有权对贸仲上海分会作出的任何仲裁裁决(包括涉案仲裁裁决)进行司法审查。第二,《会议纪要》仲裁条款系基于本案当事人的真实意思表示而产生,且其针对的是合资合同履行过程中新产生的问题,法律也并未禁止当事人在合资合同争议解决条款之外就特定事项另行约定新的争议解决条款,故《会议纪要》仲裁条款是一个有效的争议解决条款,对本案当事人均具有法律约束力。第三,从《会议纪要》所针对的事项看,因本案当事人在该纪要中约定了在《董事会决议》的基础上,各方同意资金到位的最后时间为2004年3月23日;各投资方必须于上述日期前严格按照《董事会决议》履行各自义务,不得拖延时间;各方在注入资金时,不得以交通枢纽内已中标的土地进行抵押、转让,不得通过质押庄城公司股权等方式取得资金等内容,故《会议纪要》应看作是当事人对《董事会决议》的确认和修改,《会议纪要》与《董事会决议》所针对的是同一事项,即合营企业增资和庄胜公司向合营企业借款等问题(以下简称增资事项)。《董事会决议》和会议纪要所指向事项的同一性产生了两个后果,即合资合同仲裁条款对《董事会决议》和《会议纪要》不再具有约束力,因当事人已就合资合同之外的新事项约定了新争议解决条款;《会议纪要》仲裁条款的效力范围应及于《董事会决议》,当事人对《董事会决议》及《会议纪要》的效力和履行等问题所产生的争议均应由《会议纪要》仲裁条款所确定的仲裁机构进行仲裁。贸仲上海分会认为即使《会议纪要》的内容可能提及了《董事会决议》,但《董事会决议》本身的效力问题并非《会议纪要》的内容,故未被排除在合资合同仲裁条款管辖之外。这一观点割裂了《董事会决议》与《会议纪要》内容的一致性和延续性,否认有关履行《会议纪要》所产生的争议理应包括《董事会决议》的效力问题,是不合理的。第四,一中院在先作出的422号民事裁定,已明确认定贸仲上海分会对有关庄城公司增资事项不具有管辖权,此后贸仲上海分会仍然针对增资事项作出涉案仲裁裁决,明显与一中院的有效裁定相抵触。

综上,因增资事项不属于合资合同仲裁条款所确定的争议解决范围,故贸仲上海分会对增资事项无权管辖,涉案仲裁裁决应予撤销。

请批复。

最高人民法院关于确认成都七彩服装有限责任公司与创始时装有限公司专营合同中仲裁条款效力一案的请示的复函

- 2007年9月18日
- 〔2007〕民四他字第16号

四川省高级人民法院:

你院川高法〔2007〕182号"关于确认成都七彩服装有限责任公司与创始时装有限公司专营合同中仲裁条款效力一案的请示"收悉。经研究,答复如下:

本案为确认仲裁协议效力案件,由于作为当事人一方的创始时装有限公司系在澳门特别行政区注册成立的公司,故本案应适用确认涉外仲裁效力的有关规定。《最高人民法院关于适用〈中华人民共和国仲裁法〉若干问题的解释》第十六条规定:"对涉外仲裁协议的效力审查,适用当事人约定的法律;当事人没有约定适用的法律但约定了仲裁地的,适用仲裁地法律;没有约定适用的法律也没有约定仲裁地或者仲裁地约定不明的,适用法院地法律。"本案当事人虽然未在合同中明确约定确认仲裁协议效力所应适用的准据法,但在发生争议后,双方当事人一致认为应适用澳门特别行政区法律作为仲裁协议的准据法,故应视为当事人就确认仲裁协议效力的准据法达成补充协议,本案应适用澳门特别行政区法律作为确认仲裁协议效力的准据法。

根据当事人举证,目前澳门特别行政区关于仲裁方面的法律主要有两部,即29/96/M号法令(以下简称29号法令)和55/98/M号法令(以下简称55号法令)。29号法令规定的是澳门特别行政区仲裁的一般制度。55号法令规范的是涉外商事仲裁,该法令第一章第一条第四款b项规定,仲裁协议之当事人在订立协议时各自之营业地点位于不同国家或地区即为涉外仲裁。由于本案双方当事人的营业地点分别位于我国内地和澳门特别行政区,因此本案应优先适用55号法令的规定。

本案当事人在合同中约定:"因履行本协定所产生的一切争议,双方应首先友好协商解决,协商不成时,应提交澳门特别行政区相关仲裁委员会依其仲裁规则进行仲裁。"现当事人又一致认为应适用澳门特别行政区法律作为确认仲裁协议效力的准据法。上述仲裁协议有明确的仲裁意思表示,约定了明确的仲裁事项,同时约定提交澳门特别行政区相关仲裁委员会依其仲裁规则进行仲裁。根据当事人的约定,其将争议提交澳门特别行政区相关的仲裁机构后,依据仲裁机构的仲裁规则通常能够确定仲裁员的指定方式,即使仲裁规则中没有对指定仲裁员的方式作出明确的规定,由于55号法令对于当事人在"无关于指定一名或数名仲裁员之程序之协议"的情况下如何确定仲裁庭的组成作出了明确的规定,因此根据当事人约定适用的澳门特别行政区法律,可以确定仲裁员的指定方式。而根据目前查明的事实,澳门世贸仲裁中心也已经根据创始时装有限公司的申请受理了相关案件。故你院请示报告中认为本案仲裁条款未指定仲裁员,也未指出指定仲裁员方式,因此应确认无效的意见缺乏法律依据,本案所涉仲裁协议应认定有效。

附:

四川省高级人民法院关于确认成都七彩服装有限责任公司与创始时装有限公司专营合同中仲裁条款效力一案的请示报告

2007年5月21日　川高法〔2007〕182号

最高人民法院:

我省成都市中级人民法院(以下简称成都中院)受理了申请人成都七彩服装有限责任公司申请确认与被申请人创始时装有限公司专营合同中仲裁条款无效一案。成都中院就专营合同中仲裁条款的效力问题请示我院。本案的基本情况如下:

一、当事人的基本情况

申请人:成都七彩服装有限责任公司(以下简称七彩公司)。

被申请人:创始时装有限公司(以下简称创始公司)。

二、案件的基本事实

创始公司获得独家授权在全中国经营及分销BETTY BARCLAY服饰产品。2003年6月10日,七彩公司与创始公司签订了BETTY BARCLAY加盟经营专卖店协议书及补充协议,约定创始公司同意七彩公司在中国四川省成都市开设BETTY BARCLAY专卖店,由创始公司向七彩公司供货,七彩公司的专营权期限为2003年8月10日至2006年8月9日。该协议的第七条第五款约定,因履行本协定所产生的一切争议,双方应首先友好协商解决,协商不成时,应提交澳门特别行政区相关仲裁委员会依其仲裁规则进行仲裁。

七彩公司申请成都中院确认该仲裁条款无效。理由为：根据该仲裁条款的约定，应适用澳门法律来判断仲裁条款的效力。而根据澳门仲裁法即29/96/M号法令（以下简称29号法令）第七条第一款"仲裁协定应明确订出争议之标的及指定仲裁员，或最低限度指出指定仲裁员的方式"以及第五款"违反本条第一款以及第二款之规定，引致仲裁协议无效"的规定，该仲裁条款无效；其次，该仲裁条款仅约定"提交澳门特别行政区相关仲裁委员会依其仲裁规则进行仲裁"，而澳门仲裁机构现有澳门律师公会自愿仲裁中心、澳门世贸中心自愿仲裁中心（以下简称世贸仲裁中心）、澳门消费争议仲裁中心、保险及私人退休基金自愿仲裁中心等多家，可见双方当事人对仲裁机构的选定不明确，也没有达成补充协议，依据我国仲裁法的规定，该仲裁条款也是无效的。

被申请人认为该仲裁条款有效。理由是：第一，根据仲裁条款的约定，应适用澳门法律来判断仲裁条款的效力。29号法令规定的是仲裁的一般制度，而澳门55/98/M号法令（以下简称55号法令）规定的是涉外仲裁制度。本案双方当事人的营业地点分别位于成都市和澳门特别行政区，根据特别法优于普通法的原理，故应适用55号法令来判断仲裁条款的效力。根据55号法令第十一条第三款的规定，"如无关于指定一名或数名仲裁员之程序之协议"，则适用该条的相关规定。可见，即使在双方当事人没有指出指定仲裁员的方式的情况下，也不能因此而导致仲裁条款无效。第二，虽然目前澳门有多家仲裁机构，但解决民商事纠纷案件的仲裁机构仅有世贸仲裁中心一家，因此双方当事人关于仲裁机构的选定是明确的。创始公司已根据双方当事人签订的协议书向世贸仲裁中心申请仲裁，并已被受理，目前仲裁程序正在进行中。这也说明双方当事人关于仲裁机构的选定是明确的，故请求人民法院驳回七彩公司的申请。

三、需要说明的问题

1. 关于法律适用。根据《中华人民共和国民事诉讼法》第二百三十七条的规定，在中华人民共和国领域内进行涉外民事诉讼，适用本编规定。因本案是在中国大陆地区进行的诉讼，故程序法应适用我国民事诉讼法的规定；同时根据最高人民法院《关于适用〈中华人民共和国仲裁法〉若干问题的解释》第十六条的规定，对涉外仲裁协议效力的审查，适用当事人约定的法律；当事人没有约定适用的法律但约定了仲裁地的，适用仲裁地法律。本案中，当事人没有约定审查仲裁协议效力应适用的法律，但约定仲裁地为澳门，且双方当事人对适用澳门法律审查仲裁协议效力无异议，故审查仲裁协议效力的准据法应为澳门法律。澳门关于仲裁的法律有2部，即29号法令以及55号法令。根据29号法令的规定，现核准内部仲裁之新法律制度，使本地区具备一现代化及符合法律工作者及经济参与人需要之法律规范。因此，29号法令规定的是澳门地区仲裁的一般制度。根据55号法令第一章第一条第一款的规定，本法规规范涉外商事仲裁；第四款b项规定，仲裁如有下列情况即为涉外仲裁，仲裁协议之当事人在订立协议时各自之营业地点位于不同国家或地区。因此，55号法令规定的是澳门地区的涉外商事仲裁制度。本案双方当事人的营业地点分别位于中国大陆地区和大陆以外的澳门特别行政区，因此应优先适用55号法令的规定。

2. 关于澳门的仲裁机构。目前有4个仲裁机构，即澳门消费争议仲裁中心（解决涉及金额不高于澳门币5万元的消费争议）、澳门律师公会自愿仲裁中心（解决律师间之争议；律师与顾客间之争议；涉及民事、行政事宜或商事之任何争议）、世贸仲裁中心（解决任何民事、行政或商事方面之纠纷）以及保险及私人退休基金争议中心（解决涉及金额不超过初级法院法定上诉利益限额的保险及私人退休基金争议）。根据各仲裁中心的职能，澳门律师公会自愿仲裁中心和世贸仲裁中心均有权受理本案所涉争议。

3. 关于仲裁协议的效力。29号法令第七条规定了引致仲裁协议无效的情形，即仲裁协定应明确订出争议之标的及指定仲裁员，或最低限度指出指定仲裁员之方式，否则将引致仲裁协议无效；但同时第十一条规定，如仲裁协议就仲裁员之指定并无订定，亦无指定或选定方式之约定，则每一方当事人指定一名仲裁员。55号法令并未规定引致仲裁协议无效的情形,但第十一条规定,如无关于指定一名或数名仲裁员之程序之协议,则适用以下规定:(1)在仲裁员为三名之仲裁中,每一方当事人指定一名仲裁员,而被指定之两名仲裁员选定第三名仲裁员;如一方当事人在收到他方当事人提出指定仲裁员之请求后,未在30日内作出指定,或两名仲裁员在被指定后30日内未就第三名仲裁员之人选达成协议,则由管辖法院应一方当事人之请求作出任命;(2)在独任仲裁员之仲裁中,如当事人未能就仲裁员之人选达成协议,则管辖法院应一方当事人之请求作出任命。第三十七条第一款规定,凡在本法内无明文规定者,均补充适用29号法令。

四、原审法院的处理意见

第一种意见是仲裁协议有效。理由为第55号法令第十一条的规定实际上是对仲裁协议中没有指出指定仲裁员的程序的弥补性规定,可见在仲裁协议中指出指定仲裁员的方式并不是仲裁协议有效必须具备的要件,本着尽可能挽救法律行为之有效性原则,应当认定该仲裁协议有效。

二种意见是确认仲裁协议无效。理由为仲裁协议没有指定仲裁员或订出指定仲裁员的方式,根据29号法令第七条的规定,应确认仲裁协议无效。虽然29号法令和55号法令第十一条均规定了双方当事人即使没有指定仲裁员方式的协议,也可适用法律的其他规定,但同一部法律不会作出前后相互矛盾的规定,因此十一条的规定应理解为适用前提是双方当事人仍愿意仲裁和仲裁程序开始后的情况。现本案双方当事人就是否应通过仲裁解决纠纷发生争议,不应再适用29号法令和55号法令第十一条的规定。

原审法院倾向于第一种意见。

五、我院的处理意见

少数意见同意原审法院第一种处理意见。理由为第55号法令第十一条第三款的规定是对仲裁协议中没有指出指定仲裁员的程序的补充性规定,可见在仲裁协议中没有指出指定仲裁员的方式并不必然引致仲裁协议无效,且世贸仲裁中心已受理本案争议,应当认定仲裁协议有效。

多数意见同意原审法院第二种处理意见。根据29号法令第七条规定,仲裁协议没有指定仲裁员或订出指定仲裁员的方式,应确认仲裁协议无效。该规定应为关于确定仲裁协议无效的一般原则性规定,同样适用于涉外商事仲裁程序。29号法令和55号法令第十一条虽规定了双方当事人没有约定指定仲裁员的程序,应当适用的规则,但该规则适用前提应是仲裁程序已经开始的情形。本案仲裁条款未指定仲裁员,也未指出指定仲裁员的方式,且双方当事人又未就此达成补充协议,七彩公司已向人民法院提起诉讼,故仲裁条款应认定无效。

鉴于本案纠纷涉及仲裁条款是否合法有效,现根据最高人民法院《关于人民法院处理与涉外仲裁及外国仲裁事项有关问题的通知》第一条之规定,特向钧院请示,请予批复。

最高人民法院关于香港永开利企业公司申请执行中国国际经济贸易仲裁委员会〔1996〕贸仲裁字第0109号仲裁裁决一案请示的复函

- 2007年10月23日
- 〔2007〕民四他字第23号

广西壮族自治区高级人民法院:

你院〔2007〕桂高法执请字第1号"关于裁定对中国国际经贸"收悉。经研究,答复如下:

根据你院请示及所附材料,香港永开利企业有限公司与"广西进出口贸易股份有限公司梧州分公司"在1994年8月2日签订了94PYGXD020号买卖合同,中国国际经济贸易仲裁委员会对该合同下的争议作出〔1996〕贸仲裁字第0109号裁决后,香港永开利企业有限公司向南宁市中级人民法院申请执行该裁决。经南宁市中级人民法院和你院查证,仲裁裁决书所确定的被申请人地址上不存在被申请人"广西进出口贸易股份有限公司梧州分公司",工商部门也无"广西进出口贸易股份有限公司梧州分公司"的登记资料,且香港永开利企业有限公司自认与其有交易关系的是广西桂信实业开发公司，有关款项付给了广西桂信实业开发公司。由于"广西进出口贸易股份有限公司梧州分公司"在法律上和事实上均不存在，以"广西进出口贸易股份有限公司梧州分公司"为被申请人的〔1996〕贸仲裁字第0109号裁决应不予执行。同意你院不予执行上述仲裁裁决的意见。

此复。

附：

广西壮族自治区高级人民法院关于裁定对中国国际经济贸易仲裁委员会〔1996〕贸仲裁字第0109号裁决不予执行的请示报告

2007年6月16日　〔2007〕桂高法执请字第1号

最高人民法院：

我区南宁市中级人民法院在执行香港永开利企业公司申请执行广西进出口贸易公司梧州分公司购销奶粉合同纠纷案中，裁定对该案的执行依据——中国国际经济贸易仲裁委员会〔1996〕贸仲裁字第0109号仲裁裁决不予执行并来函请示我院，我院审查后同意该院裁定对〔1996〕贸仲裁字第0109号仲裁裁决不予执行的意见，根据你院1995年8月28日法发〔1995〕18号《关于人民法院处理与涉外仲裁及外国仲裁事项有关问题的通知》的规定精神。现将案件基本情况和我院处理意见报告如下：

一、南宁市中级人民法院对该案裁定不予执行的情况

南宁市中院在执行香港永开利企业公司申请执行广西进出口贸易公司梧州分公司购销奶粉合同纠纷案中，认为〔1996〕贸仲裁字第0109号仲裁裁决所确定的被执行人主体不明确，且找不到被执行人的工商登记情况等，无法执行，遂1997年12月22日以〔1996〕南执字第112号民事裁定对〔1996〕贸仲裁字第0109号裁决不

予执行。申请执行人香港永开利企业公司不服，来函要求我院协调。

我院审查后认为，南宁市中级人民法院未按最高人民法院〔1995〕18号通知规定在裁定不予执行前报我院审查，程序不合法，且适用法律错误。我院以〔2003〕桂法执协字第20—2号函告知该院：撤销〔1996〕南执字第112号民事裁定，按最高人民法院〔1995〕18号通知及有关法律规定的程序处理该仲裁执行案件。2004年3月20日，该院根据我院第20—2号函的意见以〔1996〕南执字第112—1号民事裁定撤销了〔1996〕南执字第112号民事裁定，并来函请示我院：其裁定对中国国际经济贸易仲裁委员会〔1996〕贸仲裁字第0109号裁决不予执行的意见是否正确。

二、案件基本情况

1994年8月2日，香港永开利企业公司与广西进出口贸易公司梧州分公司签订了《94PYGXD020号合同》，8月26日，双方又签订了《94FYGXD020号合同补充协议》，合同规定，永开利企业公司向梧州分公司出售1500吨工业用脱脂奶粉，合同标的金额为158.75万美元。合同签订后，永开利企业公司向梧州分公司支付了38万港币和30万元人民币定金。1994年12月16日，永开利企业公司将货物运抵合同约定的交货地点广西防城港。梧州分公司认为永开利企业公司交付的货物与合同约定不一致而拒收货物并拒付货款。纠纷发生后双方进行了协商，未果，1995年2月20日，永开利企业公司向中国国际经济贸易仲裁委员会申请仲裁。1996年3月20日，该仲裁委员会作出〔1996〕贸仲裁字第0109号仲裁裁决：梧州分公司返还永开利企业公司合同履行保证金38万港币、30万元人民币以及相应利息。另，该裁决书上标明的申请仲裁人是香港永开利企业公司，地址是香港九龙新浦岗大有街31号善美工业大厦7楼702室。被申请仲裁人是广西进出口贸易公司梧州分公司，地址是广西南宁市东葛路28号。

三、关于对被执行人主体查明情况

南宁市中级人民法院在执行该案的过程中，于1996年7月15日，依法向〔1996〕贸仲裁字第0109号仲裁裁决所确定的被执行人广西进出口贸易公司梧州分公司发出执行通知书。同年12

月,广西进出口贸易公司来函该院称:该公司没有和申请执行人香港永开利企业公司经营奶粉生意,与申请人做奶粉生意的实际是广西桂信实业开发公司,该公司盗用其梧州分公司的名义与香港永开利企业公司经营奶粉生意;裁决书中所列的地址——南宁市东葛路28号是广西桂信实业开发公司的真实地址而不是该公司梧州分公司的真实地址(梧州分公司工商登记的地址是梧州市桂江一路A区综合楼四楼);梧州分公司只有行政而没有财务章,申请人提供的"收条"上梧州分公司的财务章是伪造的,广西桂信实业开发公司的行为与本公司没有任何关系。1999年5月14日,香港永开利企业公司也致函南宁市中级人民法院称:其公司实际是与广西桂信实业开发公司经营奶粉生意,其所支付的信誉金是支付给广西桂信实业公司的。此外,广西桂信实业公司没有进行工商登记。南宁市中级人民法院核实上述情况后于1997年12月22日以[1996]南执字第112号民事裁定对[1996]贸仲裁字第0109号仲裁裁决不予执行。其裁定的理由是:裁决书所确定的被执行人主体不明确,且找不到被执行人的工商登记情况,无法执行。

此外,还查明:在一份盖有广西进出口贸易公司梧州分公司印章的委托书(委托代理律师)中,其所盖的"广西进出口贸易公司梧州分公司"的印章与梧州市工商局发的"广西进出口贸易公司梧州分公司"营业执照中所盖的该公司的印章不一致;且委托书上注明的该公司地址是广西南宁市东葛路28号,而营业执照上注明该公司的地址则是梧州市桂江一路A区综合楼四楼,两者相去甚远。

四、我院的处理意见和理由

本案中,由于中国国际经济贸易仲裁委员会[1996]贸仲裁字第0109号裁决书中所认定的被申请人和实际的被申请人不符,即裁决书中所认定的被申请人是广西进出口贸易公司梧州分公司,而实际与申请人香港永开利企业公司签订的购销奶粉合同的公司是广西桂信实业开发公司,该笔交易是广西桂信实业开发公司假冒广西进出口贸易公司梧州分公司的名义和盗用其公章所为;此外,裁决书所列的被申请人住所地也与实际的住所地不符,裁决书所列的被申请人广西

进出口贸易公司梧州分公司的住所地是广西南宁市东葛路28号,而该公司营业执照上注明该公司的地址则是梧州市桂江一路A区综合楼四楼,两者相去甚远。鉴于上述情况,我们认为中国国际经济贸易仲裁委员会在审查该仲裁案件时没有查明被申请人主体广西进出口贸易公司梧州分公司的真实地址,也没有查明与申请人做奶粉生意的广西桂信实业开发公司虚假情况,在广西进出口贸易公司梧州分公司未实际参与仲裁审理的情况下,该仲裁委员会作出[1996]贸仲字第0109号仲裁裁决,属程序不合法。根据《中华人民共和国民事诉讼法》第二百六十条第一款第三项的规定,对中国国际经济贸易仲裁委员会[1996]贸仲裁字第0109号裁决应裁定不予执行。而根据你院[1995]18号通知的有关规定,我院应将审核意见报你院审核同意后由我院答复南宁市中级人民法院。

2007年6月6日,经我院审判委员讨论,同意南宁市中级人民法院裁定对中国国际经济贸易仲裁委员会[1996]贸仲裁字第0109号裁决不予执行的意见,并将该案报你院审核。上述报告当否,请批示。

最高人民法院关于俞影如申请撤销仲裁裁决一案的请示的复函

- 2007年10月23日
- [2007]民四他字第25号

上海市高级人民法院:

你院[2007]沪高民四(商)他字第5号"关于俞影如申请撤销仲裁裁决一案的请示"收悉,经研究,答复如下:

根据你院请示报告反映的事实,本案仲裁被申请人林周毅在仲裁进行期间,即2004年7月10日去世,而相关仲裁裁决于2005年1月13日作出。仲裁裁决作出时,仲裁当事人已经病故,其主体身份明显不符合法定要求。

林周毅在公司章程中确认了其在我国台湾地区与美国的通讯地址,中国国际经济贸易仲裁

委员会上海分会在杭州青少年活动中心表示难以提供林周毅其他通讯地址的情况下,推定林周毅在美国的地址为其最后一个为人所知的地址,并按照该地址送达相应文书。但是,在另外的仲裁程序中,杭州青少年活动中心于2002年12月按照"杭州市昭庆寺里街22号"地址向林周毅送达了有关文件,俞影如也提供证据证明仲裁期间寄往该地址的信件被仲裁被申请人妥收的事实。杭州青少年活动中心在仲裁过程中并未向中国国际经济贸易仲裁委员会上海分会提供仲裁被申请人真实的最后为人所知的通讯地址,并导致了仲裁被申请人在仲裁程序当中未能提出申辩并行使相关权利。根据民事诉讼法第二百六十条第一款第(二)项的规定,仲裁裁决具有法定应予撤销的情形。

鉴于中国国际经济贸易仲裁委员会上海分会已经表示可以重新仲裁,根据《中华人民共和国仲裁法》第六十一条的规定,本案应当裁定中止撤销程序,通知仲裁庭在一个月内重新仲裁。同意你院审委会的处理意见。

此复。

附:

上海市高级人民法院关于俞影如申请撤销仲裁裁决一案的请示报告

2007年10月23日
[2007]沪高民四(商)他字第5号

最高人民法院:

上海市第二中级人民法院就申请人俞影如请求撤销中国国际经济贸易仲裁委员会上海分会(以下简称贸仲上海分会)[2005]中国贸仲沪裁字第003号裁决(以下简称涉案裁决)一案,报我院请示。经我院审查,拟通知贸仲上海分会重新仲裁,特报钧院请示。

一、当事人基本情况

申请人(仲裁被申请人林周毅的法定继承人):俞影如,女,1944年3月12日生,汉族。

被申请人(仲裁申请人):杭州青少年活动中心(以下简称活动中心)。

法定代表人:黄建明,该中心主任。

二、案件事实和仲裁经过

林周毅系旅美台胞。1992年12月21日,林周毅与活动中心签订《合作经营慈光幼稚园有限公司合同书》(以下简称合作合同)及《杭州慈光幼稚园有限公司章程》(以下简称公司章程),约定由林周毅提供60万美元作为合作公司的注册资金,活动中心提供土地使用权(不作价)作为合作条件设立杭州慈光幼稚园有限公司(以下简称合作公司),合作公司由林周毅负责经营管理,林周毅不在杭州时,由俞影如全权代理。合作合同中约定有仲裁条款。公司章程中无关于林周毅去世后排除股东资格继承的规定。林周毅在公司章程中确认其住址为"台北市景美区育英街45巷15号",并确认其在美国的住址为"355 BARBARA LANE, DATYCITY, CA94105U. S. A."。合作公司的地址与活动中心的地址相同,即杭州市昭庆寺里街22号。1993年1月11日合作公司取得企业法人营业执照。

由于双方在合作经营过程中长期存在纠纷难以解决,2004年4月29日,活动中心以林周毅为仲裁被申请人向贸仲上海分会提起仲裁,请求裁决终止履行合作合同。仲裁期间,2004年7月10日,林周毅因病在沪去世。2005年1月13日,贸仲上海分会以林周毅未履行报批和领取办学许可证的合同义务,致合作办学的目的不能实现为由,作出涉案裁决:"申请人与被申请人签订的《合作经营杭州慈光幼稚园有限公司合同书》自本裁决作出之日起终止。"

仲裁期间,贸仲上海分会向林周毅送达相关仲裁文件的情况如下:

(1)2004年4月29日,按前述台湾地址向林周毅寄送仲裁通知等文件,该信件因收件人已搬迁被退回。

(2)同年6月9日,按前述美国地址再次向林周毅寄送仲裁通知等文件,该信件被名为"JUDY"的人签收。

(3)同年7月28日,按前述美国地址向林周毅寄送仲裁庭组成及开庭通知,该信件投递情况不明。

(4)同年8月24日,按前述美国地址向林周毅寄送延期开庭通知,该信件被退回。

在此情况下,贸仲上海分会要求活动中心进一步提供林周毅其他通讯地址,活动中心答复称无法提供。贸仲上海分会遂按照《中国国际经济贸易仲裁委员会仲裁规则》(2000年修订,以下简称《仲裁规则》)第八十七条规定,将前述美国地址认定为林周毅最后为人所知的地址。

(5)2005年1月13日,贸仲上海分会按照前述美国地址向林周毅寄送裁决书,该信件被签收,但具体签收人不明。

另查明:活动中心为确认林周毅在履行合作合同中存在违约行为,曾于2002年7月17日向贸仲上海分会另案申请仲裁。2003年3月10日,贸仲上海分会作出裁决认定:合作合同未约定合作期限、幼稚园园长由林周毅担任、合作公司无"小学许可证"而进行招生均不符合法律规定。在该案审理中,活动中心曾于2002年12月22日向林周毅寄送信件,地址为"杭州市昭庆寺里街22号";贸仲上海分会于2003年1月30日向林周毅寄送仲裁文件的地址也为该地址。该两封信件均成功送达。

再查明:1997年7月11日,杭州市公证处作出《收养公证书》,证明林周毅收养俞影如。2006年5月31日,湖南省高级人民法院作出[2005]湘高法民一终字第33号民事判决书,确认俞影如与林周毅的收养关系合法成立。

还查明:俞影如于2006年4月收到杭州市对外贸易经济合作局发出的《关于成立杭州慈光幼稚园有限公司特别清算委员会的通知》(以下简称《通知》)后,即于同年5月向二中院提起撤销涉案裁决的申请。

三、申请人的请求及被申请人的异议

俞影如诉称:其系林周毅的法定继承人之一,有权提出撤裁申请。活动中心明知"杭州市昭庆寺里街22号"是林周毅最后为人所知的通讯地址,但为使林周毅丧失向仲裁庭陈述意见的机会,而故意向仲裁庭隐瞒了该地址。由于林周毅及其继承人并未收到指定仲裁员或进行仲裁程序的通知,没有机会向仲裁庭陈述意见,根据《中华人民共和国仲裁法》第七十条及《中华人民共和国民事诉讼法》第二百六十条第一款第二项的规定,涉案裁决应予撤销。

活动中心辩称:首先,俞影如无权提出撤裁申请。撤销仲裁裁决的申请权仅属于仲裁案件的当事人,虽然俞影如是林周毅的法定继承人,但并非仲裁案件的当事人,其无权申请撤裁。此外,撤裁申请权属于身份权,身份权不具有可继承性,仲裁被申请人林周毅病逝后,撤裁申请权已经不存在。其次,贸仲上海分会在仲裁程序上完全合法。贸仲上海分会是按照林周毅在涉案合同及章程中确认的我国台湾地区及美国的地址送达相关文件,根据《仲裁规则》第八十七条的规定,贸仲上海分会已经依法完成了送达程序,涉案裁决不应被撤销。最后,"杭州市昭庆寺里街22号"是合作公司的地址,该地址并非林周毅确认的通讯地址。自2003年4月始合作公司实际处于关闭状态,故涉案仲裁期间相关仲裁文件无法通过该地址送达,不存在活动中心故意隐瞒林周毅正确通讯地址的事实。此外,根据仲裁法第五十九条的规定,俞影如申请撤裁已经超出了6个月法定期限。总之,涉案裁决不应被撤销。

俞影如反驳称:其系于2006年4月收到杭州市对外贸易经济合作局发出的通知时,方得知涉案裁决已经作出的事实。其于同年7月向法院申请撤、裁并未超出法定期限。此外,涉案仲裁期间,合作公司仍然处于运作状态,以林周毅或俞影如为收信人、寄往合作公司地址即"杭州市昭庆寺里街22号"的信件,均已正常妥收,俞影如向二中院提供了部分妥收信件的信封复印件。

四、需要说明的事项

1. 2006年5月26日,俞影如曾向二中院提出撤销涉案裁决的申请,二中院予以受理,案号为[2006]沪二中民五(商)初字第67号。由于关于俞影如与林周毅之间的收养关系争议正另案审理中,尚未作出生效判决,俞影如遂于同年6月26日向二中院撤回了该撤裁申请。之后,由于生效判决对俞影如与林周毅之间的收养关系合法性作出了认定,俞影如遂再次向二中院提起撤销涉案裁决的申请。

2. 2006年8月17日,二中院向贸仲上海分会发出公函,告知二中院拟依照仲裁法第六十一条的规定,通知该会重新仲裁。次日,贸仲上分会向二中院函复表示,同意重新仲裁。

五、上海市第二中级人民法院处理意见

(一)关于本案法律适用

鉴于仲裁被申请人林周毅为旅美台胞,因此本案处理应参照适用仲裁法第七十条和民事诉讼法第二百六十条第一款关于撤销涉外仲裁裁决的规定。

(二)处理意见

合议庭多数意见认为:首先,俞影如享有申请撤裁的权利。鉴于生效判决已认定俞影如与林周毅的收养关系成立,合法有效,活动中心对俞影如系林周毅的法定继承人未持异议,因此可以认定俞影如系林周毅的法定继承人。《中华人民共和国公司法》第七十六条规定:"自然人股东死亡后,其合法继承人可以继承股东资格;但是,公司章程另有规定的除外。"由于合作公司章程并未作排除继承的规定,且无相反证据排除法定继承,因此可以认定俞影如对合作合同项下林周毅的权利义务享有继承权。根据《最高人民法院关于适用〈中华人民共和国仲裁法〉若干问题的解释》第八条第二款规定:"当事人订立仲裁协议后死亡的,仲裁协议对承继其仲裁事项中的权利义务的继承人有效。"因此,合作合同中的仲裁条款在林周毅去世后,对俞影如有效,俞影如有权参加仲裁程序并陈述意见。仲裁法第七十条关于申请撤裁主体的规定,并未仅限定于仲裁程序的当事人,该条款并未排除受仲裁条款约束、与裁决结果具有利害关系、但未参加仲裁程序的当事人申请撤销仲裁裁决。当事人向法院申请撤销仲裁裁决,是仲裁法所赋予的一项否定仲裁裁决的程序性权利。法院经过审理后仅对裁决是否应予撤销作出决定,并不涉及当事人实体权利义务的认定。因此,俞影如作为林周毅法定继承人之一,可以单独提起撤裁申请。此外,仲裁法第五十九条规定:"当事人申请撤销裁决的,应当自收到裁决书之日起六个月内提出。"林周毅在仲裁期间去世后,其法定继承人并未得知仲裁案件正在审理中。涉案裁决系缺席裁决,在无证据证明涉案裁决已经被林周毅法定继承人签收的情况下,俞影如通过其他途径得知涉案裁决作出后即申请撤裁,并未超出法定期限。

其次,林周毅系于1992年在公司章程中确认其在美通讯地址,贸仲上海分会系在活动中心表示难以提供林周毅其他通讯地址后,认定该在美地址系林周毅最后一个为人所知的地址。但是,结合活动中心曾于2002年12月按"杭州市昭庆寺里街22号"地址向林周毅寄送信件并有效送达的事实,可见活动中心在仲裁过程中并未向贸仲上海分会提供仲裁被申请人林周毅真实的最后为人所知的通讯地址。尽管活动中心对涉案仲裁期间合作公司地址能有效送达持有异议,但难以否定"杭州市昭庆寺里街22号"系林周毅最后为人所知的通讯地址的事实。更何况俞影如向本院提交了在仲裁期间寄往合作公司地址的信件均妥收的相关证据,活动中心的行为致使仲裁被申请人林周毅及其法定继承人没有得到指定仲裁员及进行仲裁程序的通知,从而未能到庭陈述意见。根据民事诉讼法第二百六十条第一款第(二)项的规定,涉案裁决具备法定撤销情形,俞影如的撤裁理由成立。

最后,根据最高人民法院《第二次全国涉外商事海事审判工作会议纪要》第七十九条的规定:"对存在《中华人民共和国民事诉讼法》第二百六十条规定情形的涉外仲裁裁决,人民法院可以视情况通知仲裁庭在一定期限内重新仲裁。通知仲裁庭重新仲裁的,应裁定中止撤销程序,仲裁庭在指定的期限内开始重新仲裁的,应裁定终止撤销程序。"同时鉴于贸仲上海分会已经来函表示同意重新仲裁。因此,本案拟通知仲裁庭在1个月内重新仲裁,并裁定中止撤销程序;仲裁庭在指定的期限内开始重新仲裁的,将裁定终结撤销程序。

合议庭少数意见认为:虽然俞影如与林周毅之间的收养关系已经湖南省高院终审判决确认,但是无充分证据证明俞影如对系争合作合同项下相关权益享有继承权。俞影如应当在其对系争合作合同项下相关权益的继承权经生效法律文书确认后,再提起撤裁申请。本案应裁定驳回俞影如的撤裁申请。

二中院审判委员会讨论后认为:同意合议庭多数意见,通知仲裁庭在1个月内重新仲裁,本案裁定中止撤销程序;仲裁庭在指定的期限内开始重新仲裁的,裁定终结撤销程序。按规定逐级

报最高人民法院审核。

六、我院的审查意见

我院审判委员会讨论后认为：同意上海市第二中级人民法院的处理意见。由于活动中心隐瞒了可以向林周毅进行有效送达的地址——杭州市昭庆寺里街22号，致使贸仲上海分会将林周毅在美国的住址认定为其最后一个为人所知的通信地址，并导致仲裁被申请人林周毅及其法定继承人俞影如没有得到指定仲裁员及进行仲裁程序的通知，从而未能到庭陈述意见。活动中心对造成上述情况应负主要责任，同时，贸仲上海分会的送达程序也确实存在问题，违背了仲裁规则的有关规定，鉴于贸仲上海分会同意就此案进行重新仲裁，故依照仲裁法第六十一条、第七十条以及民事诉讼法第二百六十条第一款第（二）项的规定，拟通知贸仲上海分会在1个月内重新仲裁，并裁定中止撤销程序；仲裁庭在指定的期限内开始重新仲裁的，裁定终结撤销程序。按规定特报请你院审核。

请批复。

最高人民法院关于宝源贸易公司与余建国买卖合同中仲裁条款的请示的复函

- 2007年11月29日
- [2007]民四他字第38号

福建省高级人民法院：

你院[2007]闽民他字第22号《关于宝源贸易公司与余建国买卖合同中仲裁条款的请示》收悉。经研究，答复如下：

宝源贸易公司与余建国之间签订的2006年5月27日合同第八条仅约定争议提交"福建省晋江市仲裁委员会"仲裁，该条款未约定确认仲裁条款效力应适用的法律，亦未约定仲裁地点，根据《最高人民法院关于适用〈中华人民共和国仲裁法〉若干问题的解释》第十六条即"对涉外仲裁协议的效力审查，适用当事人约定的法律；当事人没有约定适用的法律但约定了仲裁地的，适用仲裁地法律；没有约定适用的法律也没有约定仲裁地或者仲裁地约定不明的，适用法院地法律"的规定，本案应适用法院地法律即中华人民共和国法律来审查本案所涉仲裁条款的效力。由于"福建省晋江市仲裁委员会"并不存在，晋江市又没有其他的仲裁机构，当事人之间对此也不能达成补充协议，根据《中华人民共和国仲裁法》第十八条即"仲裁协议对仲裁事项或者仲裁委员会没有约定或者约定不明确的，当事人可以补充协议；达不成补充协议的，仲裁协议无效"的规定，本案所涉仲裁条款应确认无效。

同意你院的审查意见。

此复。

附：

福建省高级人民法院关于宝源贸易公司与余建国买卖合同中仲裁条款无效的请示报告

2007年9月29日　[2007]闽民他字第22号

最高人民法院：

泉州市中级人民法院以[2007]泉民他字第3号《关于宝源贸易公司与余建国买卖合同中有关仲裁条款效力问题的请示》，就申请人宝源贸易公司申请确认与被申请人余建国签订买卖合同中仲裁条款效力一事宜报请本院审查。本院经审查，同意泉州市中级人民法院拟裁定确认仲裁条款无效的意见。现将该案呈报你院审查，并将有关情况报告如下：

一、当事人的基本情况

申请人：宝源贸易公司。

法定代表人：庄珍珍。

被申请人：余建国。

二、简要案情

2006年5月27日，宝源贸易公司与余建国签订买卖合同，合同第八条约定合同纠纷的解决方式，即：履行本合同发生争议，由当事人双方协商解决或由第三人调解解决，协商或调解不成，双方同意由福建省晋江市仲裁委员会仲裁。合同履行中，双方发生纠纷，宝源贸易公司以福建省晋江市不存在仲裁委员会为由,申请确认双方签订的上述仲裁条款无效。

三、泉州中级人民法院的处理意见

泉州市中级人民法院认为,双方当事人约定的仲裁条款中的仲裁机构名称为"福建省晋江仲裁委员会",但由于"福建省晋江市仲裁委员会"并不存在,福建省晋江市又没有其他的仲裁机构,因此,拟裁定仲裁条款无效。

四、我院的审查意见

我院经审查认为,宝源贸易公司与余建国买卖合同中没有约定确认仲裁条款效力适用的准据法,但仲裁条款订明的仲裁地点在中华人民共和国,根据《中华人民共和国仲裁法》第十七条的规定,本案应适用仲裁地国家的法律即中华人民共和国仲裁法来确定仲裁条款的效力。双方约定的仲裁机构"福建省晋江市仲裁委员会"不存在,又不能达成补充协议,根据《中华人民共和国仲裁法》第十八条的规定,仲裁条款无效,因此,我院同意泉州市中级人民法院拟裁定确认仲裁条款无效的处理意见。依据《最高人民法院关于人民法院处理与涉外仲裁及外国仲裁事项有关问题的通知》的规定,将该案呈报你院审查。

最高人民法院关于天津市和平区经济贸易委员会与天津狗不理包子速冻食品有限公司、香港浩平发展有限公司申请解散公司纠纷一案仲裁条款效力问题的请示的复函

- 2008年1月7日
- 〔2007〕民四他字第37号

天津市高级人民法院:

你院〔2007〕津高民四他字第1号《关于天津市和平区经济贸易委员会与天津狗不理包子速冻食品有限公司、香港浩平发展有限公司申请解散公司纠纷一案仲裁条款效力问题的请示》收悉,经研究,答复如下:

根据你院请示报告反映的事实,本案中,浩平发展有限公司以其与天津市狗不理包子饮食集团公司之间签订的《合资经营天津狗不理包子速冻食品有限公司合同》中存在仲裁条款为由提出管辖权异议,但本案原告天津市和平区经济贸易委员会并非该合资经营合同的当事人,不受合同中的仲裁条款约束。浩平发展有限公司以合资经营合同中约定了仲裁条款为由提出管辖权抗辩不应予以支持。

另外,关于本案所涉合资经营合同中的仲裁条款效力问题,我院〔2006〕民四他字第14号复函已有明确答复,合同当事方根据此仲裁条款提出的管辖异议应当不予支持。

同意你院的处理意见。

此复。

附:

天津市高级人民法院关于天津市和平区经济贸易委员会与天津狗不理包子速冻食品有限公司、香港浩平发展有限公司申请解散公司纠纷一案仲裁条款效力问题的请示

2007年10月10日
〔2007〕津高民四他字第1号

最高人民法院:

天津市第一中级人民法院受理的原告天津市和平区经济贸易委员会与被告天津狗不理包子速冻食品有限公司、第三人香港浩平发展有限公司申请解散公司纠纷一案,第三人浩平发展有限公司在答辩期内以合资经营合同中约定了仲裁条款为由提出管辖权异议。天津市第一中级人民法院经审查认为合同中的仲裁条款无效,该院对本案具有管辖权,并报我院审查。我院经审查同意该院意见,并根据《最高人民法院关于人民法院处理与涉外仲裁及外国仲裁事项有关问题的通知》第一条的规定,报请钧院审核。现将本案有关情况报告如下:

一、当事人的基本情况

原告:天津市和平区经济贸易委员会。住所

地,天津市和平区贵阳路143号。

被告:天津狗不理包子速冻食品有限公司。住所地,天津市和平区新华路175号。

第三人:浩平发展有限公司。住所地,香港湾仔轩尼诗道139号中国海外大厦10楼D室。

二、案件基本情况

1993年9月,原告天津市和平区经济贸易委员会(以下简称和平区经贸委)控股的天津市狗不理包子饮食集团公司(以下简称饮食集团公司)与第三人浩平发展有限公司(以下简称浩平公司)签订了合资经营合同,约定在中国天津合资经营"天津狗不理包子速冻食品有限公司"(以下简称速冻食品公司),投资总额279万元人民币,其中饮食集团公司出资79万元,占出资比例28%,以专项技术、"狗不理"牌匾、狗不理注册商标等无形资产和嘉宾酒楼除房屋产权的全部资产为出资股金;浩平公司出资200万元,占出资比例72%,以先进的设备、美元或港币为出资股金。在合资合同第三十九条约定:"因执行本合同及其附件发生的一切争议,先由甲乙双方通过友好协商解决。解决不了的问题经国际贸促会天津分会仲裁解决。"合资合同签订后,被告速冻食品公司于1993年9月21日登记设立,注册资本279万元,饮食集团公司占28%,浩平公司占72%。

2005年2月28日,和平区经贸委依据《企业国有产权转让暂行办法》将持有的饮食集团公司产权整体转让,由天津同仁堂股份有限公司通过竞价成功受让,重新组建了天津狗不理集团有限公司。但因速冻食品公司与浩平公司拒绝办理中方股东变更,至今28%国有股权仍由作为国有资产投资主体的和平区经贸委持有。2007年4月23日,和平区经贸委以速冻食品公司长期亏损,股东不能实现投资收益,公司管理发生困难,继续存在会使国有股东利益受到重大损失为由,起诉请求判令解散速冻食品公司,进行清算。浩平公司认为,涉案的合资合同中约定了争议解决方式为仲裁而非诉讼,因此,请求法院依法驳回和平区经贸委的诉讼请求。

天津市第一中级人民法院认为,浩平公司与饮食集团公司签订的《合资经营天津狗不理包子速冻食品有限公司合同》第十二章第三十九条虽然约定:"因执行本合同及其附件发生的一切争议,先由甲乙双方通过友好协商解决。解决不了的问题经国际贸促会天津分会仲裁解决",但国际贸促会天津分会不是法定的仲裁机构,因此该仲裁条款无效。另,浩平公司作为本案第三人无权单独对本案的案件管辖提出异议。鉴于速冻食品公司在天津市第一中级人民法院辖区内,根据原告就被告的原则,该院对本案享有管辖权。浩平公司的管辖权异议不能成立。

对本案所请示的问题,天津市第一中级人民法院在审理"原告天津狗不理集团有限公司诉被告天津狗不理速冻食品有限公司被告浩乎发展有限公司中外合资经营纠纷一案"过程中曾经向钧院进行过请示。钧院于2006年6月2日以〔2006〕民四他字第14号复函对本案合资经营合同仲裁条款效力问题正式答复我院,内容如下:"本案当事人在合资合同第三十九条约定:'因执行本合同及其附件发生的一切争议,先由甲乙双方通过友好协商解决。解决不了的问题经国际贸促会天津分会仲裁解决。'由于当事人未约定确认该仲裁条款效力的准据法,亦未约定明确的仲裁地点,根据多年司法实践及本院第二次全国涉外商事审判工作会议纪要确立的原则,应适用我国法律确认该仲裁条款的效力。当事人在合同中约定的国际贸促会天津分会不是法定的仲裁机构,即使将国际贸促会理解为中国国际经济贸易仲裁委员会,但中国国际经济贸易仲裁委员会并未在天津设立分会,因此应当认定当事人未在该仲裁条款中约定明确的仲裁机构。《中华人民共和国仲裁法》第十八条明确规定:'仲裁协议对仲裁事项或仲裁委员会没有约定或约定不明确的,当事人可以补充协议;达不成补充协议的,仲裁协议无效。'由于本案当事人签订的仲裁条款未约定明确的仲裁机构,且不能达成补充协议,因此该仲裁条款无效。天津市第一中级人民法院作为合同履行地及被告住所地的人民法院,依法对本案纠纷享有管辖权。"天津市第一中级人民法院根据上述批复的意见对浩平公司的管辖权异议依法进行了处理。该案在审理过程中,天津狗不理集团有限公司申请撤诉,天津市第一中级人民法院依法裁定准予撤诉。因为相关问题没有得到解决,和平区经贸委又作为原告提起本案诉讼,作为本案第三人的浩平公司再次以相同的理由提出管辖权异议。

三、我院审查意见

我院经审查认为，本案系涉港申请解散公司纠纷。浩平公司作为案件第三人无权对受诉法院的管辖权提出异议，且根据钧院〔20063 民四他字第 14 号复函的意见，由于当事人在《合资经营天津狗不理包子速冻食品有限公司合同》中签订的仲裁条款未约定明确的仲裁机构，且不能达成补充协议，因此该仲裁条款无效，浩平公司的异议理由也不能成立，天津市第一中级人民法院依法对本案纠纷享有管辖权。

以上意见当否，请批复。

最高人民法院关于马绍尔群岛第一投资公司申请承认和执行英国伦敦临时仲裁庭仲裁裁决案的复函

- 2008 年 2 月 27 日
- 〔2007〕民四他字第 35 号

福建省高级人民法院：

你院〔2007〕闽民他字第 36 号《关于马绍尔群岛第一投资公司申请承认和执行英国伦敦临时仲裁庭仲裁裁决一案的请示》收悉。经研究，同意你院审委会对该案处理意见的结论。

本案是马绍尔群岛第一投资公司申请承认和执行英国伦敦临时仲裁庭仲裁裁决案。我国为《1958 年承认和执行外国仲裁裁决公约》（以下简称《纽约公约》）的参加国，应当依照纽约公约的规定审查该裁决是否应当予以承认和执行。

本案仲裁庭虽由 3 名仲裁员组成，但是仲裁员王生长并未参与仲裁的全过程，没有参与最终仲裁裁决的全部审议。因此，仲裁庭的组成或仲裁程序与当事人之间仲裁协议的约定不符，也与仲裁地英国的法律相违背。根据《纽约公约》第 5 条第 1 款第 (4) 项的规定，该仲裁裁决不应予以承认和执行。

附：

福建省高级人民法院关于马绍尔群岛第一投资公司申请承认和执行英国伦敦临时仲裁庭仲裁裁决一案的请示

2007 年 10 月 12 日　〔2007〕闽民他字第 36 号

最高人民法院：

马绍尔群岛第一投资公司（First Investment Corp〈Marshall Island〉以下简称 FIC）申请承认和执行英国伦敦临时仲裁庭仲裁裁决一案，厦门海事法院拟裁定对该仲裁裁决不予承认和执行，根据你院〔1995〕18 号《关于人民法院处理与涉外仲裁及外国仲裁事项有关问题的通知》要求，厦门海事法院报请我院审查，经我院审判委员会研究，同意厦门海事法院的意见。现将我院的审查意见报告如下：

一、仲裁庭的组成与当事人之间仲裁协议不符，也与仲裁地所在国法律不符，构成《联合国承认和执行外国仲裁裁决的公约》第 5 条第 1 款第 (4) 项不予承认与执行的情形

（一）本案仲裁裁决没有得到仲裁庭全体成员的审议，仲裁庭组成违反仲裁条款关于仲裁庭组成的约定

1. 本案仲裁条款关于仲裁庭组成的约定

申请人与被申请人于 2003 年 9 月 15 日签订的选择权协议第 9 条系仲裁条款。该条款关于"3 名仲裁员应组成仲裁庭，来解决争议的事项"的约定，要求任何与合同相关的争议必须由 3 名仲裁员组成仲裁庭进行仲裁，同时还要求这 3 名仲裁员应全程参与以下仲裁程序，即：参与当事人提供全部证据的听证；参与听取当事人辩论的听证；参与仲裁员之间的对争议裁决的审议。

2. 仲裁员王生长没有参与程序问题第 8 号裁定的审议　该裁定包括三方面内容，即简介、仲裁裁决的通知和保留意见的草稿、被申请方 2006 年 3 月 2 目的申请。2006 年 3 月 2 日，被申请方要求仲裁庭应重新回到审理程序。仲裁庭多数

成员在王生长未参加审议的情况下以"被申请方的申请所依据的事实背景与本案责任或数量争议的决定无关"以及"即使王生长参加了此项决定的作出过程,他要说服多数成员改变既定的观点也是不可能的"为由,裁定驳回了被申请方2006年3月2日的申请。该裁定还说明,"已经有一段时间无法和王生长博士取得联系"。非常明确,仲裁员王生长没有参与程序问题第8号裁定的审议。

3. 仲裁员王生长没有参与最终仲裁裁决的全部审议

(1)仲裁裁决第一稿审议的完成并不意味着仲裁审议阶段的结束。

本案仲裁庭在作出仲裁裁决之前以不同形式在不同场合对本案裁决的争议问题进行了审议。根据程序问题第8号裁定描述的事实,本案仲裁裁决共有三稿,其完成时间分别是2006年1月21日、2006年3月25日、2006年3月31日。仲裁庭完成对第一稿的审议,并不说明已经完成全部审议。主要理由:其一,第二稿拟出后,本案首席仲裁员马丁·亨特又将仲裁裁决第二稿分发给王生长和布鲁斯·哈利斯两位仲裁员审议,说明审议仍在继续;其二,在仲裁庭2006年5月3日信函中,马丁·亨特明确表示仲裁庭只是完成实质审议,而非完成全部审议;其三,王生长在修改意见的措辞中使用了"草稿"的字眼,表明其对仲裁裁决第一稿提出的意见并非最终意见,也表明仲裁庭的审议过程尚未结束。因此,仲裁裁决第一稿审议的完成并不意味着仲裁审议阶段的结束。

(2)根据程序问题第8号裁定描述的事实,王生长仅对第一稿提出持有保留意见的草稿,并没有参与最终仲裁裁决的全部审议。

2006年1月21日,马丁·亨特作出该案仲裁裁决的第一稿,分发给王生长和布鲁斯·哈利斯审议。2006年2月16日,王生长提交其持有保留意见的草稿,3月上旬,布鲁斯·哈利斯提交了其对该稿的意见。2006年3月25日,马丁·亨特分发了抬头为"Draft2(final)—23—03—06"仲裁裁决的第二稿。2006年3月31日,在采纳了布鲁斯·哈利斯先生提出的一些校对性的修改意见后,马丁·亨特对仲裁裁决定了稿,并将此稿发给王生长和布鲁斯·哈利斯签字。该裁定明确说明,王生长对最终仲裁裁决的审议截止于对第一稿的审议。

(3)根据仲裁庭2006年5月3日及2006年7月28日信函描述的事实,王生长从2006年2月起没有参加仲裁程序,没有参与最终仲裁裁决的全部审议。

在仲裁庭2006年5月3日信函中,仲裁庭首席马丁·亨特通知了当事各方,称:仲裁庭已经完成了合议的实质部分,仲裁裁决已经有两名仲裁员签署,另一名仲裁员王生长博士已经有一段时间失去了联系;王博士此前曾表示了他愿意有保留地签署由仲裁庭大多数成员建议的裁决的意图;王博士给另两位成员寄去了一份反对意见的草稿。在2006年7月28日的信函中,马丁·亨特给各方当事人律师的传真内容中说明布鲁斯·哈利斯和马丁·亨特最后一次和王生长联系是在2006年2月份,此后他们就没有王生长的任何音讯了。上述事实说明了王生长从2006年2月起,没有参加仲裁程序。

(4)从王生长被采取强制措施实际情况看,王生长不可能参与本案的全部审议。

王生长于2006年3月20日因涉嫌犯罪被刑事拘留。据此可知,王生长未能看到马丁·亨特3月25日发给他的仲裁裁决第二稿和3月31日的定稿以及之后发给他的相关文件,王生长不可能参与本案的全部审议。

上述证据表明,王生长在2006年2月下半月没有音讯后,参与仲裁程序的只有马丁·亨特和布鲁斯·哈利斯两名仲裁员。剩余两名仲裁员继续进行仲裁程序违反了仲裁协议中"由三名仲裁员组成仲裁庭对争议进行仲裁"的规定。

(二)本案中仲裁庭组成违反仲裁地法关于仲裁庭组成的规定

1996年英国仲裁法对仲裁员在仲裁过程中拒绝担任或无法继续担任仲裁员的情形有相应的规定,在仲裁庭组成有缺陷时的法定措施包括:(1)撤销对仲裁员的授权;(2)申请法院撤换仲裁员;(3)填补空缺,重新指定仲裁员。

本案中,王生长由于被采取强制措施,实际上已无能力继续从事仲裁程序,无法履行其职责。根据1996年英国仲裁法,在一名仲裁员无法履行其职责时,当事人就是否需要另行指定替代仲裁员进行约定是一项法定的权利。当事人既可以依据该法第23条"撤销对仲裁员的授权"的规定,通过协议或共同行动解除王生长作为仲裁员的权力,由马丁·亨特和布鲁斯·哈利斯组成一个只有两名仲裁员的仲裁庭继续仲裁;也可以依据该法第24条"法院撤换仲裁员的权力"规定,由当事人向法院申请,免除无法履行职责的王生长的仲裁员资格;亦可以依据该法第27条"填补空缺"第1款规定:当一名仲裁员无法履行其职责时,当事人可以就下列事项自由做出约定:(a)是否应当补充空缺,若需补充则应如何补充;(b)之前的程序是否应当有所变化,若有变化则应如何变化;以及(c)仲裁员无法履行职责会给他所做出的指定(单独或共同地)造成何种影响(若有的话)。上述三项措施,是当事人的法定权利,不容剥夺。

同时该法第27条第2款和第3款又规定,在当事人无法达成一致的情况下应当适用第16条和第18条关于仲裁员指定的规定。第16条是关于在仲裁开始时如何指定仲裁员的规定,第18条则是关于在当事人无法达成协议时指定仲裁员的规定。

因此对于本案而言,当出现王生长不能履行仲裁员职责的情形时,在当事各方采取法定措施之前,马丁·亨特和布鲁斯·哈利斯两人不能组成有效的仲裁庭继续仲裁。

(三)多数仲裁员意见不能解决本案仲裁庭组成的缺陷

按照马丁·亨特和布鲁斯·哈利斯的意见,仲裁裁决是依据仲裁庭多数成员作出的,即使王生长参与了2006年3月底至仲裁程序全部结束的整个过程,裁决也不会有任何更改。该案程序问题第8号裁定第5段说:许多现代仲裁规则均授权一个缺脚的仲裁庭在某些情况下完成仲裁;适用于本次仲裁的伦敦海事仲裁员协会2002年规则第8(c)条规定"在指定了第三名仲裁员之后,决定、命令或裁决应由所有或多数仲裁员作出"。

然而,多数仲裁员意见不能解决本案仲裁庭组成的缺陷。

第一,所谓的多数意见裁决有效适用于,也仅适用于全体仲裁员参与整个仲裁程序的情形,在仅有部分成员参与仲裁程序时多数意见是没有意义的。在仲裁庭有成员已无法,且实际没有参与仲裁程序的情况下,问题已不再是多数意见还是少数意见,而是仲裁庭的其他成员是否依然可以继续仲裁程序的问题。

第二,如果只要有多数仲裁员的意见即能约束当事人,其实在双方当事人分别指定了布鲁斯·哈利斯和王生长之后,只要他们两人意见一致似乎已没有必要再指定马丁·亨特为第三名仲裁员了,因为无论马丁·亨特持何种意见,均改变不了布鲁斯·哈利斯和王生长已达成的共同多数意见。实际上马丁·亨特和布鲁斯·哈利斯自己也不同意这一观点,如前所述,马丁·亨特在2006年7月28日的传真中明确说了,除非得到双方当事人的同意,他和布鲁斯·哈利斯无法就仲裁费用作出裁决。如果多数意见裁决有效的观点能够成立的话,那么只要布鲁斯·哈利斯和马丁·亨特的观点一致,他们依然可以在没有王生长参与的情况下作出另一个关于仲裁庭费用的有效的裁决。但事实上,他们二人并没有这么做,这恰恰说明了,在王生长没有参与的情况下,所谓的多数意见裁决有效的观点是不能成立的。

(四)仲裁庭在仲裁员无法继续履行仲裁员职责时,没有告知当事人,导致仲裁庭组成缺陷,仲裁程序与仲裁地所在国法律不符

如前所述,1996年英国仲裁法对仲裁员在仲裁过程中拒绝担任或无法继续担任仲裁员的情形有相应的规定,并规定了仲裁庭组成有缺陷时的法定措施。本案中,仲裁庭在2006年5月3日的信函中称审议已实质上完成,多数意见裁决随时可以作出来,这是拒绝当事人选择补救措施,剥夺当事人的法定权利,也是仲裁庭最大的失误。

二、本案仲裁裁决审理的是仲裁协议以外的、未约定以仲裁方式解决的纠纷,超越仲裁管辖权,构成了《纽约公约》第5条第1款第(3)项规定的不予承认和执行的情形

当事人双方有关在伦敦进行仲裁的约定包含在《选择权协议》中。因此依据该条款提起的

仲裁所针对的争议只限于《选择权协议》约定的范围。而申请人FIC已根据该《选择权协议》指定8家在马绍尔群岛国设立的单船公司：Magna Mari time SA、Magnifico Maritime SA、Magna itime SA、Magnum Maritime SA、Maistrali Maritime SA、Margarita Maritime SA、Mimosa Maritime SA、Myrtia Maritime SA（系原仲裁第二至九名申请人，以下简称8家被指定公司）与被申请人签订选择船建造合同，这一行为的后果是，申请人FIC已不是《选择船建造合同》的买方。申请人在指定上述8家公司作为选择船的买方后，即退出了该选择船的交易，申请人FIC与被申请人之间已不存在选择船建造合同关系。由于选择船建造合同最终没有签订，合同中列明的仲裁条款也没生效，因此在被申请人与8家被指定公司之间缺乏仲裁协议。但是，仲裁庭却审理了包括8家被指定公司在内的合同争议，虽然其最终裁决认为该8家被指定公司并非本案的适格主体，但却将这8家被指定公司的所谓损失作为该案的审理内容。仲裁庭在裁决书中认为申请人FIC在作出指定后可以收回其指定，然后以自己的名义主张其损失。但问题的关键是，申请人FIC在作出指定后事实上没有收回其指定。按照原先的选择权协议的约定，应该是其所指定的8家被指定公司与被申请人签订造船合同。如果认定被申请人违约，受损害的一方应是这8家被指定公司，而非申请人FIC。可是仲裁庭一方面认为8家被指定公司不是本案适格的申请人，另一方面却将这8家被指定公司与被申请人的争议及其所谓损失列入仲裁范围，并最终将8家被指定公司的损失判给了申请人FIC，该裁决的内容和结果显然超出了《选择权协议》所确定的被申请人依据该协议所应承担的法律义务。也就是说，本案审理的本应是申请人FIC与被申请人的选择权合同纠纷，而仲裁庭却将8家被指定公司与申请人之间的选择船建造合同纠纷也列入审理范围。该裁决结果构成了《纽约公约》第5条第1款第(3)项规定的"裁决涉及仲裁协议所没有提到的，或者不包括仲裁协议规定之内的争执；或者裁决内含有对仲裁协议范围以外事项的决定……"的情形，构成超越仲裁管辖权，故对该仲裁裁决应不予承认和执行。

三、仲裁程序不当致使被申请人丧失了申辩的机会和权利

在仲裁的开始阶段，被申请人就对8家被指定公司的仲裁申请人的主体资格提出异议，但FIC及8家被指定公司则坚持主张这8家被指定公司成为仲裁申请人。但是，仲裁庭在整个仲裁审理过程中对8家被指定公司的主体资格与裁决结果之间的关系及其影响不加明确，并在第1号裁定中驳回了被申请人要求先行否定8家被指定公司当事人主体资格的请求。这一不当做法误导了被申请人，对仲裁程序及结果产生了严重的影响，导致被申请人为坚持并实现自己的主张，而将陈述和争辩的方向主要集中在反驳FIC为此提出的所谓"代理、对信托的承诺、转让、1999年合同（第三方权利）法"等四种理由上，以致仲裁双方都认为至关重要并以此作为全案争辩的焦点问题。仲裁庭只是在最终阶段才裁决8家被指定公司不具有申请人主体资格，并认为"根据英国法，只要8家被指定公司可以证明自己各自的损失，FIC就能够取得这些损失的赔偿"。在此之前，仲裁庭没有引导双方将8家被指定公司的损失可否构成FIC的损失、FIC能否以及是否撤回了对8家被指定公司的指定等至关重要的问题列为争议焦点，也未引导仲裁双方就上述事实和法律问题发表意见。因此，仲裁庭的裁决结果是建立在未经事实调查和质证以及未就相关法律问题展开充分辩论的情况下作出的FIC可以撤回指定等武断结论的基础上，这显然剥夺了被申请人就这一问题进行阐述和申辩的机会与权利。因此该仲裁程序明显不当，符合《纽约公约》第5条第1款第(2)项规定的"作为裁决执行对象的当事人，没有被给予指定仲裁员或者进行仲裁程序的适当通知，或者由于其他情况而不能对案件提出意见"的情形，故本案仲裁裁决应当不予承认和执行。

四、仲裁庭在仲裁过程中对"无损害文件"的处理存在严重的程序瑕疵，违反了英国法的有关规定，构成《纽约公约》第5条第1款第(4)项关于仲裁程序与仲裁地所在国法律不符的情形

根据英国法，"无损害文件"是指原为了解决争议举行的谈判的全部或部分内容。根据英国法，仲裁庭不应允许采用"无损害文件"，否则仲裁庭就犯了程序上的错误，将会导致仲裁裁决无法强制执行。本案中申请人提供了此前双方签订的协商解决问题的无损害文件，即：从2003年9月起，双方以口头或书面形式进行"无损害固有权益"的谈判，并在福州、上海等地会谈。期间被申请人提出由于钢材上涨，他们每建造一艘船将损失200万美元，要求对方提高价格，但在申请仲裁时，FIC在申请书上披露了被申请人在"无损害固有权益"的谈判中商谈的内容，作为被申请人违约的依据。该文件经过仲裁庭委托的独立人鉴定评估，证实其中包含不得披露的无损害文件。这些文件内容，给仲裁庭造成被申请方未签署选择船建造合同的主要原因就是要求加价的印象，这是严重违反程序公正的。而且仲裁裁决书第7章第182点就直接引用被申请人在"无损害固有权益"谈判中提出的关于钢材价格明显上涨，按照合同价格造船必然会产生巨额亏损的主张，并就此认为被申请人是因财务困难而不履行合同。根据英国法律的规定，将导致仲裁的无效。对此，仲裁庭虽然承认了程序上的错误，却并没有作出任何努力来弥补该错误，只是认定这些"无损害文件"是无关的，并略过这些文件。

综上，鉴于该仲裁裁决在程序上存在的严重瑕疵，已构成《纽约公约》第5条第1款第(2)、(3)、(4)项的规定，我院审判委员会讨论一致意见应予拒绝承认和执行。

现将上述意见报请你院审查。

最高人民法院关于《不予承认日本商事仲裁协会东京04—05号仲裁裁决的报告》的复函

- 2008年3月3日
- 〔2007〕民四他字第26号

江苏省高级人民法院：

你院〔2007〕苏民三他字第0002号《关于不予承认日本商事仲裁协会东京04—05号仲裁裁决的报告》收悉。经本院审判委员会讨论，答复如下：

本案系日本信越化学工业株式会社（以下简称信越会社）向我国法院申请承认日本商事仲裁协会作出的仲裁裁决，中日两国均为《承认及执行外国仲裁裁决公约》（以下简称《纽约公约》）的缔约国，因此，应当依据《纽约公约》的有关规定进行审查。

从你院请示报告中反映的情况看，本案仲裁裁决在作出的期限及相关通知程序方面与《日本商事仲裁协会商事仲裁规则》（以下简称《仲裁规则》）和《日本仲裁法》的相关规定不符，存在《纽约公约》第五条第一款(乙)、(丁)项规定的情形。

首先，本案仲裁裁决在作出裁决的期限方面与《日本商事仲裁协会商事仲裁规则》（以下简称《仲裁规则》）不符。根据上述《仲裁规则》第53.1条的规定，"仲裁庭认为仲裁程序已进行得完全充分，可以进行裁决并决定终结审理程序时，仲裁庭应在作出该决定之日起5周内作出仲裁裁决；如果因为案情复杂或其他原因，仲裁庭认为有必要时，可以适当延长该期限，但不得超过8周。"2005年7月7日，仲裁庭决定接受日本信越化学工业株式会社（以下简称信越会社）变更仲裁请求的申请，并结束审理。2005年8月31日，仲裁庭宣布延后20天即2005年9月20日作出仲裁裁决，而实际作出仲裁裁决的日期为2006年2月23日，在决定结束审理之后，仲裁庭没有依照《仲裁规则》的规定按期作出仲裁裁决。当事双方在合同中约定：由本协议产生和与本协议相关的所有纠纷在双方无法协商解决的情况下，根据《日本商事仲裁协会商事仲裁规则》在日本东京进行仲裁。当事双方在合同中选择仲裁作为处理争议的方式，并明确约定了适用《日本商事仲裁协会商事仲裁规则》，因此，该《仲裁规则》中的有关内容已经成为当事人协议的一部分。上述仲裁庭违反《仲裁规则》以及《日本仲裁法》的行为构成了《纽约公约》第五条第一款(丁)项规定的"仲裁机关之组成或仲裁程序与各造间之协议不符，或无协议而与仲裁地所在国法律不符"的情形。

其次，《仲裁规则》第53.2条规定："仲裁庭在前款审理终结时，应把将要作出裁决的期限通知当事人"，仲裁庭在宣布2005年9月20日作出仲裁决后,直至实际作出裁决的2006年2月23日,没有按照《仲裁规则》的规定再次决定延期并通知当事人,构成了《纽约公约》第五条第一款(乙)项规定的"受裁决援用之一造未接获关于指派仲裁员或仲裁程序之适当通知,或因他故,致未能申辩者"的情形。

综上,同意你院的处理意见,本案仲裁裁决存在《纽约公约》第五条第一款(乙)、(丁)项规定的情形,不应予以承认。

此复。

附:

江苏省高级人民法院关于不予承认日本商事仲裁协会东京04-05号仲裁裁决的报告

2007年5月25日 〔2007〕苏民三他字第0002号

最高人民法院:

日本信越化学工业株式会社依据《承认和执行外国仲裁裁决公约》(以下简称《纽约公约》),在我国民事诉讼法规定的期限内,向江苏省南通市中级人民法院(以下简称南通中院)申请承认日本商事仲裁协会作出的东京04—号号仲裁裁决(以下简称仲裁裁决)。南通中院拟依据《纽约公约》第五条第一款(丁)项的规定,拒绝承认该仲裁裁决。我院经审查,同意南通中院的意见。现报请贵院审查。

一、当事人概况

申请人:日本信越化学工业株式会社。住所地,日本东京千代田区大手町2丁目6番1号100-0004。

法定代表人:金川千寻,该株式会社董事长。

委托代理人:陈文伟、陆彤心,上海市小耘律师事务所律师。

被申请人:江苏中天科技股份有限公司。住所地,江苏省如东县河口镇。

法定代表人:薛济萍,该公司董事长。

委托代理人:郑杭斌、熊辉,江苏天豪律师事务所律师。

二、基本案情

江苏中天科技股份有限公司(以下简称中天公司)是我国光纤产品的主要生产厂商,日本信越化学工业株式会社(以下简称信越公司)是国际上向中国出口匹配型单膜光纤预制棒唯一厂商。2001年11月27日,中天公司与信越公司签订买卖合同一份,约定中天公司自2003年1月1日起为期5年,以最高每克70日元的价格向信越公司购买匹配型单膜光纤预制棒。由本协议产生和与本协议相关的所有纠纷在双方无法协商解决的情况下,根据《日本商事仲裁协会商事仲裁规则》(以下简称《仲裁规则》)在日本东京进行仲裁。仲裁裁决应是终局的,对双方均有约束力。

2003年5月7日,中国商务部收到长飞光纤光缆有限公司和江苏法尔胜光子有限公司代表国内非色散位移单模光纤(即常规单模光纤)产业正式提交的倾销调查申请,并发出2003年第24号公告,决定于2003年7月1日起对原产于美国、日本和韩国的进口常规单模光纤进行反倾销立案调查,确定倾销调查期为2002年4月1日至2003年3月31日,产业损害调查期为2000年1月1日至2003年3月31日。商务部2004年第28号公告初裁决定对上述三国的进口常规单模光纤征收保证金。2005年1月1日,终裁决定对上述三国进口常规单模光纤征收7%~46%不等的反倾销税,其中对从日本进口的常规单模光纤全部征收46%的反倾销税。本案长期买卖合同标的,即为上述进口产品的原材料。2003年中国国内光纤市场平均价格为每公里119元,2004年则为100元。如果照此合同履行,中天公司生产光纤的总成本则分别达到每公里175.46元和167.47元。

鉴于光纤价格所发生的巨大变化,中天公司就价格问题要求信越公司作出修订,但双方未能达成一致意见,合同没有履行。

三、仲裁情况

2004年4月12日,信越公司依据合同约定的仲裁条款向日本商事仲裁协会东京仲裁机构提出仲裁请求。

日本商事仲裁协会接受信越公司的仲裁请求后通知了中天公司,并提供了英文本的《仲裁规则》。中天公司随后即委托汪琦鹰律师作为仲裁代理人，同时申请延长协商仲裁员人数的期限，该协会于2004年5月20日通知不予延长。在中天公司又分别于2004年5月31日和6月1日两次提出请求组成三人仲裁庭后，该协会于6月2日再次拒绝了中天公司的请求。6月4日，该协会又通知中天公司，因申请人同意仲裁员人数为3人，要求双方于6月25日前各自选任1名仲裁员。

组成合议制仲裁庭后，双方一致确定英语为仲裁用语。仲裁庭于2004年12月20日进行了第一次开庭，但没有向当事人提供庭审记录及录音。此后，信越公司于2005年2月28日提交了变更仲裁请求的申请，将索赔期限从2004年1月延长至2005年3月。仲裁庭于2005年3月22日发出通知，定于2005年4月4日及5日进行第二次庭审。

第二次庭审首先核对了新的出庭人员，但没有审查另一参与庭审人员木下显的身份。庭审开始后，仲裁庭首先给予双方各15分钟时间陈述意见。信越公司在陈述结束时向仲裁庭提出请求，要求在本次庭审结束后终结仲裁程序，并尽快作出裁决。在信越公司的整个陈述期间，仲裁庭没有就用时问题打断其陈述。当中天公司发表意见时，仲裁员在开始后不久即打断中天公司代理人的陈述，询问需要多长时间，中天公司明确表示根据信越公司的用时，还有20分钟时，仲裁员却要求在5分钟内结束，称以后给予时间。在接着进行的质询证人木下显的程序中，首先由信越公司询问，仲裁员在问其需要多长时间后未就询问时间作出限制，直至信越公司的询问进行到当日下午时，仲裁员才再次询问还需要多长时间，信越公司回答会在17:30结束，后又表示还需要45分钟，仲裁员表示请尽量在15:30结束，否则17:30后没有翻译。而在中天公司代理人对证人木下显的质询中，仲裁庭在中天公司的质询开始不久即打断质询，询问能否在10分钟内结束，后又在当天庭审结束时宣布第二天的庭审是从13:00开始，上午不开庭。中天公司当即向仲裁庭询问能否有足够的时间陈述意见，仲裁庭限定半个小时时间，并表示这一时间是足够的。中天公司立即向仲裁庭表明，案件对自己非常重要，来日本不易，希望有足够的时间能够尽可能清楚地阐明自己的观点。仲裁庭表示对此理解。第二天即4月5日下午的庭审接着进行，中天公司首先表明30分钟是远远不够的，现只能按照半小时时间准备问题。而此时仲裁庭却又表示这不是限制性的，而是要求尽量在半小时内结束提问。在中天公司对证人木下显的质询中，信越公司代理人在快到30分钟时发言称中方时间只有5分钟了，仲裁庭当即表示赞同："好的，我们最好先完成对木下显的质询。"中天公司代理人当即指出，昨天信越公司用了4个小时进行质询，而给予中方的时间太短。在中天公司表明已经证明木下显作证不实，不应对其进行进一步质询时，信越公司又提出需30分钟再次质询木下显，仲裁庭立即同意，中方表示反对，明确指出：昨天申请人用时4个小时质询，中方只用了两个半小时表达本方观点，而今天只有半天，时间实在太短，中天公司从中国远道而来，希望阐明事实并得到合理的结果，但是申请人在程序上用掉的时间太多了，导致中天公司没有足够的时间答辩。如果信越公司想把所有的时间用在法律程序、质询或纠正事实，或收回已经陈述的证言上，直至满意为止，这对中天公司是不公平的，也是中天公司所不能接受的。同时，中天公司代理人表示，由于仲裁庭在昨天只给予30分钟时间，没有时间准备庭审的观点。然而，仲裁庭仍然允许信越公司再次提问的请求，中天公司认为这对其不公平，并认为证人木下显不诚实，不应由其继续说下去，并以退出仲裁表示抗议。在中方的强烈要求下，仲裁庭最终没有同意日本信越公司的再次质询，并在询问中方是否继续质询证人木下显后结束了质询程序。在听取各方最后10分钟的陈述意见后，仲裁庭宣布4月底终结全部仲裁程序，并向双方表明不得提交新证据。信越公司提出5月底终结比较合适，中天公司未发表反对意见，仲裁庭同意了这一要求，最终宣布5月底审理终结，仲裁裁决将于审理终结日后8周作出。仲裁庭就第二次庭审向双方提供了全部录音和英文记录。

2005年5月31日，信越公司再次向仲裁庭提出变更仲裁请求申请。6月21日，仲裁庭决定重新审理。6月28日，中天公司代理人向首席仲裁员发出关于《对申请人变更仲裁请求的法律意见》,明确反对这一不合理的请求,指出双方均已同意并已得到仲裁庭确认于5月底结束程序,这是根据《仲裁规则》具有法律约束力的决定,申请人的变更请求违反了《仲裁规则》,且明显超出了合理期间的范围,对被申请人是不公平的。后仲裁庭于2005年7月7日发出《关于承认申请人请求及结束仲裁程序的通知》,决定接受信越公司于2005年5月31日提出的关于变更要求救济和赔偿的请求(包括自2005年4月至2005年7月装船货物),并结束程序。从6月21日决定重新审理之日起至作出仲裁裁决,仲裁庭未就该案重新开庭。

2005年7月29日,仲裁庭通知将于2006年8月底作出裁决,后又于2005年8月31日宣布延后20天即2005年9月20日作出仲裁裁决。此后再也没有发出过任何通知。

2006年2月23日仲裁庭作出裁决。裁决认为:长期协议的第4项不能直接适用于该案件;长期协议因情况确实发生改变使双方当事人根据最初条件履行协议变得不实际也很困难,双方不能对新的条件进行约定,彼此已经失去信心,这种长期协议所依赖的必需的信赖关系在经历了为解决问题所进行的谈判失败后,即在仲裁质证结束后被破坏殆尽。如果让申请人继续对其遭受的损失提出赔偿要求,这似乎是不公平的;同时认为支持申请人要求弥补自2004年1月至2005年7月期间所遭受的损失是合理的,虽然长期协议的第4项不能直接适用于该案件,但可以假定根据申请人在其陈述中和通过木下显先生证词所提出的主张,长期协议的第4项可以在本案中被用作清偿损失条款,没有任何证据表明以每克40日元作为清偿损失是不合理的。仲裁裁决驳回了申请人的其他请求,并得出最终结论:即中天公司向信越公司支付15.2亿日元,并支付自2004年4月12日至给付之日按年利率6%计算的银行利息;向信越公司支付3173283日元的仲裁费用。

该裁决另附沈四宝仲裁员的不同意见书,内容为:"当我表示愿意签署最初的裁决方案之后,您于2006年1月5日送交我新的裁决书。当前这份新的裁决书完全推翻了最初的裁决方案,而最初的裁决方案曾被您认为是因执行了公正的程序并通过大家真诚讨论后取得的结果,并被您认为是最终的裁决。当前的裁决和最初的裁决方案区别在于:1.当前的裁决主张:'对于这种长期协议来说所必需的信赖关系在经历了为解决问题所进行的谈判宣告失败后,即大约在仲裁质证结束时(也就是2005年7月底)被破坏殆尽'(最初的裁决方案中为2004年4月12日)。2.当前的裁决主张:'我们认为让申请人寻求弥补自2004年1月至2005年7月期间所遭受的损失是合理的'(最初的裁决方案中的期间为自2004年1月至2004年3月)。3.当前的裁决删除了在最初的裁决方案中规定的:'然而,从上述数额中减去20%是公正和必要的,因为双方当事人有义务对合同的条件进行善意的重新协商,同时申请人也有义务减少损失'。4.裁决决定的赔偿数额从1.92亿日元猛增到了15.2亿日元,这是最初裁决方案所定数额的8倍,就我来说,这是明显不公平和不能接受的。我很难理解为什么在没有任何新的证据、没有再次开庭和举行讨论的情况下,在短短的一个月之内,这份新的裁决书完全推翻了最初的裁决方案,损失赔偿额也增至原来的8倍,但是最初的裁决方案却曾经被您认为是因执行了公正的程序并通过大家真诚讨论后取得的结果,同时您也曾认为它将是最终的裁决并准备签字。这是仲裁过程中的严重缺陷,由于上述原因我将不会同意当前的裁决决定。"

审查中,南通中院就仲裁裁决书所附沈四宝仲裁员的意见书涉及的相关事实进行了核实。沈四宝仲裁员向南通中院提供了一份其于2006年1月13日经过公证的发给首席仲裁员的函件,内容是就仲裁庭对仲裁内容所进行讨论的回顾,主要是:

2005年8月22日首裁要求两位仲裁员就裁决书的推理部分提出意见。在考虑了两位仲裁员的意见后,首裁于2005年9月6日将仲裁裁决书概要发给两位仲裁员。两位仲裁员分别于9月8日和9月9日将各自的意见回复首裁。首裁又于9月13日在考虑了两位仲裁员意见后将裁决书的最后一稿草案发给仲裁员。沈四宝仲裁员于9月20日向首裁提交了对此草案的意见，又于10月20日通知首裁和另一仲裁员表示不签署这一裁决书。此后，首裁于10月28日发给沈四宝仲裁员传真，认为裁决书对于两种意见来说是居中的，是公平程序和真诚讨论的结果，希望能够签署该裁决书。10月31日，沈四宝仲裁员回复表示仍坚持自己的观点是正确的。2005年12月9日，首裁又发给两仲裁员传真，称计划再次起草仲裁裁决书，如果有任何意见，请于2005年12月16日之前传真回复。沈四宝仲裁员于12月12日回复首裁，认为没有必要重新起草裁决书，分歧仅在于申请人所受损失额，认为按照日本的商业标准来评估，表示同意签署原仲裁裁决。另一仲裁员也于12月15日作出了协议有效、协议第4条款适用于本案的回复。但首裁仍然于2006年1月5日发送了重新起草的裁决书。沈四宝仲裁员于1月13日复函首裁，表示其最终已经表明了签署原裁决书的意愿，希望回到原裁决书，但是如果首裁坚持新的裁决书，则正式要求依照商事仲裁规则的规定，在裁决书中详细说明拒绝在新的裁决书签字的原因。

此外，在供给中天公司涉案产品的同时，信越公司还在同期以同样的价格与天津鑫茂公司和江苏法尔胜公司签订了长期买卖合同，其中天津鑫茂公司也被该仲裁协会裁决支付巨额赔偿。

四、当事人的申请与抗辩理由

裁决生效后，中天公司没有履行该裁决。由于日本和中国均为《纽约公约》的缔约国，信越公司遂依据该公约于2006年5月26日向南通中院提出申请承认该裁决，中天公司请求拒绝承认该裁决。中天公司的不予承认抗辩及信越公司的反驳意见如下：

（一）关于仲裁庭超期裁决及通知的问题

中天公司认为：《仲裁规则》第53条规定："1. 仲裁庭认为仲裁程序已进行得完全充分，可以进行裁决并决定终结审理程序时，仲裁庭应在作出该决定之日起5周内作出仲裁裁决；如果因为案情复杂或其他原因，仲裁庭认为必要时，可以适当延长该期限，但不得超过8周。2. 仲裁庭在前款审理终结时，应把将要作出裁决的期限通知当事人。"第12.2条规定："在仲裁庭认为必要时，可以延长除第65条规定期限之外的本规则条款规定的任何期限（包括仲裁庭自身所决定的期限）。仲裁庭作出延长决定后，应及时通知双方当事人。"2005年7月7日，仲裁庭决定接受信越公司变更仲裁请求的申请，并结束审理。2005年8月31日，仲裁庭宣布延后20天即2005年9月20日作出仲裁裁决，而实际作出仲裁裁决的日期为2006年2月23日，即仲裁庭超过原定期限5个月才作出仲裁裁决。在原定期限届满后，仲裁庭既没有作出仲裁裁决，也没有再次决定延期并通知当事人。仲裁庭的这一做法严重违背《仲裁规则》的规定。

信越公司反驳认为：《仲裁规则》第53条的规定无非是为了防止拖延纠纷的解决而制定的一个努力目标，并不意味着超过期限就不得作出裁决或逾期作出的裁决的效力会受到影响。中国民事诉讼法也有类似规定，人民法院在未申请延期审理的情况下逾期作出判决时，该判决的效力不会因此被否定。据此，仲裁庭作出裁决超期不应成为拒绝承认该裁决的理由。

（二）关于仲裁庭作出仲裁裁决是否违反合议制度的问题

中天公司认为：仲裁裁决书所附的沈四宝仲裁员的意见书表明，本案仲裁在程序上存在严重瑕疵。在三位仲裁员均表示同意签署第一份裁决，且该裁决被认为是"公平程序和我们真诚讨论的结果"的"最终裁决"的情况下，首席仲裁员未经合议，在没有任何新证据、新的开庭和新的讨论的情况下，又作出了第二份仲裁裁决，而第二份仲裁裁决的赔偿金额竟然是原有仲裁裁决赔偿金额的8倍多。因而有理由认为本案仲裁裁决的作出程序严重违反了《仲裁规则》的规定，严重扭曲了仲裁的公平、公正本质和三人合议制度。

信越公司则认为：首先，假设存在最初版本，该版本不过系草案，不具有任何效力；其次，本案裁决已有两名仲裁员签字，根据日本仲裁法规定，完全有效。沈四宝仲裁员的反对意见不影响仲裁裁决有效性；再次，裁决金额15.2亿日元的变更是因为仲裁请求变更所致，完全合法；最终裁决作出日为2006年2月23日，迟于预定的9月20日，该逾期与裁决有效性没有任何关系。另外，信越公司在其《答辩状意见》第7页中声称,沈四宝仲裁员的反对意见是关于对本案裁决内容的反对意见,不得作为承认及执行本案仲裁裁决程序时审理判断的对象。

中天公司反驳认为:裁决金额的增加显然与仲裁请求的变更无关,因为最终的仲裁请求提出于2005年5月31日,仲裁庭于2005年7月7日接受了该变更并于同日结束审理。而2006年2月13日沈四宝仲裁员的反对意见表明在2006年1月左右,存在一份裁决金额仅为1.92亿日元的裁决书初稿。而2006年1月的裁决书初稿已在2005年7月7日之后的半年之久,显然与仲裁请求的变更毫无关系。沈四宝仲裁员的反对意见不仅仅是针对裁决内容的反对意见,更是对于本案仲裁裁决的作出程序提出了反对意见,即新的仲裁裁决是在未经合议、没有任何新证据、新的开庭和新的讨论的情况下所作出的,进一步表示"这是仲裁程序上的严重瑕疵",因此其不会签署该裁决。

(三)关于重新开始审理是否违反《仲裁规则》第49条的问题

中天公司认为:仲裁规则第49条规定:"1.仲裁庭认为仲裁程序已完备、充分,可以作出仲裁裁决时,可以决定结束审理。如果不是在开庭时作出该决定,必须给予适当的事先通知期限。2.仲裁庭认为有必要时,可以重新开始审理。原则上,作出审理结束的决定之日起三(3)周后,对案件的审理不应再重新开始。"本案中,仲裁庭在2005年4月5日第二次开庭结束时,已当庭宣布将于2005年5月底结束审理。因此,仲裁庭作出审理结束的决定之日为2005年4月5日。根据上述规定,即2005年4月26日后,对案件的审理不应再重新开始。2005年5月31日,信越公司再次提交变更仲裁请求的申请,已超出了这一期限规定,但仲裁庭于2005年6月21日决定再次展开仲裁程序的审理,又于2005年7月7日决定接受信越公司提出的变更仲裁请求的申请,并结束审理。仲裁庭这一重新开始审理的决定违反了《仲裁规则》的规定,并直接导致了信越公司仲裁请求金额的增加。

信越公司则认为:中天公司的上述主张是基于对《仲裁规则》的错误翻译和理解,对于《仲裁规则》第49条第2款的正确翻译应为"……原则上,重新审理不得在审理终结之日3周后进行"。因此,计算3周的起算点不是"作出审理结束的决定之日"而是"审理终结"之日。本案第一次审理终结之日为2005年5月31日,仲裁庭在其后3周内的2005年6月21日重新审理,符合仲裁规则的规定。

中天公司反驳认为:《仲裁规则》第49条第2款英文版的内容是:"An examination shall, in principle, not be reopened after the lapse of three weeks from the date of decision to conclude the examination."据此,起算日为"the date of decision to conclude the examination",即"作出审理结束的决定之日"。本案仲裁语言为英语,本案的裁决书,包括信越公司的仲裁请求变更等均使用英语,因此,应以英语版的仲裁规则为准。起算日应为"作出审理结束的决定之日"。2005年4月26日后,对案件的审理不应再重新开始。

(四)关于信越公司证人木下显参加整个庭审是否违反《仲裁规则》第40条的问题

中天公司认为:

1. 信越公司方证人木下显一直参加第二次开庭全过程,违反了仲裁的不公开原则规定。《仲裁规则》第40条规定:"(1)仲裁程序及其记录不得向公众公开。(2)仲裁员、协会工作人员、当事人及其代理人或协助人员都不得向公众披露与仲裁案有关的事实或通过仲裁案获知的事实,但法律或法院要求披露的除外。"据此,日本商事仲裁应为不公开审理的仲裁,能够参加仲裁程序的人员除了当事人的代理人之外,就是证人,而证人则在该出庭时才能参加庭审。仲裁庭允许木下显以证人身份自始参与庭审,违反了《仲裁规则》的上述要求。

2. 证人木下显没有独立、客观、公正地作出证言。证人应独立、客观、公正地作证,然而信越公司方的证人在庭审时一直坐在信越公司代理人一方的座位上,参加了全部庭审,了解了双方的观点和争议的焦点,必然会受到庭审争议的影响,其证词已无法保证独立、客观和公正。而且其作证时受信越公司代理人的指导,否认此前在仲裁庭所作的陈述,因此其所作的证言不能被采纳。

现有证据已充分表明信越公司方证人木下

显在以下两个事实方面作伪证:

其一是关于长期购销合同第4条的问题。在2005年4月4日上午的开庭中,木下显承认他亲自向中天公司薛总解释了合同第4条。但是在2005年4月5日下午的庭审中,木下显推翻了其在前一天上午的证言,称当时即2000年10月30日其根本就没有参与谈判,根本不可能向薛总亲自解释合同第4条的内容,因为木下显与薛总于2002年9月才初次相识。所以,木下显的证词出尔反尔,前后矛盾。

其二是每克70日元的价格问题。木下显不承认他自己亲口说过每克70日元履行起来困难,而只是说,是中天公司说的按照70日元每克履行困难。中天公司为第二天即2005年4月5日的庭审中,出示了2003年11月10日在上海宝鼎会谈时的录音,证实木下显当时曾说过在2004年以每克70日元的价格来履行有一些困难,因此信越公司会给中天公司一定的优惠。证明木下显在这个问题上再次说谎。

3. 本案仲裁裁决采纳了木下显的证言,并大胆采取假设的方式,将伪证作为裁决的主要依据。信越公司安排的证人木下显的证词,已被中天公司证明系伪证。令人遗憾的是,仲裁庭不顾木下显作伪证,在仲裁裁决书中,一方面承认信越公司遭受的损失没有直接的证据,另一方面却采用假设的方式,假设第4条适用于本案。而假设的依据却是已被事实和证据充分证明是伪证的辩护状和证词。仲裁裁决先是认定第4条不适用于本案,后在假设的基础上又认定其在事实上的适用,自相矛盾,失去了仲裁裁决的严肃性、权威性、公正性。信越公司认为:

1. 在本案仲裁裁决的承认及执行程序中,中天公司不得要求对本案仲裁裁决的实体内容是否合理进行审查。

2. 证人参与庭审、在庭审时与当事人的职员坐在一起,对此日本法没有明确的禁止性规定。

3. 木下显没有作伪证。对作为日本人的证人木下显的询问以日语进行是得到仲裁庭同意的,同时通过日语、英文及中文相互翻译进行的。在2005年4月4日庭审中,木下显本人没有参加2000年10月底在信越公司的总公司进行的

面谈,而是在后来的部门会议中听说的(2005年4月4日庭审英语第2页)。在2005年4月5日的庭审中,木下显表示没有直接向薛总解释合同第4条(2005年4月4日庭审英语第4页)。这就印证了木下显本人没有当面给薛总解释合同第4条。由于对木下显的证人询问的英文抄本的错误(I did explain to him),翻译成了木下显本人当面给薛总解释,中天公司的主张是对木下显证言的断章取义。

2003年11月10日,木下显只是从中天公司那里听到了如果按照长期买卖协议中规定的合同价格的话,中天公司履行有困难,信越公司只说了可以考虑为中天公司提供一个让步方案而已。因此,木下显2003年11月10日的发言与其在仲裁程序中的证言并不矛盾,且中天公司也从未向仲裁庭提交过录音。

4. 中天公司关于本案仲裁裁决"大胆采用假设的方式"、"将伪证作为裁决的主要依据"等主张,完全是因为翻译协会在翻译"assume"这个单词时的错误所致。从第4条的内容我们可以看到,其意思是如果不在上述限定情况内的话,是不允许中天公司要求减少购买量的,仲裁庭认为该条规定作为损害赔偿的约定条款适用于本案,支持了信越公司的请求。翻译协会在翻译仲裁裁决时,把"assume"翻译为"假设"而非"推认",并没有准确地翻译出该句的正确意思,致使中天公司主张"假设",此次,信越公司请了翻译协会的资深翻译对该句重新进行了翻译,给予该正确的翻译,中天公司采用的"大胆采用假设方式的主张"是不能成立的。

中天公司反驳认为:

首先,本案仲裁语言是英语,因此,应以英语为准,即便木下显以日语进行回答,也应以英语翻译为准。因为仲裁庭所听取的证言是英语,对案件作出判断也是基于英语。而木下显回答该问题的英语文本为"Yes, I did explain to him."(是的,我确实向他解释了。)所以,根据英文文本,木下显的回答是:在2000年10月30日,是其亲自向薛总解释长期合同第4条。而中天公司已提供证据证明,木下显与薛总于2002年9月才初次相识。因此,木下显的证词明显属于伪证,其证词根本不能采信。

其次，仲裁庭早已将第二次开庭的庭审记录英语抄本寄送给了双方当事人，可是信越公司从来没有就英文文本提出过任何异议，应视为信越公司已接受了该英文文本，对此没有任何异议，现信越公司不应再对英文文本提出任何意见。

中天公司在庭审第二天即 2005 年 4 月 5 日，出示了 2003 年 11 月 10 日在上海宝鼎会谈时的录音，证实木下显当时曾说过在 2004 年以每克 70 日元的价格来履行有一些困难，因此信越公司会给中天公司一定的优惠（详见附件七 2005 年 4 月 5 日第二次庭审记录第 3—4 页、附件九录音材料），以证明木下显在这个问题上再次说谎，其证词不可信。

关于翻译问题，中天公司反驳称，信越公司向法庭提交的仲裁裁决的翻译中，也是将"assume"词翻译成"假设"，与中天公司的翻译相同。可见两个独立的翻译机构在没有任何影响的情况下都将该词翻译成了同样的意思，因此该词的中文含义应为"假设"。而在收到中天公司的答辩状后，又专门将该词翻译成了"推认"，显然这是专门针对中天公司的答辩状进行的翻译，而且信越公司所请的是同一家翻译机构，因此，该翻译机构的独立、公正和权威已受到怀疑。即便是两种不同翻译，但这两者之间其实并不是实质的区别，无论是"假设"也好，"推认"也罢，都表明仲裁庭在首先确认长期合同第 4 条不适用本案的前提下，在没有任何其他证据支持的情况下，以已被充分证明是伪证的木下显先生的证词为基础，间接推断将长期合同第 4 条适用于本案。

（五）关于仲裁庭在庭审中未给中天公司平等待遇和充分时间答辩的问题

中天公司认为：《仲裁规则》第 32.2 条规定："仲裁庭应当平等对待各方当事人，并且应当给予每方当事人充分的机会陈述、证明和答辩。"同时，《日本仲裁法》第 25 条规定："1. 于仲裁程序中，应平等对待当事人；2. 于仲裁程序中，应给予当事人说明情况的充分机会。"仲裁庭未给予其与信越公司相一致的平等待遇，未给予说明理由的充分机会。理由是：

1. 在 4 月 4 日开庭开始时，仲裁庭要求双方解释一下自第一次开庭后，各自提交的文件和证据的内容，同时解释要证明和阐明的观点以及是否计划提交更多的意见、证据，规定双方各 15 分钟。信越公司在陈述中详细地发表了自己的观点以及对 omi 教授文件的意见，共用时 35 分钟。仲裁庭并没有打断信越公司的陈述。但是当中天公司陈述了大约 15 分钟的时候，仲裁庭打断了中天公司的发言，并询问中天公司大概还要多久？中天公司回答，大概还需要 20 分钟，并明确提出因为信越公司花了 35 分钟，中天公司现在才说了 15 分钟，所以中天公司认为还有 20 分钟。但仲裁庭却要求中天公司在 5 分钟之内说完。

2. 在信越公司方证人木下显作证的时候，仲裁庭没有规定信越公司询问证人的时间，信越公司询问证人长达 4 小时，仲裁庭也没有制止。而对中天公司询问证人却加以限制，中天公司询问证人仅用了 2 个多小时。

3. 在木下显出庭作证中，当信越公司询问将要结束的时候，仲裁庭问信越公司代理律师："大约还需要多久？"信越公司答可能还要 45 分钟。仲裁庭与信越公司商量："如果你能在 20 到 30 分钟内说完，我们就不休息了。"信越公司坚持说："不行，要 45 分钟。"于是，仲裁庭就宣布休息 10 分钟，并给予信越公司 45 分钟的时间，要求其在 15:30 前结束，中天公司在 17:30 前结束。而当中天公司询问证人进行到一半的时候，仲裁庭却打断中天公司的提问，明确要求中天公司在 10 分钟内结束。当中天公司提出因信越公司花了很长时间，而且中天公司的问题很重要，中天公司还需要一些时间时，仲裁庭没有给予中天公司更多的时间，却以没有翻译为由宣布结束当天的开庭，并明确规定在第二天下午继续举行的开庭，要求中天公司在半小时内结束对证人的询问。

4. 当中天公司证明木下显作伪证时，信越公司代理律师要求再次向木下显提问，要花 30 分钟，仲裁庭却又立即同意。中天公司律师当庭提出抗议，直到中天公司提出要退出仲裁，仲裁庭才宣布结束对木下显的提问。

5. 仲裁庭书面通知的开庭时间为 4 月 4 日至 5 日，而在听证时却以信越公司指定的日本仲裁员有事为由，取消了 5 日上午的听证。全然不顾中天公司万里迢迢从中国来日本开庭的事实。由于取消了半天的听证时间,导致中天公司没有充分时间进行陈述和询问证人,致使中天公司在审理过程中,没有足够的机会进行答辩和表达自己的观点。上述事实亦违反了《日本仲裁法》的规定。

信越公司辩称:本案仲裁语言为英语,中天公司的代理人自始至终以中文进行仲裁。信越公司先用了15分钟英文陈述,由翻译将该陈述翻译成中文。所说的35分钟包括了翻译时间。中天公司的代理人用中文进行了陈述,所浪费的时间是将中文翻译成英文所需要的时间。虽然仲裁庭要求中天公司在5分钟之内说完,但在第二天给了了追加陈述的时间。信越公司陈述内容占7页纸,中天公司陈述内容占9页纸。中天公司询问证人有充分时间进行,由于中天公司代理人对木下显的询问必须把中文翻译成英文,而4月4日当天17:30后就没有翻译了,所以才不得不结束当天的开庭。虽然在4月4日庭审快结束时,仲裁员要求中天公司代理人第二天询问证人在半小时内结束,但在4月5日的开庭中仲裁员又表示半小时不是限制性的,而是尽量在半小时内结束。中天公司的代理人表明了没有其他问题之后,仲裁庭结束了反方询问。

中天公司反驳认为:

首先,在中天公司第一轮事实和观点的陈述过程中,当中天公司只陈述了大约15分钟时,仲裁庭打断了中天公司的陈述,这是事实,有庭审笔录为证。而信越公司的陈述是完整的,没有受到任何干扰和打断。

其次,虽然仲裁庭在第二天给了了中天公司补充陈述的机会,但是第二天仅有半天时间,同时又限定了中天公司的用时,因此,仲裁庭给予中天公司不平等待遇的事实是明显的。

再次,信越公司询问证人长达4小时,仲裁庭没有制止,而中天公司询问证人仅用了2个多小时。在取消了第二天上午的庭审后,仲裁庭又明确要求中天公司在2005年4月5日下午继续举行的开庭中在半小时内结束对证人的询问。信越公司认为仲裁庭的要求不是限制性的。但是通过庭审记录可以看出,仲裁庭的要求是明确的,"请在半小时内完成"(见答辩状附件六2005年4月4日第二次庭审记录第47页),至少仲裁庭这种要求是带有指导性的,对中天公司准备和开展询问证人必然产生重要的影响。中天公司已在庭审中明确指出,是根据仲裁庭给予的30分钟限制来准备发言内容的。

(六)关于当事人递交的书面证据是否进行了质证的问题

中天公司认为:《仲裁规则》第34.3条规定:"口头辩论和质证应当在开庭时进行"。但是在两次开庭过程中,仲裁庭根本没有安排质证程序,对双方提交的大量证明材料,没有安排双方就证据的真实性、关联性、合法性进行质证。因此,就质证程序而言,本次仲裁程序上存在严重瑕疵,违反了《仲裁规则》的规定。仲裁庭不应该将没有经过质证的证明材料作为支持裁决的证据使用。

信越公司认为:中天公司的主张实际上是没有完全理解日本法中质证的概念。按照日本法律,对书面证据的质证是指:仲裁员对于当事人提交的证据,决定是否允许提交,由仲裁员阅读该书面证据并判断该证据的合法性和证明力。根据日本法律,对证据发表异议应该由对方当事人主动向仲裁庭提出。

中天公司反驳认为:本案适用的《仲裁规则》中并没有信越公司主张的规定,日本仲裁法中也没有这样的规定。本案系仲裁争议,仅适用《仲裁规则》和仲裁法。

(七)关于承认本案仲裁裁决是否违背我国社会公共利益的问题

中天公司认为:双方长期买卖合同的履行期间,正值日本及美国、韩国向中国倾销单模光纤产品,已严重损害了中国的光纤产业,国家商务部对此已作出反倾销决定。如果承认本案的仲裁裁决,无异于助长了对中国光纤产业的损害,严重损害了国家利益。

在请求不予承认本案仲裁裁决赔偿结论的同时,中天公司认为该仲裁裁决就长期协议的约束力所作出的结论即长期协议不再继续有效是合理的,应当予以承认。

五、南通中院的审查意见

(一)关于超期裁决及通知问题

本案仲裁裁决的作出时间远远超出了《仲裁

规则》确定的期限是不争的事实。仲裁庭在第二次通知延期作出裁决但仍未作出裁决后，也没有向当事人发出任何通知和说明。《仲裁规则》第53.1条规定："如果因为案情复杂或其他原因，仲裁庭认为有必要，可以适当延长该期限，但不得超过审理结束决定之日起8周。"这里的用词是"不得"，系强制性规定，不得违反。本案的裁决，从第二次延期通知的2005年9月20日起至实际作出裁决的2006年2月23日，逾期长达5个月，违反了《仲裁规则》的强制性规定。此外，在逾期之后又未通知当事人何时作出裁决，也同样违反了《仲裁规则》第53.2条关于"仲裁庭在前款审理终结时，应把将要作出裁决的期限通知当事人"之规定。因此，中天公司这一抗辩理由成立。

（二）关于本案裁决的作出是否违反合议制度问题

本案仲裁采用的是三人合议制，根据《仲裁规则》规定，仲裁裁决应根据多数意见作出。从沈四宝仲裁员提出的反对意见及其在最后送达首裁及另一仲裁员有关合议过程的函件中，可以认定在本案的裁决送达当事人之前，仲裁合议庭已就相关问题进行了充分的、真诚的合议，并已形成裁决方案。首裁表示准备签署并希望沈四宝仲裁员也签署，尽管沈四宝两次表示不签署该裁决，但在首裁给予的最后期限内，经权衡最终又于2005年12月12日同意签署该裁决，即此时裁决草案已为多数仲裁员签署，应当成为仲裁裁决结论。然而本案的仲裁裁决内容与原先讨论的裁决内容相比，出现了重大差异，这些差异又是在没有新的证据、没有重新开庭、更没有讨论的情况下出现的。该裁决出台前，沈四宝仲裁员也未得到另一仲裁员对这一新裁决的意见，因为合议制仲裁中每一个仲裁员的意见均应送达首裁并抄送另一仲裁员。因此，本案裁决违反合议制仲裁庭的议事规则是显而易见的。

（三）关于仲裁庭决定重新审理信越公司再次变更的请求是否合法的问题

这一争议存在着两个方面的问题：

其一，对《仲裁规则》的翻译。本案仲裁庭使用的语言为英文，且日本仲裁庭寄送给中天公司的《仲裁规则》也是英文本，应以英文本的意思认定，即在决定审理终结之日起3周后不应重新审理。合议庭也充分关注到另一事实，即中天公司早在2005年6月28日接到仲裁庭关于重新审理的通知后，就信越公司再次变更请求一事给仲裁庭的法律意见书中，已明确表示仲裁庭重新审理的决定已违反了《仲裁规则》。因此，可以认定仲裁庭同意信越公司再次变更仲裁请求而重新审理的决定，违反了《仲裁规则》。

其二，仲裁庭宣布5月底结束审理，并非基于其职权，而是基于仲裁双方当事人的合意。在第二次庭审开始时，信越公司即向仲裁庭提出在庭审后尽快宣布结束审理，对此中天公司并未反对。而在庭审结束时，当仲裁庭宣布将于4月底结束审理时，信越公司又提出希望在5月底结束审理，中天公司也未表示反对，最后仲裁庭即同意在5月底结束审理。因此，本案结束审理的时限是仲裁当事人的合意，仲裁庭未经另一方当事人同意在5月底之后决定重新审理，也违背了当事人的合意。

综上所述，仲裁庭接受信越公司的再次变更请求并决定重新审理，违反了《仲裁规则》及当事人的合意。

（四）关于证人木下显一直参与庭审及作伪证的问题

是否允许证人在作证前参加所要作证案件的庭审，日本法律没有禁止性规定。但根据《仲裁规则》，仲裁是不公开进行的。根据庭审记录，仲裁庭在第二次庭审开始时，没有就参加庭审的木下显的身份进行审核，即在木下显作证前，其以什么理由参加仲裁庭审是不清楚的。也就是说仲裁庭让一个既非当事人又非代理人的不明身份人参加了仲裁庭审，违背了不公开仲裁原则。

就木下显的伪证问题，南通中院认为，庭审记录上已清楚地表明木下显就同一事实分别在回答信越公司和中天公司时作出了不同的陈述，中天公司提供了录音证据加以证明。因此，木下显作伪证的事实能够得到确定。而本案仲裁裁决正是引用了木下显的伪证。但根据《纽约公约》的规定，木下显证词是否是伪证的问题不应成为法院审查外国仲裁裁决承认与否的事项。

（五）关于仲裁庭是否给予中天公司平等待遇、是否给予充分陈述申辩的机会问题

仲裁庭没有给予中天公司平等待遇和充分申辩的机会，主要表现在以下几个方面：

一是仲裁庭将大部分庭审时间分配给信越公司，致使中天公司没有充分时间申辩和询问证人。信越公司询问证人的时间从4日上午的庭审开始，一直延续到了15：30，而当天的庭审进行至17：30即结束，并宣布次日下午继续开庭，仅有半天时间。中天公司以案件对其影响重大且远道而来为由，要求给予足够时间陈述理由。仲裁庭在表示理解的同时，在明知信越公司已获得4小时足够陈述机会的情况下，却又明确限定次日下午庭审中天公司用时30分钟时间，并认为该时间足够了。因此，中天公司只能按照30分钟的时间准备问题，而30分钟的时间是远远不够的。在次日的庭审中，当中天公司已经表示是按照30分钟准备的问题提问时，仲裁庭却又称该用时并非限制性，出尔反尔。

二是在中天公司陈述时前后有3次出现仲裁庭打断中天公司发言并限制发言时间的情节，而对信越公司并不存在这样的限制。

三是在信越公司已有4小时陈述及质询机会，而中天公司在第一天庭审时仅获得2个小时的机会，第二天仅有半天庭审，又被限定仅30分钟，总共仅获得2小时30分钟机会的情形下，仲裁庭对于信越公司要求给30分钟再次对证人提问时却立即予以准许。

基于上述事实，仲裁庭在陈述和质询证人的用时方面给予中天公司的待遇明显有别于信越公司，违反了平等对待原则。也正是由于仲裁庭在给予中天公司在陈述和质询时的用时限制，使中天公司没有足够时间陈述理由。尽管仲裁庭在次日庭审开始后又表示用时规定并非限制性规定，但已造成了中天公司只能按照原给予的用时限制准备陈述内容的既成事实，已无法因仲裁庭的改变而作出更多、更全面的陈述意见。

（六）关于其他证据的辩论程序

虽然仲裁庭第二次庭审仅有对证人木下显和中天公司提供的专家意见的质证，并无就有关书证问题组织辩论和听证的记录，但无证据证明在第一次庭审时亦未对有关书证问题组织辩论和听证。而从裁决书表述的仲裁过程来看，仲裁庭第一次庭审进行了材料提交和双方辩论。因此，南通中院倾向于认定中天公司关于仲裁庭未对有关书证问题组织辩论和听证的抗辩理由不成立。

（七）关于承认和执行本案仲裁裁决是否损害我国公共利益的问题

南通中院有两种意见：一种意见认为损害公共利益，理由是本案仲裁是在包括日本在内的光纤制造商向中国实施倾销的大背景下进行的，倾销事实已被中国政府确定存在。信越公司利用其光纤预制棒的技术优势地位，高价出售给中天公司及中国的另外两家企业，并拒绝因情势变更而提出的修订要求。如果承认本案的仲裁裁决，则对中天公司造成重大损害。由于信越公司在同期同时向中国的数家企业出口，同一仲裁机构已作出类似裁决两份，中天公司作为我国国内生产光纤的主要厂商，对它的损害必然也会损及我国的光纤产业，无异于助长了受到制裁的日本、美国及韩国光纤产品企业对中国光纤产业的损害。从这一角度分析，可以认定如果承认并执行本仲裁裁决，将有害于我国的公共利益。

另一种意见认为，公共利益要从严把握，本案仲裁裁决涉及的仅是个体，且又是光纤预制棒，并非成品，又没有证据证明信越公司与倾销行为有关，所以不宜以损害公共利益为由不予承认和执行。

（八）关于对仲裁裁决认定的长期协议不再继续有效是否予以承认的问题

南通中院有两种意见：一种意见认为，承认仲裁裁决是对裁决全部内容的承认，这一认定，显然有利于中天公司。与赔偿结论不同的是，就协议是否继续有效的争议并没有成为仲裁审理的事项，是仲裁庭独立作出的判断，同时也是仲裁裁决的一个结论。对赔偿结论的不予承认并不影响对协议不再继续有效认定的承认，可以单独承认此项内容。

另一种意见认为，对仲裁裁决的承认与执行，是对仲裁结论的承认与执行，本案已经从程序上存在违反仲裁规则和当事人合意而对整个仲裁裁决不予承认，不存在就此内容予以承认的

单独理由。

综上所述，本案仲裁裁决存在如下方面违反《仲裁规则》的规定及当事人的合意：

1. 超期作出裁决，未就仲裁时间通知当事人；
2. 仲裁裁决违反合议制仲裁庭的议事规则；
3. 仲裁庭接受信越公司再次变更的仲裁请求，决定重新审理，违反《仲裁规则》关于重新审理的期限规定，同时与当事人合意不符；
4. 在决定重新审理后，又没有重新开庭而直接作出本案仲裁；
5. 未就木下显的身份在庭审开始时审查，使其以证人身份作证前一直参加庭审，违反了仲裁不公开的规则要求；
6. 未给予中天公司以平等待遇；
7. 未给予中天公司足够的陈述意见的机会。

根据上述理由，对本案仲裁裁决定不予承认。

六、我院的审查意见

我院经审查认为，本案仲裁裁决存在《纽约公约》第五条第一款（丁）项和第二款（乙）项规定的情形，拟同意南通中院不予承认本案仲裁裁决的意见。

（一）本案仲裁裁决存在《纽约公约》第五条第一款（丁）项规定的情形

根据该项规定，如果被申请人有证据证明仲裁庭的组成或仲裁程序与各造之间协议不符，或无协议而与仲裁地所在国法律不符，则被请求承认国可以拒绝承认有关仲裁裁决。本案仲裁程序以下两个方面与仲裁协议选择的《仲裁规则》及《日本仲裁法》不符：

首先，本案仲裁程序违背《仲裁规则》第32.2条和《日本仲裁法》第25条关于平等对待当事人的规定。《仲裁规则》第32.2条规定："仲裁庭应当平等对待各方当事人，并且应当给予各方当事人充分的机会陈述、证明和答辩。"《日本仲裁法》第25条规定："1.于仲裁程序中，应平等对待当事人；2.于仲裁程序中，应给予当事人说明情况的充分机会。"在原定2005年4月4日和5日两天的庭审中，仲裁将第一天的大部庭审时间分配给信越公司陈述和询问证人，并且未给予任何限制。而在中天公司陈述和询问证人时，仲裁庭多次打断中天公司并在时间上予以限制。更为严重的是，在信越公司占用2005年4月4日的大部分时间充分陈述和询问证人之后，仲裁庭擅自取消2005年4月5日上午的半天听证时间，并将中天公司下午询问证人的时间限制在半个小时内。仲裁庭的上述不公正做法，导致中天公司没有充分时间进行陈述和询问证人，致使中天公司没有足够的机会进行答辩和表达自己的观点。

其次，仲裁庭严重违背了《仲裁规则》第53.1条、第12.2条关于作出仲裁裁决期限的规定。《仲裁规则》第53.1条规定："1. 仲裁庭认为仲裁程序已进行得完全充分，可以进行裁决并决定终结审理程序时，仲裁庭应在作出该决定之日起5周内作出仲裁裁决；如果因为案情复杂或其他原因，仲裁庭认为有必要时，可以适当延长该期限，但不得超过8周。2. 仲裁庭在前款审理终结时，应把将要作出裁决的期限通知当事人。"第12.2条规定："在仲裁庭认为必要时，可以延长除第65条规定期限之外的本规则条款规定的任何期限（包括仲裁庭自身所决定的期限）。仲裁庭作出延长决定后，应及时通知双方当事人。"在本案中，2005年7月7日，仲裁庭决定接受信越公司提出的变更仲裁请求的申请，并结束审理。2005年7月29日，仲裁庭通知将于2005年8月底作出仲裁裁决。2005年8月31日，仲裁庭又宣布延后20天即应在2005年9月20日作出仲裁裁决。但2005年9月20日仲裁庭既未作出仲裁裁决，也未作出再次延长作出仲裁裁决期限的决定并通知当事人，而是直到2006年2月23日才作出仲裁裁决。也就是说，2005年9月20日之后，仲裁庭在没有再次决定延期作出仲裁裁决并通知当事人的情况下，在审理终结（2005年7月7日）之后7个月、最后宣布的作出裁决日（2005年9月20日）之后5个月，才作出仲裁裁决。仲裁庭的这一做法严重违背了《仲裁规则》第53.1条和第12.2条的规定。

仲裁庭一再拖延作出仲裁裁决不仅违背《仲裁规则》和《日本仲裁法》的规定，而且导致的后果是极为严重的。2005年9月13日，首席仲裁员将在充分讨论基础上拟定的裁决书草案送达其他两位仲裁员签署。虽然沈四宝仲裁员认为该裁决书确定的赔偿数额过高,对中天公司不公平,但在首席仲裁员和另一名仲裁员均认为裁决书是公平程序和真诚讨论的结果的情况下,沈四宝仲裁员的反对意见并不会导致妨碍仲裁庭作出仲裁裁决的后果,即仅在有一名仲裁员不同意签署仲裁裁决的情况下,根据《日本仲裁法》第37.2条的规定,仲裁庭完全有权依据过半数仲裁员的意见在仲裁庭确定的日期(2005年9月20日)之前作出仲裁裁决。但本案首席仲裁员并没有按照《日本仲裁法》规定如期作出仲裁裁决,而是于2006年1月5日重新拟定了一个在沈四宝仲裁员看来对中天公司更加不公平的新的仲裁裁决草案。新的裁决书草案在信越公司没有提出新的仲裁请求、没有新的证据、仲裁庭没有再开庭审理,甚至没有充分讨论的情况下,将中天公司的赔偿数额增加到原先裁决书草案确定的赔偿数额的8倍之多。在沈四宝仲裁员一再表示反对并同意回到原先裁决书的情况下,仲裁庭依据过半数仲裁员的意见,在2006年2月23日作出了本案仲裁裁决。显然,本案仲裁程序不仅违背《仲裁规则》和《日本仲裁法》的规定,而且已导致了严重的后果。

(二)本案仲裁裁决存在《纽约公约》第五条第二款(乙)项规定的情形

根据该项的规定,倘声请承认及执行地所在国之主管机关认为承认或执行裁决有违该国公共政策者,亦得拒不承认及执行仲裁裁决。在本案合同签订之后,自2002年起,日本、美国、韩国企业向我国倾销常规单模光纤,极大损害了国内常规单模光纤产业。商务部经调查核实,决定自2005年1月1日起,对从上述三国的进口常规单模光纤征收7%~46%不等的反倾销税,其中对从日本进口的常规单模光纤全部征收46%的反倾销税。本案长期买卖合同标的,即为上述进口产品的原材料。2003年,我国国内光纤市场平均价格为每公里119元,2004年则为100元。如果照此合同履行,中天公司生产光纤的总成本则分别达到每公里175.46元和167.47元。显然,信越公司利用其在国际上生产和出售匹配型单膜光纤预制棒的垄断地位,以垄断高价向作为我国光纤产品主要生产厂商的中天公司出售原料,必然会导致中天公司光纤产品成本的巨额增加和市场竞争力的严重降低。除中天公司以外,我国光纤产品生产厂商天津鑫茂公司和江苏法尔胜公司也是信越公司垄断高价的受害者。因此,信越公司利用其在国际上生产和出售匹配型单膜光纤预制棒的垄断地位,以垄断高价出售涉案产品的行为与倾销成品具有同等的效果,同样会严重危及我国光纤产业的生存。在我国政府已决定对来自日本的常规单模光纤征收最高额反倾销税的情况下,执行本案仲裁裁决,无疑会抵消征收反倾销税的效果,从另一个方面助长日本企业损害我国光纤产业的利益。故承认本案仲裁裁决会违背我国公共政策。

综上,在本案仲裁程序中,仲裁庭一味偏袒信越公司,严重超期作出仲裁裁决的做法不仅违背《仲裁规则》和《日本仲裁法》的规定,而且导致了严重的后果。承认该仲裁裁决将会严重危及我国光纤产业的生存。依据《纽约公约》第五条第一款(丁)项和第二款(乙)项的规定,应拒绝承认该仲裁裁决。

上述意见当否,请贵院审查后明示。

最高人民法院关于订有仲裁条款的合同一方当事人不出庭应诉应如何处理的复函

- 2008年3月26日
- 〔2008〕民四他字第3号

山东省高级人民法院:

你院《关于订有仲裁条款的合同一方当事人不出庭应诉应如何处理的请示》收悉。经研究,答复如下:

根据《中华人民共和国民事诉讼法》第111条第(二)项、第257条第一款关于订有仲裁条款的当事人不得向人民法院起诉的规定,应当告知原告向仲裁机构申请仲裁。你院受理后发现有仲裁条款的,应先审查确定仲裁条款的效力。如仲裁条款有效,被告经合法传唤未答辩应诉,不能据此认为其放弃仲裁并认定人民法院取得管辖权。如果本案所涉及仲裁条款有效、原告仍坚持起诉,你院应驳回原告的起诉。
同意你院的倾向性意见。

最高人民法院关于(香港)安信医用包装有限公司诉东莞威泓塑五金制品厂有限公司、(维尔京群岛)新冠誉实业有限公司土地使用权转让合同纠纷一案仲裁条款效力的请示的复函

- 2008年4月5日
- [2007]民四他字第45号

广东省高级人民法院:

你院[2007]粤高法立请字第?号《关于(香港)安信医用包装有限公司诉东莞威泓塑五金制品厂有限公司、(维尔京群岛)新冠誉实业有限公司土地使用权转让合同纠纷一案仲裁条款效力的请示》收悉。

经审查认为,(香港)安信医用包装有限公司与东莞威泓塑五金制品厂有限公司、新冠誉实业有限公司在《土地使用权与房屋产权有偿转让协议书》第七条中约定:"双方因本协议执行产生的分歧应协商解决,协商不成,双方任一方均可向香港或深圳国际仲裁委员会申请仲裁,仲裁决定为最终裁决,双方无条件执行"。该合同的仲裁条款约定了两个仲裁机构。(香港)安信医用包装有限公司因与东莞威泓塑五金制品厂有限公司、新冠誉实业有限公司无法就仲裁机构的选择达成协议,起诉到东莞市中级人民法院。依据《最高人民法院关于适用〈中华人民共和国仲裁法〉若干问题的解释》第五条关于"仲裁协议约定两个以上仲裁机构的,当事人可以选择其中的一个仲裁机构申请仲裁;当事人不能就仲裁机构选择达成一致的,仲裁协议无效"的规定,应当认定本案中的仲裁协议无效。同意你院的处理意见。

此复。

附:

广东省高级人民法院关于(香港)安信医用包装有限公司诉东莞威泓塑五金制品厂有限公司、(维尔京群岛)新冠誉实业有限公司土地使用权转让合同纠纷一案仲裁条款效力的请示

2007年11月19日
[2007]粤高法立请字第2号

最高人民法院:

我省东莞市中级人民法院收到(香港)安信医用包装有限公司诉东莞威泓塑胶五金制品厂有限公司、(维尔京群岛)新冠誉实业有限公司土地使用权转让合同纠纷一案的起诉材料。经审查,双方于2006年11月28日签订《土地使用权与房屋产权有偿转让协议书》涉及涉外仲裁条款无效的问题。现将本案的有关情况汇报如下:

一、当事人的基本情况

原告:(香港)安信医用包装有限公司(以下简称安信公司)。

被告:东莞威泓塑胶五金制品厂有限公司(以下简称威泓公司)。

被告:(维尔京群岛)新冠誉实业有限公司(以下简称新冠誉公司)。

二、案件的基本事实

2006年11月28日,原告安信公司与被告威泓公司、新冠誉公司签订《土地使用权与房屋产权有偿转让协议书》。约定被告将其即将取得的东莞市大朗镇富民二园40亩工业用地的国有土地使用权及该土地上的房屋产权有偿转让给原告,并由被告协助原告办理相关的土地使用权及房地产过户手续。双方在协议第七条约定:"双方因本协议执行产生的分歧应协商解决,协商不成,双方任一方均可向香港或深圳国际仲裁委员会申请仲裁,仲裁决定为最终裁决,双方无条件执行"。其后,原告依约向被告支付保证金及部分首期款项,但两被告未履行协议所述义务,而产生纠纷。事后原告与被告无法就仲裁机构的选择达

成协议,原告起诉至东莞市中级人民法院。

三、东莞市中级人民法院的处理意见

东莞市中级人民法院审查认为,双方签订的协议中约定的仲裁条款属于约定两个仲裁机构,当事人双方没有协议选择其中一个仲裁机构申请仲裁,不能就仲裁机构选择达成一致;依据《最高人民法院关于适用〈中华人民共和国仲裁法〉若干问题的解释》第五条的规定,应视为无效仲裁条款。并依据钧院《关于人民法院处理与涉外仲裁及外国仲裁事项有关问题的通知》第一条的规定,报我院审查。

四、我院处理意见

我院经审查认为,双方当事人签订的《土地使用权与房屋产权有偿转让协议书》中的仲裁条款约定了两个仲裁机构,但当事人之间未能就仲裁机构选择达成一致,依据《最高人民法院关于适用〈中华人民共和国仲裁法〉若干问题的解释》第五条关于"仲裁协议约定两个以上仲裁机构的,当事人可以选择其中的一个仲裁机构申请仲裁;当事人不能就仲裁机构选择达成一致的,仲裁协议无效"的规定,应当认定仲裁协议无效。

该案属于不动产纠纷提起的诉讼,不动产所在地在东莞市,根据《中华人民共和国民事诉讼法》第三十四条第(一)项关于"因不动产纠纷提起的诉讼,由不动产所在地人民法院管辖"的规定,东莞市中级人民法院对本案享有管辖权。

现依据钧院《关于人民法院处理与涉外仲裁及外国仲裁事项有关问题的通知》第一条的相关规定,特将该案报请钧院审查,请予批复。

最高人民法院关于润和发展有限公司申请不予执行仲裁裁决一案的审查报告的复函

● 2008年5月8日
● 〔2008〕民四他字第1号

湖南省高级人民法院:

你院〔2005〕湘高法执请字第1号《关于润和发展有限公司申请不予执行仲裁裁决一案的审查报告》收悉。经研究,答复如下:

1. 本案为当事人申请执行仲裁裁决案件,由于一方当事人润和发展有限公司(以下简称润和公司)系在香港注册成立的公司,故本案应适用关于执行涉外仲裁裁决的相关规定进行审查。

2. 根据仲裁裁决书记载的内容,仲裁庭按照申请人深圳妈湾电力有限公司(以下简称妈湾公司)在仲裁申请书中提供的地址向润和公司邮寄了仲裁通知、仲裁规则、仲裁员名册和申请人提交的仲裁申请书等文件后,被以"无此公司"为由退回,此后,妈湾公司通过华南分会委托律师代为查询的被申请人登记情况表明,被申请人的公司注册地址为"231 Wing Lok Street 3rd FLR"。按照该注册地址,华南分会秘书处向润和公司又邮寄了上述文件,此后又按照该地址邮寄了仲裁庭组成和开庭通知等,但均被以"无人领取"或"无人居住"为由退回。而根据卷宗中记载的润和公司提交的其工商注册登记材料,其法定注册地址应为"3/F 231 WING LOK STREET HK",且其提交证据证明香港政府部门依据该注册地址寄送的信件其已收悉。由于仲裁庭送达的地址与润和公司注册地址不符,客观上润和公司未能收到相关仲裁文件,因此,你院请示报告中"仲裁机构没有依法送达仲裁文件"的第1点不予执行理由是成立的。

3. 当事人虽然在仲裁协议中约定发生纠纷应当协商解决,但其未明确约定协商的期限,约定的内容比较原则,对这一条款应当如何履行和界定在理解上会产生歧义,而结合当事人订立仲裁协议的目的来判断该协议的真实意思,当事人约定的"友好协商"和"协商不成"这两项条件,前项属于程序上要求一个协商的形式,后一项可理解为必须有协商不成的结果,妈湾公司申请仲裁的行为,应视为已经出现了协商不成的结果,因此,在前一项条件难以界定履行标准,而后一项条件已经成立的情况下,仲裁庭有权依据该仲裁协议受理案件。你院请示报告中"争议还未提起仲裁的时间,仲裁机构不应受理"的第2点不予执行理由不能成立。

4. 仲裁庭依法有权对当事人间争议合同的效力、是否解除等事项作出裁决,本案中仲裁庭经审理认为妈湾公司有权解除合同,最终裁决润和公司返还妈湾公司相关款项和利息。仲裁庭并未就湖南省人民政府的批准证书及长沙市招商局批复的效力和是否撤销等问题作出裁决,因此,你院请示报告中"仲裁裁决改变政府行政机关的审批违法"的第3点不予执行理由不能成立。

5. 根据仲裁裁决书载明的内容,妈湾公司选定王璞先生作为仲裁员,因润和公司未在规定期限内选定或委托选定仲裁员,根据《仲裁规则》的规定,中国国际经济贸易仲裁委员会华南分会主任为被申请人代指定了仲裁员罗利伟先生。因双方当事人未在规定的期限内共同选定或共同委托指定首席仲裁员,中国国际经济贸易委员会主任遂指定郭晓文先生作为首席仲裁员。你院请示报告查明的事实并未否定裁决书中载明的上述内容的真实性,而根据长沙中院向仲裁委调查的笔录记载的内容,仲裁委称对于指定仲裁员的报告是口头回复的,《仲裁规则》第二十六条、第二十七条亦未规定必须要求书面回复,因此仲裁案件卷宗内没有审批程序,并不能表明仲裁员的选定程序违法。你院关于"仲裁员的选定程序违法"的第4点不予执行理由不能成立。

综上,由于仲裁庭送达地址错误,没有依法送达仲裁文件,润和公司未能参加仲裁陈述意见,故依照《中华人民共和国民事诉讼法》第二百六十条第一款第(二)项的规定,本案仲裁裁决应不予执行。

此复。

附:

湖南省高级人民法院关于润和发展有限公司申请不予执行仲裁裁决一案报请审查的报告

2007年12月20日

〔2005〕湘高法执请字第1号

最高人民法院:

深圳妈湾电力有限公司依据中国国际经济贸易仲裁委员会华南分会〔2005〕中国贸仲深裁字第18号裁决书向长沙市中级人民法院申请执行。在执行中,润和发展有限公司提交了不予执行仲裁裁决申请书。长沙市中级人民法院审查后,拟作出不予执行仲裁裁决的裁定,根据《最高人民法院关于审理和执行涉外民商事案件应当注意的几个问题的通知》第三条之规定,将案件报我院审查。我院审查认为,本案仲裁裁决程序违法,应裁定不予执行。现按规定将案件报送你院审查,请予批复。

一、案件的由来与审查经过

深圳妈湾电力有限公司依据中国国际经济贸易仲裁委员会〔2005〕中国贸仲深裁字第18号裁决书向长沙市中级人民法院申请执行。在执行中,润和发展有限公司向长沙市中级人民法院提交不予执行仲裁裁决申请书,经该院审查,决定作出不予执行仲裁裁决的裁定,根据最高人民法院《关于审理和执行涉外民商事案件应当注意的几个问题的通知》第三条之规定,该院将案件报我院审查。本院现已审查完毕。

二、当事人的基本情况

申请执行人:深圳妈湾电力有限公司,住所地:广东省深圳市罗湖区文锦中路1027号深业大厦。

被执行人:润和发展有限公司,住所地:3/F 231 WING LOK STREET HK。

三、仲裁裁决的主要内容

2005年2月28日,中国国际经济贸易仲裁委员会华南分会作出〔2005〕中国贸仲深裁字第18号裁决书,裁决书载明:申请人深圳妈湾电力有限公司,被申请人润和发展有限公司。本案仲裁程序适用2000年10月1日起施行的《中国国际经济贸易仲裁委员会仲裁规则》。

申请人通过华南分会委托律师代为查询的被申请人登记情况表明,被申请人的公司注册地址为:231 Wing lok Streel 3rd FLR。按照该注册地址,华南分会秘书处于2004年10月22日邮寄仲裁通知、仲裁规则、仲裁员名册和申请人提交的仲裁申请书及所附证明文件,该件以"无人领取"为由被退回。

申请人选定王璞先生作为仲裁员。因被申请人未在规定期限内选定或委托选定仲裁员,根据《仲裁规则》的规定,中国国际经济贸易仲裁委员会华南分会主任为被申请人代指定了仲裁员罗利伟先生。因双方当事人未在规定的期限内共同选定或共同委托指定首席仲裁员,中国国际经济贸易委员会主任遂指定郭晓文先生作为首席仲裁员。有关仲裁庭组成和开庭通知均已按《仲裁规则》规定向双方当事人送达。按照注册地址寄送给被申请人的文件仍以"无人领取"或"无人居住"为由被退回。

2005年1月11日,仲裁庭开庭审理本案,申请人委派代理人出席了庭审,被申请人未派人出席。按照《仲裁规则》第四十二条的规定,仲裁庭进行缺席审理。2005年2月4日,申请人提交了庭后补充材料。华南分会秘书处将有关材料向被申请人寄送,按照注册地址寄送给被申请人的邮件以"无人居住"为由被退回。

本案现已审理终结,仲裁庭经合议于2005年2月28日作出本裁决。

(一)案情

2000年1月10日,申请人作为乙方(承让方),被申请人作为甲方(转让方)在深圳签订了《股权转让协议书》,在履行协议书的过程中,双方发生争议。申请人认为,其已经付清了转让款,但被申请人至今尚未办理相关手续。申请人根据协议书中的仲裁条款,提出如下仲裁请求:(1)解除《股权转让协议书》;(2)返还转让款432万元,并支付至实际还款之日止的利息(暂计至2004年6月30日为859319.38元);(3)被申请人承担全部仲裁费用。

(二)仲裁庭意见

1. 本案争议应适用的法律

双方当事人在《股权转让协议书》中没有约定发生争议时适用的法律,鉴于本案争议合同标的系对在中国境内设立的中外合资经营公司股权的转让,依照合同法第一百二十六条的规定,仲裁庭认为,本案合同争议应适用中华人民共和国内地的有关法律。

2. 与争议有关事实的认定

申请人为支持其请求,向仲裁庭提供了如下证据:(1)2000年1月10日的《股权转让协议书》;(2)被申请人于2000年3月6日向申请人出具的《委托函》,委托申请人将申请人收购被申请人股份资金中的432万元代付深圳能源集团有限公司,以归还其借款;(3)申请人代被申请人归还借款的银行支票存根、记账凭证和深圳能源集团有限公司出具的收到432万元还款的收据;(4)深圳妈湾电力有限公司和东莞市新花苑酒店于1997年9月25日签订的借款250万元的协议书和1997年10月5日深圳妈湾电力有限公司向东莞市新花苑酒店电汇250万元的银行回单凭证;(5)经长沙市工商行政管理局证明的"外商投资企业登记情况查询打印资料",该"资料"显示,截至2005年1月10日,中外合资经营长沙帝都酒店有限公司的股东,为被申请人和长沙工业泵总厂。该合资公司注册资本为500万元,被申请人认缴的出资额为275万元,所占股权为55%。

仲裁庭开庭时对申请人提供的上述证据进行了调查,并确认申请人已按照约定向被申请人支付了432万元,但被申请人并没有完成向申请人转让任何其在长沙帝都酒店有限公司中的股份的法律手续。

3. 关于申请人的仲裁请求

本案上述事实表明,《股权转让协议书》订立后,被申请人并没有依照合同约定完成股份转让的法律手续,导致申请人在支付了股份转让款4年后,申请人尚未获得被申请人依约应转让的股份。合同订立的目的在其订立5年后仍不能实现,同时,没有证据证明申请人在履行中存在过错。依照合同法第九十四条的规定,申请人有权解除合同。因此,仲裁庭认为,被申请人理应退还申请人向其支付的432万元股份转让金,并承担相应利息。

(三)裁决

1. 被申请人应于本裁决作出之日起30日内,向申请人支付人民币432万元及该款自2000年12月27日至实际还款之日按年利率5%计算的利息。

2. 本案仲裁费人民币176494元,全部由被申请人承担。

四、不予执行仲裁裁决申请书主要内容

(一)事实简要过程

2000年元月,润和公司与妈湾公司签订润和公司在长沙帝都有限公司55%股权和投资共计709.96万元的转让协议,该协议经长沙市政府长招商管〔2000〕3号文批准同意,并由湖南省政府颁发港澳台企业批准证书(湘0161370),妈湾公司于2000年3月支付432万投资额转让款。

由于中外合资的妈湾公司不能按长沙工商局的要求提交深圳市工商局同意对外投资的有关文件,致使股权转让的工商登记不能完成。但妈湾公司根据股权转让后经批准的合同章程,派出简基遥(时任妈湾公司总经理)为帝都公司副董事长,王图南(妈湾公司计划部副部长)任董事、总经理,全面负责帝都公司的经营。2003年3月王图南回妈湾公司。2004年8月妈湾公司采用欺诈手段,人为造成"缺席裁决"。2005年2月28日完成最终裁决。到长沙市中院申请执行时,润和公司才知道。

(二)18号裁决严重违反《仲裁法》、《仲裁规则》程序规定,依法不应给予执行

润和公司的注册地址是:3/F 231 WING LOK STREET HK,而不是仲裁送达的注册地址:231 WING LOK STRET 3rd FLR。润和公司与妈湾公司不仅是股权转让合同的签订者,更重要的是双方是帝都公司的股东,长期以来双方都以股东身份在帝都公司参与管理和经营,交往接触频繁,相互都知道各自的联系方式和电话号码,且妈湾公司连润和公司法人代表叶建南的家庭住址都知道。可妈湾公司却没有按《仲裁规则》第十四条的要求,在申请书上写上润和公司法人代表叶建南的电话号码。妈湾公司在极短的时间内就陪同执行法院的法官找到了润和公司法人代表叶建南,说明妈湾公司是故意不按《仲裁规则》第十五条的规定在申请书中写明润和公司法人代表的联系方式和电话号码,仲裁庭也没有按《仲裁规则》15条的规定要求其给予完备,从而剥夺了润和公司参与庭审、进行陈述等权利。

《股权转让协议书》第五条约定:"凡因履行本协议所发生的争议,甲乙双方应友好协商解决,如协商不成,任何一方可将争议提交中国国际经济贸易仲裁委员会深圳分会申请仲裁……。"该条明确了双方解决发生争议的范围、程序和方式。即发生了的"争议"是经过了双方友好协商,且协商不成的"争议";没有发生的,未经双方协商的"争议"不属约定的仲裁范围,应经协商和协商不成是提仲裁所必需的前置条件。仲裁机构也无权对未经协商的争议进行受理和仲裁。在整个仲裁过程中,妈湾公司没有提供证据证实18号仲裁裁决的争议是曾经发生过,并经过了友好协商,而且是协商不成的争议。

18号仲裁裁决改变了行政部门依法作出的行政许可审批,其裁决是以否定行政部门依法作出的行政许可审批为前提和基础的,系超越了仲裁范围,是无权仲裁。2000年2月13日长沙市招商局作出了长招商管[2000]3号《关于"长沙帝都酒店有限公司"股权转让等事项的批复》,2000年2月17日湖南省政府作出了外经贸湘长审字[2000]00004号《台港澳侨投资企业批准书》,批准同意润和公司将55%的股权转让给妈湾公司,同意合资方重新签订的合同章程,同意有妈湾公司派出参加的董事会成员名单等。仲裁裁决实际上已经否定了行政机关依法作出的具体行政行为。

妈湾公司和华南分会的仲裁做法,还严重剥夺了润和公司可通过约定的解决争议方式来获取发生争议知情权、协商解决权。仲裁委主任未按《仲裁法》第三十二条、《仲裁规则》第二十六条规定为润和公司指定仲裁员。

《仲裁法》和《仲裁规则》明确了申请人和仲裁庭在仲裁程序上必须遵守的仲裁规则。要求申请人对自己的主张和请求必须提供证据和证明文件以支持自己的请求。仲裁庭在申请人手续不完备的情况下,应要求申请人予以完备,在完备的基础上才能发出仲裁通知和开庭;必要时,仲裁庭应自行调查和收集;仲裁庭的仲裁应根据事实,符合法律,公平合理。"未完成股份转让的法律手续,妈湾公司因此未取得转让的股份,没有证据证明妈湾公司在履行合同中存在过错"是18号裁决解除该股权转让合同和返还已支付的432万元转让款的理由。但妈湾公司并没有按规定提供证明文件证明"股份转让的法律手续未完成"(行政审批),提供证明文件证明自己在履行合同中完成了按法律规定应先完成的深圳市工商局等部门同意其对外投资的行政许可手续(依法此是工商登记变更登记前提条件),没有提供证明文件证明"未完成工商变更是判定自己不能获得转让股份标准的理由和法律依据。仲裁庭不仅未按规定要求申请人予以完备,自己也没有把此作为必要的证据进行调取,获取支持

自己裁决的依据。反而是在没有证明文件证明以及法律不予支持上述请求的情况下，违背《仲裁规则》的规定，主观臆断作出了裁决，属民事诉讼法第二百六十条"仲裁的程序与仲裁规则不符的，应裁定不予执行"的情形，应裁定不予执行。

18号裁决还应适用民事诉讼法第二百一十七条裁定不予执行。

五、长沙中院审查认定的事实

（一）仲裁庭的组成

润和公司称中国国际经济贸易仲裁委员会主任未依法为其指定仲裁员，经到该仲裁委员会华南分会调查，本案仲裁案卷中有华南分会给仲裁委员会主任的《关于SHENX2004088号仲裁案代指定仲裁员人选的报告》，但案卷中没有仲裁委员会主任的回复，也无其他书面材料证明仲裁委员会主任为润和公司指定了仲裁员，以及为双方指定了首席仲裁员。

（二）仲裁条款的适用

仲裁条款为当事人双方签订的《股权转让协议书》第五条——纠纷的解决条款。

第五条规定："凡因履行本协议所发生的争议，甲乙双方应友好协商解决，如协商不成，任何一方可将争议提交中国国际经济贸易仲裁委员会深圳分会申请仲裁，仲裁裁决是终局的，对双方均有约束力。"从该条款看，只有经过协商，且协商不成，才可将争议提交仲裁。但在案卷中没有反映妈湾公司曾与润和公司就解除合同之事进行过协商的证据。

妈湾公司在申请仲裁的《仲裁申请书》中，还引用合同法第四十四条第二款、第七十四条、第九十七条，《中外合资经营企业法实施条例》第二十条第一款，仲裁法第四条的规定。而根据合同法第九十六条规定："当事人一方依照本法第九十三条第二款、第九十四条的规定主张解除合同，应当通知对方。"依此规定，妈湾公司主张解除合同，应当通知润和公司，但没有证据表明妈湾公司就此通知了润和公司。

综上，妈湾公司申请仲裁既不符合《股权转让协议书》第五条的规定，又违反了合同法第九十六条的规定。

（三）仲裁裁决所依据的证据和适用法律问题

仲裁裁决认定妈湾公司"尚未获得润和公司依约定应转让的股份，合同订立的目的在其订立五年后仍不能实现"所依的证据就是长沙市工商行政管理局的"外商投资企业登记情况查询打印资料"。依照的法律是合同法第九十四条。

对外经济贸易合作部和国家工商行政管理局于1997年5月28日印发的《外商投资企业投资者股权变更的若干规定》第三条规定："企业投资者股权变更应遵守中国有关法律、法规，并按照本规定经审批机关批准和登记机关变更登记。未经审批机关批准的股权变更无效。"第二十条规定："股权转让协议和修改企业原合同、章程协议自核发变更外商投资企业批准证书之日起生效。协议生效后，企业投资者按照修改后的企业合同、章程规定享有有关权利并承担有关义务。"根据这些规定，妈湾公司是否获得润和公司转让的帝都酒店有限公司的股份，不是以工商变更登记为准，而应以是否核发变更外商投资企业批准证书为准。妈湾公司在提请仲裁时，没有提供这方面的证据，仲裁庭也没有调查收集这方面的证据。润和公司申请不予执行仲裁裁决时提交了经审批机关于2000年2月17日核发的外经贸湘长审字〔2000〕00004号台港澳侨投资企业批准证书。该批准证书上载明长沙帝都酒店有限公司的投资者为"湖南中汽实业有限公司（出资额200万元）、深圳妈湾电力有限公司（出资额275万元）、香港润和发展有限公司（出资额25万元）"。自此，妈湾公司与润和公司签订的股权转让协议和妈湾公司作为一方参与修改后的长沙帝都酒店有限公司合资经营合同、章程生效。妈湾公司自此在长沙帝都酒店有限公司享有有关权利并承担有关义务。据此可判断妈湾公司自核发批准证书之日起已获得润和公司依约定转让的股份，合同订立的目的已实现。同时润和公司还提交了妈湾公司取得帝都酒店有限公司股份后，进入董事会，参与经营活动的有关证据（如妈湾公司2000年8月28日《关于王图南任帝都酒店董事会董事的函》，以及王图南代表帝都酒店与他人签订的合同等）。

（四）仲裁送达问题

华南分会以查明的润和公司在香港注册地址送达并非不可，但在以香港注册地址快件方式送达时,被以"无人领取"和"无人居住"为由退回后,即应按《仲裁规则》第十四条的规定,要求妈湾公司提供润和公司法定代表人叶建南先生的电话以及在内地特别是双方合作地长沙的通讯地址等。但华南分会没有这样做,而仍然向"无人领取"、"无人居住"的地方送达,故这样的送达不能视为已经送达。

六、长沙中院对本案的处理意见

1. 由于没有证据证明仲裁委员会主任为润和公司指定仲裁员和指定首席仲裁员,本案仲裁庭的组成与仲裁规则不符,即违反了《仲裁规则》第二十六条、第二十七条的规定。

2. 由于当事人双方约定的仲裁条款规定提交仲裁的争议,应先友好协商,协商不成时再将争议提交仲裁。而受理妈湾公司仲裁申请时,妈湾公司并未提交曾与润和公司协商的证据,故华南分会受理的仲裁申请不属仲裁条款约定的范围。

3. 由于仲裁庭裁决认定妈湾公司尚未获得润和公司应转让的股份,合同订立的目的不能实现所依据的证据是工商登记机关的资料,而不是审批机关的批准证书,这显属违反《外商投资企业投资者股权变更的若干规定》第二十条的规定,也就是违反了《仲裁规则》第五十三条的规定,同时也否定了审批机关核发的批准证书。

4. 由于华南分会以快件方式送达润和公司香港注册地均被以"无人居住"和"无人领取"退回后,未要求妈湾公司提供润和公司和法定代表人的其他通讯方式和地址,仍然向"无人居住"、"无人领取"的地址送达,这不能视为已向润和公司送达仲裁通知等文件。

综上,本案所涉仲裁裁决,有民事诉讼法第二百六十四条第一款中(二)、(三)、(四)项规定的情形。应依据这些条文的规定,裁定不予执行仲裁裁决。

七、本院经审查认定的事实

本院通过对案卷材料进行审查,对长沙中院认定的事实予以认可。其中关于送达地址问题,润和公司法定代表人叶建南在中院组织的听证会上认可妈湾公司提供的地址是由其签发的,但其解释称当时地址是由香港政府核定的地址,他是按核定的地址签发的,但此后与香港政府核对后进行了修改。润和公司也提交了香港政府邮寄给其的邮件,邮寄地址为:3/F 231 WING LOK STREET HK,时间是2005年1月。

八、处理意见

本院经研究,同意长沙中院对本案的处理意见,即本案仲裁裁决程序违法,应依照《中华人民共和国民事诉讼法》第二百六十四条第一款(二)、(三)、(四)项之规定裁定本案不予执行仲裁裁决。理由为:(1)仲裁机构没有依法送达仲裁文件。仲裁机构没有提取被申请人的正确住所地,同时没有要求申请人提供被申请人的其他通讯方式,而这是申请人明知的方式,长沙中院也正是通过申请人提供的这种方式联系到被申请人,此说明仲裁机构对被申请人未尽到查找义务。可以认定仲裁机构在送达上程序违法。(2)争议的处理还未到提起仲裁的时间。当事人的协议约定,发生争议时,应当协商解决,协商不成的可将争议提交仲裁。而本案申请人并未提交有关双方协商的依据,也未提供已经通知润和公司要求解除协议的依据,因此,本案仲裁机构不应受理。(3)仲裁裁决改变政府行政机关的审批违法。湖南省人民政府作出了外经贸湘长审字[2000]00004号《台港澳侨投资企业批准书》、长沙市招商局作出了长招商官[2000]3号《关于"长沙帝都酒店有限公司"股权转让等事项的批复》,这两份文件是政府对股权转让予以批准的具体行政行为,仲裁机构是无权改变的。而本案的裁决结果事实上是撤销了上述文件。(4)仲裁员的选定程序违法。长沙中院对仲裁案卷进行的调查表明,仲裁机构在选定首席仲裁员和指定仲裁员时案卷内没有审批程序,违反了《仲裁规则》第二十六条、第二十七条的规定。

最高人民法院关于魏北鸿利有限公司申请撤销珠海仲裁委员会涉外仲裁裁决一案的请示的答复

● 2008年5月27日
● [2008]民四他字第2号

广东省高级人民法院:

你院《关于魏北鸿利有限公司申请撤销珠海仲裁委员会涉外仲裁裁决一案的请示》收悉,经研究答复如下:

(一)本案当事人中魏北鸿利有限公司(以下简称鸿利公司)系在英属维京群岛设立的公司,华生纸品厂有限公司(以下简称华生公司)是在香港设立的公司,故本案属于涉外仲裁案件。对于撤销该仲裁裁决的审查,应适用《中华人民共和国民事诉讼法》和《中华人民共和国仲裁法》有关涉外仲裁的规定。

(二)《珠海仲裁规则》第七章涉外仲裁的特别规定第八十四条规定:"当事人一方或双方是外国人、无国籍人、外国企业或组织之间的合同纠纷和其他财产权益纠纷,适用本章的规定。本章没有规定的,适用本规则其他有关规定。"因本案属涉外仲裁案件,故应适用该章的相关规定处理。《珠海仲裁规则》第七章第八十九条规定:"仲裁案件首次开庭审理日期经仲裁庭决定后,仲裁委员会应当在仲裁庭开庭20日前将开庭时间通知当事人,当事人经商请仲裁庭同意可以提前开庭。"从你院请示报告中查明的事实来看,仲裁庭首次通知开庭的时间是2006年10月30日,首次开庭的时间是2006年11月15日,没有依据《珠海仲裁规则》的上述规定在首次开庭前20天通知当事人,也没有证据证明当事人商请仲裁庭同意提前开庭,则仲裁庭的仲裁程序违反了仲裁规则的规定。

(三)根据《珠海仲裁规则》第八十四条规定,第七章关于涉外仲裁中没有规定的,可以适用该仲裁规则的其他规定。根据《珠海仲裁规则》第二十条"申请人变更仲裁请求或被申请人变更反请求应当在仲裁庭调查结束前提出,由仲裁庭决定是否接受。仲裁庭决定接受的,对方需要答辩期的,对方当事人应当自收到变更仲裁请求申请书或者变更反请求申请书之日起15日内就变更的请求事项向仲裁委员会提出书面答辩。"根据你院请示报告中查明的事实,在仲裁庭第二次开庭时,华生公司变更仲裁请求,仲裁庭没有将华生公司变更仲裁请求的情况告知鸿利公司,也没有询问鸿利公司是否需要答辩期和给予15天的答辩期,便作出裁决,其仲裁程序确有违反仲裁规则规定的情形。

综上,该案的仲裁程序中存在违反《珠海仲裁规则》第八十九条、第二十条规定的情形,根据《中华人民共和国民事诉讼法》第二百六十条第一款第(三)项、《中华人民共和国仲裁法》第七十条的规定,珠海仲裁委员会作出的珠仲裁字〔2006〕第168号仲裁裁决应予撤销。

此复。

附:

广东省高级人民法院关于魏北鸿利有限公司申请撤销珠海仲裁委员会涉外仲裁裁决一案的请示

2007年12月4日
〔2007〕粤高法民四他字第18号

最高人民法院:

珠海市中级人民法院受理了魏北鸿利有限公司申请撤销珠海仲裁委员会作出的珠仲裁字〔2006〕第168号裁决一案,根据钧院的规定,向我院进行请示。现将该案情况汇报如下:

一、案件的基本情况

魏北鸿利有限公司(以下简称申请人)是在英属维京群岛设立的公司。华生纸品厂有限公司(以下简称被申请人)是在香港设立的公司。被申请人于2001年5月11日在广东省东莞市设立了外商独资企业新华柏纸品(东莞)有限公司(以下简称新华柏公司),公司设立时被申请人拥有该公司的100%的股权。2002年6月28日申请人与被申请人签订《关于新华柏纸品(东莞)有限公司股权转让协议书》(以下简称《股权转让协议》),约定被申请人将其拥有的新华柏公司100%股权转让给申请人,股权转让款为1000万元港币,并约定因本合同所引起的或与本合同有关的任何争议,双方应友好协商,协商不成的,应提交仲裁地点在深圳的中国国际经济贸易仲裁委员会进行仲裁。

上述协议书签订后,2002年12月26日双方完成了股东变更工商登记手续,但被申请人声称申请人一直没有履行支付股权转让款1000万元港币的义务,为此双方于2006年2月22日签订了《股权转让补充协议》(以下简称《补充协议》),在《补充协议》中,双方约定若申请人在2006年4月30日前未付清上述股权转让款,则申请人应无条件地将其所持有的新华柏公司100%股权返还给被申请人。《补充协议》第四条约定将该案的纠纷提交给珠海市仲裁委员会,依照该会规则进行仲裁;《补充协议》第五条约定发生纠纷或仲裁时双方的联络人,并认为联络人即为签收、接受对方或仲裁机构或仲裁裁决执行机构法律文书的授权人,法律文书得按联络人地址或姓名送达,并约定申请人的联络人为杨德强。《补充协议》上有申请人的印章及其董事马楚民的签名。

2006年9月12日,被申请人根据《补充协议》中的仲裁条款向珠海仲裁委员会提出仲裁申请,请求:(1)确认新华柏公司100%股权为被申请人所有;(2)申请人依法协助将新华柏公司的外商独资企业股东变更登记为被申请人;(3)申请人承担该案仲裁费用。在该案的仲裁程序中,仲裁庭首次通知开庭的时间是2006年10月30日,首次开庭的时间是2006年11月15日;第二次通知开庭时间是2007年1月22日,第二次开庭时间是2007年1月25日。在2007年1月25日开庭时,被申请人当庭将仲裁请求变更为:(1)解除《股权转让协议》;(2)申请人将新华柏公司100%股权返还给被申请人;(3)申请人依法协助被申请人办理股权变更登记以及相关手续;(4)申请人承担该案仲裁费用。仲裁庭没有将变更后的仲裁请求告知申请人及给予申请人答辩期。仲裁庭向申请人送达的受理申请通知书、申请书副本、证据材料、仲裁规则、仲裁员名册、选定仲裁员通知书、当事人权利义务、开庭通知、组庭通知、仲裁员接受指定声明、裁决书,受送达人均为杨德强。2007年1月30日,珠海仲裁委员会作出珠海仲裁字〔2006〕第168号仲裁裁决(以下简称第168号裁决),对上述变更后的仲裁请求全部予以支持。

2007年2月13日,被申请人向东莞市中级人民法院申请执行第168号裁决,该执行案已终结。东莞市工商局已依东莞市中级法院于2007年3月2日作出的〔2007〕东中法执字第185号裁定书及协助执行通知书,将新华柏公司的股权变更登记在被申请人名下。

2007年3月27日,申请人向珠海市中级人民法院申请撤销第168号裁决。2007年5月22日申请人书面向珠海市中级人民法院申请司法鉴定,鉴定内容为:《补充协议》上印章的真实性、马楚民签字的真实性、打印时间和签字盖章的时间。为此珠海市中级人民法院于2007年6月6日组织双方举行听证会一次,在听证会上,申请人声称公司印章在英国相关机构没有相应的备案,英国公司法也没有对公司印章备案的要求;在东莞工商局有公司三枚印章的备案,但只有其中两枚是自己公司的真实印章,另一枚是被申请人相关人员伪造的。

二、珠海市中级人民法院的处理意见

珠海市中级人民法院认为第168号裁决出现《中华人民共和国民事诉讼法》第二百六十条第一款第(二)、(三)项规定的撤销涉外仲裁裁决的情形,依照《中华人民共和国仲裁法》第七十条的规定,应当撤销第168号裁决,具体理由如下:(1)《珠海仲裁规则》第八十九条规定,仲裁案件首次开庭审理日期经仲裁庭决定后,仲裁委员会应当在仲裁开庭20日前将开庭时间通知当事人,当事人经商请仲裁庭同意可以提前开庭。从珠海市中级人民法院查明的事实来看,珠海仲裁委员会没有按照《珠海仲裁规则》第八十九条的规定在第一次开庭前20日通知当事人,且没有当事人商请仲裁庭同意提前开庭的事实存在;(2)《珠海仲裁规则》第二十条规定,仲裁庭决定接受当事人变更仲裁请求的申请的,对方需要答辩期的,对方当事人应当自收到变更仲裁请求书或变更反请求申请书之日起15日内就变更的请求事项向仲裁委员会提出书面答辩。从珠海市中级人民法院查明的事实来看,在仲裁庭第二次开庭时,被申请人当庭对自己的仲裁请求予以变更,但珠海仲裁委员会没有依《珠海仲裁规则》第二十条规定在被申请人变更仲裁请求时将此变更情况告知申请人并询问申请人是否需要答辩期,更没有给予15天答辩期而径行裁决。(3)珠海仲裁委员会将《补充协议》确认的"联络人"杨德强视为仲裁案件申请人的代理人的做法缺乏法律依据。《中华人民共和国仲裁法》第二十九条规定,当事人、法定代理人可以委托律师和其他代理人进行仲裁活动,委托律师和其他代理人进行代理活动的,应当提交授权委托书,即代理仲裁活动的人必须提交授权委托书。从珠海市中级人民法院查明的事实来看,第168号裁决案卷材料中没有申请人授权给杨德强的委托书,珠海市中级人民法院认为《补充协议》中约定的联络人不能必然成为具有独立性的仲裁程序的代理人,故由杨德强代行指定仲裁员及在仲裁程序中所进行其他的行为均缺乏法律和事实依据。

综上所述,该案的仲裁程序中存在违反《中华人民共和国仲裁法》第二十九条、《珠海仲裁规则》第八十九条、第二十条的规定的事实,出现了《中华人民共和国民事诉讼法》第二百六十条第一款第(二)、(三)项规定的撤销涉外仲裁裁决的情形,依照《中华人民共和国仲裁法》第七十条的规定,应当支持申请人的请求,撤销第168号裁决。

另外,珠海市中级人民法院认为本案还涉及其他两个问题:(1)对《补充协议》上印章的真实性、马楚民签字的真实性、打印时间及签字盖章的时间是否应当进行司法鉴定。《补充协议》的真伪,直接关系到本案中的仲裁条款是否存在、仲裁裁决是否有效力,因为《补充协议》载有的仲裁条款是珠海仲裁委员会对本案进行仲裁的前提。若《补充协议》是伪造的,则《补充协议》中的仲裁条款无效,这必然导致珠海仲裁委员会无权对第168号裁决案进行仲裁。而依《股权转让协议》的约定,双方的争议应提交仲裁地点在深圳的中国国际经济贸易仲裁委员会进行仲裁。本案系撤销涉外仲裁裁决案,按《中华人民共和国民事诉讼法》及《中华人民共和国仲裁法》的相关规定,法院一般不对涉外仲裁裁决进行实质问题的审查,即对涉外仲裁裁决的认定事实是否错误、适用法律是否正确不进行审查。但对于本案中《补充协议》真实性的审查,同时也是对《中华人民共和国民事诉讼法》第二百六十条第一款第(一)项情形的审查。(2)是否可以通知仲裁庭重新仲裁。根据《中华人民共和国仲裁法》第六十一条的规定,对于法院认为可以由仲裁庭重新仲裁的,可以通知仲裁庭在一定期限内重新仲裁。对本案而言,由于仲裁程序的开始是以有效仲裁条款的存在为前提的,在没有确认该《补充协议》的真伪之前,若重新指定仲裁庭进行仲裁意味着认可该《补充协议》的合法性。

三、我院的倾向性意见

根据《中华人民共和国仲裁法》第七十条的规定,当事人提出证据证明涉外仲裁裁决有民事诉讼法第二百六十条第一款规定的情形之一的,经人民法院组成合议庭审查核实,裁定撤销。《中华人民共和国民事诉讼法》第二百六十条第一款规定的四种情形是:(1)当事人在合同中没有订有仲裁条款或者事后没有达成书面仲裁协议的;(2)被申请人没有得到指定仲裁员或者进行仲裁程序的通知,或者由于其他不属于被申请人负责的原因未能陈述意见的;(3)仲裁庭的组成或者仲裁的程序与仲裁规则不符的;(4)裁决的事项不属于仲裁协议的范围或者仲裁机构无权仲裁的。本案中,第168号裁决出现《中华人民共和国民事诉讼法》第二百六十条第一款第(三)项规定的情形,依照《中华人民共和国仲裁法》第七十条的规定,应当撤销第168号裁决,具体理由如下:

(1)《珠海仲裁规则》第八十九条规定,仲裁案件首次开庭审理日期经仲裁庭决定后,仲裁委员会应当在仲裁开庭20日前将开庭时间通知当事人,当事人经商请仲裁庭同意可以提前开庭。从珠海市中级人民法院查明的事实来看,珠海仲裁委员会没有按照《珠海仲裁规则》第八十九条的规定在第一次开庭前20日通知当事人,且没有当事人商请仲裁庭同意提前开庭的事实存在。

(2)《珠海仲裁规则》第二十条规定,仲裁庭决定接受当事人变更仲裁请求的申请的,对方需要答辩期的,对方当事人应当自收到变更仲裁请求书或变更反请求申请书之日起15日内就变更的请求事项向仲裁委员会提出书面答辩。从珠海市中级人民法院查明的事实来看,在仲裁庭第二次开庭时,被申请人当庭对自己的仲裁请求予以变更,但珠海仲裁委员会没有依《珠海仲裁规则》第二十条规定在被申请人变更仲裁请求时将此变更情况告知申请人并询问申请人是否需要答辩期,更没有给予15天答辩期而径行裁决。

综上所述,该案的仲裁程序中存在违反《珠海仲裁规则》第八十九条、第二十条的规定的事实,出现了《中华人民共和国民事诉讼法》第二百六十条第一款第(三)项规定的撤销涉外仲裁裁决的事由,依照《中华人民共和国仲裁法》第七十条的规定,应当支持申请人的请求,撤销第168号裁决。

根据钩院《关于人民法院撤销涉外仲裁裁决有关事项的通知》第一条的规定,特向钧院请示,请予批复。

最高人民法院关于杨志红申请撤销广州仲裁委员会涉港仲裁裁决一案的请示的答复

- 2008年7月24日
- 〔2008〕民四他字第21号

广东省高级人民法院:

你院〔2007〕粤高法民四他字第22号《关于杨志红申请撤销广州仲裁委员会涉港仲裁裁决一案的请示》收悉。

经研究认为,本案属于申请撤销内地仲裁机构作出的涉港仲裁裁决案件,应参照《中华人民共和国仲裁法》第七十条和《中华人民共和国民事诉讼法》第二百五十八条的规定进行审查。

根据你院请示报告及所附卷宗反映的情况,《广州仲裁委员会仲裁规则》第八章"简易程序"在第九十七条规定:"除当事人另有约定外,凡是争议金额不超过人民币20万元的仲裁案件,适用本章规定;争议金额在20万元以上,双方当事人书面同意的,也可以适用本章规定。"而广州仲裁委员会裁决杨志红向首饰公司返购的黄金价值超过了20万元,且当事人没有书面意见同意仲裁委员会适用简易程序。在此情况下,广州仲裁委员会适用简易程序审理本案,属于《中华人民共和国民事诉讼法》第二百五十八条第一款第三项所指的"仲裁庭的组成或者仲裁程序与仲裁规则不符的"情形。

此外,首饰公司2004年5月25日向仲裁庭提交的《明确仲裁请求申请书》中,有"由首饰公司向杨志红返购库存黄金"的请求。但仲裁庭5月31日送达杨志红的《明确仲裁请求申请书》中却未载有该项内容,仲裁庭的开庭笔录中也没有上述明确仲裁请求的记载。仲裁庭在未将该项仲裁请求告知杨志红的情况下,裁决支持该仲裁请求,导致杨志红未能就该请求陈述意见,属于《中华人民共和国民事诉讼法》第二百五十八条第一款第(二)项所指的被申请人由于"不属于被申请人负责的原因未能陈述意见的"情形。

综上,广州仲裁委员会作出的〔2003〕穗仲案字第2671号仲裁裁决应予撤销。

此复。

附:

广东省高级人民法院关于杨志红申请撤销广州仲裁委员会涉港仲裁裁决一案的请示

2008年4月3日
〔2007〕粤高法民四他字第22号

最高人民法院:

杨志红申请撤销广州仲裁委员会〔2007〕穗仲案字第2671号仲裁裁决一案,广州市中级人民法院受理并经审查后,认为应当撤销该涉港仲裁裁决,根据钩院的规定向我院进行请示。现将该案情况报告如下:

一、案件的基本情况

申请人(仲裁被申请人):杨志红,女,1950年12月12日出生,香港特别行政区公民。

被申请人(仲裁申请人):广州金银首饰有限公司,住所地:广东省广州市大德路199号。

被申请人(仲裁被申请人):吴金成,男,汉族,1955年3月26日出生。

2000年11月1日,广州金银首饰有限公司(以下简称金银首饰公司)与吴金成签订《承包协议》,约定吴金成承包金银首饰公司广源部的金饰加工生产,承包期间吴金成自负应缴的各项税费。《承包协议》第六条第一款规定,如双方就争议问题不能协商一致,则由广州仲裁委员会裁定。同日,金银首饰公司与杨志红签订《担保协议》,杨志红承诺对吴金成履行《承包协议》中约定的义务承担担保责任。杨志红与吴金成是雇佣关系,杨志红是雇主,吴金成是雇工,三方在签订上述两协议时均知道金银首饰公司广源部的实际经营人将为杨志红。至2001年12月,《承包协议》的履行已实际终止,金银首饰公司广源部的账面存货为黄金86868.43克。三方当事人均确认该批黄金是杨志红出资购买、自行加工,然后以吴金成的名义进行销售。

金银首饰公司于2003年12月30日向广州仲裁委员会提起仲裁申请,请求:(1)要求吴金成、杨志红立即与金银首饰公司进行《承包协议》终止后的清理工作;(2)吴金成、杨志红承担本案的仲裁费和律师费55000元。广州仲裁委员会受理后,于2004年1月10日向杨志红送达《仲裁通知书》、《广州仲裁委员会仲裁规则》、《仲裁员名册》等文件,告知其在收到通知和仲裁申请书副本之日起15日内提交答辩状、在仲裁员名册上选定仲裁员,并与仲裁申请人约定仲裁庭的组成方式等权利义务。杨志红于同年1月提交的答辩状中表明其香港居民身份,并于同年2月20日向广州仲裁委员会提交《关于适用涉外仲裁程序审理本案的申请》,声明:"杨志红系香港永久性居民,请求按照涉外程序组成仲裁庭审理本案,选定仲裁员张劲为仲裁庭成员,并委托广州仲裁委员会指定首席仲裁员。"广州仲裁委员会得知杨志红为香港居民后,未按照涉外仲裁程序给予杨志红45天答辩及举证期,只在裁决书中指明本案适用涉外程序。2004年1月5日,吴金成选定仲裁员潘国荣;同年1月10日,杨志红选定仲裁员张劲。同年2月13日,广州仲裁委员会主任指定李非湑担任本案独任仲裁员,成立独任仲裁庭。

仲裁庭分别于2004年4月1日、5月13日、11月4日三次开庭审理。仲裁庭于5月13日第二次开庭审理时,要求全首饰公司明确仲裁请求。同年5月25日,金银首饰公司向仲裁庭提交《明确仲裁请求申请书》,明确仲裁请求为:(1)要求吴金成、杨志红对其承包终止时库存86868.43克黄金承担缴纳增值税和相关税费的义务,或由金银首饰公司返购该库存黄金;(2)本案的仲裁费和律师费20000元由吴金成、杨志红承担。同年5月31日,仲裁庭向杨志红送达该

《明确仲裁请求申请书》副本,但是其中并无"或由金银首饰公司返购库存黄金"这一句话。在仲裁庭的开庭笔录中也没有上述明确仲裁请求的记载。同年11月12日,仲裁庭作出〔2003〕穗仲案字第2671号仲裁裁决,支持金银首饰公司向杨志红返购库存黄金以及由杨志红承担律师费、仲裁费的仲裁请求。

杨志红不服广州仲裁委员会〔2003〕穗仲案字第2671号仲裁裁决书,向广州市中级人民法院申请撤销该仲裁裁决。该院于2005年8月9日作出〔2005〕穗中法仲审字第76号民事裁定,驳回杨志红的撤销仲裁裁决申请。后该院经复查,于2006年4月26日作出〔2006〕穗中法民申字第597号民事裁定,决定对该案进行再审。该院另行组成合议庭进行再审后,认为原审裁定对申请人杨志红提出的仲裁庭组成不合法、仲裁程序违反法定程序等问题认定事实不清,适用法律不当,故于2007年3月6日作出〔2006〕穗中法审监民再字第95号民事裁定,撤销〔2005〕穗中法仲审字第76号民事裁定。杨志红据此于2007年3月16日再次向该院提出撤销仲裁裁决的申请,该院于2007年4月18日重新予以立案受理。

二、广州市中级人民法院的处理意见

广州市中级人民法院认为,杨志红为香港居民,金银首饰公司对其提起承包合同仲裁属于涉外仲裁,审理的程序应依涉外程序,当事人的有关答辩期限等权利应根据仲裁规则予以45天的期限,但从仲裁案卷中发现并未给予杨志红足够的答辩期限。本案裁决杨志红向金银首饰公司返还黄金,数额巨大,远超过20万元,根据2003年《广州仲裁委员会仲裁规则》,对此种案件除非当事人书面同意,否则不应适用简易程序进行审理,但原仲裁裁决却在不具备此前提下独任仲裁、适用简易程序审理,违反了《广州仲裁委员会仲裁规则》。金银首饰公司多次变更仲裁请求,但最后一次确认的仲裁请求杨志红否认已知,且未在开庭笔录中有所体现,不能充分证明该仲裁请求杨志红已了解。仲裁机构以未在庭审笔录中确认的仲裁请求予以最终裁决,其程序严重违法。根据以上理由,足以确认原仲裁程序存在诸多程序问题,杨志红申请撤销符合法律规定,应

予支持。

关于杨志红再次提出撤销仲裁裁决申请是否符合有关规定的问题,根据《中华人民共和国仲裁法》的规定,当事人申请撤销仲裁裁决的,应当自收到裁决书之日起6个月内提出;根据《最高人民法院关于当事人对人民法院撤销仲裁裁决的裁定不服申请再审人民法院是否受理问题的批复》,对于当事人对人民法院撤销仲裁裁决的裁定不服申请再审的,人民法院不予受理。本案中,广州市中级人民法院于2006年4月26日作出[2006]穗中法民申字第597号民事裁定,决定对该案进行再审,是人民法院复查之后主动决定再审,不是基于当事人的申请而启动,此种情形应不属于上述司法解释规定的不予受理的情形。虽然杨志红此次撤销仲裁裁决的申请自收到裁决书之日已超过6个月,但因[2005]穗中法仲审字第76号民事裁定已被[2006]穗中法审监民再字第95号民事裁定撤销,杨志红此再次提出撤销仲裁裁决申请应视为其第一次提出撤销仲裁裁决申请,未超过6个月的时效。当然,该院2007年3月6日作出的[2006]穗中法审监民再字第95号民事裁定亦存在不足,该再审裁定在撤销[2005]穗中法仲审字第76号民事裁定的同时应指定对原申请重新进行审查,而无需由当事人再次提起撤销仲裁裁决申请。但因原仲裁确属程序不当,为充分保障当事人的合法权益,依照《中华人民共和国仲裁法》第七十条、《中华人民共和国民事诉讼法》第二百六十条第一款第(三)项之规定,拟裁定撤销广州仲裁委员会于2004年11月12日作出的[2003]穗仲案字第2671号仲裁裁决。

三、我院的倾向性意见

1. 杨志红为香港居民,金银首饰公司对其提起承包合同仲裁应参照涉外程序进行根据仲裁法第七十条的规定,当事人提出证据证明涉外仲裁裁决有民事诉讼法第二百六十条第一款规定的情形之一时,经人民法院组成合议庭审查核实,裁定撤销。民事诉讼法第二百六十条第一款规定的情形是:(1)当事人在合同中没有订有仲裁条款或者事后没有达成书面仲裁协议的;(2)被申请人没有得到指定仲裁员或者进行仲裁程序的通知,或者由于其他不属于被申请人负责的原因未能陈述意见的;(3)仲裁庭的组成或者仲裁的程序与仲裁规则不符的;(4)裁决的事项不属于仲裁协议的范围或者仲裁机构无权仲裁的。本案仲裁裁决具有上述第(2)、(3)项情形,具体理由如下:

第一,金银首饰公司于2004年5月25日向仲裁庭提交的《明确仲裁请求申请书》中有"由金银首饰公司向杨志红返购库存黄金"这一请求,但仲裁庭于2004年5月31日送达杨志红的《明确仲裁请求申请书》中却未载有该项内容。本案其他仲裁文书及开庭笔录均未反映金银首饰公司的仲裁请求中含有该项内容。据此可以认定,本案仲裁庭没有将金银首饰公司"向杨志红返购库存黄金"这一仲裁请求告知杨志红。仲裁庭在未将该项仲裁请求告知杨志红的情况下,裁决支持该项仲裁请求,导致杨志红未能就该项仲裁请求陈述意见。

第二,根据2003年《广州仲裁委员会仲裁规则》第一百二十一条的规定,涉外仲裁的被申请人应在收到仲裁受理通知之日起45日内向仲裁委员会提交答辩书、证据及有关证明文件。本案属涉外仲裁,仲裁庭应根据该条规定给予当事人45天的答辩及举证期限,但从查明的事实看,仲裁庭并未给予杨志红45天的答辩及举证期限。

根据上述理由,足以确认本案仲裁程序存在问题,杨志红申请撤销仲裁裁决符合法律规定,应予支持。

2. 关于杨志红再次提出撤销仲裁裁决申请是否符合有关规定的问题

根据《中华人民共和国仲裁法》第五十九条的规定,当事人申请撤销仲裁裁决的,应当自收到裁决书之日起6个月内提出。杨志红第一次向广州市中级人民法院提出撤销仲裁裁决申请是在其收到裁决书之日起的6个月内,并未怠于行使其向人民法院寻求司法救济的权利。由于广州市中级人民法院驳回杨志红第一次撤销仲裁裁决申请的[2005]穗中法仲审字第76号民事裁定已被该院[2006]穗中法审监民再字第95号民事裁定撤销,杨志红于2007年3月16日再次提出撤销仲裁裁决申请,该院重新立案,应当允许。

根据钧院《关于人民法院撤销涉外仲裁裁决有关事项的通知》（法〔1998〕40号）第一条的规定，特向钧院请示，请予批复。

最高人民法院关于宜昌鸿兴实业开发公司申请撤销中国国际经济贸易仲裁委员会〔2006〕中国贸仲京裁字第0348号裁决一案的请示的答复

- 2008年7月25日
- 〔2008〕民四他字第25号

北京市高级人民法院：

你院京高法〔2008〕146号《关于宜昌鸿兴实业开发公司申请撤销中国国际经济贸易仲裁委员会〔2006〕中国贸仲京裁字第0348号裁决一案的请示》收悉。

经研究认为，本案属于当事人申请撤销内地仲裁机构作出的涉港仲裁裁决案件，应参照《中华人民共和国仲裁法》第七十条和《中华人民共和国民事诉讼法》第二百五十八条的规定进行审查。

根据你院请示报告所反映的情况，吴亚伦虽然代表意大利工程有限公司与宜昌鸿兴实业开发公司签订了《宜昌通利房地产开发有限公司终止合营协议书》，但是吴亚伦个人与宜昌鸿兴实业开发公司之间并没有订立仲裁协议。同时，吴亚伦也不能证明其有合同当事人意大利工程有限公司申请仲裁的授权。宜昌鸿兴实业开发公司认为其与吴亚伦没有订立仲裁协议，不能向其交付财产。对于宜昌鸿兴实业开发公司申请撤销仲裁裁决的请求，应予支持。

鉴于中国国际经济贸易仲裁委员会〔2006〕中国贸仲京裁字第0348号裁决书存在《中华人民共和国民事诉讼法》第二百五十八条第一款第（一）项所指的"当事人在合同中没有订有仲裁条款或者事后没有达成书面仲裁协议的"情形，根据《中华人民共和国仲裁法》第七十条的规定，应裁定撤销。

此复。

附：

北京市高级人民法院关于宜昌鸿兴实业开发公司申请撤销中国国际经济贸易仲裁委员会〔2006〕中国贸仲京裁字第0348号裁决一案的请示

2008年5月4日　京高法〔2008〕146号

中华人民共和国最高人民法院：

我市第二中级人民法院于2006年10月8日立案受理了宜昌鸿兴实业开发公司（以下简称鸿兴公司）申请撤销中国国际经济贸易仲裁委员会作出的〔2006〕中国贸仲京裁字第0348号裁决一案，二中院审查后认为该裁决具有《中华人民共和国民事诉讼法》第二百六十条第一款第（一）项规定的"当事人在合同中没有订有仲裁条款"的情形，应予撤销。经请示我院，我院拟同意二中院的意见。现将该案情况报告如下：

一、当事人基本情况

申请人（仲裁被申请人）：鸿兴公司，住所地：湖北省宜昌市果园二路8号。

被申请人（仲裁申请人）：吴亚伦，男，1946年6月16日出生，香港特别行政区居民。

二、争议主要事实和撤销裁决过程

（一）仲裁基本情况

2005年12月12日，吴亚伦向仲裁委员会申请仲裁，请求：确认吴亚伦与鸿兴公司于2004年9月25日签署的《宜昌通利房地产开发有限公司终止合营协议书》（以下简称《终止合营协议书》）合法有效；裁决鸿兴公司履行《终止合营协议书》约定的义务及责任，向吴亚伦支付应分得的资金人民币1680万元。

仲裁庭在裁决书中表述的意见如下：

1. 法律适用

本案吴亚伦提起仲裁依据的《终止合营协议书》中，对法律适用没有作出约定。鉴于本案是基于鸿兴公司与意大利工程有限公司合资成立宜昌通利房地产开发有限公司（以下简称通利公司)而产生的争议,故根据中外合资经营企业法的规定,本案在判断吴亚伦与鸿兴公司之间的法律关系时应适用中国同地的相关法律。本案同时涉及吴亚伦、吴翠薇与香港意大利工程有限公司、意大利工程有限公司之间的相互关系,鉴于这些公司与个人均属于香港公司或香港居民,故就吴亚伦、吴翠薇等个人和公司之间的相互关系,应适用香港法律和有关规定。

2. 关于本案争议的焦点

本案争议的焦点是,吴亚伦与鸿兴公司签订的《终止合营协议书》是否有效,吴亚伦是否可以取得1680万元人民币的债权。仲裁庭经查认定以下事实:

1992年12月31日,鸿兴公司(中方)与香港意大利工程有限公司(外方)签订了合同和章程,联合成立通利公司。在共同制定的章程中写明:甲方为宜昌鸿兴实业开发公司(在中国宜昌注册),法定代表人是成映模;乙方为香港意大利工程有限公司(在香港注册),法定代表人是吴亚伦。在双方签字处,乙方的署名是香港意大利工程有限公司,加盖的图章是意大利工程有限公司,签字人是吴亚伦。

1993年2月8日,宜昌市对外经济贸易委员会所作的《关于"宜昌通利房地产开发有限公司"合同、章程的批复》[宜市经贸字〔1995〕18号]写明:"一、宜昌鸿兴实业开发公司(甲方)与香港意大利工程有限公司(乙方),共同签署的合资经营宜昌通利房地产开发有限公司合同、章程符合我国法律、法规,同意双方合资经营宜昌通利房地产开发有限公司。"

1993年4月8日填发的加盖"湖北省人民政府投资企业审批专用章"的外商投资企业批准证书[外经贸鄂审字〔1993〕2565号]中明确填写:"乙方:香港意大利工程有限公司,注册地:香港地区"。在同时颁发的《企业法人营业执照》中写明:通利公司董事长是吴亚伦。

2002年3月8日,由迪利公司填报的2001年度联合年检报告书中投资者名称一栏,外方为吴亚伦。

在合营公司经营期间,吴亚伦通过其所在的公司向合营公司共注入资金928万元,这已为双方(吴亚伦和鸿兴公司)共同确认。

2004年9月25日,在广州签署的《宜昌通利房地有限公司终止合营协议书》中,明确写明:"甲方:宜昌鸿兴实业开发公司;授权代表:田延树。乙方:香港意大利工程有限公司;授权代表:吴亚伦。"该协议签字处的签字同上。

从以上事实可以说明,本案鸿兴公司在合营期间,从开始成立到最后解散,始终是与吴亚伦及其公司联系、接洽、合作的,说明了中方承认吴亚伦及其公司是合营的外方代表。因此,双方自愿签订的《终止合营协议书》是合法有效的。

3. 关于"三个"意大利公司的关系和债权承接问题

仲裁庭在审理过程中注意到以下事实:1988年2月2日,在香港注册成立了"意大利工程有限公司",该公司登记的股东是林球和吴翠薇。吴亚伦曾任该公司的董事。2004年5月14日,意大利工程有限公司在香港《宪报》刊登公告3个月后自动解散。2004年12月29日,吴亚伦在香港注册成立了"香港意大利工程有限公司"。2005年2月4日,吴翠薇在吴亚伦与中方鸿兴公司签订《终止合营协议书》约5个月后又在香港注册成立了"意大利工程有限公司",后又更名为"意达利安工程有限公司"。仲裁庭还注意到,吴亚伦与鸿兴公司各自委托的香港律师提供的证词在解释香港法律上有着很大的矛盾和不同。根据以上事实和情况,仲裁庭认为,"三个"意大利公司的关系和债权承接问题,属于香港法律的管辖问题,应当由香港法律来解决,不属于本案仲裁庭审理的范围,本案仲裁庭对此不予认定。

4. 关于1680万元被湖南法院划走的问题

根据鸿兴公司提供的证据,该笔款项1680万元已于2005年7月18日被长沙市中级人民法院执行至该院。法院的裁定书中写明:"提取被执行人珠海市金利房地产开发股份公司在通利房地产开发有限公司投资权益置换金1680万元"。尽管吴亚伦就是珠海市金利房地产开发股份公司的董事长,但是该笔款项的去向和现状并不影响对吴亚伦和鸿兴公司双方签订的《终止合营协议书》效力的认定。所以,该1680万元被长沙市中级人民法院划走的问题与本案无关。

5. 关于吴亚伦的仲裁请求

2006年9月7日,仲裁委员会作出裁决:吴亚伦与鸿兴公司双方于2004年9月25日签署的《终止合营协议书》合法有效;鸿兴公司应履行《终止合营协议书》约定的义务及责任,向吴亚伦支付应当分得的资金1680万元人民币。

(二)申请人鸿兴公司的主要申请理由

鸿兴公司与吴亚伦之间并未订立仲裁协议,吴亚伦无权以个人名义提出仲裁申请;吴亚伦个人并非港方合资人,无权获取通利公司港方应分配的1680万元。请求法院依法撤销〔2006〕中国贸仲京裁字第0348号裁决。

(三)被申请人吴亚伦的主要答辩意见

吴亚伦未到庭答辩。

三、处理意见

(一)二中院审理情况

1. 1992年12月31日,鸿兴公司与意大利工程有限公司(1988年2月2日在香港注册成立,登记号209354,股东为林球和吴翠薇,吴亚伦曾于1993年10月3日至1997年3月1日任该公司董事)签订合同及章程,合资成立通利公司。在章程中写明:甲方为宜昌鸿兴实业开发公司(在中国宜昌注册),法定代表人成映模;乙方为香港意大利工程有限公司(在香港注册),法定代表人吴亚伦。在签字处,乙方的署名是香港意大利工程有限公司,加盖的印章是意大利工程有限公司,签字人是吴亚伦。

2. 1993年2月8日,通利公司经批准在宜昌市工商局登记注册,领取了企业法人营业执照。吴亚伦为董事长。

3. 2002年3月8日,由通利公司填报的2001年度联合年检报告书中投资者名称一栏,外方为吴亚伦。

4. 在合营公司经营期间,港方向合营公司共注入资金928万元,吴亚伦和鸿兴公司均无异议。

5. 2004年5月14日,香港《宪报》刊登公告,根据公司条例,意大利工程有限公司的名称从即日起3个月期满时,除非有相反由提出,否则将从登记处剔除,公司亦予以解散。

6. 2004年9月24日,香港《宪报》刊登公告,根据公司条例,意大利工程有限公司的名称已从登记处剔除,公司亦予以解散。

7. 2004年9月25日,鸿兴公司与吴亚伦签署《终止合营协议书》,写明:甲方宜昌鸿兴实业开发公司,授权代表田延树;乙方香港意大利工程有限公司,授权代表吴亚伦。签字处,乙方授权代表吴亚伦签字。主要内容为:(1)解散通利公司;(2)乙方分配资产1680万元;(3)自协议签订之日起9个工作日内,乙方授权代理人吴亚伦应保证向甲方提供符合中国内地法律及香港法律规定的关于乙方授权代表所持合法身份的一切法律文件,最终目的必须保证本协议的签字合法有效,否则本协议不生效。

8. 2004年9月28日,鸿兴公司与吴翠薇签署《终止合营协议书》。写明:甲方宜昌鸿兴实业开发公司,授权代表田延树;乙方香港意大利工程有限公司,授权代表吴翠薇。签字处,乙方代表吴翠薇签字,加盖了意大利工程有限公司印章。主要内容与鸿兴公司和吴亚伦签署的《终止合营协议书》内容基本相同。

9. 2004年12月29日,吴亚伦在香港注册成立了"香港意大利工程有限公司"(吴亚伦承认该公司与"意大利工程有限公司"没有关系)。

10. 2005年2月4日,根据吴翠薇的申请,香港高等法院下达命令,将意大利工程有限公司的名称恢复列入公司注册处的登记册。公司注册处在《宪报》上刊登通知,恢复了意大利工程有限公司的名称,并更名为"意达利安工程有限公司",登记号为209354。该公司现任董事是吴翠薇、胡秀娣、黎玉池。公司董事会决议证明显示,吴翠薇为董事长。

11. 2005年12月12日,吴亚伦申请仲裁,请求确认吴亚伦与鸿兴公司于2004年9月25日签署的《终止合营协议书》合法有效;裁决鸿兴公司履行《终止合营协议书》约定的义务及责任,向吴亚伦支付应分得的资金人民币1680万元。

12. 仲裁庭于2006年4月6日、5月23日两次开庭审理,在仲裁庭制作并有当事人签字的"庭审要点"中,鸿兴公司均表示同意本案由仲裁委员会仲裁。

13. 在仲裁庭审理过程中,吴亚伦提供了吴翠薇于1996年6月2日出具的《确认股权证明书》,该证明书称:"确认关于香港意大利工程有限公司于1993年在湖北省宜昌市成立的通利公司是属吴亚伦先生的个人投资,所有投资的资金全部由吴亚伦先生注资,与香港意大利工程有限公司及我本人无关,一切的经济责任由吴亚伦先生承担。我代表意大利工程有限公司确认,(WOO SWEE)和(LUM KHOW)是本公司受薪董事,自本公司成立之日起任职至今,并特此声明本公司的全部股权100%属于吴亚伦先生(NG ALAN)个人所有,因此吴亚伦先生可以对外以本公司法人代表身份签署任何法律文件及全权处理公司一切事务,因此而引起的一切法律责任均由本公司承担,有效期至公司终结。"对该证明书,作为证人的吴翠薇不予认可,但未提出鉴定要求。

14. 在仲裁庭审理过程中,吴亚伦出具香港吴少鹏律师的法律意见书,吴翠薇作为证人出具香港张蔼文律师的法律意见书,鸿兴公司出具香港梁达坚律师给其的函件。对吴亚伦能否代表意大利工程有限公司并取得1680万元,各方律师的法律意见相冲突。

15. 在仲裁庭审理过程中,首席仲裁员和吴亚伦选定的仲裁员与仲裁委员会为鸿兴公司指定的仲裁员意见相左。

16. 仲裁庭最终以多数人的意见作出裁决,鸿兴公司委托仲裁委员会指定的仲裁员没有在裁决书上签字。

二中院处理意见为:仲裁委员会仲裁当事人之间纠纷的基础是在合同当事人之间存在仲裁协议,包括合同中订立的仲裁条款和以其他方式在纠纷发生前或者纠纷发生后达成的将纠纷交由仲裁委员会仲裁的协议。

本案中,《合营合同》、《终止合营协议书》港方签字人虽然是吴亚伦,但吴亚伦代表的是意大利工程有限公司,而并非吴亚伦个人。若吴亚伦能够承继意大利工程有限公司在《合营合同》、《终止合营协议书》中的权利和义务,应当经过相应的法律程序予以确定。对此,仲裁裁决没有作出明确判定,在回避此问题的基础上,即主观地裁决鸿兴公司依《终止合营协议书》向吴亚伦支付1680万元款项。因此,该裁决在程序上具有明显错误,且可能导致实体错误。该院认为,中国国际经济贸易仲裁委员会〔2006〕中国贸仲京裁字第0348号裁决具有《中华人民共和国民事诉讼法》第二百六十条第一款第(一)项规定的"当事人在合同中没有订有仲裁条款"的情形,根据《中华人民共和国仲裁法》第七十条的规定,该裁决应予撤销。

(二)我院拟处理意见

我院查明,在本案审理过程中,二中院承办人曾与仲裁委员会联系能否重新仲裁,仲裁委员会以首席仲裁员不同意重新仲裁为由拒绝重新仲裁。

另查明,2006年5月23日,仲裁委员会第二次庭审笔录显示:仲裁员安瑞询问:"请问被申请人,你方曾经提出过吴亚伦先生不能作为申请人,请问现在被申请人对仲裁委员会处理被申请人与吴亚伦先生之间的争议有无异议?"被申请人(撤销仲裁申请人)答:"无。"

本院拟处理意见为:仲裁委员会审理的是意大利工程有限公司与鸿兴公司之间关于解除合营公司而产生的合同争议,属于涉外合同纠纷,所作出的裁决属于涉外仲裁裁决,对该裁决的审查应当依据《中华人民共和国民事诉讼法》第二百六十条的规定进行审查。根据本案事实,在吴亚伦无法提交其为意大利工程有限公司合法授权代表的前提下,不能证实鸿兴公司与吴亚伦之间存有仲裁协议,本案以重新仲裁为宜,但二中院经与仲裁委员会联系其拒绝重新仲裁,故我院拟同意二中院的意见,依据《中华人民共和国仲裁法》第七十条、《中华人民共和国民事诉讼法》第二百六十条第一款第(一)项之规定,拟裁定撤销中国国际经济贸易仲裁委员会〔2006〕中国贸仲京裁字第0348号裁决书。

妥否,请指示。

最高人民法院关于对中海发展股份有限公司货轮公司申请承认伦敦仲裁裁决一案的请示报告的答复

- 2008年8月6日
- 〔2008〕民四他字第17号

湖北省高级人民法院:

你院〔2008〕鄂民四他字第1号《关于对中海发展股份有限公司货轮公司申请承认伦敦仲裁裁决一案的请示报告》收悉。经研究,答复如下:

中海发展股份有限公司货轮公司与安徽省技术进出口股份有限公司签订的租船协议已明确约定"在香港仲裁,适用英国法",故该条应确认为本案的仲裁条款。

上述仲裁条款应理解为仲裁地在香港,适用英国法作为解决租船合同实体争议的准据法,而关于仲裁条款的准据法并未约定,故本案仲裁款的准据法应适用仲裁地香港的《仲裁条例》及其指向适用的《联合国国际贸易法委员会国际商事仲裁示范法》(UNCITRAL MODEL LAW ON INTERNATIONAL COMMERCIAL ARBITRATION,以下简称《示范法》)。本案双方当事人在租船协议中以书面形式约定将争议提交仲裁,符合《仲裁条例》及《示范法》的规定,其仲裁条款合法有效。

根据香港《仲裁条例》第34C条第(5)款的规定,在当事人对仲裁员的人数未达成协议时,当事人首先应向香港国际仲裁中心(以下简称仲裁中心)申请决定仲裁员的人数为1名或3名。如果仲裁中心决定为独任仲裁,而当事人未能就仲裁员达成一致时,则应适用《示范法》第11条第(3)款(B)项规定的程序确定独任仲裁员,即应由一方当事人申请由仲裁中心指定该名仲裁员。涉案仲裁裁决仲裁员的任命违背了《仲裁条例》和《示范法》规定的上述程序,根据《承认及执行外国仲裁裁决公约》第五条第一款(丁)项的规定,涉案仲裁裁决应不予承认和执行。

同意你院的倾向性意见,即对英国仲裁员威廉·柏加(William Packard)于2006年3月9日在英国作出的仲裁裁决不予承认和执行。

此复。

附:

湖北省高级人民法院关于对中海发展股份有限公司货轮公司申请承认伦敦仲裁裁决一案的请示报告

2008年4月2日　〔2008〕鄂民四他字第1号

最高人民法院:

武汉海事法院于2006年11月21日受理了中海发展股份有限公司货轮公司申请承认英国仲裁员威廉·柏加(William Packard)于2006年3月9日在英国伦敦作出的仲裁裁决一案(〔2006〕武海法商字第13号)。该院拟裁定不予承认该仲裁裁决,并就此向我院请示。现将该案有关情况报告如下:

一、当事人的基本情况

申请人(原仲裁申请人):中海发展股份有限公司货轮公司(以下简称货轮公司),住所地:广州市滨江中路308号。

被申请人(原仲裁被申请人):安徽省技术进出口股份有限公司(以下简称技术公司),住所地:合肥市长江西路459号。

二、案件基本事实

2003年11月21日,货轮公司与技术公司签订一份租船协议,约定货轮公司将"ROSINA TOPIC"轮租与技术公司由印度西岸的果亚港运输45000吨铁沙运往中国日照港。该协议倒数第三条和倒数第二条约定:"在香港仲裁,适用英国法";"其他事项依据金康1994租约及其逻辑修订"(Arbitration in Hong Kong, English law to apply. Other as per GENOON charter party 1994 with logical amendments.)。

金康租约1994标准格式的第一部分是表格,第25栏是"法律与仲裁",用括号注明:在第19条(a)、19条(b)、19条(c)中阐明;如果达成19条(c),则应写明仲裁地;如果本栏未填写,则适用19条(a)。该租约第二部分是条款,第19条"法律与仲裁"(a)规定:本租约受英国法律调整,并依英国法解释。凡因本租约产生的任何纠纷,应根据1950年仲裁法及1979年仲裁法或当时生效的任何法定修改或重新制定在伦敦提交仲裁解决。除非双方同意指定唯一仲裁员,否则,每一方各指定一名仲裁员,而获指定的两名仲裁员将指定第三名仲裁员,如此组成的三人仲裁庭作出的或由当中任何两名仲裁员作出的决定应为最终的决定。任何一方在收到另一方书面提名的仲裁员后,该方应于14天内指定其仲裁员,否则,已获指定的独任仲裁员所作出的裁决应为最终裁决。(c)规定:凡因本租约产生的任何纠纷应提交25栏中指定的地点仲裁,并依当地适用的程序进行。第 25 栏中指定的地点的法律应作为调整本租约的法律。(d)规定:如未填写第 1 部分第 25 栏,则本条(a)适用。该条最后用斜体字注明:(a)、(b)、(c)是选择性的,请在第 25 栏内注明已同意的事项。

三、仲裁情况

根据仲裁条款,香港欧华律师行(Dibb Lupton Alsop)代表货轮公司于 2005 年 12 月 7 日指定住于英国 20 Victory Road, West Metsea, Essex CO5 8LX 的威廉·柏加作为仲裁员。威廉·柏加是伦敦海事仲裁员协会(LMAA)的正式会员,是波罗的交易所(BALTIC EXCHANGE)的会员,也是特许仲裁员协会的院士及一名特许船运经纪。其以 1996 年英国仲裁法为依据接受指派。

同日,欧华律师行向技术公司发出传真,称其已委托威廉·柏加作为船东的仲裁员,请技术公司于 14 日内指定仲裁员,否则威廉·柏加将作为独任仲裁员。

因没有回音,欧华律师行于 12 月 22 日再次向技术公司发出传真,要求其指定仲裁员。

再次没有回音,欧华律师行于 2006 年 1 月 9 日请求威廉·柏加依照 1996 年英国仲裁法第 17 节作为独任仲裁员。

同日,威廉·柏加复函欧华律师行:我确认已经安全收到 1 月 9 日欧华律师行的传真。在此情况下,由于应诉人虽获正式通知,但没有指定仲裁员,因此,我认为我有权接受作为此案的唯一仲裁员,而我目前便如此做。我的指定是根据伦敦海事仲裁员协会的现行条款为基础的。

1 月 10 日,欧华律师行向技术公司送达索赔书,请求对方支付滞期费、利息、仲裁费共 245348.96 美元。

技术公司未应诉答辩。

2 月 15 日,威廉·柏加向技术公司发出最后指令:"1 月 12 日我指示技术公司最迟在 2 月 8 日提交答辩状。但目前尚未提交。如你不遵守此指示,我会以同情态度对待原告的任何要求。我会以在我面前的文件及申请书来作出判决,而不需听取你方面的说法。在此我作出指令,最迟你方必须于 2 月 27 日提交答辩及反诉状。"

技术公司仍未答辩。

3 月 6 日,威廉·柏加告知双方:"未得到技术公司的答辩状,我认为可以自由进行于此仲裁程序中作出最后裁判。"

威廉·柏加认为,租船协议明确约定协议以英国法为依据。而处理仲裁问题的相关英国法已于 1996 年英国仲裁法中列出。1996 年仲裁法第 30 节规定:"除非双方另有协议,仲裁庭可对其实质上的管辖权进行裁定,即:a. 是否有有效的仲裁协议; b. 仲裁庭是否正式组成; c. 争议事项是否按照仲裁协议提交仲裁。"基于以上规定,威廉·柏加认为,涉案存在有效的仲裁协议,仲裁应按照英国法的有关规定依据香港的实践进行(the agreement was for arbitration to be conducted in accordance with the practice in Hong Kong, under the relevant provisions of English law)。基于前述事实,威廉·柏加认为因技术公司未应诉且未指定仲裁员,其被指定为独任仲裁员审理此案。仲裁法庭合法成立,有权裁决相关争议。

2006 年 3 月 9 日,威廉·柏加作出仲裁裁决如下:

A. 技术公司应支付货轮公司 242282.09 美元;

B. 上述金额的年息 6.5% 自 2004 年 2 月 15 日起计,3 个月结算一次,直至技术公司付清为止;

C. 技术公司应承担仲裁费 1600 英镑及自 2005 年 2 月 15 日起按年息 6.5% 计算的利息,3 个月结算一次,直至技术公司付清为止。

四、当事人的申请与抗辩理由

货轮公司申请称:其与技术公司航次租船合同纠纷一案,已经仲裁员威廉·柏加于 2006 年 3 月 9 日作出最终裁决,根据《纽约公约》及我国法律,请求对该裁决予以承认。

技术公司辩称:双方租船协议约定的仲裁地在香港,适用英国法律。对此应理解为:仲裁的程序法应当适用香港的法律,实体法适用英国法律;被申请人自始至终都没有得到进行仲裁的有关通知,因此,该仲裁存在瑕疵;该仲裁案件由威廉·柏加担任独任仲裁员不符合香港法律对仲裁庭组成的程序性规定,属于适用程序法律错误;作出该仲裁裁决的程序违反了《纽约公约》的相关规定,应不予承认。

货轮公司反驳称:仲裁应诉通知已通知传真

送达，程序合法；技术公司未指定仲裁员是其放弃权利的体现；仲裁地在香港是指仲裁听证地在香港，仲裁员的指定合法。该仲裁裁决应予承认。

五、武汉海事法院的审查意见

武汉海事法院认为，本案涉及的法律问题有三个，分别是：哪一个仲裁条款是本案的仲裁条款；仲裁条款的准据法；涉案仲裁裁决是否违反《纽约公约》的规定。

对第一个问题，成交确认书和94金康租约中均有仲裁条款，但内容不一致。申请人提出94金康租约中第19条（a）已明确规定在伦敦仲裁，并适用1950年仲裁法及1979年仲裁法或其当时生效的任何法定修改或重新制定的法律。因而本案指定伦敦仲裁员威廉·柏加独任仲裁，适用英国仲裁法作出裁决符合合同约定。武汉海事法院认为，本案不应认定94金康租约中19条（a）作为本案的仲裁条款，而应认定双方当事人于2003年11月21日达成的成交确认书中约定的在香港仲裁作为本案的仲裁条款。理由是：（1）成交确认书是货轮公司与技术公司达成的正式租船合同，"在香港仲裁，适用英国法"作为一个合同条款已书面写在合同中（倒数第三条），在该条之后才是"其他事项依照94金康租约"的条款（倒数第二条），可见，其他事项不包括仲裁事项。因此，94金康租约中的仲裁条款不应视为涉案租约的合同条款。（2）即使金康租约中的仲裁条款作为涉案租约的一部分，也不能得出应提交伦敦仲裁的结论。94金康租约中第一部分第25栏明确规定：如果达成19条（c），则应写明仲裁地；如果本栏未填写，则适用19条（a）。相应的第二部分19条（c）规定：凡因本租约产生的任何纠纷应提交第25栏中指定的地点仲裁，并依当地适用的程序进行。第25栏中指定的地点的法律应作为调整本租约的法律。（d）规定：如未填写第1部分第25栏，则本条（a）适用。同时第19条特别用斜体字注明：（a）、（b）、（c）是选择性的，请在第25栏内注明已同意的事项。结合第一部分表格和第二部分条款的内容看，很明显，当表格中另行约定了仲裁地时，则适用19条（c），而不适用（a）。申请人以双方未在表格中另行约定为由，认为应适用（a），即伦敦仲裁。武汉海事法院认为此种主张属断章取义。"在表格中写明"应作广义解释，包括在租约本身的表格中写明，当然也包括另行达成书面约定。本案中，94金康租约属格式条款，且是从属性条款。成交确认书中的条款是合同的主要条款，属特别约定，其中已明确约定了仲裁地，因此，格式条款与特别约定相冲突时，应适用特别约定。结合到金康租约中，即应适用19条（c）。基于以上理由，本案的仲裁条款应是成交确认书中约定的香港仲裁条款或租约中的19条（c）。

关于仲裁协议准据法的问题。仲裁协议的准据法应同时解决两个问题：认定仲裁协议是否有效、如何履行仲裁协议。对此，申请人认为根据约定，英国法应作为解决仲裁争议和合同争议的准据法。而被申请人认为对仲裁问题应适用香港法律。对仲裁协议效力的审查，最高人民法院的态度已经明确。《最高人民法院关于适用〈中华人民共和国仲裁法〉若干问题的解释》第十六条规定，对涉外仲裁协议的效力审查，适用当事人约定的法律；当事人没有约定适用的法律但约定了仲裁地的，适用仲裁地法律；没有约定适用的法律也没有约定仲裁地或者仲裁地约定不明的，适用法院地法律。无论是适用香港法律还是英国法律，均认可该仲裁协议的效力，当事人对该仲裁协议的效力也不持异议，就该仲裁协议的效力而言，适用何地准据法结果是一样的。但如何履行仲裁协议，即适用何地的程序法进行仲裁，双方意见截然不同。本案中，当时人约定的仲裁条款是"在香港仲裁，适用英国法"，能否认为英国法就是解决仲裁程序问题的准据法呢？对此申请人认为应当这样理解。武汉海事法院认为，本案仲裁条款的准据法应是仲裁地法律，即香港法。理由是：基于仲裁条款独立性原则，仲裁条款应有独立的准据法。按照仲裁协议独立性原则，仲裁协议是一个独立的合同，其效力应单独判断，主合同不存在，或者无效、失效，仲裁协议并不必然不存在或无效、失效。仲裁协议独立于主合同，意味着主合同的准据法不能作为仲裁协议的准据法，仲裁协议应有自己独立的准据法。"在香港仲裁，适用英国法"的约定应理解为英国法作为解决合同实体争议的准据法，而于解决仲裁程序问题的法律当事人并未约定。

根据国际私法中程序问题适用法院地法或仲裁地法的原则,本案仲裁程序应适用约定的仲裁地法即香港法。杨良宜先生即持这一观点。

何谓仲裁地?双方当事人意见也不一致。申请人认为在香港仲裁,指的是仲裁听证地在香港,而仲裁机构、仲裁裁决地、仲裁规则所在地、仲裁员所在地则不受约定的仲裁地的约束。对此合议庭认为仲裁地就是当事人在仲裁协议中约定的地点。仲裁地应指仲裁机构所在地或临时仲裁的仲裁裁决地。理由是:仲裁机构决定了仲裁应适用的程序法、仲裁规则、仲裁裁决地等仲裁相关的密切问题,仲裁裁决所在国或地区是否是《纽约公约》成员国直接涉及仲裁裁决是否被他国承认和执行,因此,仲裁机构所在地是合同当事人选定仲裁地点最主要考虑的因素。听证地对仲裁而言没有任何实质影响,如果把在香港仲裁理解为仅仅仲裁听证地在香港,而仲裁机构可以任意选择在其他国家,适用他国的仲裁程序、仲裁规则,则仲裁条款约定的仲裁地点就没有任何意义,而且是否是《纽约公约》成员国也没有实际意义,因为当事人可以撇开约定的仲裁地点而有意选择是否是《纽约公约》成员国的仲裁机构进行仲裁。这实际上颠覆了仲裁的基本原则。至于临时仲裁,因其随意性较大,约定的仲裁地应指仲裁行为地,只有这样才能认定是否适用《纽约公约》。

我国及香港地区、英国都是《纽约公约》成员国。涉案仲裁裁决是否违反《纽约公约》的规定?武汉海事法院认为,涉案仲裁庭的组成违反了仲裁地国家法律的规定,属于《纽约公约》第5条1款(4)项规定的情形,该裁决应否认。理由是:(1)香港仲裁所适用的程序法是《仲裁条例》及其指向适用的《联合国国际商务仲裁示范法》(UNCITRAL MODEL LAW ONINTERNATIONAL COMMERCLAL ARBITRATION,下称《示范法》)。香港在1990年采用了《示范法》,适用于1990年4月6日以后的任何协议之下所产生的争议。(2)《示范法》仅适用于国际仲裁,除非另有约定。该法第1条(3)规定:仲裁如有下列情况即为国际仲裁:(b)下列地址之一位于当事各方营业地之外的国家:(I)仲裁协议中确定的或根据仲裁协议而确定的仲裁点;(II)履行商事关系的

大部分义务的任何地点或与争议标的关系最密切的地点。香港《仲裁条例》第2条(4)释义"不同国家"为:(a)"本国"(this state)视为香港;(b)"本国与其他任何一国或多国之间有效力的任何协议"(any agreement in force between this state and any other State or States)视为提述对香港及任何其他地方具有约束力和在香港具有法律效力的协议;(c)一国(a State)视为包括提述香港;(d)"不同的国家"(different States)视为包括提述香港及任何其他地方。根据上述规定,涉案当事人双方均在国内,但约定的仲裁地点在香港,可以认定该仲裁属国际仲裁,应适用《示范法》。(3)《示范法》对仲裁庭的组成非常严格。该法第10条规定:"仲裁员人数:(1)当事人各可以自由确定仲裁的人数。(2)如未作此确定,则仲裁员的人数应为三名。"该法第11条规定:"仲裁员的指定:(2)当事各方可以自由地就指定一名或数名仲裁员的程序达成协议,但须服从本条第(4)和第(5)款的规定。(3)如未达成此种协议,(a)在三名仲裁员的仲裁中,当事每一方均应指定一名仲裁员,这样指定的两名仲裁员应指定第三名仲裁员;如果当事一方未在收到当事他方提出这样要求30天内指定仲裁员或两名仲裁员在被指定后30天内未就第三名仲裁员达成协议,则经当事人一方请求,应由第6条规定的法院或其他机构指定。(b)独任仲裁员中,如果当事人未能就仲裁员达成一致,则应由一方当事人申请由第6条规定的法院或其他机构指定该名仲裁员。"1996年香港仲裁法把法院任命仲裁员的权力改为香港国际仲裁中心(HongKong International Arbitration Centre)。上述第10条(2)受《仲裁条例》第34条(5)限制,该条规定:"如本部适用的一项仲裁协议的各方在仲裁员人数方面未能达成协议,则仲裁员的人数须为香港国际仲裁中心在该个案中所决定的一名或三名。"本款在《示范法》第10条(2)摒除于该款的适用范围之外的情况下适用。(4)由于涉案租约中未就仲裁庭作出约定,有关仲裁庭的组成应适用《示范法》及《仲裁条例》的规定。根据上述规定,在另一当事人没有指定仲裁员时,另一方应向香港国际仲裁中心申请决定仲裁员的人数为一名或三名。如果是一名仲裁员,则根据《示范法》第

11条(3)(b)项,应由香港国际仲裁中心指定一名仲裁员。如果是三名仲裁员,则应按第6条规定向香港国际仲裁中心申请指定第2名仲裁员,然后由该仲裁员和威廉·柏加协商指定第三名仲裁员。在三名仲裁员获得指定后,仲裁庭才可被确定组成。(5)本案中,欧华律师行并没有按香港《仲裁条例》和《示范法》的规定,向香港国际中心申请决定仲裁员的人数是一名或三名,然后再按决定指定一名仲裁员为独任仲裁员,或指定第二名仲裁员。因此仲裁庭的组成违反了香港上述法律的规定。(6)威廉·柏加在仲裁裁决书中称,仲裁应按照英国法的有关规定按照香港的实践进行(conducted in accordance with the practice in Hong Kong)。仲裁程序当然包括仲裁庭的组成,但威廉·柏加显然没有按照香港的实践进行。相反,他只根据英国仲裁法的规定,认为其中一方没有指定仲裁员的情况,已指定仲裁员的一方便可指定他作为独任仲裁员。(7)威廉·柏加在裁决书中称,其指定是根据伦敦海事仲裁员协会(LMAA)的现行条款为基础,其仲裁规则不符合香港上述法律规定。其认为仲裁地在英国,与协议约定的仲裁地在香港相违背。即使申请人认为仲裁地香港是指仲裁听证地在香港,本案也未在香港举行听证。(8)本案仲裁协议未约定是机构仲裁还是临时仲裁。即使是临时仲裁,仲裁行为地也应符合仲裁协议的约定,即应在香港进行,并在香港作出。但申请人并未提交有关此方面的证据,威廉·柏加的仲裁过程与香港没有任何关联。

综上,武汉海事法院认为,涉案件裁庭的组成及仲裁程序与仲裁条款约定的仲裁地国家的法律不相一致,符合《纽约公约》第5条第1款(4)项的规定,应裁定不予承认威廉·柏加于2006年3月9日在英国伦敦作出的仲裁裁决。

六、我院的审查意见

经审查,我院倾向认为,应裁定不予承认威廉·柏加于2006年3月9日在英国伦敦作出的仲裁裁决。理由如下:

1. 关于仲裁条款的确定

根据货轮公司与技术公司于2003年11月21日达成的协议,协议倒数第3条、第2条分别约定"在香港仲裁,适用英国法","其他事项依据金康1994租约及其逻辑修订"。94金康租约是一份格式合同,其中第19条"法律与仲裁"含有仲裁条款。因此,从形式上看,货轮公司与技术公司间的协议有两个仲裁条款,但是,双方的协议约定很明确:在香港适用英国法律进行仲裁,表明双方选择的仲裁地为香港,选择仲裁适用的实体法为英国法律;其他事项依据94金康租约及其逻辑修订,表明协议中除了双方已有约定的条款外,其他条款参照94金康租约,而仲裁条款是双方已经明确约定的条款,因此,94金康租约中的仲裁条款应该被排除于双方当事人的协议之外。所以,货轮公司与技术公司间协议所包含的仲裁条款应为他们双方所明确约定的"在香港仲裁,适用英国法",而不是94金康租约中所包含的格式仲裁条款。

2. 关于法律适用问题

本案的法律适用问题包含两个:一个是仲裁程序本身,包括认定仲裁协议的效力、仲裁庭的组成等应适用的法律;另一个是仲裁庭进行仲裁据以作出裁决应适用的准据法。

关于第一个问题,仲裁程序应适用的法律。《最高人民法院关于适用〈中华人民共和国仲裁法〉若干问题的解释》第十六条规定:"对涉外仲裁协议的效力审查,适用当事人约定的法律;当事人没有约定适用的法律但约定了仲裁地的,适用仲裁地法律;没有约定适用的法律也没有约定仲裁地或者仲裁地约定不明的,适用法院地法律。"货轮公司与技术公司的协议中写明的是"在香港仲裁,适用英国法",该仲裁条款虽然没有直接表述为"仲裁地是香港",但其本身包含的意思即说明双方选择香港为仲裁地。所以,本案仲裁程序应适用香港地区的法律,即香港法律中关于仲裁的规定。

关于第二个问题,仲裁应适用的准据法。由于货轮公司与技术公司在协议中明示选择适用英国法律进行仲裁,因此,本案仲裁应适用英国实体法律。

3. 关于仲裁裁决的承认与执行问题

如前述分析,本案仲裁程序适用香港法律,仲裁庭的组成作为仲裁程序的一部分亦应适用香港法律。香港仲裁所适用的程序法是《仲裁条例》及其指向适用的《示范法》。根据《仲裁条例》及《示范法》中关于仲裁庭组成的规定,由于本案中货轮公司和技术公司没有对仲裁庭作出约定,因此,在技术公司没有指定仲裁员时,货轮公司的受托人欧华律师行应向香港国际仲裁中心申请决定仲裁员的人数为一名或三名。如果是一名仲裁员,应由香港国际仲裁中心指定而不是货轮公司单方面指定;如果是三名仲裁员,则由香港国际仲裁中心接受货轮公司的申请指定第二名仲裁员,然后由该仲裁员与威廉·柏加指定第三名仲裁员,待三名仲裁员确定后,组成仲裁庭进行仲裁。

在本案中,申请人货轮公司委托香港欧华律师行于2005年12月7日指定居住于英国的威廉·柏加作为仲裁员,并于同日及当年12月22日两次发传真给技术公司,要求其指定仲裁员。在技术公司两次都没有回音的情况下,欧华律师行没有向香港国际仲裁中心申请确定仲裁员的人数及指定仲裁员,而于2006年1月9日请求威廉·柏加依照1996年英国仲裁法作为独任仲裁员进行仲裁。

因此,本案仲裁庭的组成不符合香港法律的规定。

我国和英国以及我国香港地区都参加了1958年《纽约公约》。公约第1条第1款规定:"仲裁裁决,因自然人或法人间之争议而产生且在申请承认及执行所在国以外之国家领土内作成者,其承认及执行适用本公约。"根据该规定,本案中仲裁裁决的承认与执行应适用《纽约公约》。公约第5条第1款关于拒绝承认及执行仲裁裁决的几种情形中(4)项规定:"仲裁机关之组成或仲裁程序与各造间之协议不符,或无协议而与仲裁所在国法律不符者。"本案符合该项规定。

综上,我院倾向同意武汉海事法院的处理意见,不予承认威廉·柏加于2006年3月9日在英国伦敦作出的仲裁裁决。

依据钧院《关于人民法院处理与涉外仲裁及外国仲裁事项有关问题的通知》第二条的规定,特向钧院请示,请予批复。

最高人民法院关于加拿大摩耐克有限公司申请确认仲裁条款无效一案的请示的答复

- 2008年8月14日
- 〔2008〕民四他字第24号

上海市高级人民法院:

你院〔2008〕沪高民四(商)他字第1号《关于加拿大摩耐克有限公司申请确认仲裁条款无效一案的请示》收悉。经研究,答复如下:

由于签订本案仲裁协议的一方当事人加拿大摩耐克有限公司为外国公司,本案仲裁协议为涉外仲裁协议。《最高人民法院关于适用〈中华人民共和国仲裁法〉若干问题的解释》第十六条规定:"对涉外仲裁协议的效力审查,适用当事人约定的法律;当事人没有约定适用的法律但约定了仲裁地的,适用仲裁地法律;没有约定适用的法律也没有约定仲裁地或者仲裁地约定不明的,适用法院地法律。"从你院请示报告叙述事实看,当事人未约定适用的法律也没有约定仲裁地,因此,本案应适用法院地即我国的法律作为确认仲裁协议效力的准据法。

本案当事人约定:"在执行本合同期间,如产生分歧,双方将本着友好合作精神,协商解决。协商不成,向北京仲裁机构申请仲裁。"而北京有三家仲裁机构即北京仲裁委员会、中国海事仲裁委员会和中国国际经济贸易仲裁委员会,其中至少有两家仲裁机构都可受理涉案合同争议。尽管被申请人上海海地建设工程有限公司与本案案外人上海摩耐克公司签订的《专业分包施工合同》中签订的仲裁条款明确约定发生纠纷由北京仲裁委员会解决,但该合同与本案所涉合同签约主体不同,因此,不能依据《专业分包施工合同》中的仲裁协议推断出本案仲裁协议中的"北京仲裁机构"即指北京仲裁委员会。《中华人民共和国仲裁法》第十八条规定:"仲裁协议对仲裁事项或者仲裁委员会没有约定或者约定不明确的,当事人可以补充协议;达不成补充协议的,仲裁协议无效。"《最高人民法院关于适用〈中华人民共和国仲裁法〉若干问题的解释》第六条规定："仲裁协议约定由某地的仲裁机构仲裁且该地仅有一个仲裁机构的,该仲裁机构视为约定的仲裁机构。该地有两个以上仲裁机构的,当事人可以协议选择其中的一个仲裁机构申请仲裁;当事人不能就仲裁机构选择达成一致的,仲裁协议无效。"由于本案当事人签订的仲裁协议未约定明确的仲裁机构,且不能协商一致达成补充协议,故依据上述规定,该仲裁协议应认定无效。你院的请示意见是正确的。

另,你院请示报告中的审查意见部分,仅表明了对该案的结论性意见,但未阐述任何理由,今后在报送请示案件书写报告时应予以注意,在阐述结论性意见的同时,须阐明相关理由。

此复。

附:

上海市高级人民法院关于
加拿大摩耐克有限公司申请确认
仲裁条款无效一案的请示

2008 年 4 月 30 日
〔2008〕沪高民四(商)他字第 1 号

最高人民法院:

上海市第二中级人民法院就申请人加拿大摩耐克有限公司(以下简称摩耐克公司)申请确认仲裁条款无效一案,报我院请示。经我院审查,拟确认仲裁条款无效,特报钧院请示。

一、当事人基本情况

申请人:加拿大摩耐克有限公司,住所地:加拿大安大略省多伦多市摩耐克公园街30号。

法定代表人:何文斌,该公司总裁。

被申请人:上海海地建设工程有限公司,住所地:上海市杨浦区国和路 36 号 B 楼 207 室。

法定代表人:周章灿,该公司董事长。

二、申请人的请求及被申请人的异议

申请人摩耐克公司称:2004;年4月29日,其与被申请人上海海地建设工程有限公司(以下简称海地公司)签订了一份《合同书》,约定由

请人摩耐克公司向被申请人海地公司提供北京西山美墅馆 E 区木结构别墅的结构骨架设计、供货及技术服务等。该《合同书》第十一条约定:"在执行本合同期间,如产生分歧,双方将本着友好合作精神,协商解决。协商不成,向北京仲裁机构申请仲裁。"合同签订后,双方产生纠纷。申请人摩耐克公司认为,鉴于系争仲裁条款并不能确定具体仲裁机构,因此,该条款具备对仲裁机构约定不明的情形,请求法院确认申请人摩耐克公司与被申请人海地公司签订的上述《合同书》中的仲裁条款无效。

被申请人海地公司从以下几方面提出异议:(1)系争仲裁条款对产生争议向北京仲裁机构申请仲裁的意思表示明确,双方不会因此产生歧义;(2)相对于该合同而言,北京仲裁机构依法只有一家,就是北京仲裁委员会,中国国际经济贸易仲裁委员会和中国海事仲裁委员会均是由国务院批准设立,总会地址在北京的国家级仲裁机构,并非"北京仲裁机构";(3)与本案相关联的合同,即被申请人海地公司与上海摩耐克建筑装饰工程有限公司(以下简称上海摩耐克公司)签订的《专业分包施工合同》中同样载有仲裁条款,且明确约定在北京市仲裁委员会仲裁,而申请人摩耐克公司与上海摩耐克公司为关联公司,且该两份合同是必须相互配合履行的施工合同,因此,申请人摩耐克公司签约时应当明知系争仲裁条款中的"北京仲裁机构"即指北京仲裁委员会。据此,被申请人海地公司要求法院驳回申请人摩耐克公司的请求。

三、本案查明的事实

2004 年 4 月 29 日,申请人摩耐克公司与被申请人海地公司签订《合同书》一份,由申请人摩耐克公司承包北京西山美墅馆 E 区 71 栋木结构别墅的结构设计、加拿大进口结构骨架的供货、现场技术指导、技术服务及售后服务等业务,合同总价款暂定人民币 1615 万元。该合同第十一条载明:"在执行本合同期间,如产生分歧,双方将本着友好合作精神,协商解决。协商不成,向北京仲裁机构申请仲裁。"之后,在合同履行过程中,双方产生纠纷,且就纠纷解决方式产生争议,协商不成以致涉讼。

另查明,2004 年 7 月 22 日,案外人上海摩耐

克公司与被申请人海地公司签订了一份《专业分包施工合同》，约定由上海摩耐克公司承包北京西山美墅馆E区81栋别墅的木结构安装、屋面、给排水、采暖安装、电气安装、弱电埋管、室内初装与外装的供货和安装等业务，该合同仲裁条款约定，如发生争议提交"北京市仲裁委员会"解决。该合同缔约双方在履约中产生纠纷，上海摩耐克公司致函被申请人海地公司，表示将争议交由北京仲裁委员会仲裁，海地公司予以拒绝，并向北京市第二中级人民法院申请确认该仲裁条款无效。2007年6月9日，北京二中院以该仲裁条款约定了明确的仲裁机构为由，裁定驳回海地公司的申请。

四、需要说明的事项

1. 申请人摩耐克公司与上海摩耐克公司的关系

申请人摩耐克公司提供了上海摩耐克公司的工商登记材料。据此认为，上海摩耐克公司系由两个国内个人股东投资成立，摩耐克公司与上海摩耐克公司之间没有投资与被投资关系。上海摩耐克公司在涉案工程中采用申请人摩耐克公司提供的结构骨架，依照该公司的技术图纸进行施工，两公司仅是在工程施工中相互配合的关系。被申请人海地公司虽认为申请人摩耐克公司与上海摩耐克公司系关联企业，但未就此进行举证。

2. 当事人或关联人其他涉诉情况

经向本案双方当事人了解，上海摩耐克公司已于2007年3月就前述纠纷向北京仲裁委员会申请仲裁，要求裁决本案被申请人海地公司支付工程款。被申请人海地公司向北京二中院申请确认双方所签《专业分包施工合同》中仲裁条款无效的申请被驳回后，该案目前由北京仲裁委员会仲裁。

五、上海市第二中级人民法院处理意见

上海二中院合议庭认为，申请人摩耐克公司与被申请人海地公司签订的《合同书》中约定，双方产生分歧后协商不成向北京仲裁机构申请仲裁。由于北京市有三家仲裁机构可受理涉案合同争议，即北京仲裁委员会、中国海事仲裁委员会和中国国际经济贸易仲裁委员会，而双方在系争仲裁条款中并未明确由哪家仲裁机构进行仲裁。根据《最高人民法院关于适用〈中华人民共和国仲裁法〉若干问题的解释》第六条的规定，上述约定属于双方对仲裁机构约定不明，且双方未能就仲裁机构的选择达成补充仲裁协议，摩耐克公司提出要求确认系争仲裁条款无效的理由成立，故二中院认定该仲裁条款无效。根据仲裁条款独立性原则及合同相对性原则，尽管被申请人海地公司另与上海摩耐克公司签订有《专业分包施工合同》，但该合同与本案涉案合同签约主体不同，两份合同中约定的承包内容亦不同，且本案涉案合同签订时间早于被申请人与上海摩耐克公司签订《专业分包施工合同》近三个月，因此，即便申请人摩耐克公司与上海摩耐克公司确为关联公司且该两份合同是须相互配合履行的施工合同，也不能就此证明申请人摩耐克公司签约时应当明知"北京仲裁机构"即指北京仲裁委员会，被申请人海地公司所持主张，没有事实与法律依据，不予采纳。依照《中华人民共和国仲裁法》第十八条、第二十条第一款、《最高人民法院关于适用〈中华人民共和国仲裁法〉若干问题的解释》第六条、第十二条第二款、第十六条的规定，裁定确认申请人摩耐克公司与被申请人海地公司于2004年4月29日签订的《合同书》中的仲裁条款无效。

二中院审判委员会经讨论后认为，确认申请人摩耐克公司与被申请人海地公司于2004年4月29日签订的《合同书》中的仲裁条款无效。按规定逐级报最高人民法院审核。

六、我院的审查意见

我院审判委员会讨论后形成一致意见：确认申请人摩耐克公司与被申请人海地公司于2004年4月29日签订的《合同书》中的仲裁条款无效，并就本案中的相关问题报请你院审核。

请批复。

最高人民法院关于裁定不予承认和执行社团法人日本商事仲裁协会东京05—03号仲裁裁决的报告的答复

- 2008年9月10日
- 〔2008〕民四他字第18号

天津市高级人民法院：

你院〔2006〕津高民四他字第0006号《裁定不予承认和执行社团法人日本商事仲裁协会东京05—03号仲裁裁决的报告》收悉。经研究，答复如下：

本案系日本信越化学工业株式会社（以下简称信越会社）向我国法院申请承认日本商事仲裁协会作出的仲裁裁决，中日两国均为《承认及执行外国仲裁裁决公约》（以下简称《纽约公约》）的缔约国，因此，应当依据《纽约公约》的有关规定进行审查。

从你院请示报告中反映的情况看，本案仲裁裁决在有关通知程序方面与《日本商事仲裁协会商事仲裁规则》（以下简称《仲裁规则》）的规定不符，存在《纽约公约》第五条第一款（乙）、（丁）项规定的情形。

首先，根据上述《仲裁规则》第53条的规定："1. 仲裁庭认为仲裁程序已进行得完全充分，可以进行裁决并决定终结审理程序时，仲裁庭应在作出该决定之日起5周内作出仲裁裁决；如果因为案情复杂或其他原因，仲裁庭认为有必要时，可以适当延长该期限，但不得超过8周。2. 仲裁庭根据前段规定决定审理终结后，应当通知当事人作出仲裁裁决的期限。"

本案仲裁庭在审理终结后，没有履行《仲裁规则》规定的"通知当事人作出裁决的期限"的义务，未通知天津鑫茂科技股份有限公司（原天津天大天财股份有限公司，以下简称鑫茂公司）其作出仲裁裁决的期限。《仲裁规则》将仲裁庭通知当事方作出仲裁裁决的期限规定为仲裁庭必须履行的职责，仲裁庭没有自行决定是否通知的选择权，仲裁庭未通知鑫茂公司其作出裁决的期限的行为违反了《仲裁规则》的强制性规定。当事人双方在协议中选择了仲裁作为处理争议的方式，并明确约定了适用《日本商事仲裁协会商事仲裁规则》，因此，《仲裁规则》中的有关内容已经成为当事人协议的一部分。本案仲裁庭对以上《仲裁规则》内容的违反，符合《纽约公约》第五条第一款（丁）项规定的"仲裁机关之组成或仲裁程序与各造间之协议不符"的情形。

其次，《仲裁规则》第20条规定："1. 申请人可以就同一仲裁协议向协会提出申请变更申请书并变更其申请内容。如果是在仲裁庭组成后提出修改，应当向仲裁庭提出变更申请书的请求，并得到仲裁庭的许可。2. 仲裁庭在作出前款的许可前应事先听取对方当事人的意见。"

信越公司主张：其于2005年8月31日向仲裁庭提出《申请事项变更申请书》后，仲裁协会事务局已经于2005年10月21日以国际快递的方式将《征求意见书》邮寄给鑫茂公司。但鑫茂公司否认其收到仲裁庭寄送的相关《征求意见书》，信越公司亦未能提交仲裁庭确实履行上述通知行为的证据，同时，没有任何证据表明仲裁庭于2005年10月21日向鑫茂公司邮寄过上述涉及信越公司变更申请的文件。鑫茂公司也未能就信越公司变更申请的行为提出意见。

在信越公司对申请事项提出变更的情况下，鑫茂公司有权利对变更后的申请内容提出意见，而该变更事项通知应当属于仲裁程序中的重要内容，仲裁庭未能将该变更申请通知鑫茂公司，实际上剥夺了鑫茂公司提出申辩的权利和机会，构成《纽约公约》第五条第一款（乙）项规定的"受裁决援用之一造未接获关于指派仲裁员或仲裁程序之适当通知，或因他故，致未能申辩者"的情形。同时，该情形并与当事人选择的《仲裁规则》不符。

综上，同意你院的处理意见，本案仲裁裁决存在《纽约公约》第五条第一款（乙）、（丁）项规定的情形，不应予以承认。

此复。

附：

天津市高级人民法院关于裁定不予承认和执行社团法人日本商事仲裁协会东京05—03号仲裁裁决的报告

2008年3月31日
〔2006〕津高民四他字第0006号

最高人民法院：

关于是否不予承认和执行社团法人日本商事仲裁协会东京05—03号仲裁裁决一案。我院经审查认为,根据最高人民法院1987年4月10日法(经)发〔1987〕5号《关于执行我国加入的〈承认及执行外国仲裁裁决公约〉的通知》第四条之规定,对社团法人日本商事仲裁协会作出的东京05—03号仲裁裁决不予承认和执行。

依照钧院法发〔1995〕18号《关于人民法院处理与涉外仲裁及外国仲裁事项有关问题的通知》之规定,现将本案的案情、仲裁庭仲裁情况以及我院的审查意见报告钧院,请钧院审查,予以批复。

一、信越化学工业株式会社(以下简称信越公司)与原天津天大天财股份有限公司(以下简称天大天财公司)签订合同、履行合同以及社团法人日本商事仲裁协会(以下简称仲裁庭)处理情况

2001年2月26日,信越公司与天大天财公司签订《长期买卖协议》。双方约定:天大天财公司购买信越公司"匹配型单膜光纤预制棒";产品的数量为每月4200公斤;每年有1个月(通常在6月)信越公司对其新工厂进行维护保养时,数量为2800公斤;无论预制棒/光纤市场和/或天大天财公司自己预制棒生产的程度和数量的情况如何,天大天财公司需购买该数量的产品;如果天大天财公司对自己生产的匹配型光纤预制棒的全部消费量减少,并且只有在这种情况下,天大天财公司可以要求降低该月份的购买数量;如果信越公司同意该降低的要求,那么,天大天财公司应在该月的月底后的30天内对每克降低的数量支付给信越公司40日元,作为达成此等数量减少之和解的补偿。双方同时还约定了产品的价格:第一年为每克75日元,第二年为每克72.5日元,第三年为每克70日元,第四年为每克67.5日元,第五年为每克65日元。这些价格全部是FCA日本东京价。付款方式为不可撤销、无追索权的自动循环信用证向信越公司支付产品价款。

双方还约定:本协议适用日本国法律并依之解释;一切未能经双方达成一致而解决的,由本协议引发或与本协议相关的争议,均应按照日本商事仲裁协会的规则和程序在日本东京提交仲裁;仲裁裁决应是终局的,对双方均有约束力。

2002年6月4日,上述双方又签订了《第一次长期买卖协议之修改协议》。主要内容是:

产品数量:信越公司同意,天大天财公司可以在2002年7月至2002年12月期间,包括起始和终止的月份,每月少买一半(1/2)规定数量的产品,即每月少卖2100公斤。天大天财公司同意在原合同期结束后紧接着的6个月内,即2006年10月至2007年3月期间,购买该短少数量。特此说明:(1)2001年10月至2002年6月期间,包括起始和终止的月份,每月购买数量为4200公斤;(2)2002年7月至2002年12月期间,包括起始和终止的月份,每月购买数量为2100公斤;(3)2003年1月至2006年9月期间,包括起始和终止的月份,每月购买数量为4200公斤;(4)2006年10月至2007年3月期间,包括起始和终止的月份,每月购买数量为2100公斤。

产品价格:从2002年7月至2002年12月,包括起始和终止的月份,在合同价格上信越公司赋予天大天财公司20日元/克的临时自愿折扣。临时自愿折扣的结果是,2002年7月至12月的产品价格为每克55日元。产品短少数量的价格在2006年10月至2007年3月期间内,包括起始和终止的月份,应定为每克75日元。所有的这些价格均为FCA日本东京价,并可按附于合同的公式修正。

除了本修改协议中作出的修改之外,合同将继续完全有效。

2002年12月20日,双方又签订了《长期买卖协议之二度修改协议》。主要内容是:

产品数量:

(1)2001年10月至2002年6月期间,包括起始和终止的月份,每月的产品数量为4200公斤;

(2)2002年7月至2002年12月期间,包括起始和终止的月份,每月的产品数量为2100公斤;

(3)2003年1月至2003年6月期间,包括起始和终止的月份,每月的产品数量为0公斤;

(4)2003年7月至2005年6月期间,包括起始和终止的月份,每月的产品数量为4200公斤;

(5)2005年7月至2006年5月期间,包括起始和终止的月份,每月的产品数量为6490公斤;

(6)2006年6月至2006年9月期间,包括起

始和终止的月份,每月的产品数量为4200公斤;

(7)2006年10月至2007年3月期间,包括起始和终止的月份,每月的产品数量为2100公斤。

产品价格:2005年7月至2006年5月期间,包括起始和终止的月份,第二次短少数量的价格定为每克72.5日元。该价格为FCA日本东京价,并可按附于合同的公式修正。

双方还约定:除了本第二次修改协议中作出的修改之外,合同和第一次修改协议将完全有效。

2003年8月25日,双方又签订了《长期买卖协议之三度修改协议》。主要内容是:

合同期限:按第一次、第二次和第三次修改协议的修改,合同的有效期至2009年7月31日止。

产品数量:天大天财公司同意在2003年10月至2009年7月期间,包括起始和终止的月份,每月购买下列数量的产品:

(1)2003年10月至2004年3月期间,包括起始和终止的月份,每月购买数量为2000公斤;

(2)2004年4月至2009年6月期间,包括起始和终止的月份,每月购买数量为4200公斤;

(3)2009年7月,购买数量为2660公斤。

无论预制棒/光纤市场和/或天大天财公司自己预制棒生产的程度和数量的情况如何,天大天财公司应购买上述数量的产品。

产品价格:

2003年10月至2004年3月期间的产品价格,包括起始和终止的月份,定为每克35日元。

2004年4月至2005年3月期间的产品价格,包括起始和终止的月份,定为每克40日元。

2005年4月至2006年3月期间的产品价格,包括起始和终止的月份,定为每克45日元。

2006年4月至2009年7月期间的产品价格,包括起始和终止的月份,定为每克55日元。

所有这些价格均为FCA日本东京价,并可按附于合同的公式修正。

除了本第三次修改协议中作出的修改之外,合同以及第一次修改协议和第二次修改协议将继续完全有效。买卖双方在此确认并确定本第三次修改协议的所有条款。

上述协议履行期间,国际光纤市场萎靡,光纤产品价格大幅下降且呈继续下降走势。

2003年12月17日,天大天财公司致函信越公司,申明全球光纤市场的"灾难性变化",告知因履行双方协议天大天财公司遭受的巨大亏损,希望信越公司降低产品价格以维持天大天财公司的生存。

2004年1月8日,天大天财公司致函信越公司,通知停止发货。此后,《长期买卖协议》及修改协议未再履行。

信越公司于2005年1月在日本东京社团法人日本商事仲裁协会提起仲裁。信越公司的仲裁请求如下:

1. 天大天财公司向信越公司支付29亿2800万日元及对其中17亿5200万日元在本仲裁申请日以后与对其中金额11亿7600万日元在2005年8月31日以后至实际支付时止的按年利率6%计算出的金额;

2. 若第1款的请求基于某种理由不被支持的,天大天财公司向信越公司支付29亿8200万日元及对其中17亿2200万日元在本仲裁申请日以后与对其中金额12亿6000万日元在2005年8月31日以后至实际支付时止的按年利率6%计算出的金额;

3. 确认天大天财公司与信越公司之问的长期买卖协议及三次修改协议,在2001年10月1日起至2009年7月31日止的合同期问内,按照所约定的条件有效及信越公司在签订长期买卖协议以及修改协议时未作出任何欺诈行为;

4. 仲裁程序相关费用,全部由天大天财公司负担。

天大天财公司在收到仲裁庭的仲裁通知后于2005年3月31日、2005年4月29日、2005年9月13日向仲裁庭分别提交了《管辖权异议申请书》、《关于管辖权异议抗辩书》、《管辖权异议补充抗辩书》。仲裁庭认为天大天财公司的管辖权异议申请理由不能成立,并于2005年10月17日作出了仲裁庭对本案具有管辖权的决定,据此驳回了天大天财公司管辖权异议的申请。

仲裁庭认为,从2004年1月天大天财公司完全没有购买本案产品,因此天大天财公司应当以每克40日元向信越公司支付清算金。

仲裁庭于2005年9月15日、2005年10月25日两次开庭之后,于2005年12月6日作出了东京05-03号仲裁裁决。裁决的主文是:

1. 天大天财公司向信越公司支付29亿2800万日元及对其中17亿5200万日元在2005年2月1日以后与对其中金额11亿7600万日元在2005年8月31日以后至实际支付时止的按年利率6%计算出的金额;

2. 确认信越公司对天大天财公司对根据信越公司与天大天财公司之间签订的长期买卖协议及三次修改协议规定的清算金有支付请求权;

3. 驳回信越公司的其他请求;

4. 天大天财公司向信越公司支付12835934日元仲裁费。

现天大天财公司变更为鑫茂公司。

信越公司向本院申请承认和执行仲裁庭作出的仲裁裁决。

二、鑫茂公司提出不予承认和执行的理由

鑫茂公司提出不予承认和执行仲裁庭作出的仲裁裁决。

其认为本案仲裁存在多处重大的程序性瑕疵,仲裁程序严重违背日本法律和日本商事仲裁协会的仲裁规则(以下简称《仲裁规则》),具有《承认和执行外国仲裁裁决公约》第5条第1款规定的不予承认和执行的情形。主要理由如下:

1. 仲裁裁决主文超出了信越公司的请求范围

信越公司的仲裁请求包括四部分内容:一是要求天大天财向其支付自2004年1月起至2005年7月止的29亿2800万日元及迟延支付利息;二是若第1款的请求不被支持,天大天财公司向信越公司支付29亿8200万日元及利息;三是确认双方之间的长期买卖协议(含三次修改协议)有效及不存在欺诈行为;四是要求天大天财公司承担仲裁费用。

而仲裁裁决包括四部分内容:一是支持信越公司第一部分的请求。即裁决天大天财公司向信越公司支付29亿2800万日元及迟延支付利息;二是确认信越公司对天大天财公司对根据协议第4款规定的清算金有支付请求权;三是天大天财公司支付12835934日元仲裁费用;四是驳回信越公司的其他请求。

仲裁庭在信越公司未提出仲裁请求的情况下,径自直接裁决确认信越公司对天大天财公司享有清算金支付请求权,该部分内容显然超出了申请人信越公司提出的仲裁请求的范围。

2. 在案件审理终结后,仲裁庭没有按《仲裁规则》规定履行通知当事人的义务,更没有在规定期限内作出仲裁裁决,违背了《仲裁规则》的明确规定

《仲裁规则》第53条明确规定:"1. 一旦认定仲裁审理终结,仲裁庭应在五周内作出仲裁裁决。如因案件复杂或者其他原因确有必要,仲裁庭可适当延长这一期限,但这一期限最长不应超过八周。2. 仲裁庭根据前段规定决定审理终结后,应当通知当事人作出仲裁裁决的期限。"根据上述规定,仲裁庭不但应当将作出仲裁裁决的时间通知中方当事人,而且应当在审理终结后五周内作出裁决。

但是事实情况却并非如此。本案审理终结的时间为2005年10月25日,从该审理终结日到2005年12月6日仲裁庭作出仲裁裁决,期限已达六周,超过了规定的五周时间。天大天财公司更是在2006年2月9日收到裁决书才得知裁决作出的时间,此时距审理终结时间已长达107天。更为关键的是,仲裁庭自始至终既没有将案件审结时间通知天大天财公司,也没有通知天大天财公司其将在什么时间作出仲裁裁决,更没有通知过天大天财公司其将有必要延期作出裁决。天大天财公司还在积极准备新的证据材料和组织证人出庭作证。然而,仲裁庭根本没有给予天大天财公司任何机会,仅仅依据信越公司的一面之词和单方面证据进行裁决,剥夺了中方当事人充分进行抗辩和举证的正当权利。

3. 在仲裁裁决作出后,仲裁庭送达裁决的时间和方式明显不当,违背了《仲裁规则》和日本法律的相关规定,构成仲裁程序的重大瑕疵

仲裁庭于2005年12月6日就对本案作出了裁决,但是直至2006年2月8日,天大天财公司都没有收到任何有关案件审结时间、作出仲裁裁决的期限以及裁决结果的通知,直到2006年2月9日中方当事人接到一份未标明寄件人身份、文件内容、不出示任何授权的中国国内特快专递,才得知案件已经裁决以及裁决结果。仲裁庭

不但未在作出裁决后及时向天大天财公司送达仲裁裁决，更没有按照正当程序进行送达，在天大天财公司发函要求仲裁庭确认文件效力时，仲裁庭仍然不予任何答复，后经天大天财公司多次向寄件人索取，方取得授权书复印件，至此才得以确认该文件的真实性。仲裁庭这种拖延送达时间、不采用正规送达方式的做法，违反了仲裁程序。

4. 仲裁庭在根本不享有本案管辖权的情况下强行受理案件属程序违法

天大天财公司与信越公司之间只是约定了希望通过仲裁方式解决争议以及进行仲裁的地点、适用的规则和程序，并没有约定具体由什么样的仲裁机关进行仲裁。在日本东京也不止日本商事仲裁协会一家，此外还有日本海运集会所、律师会仲裁中心等仲裁机构。既有常设机构仲裁又有临时仲裁。而且，在国际商事仲裁领域享有盛誉的国际商会仲裁院（ICC）、斯德哥尔摩商会仲裁院（SCC）等常设仲裁机构都可以在世界的任何一个地方进行仲裁。因此，日本商事仲裁协会受理本案没有任何法律依据。

5. 仲裁庭在中方当事人明确提出请求的前提下，拒不提供仲裁员名册，导致天大天财公司无法适当选任仲裁员，严重损害了仲裁当事人的基本权利

《仲裁规则》第9条规定："为便于当事人指定仲裁员，协会应制定并随时提供仲裁员名册。"本案中，仲裁庭在发给天大天财公司仲裁申请文件时，并没有将仲裁员名册提供给天大天财公司。

天大天财公司亟需指定一位精通日语、法律水平高、业务精湛、声誉良好的仲裁员，以维护自身的正当权益。同时，仲裁员名册中的人选都是相关领域内的资深、权威人士，当事人也应当在仲裁员名册中选定仲裁员，所以天大天财公司在2005年4月7日、4月12日、4月13日先后多次通过电话或书面方式致函日本商事仲裁协会，请求其提供仲裁员名册，该仲裁协会始终未作任何答复。天大天财公司为防止日方强行代为指定仲裁员，在万般无奈的情况下，迫不得已于2005年4月15日匆匆指定了曾在日本学习过的北京建元律师事务所律师敖世担任中方仲裁员。

6. 仲裁庭在仲裁程序中与信越公司关系密切，明显偏袒信越公司，违背了《日本仲裁法》及《仲裁规则》中有关仲裁程序应当公平、公正的基本原则和相关规定

《日本仲裁法》第25条明确规定："在仲裁程序中，当事人应享受平等的待遇"，"在仲裁程序中，每一方当事人都应得到充分的机会陈述其主张。"《仲裁规则》也有同样规定。然而，仲裁庭在本案中的做法完全背离了这一规定，相比仲裁庭在本案仲裁过程中无视天大天财公司正当合理要求的种种做法，其对待信越公司的立场和态度则完全不同：在仲裁庭组建之前，仲裁协会与信越公司之间关系就相当亲密，单是2005年3月4日信越公司的律师和仲裁协会国际仲裁部负责人的往来信函内容，就足以反映出仲裁协会与信越公司之间存在非常密切的关系："兹答复您在此日传真信中所提建议，申请人特此确定，对于您在传真件中所讨论的问题，它（指信越公司）与日本商事仲裁协会（JCAA）的立场是一致的。请毫不耽搁地继续仲裁程序。"该仲裁协会一方面拒不理睬中方当事人的管辖权异议，另一方面却向日方当事人提供建议，共同强行推进仲裁程序。

7. 天大天财公司和信越公司之间的《长期买卖协议》及其三次修改已经被国内的生效判决解除，信越公司的仲裁请求已丧失法律基础，如承认和执行该仲裁裁决将严重损害中国的司法主权，因此，该仲裁裁决应被拒绝承认和执行

2006年8月，天大天财公司根据案件相关事实和法律向天津市第一中级人民法院提起诉讼，要求解除与信越公司的《长期买卖协议》及其三次修改协议。天津市第一中级人民法院作出民事判决，以合同内容和履行违背诚信原则为由，判令自2004年1月2日起，天大天财公司与信越公司签订的《长期买卖协议》（含相应的三次修改协议）予以解除。信越公司上诉后，天津市高级人民法院判决：驳回上诉，维持原判。根据《中华人民共和国合同法》第九十七条关于合同解除的规定，自合同解除之日起，尚未履行的终止履行，因该未履行部分而产生的权利义务也将不复存在。

8. 本案仲裁裁决损害了我国的公共政策，

损害了我国政府的公信力,其应被拒绝承认和执行

我国商务部发布的 2004 年第 96 号公告《关于对原产于美国、日本、韩国的进口非色散位移单模光纤反倾销调查的最终裁定》最终认定:"在调查期(2002 年 4 月 1 日至 2003 年 3 月 31 日)内,原产于美国、日本、韩国的进口非色散位移单模光纤存在倾销,原产于美国、日本、韩国的进口非色散位移单模光纤对中国国内非色散位移单模光纤产业造成了实质损害,且倾销与实质损害之间存在因果关系。"商务部在该终局裁定中认定,所有日本企业的倾销幅度达 46%,最终决定对所有原产于日本公司的进口非色散位移单模光纤征收反倾销税,税率为 46%,期限自 2005 年 1 月 1 日起 5 年。

调查期内,在光纤产品持续低价倾销的冲击下,包括大大天财公司在内的国内企业同类产品税前利润大幅度下滑,利润水平不断恶化且出现严重亏损,面临关门倒闭的困境。表面上看,商务部作出的光纤产品倾销裁定与信越公司和天大天财公司之间的光纤预制棒(光棒)采购纠纷没有直接关系。但是,我国光纤企业生产所需的光棒基本上依赖进口,全球光棒的制造主要为几家大型企业所垄断,而信越公司则是当时能够商业化生产和供应光棒的唯一一家企业,该公司在光棒供应领域具有绝对的话语权。信越公司利用其垄断和操纵地位,迫使天大天财公司等国内光纤企业签订了长达 5 年的不可撤销信用证的长期担保销售和采购协议,天大天财公司的月采购量达 4.2 吨,其价格为每克 75 日元,且不允许天大天财公司进行任何调整。在合同履行后不久,国内光纤市场价格骤降到每公里 100 元左右,而按照信越公司的供货价格,天大天财公司光纤制造成本中仅光棒成本就达到 170 元左右,不但毫无利润可言,且如果继续采购和生产将面临企业无法承受的巨额亏损。另一方面,同时期信越公司向日本国内光纤企业的供货价格却远远低于向天大天财公司等中国企业的供货价格,其上述不正当行为使日本企业制造成本远比中国企业要低得多,客观上促成了日本企业向中国市场大举低价倾销。尽管天大天财公司根据市场出现的重大情势变更情形,多次请求信越公司

合理调整产品价格,但信越公司因有信用证担保手段而不予理睬,仅象征性地作了微调。天大天财公司在国外企业大举倾销行为和上游供应商高价强迫采购的双重挤压下,遭受严重损害、出现巨额亏损、生产难以为继,已成为倾销行为的最大受害者。信越公司置上述事实不顾,在自己没有任何损失的情况下,却要求天大天财公司给其巨额补偿,完全违背了各国法律和国际惯例公认的诚实信用原则、平等互利原则和禁止权力滥用原则。

9. 该裁决违反了我国法律的基本原则,因此,应依法判令该裁决无效,不能承认和执行该仲裁裁决。

(1)该裁决违反了我国法律基本原则的平等原则。信越公司利用自己的强势和垄断地位,强迫天大天财公司服从其意志,签订霸王合同,当产品市场价格只有 20 日元的时候,信越公司仍然要求按 40 日元购买,不同意对合同解除和实质性修改,该裁决违反了平等原则。

(2)该裁决违反了我国法律基本原则的公平原则。信越公司要求签订的霸王合同规定,产品的价格为每克 35 日元,而天大天财公司如果不购买却还要按每克 40 日元的价款支付补偿金给信越公司,从此看出,不购买产品的成本却还要比购买产品的成本高,迫使你不得不购买产品,而该裁决严重违反了公平原则。

(3)该裁决违反了我国法律基本原则的诚实信用原则。信越公司不用付出任何成本,却坐收不正当暴利,通过损害另一方利益使自己的利益得到实现,该裁决严重违反了诚实信用原则。

(4)该裁决违反了我国法律基本原则的禁止权利滥用原则。信越公司利用自己对光纤行业的垄断地位和操纵地位,利用信用证欺诈手段,强买强卖,在此基础上作出的裁决严重违反了禁止权力滥用原则。

10. 承认和执行该裁决违反中国的社会经济秩序、政治秩序,违反社会公共利益,导致社会公共利益的巨大破坏和损失,因此,应该判令该裁决无效,不能承认和执行该仲裁裁决。

(1)承认和执行该裁决直接导致天大天财公司经济遭受巨大损失和巨额亏损,甚至会导致破产。该裁决要求天大天财公司支付总计 12 亿多

人民币给信越公司,而天大天财公司的净资产才2亿多元人民币。由此肯定,该裁决得到承认和执行,必然导致天大天财公司面临破产。

(2)承认和执行该裁决直接导致近6亿元人民币的国有资产巨大流失。天大天财公司的股本中包括国家开发投资公司、天津大学、中国船舶重工集团公司第七研究院第707研究所等7家国有大中型公司投入的约2亿人民币,如果天大天财公司因为执行该裁决而破产,那么这些国有大企业的投入根本无法收回,另外,天大天财公司还有约4亿元的国有银行贷款,同样无法收回,因此,承认和执行该裁决直接导致6亿元的国有资产流失。

(3)承认和执行该裁决不但直接导致国家税源流失,并直接导致天津市政府经济付出巨大代价。天大天财公司及参控股企业30多家,每年向国家交纳税款亿元人民币。另根据国务院国发〔2005〕34号文件《提高上市公司质量意见的通知》,天津市政府对亏损、破产的上市公司必须进行托管和挽救,该裁决如果得到承认和执行,直接导致天津市政府需要拿出10亿元人民币的资金解决天大天财公司问题,造成天津市政府资产流失。

(4)承认和执行该裁决直接导致6000多人的生活就业问题,严重影响社会稳定,破坏国家政治安全。天大天财公司本身与控股股东控制子公司以及相关企业30多家,安排6000余名员工就业生活,该裁决导致天大天财公司及相关企业30多家无法运转,6000余名员工失业。

(5)承认和执行该裁决直接影响中国证券市场的健康发展,导致社会经济秩序混乱,影响经济秩序的运行。天大天财公司是上市公司,有4万名股东,该裁决如果得到承认和执行,必将导致天大天财公司在证券市场上股价巨幅波动,甚至成为中国第一家破产上市公司,那么必然损害4万名股东的利益。

鑫茂公司还提出:公司从未收到变更申请征求意见书。依据《仲裁规则》第二十条第二款的规定,仲裁庭在许可信越公司变更仲裁申请时应事先听取天大天财公司的书面意见。因此,仲裁庭未经事先征求天大天财公司意见而直接许可信越公司变更仲裁请求的做法违反了《仲裁规则》的上述条款,根据《纽约公约》相关规定,该案仲裁裁决应不予承认和执行。

三、信越公司提出应当承认和执行的意见及理由

(一)本仲裁裁决中没有含有超出仲裁请求范围的内容

在本案仲裁程序中,信越公司就提出了请求确认长期买卖协议有效及签订协议时不存在欺诈行为的主张。关于该点,仲裁庭以"为了消除上述申请人对被申请人的基于本合同的清算金请求权的存在与否的不稳定的状态,只要确认该请求权的存在即可"为由,支持了信越公司的上述一部分请求,该裁决不过是认可了存在清算金支付请求权的确认判断。该部分支持的裁决,在日本法律上是明显合法的。

因此,不存在本案仲裁庭超出请求范围进行裁决的事实。

(二)天大天财公司提出的关于仲裁裁决期限的主张是错误的

《仲裁规则》关于裁决期限的规定是为了避免延误纠纷的解决,该条只不过是作为努力目标的仲裁裁决期限的训示性规定。因此,即使超出上述期限作出仲裁裁决,也不成为在仲裁程序上存在重大瑕疵的情形,不对仲裁裁决的效力产生任何影响。

天大天财公司主张,因为不知道仲裁裁决将在什么时候作出,为了抗辩信越公司的主张,还在积极准备证据和证人,该主张与事实不符。仲裁庭于2005年10月18日向天大天财公司发送了第二次开庭审理日为2005年10月25日的书面函件。对于该函件,天大天财公司向仲裁庭提交了标明日期为2005年10月19日的题为《对仲裁庭裁决的抗议书》,其中明确传达了天大天财公司决定不参加第二次审理期日以后的审理,并且明确表示无意参加今后的程序。

即使如此,本案仲裁庭仍向天大天财公司发送了标明日期为2005年10月19日的《征求意见书》,在向天大天财公司征求对信越公司提出的变更请求的意见的同时,发出了标明日期为2005年10月25日的题为《申请变更许可》的函件。对于上述函件,天大天财公司没有提出任何答辩及陈述任何意见。

因此，天大天财公司是根据其自己的意思拒绝参加本案仲裁程序，对信越公司提出的请求未进行任何答辩。天大天财公司提出的仅仅依据信越公司的一方之辞和单方证据作出本仲裁裁决的主张，明显与事实不符。

（三）有关本仲裁裁决的送达

仲裁庭根据《仲裁规则》的规定，委托联邦快递以特快专递方式送达了仲裁庭的标明日期为2005年12月6日的本仲裁裁决。联邦快递公司在2005年12月12日之后曾两次尝试向天大天财公司送达本仲裁裁决，但均被天大天财公司拒收。

为此，仲裁庭委托北京市中亿律师事务所胡洁律师向天大天财公司送达仲裁裁决书，该仲裁裁决于2006年2月9日通过胡洁律师送达了天大天财公司。

之后，天大天财公司询问胡洁律师送达裁决的事宜，仲裁庭于2006年2月16日答复了该送达系仲裁庭根据《仲裁规则》作出的合法送达。

2005年12月6日本仲裁裁决作出后至2006年2月9日无法进行送达的原因，是天大天财公司拒收仲裁协会作为发信人的上述联邦快递的特快专递，通过胡洁律师送达是符合《仲裁规则》的合法送达方式之一，该送达既不违反仲裁程序也不损害天大天财公司的利益。

（四）关于天大天财公司提出的管辖权异议的仲裁庭的对应

信越公司与天大天财公司之间签订的长期买卖协议明确约定了协议当事人无法协商解决的有关长期买卖协议的争议应由仲裁协会通过仲裁解决，信越公司申请的仲裁是与长期买卖协议相关的争议，该争议根据上述约定应提交仲裁协会进行仲裁。

仲裁庭就天大天财公司提出的管辖权异议，在接受了天大天财公司提交的书面申请的同时，于2005年9月15日首次开庭审理日，直接听取了天大天财公司的代表人寇纪淞的关于管辖权异议的意见。在此基础上，仲裁庭根据《仲裁规则》的规定，通过2005年10月17日以题为《关于有无仲裁权限的裁决》，就争议相关的仲裁权限作出了裁决。2005年10月18日，由仲裁庭向天大天财公司进行了送达。另外，天大天财公司就"关于有无仲裁权限的裁决"的裁决内容向仲裁庭提交了标明日期为2005年10月19日的《对于仲裁庭裁决的抗议书》，因此，天大天财公司所谓的"仲裁庭从始至终未对中方当事人提出的管辖权异议作出任何书面答复或裁定"的主张完全与事实相反。

（五）关于仲裁员名册的提供

《仲裁规则》就仲裁员的选定仅规定了："为方便仲裁员的选定，协会制定和常备仲裁员名册。"而没有任何关于仲裁协会有提供仲裁员的规定。仲裁庭在仲裁程序中没有向当事人提供仲裁员名册的义务，并且，各方当事人没有从仲裁协会制定的仲裁员名册中选定仲裁员的义务，可以任意选定仲裁员。

天大天财公司选定仲裁员的经过是：天大天财公司给仲裁庭的标明日期为2005年3月24日的传真中在同意仲裁员的人数为3人的同时，询问了可否选定未记载在仲裁协会名册中的仲裁员。对此，仲裁庭于同日向天大天财公司发送了传真并在传真中说明了"可以在仲裁员名册外选定仲裁员"。仲裁庭在2005年3月25日以传真方式通知了各方当事人仲裁员的选定期限定为2005年4月15日。此后，天大天财公司于2005年4月12日向仲裁庭发出传真，要求延长期限。对此，仲裁庭根据《仲裁规则》的规定，于4月14日向各当事人以传真方式通知了仲裁员选定期限由4月15日延长至2005年5月2日。

天大天财公司虽然在2005年4月15日向仲裁庭发出的传真中要求提供仲裁员名册，但未等仲裁庭提供名册，其当天就向仲裁庭发出了选定敖其为仲裁员的通知。

因此，天大天财公司自2005年2月16日收到仲裁申请的通知后至同年5月2日止，有两个半月的仲裁员选定的时间，另外，在2005年3月24日天大天财公司就已经知道无须从仲裁员名册中选定仲裁员，并选定了未在名册中记载的仲裁员。天大天财公司未等仲裁庭送达名册及延长的仲裁员选定期限即直接选定了仲裁员。因此，关于仲裁员的选定问题，无论从仲裁规则上还是实际的便利上都没有任何的障碍。

《纽约公约》第五条第一款二项规定："作为

裁决执行对象的当事人,没有被给予指定仲裁员或者进行仲裁程序的适当通知,或者由于其他情况而不能对案件提出意见",但是天大天财公司就仲裁员的选定得到了"适当的通知",也没有其他"不能对案件提出意见"的事实。

(六)仲裁庭缺乏独立性、公正性的主张是错误的

天大天财公司提出的仲裁庭关于本案仲裁程序中存在违反公正性原则的主张不符合事实,是错误的。

天大天财公司引用2005年3月4日信越公司律师的函件,主张仲裁庭不公平,该主张完全无视提出该函件的经过,是错误的。

天大天财公司通过标明日期为2005年2月18日的函件,主张仲裁庭通过外交途径以外的方法向天大天财公司送达开始本案仲裁程序的通知函存在问题。仲裁庭通过标明日期为2005年3月4日的函件,向天大天财公司回答了该函件通过外交途径以外的方法进行送达完全没有问题。对于该仲裁庭的书面回答,信越公司的代理律师只是向仲裁庭表达了赞成仲裁庭的想法及希望及时进行仲裁程序的意思,而仲裁庭仅对信越公司的提案表示了赞成。因此,不存在仲裁庭与信越公司共同强行推进仲裁程序的事实。

(七)有关损害中国司法主权的主张的反驳意见

中国法院的关于解除合同的民事判决书是在当事人之间已经有明确的仲裁协议的情况下,无视该仲裁协议,在没有管辖权的情况下作出的无效判决。该判决无视中国最高人民法院已经明确确认的事项,即:中国最高人民法院在民事裁定书([2004]民四终字第11号)中明确了有关信用证止付的诉讼因仲裁协议的效力不涉及作为信用证开证行的中信天津分行,因此,中国的法院有管辖权。但是关于仲裁协议的当事人天大天财公司与信越公司间的长期买卖协议的有效性,中国的法院没有管辖权,应通过在日本的仲裁程序仲裁解决。

本来,在通过仲裁协议明确协商一致管辖权的本案仲裁程序中,本仲裁裁决以买卖协议有效为前提,作出了支付清算金的裁决。对该裁决作出矛盾判决的是中国的法院。

综上,天大天财公司引用的中国法院的民事判决,是在完全没有管辖权的情形下作出的。因此,本仲裁裁决的承认和执行不侵害中国的司法权。

(八)天大天财公司基于反倾销裁定的主张是错误的

天大天财公司引用中华人民共和国商务部发布的2004年第96号公告《关于对原产于美国、日本、韩国的进口非色散位移单模光纤反倾销调查的最终裁定》。但是,该裁定的对象是于"非色散位移单模光纤"的反倾销,而非本案长期买卖协议的对象商品。本案长期买卖协议是作为光纤原料的光棒,不是上述裁定对象的光纤。

信越公司并不是当时能够商业化生产和供应光棒的唯一厂家,天大天财公司完全能从信越公司以外的其他企业购买光棒,因此,天大天财公司提出的"信越公司利用其垄断和操纵地位"的主张明显与事实不符。

天大天财公司主张信越公司"不允许天大天财公司进行任何调整",该主张毫无意义。天大天财公司根据其自由意思,在就5年的长期买卖协议的具体内容达成一致后,签订了协议。信越公司在合同的交涉过程中,与天大天财公司之间进行了协商,最后双方就长期买卖协议的内容达成了一致。天大天财公司完全可以拒绝该合同条件,选择不签订合同。

此后不幸地发生了光纤市场的滑坡,致使天大天财公司通过长期买卖协议难以取得利益。但是,该市场环境的恶化当然不是信越公司的责任。天大天财公司因为市场恶化无法得到利益为由而不履行合同的做法,是完全没有道理的。随着市场环境的恶化,信越公司根据天大天财公司的要求,前后三次对合同条件进行了有利于天大天财公司的修改,且修改完全不是天大天财公司所主张的"象征性地作了微调"。

(九)对于本仲裁裁决违反中国法律的基本原则的主张的反驳意见

1. 有关违反平等原则的主张

长期买卖协议是当事人在规定了一定的交易期间,实现确定了购买量及价格等各方面条件的基础上签订的,信越公司仅要求天大天财公司

根据合同履行债务。天大天财公司以长期买卖协议签订后光缆市场恶化为理由,要求修改长期买卖协议的内容,作为信越公司并没有同意修改该协议内容的义务(事实上,信越公司考虑了天大天财公司的困境,前后3次同意修改协议内容。而天大天财公司也仅履行了修改后的一部分协议内容)。

因此,基于当事人间的协议作出的本仲裁裁决不违反平等原则。

2. 有关违反公平原则的主张

从交易的实际价格来看,清算金完全不能说是违反公平原则。何况,协议条款的公平性应根据签订协议时的情况来判断。因此,从当初合意时的价格来看,规定1克40日元的清算金不违反任何公平原则,且该清算金是作为天大天财公司不购买产品时给信越公司造成损失的赔偿,没有任何不当。

3. 有关违反诚实信用原则

天大天财公司不履行长期买卖协议的购买义务必将造成信越公司的损失,天大天财公司有向信越公司支付作为损害赔偿预定的清算金的合同上的义务。因天大天财公司不履行自己的合同义务,不当的损害了信越公司的利益并追求自身的利益,天大天财公司才是违反诚实信用原则。

因此,本仲裁裁决并非以信越公司通过损害天大天财公司的利益而实现自己利益为内容,天大天财公司关于本仲裁裁决违反诚实信用原则的主张明显违背事实。

4. 有关违反权利滥用原则的主张

信越公司并非在光纤行业占据垄断地位,而且也没有天大天财公司所主张的利用信用证欺诈手段强制购买产品。签订长期买卖协议后的光纤市场的情况与信越公司的权利滥用没有任何的关系,天大天财公司自愿与信越公司签订长期买卖协议,即使协议签订后的市场恶化等情况造成天大天财公司所谓的损失也与信越公司的权利滥用没有任何关系。

信越公司对于天大天财公司的清算金支付的请求系基于长期买卖协议的正当权利,该权利的行使不构成权利的滥用,因此,天大天财公司的关于本仲裁裁决系违反权利滥用原则的主张亦是不成立的。

(十)天大天财公司主张本仲裁裁决的承认和执行违反国家公共利益,直接损害中国的公共政策和公共经济秩序,违反《纽约公约》的反驳意见

本案是基于债务不履行的损害赔偿请求案件,损害赔偿规定的适用,不属于《纽约公约》第5条第2款的公共秩序,因此,天大天财公司的主张明显没有任何法律根据。而且,天大天财公司的大股东已经由天津大学变更为民营企业——天津鑫茂科技股份有限公司,公司名称也由天津天大天财股份有限公司变更为天津鑫茂科技股份有限公司,事实上是一家由民营企业控股的公司,与国有企业的关联很薄弱。因此,即使执行本仲裁裁决也不会给国家利益造成大的损害。

综上,仲裁庭作出的仲裁裁决没有违反《纽约公约》及中国的任何法律法规,请求法院予以承认及执行。

四、我院对本案的处理意见及理由

我院经审查认为,我国和日本均为《纽约公约》的加入国。因此,审查本案是否应当不予承认和执行应当按照《纽约公约》的规定执行。仲裁庭在审理本案过程中存在《纽约公约》第5条规定的应当不予承认和执行的情形,故其作出的仲裁裁决应当不予承认和执行。主要理由:

(一)仲裁庭存在《纽约公约》第5条第1款规定的情形

1. 仲裁庭超出《仲裁规则》规定的作出仲裁裁决的时间,并且未通知天大天财公司其将作出裁决的期间

《仲裁规则》第53条明确规定:"1. 一旦认定仲裁审理终结,仲裁庭应在5周内作出仲裁裁决。如因案件复杂或者其他原因确有必要,仲裁庭可适当延长这一期限,但这一期限最长不应超过8周。2. 仲裁庭根据前段规定决定审理终结后,应当通知当事人作出仲裁裁决的期限。"

本案审理终结的时间为2005年10月25日,从该审理终结日到2005年12月6日仲裁庭作出仲裁裁决,期限已达6周,超过了《仲裁规则》规定的5周时间。仲裁庭自始至终既没有将案件审结时间通知天大天财公司,也没有通知天大天财公司其作出仲裁裁决的期限,更没有通知

过天大天财公司其将延期作出裁决。因此，仲裁庭在没有给予天大天财公司充分进行抗辩和举证的正当权利的情况下，作出了仲裁裁决。最为重要的是无论天大天财公司表示的态度如何，向当事人通知作出仲裁裁决的时间是仲裁庭应尽的义务和应遵循的规则。但是仲裁庭违反《仲裁规则》的上述规定，其行为属于《纽约公约》第5条第1款第(2)项"只有在请求承认和执行裁决中的被诉人向请求地管辖机关证明下列情况的时候，才可以根据被诉人的请求，拒绝承认和执行裁决：……或者进行仲裁程序的适当通知"所列的情形，应当不予承认和执行。

2. 仲裁庭没有提交证据证明就信越公司变更请求其已经履行了向天大天财公司征求意见的义务

《仲裁规则》第20条规定："1. 申请人可以就同一仲裁协议向协会提出申请变更申请书并变更其申请内容。如果是在仲裁庭组成后提出修改，应当向仲裁庭提出变更申请书的请求，并得到仲裁庭的许可。2. 仲裁庭在作出前款的许可前应事先听取对方当事人的意见。"

信越公司于2005年8月31日向仲裁庭提出《申请事项变更申请书》。

信越公司在向我院提交的仲裁庭作出的《申请变更许可》中陈述：仲裁协会事务局于2005年10月21日以EMS国际快递的方式将《征求意见书》邮寄给天大天财公司。但是信越公司未提交仲裁庭确实履行上述通知行为的证据，并且现在鑫茂公司否认其收到仲裁庭于2005年10月21日寄送的《征求意见书》。

因为没有任何证据表明仲裁庭于2005年10月21日向天大天财公司邮寄过任何文件。因此，仲裁庭主张的其已经向天大天财公司送达了《征求意见书》证据不足。

据此可以认定仲裁庭存在《纽约公约》第5条第1款第(2)项"只有在请求承认和执行裁决中的被诉人向请求地管辖机关证明下列情况的时候，才可以根据被诉人的请求，拒绝承认和执行裁决：……或者进行仲裁程序的适当通知"所列的情形，应当不予承认和执行该仲裁裁决。

3. 仲裁庭作出的仲裁裁决超出信越公司的请求范围

信越公司的仲裁请求包括以下四部分内容：一是要求天大天财公司向其支付29亿2800万日元及迟延支付利息；二是若第1款的请求基于某种理由不被支持，天大天财公司向信越公司支付29亿8200万日元及迟延支付利息；三是确认双方之间的长期买卖协议(含三次修改协议)有效及信越公司不存在欺诈行为；四是要求天大天财公司承担仲裁费用。

05—03号仲裁裁决包括四部分内容：一是支持信越公司第一部分的请求，即裁决天大天财公司向信越公司支付29亿2800万日元及迟延支付利息；二是确认信越公司对天大天财公司对根据协议第4款规定的清算金有支付请求权；三是天大天财公司支付12835934日元仲裁费用；四是驳回信越公司的其他请求。

从信越公司请求的内容可以看出其只请求天大天财公司按照每克40日元支付自天大天财公司不再购买信越公司产品之时即2004年1月至裁决给付之时即2005年7月止的清算金，但是仲裁庭在信越公司未提出请求确认"信越公司对天大天财公司对根据协议第4款规定的清算金有支付请求权"的情况下，径自直接裁决确认信越公司对天大天财公司享有清算金支付请求权。这样的裁决结果导致信越公司可以向天大天财公司直接主张截至合同期满即2009年止的清算金。该仲裁内容显然超出了信越公司提出的仲裁请求的范围。

天大天财公司在接到仲裁裁决之前，从未接到仲裁庭送达的关于信越公司请求确认其对天大天财公司享有清算金支付请求权的申请，并且在天大天财公司出庭阐述意见时也没有听到信越公司就该部分请求的任何陈述。因此，也就没有机会就该部分主张能否成立进行抗辩和提供证据。仲裁庭这样的超出信越公司请求的裁决违背了《日本仲裁法》第44条第5项"存在以下情形仲裁裁决应予撤销：……仲裁裁决中包含了关于超出仲裁协议或者仲裁申请范围的"、第45条第(5)项"出现下列情形的应当不予承认和执行：……仲裁裁决中包含了关于超出仲裁协议或仲裁程序的申请范围的裁决的"、《纽约公约》第5条第1款第(2)项"只有在请求承认和执行裁决中的被诉人向请求地管辖机关证明下列情况的时候,才可以根据被诉人的请求,拒绝承认和执行裁决:……或者由于其他情况而不能对案件提出意见"以及第(4)项"仲裁庭的组成或仲裁程序同仲裁地国的法律不符"的相关规定,本案仲裁裁决应当不予承认和执行。

4.《仲裁规则》第9条规定:"为便于当事人指定仲裁员,协会应制定并随时提供仲裁员名册"。本案中,仲裁协会在发给天大天财公司仲裁申请文件时,没有及时将仲裁员名册提供给天大天财公司

仲裁员名册中的仲裁员人选都是经过严格筛选的相关领域内的资深、权威人士,无论是法律功底、语言,还是专业知识均应当是十分优秀的。《仲裁规则》之所以规定仲裁协会订制仲裁员名册,就是为了便于当事人挑选仲裁员。并且仲裁协会对于仲裁员有严格要求,在名册中的仲裁员是受仲裁法、《仲裁规则》等约束及管理的。当事人也应当在仲裁员名册中选定仲裁员,天大天财公司同样需要指定一位精通日语、具有较高法律水平、熟悉日本仲裁的仲裁员,以维护自身的权益。仲裁协会有义务将仲裁员名册提交给天大天财公司,也有义务提示并告知当事人应当从名册中挑选仲裁员。并且在受理案件的开始,就应当将名册与信越公司的申请书一并送达天大天财公司。但是仲裁协会在仲裁程序开始时没有将仲裁员名册送达天大天财公司,却确定了仲裁员选定的截止时间。在天大天财公司再三请求下,仲裁协会虽然在选任仲裁员的问题上同意延期,但是在仍然没有向天大天财公司送达仲裁员名册的情况下,再次确定了选任仲裁员的时间,也没有告知天大天财公司名册中是否有中国仲裁员。仲裁协会的这种做法导致天大天财公司在匆忙情况下所挑选的仲裁员与信越公司挑选的仲裁员在各个方面不对等。此后仲裁协会虽然将名册交给天大天财公司,但此时天大天财公司已经选定仲裁员。仲裁协会的行为属于违反了《纽约公约》第5条第1款第(2)项"请求承认和执行裁决中的被诉人,没有给他有关指定仲裁员的适当通知"以及第(4)项"仲裁庭的组成或仲裁程序同仲裁地国的法律不符"的情形,应当不予承认和执行。

5. 本案双方当事人约定的仲裁条款应当认定无效

本案双方当事人在《长期买卖协议》中约定:本协议适用日本国法律并依之解释。一切未能经双方达成一致而解决的,由本协议引发或与本协议相关的争议,均应按照日本商事仲裁协会的规则和程序在日本东京提交仲裁。仲裁裁决应是终局的,对双方均有约束力。

天大天财公司与信越公司之间只是约定了希望通过仲裁方式解决争议以及进行仲裁的地点、适用的规则和程序,并没有约定由哪一个具体的仲裁机关进行仲裁。在日本,既有常设机构仲裁又有临时仲裁。在日本东京也不止日本商事仲裁协会一家仲裁机构,此外还有日本海运集会所、律师会仲裁中心等仲裁机构,而临时组成的临时仲裁也可以适用日本商事仲裁协会的规则进行仲裁。从当事人的约定看,并不必然推断出日本东京社团法人日本商事仲裁协会对本案有管辖权。在双方当事人对于管辖权无法达成一致的情况下,日本商事仲裁协会受理本案没有任何法律依据。

(二)我院认为仲裁庭的仲裁裁决存在《纽约公约》第5条第2款规定的情形,执行该裁决将和我国的公共利益相抵触

1. 我国商务部裁决认定:日本光纤业对我国存在倾销行为。而日本光纤业的倾销行为是造成我国乃至世界光纤价格大幅下降的根本原因。因此,信越公司应当自行承担由此产生的一切后果

我国商务部发布的2004年第96号公告《关于对原产于美国、日本、韩国的进口非色散位移单模光纤反倾销调查的最终裁定》最终认定:"在调查期(2002年4月1日至2003年3月31日)内,原产于美国、日本、韩国的进口非色散位移单模光纤存在倾销,原产于美国、日本、韩国的进口非色散位移单模光纤对中国国内非色散位移单模光纤产业造成了实质损害,且倾销与实质损害之间存在因果关系。"商务部在该终局裁定中认定,所有日本企业的倾销幅度达46%,最终决定对所有原产于日本公司的进口非色散位移单模光纤征收反倾销税,税率为46%,期限自2005年1月1日起5年。

表面上看,商务部作出的光纤产品倾销裁定

与信越公司和天大天财公司之间的光纤预制棒（光棒）采购纠纷没有直接关系。但是，我国光纤企业生产所需的光棒基本上依赖进口，全球光棒的制造主要为几家大型企业所垄断。在合同履行后不久，国内光纤市场价格骤然下降，而按照信越公司的供货价格，天大天财公司如果继续采购和生产将面临企业无法承受的巨额亏损。而同时期信越公司向日本国内光纤企业的供货价格却远远低于向天大天财公司等中国企业的供货价格，其上述不正当行为使日本企业制造成本远比中国企业要低得多，客观上促成了日本企业向中国市场大举低价倾销。尽管天大天财公司根据市场出现的重大情势变更情形，多次请求信越公司合理调整产品价格，因双方约定付款方式为不可撤销的信用证，因此，信越公司只同意在价格上稍作调整。天大天财公司在国外包括日本在内的企业大举倾销行为和上游供应商高价强迫采购的双重挤压下，遭受严重损害、出现巨额亏损、生产难以为继。信越公司在此情况下要求天大天财公司给其巨额补偿，而仲裁庭却支持了信越公司的仲裁请求的做法应当认定违反了我国的公共政策。

2. 该裁决违反了我国法律基本原则的公平原则

公平原则是仲裁裁决的灵魂，也是我国法律的基本原则之一。信越公司与天大天财公司等国内光纤企业签订了长达5年的不可撤销信用证的长期担保销售和采购协议，天大天财公司的月采购量达4.2吨。天大天财公司与信越公司虽然在第一次长期买卖合同的基础上，又修改了三次合同，对产品价格进行了调整，但是合同中约定的清算金条款始终没有变更。信越公司要求签订的合同规定，产品的价格为每克35日元，而天大天财公司如果不购买却还要按每克40日元的价款支付补偿金给信越公司，由此看出，如不购买产品所支付的清算金比购买产品的价格还要高。众所周知，生产和销售产品要向当地政府交纳税款、支付税收，还要有人工费、成本费用、加工费等。但信越公司没有生产worth棒，不需要支付上述费用，向天大天财公司销售产品的价格反而更高。而且当时市场价格已经远远低于每克35日元，应当据此认定仲裁裁决违反了我国法律的最基本原则——公平原则。

综上，我院的处理意见是：裁定不予承认和执行社团法人日本商事仲裁协会作出的东京05-03号仲裁裁决。

妥否，请示复。

最高人民法院关于韩国大成G—3株式会社与长春市元大汽车工程贸易有限公司撤销仲裁裁决纠纷一案的请示的答复

● 2008年10月21日
● （2008）民四他字第28号

吉林省高级人民法院：

你院[2008]吉民三他字第1号《关于韩国大成G—3株式会社与长春市元大汽车工程贸易有限公司撤销仲裁裁决纠纷一案的请示》收悉。经研究，答复如下：

《中华人民共和国仲裁法》第二十条第二款明确规定："当事人对仲裁协议的效力有异议，应当在仲裁庭首次开庭前提出。"根据你院请示报告所述事实，申请人韩国大成G—3株式会社只是在仲裁庭第一次开庭和第四次开庭中对仲裁协议效力及仲裁庭管辖权提出异议，但其并未在仲裁庭首次开庭前对仲裁协议效力提出异议。另，根据卷宗中所附裁决书反映的事实，韩国大成G—3株式会社在仲裁庭首次开庭前指定了仲裁员，委托了代理人，并提交了书面答辩状就案件实体问题进行答辩。因此，通过上述事实可以认定韩国大成G—3株式会社在仲裁庭首次开庭前已经认可长春仲裁委员会对该纠纷享有管辖权，应视为仲裁案件的双方当事人对将其纠纷提交长春仲裁委员会仲裁已经形成了一致意见，仲裁协议有效。韩国大成G—3株式会社虽在仲裁庭第一次开庭时对仲裁协议效力及仲裁庭管辖权提出异议，但已经超过了法律规定的当事人可以对仲裁协议效力提出异议的期限，仲裁协议有效，长春仲裁委员会依法对本案纠纷享有管辖权。对于大成会社就仲裁协议效力及仲裁庭管辖权提出的异议，不应予以支持。长春中院及你院请示报告中关于"可以认定双方当事人不能就仲裁机构选择达成一致,因此,仲裁协议无效,应视为双方没有仲裁协议条款"的意见不能成立,本案不应以当事人在合同中没有订有仲裁条款或者事后没有达成书面仲裁协议为由,撤销所涉仲裁裁决。

此复。

附:

吉林省高级人民法院关于韩国大成G—3株式会社与长春市元大汽车工程贸易有限公司撤销仲裁裁决纠纷一案的请示

2008年2月18日 〔2008〕吉民二他字第1号

最高人民法院民四庭:

韩国大成G—3株式会社与长春市元大汽车工程贸易有限公司因合资经营合同纠纷前由长春仲裁委员会作出〔2006〕长仲裁字第020号仲裁裁决书。申请人韩国大成G—3株式会社不服该裁决,向吉林省长春市中级人民法院申请撤销该裁决。经审理,长春市中级人民法院拟决定撤销该仲裁裁决,并根据《最高人民法院关于人民法院撤销涉外仲裁裁决有关事项的通知》(法〔1998〕40号)规定,报我院审查,我院经审查同意长春市中级人民法院的意见,现报请贵院审核。

一、案件基本情况

2003年6月27日,韩国大成G—3株式会社与长春市元大汽车工程贸易有限公司为设立合资企业签订了合资合同。合同约定,双方同意在中国境内合资经营长春G—3技术教育准备有限公司,该公司地址为长春经济技术开发区。上述合同的第五十九条约定:"……任何一方可将争议提交中国国际贸易促进委员会对外经济贸易仲裁委员会(或提交企业所在地仲裁机构),根据该会(机构)的仲裁程序规则进行仲裁……"。经查,该条约定的中国国际贸易促进委员会对外经济贸易仲裁委员会是中国国际经济贸易仲裁委员会的旧称。长春市中级人民法院庭审中,被申请人长春市元大汽车工程贸易有限公司称"企业所在地仲裁机构"为"企业所在地仲裁机构"的笔误。申请人韩国大成G—3株式会社否认是笔误。

在长春仲裁委员会首次仲裁时,在仲裁庭询问该庭仲裁双方是否有异议时,本案申请人韩国大成G—3株式会社的代理人第一次陈述称"同意对本庭仲裁"。随后该社法定代表人陈述:"双方调解完了,申(请人)还仲裁,有异议"。在接下来的陈述中,本案申请人韩国大成G—3株式会社的代理人再次陈述:"根据合同约定,已明确约定中国贸促会仲裁,在企业所在地仲裁不明确。"韩方要求明确由"中国贸易仲裁委仲裁"。后仲裁庭宣布:经评议,该庭有管辖权。被申请人有何意见,该庭不再接受。在仲裁庭第四次开庭时,本案申请人韩国大成G—3株式会社的代理人再次提出该庭无管辖权。

二、长春市中级人民法院拟处理意见

《最高人民法院关于适用〈中华人民共和国仲裁法〉若干问题的解释》第五条规定:"仲裁协议约定两个以上仲裁机构的,当事人可以协议选择其中的一个仲裁机构申请仲裁;当事人不能就仲裁机构选择达成一致的,仲裁协议无效",第十八条规定:"仲裁法第五十八条第一款第一项规定的'没有仲裁协议'是指当事人没有达成仲裁协议。仲裁协议被认定无效或者被撤销的,视为没有仲裁协议"。本案申请人与被申请人约定的仲裁机构有两个,即中国国际贸易促进委员会对外经济贸易仲裁委员会及企业所起地仲裁机构。其中"中国国际贸易促进委员会对外经济贸易仲裁委员会"是"中国国际经济贸易仲裁委员会"的旧称;"企业所起地仲裁机构"应为"企业所在地仲裁机构"的笔误。前面已谈到,合资企业所在地为长春市,"企业所在地仲裁机构"应为长春市仲裁委员会。可见,本案申请人与被申请人约定的两个仲裁机构应为中国国际经济贸易仲裁委员会及长春仲裁委员会。根据仲裁庭审理时各方当事人的陈述,可以认定双方当事人不能就仲裁机构选择达成一致,因此,仲裁协议无效,应视为双方没有仲裁协议条款。根据仲裁法第四条规定,没有仲裁协议,一方申请仲裁的,仲裁委员会不予受理;第五十八条规定,没有仲裁协议的,当事人可以向人民法院申请撤销仲裁裁决。同时,《中华人民共和国民事诉讼法》第二百六十条第一款规定,对中华人民共和国涉外仲裁机构作出的裁决,被申请人提出证据证明当事人在合同中没有订有仲裁条款或者事后没有达成书面仲裁协议的,经人民法院组成合议庭审查核实,裁定不予执行。综上,长春市中级人民法院审理认为长春市仲裁委员会作出〔2006〕长仲裁字第020号仲裁裁决书应予撤销。

三、吉林省高级人民法院意见

同意长春市中级人民法院意见。

当否,请示。

最高人民法院关于马山集团有限公司与韩国成东造船海洋株式会社、荣成成东造船海洋有限公司委托合同纠纷一案仲裁条款效力的请示的答复

- 2008年10月30日
- 〔2008〕民四他字第26号

山东省高级人民法院:

你院《关于马山集团有限公司与韩国成东造船海洋株式会社、荣成成东造船海洋有限公司委托合同纠纷一案仲裁条款效力的请示》收悉。经研究,答复如下:

一、本案系马山集团有限公司与韩国成东造船海洋株式会社因履行《外国人投资独立企业合同书》产生的涉外商事合同纠纷,当事人在该合同书中订有仲裁协议。依据《最高人民法院关于适用〈中华人民共和国仲裁法〉若干问题的解释》第十六条的规定,对涉外仲裁协议的效力审查,适用当事人约定的法律;当事人没有约定适用的法律但约定了仲裁地的,适用仲裁地法律;没有约定适用的法律也没有约定仲裁地或者仲裁地约定不明的,适用法院地法律。

本案当事人在《外国人投资独立企业合同书》的仲裁条款中没有约定适用的法律,也没有约定仲裁地,故对合同中涉外仲裁条款效力的审查,应适用法院地法律即我国法律。

马山集团有限公司、韩国成东造船海洋株式会社与案外人荣成市政府在三方签订的《外国人投资独立企业合同书》中的"纠纷调节责任"部分约定:"在履行本合同中发生分歧时,首先应相互协商解决,协商不成三方同意按英文版合同提请英国国际经济贸易仲裁委员会仲裁解决。"因该仲裁条款约定的仲裁机构不存在,且合同当事人未约定仲裁地,也未就仲裁机构达成补充协议,故根据《中华人民共和国仲裁法》第十八条的规定,应认定上述仲裁条款无效。同意你院认为韩国成东会社的管辖权异议不成立的处理意见。

二、根据山东省威海市中级人民法院的卷宗材料及卷内文书记载,本案案由为拆迁补偿费纠纷,请你院注意。

此复。

附:

山东省高级人民法院关于马山集团有限公司与韩国成东造船海洋株式会社、荣成成东造船海洋有限公司委托合同纠纷一案仲裁条款效力的请示

2008年6月6日 〔2008〕鲁民四他字第4号

最高人民法院:

原告马山集团有限公司(以下简称马山集团)因与被告韩国成东造船海洋株式会社(以下简称韩国成东会社)、被告荣成成东造船海洋有限公司(以下简称荣成成东公司)委托合同纠纷一案,向威海市中级人民法院提起诉讼。被告韩国成东会社提出管辖权异议,认为马山集团、韩国成东会社和荣成市人民政府(以下简称荣成市政府)签订的《外国人投资独立企业合同书》中约定了仲裁条款,故法院对该案没有管辖权。威海市中级人民法院以上述仲裁条款不具有拘束力为由,拟裁定驳回韩国成东会社的管辖权异议。我院经审查,同意威海中院意见。依照钧院法发〔1995〕18号《关于人民法院处理与涉外仲裁及外国仲裁事项有关问题的通知》的规定,报告如下:

一、当事人基本情况

原告:马山集团有限公司,住所地:荣成市成山镇东公鹅嘴。

法定代表人:王炳光,董事长。

被告:韩国成东造船海洋株式会社,住所地:韩国庆尚南道统营市光道面黄里1609—2。

法定代表人:柳观洪,代表理事。

被告:荣成成东造船海洋有限公司,住所地:荣成市成山镇东公鹅嘴。

法定代表人:郑洪俊,董事长。

二、基本案情

2005年11月1日,为韩国成东会社在荣成市成山镇马山设立外商独资企业一事,马山集团、韩国成东会社与案外人荣成市政府签订了一份《外国人投资独立企业合同书》,就土地使用、建筑物、厂房、附属设施等转让、许可达成一致。合同约定:韩国成东会社在荣成市成山镇马山投资设立外国人投资独立企业,从事船舶、海洋构造物的制造和修理等业务,占用土地面积约1900亩,由荣成市政府出让给韩国成东会社,并办理各种许可,提供电力、用水、通信、道路设施。韩国成东会社承担油料库、冷藏厂、食品(水产品)加工厂、渔港码头等补偿费人民币2000万元,其余部分和转移费用由荣成市政府承担,在韩国成东会社取得外商投资企业营业执照之日起两年内从上述设施完全撤除,在完全撤除之前马山集团应同意与韩国成东会社共同使用上述部分设施。补偿费用由韩国成东会社分三次支付给马山集团,第一次支付金额为人民币1000万元,自外资企业营业执照颁发之日起30日内支付,第二次支付金额为人民币600万元,拆迁工程进展到50%时支付,第三次支付金额为人民币400万元,拆迁工程全部结束时支付。合同还约定,韩国成东会社承担马山集团的宾馆、办公楼、宿舍楼、厂房及附属设施共约18378平方米的补偿,补偿费为人民币1000万元。韩国成东会社在取得外商投资企业营业执照之日起30天内向马山集团支付人民币300万元,2006年12月31日前支付人民币300万元,2007年12月31日前支付人民币200万元,2008年12月31日前支付人民币200万元,马山集团得到第一笔补偿费后30天内转让以上设施和建筑物给韩国成东会社使用。马山集团保证韩国成东会社使用通往码头的道路和现有码头。马山集团在确定新的油料库、冷藏厂、食品(水产品)加工厂、渔港码头的位置时,需与韩国成东会社协商后方可确定。合同中还就违约责任作出了约定。合同"纠纷调节责任"部分约定:"在履行本合同中发生分歧时,首先应相互协商解决,协商不成三方同意按英文版合同提请英国国际经济贸易仲裁委员会仲裁解决。"合同英文版相关部分约定:"Upon execution of the Agreement, the three parties hereto shall fulfill their respective obligation hereunder faithfully. In the event of any dispute arising in the course of perforning this Agreement, it shall be settled by the parties hereto through negotiation among themselves. British Internatic nal Trade Arbitration Committee shall finally settle all disputes through arbitration in accordance with the English Agreement in case there still remains any unsolved dispute after negotiation."

2007年8月6日,马山集团向威海市中级人民法院提起诉讼称:《外国人投资独立企业合同书》签订后,韩国成东会社在马山集团处投资设立被告荣成成东公司(外商独资企业)。2006年1月27日,荣成成东公司履行了人民币1000万元的补偿费。截至2007年6月12日马山集团拆迁进度已超过60%,同年7月12日已超过80%,现已全部拆完。二被告未按合同约定履行第二次付清600万元和第二次400万元的义务。韩国成东会社属故意违约,应承担相应的违约责任。荣成成东公司系韩国成东会社在马山集团处投资设立,实际占用了马山集团拆迁后的土地,对韩国成东会社所欠的补偿费应承担连带清偿责任。请求:(1)被告立即付给马山集团补偿费人民币1000万元整及逾期付款(第二次)的违约金120万元整,余下违约金按合同约定计算到被告履行之日止。(2)诉前财产保全费人民币5000元及案件受理费和其他相关费用,由被告承担。

威海市中级人民法院受理该案后,韩国成东会社提出管辖权异议,认为马山集团、韩国成东会社和荣成市人民政府签订的《外国人投资独立企业合同书》中约定"在履行本合同中发生分歧时,首先应相互协商解决,协商不成三方同意按英文版合同提请英国国际经济贸易仲裁委员会仲裁解决",故法院对该案没有管辖权。

三、威海中院处理意见

威海中院审查认为,马山集团、韩国成东会社和荣成市人民政府于 2005 年 6 月 12 日签订的《外国人投资独立企业合同书》中约定:"在履行本合同中发生分歧时,首先应相互协商解决,协商不成三方同意按英文版合同提请英国国际经济贸易仲裁委员会仲裁解决。"英文版合同中写明该仲裁机构为 British International Trade Arbitration Committee。但经法院向中国国际经济贸易仲裁委员会查询,该会答复"并未发现存在上述仲裁机构",为慎重起见,法院为韩国成东会社重新指定了举证期限,要求其提交证明合同书中约定的仲裁机构存在的证据,但在举证期限内,该会社未提供相应证据。根据《最高人民法院关于适用〈中华人民共和国民事诉讼法〉若干问题的意见》第 146 条的规定,拟认定上述仲裁条款不具有拘束力,驳回韩国成东会社的管辖权异议。

四、我院审查意见

我院审查认为,本案系马山集团、韩国成东会社因履行《外国人投资独立企业合同书》产生的纠纷,韩国成东会社为韩国法人,本案属涉外商事合同纠纷。《外国人投资独立企业合同书》中约定有仲裁条款,对该仲裁条款的效力审查,适用当事人约定的法律;当事人没有约定适用的法律但约定了仲裁地的,适用仲裁地法律;没有约定适用的法律也没有约定仲裁地或者仲裁地约定不明的,适用法院地法律。本案中,关于涉外仲裁条款的效力问题,当事人未约定适用的法律。当事人在合同中约定:各方当事人签订的中文版合同和英文版合同中约定的"英国国际经济贸易仲裁委员会"和"British International Trade Arbitration Committee"均为仲裁委员会的名称,而非仲裁地。合同中未就仲裁地作出约定,对涉外仲裁条款的效力审查,应适用法院地法律即我国法律。《中华人民共和国仲裁法》第十八条规定,仲裁协议对仲裁委员会没有约定或者约定不明确的,当事人可以补充协议;达不成补充协议的,仲裁协议无效。本案中的仲裁条款约定的仲裁机构不存在,且合同当事人未达成补充协议,因此,应认定上述仲裁条款无效,韩国成东会社的管辖权异议不成立。

以上意见当否,请批示。

最高人民法院关于承认和执行美国争议解决中心 26—435—08 号仲裁裁决一案的请示的复函

- 2011 年 6 月 30 日
- [2011]民四他字第 21 号

北京市高级人民法院:

你院京高法[2011]157 号"关于申请承认和执行美国争议解决中心 26-435-08 号仲裁裁决一案的请示"收悉。经研究,答复如下:

本案为申请承认及执行美国仲裁机构作出的仲裁裁决案件,由于我国和美国均为《承认及执行外国仲裁裁决公约》成员国,故对本案的审查应适用该公约的相关规定。

根据你院请示报告所述,美国争议解决中心于 2008 年 9 月 9 日向北京特普食品有限公司(以下简称特普食品公司)邮寄了指派仲裁员的通知,邮寄地址为"北京朝阳区望京广顺大街嘉润花园 D-901",但该邮件被退回,理由为"迁居"。此后,美国争议解决中心虽向特普食品公司送达了其他文件,但未再向特普食品公司送达有关指派仲裁员的通知。从你院请示的两种意见看,本案焦点问题在于被申请人特普食品公司是否收到了指派仲裁员的通知,本案是否存在《承认及执行外国仲裁裁决公约》第五条第一款(乙)项规定的情形即"受裁决援用之一造未接获关于指派仲裁员或仲裁程序之适当通知,或因他故,致未能申辩者"。

由于双方当事人在仲裁协议中约定根据联合国国际贸易法委员会(NU-CITRAL)仲裁规则(以下简称贸法会仲裁规则)进行仲裁,美国争议解决中心在向特普食品公司发出的通知中也作出了适用贸法会仲裁规则进行仲裁的意思表示。因此本案中关于指派仲裁员的通知是否有效送达应适用贸法会仲裁规则的相关规定进行审查。贸法会仲裁规则第二条第一款规定："为了实施本规则,一切通知(包括通知书、通告或建议),如确实送达收件人或已送达其惯常居所、营业所或通讯处,则被认为已经送交,或如经适当调查未能发现上述各处所,则可送交最后所知的收件人居所或营业所。按本条规定送交的通知应认为送交日即已收到。"

你院请示报告未对"北京朝阳区望京广顺大街嘉润花园 D-901"是否是特普食品公司的惯常居所、营业所或通讯处,或是其最后所知的居所或营业所这一事实作出认定,你院应对该事买进一步查清。根据贸法会仲裁规则第二条第一款的规定,如果美国争议解决中心向特普食品公司送达仲裁员指派通知的地址"北京朝阳区望京广顺大街嘉润花园 D-901"属于仲裁规则中所指的该公司的惯常居所、营业所或通讯处,或是其最后所知的居所或营业所,则即使该邮件未被签收,亦应视为已经有效送达。人民法院不应根据《承认及执行外国仲裁裁决公约》第五条第一款(乙)项的规定拒绝承认和执行该仲裁裁决。反之,如果该地址不属于特普食品公司的惯常居所、营业所或通讯处,或是其最后所知的居所或营业所,且该邮件实际被退回,则应认定美国争议解决中心未向特普食品公司有效送达指派仲裁员的通知,人民法院应根据《承认及执行外国仲裁裁决公约》第五条第一款(乙)项的规定拒绝承认和执行该仲裁裁决。

此复

最高人民法院关于 Salzgitter Mannesmann International GmbH 与江苏省对外经贸股份有限公司之间仲裁协议效力的复函

- 2011 年 8 月 26 日
- 〔2011〕民四他字第 32 号

江苏省高级人民法院:

你院〔2011〕苏商外仲审字第 0003 号《关于 Saizgitter Mannesmann International GmbH 与江苏省对外经贸股份有限公司申请确认仲裁协议效力一案的请示》收悉,经研究,答复如下:

本案系当事人请求人民法院确认涉外仲裁条款无效的案件。本案中,双方当事人在所涉合同第 16 条约定了仲裁条款,该条款同时用中文、英文两种文字书写。根据合同第 17 条的约定,该两种文字的条款具有同等效力。合同第 16 条中文条款和英文条款的含义并不相同,而无论中文条款还是英文条款,根据法释〔2006〕7 号《最高人民法院关于适用〈中华人民共和国仲裁法〉若干问题的解释》第十六条的规定,本案都应当根据我国法律认定所涉仲裁条款的效力。

根据你院报送的卷宗材料,合同一方 Salxgitter Mannesmann International GmbH 系以合同中的仲裁条款未明确约定仲裁机构为由请求确认仲裁条款无效的,而合同另一方江苏省对外经贸股份有限公司并未对该仲裁条款未明确约定仲裁机构提出异议。在受理本案的江苏省南京市中级人民法院要求双方当事人明确选定仲裁机构的情况下,双方当事人不能就仲裁机构达成一致。因此,应当依照《中华人民共和国仲裁法》第十六条、第十八条的规定,认定本案所涉仲裁条款无效。

同意你院第二种意见关于认定仲裁条款无效的处理结论,但此理由欠妥,在此予以指出。

此复

最高人民法院关于对烟台绿丰环保设备有限公司与荣升集团(香港)有限公司解除合同纠纷一案中仲裁条款效力问题的请示的复函

- 2011 年 10 月 27 日
- 〔2011〕民四他字第 48 号

山东省高级人民法院:

你院[2011]鲁立函字第 22-1 号《关于对烟台绿丰环保设备有限公司与荣升集团(香港)有限公司解除合同纠纷一案中仲裁条款效力问题的请示》收悉。经研究认为:

本案当事人未约定确认仲裁协议效力所适用的准据法,亦未约定仲裁地,按照《最高人民法院关于适用〈中华人民共和国仲裁法〉若干问题的解释》第十六条的规定，本案应适用法院地法即我国法律作为审查仲裁协议效力的准据法。

本案当事人虽然在合同中约定了仲裁作为解决争议的方式，但并未约定仲裁机构，甚至也没有约定仲裁地，属于对仲裁机构约定不明的情形。由于当事人未就仲裁机构的选择达成补充协议，根据《中华人民共和国仲裁法》第十八条的规定，可以认定仲裁协议无效。同意你院意见，涉案仲裁条款无效，人民法院对本案有管辖权。

最高人民法院关于对兴鹏有限公司诉韩国高丽海运株式会社海上货物运输合同纠纷一案中仲裁条款效力问题的请示的复函

- 2011年11月3日
- 〔2011〕民四他字第47号

山东省高级人民法院：

你院《（2011）鲁立函字第25号》请示报告收悉。经研究，答复如下：

本案中，韩国高丽海运株式会社签发的是电放提单的样稿，并注明不可转让（NON-NEGOTIABLE）。虽然托运人将该提单样稿发给收货人兴鹏有限公司用以提取货物，但是作为收货人的兴鹏有限公司无法通过正常的提单流转获知提单背面条款，亦无法获知提单背面条款中约定的法律适用以及仲裁条款。仅以电放提单正面注明"包括但不仅限于仲裁条款（INCLUDING BUT NOT LIMITED TO ARBITRATION）"的字样证明收货人兴鹏有限公司知晓提单中有约定韩国仲裁的条款依据不充分。就现有证据看，收货人兴鹏有限公司与承运人韩国高丽海运株式会社之间并未就涉案纠纷进行仲裁达成一致意见。涉案为海上货物运输合同纠纷，运输的起运港为青岛，青岛海事法院依据《最高人民法院关于海事法院受理案件范围的若干规定》管辖此案并不违反法律规定。同意你院第一种意见，青岛海事法院对此案具有管辖权。

但青岛海事法院在作出一审驳回管辖权异议裁定之前，应当按照我院相关司法解释的规定，经你院，报我院批准。请在今后的工作中予以充分注意。

最高人民法院关于巴柏赛斯船舶科技有限公司诉蓬莱市渤海造船有限公司船舶建造合同纠纷一案仲裁条款效力问题的请示的复函

- 2011年12月8日
- 〔2011〕民四他字第61号

上海市高级人民法院：

你院〔2011〕沪高民四（海）他字第11号请示报告收悉。经研究，答复如下：

根据你院提供的案情，上海海事法院审理的原告巴柏赛斯船舶科技有限公司诉被告蓬莱市渤海造船有限公司船舶建造合同纠纷一案，被告蓬莱市渤海造船有限公司以双方当事人签订的《6800吨多用途散货船详细和生产设计合同》中存在仲裁条款为由，在答辩期内以争议应提交仲裁为由向上海海事法院提出管辖权异议。

本院认为，涉案《6800吨多用途散货船详细和生产设计合同》第八章争议解决条款约定，"在合同履行过程中发生争议，首先由甲、乙双方友好协商解决，如果达不成共识，将进行仲裁，仲裁的结果对双方都有约束力，是终局的。仲裁将在甲乙双方认可的中国第三方城市进行。"由于巴柏赛斯船舶科技有限公司注册地为新加坡，故本案系具有涉外因素的合同，对于该合同中仲裁条款效力的审查，应当根据《中华人民共和国涉外民事关系法律适用法》、《中华人民共和国仲裁法》以及《最高人民法院关于适用〈中华人民共和国仲裁法〉若干问题的解释》的规定进行审查。涉案合同中，双方当事人未约定仲裁协议效力适用的准据法，但约定了仲裁地为我国，故应适用仲裁地即我国的法律。根据《中华人民共和国仲裁法》第十八条规定，仲裁协议对仲裁事项或者仲裁委员会没有约定或者约定不明确的，当事人可以补充协议；达不成补充协议的，仲裁协议无效。涉案合同中的仲裁条款,并未明确具体的仲裁机构,双方亦未就仲裁机构问题达成补充协议,故根据《中华人民共和国仲裁法》第十六条、第十八条的规定,涉案合同中的仲裁条款应当认定为无效,人民法院对该案享有管辖权。同意你院关于涉案仲裁条款无效的意见。

另,本案原告为新加坡注册的公司,被告公司注册地在山东省蓬莱。在仲裁条款无效的前提下,上海海事法院对该合同纠纷行使管辖权亦应当明确法律依据。

最高人民法院关于德宝(远东)有限公司申请执行湖北省鹰台经济发展公司合作合同纠纷一案中不予执行涉外仲裁裁决的请示的复函

- 2011 年 12 月 14 日
- 〔2011〕民四他字第 62 号

湖北省高级人民法院:

你院鄂高法[2011]275 号《关于德宝(远东)有限公司申请执行湖北省鹰台经济发展公司合作合同纠纷一案中不予执行涉外仲裁裁决的请示》收悉。经研究,答复如下:

根据你院请示报告的内容,虽然涉案执行标的六层酒店房产属于国有资产,但是对该房产无法办理过户的执行不能问题并不构成《中华人民共和国民事诉讼法》第二百五十八条第二款规定的情形,因此,你院关于适用《中华人民共和国民事诉讼法》第二百五十八条第二款的规定对涉案仲裁裁决不予执行的理由不能成立。但在涉案仲裁裁决的执行过程中,如果涉案执行标的六层酒店房产的管理人国有资产管理部门提出合理的异议,人民法院可以依照《中华人民共和国民事诉讼法》第二百零四条的规定进行审查并对涉案仲裁裁决第一项应否执行作出相应的处理。

此复

最高人民法院关于宁波市北仑利成润滑油有限公司与法莫万驰公司买卖合同纠纷一案仲裁条款效力问题请示的复函

- 2013 年 12 月 5 日
- 〔2013〕民四他字第 74 号

浙江省高级人民法院:

你院(2013)浙立他字第 45 号《关于宁波市北仑利成润滑油有限公司与法莫万驰公司买卖合同纠纷一案仲裁条款效力问题的请示》收悉。经研究,答复如下:

宁波市北仑利成润滑油有限公司与法莫万驰公司(Formal Venture Corp.)于 2013 年 2 月 1 日订立的《销售和购买沥青岩合同》第十一条约定:"任何各方之间所产生的或有关的建设、意义和操作或违反本合同效力的所有争议或分歧应通过仲裁在北京解决,国际商会的仲裁规则(ICC)和依据其所作的裁决对双方当事人具有约束力。仲裁庭应依据中华人民共和国法律,并应以华语进行。……"该约定表明,双方当事人在合同中约定了适用国际商会仲裁规则进行仲裁,因此应当按照订立合同时有效的国际商会仲裁规则来确定本案仲裁条款是否约定了仲裁机构。2012 年 1 月 1 日生效的国际商会仲裁规则第六条第二款规定,"当事人同意按照仲裁规则进行仲裁,即接受由仲裁院对该仲裁进行管理",故国际商会仲裁院对仅约定适用其规则但未同时约定其他仲裁机构仲裁的合同争议具有管辖权。本案当事人约定适用国际商会仲裁规则但未同时约定其他仲裁机构进行仲裁,应当认为当事人的约定属于"按照约定的仲裁规则能够确定仲裁机构"的情形,你院拟依据《中华人民共和国仲裁法》第十六条、第十八条之规定以当事人没有约定仲裁机构认定本案仲裁条款无效的意见不妥。

此复

最高人民法院关于对江苏省高级人民法院就香港柏藤贸易有限公司诉云南惠嘉进出口贸易有限公司买卖合同纠纷一案仲裁条款效力问题的请示的复函

- 2016年5月25日
- [2016]最高法民他10号

江苏省高级人民法院:

你院(2015)苏商外仲审效他字第00001号《关于香港柏藤贸易有限公司诉云南惠嘉进出口贸易有限公司买卖合同纠纷一案仲裁条款效力问题的请示》收悉。经研究,答复如下:

本案一方当事人为香港公司,案涉仲裁协议为涉港仲裁协议。根据《最高人民法院关于适用〈中华人民共和国涉外民事关系法律适用法〉若干问题的解释(一)》第十九条规定确定的原则,应当参照适用涉外民事关系的有关规定确定本案应当适用的法律。根据你院附送卷宗中的证据材料显示,案涉仲裁协议签订于《中华人民共和国涉外民事关系法律适用法》施行之后,因此本案应当适用《中华人民共和国涉外民事关系法律适用法》第十八条的规定确定审理本案涉仲裁协议效力应当适用的法律。

本案当事人签订的仲裁协议未约定明确的仲裁机构,仅约定仲裁地点为北京(Any dispute arising out of or in connection with this contract, includingany question regarding its existence, validity or termination, shall be referred toand finally resolved by arbitration in BEIJING, CHINA.),且当事人未选择仲裁协议效力适用的法律,故依据《中华人民共和国涉外民事关系法律适用法》第十八条的规定,本案应当适用当事人约定的仲裁地即我国内地的法律确认仲裁协议的效力。

《中华人民共和国仲裁法》第十八条规定:"仲裁协议对仲裁事项或者仲裁委员会没有约定或者约定不明确的,当事人可以补充协议;达不成补充协议的,仲裁协议无效。"《最高人民法院关于适用〈中华人民共和国仲裁法〉若干问题的解释》第六条规定:"仲裁协议约定由某地的仲裁机构仲裁且该地仅有一个仲裁机构的,该仲裁机构视为约定的仲裁机构。该地有两个以上仲裁机构的,当事人可以协议选择其中的一个仲裁机构申请仲裁;当事人不能就仲裁机构选择达成一致的,仲裁协议无效。"由于本案当事人未约定明确的仲裁机构,在其约定的仲裁地北京有两个以上的仲裁机构,现当事人未就仲裁机构的选择达成一致,故依据上述规定,案涉仲裁协议无效。同意你院关于仲裁协议无效的请示意见。

此复。

附:

江苏省高级人民法院关于香港柏藤贸易有限公司诉云南惠嘉进出口贸易有限公司买卖合同纠纷一案仲裁条款效力问题的请示

2015年4月15日 (2015)苏商外仲审效他字第00001号

最高人民法院:

香港柏藤贸易有限公司起诉云南惠嘉进出口贸易有限公司买卖合同纠纷一案,江苏省泰州市中级人民法院经审查,拟认定仲裁协议无效,受理该案,并就此报送我院审查。我院经审查后拟同意泰州市中级人民法院的意见。根据《最高人民法院关于人民法院处理与涉外仲裁及外国仲裁事项有关问题的通知》的规定,现将该案有关情况向贵院报告如下:

一、案件的由来及经过

原告香港柏藤贸易有限公司(以下简称柏藤公司)起诉被告云南惠嘉进出口贸易有限公司(以下简称惠嘉公司)买卖合同纠纷一案,因涉外仲裁协议的效力问题,江苏省泰州市中级人民法院(以下简称泰州中院)经审查拟认定仲裁协议无效,并就此报送我院审查。

二、当事人的基本情况

原告香港柏藤贸易有限公司,住所地香港九龙旺角弥顿道707-713号银高国际大厦9楼A1室。

代表人张某,该公司董事。
委托代理人张某某,该公司职员。
委托代理人赵某某,该公司职员。
被告云南惠嘉进出口贸易有限公司,住所地云南省昆明市关上关兴路288号12层。
法定代表人张某某。

三、当事人的诉辩主张及案件的基本情况

柏藤公司主张,其与惠嘉公司签订销售合同(合同编号 BTHJ140602)双方约定的结算方式为信用证,因惠嘉公司延期开立信用证,造成船舶到港不能卸货,导致产生船舶滞期费及延期利息损失。因上述合同履行地江苏省靖江市位于泰州中院辖区,故向泰州中院提起诉讼,请求判决:惠嘉公司给付柏藤公司船舶滞期费及延期利息损失。

四、泰州中院的处理意见

泰州中院经审查认为,柏藤公司系在香港注册,注册办事处地址位于香港。双方在销售合同中约定,CFR中国靖江;就争议解决方式约定,凡有关执行合同所发生的一切争议,均提交中国北京的仲裁委进行仲裁。泰州中院的审理意见为:因双方仅选择仲裁地点而对仲裁机构没有约定,而北京市具备受理涉外仲裁案件资质的仲裁机构不止一家,故双方约定的仲裁机构并不明确,该仲裁条款无效。

五、我院的审查意见

1. 涉案仲裁协议应适用内地法律

涉案仲裁协议的一方当事人柏藤公司是在香港注册登记的企业,因此涉案仲裁条款属于涉外仲裁协议,认定涉案仲裁条款的效力应首先确定其应适用的准据法。《最高人民法院关于适用〈中华人民共和国仲裁法〉若干问题的解释》第十六条规定,对涉外仲裁协议的效力审查,适用当事人约定的法律;当事人没有约定适用的法律但约定了仲裁地的,适用仲裁地法律;没有约定适用的法律也没有约定仲裁地或者仲裁地约定不明的,适用法院地法律。在本案中,虽然双方当事人在合同中约定本合同适用法律为中国实体法,但该约定是双方当事人对合同应适用的实体法作了约定,不能视为对仲裁条款的效力应适用的准据法作了约定。双方当事人约定仲裁地为中国北京。涉案仲裁条款的效力应适用仲裁地法律,即内地法律。

2. 涉案仲裁协议因无法确定仲裁机构而无效

《最高人民法院关于适用〈中华人民共和国仲裁法〉若干问题的解释》第六条规定,仲裁协议约定由某地的仲裁机构仲裁且该地仅有一个仲裁机构的,该仲裁机构视为约定的仲裁机构。该地有两个以上仲裁机构的,当事人可以协议选择其中的一个仲裁机构申请仲裁,当事人不能就仲裁机构选择达成一致的,仲裁协议无效。本案中,当事人约定,凡有关执行合同所发生的一切争议,包括对合同的存在、有效性及终止的疑问,均在中国北京进行仲裁。因为北京的仲裁机构不止一个,柏藤公司已向人民法院提起诉讼,双方当事人无法就选定明确的仲裁机构达成一致,仲裁条款无效。

综上,由于双方当事人在合同中约定的仲裁条款无效,人民法院对本案有管辖权,应受理柏藤公司的起诉。依据《最高人民法院关于人民法院处理与涉外仲裁及外国仲裁事项有关问题的通知》第一条的规定,特向钧院请示,请予批复。

◎ 地方司法文件

广东省高级人民法院关于办理申请不予执行仲裁裁决案件的若干规定(试行)

● 2009年3月2日

为正确办理当事人申请不予执行仲裁裁决的案件,依法保护当事人的合法权益,依照《中华人民共和国民事诉讼法》、《中华人民共和国仲裁法》和最高人民法院相关司法解释的规定,结合执行工作实际,制定本规定。

第一条 人民法院在执行仲裁机构所作出的仲裁裁决过程中,被执行人申请不予执行仲裁裁决的,应当在收到《执行通知书》后向执行法院提出书面申请。

第二条 被执行人申请不予执行仲裁裁决的,应当向执行法院提交证明其请求成立的证据材料，并根据对方当事人数量提供相应副本。

第三条 执行法院立案庭负责对当事人请求不予执行仲裁裁决的申请是否符合立案条件进行审查。当事人直接向执行机构提出申请的，执行机构应当在收到申请材料2个工作日内将申请材料移送立案庭审查。

第四条 立案庭应当在收到申请材料后7个工作日内作出是否立案的决定，并在作出审查决定后7个工作日内，将决定书面通知送达各方当事人。

立案庭审查中遇到属于下列情形的案件，应当作出不予立案的决定：

（一）当事人请求不予执行仲裁调解书或者根据当事人之间的和解协议作出的仲裁裁决书的；

（二）当事人向人民法院申请撤销仲裁裁决被驳回后，又以相同理由申请不予执行的；

（三）当事人在仲裁程序中未对仲裁协议的效力提出异议，在执行程序中以仲裁协议无效为由申请不予执行的。

第五条 申请执行人认为对方当事人提出的不予执行仲裁裁决申请不能成立的，应当在收到《案件受理通知书》后10日内向执行法院提出书面反驳意见，同时提交能够证明其主张的证据材料，并根据对方当事人数量提供副本。

第六条 执行法院立案庭应根据仲裁纠纷的性质，依照各法院规定的审理相关类型民事案件的民事审判庭的分工对应确定审查部门，并在作出立案决定后2个工作日内将案卷材料移送相关民事审判庭审查。

第七条 申请不予执行仲裁裁决案件，应组成合议庭进行审查。

第八条 申请不予执行仲裁裁决案件审查期间，仲裁裁决不停止执行。

被执行人提供确实有效的担保请求暂缓执行的，可以准许。暂缓执行期间，不停止对被执行人财产的查封、冻结、扣押等控制性执行措施。

申请执行人同时提供相应担保请求继续执行的，应当继续执行。

第九条 审查申请不予执行仲裁裁决案件，参照申请撤销仲裁裁决案件的程序进行。

第十条 民事审判庭应当于立案后60日内审查完毕，并作出裁定。有特殊情况需要延长审查期限的，由院长批准。

第十一条 申请执行人对人民法院作出的不予执行仲裁裁决裁定不服的，可依照《中华人民共和国民事诉讼法》的规定，根据双方达成的书面仲裁协议重新申请仲裁或向有管辖权的人民法院提起诉讼。

第十二条 本规定所涉及的仲裁裁决，专指由我国境内依法设立的仲裁机构就国内民商事纠纷所作出的生效仲裁裁决。

第十三条 本规定自2008年3月2日起试行。

北京市高级人民法院关于印发《北京市高级人民法院国内商事仲裁裁决司法审查工作要点》的通知

● 2013年3月7日
● 京高法发〔2013〕65号

市第一、第二中级人民法院：

为保证我市法院正确行使对国内商事仲裁裁决的司法审查权，保障司法审查标准的统一性，《北京市高级人民法院国内商事仲裁裁决司法审查工作要点》已于2012年12月10日由市高级法院审判委员会第25次（总313次）会议讨论通过。现予印发，请认真组织学习并贯彻执行。对执行中的情况和问题，请及时报告市高级法院民二庭。

特此通知

北京市高级人民法院国内商事仲裁裁决司法审查工作要点

1.【对审查范围的规定】

法院一般应当依照当事人申请的理由及其提交的证据进行审查，不应主动扩大审查范围。但是涉及仲裁裁决违反社会公共利益或者仲裁委员会无权仲裁情形的，法院可以依职权进行审查。

法院不得以仲裁裁决实体错误作为撤销理由，不得针对仲裁裁决关于举证责任分配、证据的认证、事实的认定等实体处理内容进行审查。

说明：

《仲裁法》第五十八条第一款规定："当事人提出证据证明裁决有下列情形之一的，可以向仲裁委员会所在地的中级人民法院申请撤销裁决：（一）没有仲裁协议的；（二）裁决的事项不属于仲裁协议的范围或者仲裁委员会无权仲裁的；（三）仲裁庭的组成或者仲裁的程序违反法定程序的；（四）裁决所根据的证据是伪造的；（五）对方当事人隐瞒了足以影响公正裁决的证据的；（六）仲裁员在仲裁该案时有索贿受贿，徇私舞弊，枉法裁决行为的。"该条规定的六项撤销事项，应以当事人的申请和证明为前提，法院司法审查的启动和范围应以当事人的申请为限。在当事人未提出申请的情况下，法院一般不得主动介入对仲裁裁决的司法审查。

《仲裁法》第五十八条第三款规定："人民法院认定该裁决违背社会公共利益的，应当裁定撤销。"较第一款规定，该款特点在于强调法院的主动性，即不需要当事人申请，法院可以直接根据法律规定依职权主动审查和适用。在征求意见过程中，一中院的法官建议将"争议事项的可仲裁性"作为法院主动审查的事项之一，即将"仲裁机构无权仲裁"与"公共利益"共同作为法院有权主动审查的内容。其理由是：争议事项的可仲裁性实质是国家出于对公共秩序的考虑而对可仲裁事项进行的限制，将处理某些争议的权力只授予法院，而不许仲裁介入。我国现行法律虽对此未作明确规定，但《承认及执行外国仲裁裁决公约》(《纽约公约》)第五条第二款规定："倘声请承认及执行地所在国之主管机关认定有下列情形之一，亦得拒不承认及执行仲裁裁决：（甲）依该国法律，争议事项系不能以仲裁解决者"。因此，似可借鉴公约规定制定国内裁决的审查标准。

争议事项是否具有可仲裁性，是指根据应适用的法律，该争议是否可以通过仲裁方式解决。不具有可仲裁性，就是争议事项不能以仲裁方式解决。如果仲裁协议约定的仲裁事项超出法律规定的范围时，便不再具有强制执行力，依据这种仲裁协议作出的仲裁裁决不仅可以被撤销，而且可以被拒绝承认和执行。一般认为，争议事项的可仲裁性构成了公共政策一般概念的一部分，而涉及公共政策的事项不允许提交仲裁。这是国际司法实践的通行做法。"国家对仲裁进行这种限制主要有下述考虑：第一，发生纠纷事项属于横向的法律关系范畴，凡属纵向法律关系的事项不能仲裁；第二，仲裁在本质上是当事人解决争议的一种合同性安排，因此，只有当事人可以自由处分的事项，当事人才有权选择解决争议的方式；对于当事人无权自由处分的事项，自然不能选择解决争议的方式；第三，一些事项仅涉及当事人双方的利益或者主要牵涉双方当事人的权益，另外一些事项则在很大程度上对他人或者社会公众产生影响，对于前者，当事人约定通过仲裁方式解决的，国家能够承认，对于后者，涉及他人和公共利益的保障，他人和社会公众不是仲裁协议的当事人，这类争议应由法院、有时甚至是专门法院来处理，通过仲裁解决是不适宜的，仲裁员也难堪此任。一般而言，非商事争议事项往往由法院解决，大部分商事争执可以交付仲裁，少数商事争执仍由法院处理。"《纽约公约》虽然是针对承认及执行外国仲裁裁决而形成的国际公约，与撤销仲裁裁决的司法审查工作不同，但其对法院审查方式及事项的规定可以予以借鉴。根据《纽约公约》第五条的规定，拒绝承认与执行仲裁裁决的理由可分为两类：一是由反对承认和执行仲裁裁决的一方当事人申请并加以证明的理由，具体包括：当事人无行为能力或仲裁协议无效，违反法定程序，仲裁员越权，仲裁庭的组成或仲裁程序违反当事人的协议或仲裁地法；裁决尚无约束力以及裁决已经被撤销或停止执行。二是法院依职权主动审查并直接适用的拒绝承认和执行的理由，主要有两项：争议事项不具有可仲裁性，承认和执行裁决将违反法院地的社会公共利益。《纽约公约》第五条第二款规定："倘声请承认及执行地所在国之主管机关认定有下列情形之一，亦得拒不承认及执行仲裁裁决：（甲）依该国法律，争议事项系不能以仲裁解决者；（乙）承认或执行裁决有违该国公共政策者。"我国加入《纽约公约》时作了两项保留，即互惠保留和商事保留。根据商事保留声明，我国仅对按照我国法律属于契约性和非契约性的商事法律关系所引起的争议适用该公约。所谓"契约性和非契约性商事法律关系",具体是指由于合同、侵权或者有关法律规定而产生的经济上的权利义务关系,例如货物买卖、财产租赁、工程承包、加工承揽、技术转让、合资经营、合作经营、勘探开发自然资源、保险、代理、信贷、运输以及产品责任、环境污染、海上事故和所有权争议等,但不包括外国投资者与东道国政府之间的争端。在国内立法方面,《仲裁法》第二条、第三条对可仲裁性问题作出了具体规定。《仲裁法》第二条规定:"平等主体的公民、法人和其他组织之间发生的合同纠纷和其他财产权益纠纷,可以仲裁。"第三条规定:"下列纠纷不能仲裁:(一)婚姻、收养、监护、扶养、继承纠纷;(二)依法应当由行政机关处理的行政纠纷。"由此可见,我国仲裁法在确定争议事项的可仲裁性时,确定了如下标准:1. 发生纠纷的当事人应当是属于平等主体的当事人;2. 仲裁的事项,应当是当事人有权处分的;3. 仲裁范围主要是合同纠纷,也包括一些非合同的经济纠纷。

从我国对《纽约公约》所作出的商事保留以及《仲裁法》对仲裁范围作出的规定可以看出,我国法律对争议事项的可仲裁性已经作出了明确的限制性规定,超出该范围签订的仲裁协议应属无效,仲裁庭也无权对该类争议事项进行裁决。但是,在《仲裁法》第五十八条的规定中,将仲裁委员会无权仲裁列入第一款,即属于当事人申请并加以证明的范围,而仅将仲裁裁决违背社会公共利益作为法院主动审查的范围。这样,出现的问题是,法院就仲裁裁决的撤销进行司法审查时,如果当事人并未就仲裁事项的可仲裁性提出异议,而裁决事项确属《仲裁法》第三条规定的情形,法院能否主动审查进而做出撤销裁决?如果法院不进行审查并确认仲裁裁决的效力,其结果是承认了仲裁委员会有权裁决其本无权裁决的事项,违反了《仲裁法》的规定。而法院主动对仲裁事项的可仲裁性进行审查,则无法从《仲裁法》第五十八条第三款中找到法律依据。

对此,我们的意见是:根据《纽约公约》的规定以及各国立法实践,对法院主动审查争议事项的可仲裁性在认识是一致的。法律规定法院主动审查争议事项的可仲裁性,是基于仲裁员是受雇于当事人以实现当事人之间的正义,但公共权利不属于当事人,而是属于整个社会,仲裁结果不能影响仲裁双方之外的其他社会成员这一考虑,其本质是从维护公共秩序、公共利益的角度出发,国家将处理部分争议的权利只授予法院,而不允许仲裁介入。《仲裁法》第二条、第三条规定了可以仲裁的范围和不能提交仲裁的范围,应属强制性规定。因此,尽管《仲裁法》第五十八条第三款并未将争议事项的可仲裁性作为法院主动审查事项加以规定,但法院依职权主动对此进行审查符合《仲裁法》的立法目的,且不违反《仲裁法》的强制性规定。《仲裁法》第五十八条第一款第(二)项规定,裁决的事项不属于仲裁协议的范围或者仲裁委员会无权仲裁的,当事人可以申请撤销,其中的"仲裁委员会无权仲裁"与争议事项的不可仲裁性在含义和范围上并无实质区别。因此,如果法院认为裁决事项具有不可仲裁性,在法律适用上,仍应援引《仲裁法》第五十八条第一款第(二)项中关于仲裁委员会无权仲裁的规定。

另外,我国现行法律和司法解释规定了法院在行使司法审查权时可以在一定限度内对裁决进行实体审查。而对当事人之间实体权利义务的认定应当在当事人进行充分、对等的阐述、辩论的基础上,通过当事人举证、质证和审理者的分析认证,结合法律作出判断。而在这一过程中,显然仲裁程序较法院司法审查程序更加全面和完整。因此,法院在对实体问题进行审查时应当更加谨慎。根据《仲裁法》第五十八条的规定,司法审查直接涉及实体事项的包括裁决所依据的证据是伪造的,对方当事人隐瞒了足以影响公正裁决的证据的,以及裁决违反社会公共利益三种情形。我们认为,在涉及实体审查的问题上,除裁决违反社会公共利益的情形外,审查程序应当是:法院应首先依据当事人的申请及证据审查是否存在伪造证据或者隐瞒证据的情形,如果存在,再判断是否对裁决的公正性构成影响。法院不能超出法律规定的范围针对仲裁裁决中举证责任分配、证据的认证、事实的认定等实体处理内容进行审查,避免过度干预仲裁裁决的处理结果。

2.【对当事人放弃异议权规则的适用】

当事人对仲裁案件管辖权有异议、知道或应当知道仲裁规则或仲裁协议中规定的事项未被遵守,但仍继续参加仲裁程序且未按照仲裁规则规定的方式、期限提出异议,视为其承认仲裁委员会对仲裁案件的管辖权或者放弃提出异议的权利。当事人以上述理由申请撤销仲裁裁决的,法院不予支持。

说明:

默示放弃异议权是指,如果当事人在仲裁程序进行期间本能提出异议但未提出,在裁决撤销阶段法院将不再支持这些异议理由。当事人默示放弃申请撤销仲裁裁决理由的情形包括关于仲裁协议效力瑕疵或仲裁庭无管辖权的抗辩、关于仲裁程序违反当事人约定或法律规定的抗辩。

我国法律及司法解释仅针对仲裁协议效力异议的提出作出规定,但根据默示放弃异议权的理论及范围,在司法审查中,有关仲裁协议效力、仲裁庭管辖权、仲裁程序的默示放弃异议均可以被适用。当事人既已发现了仲裁协议无效、仲裁庭无管辖权、仲裁程序不当等事由,但仍继续参加仲裁程序并且未提出异议,实际上认可了仲裁协议的效力、仲裁庭的管辖权和仲裁程序,此后再提出反对属于自反前言,不符合诚实信用和善意原则。实践中,当事人立即提出异议,便于仲裁庭及时审查处理。相反,若留待裁决作出后提出异议,可能导致仲裁程序无效进行,造成不必要的时间和金钱的浪费。仲裁程序即使存在瑕疵,如果当事人未在仲裁程序中提出异议,应视为其接受了该程序瑕疵,并认可该瑕疵并未对其权利产生实质影响。

在仲裁机构的仲裁规则中,一般均对当事人放弃异议权进行了规定,而仲裁规则是当事人共同选择的结果,对各方均具有约束力,在法院司法审查过程中,法院应当充分尊重当事人的意思自治。因此,当事人以此为由申请撤销仲裁裁决,法院应当认定该理由不能构成撤销仲裁裁决的依据。

3.【对违反法定程序的认定】

仲裁法司法解释第二十条规定的"违反法定程序"应包括仲裁违反了仲裁法的强制性规定或者当事人约定的仲裁程序或者其他仲裁程序,且实质性影响正确裁决的情形。

说明:

有的学者提出,法定程序仅应包括《仲裁法》规定的仲裁程序和当事人选择的仲裁规则。实践中,仲裁程序往往更加复杂,涉及范围更广。

《仲裁法》第五十八条第一款第(三)项规定,"仲裁庭的组成或者仲裁的程序违反法定程序的",当事人可以申请法院撤销仲裁裁决。仲裁法司法解释第二十条规定:"仲裁法第五十八条规定的'违反法定程序'",是指违反仲裁法规定的仲裁程序和当事人选择的仲裁规则可能影响案件正确裁决的情形。

《最高人民法院仲裁法司法解释的理解与适用》一书中的观点认为,"可能影响案件正确裁决"的情形(或者说是仲裁程序违法构成撤销的判断标准)包括:1.违反了《仲裁法》的强制性规定。(如《仲裁法》第二十四条、第二十五条、第三十三条等,可以认定为强制性规定。)2.违反了当事人约定的仲裁程序(在仲裁法强制性规定之外,当事人可以就仲裁庭的人数、委任方式、仲裁地点、仲裁程序等事项进行约定,或者直接指定适用的仲裁规则),且严重影响仲裁当事人的权利。3.违反了其他仲裁程序(A 仲裁法的任意性规定:在仲裁法没有强制性规定,当事人也没有特别约定的情况下,仲裁庭可以按照仲裁法的任意性规定进行仲裁;B 由仲裁庭自由裁量:在《仲裁法》没有规定,当事人也没有约定的情况下,仲裁庭可以在不违反最低正当程序要求下自由决定仲裁的程序和决定的方式),且实质性影响到仲裁裁决公正的。该书列举了仲裁庭的组成和仲裁程序违反法定程序的一些情形包括:

(1)仲裁员选任违反法定程序的主要情形

A 违反仲裁协议关于仲裁庭人数组成的约定。

B 未给当事人选定或者共同选定仲裁员的机会。

C 仲裁员应当回避而没有回避。

(2)仲裁程序违反法定程序的主要情形

A 没有在法律规定或者仲裁规则规定的期限内向被申请人送达仲裁申请书副本、仲裁规则和仲裁员名册。

B 没有给被申请人仲裁规则中规定的答辩

期间的。

C 当事人约定开庭审理而未开庭审理的。

D 未以适当方式通知当事人参加庭审的。

E 当事人有正当理由申请延期开庭而未予准许,当事人未能出庭的。

F 证据未向对方当事人展示的,但证据由其提供者除外。

G 未给予当事人陈述和辩论的机会的。

H 仲裁庭未形成多数意见时未按照首席仲裁员的意见裁决的。

北仲和贸仲意见:《仲裁法》中哪些属于强制性条款应予以甄别并慎重适用。根据仲裁程序当事人意思自治的特点,应当允许通过默示放弃异议权的适用、当事人自行约定仲裁程序等方式使仲裁程序更加灵活。

我们认为:仲裁程序强调当事人意思自治,如果简单地认为仲裁程序违反法律强制性规定均一概被认定为无效,则使仲裁程序丧失了自治空间。因此,在判断是否存在"违反仲裁法规定的仲裁程序和当事人选择的仲裁规则可能影响案件正确裁决的情形"时,应当以违反法定程序达到严重影响当事人程序权利且实质性影响案件正确裁决为标准。在违反法律强制性规定的判断上,应当基于尊重当事人意思自治和仲裁程序的特点,对于当事人根据仲裁规则自行约定的程序,或经仲裁庭明示征得当事人同意变更的程序,一般不宜认定为违反法律强制性规定。

综合上述内容,我们认为,违反法定程序应当包括以下三种情形:(1)违反《仲裁法》的强制性规定,且实质性影响正确裁决的;(2)违反当事人约定的仲裁程序,且实质性影响正确裁决的;(3)违反其他仲裁程序,且实质性影响正确裁决的。其中,第(3)所指违反其他仲裁程序,可以理解为仲裁庭所进行的程序违反了最低正当程序要求。所谓最低正当程序,英国《仲裁法》第33条规定:"1. 仲裁庭应:A. 公平及公正地对待当事人,给予各方当事人合理的机会陈述案件并抗辩对方当事人的陈述;B. 根据特定案件的具体情况采取合适的程序,避免不必要的延误和开支,以对待决事项提供公平的解决方式。2. 仲裁庭应在进行程序过程中、在对其程序和证事项的决定中以及在行使授予它的所有其他权力

时,都应遵守该一般义务。"学者都以之为经典的关于仲裁最低正当程序的规范。

4.【对审理方式和出示证据的规定】

仲裁应当开庭进行,证据应当在开庭时出示。但下列情形除外:

(1)当事人协议不开庭的;

(2)开庭审理的案件,当事人同意不当庭出示证据的;

(3)在开庭前仲裁庭已经组织双方当事人交换证据,当事人在证据交换过程中已经认可并记录在卷的证据,经仲裁庭在庭审中说明情况且当事人未提出异议的,该证据可以不当庭出示;

(4)在开庭前仲裁庭已经组织双方当事人交换证据,在开庭时证据虽未出示,但仲裁庭组织当事人对证据逐一发表质证意见,且当事人对此未提出异议的,应当视为该证据在开庭时出示。

说明:

《仲裁法》第三十九条规定:"仲裁应当开庭进行",第四十五条规定:"证据应当开庭出示,当事人可以质证",而《北京仲裁委员会仲裁规则》第三十四条第(二)项规定:"对于当事人当庭或者开庭后提交的证据材料,仲裁庭决定接受但不再开庭审理的,可以要求当事人在一定期限内提交书面质证意见。"仲裁规则与法律规定存在冲突。一般情况下,法律强制性规定应优先适用。

但是,根据仲裁程序的特点,从支持仲裁的角度出发,可以区分不同情况进行相应的变通。首先,审理应当开庭进行,证据应当在开庭时出示。当事人在开庭时或者开庭后提交的证据,仲裁庭仍应开庭进行出示、质证。除非当事人有明确相反的意思表示。同时,对于仲裁庭在开庭前已经组织双方当事人交换证据,当事人认可并记录在卷的,说明当事人对某一事实不存在争议,证据已无开庭出示、质证的必要,经过仲裁庭在庭审中释明不再开庭出示、质证且当事人未提出异议的,说明当事人放弃了在庭审中质证的权利,因此,证据可以不经开庭出示,直接作为认定案件事实的依据。仲裁庭在开庭前已经组织双方当事人交换证据,在开庭时证据虽未出示,但仲裁庭组织当事人对证据逐一发表质证意见,当事人对此未提出异议的,说明当事人认为证据在未开庭出示的情况下能够对证据发表质证意

见,并不影响其权利的行使,其效果与当庭出示证据是一致的。

5.【对仲裁规则的适用】

法院应当将当事人选择适用的仲裁规则作为判断仲裁是否违反法定程序的依据之一。

当事人以仲裁庭依据法律或者仲裁规则的任意性、授权性规定就仲裁程序作出的决定违反法定程序为由申请撤销仲裁裁决的,法院不予支持,但属于本工作要点第3条规定情形的除外。

说明:

该条第一款目的在于强调仲裁规则的重要性。当事人选择适用的仲裁规则对其具有约束力。法官亦应当尊重当事人的意思自治。

该条第二款主要是针对第3条中所指违反其他仲裁程序的情形而做出的规定。在一般情况下,仲裁庭依据法律及仲裁规则的任意性、授权性规定对仲裁程序作出的决定并不存在直接违反法律规定、仲裁规则的问题。任意性、授权性规定不同于强制性规定,其属于仲裁庭自由裁量权的范围。因此,对仲裁庭依据法律及仲裁规则的任意性、授权性规定就仲裁程序作出的决定,法院一般不应以该程序违反法定程序为由撤销仲裁裁决。但是,如果该仲裁程序对当事人明显不公,违反了最低正当程序要求,则可能影响裁决的公正性、正确性。因此,在当事人认为该程序存在影响其陈述权利等违反了最低程序要求的情形,并向仲裁庭提出异议,且该仲裁程序的进行确实对裁决的公正性,正确性造成实质影响的,则可以认定为违反法定程序。

6.【对企业公司制改造后原仲裁条款效力的认定】

企业公司制改造、企业股份合作制改造后,仲裁协议对其权利义务的继受人有效,但当事人订立仲裁协议时另有约定的除外。

说明:

《仲裁法解释》第八条规定:"当事人订立仲裁协议后合并、分立的,仲裁协议对其权利义务的继受人有效。当事人订立仲裁协议后死亡的,仲裁协议对承继其仲裁事项中的权利义务的继承人有效。前两款规定的情形,当事人订立仲裁协议时另有约定的除外。"第九条规定:"债权债务全部或者部分转让的,仲裁协议对受让人有效,但当事人另有约定、在受让债权债务时受让人明确反对或者不知道有单独仲裁协议的除外。"

企业改制的情形主要包括:企业公司制改造(企业整体改造为有限责任公司、企业以其部分财产和相应债务与他人组建新公司、企业以其优质资产与他人组建新公司将债务留在原企业等);企业股份合作制改造;企业分立;企业兼并等。在企业改制过程中,通过对原企业资产的重新规制形成新的权利义务承担者,一般均会伴随企业分立、合并、债权债务的转让等法律行为,与《仲裁法解释》第八条、第九条规定的情形十分类似。因此,我们认为,因企业改制而引发的仲裁条款的适用问题可以参照上述规定进行处理。但是,鉴于企业改制情况较为复杂,在遵循上述原则处理的前提下,还需进一步调研论证。

7.【对以填空方式选择仲裁的协议效力的认定】

当事人在解决合同争议方式及解决争议的仲裁机构选择上采用填空形式的,当事人仅在解决争议的仲裁机构的空格中以手写或打印方式填写了具体仲裁机构名称而其他空格未填,应当认定当事人选择了明确的仲裁机构,仲裁协议有效,但当事人同时选择了向法院起诉的除外。

说明:

本条规定源于一件案件引发的法院与仲裁的争论。北京京开公司与江苏盐阜公司于2002年11月22日签订《建设工程施工合同》,双方在合同争议条款中进行了如下约定:"本合同在履行过程中发生争议,由双方当事人协商解决,协商不成,按下列第__种方式解决:(一)提交北京(注:手写)仲裁委员会仲裁;(二)依法向人民法院起诉。在合同签订时,双方未对争议的解决方式作出明确的选择。

此问题存在两种意见:

第一种意见:在双方当事人对合同的意思表示有不同解释时,应当探究双方当事人在缔结合同时的真实意思表示。双方在合同条款第37.1条"(一)提交_仲裁委员会仲裁"中的空白处以手写填写的"北京"二字是给予认可的,明确表明了本案合同双方当事人对争议解决进行仲裁的约定。因为:其一,本案合同中的"(一)提交__仲裁委员会仲裁;(二)依法向人民法院起诉。"

的内容,体现了法律所确认的当事人享有的两个层面的选择权:第一层的选择权是允许当事人在仲裁与诉讼两种争议解决方式中进行自主选择;第二层面的选择权是在当事人选择仲裁的情况下,允许当事人自主选择具体解决争议的仲裁委员会。本案中双方当事人以手写体的方式选择了"北京仲裁委员会仲裁",表明双方当事人在缔结本案合同时已经将法律确认的当事人在两个层面上的选择权行使完毕。其二,对本案合同专用条款第37.1条进行整体分析,可以做出的判断是,"按第 种方式解决"的空白处的填写,仅是对当事人行使上述两个层面选择权的意思表示的再确认,但是如果没有这一再确认,并不会影响双方当事人已经做出选择的意思表示的明确性。因为如果当事人没有在"(一)提交   仲裁委员会仲裁"的空白处进行填写,则即使在"按第 种方式解决"中填写了"(一)",也不会有任何的法律效力。相反,以本案当事人手书而成的意思表示,其实质已涵盖了对解决争议方式的(一)的选择,足以表明双方当事人的明确选择与约定。另外,本案合同是行政主管部门为便于当事人之间签订合同而实现印刷拟制而成的文本,其中的相关条款只有经双方当事人共同援引或者修改纳入合同,才能成为合同的一部分。双方当事人在本合同第37条以手写"北京"二字所确定的个别商议条款,显然已经修改并完善了原合同文本中待选择或不确定事项。当原印刷文本条款与手写条款的解释不一致时,以后者为据,即确定手写形成的个别商议条款优先适用,更符合双方当事人签订合同时的真意。

第二种意见:双方虽约定如采用"仲裁"的方式解决争议时提交北京仲裁委员会仲裁,但未就发生争议时以"仲裁"或"诉讼"的方式解决纠纷作出选择,即双方并没有就以仲裁方式解决纠纷形成合意,因此,双方没有达成仲裁协议。在合同第37.1条中有两处空白需要填写,一是按第 种方式解决争议(即仲裁或诉讼),二是提交 仲裁委员会仲裁。两个空白的填写具有不同作用。前者确定诉讼方式,后者确定仲裁机构,二者关系并列,缺一不可。双方手写确定北京仲裁委员会,只能表明双方在选择以仲裁方式解决可能发生的争议时,仲裁机构为北京仲裁委员会,排除了向北京仲裁委员会之外的其他仲裁机构仲裁,不能当然地表明或认为签约当事人已就争议解决的方式达成合意并作出了明确的选择。否则,该条中"(一)"就失去了存在的意义。所以,双方的意思表示应当理解为,在发生争议时,双方可以选择到北京仲裁委员会仲裁或向人民法院起诉。如果未能协商选择,则属于仲裁条款约定不明,仲裁庭对本案没有管辖权。

本院于2006年5月30日印发《关于印发〈仲裁及司法审查工作协调会纪要〉及其说明的通知》(京高法发[175]号),其中对上述问题已经予以明确。该纪要第四条规定:"双方当事人在解决合同争议方式及解决争议的仲裁机构选择上采用填空形式的,当事人仅在解决争议的仲裁机构的空格中填写了'北京'(手工或打印)而其他空格未填,即'本合同在履行过程中发生的争议,由双方当事人协商解决,协商解决不成的,按下列第 种方式解决:(一)提交北京仲裁委员会仲裁;(二)依法向 人民法院起诉',应认定当事人选择了北京仲裁委员会仲裁,仲裁协议有效,但当事人同时选择了向法院起诉的除外"。鉴于此,本工作要点直接采纳该结论并予以援引。

◎ 指导案例

华建电子有限责任公司、华建机器翻译有限公司与广州科技风险投资有限公司、谢雄平、张贺平、仇绍明、黄若浩合作协议纠纷案[①]

【裁判摘要】

为达成合作目的,当事人签订多个合同,但仅在一个合同中约定了仲裁条款,涉及该合同的仲裁裁决生效后,又因其他未约定仲裁条款的合同的争议形成诉讼,一方当事人仅以仲裁裁决已生效为由主张人民法院无管辖权的,人

---

① 案例来源:《最高人民法院公报》2011年第3期。

民法院不予支持。在生效仲裁裁决依据的合同与人民法院处理争议案件依据的合同不同，人民法院审理的内容也不涉及仲裁条款约定事项的情形下，一方当事人以"一事不再理"为由主张人民法院不应重复处理的，人民法院不予支持。

【案情】

申请再审人（一审原告、二审被上诉人）：华建电子有限责任公司。

法定代表人：洪琳，该公司总经理。

委托代理人：王玉双，北京市惠诚律师事务所律师。

申请再审人（一审原告、二审被上诉人）：华建机器翻译有限公司。

法定代表人：洪琳，该公司总经理。

委托代理人：王玉双，北京市惠诚律师事务所律师。

被申请人（一审被告、二审上诉人）：广州科技风险投资有限公司。

法定代表人：冯梦觉，该公司董事长。

委托代理人：刘继承，广东胜伦律师事务所律师。

委托代理人：陆宇星，广东胜伦律师事务所实习律师。

被申请人（一审被告、二审上诉人）：谢雄平。

委托代理人：黄立胜，广东环球经纬律师事务所律师。

被申请人（一审被告、二审上诉人）：张贺平。

委托代理人：黄立胜，广东环球经纬律师事务所律师。

被申请人（一审被告、二审上诉人）：仇绍明。

被申请人（一审被告）：黄若浩。

申请再审人华建电子有限责任公司（以下简称华建电子公司）、华建机器翻译有限公司（以下简称华建翻译公司）与被申请人广州科技风险投资有限公司（以下简称科技公司）、谢雄平、张贺平、仇绍明、黄若浩合作协议纠纷一案，广东省高级人民法院于2008年6月3日作出（2007）粤高法民一终字第315号民事裁定，已经发生法律效力。本院于2009年7月20日作出（2008）民申字第833号民事裁定，提审本案。本院依法组成合议庭，于2010年5月13日开庭审理了本案。华建电子公司和华建翻译公司的委托代理人王玉双，科技公司的委托代理人刘继承、陆宇星，谢雄平和张贺平的委托代理人黄立胜到庭参加诉讼。仇绍明、黄若浩经本院依法传唤，未到庭参加诉讼。本案现已审理终结。

2006年8月8日，华建电子公司、华建翻译公司起诉至广东省广州市中级人民法院称，2004年下半年，由于广州市旷世科技发展有限公司（以下简称旷世公司）业绩不理想及香港股市低迷等原因，华建电子公司、华建翻译公司的海外子公司上市进程搁浅。经多方面考虑，2005年初华建电子公司、华建翻译公司与科技公司、谢雄平、张贺平、仇绍明、黄若浩达成了共识，认为短期内上市存在困难，同意根据《合作协议》的约定，终止已经签署的三份协议，即《合作协议》、《股权转让协议》及华建电子公司引进风险投资者的《框架协议》，将旷世公司恢复原状。但是科技公司借口种种理由屡次拖延办理旷世公司股权恢复原状的工商变更手续。2005年底，科技公司更是不顾已经达成的关于终止合作，恢复股权架构的合意，利用尚未恢复原状的旷世公司的股权工商登记现状，单独以《股权转让协议》为依据，申请仲裁。由于仲裁条款仅仅在《股权转让协议》中进行了约定，而科技公司又拒绝对作为一个整体合作项目下的《合作协议》、《框架协议》达成仲裁合意，最终导致北京仲裁委员会裁决华建电子公司承担支付股权转让金及利息责任的不利后果。根据华建电子公司、华建翻译公司与科技公司、谢雄平、张贺平、仇绍明、黄若浩签订的《合作协议》第三条第15项的约定，如因各种原因华建电子公司重组上市未果，则终止本协议、《股权转让协议》和《框架协议》。对已经履行的部分，双方同意尽可能回复原状，包括(但不限于)返还协议价款，恢复旷世公司股权架构，重新进行相应工商变更等，对由此给双方造成的损失，双方同意按照公平原则各自承担。科技公司割裂《合作协议》、《框架协议》和《股权转让协议》的整体关系，隐瞒股权转让的真实背景，申请仲裁的行为严重违反了《合作协议》第三条第15项的约定，该行为直接导致华建电子公司、华建翻译公司为还原事实真相、维护自身合法权益，不得不提起本案诉讼,给华建电子公司、华建翻译公司造成了严重的经济损失。请求人民法院:1. 确认《合作协议》合法有效;2. 判令终止《合作协议》,将华建电子公司名义上的90%的旷世公司股权分别变更登记由谢雄平持有36.11%、黄若浩持有14.33%、张贺平持有14.31%、仇绍明持有0.25%、科技公司持有25%,将华建翻译公司名义上的10%的旷世公司股权变更登记由谢雄平持有;3. 判令科技公司赔偿因其违约给华建电子公司、华建翻译公司造成的额外经济损失166435.3元,包括仲裁律师费5万元,北京市海淀区人民法院执行仲裁裁决已扣划的款项48000元,华建电子公司承担的仲裁费51630元,往返广州调查取证的费用16805.3元;4. 本案诉讼费用由科技公司承担。

科技公司答辩称,《合作协议》是双方的真实意思表示,合法有效,但是《合作协议》并没有实际履行,这只是双方合作的意向,对双方没有具体的约束力;科技公司不同意华建电子公司、华建翻译公司的第二项诉讼请求,其并没有请求终止《合作协议》,所以华建电子公司、华建翻译公司没有依据请求科技公司按照《合作协议》第三条第15项履行,在没有终止《股权转让协议》的前提下,其提出的第二项诉讼请求不能成立。

谢雄平、张贺平、仇绍明一审共同答辩称,同意科技公司的答辩意见,即《合作协议》只是双方的意向书,双方并没有实际履行,真正履行的是《股权转让协议》,《合作协议》无论是否合法有效,与变更股权架构没有联系,华建电子公司、华建翻译公司诉称没有参加经营策划,但旷世公司的董事都是由华建电子公司、华建翻译公司任命。

广东省广州市中级人民法院查明,2003年12月25日,华建电子公司、华建翻译公司共同作为甲方与谢雄平、黄若浩、张贺平、仇绍明及科技公司共同作为乙方签订一份《合作协议》约定,甲、乙双方就股权转让和投资事宜达成合作意向,甲方拟收购乙方持有的旷世公司的全部股权,同时,乙方拟作为甲方之海外拟上市公司的风险投资者;甲方承诺乙方关联公司可以按照《框架协议》的条款,获得甲方拟在香港创业板上市的子公司股份;为了甲方有关上市工作需要,乙方同意在此协议签订后,开始按甲方要求对旷世公司进行工商变更,但甲方承诺,至上市前旷世公司的实际控制人仍为乙方,其实际所有者权益在上市前不作任何改变;如因各种原因甲方重组上市未果,则终止本协议、《股权转让协议》和《框架协议》。对已经履行部分,双方同意尽可能地回复原状,包括(但不限于)返还协议价格,恢复旷世公司股权架构,重新进行相应工商变更登记等,对由此给双方造成的损失,双方同意按照公平原则各自承担。

上述协议签订的同一天,华建电子公司作为甲方与谢雄平、张贺平、黄若浩、仇绍明、科技公司作为乙方签订一份华建电子公司引进风险投资者的《框架协议》约定,甲方拟将业务重组并在香港创业板上市,甲方保证乙方在股份转让后要进行股权置换,即股权置换后乙方要拥有开曼华建8%的股权,但最终乙方拥有开曼华建的股权比例由该公司在发行招股时的总市值及经甲乙双方最终确认的可供乙方认购的市值数来确定;甲乙双方每股转让价格为开曼华建于香港创业板上市时的发行价格;甲方保证以开曼华建在香港创业板上市,如因各种原因而上市未果,则终止甲、乙双方签订的《合作协议》,并按《合作协议》中规定的方式返回乙方业已支付的全部款项等条款。

上述两份协议签订的当天,谢雄平、黄若浩、张贺平、仇绍明及科技公司共同作为甲方与华建电子公司、华建翻译公司共同作为乙方签订一份《股权转让协议》,约定甲方持有旷世公司的股权95%转让给乙方,其中科技公司将其所持有的旷世公司25%的股权全部转让给华建电子公司;如有争议,提请北京仲裁委员会解决。鉴于旷世公司注册资本为1200万元,科技公司向华建电子公司转让的注册资本额为300万元。以上股权转让后,旷世公司的股本结构是,谢雄平的出资金额为60万元,占注册资本5%,华建电子公司的出资金额为1080万元,占90%,华建翻译公司的出资金额为60万元,占5%,双方依法办理了股权变更登记。2004年2月2日,华建电子公司、华建翻译公司及谢雄平召开股东会,决定同意谢雄平将其5%共60万元的出资转让给华建翻译公司,并办理了工商变更登记手续。

2003年2月5日,中国证券监督管理委员会以国合函[2001]112号批准同意受理华建电子公司重组境外上市申请,并要求该公司按照有关法律、法规和规则的要求,抓紧各项准备工作,履行有关审批手续。

2004年下半年,由于公司业绩、上市时机等多方面的考虑,上市进程出现一定程度的推后。2005年初,经多方面考虑后,华建电子公司与旷世公司的原股东达成了共识,认为短期内上市存在困难,同意解除已经签署的协议,并签署相应的终止协议,将旷世公司恢复原状。2005年3月中旬,旷世公司召开董事会(即原股东及股东代表),集体讨论恢复旷世公司股权架构事宜,当时,科技公司代表杨林、沈堃也出席了会议,经协商一致,全体同意恢复事宜,并决定由旷世公司向华建电子公司发函,要求配合办理工商变更手续。2005年4月30日,华建电子公司将其起草的终止协议及相应文件通过电子邮件发给黄若浩。2006年2月13日,黄若浩、张贺平向华建电子公司、华建翻译公司出具一份声明及保证书称,2003年12月,华建电子公司、华建翻译公司与谢雄平、科技公司、黄若浩、张贺平、仇绍明签订的《合作协议》、《框架协议》及《股权转让协议》(含95%、100%、5%股权转让)不论是否有效,我们声明自2006年2月13日起终止履行该三份协议,同时,我们保证不依据该三份协议向华建电子公司和华建翻译公司主张履行该三份协议所约定的任何义务。谢雄平亦向华建电子公司、华建翻译公司出具保证书称,我们保证不依据该三份协议向华建电子公司、华建翻译公司主张履行该三份协议所约定的任何义务。

2005年12月12日,科技公司根据《股权转让协议》中的仲裁条款,向北京仲裁委员会申请仲裁,请求裁决华建电子公司支付股权转让款300万元及利息。仲裁庭经审理认为,鉴于《框架协议》和《合作协议》没有约定由北京仲裁委员会仲裁解决双方相关争议,仲裁庭曾建议双方当事人考虑将《框架协议》和《合作协议》项下纠纷交仲裁庭一并审理,但双方当事人未能就此达成一致意见,据此,仲裁庭对双方基于《框架协议》和《合作协议》而可能存在的争议,不予审理。仲裁庭还指出,《中华人民共和国合同法》(以下简称《合同法》)第一百二十五条规定解释合同时应当考虑合同目的,但基于约定仲裁规则的存在,即使查知双方签订《股权转让协议》时还有其他复杂的商业目的,仲裁庭亦无权单独依据合同目的作出越权裁判。遂于2006年5月16日作出(2006)京仲裁字第0474号裁决书,裁决内容:1.华建电子公司向科技公司支付股权转让费300万元;2.华建电子公司向科技公司支付逾期付款利息440000元及从2005年12月1日起至股权转让款清偿完毕之日止的逾期付款利息(按日万分之二点一计算)。科技公司依据(2006)京仲裁字第0474号裁决,向北京市海淀区人民法院申请强制执行,北京市海淀区人民法院依法扣划了华建电子公司48000元。

【审判】

广东省广州市中级人民法院认为,华建电子公司、华建翻译公司与谢雄平、黄若浩、张贺平、仇绍明、科技公司签订的《合作协议》是各方当事人的真实意思表示,协议的内容没有违反法律法规的强制性规定,属有效协议。各方当事人应当严格依约履行各自义务。该协议约定,"如因各种原因甲方重组上市未果,则终止本协议、双方签订的股权转让协议、VC投资协议。对已经履行的部分,双方同意尽可能地恢复原状,包括(但不限于)返还协议价款,恢复旷世公司股权架构、重新进行相应工商变更等,对由此给双方造成的损失,双方同意按照公平原则各自承担。"《合作协议》签订后,华建电子公司依约将谢雄平持有的旷世公司46.11%的股权,黄若浩持有的14.33%、张贺平持有的14.31%、仇绍明持有的0.25%、科技公司持有的25%的股权全部变更登记为华建电子公司持有90%、华建翻译公司持有10%的股权。华建电子公司签订上述协议及进行股权变更登记,目的是为了履行中国证券监督管理委员会的要求,抓紧各项准备工作,履行有关审批手续。由于公司业绩、上市时机等多种原因,华建电子公司以间接方式在境外上市没有完成。对于上市未果,华建电子公司已通知旷世公司原股东,并要求终止《合作协议》。科技公司、谢雄平、张贺平、仇绍明、黄若浩没有依约协助华建电子公司、华建翻译公司履行工商变更登记义务，恢复旷世公司的股权原状，其行为已经构成违约，应当承担相应的违约责任。因此，华建电子公司、华建翻译公司以科技公司、谢雄平、张贺平、仇绍明、黄若浩没有履行《合作协议》约定的义务为由，要求将其各自持有旷世公司90%和10%的股权全部变更登记在谢雄平、黄若浩、张贺平、仇绍明、科技公司的名下，应予以支持。

华建电子公司、华建翻译公司与科技公司、谢雄平、张贺平、仇绍明、黄若浩签订的《股权转让协议》约定了仲裁条款，且经过北京仲裁委员会的仲裁，该裁决已经发生法律效力。因华建电子公司须将其持有的25%旷世公司股权变更登记在科技公司名下，因此，科技公司取得股权转让款48000元，失去合法的依据，科技公司应将该款返还给华建电子公司。华建电子公司、华建翻译公司以科技公司违约给其造成的额外经济损失包括仲裁律师费5万元，华建电子公司应承担的仲裁费51630元，往返广州调查取证费用16805.3元，共计118435.3元，因上述损失与本案没有必然的因果关系，华建电子公司、华建翻译公司要求赔偿该损失的理由不能成立，不予支持。广州市中级人民法院于2007年8月23日作出(2006)穗中法民二初字第220号民事判决：(一)解除华建电子公司、华建翻译公司与谢雄平、黄若浩、张贺平、仇绍明、科技公司于2003年12月签订的《合作协议》。(二)谢雄平、黄若浩、张贺平、仇绍明、科技公司在判决发生法律效力之日起一个月内协助华建电子公司、华建翻译公司，将华建电子公司、华建翻译公司各自持有的90%和10%旷世公司股权变更登记在科技公司、谢雄平、张贺平、仇绍明、黄若浩名下，分别由谢雄平持有46.11%，黄若浩持有14.33%，张贺平持有14.31%，仇绍明持有0.25%，科技公司持有25%。(三)科技公司在判决发生法律效力之日起十日内返还48000元给华建电子公司。(四)驳回华建电子公司、华建翻译公司的其他诉讼请求。案件受理费70842元，由华建电子公司、华建翻译公司共同负担690元；由谢雄平、黄若浩、张贺平、仇绍明、科技公司按各自持股比例负担70152元。

科技公司不服一审判决，上诉称，一、《合作协议》所约定的终止条件为非真正条件，原审判决认定条件成就的依据不足，判令解除《合作协议》没有事实依据。二、原审判决无视已生效的仲裁裁决，在《股权转让协议》没有解除、撤销或被确认无效的情况下，迳行裁决恢复股权，严重违反"一事不再理"的原则，该判决一旦生效将出现与仲裁裁决冲突的严重结果，有损司法的权威。终止《合作协议》无法产生恢复股权比例的法律后果，原审判决判令恢复股权没有法律依据。北京仲裁委员会作出的(2006)京仲裁字第0474号裁决已经认定了以下事实：实际履行的是《股权转让协议》(转让95%的股权)，该协议合法有效，科技公司有权要求继续履行即有权要求华建电子公司支付股权转让款300万元及违约金。华建电子公司向北京市第二中级人民法院申请撤销该仲裁裁决，已被驳回。而本案中，华建电子公司、华建翻译公司提出请求事项是终止《合作协议》并恢复股权，而根据《合作协议》第三条第15项之约定，只有同时终止《合作协议》、《股权转让协议》和《框架协议》的前提下，才产生股权恢复的法律后果，而不是履行《合作协议》的法律后果，《合作协议》本身并没有涉及股权转让的具体事宜，仅仅终止《合作协议》无法产生恢复股权比例的法律后果。而原审法院在一审判决中未涉及《股权转让协议》(转让95%的股权)，或确认该协议无效，却迳行判令恢复股权比例并要求科技公司返还依照生效仲裁裁决取得的款项是完全错误的判决。

张贺平不服一审判决，上诉称，一、原审判决割裂《合作协议》、《股权转让协议》及《股东转让出资合同书》之间的联系。华建电子公司、华建翻译公司的诉讼请求为终止《合作协议》，将华建电子公司名下的36.11%的股权及华建翻译公司的10%股权变更至张贺平名下，但华建电子公司、华建翻译公司并没有同时请求解除《股权转让协议》及《股东转让出资合同书》，而《合作协议》仅是张贺平与华建电子公司、华建翻译公司之间的一份合作意向书，具体明确双方权利义务的是双方签订的《股权转让协议》及《股东转让出资合同书》。双方在工商行政管理部门办理登记备案的是《股东转让出资合同书》,而不是《合作协议》。张贺平在2003年、2004年是依据与华建电子公司、华建翻译公司签订的《股东转让出资合同书》,将持有的涉案公司46.11%的股权转让给华建电子公司、华建翻译公司,而华建电子公司、华建翻译公司并没有要求解除《股权转让协议》和《股东转让出资合同书》,因此,自然不能根据《合作协议》将股权返还给张贺平。二、原审判决适用法律不当,引用法律自相矛盾,其判决内容超过华建电子公司、华建翻译公司的诉讼请求。华建电子公司、华建翻译公司请求终止《合作协议》而不是解除该协议,而原审判决超过了华建电子公司、华建翻译公司的诉讼请求。三、北京仲裁委员会作出并生效的(2006)京仲裁字第0474号仲裁书,裁决华建电子公司、华建翻译公司支付300万元的股权转让款给科技公司,且该裁决已生效并已执行,但原审判决却以判决内容推翻上述仲裁裁决,严重违反法律。综上所述,原审判决认定事实不清,适用法律不当,请求二审法院撤销原审判决第一、第二项,驳回华建电子公司、华建翻译公司的诉讼请求。

谢雄平、仇绍明也不服原审判决,提起上诉,其上诉请求和上诉理由与张贺平相同。

华建电子公司、华建翻译公司二审共同答辩称,原审判决认定事实清楚,适用法律正确,科技公司、谢雄平、仇绍明、张贺平的上诉均没有依据,请求二审法院驳回其上诉请求。

广东省高级人民法院经审理查明,原审法院对本案所查明的事实基本属实,该院予以确认。

另查明:2003年12月,科技公司、谢雄平、张贺平、仇绍明、黄若浩与华建电子公司、华建翻译公司签订了《股权转让协议》,约定科技公司、谢雄平、张贺平、仇绍明、黄若浩将旷世公司的全部股权转让给华建电子公司、华建翻译公司,华建电子公司、华建翻译公司支付股权转让费1200万元给科技公司、谢雄平、张贺平、仇绍明、黄若浩。

华建电子公司认为北京仲裁委员会作出的(2006)京仲裁字第0474号仲裁裁决认定事实错误,向北京市第二中级人民法院申请撤销(2006)京仲裁字第0474号仲裁裁决,北京市第二中级人民法院于2006年10月27日作出(2006)二中民特字第12426号民事裁定,驳回华建电子公司的撤销仲裁裁决申请。

广东省高级人民法院认为,华建电子公司、华建翻译公司与科技公司、张贺平、谢雄平、仇绍明、黄若浩就旷世公司的股份转让问题签订了《合作协议》、《框架协议》、《股权转让协议》。上述协议均是当事人之间的真实意思表示,没有违反法律、法规的强制性规定,旷世公司的股份也已经办理到华建电子公司、华建翻译公司的名下,因此,上述合同均为有效合同,对当事人各方具有法律上的约束力。

上述合同签订后,科技公司、张贺平、谢雄平、仇绍明、黄若浩依照合同的约定将其在旷世公司的股份转让给华建电子公司、华建翻译公司并将相关股权登记到华建电子公司、华建翻译公司的名下。科技公司以华建电子公司违反《股权转让协议》约定,未向科技公司支付股权转让款为由于2005年12月12日向北京仲裁委员会申请仲裁,北京仲裁委员会于2006年5月16日作出(2006)京仲裁字第0474号裁决书,裁决华建电子公司向科技公司支付股权转让费300万元、逾期付款利息440000元及从2005年12月1日起到股权转让款清偿完毕之日止的逾期付款利息。华建电子公司不服该仲裁裁决,向北京市第二中级人民法院提起撤销该仲裁裁决的申请,被驳回。现华建电子公司、华建翻译公司依照《合作协议》向人民法院起诉科技公司、张贺平、谢雄平、仇绍明、黄若浩,请求终止《合作协议》并将旷世公司的股份办理到科技公司及张贺平、谢雄平、仇绍明、黄若浩的名下。尽管当事人在《合作协议》与《框架协议》约定如华建电子公司的海外子公司在香港上市未果,则应终止《合作协议》及《框架协议》并将旷世公司的股份恢复到科技公司及张贺平、谢雄平、仇绍明、黄若浩的名下,但仲裁机构没有对《合作协议》和《框架协议》进行裁决。在本案中,《合作协议》、《框架协议》及《股权转让协议》属于不可分割的整体,人民法院应对上述协议一并审理,因仲裁机构已依据《股权转让协议》的约定裁决华建电子公司向科技公司支付股权转让费300万元及逾期付款利息,因此人民法院受理华建电子公司、华建翻译公司要求终止《合作协议》并将旷世公司的股份办理到科技公司及张贺平、谢雄平、仇绍明、黄若浩名下的起诉必然涉及《股权转让协议》，而仲裁机构对《股权转让协议》已做出裁决，因此华建电子公司、华建翻译公司的诉讼请求势必与仲裁裁决相冲突。原审法院判决解除《合作协议》并将旷世公司在华建电子公司、华建翻译公司名下的股份恢复办理到科技公司及张贺平、谢雄平、仇绍明、黄若浩的名下与涉案仲裁裁决的内容相矛盾，实质上将仲裁机构所裁决的内容再次进行裁判，违反一事不再理的原则。原审法院受理华建电子公司、华建翻译公司的起诉并作出实体判决不当，依法予以纠正。广东省高级人民法院于2008年6月3日作出(2007)粤高法民一终字第315号民事裁定：撤销广州市中级人民法院(2006)穗中法民二初字第220号民事判决；驳回华建电子公司、华建翻译公司的起诉。一、二审案件受理费各50元，由华建电子公司、华建翻译公司负担。

华建电子公司、华建翻译公司根据《中华人民共和国民事诉讼法》(以下简称《民事诉讼法》)第一百七十九条第一款第(六)项的规定申请再审，请求撤销广东省高级人民法院(2007)粤高法民一终字第315号民事裁定书，维持广东省广州市中级人民法院(2006)穗中法民二初字第220号民事判决书。主要理由如下：

(一)华建电子公司、华建翻译公司的起诉符合法律规定的条件，且提起诉讼所依据的两份合同均未约定仲裁条款，人民法院应予受理并进行实体审理。广东省高级人民法院依据《民事诉讼法》第一百一十一条第(二)项的规定驳回华建电子公司、华建翻译公司的起诉，适用法律错误。

(二)人民法院审理本案与北京仲裁委员会的裁决并不矛盾。各方根据《合作协议》和《框架协议》就旷世公司股权结构恢复原状的纠纷与各方根据《股权转让协议》就旷世公司股权转让款项支付的纠纷系不同法律关系，不符合"一事不再理"原则规定的情形，广东省高级人民法院在二审裁定书中适用该原则明显属于适用法律错误。

(三)华建电子公司、华建翻译公司依有效的《合作协议》、《框架协议》起诉被人民法院驳回，仲裁庭在审理《股权转让协议》时又不涉及《合作协议》与《框架协议》，这就导致华建电子公司、华建翻译公司的合法权益没有途径得到保护。

科技公司答辩认为，人民法院确实有权审理《合作协议》及《框架协议》。然而，由于本案中《合作协议》中所约定的协议终止条件并不成就，人民法院不能据此认定《合作协议》及相关协议应当终止，更不能据此直接作出恢复股权结构的判决。

谢雄平、张贺平答辩认为，虽然人民法院对《合作协议》、《框架投资协议》拥有管辖权，但是如果人民法院认定《合作协议》第三条第15项为有效约定，那么判决结果必然和生效的仲裁裁决相冲突，违反"一事不再理"的原则。

本院再审查明的事实与一、二审法院查明的事实相同。

本院认为，根据当事人申请再审的理由以及答辩情况，本案争议的焦点如下：

一、关于本案是否归人民法院主管的问题。

广东省高级人民法院依据《民事诉讼法》第一百一十一条第(二)项的规定驳回华建电子公司、华建翻译公司的起诉。华建电子公司、华建翻译公司申请再审认为，其提起诉讼所依据的两份合同均未约定仲裁条款，人民法院应予受理并进行实体审理。本院开庭审理后，被申请人科技公司、谢雄平、张贺平也认为人民法院对本案具有管辖权。

本院认为，华建电子公司、华建翻译公司提起本案诉讼的依据是《合作协议》、《框架协议》，这两份协议并没有仲裁条款。仲裁裁决书明确指出："仲裁庭对双方基于《框架协议》和《合作协议》而可能存在的争议，不予审。"据此，本案属人民法院主管。广东省高级人民法院依据《民事诉讼法》第一百一十一条第(二)项的规定，认为本案不属于人民法院主管，适用法律错误，本院依法予以纠正。

二、关于《合作协议》第三条第15项的约定是否无效、其约定的终止条件是否成就的问题。

科技公司认为，《合作协议》第三条第15项关于"如因各种原因甲方重组上市未果，则终止本协议、双方签订的股权转让协议和VC投资协议"的约定应属于附条件终止协议条款，但所附条件"如因各种原因甲方重组上市未果"为非真正条件，该约定无效。华建电子公司、华建翻译公司认为,该约定不违反法律的强制性规定,应为有效。

本院认为,认定合同或者合同约定的条件无效,其依据是《合同法》第五十二条的规定。《合作协议》第三条第15项约定的条件,并不违反《合同法》第五十二条关于合同无效的规定,依法应当认定为有效。既然合同有效,就应当严格按照《合作协议》第三条第15项的约定内容履行。"如因各种原因甲方重组上市未果"这一条件如果已经成就,那么就应当"终止本协议、双方签订的股权转让协议和VC投资协议"。本案中,虽然经过双方当事人特别是华建电子公司的一系列运作,但是华建电子公司的海外子公司最终未在香港上市是客观事实,符合双方的约定即"如因各种原因甲方重组上市未果",故终止《合作协议》等合同的条件已经成就。因此,一审法院关于"为了上市未果,华建电子公司已通知旷世公司原股东,并要求终止合作协议。五被告没有依约协助两原告履行工商变更登记义务,恢复旷世公司的股权原状,其行为已经构成违约,应当承担相应的违约责任。因此,两原告以五被告没有履行合作协议约定的义务为由,要求将其各自持有旷世公司90%和10%的股权全部变更登记在被告谢雄平、黄若浩、张贺平、仇绍明、科技公司的名下,本院予以支持"的认定,符合双方的约定和法律规定。本院依法予以维持。根据《合作协议》的约定,双方对已履行的《股权转让协议》进行恢复原状,华建电子公司将其持有的25%旷世公司股权退还给科技公司,科技公司将取得转让该股权的对价,包括48000元返还给华建电子公司。

三、关于一审法院股权恢复原状的判决是否违反了"一事不再理"的原则、是否与仲裁裁决矛盾的问题。

科技公司和谢雄平、张贺平都认为,仲裁裁决书已经裁决:1. 华建电子公司向科技公司支付股权转让费300万元;2. 华建电子公司向科技公司支付逾期付款利息440000元及从2005年12月1日起至股权转让款清偿完毕之日止的逾期付款利息(按日万分之二点一计算)。如果人民法院再判决股权恢复原状,则违反了"一事不再理"的原则,与仲裁裁决矛盾。华建电子公司、华建翻译公司认为,各方根据《合作协议》和《框架协议》就旷世公司股权结构恢复原状的纠纷与各方根据《股权转让协议》就旷世公司股权转让款项支付的纠纷系不同法律关系,不符合"一事不再理"原则规定的情形,人民法院审理本案与北京仲裁委员会的裁决并不矛盾。

本院认为,一审法院股权恢复原状的判决并没有违反"一事不再理"的原则。理由是:由于"重组上市未果",华建电子公司、华建翻译公司请求根据《合作协议》第三条第15项的规定就旷世公司股权结构恢复原状的纠纷与双方根据《股权转让协议》就旷世公司股权转让款项支付的纠纷系不同法律关系,是各方基于不同的法律事实提出的不同请求。从《合作协议》的约定来看,该协议的履行分为两个阶段,第一阶段是为了华建电子公司的海外子公司重组上市成功,进行旷世公司股权转让并支付股权转让款;第二阶段是如果"重组上市未果",则恢复旷世公司股权结构并返还转让款。为履行第一阶段的约定事项,各方又签订了《股权转让协议》,并约定了仲裁条款,排除了人民法院的管辖权。该纠纷已经过北京仲裁委员会仲裁。但为履行第二阶段的约定事项,即"如因各种原因甲方重组上市未果,则终止本协议、双方签订的股权转让协议和VC投资协议。对已履行的部分,双方同意尽可能地恢复原状,包括(但不限于)返还协议价款,恢复旷世科技股权架构、重新进行相应工商变更等,对由此给双方带来的损失,双方同意按照公平原则各自承担",华建电子公司依据该约定提起诉讼,本案解决的正是履行《合作协议》第二阶段发生的纠纷。由于一审法院处理本案的依据并不是《股权转让协议》,而是《合作协议》第三条第15项,而仲裁所依据的是《股权转让协议》,并不是《合作协议》第三条第15项,基于仲裁裁决所依据的协议与一审法院处理本案所依据的协议不同,即一审法院并没有处理双方履行《股权转让协议》所发生的争议,仲裁裁决也明确表示不将《合作协议》纳入仲裁范围,也就是说,仲裁裁决所处理的"一事"即《股权转让协议》所发生的纠纷,人民法院并没有处理,所以一审法院股权恢复原状的判决并没有违反"一事不再理"的原则。

在一审法院股权恢复原状的判决并没有违反"一事不再理"的原则的情况下,就谈不上判决与仲裁裁决是否矛盾的问题。即使仲裁裁决的结果是履行《股权转让协议》，而判决的结果是恢复旷世公司的股权结构，判决是根据《合作协议》第三条第15项的约定作出的，该约定仍然是双方当事人包括科技公司及张贺平、谢雄平、仇绍明、黄若浩的真实意思表示。也就是说，一审判决与仲裁裁决都是根据当事人的真实意思表示做出的，都是当事人履行双方协议的必然结果。换言之，当事人的真实意思表示就是，为了重组上市，先要进行旷世公司的股权变更，而且实际上也进行了股权变更。但是，如果上市未果，已经变更的股权就应恢复原状。在上市未果的情况下，一审法院判决恢复旷世公司的股权架构，依法应予维持。

综上，依据《中华人民共和国民事诉讼法》第一百八十六条第一款、第一百五十三条第一款第（一）项之规定，判决如下：

一、撤销广东省高级人民法院（2007）粤高法民一终字第315号民事裁定。

二、维持广东省广州市中级人民法院（2006）穗中法民二初字第220号民事判决。

本判决为终审判决。

⊙ 法规链接

中华人民共和国仲裁法

- 1994年8月31日第八届全国人民代表大会常务委员会第九次会议通过
- 根据2009年8月27日第十一届全国人民代表大会常务委员会第十次会议《关于修改部分法律的决定》第一次修正
- 根据2017年9月1日第十二届全国人民代表大会常务委员会第二十九次会议《关于修改〈中华人民共和国法官法〉等八部法律的决定》第二次修正

第一章　总　　则

第一条　【立法宗旨】为保证公正、及时仲裁经济纠纷，保护当事人的合法权益，保障社会主义市场经济健康发展，制定本法。

第二条　【适用范围】平等主体的公民、法人和其他组织之间发生的合同纠纷和其他财产权益纠纷，可以仲裁。

第三条　【适用范围的例外】下列纠纷不能仲裁：

（一）婚姻、收养、监护、扶养、继承纠纷；

（二）依法应当由行政机关处理的行政争议。

第四条　【自愿仲裁原则】当事人采用仲裁方式解决纠纷，应当双方自愿，达成仲裁协议。没有仲裁协议，一方申请仲裁的，仲裁委员会不予受理。

第五条　【或裁或审原则】当事人达成仲裁协议，一方向人民法院起诉的，人民法院不予受理，但仲裁协议无效的除外。

第六条　【仲裁机构的选定】仲裁委员会应当由当事人协议选定。

仲裁不实行级别管辖和地域管辖。

第七条　【以事实为根据、符合法律规定、公平合理解决纠纷的原则】仲裁应当根据事实，符合法律规定，公平合理地解决纠纷。

第八条　【仲裁独立原则】仲裁依法独立进行，不受行政机关、社会团体和个人的干涉。

第九条　【一裁终局制度】仲裁实行一裁终局的制度。裁决作出后，当事人就同一纠纷再申请仲裁或者向人民法院起诉的，仲裁委员会或者人民法院不予受理。

裁决被人民法院依法裁定撤销或者不予执行的，当事人就该纠纷可以根据双方重新达成的仲裁协议申请仲裁，也可以向人民法院起诉。

第二章　仲裁委员会和仲裁协会

第十条　【仲裁委员会的设立】仲裁委员会可以在直辖市和省、自治区人民政府所在地的市设立，也可以根据需要在其他设区的市设立，不按行政区划层层设立。

仲裁委员会由前款规定的市的人民政府组织有关部门和商会统一组建。

设立仲裁委员会，应当经省、自治区、直辖市的司法行政部门登记。

第十一条　【仲裁委员会的设立条件】仲裁委员会应当具备下列条件：

（一）有自己的名称、住所和章程；

（二）有必要的财产；

（三）有该委员会的组成人员；
（四）有聘任的仲裁员。
仲裁委员会的章程应当依照本法制定。

第十二条　【仲裁委员会的组成人员】仲裁委员会由主任1人、副主任2至4人和委员7至11人组成。

仲裁委员会的主任、副主任和委员由法律、经济贸易专家和有实际工作经验的人员担任。仲裁委员会的组成人员中，法律、经济贸易专家不得少于2/3。

第十三条　【仲裁员的条件】仲裁委员会应当从公道正派的人员中聘任仲裁员。

仲裁员应当符合下列条件之一：
（一）通过国家统一法律职业资格考试取得法律职业资格，从事仲裁工作满8年的；
（二）从事律师工作满8年的；
（三）曾任法官满8年的；
（四）从事法律研究、教学工作并具有高级职称的；
（五）具有法律知识、从事经济贸易等专业工作并具有高级职称或者具有同等专业水平的。

仲裁委员会按照不同专业设仲裁员名册。

第十四条　【仲裁委员会与行政机关以及仲裁委员会之间的关系】仲裁委员会独立于行政机关，与行政机关没有隶属关系。仲裁委员会之间也没有隶属关系。

第十五条　【中国仲裁协会】中国仲裁协会是社会团体法人。仲裁委员会是中国仲裁协会的会员。中国仲裁协会的章程由全国会员大会制定。

中国仲裁协会是仲裁委员会的自律性组织，根据章程对仲裁委员会及其组成人员、仲裁员的违纪行为进行监督。

中国仲裁协会依照本法和民事诉讼法的有关规定制定仲裁规则。

第三章　仲裁协议

第十六条　【仲裁协议的形式和内容】仲裁协议包括合同中订立的仲裁条款和以其他书面方式在纠纷发生前或者纠纷发生后达成的请求仲裁的协议。

仲裁协议应当具有下列内容：
（一）请求仲裁的意思表示；
（二）仲裁事项；
（三）选定的仲裁委员会。

第十七条　【仲裁协议无效的情形】有下列情形之一的，仲裁协议无效：
（一）约定的仲裁事项超出法律规定的仲裁范围的；
（二）无民事行为能力人或者限制民事行为能力人订立的仲裁协议；
（三）一方采取胁迫手段，迫使对方订立仲裁协议的。

第十八条　【对内容不明确的仲裁协议的处理】仲裁协议对仲裁事项或者仲裁委员会没有约定或者约定不明确的，当事人可以补充协议；达不成补充协议的，仲裁协议无效。

第十九条　【合同的变更、解除、终止或者无效对仲裁协议效力的影响】仲裁协议独立存在，合同的变更、解除、终止或者无效，不影响仲裁协议的效力。

仲裁庭有权确认合同的效力。

第二十条　【对仲裁协议的异议】当事人对仲裁协议的效力有异议的，可以请求仲裁委员会作出决定或者请求人民法院作出裁定。一方请求仲裁委员会作出决定，另一方请求人民法院作出裁定的，由人民法院裁定。

当事人对仲裁协议的效力有异议，应当在仲裁庭首次开庭前提出。

第四章　仲裁程序

第一节　申请和受理

第二十一条　【申请仲裁的条件】当事人申请仲裁应当符合下列条件：
（一）有仲裁协议；
（二）有具体的仲裁请求和事实、理由；
（三）属于仲裁委员会的受理范围。

第二十二条　【申请仲裁时应递交的文件】当事人申请仲裁，应当向仲裁委员会递交仲裁协议、仲裁申请书及副本。

第二十三条　【仲裁申请书的内容】仲裁申请书应当载明下列事项：

（一）当事人的姓名、性别、年龄、职业、工作单位和住所，法人或者其他组织的名称、住所和法定代表人或者主要负责人的姓名、职务；

（二）仲裁请求和所根据的事实、理由；

（三）证据和证据来源、证人姓名和住所。

第二十四条　【仲裁申请的受理与不受理】仲裁委员会收到仲裁申请书之日起5日内，认为符合受理条件的，应当受理，并通知当事人；认为不符合受理条件的，应当书面通知当事人不予受理，并说明理由。

第二十五条　【受理后的准备工作】仲裁委员会受理仲裁申请后，应当在仲裁规则规定的期限内将仲裁规则和仲裁员名册送达申请人，并将仲裁申请书副本和仲裁规则、仲裁员名册送达被申请人。

被申请人收到仲裁申请书副本后，应当在仲裁规则规定的期限内向仲裁委员会提交答辩书。仲裁委员会收到答辩书后，应当在仲裁规则规定的期限内将答辩书副本送达申请人。被申请人未提交答辩书的，不影响仲裁程序的进行。

第二十六条　【仲裁协议的当事人一方向人民法院起诉的处理】当事人达成仲裁协议，一方向人民法院起诉未声明有仲裁协议，人民法院受理后，另一方在首次开庭前提交仲裁协议的，人民法院应当驳回起诉，但仲裁协议无效的除外；另一方在首次开庭前未对人民法院受理该案提出异议的，视为放弃仲裁协议，人民法院应当继续审理。

第二十七条　【仲裁请求的放弃、变更、承认、反驳以及反请求】申请人可以放弃或者变更仲裁请求。被申请人可以承认或者反驳仲裁请求，有权提出反请求。

第二十八条　【财产保全】一方当事人因另一方当事人的行为或者其他原因，可能使裁决不能执行或者难以执行的，可以申请财产保全。

当事人申请财产保全的，仲裁委员会应当将当事人的申请依照民事诉讼法的有关规定提交人民法院。

申请有错误的，申请人应当赔偿被申请人因财产保全所遭受的损失。

第二十九条　【仲裁代理】当事人、法定代理人可以委托律师和其他代理人进行仲裁活动。委托律师和其他代理人进行仲裁活动的，应当向仲裁委员会提交授权委托书。

第二节　仲裁庭的组成

第三十条　【仲裁庭的组成】仲裁庭可以由3名仲裁员或者1名仲裁员组成。由3名仲裁员组成的，设首席仲裁员。

第三十一条　【仲裁员的选任】当事人约定由3名仲裁员组成仲裁庭的，应当各自选定或者各自委托仲裁委员会主任指定1名仲裁员，第三名仲裁员由当事人共同选定或者共同委托仲裁委员会主任指定。第三名仲裁员是首席仲裁员。

当事人约定由1名仲裁员成立仲裁庭的，应当由当事人共同选定或者共同委托仲裁委员会主任指定仲裁员。

第三十二条　【仲裁员的指定】当事人没有在仲裁规则规定的期限内约定仲裁庭的组成方式或者选定仲裁员的，由仲裁委员会主任指定。

第三十三条　【仲裁庭组成情况的书面通知】仲裁庭组成后，仲裁委员会应当将仲裁庭的组成情况书面通知当事人。

第三十四条　【仲裁员回避的方式与理由】仲裁员有下列情形之一的，必须回避，当事人也有权提出回避申请：

（一）是本案当事人或者当事人、代理人的近亲属；

（二）与本案有利害关系；

（三）与本案当事人、代理人有其他关系，可能影响公正仲裁的；

（四）私自会见当事人、代理人，或者接受当事人、代理人的请客送礼的。

第三十五条　【回避申请的提出】当事人提出回避申请，应当说明理由，在首次开庭前提出。回避事由在首次开庭后知道的，可以在最后一次开庭终结前提出。

第三十六条　【回避的决定】仲裁员是否回避，由仲裁委员会主任决定；仲裁委员会主任担任仲裁员时，由仲裁委员会集体决定。

第三十七条　【仲裁员的重新确定】仲裁员因回

避或者其他原因不能履行职责的,应当依照本法规定重新选定或者指定仲裁员。

因回避而重新选定或者指定仲裁员后,当事人可以请求已进行的仲裁程序重新进行,是否准许,由仲裁庭决定;仲裁庭也可以自行决定已进行的仲裁程序是否重新进行。

第三十八条 【仲裁员的除名】仲裁员有本法第三十四条第四项规定的情形,情节严重的,或者有本法第五十八条第六项规定的情形的,应当依法承担法律责任,仲裁委员会应当将其除名。

第三节 开庭和裁决

第三十九条 【仲裁审理的方式】仲裁应当开庭进行。当事人协议不开庭的,仲裁庭可以根据仲裁申请书、答辩书以及其他材料作出裁决。

第四十条 【开庭审理的方式】仲裁不公开进行。当事人协议公开的,可以公开进行,但涉及国家秘密的除外。

第四十一条 【开庭日期的通知与延期开庭】仲裁委员会应当在仲裁规则规定的期限内将开庭日期通知双方当事人。当事人有正当理由的,可以在仲裁规则规定的期限内请求延期开庭。是否延期,由仲裁庭决定。

第四十二条 【当事人缺席的处理】申请人经书面通知,无正当理由不到庭或者未经仲裁庭许可中途退庭的,可以视为撤回仲裁申请。

被申请人经书面通知,无正当理由不到庭或者未经仲裁庭许可中途退庭的,可以缺席裁决。

第四十三条 【证据提供与收集】当事人应当对自己的主张提供证据。

仲裁庭认为有必要收集的证据,可以自行收集。

第四十四条 【专门性问题的鉴定】仲裁庭对专门性问题认为需要鉴定的,可以交由当事人约定的鉴定部门鉴定,也可以由仲裁庭指定的鉴定部门鉴定。

根据当事人的请求或者仲裁庭的要求,鉴定部门应当派鉴定人参加开庭。当事人经仲裁庭许可,可以向鉴定人提问。

第四十五条 【证据的出示与质证】证据应当在开庭时出示,当事人可以质证。

第四十六条 【证据保全】在证据可能灭失或者以后难以取得的情况下,当事人可以申请证据保全。当事人申请证据保全的,仲裁委员会应当将当事人的申请提交证据所在地的基层人民法院。

第四十七条 【当事人的辩论】当事人在仲裁过程中有权进行辩论。辩论终结时,首席仲裁员或者独任仲裁员应当征询当事人的最后意见。

第四十八条 【仲裁笔录】仲裁庭应当将开庭情况记入笔录。当事人和其他仲裁参与人认为对自己陈述的记录有遗漏或者差错的,有权请求补正。如果不予补正,应当记录该申请。

笔录由仲裁员、记录人员、当事人和其他仲裁参与人签名或者盖章。

第四十九条 【仲裁和解】当事人申请仲裁后,可以自行和解。达成和解协议的,可以请求仲裁庭根据和解协议作出裁决书,也可以撤回仲裁申请。

第五十条 【达成和解协议、撤回仲裁申请后反悔的处理】当事人达成和解协议,撤回仲裁申请后反悔的,可以根据仲裁协议申请仲裁。

第五十一条 【仲裁调解】仲裁庭在作出裁决前,可以先行调解。当事人自愿调解的,仲裁庭应当调解。调解不成的,应当及时作出裁决。

调解达成协议的,仲裁庭应当制作调解书或者根据协议的结果制作裁决书。调解书与裁决书具有同等法律效力。

第五十二条 【仲裁调解书】调解书应当写明仲裁请求和当事人协议的结果。调解书由仲裁员签名,加盖仲裁委员会印章,送达双方当事人。

调解书经双方当事人签收后,即发生法律效力。

在调解书签收前当事人反悔的,仲裁庭应当及时作出裁决。

第五十三条 【仲裁裁决的作出】裁决应当按照多数仲裁员的意见作出,少数仲裁员的不同意见,可以记入笔录。仲裁庭不能形成多数意见时,裁决应当按照首席仲裁员的意见作出。

第五十四条 【裁决书的内容】裁决书应当写明仲裁请求、争议事实、裁决理由、裁决结果、仲裁费用的负担和裁决日期。当事人协议不愿写明争议事实和裁决理由的,可以不写。裁决书由仲裁员签名,加盖仲裁委员会印章。对裁决持不同意见的仲裁员,可以签名,也可以不签名。

第五十五条 【先行裁决】仲裁庭仲裁纠纷时,其中一部分事实已经清楚,可以就该部分先行裁决。

第五十六条 【裁决书的补正】对裁决书中的文字、计算错误或者仲裁庭已经裁决但在裁决书中遗漏的事项,仲裁庭应当补正;当事人自收到裁决书之日起30日内,可以请求仲裁庭补正。

第五十七条 【裁决书生效】裁决书自作出之日起发生法律效力。

第五章 申请撤销裁决

第五十八条 【申请撤销仲裁裁决的法定情形】当事人提出证据证明裁决有下列情形之一的,可以向仲裁委员会所在地的中级人民法院申请撤销裁决:

(一) 没有仲裁协议的;

(二) 裁决的事项不属于仲裁协议的范围或者仲裁委员会无权仲裁的;

(三) 仲裁庭的组成或者仲裁的程序违反法定程序的;

(四) 裁决所根据的证据是伪造的;

(五) 对方当事人隐瞒了足以影响公正裁决的证据的;

(六) 仲裁员在仲裁该案时有索贿受贿,徇私舞弊,枉法裁决行为的。

人民法院经组成合议庭审查核实裁决有前款规定情形之一的,应当裁定撤销。

人民法院认定该裁决违背社会公共利益的,应当裁定撤销。

第五十九条 【申请撤销仲裁裁决的期限】当事人申请撤销裁决的,应当自收到裁决书之日起6个月内提出。

第六十条 【人民法院对撤销申请的审查与处理】人民法院应当在受理撤销裁决申请之日起两个月内作出撤销裁决或者驳回申请的裁定。

第六十一条 【申请撤销仲裁裁决的后果】人民法院受理撤销裁决的申请后,认为可以由仲裁庭重新仲裁的,通知仲裁庭在一定期限内重新仲裁,并裁定中止撤销程序。仲裁庭拒绝重新仲裁的,人民法院应当裁定恢复撤销程序。

第六章 执 行

第六十二条 【仲裁裁决的执行】当事人应当履行裁决。一方当事人不履行的,另一方当事人可以依照民事诉讼法的有关规定向人民法院申请执行。受申请的人民法院应当执行。

第六十三条 【仲裁裁决的不予执行】被申请人提出证据证明裁决有民事诉讼法第二百一十三条第二款规定的情形之一的,经人民法院组成合议庭审查核实,裁定不予执行。

第六十四条 【仲裁裁决的执行中止、终结与恢复】一方当事人申请执行裁决,另一方当事人申请撤销裁决的,人民法院应当裁定中止执行。

人民法院裁定撤销裁决的,应当裁定终结执行。撤销裁决的申请被裁定驳回的,人民法院应当裁定恢复执行。

第七章 涉外仲裁的特别规定

第六十五条 【涉外仲裁的法律适用】涉外经济贸易、运输和海事中发生的纠纷的仲裁,适用本章规定。本章没有规定的,适用本法其他有关规定。

第六十六条 【涉外仲裁委员会的设立】涉外仲裁委员会可以由中国国际商会组织设立。

涉外仲裁委员会由主任1人、副主任若干人和委员若干人组成。

涉外仲裁委员会的主任、副主任和委员可以由中国国际商会聘任。

第六十七条 【涉外仲裁委员会仲裁员的聘任】涉外仲裁委员会可以从具有法律、经济贸易、科学技术等专门知识的外籍人士中聘任仲裁员。

第六十八条 【涉外仲裁的证据保全】涉外仲裁的当事人申请证据保全的,涉外仲裁委员会应当将当事人的申请提交证据所在地的中级人民法院。

第六十九条 【涉外仲裁的开庭笔录与笔录要点】涉外仲裁的仲裁庭可以将开庭情况记入笔录,或者作出笔录要点,笔录要点可以由当事人和其他仲裁参与人签字或者盖章。

第七十条 【涉外仲裁裁决的撤销】当事人提出证据证明涉外仲裁裁决有民事诉讼法第二百五十八条第一款规定的情形之一的,经人民法院组成合议庭审查核实,裁定撤销。

第七十一条 【涉外仲裁裁决的不予执行】被申请人提出证据证明涉外仲裁裁决有民事诉讼法第二百五十八条第一款规定的情形之一的,经人民法院组成合议庭审查核实,裁定不予执行。

第七十二条 【涉外仲裁裁决的执行】涉外仲裁委员会作出的发生法律效力的仲裁裁决,当事人请求执行的,如果被执行人或者其财产不在中华人民共和国领域内,应当由当事人直接向有管辖权的外国法院申请承认和执行。

第七十三条 【涉外仲裁规则】涉外仲裁规则可以由中国国际商会依照本法和民事诉讼法的有关规定制定。

第八章 附 则

第七十四条 【仲裁时效】法律对仲裁时效有规定的,适用该规定。法律对仲裁时效没有规定的,适用诉讼时效的规定。

第七十五条 【仲裁暂行规则的判定】中国仲裁协会制定仲裁规则前,仲裁委员会依照本法和民事诉讼法的有关规定可以制定仲裁暂行规则。

第七十六条 【仲裁费用】当事人应当按照规定交纳仲裁费用。

收取仲裁费用的办法,应当报物价管理部门核准。

第七十七条 【本法适用的例外】劳动争议和农业集体经济组织内部的农业承包合同纠纷的仲裁,另行规定。

第七十八条 【本法施行前制定的有关仲裁的规定的效力】本法施行前制定的有关仲裁的规定与本法的规定相抵触的,以本法为准。

第七十九条 【本法施行前后仲裁机构的衔接与过渡】本法施行前在直辖市、省、自治区人民政府所在地的市和其他设区的市设立的仲裁机构,应当依照本法的有关规定重新组建;未重新组建的,自本法施行之日起届满1年时终止。

本法施行前设立的不符合本法规定的其他仲裁机构,自本法施行之日起终止。

第八十条 【施行日期】本法自1995年9月1日起施行。

附录一:废止的司法解释目录

(一) 最高人民法院

1. 最高人民法院予以废止的 1993 年底以前发布的司法解释目录(第一批)

最高人民法院关于废止的 1993 年底以前发布的部分司法解释的通知

(1994 年 7 月 27 日　法发〔1994〕16 号)

序号	分类	司法解释名称	发文日期、文号	废止理由
1	刑事	最高人民法院关于办理共同盗窃犯罪案件如何适用法律问题的意见	1991 年 4 月 12 日 法(研)发〔1991〕11 号	已被 1992 年 12 月 11 日最高人民法院、最高人民检察院发布的《关于办理盗窃案件具体应用法律的若干问题的解释》代替。
2		最高人民法院关于严厉打击偷渡犯罪活动的通知	1993 年 9 月 24 日 法发〔1993〕24 号	1994 年 3 月 5 日全国人民代表大会常务委员会已经通过并公布了《关于严惩组织、运送他人偷越国(边)境犯罪的补充规定》,原依据刑法有关规定作出的上述司法解释不再适用。
3	经济	最高人民法院关于因口头协议纠纷提起的诉讼管辖问题的批复	1990 年 3 月 16 日	1991 年 4 月 9 日全国人民代表大会通过并公布了《中华人民共和国民事诉讼法》,上述批复有关内容与之抵触或者重复,不再适用。
4		最高人民法院关于工商行政管理机关对无效经济合同引起的财产争议处理后当事人向人民法院起诉是否受理的批复	1990 年 11 月 3 日 法(经)复〔1990〕16 号	已被 1992 年 4 月 1 日最高人民法院发布的《关于不服工商行政管理机关的确认经济合同无效及财产损失的处理决定的案件应属行政案件的复函》代替。

附录一:废止的司法解释目录

续表

序号	分类	司法解释名称	发文日期、文号	废止理由
5	行政	人民法院审理治安行政案件具体应用法律的若干问题的暂行规定	1986年10月24日法(研)发〔1986〕31号	1989年4月4日全国人民代表大会已经通过并公布了《中华人民共和国行政诉讼法》,上述司法解释与之抵触,不再适用。
6		最高人民法院关于如何适用土地管理法第十三条和森林法第十四条的批复	1987年7月31日法(经)复字〔1987〕28号	1989年4月4日全国人民代表大会通过并公布了《中华人民共和国行政诉讼法》,上述批复与之抵触,不再适用。
7		最高人民法院关于铁路运输法院是否受理治安行政案件的批复	1987年9月11日法(研)复〔1987〕34号	1989年4月4日全国人民代表大会已经通过并公布了《中华人民共和国行政诉讼法》,上述批复与之抵触,不再适用。
8		最高人民法院关于《人民法院审理治安行政案件具体应用法律的若干问题的暂行规定》是否适用于审理其他行政案件的批复	1988年1月13日法(研)复〔1988〕9号	1989年4月4日全国人民代表大会已经通过并公布了《中华人民共和国行政诉讼法》,上述批复与之抵触,不再适用。
9	海事	最高人民法院在扣船规定出台前关于扣船程序的批复	1981年10月24日〔81〕法(交)字第3号	已被1994年7月6日最高人民法院发布的《关于海事法院诉讼前扣押船舶的规定》代替。
10		最高人民法院关于诉讼前扣押船舶的具体规定(1986年1月31日最高人民法院审判委员会通过)		已被1994年7月6日最高人民法院发布的《关于海事法院诉讼前扣押船舶的规定》代替。
11		最高人民法院关于强制变卖被扣押船舶清偿债务的具体规定	1987年8月29日法(经)发〔1987〕22号	已被1994年7月6日最高人民法院发布的《关于海事法院拍卖被扣押船舶清偿债务的规定》代替。

2. 最高人民法院决定废止的1979年至1989年间发布的司法解释目录(第二批)

最高人民法院关于废止1979年至1989年间发布的部分司法解释的通知

(1996年12月31日 法发〔1996〕34号)

序号	分类	司法解释名称	发文日期、文号	废止理由
1	刑事	最高人民法院关于管辖区划变更后复查案件审批程序问题的批复	1979年3月21日〔79〕法办研字第7号	该批复对个案问题的处理意见,现已不再适用。
2		最高人民法院关于报送死刑复核案件的几项规定的通知	1979年12月12日〔79〕法办字第92号	该司法解释已被1994年3月21日最高人民法院发布的《关于审理刑事案件程序的具体规定》代替。
3		最高人民法院关于对几类现行犯授权高级人民法院核准死刑的若干具体规定的通知	1980年3月18日	该司法解释已被1983年9月7日最高人民法院发布的《关于授权高级人民法院核准部分死刑案件的通知》代替。
4		最高人民法院关于揭批"四人帮"斗争中清查出来的犯罪分子在逮捕前被隔离审查的日期可否折抵刑期的批复	1980年4月17日〔80〕法研字第13号	该批复是对特定历史时期遗留问题的处理意见,现已不再适用。
5		最高人民法院关于中级人民法院判处死缓经高级人民法院复核认为必须判处死刑立即执行的案件应如何处理问题的批复	1981年6月10日〔81〕法研字第11号	该批复已被1994年3月21日最高人民法院发布的《关于审理刑事案件程序的具体规定》代替。
6		最高人民法院关于在逮捕前交"群众监督劳动"的日期可否折抵刑期问题的批复	1982年9月8日〔1982〕法研字第7号	该批复是对个案问题的处理意见,现已不再适用。

续表

序号	分类	司法解释名称	发文日期、文号	废止理由
7		最高人民法院关于刑事案件被告人在审理过程中患精神病应否中止审理的批复	1983年2月4日〔83〕法研字第1号	该批复已被1994年3月21日最高人民法院发布的《关于审理刑事案件程序的具体规定》代替。
8		最高人民法院关于个人非法制造、销售他人注册商标标识而构成犯罪的应按假冒商标罪惩处的批复	1985年5月9日法(研)复〔1985〕28号	1993年2月22日全国人民代表大会常务委员会通过并公布了《关于惩治假冒注册商标犯罪的补充规定》,该批复内容与之抵触,不再适用。
9		最高人民法院关于播放淫秽录像、影片、电视片、幻灯片等犯罪案件如何定罪问题的批复	1985年7月8日法(研)复〔1985〕40号	1990年12月28日全国人民代表大会常务委员会通过并公布了《关于惩治走私制造贩卖传播淫秽物品的犯罪分子的决定》,该批复内容与之抵触,不再适用。
10		最高人民法院关于对罪犯减刑时应将判决前羁押的日期折抵为已执行的刑期的批复	1985年11月14日	该批复是对最高人民法院、最高人民检察院、公安部1979年10月10日《关于死缓犯和无期徒刑犯减刑问题的联合通知》有关问题的解释,该《联合通知》已废除,该批复不再适用。
11		最高人民法院关于依法严惩猎杀大熊猫、倒卖走私大熊猫皮的犯罪活动的通知	1987年7月24日	该批复已被1988年11月8日全国人民代表大会常务委员会通过并公布的《关于惩治捕杀国家重点保护的珍贵、濒危野生动物犯罪的补充规定》代替。
12		最高人民法院关于被判处拘役或者3年以下有期徒刑宣告缓刑的罪犯减刑的管辖和处理程序的批复	1988年1月5日法(研)复〔1988〕1号	该批复已被1994年3月21日最高人民法院发布的《关于审理刑事案件程序的具体规定》代替。
13		最高人民法院关于第二审人民法院审理被害人对刑事案件中附带的民事诉讼部分提出的上诉应全案审查并就附带民事诉讼部分作出终审裁判的批复	1988年5月11日法(研)发〔1988〕23号	该批复已被1994年3月21日最高人民法院发布的《关于审理刑事案件程序的具体规定》代替。

续表

序号	分类	司法解释名称	发文日期、文号	废止理由
14		最高人民法院关于刑事案件取保候审的被告人在法院审理期间潜逃应宣告中止审理的批复	1988年7月6日 法(研)复〔1988〕29号	该批复已被1994年3月21日最高人民法院发布的《关于审理刑事案件程序的具体规定》代替。
15		最高人民法院关于假冒商标案件两个问题的批复	1988年12月26日 法(研)复〔1988〕73号	该批复已被1993年2月22日全国人民代表大会常务委员会通过并公布的《关于惩治假冒注册商标犯罪的补充规定》代替。
16		最高人民法院关于拐卖人口案件中,婴儿、幼儿、儿童年龄界限如何划分问题的批复	1989年7月7日 法(研)复〔1989〕5号	该批复已被1992年12月11日最高人民法院、最高人民检察院《关于执行〈全国人民代表大会常务委员会关于严惩拐卖绑架妇女儿童的犯罪分子的决定〉的若干问题的解答》代替。
17	民事	最高人民法院关于贯彻执行民事政策法律的意见	1979年2月2日	该司法解释已被1986年4月12日全国人民代表大会通过并公布的《中华人民共和国民法通则》等法律所代替。
18		最高人民法院关于人民法院审判民事案件程序制度的规定(试行)	1979年2月2日	1991年4月9日全国人民代表大会通过并公布了《中华人民共和国民事诉讼法》,该司法解释与之抵触,不再适用。
19		最高人民法院关于复员、转业军人的复员费、转业费、医疗费能否按家庭共同财产处理问题的批复	1979年3月21日 〔79〕法办研字第9号	该批复已被1993年11月3日最高人民法院发布的《关于人民法院审理离婚案件处理财产分割问题的若干具体意见》代替。
20		最高人民法院关于给我国旅居加拿大的公民寄递离婚诉讼文书问题的批复	1980年8月25日 〔80〕民他字第26号	1991年4月9日全国人民代表大会通过并公布了《中华人民共和国民事诉讼法》,该批复与之抵触,不再适用。
21		最高人民法院关于对日本国询问有关继承的几个问题的答复	1980年10月25日	1985年4月10日全国人民代表大会通过并公布了《中华人民共和国继承法》,该司法解释有关内容与之抵触,不再适用。

续表

序号	分类	司法解释名称	发文日期、文号	废止理由
22		最高人民法院关于女方外流男方要求离婚的案件仍应由原告(男方)户口所在地法院管辖的函	1982年9月21日〔82〕民他字第32号	该司法解释已被1992年7月14日最高人民法院发布的《关于适用〈中华人民共和国民事诉讼法〉若干问题的意见》代替。
23		关于适用民事诉讼法(试行)第一百九十一条第二款和第一百九十二条第二款的两个问题的批复	1982年12月17日〔82〕法研字第18号	该批复已被1991年4月9日全国人民代表大会通过并公布的《中华人民共和国民事诉讼法》代替。
24		最高人民法院关于对经公告送达起诉书而不应诉的居住在国外的民事被告缺席判决后仍应公告送达判决书的批复	1983年2月7日〔83〕法研字第2号	1991年4月9日全国人民代表大会通过并公布了《中华人民共和国民事诉讼法》,该批复与之抵触,不再适用。
25		最高人民法院关于人民法院能否受理当事人因不服工商行政管理部门的行政处罚而提起的诉讼的批复	1983年3月19日〔83〕法研字第8号	1989年4月4日全国人民代表大会通过并公布了《中华人民共和国行政诉讼法》,该批复与之抵触,不再适用。
26		最高人民法院关于被告在外地就医的离婚案件管辖问题的批复	1984年3月26日〔84〕法民字第5号	该批复已被1992年7月14日最高人民法院发布的《关于适用〈中华人民共和国民事诉讼法〉若干问题的意见》代替。
27		最高人民法院关于双方当事人在户籍所在地结婚后去外地居住的离婚案件应由何地法院管辖的函	1984年5月11日〔84〕民他字第5号	该司法解释已被1992年7月14日最高人民法院发布的《关于适用〈中华人民共和国民事诉讼法〉若干问题的意见》代替。
28		最高人民法院《关于贯彻执行民事诉讼法(试行)若干问题的意见》	1984年9月8日	该司法解释已被1992年7月14日最高人民法院发布的《关于适用〈中华人民共和国民事诉讼法〉若干问题的意见》代替。
29		最高人民法院民事诉讼收费办法(试行)	1984年9月15日	该司法解释已被1989年7月12日最高人民法院发布的《人民法院诉讼费收费办法》代替。
30		最高人民法院就吉林省浑江市卫生防疫站的来信给吉林省高级人民法院的通知	1984年9月11日〔84〕法民字第10号	1989年4月4日全国人民代表大会通过并公布了《中华人民共和国行政诉讼法》,该司法解释与之抵触,不再适用。

续表

序号	分类	司法解释名称	发文日期、文号	废止理由
31		最高人民法院关于王威与徐保俊离婚一案中几个问题的批复	1984年9月18日〔84〕民他第12号	1991年4月9日全国人民代表大会通过并公布了《中华人民共和国民事诉讼法》,该批复与之抵触,不再适用。
32		最高人民法院关于女方外流重婚后原夫起诉要求人民法院受理的复函	1984年10月27日〔84〕法民字第12号	该司法解释已被1992年7月14日最高人民法院发布的《关于适用〈中华人民共和国民事诉讼法〉若干问题的意见》代替。
33		关于申请执行仲裁裁决应向何地法院提出的批复	1985年1月17日法(研)复〔1985〕5号	该批复已被1992年7月14日最高人民法院发布的《关于适用〈中华人民共和国民事诉讼法〉若干问题的意见》代替。
34		最高人民法院关于财产案件受理费如何计算等问题的批复	1985年1月24日法(民)复〔1985〕6号	《民事诉讼收费办法(试行)》已于1989年9月1日废止,该司法解释是对《民事诉讼收费办法(试行)》中有关问题的解释,不再适用。
35		最高人民法院关于卢伟明与卢伟范继承案管辖问题的批复	1985年2月24日法(民)复〔1985〕14号	该批复已被1991年4月9日全国人民代表大会通过并公布的《中华人民共和国民事诉讼法》代替。
36		关于民事案件上诉后,第二审法院对案件的实体问题作了改判后,可否变更第一审法院关于诉讼费用负担的决定等问题的批复	1985年5月30日法(民)复〔1985〕31号	该批复已被1989年6月29日最高人民法院发布的《人民法院诉讼收费办法》代替。
37		关于胜诉一方当事人提起上诉第二审法院维持原判第二审的诉讼费用应由谁负担等问题的批复	1985年5月30日法(民)复〔1985〕32号	该批复已被1989年6月29日最高人民法院发布的《人民法院诉讼收费办法》代替。
38		最高人民法院关于当事人一方提起上诉如何预交上诉案件受理费问题的批复	1985年5月30日法(民)复〔1985〕33号	该批复已被1989年6月29日最高人民法院发布的《人民法院诉讼收费办法》代替。
39		关于一方当事人在国内居住另一方当事人在国外居住的涉外民事案件的上诉期应如何确定的批复	1985年6月11日法(研)复〔1985〕34号	1991年4月9日全国人民代表大会通过并公布了《中华人民共和国民事诉讼法》,该批复与之抵触,不再适用。

续表

序号	分类	司法解释名称	发文日期、文号	废止理由
40		最高人民法院关于财产案件受理费如何计算等问题的批复	1985年7月24日法(民)复〔1985〕6号	《民事诉讼收费办法(试行)》已于1989年6月30日废止,依据《民事诉讼收费办法(试行)》作出的批复不再适用。
41		关于一、二两审人民法院驳回起诉的裁定确有错误应如何予以纠正的批复	1985年10月28日法(民)复〔1985〕52号	该批复已被1992年7月14日最高人民法院发布的《关于适用〈中华人民共和国民事诉讼法〉若干问题的意见》代替。
42		最高人民法院关于王占有与王言林赡养管辖问题的批复	1986年1月7日〔1985〕法民字第24号	1991年4月9日全国人民代表大会通过并公布了《中华人民共和国民事诉讼法》,该批复与之抵触,不再适用。
43		最高人民法院关于在继承案件中可以将实际占有遗产的其他人列为被告并适用普通程序审理的批复	1986年4月3日法〔1985〕民他字第12号	1991年4月9日全国人民代表大会通过并公布了《中华人民共和国民事诉讼法》,该批复与之抵触,不再适用。
44		最高人民法院关于同意将马本师房产按归侨政策处理的批复	1986年5月9日法(民)复〔1985〕字第9号	1985年4月10日全国人民代表大会通过并公布了《中华人民共和国继承法》,该批复与之抵触,不再适用。
45		最高人民法院关于付桂芬与李兴凯离婚案管辖问题的批复	1987年7月29日〔1987〕民他字第37号	该批复已被1992年7月14日最高人民法院发布的《关于适用〈中华人民共和国民事诉讼法〉若干问题的意见》代替。
46		最高人民法院对生效多年的判决逾期申请执行的依法不予支持的批复	1987年8月25日〔1987〕民他字第20号	1991年4月9日全国人民代表大会通过并公布了《中华人民共和国民事诉讼法》,该批复与之抵触,不再适用。
47		最高人民法院关于侵害名誉权案件有关报刊社应否列为被告和如何适用管辖问题的批复	1988年1月15日法(民)复〔1988〕11号	该批复已被1993年11月最高人民法院发布的《关于审理名誉权案件若干问题的问答》代替。
48		最高人民法院关于委托执行工作中两个问题的批复	1988年6月20日法(研)复〔1988〕25号	该批复已被1992年7月14日最高人民法院发布的《关于适用〈中华人民共和国民事诉讼法〉若干问题的意见》代替。

续表

序号	分类	司法解释名称	发文日期、文号	废止理由
49		关于人民法院已生效的法律文书是否适用民事诉讼法(试行)第一百六十九条规定的申请执行期限等问题的批复	1988年8月15日法(研)复〔1988〕35号	1991年4月9日全国人民代表大会通过并公布了《中华人民共和国民事诉讼法》,该批复与之抵触,不再适用。
50		最高人民法院关于对甘秀珍与李福离婚是否需要通过再审程序撤销原调解书问题的函	1989年9月7日〔1989〕民他字第36号	1991年4月9日全国人民代表大会通过并公布了《中华人民共和国民事诉讼法》,该司法解释与之抵触,不再适用。
51	经济	最高人民法院关于在经济审判工作中贯彻执行《中华人民共和国民事诉讼法(试行)》若干问题的意见	1984年9月17日	1991年4月9日全国人民代表大会通过并公布了《中华人民共和国民事诉讼法》,该司法解释有关内容与之抵触,不再适用。
52		最高人民法院关于人民法院可以直接与银行系统的营业所、信用社联系查询、冻结或者扣划企事业等单位存款的批复	1984年1月17日法(研)复〔1985〕4号	该批复已被1993年12月11日中国人民银行、最高人民法院、最高人民检察院、公安部发布的《关于查询、冻结、扣划企业事业单位、机关、团体银行存款的通知》代替。
53		最高人民法院关于国内工矿产品购销合同与农副产品购销合同中的合同履行地如何确定的批复	1985年7月4日法(经)复〔1985〕39号	该批复已被1996年9月12日最高人民法院发布的《关于在确定经济纠纷案件管辖中如何确定购销合同履行地的规定》代替。
54		最高人民法院关于合同纠纷当事人一方向仲裁机关申请仲裁仲裁机关已立案另一方向人民法院起诉人民法院应否受理的批复	1985年8月3日法(经)复〔1985〕42号	1993年9月2日全国人民代表大会常务委员会通过并公布了《关于修改〈中华人民共和国经济合同法〉的决定》,该批复与之抵触,不再适用。
55		最高人民法院关于人民法院审理经济行政案件不应进行调解的通知	1985年11月6日法(经)发〔1985〕25号	该司法解释已被1989年4月4日全国人民代表大会通过并公布的《中华人民共和国行政诉讼法》代替。
56		最高人民法院关于原告向某人民法院起诉后撤诉又向另一个人民法院起诉该法院是否受理的批复	1985年12月14日法(经)复〔1985〕58号	1991年4月9日全国人民代表大会通过并公布了《中华人民共和国民事诉讼法》,该批复与之抵触,不再适用。

续表

序号	分类	司法解释名称	发文日期、文号	废止理由
57		最高人民法院关于如何确定合同签订地问题的批复	1986年4月11日 法(经)复〔1986〕15号	1991年4月9日全国人民代表大会通过并公布了《中华人民共和国民事诉讼法》,该批复与之抵触,不再适用。
58		最高人民法院关于需要再审而发现遗漏了诉讼第三人的案件应指令哪一级法院按什么程序再审问题的批复	1986年5月21日 法(研)复〔1986〕18号	该批复已被1992年7月14日最高人民法院发布的《关于适用〈中华人民共和国民事诉讼法〉若干问题的意见》代替。
59		最高人民法院关于专业银行信用社担保的经济合同被确认无效后保证人是否应承担连带责任问题的批复	1987年2月5日 法(经)复〔1987〕5号	该批复已被1995年6月30日全国人民代表大会通过并公布的《中华人民共和国担保法》代替。
60		最高人民法院关于审理经济纠纷案件具体适用《中华人民共和国民事诉讼法(试行)》的若干问题的解答	1987年7月21日	该司法解释已被1992年7月14日最高人民法院发布的《关于适用〈中华人民共和国民事诉讼法〉若干问题的意见》代替。
61		最高人民法院关于决定采取民事拘留措施的法院能否委托被拘留人所在地法院代为执行的批复	1987年10月15日 法(经)复〔1987〕43号	该批复已被1992年7月14日最高人民法院发布的《关于适用〈中华人民共和国民事诉讼法〉若干问题的意见》代替。
62		最高人民法院关于经人民法院裁定冻结的当事人银行存款其他人民法院不应就同一笔款额重复冻结问题的批复	1987年12月14日 法(经)复〔1987〕49号	该批复已被1993年12月11日中国人民银行、最高人民法院、最高人民检察院、公安部发布的《关于查询、冻结、扣划企业事业单位、机关、团体银行存款的通知》代替。
63		最高人民法院关于借款合同的双方当事人未经保证人同意达成延期还款协议后保证人是否继续承担担保责任的批复	1988年1月9日 法(经)复〔1988〕4号	该批复已被1995年6月30日全国人民代表大会常务委员会通过并公布的《中华人民共和国担保法》代替。
64		最高人民法院关于在一审判决后的上诉期限内原审法院能否采取诉讼保全措施的批复	1988年1月13日 法(研)复〔1988〕7号	该批复已被1992年7月14日最高人民法院发布的《关于适用〈中华人民共和国民事诉讼法〉若干问题的意见》代替。

续表

序号	分类	司法解释名称	发文日期、文号	废止理由
65		最高人民法院关于不具备法人资格的企业分支机构作为经济合同一方当事人的保证人其保证合同是否有效及发生纠纷时应如何处理问题的批复	1988年3月24日法(研)复〔1988〕17号	该批复已被1995年6月30日全国人民代表大会常务委员会通过并公布的《中华人民共和国担保法》代替。
66		最高人民法院关于如何确定合同履行地问题的批复	1988年4月22日法(经)复〔1988〕20号	该批复已被1996年9月12日最高人民法院发布的《关于在确定经济纠纷案件管辖中如何确定购销合同履行地的规定》代替。
67		最高人民法院关于经济合同纠纷案件复查期间执行问题的批复	1989年8月8日法(经)复〔1989〕6号	该批复已被1991年4月9日全国人民代表大会通过并公布的《中华人民共和国民事诉讼法》代替。
68		最高人民法院关于当事人虽表示上诉但未在法定期限内提交上诉状是否作为上诉案件受理问题的批复	1989年8月21日法(经)复〔1989〕7号	该批复已被1992年7月14日最高人民法院发布的《关于适用〈中华人民共和国民事诉讼法〉若干问题的意见》代替。
69		最高人民法院关于在经济纠纷案件执行过程中当事人自愿达成和解协议后一方当事人不履行或者翻悔可否按原生效法律文书执行问题的批复	1989年9月16日法(经)复〔1989〕8日	该批复已被1992年7月14日最高人民法院发布的《关于适用〈中华人民共和国民事诉讼法〉若干问题的意见》代替。

3. 最高人民法院予以废止的 1999 年底以前发布的有关司法解释目录(第三批)

最高人民法院予以废止的 1999 年底以前发布的有关司法解释目录(第三批)

(2000 年 6 月 16 日最高人民法院审判委员会第 1119 次会议通过　2000 年 7 月 13 日最高人民法院公告公布　自 2000 年 7 月 25 日起不再适用　法释〔2000〕20 号)

序号分类	司法解释名称	发文日期、文号	废止理由
1	最高人民法院关于华侨买卖国内房屋问题的批复	1982 年 8 月 19 日〔79〕民他字第 40 号	1999 年 3 月 15 日全国人民代表大会已经通过并公布了《中华人民共和国合同法》,该司法解释与之抵触,不再适用。
2	最高人民法院关于王正贵与林作信、江妙法房屋买卖关系如何确认的批复	1982 年 12 月 18 日(82)民他字第 1 号	1999 年 3 月 15 日全国人民代表大会已经通过并公布了《中华人民共和国合同法》,该司法解释与之抵触,不再适用。
3	最高人民法院关于租赁契约在履行期间发生争执新订立协议在办理公证时一方反悔并拒绝签字、领受公证书,应如何处理问题的批复	1987 年 1 月 19 日〔1986〕民他字第 122 号	1999 年 3 月 15 日全国人民代表大会已经通过并公布了《中华人民共和国合同法》,该司法解释与之抵触,不再适用。
4	最高人民法院关于强锡麟捐赠给国家的财产应如何处理的批复	1988 年 3 月 12 日〔87〕民他字第 66 号	1999 年 3 月 15 日全国人民代表大会已经通过并公布了《中华人民共和国合同法》,该司法解释的有关内容已被合同法相关内容所替代。
5	最高人民法院关于公产房屋的买卖及买卖协议签订后一方是否可以翻悔问题的复函	1990 年 2 月 17 日〔89〕民他字第 50 号	1999 年 3 月 15 日全国人民代表大会已经通过并公布了《中华人民共和国合同法》,该司法解释与之抵触,不再适用。
6	最高人民法院关于贯彻执行《经济合同法》若干问题的意见	1984 年 9 月 17 日〔1984〕法办字第 128 号	1999 年 3 月 15 日全国人民代表大会已经通过并公布了《中华人民共和国合同法》,原依据《中华人民共和国经济合同法》有关规定作出的该司法解释不再适用。

续表

序号 分类	司法解释名称	发文日期、文号	废止理由
7	最高人民法院关于在审理经济合同纠纷案件中具体适用《经济合同法》的若干问题的解答	1987年7月21日法（经）发〔1987〕20号	1999年3月15日全国人民代表大会已经通过并公布了《中华人民共和国合同法》，原依据《中华人民共和国经济合同法》有关规定作出的该司法解释不再适用。
8	最高人民法院关于适用《涉外经济合同法》若干问题的解答	1987年10月19日法（经）发〔1987〕27号	1999年3月15日全国人民代表大会已经通过并公布了《中华人民共和国合同法》，原依据《中华人民共和国涉外经济合同法》有关规定作出的该司法解释不再适用。
9	最高人民法院关于对无法定和约定期限的工矿产品内在质量提出异议应如何确定期限问题的复函	1993年9月13日法经〔1993〕195号	1999年3月15日全国人民代表大会已经通过并公布《中华人民共和国合同法》，该批复与之抵触，不再适用。
10	最高人民法院关于审理科技纠纷案件的若干问题的规定	1995年4月2日法发〔1995〕6号	1999年3月15日全国人民代表大会已经通过并公布了《中华人民共和国合同法》，原依据《中华人民共和国技术合同法》有关规定作出的该司法解释不再适用。

4. 最高人民法院予以废止的2000年底以前发布的有关司法解释目录(第四批)

最高人民法院予以废止的2000年底以前发布的有关司法解释目录(第四批)

(2001年12月24日最高人民法院审判委员会第1202次会议通过 2001年12月27日最高人民法院公告公布 自2001年12月28日起不再适用 法释〔2001〕32号)

序号分类	司法解释名称	发文日期、文号	废止理由
1	最高人民法院关于波侨财产遗赠中国人应否有效问题的批复	1951年6月14日东法编字第2842号	已被1985年4月10日全国人民代表大会已经通过并公布的《中华人民共和国继承法》代替
2	最高人民法院关于处理外侨案件如当地无外事处可就近与省市人民政府外事处联系处理的通报	1951年9月26日法督(一)字第5号	情况已改变,实际上已经失效
3	最高人民法院中南分院转知苏联废除苏联公民与外国人结婚的禁令	1954年6月14日〔54〕办秘发字第87号	调整对象已消失,实际上已经失效
4	最高人民法院关于波兰法院对双方都居住在波兰的中国侨民的离婚判决在中国是否有法律效力问题的复函	1957年5月4日法行字第8490号	已被1991年8月13日最高人民法院发布的法(民)发〔1991〕21号《最高人民法院关于中国公民申请承认外国法院离婚判决程序问题的规定》代替
5	最高人民法院关于中国籍的朝鲜族公民申请离婚应如何处理问题的批复	1962年8月22日〔62〕法行字第160号	已被1994年2月1日国务院发布的《婚姻登记管理条例》代替
6	最高人民法院关于离婚判决可以直接寄给在香港的当事人的批复	1963年2月25日〔63〕法研字第21号	已被1999年3月29日最高人民法院发布的法释〔1999〕9号《关于内地与香港特别行政区法院相互委托送达民商事司法文书的安排》的司法解释代替

续表

序号 分类	司法解释名称	发文日期、文号	废止理由
7	最高人民法院关于我国公民要求与已回国的日本人离婚问题的复函	1964年7月7日〔64〕法研字第64号	已被1994年2月1日国务院发布《婚姻登记管理条例》代替
8	最高人民法院关于李淑芬与黄正宽离婚一案的批复	1964年11月16日〔64〕民他字60号	主要内容与1994年2月1日国务院发布《婚姻登记管理条例》不相符
9	最高人民法院关于朱玉琴与山田良离婚问题的批复	1978年7月28日〔78〕法民字第18号	与1992年3月4日最高人民法院、外交部、司法部发布的外发〔1992〕8号《关于执行〈关于向国外送达民事或商事司法文书和司法外文书公约〉有关程序的通知》不相符
10	最高人民法院关于审理涉外海上交通事故案件的几个问题的通知	1983年12月30日〔83〕法经字第8号	已被1999年12月25日全国人民代表大会已经通过并公布的《中华人民共和国海事诉讼特别程序法》代替
11	最高人民法院关于开展专利审判工作的几个问题的通知	1985年2月16日法（经）〔1985〕3号	已被2000年8月25日全国人民代表大会常务委员会已经修正并公布的《中华人民共和国专利法》和1997年3月14日全国人民代表大会修订并公布的《中华人民共和国刑法》代替
12	最高人民法院关于驻外使馆参赞能否以外交代表身份为本国国民在我国的民事诉讼中聘请中国律师代理诉讼问题的批复	1985年3月28日〔1985〕民他字第5号	已被1992年7月14日最高人民法院发布的法发〔1992〕22号《最高人民法院关于适用〈民事诉讼法〉若干问题的意见》代替
13	最高人民法院关于外籍当事人委托居住我国境内的外国人或本国住我国领事馆人员为诉讼代理人，可否允许问题的批复第一条	1985年6月8日〔85〕民他字第3号	已被1992年7月14日最高人民法院发布的法发〔1992〕22号《最高人民法院关于适用〈民事诉讼法〉若干问题的意见》代替
14	最高人民法院关于商标侵权如何计算损失赔偿额和侵权期间问题的批复	1985年11月6日法经复〔1985〕53号	与2001年10月27日全国人民代表大会常务委员会修正并公布的《中华人民共和国商标法》不相符

续表

序号分类	司法解释名称	发文日期、文号	废止理由
15	最高人民法院关于专利侵权纠纷案件地域管辖问题的通知	1987年6月29日发布	已被2001年6月22日最高人民法院发布的法释〔2001〕21号《最高人民法院关于审理专利纠纷案件适用法律问题的若干规定》的司法解释代替
16	最高人民法院关于著作权（版权）归主办单位所有的作品是否侵犯个人版权的批复	1987年12月31日〔1987〕民他字第24号	已被2001年10月27日全国人民代表大会已经修正并公布的《中华人民共和国著作权法》代替
17	最高人民法院关于外国法院离婚判决中的中国当事人向人民法院申请承认该外国法院离婚判决的效力问题的批复	1990年8月28日法民复字〔1990〕12号	已被1991年8月13日最高人民法院发布的法（民）发〔1991〕21号《最高人民法院关于中国公民申请承认外国法院离婚判决程序问题的规定》代替
18	最高人民法院关于审理专利纠纷案件若干问题的解答	1992年2月9日法发〔1992〕3号	已被2001年6月22日最高人民法院发布的法释〔2001〕21号《最高人民法院关于审理专利纠纷案件适用法律问题的若干规定》的司法解释代替
19	最高人民法院关于学习宣传和贯彻执行《中华人民共和国海商法》的通知	1992年11月18日法发〔1992〕37号	适用期已过，实际上已经失效
20	最高人民法院关于水路货物逾期运到，因货物价格下降所造成的经济损失应否赔偿的复函	1995年12月7日〔1995〕交他字第7号	原依据的《中华人民共和国经济合同法》和《水路货物运输规则》、《水路货物运输合同实施细则》有关规定作出的该司法解释不再适用

5. 最高人民法院予以废止的 2000 年底以前发布的有关司法解释目录(第五批)

最高人民法院予以废止的 2000 年底以前发布的有关司法解释目录(第五批)

(2002 年 2 月 22 日最高人民法院审判委员会第 1214 次会议通过　2002 年 3 月 6 日最高人民法院公告公布　自 2002 年 3 月 10 日起施行　法释〔2002〕6 号)

序号	司法解释名称	发文日期、文号	废止理由
1	最高人民法院关于申请执行仲裁裁决应向何地法院提出的批复	1985 年 1 月 17 日法(研)复〔1985〕5 号	已被 1991 年 4 月 9 日全国人民代表大会通过的《中华人民共和国民事诉讼法》代替
2	最高人民法院关于上级人民法院发现下级人民法院对没有严重妨害民事诉讼行为的当事人采取的强制措施能否纠正问题的批复	1986 年 4 月 2 日法(研)复〔1986〕14 号	已被 1992 年 7 月 14 日最高人民法院发布的法发〔1992〕22 号《最高人民法院关于适用〈中华人民共和国民事诉讼法〉若干问题的意见》代替
3	最高人民法院关于人民法院对申请强制执行仲裁机构的调解书应如何处理问题的通知	1986 年 8 月 20 日法(经)复〔1986〕26 号	原依据的《中华人民共和国经济合同法》和《中华人民共和国民事诉讼法(试行)》有关规定作出的该司法解释不再适用并且其内容已被 1994 年 8 月 31 日全国人民代表大会常务委员会通过的《中华人民共和国仲裁法》代替
4	最高人民法院关于在审理经济纠纷案件中认真办好外地法院委托事项的通知	1988 年 1 月 20 日法(经)发〔1988〕2 号	已被 1993 年 9 月 25 日最高人民法院发布的法发〔1993〕26 号《最高人民法院关于人民法院相互办理委托事项的规定》代替
5	最高人民法院关于经济纠纷案件复查期间执行问题的批复	1989 年 8 月 8 日法(经)复〔1989〕6 号	已被 1991 年 4 月 9 日全国人民代表大会通过的《中华人民共和国民事诉讼法》代替
6	最高人民法院关于在经济纠纷案件执行过程中当事人自愿达成和解后一方当事人不履行或者翻悔可否按原生效法律文书执行问题的批复	1989 年 9 月 16 日法(经)复〔1989〕9 号	已被 1998 年 7 月 8 日最高人民法院发布的法释〔1998〕15 号《最高人民法院关于执行工作的若干问题的规定(试行)》代替

续表

序号	司法解释名称	发文日期、文号	废止理由
7	最高人民法院关于被执行人未按民事调解书指定期间给付金钱的义务是否应当支付延期履行的债务利息的复函	1992年5月4日法函〔1992〕58号	已被1992年7月14日最高人民法院发布的法发〔1992〕22号《最高人民法院关于适用〈中华人民共和国民事诉讼法〉若干问题的意见》代替
8	最高人民法院经济审判庭关于在财产保全时为被申请人提供担保的当事人应否在判决书或调解书中明确其承担的义务及在执行程序中可否直接执行担保人财产的复函	1994年4月11日法经〔1994〕90号	已被1998年7月8日最高人民法院发布的法释〔1998〕15号《最高人民法院关于执行工作的若干问题的规定(试行)》代替
9	最高人民法院关于海事法院诉讼前扣押船舶的规定	1994年7月6日法发〔1994〕14号	已被1999年12月25日全国人民代表大会常务委员会通过的《中华人民共和国海事诉讼特别程序法》代替
10	最高人民法院关于对银行贷款抵押财产执行问题的复函	1994年12月16日法经〔1994〕334号	已被1998年7月8日最高人民法院发布的法释〔1998〕15号《最高人民法院关于执行工作的若干问题的规定(试行)》代替
11	最高人民法院关于信用社非法转移人民法院冻结款项应如何承担法律责任的复函	1995年5月5日法函〔1995〕51号	已被1998年7月8日最高人民法院发布的法释〔1998〕15号《最高人民法院关于执行工作的若干问题的规定(试行)》代替
12	最高人民法院关于企业法人的一个分支机构已无财产法院能否执行该企业法人其他分支机构财产问题的复函	1995年12月6日法函〔1995〕158号	已被1998年7月8日最高人民法院发布的法释〔1998〕15号《最高人民法院关于执行工作的若干问题的规定(试行)》代替
13	最高人民法院关于处理行政机关申请人民法院强制执行案件分工问题的通知	1996年4月29日法发〔1996〕12号	已被1998年8月18日最高人民法院发布的法〔1998〕77号《最高人民法院关于办理行政机关申请强制执行案件有关问题的通知》代替
14	最高人民法院关于信用社擅自解冻被执行人存款造成款项流失能否要求该信用社承担相应的偿付责任问题的复函	1996年6月6日法函〔1996〕96号	已被1998年7月8日最高人民法院发布的法释〔1998〕15号《最高人民法院关于执行工作的若干问题的规定(试行)》代替

续表

序号	司法解释名称	发文日期、文号	废止理由
15	最高人民法院关于不宜冻结证券交易账户的函	1997年8月1日法函〔1997〕91号	已被1997年12月2日最高人民法院法发〔1997〕27号《关于冻结、划拨证券或期货交易所、证券登记结算机构、证券经营或期货经纪机构清算账户资金等问题的通知》代替
16	最高人民法院执行工作办公室关于不宜冻结、划拨证券经营机构在其交易资金结算账户上的存款问题的函	1997年9月3日法明传〔1997〕324号	已被1997年12月2日最高人民法院法发〔1997〕27号《关于冻结、划拨证券或期货交易所、证券登记结算机构、证券经营或期货经纪机构清算账户资金等问题的通知》代替

6. 最高人民法院予以废止的2000年底以前发布的有关司法解释目录（第六批）

最高人民法院予以废止的2000年底以前发布的有关司法解释目录（第六批）

(2002年2月22日最高人民法院审判委员会第1214次会议通过 2002年5月23日最高人民法院公告公布 自2002年5月29日起不再适用 法释〔2002〕13号)

序号	司法解释名称	发文日期、文号	废止理由
1	最高人民法院关于办理出国手续不属法院工作范围及有关法律文书转递问题的批复	1978年5月24日〔78〕法民字第12号	已被1991年4月9日全国人民代表大会通过的《中华人民共和国民事诉讼法》代替
2	最高人民法院关于邮电部门造成电报稽延、错误是否承担赔偿责任问题的批复	1986年12月30日法(经)复〔1986〕38号	已被1999年6月9日最高人民法院发布的法释〔1999〕11号《最高人民法院关于人民法院是否受理因邮电部门电报稽延纠纷提起诉讼问题的批复》代替
3	最高人民法院关于人民法院应否受理财政支农周转金借款合同纠纷案件的问题的批复	1987年8月3日法(研)复〔1987〕29号	已被1993年8月28日最高人民法院发布的法释〔1993〕7号《最高人民法院关于人民法院应否受理财政、扶贫办等非金融行政机构借款合同纠纷的批复》代替
4	最高人民法院关于行政单位或企业单位开办的企业倒闭后债务由谁承担的批复	1987年8月29日法(研)复〔1987〕33号	已被1994年3月30日最高人民法院发布的法释〔1994〕4号《最高人民法院关于企业开办的其他企业被撤销或者歇业后民事责任承担问题的批复》代替
5	最高人民法院印发《关于强制变卖被扣押船舶清偿债务的具体规定》的通知	1987年8月29日法(经)发〔1987〕22号	已被1999年12月25日全国人民代表大会常务委员会通过的《中华人民共和国海事诉讼特别程序法》代替
6	最高人民法院关于保险货物发生损失引起运输合同赔偿纠纷如何适用法律问题的批复	1989年5月30日法(交)复〔1989〕3号	原依据的《中华人民共和国经济合同法》已失效

续表

序号	司法解释名称	发文日期、文号	废止理由
7	最高人民法院关于经工商行政管理部门查处后人民法院对购销伪劣假冒商品合同纠纷是否受理的问题的函	1989年5月30日〔89〕法经函字第15号	已被1991年4月9日全国人民代表大会通过的《中华人民共和国民事诉讼法》代替
8	最高人民法院民事审判庭关于民事制裁复议程序几个问题的复函	1990年4月13日〔89〕民他字第47号	已被1991年4月9日全国人民代表大会通过的《中华人民共和国民事诉讼法》和1992年7月14日最高人民法院发布的法发〔1992〕22号《最高人民法院关于适用〈中华人民共和国民事诉讼法〉若干问题的意见》代替
9	最高人民法院关于在经济审判中适用国务院国发〔1990〕68号文件有关问题的通知	1991年3月16日法(经)发〔1991〕10号	情况已变化,实际上已失效
10	最高人民法院关于适用《关于修改〈中华人民共和国经济合同法〉的决定》有关问题的通知	1993年11月27日法发〔1993〕39号	原依据的《中华人民共和国经济合同法》已失效
11	最高人民法院关于逾期付款的违约金应依何种标准计算问题的复函	1994年3月12日法函〔1994〕10号	已被1999年2月16日最高人民法院发布的法释〔1998〕8号《最高人民法院关于逾期付款违约金应当按照何种标准计算问题的批复》代替
12	最高人民法院关于海事法院诉讼前扣押船舶的规定	1994年7月6日法发〔1994〕14号	已被1999年12月25日全国人民代表大会常务委员会通过的《中华人民共和国海事诉讼特别程序法》代替
13	最高人民法院关于逾期付款违约金应当依据何种标准计算问题的批复	1996年5月16日法复〔1996〕7号	已被1999年2月16日最高人民法院发布的法释〔1998〕8号《最高人民法院关于逾期付款违约金应当按照何种标准计算问题的批复》代替
14	最高人民法院关于对公民在羁押期间内被同监室人犯殴打致死公安机关应否承担责任问题的答复	1998年1月19日〔1997〕行他字第9号	已被2001年6月26日最高人民法院发布的法释〔2001〕23号《最高人民法院关于公安机关不履行法定行政职责是否承担行政赔偿责任问题的批复》代替

7. 最高人民法院予以废止的 2007 年底以前发布的有关司法解释目录(第七批)

最高人民法院关于废止 2007 年底以前发布的有关司法解释(第七批)的决定

(2008 年 12 月 8 日最高人民法院审判委员会第 1457 次会议通过 2008 年 12 月 18 日最高人民法院公告公布 自 2008 年 12 月 24 日起施行 法释〔2008〕15 号)

序号	司法解释名称	发文日期或者文号	废止理由
1	最高人民法院关于国家经租的房屋不允许继承问题的批复	1964 年 9 月 18 日	情况已变化,不再适用
2	最高人民法院关于城市居民和资本家的城市房屋是否准许买卖的复函	〔1965〕法研字第 173 号	情况已变化,不再适用
3	最高人民法院关于国营企业购买私房已经使用多年经补办批准手续后可承认买卖关系有效的批复	〔1985〕法民字第 14 号	情况已变化,不再适用
4	最高人民法院关于吴天爵等与新宾镇集体饮食服务店房产纠纷案的批复	法(民)复〔1985〕17 号	情况已变化,不再适用
5	最高人民法院关于房屋抵押不能改为房屋典当处理的批复	1985 年 4 月 27 日	情况已变化,不再适用
6	最高人民法院关于解放前劳动人民之间宅基地租赁契约是否承认和保护问题的批复	1985 年 11 月 21 日	情况已变化,不再适用
7	最高人民法院关于毕云亭房屋被入股后,久不主张权利应如何处理的批复	〔1985〕法民字第 18 号	情况已变化,不再适用
8	最高人民法院关于李斯棣等人为房屋产权申诉案的批复	〔1986〕民他字第 7 号	情况已变化,不再适用
9	最高人民法院关于公民对宅基地只有使用权没有所有权的批复	〔1986〕民他字第 33 号	已被物权法取代
10	最高人民法院关于如何具体适用最高人民法院《关于贯彻执行民事政策法律若干问题的意见》第五十六条规定的批复	〔1987〕民他字第 42 号	与物权法规定冲突

续表

序号	司法解释名称	发文日期或者文号	废止理由
11	最高人民法院关于曹根田与张仁吉房屋买卖关系是否有效的批复	1987年12月10日	情况已变化,不再适用
12	最高人民法院关于原孙兆骥购置的房产应如何确认产权和继承的批复	〔1988〕民他字第27号	情况已变化,不再适用
13	最高人民法院关于土改时献产且产权早已转移的房屋,现在要求返还不应支持的复函	〔1989〕民他字第5号	情况已变化,不再适用
14	最高人民法院关于土改中地主的房产,已确权部分归地主所有,未确权又未分配的部分应属公产的批复	〔1989〕民他字第13号	情况已变化,不再适用
15	最高人民法院关于肖至柔、肖荣沈诉泰和县螺溪乡郭瓦、集丰两村委会房屋产权纠纷案的函	1990年6月19日	情况已变化,不再适用
16	最高人民法院关于杜月丑房屋申诉案处理问题的函	1990年11月7日	情况已变化,不再适用
17	最高人民法院关于陈伯恩与泉州制药厂房产纠纷上诉案的复函	〔1991〕民他字第55号	情况已变化,不再适用
18	最高人民法院关于地主在土改时隐瞒未报的房屋应如何处理问题的函复	1992年3月26日	情况已变化,不再适用
19	《最高人民法院关于适用〈中华人民共和国民事诉讼法〉若干问题的意见》第136条、第205条、第206条、第240至第253条、第299条	法发〔1992〕22号	民事诉讼法已经修改
20	最高人民法院关于同一土地登记在两个土地证上应如何确认权属的复函	1992年7月9日	情况已变化,不再适用
21	最高人民法院关于淄博食品厂诉张店区车站办事处财产交换一案请示的函	1994年9月6日	情况已变化,不再适用
22	最高人民法院关于国营企业购买私房已经使用多年何时补办批准手续方可承认买卖关系有效的复函	〔1994〕法民字第28号	情况已变化,不再适用
23	最高人民法院关于审理农业承包合同纠纷案件若干问题的规定(试行)	法释〔1999〕15号	已被物权法及新的司法解释所取代
24	最高人民法院关于贯彻执行《中华人民共和国民法通则》若干问题的意见(试行)第88条、第94条、第115条、第117条、第118条、第177条	1988年1月26日最高人民法院审判委员会讨论通过	与物权法有关规定冲突
25	最高人民法院关于审理融资租赁合同纠纷案件若干问题的规定第10条	法发〔1996〕19号	与物权法相关规定冲突
26	最高人民法院关于以侵犯姓名权的手段侵犯宪法保护的公民受教育的基本权利是否应承担民事责任的批复	法释〔2001〕25号	已停止适用
27	最高人民法院关于审理出口退税托管账户质押贷款案件有关问题的规定第2条	法释〔2004〕18号	与物权法有关规定冲突

8. 最高人民法院予以废止的 1979 年底以前发布的有关司法解释目录(第八批)

最高人民法院关于废止 1979 年底以前发布的部分司法解释和司法解释性质文件(第八批)的决定

(2012 年 6 月 25 日最高人民法院审判委员会第 1550 次会议通过　2012 年 8 月 21 日最高人民法院公告公布　自 2012 年 9 月 29 日起施行　法释〔2012〕13 号)

序号	司法解释和司法解释性质文件名称	发文日期、文号	废止理由
1	最高人民法院关于少数民族与汉族通婚问题的复示	1951 年 1 月 22 日	已被婚姻法代替
2	最高人民法院、司法部关于现役革命军人与退役革命残废军人离婚案件的处理办法及开展爱国拥军教育的指示	1951 年 4 月 25 日	已被婚姻法代替
3	最高人民法院、司法部关于婚姻案件中聘金或聘礼处理原则问题的函	1951 年 8 月 10 日 法编字第 9577 号	已被婚姻法代替
4	最高人民法院华东分院关于父母子女间的法律关系可否声请脱离问题的批复	1951 年 11 月 2 日	已被婚姻法、继承法代替
5	最高人民法院、司法部、内务部纠正几个有关处理婚姻案件程序的错误的指示	1952 年 12 月 25 日 法编字第 23 号	社会形势发生变化,不再适用
6	最高人民法院、司法部关于几个有关婚姻的具体问题的解答	1953 年 2 月 11 日 法行字第 216 号	社会形势发生变化,不再适用
7	最高人民法院、司法部关于"五代内"的解释的复函	1953 年 3 月 7 日	现行法律无"五代内"的规定,不再适用
8	最高人民法院中南分院关于"公公与媳妇""继母与儿子"等可否结婚问题的复函	1953 年 7 月 14 日 〔53〕法行字第 487 号	社会形势发生变化,不再适用

续表

序号	司法解释和司法解释性质文件名称	发文日期、文号	废止理由
9	最高人民法院关于夫妻一方患精神病另一方提请离婚可否批准问题的批复	1953年10月10日 法行字第7757号	已被婚姻法代替
10	最高人民法院关于已出五代的辈分不同的旁系血亲请求结婚问题的批复	1954年3月26日 法行字第2706号	已被婚姻法代替
11	最高人民法院关于女方因通奸怀孕男方能否提出离婚问题的批复	1955年5月18日 法行字第388号	已被婚姻法代替
12	最高人民法院、内务部、解放军总政治部联合通知之附件一：关于多年无音讯之现役革命军人家属待遇及婚姻问题处理办法	1955年6月15日 法行字第9017号	社会形势发生变化，不再适用
13	最高人民法院关于在刑事判决中不宜援引宪法作论罪科刑的依据的复函	1955年7月30日	定罪科刑以刑法为依据，复函不再适用
14	最高人民法院关于男女双方已办理结婚登记后一方反悔不愿同居应如何处理问题的复函	1955年9月29日 法行字第14234号	已被婚姻法代替
15	最高人民法院关于麻疯病患者犯罪是否负刑事责任问题的复函	1955年10月15日 法研字第15066号	刑法关于刑事责任能力已有规定，复函不再适用
16	最高人民法院关于怀孕女犯保外如何计算刑期问题的批复	1956年1月26日 法研字第730号	刑事诉讼法及相关司法解释已有规定
17	最高人民法院关于处理精神病患者犯罪问题的复函	1956年6月2日 法研字第5674号	复函已被刑法的相关规定代替
18	最高人民法院、司法部转发中国人民解放军总政治部组织部"关于现役军官婚姻问题的规定"	1956年6月25日 〔56〕法行字第6415号	已被婚姻法代替
19	最高人民法院、公安部关于罪犯在劳改中坦白缴出黄金，白银等财物处理问题的联合批复	1956年9月21日 〔56〕法刑字第9415号	关于没收财产及其执行，刑法以及刑事诉讼法已有规定
20	最高人民法院、公安部、司法部关于处理劳改犯配偶提出离婚案件应征询劳改犯意见的联合通知	1956年9月22日 〔56〕法行字第9404号	已被婚姻法代替

续表

序号	司法解释和司法解释性质文件名称	发文日期、文号	废止理由
21	最高人民法院关于延吉县人民法院请示朝鲜公民贩运鸦片等案件的审判权问题的复函	1956年10月11日 法研字第10178号	已被民事诉讼法、刑事诉讼法代替
22	最高人民法院关于处理劳动教养人员离婚问题的复函	1956年10月17日 法研字第10377号	已被婚姻法代替
23	最高人民法院关于审批减刑、假释案件时是否审阅原卷问题的批复	1956年10月22日 法研字第10622号	关于减刑、假释的司法解释已有规定
24	最高人民法院关于提审案件审级问题的复函	1956年10月26日	民事诉讼法第186条和刑事诉讼法第206条对提审案件审级问题已作出规定
25	最高人民法院关于判处徒刑宣告缓刑和判处徒刑回村执行可否与剥夺政治权利同时并科及剥夺政治权利的期间应自何时起算等问题的函	1956年11月15日 法研字第11974号	刑法及相关司法解释已有规定
26	最高人民法院关于被剥夺政治权利的留场人员表现良好可否缩短剥夺政治权利期限问题的复函	1956年11月16日 法研字第11772号	关于减刑、假释的司法解释已有规定
27	最高人民法院关于宣告假释或缓刑的罪犯另犯新罪应由哪一个法院撤销假释或缓刑等问题的批复	1956年11月24日 法研字第12058号	刑事诉讼法及相关司法解释已有规定
28	最高人民法院关于上诉审人民法院终审判决不准离婚经过一定时期后当事人一方又向第一审人民法院起诉如何处理的批复	1956年12月1日 法研字第12182号	已被民事诉讼法代替
29	最高人民法院关于一方居住内地一方居住香港的离婚案件如何征求意见问题的复函	1956年12月6日 法行字第12538号	已被民事诉讼法代替
30	最高人民法院关于引用法律、法令等所列条、款、项、目顺序的通知	1956年12月22日 法行字第13032号	立法法对此已有规定
31	最高人民法院关于对人民法庭的判决不服而提起上诉的函	1956年12月24日 法研字第13122号	已被民事诉讼法代替

续表

序号	司法解释和司法解释性质文件名称	发文日期、文号	废止理由
32	最高人民法院关于合伙经营的企业与独资经营的企业均负有债务、独资企业无力偿还时拍卖合伙企业的财产应否首先清偿合伙企业所负债务问题的批复	1957年1月22日 法研字第1480号	已被合伙企业法代替
33	最高人民法院关于判处死刑缓期两年的犯人缓刑期满后可否再缓一年的复函	1957年1月23日 法研字第1885号	刑事诉讼法已有规定
34	最高人民法院关于由院长参加审判的案件实行审判监督程序问题的复函	1957年1月26日 法研字第2085号	人民法院组织法、民事诉讼法和刑事诉讼法已有规定
35	最高人民法院关于离婚案件的一方当事人在上诉期间与第三者结婚是否违法和人民法院主持成立的调解可否提起上诉两个问题的批复	1957年2月21日 [57]法研字第3580号	已被民事诉讼法代替
36	最高人民法院关于由院长提交审判委员会处理而审判委员会作出决议另行组织合议庭再审的案件的处理程序问题的复函	1957年3月19日 法研字第5637号	民事诉讼法以及适用民事诉讼法审判监督程序的司法解释、关于执行刑事诉讼法司法解释等已有规定
37	最高人民法院有关遗嘱继承的两个具体问题的复函	1957年3月26日 法行字第6027号	已被继承法代替
38	最高人民法院关于离婚案件管辖问题的批复	1957年3月26日 法研字第5931号	已被民事诉讼法代替
39	最高人民法院关于现役革命军人婚约经双方协议取消时是否须再经人民法院裁判问题的批复	1957年4月11日 法研字第6865号	已被民事诉讼法代替
40	最高人民法院关于上诉审法院主持成立的调解的效力等问题的批复	1957年5月13日 法研字第8232号	已被民事诉讼法代替
41	最高人民法院关于与案件有直接利害关系的人能否当证人等问题的复函	1957年6月22日 法研字第12573号	已被刑事诉讼法、民事诉讼法、行政诉讼法以及最高人民法院关于民事诉讼证据的解释代替

续表

序号	司法解释和司法解释性质文件名称	发文日期、文号	废止理由
42	最高人民法院关于担保人是否应代债务人偿还欠款问题的批复	1957年6月25日 法研字第12837号	已被担保法代替
43	最高人民法院对于判处有期徒刑的罪犯在判决发生法律效力前的羁押时间已经超过徒刑期限的，不再发生宣告缓刑问题的复函	1957年7月1日 法研字第12340号	刑法及第八修正案关于缓刑的适用条件已有规定，复函与现行法律规定相冲突
44	最高人民法院关于原审法院在未发生女方怀孕时判决离婚宣判后女方发现怀孕提起上诉应如何处理问题的复函	1957年7月19日 法研字第14931号	已被婚姻法、民事诉讼法代替
45	最高人民法院关于经审判委员会讨论的案件在判决书上如何署名问题的复函	1957年7月23日 法研字第15280号	人民法院组织法对审判委员会的法律地位已有规定，且刑事诉讼法第164条、民事诉讼法第138条对判决书上的署名问题也有规定
46	最高人民法院关于劳改犯配偶提出离婚的案件管辖问题的复函	1957年7月24日 法研字第14963号	已被民事诉讼法代替
47	最高人民法院关于少数民族的配偶因他方患麻疯病一方请求离婚应如何处理问题的批复	1957年7月25日	已被婚姻法代替
48	最高人民法院、司法部关于死刑缓期后减刑的刑期计算问题的联合指示	1957年8月6日 〔57〕法研字第0161号	已过适用期，实际上已失效
49	最高人民法院关于自诉人提起上诉的案件可以直接改判加重刑罚问题的批复	1957年8月13日 法研字第16952号	刑事诉讼法及相关司法解释对上诉不加刑的含义及其适用范围已有规定
50	最高人民法院关于女方产后三个月婴儿死亡男方可否提出离婚问题的复函	1957年8月17日 〔1957〕法研字第17334号	已被婚姻法代替
51	最高人民法院关于人民法院将案件移送人民检察院处理时应用公函的批复	1957年8月23日 法研字第17890号	刑事诉讼法已有规定
52	最高人民法院关于剥夺政治权利的刑罚可否减刑问题的复函	1957年8月27日 法研字第18306号	刑法及相关司法解释已有规定，复函不再适用

续表

序号	司法解释和司法解释性质文件名称	发文日期、文号	废止理由
53	最高人民法院关于一个刑事被告人可以同时委托两个辩护人和发回更审案件检察人员以何种身份出庭问题的批复	1957年9月4日 法研字第19534号	刑事诉讼法已有规定,批复不再适用
54	最高人民法院关于被告人是精神病患者又无诉讼代理人的离婚案件可由法院指定诉讼代理人进行诉讼不宜缺席审判的批复	1957年9月20日 法研字第19881号	已被婚姻法、民事诉讼法代替
55	最高人民法院关于对委托辩护人及个人阴私案件可否准许被告近亲属旁听等问题的复函	1957年9月20日 法研字第19882号	刑事诉讼法及相关司法解释已有规定
56	最高人民法院关于行政拘留日期应否折抵刑期等问题的批复	1957年9月30日 〔1957〕法研字第20358号	已被刑法及相关司法解释代替
57	最高人民法院关于依法不公开审理的案件其判决仍应向社会公开的批复	1957年10月8日 法研字第20865号	民事诉讼法第134条、刑事诉讼法第163条以及《最高人民法院关于司法公开的六项规定》第五项已有规定
58	最高人民法院关于回族男方与汉族女方离婚后对子女抚养问题发生争执如何处理的复函	1957年12月26日 法研字第24120号	已被婚姻法代替
59	最高人民法院关于审判委员会决定再审撤销原判的裁定由谁署名及再审案件进行再审时原来充任当事人的辩护人或代理人的律师是否继续出庭问题的复函	1957年12月26日 法研字第24125号	已被刑事诉讼法、民事诉讼法、行政诉讼法代替
60	最高人民法院关于已出嫁女儿赡养父母和媳妇赡养婆婆问题的批复	1958年1月27日 法研字第8号	已被婚姻法代替
61	最高人民法院关于如何认定重婚行为问题的批复	1958年1月27日 法研字第11号	刑法第258条对重婚罪的构成要件已有规定,批复不再适用
62	最高人民法院关于离婚案件当事人一方收到判决书,须待对方收到判决书,过了上诉期限,判决发生法律效力后,才可另行结婚问题的复函	1958年2月12日 法研字第22号	已被民事诉讼法代替

续表

序号	司法解释和司法解释性质文件名称	发文日期、文号	废止理由
63	最高人民法院关于女方小产后男方能否提出离婚问题的批复	1958年2月16日〔57〕联办研字第273号	已被婚姻法代替
64	最高人民法院关于被假释的犯人在假释期间可否结婚问题的复函	1958年3月4日法研字第32-1号	已被婚姻法代替
65	最高人民法院关于与军人配偶通奸的案件为什么只对与军人配偶通奸的一方判罪问题的复函	1958年3月21日法研字第47号	刑法第259条已有规定
66	最高人民法院关于处理领取了结婚证而未同居的离婚案件问题的批复	1958年3月21日法研字第48号	已被婚姻法代替
67	最高人民法院关于受当事人委托的律师如何参加上诉审和监督审为当事人进行辩护、代理问题的复函	1958年3月26日法研字第36号	已被刑事诉讼法、民事诉讼法、行政诉讼法代替
68	最高人民法院关于离婚案件当事人对已经发生法律效力的判决提出申诉后可否通知他方当事人暂勿结婚问题的复函(节录)	1958年4月5日法研字第56号	已被民事诉讼法代替
69	最高人民法院关于管制期间可否折抵徒刑刑期问题的复函	1958年4月7日法研字第58号	根据刑法的规定,管制期间折抵徒刑刑期的问题已不存在,复函已不再适用
70	最高人民法院关于我国公民与苏联公民离婚诉讼应由我国法院受理问题的复函	1958年5月4日法研字第79号	已被民事诉讼法代替
71	最高人民法院关于剥夺政治权利期限的减免问题的复函	1959年6月4日法研字第10号	刑法及相关司法解释已有规定
72	最高人民法院关于死缓案件的刑期计算问题的批复	1959年8月5日法研字第41号	批复内容与刑法第51条规定相冲突
73	最高人民法院关于无期徒刑减为有期徒刑和死刑缓期执行直接减为有期徒刑的刑期计算问题的复函	1960年2月18日法研字第25号	刑法对无期徒刑减为有期徒刑和死缓减为有期徒刑已有规定
74	最高人民法院关于对印尼归国华侨要求公证请示的复函	1961年4月6日	已被公证法第11条规定代替

续表

序号	司法解释和司法解释性质文件名称	发文日期、文号	废止理由
75	最高人民法院关于认真贯彻执行人民陪审员制度的复函	1961年8月3日 法研字第19号	《全国人大常委会关于完善人民陪审员制度的决定》、《最高人民法院关于人民陪审员参加审判活动若干问题的规定》已有规定
76	最高人民法院关于劳改犯留场就业人员自留人员婚姻案件管辖问题的批复	1961年8月19日 〔61〕法司字第12号	已被民事诉讼法代替
77	最高人民法院关于人民武装警察部队成员的婚姻问题是否应按照现役军人婚姻问题处理的批复	1962年1月25日	已被婚姻法代替
78	最高人民法院关于委托外地法院调查案情和传讯当事人应注意的问题的函	1962年2月12日 〔62〕法行字第21号	《最高人民法院关于执行中华人民共和国刑事诉讼法若干问题的解释》第106条、《最高人民法院关于适用〈中华人民共和国民事诉讼法〉若干问题的意见》第86条以及《最高人民法院关于人民法院相互办理委托事项的规定》对委托外地法院调查案情、传讯当事人、送达审判文书等问题已有规定
79	最高人民法院关于原审法院管辖区域变更后判决改判问题的批复	1962年3月19日	最高人民法院无新规定覆盖其适用范围，但这一批复适用情形极为少见，废止后对司法活动影响甚微
80	最高人民法院关于我国公民与外国公民离婚后的子女抚养费问题的批复	1962年3月24日	已被婚姻法代替
81	最高人民法院关于处理劳改犯减刑假释案件应制作裁定书的复函	1962年7月16日 法研字第34号	刑事诉讼法对此问题已有规定
82	最高人民法院关于异父母兄妹结婚问题的复函	1962年7月26日	已被婚姻法代替
83	最高人民法院关于保外就医犯人能否结婚的复函	1962年9月1日	已被婚姻法代替
84	最高人民法院关于几个继承问题的批复	1962年9月13日 法研字第61号	已被继承法代替

续表

序号	司法解释和司法解释性质文件名称	发文日期、文号	废止理由
85	最高人民法院关于"改判"与"减刑"含义的复函	1962年11月3日 法研字第86号	刑法、刑事诉讼法对相关问题已有规定
86	最高人民法院关于劳改犯外逃时间的刑期计算和办理法律手续问题的通知	1962年11月26日	刑法、刑事诉讼法已有规定
87	最高人民法院关于劳改犯留场就业人员婚姻案件管辖问题的批复	1962年11月28日 法研字第93号	已被民事诉讼法代替
88	最高人民法院关于职工因交通事故死亡抚恤问题的复函	1962年12月24日	已被侵权责任法代替
89	最高人民法院对于曾比处过再缓一年的死缓罪犯是否可以再一次判处再缓一年的问题的批复	1963年2月25日 〔63〕法研字第22号	刑法及刑事诉讼法对死缓执行的后果已有规定,批复不再适用
90	最高人民法院、公安部关于无期徒刑罪犯服刑多久才能考虑减刑问题的联合通知	1963年3月21日 〔63〕法研字第31号	批复已被刑法第78条以及《最高人民法院关于办理减刑、假释案件具体应用法律若干问题的规定》代替
91	最高人民法院关于交通肇事抚恤问题的批复	1963年4月28日 法研字第42号	已被侵权责任法代替
92	最高人民法院关于判处有期徒刑二十年的罪犯重新犯罪的处理问题的批复	1963年5月17日 〔63〕法研字第56号	刑法第69条、第71条对数罪并罚已有规定,批复不再适用
93	最高人民法院关于判处徒刑监外执行等问题的批复	1963年6月15日 〔63〕法研字第70号	该批复所涉及的调整对象已经不存在,形势已发生变化,批复已失效
94	最高人民法院、公安部关于管制分子执行期满解除管制程序的通知	1963年6月27日 〔63〕法研字第83号	刑事诉讼法已有规定
95	最高人民法院关于旅居国外华侨委托他人出售国内房屋的公证认证手续问题的复函	1963年6月28日	已被公证法代替
96	最高人民法院关于犯人在公安机关刑事拘留期间是否可以折抵刑期问题的批复	1963年7月4日 〔63〕法研字第85号	已被刑法的相关条文(第41条、第44条、第47条)代替
97	最高人民法院、公安部、外交部复关于今后办理外侨各种证明的问题	1963年8月13日 〔63〕法司字第171号	已被公证法代替

续表

序号	司法解释和司法解释性质文件名称	发文日期、文号	废止理由
98	最高人民法院关于离婚案件中自留地、自留畜的处理问题的批复	1963年10月21日〔63〕法研字第140号	已被婚姻法代替
99	最高人民法院关于自留人员离婚案件管辖问题的批复	1963年10月21日〔63〕法行字第142号	已被民事诉讼法代替
100	最高人民法院、公安部、内务部、劳动部关于刑满释放解除教养后能否回原单位就业及其批准权限问题的批复	1963年11月4日〔63〕法研字第151号	社会形势发生变化,不再适用
101	最高人民法院关于被假释或提前释放的罪犯又犯新罪如何处理问题的批复	1963年12月6日〔63〕法研字第170号	刑法第86条关于假释的撤销及处理已有规定
102	最高人民法院关于离婚案件中对财产处理如何强制执行问题的批复	1963年12月9日〔63〕法研字第175号	社会形势发生变化,不再适用
103	最高人民法院关于旅蒙华侨持我国法院离婚调解书向我使馆申请结婚登记问题的复函	1963年12月9日	已被婚姻法、民事诉讼法代替
104	最高人民法院关于民事案件在开庭审理前试行调解时不必邀请人民陪审员参加的批复	1964年1月18日〔64〕法研字第3号	已被民事诉讼法代替
105	最高人民法院关于女方提出离婚后就离开原籍的离婚案件管辖问题的复函	1964年1月18日〔64〕法研字第5号	已被民事诉讼法代替
106	最高人民法院关于训诫问题的批复	1964年1月18日法研〔1964〕8号	已被刑法第37条非刑罚性处罚措施的规定代替
107	最高人民法院关于劳改犯减刑后又改判应如何确定执行刑期问题的批复	1964年2月20日法研〔1964〕16号	刑法及相关司法解释关于减刑的刑期计算已有规定,批复不再适用
108	最高人民法院关于劳教分子和在押未决犯等五种人员的离婚和其他民事案件管辖问题的批复	1964年5月15日	已被民事诉讼法代替
109	最高人民法院关于判处有期徒刑宣告缓刑的期限如何起算等问题的批复	1964年8月13日〔64〕法研字第70号	刑法第73条对缓刑的期限确定已有规定

续表

序号	司法解释和司法解释性质文件名称	发文日期、文号	废止理由
110	最高人民法院关于立"嗣书"继承,不予承认问题的批复	1964年9月16日	已被继承法代替
111	最高人民法院关于判处徒刑宣告缓刑上诉后维持原判的案件其缓刑考验期应从何时起算问题的批复	1964年9月19日 〔64〕法研字第84号	刑法第73条明确规定缓刑考验期从确定之日起计算,批复被代替
112	最高人民法院、公安部、外交部关于严格涉外公证手续的通知	1964年9月23日 〔64〕法司字第217号	人民法院不再开展公证业务,通知内容已被公证法第7、9、11条规定代替
113	最高人民法院关于外流妇女重婚案件和外流妇女重婚后的离婚案件管辖问题的批复	1964年10月23日 〔64〕法研字第91号	社会形势发生变化,不再适用
114	最高人民法院办公厅关于证物技术鉴定使用问题的函	1964年12月11日	刑事诉讼法相关条文及《全国人大常委会关于司法鉴定管理问题的决定》对鉴定问题已有规定,此函不再适用
115	最高人民法院关于流窜盗窃犯屡拘、屡逃其屡次被拘留时间是否可以折抵刑期问题的批复	1964年12月17日 法研〔1964〕100号	关于刑期折抵刑法已有规定,批复不再适用
116	最高人民法院关于采用其他方法处理的轻微伤害案件是否要制作调解书或判决书的问题的批复	1965年5月5日 〔65〕法研字第11号	已被刑法代替
117	最高人民法院办公厅关于国家行政机关工作人员判处徒刑宣告缓刑后其职务和待遇问题的复函	1965年6月11日 〔65〕法研字第20号	《人事部关于国家机关、事业单位工作人员受行政刑事处罚工资处理意见的复函》〔人函(1999)177号〕已有规定
118	最高人民法院关于长期参加边疆国防建设工人的配偶提出离婚不按军婚处理的批复	1965年12月6日 〔65〕法研字第42号	社会形势发生变化,不再适用
119	最高人民法院印发《关于处理中朝两国公民离婚案件座谈会纪要》的通知	1966年5月12日 〔66〕法民字第8号	已被民事诉讼法、婚姻法代替
120	最高人民法院关于办理学历证明书的通知	1974年1月18日 〔74〕法办司字第3号	已被公证法代替
121	最高人民法院关于对非婚生子女解释的复函	1974年5月17日	已被婚姻法代替

续表

序号	司法解释和司法解释性质文件名称	发文日期、文号	废止理由
122	最高人民法院办公室、外交部领事司关于公证文件中对中国血统外国籍人的提法事	1974年6月14日〔74〕法办司字第13号	人民法院不再开展公证业务，通知内容已被公证法相关规定代替
123	最高人民法院关于失主向罪犯追索被盗被骗财物应如何处理的问题的复函	1974年6月29日	《最高人民法院关于刑事附带民事诉讼范围问题的规定》已有规定，复函不再适用
124	最高人民法院、公安部关于张贴布告问题的补充通知	1974年7月20日	形势已经变化，不再适用
125	最高人民法院关于来华治病的华侨和外籍人要求出具延期治疗证明问题的批复	1975年1月24日〔75〕法办司字第5号	社会形势发生变化，不再适用
126	最高人民法院关于处理破坏军婚案件中几个问题的批复	1977年6月13日	已被婚姻法代替
127	最高人民法院、公安部关于加强对监外就医、监外执行、假释、缓刑犯人管理工作的联合通知	〔77〕法办研字第4号	刑事诉讼法已有规定
128	最高人民法院关于同父母兄妹可否结婚问题的批复	1977年9月24日	已被婚姻法代替
129	最高人民法院关于罪犯在公安机关收容审查期间可否折抵刑期的批复	1978年7月11日〔78〕法办研字第14号	刑事诉讼法已取消收容审查，批复不再适用
130	最高人民法院关于处理精神病患者犯罪问题的批复	1978年8月4日〔78〕法办研字第17号	已被刑法第18条代替
131	最高人民法院关于发给国外当事人的法律文书可交给其国内代理人的批复	1978年8月14日〔78〕法民字第12号	已被民事诉讼法代替
132	最高人民法院关于罪犯在逮捕前被"隔离审查"的日期可否折抵刑期的复函	1978年10月11日〔78〕法办研字第25号	隔离审查属违法行为，不得适用，复函实际上已失效
133	最高人民法院关于罪犯被捕前在看守所隔离审查日期可不折抵刑期的批复	1978年10月21日	隔离审查属违法行为，不得适用，批复实际上已失效
134	最高人民法院关于保外候审期间可否折抵刑期的批复	1978年11月17日〔78〕法办研字第28号	刑法关于刑期折抵已有规定，批复不再适用

续表

序号	司法解释和司法解释性质文件名称	发文日期、文号	废止理由
135	最高人民法院、公安部、外交部关于办理出生、结婚和亲属关系证明书的通知	1978年11月22日〔78〕法司字第193号	已被公证法代替
136	最高人民法院关于平反纠正冤假错案应制作何种法律文书的复函	1978年12月13日〔78〕法办研字第31号	调整对象已不存在
137	最高人民法院关于罪犯在公安机关收容审查单项折抵刑期两个具体问题的批复	1979年1月19日	刑事诉讼法已取消收容审查,批复不再适用
138	最高人民法院关于北京市高级人民法院办理学历证明工作证明请示的批复	1979年5月8日	已被公证法代替
139	最高人民法院关于办理过继和收养关系公证的通知	1979年6月5日	已被公证法、收养法代替
140	最高人民法院关于罪犯被收容审查日期折抵刑期问题的批复	1979年6月11日〔79〕法办研字第15号	刑事诉讼法已取消收容审查,批复不再适用
141	最高人民法院关于留场(厂)就业人员重新犯罪后在劳改机关禁闭审查日期应否折抵刑期的批复	1979年9月24日	禁闭审查属违法行为,劳改机关不得适用,批复不再适用
142	最高人民法院关于来信来访中不服人民法院判决的申诉案件应按审级处理的通知	1979年9月29日〔79〕法办字第65号	刑事诉讼法及相关司法解释已有规定
143	最高人民法院关于子女对继母有无赡养义务的请示的批复	1979年11月2日	已被婚姻法代替
144	最高人民法院、公安部关于人民法院决定逮捕人犯由公安机关执行的具体办法的通知	1979年11月19日〔79〕法研字第24号	刑事诉讼法关于逮捕的适用条件及适用程序已有规定,批复不再适用

9. 最高人民法院予以废止的1980年1月1日至1997年6月30日期间发布的部分司法解释和司法解释性质文件目录(第九批)

最高人民法院关于废止1980年1月1日至1997年6月30日期间发布的部分司法解释和司法解释性质文件(第九批)的决定

(2012年11月19日最高人民法院审判委员会第1560次会议通过 2013年1月14日最高人民法院公告公布 自2013年1月18日起施行 法释〔2013〕2号)

序号	司法解释和司法解释性质文件名称	发文日期、文号	废止理由
1	最高人民法院关于适用法律类推的案件报送核准问题的通知	1980年1月14日	刑法已取消法律类推,通知不再适用
2	最高人民法院、公安部关于判处死刑、死缓、无期徒刑、有期徒刑、拘役的罪犯交付执行问题的通知	1980年2月23日〔80〕法研字第8号	刑事诉讼法、监狱法及相关司法解释已有明确规定
3	最高人民法院关于公开审判正在服刑的罪犯又犯罪的案件可否组织劳改犯参加旁听问题的批复	1980年6月16日〔80〕研字第20号	依据已被《人民法院法庭规则》代替
4	最高人民法院、中国人民银行转发上海市高级人民法院《关于人民法院执行民事判决向银行调取当事人存款问题的通知》	1980年6月16日	已被《最高人民法院关于人民法院执行工作若干问题的规定(试行)》代替
5	最高人民法院关于刑事诉讼附带民事诉讼问题的批复	1980年7月16日〔80〕法研字第23号	刑事诉讼法及相关司法解释已有明确规定
6	最高人民法院关于我国公民同居住在越南的配偶离婚问题的批复	1980年7月25日〔80〕法民字第6号	已被民事诉讼法代替
7	最高人民法院关于地主家庭出身的能否回赎土改前典当给劳动人民的房屋的请示的复函	1981年6月22日	调整对象已消失,实际已失效

续表

序号	司法解释和司法解释性质文件名称	发文日期、文号	废止理由
8	最高人民法院关于受理现役军人提出离婚案件应参照执行中国人民解放军总政治部《关于军队贯彻执行中华人民共和国婚姻法的暂行规定》的复函	1981年7月28日	社会形势发生变化，不再适用
9	最高人民法院关于扣船法律程序的请示报告的批复	1981年10月24日 〔81〕法交字第3号	已被海事诉讼特别程序法代替
10	最高人民法院、司法部、民政部、全国总工会、共青团中央、全国妇联关于深入宣传婚姻法的通知	1981年11月30日	婚姻法已于2001年修订，该通知已经失效
11	最高人民法院关于办理宽大释放法律手续的通知	1982年3月10日 〔1982〕法刑字第1号	社会形势发生变化，不再适用
12	最高人民法院关于坚决执行全国人大常委会《关于严惩严重破坏经济的罪犯的决定》的通知	1982年3月15日 〔82〕法研字第1号	全国人大常委会《关于严惩严重破坏经济的罪犯的决定》已废止，通知已失效
13	最高人民法院关于为实施《中华人民共和国经济合同法》和《中华人民共和国民事诉讼法（试行）》做好准备工作的通知	1982年3月16日 〔82〕法研字第2号	社会形势发生变化，不再适用
14	最高人民法院关于人民法院公开审判刑事案件一般不要对被告人使用械具的通知	1982年5月20日 〔82〕法研字第3号	通知精神已被《人民法院司法警察看管规则》吸收
15	最高人民法院研究室关于类推程序问题的电话答复	1982年9月11日	刑法已经取消类推制度
16	最高人民法院关于如何确认和公证事实婚姻问题的复函	1982年10月5日 〔82〕法研字第10号	社会形势发生变化，不再适用
17	最高人民法院研究室关于刑事诉讼法实施前遗留案件的审理程序问题的电话答复	1982年10月21日	社会形势发生变化，不再适用
18	最高人民法院刑一庭对《关于对黄炳光等六名被告人贩运伪造的外汇兑换券一案的请示》的电话答复	1983年3月17日	已取消兑换券，批复已无实际指导意义

续表

序号	司法解释和司法解释性质文件名称	发文日期、文号	废止理由
19	最高人民法院研究室关于怀孕妇女被监视居住如何计算刑期问题的电话答复	1983年4月20日	刑事诉讼法已有明确规定
20	最高人民法院关于助理审判员可否作为合议庭成员并担任审判长问题的批复	1983年5月25日 〔83〕法研字第12号	已被刑事诉讼法及相关司法解释代替
21	最高人民法院研究室关于复查实施"两法"前判处的案件是否需组成合议庭的电话答复	1983年7月20日	答复已过时效
22	最高人民法院研究室关于服刑期间发现的漏罪应否适用《关于严惩严重危害社会治安的犯罪分子的决定》问题的电话答复	1983年9月15日	答复依据已被废止,不再适用
23	最高人民法院关于人民法院审判严重刑事犯罪案件中具体应用法律的若干问题的答复	1983年9月20日 〔83〕法研字第18号	答复依据已被废止,不再适用
24	最高人民法院关于立案后有关涉外诉讼文书及送达问题的批复	1983年12月15日	已被《最高人民法院关于涉外民事或商事案件司法文书送达问题若干规定》代替
25	最高人民法院、中国人民银行关于查询、冻结和扣划企业事业单位、机关、团体的银行存款的联合通知	1983年12月20日 〔83〕法研字第30号	已被《中国人民银行、最高人民法院、最高人民检察院、公安部关于查询、冻结、扣划企业事业单位、机关、团体银行存款的通知》代替
26	最高人民法院印发《关于驻外使领馆处理华侨婚姻问题的若干规定》的通知	1983年12月27日 〔83〕法研字第26号	《关于驻外使领馆处理华侨婚姻问题的若干规定》部分内容与婚姻法相冲突,通知不再适用
27	最高人民法院关于人民法院审判严重刑事犯罪案件中具体应用法律的若干问题的答复(二)	1983年12月30日 〔83〕法研字第27号	答复依据已被废止,不再适用
28	最高人民法院关于统一报送死刑备案材料的通知	1984年4月9日	调整对象已不存在,通知不再适用

序号	司法解释和司法解释性质文件名称	发文日期、文号	废止理由
29	最高人民法院关于一方为外国人与我国境内的配偶达成离婚协议我国法院可否制发调解书问题的批复	1984年4月9日〔84〕法民字第4号	已被民事诉讼法代替
30	最高人民法院关于原在内地登记结婚,现双方均居住香港,他们发生离婚诉讼,内地人民法院可否按《关于驻外使领馆处理华侨婚姻的若干规定》的通知办理的批复	1984年4月14日〔84〕法民字第3号	已被民事诉讼法代替
31	最高人民法院关于《城市私有房屋管理条例》公布前机关、团体、部队、企业、事业单位购买或租用房屋是否有效问题的答复	1984年4月17日〔84〕法研字第5号	社会形势发生变化,不再适用
32	最高人民法院关于给在台湾的当事人送达法律文书的批复	1984年8月29日	已被《最高人民法院关于涉台民事诉讼文书送达的若干规定》代替
33	最高人民法院研究室关于死缓犯人与其他罪犯又共同犯罪审理程序问题的电话答复	1984年9月5日	答复依据已被修改,不再适用
34	最高人民法院研究室关于已满14岁不满16岁的人犯强奸罪是否应负刑事责任问题的电话答复	1984年11月8日	与刑法规定相冲突
35	最高人民法院关于审理劳改罪犯减刑、假释案件可否由审判员独任审理的批复	1984年11月24日〔84〕法研字第18号	已被刑法、刑事诉讼法以及相关司法解释代替
36	最高人民法院关于房屋典当回赎问题的批复	1984年12月2日	社会形势发生变化,不再适用
37	最高人民法院关于港澳同胞持有"英国属土公民护照"或澳葡当局所发身份证在内地人民法院起诉应诉的民事案件是否作为涉外案件问题的批复	1984年12月6日	社会形势发生变化,不再适用
38	最高人民法院关于依法监视居住期间可否折抵刑期问题的批复	1984年12月18日〔84〕法研字第16号	刑事诉讼法已有明确规定

续表

序号	司法解释和司法解释性质文件名称	发文日期、文号	废止理由
39	最高人民法院、公安部、商业部、城乡建设环境保护部关于转发陕西省西安市《关于办理离婚、房产案件中有关户粮分立、迁转和房产变动问题的联合通知》的通知	1985年3月21日	社会形势发生变化,不再适用
40	最高人民法院关于指定重庆市中级人民法院办理部分专利纠纷案件的批复	1985年3月27日 法(经)复〔1985〕18号	调整对象发生变化,不再适用
41	最高人民法院关于外国驻华使馆的职员能否以外交代表身份为本国国民在我国聘请中国律师代理民事诉讼的批复	1985年3月28日	已被《最高人民法院关于适用〈中华人民共和国民事诉讼法〉若干问题的意见》代替
42	最高人民法院研究室关于按照审判监督程序决定再审的案件是否应先撤销原判决问题的电话答复	1985年3月30日	刑事诉讼法及相关司法解释已有明确规定
43	最高人民法院关于民事上诉案件受理费的几个问题的批复	1985年4月4日 法(研)复〔1985〕21号	已被《诉讼费用交纳办法》代替
44	最高人民法院研究室关于成年人犯罪造成经济损害其父母有无赔偿义务问题的电话答复	1985年4月10日	已被刑事诉讼法及相关司法解释代替
45	最高人民法院研究室关于判处无期徒刑的罪犯在服刑期间又犯新罪是否要再判处刑罚问题的电话答复	1985年5月8日	刑事诉讼法、刑法及相关司法解释已有明确规定
46	最高人民法院关于缓刑考验期内表现好的罪犯可否缩减其缓刑考验期限的批复	1985年5月9日 法(研)复〔1985〕27号	《最高人民法院关于办理减刑、假释案件具体应用法律若干问题的规定》已有明确规定
47	最高人民法院切实执行《关于统一报送死刑备案材料的通知》的通知	1985年6月8日	调整对象已不存在,通知不再适用
48	最高人民法院关于男女登记离婚后一方翻悔,向人民法院提起诉讼,人民法院是否应当受理的批复	1985年6月15日 法(民)复〔1985〕35号	已被民事诉讼法代替
49	最高人民法院研究室关于盗窃分子内外勾结盗窃中外合资企业财产的案件是否属于涉外案件的复函	1985年7月2日	刑事诉讼法及相关司法解释已有明确规定

序号	司法解释和司法解释性质文件名称	发文日期、文号	废止理由
50	最高人民法院研究室关于变造国家货币的行为应如何定罪问题的电话答复	1985年8月2日	刑法第173条已规定变造货币罪,答复不再适用
51	最高人民法院研究室关于押在看守所的死缓犯抗拒改造情节恶劣应当执行死刑的如何报送核准问题的电话答复	1985年8月7日	刑事诉讼法及相关司法解释已有明确规定
52	最高人民法院关于台湾同胞为追索建国前公民之间债务的起诉,人民法院是否受理问题的批复	1985年8月8日	社会形势发生变化,不再适用
53	最高人民法院研究室关于对未成年犯能否附加剥夺政治权利问题的电话答复	1985年8月16日	刑法已有明确规定
54	最高人民法院关于人民法院审判严重刑事犯罪案件中具体应用法律的若干问题的答复(三)	1985年8月21日 法(研)发〔1985〕18号	答复依据已被废止,不再适用
55	最高人民法院关于人民法院依法执行行政机关的行政处罚决定应用何种法律文书的问题的批复	1985年9月14日 法(经)复〔1985〕49号	《最高人民法院关于人民法院执行工作若干问题的规定(试行)》已有明确规定
56	最高人民法院研究室关于赌博案件两个问题的电话答复	1985年9月16日	刑法已有新规定,答复不再适用
57	最高人民法院研究室关于再审改判宣告缓刑的案件其缓刑考验期限从何时起计算的电话答复	1985年10月12日	刑法已有明确规定
58	最高人民法院研究室关于对被告人已死亡的再审案件的第一审判决其近亲属能否径行提出上诉问题的电话答复	1985年10月18日	刑事诉讼法已有明确规定
59	最高人民法院关于侵犯商标专用权如何计算损失赔偿额和侵权期间问题的批复	1985年11月6日 法(经)复〔1985〕53号	已被商标法代替
60	最高人民法院研究室关于少管人员释放后犯罪的能否适用《关于处理逃跑或者重新犯罪的劳改犯和劳教人员的决定》问题的电话答复	1985年11月9日	答复依据已被废止,不再适用

续表

序号	司法解释和司法解释性质文件名称	发文日期、文号	废止理由
61	最高人民法院研究室关于对缓刑犯减刑应由哪级单位申报的电话答复	1985年11月12日	刑事诉讼法及相关司法解释已有明确规定
62	最高人民法院关于加强经济审判工作的通知	1985年12月9日	该通知规定的经济案件受案范围及所依据的相关文件内容已不适用,实际已失效
63	最高人民法院关于对窝藏、包庇罪中"事前通谋的,以共同犯罪论处"如何理解的电话答复	1985年12月28日	已被刑法规定代替
64	最高人民法院关于广东省高级人民法院与香港最高法院相互协助送达民商事诉讼文书初步协议的批复	1986年1月3日 法(经)复〔1986〕1号	已被《最高人民法院关于内地与香港特别行政区法院相互委托送达民商事司法文书的安排》代替
65	最高人民法院关于房屋租赁纠纷如何确定管辖问题的批复	1986年1月7日 法(经)复〔1986〕2号	已被《最高人民法院关于适用〈中华人民共和国民事诉讼法〉若干问题的意见》代替
66	最高人民法院关于审理土改中地主、富农被遗漏房屋产权案件有关政策问题的批复	1986年1月27日 法(民)复〔1986〕5号	调整对象已消失,实际已失效
67	最高人民法院关于涉外海事诉讼管辖的具体规定	1986年1月31日	已被海事诉讼特别程序法、《最高人民法院关于适用〈中华人民共和国海事诉讼特别程序法〉若干问题的解释》代替
68	最高人民法院研究室关于判处有期徒刑宣告缓刑有关问题的电话答复	1986年2月17日	刑法已有明确规定
69	最高人民法院研究室关于死刑复核案件发回重审问题的电话答复	1986年2月26日	刑事诉讼法及相关司法解释已有明确规定
70	最高人民法院关于原判决未涉及房屋所有权问题后当事人发生争议的可到有管辖权的人民法院起诉的函	1986年6月19日 〔85〕民监字第1253号	已被民事诉讼法代替
71	最高人民法院关于民事诉讼收费几个问题的批复	1986年6月21日 法(司)复〔1986〕22号	已被《诉讼费用交纳办法》代替

续表

序号	司法解释和司法解释性质文件名称	发文日期、文号	废止理由
72	最高人民法院研究室关于管辖不当的案件再审时应否依照第一审程序审判问题的电话答复	1986年6月24日	刑事诉讼法已有明确规定
73	最高人民法院研究室关于第二审人民法院对上诉案件维持原判刑期撤销缓刑是否违反"上诉不加刑"原则的电话答复	1986年7月21日	刑事诉讼法及相关司法解释已有明确规定
74	最高人民法院关于在审理经济纠纷案件中发现经济犯罪问题后移送有关部门,是否退还预收的案件受理费的批复	1986年8月28日 法(司)复〔1986〕29号	已被《诉讼费用交纳办法》代替
75	最高人民法院研究室关于当事人对工商行政管理部门确认经济合同无效不服向人民法院起诉应否受理问题的电话答复	1986年9月23日	已被合同法代替
76	最高人民法院研究室关于第二审以调解方式结案的自诉案件应采用何种法律文书撤销原审判决问题的电话答复	1986年9月25日	刑事诉讼法及相关司法解释已有明确规定
77	最高人民法院关于男女双方登记离婚后因对财产、子女抚养发生纠纷当事人向人民法院起诉的法院应予受理的批复	1986年10月3日 〔1986〕民他字第45号	已被婚姻法司法解释规定代替
78	最高人民法院研究室关于管制刑期能否折抵有期徒刑刑期问题的电话答复	1986年10月6日	刑法已有明确规定
79	最高人民法院研究室关于数罪中有判处两个以上剥夺政治权利附加刑的应如何并罚问题的电话答复	1986年10月20日	刑法已有明确规定
80	最高人民法院研究室关于奸污女知青案件有关问题的电话答复	1986年10月21日	社会形势发生变化,不再适用
81	最高人民法院关于人民法院制作法律文书应如何引用法律规范性文件问题的答复	1986年10月28日 法(研)复〔1986〕31号	已被《最高人民法院关于裁判文书引用法律、法规等规范性法律文件的规定》代替

续表

序号	司法解释和司法解释性质文件名称	发文日期、文号	废止理由
82	最高人民法院研究室关于劳改犯在劳改期间又犯新罪法院对新罪判决后其前罪的残刑从何时计算问题的电话答复	1986年11月5日	刑法已有明确规定
83	最高人民法院关于执行《国营企业实行劳动合同制暂行规定》和《国营企业辞退违纪职工暂行规定》的有关问题的批复	1986年11月8日 法(研)复〔1986〕32号	已被劳动法、劳动合同法、劳动争议调解仲裁法及相关司法解释代替
84	最高人民法院关于我在港澳以私人企业名义注册登记的银行在经济特区设立的分行能否享有贷款优先清偿权的批复	1986年11月28日 法(经)复〔1986〕34号	所依据的民事诉讼法(试行)已被废止,不再适用
85	最高人民法院研究室关于公诉刑事案件中只有附带民事诉讼原告人提起上诉判决的刑事部分是否生效问题的电话答复	1986年12月9日	刑事诉讼法及相关司法解释已有明确规定
86	最高人民法院研究室关于处理重婚案件的程序问题的电话答复	1986年12月11日	刑事诉讼法及相关司法解释已有明确规定
87	最高人民法院研究室关于自诉刑事案件立案程序问题的电话答复	1986年12月12日	刑事诉讼法及相关司法解释已有明确规定
88	最高人民法院研究室关于刑事附带民事诉讼民事部分是否适用民事诉讼法问题的电话答复	1986年12月31日	刑事诉讼法及相关司法解释已有明确规定
89	最高人民法院研究室关于刑事被告人上诉后脱逃在程序上应如何处理问题的电话答复	1987年1月6日	刑事诉讼法已有明确规定
90	最高人民法院关于在离婚诉讼中发现双方隐瞒近亲关系骗取结婚登记且生活多年生有子女应按婚姻法第二十五条处理的批复	1987年1月14日 〔1986〕民他字第36号	与婚姻法第10条规定相冲突
91	最高人民法院研究室关于未构成犯罪的案件判决书主文如何表述问题的电话答复	1987年2月12日	刑事诉讼法及相关司法解释已有明确规定
92	最高人民法院研究室关于再审案件两个问题的电话答复	1987年2月15日	刑事诉讼法及相关司法解释已有明确规定

续表

序号	司法解释和司法解释性质文件名称	发文日期、文号	废止理由
93	最高人民法院对在管制期间的反革命分子犯一般刑事罪的论罪与刑罚执行问题的批复	1987年2月16日	反革命罪名已被取消,批复不再适用
94	最高人民法院刑二庭关于起义投诚人员案复查改判后判决书主文如何写的电话答复	1987年3月11日	社会形势发生变化,不再适用
95	最高人民法院关于无期徒刑、死刑的第一审普通刑事案件应由中级人民法院管辖的通知	1987年3月26日 法(研)通〔1987〕1号	刑事诉讼法已有明确规定
96	最高人民法院关于地方各级法院不宜制定司法解释性质文件问题的批复	1987年3月31日 〔1987〕民他字第10号	已被《最高人民法院、最高人民检察院关于地方人民法院、人民检察院不得制定司法解释性质文件的通知》代替
97	最高人民法院关于对判处死刑缓期二年执行期满后,尚未裁定减刑前又犯新罪的罪犯能否执行死刑问题的批复	1987年5月12日 法(研)复〔1987〕15号	刑法、刑事诉讼法已有明确规定
98	最高人民法院研究室关于再审改判的刑事案件是否要撤销原驳回申诉通知书的电话答复	1987年5月12日	刑事诉讼法及相关司法解释已有明确规定
99	最高人民法院关于人民法院在审判工作中能否采用人类白细胞抗原作亲子鉴定问题的批复	1987年6月15日 法(研)复〔1987〕20号	目前已不使用此种鉴定方式
100	最高人民法院关于对数罪中有判处无期徒刑以上刑罚的案件如何实行数罪并罚的通知	1987年6月26日 法(刑一)发〔1987〕16号	刑事诉讼法已有明确规定
101	最高人民法院研究室关于附带民事诉讼案件中律师诉讼权利问题的电话答复	1987年7月8日	刑事诉讼法、律师法及相关司法解释已有明确规定
102	最高人民法院关于当事人对工商行政管理局无效经济合同确认书中认定的事实和财产后果的处理不服,向人民法院起诉,人民法院可否受理的批复	1987年7月11日 〔87〕法经字第17号	调整对象发生变化,不再适用

续表

序号	司法解释和司法解释性质文件名称	发文日期、文号	废止理由
103	最高人民法院关于《贩卖毒品死刑案件的量刑标准》的答复	1987年7月15日	刑法第347条已有新规定
104	最高人民法院关于调整武汉、上海海事法院管辖区域的通知	1987年7月28日 法(司)函〔1987〕39号	已被《最高人民法院关于调整大连、武汉、北海海事法院管辖区域和案件范围的通知》代替
105	最高人民法院刑事审判第一庭关于给检察院及时送达二审判决书的通知	1987年8月31日 法刑一〔87〕通字第1号	刑事诉讼法已有明确规定
106	最高人民法院关于地方人民政府规定可向人民法院起诉的行政案件法院应否受理问题的批复	1987年10月9日	行政诉讼法已有明确规定
107	最高人民法院关于各级人民法院处理刑事案件申诉的暂行规定	1987年10月10日 法(刑二)发〔1987〕25号	刑事诉讼法及相关司法解释已有明确规定
108	最高人民法院关于刑事自诉案件的自诉人可否委托近亲属担任代理人的批复	1987年10月12日 法(研)复〔1987〕41号	刑事诉讼法已有明确规定
109	最高人民法院关于审理专利申请权纠纷案件若干问题的通知	1987年10月19日	已被《最高人民法院关于审理专利纠纷案件适用法律问题的若干规定》代替
110	最高人民法院、城乡建设环境保护部关于复查历史案件中处理私人房产有关事项的通知	1987年10月22日 法(研)发〔1987〕30号	社会形势发生变化,不再适用
111	最高人民法院经济审判庭关于执行程序中如何变更主体问题的电话答复	1987年10月28日	《最高人民法院关于人民法院执行工作若干问题的规定(试行)》已有明确规定
112	最高人民法院关于审理涉港澳经济纠纷案件若干问题的解答	1987年10月19日 法(经)发〔1987〕28号	该文件依据的民事诉讼法(试行)已被废止
113	最高人民法院研究室关于刑事附带民事诉讼问题的电话答复	1987年11月4日	刑事诉讼法及相关司法解释已有明确规定
114	最高人民法院刑事审判第二庭关于给检察院及时送达按审判监督程序再审判处的一二审判决书(或裁定书)的通知	1987年11月11日 法刑二〔87〕通字第1号	已被刑事诉讼法代替

续表

序号	司法解释和司法解释性质文件名称	发文日期、文号	废止理由
115	最高人民法院关于山西省雁北地区瓷厂诉河南省方城县酒厂购销酒瓶合同纠纷案管辖问题的批复	1987年11月19日	已被民事诉讼法代替
116	关于最高人民法院交通运输审判庭的职责范围和启用印章的通知	1987年11月24日 法(交)函〔1987〕102号	社会形势发生变化,不再适用
117	最高人民法院研究室关于人民法院可否受理企业内部承包合同纠纷案件问题的电话答复	1987年12月1日	已被合同法、民事诉讼法代替
118	最高人民法院研究室关于案件管辖问题的电话答复	1987年12月11日	社会形势发生变化,不再适用
119	最高人民法院研究室关于对死缓复核的法律文书中应否写上被告人的法定代理人问题的电话答复	1987年12月19日	刑法已有新规定,答复不再适用
120	最高人民法院印发《八省市法院审判贪污、受贿、走私案件情况座谈会纪要》的通知	1987年12月31日 法(办)发〔1987〕38号	通知已过时效
121	最高人民法院研究室关于毒品犯罪问题的电话答复	1988年1月3日	答复依据已被废止,不再适用
122	最高人民法院研究室关于重大盗窃犯罪数额标准问题的电话答复	1988年1月6日	与刑法规定相冲突
123	最高人民法院关于如何核定案件受理费问题的批复	1988年1月6日 法(司)复〔1988〕2号	已被《诉讼费用交纳办法》代替
124	最高人民法院办公厅转发国家商检局、公安部《关于严厉打击不法分子伪造变造买卖商检单证行为的通知》的通知	1988年1月20日 法办〔1988〕2号	通知依据已被修改,不再适用
125	最高人民法院关于继父母与继子女形成的权利义务关系能否解除的批复	1988年1月22日	已被继承法代替
126	最高人民法院关于执行中外司法协助协定的通知	1988年2月1日 法(办)发〔1988〕3号	社会形势发生变化,不再适用
127	最高人民法院关于执行中法司法协助协定的通知	1988年2月9日 法(办)发〔1988〕4号	社会形势发生变化,不再适用

续表

序号	司法解释和司法解释性质文件名称	发文日期、文号	废止理由
128	最高人民法院关于严厉打击危害公共安全犯罪活动的紧急通知	1988年2月9日 高法明电〔1988〕10号	通知依据已被废止,不再适用
129	最高人民法院关于海关扣留走私罪嫌疑人的时间可否折抵刑期的批复	1988年2月9日 法(研)复〔1988〕12号	批复依据已被修正,不再适用
130	最高人民法院关于办理服刑中的罪犯减刑、假释的几点注意事项的通知	1988年2月28日 法(办)发〔1988〕5号	通知依据已被修正,不再适用
131	最高人民法院研究室关于盗窃有价证券数额计算问题的电话答复	1988年3月14日	《最高人民法院关于审理盗窃案件具体应用法律若干问题的解释》已有明确规定
132	最高人民法院关于高级人民法院对不同意判处死刑的复核案件提审后改判的判决应是终审判决的批复	1988年3月24日	已被《最高人民法院关于高级人民法院将死刑案件改判为死刑缓期二年执行的判决书表述问题的批复》代替
133	最高人民法院研究室关于人民法院在审理经济合同纠纷案件时发现当事人有与本案有关的违法行为需要给予制裁问题的电话答复	1988年4月2日	已被合同法代替
134	最高人民法院研究室关于需由外地银行协助扣划被执行人存款是否必须委托被执行人所在地人民法院向被执行人的开户银行发出协助执行通知问题的电话答复	1988年4月11日	已被《中国人民银行、最高人民法院、最高人民检察院、公安部关于查询、冻结、扣划企业事业单位、机关、团体银行存款的通知》代替
135	最高人民法院关于济南铁路分局诉天津铁路分局沧州站、沧州水产公司经济侵权纠纷一案管辖权问题请示的批复	1988年4月28日	已被民事诉讼法和《最高人民法院关于适用〈中华人民共和国民事诉讼法〉若干问题的意见》代替
136	最高人民法院关于暂由广东省高级人民法院受理应由海南省高级人民法院管辖的案件的批复	1988年5月6日 法(司)复〔1988〕21号	社会形势发生变化,不再适用
137	最高人民法院关于由别人代为起草而以个人名义发表的会议讲话作品其著作权(版权)应归个人所有的批复	1988年6月9日 〔1988〕民他字第21号	已被《最高人民法院关于审理著作权民事纠纷案件适用法律若干问题的解释》代替

序号	司法解释和司法解释性质文件名称	发文日期、文号	废止理由
138	最高人民法院关于因政府行政管理方面的决定引起的房产纠纷不应由人民法院受理的函	1988年6月9日〔1988〕民监字第531号	与行政诉讼法及相关司法解释规定相冲突
139	最高人民法院关于对尚未到期的财产收益可否采取诉讼保全措施的批复	1988年7月8日法(研)复〔1988〕49号	已被《关于依法制裁规避执行行为的若干意见》代替
140	最高人民法院研究室关于中级人民法院判处"无期徒刑的罪犯又犯脱逃罪可否由劳改场所所在地基层人民法院管辖问题"的电话答复	1988年7月20日	刑事诉讼法及相关司法解释已有明确规定
141	最高人民法院研究室关于基层人民法院判处有期徒刑已发生法律效力的案件上级人民法院发现应当判处无期徒刑或者死刑应当如何纠正问题的电话答复	1988年8月23日	已被刑事诉讼法及相关司法解释代替
142	最高人民法院关于处理私房社会主义改造中房屋典当回赎案件中的两个问题的批复	1988年9月8日	社会形势发生变化,不再适用
143	最高人民法院经济审判庭关于执行仲裁机构裁决过程中被执行单位被撤销需要变更被执行单位的应如何处理问题的电话答复	1988年9月20日	已被《最高人民法院关于人民法院执行工作若干问题的规定(试行)》代替
144	最高人民法院关于严惩严重经济犯罪分子及时审理经济犯罪案件的通知	1988年9月26日高法明电〔1988〕67号	通知已过时效
145	最高人民法院研究室关于被告及其主管部门均已撤销其债务由谁承担问题的电话答复	1988年10月12日	已被《最高人民法院关于企业开办的其他企业被撤销或者歇业后民事责任承担问题的批复》和公司法代替
146	最高人民法院关于雇工合同"工伤概不负责"是否有效的批复	1988年10月14日〔88〕民他字第1号	已被合同法、劳动法、劳动合同法及相关司法解释代替
147	最高人民法院研究室关于人民法院能否对抗拒改造的罪犯判处继续劳动改造的电话答复	1988年10月21日	社会形势发生变化,不再适用

续表

序号	司法解释和司法解释性质文件名称	发文日期、文号	废止理由
148	最高人民法院研究室关于吸食他人精液的行为应如何定性问题的复函	1988年11月24日	流氓罪已取消,复函已失效
149	最高人民法院关于甘肃省金昌市工业品综合批发公司诉辽宁省抚顺市电视机联销公司电视机合同纠纷案管辖问题的批复	1988年12月7日 法(经)复〔1988〕64号	已被民事诉讼法代替
150	最高人民法院关于水路货物运输中索赔期问题的复函	1988年12月8日 〔88〕法交函字第11号	所依据《水路货物运输规则》已被《国内水路货物运输规则》废止,不再适用
151	最高人民法院关于因党委发文调整引起的房产纠纷不属法院主管范围的批复	1989年1月3日 〔88〕民他字第62号	已被民事诉讼法及相关司法解释代替
152	最高人民法院、中国人民银行关于法院对行政机关依法申请强制执行需要银行协助执行的案件应如何办理问题的联合通知	1989年1月11日 法(行)发〔1989〕2号	原依据的民事诉讼法(试行)有关规定已废止,不再适用
153	最高人民法院关于通过外交途径向日本国民送达传票期限的通知	1989年1月16日	已被《最高人民法院关于涉外民事或商事案件司法文书送达问题若干规定》代替
154	最高人民法院关于新法规定当事人可以起诉而旧法规没有规定可以起诉而当事人起诉的,人民法院可否受理的函	1989年1月23日 法(行)函〔1989〕11号	已被行政诉讼法代替
155	最高人民法院研究室关于盗窃不能随即兑现的金融债券、有奖债券的计算问题的电话答复	1989年1月24日	已被《最高人民法院关于审理盗窃案件具体应用法律若干问题的解释》代替
156	最高人民法院关于建立经济纠纷大要案报告制度的通知	1989年1月31日 法经函〔1989〕第4号	社会形势发生变化,不再适用
157	最高人民法院关于印发《全国法院减刑、假释工作座谈会纪要》的通知	1989年2月14日 法(办)发〔1989〕3号	刑法、刑事诉讼法及相关司法解释已有明确规定
158	最高人民法院研究室关于人民法院可否直接受理拖欠、抗交农业税案件的电话答复	1989年2月28日	社会形势发生变化,不再适用

续表

序号	司法解释和司法解释性质文件名称	发文日期、文号	废止理由
159	最高人民法院研究室关于回大陆探亲的台胞在大陆受到刑事侵害的案件应当由哪级人民法院管辖问题的电话答复	1989年3月22日	刑事诉讼法及相关司法解释已有明确规定
160	最高人民法院研究室关于盗窃民用爆炸物如何定性的电话答复	1989年4月7日	依据已被废止,不再适用
161	最高人民法院关于死亡人的名誉权应受法律保护的函	1989年4月12日〔1988〕民他字第52号	已被《最高人民法院关于确定民事侵权精神损害赔偿责任若干问题的解释》代替
162	最高人民法院研究室关于适用两高《关于修改盗窃犯罪数额标准的通知》问题的电话答复	1989年5月4日	刑法及《最高人民法院关于审理盗窃案件具体应用法律若干问题的解释》已有明确规定
163	最高人民法院研究室关于对原审被告人已死亡的原第一审案件能否按第二审程序再审问题的电话答复	1989年5月26日	已被刑事诉讼法代替
164	最高人民法院刑二庭关于办理减刑假释工作有关问题的电话答复	1989年5月29日	依据已被修正,刑法及相关司法解释已有明确规定
165	最高人民法院关于取保候审的被告人逃匿如何追究保证人责任问题的批复	1989年7月3日法(研)复〔1989〕4号	已被刑事诉讼法及相关司法解释代替
166	最高人民法院关于财产犯罪的受害者能否向已经过司法机关处理的人提起损害赔偿的民事诉讼的函	1989年7月10日	已被侵权责任法代替
167	最高人民法院关于各级人民法院处理民事和经济纠纷案件申诉的暂行规定	1989年7月21日法(申)发〔1989〕17号	已被《最高人民法院关于受理审查民事申请再审案件的若干意见》代替
168	最高人民法院对劳动部《关于人民法院审理劳动争议案件几个问题的函》的答复	1989年8月10日法(经)函〔1989〕53号	劳动法、劳动合同法及劳动争议调解仲裁法及相关司法解释已有明确规定
169	最高人民法院关于对一方当事人下落不明未满两年的离婚案件是否受理和公告送达问题的批复	1989年8月22日〔1989〕法民字第20号	批复所引法律依据已不存在,所涉相关问题民事诉讼法已有明确规定

续表

序号	司法解释和司法解释性质文件名称	发文日期、文号	废止理由
170	最高人民法院研究室关于再审共同犯罪的刑事申诉案件可否仅就其中应改判的原审被告人单独进行改判问题的电话答复	1989年9月22日	已被刑事诉讼法及相关司法解释代替
171	最高人民法院研究室关于如何适用全国人大常委会《关于惩治泄露国家秘密犯罪的补充规定》问题的电话答复	1989年9月30日	《关于惩治泄露国家秘密犯罪的补充规定》已被废止,答复不再适用
172	最高人民法院关于未成年人盗窃财物被劳动教养,受害人要求其监护人承担赔偿责任,人民法院能否作为民事赔偿案件受理问题的函	1989年10月5日	已被刑事诉讼法及相关司法解释代替
173	最高人民法院行政审判庭关于行政机关对业已进入诉讼程序的行政行为作出的复议决定应如何处理问题的电话答复	1989年10月10日	已被行政诉讼法代替
174	最高人民法院关于印发全国部分省、市法院刑事审判工作会议纪要的通知	1989年10月14日	通知内容已失效
175	最高人民法院研究室关于缓刑考验期满三年内又犯应判处有期徒刑以上刑罚之罪的是否构成累犯的电话答复	1989年10月25日	刑法已有明确规定
176	最高人民法院关于一审判决宣告无罪的公诉案件如何适用法律问题的批复	1989年11月4日 法(研)复〔1989〕9号	依据已被修改,刑法、刑事诉讼法已有明确规定
177	最高人民法院关于配合公安机关开展除"六害"工作的通知	1989年11月13日 法(办)发〔1989〕34号	社会形势发生变化,不再适用
178	最高人民法院关于《中华人民共和国行政诉讼法》实施前行政审判试点工作中几个问题的答复	1989年11月20日	只适用于特定时期,已失效
179	最高人民法院刑二庭关于对监外执行犯符合减刑条件的如何办理裁定减刑问题的电话答复	1989年11月30日	与刑事诉讼法及相关司法解释的内容相冲突

续表

序号	司法解释和司法解释性质文件名称	发文日期、文号	废止理由
180	最高人民法院行政审判庭关于工商行政管理机关的处罚决定所依据的法规没有规定可以起诉被处罚的个体工商户不服依据《城乡个体户管理暂行条例》向法院起诉应否受理问题的电话答复	1989年12月22日	已被行政诉讼法代替
181	最高人民法院刑二庭对江苏省高级人民法院《关于审理减刑假释案件有关问题的几点意见》有关问题的电话通知	1990年1月10日	刑法及相关司法解释已有明确规定
182	最高人民法院办公厅印发《关于刑事再审案件开庭审理程序的意见》(试行)的通知	1990年1月12日 法办〔1990〕2号	已被《最高人民法院关于再审案件开庭审理程序的具体规定》代替
183	最高人民法院关于扣押船舶收费标准的具体意见	1990年1月13日 法(交)发〔1990〕2号	已被《诉讼费用交纳办法》代替
184	最高人民法院关于人民法院离退休审判人员不得担任参与自己审理过的案件一方当事人的委托代理人的批复	1990年1月16日 法(民)复〔1990〕1号	已被《最高人民法院关于审判人员在诉讼活动中执行回避制度若干问题的规定》代替
185	最高人民法院研究室关于未成年死缓罪犯在执行期间又犯新罪的管辖及处理问题的电话答复	1990年2月6日	刑法已有新规定,答复不再适用
186	最高人民法院研究室关于因同一犯罪事实两次被收容审查应如何折抵刑期问题的电话答复	1990年2月6日	收容审查制度已被取消,答复不再适用
187	最高人民法院研究室关于对被害人在追诉时效期限内一直自诉现超过追诉时效期限的案件能否受理问题的电话答复	1990年2月8日	刑法已有明确规定
188	最高人民法院关于已分家独自生活的被赡养人致人损害时不能由赡养人承担民事责任问题的批复	1990年2月10日 〔89〕法民字第32号	已被侵权责任法代替
189	最高人民法院研究室关于以人质勒索他人巨额财物案件如何定罪处罚问题的复函	1990年2月17日	依据已被修改,不再适用

续表

序号	司法解释和司法解释性质文件名称	发文日期、文号	废止理由
190	最高人民法院行政审判庭关于铁路系统治安案件处罚权问题的电话答复	1990年3月20日	原依据的治安管理处罚条例已不适用
191	最高人民法院研究室关于监外执行的罪犯重新犯罪的时间是否计入服刑期问题的答复	1990年3月30日	原依据的劳动改造条例已失效,不再适用
192	最高人民法院关于广泛开展宣传《婚姻法》活动的通知	1990年4月14日 高法明电〔1990〕50号	实际已失效
193	最高人民法院研究室关于盗窃未遂案件定罪问题的电话答复	1990年4月20日	刑法已有明确规定
194	最高人民法院研究室关于如何理解和掌握"在法定刑以下减轻"处罚问题的电话答复	1990年4月27日	已被刑法代替
195	最高人民法院行政审判庭关于高速公路交通警察支队"二裁"的案件人民法院可否受理问题的电话答复	1990年5月7日	原依据的道路交通管理条例已不适用
196	最高人民法院研究室关于如何处理没收毒品问题的电话答复	1990年5月9日	刑事诉讼法及相关司法解释已有明确规定
197	最高人民法院研究室关于已满14岁不满16岁的人多次盗窃数额能否累计计算问题的电话答复	1990年5月19日	刑法有新规定,答复不再适用
198	最高人民法院关于邓瑞莲诉何汉思离婚管辖问题的复函	1990年5月28日 〔1990〕民他字第21号	依据已失效,复函不再适用
199	最高人民法院关于高级人民法院将死刑案件改判为死刑缓期二年执行的判决书表述问题的批复	1990年5月30日 法(研)复〔1990〕4号	依据已修改,不再适用
200	最高人民法院研究室关于被告人在第二审期间脱逃案件可否中止审理问题的电话答复	1990年6月5日	与刑事诉讼法的规定相冲突
201	最高人民法院关于已提出上诉的共同犯罪案件,在第一审判决宣告时其中被判较短期徒刑或拘役的被告人的刑期已满,是否立即将其解除羁押的批复	1990年6月5日 法(研)复〔1990〕6号	刑事诉讼法及相关司法解释已有明确规定

续表

序号	司法解释和司法解释性质文件名称	发文日期、文号	废止理由
202	最高人民法院关于判处死缓的刑事附带民事案件被告人不上诉而附带民事原告人上诉审理时应适用何种程序的批复	1990年6月5日 法(研)复〔1990〕7号	刑事诉讼法及《最高人民法院关于对被判处死刑的被告人未提出上诉、共同犯罪的部分被告人或者附带民事诉讼原告人提出上诉的案件应适用何种程序审理的批复》已有明确规定
203	最高人民法院关于执行《全国人民代表大会常务委员会关于处理逃跑或者重新犯罪的劳改犯和劳教人员的决定》中几个问题的批复	1990年6月11日 法(研)复〔1990〕8号	《全国人民代表大会常务委员会关于处理逃跑或者重新犯罪的劳改犯和劳教人员的决定》已被废止,批复已失效
204	最高人民法院关于印发《关于铁路运输法院对经济纠纷案件管辖范围的规定》的通知	1990年6月16日 法(交)发〔1990〕8号	已被民事诉讼法代替
205	最高人民法院关于专利纠纷案件管辖问题的复函	1990年6月26日 法(经)函〔1990〕第49号	已被《最高人民法院关于审理专利纠纷案件适用法律问题的若干规定》、《最高人民法院关于审理技术合同纠纷案件适用法律若干问题的解释》以及民事诉讼法代替
206	最高人民法院关于15岁的未成年人过失致人重伤是否应负刑事责任的批复	1990年7月8日 法(研)复〔1990〕5号	刑法已有明确规定
207	最高人民法院研究室关于期间问题的电话答复	1990年7月11日	已被刑事诉讼法及相关司法解释代替
208	最高人民法院关于对在国外居住未加入外国籍的当事人的离婚案件应参照涉外民事诉讼程序的规定审理的函	1990年7月26日 〔90〕民他字第12号	已被涉外民事关系法律适用法代替
209	最高人民法院关于经济纠纷案件当事人向受诉法院提出管辖权异议的期限问题的批复	1990年8月5日 法(经)复〔1990〕10号	已被民事诉讼法代替
210	最高人民法院研究室关于被告人及其近亲属辩护人同时提起上诉时裁判文书上其近亲属及辩护人是否列为上诉人问题的电话答复	1990年8月17日	答复已无实际指导意义

续表

序号	司法解释和司法解释性质文件名称	发文日期、文号	废止理由
211	最高人民法院研究室关于贪污盗窃粮票油票等计划供应票证应如何处理问题的电话答复	1990年8月31日	调整对象已不存在
212	最高人民法院研究室关于联防队员是否构成刑讯逼供罪主体的复函	1990年9月26日	刑法已有明确规定
213	最高人民法院关于如何确定刑满释放日期的批复	1990年9月27日 法(研)复〔1990〕14号	刑法及刑事诉讼法已有明确规定
214	最高人民法院关于认真学习、宣传和贯彻执行著作权法的通知	1990年10月9日	著作权法已修改,通知已失效
215	最高人民法院关于全民所有制工业企业承包经营合同、租赁经营合同纠纷当事人不服工商行政管理机关终局裁决向人民法院起诉是否受理问题的复函	1990年10月11日 法(经)函〔1990〕75号	与仲裁法规定相冲突
216	最高人民法院研究室关于乡镇村民小组长能否成为报复陷害罪主体问题的复函	1990年10月12日	刑法及相关解释已有明确规定
217	最高人民法院研究室关于上诉审认为原审将反革命罪错定为普通刑事犯罪的案件在程序上应当如何处理问题的电话答复	1990年11月13日	刑事诉讼法已有明确规定,另反革命罪已取消,答复不再适用
218	最高人民法院关于申请执行工商仲裁机构法律文书中的被执行人已撤销如何处理问题的批复	1990年11月14日 法(经)复〔1990〕17号	社会形势发生变化,不再适用
219	最高人民法院关于工商行政管理部门在无效经济合同确认书中对经济纠纷做出处理后人民法院是否接受申请据以执行问题的批复	1990年11月17日 法(经)复〔1990〕18号	调整对象已不存在,不再适用
220	最高人民法院研究室关于是否允许不上诉的被告人委托律师作第二审辩护问题的电话答复	1990年11月25日	刑事诉讼法及相关司法解释已有明确规定

续表

序号	司法解释和司法解释性质文件名称	发文日期、文号	废止理由
221	最高人民法院研究室关于共同犯罪上诉案件中发现原审法院对部分被告人量刑畸重对未成年被告人的审理严重违反诉讼程序应当如何适用法律程序问题的电话答复	1990年11月25日	刑事诉讼法已有明确规定
222	最高人民法院研究室关于对武警部队犯罪人员是否不宜判处缓刑问题的电话答复	1990年11月25日	刑法已有明确规定
223	最高人民法院研究室关于偷开汽车长期作为盗窃犯罪工具使用应如何处理问题的电话答复	1990年11月25日	已被《最高人民法院关于审理盗窃案件具体应用法律若干问题的解释》代替
224	最高人民法院研究室关于对涂改挖补未到期的国库券违法者应如何处置问题的复函	1991年1月3日	依据已被修改,刑法已有明确规定
225	最高人民法院关于严格执行《全国人民代表大会常务委员会关于禁毒的决定》严惩毒品犯罪分子的通知	1991年1月3日 法(研)发〔1991〕1号	《全国人民代表大会常务委员会关于禁毒的决定》已被刑法代替,通知不再适用
226	最高人民法院关于正确执行《全国人民代表大会常务委员会关于惩治走私、制作、贩卖、传播淫秽物品的犯罪分子的决定》的通知	1991年1月7日 高法明电〔1991〕1号	《全国人民代表大会常务委员会关于惩治走私、制作、贩卖、传播淫秽物品的犯罪分子的决定》已被刑法代替,通知不再适用
227	最高人民法院研究室关于刑事被告人协助司法机关抓获其他罪犯如何认定立功问题的电话答复	1991年1月12日	《最高人民法院关于处理自首和立功具体应用法律若干问题的解释》已有明确规定
228	最高人民法院关于办理少年刑事案件的若干规定(试行)	1991年1月26日 法(研)发〔1991〕3号	刑事诉讼法及相关司法解释已有明确规定
229	最高人民法院关于原属于夫妻一方婚前个人的房产婚后夫妻双方长期共同生活使用的应视为夫妻共同财产的函	1991年1月28日 〔90〕民他字第53号	与婚姻法规定相冲突
230	最高人民法院研究室关于已满14岁不满16岁的未成年人过失杀人是否应负刑事责任问题的复函	1991年2月9日	刑法已有明确规定

序号	司法解释和司法解释性质文件名称	发文日期、文号	废止理由
231	最高人民法院关于上诉人在第二审人民法院审理期间死亡如何处理的批复	1991年2月11日	所依据的民事诉讼法(试行)已失效,批复不再适用
232	最高人民法院研究室关于对未被抗诉的被告人可否加重刑罚问题的电话答复	1991年2月14日	刑事诉讼法及相关司法解释已有明确规定
233	最高人民法院研究室关于设置圈套诱骗他人参赌获取钱财的案件应如何定罪问题的电话答复	1991年3月12日	刑法已有明确规定
234	最高人民法院研究室关于死缓犯执行期起算问题的电话答复	1991年3月14日	刑法已有明确规定
235	最高人民法院关于指令再审的民事案件应依法作出新判决的批复	1991年3月21日 法(民)复〔1991〕1号	所依据的民事诉讼法(试行)已失效,批复不再适用
236	最高人民法院关于青海进出口商品检验局与付元宗劳动争议案人民法院是否受理的复函	1991年3月21日 〔1991〕民他字第2号	已被劳动合同法代替
237	最高人民法院、国家教育委员会、共青团中央委员会、中华全国总工会、中华全国妇女联合会关于审理少年刑事案件聘请特邀陪审员的联合通知	1991年4月6日 法研字〔1991〕12号	《全国人民代表大会常务委员会关于完善人民陪审员制度的决定》已有新规定,通知不再适用
238	最高人民法院研究室关于已满14岁不满16岁的人所犯罪行特别严重能否判处无期徒刑问题的电话答复	1991年4月17日	刑法已有明确规定
239	最高人民法院研究室关于中级人民法院审判第一审刑事案件能否由审判员三人、陪审员二人组成合议庭问题的电话答复	1991年5月6日	刑事诉讼法及《全国人民代表大会常务委员会关于完善人民陪审员制度的决定》已有明确规定
240	最高人民法院行政审判庭关于收容审查法律依据问题的电话答复	1991年5月22日	与刑事诉讼法规定相冲突
241	最高人民法院关于学习、宣传、贯彻民事诉讼法的通知	1991年5月24日 法(办)发〔1991〕15号	社会形势发生变化,不再适用

续表

序号	司法解释和司法解释性质文件名称	发文日期、文号	废止理由
242	最高人民法院研究室关于盗窃未遂行为人为抗拒逮捕而当场使用暴力可否按抢劫罪处罚问题的电话答复	1991年6月28日	刑法及相关司法解释已有明确规定
243	最高人民法院关于对侵占铁路运输用地管辖问题的函	1991年7月10日 法(交)函〔1991〕68号	已被《最高人民法院关于铁路运输法院案件管辖范围的若干规定》代替
244	最高人民法院关于审判人员在审理民事、经济纠纷案件中徇私舞弊枉法裁判构成犯罪的应当依照刑法第188条规定追究刑事责任的批复	1991年7月17日 法(研)复〔1991〕3号	刑法规定了民事枉法裁判罪,批复不再适用
245	最高人民法院研究室关于如何认定被告人犯罪时年龄问题的电话答复	1991年7月22日	两高三部《关于办理死刑案件审查判断证据若干问题的规定》及相关司法解释已有明确规定
246	最高人民法院研究室关于发回重审的刑事案件应否另行组成合议庭进行审判问题的电话答复	1991年9月4日	已被刑事诉讼法代替
247	最高人民法院关于国内船舶发生海损事故造成的营运损失应列入海损赔偿范围的复函	1991年9月13日 法(交)函〔1991〕104号	已被侵权责任法代替
248	最高人民法院经济审判庭关于因法院审判人员工作失误给当事人造成经济损失如何处理问题的复函	1991年9月16日 法经〔1991〕123号	《最高人民法院关于人民法院执行工作若干问题的规定(试行)》已有明确规定
249	最高人民法院研究室关于治安联防队员在执行任务中受到不法侵害对侵害人能否按"妨碍公务"处理问题的复函	1991年9月22日	刑法已有明确规定
250	最高人民法院关于正确执行《全国人民代表大会常务委员会关于严惩拐卖绑架妇女儿童的犯罪分子的决定》和《全国人民代表大会常务委员会关于严禁卖淫嫖娼的决定》的通知	1991年9月23日 法明传〔1991〕200号	两个《决定》已被刑法吸收,通知不再适用

续表

序号	司法解释和司法解释性质文件名称	发文日期、文号	废止理由
251	最高人民法院经济审判庭关于严格依法正确适用财产保全措施的通知	1991年9月27日 法经〔1991〕122号	已被《最高人民法院关于人民法院执行工作若干问题的规定(试行)》代替
252	最高人民法院关于实施《食品卫生法(试行)》中卫生防疫部门能否采用"查封"措施的答复	1991年10月9日 法(行)函〔1991〕108号	原依据的食品卫生法(试行)已失效,答复不再适用
253	最高人民法院印发《关于办理减刑、假释案件具体应用法律若干问题的规定》的通知	1991年10月10日 法(刑二)发〔1991〕28号	制定依据已经修改,刑法、刑事诉讼法及相关司法解释已有明确规定
254	最高人民法院关于积极开展反盗窃斗争的通知	1991年10月11日 法(研)发〔1991〕29号	社会形势发生变化,不再适用
255	最高人民法院研究室关于未成年人犯罪案件法定代理人出庭及上诉问题的电话答复	1991年10月19日	已被刑事诉讼法及相关司法解释代替
256	最高人民法院关于河北省定州市药材站与沈阳市北方医药采购供应站购销合同和借款合同纠纷一案指定管辖问题的复函	1991年11月2日 法(经)函〔1991〕135号	已被民事诉讼法代替
257	最高人民法院关于湖北省沙市电冰箱总厂与广东省汕尾市物资总公司物资串换合同纠纷案和广东省奥海进出口公司深圳分公司以物资串换合同当事人双方为共同被告的代理进口合同纠纷案管辖权争议问题的复函	1991年11月4日 法(经)函〔1991〕134号	已被民事诉讼法代替
258	最高人民法院关于贯彻执行《中华人民共和国企业破产法(试行)》若干问题的意见	1991年11月7日 法(经)发〔1991〕35号	原依据的企业破产法(试行)已废止,意见不再适用
259	最高人民法院研究室关于不满16岁的人犯脱逃是否构成脱逃罪问题的电话答复	1991年11月13日	刑法已有明确规定
260	最高人民法院研究室关于隔离审查日期可否折抵刑期问题的电话答复	1991年12月17日	社会形势发生变化,不再适用

续表

序号	司法解释和司法解释性质文件名称	发文日期、文号	废止理由
261	最高人民法院关于十二省、自治区法院审理毒品犯罪案件工作会议纪要	1991年12月17日 法(刑一)发〔1991〕38号	社会形势发生变化,不再适用
262	最高人民法院研究室关于人民法院对已羁押的刑事被告人在判处无期徒刑有期徒刑或拘役的同时可否决定暂予监外执行问题的电话答复	1991年12月19日	刑事诉讼法已有明确规定
263	最高人民法院关于将刑事案件判决书抄送当事人所在单位的通知	1991年12月20日 法(研)发〔1991〕43号	刑事诉讼法及相关司法解释已有明确规定
264	最高人民法院关于因科技拨款有偿使用合同纠纷提起的诉讼人民法院应予受理的复函	1991年12月20日 法(经)函〔1991〕151号	已被合同法及民事诉讼法代替
265	最高人民法院研究室关于正确理解和执行全国人大常委会《关于禁毒的决定》第十三条规定的电话答复	1992年1月11日	《关于禁毒的决定》已被刑法规定代替,答复不再适用
266	最高人民法院研究室关于被假释的罪犯在考验期内可否缩短其考验期限的电话答复	1992年1月11日	已被《最高人民法院关于办理减刑、假释案件具体应用法律若干问题的规定》代替
267	最高人民法院关于公诉案件被害人委托代理人以及代理人应享有何种诉讼权利问题的批复	1992年1月22日 法复〔1992〕1号	刑事诉讼法、律师法及相关司法解释已有明确规定
268	最高人民法院研究室关于对共同犯罪案件中已死亡的原审被告人定罪量刑确有错误是再审具体改判还是以裁定形式终止再审问题的电话答复	1992年1月27日	刑事诉讼法及相关司法解释已有明确规定
269	最高人民法院研究室关于律师参与第二审和死刑复核诉讼活动的几个问题的电话答复	1992年1月27日	刑事诉讼法已有明确规定
270	最高人民法院研究室关于审理人民检察院按照审判监督程序提出抗诉的案件有关程序问题的电话答复	1992年1月29日	刑事诉讼法及相关司法解释已有明确规定

序号	司法解释和司法解释性质文件名称	发文日期、文号	废止理由
271	最高人民法院研究室对《关于严禁卖淫嫖娼的决定》施行后《关于严惩严重危害社会治安的犯罪分子的决定》第一条第(6)项的规定是否适用问题的电话答复	1992年2月1日	依据已废止,答复不再适用
272	最高人民法院研究室关于盗窃装配过程中物品案件如何计算盗窃数额的电话答复	1992年2月2日	《最高人民法院关于审理盗窃案件具体应用法律若干问题的解释》已有明确规定
273	最高人民法院研究室关于适用"两高"《关于修改盗窃犯罪数额标准的通知》问题的电话答复	1992年2月2日	刑法及相关司法解释已有明确规定
274	最高人民法院关于新疆生产建设兵团农七师131团农牧副产品经营部与芜湖市金宝炒货商店购销合同纠纷一案指定管辖问题的复函	1992年2月20日 法函〔1992〕19号	已被民事诉讼法代替
275	最高人民法院研究室关于容留不满14岁的幼女卖淫的应如何定罪处罚问题的电话答复	1992年3月5日	刑法已有明确规定
276	最高人民法院经济审判庭关于中国有色金属材料总公司经营部与兰州铝厂补偿贸易合同纠纷一案指定管辖问题复查结果的报告	1992年3月11日 法经〔1992〕32号	已被《最高人民法院关于适用〈中华人民共和国民事诉讼法〉若干问题的意见》代替
277	最高人民法院关于不服工商行政管理机关的确认经济合同无效及财产损失的处理决定的案件应属行政案件的答复	1992年4月1日	原依据的经济合同法已失效,答复不再适用
278	最高人民法院关于被判处死刑的被告人在上诉期满后又提出撤回上诉的应当如何处理问题的批复	1992年4月8日 法复〔1992〕2号	批复与刑事诉讼法及相关司法解释规定相冲突
279	最高人民法院研究室关于基层人民法院判处有期徒刑已发生法律效力的案件中级人民法院发现确有错误需要改判无期徒刑的案件如何适用审判程序问题的电话答复	1992年4月8日	答复已无实际指导意义

续表

序号	司法解释和司法解释性质文件名称	发文日期、文号	废止理由
280	最高人民法院研究室关于如何计算盗窃正在使用中的通讯线路价值问题的电话答复	1992年4月22日	刑法及相关司法解释已有明确规定
281	最高人民法院研究室关于适用全国人大常委会《关于严禁卖淫嫖娼的决定》问题的电话答复	1992年5月9日	《关于严禁卖淫嫖娼的决定》已被刑法代替,答复不再适用
282	最高人民法院研究室关于假释缓刑罪犯在假释缓刑考验期内有违法行为尚未构成犯罪是否能送劳动教养问题的复函	1992年5月16日	刑法已有明确规定
283	最高人民法院印发《关于审理涉外海上人身伤亡案件损害赔偿的具体规定(试行)》的通知	1992年5月16日 法发〔1992〕16号	已被海商法和《最高人民法院关于审理人身损害赔偿案件适用法律若干问题的解释》代替
284	最高人民法院关于已满十四岁不满十六岁的人犯走私、贩卖、运输、制造毒品罪应当如何适用法律问题的批复	1992年5月18日 法复〔1992〕3号	刑法已有明确规定
285	最高人民法院关于办理淫秽物品刑事案件中适用法律的两个问题的批复	1992年5月27日 法复〔1992〕4号	批复依据的《全国人大常委会关于惩治走私、制作、贩卖、传播淫秽物品的犯罪分子的决定》已被刑法代替,批复不再适用
286	最高人民法院研究室关于对刑法、全国人大常委会的决定和司法解释中有关规定应如何理解问题的电话答复	1992年6月6日	刑法及相关司法解释已有明确规定
287	最高人民法院研究室关于盗窃黄金矿石和汞膏金应如何计价问题的电话答复	1992年6月19日	《最高人民法院关于审理盗窃案件具体应用法律若干问题的解释》已有明确规定
288	最高人民法院关于中级人民法院判处死刑被告人不上诉高级人民法院复核同意报请最高人民法院核准的案件是否制作裁定书问题的批复	1992年7月21日 法复〔1992〕5号	已被刑事诉讼法及相关司法解释代替

续表

序号	司法解释和司法解释性质文件名称	发文日期、文号	废止理由
289	最高人民法院研究室关于按照审判监督程序再审的刑事案件可否退回检察院补充侦查问题的电话答复	1992年8月1日	与刑事诉讼法及相关司法解释规定相冲突
290	最高人民法院关于严厉打击生产和经销假冒伪劣商品的犯罪活动的通知	1992年8月3日 高法明电〔1992〕7号	依据已被修改或废止,不再适用
291	最高人民法院研究室关于罪犯在死刑缓期执行期间因有漏罪被判决后仍决定死刑缓期执行的是否需要重新核准死缓期间从何时起计算问题的电话答复	1992年8月29日	已被刑法、刑事诉讼法代替
292	最高人民法院关于严惩走私犯罪活动的通知	1992年9月25日 法发〔1992〕28号	依据已被修改或废止,通知不再适用
293	最高人民法院经济审判庭关于银行应否支付企业存款被冻结期间利息问题的复函	1992年9月25日 法经〔1992〕152号	《中国人民银行、最高人民法院、最高人民检察院、公安部关于查询、冻结、扣划企业事业单位、机关、团体银行存款的通知》已有规定
294	最高人民法院关于军事法院审理军内经济纠纷案件的复函	1992年10月4日 法函〔1992〕130号	已被《最高人民法院关于军事法院管辖民事案件若干问题的规定》代替
295	最高人民法院研究室关于刑事附带民事诉讼民事部分发回重审刑事部分指令再审原审人民法院应当如何审理问题的电话答复	1992年10月17日	已被刑事诉讼法及相关司法解释代替
296	最高人民法院研究室关于自诉刑事案件原告人长期不能到庭诉讼应如何处理问题的电话答复	1992年10月23日	刑事诉讼法已有明确规定
297	最高人民法院关于伪造货币、有价证券犯罪案件立案标准(试行)	1992年11月19日	设置立案标准的依据已被修改,不再适用
298	最高人民法院、公安部关于处理道路交通事故案件有关问题的通知	1992年12月1日 法发〔1992〕39号	通知依据的《道路交通事故处理办法》已被废止,通知不再适用
299	最高人民法院关于严厉打击"车匪路霸"犯罪活动的通知	1993年1月13日	刑法及相关司法解释已有明确规定

续表

序号	司法解释和司法解释性质文件名称	发文日期、文号	废止理由
300	最高人民法院关于经工商行政管理机关确认经济合同无效,并对财产纠纷作出处理决定后,当事人一方逾期既不起诉又不履行的,对方当事人可否申请人民法院强制执行问题的复函	1993年1月17日 法函〔1993〕2号	原依据的经济合同法已失效,复函不再适用
301	最高人民法院关于未成年的劳教人员解除劳动教养后三年内犯罪是否适用《全国人民代表大会常务委员会关于处理逃跑或者重新犯罪的劳改犯和劳教人员的决定》的批复	1993年3月6日 法复〔1993〕2号	依据已被废止,不再适用
302	最高人民法院关于及时审理因农民负担过重引起的案件的通知	1993年4月7日 法发〔1993〕6号	社会形势发生变化,不再适用
303	最高人民法院印发《关于办理假释案件几个问题的意见(试行)》的通知	1993年4月10日 法〔1993〕28号	依据已被修改,通知不再适用
304	最高人民法院关于人民法院对集体企业退休职工为追索退休金而提起的诉讼应否受理问题的复函	1993年4月15日	劳动法、《最高人民法院关于审理劳动争议案件适用法律若干问题的解释》已有明确规定
305	最高人民法院关于印发《全国经济审判工作座谈会纪要》的通知	1993年5月6日 法发〔1993〕8号	社会形势发生变化,不再适用
306	最高人民法院经济审判庭关于人民法院在依法执行过程中变卖被执行人房产等财物应否交纳税收费用的复函	1993年5月28日 法经〔1993〕91号	契税暂行条例及细则已有明确规定
307	最高人民法院关于人民法院批准当事人申请缓交诉讼费用后对有关问题应如何处理的函复	1993年6月3日 法函〔1993〕50号	已被《诉讼费用交纳办法》代替
308	最高人民法院关于适用《全国人大常委会关于处理逃跑或者重新犯罪的劳改犯和劳教人员的决定》的几个问题的批复	1993年7月24日 法复〔1993〕4号	《全国人大常委会关于处理逃跑或者重新犯罪的劳改犯和劳教人员的决定》已被废止,批复不再适用

续表

序号	司法解释和司法解释性质文件名称	发文日期、文号	废止理由
309	最高人民法院关于高级人民法院指令基层人民法院再审的裁定中应否撤销中级人民法院驳回再审申请的通知问题的复函	1993年7月26日〔93〕民他字第12号	已被民事诉讼法代替
310	最高人民法院关于执行《全国人民代表大会常务委员会关于惩治生产、销售伪劣商品犯罪的决定》的通知	1993年8月3日 法发〔1993〕12号	《全国人民代表大会常务委员会关于惩治生产、销售伪劣商品犯罪的决定》已被废止,通知不再适用
311	最高人民法院关于破坏生产单位正在使用的电动机是否构成破坏电力设备罪问题的批复	1993年8月4日 法明传〔1993〕241号	依据已被修改,批复不再适用
312	最高人民法院研究室关于一人犯数罪可否分别判处死刑、死缓再决定执行刑罚问题的答复	1993年8月7日	与刑法规定相冲突
313	最高人民法院研究室关于以死缓复核、审判监督程序发回重审的共同犯罪案件应适用哪种程序重审问题的答复	1993年8月7日 法明传〔1993〕245号	已被刑事诉讼法及相关司法解释代替
314	最高人民法院关于上诉审在原判认定的事实和决定执行的刑罚不变的基础上改变原判认定罪名问题的批复	1993年8月12日 法复〔1993〕6号	与刑事诉讼法及相关司法解释规定相冲突
315	最高人民法院研究室关于检察机关在侦查、起诉阶段超过办案期限的案件法院能否开庭审理问题的答复	1993年8月18日 法明传〔1993〕253号	刑事诉讼法及相关司法解释已有明确规定
316	最高人民法院关于如何处理经乡(镇)人民政府调处的民间纠纷的通知	1993年9月3日	已被人民调解法代替
317	最高人民法院关于运输货物误交付法律责任问题的复函	1993年9月6日 法交〔1993〕14号	已被《最高人民法院关于审理铁路运输损害赔偿案件若干问题的解释》代替
318	最高人民法院民事审判庭关于中国音乐著作权协会与音乐著作权人之间几个法律问题的复函	1993年9月14日 法民〔1993〕第35号	已被著作权法及著作权集体管理条例代替

续表

序号	司法解释和司法解释性质文件名称	发文日期、文号	废止理由
319	最高人民法院关于人民法院受理破产案件后对以破产案件的债务人为被执行人的执行案件均应中止执行给四川省高级人民法院的批复	1993年9月17日 法复〔1993〕9号	依据已被废止,批复不再适用
320	最高人民法院印发《关于刑事自诉案件审查立案的规定》的通知	1993年9月24日 法发〔1993〕25号	刑事诉讼法及相关司法解释已有明确规定
321	最高人民法院印发关于执行《中华人民共和国铁路法》中刑事罚则若干问题的解释的通知	1993年10月11日 法发〔1993〕28号	刑法已有明确规定
322	最高人民法院关于劳动争议案件受理问题的通知	1993年10月20日 法发〔1993〕29号	社会形势发生变化,不再适用
323	最高人民法院关于适用《关于修改〈中华人民共和国经济合同法〉的决定》有关问题的通知	1993年11月27日	原依据的经济合同法已失效,通知不再适用
324	最高人民法院关于贪污挪用公款所生利息应否计入贪污挪用公款犯罪数额问题的批复	1993年12月15日 法复〔1993〕11号	《最高人民法院关于审理挪用公款案件具体应用法律若干问题的解释》已有明确规定
325	最高人民法院关于办理非法制造、买卖、运输、私藏钢珠枪犯罪案件适用法律问题的通知	1993年12月17日 法发〔1993〕43号	刑法及相关司法解释已有明确规定
326	最高人民法院关于深入贯彻执行《中华人民共和国著作权法》几个问题的通知	1993年12月24日 法发〔1993〕44号	通知第2条第2款的规定与涉外民事关系法律适用法第七章的规定相冲突,第3条规定已被计算机软件保护条例代替
327	最高人民法院研究室关于故意伤害(轻伤)案件由公安机关作撤案处理后法院能否再作为自诉案件受理问题的答复	1994年1月27日	刑事诉讼法及相关司法解释已有明确规定
328	最高人民法院研究室关于第二审法院对有余刑又犯新罪的被告人未实行并罚的第一审判决如何纠正问题的答复	1994年1月29日	刑事诉讼法已有明确规定

续表

序号	司法解释和司法解释性质文件名称	发文日期、文号	废止理由
329	最高人民法院研究室关于适用刑法第五十九条第二款减轻处罚能否判处刑法分则条文没有规定的刑罚问题的答复	1994年2月5日	刑法已有明确规定
330	最高人民法院研究室关于对惯窃罪犯可否适用《关于严惩严重破坏经济的罪犯的决定》第一条第（一）项问题的答复	1994年2月9日	《关于严惩严重破坏经济的罪犯的决定》已被废止，答复不再适用
331	最高人民法院研究室关于上级人民法院发现下级人民法院已经发生法律效力的判决确有错误提审时应适用何种程序问题的答复	1994年3月4日	刑事诉讼法已有明确规定
332	最高人民法院关于专利侵权案件中如何确定地域管辖的请示的复函	1994年3月8日 法经〔1994〕51号	已被《最高人民法院关于审理专利纠纷案件适用法律问题的若干规定》代替
333	最高人民法院印发《关于审理刑事案件程序的具体规定》的通知	1994年3月21日 法发〔1994〕4号	刑事诉讼法及相关司法解释已有明确规定
334	最高人民法院研究室关于对《关于严禁卖淫嫖娼的决定》施行前后均有组织他人卖淫行为的如何适用法律问题的答复	1994年3月26日	《关于严禁卖淫嫖娼的决定》已被刑法代替，答复不再适用
335	最高人民法院关于适用新的《婚姻登记管理条例》的通知	1994年4月4日 法发〔1994〕6号	社会形势发生变化，不再适用
336	最高人民法院关于对拐卖、绑架妇女（幼女）过程中又奸淫被害人的行为应当如何定罪问题的批复	1994年4月8日 法复〔1994〕6号	刑法已有明确规定
337	最高人民法院关于海源县土畜产公司诉丰宁满族自治县公安局赔偿一案应否受理的复函	1994年5月11日	与国家赔偿法规定相冲突
338	最高人民法院关于在附加剥夺政治权利执行期间重新犯罪的被告人是否适用数罪并罚问题的批复	1994年5月16日 法复〔1994〕8号	刑法已有明确规定
339	最高人民法院研究室关于服刑罪犯保外就医期限届满后未归监又重新犯罪应如何计算前罪余刑问题的答复	1994年6月18日	刑事诉讼法及刑法已有明确规定

续表

序号	司法解释和司法解释性质文件名称	发文日期、文号	废止理由
340	最高人民法院研究室关于盗窃内部股权证持有卡违法销售应如何认定盗窃数额问题的答复	1994年6月30日	已被《最高人民法院关于审理盗窃案件具体应用法律若干问题的解释》代替
341	最高人民法院关于在劳动争议仲裁程序中能否适用先予执行的函	1994年8月10日	已被劳动争议调解仲裁法代替
342	最高人民法院关于诉讼费问题两个请示的复函	1994年8月23日 法函〔1994〕48号	已被《诉讼费用交纳办法》代替
343	最高人民法院研究室关于刑事案件审理终结后被害人或其近亲属提起的民事赔偿诉讼应由哪个审判庭审理问题的答复	1994年9月5日	已被刑事诉讼法及相关司法解释代替
344	最高人民法院关于严厉打击破坏森林资源违法犯罪活动的通知	1994年9月12日	通知已过时效
345	最高人民法院关于办理严重扰乱法庭秩序案件具体适用法律问题的批复	1994年9月26日 法复〔1994〕5号	依据已修改,不再适用
346	最高人民法院关于进一步加强知识产权司法保护的通知	1994年9月29日 法〔1994〕111号	已被著作权法、专利法、商标法以及刑法代替
347	最高人民法院印发《关于办理伪造国家货币、贩运伪造的国家货币、走私伪造的货币犯罪案件具体应用法律的若干问题的解释》的通知	1994年10月14日 法发〔1994〕20号	解释依据已被修改或废止,通知不再适用
348	最高人民法院关于《婚姻登记管理条例》施行后发生的以夫妻名义非法同居的重婚案件是否以重婚罪定罪处罚的批复	1994年12月14日 法复〔1994〕10号	婚姻登记管理条例已废止,刑法已有明确规定
349	最高人民法院关于报送死刑备案材料的通知	1994年12月14日 法〔1994〕144号	死刑核准权自2007年1月1日起统一收归最高人民法院行使,通知不再适用
350	最高人民法院印发《关于执行〈全国人民代表大会常务委员会关于禁毒的决定〉的若干问题的解释》的通知	1994年12月20日 法发〔1994〕30号	《全国人民代表大会常务委员会关于禁毒的决定》已被刑法代替,通知不再适用

续表

序号	司法解释和司法解释性质文件名称	发文日期、文号	废止理由
351	最高人民法院关于《江苏省高级人民法院一审经济纠纷案件级别管辖的规定》的复函	1994年12月21日 法经〔1994〕331号	已被《最高人民法院关于调整高级人民法院和中级人民法院管辖第一审民商事案件标准的通知》代替
352	最高人民法院印发《关于适用〈全国人民代表大会常务委员会关于惩治侵犯著作权的犯罪的决定〉若干问题的解释》的通知	1995年1月16日 法发〔1995〕1号	《全国人民代表大会常务委员会关于惩治侵犯著作权的犯罪的决定》已被废止,通知不再适用
353	最高人民法院关于土地被征用所得的补偿费和安置补助费应归被征地单位所有的复函	1995年1月16日 法经〔1995〕13号	已被国有土地上房屋征收与补偿条例代替
354	最高人民法院关于铁路路外人身伤亡损害赔偿案件管辖问题的复函	1995年1月25日 法函〔1995〕6号	与《最高人民法院关于审理铁路运输人身损害赔偿纠纷案件适用法律若干问题的解释》相冲突
355	最高人民法院关于经济纠纷案件级别管辖的复函	1995年2月16日 法经〔1995〕40号	已被《最高人民法院关于调整高级人民法院和中级人民法院管辖第一审民商事案件标准的通知》代替
356	最高人民法院关于经济纠纷案件级别管辖的复函	1995年2月16日 法经〔1995〕46号	已被《最高人民法院关于调整高级人民法院和中级人民法院管辖第一审民商事案件标准的通知》代替
357	最高人民法院关于下级法院能否对上级法院生效裁判作出中止执行裁定的复函	1995年3月8日 法经〔1995〕63号	与民事诉讼法规定相冲突
358	最高人民法院研究室关于适用《中华人民共和国监狱法》对被判处无期徒刑罪犯减刑程序问题的答复	1995年3月24日 法明传〔1995〕92号	已被刑事诉讼法及相关司法解释代替
359	最高人民法院关于经济纠纷案件级别管辖的复函	1995年3月25日 法经〔1995〕105号	已被《最高人民法院关于调整高级人民法院和中级人民法院管辖第一审民商事案件标准的通知》代替

续表

序号	司法解释和司法解释性质文件名称	发文日期、文号	废止理由
360	最高人民法院关于经济纠纷案件级别管辖的复函	1995年3月25日 法经〔1995〕106号	已被《最高人民法院关于调整高级人民法院和中级人民法院管辖第一审民商事案件标准的通知》代替
361	最高人民法院关于经济纠纷案件级别管辖的复函	1995年5月18日 法函〔1995〕59号	已被《最高人民法院关于调整高级人民法院和中级人民法院管辖第一审民商事案件标准的通知》代替
362	最高人民法院关于经济纠纷案件级别管辖的复函	1995年5月18日 法函〔1995〕60号	已被《最高人民法院关于调整高级人民法院和中级人民法院管辖第一审民商事案件标准的通知》代替
363	最高人民法院研究室关于赃款赃物随案移送和处理问题的答复	1995年5月19日 法明传〔1995〕191号	刑事诉讼法及相关司法解释已有明确规定
364	最高人民法院研究室关于执行《监狱法》第三十三条有关程序问题的答复	1995年6月5日 法明传〔1995〕216号	已被刑事诉讼法及相关司法解释代替
365	最高人民法院关于经济纠纷案件依照诉讼标的金额确定级别管辖的规定的复函	1995年6月8日 法函〔1995〕68号	已被《最高人民法院关于调整高级人民法院和中级人民法院管辖第一审民商事案件标准的通知》代替
366	最高人民法院关于对宁夏回族自治区各级人民法院第一审经济纠纷案件级别管辖的规定请示的复函	1995年6月8日 法函〔1995〕69号	已被《最高人民法院关于调整高级人民法院和中级人民法院管辖第一审民商事案件标准的通知》代替
367	最高人民法院研究室关于公安机关未移送而由检察机关直接逮捕公诉的交通肇事案件法院应否受理问题的答复	1995年6月8日 法明传〔1995〕217号	与刑事诉讼法规定相冲突
368	最高人民法院研究室关于办理减刑、假释和刑事申诉案件有关程序问题的答复	1995年6月8日 法明传〔1995〕220号	刑法、刑事诉讼法及相关司法解释已有明确规定
369	最高人民法院关于依法严惩出口骗税犯罪的通知	1995年6月9日 法发〔1995〕13号	依据已被修改,通知不再适用

续表

序号	司法解释和司法解释性质文件名称	发文日期、文号	废止理由
370	最高人民法院关于当事人就级别管辖提出异议应如何处理问题的函	1995年7月3日 法函〔1995〕95号	已被《最高人民法院关于审理民事级别管辖异议案件若干问题的规定》代替
371	最高人民法院关于审理生产、销售伪劣产品刑事案件如何认定"违法所得数额"的批复	1995年7月5日 法复〔1995〕3号	《全国人民代表大会常务委员会关于惩治生产、销售伪劣商品犯罪的决定》已被废止,批复不再适用
372	最高人民法院关于不服专利管理机关对专利申请权纠纷、专利侵权纠纷的处理决定提起诉讼,人民法院应作何种案件受理问题的答复	1995年7月7日 法函〔1995〕93号	已被专利法代替
373	最高人民法院关于提高广东省各基层人民法院管辖的第一审经济纠纷案件标的额问题的复函	1995年8月1日 法函〔1995〕103号	已被《最高人民法院关于调整高级人民法院和中级人民法院管辖第一审民商事案件标准的通知》代替
374	最高人民法院研究室关于如何理解刑法第六十一条中刑罚执行完毕问题的答复	1995年8月3日 法研〔1995〕16号	依据已修改,刑法已有明确规定
375	最高人民法院关于能否向境外当事人的诉讼代理人直接送达法律文书问题的答复	1995年8月3日 法函〔1995〕104号	依据已被修改,答复不再适用
376	最高人民法院关于人民法院可以对商业银行在人民银行的存款依法采取强制措施的批复	1995年8月10日 法复〔1995〕4号	已被《最高人民法院关于人民法院执行工作若干问题的规定(试行)》代替
377	最高人民法院对有关不动产的非诉行政案件执行管辖问题的答复	1995年8月24日 法行〔1995〕13号	已被《最高人民法院关于执行〈中华人民共和国行政诉讼法〉若干问题的解释》代替
378	最高人民法院研究室关于先将牲畜毒死又低价收购出售牟利的行为如何定罪问题的答复	1995年9月1日	依据已被修改或废止,刑法已有明确规定
379	最高人民法院关于对非法复制移动电话码号案件如何定性问题的批复	1995年9月13日 法复〔1995〕6号	《最高人民法院关于审理盗窃案件具体应用法律若干问题的解释》已有明确规定

续表

序号	司法解释和司法解释性质文件名称	发文日期、文号	废止理由
380	最高人民法院印发《关于办理非法制造、买卖、运输非军用枪支、弹药刑事案件适用法律问题的解释》的通知	1995年9月20日 法发〔1995〕20号	刑法及《最高人民法院关于修改〈最高人民法院关于审理非法制造、买卖、运输枪支、弹药、爆炸物等刑事案件具体应用法律若干问题的解释〉的决定》已有明确规定
381	最高人民法院关于口头购销合同纠纷案件管辖权如何确定问题的复函	1995年9月21日 法函〔1995〕124号	已被民事诉讼法代替
382	最高人民法院关于上一级人民检察院对基层人民法院已发生法律效力的民事判决、裁定向中级人民法院提出抗诉,中级人民法院可否交基层人民法院再审的复函	1995年10月9日 〔1995〕法民字第24号	已被民事诉讼法代替
383	最高人民法院关于对征收水资源费法律适用问题的答复	1995年10月20日 法函〔1995〕132号	与水法规定相冲突
384	最高人民法院关于当事人不服公安机关收审向人民法院提起上诉应如何处理的答复	1995年10月24日	与刑事诉讼法规定相冲突
385	最高人民法院关于办理毒品刑事案件适用法律几个问题的答复	1995年11月9日 法函〔1995〕140号	《最高人民法院印发〈全国部分法院审理毒品犯罪案件工作座谈会纪要〉的通知》等司法解释性质文件中已有明确规定
386	最高人民法院关于对上海市高级人民法院级别管辖的请示的复函	1995年11月22日 法函〔1995〕147号	已被《最高人民法院关于调整高级人民法院和中级人民法院管辖第一审民商事案件标准的通知》代替
387	最高人民法院关于涉及农村合作基金会的经济纠纷案件人民法院应予受理的通知	1995年12月7日 法〔1995〕153号	依据已被修改,通知不再适用
388	最高人民法院关于工商行政管理检查所是否具有行政主体资格问题的答复	1995年12月18日 法函〔1995〕174号	原依据的投机倒把行政处罚暂行条例已失效,答复不再适用

续表

序号	司法解释和司法解释性质文件名称	发文日期、文号	废止理由
389	最高人民法院印发《关于办理违反公司法受贿、侵占、挪用等刑事案件适用法律若干问题的解释》的通知	1995年12月25日 法发〔1995〕23号	依据已废止,通知不再适用
390	最高人民法院印发《关于审理房地产管理法施行前房地产开发经营案件若干问题的解答》的通知	1995年12月27日 法发〔1996〕2号	社会形势发生变化,不再适用
391	最高人民法院关于坚决打击骗取出口退税严厉惩治金融和财税领域犯罪活动的通知	1996年2月17日 法发〔1996〕5号	依据已被刑法代替,通知不再适用
392	最高人民法院关于第一审人民法院判处被告人死刑缓期二年执行人民检察院提出抗诉的,二审人民法院可否直接改判死刑立即执行的答复	1996年3月19日 法函〔1996〕39号	与刑事诉讼法规定相冲突
393	最高人民法院关于决定对罪犯暂予监外执行应采用何种法律文书问题的答复	1996年3月22日 法函〔1996〕41号	已被刑事诉讼法及相关司法解释代替
394	最高人民法院关于邮政工作人员窃取汇款通知单伪造取款凭证的行为应如何定罪问题的答复	1996年4月2日 法函〔1996〕55号	刑法已有明确规定
395	最高人民法院关于会计师事务所为企业出具虚假验资证明应如何处理的问题的答复	1996年4月4日 法函〔1996〕56号	已被《最高人民法院关于审理涉及会计师事务所在审计业务活动中民事侵权赔偿案件的若干规定》代替
396	最高人民法院关于对云南省各级人民法院第一审经济纠纷案件级别管辖规定请示的复函	1996年4月11日 法函〔1996〕59号	已被《最高人民法院关于调整高级人民法院和中级人民法院管辖第一审民商事案件标准的通知》代替
397	最高人民法院关于鉴证机关对经济合同鉴证错误给当事人造成损失,应当承担赔偿责任的答复	1996年4月19日	所依据的《国家工商行政管理局关于经济合同签证的暂行规定》和《合同鉴证办法》均已废止,答复不再适用
398	最高人民法院关于当事人对已经发生法律效力的判决、裁定申请再审是否必须提交审判委员会讨论决定立案问题的复函	1996年4月24日 法函〔1996〕68号	已被民事诉讼法代替

续表

序号	司法解释和司法解释性质文件名称	发文日期、文号	废止理由
399	最高人民法院关于几种案件诉讼收费问题的复函	1996年4月25日 法函〔1996〕70号	已被《诉讼费用交纳办法》代替
400	最高人民法院关于印发《人民法院赔偿委员会审理赔偿案件程序的暂行规定》的通知	1996年5月6日 法发〔1996〕14号	已被《最高人民法院关于人民法院赔偿委员会审理国家赔偿案件程序的规定》代替
401	最高人民法院关于认真贯彻实施《农业法》加强涉农案件审判工作的通知	1996年5月20日 法发〔1996〕18号	社会形势发生变化,不再适用
402	最高人民法院关于对甘肃省各级人民法院第一审经济纠纷案件级别管辖规定请示的复函	1996年5月22日 法函〔1996〕84号	已被《最高人民法院关于调整高级人民法院和中级人民法院管辖第一审民商事案件标准的通知》代替
403	最高人民法院关于取保候审、监视居住期间是否折抵刑期问题的答复	1996年6月7日	刑事诉讼法已有明确规定
404	最高人民法院关于对为他人代开增值税专用发票的行为如何定性问题的答复	1996年6月7日 法函〔1996〕98号	依据已被刑法代替,答复不再适用
405	最高人民法院印发《关于对贪污、受贿、挪用公款犯罪分子依法正确适用缓刑的若干规定》的通知	1996年6月26日 法发〔1996〕21号	刑法已有明确规定
406	最高人民法院关于进一步加强对生产、销售伪劣种子、化肥等纠纷案件审理的通知	1996年7月12日 法发〔1996〕22号	刑法及相关司法解释已有明确规定
407	最高人民法院印发《关于审理非法进口废物刑事案件适用法律若干问题的解释》的通知	1996年7月31日 法发〔1996〕24号	依据已废止,通知不再适用
408	最高人民法院研究室关于被判处无期徒刑的罪犯未交付执行即保外就医后依法减刑程序问题的答复	1996年8月7日 法明传〔1996〕318号	刑法、刑事诉讼法及相关司法解释已有明确规定
409	最高人民法院关于检察机关对先予执行的民事裁定提出抗诉人民法院应当如何审理的批复	1996年8月8日 法复〔1996〕13号	已被民事诉讼法代替

续表

序号	司法解释和司法解释性质文件名称	发文日期、文号	废止理由
410	最高人民法院关于在破产程序中当事人或人民检察院对人民法院作出的债权人优先受偿的裁定申请再审或抗诉应如何处理问题的批复	1996年8月13日 法复〔1996〕14号	已被民事诉讼法代替
411	最高人民法院行政审判庭关于贯彻最高人民法院法发〔1996〕12号文件,做好非诉行政执行案件的审查工作的通知	1996年9月2日 〔1996〕法行字第12号	已被《最高人民法院关于执行〈中华人民共和国行政诉讼法〉若干问题的解释》代替
412	最高人民法院关于在确定经济纠纷案件管辖中如何确定购销合同履行地的规定	1996年9月12日 法发〔1996〕28号	与民事诉讼法规定相冲突
413	最高人民法院行政审判庭关于中央直属火电厂的循环冷却水是否征收水资源费的答复意见	1996年10月9日 〔1996〕法行字第13号	与水法规定相冲突
414	最高人民法院关于当事人就案件级别管辖权向上级法院提出异议上级法院发函通知移送,而下级法院拒不移送,也不作出实体判决应如何处理问题的复函	1996年10月9日 法函〔1996〕150号	已被《最高人民法院关于审理民事级别管辖异议案件若干问题的规定》代替
415	最高人民法院关于人民法院审理企业破产案件若干问题的紧急通知	1996年11月15日	情况已变化,实际已失效
416	最高人民法院关于长城万事达信用卡透支利息不应计算复利的批复	1996年11月29日 法复〔1996〕18号	依据的行政规章已失效,批复不再适用
417	最高人民法院关于齐鲁制药厂诉美国安泰国际贸易公司合资合同纠纷一案中仲裁条款效力问题的答复	1996年12月12日 法函〔1996〕176号	与《最高人民法院关于适用〈中华人民共和国仲裁法〉若干问题的解释》相冲突
418	最高人民法院关于涉蒙经济合同未直接约定仲裁条款如何认定案件管辖权的复函	1996年12月14日 法函〔1996〕177号	已被《最高人民法院关于适用〈中华人民共和国仲裁法〉若干问题的解释》代替
419	最高人民法院印发《关于审理诈骗案件具体应用法律的若干问题的解释》的通知	1996年12月16日 法发〔1996〕32号	依据已被修改,刑法及相关司法解释已有明确规定

续表

序号	司法解释和司法解释性质文件名称	发文日期、文号	废止理由
420	最高人民法院关于证券经营机构之间以及证券经营机构与证券交易场所之间因股票发行或者交易引起的争议人民法院能否受理的复函	1996年12月18日 法函〔1996〕180号	已被仲裁法代替
421	最高人民法院印发《关于执行〈中华人民共和国刑事诉讼法〉若干问题的解释(试行)》的通知	1996年12月20日 法发〔1996〕33号	已被刑事诉讼法及相关司法解释代替
422	最高人民法院知识产权审判庭关于不属于外观设计专利的保护对象,但又授予外观设计专利的产品是否保护的请示的答复	1997年2月17日	已被专利法以及《最高人民法院关于审理侵犯专利权纠纷案件应用法律若干问题的解释》代替
423	最高人民法院关于当前人民法院审理企业破产案件应当注意的几个问题的通知	1997年3月6日 法发〔1997〕2号	情况已变化,实际已失效
424	最高人民法院关于公安部规章和国务院行政法规如何适用问题的复函	1997年3月7日 〔1996〕法行字第19号	原依据的《道路交通事故处理办法》已废止,复函不再适用
425	最高人民法院行政审判庭关于对云南省高级人民法院适用公安部《交通管理处罚程序补充规定》法律效力的请示的答复	1997年4月10日 〔1997〕法行字第7号	原依据的《交通管理处罚程序补充规定》已废止,答复不再适用
426	最高人民法院关于认真抓好禁毒专项斗争中审判工作的通知	1997年4月25日 法发〔1997〕9号	通知已过时效
427	最高人民法院关于涉及中银信托投资公司案件的诉讼时效问题的通知	1997年6月7日 法明传〔1997〕202号	社会形势发生变化,不再适用
428	最高人民法院关于调整部分高级人民法院一审经济纠纷案件争议金额管辖标准的通知	1997年6月9日 法发〔1997〕14号	已被《最高人民法院关于调整高级人民法院和中级人民法院管辖第一审民商事案件标准的通知》代替
429	最高人民法院关于对北京市高级人民法院有关案件级别管辖规定的请示的答复	1997年6月13日 法函〔1997〕79号	已被《最高人民法院关于调整高级人民法院和中级人民法院管辖第一审民商事案件标准的通知》代替

10. 最高人民法院予以废止的1997年7月1日至2011年12月31日期间发布的有关司法解释目录(第十批)

最高人民法院关于废止1997年7月1日至2011年12月31日期间发布的部分司法解释和司法解释性质文件(第十批)的决定

(2013年2月18日最高人民法院审判委员会第1569次会议通过 2013年2月26日最高人民法院公告公布 自2013年4月8日起施行 法释〔2013〕7号)

序号	司法解释和司法解释性质文件名称	发文日期、文号	废止理由
1	最高人民法院关于严厉打击走私犯罪的通知	1997年7月23日 法发〔1997〕17号	社会形势发生变化,不再适用
2	最高人民法院关于依法不再核准类推案件的通知	1997年9月22日 法发〔1997〕23号	社会形势发生变化,不再适用
3	最高人民法院关于办理减刑、假释案件具体应用法律若干问题的规定	1997年10月29日 法释〔1997〕6号	已被《最高人民法院关于办理减刑、假释案件具体应用法律若干问题的规定》代替
4	最高人民法院关于公路运输和航空运输案件受理问题的通知	1997年11月12日 法发〔1997〕26号	情况已变化,实际已失效
5	最高人民法院关于电话费逾期未交违约金如何计算问题的复函	1998年1月12日	已被《最高人民法院关于修改〈最高人民法院关于逾期付款违约金应当按照何种标准计算问题的批复〉的批复》代替
6	最高人民法院关于严厉打击有关非法出版物犯罪活动的通知	1998年3月27日 法发〔1998〕4号	情况已变化,实际已失效
7	最高人民法院关于审理拒不执行判决、裁定案件具体应用法律若干问题的解释	1998年4月17日 法释〔1998〕6号	已被《最高人民法院、最高人民检察院、公安部关于依法严惩查处拒不执行判决裁定和暴力抗拒法院执行犯罪行为有关问题的通知》代替

续表

序号	司法解释和司法解释性质文件名称	发文日期、文号	废止理由
8	最高人民法院关于发回重审后原审时未上诉一方当事人提出上诉应否交纳案件受理费问题的批复	1998年4月23日 法〔1998〕41号	已被《诉讼费用交纳办法》代替
9	最高人民法院关于深入开展严厉打击走私犯罪专项斗争的通知	1998年7月27日 法发〔1998〕11号	社会形势发生变化,不再适用
10	最高人民法院关于严厉打击骗购外汇和非法买卖外汇犯罪活动的通知	1998年10月5日 法〔1998〕109号	社会形势发生变化,不再适用
11	最高人民法院关于人民法院决定暂予监外执行有关问题的批复	1999年1月15日 法释〔1999〕1号	已被刑事诉讼法代替
12	最高人民法院关于对执行死刑前发现重大情况需要改判的案件如何适用程序问题的批复	1999年1月29日 法释〔1999〕2号	已被刑事诉讼法及相关司法解释代替
13	最高人民法院行政审判庭关于拆迁强制执行的有关问题的答复意见	1999年2月14日 〔1998〕行他字第13号	情况已变化,实际已失效
14	最高人民法院关于实行刑事再审案件备案制度的通知	1999年3月1日 法〔1999〕21号	社会形势发生变化,不再适用
15	最高人民法院关于各高级人民法院受理第一审民事、经济纠纷案件问题的通知	1999年4月9日 法发〔1999〕11号	已被《最高人民法院关于调整高级人民法院和中级人民法院管辖第一审民商事案件标准的通知》代替
16	最高人民法院批准各高级人民法院辖区内各级人民法院受理第一审民事、经济纠纷案件级别管辖标准	1999年8月1日	已被《最高人民法院关于调整高级人民法院和中级人民法院管辖第一审民商事案件标准的通知》代替
17	最高人民法院关于我国仲裁机构作出的仲裁裁决能否部分撤销问题的批复	1999年8月25日 法释〔1999〕16号	已被《最高人民法院关于适用〈中华人民共和国仲裁法〉若干问题的解释》代替
18	最高人民法院关于严格诉讼费用管理的通知	1999年9月20日 法〔1999〕191号	已被《诉讼费用交纳办法》代替

续表

序号	司法解释和司法解释性质文件名称	发文日期、文号	废止理由
19	最高人民法院行政审判庭关于人民法院在审理药品管理行政案件中,涉及行使药品监督职权时应当适用《药品管理法》的有关规定的答复	1999年12月8日〔1999〕行他字第23号	情况已变化,实际已失效
20	最高人民法院关于依法严厉打击破坏森林资源犯罪活动的通知	1999年12月28日法〔1999〕247号	社会形势发生变化,不再适用
21	最高人民法院关于刑事赔偿和非刑事司法赔偿案件案由的暂行规定(试行)	2000年1月11日	已被《最高人民法院关于国家赔偿案件立案、案由有关问题的通知》废止
22	最高人民法院关于审理强奸案件有关问题的解释	2000年2月16日法释〔2000〕4号	依据已被修改,不再适用
23	最高人民法院关于在享受本人工龄和已死亡配偶生前工龄优惠后所购公房是否属夫妻共同财产的函的复函	2000年2月17日〔2000〕法民字第4号	与现行房改政策不一致
24	最高人民法院关于加强和改进委托执行工作的若干规定	2000年3月8日法释〔2000〕9号	已被《最高人民法院关于委托执行若干问题的规定》代替
25	最高人民法院关于印发全国法院审理毒品犯罪案件工作座谈会纪要的通知	2000年4月4日法〔2000〕42号	已被《最高人民法院印发全国部分法院审理毒品犯罪案件工作座谈会纪要的通知》代替
26	最高人民法院关于跨省、自治区、直辖市委托执行工作有关问题的通知	2000年5月12日法〔2000〕54号	已被《最高人民法院关于委托执行若干问题的规定》代替
27	最高人民法院研究室关于参与过第二审程序审理的审判人员在该案又进入第二审程序时是否应当回避问题的答复	2000年6月1日法研〔2000〕38号	已被《最高人民法院关于审判人员在诉讼活动中执行回避制度若干问题的规定》代替
28	最高人民法院关于执行《关于审判人员严格执行回避制度的若干规定》时间效力问题的通知	2000年6月15日法〔2000〕94号	已被《最高人民法院关于审判人员在诉讼活动中执行回避制度若干问题的规定》废止

续表

序号	司法解释和司法解释性质文件名称	发文日期、文号	废止理由
29	最高人民法院关于适用《关于审判人员严格执行回避制度的若干规定》第四条有关问题的答复	2000年6月20日 法〔2000〕95号	依据已被废止,不再适用
30	最高人民法院关于企业被人民法院依法宣告破产后在破产程序终结前经人民法院允许从事经营活动所签合同是否有效问题的批复	2000年12月1日 法释〔2000〕43号	与企业破产法规定相冲突
31	最高人民法院办公厅关于对合同标的为外币的案件在收取诉讼费用时不得收取外币等问题的通知	2000年12月25日 法办〔2000〕326号	已被《诉讼费用交纳办法》代替
32	最高人民法院关于审理触电人身损害赔偿案件若干问题的解释	2001年1月10日 法释〔2001〕3号	与《最高人民法院关于审理人身损害赔偿案件适用法律若干问题的解释》相冲突
33	最高人民法院关于情节严重的传销或者变相传销行为如何定性问题的批复	2001年4月10日 法释〔2001〕11号	与刑法的规定相冲突
34	最高人民法院关于工伤认定法律适用的请示的答复	2001年6月15日 法行〔2000〕26号	情况已变化,实际已失效
35	最高人民法院关于军事法院试行审理军内民事案件问题的复函	2001年6月26日 法函〔2001〕33号	已被《最高人民法院关于军事法院管辖民事案件若干问题的规定》代替
36	最高人民法院对执行《关于审理非法制造、买卖、运输枪支、弹药、爆炸物等刑事案件具体应用法律若干问题的解释》有关问题的通知	2001年9月17日 法〔2001〕129号	依据已被修正,不再适用
37	最高人民法院关于涉证券民事赔偿案件暂不予受理的通知	2001年9月21日 法明传〔2001〕406号	已被《最高人民法院关于审理证券市场因虚假陈述引发的民事赔偿案件的若干规定》代替
38	最高人民法院关于如何认定挪用公款归个人使用有关问题的解释	2001年10月17日 法释〔2001〕29号	与《全国人大常委会关于〈中华人民共和国刑法〉第三百八十四条第一款的解释》相冲突

续表

序号	司法解释和司法解释性质文件名称	发文日期、文号	废止理由
39	最高人民法院关于严格依法及时交付罪犯执行刑罚问题的通知	2001年10月24日 法〔2001〕155号	社会形势发生变化,不再适用
40	最高人民法院研究室关于监视居住期间可否折抵刑期问题的答复	2001年11月30日	与刑事诉讼法的规定相冲突
41	最高人民法院行政审判庭关于对如何适用《城市房屋拆迁管理条例》第十五条规定的答复	2001年12月29日 〔2001〕行他字第12号	情况已变化,实际已失效
42	最高人民法院关于严格执行高级人民法院受理第一审民商事纠纷案件级别管辖标准问题的通知	2002年2月1日 法〔2002〕23号	已被《最高人民法院关于调整高级人民法院和中级人民法院管辖第一审民商事案件标准的通知》代替
43	最高人民法院关于审理非法生产、买卖武装部队车辆号牌等刑事案件具体应用法律若干问题的解释	2002年4月10日 法释〔2002〕9号	已被《最高人民法院、最高人民检察院关于办理妨害武装部队制式服装、车辆号牌管理秩序等刑事案件具体应用法律若干问题的解释》代替
44	最高人民法院关于对采用破坏性手段盗窃正在使用的油田输油管道中油品的行为如何适用法律问题的批复	2002年4月10日 法释〔2002〕10号	已被《最高人民法院、最高人民检察院关于办理盗窃油气、破坏油气设备等刑事案件具体应用法律若干问题的解释》代替
45	最高人民法院关于企业离退休人员的养老保险统筹金应当列入破产财产分配方案问题的批复	2002年4月18日 法释〔2002〕12号	已被企业破产法代替
46	最高人民法院关于国内船员劳务合同纠纷案件是否应劳动仲裁前置的请示的复函	2002年6月10日 〔2002〕民四他字第16号	已被《最高人民法院关于适用〈中华人民共和国海事诉讼特别程序法〉若干问题的解释》代替
47	最高人民法院研究室关于氯胺酮能否认定为毒品问题的答复	2002年6月28日	《最高人民法院、最高人民检察院、公安部办理毒品犯罪案件适用法律若干问题的意见》已有明确规定

续表

序号	司法解释和司法解释性质文件名称	发文日期、文号	废止理由
48	最高人民法院关于苏州龙宝生物工程实业公司与苏州朗力福保健品有限公司请求确认不侵犯专利权纠纷案的批复	2002年7月12日〔2001〕民三他字第4号	已被《最高人民法院关于审理侵犯专利权纠纷案件应用法律若干问题的解释》代替
49	最高人民法院关于死刑缓期执行的期间如何确定问题的批复	2002年11月5日法释〔2002〕34号	与《最高人民法院关于刑事案件终审判决和裁定何时发生法律效力问题的批复》相冲突
50	最高人民法院关于参照《医疗事故处理条例》审理医疗纠纷民事案件的通知	2003年1月6日法〔2003〕20号	与侵权责任法等法律规定相冲突
51	最高人民法院关于行为人不明知是不满十四周岁的幼女双方自愿发生性关系是否构成强奸罪问题的批复	2003年1月17日法释〔2003〕4号	与刑法的规定相冲突
52	最高人民法院关于土地转让方未按规定完成土地的开发投资即签订土地使用权转让合同的效力问题的答复	2003年6月9日法函〔2003〕34号	与物权法关于不动产转让合同效力的规定相冲突
53	最高人民法院关于在防治传染性非典型肺炎期间依法做好人民法院相关审判、执行工作的通知	2003年6月11日法〔2003〕72号	情况已变化,实际已失效
54	最高人民法院关于江苏省高级人民法院《关于提高诉讼费收费标准的请示》的答复	2003年8月6日法〔2003〕136号	已被《诉讼费用交纳办法》代替
55	最高人民法院关于道路运输市场管理的地方性法规与部门规章规定不一致的法律适用问题的答复	2003年8月15日〔2003〕行他字第4号	情况已变化,实际已失效
56	最高人民法院研究室关于如何理解犯罪嫌疑人自动投案的有关问题的答复	2003年8月27日法研〔2003〕132号	已被《最高人民法院关于处理自首和立功若干具体问题的意见》代替
57	最高人民法院关于离婚后财产纠纷案件收费标准的请示的复函	2003年9月10日〔2003〕民立他字第10号	已被《诉讼费用交纳办法》代替

续表

序号	司法解释和司法解释性质文件名称	发文日期、文号	废止理由
58	最高人民法院研究室关于第二审人民法院是否应当为不满十八周岁的未成年被告人指定辩护律师问题的答复	2003年9月23日	刑事诉讼法及相关司法解释已有明确规定
59	最高人民法院审判监督庭印发《关于审理民事、行政抗诉案件几个具体程序问题的意见》的通知	2003年10月15日 法审〔2003〕11号	已被《最高人民法院关于适用〈中华人民共和国民事诉讼法〉审判监督程序若干问题的解释》代替
60	最高人民法院关于报送按照审判监督程序改判死刑被告人在死缓考验期内故意犯罪应当执行死刑的复核案件的通知	2003年11月26日 法〔2003〕177号	已被刑事诉讼法代替
61	最高人民法院关于可否将航道养护费的缴付请求列入船舶优先权问题的批复	2003年12月8日 法释〔2003〕18号	调整对象已消失,实际已失效
62	最高人民法院关于诉前责令停止侵犯专利权、商标权、著作权行为案件编号和收取案件受理费问题的批复	2004年2月16日 法〔2004〕17号	已被《诉讼费用缴纳办法》代替
63	最高人民法院关于未经消防验收合格而订立的房屋租赁合同如何认定其效力的函复	2004年3月4日 〔2003〕民一他字第11号	与《最高人民法院关于审理城镇房屋租赁合同纠纷案件具体应用法律问题的解释》规定相冲突
64	最高人民法院关于审理人民法院国家赔偿确认案件若干问题的规定(试行)	2004年8月10日 法释〔2004〕10号	与《全国人民代表大会常务委员会关于修改〈中华人民共和国国家赔偿法〉的决定》相冲突
65	最高人民法院关于贯彻执行《关于审理人民法院国家赔偿确认案件若干问题的规定(试行)》的通知	2004年8月16日 法发〔2004〕19号	与《全国人民代表大会常务委员会关于修改〈中华人民共和国国家赔偿法〉的决定》相冲突

续表

序号	司法解释和司法解释性质文件名称	发文日期、文号	废止理由
66	最高人民法院关于对江苏省高级人民法院《关于江苏振泰机械织造公司与泰兴市同心纺织机械有限公司侵犯商标专用权、企业名称权纠纷一案的请示报告》的复函	2005年2月17日〔2004〕民三他字第10号函	已被《最高人民法院关于审理注册商标、企业名称与在先权利冲突的民事纠纷案件若干问题的规定》代替
67	最高人民法院关于印发《关于证券监督管理机构申请人民法院冻结资金账户、证券账户的若干规定》的通知	2005年4月29日法〔2005〕55号	通知内容已被证券法、行政强制法代替
68	最高人民法院关于证券监督管理机构申请人民法院冻结资金账户、证券账户的若干规定	2005年4月29日法释〔2005〕2号	已被证券法、行政强制法代替
69	最高人民法院对《山东省高级人民法院关于济宁之窗信息有限公司网络链接行为是否侵犯录音制品制作者权、信息网络传播权及赔偿数额如何计算问题的请示》的答复	2005年6月2日〔2005〕民三他字第2号	与侵权责任法规定相冲突
70	最高人民法院关于贯彻落实《全国人民代表大会常务委员会关于司法鉴定管理问题的决定》做好过渡期相关工作的通知	2005年7月14日法发〔2005〕12号	社会形势发生变化,不再适用
71	最高人民法院行政审判庭关于《中华人民共和国水法》第四十八条如何适用问题的电话答复	2005年8月12日	情况已变化,实际已失效
72	最高人民法院行政审判庭关于如何适用《工伤保险条例》第五十三条有关问题的答复	2005年8月15日〔2005〕行他字第19号	与工伤保险条例规定相冲突
73	最高人民法院行政审判庭关于农村集体土地征用后地上房屋拆迁补偿有关问题的答复	2005年10月12日法〔2005〕行他字第5号	情况已变化,实际已失效
74	最高人民法院关于进一步做好死刑第二审案件开庭审理工作的通知	2005年12月7日法〔2005〕214号	已被刑事诉讼法及相关司法解释代替

续表

序号	司法解释和司法解释性质文件名称	发文日期、文号	废止理由
75	最高人民法院关于陈大顺减刑一案的答复	2006年12月7日〔2006〕刑监他字第5号	已被《最高人民法院关于办理减刑假释案件具体应用法律若干问题的规定》代替
76	最高人民法院关于审理涉外民事或商事合同纠纷案件法律适用若干问题的规定	2007年7月23日法释〔2007〕14号	与涉外民事关系法律适用法相冲突
77	最高人民法院关于印发《民事案件案由规定》的通知	2008年2月4日法发〔2008〕11号	已被《最高人民法院关于修改〈民事案件案由规定〉的决定》代替
78	最高人民法院关于原审人民法院在民事诉讼法修改决定施行前已经受理施行后尚未办结的申请再审案件应如何处理的通知	2008年11月25日法〔2008〕320号	通知已过时效
79	最高人民法院、中央社会治安综合治理委员会办公室关于印发《2009年省、自治区、直辖市法院执行工作纳入社会治安综合治理目标责任考核办法》的通知	2010年1月4日法发〔2010〕2号	通知已过时效
80	最高人民法院关于认真做好人民法院2010年禁毒综合治理工作的通知	2010年4月6日法〔2010〕149号	社会形势发生变化,不再适用
81	最高人民法院关于充分发挥刑事审判职能作用依法严惩侵犯知识产权和制售假冒伪劣商品犯罪的通知	2010年11月25日法〔2010〕431号	社会形势发生变化,不再适用

11. 最高人民法院决定废止的部分司法解释和司法解释性质文件目录(第十一批)

最高人民法院关于废止部分司法解释和司法解释性质文件(第十一批)的决定

(2014年12月30日最高人民法院审判委员会第1639次会议通过 2015年1月12日最高人民法院公告公布 自2015年1月19日起施行 法释〔2015〕2号)

序号	司法解释和司法解释性质文件名称	发文日期、文号	废止理由
1	最高法关于如何理解刑事诉讼法第二百一十二条中"交付执行的人民法院"问题的批复	2000年1月3日 法释〔2000〕2号	已被《最高人民法院关于适用〈中华人民共和国刑事诉讼法〉的解释》的相关内容代替
2	最高法研究室关于如何理解刑事诉讼法第一百七十条第(三)项规定的案件范围问题的答复	2000年7月25日 法研〔2000〕63号	已被《最高人民法院关于适用〈中华人民共和国刑事诉讼法〉的解释》修改
3	最高法关于审理刑事附带民事诉讼案件有关问题的批复	2000年12月1日 法释〔2000〕40号	已被《最高人民法院关于适用〈中华人民共和国刑事诉讼法〉的解释》修改
4	最高法关于刑事附带民事诉讼范围问题的规定	2000年12月13日 法释〔2000〕47号	已被《最高人民法院关于适用〈中华人民共和国刑事诉讼法〉的解释》及相关规定修改
5	最高法关于审理未成年人刑事案件的若干规定	2001年4月4日 法释〔2001〕9号	已被刑事诉讼法及《最高人民法院关于适用〈中华人民共和国刑事诉讼法〉的解释》修改
6	最高法关于人民法院是否受理刑事案件被害人提起精神损害赔偿民事诉讼问题的批复	2002年7月15日 法释〔2002〕17号	已被《最高人民法院关于适用〈中华人民共和国刑事诉讼法〉的解释》的相关内容代替

续表

序号	司法解释和司法解释性质文件名称	发文日期、文号	废止理由
7	最高法关于复核死刑案件若干问题的规定	2007年2月27日 法释〔2007〕4号	已被《最高人民法院关于适用〈中华人民共和国刑事诉讼法〉的解释》的相关内容代替
8	最高法关于适用新的《执行死刑命令》样式的通知	2007年8月21日 法发〔2007〕27号	已被新的《执行死刑命令》样式代替
9	最高法关于适用停止执行死刑程序有关问题的规定	2008年12月15日 法释〔2008〕16号	已被《最高人民法院关于适用〈中华人民共和国刑事诉讼法〉的解释》的相关内容代替
10	最高法关于财产刑执行问题的若干规定	2010年2月10日 法释〔2010〕4号	已被《最高人民法院关于刑事裁判涉财产部分执行的若干规定》代替
11	最高法关于印发《人民法院量刑指导意见(试行)》通知	2010年9月13日 法发〔2010〕36号	已被《最高人民法院关于实施量刑规范化工作的通知》代替

12. 最高人民法院关于废止部分司法解释和司法解释性质文件(第十二批)的决定

最高人民法院关于废止部分司法解释和司法解释性质文件(第十二批)的决定

(2017年5月8日最高人民法院审判委员会第1716次会议通过 2017年9月22日法释〔2017〕17号公布 自2017年10月1日起施行)

为适应形势发展变化，保证国家法律统一正确适用，根据经第十二届全国人民代表大会常务委员会第十一次会议《关于修改中华人民共和国行政诉讼法的决定》修改的《中华人民共和国行政诉讼法》的规定，结合审判工作实际，最高人民法院对1988年至2013年期间单独发布的有关行政诉讼的司法解释和司法解释性质文件进行了清理。现决定废止15件司法解释和司法解释性质文件。废止的司法解释和司法解释性质文件从本决定施行之日起不再适用，但过去依据或参照下列司法解释和司法解释性质文件对有关案件作出的判决、裁定仍然有效。当事人对废止决定公布前的行政行为不服，在决定公布后提起行政诉讼或者进入再审程序的，除相关司法解释和司法解释性质文件与当时有效的法律相抵触外，人民法院可依据相关司法解释和司法解释性质文件作出裁判。

最高人民法院关于废止的部分司法解释和司法解释性质文件(第十二批)

序号	司法解释和司法解释性质文件名称	发文日期、文号	废止理由
1	最高人民法院关于药品行政案件管辖问题的答复	1992年1月2日 法行复〔1992〕1号	社会形势发生变化,不再适用
2	最高人民法院关于人民法院审理行政案件对地方性法规的规定与法律和行政法规不一致的应当执行法律和行政法规的复函(节录)	1993年3月11日 法函〔1993〕16号	与《中华人民共和国渔业法》相冲突
3	最高人民法院行政审判庭对广东省高院〔1997〕粤高法行请字第3号请示问题的答复	1998年2月18日 〔1998〕行他字第4号	收容审查制度已废止,答复不再适用
4	最高人民法院行政审判庭关于对雇工引起草原火灾的,可否追究雇主的连带经济责任的答复	1998年7月7日 〔1998〕法行字第4号	其解释的《草原防火条例》相关内容已修改、答复不再适用
5	最高人民法院关于人民法院是否受理乡政府申请执行农民承担村提留、乡统筹款行政决定案件的复函	1998年11月16日 法函〔1998〕117号	情况已变化,实际已失效

续表

序号	司法解释和司法解释性质文件名称	发文日期、文号	废止理由
6	最高人民法院行政审判庭关于人民法院受理劳动教养行政案件是否需要复议前置问题的答复	1998年11月19日〔1997〕法行字批27号	劳动教养制度已废止,答复不再适用
7	最高人民法院行政审判庭对《关于审理公证行政案件中适用法规问题的请示》的答复	1999年8月16日法行〔1999〕4号	与《中华人民共和国公证法》相冲突
8	最高人民法院行政审判庭关于人民法院审理劳动教养行政案件是否遵循《刑事诉讼法》确立的基本原则的请示的答复	1999年10月18日〔1998〕法行字第16号	劳动教养制度已废止,答复不再适用
9	最高人民法院对福建省高级人民法院《关于福建省地方税务局稽查分局是否具有行政主体资格的请示报告》的答复意见	1999年10月21日行他〔1999〕25号	与《中华人民共和国税收征收管理法》《中华人民共和国税收征收管理法实施细则》相冲突
10	最高人民法院行政审判庭关于胡家兴与胡家华土地权属纠纷申诉案的请示报告的答复	2000年1月24日行他〔1999〕10号	已被《最高人民法院关于执行〈中华人民共和国行政诉讼法〉若干问题的解释》吸收
11	最高人民法院行政审判庭于对保险公司不正当竞争行为如何确定监督检查主体的答复	2000年4月19日法行〔2000〕1号	已被《最高人民法院关于审理涉及保险公司不正当竞争行为的行政处罚案件时如何确定行政主体问题的复函》代替
12	最高人民法院行政审判庭关于人民法院在审理劳动教养行政案件时就有关实体问题能否进行审查的电话答复	2000年12月11日行他〔2000〕第12号	劳动教养制度已废止,答复不再适用
13	最高人民法院行政审判庭关于《外商投资企业清算办法》适用中有关清算问题请示的答复	2003年12月31日〔2003〕行他字第23号	已被《中华人民共和国公司法》的相关内容代替
14	最高人民法院关于能否对仅有一次盗窃行为的公民实施劳动教养问题的答复	2005年7月21日〔2005〕行他字第8号	劳动教养制度已废止,答复不再适用
15	最高人民法院关于车辆挂靠其他单位经营车辆实际所有人聘用的司机工作中伤亡能否认定为工伤问题的答复	2007年12月3日〔2006〕行他字第17号	已被《最高人民法院关于审理工伤保险行政案件若干问题的规定》吸收

13.《最高人民法院关于统一行使死刑案件核准权有关问题的决定》废止的有关司法解释目录

最高人民法院关于统一行使死刑案件核准权有关问题的决定

(2006年12月13日最高人民法院审判委员会第1409次会议通过 2006年12月28日最高人民法院公告公布 自2007年1月1日起施行 法释〔2006〕12号)

第十届全国人民代表大会常务委员会第二十四次会议通过了《关于修改〈中华人民共和国人民法院组织法〉的决定》,将人民法院组织法原第十三条修改为第十二条:"死刑除依法由最高人民法院判决的以外,应当报请最高人民法院核准。"修改人民法院组织法的决定自2007年1月1日起施行。根据修改后的人民法院组织法第十二条的规定,现就有关问题决定如下:

(一)自2007年1月1日起,最高人民法院根据全国人民代表大会常务委员会有关决定和人民法院组织法原第十三条的规定发布的关于授权高级人民法院和解放军军事法院核准部分死刑案件的通知(见附件),一律予以废止。

(二)自2007年1月1日起,死刑除依法由最高人民法院判决的以外,各高级人民法院和解放军军事法院依法判处和裁定的,应当报请最高人民法院核准。

(三)2006年12月31日以前,各高级人民法院和解放军军事法院已经核准的死刑立即执行的判决、裁定,依法仍由各高级人民法院、解放军军事法院院长签发执行死刑的命令。

附件

最高人民法院发布的下列关于授权高级人民法院核准部分死刑案件自本通知施行之日起予以废止:

一、《最高人民法院关于对几类现行犯授权高级人民法院核准死刑的若干具体规定的通知》(发布日期:1980年3月18日)

二、《最高人民法院关于执行全国人民代表大会常务委员会〈关于死刑案件核准问题的决定〉的几项通知》(发布日期:1981年6月11日)

三、《最高人民法院关于授权高级人民法院核准部分死刑案件的通知》(发布日期:1983年9月7日)

四、《最高人民法院关于授权云南省高级人民法院核准部分毒品犯罪死刑案件的通知》(发布日期:1991年6月6日)

五、《最高人民法院关于授权广东省高级人民法院核准部分毒品犯罪死刑案件的通知》(发布日期:1993年8月18日)

六、《最高人民法院关于授权广西壮族自治区、四川省、甘肃省高级人民法院核准部分毒品犯罪死刑案件的通知》(发布日期:1996年3月19日)

七、《最高人民法院关于授权贵州省高级人民法院核准部分毒品犯罪死刑案件的通知》(发布日期:1997年6月23日)

八、《最高人民法院关于授权高级人民法院和解放军军事法院核准部分死刑案件的通知》(发布日期:1997年9月26日)

14. 最高人民法院关于废止部分司法解释(第十三批)的决定

(2019年5月13日由最高人民法院审判委员会第1768次会议通过 2019年7月8日最高人民法院公布 自2019年7月20日起施行 法释〔2019〕11号)

为适应形势发展变化,保证国家法律统一正确适用,根据有关法律规定和审判实际需要,现决定废止103件司法解释(目录附后)。废止的司法解释自本决定施行之日起不再适用,但此前依据这些司法解释对有关案件作出的判决、裁定仍然有效。

本决定自2019年7月20日起施行。

序号	标题	发文日期和文号	理由
1	最高人民法院关于判决书的原本正本抄本如何区别问题的批复	1957年9月13日	社会形势发生变化,不再适用。
2	最高人民法院信访处接待来访工作细则	1980年6月20日	最高人民法院信访处已取消,实际已失效。
3	最高人民法院关于试行法院诉讼文书样式的通知	1992年6月20日 法发〔1992〕18号	已被《最高人民法院关于印发〈法院刑事诉讼文书样式〉(样本)的通知》《行政诉讼文书样式(试行)》《最高人民法院关于印发〈人民法院民事裁判文书制作规范〉〈民事诉讼文书样式〉的通知》代替。
4	最高人民法院关于《法院诉讼文书样式(试行)》若干问题的解答	1993年4月21日 法办发〔1993〕3号	已被《最高人民法院关于印发〈法院刑事诉讼文书样式〉(样本)的通知》《行政诉讼文书样式(试行)》《最高人民法院关于印发〈人民法院民事裁判文书制作规范〉〈民事诉讼文书样式〉的通知》代替。
5	最高人民法院关于充分发挥审判职能作用,保障和促进全民所有制工业企业转换经营机制的通知	1993年8月6日 法发〔1993〕13号	社会形势发生变化,不再适用。
6	最高人民法院印发《关于人民法院立案工作的暂行规定》的通知 附:最高人民法院关于人民法院立案工作的暂行规定	1997年4月21日 法发〔1997〕7号	已被《最高人民法院关于人民法院登记立案若干问题的规定》代替。

续表

序号	标题	发文日期和文号	理由
7	最高人民法院关于承认和执行外国仲裁裁决收费及审查期限问题的规定	1998年11月14日 法释〔1998〕28号	民事诉讼法、《诉讼费用交纳办法》已规定。
8	最高人民法院关于人民法院在互联网公布裁判文书的规定	2013年11月21日 法释〔2013〕26号	已被《最高人民法院关于人民法院在互联网公布裁判文书的规定》代替。
9	最高人民法院关于人民法院大力支持税收征管工作的通知	1989年11月4日 法(行)发〔1989〕31号	与刑事诉讼法、行政诉讼法冲突。
10	最高人民法院关于人民法院审理行政案件对缺乏法律和法规依据的规章的规定应如何参照问题的答复	1994年1月13日 法行复字〔1993〕第5号	依据已被《公路安全保护条例》废止,不再适用。
11	最高人民法院关于行政机关根据法院的协助执行通知书实施的行政行为是否属于人民法院行政诉讼受案范围的批复	2004年7月13日 法释〔2004〕6号	已被《最高人民法院关于适用〈中华人民共和国行政诉讼法〉的解释》代替。
12	最高人民法院关于行政案件管辖若干问题的规定	2008年1月14日 法释〔2008〕1号	行政诉讼法及相关司法解释已规定。
13	最高人民法院关于公路路政管理机构行政主体资格及有关法律适用问题的答复	1995年1月15日 〔1994〕行复字第4号	依据已被《公路安全保护条例》废止,不再适用。
14	最高人民法院行政审判庭关于对公安机关采取监视居住行为不服提起诉讼法院应否受理问题的电话答复	1991年5月25日	刑事诉讼法已规定。
15	最高人民法院关于在同一事实中对同一当事人,行政机关同时作出限制人身自由和扣押财产两种具体行政行为,当事人依法向其住所地法院起诉,受诉法院是否可以合并审理问题的答复	1993年7月9日 〔93〕行他16号	已被《最高人民法院关于适用〈中华人民共和国行政诉讼法〉的解释》代替。
16	最高人民法院关于当事人达不成拆迁补偿安置协议就补偿安置争议提起民事诉讼人民法院应否受理问题的批复	2005年8月1日 法释〔2005〕9号	依据已被《国有土地上房屋征收与补偿条例》废止,不再适用。
17	最高人民法院行政审判庭关于税务行政案件起诉期限问题的电话答复	1990年12月27日	依据已被税收征收管理法代替,不再适用。
18	最高人民法院办公厅关于转发《国务院办公厅关于征收水资源费有关问题的通知》的通知 附:国务院办公厅关于征收水资源费有关问题的通知(1995年4月25日)	1995年5月10日 法办发〔1995〕1号	转发的通知已被废止,不再适用。
19	最高人民法院关于对行政侵权赔偿案件执行中有关问题的复函	1993年6月16日 法函〔1993〕51号	国家赔偿法已规定。

续表

序号	标题	发文日期和文号	理由
20	最高人民法院关于对因政府调整划转企业国有资产引起的纠纷是否受理问题的批复	1996年4月2日 法复〔1996〕4号	社会形势发生变化,不再适用。
21	最高人民法院关于公安机关不履行法定行政职责是否承担行政赔偿责任问题的批复	2001年7月17日 法释〔2001〕23号	已被《最高人民法院关于适用〈中华人民共和国行政诉讼法〉的解释》代替。
22	最高人民法院关于印发《最高人民法院审判委员会工作规则》的通知 附:最高人民法院审判委员会工作规则	1993年9月11日 法发〔1993〕23号	已被《最高人民法院关于印发〈关于改革和完善人民法院审判委员会制度的实施意见〉的通知》代替。
23	最高人民法院关于人民法院相互办理委托事项的规定	1993年9月25日 法发〔1993〕26号	已被《最高人民法院关于适用〈中华人民共和国民事诉讼法〉的解释》代替。
24	最高人民法院关于印发《中华人民共和国人民法院法庭规则》的通知 附:中华人民共和国人民法院法庭规则	1993年12月1日 法发〔1993〕40号	已被《最高人民法院关于修改〈中华人民共和国人民法院法庭规则〉的决定》修正。
25	最高人民法院关于人民检察院对行政诉讼进行法律监督具体程序问题请示的答复	1991年8月19日 法(行)函〔1991〕91号	已被《最高人民法院关于适用〈中华人民共和国行政诉讼法〉的解释》代替。
26	最高人民法院关于对医疗事故争议案件人民法院应否受理的复函	1989年10月10日 法(行)函〔1989〕63号	依据已被废止,不再适用。
27	最高人民法院关于管制犯在管制期间又犯新罪被判处拘役或有期徒刑应如何执行的问题的批复	1981年7月27日 〔1981〕法研字第18号	刑法已作规定。
28	最高人民法院研究室关于有期徒刑罪犯减刑后又改判应如何确定执行刑期问题的答复	1994年6月14日	已被《最高人民法院关于办理减刑、假释案件具体应用法律的规定》代替。
29	最高人民法院研究室关于原判有期徒刑的罪犯被裁定减刑后又经再审改判为无期徒刑应如何确定执行刑期问题的答复	1995年12月25日	已被《最高人民法院关于办理减刑、假释案件具体应用法律的规定》代替。
30	最高人民法院研究室关于对拘役犯在缓刑期间发现其隐瞒余罪判处有期徒刑应如何执行问题的电话答复	1984年9月17日	刑法已作规定。
31	最高人民法院研究室关于被判处拘役缓刑的罪犯在考验期内又犯新罪应如何执行问题的电话答复	1988年3月24日	与刑法冲突。

续表

序号	标题	发文日期和文号	理由
32	最高人民法院关于对无期徒刑犯减刑后原审法院发现原判决确有错误予以改判,原减刑裁定应否撤销问题的批复	1989年1月3日法(研)复〔1989〕2号	已被《最高人民法院关于办理减刑、假释案件具体应用法律的规定》代替。
33	最高人民法院研究室关于有期徒刑犯减刑后又改判的原减刑裁定撤销后应如何办理减刑手续问题的电话答复	1990年4月5日	已被《最高人民法院关于办理减刑、假释案件具体应用法律的规定》代替。
34	最高人民法院研究室关于原判无期徒刑的罪犯经减刑后又改判应如何处理减刑问题的电话答复	1992年1月20日	已被《最高人民法院关于办理减刑、假释案件具体应用法律的规定》代替。
35	最高人民法院研究室关于死缓犯和无期徒刑犯经几次减刑后又改判原减刑裁定是否均应撤销问题的电话答复	1992年4月1日	已被《最高人民法院关于办理减刑、假释案件具体应用法律的规定》代替。
36	最高人民法院关于办理减刑、假释案件具体应用法律若干问题的规定	2012年1月17日法释〔2012〕2号	已被《最高人民法院关于办理减刑、假释案件具体应用法律的规定》代替。
37	最高人民法院关于劳动教养日期可否折抵刑期问题的批复	1981年7月6日〔1981〕法研字第14号	劳动教养制度已废除,不再适用。
38	最高人民法院研究室关于行政拘留日期折抵刑期问题的电话答复	1988年2月23日	行政处罚法已规定。
39	最高人民法院研究室关于对诈骗后抵债的赃款能否判决追缴问题的电话答复	1992年8月26日	已被《最高人民法院、最高人民检察院关于办理诈骗刑事案件具体应用法律问题若干问题的解释》《最高人民法院关于刑事裁判涉财产部分执行的若干规定》代替。
40	最高人民法院关于农村合作基金会从业人员犯罪如何定性问题的批复	2000年5月8日法释〔2000〕10号	农村合作基金会已被国务院取消,不再适用。
41	最高人民法院研究室关于军事法院判处的重婚案件其非法婚姻部分由谁判决问题的电话答复	1980年11月27日	婚姻法已规定。
42	最高人民法院研究室关于利用职务上的便利条件窃取技术资料转让获利是否构成犯罪问题的电话答复	1992年5月19日	与刑法冲突。

续表

序号	标题	发文日期和文号	理由
43	最高人民法院研究室关于对重大责任事故和玩忽职守案件造成经济损失需追究刑事责任的数额标准应否做出规定问题的电话答复	1987年10月20日	已被《最高人民法院、最高人民检察院关于办理危害生产安全刑事案件适用法律若干问题的解释》《最高人民法院、最高人民检察院关于办理渎职刑事案件适用法律若干问题的解释（一）》代替。
44	最高人民法院关于未被公安机关正式录用的人员、狱医能否构成失职致使在押人员脱逃罪主体问题的批复	2000年9月19日 法释〔2000〕28号	《全国人民代表大会常务委员会关于〈中华人民共和国刑法〉第九章渎职罪主体适用问题的解释》已规定。
45	最高人民法院关于人民法院应否受理当事人不服治安管理处罚而提起的刑事自诉问题的批复	1993年9月3日 法复〔1993〕8号	已被《最高人民法院关于适用〈中华人民共和国刑事诉讼法〉的解释》代替。
46	最高人民法院研究室关于铁路运输高级法院撤销以后刑事申诉案件管辖问题的电话答复	1989年1月7日	已被《最高人民法院关于适用〈中华人民共和国刑事诉讼法〉的解释》代替。
47	最高人民法院关于第二审人民法院审理死刑案件被告人没有委托辩护人的是否应为其指定辩护人问题的批复	1997年11月12日 法释〔1997〕7号	已被《最高人民法院关于适用〈中华人民共和国刑事诉讼法〉的解释》代替。
48	最高人民法院研究室关于判处死刑缓期二年执行的附带民事诉讼案件制作法律文书有关问题的答复	1993年8月12日 法明传〔1993〕251号	已被《最高人民法院关于印发〈法院刑事诉讼文书样式〉（样本）的通知》代替。
49	最高人民法院研究室关于刑事第二审案件如何确定审判时限问题的电话答复	1990年12月30日	与刑事诉讼法冲突。
50	最高人民法院关于刑事第二审判决改变第一审判决认定的罪名后能否加重附加刑的批复	2008年6月6日 法释〔2008〕8号	已被《最高人民法院关于适用〈中华人民共和国刑事诉讼法〉的解释》代替。
51	最高人民法院关于贯彻执行民事政策法律若干问题的意见	1984年8月30日	社会形势发生变化，不再适用。
52	最高人民法院关于确认和处理无效经济合同适用何种法律文书问题的批复	1990年1月20日 法（经）复〔1990〕2号	社会形势发生变化，不再适用。
53	最高人民法院关于对注册资金投入未达到法规规定最低限额的企业法人签订的经济合同效力如何确认问题的批复	1997年2月25日 法复〔1997〕2号	与公司法冲突。
54	最高人民法院关于依据何种标准计算电话费滞纳金问题的批复	1998年12月29日 法释〔1998〕31号	依据已被废止，不再适用。

续表

序号	标题	发文日期和文号	理由
55	最高人民法院关于如何确认公民与企业之间借贷行为效力问题的批复	1999年12月29日 法释〔1999〕19号	已被《最高人民法院关于审理民间借贷案件适用法律若干问题的规定》代替
56	最高人民法院关于国家机关能否作经济合同的保证人及担保条款无效时经济合同是否有效问题的批复	1988年10月4日 法(研)复〔1988〕39号	合同法、担保法已规定
57	最高人民法院关于适用婚姻法问题的通知	1981年2月21日 〔81〕法民字第4号	社会形势发生变化,不再适用。
58	最高人民法院关于对适用婚姻问题的通知的请示的复函	1981年4月13日 〔81〕法民字第5号	社会形势发生变化,不再适用。
59	最高人民法院关于债务人有多个债权人而将其全部财产抵押给其中一个债权人是否有效问题的批复	1994年3月26日 法复〔1994〕2号	与合同法、物权法冲突。
60	最高人民法院关于胡拴毛诉梁宝堂索要信息费一案的复函	1990年11月19日 〔1990〕民他字第31号	依据已被废止,不再适用。
61	最高人民法院关于如何确定借款合同履行地问题的批复	1993年11月17日 法复〔1993〕10号	已被《最高人民法院关于审理民间借贷案件适用法律若干问题的规定》代替。
62	最高人民法院关于企业相互借贷的合同出借方尚未取得约定利息人民法院应当如何裁决问题的解答	1996年3月25日 法复〔1996〕2号	与《最高人民法院关于审理民间借贷案件适用法律若干问题的规定》冲突。
63	最高人民法院关于购销合同履行地的特殊约定问题的批复	1990年8月19日 法(经)复〔1990〕11号	依据已被废止,不再适用。
64	最高人民法院关于同意指定青岛市中级人民法院为审理专利纠纷案件第一审法院问题的批复	1988年5月14日 法(经)复〔1988〕22号	已被《最高人民法院关于同意杭州市、宁波市、合肥市、福州市、济南市、青岛市中级人民法院内设专门审判机构并跨区域管辖部分知识产权案件的批复》代替。
65	最高人民法院关于在经济审判工作中严格执行《中华人民共和国民事诉讼法》的若干规定	1994年12月22日 法发〔1994〕29号	已被《最高人民法院关于适用〈中华人民共和国民事诉讼法〉的解释》代替。
66	最高人民法院关于民事经济审判方式改革问题的若干规定	1998年7月6日 法释〔1998〕14号	已被《最高人民法院关于适用〈中华人民共和国民事诉讼法〉的解释》代替。

续表

序号	标题	发文日期和文号	理由
67	最高人民法院关于湖南省供销社等单位与省肉食水产公司房屋纠纷一案应否受理的复函	1990年3月6日〔89〕民监字第600号	已被《最高人民法院关于适用〈中华人民共和国民事诉讼法〉的解释》代替。
68	最高人民法院关于民事诉讼当事人因证据不足撤诉后在诉讼时效内再次起诉人民法院应否受理问题的批复	1990年3月10日法（民）复〔1990〕3号	已被《最高人民法院关于适用〈中华人民共和国民事诉讼法〉的解释》代替。
69	最高人民法院关于当事人对医疗事故鉴定结论有异议又不申请重新鉴定而以要求医疗单位赔偿经济损失为由向人民法院起诉的案件应否受理问题的复函	1990年11月7日〔1990〕民他字第44号	依据已失效，民事诉讼法已规定。
70	最高人民法院关于企业经营者依企业承包经营合同要求保护其合法权益的起诉人民法院应否受理的批复	1991年8月13日法（经）复〔1991〕4号	已被《最高人民法院关于适用〈中华人民共和国民事诉讼法〉的解释》代替。
71	最高人民法院关于广东省高要县百货公司南岸批发部和高要县百货公司诉广西壮族自治区凤凰华侨农工商服务公司柳州办事处和湖南省工矿民族贸易公司购销青苎麻合同货款纠纷案与湖南省工矿民族贸易公司诉湖南省工商行政管理局行政处理决定案重复受理应如何处理的复函	1993年5月22日法经〔1993〕85号	社会形势发生变化，不再适用。
72	最高人民法院关于受理房屋拆迁、补偿、安置等案件问题的批复	1996年7月24日法复〔1996〕12号	行政诉讼法和《国有土地上房屋征收与补偿条例》已规定。
73	最高人民法院关于人民检察院对民事调解书提出抗诉人民法院应否受理问题的批复	1999年2月9日法释〔1999〕4号	民事诉讼法已规定
74	最高人民法院关于人民法院是否受理因邮电部门电报稽延纠纷提起诉讼问题的批复	1999年6月9日法释〔1999〕11号	已被《最高人民法院关于人民法院登记立案若干问题的规定》代替。
75	最高人民法院关于合同转让后如何确定合同签订地的批复	1986年10月30日法（经）复〔1986〕30号	依据已失效，且已被《最高人民法院关于适用〈中华人民共和国民事诉讼法〉的解释》代替。
76	最高人民法院关于中国人民解放军和武警部队向地方开放的医疗单位发生的医疗赔偿纠纷由有管辖权的人民法院受理的复函	1990年6月4日〔1990〕民他字第15号	已被《最高人民法院关于适用〈中华人民共和国民事诉讼法〉的解释》和《最高人民法院关于军事法院管辖民事案件若干问题的规定》代替。
77	最高人民法院关于合同双方当事人协议约定发生纠纷各自可向所在地人民法院起诉如何确定管辖问题的复函	1994年11月27日法经〔1994〕307号	民事诉讼法已规定。

续表

序号	标题	发文日期和文号	理由
78	最高人民法院关于珠海市东兴房产综合开发公司与珠海经济特区侨辉房产公司、中国农村发展信托投资公司浙江办事处合作经营房地产合同纠纷案管辖问题的通知	1995年11月9日 法函〔1995〕143号	已被《最高人民法院关于适用〈中华人民共和国民事诉讼法〉的解释》代替。
79	最高人民法院关于当事人在合同中协议选择管辖法院问题的复函	1995年12月7日 法函〔1995〕157号	与《最高人民法院关于适用〈中华人民共和国民事诉讼法〉的解释》冲突。
80	最高人民法院关于适用法发〔1996〕28号司法解释问题的批复	1998年2月13日 法释〔1998〕3号	依据已失效,不再适用。
81	最高人民法院关于对被监禁或被劳动教养的人提起的民事诉讼如何确定案件管辖问题的批复	2010年12月9日 法释〔2010〕16号	民事诉讼法已规定。
82	最高人民法院关于人民法院的审判人员可否担任民事案件当事人的委托代理人的批复	1984年1月11日 〔1983〕民他字第37号	已被《关于审判人员在诉讼活动中执行回避制度若干问题的规定》代替。
83	最高人民法院关于双方不服政府对山林纠纷的处理决定向人民法院起诉应将谁列为被告问题的批复	1986年11月7日 〔86〕民他字第46号	社会形势发生变化,不再适用。
84	最高人民法院关于经商检局检验出口的商品被退回应否将商检局列为经济合同质量纠纷案件当事人问题的批复	1998年6月23日 法释〔1998〕12号	社会形势发生变化,不再适用。
85	最高人民法院关于计算机软件著作权纠纷中外籍当事人应否委托中国律师代理诉讼问题的答复	1995年1月2日 〔1994〕民他字第29号	已被《最高人民法院关于适用〈中华人民共和国民事诉讼法〉的解释》代替。
86	最高人民法院关于未经对方当事人同意私自录制其谈话取得的资料不能作为证据使用的批复	1995年3月6日 法复〔1995〕2号	民事诉讼法已规定。
87	最高人民法院关于印发《经济纠纷案件适用简易程序开庭审理的若干规定》的通知 附:经济纠纷案件适用简易程序开庭审理的若干规定	1993年11月16日 法发〔1993〕35号	已被《最高人民法院关于适用〈中华人民共和国民事诉讼法〉的解释》代替。
88	最高人民法院关于印发《第一审经济纠纷案件适用普通程序开庭审理的若干规定》的通知 附:第一审经济纠纷案件适用普通程序开庭审理的若干规定	1993年11月16日 法发〔1993〕34号	已被《最高人民法院关于适用〈中华人民共和国民事诉讼法〉的解释》代替。
89	最高人民法院关于民事调解书确有错误当事人没有申请再审的案件人民法院可否再审问题的批复	1993年3月8日 〔1993〕民他字第1号	民事诉讼法已规定。

续表

序号	标题	发文日期和文号	理由
90	最高人民法院关于民事损害赔偿案件当事人的再审申请超出原审诉讼请求人民法院是否应当再审问题的批复	2002年7月18日法释〔2002〕19号	已被《最高人民法院关于适用〈中华人民共和国民事诉讼法〉的解释》代替。
91	最高人民法院关于人民法院对民事案件发回重审和指令再审有关问题的规定	2002年7月31日法释〔2002〕24号	已被《最高人民法院关于民事审判监督程序严格依法适用指令再审和发回重审若干问题的规定》代替。
92	最高人民法院关于审理涉及人民调解协议的民事案件的若干规定	2002年9月16日法释〔2002〕29号	已被《最高人民法院关于人民调解协议司法确认程序的若干规定》代替。
93	最高人民法院关于审判监督程序中,上级人民法院对下级人民法院已经发生法律效力的判决、裁定,何时裁定中止执行和中止执行的裁定由谁署名问题的批复	1985年7月9日法(民)复〔1985〕41号	已被《最高人民法院关于适用〈中华人民共和国民事诉讼法〉的解释》代替。
94	最高人民法院关于在执行经济纠纷案件中严禁违法拘留人的通知	1992年8月29日法发〔1992〕25号	已被《最高人民法院关于人民法院执行工作若干问题的规定(试行)》《最高人民法院关于适用〈中华人民共和国民事诉讼法〉的解释》代替。
95	最高人民法院关于坚决纠正和制止以扣押人质方式解决经济纠纷的通知	1994年10月28日法〔1994〕130号	已被《最高人民法院关于人民法院执行工作若干问题的规定(试行)》《最高人民法院关于适用〈中华人民共和国民事诉讼法〉的解释》代替。
96	最高人民法院关于在审理经济合同纠纷案件中发现一方当事人利用签订经济合同进行诈骗的,人民法院可否直接追缴被骗钱物问题的复函	1994年3月26日法函〔1994〕16号	已被《关于办理诈骗刑事案件具体应用法律问题若干问题的解释》《最高人民法院关于刑事裁判涉财产部分执行的若干规定》代替。
97	最高人民法院关于人民法院依法有权查询、冻结和扣划邮政储蓄存款问题的批复	1996年2月29日法复〔1996〕1号	依据已被修改,已被《最高人民法院关于适用〈中华人民共和国民事诉讼法〉的解释》代替。
98	最高人民法院关于必须严格控制对被执行人采取拘捕措施的通知	1996年10月9日法〔1996〕96号	已被《最高人民法院关于人民法院执行工作若干问题的规定(试行)》《最高人民法院关于适用〈中华人民共和国民事诉讼法〉的解释》《最高人民法院关于审理拒不执行判决、裁定刑事案件适用法律若干问题的解释》代替。

续表

序号	标题	发文日期和文号	理由
99	最高人民法院关于当事人对具有强制执行效力的公证债权文书的内容有争议提起诉讼人民法院是否受理问题的批复	2008年12月22日 法释〔2008〕17号	已被《最高人民法院关于公证债权文书执行若干问题的规定》代替。
100	最高人民法院关于中、日两国之间委托送达法律文书使用送达回证问题的通知	1982年10月12日 〔82〕法研字第11号	中国和日本均已经加入海牙送达公约,不再适用。
101	最高人民法院关于中国留学生在留学期间如何在人民法院进行离婚诉讼问题的函	1989年6月3日 法民〔89〕13号	民事诉讼法和婚姻法已规定。
102	最高人民法院关于当事人对按自动撤回上诉处理的裁定不服申请再审人民法院应如何处理问题的批复	2002年7月19日 法释〔2002〕20号	与《最高人民法院关于适用〈中华人民共和国民事诉讼法〉的解释》冲突。
103	最高人民法院关于人民法院裁定撤销仲裁裁决或驳回当事人申请后当事人能否上诉问题的批复	1997年4月23日 法复〔1997〕5号	已被《最高人民法院关于适用〈中华人民共和国民事诉讼法〉的解释》代替。

15. 最高人民法院关于对部分规范性文件予以修改或废止的通知

(2020年3月5日 法发〔2020〕10号)

各省、自治区、直辖市高级人民法院,解放军军事法院,新疆维吾尔自治区高级人民法院生产建设兵团分院:

为深入贯彻落实习近平总书记在中央机构编制委员会第一次会议上的重要讲话精神和《中国共产党机构编制工作条例》的有关要求,最高人民法院对本院制定下发的规范性文件进行了专项清理。经过清理,决定对11个涉及下级法院机构、职能配置和编制配备的规范性文件予以修改或废止。现通知如下:

一、《人民法院信息工作的若干规定》(法发〔2008〕35号)

第二十一条:"各高级人民法院应当设立信息工作专门机构。中级人民法院、基层人民法院可以设立信息工作专门机构;尚不具备条件的人民法院应当配备1至2名专职信息员。"修改为:"地方各级人民法院应当明确专门机构和人员负责信息工作。有条件的人民法院,根据工作需要,可以在内设机构限额内设立信息工作专门机构。"

二、《关于全面加强接受监督工作的若干意见》(法发〔2011〕14号)

第四部分第四条:"各高级人民法院和有条件的中级人民法院应当设立相应工作机构,基层人民法院和不具备单独设立专门工作机构的中级人民法院应当配备专职人员,具体负责接受监督工作。"修改为:"地方各级人民法院应当明确专门机构和人员负责接受监督工作。有条件的人民法院,根据工作需要,可以在内设机构限额内设立接受监督工作专门机构。"

三、《人民法院档案工作规定》(法发〔2012〕11号)

第九条:"各级人民法院应当设立与其职能、任务相适应的档案机构。高级人民法院一般应当设立档案处;中级人民法院设立档案科;基层人民法院设立档案科(室)。具备条件的人民法院可以根据《全国档案馆设置原则和布局方案》的有关规定设立档案馆。"修改为:"各级人民法院应当设立与其职能、任务相适应的档案机构,具备条件的人民法院可以根据《全国档案馆设置原则和布局方案》的有关规定设立档案馆。不具备档案机构设立条件的人民法院,应当明确专门机构负责档案工作。"

第十一条:"各级人民法院应当根据本院档案工作的实际需要配备专职档案工作人员,高级人民法院不少于五人,中级人民法院不少于三人,基层人民法院不少于一人。同时可以根据保管档案的数量适当增配人员,增配人员的标准为,以保管档案一万卷设专职档案工作人员一人为基数,每超过二万卷增配一人。"修改为:"各级人民法院可以根据本院档案工作的实际需要配备专职档案工作人员,并根据保管档案的数量适当增配。"

四、《人民法院安全保卫工作人员和装备配置标准》(法〔2012〕216号)

第二条:"高级人民法院、省会城市和计划单列市中级人民法院应设立专门安全保卫工作机构,配置专职安全保卫工作干部。"修改为:"高级人民法院、省会城市和计划单列市中级人民法院应当明确专门机构负责安全保卫工作。有条件的人民法院,根据工作需要,可以在内设机构限额内设立安全保卫工作专门机构。"

第三条:"人民法庭至少应配备1名安全保卫工作人员。"修改为:"人民法庭可以根据需要配备相应数量的安全保卫工作人员。"

五、《人民法院督促检查工作规定》(法发〔2014〕9号)

第四条:"最高人民法院和高级人民法院应当设立专门的督查工作机构或部门,负责督查督办下级人民法院和本院各单位承担的督查事项。高级人民法院督查部门负责人一般应当选配处级干部担任。有条件的中级人民法院、基层人民法院可以设立专门的督查工作机构;没有条件的,应当视情配备专职或兼职督查工作人员。"修改为:"地方各级人民法院应当明确专门机构和人员负责督查工作。有条件的人民法院,根据工作需要,可以在内设机构限额内设立督查工作专门机构。"

六、《关于进一步加强调查研究工作的意见》(法发〔2010〕21号)

第19条:"中级以上人民法院和有条件的基层人民法院应当设立调查研究的专门机构;不具备条件的基层人民法院应当配备专人负责调研工作;中级以上人民法院的审判庭也应当有专人负责调研工作。各级人民法院研究室的职能原则上应当协调一致;高级人民法院研究室的职能要与最高人民法院研究室的职能基本对接。"修改为:"地方各级人民法院应当明确专门机构和人员负责调查研究工作。有条件的人民法院,根据工作需要,可以在内设机构限额内设立调查研究工作专门机构。"

七、《关于加强人民法院审判管理工作的若干意见》(法发〔2011〕2号)

第15条:"加强审判管理,要充分发挥审判管理办公室协调、沟通的作用,使各部门的审判管理工作形成合力。在人民法院审判管理工作格局中,审判管理办公室是审判委员会、院长的参谋助手,是承上启下、连接各方的枢纽,是人民法院专事审判管理的综合审判业务部门。各高级、中级人民法院和有条件的基层人民法院,要设立审判管理办公室,基层人民法院也可以由审判监督庭承担审判管理的职能。上级人民法院审判管理办公室要加强对基层人民法院审判管理工作的指导。"修改为:"加强审判管理,要充分发挥审判管理办公室协调、沟通的作用,使各部门的审判管理工作形成合力。在人民法院审判管理工作格局中,审判管理办公室是审判委员会、院长的参谋助手,是承上启下、连接各方的枢纽,是人民法院专事审判管理的综合审判业务部门。地方各级人民法院应当明确专门机构和人员负责审判管理工作。有条件的人民法院,根据工作需要,可以在内设机构限额内设立审判管理办公室。上级人民法院审判管理办公室要加强对基层人民法院审判管理工作的指导。"

八、《关于建立人民法院经费保障和财务管理长效工作机制的若干意见》(法发〔2012〕21号)

第十条:"各级人民法院设置财务机构的方式、数量、名称以及职责要规范统一,按照本意见要求调整确定;设置程序要规范严格,由本院行装部门提出、组织人事部门审核同意及党组审批,报上级法院行装部门备案。财务机构和财务职责一经确定,不得随意调整,如确需调整,应当由本院组织人事部门认定及党组批准并报上级法院行装部门备案。各级人民法院要于本意见下发一年内将财务机构及职责设置调整到位。"修改为:"地方各级人民法院财务机构的设置要相对规范统一,严格按程序审批。"

第十一条:"各级人民法院要根据财务岗位职责要求及人员编制和业务工作量情况,配备足够的专职财务人员及一定数量财务专业技术称人员。财务工作岗位设置坚持不相容职务相互分离的原则,确保各岗位之间权责分明、相互制约、相互监督。高级人民法院各财务科(处)配备专职财务人员应在5人以上;中级人民法院配备专职财务人员应在3人以上;基层人民法院配备专职财务人员应在2人以上。财务人员的数量要随着财务工作业务量加大相应及时增加,财务人员数量未达到最低配备标准的法院,应于三年内配备到位。"修改为:"各级人民法院应根据财务岗位职责和需求及人员编制和业务工作量情况,配备相应的专职财务人员及一定数量财务专业技术人员。财务工作岗位设置坚持不相容职务相互分离的原则,确保各岗位之间权责分明、相互制约、相互监督。财务人员的数量要随着财务工作业务量加大相应及时增加。"

第十二条:"要配备高素质、高层次的专职财务管理人员负责财会技能指导、参与财务内部事务管理,有条件的高级以上人民法院可设置总会计师1人。总会计师为同级法院行装部门副职级至正职级职务,协助行装部门分管财务负责人组织实施经济核算和财务会计工作,包括本单位会计基础管理、预算管理、成本核算、财会内控机制建设、重大财务事项监管、财务人员业务培训和考核等;参与本单位重要经济活动的决策;对所辖法院财务工作进行专业指导和监督。总会计师应当由所在行装部门提名,组织人事部门任命,报上级主管部门备案,不得随意撤换。如确需撤换,应将变更情况及时上报主管部门备案。"修改为:"要配备高素质、高层次的专职财务管理人员负责财会技能指导、参与财务内部事务管理。经组织部门同意,有条件的高级人民法院可设置总会计师。总会计师协助行装部门分管财务负责人组织实施经济核算和财务会计等工作。"

九、《关于加强法院法医工作的通知》(法(司)发〔1986〕34号)

第二部分法医机构和人员配备:"建立和健全法医机构,是搞好法医技术工作的关键。各高、中级法院要建立法医技术室(应与本院庭、室同级)。基层人民法院应配备专职法医技术人员,具体要求如下:1.高级人民法院已建立法医技术室的,要积极开展各项业务工作,根据需要与可能逐步分设物证组、病理组、活体检查组、毒物化验组;尚未建立机构和配备人员的,应积极选调法医技术人员和建立法医技术室。高级人民法院法医技术室人员应配备八至十二名。2.中级人民法院已建立法医技术室的,要逐步开展活体检查、物证、书证检验,尸体剖验等各项工作;尚未建立机构的,要努力创造条件,逐步建立起法医技术室。中级人民法院法医技术室人员应配备四至八名。3.基层人民法院中没有法医技术人员的,要逐步配备法医技术人员一至三名。工作需要、条件具备的可以建立法医技术室。"修改为:"建立健全法医机构,是搞好法医技术工作的关键。地方各级人民法院应当明确专门机构和人员负责法医工作。"

十、《关于人民法院信息化人才队伍建设的意见》(法〔2015〕189号)

第八条:"加大机构建设力度。高级人民法院、中级人民法院和有条件的基层人民法院应设立或明确信息化主管机构,承担信息化建设工作领导小组办公室日常事务,实行统一指导、分级负责的信息化工作体制。确不具备条件设立专门信息化主管机构的基层人民法院,应当配备足额的专职信息化工作人员,确保信息化建设顺利开展。"修改为:"加大机构建设力度。地方各级人民法院应当明确专门机构和人员负责信息化工作。有条件的人民法院,根据工作需要,可以在内设机构限额内设立信息化工作专门机构。"

第十三条:"配齐配强各类专业人员。高级人民法院要依据规划管理、系统研发、数据管理、信息安全、基础设置和运维保障等6类专业配置相关人员,每一专业人员不少于2人。中级人民法院一般应依据除规划管理以外的5个专业配备相应专业人员,每一专业不少于1人。基层人民法院参照中级人民法院专业类别职能进行人员配备,原则上不少于3人。编制不足的,可在确保信息安全的前提下,积极探索购买社会化服务、与高等院校和科研单位合作等方式拓宽人员来源渠道。"修改为:"配齐配强各类专业人员。各级人民法院要根据信息化工作需要,配足配强相关专业人员。编制不足的,可在确保信息安全的前提下,积极探索购买社会化服务、与高等院校和科研单位合作等方式拓宽人员来源渠道。"

十一、《关于统一高级人民法院司法警察总队内设机构设置及名称的通知》(法政〔2003〕97号)废止。

16. 最高人民法院关于废止部分司法解释及相关规范性文件的决定

(2020年12月29日　法释〔2020〕16号)

为切实实施民法典，保证国家法律统一正确适用，根据《中华人民共和国民法典》等法律规定，结合审判实际，现决定废止《最高人民法院关于适用〈中华人民共和国民法总则〉诉讼时效制度若干问题的解释》等116件司法解释及相关规范性文件（目录附后）。

本决定自2021年1月1日起施行。

最高人民法院决定废止的部分司法解释及相关规范性文件的目录

序号	标题	发文日期及文号
1	最高人民法院关于人民法院司法统计工作的若干规定	1985年11月21日
2	最高人民法院印发《处理涉台刑事申诉、民事案件座谈会纪要》的通知 附一：处理涉台刑事申诉、民事案件座谈会纪要（节录） 附二：关于人民法院处理涉台民事案件的几个法律问题	1988年8月5日 法〔办〕发〔1988〕18号
3	最高人民法院关于各级人民法院与港方签订有关法律事务协议的须先报经最高人民法院审查批准的通知	1988年8月25日 高法明电〔1988〕62号
4	最高人民法院关于学习宣传贯彻《中华人民共和国未成年人保护法》的通知	1991年12月24日 法〔研〕发〔1991〕44号
5	最高人民法院关于印发《法官考评委员会暂行组织办法》和《初任审判员、助理审判员考试暂行办法》的通知 附：法官考评委员会暂行组织办法 初任审判员、助理审判员考试暂行办法	1996年6月26日 法发〔1996〕20号
6	最高人民法院关于适用《中华人民共和国民法总则》诉讼时效制度若干问题的解释	2018年7月18日 法释〔2018〕12号
7	最高人民法院印发《关于贯彻执行〈中华人民共和国民法通则〉若干问题的意见（试行）》的通知 附：最高人民法院关于贯彻执行《中华人民共和国民法通则》若干问题的意见（试行）	1988年4月2日 法（办）发〔1988〕6号
8	最高人民法院关于适用《中华人民共和国物权法》若干问题的解释（一）	2016年2月22日 法释〔2016〕5号

续表

序号	标题	发文日期及文号
9	最高人民法院关于适用《中华人民共和国担保法》若干问题的解释	2000年12月8日 法释〔2000〕44号
10	最高人民法院关于国有工业企业以机器设备等财产为抵押物与债权人签订的抵押合同的效力问题的批复	2002年6月18日 法释〔2002〕14号
11	最高人民法院关于审理出口退税托管账户质押贷款案件有关问题的规定	2004年11月22日 法释〔2004〕18号
12	最高人民法院关于执行《民事政策法律若干问题的意见》中几个涉及房屋典当问题的函	1985年2月24日 法〔民〕函〔1985〕8号
13	最高人民法院关于典当房屋被视为绝卖以后确认产权程序问题的批复	1989年7月24日 〔1989〕法民字第17号
14	最高人民法院关于私房改造中典当双方都是被改造户的回赎案件应如何处理问题的批复	1990年7月25日 法民〔1990〕6号
15	最高人民法院关于会计师事务所为企业出具虚假验资证明应如何承担责任问题的批复	1998年6月26日 法释〔1998〕13号
16	最高人民法院关于适用《中华人民共和国合同法》若干问题的解释（一）	1999年12月29日 法释〔1999〕19号
17	最高人民法院关于适用《中华人民共和国合同法》若干问题的解释（二）	2009年4月24日 法释〔2009〕5号
18	最高人民法院关于单位负责人被追究刑事责任后单位应否承担返还其预收货款的责任问题的批复	1989年1月3日 法（经）复〔1989〕1号
19	最高人民法院关于逾期付款违约金应当按照何种标准计算问题的批复	1999年2月12日 法释〔1999〕8号
20	最高人民法院关于修改《最高人民法院关于逾期付款违约金应当按照何种标准计算问题的批复》的批复	2000年11月15日 法释〔2000〕34号
21	最高人民法院关于郑立本与青岛市建筑安装工程公司追索赔偿金纠纷一案的复函 附：山东省高级人民法院关于审理郑立本与青岛市建筑安装工程公司追索赔偿金纠纷一案的请示	1993年7月13日 〔1993〕民他字第14号
22	最高人民法院关于建设工程价款优先受偿权问题的批复	2002年6月20日 法释〔2002〕16号
23	最高人民法院关于审理建设工程施工合同纠纷案件适用法律问题的解释	2004年10月25日 法释〔2004〕14号

续表

序号	标题	发文日期及文号
24	最高人民法院关于审理建设工程施工合同纠纷案件适用法律问题的解释(二)	2018年12月29日 法释〔2018〕20号
25	最高人民法院关于银行、信用社扣划预付货款收贷应否退还问题的批复	1994年3月9日 法复〔1994〕1号
26	最高人民法院关于乡政府与其他单位签订的联营协议效力问题的批复	1988年1月9日 法(经)复〔1988〕3号
27	最高人民法院关于印发《关于审理联营合同纠纷案件若干问题的解答》的通知 附:最高人民法院关于审理联营合同纠纷案件若干问题的解答	1990年11月12日 法(经)发〔1990〕27号
28	最高人民法院关于作为保证人的合伙组织被撤销后自行公告期限清理债权债务的,债权人在诉讼时效期间内有权要求合伙人承担保证责任问题的批复	1988年10月18日 法(经)复〔1988〕46号
29	最高人民法院关于审理经济合同纠纷案件有关保证的若干问题的规定	1994年4月15日 法发〔1994〕8号
30	最高人民法院关于因法院错判导致债权利息损失扩大保证人应否承担责任问题的批复	2000年8月8日 法释〔2000〕24号
31	最高人民法院关于涉及担保纠纷案件的司法解释的适用和保证责任方式认定问题的批复	2002年11月23日 法释〔2002〕38号
32	最高人民法院关于已承担保证责任的保证人向其他保证人行使追偿权问题的批复	2002年11月23日 法释〔2002〕37号
33	最高人民法院关于人民法院应当如何认定保证人在保证期间届满后又在催款通知书上签字问题的批复	2004年4月14日 法释〔2004〕4号
34	最高人民法院关于审理名誉权案件若干问题的解答	1993年8月7日 法发〔1993〕15号
35	最高人民法院关于审理名誉权案件若干问题的解释	1998年8月31日 法释〔1998〕26号
36	最高人民法院印发《关于人民法院审理离婚案件如何认定夫妻感情确已破裂的若干具体意见》《关于人民法院审理未办结婚登记而以夫妻名义同居生活案件的若干意见》的通知 附:最高人民法院关于人民法院审理离婚案件如何认定夫妻感情确已破裂的若干具体意见 关于人民法院审理未办结婚登记而以夫妻名义同居生活案件的若干意见	1989年12月13日 法〔民〕发〔1989〕38号

序号	标题	发文日期及文号
37	最高人民法院关于人民法院审理离婚案件处理财产分割问题的若干具体意见	1993年11月3日 法发〔1993〕32号
38	最高人民法院关于人民法院审理离婚案件处理子女抚养问题的若干具体意见	1993年11月3日 法发〔1993〕30号
39	最高人民法院印发《关于审理离婚案件中公房使用、承租若干问题的解答》的通知 附:最高人民法院关于审理离婚案件中公房使用、承租若干问题的解答	1996年2月5日 法发〔1996〕4号
40	最高人民法院关于适用《中华人民共和国婚姻法》若干问题的解释(一)	2001年12月24日 法释〔2001〕30号
41	最高人民法院关于适用《中华人民共和国婚姻法》若干问题的解释(二)	2003年12月25日 法释〔2003〕19号
42	最高人民法院关于适用《中华人民共和国婚姻法》若干问题的解释(三)	2011年8月9日 法释〔2011〕18号
43	最高人民法院关于适用《中华人民共和国婚姻法》若干问题的解释(二)的补充规定	2017年2月28日 法释〔2017〕6号
44	最高人民法院关于审理涉及夫妻债务纠纷案件适用法律有关问题的解释	2018年1月16日 法释〔2018〕2号
45	最高人民法院关于违反计划生育政策的超生子女可否列为职工的供养直系亲属等问题的复函 附:劳动部保险福利司关于违反计划生育政策的超生子女可否列为职工的供养直系亲属等问题的征求意见函	1990年8月13日 〔1990〕法民字第17号
46	最高人民法院关于夫妻离婚后人工授精所生子女的法律地位如何确定的复函 附:河北省高级人民法院关于夫妻离婚后人工授精所生子女的法律地位如何确定的请示	1991年7月8日 〔1991〕民他字第12号
47	最高人民法院关于认真学习宣传和贯彻执行继承法的通知	1985年6月12日 法(民)发〔1985〕13号
48	最高人民法院关于贯彻执行《中华人民共和国继承法》若干问题的意见	1985年9月11日 法(民)发〔1985〕22号
49	最高人民法院关于保险金能否作为被保险人遗产的批复	1988年3月24日 〔1987〕民他字第52号

续表

序号	标题	发文日期及文号
50	最高人民法院关于被继承人死亡后没有法定继承人分享遗产人能否分得全部遗产的复函	1992年10月11日 〔1992〕民他字第25号
51	最高人民法院关于如何处理农村五保对象遗产问题的批复	2000年7月25日 法释〔2000〕23号
52	最高人民法院关于刊登侵害他人名誉权小说的出版单位在作者已被判刑后还应否承担民事责任的复函	1992年8月14日 〔1992〕民他字第1号
53	最高人民法院关于审理中外合资经营合同纠纷案件如何清算合资企业问题的批复	1998年1月15日 法释〔1998〕1号
54	最高人民法院关于审计(师)事务所执业审计师可以接受清算组的聘任参与企业破产清算的通知	1993年8月28日 法〔1993〕72号
55	最高人民法院关于对企业法人破产还债程序终结的裁定的抗诉应否受理问题的批复	1997年7月31日 法释〔1997〕2号
56	最高人民法院关于破产清算组在履行职责过程中违约或侵权等民事纠纷案件诉讼管辖问题的批复	2004年6月21日 法释〔2004〕5号
57	最高人民法院关于信用社违反规定手续退汇给他人造成损失应承担民事责任问题的批复	1988年10月18日 法(经)复〔1988〕45号
58	最高人民法院关于出借银行账户的当事人是否承担民事责任问题的批复	1991年9月27日 法(经)复〔1991〕5号
59	最高人民法院经济审判庭关于代理发行企业债券的金融机构应否承担企业债券发行人债务责任问题的复函	1994年4月29日 法经〔1994〕103号
60	最高人民法院关于审理涉及金融资产管理公司收购、管理、处置国有银行不良贷款形成的资产的案件适用法律若干问题的规定	2001年4月11日 法释〔2001〕12号
61	最高人民法院关于如何确定证券回购合同履行地问题的批复	1996年7月4日 法复〔1996〕9号
62	最高人民法院关于审理劳动争议案件适用法律若干问题的解释	2001年4月16日 法释〔2001〕14号
63	最高人民法院关于审理劳动争议案件适用法律若干问题的解释(二)	2006年8月14日 法释〔2006〕6号
64	最高人民法院关于审理劳动争议案件适用法律若干问题的解释(三)	2010年9月13日 法释〔2010〕12号
65	最高人民法院关于审理劳动争议案件适用法律若干问题的解释(四)	2013年1月18日 法释〔2013〕4号

续表

序号	标题	发文日期及文号
66	最高人民法院关于银行工作人员未按规定办理储户挂失造成储户损失银行是否承担民事责任问题的批复	1990年9月11日 法（民）复〔1990〕13号
67	最高人民法院关于审理合伙型联营体和个人合伙对外债务纠纷案件应否一并确定合伙内部各方的债务份额的复函	1992年3月18日 法函〔1992〕34号
68	最高人民法院关于对私营客车保险期满后发生的车祸事故保险公司应否承担保险责任问题的请示的复函	1993年8月4日 法经〔1993〕161号
69	最高人民法院关于如何适用《中华人民共和国民法通则》第一百三十四条第三款的复函	1993年11月4日
70	最高人民法院关于企业开办的其他企业被撤销或者歇业后民事责任承担问题的批复	1994年3月30日 法复〔1994〕4号
71	最高人民法院关于市政府经济技术协作委员会能否作为诉讼主体独立承担民事责任问题的复函	1996年1月8日 法函〔1996〕9号
72	最高人民法院关于银行以折角核对方法核对印鉴应否承担客户存款被骗取的民事责任问题的复函	1996年3月21日 法函〔1996〕65号
73	最高人民法院关于金融机构为行政机关批准开办的公司提供注册资金验资报告不实应当承担责任问题的批复	1996年3月27日 法复〔1996〕3号
74	最高人民法院关于城市街道办事处是否应当独立承担民事责任的批复	1997年7月14日 法释〔1997〕1号
75	最高人民法院关于验资单位对多个案件债权人损失应如何承担责任的批复	1997年12月31日 法释〔1997〕10号
76	最高人民法院关于交通事故中的财产损失是否包括被损车辆停运损失问题的批复	1999年2月11日 法释〔1999〕5号
77	最高人民法院关于被盗机动车辆肇事后由谁承担损害赔偿责任问题的批复	1999年6月25日 法释〔1999〕13号
78	最高人民法院关于托运人主张货损货差而拒付运费应否支付滞纳金的答复	1992年2月12日 法函〔1992〕16号
79	最高人民法院对在审判工作中有关适用民法通则时效的几个问题的批复	1987年5月22日 法（研）复〔1987〕18号
80	最高人民法院关于企业或个人欠国家银行贷款逾期两年未还应当适用民法通则规定的诉讼时效问题的批复	1993年2月22日 法复〔1993〕1号
81	最高人民法院关于超过诉讼时效期间当事人达成的还款协议是否应当受法律保护问题的批复	1997年4月16日 法复〔1997〕4号

续表

序号	标题	发文日期及文号
82	最高人民法院关于审理第一审专利案件聘请专家担任陪审员的复函	1991年6月6日 法(经)函〔1991〕64号
83	最高人民法院关于在专利侵权诉讼中当事人均拥有专利权应如何处理问题的批复	1993年8月16日 〔93〕经他字第20号
84	最高人民法院关于对诉前停止侵犯专利权行为适用法律问题的若干规定	2001年6月7日 法释〔2001〕20号
85	最高人民法院关于诉前停止侵犯注册商标专用权行为和保全证据适用法律问题的解释	2002年1月9日 法释〔2002〕2号
86	最高人民法院关于调整司法解释等文件中引用《中华人民共和国民事诉讼法》条文序号的决定	2008年12月16日 法释〔2008〕18号
87	最高人民法院关于行政机关对土地争议的处理决定生效后一方不履行另一方不应以民事侵权向法院起诉的批复	1991年7月24日 〔90〕法民字第2号
88	最高人民法院关于人民法院应否受理财政、扶贫办等非金融行政机构借款合同纠纷的批复	1993年8月28日 法复〔1993〕7号
89	最高人民法院关于劳动仲裁委员会逾期不作出仲裁裁决或者作出不予受理通知的劳动争议案件,人民法院应否受理的批复	1998年9月2日 法释〔1998〕24号
90	最高人民法院关于案件级别管辖几个问题的批复	1996年5月7日 法复〔1996〕5号
91	最高人民法院关于经济合同的名称与内容不一致时如何确定管辖权问题的批复	1996年11月13日 法复〔1996〕16号
92	最高人民法院经济审判庭关于购销合同的双方当事人在合同中约定了交货地点,但部分货物没有在约定的交货地点交付,如何确定管辖权问题的复函	1995年7月11日 法经〔1995〕206号
93	最高人民法院关于如何确定委托贷款协议纠纷诉讼主体资格的批复	1996年5月16日 法复〔1996〕6号
94	最高人民法院关于第一审离婚判决生效后应出具证明书的通知	1991年10月24日 法〔民〕发〔1991〕33号
95	最高人民法院关于第二审法院裁定按自动撤回上诉处理的案件第一审法院能否再审问题的批复	1998年8月10日 法释〔1998〕19号
96	最高人民法院关于中级人民法院能否适用督促程序的复函	1993年11月9日 〔1993〕法民字第29号

续表

序号	标题	发文日期及文号
97	最高人民法院关于适用督促程序若干问题的规定	2001年1月8日 法释〔2001〕2号
98	最高人民法院关于人民法院发现已经受理的申请执行仲裁裁决或不服仲裁裁决而起诉的案件不属本院管辖应如何处理问题的批复	1988年1月13日 法(研)复〔1988〕8号
99	最高人民法院经济审判庭关于信用合作社责任财产范围问题的答复	1991年6月17日 法经〔1991〕67号
100	最高人民法院关于对因妨害民事诉讼被罚款拘留的人不服决定申请复议的期间如何确定问题的批复	1993年2月23日 〔93〕法民字第7号
101	最高人民法院关于采取诉前保全措施的法院可否超越其级别管辖权限受理诉前保全申请人提起的诉讼问题的复函	1995年3月7日 法经〔1995〕64号
102	最高人民法院关于认真贯彻仲裁法依法执行仲裁裁决的通知	1995年10月4日 法发〔1995〕21号
103	最高人民法院关于当事人因对不予执行仲裁裁决的裁定不服而申请再审人民法院不予受理的批复	1996年6月26日 法复〔1996〕8号
104	最高人民法院关于税务机关是否有义务协助人民法院直接划拨退税款问题的批复	1996年7月21日 法复〔1996〕11号
105	最高人民法院关于如何理解《关于适用〈中华人民共和国民事诉讼法〉若干问题的意见》第31条第2款的批复	1998年4月17日 法释〔1998〕5号
106	最高人民法院关于对案外人的财产能否进行保全问题的批复	1998年5月19日 法释〔1998〕10号
107	最高人民法院关于人民法院执行设定抵押的房屋的规定	2005年12月14日 法释〔2005〕14号
108	最高人民法院关于向外国公司送达司法文书能否向其驻华代表机构送达并适用留置送达问题的批复	2002年6月18日 法释〔2002〕15号
109	最高人民法院关于当事人对仲裁协议的效力提出异议由哪一级人民法院管辖问题的批复	2000年8月8日 法释〔2000〕25号
110	最高人民法院关于解除劳动合同的劳动争议仲裁申请期限应当如何起算问题的批复	2004年7月26日 法释〔2004〕8号
111	最高人民法院关于当事人持台湾地区有关行政或公证部门确认的离婚协议书向人民法院申请认可人民法院是否受理的复函	2000年12月26日 〔2000〕民他字第29号

续表

序号	标题	发文日期及文号
112	最高人民法院关于印发国家统计局《关于对职工日平均工资计算问题的复函》的通知	1996年2月13日〔1996〕法赔字第1号
113	最高人民法院关于民事、行政诉讼中司法赔偿若干问题的解释	2000年9月16日 法释〔2000〕27号
114	最高人民法院关于印发《马原副院长在全国民事审判工作座谈会上的讲话》和《全国民事审判工作座谈会纪要》的通知	1993年11月24日 法发〔1993〕37号
115	最高人民法院对国务院宗教事务局一司关于僧人遗产处理意见的复函	1994年10月13日
116	最高人民法院关于人民法院公开审判非涉外案件是否准许外国人旁听或采访问题的批复	1982年7月5日〔1982〕法研究字第5号

(二) 最高人民检察院

17. 最高人民检察院宣布废止的司法解释和业务文件目录

最高人民检察院宣布废止的司法解释和业务文件目录

(1993年11月3日 最高人民检察院)

司法解释文件(或其他业务文件)名称	文号及日期
关于认真执行《逮捕拘留条例》的通知	1979年3月10日 〔79〕高检一字第1号
关于监所检察受理就业人员犯罪案件范围的批复	1982年9月6日 〔82〕高检监函第14号
关于对在购销中索取和收受财物定罪问题的复函	1982年4月19日 〔82〕高检经函第1号
关于人民检察院劳教检察试行办法	1983年3月4日
人民检察院直接受理的法规检察案件标准的规定(试行)	1986年3月24日
关于个人非法制造、销售他人注册商标、标识构成犯罪的能否按假冒商标罪惩处的批复	1985年10月5日高检研发字〔1985〕第21号
"关于案件管辖的请示"的答复	1985年9月9日高检三发字〔1985〕第8号
人民检察院刑事检察工作试行细则	1980年7月21日高检刑字〔1980〕第44号
关于判处徒刑宣告缓刑的罪犯在缓刑期间不能担任国营或集体企事业单位领导职务的批复	1986年8月23日
关于盗窃中国工商银行发行的金融债券是否应按票面数额计算的批复	1986年12月1日高检研发字〔1986〕第14号
关于执行《人民检察院刑事检察工作试行细则》第二十五条有关问题的答复	1986年3月28日高检研发字〔1986〕第2号
关于各地认真执行《逮捕拘留条例》简化案件批捕手续的请示报告中提出的一些问题的答复	1979年8月9日

续表

司法解释文件(或其他业务文件)名称	文号及日期
关于贯彻"反盗窃斗争电话会议"精神严厉打击严重盗窃犯罪活动的通知	1991年9月25日高检发刑字〔1991〕72号
关于必须严肃查处暴力抗税案件的通知	1991年1月18日高检发〔1991〕5号
关于充分发挥检察职能,坚决打击拐卖妇女、儿童和强迫引诱、容留妇女卖淫的犯罪,积极配合查禁取缔卖淫嫖娼活动的通知	1991年1月11日高检发刑字〔91〕1号
关于盗窃当地中国人民银行批准发行的有价证券如何计算盗窃数额请示的答复	1990年3月16日高检研发字〔1990〕第2号
关于坚决依法从重从快打击严重刑事犯罪分子的通知	1989年4月23日〔89〕高检发〔办〕字第11号
关于巨鹿、鹿邑等县、区检察院提审、押解人犯违反规定发生人犯脱逃事故的通报	1987年10月21日高检三发字〔1987〕第4号
关于被告人在刑事拘留期间需要对被害人作精神病鉴定的案件拘留期限计算问题的答复	1987年4月21日高检研发字〔1987〕第4号
关于在办理盗窃案件中如何理解和处理盗窃"自家"或"近亲属"财物问题的批复	1985年3月21日高检研发字〔1985〕第12号
关于侵犯中外合资企业合法权利的刑事案件是否属于涉外案件的批复	1985年9月3日高检研发字〔1985〕第32号
关于积极查处偷税案件的通知	1987年4月21日〔87〕高检发〈二〉字第9号
关于抓紧向人民法院起诉一批自首坦白案件的通知	1989年10月5日
关于对《通告》期限内自首坦白案件免予起诉的具体规定	1989年10月8日
关于以人质勒索他人财物案件如何定罪问题的批复	1990年4月27日高检研发字〔1990〕11号
关于进一步加强自侦案件免予起诉工作的通报	1990年10月23日高检发〔1990〕32号
关于贪污、受贿案件免予起诉工作的规定(试行)	1991年2月23日高检发〔1991〕9号
关于贪污、受贿案件免予起诉工作的暂行规定	1991年7月11日高检发〔1991〕41号

续表

司法解释文件(或其他业务文件)名称	文号及日期
关于女知青奸情案件的认定及处理的批复	1979年7月16日〔79〕高检研字第4号
关于襄樊铁路分局提请批捕案犯的审批问题的通知	1979年8月30日〔79〕高检字第55号
关于西宁铁路公安分处提请批捕的案件的审批问题的通知	1979年9月7日〔79〕高检一文字第40号
关于检察机关执行刑事诉讼法中有关办案时限几个问题的综合批复	1981年7月22日〔81〕高检发(研)字第27号
关于省院受理属于中级人民法院管辖的一审案件,应移交给管辖地区的检察分院办理的答复	1979年12月28日高检〔79〕一文字第71号
关于执行刑事诉讼法第150条有关问题的答复	1987年8月15日〔87〕高检研字第34号
关于抓紧复查处理检察机关经办的冤假错案的通知	1986年6月23日〔86〕高检发(信)字第10号
人民检察院直接受理侦查的刑事案件办案程序(试行)	1986年3月24日
关于当前办理贪污、受贿等经济案件中正确运用免予起诉的几点建议	1982年12月25日
关于对劳教人员李水金逃跑案定性请示报告的批复	1984年5月15日高检〔1984〕三函第6号
关于如何掌握"重大盗窃罪"问题的批复	1985年4月24日高检研发字〔1985〕13号
关于加强提前介入、加速办理制造动乱和反革命暴乱的犯罪案件的通知	1989年10月12日高检〔1989〕刑字第14号
关于在"文革"中因参加批斗、刑讯逼供致人伤亡的案件可否予以追诉问题的批复	1984年6月27日〔1984〕高检研函第8号
关于在严厉打击刑事犯罪活动中人民检察院如何派员出庭支持公诉问题的批复	1983年9月10日高检〔1983〕一函字第34号
人民检察院直接受理自行侦查刑事案件办案程序(暂行规定)	1983年3月1日〔83〕高检二函字第3号

以上文件全部为最高人民检察院单独制发

18.《最高人民检察院关于废止部分司法解释和规范性文件的决定》废止的司法解释和文件目录

最高人民检察院关于废止部分司法解释和规范性文件的决定

(2002年2月22日最高人民检察院第九届检察委员会第103次会议通过 2002年2月25日最高人民检察院公告公布 自公布之日起施行 高检发释字〔2002〕2号)

为了适应我国加入世界贸易组织的进程,实施依法治国的方略,保证国家法律的统一正确实施,最高人民检察院对司法解释和规范性文件进行了集中清理。现决定:

一、对最高人民检察院单独制发的98件司法解释和规范性文件予以废止(见附件一)。

二、经征得有关部门同意,对由最高人民检察院主办、与有关部门联合制发的29件司法解释和规范性文件予以废止(见附件二)。

三、上述司法解释和规范性文件自公布废止之日起不再适用,在此之前依据上述司法解释和规范性文件办结的有关案件除依法需要纠正的外,不作变动。

四、为便于工作和查询,对最高人民检察院在相关文件中已明确规定废止的13件司法解释和规范性文件,予以统一公布(见附件三)。

五、最高人民检察院将继续进行司法解释和规范性文件的清理工作,陆续公布清理结果,并根据工作需要,及时制定新的司法解释和规范性文件。

附件一：

最高人民检察院决定废止的单独制发的司法解释和规范性文件目录

序号	司法解释和规范性文件名称	发文日期及文号	废止理由
1	最高人民检察院关于人民检察院决定不逮捕而起诉的案件法院应否受理的批复	1957年1月25日〔57〕高检二字第80号	该批复内容已在刑事诉讼法有关条文中作出明确规定
2	最高人民检察院《关于请示、答复问题的通知》	1980年7月18日高检办字〔1980〕第14号	该通知中的相关内容已在1994年5月7日最高人民检察院《关于下级检察院向最高人民检察院请示报告工作和报送材料的暂行规定》中作出明确规定
3	最高人民检察院关于从没收财物和罚款中提成给检察机关的请示的批复	1980年10月4日〔1980〕高检办函第2号	该批复中的相关内容已在2001年4月29日最高人民检察院《人民检察院扣押、冻结款物管理规定》中作出明确规定
4	最高人民检察院关于印发《人民检察院监所检察工作试行办法》的通知	1981年1月20日〔81〕高检发（监）5号	该办法已被2001年10月15日《最高人民检察院关于监所检察工作若干问题的规定》代替
5	最高人民检察院关于办理监管改造场所经济犯罪案件的通知	1982年6月1日〔82〕高检监函第007号	该通知中的相关内容已在2001年10月15日《最高人民检察院关于监所检察工作若干问题的规定》中作出明确规定
6	最高人民检察院关于贪污罪追诉时效问题的复函	1982年8月19日〔82〕高检经函字第5号	该复函中的相关内容与刑法第87条、第382条、第383条的规定不一致，不再适用
7	最高人民检察院关于检察机关办案中相互函调取证的通知	1982年9月13日〔82〕高检发（经）15号	该通知中的相关内容已在2000年10月12日《最高人民检察院关于人民检察院侦查协作的暂行规定》中作出明确规定
8	最高人民检察院关于春节期间加强监管改造场所安全防范措施的通知	1982年12月28日〔82〕高检监函第016号	该通知属于阶段性工作部署，且所提出的加重处罚原则与刑法的有关规定相抵触，不再适用

续表

序号	司法解释和规范性文件名称	发文日期及文号	废止理由
9	最高人民检察院关于人民检察院自侦案件的起诉时限和有关免予起诉的几个问题的答复	1983年1月26日〔83〕高检研函第1号	该答复中的相关内容与刑事诉讼法和1999年1月18日最高人民检察院《人民检察院刑事诉讼规则》的规定相抵触,不再适用
10	最高人民检察院关于转发《注意经济犯罪分子动态坚决打击经济犯罪活动》的通知	1983年7月13日〔83〕高检二函第8号	该通知属于阶段性工作部署和专项斗争性质,不再适用
11	最高人民检察院关于已羁押的精神病人犯住院鉴定期间是否算羁押期问题的批复	1983年7月28日〔83〕高检研函第7号	该批复与刑事诉讼法第122条相抵触,不再适用
12	最高人民检察院关于在打击刑事犯罪斗争中借调到检察机关帮助工作的干部是否可任法律职称等问题的答复	1983年8月25日〔83〕高检人函第5号	该答复中的相关内容与检察官法等有关法律的规定不一致,不再适用
13	最高人民检察院关于贯彻全国政法工作会议精神加强监所检察工作的通知	1983年8月31日〔83〕高检发(三)14号	该通知属于阶段性工作部署,不再适用
14	最高人民检察院关于转发二厅《关于查处盗伐滥伐森林案件的情况和意见》的通知	1983年9月23日〔83〕高检二函第13号	该通知属于阶段性工作部署,不再适用
15	最高人民检察院关于转发《各级检察院查处粮食系统贪污犯罪案件的情况和今后意见》的通知	1983年9月26日〔83〕高检二函第12号	该通知属于阶段性工作部署,不再适用
16	最高人民检察院关于转发三厅《当前打击重新犯罪活动中需要解决的一个突出问题》的通知	1983年10月10日〔83〕高检三函第6号	该通知属于阶段性工作部署,不再适用
17	最高人民检察院关于继续抓紧抓好打击严重经济犯罪活动的通知	1983年10月21日〔83〕高检发(二)22号	该通知属于阶段性工作部署,不再适用
18	最高人民检察院关于收容审查人员的逃跑行为是否追诉问题的批复	1983年12月20日〔83〕高检研函第11号	该批复中的相关内容与刑事诉讼法等有关法律规定相抵触,不再适用

续表

序号	司法解释和规范性文件名称	发文日期及文号	废止理由
19	最高人民检察院关于在严厉打击刑事犯罪斗争中具体应用法律的若干问题的答复	1984年1月9日〔84〕高检发（研）2号	该答复属于阶段性工作部署和专项斗争性质，且其相关内容在刑法和刑事诉讼法中已有明确规定
20	最高人民检察院关于是否可以将行为人年满十四岁前后连续进行盗窃的行为一并作为认定惯窃罪的根据问题的批复	1984年3月28日〔84〕高检研函第6号	该批复所涉惯窃罪已被刑法取消，其余相关内容已在刑法第17条、第264条等条款中作出明确规定
21	最高人民检察院关于检察机关执行全国人大常委会《关于刑事案件办案期限的补充规定》的一些问题的答复	1984年10月16日〔84〕高检发（研）24号	该答复中的相关内容已在刑事诉讼法和1998年1月19日最高人民法院、最高人民检察院、公安部、国家安全部、司法部、全国人大常委会法制工作委员会《关于刑事诉讼法实施中若干问题的规定》以及1999年1月18日最高人民检察院《人民检察院刑事诉讼规则》中作出明确规定
22	最高人民检察院关于检察机关自侦案件办案期限问题的批复	1984年11月13日〔84〕高检研函第16号	该批复中的相关内容已在刑事诉讼法和1999年1月18日最高人民检察院《人民检察院刑事诉讼规则》中作出明确规定
23	最高人民检察院关于转发上海市人民检察院"处理利用'信用卡'进行诈骗活动的几点意见"的通知	1985年1月15日高检一发字〔1985〕第5号	该通知所涉问题已在刑法第196条中作出明确规定
24	最高人民检察院关于律师能否查阅检察机关免予起诉案卷问题的批复	1985年3月5日高检一发字〔1985〕第6号	刑事诉讼法已取消免予起诉的规定，该批复不再适用
25	最高人民检察院关于检察机关受理的经济案件，经审（侦）查认为不构成犯罪，其非法所得财物如何追缴问题的批复	1985年8月7日高检二发字〔1985〕第9号	该批复的有关内容已在刑事诉讼法等有关法律和司法解释中作出明确规定

续表

序号	司法解释和规范性文件名称	发文日期及文号	废止理由
26	最高人民检察院关于印发《人民检察院直接受理的经济检察案件立案标准的规定(试行)》《人民检察院直接受理的法纪检察案件立案标准的规定(试行)》等文件的通知	1986年3月24日[86]高检发(二)字第4号	《法纪检察案件立案标准的规定(试行)》已被1993年11月3日最高人民检察院《关于废止部分司法解释和业务文件的通知》废止;《经济检察案件立案标准的规定(试行)》已被1999年9月16日最高人民检察院《关于人民检察院直接受理立案侦查案件立案标准的规定(试行)》代替;《人民检察院直接受理侦查的刑事案件管理制度(试行)》《人民检察院直接受理侦查的刑事案件办案程序(试行)》的相关内容已在1999年1月18日最高人民检察院《人民检察院刑事诉讼规则》等司法解释和规范性文件中作出明确规定
27	最高人民检察院关于人民检察院直接受理的经济犯罪案件被告人在侦查过程中突患严重疾病应否中止诉讼问题的批复	1987年1月2日高检二发字〔1987〕第1号	该批复中的相关内容已在1999年1月18日最高人民检察院《人民检察院刑事诉讼规则》中作出明确规定
28	最高人民检察院关于自侦案件赃款赃物如何处理问题的批复	1987年1月26日高检二发字〔1987〕第7号	该批复中的相关内容已在1998年1月19日最高人民法院、最高人民检察院、公安部、国家安全部、司法部、全国人大常委会法制工作委员会《关于刑事诉讼法实施中若干问题的规定》和2001年4月29日最高人民检察院《人民检察院扣押、冻结款物管理规定》中作出明确规定
29	最高人民检察院关于印发《关于正确认定和处理玩忽职守罪的若干意见(试行)》的通知	1987年8月31日[87]高检发(二)字第18号	该文件中的相关内容已在刑法分则第九章和1999年9月16日最高人民检察院《关于人民检察院直接受理立案侦查案件立案标准的规定(试行)》中作出明确规定
30	最高人民检察院关于护林护水等人员在护林护水时受到不法侵害,对不法侵害者是否以妨害公务罪论处问题的答复	1988年3月10日高检研发字〔1988〕第3号	该答复中的相关内容已在刑法第277条等有关条文中作出明确规定

续表

序号	司法解释和规范性文件名称	发文日期及文号	废止理由
31	最高人民检察院关于执行《人民检察院控告申诉检察工作细则(试行)》第十四条二、三款有关问题的答复	1988年3月22日高控发字〔1988〕第4号	该答复中的相关内容已在刑事诉讼法和1999年1月18日最高人民检察院《人民检察院刑事诉讼规则》中作出明确规定
32	最高人民检察院关于向他人出卖父辈、祖辈遗留下来的鸦片以及其他毒品如何适用法律的批复	1988年8月12日高检研发字〔1988〕第8号	该批复中的相关内容已在刑法第347条等有关条文中作出明确规定
33	最高人民检察院关于经济案件、法纪案件是否适用最高人民检察院〔84〕高检发(研)2号《关于在严厉打击刑事犯罪斗争中具体应用法律的若干问题的答复》有关规定的批复	1988年12月1日高检研发字〔1988〕第10号	该批复相关内容在刑法和刑事诉讼法中已有规定
34	最高人民检察院关于加强检察机关协同办案的通知	1988年12月29日高检经发字〔1989〕第1号	该通知中的相关内容已在2000年10月12日《最高人民检察院关于人民检察院侦查协作的暂行规定》中作出明确规定
35	最高人民检察院关于偷支储蓄户存款行为如何定性处理问题的请示的批复	1989年4月12日高检研发字〔1989〕第2号	该批复中的相关内容已在刑法中作出明确规定
36	最高人民检察院关于严肃认真地查处贪污受贿等犯罪案件的通知	1989年7月31日高检办发字〔1989〕第18号	该通知属于阶段性工作部署和专项斗争性质,不再适用
37	最高人民检察院关于印发《人民检察院直接受理的侵犯公民民主权利、人身权利和渎职案件立案标准的规定》的通知	1989年11月30日〔89〕高检发(法)字第41号	该文件已被1999年9月16日最高人民检察院《关于人民检察院直接受理立案侦查案件立案标准的规定(试行)》代替
38	最高人民检察院关于重婚案件移交控告申诉检察部门查处的通知	1989年12月8日高检法发字〔1989〕第3号	根据刑事诉讼法的规定,重婚案件已不属检察机关管辖,该通知不再适用
39	最高人民检察院关于人民检察院直接受理侦查的贪污、贿赂、"侵权"、渎职等犯罪案件不使用收容审查的通知	1990年3月21日高检贪检发字〔1990〕第11号	该通知中的相关内容在刑事诉讼法中已有规定

续表

序号	司法解释和规范性文件名称	发文日期及文号	废止理由
40	最高人民检察院关于不得以检察机关的名义为当地追款讨债的通知	1990年4月16日高检控申发字〔1990〕第2号	该通知中的相关内容已纳入1998年6月8日最高人民检察院《关于认真贯彻落实"收支两条线"规定的通知》之中
41	最高人民检察院关于人民检察院受理、查处重婚案件有关问题的通知	1990年6月18日高检控申发字〔1990〕第5号	根据刑事诉讼法的规定,重婚案件已不属检察机关管辖,该通知不再适用
42	最高人民检察院关于检察机关积极配合全国税收财务物价大检查依法严惩偷税抗税犯罪的通知	1990年8月30日高检发〔1990〕23号	该通知属于阶段性工作部署,且涉税犯罪案件已不属检察机关管辖
43	最高人民检察院印发《最高人民检察院关于查处"人质型"侵犯公民人身权利案件的若干意见》的通知	1990年10月26日高检发法字〔1990〕1号	该意见中的相关内容已在刑法第238条、第239条中作出明确规定
44	最高人民检察院关于联防队员能否构成刑讯逼供罪的犯罪主体的批复	1990年11月7日高检发研字〔1990〕8号	该批复中的相关内容已在刑法第94条、第247条中作出明确规定
45	最高人民检察院关于印发《人民检察院政治工作暂行条例》的通知	1990年11月14日高检发〔1990〕39号	该条例已被1994年11月25日最高人民检察院《人民检察院政治工作纲要》代替
46	最高人民检察院关于印发《关于检察机关办理贪污、贿赂、"侵权"、渎职等案件时相互配合、协调工作的规定》的通知	1990年12月7日高检发〔1990〕40号	该规定中的相关内容已纳入2000年10月12日《最高人民检察院关于人民检察院侦查协作的暂行规定》之中
47	最高人民检察院关于严格执行全国人大常委会《关于禁毒的决定》、《关于惩治走私、制作、贩卖、传播淫秽物品的犯罪分子的决定》的通知	1991年1月5日高检发研字〔1991〕1号	该通知涉及的决定中有关刑事责任的规定已纳入刑法分则第三章第二节、第六章第七节、第九节之中,该通知不再适用
48	最高人民检察院关于印发《人民检察院直接受理侦查的刑事案件审查逮捕审查起诉工作暂行规定》的通知	1991年1月25日高检发刑字〔1991〕10号	该规定中的相关内容已在1999年1月18日最高人民检察院《人民检察院刑事诉讼规则》中作出明确规定

续表

序号	司法解释和规范性文件名称	发文日期及文号	废止理由
49	最高人民检察院关于人民检察院受理民事、行政申诉分工问题的通知	1991年8月30日高检发民字〔1991〕2号	该通知中的相关内容已纳入2001年10月11日最高人民检察院《人民检察院民事行政抗诉案件办案规则》第二章之中
50	最高人民检察院关于严格执行全国人大常委会《关于严禁卖淫嫖娼的决定》和《关于严惩拐卖、绑架妇女、儿童的犯罪分子的决定》的通知	1991年9月17日高检发〔1991〕46号	该通知涉及的决定中有关刑事责任的规定已纳入刑法分则第四章、第六章第八节之中,该通知不再适用
51	最高人民检察院关于人民检察院积极配合税收、财务、物价大检查,深入开展打击偷税抗税犯罪斗争的通知	1991年9月25日高检发〔1991〕45号	该通知属于阶段性工作部署,且涉税犯罪案件已不属检察机关管辖
52	最高人民检察院关于严肃查处以私设"黑牢"等手段非法拘禁他人案件的通知	1991年10月7日高检发〔1991〕50号	该通知中的相关内容在刑法中已有规定
53	最高人民检察院关于对部分拟担任检察机关领导职务的干部实行短期专业培训的通知	1991年10月26日高检发政字〔1991〕36号	该通知中的相关内容在《检察官法》中已有明确规定
54	最高人民检察院关于印发《人民检察院刑事检察工作细则(试行)》的通知	1991年12月10日高检发刑字〔1991〕121号	该细则中的相关内容已在1999年1月18日最高人民检察院《人民检察院刑事诉讼规则》中作出明确规定
55	最高人民检察院关于印发《最高人民检察院关于贪污受贿案件免予起诉工作的规定》的通知	1992年1月7日高检发〔1992〕2号	刑事诉讼法已取消免予起诉的规定,该规定不再适用
56	最高人民检察院关于检察机关严禁使用收审手段的通知	1992年3月9日高检发〔1992〕4号	该通知中的相关内容在刑事诉讼法中已有规定
57	最高人民检察院关于加强对假冒商标犯罪案件查处工作的通知	1992年3月20日高检发〔1992〕7号	该通知属于阶段性工作部署,且假冒商标犯罪案件已不属检察机关管辖
58	最高人民检察院关于刑法第七十七条有关采取强制措施的规定应如何适用的批复	1992年4月9日高检发研字〔1992〕4号	该批复中的相关内容已在刑法第88条、第89条中作出明确规定

续表

序号	司法解释和规范性文件名称	发文日期及文号	废止理由
59	最高人民检察院关于印发民事、行政审判监督程序抗诉案件再审时人民检察院派员出席法庭问题的批复	1992年6月25日高检发民字〔1992〕3号	该批复中的相关内容已在2001年10月11日最高人民检察院《人民检察院民事行政抗诉案件办案规则》中作出明确规定
60	最高人民检察院关于严禁检察机关越权办案插手经济纠纷违法捕人的通知	1992年7月20日高检发〔1992〕21号	该通知中的相关内容已分别纳入1998年6月8日最高人民检察院《关于认真贯彻落实"收支两条线"规定的通知》和2000年10月12日《最高人民检察院关于人民检察院侦查协作的暂行规定》之中
61	最高人民检察院关于配合公安机关开展收缴非法持有枪支弹药工作的通知	1992年9月15日高检发办字〔1992〕43号	该通知属于阶段性工作部署,不再适用
62	最高人民检察院关于积极配合全国税收财务物价大检查依法查办偷税、抗税犯罪案件的通知	1992年10月14日高检发〔1992〕34号	该通知属于阶段性工作部署,且涉税犯罪案件已不属检察机关管辖
63	最高人民检察院关于加强贪污贿赂犯罪预防工作的通知	1992年10月30日高检发贪检字〔1992〕91号	该通知中的相关内容已纳入2000年12月13日《最高人民检察院关于进一步加强预防职务犯罪工作的决定》之中
64	最高人民检察院关于印发《最高人民检察院关于假冒商标案立案标准的暂行规定》的通知	1993年1月9日高检发研字〔1993〕1号	假冒商标犯罪案件已不属检察机关管辖,相关案件的立案标准在2001年4月18日最高人民检察院、公安部《关于经济犯罪案件追诉标准的规定》中已有规定
65	最高人民检察院关于印发《人民检察院复查申诉案件规定》的通知	1993年4月5日高检发控字〔1993〕5号	该规定已被1998年6月16日最高人民检察院《人民检察院复查刑事申诉案件规定》代替
66	最高人民检察院关于坚决制止利用检察职权乱收费、乱罚款的通知	1993年7月2日高检发〔1993〕21号	该通知属于阶段性工作部署,其相关内容已纳入1998年6月8日最高人民检察院《关于认真贯彻落实"收支两条线"规定的通知》之中
67	最高人民检察院关于加强查处偷税、抗税、骗取国家出口退税犯罪案件工作的通知	1993年7月20日高检发贪检字〔1993〕35号	该通知属于阶段性工作部署,且涉税犯罪案件已不属检察机关管辖

续表

序号	司法解释和规范性文件名称	发文日期及文号	废止理由
68	最高人民检察院关于对贪污受贿案件免予起诉工作的规定补充修改的通知	1993年8月28日高检发刑字〔1993〕73号	刑事诉讼法已取消免予起诉的规定,该通知不再适用
69	最高人民检察院关于认真查办巨额财产来源不明犯罪案件的通知	1993年10月22日高检发研字〔1993〕6号	该通知中的相关内容在1999年9月16日最高人民检察院《关于人民检察院直接受理立案侦查案件立案标准的规定(试行)》中已有明确规定
70	最高人民检察院关于认真查办单位行贿受贿犯罪案件的通知	1993年10月22日高检发研字〔1993〕7号	该通知依据的《关于惩治贪污罪贿赂罪的补充规定》已被刑法明令废止,且通知中的有关内容已在刑法分则第八章和1999年9月16日最高人民检察院《关于人民检察院直接受理立案侦查案件立案标准的规定(试行)》中作出明确规定
71	最高人民检察院关于印发《关于假冒注册商标犯罪立案标准的规定》的通知	1993年12月1日高检发研字〔1993〕12号	假冒商标犯罪案件已不属检察机关管辖,相关案件的立案标准在2001年4月18日最高人民检察院、公安部《关于经济犯罪案件追诉标准的规定》中已有规定
72	最高人民检察院关于加强刑事抗诉工作的通知	1994年3月1日高检发刑字〔1994〕18号	该通知属于阶段性工作部署,其相关内容已在1999年1月18日最高人民检察院《人民检察院刑事诉讼规则》以及2001年2月5日《最高人民检察院关于刑事抗诉工作的若干意见》中作出明确规定
73	最高人民检察院关于加强司法警察工作的通知	1994年3月10日高检发政字〔1994〕11号	该通知中的相关内容已纳入1996年8月14日最高人民检察院《人民检察院司法警察暂行条例》之中
74	最高人民检察院关于加强法人犯罪检察工作的通知	1994年3月10日高检发研字〔1994〕2号	该通知中的相关内容已在刑法中作出明确规定
75	最高人民检察院关于开展赃款赃物管理情况检查的通知	1994年6月28日高检发〔1994〕21号	该通知中的相关内容已纳入1998年6月8日最高人民检察院《关于认真贯彻落实"收支两条线"规定的通知》和2001年4月29日最高人民检察院《人民检察院扣押、冻结款物管理规定》之中

续表

序号	司法解释和规范性文件名称	发文日期及文号	废止理由
76	最高人民检察院关于严厉打击走私、制作、贩卖、传播淫秽物品和非法出版物的通知	1994年8月26日高检发〔1994〕25号	该通知属于阶段性工作部署和专项斗争性质,其相关内容已在刑法中作出明确规定
77	最高人民检察院关于认真贯彻执行《全国人大常委会关于惩治侵犯著作权的犯罪的决定》的通知	1994年9月14日高检发研字〔1994〕9号	《全国人大常委会关于惩治侵犯著作权的犯罪的决定》已被刑法明令废止,其相关内容已在刑法中作出明确规定
78	最高人民检察院关于积极配合全国税收财务物价大检查严厉打击涉税犯罪的通知	1994年9月29日高检发贪检字〔1994〕92号	该通知属于阶段性工作部署,且涉税犯罪案件已不属检察机关管辖
79	最高人民检察院关于认真查办利用增值税专用发票犯罪案件的通知	1994年10月28日高检发贪字〔1994〕99号	该通知属于阶段性工作部署,且涉税犯罪案件已不属检察机关管辖
80	最高人民检察院关于依法严肃查处侵犯知识产权犯罪案件的通知	1995年1月11日高检发贪检字〔1995〕6号	侵犯知识产权犯罪案件已不属检察机关管辖,相关案件的立案标准在2001年4月18日最高人民检察院、公安部《关于经济犯罪案件追诉标准的规定》中已有明确规定
81	最高人民检察院关于进一步加强查办徇私舞弊案件工作的通知	1995年3月7日高检发法字〔1995〕1号	徇私舞弊不是一个独立的罪名,相关内容在刑法中已有明确规定
82	最高人民检察院关于认真执行《关于惩治违反公司法的犯罪的决定》的通知	1995年3月24日高检发研字〔1995〕3号	《关于惩治违反公司法的犯罪的决定》已被刑法明令废止,其相关内容在刑法中已有明确规定
83	最高人民检察院关于进一步严厉打击侵犯知识产权犯罪的通知	1995年3月27日高检发研字〔1995〕4号	该通知属于阶段性工作部署,且侵犯知识产权犯罪已不属检察机关管辖
84	最高人民检察院关于已满十四岁不满十六岁的人破坏交通工具、交通设备、电力煤气设备、易燃易爆设备应否追究刑事责任问题的批复	1995年4月8日高检发研字〔1995〕5号	该批复与刑法第17条的规定相抵触,不再适用
85	最高人民检察院关于认真执行《关于惩治破坏金融秩序犯罪的决定》的通知	1995年7月8日高检发研字〔1995〕6号	《关于惩治破坏金融秩序犯罪的决定》中有关刑事责任的规定已纳入刑法中,有关案件管辖问题已在刑事诉讼法中作出明确规定

续表

序号	司法解释和规范性文件名称	发文日期及文号	废止理由
86	最高人民检察院关于印发《〈检察官法〉实施方案》的通知	1995年7月18日高检发〔1995〕14号	该方案是根据1995年7月1日施行的检察官法制定的,修改后的检察官法已于2001年6月30日施行,该通知不再适用
87	最高人民检察院关于印发《检察官考评委员会章程(试行)》《初任检察员、助理检察员考试暂行办法》的通知	1995年8月7日高检发政字〔1995〕35号	修改后的检察官法已规定初任检察官应当通过国家司法考试,初任检察员、助理检察员考试已经被国家司法考试所取代,该章程和办法不再适用
88	最高人民检察院关于贯彻落实《检察官法》做好有关培训工作的通知	1995年8月25日高检发教字〔1995〕1号	该通知是根据1995年7月1日施行的检察官法作出的,修改后的检察官法已于2001年6月30日施行,该通知不再适用
89	最高人民检察院关于印发《检察官培训暂行规定》等四个配套规定的通知	1995年9月21日高检发政字〔1995〕44号	修改后的检察官法对担任检察官的学历条件和现任检察官的培训问题作出了新的规定,且四个配套规定已被最高人民检察院《检察官培训条例(试行)》等文件代替
90	最高人民检察院关于办理公司、企业人员受贿、侵占和挪用公司、企业资金犯罪案件适用法律的几个问题的通知	1995年11月7日高检发研字〔1995〕9号	该通知中的有关问题已在刑法及有关司法解释中作出明确规定
91	最高人民检察院关于认真执行《关于惩治虚开、伪造和非法出售增值税专用发票犯罪的决定》的通知	1995年12月18日高检发研字〔1995〕12号	《关于惩治虚开、伪造和非法出售增值税专用发票犯罪的决定》中有关刑事责任的规定已纳入刑法分则中
92	最高人民检察院关于印发《最高人民检察院检察委员会议事规则(试行)》的通知	1996年1月18日高检发办字〔1996〕1号	该规则已被1998年12月6日《最高人民检察院检察委员会议事规则》代替
93	最高人民检察院关于单位盗窃行为如何处理问题的批复	1996年1月23日高检发研字〔1996〕1号	该批复是依据原刑法有关规定作出的,不再适用
94	最高人民检察院印发《关于办理徇私舞弊犯罪案件适用法律若干问题的解释》的通知	1996年6月4日高检发研字〔1996〕4号	徇私舞弊不是一个独立的罪名,且该解释中的相关内容已在刑法中作出明确规定

续表

序号	司法解释和规范性文件名称	发文日期及文号	废止理由
95	最高人民检察院关于认真查办药品回扣犯罪案件的通知	1996年10月25日高检发反贪字〔1996〕54号	该通知属于阶段性工作部署和专项斗争性质,且其相关内容已在刑法和刑事诉讼法中作出明确规定
96	最高人民检察院关于重庆直辖市人民检察院成立之前有关案件管辖问题的通知	1997年3月20日高检发〔1997〕7号	该通知是就某一特定阶段、某一检察院案件管辖问题的规定,不再适用
97	最高人民检察院关于发布《关于检察机关直接受理立案侦查案件中若干数额、数量标准的规定(试行)》的通知	1997年12月31日高检发释字〔1997〕6号	该规定已被1999年9月16日最高人民检察院《关于人民检察院直接受理立案侦查案件立案标准的规定(试行)》代替
98	最高人民检察院关于在全国检察机关开展执法大检查的通知	1998年4月14日高检发〔1998〕6号	该通知属于阶段性工作部署,不再适用

附件二：

最高人民检察院决定废止的与有关部门联合制发的司法解释和法规性文件目录

序号	司法解释和规范性文件名称	发文日期及文号	废止理由
1	最高人民法院、最高人民检察院、公安部、林业部、工商行政管理总局关于查处森林案件的管辖问题的联合通知	1982年3月29日〔82〕高检发（经）5号	该通知中所涉及的森林刑事案件已划归公安机关管辖，投机倒把罪已被刑法取消，队、社建制在农村改革中也被取消，不再适用
2	最高人民法院、最高人民检察院转发中央政法委员会办公室政法函(83)6号文件的通知	1983年8月20日〔83〕高检发（二）12号	该通知中的相关内容与刑法第383条第1款第4项的规定相抵触，不再适用
3	最高人民法院、最高人民检察院、公安部、司法部关于办理劳改犯、劳教人员犯罪案件中执行有关法律的几个问题的答复	1984年3月3日〔84〕高检发（三）8号	该答复中的相关内容已在刑法、刑事诉讼法中作出规定
4	最高人民法院、最高人民检察院、公安部印发《关于怎样认定和处理流氓集团的意见》的通知	1984年5月26日〔84〕高检发（研）12号	刑法已取消流氓罪，该意见内容已在刑法中作出规定
5	最高人民法院、最高人民检察院、公安部关于卖淫、嫖宿暗娼案件应如何处理的意见	1984年8月7日〔84〕高检发（一）19号	该意见中有关刑事责任的规定已纳入刑法
6	公安部、最高人民检察院、最高人民法院关于盗伐滥伐森林案件改由公安机关管辖的通知	1985年5月13日〔85〕高检会（二）字第1号	该通知中的有关问题已在刑事诉讼法中作出明确规定
7	最高人民法院、最高人民检察院印发《关于当前经济犯罪案件中具体应用法律的若干问题的解答(试行)》的通知	1985年7月18日〔85〕高检会（研）字3号	投机倒把罪已被取消，该解答相关内容已在刑法中作出明确规定
8	最高人民检察院、劳动人事部关于印发《关于查处重大责任事故的几项暂行规定》的通知	1986年3月25日〔86〕高检会（二）字第6号	该规定中的相关内容与刑法、刑事诉讼法的有关规定不一致，不再适用

续表

序号	司法解释和规范性文件名称	发文日期及文号	废止理由
9	最高人民检察院、财政部关于修订《检察业务费开支范围的规定》的通知	1986年5月5日〔86〕高检会(办)字第7号	该规定已被1992年9月22日最高人民检察院、财政部《检察业务费开支范围管理办法的规定》代替
10	最高人民检察院、财政部关于进一步搞好查处偷税、抗税案件工作的联合通知	1986年6月16日〔86〕高检会(二)字第9号	涉税犯罪案件已不属检察机关管辖,该通知不再适用
11	最高人民法院、最高人民检察院关于刑法第一百一十四条规定的犯罪主体的适用范围的联合通知	1986年6月21日〔86〕高检会(二)字第10号	该通知中的相关内容已被刑法所取代,不再适用
12	最高人民检察院、最高人民法院、公安部关于严格依法处理反盗窃斗争中自首案犯的通知	1986年9月13日〔86〕高检会(一)字第14号	该通知有关自首的规定已被刑法所取代,不再适用
13	最高人民法院、最高人民检察院、公安部、司法部关于罪犯在看守所执行刑罚以及监外执行有关问题的通知	1987年2月20日〔87〕高检会(三)字第4号	该通知中的相关内容已被刑事诉讼法及相关规定所取代,不再适用
14	最高人民检察院、卫生部、公安部印发《关于查处违反食品卫生法案件的暂行规定》的通知	1988年4月15日〔88〕高检会(二)字第1号	该规定中的相关内容已在1995年10月30日《中华人民共和国食品卫生法》中作出明确规定
15	最高人民法院、最高人民检察院关于依法惩处倒卖飞机票犯罪活动的通知	1988年7月6日〔88〕高检会(研)字第10号	刑法已取消投机倒把罪和流氓罪,该通知中的相关内容已在刑法中作出明确规定
16	最高人民法院、最高人民检察院、公安部关于全国人大常委会两个《补充规定》中有关几类案件管辖问题的通知	1988年10月22日〔88〕高检会(研)字第17号	该通知中的相关内容已在刑法和刑事诉讼法中作出明确规定
17	最高人民法院、最高人民检察院关于当前办理盗掘墓葬案件具体应用法律问题的通知	1988年11月17日〔88〕高检会(研)字第20号	该通知中的相关内容已在刑法中作出明确规定

续表

序号	司法解释和规范性文件名称	发文日期及文号	废止理由
18	最高人民检察院、监察部关于检察机关和监察机关在查处案件工作中协调配合的暂行规定	1988年12月3日〔88〕高检会(经)字第23号	该规定中的相关内容已在1993年11月5日中纪委、最高人民检察院、监察部《关于纪检监察机关和检察机关在反腐败斗争中加强协作的通知》和1998年5月11日最高人民检察院《关于人民检察院直接受理立案侦查案件范围的规定》中作出明确规定
19	最高人民法院、最高人民检察院关于印发《关于执行(通告)第二条有关规定的具体意见》的通知	1989年8月22日〔89〕高检会(研)字第9号	该通知属于阶段性工作部署和专项斗争性质,不再适用
20	最高人民法院、最高人民检察院、公安部、司法部关于依法加强对管制、剥夺政治权利、缓刑、假释和暂予监外执行罪犯监督考察工作的通知	1989年8月30日〔89〕高检会(监)字第7号	该通知中的相关内容已在刑事诉讼法及相关司法解释中作出明确规定
21	最高人民法院、最高人民检察院关于印发《关于执行(通告)的若干问题的答复》的通知	1989年9月14日〔89〕高检会(研)字第14号	该通知属于阶段性工作部署和专项斗争性质,不再适用
22	最高人民法院、最高人民检察院关于如何计算单位投机倒把犯罪案件获利数额的批复	1989年12月26日〔89〕高检会(研)字第19号	刑法已取消投机倒把罪,该批复中的相关内容不再适用
23	最高人民法院、最高人民检察院关于开展民事、经济、行政诉讼法律监督试点工作的通知	1990年9月3日高检会〔1990〕15号	该通知属于阶段性工作部署,相关内容在民事诉讼法及行政诉讼法中已作出明确规定
24	最高人民检察院、国家税务局关于建立偷税、抗税案件备案、移送制度的通知	1991年10月21日高检会〔1991〕32号	涉税犯罪案件已不属检察机关管辖,该通知不再适用
25	最高人民检察院、最高人民法院关于严厉打击走私犯罪活动的通知	1993年8月23日高检会〔1993〕22号	该通知属于阶段性工作部署和专项斗争性质,相关内容已在刑法中作出明确规定

续表

序号	司法解释和规范性文件名称	发文日期及文号	废止理由
26	最高人民检察院、最高人民法院、公安部、国家安全部关于严格执行刑事办案期限切实纠正超期羁押问题的通知	1993年9月3日 高检会〔1993〕23号	该通知中的相关内容已纳入1998年10月19日最高人民检察院、最高人民法院、公安部《关于严格执行刑事诉讼法关于对犯罪嫌疑人、被告人羁押期限的规定,坚决纠正超期羁押问题的通知》之中
27	最高人民检察院、国家科学技术委员会关于印发《关于办理科技活动中经济犯罪案件的意见》的通知	1994年6月17日 高检会〔1994〕26号	该意见中的相关内容与刑法有关贪污、贿赂犯罪等规定相抵触,不再适用
28	最高人民检察院、最高人民法院关于印发《关于办理利用信用卡诈骗犯罪案件具体适用法律若干问题的解释》的通知	1995年4月20日 高检会〔1995〕11号	该解释中的相关内容已在刑法中作出明确规定
29	最高人民检察院、国家税务总局关于加强查处利用增值税专用发票犯罪案件协查工作的通知	1995年6月14日 高检会〔1995〕23号	该通知属于阶段性工作部署,且涉税犯罪案件已不属检察机关管辖,不再适用

附件三：

最高人民检察院有关文件中已明确规定
废止的司法解释和规范性文件目录

序号	司法解释和规范性文件名称	发文日期及文号	说　明
1	最高人民检察院关于印发《人民检察院业务用枪管理办法》的通知	1983年10月31日〔83〕高检发（办）23号	该办法已被1992年8月8日最高人民检察院《人民检察院枪支管理办法》废止
2	最高人民检察院关于印发《中华人民共和国人民检察院司法警察工作试行条例》的通知	1984年8月15日〔84〕高检发（人）20号	该条例已被1996年8月14日最高人民检察院《人民检察院司法警察暂行条例》废止
3	最高人民检察院关于印发《人民检察院举报工作若干规定（试行）》的通知	1988年12月26日高检控申发字〔1988〕第7号	该规定已被1996年7月18日最高人民检察院《人民检察院举报工作规定》废止
4	最高人民检察院关于印发《检察机关枪支、弹药管理工作细则（试行）》的通知	1989年3月27日高检计发字〔1989〕第6号	该细则已被1992年8月8日最高人民检察院《人民检察院枪支管理办法》废止
5	最高人民检察院关于印发《人民检察院乡（镇）检察室工作条例（试行）》的通知	1989年12月20日〔89〕高检发（人）字第46号	该条例已被1993年4月22日最高人民检察《人民检察院乡（镇）检察室工作条例》废止
6	最高人民检察院关于印发《最高人民检察院关于执行行政诉讼法第六十四条的暂行规定》的通知	1990年10月29日高检发民字〔1990〕3号	该规定已被2001年10月11日最高人民检察院《人民检察院民事行政抗诉案件办案规则》废止
7	最高人民检察院关于印发《最高人民检察院关于民事审判监督程序抗诉工作暂行规定》的通知	1992年6月4日高检发民字〔1992〕2号	该规定已被2001年10月11日最高人民检察院《人民检察院民事行政抗诉案件办案规则》废止
8	最高人民检察院关于印发《人民检察院监察工作暂行条例》和《人民检察院监察部门调查处理案件办法（试行）》的通知	1994年1月4日高检发〔1994〕2号	该条例和办法已被2000年5月25日最高人民检察院《人民检察院监察工作条例》废止
9	最高人民检察院关于印发《人民检察院刑事赔偿工作办法（试行）》的通知	1994年12月24日高检发控字〔1994〕18号	该办法已被1997年11月18日最高人民检察院《人民检察院刑事赔偿工作暂行规定》废止

续表

序号	司法解释和规范性文件名称	发文日期及文号	说明
10	最高人民检察院关于印发《人民检察院立案侦查案件扣押物品管理规定(试行)》的通知	1996年8月12日 高检发〔1996〕23号	该规定已被2001年4月29日最高人民检察院《人民检察院扣押、冻结款物管理规定》废止
11	最高人民检察院关于印发《人民检察院实施〈中华人民共和国刑事诉讼法〉规则(试行)》的通知	1997年1月30日 高检发释字〔1997〕1号	该规则已被1999年1月18日最高人民检察院《人民检察院刑事诉讼规则》废止
12	最高人民检察院关于印发《人民检察院刑事赔偿工作暂行规定》的通知	1997年11月18日 高检发控字〔1997〕10号	该规定已被2000年11月6日最高人民检察院《人民检察院刑事赔偿工作规定》废止
13	最高人民检察院关于印发《人民检察院办理民事行政抗诉案件公开审查程序试行规则》的通知	1999年5月14日 高检发民字〔1999〕1号	该规则已被2001年10月11日最高人民检察院《人民检察院民事行政抗诉案件办案规则》废止

19. 最高人民检察院关于废止部分司法解释和司法解释性文件的决定

(2010年11月19日　高检发释字〔2010〕1号)

为了适应形势发展的需要,保证国家法律的统一正确实施,最高人民检察院对2008年底以前单独制发和联合其他部门制发的司法解释和司法解释性文件进行了集中清理。现决定:

一、对最高人民检察院单独制发的14件司法解释和司法解释性文件予以废止(见附件1)。

二、经征得有关部门同意,对由最高人民检察院与有关部门联合制发的2件司法解释和司法解释性文件予以废止(见附件2)。

三、为便于工作和查询,对最高人民检察院单独制发或者联合其他部门制发的文件中已经明确规定废止的10件司法解释和司法解释性文件目录,予以统一公布(见附件3)。

附件1

最高人民检察院决定废止的单独制发的司法解释和司法解释性文件目录(14件)

序号	司法解释和司法解释性文件名称	发文日期、文号	废止理由
1	最高人民检察院关于缓刑期间被告人是否有政治权利等问题的批复	1957年4月16日〔57〕高检四字第756号	该批复的内容已被1983年3月5日全国人大常委会《关于县级以下人民代表大会代表直接选举的若干规定》、1984年3月24日全国人大常委会法制工作委员会、最高人民法院、最高人民检察院、公安部、司法部、民政部《关于正在服刑的罪犯和被羁押的人的选举权问题的联合通知》和刑法的相关规定代替。
2	最高人民检察院关于改判"死刑"案件的几点意见	1983年9月14日〔83〕高检发电10号	死刑的适用以及死刑案件的办理在刑法、刑事诉讼法和相关司法解释中已经作出明确规定。
3	最高人民检察院关于如何理解全国人大常委会《关于严惩严重危害社会治安的犯罪分子的决定》第一条第六项规定的答复	1984年8月2日〔84〕高检研函第12号	该答复所依据的1983年9月2日全国人大常委会《关于严惩严重危害社会治安的犯罪分子的决定》已被废止。

续 表

序号	司法解释和司法解释性文件名称	发文日期、文号	废止理由
4	最高人民检察院转发最高人民法院《关于个人非法制造、销售他人注册商标标识而构成犯罪的应按假冒商标罪惩处的批复》的通知	1985年6月3日 高检研发字〔1985〕第16号	该通知所转发的最高人民法院相关批复已被1997年1月29日《最高人民法院决定废止的1979年至1989年间发布的司法解释目录(第二批)》废止。
5	最高人民检察院《人民检察院控告申诉检察工作细则(试行)》	1986年12月10日 〔86〕高检发(信)字第18号	该工作细则(试行)的内容已被最高人民检察院1998年6月16日《人民检察院复查刑事申诉案件规定》、1999年1月18日《人民检察院刑事诉讼规则》、2002年11月5日《关于加强和改进控告申诉检察工作的决定》、2007年3月26日《人民检察院信访工作规定》和2009年4月23日《人民检察院举报工作规定》等司法解释和规范性文件的规定代替。
6	最高人民检察院关于无证开采的小煤矿从业人员亦属于刑法第一百一十四条犯罪主体的批复	1987年7月10日 高检二发字〔1987〕第36号	《中华人民共和国刑法修正案(六)》已经扩大了重大责任事故罪的主体范围。
7	最高人民检察院关于无照施工经营者能否构成重大责任事故罪主体的批复	1988年3月18日 高检二发字〔1988〕第10号	《中华人民共和国刑法修正案(六)》已经扩大了重大责任事故罪的主体范围。
8	最高人民检察院关于在押犯能否构成重大责任事故罪主体的批复	1989年4月3日 高检监发字〔1989〕第1号	《中华人民共和国刑法修正案(六)》已经扩大了重大责任事故罪的主体范围。
9	最高人民检察院关于转发财政部《关于加强公检法部门罚没收入管理和保证办案经费的通知》的通知	1990年8月22日 高检发装字〔1990〕7号	该通知所转发的财政部通知已被1997年9月8日财政部发布的《关于公布废止和失效的财政规章目录(第六批)的通知》废止。
10	最高人民检察院《人民检察院侦查贪污贿赂犯罪案件工作细则(试行)》	1991年4月8日 高检发〔1991〕23号	该工作细则(试行)的内容已被最高人民检察院1999年1月18日《人民检察院刑事诉讼规则》、1999年11月8日《关于检察机关反贪污贿赂工作若干问题的决定》、2004年6月24日《关于人民检察院办理直接受理立案侦查案件实行内部制约的若干规定》等文件的规定代替。
11	最高人民检察院奖励举报有功人员暂行办法	1994年5月11日 高检发举字〔1994〕1号	该暂行办法已被2009年4月23日最高人民检察院《人民检察院举报工作规定》的相关内容代替。

续 表

序号	司法解释和司法解释性文件名称	发文日期、文号	废止理由
12	最高人民检察院关于严格徇私舞弊案件免诉工作的通知	1995年8月30日 高检办发〔1995〕31号	刑事诉讼法已经取消免予起诉的规定,该通知不再适用。
13	最高人民检察院《人民检察院举报工作规定》	1996年9月4日 高检发举字〔1996〕2号	该规定已被2009年4月23日最高人民检察院《人民检察院举报工作规定》代替。
14	最高人民检察院关于认真做好署名举报答复工作的通知	2001年3月29日 高检发控字〔2001〕1号	该通知已被2009年4月23日最高人民检察院《人民检察院举报工作规定》的相关内容代替。

附件2

最高人民检察院决定废止的与有关部门联合制发的司法解释和司法解释性文件目录(2件)

序号	司法解释和司法解释性文件名称	发文日期、文号	废止理由
1	最高人民检察院、公安部关于人民检察院逮捕、拘留人犯由公安机关执行的通知	1979年3月27日 〔79〕高检二字第1号公发〔1979〕第50号	刑事诉讼过程中采取逮捕、拘留措施的条件、程序在刑事诉讼法中已经作出明确规定。
2	司法部、最高人民检察院关于认真办理公证人员玩忽职守案件的通知	1992年3月21日 司发通〔1992〕037号	《中华人民共和国公证法》已于2006年3月1日起施行,按照《中华人民共和国公证法》和刑法的规定,公证人员玩忽职守构成犯罪的行为应当适用刑法第二百二十九条第三款的规定。

附件3

最高人民检察院单独制发或者联合其他部门制发的文件中已经明确规定废止的司法解释和司法解释性文件目录(10件)

序号	司法解释和司法解释性文件名称	发文日期、文号	废止理由
1	最高人民法院、最高人民检察院、公安部、总政治部关于军队和地方互涉案件几个问题的规定	1982年11月25日 〔1982〕政联字8号	该规定已被2009年8月1日起施行的"两高"、公安部、国家安全部、司法部、解放军总政治部《办理军队和地方互涉刑事案件规定》废止。

附录一:废止的司法解释目录 1485

续 表

序号	司法解释和司法解释性文件名称	发文日期、文号	废止理由
2	最高人民法院、最高人民检察院、司法部、公安部《人体重伤鉴定标准(试行)》	1986年8月15日〔86〕司发研事249号	该标准已被1990年7月1日起施行的"两高"、司法部、公安部《人体重伤鉴定标准》废止。
3	最高人民检察院关于印发《看守所检察工作细则(试行)》、《劳改检察工作细则(试行)》和《劳教检察工作办法(试行)》的通知	1987年7月23日〔87〕高检发(三)字第17号	该通知印发的文件已被2008年3月23日最高人民检察院《关于印发〈人民检察院监狱检察办法〉、〈人民检察院看守所检察办法〉、〈人民检察院劳教检察办法〉和〈人民检察院监外执行检察办法〉的通知》废止。
4	最高人民检察院、公安部、总政治部关于军队和地方互涉案件侦查工作的补充规定	1987年12月21日〔1987〕政联字第14号	该规定已被2009年8月1日起施行的"两高"、公安部、国家安全部、司法部、解放军总政治部《办理军队和地方互涉刑事案件规定》废止。
5	最高人民检察院关于完善人民检察院侦查工作内部制约机制的若干规定	1998年10月21日高检发〔1998〕27号	该规定已被2004年6月24日最高人民检察院《关于人民检察院办理直接受理立案侦查案件实行内部制约的若干规定》废止。
6	最高人民检察院、公安部关于经济犯罪案件追诉标准的规定	2001年4月18日公发〔2001〕11号	该规定已被2010年5月18日最高人民检察院、公安部《关于公安机关管辖的刑事案件立案追诉标准的规定(二)》废止。
7	最高人民检察院《人民检察院扣押、冻结款物管理规定》	2001年4月29日高检发研字〔2001〕1号	该规定已被2006年3月27日最高人民检察院《人民检察院扣押、冻结款物工作规定》废止。
8	最高人民检察院《人民检察院办理未成年人刑事案件的规定》	2002年4月22日高检发〔2002〕8号	该规定已被2007年1月9日最高人民检察院《人民检察院办理未成年人刑事案件的规定》废止。
9	最高人民检察院《人民检察院扣押、冻结款物工作规定》	2006年3月27日高检发研字〔2006〕1号	该工作规定已被2010年5月9日最高人民检察院《人民检察院扣押、冻结涉案款物工作规定》废止。
10	最高人民检察院、公安部关于经济犯罪案件追诉标准的补充规定	2008年3月5日高检会〔2008〕2号	该规定已被2010年5月18日最高人民检察院、公安部《关于公安机关管辖的刑事案件立案追诉标准的规定(二)》废止。

20. 最高人民检察院关于废止1979年底以前制发的部分司法解释性质文件的决定

(2011年12月29日由最高人民检察院第十一届检察委员会第69次会议通过 2012年8月21日最高人民检察院公告公布 自2012年9月29日起施行 高检发释字〔2012〕1号)

为了适应完善中国特色社会主义法律体系的总体要求,保证国家法律统一正确适用,经征得有关部门同意,现决定废止1979年底以前制发的2件司法解释性质文件。

最高人民检察院决定废止1979年底以前制发的部分司法解释性质文件目录(2件)

序号	司法解释性质文件名称	发文日期、文号	废止理由
1	最高人民检察院、公安部、邮电部关于颁发"执行逮捕、拘留的机关扣押被逮捕、拘留人犯的邮件、电报暂行办法"的联合通知	1979年4月5日 〔79〕高检一文字9号 公发〔1979〕60号 〔1979〕邮邮字235号	刑事诉讼法及相关司法解释、规范性文件对于扣押被逮捕、拘留犯罪嫌疑人邮件、电报的具体程序,已有明确规定。
2	最高人民检察院、公安部关于到外地逮捕人犯手续的几项规定	1979年7月31日 〔79〕高检一文字24号 公发〔1979〕108号	刑事诉讼法及相关司法解释、规范性文件对于异地执行逮捕的具体程序,已有明确规定。

21. 最高人民检察院关于废止 1980 年 1 月 1 日至 1997 年 6 月 30 日期间制发的部分司法解释和司法解释性质文件的决定

(2012 年 4 月 25 日最高人民检察院第十一届检察委员会第 75 次会议通过　2013 年 1 月 4 日最高人民检察院公告公布
自 2013 年 1 月 18 日起施行　高检发释字〔2013〕1 号)

为了适应完善中国特色社会主义法律体系的总体要求,保证国家法律的统一正确实施,最高人民检察院对 1980 年 1 月 1 日至 1997 年 6 月 30 日期间单独制发和联合其他单位制发的司法解释和司法解释性质文件进行了集中清理。现决定:

一、对最高人民检察院 1980 年 1 月 1 日至 1997 年 6 月 30 日期间单独制发的 25 件司法解释和司法解释性质文件予以废止。

二、经征得有关单位同意,对最高人民检察院与有关单位 1980 年 1 月 1 日至 1997 年 6 月 30 日期间联合制发的 2 件司法解释性质文件予以废止。

最高人民检察院决定废止的 1980 年 1 月 1 日至 1997 年 6 月 30 日期间单独制发的司法解释和司法解释性质文件目录(25 件)

序号	司法解释和司法解释性质文件名称	发文日期、文号	废止理由
1	最高人民检察院关于劳改犯加刑案件的公判和通奸案件的处理问题的请示报告的批复	1980 年 5 月 8 日〔1980〕高检监函第 1 号	刑法及相关法律、司法解释已有新规定。
2	最高人民检察院关于在办理强奸案件中可否检查处女膜问题的批复	1981 年 7 月 27 日〔81〕高检刑函第 137 号	刑事诉讼法及相关司法解释已作出规定。
3	最高人民检察院关于批捕外籍犯问题的通知	1982 年 11 月 1 日〔82〕高检刑函第 99 号	相关司法解释已有新规定。
4	最高人民检察院关于上级检察院能否调阅下级人民法院审判卷宗问题的批复	1985 年 4 月 27 日高检研发宁〔1985〕第 14 号	该批复的内容已被 2010 年 6 月 11 日《最高人民法院办公厅、最高人民检察院办公厅关于调阅诉讼卷宗有关问题的通知》所替代。

续　表

序号	司法解释和司法解释性质文件名称	发文日期、文号	废止理由
5	最高人民检察院关于转发四川省人民检察院《关于检察机关办案人员到外省、外县执行搜查任务应当同当地检察机关取得联系的请示》的通知	1986年6月21日 高检二发字〔1986〕第26号	2000年10月12日《最高人民检察院关于人民检察院侦查协作的暂行规定》已作出规定。
6	最高人民检察院关于破坏电力设备罪几个问题的批复	1986年12月9日 高检研发字〔1986〕第16号	相关司法解释已作出规定。
7	最高人民检察院"关于执行法（研）发（1987）6号文件有关问题的请示"的批复	1987年8月10日 高检研发字〔1987〕第7号	刑法及相关司法解释已作出规定。
8	最高人民检察院关于非邮电工作人员非法开拆他人信件并从中窃取财物案件定性问题给广东省人民检察院的批复	1989年9月15日 高检法发字〔1989〕第2号	刑法已作出规定。
9	最高人民检察院关于检察机关受理后被告人死亡的经济犯罪案件赃款赃物如何处理问题的批复	1990年6月12日 高检研发字〔1990〕第5号	刑事诉讼法已作出规定。
10	最高人民检察院关于进一步加强举报工作的通知	1990年10月9日 高检发控字〔1990〕13号	2009年4月23日修订的《人民检察院举报工作规定》已作出规定。
11	最高人民检察院关于贩卖假毒品案件如何定性问题的批复	1991年4月2日 高检发研字〔1991〕2号	相关司法解释已作出规定。
12	最高人民检察院关于下发《人民检察院办案工作中的保密规定》的通知	1991年9月20日 高检发保委字〔1991〕2号	该规定的内容已被2005年11月16日《最高人民检察院办公厅关于印发〈人民检察院办案工作中的保密规定〉和〈关于确定检察机关工作秘密的意见〉的通知》所替代。
13	最高人民检察院关于管教干警强奸女犯案件管辖问题的批复	1992年3月2日 高检发监字〔1992〕1号	刑事诉讼法及相关司法解释已作出规定。
14	最高人民检察院关于在厂（矿）区内机动车造成伤亡事故的犯罪案件如何定性处理问题的批复	1992年3月23日 高检发研字〔1992〕3号	刑法及相关司法解释已作出规定。

续表

序号	司法解释和司法解释性质文件名称	发文日期、文号	废止理由
15	最高人民检察院关于重申检察机关赴外地办案的几项规定	1992年9月12日 高检发〔1992〕29号	2000年10月12日《最高人民检察院关于人民检察院侦查协作的暂行规定》已作出规定。
16	最高人民检察院办公厅关于印发《人民检察院看守所检察工作规范(试行)》和《关于劳改、劳教检察工作实行经常化、制度化的意见》的通知	1992年10月7日 高检办发〔1992〕19号	该通知的制定依据已被废止。
17	最高人民检察院关于印发《最高人民检察院关于加强举报工作的决定》的通知	1993年3月27日 高检发控字〔1993〕4号	该决定的内容已被2009年4月23日修订的《人民检察院举报工作规定》所替代。
18	最高人民检察院关于如何计算被盗手持式移动电话机价值的批复	1993年6月18日 高检发研字〔1993〕2号	形势已变化,该批复不再适用。
19	最高人民检察院关于加强举报工作的通知	1993年9月4日 高检发举字〔1993〕3号	该通知的内容已被2009年4月23日修订的《人民检察院举报工作规定》所替代。
20	最高人民检察院关于办理离退休国家工作人员受贿罪案件有关问题的批复	1993年11月10日 高检发研字〔1993〕10号	该批复的制定依据已被废止。
21	最高人民检察院关于严格贯彻执行《中华人民共和国对外贸易法》的通知	1994年8月2日 高检发研字〔1994〕8号	刑法对该通知涉及的定罪问题已作出规定。
22	最高人民检察院关于认真执行《劳动法》、《城市房地产管理法》和《预算法》的通知	1994年12月30日 高检发研字〔1994〕10号	刑法、刑事诉讼法对该通知涉及的重大责任事故罪、强迫劳动罪及案件管辖等问题已作出规定。
23	最高人民检察院关于盐酸二氢埃托啡是否属毒品及适用法律问题的批复	1996年11月28日 高检发研字〔1996〕6号	刑法及相关司法解释已作出规定。
24	最高人民检察院办公厅关于复查刑事申诉案件有关问题的通知	1996年12月5日〔1996〕高检办发第102号	该通知的制定依据已被废止。
25	最高人民检察院关于被判处徒刑宣告缓刑仍留原单位工作的罪犯在缓刑考验期内能否调动工作的批复	1997年1月20日 高检发释字〔1997〕2号	该批复的内容已被2012年1月10日《最高人民法院、最高人民检察院、公安部、司法部关于印发〈社区矫正实施办法〉的通知》所替代。

决定废止的1980年1月1日至1997年6月30日期间与有关单位联合制发的司法解释性质文件目录(2件)

序号	司法解释性质文件名称	发文日期、文号	废止理由
1	最高人民检察院、监察部关于在两个《通告》规定期限内受理自首坦白的贪污贿赂案件相互移送问题的联合通知	1989年10月23日〔89〕高检发电32号	通知适用期已过,相关司法解释已作出规定。
2	最高人民检察院、邮电部印发《关于查处邮电工作人员渎职案件的暂行规定》的通知	1990年6月20日〔1990〕高检会(法)字第12号	刑法、刑事诉讼法已作出规定。

22. 最高人民检察院关于废止1997年7月1日至2012年6月30日期间制发的部分司法解释性质文件的决定

(2012年8月30日最高人民检察院第十一届检察委员会第78次会议通过 2013年3月1日最高人民检察院公告公布 自2013年4月8日起施行 高检发释字〔2013〕2号)

为了适应完善中国特色社会主义法律体系的总体要求,保证国家法律的统一正确实施,最高人民检察院对1997年7月1日至2012年6月30日期间单独制发和联合其他单位制发的司法解释和司法解释性质文件进行了集中清理。现决定对最高人民检察院1997年7月1日至2012年6月30日期间单独制发的11件司法解释性质文件予以废止。

决定废止的1997年7月1日至2012年6月30日期间单独制发的司法解释性质文件目录(11件)

序号	司法解释性质文件名称	发文日期、文号	废止理由
1	最高人民检察院关于重新明确监所检察部门办案范围的通知	1998年6月12日高检发监字〔1998〕2号	该通知的内容已在2008年3月《最高人民检察院关于印发〈人民检察院监狱检察办法〉、〈人民检察院看守所检察办法〉、〈人民检察院劳教检察办法〉和〈人民检察院监外执行检察办法〉的通知》中作出明确规定。
2	最高人民检察院关于对已生效的中止诉讼的裁定能否提出抗诉的答复	1999年9月10日检发研字〔1999〕13号	民事诉讼法对抗诉范围已作出明确规定。
3	最高人民检察院关于检察机关的法医能否根据省级人民政府指定医院作出的医学鉴定作出伤情程度结论问题的批复	1999年10月11日高检发研字〔1999〕20号	该批复不再适用。
4	最高人民检察院关于挪用公款给私有公司、私有企业使用行为的法律适用问题的批复	2000年3月14日高检发研字〔2000〕7号	该批复的内容已在2002年4月《全国人民代表大会常务委员会关于〈中华人民共和国刑法〉第三百八十四条第一款的解释》中作出明确规定。

续 表

序号	司法解释性质文件名称	发文日期、文号	废止理由
5	最高人民检察院关于认真贯彻执行《人民检察院刑事赔偿工作规定》的通知	2000年12月28日高检发刑申字〔2000〕1号	通知依据已被2010年11月《人民检察院国家赔偿工作规定》废止。
6	最高人民检察院关于严禁将刑讯逼供获取的犯罪嫌疑人供述作为定案依据的通知	2001年1月2日高检发诉字〔2001〕2号	刑事诉讼法对相关内容已作出明确规定。
7	最高人民检察院检察委员会议事规则	2003年7月3日高检发研字〔2003〕9号	该规则已被2009年10月《人民检察院检察委员会议事和工作规则》所替代。
8	最高人民检察院办公厅关于印发《民事行政检察厅关于贯彻〈关于调整人民检察院直接受理案件侦查分工的通知〉认真做好查办审判人员职务犯罪案件工作的意见》的通知	2005年1月18日高检办发〔2005〕2号	2009年7月《最高人民检察院关于完善抗诉工作与职务犯罪侦查工作内部监督制约机制的规定》对相关内容已作出明确规定。
9	最高人民检察院关于人民检察院办理刑事赔偿确认案件拟作不予确认决定报上一级人民检察院批准的规定	2005年11月9日高检发刑申字〔2005〕1号	2010年11月《人民检察院国家赔偿工作规定》取消了检察机关刑事赔偿确认程序,该规定不再适用。
10	最高人民检察院关于受理行贿犯罪档案查询的暂行规定	2006年3月4日高检发预字〔2006〕1号	该规定已被2009年6月《最高人民检察院关于行贿犯罪档案查询工作规定》所替代。
11	最高人民检察院关于依法快速办理轻微刑事案件的意见	2007年1月30日高检发侦监字〔2007〕4号	刑事诉讼法对办案期限问题已作出明确规定。

23. 最高人民检察院关于废止部分司法解释和司法解释性质文件的决定

(2015年6月1日最高人民检察院第十二届检察委员会第三十六次会议通过　2015年6月3日最高人民检察院公告公布　自2015年6月12日起施行　高检发释字〔2015〕3号)

为适应形势发展变化，保证国家法律统一正确实施，最高人民检察院对2014年底以前单独和联合其他单位制发的司法解释和司法解释性质文件进行了清理。现决定：

一、对最高人民检察院单独制发的12件司法解释和司法解释性质文件予以废止。

二、经征得有关单位同意，对最高人民检察院与有关单位联合制发的1件司法解释性质文件予以废止。

决定废止的单独制发的司法解释和司法解释性质文件目录(12件)

序号	司法解释和司法解释性质文件名称	发文日期及文号	废止理由
1	最高人民检察院关于受监管机关正式聘用或委托履行监管职务的人员能否成为体罚虐待人犯罪和私放罪犯罪主体的批复	1994年1月10日高检发研字〔1994〕1号	1997年刑法248条、第400条明确规定了虐待被监管人罪、私放在押人员罪；2002年12月全国人大常委会《关于〈中华人民共和国刑法〉第九章渎职罪主体适用问题的解释》对渎职罪主体有明确规定。
2	最高人民检察院关于认真做好贪污贿赂等大案要案案犯潜逃、脱逃备案工作的通知	1994年5月11日高检发贪检字〔1994〕37号	贪污贿赂等犯罪嫌疑人的情况已由检察机关专门部门负责统计，该文件不再适用。
3	最高人民检察院关于事先与犯罪分子有通谋，事后对赃物予以窝藏或者代为销售或者收买的，应如何适用法律的问题的批复	1995年2月13日高检发研字〔1995〕2号	《刑法修正案（六）》已明确规定掩饰、隐瞒犯罪所得、犯罪所得收益罪。
4	最高人民检察院关于印发检察机关贯彻刑诉法若干问题的意见的通知	1996年12月31日高检发研字〔1997〕1号	根据2012年修改后的刑事诉讼法修订的《人民检察院刑事诉讼规则（试行）》已有明确规定。

续 表

序号	司法解释和司法解释性质文件名称	发文日期及文号	废止理由
5	最高人民检察院关于如何适用刑事诉讼法第二百二十二条的批复	1998年11月26日 高检发释字〔1998〕7号	根据2012年修改后的刑事诉讼法修订的《人民检察院刑事诉讼规则(试行)》已有明确规定。
6	最高人民检察院关于修改《人民检察院刑事诉讼规则》第四百零五条和第四百零七条的通知	1999年9月21日 高检发研字〔1999〕9号	根据2012年修改后的刑事诉讼法修订的《人民检察院刑事诉讼规则(试行)》已有明确规定。
7	最高人民检察院关于印发《关于人民检察院保障律师在刑事诉讼中依法执业的规定》的通知	2004年2月10日 高检发〔2004〕3号	已被2014年12月《最高人民检察院关于依法保障律师执业权利的规定》废止。
8	最高人民检察院关于人民检察院办理直接受理立案侦查案件实行内部制约的若干规定	2004年6月24日 高检发〔2004〕12号	根据2012年修改后的刑事诉讼法修订的《人民检察院刑事诉讼规则(试行)》已有明确规定。
9	最高人民检察院关于调整人民检察院直接受理案件侦查分工的通知	2004年9月23日 高检发〔2004〕21号	已被2009年9月《最高人民检察院关于完善抗诉工作与职务犯罪侦查工作内部监督制约机制的规定》代替。
10	最高人民检察院关于印发《关于省级以下人民检察院对直接受理侦查案件作撤销案件、不起诉决定报上一级人民检察院批准的规定(试行)》的通知	2005年9月29日 高检发办字〔2005〕15号	已被2010年12月《最高人民检察院关于实行人民监督员制度的规定》和2012年11月《人民检察院刑事诉讼规则(试行)》代替。
11	人民检察院直接受理侦查案件立案、逮捕实行备案审查的规定(试行)	2005年11月10日 高检发办字〔2005〕23号	根据2012年修改后的刑事诉讼法修订的《人民检察院刑事诉讼规则(试行)》已有明确规定。
12	最高人民检察院关于审查批准逮捕外国犯罪嫌疑人的规定	2007年1月31日 高检发侦监字〔2007〕5号	根据2012年修改后的刑事诉讼法修订的《人民检察院刑事诉讼规则(试行)》已有明确规定。

决定废止的与有关单位联合制发的司法解释性质文件目录(1件)

序号	司法解释性质文件名称	发文日期及文号	废止理由
1	最高人民检察院、公安部关于印发《最高人民检察院、公安部关于审查逮捕阶段讯问犯罪嫌疑人的规定》的通知	2010年8月31日 高检会〔2010〕6号	2012年修改后的刑事诉讼法已有明确规定。

24. 最高人民检察院关于废止部分司法解释性质文件和规范性文件的决定

(2019年5月8日由最高人民检察院第十三届检察委员会第十八次会议通过 2019年6月14日最高人民检察院公告公布)

为了贯彻落实《中华人民共和国监察法》《中华人民共和国刑事诉讼法》，保证国家法律统一正确实施，最高人民检察院对单独或者联合其他单位制发的司法解释性质文件和规范性文件进行了清理。现决定：

一、对最高人民检察院单独制发的22件司法解释性质文件和规范性文件予以废止(见附件1)。

二、经征得有关单位同意，对最高人民检察院与有关单位联合制发的22件司法解释性质文件和规范性文件予以废止(见附件2)。

三、为了便于工作和查询，对最高人民检察院与有关单位联合制发的文件中已经被废止的2件司法解释性质文件和规范性文件，一并予以公布(见附件3)。

附件1

决定废止的单独制发的司法解释性质文件和规范性文件目录(22件)

序号	文件名称	发文日期及文号	废止理由
1	最高人民检察院关于对"公捕"问题的意见	1983年7月12日 (83)高检一函第26号	现行《中华人民共和国刑事诉讼法》和《人民检察院刑事诉讼规则(试行)》对执行逮捕的方式已有明确规定。
2	最高人民检察院关于印发《最高人民检察院关于贪污受贿案件免予起诉工作的规定》的通知	1992年1月7日 高检发〔1992〕2号	免予起诉制度已被1996年《中华人民共和国刑事诉讼法》废止。
3	最高人民检察院关于对携款潜逃的贪污、贿赂等案犯及时立案、报告的通知	1992年6月18日 高检发贪检字〔1992〕39号	根据《中华人民共和国监察法》和2018年修改的《中华人民共和国刑事诉讼法》第十九条第二款，该文件不再适用。
4	最高人民检察院关于加强查处偷税、抗税、骗取国家出口退税犯罪案件工作的通知	1993年7月20日 高检发贪检字〔1993〕35号	全文涉及税务领域职务犯罪查处，根据现行《中华人民共和国刑事诉讼法》，人民检察院不再承担这项职能。

续表

序号	文件名称	发文日期及文号	废止理由
5	最高人民检察院关于进一步加强大案要案查处工作的通知	1993年11月4日 高检发贪检字〔1993〕57号	根据《中华人民共和国监察法》、2018年修改的《中华人民共和国刑事诉讼法》第十九条第二款以及最高人民检察院关于印发《关于人民检察院立案侦查司法工作人员相关职务犯罪案件若干问题的规定》的通知(高检发研字〔2018〕28号),该文件不再适用。
6	最高人民检察院关于印发《关于人民检察院直接受理立案侦查案件范围的规定》的通知	1998年5月11日 高检发释字〔1998〕1号	根据《中华人民共和国监察法》、2018年修改的《中华人民共和国刑事诉讼法》第十九条第二款以及最高人民检察院关于印发《关于人民检察院立案侦查司法工作人员相关职务犯罪案件若干问题的规定》的通知(高检发研字〔2018〕28号),该文件不再适用。
7	最高人民检察院关于加强预防职务犯罪工作的意见	1999年1月29日 高检发〔1999〕7号	根据《中华人民共和国监察法》和2018年修改的《中华人民共和国刑事诉讼法》第十九条第二款,该文件不再适用。
8	最高人民检察院关于印发《最高人民检察院关于检察机关反贪污贿赂工作若干问题的决定》的通知	1999年11月8日 高检发〔1999〕27号	根据《中华人民共和国监察法》和2018年修改的《中华人民共和国刑事诉讼法》第十九条第二款,该文件不再适用。
9	最高人民检察院关于印发《最高人民检察院关于进一步加强预防职务犯罪工作的决定》的通知	2000年12月13日 高检发〔2000〕24号	根据《中华人民共和国监察法》和2018年修改的《中华人民共和国刑事诉讼法》第十九条第二款,该文件不再适用。
10	最高人民检察院关于进一步加大对严重行贿犯罪打击力度的通知	2000年12月21日 高检发反贪字〔2000〕34号	根据《中华人民共和国监察法》和2018年修改的《中华人民共和国刑事诉讼法》第十九条第二款,该文件不再适用。
11	最高人民检察院关于印发《最高人民检察院关于检察机关有关内设机构预防职务犯罪工作职责分工的规定》的通知	2002年4月12日 高检发预字〔2002〕1号	根据《中华人民共和国监察法》和2018年修改的《中华人民共和国刑事诉讼法》第十九条第二款,该文件不再适用。

续表

序号	文件名称	发文日期及文号	废止理由
12	最高人民检察院关于印发《最高人民检察院考评各省、自治区、直辖市检察机关查办职务犯罪案件工作办法(试行)》的通知	2004年2月13日 高检发反贪字〔2004〕5号	根据《中华人民共和国监察法》和2018年修改的《中华人民共和国刑事诉讼法》第十九条第二款,该文件不再适用。
13	最高人民检察院关于印发《人民检察院〈关于加强行政机关与检察机关在重大责任事故调查处理中的联系和配合的暂行规定〉的实施办法》的通知	2007年11月5日 高检发渎检字〔2007〕8号	根据《中华人民共和国监察法》和2018年修改的《中华人民共和国刑事诉讼法》第十九条第二款,该文件不再适用。
14	最高人民检察院关于印发《关于加强查办危害土地资源渎职犯罪工作的指导意见》的通知	2008年11月6日 高检发渎检字〔2008〕12号	根据《中华人民共和国监察法》和2018年修改的《中华人民共和国刑事诉讼法》第十九条第二款,该文件不再适用。
15	最高人民检察院关于印发《关于省级以下人民检察院立案侦查的案件由上一级人民检察院审查决定逮捕的规定(试行)》的通知	2009年9月2日 高检发〔2009〕17号	根据最高人民检察院关于印发《关于人民检察院立案侦查司法工作人员相关职务犯罪案件若干问题的规定》的通知(高检发研字〔2018〕28号),该文件不再适用。
16	最高人民检察院关于印发省级以下人民检察院立案侦查的案件由上一级人民检察院审查决定逮捕法律文书工作文书的通知	2009年9月3日 高检发侦监字〔2009〕22号	根据最高人民检察院关于印发《关于人民检察院立案侦查司法工作人员相关职务犯罪案件若干问题的规定》的通知(高检发研字〔2018〕28号),该文件所依据的《关于省级以下人民检察院立案侦查的案件由上一级人民检察院审查决定逮捕的规定(试行)》不再适用。
17	最高人民检察院关于印发《人民检察院文明接待室评比标准》的通知	2010年9月9日 高检发控字〔2010〕5号	该文件已被最高人民检察院关于印发《人民检察院文明接待室评比标准》《人民检察院文明接待室评比办法》的通知(高检发控字〔2015〕3号)替代。
18	最高人民检察院关于印发《最高人民检察院关于加强和改进新形势下惩治和预防渎职侵权犯罪工作若干问题的决定》的通知	2010年9月10日 高检发〔2010〕17号	根据《中华人民共和国监察法》和2018年修改的《中华人民共和国刑事诉讼法》第十九条第二款,该文件不再适用。

续表

序号	文件名称	发文日期及文号	废止理由
19	最高人民检察院关于印发《〈关于省级以下人民检察院立案侦查的案件由上一级人民检察院审查决定逮捕的规定(试行)〉的补充规定》的通知	2011年6月2日 高检发办字〔2011〕24号	根据最高人民检察院关于印发《关于人民检察院立案侦查司法工作人员相关职务犯罪案件若干问题的规定》的通知(高检发研字〔2018〕28号),该文件不再适用。
20	最高人民检察院关于印发《最高人民检察院关于实行惩治和预防职务犯罪年度报告制度的意见》的通知	2011年12月1日 高检发预字〔2011〕3号	根据《中华人民共和国监察法》和2018年修改的《中华人民共和国刑事诉讼法》第十九条第二款,该文件不再适用。
21	最高人民检察院关于印发《最高人民检察院关于行贿犯罪档案查询工作的规定》的通知	2013年2月6日 高检发预字〔2013〕2号	根据《中华人民共和国监察法》和2018年修改的《中华人民共和国刑事诉讼法》第十九条第二款,该文件不再适用。
22	最高人民检察院关于印发《最高人民检察院关于加强职务犯罪侦查预防能力建设的意见》的通知	2016年7月29日 高检发反贪字〔2016〕289号	根据《中华人民共和国监察法》和2018年修改的《中华人民共和国刑事诉讼法》第十九条第二款,该文件不再适用。

附件2

决定废止的与有关单位联合制发的司法解释性质文件和规范性文件目录(22件)

序号	文件名称	发文日期及文号	废止理由
1	最高人民检察院、国家工商行政管理总局关于加强联系与配合,在工商行政管理系统共同开展预防职务犯罪工作的通知	2001年4月11日 高检会〔2001〕2号	根据《中华人民共和国监察法》和2018年修改的《中华人民共和国刑事诉讼法》第十九条第二款,该文件不再适用。
2	最高人民检察院、海关总署关于在海关系统共同开展预防职务犯罪工作中加强联系配合的通知	2001年4月26日 高检会〔2001〕4号	根据《中华人民共和国监察法》和2018年修改的《中华人民共和国刑事诉讼法》第十九条第二款,该文件不再适用。
3	最高人民检察院、国家税务总局关于在税务系统中共同做好预防职务犯罪工作的通知	2001年4月30日 高检会〔2001〕5号	根据《中华人民共和国监察法》和2018年修改的《中华人民共和国刑事诉讼法》第十九条第二款,该文件不再适用。

续表

序号	文件名称	发文日期及文号	废止理由
4	最高人民检察院、中共中央企业工作委员会、国家经济贸易委员会关于共同做好国有企业中贪污贿赂犯罪预防工作的通知	2001年7月18日 高检会〔2001〕7号	根据《中华人民共和国监察法》和2018年修改的《中华人民共和国刑事诉讼法》第十九条第二款,该文件不再适用。
5	最高人民检察院、中央金融工委、中国人民银行、中国证券监督管理委员会、中国保险监督管理委员会关于在金融系统共同开展预防职务犯罪工作的通知	2001年8月1日 高检会〔2001〕6号	根据《中华人民共和国监察法》和2018年修改的《中华人民共和国刑事诉讼法》第十九条第二款,该文件不再适用。
6	最高人民检察院、卫生部、国家药品监督管理局、国家中医药管理局关于在医药卫生领域职务犯罪系统预防工作中加强联系配合的通知	2001年8月2日 高检会〔2001〕9号	根据《中华人民共和国监察法》和2018年修改的《中华人民共和国刑事诉讼法》第十九条第二款,该文件不再适用。
7	最高人民检察院、国家发展计划委员会、建设部、交通部、水利部关于在工程建设领域共同开展预防职务犯罪工作中加强联系配合的通知	2001年10月18日 高检会〔2001〕8号	根据《中华人民共和国监察法》和2018年修改的《中华人民共和国刑事诉讼法》第十九条第二款,该文件不再适用。
8	最高人民检察院、审计署关于进一步加强检察机关与审计机关在反腐败工作中协作配合的通知	2004年11月19日 高检会〔2004〕5号	根据《中华人民共和国监察法》和2018年修改的《中华人民共和国刑事诉讼法》第十九条第二款,该文件不再适用。
9	最高人民检察院、国家税务总局关于印发《关于加强检察机关税务机关在开展集中查办破坏社会主义市场经济秩序渎职犯罪专项工作中协作配合的联席会议纪要》的通知	2005年12月30日 高检会〔2005〕5号	根据《中华人民共和国监察法》和2018年修改的《中华人民共和国刑事诉讼法》第十九条第二款,该文件不再适用。
10	最高人民检察院、中国银行业监督管理委员会关于在查处贪污贿赂等职务犯罪案件中加强协调配合的通知	2006年11月2日 高检会〔2006〕14号	根据《中华人民共和国监察法》和2018年修改的《中华人民共和国刑事诉讼法》第十九条第二款,该文件不再适用。
11	最高人民检察院、建设部关于在查处贪污贿赂等职务犯罪案件中加强协作配合的通知	2006年12月21日 高检会〔2006〕15号	根据《中华人民共和国监察法》和2018年修改的《中华人民共和国刑事诉讼法》第十九条第二款,该文件不再适用。

续表

序号	文件名称	发文日期及文号	废止理由
12	最高人民检察院、审计署关于加强铁路检察机关与审计机关工作协配合、健全案件移送制度的通知	2007年8月31日 高检会〔2007〕2号	根据《中华人民共和国监察法》和2018年修改的《中华人民共和国刑事诉讼法》第十九条第二款,该文件不再适用。
13	最高人民检察院、国家质量监督检验检疫总局关于印发《最高人民检察院、国家质量监督检验检疫总局关于在查处和预防渎职等职务犯罪工作中加强联系协作的若干意见(暂行)》的通知	2007年10月12日 高检会〔2007〕6号	根据《中华人民共和国监察法》和2018年修改的《中华人民共和国刑事诉讼法》第十九条第二款,该文件不再适用。
14	最高人民检察院、国土资源部关于印发《关于人民检察院与国土资源行政主管部门在查处和预防渎职等职务犯罪工作中协作配合的若干规定(暂行)》的通知	2007年10月10日 高检会〔2007〕7号	根据《中华人民共和国监察法》和2018年修改的《中华人民共和国刑事诉讼法》第十九条第二款,该文件不再适用。
15	最高人民检察院、国家林业局关于印发《关于人民检察院与林业主管部门在查处和预防渎职等职务犯罪工作中加强联系和协作的意见》的通知	2007年12月29日 高检会〔2007〕11号	根据《中华人民共和国监察法》和2018年修改的《中华人民共和国刑事诉讼法》第十九条第二款,该文件不再适用。
16	最高人民检察院、住房和城乡建设部关于建立案件线索移送和加强协作配合制度的通知	2008年12月16日 高检会〔2008〕6号	根据《中华人民共和国监察法》和2018年修改的《中华人民共和国刑事诉讼法》第十九条第二款,该文件不再适用。
17	最高人民检察院、中央农村工作领导小组办公室、国家发展和改革委员会、教育部、民政部、财政部、人力资源和社会保障部、国土资源部、水利部、农业部、卫生部、审计署、国家林业局、国务院扶贫开发领导小组办公室关于在查办和预防涉农惠民领域职务犯罪工作中加强协作配合的通知	2012年6月1日 高检会〔2012〕4号	根据《中华人民共和国监察法》和2018年修改的《中华人民共和国刑事诉讼法》第十九条第二款,该文件不再适用。
18	最高人民检察院、民政部关于印发《关于在民政系统预防职务犯罪工作中加强联系配合的意见》的通知	2012年12月12日 高检会〔2012〕5号	根据《中华人民共和国监察法》和2018年修改的《中华人民共和国刑事诉讼法》第十九条第二款,该文件不再适用。

续表

序号	文件名称	发文日期及文号	废止理由
19	最高人民检察院、国家发展和改革委员会关于在招标投标活动中全面开展行贿犯罪档案查询的通知	2015年5月8日 高检会〔2015〕3号	根据《中华人民共和国监察法》和2018年修改的《中华人民共和国刑事诉讼法》第十九条第二款,该文件不再适用。
20	最高人民检察院、住房和城乡建设部、交通运输部、水利部关于在工程建设领域开展行贿犯罪档案查询工作的通知	2015年5月22日 高检会〔2015〕5号	根据《中华人民共和国监察法》和2018年修改的《中华人民共和国刑事诉讼法》第十九条第二款,该文件不再适用。
21	最高人民检察院、国务院扶贫办关于在扶贫开发领域预防职务犯罪工作中加强联系配合的意见	2015年9月20日 高检会〔2015〕8号	根据《中华人民共和国监察法》和2018年修改的《中华人民共和国刑事诉讼法》第十九条第二款,该文件不再适用。
22	最高人民检察院、国务院扶贫办关于印发《全国检察机关、扶贫部门集中整治和加强预防扶贫领域职务犯罪专项工作方案》的通知	2016年2月19日 高检会〔2016〕2号	该文件系阶段性工作部署,根据《中华人民共和国监察法》和2018年修改的《中华人民共和国刑事诉讼法》第十九条第二款,该文件不再适用。

附件3

已被废止的与有关单位联合制发的司法解释性质文件和规范性文件目录(2件)

序号	文件名称	发文日期及文号	废止理由
1	最高人民检察院、审计署关于进一步加强检察机关和审计机关工作联系的通知	1990年8月7日 审法发〔1990〕228号	该文件已被《审计署办公厅关于废止审计机关与检察机关协作配合联系制度文件的通知》(审办审理发〔2019〕6号)废止。
2	最高人民检察院、审计署关于建立案件移送和加强工作协作配合制度的通知	2000年3月23日 审法发〔2000〕30号	该文件已被《审计署办公厅关于废止审计机关与检察机关协作配合联系制度文件的通知》(审办审理发〔2019〕6号)废止。

25. 最高人民检察院关于废止部分司法解释和司法解释性质文件的决定

(2020年10月23日最高人民检察院第十三届检察委员会第五十三次会议通过 2020年12月26日中华人民共和国最高人民检察院公告公布 自即日起施行)

为了贯彻落实《中华人民共和国民法典》，规范民事、行政及公益诉讼检察工作程序，保证国家法律统一正确实施，最高人民检察院对单独或者联合其他单位制发的司法解释和司法解释性质文件进行了清理。现决定：

1. 对最高人民检察院单独制发的5件司法解释和司法解释性质文件予以废止(见附件1)。
2. 经征得最高人民法院同意，对最高人民检察院与最高人民法院联合制发的1件司法解释性质文件予以废止(见附件2)。

附件1

决定废止的单独制发的司法解释及司法解释性质文件目录(5件)

序号	文件名称	发文日期及文号	废止理由
1	最高人民检察院关于人民检察院受理民事、行政申诉分工问题的通知	1991年8月30日 高检发民字〔1991〕2号	《通知》所确立的民事、行政申诉案件"受审分离"原则已被《人民检察院民事诉讼监督规则(试行)》《人民检察院行政诉讼监督规则(试行)》吸收。
2	关于严格执行《中华人民共和国收养法》的通知	1992年4月17日 高检发研字〔1992〕5号	1992年的《中华人民共和国收养法》已经1998年第九届全国人大常委会第五次会议修正，且《民法典》第1260条明确规定于2021年1月1日起施行，《中华人民共和国收养法》同时废止。
3	最高人民检察院关于对不服民事行政判决裁定的申诉仍由控告申诉检察部门受理的通知	1998年12月16日 高检民发〔1998〕第14号	《通知》所确立的民事、行政申诉案件"受审分离"原则已被《人民检察院民事诉讼监督规则(试行)》《人民检察院行政诉讼监督规则(试行)》吸收。
4	人民检察院民事行政抗诉案件办案规则	2001年10月11日 高检发〔2001〕17号	《办案规则》已被《人民检察院民事诉讼监督规则(试行)》《人民检察院行政诉讼监督规则(试行)》代替。
5	人民检察院提起公益诉讼试点工作实施办法	2015年12月16日 高检发释字〔2015〕6号	《实施办法》明确根据全国人大常委会授权试点决定在13个公益诉讼试点省份地方检察机关适用，现已无适用效力。

附件 2

决定废止的与最高人民法院联合制发的司法解释性质文件目录(1 件)

序号	文件名称	发文日期及文号	废止理由
1	最高人民法院、最高人民检察院关于在部分地方开展民事执行活动法律监督试点工作的通知	2011 年 3 月 10 日 高检会 〔2011〕2 号	《民事诉讼法》《人民检察院民事诉讼监督规则(试行)》《最高人民法院最高人民检察院关于民事执行活动法律监督若干问题的规定》已对民事执行检察监督作出规定。

(三) 最高人民法院、最高人民检察院

26. 最高人民法院、最高人民检察院予以废止的 1993 年底以前联合发布的司法解释目录(第一批)

最高人民法院、最高人民检察院予以废止的 1993 年底以前联合发布的司法解释目录(第一批)

(1994 年 8 月 29 日　法发〔1994〕21 号
　　　　　　　　　　　高检法〔1994〕37 号)

序号	司法解释名称	发布日期、文号	废止理由
1	最高人民法院、最高人民检察院关于办理淫秽物品刑事案件具体应用法律的规定	1990 年 7 月 6 日法(研)发〔1990〕11 号	1990 年 12 月 28 日全国人大常委会已通过《关于惩治走私、制作、贩卖、传播淫秽物品的犯罪分子的决定》,原依据刑法有关规定作出的上述解释不再适用。
2	最高人民法院、最高人民检察院关于非法种植罂粟构成犯罪的以制造毒品罪论处的规定	1990 年 7 月 9 日法(研)发〔1990〕14 号	1990 年 12 月 28 日全国人大常委会已通过《关于禁毒的决定》,原依据刑法有关规定作出的上述解释不再适用。
3	最高人民法院、最高人民检察院关于依法严惩盗窃通讯设备犯罪的规定	1990 年 7 月 10 日法(研)发〔1990〕15 号	已被 1992 年 12 月 11 日最高人民法院、最高人民检察院发布的《关于办理盗窃案件具体应用法律的若干问题的解释》代替。
4	最高人民法院、最高人民检察院关于修改盗窃犯罪数额标准的通知	1991 年 12 月 30 日法(研)发〔1991〕47 号	已被 1992 年 12 月 11 日最高人民法院、最高人民检察院发布的《关于办理盗窃案件具体应用法律的若干问题的解释》代替。

27. 最高人民法院、最高人民检察院关于废止部分司法解释和规范性文件的决定

(2010年11月8日最高人民法院审判委员会第1500次会议、2010年5月31日最高人民检察院第11届检察委员会第36次会议通过 2010年12月13日最高人民法院、最高人民检察院公告公布 自2010年12月22日起施行 法释〔2010〕17号)

为适应形势发展变化,保证国家法律统一正确适用,最高人民法院、最高人民检察院会同有关部门,对2008年底以前制发的司法解释和规范性文件进行了集中清理。现决定将已实际废止或者不再适用的37件司法解释和规范性文件予以明令废止。

最高人民法院、最高人民检察院决定废止的部分司法解释和规范性文件目录(37件)

司法解释和规范性文件名称	发文日期、文号	废止理由
一:最高人民法院、最高人民检察院、司法部关于判处徒刑的反革命分子准许上诉的通知	一:1955年12月29日〔55〕法行字第17379号〔55〕高检四字第1315号〔55〕司普字第2789号	一:刑事诉讼法对刑事案件的上诉问题已作出明确规定。
二:最高人民检察院、最高人民法院、内务部、司法部、公安部对少年犯收押界限、捕押手续和清理等问题的联合通知	二:1956年2月7日〔56〕高检五字第3号〔56〕法行字第748号内城〔56〕字第36号〔56〕司普字第130号〔56〕公劳联字第2号	二:该通知所依据的1954年9月《中华人民共和国劳动改造条例》已被2001年10月国务院《关于废止2000年底以前发布的部分行政法规的决定》废止。
三:最高人民法院、最高人民检察院关于死缓减刑等有关问题的联合批复	三:1956年11月6日研字第11375号四字第1591号	三:该批复的内容与刑法、刑事诉讼法及相关司法解释的规定不一致。
四:最高人民法院、最高人民检察院关于死缓减刑等问题的联合批复	四:1956年11月20日〔56〕法研字第11848号〔56〕高检四字第1601号	四:该批复的内容与刑法的相关规定不一致。
五:最高人民检察院、最高人民法院、公安部关于执行全国人民代表大会常务委员会"关于对反革命分子的管制一律由人民法院判决的决定"中若干具体问题的联合指示	五:1957年2月6日〔57〕法行字第2088号〔57〕四字第191号〔57〕公治字第15号	五:刑法、刑事诉讼法对管制刑的相关问题已作出明确规定,且该指示所依据的全国人民代表大会常务委员会《关于对反革命分子的管制一律由人民法院判决的决定》已被1987年11月全国人大常委会《关于批准法制工作委员会关于对1978年底以前颁布的法律进行清理的情况和意见的报告的决定》宣布失效。

续　表

司法解释和规范性文件名称	发文日期、文号	废止理由
六:最高人民法院、最高人民检察院关于基层人民法院判处死刑缓期二年执行已经高级人民法院核准的案件人民检察院发现在认定事实适用法律上有错误应由哪一级人民检察院向哪一级人民法院提出抗议问题的联合批复	六:1957年2月22日法研字第3685号〔57〕高检四字第275号	六:刑法、刑事诉讼法及相关司法解释对死刑案件的审判和审判监督程序已作出明确规定,且该批复的部分内容与相关规定不一致。
七:最高人民检察院、最高人民法院、公安部关于简化管制法律手续问题的指示	七:1957年10月26日公发酉字第177号	七:刑法、刑事诉讼法对管制刑的相关问题已作出明确规定,且该指示的部分内容与相关规定不一致。
八:最高人民法院、最高人民检察院、公安部关于对少年儿童一般犯罪不予逮捕判刑的联合通知	八:1960年4月21日〔60〕法行字第87号〔60〕高检二字第48号〔60〕公劳联字第5号	八:刑法及相关司法解释、规范性文件已对办理未成年人犯罪案件的有关问题作出明确规定。
九:最高人民法院、最高人民检察院、公安部关于公、检、法三机关受理普通刑事案件的职责范围的试行规定	九:1962年11月30日〔62〕法行字第261号高检发〔62〕17号公发〔62〕122号	九:刑法、刑事诉讼法及相关司法解释、规范性文件对刑事案件的职能管辖问题已作出明确规定。
十:最高人民法院、最高人民检察院、公安部关于死缓罪犯减刑的处理程序问题的联合批复	十:1963年4月16日〔63〕法研字第37号高检发〔63〕11号〔63〕公发(厅)245号	十:刑法、刑事诉讼法及相关司法解释对死缓罪犯的减刑问题已作出明确规定。
十一:最高人民法院、最高人民检察院、公安部关于死缓罪犯执行死刑、再缓期一年、减刑的处理程序问题的联合批复	十一:1963年7月22日〔63〕法研字第93号高检发〔63〕24号〔63〕公发(厅)523号	十一:刑法、刑事诉讼法对死缓罪犯缓期二年执行期满后的处理问题已作出明确规定,且该批复的部分内容与相关规定不一致。
十二:最高人民法院、最高人民检察院、公安部关于劳改犯再犯罪的刑期执行问题的联合批复	十二:1963年7月26日〔63〕法研字第101号高检法发〔63〕25号〔63〕公发(劳)538号	十二:刑法对判决宣告后发现漏罪、新罪如何确定刑罚的问题已作出明确规定。
十三:最高人民法院、最高人民检察院、公安部关于过去对劳改犯再犯罪判处的刑期超过二十年是否改判的联合批复	十三:1963年12月6日〔63〕法研字第166号高检发〔63〕37号〔63〕公发(劳)字920号	十三:该批复的内容与刑法的相关规定不一致。

续 表

司法解释和规范性文件名称	发文日期、文号	废止理由
十四:最高人民法院、最高人民检察院、公安部关于甘肃省公安厅劳改局请示对群众要求保释劳改犯人问题的批复	十四:1964年1月7日 〔64〕法研字第1号 〔64〕高检发字第1号 〔64〕公发(劳)28号	十四:刑法、刑事诉讼法对罪犯在刑罚执行过程中减刑、假释、暂予监外执行的条件、程序问题已作出明确规定。
十五:最高人民法院、最高人民检察院、公安部关于死缓罪犯减刑问题的联合批复	十五:1964年4月7日 〔64〕法研字第30号 〔64〕高检发字第9号 〔64〕公发(劳)字第217号	十五:刑法及相关司法解释、规范性文件对死缓罪犯的减刑问题已作出明确规定。
十六:最高人民法院、最高人民检察院、公安部关于死缓和无期徒刑减为有期徒刑的刑期计算问题的联合批复	十六:1964年5月30日 〔64〕法研字第53号 〔64〕高检发字第20号 〔64〕公发(劳)字第323号	十六:刑法及相关司法解释、规范性文件对判处死缓和无期徒刑后在刑罚执行期间的减刑刑期计算问题已作出明确规定。
十七:最高人民法院、最高人民检察院、公安部关于管制适用的对象和管制的法律手续问题的联合通知	十七:1964年8月28日 〔64〕法研字第55号 〔64〕高检发字第27号 〔64〕公发(厅)579号	十七:该通知的内容与刑法、刑事诉讼法的有关规定不一致。
十八:最高人民法院、最高人民检察院、公安部、财政部关于没收和处理赃款赃物若干问题的暂行规定	十八:1965年12月1日 〔65〕法研字40号 〔65〕高检法13号 〔65〕公发(审)691号 〔65〕财预168号	十八:刑法、刑事诉讼法及相关司法解释、规范性文件对没收和处理赃款赃物的问题已作出明确规定。
十九:最高人民法院、最高人民检察院、公安部关于死缓犯和无期徒刑犯减刑问题的联合通知	十九:1979年10月10日 〔79〕法研字第22号 〔79〕高检三字39号 公发〔1979〕148号	十九:刑法、刑事诉讼法及相关司法解释对判处死缓和无期徒刑后在刑罚执行期间的减刑条件、幅度、程序等问题已作出明确规定。
二十:最高人民法院、最高人民检察院、公安部关于无期徒刑减为有期徒刑的罪犯假释问题的批复	二十:1979年11月23日 〔79〕法研字第23号 〔79〕高检三字第42号 公劳〔79〕1329号	二十:刑法及相关司法解释、规范性文件对无期徒刑罪犯的减刑、假释问题已作出明确规定。
二十一:最高人民法院、最高人民检察院、公安部关于执行刑事诉讼法规定的案件管辖范围的通知	二十一:1979年12月15日 〔79〕法研字第28号 〔79〕高检经字6号 公发〔1979〕177号	二十一:刑法、刑事诉讼法及相关司法解释、规范性文件对刑事案件的职能管辖问题已作出明确规定。

续 表

司法解释和规范性文件名称	发文日期、文号	废止理由
二十二：最高人民法院、最高人民检察院、公安部关于执行刑法、刑事诉讼法中几个问题的联合通知	二十二：1979年12月17日 〔79〕法研字第29号 〔79〕高检一文字66号 公发〔79〕179号	二十二：该通知的内容已被刑事诉讼法施行后，最高人民法院、最高人民检察院、公安部出台的有关司法解释、规范性文件的相关规定所替代。
二十三：最高人民法院、最高人民检察院、公安部关于已减为有期徒刑的原死缓犯和无期徒刑犯减刑问题的批复	二十三：1979年12月31日 〔79〕法研字第31号 〔79〕高检三字45号 公发〔1979〕188号	二十三：该批复所依据的1979年10月最高人民法院、最高人民检察院、公安部《关于死缓犯和无期徒刑犯减刑问题的联合通知》此次同时废止。
二十四：最高人民法院、最高人民检察院、公安部关于侦查羁押期限从何时起算问题的联合通知	二十四：1981年3月18日 〔81〕法研字第5号 〔81〕高检发（研）10号 〔81〕公发（研）36号	二十四：该通知的内容与1996年修订的刑事诉讼法的相关规定不一致。
二十五：最高人民法院、最高人民检察院、公安部关于重婚案件管辖问题的通知	二十五：1983年7月26日 〔83〕法研字第14号	二十五：该通知的内容与1997年修订的刑法及相关司法解释的规定不一致。
二十六：最高人民法院、最高人民检察院、公安部关于判处无期徒刑、死刑的第一审普通刑事案件管辖问题的通知	二十六：1983年8月16日 〔83〕法研字第15号	二十六：该通知的内容与1996年修订的刑事诉讼法的有关规定不一致。
二十七：最高人民法院、最高人民检察院、公安部关于当前处理自首和有关问题具体应用法律的解答	二十七：1984年4月16日 〔84〕法研字第6号	二十七：该解答的内容已被1998年5月最高人民法院《关于处理自首和立功具体应用法律若干问题的解释》及相关规范性文件所替代。
二十八：最高人民法院、最高人民检察院关于当前办理流氓案件中具体应用法律的若干问题的解答	二十八：1984年11月2日 〔84〕法研字第13号	二十八：1979年刑法规定的流氓罪已被1997年修订的刑法取消。
二十九：最高人民法院、最高人民检察院关于当前办理盗窃案件中具体应用法律的若干问题的解答	二十九：1984年11月2日 〔84〕法研字第14号	二十九：该解答的基本内容已被1992年12月最高人民法院、最高人民检察院《关于办理盗窃案件具体应用法律的若干问题的解释》和1998年3月最高人民法院《关于审理盗窃案件具体应用法律若干问题的解释》所替代。

续　表

司法解释和规范性文件名称	发文日期、文号	废止理由
三十：司法部、最高人民法院、最高人民检察院、公安部关于新疆生产建设兵团劳改机关在押死缓犯执行死刑的处理程序问题的联合批复	三十：1985年9月21日〔85〕司发劳改字第383号	三十：该批复的内容与最高人民法院2007年1月1日起施行的《关于统一行使死刑案件核准权有关问题的决定》的规定不一致。
三十一：最高人民法院、最高人民检察院、公安部、司法部关于律师参加诉讼的几项补充规定	三十一：1986年6月26日〔86〕司发公字第196号	三十一：该规定所依据和补充的1981年4月最高人民法院、最高人民检察院、公安部、司法部《关于律师参加诉讼的几项具体规定的联合通知》已被司法部2002年8月《关于废止2000年底以前发布的部分规章规范性文件的规定》废止。
三十二：最高人民法院、最高人民检察院关于依法严肃惩处国家机关企业事业单位走私犯罪活动的通知	三十二：1986年6月27日法（研）发〔1986〕19号	三十二：1997年修订的刑法及相关司法解释对单位走私犯罪的定罪量刑问题已作出明确规定。
三十三：最高人民法院、最高人民检察院"关于挪用公款归个人使用或者进行非法活动以贪污论处的问题"的修改补充意见	三十三：1987年3月14日法（研）发〔1987〕6号	三十三：该意见施行后，有关立法和1997年修订的刑法已规定独立的挪用公款罪。
三十四：最高人民法院、最高人民检察院关于依法严惩非法出版犯罪活动的通知	三十四：1987年11月27日法（研）发〔1987〕33号	三十四：该通知涉及的投机倒把罪、制作、贩卖淫书淫画罪已被1997年修订的刑法取消。
三十五：最高人民法院、最高人民检察院关于公开审理再审案件的通知	三十五：1988年4月30日法（刑二）发〔1988〕10号	三十五：1998年6月最高人民法院《关于执行〈中华人民共和国刑事诉讼法〉若干问题的解释》对刑事再审案件的审理程序已作出明确规定。
三十六：最高人民法院、最高人民检察院关于当前处理企业事业单位、机关、团体投机倒把犯罪案件的规定	三十六：1989年3月15日法（研）发〔1989〕5号	三十六：该规定涉及的投机倒把罪已被1997年修订的刑法取消。
三十七：最高人民法院、最高人民检察院、公安部关于严厉打击非法出版犯罪活动的通知	三十七：1991年1月30日法（研）发〔1991〕5号	三十七：该通知所依据的1987年11月最高人民法院、最高人民检察院《关于依法严惩非法出版犯罪活动的通知》此次同时废止。

28. 最高人民法院、最高人民检察院关于废止1979年底以前制发的部分司法解释和司法解释性质文件的决定

(2012年6月25日最高人民法院审判委员会第1550次会议、2011年12月29日最高人民检察院第十一届检察委员会第69次会议通过 2012年8月21日最高人民法院、最高人民检察院公告公布 自2012年9月29日起施行 法释〔2012〕12号)

为适应形势发展变化,保证国家法律统一正确适用,根据有关法律规定和审判、检察工作实际需要,最高人民法院、最高人民检察院会同有关部门,对1979年底以前联合制发的司法解释和司法解释性质文件进行了集中清理。现决定废止1979年底以前制发的13件司法解释和司法解释性质文件。废止的司法解释和司法解释性质文件从本决定施行之日起不再适用,但过去依据下列司法解释和司法解释性质文件对有关案件作出的判决、裁定仍然有效。

决定废止的1979年底以前制发的部分司法解释和司法解释性质文件目录(13件)

序号	司法解释和司法解释性质文件名称	发文日期、文号	废止理由
1	最高人民法院、最高人民检察院、公安部、司法部关于外籍案犯刑期计算问题的通知	1956年6月6日 〔56〕法行字第5427号 〔56〕高检3字第341号 〔56〕公一甲字第282号 〔56〕司普字第682号	刑法对刑期计算问题已有规定。
2	最高人民法院、最高人民检察院有关没收反革命分子财产问题的联合批复	1957年3月11日 〔57〕法研字第4904号 〔57〕高检四字第348号	形势已变化。
3	最高人民法院、最高人民检察院、公安部、司法部转发上海市关于人犯羁押、换押、接见、送达执行书等若干问题的通知	1957年5月16日 〔57〕法行字第9108号 〔57〕高检五字第182号 〔57〕公劳联字第12号 〔57〕司普字第715号	刑法、刑事诉讼法、监狱法及相关司法解释对通知中所涉及的法律问题已有新规定。
4	最高人民法院、最高人民检察院关于死刑缓期执行期满后减刑的刑期计算问题的联合通知	1958年1月14日 〔58〕法研字第5号 〔58〕高检四字第2号	通知中有关无期徒刑减为有期徒刑的刑期计算以及死刑缓期执行的考验期规定与刑法相关规定相抵触。

续　表

序号	司法解释和司法解释性质文件名称	发文日期、文号	废止理由
5	最高人民法院、最高人民检察院、公安部有关特赦罪犯的刑期计算等问题的意见	1959年10月17日 法酉17号	形势已经变化。
6	最高人民法院、最高人民检察院、公安部关于清理在押的死缓罪犯的联合通知	1962年7月26日 〔62〕法行字第112号 〔62〕高检发第11号 〔62〕公劳字第14号	形势已经变化。
7	最高人民法院、最高人民检察院、公安部关于监外执行的罪犯重新犯罪是否需要履行逮捕手续问题的批复	1963年7月29日 〔63〕法研字94号 〔63〕高检二字49号 〔63〕公发（劳）539号	根据刑事诉讼法及相关司法解释的规定，监外执行的条件已经消失的，应收监执行，并对新罪进行立案侦查。批复涉及的问题已有法可依。
8	最高人民法院、最高人民检察院、公安部关于徒刑、缓刑、假释、监外执行等罪犯的恋爱与结婚问题的联合批复	1963年8月31日 〔63〕法研字第102号 高检发〔63〕28号 〔63〕公发（劳）600号	相关刑事法律及司法解释已有规定。
9	最高人民法院、最高人民检察院、公安部关于处理三类分子两性关系案件的联合批复	1964年9月24日 〔64〕法研字88号 〔64〕高检发字第42号 〔64〕公发（治）623号	形势已经变化。
10	最高人民法院、最高人民检察院、公安部转发湖南省政法三机关关于不准检查处女膜的通知	1965年3月11日 〔65〕法研字4号 〔65〕高检发2号 〔65〕公发（治）159号	流氓罪已取消，调整对象已不存在。另根据刑事诉讼法第105条的规定，对被害人不得强制进行人身检查。通知精神已经被现行刑事诉讼法所吸收。
11	最高人民法院、最高人民检察院、公安部关于清理老弱病残犯和精神病犯的联合通知	1979年4月16日 〔79〕法办研字第6号 〔79〕高检三字第19号 公发〔1979〕61号	该通知具有时效性，现已过时效，不再适用。
12	最高人民法院、最高人民检察院、公安部、铁道部关于铁路系统案件的批捕起诉审判问题的通知	1979年12月6日 〔79〕法办字第78号 高检一文字〔79〕61号 公发〔79〕175号 〔79〕铁公安字1885号	刑事诉讼法关于普通管辖与专门管辖的分工已有明确规定。
13	最高人民法院、最高人民检察院、公安部关于反革命挂钩案件的罪名罪证问题的通知	1979年12月26日 〔79〕法研字第30号 〔79〕高检一文字第67号 公发〔1979〕181号	反革命罪已被取消，形势已变化。

29. 最高人民法院、最高人民检察院关于废止1980年1月1日至1997年6月30日期间制发的部分司法解释和司法解释性质文件的决定

(2012年11月19日最高人民法院审判委员会第1560次会议、2012年12月19日最高人民检察院第十一届检察委员会第83次会议通过 2013年1月4日最高人民法院、最高人民检察院公告公布 自2013年1月18日起施行 法释〔2013〕1号)

为适应形势发展变化,保证国家法律统一正确适用,根据有关法律规定和审判、检察工作实际需要,最高人民法院、最高人民检察院会同有关部门,对1980年1月1日至1997年6月30日期间联合制发的司法解释和司法解释性质文件进行了集中清理。现决定废止1980年1月1日至1997年6月30日期间制发的44件司法解释和司法解释性质文件。废止的司法解释和司法解释性质文件从本决定施行之日起不再适用,但过去依据下列司法解释和司法解释性质文件对有关案件作出的判决、裁定仍然有效。

决定废止的1980年1月1日至1997年6月30日期间制发的部分司法解释和司法解释性质文件目录(44件)

序号	司法解释和司法解释性质文件名称	发文日期、文号	废止理由
1	最高人民法院、最高人民检察院关于转发《全国人民代表大会常务委员会(80)人大常委会字第10号通知》的通知	1980年3月11日 〔80〕法办字第10号 高检办字〔1980〕第5号	通知已过适用期。
2	最高人民法院、最高人民检察院、公安部关于执行人大常委会《关于刑事诉讼法实施问题的决定》的几点具体意见的通知	1980年4月3日 〔80〕法研字第11号 高检研字〔1980〕第4号 〔80〕公发(研)65号	通知已过适用期。
3	最高人民法院、最高人民检察院、公安部、司法部关于民航系统的案件由地方公安机关、人民检察院和人民法院受理的通知	1980年5月14日 〔80〕法研字第16号 高检办字〔1980〕13号 〔80〕公发(经)92号 〔80〕司发普字第86号	刑事诉讼法、民事诉讼法及相关司法解释已有明确规定。

续 表

序号	司法解释和司法解释性质文件名称	发文日期、文号	废止理由
4	最高人民法院、最高人民检察院、公安部、交通部关于交通部直属港航系统的案件批捕、起诉、审判问题的通知	1980年7月22日 〔80〕法交字第1号 高检刑字〔1980〕第42号 〔80〕公发（交）128号 〔80〕交公安字1515号	刑事诉讼法及相关司法解释对相关问题已有规定。
5	最高人民法院、最高人民检察院、公安部关于被判刑劳改的罪犯在交付执行时应附送结案登记表、在执行期间的变动情况应通知有关单位的通知	1980年8月26日 〔80〕法研字第24号 高检监字〔1980〕第14号 〔80〕公发（劳）147号	通知内容已被监狱法、看守所条例等规定吸收。
6	最高人民法院、最高人民检察院、公安部对于未逮捕的罪犯可根据判决书等文书收监执行	1980年12月11日 〔80〕法研字第30号 高检刑字〔1980〕第66号 〔80〕公发（审）212号	批复内容已被刑事诉讼法及相关司法解释吸收。
7	最高人民法院、最高人民检察院、司法部、公安部关于罪犯减刑、假释和又犯罪等案件的管辖和处理程序问题的通知	1980年12月26日 〔80〕法研字第29号 高检监字〔1980〕第17号 〔80〕司法普302号 〔80〕公发（劳）219号	刑事诉讼法、刑法已有新规定。
8	最高人民法院、最高人民检察院、公安部关于一九八〇年底未审结的案件时限计算问题的通知	1981年2月3日 〔81〕法研字第4号 〔81〕高检发（刑）8号 〔81〕公发（研）第15号	通知已过适用期。
9	最高人民检察院、最高人民法院关于继续受理铁路运输系统案件的通知	1981年3月2日 〔81〕高检发（刑）9号 〔81〕法交字第1号	社会形势发生变化，不再适用。
10	最高人民法院、最高人民检察院关于共同犯罪案件中对检察院没有起诉，法院认为需要追究刑事责任的同案人应如何处理问题的联合批复	1981年7月21日 〔81〕法研字第17号 〔81〕高检发（研）28号	批复与刑事诉讼法的规定相冲突。
11	最高人民法院、最高人民检察院关于审理强奸案件应慎重处理被害人出庭问题的通知	1982年11月1日 〔82〕法研字第15号	通知内容已经不适用。

续 表

序号	司法解释和司法解释性质文件名称	发文日期、文号	废止理由
12	最高人民法院、最高人民检察院、公安部关于判处无期徒刑、死刑的第一审普通刑事案件由中级人民法院管辖的通知	1983年12月2日〔83〕法研字第23号	社会形势发生变化,不再适用。
13	最高人民法院、最高人民检察院、公安部关于依法惩处利用摘除节育环进行违法犯罪活动的分子的联合通知	1983年12月10日〔83〕法研字第25号	社会形势发生变化,不再适用。
14	最高人民法院、最高人民检察院、公安部、司法部关于正确处理死刑罪犯遗书遗物等问题的通知	1984年1月11日〔84〕法研字第1号	刑事诉讼法及相关司法解释已有规定。
15	最高人民法院、最高人民检察院、公安部印发《关于当前办理拐卖人口案件中具体应用法律的若干问题的解答》的通知	1984年3月31日〔84〕法研字第3号	刑法及相关司法解释已有规定。
16	最高人民法院、最高人民检察院、公安部印发《关于当前办理强奸案件中具体应用法律的若干问题的解答》的通知	1984年4月26日〔84〕法研字第7号	刑法及相关司法解释已有新规定。
17	最高人民法院、最高人民检察院、公安部、司法部关于抓紧从严打击制造、贩卖假药、毒品和有毒食品等严重危害人民生命健康的犯罪活动的通知	1985年7月12日法(研)发〔1985〕15号	通知已无指导意义。
18	最高人民法院、最高人民检察院印发《关于当前办理经济犯罪案件中具体应用法律的若干问题的解答(试行)》的通知	1985年7月18日〔85〕高检会(研)3号	刑法及相关司法解释已有新规定。
19	最高人民法院、最高人民检察院、公安部关于及时处在经济纠纷案件中发现的经济犯罪的通知	1985年8月19日法(研)发〔1985〕17号	制定依据已失效。
20	最高人民法院、最高人民检察院关于处理海南岛倒买倒卖汽车和倒买倒卖外汇等犯罪案件注意事项的通知	1985年10月22日法(刑一)通〔1985〕4号	制定依据已被修改或废止。

续 表

序号	司法解释和司法解释性质文件名称	发文日期、文号	废止理由
21	最高人民法院、最高人民检察院、公安部对于惩处倒卖车、船票的犯罪分子如何适用法律条款的问题的批复	1986年3月18日 法(研)复〔1986〕9号	制定依据已被修改,刑法有新规定。
22	最高人民法院、最高人民检察院关于当前办理盗窃案件中适用法律问题的补充通知	1986年9月17日 法(研)发〔1986〕26号	刑法已有新规定。
23	最高人民法院、最高人民检察院、公安部关于在审理经济纠纷案件中发现经济犯罪必须及时移送的通知	1987年3月11日 法(研)发〔1987〕7号	通知精神已被刑事诉讼法及相关司法解释所吸收。
24	最高人民法院、最高人民检察院关于严格依法处理道路交通肇事案件的通知	1987年8月12日 法(研)发〔1987〕21号	刑法、刑事诉讼法及相关司法解释已有新规定。
25	最高人民法院、最高人民检察院印发《关于办理盗伐、滥伐林木案件应用法律的几个问题的解释》的通知	1987年9月5日 法(研)发〔1987〕23号	刑法及相关司法解释已有新规定。
26	最高人民法院、最高人民检察院关于正确执行两个《补充规定》的通知	1988年1月27日 高法明电〔1988〕7号	制定依据已被废止,通知不再适用。
27	最高人民法院、最高人民检察院关于如何适用刑法第一百五十二条的批复	1988年3月16日 〔88〕高检会(研)字第3号	刑法及相关司法解释已有明确规定。
28	最高人民法院、最高人民检察院、公安部关于坚决制止将已决犯、未决犯游街示众的通知	1988年6月1日 高法明电〔1988〕46号	通知中的相关内容已在1992年11月14日《最高人民法院、最高人民检察院、公安部关于依法文明管理看守所在押人犯的通知》中作出明确规定。
29	最高人民法院、最高人民检察院关于摘要转发《依法查处非法出版犯罪活动工作座谈会纪要》的通知	1988年11月11日 法(研)发〔1988〕28号	刑法及相关司法解释已有新规定。

续 表

序号	司法解释和司法解释性质文件名称	发文日期、文号	废止理由
30	最高人民法院、最高人民检察院关于税务人员参与偷税犯罪的案件如何适用法律的批复	1988年12月3日 法(研)发〔1988〕29号	刑法已有新规定。
31	最高人民法院、最高人民检察院关于印发《关于办理反革命暴乱和政治动乱中犯罪案件具体应用法律的若干问题的意见》的通知	1989年8月1日 法(研)发〔1989〕19号	制定依据已被修改或废止。
32	最高人民法院、最高人民检察院关于印发《关于贪污、受贿、投机倒把等犯罪分子必须在限期内自首坦白的通告》的通知	1989年8月15日 法(研)发〔1989〕21号	通知已过适用期。
33	最高人民法院、最高人民检察院印发《关于执行〈关于惩治贪污罪贿赂罪的补充规定〉若干问题的解答》的通知	1989年11月6日 法(研)发〔1989〕35号	制定依据已被废止,刑法对贪污、贿赂罪已有新规定。
34	最高人民法院、最高人民检察院、公安部、司法部关于办理少年刑事案件建立互相配套工作体系的通知	1991年6月1日 法(研)发〔1991〕17号	通知精神已被刑事诉讼法及相关司法解释吸收和代替。
35	最高人民检察院、最高人民法院关于盗窃、贪污粮食数额如何计算问题的意见	1991年7月27日 高检会〔1991〕15号	相关司法解释已有新规定。
36	最高人民法院、最高人民检察院关于盗伐、滥伐林木案件几个问题的解答	1991年10月17日 法(研)发〔1991〕31号	制定依据已被修改,刑法及相关司法解释已有新规定。
37	最高人民法院、最高人民检察院印发《关于办理偷税、抗税刑事案件具体应用法律的若干问题的解释》的通知	1992年3月16日 法发〔1992〕12号 高检会〔1992〕5号	制定依据已被修改,刑法及相关司法解释已有新规定。
38	最高人民检察院、最高人民法院、公安部、安全部、司法部、外交部关于对驻华使、领馆探视被羁押本国公民的安排机关进行调整的通知	1992年8月26日 高检会〔1992〕25号	1995年6月20日《外交部、最高人民法院、最高人民检察院、安全部、司法部关于处理涉外案件若干问题的规定》对相关问题已作出明确规定。

续 表

序号	司法解释和司法解释性质文件名称	发文日期、文号	废止理由
39	最高人民法院、最高人民检察院印发《关于执行〈全国人民代表大会常务委员会关于严惩拐卖、绑架妇女、儿童的犯罪分子的决定〉的若干问题的解答》的通知	1992年12月11日 法发〔1992〕41号 高检会〔1992〕35号	制定依据已被刑法吸收,刑法对相关问题已有规定。
40	最高人民法院、最高人民检察院印发《关于执行〈全国人民代表大会常务委员会关于严禁卖淫嫖娼的决定〉的若干问题的解答》的通知	1992年12月11日 法发〔1992〕42号 高检会〔1992〕36号	制定依据已被刑法吸收,刑法对相关问题已有规定。
41	最高人民法院、最高人民检察院印发《关于办理盗窃案件具体应用法律若干问题的解释》的通知	1992年12月11日 法发〔1992〕43号 高检会〔1992〕37号	刑法及相关司法解释已有新规定。
42	最高人民法院、最高人民检察院关于依法严惩破坏计划生育犯罪活动的通知	1993年11月12日 法发〔1993〕36号	通知依据已被修改,刑法及相关司法解释已有新规定。
43	最高人民法院、最高人民检察院印发《关于办理伪造、倒卖、盗窃发票刑事案件适用法律的规定》的通知	1994年6月3日 法发〔1994〕12号 高检会〔1994〕25号	制定依据已被废止,刑法已取消投机倒把罪、伪造税票罪。
44	最高人民法院、最高人民检察院印发《关于办理人民法院、人民检察院共同赔偿案件若干问题的解释》的通知	1997年6月27日 法发〔1997〕16号 高检会〔1997〕1号	通知内容与2010年4月修改的国家赔偿法有关规定相冲突。

30. 最高人民法院、最高人民检察院关于废止 1997年7月1日至2011年12月31日期间制发的部分司法解释和司法解释性质文件的决定

(2013年2月18日最高人民法院审判委员会第1569次会议通过、2013年2月1日最高人民检察院第十一届检察委员会第85次会议通过 2013年3月1日最高人民法院、最高人民检察院公告公布 自2013年4月8日起施行 法释〔2013〕6号)

为适应形势发展变化,保证国家法律统一正确适用,根据有关法律规定和审判、检察工作实际,最高人民法院、最高人民检察院会同有关部门,对1997年7月1日至2011年12月31日期间联合制发的司法解释和司法解释性质文件进行了集中清理。现决定废止1997年7月1日至2011年12月31日期间制发的4件司法解释和司法解释性质文件。废止的司法解释和司法解释性质文件从本决定施行之日起不再适用,但过去依据下列司法解释和司法解释性质文件对有关案件作出的判决、裁定仍然有效。

决定废止的1997年7月1日至2011年12月31日期间制发的部分司法解释和司法解释性质文件目录(4件)

序号	司法解释和司法解释性质文件名称	发文日期、文号	废止理由
1	最高人民法院、最高人民检察院关于适用《关于办理人民法院、人民检察院共同赔偿案件若干问题的解释》有关问题的答复	2001年2月1日 高检发释字〔2001〕1号	与全国人大常委会《关于修改〈中华人民共和国国家赔偿法〉的决定》有关规定冲突。
2	最高人民法院、最高人民检察院、司法部关于印发《关于适用普通程序审理"被告人认罪案件"的若干意见(试行)》和《关于适用简易程序审理公诉案件的若干意见》的通知	2003年3月14日 法发〔2003〕6号	《关于适用普通程序审理"被告人认罪案件"的若干意见(试行)》和《关于适用简易程序审理公诉案件的若干意见》与刑事诉讼法的相关规定不一致。
3	最高人民法院、最高人民检察院关于刑事赔偿义务机关确定问题的通知	2005年7月5日 高检会〔2005〕1号	与全国人大常委会《关于修改〈中华人民共和国国家赔偿法〉的决定》有关规定冲突。
4	最高人民法院、最高人民检察院关于死刑第二审案件开庭审理程序若干问题的规定(试行)	2006年9月21日 法释〔2006〕8号	该规定的内容已被刑事诉讼法及相关司法解释取代。

附录二：最高人民法院、最高人民检察院司法解释一览

最高人民法院法释文件一览

1997 年

1. 法释〔1997〕1 号：最高人民法院关于城市街道办事处是否应当独立承担民事责任的批复（1997 年 7 月 14 日）（已废止）
2. 法释〔1997〕2 号：最高人民法院关于对企业法人破产还债程序终结的裁定的抗诉应否受理问题的批复（1997 年 7 月 31 日）（已废止）
3. 法释〔1997〕3 号：最高人民法院关于承运人就海上货物运输向托运人、收货人或提单持有人要求赔偿的请求权时效期间的批复（1997 年 8 月 5 日）
4. 法释〔1997〕4 号：最高人民法院关于人民法院能否对信用证开证保证金采取冻结和扣划措施问题的规定（1997 年 9 月 3 日）（已修改）
5. 法释〔1997〕5 号：最高人民法院关于适用刑法时间效力规定若干问题的解释（1997 年 9 月 25 日）
6. 法释〔1997〕6 号：最高人民法院关于办理减刑、假释案件具体应用法律若干问题的规定（1997 年 10 月 29 日）（已废止）
7. 法释〔1997〕7 号：最高人民法院关于第二审人民法院审理死刑上诉案件被告人没有委托辩护人的是否应为其指定辩护人问题的批复（1997 年 11 月 12 日）（已废止）
8. 法释〔1997〕8 号：最高人民法院关于审理存单纠纷案件的若干规定（1997 年 12 月 11 日）（已修改）
9. 法释〔1997〕9 号：最高人民法院关于执行《中华人民共和国刑法》确定罪名的规定（1997 年 12 月 11 日）（已修改）
10. 法释〔1997〕10 号：最高人民法院关于验资单位对多个案件债权人损失应如何承担责任的批复（1997 年 12 月 31 日）（已废止）
11. 法释〔1997〕11 号：最高人民法院关于对故意伤害、盗窃等严重破坏社会秩序的犯罪分子能否附加剥夺政治权利问题的批复（1997 年 12 月 31 日）
12. 法释〔1997〕12 号：最高人民法院关于适用刑法第十二条几个问题的解释（1997 年 12 月 31 日）

1998 年

13. 法释〔1998〕1 号：最高人民法院关于审理中外合资经营合同纠纷案件如何清算合资企业问题的批复（1998 年 1 月 15 日）（已废止）
14. 法释〔1998〕2 号：最高人民法院关于对被执行人存在银行的凭证式国库券可否采取执行措施问题的批复（1998 年 2 月 10 日）（已修改）
15. 法释〔1998〕3 号：最高人民法院关于适用法发〔1996〕28 号司法解释问题的批复（1998 年 2 月 13 日）（已废止）

16. 法释〔1998〕4 号:最高人民法院关于审理盗窃案件具体应用法律若干问题的解释(1998 年 3 月 10 日)(已废止)
17. 法释〔1998〕5 号:最高人民法院关于如何理解《关于适用〈中华人民共和国民事诉讼法〉若干问题的意见》第 31 条第 2 款的批复(1998 年 4 月 17 日)(已废止)
18. 法释〔1998〕6 号:最高人民法院关于审理拒不执行判决、裁定案件具体应用法律若干问题的解释(1998 年 4 月 17 日)(已废止)
19. 法释〔1998〕7 号:最高人民法院关于在审理经济纠纷案件中涉及经济犯罪嫌疑若干问题的规定(1998 年 4 月 21 日)(已修改)
20. 法释〔1998〕8 号:最高人民法院关于处理自首和立功具体应用法律若干问题的解释(1998 年 4 月 6 日)
21. 法释〔1998〕9 号:最高人民法院关于审理挪用公款案件具体应用法律若干问题的解释(1998 年 4 月 29 日)
22. 法释〔1998〕10 号:最高人民法院关于对案外人的财产能否进行保全问题的批复(1998 年 5 月 19 日)(已废止)
23. 法释〔1998〕11 号:最高人民法院关于人民法院认可台湾地区有关法院民事判决的规定(1998 年 5 月 22 日)(已废止)
24. 法释〔1998〕12 号:最高人民法院关于经商检局检验出口的商品被退回应否将商检局列为经济合同质量纠纷案件当事人问题的批复(1998 年 6 月 23 日)(已废止)
25. 法释〔1998〕13 号:最高人民法院关于会计师事务所为企业出具虚假验资证明应如何承担责任问题的批复(1998 年 6 月 26 日)
26. 法释〔1998〕14 号:最高人民法院关于民事经济审判方式改革问题的若干规定(1998 年 7 月 6 日)(已废止)
27. 法释〔1998〕15 号:最高人民法院关于人民法院执行工作若干问题的规定(试行)(1998 年 7 月 8 日)(已修改)
28. 法释〔1998〕16 号:最高人民法院关于审理当事人申请撤销仲裁裁决案件几个具体问题的批复(1998 年 7 月 21 日)
29. 法释〔1998〕17 号:最高人民法院关于人民法院发现本院作出的诉前保全裁定和在执行程序中作出的裁定确有错误以及人民检察院对人民法院作出的诉前保全裁定提出抗诉人民法院应当如何处理的批复(1998 年 7 月 30 日)
30. 法释〔1998〕18 号:最高人民法院关于对怀孕妇女在羁押期间自然流产审判时是否可以适用死刑问题的批复(1998 年 8 月 7 日)
31. 法释〔1998〕19 号:最高人民法院关于第二审法院裁定按自动撤回上诉处理的案件第一审法院能否再审问题的批复(1998 年 8 月 10 日)(已废止)
32. 法释〔1998〕20 号:最高人民法院关于审理骗购外汇、非法买卖外汇刑事案件具体应用法律若干问题的解释(1998 年 8 月 28 日)
33. 法释〔1998〕21 号:最高人民法院关于未被续聘的仲裁员在原参加审理的案件裁决书上签名人民法院应当执行该仲裁裁决书的批复(1998 年 8 月 31 日)
34. 法释〔1998〕22 号:最高人民法院关于人民法院不予受理人民检察院单独就诉讼费负担裁定提出抗诉问题的批复(1998 年 8 月 31 日)

附录二：最高人民法院、最高人民检察院司法解释一览 1521

35. 法释〔1998〕23 号：最高人民法院关于执行《中华人民共和国刑事诉讼法》若干问题的解释（1998年9月2日）（已废止）
36. 法释〔1998〕24 号：最高人民法院关于劳动仲裁委员会逾期不作出仲裁裁决或者作出不予受理通知的劳动争议案件人民法院应否受理的批复（1998年9月2日）（已废止）
37. 法释〔1998〕25 号：最高人民法院关于能否将国有土地使用权折价抵偿给抵押权人问题的批复（1998年9月3日）
38. 法释〔1998〕26 号：最高人民法院关于审理名誉权案件若干问题的解释（1998年8月31日）（已废止）
39. 法释〔1998〕27 号：最高人民法院关于确认仲裁协议效力几个问题的批复（1998年10月26日）
40. 法释〔1998〕28 号：最高人民法院关于承认和执行外国仲裁裁决收费及审查期限问题的规定（1998年11月14日）（已废止）
41. 法释〔1998〕29 号：最高人民法院关于诉前财产保全几个问题的批复（1998年11月27日）
42. 法释〔1998〕30 号：最高人民法院关于审理非法出版物刑事案件具体应用法律若干问题的解释（1998年12月17日）
43. 法释〔1998〕31 号：最高人民法院关于依据何种标准计算电话费滞纳金问题的批复（1998年12月29日）（已废止）

1999 年

44. 法释〔1999〕1 号：最高人民法院关于人民法院决定暂予监外执行有关问题的批复（1999年1月15日）（已废止）
45. 法释〔1999〕2 号：最高人民法院关于对在执行死刑前发现重大情况需要改判的案件如何适用程序问题的批复（1999年2月8日）（已废止）
46. 法释〔1999〕3 号：最高人民法院关于如何确认公民与企业之间借贷行为效力问题的批复（1999年2月9日）（已废止）
47. 法释〔1999〕4 号：最高人民法院关于人民检察院对民事调解书提出抗诉人民法院应否受理问题的批复（1999年2月9日）（已废止）
48. 法释〔1999〕5 号：最高人民法院关于交通事故中的财产损失是否包括被损车辆停运损失问题的批复（1999年2月11日）（已废止）
49. 法释〔1999〕6 号：最高人民法院关于当事人对人民法院撤销仲裁裁决的裁定不服申请再审人民法院是否受理问题的批复（1999年2月11日）
50. 法释〔1999〕7 号：最高人民法院关于超过诉讼时效期间借款人在催款通知单上签字或者盖章的法律效力问题的批复（1999年2月11日）
51. 法释〔1999〕8 号：最高人民法院关于逾期付款违约金应当按照何种标准计算问题的批复（1999年2月12日）（已废止）
52. 法释〔1999〕9 号：最高人民法院关于内地与香港特别行政区法院相互委托送达民商事司法文书的安排（1999年3月29日）
53. 法释〔1999〕10 号：最高人民法院关于当事人持台湾地区有关法院民事调解书或者有关机构出具或确认的调解协议书向人民法院申请认可人民法院应否受理的批复（1999年4月27日）（已废止）
54. 法释〔1999〕11 号：最高人民法院关于人民法院是否受理因邮电部门电报稽延纠纷提起诉讼问题的批复（1999年6月9日）（已废止）

55. 法释〔1999〕12号:最高人民法院关于村民小组组长利用职务便利非法占有公共财物行为如何定性问题的批复(1999年6月25日)
56. 法释〔1999〕13号:最高人民法院关于被盗机动车辆肇事后由谁承担损害赔偿责任问题的批复(1999年6月25日)(已废止)
57. 法释〔1999〕14号:最高人民法院关于审理单位犯罪案件具体应用法律有关问题的解释(1999年6月25日)
58. 法释〔1999〕15号:最高人民法院关于审理农业承包合同纠纷案件若干问题的规定(试行)(1999年6月28日)(已废止)
59. 法释〔1999〕16号:最高人民法院关于我国仲裁机构作出的仲裁裁决能否部分撤销问题的批复(1999年8月25日)(已废止)
60. 法释〔1999〕17号:最高人民法院关于审理倒卖车票刑事案件有关问题的解释(1999年9月6日)
61. 法释〔1999〕18号:最高人民法院、最高人民检察院关于办理组织和利用邪教组织犯罪案件具体应用法律若干问题的解释(1999年10月9日)(已废止)
62. 法释〔1999〕19号:最高人民法院关于适用《中华人民共和国合同法》若干问题的解释(一)(1999年12月19日)

2000年

63. 法释〔2000〕1号:最高人民法院关于审理拐卖妇女案件适用法律有关问题的解释(2000年1月3日)
64. 法释〔2000〕2号:最高人民法院关于如何理解刑事诉讼法第二百一十三条中"交付执行的人民法院"问题的批复(2000年1月3日)(已废止)
65. 法释〔2000〕3号:最高人民法院关于内地与香港特别行政区相互执行仲裁裁决的安排(2000年1月24日)(已修改)
66. 法释〔2000〕4号:最高人民法院关于审理强奸案件有关问题的解释(2000年2月16日)(已废止)
67. 法释〔2000〕5号:最高人民法院关于对受委托管理、经营国有财产人员挪用国有资金行为如何定罪问题的批复(2000年2月16日)
68. 法释〔2000〕6号:最高人民法院关于人民法院受理申请承认外国法院离婚判决案件有关问题的规定(2000年2月29日)(已修改)
69. 法释〔2000〕7号:最高人民法院关于刑事裁判文书中刑期起止日期如何表述问题的批复(2000年2月29日)
70. 法释〔2000〕8号:最高人民法院关于执行《中华人民共和国行政诉讼法》若干问题的解释(2000年3月8日)(已废止)
71. 法释〔2000〕9号:最高人民法院关于加强和改进委托执行工作的若干规定(2000年3月8日)(已废止)
72. 法释〔2000〕10号:最高人民法院关于农村合作基金会从业人员犯罪如何定性问题的批复(2000年5月8日)(已修改)
73. 法释〔2000〕11号:最高人民法院关于敲诈勒索罪数额认定标准问题的规定(2000年5月12日)(已废止)

74. 法释〔2000〕12号:最高人民法院关于审理扰乱电信市场管理秩序案件具体应用法律若干问题的解释(2000年5月12日)
75. 法释〔2000〕13号:最高人民法院关于审理毒品案件定罪量刑标准有关问题的解释(2000年6月6日)(已废止)
76. 法释〔2000〕14号:最高人民法院关于审理破坏土地资源刑事案件具体应用法律若干问题的解释(2000年6月19日)
77. 法释〔2000〕15号:最高人民法院关于审理贪污、职务侵占案件如何认定共同犯罪几个问题的解释(2000年6月30日)
78. 法释〔2000〕16号:最高人民法院关于如何处理人民检察院提出的暂缓执行建议问题的批复(2000年7月10日)
79. 法释〔2000〕17号:最高人民法院关于人民检察院对撤销仲裁裁决的民事裁定提起抗诉人民法院应如何处理问题的批复(2000年7月10日)
80. 法释〔2000〕18号:最高人民法院关于人民法院对经劳动争议仲裁裁决的纠纷准予撤诉或驳回起诉后劳动争议仲裁裁决从何时起生效的解释(2000年7月10日)
81. 法释〔2000〕19号:最高人民法院关于对为索取法律不予保护的债务非法拘禁他人的行为如何定罪问题的解释(2000年7月13日)
82. 法释〔2000〕20号:最高人民法院予以废止的1999年底以前发布的有关司法解释目录(第三批)(2000年7月13日)
83. 法释〔2000〕21号:最高人民法院关于国家工作人员利用职务上的便利为他人谋取利益离退休后收受财物行为如何处理问题的批复(2000年7月13日)
84. 法释〔2000〕22号:最高人民法院关于如何理解刑法第二百七十二条规定的"挪用本单位资金归个人使用或者借贷给他人"问题的批复(2000年7月20日)
85. 法释〔2000〕23号:最高人民法院关于如何处理农村五保对象遗产问题的批复(2000年7月25日)(已废止)
86. 法释〔2000〕24号:最高人民法院关于因法院错判导致债权利息损失扩大保证人应否承担责任问题的批复(2000年8月8日)(已废止)
87. 法释〔2000〕25号:最高人民法院关于当事人对仲裁协议的效力提出异议由哪一级人民法院管辖问题的批复(2000年8月8日)(已废止)
88. 法释〔2000〕26号:最高人民法院关于审理伪造货币等案件具体应用法律若干问题的解释(2000年9月8日)
89. 法释〔2000〕27号:最高人民法院关于民事、行政诉讼中司法赔偿若干问题的解释(2000年9月16日)(已修改)
90. 法释〔2000〕28号:最高人民法院关于未被公安机关正式录用的人员狱医能否构成失职致使在押人员脱逃罪主体问题的批复(2000年9月19日)(已废止)
91. 法释〔2000〕29号:最高人民法院关于严格执行案件审理期限制度的若干规定(2000年9月22日)(已修改)
92. 法释〔2000〕30号:最高人民法院关于审理走私刑事案件具体应用法律若干问题的解释(2000年9月26日)(已废止)
93. 法释〔2000〕31号:最高人民法院关于审理单位犯罪案件对其直接负责的主管人员和其他直接责任人员是否区分主犯、从犯问题的批复(2000年9月30日)

94. 法释〔2000〕32号:最高人民法院关于审理票据纠纷案件若干问题的规定(2000年11月14日)(已修改)

95. 法释〔2000〕33号:最高人民法院关于审理交通肇事刑事案件具体应用法律若干问题的解释(2000年11月15日)

96. 法释〔2000〕34号:最高人民法院关于修改《最高人民法院关于逾期付款违约金应当按照何种标准计算问题的批复》的批复(2000年11月15日)(已废止)

97. 法释〔2000〕35号:最高人民法院关于审理抢劫案件具体应用法律若干问题的解释(2000年11月22日)

98. 法释〔2000〕36号:最高人民法院关于审理破坏森林资源刑事案件具体应用法律若干问题的解释(2000年11月22日)

99. 法释〔2000〕37号:最高人民法院关于审理破坏野生动物资源刑事案件具体应用法律若干问题的解释(2000年11月27日)

100. 法释〔2000〕38号:最高人民法院关于购买人使用分期付款购买的车辆从事运输因交通事故造成他人财产损失保留车辆所有权的出卖方不应承担民事责任的批复(2000年12月1日)

101. 法释〔2000〕39号:最高人民法院、最高人民检察院关于对军人非战时逃离部队的行为能否定罪处罚问题的批复(2000年12月5日)

102. 法释〔2000〕40号:最高人民法院关于审理刑事附带民事诉讼案件有关问题的批复(2000年12月1日)(已废止)

103. 法释〔2000〕41号:最高人民法院关于对变造、倒卖变造邮票行为如何适用法律问题的解释(2000年12月5日)

104. 法释〔2000〕42号:最高人民法院关于审理黑社会性质组织犯罪的案件具体应用法律若干问题的解释(2000年12月5日)

105. 法释〔2000〕43号:最高人民法院关于企业被人民法院依法宣告破产后在破产程序终结前经人民法院允许从事经营活动所签合同是否有效问题的批复(2000年12月1日)(已废止)

106. 法释〔2000〕44号:最高人民法院关于适用《中华人民共和国担保法》若干问题的解释(2000年12月8日)(已废止)

107. 法释〔2000〕45号:最高人民法院关于适用财产刑若干问题的规定(2000年12月13日)

108. 法释〔2000〕46号:最高人民法院关于人民检察院对不撤销仲裁裁决的民事裁定提出抗诉人民法院应否受理问题的批复(2000年12月13日)

109. 法释〔2000〕47号:最高人民法院关于刑事附带民事诉讼范围问题的规定(2000年12月13日)(已废止)

110. 法释〔2000〕48号:最高人民法院关于审理涉及计算机网络著作权纠纷案件适用法律若干问题的解释(2000年12月19日)(已废止)

2001年

111. 法释〔2001〕1号:最高人民法院关于人民法院对注册商标权进行财产保全的解释(2001年1月2日)(已修改)

112. 法释〔2001〕2号:最高人民法院关于适用督促程序若干问题的规定(2001年1月8日)(已废止)

113. 法释〔2001〕3号:最高人民法院关于审理触电人身损害赔偿案件若干问题的解释(2001年1月10日)(已废止)
114. 法释〔2001〕4号:最高人民法院关于审理为境外窃取、刺探、收买、非法提供国家秘密、情报案件具体应用法律若干问题的解释(2001年1月17日)
115. 法释〔2001〕5号:最高人民法院关于审理植物新品种纠纷案件若干问题的解释(2001年2月5日)(已修改)
116. 法释〔2001〕6号:最高人民法院关于国有资产产权管理行政案件管辖问题的解释(2001年2月16日)
117. 法释〔2001〕7号:最高人民法院关于确定民事侵权精神损害赔偿责任若干问题的解释(2001年3月8日)(已修改)
118. 法释〔2001〕8号:最高人民法院关于审理军队、武警部队、政法机关移交、撤销企业和与党政机关脱钩企业相关纠纷案件若干问题的规定(2001年3月20日)(已修改)
119. 法释〔2001〕9号:最高人民法院关于审理未成年人刑事案件的若干规定(2001年4月4日)(已废止)
120. 法释〔2001〕10号:最高人民法院、最高人民检察院关于办理生产、销售伪劣商品刑事案件具体应用法律若干问题的解释(2001年4月9日)
121. 法释〔2001〕11号:最高人民法院关于情节严重的传销或者变相传销行为如何定性问题的批复(2001年4月10日)(已废止)
122. 法释〔2001〕12号:最高人民法院关于审理涉及金融资产管理公司收购、管理、处置国有银行不良贷款形成的资产的案件适用法律若干问题的规定(2001年4月11日)(已废止)
123. 法释〔2001〕13号:最高人民法院关于当事人持台湾地区有关法院支付命令向人民法院申请认可人民法院应否受理的批复(2001年4月10日)
124. 法释〔2001〕14号:最高人民法院关于审理劳动争议案件适用法律若干问题的解释(2001年4月16日)(已废止)
125. 法释〔2001〕15号:最高人民法院关于审理非法制造、买卖、运输枪支、弹药、爆炸物等刑事案件具体应用法律若干问题的解释(2001年5月15日)(已修改)
126. 法释〔2001〕16号:最高人民法院关于抢劫过程中故意杀人案件如何定罪问题的批复(2001年5月23日)
127. 法释〔2001〕17号:最高人民法院关于在国有资本控股、参股的股份有限公司中从事管理工作的人员利用职务便利非法占有本公司财物如何定罪问题的批复(2001年5月23日)
128. 法释〔2001〕18号:最高人民法院关于如何确定沿海、内河货物运输赔偿请求权时效期间问题的批复(2001年5月24日)
129. 法释〔2001〕19号:最高人民法院、最高人民检察院关于办理组织和利用邪教组织犯罪案件具体应用法律若干问题的解释(二)(2001年6月4日)(已废止)
130. 法释〔2001〕20号:最高人民法院关于对诉前停止侵犯专利权行为适用法律问题的若干规定(2001年6月7日)
131. 法释〔2001〕21号:最高人民法院关于审理专利纠纷案件适用法律问题的若干规定(2001年6月22日 2015年1月29日修正)(已修改)
132. 法释〔2001〕22号:最高人民法院、最高人民检察院关于办理伪造、贩卖伪造的高等院校学历、学位证明刑事案件如何适用法律问题的解释(2001年7月3日)

133. 法释〔2001〕23号:最高人民法院关于公安机关不履行法定行政职责是否承担行政赔偿责任问题的批复(2001年7月17日)(已废止)
134. 法释〔2001〕24号:最高人民法院关于审理涉及计算机网络域名民事纠纷案件适用法律若干问题的解释(2001年7月17日)(已修改)
135. 法释〔2001〕25号:最高人民法院关于以侵犯姓名权的手段侵犯宪法保护的公民受教育的基本权利是否应承担民事责任的批复(2001年7月24日)(已废止)
136. 法释〔2001〕26号:最高人民法院关于内地与澳门特别行政区法院就民商事案件相互委托送达司法文书和调取证据的安排(2001年8月27日)(已修改)
137. 法释〔2001〕27号:最高人民法院关于海事法院受理案件范围的若干规定(2001年9月11日)(已废止)
138. 法释〔2001〕28号:最高人民法院关于冻结、拍卖上市公司国有股和社会法人股若干问题的规定(2001年9月21日)
139. 法释〔2001〕29号:最高人民法院关于如何认定挪用公款归个人使用有关问题的解释(2001年10月17日)(已废止)
140. 法释〔2001〕30号:最高人民法院关于适用《中华人民共和国婚姻法》若干问题的解释(一)(2001年12月25日)(已废止)
141. 法释〔2001〕31号:最高人民法院关于刑事再审案件开庭审理程序的具体规定(试行)(2001年12月26日)
142. 法释〔2001〕32号:最高人民法院予以废止的2000年底以前发布的有关司法解释目录(第四批)(2001年12月27日)
143. 法释〔2001〕33号:最高人民法院关于民事诉讼证据的若干规定(2001年12月21日)(已修改)

2002年

144. 法释〔2002〕1号:最高人民法院关于审理商标案件有关管辖和法律适用范围问题的解释(2002年1月9日)(已修改)
145. 法释〔2002〕2号:最高人民法院关于诉前停止侵犯注册商标专用权行为和保全证据适用法律问题的解释(2002年1月9日)(已废止)
146. 法释〔2002〕3号:最高人民法院关于审理组织、运送他人偷越国(边)境等刑事案件适用法律若干问题的解释(2002年1月30日)(已废止)
147. 法释〔2002〕4号:最高人民法院关于海事行政处罚案件诉讼管辖问题的解释(2002年1月30日)
148. 法释〔2002〕5号:最高人民法院关于涉外民商事案件诉讼管辖若干问题的规定(2002年2月25日)(已修改)
149. 法释〔2002〕6号:最高人民法院予以废止的2000年底以前发布的有关司法解释目录(第五批)(2002年3月6日)
150. 法释〔2002〕7号:最高人民法院、最高人民检察院关于执行《中华人民共和国刑法》确定罪名的补充规定(2002年3月15日)
151. 法释〔2002〕8号:最高人民法院关于人民法院对外委托司法鉴定管理规定(2002年3月27日)
152. 法释〔2002〕9号:最高人民法院关于审理非法生产、买卖武装部队车辆号牌等刑事案件具体应用法律若干问题的解释(2002年4月10日)(已废止)

153. 法释[2002]10号:最高人民法院关于对采用破坏性手段盗窃正在使用的油田输油管道中油品的行为如何适用法律问题的批复(2002年4月10日)(已废止)
154. 法释[2002]11号:最高人民法院关于撤销缓刑时罪犯在宣告缓刑前羁押的时间能否折抵刑期问题的批复(2002年4月10日)
155. 法释[2002]12号:最高人民法院关于企业离退休人员的养老保险统筹金应当列入破产财产分配方案问题的批复(2002年4月18日)(已废止)
156. 法释[2002]13号:最高人民法院予以废止的2000年底以前发布的有关司法解释目录(第六批)(2002年5月23日)
157. 法释[2002]14号:最高人民法院关于国有工业企业以机器设备等财产为抵押物与债权人签订的抵押合同的效力问题的批复(2002年6月18日)(已废止)
158. 法释[2002]15号:最高人民法院关于向外国公司送达司法文书能否向其驻华代表机构送达并适用留置送达问题的批复(2002年6月18日)(已废止)
159. 法释[2002]16号:最高人民法院关于建设工程价款优先受偿权问题的批复(2002年6月20日)(已废止)
160. 法释[2002]17号:最高人民法院关于人民法院是否受理刑事案件被害人提起精神损害赔偿民事诉讼问题的批复(2002年7月15日)(已废止)
161. 法释[2002]18号:最高人民法院关于审理抢夺刑事案件具体应用法律若干问题的解释(2002年7月16日)(已废止)
162. 法释[2002]19号:最高人民法院关于民事损害赔偿案件当事人的再审申请超出原审诉讼请求人民法院是否应当再审问题的批复(2002年7月18日)(已废止)
163. 法释[2002]20号:最高人民法院关于当事人对按自动撤回上诉处理的裁定不服申请再审人民法院应如何处理问题的批复(2002年7月19日)(已废止)
164. 法释[2002]21号:最高人民法院关于行政诉讼证据若干问题的规定(2002年7月24日)
165. 法释[2002]22号:最高人民法院关于产品侵权案件的受害人能否以产品的商标所有人为被告提起民事诉讼的批复(2002年7月11日)(已修改)
166. 法释[2002]23号:最高人民法院关于审理企业破产案件若干问题的规定(2002年7月30日)
167. 法释[2002]24号:最高人民法院关于人民法院对民事案件发回重审和指令再审有关问题的规定(2002年7月31日)(已废止)
168. 法释[2002]25号:最高人民法院关于人民法院合议庭工作的若干规定(2002年8月12日)
169. 法释[2002]26号:最高人民法院、最高人民检察院关于办理非法生产、销售、使用禁止在饲料和动物饮用水中使用的药品等刑事案件具体应用法律若干问题的解释(2002年8月16日)
170. 法释[2002]27号:最高人民法院关于审理国际贸易行政案件若干问题的规定(2002年8月27日)
171. 法释[2002]28号:最高人民法院关于行政机关工作人员执行职务致人伤亡构成犯罪的赔偿诉讼程序问题的批复(2002年8月23日)
172. 法释[2002]29号:最高人民法院关于审理涉及人民调解协议的民事案件的若干规定(2002年9月16日)(已废止)
173. 法释[2002]30号:最高人民法院关于审理骗取出口退税刑事案件具体应用法律若干问题的解释(2002年9月17日)

174. 法释〔2002〕31号:最高人民法院关于审理著作权民事纠纷案件适用法律若干问题的解释(2002年10月12日)(已修改)
175. 法释〔2002〕32号:最高人民法院关于审理商标民事纠纷案件适用法律若干问题的解释(2002年10月12日)(已修改)
176. 法释〔2002〕33号:最高人民法院关于审理偷税抗税刑事案件具体应用法律若干问题的解释(2002年11月5日)
177. 法释〔2002〕34号:最高人民法院关于死刑缓期执行的期间如何确定问题的批复(2002年11月5日)(已废止)
178. 法释〔2002〕35号:最高人民法院关于审理反倾销行政案件应用法律若干问题的规定(2002年11月21日)
179. 法释〔2002〕36号:最高人民法院关于审理反补贴行政案件应用法律若干问题的规定(2002年11月21日)
180. 法释〔2002〕37号:最高人民法院关于已承担保证责任的保证人向其他保证人行使追偿权问题的批复(2002年11月23日)(已废止)
181. 法释〔2002〕38号:最高人民法院关于涉及担保纠纷案件的司法解释的适用和保证责任方式认定问题的批复(2002年11月23日)(已废止)
182. 法释〔2002〕39号:最高人民法院关于诉讼代理人查阅民事案件材料的规定(2002年11月15日)(已修改)

2003年

183. 法释〔2003〕1号:最高人民法院关于审理与企业改制相关的民事纠纷案件若干问题的规定(2003年1月3日)(已废止)
184. 法释〔2003〕2号:最高人民法院关于审理证券市场因虚假陈述引发的民事赔偿案件的若干规定(2003年1月9日)
185. 法释〔2003〕3号:最高人民法院关于适用《中华人民共和国海事诉讼特别程序法》若干问题的解释(2003年1月6日)(已修改)
186. 法释〔2003〕4号:最高人民法院关于行为人不明知是不满十四周岁的幼女双方自愿发生性关系是否构成强奸罪问题的批复(2003年1月17日)(已废止)
187. 法释〔2003〕5号:最高人民法院关于适用《行政复议法》第三十条第一款有关问题的批复(2003年2月25日)
188. 法释〔2003〕6号:最高人民法院关于破产企业国有划拨土地使用权应否列入破产财产等问题的批复(2003年4月16日)(已修改)
189. 法释〔2003〕7号:最高人民法院关于审理商品房买卖合同纠纷案件适用法律若干问题的解释(2003年4月28日)(已修改)
190. 法释〔2003〕8号:最高人民法院、最高人民检察院关于办理妨害预防、控制突发传染病疫情等灾害的刑事案件具体应用法律若干问题的解释(2003年5月14日)
191. 法释〔2003〕9号:最高人民法院关于审理非法采矿、破坏性采矿刑事案件具体应用法律若干问题的解释(2003年5月29日)(已废止)
192. 法释〔2003〕10号:最高人民法院关于审理期货纠纷案件若干问题的规定(2003年6月18日)(已修改)

193. 法释〔2003〕11号:最高人民法院关于在民事审判工作中适用《中华人民共和国工会法》若干问题的解释(2003年6月25日)(已修改)
194. 法释〔2003〕12号:最高人民法院、最高人民检察院关于执行《中华人民共和国刑法》确定罪名的补充规定(二)(2003年8月15日)
195. 法释〔2003〕13号:最高人民法院关于人民法院审理事业单位人事争议案件若干问题的规定(2003年8月27日)
196. 法释〔2003〕14号:最高人民法院、最高人民检察院关于办理非法制造、买卖、运输、储存毒鼠强等禁用剧毒化学品刑事案件具体应用法律若干问题的解释(2003年9月4日)
197. 法释〔2003〕15号:最高人民法院关于适用简易程序审理民事案件的若干规定(2003年9月10日)(已修改)
198. 法释〔2003〕16号:最高人民法院关于挪用公款犯罪如何计算追诉期限问题的批复(2003年9月22日)
199. 法释〔2003〕17号:最高人民法院关于房地产管理机关能否撤销错误的注销抵押登记行为问题的批复(2003年11月17日)
200. 法释〔2003〕18号:最高人民法院关于可否将航道养护费的缴付请求列入船舶优先权问题的批复(2003年12月8日)(已废止)
201. 法释〔2003〕19号:最高人民法院关于适用《中华人民共和国婚姻法》若干问题的解释(二)(2003年12月25日)(已废止)
202. 法释〔2003〕20号:最高人民法院关于审理人身损害赔偿案件适用法律若干问题的解释(2003年12月26日)(已修改)

2004年

203. 法释〔2004〕1号:最高人民法院关于修改《最高人民法院关于审理涉及计算机网络著作权纠纷案件适用法律若干问题的解释》的决定(2004年1月2日)(已废止)
204. 法释〔2004〕2号:最高人民法院关于被告人对行为性质的辩解是否影响自首成立问题的批复(2004年3月26日)
205. 法释〔2004〕3号:最高人民法院关于在林木采伐许可证规定的地点以外采伐本单位或者本人所有的森林或者其他林木的行为如何适用法律问题的批复(2004年3月26日)
206. 法释〔2004〕4号:最高人民法院关于人民法院应当如何认定保证人在保证期间届满后又在催款通知书上签字问题的批复(2004年4月14日)(已废止)
207. 法释〔2004〕5号:最高人民法院关于破产清算组在履行职责过程中违约或侵权等民事纠纷案件诉讼管辖问题的批复(2004年6月21日)(已废止)
208. 法释〔2004〕6号:最高人民法院关于行政机关根据法院的协助执行通知书实施的行政行为是否属于人民法院行政诉讼受案范围的批复(2004年7月13日)(已废止)
209. 法释〔2004〕7号:最高人民法院关于刑事案件终审判决和裁定何时发生法律效力问题的批复(2004年7月26日)
210. 法释〔2004〕8号:最高人民法院关于解除劳动合同的劳动争议仲裁申请期限应当如何起算问题的批复(2004年7月26日)(已废止)
211. 法释〔2004〕9号:最高人民法院关于当事人对驳回其申请撤销仲裁裁决的裁定不服而申请再审,人民法院不予受理问题的批复(2004年7月26日)

212. 法释〔2004〕10号:最高人民法院关于审理人民法院国家赔偿确认案件若干问题的规定(试行)(2004年8月10日)(已修改)
213. 法释〔2004〕11号:最高人民法院、最高人民检察院关于办理利用互联网、移动通讯终端、声讯台制作、复制、出版、贩卖、传播淫秽电子信息刑事案件具体应用法律若干问题的解释(一)(2004年9月3日)
214. 法释〔2004〕12号:最高人民法院关于人民法院民事调解工作若干问题的规定(2004年9月16日)(已修改)
215. 法释〔2004〕13号:最高人民法院关于以法院专递方式邮寄送达民事诉讼文书的若干规定(2004年9月17日)
216. 法释〔2004〕14号:最高人民法院关于审理建设工程施工合同纠纷案件适用法律问题的解释(2004年10月25日)(已废止)
217. 法释〔2004〕15号:最高人民法院关于人民法院民事执行中查封、扣押、冻结财产的规定(2004年11月4日)(已修改)
218. 法释〔2004〕16号:最高人民法院关于人民法院民事执行中拍卖、变卖财产的规定(2004年11月15日)(已修改)
219. 法释〔2004〕17号:最高人民法院关于依据原告起诉时提供的被告住址无法送达应如何处理问题的批复(2004年11月25日)
220. 法释〔2004〕18号:最高人民法院关于审理出口退税托管账户质押贷款案件有关问题的规定(2004年11月22日)(已废止)
221. 法释〔2004〕19号:最高人民法院、最高人民检察院关于办理侵犯知识产权刑事案件具体应用法律若干问题的解释(2004年12月8日)
222. 法释〔2004〕20号:最高人民法院关于审理技术合同纠纷案件适用法律若干问题的解释(2004年12月16日)(已修改)
223. 法释〔2004〕21号:最高人民法院关于审理破坏公用电信设施刑事案件具体应用法律若干问题的解释(2004年12月30日)

2005年

224. 法释〔2005〕1号:最高人民法院关于对与证券交易所监管职能相关的诉讼案件管辖与受理问题的规定(2005年1月25日)(已修改)
225. 法释〔2005〕2号:最高人民法院关于证券监督管理机构申请人民法院冻结资金账户、证券账户的若干规定(2005年4月29日)(已废止)
226. 法释〔2005〕3号:最高人民法院、最高人民检察院关于办理赌博刑事案件具体应用法律若干问题的解释(2005年5月11日)
227. 法释〔2005〕4号:最高人民法院关于新疆生产建设兵团人民法院案件管辖权问题的若干规定(2005年5月24日)
228. 法释〔2005〕5号:最高人民法院关于审理涉及国有土地使用权合同纠纷案件适用法律问题的解释(2005年6月18日)(已修改)
229. 法释〔2005〕6号:最高人民法院关于审理涉及农村土地承包纠纷案件适用法律问题的解释(2005年7月29日)(已修改)

230. 法释〔2005〕7号：最高人民法院关于银行储蓄卡密码被泄露导致存款被他人骗取引起的储蓄合同纠纷应否作为民事案件受理问题的批复(2005年7月25日)
231. 法释〔2005〕8号：最高人民法院关于当事人申请承认澳大利亚法院出具的离婚证明书人民法院应否受理问题的批复(2005年7月26日)(已废止)
232. 法释〔2005〕9号：最高人民法院关于当事人达不成拆迁补偿安置协议就补偿安置争议提起民事诉讼人民法院应否受理问题的批复(2005年8月1日)(已废止)
233. 法释〔2005〕10号：最高人民法院关于如何认定国有控股、参股股份有限公司中的国有公司、企业人员的解释(2005年8月1日)
234. 法释〔2005〕11号：最高人民法院关于当事人申请财产保全错误造成案外人损失应否承担赔偿责任问题的解释(2005年8月15日)
235. 法释〔2005〕12号：最高人民法院、最高人民检察院关于办理侵犯著作权刑事案件中涉及录音录像制品有关问题的批复(2005年10月13日)
236. 法释〔2005〕13号：最高人民法院关于审理信用证纠纷案件若干问题的规定(2005年11月14日)(已修改)
237. 法释〔2005〕14号：最高人民法院关于人民法院执行设定抵押的房屋的规定(2005年12月14日)(已废止)
238. 法释〔2005〕15号：最高人民法院关于审理破坏林地资源刑事案件具体应用法律若干问题的解释(2005年12月26日)

2006年

239. 法释〔2006〕1号：最高人民法院关于审理未成年人刑事案件具体应用法律若干问题的解释(2006年1月11日)
240. 法释〔2006〕2号：最高人民法院关于内地与澳门特别行政区相互认可和执行民商事判决的安排(2006年3月21日)
241. 法释〔2006〕3号：最高人民法院关于适用《中华人民共和国公司法》若干问题的规定(一)(2006年4月28日)(已修改)
242. 法释〔2006〕4号：最高人民法院关于审理环境污染刑事案件具体应用法律若干问题的解释(2006年7月21日)(已废止)
243. 法释〔2006〕5号：最高人民法院关于涉外民事或商事案件司法文书送达问题若干规定(2006年8月10日)(已修改)
244. 法释〔2006〕6号：最高人民法院关于审理劳动争议案件适用法律若干问题的解释(二)(2006年8月14日)(已废止)
245. 法释〔2006〕7号：最高人民法院关于适用《中华人民共和国仲裁法》若干问题的解释(2006年8月23日)(已修改)
246. 法释〔2006〕8号：最高人民法院、最高人民检察院关于死刑第二审案件开庭审理程序若干问题的规定(试行)(2006年9月21日)(已废止)
247. 法释〔2006〕9号：最高人民法院关于审理走私刑事案件具体应用法律若干问题的解释(二)(2006年11月14日)(已废止)
248. 法释〔2006〕10号：最高人民法院关于审理海上保险纠纷案件若干问题的规定(2006年11月23日)(已修改)

249. 法释〔2006〕11号:最高人民法院关于修改《最高人民法院关于审理涉及计算机网络著作权纠纷案件适用法律若干问题的解释》的决定(二)(2006年11月22日)(已废止)

250. 法释〔2006〕12号:最高人民法院关于统一行使死刑案件核准权有关问题的决定(2006年12月28日)

2007年

251. 法释〔2007〕1号:最高人民法院关于审理侵犯植物新品种权纠纷案件具体应用法律问题的若干规定(2007年1月12日)(已修改)

252. 法释〔2007〕2号:最高人民法院关于审理不正当竞争民事案件应用法律若干问题的解释(2007年1月12日)(已修改)

253. 法释〔2007〕3号:最高人民法院、最高人民检察院关于办理盗窃油气、破坏油气设备等刑事案件具体应用法律若干问题的解释(2007年1月15日)

254. 法释〔2007〕4号:最高人民法院关于复核死刑案件若干问题的规定(2007年2月27日)(已废止)

255. 法释〔2007〕5号:最高人民法院、最高人民检察院关于办理危害矿山生产安全刑事案件具体应用法律若干问题的解释(2007年2月28日)(已废止)

256. 法释〔2007〕6号:最高人民法院、最高人民检察院关于办理侵犯知识产权刑事案件具体应用法律若干问题的解释(二)(2007年4月5日)

257. 法释〔2007〕7号:最高人民法院关于在裁判文书中如何引用刑法修正案的批复(2007年4月11日)(已废止)

258. 法释〔2007〕8号:最高人民法院关于审理企业破产案件指定管理人的规定(2007年4月12日)

259. 法释〔2007〕9号:最高人民法院关于审理企业破产案件确定管理人报酬的规定(2007年4月12日)

260. 法释〔2007〕10号:最高人民法院关于《中华人民共和国企业破产法》施行时尚未审结的企业破产案件适用法律若干问题的规定(2007年4月25日)

261. 法释〔2007〕11号:最高人民法院、最高人民检察院关于办理与盗窃、抢劫、诈骗、抢夺机动车相关刑事案件具体应用法律若干问题的解释(2007年5月9日)

262. 法释〔2007〕12号:最高人民法院关于审理涉及会计师事务所在审计业务活动中民事侵权赔偿案件的若干规定(2007年6月11日)

263. 法释〔2007〕13号:最高人民法院关于审理危害军事通信刑事案件具体应用法律若干问题的解释(2007年6月26日)

264. 法释〔2007〕14号:最高人民法院关于审理涉外民事或商事合同纠纷案件法律适用若干问题的规定(2007年7月23日)(已废止)

265. 法释〔2007〕15号:最高人民法院关于审理破坏电力设备刑事案件具体应用法律若干问题的解释(2007年8月15日)

266. 法释〔2007〕16号:最高人民法院、最高人民检察院关于执行《中华人民共和国刑法》确定罪名的补充规定(三)(2007年10月25日)

267. 法释〔2007〕17号:最高人民法院关于内地与澳门特别行政区相互认可和执行仲裁裁决的安排(2007年12月12日)

2008 年

268. 法释〔2008〕1 号:最高人民法院关于行政案件管辖若干问题的规定(2008 年 1 月 14 日)(已废止)
269. 法释〔2008〕2 号:最高人民法院关于行政诉讼撤诉若干问题的规定(2008 年 1 月 14 日)
270. 法释〔2008〕3 号:最高人民法院关于审理注册商标、企业名称与在先权利冲突的民事纠纷案件若干问题的规定(2008 年 2 月 18 日)
271. 法释〔2008〕4 号:最高人民法院关于涉台民事诉讼文书送达的若干规定(2008 年 4 月 17 日)
272. 法释〔2008〕5 号:最高人民法院关于审理非法行医刑事案件具体应用法律若干问题的解释(2008 年 4 月 29 日)(已修改)
273. 法释〔2008〕6 号:最高人民法院关于适用《中华人民共和国公司法》若干问题的规定(二)(2008 年 5 月 12 日)(已修改)
274. 法释〔2008〕7 号:最高人民法院关于审理船舶碰撞纠纷案件若干问题的规定(2008 年 5 月 19 日)(已修改)
275. 法释〔2008〕8 号:最高人民法院关于刑事第二审判决改变第一审判决认定的罪名后能否加重附加刑的批复(2008 年 6 月 6 日)(已废止)
276. 法释〔2008〕9 号:最高人民法院关于内地与香港特别行政区法院相互认可和执行当事人协议管辖的民商事案件判决的安排(2008 年 7 月 3 日)
277. 法释〔2008〕10 号:最高人民法院关于债权人对人员下落不明或者财产状况不清的债务人申请破产清算案件如何处理的批复(2008 年 8 月 7 日)
278. 法释〔2008〕11 号:最高人民法院关于审理民事案件适用诉讼时效制度若干问题的规定(2008 年 8 月 21 日)(已修改)
279. 法释〔2008〕12 号:最高人民法院、最高人民检察院关于办理非法采供血液等刑事案件具体应用法律若干问题的解释(2008 年 9 月 22 日)
280. 法释〔2008〕13 号:最高人民法院关于适用《中华人民共和国民事诉讼法》执行程序若干问题的解释(2008 年 11 月 3 日)(已修改)
281. 法释〔2008〕14 号:最高人民法院关于适用《中华人民共和国民事诉讼法》审判监督程序若干问题的解释(2008 年 11 月 25 日)(已修改)
282. 法释〔2008〕15 号:最高人民法院关于废止 2007 年底以前发布的有关司法解释(第七批)的决定(2008 年 12 月 18 日)
283. 法释〔2008〕16 号:最高人民法院关于适用停止执行死刑程序有关问题的规定(2008 年 12 月 15 日)(已废止)
284. 法释〔2008〕17 号:最高人民法院关于当事人对具有强制执行效力的公证债权文书的内容有争议提起诉讼人民法院是否受理问题的批复(2008 年 12 月 22 日)(已废止)
285. 法释〔2008〕18 号:最高人民法院关于调整司法解释等文件中引用《中华人民共和国民事诉讼法》条文序号的决定(2008 年 12 月 16 日)(已废止)

2009 年

286. 法释〔2009〕1 号:最高人民法院关于审理无正本提单交付货物案件适用法律若干问题的规定(2009 年 2 月 26 日)(已修改)
287. 法释〔2009〕2 号:最高人民法院关于涉港澳民商事案件司法文书送达问题若干规定(2009 年 3 月 9 日)

288. 法释〔2009〕3号:最高人民法院关于审理涉及驰名商标保护的民事纠纷案件应用法律若干问题的解释(2009年4月23日)(已修改)

289. 法释〔2009〕4号:最高人民法院关于人民法院认可台湾地区有关法院民事判决的补充规定(2009年4月24日)(已废止)

290. 法释〔2009〕5号:最高人民法院关于适用《中华人民共和国合同法》若干问题的解释(二)(2009年4月24日)(已废止)

291. 法释〔2009〕6号:最高人民法院关于在执行工作中如何计算迟延履行期间的债务利息等问题的批复(2009年5月11日)

292. 法释〔2009〕7号:最高人民法院关于审理建筑物区分所有权纠纷案件具体应用法律若干问题的解释(2009年5月14日)(已修改)

293. 法释〔2009〕8号:最高人民法院关于审理物业服务纠纷案件具体应用法律若干问题的解释(2009年5月15日)(已修改)

294. 法释〔2009〕9号:最高人民法院、最高人民检察院关于办理生产、销售假药、劣药刑事案件具体应用法律若干问题的解释(2009年5月13日)(已废止)

295. 法释〔2009〕10号:最高人民法院关于在执行附加刑剥夺政治权利期间犯新罪应如何处理的批复(2009年5月25日)

296. 法释〔2009〕11号:最高人民法院关于审理城镇房屋租赁合同纠纷案件具体应用法律若干问题的解释(2009年7月30日)(已修改)

297. 法释〔2009〕12号:最高人民法院关于适用《中华人民共和国保险法》若干问题的解释(一)(2009年9月21日)

298. 法释〔2009〕13号:最高人民法院、最高人民检察院关于执行《中华人民共和国刑法》确定罪名的补充规定(四)(2009年10月14日)

299. 法释〔2009〕14号:最高人民法院关于裁判文书引用法律、法规等规范性法律文件的规定(2009年10月26日)

300. 法释〔2009〕15号:最高人民法院关于审理洗钱等刑事案件具体应用法律若干问题的解释(2009年11月4日)

301. 法释〔2009〕16号:最高人民法院关于人民法院委托评估、拍卖和变卖工作的若干规定(2009年11月12日)

302. 法释〔2009〕17号:最高人民法院关于审理民事级别管辖异议案件若干问题的规定(2009年11月12日)(已修改)

303. 法释〔2009〕18号:最高人民法院关于修改《最高人民法院关于审理非法制造、买卖、运输枪支、弹药、爆炸物等刑事案件具体应用法律若干问题的解释》的决定(2009年11月16日)

304. 法释〔2009〕19号:最高人民法院、最高人民检察院关于办理妨害信用卡管理刑事案件具体应用法律若干问题的解释(2009年12月3日)(已修改)

305. 法释〔2009〕20号:最高人民法院关于审理行政许可案件若干问题的规定(2009年12月14日)

306. 法释〔2009〕21号:最高人民法院关于审理侵犯专利权纠纷案件应用法律若干问题的解释(2009年12月28日)

2010年

307. 法释〔2010〕1号:最高人民法院关于进一步加强合议庭职责的若干规定(2010年1月11日)

(已修改)

308. 法释〔2010〕2 号:最高人民法院关于人民陪审员参加审判活动若干问题的规定(2010 年 1 月 12 日)(已废止)

309. 法释〔2010〕3 号:最高人民法院、最高人民检察院关于办理利用互联网、移动通讯终端、声讯台制作、复制、出版、贩卖、传播淫秽电子信息刑事案件具体应用法律若干问题的解释(二)(2010 年 2 月 2 日)

310. 法释〔2010〕4 号:最高人民法院关于财产刑执行问题的若干规定(2010 年 2 月 10 日)(已废止)

311. 法释〔2010〕5 号:最高人民法院关于审理铁路运输人身损害赔偿纠纷案件适用法律若干问题的解释(2010 年 3 月 3 日)(已修改)

312. 法释〔2010〕6 号:最高人民法院关于对被判处死刑的被告人未提出上诉、共同犯罪的部分被告人或者附带民事诉讼原告人提出上诉的案件应适用何种程序审理的批复(2010 年 3 月 17 日)

313. 法释〔2010〕7 号:最高人民法院、最高人民检察院关于办理非法生产、销售烟草专卖品等刑事案件具体应用法律若干问题的解释(2010 年 3 月 2 日)

314. 法释〔2010〕8 号:最高人民法院关于限制被执行人高消费的若干规定(2010 年 7 月 1 日)(已修改)

315. 法释〔2010〕9 号:最高人民法院关于审理外商投资企业纠纷案件若干问题的规定(一)(2010 年 8 月 5 日)(已修改)

316. 法释〔2010〕10 号:最高人民法院、最高人民检察院关于对死刑判决提出上诉的被告人在上诉期满后宣判前提出撤回上诉人民法院是否准许的批复(2010 年 8 月 6 日)

317. 法释〔2010〕11 号:最高人民法院关于审理海事赔偿责任限制相关纠纷案件的若干规定(2010 年 8 月 27 日)(已修改)

318. 法释〔2010〕12 号:最高人民法院关于审理劳动争议案件适用法律若干问题的解释(三)(2010 年 9 月 13 日)(已废止)

319. 法释〔2010〕13 号:最高人民法院关于审理旅游纠纷案件适用法律若干问题的规定(2010 年 10 月 26 日)(已修改)

320. 法释〔2010〕14 号:最高人民法院关于审理伪造货币等案件具体应用法律若干问题的解释(一)(2010 年 10 月 20 日)

321. 法释〔2010〕15 号:最高人民法院关于审理房屋登记案件若干问题的规定(2010 年 11 月 5 日)

322. 法释〔2010〕16 号:最高人民法院关于对被监禁或被劳动教养的人提起的民事诉讼如何确定案件管辖问题的批复(2010 年 12 月 9 日)(已废止)

323. 法释〔2010〕17 号:最高人民法院、最高人民检察院关于废止部分司法解释和规范性文件的决定(2010 年 12 月 13 日)

324. 法释〔2010〕18 号:最高人民法院关于审理非法集资刑事案件具体应用法律若干问题的解释(2010 年 12 月 13 日)

325. 法释〔2010〕19 号:最高人民法院关于审理涉台民商事案件法律适用问题的规定(2010 年 12 月 27 日)(已修改)

326. 法释〔2010〕20 号:最高人民法院关于对因资不抵债无法继续办学被终止的民办学校如何组织清算问题的批复(2010 年 12 月 29 日)(已修改)

2011 年

327. 法释〔2011〕1 号:最高人民法院关于审理期货纠纷案件若干问题的规定(二)(2010 年 12 月 31 日)
328. 法释〔2011〕2 号:最高人民法院关于判决生效后当事人将判决确认的债权转让债权受让人对该判决不服提出再审申请人民法院是否受理问题的批复(2011 年 1 月 7 日)
329. 法释〔2011〕3 号:最高人民法院关于适用《中华人民共和国公司法》若干问题的规定(三)(2011 年 1 月 27 日)(已修改)
330. 法释〔2011〕4 号:最高人民法院关于适用《中华人民共和国国家赔偿法》若干问题的解释(一)(2011 年 2 月 28 日)
331. 法释〔2011〕5 号:最高人民法院关于人民调解协议司法确认程序的若干规定(2011 年 3 月 23 日)
332. 法释〔2011〕6 号:最高人民法院关于人民法院赔偿委员会审理国家赔偿程序的规定(2011 年 3 月 17 日)
333. 法释〔2011〕7 号:最高人民法院、最高人民检察院关于办理诈骗刑事案件具体应用法律若干问题的解释(2011 年 3 月 1 日)
334. 法释〔2011〕8 号:最高人民法院关于死刑缓期执行限制减刑案件审理程序若干问题的规定(2011 年 4 月 25 日)
335. 法释〔2011〕9 号:最高人民法院关于《中华人民共和国刑法修正案(八)》时间效力问题的解释(2011 年 4 月 25 日)
336. 法释〔2011〕10 号:最高人民法院、最高人民检察院关于执行《中华人民共和国刑法》确定罪名的补充规定(五)(2011 年 4 月 27 日)
337. 法释〔2011〕11 号:最高人民法院关于委托执行若干问题的规定(2011 年 5 月 3 日)(已修改)
338. 法释〔2011〕12 号:最高人民法院关于审判人员在诉讼活动中执行回避制度若干问题的规定(2011 年 6 月 10 日)
339. 法释〔2011〕13 号:最高人民法院关于审理破坏广播电视设施等刑事案件具体应用法律若干问题的解释(2011 年 6 月 7 日)
340. 法释〔2011〕14 号:最高人民法院关于审理船舶油污损害赔偿纠纷案件若干问题的规定(2011 年 5 月 4 日)(已修改)
341. 法释〔2011〕15 号:最高人民法院关于人民法院办理海峡两岸送达文书和调查取证司法互助案件的规定(2011 年 6 月 14 日)
342. 法释〔2011〕16 号:最高人民法院、最高人民检察院关于办理妨害武装部队制式服装、车辆号牌管理秩序等刑事案件具体应用法律若干问题的解释(2011 年 7 月 20 日)
343. 法释〔2011〕17 号:最高人民法院关于审理政府信息公开行政案件若干问题的规定(2011 年 7 月 29 日)
344. 法释〔2011〕18 号:最高人民法院关于适用《中华人民共和国婚姻法》若干问题的解释(三)(2011 年 8 月 9 日)(已废止)
345. 法释〔2011〕19 号:最高人民法院、最高人民检察院关于办理危害计算机信息系统安全刑事案件应用法律若干问题的解释(2011 年 8 月 1 日)
346. 法释〔2011〕20 号:最高人民法院关于审理涉及农村集体土地行政案件若干问题的规定(2011 年 8 月 7 日)

347. 法释〔2011〕21号:最高人民法院关于人民法院委托评估、拍卖工作的若干规定(2011年9月7日)

348. 法释〔2011〕22号:最高人民法院关于适用《中华人民共和国企业破产法》若干问题的规定(一)(2011年9月9日)

349. 法释〔2011〕23号:最高人民法院关于审理人民检察院按照审判监督程序提出的刑事抗诉案件若干问题的规定(2011年10月14日)

2012年

350. 法释〔2012〕1号:最高人民法院关于国家赔偿案件立案工作的规定(2012年1月13日)

351. 法释〔2012〕2号:最高人民法院关于办理减刑、假释案件具体应用法律若干问题的规定(2012年1月17日)(已废止)

352. 法释〔2012〕3号:最高人民法院关于审理海上货运代理纠纷案件若干问题的规定(2012年2月27日)(已修改)

353. 法释〔2012〕4号:最高人民法院关于办理申请人民法院强制执行国有土地上房屋征收补偿决定案件若干问题的规定(2012年3月26日)

354. 法释〔2012〕5号:最高人民法院关于审理因垄断行为引发的民事纠纷案件应用法律若干问题的规定(2012年5月3日)(已修改)

355. 法释〔2012〕6号:最高人民法院、最高人民检察院关于办理内幕交易、泄露内幕信息刑事案件具体应用法律若干问题的解释(2012年3月29日)

356. 法释〔2012〕7号:最高人民法院关于在裁判文书中如何表述修正前后刑法条文的批复(2012年5月15日)

357. 法释〔2012〕8号:最高人民法院关于审理买卖合同纠纷案件适用法律问题的解释(2012年5月10日)(已修改)

358. 法释〔2012〕9号:最高人民法院关于税务机关就破产企业欠缴税款产生的滞纳金提起的债权确认之诉应否受理问题的批复(2012年6月26日)

359. 法释〔2012〕10号:最高人民法院关于铁路运输法院案件管辖范围的若干规定(2012年7月17日)

360. 法释〔2012〕11号:最高人民法院关于军事法院管辖民事案件若干问题的规定(2012年8月28日)(已修改)

361. 法释〔2012〕12号:最高人民法院、最高人民检察院关于废止1979年底以前制发的部分司法解释和司法解释性质文件的决定(2012年8月21日)

362. 法释〔2012〕13号:最高人民法院关于废止1979年底以前发布的部分司法解释和司法解释性质文件(第八批)的决定(2012年8月21日)

363. 法释〔2012〕14号:最高人民法院关于国有土地开荒后用于农耕的土地使用权转让合同纠纷案件如何适用法律问题的批复(2012年9月4日)(已修改)

364. 法释〔2012〕15号:最高人民法院关于审理破坏草原资源刑事案件应用法律若干问题的解释(2012年11月2日)

365. 法释〔2012〕16号:最高人民法院关于个人独资企业清算是否可以参照适用企业破产法规定的破产清算程序的批复(2012年12月11日)

366. 法释〔2012〕17号:最高人民法院、最高人民检察院关于办理妨害国(边)境管理刑事案件应用法律若干问题的解释(2012年12月12日)

367. 法释[2012]18号:最高人民法院、最高人民检察院关于办理渎职刑事案件适用法律若干问题的解释(一)(2012年12月7日)
368. 法释[2012]19号:最高人民法院关于审理道路交通事故损害赔偿案件适用法律若干问题的解释(2012年11月27日)(已修改)
369. 法释[2012]20号:最高人民法院关于审理侵害信息网络传播权民事纠纷案件适用法律若干问题的规定(2012年12月17日)(已修改)
370. 法释[2012]21号:最高人民法院关于适用《中华人民共和国刑事诉讼法》的解释(2012年12月20日)
371. 法释[2012]22号:最高人民法院、最高人民检察院关于办理行贿刑事案件具体应用法律若干问题的解释(2012年12月26日)
372. 法释[2012]23号:最高人民法院关于修改后的民事诉讼法施行时未结案件适用法律若干问题的规定(2012年12月28日)
373. 法释[2012]24号:最高人民法院关于适用《中华人民共和国涉外民事关系法律适用法》若干问题的解释(一)(2012年12月28日)(已修改)

2013年

374. 法释[2013]1号:最高人民法院、最高人民检察院关于废止1980年1月1日至1997年6月30日期间制发的部分司法解释和司法解释性质文件的决定(2013年1月4日)
375. 法释[2013]2号:最高人民法院关于废止1980年1月1日至1997年6月30日期间发布的部分司法解释和司法解释性质文件(第九批)的决定(2013年1月14日)
376. 法释[2013]3号:最高人民法院关于审理拒不支付劳动报酬刑事案件适用法律若干问题的解释(2013年1月16日)
377. 法释[2013]4号:最高人民法院关于审理劳动争议案件适用法律若干问题的解释(四)(2013年1月18日)(已废止)
378. 法释[2013]5号:最高人民法院关于违法的建筑物、构筑物、设施等强制拆除问题的批复(2013年3月27日)
379. 法释[2013]6号:最高人民法院、最高人民检察院关于废止1997年7月1日至2011年12月31日期间制发的部分司法解释和司法解释性质文件的决定(2013年3月1日)
380. 法释[2013]7号:最高人民法院关于废止1997年7月1日至2011年12月31日期间发布的部分司法解释和司法解释性质文件(第十批)的决定(2013年2月26日)
381. 法释[2013]8号:最高人民法院、最高人民检察院关于办理盗窃刑事案件适用法律若干问题的解释(2013年4月2日)
382. 法释[2013]9号:最高人民法院关于修改《最高人民法院关于审理专利纠纷案件适用法律问题的若干规定》的决定(2013年4月1日)(已修改)
383. 法释[2013]10号:最高人民法院、最高人民检察院关于办理敲诈勒索刑事案件适用法律若干问题的解释(2013年4月23日)
384. 法释[2013]11号:最高人民法院关于依据国际公约和双边司法协助条约办理民商事案件司法文书送达和调查取证司法协助请求的规定(2013年4月7日)(已修改)
385. 法释[2013]12号:最高人民法院、最高人民检察院关于办理危害食品安全刑事案件适用法律若干问题的解释(2013年5月2日)

386. 法释〔2013〕13号:最高人民法院关于审理出口信用保险合同纠纷案件适用相关法律问题的批复(2013年5月2日)
387. 法释〔2013〕14号:最高人民法院关于适用《中华人民共和国保险法》若干问题的解释(二)(2013年5月31日)(已修改)
388. 法释〔2013〕15号:最高人民法院、最高人民检察院关于办理环境污染刑事案件适用法律若干问题的解释(2013年6月17日)(已废止)
389. 法释〔2013〕16号:最高人民法院关于海事法院可否适用小额诉讼程序问题的批复(2013年6月19日)
390. 法释〔2013〕17号:最高人民法院关于公布失信被执行人名单信息的若干规定(2013年7月16日)(已修改)
391. 法释〔2013〕18号:最高人民法院、最高人民检察院关于办理寻衅滋事刑事案件适用法律若干问题的解释(2013年7月15日)
392. 法释〔2013〕19号:最高人民法院关于人民法院办理自赔案件程序的规定(2013年7月26日)
393. 法释〔2013〕20号:最高人民法院关于网络查询、冻结被执行人存款的规定(2013年8月29日)
394. 法释〔2013〕21号:最高人民法院、最高人民检察院关于办理利用信息网络实施诽谤等刑事案件适用法律若干问题的解释(2013年9月6日)
395. 法释〔2013〕22号:最高人民法院关于适用《中华人民共和国企业破产法》若干问题的规定(二)(2013年9月5日)(已修改)
396. 法释〔2013〕23号:最高人民法院关于人事争议申请仲裁的时效期间如何计算的批复(2013年9月12日)
397. 法释〔2013〕24号:最高人民法院关于审理编造、故意传播虚假恐怖信息刑事案件适用法律若干问题的解释(2013年9月18日)
398. 法释〔2013〕25号:最高人民法院、最高人民检察院关于办理抢夺刑事案件适用法律若干问题的解释(2013年11月11日)
399. 法释〔2013〕26号:最高人民法院关于人民法院在互联网公布裁判文书的规定(2013年11月21日)(已废止)
400. 法释〔2013〕27号:最高人民法院关于人民法院赔偿委员会适用质证程序审理国家赔偿案件的规定(2013年12月19日)
401. 法释〔2013〕28号:最高人民法院关于审理食品药品纠纷案件适用法律若干问题的规定(2013年12月23日)(已修改)

2014年

402. 法释〔2014〕1号:最高人民法院关于审理涉及农村土地承包经营纠纷调解仲裁案件适用法律若干问题的解释(2014年1月9日)(已修改)
403. 法释〔2014〕2号:最高人民法院关于修改适用《中华人民共和国公司法》若干问题的规定的决定(2014年2月20日)(已修改)
404. 法释〔2014〕3号:最高人民法院关于审理融资租赁合同纠纷案件适用法律问题的解释(2014年2月24日)(已修改)
405. 法释〔2014〕4号:最高人民法院关于商标法修改决定施行后商标案件管辖和法律适用问题的解释(2014年3月25日)(已修改)

406. 法释〔2014〕5号:最高人民法院关于减刑、假释案件审理程序的规定(2014年4月23日)
407. 法释〔2014〕6号:最高人民法院关于审理涉及公证活动相关民事案件的若干规定(2014年5月16日)(已修改)
408. 法释〔2014〕7号:最高人民法院关于人民法院赔偿委员会依照《中华人民共和国国家赔偿法》第三十条规定纠正原生效的赔偿委员会决定应如何适用人身自由赔偿标准问题的批复(2014年6月30日)
409. 法释〔2014〕8号:最高人民法院关于执行程序中计算迟延履行期间的债务利息适用法律若干问题的解释(2014年7月7日)
410. 法释〔2014〕9号:最高人民法院关于审理工伤保险行政案件若干问题的规定(2014年6月18日)
411. 法释〔2014〕10号:最高人民法院、最高人民检察院关于办理走私刑事案件适用法律若干问题的解释(2014年8月12日)
412. 法释〔2014〕11号:最高人民法院关于审理利用信息网络侵害人身权益民事纠纷案件适用法律若干问题的规定(2014年8月21日)(已修改)
413. 法释〔2014〕12号:最高人民法院关于北京、上海、广州知识产权法院案件管辖的规定(2014年10月31日)(已修改)
414. 法释〔2014〕13号:最高人民法院关于刑事裁判涉财产部分执行的若干规定(2014年10月30日)
415. 法释〔2014〕14号:最高人民法院、最高人民检察院关于办理危害药品安全刑事案件适用法律若干问题的解释(2014年11月3日)
416. 法释〔2014〕15号:最高人民法院关于海上保险合同的保险人行使代位请求赔偿权利的诉讼时效期间起算日的批复(2014年12月25日)

2015年

417. 法释〔2015〕1号:最高人民法院关于审理环境民事公益诉讼案件适用法律若干问题的解释(2015年1月6日)(已修改)
418. 法释〔2015〕2号:最高人民法院关于废止部分司法解释和司法解释性质文件(第十一批)的决定(2015年1月12日)
419. 法释〔2015〕3号:最高人民法院关于巡回法庭审理案件若干问题的规定(2015年1月28日 2016年12月27日修正)
420. 法释〔2015〕4号:最高人民法院关于修改《最高人民法院关于审理专利纠纷案件适用法律问题的若干规定》的决定(2015年1月29日)(已修改)
421. 法释〔2015〕5号:最高人民法院关于适用《中华人民共和国民事诉讼法》的解释(2015年1月30日)(已修改)
422. 法释〔2015〕6号:最高人民法院关于扣押与拍卖船舶适用法律若干问题的规定(2015年2月28日)
423. 法释〔2015〕7号:最高人民法院关于民事审判监督程序严格依法适用指令再审和发回重审若干问题的规定(2015年2月16日)
424. 法释〔2015〕8号:最高人民法院关于人民法院登记立案若干问题的规定(2015年4月15日)
425. 法释〔2015〕9号:最高人民法院关于适用《中华人民共和国行政诉讼法》若干问题的解释(2015年4月22日)(已废止)

426. 法释〔2015〕10号:最高人民法院关于人民法院办理执行异议和复议案件若干问题的规定(2015年5月5日)(已修改)
427. 法释〔2015〕11号:最高人民法院关于审理掩饰、隐瞒犯罪所得、犯罪所得收益刑事案件适用法律若干问题的解释(2015年5月29日)
428. 法释〔2015〕12号:最高人民法院关于审理环境侵权责任纠纷案件适用法律若干问题的解释(2015年6月1日)(已修改)
429. 法释〔2015〕13号:最高人民法院关于认可和执行台湾地区法院民事判决的规定(2015年6月29日)
430. 法释〔2015〕14号:最高人民法院关于认可和执行台湾地区仲裁裁决的规定(2015年6月29日)
431. 法释〔2015〕15号:最高人民法院关于对上海市高级人民法院等就涉及中国国际经济贸易仲裁委员会及其原分会仲裁机构所作仲裁裁决司法审查案件请示问题的批复(2015年7月15日)
432. 法释〔2015〕16号:最高人民法院关于审理拒不执行判决、裁定刑事案件适用法律若干问题的解释(2015年7月20日)(已修改)
433. 法释〔2015〕17号:最高人民法院关于修改《最高人民法院关于限制被执行人高消费的若干规定》的决定(2015年7月20日)
434. 法释〔2015〕18号:最高人民法院关于审理民间借贷案件适用法律若干问题的规定(2015年8月6日)(已修改)
435. 法释〔2015〕19号:最高人民法院关于《中华人民共和国刑法修正案(九)》时间效力问题的解释(2015年10月29日)
436. 法释〔2015〕20号:最高人民法院、最高人民检察院关于执行《中华人民共和国刑法》确定罪名的补充规定(六)(2015年10月30日)
437. 法释〔2015〕21号:最高人民法院《关于适用〈中华人民共和国保险法〉若干问题的解释(三)》(2015年11月25日)(已修改)
438. 法释〔2015〕22号:最高人民法院、最高人民检察院关于办理危害生产安全刑事案件适用法律若干问题的解释(2015年12月14日)
439. 法释〔2015〕23号:最高人民法院、最高人民检察院关于办理妨害文物管理等刑事案件适用法律若干问题的解释(2015年12月30日)
440. 法释〔2015〕24号:最高人民法院、最高人民检察院关于办理刑事赔偿案件适用法律若干问题的解释(2015年12月28日)

2016年

441. 法释〔2016〕1号:最高人民法院关于审理侵犯专利权纠纷案件应用法律若干问题的解释(二)(2016年3月21日)(已修改)
442. 法释〔2016〕2号:最高人民法院关于海事诉讼管辖问题的规定(2016年2月24日)
443. 法释〔2016〕3号:最高人民法院关于对人民法院终结执行行为提出执行异议期限问题的批复(2016年2月14日)
444. 法释〔2016〕4号:最高人民法院关于海事法院受理案件范围的规定(2016年2月24日)
445. 法释〔2016〕5号:最高人民法院关于适用《中华人民共和国物权法》干问题的解释(一)(2016年2月22日)(已废止)

446. 法释〔2016〕6号:最高人民法院关于首先查封法院与优先债权执行法院处分查封财产有关问题的批复(2016年4月12日)
447. 法释〔2016〕7号:最高人民法院关于修改《中华人民共和国人民法院法庭规则》的决定(2016年4月13日)
448. 法释〔2016〕8号:最高人民法院关于审理毒品犯罪案件适用法律若干问题的解释(2016年4月6日)
449. 法释〔2016〕9号:最高人民法院、最高人民检察院关于办理贪污贿赂刑事案件适用法律若干问题的解释(2016年4月18日)
450. 法释〔2016〕10号:最高人民法院关于审理消费民事公益诉讼案件适用法律若干问题的解释(2016年4月24日)(已修改)
451. 法释〔2016〕11号:最高人民法院关于人民法院办理接收在台湾地区服刑的大陆居民回大陆服刑案件的规定(2016年4月27日)
452. 法释〔2016〕13号:最高人民法院关于适用刑事诉讼法第二百二十五条第二款有关问题的批复(2016年6月23日)
453. 法释〔2016〕14号:最高人民法院关于人民法院特邀调解的规定(2016年6月28日)
454. 法释〔2016〕15号:最高人民法院关于人身安全保护令案件相关程序问题的批复(2016年7月11日)
455. 法释〔2016〕16号:最高人民法院关于审理发生在我国管辖海域相关案件若干问题的规定(一)(2016年8月1日)
456. 法释〔2016〕17号:最高人民法院关于审理发生在我国管辖海域相关案件若干问题的规定(二)(2016年8月1日)
457. 法释〔2016〕18号:最高人民法院关于人民法院网络司法拍卖若干问题的规定(2016年8月2日)
458. 法释〔2016〕19号:最高人民法院关于人民法院在互联网公布裁判文书的规定(2016年8月29日)
459. 法释〔2016〕20号:最高人民法院关于审理民事、行政诉讼中司法赔偿案件适用法律若干问题的解释(2016年9月7日)
460. 法释〔2016〕21号:最高人民法院关于民事执行中变更、追加当事人若干问题的规定(2016年11月7日)(已修改)
461. 法释〔2016〕22号:最高人民法院关于人民法院办理财产保全案件若干问题的规定(2016年11月7日)(已修改)
462. 法释〔2016〕23号:最高人民法院关于办理减刑、假释案件具体应用法律的规定(2016年11月14日)
463. 法释〔2016〕24号:最高人民法院关于审理独立保函纠纷案件若干问题的规定(2016年11月18日)(已修改)
464. 法释〔2016〕25号:最高人民法院、最高人民检察院关于办理非法采矿、破坏性采矿刑事案件适用法律若干问题的解释(2016年11月28日)
465. 法释〔2016〕27号:最高人民法院关于修改〈关于审理非法行医刑事案件具体应用法律若干问题的解释〉的决定:(2016年12月16日)

466. 法释〔2016〕28号:最高人民法院关于审理拐卖妇女儿童犯罪案件具体应用法律若干问题的解释(2016年12月21日)
467. 法释〔2016〕29号:最高人民法院、最高人民检察院关于办理环境污染刑事案件适用法律若干问题的解释(2016年12月23日)
468. 法释〔2016〕30号:最高人民法院关于修改《最高人民法院关于巡回法庭审理案件若干问题的规定》的决定(2016年12月27日)

2017年

469. 法释〔2017〕1号:最高人民法院最高人民检察院关于适用犯罪嫌疑人、被告人逃匿、死亡案件违法所得没收程序若干问题的规定(2017年1月4日)
470. 法释〔2017〕2号:最高人民法院关于审理商标授权确权行政案件若干问题的规定(2017年1月10日)(已修改)
471. 法释〔2017〕3号:最高人民法院最高人民检察院关于办理组织、利用邪教组织破坏法律实施等刑事案件适用法律若干问题的解释(2017年1月25日)
472. 法释〔2017〕4号:最高人民法院关于内地与香港特别行政区法院就民商事案件相互委托提取证据的安排(2017年2月27日)
473. 法释〔2017〕5号:最高人民法院关于人民法院庭审录音录像的若干规定(2017年2月22日)
474. 法释〔2017〕6号:最高人民法院关于适用《中华人民共和国婚姻法》若干问题的解释(二)的补充规定(2017年2月28日)(已废止)
475. 法释〔2017〕7号:最高人民法院关于修改《最高人民法院关于公布失信被执行人名单信息的若干规定》的决定(2017年2月28日)
476. 法释〔2017〕8号:最高人民法院关于民事执行中财产调查若干问题的规定(2017年2月28日)
477. 法释〔2017〕9号:最高人民法院关于国家赔偿监督程序若干问题的规定(2017年4月20日)
478. 法释〔2017〕10号:最高人民法院、最高人民检察院关于办理侵犯公民个人信息刑事案件适用法律若干问题的解释(2017年5月8日)
479. 法释〔2017〕11号:最高人民法院、最高人民检察院关于办理扰乱无线电通讯管理秩序等刑事案件适用法律若干问题的解释(2017年6月27日)
480. 法释〔2017〕12号:最高人民法院关于审理矿业权纠纷案件适用法律若干问题的解释(2017年6月24日)(已修改)
481. 法释〔2017〕13号:最高人民法院、最高人民检察院关于办理组织、强迫、引诱、容留、介绍卖淫刑事案件适用法律若干问题的解释(2017年7月21日)
482. 法释〔2017〕14号:最高人民法院关于因申请诉中财产保全损害责任纠纷管辖问题的批复(2017年8月1日)
483. 法释〔2017〕15号:最高人民法院、最高人民检察院关于办理药品、医疗器械注册申请材料造假刑事案件适用法律若干问题的解释(2017年8月14日)
484. 法释〔2017〕16号:最高人民法院关于适用《中华人民共和国公司法》若干问题的规定(四)(2017年8月25日)(已修改)
485. 法释〔2017〕17号:最高人民法院关于废止部分司法解释和司法解释性质文件(第十二批)的决定(2017年9月22日)

486. 法释〔2017〕19号:最高人民法院、最高人民检察院关于利用网络云盘制作、复制、贩卖、传播淫秽电子信息牟利行为定罪量刑问题的批复(2017年11月22日)
487. 法释〔2017〕20号:最高人民法院关于审理医疗损害责任纠纷案件适用法律若干问题的解释(2017年12月13日)(已修改)
488. 法释〔2017〕21号:最高人民法院关于仲裁司法审查案件报核问题的有关规定(2017年12月26日)
489. 法释〔2017〕22号:最高人民法院关于审理仲裁司法审查案件若干问题的规定(2017年12月26日)
490. 法释〔2017〕23号:最高人民法院关于审理海洋自然资源与生态环境损害赔偿纠纷案件若干问题的规定(2017年12月29日)

2018

491. 法释〔2018〕1号:最高人民法院关于适用《中华人民共和国行政诉讼法》的解释(2018年2月6日)
492. 法释〔2018〕2号:最高人民法院关于审理涉及夫妻债务纠纷案件适用法律有关问题的解释(2018年1月16日)(已废止)
493. 法释〔2018〕3号:最高人民法院关于适用《中华人民共和国保险法》若干问题的解释(四)(2018年7月31日)(已修改)
494. 法释〔2018〕4号:最高人民法院关于执行担保若干问题的规定(2018年2月22日)(已修改)
495. 法释〔2018〕5号:最高人民法院关于人民法院办理仲裁裁决执行案件若干问题的规定(2018年2月22日)
496. 法释〔2018〕6号:最高人民法院、最高人民检察院关于检察公益诉讼案件适用法律若干问题的解释(2018年3月1日)(已修改)
497. 法释〔2018〕7号:最高人民法院关于人民法院通过互联网公开审判流程信息的规定(2018年3月4日)
498. 法释〔2018〕8号:最高人民法院、最高人民检察院关于涉以压缩气体为动力的枪支、气枪铅弹刑事案件定罪量刑问题的批复(2018年3月8日)
499. 法释〔2018〕9号:最高人民法院关于严格规范民商事案件延长审限和延期开庭问题的规定(2018年4月25日)(已修改)
500. 法释〔2018〕10号:最高人民法院关于仲裁机构"先予仲裁"裁决或者调解书立案、执行等法律适用问题的批复(2018年6月5日)
501. 法释〔2018〕11号:最高人民法院关于设立国际商事法庭若干问题的规定(2018年6月27日)
502. 法释〔2018〕12号:最高人民法院关于适用《中华人民共和国民法总则》诉讼时效制度若干问题的解释(2018年7月18日)(已废止)
503. 法释〔2018〕13号:最高人民法院关于适用《中华人民共和国保险法》若干问题的解释(四)(2018年7月31日)(已修改)
504. 法释〔2018〕14号:最高人民法院关于上海金融法院案件管辖的规定(2018年8月7日)
505. 法释〔2018〕15号:最高人民法院关于人民法院确定财产处置参考价若干问题的规定(2018年8月28日)
506. 法释〔2018〕16号:最高人民法院关于互联网法院审理案件若干问题的规定(2018年9月6日)

507. 法释〔2018〕17号:最高人民法院、最高人民检察院关于办理虚假诉讼刑事案件适用法律若干问题的解释(2018年9月26日)
508. 法释〔2018〕18号:最高人民法院关于公证债权文书执行若干问题的规定(2018年9月30日)
509. 法释〔2018〕19号:最高人民法院、最高人民检察院关于办理妨害信用卡管理刑事案件具体应用法律若干问题的解释(2018修正)(2018年11月28日)
510. 法释〔2018〕20号:最高人民法院关于审理建设工程施工合同纠纷案件适用法律问题的解释(二)(2018年12月29日)(已废止)
511. 法释〔2018〕21号:最高人民法院关于审查知识产权纠纷行为保全案件适用法律若干问题的规定(2018年12月12日)
512. 法释〔2018〕22号:最高人民法院关于知识产权法庭若干问题的规定(2018年12月27日)

2019

513. 法释〔2019〕1号:最高人民法院、最高人民检察院关于办理非法从事资金支付结算业务、非法买卖外汇刑事案件适用法律若干问题的解释(2019年1月31日)
514. 法释〔2019〕2号:最高人民法院关于技术调查官参与知识产权案件诉讼活动的若干规定(2019年3月18日)
515. 法释〔2019〕3号:最高人民法院关于适用《中华人民共和国企业破产法》若干问题的规定(三)(2019年3月27日)(已修改)
516. 法释〔2019〕4号:最高人民法院关于严格规范民商事案件延长审限和延期开庭问题的规定(2019年3月27日)
517. 法释〔2019〕5号:最高人民法院关于适用《中华人民共和国人民陪审员法》若干问题的解释(2019年4月24日)
518. 法释〔2019〕6号:最高人民法院关于办理减刑、假释案件具体应用法律的补充规定(2019年4月24日)
519. 法释〔2019〕7号:最高人民法院关于适用《中华人民共和国公司法》若干问题的规定(五)(2019年4月28日)(已修改)
520. 法释〔2019〕8号:最高人民法院关于审理生态环境损害赔偿案件的若干规定(试行)(2019年6月4日)(已修改)
521. 法释〔2019〕9号:最高人民法院、最高人民检察院关于办理操纵证券、期货市场刑事案件适用法律若干问题的解释(2019年6月27日)
522. 法释〔2019〕10号:最高人民法院、最高人民检察院关于办理利用未公开信息交易刑事案件适用法律若干问题的解释(2019年4月28日)
523. 法释〔2019〕11号:最高人民法院关于废止部分司法解释(第十三批)的决定(2019年7月8日)
524. 法释〔2019〕12号:最高人民法院关于死刑复核及执行程序中保障当事人合法权益的若干规定(2019年8月8日)
525. 法释〔2019〕13号:最高人民法院、最高人民检察院关于办理组织考试作弊等刑事案件适用法律若干问题的解释(2019年9月2日)
526. 法释〔2019〕14号:最高人民法院关于内地与香港特别行政区法院就仲裁程序相互协助保全的安排(2019年9月26日)

527. 法释〔2019〕15 号:最高人民法院、最高人民检察院关于办理非法利用信息网络、帮助信息网络犯罪活动等刑事案件适用法律若干问题的解释(2019 年 10 月 21 日)

528. 法释〔2019〕16 号:最高人民法院关于审理走私、非法经营、非法使用兴奋剂刑事案件适用法律若干问题的解释(2019 年 11 月 18 日)

529. 法释〔2019〕17 号:最高人民法院关于审理行政协议案件若干问题的规定(2019 年 11 月 27 日)

530. 法释〔2019〕18 号:最高人民法院、最高人民检察院关于人民检察院提起刑事附带民事公益诉讼应否履行诉前公告程序问题的批复(2019 年 11 月 25 日)

531. 法释〔2019〕19 号:最高人民法院关于民事诉讼证据的若干规定(2019 年 12 月 25 日)

532. 法释〔2019〕20 号:最高人民法院关于适用《中华人民共和国外商投资法》若干问题的解释(2019 年 12 月 26 日)

2020

533. 法释〔2020〕1 号:最高人民法院关于内地与澳门特别行政区法院就民商事案件相互委托送达司法文书和调取证据的安排(2020 年 1 月 14 日)

534. 法释〔2020〕2 号:最高人民法院、最高人民检察院关于适用《中华人民共和国刑法》第三百四十四条有关问题的批复(2020 年 3 月 19 日)

535. 法释〔2020〕3 号:最高人民法院关于行政机关负责人出庭应诉若干问题的规定(2020 年 6 月 22 日)

536. 法释〔2020〕4 号:最高人民法院关于人民法院司法警察依法履行职权的规定(2020 年 6 月 28 日 2021 年 1 月 1 日生效)

537. 法释〔2020〕5 号:最高人民法院关于证券纠纷代表人诉讼若干问题的规定(2020 年 7 月 30 日)

538. 法释〔2020〕6 号:最高人民法院关于审理民间借贷案件适用法律若干问题的规定(2020 年 8 月 19 日)(已修改)

539. 法释〔2020〕7 号:最高人民法院关于审理侵犯商业秘密民事案件适用法律若干问题的规定(2020 年 9 月 10 日)

540. 法释〔2020〕8 号:最高人民法院关于审理专利授权确权行政案件适用法律若干问题的规定(一)(2020 年 9 月 12 日)

541. 法释〔2020〕9 号:最高人民法院关于涉网络知识产权侵权纠纷几个法律适用问题的批复(2020 年 9 月 14 日)

542. 法释〔2020〕10 号:最高人民法院、最高人民检察院关于办理侵犯知识产权刑事案件具体应用法律若干问题的解释(三)(2020 年 9 月 12 日)

543. 法释〔2020〕11 号:最高人民法院关于审理涉船员纠纷案件若干问题的规定(2020 年 9 月 29 日)

544. 法释〔2020〕12 号:最高人民法院关于知识产权民事诉讼证据的若干规定(2020 年 11 月 16 日)

545. 法释〔2020〕13 号:最高人民法院关于内地与香港特别行政区相互执行仲裁裁决的补充安排(2020 年 11 月 26 日)

546. 法释〔2020〕14 号:最高人民法院关于审理食品安全民事纠纷案件适用法律若干问题的解释(一)(2020 年 12 月 8 日)

547. 法释〔2020〕15 号:最高人民法院关于适用《中华人民共和国民法典》时间效力的若干规定(2020 年 12 月 29 日)

548. 法释〔2020〕16号:最高人民法院关于废止部分司法解释及相关规范性文件的决定(2020年12月29日)
549. 法释〔2020〕17号:最高人民法院关于修改《最高人民法院关于在民事审判工作中适用〈中华人民共和国工会法〉若干问题的解释》等二十七件民事类司法解释的决定(2020年12月29日)
550. 法释〔2020〕18号:最高人民法院关于修改《最高人民法院关于破产企业国有划拨土地使用权应否列入破产财产等问题的批复》等二十九件商事类司法解释的决定(2020年12月29日)
551. 法释〔2020〕19号:最高人民法院关于修改《最高人民法院关于审理侵犯专利权纠纷案件应用法律若干问题的解释(二)》等十八件知识产权类司法解释的决定(2020年12月29日)
552. 法释〔2020〕20号:最高人民法院关于修改《最高人民法院关于人民法院民事调解工作若干问题的规定》等十九件民事诉讼类司法解释的决定(2020年12月29日)
553. 法释〔2020〕21号:最高人民法院关于修改《最高人民法院关于人民法院扣押铁路运输货物若干问题的规定》等十八件执行类司法解释的决定(2020年12月29日)
554. 法释〔2020〕22号:最高人民法院关于适用《中华人民共和国民法典》婚姻家庭编的解释(一)(2020年12月29日)
555. 法释〔2020〕23号:最高人民法院关于适用《中华人民共和国民法典》继承编的解释(一)(2020年12月29日)
556. 法释〔2020〕24号:最高人民法院关于适用《中华人民共和国民法典》物权编的解释(一)(2020年12月29日)
557. 法释〔2020〕25号:最高人民法院关于审理建设工程施工合同纠纷案件适用法律问题的解释(一)(2020年12月29日)
558. 法释〔2020〕26号:最高人民法院关于审理劳动争议案件适用法律问题的解释(一)(2020年12月29日)
559. 法释〔2020〕27号:最高人民法院关于新民间借贷司法解释适用范围问题的批复(2020年12月29日)
560. 法释〔2020〕28号:最高人民法院关于适用《中华人民共和国民法典》有关担保制度的解释(2020年12月31日)

2021

561. 法释〔2021〕1号:最高人民法院关于适用《中华人民共和国刑事诉讼法》的解释(2021年1月26日)

最高人民检察院高检发释字文件一览

1. 高检发释字〔1997〕1号：人民检察院实施《中华人民共和国刑事诉讼法》规则(试行)(1997年1月15日)(已废止)
2. 高检发释字〔1997〕2号：最高人民检察院关于被判处徒刑宣告缓刑仍留原单位工作的罪犯在缓刑考验期内能否调动工作的批复(1997年1月20日)(已废止)
3. 高检发释字〔1997〕3号：最高人民检察院关于适用刑法分则规定的犯罪的罪名的意见(1997年12月25日)(已修改)
4. 高检发释字〔1997〕4号：最高人民检察院关于检察工作中具体适用修订刑法第十二条若干问题的通知(1997年10月6日)
5. 高检发释字〔1997〕5号：最高人民检察院关于挪用国库券如何定性问题的批复(1997年10月13日)
6. 高检发释字〔1997〕6号：最高人民检察院关于检察机关直接受理立案侦查案件中若干数额、数量标准的规定(试行)(1997年12月31日)(已废止)
7. 高检发释字〔1998〕1号：最高人民检察院关于人民检察院直接受理立案侦查案件范围的规定(1998年5月11日)(已废止)
8. 高检发释字〔1998〕2号：最高人民检察院关于对报请批准逮捕的案件可否侦查问题的批复(1998年5月12日)
9. 高检发释字〔1998〕3号：最高人民检察院关于"人民检察院发出《通知立案书》时,应当将有关证明应该立案的材料移送公安机关"问题的批复(1998年5月12日)
10. 高检发释字〔1998〕4号：最高人民检察院关于将公务用枪用作借债质押的行为如何适用法律问题的批复(1998年11月3日)
11. 高检发释字〔1998〕5号：最高人民检察院关于对服刑罪犯暂予监外执行期间在异地又犯罪应由何地检察院受理审查起诉问题的批复(1998年11月26日)
12. 高检发释字〔1998〕6号：最高人民检察院关于对跨越修订刑法施行日期的继续犯罪、连续犯罪以及其他同种数罪应如何具体适用刑法问题的批复(1998年12月2日)
13. 高检发释字〔1998〕7号：最高人民检察院关于如何适用刑事诉讼法第二百二十二条的批复(1998年11月16日)(已废止)
14. 高检发释字〔1999〕1号：人民检察院刑事诉讼规则(1999年1月18日)(已废止)
15. 高检发释字〔1999〕2号：最高人民检察院关于人民检察院直接受理立案侦查案件立案标准的规定(试行)(1999年9月9日)
16. 高检发释字〔2000〕1号：最高人民检察院关于国家工作人员挪用非特定公物能否定罪的请示的批复(2000年3月15日)
17. 高检发释字〔2000〕2号：最高人民检察院关于以暴力威胁方法阻碍事业编制人员依法执行行政执法职务是否可对侵害人以妨害公务罪论处的批复(2000年4月24日)

18. 高检发释字〔2000〕3号:最高人民检察院关于擅自销售进料加工保税货物的行为法律适用问题的解释(2000年10月16日)
19. 高检发释字〔2001〕1号:最高人民法院、最高人民检察院关于适用《关于办理人民法院人民检察院共同赔偿案件若干问题的解释》有关问题的答复(2001年2月1日)(已废止)
20. 高检发释字〔2001〕2号:最高人民检察院关于工人等非监管机关在编监管人员私放在押人员行为和失职致使在押人员脱逃行为适用法律问题的解释(2001年3月2日)
21. 高检发释字〔2001〕3号:最高人民检察院关于构成嫖宿幼女罪主观上是否需要具备明知要件的解释(2001年6月11日)
22. 高检发释字〔2001〕4号:人民检察院办理行政执法机关移送涉嫌犯罪案件的规定(2001年12月3日)
23. 高检发释字〔2001〕5号:最高人民法院、最高人民检察院关于适用刑事司法解释时间效力问题的规定(2001年12月7日)
24. 高检发释字〔2002〕1号:最高人民检察院关于非法经营国际或港澳台地区电信业务行为法律适用问题的批复(2002年2月6日)
25. 高检发释字〔2002〕2号:最高人民检察院关于废止部分司法解释和规范性文件的决定(2002年2月25日)
26. 高检发释字〔2002〕3号:最高人民检察院关于企业事业单位的公安机构在机构改革过程中其工作人员能否构成渎职侵权犯罪主体问题的批复(2002年4月29日)
27. 高检发释字〔2002〕4号:最高人民检察院关于涉嫌犯罪单位被撤销、注销、吊销营业执照或者宣告破产的应如何进行追诉问题的批复(2002年7月9日)
28. 高检发释字〔2002〕5号:最高人民检察院关于单位有关人员组织实施盗窃行为如何适用法律问题的批复(2002年8月9日)
29. 高检发释字〔2002〕6号:最高人民检察院关于办理非法经营食盐刑事案件具体应用法律若干问题的解释(2002年9月4日)(已废止)
30. 高检发释字〔2003〕1号:最高人民检察院关于挪用失业保险基金和下岗职工基本生活保障资金的行为适用法律问题的批复(2003年1月28日)
31. 高检发释字〔2006〕1号:最高人民检察院关于新疆生产建设兵团人民检察院对新疆维吾尔自治区高级人民法院生产建设兵团分院审理的案件实施法律监督有关问题的批复(2006年6月14日)
32. 高检发释字〔2006〕2号:最高人民检察院关于渎职侵权犯罪案件立案标准的规定(2006年7月26日)
33. 高检发释字〔2007〕1号:最高人民检察院关于对林业主管部门工作人员在发放林木采伐许可证之外滥用职权玩忽职守致使森林遭受严重破坏的行为适用法律问题的批复(2007年5月16日)
34. 高检发释字〔2008〕1号:最高人民检察院关于拾得他人信用卡并在自动柜员机(ATM机)上使用的行为如何定性问题的批复(2008年4月18日)
35. 高检发释字〔2009〕1号:最高人民检察院关于公证员出具公证书有重大失实行为如何适用法律问题的批复(2009年1月7日)
36. 高检发释字〔2010〕1号:最高人民检察院关于废止部分司法解释和司法解释性文件的决定(2010年11月19日)

37. 高检发释字〔2011〕1号：最高人民检察院关于对涉嫌盗窃的不满16周岁未成年人采取刑事拘留强制措施是否违法问题的批复(2011年1月25日)
38. 高检发释字〔2012〕1号：最高人民检察院关于废止1979年底以前制发的部分司法解释性质文件的决定(2012年8月27日)
39. 高检发释字〔2012〕2号：人民检察院刑事诉讼规则(试行)(2012年12月22日)(已废止)
40. 高检发释字〔2013〕1号：最高人民检察院关于废止1980年1月1日至1997年6月30日期间制发的部分司法解释和司法解释性质文件的决定(2013年1月4日)
41. 高检发释字〔2013〕2号：最高人民检察院关于废止1997年7月1日至2012年6月30日期间制发的部分司法解释性质文件的决定(2013年3月1日)
42. 高检发释字〔2013〕3号：人民检察院民事诉讼监督规则(试行)(2013年11月18日 第三十二条废止)
43. 高检发释字〔2013〕4号：最高人民检察院关于审查起诉期间犯罪嫌疑人脱逃或者患有严重疾病的应当如何处理的批复(2013年12月27日)
44. 高检发释字〔2014〕1号：最高人民检察院关于强迫借贷行为适用法律问题的批复(2014年4月17日)
45. 高检发释字〔2015〕1号：最高人民检察院关于以检察专递方式邮寄送达有关检察法律文书的若干规定(2015年2月13日)
46. 高检发释字〔2015〕2号：最高人民检察院关于强制隔离戒毒所工作人员能否成为虐待被监管人罪主体问题的批复(2015年2月15日)
47. 高检发释字〔2015〕3号：最高人民检察院关于废止部分司法解释和司法解释性质文件的决定(2015年6月3日)
48. 高检发释字〔2015〕4号：最高人民检察院关于地质工程勘测院和其他履行勘测职责的单位及其工作人员能否成为刑法第二百二十九条规定的有关犯罪主体的批复(2015年10月27日)
49. 高检发释字〔2015〕5号：最高人民检察院关于下级人民检察院对上级人民检察院不批准不起诉等决定能否提请复议的批复(2015年12月15日)
50. 高检发释字〔2015〕6号：人民检察院提起公益诉讼试点工作实施办法(2015年12月24日)(已废止)
51. 高检发释字〔2017〕1号：最高人民检察院关于贪污养老、医疗等社会保险基金能否适用《最高人民法院最高人民检察院关于办理贪污贿赂刑事案件适用法律若干问题的解释》第一条第二款第一项规定的批(2017年7月26日)
52. 高检发释字〔2018〕1号：最高人民检察院关于指派、聘请有专门知识的人参与办案若干问题的规定(试行)(2018年3月21日)
53. 高检发释字〔2018〕2号：最高人民检察院关于认定累犯如何确定刑罚执行完毕以后"五年以内"起始日期的批复(2018年12月28日)
54. 高检发释字〔2019〕1号：人民检察院检察建议工作规定(2019年2月26日)
55. 高检发释字〔2019〕2号：最高人民检察院关于《非药用类麻醉药品和精神药品管制品种增补目录》能否作为认定毒品依据的批复(2019年4月29日)
56. 高检发释字〔2019〕3号：最高人民检察院关于废止部分司法解释性质文件和规范性文件的决定(2019年6月14日)

56. 高检发释字〔2019〕4号:人民检察院刑事诉讼规则(2019修订)(2019年12月30日)
57. 高检发释字〔2020〕1号:最高人民法院、最高人民检察院关于缓刑犯在考验期满后五年内再犯应当判处有期徒刑以上刑罚之罪应否认定为累犯问题的批复(2020年1月17日)
58. 高检发释字〔2020〕2号:最高人民检察院关于废止《最高人民检察院关于办理非法经营食盐刑事案件具体应用法律若干问题的解释》的决定(2019修订)(2020年3月27日)

图书在版编目（CIP）数据

最高人民法院最高人民检察院司法解释与指导案例．商事卷／法规应用研究中心编．—6版．—北京：中国法制出版社，2021.4
ISBN 978-7-5216-1460-2

Ⅰ.①最… Ⅱ.①法… Ⅲ.①商法-法律解释-中国 ②商法-案例-分析-中国 Ⅳ.①D920.5

中国版本图书馆CIP数据核字（2020）第222157号

责任编辑：黄会丽、王紫晶　　　　　　　　　　　　　　封面设计：周黎明

最高人民法院最高人民检察院司法解释与指导案例·商事卷
ZUIGAO RENMIN FAYUAN　ZUIGAO RENMIN JIANCHAYUAN SIFA JIESHI YU ZHIDAO ANLI · SHANG SHI JUAN

经销/新华书店
印刷/三河市紫恒印装有限公司
开本/880毫米×1230毫米 32开　　　　　　印张/49.75　字数/2356千
版次/2021年4月第6版　　　　　　　　　　2021年4月第1次印刷

中国法制出版社出版
书号 ISBN 978-7-5216-1460-2　　　　　　　　　　　　　　定价：169.00元

北京西单横二条2号
邮政编码100031　　　　　　　　　　　　　　传真：010-66031119
网址：http://www.zgfzs.com　　　　　　　　编辑部电话：010-66070084
市场营销部电话：010-66033393　　　　　　邮购部电话：010-66033288

（如有印装质量问题，请与本社印务部联系调换。电话：010-66032926）